Großkommentare der Praxis

Jaeger
Konkursordnung
mit Einführungsgesetzen

Kommentar begründet von

Professor Dr. Ernst Jaeger †

Achte Auflage

bearbeitet von

Dr. Friedrich Lent
weil. Professor in München

Dr. Ulrich Klug
Staatssekretär, Professor in Köln

Dr. Friedrich Weber
Professor in Heidelberg

Dr. Günther Jahr
Professor in Saarbrücken

ZWEITER BAND

1. Halbband

§§ 71—206 KO

Bearbeiter: Friedrich Weber

1973

WALTER DE GRUYTER · BERLIN · NEW YORK

Erscheinungsdaten der Lieferungen

Lieferung 1 (§§ 71—101) Februar 1958

Lieferung 2 (§§ 102—125) Juli 1959

Lieferung 3 (§§ 126—148) Mai 1961

Lieferung 4 (§§ 149—206) Dezember 1963

Zitierweise:

Bd. I: Jaeger-Lent, KO; Bd. II §§ 72—236: Jaeger-Weber, KO / Zusätze Fremde Rechte in Bd II: Jahr bei Jaeger-Weber, KO / §§ 237, 238: Jaeger-Jahr, KO / §§ 239—244: Jaeger-Klug, KO

ISBN 311 0044110

Vorwort zum zweiten Band

Ernst Jaegers Kommentar zur Konkursordnung ist das Lebenswerk eines der großen deutschen Juristen der ersten Jahrhunderthälfte, das auch im Ausland hohes Ansehen genießt. Man kann bei einem Werk dieses Ranges fragen, ob eine Neubearbeitung nach dem Tod des Verfassers überhaupt legitim ist oder ob man es nicht wie etwa v. Tuhrs Allgemeinen Teil oder Hellwigs System des deutschen Zivilprozeßrechts als Markstein rechtswissenschaftlicher Literatur in der letzten Fassung, die ihm sein Begründer gegeben hat, fortbestehen lassen sollte. Indessen hatte Jaeger selbst seinem Werk eine auf die Praxis ausgerichtete Zielsetzung gegeben, nämlich „im Rahmen des gesetzlichen Systems den Stoff wissenschaftlich zu durchdringen und so die erforderlichen Grundlagen für eine zweckmäßige Rechtsanwendung zu gewinnen" (Vorwort zum 1. Band der 6./7. Auflage, 1931). Sollte die enorme geistige Leistung Jaegers für die Konkurspraxis der Gegenwart unvermindert fruchtbar bleiben, so war eine Neubearbeitung des Kommentars unumgänglich. Allerdings legte sie bei einem Werk dieser Größenordnung und der geistigen Bedeutung seines Begründers dem Bearbeiter eine schwere Verantwortung auf. Er mußte einerseits dem Werk seine Eigenart bewahren und es andererseits im Geiste der Zielsetzung seines Begründers fortentwickeln. Die letzte von Jaeger besorgte Auflage des zweiten Bandes seines Kommentars war im Jahre 1936 abgeschlossen worden. In der Zwischenzeit hat zwar die Konkursordnung auch in ihren verfahrensrechtlichen Bestimmungen kaum Änderungen erfahren; aber wichtige Gebiete des materiellen Rechts haben sich tiefgreifend weiterentwickelt, was sich im Konkurs auswirken mußte. Ferner waren in der Zwischenzeit mit dem Kriegsausgleichsverfahren und der richterlichen Vertragshilfe in ihren verschiedenen Ausgestaltungen neue Rechtsinstitute zur Vermeidung oder Bewältigung von Insolvenzen ausgebildet worden, die zwar mit der fortschreitenden Normalisierung des Wirtschaftslebens wieder abgebaut wurden, aber neue und fortwirkende Aspekte für die Insolvenzbereinigung eröffnet hatten. Unter diesen Umständen konnte sich die Neubearbeitung des Kommentars nicht darauf beschränken, Überholtes zu streichen, Ausführungen von inzwischen geminderter Bedeutung zu kürzen und die zwischenzeitlich veröffentlichte Rechtsprechung und Literatur einzuarbeiten; vielmehr mußte auch im Konkursverfahrensrecht jede einigermaßen bedeutsame Frage erneut durchdacht und ihre bisherige Darlegung überprüft werden, so wie das Jaeger, solange er sein Werk betreute, unablässig getan hat.

Der 1. Halbband umfaßt die vier ersten Lieferungen des zweiten Bandes, also das Verfahrensrecht des Regelkonkurses. Die letzte dieser Lieferungen ist im Jahre 1964 abgeschlossen worden. Die in der Zwischenzeit erfolgten Änderungen des Textes der KO (§§ 125, 175), die keine grundsätzliche Bedeutung haben, und die einschlägigen Bestimmungen des Rechtspflegergesetzes vom 5. November 1969/27. Juni 1970 sind hinter dem Inhaltsverzeichnis des 1. Halbbandes abgedruckt; den Bestimmungen des Rechtspflegergesetzes ist ein orientierender Hinweis auf die grundsätzliche Bedeutung der gegenüber dem Gesetz von 1957 neuen Verteilung des Aufgaben des Konkursgerichts auf Richter und Rechtspfleger angefügt. Die 1960 erlassene und seitdem zweimal geänderte Verordnung des Bundesministers der Justiz über die Vergütung des Konkursverwalters, des Vergleichsverwalters, der Mitglieder des Gläubigerausschusses und der Mitglieder des Gläubigerbeirats ist in ihrer letzten Fassung auf S. 1178ff. im 2. Halbband des zweiten Bandes abgedruckt.

Zwischen dem Abschluß der letzten Lieferung des 1. Halbbandes und dem Erscheinen der 5. Lieferung, der ersten des 2. Halbbandes, die insbesondere den Konkurs der Handelsgesellschaften enthält, liegt ein Zeitraum von mehreren Jahren. Diese längere Unterbrechung hat ihren Grund nicht nur in ernsten gesundheitlichen Störungen, die mich zeitweise am vollen Einsatz meiner Arbeitskraft gehindert haben, sondern vor allem darin, daß die Darstellung der Besonderheiten des Gesellschaftskonkurses den Bearbeiter vor eine besonders schwierige Aufgabe stellte. Der Vorauflage lagen noch die aktienrechtlichen Bestimmungen des Handelsgesetzbuchs zugrunde. Seither hat sich nicht nur im Recht der Aktiengesellschaft, sondern im gesamten Gesellschaftsrecht eine grundlegende und tiefgreifende Weiterentwicklung vollzogen. Sollte der Kommentar für den in der Praxis wichtigen Gesellschaftskonkurs im Sinne der Zielsetzung Jaegers eine auf wissenschaftlicher Durchdringung des Stoffes beruhende verläßliche Grundlage für die Rechtsanwendung sein, so war es notwendig, alle wichtigeren Gestaltungen und Fragen dieses Rechtsgebietes auf ihre konkursrechtliche Bedeutung zu untersuchen. Hier ist sehr häufig ein auf wenige Zeilen zusammengedrängter Satz das Ergebnis eingehender, mühsamer und entsagungsvoller Vorarbeit. Dieser Teil des Kommentars ist weitgehend neu geschrieben und auch im Umfang auf mehr als das Doppelte der Vorauflage angewachsen. So sehr sich die Darstellung vom Text Jaegers löst, so war ich doch bestrebt, die Umarbeitung im Geiste der Jaeger'schen Zielsetzung zu halten, also der Konkursrechtspraxis nicht nur verläßliche und nach Möglichkeit erschöpfende Hinweise auf die einschlägige Literatur und Rechtsprechung zu geben, sondern auch zu den behandelten Fragen des Gesellschaftsrechts aus konkursrechtlicher Sicht selbständig Stellung zu nehmen und Fragen aufzuspüren, die in Rechtsprechung und Literatur noch nicht behandelt sind, vor die sich die Konkurspraxis aber jederzeit gestellt sehen kann.

Auch in meiner in der 6. Lieferung enthaltenen Kommentierung des Nachlaßkonkurses ist vieles gegenüber der Vorauflage geändert. Vor allem sind die Ausführungen zu Fragen, die in gewichtigeren Nachlaßkonkursen praktisch bedeutsam werden können, vertieft und erweitert, wie die Nachlaßzugehörigkeit eines Handelsgeschäfts des Erblassers und die konkursrechtliche Bedeutung der sog. Nachlaßerbenschulden; ferner wurde aus diesem Grund ein umfangreicher Exkurs über die Auswirkungen eingefügt, die sich im Nachlaßkonkurs aus den verschiedenen Möglichkeiten der Regelung der Nachfolge in den Gesellschaftsanteil eines verstorbenen Gesellschafters ergeben. Die Bestimmungen über den durch das Gleichberechtigungsgesetz von 1957 geschaffenen besonderen Konkurs über das Gesamtgut einer ehelichen Gütergemeinschaft sind, obwohl hier kaum Literatur und noch keine Rechtsprechung vorliegt, eingehend kommentiert. Mag die praktische Bedeutung dieses neuen besonderen Konkurses auch gering sein, so muß ein Großkommentar doch der Konkurspraxis gerade in juristischem Neuland ein zuverlässiger Ratgeber sein, der die haftungsrechtlichen Zusammenhänge freilegt und aus ihnen Lösungen für möglicherweise in Zukunft auftretende Fragen anbietet.

Eine Besonderheit des Werkes von Jaeger, die von seinem Weitblick, seiner Aufgeschlossenheit und seinem umfassenden Wissen zeugte, waren die „Zusätze. Fremde Rechte". Während diese wichtigeren Bestimmungen der KO angefügten rechtsvergleichenden Hinweise im ersten Band unverändert aus der Vorauflage übernommen wurden und daher vielfach überholt sind, wurden sie im zweiten Band überarbeitet und sind weitgehend auch neu gefaßt. Ich bin meinem Freund und Kollegen Professor Jahr sehr dankbar, daß er sich dieser Aufgabe als Rechtsvergleicher unterzogen hat und es damit ermöglicht hat, diese Eigenart des Kommentars beizubehalten. Da die im 2. Halbband behandelten besonderen Konkursarten in enger Verbindung mit dem inländischen materiellen Recht stehen, erschienen hier — im Gegensatz zum 1. Halbband — ins Detail gehende rechtsvergleichende Zusätze nicht angebracht; man konnte sich auf allgemeine Hinweise beschränken, die den Vorbemerkungen zum achten Titel angefügt sind. Darüberhinaus wurde — abweichend von der Vorauflage — eine völlige Neubearbeitung der Kommentierung zu §§ 237, 238 von Professor Jahr mit dem Versuch einer umfassenden Erörterung der Probleme des Internationalen Konkursrechts Deutschlands aufgenommen.

Um eine vollständige Erörterung der Konkursordnung vorzulegen, wurden ferner — ebenfalls abweichend von der 6./7. Auflage — die strafrechtlichen Bestimmungen der Konkursordnung von Professor Klug kommentiert.

Was die äußere Form der Kommentierung anlangt, so wurde versucht, durch verstärkte und deutlich ersichtlich gemachte Untergliederung der Darstellung die systematischen Zusammenhänge klarer hervortreten zu lassen und eine rasche Orientierung zu ermöglichen. Diesem Ziel dienen auch die reichlich vorgenommenen Verweisungen. Hier ist allerdings ein mit dem Erscheinen in Lieferungen unvermeidbar verbundener Nachteil anzumerken. Während die Verweisungen „nach vorne" genau überprüft sind, mußten sich die „nach rückwärts" an der Vorauflage orientieren und können daher nicht zutreffen, wenn bei der Bearbeitung der späteren Bestimmungen die Ziffern der Anmerkungen gegenüber der Vorauflage geändert wurden.

Der als Kehrseite der unbestreitbaren Vorteile des Erscheinens eines Großkommentars in Lieferungen auftretende Nachteil, daß die einzelnen Teile des Gesamtwerks einen verschiedenen zeitlichen Stand wiedergeben, wird um so größer, je länger sich das Erscheinen hinzieht. Ich bedaure, daß ich den Beziehern des Werks in dieser Hinsicht viel Geduld abverlangt habe. Ich darf jedoch dazu und zu meiner Entlastung wieder aus dem Vorwort Jaegers zum 1. Band der Vorauflage zitieren, der erst 1931 erschien, nachdem die 5. Auflage von 1916 seit zehn Jahren vergriffen war: „Wenn da und dort ein Bezieher der Auflage über ihr langsames Fortschreiten klagt, möchte ich wünschen, daß er in meine Werkstatt blicken könnte. Er würde geduldiger und nachsichtiger sein. Ich bin nun einmal nicht in der Lage, mit Auszügen aus anderen Büchern aufzuwarten. Auch habe ich zuviel Achtung vor der deutschen Praxis, um anzunehmen, ihr könnte damit oder mit kritikloser Unterweisung über den neuesten Stand der Rechtsprechung gedient sein. Daß der Wissenschaft nur selbständige, Eigenes und Fremdes ehrlich sondernde Forscherarbeit frommt, das versteht sich von selbst."

Heidelberg, im Oktober 1972 Friedrich Weber

Inhaltsverzeichnis

Gesetzesänderungen

nach Erscheinen der Lieferungen des 1. Halbbandes des Zweiten Bandes

I. Konkursordnung

1. § 125 KO ist durch Art. 2 § 6 Nr. 1 des Gesetzes v. 27. Juni 1970 (BGBl. I S. 911) neu gefaßt:

Nach der Anfertigung des Inventars kann der Verwalter oder ein Konkursgläubiger den Gemeinschuldner in eine Sitzung des Amtsgerichts, bei welchem das Konkursverfahren anhängig ist, zur Abgabe einer eidesstattlichen Versicherung laden.

2. § 175 Nr. 1 KO ist durch Art. 2 § 6 Nr. 2 des Gesetzes v. 27. Juni 1970 (BGBl. I S. 911) neu gefaßt:

Ein Zwangsvergleich ist unzulässig:

1. solange der Gemeinschuldner flüchtig ist oder die Abgabe der in § 125 bezeichneten eidesstattlichen Versicherung verweigert;

2., 3. . . . .

II. Wichtigere die KO ergänzende Bestimmungen

1. Rechtspflegergesetz

a) Der Kommentierung des 1. Halbbandes des 2. Bandes (vgl. insbes. **§ 71 Anm. 16a, § 73 Anm. 15**) liegt das Rechtspflegergesetz v. 8. Februar 1957 zugrunde. Es ist ersetzt durch das Rechtspflegergesetz v. 5. November 1969 (BGBl. I S. 2065), geändert durch Gesetz v. 27. Juni 1970 (BGBl. I S. 911). Die Bestimmungen für die **Übertragung von richterlichen Geschäften im Konkursverfahren an den Rechtspfleger** lauten jetzt:

§ 3 Übertragene Geschäfte

Dem Rechtspfleger werden folgende Geschäfte übertragen:

1. . . . .

2. vorbehaltlich der in den §§ 14 bis 19 dieses Gesetzes aufgeführten Ausnahmen die nach den gesetzlichen Vorschriften vom Richter wahrzunehmenden Geschäfte des Amtsgerichts in

a)—d) . . . .

e) Verfahren nach der Konkursordnung,

f) . . . .

3., 4. . . . .

§ 18 Konkursverfahren

(1) Im Verfahren nach der Konkursordnung bleibt dem Richter das Verfahren bis zur Entscheidung über den Eröffnungsantrag unter Einschluß dieser Entscheidung und der Ernennung des Konkursverwalters vorbehalten.

(2) Der Richter kann sich das Konkursverfahren ganz oder teilweise vorbehalten, wenn er dies für geboten erachtet. Hält er den Vorbehalt nicht mehr für erforderlich, kann er das Verfahren dem Rechtspfleger übertragen. Auch nach der Übertragung kann er das Verfahren wieder an sich ziehen, wenn und solange er dies für erforderlich hält.

Die neue Regelung stellt eine grundlegende Änderung dar. Während bisher nur einzelne richterliche Geschäfte im Konkursverfahren dem Rechtspfleger durch das Gesetz übertragen waren und im übrigen der Richter ermächtigt war, nach Erlassung des Eröffnungsbeschlusses und der Ernennung des Konkursverwalters in geeigneten Fällen das Verfahren dem Rechtspfleger zu übertragen (§ 21 RPflG 1957; vgl. dazu § 71 Anm. 16a), gehören jetzt die richterlichen Geschäfte im Konkursverfahren zu den Angelegenheiten, die dem Rechtspfleger mit Ausnahme bestimmter dem Richter vorbehaltener Geschäfte übertragen sind. Dabei ist der Vorbehalt des § 18 I zwingend, während § 18 II dem Richter die Möglichkeit gibt, bei der Konkurseröffnung sich auch das weitere Verfahren ganz oder teilweise vorzubehalten (Satz 1), es erst später dem Rechtspfleger zu übertragen (Satz 2) oder es wieder an sich zu ziehen (Satz 3). Macht der Richter von dem Vorbehalt des § 18 II Satz 1 keinen Gebrauch, so nimmt der Rechtspfleger die richterlichen Geschäfte während der Konkursabwicklung wahr. Im Normalfall besteht also jetzt auch im deutschen Recht hinsichtlich der Konkursgerichtlichen Kompetenz eine ähnliche Verfahrensteilung in Eröffnungsverfahren und Konkursdurchführung wie sie auch in vielen ausländischen Rechten besteht (vgl. dazu § 71 Anm. 20). Zu beachten ist allerdings, daß der Rechtspfleger auch im übertragenen Bereich zu gewissen Geschäften nicht befugt ist z. B. zur Anordnung und Abnahme von Eiden oder zur Androhung und Anordnung von Freiheitsentziehungen (§ 4 II RpflG), und gehalten ist, falls er derartige Maßnahmen für geboten hält, die Sache dem Richter zur Entscheidung vorzulegen (§ 4 III RpflG). Auch die Vorlagepflicht nach § 5 RpflG gilt im übertragenen Geschäftsbereich.

b) Was die **Rechtsbehelfe gegen Entscheidungen des Rechtspflegers** im übertragenen Geschäftsbereich anlangt (vgl. § 73 Anm. 15), so ist jetzt § 11 des neuen RpflG maßgebend, der mit wenigen, für das Konkursverfahren nicht bedeutsamen Änderungen dem § 10 RpflG 1957 entspricht.

2. Vergütung des Konkursverwalters und der Mitglieder des Gläubigerausschusses

Der Kommentierung liegen in **§ 85 Anm. 2a** (Konkursverwalter) und **§ 91 Anm. 3** (Gläubigerausschuß) noch die auf Grund der §§ 85 II, 91 II KO erlassenen Richtlinien des früheren RJM v. 22. Febr. 1936 zugrunde. Diese sind ersetzt worden durch die VO des BMindJustiz über die Vergütung des Konkursverwalters, des Vergleichsverwalters, der Mitglieder des Gläubigerausschusses und der Mitglieder des Gläubigerbeirats v. 25. Mai 1960 (BGBl. I S. 329), in der Fassung der VO v. 22. Dez. 1967 (BGBl. I S. 1366) und der 2. ÄnderungsVO v. 19. Juli 1972 (BGBl. I S. 1260). Die VergütungsVO ist in ihrer geltenden Fassung im Anhang zum 2. Halbband des 2. Bandes unter III. (S. 1178) abgedruckt.

Zweites Buch

Konkursverfahren

(§§ 71—238)

Vorbemerkung zum zweiten Buch

I. Das Konkursverfahrensrecht

1. Während das Gesetz im ersten Buche unter der Überschrift **„Konkursrecht"** das materielle Konkursrecht oder Konkursprivatrecht behandelt, ordnet es im zweiten Buche **„das Konkursverfahren"**, also das formelle Konkursrecht oder Konkursprozeßrecht. Diese Einteilung, die schon in früheren Konkursgesetzen, namentlich in der preußischen und österreichischen KO, eingehalten war, bezeichnen die Motive II S. 12 als die „naturgemäße" Trennung des Stoffes. Nicht überall freilich ist sie streng durchführbar. Namentlich finden sich auch im zweiten Buche privatrechtliche Normen. Vgl. z. B. §§ 82, 89 über die persönliche Verantwortlichkeit des Konkursverwalters und der Mitglieder des Gläubigerausschusses, § 193 über die Wirkungen des gerichtlich bestätigten Zwangsvergleichs für die beteiligten Forderungen und die für sie bestehenden Sicherheiten oder § 192 mit § 6, ferner § 226 mit §§ 3, 63 oder § 224 mit § 59. Die Stellung einer Vorschrift im ersten oder zweiten Buch ist daher für ihre Zugehörigkeit zum Privat- oder Verfahrensrechte nicht schlechthin maßgebend. Bei einer Neuordnung des Konkursrechtes dürfte einer Gliederung des Stoffes nach dem natürlichen Verfahrensfortgang, ähnlich wie in der VglO v. 1935, der Vorzug zu geben sein (vgl. auch Vogels JbAkDR 1937 S. 220). 1

2. Das Konkursprozeßrecht, d. h. die Ordnung des Konkursverfahrens gehört wie das Zivilprozeßrecht überhaupt dem öffentlichen Recht an. Damit ist aber nicht gesagt, daß alles Konkursprozeßrecht **zwingend** wäre. Auch das Prozeßrecht kennt nachgiebige Rechtssätze. Wo das Gesetz die zwingende Wirksamkeit eines Rechtssatzes nicht selbst außer Zweifel stellt (vgl. z. B. § 181 KO), muß auf dessen Zweck zurückgegangen werden: will er nur einzelne schützen, so unterliegt er grundsätzlich ihrem Verzicht; dient er aber ausschließlich oder doch vorwiegend der Allgemeinheit, so hat er zwingende Kraft. Die Vorschriften des materiellen, vor allem aber die des formellen Konkursrechts dienen in der Regel zum Schutz einer unbestimmten Vielheit von Gläubigern, sie stellen eine Sonderregelung zum Schutze einer unbestimmten Zahl von Beteiligten bei Vermögensverfall des Schuldners dar und sind daher grundsätzlich zwingendes Recht. Darum können z. B. Vorschriften über Befugnisse des Konkursverwalters nicht im voraus durch Verträge des Schuldners mit seinen Gläubigern eingeschränkt werden (RG Bolze 22 Nr. 846). Auch ein Vertrag des Schuldners mit allen Gläubigern könnte nach geltendem Recht zwar eine außerkonkursmäßige Schuldenbereinigung regeln, keineswegs aber das Konkursverfahren als solches verändern, auch nicht im Sinne der Vereinfachung. Zum materiellen Konkursrecht vgl. z. B. § 17 Anm. 40, 55b, 63, § 18 Anm. 26, § 19 Anm. 2, § 21 Anm. 1, § 26 Einl., § 43 Anm. 10, § 54 Anm. 16, § 55 Anm. 2, § 61 Anm. 9. Andrerseits kann z. B. ein Gläubiger im voraus auf die Vorteile des § 53 KO mit Wirksamkeit verzichten [§ 53 Anm. 13]; ebenso auf die Ausübung von Vorrechten [§ 61 Anm. 7, § 139 Anm. 3], auf Ausübung der Anmeldbarkeit und der Konkursantragsbefugnis [§ 103 Anm. 8]. 2

II. Begriff und Wesen des Konkursverfahrens

3 1. Das Konkursverfahren ist eine besondere Art des bürgerlichen Rechtsganges. Seine Aufgabe besteht darin, die persönliche Haftung eines in Vermögensverfall geratenen Schuldners unter Verlustgemeinschaft der Gläubiger mit Hilfe der Staatsgewalt zu verwirklichen. Reichen die Mittel des Schuldners nicht mehr aus, alle seine Geldverbindlichkeiten ganz zu erfüllen, dann ist es billig und gerecht, daß jeder Gläubiger zu seinem Teile den Ausfall mittrage. Fortab darf weder die Willkür des Schuldners noch das (vielleicht rein zufällige) Zuvorkommen eines Gläubigers für die Schuldenbereinigung maßgebend sein. Einzelzugriffe müssen der gemeinschaftlichen Befriedigung weichen. Das Gericht fordert öffentlich auf, Gläubigerrechte anzumelden (§§ 110, 138ff.); es unterbreitet die Anmeldungen in einem Termine der Erörterung durch die Beteiligten (§§ 141ff.); es beurkundet das Ergebnis der Unbestrittenheit mit dem Erfolge der Rechtskraft und der Vollstreckbarkeit (§§ 145 II, 164 II mit §§ 194, 206 II). Dieses Verfahren ist jedoch **kein Erkenntnisverfahren.** Auch die Feststellung der Konkursgläubigerrechte vollzieht das Konkursgericht, soweit diese überhaupt innerhalb des Konkurses stattfindet, nur in beurkundender, nicht — wie etwa beim „Verurteilen" gemäß § 307 ZPO — in erkennender Amtstätigkeit. Diese Feststellung ist nicht Zweck des Konkursverfahrens, sondern nur ein Mittel zur Erreichung seines Zieles. Ist das Konkursteilnahmerecht einer Forderung streitig, so ist die Entscheidung nicht Sache des Konkursgerichts und Teil des Konkursverfahrens, sondern im Prozeßweg zu treffen (§§ 146ff.).

Das Konkursverfahren ist vielmehr ein **Vollstreckungsverfahren.** Allein auch als solches reiht es sich nicht etwa der „Zwangsvollstreckung wegen Geldforderungen" im Sinne der §§ 803ff. ZPO ein. Es tritt vielmehr in der gleichzeitigen Erfassung alles beschlagsfähigen Schuldnervermögens zugunsten aller persönlichen Gläubiger und in deren grundsätzlicher Gleichbehandlung (§§ 1, 3, 61 Nr. 6, 181 KO) selbständig neben „die Zwangsvollstreckung", die einzelnen Gläubigern in einzelne Zugriffsgegenstände und unter Vorrang des Erstzugriffs eröffnet ist (§ 804 III ZPO, § 11 II ZVG). Es gibt eben einen Oberbegriff der zivilprozessualen „Vollstreckung" (Exekution), der sich verzweigt in Zwangsvollstreckung (Einzelvollstreckung) und Konkurs (Gesamtvollstreckung). Das Parteiverhältnis liegt wie bei der Zwangsvollstreckung so beim Konkurs in der Gegnerschaft zwischen Gläubiger und Schuldner. Ein streitiges Verhandeln der Parteien setzt weder das eine noch das andere Vollstreckungsverfahren (übrigens ja auch nicht das zivilprozessuale Mahnverfahren) voraus. Anders als die Zwangsvollstreckung braucht der Konkurs nicht gegen den Willen des Schuldners eingeleitet zu werden: Vollstreckung ist er darum doch, weil der staatliche Zwang für jeden Fall des Widerstandes zur Verfügung steht (§§ 101, 106, 125). Die der Einzelvollstreckung eigentümliche Vorbedingung des vollstreckbaren Titels (§§ 703, 794 ZPO) ist mit zweckentsprechender Gestaltung der Gesamtvollstrekkung unvereinbar. Auch läßt sich im Konkurse der Befriedigungszweck anders als durch Verwertung und Verteilung der Masse erreichen (§ 173)[1].

Gehört somit das Konkursverfahren seinem Gesamtzwecke nach schon begrifflich zur streitigen, nicht zur freiwilligen Gerichtsbarkeit, so hat das geltende Reichsrecht für die Gesetzesanwendung jeden Zweifel durch § 72 KO ausgeschaltet, der zur Ergänzung der verfahrensrechtlichen Regelung der KO

---

[1]) Schon das gemeine Recht hat im „Konkursprozesse" — processus concursus creditorum oder processus cridae — ein Verfahren der General- oder Universalexekution im Gegensatze zur Spezial- oder Singularexekution erblickt, eine Vorstellung, die für unser Reichsrecht noch vollkommen zutrifft. Siehe v. Savigny System des heut. röm. Rechts VIII (1849) S. 282ff., Wach Handb. des Deutsch. Zivilprozeßrechts I (1885) S. 44, 46, 543f., v. Schrutka GrünhutsZ Bd. 40 S. 609 („das Vollstreckungsverfahren ist eine Art des gerichtlichen Befriedigungsverfahrens, ein Begriff, unter den auch das Konkursverfahren fällt"). Ist die Zwangsvollstreckung Zivilprozeß (was für unser Reichsrecht außer Zweifel steht), dann muß es auch der mit verallgemeinertem Zweck an ihre Stelle tretende Konkurs sein. Die Motive II S. 9f., 297 bemerken zwar zutreffend, der Konkurs lasse sich nicht in den Rahmen eines Rechtsstreites einzwängen, er habe seinen eignen Inhalt und erfordere eine selbständige Regelung; aber damit wird die Zugehörigkeit des Gesamtverfahrens zum Prozesse im weiteren Sinne und zur Vollstreckung im besonderen nicht ausgeschlossen.

die entsprechende Anwendung der Vorschriften der Zivilprozeßordnung bestimmt. Dieser Grundsatz ergänzender Maßgeblichkeit des Prozeßgesetzes schließt jede — auch nur sinngemäße — Anwendung der Verfahrensvorschriften des Gesetzes über die freiwillige Gerichtsbarkeit aus. So z. B. für das Beschwerdeverfahren [§ 73 Anm. 7]. Die Konkursordnung ist eine „Prozeßordnung" im Sinne des § 27 GVG. Auch für die Rechtshilfe (§ 156 GVG) und für die Gebührenbewertung (§§ 48ff GKG, §§ 72ff. BGebORA) gilt das Konkursverfahren als „bürgerlicher Rechtsstreit". Dies alles trifft aber nur für das gerichtliche Verfahren zu. Verwaltung, Verwertung und Verteilung der Masse vollziehen sich heute nicht mehr durch gerichtliche Amtstätigkeit. Wie die Sammlung obliegt die Versilberung und die Ausschüttung dem Konkursverwalter, der seinerseits obrigkeitlicher Zwangsmacht ermangelt und innenrechtlich im Verein mit anderen Selbstverwaltungsstellen (dem Gläubigerausschuß und der Gläubigerversammlung) zu wirken hat [Anm. 4]. Insoweit verbleibt dem Gericht der Hauptsache nach nur die Aufgabe der Bestellung und Überwachung des Sondergutsverwalters, wenn es auch vereinzelt (wie etwa nach § 169) in die Verwaltung selber einzugreifen hat. Verrichtungen solcher Art gehören zwar (wie die entsprechende vormundschaftsgerichtliche Tätigkeit) bestimmungsgemäß zur freiwilligen Rechtspflege, treten aber innerhalb des Gesamtverfahrens ebenfalls in den Formen des Prozesses auf [§ 71 Anm. 16].

Die Auffassung, daß das Konkursverfahren zivilprozessuales Rechtsschutzverfahren, und zwar eine besondere Form der Vollstreckung sei, wird auch von der Praxis (z. B. RG LZ 1911 Sp. 557; LZ 1915 Sp. 359f.; BGH (Strafs.) Bd. 8 311) und überwiegend auch im Schrifttum vertreten. Vgl. besonders A. S. Schultze Konkursrecht S. 140ff., Wach Handbuch §§ 1, 5, 6 (Note 11), Kohler Lehrbuch §§ 1, 81, Seuffert Konkursprozeßrecht § 1, Jaeger Lehrbuch § 25, Rosenberg § 171 III 1, Stein-Juncker Grundriß des Zivilprozeßrechts[3] §§ 128 III, 165, Schönke-Baur Zwangsvollstreckungsrecht und Konkursrecht (1956) § 51 II, III, Mentzel-Kuhn § 72 Anm. 1, Böhle-Stamschräder § 71 Anm. 1. Gegen die Einordnung des Konkursverfahrens als Vollstreckungsverfahren neuerdings sehr entschieden Münzel ZZP Bd. 66 S. 337f. Ihm gegenüber ist jedoch zu betonen, daß die zutreffende Erkenntnis, daß der Konkurs ein Verfahren der Vermögensliquidation ist (so schon Motive II S. 10, 297 und jetzt Baur bei Schönke-Baur § 51 II), dieser Einordnung nicht entgegensteht; denn die Vermögensliquidation wird hier zum Zwecke der Haftungsverwirklichung im Stadium der Insolvenz des Schuldners durchgeführt. Allerdings ist der Konkurs als Gesamtvollstreckungsverfahren eigenständig gestaltet, weshalb die Bestimmungen der ZPO über die Einzelvollstreckung grundsätzlich von einer entsprechenden Anwendung auf das Konkursverfahren ausgeschlossen sind [§ 72 Anm. 5]. Aus dem Schrifttum des österr. Rechts vgl. Ott GrünhutsZ 30 S. 331ff., Rintelen Handbuch S. 29f., A. Lehmann ÖsterrKO (1916) I S. 443ff. Abw. Oetker I S. 13ff., Schultzenstein ZZP 43 S. 328ff., Kleinfeller LZ 1911 Sp. 251f., ZZP 46 S. 235f., 50 S. 340, Pollak GrünhutsZ 37 S. 499ff., Bartsch-Pollak ÖsterrKO[2] S. 782f.

2. Der Konkurs des geltenden Rechtes entwickelt sich unter einer eigenartig gestalteten **Selbstverwaltung.** 4

a) Sammlung, Verwaltung, Verwertung und Verteilung der Masse sind Aufgaben nicht des Konkursgerichts, sondern des Konkursverwalters (§ 117), der zwar innenrechtlich gehalten ist, vor wichtigen oder ungewöhnlichen Maßnahmen die Genehmigung eines Gläubigerausschusses oder der Gläubigerversammlung einzuholen (§§ 133—136), aber keineswegs durch bindende Weisungen des Konkursgerichts geleitet wird. Er ist kein Beamter. Weder als bloßes Werkzeug des Gerichts noch als selbständige Behörde, sondern als Vermögensverwalter ohne eigne obrigkeitliche Macht hat er unter persönlicher Verantwortlichkeit die ihm vom Gesetz anvertraute Aufgabe zu lösen. Setzt er, um einen Widerstand des Schuldners zu brechen, die staatliche Zwangsgewalt in Bewegung (§§ 100, 125) oder macht er Massegegenstände in den Formen der Zwangsverwertung zu Geld (§§ 126,

127), so übt er natürlich nicht stellvertretend Rechte des Gemeinschuldners aus, sondern Eigenbefugnisse, die ihm das Gesetz zur Förderung seiner Aufgabe und ebendarum auf Kosten der Masse (§ 58 Nr. 2) einräumt. Dieser Gedanke der Selbsthilfe, der in den italischen Stadtrechten des Mittelalters ausgebildet, von der französischen Handelsgesetzgebung übernommen und durch diese in die preuß. KO von 1855 übertragen worden war, bedeutet gegenüber dem unter spanischem Einfluß ausgeprägten System der konkursgerichtlichen Amtstätigkeit, das um die Mitte des 19. Jahrhunderts noch den größten Teil unseres Vaterlandes beherrschte, einen gewaltigen Fortschritt.

5 b) Aus dem die Konkursabwicklung beherrschenden Prinzip der Selbstverwaltung ergibt sich eine wesentliche Einschränkung der Aufgaben des **Konkursgerichts.** Als dem einzigen Konkursorgan, das hoheitliche Gewalt ausübt [§ 71 Anm. 16] steht ihm zwar die Entscheidung über die Voraussetzungen der Konkurseröffnung (§§ 102ff.) und der Konkursbeendigung (§§ 163, 190, 202, 204) sowie über die Anwendung von Zwangsmitteln (§§ 101 II, 106, 121) zu. Auch ernennt es den Konkursverwalter (§ 78) und eventuell einen vorläufigen Gläubigerausschuß (§ 87). Eine gestaltende Lenkung der Abwicklung des Konkurses ist ihm jedoch grundsätzlich versagt. Hier obliegt ihm regelmäßig nur die Sorge für die äußere Ordnung des Verfahrensablaufs (z. B. Bestimmung von Terminen und Fristen, §§ 110, 180, Leitung der Gläubigerversammlungen, §§ 93ff.) und die Überwachung der Gesetzmäßigkeit und Ordnungsmäßigkeit der Konkursabwicklung durch die Organe der Selbstverwaltung, vor allem den Konkursverwalter (§§ 83, 99). Auch bedarf die Vornahme der Schlußverteilung gerichtlicher Zustimmung (§ 161), eine Nachtragsverteilung gerichtlicher Anordnung (§ 166), die Vorauszahlung auf festgestellte Vorrechtsansprüche gerichtlicher Ermächtigung (§ 170). Nur Abschlagsverteilungen hat der Verwalter unabhängig vom Willen des Gerichts nach dem Prüfungstermine vorzunehmen, so oft ein die Verteilung lohnender Barbestand flüssig ist (§ 149, vgl. § 150). Abgesehen von der Konkurseröffnung, die einen Antrag eines Gläubigers oder des Gemeinschuldners voraussetzt (§ 103; Ausnahme für den Anschlußkonkurs §§ 19, 80, 101, 96 V VglO), hat das Gericht bei der Durchführung der ihm übertragenen Aufgaben in der Regel von Amts wegen vorzugehen und ist nur ausnahmsweise von dem Antrag eines Beteiligten abhängig. [vgl. § 72 Anm. 4]. Namentlich stellt es die zur Klärung im Konkurs erforderlichen Ermittlungen auch ohne Parteianregung an (§ 75).

c) Endlich obliegen dem Konkursgericht einzelne Entscheidungen, die entweder unmittelbar das gemeinsame Verfahren betreffen (z. B. §§ 85 I, 91 I, 158, 162, 184) oder „wegen ihres Einflusses auf den Fortgang der Sache mittelbar das Interesse aller berühren und auf den Weg des förmlichen Prozesses nicht verwiesen werden dürfen" (z. B. §§ 95, 96, 176). Dagegen sind Rechtsstreitigkeiten über Aussonderung, Absonderung, Aufrechnung, Gläubigeranfechtung oder Masseansprüche, ja selbst der Streit um das Konkursgläubigerrecht außerhalb des Konkursverfahrens nach allgemeinen Regeln auszutragen. Das Konkursgericht hat lediglich die Prüfung der angemeldeten Konkursforderungen zu leiten und das Prüfungsergebnis in der Konkurstabelle zu beurkunden (§ 145). Eine Entscheidung über Bestand und Vorrecht bestrittener Konkursforderungen fällt das Konkursgericht als solches niemals. Nur in der Zuständigkeitsvorschrift des § 146 II, die den Feststellungsprozeß je nach seinem Werte dem Amtsgericht oder dem Landgericht des schwebenden Konkurses zuweist, klingt die gemeinrechtliche Anziehungskraft des Konkurses (vis attractiva concursus) nach. Diesem Prinzip zufolge waren alle mit dem Konkurs im Zusammenhang stehenden und nicht schon anderweit anhängigen Prozesse vom Konkursgericht als solchem zu schlichten (vgl. v. Schrutka i. d. Festschrift für Franz Klein 1914 S. 99ff.). Die Zulässigkeit allgemeiner Auszahlungen war von der rechtskräftigen Erledigung sämtlicher Streitigkeiten abhängig. Flüssige Massemittel mußten, schlecht oder gar nicht verzinst, bis zur Konkursbeendigung unverteilt bleiben und selbst Gläubigern mit völlig einwandfreien Ansprüchen vorenthalten werden. Diese den Verkehrsbedürfnissen hohnsprechenden Grundsätze wurden für den größten Teil Deutschlands durch die preußische KO von 1855 beseitigt, in manchen Gebieten, namentlich in der sächsischen Staatengruppe, der Heimat des gemeinen Konkursprozesses, waren sie jedoch bis zum 1. Oktober 1879 in Geltung. In neuerer Zeit wird allerdings gerade im Interesse der Beschleunigung des Konkurses eine Rückkehr zur vis attractiva in der Form einer einheitlichen Zuständigkeit für alle gerichtlichen Aufgaben des Konkurses bei einer durch einen zweiten Berufsrichter ergänzten Kammer für Handelssachen vertreten, wobei diesem zweiten Berufsrichter die Aufsichtsaufgaben des heutigen Konkursgerichts obliegen sollten (Berges KonkTreuh. 1955 S. 53f. in wesentlicher Erweiterung von Vorschlägen des Verbandes der Vereine Kreditreform aus dem Jahr 1934, mitgeteilt bei Höver DJ 1935 S. 514). Die früheren Erfahrungen mit der vis attractiva mahnen allerdings zur Vorsicht bei Neuregelungen in dieser Richtung. Ausländische Rechte: § 71 Anm. 18, 1.

3. Das Konkursverfahren ist für kaufmännische und für nichtkaufmännische Schuldner **einheitlich** geregelt. Die mitunter schwierige Frage, ob der Schuldner Kaufmann oder Nichtkaufmann, ob er Voll- oder Minderkaufmann ist, hat also auf die Art der Konkursbehandlung keinen Einfluß. Tonangebende italische Stadtrechte, namentlich die Statuten von Florenz und Genua, der Napoleonische Code de commerce und zahlreiche ihm nachgebildete Gesetze haben das Konkursrecht als Teil des Handelsrechts entwickelt, kennen also nur einen Konkurs des Kaufmanns; anderwärts bestehen Unterschiede zwischen dem kaufmännischen und dem nichtkaufmännischen Konkurse [vgl. Bd. I Einleitung unter III]. Die unterschiedslose Zulassung und Behandlung des Konkurses, die schon dem gemeinen Recht entsprach, genügt heute allein den Verkehrsbedürfnissen. Die Konkursstatistik erweist, daß der Konkurs des Nichtkaufmanns eine nicht unerhebliche Rolle spielt. So wenig wie der Kredit ist der Konkurs ein rein kaufmännischer Begriff. Da unsere Zwangsvollstreckung im Unterschiede zum französischen Recht auf dem Grundsatz vom Vorrang des Erstzugreifenden beruht, dieser Grundsatz aber nur bei allgemeiner Möglichkeit des Konkurses und der besonderen Konkursanfechtung (§§ 30, 35) erträglich wird, war die Zulassung des nichtkaufmännischen Konkurses bei uns ein unabweisbares Bedürfnis. Eine zwiespältige Ordnung des kaufmännischen und des gemeinen Konkurses empfiehlt sich nicht. Unterscheidungen, wie sie namentlich hinsichtlich der Zulässigkeit einer Konkurseröffnung von Amts wegen, hinsichtlich des Konkursgrundes, der Vorrechtsordnung, der Statthaftigkeit eines Zwangsvergleichs und der Wiederbefähigung gemacht werden, sind ohne jede innere Rechtfertigung. Vgl. Motive II S. 10ff. 6

In der Landwirtschaft spielte der Konkurs von jeher eine geringe Rolle. Meist ersetzt ihn eine Liegenschaftsvollstreckung. Auch das gerichtliche Vergleichsverfahren zur Abwendung des Konkurses hat für Landwirte keine Bedeutung erlangt. Die besondere landwirtschaftliche Schuldenregelung auf Grund des Gesetzes v. 1. 6. 1933 (RGBl. I 331) und seiner zahlreichen Durchführungs-VOen ist durch das Gesetz z. Abwicklung d. landwirtschaftlichen Entschuldung v. 25. 3. 1952 (BGBl. I 203) abgeschlossen. 7

4. Auch eine verschiedene Gestaltung des Konkursverfahrens je nach dem Umfang der Masse, insbesondere eine verbilligte, vereinfachte und beschleunigte Abwicklung kleinerer Konkurse ist unserem Rechte fremd. Es gestattet lediglich eine Vereinfachung des allgemeinen Konkurses insofern, als bestimmte Einrichtungen nur fakultativ vorgesehen sind (wie der Gläubigerausschuß, § 87), gewisse Termine verbunden werden können (§§ 110, 183) und knappe Fristbemessung möglich ist (§§ 138, 179). In manchen Auslandsrechten werden dagegen geringfügige Sachen als Kleinkonkurse in einem vereinfachten, verbilligten oder beschleunigten Verfahren abgewickelt, so z. B. in Österreich (geringfügige Konkurse, §§ 169ff. KO), Holland (kostenlose Konkursbehandlung, Art. 16 F.W.), England (summarische Verwaltung kleiner Konkursmassen, § 129 B.A., B.R. 298ff.), Italien

und der Schweiz (summarisches Konkursverfahren, Art. 155ff. L.F. und Art. 231 SchKG). In anderen Auslandsrechten erübrigt sich eine besondere Regelung, weil hier jede Einzelvollstreckung zu einer gleichmäßigen Befriedigung der Gläubiger führen kann (so vor allem das französische Recht). Die Haltung des deutschen Konkursrechts in dieser Frage hat zur Folge, daß Konkurse mit kleinerer Masse häufig wegen des hohen Kostenaufwandes nicht eröffnet werden können (§ 107) bzw. eingestellt werden müssen (§ 202), so daß in diesen Fällen eine gleichmäßige Befriedigung der vorhandenen Gläubiger nicht durchgeführt werden kann, sondern ausschließlich die Prävention der Einzelvollstreckung Platz greift.

Erster Titel

Allgemeine Bestimmungen

(§§ 71 — 101)

§ 71

Für das Konkursverfahren ist das Amtsgericht ausschließlich zuständig, bei welchem der Gemeinschuldner seine gewerbliche Niederlassung oder in Ermanglung einer solchen seinen allgemeinen Gerichtsstand hat.

Sind mehrere Gerichte zuständig, so schließt dasjenige, bei welchem zuerst die Eröffnung des Verfahrens beantragt worden ist, die übrigen aus.

Die Landesregierungen werden ermächtigt, durch Rechtsverordnung die Konkurssachen einem Amtsgericht für die Bezirke mehrerer Amtsgerichte zuzuweisen, sofern die Zusammenfassung für eine sachdienliche Förderung und schnellere Erledigung der Verfahren erforderlich ist. Die Landesregierungen können die Ermächtigung auf die Landesjustizverwaltungen übertragen.

Materialien zu Abs. I und II: Motive I Bd. 2 S. 1ff., Motive II S. 293ff., Protokolle S. 59, 161, Kommissionsbericht S. 17, 18.

Abs. III eingeführt durch § 29 des Rechtspflegergesetzes vom 8. 2. 1957 (BGBl. I S. 18, Berichtigung S. 44).

Übersicht

I. Zuständigkeit des Konkursgerichts

1 1. Für das Konkursverfahren sind die mit Einzelrichtern besetzten **Amtsgerichte** zuständig (vgl. § 22 GVG., § 165 ZPO). Wie bei der Einzelvollstreckung bestimmte behördliche Verrichtungen dem Amtsgericht als Vollstreckungsgericht (§ 764 ZPO), so sind die behördlichen Funktionen in Konkurssachen dem Amtsgericht als Konkursgericht zugeteilt. Das Reichsrecht konnte mit den nach Durchführung des Grundsatzes der Selbstverwaltung und nach Verwerfung der Anziehungskraft [Vorbem. 5 z. 2. Buch] dem Konkursgericht verbleibenden prozessualen Aufgaben [Anm. 16] den Einzelrichter betrauen, da sie den Aufwand einer Kollegialentscheidung nicht rechtfertigen, zudem aber nach der Regel des Gesetzes (§ 73 III) einer Nachprüfung im Beschwerdeverfahren zugänglich sind. Die administrative Tätigkeit des Konkursgerichts eignet sich

überhaupt nicht zur erstinstanzlichen Behandlung durch ein Richterkollegium. Vgl. Motive II S. 293f. Ausländische Rechte: Anm. 20. Richterablehnung: § 72 Anm. 3; Exterritorialität: § 109 Anm. 10.

2. **Örtlich** zuständig ist in erster Linie das Amtsgericht, in dessen Sprengel der Gemeinschuldner seine gewerbliche Niederlassung hat, und nur, wenn er überhaupt oder doch zur Zeit einer solchen ermangelt, das Amtsgericht im allgemeinen Gerichtsstande des Gemeinschuldners. Sonach geht die gewerbliche Niederlassung dem Wohnsitze der natürlichen wie dem Sitze der juristischen Person vor. Bis zur Novelle von 1898 war lediglich der allgemeine Gerichtsstand maßgebend. Die Änderung des Gesetzes beruht auf der Erwägung, den Konkurs bei dem Amtsgericht des Ortes verhängen zu lassen, an welchem der Gemeinschuldner den Mittelpunkt seines wirtschaftlichen Daseins hat (vgl. Kommissionsbericht S. 17f.). Hat also z. B. ein Kaufmann seinen Wohnsitz im Vorort einer Großstadt, seine gewerbliche Niederlassung im Stadtinnern, so darf den Konkurs nur das Amtsgericht der Niederlassung eröffnen. Denn hier hat der Schuldner den Mittelpunkt seines wirtschaftlichen Daseins, hier wird also auch sein Schuldenstand im allgemeinen am zweckmäßigsten abgewickelt. Die Niederlassung (der Sitz) einer offenen Handelsgesellschaft bestimmt deren, die Niederlassung des einzelnen Gesellschafters dessen Konkursgerichtsstand. Die Niederlassung der Gesellschaft ist nicht ohne weiteres auch die der Gesellschafter. Wenn aber der offene Gesellschafter dadurch, daß er das gemeinschaftliche Handelsgewerbe betreibt oder mitbetreibt, zum Kaufmanne wird (Staub-Bondi HGB[14] § 1 Anm. 18, Würdinger HGB[2] § 1 Anm. 13d mit Verw.) und als solcher am Sitze der Firma ebenfalls den Mittelpunkt seines wirtschaftlichen Daseins hat, so ist dort auch „seine" gewerbliche Niederlassung im Sinne des § 71. So LG Berlin I KonkTreuh 1930 S. 15 Nr. 3; Dresden HRR 1937, 1121; Mentzel-Kuhn § 71 Anm. 2; Böhle-Stamschräder § 71 Anm. 3, während KG KonkTreuh 1929 S. 30 den Firmensitz schlechthin für Eigenkonkurse für unmaßgeblich hält. Diese Auffassung führt zu angemessenem Ergebnis. Denn auch beim offenen Gesellschafter wäre eine Regelung, die seinen Konkursgerichtsstand auf den im Vorort einer Großstadt belegenen Wohnsitz abstellte und die Führung des Gesellschafts- und des Eigenkonkurses am Gesellschaftssitze vereitelte, fraglos unzweckmäßig. Sonderregelung für den Nachlaßkonkurs: Anm. 9. Zum Folgenden Jaeger LZ 1909 Sp. 662ff. 2

a) **Gewerbliche Niederlassung** ist eine zum unmittelbaren und selbständigen Geschäftsabschluß ermächtigte, nicht eine Vertragsabschlüsse bloß vermittelnde Betriebsstelle, mag sie auch den Namen „Generalagentur" führen, und noch weniger die Einrichtung des technischen — wenn auch noch so großen — Betriebs für sich allein. Maßgebend ist also der Verkehr nach außen, nicht der innere Geschäftsgang. So begründet z. B. eine Fabrik auf dem Lande, die Tausende von Arbeitern beschäftigt, den Konkursgerichtsstand nicht, wenn die äußere Geschäftsleitung ihren Sitz nicht ebenda, sondern vielleicht in der stundenweit entfernten Großstadt hat. Das Erfordernis der Ermächtigung zum „unmittelbaren Geschäftsabschlusse" folgt auch aus § 72 KO mit § 21 I ZPO (Jaeger aaO. Sp. 662f. mit Verw.). Wie sich aus dem Worte „seine" gewerbliche Niederlassung — ebenso § 269 II BGB, dagegen § 238 KO, § 21 ZPO „eine" N. — und aus dem Zwecke des Konkurses, die Gesamtheit der vermögensrechtlichen Beziehungen des Gemeinschuldners abzuwickeln, wie aus der damit verknüpften Notwendigkeit, den Konkursgrund nach der Gesamtlage des Schuldnervermögens (nicht nach dem Geschäftsstand einer einzelnen Filiale) zu beurteilen, mit Bestimmtheit ergibt, handelt es sich im § 71 um die das ganze Erwerbsleben des Schuldners umfassende Niederlassung. Nur die Hauptniederlassung (Zentrale), nicht jede einzelne Zweigniederlassung (Filiale), begründet sonach die Zuständigkeit des Konkursgerichts. Bloße Zweigniederlassungen hier dem Wohnsitze vorgehen zu lassen, wäre eine höchst sachwidrige Regelung. Zust. OLG Posen PosMSchr. 1906 S. 175 u. jetzt herrschende Lehre, vgl. Jaeger aaO. Sp. 664f. mit Verw.; 3

Mentzel-Kuhn § 71 Anm. 2. Daß die Niederlassung in das Handelsregister eingetragen sei (§§ 13, 29 HGB), ist weder erforderlich noch genügend. Für den § 21 ZPO hat das RG Bd. **50** 425 angenommen, der Beklagte müsse die von ihm veranlaßte Eintragung wider sich gelten lassen. In unserem Falle dagegen, wo eine ausschließliche, also dem Parteiwillen unzugängliche Zuständigkeit in Frage steht, ist das Gericht durch den vom Schuldner erwirkten Registereintrag der Prüfung, ob in der Tat von dieser Stelle aus das Gewerbe unmittelbar betrieben wird, nicht überhoben (ebenso Mentzel-Kuhn § 71 Anm. 3). In diesem Sinne erkennt auch RG Bd. **93** 240 die Unmaßgeblichkeit des § 15 HGB für den Bereich des konkursrechtlichen Untersuchungsgrundsatzes an.

4 **b)** Wo der Gemeinschuldner seinen **allgemeinen Gerichtsstand** hat, bestimmen die §§ 13—19 ZPO. Bei natürlichen Personen ist sonach in erster Linie der Wohnsitz (§ 7 BGB) des Schuldners zur Zeit der Konkurseröffnung (§ 13 ZPO), in zweiter Linie der Aufenthalt und in dritter Linie der letzte Wohnsitz (§ 16 ZPO), für den Konkurs einer offenen Handelsgesellschaft, Kommanditgesellschaft, Aktiengesellschaft, einer Genossenschaft, eines Vereins mit oder ohne Rechtsfähigkeit oder eines anderen konkursfähigen Verbandes der Sitz maßgebend (§ 17 ZPO). In der Regel ist das der Ort, an dem die Verwaltung bzw. die Hauptverwaltung geführt wird. Bei der offenen Handelsgesellschaft und Kommanditgesellschaft ist eine abweichende Bestimmung des Sitzes im Gesellschaftsvertrag nicht möglich (vgl. Hueck, Recht der OHG[3] § 8 I 5 mit Verw.), während die Satzung der Aktiengesellschaft statt dessen auch den Ort, an dem die AG einen Betrieb hat oder den Ort, wo sich die Geschäftsleitung befindet, als Sitz bestimmen kann (§ 5 AktG); in den anderen Fällen ist die Satzung in der Bestimmung des Sitzes frei (vgl. §§ 24, 80 BGB; § 3 Ziff. 1 GmbHG; § 6 Ziff. 1 GenG; § 18 I VAG; ferner Stein-Jonas-Schönke[17] § 17 I). Der satzungsgemäß bestimmte Sitz kann sonach den Konkursgerichtsstand auch dann bestimmen, wenn die an diesem Orte zu führende Verwaltung aufgehört hat (LG Berlin I KonkTreuh. 1932 S. 30 Nr. 2). Entgegen der früher allgemein verneinenden Auffassung wird seit 1945 bisweilen bei Handelsgesellschaften mit Sitz in der Ostzone oder in Berlin die Möglichkeit eines doppelten Sitzes vertreten, von der überwiegenden Meinung aber abgelehnt; vgl. für die OHG: Hueck, Recht der OHG[3] S. 62 Anm. 4; für die AG: Baumbach-Hueck AktG[8] § 5 Anm. 2 B; für die Genossenschaft: Meyer-Meulenbergh GenG[7] § 7 Anm. 2.

5 **c)** Hat der Schuldner im Geltungsbereich der KO zwar „eine“ gewerbliche Niederlassung (auch Zweigniederlassung), aber keinen allgemeinen Gerichtsstand, so ist das Amtsgericht dieser Niederlassung als Konkursgericht zuständig, der Konkurs umfaßt aber dann nur das im Inlande befindliche Vermögen (§ 238 I). Bloße Zweigniederlassungen begründen also die Konkurszuständigkeit nur beim Fehlen eines allgemeinen Inlandsgerichtsstandes. Hat der Schuldner weder Niederlassung noch allgemeinen Gerichtsstand, aber ein selbstbewirtschaftetes Gut im Geltungsbereich der KO, so kann bei dem Amtsgericht, in dessen Bezirke das Gut sich befindet, ein Konkurs über das inländische Vermögen eröffnet werden (§ 238 II). Ist auch ein selbstbewirtschaftetes Gut im Inlande nicht vorhanden, so ist ein Konkurs über beschlagsfähiges Inlandsvermögen ausgeschlossen und dieses nur Einzelvollstreckungen zugänglich.

6 **d)** Da die KO sowohl in der Bundesrepublik wie in der DDR gilt, ist für die Konkursgerichte beider Teile Deutschlands in der Frage der Zuständigkeit in erster Linie § 71 maßgebend, d. h. das um Konkurseröffnung angegangene Gericht darf den Konkurs nur eröffnen, wenn in seinem Bezirk die gewerbliche Hauptniederlassung oder in Ermangelung einer solchen der allgemeine Gerichtsstand des Gemeinschuldners liegt. Davon ist die Frage zu unterscheiden, ob der eröffnete Konkurs das gesamte im Geltungsbereich der KO befindliche Vermögen des Gemeinschuldners, also auch Vermögen im anderen Teil Deutschlands erfaßt. Näheres in den Anm. zu §§ 237, 238. Allerdings ergeben sich aus der heute in

Westdeutschland überwiegenden Meinung, der Ostzonenkonkurs erstrecke sich in entsprechender Anwendung des § 237 nicht auf westdeutsches Vermögen (vgl. Mentzel-Kuhn § 237 Anm. 5 mit Nachw.), auch Konsequenzen für die Zuständigkeit. Man muß dann nämlich die Zuständigkeit eines westdeutschen Gerichts zur Konkurseröffnung auch dann bejahen, wenn sich die Hauptniederlassung des Gemeinschuldners noch in der Ostzone befindet, im Bezirke des westdeutschen Gerichtes aber sein allgemeiner Gerichtsstand (§ 71) oder auch nur eine Zweigniederlassung (analog § 238 I).

e) Sind an sich **mehrere** inländische Gerichte örtlich zuständig, weil z. B. 7
der Gemeinschuldner einen mehrfachen Wohnsitz (§ 7 II BGB) oder als Verband neben dem durch den Sitz bestimmten noch einen weiteren durch Statut, Gesetz oder Konzessionsbedingung begründeten allgemeinen Gerichtsstand (§ 17 III ZPO) im Inland hat, so entscheidet nach **Abs. II** die Prävention des Antrags (die Zeit des Eingangs dieser Parteierklärung), nicht die Zeit der Konkurseröffnung oder sonst einer Gerichtstätigkeit (z. B. Ladung). Der Antragsberechtigte hat unter mehreren zuständigen Gerichten die Wahl (vgl. § 72 KO mit § 35 ZPO). Die Konkurseröffnung im Auslande schließt die Eröffnung eines Inlandskonkurses nicht aus. Vgl. §§ 237, 238. Zuständigkeitsstreit: Anm. 14.

f) Wie sonst durch den Parteiakt der Klageerhebung wird hier durch den Parteiakt 8
der Konkursbeantragung (§ 103) die Zuständigkeit des Konkursgerichts festgelegt (vgl. § 72 KO mit § 263 Nr. 2 ZPO). Nachträgliche Veränderungen der die Zuständigkeit des angerufenen Gerichts begründenden Umstände vermögen daher den Konkursgerichtsstand nicht unmittelbar zu beseitigen. Verlegt der Schuldner in der Zeit zwischen Beantragung und Eröffnung des Konkurses seine Niederlassung (seinen Wohnsitz, seinen Sitz), so bleibt das angerufene Gericht gleichwohl für die Eröffnung des Verfahrens kraft dieses Antrags zuständig (Köln OLG 19 S. 218), mag auch die Eröffnung erst vom Beschwerdegericht ausgesprochen werden (vgl. §§ 74, 109). Die Erstreckung der Zuständigkeit dauert bis zur rechtskräftigen Abweisung des Konkursantrags. Treten also mehrere Zuständigkeitsgründe nacheinander ein, dann läßt der durch den Konkursantrag festgelegte erste Zuständigkeitsgrund den zweiten zunächst nicht wirksam werden. Auch für die Anordnung von Sicherungsmaßregeln (§§ 106, 113) ist zunächst nur das erstangerufene Gericht zuständig. Ebenso gibt die Zeit der Antragstellung den Ausschlag bei Änderungen von Gerichtsbezirken (Stölzel ZZP 32 S. 67, 79). Andrerseits genügt es, daß die den Gerichtsstand begründende Tatsache zur Zeit der Entscheidung über den Konkursantrag vorliegt, mag sie auch erst im Laufe des Beschwerdeverfahrens (vgl. § 570 ZPO) eingetreten sein. Näheres Jaeger aaO. Sp. 665ff. Nicht undenkbar ist übrigens, daß die durch den Erstantrag konzentrierte Zuständigkeit durch den früher in Rechtskraft erwachsenden Eröffnungsbeschluß eines anderen Gerichts beseitigt wird. da die Rechtskraft den Mangel der Zuständigkeit heilt [Anm. 12]. Zum Falle rechtskräftiger Eröffnung des Konkursverfahrens durch zwei Gerichte vgl. Anm. 14.

g) In gleicher Weise wird durch den Antrag des Schuldners auf Eröffnung des ge- 9
richtlichen Vergleichsverfahrens die Zuständigkeit des Gerichts (§ 1 I VglO) nicht nur für das Vergleichsverfahren, sondern auch für die Entscheidung über die Eröffnung des Anschlußkonkurses (§§ 19, 80, 101, 96 V u. VI VglO) gemäß § 115 VglO mit § 263 II Nr. 2 ZPO festgelegt. Eine in der Zwischenzeit erfolgte Änderung in den zuständigkeitsbegründenden Tatsachen ist daher ohne Bedeutung. Anders OLG Stuttgart NJW 1955 S. 1932 (zu § 96 V VglO), da Vergleichsverfahren und Anschlußkonkurs kein einheitliches Verfahren bildeten und bei Eröffnung und Durchführung des Anschlußkonkurses die räumliche Beziehung des Gerichts zur gewerblichen Niederlassung des Schuldners im Zeitpunkt der Konkurseröffnung von wesentlicher Bedeutung sei. Demgegenüber ist jedoch darauf hinzuweisen, daß in den Fällen der §§ 19 (Ablehnung der Eröffnung), 80 (Versagung der Bestätigung) und 101 (Einstellung) VglO die Entscheidung

über die Eröffnung des Anschlußkonkurses zugleich, d. h. in dem gleichen Beschluß mit der Entscheidung über die Beendigung des Vergleichsverfahrens zu treffen ist. Diese Regelung sowie die besondere Gestaltung der Anfechtung in §§ 19 II, 80 II, 101 S. 2 VglO schließt die Verweisung der Entscheidung über die Konkurseröffnung an ein anderes Gericht aus, sodaß bei Änderung der zuständigkeitsbegründenden Tatsachen die Eröffnung des Anschlußkonkurses vom Vergleichsgericht mangels Zuständigkeit abgelehnt werden müßte. Die Gläubiger hätten dann nur die Möglichkeit, bei dem jetzt zuständigen Gericht Antrag auf Eröffnung des Konkurses zu stellen, der aber dann nicht Anschlußkonkurs wäre. Aus der engen Verbindung der Entscheidung über das Vergleichsverfahren und den Anschlußkonkurs muß daher geschlossen werden, daß die Zuständigkeit des Vergleichsgerichts sich auch auf die Eröffnung des Anschlußkonkurses erstreckt. So schon Jaeger 6./7. Aufl. § 103 Anm. 13 (allerdings ohne nähere Begründung) und jetzt Bley[2] § 2 Anm. 45, Berges KonkTreuh. 1956 S. 96. Für den Fall, daß die Entscheidung über den Anschlußkonkurs erst im fortgesetzten Vergleichsverfahren gemäß § 96 V VglO zu treffen ist, kann nichts anderes gelten, zumal auch hier bei Eröffnung oder deren Ablehnung mangels Masse im gleichen Beschluß das Vergleichsverfahren einzustellen ist (§ 96 VI S. 1 VglO, vgl. auch S. 2), und schließlich auch nicht für den Fall der Entscheidung über einen Konkursantrag im fortgesetzten Vergleichsverfahren (§ 96 III, VI; vgl. auch § 46 VglO; Bley § 96 Anm. 16. A. A. AG Bad Pyrmont KonkTreuh. 1956 S. 95). Bley § 2 Anm. 45 ist auch darin zu folgen, daß ein Mangel der Zuständigkeit des Vergleichsgerichts nach § 1 I VglO durch die Eröffnung des Vergleichsverfahrens geheilt ist und damit die Zuständigkeit dieses Gerichts auch für den Anschlußkonkurs endgültig festgelegt ist.

10 h) Eine — von den Verfassern der Novelle wohl nicht beabsichtigte und auch nicht zu rechtfertigende — Ausnahme vom § 71 bildet die Vorschrift des § 214. Sie ermächtigt zur Eröffnung des Nachlaßkonkurses nicht in erster Linie das Gericht der gewerblichen Niederlassung des Erblassers, sondern das seines allgemeinen Gerichtsstandes im Zeitpunkte des Erbfalls. Stirbt also ein in Vermögensverfall geratener Kaufmann, der seinen Wohnsitz im Vorort, seine Niederlassung im Innern einer Großstadt hat, vor der Eröffnung des Konkurses dann sind die in Anm. 2 bezeichneten Mißstände unvermeidlich. Im übrigen vgl. § 214 Anm. 32ff.

11 i) Von der Ermächtigung des **Abs. III** (eingeführt durch § 29 des Rechtspflegergesetzes vom 8. 2. 1957, BGBl. I S. 18, Berichtigung S. 44), die Konkurssachen für die Bezirke mehrerer Amtsgerichte einem Amtsgericht (gemeinsamen Amtsgericht) zuzuweisen, sollten die Landesregierungen bzw. Landesjustizverwaltungen nur sehr zurückhaltend Gebrauch machen. Sicher kann es einen Nachteil für die sachdienliche und schnelle Verfahrensabwicklung bedeuten, wenn Amtsgerichte nur ganz gelegentlich mit Konkurssachen befaßt sind. Andererseits kann aber eine allzu große Entfernung zwischen dem Sitz des Gerichtes und der Konkursverwaltung die für den Erfolg des Verfahrens wichtige Zusammenarbeit erschweren oder gefährden und sich damit ebenso nachteilig auf das Verfahren auswirken. Vgl. im übrigen Arndt Rechtspflegergesetz §§ 28ff. Anm. 1—5, 12ff., 14, 17.

12 3. Die im § 71 verordnete Zuständigkeit ist **ausschließlich** (vgl. §§ 214, 238 II Satz 2) und dementsprechend nach jeder Hinsicht einer Vereinbarung entzogen (§ 40 II ZPO, § 72 KO). Stellt das angerufene Gericht seine Unzuständigkeit fest, so hat es den Eröffnungsantrag abzuweisen (Beschwerde des Antragstellers: § 109), auf Begehren des Antragstellers aber durch unanfechtbaren Beschluß an das bestimmbare zuständige Konkursgericht zu **verweisen** (§§ 276, 495 ZPO, § 72 KO, vgl. auch RG Bd. **121** 22 und Bd. **131** 200). An die Stelle der Verkündung des die Unzuständigkeit und die Verweisung aussprechenden Beschlusses tritt hier seine Zustellung (§ 73 I, II; RG aaO.). Die Verweisung kann der abgewiesene Antragsteller noch im Beschwerdeverfahren erwirken (§ 109 KO). Vor der Ab-

weisung muß dem Antragsteller Gelegenheit, die Überleitung zu erwirken, geboten werden (§ 139 ZPO, § 72 KO). LG Hamburg ZZP 49 S. 279 mit zust. Note Jaeger. Die Überleitung hält den Konkursantrag in Wirksamkeit, was namentlich für die besondere Konkursanfechtung (§ 30) und bereits verordnete Sicherungsmaßnahmen (§§ 106, 113) von Belang ist. Die entsprechende Überleitung eines Vergleichsantrags vom unzuständigen ans zuständige Gericht (§ 276 ZPO, § 115 VglO, Bley, VglO[2] § 2 Anm. 44) wahrt, wenn es zum Anschlußkonkurse kommt, den Schutz der Rückschlagssperre (§§ 104, 28 VglO; RG Bd. **131** 200). Hat ein unzuständiges Gericht den Konkurs eröffnet, dann steht nach der allzu engen Bestimmung des § 109 KO nur dem Gemeinschuldner die Beschwerde offen, mögen auch dessen Gläubiger durch den Verstoß noch so hart betroffen werden [§ 109 Anm. 1]. Mit Eintritt der Rechtskraft des Eröffnungsbeschlusses heilen Mängel der Zuständigkeit und der gehörigen Antragstellung. Erkennt das Gericht, nachdem es den Beschluß erlassen hat, seine Unzuständigkeit, so darf es ihn gleichwohl nicht abändern (§ 577 III ZPO). Jaeger LZ 1909 Sp. 668ff. In dem der Konkurseröffnung vorangehenden Verfahren kann der Schuldner die Zuständigkeit nach § 105 II bemängeln; es kann aber auch jeder andere Interessent, da die Zuständigkeit von Amts wegen zu prüfen ist, die Abweisung des Konkursantrages wegen Unzuständigkeit anregen.

4. Durch das im Rechtsmittelzuge zunächst übergeordnete Gericht 13
wird das zuständige Konkursgericht in Fällen des § 36 ZPO (§ 72 KO), „bestimmt". Diese Zuweisung der Zuständigkeit an ein „bestimmtes" Gericht ist ein Akt der Rechtspflege. Sie steht als selbständiges Verfahren außerhalb des Konkurses (vgl. RG Bd. **125** 310). Der Beschluß, der ein Gericht als Konkursgericht für zuständig erklärt, wird in der Regel ohne mündliche Verhandlung ergehen (§ 37 I ZPO), erlangt alsdann Wirksamkeit durch Zustellung an den Antragsteller (§ 329 III ZPO) und ist in jedem Fall unanfechtbar (§ 37 II ZPO). Er muß von dem für zuständig erklärten und nicht minder von einem ebendamit der Zuständigkeit entkleideten Gericht als unabänderlich hingenommen werden. Vgl. RG Bd. **86** 404; Warn. 1917 Nr. 123.

a) Die Bestimmung des zuständigen Gerichts hat vor allem Bedeutung, wenn mehrere Gerichte, von denen eines als Konkursgericht zuständig sein muß, sich durch Abweisung des Konkursantrags rechtskräftig für unzuständig erklärt haben (§ 36 Nr. 6 ZPO: negativer **Zuständigkeitsstreit**). Das Gesuch um Bestimmung der Konkurszuständigkeit kann nicht nur der abgewiesene Antragsteller anbringen, sondern jeder zur Stellung eines Konkursantrags Berechtigte (§ 102 II). 14

b) Im Falle eines positiven Zuständigkeitsstreites (§ 36 Nr. 5 ZPO) ist dagegen für eine Bestimmung des zuständigen Gerichts nur Raum, wenn mehrere sich auf die Bejahung der Zuständigkeit beschränkende rechtskräftige Zwischenentscheidungen (Zulässigkeit nach § 72 KO, § 275 ZPO sehr fraglich) vorliegen, was praktisch nicht vorkommen wird, oder in dem gleichfalls nicht praktischen Fall, daß der Konkurs durch verschiedene Gerichte genau im gleichen Zeitpunkt (§ 108) eröffnet worden ist und die Eröffnungsbeschlüsse rechtskräftig geworden sind. Im letzteren Falle kann jeder Beteiligte (Gemeinschuldner, Konkursverwalter, Konkursgläubiger, Massegläubiger) das Gesuch um Zuständigkeitsbestimmung anbringen. Tritt dagegen der Zuständigkeitsstreit in der Form auf, daß mehrere Gerichte zeitlich nacheinander den Konkurs über das Vermögen desselben Gemeinschuldners rechtskräftig eröffnet haben, so kann der Konflikt nicht, wie allgemein angenommen wird (vgl. Jaeger, 6., 7. Aufl. Anm. 18; LZ 1909 Sp. 671 f.; Kohler, Lehrb. S. 600, 635; Mentzel-Kuhn § 71 Anm. 5; Böhle-Stamschräder[4] § 71 Anm. 6) durch Bestimmung des zuständigen Gerichts gelöst werden. Vielmehr hat hier die erste Konkurseröffnung die Konkurswirkungen, vor allem den Konkursbeschlag ausgelöst, und zwar auch dann, wenn das Gericht seine Zuständigkeit zu Unrecht angenommen hatte; denn der Mangel der Zuständigkeit ist durch die Rechtskraft geheilt [Anm. 12]. Eine zeitlich spätere Konkurseröffnung kann die Konkurswirkungen nur noch bezüglich eines etwaigen Neuerwerbs auslösen. Der später eröffnete Konkurs ist also in der Regel mangels Masse einzustellen (§ 204).

15 c) Ob sich eine entsprechende Anwendbarkeit des § 36 Nr. 3 (§ 72 KO) zu dem Zwecke rechtfertigen läßt, ein und dasselbe Gericht für die Konkurse mehrerer Mitschuldner mit verschiedenen Konkursgerichtsständen zuständig zu machen, ist zweifelhaft (ablehnend Karlsruhe BadRspr. 1920 S. 137 = OLG 42, 75 Anm. 1), aber bei ausreichendem Bedürfnis im Einzelfall anzunehmen (Jaeger LZ 1909 Sp. 672) z. B. für die Konkursverfahren über das Vermögen mehrerer Gesellschafter einer bürgerlichrechtlichen Gesellschaft (BGH LM § 36 Ziff. 3 ZPO Nr. 3 = NJW 1951, 312). Hat ein Gericht über das Vermögen eines Mitschuldners den Konkurs bereits eröffnet, so ist die Zuständigkeitsbestimmung zwar nicht ausgeschlossen (so Karlsruhe aaO. im Anschluß an die ältere Rechtsprechung des RG zu § 36 Ziff. 3 ZPO und ihm folgend Jaeger, 6., 7. Aufl. Anm. 18; vgl. aber jetzt Stein-Jonas-Schönke § 36 I 2), sondern nur noch in dem Sinne möglich, daß bei diesem Gericht auch für den noch nicht eröffneten Konkurs über das Vermögen eines Mitschuldners die Zuständigkeit begründet wird. Zu beachten ist aber, daß damit nur mehrere Verfahren ein gemeinsames Konkursgericht erhalten, nicht aber diese Verfahren miteinander verbunden werden. Sie behalten ihre Selbständigkeit. Ein gemeinsamer Konkurs über das Gesamtvermögen verschiedener Personen ist nicht zulässig [§ 1 Anm. 70a].

15a d) War beim Zusammenbruch des Deutschen Reiches ein Konkursverfahren bei einem Gericht anhängig, an dessen Sitz deutsche Gerichtsbarkeit nicht mehr ausgeübt wird, so hat der BGH auf Antrag in entsprechender Anwendung des § 36 Nr. 1 ZPO ein Gericht der Bundesrepublik oder West-Berlins als Ersatzgericht für die Weiterführung des Konkursverfahrens zu bestimmen; maßgebend für die Bestimmung ist primär eine gewerbliche Niederlassung oder ein allgemeiner Gerichtsstand des Gemeinschuldners in diesem Gebiet, hilfsweise der Besitz von Vermögen (entspr. § 71 KO, § 4 IV Zuständigkeitsergänzungsgesetz vom 7. 8. 1952, BGBl. I S. 407; BGH 7 307 = NJW 1952, S. 1413).

II. Aufgaben des Konkursgerichts

16 1. Über die dem Konkursgericht im Verfahren zugewiesene Stellung und seine Aufgaben vgl. Vorbem. 4 u. 5 z. 2. Buch. Begrifflich lassen sich zwei verschiedenartige Gruppen von Obliegenheiten des Konkursgerichts unterscheiden: prozessuale („richterliche" im engeren Sinne) und rechtspolizeiliche („administrative"). Prozessuale Verrichtungen sind namentlich die Eröffnung (§§ 102ff.), Beendigung (§§ 163, 190, 202ff.) und Wiederaufnahme (§ 198) des Konkursverfahrens, die Anordnung von Sicherheits- und Zwangsmaßregeln (§§ 101, 106, 110, 113) die Entscheidung über unsichere Stimmrechte (§§ 95, 96) und über Einwendungen gegen die Verteilungspläne des Verwalters (§§ 158, 162). Dagegen gehören begrifflich der freiwilligen Gerichtsbarkeit an die Ernennung und Überwachung des Verwalters (§§ 78ff., 83f., 110), die Bestellung eines vorläufigen Gläubigerausschusses (§ 87), die Festsetzung von Gebührnissen (§§ 85, 91), die Berufung und Leitung der Gläubigerversammlungen (§§ 93ff., 110, 179), die Untersagung im Sinne der §§ 99, 130 II, 135 II, die Beurkundung des Prüfungsergebnisses (§ 145), die Beaufsichtigung des Vergleichsverfahrens (§§ 173ff.) und die Erteilung oder Versagung der Vergleichsbestätigung (§§ 184ff.). Aufklärungen nach § 75 kann das Konkursgericht in Erfüllung von Aufgaben der einen oder anderen Art vornehmen. Nach positivem Recht unterliegen „Entscheidungen im Konkursverfahren", auch soweit sie begrifflich Administrativakte darstellen, der sofortigen Beschwerde des Zivilprozesses (§§ 73 II, 72 KO, § 577 ZPO), nicht etwa — wie Beschlüsse des Vormundschaftsgerichts — dem Beschwerdeverfahren der freiwilligen Gerichtsbarkeit [Vorbem. 3 zum 2. Buch]. So z. B. die Ernennung des Verwalters (§ 78 I) und die Bestätigung eines Zwangsvergleichs (§ 189).

Durch § 3 I Nr. 3c, § 21 I des Rechtspflegergesetzes vom 8. 2. 1957 (BGBl. I S. 18) werden erstmalig auch einzelne richterliche Geschäfte im Konkursverfahren an den **Rechtspfleger**, in erster Linie einen Beamten des gehobenen Justizdienstes (Näheres § 2) übertragen. Es handelt sich um folgende Geschäfte: Prüfung der Schlußrechnung nach § 86, Anordnung nach § 107 II, Eintragungsersuchen nach §§ 113 II, 114, Fristbestimmung nach § 127 II, Erlaß von Verfügungen zur Ergänzung und Richtigstellung der Anmeldung nach §§ 139, 140, Erteilung des Tabellenauszugs nach § 146 I S. 2, Anordnung und Rechnungsprüfung einer Nachtragsverteilung nach § 166, Ermächtigung nach § 170 sowie die Erteilung der Vollstreckungsklausel nach §§ 164, 194. Näheres in den Anm. zu den genannten Paragraphen. Darüber hinaus gibt § 21 II dem Konkursrichter die Ermächtigung, nach der Erlassung des Eröffnungsbeschlusses und der Ernennung des Konkursverwalters „in geeigneten Fällen" das Konkursverfahren dem Rechtspfleger ganz zu übertragen. Diese weitgehende Ermächtigung ist angesichts der Zurückhaltung bei der gesetzlichen Übertragung von Geschäften, die auf verhältnismäßig einfache Aufgaben beschränkt ist. überraschend. Der Richter wird von ihr nur mit der größten Vorsicht Gebrauch machen dürfen. Für die Übertragung kommen nur einfach gelagerte Konkurse und nur Rechtspfleger mit langjähriger Konkurserfahrung in Betracht. Vgl. Arndt RPflegerGesetz § 21 Anm. 30 mit § 20 Anm. 37. Die Anordnung und Abnahme von Eiden (etwa im Rahmen der Amtsermittlung nach § 75) sowie die Anordnung und Verhängung von Haftstrafen (§§ 101 II, 106 I) sind auch hier dem Richter vorbehalten (§ 4 II, III). Vgl. zu den unverzichtbaren Richtervorbehalten auch Arndt § 21 Anm. 31 ff., der zu ihnen auch die Bestätigung des Zwangsvergleichs nach § 184 rechnet. Auch soll der Rechtspfleger ihm durch das Gesetz oder durch den Richter übertragene Geschäfte u. a. dann dem Richter vorlegen, wenn er von einer ihm bekannten Stellungnahme des Richters abweichen will oder wenn sich besondere rechtliche Schwierigkeiten ergeben (§ 5 I). Der Richter bearbeitet die Sache dann so lange, als er es für erforderlich hält; er kann sie dem Rechtspfleger auch zurückgeben, der dann an die ihm vom Richter mitgeteilte Rechtsauffassung gebunden ist (§ 5 II). Hat der Richter von der Ermächtigung des § 21 II Gebrauch gemacht, so ist er, auch ohne daß dies im Gesetz ausdrücklich gesagt ist, jederzeit berechtigt und wohl auch verpflichtet, die Übertragung zu widerrufen, wenn sich der Fall als nicht geeignet herausstellt. Hat der Richter ein Geschäft selbst wahrgenommen, das dem Rechtspfleger übertragen war, so wird die Wirksamkeit des Geschäftes hierdurch nicht berührt, während ein Handeln des Rechtspflegers im nichtübertragenen Bereich unwirksam ist (§ 7). In der DDR ist eine Übertragung von Geschäften des Konkursgerichts auf den Rechtspfleger bisher nicht vorgesehen (vgl. VO vom 20. 6. 1947, ZVBl. 1947 S. 78, insbesondere § 11 d und g sowie Nathan NJ 1947 S. 122). 16a

2. Scharf zu scheiden von der Tätigkeit des Konkursgerichts als solchen sind Verrichtungen, die „das Amtsgericht, bei welchem das Konkursverfahren anhängig ist", als Vollstreckungsgericht (§ 125) oder als Prozeßgericht (§§ 146 II, 164 III, 206) wahrzunehmen hat. Die §§ 73—75 sind in solchen Fällen unanwendbar. Das Erkenntnisverfahren in bürgerlichen, aus Anlaß des Konkurses entstehenden Rechtsstreitigkeiten gehört keinesfalls zu den Aufgaben des Konkursgerichts als solchen [Vorbem. 5 zum 2. Buch]. „Urteile" ergehen „im Konkursverfahren" nicht [§ 73 Anm. 2]. Wo immer aber die Gesetze Verrichtungen der Rechtspflege einem Amtsgericht als „Konkursgericht" zuweisen, wird damit das Verfahren zum Konkursverfahren gestempelt und der streitigen Gerichtsbarkeit eingereiht. Die Zuteilung beruht auf Zweckmäßigkeitsgründen. So gehören Bestellung, Überwachung und Entlassung eines Pflegers im allgemeinen der freiwilligen, in den besonderen Fällen des § 78 VAG., § 32 V DepotG aber der streitigen Rechtspflege an [§ 61 Anm. 5 u. Anm. 6 l]. 17

III. Amtspflichtverletzung

18 Ausübung anvertrauter „öffentlicher Gewalt" i. S. des a. 77 EGBGB und eines anvertrauten „öffentlichen Amtes" i. S. des a. 34 GG ist jede konkursrichterliche Amtstätigkeit, auch die überwachende und die beurkundende [§ 83 Anm. 3, § 140 Anm. 2, § 146 Anm. 20]. Schädigt der Konkursrichter bzw. im übertragenen Bereich der Rechtspfleger [Anm. 16a] durch Amtspflichtverletzung z. B. durch Verletzung seiner Pflicht zur Beaufsichtigung des Konkursverwalters (§ 83; RG Bd. **154** 295) oder durch eine unberechtigte Konkurseröffnung auf Grund unzulänglicher Ermittlungen (BGH Konk. Treuh. 1957 S. 12) einen Beteiligten, so haftet dem Verletzten das Land mit den sich aus § 839 I und III BGB ergebenden Beschränkungen, dem bei vorsätzlichem oder grob fahrlässigem Handeln der Rückgriff gegen den Konkursrichter bzw. den Rechtspfleger vorbehalten bleibt (a. 34 GG); die Schranke des § 839 II BGB scheidet aus, weil das Konkursgericht keine Urteile zu erlassen hat [§ 73 Anm. 2], vgl. auch BGH aaO.

IV. Der Geschäftsgang in Konkurssachen

19 Das Verfahren der amtsgerichtlichen Geschäftsstellen in Konkurssachen regeln auf Grund des § 153 GVG die Dienstanweisungen der Länder, vorwiegend nach preußischem Muster. Für die Gerichte im Gebiete des früheren Preußen ist maßgebend die „Geschäftsordnung für die Geschäftsstellen der ordentlichen Gerichte usw." vom 21. Oktober 1931, veröffentlicht im JMBl. 1931 als Beilage zu Nr. 46. Siehe ferner § 15 Aktenordnung für die Deutschen Justizbehörden vom 28. 11. 1934 (DJ 34 S. 1492) und Groutars-Ress-Meyer, AktOrd. Erl. 24. Eingehende Darstellung des Geschäftsgangs unter Abdruck der gebräuchlichen Formulare: Schrader, Handbuch der amtsgerichtlichen Praxis, I. Teil Bd. III und Ebert-Küchenhoff-Meiss, Das amtsgerichtliche Dezernat[15] S. 737 ff.

20 **Zusatz. Fremde Rechte*).**

1. In vielen Auslandsrechten gilt noch der gemeinrechtliche Grundsatz einer *vis attractiva concursus* [Vorbem. 5 zum 2. Buch], insbesondere für Feststellungs- und Anfechtungsstreitigkeiten. Damit hängt zusammen, daß häufig Kollegialgerichte zu Konkursgerichten bestellt werden. Die Leitung des eigentlichen Konkursverfahrens, insbesondere die Aufsicht über die mit der Verwaltung betrauten Personen, obliegt dann aber doch einem Einzelrichter, meist einem Mitglied des Konkursgerichts als beauftragtem Richter. So in Frankreich: *tribunal de commerce* und *juge-commissaire* (Art. 4 ff., 22 D. 20 mai 1955); Belgien (wie Frankreich, Art. 466 ff. C. com.); Holland: *rechtsbank* und *rechter-commissaris* (Art. 1, 14 F. W.); Österreich: Handelsgericht, Landes- oder Kreisgericht; zum Konkurskommissär kann auch ein Richter eines untergeordneten Bezirksgerichts ernannwerden (§§ 63 ff., 79 ff. KO); Italien: *tribunale* und *giudice delegato* (Art. 9, 25 L.F.).

In Rußland ist nach der gesetzlichen Regelung Konkursgericht das Volksgericht *(narodnyj sud)*, das mit einem vorsitzenden Volksrichter und zwei Volksbeisitzern besetzt ist (Art. 319, 24a GPK). Die Schweiz überläßt dem kantonalen Recht die Entscheidung, ob für die dem Konkursrichter übertragene Aufgabe „Einzelrichter, Gerichte oder Ausschüsse von solchen zuständig erklärt werden" (Art. 22 SchKG). In Schweden werden Einzelrichter als Konkursrichter *(konkursdomare)* tätig; sie werden von einem Sachwalter des Gerichts *(rättens ombudsman)* unterstützt, der „ein ehrlicher und verständiger Mann" sein soll und vor allem die Aufsicht über den Konkursverwalter zu führen hat (§§ 7, 44 ff. KL). In England sind die *Chancery Division* des *High Court of Justice* und einzelne Grafschaftsgerichte zuständig; die Geschäfte sind zwischen *judge* (Einzelrichter) und *registrar* aufgeteilt (§§ 96, 102 B.A.; B.R. 8 ff.). Die Zuständigkeit hängt davon ab, wo der Gemeinschuldner den größeren Teil des letzten Jahres vor Konkurseröffnung *residence* hatte oder seine Geschäfte betrieb; war dies im *London bankruptcy district*, so ist der *High Court of Justice* zuständig (§ 98 B.A.). In den Vereinigten Staaten sind die Bundesbezirksgerichte *(US District Courts)*, die mit Einzelrichtern besetzt sind, Konkursgerichte (§§ 1, 2 B. A.; 11 USCA

*) Im 2. Band sind die Zusätze Fremde Rechte unter Beschränkung auf die wichtigeren ausländischen Rechte neu bearbeitet. Literaturhinweise werden in den Zusätzen nicht gegeben. Die einschlägige Literatur ist für die einzelnen Staaten in III. der Einleitung zum 1. Band zusammengestellt. Dort sind auch die gebrauchten Abkürzungen für die Gesetze der einzelnen Länder enthalten.

§§ 1, 11); auf Überweisung *(reference)* und vorbehaltlich einer Nachprüfung durch den ordentlichen Richter wird ein Konkurshilfsrichter *(referee)* tätig (§ 22 B. A.; 11 USCA § 45); die örtliche Zuständigkeit ist ähnlich geregelt wie in England.

2. Im übrigen ist für die örtliche Zuständigkeit meist primär der Wohnsitz maßgebend. Nach § 44 der österreichischen Jurisdiktionsnorm muß ein unzuständiges Gericht auch im Konkursverfahren „in jeder Lage des Verfahrens von Amts wegen oder auf Antrag durch Beschluß seine Unzuständigkeit aussprechen" und den Konkurs an das zuständige Gericht verweisen. In England kann das Verfahren jederzeit auch von Amts wegen „aus gutem Grund" an ein anderes Konkursgericht abgegeben werden (§ 100 B.A.; B.R. 21 ff.). Bei mehrfacher Zuständigkeit ist in Rußland das Verfahren an das Gericht zu verweisen, bei dem der Konkurs zuerst eröffnet oder zuerst Konkursantrag gestellt worden ist (Anm. zu Art. 319 GPK); in Österreich (§ 63 III KO) und der Schweiz (Art. 55 Satz 2 SchKG) gibt die Priorität der Konkurseröffnung den Ausschlag.

§ 72

Die Vorschriften der Zivilprozeßordnung finden, soweit nicht aus den Bestimmungen dieses Gesetzes sich Abweichungen ergeben, auf das Konkursverfahren entsprechende Anwendung.

Materialien: Motive II S. 297 f., Protokolle S. 59, 161.

I. Das Konkursverfahren gehört seinem Zwecke nach der streitigen Gerichtsbarkeit an [Vorbem. 3 zum 2. Buch]. Damit steht im Einklang, daß die Vorschriften der **Zivilprozeßordnung** auf „das Konkursverfahren" — nicht z. B. auf anfechtungsrechtliche Zeitschranken [§ 31 Anm. 31 f., § 33 Anm. 2] — nach § 72 entsprechend anwendbar sein sollen, soweit sie nicht durch besondere Verfahrensvorschriften der Konkursordnung, vor allem §§ 73—75, verdrängt sind. Der Konkurs ist aber Vollstreckungs-, nicht Erkenntnisverfahren [vgl. Vorbem. 3 zum 2. Buch]. Darum kann die Anwendbarkeit der auf das Erkenntnisverfahren zugeschnittenen Bestimmungen des Prozeßgesetzes nur eine „entsprechende" oder (wie der § 172 ÖsterrKO sagt) „sinngemäße" sein. Wegen der Vorschriften des 8. Buches über die Zwangsvollstreckung vgl. Anm. 5. Die Maßgeblichkeit des Gerichtsverfassungsgesetzes für das Konkursverfahren setzt unser Reichsrecht als selbstverständlich voraus (Hahn Materialien des GVG 1879 S. 187, 370). Auch das Ges. über die Zuständigkeit der Gerichte bei Änderung der Gerichtseinteilung v. 6. 12. 1933 (RGBl. I S. 1037) reiht im a. 1 den Konkurs unter die bürgerlichen Rechtsstreitigkeiten ein. 1

Besonderheiten des Konkursverfahrens ergeben sich namentlich in folgenden Punkten:

1. Für die Anwendbarkeit der Vorschriften der ZPO und des GVG auf die **Verhandlungen** vor dem Konkursgericht ist zunächst die Unterscheidung zwischen den unter der Leitung des Konkursgerichts stehenden Gläubigerversammlungen und einer mündlichen Verhandlung bedeutsam, die das Konkursgericht vor einer Entscheidung besonders angeordnet hat (§ 73 I). 2

a) In den Gläubigerversammlungen des Konkurses, im Wahl-, Prüfungs-, Schluß- oder Vergleichstermine (§§ 110, 141, 162, 179), wird nicht vor einem „erkennenden" Gericht im Sinne des § 169 GVG verhandelt. Daher stehen diese Termine nicht unter dem Gebote der **Öffentlichkeit.** Protokolle S. 68 f. Unbeteiligte haben also keinen freien Zutritt. Doch können sie (z. B. als Pressevertreter, Organe von Gläubigerschutzverbänden, Studierende zu Lehrzwecken) vom Konkursrichter zugelassen werden (§ 175 II GVG). Da hier die Aussprache der Beteiligten nicht den Zweck hat, dem Gericht Stoff für eine ihm obliegende „Entscheidung" zu unterbreiten, bleibt auch eine entsprechende Anwendbarkeit des § 157 ZPO ausgeschlossen: Bevollmächtigte oder Beistände können mangels persönlicher oder sachlicher Eignung nicht vom Konkursrichter zurückgewiesen werden. Zust. Mentzel-Kuhn § 72 Anm. 2. So auch nicht im Prüfungstermin, weil das Konkursgericht über Bestand, Betrag und Vorrecht der in Anspruch genommenen Konkursgläubigerrechte nicht zu „entscheiden", sondern nur das Ergebnis der Aussprache zu beurkunden hat (abw. Philipowski KonkTreuh. 1928 S. 19ff.).

b) Ganz anders liegen die Dinge, wenn das Konkursgericht zur Förderung einer ihm obliegenden „Entscheidung" die nach § 73 I nicht gebotene mündliche Verhandlung angeordnet hat, etwa vor der Entscheidung über den von der Gläubigerseite ausgehenden Konkursantrag, dem sich der Schuldner widersetzt (§§ 103ff.). Diese Verhandlung ist öffentlich, nicht anders als etwa die Verhandlung über eine Ablehnung des Konkursrichters (§ 46 ZPO). Für sie gilt auch der § 157 ZPO [Anm. 3b]. Daraus, daß in diesen Fällen die Anordnung einer mündlichen Verhandlung dem Konkursgericht freigestellt ist, ergibt sich, daß die Entscheidungen des Konkursgerichts in der Form von Beschlüssen oder Verfügungen, nicht aber von Urteilen ergehen [vgl. auch § 73 Anm. 1 und 2]. Einziges Rechtsmittel ist daher die Beschwerde (§ 73 III), und zwar als sofortige (§ 577 ZPO). Wiederaufnahme: § 73 Anm. 14. Für ein Versäumnisverfahren i. S. der §§ 330ff. ZPO bietet der Konkurs keinen Raum.

3 c) Die Vorschriften der §§ 159ff., 510a ZPO mit §§ 182, 183, 185, 190 GVG über das **Protokoll** finden dagegen auch für die über die Gläubigerversammlungen zu führende Niederschrift entsprechende Anwendung. Zust. RG Bd. **64** 85 (Vergleichsprotokoll); a. A. Rostock MecklenbZ Jahrg. 46 S. 90f. Außer der Angabe von Ort und Tag der Verhandlung, der Namen der Gerichtspersonen und der erschienenen Beteiligten (§ 159 II Nr. 1, 2, 4 ZPO) sind also Beschlüsse des Gerichts (z. B. über Stimmrechte oder Vergleichsbestätigung) in das Protokoll selbst oder eine beigefügte Anlage aufzunehmen und der Verkündungsvollzug zu beurkunden (§ 160 II Nr. 5, 6, III, 164 ZPO). Aussagen im Termine gehörter Sachverständiger wären nach § 160 II Nr. 3, § 162 ZPO festzustellen. Vorsitzender und Urkundsbeamter unterschreiben (§ 163 ZPO). Für den Gebrauch der Kurzschrift gilt entsprechend der § 163a ZPO. Die Termine werden an der Gerichtsstelle abgehalten (§ 219 ZPO). Ferner sind alle Verhandlungen vor dem Konkursgericht, also auch die Gläubigerversammlungen, den allgemeinen Vorschriften über **Prozeßleitung** (§§ 136—144, 156 ZPO), **Sitzungspolizei** (§§ 176—183 GVG) und **Gerichtssprache** (§ 184—191 GVG) unterworfen.

3a 2. Auch im übrigen ergeben sich bei der Anwendung von Vorschriften der ZPO und des GVG auf die Tätigkeit des Konkursgerichts Besonderheiten.

a) Anwendbar sind die §§ 156ff. GVG über **Rechtshilfe** z. B. auf das Ersuchen des Konkursgerichts, auswärts wohnende Zeugen zu Zwecken einer Aufklärung nach § 75 abzuhören oder dem im Bezirk eines anderen Gerichts krank darniederliegenden oder eingesperrten Gemeinschuldner den Offenbarungseid (§ 125) abzunehmen (§ 72 KO mit § 479 I ZPO). Vgl. Augsburg OLG 9 S. 147f. (Ablehnung des Ersuchens nach § 158 II GVG mangels der Voraussetzungen des § 479 ZPO). Nicht aber kann das Konkursgericht die Abhaltung eines Konkurstermins, des Wahl-, Prüfungs-, Schluß- und Vergleichstermins, auf ein anderes Gericht im Wege „der Rechtshilfe" abwälzen, weil diese Amtshandlungen vom Konkursgericht so wenig lösbar sind als die Streitverhandlung vom Prozeßgericht: sie bilden überhaupt keine Gegenstände einer „Rechtshilfe" (für den Prüfungstermin im Ergebnis ebenso München BayZ 1920 S. 213f. II = OLG 42, 76). Ein Ersuchen um Aktenübersendung ist kein Ersuchen um Rechtshilfe im Sinn des § 157 GVG (Ausgburg OLG 9 S. 147), kann aber zum Zweck und auf Grund des § 75 KO statthaft sein. Die Bestimmungen des Haager Prozeßabkommens (RGBl. 1909 S. 410, 430) sowie des Rechtshilfevertrags mit Österreich (RGBl. 1924 II S. 55, 91, 1925 II S. 156), der zwar z. Z. noch nicht wieder in Kraft gesetzt ist, nach dem aber de facto im Rechtshilfeverkehr verfahren wird (vgl. Bülow-Arnold, Internationaler Rechtsverkehr E Österreich T 1 a. E.; II), gelten auch für Rechtshilfe in Konkurssachen.

b) Entsprechend anwendbar sind weiter die Vorschriften über **Ausschließung und Ablehnung** von Gerichtspersonen (§§ 41—49). Darum ist ein Richter von der Ausübung des Richteramts in Konkurssachen mit Einschluß des Beschwerdeverfahrens kraft Gesetzes namentlich dann ausgeschlossen, wenn er oder ein im § 41 ZPO bezeichneter Angehöriger von ihm entweder als Gemeinschuldner oder als Gläubiger beteiligt („Partei") ist. Notbehelf: § 36 Nr. 1 ZPO [§ 71 Anm. 13]. Vgl. Darmstadt HessRechtspr. 4 S. 50 (Mutter des Ausgeschlossenen ist Gläubigerin). Ob abgesehen von den Fällen des § 41 ZPO eine „Besorgnis der Befangenheit" des Konkursrichters begründet sei (§ 42 ZPO), ist eine Tatfrage, die im Konkursverfahren mit Rücksicht auf die beschränktere Richtertätigkeit anders zu beurteilen sein kann als im Erkenntnisverfahren (Celle JW 1930 S. 565 Nr. 9 mit Note Heilberg).

3. Für das Auftreten der Beteiligten — des Schuldners oder eines Gläubigers — 3b
im Konkursverfahren sind die Vorschriften über **Prozeßfähigkeit, gesetzliche Vertretung** und **Prozeßvollmacht** sinngemäß anwendbar. Zur Abgabe und Entgegennahme (vgl. z. B. §§ 130, 135) von Erklärungen im Konkursverfahren, besonders zur Antragstellung, Anmeldung, Abstimmung, Einwendung und zur Einlegung der Beschwerde, bedürfen daher Schuldner und Gläubiger der Prozeßfähigkeit. So ist der Konkursantrag eines geschäftsunfähigen und damit prozeßunfähigen (§ 51 ZPO) Schuldners unwirksam; doch kann die Unwirksamkeit durch die (auch konkludent erteilte) Genehmigung des gesetzlichen Vertreters geheilt werden (Karlsruhe HRR 1930 Nr. 1957). Ferner eignen sich die §§ 56, 81 [unten § 139 Anm. 4], 83, 89, 90, 157 [vgl. aber Anm. 2] ZPO zu entsprechender Anwendung. Anwaltszwang besteht nicht (§ 78 I ZPO). Vollmachten sind von Amts wegen zu prüfen (§ 88 II ZPO) und schriftlich nachzuweisen (§ 80 I ZPO). Nicht aber kann in den Gläubigerversammlungen jeder einzelne Gläubiger den Bevollmächtigten eines anderen nach § 80 II ZPO zur öffentlichen Beglaubigung der Vollmacht drängen, da die Gläubiger nicht schon als Konkurrenten „Gegner" im Sinne dieser Vorschrift sind (KG LZ 1916 Sp. 1391 Nr. 14, OLG 41 S. 251). Diese Praxis steuert dem unlauteren Treiben von Minderheitsvertretern, die damit rechnen, daß die Mehrheit Mühen und Kosten der Beglaubigung scheut, und so ihr Sonderinteresse durchzusetzen suchen (siehe bereits Jaeger BankA 15. Jahrg. S. 337). Die Vorschrift des § 224 II ZPO gilt auch für die Fristen im Konkursverfahren [§ 138 Anm. 6, § 152 Anm. 4]. Aus dem Grundsatze des § 496 II ZPO läßt sich die Folgerung ableiten, daß der Antrag auf Konkurseröffnung [§ 103 Anm. 3] und jede späterhin beim Konkursgericht außerhalb eines Termins abzugebende **Erklärung eines Beteiligten,** wie z. B. die Zurücknahme eines Widerspruchs [§ 141 Anm. 10], eine Einwendung [§ 158 Anm. 5] oder der Vergleichsvorschlag [§ 173 Anm. 20], schriftlich eingereicht oder zu Protokoll der Geschäftsstelle angebracht werden kann. Für die Anmeldung ist dies im § 139 ausdrücklich gesagt. In bestimmten Fällen wird jedoch Erklärung „im Termin", also mündliche Erklärung, verlangt [§ 73 Anm. 3]. Daß Gesuche zur Ablehnung eines Richters oder um Bewilligung des Armenrechts und Beschwerden zu Protokoll der Geschäftsstelle angebracht werden können, ergeben die besonderen Vorschriften der §§ 44, 118, 569, 577 ZPO.

Der § 299 ZPO gilt entsprechend für die **Konkursakten:** außer dem Konkursverwalter und Gemeinschuldner hat jeder einzelne Gläubiger die Rechte einer „Partei" auf Einsichtgestattung und auf Erteilung von Abschriften und Auszügen. So namentlich jeder Gläubiger (auch ein interessierter Massegläubiger) das Recht auf Erteilung einer Abschrift des im § 104 KO genannten Verzeichnisses, des Inventars und der Bilanz (§ 124) sowie der Konkurstabelle (§ 140). Näheres § 124 Anm. 4, § 140 Anm. 1, 4 mit Verw. Der § 299 ZPO gilt unmittelbar [§ 125 Anm. 3] auch für das Protokoll über die Abnahme des Offenbarungseides durch das Amtsgericht des Konkurses nach § 125 KO. Zust. hinsichtlich der Anwendbarkeit des § 299 ZPO Mentzel-Kuhn § 72 Anm. 2, Böhle-Stamschräder § 72 Anm. 2, Senst-Müller S. 21, Bisle Schuldnerkrise (1950) S. 29. Dagegen will Boennecke KonkTreuh. 1955 S. 176 aus den Vorschriften über Niederlegung von Schriftstücken auf der Geschäftsstelle zur Einsichtnahme der Beteiligten (§§ 86, 124, 140, 151, 178) den Umkehrschluß ziehen, daß § 299 ZPO im Konkursverfahren nicht anwendbar sei, weil er auf den Zweiparteienprozeß zugeschnitten sei. Sein Hinweis auf § 15 Abs. III AktO ist ohne Beweiskraft. Einzusehen sind die Akten an der Gerichtsstelle. Wenn ein gerechtfertigter Grund besteht, können sie auch in die Wohnung des Einsichtsberechtigten ausgefolgt und, wenn er etwa weit entfernt wohnt, an das auswärtige Amtsgericht versandt werden (KG. OLG 32 S. 407 β). Beiakten wie Grundbuch-, Register-, Straf- und Zivilprozeßakten, dürfen nur mit Erlaubnis der zuständigen Behörden eingesehen werden.

3c 4. Auf eine nach § 75 KO angeordnete **Beweisaufnahme** finden die §§ 355ff. ZPO entsprechende Anwendung. Zeugnisverweigerung: § 75 Anm. 3a. Ein formeller Beweisbeschluß mit der Angabe eines bestimmten Beweisthemas (§§ 358, 359 I ZPO) ist im Amtsermittlungsverfahren allerdings nicht erforderlich (insoweit zutreffend LG Hannover KonkTreuh. 1955 S. 190), wohl aber ist nach § 377 II ZPO dem Zeugen der Gegenstand der Vernehmung im allgemeinen mitzuteilen (abw. LG Hannover aaO., das es genügen läßt, wenn dem Zeugen mitgeteilt wird, daß er in einem bestimmten Konkursverfahren vernommen werden soll). Als Beteiligte kommen bei Beweisaufnahmen, vor allem für das Recht auf Teilnahme (§ 357 ZPO) und auf Fragestellung (§§ 397, 402 ZPO), neben dem Konkursverwalter wiederum Gläubiger und Schuldner in Betracht. Der Schuldner muß mit Rücksicht auf seine Rechtsstellung außerhalb des Konkurses (z. B. auf konkursfreies Vermögen, auf seine Haftung nach dem Konkurse) das Recht haben, der Beweisaufnahme anzuwohnen (Nürnberg OLG 19 S. 222), es sei denn, daß die Besorgnis besteht, er werde die Kenntnis der Beweisergebnisse zum Schaden der Konkursmasse mißbrauchen. Für einzelne Fälle läßt das Gesetz Glaubhaftmachung genügen (so in den §§ 105, 153 II, 188f., 191 II, 217 II, 218 II, 230 II). Soweit dem Konkursgericht tatsächliche Behauptungen glaubhaft zu machen sind, ist es auch ermächtigt, eidesstattliche Versicherungen entgegenzunehmen (§ 294 ZPO, § 156 StGB). Im übrigen folgt diese Ermächtigung im Bereiche des Untersuchungsgrundsatzes (§ 75) daraus, daß es insoweit Zeugen und Sachverständige sogar beeidet vernehmen darf [Anm. 4]. Alles, was in den amtlichen Aufklärungsbereich des § 75 fällt, kann Gegenstand einer solchen Versicherung sein, auch bei unaufgeforderter Abgabe (z. B. durch den Schuldner zwecks Beeinflussung der Zusammensetzung des Gläubigerausschusses). RG Strafs. Bd. **49** 75. Fälle sonstiger Anwendbarkeit der ZPO siehe z. B. § 71 Anm. 12 (Verweisung nach § 276 ZPO), § 71 Anm. 13f. mit §§ 209f. Anm. 1 (Zuständigkeitsbestimmung nach § 36 ZPO), § 73 Anm. 6 (Schranken der Beschwerde nach § 568 ZPO), § 103 Anm. 7 (§§ 91, 103ff. ZPO: Kostenlast und Kostenfestsetzung bei Abweisung von Konkursanträgen der Gläubiger), § 108 Anm. 3 (Berichtigung des Eröffnungsbeschlusses nach § 319 ZPO).

4 5. Das Gebot **amtlicher Stoffbeschaffung** (Untersuchungsgrundsatz, Offizialmaxime) beherrscht den Konkurs insofern, als das Konkursgericht durch den § 75 ermächtigt und angewiesen wird, nicht nur zur Vorbereitung der ihm selbst obliegenden konkursleitenden Maßnahmen (wie der Eröffnung oder Einstellung des Verfahrens), sondern auch zur Klärung anderer den Konkurs beeinflussender Verhältnisse die erforderlichen Ermittelungen, namentlich Beweisaufnahmen, von Amts wegen anzuordnen [§ 75 Anm. 1f.]. Im Zusammenhang mit diesem Grundsatze wird das Konkursgericht durch eine Reihe einzelner Vorschriften berechtigt und verpflichtet, von Amts wegen Maßnahmen zur Sicherung der Konkursmasse zu treffen (§§ 101, 106, 110, 118, 121, 197 II). Offizialbetrieb ist mit der Offizialmaxime nicht begriffsnotwendig verknüpft (s. auch Kleinfeller LZ 1911 Sp. 250). Dem Konkursgericht aber wird zugleich die amtliche Betreibung des Verfahrens in weitem Umfange zur Pflicht gemacht [vgl. auch Vorbem. 5 zum 2. Buch]. So sind Termine und Anmeldefrist nach Maßgabe der §§ 110f., 162, 179 von Amts wegen zu bestimmen und bekannt zu machen (vgl.

§ 93). Die Beteiligten haben nicht die Macht, Termine aufzuheben. Wohl aber kann das Konkursgericht auf Antrag oder von Amts wegen Termine aufheben oder verlegen und Verhandlungen vertagen (§ 227 ZPO). Entscheidungen des Konkursgerichts, selbst verkündete (anders § 329 III ZPO), sind den Beteiligten von Amts wegen zuzustellen (§ 73 II, vgl. § 73 Anm. 4), öffentliche Bekanntmachungen von Amts wegen zu bewirken (z. B. §§ 76, 81, 93, 98, 111, 179). Auch besteht insofern Amtsbetrieb, als das Gericht den Konkurs von Amts wegen aufzuheben (§§ 163, 190) oder mangels Massezulänglichkeit einzustellen hat (§ 204). Andrerseits setzen nicht nur die Konkurseröffnung (§ 103), sondern auch einige wichtige Anordnungen des Konkursgerichts im Verfahren einen Antrag voraus (vgl. §§ 84, 99, 121 II, 123, 127, 130 II, 135 II, 160, 188, 202).

6. Die Sätze der Zwangsvollstreckung (§§ 703ff. ZPO) sind unanwendbar. Wenn- 5
gleich das Konkursverfahren ein Vollstreckungsverfahren ist, so bildet es doch als Universalexekution innerhalb der zivilprozessualen Vollstreckung einen Gegensatz zur Singularexekution, zur „Zwangsvollstreckung" [Vorbem. 3 zum 2. Buch]. Grundsätzlich abw. Walsmann ArchBürgR Bd. 39 S. 58ff. Zur Anwendung im Konkurs eignen sich daher nur solche Vorschriften des 8. Buches der ZPO, die mit diesem Gegensatze nichts zu tun haben. So sind anwendbar: der § 705 ZPO auf die formelle Rechtskraft einer konkursgerichtlichen Entscheidung, der § 766 ZPO namentlich auf Einwendungen des Gemeinschuldners wegen Wegnahme angeblich konkursfreier Sachen durch den Gerichtsvollzieher, nicht durch den Verwalter [§ 1 Anm. 48], der § 767 besonders in den § 145 Anm. 11 bezeichneten Fällen, die §§ 807, 899—910, 913 ZPO auf Offenbarungseid und Haft des Gemeinschuldners (§§ 101, 106, 125 KO, Motive II S. 318). Siehe auch die Erläuterungen der §§ 74, 106, 107, 117, 125.

II. Auf die Vollstreckung überhaupt — auf Zwangsvollstreckung und Konkurs — 6
haben die Gerichtsferien keinen Einfluß; auch nicht auf das gerichtliche Konkursabwendungsverfahren (§ 202 GVG). Diese Besonderheit erstreckt sich nicht auf Klagen aus Anlaß des Konkurses, namentlich auf Aussonderungs-, Absonderungs-, Anfechtungs- und Feststellungsprozesse (§ 146) ebensowenig wie auf Klagen aus Anlaß einer Zwangsvollstreckung (z. B. auf Grund der §§ 767, 771 ZPO). Insoweit bewendet es bei den §§ 200, 201 GVG mit § 223 ZPO. Auf das Konkursverfahren selbst finden auch die Vorschriften über Unterbrechung und Aussetzung des Verfahrens (§§ 239ff. ZPO) keine Anwendung. Tod des Gemeinschuldners: § 214 Anm. 21ff. Ein Ruhen des Konkurses kann nicht wirksam vereinbart (siehe § 251 ZPO), geschweige denn einseitig von der Gläubigerversammlung herbeigeführt werden [§ 93 Anm. 2].

§ 73

Die Entscheidungen im Konkursverfahren können ohne vorgängige mündliche Verhandlung erfolgen.

Die Zustellung geschieht von Amts wegen.

Gegen die Entscheidungen im Konkursverfahren findet, soweit dieses Gesetz nicht ein anderes bestimmt, die sofortige Beschwerde statt.

Materialien: Motive II S. 298f., Protokolle S. 59f., 161.

I. Freigestellte Mündlichkeit der Verhandlung (Abs. I)

1. **Entscheidungen** im Sinne des Abs. I sind Richtersprüche ohne Rücksicht darauf, 1
ob sie begrifflich [§ 71 Anm. 16] der freiwilligen Gerichtsbarkeit oder dem Zivilprozeß angehören, ob sie das Gesamtverfahren bestimmen oder nur Zwischenfragen lösen, ob sie prozeßleitenden oder sachlichen Inhalts sind, auch reine Zweckmäßigkeitsanordnungen [Anm. 7]. Dahin gehören also nicht nur die Eröffnung, die Beendigung und die Wiederaufnahme des Konkurses, die Zuerken-

nung oder Versagung eines Stimmrechts, die Erledigung der Einwendungen im Verteilungsverfahren, sondern auch die Ernennung und die Maßregelung des Verwalters, die Inhaftnahme des Schuldners und andere einstweilige Schutzanordnungen, die Bestimmung von Fristen und Terminen. Nach der Regel des Gesetzes ist jede Entscheidung von Amts wegen zuzustellen (Abs. 2) und der sofortigen Beschwerde unterworfen (Abs. 3). Doch bestehen Ausnahmen nach beiden Richtungen. Siehe Anm. 4, 7. **Keine** „Entscheidung" ist einerseits die bloße Untätigkeit des Gerichts [Anm. 6], andrerseits eine die Entscheidung selbst nur vorbereitende Richtertätigkeit, wie z. B. die Anordnung einer Ermittelung nach § 75 (§ 105 II) oder die Zulassung eines Gläubigerantrags nach § 105 I (zust. Nürnberg LZ 1922 Sp. 268f. Nr. 3). Keine „Entscheidungen" im Sinne des § 73 sind die Beschlüsse der Gläubigerversammlung und des Gläubigerausschusses, auch nicht die Beurkundung des Ergebnisses der Aussprache im Prüfungstermin [§ 145 Anm. 3]. Zwischen gerichtlichen „Beschlüssen" und „Verfügungen" (vgl. § 160 Nr. 5 ZPO) wird nicht unterschieden. Nach dem Sprachgebrauche der ZPO sind die Entscheidungen des Konkursgerichts „Beschlüsse". Nur solche werden in der KO genannt (vgl. z. B. §§ 109, 163, 185, 189, 190, 198, 205). Urteile hat das Konkursgericht nicht zu erlassen [Anm. 2; siehe auch § 72 Anm. 2 unter b]. Für die Beschaffung der Entscheidungsgrundlagen gilt der Grundsatz der Amtsermittlung [vgl. dazu § 72 Anm. 4 und die Anm. zu § 75].

2 2. Die Entscheidungen, die „im Konkursverfahren" selbst — nicht etwa in einem aus Anlaß des Konkurses entstandenen besonderen Rechtsstreit [Vorbem. 5 zum 2. Buch] — erlassen werden, also Entscheidungen des Konkursgerichts als solchen **können** wie Entscheidungen des Vollstreckungsgerichts (§ 764 III ZPO) ohne mündliche Verhandlung ergehen. Das Gericht kann aber auch vor der Entscheidung die mündliche Verhandlung anordnen. Überall dort also, wo ein Verhandeln mit den Beteiligten als Grundlage einer vom Konkursgericht zu erlassenden „Entscheidung" in Frage kommt, ist die Mündlichkeit freigestellt. Eine so angeordnete mündliche Verhandlung hat den Zweck, den bereits in den Akten enthaltenen Stoff zu ergänzen. Dementsprechend muß das Gericht bei seiner Entscheidung neben dem Vorbringen in der mündlichen Verhandlung auch Schriftsätze berücksichtigen, soweit das Gesetz nicht gerade eine mündliche Erklärung verlangt [zur mündlichen Verhandlung vgl. auch § 72 Anm. 2, 3, 3a, 3b]. Auch wenn das Gericht die mündliche Verhandlung angeordnet hatte, ergeht, weil die Mündlichkeit nur freigestellt ist, der Regel des Zivilprozesses entsprechend die Entscheidung in Beschlußform, nicht in Urteilsform [vgl. § 72 Anm. 2]. Dementsprechend sind Tatbestand und Gründe nicht wesentlich; ihr Mangel bildet keine Gesetzesverletzung (RG Bd. **30** 339; JW 1900 S. 50 Nr. 13 und Stein-Jonas-Schönke § 329 ZPO I 4). Doch ist es Amtspflicht des Richters, eine der Beschwerde unterliegende Entscheidung behufs Ermöglichung der Nachprüfung mit Gründen zu versehen (vgl. auch Hamburg HRR 30 Nr. 258). Die auf mündliche Verhandlung ergehenden Beschlüsse müssen nach § 72 KO mit § 329 I ZPO, der auch bei freigestellter Mündlichkeit gilt, verkündet werden. Zust. Braunschweig OLG 15 S. 245; siehe Protokolle S. 60. Wegen der Zustellung auch dieser Beschlüsse vgl. Anm. 4.

3 Auch im Konkursverfahren gibt es allerdings Fälle einer gebotenen Mündlichkeit, insofern namentlich die Beschlußfassung der Gläubiger über den Vorschlag eines anderen Verwalters und über die Bestellung eines Gläubigerausschusses (§ 110), die Prüfung der angemeldeten Forderungen (§ 141), die Angelegenheiten des § 162 (mit § 86) und die Abstimmung über einen Zwangsvergleichsvorschlag des Schuldners (§ 179) nicht durch schriftliche Erklärung der Beteiligten, sondern nur „in Terminen" erledigt werden können, die vorher öffentlich bekannt zu machen sind. Ebenso muß der Antrag des § 99 „in der Gläubigerversammlung" gestellt werden. Allein diese Mündlichkeit ist keine „Verhandlung der Parteien über den Rechtsstreit vor dem erkennenden Gericht" im Sinne des § 128 I ZPO. Sie soll nicht die Grundlage für Entscheidungen über streitige Rechts-

verhältnisse abgeben. Namentlich hat auch der Prüfungstermin keineswegs diese Bedeutung. Denn das Konkursgericht ist gerade nicht zur Entscheidung über die erörterten Gläubigerrechte, sondern nur zur Beurkundung des Prüfungsergebnisses berufen (§§ 145 I, 146). In anderen Fällen gebietet das Gesetz, die Beteiligten vor der Entscheidung zu **hören.** Damit wird aber nur gesagt: es muß ihnen vorher Gelegenheit zur mündlichen **oder** schriftlichen Äußerung geboten werden. So nach den §§ 84 II, 95, 101 II, 105 II, 121 II, 127 II, 203 II, 208 II, 210 II, 217 II, 218 II, 230 II, 236 Satz 1 u. 4. Mündlich zu hören sind Gläubiger, Verwalter und Gläubigerausschuß vor Bestätigung des Zwangsvergleichs (§ 184). Siehe auch die §§ 97, 144ff., 182.

II. Zustellungen (Abs. II)

Das Gebot des Abs. II „die Zustellung geschieht **von Amts wegen**" enthält nicht nur die Anordnung des Amtsbetriebes für die Zustellungen im Konkursverfahren, sondern bedeutet darüber hinaus in seiner uneingeschränkten Fassung und im Zusammenhang mit Abs. I: „Die Entscheidungen im Konkursverfahren", also grundsätzlich alle, sind — sie mögen ohne mündliche Verhandlung oder nach solcher ergehen — den Beteiligten von Amts wegen zuzustellen. Das gilt im Gegensatze zum § 329 III ZPO, der eine Zustellung nur für nicht verkündete Beschlüsse vorschreibt, auch für verkündete Entscheidungen (Protokolle S. 60 Braunschweig OLG 15, 245; vgl. auch RG Bd. **137** 248). Nur in Fällen des § 185 ersetzt die Verkündung des Beschlusses dessen Zustellung [§ 185 Anm. 1]. Die Ansicht, daß verkündete unanfechtbare Entscheidungen (wie die der §§ 95, 96) dem Gebote der Zustellung von Amts wegen nicht unterliegen (Oetker I S. 106, 502; Wolff KO[2] § 73 Anm. 4, Senst-Müller Konkursrichter[4] S. 10) hat im Gesetz keinen Anhalt. Zust. Mentzel-Kuhn § 73 Anm. 2. Doch sieht die Praxis bei derartigen Entscheidungen weitgehend von besonderen Zustellungen ab. Jedenfalls darf unbedenklich angenommen werden, daß eine besondere Zustellung des verkündeten unanfechtbaren Beschlusses (z. B. im Falle des § 95 III) durch die mündliche Mitteilung an anwesende Beteiligte erspart wird (zust. Böhle-Stamschräder § 73 Anm. 3), zumal nun im amtsgerichtlichen Erkenntnisverfahren durch solche Mitteilung sogar die Ladungen ersetzt werden (§ 497 II ZPO) und bei der „formlosen Mitteilung" von nicht verkündeten unanfechtbaren Beschlüssen im Zivilprozeß (§ 329 III 2) auch mündliche Bekanntgabe als ausreichend anzusehen ist (vgl. Stein Jonas-Schönke § 329 II 2a; BGH Bd. **14** 152). Weil alle Zustellungen „von Amts wegen" geschehen, folgen sie den Sätzen der §§ 208—213 ZPO. Für das Konkursverfahren gilt aber die bedeutsame Besonderheit, daß Zustellungen durch öffentliche Bekanntmachung **ersetzt** werden (§ 76 III). Wo diese erfolgt, finden daher im Zweifel Zustellungen überhaupt nicht statt [§ 76 Anm. 1, 2]. Für Zustellungen neben öffentlicher Bekanntmachung gilt der § 77. 4

Wem als Beteiligtem zuzustellen ist, bestimmt die Lage des Falles (Protokolle aaO.). Möglicherweise ist nur ein einzelner Antragsteller, dessen Antrag abgelehnt wurde, möglicherweise auch die gesamte Gläubigerschaft (so z. B. in den Fällen der §§ 80, 84, 99) beteiligt. Letzterenfalls genügt die Zustellung an den Verwalter allein nicht. Diejenige an die sämtlichen Gläubiger aber wird nach § 76 III durch öffentliche Bekanntmachung ersetzt. Mit ihr beginnt die Beschwerdefrist. So auch gegenüber der Festsetzung von Gebührnissen des Verwalters oder der Ausschußmitglieder [§ 85 Anm. 5, § 91 Anm. 3]. Entscheidungen, die nur Belange der Konkursmasse berühren, brauchen nur dem Konkursverwalter zugestellt zu werden. Keinesfalls ersetzt eine Zustellung an den Gläubigerausschuß Zustellungen an die beteiligten Konkursgläubiger, auch nicht in Fällen der §§ 85, 91 (abw. Corty RheinZ Jahrg. 5 S. 439f.). 5

III. Die sofortige Beschwerde (Abs. III)

1. Da die Entscheidungen des Konkursgerichts keine Urteile sein können [Anm. 2], kommt als einziges Rechtsmittel **die Beschwerde** in Betracht, und zwar in Übereinstimmung mit der Regelung für die Zwangsvollstreckung (§ 793 ZPO) 6 nur die **sofortige,** d. h. die befristete Beschwerde. Sie ist binnen (vor Ablauf) einer Notfrist von zwei Wochen einzulegen. Die zweiwöchige Notfrist beginnt mit der Zustellung der Entscheidung (§ 577 II ZPO), im Falle einer die Zustellung ersetzenden öffentlichen Bekanntmachung für alle Beteiligten einheitlich nach Maßgabe des § 76 I 3 und III [§ 76 Anm. 2 u. 5], im Falle des § 158 mit der Niederlegung auf der Geschäftsstelle, im Falle des § 189 mit der Verkündung. Fristberechnung: §§ 222ff. ZPO, §§ 187, 188 BGB; Rechtskraft: § 705 ZPO; Vollstreckbarkeit: § 794 I Nr. 3, vgl. § 570 ZPO; Wiedereinsetzung gegen Versäumung der Notfrist: § 236 II ZPO; Wiederaufnahme des Verfahrens: Anm. 13. Die Beschwerde gegen eine durch Verkündung erlassene Entscheidung [Anm. 2] kann (wie heute jedes Rechtsmittel) schon vor der Zustellung eingelegt werden. Die Entscheidung über die Beschwerde eines Beteiligten muß nicht aufgeschoben werden, bis die Beschwerdefrist für alle Beteiligten verstrichen ist (Braunschweig OLG 15 S. 245f., Saeger LZ 1908 Sp. 148). Beschwerdegericht ist das dem Konkursgericht übergeordnete Landgericht (Zivilkammer) (§ 72 GVG, § 568 I ZPO). Eingelegt wird die sofortige Beschwerde gegen eine Entscheidung des Konkursgerichts wahlweise bei diesem oder beim Beschwerdegericht (§ 577 II 2 ZPO), sei es durch Einreichung einer Beschwerdeschrift oder durch Erklärung zu Protokoll der Geschäftsstelle (§ 569 II ZPO mit § 72 KO). Im Bereiche des § 569 II ZPO besteht kein Anwaltszwang (§ 78 II ZPO), wohl aber für eine vom Beschwerdegericht angeordnete mündliche Verhandlung (§ 573 I ZPO, Stein-Jonas-Schönke § 573 I 3 mit abw. Ansichten). Die Befristung ist mitunter wenig angebracht und wird durch Motive II S. 298f. nicht für alle Fälle gerechtfertigt. Andrerseits würde eine allgemeine Abkürzung der Beschwerdefrist in Konkurssachen auf 1 Woche im Anschluß an die Regelung des § 121 II VerglO im Interesse der Beschleunigung des Verfahrens liegen (vgl. auch Höver DJ 35 S. 315, 4b).

Die unbefristete Beschwerde (§ 567 ZPO) kann gegenüber Entscheidungen, die das Konkursgericht auf Grund besonderer, gerade dieses Rechtsmittel vorsehender Bestimmungen erlassen hat, in Frage kommen z. B. für die Anordnung von Ordnungsstrafen gegen Zeugen und Sachverständige, die in Anwendung des § 75 vernommen wurden (§§ 380, 390, 409 ZPO). Gegen einen Strafbeschluß des Konkursgerichts wegen Ungebühr (§§ 178, 180 GVG) kann binnen einer Frist von einer Woche Beschwerde zum Oberlandesgericht eingelegt werden (§ 181 GVG; vgl. auch Anm. 10). Keine Entscheidung im Sinne des Abs. III ist ein vom Amtsgericht des Konkurses nach § 576 I ZPO erlassener Beschluß, der auf die Weigerung der Geschäftsstelle, eine vollstreckbare Tabellausfertigung auf Grund des § 164 II (§§ 194, 206) zu erteilen, entweder die Weigerung für berechtigt erklärt oder die Erteilung der Ausfertigung anordnet. Ein solcher Beschluß ergeht weder „im Konkursverfahren", das ja beendet ist, noch „im Zwangsvollstreckungsverfahren" (§ 793 ZPO, Stein-Jonas-Schönke ZPO § 724 III mit Verw., dazu Rosenberg § 176 I 1). Er unterliegt daher der unbefristeten Beschwerde, wenn das Gericht das Ersuchen gleichfalls ablehnt (§ 576 II mit § 567 I ZPO). Jaeger Recht 1904 S. 590 N. 1; zust. Frankfurt a. M. LZ 1908 Sp. 174f. Andrerseits unterliegen auch Entscheidungen, die ohne Anhörung des „Gegners" erlassen sind z. B. in den Fällen des § 101 II der sofortigen Beschwerde, nicht etwa einer Erinnerung an das Konkursgericht entsprechend § 766 ZPO (a. A. Wolff KO^3 S. 333). Gegenüber der mit der Wirkung eines rechtskräftigen Urteils ausgestatteten Feststellung zur Konkurstabelle (§ 145 II) ist eine Wiederaufnahme des Verfahrens nach Maßgabe der §§ 578ff. ZPO denkbar [§ 145 Anm. 12]. Für die durch den Konkurs veranlaßten Rechtsstreitigkeiten wie z. B. für Feststellungs- und Aussonderungsprozesse bewendet es beim Rechtsmittelsystem der ZPO.

Gegenüber bloßer Untätigkeit des Konkursrichters findet nicht ein Rechtsmittel der ZPO, sondern Dienstaufsichtsbeschwerde statt. Vgl. dazu §§ 13—17 VO über die einheitliche Regelung der Gerichtsverfassung v. 20. III. 1935 (RGBl. I 403), die bis zu einer landesrechtlichen Neuregelung des Dienstaufsichtsrechtes weiter gelten (Baur, Justizaufsicht und richterliche Unabhängigkeit S. 52ff.). So z. B. wenn der Konkursrichter den Eröffnungsantrag einfach liegen läßt, die erforderliche Gläubigerversammlung nicht einberuft, die notwendigen Termine nicht anberaumt, die Gebührnisse der §§ 85, 91 nicht festsetzt. Hier kann es zur Beschwerde nach Abs. III nur kommen, wenn ein auf Vornahme des Amtsaktes gerichteter Antrag beschlußmäßig zurückgewiesen ist, wäre es auch erst auf eine Aufsichtsbeschwerde hin.

Für die Entscheidung über die Eröffnung des Anschlußkonkurses beim Scheitern des gerichtlichen Vergleichsverfahrens gelten die Besonderheiten der §§ 19 II, 80 II, 101, 96 VI mit § 121 VerglO. Namentlich ist die Notfrist für die sofortige Beschwerde des Schuldners auf eine Woche verkürzt und eine weitere Beschwerde ausgeschlossen. Siehe § 109 Anm. 11. **6a**

2. Grundsätzlich unterliegen der sofortigen Beschwerde **alle** Entscheidungen [Anm. 1], die im Konkursverfahren selbst [Anm. 6] ergehen. Ausnahmen bestehen nach der klaren Fassung des Abs. III nur, soweit sie das Gesetz ausdrücklich verordnet. Der umgekehrte Grundsatz gilt im gerichtlichen Vergleichsverfahren (§ 121 I VerglO). Für unanfechtbar sind erklärt die Entscheidungen der §§ 95, 96 (Stimmrecht), 163, 190 (Aufhebung des Verfahrens). Siehe auch § 108 III GenG (die Entscheidung über Einwendungen gegen die Vorschußberechnung unterliegt keinem Rechtsmittel, aber der Anfechtungsklage gegen den Konkursverwalter nach den §§ 111f. GenG). Dazu tritt die wichtige Beschränkung, daß der Eröffnungsbeschluß nur durch den Gemeinschuldner, die Abweisung des Eröffnungsantrags nur durch den Antragsteller angefochten werden kann (§ 109). Gegen alle übrigen Entscheidungen des Konkursgerichts steht jedem Beeinträchtigten [Anm. 8] die sofortige Beschwerde zu. So auch gegen Beschlüsse ohne Gehör eines Gegners [Anm 6 2. Absatz] und namentlich auch gegen Anordnungen, deren Erlaß dem freien Ermessen des Gerichts anheimgegeben ist (z. B. in den Fällen der §§ 80 Satz 2, 129 I, 135 II). Eccius Gruchots Beitr. 38 S. 208ff., Kleinfeller SeuffBl. 58 S. 337ff., Seuffert § 19 N. 16, Böhle-Stamschräder § 73 Anm. 4; — abw. Kohler Leitfaden S. 61, 329ff., Oetker I, S. 102ff., deren Ansicht jedoch keinen Anhalt im Gesetz hat. So kann z. B. die Ernennung des Konkursverwalters wegen mangelnder Eignung des Ernannten angefochten werden [§ 78 Anm. 9]. Bemessung von Gebührnissen: § 85 Anm. 5, § 91 Anm. 5. Ob die Befristung [Anm. 6] der Beschwerde gegenüber Zweckmäßigkeitserlassen stets gerechtfertigt ist, mag dahingestellt bleiben. Daß aber eine Berichtigung der Erwägungen des Konkursrichters durch das höhere Ermessen des Obergerichts „unzuträglich" wäre, da jener „sich mitten in der Sache bewege", während ihr der höhere Richter ferner stehe (Kohler S. 329f.), das muß nachdrücklich bestritten werden. Vielmehr erscheint es, solange der Grundsatz der Anfechtbarkeit der Entscheidungen des Konkursgerichts besteht, durchaus wünschenswert, die oft so schwierigen und folgenschweren Maßnahmen der Konkursleitung auch nach ihrer tatsächlichen Seite der Nachprüfung durch eine Mehrheit erfahrener Richter zugänglich zu machen. Die Praxis nimmt denn auch keinen Anstand an Beschwerden in reinen Ermessensfragen, z. B. bei der Verwalterauswahl (siehe den bezeichnenden Fall LG Berlin I LZ 1914 Sp. 604 Nr. 2). Der Einwurf, die sofortige Beschwerde im ordentlichen Zivilprozesse sei „eine Rechts-, keine Verwaltungsbeschwerde" (Kohler S. 329 N. 1), geht fehl. Dem Konkursrichter sind eben auch Verwaltungsaufgaben zugewiesen, und seine Entscheidungen sind ohne Unterschied der Beschwerde der ZPO unterworfen, mag die Entscheidung im Einzelfall auch rechtspolizeilicher Art sein [vgl. auch § 71 Anm. 16]. Die Bestellung eines vorläufigen Gläubigerausschusses durch das Konkursgericht (§ 87 I) kann allerdings nicht mit Beschwerde angefochten werden; denn hier bedarf es der Anrufung des höheren Gerichts überhaupt nicht, da die Gläubiger nach § 87 II aus eigener Machtvollkommenheit und schon in der ersten Gläubigerversammlung (§ 110) Abhilfe schaffen können (anders § 80 S. 2). Beschwerde gegen die Ernennung eines Konkursverwalters vgl. § 78 Anm. 9. Daß eine Entscheidung des Konkursgerichts durch einen zur Anfechtung der **7**

Sachentscheidung befugten Beteiligten nicht gesondert im Kostenpunkt angefochten werden kann, ergibt sich aus § 72 KO mit § 99 I ZPO (dazu Laux BayZ 1907 S. 344ff.). Eine Beschwerdesumme wird nicht verlangt, auch nicht in Fällen der §§ 85, 91 KO. Denn die Ausnahme des § 567 II ZPO duldet eine solche Erstreckung nicht.

Streit besteht darüber, ob Beschlüsse des Konkursgerichts, die gegen die Vorschriften des § 18 SchuldverschrG über die Berufung einer Versammlung der Schuldverschreibungsgläubiger verstoßen [§ 93 Anm. 3], der Beschwerde des Zivilprozesses nach Maßgabe der §§ 73, 74 KO (für unmittelbare Anwendbarkeit Koenige SchuldverschrG² § 18 Anm. 8, für entsprechende Seuffert ZZP 27 S. 114, 117) oder dem Rechtsmittel der §§ 19ff. FGG unterliegen (so Stern Schuldverschreibungsgläubiger S. 73, Göppert-Trendelenburg SchuldverschrG² § 18 Anm. 2: einfache Beschwerde des FGG, Ansmann SchuldverschrG § 18 Anm. 8: sofortige Beschwerde des FGG in entsprechender Anwendung des § 4 IV SchuldverschrG). Daraus, daß der § 18 SchuldverschrG „das Konkursgericht" für zuständig erklärt, ergibt sich die unmittelbare Anwendbarkeit der §§ 72f. ganz wie die des § 71 KO. Wird dem Konkursgericht als solchem eine Verrichtung zugewiesen, so ist damit die KO und nach deren § 72 ergänzend die ZPO für anwendbar erklärt, also verordnet, daß alle in diesem Geschäftsbereich ergehenden Beschlüsse zivilprozessuale Entscheidungen sind, wie umgekehrt die Betrauung des „Vormundschaftsgerichts" oder des „Nachlaßgerichts" mit einer bestimmten Verrichtung zur Anwendbarkeit des FGG hinleitet. Aus dem Wesen der im § 18 SchuldverschrG bezeichneten Aufgaben läßt sich ein gegenteiliger Schluß schon deshalb nicht ziehen, weil die begrifflichen Grenzen der streitigen und der freiwilligen Rechtspflege vom geltenden Recht aus Zweckmäßigkeitsgründen stark verwischt worden sind.

8 8. **Beschwerdeberechtigt** ist grundsätzlich jeder, dessen rechtliche Belange durch die Entscheidung beeinträchtigt werden (Königsberg OLG 4 S. 172; vgl. § 20 I FGG): der Verwalter, der Gemeinschuldner, der einzelne Gläubiger (auch ein vom Beschlusse betroffener Massegläubiger). Eine den Kreis der Beschwerdeberechtigten beschränkende bzw. festlegende Sonderregelung enthält § 109 (Entscheidung über die Konkurseröffnung) und § 189 I (Bestätigung oder Verwerfung eines Zwangsvergleichs).

a) Zulässigkeitsvoraussetzung für die sofortige Beschwerde ist in jedem Falle eine **Beschwer** des Beschwerdeführers; denn dieses Erfordernis liegt im Begriff des Rechtsmittels (Stein-Jonas-Schönke ZPO § 511 II, § 567 IV 1). Die Beschwerde ist daher als unzulässig zu verwerfen, wenn die angefochtene Entscheidung dem Antrag (Vorschlag) des Beschwerdeführers entspricht oder seine Rechtslage in keiner Weise beeinträchtigt. Vgl. auch RG Gruch 42, 1129 für das Beschwerderecht des Konkursverwalters sowie § 83 Anm. 4 (Maßregelung des Verwalters).

b) Wer als Konkursgläubiger ein Beschwerderecht ausüben will, muß zum mindesten seine Konkursforderung angemeldet haben oder doch jetzt anmelden [§ 3 Anm. 2]. Geprüft braucht sie nicht zu sein. Wer aber von einer Abstimmung ausgeschlossen wird (§ 95), verwirkt damit auch die Befugnis, Beschlüsse des Gerichts, die den Gegenstand der Abstimmung (z. B. die Auswahl des Verwalters, § 80) betreffen, mit Beschwerde anzufechten (München BayZ 1925 S. 202 IV).

Gläubigerversammlung und Gläubigerausschuß sind als solche verfahrensrechtlich nicht „beteiligt" und haben daher kein Beschwerderecht. Da sie im Konkursverfahren weder eigene selbständige Interessen verfolgen noch die Interessen der Gläubigergesamtheit dem Konkursgericht gegenüber zu vertreten haben, können sie durch seine Entscheidungen nicht beeinträchtigt werden. Dasselbe gilt regelmäßig auch für die Mitglieder des Gläubigerausschusses als solche. RG JW 1895 S. 329 Nr. 20; Marienwerder SeuffA 58 Nr. 133, Kassel LZ 1908 Sp. 322 (keine Beschwerde des Ausschusses oder seiner Mitglieder gegen die Festsetzung des Verwalterhonorars); Mentzel-Kuhn § 73 Anm. 3, Böhle-Stamschräder § 73 Anm. 4. Auch in den Fällen der §§ 80, 99 steht gegenüber ablehnenden Beschlüssen die Beschwerde nur den einzelnen Gläubigern auf ihre persönliche Rechnung zu. Ausnahmsweise ist jedoch auch dem Gläubigerausschuß als solchem ein Beschwerderecht zuzuerkennen, wenn das Gericht einen von ihm gestellten Antrag auf Entlassung des Konkursverwalters abgelehnt hat. Anders Jaeger 6., 7. Aufl. [Näheres § 84 Anm. 5.]. Mitglieder des Gläubigerausschusses haben dann ein Beschwerderecht, wenn sie als solche durch die Entscheidung betroffen sind z. B. durch die Festsetzung ihrer Vergütung und Auslagen (§ 91).

Der Verwalter ist für seine Person [Beispiel: § 83 Anm. 4] wie für den Bereich der Konkursmasse (sowohl im Gläubiger- als im Schuldnerinteresse), nur eben nicht (mangels einer Beschwer) gegenüber der Genehmigung seiner eigenen Maßnahmen und Anträge zur Beschwerde befugt. Der Gemeinschuldner hat beispielsweise die Beschwerde gegenüber einem Beschlusse, der den von ihm gestellten Konkursantrag zurückweist (§ 109), den Zwangsvergleich verwirft (§ 189) oder die von ihm beantragte Einstellung des Verfahrens versagt (§ 206).

4. Eine **weitere** d. h. eine gegen die auf Beschwerde (wenn auch einer anderen 9
Person: RG JW 1903 S 180 f. Nr. 28) ergangene Entscheidung gerichtete fernere sofortige Beschwerde ist grundsätzlich statthaft (anders im gerichtlichen Vergleichsverfahren § 121 III VerglO), setzt jedoch nach § 568 II ZPO voraus, daß die Entscheidung des Beschwerdegerichts einen neuen und selbständigen Beschwerdegrund enthält. Neu ist der Beschwerdegrund, wenn ihn die Entscheidung des Untergerichts noch nicht enthält (so z. B. wenn die Beschwerde nach § 574 ZPO als unzulässig verworfen wurde oder wenn wesentliche Vorschriften des Beschwerdeverfahrens verletzt sind, etwa dem Beschwerdeführer das rechtliche Gehör durch Mißverstehen seines Vorbringens versagt ist, OLG Celle KonkTreuh. 1957 S 31); selbständig, wenn er für sich allein ausreicht, eine Beschwerde zu begründen, was im Konkursverfahren nach der Regel des § 73 III ohne weiteres für jede neue Entscheidung gilt. Sie ist ausgeschlossen im Falle des § 189 III KO. Vgl. ferner § 85 Anm. 5 a. E. Wirksamkeit der Entscheidung des Beschwerdegerichts: § 74 KO. Gericht der weiteren Beschwerde ist das Oberlandesgericht (§ 119 Nr. 2 GVG, 568 I ZPO). Der Bundesgerichtshof kann nach der heutigen Ordnung des Rechtszuges in diesem Beschwerdeverfahren nicht mehr zum Spruch kommen (§ 567 III ZPO). Da es auch an einer dem § 28 II FGG (§ 79 II GBO) entsprechenden Schutzwehr fehlt, besteht gerade in den bedeutsamen und schwierigen Fragen des Konkursverfahrens die Gefahr einer nicht einheitlichen Anwendung des Gesetzes.

5. Das Gericht (Konkurs- oder Beschwerdegericht) darf seine der sofortigen 10
Beschwerde unterliegende Entscheidung weder vor noch nach der Einlegung des Rechtsmittels abändern (§ 577 III ZPO). Die Regelung ist in vielen Fällen unangemessen und wird bereits in den §§ 41 IV 2, 46 III 2, 45 II 2 VerglO durchbrochen. Die Unabänderlichkeit besteht z. B. für Beschlüsse des Konkursgerichts, die nach § 84 Ordnungsstrafen gegen den Verwalter verhängen. Ob auch die Beschwerde gegen eine in Ausübung der Sitzungspolizei vom Konkursgericht nach § 181 GVG ausgesprochene Ordnungsstrafe [Anm. 6] unter den § 577 III ZPO fällt, ist streitig. Bejahend München JW 1926 S 2586 Nr. 4; Löwe-Rosenberg StPO[19] S 1413 (§ 181 GVG Anm. 2) mit Verw.; verneinend außer den dort Genannten auch Stein-Jonas-Schönke ZPO. § 577 I, Baumbach ZPO. Anm. 2 B zu § 181 GVG. Letztere Ansicht verdient den Vorzug, da die Beschwerde des § 181 GVG ein eigenartiges Rechtsschutzmittel, die sachwidrige Vorschrift des § 577 III ZPO aber keinesfalls zu erstrecken ist. Wie hier auch Mentzel-Kuhn § 73 Anm. 3.

6. Die Beschwerde hat grundsätzlich keine aufschiebende Kraft (§ 572, 11
vgl § 794 Nr. 3 ZPO). Dementsprechend setzt der Konkursbeschlag trotz Anfechtbarkeit des Eröffnungsbeschlusses sofort mit der darin bezeichneten Stunde ein [§ 108 Anm. 1]. Auch wirkt der Einstellungsbeschluß sofort vom Vollzuge der Bekanntmachung ab [§§ 205 f. Anm. 4]. Nach Einlegung der Beschwerde

kann jedoch sowohl das Konkursgericht wie das Beschwerdegericht die Vollziehung der angefochtenen Entscheidung aussetzen (§ 572 II, III ZPO; wegen des Eröffnungsbeschlusses vgl § 108 Anm. 3). Der Aufhebungsbeschluß ist überhaupt nicht anfechtbar (§§ 163, 190). Eine Besonderheit gilt für das Wirksamwerden der Entscheidung des Beschwerdegerichts (§ 74).

12 7. Schwebt bei Beendigung des Konkurses noch ein Beschwerdeverfahren, so ist es in der Hauptsache als erledigt anzusehen und nur noch im Kostenpunkt auszutragen, es wäre denn die Beschwerde ihrem Gegenstande nach (z. B. als Beschwerde des Verwalters gegen die Bemessung seiner Gebührnisse oder gegen eine Ordnungsstrafe) von der Fortdauer des Konkursverfahrens unabhängig. Unter der gleichen Voraussetzung kann auch noch nach Beendigung des Konkurses gegen eine Entscheidung des Konkursgerichts Beschwerde eingelegt werden. [Vgl. auch § 91 Anm. 6: Festsetzung der Vergütung für Mitglieder des Gläubigerausschusses]. Im allgemeinen aber ist nach Konkursbeendigung die Beschwerde unzulässig. Selbstverständlich wirkt der Einstellungsbeschluß beschwerdeerledigend nur unter der Voraussetzung, daß er in Rechtskraft erwächst (vgl. Oetker Wirksamkeit der Entscheidungen 1910 S 32 f.).

13 8. Ob eine Wiederaufnahme des Verfahrens gegenüber rechtskräftigen, im Konkursverfahren ergangenen Beschlüssen stattfindet, ist streitig. Das Schutzbedürfnis besteht unleugbar. Der § 577 II 3 ZPO genügt ihm nicht, weil er unter den Voraussetzungen der Nichtigkeits- oder Restitutionsklage zwar die Notfrist für eine an sich statthafte Beschwerde erstreckt [Anwendungsfälle: § 109 Anm. 3], aber keine Abhilfe gegenüber Beschlüssen bietet, die das Gesetz für unanfechtbar erklärt, wie etwa in den §§ 567 III, 568 II, III ZPO oder in den Ausnahmefällen unserer Anm. 7. Beispiel: § 85 Anm. 5. Gegen eine entsprechende Anwendung der §§ 578 ff. ZPO bestehen begründete Bedenken nicht. Die Wiederaufnahme ist hier ein durch Gesuch einzuleitendes Beschlußverfahren. In diesem Sinne Stein-Jonas-Schönke ZPO Vorbem. V vor § 578, Rosenberg § 154 III 2, Baumbach ZPO Vorbem. 2 d vor § 578. A A für Beschlüsse, die der sofortigen Beschwerde unterliegen, Dresden HRR 1936 Nr. 915 m. Verw. Für die Folgen der Aufhebung des Eröffnungsbeschlusses kraft Wiederaufnahme gilt Gleiches wie bei erfolgreicher Beschwerde [§ 109 Anm. 4].

14 9. Gebühren des Gerichts: § 55 GKG [dazu oben § 58 Anm. 4 a], des Anwalts: § 76 BGebORA v. 6. 8. 57 (BGBl. I S. 907).

IV. Rechtsbehelfe gegen Entscheidungen des Rechtspflegers.

15 Soweit durch § 21 I des Rechtspflegergesetzes vom 8. 2. 57. (BGBl. I S 18) Geschäfte im Konkursverfahren auf den Rechtspfleger übertragen sind oder darüberhinaus durch das Konkursgericht nach § 21 II übertragen werden [§ 71 Anm. 16 a], sind dessen Entscheidungen zunächst mit der Erinnerung zum Konkursrichter anfechtbar (§ 10 I S 1, II). Soweit es sich um Entscheidungen handelt, welche, vom Konkursrichter getroffen, mit sofortiger Beschwerde anfechtbar sind, ist diese Erinnerung innerhalb der für die sofortige Beschwerde bestimmten Frist (§ 577 II ZPO) einzulegen; auch kann der Rechtspfleger einer solchen Erinnerung nicht abhelfen (§ 10 I S 2, II). Auf die Erinnerung sind im übrigen die Vorschriften über die Beschwerde sinngemäß anwendbar (§ 10 V). Gegen die Entscheidung des Richters ist die sofortige Beschwerde im Umfang des § 73 III KO gegeben (§ 10 III). Die Erinnerung ist (im Interesse der Beschleunigung) als sofortige Beschwerde gegen die Entscheidung des Rechtspflegers dem Beschwerdegericht vorzulegen, wenn dies bei Einlegung des Rechtsbehelfs beantragt ist und der Richter ihr nicht stattgeben will (§ 10 IV). Für das Erinnerungsverfahren werden Gerichtsgebühren nicht erhoben; Rechtsanwälten stehen die Gebühren nach § 55 BGebORA zu, wenn sich ihre Tätigkeit auf das Erinnerungsverfahren beschränkt (§ 10 VII).

§ 74

Die Entscheidung des Beschwerdegerichts wird erst mit der Rechtskraft wirksam. Das Beschwerdegericht kann jedoch die sofortige Wirksamkeit der Entscheidung anordnen.

Materialien: Kommissionsbericht S. 18.

1. Während die Entscheidungen des Konkursgerichts trotz ihrer Anfechtbarkeit sofort wirksam sind [§ 73 Anm. 11], werden die Entscheidungen des Beschwerdegerichts erst mit dem Eintritt der **Rechtskraft** (§ 705 ZPO) wirksam (Satz 1). Eine sofortige Wirksamkeit tritt bei ihnen, abgesehen von dem Falle einer Anordnung nach S. 2, somit nur dann ein, wenn eine weitere Beschwerde nicht mehr statthaft ist [Vgl. dazu § 73 Anm. 9]. Hat das Amtsgericht den Konkurs eröffnet, das Landgericht auf Beschwerde den Eröffnungsbeschluß aufgehoben, so bleibt dieser nach der Regel des Gesetzes [Anm. 2] gleichwohl so lange wirksam, bis der Beschluß des Landgerichts rechtskräftig geworden ist. Bestätigt also auf weitere Beschwerde das Oberlandesgericht den amtsgerichtlichen Eröffnungsbeschluß, so bedarf es keiner erneuten Bestellung eines Verwalters, keiner erneuten Anordnung der sonstigen konkursleitenden Maßnahmen und keiner erneuten Bekanntmachung (§§ 110, 111). Der Konkursbeschlag hat ununterbrochen fortbestanden. So jetzt auch RG KonkTreuh. 1940 S. 70 = Warn. 1940 Nr. 112. So soll — das ist der Zweck des § 74 Satz 1 — ein wiederholter Wechsel in der Wirksamkeit folgenschwerer Entscheidungen verhütet werden. 1

2. Das Beschwerdegericht **kann** jedoch nach seinem Ermessen die **sofortige** Wirksamkeit der Entscheidung anordnen (Satz 2). Diese Anordnung muß gleichzeitig mit der Entscheidung selbst ergehen, ist mit dieser beschwerdefähig und kann in dritter Instanz durch eine einstweilige Anordnung nach § 572 III ZPO außer Kraft gesetzt werden. Dagegen kann das Oberlandesgericht nicht umgekehrt die sofortige Wirksamkeit des landgerichtlichen Beschlusses nach § 572 III ZPO anordnen, wenn das Landgericht selbst diese Anordnung nicht erlassen hat, wie dies Jaeger 6., 7. Aufl. und Böhle-Stamschräder § 74 Anm. 1 annehmen; denn eine derartige Anordnung würde eine unzulässige Änderung der angefochtenen Entscheidung zum Nachteil des Beschwerdeführers darstellen; andrerseits ist die Versagung der Anordnung durch das Beschwerdegericht für sich allein überhaupt nicht anfechtbar. Falls das Beschwerdegericht die sofortige Wirksamkeit der Konkurseröffnung angeordnet hatte, sein Beschluß aber in dritter Instanz aufgehoben, also die Konkurseröffnung rechtskräftig abgelehnt worden ist, kann der Schuldner nicht etwa den antragstellenden Gläubiger entsprechend dem Grundsatze des § 945 ZPO (§ 72 KO) auf Schadensersatz in Anspruch nehmen (RG LZ 1909 Sp. 303). Denn anders als im Falle des § 945 ZPO war es hier nicht der Gläubiger, der eine ihm auf seine Gefahr eröffnete vorläufige Zwangsmöglichkeit verwirklichte, sondern der Richter, der kraft freien Ermessens die sofortige Wirksamkeit seiner Entscheidung anordnete. 2

Erläßt das Beschwerdegericht selber den Eröffnungsbeschluß [§ 109 Anm. 7], dann ist die Anordnung sofortiger Wirksamkeit unumgänglich, da vom Aufschub des Konkursbeschlags den Gläubigern Gefahr droht, überdies aber die dem Gebote des § 108 entsprechende Angabe der Eröffnungsstunde mit einem Aufschub der Wirksamkeit des Beschlusses unverträglich wäre [§ 108 Anm. 1]. Zurücknahme des Konkursantrags: § 103 Anm. 9. Solche Rechtsfolgen, die das Gesetz erst an den Eintritt der Rechtskraft des Eröffnungsbeschlusses knüpft — Beispiele: § 1670 BGB i. d. Fassung des GleichberG v. 21. 6. 57 (BGBl. I S. 609) [§ 25 Anm. 11 ff.] —, setzen trotz Anordnung der sofortigen Wirksamkeit erst mit der Rechtskraft (§ 705 ZPO) ein. 3

3. Sind Beschlüsse des Konkursgerichts auch der **inneren (materiellen) Rechtskraft** zugänglich, also inhaltlich bindend für den Richter eines künftigen 4

Verfahrens? Der Mangel der Klage- und Urteilsform ist für die Entscheidung dieser Frage nicht wesentlich. Auch für die Beurteilung der bindenden Wirksamkeit eines Beschlusses ist der Grundsatz des § 322 ZPO maßgebend. Nur muß der Inhalt des Beschlusses der Rechtskraft zugänglich sein. Stein-Jonas-Schönke ZPO § 329 II 3 mit Verw., dazu KG OLG 37 S 141, Rosenberg § 149 I 1, Nikisch Zivilprozeßrecht[2] § 105 I 4.

a) Die Anwendbarkeit der §§ 322 I, 325 I ZPO ist jedenfalls dann gerechtfertigt, wenn der Beschluß des Konkursgerichts bürgerlich-rechtliche Beziehungen unter bestimmten Personen festlegt. Diesen Inhalt hat beispielsweise die Zuerkennung von Vergütungs- und Ersatzansprüchen des Verwalters (§ 85) und der Ausschußmitglieder (§ 91). Zust. nun Kleinfeller Gegenstand der Rechtskraft (1913) S. 19. Würde der rechtskräftig festgesetzte Anspruch in einem späteren Prozesse zwischen Verwalter und Schuldner nach Grund oder Betrag bestritten (etwa im Falle einer Aufrechnung des unberichtigt gebliebenen Anspruchs durch den Verwalter oder im Falle einer Bereicherungsklage des Schuldners auf Rückgewähr), so ist das Prozeßgericht an die Festsetzung des Konkursgerichts gebunden.

b) Dagegen ist der **Konkurseröffnungsbeschluß** ein richterlicher Konstitutivakt, der den Eintritt bestimmter verfahrensrechtlicher, vor allem aber materiellrechtlicher Wirkungen gegenüber jedermann anordnet oder kraft Gesetzes auslöst. Wie den Gestaltungsurteilen des Zivilprozesses (dazu Rosenberg § 87 I 3 mit Verw., § 146 II 2) kommt daher auch ihm keine materielle Rechtskraftwirkung zu und zwar auch dann nicht, wenn man mit älteren Autoren (A. S. Schulze, Konkursrecht S. 11, Oetker I S. 84 mit S. 50 ff.) einen besonderen „Konkursanspruch" des einzelnen antragstellenden Konkursgläubigers auf Eröffnung und Durchführung des Verfahrens annehmen würde (dagegen vor allem Jaeger, Lehrbuch S. 64 Anm. 18). Denn dieser „Anspruch" würde durch die Konkurseröffnung schon teilweise verwirklicht; neben dieser konstitutiven Wirkung besteht für eine besondere Feststellungswirkung hinsichtlich eines „Anspruches" auf diesen Konstitutivakt keine Wirkungsmöglichkeit und überdies auch kein Bedürfnis. Daß mit dem Eintritt der formellen Rechtskraft des Eröffnungsbeschlusses mit Ausnahme des Mangels der deutschen Gerichtsbarkeit etwaige Mängel in den Voraussetzungen der Konkurseröffnung und des Eröffnungsverfahrens (Zuständigkeit, ordnungsgemäße Antragstellung, Konkursgrund) heilen [darüber § 109 Anm. 10 f., vor allem auch zur Frage der Heilung des Mangels der Konkursfähigkeit], ist keine Auswirkung innerer Rechtskraft, sondern der formellen Rechtskraft, mit deren Eintritt die konstitutive Wirkung des Eröffnungsbeschlusses unangreifbar geworden ist. Daher kann jetzt die Wirksamkeit der Konkurseröffnung und der zur Konkursdurchführung dienenden Maßnahmen des Gerichts und des Verwalters keinesfalls mehr in Frage gezogen werden, also zB nicht im Prozeßweg außerhalb des Konkurses die Behauptung verfolgt werden, der Konkursverwalter sei zu Unrecht bestellt worden und habe aus diesem Grunde als Nichtverfügungsberechtigter verwertet (RG Bd. **129** 390, 136 99; zur letzteren Entscheidung vgl. allerdings § 109 Anm. 10 a; vgl. auch § 209 f. Anm. 17). Der Eröffnungsbeschluß hat auch keine Feststellungswirkung hinsichtlich der Frage, ob er zu Recht erlassen worden ist. Die in ihm enthaltene Bejahung des Konkursgrundes vermag daher den Prozeßrichter nicht zu binden, der etwa über Schadensersatzansprüche wegen Verletzung der Antragspflicht [§ 103 Anm. 11] oder wegen vorsätzlicher sittenwidriger Konkurserwirkung (§ 826 BGB) zu entscheiden hat. Vgl. Hellwig, System I S. 772 f.

c) Für einen Beschluß, durch den ein Antrag auf Konkurs eröffnung rechtskräftig abgewiesen wurde, wäre ebenso wie für das eine Gestaltungsklage abweisende Urteil eine materielle Rechtskraftwirkung begrifflich nicht ausgeschlossen. Sie ist jedoch praktisch ohne Bedeutung; denn sie würde einerseits nicht hindern, daß ein anderer Antragsberechtigter, ja sogar mit verbesserter

Begründung oder unter Behauptung neuer Umstände der abgewiesene Antragsteller selbst einen neuen Antrag stellt [vgl. § 109 Anm. 9]. Andererseits würde sie keinesfalls die Verneinung des Konkursgrundes umfassen, da es sich insoweit nur um die Feststellung einer tatsächlichen Voraussetzung des „Anspruchs" auf Konkurseröffnung handeln würde. Daher tritt in dieser Frage keine Bindung des Richters in einem späteren Prozeß ein. Im Ergebnis übereinstimmend RG LZ 1913 Sp. 630 Nr. 8.

d) Die Beschlüsse der Aufhebung und Einstellung des Konkursverfahrens (§§ 163, 190, 202, 204) haben keinen der inneren Rechtskraft zugänglichen Inhalt. Ebensowenig die Bestätigung des Zwangsvergleichs nach § 184 (abw. Kleinfeller aaO S. 16). Nicht der Bestätigungsbeschluß ist es, der Schuldverhältnisse neu gestaltet (einen Erlaß, eine Stundung, eine Bürgenhaftung begründet), sondern der Zwangsvergleich. Die richterliche Bestätigung ist nur eine gesetzliche Voraussetzung seiner Wirksamkeit. Rechtskraftwirkung hat der Zwangsvergleich so wenig wie ein Prozeßvergleich im Sinne des § 794 Nr. 1 ZPO, die konkursgerichtliche Bestätigung des Zwangsvergleichs so wenig wie die obervormundschaftliche eines Mündelvergleichs nach § 1822 Nr. 12 BGB. Vgl. § 173 Anm. 3, 10, § 194 Anm. 1. Über die Bedeutung des Feststellungsvermerks der Konkurstabelle siehe § 145 Anm. 4f.

§ 75

Das Konkursgericht kann zur Aufklärung aller das Verfahren betreffenden Verhältnisse die erforderlichen Ermittelungen, insbesondere die Vernehmung von Zeugen und Sachverständigen anordnen.

Materialien: Motive I Bd. 2 S. 6f. II S. 299f., Protokolle S. 60, 161, Kommissionsbericht S. 18.

Ermittlungen von Amts wegen

I. Der § 75 unterstellt die Tätigkeit des Konkursgerichts, soweit ein das Verfahren betreffendes Verhältnis aufzuklären und ein Antrag nicht eigens gefordert ist, dem **Untersuchungsgrundsatz** [§ 72 Anm. 4]. Damit strebt das Gesetz eine glatte und beschleunigte Abwickelung des Verfahrens an (Motive II S. 299). Die Abweichung gegenüber dem ordentlichen Zivilprozesse rechtfertigt sich durch den besonderen Zweck des Konkursverfahrens, das den Belangen einer Vielheit konkurrierender Gläubiger dient. Keineswegs aber sieht das Gesetz zur Ermittelung des „wahren Sachverhalts" eine amtliche Untersuchungstätigkeit des Konkursrichters auch im Prüfungsverfahren vor. Die Gesamtheit der Gläubiger ist dadurch ausreichend geschützt, daß jeder einzelne durch seinen Widerspruch die Feststellung einer angemeldeten Forderung hintanhalten kann, selbst wenn diese vom Schuldner und vom Konkursverwalter anerkannt würde (§§ 144, 146). Wie an anderen Stellen des Gesetzes (z. B. §§ 78 II, 101 II, 106, 107, 204) bedeutet der Ausdruck „kann" im § 75 eine Ermächtigung, die beim Zutreffen ihrer Voraussetzungen zur Amtspflicht wird. Die Fassung des § 116 VerglO bringt dies für das Vergleichsgericht klar zum Ausdruck. Verantwortlichkeit: § 83 Anm. 3. Die förmliche Zurückweisung einer Anregung unterliegt auch im Bereiche des § 75 der sofortigen Beschwerde [§ 73 Anm. 7]. Beispiel: Frankfurt a. M. LZ 1908 Sp. 555. Dagegen ist die Anordnung einer Beweisaufnahme nach § 75 nicht selber schon Entscheidung im Sinne des § 73, sondern nur Vorbereitung einer solchen und dementsprechend der Beschwerde unzugänglich [§ 73 Anm. 1]. Für die Zustellung der Ladungen sind die §§ 377, 402 (§§ 208ff.) ZPO maßgebend. Im Bereiche des Gebots amtlicher Sachklärung ist für eine Anwendbarkeit des § 15 HGB, der Unkundige im rechtsgeschäftlichen Handelsverkehr gegen nicht eingetragene und nicht bekannt gemachte Registertatsachen schützen soll, kein Raum (RG Bd. 98 240) [71 Anm. 3]. 1

2 **II.** Voraussetzung des § 75 ist, daß **ein das Verfahren betreffendes Verhältnis** der Aufklärung bedarf. Vor allem wird daher dem Konkursgericht die Erforschung solcher Tatsachen zur Amtspflicht gemacht, deren Feststellung erforderlich ist zum Zwecke der dem Gericht obliegenden konkursleitenden Maßnahmen, also zum Zwecke der Eröffnung des Verfahrens (vgl. § 105 II) und seiner Einstellung mangels Zulänglichkeit der Masse (§ 204), zum Zwecke der Bestätigung oder Verwerfung eines Zwangsvergleichs (§§ 184ff.), zum Zwecke eines Einschreitens gegen Pflichtwidrigkeiten des Verwalters (§§ 83f.). Damit erschöpft sich aber die Bedeutung des § 75 nicht. Er will, wie die Motive II S. 299 hervorheben, „hauptsächlich die Information der Verwaltungsorgane erleichtern". Die denkbar weite Fassung des § 75 macht dem Gericht die Aufklärung aller das Verfahren (den Konkurs) betreffenden Verhältnisse zur Pflicht, der § 100 aber bestätigt, indem er die gleiche Wendung gebraucht, daß nicht nur die tatsächlichen Voraussetzungen einer dem Gericht obliegenden Entscheidung, sondern auch die tatsächlichen Voraussetzungen für Maßnahmen und Entschließungen des Konkursverwalters Gegenstand der Aufklärung sein sollen. In der Erstreckung der amtwegigen Ermittlungen auch auf diesen Bereich liegt keine Einmischung des Gerichts in die Verwaltung, wenn es der Verwalter selbst ist, der eine gerichtliche Ermittlung erbittet, um eine ihm obliegende folgenschwere Aufgabe gedeihlich lösen zu können. So kann das Konkursgericht von Amts wegen eine Zeugenvernehmung zwecks Vorbereitung der Entschließung des Konkursverwalters über eine Prozeßführung vornehmen (Frankfurt a. M. LZ 1908 Sp. 555) oder ein Sachverständigengutachten für eine vom Verwalter zu treffende Wahl, besonders in Fällen des § 17 erheben. Eine richtige Handhabung der Amtsaufklärung kann zur Vermeidung zahlreicher Prozesse und damit zu einer erheblichen Abkürzung des Verfahrens und zu einer Ersparung von Zeit und Kosten beitragen. Darum sollten Konkursverwalter und Konkursrichter mehr, als dies vielfach in der Praxis geschieht, die amtliche Ermittelung in Anspruch nehmen, besonders zur Aufdeckung anfechtbarer Vorgänge aus der Zeit vor dem Konkurse (zust. Seyfart DJZ 1913 Sp. 638f., Senst-Müller Konkursrichter[4] S. 18, Brass KonkTreuh. 1956, 25ff).

3 **III.** Zum Zwecke der Aufklärung eines den Konkurs betreffenden Verhältnisses [Anm. 2] ist das Gericht ermächtigt, **Ermittlungen jeder Art** in jeder Lage des Konkurses, also auch im Eröffnungsverfahren, anzuordnen.

1. Das Konkursgericht kann daher formlos Auskünfte von Privaten, von Berufsvertretungen des Handels, des Handwerks oder der Landwirtschaft und von Behörden einholen, um Mitteilung von Akten, etwa einer Vormundschafts-, Entmündigungs- oder Strafsache [Anm. 5] oder von Grundbuch- und Registerauszügen ersuchen, namentlich aber Zeugen und Sachverständige (vgl. übrigens § 72 KO mit § 144 ZPO) nach den Vorschriften der Zivilprozeßordnung (§§ 375ff., 404ff., 478ff.) vernehmen [kein förmlicher Beweisbeschluß erforderlich: § 72 Anm. 3c; dort auch über Mitteilung des Vernehmungsgegenstandes]. So z. B. Angestellte des Schuldners oder einen früheren Verwalter über Vorgänge, deren Aufdeckung für die Konkursverwaltung von Belang ist. So auch irgendwelche dritte Personen, wenn z. B. der Verdacht besteht, daß sie von Liebhabern der Masse, die deren Preis zu drücken suchen, Abstandgelder erhalten haben. Indem der § 75 „die Vernehmung von Zeugen und Sachverständigen" vorsieht, will er auch die entsprechende Anwendbarkeit der zivilprozessualen Bestimmungen über Erscheinungs-, Aussage- und Schwurpflicht, über die Ablehnung eines Sachverständigen, die zulässigen Zwangsmittel (die Zwangshaft nach § 390 II ZPO kann hier von Amts wegen angeordnet werden) und die Zuziehung der Beteiligten außer Zweifel stellen. Ein Verzicht der Beteiligten auf die Beeidigung von Zeugen und Sachverständigen (§§ 391, 402 ZPO) hat jedoch gegenüber dem Untersuchungsgrundsatz des § 75 keine Wirksamkeit. Über die Notwendigkeit der Beeidigung entscheidet vielmehr ausschließlich das Konkursgericht, das bei der allgemeinen Fassung des § 75 in der Lage ist, auch unbeeidigte Auskünfte einzu-

holen. Es ist im Rahmen seiner Aufklärungspflicht auch ermächtigt, Versicherungen an Eides Statt abzunehmen [§ 72 Anm. 3c]. Das Ges. über die Entschädigung von Zeugen und Sachverständigen v. 26. 7. 57 (BGBl. I S. 902) gilt nach seinem § 1 auch für den Konkurs. Die an Zeugen oder Sachverständige entrichteten Gebühren gehören als bare Auslagen des Gerichts (§ 92 Nr. 3 GKG Fassung v. 1957) zu den Massekosten des § 58 Nr. 1 [§ 58 Anm. 3], es sei denn, daß sie einen abgewiesenen Antragsteller persönlich treffen, wie etwa bei Abweisung des Konkursantrages, wenn das Konkursgericht zur Ermittelung der Massezulänglichkeit ein Sachverständigen-Gutachten eingeholt hatte (§ 96 GKG Fassung v. 1957; LG III Berlin KonkTreuh. 1931 S. 77 Nr. 1). Unbestreitbar ist, daß das Konkursgericht im eröffneten Konkursverfahren notwendig werdende Ermittlungen nach § 75 nicht von einem Auslagenvorschuß gemäß § 114 I GKG (Fassung v. 1957) abhängig machen kann; ein „Antrag" eines Beteiligten ist hier nur eine Anregung, von dem Recht amtswegiger Aufklärung Gebrauch zu machen. Von der jetzt durch § 114 III GKG 1957 gegebenen Möglichkeit, auch bei Handlungen, die von Amts wegen vorgenommen werden, einen Vorschuß zur Deckung der Auslagen zu erheben, wird das Gericht im eröffneten Konkursverfahren keinen Gebrauch machen, da die Auslagen hier aus der Masse zu erstatten sind. Wohl aber kann zur Erhebung eines solchen Vorschusses im Eröffnungsverfahren Anlaß bestehen, wenn etwa die Vernehmung von Zeugen oder Sachverständigen über das Vorliegen des Konkursgrundes (§ 105 II) oder die Massezulänglichkeit im Sinne des § 107 I notwendig erscheint. Aber auch im Eröffnungsverfahren kann die Vornahme notwendig erscheinender Ermittlungen nicht von einem Auslagenvorschuß des Antragstellers nach § 114 I GKG abhängig gemacht werden; denn auch wenn das Eröffnungsverfahren nur auf Grund eines zulässigen Antrags in Gang kommt, sind die erforderlichen Ermittlungen von Amts wegen vorzunehmen und nicht von einem auf sie gerichteten Antrag abhängig. So zu dem bisherigen § 84 I GKG Levy KonkTreuh. 1928 S. 135, 172 (gestützt auf RG Bd. 109 67), Mentzel-Kuhn § 75 Anm. 3 und (mit einer Ausnahme) die Kommentare zum GKG (vgl. die Nachweise bei Oldorf Rpfleger 1950 S. 495ff., ferner Brass Konk-Treuh. 1956 S. 27. A. A. LG I Berlin KonkTreuh. 1928 S. 171 Nr. 7, JW 1931 S. 2184 Nr. 7, LG Stuttgart Rpfleger 1950 S. 522, offenbar auch LG Bayreuth KonkTreuh. 1935 S. 142 und vor allem Baumbach-Lauterbach GKG[13] § 84 Anm. 2 B). Eine Pflicht zur Leistung eines Ermittlungsvorschusses kann auch nicht aus § 107 I abgeleitet werden (unrichtig Willichs-Delhaes KonkTreuh. 1955 S. 73), der den ganz anderen Fall eines Massekostenvorschusses für die Durchführung des Konkursverfahrens bei unzulänglicher Masse behandelt (vgl. auch Oldorf aaO. S. 502).

2. Der Gemeinschuldner hat als Beteiligter das Recht, persönlich oder durch einen Vertreter einer Beweisaufnahme anzuwohnen (§ 357 ZPO; Nürnberg OLG 19 S. 222) und Fragen stellen zu lassen oder selbst zu stellen (§ 397 ZPO) [§ 72 Anm. 3c]. Für die Beurteilung der Frage, ob und in welcher Form er als Auskunftsperson selber Gegenstand der amtlichen Erforschung sein kann, ist davon auszugehen, daß er im Konkursverfahren eine der Stellung des Vollstreckungsschuldners in der Einzelvollstreckung entsprechende Stellung hat, die im einzelnen durch Festlegung bestimmter verfahrensrechtlicher Befugnisse und Pflichten nach den Erfordernissen des Gesamtvollstreckungsverfahrens gesetzlich ausgestaltet ist. Keinesfalls kann er daher im Ermittlungsverfahren nach § 75 als Zeuge vernommen und beeidigt werden (so jetzt auch Mentzel-Kuhn § 75 Anm. 2; a. A. Berges BB 1953 S. 42; dahingestellt gelassen in BGH (Strafsachen) Bd. 3 S. 311). Seine Anhörung im Amtsaufklärungsverfahren richtet sich aber auch nicht nach den Vorschriften über den „Beweis durch Parteivernehmung" (§ 445ff. ZPO; a. A. BGH und Mentzel-Kuhn aaO.), da dieses Institut seiner Struktur nach ein auf dem Zweiparteienschema beruhendes Verfahren voraussetzt. Die Beeidigung der Aussage des Gemeinschuldners kann daher auch nicht auf § 452 ZPO gestützt werden (so schon für den früheren Parteieid Kleinfeller LZ 1911 S. 254). 3a

Überdies könnte auf diese Vorschriften weder eine Aussage- noch eine Beeidigungspflicht gegründet werden (vgl. §§ 453 II, 454 ZPO). Vielmehr ergibt sich die Ermächtigung des Konkursgerichts, den Gemeinschuldner (etwa vor der Entscheidung über Stimmrechte) von Amts wegen zu verhören, und seine Verpflichtung zur Aussage unmittelbar aus § 75 (so auch Kleinfeller aaO. S. 254). Daneben besteht seine Auskunftspflicht gegenüber dem Verwalter und der Gläubigerschaft nach § 100. Zur Erfüllung seiner Pflicht zur Aussage kann er in beiden Fällen mit den Zwangsmitteln des § 101 II angehalten werden (ebenso Kleinfeller aaO.). Dagegen gibt das Gesetz keine Möglichkeit, ihn auf solche Aussagen zu beeidigen, geschweige denn die Eidesleistung zu erzwingen. Der Eid des Gemeinschuldners ist nur in der Form des Offenbarungseides des § 125 vorgesehen. Dagegen besteht heute im Konkursabwendungsverfahren an Stelle des früheren Offenbarungseides (§ 61 II VerglO 1927) eine umfassendere Beeidigungspflicht des Schuldners, die auch die Richtigkeit und Vollständigkeit erteilter Auskünfte einschließt, zu deren Erteilung er verpflichtet ist (§ 69 VerglO). Eine entsprechende Regelung ist auch für das Konkursverfahren zu empfehlen (vgl. Höver DJ 1935 S. 516f., Vogels Festschr. Schlegelberger S. 195). Aus der Stellung des Gemeinschuldners im Konkursverfahren ergibt sich auch, daß seine Angehörigen bei einer nach § 75 angeordneten Vernehmung nach Maßgabe des § 383 Nr. 1—3 (vgl. §§ 384 Nr. 2, 385) ZPO zur Zeugnisverweigerung berechtigt sind (zust. Stern LZ 1913 Sp. 375f., Stepp BayZ 1913 S. 146 gegen Henke DJZ 1912 S. 408).

4 3. Einer besonderen richterlichen Anordnung wegen Vorlage der Handelsbücher des Gemeinschuldners bedarf es bei der heutigen Stellung der Konkursorgane nicht mehr. Vgl. §§ 1 III, 117, 122 II KO. Zur Gestattung der Einsicht und zur Vorlage von Urkunden können deren Besitzer aus besonderen Rechtsgründen zumal als Prozeßgegner dem Gemeinschuldner verpflichtet sein (etwa auf Grund der §§ 716, 810 BGB, §§ 429, 422 ZPO; vgl. auch § 142 ZPO, §§ 45, 102 HGB). Derartige Rechte des Schuldners übt der Verwalter aus (§ 6). Keineswegs aber hat das Konkursgericht als solches die Macht, auf Grund des § 75 jeden dritten Besitzer einer Urkunde zur Einsichtsgestattung oder Vorlage anzuhalten. Die Beweisregeln z. B. der §§ 416, 440 ZPO versagen gegenüber dem Untersuchungsgrundsatz des § 75 (Kleinfeller aaO.).

5 4. Ob eine Ermittelung erforderlich ist, darüber hat der Konkursrichter vermöge der ihm durch den § 75 erteilten Ermächtigung nach pflichtgemäßem Ermessen zu befinden. Hält er die Einsicht in die Akten einer anderen Behörde (z. B. in Grund- oder Vormundschaftsakten) oder die Erhebung einer Abschrift für geboten, so braucht er nicht etwa noch eigens ein „berechtigtes Interesse" darzutun, wie es z. B. § 34 FGG, § 12 GBO, § 9 II HGB voraussetzen. Darum ist im Falle OLG 9 S. 147 (Augsburg) die Einsicht in Vormundschaftsakten mit Unrecht unter Hinweis auf § 34 FGG verweigert worden. Rechtshilfe im Sinne der §§ 156ff. GVG ist die Einsichtsgestattung oder Aktenmitteilung durch Behörden, die dazu kraft des § 75 KO verpflichtet sind, allerdings nicht, da hier nicht die Vornahme der in die Zuständigkeit des Konkursgerichts fallenden Ermittlungshandlung einem anderen Gericht übertragen wird. Wird das Ersuchen des Konkursgerichts abgelehnt, so findet daher nicht Beschwerde nach § 159 GVG, sondern die landesrechtlich geordnete Aufsichtsbeschwerde statt (vgl. Augsburg aaO.; Sydow-Busch-Krantz-Triebel GVG[22] Vorbem. 1 u. 5 vor § 156 sowie § 168 Anm. 1; Baumbach-Lauterbach GVG[24] Ueb. vor § 156, 2 u. 4a). Darüber, daß das Konkursgericht Rechtshilfe im Fachsinne des § 156 GVG verlangen kann, wenn es z. B. auf Grund des § 75 KO die Vernehmung von auswärtigen Zeugen oder Sachverständigen anordnet, besteht kein Zweifel [§ 72 Anm. 3a].

6 IV. Die Führung eines Konkursregisters und die Anlegung von Konkursakten regeln die §§ 14, 15 der Aktenordnung v. 28. 11. 1934 (DJ 34 S. 1492) und die Geschäftsordnungen der Länder [§ 71 Anm. 19]. Vgl. auch Schrader im Handbuch der amtsgerichtlichen Praxis 1. Teil Bd. III S. 3135ff. Wegen der Konkurstabelle Näheres zu § 140.

§ 76

Die öffentlichen Bekanntmachungen erfolgen durch mindestens einmalige Einrückung in das zur Veröffentlichung amtlicher Bekanntmachungen des Gerichts bestimmte Blatt; die Einrückung kann auszugsweise geschehen. Die Bekanntmachung gilt als bewirkt mit dem Ablaufe des zweiten Tages nach der Ausgabe des die Einrückung oder die erste Einrückung enthaltenden Blattes.

Das Gericht kann weitere Bekanntmachungen anordnen.

Die öffentliche Bekanntmachung gilt als Zustellung an alle Beteiligten, auch wenn dieses Gesetz neben ihr eine besondere Zustellung vorschreibt.

Materialien: Motive I Bd. 2 S. 29f., Motive II S. 300, Protokolle S. 60f., 161.

1 I. **Öffentliche Bekanntmachungen** des Konkursgerichts sind ausdrücklich vorgeschrieben in den §§ 81, 93, 98, 111, 116, 163, 179, 190, 198, 203, 205. Zulässig sind sie, wie aus Abs. III zu folgern ist [Anm. 2], ganz allgemein als Ersatz der durch den § 73 II gebotenen Einzelzustellungen. Die Wahl zwischen Bekanntmachung und Zustellung steht im Ermessen des Konkursgerichts. Wo Person oder Wohnort der Beteiligten zweifelhaft oder ihre Zahl groß ist, empfiehlt sich die öffentliche Bekanntmachung. Sie kommt beispielsweise für ein im Eröffnungsverfahren nach § 106 I 3 erlassenes allgemeines Veräußerungsverbot in Frage und ist der angemessene und statthafte Weg der Bestimmung besonderer Prüfungstermine (§ 142) und des Schlußtermins (§ 162) sowie der Erlassung von Entscheidungen nach Maßgabe der §§ 80, 87, 99 und der Honorarfestsetzung [§ 85 Anm. 5]. Dem Konkursverwalter obliegen die im § 151 bezeichneten Bekanntmachungen. Für alle Bekanntmachungen des Gerichts und des Konkursverwalters ist nach Abs. I Satz 1 die einmalige Einrückung in das landesrechtlich bestimmte Amtsverkündungsblatt des Konkursgerichts erforderlich und hinreichend. Dabei genügt auch die Einrückung eines auf den wesentlichen Inhalt beschränkten Auszugs. Wiederholte Bekanntmachung und Einrückung in den Bundesanzeiger ist zur Kostenersparung, Anheftung an die Gerichtstafel mit Rücksicht auf die möglicherweise große Zahl von Beteiligten nicht vorgeschrieben (anders §§ 204, 206 ZPO). Doch müssen einige wichtige Beschlüsse auszugsweise auch im Bundesanzeiger veröffentlicht werden (§§ 111 II, 116 Satz 2, 163 III, 190 III, 198 III, 205 II), der für das Bundesgebiet an die Stelle des Reichsanzeigers getreten ist (BG v. 17. 5. 1950, BGBl. I S. 183). Die Kostenlast macht sich empfindlich fühlbar (Jaeger LZ 1924 Sp. 8). Ferner kann das Gericht nach Abs. II weitere Bekanntmachungen auch durch andere Blätter (z. B. Lokalblätter) und in anderer Weise (z. B. durch Anschlag an die Gerichtstafel, im Gemeindehaus oder in der Börse) anordnen. Abgesehen vom § 151 ist die Anordnung einer Bekanntmachung Amtspflicht des Gerichts, ihr Vollzug Aufgabe der Geschäftsstelle

2 II. Nach Abs. III **wirkt** die öffentliche Bekanntmachung **als Zustellung** an alle Beteiligten, also einheitlich von dem in Anm. 4 bestimmten Zeitpunkt ab. Indem der Abs. III verordnet, daß die öffentliche Bekanntmachung „auch" (sogar) dann als Zustellung an alle Beteiligten zu gelten habe, wenn neben der Bekanntmachung noch — wie in den §§ 111 III, 179 I, 198 II — besondere Zustellung vorgeschrieben ist, ergibt er zugleich, daß Einzelzustellungen in allen anderen Fällen erst recht durch die Bekanntmachung des Abs. I erspart werden. Der Abs. III enthält sonach in der Form einer Fiktion zugleich und zunächst den ebenso wichtigen als mit Rücksicht auf die Vielheit der Beteiligten zweckmäßigen Rechtssatz, daß es statthaft ist, Einzelzustellungen durch die einheitlich wirkende öffentliche Bekanntmachung zu ersetzen, daß also der Vorschrift des § 73 II auch auf dem Wege des § 76 genügt werden kann: Massezustellungen vollziehen sich in öffentlicher Bekanntmachung [§ 73 Anm. 4]. So hat der Konkurs seine eigene, von den Vor-

aussetzungen des § 203 ZPO unabhängige und gegenüber den §§ 204ff. ZPO vereinfachte öffentliche Zustellung. Das Gebot besonderer Zustellung (Ladung) neben der öffentlichen Bekanntmachung (§§ 111 III, 179 I, 198 II) ist daher stets nur eine Ordnungs- oder Sollvorschrift, d. h. eine Dienstanweisung für den Konkursrichter, deren Verletzung zwar dienststrafrechtliche Folgen und Schadenshaftungen (§ 839 BGB, a 34 GG) nach sich ziehen kann, aber die Wirksamkeit des kraft der gesetzlichen Unterstellung in der öffentlichen Bekanntmachung enthaltenen Zustellungsvollzuges nicht beeinträchtigt. Die Einzelzustellung kann durch Aufgabe zur Post bewirkt werden (§ 77 I). Ihre Bedeutung liegt vor allem darin, daß sie den Beweis der Kenntnis des Zustellungsempfängers ermöglicht, z. B. von der Konkurseröffnung in den Fällen der §§ 7, 8, 15. Dagegen ist sie für den Beginn der Beschwerdefrist ohne Bedeutung; dieser bestimmt sich einheitlich für alle Beteiligten nach dem Zeitpunkt, in dem die öffentliche Bekanntmachung wirksam wird [Anm. 5].

3 Die hohe Bedeutung, die der Abs. III der öffentlichen Bekanntmachung beilegt, beruht auf der (von der Erfahrung freilich nicht immer bestätigten) Annahme, daß die im Abs. I vorgeschriebene Art der Veröffentlichung Gewähr für allgemeine Kenntnisnahme bietet. Darum bezieht sich der Abs. III aber auch nur auf eine Bekanntmachung nach Abs. I, nicht — wie man nach der Stellung der Vorschrift annehmen könnte — auch auf „weitere Bekanntmachungen", wie sie nach Abs. II in anderen Blättern und auf andere Art als durch die Presse erfolgen können. Nur jene ist wesentlich. Die frühere Einrückung in ein Lokalblatt oder auch in den Bundesanzeiger [Anm. 1] entscheidet also nicht (zust. Stettin OLG 19 S. 202, Mentzel-Kuhn § 76 Anm. 2). Auch ersetzt die öffentliche Bekanntmachung nur „Zustellungen an die Beteiligten", nicht auch amtliche Anzeigen an Behörden, wie etwa die Mitteilung des Konkurses an Registergerichte und Grundbuchämter (§§ 112, 113). Vgl. KG JW 1932 S. 1064 Nr. 5.

4 **III.** Die öffentliche Bekanntmachung und die durch sie ersetzte Einzelzustellung [Anm. 2] gilt als **bewirkt** mit Ablauf des zweiten Tages nach der Ausgabe des die Einrückung und bei wiederholten Einrückungen deren erste enthaltenden Amtsverkündungsblattes (Abs. I Satz 2 mit Satz 1). Der Ausgabetag zählt nicht mit. Das ergibt sich unmittelbar aus der Fassung des Gesetzes. Ausgabe ist das tatsächliche Erscheinen des Blattes am Ausgabeort, nicht das aufgedruckte Datum. Eine Vordatierung mit Rücksicht auf auswärtige Abonnenten bleibt also außer Betracht. Bei der Bestimmung eines Zeitraumes von zwei vollen Tagen zwischen Ausgabe und Eintritt der Wirksamkeit kommt es dem Gesetze darauf an, eine gewisse Mindestzeit offen zu halten, in der das Blatt seinen Lesern zugänglich wird. Wenn es sich bei diesem Zeitraum auch nicht um eine eigentliche prozessuale Frist handelt, so ist doch die Anwendung des § 222 II ZPO (§ 72) geboten, so daß die Bekanntmachung erst mit dem Ablauf des folgenden Werktages wirksam wird, wenn der zweite Tag nach der Ausgabe des Blattes ein Sonntag oder allgemeiner Feiertag ist (Mentzel-Kuhn § 76 Anm. 3, Böhle-Stamschräder § 76 Anm. 2 und früher schon Wolff KO[3] Anm. 2; anders Jaeger 6./7. Aufl. und ihm folgend Bleyer KO[3] Anm. 4, Senst-Müller Konkursrichter[4] S. 15). Enthält die öffentliche Bekanntmachung eine Terminsbestimmung, so ist die Einhaltung der Ladungsfrist nach § 217 ZPO (§ 72) zu beachten.

5 Wenn außer der öffentlichen Bekanntmachung Einzelzustellungen erfolgen, fragt es sich, welcher Zeitpunkt maßgebend ist, ob ausschließlich derjenige des Vollzugs der öffentlichen Bekanntmachung [Anm. 4] oder derjenige einer früher (oder auch später) bewirkten Einzelzustellung. Von wann ab hört der Konkursbeschlag (§§ 163, 190, 205), im besonderen die Einwirkungsbefugnis des Verwalters auf das Vermögen des Gemeinschuldners (§ 6), die Unterbrechung der Prozesse (§ 240 ZPO) auf? Die Verkehrssicherheit fordert einen gleichmäßig für alle Beteiligten maßgebenden und für jeden erkennbaren Ausgangspunkt. Dieser wird durch Abs. III geschaffen. Es entspricht daher dem Zwecke des

Gesetzes, daß ausschließlich und allgemein die Zeit der öffentlichen Bekanntmachung entscheidet (RG JW 1889 S. 139 Nr. 7; Dresden LZ 1911 Sp. 160f.). Dieser Zeitpunkt ist auch einheitlich maßgebend für den Beginn der Beschwerdefrist (§ 73 III), selbst wenn die besondere Zustellung an einen Beteiligten früher erfolgt (Petersen-Kleinfeller Anm. 3 mit Verw.; Mentzel-Kuhn § 76 Anm. 4), aber auch dann, wenn sie der öffentlichen Bekanntmachung zeitlich nachfolgte oder trotz der gesetzlichen Anordnung überhaupt unterblieben ist (Hamburg HansRZ 1933 B S. 315; vgl. auch Anm. 2).

§ 77

Wenn neben der öffentlichen Bekanntmachung eine besondere Zustellung vorgeschrieben ist, so kann dieselbe durch Aufgabe zur Post bewirkt werden. Einer Beglaubigung der Abschrift des zuzustellenden Schriftstücks bedarf es nicht.

Die dem Verwalter obliegenden Mitteilungen können unmittelbar und ohne besondere Form geschehen.

Materialien: Motive I Bd. 2 S. 30, Motive II S. 300f., Protokolle S. 61f., 161.

I. Einzelzustellungen, die neben der öffentlichen Bekanntmachung vorgeschrieben sind (§§ 111 III, 179 I, 198 II), können, da ihnen neben dieser nur eine eingeschränkte Bedeutung zukommt [§ 76 Anm. 2 u. 5], stets in der einfachen und billigen Form der **Aufgabe zur Post** nach Maßgabe der §§ 175, 213 ZPO bewirkt werden (Abs. I Satz 1), auch wenn der Adressat im Sprengel des Konkursgerichts seine Wohnung oder einen Prozeßbevollmächtigten hat (vgl. dagegen §§ 174, 175 I ZPO). Auch für die im Genossenschaftskonkurse nach § 107 I 2 GenG erforderliche Ladung gilt die Vereinfachung des § 77 (RG LZ 1908 Sp. 788). Die Eigentümlichkeit einer Zustellung „durch Aufgabe zur Post" liegt darin, daß hier die Post selbst als empfangsermächtigt behandelt wird, während sie bei Zustellung „durch die Post" (d. h. durch den Postbediensteten: §§ 193ff. ZPO) lediglich als Zustellungsvermittler tätig wird. Infolge dieser gesetzlichen Unterstellung vollzieht sich die Zustellung stets schon mit Übergabe an die Post und stets als Inlandszustellung. Sie wird also schon bewirkt mit Einwurf in den Briefkasten, bei eingeschriebener Sendung (§ 175 II ZPO) mit Einlieferung am Postschalter, nicht erst mit Aushändigung des Schriftstücks an den Adressaten, und zwar selbst dann, wenn der Adreßort im Auslande liegt und wenn das Schriftstück tatsächlich niemals an seine Adresse gelangt (§ 175 I Satz 3 ZPO). Der Adressat wird nicht mit dem Einwande gehört, das zuzustellende Schriftstück (z. B. die Ladung im Falle des § 179 I KO) sei ihm nicht ausgehändigt worden. Nach § 213 ZPO wird die Aufnahme einer Zustellungsurkunde (§ 192 ZPO) ersetzt durch amtlichen Aktenvermerk. Ja sogar die sonst bei Zustellungen von Amts wegen erforderliche Beglaubigung der zuzustellenden Abschriften (§§ 210, 170 ZPO) ist durch Abs. I Satz 2 für den Konkurs mit Rücksicht auf die vielleicht große Anzahl der Beteiligten als entbehrlich erklärt. Die Abschriften können durch Druck hergestellt sein (RG aaO.). 1

II. Mitteilungen des Verwalters im Konkursverfahren (z. B. nach den §§ 135, 159) können ohne Zustellungsförmlichkeiten auch unmittelbar durch mündliche Eröffnung geschehen (Abs. II). Werden schon förmliche Einzelzustellungen durch öffentliche Bekanntmachung ersetzt (§ 76 III), muß dies um so mehr bei den völlig formlosen Mitteilungen des Verwalters (besonders an eine Vielheit von Konkursgläubigern) möglich sein (abw. z. B. Wolff KO[2] Anm. 2); doch kommt die öffentliche Bekanntmachung wegen der mit ihr verbundenen Kosten nur in besonderen Fällen in Frage. Wie der Verwalter sich den Nachweis seiner Mitteilung sichert (vgl. § 82), das steht ihm anheim. Geboten ist die öffentliche Bekanntmachung durch den Verwalter im Falle des § 151. 2

§ 78

Der Konkursverwalter wird von dem Gerichte ernannt.
Das Gericht kann demselben die Leistung einer Sicherheit auferlegen.

Materialien: Motive I Bd. 2 S. 7ff., Motive II S. 301ff., Protokolle S. 62, 161, Kommissionsbericht S. 19.

Übersicht:

I. Das Amt des Verwalters

1 1. Das Gesetz spricht von einem **Amte** des Konkursverwalters (§§ 81, 84, 86) und läßt diesem Amte staatliche Fürsorge angedeihen, indem es Ernennung (§§ 78—80, 110), Ausweis (§ 81), Beaufsichtigung und Entlassung des Verwalters (§§ 83, 84) sowie die Bemessung seiner Gebührnisse (§ 85) in die Hände des Konkursgerichts legt. Wie dem Nachlaßverwalter wird dem Konkursverwalter eine bestimmte Vermögensmasse anvertraut, damit er aus ihr bestimmte Gläubiger befriedige. Auch den Wirkungskreis der Vormünder bezeichnet das Gesetz als Amt (z. B. § 1885 BGB). In welchem Sinne, ist streitig. Einverständnis herrscht heute wohl darüber, daß Vormünder und Pfleger, Nachlaßverwalter und Konkursverwalter **nicht** Staatsbeamte sind. Sie sind auch nicht Organe des Staates im Sinne von Willenswerkzeugen, die im Namen des Staates an dessen Stelle handeln: weder Organe der streitigen noch solche der freiwilligen Rechtspflege. Sie üben keine obrigkeitlichen Verrichtungen aus, der Konkursverwalter insonderheit keine staatliche Zwangsgewalt. Vgl. dazu Vorbem. XV 1 zu § 6. In der Bezeichnung der Stellung des Konkursverwalters als „Amt" kommt somit nur zum Ausdruck, daß er die Legitimation für seine Tätigkeit allein aus der Bestellung durch das Konkursgericht ableitet (§§ 78, 80) und bei dieser Tätigkeit der Aufsichts- und Disziplinargewalt des Konkursgerichts unterliegt (§§ 83, 84). Darüber hinaus vertritt Bley, namentlich im Hinblick auf die Befreiungsvorschrift des § 3 Nr. 2 der alten Preuß. GewStVO v. 1927 in der ursprünglichen Fassung (Ausübung eines amtlichen Berufes) [vgl. Anm. 5a] die Auffassung, der Konkursverwalter sei Träger eines öffentlichen Amtes, da die von ihm zu erfüllenden Aufgaben im Bereiche der staatlichen Fürsorgetätigkeit liegen und er seine Tätigkeit kraft öffentlicher Dienstpflicht gegenüber dem Staat auszuüben habe (vgl. KonkTreuh. 1928 S. 161ff., 1929 S. 178ff., 1930 S. 187ff. mit Verw., neuerdings auch Kommentar zur VerglO² § 38 Anm. 1 u. 2). Gegen Bley vor allem PreußOVG KonkTreuh. 1930 S. 45ff., Boyens KonkTreuh. 1930 S. 89ff., die den staatlichen Aufgabenbereich im Konkursverfahren auf die Tätigkeit des Konkursgerichts beschränken und dem Konkursverwalter nur die Wahrnehmung privater Interessen zuweisen. Vgl. auch Rehm AnnDR 1900 S. 369ff., der für die Stellung solcher Vermögensverwalter die Bezeichnung „Privatamt" geprägt hat. Eine Mittelmeinung erkennt zwar an, daß der Staat die genannten Vermögensverwalter mit Führung öffentlicher Geschäfte betraue, erblickt aber in ihrem Pflichtenkreis gleichwohl nicht ein öffentliches Amt, sondern einen „staatlich gebundenen Beruf" (Triepel Binding-Festschrift II 1911 S. 1ff., 8, 26, bekämpft von Bley aaO.). Letztlich hat auch diese Kontroverse ihre Wurzel

in der Eigenart unseres Konkursverfahrens, das innerhalb eines Gesamtvollstreckungsverfahrens [Vorbem. 3 zum 2. Buch] den Bereich der eigentlichen Vermögensabwicklung grundsätzlich in der Sphäre des Privatrechts gelassen und das Konkursgericht in diesem Bereich auf eine Rechtsaufsicht über den Konkursverwalter beschränkt hat, dem die Abwicklung in eigener Verantwortlichkeit übertragen worden ist, während z. B. die entsprechende Tätigkeit des Gerichtsvollziehers in der Mobiliarvollstreckung eindeutig Ausübung staatlicher Hoheitsgewalt darstellt (vgl. dazu Weber KonkTreuh. 1955 S. 103). Die Frage, ob der Konkursverwalter Träger eines „öffentlichen Amtes" ist, läßt sich unter diesen Umständen nicht allgemein und grundsätzlich entscheiden. Vielmehr ist in jedem einzelnen Falle zu ermitteln, ob eine Vorschrift, die diesen oder einen ähnlichen Begriff verwendet, ihrem Zwecke nach auch auf den Konkursverwalter anzuwenden ist.

a) Unzweifelhaft gehört das Verwalteramt **nicht** zu den öffentlichen Ämtern im besonderen Sinne der §§ 31, 33, 34 Nr. 1, 35, 358 StGB. So auch Bley KonkTreuh. 1929 S. 180. Über die Untauglichkeit von Personen zum Verwalteramt, denen die bürgerlichen Ehrenrechte aberkannt sind, vgl. Anm. 7 letzter Absatz. 2

b) Unzweifelhaft ist der Verwalter auch nicht Beamter im Sinne des Strafgesetzbuchs (§ 359). Darum verübt beispielsweise der Gemeinschuldner nicht Widerstand gegen die Staatsgewalt nach § 113 StGB, wenn er die Inbesitznahme der Konkursmasse durch den Verwalter (§ 117 KO) gewaltsam verhindert. Ferner gehört der Verwalter nicht zu den Behörden und Beamten im Sinne des § 137 StGB (Verstrickungsbruch). Zur Streitfrage, ob Verstrickungsbruch an Sachen möglich ist, auf die sich der Konkursbeschlag erstreckt, vgl. § 108 Anm. 5. Wird der Verwalter in Ausübung seiner Pflichten beleidigt oder körperlich verletzt, so finden die §§ 196, 232 III StGB keine Anwendung. Die vom Verwalter bei Ausübung seiner Obliegenheiten verübte Körperverletzung fällt nicht unter den § 340 StGB. Überhaupt kann er diejenigen Amtsstraftaten, die begrifflich nur von einem Beamten begangen werden können, wie die passive Bestechung (§§ 331 f.), den Mißbrauch der Amtsgewalt (§ 339), die Amtsunterschlagung (§ 350), nicht begehen. Seine Untreue ist nicht als Amtsvergehen geregelt, sondern fällt jetzt unter den allgemeinen Untreuetatbestand des § 266 StGB. 3

c) Der Konkursverwalter als solcher zählt weiterhin nicht zu den „Beamten" im Sinne der §§ 376, 432, 811 Nr. 8, 850 II, 910 ZPO, wohl aber zu den Personen, denen „kraft ihres Amtes" geheimzuhaltende Tatsachen anvertraut sein können und die unter diesem Gesichtspunkt nach § 383 I Nr. 5, III (§ 402) ZPO (§ 15 FGG) zur Verweigerung der Aussage berechtigt sein können. So über Patente, Geschäfts- und Betriebsgeheimnisse [§ 1 Anm. 4]; so im Konkurse von Auskunfteien, Kreditanstalten oder Redaktionen. Eine „öffentliche Behörde" oder eine „mit öffentlichem Glauben versehene Person", die im Sinne des § 415 ZPO zur Aufnahme öffentlicher Urkunden ermächtigt wäre, ist der Konkursverwalter als solcher nicht. 3a

d) Die dem Konkursverwalter nach § 85 KO zugebilligten Gebührnisse gehören nicht unter die „an Behörden oder Beamte für deren Tätigkeit zu zahlenden Beträge" im Sinne des § 92 Nr. 5 GKG (Fassung 1957) — nicht zu den Massekosten der Nr. 1, sondern der Nr. 2 des § 58 KO — und sind auch nicht aushilfsweise aus der Staatskasse zu leisten [§ 57 Anm. 9, § 58 Anm. 3]. 4

e) Eine Schadensersatzverbindlichkeit des Verwalters wegen schuldhafter Pflichtverletzung (§ 82 KO) fällt, da er kein Beamter ist, nicht unter den § 839 BGB und darum auch nicht unter den a. 34 GG. Der Ersatzanspruch verjährt auch nicht nach § 852 BGB [§ 82 Anm. 12]. Ebensowenig ist der § 11 II EGGVG mit den dazu erlassenen Landesgesetzen auf den Konkursverwalter anwendbar. Auch nicht der § 71 III GVG. 5

5a f) Die rechtliche Stellung des Konkursverwalters hat Bedeutung auch für seine persönliche Steuerpflicht.

α) Allerdings ist die Kontroverse über die Gewerbesteuerpflicht des Konkursverwalters, die an die Befreiungsvorschrift des § 3 Nr. 2 PreußGewStVO von 1927 für die Ausübung eines amtlichen Berufes anknüpfte [Anm. 1], seit der Änderung dieser Bestimmung im Jahre 1930 überholt. Aber auch die Auffassung des PreußOVG, welches für die berufsmäßige Tätigkeit eines Konkursverwalters die Gewerbesteuerpflicht für das preuß. Gewerbesteuerrecht annahm, kann nach der gesetzlichen Neuregelung dieses Gebietes nicht mehr herangezogen werden. Das übersehen Mentzel-Kuhn § 85 Anm. 6 a. E. und Böhle-Stamschräder § 85 Anm. 5. Nach dem geltenden Gewerbesteuerrecht (GewStG in der Fassung v. 21. 12. 1954, BStBl. I 694, § 2 I) ist gewerbesteuerpflichtig nur noch ein gewerbliches Unternehmen im Sinne des EinkommStG. Das Honorar des Konkursverwalters fällt aber regelmäßig nicht unter die Einkünfte aus gewerblicher Tätigkeit (§ 15 Nr. 1 EStG in der Fassung v. 21. 12. 1954, BStBl. I 668), sondern ist Einkommen aus sonstiger selbständiger Tätigkeit gemäß § 18 I Nr. 3 und II EStG (Vergütung für Vermögensverwaltung; so auch Blümich-Falk EinkommenStG[7] § 18 Anm. 5a; Littmann EinkommenStG[5] § 18 Anm. 55); zur Einkommensteuerpflicht des Konkursverwalters eingehend Haegele KonkTreuh. 1956 S. 180ff. Damit entfällt in aller Regel die Gewerbesteuerpflicht des Konkursverwalters (vgl. Blümich-Boyens-Steinbring GewStG[5] § 2 Anm. 53 S. 51, ferner Anm. 54: freier Beruf, und Anm. 54a: Steuerberater und Wirtschaftsprüfer; Müthling GewStG § 2 Anm. 18 S. 35 sowie zur Abgrenzung der Gewerbesteuerpflicht überhaupt GewStRichtlinien 1951 Abschn. 14, BStBl. 1952 I S. 483). Das muß auch dann gelten, wenn der Inhaber eines Gewerbebetriebes zum Konkursverwalter bestellt ist; denn die Tätigkeit des Konkursverwalters ist hier höchst persönlich [Anm. 10a] und die Vergütung für sie daher nicht Gewerbeertrag im Sinne des GewStG (so Bley für den Vergleichsverwalter VerglO[2] § 43 Anm. 5a und c; mißverständlich Blümich-Falk aaO., der gewerbliches Einkommen annimmt, wenn die Konkursverwaltung Teil einer gewerblich ausgeübten Tätigkeit ist, was sie mit Rücksicht auf ihre höchstpersönliche Natur nicht sein kann). Gewerbesteuerpflicht kann nur dann entstehen, wenn für die eigentliche Konkursverwaltung konkursrechtlich unzulässig und in steuerschädlicher Weise vorgebildete Hilfspersonen herangezogen werden.

β) Dagegen ist die Vergütung des Konkursverwalters regelmäßig umsatzsteuerpflichtig, da er eine berufliche Tätigkeit selbständig ausübt, als welche jede Tätigkeit zur Erzielung von Einkommen anzusehen ist (§§ 1 Nr. 1, 2 I, 5 I S. 1 UStG in der Fassung v. 1. 9. 1951, BGBl. I 791). Da er keine öffentliche Gewalt ausübt, kommt ihm § 2 III UStG nicht zugute. Auch der Umstand, daß er auf Grund behördlicher Anordnung tätig wird, nimmt seiner Tätigkeit nicht den Charakter eines steuerbaren Umsatzes (§ 1 Nr. 1 S. 2 UStG). Vgl. schon RFH Bd. **28** 278 = KonkTreuh. 1928 S. 106. Die Vergütung unterliegt nur dann nicht der Umsatzsteuer, wenn das Merkmal der Nachhaltigkeit nicht gegeben ist (§ 2 I S. 2 UStG), also etwa bei einer einmaligen Verwaltung, die von einem nicht schon in anderer Weise nachhaltig tätigen Unternehmer ausgeübt wird (Verfg. ObFinDir. Düsseldorf v. 26. 7. 1950 BB 1950 S. 642; vgl. auch RFH Bd. **24** 115 = KonkTreuh. 1928 S. 188 und Plückebaum-Malitzky UStG[6] Bem. 47 zu §§ 1—3). Vgl. noch Haegele KonkTreuh. 1956 S. 182. Die Umsatzsteuer fällt nicht unter die aus der Masse nach § 85 erstattungsfähigen Auslagen [§ 85 Anm. 2a].

5b 2. Die gesetzliche Regelung der Stellung des Konkursverwalters im Konkursverfahren und gegenüber den Verfahrensbeteiligten ist primär in der KO enthalten. Ergänzend kommt eine Heranziehung allgemeiner Vorschriften des BGB über amtliche Vermögenspfleger, vor allem den Vormund (vgl. auch § 1915 BGB), etwa in der Frage der Untauglichkeit und Unfähigkeit bestimmter Personen zum Amte [Anm. 7] in Frage. Zwischen den Verfahrensbeteiligten, vor allem dem Gemeinschuldner und dem Konkursverwalter besteht kein vertragliches, sondern, wie sich vor allem aus § 82 ergibt, ein gesetzliches Schuldverhältnis des bürgerlichen Rechts, für dessen Inhalt die Sonderregelung der KO maßgebend ist. So ist insbesondere die Frage der Verantwortlichkeit gegenüber den Beteiligten (§ 82), der Rechenschaftspflicht (§§ 86, 132, 162), der Vergütung für die Geschäftsführung und des Ersatzes der Auslagen (§ 85) ausdrücklich geregelt. Die Heranziehung von Vorschriften des BGB über die entgeltliche Geschäftsbesorgung (§§ 675, 662ff. BGB) zur Lückenergänzung, wie sie von der h. M. vor allem für die Beziehungen des Konkursverwalters zum Masseträger insoweit vertreten wird, als nicht die Besonderheit der Verwalterstellung entgegensteht (so Jaeger 6./7. Aufl. Anm. 4, Lehrbuch S. 84f., Bley KonkTreuh. 1929 S. 179, Nehrhorn ebenda 1931 S. 120f.; vgl. auch BGH Bd. 21 291f.; abw. Petersen-Kleinfeller § 86 Anm. 7) ist nicht unbedenklich; denn der Konkursverwalter steht nicht nur zu einem Beteiligten, nämlich dem Gemeinschuldner, sondern zu allen Verfahrensbeteiligten in einem gesetzlichen Schuldverhältnis und ist jedem für seine Amtsführung verantwortlich. Überdies wird für die Heranziehung dieser Vorschriften kaum ein Bedürfnis anzuerkennen sein. So hat das Gericht schon nach § 85 die Möglichkeit, die Entnahme eines Vorschusses auf das Honorar und die baren Auslagen zu gestatten (vgl. §§ 669, 675 BGB) und den Umfang der angemessenen Auslagen zu bestimmen, wobei es allerdings die §§ 670, 675 BGB (vgl. auch §§ 1835, 1915 BGB) als Richtlinie berücksichtigen kann. Auch zur Begründung einer Auskunfts- und Ausantwortungspflicht des alten Verwalters bei Verwalterwechsel gegenüber dem neuen erscheint eine entsprechende Anwendung der §§ 666, 667, 675 BGB (vgl. Kolmar LZ 1907 Sp. 923) nicht erforderlich; denn erstere ergibt sich schon aus § 86, letztere aus dem Verlust der Besitzberechtigung des früheren Verwalters.

Welchen Einfluß die Gläubiger auf „die Geschäftsführung" des Verwalters haben, bestimmt ausschließlich die Konkursordnung. Sie räumt ihnen in den §§ 132ff. eine — übrigens nur innenrechtlich bedeutsame (§ 136) — Mitwirkung zu bestimmt bezeichneten ungewöhnlichen oder wichtigen Verwaltungsakten ein und betraut mit der Ausübung dieser Befugnisse die Organe der Gesamtgläubigerschaft, die Gläubigerversammlung und den Gläubigerausschuß. Vgl. auch § 137. Keineswegs aber steht dem einzelnen Gläubiger eine durch Klage verfolgbare Forderung auf Vornahme ihm notwendig oder zweckmäßig erscheinender Verwaltungsakte (z. B. auf eine dem § 123 entsprechende Inventarerrichtung, auf Heranziehung einzelner Gegenstände zur Masse, auf Erhebung von Anfechtungs- oder Widerspruchsklagen, auf Vollzug einer Verteilung) gegen den Konkursverwalter zu. RG GruchotsBeitr. 31 S. 1129; Rostock SeuffA 55 Nr. 59. Der Gläubiger kann nur durch unverbindliche Anregung das Einschreiten der Aufsichtsbehörde nach § 83 veranlassen [Ablehnung: § 83 Anm. 4] und auch diese hat dem Verwalter in Zweckmäßigkeitsfragen grundsätzlich nicht hineinzureden [§ 83 Anm. 1]. Sie hat auch nicht die Macht, den Konkursverwalter auf Grund eines Gesetzes, das Behörden eine Offenbarung gebietet, zur Auskunft oder zur Gestattung der Einsicht in die Geschäftsbücher des Gemeinschuldners anzuhalten. Denn der Konkursverwalter ist keine Behörde (KG LZ 1907 Sp. 297f, Bamberg LZ 1907 Sp. 364f.). Schadensersatzklagen: § 82 Anm. 4; Ansprüche auf Dividendenauszahlung: § 159 Anm. 5. Zur rechtlichen Stellung des Konkursverwalters (Vertretertheorie und Amtstheorie) vgl. Vorbem. zu §§ 6—9, sowie Weber KonkTreuh. 1955 S. 102ff. und (Schönke-)Baur § 53 C I.

II. **Beginn des Verwalteramtes.** Der gesetzliche Rechts- und Pflichtenkreis eines Kon- 6
kursverwalters wird nicht durch Eingehung eines Schuldvertrags begründet. Er beginnt auch nicht unmittelbar mit der Ernennung, sondern erst mit der ausdrücklichen oder stillschweigenden Übernahme des Amtes auf Grund der Ernennung. Eine Vereidigung oder sonst eine förmliche Verpflichtung findet nicht statt. Die Übernahme ist gegenüber der ernennenden Behörde zu erklären. Läßt diese eine Übernahme unter aufschiebender Bedingung oder Befristung zu, so beginnt das Amt, sobald der Vorbehalt sich erledigt. Daß

die Entschließung nur sofort und uneingeschränkt erklärt werden könne, ergibt das Gesetz nicht. Der Ernannte kann sich eine kurze Bedenkzeit ausbedingen und inzwischen erkunden, ob er den Aufgaben des Amtes gewachsen sei. Das Konkursgericht wird sich daher zweckmäßig schon vor der Ernennung von der Bereitschaft des in Aussicht Genommenen zur Amtsübernahme vergewissern, zumal wenn er als Nachfolger eines Verwalters ernannt werden soll, der die Masse veruntreut hat, und wenn er daher Gefahr läuft, keine volle Vergütung zu erhalten (vgl. Levy KonkTreuh. 1932 S. 31f.). Die Übernahme setzt einen förmlichen, wenn auch noch nicht rechtskräftigen Eröffnungsbeschluß voraus. Ernennung und Übernahme sind in allen Fällen unerläßlich, mag das Amt „bei" Konkurseröffnung (§ 110), während des Verfahrens (besonders nach Tod oder Entlassung des Ersternannten) oder nach dessen Beendigung (§ 166) besetzt werden.

1. Die Ernennung erfolgt durch das Konkursgericht (Abs. I), und zwar sofort bei Konkurseröffnung (§ 110 I). Die Gläubiger können, wenn ihnen der Ernannte nicht genehm ist, einen anderen Verwalter vorschlagen, ohne freilich durch diesen Vorschlag das Gericht zu binden (§ 80). Beschwerde: Anm. 9. Auch steht es ihnen frei, dem Verwalter in einem Gläubigerausschusse Männer ihres Vertrauens als unterstützenden und überwachenden Aufsichtsrat an die Seite zu stellen (§§ 87, 88). Zum ausländischen Recht vgl. Anm. 15, 1 u. 4. Wird das Verwalteramt im Laufe des Konkurses erledigt [Anm. 10], so ernennt das Gericht einen neuen Verwalter und beruft zum etwaigen Vorschlag einer anderen Person abermals eine Gläubigerversammlung (§§ 93, 98 mit §§ 78 I, 80). Umfaßt die Verwaltung mehrere Geschäftszweige, so können mehrere Verwalter — aber nur unter Trennung der Geschäftszweige, nicht zu gemeinschaftlichem Handeln — bestellt werden (§ 79). Ein **Sonderverwalter** für den Einzelfall ist zu ernennen, wenn die persönlichen Belange des Verwalters oder eines nahen Angehörigen von ihm den Belangen der Konkursmasse oder wenn bei Verwaltung zweier Konkursmassen durch denselben Verwalter die Belange der einen denen der anderen Masse widerstreiten. So die herrschende Lehre z. B. Kohler Leitfaden S. 219, Seuffert S. 159, v. Wilmowski-Kurlbaum Anm. 2, Petersen-Kleinfeller Anm. 5; zust. auch Mentzel-Kuhn, § 78 Anm. 3. Die gesetzliche Grundlage für die Bestellung eines solchen Unterpflegers ruht im § 78 KO mit §§ 1915, 1909 (1795) BGB [Anm. 5b]. Seine Gebührnisse sind selbständig nach § 85 festzusetzen und belasten die Masse nach § 58 Nr. 2. Vgl. über die Unterpflegschaft überhaupt, die in Fällen des Widerstreites auch neben einer Nachlaßverwaltung erforderlich wird, v. Staudinger (Engelmann) BGB[9] Anm. 2d vor § 1909, Anm. 9a zu § 1909. So bedarf es eines Sonderverwalters zur Prüfung einer vom Konkursverwalter geltend zu machenden Konkursforderung [§ 139 Anm. 4]; desgleichen wenn der Verwalter Absonderungs- oder Aussonderungsansprüche gegenüber der Masse erhebt oder wenn ein zum Konkursverwalter ernannter Rechtsanwalt gegen einen eignen früheren Mandanten in derselben Rechtssache tätig werden müßte. Sind derartige Beziehungen schon im Eröffnungsverfahren ersichtlich, so sollte das Gericht von der Ernennung der betreffenden Person absehen. Über den Erwerb des Konkursverwalters aus der Masse vgl. § 126 Anm. 3. Dagegen kann der Verwalter die vom Konkursgericht festgesetzte Auslagen- und Vergütungssumme (§ 85), die er als Massegläubiger zu beanspruchen hat (§ 58 Nr. 2), nach § 181 BGB rechtsgültig an sich selber entrichten. Auch kann ein mit dem Verwalteramt betrauter Notar einseitige Erklärungen dritter Personen an die Masse z. B. ein Vertragsangebot beurkunden (vgl. §§ 168 Satz 2, 170 Nr. 1, 171 Nr. 2 FGG, § 17 RNotO; RG Bd. **49** 128) und notwendig ein so von ihm beurkundetes Vertragsanerbieten zugleich mit der Beurkundung als Konkursverwalter zur Kenntnis nehmen (RG aaO.), während er von der Beurkundung von Erklärungen, die er als Konkursverwalter abgibt, z. B. der Annahme eines derartigen Angebotes, ausgeschlossen ist. Auch Hindernisse tatsächlicher Art können die Ernennung eines besonderen Verwalters notwendig machen, soweit nicht etwaiges Hilfsperso-

nal [Anm. 10a] ausreicht. So z. B. zur Wahrnehmung eines Prüfungstermins für den erkrankten oder beurlaubten Verwalter. Der Sonderverwalter ist nicht Vertreter des Verwalters. Vielmehr hat er selbst für das einzelne Geschäft die Befugnisse und Obliegenheiten eines Konkursverwalters. Ein Vorschlagsrecht der Gläubiger besteht nicht. Petersen-Kleinfeller Anm. 5, Seuffert S. 159.

2. **Befähigt** zum Verwalteramt ist im allgemeinen jede geschäftsfähige natürliche Person, auch eine Frau, auch ein Gläubiger [Anm. 6], auch ein Ausländer, auch ein naher Verwandter oder Verschwägerter des Gemeinschuldners (zumal ein solcher vielleicht gegen geringe Vergütung oder unentgeltlich die Verwaltung übernimmt und mit den abzuwickelnden Verhältnissen besonders vertraut ist), **nicht** aber der Gemeinschuldner selbst (§ 6) oder dessen gesetzlicher Vertreter (also nicht z. B. sein Vormund oder einer seiner mehreren Mitvormünder, nicht Mitglieder des Vorstandes oder Liquidatoren einer im Konkurse stehenden juristischen Person oder sonst eines konkursfähigen Verbandes; zust. Kiel SeuffA 66 Nr. 196, LG Göttingen BB 1954 S. 912), auch nicht der Träger der Gemeinschuldnerrolle im Sonderkonkurse (z. B. nicht der Erbe im Nachlaßkonkurse, nicht der Gesellschafter im Konkurse der offenen Handelsgesellschaft), **nicht** juristische Personen, auch nicht Treuhandgesellschaften. Die Vorschriften des Gesetzes über das Verwalteramt sind zugeschnitten auf einen persönlich verantwortlichen, persönlich mit den Beteiligten wie mit dem Gericht verkehrenden, steter Beaufsichtigung unterliegenden und strafrechtlich scharf faßbaren Verwalter (vgl. §§ 81—84). Alle Gewähr liegt in der Tüchtigkeit und Zuverlässigkeit gerade des Menschen, den das Konkursgericht seines Vertrauens würdigt und ständig unter seinen Augen behalten kann. Verbände lassen eine gleichhohe Gewähr vermissen, um so mehr, je größer sie sind, zumal wenn sie wechselnde Organe haben. Bilden sie zum Verwalterberuf besonders geeignete Persönlichkeiten heran, dann mögen diese persönlich zu Verwaltern ernannt werden. Zust. Köln LZ 1908 Sp. 245f., Hamburg JW 1931 S. 2155 Nr. 36 mit Note Bendix ebenda S. 2587, Brodmann JW 1930 S. 1410, Mentzel-Kuhn § 78 Anm. 2, Scholz GmbHG[2] § 13 Anm. 7; abw. Schilling in Hachenburg GmbHG[6] § 13 Anm. 4, Bondi Zentralbl. f. HRecht 1929 S. 38 mit Verw. 7

Zweckmäßigerweise stellt das Gesetz die Frage, welchem **Berufskreise** (Rechtsanwalt, Notar, Bücherrevisor, Wirtschaftsprüfer, Steuerberater, Kaufmann) der Verwalter zu entnehmen sei, ganz dem pflichtmäßigen Ermessen des Konkursrichters anheim. Die Auslese des Verwalters ist die Schicksalsfrage des Konkurses [Beschwerde: Anm. 9]. Ein Konkursverwalter hat Aufgaben wirtschaftlicher und rechtlicher Art zu lösen, unter denen bald die einen, bald die anderen überwiegen. Dort können technisch und kaufmännisch geschulte, hier rechtskundige Verwalter den Vorzug verdienen. So auch die AV des RJM v. 4. 11. 1935 DJ 1935 S. 1659, in der vor allem auch auf die Wichtigkeit der Unabhängigkeit von den Beteiligten hingewiesen wird (vgl. auch § 38 VerglO). Anwaltszwang wäre ebenso unangemessen als Anwaltsausschluß. Freilich darf die Gewähr, die in der Standesdisziplin der Rechtsanwälte liegt, nicht unterschätzt werden (vgl. Wassermann Anwaltsblatt 1931 S. 200ff.). Ebensowenig der durch staatliche Prüfungen gewährleistete Befähigungsnachweis, wie ihn jeder Rechtsanwalt, aber auch der Wirtschaftsprüfer, der Steuerberater und der Diplomkaufmann erbracht haben. Im Konkurs einer Bausparkasse kann das Bundesaufsichtsamt eine Person als Konkursverwalter vorschlagen, die es für besonders geeignet hält (Teil 1 Kap. V § 4 NotVO v. 14. 6. 1932, RGBl. I S. 285 mit §§ 2 II, 8 Nr. 7 des G über die Errichtung eines Bundesaufsichtsamtes usw. v. 31. 7. 1951, BGBl. I S. 480), ohne daß das Gericht an diesen Vorschlag gebunden wäre. Im übrigen ist das Gericht bei der Auswahl des Verwalters völlig frei. Jede Schablone ist vom Übel, am übelsten eine auf gleichmäßige Versorgung der Bewerber abzielende Reihenfolge. Auch die Mitglieder des Anwaltstandes sind in sehr verschiedenem Maße zum Verwalteramte geeignet. Nur eine stete Verwendung kann „Fachanwälte für Konkurse" heranreifen lassen. Interessante Erfahrungen aus der Praxis bei Jaeger LZ 1909 Sp. 1ff., Pollak LZ 1908 Sp. 660ff., ferner in DRAZ 1916 S. 52ff., KonkTreuh. 1931 S. 85ff., 98f., 129 und aus letzter Zeit bei Oldorf Wirtschaftsprüfer 1953 S. 292f. Zum ausländischen Recht: Anm. 15, 5.

Endgültig **wirkungslos**, auch einer Heilbarkeit durch Eintritt der Rechtskraft entzogen, würde die Ernennung eines zum Verwalteramt Unfähigen sein, also des Schuldners selbst oder seines gesetzlichen Vertreters (zust. LG Göttingen BB 1954 S. 912) sowie die eines Geschäftsunfähigen (§ 104 BGB), eines wegen Geistesschwäche, Verschwendung oder Trunksucht Entmündigten (§§ 1780, 1915 BGB) oder einer juristischen Person, so daß Verwaltungshandlungen des Ernannten als solche des rechtlichen Erfolgs ermangelten, also z. B. seine Verfügung die Verfügung eines Nichtberechtigten wäre, seine Prozeßaufnahme den Stillstand nicht beseitigte (Köln aaO.) und das Gericht in jeder Lage des Verfahrens von Amts wegen einen neuen Verwalter zu bestellen hätte. Dagegen begründen Minderjährigkeit und vorläufige Vormundschaft (§ 1906 BGB) nur die Untauglichkeit zum Amt (§§ 1781 Nr. 1, 1915 BGB). Solche Personen sollen nicht ernannt werden, ihre gleichwohl erfolgte Ernennung ist aber wirksam. Dasselbe gilt von der Aberkennung der bürgerlichen Ehrenrechte während der im Urteil bestimmten Zeit. Zwar spricht § 34 Nr. 4 RStGB von der „Unfähigkeit", Pfleger zu sein, unter welchen Begriff auch der Konkursverwalter zu rechnen ist (a. A. Jagusch in LeipzKom.[7] § 34 Anm. 2a; der „Kurator", unter den RGStrafs. **19** 86 den Konkursverwalter brachte, ist in der Fassung des 3. StrafrÄndG v. 4. 8. 1953, BGBl. I 735 gestrichen worden). Aus §§ 1781 Nr. 4, 1915 BGB ist jedoch zu folgern, daß die Unfähigkeit im Sinne des § 34 Nr. 4 RStGB nur als Untauglichkeit wirkt (so auch Jagusch aaO., Palandt[15] § 1781 Anm. 2d, Seuffert § 26 Note 2, Mentzel-Kuhn § 78 Anm. 2).Doch bildet der Ehrverlust, mag er erst nach der Ernennung ausgesprochen oder erst nachher bekannt geworden sein, ohne weiteres einen Entlassungsgrund (§ 84). Ob Staatsbeamte zur Übernahme des Verwalteramtes einer Erlaubnis der vorgesetzten Dienstbehörde bedürfen, entscheidet das Landesrecht. Daß die Führung der Geschäfte eines Konkursverwalters mit der Stellung eines Beamten unverträglich wäre, trifft jedenfalls in dieser Allgemeinheit nicht zu. Bei Notaren ist die Übernahme einer Konkursverwaltung nicht genehmigungspflichtig (§ 9 III RNotO).

8 **3.** Eine **Pflicht** zur Übernahme des Verwalteramts besteht nach Reichsrecht nicht (vgl. für die Nachlaßverwaltung den § 1981 III BGB). Landesrechtlich obliegt nach näherer Maßgabe des a. 1 des württ. AGKO einem Bezirksnotar die Dienstpflicht, „der Ernennung zum Konkursverwalter Folge zu leisten". Wer das Amt einmal übernommen hat, darf es im Laufe des Verfahrens nicht kraft eigenen Beliebens niederlegen [§ 84 Anm 6].

9 **4.** Gegen die Ernennung — Veröffentlichung § 76 Anm. 1f., § 81 Anm. 1 — steht dem Gemeinschuldner und jedem einzelnen Konkursgläubiger die sofortige **Beschwerde** nach § 73 III zu und zwar auch aus dem Grunde bloßer Unzweckmäßigkeit [§ 73 Anm. 7]. Denn von der Auswahl einer geeigneten Persönlichkeit hängt das Wohl der Beteiligten ab. Vgl. Petersen-Kleinfeller Anm. 2, Seuffert § 26 N. 4, Bleyer KO[3] Anm. 5; abw. Kohler Leitfaden S. 333 u. a. Die Ernennung ist, auch wenn sie als erste schon „bei der Eröffnung" des Konkurses erfolgt (§ 110), eine selbständige, von der Konkurseröffnung zu trennende „Entscheidung" im Sinne des § 73 III und bleibt daher von der Rechtsmittelbeschränkung des § 109 unberührt. „Untauglichkeit" des Ernannten ist Beschwerde- und Entlassungsgrund; „Unfähigkeit" macht eine Neubestellung von Amts wegen nötig, die jederzeit von den Beteiligten angeregt werden kann [Anm. 7; siehe auch § 84 Anm. 4]. Der Ernannte ist als solcher nicht beschwert, da er nicht anzunehmen braucht [Anm. 8]. Die Beschwerdefrist beginnt einheitlich für alle Beteiligten mit Vollzug der Bekanntmachung der Ernennung [§ 81 Anm. 1]. Beschwerde gegen die Versagung der Ernennung eines im Wahltermin Vorgeschlagenen: § 80 Anm. 2.

III. Das Amt des Verwalters **endet** mit wirksamer Beendigung des Konkurses [Besonderheiten: § 116 Anm. 2, § 166 Anm. 12], mit dem Tode, mit dem Wirksamwerden der (einerlei, aus welchem Grunde) ausgesprochenen Entmündigung des Verwalters (gemäß §§ 1885, 1915 BGB, vgl. §§ 661, 683 ZPO), mit seiner Entlassung (§ 84) oder Enthebung [§ 84 Anm. 6], nicht mit einseitiger Niederlegung [§ 84 Anm. 6], und im Falle des § 80 mit rechtswirksamer Ernennung eines neuen Verwalters [§ 80 Anm. 1]. Die Haftung aus früherer Pflichtverletzung (§ 82) dauert fort. Wechselt (z. B. infolge Todes) die Person des Verwalters während des Konkurses, so behalten die von oder gegenüber dem Vorgänger vorgenommenen Rechtshandlungen auch im Verhältnis zum Nachfolger ihre Wirksamkeit. So z. B. Kündigungen, die vom Vorgänger oder ihm gegenüber auf Grund der §§ 19, 22 erklärt worden waren. Darum bleibt auch eine gegenüber dem Vorgänger nach § 829 III ZPO vollzogene Pfändung einer Konkursforderung gegenüber dem Nachfolger wirksam (LG Freiberg SARpfl. 3 S. 273). Im übrigen siehe § 6 Anm. 8. Schlußrechnung: § 86. Einfluß auf Prozesse: § 10 Anm. 12, § 146 Anm. 28. 10

IV. Übertragung der Befugnisse und Beiziehung von Gehilfen

Daß der Verwalter sein Amt im ganzen nicht auf einen anderen zu übertragen vermag, versteht sich von selbst; er ist höchstpersönlich damit betraut. Auch ist er schlechthin außerstande, Prokura zu erteilen [§ 23 Anm. 9] oder seine gesetzlichen Befugnisse als Anwalt auf einen Anwaltssubstituten (generalbevollmächtigten Sozius oder amtlich bestellten Anwaltsvertreter) zu übertragen. Andrerseits kann er zweifellos im inneren Amtsbereich einzelne Verrichtungen (wie Schreib- und Rechenarbeiten, auch den Vollzug der von ihm angeordneten Auszahlungen) Gehilfen überlassen. Bei großen Verwaltungen ist er auf solche Unterstützung angewiesen. Vgl. Motive II S. 306. Bedient der Verwalter sich bei Erfüllung der ihm gegenüber bestimmten Beteiligten obliegenden Verbindlichkeiten (etwa beim Verteilungsvollzug § 167, oder bei der Überbringung von Massegeldern zur Hinterlegungsstelle § 132) eines Gehilfen, so hat er dessen Verschulden wie sein eigenes zu vertreten, ohne sich durch den Nachweis sorgfältiger Auswahl und Überwachung befreien zu können (§ 278 BGB; RG Bd. 142 184; über die abweichende Meinung des RFH im Falle der Haftung aus §§ 104, 109 I RAbgO siehe § 82 Anm. 16). Wenn seine Angestellten in Ausübung der ihnen übertragenen Verrichtungen jemanden widerrechtlich schädigen, ohne daß zu dieser Zeit eine Verpflichtung des Verwalters gegenüber dem Verletzten besteht, dann haftet der Verwalter nur unbeschadet eines Entlastungsbeweises (§ 831 BGB). Nach außen kann als Verwalter nur auftreten, wer vom Konkursgericht allgemein oder für den Einzelfall [Anm. 6] dazu berufen ist. Das folgt aus der Wichtigkeit der in Frage stehenden Amtsgeschäfte und aus der Erwägung, daß die in der gerichtlichen Ernennung des Verwalters liegende Gewähr hinfällig würde, wenn dieser nach Belieben Vertreter mit Wahrnehmung seiner Geschäfte betrauen dürfte. Unhaltbar ist namentlich die Ansicht, der Verwalter könne sich im Prüfungstermine durch eigenmächtig bestellte Bevollmächtigte vertreten lassen [§ 141 Anm. 7]. Vgl. auch Petersen-Kleinfeller §§ 78ff. Anm. 4f. Die §§ 79, 81 ZPO sind zugunsten der Annahme freier Vertretbarkeit nicht zu verwerten. Dagegen unterliegt es keinen Bedenken, daß im Prüfungstermine sowie in anderen Terminen neben dem Verwalter, nicht an seiner statt, ein Rechtsanwalt als Beistand erscheint (§ 90 ZPO). 10a

V. Die Sicherheitsleistung des Verwalters (Abs. II)

1. Das Konkursgericht ist nach § 78 II ermächtigt und darum erforderlichenfalls auch bei persönlicher Verantwortlichkeit gegenüber den Beteiligten verpflichtet [§ 75 Anm. 1], den Verwalter zur Leistung einer Sicherheit anzuhalten. Ob und wann eine Sicherheitsleistung geboten erscheint, in welcher Art und in welchem Umfange sie zu bewirken ist, darüber befindet das Konkursgericht nach freiem Ermessen. Vgl. §§ 1844, 1915 BGB. Auch dieses Ermessen aber unterliegt der 11

Nachprüfung des Beschwerdegerichts. Beschwerdeberechtigt (§ 73 III) ist jeder Beeinträchtigte, besonders der Antragsteller, dessen Ersuchen rechtsförmlich zurückgewiesen worden ist, der Konkursverwalter nicht gegen die mit seiner Ernennung verbundene Anordnung, da er das Amt aus diesem Grunde ablehnen kann, wohl aber gegen eine spätere Anordnung oder Erhöhung. Ein allgemeines gesetzliches Sicherstellungsgebot [siehe Anm. 15 unter 6] hätte abgesehen vom Schutz der Masse den Vorteil, daß es jeden Verwalter antreiben würde, die Konkursabwicklung zu beschleunigen, um die gestellte Sicherheit möglichst bald frei zu machen. Wenigstens aber sollte eine gesetzliche Verpflichtung zum Abschluß einer Schadensversicherung erwogen werden (vgl. auch Schumann DJ 1935 S. 1215). Zum ausländischen Recht vgl. Anm. 15, 6.

12 Daraus, daß das Konkursgericht nach eigenem Ermessen bestimmt, ob, in welcher Art und in welchem Umfange der Verwalter Sicherheit zu leisten hat, läßt sich folgern:

a) Daß weder der § 108 ZPO (für eine Anwendung, falls das Gericht keine Bestimmung über die Art der Sicherheit getroffen hat, Seuffert § 19 N. 6, § 26 N. 5 und Mentzel-Kuhn, § 78 Anm. 4) noch der § 232 BGB (abw. Wolff KO[2] Anm. 8) hinsichtlich der Art und des Umfanges der Sicherheit den Richter bindet. Zust. Bleyer KO[3] Anm. 4, Mentzel-Kuhn aaO., Böhle-Stamschräder § 78 Anm. 3. Namentlich kann er in erster Linie Bürgenstellung fordern und genügen lassen, oder auch den Abschluß einer Kautionsversicherung bei einem vertrauenswürdigen Versicherungsunternehmen (Bek. d. JM Württemberg-Baden v. 7. 4. 1949, ABl. S. 38, und des JM Niedersachsen v. 28. 9. 1949, Nds Rpfl. S. 175, ferner Hesse DJ 1933 S. 779 ff.)

b) Daß das Konkursgericht während der ganzen Dauer des Verwalteramts jederzeit die Leistung, Erhöhung, Minderung oder Aufhebung (Rückgabe) der Sicherheit aus eigener Macht anordnen kann (vgl. § 1844 I Satz 3 mit § 1915 BGB). Petersen-Kleinfeller Anm. 11, v. Wilmowski-Kurlbaum Anm. 6, Senst-Müller Konkursrichter[4] S. 24 zu Note 1, Mentzel-Kuhn und Böhle-Stamschräder aaO.· abw. Wolff Anm. 8 u. a. (nur mit Zustimmung des Schuldners und aller Konkursgläubiger). Der durch Anerkennung der Schlußrechnung (§ 86) entlastete Verwalter hat ein Recht darauf, daß das Konkursgericht alsbald die Rückgabe der Sicherheit anordne, und demgemäß gegen einen den Rückgabeantrag ablehnenden Beschluß die sofortige Beschwerde (§ 73 III).

c) Daß durch Klage verfolgbare „Ansprüche" der Konkursgläubiger und des Gemeinschuldners auf Sicherheitsleistung nicht bestehen. War eine solche nicht schon zur Bedingung der Ernennung gemacht, sondern erst nachträglich angeordnet worden (Motive II S. 305), so kann sie durch Ordnungsstrafe (§ 84 I Satz 1) oder durch Androhung der Entlassung (§ 84 I Satz 2) erzwungen werden. Wie aber die von vornherein verlangte Sicherheitsleistung an einer Ablehnung der Amtsübernahme scheitern kann, so darf der Verwalter im Einklange mit der Regelung der §§ 1786 I Nr. 6, 1889, 1915 BGB bei nachträglicher Anordnung seine Entlassung fordern. Ein unzuverlässiger Verwalter, dessen Verabschiedung an Umtrieben einflußreicher Gläubigergruppen scheitert (§ 84 I 2), kann daher vom Gericht auf dem Wege des § 78 II dazu gedrängt werden, entweder Sicherheit zu leisten oder selbst seine Enthebung vom Amte zu erwirken (so treffend Bleyer KO[3] Anm. 4).

13 2. Die Kosten der Sicherheitsleistung, ihrer Änderung oder ihrer Aufhebung gehören zum allgemeinen Aufwande der Verwaltung und bilden dementsprechend Massekosten im Sinne des § 58 Nr. 2. Vgl. § 1844 III mit § 1915 BGB.

14 3. Die Sicherheit soll Schadensersatzansprüche aus der Amtsführung des Verwalters, namentlich wegen Veruntreuung von Massewerten (§ 82), nicht aber auch Ordnungsstrafen (§ 84) decken (abw. v. Wilmowski-Kurlbaum Anm. 5). Ein Pfandrecht der Beteiligten im Sinne des § 233 BGB entsteht auch im Falle der Geldhinterlegung nicht, da die Sicherheit nicht auf den Namen von bestimmten Be-

rechtigten geleistet, sondern der Verfügung des Gerichts — vor allem zugunsten der gemeinsamen Befriedigungsmasse — überlassen wird (abw. Wolff Anm. 8). Dementsprechend bedarf auch die Anordnung einer Rückgabe der Sicherheit keiner Zustimmung der Beteiligten [Anm. 12 unter b].

VI. Richtlinien für Konkursverwalter

Das Amtsgericht Berlin-Mitte hatte „Richtlinien für Konkursverwalter" zusammengestellt (Fassung v. 11. 2. 1929 KonkTreuh. 1929 S. 69ff., JW 1929 S. 1633ff., besprochen von Levy KonkTreuh. 1929 S. 85f.). Sie verdienen als Niederschlag der reichen Erfahrung des damals größten deutschen Konkursgerichts auch heute noch Beachtung. Spezialliteratur für Konkursverwalter vor allem Senst-Müller Die Verwaltung von Konkursen[9] (1928) und Schmitz Handbuch des Konkursverwalters (1949). 14a

Zusatz. Fremde Rechte*).

1. In fast allen Rechten werden bestimmte Personen mit der Verwaltung der Konkursmasse unter Aufsicht des Konkursgerichts betraut. Dabei werden in den einzelnen Abschnitten des Verfahrens oft verschiedene Arten von Verwaltern tätig. In der Schweiz besorgen kantonale Konkursämter, die der Oberaufsicht des Bundesgerichts unterstehen, die Verwaltung der Masse, bis die Gläubigerversammlung die eigentliche „Konkursverwaltung" einsetzt, wobei sie allerdings auch das Konkursamt betrauen kann (Art. 221ff. SchKG). Auch in Spanien wird zwischen der Zeit vor und nach der ersten Gläubigerversammlung unterschieden; bei der Konkurseröffnung werden ein Konkurskommissar *(comisario de la quiebra)* und ein Verwahrer *(depositario)* bestellt; in der Gläubigerversammlung werden dann die eigentlichen Konkursverwalter *(síndicos)* gewählt (Art. 1333, 1346 L.E.C.; Art. 1044, 1067ff. C.com.). In England ist zwischen der Eröffnung des Konkursverfahrens *(receiving order)* und der Bankrotterklärung *(adjudication of bankruptcy)* zu unterscheiden. Zunächst wird ein amtlicher Sequester *(official receiver)* tätig, der vom *Board of Trade* (Handelsministerium) für einen bestimmten Bezirk bestellt und als Hilfsbeamter des Gerichts bezeichnet wird; der *official receiver* kann einen Geschäftsführer *(manager)* ernennen. Wird der Gemeinschuldner für bankrott erklärt, so wird ein Treuhänder *(trustee)* bestellt (§§ 70ff., 18ff. B.A.). Ähnlich wie England die Vereinigten Staaten; hier können statt des *receiver* andere Gerichtsbeamte *(marshals)* mit der einstweiligen Vermögensverwaltung betraut werden (§§ 2, 112, 69 B.A.; 11 USCA §§ 11, 72, 109). 15
2. Die mit der Verwaltung der Konkursmasse betrauten Personen werden bezeichnet:
   als Verwalter u. a. in Österreich (Masseverwalter), Schweden *(förvaltare)*, Portugal *(administrador)* und der Schweiz (Konkursverwaltung);
   als Pfleger u. a. in Holland, Belgien und Italien *(curator, curateur, curatore)*;
   als Syndikus vor allem in Frankreich und Spanien *(syndic, síndico)*;
   als Treuhänder im angelsächsischen Rechtsbereich *(trustee)*;
   als Liquidator vor allem in Rußland *(likwidator)*.
3. Für die Anzahl der Verwalter ist der Vorzug der Einheitlichkeit der Verwaltung bestimmend. Demgemäß wird meist nur ein Verwalter bestellt, auch wenn das Gesetz mehrere Verwalter zuläßt, wie z. B. in Frankreich, Belgien und der Schweiz. Eine Mehrheit von Verwaltern ist vorgeschrieben in Spanien (drei: Art. 1346 L.E.C.; Art. 1068 C.com.). Österreich läßt „aus Zweckmäßigkeitsgründen" die Bestellung eines Stellvertreters durch das Konkursgericht zu; für bestimmte Zweige der Verwaltung, insbesondere für die selbständige Verwaltung von Liegenschaften und Bergwerken kann das Konkursgericht „besondere Verwalter" ernennen (§§ 85f. KO).
4. Die Bestellung des Verwalters ist
   a) Sache der Gläubiger z. B. in England (§ 19 B.A.), Spanien (Art. 1346 L.E.C.; Art. 1069 C.com.), in den Vereinigten Staaten (§ 44 B.A.; 11 USCA § 72) und in der Schweiz (Art. 237 SchKG). Subsidiär wird der *trustee* in England vom Handelsministerium, in den Vereinigten Staaten vom Gericht ernannt. In der Schweiz entscheidet die erste beschlußfähige Gläubigerversammlung, ob sie das Konkursamt „oder eine oder mehrere von ihr zu wählende Personen als Konkursverwaltung einsetzen wolle" (Art. 237 SchKG).

*) Vgl. § 71 bei Anm. 20.

b) Sache des Gerichts z. B. in Österreich (§ 80 KO), Frankreich (Art. 25 D. 20 mai 1955) und Italien (Art. 16 L.F.). In Österreich kann — anders als bei uns nach § 80 KO — nicht nur die erste auf die Ernennung folgende, sondern auch eine spätere, eigens zur Verhandlung dieses Gegenstandes einberufene Gläubigerversammlung eine andere Person wählen. In Frankreich ist die Gläubigerversammlung auf das Recht beschränkt, nach der Abstimmung über den Vergleichsvorschlag über Beibehaltung oder Auswechslung der Verwalter gehört zu werden (Art. 150 D. 20 mai 1955). Im übrigen aber kann jeder Gläubiger jederzeit die Abberufung eines Verwalters anregen (Art. 30 D. 20 mai 1955); in Italien dagegen steht dieses Recht nur dem (vom beauftragten Richter ernannten) Gläubigerausschuß zu (Art. 37 L.F.).

c) Sache anderer Organe vor allem in Rußland. Hier werden die Liquidatoren von den Organen der staatlichen Wirtschaftsverwaltung ernannt (Art. 325 GPK), eine zunächst befremdlich wirkende Regelung, zu der indessen das englische Recht mit der Ernennung des *receiver* und (subsidiär) des *trustee* durch das Handelsministerium eine gewisse Parallele bietet.

5. Für die Befähigung zum Verwalteramt gelten vielfach besondere Vorschriften. So bestimmt das österreichische Recht, daß zum Masseverwalter nur „eine unbescholtene, verläßliche und geschäftskundige Person", die „kein naher Angehöriger des Gemeinschuldners" sein darf, zu bestellen sei; Rechtsanwälte und Notare dürfen die Bestellung „nur aus erheblichen Gründen, deren Beurteilung dem Konkursgericht zusteht", ablehnen (§ 80 KO). In Spanien können nur Kaufleute oder Gläubiger bzw. deren Vertreter zu Konkursverwaltern bestellt werden (Art. 1346 L.E.C.; Art. 1070 C.com.); in den Vereinigten Staaten sind auch Korporationen zum Verwalteramt befähigt (§ 45 B.A.; 11 USCA § 73).

In Frankreich hat die Neuregelung von 1955 eine bemerkenswerte Änderung gebracht, die freilich in der früheren Praxis ihre Vorläufer hat: an die Stelle des Gerichtsgebrauchs, der bisher den privaten *compagnies de syndics et liquidateurs* praktisch ein Monopol auf die Verwalterämter zuerkannte, ist nun die gesetzliche Vorschrift getreten, daß zu Konkurs- und Vergleichsverwaltern *(syndics de faillite et administrateurs aux règlements judiciaires)* nur Personen bestellt werden dürfen, die in einer bei den Appellationsgerichten geführten Liste eingetragen sind. Diese Personen bilden eine *association nationale*, die sich in *compagnies régionales* gliedert. In Italien ist die mit der neuen Konkursordnung eingeführte „Rolle gerichtlicher Verwalter" inzwischen wieder abgeschafft worden (VO v. 23. 8. 1946, Nr. 153). In Rußland „finden auf die Liquidatoren die für Beamte geltenden Vorschriften Anwendung" (Art. 331 GPK).

6. Die Anordnung einer Sicherheitsleistung ist vorgeschrieben z. B. in England (§ 19 II B.A.) und in den Vereinigten Staaten (§ 50 B.A.; 11 USCA § 78), nicht vorgesehen z. B. in Österreich und Rußland. In Frankreich „garantiert die *association nationale* die berufliche Haftung der Konkurs- und Vergleichsverwalter"; sie deckt sich dafür durch Versicherung; daneben sind die Mitglieder zur Sicherheitsleistung verpflichtet. In der Schweiz müssen die Beamten und Angestellten der Konkursämter nach Maßgabe des kantonalen Rechts Sicherheit leisten, nicht aber die von der Gläubigerversammlung als Konkursverwaltung eingesetzten sonstigen Personen (Art. 6 III, 241 SchKG).

§ 79

Wenn die Verwaltung verschiedene Geschäftszweige umfaßt, so können mehrere Konkursverwalter ernannt werden. Jeder von ihnen ist in seiner Geschäftsführung selbständig.

Materialien: Motive I Bd. 2 S. 14, Motive II S. 305f., Protokolle S. 62, 161.

1 I. Umfaßt die Verwaltung verschiedene Geschäftszweige, so kann für die **einzelnen**, in sich abgeschlossenen Geschäftszweige je ein **selbständiger** Verwalter bestellt werden. So z. B. wenn der Schuldner eine Mehrheit von Niederlassungen hat, für die einzelnen Niederlassungen; wenn er einen landwirtschaftlichen und einen gewerblichen Betrieb, eine Fabrik und ein Ladengeschäft, ein Bergwerk und eine Bierbrauerei hat, für jeden einzelnen dieser Betriebe. Wie die Geschäfts-

führung ist die Verantwortlichkeit (§ 82) des einen Verwalters unabhängig von der des anderen. Samtverwaltungen unter gemeinsamer Haftbarkeit der Mitverwalter kennt unser Gesetz nicht. Zur Bestellung mehrerer Verwalter in ausländischen Rechten, vgl. § 78 Anm. 15, 3. Einen Zuständigkeitsstreit hat das Konkursgericht zu schlichten, da ihm die Ernennung und damit die Abgrenzung der Wirkungskreise zusteht (§ 78 I). Auch hat es zu bestimmen, welcher der mehreren Verwalter bei der einheitlich vorzunehmenden Prüfung der Konkursforderungen (§§ 141 ff.) tätig werden und welcher von ihnen die Verteilungen (§§ 149 ff.) vollziehen, also auch zur Empfangnahme der Überschüsse anderer Verwaltungszweige ermächtigt sein soll. Aus- und Absonderungsansprüche sind gegenüber dem Verwalter der haftenden Sondermasse zu verfolgen. Zur Prozeßführung ist grundsätzlich derjenige Verwalter legitimiert, in dessen Geschäftsbereich der Rechtsstreit fällt. Sind mehrere Verwalter betroffen und hat das Gericht nicht einen von ihnen für die betreffende Angelegenheit bestimmt, so ist gemeinsame Prozeßführung geboten. Die mehreren Verwalter sind dann Streitgenossen (während die Vertretertheorie hier Gesamtvertretung des Gemeinschuldners annehmen muß), wobei jeder von ihnen den Konkursgläubigern selbständig verantwortlich ist. Sind sie Anwälte, so kann jeder sich im Prozeß selbst vertreten und vom unterlegenen Gegner die nach der Rechtsanwaltsgebührenordnung zustehenden Gebühren erstattet verlangen (so Dresden JW 1938 S. 1478 f.). Die Spaltung des § 79 führt auf Schritt und Tritt zu Schwierigkeiten. die gegenüber seiner Anwendung zur äußersten Vorsicht gemahnen.

II. Von der Bestellung mehrerer Verwalter nach § 79 ist die Bestellung eines Sonderverwalters für einzelne Angelegenheiten zu unterscheiden, an deren Erledigung der Konkursverwalter wegen eines Interessenwiderstreites oder aus tatsächlichen Gründen verhindert ist [§ 78 Anm. 6]. § 79 ist nicht anwendbar, wenn zur Konkursmasse ein Gewerbebetrieb als einziges Unternehmen gehört, dem Konkursverwalter jedoch die für die Weiterführung des Betriebes erforderliche Eignung als gewerblicher Stellvertreter (§ 45 RGewO) fehlt. Das Konkursgericht kann dann nicht neben ihm einen weiteren persönlich geeigneten Verwalter als gewerblichen Vertreter bestellen; noch weniger kann dies der gewerberechtlich ungeeignete Konkursverwalter selbst. Schultzenstein ZZP Bd. 33 S. 491 ff. mit Verw. Vielmehr hat in einem solchen Falle das Gericht von vornherein darauf zu sehen, daß ein gewerblich geeigneter Verwalter bestellt wird, oder einen ungeeigneten Verwalter auf seinen Wunsch zu entheben bzw. nach §§ 84, 80 durch einen geeigneten Verwalter zu ersetzen (Schultzenstein aaO. S. 497). Sonst kann der Betrieb nur durch Verpachtung an eine gewerberechtlich geeignete Person bis zur Veräußerung verwertet werden. Das gilt besonders auch für öffentliche Apotheken, die nur von approbierten Apothekern geführt werden dürfen. Die Verhinderung des Betriebsinhabers durch Konkurseröffnung ist in entsprechender Anwendung des § 1 des Ges. v. 13. 12. 1935 (RGBl. I 1445) als Grund für die Verpachtungspflicht anzusehen, wenn der Konkursverwalter nicht die persönliche Eignung zur Fortführung besitzt. Dagegen kann er die Apotheke nicht nach § 2 dieses Gesetzes durch einen approbierten Apotheker bis zu 6 Monaten für die Konkursmasse verwalten lassen, da er damit einen wesentlichen Teil seiner Befugnisse übertragen würde [vgl. § 78 Anm. 10a]. Beiziehung von Gehilfen und Haftung für sie: § 78 Anm. 10a. 2

III. Nicht selten verwaltet umgekehrt ein und derselbe Verwalter gleichzeitig **mehrere Konkurse.** Ist in einem solchen Falle ein Konkursgläubiger der Masse A zugleich Schuldner der Masse B, so ist der Konkursverwalter nicht berechtigt, eigenmächtig die im Konkurs A fällige Dividende zur Schuldtilgung unmittelbar an die Masse B abzuführen. Er muß vielmehr den Anteil an den Konkursgläubiger auszahlen, es sei denn, daß die Konkursforderung vorher zugunsten der Forderung der Masse B wirksam (eventuell auf Grund eines Arrestbefehls) gepfändet worden ist. Rechtsgeschäfte zwischen den verschiedenen Massen kann ein und derselbe 3

Konkursverwalter nicht abschließen (§ 181 BGB). Insoweit bedarf es der Bestellung eines Sonderverwalters für den Einzelfall [§ 78 Anm. 6]. Gleiches gilt für Rechtsstreitigkeiten unter den Massen. Für eine entsprechende Anwendbarkeit des § 57 ZPO ist kein Raum (abw. Wolff KO² Anm. 2).

§ 80

In der auf die Ernennung eines Verwalters folgenden Gläubigerversammlung können die Konkursgläubiger statt des Ernannten eine andere Person wählen. Das Gericht kann die Ernennung des Gewählten versagen.

Materialien: Motive I Bd. 2 S. 9ff., Motive II S. 302ff., Protokolle S. 62, 161.

1 I. Die erste (§ 110) und jede weitere etwa im Laufe des Konkurses oder nach dessen Beendigung (§ 166) notwendig werdende Ernennung eines Verwalters [§ 78 6f.] steht beim Konkursgericht (§ 78 I). Die Gläubigerschaft hat lediglich ein **Vorschlagsrecht,** d.h. sie darf, jedoch nur in der unmittelbar auf die gerichtliche Ernennung folgenden Versammlung (vgl. § 110 I) die „Ernennung" einer durch Mehrheitsbeschluß (§ 94) in der Versammlung erwählten anderen Persönlichkeit zum Verwalter beantragen (Satz 1). Insofern hat die gerichtliche Ernennung, auch die nach Wegfall des ersten Verwalters notwendig gewordene, zunächst eine bloß vorläufige Bedeutung. In einer späteren Versammlung könnte nur die „Entlassung" des Verwalters beantragt werden (§§ 84, 93f.). Über abweichende Regelung in ausländischen Rechten vgl. § 78 Anm. 15 unter 4a und b. Für Beseitigung auch dieses Vorschlagsrechtes und damit jedes Einflusses der Gläubiger auf die Ernennung des Verwalters in Übereinstimmung mit § 20 I VerglO Vogels, Festschr. f. Schlegelberger (1936) S. 191. Die Entscheidung über den Vorschlag der Gläubigerschaft ist dem pflichtmäßigen Ermessen des Gerichts anheimgestellt (Satz 2). Angabe der Ablehnungsgründe im Beschluß ist nicht ausdrücklich vorgeschrieben (Motive II S. 303, Protokolle S. 62), aber sicherlich angemessen [§ 73 Anm. 2]. Die Gründe müssen triftig sein. Ein solcher Versagungsgrund kann im Mangel der persönlichen Eignung des Vorgeschlagenen liegen. Er ist z. B. der Aufgabe minder gewachsen als der Ernannte (LG Greifswald KonkTreuh. 1935 S. 171: ein Kaufmann gegenüber dem ernannten Anwalt in einem rechtlich schwierigen Konkurs) oder minder vertrauenswürdig oder von einer Gläubigergruppe abhängig (Dresden ZZP 54 S. 135f. mit Note Jaeger, KonkTreuh. 1928 S. 57). Ein Versagungsgrund kann auch in äußeren Umständen zu erblicken sein, wie etwa darin, daß der Vorgeschlagene nicht im Sprengel des Konkursgerichts wohnt (LG I Berlin LZ 1914 Sp. 604 Nr. 2). Selbst einstimmige Vorschläge binden nicht. Andrerseits bildet der Umstand, daß ein besser geeigneter Vorgeschlagener sich nun erst einarbeiten muß oder daß seine Ernennung erhöhte Kosten verursacht, ebensowenig einen triftigen Versagungsgrund (Hamburg OLG 35 S. 255 Note 1) wie die Erwägung, ein Verwalterwechsel sei unzweckmäßig (abw. offenbar Böhle-Stamschräder § 80 Anm. 1, während Schumann DJ 1935 S. 1215 die Einführung dieses Versagungsgrundes nur de lege ferenda vertritt). Entspricht das Gericht einem nach Satz 1 erfolgten Vorschlage, so endet mit der wirksamen [Anm. 2] Ernennung des neuen das Amt des vorläufig bestellten Verwalters, jedoch nicht mit rückwirkender Kraft. [Zum Verwalterwechsel vgl. allgemein § 6 Anm. 8 u. § 78 Anm. 10]. Umgekehrt wird seine Ernennung mit der Wirksamkeit des Ablehnungsbeschlusses [Anm. 2] endgültig. Wird in der Gläubigerversammlung kein neuer Verwalter vorgeschlagen, so ist ein Beschluß, den Ernannten als Konkursverwalter zu „bestätigen", überflüssig. Es bedarf dann auch keiner „Bestätigung" des Ernannten durch Gerichtsbeschluß. Die Ernennung ist vielmehr kraft Gesetzes endgültig geworden. Ein gleichwohl erlassener Bestätigungsbeschluß eröffnet keine neue Beschwerdemöglichkeit [vgl. § 78 Anm. 9].

II. Die Entscheidung des Konkursgerichts — Ernennung wie Ablehnung — unterliegt der sofortigen **Beschwerde** (§ 73 III) [vgl. § 73 Anm. 7, § 78 Anm. 9]. Das Beschwerdegericht kann, wenn es die Beschwerde gegen eine Ablehnung des Vorgeschlagenen für zulässig und für begründet erachtet, diesen selbst zum Verwalter ernennen (vgl. § 575 ZPO; Beginn der Wirksamkeit dieser Entscheidung: § 74 KO). Beschwerdebererechtigt ist der Gemeinschuldner und jeder einzelne Konkursgläubiger, auch ein solcher, der bei der Abstimmung nicht zugegen war (Protokolle S. 62) oder sich der Abstimmung enthalten hat, nicht aber Gläubigerversammlung oder Gläubigerausschuß als solche [§ 73 Anm. 8]. Gläubiger, die gegen den Vorschlag gestimmt haben, können die Ablehnung, solche, die für den Vorschlag gestimmt haben, können die Ernennung nicht anfechten, da sie durch den Beschluß nicht beschwert sind [§ 73 Anm. 8 unter 3a]. Doch kann die Ernennung eines Vorgeschlagenen, dem das Gesetz die Tauglichkeit zum Verwalteramt abspricht [§ 78 Anm. 7 u. 9], auch der Beschwerde solcher Gläubiger unterliegen, die für die Wahl gestimmt hatten (Dresden ArchRechtspfl. 1925 S. 274f.). Wer zum Verwalter vorgeschlagen, aber abgelehnt wurde, hat keine Beschwerde, da er um eine bloße Aussicht gebracht, nicht in rechtlichen Interessen beeinträchtigt ist. Zust. Mentzel-Kuhn § 80 Anm. 2, Böhle-Stamschräder § 80 Anm. 1. Ebensowenig steht dem durch die endgültige Ernennung verdrängten vorläufigen Verwalter die Beschwerde zu, da ihm das Gesetz selbst nur eine provisorische Stellung zuerkennt (zust. Mentzel-Kuhn u. Böhle-Stamschräder aaO.). Der Ernannte, der ablehnen kann [§ 78 Anm. 8 u. 9], ist durch die Ernennung nicht beschwert. 2

Wann beginnt die Beschwerdefrist? Entschließt sich das Konkursgericht noch während der Gläubigerversammlung, den Vorgeschlagenen zu ernennen oder abzulehnen, dann wird es noch im Termin den Beschluß verkünden (§ 329 I ZPO, § 72 KO). Daß mit dieser Verkündung die Frist zur Einlegung der Beschwerde beginnen sollte, hat das Gesetz für unsern Fall nicht bestimmt (anders § 189 II). Der Beschluß ist trotz der Verkündung von Amts wegen zuzustellen [§ 73 Anm. 4], die Zustellung aber durch öffentliche Bekanntmachung zu ersetzen [§ 76 Anm. 2]. Mit ihrem Vollzuge beginnt die Beschwerdefrist einheitlich für alle Beteiligten. Da die Mehrheit der Gläubiger unvertreten auszubleiben pflegt, ist diese Regelung durchaus angemessen. Entsprechendes gilt, wenn der Beschluß erst nach dem Termin erlassen wird. 3

§ 81

Der Name des Verwalters ist öffentlich bekannt zu machen.

Dem Verwalter ist die urkundliche Bescheinigung seiner Ernennung zu erteilen. Er hat dieselbe bei der Beendigung seines Amts dem Gerichte zurückzureichen.

Materialien: Motive I Bd. 2 S. 13, Motive II S. 305, Protokolle S. 62, 161.

I. Das Amt des Verwalters beginnt mit formloser Übernahme [§ 78 Anm. 6]. Eine besondere Verpflichtung, wie sie bei Bestellung des Vormunds erfolgt (§ 1789 BGB: Handschlag an Eidesstatt), kennt das deutsche Konkursrecht nicht. Anders z. B. Österreich § 80 IV (Gelöbnis durch Handschlag). Zum Schutze des Verkehrs und zur Erleichterung des Ausweises gegenüber Dritten wie vor Behörden gebietet jedoch der § 81 die **öffentliche Bekanntmachung (§ 76) des Namens** des Verwalters und damit zugleich der Ernennung selbst (des Beschlusses) sowie die Aushändi- 1 gung einer **Bestallungsurkunde** an ihn. Von der Beobachtung dieser Vorschriften hängt die Wirksamkeit der Bestellung des Verwalters nicht ab. Sie gelten für den ersten (§ 110) wie für jeden folgenden Verwalter (§§ 78, 80) und bei einer Mehrheit von solchen (§ 79) für jeden einzelnen [Anm. 5]. Der Name des ersten Verwalters wird sofort mit der Konkurseröffnung (§ 111) bekannt gemacht [§ 111 Anm. 1]. Mit dem Vollzuge der Bekanntmachung beginnt die Beschwerdefrist [§ 76 Anm. 2, § 78 Anm. 9]. „Name" ist auch bei einem Kaufmann, der eine von seinem Namen verschiedene Firma führt, der bürgerliche Name. Der Ausdruck „Bestallung" ist der KO selber fremd (vgl. dagegen §§ 1791, 1881, 1893, 1915 BGB), aber angebracht und üblich.

2 II. Die **Bestallung** hat wie die des Vormunds (§ 1791 BGB) nur die Bedeutung eines gerichtlichen Zeugnisses darüber, daß die durch die Urkunde ausgewiesene Person als Verwalter bestellt ist. Die gesetzliche Vertretungsmacht des Verwalters hängt von der Erteilung dieser Urkunde nicht ab. Sie wird aber durch diese als durch eine öffentliche Urkunde z. B. auch im Sinne des § 29 Satz 2 GBO (bei Anträgen für die Konkursmasse) dargetan. Schutzvorschriften zugunsten eines auf die Bestallung vertrauenden Dritten, wie sie für die Vollmacht (§§ 170ff. BGB) und für den gerichtlichen Ausweis des Testamentsvollstreckers (§ 2368 mit §§ 2365ff.) gelten, bestehen für die Bestallung des Verwalters ebensowenig wie für diejenige des Vormunds. Wer mit einem angeblichen Konkursverwalter Rechtsgeschäfte eingeht, hat also auf eigene Gefahr den Bestand der Vertretungsmacht zu prüfen. An Stelle einer abhanden gekommenen Bestallung kann ohne weiteres eine neue — als solche zu bezeichnende — ausgefertigt werden. Eine Kraftloserklärung der ersten ist nicht vorgesehen (vgl. § 176 BGB).

3 III. Zur Verhütung mißbräuchlicher Benutzung gebietet das Gesetz dem Verwalter, die Bestallung „bei" Beendigung seines Amtes dem Konkursgerichte **zurückzugeben** (Abs. II Satz 2). Vgl. § 1893 II BGB. Das Gebot gilt auch für den vorläufigen Verwalter, der auf Gläubigervorrchlag nach § 80 durch einen anderen abgelöst wird. Zur Rückgabe kann das Konkursgericht den Verwalter durch Ordnungsstrafen anhalten (§ 84); denn diese Rückgabe ist noch eine Amtspflicht des Verwalters [§ 83 Anm. 2]. Vgl. Endemann S. 420, Senst-Müller Konkursrichter[4] S. 86, zust. auch Böhle-Stamschräder § 81 Anm. 1 u. Mentzel-Kuhn § 81 Anm. 3, abw. z. B. Petersen-Kleinfeller Anm. 8, Wolff KO[2] Anm. 1. Für einen von einem späteren Verwalter und nach Konkursbeendigung vom bisherigen Gemeinschuldner persönlich im Klagewege verfolgbaren Anspruch auf Herausgabe der Bestallung an das Konkursgericht fehlt jede Grundlage im materiellen Recht. Die Rückgabepflicht besteht als öffentlichrechtliche Amtspflicht gegenüber dem Konkursgericht, das für ihre Erfüllung zu sorgen hat und den Beteiligten verantwortlich ist.

4 Wenn der bisherige Verwalter nach Beendigung seines Amtes noch als solcher Rechtsgeschäfte abschließt, so wird er als Scheinverwalter tätig, und zwar auch dann, wenn er die Bestallung noch in Händen hat, da diese einem redlichen Dritten keinen Schutz bietet [Anm. 2]. Wegen Gleichheit der Interessenlage sind auf diesen Fall des Handelns ohne die gesetzlichen Verwalterbefugnisse auch von der Amtstheorie aus die Regeln über die Vertretung ohne Vertretungsmacht (§§ 177ff. BGB) entsprechend anzuwenden (vgl. RG Bd. **80** 416).

5 IV. Wenn eine Mehrheit von Konkursverwaltern für getrennte Geschäftszweige nach § 79 bestellt wird, gelten die Vorschriften des § 81 für jeden einzelnen. Der Zuständigkeitsbereich ist in der Bekanntmachung wie in der Bestallung bestimmt zu bezeichnen. Die Vorschriften sind auch für einen Sonderverwalter [§ 78 Anm. 6] maßgebend, soweit nicht etwa die Kürze der Zeit (z. B. bei plötzlicher Erkrankung des Verwalters vor dem Prüfungstermin) ihre Beobachtung ausschließt.

§ 82

Der Verwalter ist für die Erfüllung der ihm obliegenden Pflichten allen Beteiligten verantwortlich.

Materialien: Motive I Bd. 2 S. 14, Motive II S. 306, Protokolle S. 62, 161, Begründung S. 73.

Übersicht:

Die Verantwortlichkeit des Konkursverwalters

I. Der vom Gericht ernannte Konkursverwalter tritt durch die Übernahme des Amtes [§ 78 Anm. 6] in einen **Pflichtenkreis** ein, der in erster Linie durch die Konkursordnung selbst und durch konkursrechtliche Sondergesetze (z. B. §§ 98ff. GenG), ergänzend durch das allgemeine bürgerliche Recht bestimmt wird. 1

1. Zu einem erheblichen Teile beruhen diese Obliegenheiten auf ausdrücklichen gesetzlichen Geboten (z. B. §§ 17 II, 57, 86, 117, 123f., 128, 131ff., 150f., 157, 159, 166f., 169, 191 mit 116, 205 II). In anderen Fällen sind sie die Folgen gesetzlicher Ermächtigungen. Wenn z. B. das Gesetz den Verwalter dazu beruft, die Konkursanfechtung auszuüben (§ 36), legt es ihm zugleich die Pflicht auf, jeden Rückgewähranspruch zu erheben, den er nach gewissenhafter Sachprüfung und Erkundung für begründet und erfolgversprechend halten muß. Schuldhaftes Unterlassen der Anfechtung oder der zur Ermittelung der Anfechtbarkeit dienlichen Nachforschung macht ihn daher der Masse [Anm. 11] verantwortlich (zust. RG LZ 1912 Sp. 689ff.). Nicht minder schuldhafte Versäumung der Anfechtungsfrist des § 41 I 1. Die Versagung der Prozeßgenehmigung durch den Gläubigerausschuß (§ 133 Nr. 2) nimmt dem Verwalter die Verantwortlichkeit nicht unter allen Umständen ab [Anm. 14]. Überhaupt ist der Verwalter zur Prozeßführung dann für verpflichtet zu erachten, wenn die Verfolgung eines Masseanspruchs oder die Verteidigung im Passivprozeß erfolgversprechend ist, während er eine aussichtslose Prozeßführung zu unterlassen hat. Daraus erwächst ihm die Pflicht, mit Sorgfalt die Prozeßaussichten zu prüfen. Rechtsirrtum: Anm. 4; Prozeßkosten des Gegners: Anm. 8. Wenn ferner das Gesetz dem Verwalter gebietet, das zur Konkursmasse gehörende Vermögen und nur dieses zu sammeln, zu verwerten und zu verteilen (§ 117), verpflichtet es ihn zugleich, im Vollzuge des Gebots auf die ihm erkennbaren Rechte dritter Personen (z. B. auf Pfandrechte an Massesachen) Rücksicht zu nehmen [§ 4 Anm. 3 u. unten Anm. 9]. Eine allgemeine Auskunftspflicht des Verwalters gegenüber den einzelnen Beteiligten kann neben der gesetzlichen Pflicht zur Berichterstattung gegenüber dem Gläubigerausschuß und der Gläubigerversammlung (§§ 88, 131, 132) nicht angenommen werden (Bohnenberg KonkTreuh. 1941 S. 95f.). Er ist keine auskunftspflichtige „Behörde" [§ 78 Anm. 5b zweiter Absatz]. Eine Verpflichtung, alle Anfragen der einzelnen Beteiligten, etwa jede Anfrage eines Konkursgläubigers über den Zeitpunkt der nächsten Verteilung, zu beantworten wäre mit einer gedeihlichen Erfüllung seiner Aufgaben unvereinbar (vgl. KG LZ 1907 Sp. 297f.; Haberstumpf ebenda S. 213). Rechnung hat er nur der Gläubigergemeinschaft abzulegen (§§ 86, 132, 162). Arglist und Schikane im Tun oder Unterlassen sind ihm freilich nicht erlaubt (KG aaO.). Daher auch nicht die Verweigerung von Auskünften, die ohne Nachteil für die Masse möglich und durch

den geschäftlichen Anstand geboten sind. Einzelnen Verfahrensbeteiligten gegenüber kann der Verwalter allerdings aus materiellrechtlichen Gründen auskunftspflichtig sein z. B. gegenüber den Massegläubigern über den Massebestand [§ 57 Anm. 10, § 60 Anm. 7] oder gegenüber einem Pfandgläubiger im Falle des § 127 [§ 127 Anm. 11]. Zur Auskunftspflicht des Konkursverwalters jetzt auch Brass KonkTreuh. 1956 S. 27f. Das Gebot der Achtung von Treu und Glauben (§§ 157, 242 BGB) gilt auch für den Konkursverwalter. So gegenüber einem Vertragsgenossen des Gemeinschuldners bei Ausübung gesetzlicher Verwaltungsbefugnisse, besonders auf Grund der §§ 17, 19, 22 (RG Bd. **140** 162 für Erfüllungsablehnungen nach § 17).

2 2. Der persönliche Verantwortungsbereich des Konkursverwalters ist über die ihm kraft Gesetzes obliegenden Pflichten auf Verpflichtungen zu erstrecken, die er vertraglich einem Beteiligten gegenüber übernommen hat, um einerseits das von dem Beteiligten beanspruchte Recht zu wahren, andererseits der Masse die Nachteile zu ersparen, die mit einem gesetzlichen Vorgehen des Beteiligten verbunden wären; dahin gehören etwa die durch ein Abkommen mit einem Hypothekengläubiger begründete Verpflichtung, die Einnahmen aus dem Grundstück in bestimmter Weise zu verwenden und den Gläubiger von der Beendigung des Konkursbeschlags rechtzeitig zu verständigen (RG Bd. **144** 179) oder die Verpflichtungen aus einem Abkommen über die Art der Verwertung eines Gegenstandes, an dem ein Absonderungsrecht beansprucht wird (RAG KonkTreuh. 1934 S. 54). Für die Verletzung solcher vertraglich begründeter Pflichten kann nicht nur die Haftung der Masse nach § 59 Ziff. 1 in Anspruch genommen werden, sondern auch die persönliche Haftung des Konkursverwalters (RG aaO.). Vgl. auch Anm. 8.

3 II. Worin liegt nun **die Bedeutung des § 82?** Unstreitig vollzieht sich mit der gegenüber dem Gericht zu erklärenden Amtsübernahme nicht der Abschluß eines Vertrags zwischen dem Verwalter einerseits, dem Gemeinschuldner und den Konkursgläubigern andererseits, aus dem der Verwalter diesen Personen für eine sorgfältige Amtsführung haftbar werden könnte. Unstreitig ist ferner der Verwalter nicht ein „Beamter", der durch schuldhafte Verletzung einer gegenüber einem Dritten zu erfüllenden Amtspflicht diesem unter dem Gesichtspunkt einer unerlaubten Handlung im Sinne des § 839 BGB schadensersatzpflichtig würde [§ 78 Anm. 1, 5 sowie unten Anm. 12]. Ansprüche aus § 82 KO sind daher weder im Gerichtsstande der Vertragserfüllung (§ 29 ZPO) noch in dem der unerlaubten Handlung (§ 32 ZPO) verfolgbar. Wohl aber tritt der Verwalter durch seine Amtsführung in ein **gesetzliches** Schuldverhältnis ein [§ 78 Anm. 5b]. Dieses wird durch § 82 anerkannt und ausgebaut: er haftet aus schuldhafter Pflichtverletzung und er haftet allen Beteiligten.

4 1. Der Verwalter ist für sorgfältige Erfüllung seiner Obliegenheiten **verantwortlich,** d. h. persönlich (mit seinem eigenen Vermögen) haftbar. Der Umstand allein, daß eine Handlung des Verwalters unvorteilhaft, unzweckmäßig oder nachteilig war, begründet keine Verbindlichkeit (vgl. RG JW 1896 S. 34 Nr. 33); vielmehr setzt die Haftung in jedem Falle ein Verschulden des Verwalters voraus (RG. Bd. **89** 238). Da das Gesetz keine Schranke zieht, hat der Verwalter bei seiner Geschäftsführung für Vorsatz und Fahrlässigkeit, d. h. für jede Fahrlässigkeit einzustehen. Fahrlässig handelt er, wenn er die im Verkehr erforderliche — nicht „übliche" — Sorgfalt außer acht läßt. Die Vorschrift des § 827 BGB findet Anwendung. § 276 BGB. Das Unterlassen einer Anfrage beim Gemeinschuldner oder seinen Angestellten gereicht dem Verwalter nicht zum Vorwurfe, wenn er Grund zur Annahme hatte, hier eine zuverlässige Auskunft nicht zu erhalten. Andererseits darf er sich aber auch nicht einfach auf die Angaben des Gemeinschuldners verlassen (KG KonkTreuh. 1933 S. 29). Für Verschulden seiner Angestellten haftet er nach § 278 BGB [§ 78 Anm. 10a],

ferner haftet er unabhängig vom Verschulden des beigezogenen Gehilfen für eigenes Verschulden bei dessen Auswahl und Überwachung (RG Bd. **142** 188f.).

Zweifelhaft ist, ob und unter welchen Voraussetzungen den Konkursverwalter ein **Rechtsirrtum** zu entlasten vermag. Sicher handelt er fahrlässig, wenn er gesetzliche Vorschriften nicht beachtet oder zweifelsfreie Rechtslagen falsch beurteilt; denn es gehört zu seinen Amtspflichten, daß er sich, auch als Laie, mit den einschlägigen Vorschriften vertraut macht und bei bestehenden Unklarheiten rechtskundig beraten läßt. Ist aber die Auslegung einer Vorschrift oder die Beurteilung einer Rechtsfrage zweifelhaft, so kann ihm kein Verschulden vorgeworfen werden, wenn er sich auf Grund sorgfältiger Prüfung der Sach- und Rechtslage eine Rechtsansicht gebildet hat, die sich mit guten Gründen vertreten läßt, auch wenn sie später von den Gerichten für unrichtig erachtet wird. Fahrlässig handelt er in solchen Fällen nur, wenn er bei sorgfältiger Prüfung der Rechtslage hätte erkennen können, daß keine Aussicht bestand, mit dieser seiner Rechtsansicht durchzudringen, weil sie z. B. in Rechtsprechung und Literatur überhaupt nicht oder nur ganz vereinzelt vertreten wurde. So jedenfalls im Ergebnis die Rechtsprechung des RG zu § 82: RG Bd. **89** 97ff.; GruchBeitr. 45 S. 1182; JW 1900 S. 73 Nr. 8 und doch wohl auch Mentzel-Kuhn § 82 Anm. 4; vgl. auch RG KonkTreuh. 1939 S. 39 (zu § 42 VerglO). Zu einer sorgfältigen Prüfung gehört es, daß auch der erfahrene Verwalter, wenn er Laie ist, in solchen Fällen rechtskundigen Rat einholt (RG KonkTreuh. 1936 S. 57, HRR 1936 Nr. 481). Dagegen wäre es eine Überspannung der Sorgfaltspflicht, wenn man schon dann Fahrlässigkeit annehmen würde, wenn der Konkursverwalter mit der Möglichkeit der Unrichtigkeit seiner Auffassung bzw. einer anderen Beurteilung durch das Gericht rechnen mußte. Dieser strenge Maßstab, den das RG (SeuffArch. 83 Nr. 156 mit Verw. auf die bisherige Rechtsprechung, die später in RG Bd. **146** 144ff. und **156** 120ff. nur unwesentlich gelockert wurde) und ihm folgend der BGH (NJW 1951 S. 398; vgl. auch B 1953 S. 692) für die Entschuldbarkeit eines Rechtsirrtums bei einem die Leistung verweigernden Schuldner (§§ 285, 286 BGB) aufgestellt hat (ähnlich für eine auf Rechtsirrtum beruhende schädigende Handlung RG Bd. **110** 17f., **124** 109f.), kann auf die Tätigkeit eines Treuhandverwalters nicht angewendet werden, der die Interessen verschiedener Beteiligter zu beachten hat und allen für seine Amtsführung verantwortlich ist. Er könnte sonst bei zweifelhafter Rechtslage, wie er auch immer handelt, jeweils von anderen Beteiligten persönlich verantwortlich gemacht werden. Die hier vertretene Auffassung muß auch für die Entscheidung des Konkursverwalters darüber gelten, ob er bei zweifelhafter Rechtslage einen Prozeß führen will (insoweit nicht eindeutig Mentzel-Kuhn aaO.).

2. Die Verantwortlichkeit für sorgfältige Amtsführung besteht gegenüber allen **Beteiligten**. Während das ZVG, an dessen § 154 Satz 1 (Verantwortlichkeit des Zwangsverwalters) § 82 durch die Novelle von 1898 ohne die Absicht einer bestimmten sachlichen Änderung angepaßt wurde, in § 9 eine ausdrückliche Bestimmung darüber enthält, welche Personen außer Gläubigern und Schuldner als „Beteiligte" zu gelten haben, fehlt in der KO eine derartige Bestimmung. Das RG hatte zunächst daraus geschlossen, daß „grundsätzlich" zu den Beteiligten im Sinne des § 82 KO „nur die am Konkursverfahren Beteiligten" zu zählen seien (RG Bd. **74** 258; zu der Frage der Beteiligten unter der Geltung des § 74 a. F. vgl. RG Bd. **34** 29 m. Verw.; **36** 96; **39** 94). In der Folgezeit hat sich aber die Auffassung durchgesetzt, daß § 82 aus sich selbst und seinem Zusammenhang mit dem Konkursgesetz zu erklären sei und daß hier eine weite Auslegung geboten sei. Als Beteiligte im Sinne dieser Vorschrift sind alle Personen anzusehen, denen gegenüber dem Verwalter als solchem „Pflichten obliegen", d. h. denen gegenüber er Amtspflichten zu erfüllen hat [Anm. 1]. So später auch das RG in ständiger Rechtsprechung, vor allem Bd. **144** 179ff., **149** 182ff., HRR 1936 Nr. 481, JW 1939 S. 487 = KonkTreuh. 1939 S. 37, DR 1939 S. 1781 = KonkTreuh. 1939 5

S. 142; ferner KG KonkTreuh. 1933 S. 29; ebenso OLG Koblenz KonkTreuh. 1956 S. 60, Mentzel-Kuhn § 82 Anm. 2, Böhle-Stamschräder § 82 Anm. 1 und im Ergebnis auch Krusch JW 1934 S. 1724. Der Begriff der Beteiligten ist also, dem Wesen des § 82 als einer materiellrechtlichen Haftungsvorschrift entsprechend, nicht so sehr verfahrensrechtlich als materiellrechtlich von den Pflichten des Verwalters her zu bestimmen. Beteiligte sind alle Personen, deren Interessen durch eine Verletzung der dem Verwalter obliegenden Pflichten [Anm. 1 und 2] unmittelbar beeinträchtigt werden können und deren Interessen er daher bei der Führung der Verwaltung zu wahren hat. Zu jeder dieser Personen steht er in einem gesetzlichen Schuldverhältnis, dessen Inhalt jeweils durch diejenigen Pflichten bestimmt ist, die ihm im Interesse oder auch im Interesse der betreffenden Person obliegen. Das Gesetz hat somit die Erfüllung der dem Verwalter auferlegten Pflichten doppelt gesichert, einmal durch das Aufsichtsrecht und die Disziplinarbefugnis des Konkursgerichts nach § 83, 84, ferner aber durch eine persönliche Verantwortlichkeit gegenüber allen von Pflichtverletzungen des Verwalters betroffenen Personen. Vgl. dazu jetzt Weber, Festschrift für Lent (1957) S. 311f. So ist § 82 eine für die Rechtsstellung des Verwalters besonders charakteristische Vorschrift, da in ihr deutlich wird, daß seine Tätigkeit „mehrseitig fremdbestimmt" ist (Baur in Schönke-Baur § 53 C I 1). Dabei können die Pflichten gegenüber verschiedenen Beteiligten in Kollision treten; dann ist zu ermitteln, welche Pflicht vorgeht. Aus der Gesamtregelung des Konkurses ist zu entnehmen, daß der Befriedigungszweck und der Liquidationszweck, also die Interessen der Gläubigergesamtheit anderen Interessen vorgehen (vgl. auch Baur aaO.; Österr. KO § 81 II; zum Verhältnis des Interesses an einer Fortführung des Geschäftes und des Liquidationszwecks beifallswert OLG Koblenz KonkTreuh. 1956 S. 61). Verwalterhandlungen, die durch einen dieser Hauptzwecke des Konkurses gerechtfertigt werden, sind pflichtgemäß, auch wenn sie von den Sonderinteressen eines Beteiligten aus gesehen als pflichtwidrig erscheinen (Weber aaO. S. 321; über einen Anwendungsfall vgl. unten Anm. 8).

6 3. Für die Verantwortlichkeit des Verwalters sind im übrigen **Einzelschaden** d. h. Schaden, der einem einzelnen Beteiligten durch eine pflichtwidrige Maßnahme des Konkursverwalters zugefügt wird, und **Gemeinschaftsschaden** d. h. Schaden, der in einer pflichtwidrigen Verkürzung der Befriedigungsmasse besteht und nur indirekt zu einer Schädigung der aus dieser Masse zu befriedigenden Gläubiger führt, scharf zu trennen.

a) Fälle des Einzelschadens

7 α) Als Einzelne können infolge einer Pflichtwidrigkeit des Konkursverwalters (eines schuldhaften Tuns oder Lassens) zunächst der Gemeinschuldner und jeder Konkursgläubiger geschädigt werden. Dieser Personenkreis ist am Konkursverfahren selbst und unmittelbar beteiligt. Unzweifelhaft hat der Konkursverwalter im Rahmen seiner gesetzlichen Aufgaben, besonders bei Verwertung der Masse, die sachlich gewürdigten Belange des **Gemeinschuldners** (auch im Sonderkonkurse, also z. B. die des Erben im Nachlaßkonkurse) zu wahren. Verschleudert etwa der Verwalter in einem Fall überstürzter Konkurseröffnung das Unternehmen zu einem Preise, der zwar alle Konkursforderungen deckt, aber bei einiger Sorgfalt beträchtlich hätte gesteigert werden können, dann haftet er dem Gemeinschuldner auf Schadensersatz. Ebenso, wenn er eine für den Gemeinschuldner ungünstige Grundstücksveräußerung (vielleicht eine hohe Wertzuwachssteuer übersehend) vollzieht, obwohl sie ohne Schädigung der Gläubiger vermeidbar war (RG KonkTreuh. 1933 S. 166f. u. RG Bd. 152 125). So aber auch andrerseits dann, wenn er es schuldhaft unmöglich machte, daß der Gemeinschuldner durch Befriedigung sämtlicher Konkursgläubiger außerhalb des Konkursverfahrens die Einstellung nach § 202 erreichte: schon während des Konkurses kann ihn der Gemeinschuldner auf Ersatz des durch die Vereitelung dieser Möglichkeit entstandenen Schadens verklagen, da dieser Anspruch nicht zur Masse gehört

(RG WarnRspr. 1930 Nr. 79). Ebenso, wenn der Konkursverwalter schuldhaft über beschlagsfreies Vermögen des Gemeinschuldners verfügt, also z. B. eine unpfändbare Sache wirksam übereignet: der Verwalter haftet ihm persönlich (§ 82) neben der Masse (§ 59 Nr. 1, 3 KO, § 816 BGB). Siehe auch § 128 Anm. 9 (Nacherbe im Konkurse des Vorerben als Beteiligter).

Weiter kann als unmittelbar beteiligt **jeder einzelne Konkursgläubiger** (mit Einschluß der Vorrechtsgläubiger aller Art) ersatzberechtigt sein, wenn er persönlich durch Pflichtwidrigkeiten des Verwalters geschädigt wird. So z. B. dadurch, daß es der Verwalter schuldhaft versäumt, eine festgestellte Forderung ins Schlußverzeichnis aufzunehmen (RG Bd. **87** 151) oder eine aufgenommene bei den Verteilungen zu berücksichtigen. Nicht selten erwachsen auch Schadenshaftungen des Verwalters daraus, daß er fahrlässigerweise einen zu seiner Kenntnis gebrachten Wechsel im Konkursgläubigerrecht (infolge von Abtretungen, Pfändungen oder Verpfändungen) [§ 3 Anm. 33] unbeachtet läßt, namentlich noch dem Vormann auszahlt. Auch ein Konkursgläubiger mit aufschiebend bedingter Forderung gehört zu den Beteiligten, da auch ihm gegenüber der Konkursverwalter Pflichten hat (§§ 67, 154, 168 Nr. 2); allerdings kann er wegen Verletzung dieser Pflichten den Verwalter erst in Anspruch nehmen, wenn die Bedingung (u. U. auch erst nach Konkursbeendigung) eingetreten ist (RG KonkTreuh. 1939 S. 37 = JW 1939 S. 487: zu § 42 VerglO.).

β) Es gibt nun aber auch wichtige Gruppen von Ansprüchen, die „unabhängig vom Konkursverfahren" zu befriedigen sind, deren Berücksichtigung jedoch gleichwohl Amtspflicht des Verwalters sein kann. Dahin gehören die **Massegläubiger** beider Art (§§ 58, 59), zu deren Deckung (Befriedigung oder Sicherstellung) der Konkursverwalter durch besondere Gebote angehalten wird (§§ 57, 60, 191, 205 II). Aus der Verletzung dieser Gebote können Schadensersatzverbindlichkeiten des Verwalters erwachsen (RG Bd. **86** 96 und § 57 Anm. 6). So auch aus der Verletzung der Auskunftspflicht [§ 57 Anm. 10]. Bei fälligen Masseverbindlichkeiten (z. B. Sozialversicherungsbeiträgen für Angestellte der Masse) liegt eine schuldhafte Pflichtverletzung des Verwalters schon darin, daß er diese Schuld nicht bezahlt hat, obwohl genügend Masse vorhanden war. Er kann sich nicht damit entschuldigen, er habe annehmen dürfen, sie auch noch später begleichen zu können, die Masse sei dann aber ohne sein Verschulden unzulänglich geworden (OLG Koblenz KonkTreuh. 1956 S. 61). Die Gebote zugunsten der Massegläubiger hat der Konkursverwalter auch denjenigen gegenüber zu beachten, deren Ansprüche er bestreitet; denn bestrittene Ansprüche sind sicherzustellen [§ 57 Anm. 6]. Doch kann ihm die Nichtberücksichtigung eines Anspruches dann nicht zum Verschulden angerechnet werden, wenn er ihn nach pflichtmäßiger Prüfung für unbegründet hielt, zumal wenn er der Meinung sein konnte, daß der Gegner selbst den Anspruch nicht ernsthaft aufrechterhalte (OLG Kolmar LZ 1912 Sp. 491). Zu den Massegläubigern gehören auch die Mitglieder eines Gläubigerausschusses mit ihrem Anspruch auf Vergütung und Auslagenersatz (§§ 91, 58 Nr. 2); der Konkursverwalter haftet ihnen daher persönlich, wenn er nicht dafür gesorgt hat, daß der Betrag vom Gericht festgesetzt wurde, und die Masse ohne Rücksicht auf diese Masseverbindlichkeiten verteilt hat (LG Stade JW 1934 S. 1297 sowie Matzke ebenda S. 1298). In gleicher Weise haftet er der Gerichtskasse, wenn er bei der Verteilung keinen Betrag für die Gerichtskosten zurückbehalten hat (LG Zwickau KonkTreuh. 1938 S. 165 = JW 1937 S. 3318 mit zust. Anm. von Mentzel). Vgl. zu beiden Fällen auch § 57 Anm. 6. Personen, mit denen der Konkursverwalter zur Verwertung der Masse verpflichtende Verträge abgeschlossen hat und die dadurch zu Massegläubigern geworden sind, haftet er neben der Masse (§ 59 Nr. 1) nicht nur, wenn er die vertraglich übernommenen Verpflichtungen schuldhaft verletzt, [vgl. auch Anm. 2], sondern auch wenn er dem Partner durch Verschweigen wesentlicher Umstände bei den Vertragsverhandlungen Schaden zugefügt hat; denn durch den Beginn ernstlicher Vertragsver- 8 handlungen kommt bereits eine gesetzliche Schuldverpflichtung zur Entstehung (Aufklärungspflichten), hinsichtlich deren Erfüllung der Partner Massegläubiger und damit Beteiligter ist (so deutlich RG HRR 1936 Nr. 481, KonkTreuh. 1936 S. 57, während RG Warn 1934 Nr. 149, KonkTreuh. 1934 S. 147 die persönliche Haftung des Verwalters in diesem Falle aus § 826 BGB ableitet; vgl. dazu jetzt Weber, Festschrift für Lent, S. 314f.).

Der Konkursverwalter kann aber auch dann in Anspruch genommen werden, wenn er einen Dritten dadurch geschädigt hat, daß er ihn *durch Rechtsgeschäft zum Massegläubiger machte*, obwohl er hätte erkennen können, daß die Masse für die Befriedigung der neuen Masseverbindlichkeit nicht ausreicht; denn aus §§ 57, 60 ist die Pflicht des Verwalters abzuleiten, Masseansprüche nach § 59 Nr. 1 nur dann zu begründen, wenn sie aus der Masse befriedigt werden können, andernfalls ihre Begründung zu unterlassen; in bezug auf diese Pflicht, die der Konkursverwalter ihnen gegenüber zu erfüllen hat, sind diese Personen schon bei Begründung dieser Masseverbindlichkeit Beteiligte. Vgl. Weber aaO. S. 315ff.; im Ergebnis übereinstimmend Jaffa KonkTreuh. 1931 S. 100, Böhle-Stamschräder NJW 1952 S. 1060; A. A. Hagemann-Springer KonkTreuh. 1928 S. 71f. und OLG Köln LZ 1909 Sp. 406f. Kann die eingegangene Masseverbindlichkeit nur teilweise erfüllt werden, so stellt ihre Begründung überdies eine Pflichtwidrigkeit gegenüber den schon vorhandenen Massegläubigern dar, die durch die Teilnahme der neuen Masseverbindlichkeit im Verfahren nach § 60 KO in ihrer Befriedigung verkürzt werden (Weber aaO. S. 317 Anm. 46). Praktische Bedeutung gewinnt dies vor allem füı Warenkäufe, die der Konkursverwalter in Fortführung des Geschäftes des Gemeinschuldners machte, wenn er den Kaufpreis zunächst nicht aus der Masse bezahlen kann und der Verkäufer auch später keine Befriedigung erhält (zu diesem Falle Weber aaO. S. 318; dort auch S. 317 weitere Beispielsfälle; vgl. ferner OLG Koblenz KonkTreuh. 1956 S. 159).

Zu den Beteiligten gehören auch die Gläubiger *aufschiebend bedingter Masseansprüche*; denn der Verwalter hat sie nicht nur im Falle des Zwangsvergleichs sicherzustellen [§ 191 Anm. 3], sondern auch im übrigen dafür zu sorgen, daß sie bei Bedingungseintritt erfüllt werden können (Weber aaO. S. 319). Er handelt daher pflichtwidrig und wird im Falle des Verschuldens persönlich haftbar, wenn er während der Schwebezeit ohne Rücksicht auf die bedingte Masseverbindlichkeit Auszahlungen an Massegläubiger, die nach § 60 nachgehen, oder an bevorrechtigte Konkursgläubiger (§ 170) vornimmt, so daß bei Bedingungseintritt Massemittel zur Befriedigung nicht mehr zur Verfügung stehen (LG Mannheim JZ 1955 S. 338). Dies ist vor allem für den Prozeßgegner des Konkursverwalters von Bedeutung, der während des Prozesses einen durch die urteilsmäßige Anerkennung *bedingten Anspruch auf Erstattung der Prozeßkosten hat* (RG Bd. **52** 132; **145** 13ff.) oder doch wenigstens eine Anwartschaft auf die Erstattung (so Rosenberg[7] § 79 IV 2, Stein-Jonas-Schönke[17] Vorbem. II 4 vor § 91 ZPO), also insoweit Beteiligter ist, wenn er infolge derartiger Maßnahmen des Verwalters nach dem Prozeßsieg seine Kosten aus der Masse nicht erhalten kann (LG Mannheim aaO. und Weber aaO. S. 319). Dagegen kann der Konkursverwalter nicht schon allein deshalb für die Kosten des siegreichen Prozeßgegners, die dieser aus der Masse nicht erlangen kann, persönlich haftbar sein, weil er bei Beginn oder Übernahme des Prozesses, bei der Einlegung eines Rechtsmittels, aber auch bei der Einlassung auf einen Passivprozeß erkannt hat oder hätte erkennen können, daß die Masse zur Befriedigung dieser Kosten nicht ausreichend war (anders die früher herrsch. M.: OLG Frankfurt KonkTreuh. 1932 S. 119 Nr. 6, Dresden KonkT.euh. 1940 S. 63, JW 1940 S. 742, Jaffa KonkTreuh. 1931 S. 100f., vor allem Jaeger Lehrbuch § 19 Note 13; derselbe 6./7. Aufl. § 82 Anm. 2a: Mentzel[5] § 82 Anm. 4, Gilbert DR 1940 S. 307ff.). Recht und Pflicht des Konkursverwalters zur Prozeßführung für die Masse können nicht einseitig von dem möglicherweise entstehenden Kostenerstattungsanspruch des Gegners aus gesehen werden. Vielmehr wird die Pflicht des Verwalters, bei seiner Prozeßführung auf den Erstattungsanspruch des Gegners Rücksicht zu nehmen, verdrängt durch die übergeordnete Pflicht, im Interesse der Gläubigergesamtheit die Befriedigungsmasse zu vermehren und ungerechtfertigte Masseminderungen abzuwehren [zur Pflichtenkollision: Anm. 5]. Der Gläubigergesamtheit gegenüber ist der Verwalter verpflichtet, den Prozeß zu führen, wenn er hinreichende Erfolgsaussichten bietet [Anm. 1]. Nur wenn er einen Prozeß mit unzulänglicher Masse führt, der keine hinreichende Erfolgsaussicht bietet, wird er bei schuldhaftem Handeln auch dem Gegner für die Prozeßkosten persönlich haftbar (jetzt eingehend Weber aaO. S. 319ff.; im Ergebnis übereinstimmend: OLG Köln KonkTreuh. 1932 S. 118, Düsseldorf ebenda, KG KonkTreuh. 1932 S. 105, Levy KonkTreuh. 1932 S. 93, LG Berlin JNW 1952 S. 1060, LG München I Anwaltsblatt 1955 S. 105, Böhle-Stamschräder NJW 1952 S. 1060 — nicht ganz eindeutig § 82 Anm. 3 —, Rieger BB 1952 S. 820, Mentzel-Kuhn § 82 Anm. 4 und Simon MDR 1957 S. 203ff.). Auch § 114 III ZPO spricht gegen eine persönliche Haftung des Verwalters für die Prozeßkosten des Gegners, wenn er mit unzulänglicher Masse einen Prozeß führt, der eine hinreichende Erfolgsaussicht bietet (so richtig Mentzel-Kuhn aaO., auch Böhle-Stamschräder NJW aaO.). Zum österr. Recht: Anm. 18.

Masseschulden, deren pflichtwidrige Nichtbeachtung den Verwalter ersatz- 9
pflichtig macht, können auch aus Aus- und Absonderungsrechten erwachsen [§ 46 Anm. 5, 17], wie etwa aus unbefugter Verwertung einer dem Gemeinschuldner unter Eigentumsvorbehalt gelieferten Sache, wenn der Verwalter den Vorbehalt kennt oder kennen muß (OLG Düsseldorf JW 1927 S. 1705 Nr. 2). **Aus- und Absonderungsrechte** stehen aber auch als solche und von vornherein unter dem Schutze des § 82; denn indem das Gesetz dem Konkursverwalter gebietet, das zur Konkursmasse gehörende Vermögen und nur dieses dem Konkurszwecke zuzuführen (§§ 1, 117), verbietet es ihm zugleich jeden Übergriff auf massefremde Werte [Anm. 1]. Dieses Verbot schützt Aus- und Absonderungsberechtigte. Der Verwalter verletzt eine ihnen gegenüber bestehende Amtspflicht, wenn er schuldhaft der Konkursmasse Werte einverleibt, die ihr nicht gebühren. Zust. für Aussonderungsrechte RG BayZ 1932 S. 275; KG KonkTreuh. 1933 S. 29, für Absonderungsrechte RG Bd. **74** 109, LZ 1919 Sp. 205 Nr. 13; RG Bd. **144** 179, KonkTreuh. 1936 S. 128 = HRR 1936 Nr. 669, KonkTreuh. 1939 S. 52 = JW 1939 S. 434; RAG KonkTreuh. 1934 S. 54; im übrigen siehe die Rechtsprechung zu § 4 Anm. 3, § 43 Anm. 57, Naumburg OLG 15 S. 240; ferner Kohler Leitfaden S. 214 N. 3, S. 217 N. 2, Petersen-Kleinfeller Anm. 2. Dabei genügt, daß er mit dem Bestande des Drittrechtes rechnen muß, mag er es auch selbst bestreiten (zust. RG JW 1939 S. 434 = KonkTreuh. 1939 S. 52); doch handelt er nicht schuldhaft, wenn er nach dem Verhalten des Dritten zu der Auffassung kommen konnte, daß dieser sein Recht selber nicht ernsthaft aufrecht erhält (RG aaO.; vgl. auch OLG Hamburg OLG 32 S. 388 und LG Kolmar Recht 6 S. 131). Absonderungsrechte verletzt der Verwalter nicht nur dadurch, daß er belastete Massegegenstände ungeachtet der Belastung zum Vorteil der Konkursgläubiger verwertet, sondern auch durch Beschädigung des Pfandes oder sonstigen Sicherungsgutes, wie etwa dadurch, daß er durch pflichtwidrige Außerachtlassung der Aufsicht eine schwere Schädigung des hypothekbelasteten Hauses infolge Rohrbruchs verschuldet (siehe den Fall RG JW 1916 S. 1016f. Nr. 3). Wird im Beispielsfall ein Mieter des zur Masse gehörenden Hauses geschädigt, so kann auch er sich als Massegläubiger (§ 59 Nr. 1 oder 2) an den Verwalter halten. Für Zwangsverwalter anders, aber wohl zu eng RG Bd. **97** 11 (mit Recht bekämpft von Stillschweig JW 1920 S. 52; jetzt auch BGH Bd. **21** 293). Dagegen macht sich der Verwalter den Hypothekengläubigern nicht dadurch haftbar, daß er Zubehör und andere mithaftende Gegenstände in Ausübung des Rechtes des Gemeinschuldners aus der hypothekarischen Haftung löst [§ 4 Anm. 1 u. 2; dort auch über die abweichende herrsch. Meinung bei Zubehör, das außerhalb der Grenzen ordnungsgemäßer Bewirtschaftung des Grundstücks veräußert wird]. Wenn der Verwalter die auf einem Massegrundstück ruhenden öffentlichen Lasten unbezahlt läßt (wie das bei bevorstehender Zwangsverwertung oft geschieht), können die Hypothekengläubiger Schaden leiden (§ 10 I

Nr. 3 ZVG), zumal solche, die genötigt sind, selber das Grundstück zu erstehen und Abgabenrückstände nachzuzahlen: daß aber der Verwalter gerade den Hypothekengläubigern gegenüber zur rechtzeitigen Entrichtung der öffentlichen Lasten im Sinne des § 82 „verpflichtet" und ihnen deshalb bei Nichtzahlung persönlich haftbar wäre, läßt sich keineswegs behaupten.

10 γ) Abgesehen von diesen typischen Gruppen Beteiligter kommen ausnahmsweise auch andere Personen als Beteiligte in Frage, die den Konkursverwalter persönlich in Anspruch nehmen können. So gehören im Genossenschaftskonkurs mit Rücksicht auf die vom Verwalter geltend zu machende Haft- und Nachschußpflicht auch die Genossen zu den Beteiligten, obwohl sie nicht Träger der Gemeinschuldnerrolle sind (RG JW 1907 S. 370 Nr. 20; vgl. auch Schröder DJ 1938 S. 216). Dagegen sind die einzelnen Vorstandsmitglieder einer in Konkurs gefallenen AG als solche nicht Beteiligte, da ihnen gegenüber keine Amtspflichten des Konkursverwalters bestehen, sondern nur gegenüber der von ihnen vertretenen AG als Gemeinschuldner (RG DR 1939 S. 1798 = KonkTreuh.1939 S. 142; vgl. auch OLG Hamburg HansGZ 1938 S. 336); sie können jedoch als Konkursgläubiger Beteiligte sein. Die Frage, ob sich der Zwangsvergleichsbürge auf Grund des § 82 an den Konkursverwalter halten kann, wird vom RG Bd. 74 258ff. (gegen Breslau OLG 21 S. 176) bejaht, weil der Vergleichsbürge am Zwangsvergleich unmittelbar beteiligt sei, und zwar auch für Pflichtwidrigkeiten des Verwalters aus der Zeit vor der Übernahme der Bürgschaft. In letzterer Beziehung ist die Entscheidung abzulehnen; denn die Vorfrage ist, ob und inwieweit dem Konkursverwalter gegenüber einem Vergleichsbürgen „Pflichten obliegen". Der Verwalter, der im Vergleichsverfahren nur eine untergeordnete Rolle spielt (vgl. §§ 176, 179, 184 II), hat im Verhältnis zu dem Vergleichsbürgen besondere Befugnisse oder Obliegenheiten nicht wahrzunehmen. Allerdings muß er eine Auskunft, die er dem Vergleichsbürgen über den Stand der Masse gibt, wahrheitsgemäß erteilen, kann ihm also insoweit durch schuldhaft falsche Angaben persönlich verantwortlich werden (vgl. auch RG LZ 1917 Sp. 695 Nr. 18). Ferner bezieht sich seine Verpflichtung, in einer gutachtlichen Äußerung über den vorgeschlagenen Vergleich, die das Gericht von ihm angefordert hat, Bedenken nicht zu unterdrücken, auch auf den Vergleichsbürgen. Daß er aber bei Sammlung der Masse und im Prüfungsverfahren schon das Wohl etwaiger künftiger Vergleichsbürgen ins Auge zu fassen hätte (aaO. S. 262), ist eine schiefe Vorstellung, die zur Quelle ärgerlicher Prozesse der Vergleichsbürgen gegen den Verwalter werden kann. Das RG verkennt, daß der Verwalter einem bestimmten Beteiligten gegenüber aus Verletzung des mit ihm bestehenden gesetzlichen Schuldverhältnisses nur durch pflichtwidrige Handlungen persönlich haftbar werden kann, die nach Begründung des gesetzlichen Schuldverhältnisses zu diesem Beteiligten begangen sind; dem Vergleichsbürgen gegenüber entsteht es aber frühestens in dem Zeitpunkt, in dem er dem Verwalter gegenüber als ernsthaft interessierter Vergleichsgarant aufgetreten ist (vgl. dazu jetzt Weber, Festschrift für Lent, S. 312ff.; unrichtig Simon MDR 1957 S. 204). Anders für den Vergleichsverwalter Bley VerglO² § 42 Anm. 8c, wohl mit Recht angesichts des ganz anderen Aufgabenbereichs. Auch die von der Gläubigerversammlung bestimmte Hinterlegungsstelle (§ 132 I) ist Beteiligte, und zwar nicht nur hinsichtlich ihrer Vergütungsansprüche aus dem Verwahrungsvertrag, sondern im Hinblick auf ihre Aufgabe, wertvolle Teile der Masse zu sichern, auch hinsichtlich der Beachtung des § 137. Kommt sie durch eine gegen § 137 verstoßende Abhebung zu Schaden, weil sie nochmals an die Masse leisten muß, so kann sie den Konkursverwalter persönlich (vorbehaltlich eines mitwirkenden Verschuldens) in Anspruch nehmen (RG Bd. 149 185f.)

Nicht zu den Beteiligten gehören die Schuldner der Masse. Ihnen gegenüber obliegen dem Verwalter regelmäßig keine Pflichten, sondern nur Rechte (RG KonkTreuh. 1939 S. 142). Hat der Verwalter die Auszahlung der Vergleichsquote aus den ihm zu diesem Zweck anvertrauten Mitteln übernommen und diese veruntreut, so hat er nicht eine gesetzliche Verwalterpflicht, sondern eine vom Verwalteramt unabhängige Vertragsverbindlichkeit verletzt [§ 192 Anm. 1].

b) Hat die Pflichtwidrigkeit des Verwalters eine Schädigung **der gemeinsamen Befriedigungsmasse** (§ 3) verursacht, dann haben einzelne Gläubiger während des Konkurses keine Ersatzansprüche, mögen sie mittelbar auch noch so zweifellos geschädigt sein. Vielmehr gehört der Anspruch auf Ersatz eines Gemeinschaftsschadens zur Konkursmasse und ist während des Konkurses von einem neubestellten Verwalter (§ 6) zu verfolgen. Das Gebot grundsätzlicher Gleichbehandlung aller persönlichen Gläubiger würde ins Gegenteil verkehrt, wenn jeder von ihnen den vollen Schaden zu eigenem Nutzen einklagen dürfte. Auf gleichem Gedanken beruhen die §§ 1978 II, 1985 II 2 BGB. Der Schadensersatzanspruch ist unmittelbarer, nicht aus dem Rechte der Gläubiger abgeleiteter Massebestandteil. Es kann auch keine Rede davon sein, daß einzelne Gläubiger in der Lage wären, solche Forderungen durch Aufrechnung mit persönlichen Verbindlichkeiten gegenüber dem Verwalter zu tilgen. Ansprüche dieser Art entstehen namentlich aus der Veruntreuung von Massegeldern durch den Konkursverwalter, aus schuldhafter Beschädigung oder Zerstörung von Massegegenständen, aus schuldhafter Nichterhebung von Ansprüchen der Masse (z. B von Anfechtungsklagen), aus schuldhafter Versäumung einer Rechtsmittelfrist oder einer andern Zeitschranke oder eines Zwangszugriffs, aus schuldhafter Verursachung des Entstehens von Ansprüchen gegen die Masse, etwa bei Behandlung von Sukzessivlieferungsverträgen [§ 17 Anm 18], aus schuldhaftem Unterlassen eigner Informierung (etwa aus der ihm nach § 121 zugehenden Post) oder ausreichender Informierung eines Prozeßbevollmächtigten Siehe RG GruchotsBeitr. 31 S. 1129, Bd. **78** 188, LZ 1912 Sp. 689, Bd. **89** 240, LZ 1919 Sp. 207, KonkTreuh. 1930 S. 64 Nr. 2, WarnRspr. 1930 Nr. 79, Bd. **142** 188. Hat der Verwalter die Masse durch Veruntreuung von Geldern geschädigt, die er unter Verstoß gegen § 137 von der Hinterlegungsstelle abgehoben hat, so wird seine Haftung gegenüber der Masse dadurch nicht berührt, daß diese weiterhin den Erfüllungsanspruch gegen die Hinterlegungsstelle hat (so RG Bd. **149** 186f. zu § 89). Wird die Hinterlegungsstelle in Anspruch genommen, so ist die Masse zwar nicht mehr geschädigt, die Hinterlegungsstelle hat aber ihrerseits als Beteiligte einen Anspruch gegen den Verwalter aus § 82 [Anm. 10], nicht aber aus § 426 BGB, da wegen Verschiedenheit der Haftungsgründe der Masse gegenüber kein Gesamtschuldverhältnis vorlag (RG aaO.). Mit Recht wird empfohlen, daß der Verwalter Kautionsversicherungen zugunsten „der Konkursmasse" abschließe (Hesse DJustiz 1933 S. 779) [vgl. auch § 78 Anm. 11]. Auf die Vornahme notwendig oder zweckmäßig erscheinender Verwaltungshandlungen steht dem einzelnen Konkursgläubiger ein Anspruch wider den Verwalter nicht zu [§ 78 Anm. 5b]. Gläubigerausschuß und Gläubigerversammlung sind als solche zur Geltendmachung von Ersatzansprüchen wegen Schädigung der Konkursgläubiger nicht ermächtigt.

Nach Konkursbeendigung unterstehen die Ansprüche auf Ersatz wegen schuldhafter Schädigung der Masse der freien Verfügung des bisherigen Gemeinschuldners. So besonders im Falle des Zwangsvergleichs (§ 192), zumal nach bloßer Zwangsstundung. Das Reichsgericht (Bd. 78 186 ff.) erkennt dies auch an für den Fall des Zwangserlasses. Doch muß hier dem Verwalter der Nachweis vorbehalten sein, daß bei größerem Umfang der Masse nur ein geringerer Erlaß bewilligt worden wäre, daß also insoweit der Schaden für den Schuldner ausgeglichen ist. Im übrigen aber können nach Konkursbeendigung auch die einzelnen Gläubiger, soweit sie durch die Masseverkürzung im Konkursverfahren einen Ausfall erlitten haben, jetzt die persönliche Haftung des Konkursverwalters geltend machen, da die Pflicht, die Masse nicht zu verkürzen, nicht nur dem Gemeinschuldner, sondern auch den einzelnen Gläubigern gegenüber bestand (abw. Jaeger 6./7. Aufl. Anm. 3 und Böhle-Stamschräder Anm. 2).

4. Die Schadensersatzverbindlichkeit bemißt sich nach den §§ 249ff. BGB. Namentlich haftet der Verwalter auch auf entgangenen Gewinn (§ 252 BGB) 12

Der Beweis eines Verschuldens des Verwalters obliegt wie der der Ursächlichkeit seines Verhaltens und der Höhe des verursachten Schadens dem ersatzbeanspruchenden Kläger. Vgl. RG JW 1896 S. 34 Nr. 23. Die Befreiungstatsachen des § 827 BGB [Anm. 1] stehen zur Beweislast des in Anspruch genommenen Verwalters. Über die Grenzen der Schadenshöhe bei Verantwortlichkeit wegen des Verlangens der Erfüllung von Sukzessivlieferungsverträgen siehe JW 1920 S. 750 Nr. 296, 297. Freiheit der richterlichen Würdigung: §§ 286, 287 ZPO. Hat bei der Entstehung des Schadens eigenes Verschulden des Geschädigten mitgewirkt, wofür die Beweislast den in Anspruch genommenen Konkursverwalter trifft, so kann dadurch nach § 254 BGB die Verantwortlichkeit des Verwalters herabgemindert und sogar ganz ausgeschlossen werden. Vgl. RG LZ 1912 Sp. 696, Bd. 87 151, SeuffA 71 Nr. 76, Bd. 149 186; OLG Augsburg SeuffA 68 Nr. 30; Bendix JW 1927 S. 1707 zu Nr. 2. Auch durch Vorteilsausgleichung kann die Haftung des Verwalters eingeschränkt oder aufgehoben werden. So z. B. wenn der Hypothekengläubiger das ihm verhaftete, infolge einer Pflichtwidrigkeit des Verwalters beschädigte Grundstück selbst zu einem weit hinter dem wahren Werte zurückbleibenden Preis ersteht (RG JW 1916 S. 1016f. Nr. 3). Der Ersatzanspruch aus § 82 unterliegt, da er unmittelbar im Gesetze, nicht etwa auf einem Beamtenvergehen im Sinne der §§ 839, 852 BGB beruht [§ 78 Anm. 2, 5] der Regelverjährung von dreißig Jahren (§§ 195, 187, 188 BGB; zust. RG Bd. 78 190, LZ 1912 Sp. 695, JW 1926 S. 2927; OLG Hamburg HansGZ 1938 B S. 336). Gerichtsstand: Anm. 3.

Die Konkursbeendigung als solche läßt den Ersatzanspruch nicht erlöschen. Masseschädigungen verfolgt nun der bisherige Gemeinschuldner [Anm. 11], Verletzungen eines Absonderungsrechtes der Absonderungsberechtigte (KG OLG 1 S. 440). Wohl aber ist die Geltendmachung eines Schadensersatzanspruches ausgeschlossen, wenn der Geschädigte, obwohl er zu den einwendungsberechtigten Personen gehörte (§ 86 S. 3), durch Unterlassung einer Einwendung die über die fragliche Maßnahme des Konkursverwalters berichtende Schlußrechnung nach § 86 S. 4 anerkannt hat [Näheres § 86 Anm. 5 u. 7]. Ob ein übergangener Konkursgläubiger wegen schuldhafter Nichtaufnahme seiner Forderung in das Schlußverzeichnis noch Ansprüche gegen den Verwalter persönlich aus § 82 erheben kann, wenn er es versäumt hat, nach § 162 Einwendungen gegen „das Schlußverzeichnis" vorzubringen, ist streitig, aber zu bejahen. Die Ausschlußfolge besteht nur darin, daß der Säumige einen Anspruch auf Sicherstellung oder Befriedigung aus der Konkursmasse (vgl. § 12) nicht mehr hat. Der Entlastungsschutz des § 86 Satz 4 gilt nur der Schlußrechnung, nicht dem Schlußverzeichnisse [§ 86 Anm. 8]. Ob und inwieweit aber die persönliche Verantwortlichkeit des Verwalters durch eigenes Verschulden des Beschädigten oder seines Vertreters (z. B. Unterlassung der Einsicht und Beanstandung des lückenhaften Schlußverzeichnisses) gemindert wird, das hängt nach § 254 BGB von den Umständen des Einzelfalles ab. Zust. RG Bd. 87 151 (Jaeger JW 1915 S. 1473 Nr. 12); Mentzel-Kuhn § 82 Anm. 4; im übrigen siehe Celle OLG 19 S. 224, OLG Augsburg SeuffA 68 Nr. 30; — abw. Dresden OLG 6 S. 366 mit Verw. u. LZ 1909 Sp. 710f., OLG Hamm LZ 1913 Sp. 327ff. [dawider unten § 86 Anm. 8].

13 5. Personen, welche nicht zu den Beteiligten im Sinne des § 82 gehören, kann der Verwalter persönlich nur aus unerlaubter Handlung (§§ 823, 826 BGB) verantwortlich sein, also regelmäßig nur bei vorsätzlichem sittenwidrigem Handeln [Näheres Anm. 15].

14 III. Wird der Konkursverwalter dadurch der eigenen Verantwortung enthoben, daß **Gläubigerausschuß** oder **Gläubigerversammlung** eine vom Verwalter geplante oder bereits vollzogene Handlung **gutheißen**? Die Frage ist im allgemeinen zu bejahen für solche Fälle, in denen das Gesetz (wie in den §§ 132ff., 162) der Entschließung des Gläubigerausschusses oder der Gläubigerversammlung eine — wenn auch nur innenrechtlich (§ 136) — maßgebende

Bedeutung zuerkennt, also z. B. für Freigaben aus dem Masseverband (§ 162) oder für die Fortführung des Geschäftes (§ 132 I; vgl. OLG Köln LZ 1909 Sp. 406). Auch hier aber kann eine persönliche Verantwortlichkeit des Verwalters aus besonderen Umständen erwachsen. So namentlich, wenn er selber den Beschluß des Gläubigerorgans (etwa durch arglistige Vorspiegelung oder Verschweigung) pflichtwidrig herbeiführt oder wenn er es pflichtwidrig unterläßt, ein gerichtliches Verbot gegenüber den Anordnungen der Gläubigerversammlung (§ 99) zu erwirken, was OLG Köln aaO. übersieht. Zust. Mentzel-Kuhn § 82 Anm. 5, Böhle-Stamschräder § 82 Anm. 5, OLG Koblenz KonkTreuh. 1956 S. 62 [§ 99 Anm. 4]. Ja, es ist denkbar, daß der Verwalter die nach § 82 zu verantwortende Pflicht hat, Handlungen auszuführen, denen Gläubigerausschuß oder Gläubigerversammlung — etwa unter dem Einfluß einer eigensüchtigen Gruppe — die erforderliche Billigung versagen oder Anordnungen nicht zu vollziehen, die sie im Rahmen ihrer Zuständigkeit, aber mit gesetzwidrigem Inhalt erlassen haben [Beispiel: § 159 Anm. 2]. Zur Frage der Bindung des Verwalters durch Gläubigerschaftsbeschlüsse: Jaeger KonkTreuh. 1934 S. 1f. Siehe im übrigen § 90 Anm. 4, § 95 Anm. 6, § 99 Anm. 3. Maßnahmen dagegen, die der Verwalter der Regel des Gesetzes entsprechend unabhängig vom Willen des Gläubigerausschusses und der Gläubigerversammlung zu treffen hat, werden einer Verantwortung im Sinne des § 82 dadurch nicht entrückt, daß der Verwalter die vorgängige Zustimmung des Ausschusses oder der Versammlung einholt. Zust. RG HRR 1936 Nr. 481; Celle OLG 19 S. 223. Die Zustimmung eines besonders sachverständigen Gläubigerausschusses kann aber als Indiz für mangelndes Verschulden des Verwalters verwertet werden (RAG KonkTreuh. 1934 S. 55). Näheres Jaeger KonkTreuh. 1934 S. 1f. Persönliche Haftbarkeit der Ausschußmitglieder: § 89.

IV. Persönliche Haftung aus sonstigem Rechtsgrund

1. Das pflichtwidrige Verhalten des Konkursverwalters kann zugleich den Tatbestand einer unerlaubten Handlung erfüllen (§§ 823, 826 BGB). Ist sie einem „Beteiligten" gegenüber begangen, so kommt dieser Haftungsgrundlage im allgemeinen neben § 82 keine Bedeutung zu (RG Warn. 1932 Nr. 159), zumal da der Anspruch aus § 82 der normalen Verjährung unterliegt [Anm. 5]. Doch kann in besonderen Fällen der Anspruch aus unerlaubter Handlung weiter gehen z. B. bei zufälligem Untergang unterschlagener Massewerte (§ 848 BGB). Selbständige Bedeutung haben Ansprüche aus § 823ff. BGB aber dort, wo die Handlung gegenüber Personen begangen wurde, denen gegenüber besondere konkursmäßige Obliegenheiten des Verwalters nicht vorgesehen sind (ebenso Mentzel-Kuhn § 82 Anm. 3). So etwa gegenüber dem durch Einsturz eines zur Konkursmasse gehörigen Gebäudes Geschädigten (§ 838 BGB; BGH Bd. 21 293), gegenüber Vergleichsbeteiligten [siehe Anm. 10], gegenüber Aktionären der im Konkurs stehenden Aktiengesellschaft oder gegenüber dem mit dem Gemeinschuldner in Gütergemeinschaft lebenden Ehegatten (§ 2). Verjährung: § 852 BGB. Das Entstehen einer Masseverbindlichkeit nach § 59 Nr. 1 hängt in solchen Fällen davon ab, ob die unerlaubte Handlung im Zusammenhang mit der Verwaltertätigkeit stand oder nur bei Gelegenheit derselben begangen wurde [§ 59 Anm. 1]. Vgl. auch RG Warn. 1934 Nr. 149 = KonkTreuh. 1934 S. 147; OLG Hamburg HansRGZ 1938 B S. 337. Strafbarkeit des Verwalters wegen Untreue: § 78 Anm. 3. 15

2. Eine Sonderregelung hat die persönliche Verantwortlichkeit des Konkursverwalters gegenüber dem Steuerfiskus durch §§ 103, 104, 109 I, 118 RAbgO gefunden. Wie Vertreter und andere Vermögensverwalter haftet er nach diesen Bestimmungen persönlich neben der Masse für die Verkürzung von Steueransprüchen (oder die nicht gerechtfertigte Gewährung von Erstattungen oder Vergütungen), wenn diese durch eine schuldhafte Verletzung der ihm durch §§ 103, 104 RAbgO auferlegten Pflichten eingetreten ist, vor allem der Pflicht, für die Entrichtung der Steuern aus der Masse zu sorgen. Diese Haftung betrifft in erster Linie die während des Konkurses als Massekosten nach § 58 Nr. 2 [§ 58 Anm. 5 und 5a] angefallenen Steuerverbindlichkeiten. Sie deckt sich nach Vor- 16

aussetzungen und Umfang mit der Haftung aus § 82, verdrängt diese aber als Sonderregelung [§ 6 Anm. 7 a. E.]. Ebenso offenbar Haegele KonkTreuh. 1956 S. 183f.; a. A. Mentzel-Kuhn § 6 Anm. 27, der auch für die Haftung gegenüber dem Steuerfiskus nur § 82 KO anwenden will, wobei er sich allerdings zu Unrecht auf RFH Bd. 38 S. 19 beruft, während Bley ZZP 51 S. 235f. offenbar die beiden Haftungen nebeneinander bestehen läßt. Der Charakter als Sonderregelung tritt darin zutage, daß die Haftung des Konkursverwalters nach § 109 I RAbgO nicht im Klageweg, sondern durch Haftungsbescheid des Finanzamtes (§ 118 RAbgO; Näheres Riewald RAbgO[8] I (1941) und Kühn RAbgO[4] (1956) zu § 118) und im steuerlichen Beitreibungsverfahren verwirklicht wird, ferner daß sie den kürzeren steuerrechtlichen Verjährungsvorschriften unterliegt (§§ 143ff. RAbgO und Kühn aaO. § 118 Anm. 4). Auch in der Haftung des Konkursverwalters für Gehilfenverschulden [§ 78 Anm. 10a] besteht insofern eine Abweichung, als der RFH KonkTreuh. 1931 S. 6 (zust. Sonnenfeldt daselbst und Haegele aaO.) nicht § 278 BGB anwendet, sondern eine Haftung des Konkursverwalters nur bei eigenem Verschulden in der Auswahl, Beaufsichtigung und Nachprüfung des Gehilfen eintreten läßt. Das Haftungsprivileg des § 109 II RAbgO kommt jedoch einem Rechtsanwalt für seine Tätigkeit als Konkursverwalter nicht zustatten (RFH Bd. 40 S. 77, Riewald aaO. § 109 Anm. 5 und Haegele aaO. gegen RFH Bd. 27 S. 56, FinG Bremen EFG 56 S. 57 und Kühn aaO. § 109 Anm. 5).

8. Keine Sonderregelung besteht für die Geltendmachung der Haftung des Verwalters gegenüber der Gerichtskasse wegen pflichtwidrig nicht berücksichtigter Gerichtskosten. § 99 Nr. 3 GKG (Fassung 1957) ist nicht einschlägig. Sie muß also im Klageweg durchgesetzt werden, eine unmittelbare Beitreibung ist nicht möglich [§ 57 Anm. 6]. Zust. LG Zwickau JW 1937 S. 3318 und Mentzel ebenda.

17 V. Ansprüche aus § 82 richten sich gegen den Verwalter persönlich. Er selber ist der rechte Beklagte des Schadensprozesses, er selber trägt beim Unterliegen die Kosten. Von diesen Ansprüchen gegen den Verwalter persönlich sind die Ansprüche zu unterscheiden, die gegen den Verwalter als solchen, d. h. als den für die Masse Prozeßführungsberechtigten erhoben werden. Diese Unterscheidung ist von Belang für Fälle der Häufung und des Wechsels der Ansprüche (OLG Kolmar LZ 1912 Sp. 247; vgl. auch BGH Bd. **21** 287). Die gesetzliche Verantwortlichkeit aus § 82 bildet eine Haftpflicht i. S. des § 149 VVG, gegen die sich der Konkursverwalter für seine persönliche Rechnung durch Haftpflichtversicherung decken kann [vgl. § 85 Anm. 2b].

18 **Zusatz. Fremde Rechte***. Die Regelung der Verantwortlichkeit des Verwalters entspricht in Österreich im wesentlichen der deutschen Regelung; doch wird der Pflichtenkreis des Verwalters in der Haftungsvorschrift genauer umschrieben (§ 81 I KO) und ausdrücklich hervorgehoben, daß er gegenüber den Sonderinteressen einzelner Beteiligter die gemeinsamen Interessen zu wahren hat (§ 81 II KO). Die Kosten eines vom Verwalter geführten Feststellungsstreits sind zwar grundsätzlich Massekosten, doch kann das Prozeßgericht den Verwalter zum Ersatz der Kosten an die Masse verurteilen, wenn er mutwillig bestritten oder prozessiert hat (vgl. Rintelen aaO. S. 391f.). Die Verletzung einer Vertragspflicht, deren Erfüllung aus der Masse verlangt werden kann, begründet keine Haftung des Verwalters gegenüber dem Vertragsgegner, sondern nur eine Masseschuld; die Masse kann jedoch vom Verwalter Ersatz verlangen (vgl. Rintelen aaO. S. 74).

In Frankreich ist die Haftung der Verwalter auch bei der Neufassung des Konkursrechts durch D. 20 mai 1955 nicht besonders geregelt worden. Es bleibt daher bei dem bisherigen Rechtszustand, nach welchem die Haftung der Verwalter auf Art. 1922 C.civ. gestützt wird, der von den Verpflichtungen des Beauftragten handelt. Als Auftraggeber werden Gemeinschuldner und Masse angesehen, nicht aber die einzelnen Gläubiger. Der Anspruch gegen den Verwalter gehört also zur Masse, zu seiner Geltendmachung bedarf es in der Regel der Bestellung eines neuen Verwalters. Wegen der gesetzlichen Garantie der *association nationale* für die berufliche Haftung der Konkursverwalter vgl. § 78 Anm. 15 Ziff. 6.

---

* Vgl. § 71 zu Anm. 20.

Auch Italien schreibt vor, daß der Ersatzanspruch gegen den Verwalter nach Absetzung vom neuen Verwalter geltend zu machen ist, also zur Masse gehört (Art. 38 L.F.). Die im italienischen Konkursrecht häufig für Verwaltungshandlungen vorgeschriebene Zustimmung des Konkursgerichts befreit den Verwalter von der Haftung nicht.

Umgekehrt wird nach dem Recht der Vereinigten Staaten der *trustee* nicht haftbar, wenn er mit Zustimmung des Gerichts gehandelt hat, mag auch die Zustimmung zu Unrecht beantragt und erteilt worden sein (vgl. 11 USCA § 75 Note 17). Im übrigen haftet der Verwalter für Verluste, die die Masse infolge seines Verschuldens erleidet. Die Haftung wird in der Weise realisiert, daß bei der Schlußrechnung die infolge eines Verschuldens des Verwalters der Masse fehlenden Beträge dem Aktivbestand zugerechnet werden und vom Verwalter wie dieser an die Gläubiger verteilt werden müssen. Auch in England wird die Haftung des Verwalters im Konkursverfahren selbst realisiert [vgl. § 83 Anm. 5].

In der Schweiz haften die Vorsteher des Konkursamtes für den von ihnen oder ihren Untergebenen verschuldeten Schaden; soweit sie zum Ersatz nicht in der Lage sind, haftet der Kanton (Art. 5, 6 SchKG). Die Verantwortlichkeit für schuldhaft verursachten Schaden trifft auch die von den Gläubigern gewählte Konkursverwaltung (Art. 241 SchKG).

§ 83

Der Verwalter steht unter der Aufsicht des Konkursgerichts.

Materialien: Motive II S. 306f., Protokolle S. 62, 162.

Die Aufsichtsgewalt des Konkursgerichts

I. Das Gesetz unterstellt den Konkursverwalter einer doppelten Aufsicht: die eine, unter allen Umständen platzgreifende übt das Konkursgericht als Organ der staatlichen Rechtspflege (§ 83), die andere der Gläubigerausschuß als ein für die Regel freigestelltes Organ der Selbstverwaltung aus (§ 88). Die Gläubiger überwachen durch den Gläubigerausschuß besonders den Geldverkehr des Verwalters (§§ 88 II 2, 129 II 2). Der Gläubigerausschuß hat seine Aufgaben selbständig zu lösen, nicht etwa in Unterordnung unter das Konkursgericht; aber er erleichtert, wenn er den Verwalter gewissenhaft überwacht, die richterliche Tätigkeit. Wo der Ausschuß fehlt oder versagt, bedarf es erhöhter Wachsamkeit des Gerichts. In keinem Falle wird die richterliche Aufsicht durch die des Ausschusses verdrängt. Levy KonkTreuh. 1927 S. 170, 188; 1928 S. 74, 150; 1929 S. 176. 1

Nach § 83 hat das Konkursgericht die gesamte Amtstätigkeit des Verwalters zu beaufsichtigen (nicht zu „leiten") und gegen Pflichtwidrigkeiten durch geeignete Gebote und Verbote einzuschreiten. Aus dem Aufsichtsrechte folgt die Befugnis, jederzeit Auskunft über die Geschäftsführung des Verwalters zu verlangen, dessen Bücher und Belege einzusehen und den Bestand seiner Kasse zu prüfen. Wieweit das Gericht von diesen Befugnissen Gebrauch machen will, steht in seinem pflichtmäßigen Ermessen (RG Bd. 154 296). Eine Kassenprüfung wird im allgemeinen nur bei besonderem Anlaß geboten sein z. B. bei Verdacht der Unredlichkeit, aber auch bei Fehlen eines Gläubigerausschusses und langer Dauer des Konkurses (RG aaO.). Über laufende Beaufsichtigung der Buch- und Kassenführung Levy aaO. bes. 1928 S. 150, 1929 S. 176; Berner DJ 1938 S. 107f. Kraft seiner Aufsichtsgewalt kann das Gericht — und zwar auch von Amts wegen (OLG Rostock SeuffA Bd. 50 Nr. 72) — den Verwalter jedenfalls zur Beobachtung all der Pflichten anhalten, die das Gesetz einem Verwalter ausdrücklich auferlegt hat (wie in den §§ 81 II 2, 86 (162), 117, 123, 124, 128, 133—135, 149, 151, 157, 167, 168, 191), beispielsweise zum gesetzmäßigen Vollzuge der Verteilungen, zur Unterlassung einer unter Verstoß gegen

§ 127 II beabsichtigten Verwertung pfandbelasteter Sachen [§ 127 Anm. 2 u. 6] und zur Ausführung von Beschlüssen der Gläubigerversammlung (vgl. dazu RG Bd. **154** 297) oder des Gläubigerausschusses. Das Gericht kann ferner aufsichtlich einschreiten gegen Geschäfte des Konkursverwalters, deren Vornahme wegen bestehender Interessenkollision zu einer Schädigung der Masse führen kann (dazu eingehend Skrotzki KonkTreuh. 1955 S. 111ff.) [vgl. auch § 126 Anm. 3]. Das Gericht kann auch durch Anfragen nach dem Stande des Konkurses auf dessen Beschleunigung hinwirken.

Dagegen kann das Gericht keineswegs in **Zweckmäßigkeitsfragen** das Ermessen des Verwalters durch bindende Weisungen beeinflussen. Über abweichende Regelungen in ausländischen Rechten vgl. Anm. 5 unter 2. Es kann dem Verwalter die Einbeziehung von Gegenständen in die Masse, die Abstandnahme von dieser Einbeziehung, die Genehmigung oder Nichtgenehmigung einer nach § 7 unwirksamen Handlung, die Verwertung eines Gegenstandes in den Formen der Zwangsvollstreckung (§§ 126, 127), die Wahl der Erfüllung oder der Nichterfüllung (§ 17), die Anerkennung eines Anspruchs gegen die Masse und die Erhebung einer Anfechtungs- oder Widerspruchsklage nur gebieten, wenn das gegenteilige Handeln geradezu als Pflichtwidrigkeit erscheint. Ob aber in einem Tun oder Lassen des Verwalters eine Pflichtwidrigkeit liegt, das entscheidet das Konkursgericht auf Grund der Rechtfertigung des Verwalters nach pflichtmäßigem, allerdings im Beschwerdeverfahren nachprüfbarem Ermessen. Vgl. Motive II S. 306; RG Bd. **29** 83; OLG Rostock SeuffA 55 Nr. 59; KG LZ 1907 Sp. 297; OLG Bamberg LZ 1907 Sp. 365; Gläubigeranfechtung: § 36 Anm. 1, Aussonderung § 43 Anm. 58. Eine allgemeine Befugnis des Konkursgerichts, in die Verwaltung einzugreifen, so oft ihm eine Maßnahme des Verwalters unzweckmäßig erscheint, besteht nicht. Sondervorschriften, wie die der §§ 99, 130 II, 135 II, 160f., 188 I Nr. 2, rechtfertigen keineswegs den Rückschluß auf einen derartigen Grundsatz. Zuzugeben ist nur, daß die Unterlassung einer zweifellos zweckmäßigen oder die Vornahme einer zweifellos unzweckmäßigen Handlung in der Regel eine Pflichtwidrigkeit enthalten wird. Wo aber die Zweckmäßigkeit eines Tuns oder Unterlassens zweifelhaft sein kann, hat sie der Verwalter unter eigener Verantwortung selbständig zu beurteilen. So z. B. bei unsicherer Zulänglichkeit der Masse die Frage, ob es sich empfiehlt, auf festgestellte Vorrechtsansprüche Zahlungen außer der Reihe zu leisten (§ 170). Rechtsstreitigkeiten zwischen Schuldner und Verwalter hat das Konkursgericht als solches keinesfalls zu entscheiden. Streit über Massezugehörigkeit: § 1 Anm. 48.

Nur die Erfüllung der dem Verwalter als solchem obliegenden Pflichten, nicht dessen außerdienstliches Verhalten hat das Konkursgericht zu beaufsichtigen. Läßt er in seiner persönlichen Führung die wünschenswerte Würde vermissen, dann hat er eben zu gewärtigen, daß ihm künftig Konkursverwaltungen nicht mehr anvertraut werden. Die Androhung dieser Folge steht dem Konkursgericht frei, nicht aber die Erteilung von Verweisen. Ehrloses Verhalten kann die Absetzung rechtfertigen. Siehe § 84 Anm. 1 u. 4.

2 Als Aufsichtsbehörde ist das Konkursgericht ermächtigt und verpflichtet, durch geeignete Gebote und Verbote gegen Pflichtwidrigkeiten des Verwalters einzuschreiten. Es kann ihm jederzeit die Leistung einer Sicherheit auferlegen (§ 78 II), namentlich aber nach näherer Maßgabe des § 84 Ordnungsstrafen gegen ihn verhängen und ihn des Amtes entlassen. Die Aufsichtsgewalt des Konkursgerichts gegenüber einem bestimmten Verwalter beginnt und endet mit dem Verwalteramt [§ 78 Anm. 6, 10]. Da die Rückgabe der Bestallung und die Ablegung der Schlußrechnung „bei", nicht „nach" Beendigung des Verwalteramtes zu erfolgen haben (§§ 81 II 2, 86 Satz 1 mit § 163 I 1), stellen diese Pflichten noch Amtsobliegenheiten dar, die im Aufsichtsweg erzwungen werden können [Bestallung: § 81 Anm. 3; Schlußrechnung: § 86 Anm. 1, aber auch Anm. 9].

3 **II.** Die staatliche Beaufsichtigung des Konkursverwalters bildet als Ausfluß der Gerichtsbarkeit öffentliche Gewalt, deren Ausübung Recht und Pflicht des

Konkursrichters ist (vgl. RG JW 1904 S. 85 Nr. 1). Verletzt dieser vorsätzlich oder auch nur fahrlässig seine Aufsichtspflicht oder eine andere konkursgerichtliche Obliegenheit (etwa auf Grund der §§ 99, 135 II, 160), so trifft die nach § 839 I, III BGB dem Konkursrichter obliegende Ersatzpflicht an dessen Stelle dem Verletzten gegenüber **den Staat,** in dessen Dienst der Konkursrichter steht. Die Beschränkung des § 839 II BGB bleibt außer Betracht, weil die Entscheidungen des Konkursgerichts keine „Urteile" sind [§ 73 Anm. 1 f.]. Siehe auch § 1848 (§ 1915) BGB. Die Haftung des Staates bildet eine verfassungsrechtlich geregelte Gewährpflicht des öffentlichen Gemeinwesens, für die der ordentliche Rechtsweg unausschließbar eröffnet ist. Sie ruht unmittelbar im Art. 34 GG (RG Bd. **106** 34: zu a. 131 Weim. RV). Siehe oben § 71 Anm. 18. Dem Gemeinwesen bleibt der Rückgriff bei Vorsatz und grober Fahrlässigkeit gegen den Beamten vorbehalten (Art. 34 S. 2 GG), dem Beamten hinwiederum der Rückgriff gegen den Konkursverwalter (§ 841 BGB). Verjährung: § 852 BGB; Gerichtsstand: § 32 ZPO; sachliche Zuständigkeit: § 71 II Nr. 2, III GVG mit §§ 511 a IV, 547 I Nr. 2 ZPO (Berufung und Revision unabhängig vom Erfordernis einer Rechtsmittelsumme).

Die Haftung des Staates setzt voraus, daß die Verletzung der Aufsichtspflicht für den eingetretenen Schaden ursächlich war. Dabei ist nach den Regeln des Beweises des ersten Anscheins anzunehmen, daß eine Masseverkürzung durch Veruntreuungen des Konkursverwalters auf einer festgestellten Vernachlässigung der Aufsichtspflicht beruht, da das Gefühl mangelhafter Beaufsichtigung bei einem nicht gewissenhaften Konkursverwalter die Neigung zu Verfehlungen fördert. Es ist daher Sache des in Anspruch genommenen Staates, besondere Umstände darzutun, aus denen sich ergibt, daß der Schaden auch bei ordnungsgemäßer Beaufsichtigung eingetreten wäre. RG Bd. **154** 297 f., dem Mentzel-Kuhn und Böhle-Stamschräder § 83 Anm. 2 folgen, hat hier sogar Umkehr der Beweislast angenommen. Stets muß ein Verschulden des Richters vorliegen, das vielleicht schon durch die Zweifelhaftigkeit einer für sein Einschreiten maßgebenden Rechtsfrage ausgeschlossen wird (RG Bd. **85** 64). Keinesfalls kann im Unterlassen des Einschreitens gegen den Verwalter (der etwa Massegelder veruntreute) ein Verschulden des Richters erblickt werden, wenn dieser um die Pflichtwidrigkeit des Verwalters weder wußte noch wissen mußte (vgl. RG HessRspr. 6 S. 65). Dagegen verletzt der Richter schuldhaft seine Amtspflicht, wenn er den Verwalter nach der Feststellung von Unregelmäßigkeiten, die ihn zur Führung des Amtes ungeeignet erscheinen lassen, nicht alsbald entläßt (§ 84; BGH **17** 141 für den verwandten Fall eines Treuhandverwalters gem. MilRegG. 52).

III. Jeder Beteiligte kann das Einschreiten des aufsichtsführenden Konkursgerichts anregen, also das Vorhaben oder Verhalten des Konkursverwalters dem Konkursgericht anzeigen und dieses dadurch zu der ihm schon von Amts wegen obliegenden Prüfung veranlassen, ob in der Tat eine Pflichtwidrigkeit vorliegt. Das Ersuchen (z. B. des Schuldners), gegen den Verwalter vorzugehen, ist, auch wenn es als „Beschwerde" bezeichnet wird, kein Rechtsmittel, sondern Bitte um die erste gerichtliche Entscheidung. Lehnt es das Konkursgericht ab, gebietend oder verbietend wider den Verwalter einzuschreiten, so steht dem Anregenden die Beschwerde des § 73 III nur dann zu, wenn er durch die Zurückweisung in seinen Eigenbelangen beeinträchtigt wird. So z. B. dem Gemeinschuldner, der vergeblich beantragt hatte, den Verwalter zu den durch den § 135 gebotenen Mitteilungen anzuhalten oder gegen Verschleuderung oder Veruntreuung von Massewerten einzuschreiten. Die Praxis hält im allgemeinen die Beschwerde für unzulässig, da den Beteiligten kein Recht auf ein aufsichtliches Einschreiten des Konkursgerichts zustehe. Siehe z. B. OLG Rostock SeuffA 50 Nr. 72, OLG Dresden SeuffA 62 Nr. 274, OLG 15 S. 244, OLG Kassel LZ 1910 Sp. 91, OLG Darmstadt HessRspr. Bd. 14 S. 142. Eine Beschwerde gegen die auf Beschwerde des Verwalters beschlossene Aufhebung einer vom Konkurs- 4 gericht verhängten Ordnungsstrafe ist unzulässig (Königsberg OLG 4 S. 172; vgl. auch RG JW 1900 S. 132 Nr. 10). Gegen ein auf Grund des § 83 erlassenes Gebot oder Verbot steht dem Konkursverwalter selbst unstreitig die Beschwerde zu (§ 73 III).

5 **Zusatz. Fremde Rechte.*** 1. Viele Rechte sehen vor, daß neben dem Konkursgericht oder sogar an seiner Stelle andere staatliche Organe die Aufsicht über die Konkursverwaltung ausüben. So steht in England der *trustee* (in noch größerem Maße der *official receiver*) auch unter der Aufsicht des *Board of Trade* (Handelsministerium). Der *trustee* muß dem Handelsministerium periodisch über seine Tätigkeit Rechenschaft ablegen; das zur Masse gehörige Geld ist auf ein vom Handelsministerium bei der Bank von England geführtes Konkurskonto einzuzahlen, Abhebungen unterliegen der Kontrolle des Handelsministeriums. Dieses kann auch verlangen, daß der *trustee* die Verluste ersetzt, die die Masse durch sein Verschulden erlitten hat. Kommt der *trustee* einem solchen Verlangen oder sonstigen Weisungen des Handelsministeriums nicht nach, so kann dieses beim Konkursgericht Zwangsmaßnahmen gegen den *trustee* beantragen (§§ 87, 105 BA).

Noch weiter geht Rußland. Dort schreibt das Gesetz vor: „Die Liquidatoren unterstehen in ihrer wirtschaftlichen Tätigkeit der Aufsicht des staatlichen Organs, das sie ernannt hat; sie erhalten von diesem die erforderlichen Weisungen und haben ihm gegenüber Rechenschaft abzulegen" (§ 330 Abs. 1 GPK).

2. Andere Staaten kennen eine gegenüber dem deutschen Recht weitergehende Aufsicht durch das Konkursgericht. In Österreich kann der Konkurskommissär „anordnen, daß der Masseverwalter über bestimmte Fragen Weisungen des Gläubigerausschusses einhole und, wenn ein Gläubigerausschuß nicht bestellt ist, selbst solche Weisungen erteilen" (§ 84 Abs. 2 KO). Auch sonst umfaßt die Aufsicht häufig das Recht, die Zweckmäßigkeit von Verwaltungsmaßnahmen nachzuprüfen und den Verwaltern bindende Weisungen zu erteilen, wobei freilich meist die Beschwerde eines Beteiligten Voraussetzung für das Einschreiten des Konkursgerichts ist; so in der Schweiz (Art. 17, 241 SchKG), in Frankreich (Art. 29 D. 20 mai 1955) und Italien (Art. 36 L. F.; hier bedarf der Verwalter darüber hinaus zu allen bedeutsameren Handlungen der Zustimmung des Konkursgerichts).

§ 84

Das Gericht kann gegen den Verwalter Ordnungsstrafen festsetzen. Es kann denselben vor der auf seine Ernennung folgenden Gläubigerversammlung von Amts wegen, später nur auf Antrag der Gläubigerversammlung oder des Gläubigerausschusses seines Amts entlassen.

Vor der Entscheidung ist der Verwalter zu hören.

Materialien: Motive I Bd. 2 S. 14, Motive II S. 306f., Protokolle S. 62, 161.

I. Ordnungsstrafe

1 1. Die Ordnungsstrafe bildet ihrem Begriffe nach den Gegensatz zur Kriminalstrafe. Sie ist nicht eine Sühne für begangenes Unrecht, sondern ein Zwang zur Erfüllung bestimmter Rechtspflichten. So stellt auch die Ordnungsstrafe des § 84 ein Mittel dar, um den Konkursverwalter zur Wahrnehmung seiner Obliegenheiten anzuhalten, nicht aber um ihn für begangene Pflichtwidrigkeiten zu bestrafen. Zust. z. B. Wolff KO[2] Anm. 1, Bleyer KO[3] Anm. 2, Boyens KonkTreuh. 1930 S. 92, LG Altona KonkTreuh. 1936 S. 136, Waldmann DJ 1943 S. 518, Böhle-Stamschräder § 82 Anm. 1; vgl. auch die deutliche Fassung in § 1837 II BGB; dagegen nehmen Petersen-Kleinfeller Anm. 3, Mentzel-Kuhn Anm. 1, Bley VglO[2] § 41 Anm. 5 an, daß die Ordnungsstrafe des § 84 beide Funktionen haben kann. Als Beugestrafe kann sie einerseits nicht wegen einer in der Vergangenheit liegenden Pflichtwidrigkeit ausgesprochen, daher auch vom Beschwerdegericht nach inzwischen erfolgter Be-

* Vgl. § 71 zu Anm. 20.

endigung des Verwalteramtes oder Vornahme der betreffenden Handlung nicht mehr bestätigt, andrerseits aber zur Erzwingung eines künftigen Verhaltens (z. B. der Rechenschaftslegung nach § 86) auch wiederholt verhängt werden. Die Strafe darf nur in Geld bestehen. Sie beträgt nach der generellen Regelung des a. II Abs. 1, 2 der VO über Vermögensstrafen und Bußen v. 6. 2. 1924 (RGBl. I S. 44; vgl. auch a. XIV Abs. 2 Nr. 2) im Einzelfall mindestens eine und höchstens eintausend Deutsche Mark. Sie wird — möglicherweise auf private Anregung hin [Anm. 3] — von Amts wegen verhängt. Der Gesamtbetrag wiederholter Strafen und die Anzahl dieser Wiederholungen ist nicht beschränkt; auch sind Zwischenräume, die zwischen den einzelnen Strafverfügungen liegen müßten, nicht festgesetzt (anders § 1788 II BGB). Bei Erfolglosigkeit wiederholter Strafen bleibt als ultima ratio die Entlassung. Zeitliche Grenzen der Aufsichtsgewalt: § 83 Anm. 2. Wie die Aufsichtsgewalt [§ 83 Anm. 1] beschränkt die Ordnungsstrafgewalt des Konkursgerichts sich auf den gesetzlichen Pflichtenkreis des Verwalters. Wegen unwürdigen Verhaltens kann das Konkursgericht über Konkursverwalter ebensowenig Ordnungsstrafen verhängen als das Vormundschaftsgericht über Vormünder und Pfleger (§§ 1837 II, 1915 BGB). Boyens aaO, Bley ebenda S. 189. Die sitzungspolizeiliche Ordnungsstrafgewalt, die das Konkursgericht in den Konkursterminen ausübt, steht unter eigenen Regeln (§§ 178ff. GVG). Siehe dazu § 73 Anm. 10.

2. Aus der Natur der Ordnungsstrafe als eines Zwangsmittels ergibt sich ferner: 2

a) Sie muß vorher angedroht werden (vgl. § 33 FGG). Die Androhung soll dem Verwalter Gelegenheit bieten, entweder durch Befolgung des richterlichen Willens der Strafe zu entgehen oder aber das Gericht durch Gegenvorstellungen umzustimmen. Deshalb muß nach Abs. II dem Verwalter in der Zeit zwischen Androhung und Verhängung der Strafe eine mündliche oder schriftliche Rechtfertigung ermöglicht werden [Anm. 7]. Da „die Entscheidung", vor der das Gericht den Verwalter zu hören hat, in unserem Falle nur der Strafausspruch sein kann (zust. LG Altona KonkTreuh. 1936 S. 136, Waldmann DJ 1943 S. 418, Böhle-Stamschräder § 84 Anm. 1), gebietet der Abs. II stillschweigend die vorgängige Strafdrohung (abw. gleichwohl Senst-Müller Konkursverwalter[4] S. 27 mit Verw. in Note 2 und Mentzel-Kuhn § 84 Anm. 1). Dabei ist eine Fristsetzung für die vom Konkursverwalter vorzunehmende Handlung zwar üblich, aber nicht Voraussetzung für die Zulässigkeit des Strafausspruches (LG Altona KonkTreuh. 1935 S. 172).

b) Sie kann im Falle der Uneinbringlichkeit nicht auf Grund des § 29 StGB in Freiheitsstrafe umgewandelt werden. Der a. II Abs. 4 VO v. 6. 2. 1924 (RGBl. I S. 44) bleibt also außer Betracht. Vgl. OLG Karlsruhe BadRpr. 1909 S. 206. Auch die Sätze über die Verjährung und Vollstreckung der Kriminalstrafe sind unanwendbar [Anm. 3]. Die Ordnungsstrafe bildet keine „Vorstrafe".

3. Gegen den Strafbescheid — nicht nur gegen die Verhängung, sondern schon gegen die Androhung der Strafe — steht dem Verwalter die sofortige Beschwerde zu (§ 73 III), aber — anders als nach § 24 I FGG — ohne aufschiebende Wirksamkeit (§ 572 ZPO; beachte aber § 74 KO). Petersen-Kleinfeller Anm. 2; abw. Fitting § 29 N. 24. Ebendarum ist der Beschluß nach § 577 III ZPO für das Konkursgericht unabänderlich, wenn es auch dessen Vollziehung unterlassen kann [§ 73 Anm. 10]. Der Anspruch des Staates auf die verhängte Ordnungsstrafe ist eine öffentlich-rechtliche, nach § 794 I Nr. 3 ZPO vollstreckbare Geldforderung, die durch das Konkursgericht von Amts wegen nach §§ 803ff. ZPO beizutreiben ist (AV des fr. RJM v. 28. 5. 37 DJ S. 840 — Aenderungen DJ 1939 S. 1663 und 1940 S. 1085 —, insbes. § 1 I, § 2 I Nr. 2, § 3 Nr. 2) und nur, wenn die Vollstreckung im Verwaltungszwangsverfahren landesrechtlich vorgeschrieben ist, nach der Justizbeitreibungsordng v. 11. 3. 37 (RGBl. I 298; vgl. § 1 I S. 2 der ang. AV RJM). Verjährung: § 218 BGB mit §§ 577, 705 ZPO (§ 72 KO). Gegen die Ablehnung eines angeregten Strafbescheides und gegen 3

die vom Beschwerdegericht beschlossene Aufhebung eines solchen findet keine Beschwerde statt [§ 83 Anm. 4]. In der Übung unserer Gerichte spielt die Ordnungsstrafe des § 84 nur eine geringe Rolle.

II. Entlassung

4 **1.** Kraft seiner Aufsichtsgewalt (§ 83) ist das Konkursgericht berechtigt und verpflichtet, einen zur Fortführung des Amtes ungeeigneten Verwalter zu entlassen. Vgl. § 1886 BGB, § 153 II ZVG. Ordnungsstrafen brauchen der Entlassung nicht vorausgegangen zu sein. Amtshaftung wegen pflichtwidrig unterlassener Entlassung: § 83 Anm. 3.

a) Entlassungsgrund

Die Entlassung kann zur Strafe wegen Nichterfüllung der Verwalterpflichten ausgesprochen werden, aber auch wegen völlig unverschuldeter Nichteignung zum Amte. Jedenfalls setzt eine so folgenschwere Maßnahme einen triftigen Anlaß voraus (vgl. § 41 II VglO: aus wichtigen Gründen). Andererseits ist der Richter zur Entlassung verpflichtet, wenn bei der Überwachung fachliche oder persönliche Ungeeignetheit zutage tritt, die auch der Ernennung entgegengestanden haben würde (so BGH **17** 141 für den verwandten Fall eines Treuhänders gem. MilRegG 52). Abgesehen von groben Pflichtwidrigkeiten ist daher Entlassungsgrund die persönliche — erst nach der Ernennung eingetretene oder erst nachher bekanntgewordene — Untauglichkeit des Verwalters, besonders geistige oder körperliche Erkrankung, Konkurs [§ 25 Anm. 13], Aberkennung der bürgerlichen Ehrenrechte [§ 78 Anm. 7]. Nicht minder ehrloses Verhalten, zumal wenn es durch Richterspruch feststeht, mag dieser auch nicht auf Aberkennung der Ehrenrechte lauten. Desgleichen ein unlösbarer Widerstreit, in den der Verwalter mit den Konkursgläubigern oder mit dem redlichen Schuldner geraten ist. Entmündigung des Verwalters: § 78 Anm. 10.

b) Verfahren

Von Amts wegen kann das Gericht nur den ohne Vorschlag der Gläubigerschaft ernannten (vorläufigen) Verwalter und auch diesen nur vor Beginn der auf die Ernennung folgenden Gläubigerversammlung (§§ 80, 110) entlassen, Im übrigen ist ein förmlicher „Antrag" der Gläubigerversammlung oder des Gläubigerausschusses erforderlich. Absatz I Satz 2. Doch kann das Gericht jederzeit von Amts wegen eine Versammlung einberufen (§§ 93, 98) und in ihr auf die erforderliche Antragstellung hinwirken. Bindend ist der Entlassungsantrag in keinem Falle, auch nicht wenn er auf einstimmigem Beschlusse beruht. Das Gericht hat nach pflichtmäßigem, durch Umtriebe des Schuldners oder einer eigensüchtigen Gläubigergruppe nicht beeinflußbarem Ermessen zu entscheiden. Doch unterliegt dieses Ermessen der Nachprüfung und Berichtigung im Beschwerdeverfahren [Anm. 5]. OLG Stuttgart LZ. 1911 Sp. 872 (OLG **23** S. 305). Vor der Entlassung ist der Verwalter nach Abs. II zu hören [Anm. 2]. Sie ist auch noch nach dem Vollzuge der Schlußverteilung möglich, solange das Verwalteramt noch besteht [§ 166 Anm. 12]. Zurückbehaltung von Massegegenständen: § 85 Anm. 4.

Die Beschränkungen, die unser Abs. I Satz 2 der Macht des Konkursgerichts gegenüber endgültig ernannnten Verwaltern zieht, sind sachlich unangemessen. Man wird zwar das Gericht für berechtigt halten dürfen, beim Vorliegen eines Entlassungsgrundes den Konkursverwalter einstweilen seiner Befugnisse zu entheben (so RG KonkTreuh. 1936 S. 164; zweifelnd Böhle-Stamschräder Einl. XI) und bis zur endgültigen Klärung einen Sonderverwalter [§ 78 Anm. 6] zu bestellen. Gelingt es aber einer betriebsamen Clique, den Antrag auf Entlassung zu vereiteln, dann muß das Gericht auch einen ungeeigneten Verwalter beibehalten. Gemildert wird die Unzuträglichkeit einigermaßen dadurch, daß das Gericht jederzeit dem Verwalter eine Sicherheitsleistung auferlegen kann [§ 78 Anm. 12c]. Die Entlassung sollte entsprechend der Regelung des § 41 II VglO und des § 84 IV österr. KO [Anm. 8] dem Gericht ohne Einschränkungen übertragen werden, wobei ihm lediglich die Anhörung eines Gläubigerausschusses zur Pflicht zu machen wäre (vgl. auch Höver DZ 35 S. 515, Schumann DJ 35 S. 1215, Vogels Festschrift Schlegelberger S. 192, Böhle-Stamschräder § 84 Anm. 5).

2. Gegen die Entscheidung, durch die der Verwalter wider seinen Willen ent- 5
lassen wird, steht ihm die sofortige **Beschwerde** nach § 73 III zu. Eine ungerechtfertigte Entlassung kann seine Rechtslage erheblich beeinträchtigen. So etwa, wenn er zum Zwecke der Führung des Verwalteramts eine andere Erwerbstätigkeit aufgegeben hat. Vgl. § 60 Nr. 3 FGG. Die vom Konkursgericht verfügte Entlassung ist dem Entlassenen zuzustellen und wird mit dieser Zustellung wirksam. Überdies muß die Entlassung — zweckmäßig zugleich mit der Bestellung des neuen Verwalters (§ 81 I) — veröffentlicht werden. Die Beschwerde gegen die Entlassung hat keine aufschiebende [§ 73 Anm. 11], die Aufhebung der Entlassung durch das Beschwerdegericht keine rückwirkende Kraft. Es bedarf einer abermaligen Bestellung des alten unter Entlassung des neuen Verwalters (vgl. § 74). Die zwischenzeitlichen Handlungen des neuen, nicht des alten, sind und bleiben wirksam. Vgl. Josef LZ 1912 Sp. 381ff. Wird ein Entlassungsantrag der Gläubigerversammlung (Abs. I Satz 2) zurückgewiesen, so ist jeder einzelne Gläubiger, der nicht selbst gegen den Antrag gestimmt hatte, beschwerdeberechtigt, wohl auch der Gemeinschuldner, nicht dagegen die Gläubigerversammlung als solche [§ 73 Anm. 8] Bei Zurückweisung des Entlassungsantrages eines Gläubigerausschusses ist dagegen neben den einzelnen Gläubigern und dem Gemeinschuldner auch der Gläubigerausschuß als solcher beschwerdeberechtigt, auch wenn ihm im allgemeinen ein Beschwerderecht gegen Entscheidungen des Konkursgerichts zu versagen ist [§ 73 Anm. 8]; denn mit der Antragsberechtigung des § 84 überträgt das Gesetz dem Gläubigerausschuß die Wahrung der Gläubigerinteressen an der Abberufung eines ungeeigneten Verwalters, macht ihn also für das Entlassungsverfahren ausnahmsweise zum Verfahrensbeteiligten (sehr bestr. wie hier Hamburg OLG 15 S. 246, Sautermeister MDR 1951 S. 456ff., NJW 1951 S. 663. A.A.: Jaeger 6./7. Aufl. § 73 Anm. 8, § 84 Anm. 5; Mentzel-Kuhn § 84 Anm. 3; Böhle-Stamschräder § 84 Anm. 2, Dresden ZZP Bd. 54 S. 138; Frankfurt NJW 1951 S. 665). Einem einzelnen Mitglied des Gläubigerausschusses steht dagegen das Beschwerderecht nur zu, wenn es zugleich Konkursgläubiger ist (anders offenbar Mentzel-Kuhn aaO.); denn seine Stellung als Ausschußmitglied wird durch die Entscheidung nicht betroffen [§ 73 Anm. 8]. Die Beschwerdefrist beginnt einheitlich mit dem Vollzuge der alle Einzelzustellungen ersetzenden Bekanntmachung des Zurückweisungsbeschlusses (§ 76 III).

3. Die „Entlassung" des Abs. I Satz 1 ist, wie der Zusammenhang ergibt, eine 6
Entlassung wider Willen, eine Absetzung im Aufsichtswege. Um so mehr muß das Konkursgericht ermächtigt sein, auch eine erbetene Entlassung zu bewilligen, also auf Antrag des Konkursverwalters seine **Enthebung** auszusprechen (vgl. auch die Fassung des § 41 II VglO, welche beide Fälle umfaßt). Über den Antrag entscheidet das Gericht nach pflichtmäßigem Ermessen. Es hat ihm stattzugeben, wenn ein triftiger Grund vorliegt z. B. Erkrankung, Zerstörung des Vertrauensverhältnisses zu den Gläubigern, aber auch nachträgliche Anordnung einer Sicherheitsleistung nach § 78 II [§ 78 Anm. 12c]. Gegen eine Zurückweisung des Antrags steht dem Verwalter die Beschwerde zu (§ 73 III; Jaeger ZZP Bd. 61 S. 467). Bis zur Enthebung kann das Gericht den Verwalter durch Ordnungsstrafen zur Fortführung des Amtes anhalten. Dagegen kann der Verwalter das einmal übernommene Amt nicht willkürlich niederlegen [§ 78 Anm. 10] oder wie ein mit Vollmacht ausgestatteter Beauftragter kündigen (§§ 168, 671 BGB). Zust. Mentzel-Kuhn § 84 Anm. 4, Böhle-Stamschräder § 84 Anm. 3. Durch eigene Erklärung kann er es überhaupt nicht beenden, nicht nur nicht zur Unzeit (abw. Senst-Müller Konkursrichter[4] S. 29 mit Verw.). Die Erklärung der Amtsniederlegung wirkt nur als Antrag auf Amtsenthebung (vgl. OLG Köln Recht 10 Nr. 2916).

III. Gebot des Gehörs

7 Wenn das Gesetz (Abs. II) dem Konkursgericht gebietet, vor der Verhängung einer Ordnungsstrafe [vgl. Anm. 2] und vor der Entlassung den Verwalter zu „hören", verlangt es, daß ihm Gelegenheit zu einer vorgängigen mündlichen oder schriftlichen Rechtfertigung geboten werde. Vielleicht stehen einer Aussprache zwingende Hindernisse, wie Erkrankung oder Flucht des Verwalters, im Wege. Dann muß sie unterbleiben. Wo sie aber ohne Verzugsgefahr stattfinden kann, bildet schon die Tatsache, daß der Verwalter nicht „gehört" worden war, einen Beschwerdegrund gegenüber der Entscheidung.

8 **Zusatz. Fremde Rechte*.** Die meisten Auslandsrechte sehen vor, daß der Konkursverwalter auch von Amts wegen vom Konkursgericht entlassen werden kann, so z. B. Österreich (§ 84 Abs. 4 KO), Frankreich (Art. 30 D. 20 mai 1955) und Italien (Art. 37 L.F.). In England kann das Handelsministerium den *trustee* von Amts wegen entlassen, doch können die Gläubiger oder der *trustee* selbst die Entscheidung des *High Court* anrufen. In den Vereinigten Staaten kann das Konkursgericht dagegen den *trustee* grundsätzlich nur auf entsprechenden Antrag von Konkursgläubigern entlassen (§ 2 B.A.; 11 USCA § 11).

§ 85

Der Verwalter hat Anspruch auf Erstattung angemessener barer Auslagen und auf Vergütung für seine Geschäftsführung. Die Festsetzung der Auslagen und der Vergütung erfolgt durch das Konkursgericht.

Die Landesjustizverwaltung kann für die dem Verwalter zu gewährende Vergütung allgemeine Anordnungen treffen.

Materialien: Motive I Bd.2 S. 15f., Motive II S. 307, Protokolle S. 62, 161 Begründung S. 37f. Kommissionsbericht S. 1955, 2029.

Anspruch des Verwalters auf Vergütung und Auslagenersatz

1 **I.** Der Verwalter hat einen **Anspruch** auf Entlohnung seiner Tätigkeit **(auf Honorar).** Doch schließt § 85 nicht aus, daß im Einzelfalle der Verwalter z. B. ein Verwandter des Gemeinschuldners (Kommissionsbericht S. 1955) das Amt unentgeltlich übernimmt. Siehe § 78 Anm. 7. Der Verwalter hat ferner die Erstattung aller angemessenen — nicht bloß der notwendigen oder vorteilhaften — **Barauslagen** zu beanspruchen. Als angemessen muß entsprechend den §§ 670, 675 BGB [§ 78 Anm. 5 b; vgl. auch §§ 1835, 1915 BGB] aller Aufwand gelten, den der Verwalter den Umständen nach zu Verwaltungszwecken für erforderlich halten durfte, auch wenn der Aufwand nicht zugunsten der Masse ausgeschlagen ist. Zu diesen Auslagen gehören namentlich Reisekosten [Anm. 3], Aufwand für Porti, Bestellgelder, Telegramm- und Fernsprechgebühren, Stempelmarken, nicht z. B. die Kosten der Masseprozesse [siehe § 59 Anm. 2 mit § 58 Anm. 7]. Zur Frage, inwieweit persönlicher Aufwand aus Anlaß der Verwaltertätigkeit durch die Vergütung abgegolten ist, und zu sonstigen Zweifelsfragen vgl. Anm. 2 unter 3.

2 **II. Die Festsetzung** der Vergütung und der Auslagen erfolgt durch das Konkursgericht (Gegensatz: § 104 I ZPO; siehe Stern LZ 1903 Sp. 844) und zwar nach pflichtmäßigem, lediglich hinsichtlich der Vergütung durch die nach Abs. II getroffenen allgemeinen Anordnungen gebundenem Ermessen (Motive II S. 307).

1. **Vereinbarungen** über das Honorar zwischen dem Konkursverwalter einerseits, den Konkursgläubigern oder dem Gemeinschuldner andererseits sind für die Festsetzung ohne Bedeutung und entbehren darüberhinaus überhaupt der Wirk-

* Vgl. § 71 zu Anm. 20.

samkeit gegenüber der Konkursmasse, und zwar auch dann, wenn sie für den Fall des Zustandekommens eines Zwangsvergleichs geschlossen sind (RG GruchBeitr. 50 S. 1126). Sie können auch nicht dadurch zur Wirksamkeit gebracht werden, daß der Verwalter das der Vereinbarung entsprechende Honorar in die Schlußrechnung einsetzt und diese gemäß § 86 S. 3 unbeanstandet bleibt; denn durch § 85 wird die Höhe des Honoraranspruchs dem Einfluß der Beteiligten entzogen (RG Bd. **147** 367). Als nichtig gemäß § 134 BGB muß aber auch eine während des Konkurses mit dem Gemeinschuldner getroffene Vereinbarung angesehen werden, durch die er sich verpflichtet, aus konkursfreiem Vermögen, etwa aus konkursfreiem Neuerwerb ein zusätzliches Honorar zu zahlen. Zwar enthält § 85 im Gegensatz zu § 43 IV VglO und der Regelung ausländischer Rechte (z. B. § 126 III österr. KO; vgl. im übrigem Anm. 7) kein ausdrückliches Verbot einer derartigen Vereinbarung; auch hat A V 2 S. 1 der Richtlinien [vgl. Anm. 2a] nicht die Bedeutung eines gesetzlichen Verbots i. S. des § 134 BGB, da diese Bestimmung eindeutig die Ermächtigung des Abs. II überschreitet. Das Verbot solcher Vereinbarungen ist jedoch aus der Regelung des § 85 zu entnehmen, welche durch die richterliche Festsetzung die Unabhängigkeit des Verwalters von einzelnen Verfahrensbeteiligten sichern will, die generell durch jede derartige Vereinbarung gefährdet ist (so schon Petersen-Kleinfeller Anm. 7 und — allerdings lediglich unter Bezugnahme auf die Richtlinien — Mentzel-Kuhn Anm. 3, Böhle-Stamschräder Anm. 1. A.A. RG Bd. **116** 320 und Jaeger 6., 7. Aufl. Anm. 2, der lediglich die Möglichkeit der Nichtigkeit im einzelnen Fall wegen eines Sittenverstoßes nach § 138 BGB annimmt; vgl. dazu auch Karlsruhe OLG 27 S. 255). U. U. kommt aber eine Umdeutung gemäß § 140 BGB in einen Verzicht auf die Beschränkung der Haftung für das gerichtlich festgesetzte Honorar nach Konkursbeendigung [Anm. 4] in Frage. Gültig ist dagegen eine erst nach Konkursbeendigung mit einem Verfahrensbeteiligten geschlossene Vereinbarung über ein zusätzliches Honorar (vgl. Künne GlSchutz 1935 S. 67).

2. Von der Ermächtigung des **Abs. II, allgemeine Anordnungen** für die dem Verwalter zu gewährende Vergütung — nicht auch für den Ersatz der Auslagen — zu erlassen, hatten die Landesjustizverwaltungen nur vereinzelt Gebrauch gemacht. Dagegen hatten die Gerichte einiger Großstädte, um eine einheitliche Handhabung in ihrem Bezirk sicherzustellen, Richtlinien aufgestellt, die allerdings ohne verbindliche Kraft waren. Alle diese Regelungen sind jetzt ersetzt durch die auf Grund des Abs. II von dem früheren RJM erlassenen Richtlinien für die Vergütung des Konkurs- und des Vergleichsverwalters und der Mitglieder des Gläubigerausschusses und des Gläubigerbeirates vom 22. 2. 1936 (DJ 36 S. 311, abgedruckt im Anhang; dazu Vogels KonkTreuh. 1936 S. 49. Zur Fortgeltung: Stein KonkTreuh. 1956 S. 1). Grundlage der Berechnung bildet nach ihnen die Teilungsmasse nach Maßgabe der Schlußrechnung, wobei allerdings Masseschulden und Massekosten nicht abzusetzen sind, mit Ausnahme der dem Verwalter aus der Masse zu zahlenden Anwaltsgebühren [Anm. 3]. Näheres A I der Richtlinien. Im Regelfall errechnet sich die Vergütung nach einem sich aus der Vergütungsstaffel ergebenden Prozentsatz der Teilungsmasse (A II 1). Die Landesjustizverwaltungen haben inzwischen durch gleichlautende Anordnungen auf Grund unseres Abs. II im Hinblick auf die geänderten wirtschaftlichen Verhältnisse gestattet, daß die Richtsätze der Vergütungsstaffel überschritten werden und in Anlehnung an die Regelung des Gesetzes über Maßnahmen auf dem Gebiete des Kostenrechts vom 7. 8. 1952 (BGBl. I S. 401) Zuschläge bis zu 25% zugebilligt werden können. Vgl. Baden-Württemberg 30. 4. 1953 (Die Justiz S. 129), Hessen 15. 6. 1954 (JMBl. S. 47), Niedersachsen 30. 6. 1954 (NdsRpfl. S. 119), Bayern 16. 7. 1954 (JMBl. S. 148), Rheinland-Pfalz 19. 7. 1954 (JBl. S. 60), Nordrhein-Westfalen 27. 7. 1954 (JMBl. S. 185), Schleswig-Holstein 5. 8. 1954 (SchlHAnz. S. 285). Sind mehrere Konkursverwalter nebeneinander bestellt (§ 79), so sollen die Vergütungen zusammen nicht den Betrag überschreiten, der sich 2a aus den Richtlinien für einen einzigen Verwalter errechnet. Die Sätze der Vergütungsstaffel sind nur Regelsätze. Den Gerichten ist gestattet, bei besonderen Umständen hinter ihnen zurückzubleiben oder sie zu überschreiten. Die Richtlinien führen für beide Abweichungen beispielhafte Gründe an (A IV 1 und 2). Doch rechtfertigen diese Umstände nur dann eine Erhöhung, wenn die Tätigkeit des Verwalters, als Ganzes gesehen, durch den Regelsatz nicht angemessen entgolten wäre (A IV 2 a. E.), vor allem also dann, wenn eine besonders mühevolle Verwaltertätigkeit nicht in einer wesentlichen Erhöhung der Teilungsmasse zum Ausdruck kommt. Besonders wichtig ist dabei der Fall, daß der Verwalter längere Zeit das Geschäft des Gemeinschuldners fortführt oder Häuser verwaltet hat (A IV 2 a). Durch diese Bestimmung sowie die in A V 2 S. 2 (vgl. auch A I 2c) ist gegenüber früherer abweichender Praxis mancher Gerichte (vgl. dazu Bohnenberg KonkTreuh. 1935 S. 164 und die Auskunft KonkTreuh. 1935 S. 12) klargestellt, daß es nicht zulässig ist, daß für die Fortführung des Geschäftes dem Konkursverwalter neben dem Honorar noch zusätzlich ein Entgelt in der Form eines Gehalts gewährt wird (vgl. auch Künne GlSchutz 1941 S. 29). Damit fällt ein Anreiz für den Konkursverwalter weg, das Geschäft des Gemeinschuldners in einer dem Liquidationszweck widersprechenden Weise fortzuführen (vgl. dazu Jaeger KonkTreuh. 1935 S. 17). Umgekehrt soll das Gericht hinter den Richtsätzen zurückbleiben, wenn sich nach der Vergütungsstaffel eine im Verhältnis zur Arbeitsleistung unangemessene hohe Vergütung ergeben würde (A IV 1 a und d). Hauptsächlich kommt das in Betracht, wenn das Verfahren ohne volle Durchführung der Liquidation z. B. durch Aufhebung des Eröffnungsbeschlusses im Beschwerdeverfahren, Einstellung oder Zwangsvergleich abgeschlossen wird (A IV 1 e und f) oder wenn der Verwalter nur während eines Teiles des Verfahrens tätig war (A IV 1 b und c; vgl. dazu auch Jaeger LZ 1919 Sp. 1049f.).

2b **3.** Die Festsetzung muß schon mit Rücksicht auf § 60 (bare Auslagen gehen der Vergütung vor) für Vergütung und Auslagen gesondert erfolgen (OLG Kassel LZ 1907 Sp. 322, LG Altona KonkTreuh. 1935 S. 191). Streitig kann allerdings sein, inwieweit **Auslagen** schon durch die Vergütung abgegolten sind und daher bei der gesonderten Festsetzung der Auslagen nicht mehr berücksichtigt werden dürfen. Die Regelung dieser Frage in A III 2 der Richtlinien hat zwar keinen verbindlichen Charakter, da sich die Ermächtigung des Abs. II nicht auf Anordnungen über die Auslagen erstreckt (so richtig Stein KonkTreuh. 1956 S. 1f.), sie gibt aber wichtige Hinweise. Mit Recht wird dort hervorgehoben, daß die Vergütung auch den Büroaufwand des Verwalters umfaßt und daß daher der Masse Schreibgebühren und Angestelltengehälter auch nicht anteilig in Rechnung gestellt werden dürfen (ebenso LG Hamburg HansRZtg. 1934 B Sp. 354). Das bezieht sich natürlich nur auf die persönlichen Angestellten des Verwalters, deren er sich als Hilfskräfte wie bei seiner sonstigen Tätigkeit, so auch bei Konkursverwaltungen bedient [§ 78 Anm. 10a]. Der Verwalter ist aber nicht gehindert, für bestimmte Aufgaben im Rahmen der Konkursverwaltung (z. B. zur Überwachung des Geschäftes oder zur Bestandsaufnahme) besondere Hilfskräfte für Rechnung der Masse einzustellen oder vorhandene Arbeitskräfte des Gemeinschuldners weiter zu beschäftigen, deren Vergütungsansprüche dann Masseschulden gemäß § 59 Ziff. 1 sind (vgl. auch Richtlinien A III 4). Dies gilt auch, wenn er eigene Angestellte mit derartigen besonderen Aufgaben betraut und dafür mit ihnen eine Sondervergütung vereinbart (Richtlinien aaO.). Andererseits kann der Verwalter auch eigenen Namens für einzelne Aufgaben Hilfskräfte zu seiner Unterstützung heranziehen und, wenn diese Heranziehung durch besondere Umstände gerechtfertigt wird (etwa zur fristgemäßen Anfertigung der Schlußrechnung, LG Altona KonkTreuh. 1936 S. 117), das ihnen bezahlte Entgelt als Auslage aus der Masse erstattet verlangen. Die Aufwendungen für Büromiete gehören zu den durch die Vergütung abgegoltenen allgemeinen Unkosten (LG Hamburg aaO.). Die vom Verwalter für seine Vergütung zu zahlende Umsatzsteuer [§ 78 Anm. 5a] kann er ebenfalls nicht als Auslage nach § 85 der Masse in Rechnung stellen; denn sein Honorar stellt keine gesetzlich bemessene Gebühr i. S. des § 10 I S. 2 UStG 1951 dar, auch wenn es nach Maßgabe von Richtlinien festgesetzt wird (so auch Plückebaum-Malitzky UStG[8] Bem. 2740 zu § 10 und Richtlinien A III 2). Dasselbe gilt von Aufwendungen für eine gegen das persönliche Risiko des § 82 eingegangene Haftpflichtversicherung (Richtlinien aaO. und im Ergebnis auch Stein KonkTreuh. 1956 S. 1f.). Doch bestehen keine Bedenken, wenn in rechtlich besonders schwierigen und damit verantwortungsreichen Verfahren die Aufwendungen für eine auch im Interesse der Beteiligten durchaus erwünschte Haftpflichtversicherung in einer entsprechenden Erhöhung der Vergütung Berücksichtigung finden. Es geht aber zu weit, die Vergütung, wie das Stein aaO. vorschlägt, einfach um die Beträge der Haftpflichtversicherungsprämien zu erhöhen, die sich für die bei der Gebührenfestsetzung zugrunde zu legende Teilungsmasse ergeben, da damit die gesamten Aufwendungen für die persönliche Risikoversicherung des Konkursverwalters auf die Masse abgewälzt werden. Die normalen Fälle der eigentlichen Auslagen sind die Auslagen für Briefporto, Telegramme, Ferngespräche, Papier und Reisen (vgl. Richtlinien A III 3 und oben Anm. 1). Die Auslagen sind vom Konkursverwalter zu belegen. Zur Voraussetzung der Angemessenheit vgl. Anm. 1.

4. Die **Festsetzung** erfolgt bei Beendigung des Verwalteramtes. Ihre Haupt- 2c
unterlage ist die Schlußrechnung (§ 86; vgl. auch Richtlinien A I). Die Anhörung des Gläubigerausschusses ist nicht ausdrücklich vorgeschrieben, aber anzuraten. Zu weiterer Aufklärung kann das Gericht Ermittlungen nach § 75 anordnen z. B. durch Einsicht in die vom Verwalter angelegten Akten. Die Festsetzung wird zwar regelmäßig vor der Beendigung des Verfahrens durch Aufhebung oder Einstellung erfolgen, sie ist aber auch noch danach zulässig (OLG Kassel KonkTreuh. 1936 S. 152; LG Kiel DR 1939 S. 1798; vgl. auch §§ 191, 205 II), im Falle der Aufhebung des Eröffnungsbeschlusses im Beschwerdeweg (§ 116) wird sie regelmäßig erst nach Beendigung des Verfahrens vorgenommen werden können. Das Gericht hat das Honorar auch dann festzusetzen, wenn eine zur Zahlung ausreichende Masse nicht vorhanden ist (OLG Kassel aaO.) und ohne Rücksicht darauf, ob dem Verwalter ein persönlicher Schuldner verbleibt (Marienwerder SeuffA 47 Nr. 303); denn der Konkursverwalter hat in jedem Falle Anspruch darauf, daß die durch seine Tätigkeit bzw. durch den Vollzug der Auslagen bereits begründete [Anm. 4] Forderung in ihrer Höhe vom Konkursgericht festgelegt wird, wobei der Restbetrag der Teilungsmasse keineswegs eine Höchstgrenze bildet.

Bei längerer Dauer des Konkurses oder aus anderen triftigen Gründen kann das Gericht (dem Zwecke des § 85 gemäß) auch schon im Laufe des Verfahrens Vorschüsse auf die Vergütung oder die Auslagen (vgl. §§ 675, 669 BGB) bewilligen [§ 78 Anm. 5b; Richtlinien A V 1]. Werden vorgeschossene Gebührnisse nicht verdient, weil z. B. der Verwalter stirbt oder plötzlich entlassen werden muß, ehe er die Arbeit geleistet oder den Aufwand gemacht hat, dann hat die Konkursmasse einen (vom neuen Konkursverwalter zu verfolgenden) Bereicherungsanspruch auf Rückgewähr (§§ 812 I 2, 820 I 2 BGB). In die Schuld rückt der Erbe des verstorbenen Verwalters ein. Umgekehrt geht die Forderung eines verstorbenen Verwalters auf dessen Erben über, auch wenn sie zur Zeit des Erbfalls noch nicht im Sinne des § 85 „festgesetzt" ist. Denn rechtlich begründet wird sie bereits durch Arbeitsleistung und Aufwandsvollzug, nicht erst durch Festsetzung oder durch Amtsbeendigung [Anm. 4]. Auch ein wegen Untreue entlassener Verwalter kann bereits Anspruch auf Auslagenersatz und selbst auf Vergütung erworben haben, auf letztere, soweit seine Tätigkeit (z. B. eine pflichtmäßige Inventur) dem Nachfolger Arbeiten abgenommen, nicht aber, soweit sie infolge der Untreue und der durch sie verursachten Entlassung ihren Wert für die Masse verloren hat. Der Grundgedanke des § 628 BGB läßt sich hier (mit Nehrkorn KonkTreuh. 1931 S. 120f.) entsprechend verwerten. Gegen einen Anspruch des Entlassenen an die Masse kann der neue Verwalter und nach dem Konkurse der zur Verfügung über den Ersatzanspruch gelangte (§§ 192, 206) bisherige Gemeinschuldner [Anm. 4 a. E.] mit dem Ersatzanspruch der Masse aus § 82 aufrechnen [§ 55 Anm. 4]; dagegen wird man dem Entlassenen, wenn er die Masse vorsätzlich geschädigt hat, die Aufrechnung versagen müssen (entspr. § 393 BGB).

3 5. Die Vergütung des § 85 stellt, wie schon die Zuständigkeit des Konkursgerichts zur Festsetzung ergibt, nur eine **Entlohnung der eigentlichen Konkursverwaltungstätigkeit** dar, während außerhalb dieses Bereiches liegende Tätigkeit durch die Vergütung nicht abgegolten ist. Die Abgrenzung macht in folgenden Fällen Schwierigkeiten:

a) Da das Gesetz dem Verwalter im Vergleichsverfahren nur eine verhältnismäßig untergeordnete Rolle zuweist (§§ 176, 179, 184), ist streitig, ob über diese gesetzliche Tätigkeit hinausgehende besondere Bemühungen um das Zustandekommen eines Zwangsvergleichs bei der Vergütung nach § 85 zu berücksichtigen und mit ihr abgegolten sind (so LG Kassel JW 1929 S. 1701f.) oder als im Interesse des Gemeinschuldners gelegen von diesem auf Grund eines besonderen Auftrags zu vergüten sind (so Kiel OLG 42 S. 75 Note 2, Künne GlSchutz 1935 S. 68). Die erstere Ansicht ist zutreffend. Das Gesetz begünstigt deutlich den Abschluß eines im Interesse aller Beteiligten liegenden konkursbeendigenden Vergleichs durch Anerkennung des Mehrheitszwanges und in sonstiger Weise (z. B. in den §§ 133 Nr. 1, 160, 180). Unter diesen Umständen sind besondere Bemühungen des Konkursverwalters um das Zustandekommen eines derartigen Vergleichs, auch wenn sie ihm durch das Gesetz nicht zur Pflicht gemacht sind, Verwaltertätigkeit. Eine Tätigkeit als Interessenvertreter des Gemeinschuldners, die von diesem besonders zu honorieren wäre, ist mit der Stellung eines Treuhandverwalters nicht vereinbar.

b) Bei der Frage, ob ein zum Konkursverwalter bestellter Rechtsanwalt, wenn er Masseprozesse selbst führt oder sonstige Prozeßhandlungen vornimmt, für welche nach der Rechtsanwaltsgebührenordnung Gebühren anfallen (vgl. § 78 III ZPO), neben seiner Vergütung nach § 85 noch Anspruch auf diese Gebühren hat, muß das Verhältnis zu einem erstattungspflichtigen Gegner und zur Masse unterschieden werden.

α) Im Verhältnis zum erstattungspflichtigen Gegner gilt jetzt § 91 II S. 4 ZPO in der Fassung v. Art. X § 3 Nr. 1 des Gesetzes v. 26. 7. 1957 (BGBl. I S. 861). Die für den inhaltlich gleichen § 7 der früheren RAGebO allgemein vertretene Auffassung, daß diese Bestimmung auf den Rechtsanwalt anzuwenden ist, der als Partei kraft Amtes tätig wird (Walter-Joachim-Friedlaender RAGebO[9] § 7 Anm. 3, Willenbücher RAGebO[15] § 7 Anm. 1, Baumbach-Lauterbach Kostengesetze[13] § 7 Anm. 1, Celle OLG 33 S. 191, JW 1928 S. 2162, Hamm JW 1928 S. 74, München AnwBl. 1953 S. 323), ist weiter gültig und wird auch durch § 1 II BGebORA (BGBl. I S. 909) nicht berührt. Danach kann der Konkursverwalter-Rechtsanwalt vom erstattungspflichtigen Gegner Gebühren und Auslagen insoweit verlangen, als er für die Masse Gebühren und Auslagen eines bevollmächtigten Rechtsanwalts erstattet verlangen könnte. Das gilt auch für Prozesse und Prozeßhandlungen, die nicht dem Anwaltszwang unterliegen (vgl. § 91 II 1 ZPO), insbesondere aber auch für das Verfahren vor den Finanzgerichten; denn die vom BFH (BStBl. 1955 III S. 276 im Anschluß an RFH Bd. 5 239) vertretene Auffassung, daß § 7 RAGebO im Steuerprozeß bei der Kostenerstattung nach § 316 AO nicht anzuwenden sei, der sich dann hinsichtlich der entsprechenden Anwendung auf den für die Masse prozessierenden Konkursverwalter das FG Rheinland-Pfalz BB 1956 S. 1180 angeschlossen hat (dagegen Oswald FR 1956 S. 475, Röhm BB 1957 S. 138), muß jetzt wohl als überholt angesehen werden, da die Erstattungsfähigkeit der in eigener Sache erwachsenen Anwaltsgebühren nunmehr in § 91 II S. 4 ZPO geregelt ist und § 316 II AO den § 91 II ZPO für entsprechend anwendbar erklärt. In jedem Falle ist allerdings die Begrenzung der Erstattungspflicht durch § 91 II ZPO zu beachten. So hat das OLG Nürnberg (KonkTreuh. 1930 S. 27f.) in einem Fall, in dem ein durch den Konkurs unterbrochener Rechtsstreit [§ 23 Anm. 9a] von dem beim Prozeßgericht als Rechtsanwalt zugelassenen Konkursverwalter an Stelle des bisherigen Prozeßbevollmächtigten weitergeführt und unter Kostenlast des Gegners erledigt worden war, mit Recht dem Verwalter als Anwalt eine weitere „Prozeßgebühr" (§§ 13 Nr. 1, 25 RAGebO; jetzt §§ 31 Nr. 1, 13 II BGebORA) versagt, weil der Wechsel in der Person des Anwalts nicht notwendig gewesen sei. Der Konkursverwalter wird als solcher und nicht als Anwalt tätig, kann also keine Beweisgebühr nach § 13 Nr. 4 RAGebO (jetzt § 31 Nr. 3 BGebORA) verlangen, wenn er in einem Masseprozeß als Partei gemäß §§ 445 ff. ZPO (nach der Vertretertheorie gemäß § 455 I ZPO) vernommen wird (wie hier Mentzel-Kuhn § 85 Anm. 2; a. A. RG Bd. **10** 376 und Walter-Joachim-Friedlaender § 7 Anm. 15).

In Prozessen der Masse vor den Arbeitsgerichten bedarf der Rechtswalt als Konkursverwalter bei einem Streitwert unter DM 300 nicht der besonderen Zulassung des § 11 I ArbGG v. 3. 9. 1953 (BGBl. I S. 1267). Vgl. Dietz-Nikisch ArbGG § 11 Anm 94, Dersch-Volkmar ArbGG[6] § 11 Anm. 4. Die Prozeßführung ist hier Verwaltertätigkeit, nicht Anwaltstätigkeit. Aber auch bei Streitsachen mit höherem Streitwert, bei denen jetzt die Vertretung durch Rechtsanwälte zugelassen ist (§ 11 I letzter S.), hat der Konkursverwalter-Rechtsanwalt keinen Erstattungsanspruch aus § 91 II S. 4 ZPO (früher § 7 RAGebO), da gemäß § 61 I 2 ArbGG die Kosten eines bevollmächtigten Anwalts nicht erstattungsfähig wären (so auch Dietz-Nikisch § 61 Anm. 11 und im Ergebnis auch LG Tübingen BB 1954 S. 873; die zum gleichen Ergebnis kommenden Entscheidungen des LAG Mannheim AP 53 Nr. 89 und des LAG Frankfurt NJW 1953 S. 1080 sind in der Begründung durch § 11 I ArbGG überholt). Bei den Landesarbeitsgerichten besteht dagegen Anwaltszwang (§ 11 II ArbGG). Wenn hier der Konkursverwalter-Rechtsanwalt den Masseprozeß selbst führt, wird er als Anwalt, nicht als Konkursverwalter tätig. Er hat also den Erstattungsanspruch. Zur grundsätzlichen Anwendbarkeit der BGebORA im Verfahren nach dem ArbGG vgl. jetzt § 62 BGebORA.

Hat der Konkursverwalter-Rechtsanwalt die Führung eines Masseprozesses einem anderen Anwalt übertragen, etwa weil er selbst bei dem Prozeßgericht nicht zugelassen ist, so kann er eine Gebühr nach § 52 BGebORA (Verkehrsgebühr, früher § 44 RAGebO) nicht verlangen, weil die Information des Prozeßbevollmächtigten Tätigkeit als Konkursverwalter (Partei) ist (Celle OLG 33 S. 191, JW 1928 S. 2162, Hamburg OLG 15 S. 184, Kiel OLG 17 S. 230, Willenbücher aaO. Anm. 2, Walter-Joachim-Friedlaender aaO. Anm. 13). Auch die Vergleichsgebühr des § 13 Nr. 3 RAGebO hatte er nur zu beanspruchen, wenn er den Prozeß selbst geführt hat, nicht aber, wenn er neben dem Prozeßbevollmächtigten beim Abschluß des Prozeßvergleichs mitgewirkt hat (Kolmar LZ 1910 Sp. 489; München AnwBl. 1953 S. 323; vgl. auch Walter-Joachim-Friedlaender aaO. Anm. 14); diese Auffassung muß im Falle des Prozeßvergleichs auch für die neue Vergleichsgebühr des § 23 BGebORA vertreten werden; der Abschluß eines außergerichtlichen Vergleichs durch den Konkursverwalter-Rechtsanwalt löst die Vergleichsgebühr nach § 23 nicht aus, da hier nicht Anwaltstätigkeit, sondern Verwaltertätigkeit vorliegt (§ 1 II BGebORA). Wohl aber kann der Konkursverwalter-Rechtsanwalt die Gebühr des § 54 BGebORA (früher § 45 RAGebO) erstattet verlangen, wenn er einen nicht am Sitz des Prozeßgerichts stattfindenen Beweistermin wahrnimmt (Hamm JW 1928 S. 74, Celle JW 1928 S. 2162, Willenbücher aaO. Anm. 1, Walter-Joachim-Friedlaender aaO. Anm. 15), oder die Gebühren nach §§ 57 ff. BGebORA, wenn er die Zwangsvollstreckung für die Masse betreibt.

β) § 91 II S. 4 ZPO regelt nur das Verhältnis zum erstattungspflichtigen Gegner, nicht aber die Frage, ob und inwieweit der Konkursverwalter-Rechtsanwalt, wenn der Gegner nicht erstattungspflichtig ist oder ein Erstattungsanspruch gegen ihn nicht durchgesetzt werden kann, neben § 85 die nach der BGebORA anfallenden

Gebühren für seine anwaltschaftliche Tätigkeit aus der Masse erstattet verlangen kann. Diese Frage muß vielmehr selbständig entschieden werden; dem § 91 II S. 4 ZPO kommt dabei nur insoweit Bedeutung zu, als Gebühren, die nach den Ausführungen unter α) von einem erstattungspflichtigen Gegner nicht verlangt werden können (z. B. die Verkehrsgebühr des § 52 BGebORA oder Gebühren für die erstinstanzliche Prozeßführung vor den Arbeitsgerichten), auch der Masse nicht in Rechnung gestellt werden können; denn insoweit wird er nicht als Rechtsanwalt, sondern als Konkursverwalter tätig. Daß aber im übrigen Anwaltstätigkeit des Konkursverwalters grundsätzlich aus der Masse besonders zu vergüten ist, ergibt sich aus einer entsprechenden Anwendung der §§ 1915, 1835 II BGB. Vgl. dazu Walter-Joachim-Friedlaender aaO. Anm. 5 Note 7, Berthold JR 1935 S. 197ff., Berner DRpfl. 1936 S. 136ff.; zu §§ 1915, 1835 II BGB vgl. vor allem Bach JW 1937 S. 518ff. Besonders zu vergütende anwaltschaftliche Tätigkeit liegt jedenfalls dann vor, wenn es sich um Prozeßhandlungen handelt, die dem Anwaltszwang unterliegen; denn hier hätte ein Konkursverwalter, der nicht Anwalt ist, einen Anwalt bestellen müssen. Eine Ausnahme gilt nur, wenn die Prozeßführung pflichtwidrig war [§ 82 Anm. 1] und den Verwalter der Masse gegenüber schadensersatzpflichtig gemacht hat (so im Ergebnis auch Berner aaO. S. 137). Bei Prozeßhandlungen dagegen, die nicht dem Anwaltszwang unterliegen, kann der Konkursverwalter-Rechtsanwalt der Masse nur dann Gebühren gesondert in Rechnung stellen, wenn ein Konkursverwalter, der nicht Rechtsanwalt ist, aber doch die für einen Konkursverwalter vorauszusetzende Sachkunde und Geschäftsgewandtheit besitzt, die Prozeßführung einem Rechtsanwalt übertragen hätte, also regelmäßig nur in rechtlich schwierigen oder umfangreichen Prozessen oder bei schwierigen Zwangsversteigerungsverfahren, nicht aber bei gewöhnlicher Forderungseinziehung und normalen Vollstreckungsmaßnahmen (so im Ergebnis auch Berthold und Berner aaO.). Nur in dem damit gesteckten Rahmen wird der Verwalter als Anwalt tätig, im übrigen als Konkursverwalter. Auch würde er pflichtwidrig handeln, wenn er in Fällen, in denen ein Nichtanwalt als Konkursverwalter keinen Anwalt zugezogen hätte, einen Gebührenanspruch gegen die Masse erheben würde. Für Reisen kann der Konkursverwalter, auch wenn er Anwalt ist, nur nach § 85 den tatsächlichen Aufwand, nicht aber den Auslagenbetrag des § 28 BGebORA verlangen. Ebensowenig kann er für Erhebung und Ablieferung von Massegeldern neben dem Honorar des § 85 noch die Gebühr des § 22 BGebORA beanspruchen oder Schreibgebühren nach § 27 BGebORA. Soweit hiernach der Konkursverwalter für besondere Anwaltstätigkeit einen Gebührenanspruch gegen die Masse hat, handelt es sich um Massekosten nach § 58 Nr. 2 (vgl. § 58 Anm. 5 und Mentzel-Kuhn § 58 Anm. 5). Er kann sie, soweit nicht § 60 entgegensteht, in gleicher Weise wie die festgesetzte Vergütung der Masse entnehmen [Anm. 4].

c) Die für den Konkursverwalter-Rechtsanwalt entwickelten Grundsätze sind entsprechend auf andere Fälle zu übertragen, in denen ein Konkursverwalter eine spezielle fachliche Ausbildung in den Dienst der Konkursabwicklung stellt, vor allem der Steuerfachmann (Steuerberater, Wirtschaftsprüfer). Hat er einen Steuerprozeß siegreich für die Masse durchgeführt, so kann er im Rahmen des § 316 II AO in der gleichen Weise wie der Konkursverwalter-Rechtsanwalt Gebühren vom Gegner erstattet verlangen (a. A. FG Rheinland-Pfalz BB 1956 S. 1180; vgl. dazu oben Anm. 3 unter α). Aus der Masse kann er eine besondere Vergütung nach der für ihn maßgebenden Gebührenordnung für eine spezielle steuerliche Tätigkeit dann verlangen, wenn ein Konkursverwalter, der keine steuerliche Fachausbildung besitzt, pflichtgemäß für die betreffende Aufgabe einen Steuerfachmann hätte heranziehen müssen. Dabei muß allerdings davon ausgegangen werden, daß ein durchschnittliches Maß von Fähigkeit, Steuerfragen zu erledigen, bei jedem Konkursverwalter vorausgesetzt werden muß. Vgl. dazu Haegele KonkTreuh. 1957 S. 81 ff., Röhm BB 1957 S. 138; a. A. FG Rheinland-Pfalz aaO.

d) Ist ein Notar Konkursverwalter, so sind die Gebühren für die notariellen Beurkundungen zugunsten der Masse [§ 78 Anm. 6] nicht durch das Honorar abgegolten, sondern gesondert zu vergüten (zust. Mentzel-Kuhn Anm. 2).

III. Die Ansprüche des Verwalters nach § 85 gehören zu den **Massekosten** 4
des § 58 Nr. 2 [§ 58 Anm. 5—7, § 60 Anm. 3]. Für einen Ausfall wegen Masseunzulänglichkeit haftet nicht die Staatskasse [§ 57 Anm. 9, § 78 Anm. 4], sondern nur der bisherige Gemeinschuldner, und auch er nur beschränkt [§ 57 Anm. 5]. Nach Durchführung des Nachlaßkonkurses oder des Konkurses einer juristischen Person pflegt ein für den Ausfall haftender Schuldner überhaupt nicht zurückzubleiben. Von einer Gewährpflicht dessen, der durch seinen Antrag die Konkurseröffnung erwirkt hat, kann keine Rede sein. Der Antragsteller, von dem ein Vorschuß im Sinne der §§ 107 I 2, 204 I 2 nicht eingefordert oder aber bereits entrichtet worden ist, hat für den Ausfall der Massegläubiger nicht einzustehen. Die Ansprüche verjähren an sich in zwei Jahren zufolge der §§ 196 Nr. 15, 201 BGB, vom Eintritt der Rechtskraft des Festsetzungsbeschlusses ab jedoch [Anm. 5] erst in dreißig Jahren (§ 218 BGB). Der Festsetzungsbeschluß liefert gegenüber dem Masseträger einen sofort verwertbaren Vollstreckungstitel, da er beschwerdefähig ist und einen zur Zwangsverwirklichung geeigneten Inhalt hat (§ 794 Nr. 3 ZPO; dahinstellend RG Bd. **61** 261). Eine Vollstreckbarkeit gegenüber der Masse dürfte mit Rücksicht auf den § 191 I im Falle des Zwangsvergleichs (gegen Fund Recht 1905 S. 310) kaum erheblich werden, wohl aber dann, wenn die Person des Verwalters im Laufe des Konkurses wechselt. Begründet wird der Vergütungsanspruch schon durch die Verwaltertätigkeit, der Auslagenersatzanspruch durch die Aufwendungen; diese Ansprüche gehören daher schon vor der Festsetzung zur Masse des selbst in Konkurs geratenen Verwalters. Fällig im Sinne des § 273 BGB werden aber beide Ansprüche erst durch die richterliche Festsetzung. Ein entlassener Konkursverwalter (§ 84) kann daher jedenfalls wegen seiner noch nicht festgesetzten Ansprüche kein gesetzliches Zurückbehaltungsrecht an Massegegenständen geltend machen. Dabei ist zu beachten, daß die zum Zwecke der Konkursverwaltung angelegten Akten, wie z. B. die beim Fortbetrieb des Gewerbes erwachsene Geschäftskorrespondenz, Aufzeichnungen über den Verkauf des Warenlagers, Protokolle über Ausschußsitzungen, Schriftwechsel mit Aus- und Absonderungsprätendenten, nicht etwa Privateigentum des Konkursverwalters, sondern Massebestandteile bilden, deren Herausgabe nach Konkursbeendigung der bisherige Gemeinschuldner im Prozeßweg erzwingen kann. Vgl. OLG Kolmar LZ. 1907 Sp. 922ff,; siehe auch OLG Hamburg LZ 1914 Sp. 1406 (keine Zurückhaltung der Geschäftsbücher des Schuldners), andrerseits aber auch Dresden SächsOLG 36 S. 228 (der frühere Gemeinschuldner habe keinen Anspruch auf Herausgabe der Konkursakten in ihrer Gesamtheit und auf Gestattung ihrer Einsicht). An Massegegenständen vermag auch der nachfolgende Verwalter dem Vormann ein Zurückbehaltungsrecht jedenfalls nicht unentgeltlich einzuräumen, weil eine solche Einräumung jenseits der Grenzen seiner Verwaltungsrechte liegt [§ 6 Anm. 25]. Vgl. RG Bd. **58** 190 und dazu die beachtenswerte Kritik von Th. Wolff LZ 1908 Sp. 119f. Den festgesetzten Betrag darf der Verwalter an sich selbst auszahlen [§ 6 Anm. 4, § 78 Anm. 6]. Wird er aber an der Ausführung einer schon im voraus abgelohnten Tätigkeit verhindert, so schuldet er eine entsprechende Rückgewähr zur Masse [Anm. 2c]. So etwa, wenn das Gericht die Vergütung schon vor Abnahme der Schlußrechnung vorbehaltlos festgesetzt hatte [§ 86 Anm. 2]. Für eine Aufrechnung des festgesetzten Honoraranspruchs gegenüber einer Forderung des bisherigen Gemeinschuldners auf Erstattung von Massegeldern, die der Verwalter noch nach Konkursbeendigung eingezogen hatte, fehlt es, da der Gemeinschuldner als solcher Träger der Honorarverbindlichkeit ist [§ 57 Anm. 2ff.], nicht an der Gegenseitigkeit (OLG Hamburg LZ 1912 Sp. 867). Aufrechnung zwischen Ansprüchen aus § 85 und Verbindlichkeiten aus § 82: oben Anm. 2c. Die gegenständlich beschränkte Haftung des früheren Gemeinschuldners für Masseschulden [§ 57 Anm. 5] steht diesen Aufrechnungen nicht entgegen (Hamburg aaO.).

5 **IV.** Der Festsetzungsbeschluß unterliegt der **sofortigen Beschwerde** (§ 73 III). Die inzwischen eingetretene Beendigung des Konkursverfahrens macht weder die sachliche Entscheidung über eine bereits eingelegte Beschwerde noch die Einlegung einer Beschwerde unzulässig [§ 73 Anm. 12; vgl. auch oben Anm. 2c]. Ebensowenig wird die Beschwerde dadurch ausgeschlossen, daß der Verwalter das festgesetzte Honorar in die unbeanstandet gebliebene Schlußrechnung (§ 86 S. 4) eingesetzt hat [§ 86 Anm. 2]. Nach Eintritt der Rechtskraft [§ 74 Anm. 4] ist die Zuerkennung des Anspruchs grundsätzlich auch dann unabänderlich, wenn sich ergibt, daß die Berechnung eine irrige war, daß sie z. B. den Massewert weit überschätzte. Auch für Bereicherungsansprüche gegen den Verwalter ist alsdann kein Raum. Wohl aber könnte eine Erschleichung der Gebührnisse durch Urkundenfälschung oder Betrug des Verwalters ein Wiederaufnahmeverfahren gegen den Festsetzungsbeschluß entsprechend dem § 580 Nr. 2, 4 ZPO rechtfertigen [§ 73 Anm. 13]. Beschwerdeberechtigt ist der Konkursverwalter, bei einer Festsetzung für den früheren Verwalter auch der neue (OLG Kassel KonkTreuh. 1936 S. 152), der Gemeinschuldner (Karlsruhe BadRpr. 1906 S. 284) und jeder einzelne in seinen Rechten verkürzte Gläubiger (Kolmar LZ 1909 Sp. 331), nicht aber der Gläubigerausschuß als solcher [§ 73 Anm. 8], noch eines seiner Mitglieder in dieser Eigenschaft, noch auch irgendein wirtschaftlich beteiligter Dritter (z. B. ein Aktionär im Konkurse der Aktiengesellschaft, OLG Kiel SchlHolstAnz. 1907 S. 331; vgl. auch OLG Frankfurt a. M. Frankf. Rundsch. 1909 S. 100), auch nicht ein Absonderungsberechtigter als solcher. Vgl. auch die Beschränkung des Beschwerderechts in § 43 III VerglO. Der Nachprüfung durch das Beschwerdegericht unterliegt auch die Frage der Angemessenheit der Auslagen und des Honorars [§ 73 Anm. 7]. Die Beschwerdefrist (§ 577 ZPO) beginnt mit der Zustellung des Beschlusses. Einlegung vor der Zustellung ist zulässig [§ 73 Anm. 6]. Da alle einzelnen Konkursgläubiger durch die Festsetzung in ihrer Rechtslage berührt und deshalb zur Beschwerde befugt sind, wird bei einer größeren Zahl beteiligter Konkursgläubiger die Zustellung und damit die Eröffnung einer einheitlichen Beschwerdefrist nach § 76 III durch öffentliche Bekanntmachung zu bewirken sein (a. A. Wolff § 73 Anm. 4, der sowohl die Einzelzustellung wie die öffentliche Bekanntmachung für unstatthaft erklärt). Das geschieht, wenn die Festsetzung vor dem Schlußtermin erfolgt, zweckmäßig zugleich mit Bekanntgabe der Anberaumung des Schlußtermins (§ 162). Zust. Kolmar LZ 1913 Sp. 330), im übrigen mit der Bekanntmachung der Aufhebung (§§ 163 II, 190) oder der Einstellung (§ 205 I). Die Höhe der Gebührnisse muß — und zwar gesondert für Vergütung und Auslagen [Anm. 2b] — in der Bekanntmachung selbst angegeben werden, wenn diese insoweit die Wirksamkeit des § 76 III haben soll (Stern LZ 1913 Sp. 845; Schrader-Vogel-Korn, Handbuch der amtsgerichtlichen Praxis I S. 1045). Die Praxis der Konkursgerichte verfährt vielfach anders, um nicht die Einkünfte der Konkursverwalter der allgemeinen Kenntnis preiszugeben. Aber auch wenn es in der Bekanntmachung des § 163 heißt: „Vergütung und Auslagen des Konkursverwalters (und der Mitglieder des Gläubigerausschusses) wurden auf die aus dem Schlußterminsprotokoll ersichtlichen Beträge festgesetzt", bleibt fraglich, ob damit nach § 76 III eine einheitliche Beschwerdefrist in Lauf gesetzt wird. Doch läßt sich dies vielleicht aus der Erwägung rechtfertigen, daß nach § 72 KO mit § 299 ZPO das Protokoll der Einsichtnahme aller Beteiligten offensteht [§ 72 Anm. 3b]. Durch Verkündung des Festsetzungsbeschlusses im Schlußtermin wird die Zustellung nicht ersetzt (vgl. § 73 Anm. 4; zust. Böhle-Stamschräder Anm. 3, a. A. Stern aaO. Sp. 845f., Schumann KonkTreuh. 1933 S. 97; doch wäre zur Vermeidung der von der Praxis mit Recht empfundenen Mißlichkeiten diese Regelung — so wie in §§ 185, 189 II — zu empfehlen), aber auch nicht durch Aufnahme in die Schlußrechnung (Böhle-Stamschräder Anm. 3, Schrader-Vogel-Korn aaO.). Neben ordnungsmäßiger Bekanntmachung empfehlen sich besondere Zustellungen an den Verwalter und an den Gemeinschuldner. Siehe § 76 Anm. 2. Die Kosten einer erfolglosen Beschwerde hat der Beschwerdeführer persönlich zu tragen, sie sind ihm

nicht als Massekosten zu erstatten (unrichtig OLG Kiel KonkTreuh. 1936 S. 94 für eine Beschwerde des Gemeinschuldners). Weitere Beschwerde wegen der Festsetzung von Gebührnissen nach § 85 (§ 91) hält die herrschende Praxis nach § 568 III ZPO für unzulässig [§ 58 Anm. 5]. So auch Jena JW 1934 S. 1059 und Kassel KonkTreuh. 1936 S. 114. Anders, wenn das Landgericht die Festsetzung aus Gründen abgelehnt hat, die mit der Natur der abgelehnten Entscheidung als „Kostenentscheidung" nicht zusammenhängen z. B. aus dem unzutreffenden Grunde [Anm. 2c], daß das Gericht nach Konkursbeendigung keine Entscheidung mehr treffen dürfe (Kassel KonkTreuh. 1936 S. 152).

Die zeitlichen Grenzen für die Beschwerde gegen die Festsetzung der Gebührnisse (§ 85) und für Einwendungen gegen das Schlußverzeichnis (§ 162 I) decken sich nicht. Eine Aufklärung der Beteiligten über das Beschwerderecht und seine Schranken wäre hier (wie in anderen Fällen) wohl am Platze. Stern LZ 1910 Sp. 669ff. 6

V. Steuerliche Behandlung der Vergütung: siehe § 78 Anm. 5a und oben Anm. 2b. 6a

Zusatz. Fremde Rechte*.

1. Die wohl überall vorgesehene Vergütung des Konkursverwalters wird meist vom Konkursgericht festgesetzt. Dabei wird häufig bestimmt, daß Vereinbarungen über eine anderweitige Vergütung nichtig sind. 7

In den Ländern, in denen Kollegialgerichte zu Konkursgerichten bestellt sind, ist die Zuständigkeit für die Festsetzung verschieden geregelt: in Österreich entscheidet der Konkurskommissär (§ 125 II KO), in Frankreich der Vorsitzende des *tribunal de commerce* auf Vorschlag des *juge-commissaire* (Art. 25 II D. 20 mai 1955), in Italien die gesamte Kammer auf Vorschlag des beauftragten Richters (Art. 39 I L.F.). In Holland erfolgt die Festsetzung der Vergütung, die der Vollkammer des Konkursgerichts obliegt, im Falle eines Zwangsvergleichs im Bestätigungsbeschluß (Art. 71 F.W.). Die Vereinigten Staaten schreiben für die vom Konkursrichter *(judge)* festzusetzende Vergütung bestimmte Höchstsätze vor (§ 48 B. A.; 11 USCA § 76).

Vereinbarungen über eine anderweitige Vergütung sind ausdrücklich für nichtig erklärt u. a. in Österreich (§ 126 III KO), Italien (Art. 39 III L.F.) und in den Vereinigten Staaten (§ 72 B. A.; 11 USCA § 112); in Frankreich werden solche Vereinbarungen von der Rechtsprechung als nichtig betrachtet (vgl. Beschluß des Kassationsgerichtshofs vom 5. 11. 1878; Recueil Dalloz 1879 I 149; Recueil Sirey 1878 I 466). Italien erklärt ausdrücklich auch Leistungen, die gegen das Verbot einer anderweitigen Vergütung verstoßen, für nichtig und erlaubt die Rückforderung des Geleisteten.

2. Eine Vereinbarung zwischen der Gläubigerschaft und dem Verwalter ist maßgebend für die Vergütung vor allem in England; das Handelsministerium kann auf Antrag einer qualifizierten Minderheit eine übertrieben hohe Vergütung herabsetzen; hat das Ministerium selbst den *trustee* ernannt, so bestimmt es auch die Höhe der Vergütung (§§ 82, 78 B.A.).

§ 86

Der Verwalter hat bei der Beendigung seines Amts einer Gläubigerversammlung Schlußrechnung zu legen. Die Rechnung muß mit den Belegen und, wenn ein Gläubigerausschuß bestellt ist, mit dessen Bemerkungen spätestens drei Tage vor dem Termine auf der Geschäftsstelle zur Einsicht der Beteiligten niedergelegt werden. Der Gemeinschuldner, jeder Konkursgläubiger und der nachfolgende Verwalter sind berechtigt, Einwendungen gegen die Rechnung zu erheben. Soweit in dem Termine Einwendungen nicht erhoben werden, gilt die Rechnung als anerkannt.

Materialien: Motive I Bd. 2 S. 16f., Motive II S. 308, Protokoll S. 62f., 161.

* Vgl. § 71 zu Anm. 20.

Schlußrechnung des Verwalters

I. Die Pflicht zur Rechnungslegung

1 Schon nach den allgemeinen Vorschriften des bürgerlichen Rechts hat, wer entgeltlich oder unentgeltlich fremde Geschäfte besorgt, nach deren Ausführung Rechenschaft abzulegen (§§ 666, 675 BGB). Wie für Vormundschaft und Pflegschaft (§§ 1840ff., 1890ff., 1915 BGB) ist für die Konkursverwaltung die Rechenschaftspflicht eigens geregelt und zwar in den §§ 86, 132 II, 162. Im Laufe seiner Geschäftsführung hat der Verwalter Rechenschaft auf Erfordern der Gläubigerversammlung § 132 II) oder der Aufsichtsbehörde (§ 83) abzulegen, Die Rechenschaftspflicht besteht gegenüber den Konkursgläubigern und dem Gemeinschuldner, bei Beendigung des Amtes während des Konkurses auch gegenüber dem neuen Verwalter (vgl. § 86 Satz 3, § 132 II). Den Massegläubigern gegenüber erkennt sie das Gesetz nicht an, wenngleich der Verwalter auch gegenüber diesen Gläubigern gesetzliche Verpflichtungen, auch zur Auskunftserteilung, unter persönlicher Verantwortung zu erfüllen hat [§ 82 Anm. 1 u. 8]. Mangels einer anderweiten Anordnung der Gläubigerschaft (§ 132 II) hat der Verwalter nur bei Beendigung seines Amtes Rechnung zu legen (§§ 86, 162), mag nun sein Amt erst mit dem Konkursverfahren oder schon in dessen Verlauf erlöschen [§ 78 Anm. 10]. Daß der Verwalter auch nach Abschluß eines Vergleichs verpflichtet und schon in seinem eigenen Interesse [Entlastung: Anm. 6] berechtigt ist, Schlußrechnung zu legen, steht nach der allgemeinen Fassung des Gesetzes fest [§ 190 Anm. 2]. Die verbreitete Übung, im Falle der Einstellung auf Schuldnerantrag (§ 202) Schlußrechnung und Schlußtermin entfallen zu lassen, da die Rechnungsablegung nur noch den Schuldner angeht, ihm aber unmittelbar Rechnung zu legen sei (so z. B. Senst-Müller Konkursrichter[4] S. 203, Schrader Handbuch I S. 3125), läßt sich nur rechtfertigen, wenn die Konkursgläubiger alle befriedigt sind. Sonst ist es auch für sie nicht gleichgültig, wie der Verwalter gewirtschaftet hat. Ja es wird geboten sein, daß der Verwalter gerade in der Schlußrechnung Aufschluß darüber gibt, warum und wie Konkursgläubiger sichergestellt worden sind (vgl. § 202 I S. 2). Vgl. ferner §§ 205 II (191 I). Wird der Verwalter (weil er etwa in Geisteskrankheit verfiel) entmündigt, so hat für ihn sein Vormund Rechnung zu legen. Stirbt der Verwalter, dann geht die Pflicht auf den Erben über. Doch werden Vormund und Erbe nicht selten tatsächlich außerstande sein, sie zu erfüllen. Alsdann müssen die Beteiligten sich mit einem Ersatzbericht des neuen Verwalters begnügen, der aber zur Erstattung nicht verpflichtet ist. Aufzeichnungen, die der Vormann für die Zwecke der Verwaltung gemacht hat, gehören samt den Belegen zur Masse [§ 85 Anm. 4]. Vgl. Binder Rechtsstellung des Erben II S. 23, Wolff Anm. 1, Senst-Müller aaO. S. 31, Mentzel-Kuhn Anm. 2; abw. verneinen die Rechnungspflicht des Erben Petersen-Kleinfeller Anm. 8. Die Pflicht des Konkursverwalters, rechtzeitig und ordnungsgemäß Rechnung zu legen, kann im Aufsichtsweg (§§ 83, 84) erzwungen werden [§ 83 Anm. 2]. Das ist vor allem gegenüber einem entlassenen Konkursverwalter von Bedeutung.

2 **II.** Die vom Verwalter bei (d. h. aus Anlaß der) Beendigung seines Amtes (nicht erst nach dieser) zu legende **Schlußrechnung** muß ein vollständiges Bild der gesamten Geschäftsführung des Verwalters gewähren. Eine bloße Zusammenstellung der Einnahmen und Ausgaben genügt also nicht (zust. KG ZZP 59 S. 233). Vielmehr muß der Verwalter im besonderen (zweckmäßig an der Hand des Inventars, § 124) klarlegen, welchen Massebestand er vorgefunden, wie und mit welchem Ergebnis er die Verwaltung betrieben, welche Gegenstände er freigegeben hat (und warum), welche Aus- und Absonderungsansprüche erhoben wurden und mit welchem Erfolg, wie er schwebende Rechtsgeschäfte und Prozesse abgewickelt und was er durch Gläubigeranfechtung zurückgewonnen hat. Beispiele bei Senst-Müller Verwaltung von Konkursen[9] S. 366ff und Schrader Handbuch I S. 3092ff.; vgl. auch Orth JW 1935 S. 2606. Stets erschöpft die Verpflichtung des Verwalters sich darin „Rechnung zu legen“ (§§ 86, 132 II), also Aufschluß darüber zu erteilen,

wie er seine Verwaltung geführt hat. Eine „Rechenschaft" im Sinne der Verantwortung seiner Maßnahmen, Aufschluß darüber, warum er sie traf, schuldet er nicht (zust. Böhle-Stamschräder Anm. 1). Weder die Beteiligten noch das Gericht haben eine solche Verantwortung zu beanspruchen. Ob eine Maßnahme zweckmäßig ist oder nicht, darüber befindet, soweit das Gesetz nicht Besonderes verordnet (wie in den §§ 132ff.), der Verwalter nach eigenem, pflichtmäßigem Ermessen. Abzulehnen ist die von Petersen-Kleinfeller Anm. 4 vertretene Ansicht, daß die gerichtliche Festsetzung der Gebührnisse des Verwalters (§ 85) der Schlußrechnung eingefügt werden müsse und mit dieser Rechnung unanfechtbar werde. Die Anerkennung der Schlußrechnung ist eine Billigung der Tätigkeit des Verwalters, nicht der Verfügungen des Gerichts. Wären also jene Gebührnisse in der Schlußrechnung unter den Ausgaben aufgeführt, so könnte eine Einwendung nach Satz 3 doch nur geltend machen, daß die Angabe des Verwalters der gerichtlichen Festsetzung nicht entspreche. In Wahrheit liefert die Schlußrechnung regelmäßig erst die Grundlagen für die richterliche Festsetzung. Sie ergeht daher regelmäßig erst nach Einreichung der Schlußrechnung und ihrer Belege (vgl. Schrader aaO. S. 3047, 3096) und kann unzweifelhaft auch noch nach Abnahme der Schlußrechnung erfolgen. Allein auch bei Einstellung dieses Passivpostens in die Schlußrechnung oder in einen Nachtrag zu dieser (empfohlen von den Richtlinien [§ 85 Anm. 2a] A V 3; dagegen insbes. Mentzel-Kuhn § 85 Anm. 4) gilt für die Beanstandung der gerichtlichen Entscheidung der § 73 III KO mit der Notfrist des § 577 ZPO, keineswegs aber der § 86 (zust. RG Bd. **147** 368 und Mentzel-Kuhn § 85 Anm. 4; unrichtig OLG Marienwerder SeuffA 60 Nr. 137). Im übrigen siehe § 85 Anm. 5.

III. Zur Abnahme der Schlußrechnung hat das Gericht einen **Termin** anzuberaumen 3
und öffentlich bekannt zu machen (§ 76). Im Normalfall, also bei Schlußrechnung anläßlich der Konkursbeendigung, ist dies der Schlußtermin (§ 162); ist dagegen die Schlußrechnung durch Verwalterwechsel veranlaßt, so ist ein besonderer Termin anzuberaumen, der zugleich zur Beschlußfassung nach § 80 zu bestimmen ist (vgl. Schrader aaO. S. 3044). Die Rechnung muß mit den verkehrsüblichen — entbehrlich z. B. für ein Briefporto, Trinkgeld — Belegen spätestens drei Tage vor dem Termin auf der Geschäftsstelle zur Einsicht der Beteiligten niedergelegt werden und sonach schriftlich abgefaßt sein. Ist ein Gläubigerausschuß bestellt, so ist die Rechnung zunächst ihm zu unterbreiten und mit seinen Bemerkungen zu der genannten Zeit auf der Geschäftsstelle niederzulegen. Satz 2. Verspätete Einreichung kann die Beteiligten veranlassen, eine Terminsverlegung oder eine Vertagung zu erwirken (§ 227 ZPO, § 72 KO).

Vor dem Termine hat das Konkursgericht kraft seiner Aufsichts- und Aufklärungsmacht (§§ 83, 75) das Recht und die Pflicht, die Rechnung und ihre Belege durchzusehen und eine ihm nach Lage der Dinge angemessen erscheinende fachmännische Nachprüfung der Verwalterrechnung durch Sachverständige von Amts wegen anzuordnen. [Kosten: § 75 Anm. 3.] Zust. Orth JW 1935 S. 2606, Berner DJ 1938 S. 109, Schrader aaO. S. 3095; abw. Petersen-Kleinfeller Anm. 5. Vgl. §§ 1892, 1915 BGB. Die Prüfung der Schlußrechnung ist durch § 21 I Nr. 1 des Rechtspflegergesetzes vom 8. 2. 1957 (BGBl. I S. 18) dem Rechtspfleger übertragen [vgl. § 71 Anm. 16a; § 73 Anm. 15]. Durch diese Übertragung ist zugleich klargestellt, daß die Prüfung eine Aufgabe, also eine Amtspflicht des Konkursgerichts darstellt. Sie ist vor allem wichtig, wenn kein Gläubigerausschuß besteht; denn eine genauere Prüfung durch die Gläubiger, denen meist die Sachkunde, die notwendige Zeit, bei längerdauernden Konkursen auch das Interesse fehlt, kann nicht erwartet werden. Ergeben sich bei der Prüfung Bedenken, so hat der Rechtspfleger schon vor dem Termin den Konkursverwalter zu ihrer Beseitigung aufzufordern (vgl. Orth aaO., Arndt Rpflgergesetz § 21 Anm. 24). Der Richter kann die Beseitigung der Mängel der Schlußrechnung auch im Aufsichtswege erzwingen (§§ 83, 84), was vor allem gegenüber einem entlassenen Konkursverwalter in Frage kommt. Im übrigen wird hier der neue

Verwalter regelmäßig von seinem Einwendungsrecht (S. 3) im Termin Gebrauch machen, sodaß eine Entlastung nach S. 4 keinesfalls eintreten kann. Wird die Schlußrechnung aus Anlaß der Konkursbeendigung erstattet, so sind die Bedenken des Konkursgerichts jedenfalls im Schlußtermin zur Sprache zu bringen und bieten gleich den Bedenken des Gläubigerausschusses (S. 2) den Beteiligten Anlaß zur Erhebung von Einwendungen (S. 3). Da aber erfahrungsgemäß im Schlußtermin Gläubiger nicht erscheinen, besteht die Gefahr, daß auch grob mangelhafte Schlußrechnungen im Termin unbeanstandet bleiben. Daher wird das Konkursgericht schon vor Anberaumung des Schlußtermins (§ 162) die Schlußrechnung vor allem unter dem Gesichtspunkt prüfen, ob die Voraussetzungen für die Genehmigung der Schlußverteilung (§ 161) gegeben sind, ob sich also aus der Schlußrechnung die Beendigung der Masseverwertung zweifelsfrei ergibt, und bei Bedenken die Genehmigung der Schlußverteilung und die Anberaumung des Schlußtermins abzulehnen haben (vgl. Orth aaO., Schrader aaO. S. 3095, Arndt aaO. Anm. 24). Dieses Vorgehen kommt insbesondere dann in Frage, wenn die gerichtliche Prüfung einen hinreichenden Verdacht ergibt, daß Ansprüche der Masse gegen den Konkursverwalter wegen Masseverkürzung bestehen [§ 82 Anm. 11], die dann noch nicht verwertete Massebestandteile darstellen. Hier wird das Gericht einen Gläubigerausschuß zur Stellung eines Antrages auf Entlassung des Verwalters (§ 84 S. 2) veranlassen oder eine Gläubigerversammlung zur Herbeiführung eines Entlassungsantrages einberufen, wobei sich eine besondere Ladung der Gläubiger neben der öffentlichen Bekanntmachung des Termins empfiehlt.

4 Aus der Pflicht des Konkursverwalters zur Rechnungslegung folgt die Offenbarungseidespflicht des § 259 II BGB. Besteht also Grund zur Annahme, daß die in der Schlußrechnung des Verwalters enthaltenen Angaben über die Einnahmen nicht mit der erforderlichen Sorgfalt gemacht worden sind, so obliegt dem Verwalter die bürgerlich-rechtliche Verpflichtung, auf Verlangen einen Offenbarungseid dahin zu leisten, daß er in der Schlußrechnung die Einnahmen des Konkurses nach bestem Wissen so vollständig angegeben habe, als er dazu imstande sei. Der Eid kann demnach nur gefordert werden wegen Angaben in der Rechnung (also erst nach der Rechnungsprüfung) und nur wegen der Einnahmen, nicht wegen der Ausgaben, nicht wegen der Rechnungsbelege. Vgl. freilich § 261 II BGB. Verlangen kann diesen Eid, wer nach § 86 Satz 3 KO das Recht hat, Einwendungen gegen die Rechnung zu erheben [Anm. 5], außer dem Schuldner und einem späteren Verwalter also auch jeder einzelne Konkursgläubiger (OLG Kolmar LZ 1909 Sp. 164), nicht z. B. ein Massegläubiger [siehe aber § 57 Anm. 10]. Kommt der Verwalter, eventuell nach aufsichtlichem Einschreiten des Konkursgerichts (§§ 83, 84) seiner Verpflichtung nach, so erfolgt die Eidesleistung vor dem Amtsgericht des Konkurses (§ 261 I BGB). Die Kosten der Abnahme treffen den Antragsteller (§ 261 III BGB) und, wenn dies ein späterer Verwalter ist, die Masse (§ 59 Nr. 1 KO). Kommt der Verwalter dagegen dem Verlangen nicht nach, so ist der Anspruch auf den Eid im Klageweg zu verfolgen. Nach dem Termin zur Abnahme der Schlußrechnung setzt die Klage voraus, daß der Kläger Einwendungen gegen die Schlußrechnung [Anm. 5] erhoben hat (S. 4; vgl. aber auch Anm. 7). Das Urteil auf Eidesleistung ist nach Maßgabe der §§ 888, 889 ZPO vom Prozeßgericht erster Instanz und vor diesem (nicht nach Maßgabe der §§ 899ff. ZPO) zu erzwingen. Zust. Mentzel-Kuhn Anm. 4.

IV. Einwendungen gegen die Schlußrechnung (S. 3 u. 4)

5 1. Einwendungsberechtigt ist nach Satz 3 der Gemeinschuldner (im Nachlaßkonkurs also jeder Erbe), jeder einzelne — noch nicht vollständig befriedigte (Motive II S. 308) — Konkursgläubiger und der nachfolgende Verwalter. Absonderungsberechtigte als solche, Aussonderungsberechtigte und Massegläubiger kommen in der Gläubigerversammlung — einer solchen ist nach Satz 1 Schlußrechnung zu legen — nicht zu Wort (vgl. § 95). Einwendungen

(d. h. hier Beanstandungen der Schlußrechnung), welche den Eintritt der Anerkennung nach S. 4 verhindern, könnnen nur „in dem Termine" also nur mündlich, erhoben werden (Petersen-Kleinfeller Anm. 3, Böhle-Stamschräder Anm. 3, Mentzel-Kuhn Anm. 4, OLG Schleswig SchlHAnz 1952 S. 154; abw. Wolff Anm. 4, der die Überreichung einer Einwendungsschrift im Termin durch einen Dritten für statthaft hält). Schriftlich kann aber immerhin und zwar auch durch nichteinwendungsberechtigte Interessenten das Einschreiten der Aufsichtsbehörde [Anm. 3] angeregt werden [Ablehnung: § 83 Anm. 4]. Das Gesetz kennt nur eine Erörterung „im Termine" und diese hat den Vorzug, daß einerseits Gericht und Gläubigerausschuß die Ergebnisse ihrer Prüfung [Anm. 3] jedem verständlich machen und daß andrerseits Streitpunkte durch Rede und Gegenrede alsbald in Güte erledigt werden können. Die Einwendungen sind zu protokollieren. Sie müssen, wenn sie die Entlastung nach S. 4 ausschließen sollen, die einzelnen Punkte der Beanstandung bestimmt bezeichnen, zum mindestens aber erkennen lassen, welcher Teil der Schlußrechnung oder welche Handlung des Konkursverwalters beanstandet wird (OLG Schleswig aaO.). Keinesfalls genügt die Erklärung, die Erhebung von Einwendungen werde nach Klärung bestimmter Vorgänge vorbehalten, aber auch nicht der allgemeine Vorbehalt von Ansprüchen aus einem Verwaltungskomplex, über den der Verwalter in der Schlußrechnung berichtet hat [vgl. dazu Anm. 7] (OLG Schleswig aaO.).

2. „Soweit" — persönlich und sachlich — im Termin Einwendungen erhoben und nicht gütlich ausgetragen werden, ist der Verwalter nicht entlastet. Über die nichterledigten Einwendungen wird nicht im Konkursverfahren vom Konkursgericht, sondern im ordentlichen Prozeß entschieden (Motive II S. 308; anders im österreichischen u. französischen Recht, Anm. 11). Die Klage gegen den Verwalter wird in der Regel auf Schadensersatz, nach Lage des Falles z. B. auch auf Herausgabe oder Leistung des Offenbarungseides [Anm. 4] zu richten sein und kann auf eigene Rechnung von jedem, der eine Einwendung vorgebracht hat („soweit"), für Rechnung der Masse des schwebenden Konkurses aber nur vom neuen Verwalter [§ 82 Anm. 11] erhoben werden. Die Einwendung erhält nur die Ansprüche des Einwendenden und wirkt nicht zu Gunsten der übrigen Beteiligten (abw. Wolff Anm. 4). Unter den Voraussetzungen des § 256 ZPO steht auch dem Verwalter selbst die Feststellungsklage offen. 6

3. Unterbleibt jede Einwendung, so gilt die Rechnung **als anerkannt** (Satz 4). Einwendungsberechtigte können daher, einerlei, ob sie dem Termin angewohnt haben oder nicht, auf Grund der vom Verwalter nachgewiesenen, aber unbeanstandet gebliebenen Verwaltungsmaßnahmen, namentlich auf Grund von Verzichten, Vergleichen und Anerkenntnissen, über die der Verwalter berichtet hatte, nachträglich keine Schadensersatzansprüche (§ 82) wider diesen erheben. Hinsichtlich der gesamten, im Schlußbericht dargelegten und unbeanstandet gebliebenen Geschäftsführung haben die Einwendungsberechtigten (Satz 3) durch ihre Verschweigung den Verwalter entlastet. Grundsätzliche Bedenken gegen diese Regelung: Anm. 10. Rechte von nicht einwendungsberechtigten (S. 3) Personen, wie z. B. von Aussonderungsberechtigten oder Massegläubigern oder auch von Vergleichsbürgen (RG LZ 1912 Sp. 695 Nr. 18), bleiben unberührt. Aber auch den Einwendungsberechtigten bleibt es unverwehrt, Ansprüche auf Grund solcher Handlungen oder Unterlassungen wider den Verwalter zu erheben, die dieser gar nicht zur Sprache bringt; denn die Anspruchsverwirkung kraft unterstellter Anerkennung der Schlußrechnung kann nur insoweit in Betracht kommen, als der Konkursverwalter über den anspruchsbegründenden Vorgang in dem schriftlichen Bericht oder in der mündlichen Ergänzung tatsächlich Rechnung gelegt hat (so schon RG Bd. 87 153, KG ZZP 59 S. 233, Jaeger ebenda S. 234 und bereits JW 1918 S. 235 zu Nr. 4). So bleiben z. B. den Beteiligten Ansprüche auf Grund des in der Schlußrechnung nicht erwähnten Verlustes von Rechten durch Verstreichenlassen von 7

Verjährungs- und Ausschlußfristen oder des nichtberichteten Unterlassens einer Anfechtung erhalten. Anders im letzten Fall OLG Schleswig aaO. mit der Begründung, daß der Verwalter keinen Anlaß habe, die Unterlassung von Anfechtungen im Schlußbericht zu erwähnen, der in erster Linie einer Darlegung seiner Tätigkeit, nicht seiner Untätigkeit diene, und daß es daher Sache des Einwendungsberechtigten sei, seine Einwendungen durch Darlegung des pflichtwidrigen Handelns des Verwalters geltend zu machen. Diese Auffassung ist unzutreffend. Vielmehr ist die Schlußrechnung unvollständig, wenn ein Vorgang, hinsichtlich dessen die Frage der Anfechtbarkeit zu prüfen war, in ihr übergangen ist. Deliktsansprüche: Anm. 8. Der Verwalter kann die gesetzliche Ausschlußfolge auch nicht dadurch erweitern, daß er in der Schlußrechnung erklärt, er berichte nicht über alle Einzelheiten, sei aber auf Verlangen zur Ergänzung bereit (unrichtig OLG Dresden JW 1918 S. 235 Nr. 4).

8 4. Die im Satz 4 verordnete Ausschlußwirkung [Anm. 7] setzt ein Verschulden des Ausgeschlossenen nicht voraus. Wiedereinsetzung gegen die Terminsversäumung und den damit verbundenen Verlust des Rügerechts wird, wie ein Gegenschluß aus § 165 ergibt, keinem Einwendungsberechtigten gewährt, auch nicht bei Unabwendbarkeit des Hindernisses. Vogel LZ 1910 Sp. 674. Da indessen kraft der unwiderlegbaren Vermutung, die das Gesetz im Satz 4 ausspricht, das Unterlassen der Rüge als „Anerkennung", somit als Willensäußerung wirkt, ist eine rechtsgeschäftliche Anfechtung dieser Erklärung wegen eines Willensmangels (wegen Irrtums, Täuschung oder Drohung) statthaft (§§ 119ff., 142 BGB; zust. OLG Dresden LZ 1909 Sp. 711, Mentzel-Kuhn Anm. 5, Böhle-Stamschräder Anm. 4). Von den Einwendungen gegen die Schlußrechnung unterscheidet das Gesetz scharf die Einwendungen gegen **das Schlußverzeichnis** (§ 162). Zur zweiten und nicht zur ersten Gruppe gehört namentlich die Rüge gesetzwidriger (z. B. dem § 152 widerstreitender) Nichtaufnahme einer Forderung in die Liste. Folglich fällt die Unterlassung dieser Rüge auch nicht unter den § 86 Satz 4. Bleibt also ein Gläubiger im Schlußtermin aus, dann verliert er zwar die rechtliche Möglichkeit einer Beanstandung „der Schlußrechnung" nach § 86 Satz 4, keineswegs aber auch einen in gesetzwidriger Nichtbeachtung seiner Forderung begründeten, durch mitwirkendes Eigenverschulden (§ 254 BGB) nicht verdrängten Schadensersatzanspruch gegen den Verwalter [§ 82 Anm. 12]. Wohl hat auch die Unterlassung der Einwendung gegen das „Schlußverzeichnis" eine Ausschlußfolge, aber nach dem Zwecke des § 162 nur die, daß der Säumige sich nicht weiter an die Konkursmasse halten kann. Dagegen bezweckt die Nötigung der Einwendungsberechtigten, die Schlußrechnung des Verwalters im Termine zu beanstanden, eine persönliche Entlastung des Verwalters. Darum schließt die Säumnis in diesem Falle eine Inanspruchnahme des Verwalters selber aus, aber eben nur für den Bereich der „Schlußrechnung" (den gesetzlichen Gegensatz verwischt OLG Hamm LZ 1913 Sp. 329f; wie hier RG Bd. 87 151). Mit Recht betont RG aaO., daß von der Entlastungsfolge des § 86 Satz 4 auch Ansprüche nicht betroffen werden, die aus vorsätzlich begangener unerlaubter Handlung des Verwalters erwachsen sind. Denn eine so weitgehende Befreiung läge ganz außerhalb des Zweckes der Vorschrift.

9 V. Nach **rechtskräftiger Beendigung des Konkursverfahrens,** etwa durch Aufhebung nach bestätigtem Zwangsvergleich (§ 190 I), ist Rechnungslegung in der Form des § 86 („einer Gläubigerversammlung") nicht mehr möglich und kann daher auch im Aufsichtswege nicht mehr erzwungen werden (OLG Dresden KonkTreuh. 1936 S. 92, Mentzel-Kuhn Anm. 1). Daher darf das Gericht die Aufhebung des Verfahrens erst nach ordnungsgemäßer Rechnungslegung verfügen [§ 190 Anm. 2]. Ist die Rechnungslegung in der Form des § 86 während des Konkurses unterblieben, so hat der Gemeinschuldner als Rechtsträger des verwalteten Vermögens nach allgemeinen Rechtsgrundsätzen einen materiellrechtlichen, im Klageweg verfolgbaren Anspruch auf Rechnungslegung (OLG Dresden und Mentzel-Kuhn aaO.). Dasselbe muß im Falle der Aufhebung des

Eröffnungsbeschlusses gelten (§ 116), da hier die Möglichkeit der Rechnungslegung in der Form des § 86 ausscheidet (vgl. auch Schrader Handb. S. 3037).

VI. Die gegenwärtige Regelung der Rechnungslegung des Konkursverwalters ist wenig befriedigend. Zunächst sollte der Konkursverwalter ähnlich wie der Vormund, der Pfleger und der Zwangsverwalter (§§ 1840—1843, 1915, 1962 BGB, § 154 ZVG) bei länger dauernden Konkursen zu jährlicher Rechnungslegung gesetzlich verpflichtet werden, was die Überprüfung wesentlich erleichtern würde; die Möglichkeiten der §§ 132 II, 83 [Anm. 1] reichen erfahrungsgemäß nicht aus, um eine laufende Rechnungslegung sicherzustellen (vgl. Höver KonkTreuh. 1933 S. 177ff., DJ 1935 S. 515, Vogels Festschr. Schlegelberger S. 192). Was die Schlußrechnung anlangt, so macht die Regelung, daß sie in erster Linie den Gläubigern und dem Gemeinschuldner gelegt wird (S. 1, 3), eine sachgemäße Prüfung unmöglich. Die Gläubiger haben weder Zeit noch Sachkunde für die Überprüfung umfangreicherer Schlußrechnungen; auch ist die gesetzliche Frist von 3 Tagen viel zu kurz. Die Gläubiger verlassen sich darauf, daß die Prüfung durch das Gericht stattfindet. Unter diesen Umständen ist es dann besonders bedenklich, wenn die Unterlassung einer Einwendung zur Entlastung des Konkursverwalters und damit zum Verlust von Haftungsansprüchen der einwendungsberechtigten Beteiligten führt. Rechtsprechung und Rechtslehre haben dieses Ergebnis zwar dadurch zu korrigieren versucht, daß sie den Anspruchsverlust nur eintreten lassen, wenn die Schlußrechnung über den fraglichen Vorgang berichtet hat [Anm. 7]. Die Regelung des S. 4 ist aber grundsätzlich verfehlt. Mit Recht weist Berner, DJ 1938 S. 108ff. darauf hin, daß bei der AG selbst ein ausdrücklicher Entlastungsbeschluß der Hauptversammlung nicht zum Verlust von Schadensersatzansprüchen der AG gegen die Mitglieder des Vorstandes und des Aufsichtsrates führt (§§ 104 mit 84 IV 3, 99 AktG; Adler-Düring-Schmaltz Rechnungslegung und Prüfung der AG[3] Anm. 60ff. zu § 125, Exkurs zu § 104 mit Verw.). Dem gerechtfertigten Entlastungsbedürfnis des Konkursverwalters sollte entsprechend der Regelung des AktG durch eine kürzere Verjährungsfrist für die Ansprüche aus § 82 Rechnung getragen werden (so auch Berner aaO.). Dagegen mag es zweifelhaft sein, ob an Stelle der Rechnungslegung gegenüber den Beteiligten eine solche gegenüber dem Konkursgericht zu treten hat (so Berner aaO.). Die schon heute bestehende Amtspflicht zur Prüfung [Anm. 3] sollte allerdings stärker betont werden; vor allem aber sollten dem Konkursgericht Mittel an die Hand gegeben werden, um Beanstandungen, die zu einer Haftung des Konkursverwalters führen können, zur Wirkung zu bringen; dazu würde vor allem die Möglichkeit gehören, den Konkursverwalter von Amts wegen und ohne Gläubigermitwirkung entlassen zu können. Zum ausländischen Recht vgl. Anm. 11. 10

Zusatz. Fremde Rechte*. In vielen Auslandsrechten ist die Beteiligung der Gläubigerschaft und des Konkursgerichts bei der Schlußrechnung anders geregelt als im deutschen Recht; mitunter werden auch andere staatliche Organe eingeschaltet. 11

Nur das Konkursgericht ist beteiligt z. B. in Holland; die Rechnungslegung erfolgt hier gegenüber dem Richterkommissar (Art. 193 II F.W.). Die Abweichung vom früheren Recht, nach welchem den Gläubigern gegenüber Rechnung zu legen war, wird damit begründet, daß die Gläubiger erfahrungsgemäß am Termin der Schlußrechnung nicht teilgenommen haben (vgl. Molengraaff, aaO., S. 541).

Dagegen ist in Frankreich das Konkursgericht darauf beschränkt, über Einwendungen gegen die Schlußrechnung zu entscheiden. Die Schlußrechnung wird vom Verwalter in der letzten Gläubigerversammlung erstattet; erheben der Gemeinschuldner oder ein Konkursgläubiger Einwendungen und werden diese durch Ergänzungen und Berichtigungen (wozu die Schlußversammlung vertagt werden kann) nicht ausgeräumt, so entscheidet das Konkursgericht; die Entscheidung kann von dem Verwalter oder von dem Gegner mit den ordentlichen Rechtsmitteln angefochten werden.

Eine weitergehende Prüfung durch das Konkursgericht neben der Gläubigerschaft erfolgt vor allem in Österreich und in den Vereinigten Staaten. In Öster-

* Vgl. § 71 zu Anm. 20.

reich hat der Masseverwalter „auf jedesmalige Anordnung des Konkurskommissärs, spätestens aber bei Beendigung seiner Tätigkeit, diesem Rechnung zu legen"; der Konkurskommissär prüft die Rechnung, veranlaßt erforderlichen Falles Richtigstellungen und Ergänzungen und bestimmt Termin zur Verhandlung über die Rechnung, zu dem der Verwalter, ggf. sein Nachfolger, die Mitglieder des Gläubigerausschusses, der Gemeinschuldner und sämtliche Konkursgläubiger zu laden sind. Wird bei der Verhandlung Einigung erzielt, so „genehmigt" der Konkurskommissär die Rechnung; bestehen amtliche Bedenken oder werden Beanstandungen erhoben, was auch außerhalb des Termins schriftlich geschehen kann, so „entscheidet" das Konkursgericht „unter Ausschluß des Rechtsweges" (§§ 121ff. KO). Die Genehmigung der Rechnung schließt die Geltendmachung von Schadensersatzansprüchen nicht aus, sofern diese sich nicht auf die Schlußrechnung als solche beziehen (Rintelen aaO. S. 417 Anm. 1).

In den Vereinigten Staaten muß der *trustee* die Schlußrechnung dem Konkursgericht einreichen und in der letzten Gläubigerversammlung Bericht über seine Verwaltung erstatten. Der Konkurshilfsrichter *(referee)* prüft die Rechnung und kann auch von Amts wegen über die Richtigkeit und die Berechtigung der Rechnungsposten entscheiden; gegen seine Entscheidung kann der Verwalter und jeder Gläubiger das Konkursgericht anrufen. Die Genehmigung der Rechnung wird mit einer gerichtlichen Entlastung des Verwalters *(discharge)* verbunden (§ 47 B. A.; 11 USCA § 75).

Andere staatliche Organe werden vor allem in England und Rußland in die Prüfung der Schlußrechnung eingeschaltet. In England ist dazu der *Board of Trade* (Handelsministerium) berufen; seine Billigung der Schlußrechnung *(release)* hat die Entlastung des *trustee* von jeder Verantwortlichkeit für seine Verwaltertätigkeit *(discharge)* zur Folge. Die Maßnahmen des Handelsministeriums können im *High Court* angefochten werden (§ 93 B. A.).

Wegen Rußland vgl. § 83 Anm. 5.

§ 87

Vor der ersten Gläubigerversammlung kann das Gericht aus der Zahl der Gläubiger oder der Vertreter von Gläubigern einen Gläubigerausschuß bestellen.

Die Gläubigerversammlung hat über die Bestellung eines Gläubigerausschusses zu beschließen. Die Mitglieder des Gläubigerausschusses sind von der Gläubigerversammlung zu wählen. Zu Mitgliedern können Gläubiger oder andere Personen gewählt werden.

Materialien: Motive I Bd. 2 S. 17ff., Motive II S. 308ff., Protokolle S. 63, 161, Kommissionsbericht S. 1956, 2029f.

I. Der Gläubigerausschuß im allgemeinen

1 1. Der Gläubigerausschuß (§§ 87—92) ist der Aufsichtsrat des Konkurses, ein zur Unterstützung und Überwachung des Verwalters berufenes Organ der Gläubigerschaft. Siehe § 93 Anm. 1. Er hat jedoch keine gesetzliche Vertretungsmacht (ungenau Motive II S. 310), sondern nur innenrechtliche Aufgaben. Er ist weder zur Vornahme von Rechtsgeschäften noch zur Führung von Rechtsstreitigkeiten im Namen der Konkursgläubiger oder der Masse ermächtigt. Eine Bestallung wird ihm nicht erteilt. Seine Mitglieder haben aber im Sinne des § 266 I 1 StGB „kraft Gesetzes" „die Pflicht, fremde Vermögensinteressen wahrzunehmen" und können sich daher der Untreue schuldig machen, wenn sie die Masse durch vorsätzliche Verletzung gesetzlicher Aufgaben benachteiligen. Welche Rechte und Obliegenheiten der Ausschuß als solcher wahrzunehmen hat, schreibt das Gesetz in den §§ 84—88 II, 91, 92, 93, 100, 123, 129, 132—135, 150, 159, 176—180, 184 ausdrücklich vor. Die Aufgaben der einzelnen Mitglieder bestimmt der § 88 I. Vgl. auch § 137 (Mitzeichnung eines einzelnen Mitgliedes). Dazu kommt das Antragsrecht nach § 18 IV SchuldverschrG [§ 93 Anm. 3]. Diese Aufgaben verleihen dem Ausschuß eine weitgehende Selbständigkeit gegenüber den Beteiligten, zu denen er in keinerlei Auftragsverhältnis steht. Vgl. RG Bd. **20** 119, **81** 122, JW

1895 S. 329, Gruchots Beitr. 43 S. 508, Seuffert S. 163. Schon mit Rücksicht auf die weitgehende Verantwortlichkeit (§ 89) hat das Gesetz den Mitgliedern des Gläubigerausschusses einen Vergütungsanspruch für ihre Geschäftsführung eingeräumt (§ 91). Doch ist § 91 nicht zwingendes Recht; auch ein unentgeltlich arbeitender Gläubigerausschuß ist regelmäßig ein solcher i. S. des Gesetzes [§ 91 Anm. 1; vgl. auch unten Anm. 7 und § 89 Anm. 2]. Der Aufsicht des Konkursgerichts untersteht der Gläubigerausschuß nicht (vgl. jedoch § 92). Dieses kann ihm weder Weisungen erteilen noch mit Ordnungsstrafen gegen seine Mitglieder vorgehen noch Streitigkeiten unter diesen entscheiden. Auch kann es (abgesehen vom § 135 II) die Ausführung von Beschlüssen des Gläubigerausschusses nicht wie die von Beschlüssen der Gläubigerversammlung (§ 99) verbieten. Allgemeine Unterweisungen der Ausschußmitglieder über ihre Obliegenheiten sind zweckmäßig und vielfach anempfohlen [§ 89 Anm. 4]. Seine Geschäftsordnung gibt der Ausschuß sich selbst [§ 90 Anm. 1]. Die persönliche Mitgliederhaftung des § 89, die strafrechtliche Verantwortlichkeit nach § 266 StGB sowie die Ersatz- und Vergütungsansprüche des § 91 beziehen sich sowohl auf die Einzel- als auch auf die Kollegialtätigkeit der Ausschußmitglieder [§ 89 Anm. 2]. Über die Frage, ob der Ausschuß den Konkursverwalter zu entlasten vermag, siehe § 82 Anm. 14

2. Der Ausschuß kann vorläufig durch das Gericht [Anm. 4], endgültig durch die Gläubigerversammlung [Anm. 5] bestellt werden. Zur Übernahme der Mitgliedschaft ist niemand verpflichtet. Der Ausschuß muß, wie schon sein Name andeutet, aus **mehreren** natürlichen oder juristischen [Anm. 5] Personen bestehen, da das Gesetz (§§ 87—91: „die Mitglieder“) überall eine Mehrheit voraussetzt. Eine Zahl ist gesetzlich nicht bestimmt (anders vielfach in ausländischen Rechten, siehe Anm. 9). Zweckmäßig, nicht aber geboten, ist eine ungerade Mitgliederzahl. Daß der Ausschuß mindestens aus drei Mitgliedern bestehen müsse, wie nach § 86 I AktG der Aufsichtsrat einer Aktiengesellschaft, schreibt das Gesetz nicht vor. Auch der § 90 zwingt keineswegs zu dieser Annahme. Denn er kann auch dahin verstanden werden, daß ein zweiköpfiger Ausschuß, weil bei ihm die sonst ausreichende absolute Mehrheit unmöglich ist, gültig nur mit Stimmeneinheit zu beschließen imstande sei. Zust. OLG Düsseldorf LZ 1913 Sp. 572, Mentzel-Kuhn Anm. 3, Wolff Anm. 2, v. Wilmowski-Kurlbaum Anm. 2, Seuffert S. 163; abw. Petersen-Kleinfeller Anm. 4, v. Sarwey-Bossert Anm. 4, Fitting § 30 N. 2. Ersatzmänner u. Selbstergänzung: Anm. 6. Sinkt die Zahl der Mitglieder auf eins herab, weil die übrigen ersatzlos wegfallen oder die Wahl ablehnen, so erlischt damit nicht von selbst auch die Mitgliedschaft des Überbleibenden. Es bedarf aber einer schleunigen Vervollständigung des Ausschusses. In der Zwischenzeit stehen dem Überbleibenden nur unaufschiebbare Maßnahmen zu. Vgl. OLG Frankfurt a. M. FrankRundsch. 1909 S. 95. 2

3. Der Gläubigerausschuß ist eine freigestellte Einrichtung. Motive II S. 310. Geboten ist seine Bestellung nur im Genossenschaftskonkurse (§ 103 GenG), weil hier und zwar nicht nur um der Gläubiger, sondern auch um der nachschußpflichtigen Genossen willen eine wirksame Überwachung des Verwalters von Anfang an besonders veranlaßt erscheint. Trotz entsprechender Sachlage ist die Regelung des § 103 GenG für den Konkurs des Versicherungsvereins auf Gegenseitigkeit nicht übernommen. Im übrigen aber entspricht die fakultative Bestellung der Interessenlage; eine Pflicht zur Bestellung würde kleinere und einfach gelagerte Konkurse zwecklos verteuern (a. A. Schumann DJ 1935 S. 1214). Vgl. auch Anm. 5. 3

4. Eine Mehrheit von Gläubigerausschüssen kennt das Gesetz nicht. Sie ist auch nicht im Falle der Verwaltermehrheit (§ 79 S. 1) statthaft, da dies im Gesetz ausdrücklich ausgesprochen sein müßte (abw. Petersen-Kleinfeller Anm. 4). Daß der Ausschuß Einzelfragen (etwa in Fällen des § 133) durch Unteraus- 3a

schüsse vorberaten läßt, ist ihm nicht verwehrt. Seine Verantwortlichkeit (besonders für die Kassenprüfung, § 88 II 2) kann er auf solche Weise nicht begrenzen.

4 **II. Der vorläufige Ausschuß** kann vor der ersten Gläubigerversammlung (§ 110) vom Gericht nach freiem Ermessen bestellt werden und hat einstweilen dieselben Befugnisse und Obliegenheiten wie später der endgültige Ausschuß. Das Gericht kann nur Konkursgläubiger (auch schon vor der Anmeldung auf Grund anderweiter Kenntnis) oder Vertreter von solchen zu Ausschußmitgliedern bestellen (Abs. 1). Die Bestellung ist widerruflich (§ 92) und muß widerrufen werden, wenn sich ergibt, daß das bei der Bestellung angenommene Konkursgläubigerrecht nicht oder nicht mehr begründet ist. Seuffert S. 163, Mentzel-Kuhn Anm. 2; abw. Wolff KO² Anm. 3 (der Nichtgläubiger scheide ohne weiteres aus). Unzulässigkeit der Beschwerde: § 73 Anm. 7. Meist folgt das Konkursgericht bei Bestellung des vorläufigen Ausschusses den Vorschlägen des Verwalters. Dabei sollten die verschiedenen Gläubigergruppen berücksichtigt werden (Mohrbutter-Haarmann KonkTreuh. 1956 S. 178); insbesondere ist mit Rücksicht auf die Interessen der Arbeitnehmer des in Konkurs gefallenen Betriebes die Bestellung des Vorsitzenden oder eines Mitgliedes des Betriebsrates zu empfehlen, soweit diese in bezug auf Lohnrückstände Konkursgläubiger oder Vertreter von solchen sind (Mohrbutter KonkTreuh. 1955 S. 57 ff., Gaul ebenda S. 182); ein Anspruch auf diese Bestellung besteht allerdings nicht (Gaul aaO.). Die Zusammenarbeit zwischen Richter und Konkursverwalter ist bei der Bestellung des vorläufigen Ausschusses besonders nützlich, da die von ihm im gemeinsamen Interesse geleistete Arbeit erfahrungsgemäß Einfluß auf die Zusammensetzung des endgültigen Gläubigerausschusses hat (dazu Mohrbutter-Haarmann KonkTreuh. 1956 S. 178). „Mitglieder des Ausschusses" (§§ 88 ff.) werden die Bestellten erst durch Annahme der Mitgliedschaft. Eine Pflicht zur Annahme besteht in keinem Falle. Das Konkursgericht hat die Macht, nicht nur einzelne Ausschußmitglieder zu entlassen (so auch wenn diese ihre Konkursforderung abtreten oder aufhören, Vertreter eines Konkursgläubigers zu sein, oder sich offenbar nicht bewähren) und durch andere nach Abs. 1 geeignete Personen zu ersetzen, sondern auch den vorläufigen Ausschuß im ganzen zu entlassen oder die Zahl seiner Mitglieder zu erhöhen oder zu verringern. Sonst waltet der vorläufige Ausschuß jedenfalls bis zur ersten Gläubigerversammlung seines Amtes. Hier kann beschlossen werden, ihn als endgültigen beizubehalten oder einen endgültigen Ausschuß mit anderer Zusammensetzung oder gar keinen Ausschuß zu bestellen. Auch wenn die Frage der Ausschußbestellung unerörtert bleibt, tritt der vorläufige Ausschuß am Schlusse des Wahltermins (§ 110) außer Tätigkeit. Wird aber der Termin mit der Tagesordnung „Bestellung eines Gläubigerausschusses" vertagt, weil zunächst keine Einigung erzielt werden konnte, dann wirkt der vorläufige Ausschuß als solcher weiter. Zust. Mentzel-Kuhn Anm. 2.

5 **III. Der endgültige Ausschuß** wird von der Gläubigerversammlung selbständig und unmittelbar berufen (Abs. II), nicht etwa nur in Vorschlag gebracht (anders § 80). Die Beschlußfassung gehört nach Abs. II Satz 1 auf die Tagesordnung der ersten Gläubigerversammlung und muß deshalb bei deren Berufung nach § 98 bekannt gemacht werden. Wie die erste kann aber auch jede spätere Gläubigerversammlung mit absoluter Stimmenmehrheit (§§ 94 II Satz 1, 97) beschließen, daß ein Ausschuß bestellt werden soll. Bei der darauf folgenden Wahl der Mitglieder genügt relative Stimmenmehrheit (§ 94 II Satz 2) Die Wahl wird wirksam erst durch Annahme, zu der auch hier [siehe Anm 4] niemand verpflichtet ist. Im Termin Anwesende haben sich hier zu erklären; Abwesende werden schriftlich befragt. Wählbar sind nicht nur Gläubiger oder Gläubigervertreter [Anm. 4], sondern auch andere geeignete Personen beiderlei Geschlechts, auch ganz Unbeteiligte. Ein in den Ausschuß gewählter Konkurs-

gläubiger kann daher auch nach Abtretung seiner Forderung Ausschußmitglied bleiben (RG Bd. 80 25), nicht minder nach Erlöschen der Forderung (z. B. durch Zahlung eines Dritten). Die Zulassung juristischer Personen als Ausschußmitglieder, ausdrücklich gestattet in § 44 I 2 VglO und der österr. KO § 88 III (anders nach § 86 I AktG für die Mitgliedschaft im Aufsichtsrat einer Aktiengesellschaft), entspricht den Verkehrsbedürfnissen und verträgt sich mit den gesetzlichen Aufgaben des Ausschusses. Die juristische Person wird durch ihre Organe tätig. Durch diese vermag sie wie ihre eigenen Gläubigerbelange, so auch das Wohl der Gesamtgläubigerschaft zu wahren. Ihr, etwa als einer Hauptgläubigerin, den Zutritt zum Gläubigerausschusse zu verschließen, wäre völlig unangebracht. Auch pflegen die großen juristischen Personen, zumal der Staat, der Verantwortlichkeit des § 89 in höherem Grade gewachsen zu sein als natürliche. Vgl. OLG Dresden SeuffA. 60 Nr. 22, Neumann DJZ 1902 Sp. 98, Veit Simon LZ 1908 Sp. 18; zust. auch Mentzel-Kuhn Anm. 4, Böhle-Stamschräder Anm. 2. Verwalter und Gemeinschuldner sind nicht wählbar: ersterer, weil gerade er durch den Ausschuß überwacht werden soll; letzterer wegen seines Gegensatzes zur Gläubigerschaft (Seuffert S. 164, Kohler Lehrbuch S. 429, Mentzel-Kuhn Anm. 4, Böhle-Stamschräder Anm. 2; abw. v. Wilmowski-Kurlbaum Anm. 4). Als Gemeinschuldner nicht wählbar sind im Konkurse der offenen Handelsgesellschaft deren Mitglieder, im Nachlaßkonkurs Erbe und Miterbe, als gesetzliche Vertreter des Gemeinschuldners nicht dessen Vormund, nicht ein Organmitglied der im Konkurse stehenden juristischen Person. Massegläubiger, Aus- oder Absonderungsberechtigte sind wählbar. Interessenwiderstreit: § 90 Anm. 4. Fachleute, wie Bücherrevisoren, Vorstände oder Angestellte von Gläubigerschutzverbänden oder von Treuhandgesellschaften, können besonders geeignet sein. Auch ist im Interesse der beteiligten Arbeitnehmer die Wahl des Vorsitzenden oder eines anderen Mitgliedes des Betriebsrates erwünscht [Anm. 4].

Die Wahl des Ausschusses bedarf — anders als die des Verwalters — keiner gerichtlichen Bestätigung. Auch unfähige, dem Verwalter aufsässige oder als Sachwalter einer Gläubigerclique wirkende Ausschußmitglieder darf der Richter nicht etwa kraft staatlichen Oberaufsichtsrechts entfernen. Dasselbe gilt von Personen, die aus der Mitgliedschaft im Gläubigerausschuß ein Gewerbe machen („Konkurshyänen"; vgl. dazu Schumann DJ 1935 S. 1914, Künne GlSchutz 1935 S. 46). Doch kann der Richter sowohl eine unnütze und darum der Gläubigerschaft wegen Steigerung der Massekosten nachteilige Ausschußbestellung wie die Wahl ungeeigneter Personen verhindern. Dies gilt zweifellos für den nach Abs. II S. 1 zunächst von der Gläubigerversammlung zu fassenden Beschluß, daß überhaupt ein Ausschuß zu bestellen sei; denn dieser Beschluß bedarf der Ausführung durch Erwählung der Mitglieder nach Abs. II Satz 2. Widerstreitet er also dem gemeinsamen Wohle der Konkursgläubiger, weil nach Lage der Sache die Unterstützung und Überwachung des Verwalters durch einen Gläubigerausschuß (§ 88) überflüssig erscheint, oder weil die nach den bestehenden Mehrheitsverhältnissen voraussehbare personelle Zusammensetzung dieses Ausschusses ihn zu einer einseitigen Interessenvertretung einer bestimmten Gläubigergruppe machen würde (OLG Köln JW 1936 S. 1143 und Kiesow ebenda), so kann das Gericht auf den unschwer zu veranlassenden Antrag des Verwalters oder eines überstimmten Gläubigers die Ausführung nach § 99 untersagen. Gegen die Untersagung kann nicht geltend gemacht werden, daß sie mit der im § 87 anerkannten Selbständigkeit der Gläubigerschaft sich nicht vertrage. Denn das richterliche Untersagungsrecht des § 99 wird gerade für solche Entschließungen der Gläubiger bedeutsam, die nicht ohnehin schon richterlicher Bestätigung (vgl. z. B. § 80 Satz 2) bedürfen. Zust. Levy KonkTreuh. 1928 S. 156f., Rosyzki DRZ 1930 S. 101, Berges KonkTreuh. 1956 S. 15, Mentzel-Kuhn Anm. 4, Böhle-Stammschräder Anm. 2, wohl auch Kautzsch KonkTreuh. 1933 S. 117f. Die Untersagung wird auch nicht etwa dadurch unzulässig, daß inzwischen der Beschluß durch Wahl der Ausschußmitglieder ausgeführt wurde; diese Wahl wird durch den Versagungsbeschluß hinfällig (Kiesow aaO.). Eine den Bedürfnissen des Lebens Rechnung tragende Auslegung muß die Untersagungsbefugnis des Gerichts aber auch gegenüber solchen Gläubigerbeschlüssen anerkennen, die eine bestimmte Persönlichkeit als Ausschußmitglied erwählen, absetzen oder für einen Abgesetzten nachwählen. Die „Ausführung" solcher Beschlüsse verbieten, heißt verhüten, daß sie Wirksamkeit äußern [§ 99 Anm. 3]. Das muß nach dem Schutzzwecke des § 99 selbst dann genügen, wenn es — wie bei der Entlassung von Ausschußmitgliedern durch Beschluß der Gläubigerversammlung (§ 92) — irgendeines äußeren Vollzugs nicht bedarf. Um so mehr für Wahl und Nachwahl, da diese Beschlüsse immer noch durch Anfrage an die Erwählten, ob sie die Wahl annehmen oder nicht, auszuführen sind. Es liegt durchaus im Sinne des § 99, wenn das Gericht ermächtigt ist, dem Eintritt eines gemeinschädlichen Dauerzustandes durch Einspruch gegen Versammlungsbeschlüsse vorzubeugen. Wolff KO[2] § 99 Anm. 1, Schumann KonkTreuh. 1934 S. 141 ff. (mit anschaulichem Fall aus der Praxis), Kiesow JW 1936 S. 1144, Mentzel-Kuhn Anm. 4 und § 99 Anm. 3, Böhle-Stamschräder Anm. 2, Berges KonkTreuh. 1956 S. 14 f., ferner aus der Rechtsprechung: für Entlassung OLG Hamburg HansGZ 1921 S. 305, für Wahlen OLG Breslau LZ 1932 S. 626, Köln JW 1936 S. 1143; abw. OLG Oldenburg DJZ 1903 Sp. 372, Köln LZ 1910 Sp. 798, Düsseldorf LZ 1913 Sp. 571, Rostock SeuffA. 86 Nr. 174, v Sarwey-Bossert § 99 Anm. 1, Wilmowski-Kurlbaum § 99 Anm. 1 und neuerdings OLG Neustadt NJW 1955 S. 1931, KonkTreuh. 1956 S. 14 sowie Baur bei Schönke-Baur § 53 DV 2.

6 Einer späteren Gläubigerversammlung steht es frei, die Zusammensetzung des Ausschusses zu verändern (vgl. auch § 92), besonders eingetretene Lücken auszufüllen. Ersatzmänner können — so namentlich für Todes- und Kollisionsfälle [§ 90 Anm. 4] — schon von vornherein bestellt werden. Bei kleinen Ausschüssen empfiehlt sich dies [siehe Anm. 2]. Die Ersatzbestellung kann auch für den Wegfall oder die zeitweilige Verhinderung eines bestimmten Mitglieds vorgesehen sein, so daß z. B. an die Stelle des einen von zwei gesellschaftlich verbundenen Anwälten der andere einzurücken hat. Zur Ergänzung oder Veränderung des Ausschusses kann das Gericht auch von Amts wegen eine Gläubigerversammlung berufen (§ 93). Die Gläubigerversammlung selbst hat vermöge ihres Wahlrechts (Abs. II) wohl auch die Macht, dem Ausschuß ein beschränktes und sogar ein unbeschränktes Selbstergänzungsrecht einzuräumen (v. Wilmowski-Kurlbaum Anm. 2, Mentzel-Kuhn Anm. 3; abw. Petersen-Kleinfeller Anm. 4). Kraft Gesetzes freilich kommt dem Ausschuß diese Befugnis nicht zu. Unbefugte Selbstergänzung ermangelt der Wirksamkeit: der Zugewählte wird nicht Ausschußmitglied. Solange aber noch eine Mehrheit verbleibt, besteht ein beschlußfähiger Ausschuß fort. Insolange braucht der kostspielige und zeitraubende Weg der Ausschußergänzung durch eine neu zu berufende Gläubigerversammlung nicht beschritten zu werden. Stirbt also ein Mitglied des Dreimännerkollegiums, dann bilden die zwei übrig gebliebenen den Gläubigerausschuß, wenn sie auch fortab nur mit Stimmeneinheit beschließen können [Anm. 2]. Daß die Gläubigerversammlung bei der Wahl des Dreimännerausschusses die Dreizahl als unabänderlich betrachtet habe, wird sich kaum jemals feststellen lassen. Stern LZ 1912 Sp. 215f.; vgl. Levy KonkTreuh. 1929 S. 140.

7 IV. An Stelle eines Gläubigerausschusses mit den gesetzlichen Aufgaben und Pflichten können die Gläubiger einen Gläubigerbeirat lediglich zur Beratung des Konkursverwalters bestellen, dem nicht die Pflicht zu dessen Überwachung obliegen soll (dazu Gadow ZZP Bd. 60 S. 264f.). Daß ein Gläubigerausschuß unentgeltlich arbeitet [Anm. 1 und § 91 Anm. 1], ist aber noch kein genügendes Anzeichen dafür, daß es sich um einen solchen Beirat und nicht um einen echten Gläubigerausschuß handelt (RG HRR 1936 Nr. 1247, JW 1936 S. 2927, Mentzel-

Kuhn Anm. 5, Böhle-Stamschräder Anm. 4). Vielmehr muß die Beschränkung auf die Beratung bei der Bestellung des Gläubigerorgans durch die Gläubigerversammlung unzweideutig zum Ausdruck kommen. Zur Haftung der Mitglieder eines unentgeltlich arbeitenden Gläubigerausschusses vgl. § 89 Anm. 2.

V. Auch das gerichtliche Vergleichsverfahren zur Abwendung des Konkurses kennt die Einrichtung des Gläubigerausschusses (§§ 44, 45 VglO: „Gläubigerbeirat"). Doch wird hier der Ausschuß stets vom Gericht bestellt, doch nur wenn der besondere Umfang des Schuldnerunternehmens die Bestellung erheischt. Das Gericht hat jederzeit die Macht, die Bestellung zu widerrufen. Die Übertragung dieser Regelung auf den Gläubigerausschuß des Konkursverfahrens, also die Ausschaltung des Gläubigereinflusses auf Bestellung und Abberufung, empfehlen Hoever DJ 1935 S. 515f., Vogels Festschr. Schlegelberger S. 193f. und JbAkDR 1937 S. 213f. Die Mitglieder des „Gläubigerbeirates" sind, entsprechend dem § 89 KO, allen Beteiligten verantwortlich (§ 44 III VglO) und können vom Schuldner Erstattung angemessener Auslagen und einen angemessenen Ersatz für Zeitversäumnis (nicht wie nach § 91 KO Vergütung für ihre Geschäftsführung) verlangen. Auch im außergerichtlichen Vergleichsverfahren kommen Gläubigerausschüsse vor. Siehe Emmerich Sanierung I (1930) S. 178ff., Bernh. Mayer KonkTreuh. 1930 S. 172, Künne Außergerichtliche Vergleichsordnung[4] S. 173ff. und zur Frage der Haftbarkeit Künne S. 184f. sowie RG KonkTreuh. 1930 S. 175. 8

Zusatz. Fremde Rechte*. Ein dem Gläubigerausschuß des deutschen Rechts entsprechendes Organ ist der Mehrzahl der ausländischen Gesetze bekannt, ausgenommen vor allem Belgien und Spanien. Die Bestellung des Organs ist meist fakultativ, obligatorisch z. B. in Italien. 9

Das Organ wird fast überall ähnlich wie im deutschen Recht bezeichnet; so in Österreich und der Schweiz als Gläubigerausschuß, in Italien als *comitato dei creditori*, in Holland als *commissie uit de schuldeischers*, in den Vereinigten Staaten als *creditors' committee*. Andere Bezeichnungen kennen vor allem Frankreich *(contrôleurs)* und England *(committee of inspection)*.

Die Zahl der Mitglieder des Ausschusses ist häufig gesetzlich bestimmt, so in Österreich und England (3 bis 5), in Italien (3 oder 5), in den Vereinigten Staaten (nicht weniger als 3), in Holland (1 bis 3) und Frankreich (1 oder 2).

Zu Mitgliedern des Gläubigerausschusses können meist nur Konkursgläubiger bestellt werden; England erlaubt die Bestellung von Bevollmächtigten der Konkursgläubiger, Österreich läßt auch die Wahl anderer Personen zu.

Die Bestellung der Mitglieder erfolgt

a) durch die Gläubigerversammlung vor allem in der Schweiz (Art. 237 Abs. 3 SchKG), in den Vereinigten Staaten (§ 44 B.A.; 11 USCA § 72) und in England (§ 20 B.A.);

b) durch die Gläubigerversammlung unter Vorbehalt der Bestätigung durch das Konkursgericht z. B. in Österreich (§ 88 KO); für die Zeit zwischen Wahl und Bestätigung kann der Konkurskommissär einen Ausschuß bestellen;

c) durch das Konkursgericht z. B. in Frankreich *(juge-commissaire*, Art. 31 D. 20 mai 1955), Italien (*giudice delegato*, Art. 40 L.F.) und Holland (Art. 74f. F.W.; hier erfolgt die Bestellung des vorläufigen Ausschusses durch die Vollkammer im Eröffnungsbeschluß, die Bestellung des endgültigen Ausschusses durch den Richter-Kommissar im Prüfungstermin nach Anhörung der Konkursgläubiger).

§ 88

Die Mitglieder des Gläubigerausschusses haben den Verwalter bei seiner Geschäftsführung zu unterstützen und zu überwachen. Dieselben können sich von dem Gange der Geschäfte unterrichten, die Bücher und Schriften des Verwalters einsehen und den Bestand seiner Kasse untersuchen.

---

* Vgl. § 71 zu Anm. 20.

Der Gläubigerausschuß ist berechtigt, von dem Verwalter Berichterstattung über die Lage der Sache und die Geschäftsführung zu verlangen. Er ist verpflichtet, die Untersuchung der Kasse des Verwalters wenigstens einmal in jedem Monate durch ein Mitglied vornehmen zu lassen.

Materialien: Motive I Bd. 2 S. 19f., Motive II S. 311, Protokolle S. 63, 161, Kommissionsbericht S. 1956, 2030.

1 **I. Grundsatz.** Der Gläubigerausschuß hat **nur** diejenigen Befugnisse und Obliegenheiten, die ihm das Gesetz unmittelbar oder mittelbar zuerkennt. Zur Einlegung der Beschwerde gegen Entscheidungen des Konkursgerichts (§ 73 III) hat es den Ausschuß als solchen grundsätzlich nicht ermächtigt [§ 73 Anm. 8; Ausnahme: § 84 Anm. 5]. Daß er zur Abgabe und Empfangnahme prozessualer Erklärungen unfähig wäre, läßt sich nicht behaupten. Ist er doch als solcher in gesetzlich bestimmten Fällen zur Antragstellung berufen (so z. B. nach den §§ 84, 93, 176). Eine Ablehnung von Ausschußanträgen wird dem „Ausschusse", wenn auch zu Händen eines empfangsbevollmächtigten Mitglieds, zugestellt. Die Befugnis, dem Verwalter bei seiner Prozeßführung im Wege der Nebenintervention beizutreten, kommt weder dem Ausschuß als solchem noch dessen einzelnen Mitgliedern zu [§ 36 Anm. 8]. Noch weniger hat der Ausschuß die Macht, dem Verwalter die Vornahme von Verwaltungshandlungen zu gebieten oder etwa bindend anzuordnen, daß ein Masseprozeß nicht von dem zu seiner Führung befähigten Konkursverwalter selbst, sondern durch einen Dritten als Prozeßbevollmächtigten zu führen sei. Immerhin ergibt die im Abs. I anerkannte allgemeine Aufgabe der Unterstützung und Überwachung, daß Vorschläge des Ausschusses und seiner Mitglieder auch außerhalb des gesetzlich dem Ausschusse zugewiesenen Wirkungskreises vom Verwalter pflichtmäßig zu erwägen sind (vgl. OLG Frankfurt a. M. FrankfRundsch. 1909 S. 95). Lehnt freilich der Verwalter die Berücksichtigung ab, so bleibt dem Ratgeber nur die Möglichkeit, durch unverbindliche Anregung eines Einschreitens der Aufsichtsbehörde (§ 83) mittelbar auf den Verwalter einzuwirken. Tatsächlich pflegt der Verwalter den Ausschuß vor wichtigeren Maßnahmen auch zu hören, wo er dazu nicht schon (wie in Fällen der §§ 133, 134) gesetzlich verpflichtet ist, besonders bei seiner Vorbereitung auf den Prüfungstermin (Levy Konkursrecht[2] S. 65). Der Rat eines sach- und rechtskundigen Ausschusses bietet dem Verwalter eine starke Stütze, wenn er ihn auch nicht schlechthin entlastet [§ 82 Anm. 14]. Daß der Ausschuß den Verwalter „nicht hindern kann", Konkursforderungen, Aus- oder Absonderungsansprüche seiner Mitglieder zu bestreiten (OLG Düsseldorf LZ 1913 Sp. 572), versteht sich von selbst. Einwirkungen des Ausschusses würden aber gerade in solchen Fällen den Verwalter seiner Verantwortlichkeit nicht entheben.

Im einzelnen muß zwischen den Aufgaben des Kollegiums und denen der Mitglieder unterschieden werden [Anm. 2 u. 4]. Befugnisse des Kollegiums darf das einzelne Mitglied nicht selbständig ausüben (RG SeuffA. 55 Nr. 192). Die gesetzlichen Obliegenheiten der Mitglieder bedürfen weder einer Anerkennung durch das Kollegium (§ 90) noch kann dieses wirksam (§ 89) Befreiung bewilligen.

Da der Aufgabenbereich des Ausschusses und seiner Mitglieder durch das Gesetz festgelegt und auf Mitwirkung bei der Abwicklung eines staatlichen Exekutionsverfahrens im gemeinschaftlichen Interesse der Beteiligten gerichtet ist, kann er auch bei dem durch die Gläubigerversammlung bestellten Gläubigerausschuß und seinen Mitgliedern als ein Amt im weiteren Sinne bezeichnet werden (so auch ausdrücklich § 98 I VglO für die Mitglieder des Gläubigerbeirates; vgl. auch Bley KonkTreuh. 1927 S. 100f. und oben § 78 Anm. 1—5). Ein Zeugnisverweigerungsrecht nach § 383 I Nr. 5 wird man den Mitgliedern des Gläubigerausschusses in späteren Prozessen des Gemeinschuldners allerdings nicht zubilligen können (anders Jaeger 6./7. Aufl.), jedoch nicht deswegen, weil sie nicht Vertreter des Gemeinschuldners sind (so RG GruchBeitr. 43 S. 508 und Mentzel-Kuhn Anm. 1), sondern weil die in dieser Vorschrift gemeinte Konfliktssituation bei ihnen nicht besteht. Wohl aber ist ein Zeugnisverweigerungsrecht zu bejahen in Masseprozessen, soweit in der Unterstützungspflicht ein gesetzliches Schweigegebot liegt [Anm. 2]. Dagegen sind die Mitglieder des Gläubigerausschusses ebenso wie der Konkursverwalter [§ 78 Anm. 2ff.] nicht Träger eines öffentlichen Amtes im speziellen Sinne der §§ 31, 33, 34 Nr. 1, 35 RStGB (abw. Bley aaO. S. 102) oder „Beamte", namentlich nicht i. S. des RStGB (§ 359); auch üben sie kein öffentliches Amt i. S. der Vorschriften über die Staatshaftung aus (Art. 34 GG, § 839 BGB). Einer Ordnungsstrafgewalt des Gerichtes unterliegen die Ausschußmitglieder nicht [§ 87 Anm. 1]. Die Regelung der Pflichten des Gläubigerausschusses und seiner Mitglieder ist zwingendes Recht. Die Gläubigerversammlung kann zwar an Stelle eines Gläubigerausschusses einen „Gläubigerbeirat" ohne Überwachungsfunktion lediglich zur Beratung des Konkurswalters einsetzen [§ 87 Anm. 7]. Sie kann aber nicht, wenn sie einen Gläubigerausschuß bestellt, einzelnen Mitgliedern etwas von ihren gesetzlichen Pflichten nachlassen (RG Bd. **150** 337f., zust. Mentzel-Kuhn Anm. 1). Wegen Änderung des Schuldmaßstabes vgl. § 89 Anm. 5.

II. Nach Abs. I haben **die einzelnen Ausschußmitglieder** unter persönlicher Verantwortlichkeit (§ 89) den Verwalter bei seiner Geschäftsführung zu unterstützen und zu überwachen. 2

1. Einer **Unterstützung** bedarf nicht selten auch der erprobte Verwalter. So, wenn er in die Besonderheiten des vom Schuldner betriebenen Unternehmens nicht eingeweiht ist. In der Unterstützungspflicht liegt ein gesetzliches Schweigegebot: Mitglieder, die über Verhandlungen des Ausschusses Dritte verständigen, obwohl das Interesse der Konkursmasse die Geheimhaltung erheischt, handeln pflichtwidrig und können nach § 89 haftbar, sogar nach § 266 StGB strafbar werden [§ 87 Anm. 1]. Zu dem Fall der Vertretung eines Gegners der Masse durch ein anwaltschaftliches Mitglied des Gläubigerausschusses vgl. § 90, Anm. 4 a. E.

2. Die Pflicht zur **Überwachung** erstreckt sich auf die gesamte Geschäftsführung des Konkursverwalters. Die Mitglieder des Gläubigerausschusses dürfen sich keinesfalls darauf beschränken, Berichte und Erklärungen des Verwalters entgegenzunehmen, sie haben diese vielmehr auf ihre Richtigkeit an Hand der Unterlagen zu überprüfen und müssen erforderlichenfalls Nachweise verlangen (RG Bd. **20** 110, OLG Koblenz KonkTreuh. 1956 S. 159). Im einzelnen enthält die Aufgabe der Überwachung etwa die Pflicht, sich über die Abschätzung der Masse, besonders der Warenbestände und die geplante Art ihrer Verwertung Kenntnis zu verschaffen (Kommissionsbericht S. 1956, 2030), ferner sich um die Abwicklung der einzelnen genehmigten Geschäfte zu kümmern (RG KonkTreuh. 1933 S. 167). Eine besonders sorgfältige Überwachung erscheint geboten, wenn das Geschäft des Gemeinschuldners fortgeführt wird und der Konkursverwalter nicht branchekundig ist; vor allem ist hier jeweils vor der Beschlußfassung über die Weiterführung des Geschäftes gewissenhaft zu prüfen, ob diese nicht nachteilig für die Masse ist (OLG Koblenz aaO.). Besonders wichtig ist die Überwachung der Verwaltung der Massegelder, insbesondere wenn größere Geldbeträge durch den Verwalter zu vereinnahmen sind, etwa infolge einer genehmigten Veräußerung des Geschäftes oder des Warenlagers im ganzen (§ 134 Nr. 1; eingehend RG Bd. **68** 133ff.). Die Mitglieder des Gläubigerausschusses haben auf nachweislichen Vollzug der von der Gläubigerversammlung nach § 132 beschlossenen Hinterlegung der vereinnahmten Gelder zu drängen (RG Bd. **20** 110), und sich davon zu überzeugen, daß der Konkursverwalter bei Abhebungen bei der Hinterlegungsstelle die Vorschrift des § 137 II beachtet (RG Bd. **149** 186; zweifelnd Hamburg HansRGZ B 34 Sp. 420; vgl. auch RG HRR 1935 Nr. 809). In dieser Beziehung empfiehlt es sich jedenfalls, daß der Gläubigerausschuß ein Mitglied und einen Vertreter aus seiner Mitte

für die Mitzeichnung bestimmt und der Hinterlegungsstelle namhaft macht; das RG (HRR aaO.) nimmt sogar eine Verpflichtung zu diesen Maßnahmen an (dagegen Künne GlSchutz 1935 S. 46). Für ein Gläubigerausschußmitglied, das Kenntnis von früheren Verfehlungen des Konkursverwalters hat, besteht nicht nur eine erhöhte Sorgfaltspflicht, sondern auch die Verpflichtung, den übrigen Mitgliedern Kenntnis davon zu geben, da u. U. Anlaß besteht, Antrag auf Entlassung des Konkursverwalters nach § 84 S. 2 zu stellen (RG JW 1937 S. 2776 und Bley ebenda S. 2778f.). Überhaupt schließt die Überwachungspflicht die Verpflichtung ein, festgestellte Verfehlungen dem Konkursgericht zur Kenntnis zu bringen, um sein aufsichtliches Einschreiten, notfalls die Entlassung des Verwalters, herbeizuführen (§§ 83, 84; vgl. auch Königsberg HRR 1934 Nr. 1713 und RG HRR 1935 Nr. 809).

Die Überwachungspflicht beginnt alsbald mit der Wahl zum Ausschußmitglied und besteht ununterbrochen für die ganze Dauer der Mitgliedschaft; keineswegs läßt sich aus Abs. II S. 2 folgern, daß sie erst mit Ablauf des ersten Monats nach der Wahl einsetze (RG Bd. **68** 137).

3 **3.** Zur Ermöglichung einer wirksamen Aufsicht ermächtigt das Gesetz (Abs. I Satz 2) alle einzelnen Ausschußmitglieder, sich jederzeit über den Geschäftsgang zu unterrichten, die Bücher und Schriften, namentlich die Korrespondenz des Verwalters einzusehen und den Bestand seiner Kasse zu untersuchen. Widersetzt sich der Verwalter dem berechtigten Verlangen eines Ausschußmitgliedes, so muß dieses das Einschreiten der Aufsichtsbehörde veranlassen (§§ 83, 84). Konkursgläubigern, die nicht Ausschußmitglieder sind, hat das Gesetz ein Recht auf Einsicht der Verwalterakten, da es leicht zur Vereitelung der Pläne des Verwalters und zu selbstsüchtigen Zwecken mißbraucht werden könnte, nicht verliehen. [siehe § 82 Anm. 1]. Die Mitglieder des Gläubigerausschusses haben auch zur Erfüllung ihrer Überwachungspflicht das Recht und die Pflicht, die aus dem Geschäftsbetrieb des Schuldners stammenden Bücher und Schriften (§§1 III, 117 I) einzusehen [§ 124 Anm. 5]. Zust. LG Stargard JW 1926 S. 2122 Nr. 12 mit Note Cahn.

4 **III.** Nach Abs. II ist der Ausschuß **als Kollegium** — nicht das einzelne Mitglied — berechtigt, vom Verwalter Berichterstattung über die Lage der Sache und die Geschäftsführung zu verlangen. Er ist ferner verpflichtet, die **Untersuchung der Kasse** des Verwalters wenigstens einmal in jedem Monat durch ein Mitglied vornehmen zu lassen. Das mit der Kassenprüfung betraute Mitglied hat nicht nur Buchführung und Belege zu prüfen, sondern sich auch vom Vorhandensein des Sollbestandes zu überzeugen und zwar nicht nur bezüglich des Barbestandes, sondern auch der hinterlegten Gelder durch Feststellung des Kontostandes bei der Bank (vgl. RG HRR 1935 Nr. 809; Königsberg HRR 1934 Nr. 1713). Die übrigen Mitglieder genügen ihrer Pflicht nicht schon durch die Betrauung eines Mitgliedes mit der Kassenprüfung; sie müssen sich vielmehr über Prüfung und Prüfungsergebnis von diesem unterrichten lassen und ihrerseits nachprüfen, ob nach dem Bericht die Untersuchung der Kasse ordnungsgemäß durchgeführt wurde. Zust. RG KonkTreuh. 1935 S. 69, Bd. **150** 287; gegen Überspannung Künne GlSchutz 1935 S. 46f. Für eine wirksame Überwachung und damit Unterbindung von Veruntreuung von Massegeldern würde es zweckmäßig sein, wenn die Kassenprüfung in die Hand von Justizbeamten gelegt würde (Vorschlag von Klemm R 36 Nr. 9327, Quasthoff JW 1935 S. 1669; auch Vogels Festschr. Schlegelberger S. 192), zumal heute eine laufende Kontrolle des Konkursverwalters in dieser Beziehung überhaupt fehlt, wenn kein Gläubigerausschuß bestellt ist [§ 83 Anm. 1].

Weitere Aufgaben des Ausschusses ergeben die §§ 84, 86, 93, 100, 123, 129, 132—135, 150, 159, 176, 177, 180 184. So oft hiernach der Ausschuß als Gesamtheit einen Antrag zu stellen, eine Genehmigung zu erteilen oder sonst eine Willenserklärung abzugeben hat, bedarf es einer Beschlußfassung, für die der § 90 maßgebend ist. Wo der Ausschuß als Kollegium tätig zu werden hat, beschränkt sich das Wirken des einzelnen Mitgliedes auf die Teilnahme an der Beratung und Abstimmung. Für sich allein kann es die Verrichtungen des Ausschusses nicht vornehmen. Daher hat, wo es einer Antragstellung des Ausschusses bedarf (z. B. §§ 84, 93), der Antrag des einzelnen Mitglieds nur die Kraft einer unverbindlichen Anregung. RG JW 1900 S. 132f. Nr. 10.

IV. Die Vertrauensstellung der Ausschußmitglieder ist **höchstpersönlicher** Art. Ihre 5 gesetzliche Verantwortlichkeit (§ 89) können sie nicht auf einen von ihnen bestellten Erfüllungsgehilfen abwälzen. Wohl aber stehen sie persönlich für dessen Verschulden ein (§ 278 BGB), können sich also nicht durch den Nachweis sorgfältiger Auswahl des Vertreters entlasten (zust. RG Bd. **152** 125, Hamburg HansRGZ B 1934 Sp. 419, Mentzel-Kuhn Anm. 1). Das gilt auch für den Fall, daß die eine Verantwortlichkeit begründende Handlung in der Mitwirkung bei einer Beschlußfassung des Gläubigerausschusses besteht (RG aaO.). Ist ein Mitglied für voraussichtlich längere Zeit an einer Tätigkeit verhindert z. B. durch Erkrankung oder Untersuchungshaft, so hat es seine Enthebung beim Konkursgericht nachzusuchen [§ 92 Anm. 2], da es seine Aufgaben nicht mehr persönlich ausüben kann; unterläßt es dies, so haftet es weiter (Bley JW 1937 S. 2778f.). Hat ein Mitglied Kenntnis von Verfehlungen des Konkursverwalters, so kann es sich auch im Falle seiner Enthebung wegen Behinderung für einen später daraus entstehenden Schaden nur dadurch entlasten, daß es die anderen Mitglieder des Ausschusses, eventuell auch das Konkursgericht unterrichtet (vgl. auch RG JW 1937 S. 2776).

§ 89

Die Mitglieder des Gläubigerausschusses sind für die Erfüllung der ihnen obliegenden Pflichten allen Beteiligten verantwortlich.

Materialien: Motive I Bd. 2 S. 19, Motive II S. 311, Protokolle S. 63, 161, Begründung S. 37.

Verantwortlichkeit der Mitglieder des Gläubigerausschusses

I. Die Neufassung des Gesetzes (durch die Novelle von 1898) stellt außer Zweifel, 1 daß die Ausschußmitglieder für ihre Geschäftsführung **allen Beteiligten** d. h. allen Personen, denen gegenüber sie gesetzliche Obliegenheiten zu erfüllen haben, also nicht bloß den Konkursgläubigern, sondern auch dem Gemeinschuldner (so schon früher RG Bd. **81** 119, für das neue Recht RG LZ 1910 Sp. 159, KonkTreuh. 1933 S. 167, Bd. **152** 125ff.), auch Aus- und Absonderungsberechtigten (RG JW 1939 S. 434) sowie Massegläubigern persönlich und zwar für Vorsatz und jede Fahrlässigkeit verantwortlich sind. Der Kreis der Beteiligten des § 89 deckt sich somit mit dem des § 82 [§82 Anm. 5—11]; denn die Überwachungspflicht der Ausschußmitglieder ist denjenigen Personen gegenüber zu erfüllen, denen gegenüber Amtspflichten des Konkursverwalters bestehen. Eine ähnlich weitgehende Haftung kennt das österr. Recht (§ 89 II österr. KO). Die Haftung aus unerlaubter Handlung wird durch § 89 nicht berührt [§ 82 Anm. 15]; Strafbarkeit untreuer Mitglieder: § 87 Anm. 1. Wegen Schädigung der Masse (Gemeinschaftsschaden) ist während des Verfahrens nach § 6 nur der Konkursverwalter oder dessen Nachfolger (vgl. z. B. die Fälle RG Bd. **68** 133, KonkTreuh. 1930 S. 64 Nr. 3) zur Klageerhebung ermächtigt [siehe § 82 Anm. 11, § 86 Anm 6]. Sein Prozeßführungsrecht wird dadurch, daß ihm der Ausschuß die nach § 133 Nr. 2 erforderliche Erlaubnis für die Klage gegen ersatzpflichtige Ausschußmitglieder versagt, nicht beeinträchtigt (§ 136; vgl. RG Bd. **29** 108, HRR 1935 Nr. 809); wo die eigene Haftung der Ausschußmitglieder geltend gemacht werden soll, entfällt vielmehr die Pflicht, zur Prozeßführung die Genehmigung einzuholen (RG HRR aaO. und Gadow ZZP 60

S. 263f.). Siehe auch § 90 Anm. 4. Nach Konkursbeendigung können die Gläubiger für den Ausfall, den sie durch Masseverkürzung erlitten haben, die Haftung der Ausschußmitglieder unmittelbar geltend machen (Hamburg HansRGZ B 34 Sp. 418ff., Hamm BB 1955 S. 296; vgl. auch § 82 Anm. 11). Bloß persönliche Schädigungen des einzelnen Beteiligten kann dieser selbst (auch der Schuldner) schon während des Konkurses verfolgen [§ 82 Anm. 3a].

II. Voraussetzungen und Umfang der Haftung

2 1. Das einzelne Ausschußmitglied haftet aus Pflichtwidrigkeiten, die entweder ihm persönlich oder dem Ausschuß als Kollegium zur Last fallen [§ 87 Anm. 1]. Hatte aber der Ausschuß als solcher gehandelt, etwa eine Veräußerung nach § 134 Nr. 1 pflichtwidrig gestattet (vgl. RG KonkTreuh. 1933 S. 167), so kann von einer persönlichen Haftbarkeit nur bei solchen Mitgliedern die Rede sein, die selber ein Verschulden trifft. Ein Verschulden kann durch Abwesenheit, Krankheit, durch arglistige Täuschung seitens anderer Mitglieder, aber auch schon dadurch ausgeschlossen werden, daß ein Mitglied gegen einen pflichtwidrigen Kollegialbeschluß (§ 90) stimmt und das Seine tut, um die Ausführung des Beschlusses zu hindern. Daß der Überstimmte gleichwohl im Ausschusse verbleibt, ist noch keine stillschweigende Billigung des Beschlusses. Vielmehr kann das Verharren auf angefochtenem Posten mit Rücksicht auf das Wohl der Gläubigergesamtheit geboten sein. Wer das Amt annimmt, muß in der Lage sein, die wirtschaftlichen Folgen der Handlungen des Konkursverwalters zu beurteilen und ihn zu überwachen und kann sich nicht damit entschuldigen, er habe sich auf den Konkursverwalter oder erfahrene Ausschußmitglieder verlassen (RG Bd. **152** 128). Auch können Ausschußmitglieder nicht mit der Entschuldigung gehört werden, sie hätten keine Erfahrungen in Konkurssachen und seien über den Umfang ihrer Pflichten im Irrtum gewesen; denn sie handeln fahrlässig, wenn sie sich nicht über ihre Pflichten informieren (RG Bd. **150** 286, OLG Hamm BB 1955 S. 296, Gadow ZZP 60 S. 264). Wohl kann es aber zur Entschuldigung der Mitglieder eines Gläubigerausschusses führen, wenn sie irrtümlich aus der Unentgeltlichkeit ihrer Tätigkeit geschlossen haben, sie hätten nicht die gesetzlichen Pflichten eines Gläubigerausschusses, insbesondere nicht die Überwachungs- und Kassenprüfungspflicht, sondern seien dem Konkursverwalter nur zur Beratung beigegeben (so RG HRR 1936 Nr. 1247 = JW 1936 S. 2927; zust. Gadow aaO. S. 265, Mentzel-Kuhn Anm. 4, Böhle-Stamschräder Anm. 1). Irrtum in der Beurteilung einer rechtlichen Situation muß entsprechend den zu § 82 entwickelten Grundsätzen [§ 82 Anm. 4] behandelt werden (vgl. auch Künne GlSchutz 1935 S. 43ff. und die dort mitgeteilte Entscheidung des OLG Köln).

2. Zwischen dem schuldhaften Tun oder Unterlassen eines Mitgliedes und der Schädigung, auf deren Ersatz es belangt wird, muß ein ursächlicher Zusammenhang bestehen. Beispiele: RG Bd. **68** 133 (Unterlassung der Kassenrevision gegenüber einem ungetreuen Verwalter), LZ 1910 Sp. 159 (Genehmigung eines Verkaufs nach § 134 Nr. 1 gegen Zusicherung persönlicher Vorteile durch den Verkäufer, obgleich ein für die Masse günstigeres Angebot bekannt war). Vgl. auch Künne GlSchutz 1935 S. 45, Schumann KonkTreuh. 1934 S. 142 (Zusammenhang zwischen Verletzung des Schweigegebots und Prozeßverlust der Masse). Ebenso wie bei der Haftung des Konkursgerichts wegen Verletzung seiner Aufsichtspflicht [§ 83 Anm. 3] kann auch hier kraft tatsächlicher Vermutung aus der festgestellten Unterlassung pflichtgemäßer Überwachung z. B. jeder Kassenrevision auf den ursächlichen Zusammenhang zur Schädigung der Masse durch Veruntreuungen des Konkursverwalters geschlossen werden, da das Gefühl sorgfältig überwacht zu sein, geeignet ist, derartige Verfehlungen hintanzustellen (vgl. dazu etwa RG Bd. **68** 135, Hamburg HansRGZ B 1934 Sp. 420).

3. Jedes Mitglied hat für den vollen Schaden einzustehen, der durch die schuldhafte Verletzung seiner Pflichten entstanden ist. Allerdings kann es gegebenen-

falls mitwirkendes Verschulden des Beteiligten (§ 254 BGB) sowohl bei der Schadensentstehung (z. B. der Hinterlegungsstelle, welche § 137 bei der Auszahlung an den Konkursverwalter nicht beachtet hat; siehe dazu Anm. 3a) wie durch schuldhaftes Unterlassen einer möglichen Schadensminderung [Beispiel: Anm. 3a] geltend machen oder sich auf Schadensminderung durch Vorteilsausgleichung berufen, etwa wenn die Ausschußmitglieder zur Abwendung ihrer Inanspruchnahme und im Zusammenhang mit dieser von Hypothekengläubigern einen Zinsnachlaß erreichen, welcher der Masse zugute kommt (so Gadow ZZP 60 S. 266 und die dort mitgeteilte Entscheidung des RG).

4. Da jedes einzelne Mitglied für den vollen Schaden aufzukommen hat, der Schaden aber nur einmal ersetzt werden kann, haften mehrere für dieselbe Pflichtwidrigkeit verantwortliche Ausschußmitglieder — neben ihnen bisweilen auch der Konkursverwalter (§ 82) — als gesetzliche Gesamtschuldner (§ 421 BGB). Zust. RG LZ 1910 Sp. 159. Die innenrechtliche Ausgleichung bemißt sich nach § 426 BGB und zwar auch im Verhältnis zum Konkursverwalter (insoweit abw. OLG Koblenz KonkTreuh. 1956 S. 160). Für den Fall der unerlaubten Handlung (etwa bei Bestechlichkeit § 826 BGB, RG aaO.) folgt die Gesamtschuld der Teilnehmer aus den §§ 830, 840, BGB. Zur Frage der Anwendbarkeit des § 266 RStGB (Untreue): § 87 Anm. 1; Unanwendbarkeit des Art. 34 GG: § 88 Anm. 1. Die Ansprüche aus § 89 verjähren als Ansprüche aus besonderem gesetzliehem Schuldverhältnis in der normalen Frist von 30 Jahren (RG HRR 1936 Nr. 1247). Soweit dem wegen Masseverkürzung vom späteren Konkursverwalter oder nach Konkursbeendigung vom Gemeinschuldner in Anspruch genommenen Gläubigerausschußmitglied eine Vergütung nach § 91 zusteht, kann es mit diesem Anspruch aufrechnen (RG JW 1937 S. 2776; vgl. aber auch Königsberg HRR 1934 Nr. 1713). 3

5. Eine besondere Lage ist gegeben, wenn der Konkursverwalter Massegelder unter Verstoß gegen § 137 (Mitzeichnung der Quittung durch ein Ausschußmitglied) bei der Hinterlegungsstelle abgehoben und dann veruntreut hat. 3a

a) Da der Schadensersatzanspruch gegen den untreuen Verwalter aus § 82 meist wertlos ist, kommt für den neuen Verwalter zunächst ein Vorgehen gegen die Hinterlegungsstelle in Frage, da diese in der Regel durch eine unter Verstoß gegen § 137 vorgenommene Zahlung nicht befreit ist, und der Masse daher der Erfüllungsanspruch aus dem Verwahrungsvertrag zusteht [§ 137 Anm. 2]. Soweit die Hinterlegungsstelle nochmals leistet, entfällt eine Haftung der Gläubigerausschußmitglieder aus § 89 gegenüber der Masse, da diese nicht mehr geschädigt ist. Wohl aber kann nun die Hinterlegungsstelle ihren Schaden gegen die Mitglieder des Gläubigerausschusses verfolgen, zwar nicht nach § 426 BGB, weil kein echtes Gesamtschuldverhältnis vorliegt [§ 82 Anm. 11], wohl aber als Beteiligte [§ 82 Anm. 10], soweit ihr Schaden (Doppelzahlung) darauf beruht, daß die Mitglieder des Gläubigerausschusses ihre Verpflichtung schuldhaft verletzt haben, den Verkehr des Verwalters mit der Hinterlegungsstelle, hauptsächlich aber die Einhaltung des § 137 zu überwachen (RG Bd. **149** 182ff.), nicht aber auch, soweit nur die spätere Unterschlagung auf schuldhafter Verletzung der Überwachungspflicht beruht (insoweit offenbar abw. Gadow ZZP 60 S. 269f.). Doch können sich die in Anspruch genommenen Gläubigerausschußmitglieder auf das in der Nichtbeachtung des § 137 liegende mitwirkende (und wohl überwiegende) Verschulden der Hinterlegungsstelle berufen (§ 254 I BGB).

b) Der neue Konkursverwalter kann aber auch an Stelle des Anspruchs gegen die Hinterlegungsstelle sofort gegen die Mitglieder des Gläubigerausschusses nach § 89 vorgehen (RG HRR 1935 Nr. 809, Bd. **149** 186). Der regelmäßig gegen die Hinterlegungsstelle bestehende Anspruch auf Erfüllung des Verwahrungsvertrages steht dem nicht entgegen, zumal wenn diese ihre Verpflichtung zur nochmaligen Leistung bestreitet, etwa mit der Begründung, die unter Verstoß gegen § 137 abgehobenen Gelder seien der Masse zugute gekommen und nicht mit den unterschlagenen identisch. Solange die Hinterlegungsstelle nicht nochmals geleistet hat, bleibt die Schädigung der Masse durch Veruntreuung barer Mittel bestehen (RG aaO. sowie insbesondere KonkTreuh. 1935 S. 61 und Gadow aaO. S. 267). Die in Anspruch genommenen Mitglieder des Ausschusses können allerdings einwenden, der Konkursverwalter habe es unterlassen, den Schaden durch Geltendmachung des Anspruches gegen die Hinterlegungsstelle zu mindern (§ 254 II) z. B., wenn er auf einen aussichtsreichen Anspruch vergleichsweise z. T. verzichtet hat (so RG KonkTreuh. 1935 S. 69). Auf jeden Fall brauchen die Ausschußmitglieder nur gegen Abtretung der Ansprüche der Masse gegen die Hinterlegungsstelle entsprechend § 255 BGB zu leisten (so RG HRR 1935 Nr. 809, Bd. **149** 186, Gadow aaO. S. 267; vgl. auch allgemein zur Anwendbarkeit des § 255 BGB im Rahmen des § 89 RG JW 1937 S. 2776 und Bley ebenda).

4 **III.** Da die Erfahrung gezeigt hat, daß die zu Mitgliedern des Gläubigerausschusses berufenen Personen sich häufig der Tragweite ihrer Verantwortlichkeit nicht bewußt sind, ist zu empfehlen, daß jedem Ausschußmitglied alsbald nach seiner Bestellung von der Geschäftsstelle des Konkursgerichts eine gedruckte Zusammenstellung der Rechte und Pflichten des Ausschusses und seiner Mitglieder übergeben oder überschickt wird. Vgl. das Formblatt b. Schrader HandB. S. 3049. Darüberhinaus mag der Konkursrichter bei gegebener Veranlassung auf die Pflichten besonders hinweisen (Vogels DJ 1935 S. 1464). Eine Verpflichtung zur Rechtsbelehrung, deren Unterlassung Richter und Staat verantwortlich machen könnte, besteht nicht. Zust. Mentzel-Kuhn Anm. 6.

5 **IV.** Wie der § 82 ist der § 89 als Vorschrift zum Schutz einer unbestimmten Vielheit von Beteiligten zwingenden Rechts: wer das Amt eines Mitglieds im vorläufigen oder endgültigen Gläubigerausschuß übernimmt, haftet innerhalb des Amtsbereiches allen Beteiligten für jedes Verschulden. In Frankreich haften die *contrôleurs* nur für *faute lourde* (Art. 32 IV D. 20 mai 1955). Wie der § 82 verordnet der § 89 eine unmittelbar im Gesetze, nicht auf Vertrag oder unerlaubter Handlung beruhende Haftpflicht. Ebensowenig wie die Gläubigerversammlung einzelnen Ausschußmitgliedern etwas von den gesetzlichen Pflichten erlassen kann [§ 88 Anm. 1], kann sie die von ihr bestellten Mitglieder von der Haftung für bloße Fahrlässigkeit entbinden. Dies schon deshalb nicht, weil deren Verantwortlichkeit nicht nur gegenüber Konkursgläubigern besteht. Überdies hat die Gläubigerversammlung nur die ihr vom Gesetz eingeräumten Befugnisse, der § 87 II aber schließt das Recht, die Haftung der Mitglieder auf Vorsatz zu beschränken, durchaus nicht ein. Daß Juristen, die gerade mit Rücksicht auf ihre rechtswissenschaftliche Bildung in den Ausschuß gewählt werden, auch für Fahrlässigkeit bei Rechtsauskünften einzustehen haben, ist nur in der Ordnung. Teilweise abw. Künne KonkTreuh. 1931 S. 180ff., bes. S. 182.

§ 90

Ein Beschluß des Gläubigerausschusses ist gültig, wenn die Mehrheit der Mitglieder an der Beschlußfassung teilgenommen hat, und der Beschluß mit absoluter Mehrheit der abgegebenen Stimmen gefaßt ist.

Materialien: Motive I Bd. 2 S. 21f., Motive II S. 313, Protokolle S. 63, 161.

1 **I.** Seine **Geschäftsordnung** regelt der Ausschuß selbst. Im besonderen bleiben seiner Festsetzung vorbehalten „die Form der Berufung, die Leitung der Verhandlungen, die Art der Abstimmung, welche unbedenklich in geeigneten Fällen auch auf schriftlichem Wege geschehen kann, die Beurkundung, Mitteilung und

Ausführung der Beschlüsse“ (Motive II S. 313). Mangels einer gegenteiligen Geschäftsordnungsvorschrift beruft nach verbreiteter Übung der Verwalter den Ausschuß. Doch kann dieser auch ohne Wissen und Willen des Verwalters tagen und beschließen. Schriftliche Abstimmungen im Umlauf sind zur Beschleunigung und Kostenersparung bei einfachen Fragen zu empfehlen. Damit, daß der genehmigungspflichtige Vertrag gerichtlicher oder notarieller Beurkundung bedarf (z. B. ein Grundstücksverkauf: § 313 BGB), ist nicht gesagt, daß auch die vorgeschriebene Ausschußerlaubnis [§ 134 Anm. 1] in dieser Form beurkundet werden müßte. Was nicht einmal für die Vollmacht gilt (§ 167 II BGB), kann nicht ohne weiteres für die nur innenrechtliche (§ 136 KO) und darum auch vom Grundbuchamte nicht nachzuprüfende Erlaubnis gelten. Möglicherweise aber schreibt die vom Ausschusse selbst beschlossene Geschäftsordnung notarielle Beurkundung vor. Die Protokolle über Ausschußsitzungen bilden als solche keine Bestandteile der gerichtlichen Konkursakten und sind darum einer Einsicht nach § 299 ZPO unzugänglich [siehe § 72 Anm. 3]. Zust. Böhle-Stamschräder Anm. 2. Sonst könnte ein Beteiligter sich Kenntnis von Beschlüssen verschaffen, die gegen ihn selbst gerichtete Maßnahmen enthalten.

II. Die Form der **Ausschußbeschlüsse** hat das Gesetz nicht geregelt. Nur die Erfordernisse für die Gültigkeit der nach Vorschrift des Gesetzes [§ 87 Anm. 1] notwendigen Beschlüsse sind im § 90 einer Regelung durch den Willen der Beteiligten entzogen. Ausdrücklich wird ein Doppeltes verlangt: 2

1. daß die Mehrheit der Mitglieder an der Beschlußfassung (mündlich oder schriftlich) teilgenommen hat;

2. daß die absolute Mehrheit der in beschlußfähiger Zahl abgegebenen Stimmen für den Beschluß lautete, auch wenn diese Mehrheit nicht zugleich die Mehrheit der überhaupt vorhandenen Ausschußmitglieder darstellt. Anders der beachtenswerte § 89 III 5 ÖsterrKO v. 1914 [§ 87 Anm. 9], der die absolute Mehrheit aller vorhandenen Stimmberechtigten fordert.

Beispiel: Besteht der Ausschuß aus 9 Personen, von denen 5 an der Beschlußfassung teilnehmen und ihre Stimmen abgeben, so genügt das übereinstimmende Votum von 3 Mitgliedern. So wird hier ein Beschluß mit 3 gegen 2 wirksam. Würden nur 4 an der Beschlußfassung teilnehmen, dann wäre auch ein Beschluß mit 3 gegen 1 (ja sogar ein einstimmiger Beschluß) ungültig. Vgl. Protokolle S. 63.

Jedes Mitglied hat eine und nur eine Stimme. Der Gläubigerausschuß stimmt nach Köpfen, mögen auch die Mitglieder alle Konkursgläubiger und ihre Forderungen von ganz verschiedener Höhe sein; die Gläubigerversammlung dagegen stimmt in erster Reihe nach Forderungsbeträgen ab (§ 93 III). Der Unterschied ist deshalb geboten, weil auch Nichtgläubiger Ausschußmitglieder sein können [§ 87 Anm. 5]. Bei Stimmengleichheit kommt ein gültiger Beschluß des Gläubigerausschusses nicht zustande. Der Stimme des Vorsitzenden kann ausschlaggebende Bedeutung nicht beigelegt werden. Motive II S. 313. Beim zweiköpfigen Ausschusse bedarf es der Stimmeneinheit [§ 87 Anm. 2]. Allerdings ermangelt ein Beschluß der Wirksamkeit, wenn einzelnen Mitgliedern keine Gelegenheit zur Abstimmung geboten worden ist, obwohl die Möglichkeit sie zu hören, bestand (Wolff Anm. 2). Insbesondere hat der Verwalter, wenn er eine Ausschußgenehmigung einholen muß, die Pflicht (§ 82), alle Ausschußmitglieder und nicht etwa nur die zur Beschlußfassung erforderliche Mehrheit zu befragen. Zu einer Ausschußsitzung müssen alle teilnahmefähigen Mitglieder geladen werden. Die Ankündigung des Beratungsgegenstandes ist nicht gesetzlich geboten (vgl. dagegen § 98), aber angemessen. Beschlüsse, die dem § 90 genügen, sind nicht darum unwirksam, weil sie gegen die vom Ausschuß aufgestellte oder die übliche Geschäftsordnung verstoßen. OLG Stuttgart WürttJ 22 (1906) S. 307.

3 **III.** An den Erfordernissen des § 90 kann auch die Gläubigerversammlung nicht rütteln. Sie sind **zwingenden** Rechts. Sie gelten aber nur für die gesetzliche Ausschußtätigkeit. Über eine vertragsmäßig gebotene Zustimmung des Ausschusses oder der Gläubigerversammlung haben die Vertragsgenossen Macht. Vgl. RG JW 1893 S. 487 N. 10. Die Gläubigerversammlung hat auch nicht etwa bei Stimmengleichheit einen Stichentscheid (abw. Motive II S. 313, Petersen-Kleinfeller Anm. 2 u. a.). Noch weniger ist sie befugt, Ausschußbeschlüsse abzuändern oder aufzuheben oder dem Ausschuß Weisungen zu erteilen. Vgl. dazu Jaeger KonkTreuh. 1934 S. 1. Doch steht es bei ihr, widerspenstige Mitglieder aus dem Ausschusse zu entfernen (§§ 92, 93). Das richterliche Untersagungsrecht, das nach § 99 nur gegenüber Beschlüssen der Gläubigerversammlung besteht, kann in den Fällen der §§ 133, 134 nur auf dem Umwege des § 135 II auch gegenüber Ausschußbeschlüssen Bedeutung erlangen. Über das abweichende österreichische Recht siehe § 99 Anm. 7.

4 **IV.** Daß ein Mitglied des Gläubigerausschusses **in eigener Sache** oder in Sachen eines nahen Angehörigen von der Abstimmung ausgeschlossen wäre, hat das Gesetz nicht bestimmt und, da doch in erster Linie Konkursgläubiger, somit gerade Selbstbeteiligte, als Mitglieder in Betracht kommen, uneingeschränkt gar nicht bestimmen können. Der Umstand allein, daß wirtschaftliche oder rechtliche Belange der Mitglieder durch die Abstimmung berührt werden, genügt also keinesfalls, um ihr Stimmrecht auszuschließen. Wohl aber muß bei Einzelbeteiligung eines Mitgliedes am Gegenstand der Abstimmung eine Beschränkung des Stimmrechtes Platz greifen um die Konkursmasse gegen eine Gefährdung durch Stimmrechte von Beteiligten zu schützen, die sich von eigensüchtigen Beweggründen leiten lassen. Nach dem der Vorschrift des § 34 (§ 40) BGB zugrunde liegenden allgemeinen Rechtsgedanken (vgl. auch § 114 V AktG, § 47 IV GmbHG, § 43 III GenG) wird einem Ausschußmitgliede das Stimmrecht abzusprechen sein, wenn über ein mit ihm selber zu schließendes Rechtsgeschäft (z. B. über den Verkauf des Unternehmens im ganzen an das Mitglied, § 134 Nr. 2) oder über einen zwischen ihm und der Konkursmasse zu führenden oder zu erledigenden Rechtsstreit (z. B. über die Erhebung einer Klage gegen das Mitglied auf Schadensersatz an die Konkursmasse, § 133 Nr. 2) Beschluß zu fassen ist. Zust. Mentzel-Kuhn Anm. 2; vgl. auch Jaeger KonkTreuh. 1934 S. 1. Etwas weiter die Fassung des § 89 IV der österr. KO: „in eigener Sache". Eine ausdrückliche gesetzliche Regelung ist zu empfehlen (so Höver DJ 1935 S. 516). Es leuchtet ohne weiteres ein, daß Ausschußmitglieder, die vielleicht in ihrer Mehrheit oder sämtlich der Masse ersatzpflichtig geworden sind, nicht die Macht haben können, durch Versagung der Erlaubnis zur Klagerhebung ihre Inanspruchnahme zu vereiteln [vgl. § 89 Anm. 1]. In solchen Fällen ist der zugunsten des mitabstimmenden Mitgliedes gefaßte Beschluß ungültig, es sei denn, daß er ebenso ausgefallen wäre, wenn das Mitglied sich der Abstimmung enthalten hätte. In diesem Sinne Wolff Anm. 3 und eingehend Wassertrüdinger GruchotsBeitr. 69 (1928) S. 464ff. Keinesfalls vermag eine Beschlußfassung, bei der persönlich beteiligte Mitglieder zu ihren Gunsten ausschlaggebend mitstimmen, den Verwalter, der nach außen freie Hand hat (§ 136), der Verantwortung für sein Vorgehen (besonders für die Unterlassung einer Klage) zu entheben, vollends nicht, wenn er im Einvernehmen mit den Beteiligten handelt. Die Praxis trifft nicht selten dadurch Vorsorge, daß die Gläubigerversammlung (§ 87 II) von vornherein Ersatzmänner für den Fall tatsächlicher oder rechtlicher Verhinderung von Mitgliedern erwählt [§ 87 Anm. 6] und damit zum Ausdrucke bringt, daß die Ersterwählten in persönlichen Angelegenheiten keine Mitgliedschaftsrechte ausüben dürfen. Dieses Verfahren ist zulässig und empfehlenswert. Die österreichische KO hat im § 88 die Mitwahl solcher Ersatzmänner von vornherein angeordnet. Für die Beschlußfassung über Rechtsgeschäfte und Rechtsstreitigkeiten mit Angehörigen von Ausschußmitgliedern läßt sich schon wegen der Unsicherheit

der Abgrenzung dieses Personenkreises eine entsprechende Regel nicht aufstellen. Insoweit muß der Schutz des § 89 genügen. Wäre freilich erkennbar, daß der Angehörige des Mitglieds (z. B. dessen Ehegatte) nur als Strohmann — besonders bei einem Erwerb auf Kosten der Masse — vorgeschoben wird, dann muß das Stimmrecht des Mitgliedes wie bei eigner Beteiligung verneint werden. Zust. Böhle-Stamschräder Anm. 1.

Rechtsanwälte stehen auch als Ausschußmitglieder unter der erhöhten Verantwortlichkeit ihres Standes. Hat also ein Anwalt, der dem Ausschuß angehört, die Gegenpartei der Masse bereits beraten, dann darf er bei der Beschlußfassung darüber, ob die Masse den Prozeß anhängig machen oder ob sie dessen Aufnahme ablehnen solle (§ 133 Nr. 2), nicht mitstimmen (§ 32 Nr. 2 RAO; zust. Mentzel-Kuhn Anm. 2, Böhle-Stamschräder Anm. 1). Hält er sich allen den Prozeß berührenden Ausschußverhandlungen fern, dann wird die Vertretung des Massegegners keinem Bedenken unterliegen. Vgl. auch Schumann KonkTreuh. 1934 S. 142. Keinesfalls darf er bei der Vertretung des Massegegners im Prozeß Material verwenden, das ihm nur durch seine Mitgliedschaft im Gläubigerausschuß zugänglich wurde; eine derartige Verletzung des Schweigegebotes [§ 88 Anm. 2] kann zu seiner persönlichen Haftung nach § 89 für Schädigung der Masse führen (so Schumann aaO.).

§ 91

Die Mitglieder des Gläubigerausschusses haben Anspruch auf Erstattung angemessener barer Auslagen und auf Vergütung für ihre Geschäftsführung. Die Festsetzung der Auslagen und der Vergütung erfolgt nach Anhörung der Gläubigerversammlung durch das Konkursgericht.

Die Landesjustizverwaltung kann für die den Mitgliedern des Gläubigerausschusses zu gewährende Vergütung allgemeine Anordnungen treffen.

Materialien: Motive I Bd. 2 S. 22, Motive II S. 311, Protokolle S. 64ff., 161, Begründung S. 38, Kommissionsbericht S. 1956, 2030.

I. Die Mitglieder des Ausschusses haben wegen ihrer Tätigkeit als Einzelne und im Kollegium einen Massekostenanspruch (§ 58 Nr. 2) auf Erstattung angemessener **Barauslagen** und auf **Vergütung für ihre Amtstätigkeit.** Unentgeltlich brauchen die Ausschußmitglieder nicht zu wirken. Anders fremde Rechte [Anm. 8]. Mit Recht weist aber das RG (HRR 1936 Nr. 1247) auf den Zusammenhang zwischen der weitgehenden Verantwortlichkeit der Gläubigerausschußmitglieder nach § 89 und der Vergütung des § 91 hin (so auch schon Protokolle S. 64ff.). Zur Regelung des Vergleichsverfahrens: § 87 Anm. 8. § 91 ist allerdings nicht zwingendes Recht [§ 87 Anm. 1]. Beschließt die Gläubigerversammlung, daß die Mitglieder des Gläubigerausschusses keine Vergütung erhalten sollen, sondern nur Ersatz ihrer baren Auslagen und nehmen die Gewählten eine derartig eingeschränkte Bestellung an, so ist diese wirksam (RG aaO., Gadow ZZP 60 S. 265). Zur persönlichen Haftung in diesem Falle: § 89 Anm. 2. Vgl. auch § 87 Anm. 7. Unter den § 91 können auch Geschäfte fallen, die das Mitglied nicht in Person geführt, sondern durch Dritte (z. B. Angestellte) hat führen lassen (vgl. OLG Karlsruhe BadRpr. 1913 S. 178). 1

1. Auslagen und Vergütung sind gesondert durch das Konkursgericht nach freiem Ermessen festzusetzen (vgl. § 60). Ein Übereinkommen der Ausschußmitglieder mit der Gläubigerversammlung bindet das Gericht nicht. Ursprünglich oblag die Festsetzung nur in Ermangelung eines solchen Übereinkommens dem Gericht (Abänderung durch die Novelle von 1898; vgl. Begründung S. 88).

2 2. Gegenüber dem § 85 I Satz 2 besteht der Unterschied, daß das Konkursgericht, ehe es die Festsetzung vornimmt, einer Gläubigerversammlung Gelegenheit zur Äußerung bieten muß [§ 73 Anm. 3]. Dies geschieht zweckmäßig im Schlußtermin (§ 162). Eines besonderen Termins bedarf es nicht. Erscheint im Schlußtermine, wie üblich, kein Gläubiger, so braucht ein neuer Termin nicht bestimmt zu werden. Daß übrigens hier und nicht in dem viel wichtigeren Falle des § 85 die Gläubigerversammlung gehört werden muß, ist eine Unebenheit des Gesetzes. Eine Anhörung des Ausschusses und seiner Mitglieder schreibt das Gesetz nicht vor. Doch haben die Mitglieder in eigenem Interesse eine Berechnung mit Nachweisen als Unterlage für die richterliche Festsetzung einzureichen.

3 3. Als allgemeine Anordnung i. S. des **Abs. II** sind auch jetzt noch maßgebend die in der AV des früheren RJM vom 22. Februar 1936 erlassenen Richtlinien C [§ 85 Anm. 2a]. Nach C Nr. 1 dieser Richtlinien ist bei der Festsetzung der Vergütung von der aufgewendeten Zeit auszugehen, wobei ein der Sachlage angemessener Satz (in der Regel DM 2— bis 5— je Stunde) in Frage kommt. Dies gilt insbesondere für die Teilnahme an einer Gläubigerausschußsitzung oder für die Vornahme einer Kassenprüfung. Diese Regelsätze sind zu niedrig, um wirklich qualifizierte Kräfte für die Arbeit im Gläubigerausschuß zu gewinnen. Auf jeden Fall muß die von den Landesjustizverwaltungen für die Vergütungssätze der Konkursverwalter zugebilligte allgemeine Erhöhung um 25% [§ 85 Anm. 2a] auch den Mitgliedern des Gläubigerausschusses zugestanden werden (vgl. auch Stein KonkTreuh. 1957 S. 111, der mit Recht eine Neuregelung der Vergütungssätze anregt). Dabei braucht nicht für alle Mitglieder der gleiche Satz angewendet zu werden, vielmehr können auch bei der Sitzungsteilnahme je nach dem Maße der geleisteten Arbeit Abstufungen gemacht werden; insbesondere kann für Anwälte oder andere sachkundige Personen ein höherer Satz gewährt werden als für die übrigen Mitglieder (vgl. LG Königsberg KonkTreuh. 1934 S. 168). Eine besondere Tätigkeit eines Mitgliedes wird regelmäßig in einer höheren Vergütung zum Ausdruck kommen. Auch die schwerwiegende Verantwortlichkeit des § 89 ist zu berücksichtigen (vgl. z. B. Künne GlSchutz 1933 S. 52). Der Aufwand für persönliche Versicherung gegen Haftpflicht [§ 85 Anm. 2b] oder für persönliche Beratung durch sach- und rechtskundige Personen fällt nicht unter die erstattungsfähigen Auslagen (a b w. für die Haftpflichtversicherungsprämien Stein KonkTreuh. 1957 S. 111 f. und für die Mitglieder des „Gläubigerbeirats" Bley VglO² § 45 Anm. 9, allerdings nur wegen des Fehlens einer „eigentlichen Vergütung" für diese). Vgl. im übrigen zu Einzelfragen der Auslagenerstattung Franke Konk.Treuh. 1955 S. 117 ff. und Knorr ebenda. Nach C Nr. 3 der Richtlinien soll der Gesamtbetrag der Vergütung für die Mitglieder des Gläubigerausschusses einen angemessenen Bruchteil der Verwaltervergütung nicht übersteigen.

In der Ermächtigung des Konkursgerichts, die Gebührnisse festzusetzen, liegt ebenso wie im Falle des § 85 [dort Anm. 2c] die Macht, Auslagenvorschüsse und Teilvergütungen, insbesondere in lange dauernden Konkursen, zu bewilligen (LG Glogau KonkTreuh. 1930 S. 167; LG Altona KonkTreuh. 1935 S. 90).

4 4. Wie im Falle des § 85 sind in dem des § 91 für die Entlohnung nicht lediglich deshalb, weil das Mitglied **Rechtsanwalt** ist, die Sätze der RAGO (jetzt BGebORA) maßgebend, sondern das freie Ermessen des Konkursgerichts (LG Berlin KGBl. 1909 S. 35). Anders liegt die Sache nur, wenn das Mitglied in seiner Eigenschaft als Anwalt mit einer bestimmten Anwaltstätigkeit betraut worden wäre (vgl. Hamburg ROLG 23 S. 306). Ebensowenig wie ein Konkursverwalter in Masseprozessen kraft seiner Eigenschaft als Rechtsanwalt für Informationen seines Prozeßbevollmächtigten eine Korrespondenzgebühr zu beanspruchen hat [§ 85 Anm. 3], kann sie ein Ausschußmitglied verlangen. OLG Karlsruhe Bad. Rpr. 1905 S. 231.

5 II. Gegen die Festsetzung des Konkursgerichts findet die **sofortige Beschwerde** statt (§ 73 III). Sie steht dem beeinträchtigten Ausschußmitgliede, dem Verwalter,

dem Gemeinschuldner sowie jedem Konkursgläubiger zu und zwar auch dann, wenn die Festsetzung im Einklange mit dem Beschlusse der Gläubigerversammlung stattfand. Der Festsetzungsbeschluß bedarf, auch wenn er verkündet wird, der Zustellung (§ 73 II). Einzelzustellungen aber an die hier in ihrer Gesamtheit beteiligten Konkursgläubiger sind bei großer Gläubigerzahl kaum ausführbar. Sie werden ersetzt durch öffentliche Bekanntmachung (§ 76 III). Mit ihr beginnt eine einheitliche Beschwerdefrist. Die verbreitete Übung, Zustellung an die Konkursgläubiger und öffentliche Bekanntmachung zu unterlassen (Schumann Glschutz 1933 S. 50), ist gesetzwidrig und verkennt den Zweck wie die Zweckmäßigkeit des § 76 III. Die Befugnis, dem Termin anzuwohnen, ist zumal für entfernt wohnende Gläubiger kein ausreichender Schutz, um so weniger als ja die Festsetzung gar nicht im Termin zu erfolgen braucht. Im übrigen siehe § 85 Anm. 5. Weitere Beschwerde läßt die Praxis nicht zu [§ 58 Anm. 5]. Vgl. dazu OLG Königsberg KonkTreuh. 1934 S. 168, aber auch § 85 Anm. 5 a. E.

III. Die Vorschrift des Abs. I Satz 2, daß der Konkursrichter vor Festsetzung der Gebührnisse die Gläubigerversammlung zu hören habe, weist darauf hin, daß das Gesetz mit einer Festsetzung vor Beendigung des Konkursverfahrens rechnet. Daraus hat das OLG Stuttgart LZ 1914 Sp. 202f. Nr. 9 und ihm folgend das LG Berlin JW 1935 S. 375 für einen Fall des § 190 zu Unrecht gefolgert, daß nach Aufhebung des Verfahrens auch jede Beschwerde gegen die Festsetzung abgeschnitten sei. Die Festsetzung im anhängigen Konkurse kann nur als die regel- und zweckmäßige Art der Behandlung gelten. Es sind Ausnahmefälle denkbar, die zur späteren Festsetzung oder Berichtigung drängen. Zu ihr bleiben Konkurs- und Beschwerdegericht ermächtigt. [vgl. auch § 85 Anm. 2c]. Keinesfalls darf zugegeben werden, daß die Konkursbeendigung den Ausschluß der Beschwerde bewirkt [vgl. § 73 Anm. 12 u. § 85 Anm. 5]. Wie hier Matzke JW 1935 S. 375 und Mentzel-Kuhn Anm. 3. Die Vertröstung des Liquidanten auf eine Ausklagung des früheren Gemeinschuldners (Stuttgart aaO.) stößt auf mancherlei Bedenken [§ 57 Anm. 5, § 74 Anm. 4]. Zur persönlichen Haftung des Konkursverwalters für den Fall der Versäumung der Festsetzung vor Masseverteilung: § 82 Anm. 8. 6

IV. Sind Vertreter von Gläubigern zu Ausschußmitgliedern bestellt (§ 87), dann ist der Vertreter (z. B. Anwalt) selber — nicht der Gläubiger oder eine Mehrheit von solchen — als Ausschußmitglied persönlich haftbar (§ 89) und persönlich zum Bezug der Gebührnisse des § 91 berechtigt. So liegen die Dinge auch beim gesetzlichen Vertreter, etwa dann wenn der Vormund eines zu den Konkursgläubigern zählenden Mündels oder der Verwalter eines zu ihnen zählenden Gemeinschuldners als Ausschußmitglied tätig wird (Levy KonkTreuh. 1928 S. 93). Wenn dagegen eine juristische Person als solche [§ 87 Anm. 2] Ausschußmitglied ist, hat sie selber (nicht das für sie handelnde Organ) die Verantwortlichkeit des § 89 zu tragen und die Gebührnisse des § 91 zu beanspruchen. 7

Zusatz. Fremde Rechte*. Die meisten Auslandsrechte kennen keine Vergütung der Mitglieder des Gläubigerausschusses, sondern gewähren ihnen nur Ersatz ihrer Auslagen (so ausdrücklich Österreich, § 89 V KO; England, B.R. 115, 350; Italien, Art. 41 V L.F.; Frankreich, Art. 32 III D. 20 mai 1955; das gleiche gilt aber auch in Holland und in den Vereinigten Staaten). Österreich sieht eine „Belohnung" der Ausschußmitglieder vor, wenn ihnen vom Konkurskommissär oder vom Ausschuß besondere Geschäfte übertragen worden sind. 8

§ 92

Die durch das Gericht erfolgte Bestellung zum Mitgliede des Gläubigerausschusses kann von dem Gerichte, die durch die Gläubigerversammlung erfolgte Bestellung zum Mitgliede des Gläubigerausschusses durch Beschluß der Gläubigerversammlung widerrufen werden.

Materialien: Motive I Bd. 2 S. 22, Motive II S. 311, Protokolle S. 68, 161.

* Vgl. § 71 zu Anm. 20

Entlassung der Mitglieder des Gläubigerausschusses

1 **I.** Die Bestellung der Mitglieder des vorläufigen Ausschusses kann durch das Gericht, die der Mitglieder des endgültigen Ausschusses kann durch die Gläubigerversammlung (mit absoluter Mehrheit: § 94 II Satz 1) für einzelne oder für alle Mitglieder jederzeit und ohne Angabe von Gründen **„widerrufen“** werden [§ 87 Anm. 4f.]. Der Widerruf bedeutet eine wider Willen des Bestellten erfolgende Entlassung (Amtsenthebung) für die Zukunft. Rückwirkende Kraft äußert er nicht. Ersatzloser Widerruf der Bestellung aller Mitglieder wirkt als Beseitigung des Gläubigerausschusses selbst. Die freie Widerruflichkeit der Bestellung erweist sich als geboten, weil häufig Personen in den Ausschuß berufen werden, denen jede Eignung für das Amt abgeht. Der Widerruf durch die Gläubigerversammlung ist keine „Entscheidung“ und dementsprechend der Beschwerde des § 73 III nicht unterworfen. Er wird wirksam, sobald er dem Mitgliede zugeht (§§ 130 I, 132 I BGB). Der Versammlungsbeschluß kann durch eine spätere Gläubigerversammlung für die Zukunft geändert und unter den Voraussetzungen des § 99 gerichtlich unterbunden werden [§ 87 Anm. 5]. Der Widerruf durch das Konkursgericht ist zwar „Entscheidung“ (abw. Petersen-Kleinfeller Anm. 2). Die freie gesetzliche Widerruflichkeit aber und die ohnehin eng begrenzte Dauer der gerichtlichen Bestellung [§ 87 Anm. 4] schließen es wohl aus, daß von einer „Beschwer“ des Entlassenen die Rede sein kann [siehe § 73 Anm. 8]. Ebenso im Ergebnis Mentzel-Kuhn. Der gerichtliche Widerruf einer durch die Gläubigerversammlung erfolgten endgültigen Bestellung würde unwirksam sein. Die Geltendmachung dieser Unwirksamkeit wäre an Form und Frist der Beschwerde nicht gebunden.

2 **II.** Der Widerruf des § 92 ist Amtsenthebung wider Willen [Anm. 1]. Ob die Ausschußmitglieder ihr Amt freiwillig niederlegen können, ist streitig. Die wohl überwiegende Meinung nimmt in entsprechender Anwendung der §§ 626, 627, 671 BGB eine freie, aber nicht zur Unzeit auszuübende Kündbarkeit an, wobei für Schädigung durch unzeitige Kündigung das Mitglied allen Beteiligten, namentlich der etwa geschädigten Konkursmasse, nach § 89 haftet, weil es den Schaden bereits durch die Kündigung verursacht, diese aber noch als Mitglied vollzieht. So Jaeger 6./7. Aufl., Müller-Senst Konkursrichter[4] S. 39 mit Verw., Künne KonkTreuh. 1930 S. 180, Mentzel-Kuhn Anm. zu § 92, Böhle-Stamschräder Anm. 3. Besser entspricht der Stellung der Ausschußmitglieder, die ein Amt im weiteren Sinne innehaben [§ 88 Anm. 1], die Ansicht von Bley (KonkTreuh. 1927 S. 99ff.), ein Ausschußmitglied könne wie der Verwalter [§ 84 Anm. 6] das Amt (als öffentliches) nicht selber niederlegen, sondern nur Amtsenthebung, und zwar selbst nach Bestellung durch die Gläubigerversammlung stets auch beim Konkursgericht beantragen. Für Ausschluß der Kündbarkeit durch das Mitglied auch Seuffert S. 164. Ein schon bestellter Ersatzmann rückt ohne weiteres ein. Die Berufung der etwa zur Ausschußergänzung notwendigen Gläubigerversammlung (§ 87 II) erwirkt der Ausschuß nach § 93 I 2.

3 **III.** Abgesehen von Widerruf und Enthebung erlischt die Mitgliedschaft durch den Tod des Mitglieds und durch Beendigung des Konkurses. Entmündigung oder Konkurs eines Mitglieds [siehe § 23 Anm. 14ff.] bilden Widerrufsgründe, beenden aber die Mitgliedschaft nicht von Rechts wegen.

§ 93

Über die Berufung der Gläubigerversammlung beschließt das Gericht. Die Berufung muß erfolgen, wenn sie von dem Verwalter, dem Gläubigerausschusse oder von mindestens fünf Konkursgläubigern, deren Forderungen nach der Schätzung des Gerichts den fünften Teil der Schuldenmasse erreichen, beantragt wird.

Die Berufung muß öffentlich bekannt gemacht werden. Der öffentlichen Bekanntmachung bedarf es nicht, wenn in einer Gläubigerversammlung eine Vertagung der Verhandlung angeordnet wird.

Materialien: Motive I Bd. 2 S. 22f., Motive II S. 313f., Protokolle S. 68, 161.
Schrifttum. Voß, Die Gläubigerversammlung als Organisation der Konkursgläubiger im Sinne des § 3 KO, ArchZivPrax. 97 (1905) S. 396ff.; Pasquay, Die Rechtsstellung der Gläubigerversammlung im Konkurs u. ihre Befugnisse, ZHR 65 S. 409ff., 66 S. 34ff. (1909).

I. Rechtsstellung der Gläubigerversammlung

1. An die Stelle der amtlichen Konkursverwaltung hat das Reichsrecht den Grundsatz der Selbstverwaltung treten lassen [Vorbem. 4 zum II. Buch]. Dem Gericht obliegt die Beaufsichtigung des Verwalters (§ 83), aber für die Regel auch nur sie. Die Konkursgläubiger haben nicht bloß das Recht, den Konkursverwalter vorzuschlagen (§ 80); sie nehmen selber in hervorragendem Maße an der Verwaltung teil (z. B. §§ 87, 132, 134). Eine ersprießliche Anteilnahme ist aber nur denkbar, wenn die Vielheit der Gläubiger zu einheitlichen und dem Gesamtwohle Rechnung tragenden Entschließungen befähigt wird. Zu diesem Behuf wird der Mehrheitswille, den eine von der Aufsichtsbehörde berufene und geleitete Gläubigerzusammenkunft bekundet, als übereinstimmender Wille aller Konkursgläubiger behandelt (§§ 94, 97), vorbehaltlich eines Einspruchs der Aufsichtsbehörde für den Fall, daß der Mehrheitsbeschluß „dem gemeinsamen Interesse" der Konkursgläubiger in Wahrheit nicht entspricht (§ 99; vgl. auch § 135 II). Der Grund dieser die Minderheit bindenden Kraft des Mehrheitsbeschlusses liegt also im Gesetze selbst, ihre Rechtfertigung im Konkurszwecke. Die Anteilnahme der Gläubiger an der Verwaltung begreift auch die Bewilligung von Ausgaben (§ 132). Sie erschöpft sich keineswegs in Beschlußfassungen; auch die Entgegennahme von Berichten, Rechenschaften und Auskünften (§§ 86, 100, 131, 162) gehört zu dieser Tätigkeit. Desgleichen die gutachtliche Einzeläußerung in Fällen, in denen das Konkursgericht vor Erlassung bestimmter Verfügungen den Gläubigern Gelegenheit zur Aussprache zu bieten hat (§§ 91, 184, 204 II). Zur Selbstverwaltung, die sich begrifflich durchaus nicht mit „Behandlung der Aktivmasse" deckt, gehört endlich auch die Prüfung der Konkursforderungen (§§ 141ff., 110), zumal diese Prüfung die Unterlage für die Teilnahmeberechtigung der einzelnen Gläubiger beschafft. Die Mitwirkung der Gläubigerversammlung als Selbstverwaltungsorgan wird de lege ferenda von Höver DJ 1935 S. 816 abgelehnt, da sie selten unterrichtet sei. Gegen ihn Schumann DJ 1935 S. 1213f.; für Einschränkung ihrer Mitwirkung Vogels Festschr. Schlegelberger S. 195. Ausländisches Recht: Anm. 8. Jede vom Konkursgericht berufene und geleitete Zusammenkunft der Konkursgläubiger zur Ausübung ihrer Selbstverwaltungsbefugnisse nennt nun das Gesetz eine Gläubigerversammlung (§§ 93—99). Eine solche (wenngleich mit manchen Eigentümlichkeiten) ist auch die Versammlung der nichtbevorrechtigten Konkursgläubiger zum Zwecke der Beschlußfassung über einen Zwangsvergleichsvorschlag (§§ 173, 182ff.). Organe der Gläubigerschaft darf man die Gläubigerversammlung wie den Gläubigerausschuß (§§ 87ff.) auch dann nennen, wenn eine Konkursgläubigergesamtheit mit körperschaftlicher Verfassung nicht besteht [Vorbem. zu § 61ff.]. Das Bild besagt nicht mehr als: Mittel und Werkzeug der Anteilnahme der Gläubiger an der Selbstverwaltung. Dagegen ist sie nicht ein echtes Rechtspflegeorgan, dessen Beschlüsse auch beim Fehlen von Wirksamkeitsvoraussetzungen bis zur Feststellung der Nichtigkeit als gültig zu behandeln wären (unrichtig RG Bd. **143** 266, Kleinfeller JW 1931 S. 2588, Titze JW 1934 S. 980 und früher Voß ArchZivPrax. 97 S. 411, 469ff.; wie hier Mentzel-Kuhn Anm. 1 und § 98 Anm. 2, Bley KonkTreuh 1927 S. 101; vgl. auch § 98 Anm. 1). Dem Erfolge nach darf man von einer Vertretung der Gläubiger insofern reden, als Entschließungen der maßgebenden Mehrheit einer Gläubigerversammlung als Willensäußerungen sämtlicher Gläubiger wirken. Eine gesetzliche Ermächtigung aber, Rechtsgeschäfte der Verwaltung im Namen der Gläubigerschaft ab- 1

zuschließen oder Prozesse für diese zu führen, ist weder der Gläubigerversammlung noch dem Gläubigerausschusse beigelegt. Daß dem Konkursgericht die Berufung und Leitung der Gläubigerversammlung (§ 93), der Einspruch zum Schutze der Gesamtheit (§ 99) und die Entscheidung über zweifelhafte Stimmrechte (§§ 95, 96) zukommt, erklärt sich ohne Zwang aus der zum eigenen Wohle der Gläubiger über ihre Selbstverwaltung wachenden Staatsaufsicht.

2 2. Rechte und Obliegenheiten der Gläubigerversammlung sind vom Gesetz erschöpfend bestimmt (§§ 80, 84, 87, 91, 92, 100, 131, 132, 134—137, 162, 182). Die Versammlung bietet aber den Gläubigern auch Gelegenheit, Einzelbefugnisse auszuüben (§§ 86, 95 II, 96, 99, 142, 144). Außerhalb ihres gesetzlichen Wirkungskreises kann die Gläubigerversammlung dem Verwalter keine bindenden Vorschriften, sondern nur Vorschläge machen, deren Beachtung seinem pflichtmäßigen Ermessen anheimsteht. Sie kann z. B. die Erhebung einer Anfechtungsklage, die Einbeziehung eines Gegenstandes in die Masse nicht erzwingen. Siehe § 83 Anm. 1; zust. Voß ArchZivPrax. 97 S. 428, Schumann DJ 1935 S. 1213, Waldmann DJ 1943 S. 518; abw. Seuffert S. 170. Ein Beschluß der Gläubigerversammlung, daß der Konkurs auf bestimmte Zeit ruhen sollte, liegt außerhalb ihrer Zuständigkeit. Eines an die Voraussetzungen des § 99 gebundenen gerichtlichen Einspruchs (Rostock OLG 21 S. 176) bedarf es insoweit gar nicht (zweifelnd Mentzel-Kuhn § 99 Anm. 2). Die Anordnung ist nichtig. Andrerseits darf die Gläubigerversammlung eine ihr gesetzlich obliegende Beschlußfassung, zu der sie ordnungsmäßig berufen worden ist, nicht ablehnen. Tut sie das gleichwohl, lehnt sie z. B. die Beschlußfassung über eine in Fällen des § 134 vom Verwalter erbetene Erlaubnis ab, dann versagt sie diese. Handelt der Verwalter nun selbständig (§ 136), so tut er es auf eigne Verantwortung (§ 82). Die Verhältnisse können freilich so gelagert sein, daß selbständiges Vorgehen geradezu Pflicht des Verwalters ist. Vgl. Voß aaO. S. 429, Pasquay ZHR 66 S. 50 und oben § 82 Anm. 14.

3 3. Nach dem Gesetze betr. die gemeinsamen Rechte der Besitzer von Schuldverschreibungen (RGBl. 1899 S. 691, 1914 S. 121, 1932 I S. 447 483, 1933 I S. 523), steht im Konkurse des Ausstellers — besonders einer Hypothekenbank (vgl. § 35 IV HypBankG) — neben der allgemeinen Gläubigerversammlung eine gleichfalls vom Konkursgericht als solchem [§ 73 Anm. 7] berufene und geleitete Versammlung der Besitzer von Schuldverschreibungen (§ 18 SchuldverschrG). Das Konkursgericht muß diese Versammlung berufen: von Amts wegen unverzüglich nach Konkursbeginn zur Beschlußfassung über die Bestellung eines gemeinsamen Vertreters der Schuldverschreibungsgläubiger, falls nicht schon vorher über diese Bestellung erfolgreich beschlossen wurde (§ 18 III SchuldverschrG); auf Antrag einer bestimmten Mindestgruppe von Schuldverschreibungsgläubigern oder eines von der Versammlung der Schuldverschreibungsgläubiger bestellten oder des im § 16 SchuldverschrG bezeichneten Vertreters oder des Konkursverwalters oder des Gläubigerausschusses (des Ausschusses der „Konkursgläubiger" im allgemeinen) oder der Aufsichtsbehörde (§ 18 IV SchuldverschrG). Für die Form der Berufung dieser Versammlung sind nicht die konkursrechtlichen Vorschriften, sondern die nach aktienrechtlichem Vorbilde gestalteten §§ 6, 7 SchuldverschrG maßgebend. Konkursvorrecht: § 61 Anm. 2ff.; Anmeldung u. Abstimmung: § 96 Anm. 3, § 139 Anm. 5, 8. Im übrigen siehe Seuffert ZZP 27 S. 112ff., Koenige ebenda 28 S. 414ff., Stern Schuldverschreibungsgläubiger (1904) S. 72ff., Göppert-Trendelenburg SchuldverschrG² zu § 18, Ansmann SchuldverschrG (1933) zu § 18.

II. Berufung der Gläubigerversammlung

4 1. Die Gläubigerversammlung wird ausschließlich durch das Konkursgericht berufen (Abs. I Satz 1). Dies entspricht der Stellung des Konkursgerichts als Aufsichtsbehörde [Anm. 1]. Eine durch sonst irgendwen einberufene

Versammlung ist keine „Gläubigerversammlung" im Sinne der KO (vgl. Motive II S. 314); ebensowenig andrerseits die vom Konkursgericht berufene Versammlung der Schuldverschreibungsgläubiger [Anm. 3].

Die gerichtliche Berufung **muß** erfolgen:

a) In den vom Gesetz ausdrücklich bestimmten Fällen (§§ 86, 110, 135 II, 162, 179).

b) Nach Abs. I Satz 2 auf Antrag des Verwalters oder des Gläubigerausschusses (d. h. auf Beschluß der im § 90 bezeichneten Mehrheit, nicht auf Antrag eines einzelnen Mitglieds) oder einer Anzahl von mindestens fünf Konkursgläubigern, deren Forderungen nach der Schätzung des Gerichts den fünften Teil der Schuldenmasse ausmachen. [Anm. 6]. Solchen Anträgen hat das Gericht auch dann stattzugeben, wenn es selbst die Berufung nicht für angezeigt hält, vorausgesetzt nur, daß der Berufungszweck gesetzlich zulässig ist. Diesen Zweck muß der Antragsteller, wie der § 98 ergibt, in jedem Falle bezeichnen. Kosten: § 94 Anm. 5.

c) Von Amts wegen (also auch auf Antrag irgendeiner Seite, z. B. auch nur eines Konkursgläubigers), so oft das Gericht selber nach pflichtmäßigem Ermessen die Berufung für geboten erachtet.

Gegen die Berufung der Gläubigerversammlung steht allen Beteiligten, 5 gegen die Zurückweisung eines Antrags auf Berufung nur dem Antragsteller — diesem aber auch in den Fällen unter c — die sofortige Beschwerde zu (§ 73 III). Die Beschwerde kann sich besonders auch gegen den Ort (§ 219 ZPO) oder die Zeit des Termins und gegen die Tagesordnung (§ 98) richten. Der Mangel eines Berufungsanlasses [a—c] begründet die Beschwerde, nicht aber, wenn diese unterbleibt, die Unwirksamkeit des Beschlusses der Gläubigerversammlung.

2. Zum Antrage nach Abs. I Satz 2 ist nur eine Mehrheit von mindestens fünf 6 Konkursgläubigern ermächtigt, deren Forderungen mindestens ein Fünftel aller zur Zeit der Bescheidung des Antrags bekannten Konkursforderungen ausmachen. Bei dieser Berechnung kommen festgestellte Forderungen zum festgestellten Betrag in Ansatz. Alle übrigen — die nichtgeprüften, die bestrittenen (auch des § 146 VI) und die Ausfallforderungen, auch die der Pfandbriefgläubiger [§ 64 Anm. 8] — werden zu ihrem mutmaßlichen Betrag angesetzt. Die richterliche Schätzung wird entsprechend den §§ 95 III, 96 II für unanfechtbar zu erachten sein (zust. z. B. Bleyer Anm. 3, Mentzel-Kuhn Anm. 2, Böhle-Stamschräder Anm. 2; abw. z. B. Wolff Anm. 3). Im Nachlaßkonkurse zählen auch die minderberechtigten Konkursforderungen des § 226 II (§ 236) mit.

3. Die Berufung ist nach Maßgabe des § 76 öffentlich bekannt zu machen 7 (Abs. II Satz 1). Die Bekanntmachung muß Ort und Zeit des Termins sowie die Tagesordnung (§ 98) angeben. Die §§ 217, 219, 227 ZPO sind für die Ladungsfrist, den Terminsort, die Aufhebung, Verlegung und Vertagung des Termins entsprechend anwendbar (§ 72). Zust. Böhle-Stamschräder Anm. 3. Die Gläubigerversammlung kann eine Terminsänderung anregen, nicht selber anordnen (§ 227 ZPO). Wird in der Versammlung eine Vertagung auf einen sofort verkündeten Termin angeordnet, so bedarf dieser keiner öffentlichen Bekanntmachung (Abs. II Satz 2). Eine solche ist jedoch erforderlich, wenn der neue Termin nicht in der vertagten Verhandlung selbst verkündet wird (Protokolle S. 68) oder wenn die Tagesordnung wechselt (§ 98). Zwischen dem Tage, an dem die Terminsbekanntmachung als bewirkt gilt (§ 76 I 2) oder durch Verkündung nach unserm Abs. II Satz 2 ersetzt ist, und dem Terminstage müssen drei volle Tage in Mitte liegen (§ 217, sonst § 227 ZPO). Zust. Mentzel-Kuhn Anm. 3.

Zusatz. Fremde Rechte*.

1. Fast in allen Rechten ist vorgesehen, daß die Gläubiger in ihrer Gesamtheit am 8 Konkursverfahren teilnehmen und zu diesem Zweck in Versammlungen *(meetings, assemblées, vergaderingen)* zusammentreten; Ausnahmen bestehen vor allem in Italien und Rußland.

* Vgl. § 71 zu Anm. 20.

In Italien ist eine Mitwirkung der Gläubiger nur beim Abschluß eines Zwangsvergleichs vorgesehen, doch findet dazu keine Versammlung statt, die Abstimmung erfolgt vielmehr schriftlich (Art. 125 L.F.).

In Rußland beschränkt die gesetzliche Regelung die Gläubiger auf dasRecht, zur Verhandlung über die Eröffnung des Verfahrens geladen und zur Beihilfe bei der Verwertung der Masse herangezogen zu werden (Art. 323, 349 II GPK).

2. Die Gläubigerversammlung wird meist vom Konkursgericht berufen, bei Kollegialgerichten durch den Richterkommissar (so z. B. in Österreich, Frankreich, Belgien und Holland). In England werden die Versammlungen dagegen vom Verwalter *(official receiver* oder *trustee)* einberufen. In der Schweiz erfolgt die Berufung der ersten Versammlung durch das Konkursamt, die der weiteren Versammlungen durch die Konkursverwaltung (also ggf. auch durch das Konkursamt, vgl. § 78 Anm. 20 Ziff. 1).

3. Fast überall muß die Berufung erfolgen, wenn ein darauf gerichteter Antrag die Unterstützung der Gläubiger eines bestimmten Teils der Schuldenmasse findet; die erforderlichen Quoten schwanken von einem Sechstel (England) bis zur Mehrheit (Schweiz); in Frankreich und Belgien fehlt eine entsprechende Bestimmung.

§ 94

Die Gläubigerversammlung findet unter der Leitung des Gerichts statt.

Die Beschlüsse der Gläubigerversammlung werden mit absoluter Mehrheit der Stimmen gefaßt. Für die Wahl der Mitglieder des Gläubigerausschusses genügt relative Mehrheit der Stimmen.

Die Stimmenmehrheit ist nach den Forderungsbeträgen zu berechnen. Bei Gleichheit der Summen entscheidet die Zahl der Gläubiger.

Materialien: Motive I Bd. 2 S. 23ff., Motive II S. 314, 316, Protokolle S. 68f., 161.

I. Leitung

1 1. Die Leitung der Gläubigerversammlung steht beim Konkursgericht (Abs. I). Zum ausländischen Recht siehe Anm. 10 Ziff. 1. Der Amtsrichter hat dementsprechend die Verhandlung zu eröffnen und zu schließen, das Wort zu erteilen und zu entziehen, für erschöpfende Erörterung des Beratungsgegenstandes Sorge zu tragen, erforderlichenfalls Termin zur Fortsetzung der Verhandlung zu bestimmen (§§ 136, 139 ZPO), die Sitzungspolizei — auch gegenüber dem Verwalter (und zwar unbeengt durch die Schranken des § 84 KO) — zu handhaben (§§176ff. GVG), die Vertretungsmacht (gesetzliche wie gewillkürte) von Amts wegen zu prüfen und die Verhandlungsergebnisse protokollieren zu lassen (§ 72 KO mit §§ 56, 79, 88 II, 159, 165 ZPO, §§ 182f., 185, 190 GVG). Näheres oben § 72 Anm. 2 u. 3, 3 a, b (besonders wegen der Protokollform sowie zur Frage der Anwendbarkeit des § 80 II und des § 157 ZPO). Zu sachlichem Eingreifen in die Verhandlung ermächtigt das Leitungsrecht den Konkursrichter nicht. Vgl. Motive II S. 314. Eine nicht vom Konkursgericht geleitete Zusammenkunft ist keine Gläubigerversammlung im Sinne des Gesetzes. Siehe § 93 Anm. 4. Kostenaufwand: Anm. 5.

2 2. Die Verhandlung ist nicht öffentlich, da sie sich nicht vor einem „erkennenden" Gericht abspielt [§ 72 Anm. 2]. Zutrittsberechtigt sind, wie die einzelnen Vorschriften des Gesetzes über die Gläubigerversammlung ergeben, der Konkursverwalter, der Konkursschuldner und die Konkursgläubiger samt ihren Bevollmächtigten (§§ 80ff. ZPO) und Beiständen (§ 90 ZPO), desgleichen die Mitglieder des Gläubigerausschusses, auch wenn sie nicht selbst Konkursgläubiger sind, im Genossenschaftskonkurs auch die Genossen. Der Amtsrichter kann auch anderen Personen z. B. Massegläubigern, Absonderungsberechtigten, Vertretern der Presse, Rechtsbeflissenen nach § 175 II GVG den Zutritt gestatten. Petersen-Kleinfeller Anm. 7, Pasquay ZHR 66 S. 92 mit abw. Ansichten, Mentzel-

Kuhn Anm. 1. Eine Teilnahmepflicht ergibt sich für den Konkursverwalter und für die Mitglieder eines Gläubigerausschusses aus ihren gesetzlichen Aufgaben. Stimmrecht: § 95.

II. Beschlußfassung

1. Gezählt werden bei der Beschlußfassung nur die Stimmen der in der Ver- 3
sammlung persönlich erschienenen oder vertretenen und nach den §§ 95, 96 stimmberechtigten Konkursgläubiger (§ 97). Schriftlich eingesandte Stimmen zählen nicht. Die bevorrechtigten Konkursgläubiger stimmen — abgesehen vom Zwangsvergleiche (§ 173) — mit, jedoch ohne Stimmvorrecht. Protokolle S. 68. Im Nachlaßkonkurs haben — wiederum den Zwangsvergleich ausgenommen — auch die minderberechtigten Konkursgläubiger des § 226 II, IV (wie ein Gegenschluß aus § 230 II ergibt) ein Stimmrecht. Vgl. § 236. Stimmkauf: § 243.

Die Beschlußfähigkeit der Gläubigerversammlung ist, anders als die 4
des Gläubigerausschusses (§ 90) und im Gegensatz zu Auslandsrechten [Anm. 10], durch Teilnahme einer Mindestzahl von Köpfen und Forderungsbeträgen nicht bedingt. Auch die nur von einem unter vielen Gläubigern besuchte „Gläubigerversammlung" ist beschlußfähig, LG I Berlin KonkTreuh. 1929 S. 47, Böhle-Stamschräder Anm. 2. Eine gegenteilige Regelung müßte das Mindesterfordernis der Beschlußfähigkeit bestimmt festlegen. Erscheint (wie so häufig) überhaupt kein Gläubiger, dann wird die Tagesordnung (z. B. im Schlußtermin, § 86) erledigt, soweit dies ohne Beschlußfassung der Gläubiger möglich ist. Diese machen hier von Rechten, die ihnen das Gesetz einräumt, keinen Gebrauch. Sie üben die Befugnis, einen anderen Verwalter vorzuschlagen (§ 80), einen Gläubigerausschuß zu bestellen (§ 87 II), in den Gang der Verwaltungsgeschäfte einzugreifen (§ 134), einen Zwangsvergleich zustande zu bringen (§ 182), nicht aus. Da für die Gläubiger kein gesetzlicher Zwang zum Erscheinen und zum Abstimmen besteht, kann ihre Untätigkeit den Konkurs auch nicht aufhalten. Es ist denkbar, daß das Verfahren bis zum Ende verläuft, ohne daß auch nur eine Verhandlung der Konkursgläubiger stattfindet.

Umgekehrt kann Massenandrang die Beschlußfähigkeit der Gläubiger- 5
versammlung in Frage stellen z. B. in ersten Terminen bei Bank- und Genossenschaftskonkursen. Zunächst steht fest, daß es Amtspflicht des Konkursgerichts ist, einen genügenden Raum, notfalls außerhalb des Gerichtsgebäudes zu beschaffen oder sich um sonstige Unterbringung der Masse (Mehrheit durch Lautsprecher verbundener Räume, Abhaltung im Freien, Sorge für Gruppenvertreter) zu bemühen. Faßt eine Gläubigerversammlung, an der wegen Raummangels nicht sämtliche Konkursgläubiger teilnehmen konnten, Beschlüsse, dann ermangeln diese der Wirksamkeit. Darum ist die Berufung einer neuen Gläubigerversammlung mit derselben Tagesordnung Amtspflicht des Konkursgerichts und (abgesehen vom § 93 I 2) von jedem einzelnen überstimmten oder ausgeschlossenen Konkursgläubiger (erforderlichenfalls durch Beschwerde gegen einen den Antrag ablehnenden Beschluß) zu erwirken. Nadelmann KonkTreuh. 1932 S. 37, Schumann DJ 1935 S. 1214; abw. Höver ebenda S. 5f., 93 (der die Beschlüsse einer Rumpfversammlung für gültig hält). Der Aufwand (z. B. für Miete, Beheizung, Beleuchtung der Räume) gehört zu den Massekosten (§ 58 Nr. 1 oder 2). Für den Vorschuß der Auslagen gilt der § 114 I u. III GKG (Fassung 1957).

2. In erster Linie entscheidet die Mehrheit der Forderungsbeträge **(Sum- 6
menmajorität)**. Abs. III Satz 1. Dabei kommen auch die Nebenforderungen des § 62 in Ansatz. Bei Summengleichheit — auf Mark und Pfennig, also nur in seltenen Ausnahmefällen — gibt ergänzend die Zahl der Gläubiger den Ausschlag **(Kopfmajorität)**. Abs. III Satz 2. Letzternfalls zählt ein Gläubiger mit mehreren Forderungen nur einmal, ein Vertreter mehrerer Gläubiger aber mehrfach. Zum ausländischen Recht siehe Anm. 10 Ziff. 3. Gesamtgläu-

biger im Sinne des § 428 BGB haben nur eine einzige, einheitlich abzugebende Stimme: sie zählen bei Berechnung der Summen- und der Kopfmajorität nur einmal [§ 67 Anm. 8, § 182 Anm. 3]. Gesamthänder haben gleichfalls zusammen nur eine Stimme (so z. B. Ehegatten, wenn die Konkursforderung zum Gesamtgute gehört, Miterben, wenn sie einen Nachlaßgegenstand bildet). Wer das Stimmrecht auszuüben hat, hängt von der besonderen Gestaltung des Gesamthandverhältnisses im Einzelfall ab (vgl. einerseits z. B. §§ 1422, 1450 BGB i. d. Fassung der GleichberG v. 18. 6. 1957, BGBl. I S. 609, andererseits §§ 2038, 2040 BGB). Der Zessionar verdrängt den Zedenten, hat sich aber als solcher auszuweisen, wenn auch nicht gerade durch öffentliche oder öffentlich beglaubigte Urkunde, wie sie § 164 II KO. mit § 727 ZPO verlangt (Jaeger JW 1925 S. 2821 zu Nr. 3). Bei verpfändeten Forderungen ist das Stimmrecht vor der Pfandreife (§ 1228 II BGB) gemäß §§ 1276 II, 1281 BGB von Gläubiger und Pfandgläubiger gemeinsam auszuüben; doch wird bei Abstimmungen, die das Pfandrecht (auch mittelbar) nicht berühren wie etwa über einen Antrag auf Entlassung des Konkursverwalters oder eines Gläubigerausschußmitgliedes (§§ 84, 92), die Ausübung des Stimmrechtes durch den Gläubiger allein zuzulassen sein (vgl. Weimar LZ 1933 Sp. 1070). Nach Eintritt der Pfandreife ist dem nunmehr allein einziehungsberechtigten Pfandgläubiger (§ 1281 I BGB) auch das alleinige Stimmrecht zuzubilligen, mit Ausnahme von Abstimmungen, welche eine andere Verfügung über die Forderung als deren Einziehung zum Gegenstand haben (§ 1282 II BGB) wie etwa die Abstimmung über einen Zwangsvergleich [§ 182 Anm. 3]. Im Falle der Forderungspfändung tritt an die Stelle der Pfandreife die Überweisung zur Einziehung, welche erst die selbständige Einziehungsbefugnis des Pfandgläubigers begründet (§ 835 ZPO). Vgl. im übrigen auch § 67 Anm. 9. Schuldverschreibungen: § 96 Anm. 3, 4. Vertreter der Schuldverschreibungsgläubiger: § 139 Anm. 5.

7 8. Regelmäßig entscheidet **absolute** Mehrheit der abgegebenen Stimmen (Abs. II Satz 1). Sie ist erreicht, wenn mehr als die Hälfte aller abgegebenen Stimmen — mehr als die Hälfte der durch die Abstimmenden vertretenen Forderungen, bei Summengleichheit mehr als die Hälfte der abstimmenden Personen — sich für den Antrag entschieden hat. Diese Mehrheit ist beispielsweise erforderlich, wenn abgestimmt wird über die Fragen, ob ein Gläubigerausschuß bestellt werden und wieviel Mitglieder er haben soll. Dagegen genügt relative Stimmenmehrheit für die Auswahl der einzelnen Personen, die Ausschußmitglieder werden sollen (Abs. II Satz 2). Gewählt ist sonach, wer mehr Stimmen erhalten hat als andere Kandidaten. Daß auf den Gewählten mehr als die Hälfte aller überhaupt abgegebenen Stimmen gefallen ist, wird nicht verlangt. Der Zweck dieser Besonderheit geht dahin, auch erheblicheren Minderheiten Vertrauensmänner im Gläubigerausschusse zu sichern. Dieser Zweck wird aber nur in den Grenzen der (stets zuvor durch absolute Mehrheit zu bestimmenden) Kopfzahl der Mitglieder erreicht. Ist also beschlossen, einen dreiköpfigen Ausschuß zu bestellen, dann setzen sich noch so große Minderheiten, die erst für eine vierte, fünfte oder spätere Stelle ausreichen, nicht mehr durch. Siehe auch die Beispiele bei Levy Konkursrecht² S. 54 und Schrader Handbuch S. 3062f. Eigenes gilt für den Zwangsvergleich: §§ 182, 183, 230, 236. Zum ausländischen Recht siehe Anm. 10 Ziff. 3.

8 Werden bei der Abstimmung über Summen mehr als zwei Meinungen laut, deren keine die absolute Mehrheit erlangt, so wird grundsätzlich über die einzelnen Beträge so lange gesondert abgestimmt werden müssen, bis sich für einen Betrag die erforderliche Mehrheit ergibt. Man kann allerdings sagen: wer für einen Aufwand von 100 (z. B. zur Unterstützung des Gemeinschuldners) stimmt, bewilligt damit auch jede geringere Summe; wer ein zu veräußerndes Massegrundstück für 1000 abzugeben bereit ist, bewilligt damit erst recht den Zuschlag um jeden höheren Preis. Demnach wären im ersten Falle die größeren Beträge den nächst geringeren, im zweiten die geringeren den nächst größeren

solange hinzuzurechnen, bis die erforderliche Mehrheit erreicht ist. Dies gilt jedoch nicht kraft entsprechender Anwendung des § 196 II GVG, sondern nur als erkennbare Willensmeinung der Abstimmenden. Ihr Wille ist maßgebend und im Zweifel durch richterliche Befragung (§ 139 ZPO, § 72 KO) zu klären. Vgl. Petersen-Kleinfeller Anm. 9. Beispiel bei Schrader Handbuch S. 3063.

4. Trotz Erzielung der gesetzlichen Mehrheit würde der Beschluß unwirksam sein, wenn die Gläubigerversammlung nicht oder nicht vorschriftsmäßig vom Konkursgericht berufen [§ 93 Anm. 4, 7] oder nicht von ihm geleitet worden ist [Anm. 1], desgleichen, wenn der Gegenstand der Beschlußfassung bei der Berufung nicht öffentlich bekannt gemacht war [§ 98 Anm. 1] oder außerhalb der Zuständigkeit einer Gläubigerversammlung liegt [§ 93 Anm. 2] oder von einer Rumpfversammlung gefaßt wurde [Anm. 5]. Eine solche Unwirksamkeit kann jeder Beteiligte (als solcher auch der Verwalter oder Gemeinschuldner) rügen, ohne an bestimmte Formen und Fristen gebunden zu sein [§ 98 Anm. 1]. Das Einschreiten des Gerichts setzt hier einen Antrag im Sinne des § 99 nicht voraus [§ 99 Anm. 1]. Zust. Rostock OLG 35 S. 254. Über den Fall verabredeter Zustimmung der Gläubigerversammlung siehe § 90 Anm. 2. 9

Zusatz. Fremde Rechte*.

1. Die Leitung der Gläubigerversammlung ist meist Sache des Konkursgerichts, bei Kollegialgerichten des Richterkommissars. In der Schweiz wird die erste Versammlung von einem Konkursbeamten geleitet, der mit zwei von ihm bezeichneten Gläubigern das „Bureau" bildet (Art. 235 I SchGK), in den weiteren Versammlungen führt ein Mitglied der Konkursverwaltung (also ggf. auch ein Konkursbeamter) den Vorsitz (Art. 252 III SchKG). In England leitet die erste Gläubigerversammlung der *official receiver* oder eine von ihm benannte Person (§ 74 I B.A.; B.R. 311), die weiteren Versammlungen eine von der Versammlung bestimmte Person (1st Schedule, rule 7).
2. Die Beschlußfähigkeit der Gläubigerversammlung ist häufig von der Anwesenheit eines bestimmten Teils der Gläubiger abhängig. So müssen anwesend sein
   a) in Österreich (in den nach dem Prüfungstermin stattfindenden Versammlungen) wenigstens zwei Gläubiger mit Forderungen in Höhe von wenigstens einem Viertel der Schuldenmasse (§ 92 I KO);
   b) in der Schweiz der vierte Teil oder bei nur vier oder weniger anwesenden Gläubigern die Hälfte der Konkursgläubiger (Art. 235 III, 255 III SchKG);
   c) in England mindestens drei oder alle Konkursgläubiger (1st Schedule, rule 24).
3. Die Beschlußfassung erfolgt
   a) nur nach Köpfen z. B. in der Schweiz (absolute Mehrheit erforderlich, bei Stimmengleichheit Stichentscheid durch den Vorsitzenden, Art. 235 IV, 252 IV SchKG);
   b) nur nach Forderungsbeträgen z. B. in Österreich (absolute Mehrheit, § 92 II KO), Holland (je 100 Gulden geben eine Stimme, Art. 81 F.W.) und für besondere Fälle in Frankreich (Art. 151 D. 20 mai 1955) und England (*ordinary resolutions*, § 167 B.A.);
   c) nach Köpfen und Forderungsbeträgen z. B. in den Vereinigten Staaten (jeweils absolute Mehrheit erforderlich, § 56 B.A.; 11 USCA § 92) sowie in Frankreich (mit verschiedenen Mehrheiten für die verschiedenen Beschlüsse, Art. 121, 153, 156 D. 20 mai 1955) und England (*special resolutions*, absolute Mehrheit nach Köpfen und Dreiviertelmehrheit nach Forderungsbeträgen, § 167 B.A.).

§ 95

Zur Teilnahme an den Abstimmungen berechtigen die festgestellten Konkursforderungen. In Ansehung einer streitig gebliebenen Forderung wird bei der Prüfung mit den Parteien erörtert, ob und zu welchem Betrage ein bleibendes Stimmrecht für dieselbe zu gewähren ist. In Ermangelung einer Einigung entscheidet das Konkursgericht. Das Gericht kann die Entscheidung auf den weiteren Antrag einer Partei abändern.

* Vgl. § 71 zu Anm. 20

Ob und zu welchem Betrage nicht geprüfte Konkursforderungen zum Stimmen in einer Gläubigerversammlung berechtigen, entscheidet auf den Widerspruch eines Konkursgläubigers oder des Verwalters das Gericht.

Eine Anfechtung der Entscheidungen findet nicht statt.

Materialien: Motive I Bd. 2 S. 22ff., Motive II S. 314ff., Protokolle S. 69f., 161.

1. Das Stimmrecht geprüfter Konkursforderungen (Abs. I)

1 1. Ein Stimmrecht in der Gläubigerversammlung gewähren **nur Konkursforderungen,** die gewöhnlichen Konkursgläubigerrechte und (vom Zwangsvergleich abgesehen) die allgemeinen wie die besonderen [§ 96 Anm. 3] Vorrechtsansprüche ohne Unterschied. Unanmeldbare Forderungen (§ 63), Masse- und Aussonderungsansprüche berechtigen also nicht zum Mitstimmen. Vgl. § 94 Anm. 2; wegen der Absonderungsrechte siehe § 96. Ein unantastbares Stimmrecht verleihen aber nach Abs. I Satz 1 nur solche Konkursforderungen, die im Sinne des § 144 I **festgestellt** sind und zwar vom Zeitpunkte der Feststellung ab (vgl. § 146 VII). Dieses Stimmrecht kann weder vom Konkursgericht noch von konkurrierenden Gläubigern angezweifelt werden. Es besteht, solange die Feststellung wirkt. Ist gegen sie eine Vollstreckungsklage oder eine Restitutionsklage erhoben [§ 145 Anm. 11f.], so kann durch einstweilige Verfügung (§ 940 ZPO) die Abstimmungsbefugnis vorläufig ausgeschaltet werden. Vgl Voß ArchZivPrax. 97 S. 405f., Böhle-Stammschräder Anm. 1. Sobald der Gläubiger, etwa als Vorrechtsgläubiger, voll befriedigt ist, scheidet er für die Zukunft aus dem Kreise der Stimmberechtigten aus.

2 2. Konkursforderungen, die geprüft, aber vom Verwalter oder von einem Konkursgläubiger bestritten worden und gegenwärtig noch **bestritten** sind, berechtigen — auch in Fällen des § 146 VI — zur Abstimmung nur, wenn und soweit ihnen ein Stimmrecht durch Einigung der Parteien oder mangels einer solchen Einigung durch unanfechtbare Entscheidung des Konkursgerichts zuerkannt ist. Abs. I Satz 2 u. 3, Abs. III. Bestrittene Forderungen schlechthin von der Stimmberechtigung auszuschließen, geht nicht an, weil ja die Bestreitung selber leichtfertig oder böswillig sein, der Feststellungsstreit aber sich lange hinziehen kann; sie schlechthin mitstimmen zu lassen, deshalb nicht, weil sonst — was sich später herausstellen kann — bedeutsame Angelegenheiten der Gläubiger vielleicht durch Nichtgläubiger entschieden würden (Motive II S. 314). Es bedarf also einer vermittelnden Zwischenregelung. „Parteien" sind diejenigen, die im Streit um das einzelne Konkursgläubigerrecht einander gegenübergetreten sind: der Anmelder und jeder Widersprechende (mag er als Konkursgläubiger oder als Verwalter bestritten haben, § 144 I). Der Schuldner, dessen Widerspruch der Konkursteilnahme keinen Abbruch tut (§ 144 II), hat auch bei der „Einigung" nach Abs. I Satz 3 nicht mitzureden. Ebensowenig in Genossenschaftskonkursen ein Genosse als solcher.

Die Erörterung über das Stimmrecht einer streitig gebliebenen Forderung soll bereits **„bei der Prüfung"** erfolgen (Abs. I Satz 2 mit § 141). Ist der Anmelder im Prüfungstermine weder anwesend noch vertreten, so ist eine Einigung ausgeschlossen. Dann hat das Gericht — und zwar noch im Prüfungstermine selbst — zu entscheiden, ob und zu welchem Betrag die bestrittene Forderung ein Stimmrecht verleiht. Nur wenn keiner der Widersprechenden dem vollen Stimmrecht dieser Forderung widerspricht, kann dasselbe als durch übereinstimmenden Parteiwillen anerkannt gelten. Ist das Stimmrecht einer bestrittenen Forderung zwar beanstandet, aber nicht durch Einigung oder Gerichtsbeschluß festgestellt worden, so sind die „Parteien" auf Antrag des Gläubigers zur mündlichen Erörterung in einen anderen Termin zu laden, auf den hin das Gericht durch unanfechtbaren (Abs. III) Beschluß zu entscheiden hat. Keineswegs braucht eine neue Gläubigerversammlung berufen zu werden.

Petersen-Kleinfeller Anm. 13, Oetker I S. 501; abw. OLG Jena Recht 8 Nr. 1439. Die Entscheidung des Konkursgerichts ist nach § 160 Nr. 5, 6, die Einigung der Parteien entsprechend dem § 160 Nr. 1 ZPO im Verhandlungsprotokolle [§ 94 Anm. 1] festzustellen. Beide Arten der Stimmrechtsbewilligung sind in der Bemerkungsspalte der Konkurstabelle zu verlautbaren. Die Unanfechtbarkeit (Abs. III) erübrigt auch bei Verkündung die im § 73 II vorgeschriebene Zustellung nicht. Diese kann etwa bei Abwesenheit eines Beteiligten und wegen der Möglichkeit nachträglicher Änderung [Anm. 3] ihren Wert haben. Vgl. v. Wilmowski-Kurlbaum Anm. 6 gegen Oetker I S. 502 (Verkündung oder Zustellung). Der anwesende Interessent kann auf sie verzichten [§ 73 Anm. 4]. Der Zweck des Ausschlusses der Anfechtbarkeit (Abs. III) geht dahin, der Gläubigerschaft eine alsbaldige und nachträglich nicht in Frage zu stellende Beschlußfähigkeit zu sichern. Daß hinterher eine zur Abstimmung zugelassene Forderung rechtskräftig aberkannt, eine von der Abstimmung ausgeschlossene rechtskräftig anerkannt wird, ändert am Abstimmungsergebnisse nichts. Vgl. Voß aaO. S. 408.

Das Stimmrecht, das durch Einigung oder Gerichtsbeschluß einer bestrittenen Forderung zuerkannt ward, ist „bleibend" (Abs. I Satz 2) in dem Sinne, daß es dem Gläubiger auch in allen folgenden Versammlungen so lange gebührt, bis über das Bestehen der Forderung rechtskräftig entschieden ist (§ 147). Beruht jedoch die Zuerkennung oder Aberkennung auf Beschluß des Gerichts, so darf dieses nach Abs. I Satz 4 auf den weiteren Antrag des Anmelders oder des Widersprechenden — nicht von Amts wegen — das bewilligte Stimmrecht wiederum entziehen, das versagte gewähren und den Stimmbetrag erhöhen oder mindern. Der abändernde Beschluß kann ohne mündliche Verhandlung ergehen (§ 73) und setzt keine Änderung des Sachlage voraus. Protokolle S. 70. Er ist unanfechtbar (Abs. III). Zustellung und Aufnahme in das Verhandlungsprotokoll: Anm. 2. Unabänderlich wird erst das Stimmrecht, das sich auf Grund des Feststellungsprozesses ergibt (Abs. I Satz 1 mit § 144 I). Wer vollständig befriedigt ist oder seine Anmeldung zurücknimmt, hat kein Stimmrecht mehr. 3

II. Das Stimmrecht ungeprüfter Konkursforderungen (Abs. II)

1. Da mindestens eine Gläubigerversammlung (§ 110) bereits vor dem Prüfungstermine (§ 138) stattfindet, mußte das Gesetz grundsätzlich auch das Stimmrecht ungeprüfter Forderungen anerkennen. Dementsprechend verordnet Abs. II: 4

a) Die ungeprüfte Forderung ist vorläufig zum vollen Betrage stimmberechtigt und zwar so lange, bis in einer Gläubigerversammlung Widerspruch gegen das Stimmrecht vom Verwalter oder irgendeinem als Konkursgläubiger — vorläufig oder endgültig — stimmberechtigten Anmelder erhoben wird. Wer selber kein Stimmrecht hat, kann auch nicht wirksam widersprechen.

b) Auf Widerspruch bestimmt das Konkursgericht — durch eine nach Abs. III unanfechtbare Entscheidung [siehe Anm. 2] —, ob und zu welchem Betrage die ungeprüfte Forderung mitstimmen darf. Diese Entscheidung ist aber nur für die gegenwärtige Versammlung maßgebend, gewährt also kein bleibendes Stimmrecht wie im Falle des Abs. I [Anm. 3]. In jeder künftigen Versammlung ist die Forderung, wenn sie noch ungeprüft ist, vorläufig zum vollen Betrage der Anmeldung stimmberechtigt, soweit kein neuer Widerspruch erfolgt. Motive II S. 315.

2. Anmeldung setzt auch das vorläufige Stimmrecht voraus. Denn nur durch diese wird die Absicht der Teilnahme am Verfahren wirksam bekundet [§ 3 Anm. 2]. Eine Verkürzung des Stimmrechts liegt in diesem Erfordernisse nicht, auch nicht für die erste, meist noch vor Ablauf der Anmeldefrist stattfindende 5

Gläubigerversammlung (§§ 110, 138), da ja die Anmeldung jederzeit (auch noch nach Beginn der Versammlung) geschehen kann. Seuffert § 26 N. 20, Petersen-Kleinfeller Anm. 12, Pasquay ZHR 66 S. 91, Voß aaO. S. 403f., 407, Mentzel-Kuhn Anm. 3, Böhle-Stamschräder Anm. 1; abw. z. B. v. Wilmowski-Kurlbaum Anm. 4, Höver, KonkTreuh. 1932 S. 6 (wegen der Schwierigkeiten, die sich bei Massenandrang in Riesenkonkursen einer Nachholung der Anmeldung im Termin selbst entgegenstellen können, ein Bedenken, das die bei der ungewöhnlichen Sachlage zumutbare frühere Anmeldung ausräumt; Mentzel-Kuhn aaO. empfiehlt in solchen Fällen eine von der Monatsfrist des § 110 abweichende Terminfestsetzung).

III. Abstimmung in eigener Sache

6 Unsere Konkursordnung enthält keinen Rechtssatz des Inhalts, daß ein sonst stimmberechtigter Konkursgläubiger in eigenen Angelegenheiten nicht mitstimmen dürfe. Aus den zu § 90 Anm. 4 dargelegten Gründen muß jedoch einem Konkursgläubiger das Stimmrecht in der Gläubigerversammlung versagt werden, wenn diese über ein mit ihm persönlich einzugehendes Rechtsgeschäft (z. B. über Verkäufe an ihn nach § 134 Nr. 1) Beschluß zu fassen hat. Daß jede wirtschaftliche oder rechtliche Beteiligung am Gegenstande der Abstimmung mit dem Stimmrecht unvereinbar wäre, läßt sich auch hier nicht behaupten. Unbedenklich können Konkursgläubiger sich selbst in den Gläubigerausschuß wählen (§ 87 II; zust. Mentzel-Kuhn Anm. 5 und Böhle-Stamschräder Anm. 1), wie denn auch im unmittelbaren Anwendungsgebiete des § 34 BGB die Befugnis der Vereinsmitglieder, sich bei der Vorstandswahl die eigene Stimme zu geben, in Rechtsprechung und Rechtslehre anerkannt ist (RGKom[10] § 34 Anm. 1 mit Verw.). Auch der § 92 IV ÖsterrKO, der den Konkursgläubigern das Stimmrecht „in eigener Sache" abspricht, nimmt Wahlen ausdrücklich aus. Die Erhebung von Klagen für die Masse und die Ablehnung der Aufnahme schwebender Masseprozesse hat nach § 133 Nr. 2 ein Gläubigerausschuß, nicht aber die Gläubigerversammlung zu bewilligen. Der Konkursverwalter hat daher, wenn ein Ausschuß fehlt, selbständig nach seinem pflichtmäßigen Ermessen vorzugehen. So z. B. wenn haftpflichtige Gründer oder Aufsichtsräte, die am Konkurse der Gesellschaft als Konkursgläubiger teilnehmen, zu verklagen sind [§ 1 Anm. 49]. Auch in Fällen, in denen an der Beschlußfassung beteiligte Konkursgläubiger in der Gläubigerversammlung mitstimmen dürfen, gewähren die §§ 82 [vgl. dort Anm. 14], 99 der Masse einen bedeutsamen Schutz. So bei der Bewilligung von Rechtsgeschäften (§ 134) mit nahen Angehörigen eines Hauptgläubigers.

IV. Umfang und Wirksamkeit der Stimmrechte

7 Erörterungen und Entscheidungen über Stimmrechte auf Grund der §§ 95, 96 müssen davon ausgehen, ob und inwieweit die geltend gemachte Forderung, **falls** sie zu Recht besteht, nach den allgemeinen Vorschriften der §§ 3, 61—70, 226, 227 (§ 236) eine Konkursforderung bildet. Daher sind Schadensersatzansprüche auch im Hinblick darauf, daß die Schädigung sich in Zukunft noch auswachsen kann, zu bemessen. Denn nach § 3 genügt es, daß der das einheitliche Schuldverhältnis auslösende Haftungsgrund vor Konkursbeginn eingetreten ist [§ 3 Anm. 16b]. RG Bd. 87 85. Auch wenn bei der Einigung oder Entscheidung über das Stimmrecht Bestand und Betrag des Anspruchs dahingestellt bleiben, hat die Abstimmung selbst, mag sie noch so folgenschwer sein, endgültige Wirksamkeit. So namentlich auch für einen Zwangsvergleich (§ 182). Die Zwangsvergleichsquote freilich hat der Abstimmende erst auf seine festgestellte Konkursforderung (§ 194), als Ausfallgläubiger (§ 96) nur für den festgestellten Ausfall zu beanspruchen, mag sie auch früher fällig werden (Jaeger LZ 1917 Sp. 523). Für den Erfolg einer im Konkurse zulässigen Aufrechnung sind die §§ 95, 96 unmaßgeblich.

§ 96

Ob und zu welchem Betrage Forderungen, für welche abgesonderte Befriedigung beansprucht wird, in Ansehung ihres mutmaßlichen Ausfalls, sowie Konkursforderungen unter aufschiebender Bedingung zum Stimmen in einer Gläubigerversammlung berechtigen, entscheidet auf den Widerspruch eines Konkursgläubigers oder des Verwalters das Gericht.

Eine Anfechtung der Entscheidung findet nicht statt.

Materialien: Motive II S. 315, Protokolle S. 70, 161, Kommissionsbericht S. 1953 (Antrag d).

I. Der durch ein **Absonderungsrecht** gedeckte Konkursgläubiger wird, wenn er nicht etwa auf abgesonderte Befriedigung verzichtet, nur für den bei dieser erlittenen Ausfall konkursmäßig befriedigt (§ 64). Anmelden und zur Feststellung bringen darf er aber seine volle Forderung [§ 64 Anm. 11]. Ja das Gesetz gesteht ihm schon von vornherein ein Stimmrecht in Ansehung des mutmaßlichen Ausfalls zu. Das bedeutet eine erhebliche Begünstigung des Gläubigers. Denn es ist keineswegs selbstverständlich, daß er schon, ehe sein Ausfall feststeht zum mutmaßlichen Ausfallbetrage sogar im Zwangsvergleichsverfahren und mit endgültiger Wirksamkeit abstimmen darf [§ 64 Anm. 16, § 95 Anm. 7]. Den Ausfall, den er erwartet, hat er anzugeben, wenn er insoweit mitstimmen will. Erhebt weder der Verwalter noch ein Konkursgläubiger [§ 95 Anm. 4] Widerspruch, so besteht in der betreffenden Versammlung ein Stimmrecht zum ganzen angegebenen Ausfallbetrag (nicht in Höhe der ganzen Forderung, wie RG Bd. 87 16 zu Unrecht annimmt; wie hier auch Mentzel-Kuhn Anm. 1). Auf Widerspruch entscheidet das Gericht durch unanfechtbaren (Abs. II) Beschluß [Grund der Unanfechtbarkeit, Protokollierung und Zustellung: § 95 Anm. 2 u. 3], aber nur für die gegenwärtige Versammlung (in „einer" Gläubigerversammlung), ob und in welcher Höhe die Ausfallforderung zum Mitstimmen berechtigt. Sobald der Ausfall endgültig feststeht, ist natürlich der Betrag des ermittelten Ausfalls maßgebend. 1

II. **Aufschiebend** bedingte Konkursforderungen (siehe § 67) verleihen ein vorläufiges Stimmrecht für den vollen angemeldeten Betrag. Auf Widerspruch entscheidet das Gericht wie im Falle I. Als kraft Gesetzes aufschiebend bedingte Forderungen kommen hier namentlich Schadensersatzansprüche in Betracht, die aus Erfüllungsablehnungen und Kündigungen auf Grund der §§ 17, 19, 22 erwachsen können. Aussichtslosen Anwartschaften, wie sie etwa auf der Zusicherung in den bei früheren Sanierungsversuchen ausgestellten „Besserungsscheinen" beruhen, werden weder die Beteiligten noch das Gericht Stimmrechte zugestehen (zust. Mentzel-Kuhn Anm. 2). Siehe § 154 Anm. 4. Gläubiger mit auflösend bedingten Forderungen haben nach § 66 uneingeschränktes Stimmrecht (selbstverständlich unbeschadet des § 95). 2

III. Absonderungsberechtigten Konkursgläubigern entsprechend [Anm. 1] sind die Gesellschaftsgläubiger im Falle des § 212 und die Nachlaßgläubiger im Falle des § 234 (vgl. § 236) sowie die Gesamtgutsgläubiger im Falle des § 236c KO (i. d. Fassung d. GleichberG. v. 18. 6. 1957, BGBl. I S. 609) stimmberechtigt. Dagegen verordnet weder der § 35 HypBankG noch der § 77 VAG für den Konkurs der Hypothekenbanken und Lebensversicherungsanstalten noch auch der § 32 DepotG für den Konkurs des mit dem Einkauf von Wertpapieren betrauten Kommissionärs die Anwendbarkeit unserer Vorschrift auf die sonst in wesentlichen Beziehungen den Absonderungsgläubigern gleichbehandelten besonderen Vorrechtsgläubiger [§ 61 Anm. 1f.]. Vgl. auch Gesetz über Pfandbriefe und verwandte Schuldverschreibungen öffentl. Kreditanstalten v. 21. 12. 27 (RGBl. I S. 492) § 6 III. Ein Gegenschluß ergibt daher, daß diese Vorrechtsgläubiger in der allgemeinen Gläubigerversammlung [§ 93 Anm. 1] nach Maßgabe des § 95 3 zum vollen Betrag ihrer Forderungen, nicht nur in Höhe ihres mutmaßlichen Ausfalls stimmberechtigt sind. Zust. Gadow RGR Komm. zum HGB Anh. II zu § 424 Anm. 201, Wolff KO² § 96 Anm. 3, Bleyer KO³ § 96 Anm. 1b, Gg. Schumann Leipz. rechtsw. Studien Heft 18 S. 31, KonkTreuh. 1930 S. 59, Mentzel-Kuhn Anm. 3, Böhle-Stamschräder Anm. 3, Opitz DepotG² (1955) § 32 Anm. 17. Demgegenüber lehren Göppert-Seydel-Friedländer HypBankG³ (1929) S. 90, Koenige-Petersen VAG³ (1927) S. 640 (offenbar auch Prölß VAG § 77 Anm. 2) u. Schmidt-Rimpler EhrenbergsHandb. V 1 S. 695, der § 95 gelte bei Beschlüssen über eine die Gesamtmasse (z. B. §§ 80 87), der § 96 aber bei Beschlüssen über eine nur die nicht voraushaftende Masse betreffende Angelegenheit (z. B. über die Hinterlegung von Wertpapieren der gemeinen Masse nach § 132). Allein diese Unterscheidung ist dem Gesetze fremd und besonders in den §§ 212, 234 nicht anerkannt. Nur für die Vergleichsabstimmung ergibt sich aus den §§ 173, 193, nach denen Vorrechtsgläubiger als solche am Zwangsvergleich unbeteiligt sind, eine Beschränkung des Stimmrechts auf den Betrag des dem Verwalter nachgewiesenen Vorrechtsverzichtes oder des Ausfalls. Nur insoweit läßt sich, da der § 64 für anwendbar erklärt ist, auch eine entsprechende Heranziehung des § 96 rechtfertigen. Zust. Gadow und Opitz aaO. Abstimmung durch den gemeinsamen Vertreter: § 139 Anm. 5; Unzulässigkeit des Zwangsvergleichs bei Versicherungsvereinen auf Gegenseitigkeit: § 173 Anm. 18.

4 Streit besteht auch darüber, wer im Falle einer Verpfändung der Schuldverschreibung das Stimmrecht auszuüben hat. Nach Seuffert ZZP 27 S. 118f. N. 17 steht den §§ 1276, 1281 BGB zufolge die Ausübung des Stimmrechts in allen Fällen dem Gläubiger und dem Pfandgläubiger gemeinsam, nach Koenige ZZP 28 S. 426f. den §§ 745, 1258 BGB zufolge dem Pfandgläubiger allein und nur bei Beeinträchtigung der Rechte des Gläubigers beiden gemeinsam zu. Beim Pfandrecht an Inhaber- und Order-Schuldverschreibungen ist der Pfandgläubiger nach § 1294 BGB schon vor Eintritt der Verkaufsbefugnis (§ 1228 II BGB) zur selbständigen Einziehung und dementsprechend zur alsbaldigen alleinigen Anmeldung [§ 67 Anm. 9] berechtigt. Sofern nun die Abstimmung im Konkurse mittelbar der „Einziehung" dient (was regelmäßig der Fall ist), wird dem selbständig einziehungsberechtigten Pfandgläubiger auch das alleinige Stimmrecht zuzubilligen sein. Zu anderen Verfügungen als zur Einziehung, also auch zur Abschließung eines Zwangsvergleichs, bedarf es dagegen eines Zusammenwirkens von Gläubiger und Pfandgläubiger [vgl. § 94 Anm. 6, § 182 Anm. 3].

§ 97

Gezählt werden nur die Stimmen der in der Gläubigerversammlung erschienenen Gläubiger. Die nicht erschienenen Gläubiger sind an die Beschlüsse gebunden.

Materialien: Motive I Bd. 2 S. 24f., Motive II S. 316, Protokolle S. 70, 161.

1 **I.** Wenn eine Gläubigerversammlung im Sinne des Gesetzes Beschlüsse faßt, zählen nur die abgegebenen Stimmen der „**in**" der Versammlung erschienenen stimmberechtigten Gläubiger. Erscheint nur einer, dann zählt nur dessen Stimme [§ 94 Anm. 4]. Eingesandte oder von einem Erschienenen vor seinem Weggang zurückgelassene schriftliche Erklärungen zählen nicht. Wohl aber kann ein Anwesender, der unfähig ist zu sprechen, wirksam schriftlich oder durch Zeichen (Aufstehen, Handerheben) abstimmen. Wer ausbleibt oder sich der Abstimmung enthält, ist an den Beschluß gebunden. Doch kann eine spätere Gläubigerversammlung (vgl. § 93) den früheren Beschluß abändern. Siehe auch § 99. Besonderheit für den Zwangsvergleich: § 182. Das Abzählen der Stimmen und die Beurkundung des Ergebnisses ist keine „Entscheidung",

die nach § 73 III mit Beschwerde angefochten werden könnte (Rostock OLG 35 S. 254, auch Mentzel-Kuhn Anm. 1). Die Versammlungsbeschlüsse selbst sind keine „gerichtlichen“ Entscheidungen. Ihnen gilt der § 73 überhaupt nicht (Rostock aaO., Böhle-Stamschräder Anm. 1).

II. Eine Vertretung durch Bevollmächtigte bei der Abstimmung ist zulässig. Die §§ 56, 79, 80 I, 83 II, 84—86, 87 II, 88 II, 89 ZPO finden entsprechende Anwendung. Gegen Mißbrauch des § 80 II ZPO und über Zurückweisung ungeeigneter Sachwalter siehe § 72 Anm. 2 u. 3b. Beistände: § 90 ZPO. Eine Vertretung einzelner Konkursgläubiger durch den Konkursverwalter verträgt sich nicht mit dessen Stellung. Darüber, ob die Prozeßvollmacht als solche auch für das Konkursverfahren wirkt, siehe § 139 Anm. 4. Unanmeldbarkeit der Vertretungskosten: § 63 Anm. 3. 2

§ 98

Der Gegenstand, über welchen in der Gläubigerversammlung ein Beschluß gefaßt werden soll, muß bei der Berufung derselben öffentlich bekannt gemacht werden.

Materialien: Motive I Bd. 2 S. 22f., Motive II S. 314, Protokolle S. 70, 161.

Die Gläubigerversammlung kann nur über solche Gegenstände wirksam „beschließen“ (Gegensatz: bloß verhandeln, beraten), die bei der Berufung selbst oder in einer ergänzenden Bekanntmachung veröffentlicht worden waren (§ 76). Die Bekanntmachung „muß“ die einzelnen Gegenstände der Beschußfassung ausreichend bezeichnen. Das gilt auch für Gegenstände, die kraft ausdrücklicher gesetzlicher Vorschrift auf die Tagesordnung einer bestimmten Gläubigerversammlung gesetzt werden müssen (zust. RG Bd. **148** 265 und allg. Meinung), wie für die Bestellung eines Gläubigerausschusses, über die kraft Gesetzes (§ 110 I) schon die erste Gläubigerversammlung zu beschließen hat (was für die Gegenstände des § 132 I nicht zutrifft). Wird die Bekanntmachung nur auszugsweise bewirkt (§ 76 I 1 Halbs. 2), so muß sie doch die Gegenstände der Tagesordnung (z. B. nach § 132) in ihrem wesentlichen Inhalt angeben. Allgemeine Andeutungen (wie Verwertung der Masse, Genehmigung von Anträgen des Verwalter) genügen dem § 98 nicht. Ist als Gegenstand der Beschlußfassung „die Wahl eines neuen Gläubigerausschusses“ angekündigt, so ergibt die Fassung zwar nicht notwendig, daß zuvor die Bestellung der bisherigen Mitglieder nach § 92 widerrufen werden soll (denn ihr Amt kann auch z. B. durch Tod oder Kündigung erloschen sein). Jedenfalls aber können den Konkursgläubigern bekannte Vorgänge ergeben, daß Abberufung und Neubesetzung gemeint ist. Dann genügt jene Ankündigung. OLG Köln LZ 1910 Sp. 798. 1

Beschlüsse der Gläubiger über nicht oder nicht bestimmt genug angekündigte Gegenstände ermangeln **von Rechts wegen** jeder Wirksamkeit („muß“), es sei denn, daß alle Beteiligten anwesend waren und keiner widersprochen hat (OLG Königsberg JW 1931 S. 2588 Nr. 21 mit Note Kleinfeller, Böhle-Stamschräder Anm. 2). Zustellungen an einzelne Beteiligte (etwa nach § 111 III) ersetzen die öffentliche Bekanntmachung keineswegs (Königsberg aaO). Die Unwirksamkeit besteht von vornherein, endgültig und im Verhältnis zu jedermann. Daß sie erst geltend gemacht werden könnte, wenn sie das Konkurs- oder Beschwerdegericht in einer gerichtlichen Entscheidung festgestellt habe, wie Kleinfeller aaO. und ihm folgend RG Bd. **143** 263, **149** 185 unter Zustimmung von Titze JW 1934 S. 980 annehmen, trifft nicht zu. Dem Konkursgericht ist (gegen RG aaO) die Macht, Beschlüsse der Gläubigerversammlung, die es für unwirksam hält, „aufzuheben“ und so „aus der Welt zu schaffen“ nirgends beigelegt. Eine solche Macht versteht sich aber keineswegs von selbst.

Der Versammlungsbeschluß ist nicht selber ein gerichtliches Erkenntnis. Er unterliegt keinem Rechtsmittel [§ 97 Anm. 1]. Von ihm läßt sich nicht wie von einem Urteil behaupten, ein bloßer Verfahrensverstoß könne nur Anfechtbarkeit, nicht aber Wirkungslosigkeit von Rechts wegen zur Folge haben. Auch mit dem Eröffnungsbeschlusse des Konkursgerichts sind Gläubigerschaftsbeschlüsse (gegen RG aaO) nicht vergleichbar. In der Gläubigerversammlung nehmen die Beteiligten ihre eigenen Belange wahr, üben aber weder streitige noch freiwillige Gerichtsbarkeit aus. Die Gläubigerversammlung ist kein Rechtspflegeorgan [§ 93 Anm. 1]. Wie hier auch Mentzel-Kuhn Anm. 2. Eine Klage auf Feststellung, daß ein gesetzwidriger Beschluß der Gläubigerversammlung (oder des Gläubigerausschusses) „nicht verbindlich sei", ist nicht zulässig, da es an einem Rechtsverhältnis im Sinne des § 256 ZPO fehlt (abw. Kleinfeller Lehrbuch S. 39, 41f.). Noch weniger eine Gestaltungsklage auf rückwirkende Vernichtung des Beschlusses, wie sie Oetker ZHR 78 S. 538 in Erwägung zieht. Ob der § 98 auch für einen nur vertragsmäßig vorbehaltenen Zustimmungsbeschluß der Gläubigerschaft gelten soll, hängt vom Willen der Vertragsgenossen ab (RG JW 1893 S. 487f. Nr. 10). Über sonstige Unwirksamkeitsgründe siehe § 94 Anm. 9 und § 99 Anm. 1.

§ 99

Das Gericht hat die Ausführung eines von der Gläubigerversammlung gefaßten Beschlusses auf den in der Gläubigerversammlung gestellten Antrag des Verwalters oder eines überstimmten Gläubigers zu untersagen, wenn der Beschluß dem gemeinsamen Interesse der Konkursgläubiger widerspricht.

Materialien: Motive II S. 317, Protokolle S. 67, 70, 161.

1 I. Beschlüsse der Konkursgläubiger sind, auch wenn sie innerhalb des gesetzlichen Aufgabenkreises der Gläubigerversammlung ergehen, **unwirksam,** falls sie von einer ordnungswidrig berufenen oder nicht vom Konkursgerichte geleiteten Versammlung oder über einen nicht gehörig bekannt gemachten Gegenstand oder unter Verletzung der Vorschriften über die Abstimmung gefaßt werden (§§ 93—98) [§ 94 Anm. 9, § 98 Anm. 1]. Siehe Motive II S. 314. Desgleichen, wenn ihr Inhalt einem Verbotsgesetz oder den guten Sitten widerstreitet (vgl. §§ 134, 138 BGB, Becher LZ 1914 Sp. 254). Die Ausführung solcher Beschlüsse hätte das Konkursgericht nicht nur auf Antrag, sondern von Amts wegen zu verbieten. Die Zurückweisung eines Antrags auf das Verbot unterläge der Beschwerde des Antragstellers (§ 73 III; Rostock OLG 35 S. 255). Zeitliche Schranken für dieses Verbot bestehen nicht. Ebensowenig für die Geltendmachung der Unwirksamkeit durch einen Beteiligten. Die Unwirksamkeit ist eine vollkommene in dem zu § 98 Anm. 1 dargelegten Sinne. Über Beschlüsse, deren Gegenstand außerhalb des gesetzlichen Wirkungskreises der Gläubigerversammlung liegt, vgl. § 93 Anm. 2.

2 II. Unter gewissen Voraussetzungen kann nun aber das Konkursgericht auch die Ausführung eines formgültigen und an sich wirksamen Beschlusses der Gläubigerversammlung — nicht des Gläubigerausschusses [§ 90 Anm. 2] — **untersagen.** Ein solches Eingreifen des Konkursgerichtes in die Selbstverwaltung rechtfertigt sich als Maßregel zum Schutze des gemeinsamen Wohles der Konkursgläubiger, zumal die Mehrheit nach Forderungsbeträgen zu bemessen (§ 94 III) und mit der Möglichkeit zufälliger oder von eigensüchtigen Sondergruppen erschlichener Mehrheiten zu rechnen ist. Vorausgesetzt wird:

1. Der Beschluß widerspricht dem gemeinsamen Wohle der Konkursgläubiger, mag er nun zugunsten des Gemeinschuldners oder zum Sonder-

vorteil einzelner Gläubiger oder in Begünstigung dritter Personen gefaßt worden oder aber niemandem von Nutzen sein (zust. OLG Dresden SARpfl. 1916 S. 469). Darum, weil die Entschließung der Gläubigerversammlung den Gemeinschuldner oder Massegläubiger (OLG Köln LZ 1909 S. 407) oder Absonderungsberechtigten beeinträchtigt, darf das Konkursgericht die Ausführung nach § 99 nicht untersagen. Zust. Mentzel-Kuhn Anm. 2. Hinsichtlich der Frage, ob der Beschluß den gemeinsamen Interessen widerspricht, ist für das Gericht, dem meist die eigene Kenntnis fehlen wird, die objektive Information durch den Konkursverwalter wichtig (Mohrbutter-Haarmann KonkTreuh. 1956 S. 179). Veranlaßtenfalls hat es Ermittlungen anzustellen (§ 75).

2. Der Beschluß bedarf nach seinem Inhalt erst noch einer „Ausführung". Dieses Erfordernis darf, wenn das Gesetz seinen Zweck, das Gemeinwohl gegenüber einem ihm abträglichen Mehrheitsbeschlusse zu schützen, erreichen soll, nicht überspannt werden. Die Ermächtigung des Gerichts, die „Ausführung" von Versammlungsbeschlüssen zu verbieten, bedeutet ganz allgemein: das Gericht soll die Macht haben, die Auswirkung jedes Versammlungsbeschlusses zu unterbinden, der dem gemeinsamen Wohle der Konkursgläubiger widerstreitet. Diese Gefahr kann auch bei Beschlüssen bestehen, die einer Vollziehung gar nicht bedürfen, wie der Widerruf einer Bestellung zum Mitgliede des Gläubigerausschusses (§ 92). Näheres § 87 Anm. 5 mit Verw. Die Ernennung eines von der Gläubigerversammlung gewählten Verwalters (§ 80) kommt als gerichtliche Entschließung hier überhaupt nicht in Betracht (gegen Endemann S. 418 N. 22). Im buchstäblichen Sinne des Wortes ausführungsbedürftig und darum unstreitig dem Bereiche des § 99 zugehörend sind dagegen z. B. Beschlüsse, den Betrieb des Schuldners fortzuführen oder zu schließen (§ 132; vgl. dazu Mohrbutter-Haarmann KonkTreuh. 1956 S. 179), dem Verwalter die Eingehung von Rechtsgeschäften zu gestatten (§ 134). Ordnet der dem Gemeinwohl abträgliche Versammlungsbeschluß ein Unterlassen an, versagt er z. B. dem Verwalter die Erlaubnis, ein Darlehn aufzunehmen (§ 134 Nr. 2), dann läuft das Verbot der Versagung, weil es die Verneinung einer Verneinung enthält, auf eine Bejahung hinaus, d. h. es wirkt als Bewilligung der vom Verwalter geplangten Maßnahme (im Beispielsfall als Bewilligung der Darlehnsaufnahme) und deckt die Handlung des Verwalters, die zur Wirksamkeit nach außen jener Erlaubnis gar nicht bedarf (§ 136), gegen eine innenrechtliche Verantwortlichkeit (§ 82). Dagegen nimmt Wolff KO[2] § 99 Anm. 1 an, die Versagung einer Erlaubnis im Sinne des § 134 falle überhaupt nicht unter den § 99, da ein solcher Beschluß keiner „Ausführung" bedürfe, und behauptet Senst-Müller Konkursrichter[4] S. 44, gegenüber Beschlüssen der Gläubigerversammlung, daß etwas nicht geschehen solle, versage der Schutz des § 99. Das Gemeinwohl der Gläubiger bedarf jedoch gegenüber beharrlichen Widerständen einer eigensüchtigen oder unverständigen Mehrheit in jedem Falle des gerichtlichen Schutzes. Auch der Einwurf, das Konkursgericht dürfe sich nicht in die Verwaltung einmischen, geht fehl. Denn dazu verleiht ihm gerade der § 99 in gewissen Grenzen die Macht. Eine solche Einmischung liegt z. B. auch darin, daß der Richter dem Beschlusse der Gläubigerversammlung das Geschäft des Schuldners nicht weiter zu betreiben (§ 132), sein Veto entgegensetzt, weil der Fortbetrieb für die Masse vorteilhafter ist (ein Schulfall des § 99, Levy Konkursrecht[2] S. 67). Die Folge des gerichtlichen Eingriffs kann nur die sein, daß die Weiterführung des Geschäfts vom Gericht gestattet (gedeckt) wird. Auch hier wird in Wahrheit eine negative Anordnung der Gläubigerschaft durch den Richter negiert und so der positive Erfolg der „Genehmigung" hergestellt. Es fehlt jeder vernünftige Grund, gegenüber verneinenden Versammlungsbeschlüssen das gerichtliche Veto auszuschalten. Der verbreitete Satz, das Gericht könne nach § 99 immer nur mit negativer Wirkung eingreifen (so z. B. auch v. Wilmowski-Kurlbaum Anm. 1), erweist sich als unhaltbar. Zust. Mentzel-Kuhn Anm. 3 u. Böhle-Stamschräder Anm. 4. Siehe auch Anm. 7. Zum Falle Rostock OLG 21 S. 276 (Beschluß der Gläubigerversammlung auf Ruhen des Verfahrens) siehe oben § 93 Anm. 2. 3

4 3. Noch „in" der beschlußfassenden Gläubigerversammlung selbst, also von einem hier Erschienenen [siehe § 97 Anm. 1], wird das richterliche Veto beantragt und zwar

a) entweder vom Konkursverwalter oder

b) von einem Konkursgläubiger, der stimmberechtigt war und tatsächlich (persönlich oder durch einen Vertreter) auch abgestimmt hat, aber in der Minderheit geblieben ist. Für den Verwalter kann die Erwirkung des richterlichen Einspruchs Amtspflicht sein [§ 82 Anm. 14]. Der Gläubigerausschuß als solcher ermangelt der Antragsbefugnis. Noch weniger hat er die Macht, selber die Ausführung eines Beschlusses der Gläubigerversammlung zu verbieten und das Gegenteil anzuordnen, etwa in Fällen des § 132. Eine solche Anordnung des Ausschusses wäre gesetzwidrig, ihre Befolgung durch den Verwalter ein Pflichtverstoß, gegen den das Gericht auf Grund der §§ 83, 84 einzuschreiten hätte. Becher LZ 1914 Sp. 255f.

5 III. Der Gerichtsbeschluß, der nicht schon in der Versammlung erlassen zu werden braucht, unterliegt der sofortigen **Beschwerde** (§ 73 III). Wird im Beschwerdeweg der Einspruch des Konkursgerichts wirksam (§ 74) aufgehoben, so ist der Beschluß der Gläubigerversammlung auszuführen.

1. Untersagt das Gericht die Ausführung, so muß es mit Rücksicht auf das Beschwerderecht sein Veto öffentlich bekanntmachen (§ 76). Seuffert S. 171. Beschwerdeberechtigt ist der Verwalter, es sei denn, daß er selbst das Veto des Gerichts beantragt hat, und jeder einzelne Konkursgläubiger, der nicht gegen den Beschluß gestimmt hat. Ein in der Versammlung ausgebliebener Gläubiger wird nach § 97 Satz 2 behandelt, als hätte er sich stillschweigend dem Beschluß unterworfen (Motive II S. 316). Gerade deshalb hat er das Beschwerderecht gegen das Veto wie ein Gläubiger, der für den Beschluß gestimmt hatte. Petersen-Kleinfeller Anm. 1 und Mentzel-Kuhn Anm. 4. Die Gläubigerversammlung als solche hat kein Beschwerderecht [§ 73 Anm. 8].

6 2. Wenn der Gerichtsbeschluß den Untersagungsantrag zurückweist, ist nur der Antragsteller beschwerdeberechtigt (vgl. § 20 II FGG). Nur ihm braucht daher die Entscheidung zugestellt zu werden (Fitting § 31 N. 31, Seuffert S. 171). Wer sonst noch das Veto hätte beantragen können [Anm. 4], ist darum nicht ebenfalls beschwerdeberechtigt (abw. Wolff KO[2] Anm. 3 u. a., Mentzel-Kuhn Anm. 4). Wohl gereicht das Veto gegen einen dem gemeinsamen Interesse der Konkursgläubiger widerstreitenden Versammlungsbeschluß der Gesamtheit zum Nutzen. Die Zulässigkeit eines Rechtsmittels setzt aber voraus, daß derjenige, der es einlegt, an dem der beschwerenden Entscheidung zugrunde liegenden Verfahren selbst beteiligt war. Bis dahin Unbeteiligten steht ein Rechtsmittel nur kraft besonderer Ermächtigung zu, wie in den Ausnahmefällen der §§ 634, 856 II ZPO (vgl. Rosenberg Zivilprozeßrecht[9] § 135 II 1a). Daß eine Beschwerde gegen den ablehnenden Beschluß „an sich unzulässig" wäre, läßt sich nicht begründen (vgl. OLG Oldenburg DJZ 1903 Sp. 372).

Zusatz. Fremde Rechte*. Die meisten Auslandsrechte kennen keine dem deutschen § 99 KO entsprechende generelle Vorschrift, sondern sehen nur für Einzelfälle die Möglichkeit einer gerichtlichen Sistierung von Beschlüssen der Gläubigerversammlung vor. Ähnlich generelle Bestimmungen wie in Deutschland finden sich dagegen in der Schweiz und in Österreich. In der Schweiz kann jeder Gläubiger gegen Beschlüsse der Gläubigerversammlung „bei der Aufsichtsbehörde Beschwerde führen" (Art. 239 I SchKG). In Österreich kann das Konkursgericht darüber hinaus auch von Amts wegen die Ausführung eines Beschlusses des Gläubigerausschusses oder der Gläubigerversammlung untersagen, „wenn er den gemeinsamen Interessen der Konkursgläubiger widerspricht", und in dringenden Fällen „zur Hintanhaltung eines offenbaren Nachteils" den Beschluß des Gläubigerausschusses oder der Gläubigerversammlung durch eine Verfügung anderen Inhalts ersetzen (§ 95 III KO).

* Vgl. § 71 zu Anm. 20.

§ 100

Der Gemeinschuldner ist verpflichtet, dem Verwalter, dem Gläubigerausschusse und auf Anordnung des Gerichts der Gläubigerversammlung über alle das Verfahren betreffenden Verhältnisse Auskunft zu geben.

Materialien: Motive I Bd. 2 S. 26, Motive II S. 317f., Protokolle S. 70, 161.

I. Auskunftspflicht des Schuldners

1. Das Gesetz verpflichtet den Gemeinschuldner, über alle das Verfahren betreffenden Verhältnisse, über die Gründe des Zusammenbruchs, über seine Geschäftsbeziehungen und Prozesse, über eine von ihm wirtschaftlich ausgenutzte nicht angemeldete Erfindung oder ein in seinem Betrieb verwendetes Geheimverfahren (OLG Hamm JMBlNW 1951 S 151; vgl. auch § 1 Anm 11), über Aktiven und Passiven im einzelnen (vgl. § 141 II) über Aus- und Absonderungsrechte, über Masseansprüche, über Anfechtungstatsachen jederzeit wahrheitsgetreue Auskunft zu geben. Offenbarungseid: § 125. Die Auskunft ist mündlich und nur mit besonderer Gestattung des Auskunftberechtigten [Anm. 2] schriftlich zu erteilen. Zum Zwecke der Auskunfterteilung muß sich der Schuldner auf Erfordern persönlich beim Auskunftberechtigten einfinden. Die Auskunft kann auch das konkursfreie Vermögen (z. B. unpfändbare Unterhaltsansprüche) betreffen, namentlich wenn es sich um Bewilligung einer Unterstützung handelt. Petersen-Kleinfeller Anm. 2. Auf Hausgenossen und Angestellte hat unser § 100 die Auskunftpflicht nicht erstreckt (anders § 40 I 2 VerglO), auch nicht auf den Ehegatten bei Gütergemeinschaft. Anders vielfach ausländische Rechte vgl. Anm. 6. Die amtliche Aufklärungsmacht des Konkursgerichts nach § 75 steht selbständig neben der Auskunftpflicht des § 100 (siehe § 75 Anm. 3 a). Diese ruht nicht in einem Schuldverhältnis des bürgerlichen Rechts, das durch Klage und Zwangsvollstreckung zu verfolgende Forderungen begründete, sondern wie die Pflicht zum Offenbarungseid nach § 125 auf einem prozeßrechtlichen Gebot. Beide Obliegenheiten bilden eigens zum Schutze der Konkursgläubiger eingeführte und ganz auf die Zwecke des Konkursverfahrens zugeschnittene Pflichten **öffentlich-rechtlicher** Art, die nach den besonderen Vorschriften des Prozeßrechts zu verwirklichen sind. Die im § 100 gebotene Auskunft kann das Konkursgericht unmittelbar (ohne, daß ein Vollstreckungstitel erforderlich wäre) mit den Mitteln des § 101 II erzwingen. Es kann die dort vorgesehene Beugehaft schon dann verhängen, wenn ihm die Angaben des Schuldners unrichtig oder unvollständig erscheinen (OLG Kassel Recht 1925 Nr. 750), nicht nur wenn der Schuldner jede Aussage verweigert. Selbst wenn aber auch die Auskunftpflicht des Gemeinschuldners eine bürgerlich-rechtliche Verbindlichkeit darstellte, also an sich dem Klagewege zugänglich wäre, würde — was Simonson JW 1930 S. 112 zutreffend ausführt — im Hinblick auf den § 101 II das Rechtsschutzbedürfnis für eine Klage fehlen. Eine solche muß daher in jedem Falle von Amts wegen als unzulässig abgewiesen werden. Wissentlich falsche Auskunft kann den Schuldner nach § 239 I Nr. 1 strafbar machen. So z. B. wenn er Tatsachen unterdrückt, die einen anfechtungsrechtlichen Rückgewähranspruch (§ 37) begründen (RGStrafs. Bd. **66** 152, Kleinfeller JW 1932 S. 1747 zu Nr. 30; vgl. auch die bei Böhle-Stamschräder KonkTreuh. 1957 S. 19 mitgeteilten Entscheidungen des BGHStrafs.). 1

Im Sonderkonkurs obliegt die Auskunftspflicht dem Träger der Gemeinschuldnerrolle. so im Konkurs der Gemeinschaften zur gesamten Hand (z. B. einer OHG) sämtlichen Gesellschaftern, im Nachlaßkonkurs sämtlichen Erben [§ 1 Anm. 69].

2. Der Verwalter und der Gläubigerausschuß als solcher (nicht einzelne Ausschußmitglieder, es sei denn daß sie vom Ausschuß mit der Einholung der Auskunft beauftragt sind — Mentzel-Kuhn Anm. 3, Böhle-Stamschräder Anm. 2

1 —) können die Auskunfterteilung unmittelbar vom Schuldner, auch wenn dieser anwaltschaftlich vertreten ist (Vorst. d. AnwKammer Düsseldorf KonkTreuh. 1956 S. 63), verlangen und im Weigerungsfalle die Zwangsmaßnahmen des § 101 II beantragen. Die Gläubigerversammlung dagegen muß erst durch Mehrheitsbeschluß (§ 94) einen Beschluß des Konkursgerichts erwirken, der anordnet, daß der Schuldner einer Versammlung Auskunft zu erteilen habe. Diese Beschränkung will „leidenschaftliche Ausbrüche niederhalten" (Motive II S. 317). Das Gericht bestimmt in der Anordnung die einzelnen Fragen, über die der Gemeinschuldner Auskunft geben soll, und läßt die Anordnung dem letzteren zustellen (§ 73 II). Gegen die Anordnung hat der Gemeinschuldner, gegen die Ablehnung der Verwalter und jeder einzelne Konkursgläubiger das Recht der sofortigen Beschwerde (§ 73 III), nicht aber die antragstellende Gläubigerversammlung als solche [§ 73 Anm. 8].

3 Der einzelne Gläubiger kann Auskunft nicht verlangen (anders § 69 I VerglO). Indessen ist das Gericht nach § 75 in der Lage, die Auskunft von Amts wegen anzuordnen und somit auch der Anregung eines einzelnen Gläubigers zu willfahren [Anm. 1 und § 75 Anm. 3 a]. Seuffert S. 292.

3a 3. Zur Leistung von Diensten ist der Gemeinschuldner dem Konkursverwalter nicht kraft Gesetzes, sondern nur kraft freiwilliger Vereinbarung verpflichtet (Motive II S. 318, 351; vgl. § 1 Anm. 6, § 6 Anm. 1). Zum ausländischen Recht vgl. Anm. 6.

II. Auskunftpflicht gesetzlicher Schuldnervertreter

4 1. Im Konkurs einer juristischen Person (z. B. eines Vereins, einer Aktiengesellschaft, einer Genossenschaft oder einer Gesellschaft mit beschränkter Haftung) trifft die Auskunftpflicht die zum Zwecke des Konkurses fortwirkenden derzeitigen Organe, und zwar jedes Vorstandsmitglied, jeden Liquidator [Näheres §§ 207f. Anm. 10ff., § 213 Anm. 8]. Zwang: § 101 Anm. 5.

5 2. Im Konkurs einer geschäftsunfähigen oder in der Geschäftsfähigkeit beschränkten natürlichen Person (§ 104 BGB) hat ihr derzeitiger gesetzlicher Vertreter (Vormund, Inhaber der elterlichen Gewalt) die Auskunft zu erteilen. Zwang: § 101 Anm. 5. Damit ist aber keineswegs gesagt, daß die persönliche Auskunftpflicht des Schuldners ausgeschaltet wäre. Die Prozeßhandlung des Offenbarungseides (§ 125) hat freilich der gesetzliche Vertreter anstatt des Prozeßunfähigen vorzunehmen [§ 125 Anm. 9]. Eine bloße Auskunft des Vertretenen aber ist mit der des Vertreters recht wohl vereinbar und zweifellos neben dieser von Wert. So etwa, wenn der entmündigte Verschwender im Konkurse steht, dessen neuernannter Vormund über die Vermögensverhältnisse noch wenig unterrichtet ist und darum nur unzureichenden Aufschluß erteilen kann, Siehe auch § 141 Anm. 1. Erlangt andrerseits der Vertretene im Laufe des Konkurses die Geschäftsfähigkeit, so hat von jetzt ab zwar er allein den Offenbarungseid zu leisten [§ 125 Anm. 9], die Auskunftpflicht des bisherigen Vertreters besteht aber für diesen Konkurs noch fort. Die Auskunftpflicht trifft auch den Abwesenheitspfleger des flüchtigen Schuldners (§ 1911 BGB, vgl. § 53 ZPO), nicht aber einen Bevollmächtigten (z. B. Prokuristen). Doch kann das Konkursgericht kraft seiner Aufklärungsmacht nach § 75 Dritte als Zeugen vernehmen [Anm. 1].

6 **Zusatz. Fremdes Recht*.** Die Auskunftspflicht des Gemeinschuldners ist für eine ordentliche Durchführung des Konkurses so wesentlich, daß sie überall anerkannt wird, wobei freilich in der Bestimmung der Auskunftsberechtigten große Verschiedenheit besteht.

Besonders weitgehend sind die Verpflichtungen des Gemeinschuldners in den angelsächsischen Rechten. In England muß der Schuldner auf Grund der *receiving order* dem *official receiver* schriftlich Auskunft über alle das Verfahren betreffenden Verhältnisse geben *(statement of affairs)* und die Richtigkeit der Auskunft eidesstattlich ver-

* Vgl. § 71 zu Anm. 20.

sichern. Im Regelfall findet nach der *receiving order* eine öffentliche Sitzung des Konkursgerichts statt, in der der Gemeinschuldner öffentlich vernommen wird *(public examination)*. Der Schuldner hat weiterhin alles zu tun, was der Verwalter *(official receiver* oder *trustee)* vernünftigerweise von ihm verlangen kann; das Gesetz erwähnt u. a.: Inventarverzeichnis, Gläubigerverzeichnis, Teilnahme an Gläubigerversammlungen, Auskünfte, Unterschriftsleistungen. Bei Nichterfüllung seiner Verpflichtungen kann der Schuldner wegen *contempt of court* bestraft werden (§§ 14, 15, 22 B.A.). Eine ähnliche Regelung besteht in den Vereinigten Staaten (§ 7 B.A.; 11 USCA § 25).

Belgien schreibt vor: „Die Verwalter können den Gemeinschuldner zur Aufklärung und zur Erleichterung ihrer Geschäftsführung heranziehen. Der Richterkommissar setzt die Arbeitsbedingungen fest" (Art. 493 C. com.). Frankreich hat die gleichlautende Bestimmung des Art. 488 C. com. in der Neuregelung von 1955 abgeschafft. Beide Länder sehen vor, daß der Richterkommissar neben dem Gemeinschuldner auch seine Angestellten und andere Personen (vor allem die Familienmitglieder) „anhören kann"; diese Personen können jedoch nicht zu Aussagen gezwungen werden (Art. 22 II D. 20. Mai 1955; Art. 485 C. com.).

Dagegen kennen die Schweiz und Holland eine echte Auskunftspflicht anderer Personen. In der Schweiz sind, wenn der Gemeinschuldner gestorben oder flüchtig ist, seine erwachsenen Hausgenossen bei Straffolge zur Angabe aller Vermögensstücke verpflichtet (Art. 122 SchKG); in Holland besteht eine solche Verpflichtung für den mit dem Gemeinschuldner in Gütergemeinschaft lebenden Ehegatten (Art. 105 II F.W.).

§ 101

Der Gemeinschuldner darf sich von seinem Wohnorte nur mit Erlaubnis des Gerichts entfernen.

Das Gericht kann die zwangsweise Vorführung und nach Anhörung des Gemeinschuldners die Haft desselben anordnen, wenn er die ihm von dem Gesetze auferlegten Pflichten nicht erfüllt, oder wenn es zur Sicherung der Masse notwendig erscheint.

Materialien: Motive I Bd. 2 S. 26f., Motive II S. 318, Protokolle S. 70, 161.

I. Wohnortszwang (Abs. I).

Damit der Gemeinschuldner sich seinen konkursmäßigen Obliegenheiten, 1
besonders den Pflichten zur Auskunft (§ 100), zur Leistung des Offenbarungseides (§ 125) und zur Aussprache im Prüfungstermin (§ 141 II), aber z. B. auch zur Mitwirkung bei Aufnahme des Massebestandes (§ 123 I 4), nicht willkürlich zu entziehen vermag, ist ihm die eigenmächtige Entfernung von dem Orte, an dem er bei Konkursbeginn wohnt, untersagt. „Wohnort" bedeutet weder Wohnsitz noch Wohnung. Den Wohnsitz (§ 7 BGB) braucht der Schuldner gar nicht im Sprengel des Konkursgerichts zu haben (vgl. §§ 71, 238). An seine Wohnung andrerseits wird er nicht gebunden; er hat nicht als Gemeinschuldner Hausarrest [siehe freilich § 106 Anm. 1]. „Entfernung" ist jede Abreise, keineswegs nur eine solche zum Zwecke der Wohnsitzverlegung, dagegen nicht ein bloßer Ausflug. Das Gericht — und nur dieses — kann die Erlaubnis zur Entfernung beschränkt (Meldepflicht) oder unbeschränkt erteilen und jederzeit widerrufen. Die Verweigerung der Erlaubnis ist insbesondere auch dann gerechtfertigt, wenn der Gemeinschuldner durch unberechtigte Einwendungen die Abwicklung des Verfahrens hindert und unbegründet die Ableistung des Offenbarungseides verweigert (LG Hamburg HansRGZB 1936 Sp. 300). Gegen den Verweigerungsbeschluß hat der Gemeinschuldner die sofortige Beschwerde (§ 73 III). Wird dem Schuldner der Wegzug gegen die Verpflichtung, auf Ruf zu erscheinen, bewilligt, dann bereitet der Konkurs einer anderweiten Wohnsitzbegündung kein Hindernis. Allein selbst unerlaubte Entfernung kann zu diesem Erfolge führen. Der § 8 BGB steht nicht entgegen, weil dem Schuldner auch als Gemeinschuldner die ihm bisher zukommende Geschäftsfähigkeit verbleibt [§ 6 Anm. 10]; der § 134 BGB aber schon deshalb nicht, weil ständige Niederlassung kein „Rechtsgeschäft" ist (im Ergebnis ebenso OLG Posen SeuffA.

64 Nr. 19; vgl. auch Klein BayZ 1917 S 201f.). Verstöße gegen den Abs. I rechtfertigen ein Zwangseinschreiten nach Abs. II.

II. Vorführung und Haft (Abs. II).

2 1. Das Konkursgericht kann auf Antrag eines Beteiligten oder auch von Amts wegen ohne Anhörung des Schuldners dessen Vorführung und nach Anhörung des Schuldners [§ 73 Anm. 3] dessen Haft anordnen:

a) wenn er seine Konkurspflichten nicht erfüllt, besonders die Auskunft (z. B. über den Ort verborgener Werte) verweigert (§ 100), den Wohnortszwang bricht (Abs. I), sich weigert, zur Erklärung im Prüfungstermine zu erscheinen (§ 141 II) oder sich der Inbesitznahme seines Vermögens durch den Verwalter (§ 117) widersetzt [§ 117 Anm. 13, 14];

b) wenn diese Zwangsmittel zur Sicherung der Masse nach pflichtmäßigem Ermessen des Gerichts geboten sind, namentlich wenn Besorgnis besteht, daß der Schuldner „seine Freiheit zur Verbringung von Vermögensstücken, zur Einziehung von Ausständen oder zu nachteiligen Kollusionen oder Verdunkelungen mißbrauchen werde“ Motive II S. 318. In der Zeit zwischen Beantragung und Eröffnung des Konkurses können Zwangsvorführung und Haft auf Grund des § 106 angeordnet werden. So z. B. zur Erzwingung der Einreichung eines Verzeichnisses und einer Übersicht nach § 104.

3 2. Die Haft des Abs. II ist stets ein Zwangsmittel für die Zukunft („Beugehaft“), nie eine Strafe für begangene Schuld. Siehe Kohler Lehrbuch S. 312, Seuffert § 46 N. 36. Auf ihre Anordnung sind die §§ 904—910, 913 ZPO entsprechend anwendbar (§ 72). Da die Haft immer nur dem Schutze der Konkursgläubiger in ihrer Gesamtheit dient (Motive aaO.), hat, wenn sie auf Antrag angeordnet wird [Anm. 2], der Antragsteller abweichend vom § 911 ZPO die Kosten nicht vorzuschießen (Zust. Mentzel-Kuhn Anm. 2). Verhaftung (§ 909 ZPO) und Vorführung erfolgen durch einen vom Konkursgericht mit dem Vollzuge betrauten Gerichtsvollzieher. Die Kosten der Vorführung und der Haft (§ 26 G. über Kosten der GVollz. v. 26.7.1957, BGBl. I S. 887, § 92 Nr. 8, 10 GKG 1957) sind Massekosten im Sinne des § 58 Nr. 1 KO. Das Konkursgericht wird daher gut daran tun, sich vor Anordnung der Beugehaft zu vergewissern, ob diese der Masse nicht zum Schaden gereicht. Kleinfeller LZ 1911 Sp. 256. Eine schon verhängte Untersuchungshaft (§ 112 StPO, § 239 KO) läßt für die Beugehaft des Abs. II keinen Raum.

4 3. Vorführung und Haft werden angeordnet durch einen Beschluß des Konkursgerichts, der den Beteiligten — dem Gemeinschuldner, dem Verwalter und einem etwaigen Antragsteller — von Amts wegen zuzustellen ist (§ 73 II). Dem Gemeinschuldner und — wegen der Kosten — dem Verwalter steht gegen die Anordnung die sofortige Beschwerde zu (§ 73 III), aber ohne aufschiebende Wirksamkeit [§ 73 Anm. 11]. Gegen den Beschluß, der einen Antrag auf Anordnung der im Abs. II vorgesehenen Maßregeln zurückweist, hat der Antragsteller die sofortige Beschwerde. Seuffert S. 297f. Siehe § 73 Anm. 7.

III. Zwang gegen gesetzliche Schuldnervertreter

5 Was zu § 100 Anm. 1, 4 u. 5 für den Sonderkonkurs sowie für den Konkurs nicht geschäftsfähiger natürlicher und für den Konkurs juristischer Personen gesagt ist, muß auch für die Zwangsmaßregeln des § 101 gelten. Denn diese Beschränkungen sollen die Erfüllung der dem Träger der Gemeinschuldnerrolle „von dem Gesetze auferlegten Pflichten“ sichern (Abs. II) und treffen daher grundsätzlich jeden, dem diese Pflichten (besonders die Auskunftpflicht des § 100) obliegen, vor allem auch die Organe juristischer Personen, wie die Mitglieder des Vorstands einer im Konkurse stehenden Aktiengesellschaft. Wo der Wohnortszwang unangemessen erscheint, kann ja das Konkursgericht oder das Beschwerdegericht Befreiungen bewilligen. Vgl. v. Völderndorff II S. 674, Seuffert S. 298ff., abw. Kohler Leitfaden S. 180; vgl. auch Protokolle S. 117.

Zweiter Titel

Eröffnungsverfahren

(§§ 102—116)

§ 102

Die Eröffnung des Konkursverfahrens setzt die Zahlungsunfähigkeit des Gemeinschuldners voraus.

Zahlungsunfähigkeit ist insbesondere anzunehmen, wenn Zahlungseinstellung erfolgt ist.

Materialien: Motive I Bd. 2 S. 34ff., Motive II S. 319ff., Protokolle S. 71ff., 161, Kommissionsbericht S. 1957f., 2030ff.

Das „Eröffnungsverfahren" bildet bereits einen Bestandteil des „Konkurs- **Einl.** verfahrens". Dementsprechend ist das Eröffnungsverfahren ein der Mündlichkeit und Öffentlichkeit nicht unterworfenes Beschlußverfahren. Es setzt zwar einen Antrag voraus (§ 103), steht aber insofern unter dem Untersuchungsgrundsatz, als das Konkursgericht das Vorliegen der Voraussetzungen für die Konkurseröffnung von Amts wegen zu ermitteln hat (§§ 75, 105). Die Entscheidung lautet entweder auf Abweisung des Konkursantrags (so auch bei Unzulänglichkeit der Masse zur Kostendeckung, § 107) oder auf Eröffnung des Konkursverfahrens (Eröffnungsbeschluß, §§ 108, 110). Beschwerde: § 109 (vgl. § 116). Führt der Antrag zur Eröffnung des Konkurses, dann gehört die Gebühr (§ 49 GKG) bereits zu den gerichtlichen Kosten des gemeinsamen Verfahrens im Sinne des § 58 Nr. 1 [siehe dort Anm. 3 u. 4b]. Dagegen gehören die Kosten des „Antrags" auf Konkurseröffnung nicht zu dem „durch Teilnahme" am Konkurs erwachsenden Aufwand [§ 63 Anm. 3].

I. Die Konkursvoraussetzungen im allgemeinen 1

Über das Vermögen eines Schuldners, der konkursfähig ist, der deutschen Gerichtsbarkeit unterliegt und einen Konkursgerichtsstand im Inlande hat (§§ 71, 238), findet das Konkursverfahren unter einer doppelten Voraussetzung statt: sachliche Voraussetzung seiner „Eröffnung" ist ein triftiger Konkursgrund [Anm. 2ff.], förmliche Voraussetzung ein zulässiger Konkursantrag (§ 103).

1. **Die Konkursfähigkeit,** d. h. die Fähigkeit eines Vermögensträgers, mit seinem Vermögen der konkursmäßigen Haftungsverwirklichung unterworfen zu sein und damit im Konkurs Gemeinschuldner zu sein, entspricht, da der Konkurs eine Form der Vollstreckung ist, der Fähigkeit, Schuldner im Einzelvollstreckungsverfahren zu sein, und damit grundsätzlich der Parteifähigkeit des Zivilprozesses. Konkursfähig ist daher jede natürliche Person (§ 50 I ZPO, § 1 BGB), auch der Geschäftsunfähige, auch der Nichtkaufmann [Anm. 8]; weiter jede juristische Person vorbehaltlich landesgesetzlicher Ausnahmen auf Grund des Art. IV EG. KNov. [Näheres § 213 Anm. 1ff.] und mit der Maßgabe, daß die Rechtspersönlichkeit für den Konkurszweck aufrecht erhalten wird [§ 25 Anm. 8]; ferner der Verein ohne Rechtsfähigkeit (§§ 50 II, 735 ZPO, § 213 KO); endlich diejenigen Gemeinschaften zur gesamten Hand, denen Parteifähigkeit zukommt, wie die offene Handelsgesellschaft und die Kommanditgesellschaft (§§ 124 I, 161 II HGB, §§ 209ff. KO) unter Fortdauer für den Konkurszweck [§ 25 Anm. 5, 6]. Nicht konkursfähig ist dagegen nach geltendem Recht die Gesellschaft des Bürgerlichen Rechts (aus der

Rechtsprechung: OLG Naumburg DJ 1941 S. 1041, Neustadt MDR 1956 S. 240, BGH Bd. 28 313f., ferner Mentzel-Kuhn Vorbem. 2 vor § 207; vgl. auch § 736 ZPO) [§ 25 Anm. 7]. Nachdem über den Nachlaß einer Miterbengemeinschaft (§§ 214ff.), über das Gesamtgut einer fortgesetzten Gütergemeinschaft (§ 236) und neuerdings auch über das Gesamtgut einer ehelichen Gütergemeinschaft bei gemeinsamer Verwaltung (§ 2 II KO in der Fassung des Art. 3 I Nr. 1 des GleichberG v. 18. 6. 1957 BGBl. I S. 609) der Konkurs zulässig ist, ohne daß in diesen Fällen die Gemeinschaft der Vermögensträger als solche parteifähig wäre, ist das Vermögen der Gesellschaft des BGB nunmehr das einzige Gesamthandsvermögen, für das eine konkursmäßige Abwicklung vom Gesetz nicht zugelassen ist. Schon diese Situation legt eine Revision des Gesetzes in dieser Frage nahe. Dazu kommt, daß die fehlende Konkursfähigkeit der Gesellschaft des BGB zu großen praktischen Schwierigkeiten führt. Einmal kann es zweifelhaft sein, ob eine Personengemeinschaft als nichtrechtsfähiger Verein oder als Gesellschaft anzusehen ist, wovon dann die Konkursfähigkeit abhängt. Auch gewinnt die bekannte Streitfrage über die Rechtsnatur der Vorgesellschaft der juristischen Personen des Handelsrechts [§§ 207ff. Anm. 2, § 213 Anm. 1], vor allem der Vor-GmbH (vgl. dazu jetzt Kalter KonkTreuh. 1955 S. 39ff. mit Nachw. aus Lit. und Rechtspr.) für die Zulässigkeit eines Konkursverfahrens entscheidende Bedeutung. Ferner führt die sich aus der Haltung des Gesetzes ergebende Notwendigkeit, selbständige Konkursverfahren über die Vermögen der Gesellschafter durchzuführen, zu deren Masse dann jeweils der Anteil am Gesellschaftsvermögen gehört, in der Abwicklung zu Schwierigkeiten, wenn bei den „Gesellschaftsgläubigern" die Haftung in der gleichen Weise wie beim nichtrechtsfähigen Verein ausdrücklich oder stillschweigend auf das Gesellschaftsvermögen beschränkt ist. Alle diese Schwierigkeiten sind um so bedenklicher als diese Gesellschaftsform im Wirtschaftsleben eine größere Bedeutung bekommen hat als der Gesetzgeber des BGB annahm. In diesem Sinne auch Baur in Schönke-Baur § 53 A IV und DRZ 1950 S. 9, JZ 1951 S. 211. Zur Konkursfähigkeit im allgemeinen vgl. noch Jaeger Lehrbuch des Konkursrechts[8] § 5, Soldinger Konkursfähigkeit (Leipz. Diss. 1933) und zur Konkursfähigkeit ausländischer natürlicher und juristischer Personen Anm. 7. Einfluß der Rechtskraft auf den Mangel der Konkursvoraussetzungen und der Konkursfähigkeit: § 74 Anm. 4, § 109 Anm. 10f. Die Konkursfähigkeit ist Eigenschaft eines Rechtssubjekts, nicht eines Rechtsobjekts (anders Schwarz ArchBürgR 32 S. 52ff.). Eine andere Frage ist die nach der Eignung einer Sondermasse des Schuldnervermögens zu einem selbständigen Konkursverfahren [§ 1 Anm. 64ff.].

2. Der Konkurs ist, wie schon sein Name besagt, auf **eine Mehrheit** konkurrierender Gläubiger angelegt. Auch der Ausdruck „Gemeinschuldner" weist darauf hin: debitor communis creditorum concurrentium (Lehrbuch[8] § 1 Note 1). Nach deutschem Recht kann es indessen zur Eröffnung und Durchführung des Verfahrens kommen, ohne daß eine Mehrheit von Gläubigern festgestellt werden müßte. Ganz abgesehen davon, daß es keinen Unterschied begründet, ob mehrere Forderungen ein- und demselben oder mehreren Gläubigern zustehen, daß Teilabtretungen möglich sind, daß nach dem Eröffnungsverfahren noch weitere Gläubiger auftreten können und daß mit der Möglichkeit unbekannter Gläubiger gerechnet werden muß, wäre es verfehlt, dem Einzelgläubiger den einheitlichen Beschlag des gesamten Schuldnervermögens und andere Vorteile des Konkurses zu verschließen. Dem Gläubiger einer Genossenschaft oder eines Versicherungsvereins a. G. würde die Möglichkeit abgeschnitten, die Verantwortlichkeit der Mitglieder zu verwirklichen. Die auf den Konkursfall beschränkte Gläubigeranfechtung des § 30 würde selbst dem Hauptgläubiger versagt sein, wenn die übrigen Gläubiger auf seine Kosten ungeachtet der Krisis befriedigt worden wären. Ausschlaggebend ist allein, ob Zahlungsunfähigkeit (nicht Zahlungseinstellung als solche) oder gegebenenfalls Überschuldung vorliegen kann, auch wenn nur ein Gläubiger mit einer einzigen Forderung bekannt ist. Diese Frage muß bejaht werden. Im Ergebnis übereinstimmend RG (Zivils.) Bd. 11 42; RG (Strafs.) Bd. 89

327; OLG Jena LZ 1910 Sp. 329; Kohler Lehrbuch § 14, Oetker I S. 56f.; Mentzel-Kuhn Anm. 2; Böhle-Stamschräder Anm. 2; — abw. AG Stuttgart WürttZ 1924 S. 142; Endemann S. 35, Seuffert § 22, Hellmann § 14, Kleinfeller Lehrbuch S. 101. Auslandsrecht: Anm. 9. Allerdings besteht beim Konkursantrag des einzigen Gläubigers immer Anlaß zu der Prüfung, ob ein Rechtsschutzbedürfnis gegeben ist. Näheres § 103 Anm. 6, vor allem zu dem Falle OLG Tübingen DRZ 1950 S. 18.

II. Der Konkursgrund im besonderen

1. Sachliche Voraussetzung der Konkurseröffnung ist regelmäßig die **Zahlungsunfähigkeit,** d. h. das auf dem Mangel von Zahlungsmitteln beruhende andauernde Unvermögen des Schuldners, seine sofort zu erfüllenden Geldschulden noch im wesentlichen zu berichtigen. Näheres zum Begriff der Zahlungsunfähigkeit und zu den einzelnen Begriffsmerkmalen: § 30 Anm. 5ff., vor allem zur Unterscheidung von einer vorübergehenden Zahlungsstockung: § 30 Anm. 8. Über die Auswirkung eines anhängigen Vertragshilfeverfahrens auf die Zahlungsunfähigkeit siehe § 105 Anm. 6. Die Zahlungsunfähigkeit muß in die äußere Erscheinung getreten sein, sei es im Verhalten des Schuldners selbst, sei es in einem von seinem Willen unabhängigen Vorgange. Welche Tatsachen als Erkenntnisquellen der Zahlungsunfähigkeit zu dienen geeignet sind, soll der Konkursrichter nach freier Überzeugung entscheiden. Durch eine kasuistische Aufzählung von „Bankrotthandlungen" [Anm. 10] wird er nicht gebunden. Als weitaus wichtigste „Äußerung der Zahlungsunfähigkeit" hebt der Abs. II **die Zahlungseinstellung** [§ 30 Anm. 1ff.] hervor: „Sie soll als eine in die äußere Erscheinung getretene Tatsache, als direkte Äußerung der Zahlungsunfähigkeit den Beweis derselben erübrigen" (Motive II S. 323). Die Zahlungsunfähigkeit ist ein Zustand, der verborgen bleiben kann (RG LZ 1912 Sp. 160); die Zahlungseinstellung ein diesen Zustand offenbarendes Verhalten des Schuldners. Zahlungseinstellung muß nicht notwendig durch eine ausdrückliche Erklärung des Schuldners erfolgen, sie kann auch darin zu erblicken sein, daß der Schuldner vor dem Drängen der Gläubiger flüchtet oder seine Geschäftsräume schließt, daß er Sanierungsvorschläge macht, daß er seine Habe verschleudert, daß er es zu Vollstreckungsversuchen kommen läßt [§ 30 Anm. 3]. Freilich können solche Vorgänge auch andere Gründe haben und dann einen Schluß auf Zahlungsunfähigkeit nicht rechtfertigen. So die Fruchtlosigkeit von Sachpfändungen nicht, weil der Schuldner noch ausreichende andere (unkörperliche oder bewegliche) Zugriffsgegenstände hat; das Schließen des Ladens nicht, weil es nur wegen Erkrankung geschieht; die Flucht nicht, weil sie nur der Furcht vor einer Strafverfolgung, der Sorge vor persönlicher Belästigung, der Angst vor einer Seuche entspringt. Es bedarf also stets einer Würdigung des einzelnen Falles. Andererseits kann sich die Zahlungsunfähigkeit auch anders als durch Zahlungseinstellung des Schuldners offenbaren. So kann sie z. B. auf Grund seiner Geschäftsbücher und Geschäftsbriefe durch Dritte ermittelt werden, während er selber bewußtlos und unvertreten daniederliegt. 2

Bei einer vom Schuldner nur irrtümlich angenommenen oder böslich vorgespiegelten Zahlungsunfähigkeit liegt Zahlungseinstellung im Sinne der §§ 30, 102 nicht vor (vgl. Motive II S. 324); denn sie muß begrifflich „ihren Grund in der Zahlungsunfähigkeit haben" (so mit Nachdruck die Motive II S. 323 und die Rechtsprechung der Zivilsenate des Reichsgerichts [§ 30 Anm. 2]; anders allerdings für §§ 239ff. RG Strafs. **41** 311ff., KonkTreuh. 1933 S. 168 und die bei Böhle-Stamschräder KonkTreuh. 1957 S. 26 Anm. 141a zitierten Entscheidungen des BGH Strafs.). Für den Bereich des § 102 jedenfalls steht außer Zweifel, daß nicht der Konkurs, sondern die Zwangsvollstreckung dazu da ist, gegenüber zahlungsfähigen, aber lässigen oder widerwilligen Schuldnern Rechtsschutz zu gewähren. Daraus folgt: einerseits, daß mit der Zahlungsunfähigkeit notwendig auch die Zahlungseinstellung selbst widerlegt wird; andererseits, daß die Erklärung des Schuldners, er sei unvermögend, seine Schulden zu erfüllen, den von der Wahrheit dieser Angabe nicht überzeugten Richter keineswegs der Pflicht überhebt, die

Tatsache des Unvermögens nachzuprüfen. Unser Abs. II besagt also nur: die Zahlungseinstellung ist nicht selber Konkursgrund; sie ist auch nicht dessen einzige, wohl aber dessen **wichtigste Erscheinungsform.** In dieser Erkenntnis liegt ein höchst bedeutsamer Fortschritt gegenüber der vorausgegangenen, ganz im Banne des französischen Rechtes stehenden Gesetzgebung [Anm. 10]. Ausdrückliche Ankündigungen der Zahlungseinstellung, besonders in Rundschreiben an die Gläubigerschaft zu Vergleichszwecken, bieten daher für die Annahme der Zahlungsunfähigkeit eine starke tatsächliche Gewähr. Als „gesetzliche Beweisregel" im Sinne des § 286 II ZPO kann aber unser Abs. II wohl schon deshalb nicht gedacht sein, weil die Zahlungseinstellung des Schuldners eine Erklärung tatsächlichen Inhalts ist, das Geständnis der Partei aber im Bereiche der amtlichen Aufklärungspflicht den Richter nicht gegen seine Überzeugung zu binden vermag [Anm. 5]. Auch die Annahme einer widerlegbaren Vermutung des Konkursgrundes wäre abwegig, weil ihn ja der Richter unbestreitbar von Amts wegen nachprüfen muß. Sie ist überdies vom Standpunkte der herrschenden Lehre aus, die nur eine in Wirklichkeit auf Zahlungsunvermögen beruhende Zahlungseinstellung als solche gelten läßt, widersinnig; denn die Widerlegung würde notwendig ergeben, daß echte Zahlungseinstellung gar nicht vorgelegen hat (zust. Böhle-Stamschräder Anm. 3).

3 2. Verschieden von der Zahlungsunfähigkeit (Insolvenz) ist **die Überschuldung** (Insuffizienz), d. h. das Überwiegen der Passiven über die Aktiven [vgl. auch §§ 207f. Anm. 3]. Es kann jemand zahlungsunfähig sein und doch mehr Vermögen als Schulden haben, weil seine Aktiven (besonders Liegenschaften in Zeiten wirtschaftlicher Krisen) sich nicht oder nur mit allzu großen Einbußen in Geld umsetzen lassen. Umgekehrt besteht häufig bei zweifelloser Überschuldung volle Zahlungsfähigkeit. Denn die persönliche Leistungskraft und der Kredit des Schuldners, zumal des Kaufmanns, ermöglichen dem kapitalschwachen Unternehmer das Emporkommen und retten in Zeiten der Krisis große Geschäfte vor dem Zusammenbruch [vgl. zur Unterscheidung von Zahlungsunfähigkeit und Überschuldung auch § 30 Anm. 5]. Darum wäre es unstreitbar verfehlt, für den Regelkonkurs die Überschuldung als Konkursgrund auch nur genügen zu lassen, zumal heutzutage, wo die Ausdehnung des Kreditwesens die wirtschaftlichen Schicksale so eng miteinander verkettet, wo der Sturz eines einzigen Hauses viele Existenzen vernichten kann. Ein solcher Grundsatz würde die Zahl der Konkurse beträchtlich steigern, also gerade das Gegenteil von dem herbeiführen, was eine verständige Gesetzgebung angesichts der mit jedem Konkurse verknüpften Wertvernichtung anstreben muß. So bedeutet der § 102 I eine hoch zu veranschlagende Errungenschaft des Reichskonkursrechts, vor allem gegenüber dem gemeinen Recht, in dem Überschuldung (Vermögensunzulänglichkeit) Konkursgrund war. Zum ausländischen Recht: Anm. 10.

4 Anders liegen die Verhältnisse, wo die haftende Vermögensmasse nicht durch die werbende Kraft einer Persönlichkeit getragen wird. Darum bildet zwar bei der individualistischen Gesellschaftsform die Zahlungsunfähigkeit, bei der kapitalistischen dagegen auch die Überschuldung den Konkursgrund. Je weniger die Persönlichkeit der Gesellschafter den Gesellschaftsgläubigern zum Rückhalte dient, desto mehr Gewicht muß auf die Vermögensunzulänglichkeit gelegt werden. Dementsprechend wird der Konkurs einer offenen Handelsgesellschaft oder Kommanditgesellschaft nur wegen Zahlungsunfähigkeit (§ 209 I Satz 1), der Konkurs einer Aktiengesellschaft (§ 207; auch einer Versicherungsaktiengesellschaft), einer Kommanditaktiengesellschaft (§ 209 I 2), einer Gesellschaft mit beschränkter Haftung (§ 63 I GmbH), einer anderen juristischen Person (z. B. auch eines Versicherungsvereins auf Gegenseitigkeit) und eines der Rechtspersönlichkeit ermangelnden, aber verklagbaren Vereins (§ 213) wegen Zahlungsunfähigkeit oder wegen Überschuldung eröffnet. Bei Genossenschaften mit unbeschränkter Haftpflicht, die im Gegensatze zur Aktiengesellschaft jederzeit ihr Vermögen durch Erhöhung der Geschäftsanteile oder der auf diese zu

leistenden Einzahlungen vermehren können, bildet während des Bestehens nur die Zahlungsunfähigkeit, erst nach der Auflösung auch die Überschuldung den Konkursgrund (§ 98 I GenG). Bei den Genossenschaften mit beschränkter Haftpflicht genügt, und zwar eben mit Rücksicht auf die in der Haftpflichtschranke liegende Gefahr, schon während des Bestehens eine gewisse — ein Viertel des Betrags der Haftsummen aller Genossen übersteigende — Überschuldung (§ 140 Satz 1 GenG). Der Nachlaßkonkurs endlich und gleich ihm der Konkurs über das Gesamtgut einer fortgesetzten Gütergemeinschaft kann nur im Falle der Überschuldung eröffnet werden. §§ 215, 236. Ob diese Regelung gerechtfertigt ist, kann bezweifelt werden [§ 215 Anm. 1]. Dagegen ist für den durch das Gleichberechtigungsgesetz v. 18. 6. 1957 (BGBl. I S. 609) vom 1. Juli 1958 an bei gemeinschaftlicher Verwaltung zugelassenen Konkurs über das Gesamtgut einer ehelichen Gütergemeinschaft (Neufassung des § 2 II KO durch Art. 3 I Nr. 1 GleichberG) nur die Zahlungsunfähigkeit der Ehegatten Konkursgrund (§ 236a I).

3. Der Konkursgrund muß für den **Zeitpunkt** festgestellt werden, in dem die Konkurseröffnung beschlossen oder auf Beschwerde bestätigt wird. Es genügt also, wenn er nach Stellung des Antrags entstanden ist, nicht aber, wenn er damals vorgelegen hat und inzwischen wieder fortgefallen ist. Vgl. RG Bd. **86** 74. Entsprechendes gilt im Beschwerdeverfahren. Wird die Zahlungsunfähigkeit, u. U. sogar durch geschickte Abwicklungsmaßnahmen des Konkursverwalters, während des Beschwerdeverfahrens behoben, so ist der Eröffnungsbeschluß aufzuheben (OLG Celle KonkTreuh. 1957 S. 32 mit zust. Anm. v. Skrozki). Daß es zur Zeit der Konkurseröffnung am Konkursgrunde gefehlt habe, kann nicht mehr mit Erfolg beanstandet werden, wenn der Eröffnungsbeschluß in Rechtskraft erwachsen ist [§ 74 Anm. 4, § 109 Anm. 10]. Nachträglicher Wegfall führt nicht zur Aufhebung, sondern allenfalls unter den Voraussetzungen des § 202 zur Einstellung des Verfahrens [§§ 202f. Anm. 7]. 5

4. Die **Feststellung des Konkursgrundes** erfolgt, wenn ein gehöriger Eröffnungsantrag vorliegt, **von Amts wegen**: ein Zugeben des Schuldners bindet den Konkursrichter nicht [§ 104 Anm. 1, § 105 Anm. 2]. Besonderheit: § 103 Anm. 14. Der Konkursgrund muß **einheitlich** für den gesamten im Konkurs abzuwickelnden Vermögens- und Schuldenstand ermittelt werden. Da jedenfalls der Inlandskonkurs eines Kaufmanns nicht nur dessen Handelsvermögen, sondern auch dessen Privatvermögen erfaßt und sich auch nicht auf einzelne inländische Niederlassungen oder Unternehmungen beschränken läßt, kann nur die Gesamtlage des Schuldners den Ausschlag geben. Forderungen, die nicht rechtskräftig feststehen und vom Schuldner (nach Überzeugung des Konkursgerichts) ernsthaft und aus triftigen Gründen bestritten sind, bleiben bei Ermittelung der Zahlungsunfähigkeit außer Ansatz, da sie nicht sofort zu erfüllen sind [Anm. 2]. Desgleichen sogar vollstreckbare Ansprüche jedenfalls insolange, als mit Rücksicht auf ihre Bestrittenheit (§ 767 ZPO) die Vollstreckung durch Richterspruch (§ 769 ZPO) gehemmt ist (Goldmann LZ 1910 Sp. 453ff.). Im übrigen siehe auch § 105 Anm. 2. Für die Abwägung der Vermögenszulänglichkeit (Ermittlung der Überschuldung) gilt das nicht (abw. Goldmann Sp. 454). Hier muß sich das Konkursgericht vor der Entscheidung über den Konkursantrag ein Urteil darüber bilden, ob die Forderung besteht oder nicht. Über die Auswirkung von Vollstreckungsschutzmaßnahmen des Vollstreckungsgerichts und eines Vertragshilfeverfahrens auf den Konkursgrund siehe § 105 Anm. 6.

III. Anschlußkonkurs

Das Vergleichsgericht hat, wenn es die Eröffnung des Vergleichsverfahrens ablehnt, den Vergleich verwirft oder das Vergleichsverfahren einstellt und deshalb „zugleich über die Eröffnung des Konkursverfahrens" von Amts wegen entscheiden muß (§§ 19, 80, 101 VerglO), diese Eröffnung immer nur dann zu beschließen, wenn zur Zeit der Entscheidung der Konkursgrund vorliegt. Wäre er, 6 etwa in Fällen des § 19 VerglO, infolge außergerichtlicher Verständigung des Schuldners mit seinen Gläubigern, weggefallen, dann müßte das Gericht auch die Konkurseröffnung ausdrücklich ablehnen. Jaffa (mit LG München) KonkTreuh. 1929 S. 34f. Ebenso Vogels-Nölte VerglO[3] § 19 Anm. I 2, § 80 Anm. I; Bley VerglO[2] § 19 Anm. 6, § 80 Anm. 2. Das gleiche gilt, wenn in einem nach Vergleichsbestätigung gemäß §§ 96ff. VerglO fortgesetzten Verfahren wegen Nichterfüllung des bestätigten Vergleichs von Amts wegen (§ 96 V VerglO) oder auf einen jetzt wieder zulässigen (vgl. § 46 VerglO) Konkursantrag eines Gläubigers über die Eröffnung des Anschlußkonkurses zu entscheiden ist (§ 96 VI VerglO). Vgl. im übrigen § 103 Anm. 18.

IV. Ausländer und Exterritoriale

7 Im Bundesgebiet sind ausländische Nichtkaufleute auch dann konkursfähig, wenn das Recht ihrer Heimat nur einen kaufmännischen Konkurs kennt. Haben sie aber keinen allgemeinen Gerichtsstand im Bundesgebiet, dann ist nach § 238 ein Inlandskonkurs nur unter Beschränkung auf das Inlandsvermögen und nur beim Gericht einer gewerblichen Niederlassung oder einer Gutswirtschaft zulässig. Ausländische juristische Personen sind im Inlande konkursfähig, wenn sie hier als rechtsfähig oder doch als Vereine ohne Rechtsfähigkeit anerkannt werden (siehe § 23 BGB, Art. 10 EG.BGB), wiederum unbeschadet des § 238. Siehe Soldinger Konkursfähigkeit (Leipz. Diss. 1933) S. 34. Exterritoriale (In- und Ausländer) sind im Bereich ihrer Befreiung von der inländischen Staatsgewalt auch der inländischen Konkursgerichtsbarkeit entrückt. Der Konkursgrund bestimmt sich für den Inlandskonkurs nach deutschem Recht.

8 **Zusatz. Fremde Rechte***)

1. Die Regelung der Konkursfähigkeit weist große Verschiedenheiten auf.

a) Alle natürlichen und juristischen Personen sowie diesen gleichgestellte nicht rechtsfähige Personenvereinigungen sind wie in Deutschland konkursfähig vor allem in Österreich (§§ 63, 64, 69 KO), in den Niederlanden (Art. 2 F.W.) und in der Schweiz (Art. 39, 190, 192 SchKG; allerdings mit einer Unterscheidung hinsichtlich der Konkursgründe, s. u. 3c). Auch in den USA sind — anders als in England — juristische Personen sowie nichtrechtsfähige Gesellschaften grundsätzlich konkursfähig. Eine Besonderheit besteht jedoch darin, daß zwischen freiwilligem Konkurs (*voluntary bankruptcy*; Konkurs auf Antrag des Schuldners) und unfreiwilligem Konkurs (*involuntary bankruptcy*; Konkurs auf Antrag anderer Personen) unterschieden wird, wobei ein unfreiwilliger Konkurs bei bestimmten Personen, insbes. Lohnempfängern und Farmern, unzulässig ist (§ 4 B.A.; 11 USCA § 22).

b) Nur natürliche Personen sind konkursfähig vor allem in England (seit 1861 auch Nichtkaufleute, Geschäftsunfähige allerdings nur in Ausnahmefällen); bei Insolvenz juristischer Personen findet eine besonders geregelte Zwangsliquidation (*winding up*) statt. Die Personalgesellschaften, die der Offenen Handelsgesellschaft und der Kommanditgesellschaft des deutschen Rechts entsprechen (*partnerships* und *limited partnerships*), können insoweit in Konkurs gehen, als ein Konkurs aller persönlich haftenden Gesellschafter auch das Gesellschaftsvermögen ergreift. Größere *partnerships* und andere nichtrechtsfähige Gesellschaften werden dagegen wie Körperschaften behandelt (§ 1 II B.A.; Ringwood aaO. S. 6f.).

c) Nur Kaufleute und Handelsgesellschaften sind konkursfähig insbesondere in Frankreich (Art. 1 D. 20 mai 1955). Der Konkurs einer Handelsgesellschaft erstreckt sich auf die mit der Gesellschaft gesamtschuldnerisch haftenden Gesellschafter; er kann weiter auf die natürlichen Personen erstreckt werden, die „unter dem Deckmantel der Gesellschaft ihre persönlichen Handlungen maskiert" und das Gesellschaftsvermögen wie eigenes persönliches Vermögen behandelt haben (Art. 9 u. 10 D. 20 mai 1955). Der Konkurs kann auch noch stattfinden, wenn ein Kaufmann nach Zahlungseinstellung verstorben ist (einen Nachlaßkonkurs gibt es nicht); daneben hat die Neuregelung von 1955

---

*) Neu bearbeitet von Dr. Günther Jahr. Vgl. im übrigen auch Einl. V zu Bd. I S. LXIff.

die Möglichkeit geschaffen, Konkurs über das Vermögen eines Schuldners zu eröffnen, der innerhalb des letzten Jahres im Handelsregister gestrichen worden ist, sofern er nur bei der Zahlungseinstellung als Kaufmann eingetragen war (Art. 5 u. 6 D. 20 mai 1955). Die Beschränkung des Konkurses auf Kaufleute ist erträglich, da jede Einzelvollstreckung zu einer gleichmäßigen Befriedigung der Gläubiger führen kann (*procédure de la distribution par contribution*; Art. 656ff. *Code de procédure civile***)); außerdem knüpfen sich für Nichtkaufleute an den Zustand notorischer Insolvenz (*déconfiture*) einzelne konkursähnliche Rechtsfolgen (Art. 1188, 1446, 1613, 1865 Ziff. 4, 2003 *Code civil****)). Trotzdem wird die Beschränkung vielfach als unbefriedigend empfunden, weshalb die Gerichte dazu neigen, in Zweifelsfällen Kaufmannseigenschaft und damit Konkursfähigkeit zu bejahen. Dem französischen Vorbild folgen vor allem Belgien, Italien, Portugal und Griechenland.

d) Verschieden gestaltete Insolvenzverfahren für Kaufleute und für Nichtkaufleute kennt vor allem Spanien; für Nichtkaufleute findet das Verfahren des *concurso de acreedores* (Art. 1913ff. C. civ.; Art. 1130ff. L.E.C.), für Kaufleute das Verfahren der *quiebra* (Bankrott; Art. 874ff. C. com., Art. 1318ff. L.E.C.) statt. In der Regelung beider Verfahrensarten bestehen zahlreiche Verschiedenheiten, insbesondere in der Bestimmung des Konkursgrundes (s. u. 3a).

2. Eine Mehrheit von Konkursgläubigern ist Voraussetzung der Konkurs- **9**
eröffnung vor allem in den Niederlanden (ständige Rechtsprechung, vgl. Molengraaff aaO. S. 96ff.), in Rußland (Anm. 2 zu Art. 318 GPK) und in Österreich (§ 73 KO; hier kann jedoch Konkurs eröffnet werden, auch wenn nur ein Konkursgläubiger vorhanden ist, falls ein Anfechtungsanspruch, also ein berechtigtes Interesse an der Konkurseröffnung, glaubhaft gemacht wird).

3. Was den Konkursgrund betrifft, so lassen sich drei Systeme unterscheiden, die **10**
in sich noch weiter gegliedert werden können: das System des einheitlichen Konkursgrundes, das System einzelner Konkursbegründungsakte und eine Kombination der beiden erstgenannten Systeme.

a) Ganz überwiegend wird dem System des einheitlichen Konkursgrundes gefolgt. In den meisten Rechtsordnungen ist dieser Grund die Zahlungseinstellung, in anderen die Zahlungsunfähigkeit, neben der, insbesondere für juristische Personen, auch Überschuldung als Konkursgrund in Frage kommen kann. Die Zahlungseinstellung ist Konkursgrund vor allem in Frankreich (Art. 1, 5, 11 D. 20 mai 1955; wegen der Besonderheiten der beiden Verfahrensarten — *faillite* und *règlement judiciaire* — s. Einleitung V 3, Bd. 1, S. LXVIIff.) und den dem französischen Vorbild folgenden Staaten, also insbesondere in den Niederlanden, in Belgien (hier wird allerdings vorgeschrieben, daß sie den Kredit des Schuldners erschüttert haben muß; Art. 437 I C. com.), Luxemburg, Griechenland, Spanien und den meisten süd- und mittelamerikanischen Staaten. In Spanien ist die Zahlungseinstellung Konkursgrund allerdings nur für den kaufmännischen Konkurs; der nicht kaufmännische Konkurs wird außer auf Antrag des Schuldners (*concurso voluntario*) eröffnet, wenn mehrere Einzelvollstreckungen in das Schuldnervermögen stattgefunden haben, die nicht zur vollen Befriedigung führen können (*concurso necesario*; Art. 1158 L.E.C.).

Die Zahlungsunfähigkeit ist Konkursgrund außer in Deutschland vor allem in Österreich, Italien, Portugal und Rußland. Dabei wird häufig ähnlich der Regelung des deutschen Rechts bestimmt, daß die Zahlungseinstellung eine Vermutung für die Zahlungsunfähigkeit begründet; in Rußland mußten die Schulden eine bestimmte Höhe (3000 Rubel) erreichen. Die Lösung des deutschen Rechts ist der des französischen Rechts vorzuziehen, da sie die Schwierigkeiten vermeidet, die bei böswilliger Zahlungseinstellung trotz Zahlungsfähigkeit oder bei Zahlungsunfähigkeit ohne Zahlungseinstellung auftreten können. Die neueren Konkursordnungen folgen daher meist dem deutschen Prinzip.

b) Das System einzelner Konkursbegründungsakte liegt vor allem den anglo-amerikanischen Konkursrechten zugrunde. So wird in England der Konkurs eröffnet, wenn der Schuldner innerhalb der letzten drei Monate vor Stellung des Konkursantrages bestimmte als *acts of bankruptcy* bezeichnete Handlungen vorgenommen hat (§ 1 I B. A.). Dazu gehören Vermögensverschiebung

**) Abkürzung: C. p. c.
***) Abkürzung: C. civ.

an Treuhänder, Begründung konkursrechtlich nichtiger Vorzugsrechte, Flucht, Geschäftseinstellung, eigene Erklärung der Insolvenz oder eigener Konkursantrag, bestimmte Zwangsvollstreckungshandlungen und Nichterfüllung einer rechtskräftig festgestellten Schuld nach einer mit Fristsetzung verbundenen Konkursandrohung (*bankruptcy notice*). Von diesem letzten – in der Praxis häufigsten – Fall abgesehen, in dem der drohende Konkurs als Druckmittel auf zahlungsfähige, aber zahlungsunwillige Schuldner wirken kann, handelt es sich also bei den *acts of bankruptcy* durchweg um Akte, die auf eine Insolvenz des Schuldners schließen lassen. Das Recht der USA kennt ähnliche *acts of bankruptcy*, schreibt jedoch bei einigen vor, daß sie nur bei Insolvenz des Schuldners zum Konkurs führen können (§ 3 B.A.; 11 USCA § 21).

In diesem Zusammenhang ist von Interesse, daß das Konkursrecht Portugals (und zwar auch schon das alte Recht; nicht ganz klar insoweit Dölle aaO. S. 79) gewissen mit den *acts of bankruptcy* vergleichbaren Akten die Bedeutung beilegt, sie begründeten eine Vermutung für das Vorliegen der Zahlungsunfähigkeit als des – wie im neuen Recht lediglich klarer ausgesprochen – eigentlichen und einzigen Konkursgrundes. Diese Akte sind neben der Zahlungseinstellung Flucht oder Abwesenheit von den Geschäftsräumen, Verschleuderung oder Verschiebung von Vermögen oder andere Handlungen, die den Willen erkennen lassen, der Haftung für die Verbindlichkeiten zu entgehen (Art. 1 u. 2 D. 29, 637).

c) Eine Kombination der vorerwähnten Systeme der Bestimmung des Konkursgrundes gilt vor allem in der Schweiz. Dort kann gegen jeden Schuldner Konkurs eröffnet werden (Art. 190ff. SchKG), wenn der Schuldner selbst dem Gericht seine Zahlungsunfähigkeit erklärt (einheitlicher Konkursgrund), wenn er flieht, sich an einem unbekannten Orte aufhält, betrügerische Handlungen zum Nachteil seiner Gläubiger vorgenommen oder Vermögen verheimlicht hat (einzelne verschiedene Konkursbegründungsakte). Bei im Handelsregister eingetragenen natürlichen Personen, Gesellschaften und juristischen Personen kann der Konkurs ferner stattfinden, wenn sie ihre Zahlungen einstellen, was als konkludente Erklärung der Zahlungsunfähigkeit verstanden wird (materieller Konkursgrund), bei Widerruf eines Nachlaßvertrages (Zwangsvergleich) oder im Wege der sog. Betreibung auf Konkurs (formeller Konkursbegründungsakt; Art. 39, 159ff., 190 SchKG; zu diesem in der Praxis häufigsten Konkursgrund vgl. Einleitung V 2 – Schweiz – Bd. 1 S. LXIVff.).

Eine eigenartige Verbindung der verschiedenen Systeme kennt auch Schweden. Dort ist seit dem Gesetz von 1921 die Zahlungsunfähigkeit einheitlicher und allgemeiner*) Konkursgrund (§ 1 KL); gewisse Tatbestände begründen eine Vermutung für das Vorliegen dieses Konkursgrundes. Daneben kann bei Kaufleuten ein Konkurs stattfinden, wenn sie seit mehr als einer Woche ihre Zahlung eingestellt oder eine unstreitige und fällige Schuld trotz förmlicher Mahnung nicht binnen einer Woche erfüllt haben (§ 3 KL). Auf Antrag bestimmter durch Vorzugsrechte gesicherter Gläubiger kann der Konkurs ferner eröffnet werden, wenn Zwangsvollstreckungen anderer Gläubiger in den Gegenstand der Vorzugsrechte erfolgt sind oder dieser unter Eigentumsvorbehalt veräußert worden ist (§ 4 KL).

§ 103

Das Verfahren kann nur auf Antrag eröffnet werden.

Zu dem Antrage ist der Gemeinschuldner und jeder Konkursgläubiger berechtigt.

Materialien: Motive I Bd. 2 S. 31ff., Motive II S. 325ff., Protokolle S. 73f., 161.

Übersicht

*) Unklar insoweit die Darstellung in Einleitung V 11, Bd. I, Seite LXXVII.

Der Konkursantrag im allgemeinen

I. Der Konkurs kann nicht von Amts wegen, sondern **nur auf Antrag** eröffnet werden (Abs. I). Motive II S. 325; Anschlußkonkurs: Anm. 18. 1

1. **Antragsberechtigt** ist nach Abs. II für den Regelkonkurs der künftige Gemeinschuldner und jeder künftige Konkursgläubiger, d. h. jeder Gläubiger, der seine Forderung im rechtskräftig [Anm. 10] eröffneten Konkurse verfolgen darf [siehe § 63 Anm. 1]. Besonderheiten: §§ 217—220 (236), 236a II, III (eingefügt durch Art. 3 I Nr. 5 des GleichberG v. 18. 6. 1957, BGBl. I S. 609). Ein Mitbestimmungsrecht des Betriebsrates bei der Antragstellung des Betriebsinhabers kann aus § 72 I BetrVG v. 11. 10. 1952 (BGBl. I S. 681) nicht abgeleitet werden (Gaul KonkTreuh. 1955 S. 181), wohl aber ist in Unternehmen mit mehr als 100 ständigen Arbeitnehmern der Wirtschaftsausschuß so rechtzeitig über ein Insolvenzverfahren zu unterrichten, daß er noch Bedenken und Gegenvorschläge vorbringen kann (vgl. § 67, insbes. IIIc, e BetrVG); diese Anhörung ist aber nicht Zulässigkeitsvoraussetzung für den Konkursantrag (Gaul aaO.). Ist der Schuldner Vertriebener i. S. der §§ 1 ff. des Bundesvertriebenengesetzes (BVFG) in der Fassung v. 14. 8. 1957 (BGBl. I S. 1215), so kann der Gläubiger einer Forderung, die vor der Vertreibung begründet worden ist, nur dann Konkursantrag stellen, wenn die Verbindlichkeit durch eine Entscheidung des vom Gläubiger rechtzeitig angerufenen Vertragshilfegerichts gemäß §§ 83 ff. BVFG aus einer undurchsetzbaren Naturalobligation (§ 82 BVFG) in eine durchsetzbare Verbindlichkeit (eventuell unter Herabsetzung des Betrages) umgestaltet worden ist oder wenn der Anspruch nach der Vertreibung ganz oder teilweise durch rechtskräftiges Urteil oder durch einen Vergleich festgestellt worden ist (§ 86 BVFG) oder wenn es sich um eine der in § 87 BVFG aufgeführten besonderen Verbindlichkeiten handelt. Dasselbe gilt für juristische Personen und Handelsgesellschaften, die ihren Sitz vor dem 8. 5. 1945 im Vertreibungsgebiet (§ 1 I BVFG) hatten (§ 85 BVFG), sowie für Sowjetzonenflüchtlinge, die ihr Ostvermögen durch Enteignungsmaßnahmen oder diesen wirtschaftlich gleichstehende Maßnahmen verloren haben oder darüber nicht verfügen können (§ 88 BVFG), nicht aber für juristische Personen und Handelsgesellschaften, die ihren Sitz aus der Sowjetzone verlegt haben. Zu den Einzelfragen vgl. Saage, Schuldenregelung für Vertriebene und Sowjetzonenflüchtlinge (1953). Nahen Angehörigen des Schuldners ist das Gläubiger-Antragsrecht nicht entzogen [siehe dagegen Anm. 19]. Auch Gläubiger mit bevorrechtigten, mit bedingten oder betagten Konkursforderungen haben das Antragsrecht (Motive II S. 326), auch solche, die selber Stundung bewilligt hatten, und solche, deren Zwangsvollstreckung durch Richterspruch oder Gesetz gehemmt ist [§ 102 Anm. 5]. Weiter sind antragsbefugt auch Gläubiger, deren Konkursforderungen zugleich durch Wertrechte an Vermögensgegenständen des Schuldners oder dritter Personen gesichert sind (vgl. Protokolle S. 73 f.). Doch ist in allen diesen Fällen die allgemeine Voraussetzung des Rechtsschutzbedürfnisses an dem beantragten Konkursverfahren mit besonderer Sorgfalt zu prüfen [Näheres Anm. 6]. Dasselbe gilt für Forderungen von geringer Höhe, die jedenfalls nicht grundsätzlich von der Antragstellung ausgeschlossen sind [Anm. 6]. Auch ausländische Gläubiger sind antragsberechtigt (§ 5 I und dort Anm. 3). Eine devisenrechtliche Genehmigung ist für die Antragstellung von Gläubigern, welche Devisenausländer sind, nicht erforderlich (Mathieu NJW 1953 S. 526). Über die Stellung eines Konkursantrages durch Gläubiger eines Schuldners, dessen Betrieb in der DDR einer Treuhandverwaltung, insbesondere nach § 15 I WStVO unterstellt ist, vgl. einerseits Artzt NJ 1952 S. 22 und S. 188 (zulässig), andererseits LG Kottbus NJ 1952 S. 187 (unzulässig); über das Antragsrecht des Treuhänders OGZ Bd. 1 S. 56, NJ 1951 S. 88.

Ist die Forderung gepfändet oder verpfändet, so hat dem § 1281 Satz 2 BGB zufolge sowohl der Gläubiger wie auch der Pfandgläubiger die Konkursantragsbefugnis, wenn auch jeder von beiden nur auf gemeinschaftliche Rechnung „anmelden“ darf. Zust. Böhle-Stamschräder Anm. 1; anders (nur gemeinschaft- 2 liche Antragstellung) Mentzel-Kuhn Anm. 3. Sobald aber die Einziehungsbefugnis dem Pfandgläubiger allein zusteht (vgl. besonders §§ 1282, 1294 BGB, § 835 ZPO), hat er auch allein das Antragsrecht. Siehe § 67 Anm. 9; § 94 Anm. 6; § 96 Anm. 4. Gesamtgläubiger: § 67 Anm. 8.

3 2. Die Stellung des Konkursantrages ist eine **Prozeßhandlung**; denn der Konkurs stellt eine Unterart des Zivilprozesses dar [Vorbem. 3 zum 2. Buch]. Eine Anfechtung der Antragstellung wegen Willensmängeln (§§ 119ff. BGB) ist daher nicht möglich (OLG Schleswig MDR 1951 S. 49; zust. Mentzel-Kuhn Anm. 2), sondern nur die an besondere Voraussetzungen gebundene, jedoch nur bis zu einem bestimmten Zeitpunkt zulässige Zurücknahme des Konkursantrages [Anm. 9].

a) An eine bestimmte Form hat das Gesetz den Konkursantrag nicht gebunden. Er kann daher schriftlich eingereicht oder mündlich zu Protokoll der Geschäftsstelle erklärt (§ 72 mit § 496 II ZPO), persönlich oder durch einen Vertreter angebracht werden [Anm. 4]. Siehe auch § 72 Anm. 3b.

4 b) Den Konkursantrag kann als Schuldner oder Gläubiger in Person nur stellen, wer prozeßfähig ist, für den Prozeßunfähigen nur dessen gesetzlicher Vertreter (§ 72 KO mit §§ 51, 52, 56 ZPO). Gesetzliche und gewillkürte Vertretungsmacht sind von Amts wegen nachzuprüfen (§§ 56, 88 II, vgl. §§ 79, 80, 83 II ZPO, § 72 KO). Doch können Antragstellung und Zustellungsempfangnahme durch einen Prozeßunfähigen rückwirkend zur vollen Wirksamkeit erstarken, wenn dieser persönlich nach erlangter Prozeßfähigkeit oder wenn der gesetzliche Vertreter die Prozeßhandlungen genehmigt (entsprechend den §§ 551 Nr. 5, 579 I Nr. 4 ZPO, § 72 KO; OLG Karlsruhe BadRechtspr. 1930 S. 91).

Prokura und Handlungsvollmacht schließen als solche die Macht zur Beantragung des Konkurses über das Vermögen des Prinzipals nicht ein, da diese Beantragung keine Rechtshandlung ist, die „der Betrieb eines Handelsgewerbes mit sich bringt“ (§§ 49, 54 HGB). Zust. Mentzel-Kuhn Anm. 3. Gleiches gilt für die Zurücknahme des Antrags [Anm. 9]. Da die Übertragung der Befugnisse des Geschäftsführers einer GmbH durch Generalvollmacht nicht möglich ist (str.; vgl. Düringer-Hachenburg-Schilling GmbHG[6] § 35 Anm. 7 mit Verw.), kann ein solcher Generalbevollmächtigter keinen Konkursantrag für die Gesellschaft stellen, ebensowenig ein für den Geschäftsführer bestellter Abwesenheitspfleger (§ 1911 BGB; anders wenn für die GmbH selbst nach § 10 Zuständigkeitsergänzungsgesetz v. 7. 8. 1952, BGBl. I S. 407, ein Abwesenheitspfleger bestellt ist), wohl aber ein gemäß § 29 BGB vom Amtsgericht eingesetzter Notvertreter (KG West JR 1950 S. 343). Der Treuhänder eines unter Treuhandverwaltung gestellten Betriebes der DDR [Anm. 1] ist zur Antragsstellung befugt (OGZ Bd. 1 S. 56, NJ 1951 S. 88, Artzt NJ 1952 S. 22).

In seiner Eigenschaft als gesetzlicher Vertreter des minderjährigen Kindes hat der Vater (§ 1629 I S. 1 BGB in der Fassung des GleichberG), in den Fällen der §§ 1629 I S. 2, 1628 II, III BGB die Mutter den Konkurs über dessen Vermögen (auch wenn dieses Verfahren Gegenstände erfaßt, die der Vermögensverwaltung des Antragstellers entzogen sind, § 1638 BGB) und ebenso auf Grund einer Forderung des Kindes (aber nur einer solchen, die der gesetzlichen Vermögensverwaltung unterliegt) den Konkurs des dritten Schuldners zu beantragen, wie den Konkurs des Mündels oder auf Grund einer Forderung des Mündels der Vormund zu erwirken hat. Weder der elterliche Gewalthaber noch der Vormund bedürfen zum Konkursantrag einer vormundschaftsgerichtlichen Erlaubnis (Gegenschluß aus §§ 1643, 1821f. BGB). Zust. Mentzel-Kuhn Anm. 3, Böhle-Stamschräder Anm. 1. Ebensowenig ein Abwesenheitspfleger (§§ 1911, 1915 BGB, § 53 ZPO mit § 72 KO).

Die Ehefrau wird weder durch die Ehe im allgemeinen noch durch irgendeinen Güterstand der ihr an sich zukommenden Prozeßfähigkeit beraubt (vgl. § 52 II ZPO). Im ordentlichen gesetzlichen Güterstande der Zugewinngemeinschaft und im Güterstand der Gütertrennung hat daher die prozeßfähige Ehefrau und nur sie als Gemeinschuldnerin die Eröffnung ihres Konkurses zu beantragen (§§ 1363 II, 1364, 1414 BGB in der Fassung des GleichberG). Bei dem Güterstand der Gütergemeinschaft ist nach Inkrafttreten des GleichberG, also vom 1. Juli 1958 an, zu unterscheiden, ob das Gesamtgut durch einen Ehegatten allein oder durch beide Ehegatten gemeinschaftlich verwaltet wird. Im ersten Falle erwirkt der verwaltende Ehegatte durch Beantragung seines Konkurses zugleich den Beschlag des Gesamtgutes (§ 2 I S 1 KO in der Fassung des GleichberG), während der andere Ehegatte nur das Konkursverfahren über sein Vermögen ausschließlich des Gesamtgutanteils beantragen kann (§ 2 I S. 2 KO in der Fassung des GleichberG). Verwalten dagegen die Ehegatten das Gesamtgut gemeinsam, so kann einmal jeder das Konkursverfahren über das Vermögen beantragen, das ihm allein gehört; durch ein solches Konkursverfahren wird das Gesamtgut nicht berührt. Den jetzt zulässigen selbständigen Konkurs über das Gesamtgut können beide Ehegatten zusammen beantragen, der Antrag kann aber auch von jedem Ehegatten allein gestellt werden, wenn er die Zahlungsunfähigkeit glaubhaft macht (§§ 2 II, 236a III KO in der Fassung des GleichberG). Auf Grund einer zum Gesamtgut gehörenden Forderung ist bei Einzelverwaltung ausschließlich der das Gesamtgut verwaltende Ehegatte zur Stellung des Gläubigerantrags auf Konkurseröffnung berechtigt (§ 1422, neu), im Falle gemeinschaftlicher Verwaltung kann der Antrag nur von beiden Ehegatten zusammen gestellt werden (§ 1450 BGB, neu). Besonderheit: § 218 (Neufassung).

Scheitert die Durchführung eines wirksam gewordenen gerichtlichen oder außergerichtlichen Liquidationsvergleichs, so sind Schuldner und Gläubiger zum Konkursantrage befugt, nicht aber Liquidatoren oder Treuhänder als solche (vgl. LG III Berlin KonkTreuh. 1930 S. 15f. Nr. 4). Ist ein öffentliches Gemeinwesen Konkursgläubiger, dann hat mangels einer Sondervorschrift den Konkursantrag in gesetzlicher Vertretung des Gläubigers diejenige Behörde zu stellen, die zur Einklagung der Forderung ermächtigt ist. Für das Reichssteuerrecht bestimmt der § 46 I BeitreibO v. 23. 6. 1923 (RMBl. S. 595), daß die Vollstreckungsabteilung (Finanzamt) den Konkurs nur mit Genehmigung des Oberfinanzpräsidenten beantragen dürfe; doch wird die Wirksamkeit des Konkursantrags durch das Fehlen der Genehmigung nicht berührt (§ 46 V BeitreibO).

c) Die Konkursbeantragung verträgt ihrem Zwecke nach weder Befristung noch Bedingung. Jedenfalls muß der Antrag zu der Zeit, da der Richter 5
sich über dessen „Zulässigkeit" (vgl. § 501 I) schlüssig zu werden hat, vorbehaltlos sein. Es gibt keine befristete oder bedingte Konkurseröffnung. Stellt ein Schuldner oder Schuldnervertreter, etwa um gesetzlicher Antragspflicht zu genügen [Anm. 11], einen Konkursantrag mit der Bitte, ihn erst nach der Rückkehr des Antragstellers von einer kurzen unaufschiebbaren Reise oder nach einer rasch zu beschaffenden Aufklärung zu behandeln, dann wird der Aufschub keinem Bedenken unterliegen, zumal er ja das Gericht an amtlichen Ermittlungen nicht hindert (vgl. Laux BayZ 1907 S. 344ff.). Dagegen würden Anträge, den Konkurs zu eröffnen, aber „nicht vor Monatsfrist", „nicht vor dem Scheitern schwebender Vergleichsverhandlungen" gar nicht „zulässig" sein und darum auch keine ausreichende Stütze für vorläufige Sicherungsmaßnahmen im Sinne des § 106 bilden (OLG Frankfurt JW 1926 S. 2114 Nr. 9, JW 1928 S. 1156f. Nr. 20, Mentzel-Kuhn Anm. 3). Sie wären nicht etwa als unbedingte zu behandeln, sondern als unzulässig abzulehnen [§ 105 Anm. 2].

d) Wie für jedes Rechtsschutzbegehren ist auch für den Konkursantrag das Vorliegen 6
eines **Rechtsschutzbedürfnisses,** d. h. eines rechtlichen Interesses des Antragstellers an dem beantragten Konkursverfahren allgemeine Zulässigkeitsvoraussetzung. In der Regel wird allerdings kein Anlaß zu einer besonderen Prüfung in dieser Richtung bestehen, wenn die Zulässigkeitsvoraussetzungen des Gläubigerantrages im übrigen gegeben sind, also Forderung und Konkursgrund glaubhaft gemacht sind (§ 105 I). Keinesfalls kann das Rechtsschutzbedürfnis schon deshalb verneint werden, weil der Schuldner zwar zahlungsunfähig, aber nicht über-

schuldet ist. Die Härte, welche solchenfalls in der Konkurserwirkung durch einen Gläubiger liegen kann, wird dadurch gemildert, daß der Schuldner dem Konkursantrag durch einen Antrag auf Eröffnung des gerichtlichen Vergleichsverfahrens nach den §§ 1, 2, 46 VerglO begegnen kann [§ 105 Anm. 5]. Allerdings wird in so gelagerten Fällen sorgfältig zu prüfen sein, ob wirklich Zahlungsunfähigkeit und nicht nur Zahlungsstockung [§ 30 Anm. 8] vorliegt. Auch die Tatsache, daß der Schuldner mit seinen Gläubigern in Sanierungsverhandlungen steht, ist für sich allein nicht geeignet, dem Konkursantrag eines Gläubigers das Rechtsschutzbedürfnis zu nehmen. Doch kann infolge derartiger Verhandlungen die „dauernde" Zahlungsunfähigkeit zu verneinen und der Konkursantrag somit wegen fehlendem Konkursgrund abzuweisen sein.

Bei besonderer Fallgestaltung kann jedoch, auch wenn Konkursforderung und Konkursgrund glaubhaft (§ 105 I), ja sogar erwiesen sind, das Rechtsschutzbedürfnis des Antragstellers fehlen und aus diesem Grunde der Antrag als unzulässig abzuweisen sein. Vor allem ist es dann zu verneinen, wenn der Antragsteller konkursfremde Zwecke verfolgt. Dies ist nicht nur dann der Fall, wenn unlautere Zwecke verfolgt werden (vgl. den Fall OLG Naumburg JW 1936 S. 1799), sondern auch immer dann, wenn es dem Antragsteller nicht um die Durchführung eines gemeinschaftlichen Befriedigungsverfahrens geht, sondern um die Erreichung anderer Ziele, z. B. um die schnelle Abwicklung eines Pachtverhältnisses (OLG Oldenburg MdR 1955 S. 175) oder (nach früherem Recht) der antragstellenden Ehefrau um die Aufhebung des Güterstandes der Nutzverwaltung nach § 1419 BGB (BayObLG ZZP Bd. 59 S. 402), vor allem aber um die wirksame und vor anderen Forderungen bevorzugte Beitreibung seiner eigenen Forderung (vgl. auch den Fall § 105 Anm. 1: Befreiungsanspruch). Dies ist etwa dann der Fall, wenn der Gläubiger mit seinem Antrag unter Vermeidung der Zahlung eines Haftkostenvorschusses für die Erzwingung des Offenbarungseides (§§ 901, 911 ZPO) die Anhörung des Schuldners nach § 105 II zur Angabe der noch zugriffsfähigen Vermögensstücke [§ 105 Anm. 2] erreichen (Brass KonkTreuh. 1932 S. 36, Peter NJ 1952 S. 57, Skrotzki KonkTreuh. 1956 S. 107), insbesondere aber wenn er den Schuldner durch die drohende Konkurseröffnung bzw. Abweisung mangels Masse (mit der Wirkung des § 107 II) unter Druck halten will, um Teilzahlungen zu erhalten (vgl. dazu Schumann KonkTreuh. 1938 S. 4, Kranz NJW 1952 S. 291, Peter aaO., Boennecke KonkTreuh. 1955 S. 173, BGH KonkTreuh. 1957 S. 14 = LM § 839 (Fi) BGB Nr. 4). Für eine solche Absicht spricht etwa die Angabe des Gläubigers, er sei mit einer Aussetzung des Verfahrens einverstanden, wenn der Schuldner Teilzahlungen leiste, oder die Tatsache, daß der Gläubiger zunächst nur wegen eines Teilbetrages seiner Forderung den Antrag stellt, vor allem aber, wenn er ihn nach Bezahlung dieses Teilbetrages wegen eines weiteren Teilbetrages wiederholt (Schumann GlSchutz 1935 S. 89), oder wenn dem Antrag eine ganz geringfügige Forderung zugrunde liegt (Schumann aaO., Künne GlSchutz 1935 S. 73, AG Berlin KonkTreuh. 1937 S. 149), auch wenn das Gesetz an sich für die Antragsbefugnis im Unterschied zum ausländischen Rechte [Anm. 19] keine Mindesthöhe der antragstellenden Forderung vorschreibt [Anm. 1]. Im letzten Falle wird übrigens häufig auch die Zahlungsunfähigkeit zu verneinen sein, wenn Gläubiger mit größeren Forderungen dem Schuldner entgegenkommen oder gar mit ihm Sanierungsverhandlungen führen. Jedenfalls ist dann kein Rechtsschutzbedürfnis gegeben, wenn der Gläubiger durch die Mittel der Einzelvollstreckung zum Ziele kommen kann; eine spätere Anfechtung (§ 30) ist nicht zu besorgen, da sie sich gar nicht lohnen würde.

Überhaupt ist das Rechtsschutzbedürfnis dann zu verneinen, wenn der Antragsteller auf eine einfachere und zweckmäßigere Weise als durch den Konkurs die Befriedigung seiner Forderung erreichen kann. Dies ist z. B. bei einem Gläubiger der Fall, dessen Forderung vollständig gesichert ist [Anm. 1]; er ist auf die Verwertung der Sicherungen als den einfacheren und zweckmäßigeren Weg der Befriedigung zu verweisen (OLG Schleswig NJW 1951 S. 119), den er ja auch gehen muß, wenn es zur Konkurseröffnung kommt (§§ 64, 153). Eine besondere Lage ist auch gegeben, wenn der einzige Gläubiger [§ 102 Anm. 1] unter Glaubhaftmachung seiner Forderung Konkursantrag stellt, der Schuldner aber bei seiner Anhörung sie mit einer nicht vollständig aussichtslosen Begründung bestritten hat, denn das Konkursverfahren ist nicht der geeignete Weg, die Klärung des Forderungsbestandes herbeizuführen, um die es hier letztlich geht; auch wird in einem derartigen Falle nicht von Zahlungsunfähigkeit gesprochen werden können, wenn der Schuldner diese Forderung nicht befriedigt (vgl. Baur DRZ 1950 S. 10 und im Ergebnis auch OLG Tübingen DRZ 1950 S. 18 [siehe auch § 105 Anm. 2 unter 2]).

Für die Frage des Rechtsschutzbedürfnisses eines Konkursantrages ist lediglich die Lage des antragstellenden Gläubigers maßgebend; daß es bei anderen Gläubigern, die keinen Antrag gestellt haben, vorhanden wäre, ist bedeutungslos. Das Fehlen des Rechtsschutzbedürfnisses hat das Gericht in jedem Stadium des Eröffnungsverfahrens von Amts wegen zu beachten, also auch dann, wenn es den Antrag nach § 105 I zugelassen hat und sich das Fehlen erst bei den Ermittlungen über das Vorliegen des bisher nur glaubhaft gemachten Konkursgrundes ergibt.

Im wesentlichen übereinstimmend die allgemeine Lit. zum Rechtsschutzbedürfnis im Konkursverfahren: Jaeger KonkTreuh. 1936 S. 81ff., Schönke Rechtsschutzbedürfnis (1950) S. 93f., Baur bei Schönke-Baur § 53 A III 3a und JZ 1951 S. 210f., Böhle-Stamschräder NJW 1951 S. 119 und § 105 Anm. 4, Mentzel-Kuhn § 105 Anm. 5. Vgl. auch § 107 Anm. 1 und zur Frage des allgemeinen Vollstreckungsschutzes nach § 765a ZPO § 105 Anm. 7.

In böswilliger (z. B. durch falsche Angaben erschlichener) Konkurseröffnung kann unter den Voraussetzungen des § 826 ein zum Schadensersatz verpflichtendes Verhalten liegen.

8. Was die **Gerichtskosten** betrifft, so wird nach § 49 GKG für das Verfahren über den Konkursantrag die Hälfte der Gebühr (§ 10 GKG) erhoben; mit ihr wird die gesamte Tätigkeit des Gerichts einschließlich der Entscheidung abgegolten. Sie wird bereits mit Stellung des Antrags fällig (§ 106 GKG). Gebührenvorschüsse sind insoweit ausgeschaltet. Die Gebühr trifft den Antragsteller und zwar endgültig, wenn sein Antrag nicht „zugelassen" [§ 105 Anm. 1], als unbegründet abgewiesen oder zurückgenommen wird (§ 96 I GKG). Wird das Verfahren eröffnet, so wird bei Schuldnerantrag die Antragsgebühr auf die Verfahrensgebühr des § 50 GKG angerechnet (§ 50 III GKG); hat dagegen ein Gläubiger den Antrag gestellt, so bleibt er zwar der Staatskasse gegenüber Schuldner der Antragsgebühr, sie ist ihm aber gem. § 58 Ziff. 1 KO aus der Masse zu erstatten (vgl. auch § 105 GKG) [§ 58 Anm. 4b]. Wertberechnung bei Schuldnerantrag primär nach der Aktivmasse (§ 51 I—III), bei Gläubigerantrag nach dem Betrag der antragstellenden Forderung (§ 51 IV GKG) und zwar dem vollen Betrag, auch wenn der Antrag nur wegen eines Teilbetrages gestellt ist (h. M. Baumbach Kostengesetze[13] § 43 Anm. 3, Jonas-Hornig GKG[3] § 43 Anm. 1a, Schumann GlSchutz 1935 S. 90). Vgl. im übrigen § 58 Anm. 3 u. Willichs-Delhaes KonkTreuh. 1955 S. 66ff. mit Beisp. S. 73ff. Über das Zusammentreffen von Konkurs- und Vergleichsantrag unten Anm. 18. 7

Wird die Konkurseröffnung von mehreren Gläubigern beantragt, dann ist zu unterscheiden: machen die Anträge, auch wenn sie gemeinsam gestellt sind, eine gesonderte Würdigung (etwa hinsichtlich der Glaubhaftmachung der Forderung) notwendig, so fällt für jeden Antragsteller eine selbständige Gebühr, berechnet aus der Höhe seiner Forderung, an. So Baumbach-Lauterbach GKG[13] § 41 Anm. 1 C, LG Hamburg ZZP Bd. 52 S. 97f. und Jaeger in der Anm. ebenda, während Jonas-Hornig GKG[3] § 41 Anm. 5, § 87 Anm. 3, denen sich Jaeger in der 6./7. Aufl. § 103 Anm. 1 und Willichs-Delhaes aaO. angeschlossen haben, bei Verbundenheit der Anträge die Gebühr nach der Summe der antragstellenden Forderungen, höchstens aber nach dem Werte der Aktivmasse (§ 43 IV GKG, jetzt § 51 II) berechnen und die Antragsteller für diese Gebühr als Gesamtschuldner nach § 104 GKG (Fassung 1957) haften lassen wollen, jedoch jeden höchstens für den Betrag, für den er bei selbständiger Antragstellung hätte aufkommen müssen. Besteht aber zwischen den mehreren Antragstellern ein innerer Zusammenhang, ist also die Würdigung des gemeinsam gestellten Antrags notwendig eine einheitliche z. B. bei Gesamtgläubigerschaft nach § 428 BGB, so erwächst nur eine Gebühr (so Baumbach-Lauterbach aaO. und Jaeger ZZP Bd. 52 S. 98). Auch Vorstandsmitglieder und Liquidatoren einer juristischen Person stellen, wenn sie in Erfüllung ihrer Antragspflicht [Anm. 11] die Konkurseröffnung beantragen, nur einen Antrag im Namen der juristischen Person und für deren, nicht für persönliche Rechnung (vgl. KG KGJ 34 B 9, Ritter LZ 1908 Sp. 880 gegen LG Hamburg ebenda). Entsprechend löst die Erfüllung der Pflicht, den Nachlaßkonkurs zu beantragen [§§ 217ff. Anm. 26], eine Nachlaßverbindlichkeit i. S. des § 1967 II BGB aus.

Was die gerichtlichen Auslagen anlangt (§§ 91ff. GKG), so ist der Antragsteller der Gerichtskasse gegenüber Schuldner, wenn sein Antrag abgewiesen oder zurückgenommen wird (§ 96 I Satz 2 GKG), während sie im Falle der Eröffnung den Gemeinschuldner treffen (§ 96 II GKG) und Massekosten nach § 58 Nr. 1 KO darstellen. Zur Frage des Vorschusses für Ermittlungsauslagen vgl. § 75 Anm. 3 — Anwaltsgebühren im Eröffnungsverfahren: §§ 72, 81 BGebORA (BGBl. 1957 I S. 907).

Eine Kostenentscheidung des Konkursgerichts (§ 91 ZPO, § 72 KO) ist nur veranlaßt und von praktischer Bedeutung, wenn der Eröffnungsantrag eines Gläubigers abgewiesen wird. Wenn ihm hier die Kosten auferlegt werden, so hat dies nicht so sehr Bedeutung für die Verpflichtung zur Zahlung der Gerichtskosten und der gerichtlichen Auslagen gegenüber der Staatskasse, da insoweit ohnedies der antragstellende Gläubiger Schuldner ist (§ 96 I GKG), sondern vor allem für die Pflicht, dem Schuldner die ihm erwachsenen zur zweckentsprechenden Rechtsverfolgung notwendigen Kosten (etwa die Aufwendungen für einen Anwalt) zu erstatten, die dann im Verfahren nach §§ 103ff. ZPO (§ 72 KO) festzusetzen sind; denn wenn der Schuldner den Konkursantrag des Gläubigers bekämpft hat, ist zwischen ihm und dem antragstellenden Gläubiger ein Parteistreit über das Vorliegen der Konkursvoraussetzungen entstanden (so Jaeger LZ 1914 Sp. 841ff. gegen die dort angeführte Rechtsprechung, insbes. OLG Jena SeuffA 72 Nr. 25; zust. auch KG JW 1930 S. 3340 und AG Dachau AnwBl. 1954 S. 35). Zweifelhaft ist dagegen, ob der Gläubiger, der im Eröffnungsverfahren durch den Schuldner befriedigt worden ist, eine dem Schuldner die Kosten des Eröffnungsverfahrens auferlegende Entscheidung des Gerichts (Umkehrschluß aus § 93 ZPO; vgl. OLG Zweibrücken HRR 1942 Nr. 496, Baumbach-Lauterbach ZPO[24] § 91 Anm. 4) verlangen kann. Dafür: LG Köln KonkTreuh. 1956 S. 127 (bezüglich der Vergütung eines vom Gericht gem. § 106 eingesetzten Sequesters), dagegen: Skrotzki KonkTreuh. 1957 S. 29f. Die Frage ist (entgegen dem LG Köln) auf jeden Fall zu verneinen, wenn der Gläubiger wegen Befriedigung seiner Forderung den Antrag zurückgenommen hat, da hier nur eine Analogie aus § 271 III 2 ZPO in Frage kommt, also eine gesetzliche Kostentragungspflicht des antragstellenden Gläubigers besteht; sie ist es aber auch, wenn der Gläubiger seinen Antrag nicht zurücknimmt, sondern auf die Kosten beschränkt; denn im Eröffnungsverfahren käme auch die unmittelbare Anwendung des § 93 ZPO nicht in Frage, wenn der Schuldner die Voraussetzungen der Konkurseröffnung „anerkennen" würde, da diese von Amts wegen zu prüfen sind (so richtig Skrotzki aaO.). Allenfalls kann der Gläubiger die Kosten und Auslagen, für die er von der Staatskasse in Anspruch genommen worden ist, als Verzugsschaden gegen den Schuldner geltend machen (Skrotzki aaO.). Zu den Kosten einer Sequestration vgl. insbes. § 106 Anm. 14. Wird der Eröffnungsantrag des Gemeinschuldners abgewiesen, so ist eine Entscheidung, die ihm die Kosten des Verfahrens auferlegt, praktisch ohne Bedeutung, da er nach § 96 I GKG ohnedies in diesem Falle Schuldner der Gerichtskosten und gerichtlichen Auslagen ist und ein Parteistreit nicht stattgefunden hat. Im Falle der Eröffnung des Konkurses findet eine Kostenentscheidung bei Gläubigerantrag nicht statt [§ 108 Anm. 6]; zur Verfolgung des Anspruchs auf Auslagen, die dem Gläubiger im Eröffnungsverfahren entstanden sind, vgl. § 58 Anm. 4b.

II. Verzicht und Zurücknahme

1. Streit besteht über die Frage, ob der Gläubiger auf das Konkursantragsrecht wirksam **verzichten** könne. Kohler Lehrbuch S. 88f. verneint die Frage, weil das Antragsrecht dem allgemeinen Wohle der Gläubiger diene, erkennt aber an, daß das Gläubigerrecht durch den Verzicht auf die Beitreibung der Eigenschaft einer Konkursforderung [§ 3 Anm. 14] und dadurch der Antragsbefugnis entkleidet werde. So z. B. auch Seuffert S. 134, Fitting § 35 Nr. 5. Man wird jedoch die Verzichtbarkeit der Antragsbefugnis als solcher und die Verfolgbarkeit dieses Verzichts im Verfahren des § 105 II bejahen müssen, da jeder Gläubiger um seiner selbst willen durch ein eigenes Antragsrecht geschützt wird und nicht einzusehen ist, warum er zwar auf die Vollstreckung überhaupt, nicht aber auf die im Konkursantrag liegende Rechtsverfolgung sollte verzichten können. Daß eine vorwiegend oder ausschließlich dem Einzelwohle dienende prozeßrechtliche Befugnis auch dann verzichtbar ist, wenn das Gesetz dies nicht ausdrücklich anerkennt, das steht (gegen OLG Kolmar LZ 1910 Sp. 572) außer Zweifel. Im Ergebnisse zust. Darmstadt OLG 19 S. 226, v. Wilmowski-Kurlbaum § 105 Anm. 5, Wolff KO[2] § 105 Anm. 2, Raatz Vollstreckungsverträge (1935) S. 40ff., 78ff., Mentzel-Kuhn Anm. 2, Böhle-Stamschräder Anm. 2, Bohn KonkTreuh. 1955 S. 135ff., für den Fall des Versprechens einstweiliger Nichtausübung der Forderung auch OLG Kolmar LZ 1912 Sp. 411; zweifelnd Baur bei Schönke-Baur § 53 A III 1. Gläubiger, die sich in gerichtlichen oder außergerichtlichen Vergleichen einer Liquidation unterworfen haben, sind gehalten, deren abredegemäße Durchführung nicht durch unzeitgemäße Konkursanträge zu stören. Damit haben sie, solange die Übereinkunft erfüllbar bleibt, auf die Konkursantragsbefugnis verzichtet (insofern zutreffend LG III Berlin KonkTreuh. 1930 S. 15f. Nr. 4). 8

2. Der Konkursantrag kann, selbst wenn er nach § 105 „zugelassen" ist, **zurückgenommen** werden und zwar solange, bis der Eröffnungsbeschluß nach außen in die Erscheinung getreten und in diesem Sinne wirksam geworden ist [§ 108 Anm. 1], nicht etwa bis zum Eintritt der Rechtskraft des Beschlusses. Denn damit sind — wenn auch zeitlich durch den § 108 bestimmt und durch den Eintritt der Rechtskraft auflösend bedingt — Wirkungen zum Schutze der Gläubigergesamtheit eingetreten (z. B. nach den §§ 3, 6, 12ff., 17ff., 29ff., 54f.), deren Beseitigung nicht mehr im Belieben des einzelnen Antragstellers stehen kann. Nach Konkurseröffnung ist die Zurücknahme des Konkursantrags unzulässig, einerlei, ob der Schuldner oder ob ein Gläubiger den Antrag gestellt hat, ob der Eröffnungsbeschluß nach § 109 angefochten wird oder nicht. Gegebenenfalls ist nun eine Einstellung nach § 202 zu erwirken. So auch die herrschende Lehre (z. B. Petersen-Kleinfeller Anm. 2, Wolff KO[2] S. 375, Mentzel-Kuhn Anm. 2, Böhle-Stamschräder Anm. 2, § 108 Anm. 1 und NJW 1953 S. 1147 mit Verw., Mohrbutter KonkTreuh. 1955 S. 116) und Rechtsprechung (OLG Hamburg SeuffA 56 Nr. 66, OLG Karlsruhe BadRpr. 1901 S. 31, OLG Frankfurt a. M. LZ 1908 Sp. 175, LG Hamburg ZZP 52 S. 109ff. mit Jaeger ebenda S. 111f., OLG Köln KonkTreuh. 1958 S. 14, im Ergebnis auch LG Nürnberg NJW 1953 S. 1147), während die Protokolle S. 162 (ebenso z. B. Seuffert S. 134f.) die Zurücknahme des Antrags bis zum Eintritt der Rechtskraft für zulässig halten. Der Hinweis auf die allgemeine Zurücknehmbarkeit zivilprozessualer Anträge bis zur Rechtskraft schlägt nicht durch, weil der Eröffnungsbeschluß als solcher für und gegen die Allgemeinheit der Beteiligten wirkt; die Behauptung aber, der antragstellende Gläubiger könne in der Beschwerdeinstanz das Nichtvorhandensein des Konkursgrundes „anerkennen und dadurch den Antrag zu Fall zu bringen", widerspricht dem Untersuchungsgrundsatz [§ 102 Anm. 2, 5]. Nur wenn der Eröffnungsbeschluß erst vom Beschwerdegericht erlassen und nicht für sofort wirksam erklärt worden wäre 9

[siehe aber § 74 Anm. 3], würde aus § 74 Satz 2 die Zulässigkeit einer Zurücknahme zu folgern sein. Das und nicht mehr sagt Kolmar OLG 5 S. 215 und Naumburg OLG 25 S. 336. Zust. Mentzel-Kuhn Anm. 2. Das Wirksamwerden der Eröffnung eines Anschlußkonkurses ist zwar in den Fällen der §§ 80, 101, 96 VI (nicht auch im Falle des § 19) VerglO durch ausdrückliche Gesetzesvorschrift auf den Eintritt der Rechtskraft des Eröffnungsbeschlusses abgestellt (§§ 80 III, 101 S. 2, 96 VI S. 2 VerglO). Doch spielen diese Ausnahmen regelmäßig keine Rolle, weil hier die Entscheidung über die Konkurseröffnung von Amts wegen zu erfolgen hat. Anders ist es lediglich dann, wenn der Anschlußkonkurs während des fortgesetzten Vergleichsverfahrens auf Grund eines jetzt wieder zulässigen Konkursantrages eines Gläubigers eröffnet worden ist (§ 96 VI mit III VerglO) [Anm. 18]; in diesem Falle kann dann allerdings der Antrag bis zur Rechtskraft des Eröffnungsbeschlusses wirksam zurückgenommen werden (so zutreffend Mohrbutter KonkTreuh. 1955 S. 116).

Eine zulässige Zurücknahme vollzieht sich durch schriftliche Einreichung oder durch Erklärung zu Protokoll der Geschäftsstelle beim Konkursgericht (§ 496 II ZPO, § 72 KO). Sie hat zur Folge, daß der Konkursantrag als nicht gestellt gilt (§ 271 III 1 ZPO, § 72 KO). Sie steht einer Wiederholung des Antrags nicht entgegen; aber der wiederholte Antrag wird wie ein erster behandelt. Auf eine wirksame Zurücknahme ergeht kein förmlicher Beschluß des Konkursgerichts. Hatte es aber schon Sicherungsmaßregeln nach § 106 I angeordnet, so sind diese dem § 106 II entsprechend nun aufzuheben. Zur Frage der Kostenentscheidung: Anm. 7. Auch bei zulässiger Zurücknahme des Konkursantrags wird die Gebühr (§§ 49, 51 GKG) kraft Gesetzes weder ermäßigt noch erlassen. Doch kann unter den Voraussetzungen des § 6 I 3 GKG Gebühren- und Auslagenfreiheit bewilligt werden. Wegen der Haftung für die Kosten und Auslagen bei Zurücknahme des Antrags vgl. Anm. 7.

10 3. Erlischt vor der Konkurseröffnung die Forderung des antragstellenden Gläubigers (z. B. durch Erfüllung), dann darf seinem Antrage nicht mehr stattgegeben werden. Das Konkursgläubigerrecht des Antragstellers muß zur Zeit der Erlassung des Eröffnungsbeschlusses begründet sein, wäre es auch betagt (§ 65) oder aufschiebend bedingt (§ 67). So auch, wenn erst das Beschwerdegericht die Eröffnung ausspricht. Hat ein Gläubiger, dem mehrere Konkursforderungen zustehen, zunächst unter Berufung auf nur eine dieser Forderungen den Konkursantrag gestellt und ist diese vom Schuldner im Eröffnungsverfahren befriedigt worden, so kann es ihm nicht versagt werden (evtl. auch durch Beschwerde gegen einen seinen Antrag zurückweisenden Beschluß), sich nunmehr auf eine der anderen Forderungen zu berufen (a. A. LG Wuppertal GlSchutz 1937 S. 27). Kostenentscheidung: Anm. 7. Erlöschen des Gläubigerrechts nach Erlassung, aber vor Eintritt der Rechtskraft des Eröffnungsbeschlusses kann (freilich nur vom Schuldner, § 109) durch Beschwerde geltend gemacht werden. Späteres Erlöschen tut der Wirksamkeit des Eröffnungsbeschlusses keinen Abbruch. Ebensowenig ein Wechsel in der Person des Gläubigers. Der Konkursantrag selber muß zur Zeit der Erlassung des Eröffnungsbeschlusses unbetagt und unbedingt sein [Anm. 5].

11 III. Eine Verpflichtung, den Konkurs zu beantragen, kennt die Konkursordnung selber nicht, wenn auch unlautere Verschleppung des Konkurses zur Verwerfung eines Zwangsvergleichs führen kann (§ 187). Siehe ferner § 240 Nr. 2. Für wichtige Ausnahmefälle aber haben andere Reichsgesetze **Konkursantragspflichten** eingeführt, nämlich:

1. Bei Überschuldung einer juristischen Person des bürgerlichen oder öffentlichen Rechts für die Vorstandsmitglieder und Liquidatoren die §§ 42 II, 48 II, 53, 86, 89 II BGB.
2. Bei Zahlungsunfähigkeit oder bei der aus einer Bilanz erhellenden Überschuldung

a) einer Aktiengesellschaft für die Vorstandsmitglieder und Abwickler die §§ 83 II, 84, 85, 209 II, 297 Ziff. 2 u. 3 AktG [§§ 207f. Anm. 7],

b) einer Kommanditaktiengesellschaft für die persönlich haftenden Gesellschafter oder Liquidatoren die §§ 225 Ziff. 3 u. 14, 304 AktG,

c) einer Gesellschaft mit beschränkter Haftung für die Geschäftsführer und Liquidatoren die §§ 43, 64, 71, 84 GmbHG,

d) einer eingetragenen Genossenschaft für die Vorstandsmitglieder und Liquidatoren die §§ 99, 118, 140, 148 GenG. Doch besteht hiernach die Antragspflicht im Falle der Überschuldung nur, falls letztere sich nach Auflösung der Genossenschaft ergibt (§ 118 GenG). Lediglich bei der Genossenschaft mit beschränkter Haftpflicht begründet schon während des Bestandes der Genossenschaft eine näher bestimmte — d. h. ein Viertel der Haftsumme aller Genossen übersteigende — Überschuldung die Antragspflicht (§ 140 GenG) [siehe § 102 Anm. 4].

3. Bei Überschuldung des Nachlasses für Erben und Nachlaßverwalter, unverständlicherweise nicht auch für Testamentsvollstrecker die §§ 1980, 1985 BGB [§§ 217ff. Anm. 26ff.] und entsprechend bei Überschuldung des Gesamtguts der fortgesetzten Gütergemeinschaft für den überlebenden Ehegatten der § 1489 II mit § 1980 BGB [§ 236 Anm. 12].

4. In der DDR ist der Treuhänder eines nach § 15 I WStVO einer Treuhandverwaltung unterstellten Betriebes nicht nur zur Antragstellung befugt [Anm. 1, 4], sondern auch verpflichtet (OGZ Bd. 1 S. 56).

Die Antragspflicht ist ein zweischneidiges Schwert. Gedacht als Maßregel zum Schutze der Gläubiger, bei Verbänden auch der Mitglieder, gereichte sie denen, die sie schützen soll, nicht selten zum Unsegen. Sie vereitelte aussichtsreiche Sanierungen und förderte den Zusammenbruch. Die strenge Handhabung der strafrechtlichen und der zivilrechtlichen Vorschriften zur Erzwingung der Antragspflicht durch die Rechtsprechung des Reichsgerichts steigerte den Notstand noch empfindlich (RG Strafs. Bd. **37** 25, Bd. **37** 324; RG Zivils. Bd. **72** 285; milder RG Strafs. LZ 1913 Sp. 547ff.). Ja, die Erfahrung lehrte, daß die Verantwortlichkeit des Schuldners nicht selten von eigensüchtigen Gläubigern zur Erpressung von Sondervorteilen auf Kosten der Gemeinschaft mißbraucht wurde (Denkschrift zur ÖsterrKO v. 1914 S. 5f.). Gemildert wird die schädliche Auswirkung der Antragspflicht dadurch, daß (seit 1930 und zwar im Zusammenhang mit der Wiederherstellung der nach dem 1. Weltkrieg eingeschränkten Antragspflicht, vgl. dazu Ullmann JW 1930 S. 1344ff., Cahn LZ 1930 Sp. 563) **wahlweise** an Stelle des Konkursverfahrens das **gerichtliche Vergleichsverfahren beantragt** werden kann und daß der eine oder andere Antrag nur ohne schuldhaftes Zögern, nicht ohne jedes Zögern gestellt werden muß (§§ 83 II, 209 II, 225 Ziff. 14 AktG, §§ 64 I, 71 II GmbHG, §§ 99 I, 118, 140 GenG, §§ 42 II, 1980 BGB). Die Entscheidung darüber, welcher Antrag gestellt werden soll, liegt im pflichtmäßigen Ermessen der Antragspflichtigen. Der Antragspflicht wird durch Stellung des Vergleichsantrags auch dann genügt, wenn die Eröffnung des Vergleichsverfahrens abgelehnt wird oder das eröffnete Vergleichsverfahren scheitert; ein besonderer Konkursantrag braucht hier nicht mehr gestellt zu werden, da in diesen Fällen über die Eröffnung des Konkursverfahrens von Amts wegen entschieden wird [Anm. 18]. Außergerichtliche Sanierungen erschwert die Antragspflicht allerdings auch als Wahlpflicht. Doch liegt in aussichtsreichem Bemühen um einen nichtgerichtlichen Güteausgleich keine „schuldhafte" Antragsverzögerung. Andererseits muß der Konkursantrag bei Aktiengesellschaften, Kommanditgesellschaften auf Aktien, Gesellschaften mbH und Genossenschaften auf jeden Fall innerhalb einer Frist von 3 Wochen gestellt werden (§§ 83 II, 225 Ziff. 14 AktG, § 64 I GmbHG, §§ 99, 118, 140 GenG), bei einer in Liquidation befindlichen Aktiengesellschaft innerhalb von 10 Tagen (§ 209 II AktG). Die Frist beginnt mit Eintritt des die Antragspflicht auslösenden Konkursgrundes. Bei der GmbH und bei der Genossenschaft mit beschränkter Haftpflicht besteht die Besonderheit, daß die Antragspflicht wegen

Überschuldung erst entsteht, wenn sich diese bei der Aufstellung der Jahresbilanz oder einer Zwischenbilanz ergibt (§§ 64 I, 71 II GmbHG, § 140 I GenG). Fehlt es an dieser Voraussetzung, so kann ein Geschäftsführer bzw. ein Vorstandsmitglied auch bei Kenntnis des Eintritts der Überschuldung nicht nach § 83 GmbHG bzw. § 148 I Nr. 2 GenG bestraft werden (RG Str. Bd. **50** 151f., KonkTreuh. 1936 S. 148), wohl aber wird er der GmbH bzw. der Genossenschaft gegenüber nach § 43 GmbHG bzw. § 34 GenG schadensersatzpflichtig, wenn er es nunmehr unterläßt, eine Zwischenbilanz aufzustellen (so Scholz GmbHG[2] § 64 Anm. 4, Kalter KonkTreuh. 1955 S. 42). Da Stundungen die Zahlungsunfähigkeit aufschieben oder beseitigen, nicht aber die Überschuldung ausräumen, kann eine Antragspflicht aus dem Grunde der Überschuldung auch bestehen, wenn die den Aktivbestand des Schuldnervermögens übersteigenden Verbindlichkeiten noch gar nicht fällig, vielleicht im allgemeinen gestundet sind. Das kann vor allem bei der Vermögensabgabe nach dem LAG bedeutsam werden, die zwar gemäß § 34 LAG in Vierteljahresbeträgen zu entrichten ist, bei einer Vermögensübersicht zum Zwecke der Prüfung der Frage der Überschuldung aber mit dem Zeitwert (§ 77 LAG; vgl. auch § 63 LAG) zu berücksichtigen ist (Kühne-Wolff, Die Gesetzgebung über den LA, § 218 Anm. 11, § 221 Anm. 6 a. E.; Schwerin v. Krosigk NJW 1956 S. 324ff.; vgl. auch Pribilla KonkTreuh. 1958 S. 21f.). Keinesfalls kann man den Antragspflichtigen haftbar machen, weil er im Zweifelsfalle zur Deckung seiner eigenen Person den Konkursantrag lieber stellt als unterläßt (vgl. OLG Kolmar LZ 1910 Sp. 249). Ob der Konkursgrund wirklich vorliegt, hat das Konkursgericht auf eigene Verantwortung zu prüfen. Nur wenn es die Überzeugung erlangt, daß er vorliegt, hat es die Konkurseröffnung zu beschließen. Andererseits bindet die bejahende oder verneinende Feststellung des Konkursgerichts den Prozeßrichter nicht, der über die wegen Verletzung der Antragspflicht erhobene Schadensklage zu entscheiden hat [§ 74 Anm. 4].

In allen Fällen setzt die Haftung des Antragspflichtigen wegen Verletzung der Antragspflicht Verschulden voraus. Von einer Schadensersatzverbindlichkeit kann also keine Rede sein, wenn er den Konkursgrund weder erkannt noch fahrlässigerweise verkannt hat (RG Bd. **72** 288, LZ 1913 Sp. 630). In § 83 II S. 3 AktG, § 64 S. 3 GmbHG, §§ 99 I S. 3, 118 I S. 3, 140 I S. 3 GenG wird ausdrücklich hervorgehoben, daß in keinem Falle (also auch bei Fristüberschreitung) schuldhafte Verzögerung der Antragstellung angenommen werden kann, wenn die Eröffnung des gerichtlichen Vergleichsverfahrens, für die u. U. zeitraubende Vorbereitungen notwendig werden, mit der erforderlichen Sorgfalt betrieben wird. Scheidet ein Antragspflichtiger in Kenntnis des eingetretenen Konkursgrundes vor Ablauf der Drei-Wochenfrist aus, ohne den Antrag noch selbst vorher gestellt zu haben, so wird er wegen schuldhafter Unterlassung haftbar, wenn er nicht dahin wirkt, daß ein anderer Antragspflichtiger, beim einzigen Geschäftsführer einer GmbH also der neue Geschäftsführer den Antrag fristgemäß stellt (BGH Str. Bd. **8** 53). Ein infolge der Antragsunterlassung der Masse zugeflossener Gegenwert mindert die Benachteiligung und mit ihr den Umfang der Ersatzpflicht (RG Bd. **80** 110). Daß übrigens die Konkursantragspflicht, wie man vielfach lehrt, zum Schutze des öffentlichen Wohles eingeführt sei, trifft nicht zu. Sie soll (wie bemerkt) Gläubiger und Mitglieder, also bestimmte Privatpersonen schützen. Darum bilden die sie verordnenden Vorschriften auch nicht solche Schutzgesetze, aus deren Verletzung jeder Dritte Schadensersatzansprüche im Sinne des § 823 II BGB ableiten könnte (im Ergebnis ebenso RG Bd. **78** 34), wohl aber sind sie Schutzgesetze zugunsten der Gesellschaft, ihrer Mitglieder (Aktionäre, Gesellschafter, Genossen) und ihrer Gläubiger (RG JW 1935 S. 3302 unter II, Bd. **159** 234 für die AG, LZ 1914 Sp. 864 für die Genossenschaft, Scholz GmbHG[2] § 64 Anm. 13, Teichmann-Koehler AG[3] § 83 Anm. 2d). Ebenso Mentzel-Kuhn Anm. 5.

Die Antragspflicht besteht unabhängig davon, ob die Masse zur Kostendeckung ausreicht oder nicht. Nachlaßkonkurs: §§ 217ff. Anm. 28. Die Masseunzulänglichkeit festzustellen und daraus die Folgerung des § 107 I 1 KO zu ziehen, ist Sache des Konkursgerichts. Möglicherweise schließt der im § 107 I 2 bezeichnete Vorschuß, den ja nicht gerade der Antragsteller zu leisten braucht [§ 107 Anm. 3], die Abweisung des Eröffnungsantrages aus. Zust. Mentzel-Kuhn Anm. 5, Böhle-Stamschräder Anm. 3. Auch die Einberufung der Gläubiger zum Zwecke des § 11 SchVG schiebt (befremdlicherweise) die Antragspflicht nicht auf. Die gesetzliche Antragspflicht trifft stets nur den Schuldner oder gesetzliche Vertreter von ihm, niemals gewillkürte (auch nicht Prokuristen), selbst wenn sie tatsächlich die Stellung eines Geschäftsführers oder Vorstandes haben. So mit Recht RG (Str.) Bd. **72** 191 f., während die auf die damals (1937) geltende Fassung des § 2 RStGB gestützte Entscheidung RG (Str.) Bd. **71** 112 als überholt anzusehen ist, wonach die strafrechtliche Verantwortlichkeit auch den tatsächlichen Leiter einer GmbH trifft, wenn ein verantwortlicher Geschäftsführer nicht vorhanden ist (wie das RG allerdings Teichmann-Koehler AG[3] § 83 Anm. 3). Hat ein Antragspflichtiger den Konkursantrag gestellt, so erledigt sich damit auch für die übrigen die Erfüllung der Antragspflicht. Wenn bereits ein Gläubiger einen zulässigen Konkursantrag gestellt und damit das Eröffnungsverfahren und die amtswegige gerichtliche Nachprüfung des Konkursgrundes in Gang gebracht hat, so kann ein nunmehr gestellter Antrag eines antragspflichtigen Organes zwar in dieser Richtung keine Wirkung äußern, solange der Gläubiger seinen Antrag nicht zurückgenommen hat und das Verfahren betreibt. Die Antragspflicht selbst wird aber dadurch nicht berührt. Sie ist im Interesse der Gläubigergesamtheit und der Mitglieder auferlegt und kann daher durch einen im eigenen Interesse gestellten Antrag eines Gläubigers, den dieser jederzeit vor Konkurseröffnung zurücknehmen kann, nicht verdrängt werden; auch fördert der Antrag des Organes zufolge § 104 das Eröffnungsverfahren stärker als ein Gläubigerantrag. So im Ergebnis auch RG JW 1905 S. 531 und mit eingehender Begründung OLG Schleswig SchlHA 1954 S. 155, ferner Scholz GmbHG[2] § 64 Anm. 13; a. A. Jaeger 6./7. Aufl. § 103 Anm. 5 a. E. und Hachenburg GmbHG[6] § 64 Anm. 3. Allerdings wird das Verschulden zu verneinen sein, wenn der Antragspflichtige nur deshalb die Antragsstellung unterläßt, weil er irrigerweise annahm, die Erfüllung seiner Antragspflicht sei infolge des Gläubigerantrags entfallen (so auch OLG Schleswig aaO.); auch wird durch die Unterlassung der Antragsstellung dann kein besonderer Schaden eintreten, wenn der Antragspflichtige dem Antrag des Gläubigers nicht entgegentritt und entsprechend im Eröffnungsverfahren mitwirkt. Die Befugnis des Schuldners bzw. seiner gesetzlichen Vertreter, das konkursabwendende Vergleichsverfahren zu beantragen (§§ 2 II, 46, 84 VglO), bleibt in jedem Falle unberührt. Gläubiger- oder Mitgliederversammlungen können den Antragspflichtigen weder entlasten noch wirksam an der Antragsstellung hindern.

Durch Antrag auf Vertragshilfe kann nach der Regelung des VHG v. 26. 3. 1952 (BGBl. I S. 198) die Antragspflicht nicht mehr erfüllt werden. Allerdings kann auch der konkursreife Schuldner nach diesem Gesetz das Vertragshilfeverfahren beantragen (Saage VHG § 10 Anm. I) und dann in diesem nach § 10 VHG eine gerichtliche Suspendierung seiner Antragspflicht bis zur Beendigung des Vertragshilfeverfahrens erreichen. Das Vertragshilfegericht soll aber eine derartige Anordnung nur treffen, wenn begründete Aussicht besteht, daß durch den Ausgang des Vertragshilfeverfahrens der Grund für die Eröffnung des Konkurs- oder Vergleichsverfahrens wegfällt (§ 10 I S. 2 VHG). Ordnet das Gericht das Ruhen der Antragspflicht an, so tritt diese nach Beendigung des Vertragshilfeverfahrens wieder in Wirksamkeit, wenn dieses den Konkursgrund nicht beseitigt hat. Lehnt dagegen das Gericht den Antrag auf Suspendierung der Antragspflicht ab, so muß der Antragspflichtige den Antrag auf Konkurs- oder Vergleichsverfahren nunmehr unverzüglich nach Rechtskraft der ablehnenden Entscheidung stellen (§ 10 II VHG). Das Gericht kann die Anordnung der Suspendierung während des Vertragshilfeverfahrens wieder aufheben, wenn es die Voraussetzungen für ein Ruhen der Antragspflicht nicht mehr für gegeben erachtet (§ 10 I S. 3 VHG). Damit tritt die Antragspflicht wieder in Kraft. Vgl. auch Jonas-Pohle, Zwangsvollstreckungsnotrecht[16] S. 381 ff. Vgl. im übrigen zur Bedeutung des Vertragshilfeverfahrens für die Konkurseröffnung § 105 Anm. 6.

12 IV. Der Mangel eines gehörigen Antrags wird durch die Rechtskraft des Eröffnungsbeschlusses geheilt. Dahin gehört namentlich der Fall, daß dem Antragsteller das behauptete Konkursgläubigerrecht nicht zustand. Desgleichen der Mangel der Prozeßfähigkeit des Antragstellers (mag er eigenen oder fremden Namens den Konkurs beantragt haben) oder der Vertretungsmacht des gesetzlichen Vertreters. Im übrigen siehe § 109 Anm. 3, 10.

13 V. **Besonderheiten** gelten für **Versicherungsvereine auf Gegenseitigkeit** und **Versicherungsaktiengesellschaften** sowie für die ihnen gleichgestellten Vereine (§§ 128, 129 VAG) und für **Bausparkassen** nach näherer Maßgabe der §§ 88, 89, 112 VAG, § 7 II Nr. 10 der 3. DVO z. BAG v. 25. 3. 1953 (BGBl. I S. 75). Eine Konkurseröffnung von Amts wegen ist zwar auch bei diesen Einrichtungen ausgeschlossen. Beantragen darf aber den Konkurs **nur** die Aufsichtsbehörde. Im einzelnen ergeben sich folgende Abweichungen vom Eröffnungsverfahren des Regelkonkurses:

1. Das Konkursantragsrecht ist dem Schuldner wie den Gläubigern entzogen. Es steht ausschließlich bei der Aufsichtsbehörde (§§ 88, 112 VAG), d. h. regelmäßig beim Bundesaufsichtsamt für das Versicherungs- und Bausparwesen (für Versicherungsunternehmen: § 2 I, III BAG; zur Ausnahmezuständigkeit von Landesbehörden vgl. §§ 3—5 BAG, durch welche zusammen mit § 2 I, III BAG die §§ 3, 4 VAG ohne förmliche Aufhebung gegenstandslos geworden sind; für Bausparkassen: § 2 II BAG, § 113 VAG). Die Besonderheit rechtfertigt sich einerseits aus der großen Tragweite des Konkurses einer Versicherungsanstalt und aus der Tatsache, daß eine sichere Feststellung des Konkursgrundes am ehesten der Aufsichtsbehörde gelingen wird; andererseits aber soll verhütet werden, daß die im § 89 VAG zugelassenen Sanierungsmaßnahmen durch unzeitige Konkursanträge durchkreuzt werden. Vgl. Begründung zu § 68 a. F., sowie Hagen in Ehrenbergs Handb. Bd. 8 I § 126 und Kisch, VaG (1951) S. 306. Das Antragsrecht ist dem Schuldner und den Gläubigern auch dann versagt, wenn ersterer mit der — vielleicht tatsächlich minder erheblichen — Versicherung zugleich andere Geschäfte, z. B. Bankgeschäfte, betreibt. Nur muß das Unternehmen im ganzen ein Versicherungsunternehmen sein. Vgl. den Kommissionsbericht zu § 68 a. F., Thaler Ann.DR 1902 S. 816 ff., Kisch aaO. S. 306 Note 2. Über aufsichtsfreie Versicherungsarten vgl. § 148 VAG, zur Prüfung der Überschuldung bei Versicherungsvereinen a. G. mit Nachschuß- und Umlagepflicht vgl. § 88 II S. 4 u. 5 VAG.

14 2. Der Konkursantrag der Aufsichtsbehörde ist für das Konkursgericht insofern **bindend,** als dieses den Konkursgrund — Zahlungsunfähigkeit oder Überschuldung [§ 102 Anm. 4] — nicht nachprüfen darf. Die Ordnungsmäßigkeit des Antrags untersteht zwar der Prüfung des Konkursgerichts. Auf einen ordnungsmäßigen Antrag der Aufsichtsbehörde aber „hat" das Konkursgericht den Konkurs zu eröffnen. Die Ermittlung des Konkursgrundes obliegt ausschließlich der dazu besser befähigten [Anm. 13] Aufsichtsbehörde. Der § 105 KO — auch dessen Abs. II — ist sonach unanwendbar. Über die Antragstellung entscheidet die Beschlußkammer des Bundesaufsichtsamtes auf Grund mündlicher Verhandlung (§ 7 II Nr. 10 der 3. DVO v. 25. 3. 1953, BGBl. I S. 75), in welcher den Beteiligten, also den Vertretern des betroffenen Unternehmens, Gelegenheit zur Stellungnahme zu geben ist (§ 13 I der 3. DVO; vgl. zum Verfahren der Beschlußkammer §§ 9, 11—19 der 3. DVO). Nur bei Unzulänglichkeit der Masse zur Kostendeckung im Sinne des § 107 I KO [Ermessensfrage: § 107 Anm. 1] ist das Konkursgericht ermächtigt, einen formgültigen Eröffnungsantrag abzuweisen (§ 88 I 1 VAG). Doch haben Versicherungsvereine auf Gegenseitigkeit mit Nachschuß- oder Umlagepflicht (§§ 24—26, 50, 52 VAG) eine genossenschaftlich gestaltete Mitgliederverantwortlichkeit, die solcher Abweisung entgegenstehen kann. Bei eingetragenen Genossenschaften verbietet das Gesetz schlechthin, Konkursanträge mangels Masse abzuweisen, da bei ihnen die Mitgliederhaftung unausschließbar ist (§ 100 III GenG). Bei Versicherungsvereinen a. G. können Nachschuß- und Umlagepflicht überhaupt oder gerade für den Konkursfall ausgeschlossen sein (§ 24

VAG, Kisch aaO. S. 320 Note 46, Prölß VAG[2] § 50 Anm. 1). Mangels eines solchen Ausschlusses aber muß, wenn die Masse wenigstens zur Verwirklichung der Mitgliederhaftung ausreicht, auch bei Versicherungsvereinen der beantragte Konkurs eröffnet werden. Nicht minder können Rückversicherungsansprüche die Masse zulänglich machen. Siehe Koenige-Petersen VAG[3] § 68 Anm. 3, Berliner-Fromm VAG[4] § 88 Anm. 4b, Thaler S. 819f., Prölß § 88 Anm. 3, Kisch S. 309; zust. Mentzel-Kuhn Anm. 6. Durch den im § 107 I 2 KO bezeichneten Vorschuß, der allerdings nicht von der Aufsichtsbehörde verlangt werden kann (LG II Berlin Veröff. RAfPrV 1926 Nr. 1543, vgl. auch ebenda S. 182 u. Prölß § 88 Anm. 3b), kann jeder Interessent die Konkurseröffnung ermöglichen [§ 107 Anm. 2]. Gegen die Abweisung des Eröffnungsantrags — sei es auf Grund des § 107 I KO, sei es wegen Mangelhaftigkeit des Antrags — hat aber nur der Antragsteller (die Aufsichtsbehörde) das Rechtsmittel des § 109 KO. Für altrechtliche Versicherungsgenossenschaften (§ 129 VAG) siehe Deumer LZ 1911 Sp. 443f.

3. Die Konkursantragspflicht des Vorstands und der Liquidatoren [Anm. 11] ist ersetzt durch deren Verpflichtung, der Aufsichtsbehörde vom Konkursgrund Anzeige zu erstatten. Zuwiderhandlungen ziehen Schadensersatzpflicht und Strafbarkeit nach sich. §§ 88 II, 112 mit §§ 34, 47, 141—143 VAG. Eine Beantragung des gerichtlichen Vergleichsverfahrens kommt gar nicht in Frage, da dieses unstatthaft ist (§ 112 VerglO). Die Sanierung ist amtliche Angelegenheit der Aufsichtsbehörde (§§ 89, 112 VAG). 15

4. Dem Gemeinschuldner bleibt die sofortige Beschwerde gegen die Konkurseröffnung (§ 109 KO) versagt. Der Eröffnungsbeschluß ist als solcher unanfechtbar (§ 88 I 3 VAG). Nicht als ob nun die Konkurseröffnung unabänderlich feststände. Sie kann rückgängig gemacht werden, nur eben nicht auf dem Wege der Beschwerde, da diese zu einer Nachprüfung des Konkursgrundes durch die Gerichte führen würde, was doch gerade vermieden werden soll [Anm. 13, 14]. Die Rückgängigmachung des Konkurses kann jedoch auf einem Umweg erzielt werden. Das bisherige Berufungsverfahren, das zu einer Nachprüfung der Entscheidung über die Stellung des Konkursantrags durch eine erweiterte, jedoch organisatorisch innerhalb des Reichsaufsichtsamtes gebildete Spruchbehörde führte (§§ 93 I Nr. 7, 94, 95 VAG), ist allerdings durch § 10 II BAG v. 31. 7. 1951 (BGBl. I S. 480) beseitigt worden, was bei Mentzel-Kuhn Anm. 6 sowie § 109 Anm. 5 und Böhle-Stamschräder Anm. 4 übersehen ist. An seine Stelle ist nunmehr die verwaltungsgerichtliche Anfechtungsklage getreten, die gegen die Entscheidung der Beschlußkammer des Bundesaufsichtsamtes (§ 7 II Nr. 7 der 3. DVO) zum Bundesverwaltungsgericht erhoben werden kann, das im ersten und letzten Rechtszug über sie entscheidet (§ 10a BAG, eingeführt durch G. vom 22. 12. 1954, BGBl. I S. 501, zur Beschleunigung des verwaltungsgerichtlichen Rechtszuges). Die Klage muß innerhalb eines Monats nach Bekanntgabe der Entscheidung der Beschlußkammer (§ 17 der 3. DVO zum BAG) erhoben werden (§ 19 I BVerwGG v. 22. 9. 1952, BGBl. I S. 625). Die Anfechtungsklage hat aufschiebende Wirkung (§ 29 I S. 1 BVerwGG), jedoch kann die Beschlußkammer des Bundesaufsichtsamtes bis zur rechtskräftigen Entscheidung jederzeit die Vollziehung anordnen, wenn sie nicht ohne schwerwiegende Beeinträchtigung des öffentlichen Interesses aufgeschoben werden kann (§ 29 I S. 2 BVerwGG). Das bedeutet für das Konkursverfahren, daß der Antrag des Bundesaufsichtsamtes regelmäßig erst gestellt werden darf und für das Konkursgericht erst dann bindend ist, wenn die Entscheidung der Beschlußkammer rechtskräftig ist (so auch Prölß § 88 Anm. 2). Hat die Beschlußkammer dagegen die sofortige Vollziehung angeordnet und das Bundesverwaltungsgericht diese nicht vor Konkurseröffnung nach § 29 III, IV BVerwGG ausgesetzt, so ist der Konkurs zu eröffnen. Wird nunmehr der Beschluß durch das Bundesverwaltungsgericht aufgehoben, so besteht hinsichtlich des weiteren Verfahrens des Konkursgerichts jetzt eine gesetzliche Lücke; denn § 10 II BAG hat auch § 95 I VAG aufgehoben, nach welchem das 16

Reichsaufsichtsamt die Aufhebung seiner Entscheidung dem Konkursgericht mitzuteilen und dieses das Verfahren einzustellen hatte. Offensichtlich ist dabei übersehen worden, daß auch nach der jetzigen Regelung der Fall eintreten kann, daß nach Konkurseröffnung durch Aufhebung der Entscheidung der Beschlußkammer der Antrag des Bundesaufsichtsamtes seine Grundlage verliert. Unter diesen Umständen bestehen keine Bedenken, trotz der formellen Aufhebung des § 95 I VAG in diesem Falle dieser Vorschrift entsprechend zu verfahren (so offenbar auch Prölß aaO. Anm. 2). Diese „Einstellung" nun ist keine Einstellung im Sinne der auf zwei ganz anders gelagerte Fälle beschränkten §§ 202—206 KO, sondern der Sache nach eine „Aufhebung des Eröffnungsbeschlusses" im Sinne des § 116 KO und dementsprechend zu behandeln. Der Unterschied ist von großer Bedeutung, weil zwar die Aufhebung des Eröffnungsbeschlusses, nicht aber die Einstellung in den beiden Fällen der §§ 202ff. KO den Konkurs mit rückwirkender Kraft beseitigt [§ 109 Anm. 4, §§ 205f. Anm. 6]. Es leben also die Versicherungsverhältnisse wieder auf. Der Konkursvermerk im Handelsregister wird gelöscht (§ 16 VAG mit § 32 HGB). Aus der gerade erörterten Unanfechtbarkeit des Eröffnungsbeschlusses (§ 88 I 3 VAG) läßt sich keineswegs, wie Hellwig Grenzen der Rückwirkung (1907) S. 42 meint, ein gegenteiliger Schluß ziehen. Zust. für die frühere Aufhebung im Berufungsverfahren Koenige-Petersen aaO. § 75 Anm. 2, Berliner-Fromm aaO. § 95 Anm. 4, Mentzel-Kuhn Anm. 6, für das neue Recht Prölß aaO. § 88 Anm. 4. Mit Rücksicht auf die bei einer späteren Aufhebung des Beschlusses durch das Bundesverwaltungsgericht eintretenden Schwierigkeiten wird das Bundesaufsichtsamt von der Möglichkeit, die sofortige Vollziehung seines Beschlusses anzuordnen, nur in zweifelsfreien Fällen Gebrauch machen. Ein Gläubiger des aufsichtspflichtigen Unternehmens kann weder eine die Stellung des Konkursantrages beschließende noch insbesondere eine die Antragstellung ablehnende Entscheidung der Beschlußkammer mit der Anfechtungsklage angreifen; denn da ihm das Recht, die Konkurseröffnung zu beantragen, durch § 88 I VAG entzogen ist, wird er auch im letzteren Falle durch die Entscheidung der Beschlußkammer in seiner Rechtsstellung nicht betroffen (§ 15 I, III BVerwGG).

17 5. Die Aufsichtsgewalt behauptet sich nur im Eröffnungsverfahren (§ 88 VAG). Sie greift der Zuständigkeit des Konkursgerichts bei Durchführung des eröffneten Konkurses in keiner Weise vor. Echte „Einstellung des Verfahrens" [Gegensatz: Anm. 16] kann aus dem Grunde des § 202 KO, also auf Antrag der Gemeinschuldnerin (der Versicherungsanstalt), nicht der Aufsichtsbehörde (abw. Hagen aaO. § 128), und aus dem Grunde des § 204 KO, also bei endgültig feststehender Masseunzulänglichkeit, durch Beschluß des Konkursgerichts erfolgen. Zust. Mentzel-Kuhn Anm. 6. Konkursvorrecht: § 61 Anm. 5f.

18 VI. Eigentümlich geregelt ist die Eröffnung des **Anschlußkonkurses.** Falls nämlich der Versuch einer Abwendung des Konkurses deshalb scheitert, weil der Vergleichsantrag abgelehnt, der Vergleich verworfen oder das Vergleichsverfahren eingestellt wird, muß das Gericht zugleich über die Frage der Eröffnung des Konkurses entscheiden [§ 102 Anm. 6]. So auch dann, wenn es unterdessen aufhörte, „für die Eröffnung des Konkurses zuständig" zu sein (§ 2 I VerglO), weil z. B. der Schuldner seinen diese Zuständigkeit begründenden Wohnsitz inzwischen verlegt hat. Dazu eingehend § 71 Anm. 9. Der Konkurs wird hier von Amts wegen eröffnet: weder der Schuldner noch irgendein Gläubiger braucht die Konkurseröffnung zu wollen; sie müßte bei Massezulänglichkeit und beim Vorliegen des Konkursgrundes selbst dann beschlossen werden, wenn ihr alle Beteiligten einmütig und ausdrücklich widersprechen (weil vielleicht eine außergerichtliche Sanierung mit guten Aussichten angebahnt, aber noch nicht bis zur Behebung des Konkursgrundes gediehen ist). Auch dadurch kann der Schuldner der amtswegigen Entscheidung über die Konkurseröffnung nicht entgehen, daß er den Vergleichsantrag nach Eröffnung des Vergleichsverfahrens zurücknimmt (§§ 99, 101 VerglO). Nur wenn er den Vergleichsantrag zurücknimmt, ehe das Vergleichsverfahren

eröffnet oder abgelehnt wird (vgl. § 15 II VerglO), unterbindet er damit auch eine Entscheidung über die amtswegige Konkurseröffnung (vgl. auch Bley VerglO² § 15 Anm. 3). Solange irgendein Zweifel darüber herrscht, ob der Massebestand die Konkurskosten deckt und ob derzeit der Konkursgrund auch wirklich vorliegt [§ 102 Anm. 6], darf das Gericht die Konkurseröffnung nicht aussprechen. Über die anfechtungsrechtliche Gleichstellung einer Kenntnis des Vergleichsantrags mit der Kenntnis des Konkursantrags siehe § 107 VerglO und oben § 30 Anm. 65; über die Beschwerdefähigkeit und das Wirksamwerden des Anschlußkonkurses § 109 Anm. 12. Von Amts wegen ist über die Eröffnung des Konkursverfahrens auch dann zu entscheiden, wenn in dem nach Bestätigung des Vergleichs fortgesetzten Vergleichsverfahren nach näherer Maßgabe des § 96 V VerglO der Vergleich nicht erfüllt wird (vgl. auch § 96 VI VerglO), es sei denn, daß die Rückstände in der Vergleichserfüllung verhältnismäßig geringfügig sind (§ 96 VII VerglO). Für die Eröffnung eines Konkurses nach dem Scheitern außergerichtlicher Sanierung, aber auch nach Bestätigung des im Vergleichsverfahren abgeschl ssenen Vergleichs, falls das Vergleichsverfahren nicht nach § 96 VerglO fortgesetzt, sondern gemäß §§ 90, 91 VerglO aufgehoben wird, gelten keine Besonderheiten.

Hat ein Gläubiger Konkursantrag gestellt, so bleibt die Entscheidung über ihn von der Stellung des Vergleichsantrags bis zur Rechtskraft der das Vergleichsverfahren abschließenden Entscheidung ausgesetzt (§ 46 VerglO). Wird der von den Gläubigern angenommene Vergleich bestätigt, so gilt dieser Antrag als nicht gestellt (§ 84 VerglO). Eine Gebühr ist für ihn nicht zu erheben, eine erhobene zurückzuerstatten. So auch LG Gießen JW 1931 S. 2187 und Bley VerglO² § 46 Anm. 11. Das gilt auch, wenn der Konkursantrag vorübergehend zur Konkurseröffnung geführt hatte, diese aber auf Beschwerde aufgehoben und das Vergleichsverfahren durchgeführt worden ist. Auch dann, wenn es bei Scheitern des Vergleichsverfahrens zur Eröffnung des Anschlußkonkurses von Amts wegen kommt, erledigt sich der Konkursantrag eines Gläubigers und zwar unter Umständen, deren Gefahr ihm nicht aufgebürdet werden darf, so daß sein Antrag gebührenrechtlich ebenso zu behandeln ist wie ein nach § 84 VerglO als nicht gestellt zu behandelnder Antrag. Weitze BayZ 1932 S. 189 mit Verw., Jonas-Hornig GKG³ § 48a Anm. 2a, Baumbach-Lauterbach Kostengesetze¹³ § 48a Anm. 3a, Bley § 46 Anm. 12, Vogels-Nölte § 46 II 2d. Der Gebührenstreit ist im Erinnerungsverfahren des § 4 GKG auszutragen, das den Klageweg verdrängt. Anders ist dagegen die Lage, wenn bei Scheitern des Vergleichsverfahrens die Eröffnung des Anschlußkonkurses abgelehnt wird, z. B. mangels Masse. Ist diese Entscheidung rechtskräftig geworden, so ist nunmehr über einen vorliegenden Gläubigerantrag zu entscheiden. Für diesen Fall gelten, auch gebührenrechtlich, keine Besonderheiten (vgl. Bley § 46 Anm. 13, Baumbach-Lauterbach § 48a GKG Anm. 3b); zur Konkurseröffnung auf Grund des Gläubigerantrags kann es hier vor allem bei Leistung eines Vorschusses nach § 107 I S. 3 kommen, aber auch deshalb, weil das Gericht nunmehr auf Grund erneuter Prüfung das Vorliegen des Konkursgrundes im Gegensatz zu seiner früheren Entscheidung bejaht (Bley § 46 Anm. 13). Wird das Vergleichsverfahren nach Bestätigung des Vergleichs nicht aufgehoben, sondern nach § 96 VerglO fortgesetzt, so besteht keine Konkurssperre mehr (§ 96 III VerglO); auch eine evtl. Antragspflicht [Anm. 11] kann jetzt wieder erwachsen (Vogels-Nölte § 96 I 3, Bley § 96 Anm. 9). Stellt während der Fortsetzung des Verfahrens ein Gläubiger oder der Gemeinschuldner Konkursantrag — früher gestellte Anträge sind nach § 84 VerglO erledigt —, so gelten für dessen Prüfung keine Besonderheiten. Kommt es zur Eröffnung des Konkurses, so ist auch dieser Anschlußkonkurs (§ 96 VI mit § 102 VerglO; eingehend zu diesem Falle Bley § 96 Anm. 16, 18ff. sowie LG Düsseldorf KonkTreuh. 1957 S. 96). Zur Frage der Zuständigkeit vgl. § 71 Anm. 9. Zur Behandlung der im Vergleichsverfahren erwachsenen Gebühr vgl. § 57 GKG (Fassung 1957, früher § 48a).

Zusatz. Fremde Rechte*

19 1. Die Regelung der Antragsberechtigung entspricht dem deutschen Recht vor allem in Österreich und Spanien; ähnlich Schweden, das allerdings ausdrücklich vorschreibt, daß ein absonderungsberechtigter Gläubiger nur Konkurs beantragen kann, wenn er einen Ausfall glaubhaft macht (§ 6 KL).

In England führt das System der *acts of bankruptcy* (s. § 102 Anm. 8 Ziff. 3b) auch zu einer besonderen Regelung des Konkursantrages (*petition*). Dieser Antrag ist auf einen bestimmten in den letzten drei Monaten begangenen *act of bankruptcy* zu stützen (*founding the petition on an available act of bankruptcy*). Allgemein ist jeder Gläubiger antragsberechtigt, bei Konkursandrohung (*bankruptcy notice*) als *act of bankruptcy* auch ein anderer als der androhende Gläubiger, bei Vermögensübertragung als *act of bankruptcy* jedoch der Gläubiger nicht, der daran teilgenommen oder dem Geschäft zugestimmt hat. Antragsberechtigt ist ferner nur, wer eine Forderung innehat, die zur Zeit des *act of bankruptcy* bestanden hat, auf einen bestimmten Betrag (*liquidated sum*) lautet — Schadensersatzansprüche, deren Höhe bestritten ist, scheiden daher aus — und mindestens £ 50 beträgt; bei gesicherten Forderungen muß der voraussichtliche Ausfall diesen Betrag erreichen (§§ 4, 167 B.A.). Der Schuldner selbst kann einen Konkursantrag nur mit Erlaubnis des Gerichts zurücknehmen (§ 6 II B.A.). In einem Sonderfall besteht auch die Möglichkeit der Konkurseröffnung von Amts wegen: kommt ein Schuldner einer rechtskräftigen Verurteilung zur Zahlung einer Geldsumme böswillig nicht nach, so kann der Gläubiger die Verhängung einer Haftstrafe (*committal*) beantragen (§ 5 *Debtors Act*, 1869); das Gericht kann jedoch, wenn der Gläubiger zustimmt, statt der Bestrafung die Sequestration des Schuldnervermögens anordnen (*receiving order*, s. Einleitung V 9, Bd. 1 S. LXXV), womit unter der Fiktion, der Schuldner habe in diesem Zeitpunkt einen *act of bankruptcy* begangen, das Konkursverfahren eingeleitet wird (§ 107 IV B.A.).

In den USA wird der freiwillige Konkurs auf Antrag des Schuldners, der unfreiwillige Konkurs auf Gläubigerantrag eröffnet (s. Einleitung V 10, Bd. 1 S. LXXVIf.). Hat der Schuldner 12 und mehr Gläubiger, so muß der Antrag von mindestens 3 Gläubigern gestellt werden, sonst genügt der Antrag eines Gläubigers. In jedem Falle muß der Betrag der Forderungen der antragenden Gläubiger (bei gesicherten Gläubigern der voraussichtliche Ausfall) $ 500 erreichen, wobei Schadensersatzansprüche, deren Höhe noch nicht durch Vereinbarung oder Urteil festgestellt ist, ähnlich wie im englischen Recht ausscheiden (§ 59 B.A.; 11 USCA § 95).

Auch in der Schweiz sind grundsätzlich nur der Schuldner und die Gläubiger antragsberechtigt. Die Besonderheiten in der Regelung des Konkursgrundes (s. § 102 Anm. 8) wirken sich auch hier aus. Die Betreibung auf Konkurs ist als eine Art fortgesetztes Mahnverfahren notwendig Sache eines Gläubigers; ohne vorgängige Betreibung kann der Konkurs auf Antrag eines Gläubigers oder auf Initiative des Schuldners selbst eröffnet werden. Im letzteren Falle genügt es, daß der Schuldner „sich beim Gericht zahlungsunfähig erklärt" (Art. 190f. SchKG). Von Amts wegen wird die „ausgeschlagene Verlassenschaft" durch das Konkursamt liquidiert; die Liquidation erfolgt nach den Vorschriften über das Konkursverfahren, ist also sachlich ein Konkurs. Dieser Ausdruck wird nur „mit Rücksicht auf die Familie des Verstorbenen" vermieden (Favre, Schuldbetreibungs- und Konkursrecht, S. 258).

In Frankreich kann Konkurs auf Antrag des Schuldners (wenn dieser nach Zahlungseinstellung verstorben, jedes Erben), jedes Gläubigers (auch wenn die Forderung ziviler Natur ist, wohingegen die Zahlungseinstellung die kaufmännischen Schulden betreffen muß) und von Amts wegen eröffnet werden (Art. 4 II D. 20 mai 1955). Im letzteren Falle geht meist ein Bericht der Staatsanwaltschaft voraus, es genügen aber auch Mitteilungen anderer Ämter oder gar von Privatpersonen; daneben ist diese Möglichkeit der Eröffnung von Bedeutung, wenn ein förmlicher Konkursantrag fehlerhaft ist.

Dem französischen Vorbild folgt vor allem Belgien. Im Hinblick auf die Möglichkeit der Konkurseröffnung von Amts wegen ist dort die auch dem französischen Recht bekannte Vorschrift, daß Proteste von akzeptierten oder eigenen Wechseln beim *tribunal de commerce* registriert werden, in das Konkursrecht aufgenommen (Art. 443 C. com.).

---

* Neu bearbeitet von Dr. Günther Jahr. Vgl. im übrigen auch Einl. V zu Bd. 1 S. LXIff.

Italien (Art. 6 L.F.) und die Niederlande (Art. 1 F.W.) erwähnen neben dem Schuldner und dem Gläubiger die Staatsanwaltschaft ausdrücklich unter den Antragsberechtigten. Italien läßt daneben eine Konkurseröffnung von Amts wegen zu und trifft im Zusammenhang damit für Wechselproteste eine ähnliche Regelung wie Belgien (Art. 6ff., 13 L.F.).

In Rußland waren außer dem Schuldner, den Gläubigern und der Staatsanwaltschaft auch die für den Wirtschaftszweig des Schuldnerbetriebes zuständigen Verwaltungsbehörden zur Antragstellung berechtigt. Daneben konnte das Gericht von Amts wegen Konkurs eröffnen, wenn sich bei der Einzelvollstreckung die Insolvenz des Schuldners herausstellte (Art. 321 GPK).

2. Eine allgemeine Antragspflicht jedes konkursfähigen und konkursreifen Schuldners kennt insbes. Frankreich. Dort muß jeder Schuldner innerhalb von 2 Wochen unter Einreichung einer Bilanz, einer Gewinn- und Verlustrechnung und eines Verzeichnisses seiner Gläubiger und Schuldner die Zahlungseinstellung dem Konkursgericht anzeigen (Art. 1 I D. 20 mai 1955). Die Unterlassung der Anzeige führt zum Verlust des Rechts auf das mildere Verfahren des *règlement judiciaire* (s. Einleitung V 3, Bd. 1 S. LXVIIff.) und kann Bestrafung wegen einfachen Bankrotts zur Folge haben (Art. 586 IV C. com.). 20

Ähnlich ist die Regelung in Belgien, doch muß dort die Anzeige binnen 3 Tagen erfolgen. Bei Nichterfüllung dieser Pflicht kann der Schuldner neben der Bestrafung wegen einfachen Bankrotts in Schuldhaft genommen werden (Art. 440, 467, 574 IV C. com.).

§ 104

Beantragt der Gemeinschuldner die Eröffnung des Verfahrens, so hat er ein Verzeichnis der Gläubiger und Schuldner, sowie eine Übersicht der Vermögensmasse bei Stellung des Antrags einzureichen oder, wenn dies nicht tunlich ist, ohne Verzug nachzuliefern.

Materialien: Motive I Bd. 2 S. 45ff., Motive II S. 327ff., Protokolle S. 74ff., 161, Kommissionsbericht S. 1957f., 2030ff.

Der Konkursantrag des Gemeinschuldners

I. Ein vom **Schuldner** gestellter Eröffnungsantrag wird ohne weiteres gewürdigt. Irgendwelcher Glaubhaftmachung und einer besonderen Zulassung bedarf es im Unterschiede zum § 105 I nicht. Protokolle S. 74ff. Damit ist indessen keineswegs gesagt, daß der Konkursrichter das Vorhandensein des Konkursgrundes (§ 102) im Falle des § 104 nicht nachzuprüfen, sondern die vom Schuldner gemachten Vermögensangaben als richtig zu behandeln habe. Ein solches Verfahren wäre auch höchst unangemessen, da den Gläubigern an der Vermeidung eines ungerechtfertigten (vielleicht in Übereilung oder zu unlauteren Zwecken, etwa zur Erschleichung eines günstigen Zwangsvergleichs, beantragten) Konkurses viel gelegen sein kann. Um jeden Zweifel darüber auszuschließen, daß die Erklärungen des Schuldners den Richter nicht nötigen, gegen seine Überzeugung den Konkursgrund als gegeben zu behandeln, wurde die als Abs. I vorgesehene Bestimmung des Entwurfs „Beantragt der Gemeinschuldner die Eröffnung des Verfahrens, so bedarf es nicht eines Nachweises der Zahlungsunfähigkeit" gestrichen. Protokolle S. 74ff. Demnach muß das Gericht den Konkursantrag als unbegründet abweisen, wenn es sich vom Vorliegen der Zahlungsunfähigkeit — in Ausnahmefällen der Überschuldung — nicht vollkommen zu überzeugen vermag (§ 72 mit § 286 ZPO). Nach § 75 ist es ermächtigt und nötigenfalls verpflichtet, Ermittlungen über das Vorliegen des Konkursgrundes von Amts wegen anzustellen. Zust. Böhle-Stamschräder Anm. 2. Der § 105 II rechtfertigt keineswegs den gegenteiligen Schluß [§ 105 Anm. 2]. Vgl. auch § 106. Verfehlt ist also die Behauptung, das Geständnis des Schuldners erübrige jede Ermittlung über den Konkursgrund; denn im Bereiche des Untersuchungsgrundsatzes kann von einem den Richter bindenden Geständnisse keine Rede sein; verfehlt auch die häufig 1 in Eröffnungsbeschlüssen auftauchende Begründung, „da der Schuldner seine Zahlungsunfähigkeit eingeräumt hat". Den Konkursgrund hat das Gericht von Amts wegen festzustellen. Allerdings wird das Gericht nur selten, etwa bei offenbarer Lückenhaftigkeit oder Oberflächlichkeit der Angaben des Schuldners, Anlaß und Anhaltspunkte für Ermittlungen haben und daher in der Regel diese Angaben ohne besondere Nachprüfung als richtig behandeln. Das ist vor allem in den Fällen nicht unbedenklich, in denen es auf Grund der Angaben des Schuldners zur Abweisung des Antrags mangels Masse nach § 107 I kommt; denn es besteht die Gefahr, daß Schuldner einen derartigen Beschluß mit unrichtigen und unvollständigen Angaben herbeiführen, um die Gläubiger von weiteren Zugriffsmaßnahmen abzuhalten. Es ist jedenfalls in diesen Fällen zu empfehlen, den antragstellenden Schuldner über die Richtigkeit und Vollständigkeit seiner Vermögensangaben zu vernehmen (vgl. auch § 106). Eine erzwingbare Verpflichtung des Schuldners, die Richtigkeit und Vollständigkeit seiner Angaben durch eine Versicherung an Eidesstatt zu erhärten [Ermächtigung: § 72 Anm. 3c, § 75 Anm. 3, 3a], besteht allerdings nach geltendem Recht nicht. Eine dahingehende Regelung schlägt de lege ferenda Schumann DJ 1935 S. 1213 vor; vgl. auch Böhle-Stamschräder Einl. IX und § 107 Anm. 1.

2 Das Verzeichnis der Gläubiger und Schuldner, das der Antragsteller nach § 104 samt einer Vermögensübersicht einzureichen hat, enthebt also den Richter keineswegs der Prüfungspflicht. Die Erzwingbarkeit der Einreichung [§ 101 Anm. 2] spielt — abgesehen von den Fällen der Konkursantragspflicht [§ 103 Anm. 11] — wohl keine erhebliche Rolle, weil der Schuldner seinen Antrag zurücknehmen darf [§ 103 Anm. 9]. Doch kann auch sein eigenes Interesse solcher Zurücknahme entgegenstehen. Siehe Levy Konkursrecht[2] S. 18. Die Aufstellungen des Schuldners haben nur den Zweck einer ersten, unverbindlichen Aufklärung, die er über seinen Vermögensstand geben soll, und können, wenn die sofortige Einreichung bei Stellung des Konkursantrags (z. B. wegen Erkrankung des Schuldners) unausführbar sein sollte, noch nachträglich, d. h. auch noch nach Konkurseröffnung geliefert werden. Zust. Mentzel-Kuhn Anm. zu § 104 und Böhle-Stamschräder Anm. 3. Daß beim Unterlassen der Einreichung des Verzeichnisses der Schuldnerantrag abgewiesen werden müsse, läßt sich aus Wortlaut und Sinn des § 104 nicht entnehmen. Über den Inhalt der dem Schuldner obliegenden Aufklärungen bemerken die Motive II S. 329: die Vermögensübersicht müsse, um ihrem Zwecke zu entsprechen, die Gegenstände von Aus- und Absonderungsansprüchen als solche kenntlich machen; bei zweifelhaften Forderungen sei der wahrscheinliche Wert, bei Schulden außer dem Betrag auch der Rechtsgrund (z. B. Darlehn, Kaufpreis) anzugeben; das Verzeichnis der Gläubiger und Schuldner sei wegen der im § 111 III gebotenen Benachrichtigungen erforderlich; wünschenswert sei daher auch die Angabe der Adressen. Muster eines Schuldnerantrages mit seinen Anlagen bei Schrader Hdb. S. 3006ff. Darüber, ob einzelne Gläubiger Abschriften des Verzeichnisses zu beanspruchen haben, siehe § 124 Anm. 4.

3 II. Was der § 104 über den Schuldnerantrag bestimmt, das gilt, wenn der Schuldner als natürliche Person der Prozeßfähigkeit ermangelt, vom Antrage seines gesetzlichen Vertreters (Gewalthabers, Vormundes). Ist der Schuldner eine juristische Person oder ein Verein ohne Rechtsfähigkeit, so wird der Konkursantrag als Schuldnerantrag nur dann ohne weiteres zugelassen, wenn er von allen (gesetzlichen) Vertretern gemeinsam gestellt wird. Vor der Würdigung des nur von einzelnen Vertretern gestellten Antrags bedarf es einer Glaubhaftmachung des Konkursgrundes. §§ 208 II, 213 KO, §§ 100 II, 118 GenG, § 63 II GmbHG. Entsprechendes gilt, wenn bei Gemeinschaften zur gesamten Hand der Gemeinschaftskonkurs nicht von allen Gesamthändern zugleich beantragt wird. §§ 210 II, 217 II, 236, 236a III (eingefügt durch das GleichberG) KO.

III. Die freiwillige und rechtzeitige Konkursbeantragung durch den Schuldner selbst oder seinen gesetzlichen Vertreter wird, von den Ausnahmefällen des § 103 Anm. 11 abgesehen, weder durch Inaussichtstellung rechtlicher Vorteile gefördert noch durch Androhung rechtlicher Nachteile erzwungen. Die Rechtswohltat der Güterabtretung (cessio bonorum) hat der § 4 EG.KO aufgehoben. Die gemeinrechtlich mit ihr verknüpfte Rechtswohltat des Notbedarfs gegenüber den aus der Zeit vor der Güterabtretung stammenden Ansprüchen fand in unsern Pfändbarkeitsbeschränkungen reichen Ersatz. 4

§ 105

Der Antrag eines Gläubigers auf Eröffnung des Verfahrens ist zuzulassen, wenn die Forderung des Gläubigers und die Zahlungsunfähigkeit des Gemeinschuldners glaubhaft gemacht werden.

Wird der Antrag zugelassen, so hat das Gericht den Schuldner zu hören und, sofern dieser nicht seine Zahlungsunfähigkeit oder Zahlungseinstellung einräumt, die erforderlichen Ermittlungen anzuordnen.

Die Anhörung des Schuldners kann unterbleiben, wenn sie eine öffentliche Zustellung im Auslande erfordert; in diesem Falle ist, soweit tunlich, ein Vertreter oder Angehöriger des Schuldners zu hören.

Materialien: Motive I Bd. 2 S. 45ff., Motive II S. 328f., Protokolle S. 74ff., 162.

Der Konkursantrag eines Gläubigers

I. Ein Eröffnungsantrag, der nicht vom Schuldner, sondern von einem Gläubiger ausgeht, wird nie ohne weiteres berücksichtigt. Vielmehr findet zunächst eine **Vorprüfung** über **die Zulässigkeit** des Antrags statt. Das Gericht hat nämlich nach **Abs. I** auf eine sachliche Würdigung des Antrags erst einzugehen, nachdem der Antragsteller 1

1. seine Antragsbefugnis (sein Konkursgläubigerrecht, § 103 II), also das Vorhandensein einer im beantragten Verfahren anmeldbaren Forderung und
2. das Vorliegen des Konkursgrundes (§ 102), also der Zahlungsunfähigkeit — in Ausnahmefällen der Überschuldung [§ 102 Anm. 4] des Gemeinschuldners —

glaubhaft gemacht hat. Zu diesem Zweck muß vor allem die Persönlichkeit „des Gemeinschuldners" genau bestimmt werden. Bleibt etwa ungewiß, ob hinter der vom Gläubiger bezeichneten Firma als Schuldner ein Einzelkaufmann oder eine offene Handelsgesellschaft steht, dann läßt sich vielleicht der Konkursgrund gar nicht mit Sicherheit ermitteln, da Privatschulden im zweiten Falle keine Konkursforderungen bilden. Solchenfalls ist es ganz in der Ordnung, wenn das Konkursgericht vor Zulassung des Gläubigerantrags die Vorlegung eines Handelsregisterauszugs verlangt. LG II Berlin ZZP 52 S. 109 u. Jaeger daselbst. Vgl. auch LG Bamberg BB 1954 S. 241, das (zu weitgehend) für die Zulässigkeit des Antrages die Angabe des Berufes des Schuldners verlangt. Über den Fall ungenauer Schuldnerangabe im Eröffnungsbeschluß siehe § 109 Anm. 9, 10. Zur Antragsbefugnis vgl. § 103 Anm. 1. Betagtheit, Bedingtheit und Prozeßbefangenheit der Forderung des Antragstellers schließen die „Zulässigkeit" des Antrags [vgl. aber Anm. 2] nicht aus (vgl. §§ 65, 66, 67, 146 III); denn die Forderung kann dem Gericht gleichwohl glaubhaft erscheinen. Zu Unrecht hat das AG Kiel SchlHA 1953 S. 141 dem Befreiungsanspruch des Bürgen aus § 775 BGB die Antragsbefugnis mit der Begründung versagt, daß er auf eine nicht ersetzbare Leistung i. S. des § 888 ZPO gerichtet sei; denn der Befreiungsanspruch ist eine auf eine ersetzbare Leistung i. S. des § 887 ZPO gerichteter vermögenswerter Anspruch (Stein-Jonas-Schönke-Pohle ZPO[18] § 887 bei Note 25), also eine mögliche Konkursforderung

[§ 3 Anm. 9]. Für einen solchen Antrag des Bürgen wird jedoch ebenso wie für einen Antrag, der auf die künftige Regreßforderung aus § 774 BGB gestützt ist, das Rechtsschutzbedürfnis zu verneinen sein, da es dem Bürgen in dieser Lage typischerweise nicht um die Durchführung eines gemeinsamen Befriedigungsverfahrens geht, sondern um die Ausübung eines wirksamen Druckes auf den Schuldner mit dem Ziele der Erfüllung des Befreiungsanspruchs. Zum Rechtsschutzbedürfnis als allgemeiner Zulässigkeitsvoraussetzung des Konkursantrags eines Gläubigers: § 103 Anm. 6. Als Mittel der Glaubhaftmachung im Sinne des Abs. I kommen nach § 294 ZPO beispielsweise in Betracht: die Vorlage von Wechseln, beglaubigten Buchauszügen, Schuldscheinen, Urteilen (auch noch nicht rechtskräftigen) oder Versicherungen an Eidesstatt (etwa über Hingabe eines Darlehns oder Lieferung von Waren) zur Glaubhaftmachung der Forderung; die Vorlage von Wechselprotesten, Protokollen über ergebnislose Pfändungen (richtig Berges BB 1954 S. 241 gegen LG Bamberg ebenda sowie Mentzel-Kuhn Anm. 2 und Skrotzki KonkTreuh. 1956 S. 107) oder von Vergleichsvorschlägen zur Glaubhaftmachung der Zahlungsunfähigkeit.

Falls nicht diese doppelte Glaubhaftmachung gelingt, muß das Gericht dem Antrag die Zulassung versagen. Es hat also bei Unzulässigkeit des Antrags nicht etwa zu ermitteln, ob der Konkursgrund vorliegt. Der Versagungsbeschluß ist dem Antragsteller nach § 73 II zuzustellen und seiner sofortigen Beschwerde nach § 109 unterworfen. Der Versagungsbeschluß steht, auch wenn er in Rechtskraft erwachsen ist, einer erneuten und verbesserten Antragstellung nicht entgegen [§ 74 Anm. 4 unter c, § 109 Anm. 9]. Er ist begrifflich von einer Abweisung des Konkursantrags wegen Unzuständigkeit des Gerichts (§ 71) oder mangels Vorhandenseins des Konkursgrundes (§ 102) oder mangels Zulänglichkeit der Masse zur Kostendeckung (§ 107) zu unterscheiden, hat aber heute wie diese Arten der Abweisung zur Folge, daß der Antragsteller nun die Gebühr des § 49 GKG endgültig zu tragen hat (§ 95 GKG). Siehe oben § 103 Anm. 7 mit Verw.

Gelingt es aber dem Antragsteller, Konkursgläubigerrecht und Konkursgrund glaubhaft zu machen und liegt auch kein sonstiger Unzulässigkeitsgrund (z. B. Unzuständigkeit des Gerichts nach § 71, fehlendes Rechtsschutzbedürfnis [§ 103 Anm. 6], mangelnde Konkursfähigkeit des „Schuldners“ [§ 102 Anm. 1]) vor, so geht das Gericht, ohne eine förmliche Entscheidung über die Zulässigkeit des Antrags zu erlassen [darum auch keine Beschwerde gegen die Zulassung als solche: § 73 Anm. 1, 7], zur Hauptprüfung, d. h. zur Klärung der Frage über, ob der Konkursgrund wirklich auch gegeben, die Konkurseröffnung selbst also statthaft ist. Nur wenn es die Überzeugung gewinnt, daß der Konkursgrund vorliegt (§ 286 ZPO), darf es den Eröffnungsbeschluß erlassen. Sonst muß es den zugelassenen Antrag als unbegründet abweisen. Sollte sich übrigens, nachdem das Gericht in die Hauptprüfung eintrat, ergeben, daß der zugelassene Antrag unzulässig ist oder geworden ist, weil z. B. die Forderung des Antragstellers durch Befriedigung oder Eintritt einer auflösenden Bedingung erloschen ist [§ 103 Anm. 10] oder das Rechtsschutzbedürfnis fehlt [§ 103 Anm. 6], was häufig erst nach Anhörung des Schuldners zutage tritt, so müßte er auch jetzt noch als unzulässig abgewiesen werden. Siehe auch Anm. 2. Erweist sich von mehreren gleichzeitig zur Erwägung stehenden Konkursanträgen auch nur einer als zulässig und begründet, so hat das Gericht den Konkurs zu eröffnen, ohne die Unzulässigkeit anderer Anträge in besonderen Beschlüssen auszusprechen. Zur Gebührenfrage bei mehreren Anträgen: § 103 Anm. 7.

2 **II.** Wenn sich bei der Vorprüfung die Zulässigkeit des Antrags ergeben hat, wenn es also dem antragstellenden Gläubiger gelungen ist, Forderung und Konkursgrund „glaubhaft“ zu machen, dann und erst dann hat **nach Abs. II** das Konkursgericht den Schuldner zu **hören,** d. h. ihm binnen einer zu bestimmenden Zeit Gelegenheit zur mündlichen oder schriftlichen Äußerung [§ 73 Anm. 3] über den Konkursantrag zu bieten. OLG Köln KonkTreuh. 1958 S. 15.

1. Das Gehör soll dem Schuldner die Möglichkeit geben, vor allem den Mangel des Konkursgrundes geltend zu machen. Es setzt ihn aber z. B. auch in Stand, rechtzeitig darauf hinzuweisen, daß das angerufene Gericht unzuständig, daß der beantragte Sonderkonkurs unzulässig, daß bereits von einem anderen inländischen Gericht Konkurs über sein Vermögen eröffnet worden ist, daß dem Antragsteller die Prozeßfähigkeit fehlt, daß die von ihm glaubhaft gemachte Forderung in Wahrheit nicht oder nicht mehr besteht, daß dem Antrag das Rechtsschutzbedürfnis fehlt [§ 103 Anm. 6], daß es an der zur Deckung der Konkurskosten erforderlichen Masse mangelt (§ 107). Auch hat der Schuldner jetzt noch Gelegenheit, dem Konkursantrag mit der Stellung eines Antrages auf Eröffnung des Vergleichsverfahrens entgegenzutreten (§ 2 III VerglO) [Anm. 5]. Üblicherweise wird der Schuldner zur Vernehmung vorgeladen (Levy Konkursrecht[2] S. 12; Befragung im einzelnen ebenda S. 13ff.; vgl. auch Schrader S. 3015). Ein Recht, dabei anwesend oder vertreten zu sein, hat weder der antragstellende noch sonst ein Gläubiger. Doch kann die Zuziehung der Aufklärung förderlich sein (§ 75). Nichterscheinen oder Aussageverweigerung ist „Nichteinräumen" des Konkursgrundes im Sinne des Abs. II. Die Anhörung des Schuldners gemäß § 105 II kann zwar als solche nicht durch Zwangsmaßnahmen nach § 106 (Vorführung, Haft) erzwungen werden (Skrotzki KonkTreuh. 1956 S. 106; a. A. Schrader aaO. S. 3016). Da aber solche Maßnahmen zur Erzwingung von Auskünften des Schuldners zulässig sind, welche das Gericht im Rahmen seiner Ermittlungen über die Voraussetzungen der Konkurseröffnung benötigt, etwa über die Zulänglichkeit der Masse oder sonstige für die Eröffnung wichtige Umstände (Skrotzki aaO.) und bei einer fehlenden Erklärung des Schuldners zum Konkursantrag das Gericht immer Anlaß zu derartigen Ermittlungen haben wird, hat es in der Regel seine Vorführung zur Erteilung von Auskunft über seine Vermögensverhältnisse anzuordnen.

2. Bestreitet der Schuldner das Vorhandensein des Konkursgrundes, so muß das Gericht die zu dessen Feststellung etwa noch erforderlichen Ermittelungen (z. B. die Prüfung der Geschäftsbücher durch einen Bücherrevisor; vgl. auch Oldorf Rpfleger 1950 S. 598 u. BGH KonkTreuh. 1957 S. 13 = LM § 839 BGB Nr. 4) anordnen. Diese Pflicht folgt bereits aus § 75 (mit § 102 I). Sie wird hier im Unterschiede zum § 104 nur deshalb noch besonders hervorgehoben, weil sich das Aufklärungsbedürfnis bei einseitiger Gläubigerbehauptung stärker geltend macht. Die im § 104 bestimmten Pflichten des Schuldners bestehen im Falle des Gläubigerantrags nicht (vgl. Burghart JustdRundsch. 1905 S. 270). In der Regel wird sich aber der Richter die Überzeugung von dem Vorliegen des Konkursgrundes nicht verschaffen können, wenn er sich nicht eine geordnete und vollständige Vermögensübersicht vorlegen läßt, zu deren Anfertigung er dem Schuldner die notwendige Zeit lassen muß (BGH aaO.). Der BGH hat mit Recht verlangt, daß das Gericht bei einem so weitgehenden Eingriff wie der Konkurseröffnung mit der Möglichkeit sofortiger Vermögensverwertung von Amts wegen allen Anhaltspunkten nachzugehen hat, die ihm die Beteiligten bieten oder die sich aus der Sachlage ergeben. Haftung: Anm. 3. Zur Frage des Auslagenvorschusses siehe § 75 Anm. 3.

Gibt andererseits der Schuldner den Konkursgrund zu, so bindet er damit (was ja auch durchaus unangemessen wäre) den Konkursrichter nicht (a. A. offenbar Skrotzki KonkTreuh. 1956 S. 106). Es findet weder der § 288 noch der § 138 ZPO entsprechende Anwendung. Vielmehr hat das Gericht nach § 75 gleichwohl das Recht und im Bedarfsfalle die Pflicht, Ermittlungen anzuordnen. Die Entscheidung über die Konkurseröffnung selbst erfordert eben — ganz anders als die Vorentscheidung des Abs. I — Feststellung des Konkursgrundes [§ 104 Anm. 1]. Bloße Glaubhaftmachung genügt zur Konkurseröffnung im ersten Rechtszuge so wenig als in einem höheren. Der Gläubiger, dem an der Eröffnung des Konkurses gelegen ist, muß daher, wenn die Aufklärungen des Schuldners den Konkursgrund in Frage stellen, sich bemühen, durch Beschaffung weiterer Beweise im Richter die volle Überzeugung vom Vorhandensein des Konkursgrundes zu erwecken (KG LZ 1907 Sp. 298 Nr. 8).

Bestreitet der Schuldner bei seiner Anhörung den Bestand der Forderung des antragstellenden Gläubigers, so ist zu unterscheiden: Sind die Forderungen des Antragstellers oder der Antragsteller die einzigen, aus denen auf Zahlungsunfähigkeit oder Überschuldung zu schließen ist, dann muß das Gericht sich jetzt von ihrem Bestand überzeugen. Kann der Konkursgrund dagegen auch abgesehen von diesen Forderungen bestehen, dann bleibt es dabei, daß sie nur glaubhaft zu sein brauchen, damit ein auf sie gestützter Konkursantrag durchdringen kann. Hätte freilich die Anhörung des Schuldners den ursprünglich glaubhaften Bestand der Forderung des Antragstellers unwahrscheinlich gemacht, so wäre auch jetzt noch dem Antrage die Zulassung zu versagen. Er muß noch bei Konkurseröffnung zulässig sein [Anm. 1]. Jetzt muß der Konkursgrund feststehen, die Forderung des Antragstellers aber wenigstens glaubhaft sein. Daß sie zu dieser Zeit immer vollbewiesen sein müßte, trifft nicht zu. Jaeger ZZP 54 S. 143 gegen LG Hamburg ebenda S. 142 (verstümmelt und mit anderm Datum auch JW 1927 S. 2443 Nr. 1); siehe ferner KG KonkTreuh. 1930 S. 85f. Nr. 2 sowie Levy KonkTreuh. 1927 S. 175, Schumann ebenda 1928 S. 84ff., Boennecke KonkTreuh. 1955 S. 173, Mentzel-Kuhn Anm. 2 a. E.; vgl. auch OLG Tübingen DRZ 1950 S. 18 [siehe auch § 103 Anm. 6]. Forderungen, die für den Konkursgrund der Zahlungsunfähigkeit ausschlaggebend sind, müssen nach der Überzeugung des Konkursgerichts nicht nur rechtsbeständig, sondern auch fällig sein [§ 102 Anm. 2, 5]. Diese Überzeugung kann sich auf eine noch nicht rechtskräftige Zuerkennung gründen. Andererseits bindet eine solche den Konkursrichter nicht. Er würdigt die Aussichten eines schwebenden Einspruchs oder Rechtsmittels nach freiem Ermessen. Vorläufige Vollstreckbarkeit ist kein zwingender Beweis der vom Schuldner bestrittenen Fälligkeit. Denn diese kann trotz der urteilsmäßigen Bejahung ebenso unsicher sein wie der bejahte Rechtsbestand. Geht doch der vorweggenommene Zwangszugriff ganz auf Gefahr des Klägers (§ 717 ZPO). Eine dem Schuldner bewilligte Stundung würde zwar der Antragsbefugnis des stundenden Gläubigers nicht im Wege stehen (§ 65), allein als Stundung der wesentlichen Schuldenlast die Zahlungsunfähigkeit ausschließen [§ 30 Anm. 6].

3 3. Die Anhörung des Schuldners ist zwingend vorgeschrieben. Ist sie, ohne daß der Ausnahmefall des Abs. III [Anm. 4] vorliegt, unterblieben und das Konkursverfahren eröffnet worden, so ist auf Beschwerde des Schuldners (§ 109) der Eröffnungsbeschluß aufzuheben und, falls sich nicht im Beschwerdeverfahren das Fehlen des Konkursgrundes schon ergeben hat, die Sache an das Konkursgericht zurückzuverweisen. Die Anhörung kann im Beschwerdeverfahren nicht nachgeholt werden, vor allem deshalb nicht, weil das Gehör dem Schuldner auch die Möglichkeit eröffnen soll, dem Konkursantrag des Gläubigers durch einen Antrag auf Eröffnung des konkursabwendenden Vergleichsverfahrens zu begegnen [Anm. 2], das durch die Konkurseröffnung abgeschnitten wird [Anm. 5]. OLG Zweibrücken LZ 1929 Sp. 739 Nr. 4, Oldenburg MdR 1955 S. 175, Stuttgart GmbH RdSch. 1955 S. 210, Mentzel-Kuhn Anm. 3, Böhle-Stamschräder Anm. 2.

Hat das Gericht entgegen dem Gebote des Abs. II ohne Anhörung des Schuldners das Konkursverfahren eröffnet, so kann der Staat dem Schuldner, der Richter dem Staat für den durch überstürzte Konkurseröffnung verursachten Schaden ersatzpflichtig werden [§ 71 Anm. 18, § 83 Anm. 3]. Eine Haftung kann auch dann eintreten, wenn die Ermittlungen, auf Grund deren das Vorliegen des Konkursgrundes bejaht wurde, unzulänglich waren; denn die Verkennung des Umfanges der Pflicht zur Vornahme von Ermittlungen ist ein Rechtsfehler bei der Ausübung des pflichtmäßigen Ermessens (BGH KonkTreuh. 1957 S. 12 = LM. § 839 BGB Nr. 4). Ein Amtspflichtverstoß liegt aber nicht vor, wenn der zu Worte kommende Schuldner Einwände erhebt, die nach dem bereits vorliegenden Aktenstoff eine Ungewißheit über die Rechtslage gar nicht aufkommen lassen und daher dem Konkursrichter zu weiteren Ermittlungen keinen Anlaß geben. Er darf solchenfalls über eine Anregung des Schuldners, noch besondere amtliche Aufklärungen zu pflegen, stillschweigend hinweggehen. RG KonkTreuh. 1929 S. 103f. Nr. 1. Andererseits kann eine unter Versagung des Gehörs oder nach unzulänglichen Ermittlungen ausgesprochene Konkurseröffnung schon als solche den Schuldner empfindlich schädigen, auch wenn sie auf seine Beschwerde hin (§ 109) aufgehoben wird (vgl. BGH aaO.). Trifft den Konkursrichter kein Verschulden, weil er etwa nur durch ein glaubwürdiges, aber unzutreffendes Gerücht von der Flucht des Schuldners abgehalten worden war, ihn zu hören, dann tritt freilich die Ersatzpflicht auch für den Staat nicht ein. Keinesfalls macht ein Verstoß gegen unsern Abs. II den Eröffnungsbeschluß (wie Oetker I S. 55 meint) nichtig. Der Beschluß ist anfechtbar (§§ 109, 116) und vom Eintritt der Rechtskraft ab endgültig wirksam.

III. Nach **Abs. III** darf die Anhörung des Schuldners unterbleiben, wenn sie eine Zustellung im Ausland (§ 199 ZPO) oder — namentlich weil der Aufenthalt des Schuldners unbekannt ist — eine öffentliche Zustellung (§ 203 ZPO) erfordert. In diesen Fällen ist, „soweit tunlich" (freies Ermessen des Gerichts!), statt des Schuldners einem Vertreter oder einem Angehörigen — beide Begriffe im weitesten Sinne der Ausdrücke verstanden — Gelegenheit zur Äußerung zu geben. Eine schriftliche Einvernahme des im Auslande weilenden Schuldners ist keineswegs ausgeschlossen (die Anhörung „kann" unterbleiben). 4

IV. Konkurshindernisse

1. Das **gerichtliche Vergleichsverfahren** will einem nach seiner Persönlichkeit und seiner Vermögenslage würdigen Schuldner die Möglichkeit bieten, den drohenden Konkurs abzuwenden. Diesem Zweck entsprechend wirkt das gerichtliche Vergleichsverfahren, und zwar schon in seinem Vorstadium, als Konkurshindernis: es sperrt den Konkurs. Nach § 46 VerglO ist nämlich vom Eingange des Vergleichsantrags ab die Entscheidung über den Konkursantrag eines Gläubigers (Versagung der Zulassung dieses Antrags, sonstige Abweisung — gleichviel aus welchem Grunde — und Konkurseröffnung) „ausgesetzt", d. h. von Rechts wegen unterbunden. Das Konkurshindernis besteht so lange, bis der Beschluß, der die Eröffnung des beantragten Vergleichsverfahrens ablehnt oder das eröffnete Verfahren beendet, in Rechtskraft erwachsen ist. Daß auf den Konkursantrag hin Maßnahmen im Sinne des § 106 I KO ergehen, ist nicht ausgeschlossen (vgl. auch Bley VerglO[3] § 46 Anm. 9). Sie wären bei Eröffnung des Vergleichsverfahrens aufzuheben, nötigenfalls durch Anordnungen auf Grund der §§ 58ff. VerglO abzulösen. Das Konkurshindernis dient zum Schutze des Schuldners. Er kann die von einem Gläubiger beantragte Konkurseröffnung auch noch dadurch verhindern, daß er bei seiner Vernehmung über den Gläubigerantrag seinerseits den Vergleichsantrag stellt [Anm. 2]. In Fällen unseres Abs. III kann der statt des Schuldners gehörte Ersatzmann den konkursabwendenden Vergleichsantrag nur stellen, wenn er nachweisbar dazu ermächtigt ist (§§ 56, 88 II ZPO, § 115 VerglO; siehe Bley aaO. § 1 Anm. 29). Der einmal eröffnete Konkurs schneidet den Vergleichsantrag ab (§ 2 II VerglO), endgültig jedoch erst, wenn der Eröffnungsbeschluß rechtskräftig geworden ist, da ihn der Schuldner im Beschwerdeweg (§ 109) u. U. zur Aufhebung bringen kann, z. B. wegen Versagung des Gehörs nach § 105 II [Anm. 3]. Bley § 2 Anm. 31. Näheres über die Auswirkung der verschiedenen das Vergleichsverfahren beendenden Entscheidungen auf einen Gläubigerantrag: § 103 Anm. 18. Die Möglichkeit, daß der Schuldner noch bei seiner Anhörung zu einem Konkursantrag eines Gläubigers durch Stellung des Vergleichsantrags die Aussetzung der Entscheidung über die Konkurseröffnung erzwingen kann, ist nicht nur im Interesse des Schuldners bedeutsam, wenn die Konkursabwendung gelingt, sondern auch im Interesse der Gläubigergesamtheit, wenn sie scheitert und von Amts wegen der Anschlußkonkurs eröffnet wird; denn im Gegensatz zu dem auf Gläubigerantrag eröffneten Konkursverfahren greift im Anschlußkonkurs die sogen. Rückschlagssperre des § 104 VerglO ein, derzufolge Sicherheiten und Befriedigungen, welche Vergleichsgläubiger innerhalb 5 einer Zeitspanne von 30 Tagen vor Stellung des Vergleichsantrags (vgl. auch §§ 103 II, 28 II VerglO) im Wege der Zwangsvollstreckung erlangt haben, kraft Gesetzes, also ohne besondere Anfechtung, unwirksam werden. Die Rückschlagssperre wird im allgemeinen zeitlich weitergehen als die Anfechtung nach § 30 Nr. 2 KO und ist vor allem von den Anfechtungsvoraussetzungen unabhängig; sie kann u. U. sogar dazu führen, daß ein Konkursverfahren eröffnet werden kann, das sonst mangels Masse hätte abgelehnt werden müssen (Boennecke KonkTreuh. 1955 S. 173). Diese Wirkung tritt auch dann ein, wenn der Schuldner den Vergleichsantrag nicht mit dem Ziele der Konkursabwendung, sondern lediglich zur Auslösung der Rückschlagssperre gestellt hätte, was vor allem bei einer Eröffnung des Anschlußkonkurses unter gleichzeitiger Ablehnung des Vergleichsantrags nach § 19 VerglO in Frage kommen kann. Dem vom Konkursverwalter nach § 104 VerglO in Anspruch Genommenen den Einwand eröffnen, der Vergleichsantrag sei nicht ernstlich auf Konkursabwendung gerichtet gewesen und aus diesem Grunde die Rückschlagssperre nicht eingetreten, hieße dem § 104 VerglO die vom Gesetz gewollte Schlagkraft nehmen. Auch ist die materiellrechtliche Wirkung der Rückschlagssperre vom Gesetz an die wirksame Eröffnung des Anschlußkonkurses geknüpft und unabhängig von etwaigen Mängeln des Vergleichsantrags. Überdies kommt die Wirkung des § 104 VerglO in aller Regel der Konkursmasse und damit der Gläubigergesamtheit zugute; die Fälle, in denen sie ausnahmsweise ausschließlich im Interesse des Gemeinschuldners liegt, vor allem wenn es später zur Einstellung des Anschlußkonkurses nach § 204 KO kommt, fallen demgegenüber nicht ins Gewicht. So jedenfalls im Ergebnis Bley § 104 Anm. 4 mit Verw., ferner OLG München KonkTreuh. 1957 S. 47, Klemmer KonkTreuh. 1957 S. 70ff. gegen Schultze Judicium 5. Jahrg. (1933) Sp. 146ff., LG I Berlin ebenda Sp. 154 und neuerdings Mohrbutter KonkTreuh. 1955 S. 114ff., 1957 S. 85f. Zur Frage, ob der zunächst gehemmte Gläubigerantrag anfechtungsrechtlich bedeutsam werden kann, siehe oben § 30 Anm. 16a.

Die Konkurssperre, welche im Rahmen des landwirtschaftlichen Entschuldungsverfahrens gemäß Art. 2 I Nr. 4 und Art. 6 der VO v. 27. 12. 1933 (RGBl. I S. 1119) Platz griff, ist bedeutungslos geworden, da diese Verfahren längst abgeschlossen sind und sich das Ges. zur Abwicklung der landwirtschaftlichen Entschuldung v. 25. 3. 1952 (BGBl. I S. 203, 1953 I S. 952/966) nur noch mit gewissen Nachwirkungen dieser Verfahren befaßt. Vgl. auch Jonas-Pohle Zwangsvollstreckungsnotrecht[16] S. 420.

6 2. Im Gegensatz zum gerichtlichen Vergleichsverfahren wirkt sich die Anhängigkeit eines **Vertragshilfeverfahrens** nach dem VHG v. 26. 3. 1952 (BGBl. I S. 198) **nicht** als Konkurssperre aus. Zwar kann auch der konkursreife Schuldner und zwar auch dann, wenn ein Gläubiger schon Konkursantrag gestellt hat, den Versuch machen, im Vertragshilfeverfahren zu einer Entscheidung zu kommen, die den Konkursgrund noch vor Konkurseröffnung beseitigt. Der Vertragshilfeantrag wirkt aber weder wie der Vergleichsantrag (§ 46 VerglO) kraft Gesetzes konkurssperrend, noch hat das Vertragshilfegericht eine Möglichkeit, in das durch einen Gläubigerantrag in Gang gebrachte Konkurseröffnungsverfahren hemmend einzugreifen. Das gilt auch dann, wenn der Konkursantrag von dem Gläubiger gestellt ist, auf dessen Forderung sich das Vertragshilfeverfahren bezieht (a. A. Bisle, Die Schuldnerkrise und ihre Bereinigung, 1950, S. 82f., Saage VHG § 12 Anm. II 2b und Jonas-Pohle, Zwangsvollstreckungsnotrecht[16] S. 383 Nr. 10, die eine einstweilige Anordnung nach § 12 VHG dahingehend für zulässig halten, daß der Konkursantrag „des" Gläubigers für die Dauer des Vertragshilfeverfahrens ausgesetzt werde); ferner auch dann, wenn das Vertragshilfegericht eine Anordnung nach § 10 VHG getroffen hat, welche die Antragspflicht des Schuldners für beruhend erklärt [§ 103 Anm. 11 a. E.]. A. A. Duden-Rowedder VHG Anm. zu § 10, nach denen eine derartige Anordnung auch die Konkurseröffnung auf Antrag des Gläubigers während des Vertragshilfeverfahrens ausschließt. Dagegen zutreffend Jonas-Pohle aaO. S. 383. Eine Konkurssperre, sei es eine kraft Gesetzes eintre-

tende, sei es eine durch das Gericht angeordnete, ist nur im Zusammenhang mit einem echten Konkursabwendungsverfahren gerechtfertigt. Im Gegensatz zu früheren Gestaltungen hat aber das Vertragshilfeverfahren nach dem VHG nicht mehr den Charakter eines „Insolvenzverfahrens", sondern dient der Ordnung einzelner Verbindlichkeiten (vgl. Duden-Rowedder Allg. Erl. Nr. 23 und Jonas-Pohle aaO. S. 381). Allerdings gibt die Anhängigkeit eines Vertragshilfeverfahrens dem Konkursgericht Anlaß zu sorgfältiger Prüfung, ob wirklich Konkursreife vorliegt. Dies kann zu verneinen sein, wenn mit einer alsbaldigen Herabsetzung oder Stundung der Verbindlichkeit im Vertragshilfeverfahren zu rechnen ist und dadurch die Zahlungsunfähigkeit des Schuldners behoben wird, so daß sie als eine nur vorübergehende die Konkurseröffnung nicht rechtfertigt, oder wenn durch eine vorläufige Stundung nach § 12 VHG oder die Einstellung von Zwangsvollstreckungsmaßnahmen nach § 13 VHG die Zahlungsunfähigkeit beseitigt ist. So offenbar auch AG und LG Hamburg BB 1950 S. 880 und Mentzel-Kuhn § 102 Anm. 2.

8. Streitig ist, ob die *allgemeine Vollstreckungsschutzvorschrift* des § 765a 7
ZPO gegenüber einem Antrag auf Konkurseröffnung zur Anwendung kommen kann. Für sinngemäße Anwendung: Jonas-Pohle aaO. S. 33, dagegen: Böhle-Stamschräder § 105 Anm. 5. Für das VollstrmißbrauchG v. 13. 12. 1934 (RGBl. I S. 1234), welches als Vorgänger des § 765a ZPO bezeichnet werden kann, wurde allerdings die Anwendbarkeit auf den Konkursantrag in Literatur und Rechtsprechung überwiegend bejaht. Jonas JW 1936 S. 1800, Vogel DRpfl. 1936 S. 480, DJ 1937 S. 20, Seidel KonkTreuh. 1937 S. 4, OLG Naumburg JW 1936 S. 1799, LG Hamburg KonkTreuh. 1936 S. 44, 1938 S. 93, JW 1938 S. 2156, LG Zwickau KonkTreuh. 1938 S. 45, AG Leipzig KonkTreuh. 1936 S. 118, AG Wuppertal ebenda; a. A. LG Magdeburg DRpfl. 1936 Nr. 216 und vor allem *Jaeger* KonkTreuh. 1936 S. 81 f., der die analoge Anwendung dieser allgemeinen Vollstreckungsschutzvorschrift für bedenklich und im Hinblick auf die Zulässigkeitsvoraussetzung des Rechtsschutzbedürfnisses für überflüssig hielt. Die sinngemäße Anwendbarkeit des § 765 a ZPO, für die übrigens auch Jonas-Pohle aaO. einräumt, daß sie praktisch keine Rolle spielen wird, da sittenwidrigen Anträgen der Mangel des Rechtsschutzbedürfnisses entgegengehalten werden könne, muß abgelehnt werden. Zunächst sind Vorschriften der Einzelvollstreckung im Konkursverfahren als einem Gesamtvollstreckungsverfahren grundsätzlich unanwendbar [§ 72 Anm. 5]. Dazu kommt aber im besonderen Falle des § 765a ZPO, daß diese Vorschrift auf eine Abwägung der schutzbedürftigen Interessen des Vollstreckungsgläubigers einerseits, des Schuldners andererseits abstellt, die im Konkurseröffnungsverfahren nicht Platz greifen kann. Vielmehr ist hier der Antrag des Gläubigers, soweit Anlaß besteht, was auch der Schuldner bei seiner Anhörung nach § 105 II KO geltend machen kann, auf das Vorhandensein der allgemeinen Zulässigkeitsvoraussetzung des Rechtsschutzbedürfnisses hin zu prüfen [§ 103 Anm. 6]. Bei dieser Prüfung kann aber die besondere wirtschaftliche Lage des Schuldners, auf die es im Falle des § 765a ZPO entscheidend ankommt, keine Rolle spielen, da für die Zulässigkeit des Antrags genügt, aber auch erforderlich ist, daß der Konkursgrund glaubhaft gemacht ist. Besteht kein Anlaß, das Rechtsschutzbedürfnis zu verneinen, so hat das Gericht seine Entscheidung über die Konkurseröffnung wiederum ohne Rücksicht auf die besonderen Verhältnisse des Schuldners ausschließlich davon abhängig zu machen, ob der Konkursgrund gegeben ist bzw. ob die Masse im Sinne des § 107 I zulänglich ist. Übrigens hätte in den Fällen, welche den angeführten Entscheidungen zugrunde lagen, die Konkursabweisung ohne die systemwidrige Heranziehung des Vollstreckungsschutzes der Einzelvollstreckung unschwer mit dem fehlenden Rechtsschutzbedürfnis begründet werden können.

Dieselben Erwägungen müssen dann auch zur Unanwendbarkeit anderer allgemeiner Vollstreckungsschutzvorschriften im Konkursverfahren führen, z. B. für *Heimkehrer* nach § 26 des HeimkehrerG v. 19. 6. 1950 (BGBl. I S. 221) in der Fassung des Ges. v. 17. 8. 1953 (BGBl. I S. 931); a. A. Jonas-Pohle aaO. S. 356. Die Frage, ob der Vollstreckungsschutz des § 362 LAG auch für Konkursverfahren Bedeutung hat (so offenbar Böhle-Stamschräder Anm. 5), ist gegenstandslos, da dieser Schutz bis zum 31. 12. 1953 befristet war und nicht verlängert wurde.

§ 106

Das Gericht kann die zwangsweise Vorführung und die Haft des Schuldners anordnen. Dasselbe kann alle zur Sicherung der Masse dienenden einstweiligen Anordnungen treffen. Es kann insbesondere ein allgemeines Veräußerungsverbot an den Schuldner erlassen.

Bei der Abweisung des Eröffnungsantrags sind die angeordneten Sicherheitsmaßregeln aufzuheben.

Materialien: Motive I Bd. 2 S. 48ff., Motive II S. 329ff., Protokolle S. 77, 162, MzEG S. 114 P. IV S. 765f., Begründung S. 28, 38f., Kommissionsbericht S. 1958.

I. Die einstweiligen Anordnungen im allgemeinen

1 1. Die Vorschrift des § 106 gilt, wie ihre Stellung klar erkennen läßt, abgesehen vom § 197 II, **nur für die Zeit** zwischen der zulässigen (§§ 104, 105) Beantragung des Konkurses und der Entscheidung über den Antrag. Sie wird bedeutsam besonders in der Zeit nach Zulassung eines Gläubigerantrags und vor Anhörung des Schuldners (§ 105 II) oder in dem durch letztere veranlaßten Ermittlungsverfahren. Auf einen bedingten oder befristeten und darum unzulässigen Konkursantrag hin können Anordnungen im Sinne des § 106 nicht wirksam erlassen werden [§ 103 Anm. 5]. Nach Konkurseröffnung sind solche unstatthaft. Zust. LG Duisburg JW 1925 S. 2383f. Nr. 7 mit Note Schopflocher ebenda und Note Levinger JW 1926 S. 626 zu Nr. 2. „Kann" bedeutet im § 106 I wie in anderen Fällen (z. B. §§ 75, 101 II, 107 II) eine gesetzliche Ermächtigung, von der das Konkursgericht — nur dieses kann gemeint sein [Anm. 2] — im Bedarfsfalle Gebrauch zu machen verpflichtet ist, u. U. auch gegen den ausdrücklichen Willen des antragstellenden Gläubigers (so richtig LG Köln KonkTreuh. 1956 S. 127). Die Ermächtigung geht dahin, von Amts wegen oder auf Anregung die Zwangsvorführung des Schuldners zur Auskunft über seine Vermögenslage, dessen Haft — anders als nach § 101 II auch ohne vorgängige Anhörung des Schuldners — zur Erzwingung dieser Auskunft oder zur Sicherung der Masse [Kosten: Anm. 14; im übrigen siehe § 101 Anm. 2ff. u. § 105 Anm. 2], endlich aber auch sonstige nach gerichtlichem Ermessen **zur Sicherung der Masse** dienende Maßregeln z. B. eine Siegelanlage (dazu Schrader Hdb. S. 3017ff.) oder die Sequestration einzelner oder aller künftigen Massebestandteile [Anm. 12] oder die Zwangsverwaltung einer Liegenschaft oder eines gewerblichen Betriebs anzuordnen, bis auf weiteres die Ausgabe von Postsendungen oder Telegrammen an den Schuldner zu sperren, dessen persönliche Freiheit auch anders als durch Haft (z. B. durch Haus- oder Stadtarrest oder Verdrängung aus bestimmten Räumen) zu beschränken und namentlich ein besonderes (d. h. bestimmte einzelne Gegenstände des Schuldnervermögens treffendes) oder ein allgemeines (d. h. die ganze künftige Konkursmasse schützendes) Veräußerungsverbot [Anm. 3ff.] wider den Schuldner zu erlassen. Anordnungen, die in ihrer Wirkung über die des späteren Konkursbeschlages hinausgehen, z. B. die Anordnung der Aufhebung anstehender Versteigerungstermine [Anm. 6], sind jedoch durch § 106 I nicht gedeckt. Die Ermächtigung des Konkursgerichts, Anordnungen zur Sicherung „der Masse" zu treffen, bezieht sich auch auf Massegegenstände in anderen deutschen Gerichtssprengeln, ja grundsätzlich auch auf Massegegenstände im Ausland [§ 1 Anm. 71]. Rechtshilfe: § 72 Anm. 3a; Ausschaltung einer konkurrierenden Inlandszuständigkeit: § 71 Anm. 8. „Einstweilig" heißen die dem Konkursbeschlage vorgreifenden Maßregeln des Abs. I Satz 2 deshalb, weil ihre zeitliche

Wirksamkeit nur eine vorübergehende ist [Anm. 13]. Einstweilig in diesem Sinne kann auch die Schließung des Geschäfts oder die Einstellung eines sonstigen Gewerbebetriebs verordnet werden (Wolff Anm. 4, Mentzel-Kuhn Anm. 2; abw. v. Wilmowski-Kurlbaum Anm. 3). Zur Frage der Ersatzpflicht wegen Schädigung durch schuldhafte, übereilte Anordnungen siehe § 83 Anm. 3.

2. Die Verfahrensvorschriften der §§ 916ff., 925ff., ZPO (Arrest und einstweilige Verfügungen) eignen sich nicht zu entsprechender Anwendung auf die im Abs. I Satz 2 u. 3 vorgesehenen Maßregeln (Seuffert S. 119f.). Unanwendbarkeit des § 945 ZPO: § 74 Anm. 2. Die Anordnungen des § 106 I ergehen als Beschlüsse des Konkursgerichts. Gegen sie hat der Schuldner, gegen die beschlußmäßige Zurückweisung des Antrags auf eine solche Anordnung hat der Antragsteller die sofortige Beschwerde [§ 73 Anm. 7, 8]. Die §§ 73, 74 greifen Platz, weil schon das Eröffnungsverfahren zum Konkursverfahren gehört [§ 102 Einl.]. Denkbar ist auch, daß eine Anordnung im Sinne des § 106, namentlich ein Zwangszugriffen wehrendes Veräußerungsverbot [Anm. 6], mißbräuchlich vom Schuldner erschlichen wurde, um unter seinem Schutze die Gläubiger zu einem außergerichtlichen Vergleich zu bewegen. Dann steht jedem Gläubiger, nicht nur dem, der den Konkurs beantragt hat, die Beschwerde offen (OLG Frankfurt JW 1926 S. 2114 Nr. 8). Das „Gericht" des § 106 ist wie das der §§ 105, 107 nach dem ganzen Zusammenhange das Konkursgericht. Kosten: Anm. 14. 2

II. Das Veräußerungsverbot

1. Ein vor Konkursbeginn wider den Schuldner erlassenes allgemeines Veräußerungsverbot nimmt die an den Konkurs geknüpfte Beschränkung des Schuldners in der Verfügungsmacht **vorweg** zur Sicherung der künftigen Konkursmasse [siehe § 113 Anm. 2, 9, 11] und bildet auch bereits eine Beschränkung im Sinne des § 32 Nr. 3 GVG sowie der ihm entsprechenden Rechtsminderungsgrundsätze [§ 25 Anm. 25ff.]. Aus dem zweifelsfreien Zweck des Verbots, die Konkursmasse den Konkursgläubigern ungeschmälert zu erhalten, ergibt sich, daß seine **gegenständlichen** Grenzen sich decken mit denen des Konkurses. Es trifft somit alles, was nach den §§ 1, 2, 43—45 zur Konkursmasse gehörte, wenn jetzt schon der Konkurs eröffnet würde, nicht aber konkursfreies Gut. Mündliche Belehrung und Warnung, besonders anläßlich eines Gehörs nach § 105 II, wird häufig veranlaßt sein. Das Verbot ist im Sinne des Abs. I Satz 3 „an den Schuldner **erlassen**", sobald es ihm zugestellt ist (§ 73 II). Die besondere Zustellung wird durch öffentliche Bekanntmachung ersetzt (§ 76). Eine solche steht dem Ermessen des Konkursgerichts anheim, empfiehlt sich aber zur Warnung Dritter. Mit der Zustellung oder mit Vollzug der sie ersetzenden Bekanntmachung (§ 76 I 2), nicht erst mit Eintritt der Rechtskraft, tritt das Verbot in Wirksamkeit, aber nur für die Zukunft. Rückwirkung legt ihm das Gesetz nicht bei. Eine vor der Erlassung des Verbots getroffene Verfügung des Schuldners bleibt auch dann unberührt, wenn sie von der Genehmigung eines Dritten abhängig ist und diese erst nach der Erlassung erteilt wurde (§ 184 BGB; RG Bd. **134** 78 und Ohse in der Anm. zu dieser Entsch. JW 1932 S. 740). Inwieweit der Verwalter des nachfolgenden Konkurses anfechtungsrechtliche Rückgewähransprüche erheben und sie vorläufig durch Erwirkung einstweiliger Verfügungen [§ 29 Anm. 3] sichern kann, ist eine Frage für sich (§§ 29ff.). Eintragung ins Grundbuch: § 113. Inwieweit und wie lange die Unkenntnis dritter Personen geschützt wird, bestimmen die einzelnen Verkehrsschutzvorschriften [Anm. 8f.]. Unrichtig wäre es zu sagen, das Verbot wirke gegen Dritte schlechthin von der öffentlichen Bekanntmachung ab. Namentlich wird im Bereiche des Grundbuchverkehrs die Unkenntnis der Buchunrichtigkeit (§ 892 I 2 BGB) bis zur Eintragung in das Grundbuch (§§ 113 bis 116) und nur bis dahin geschützt. Zur Frage der Grundbuchsperre siehe § 113 Anm. 11. Vorläufigkeit der Maßregeln: Anm. 13. 3

2. Das Verbot ist ein gerichtliches Veräußerungsverbot **im Sinne des § 136 BGB** und steht dementsprechend in seiner Wirkung einem den Schutz bestimmter Personen bezweckenden gesetzlichen Veräußerungsverbote nach § 135 BGB gleich. 4

Schützen soll es die künftigen Konkursgläubiger in ihrer Gemeinschaft. Denn das Verbot erstrebt — „insbesondere" — die „Sicherung der Masse", d. h. der künftigen Konkursmasse, die nach § 3 zur gemeinsamen Befriedigung der Konkursgläubiger dient. Verbotswidrige Verfügungen sind daher dem Wortlaute des § 135 I 1 BGB zufolge „nur diesen Personen gegenüber unwirksam" (vgl. auch OLG Hamburg ROLG Bd. 23 S. 307). Vollkommene Nichtigkeit liegt also jedenfalls nicht vor. Auch aus dem Umstande, daß eine Veräußerung im Einzelfalle nach § 288 StGB oder § 241 KO strafbar ist, ergibt sich eine Nichtigkeit im Sinne des § 134 BGB nicht (OLG Dresden SächsA 13 S. 257ff.). Die Unwirksamkeit ist entsprechend der des § 7 in dem Sinne **beschränkt**, daß sie nur zum gemeinsamen Besten der Konkursgläubiger besteht. Vgl. auch § 7 Anm. 8. Während aber im Falle des § 7 der Kreis der Geschützten schon geschlossen ist, sichert das Veräußerungsverbot des § 106 die künftige Konkursgläubigerschaft. Dementsprechend steht die Unwirksamkeit der dem Veräußerungsverbot widerstreitenden Verfügung unter der gesetzlichen Voraussetzung, daß der Konkurs rechtskräftig eröffnet und daß er nicht vor Geltendmachung der Unwirksamkeit beendet wird. Die Voraussetzung hat insofern auflösende Bedeutung, als die Unwirksamkeit zwar sofort eintritt (so daß ein Erwerb des Gegners sich also zunächst nicht vollzieht), aber für die Zukunft erlischt (so daß der Erwerb von nun ab Wirksamkeit erlangt), wenn entweder der Eröffnungsantrag rechtskräftig abgewiesen oder aber nach rechtskräftiger Eröffnung und vor Geltendmachung der Unwirksamkeit das zum Schutze der Konkursgläubiger eröffnete Verfahren wirksam beendigt wird. Das ergibt der Zweck der §§ 106, 7 KO, der nur unvollkommen erreicht würde, wenn die Früchte der Zwischenzeit nicht gleichfalls der Konkursmasse erhalten blieben. Zust. Mentzel-Kuhn Anm. 3. Eigentümer und Subjekt des sonstigen Rechts bleibt somit allein und gegenüber jedermann der verfügende Schuldner als Träger der zu erhaltenden Konkursmasse, wie er es bleibt, wenn er während des Konkurses den §§ 6, 7 zuwider verfügt. Wie in diesem letzten Falle aus dem beim Masseträger verbleibenden Eigentumsrechte folgt, daß nun entstehende Ansprüche „aus dem Eigentum" (§§ 985, 1004 BGB) als Massebestandteile erwachsen, so muß angenommen werden, daß im Zwischenstadium vor Konkurseröffnung diese Ansprüche der Zuständigkeit nach als Rechte des Schuldners (des Verbotsbetroffenen) entstehen, aber mit dem Eigentum dem Erwerber zufallen, sobald die Unwirksamkeit aufhört. A. A. Strohal Relative Unwirksamkeit (Wien 1911) S. 68ff., obwohl auch er dem Erwerber im Schwebezustande der Zwischenzeit kein Fruchtbezugsrecht als Eigentümer zuspricht. Prozeßführung im Zwischenstadium: Anm. 6.

5 3. Was nun die **Tragweite des Veräußerungsverbots** im einzelnen betrifft, so sind unwirksam im Verhältnisse zu jedermann

a) vor allem **rechtsgeschäftliche Verfügungen** [§ 7 Anm. 2] des Schuldners über Gegenstände der künftigen Konkursmasse. § 136 mit § 135 I Satz 1 BGB. Verfügungen dieser Art sind namentlich Übertragung, Abtretung, Belastung und Aufhebung von Rechten z. B. von Forderungen durch Annahme der Leistung [siehe Anm. 8], durch Aufrechnung des Schuldners (nicht seines Gläubigers: OLG Hamburg LZ 1910 Sp. 791) oder Erlaß. So auch Zahlungen des Schuldners an seinen Gläubiger. Eine verbotswidrige Zession setzt, da sie das Gläubigerrecht nicht auf den Zessionar überträgt, diesen nicht instand, aufzurechnen, einzuziehen, zu stunden oder zu erlassen. Verpflichtungsgeschäfte werden in ihrer Wirksamkeit durch ein Veräußerungsverbot nicht beeinträchtigt. So sind z. B. die nach Erlassung des Verbots abgeschlossenen Kauf-, Miet-, Darlehnsverträge des Schuldners (unbeschadet der §§ 29ff.) wirksam. Den Verfügungen des Schuldners stehen die Verfügungen gleich, die sein gesetzlicher oder gewillkürter Vertreter über Gegenstände der künftigen Masse trifft. Leistungen dagegen, die ein Geschäftsbesorger aus seinem eigenen Vermögen für Rechnung des Schuldners bewirkt, werden in ihrem Rechtsbestande durch das an den Geschäftsherrn erlassene Veräußerungsverbot nicht beeinträchtigt, da dieses anders als der Konkurs des Geschäftsherrn (§ 23) den Geschäftsbesorgungsvertrag nicht zum Erlöschen bringt, Verpflichtungen des Geschäftsherrn aber nicht entgegensteht (abw. OLG Dresden im Falle RG Bd. **88** 34; vom RG selbst nicht entschieden).

b) Gleich den rechtsgeschäftlichen sind solche Verfügungen unwirksam, die im Wege der **Zwangsvollstreckung** oder **Arrestvollziehung** gegen den künftigen Gemeinschuldner (in dessen bewegliches oder unbewegliches Vermögen) erfolgen. § 136 mit § 135 I 2 BGB. Verbotswidrige Pfändungen, Beschlagnahmen zu Zwecken der Zwangsversteigerung oder Zwangsverwaltung sowie verbotswidrige Eintragungen von Zwangs- und Arresthypotheken begründen keine Absonderungsrechte, Pfändungen nicht einmal nach vorheriger Ankündigung gemäß § 845 ZPO. Auch hier (§ 135 BGB) entscheidet wie im Falle des § 14 die Zeit der Erwerbsvollendung (abw. Weigelin Pfändungspfandrecht 1899 S. 17). Siehe RG Bd. **26** 425 und Bd. **42** 366 [§ 14 Anm. 14]; ferner RG Strafs. KonkTreuh. 1934 S. 74. Ebenso bleibt einer verbotswidrigen Zwangsvormerkung [§ 14 Anm. 26ff.] die Wirksamkeit gegenüber der künftigen Konkursmasse versagt. Weil das Veräußerungsverbot nach § 135 I 2 (§ 136) BGB Zwangsverfügungen schon kraft Gesetzes wehrt, genügt eine Anordnung, die dem Schuldner einstweilen jede Verfügung über sein Vermögen verbietet. Daneben noch eigens „Pfändungen" zu verbieten, empfiehlt sich schon deshalb nicht, da diese nur eine Gruppe der verbotsbetroffenen Zwangsverfügungen bilden. Wer früher, etwa durch Pfändung oder Verpfändung, eine dingliche Sicherheit erworben hatte, wird durch das Verbot nicht gehindert, sie zum Zwecke seiner Befriedigung zu verwerten. Kommt es zur Konkurseröffnung, dann hat er vielleicht anfechtungsrechtliche Rückgewähransprüche (§§ 29ff.) zu gewärtigen. Auf Grund des § 106 aber kann das Gericht die Verwertung schon erworbener Sicherheiten nicht aufhalten, namentlich nicht dadurch, daß es eine schon betriebene Zwangsvollstreckung einstellt oder einen Versteigerungstermin absetzt. Siehe auch Schopflocher JW 1925 S. 2384, ferner V. des ehem. PreußJM v. 21. 12. 1926 JMBl. S. 434; vgl. auch RG (Str.) KonkTreuh. 1934 S. 74. Zust. Mentzel-Kuhn Anm. 4. 6

c) **Nicht** trifft das allgemeine Veräußerungsverbot die **Prozeßführung,** die als solche keine Verfügung ist: weder hindert es den Beginn noch bewirkt es eine Unterbrechung des die künftige Konkursmasse betreffenden Prozesses. Immerhin kann das Gericht, wenn dies zur Sicherung der Masse dienlich erscheint, nach Abs. I Satz 2 auch einen Pfleger mit der Prozeßführung betrauen (vgl. §§ 53, 473 ZPO). Wohl aber steht das Verbot dem Wirksamwerden einer Verfügung über Gegenstände dieser Masse auch dann entgegen, wenn die Verfügung zugleich Prozeßhandlung ist. So namentlich gerichtlichen Vergleichen und Verzichten, jedenfalls nach der Lehre von der Doppelnatur dieser Prozeßhandlungen (Vergleich: Nikisch, Lehrbuch[2] § 70 I 1, Stein-Jonas-Schönke ZPO[18] § 794 Anm. II, Schönke-Schröder-Niese Zivilprozeßrecht[8] § 53 V, Verzicht: Stein-Jonas-Schönke § 306 Anm. I 2). Erblickt man abweichend hiervon im gerichtlichen Vergleich einen Vertrag rein materiellrechtlicher Natur (Rosenberg Lehrbuch[7] § 128 I 1), dann kommt das Veräußerungsverbot nach § 106 ohnehin zum Zuge. Sieht man umgekehrt im Verzicht des § 306 ZPO eine reine Prozeßhandlung, zu deren wirksamer Vornahme keine Verfügungsbefugnis erforderlich ist (Rosenberg § 131 II 2, Nikisch § 66 I 1 und Baumbach-Lauterbach Einf. zu §§ 306ff. Anm. 1 A), so würde ein vor Konkurseröffnung ergangenes, den Anspruch aberkennendes Verzichtsurteil in seiner Rechtskraft sich auch auf den Konkursverwalter erstrecken und damit auch der Erlaß der Forderung (§ 397 BGB) der regelmäßig zugleich mit dem prozessualen Verzicht vorgenommen wird, trotz des Verfügungsverbotes praktisch nicht mehr beseitigt werden können.

4. Die Unwirksamkeit der verbotswidrigen Verfügung steht von vornherein und im Verhältnisse zu jedermann fest. Es bedarf nicht erst einer Anfechtung [vgl. Anm. 10]. Beispielsweise kann der Konkursverwalter die verbotswidrig übereignete Sache — abgesehen vom Verkehrsschutz [Anm. 8] — als Eigentum des 7

Gemeinschuldners verfolgen (z. B. nach § 985 BGB), sie aus der Konkursmasse des Erwerbers aussondern und sie einer Pfändung durch Gläubiger des Erwerbers auf dem Wege der Drittwiderspruchsklage entziehen (§ 772 ZPO), also — und zwar unter Ausschluß des Verkehrsschutzes [Anm. 9] — einen die Pfändung für unzulässig erklärenden Richterspruch und daraufhin ihre Aufhebung erwirken (§§ 771, 775 Nr. 1, 776 ZPO). Die Verfügung erlangt rückwirkende Kraft, wenn der Verwalter sie genehmigt. Sie wird für die Zukunft wirksam, wenn der Verwalter den Gegenstand der Verfügung aus der Masse freigibt. Siehe § 7 Anm. 11, 12.

8 5. Der **des Verbots unkundige** Gegner des verfügungsbeschränkten Schuldners wird **im rechtsgeschäftlichen Verkehr** entsprechend demjenigen geschützt, der redlich mit einem Nichtberechtigten Geschäfte abschließt. § 136 mit § 135 II BGB. Namentlich greifen daher die §§ 892f., 932ff., 1032, 1138, 1155, 1207, 1244 BGB entsprechend Platz, die Sätze über den öffentlichen Glauben des Grundbuchs freilich nach der Fassung des § 892 I 2 BGB schon unmittelbar. Im übrigen entspricht einer Unkenntnis der Nichtberechtigung des Verfügenden hier die Unkenntnis des Veräußerungsverbots. Im Gegensatze zu § 7 I KO und zum § 62 III VerglO beschränkt sich der Schutz **nicht** auf den Grundbuchverkehr. Vielmehr erwirbt z. B. der Geschäftsgenosse des Schuldners, dem dieser trotz des Veräußerungsverbots eine bewegliche Sache übereignet, vollwirksames Eigentum, es sei denn, daß dem Erwerber das Verbot bekannt oder aus grober Fahrlässigkeit unbekannt ist (§ 932 BGB). Die Kenntnis oder die grobe Fahrlässigkeit steht zur Beweislast des Verwalters. Durch die Bekanntmachung des Verbots wird dieser Beweis nicht schlechthin erübrigt [Anm. 3]. In den Fällen der §§ 892f. BGB schadet nur die wirkliche Kenntnis des Verbots und damit der Buchunrichtigkeit. Ob ein Schuldner des Verbotsbetroffenen (künftigen Gemeinschuldners), der an diesen in Unkenntnis des Veräußerungsverbotes zahlt, entsprechend dem § 407 BGB auch den Verbotsgeschützten (der Konkursmasse) gegenüber als befreit gilt, ist zweifelhaft und bestritten. Bejahend Planck-Flad BGB[4] § 135 unter II 3d (S. 357), v. Tuhr Allg. Teil II 2 S. 20f., Enneccerus-Nipperdey Allg. Teil[14] § 144 Note 12, Staudinger-Coing BGB[11] § 135 Anm. 7 mit Verw., Mentzel-Kuhn Anm. 5; a. A. insbes. RGRKommentar BGB[10] § 135 Anm. 4. Da der im Veräußerungsverbot vorweggenommene Beschlag nicht wohl stärker wirken kann als der Konkursbeschlag selbst, rechtfertigt sich im Falle des § 106 KO eine entsprechende Anwendung des § 8 KO.

9 Der Verkehrsschutz gilt nur dem rechtsgeschäftlichen, **nicht** auch einem durch **Geldvollstreckung** erwirkten Erwerb, also nicht in Fällen der Pfändung, der Liegenschaftsbeschlagnahme, der Eintragung von Zwangshypotheken oder des Arrestvollzugs. RG Bd. **90** 338ff. mit Verw. Zwangszugriffe nach Erlassung des Veräußerungsverbots sind sonach auch dann unwirksam, wenn der Gläubiger in Unkenntnis des Verbots vollstreckt, mag dessen öffentliche Bekanntmachung (§ 76) erfolgt sein oder nicht. Siehe auch Kommissionsbericht S. 1958. Umgekehrt wird ein unter den § 898 ZPO — Vollzug geschuldeter rechtsgeschäftlicher Verfügung — fallender redlicher Erwerb trotz öffentlicher Bekanntmachung des Veräußerungsverbotes geschützt [§ 14 Anm. 19]. Der Gläubiger eines in Vermögensverfall geratenen Schuldners muß sich vor Zwangszugriffen vergewissern, daß nicht bereits ein Veräußerungsverbot an den Schuldner erlassen ist. Sonst läuft er Gefahr, die Kosten der Vollstreckung vergeblich aufzuwenden.

10 Soweit eine verbotswidrige Verfügung mit Rücksicht auf Verbotsunkenntnis des Gegners von vornherein wirksam ist, kommt immerhin noch die Möglichkeit einer Gläubigeranfechtung in Betracht. So z. B. gegenüber freiwillig begründeten Pfand- und Hypothekenrechten. Protokolle S. 77. Namentlich der Fall der Schenkungsanfechtung (§ 32) kann gegeben sein, da auch der unentgeltliche Erwerb unter Verkehrsschutz steht (vgl. jedoch § 816 I 2 BGB).

6. Der Erlaß eines allgemeinen Veräußerungsverbots wirkt nicht als Beschlagnahme im Sinne der Strafvorschriften über Verstrickungsbruch. RG Strafs. Bd. 20 244. Zu der Streitfrage für den Fall der Konkurseröffnung siehe § 108 Anm. 5. Wirksamer als Strafschutz ist die Sicherungshaft [Anm. 1, § 101 Anm. 2]. 11

III. Sequestration 12

Dem allgemeinen Wortlaut und dem Zwecke des Abs. I Satz 2 entsprechend muß im Konkursverfahren zum vorläufigen Schutze der künftigen Konkursmasse auch eine Sequestration statthaft sein, wie sie der § 938 II ZPO als Gegenstand einstweiliger Verfügungen kennt. Die Sequestration besteht darin, daß bestimmte Vermögensbestandteile der Verwaltung eines vom Gericht [Anm. 2] bestellten Vertrauensmannes unterworfen werden. So namentlich Grundstücke z. B. Miethäuser, unbedenklich aber (im Gegensatze zum § 938 II ZPO) auch das gewerbliche Unternehmen des Schuldners im ganzen, da es so dem Konkursbeschlag unterliegt [§ 1 Anm. 4], auch sein gesamtes beschlagsfähiges Vermögen. Zust. Mohrbutter B 1954 S. 343 und Noack KonkTreuh. 1957 S. 75. Durch die Anordnung einer Sequestration kann insbesondere u. U. verhütet werden, daß der Betrieb des Schuldners während des Eröffnungsverfahrens zum Stillstand kommt und dadurch für die spätere Konkursmasse Werte verlorengehen, die bei einer Fortführung des Geschäftes hätten erhalten werden können. Die Sequestration wird zweckmäßig mit der Erlassung eines allgemeinen Veräußerungsverbots [Anm. 3ff.] verbunden. Dadurch kann sie gegen störende Verfügungen des Vermögensträgers, vor allem aber auch gegen Einzelvollstreckungen von Gläubigern [Anm. 6] wirksam abgeschirmt werden, was **insbesondere** bei Vermögenswerten von Bedeutung ist, bei denen nicht schon der Gewahrsam des Sequesters gemäß § 809 ZPO einen Schutz gegen Vollstreckungen bietet (dazu Noack S. 76). Durch die Verbindung beider Anordnungen kann schon vor Konkurseröffnung die Geschäftsführung des Schuldners durch die eines Vertrauensmannes mit einer im praktischen Ergebnis den Konkursbeschlag vorwegnehmenden Wirkung abgelöst werden. Daher ist es auch zweckmäßig, als Sequester den späteren Konkursverwalter zu bestellen (Mohrbutter-Haarmann KonkTreuh. 1956 S. 177). Die Aufgaben des Sequesters hat das Konkursgericht im Anordnungsbeschluß näher festzulegen (zust. Noack S. 75). Er untersteht der Aufsicht des Konkursgerichts (Noack ebenda; vgl. auch Mohrbutter-Haarmann aaO.), das auch seine Vergütung und Auslagen festzusetzen hat (ebenso LG Köln KonkTreuh. 1956 S. 126: in entsprechender Anwendung des § 85 KO; Noack aaO.). Zur Frage der Kosten der Sequestration vgl. im übrigen unten Anm. 14. Soweit der Sequester zur Durchführung seiner Aufgaben den Besitz an Sachen des Schuldners ergreifen muß und dieser die Sachen nicht freiwillig herausgibt, hat das Konkursgericht durch eine Anordnung nach § 106 I 2 dem Sequester einen Gerichtsvollzieher mit einer entsprechenden Wegnahmeanweisung beizuordnen; gegen diese Anordnung hat der Schuldner die sofortige Beschwerde (§ 73 III). Anders Noack aaO. S. 75f., nach dem der Sequester die Wegnahmevollstreckung nach § 883 ZPO auf Grund des die Sequestration anordnenden Beschlusses als Vollstreckungstitel gemäß § 794 Ziff. 3 ZPO betreiben kann und der Schuldner Einwendungen nach § 766 ZPO zum Vollstreckungsgericht gegen das Vorgehen des Gerichtsvollziehers erheben kann. Dieser Weg entspricht der herrschenden Auffassung zu der ähnlich gelagerten Situation bei der Besitzergreifung durch den Konkursverwalter [§ 117 Anm. 13]. Die von Jaeger 6./7. Aufl. dort gegen die herrsch. Meinung vorgetragenen Bedenken sind hier allerdings nicht durchschlagend, da sich im Gegensatz zum Eröffnungsbeschluß der Umfang der herauszugebenden, zu sequestrierenden Sachen in der Regel aus dem Anordnungsbeschluß ergeben wird. Doch dürfte § 106 I 2 als konkursrechtliche Spezialnorm vorgehen. Auch Sequestrationen nach Abs. I Satz 2 haben nur einstweiligen Rechtsbestand [Anm. 13].

IV. Aufhebung der Maßregeln

Die einstweiligen Anordnungen, besonders das Veräußerungsverbot, können 13
ihrem vorläufigen Schutzzweck entsprechend (vgl. §§ 927, 936 ZPO) vom Kon-

kursgericht nach Ermessen — namentlich wegen Wegfalls der Gefährdung oder sonst veränderter Umstände — schon vor der Entscheidung über den Eröffnungsantrag aufgehoben werden. Eine unbefugte Änderung des Anordnungsbeschlusses im Sinne des § 577 III ZPO liegt darin nicht. „Bei" d. h. gleichzeitig mit der Abweisung des Eröffnungsantrags, mag diese vom Konkursgericht oder vom Beschwerdegericht ausgehen, müssen nach Abs. II die vorläufigen Maßnahmen von Amts wegen aufgehoben werden (Protokolle S. 162). Im Falle der Aufhebung sind Buchvermerke [Anm. 3] auf Ersuchen des Konkursgerichts zu löschen. Wird gegen den die Konkurseröffnung ablehnenden und darum die Sicherungsmaßregeln aufhebenden Beschluß Beschwerde eingelegt (§ 109), so ist das Beschwerdegericht ermächtigt und verpflichtet, unmittelbar auf Grund des Abs. I die ihm erforderlich erscheinenden Maßregeln neu anzuordnen. Für eine einstweilige Aufrechterhaltung der Sicherungsmaßregeln auf dem Wege des § 572 II, III ZPO läßt unser Abs. II keinen Raum (abw. z. B. Fitting § 35 Note 28). Die Maßregeln sind auch dann aufzuheben, wenn der Eröffnungsantrag — bei mehrfacher Antragstellung die Gesamtheit der Anträge — in zulässiger Weise [§ 103 Anm. 9] zurückgenommen wird (vgl. Protokolle aaO.). Denn sie setzen einen Eröffnungsantrag voraus [Anm. 1]. Nicht aber kann der Schuldner ihre Aufhebung durch Sicherheitsleistung erwirken: der § 939 ZPO ist unanwendbar [Anm. 2]. Motive II S. 331, Fitting N. 27. Im Falle der Konkurseröffnung werden die Maßregeln des Abs. I durch den Konkursbeschlag abgelöst.

14 V. **Die Kosten** einstweiliger Anordnungen (z. B. einer Haft) fallen bei Konkurseröffnung der Masse (§ 58 Nr. 1), bei Abweisung des Eröffnungsantrags dem abgewiesenen Antragsteller zur Last (Motive II S. 331). Eine besondere Lage besteht dabei für Vergütung und Auslagen eines Sequesters, die zwar gerichtlich festzusetzen sind [Anm. 12], bei denen es sich aber nicht um gerichtliche Kosten im Sinne des § 58 Nr. 1 handelt. Die Literatur und Rechtsprechung zur Sequestration des § 938 II ZPO nimmt überwiegend an, daß sich der Sequester, soweit er die Vergütung nicht aus den Erträgnissen des sequestrierten Vermögens entnehmen könne (entsprechend §§ 153, 155 I ZVG), wegen seiner Gebührnisse in entsprechender Anwendung der §§ 675, 612 BGB nur an den Gläubiger halten könne, der seine Einsetzung veranlaßt hat und allein an ihr interessiert war, nicht aber an den Schuldner (z. B. KG JW 1923 S. 305, LG Berlin JW 1931 S. 2391, OLG Düsseldorf JMBlNRW 1954 S. 137, Noack aaO. S. 74; ebenso für den Zwangsverwalter Steiner-Riedel ZVG[7] Anm. 4 mit Verw.). Auf keinen Fall besteht ein Anspruch des Sequesters gegen die Staatskasse (Noack S. 74 mit Verw.). Im übrigen erscheint eine Übernahme der genannten Auffassung für den nach § 106 KO bestellten Sequester bedenklich; denn er wird durch eine im Ermessen des Konkursgerichts liegende amtswegige Entscheidung nicht im Interese des antragstellenden Gläubigers, sondern der künftigen Konkursmasse eingesetzt. Man wird daher aus seiner Stellung als besonderer Vermögenspfleger, die auch in den Entscheidungen zu § 938 II ZPO betont wird (z. B. OLG Hamburg ROLG Bd. 43 S. 167, Hamm MDR 1951 S. 742; vgl. auch Baumbach-Lauterbach ZPO[25] § 938 Anm. 2, Noack S. 73), zu folgern haben, daß er seine Gebührnisse nur vom Schuldner als dem Träger des sequestrierten Vermögens und aus diesem verlangen kann (vgl. auch §§ 1915, 1835, 1936 BGB). So auch LG Düsseldorf KonkTreuh. 1957 S. 126f., das allerdings darüber hinaus eine Haftung auch mit dem sonstigen Vermögen des Gemeinschuldners annimmt. Ausländische Rechte: Anm. 16. Darauf weist auch die gesetzliche Behandlung der Vergütung und Auslagen des vorläufigen Vergleichsverwalters hin (§§ 11 II, 43 VerglO). Der Sequester hat also, wenn es zur Konkurseröffnung kommt, (entsprechend der Regelung für die Gebührnisse des vorläufigen Vergleichsverwalters im Anschlußkonkurs nach § 105 VerglO), einen Massekostenanspruch nach § 58 Nr. 2 KO. So auch LG Düsseldorf aaO. Dann ist aber die Konsequenz, daß er sich auch im Falle der Aufhebung der Sequestration gemäß § 106 II oder nach Zurücknahme des Konkursantrags [Anm. 13] wegen seiner Gebührnisse nur an den Schuldner halten kann, regelmäßig

durch Entnahme aus der sequestrierten Masse. Da aber, wenn es nicht zur Konkurseröffnung kommt, die Kosten des Eröffnungsverfahrens dem Gläubiger aufzuerlegen sind [§ 103 Anm. 7], hat der Gläubiger auf Grund dieser Kostenentscheidung diesen Betrag zu erstatten; denn Kosten, welche den obsiegenden Schuldner auf Grund einer vom Gericht während des Eröffnungsverfahrens erlassenen Anordnung treffen, müssen hinsichtlich der Erstattung (§ 91 ZPO) wie notwendige Kosten der Rechtsverteidigung behandelt werden. Für diesen Fall nicht klar LG Düsseldorf aaO. S. 127. Zum Kostenerstattungsanspruch des Schuldners, insbesondere zu der (die Kosten einer Sequestration betreffenden) Entscheidung des LG Köln KonkTreuh. 1957 S. 29ff. vgl. § 103 Anm. 7.

Unter diesen Umständen wird das Konkursgericht, wenn Zweifel bestehen, ob die Kosten der Sequestration aus den flüssigen Mitteln des zu sequestrierenden Vermögens bestritten werden können, von dem antragstellenden Gläubiger einen Kostenvorschuß anfordern. Die Anforderung eines Vorschusses als Voraussetzung für die Anordnung oder Weiterführung der Sequestration kann sich auch dann als notwendig erweisen, wenn für die wünschenswerte Aufrechterhaltung des Betriebes zunächst keine ausreichenden flüssigen Mittel vorhanden sind (Mohrbutter B 1954 S. 343, Mohrbutter-Haarmann KonkTreuh. 1955 S. 75). Der Vorschuß ist vom Sequester treuhänderisch für die Zwecke zu verwenden, für die er angefordert und gegeben wurde. Entsprechend den zum Vorschuß nach § 107 I entwickelten Grundsätzen [§ 107 Anm. 4] tritt im Falle der Konkurseröffnung der Vorschuß leistende Gläubiger in die konkursrechtliche Stellung desjenigen ein, der aus seinem Vorschuß befriedigt worden ist (Mohrbutter aaO.), also im Falle eines Vorschusses zur Deckung der Gebührnisse des Sequesters in die eines Massegläubigers nach § 58 Nr. 2 (vgl. auch Noack S. 76).

VI. Anschlußkonkurs

Verfügungsbeschränkungen, besondere oder allgemeine Veräußerungsverbote, die im gerichtlichen Konkursabwendungsverfahren zum Schutze der Vergleichsgläubiger erlassen worden sind (§§ 58ff. Vgl. auch §§ 12, 24 VerglO), **„gelten“** nach § 103 VerglO für den Anschlußkonkurs (§§ 19, 80, 101, 96 V VerglO), „als zugunsten der Konkursgläubiger angeordnet“, auch soweit diese nicht Vergleichsgläubiger waren, also einheitlich zugunsten ihrer gemeinsamen Befriedigungsmasse (§ 3 KO). Kraft dieser, die Wirksamkeit der Verbote hinterher verändernden Fiktion werden beschlagsfähige Vermögensgegenstände, über die der Vergleichsschuldner eigenmächtig durch Rechtsgeschäfte (z. B. durch Übereignung, Abtretung, Verpfändung, Schulderlaß, Empfangnahme der schuldtilgenden Erfüllung) verfügt hatte, ungeschmälert als Bestandteile der Konkursmasse des Anschlußkonkurses behandelt (§§ 1, 6, 117 KO), soweit nicht etwa der Dritterwerb unter Verkehrsschutz steht. Die Grenzen dieses Schutzes sind unterschiedlich abgesteckt (siehe namentlich § 62 III gegen § 63 III S. 2 VerglO). Ansprüche aus ergänzender Haftung des Dritterwerbers (z. B. nach § 816 I 2 BGB) gehören ebenfalls zur Konkursmasse. Auch der Zwangserwerb eines Vergleichsgläubigers ermangelt dieser Masse gegenüber schon von Rechts wegen der Wirksamkeit nach § 104 VerglO [siehe oben § 30 Anm. 64, § 105 Anm. 5]. Die Fiktion des § 103 VerglO erweitert nicht nur nachträglich den Kreis der Verbotsgeschützten auf Konkursgläubiger, deren Ansprüche erst nach Eröffnung des Vergleichsverfahrens entstanden oder diesem durch Vorrechte entrückt waren (§§ 25, 26 VerglO); sie schränkt vielmehr auch die gegenständliche Wirksamkeit der im Vergleichsverfahren erlassenen allgemeinen Veräußerungsverbote auf konkursbeschlagsfähige Gegenstände ein. Zust. Bley. VerglO² § 103 Anm. 3. Daß der ehemalige Vergleichs- und jetzige Konkursschuldner von nun ab über konkursfreies Gut verfügen kann, versteht sich von selbst. Denn mit Beendigung des Vergleichsverfahrens verlieren dessen Verbote für die Zukunft ihre Wirksamkeit, soweit nicht der § 103 VerglO bereits eingetretene Rechtsfolgen aufrecht erhält. Es muß aber auch die relative Unwirksamkeit von Verfügungen, 15 die der Schuldner noch während des Vergleichsverfahrens über beschlagsfreie Gegenstände getroffen hatte, aufhören, weil ihr Fortbestand außerhalb des vom § 103 VerglO verfolgten Schutzzweckes liegt.

Die Vorschrift des § 103 VerglO gilt nur für die in § 102 VerglO abschließend enumerierten Fälle des Anschlußkonkurses, nicht in anderen Fällen, in denen es nach einem vorangegangenen Vergleichsverfahren zur Konkurseröffnung kommt, z. B. wenn die Eröffnung des Anschlußkonkurses abgelehnt wurde und später auf Grund eines nunmehr wieder in Wirksamkeit getretenen (§ 46 VerglO) oder neu gestellten Konkursantrags eines Gläubigers der Konkurs eröffnet wird, weil das Gericht auf Grund erneuter Prüfung den Konkursgrund bejaht oder bei einer Ablehnung des Anschlußkonkurses mangels Masse ein Vorschuß nach § 107 KO geleistet wurde [§ 103 Anm. 18] (vgl. Bley § 103 Anm. 1), vor allem aber, wenn es nach Aufhebung des Vergleichsverfahrens (§ 90 VerglO) mangels Erfüllung des bestätigten Vergleiches zur Konkurseröffnung kommt. Im letzteren Falle kommt eine entsprechende Anwendung des § 103 auch schon deshalb nicht in Frage, weil die im Vergleichsverfahren erlassenen Verfügungsbeschränkungen mit der Aufhebung des Verfahrens außer Kraft getreten sind (§ 98 II VerglO). Ist das Vergleichsverfahren bei der Bestätigung des Vergleichs allerdings aus dem Grunde aufgehoben worden, weil sich der Schuldner im Vergleich der Überwachung der Vergleichserfüllung durch einen oder mehrere Sachwalter der Gläubiger unterworfen hat (§ 91 I VerglO), so dauern die während des Vergleichsverfahrens erlassenen Verfügungsbeschränkungen fort und können auf Antrag des Sachwalters auch neue angeordnet werden (§ 94 VerglO). Aber auch wenn es nun während der vereinbarten Überwachung zur Konkurseröffnung kommt, wirken sich diese Verfügungsbeschränkungen mangels einer ausdrücklichen, dem § 103 VerglO entsprechenden Vorschrift nicht zugunsten der Konkursmasse aus; denn die Unwirksamkeit verbotswidriger Verfügungen besteht hier nur den Vergleichsgläubigern gegenüber (§§ 62 I, 63 III VerglO), kann also nicht vom Konkursverwalter zugunsten der Konkursmasse geltend gemacht werden. So Bley § 94 Anm. 5. Ergibt sich im Stadium der vereinbarten Überwachung der Vergleichserfüllung die Notwendigkeit, die künftige Konkursmasse zu sichern, so kann dies nur gemäß § 106 KO erfolgen, setzt also das Vorliegen eines Konkursantrages voraus (beachte allerdings § 84 I VerglO!). Solche Anordnungen haben also auch bei Fortbestehen der im Vergleichsverfahren getroffenen Verfügungsbeschränkungen einen guten Sinn und werden keinesfalls durch sie überflüssig. Vgl. Bley § 94 Anm. 6. Ohne einen Konkursantrag sind Verfügungsbeschränkungen zur Sicherung der künftigen Konkursmasse, auf die dann § 103 VerglO. sinngemäß anzuwenden ist, nur im Falle des § 88 II VerglO auf Antrag eines vom Vergleich betroffenen Gläubigers durch das Vergleichsgericht möglich, wenn der Wegfall der Vergleichswirkungen durch rechtkräftige Verurteilung des Vergleichsschuldners wegen bestimmter Straftaten schon eingetreten ist oder zu erwarten steht. Vgl. dazu Bley § 88 Anm. 9ff., § 103 Anm. 1.

16 **Zusatz. Fremde Rechte*).** Viele Auslandsrechte kennen keine konkursrechtlichen Bestimmungen über vorläufige Sicherungsmaßnahmen; so vor allem Österreich, wo die Vorschriften der Exekutionsordnung über einstweilige Verfügungen angewandt werden (§§ 381 ff.), die aber einen Antrag des Gläubigers voraussetzen. Auch sonst ist häufig ein Antrag Voraussetzung der Anordnung solcher Maßnahmen, so z. B. in Rußland, wo das gesamte Vermögen des Schuldners bis zur Entscheidung über den Konkursantrag in Beschlag genommen werden kann (Art. 324 GPK).

In der Schweiz setzt bei Betreibung auf Konkurs die Anordnung der Aufnahme eines „Güterverzeichnisses" einen Gläubigerantrag voraus, der aber dem Konkursbegehren und selbst der Konkursandrohung (s. Einleitung V 2, Bd. 1 S. LXIVf.) vorausgehen kann; „nach Anbringung des Konkursbegehrens" kann das Konkursgericht auch von Amts wegen „die zur Wahrung der Rechte der Gläubiger notwendigen vorsorglichen Anordnungen" treffen (Art. 162, 170, 194 SchKG). In Frankreich ist für Maß-

---

*) Neu eingefügt von Dr. Günther Jahr. Vgl. im übrigen auch Einl. V zu Bd. I S. LXIff.

nahmen vor Konkurseröffnung das erstinstanzliche Gericht (*juge de paix*) zuständig; es kann — auch von Amts wegen — allerdings nur Versiegelung der Masse (*apposition des scellés*) anordnen (Art. 51 II D. 20 mai 1955, Art. 907ff. C. p. c.).

England kennt eine Möglichkeit der Sicherung ohne gerichtliche Entscheidung: der Konkursantrag eines Gläubigers wird bei nicht im Grundbuch eingetragenen Grundstücken (*unregistered land*) auf Mitteilung des Konkursgerichts (*registrar*, s. o. § 71 Anm. 20 Ziff. 1) unter den rechtshängigen Sachen (*pending actions*) registriert (§§ 1ff. *Land Charges Act*, 1925; B.R. 147); bei *registered land* ist die Mitteilung des Konkursantrags Vorstufe der Eintragung eines dem Widerspruch des deutschen Rechts entsprechenden Vermerks (*creditor's notice*, § 61 *Land Registration Act*, 1925). Daneben kann das Konkursgericht nach Antragstellung den amtlichen Sequester (*official receiver*, s. o. § 78 Anm. 15 Ziff. 1) zum vorläufigen Sequester ernennen (*interim receiver*, § 8 B.A.). Auch in diesem Stadium kann der Sequester einen *special manager* bestellen. Die Vergütung für diesen *manager* ist aus den von ihm erzielten Einnahmen zu bezahlen, also von der Masse zu tragen, auch wenn der Konkursantrag abgewiesen wird (Urteil des *Court of Appeal* vom 4. Mai 1900 *in re* A. B. & Co., 2 Q. B. 429).

In den USA kann auf Antrag der Gläubiger bis zur Eröffnung des Konkurses (*adjudication of bankruptcy**) ein Sequester (*receiver*) oder ein gerichtlicher Hilfsbeamter (*marshal*, s. o. § 78 Anm. 15 Ziff. 1) mit der Vermögensverwaltung betraut werden (§ 2 B.A.; 11 USCA § 11). Die Kosten dieser Verwaltung sind auch bei Abweisung des Konkursantrags von der Masse zu tragen, unbeschadet einer etwaigen Schadensersatzpflicht der antragenden Gläubiger (11 USCA § 11 Note 133 mit Rechtsprechungsnachweisen).

§ 107

Die Abweisung des Eröffnungsantrags kann erfolgen, wenn nach dem Ermessen des Gerichts eine den Kosten des Verfahrens entsprechende Konkursmasse nicht vorhanden ist. Die Abweisung unterbleibt, wenn ein zur Deckung der im § 58 Nr. 1, 2 bezeichneten Massekosten ausreichender Geldbetrag vorgeschossen wird.

Das Gericht hat ein Verzeichnis derjenigen Schuldner zu führen, bezüglich deren der Eröffnungsantrag auf Grund der Vorschrift des Abs. 1 Satz 1 abgewiesen worden ist. Die Einsicht des Verzeichnisses ist jedem gestattet. Nach dem Ablaufe von fünf Jahren seit der Abweisung des Eröffnungsantrags ist die Eintragung in dem Verzeichnisse dadurch zu löschen, daß der Name unkenntlich gemacht wird.

Materialien: Motive I Bd. 2 S. 53ff., Motive II S. 331f., Protokolle S. 77, 162, Begründung S. 39, Kommissionsbericht S. 1958f., 2032f.

I. Massemangel als Konkurshindernis

Decken bei festgestelltem Konkursgrund die Aktiven des Schuldners nicht einmal die Kosten eines Konkurses (§ 58 Nr. 1 u. 2), so wäre das Verfahren zwecklos. Der Staat kommt auch nicht ergänzend für sie auf [§ 57 Anm. 9, § 58 Anm. 3]. Darum ist das Konkursgericht ermächtigt, den Eröffnungsantrag abzuweisen (Abs. I Satz 1, vgl. § 198) und das bereits eröffnete Verfahren wieder einzustellen (§ 204), wenn eine „**den Kosten** des Verfahrens entsprechende Konkursmasse **nicht** vorhanden ist". Gleiches gilt für die Nachlaßverwaltung: §§ 1982, 1988 II BGB. Vgl. auch § 803 II ZPO für die Einzelvollstreckung. Die Masse „entspricht" den Kosten nicht, wenn sie die Kosten nicht „deckt"; nicht schon, wenn der Überschuß über die Kosten nur so gering ist, daß ein Konkurs sich nicht verlohnt. Das bestätigen die §§ 107 I 2, 204 I 2. Ob das Konkurshindernis des Massemangels vorliegt, entscheidet das Gericht auf Grund gewissenhafter Prüfung nach freiem, im Beschwerdeweg nachprüfbarem (OLG Stuttgart JW 1934 1

*) Die englische Zweiteilung des Verfahrens ist in den USA nicht übernommen, doch ist die darin zum Ausdruck kommende doppelte Zielsetzung des Konkursrechts (Schuldnersanierung — Zwangsliquidation) auch dem Recht der USA eigen. In Einleitung V 10 (Bd. 1, S. LXXVI) muß es daher in der Mitte des dritten Absatzes heißen: „. . . wie auch die doppelte Zielsetzung des Konkursrechts (Schuldnersanierung — Zwangsliquidation), allerdings ohne förmliche Zweiteilung des Verfahrens (*receiving order — adjudication of bankruptcy*), der englischen Regelung entspricht".

S. 571 Nr. 9) „Ermessen". Zust. KG KonkTreuh. 1957 S. 30. Auf jeden Fall ist, wenn ein Gläubiger den Antrag gestellt hat, der Schuldner nach § 105 II zu hören, da seine Anhörung zwingend als Folge der Zulassung des Antrags vorgeschrieben ist [§ 105 Anm. 3]. So auch LG Bielefeld MDR 1956 S. 363; dagegen unrichtig LG Darmstadt MDR 1958 S. 44. Den Wert der Masse hat das Gericht nötigenfalls durch einen Sachverständigen feststellen zu lassen und dem Antragsteller Gelegenheit zur Mitwirkung sowie zur etwa erforderlich werdenden Beschaffung eines Vorschusses nach Abs. I Satz 2 zu bieten (§ 75). Vgl. auch Wolff LZ 1910 Sp. 920f. Die voraussichtlich erwachsenden Masseschulden sind vom Wert der Masse in Abzug zu bringen (§ 60 I). Die mit Absonderungsrechten belasteten Gegenstände sind nur in Höhe eines für die Masse zu erwartenden Überschusses als Aktiven anzusetzen (Motive II S. 332; RG JW 1897 S. 188f. Nr. 12). Andererseits kommen zweifelsfrei erreichbare Auslandsbestandteile der Masse [§ 1 Anm. 71] als Aktiven in Ansatz. Massewerte, die nur im Prozeßwege herbeizuschaffen sind, dürfen schon mit Rücksicht auf die Kostengefahr [§ 59 Anm. 2] nicht ohne weiteres als Aktivposten behandelt werden. Das gilt besonders für die konkursmäßige Anfechtbarkeit, selbst in Fällen des § 30, in denen eine Rückgewinnung nur durch den Konkurs ermöglicht wird. Freilich bleibt die Einstellung des Verfahrens dem Gericht nach § 204 vorbehalten, wenn sich später die Unzulänglichkeit der Masse herausstellt; aber die Kostenlast verlorener Prozesse wird der Masse durch solche Einstellung nicht abgenommen. Derartige Massewerte können daher bei der Prüfung der Massezulänglichkeit nur dann als Aktivposten in Ansatz kommen, wenn für die prozessuale Verfolgung hinreichende Erfolgsaussicht besteht [vgl. auch § 82 Anm. 8]. So im Ergebnis wohl auch Böhle-Stamschräder Anm. 1, während Jaeger 6./7. Aufl. Anm. 1 und Mentzel-Kuhn Anm. 1 auch bei Erfolgsaussicht für die Konkurseröffnung verlangen, daß Konkursinteressenten bereits jetzt für die etwaige Kostenlast des zu führenden Prozesses Gewähr leisten. Vgl. auch RG JW 1898 S. 74 Nr. 27. Offenbar uneinbringliche Außenstände des Schuldners bleiben unberücksichtigt. Im Zweifelsfalle können Ermittlungen nach § 75 geboten sein.

Gelangt das Konkursgericht nicht zur Überzeugung der Massezulänglichkeit, so **muß** es den Eröffnungsantrag abweisen [Ausnahme: Anm. 2]. Bei solcher Sachlage wird es Amtspflicht des Gerichts, von der gesetzlichen Ermächtigung („kann") Gebrauch zu machen. Zust. Böhle-Stamschräder Anm. 1, Mentzel-Kuhn Anm. 1; den Massemangel hat das Gericht von Amts wegen zu berücksichtigen. Hat der Schuldner den Antrag gestellt, so sollte es mit Rücksicht auf die Gefahr mißbräuchlicher Antragstellung nicht ohne sorgfältige Nachprüfung der Vermögensangaben zur Abweisung mangels Masse kommen [§ 104 Anm. 1 a. E.]. Andererseits wird aber das Gericht vor Abweisung eines Gläubigerantrags mit Rücksicht auf die einschneidenden Folgen des Abs. II häufig Anlaß zu der Prüfung haben, ob nicht der Gläubiger konkursfremde Zwecke verfolgt, sodaß sein Antrag wegen fehlendem Rechtsschutzbedürfnis als unzulässig ohne die Folgen des § 107 II abzuweisen ist. Vgl. dazu die eingehenden Ausführungen § 103 Anm. 6 sowie LG Hamburg KonkTreuh. 1936 S. 44, 1938 S. 93, ferner den besonderen Fall LG Zwickau KonkTreuh. 1938 S. 45 (der Gläubiger einer geringfügigen Forderung war bereit, einen den Forderungsbetrag weit übersteigenden Vorschuß zu zahlen, offenbar lediglich um die Existenz des Schuldners zu vernichten).

Gegen die Eröffnung des Konkursverfahrens trotz Unzulänglichkeit der Masse hat nach § 109 nur der Schuldner die sofortige Beschwerde, jedoch nicht mit der Begründung, der Vorschuß sei zu gering veranschlagt [Anm. 3], gegen die durch rechtsförmlichen Beschluß auszusprechende Abweisung des Eröffnungsantrages wegen Unzulänglichkeit des Masse oder des Kostenvorschusses [Anm. 2] nur der Antragsteller [§ 109 Anm. 6], neben dem abgewiesenen Gläubiger der Schuldner als solcher nur in dem besonderen Falle, daß es sich um eine Aktiengesellschaft, Kommanditgesellschaft auf Aktien oder Gesellschaft mit beschränkter Haftung handelt [Anm. 6]. Zum Beschwerderecht des Schuldners als solchen:

§ 109 Anm. 6. Zur Anfechtbarkeit eines Beschlusses, der gemäß Abs. I S. 2 dem antragstellenden Gläubiger die Leistung eines Kostenvorschusses aufgibt: Anm. 6. Gerichtsgebühr bei Abweisung: § 103 Anm. 7, § 108 Anm. 6. Nach einem Verstoß gegen § 107 KO kann von der Erhebung der Gerichtskosten nach § 7 GKG Abstand genommen werden. — Statistik: Anm. 11.

II. Kostenvorschuß

Im Eröffnungsverfahren läßt sich der Stand der Masse häufig noch nicht klar 2
überschauen. Darum soll **nach Abs. I Satz 2** die Abweisung des Eröffnungsantrags unterbleiben, wenn ein zur Deckung der Konkurskosten (§ 58 Nr. 1 u. 2) ausreichender Geldbetrag **vorgeschossen** wird. Erfahrungsgemäß schrecken viele Gläubiger vor dem Kostenrisiko der Einzelanfechtung zurück. Der Konkurs erschließt Anfechtungen für Rechnung der gemeinschaftlichen Befriedigungsmasse. Ihnen ebnet unser Abs. I Satz 2 die Bahn. Zugleich trägt er der Möglichkeit Rechnung, daß für die Masse noch weitere Werte gewonnen werden, auf die zur Zeit noch nicht zu zählen ist [§ 204 Anm. 1]. Wer den Kostenvorschuß auf sich nimmt, wenn auch zunächst nur zur Klärung der Frage, wohin das Vermögen gekommen ist (vgl. §§ 75, 100), der dringt mit seinem Konkursantrage durch. Zudem kann ja erst die Folge lehren, ob verlorene oder noch nicht ermittelte Werte für die Masse erreichbar sind. Die Banken sehen sich häufig schon zur eigenen Information genötigt, durch Leistung des Vorschusses den Konkurs zu ermöglichen. Wird das Verfahren, nachdem der Vorschuß verbraucht wurde, auf Grund des § 204 KO eingestellt, dann ist der Aufwand verloren und auch nicht etwa in entsprechender Anwendung des § 788 I ZPO (§ 72 KO) zurückzugewinnen (vgl. OLG Dresden LZ 1909 Sp. 331 Nr. 4). Zur späteren Führung von Masseprozessen können besondere Vorschüsse nötig werden [Anm. 1].

Im Gegensatze zur Gebühren- und Auslagenpflicht des § 96 GKG [§ 103 3
Anm. 7] ist der Vorschuß unseres Abs. I Satz 2 eine freiwillige Leistung. Das Konkursgericht hat einem Gläubiger als Antragsteller durch Beschluß zu eröffnen (§ 73), daß er binnen bestimmter Frist eine bestimmte Summe bar vorzuschießen habe, widrigenfalls der Konkursantrag abgewiesen werde. Muster bei Schrader Hdb. S. 3024. Es kann auch im Bedarfsfalle vor der Entscheidung über den Konkursantrag noch eine Ergänzung des Vorschusses nachfordern. Eine Haftung des Gläubigers erwächst aber weder aus dieser Auflage noch daraus, daß er bei Beantragung des Konkurses eine etwaige Vorschußleistung in Aussicht gestellt hat, erst recht nicht aus der Antragstellung als solcher. Folge der Nichtleistung ist höchstens die Abweisung des Antrags. Auch von einer Nachschußpflicht des Antragstellers in dem Falle, daß erst nach Konkurseröffnung der Massemangel offenbar wird, kann keine Rede sein. Das bestätigt der § 204 I, demzufolge bei nachträglichem Hervortreten des Mangels das bereits eröffnete Verfahren einzustellen und nur dann durchzuführen ist, wenn nun — wiederum aus freien Stücken — die Deckung vorgeschossen wird. Vgl. OLG Stuttgart WürttZ 1900 S. 315, Gottschalk DJZ 1904 Sp. 939ff. (mit abw. Praxis), Kurlbaum ebenda Sp. 1081f. Daß gerade der Antragsteller den Vorschuß aus seinen Mitteln aufbringen müßte, ist nicht gesagt. Der Betrag kann von irgend welchem Interessenten (auch von einer Mehrheit solcher), auch vom Schuldner selbst (aus konkursfreiem Vermögen) geleistet werden. Hat der Schuldner die Konkurseröffnung beantragt, dann braucht das Gericht ihm die Vorschußleistung nicht anheimzugeben. Zust. Böhle-Stamschräder Anm. 2. Denn es hat nicht damit zu rechnen, daß der Schuldner die Summe aus freien Mitteln aufbringen könne und wolle. Werte der künftigen Konkursmasse aber zur Deckung bestimmter Massekosten vorzubehalten, dazu fehlt dem Schuldner die Macht. Solche Vorausverfügung könnte ja zum Schaden der Masseschulden ausschlagen (§ 60). Demnach darf das Beschwerdegericht Beschlüsse, die den Konkursantrag des Schuldners mangels Masse abweisen, keinesfalls schon deshalb aufheben, weil das Konkursgericht dem Schuldner nicht die Leistung eines Massekostenvorschusses anheimgestellt habe.

Hatte der Schuldner die Eröffnung des Vergleichsverfahrens beantragt, das Gericht aber den Antrag zurückgewiesen und bei dieser Gelegenheit (§ 19 I VerglO) die Konkurseröffnung mangels Masse vorbehaltlos abgelehnt, so kann der Schuldner diese Entscheidung zwar auch mit dem Ziele anfechten, im Beschwerdeweg die Eröffnung des Anschlußkonkurses (nicht etwa nur die des Vergleichsverfahrens, § 19 II S. 2 VerglO) zu erreichen (Bley VerglO[2] § 19 Anm. 1 und 7), aber auch in diesem Falle kann er seine Beschwer nicht daraus ableiten, daß das Gericht es unterlassen hat, ihn zur Leistung eines die Konkurseröffnung ermöglichenden Vorschusses anzuregen. Armenrecht: Anm. 5.

Für die **Bemessung** des Vorschusses ist ausschlaggebend, daß er lediglich die Eröffnung, nicht auch die Durchführung des Konkurses ermöglichen soll. Die Finanzierung des Verfahrens im übrigen ist eine spätere Sorge. Dem Antragsteller allein darf sie keinesfalls aufgebürdet werden. Daß die Kosten des § 58 Nr. 1, 2 nach § 60 den Masseschulden nachstehen, rechtfertigt nicht die Ansicht, der Vorschuß müsse erst recht auch die schon jetzt als unvermeidbar anzusehenden Masseschulden decken. Wortlaut und Sinn des Gesetzes (Abs. I Satz 2) nötigen zu einer Bemessung des Vorschusses, die lediglich die Massekosten nach § 58 Nr. 1 und 2 umfaßt. Dazu treffend Levy Konkursrecht[2] S. 20ff., KonkTreuh. 1928 S. 118ff., 1934 S. 62f. gegen die vielfach abweichende damalige Gerichtspraxis, die dahin führte, daß den Antragstellern mitunter Vorschüsse von mehreren Tausenden angesonnen wurden. Die im eröffneten Verfahren voraussichtlich entstehenden Masseschulden sind zwar bei der Prüfung der Massezulänglichkeit nach Abs. I S. 1 zu veranschlagen [Anm. 1], spielen aber für die Vorschußberechnung keine Rolle, da der vorgeschossene Betrag ausschließlich zur Berichtigung von Massekosten im Sinne des § 58 Nr. 1, 2 zu dienen hat. In die „Konkursmasse" des § 60 fließt der Vorschuß gar nicht. Er wird an das ihn anfordernde Gericht ausbezahlt und von diesem dem Verwalter übermittelt, sei es nun als ein dem Verwalter anvertrautes Treugut (so Levy aaO.) oder als zweckgebundene, selbst Zwangszugriffen wegen Masseschulden entrückte Sondermasse oder vielleicht auch als fremdes, bis zur Zweckverwendung dem Vorschußleistenden noch gehörendes Vermögen. Jedenfalls obliegt dem Verwalter die Amtspflicht, den Vorschuß ausschließlich zur Deckung der Massekosten zu verwenden. Zust. Mentzel-Kuhn Anm. 2, Böhle-Stamschräder Anm. 2. Nicht selten erübrigt ein nach diesen Grundsätzen bemessener Vorschuß jede weitere Zubuße, weil es gelingt, Vermögenswerte des Schuldners aufzudecken und heranzuziehen, die eine erfolgreiche Konkursdurchführung gestatten. Im Notfall aber können nach Konkursbeginn erforderlich werdende Mittel, besonders solche zur Führung von Prozessen für die Masse (§ 59 Nr. 1), nun durch eine Mehrheit von Beteiligten aufgebracht werden. Der Vorschuß des Abs. I Satz 2 hat schon dadurch ein erwünschtes Ergebnis erzielt, daß er solche Prozesse (namentlich nach § 30) ermöglicht und eine gleichmäßige Vermögensverteilung (§ 3) angebahnt hat. Darum schließt auch ein geringfügiger Überschuß der Masse über die Kostenlast des § 58 Nr. 1, 2 eine Abweisung nach Abs. I Satz 1 aus (abw. Wolff KO[2] Anm. 3) [Anm. 1].

„Vorschießen" bedeutet nach Wortsinn und Gesetzeszweck ein durch Vorauszahlung verwirklichtes Einstehen für fremde Verbindlichkeiten, nämlich für die durch den Vorschuß zu deckenden Masseansprüche. Entsprechend einem Bürgen (§ 774 BGB) rückt daher der Vorschußleistende von Rechts wegen in die Rangstelle des aus dem Vorschuß gedeckten Massegläubigers ein, wird also nicht schlechter, aber auch nicht besser gestellt als dieser. Nur eine solche Lösung ist angemessen. Sie läßt für die Besorgnis ungerechtfertigter Entlastung der Masse auf Kosten des Vorschußleistenden keinen Raum, dieser ist also nicht hinsichtlich des geleisteten Vorschusses Massegläubiger nach § 59 Nr. 3. Zust. Mentzel-Kuhn Anm. 2 und Böhle-Stamschräder Anm. 3. Wäre der Vorschuß ein Darlehen an den Träger der Masse (vgl. Kurlbaum aaO. Sp. 1082), das im Falle des § 107 dem Schuldner persönlich vor Konkursbeginn, im Falle des § 204 dem Verwalter für die Konkursmasse gewährt würde, so hätte der Vorschußleistende dort nur die Stellung eines gewöhnlichen Konkursgläubigers (§ 3), hier die eines Masseschuldgläubigers (§ 59 Nr. 1) und in keinem Falle die eines Massekostengläubigers.

Aus dem besonderen Zwecke des Vorschusses nach Abs. I Satz 2 ergibt sich, 5
daß weder Armenrecht noch Gebührenfreiheit die Vorschußlast verdrängen (siehe dagegen § 96 GKG). Da der Vorschuß eine an den Verwalter gelangende Sicherheit für die Erfüllung fremder Verbindlichkeiten darstellt, während die Gebührenpflicht den Antragsteller als Eigenschuld gegenüber dem Staate trifft (§§ 49, 96 GKG), kann der Antragsteller nicht verlangen, daß der Vorschuß auch nur teilweise auf die Gebührenschuld angerechnet und so tatsächlich der Vorschußbetrag verringert werde (LG Frankfurt a. M. JW 1925 S. 1551 Nr. 8). Wird einem Konkursgläubiger für die Teilnahme am Konkursverfahren das Armenrecht bewilligt, so erlangt er die einstweilige Befreiung von den ihm erwachsenden Gerichtsgebühren (§ 115 I Nr. 1 ZPO), hier also von der halben Gebühr für das Verfahren über den Konkursantrag (§ 49 GKG) und etwa für die Anberaumung eines besonderen Prüfungstermins (§ 52 GKG), nicht aber vom Massekostenvorschuß unseres Abs. I Satz 2. Dieser gehört eben nicht zu den Gerichtsgebühren und kann nicht wie solche zwangsweise beigetrieben werden.

Das Eröffnungsverfahren ist unstreitig bereits Konkursverfahren [§ 102 6
Einl.]. Der Beschluß des Konkursgerichts, der den Antragsteller dahin bescheidet, seinem Antrage könne nur stattgegeben werden, wenn er einen Vorschuß bestimmter Höhe innerhalb bestimmter Frist leiste [Anm. 3], ergeht daher bereits im „Konkursverfahren" und unterliegt folglich der **sofortigen Beschwerde** nach § 73 III; die Schranke des § 767 I ZPO („Zurückweisung" eines das Verfahren betreffenden Gesuches) gilt im Bereiche des § 73 III nicht. Abw. OLG Hamburg LZ 1908 Sp. 627 Nr. 5; dagegen wie hier: Hamburg ROLG Bd. 19 S. 220 f.; OLG Hamm JW 1926 S. 2115 Nr. 12, Mentzel-Kuhn Anm. 3, Böhle-Stamschräder Anm. 2. Das Rechtsmittel steht dem Beschwerten zu, hier also dem Antragsteller, der im Beschwerdeweg z. B. geltend machen kann, daß erreichbares Vermögen mit Unrecht außer Ansatz geblieben [Anm. 1] und daß darum gar kein Vorschuß oder nur ein niedrigerer Vorschuß zu erheben sei. Der Schuldner als solcher ist nicht beschwert, weil seine Haftung für die Massekosten infolge einer Vorschußleistung weder vervielfältigt noch vermindert wird. Darum kann er mit der Begründung, der Vorschuß sei zu niedrig bemessen, keine Beschwerde stützen (OLG Hamm aaO. sowie Hamburg LZ 1920 Sp. 966 Nr. 2), auch nicht nach Konkurseröffnung die Beschwerde aus § 109 gegen den Eröffnungsbeschluß. Siehe auch Anm. 3 a. E.

Die selbständige Anfechtbarkeit des Auflagebeschlusses durch den antragstellenden Gläubiger beruht darauf, daß er nicht nur eine unverbindliche Bekanntgabe der Auffassung des Konkursgerichts, sondern die Ablehnung der sofortigen Konkurseröffnung trotz Vorliegens ihrer sonstigen Voraussetzungen enthält. Einem solchen selbständig anfechtbaren „Zwischenbeschluß" kommt dann aber auch, wenn er formell rechtskräftig geworden ist, hinsichtlich seines Entscheidungsgegenstandes Bindungswirkung (§ 577 III, ferner §§ 318, 303 ZPO analog) und materielle Rechtskraft zu. Entscheidungsgegenstand ist die Ablehnung der Konkurseröffnung ohne Leistung des angeforderten Vorschusses. Die Bindungswirkung dieser Entscheidung besagt, daß das Konkursgericht ohne Leistung des Vorschusses nur auf Grund neuer Tatsachen z. B. zwischenzeitlicher Ermittlung eines ausreichenden Massebestandes den Konkurs eröffnen darf, im übrigen aber nur, wenn der Vorschuß jetzt geleistet wird. Dagegen ist es durch die Bindungswirkung seiner Zwischenentscheidung nicht gehindert, den Konkurs trotz Vorschußleistung nicht zu eröffnen, sondern den Antrag endgültig aus anderen Gründen abzuweisen (richtig OLG Hamburg LZ 1920 Sp. 966 Nr. 2), etwa wegen Fehlens des Rechtsschutzbedürfnisses, einer sonstigen Zulässigkeitsvoraussetzung oder auch des Konkursgrundes. Hat aber das Gericht die Konkurseröffnung mangels Masse und mangels Leistung des angeforderten Vorschusses endgültig abgelehnt und legt der Gläubiger gegen diesen Beschluß Beschwerde ein, so ist das Beschwerdegericht durch die Rechtskraft des Zwischenbeschlusses (vgl. auch § 512 ZPO) gehindert, die Ablehnung der Konkurseröffnung aus dem Grunde aufzuheben, weil die Masse zulänglich und daher ein Kostenvorschuß nicht erforderlich sei; mit diesem Vorbringen kann der Beschwerdeführer nicht mehr gehört werden. Insoweit im Ergebnis zutreffend LG Darmstadt MDR 1958 S. 44. Praktisch wird damit die Nachprüfung der Massezulänglichkeit auf die sofortige Beschwerde gegen den Auflagebeschluß verlegt. Hat der Gläubiger diesen unangefochten gelassen, so kann er die Aufhebung des ablehnenden Beschlusses durch das Beschwerdegericht und damit die Konkurseröffnung — abgesehen von dem Falle neuer Tatsachen — nur dadurch erreichen, daß er den Vorschuß in der angeforderten Höhe nachträglich leistet. Damit bringt er die noch fehlende Voraussetzung für die Konkurseröffnung trotz unzulänglicher Masse bei; die Frage aber, ob die Voraussetzungen für die Konkurseröffnung gegeben sind, bemißt sich nach der Sachlage im Zeitpunkt der Entscheidung des Beschwerdegerichts (§ 72 mit § 570 ZPO). So richtig KG KonkTreuh. 1957 S. 31 gegen Mentzel-Kuhn Anm. 3.

III. Besonderheit für Konkurse von Genossenschaften und Kapitalgesellschaften

7 1. Der Antrag auf Eröffnung des Genossenschaftskonkurses kann wegen Masseunzulänglichkeit nicht abgewiesen werden (§§ 100 III, 140 Satz 3 GenG). Denn auch die Nachschußansprüche sind als Massebestandteile in Ansatz zu bringen. Über die Streitfrage, ob aus § 100 III GenG gefolgert werden muß, daß auch der einmal eröffnete Genossenschaftskonkurs wegen Massemangels nicht nach § 204 KO eingestellt werden könne, siehe § 204 Anm. 1. Wegen der Versicherungsvereine und der altrechtlichen Versicherungsgenossenschaften auf Gegenseitigkeit siehe § 103 Anm. 14.

2. Bei Aktiengesellschaften, Kommanditgesellschaften auf Aktien und Gesellschaften mit beschränkter Haftung hat die Rechtskraft des Beschlusses, durch welchen ein Antrag auf Konkurseröffnung gem. § 107 I abgewiesen wird, die Folge der Auflösung der Gesellschaft (Ges. v. 9. 10. 1934, RGBl. I S. 914, § 1, AktG §§ 203 I Nr. 4, 204, 231 II). Daher hat hier in Abweichung von dem Prinzip des § 109 die Gesellschaft auch dann ein Beschwerderecht gegen den abweisenden Beschluß, wenn ein Gläubiger den Antrag gestellt hat (§ 1 I S. 2 des Ges. v. 9. 10. 1934). Die Auflösung ist auf Grund einer mit der Rechtskraftbescheinigung versehenen beglaubigten Abschrift des Abweisungsbeschlusses, welche die Geschäftsstelle des Konkursgerichts dem Registergericht zu übersenden hat, von Amts wegen in das Handelsregister einzutragen (§ 1 II des zit. Ges.; vgl. auch § 204 AktG). Dazu Crisolli JW 1934, S. 26, 57, Schumann GlSchutz 1934 S. 89. Ein Wiederaufleben der aus diesem Grunde aufgelösten Gesellschaft ist nicht möglich (Crisolli-Groschuff-Kaemel, Umwandlung und Löschung von Kapitalgesellschaften³, 1937, S. 191f. und LG Hamburg BB 1952 S. 530).

IV. Schwarze Liste

8 Das Amtsgericht muß als Konkursgericht **nach Abs. II** (Novelle v. 1898) ein **Verzeichnis** der Schuldner mit unzulänglicher Masse, wie als Vollstreckungsgericht nach § 915 ZPO ein Verzeichnis der Manifestanten führen [Anm. 9]. Die „schwarze Liste" dient der Sicherheit des Kreditgebens und ist darum öffentlich: jedermann darf, auch ohne ein Interesse nachweisen oder auch nur glaubhaft machen zu müssen, das Verzeichnis einsehen oder Auskunft aus dem Verzeichnis verlangen. Für Einsicht und Auskunfterteilung werden Gebühren erhoben und zwar für die Einsicht und Erteilung einer mündlichen Auskunft 0,60 DM, für schriftliche Auskunft 1,20 DM im Einzelfall; Einsicht und Auskunft können von der Zahlung der Gebühr abhängig gemacht werden. § 40 III GKG (Fassung 1957) und ergänzend AV des ehem. RJM v. 9. 10. 1936 (DJ S. 1592). Über Auskunfterteilung an „arme" Gläubiger siehe Schumacher JW 1937 S. 2756. Die näheren Vorschriften über die Erteilung von Abschriften und die Veröffentlichung des Verzeichnisses in Druckerzeugnissen erläßt das Bundesministerium der Justiz mit Zustimmung des Bundesrats (§ 915 IV S. 3 ZPO, Fas-

sung 1953, der auch für die Eintragungen nach § 107 KO gilt, da das Verzeichnis gemeinsam für die Eintragungen nach § 107 und § 915 ZPO geführt wird [Anm. 9]. Bis dahin ist nach der AV des ehem. RJM v. 1. 6. 1938 (DJ S. 884) zu verfahren. Darnach kann die Erteilung fortlaufender Abschriften an amtliche Berufsvertretungen, evtl. auch an andere vertrauenswürdige Personen oder Unternehmen z. B. Auskunfteien genehmigt werden, die dann aus ihnen im Einzelfall vertraulich Auskunft geben, evtl. auch eine Veröffentlichung in beschränktem Bezieherkreis vornehmen dürfen; wegen der Kosten der Abschriften siehe Nr. 6 der AV. Ausdrücklich ist aber jetzt durch § 915 IV S. 1 und 2 ZPO bestimmt, daß bei der Erteilung von Abschriften die Einhaltung der Löschungsfrist gesichert sein muß, was wohl nur bei amtlichen Berufsvertretungen der Fall sein wird, und daß eine Veröffentlichung des Verzeichnisses in Druckerzeugnissen, die jedermann zugänglich sind, nicht statthaft ist. Ergänzende landesrechtliche Vorschriften bei Schrader Hdb. S. 3027. Z. B. ist in Bayern die Mitteilung jeder rechtskräftigen Antragsabweisung nach § 107 an die Staatsanwaltschaft vorgeschrieben (GAnwZ v. 6. 5. 1957 § 221 IV, BayBSVJu. II S. 60). Mit Recht wird weitergehend vielfach die amtliche Veröffentlichung jeder wegen Massemangels erfolgten Antragsabweisung gefordert (vgl. Jaeger LZ 1907 S. 493ff. mit Verw.). Rücksichten auf den Schuldner verbieten die Veröffentlichung nicht. Wird ja doch der Konkurs selber bekannt gemacht. Ob der Schuldner eine natürliche oder juristische Person oder sonst ein konkursfähiger Verband (z. B. Verein ohne Rechtsfähigkeit) ist, ob der Vermögensverfall verschuldet erscheint oder nicht, macht keinen Unterschied.

Nach der AktO [§ 71 Anm. 19] § 17 Nr. 1 (mit Muster 16) sind die Einträge des § 107 II KO und die des § 915 ZPO in besonderen Spalten einer einheitlichen alphabetischen Liste (des Schuldnerverzeichnisses) aufzunehmen, die in Jahresheften oder auch in Karteiform geführt wird; bei größeren Amtsgerichten kann der Behördenvorstand die Führung getrennter Verzeichnisse für die Eintragungen nach § 107 KO und § 915 ZPO anordnen. Sind das Konkursgericht und das zur Abnahme von Offenbarungseiden nach § 899 ZPO zuständige Gericht örtlich verschiedene Amtsgerichte, so ist die Eintragung im Verzeichnis beider Gerichte vorzunehmen (§ 17 Nr. 4 AktO). In das Verzeichnis ist der Schuldner selbst, bei Handelsgesellschaften die Firma einzutragen; nicht etwa (auch nicht zugleich) der gesetzliche Vertreter des Schuldners z. B. der Vormund eines Entmündigten, der Vorstand oder Liquidator eines Vereins oder einer Aktiengesellschaft, die Gesellschafter oder Geschäftsführer einer GmbH. Das hat die mißliche Folge, daß bei juristischen Personen (Sachfirmen) die Warnungsfunktion der Eintragung sich in der Regel nicht auf die für den Zusammenbruch verantwortlichen Personen auswirkt (so richtig Bücher WirtschPrüfer 1951 S. 137). Die Eintragung erfolgt zweckmäßig erst, wenn der — nach § 109 anfechtbare — Abweisungsbeschluß rechtskräftig geworden ist. Sie setzt voraus, daß der Eröffnungsantrag gerade wegen Masseunzulänglichkeit (also nicht etwa mangels des Konkursgrundes, der Konkurszuständigkeit, des zulässigen Antrags usw.) abgewiesen worden ist, und wird durch Unkenntlichmachung des Namens (Schwärzung) bzw. durch Vernichtung der Karteikarte (§ 17 Nr. 5 AktO) gelöscht, wenn seit Abweisung des Eröffnungsantrags fünf Jahre verstrichen sind. Eintragung und Löschung geschehen von Amts wegen. Vgl. noch Kommissionsbericht S. 1958f. Für den Fall, daß während der fünfjährigen Frist auf erneuten Antrag der Konkurs eröffnet wird, ist eine Löschung nicht vorgesehen. Jede weitere Abweisung eines Konkursantrags mangels Masse führt zu einer neuen Eintragung (§ 17 Nr. 4 S. 1 AktO), für die eine eigene Löschungsfrist läuft. Die versehentliche Eintragung einer unrichtigen Person ist sofort von Amts wegen zu löschen [siehe Anm. 10]. 9

Mit Rücksicht auf die schwerwiegenden Folgen der Eintragung wurde in den Dienstanweisungen der Länder vielfach angeordnet, daß jede Eintragung vom Richter zu genehmigen bzw. dem Wortlaut nach zu verfügen sei. Muster bei Schrader Hdb. S. 3025. Eine solche Anordnung der Eintragung, die in § 107 II nicht vorgesehen war, ist jetzt durch § 21 I Nr. 2 Rechtspflegergesetz v. 8. 2. 1957 (BGBl. I S. 18) [dazu § 71 Anm. 16a und § 73 Anm. 15] vorgeschrieben, der die „Anordnung der Eintragung" dem Rechtspfleger überträgt. Die Führung des Verzeichnisses (Eintragungen und Löschungen) ist nach wie vor Sache der Geschäftsstelle (vgl. § 17 AktO). Die Eintragung ist keine Entscheidung im Sinne des § 73 III; wohl aber unterläge der die Löschung einer beanstandeten Eintragung ablehnende Beschluß der sofortigen Beschwerde. Ein Verschulden des verantwortlichen Beamten und zwar sowohl des Beamten, der den Inhalt der Eintragung maßgeblich feststellt, wie desjenigen, der das Verzeichnis führt, hat gemäß § 839 BGB, Art. 34 GG der Staat zu vertreten, da die Führung des Verzeichnisses „unzweifelhaft eine Betätigung fürsorgender öffentlicher Gewalt" **ist.** RG Bd. 118 241 (244); vgl. auch RG Bd. **140** 153f.

V. Statistik

10 Die Zahl der Abweisung von Konkursanträgen wegen Massemangels stieg seit 1895 bis zum 1. Weltkrieg und sodann wieder von etwa 1925 an bis zu dem allgemeinen Rückgang der Insolvenzverfahren in der Mitte der dreißiger Jahre ständig an (vgl. dazu das Zahlenmaterial in der 6./7. Aufl. Anm. 10) und ist auch nach der Währungsumstellung wieder auffallend hoch. Der Anteil der Abweisungen mangels Masse an der Gesamtzahl der neuen Konkurse stieg von 1949 bis 1952 von etwa 21% auf etwa 36% und betrug auch in den folgenden Jahren (1953 bis 1957) mit kleineren Schwankungen etwa ein Drittel. Vgl. das Zahlenmaterial (auch zu den einzelnen Wirtschaftsgruppen) im Statist. Jhrb. f. d. Bundesrepublik Deutschland 1952 S. 333, 1953 S. 414f., 1954 S. 384f., 1955 S. 370f., 1956 S. 360f., 1957 S. 389f., 1958 S. 342.

Zusatz. Fremde Rechte*)

11 1. Österreich (§ 73 II KO) nennt unter den Konkurshindernissen das Fehlen eines „zur Deckung der Kosten des Konkursverfahrens voraussichtlich hinreichenden" Vermögens, läßt aber in diesem Falle dennoch die Eröffnung zu, „wenn der Antragsteller einen Anfechtungsanspruch glaubhaft macht oder einen angemessenen Kostenvorschuß leistet". Bei Erwerbs- und Wirtschaftsgenossenschaften besteht das Hindernis nur, wenn die Verfahrenskosten „voraussichtlich auch in den Nachschüssen der Genossenschafter keine Deckung finden" (§ 15 II Genossenschaftskonkursverordnung). Die Ablehnung der Eröffnung mangels Masse wird öffentlich bekanntgemacht, darüber hinaus kann jeder Gläubiger Ablegung des Offenbarungseides verlangen (§ 73 III KO).

2. Andere Auslandsrechte kennen keine Ablehnung der Eröffnung, sondern nur eine Einstellung des ohne Rücksicht auf die Zulänglichkeit der Masse eröffneten Verfahrens. Diese Regelung begegnet insbesondere da, wo Neuerwerb in die Konkursmasse fällt, also nicht schon bei Eröffnung festgestellt werden kann, ob die Masse zur Kostendeckung ausreicht.

So kennt Frankreich nur die — in jeder Lage des Verfahrens nach Eröffnung mögliche — Einstellung mangels Masse (*clôture des opérations pour insuffisance d'actif*, Art. 168 D. 20 mai 1955). Diese Einstellung hat zur Folge, daß die Beschränkungen der Konkursgläubiger in Prozeßführung und Zwangsvollstrekkung gegen den Gemeinschuldner wegfallen (Art. 168 II D. 20 mai 1955); im übrigen läßt sie die Wirkungen des Konkurses unberührt, insbesondere dauert der Verlust der Verwaltungs- und Verfügungsbefugnis (*dessaisissement*) an und bleibt der Verwalter im Amt (Houin, aaO. Nr. 2871ff.). Die Einstellung mangels Masse endigt, wenn sie nach Befriedigung aller Gläubiger durch die Einstellung mangels Gläubigerinteresse (*clôture pour défaut d'intérêt de masse*, Art. 170 D. 20 mai 1955) ersetzt wird, oder durch die jederzeit — auch von Amts wegen — mögliche Aufhebung des Einstellungsurteils, die lediglich die Auffindung oder den Erwerb genügender neuer Masseaktiven voraussetzt. Diese „Wiedereröffnung des Konkurses" (*réouverture de la faillite*) wirkt in der Weise zurück, daß die Konkursgläubiger alle zwischenzeitlich erlangten Befriedigungen oder Sicherungen verlieren oder gegen Erstattung der Kosten herauszugeben haben (Houin, aaO.

*) Neu bearbeitet von Dr. Günther Jahr. Vgl. im übrigen auch Einl. V zu Bd. I S. LXIff.

Nr. 2895f.). Auch vorher führt der mit der Einstellung wiedereröffnete Zugriff eines Konkursgläubigers auf das Schuldnervermögen im Wege der Einzelvollstreckung nur zur gleichmäßigen Befriedigung mit den anderen Konkursgläubigern, zu der notfalls der Konkurs wiedereröffnet wird (Houin, aaO. Nr. 2869f. u. 2886). Der Vermeidung der Einstellung mangels Masse dienen einmal die Möglichkeit, die Kosten des Eröffnungsverfahrens aus der Staatskasse vorzuschießen, zum anderen die Gewährung des sonst der Masse versagten Armenrechts für Schadenersatzklagen; in beiden Fällen entscheidet der *juge commissaire* (Art. 16, 169 D. 20 mai 1955).

Belgien folgt weitgehend dem französischen Vorbild, doch wird dort angenommen, daß die Einstellung mangels Masse (*clôture des opérations faute d'actif*) das Verwalteramt beendigt und dem Gemeinschuldner die Verwaltungs- und Verfügungsbefugnis wiedergibt (Répertoire No. 2496). Darüber hinaus sieht das Gesetz vom 26. Dezember 1882 bei Unzulänglichkeit der Masse die Anordnung der Gebührenfreiheit des Verfahrens vor.

Dem Rechtszustand in Belgien entspricht die Regelung in den Niederlanden und in Italien. In den Niederlanden führt die Unzulänglichkeit der Masse, soweit ihr nicht durch Anordnung der Gebührenfreiheit des Verfahrens begegnet werden kann, zur „Aufhebung des Konkurses“ (Art. 16 F.W.). Auch in Italien beseitigt die Einstellung mangels Masse alle Konkurswirkungen, die auch hier mögliche „Wiedereröffnung des Konkurses“ wirkt nur beschränkt zurück (Art. 118ff. L.F.).

3. England zieht zwar auch den Erwerb nach Konkurseröffnung (*receiving order*) zur Konkursmasse, läßt aber doch die Ablehnung der Eröffnung zu, wenn der Schuldner vermögenslos ist und keine Aussicht auf Vermögenserwerb während des Verfahrens besteht. Die Ablehnung wird auf die allgemeine Klausel von § 5 III B.A. gestützt, nach der jeder Konkursantrag „aus zureichendem Grund“ (*for sufficient cause*) abgewiesen werden kann. Die Wahrscheinlichkeit, daß die Verfahrenskosten das Schuldvermögen aufzehren, genügt zur Ablehnung der Eröffnung nicht (vgl. Williams aaO. S. 63 mit Rechtsprechungsnachweisen).

4. Die Schweiz kennt dagegen wiederum nur eine Einstellung mangels Masse; hier spielt jedoch neben der Einbeziehung des Neuerwerbs die Tatsache eine Rolle, daß die vorläufige Verwaltung den Konkursämtern anvertraut ist (s. o. § 78 Anm. 15 Ziff. 1), also öffentlichen Behörden, denen eher als einem privaten Verwalter zugemutet werden kann, die vom Antragssteller nicht beizutreibenden Verwaltungskosten auf sich zu behalten. Zeigt das Konkursamt dem Konkursgericht an, daß keine Massewerte vorzufinden sind, so wird das Verfahren, wenn nicht ein Gläubiger rechtzeitig Kostenvorschuß leistet, eingestellt (Art. 230 SchKG). Diese Einstellung beendigt das Verfahren, läßt jedoch etwaige öffentlichrechtliche Folgen, die bis zur Rehabilitation an die Konkurseröffnung geknüpft sind (Art. 26 SchKG), unberührt. Sind Massewerte vorhanden, reichen sie aber zur Deckung der Kosten des ordentlichen Konkursverfahrens nicht aus, so ordnet das Konkursgericht auf Anzeige des Konkursamtes das „summarische Konkursverfahren“ an. Dieses Verfahren, dessen Durchführung jeder Gläubiger durch rechtzeitige Leistung eines Kostenvorschusses verhindern kann, kennt keine Gläubigerversammlung, keinen Gläubigerausschuß und keine besondere Konkursverwaltung; die Masse wird vom Konkursamt liquidiert, das den Erlös „ohne weitere Förmlichkeit“ verteilt (Art. 231 SchKG). Reichen die Massewerte nicht einmal zur Deckung der Kosten dieses summarischen Verfahrens aus, so wird wie bei völligem Fehlen von Massewerten das Verfahren eingestellt.

5. Außerhalb der Schweiz werden Kleinkonkurse (s. o. Vorbem. 7 z. 2. Buch) nicht im Hinblick auf die Zulänglichkeit der Masse zur Deckung der Kosten des ordentlichen Verfahrens besonders geregelt, sondern auf Grund der geringen Höhe der Aktiv- oder der Schuldenmasse (Österreich: Schuldenmasse nicht mehr als 10000 Schilling, §§ 169ff. KO; Italien: Schuldenmasse nicht mehr als 1,5 Millionen Lire, Art. 155ff. L.F.; England: *summary administration*, wenn Aktivmasse nicht über 300 £; *administration order* — nur auf Antrag eines Urteilsschuldners —, wenn Schuldenmasse nicht mehr als 50 £; § 129 B.A., § 122 *Bankruptcy Act* 1883).

6. Wegen des Zusammenhanges mit der Regelung der Einzelvollstreckung s. o. Vorbem. 7 (a. E.) z. 2. Buch.

§ 108

Der Eröffnungsbeschluß hat die Stunde der Eröffnung anzugeben.

Ist dies versäumt worden, so gilt als Zeitpunkt der Eröffnung die Mittagsstunde des Tages, an welchem der Beschluß erlassen ist.

Materialien: Motive I Bd. 2 S. 55ff., Motive II S. 332ff., Protokolle S. 77, 162.

Zeitpunkt der Konkurseröffnung

I. Die Regelung des Abs. I

1 1. **Der Eröffnungsbeschluß,** d. h. der „Beschluß" [§ 73 Anm. 2], der dem Eröffnungsantrage stattgibt, muß die **Stunde der Konkurseröffnung** und damit zugleich den Eröffnungstag festlegen. Die Stunde muß möglichst genau, auch unter Angabe vollendeter Viertelstunden (9½, 9¼, 9¾), bezeichnet werden. Denn schon mit ihr — und nur ausnahmsweise erst mit der formellen Rechtskraft des Beschlusses (Beispiel: § 1670 BGB) — setzt der für den Schuldner und für seine Gläubiger so folgenschwere Konkursbeschlag ein. Siehe die Erläuterungen der §§ 6, 7, 8, 25. In den zahlreichen und wichtigen Fällen, in denen das Gesetz von „der Eröffnung" des Verfahrens spricht (vgl. besonders die §§ 1, 3, 6ff., 10, 15, 17ff., 44, 46, 49 Nr. 2, 50, 54ff., 59 Nr. 2, 61ff., 68 KO, § 240 ZPO), ist stets schon die Eröffnung selbst im Sinne unseres Abs. I, nicht erst die Zustellung, Bekanntmachung oder Rechtskraft des Eröffnungsbeschlusses gemeint. Die Stunde dieser Eröffnung und zwar die wahre Eröffnungsstunde, nicht einen nach vorwärts oder rückwärts berechneten Zeitpunkt, muß der Richter im Eröffnungsbeschlusse angeben.

Wann hat nun aber der Richter in Wahrheit den Konkurs **„eröffnet"?** Die Frage wird trotz ihrer großen Bedeutung ganz verschieden beantwortet. Unter Bezugnahme auf die Motive II S. 332 wurde mitunter behauptet, der Konkurs sei erst mit der Verkündung des Eröffnungsbeschlusses eröffnet (so z. B. Wengler S. 494). Die Fassung der Motive geht indessen von einem früheren Stand der gesetzgeberischen Arbeit aus, als noch eine gebotene Mündlichkeit der Eröffnungsverhandlung vorgesehen war (§§ 104, 110 des I. Entwurfs und Motive I Bd. 2 S. 55), und paßt daher nicht mehr zu dem veränderten Standpunkte des II. Entwurfs. Nach dem Gesetze bedarf es einer mündlichen Verhandlung nicht (§ 73 I). In aller Regel ergeht der Eröffnungsbeschluß ohne eine solche. Nur wenn einmal eine vorgängige mündliche Verhandlung angeordnet werden sollte, würde der Beschluß zu verkünden sein (§ 72 KO mit § 329 I ZPO); nur dann wäre die Verkündungsstunde als „Stunde der Konkurseröffnung" im Beschluß anzugeben. Sonst — also im Regelfall — ist der Konkurs eröffnet, sobald der Richter den Eröffnungsbeschluß (nicht einen bloßen Entwurf) **unterschrieben** hat. Zust. Mentzel-Kuhn Anm. 1, Böhle-Stamschräder Anm. 1, Baur bei Schönke-Baur § 53 A VI 5a. Durch seine Unterschrift verfügt er die Konkurseröffnung. Diesen Zeitpunkt hat er als Eröffnungsstunde einzusetzen. Mit ihm beginnt der Konkursbeschlag. Die Zeit der Zustellung des Beschlusses kann im Abs. I als Stunde der Eröffnung nicht gemeint sein, weil die Stunde des Vollzugs der Zustellung nicht mit Sicherheit vorauszubestimmen, die Eröffnungsstunde aber bereits im Beschluß anzugeben ist. Aus dem gleichen Grunde kann die Zeit der Bekanntmachung (§ 111) nicht gemeint sein. Daß erst die Übergabe des unterschriebenen Beschlusses an die Geschäftsstelle Eröffnung im Sinne des Gesetzes wäre (so Fitting § 36 Nr. 3), ergibt der § 108 nicht. Schon durch das Unterschreiben weist sie der Richter an, den Beschluß vorschriftsmäßig weiter zu behandeln. Auch die Entstehung des § 108 spricht für die hier vertretene Ansicht. Vgl. Motive II S. 332 und § 121 der preuß. KO. Mit der Unterschrift ist der Beschluß auch im Sinne des Abs. II „erlassen"; denn die „Eröffnung" des Abs. I und die „Erlassung" des Abs. II meinen den gleichen Vorgang.

Von dem Zeitpunkt der Eröffnung bzw. der Erlassung des Beschlusses im Sinne des § 108 ist der Zeitpunkt zu unterscheiden, in welchem der Beschluß Wirksamkeit erlangt, also im üblichen Sinne „erlassen" ist. Das ist wohl nicht erst mit der formellen Zustellung oder der sie nach § 76 III ersetzenden öffentlichen Bekanntmachung der Fall (anders Jaeger 6./7. Aufl.; vgl. auch Rosenberg Lehrbuch[7] § 56 I 2b S. 245 oben), andererseits nicht bereits mit der Vollziehung der Unterschrift. Maßgebend für das Wirksamwerden des Eröffnungsbeschlusses ist vielmehr der Zeitpunkt, in welchem der Beschluß aufhört ein Internum des Gerichts zu sein; dazu ist erforderlich aber auch genügend, daß er von der Geschäftsstelle zur Bekanntgabe an irgendeinen Beteiligten (Gemeinschuldner, Konkursverwalter, Konkursgläubiger) oder zur öffentlichen Bekanntmachung (§ 111) hinausgegeben worden ist, u. U. auch, daß er einem der Beteiligten schon vorher bekannt gegeben worden ist oder ein Ersuchen um Eintragung des Konkursvermerkes beim Grundbuchamt oder beim Registergericht (§§ 112, 113) eingegangen ist. So auch Mentzel-Kuhn Anm. 2 (die dort in bezug genommenen Entscheidungen RGZ Bd. **156** 390, **160** 310 beziehen sich allerdings auf Beschlüsse, für welche die förmliche Zustellung nicht vorgeschrieben ist), ferner Böhle-Stamschräder Anm. 1 und NJW 1953 S. 1147, OLG Köln KonkTreuh. 1958 S. 14f. mit weiteren Verw.; vgl. auch Stein-Jonas-Schönke ZPO[18] § 329 III 2b und, BGH Bd. **25** 63ff. Bis zu diesem Zeitpunkt kann der Richter den im Sinne des § 108 erlassenen, also unterzeichneten Beschluß noch abändern oder unterdrücken. Vom Eintritt der Wirksamkeit an unterliegt der Eröffnungsbeschluß dagegen der sofortigen Beschwerde, auch wenn die Beschwerdefrist erst mit der öffentlichen Bekanntmachung in Lauf gesetzt wird [§ 76 Anm. 2, 5, § 109 Anm. 3] (vgl. auch Stein-Jonas-Schönke § 577 Anm. II 2); das Konkursgericht ist daher nicht mehr zu einer Abänderung befugt (§ 577 III ZPO mit §§ 72, 73 III KO). Das Wirksamwerden des Eröffnungsbeschlusses schließt ferner die Möglichkeit einer Zurücknahme des Konkursantrags aus [§ 103 Anm. 9]. § 108 besagt somit: **wenn** der Eröffnungsbeschluß nach außen zum Dasein gelangt, setzen die konkursordnungsmäßigen Rechtsfolgen der Eröffnung des Verfahrens bereits mit der im Beschlusse zu bestimmenden, auf den Augenblick der Unterzeichnung abzustellenden Eröffnungsstunde ein. Zust. Böhle-Stamschräder Anm. 1; Baur bei Schönke-Baur § 53 A VI 5a. Diese Rückbeziehung beruht auf Gründen der Zweckmäßigkeit und rührt nicht an die Frage, wie lange der Beschluß eine innere Gerichtsangelegenheit bleibt. Vielleicht empfiehlt es sich, künftig im Gesetze selbst zu bestimmen, daß der Eröffnungsbeschluß sofort nach seiner Unterzeichnung an der Gerichtstafel anzuschlagen, daß mit der im angeschlagenen Beschluß angegebenen Stunde der Konkurs im Sinne des Gesetzes eröffnet und daß der einmal angeschlagene Beschluß für das Konkursgericht unabänderlich sei. Siehe auch Anm. 8. Auch ohne eine solche Vorschrift aber hat der Richter die Amtspflicht, den unterschriebenen Beschluß unverzüglich der Geschäftsstelle zur sofortigen Bekanntmachung und Zustellung (§ 111) auszuhändigen.

Wenn auf Anfechtung des den Konkursantrag abweisenden Beschlusses das **Beschwerdegericht** selber die Eröffnung ausspricht, hat es, da einerseits jeder Eröffnungsbeschluß die Stunde der alsbald maßgebenden Eröffnung angeben muß (Abs. I), andererseits aber Entscheidungen des Beschwerdegerichts mangels Anordnung des Gegenteils erst mit Eintritt der Rechtskraft wirksam werden (§ 74), den noch einer weiteren Beschwerde unterliegenden Beschluß ausdrücklich mit sofortiger Wirksamkeit auszustatten. Beim Fehlen eines ausdrücklichen Ausspruchs im Sinne des § 74 Satz 2 wird wohl in der Angabe der Eröffnungsstunde allein schon die Anordnung sofortiger Wirksamkeit des Eröffnungsbeschlusses zu erblicken sein (zust. Böhle-Stamschräder Anm. 3; abw. Naumburg OLG 25 S. 336). Würde umgekehrt das Beschwerdegericht die sofortige Wirksamkeit anordnen, die Angabe der Eröffnungsstunde aber versäumen, dann wäre unser Abs. II maßgebend. Würde endlich weder jene Anordnung noch diese Angabe erfolgen, so bewendete es beim § 74 Satz 1, der Konkurs wäre also erst mit Eintritt der Rechtskraft eröffnet. Siehe § 74 Anm. 3, § 109 Anm. 7. Überträgt das Beschwerdegericht die Eröffnung dem Konkursgericht (§ 575 ZPO), so ist Eröffnungsstunde immer erst die Stunde, in der das Konkursgericht dieser Weisung nachkommt.

1a Für das **gerichtliche Vergleichsverfahren** stellt der § 21 VerglO unserm § 108 entsprechende Vorschriften auf. Wird die Eröffnung dieses Verfahrens abgelehnt und zugleich der Konkurs eröffnet (§ 19 VerglO), dann bestimmt sich der Eintritt der Konkursfolgen nach § 108 KO. Kommt es dagegen, nachdem das Vergleichsverfahren eröffnet war, zur Verwerfung des bereits angenommenen Vergleichs nach § 80 I VerglO oder zur Einstellung des Verfahrens nach den §§ 99, 100, 101 S. 1, 96 VI VerglO und in Verbindung mit diesen Beschlüssen zur Eröffnung des Anschlußkonkurses, dann löst erst die Rechtskraft der Konkurseröffnung die gesetzlichen Konkursfolgen aus (§§ 80 III, 101 S. 2 VerglO). Es empfiehlt sich in diesen Fällen, in den Beschluß den Hinweis aufzunehmen, daß er erst mit dem Eintritt der Rechtskraft wirksam wird, und in ihm von den Anordnungen des § 110 nur diejenigen zu erlassen, welche bei Eintritt der Rechtskraft sofort in Wirksamkeit treten müssen (Ernennung des Konkursverwalters und offener Arrest), die übrigen aber erst nach Wirksamwerden der Konkurseröffnung in einem Ergänzungsbeschluß auszusprechen. Im wesentlichen übereinstimmend Jaeger Lehrbuch[8] S. 246 Note 2. Bley VerglO[2] § 80 Anm. 4 (abweichend nur bezüglich des offenen Arrestes), Böhle-Stamschräder VerglO[3] § 80 Anm. 3 und Vogels-Nölte VerglO[3] § 80 Anm. II 2. Bis zur Rechtskraft der Konkurseröffnung dauern die Wirkungen des Vergleichsverfahrens an. Konkurs und Vergleichsverfahren schließen einander aus. Insolange ist auch für Anordnungen nach § 106 KO kein Raum. Zust. Böhle-Stamschräder VerglO[3] § 80 Anm. 3; a. A. Bley VerglO[2] § 80 Anm. 4. Vgl. auch § 106 Anm. 15. Würde also in den Fällen der §§ 80, 101, 96 VerglO ein bereits ernannter Konkursverwalter als solcher tätig, bevor noch der Konkurs „rechtskräftig" eröffnet ist, dann handelte er ohne das gesetzliche Verwaltungs- und Verfügungsrecht des § 6 II, eine nun erfolgende Aufhebung des Konkurseröffnungsbeschlusses träfe also unwirksame Verwaltungshandlungen an. Eine gegenteilige Rechtslage ergibt sich, wenn der Konkurseröffnungsbeschluß des § 19 VerglO auf Beschwerde aufgehoben wird [§ 109 Anm. 4].

2 2. Die Zeitangabe im Eröffnungsbeschluß ist Verfügung **und** Beurkundung, nicht bloße Beurkundung (Fitting § 36 N. 4; abw. Motive II S. 332). Der Richter verfügt, daß der Konkurs jetzt eröffnet werde, und stellt in der Verfügung selbst zugleich die Eröffnungsstunde fest. Dementsprechend gilt allerdings die Beweisregel des § 417 ZPO. Damit sind aber die Zweifel an der Zulässigkeit eines Gegenbeweises hinsichtlich der Zeitangabe keineswegs beseitigt, denn es ist mindestens fraglich, ob der § 417 ZPO einen Nachweis der Unrichtigkeit der Zeitangabe ausschließt. Bejahend z. B. Stein-Jonas-Schönke ZPO[18] § 417 unter II, verneinend Seuffert-Walsmann ZPO[12] § 417 Anm. 2, Baumbach ZPO[25] zu § 417. Da dieser Gegenbeweis weder begrifflich noch durch einen zwingenden Gegenschluß aus § 415 II ZPO ausgeschlossen ist, muß er als zulässig erachtet werden. Ebenso Böhle-Stamschräder Anm. 1. Die Gefahr, daß verschiedene Prozeßgerichte vielleicht einmal den Zeitpunkt der Konkurseröffnung verschieden feststellen könnten, wiegt viel weniger schwer als die unzweifelhaft bestehende Gefahr widersprechender Feststellungen des Zeitpunktes der Zahlungseinstellung [Anm. 6, 8]. Ein bloßer Schreibfehler kann entsprechend dem § 319 ZPO (§ 72) auch nach Eintritt der Rechtskraft des Beschlusses und auch von Amts wegen berichtigt werden. So, wenn etwa „um 11½ Uhr nachmittags" statt „um 11½ Uhr vormittags" oder „um 1 Uhr vormittags" statt „um 11 Uhr vormittags" geschrieben worden/ist. Es muß sich aber um eine offenbare Unrichtigkeit handeln. Falsche Bezeichnung des Schuldners: § 109 Anm. 10a. Ob wegen Unrichtigkeit der Zeitangabe Beschwerde stattfindet, ist bestritten. Bejahend z. B. Petersen-Kleinfeller Anm. 2, v. Wilmowski-Kurlbaum Anm. 4, verneinend z. B. Wolff KO[2] Anm. 4, Oetker Konkursr. Fragen S. 29f., Böhle-Stamschräder Anm. 1. Da nur die Beschwerde des § 109 in Betracht kommt und diese eine „Aufhebung" des Eröffnungsbeschlus-

ses im Sinne des § 116 KO anstrebt [§ 109 Anm. 2], verdient die verneinende Ansicht den Vorzug. Übrigens steht die Beschwerde gegen den Eröffnungsbeschluß nach § 109 nur dem Gemeinschuldner zu. Den Gläubigern, deren Belange an richtiger Feststellung der Eröffnungsstunde sich hier (z. B. wegen des § 14) in erster Linie geltend machen, wäre also ohnehin nicht geholfen. Abgesehen davon würde die Zulässigkeit der Beschwerde schon deshalb nur eine ganz unzureichende Abhilfe bieten, weil die Unrichtigkeit sich ja vielleicht erst nach Eintritt der Rechtskraft herausstellt. Allen diesen Bedenken beugt die hier vertretene Auslegung des § 417 ZPO vor.

II. Die Regelung des Abs. II

Fehlt die Stundenangabe im Beschlusse, so soll nach Abs. II „die in die Durchschnittsmitte der üblichen Geschäftsstunden fallende Mittagszeit als Zeitpunkt der Eröffnung gelten, eine Fiktion, gegen welche ein Gegenbeweis nicht zulässig ist" (Motive II S. 332). Die Auslassung wird um so seltener vorkommen, als die gebräuchlichen Formulare einen Vordruck für die Zeitangabe enthalten. Die Annahme, der Richter dürfe „mit Bewußtsein" die Anwendbarkeit des Abs. II herbeiführen, also die Stundenangabe absichtlich auslassen (so Endemann S. 91), widerstreitet dem Gesetze (Abs. I „hat anzugeben", Abs. II „versäumt"). Da es aber keineswegs undenkbar ist, daß die Konkurseröffnung in der Tat auf die Mittagsstunde fällt, redet man zutreffender von einer unwiderlegbaren Rechtsvermutung als von einer Fiktion. Zust. Böhle-Stamschräder Anm. 2. „Mittagsstunde" heißt genau um 12 Uhr mittags. „Erlassen" im Sinne des Abs. II ist der Beschluß mit der Abfassung [Anm. 1]. Der Abs. II verweist also auf das Datum des Eröffnungsbeschlusses, auf den Tag der „Eröffnung" im Sinne des Abs. I, nicht auf den Tag der Bekanntmachung, Zustellung oder Übergabe an die Geschäftsstelle. Eine Nachholung der Stundenangabe im Beschwerdeweg ist ausgeschlossen und zwar aus doppelten Gründen: einmal, weil die Beschwerde des § 109 auf die „Aufhebung" des Eröffnungsbeschlusses hinzielt [Anm. 2]; sodann, weil ja der Abs. II eine besondere Abhilfe trifft für den Fall dieses Mangels. Endemann S. 90, Seuffert S. 147, Wolff Anm. 4, Fitting § 36 N. 5; abw. Petersen-Kleinfeller Anm. 2, v. Sarwey-Bossert Anm. 3. Auch einem Mangel der Angabe des Eröffnungstages würde nicht durch die zeitlich begrenzte und nur dem Schuldner zustehende Beschwerde abzuhelfen sein. Vielmehr wäre der § 319 ZPO (§ 72) entsprechend anzuwenden [§ 72 Anm. 3c], da auch eine ungewollte Auslassung (RG Bd. 55 281) zu den offenbaren Unrichtigkeiten im Sinne dieser Vorschrift zählen kann, der Eröffnungsbeschluß aber nach Abs. I das Datum der Abfassung enthalten muß. 3

III. Die Zeitbestimmung

Das Reichsgesetz, betr. die Einführung einer einheitlichen Zeitbestimmung, v. 12. 3. 1893 und 31. 7. 1895 (RGBl. 1893 S. 93, 1895 S. 426) hat als gesetzliche Zeit für ganz Deutschland die mitteleuropäische Zeit d. h. die mittlere Sonnenzeit des fünfzehnten Längengrades östlich von Greenwich festgelegt. Das wird namentlich bedeutsam für Sondervollstreckungen, die am Tage der Konkurseröffnung in auswärts belegenes Vermögen des Schuldners erwirkt werden (§ 14, vgl. auch § 15). Für Rechtshandlungen des Schuldners oder seiner Vertreter am Eröffnungstage gilt die Vermutung des § 7 III. 4

IV. Der sonstige Inhalt des Eröffnungsbeschlusses

1. Der Eröffnungsbeschluß hat in seinen Gründen — die Begründung ist allgemein üblich, mindestens angemessen [§ 73 Anm. 2] — die Konkursvoraussetzungen festzustellen [§ 102 Anm. 1]. Siehe das Muster bei Schrader Hdb. S. 3028f. Den Mangel einer Voraussetzung heilt die Rechtskraft des Beschlusses [§ 109 Anm. 10, 10a]. Der Eröffnungsbeschluß ist aber nicht eine bloß feststellende Ent- 5

scheidung. Zugleich verhängt er den Konkursbeschlag [Anm. 1] und enthält insofern den Beginn der staatlichen Gesamtvollstreckung, wie Pfändung und Liegenschaftsbeschlagnahme die Einzelvollstreckung einleiten. Der Konkursbeschlag vollzieht sich unmittelbar infolge der Konkurseröffnung, nicht erst mit einer Besitzergreifungshandlung des Konkursverwalters. Leistet der Gemeinschuldner Widerstand, so bedarf der Verwalter, da er selbst nicht mit staatlicher Zwangsgewalt ausgerüstet ist, der Beiordnung eines Gerichtsvollziehers. Darüber § 117 Anm. 12ff. Eine Beschlagnahme im Sinne des § 137 RStGB (Verstrickungsbruch) bewirkt dagegen weder die Konkurseröffnung als solche noch eine wörtliche Beschlagnahmeerklärung oder eine Besitzergreifung des Verwalters; denn keiner dieser Vorgänge unterwirft, wie dies der Begriff „Verstrickung" erfordert, den Massegegenstand einer obrigkeitlichen Verfügungsmacht. Der Verwalter gehört nicht zu den Behörden oder Beamten des § 137 RStGB [§ 78 Anm. 3], der Konkursrichter aber erlangt keine Sachbeherrschungsgewalt. Zust. Böhle-Stamschräder § 3 Anm. 10; abw. dagegen die Rechtsprechung der Strafsenate des RG (RG Strafs. Bd. **14** 286, **19** 85, **41** 256), ferner Werner LeipzKom. § 137 Anm. II 4; Schönke-Schröder RStGB[8] § 137 Anm. II a, Mentzel-Kuhn § 3 Anm. 1.

6 2. Der Eröffnungsbeschluß hat ferner das Gericht, mit Rücksicht auf die §§ 41ff. ZPO [§ 72 Anm. 3a] auch den Namen des Richters (Unterschrift genügt), und (wegen § 109) den etwa antragstellenden Gläubiger zu nennen, vor allem aber eine genaue Bezeichnung des Schuldners zu enthalten. Der Konkurs einer Handelsgesellschaft wird unter ihrer Firma eröffnet, da sie ja gar keinen andern Namen hat (schief Bendix JW 1925 S. 586); der Konkurs des Einzelkaufmanns auf seinen bürgerlichen Namen, dem aber mit Rücksicht auf die Geschäftsgläubiger zweckmäßig die handelsgerichtlich eingetragene Firma beigefügt wird, vor allem, wenn sie von bürgerlichen Namen abweicht. Siehe das Muster bei Schrader Hdb. S. 3028. Der die Parteibezeichnung bei der Klage erleichternde § 17 II HGB trifft unsern Fall nicht. Deckt die Firma des Einzelkaufmanns sich nicht mit seinem bürgerlichen Namen, dann kommt sie (wie bemerkt) nur als zusätzliche Bezeichnung in Frage. Wäre in solchen Fällen nur die Firma im Eröffnungsbeschluß angegeben, so müßte — sobald sich der Mangel ergibt — der Beschluß von Amts wegen nach § 319 ZPO (§ 72 KO) richtig gestellt werden, wie das stets zu geschehen hat, wenn eine falsche Bezeichnung des Schuldners bei feststehender Identität offenbar wird [§ 109 Anm. 10a]. Betreibt ein Einzelkaufmann verschiedene Unternehmungen unter verschiedenen Firmen, dann ist der Konkurs als einheitliches Verfahren auf seinen bürgerlichen Namen zu eröffnen [§ 1 Anm. 66], eine zusätzliche Firmenangabe aber wiederum empfehlenswert (z. B. Über das Vermögen des Rauchwarenhändlers Franz Faller in . . ., zugleich Inhaber der Firma Gustav Ganter, Tuchhandlung in . . .). Nicht anders liegt der Fall, wenn eine offene Handelsgesellschaft das Geschäft eines Kunden erworben und bisher unter dessen Firma fortbetrieben hat: der unter der Gesellschaftsfirma eröffnete Konkurs erfaßt auch das frühere Kundengeschäft, dessen Firma zweckmäßig im Beschlusse mitgenannt wird. Daß der Konkurs einer offenen Handelsgesellschaft das Eigenvermögen ihrer Mitglieder nicht erfaßt, versteht sich von selbst. Nachlaßkonkurs: § 214 Anm. 4. Anders wie in verschiedenen ausländischen Rechten [Anm. 8] wird dagegen im Eröffnungsbeschluß nicht der Zeitpunkt der Zahlungseinstellung festgestellt. Obwohl das Fehlen einer einheitlichen maßgeblichen Feststellung dieses Zeitpunktes für spätere Anfechtungsprozesse mißlich ist, hat die KO doch wohl mit Recht (vgl. Motive II S. 332ff.) von einer derartigen Regelung abgesehen. Dazu eingehend in der Einleitung zum I. Bd. S. LXf. Eine Kostenentscheidung kommt für den Eröffnungsbeschluß nicht in Frage [§ 58 Anm. 3, Anm. 4b, 103 Anm. 7]. Wohl aber sind bei Abweisung des Eröffnungsantrags dem Antragsteller die Kosten aufzuerlegen [§ 103 Anm. 7], desgleichen bei Aufhebung des angefochtenen Eröffnungsbeschlusses [§ 58 Anm. 4a], auch bei Abweisung wegen Massemangels [siehe § 105 Anm. 1, 107 Anm. 1], auch die Kosten etwaiger Sicherungsmaßregeln [§ 106 Anm. 12].

8. Im Eröffnungsbeschlusse selbst werden zugleich die verfahrensleitenden Anordnungen des § 110 erlassen. Siehe Senst-Müller Handb. f. Konkursrichter[4] S. 76ff., 229f., Schrader Hdb. S. 3028f. **Anschlußkonkurs:** Anm. 1a. 7

Zusatz. Fremde Rechte*. In Österreich treten alle Wirkungen der Konkurseröffnung mit Beginn des Tages ein, an dem das Konkursedikt an der Gerichtstafel des Konkursgerichts angeschlagen worden ist; der Anschlag hat am Tage der Konkurseröffnung zu erfolgen (§§ 2 I, 75 I KO). In der Schweiz beginnt der Konkurs mit dem Zeitpunkt des Erlasses des Konkurserkenntnisses, der deshalb in diesem festgestellt werden muß. 8

Die Zweckmäßigkeit einer einheitlichen Feststellung des Zeitpunkts der Zahlungseinstellung (s. o. § 30 Anm. 15) hat in Frankreich zu der Regelung geführt, daß dieser für die Berechnung der *période suspecte* (s. Einleitung V 3, Bd. 1 S. LXVIII) maßgebende Zeitpunkt vom Konkursgericht bindend festgestellt wird. Die Feststellung soll im Eröffnungsurteil erfolgen, unterbleibt sie, so gilt der Tag des Erlasses dieses Urteils als Termin der Zahlungseinstellung, sofern die Urteilsgründe nicht — in den Sonderfällen nachträglicher Konkurseröffnung (s. o. § 102 Anm. 8 unter c) — einen anderen Zeitpunkt (Tod, Streichung aus dem Handelsregister) erkennen lassen (Art. 8 D. 20 mai 1955). Eine Zeitschranke für die Festsetzung des Zeitpunkts der Zahlungseinstellung besteht nicht (anders etwa Belgien, wo nur ein Zeitpunkt innerhalb von 6 Monaten vor Konkurseröffnung festgesetzt werden kann; Art. 442 III C. com.).

In England wirkt die Bankrotterklärung (*adjudication order*) auf den Konkursbeginn zurück, d. h. auf den frühesten *act of bankruptcy* innerhalb von 3 Monaten vor Stellung des Konkursantrages oder vor Eröffnung des Verfahrens (sog. *relation back*, s. Einleitung V 9, Bd. 1 S. LXXV). In den USA findet eine beschränkte Rückwirkung auf den Zeitpunkt der Stellung des Konkursantrages statt; nur die in diesem Zeitpunkt bestehenden Forderungen sind Konkursforderungen, nur das in diesem Zeitpunkt dem Schuldner gehörige Vermögen und dessen (auch rechtsgeschäftliche) Surrogate gehen auf Grund der *adjudication order* auf den *trustee* über.

§ 109

Die sofortige Beschwerde steht gegen den Eröffnungsbeschluß nur dem Gemeinschuldner, gegen den abweisenden Beschluß nur demjenigen zu, welcher den Eröffnungsantrag gestellt hat.

Materialien Motive I Bd. 2 S. 58f., Motive II S. 334f., Protokolle S. 77f., 162.

I. Beschwerde gegen die Eröffnung

1. Beschwerdeberechtigt ist **ausschließlich der Gemeinschuldner,** für den prozeßunfähigen Schuldner dessen allgemeiner gesetzlicher Vertreter [§ 103 Anm. 4]. Im Konkurs juristischer Personen üben das Beschwerderecht die zur gerichtlichen Vertretung ermächtigten Organe aus. Im Sonderkonkurse steht die Beschwerde dem Träger der Gemeinschuldnerrolle zu. Näheres zu den einzelnen Fällen bei §§ 208, 210, 217 usw. **Nicht** ist beschwerdeberechtigt ein Konkursgläubiger (auch nicht der, auf dessen Antrag trotz rechtzeitiger Zurücknahme die Eröffnung beschlossen worden ist) und nicht sonst ein Beteiligter, also z. B. nicht der Ehegatte in Fällen, in denen der Konkurs des anderen Ehegatten seine Rechtslage beeinflußt [§ 2 Anm. 5 und Nachtrag zu § 2 unter 3.]; nicht ein Absonderungsberechtigter; nicht ein dritter Erwerber, der nun die Konkursanfechtung aus § 30 zu besorgen hat. Entsprechendes gilt für die weitere (sofortige) Beschwerde [§ 73 Anm. 9]: gibt das Landgericht der Beschwerde des vom Konkursgericht abgewiesenen Antragstellers statt, so hat nur der Gemeinschuldner, hebt das Landgericht auf Schuldnerbeschwerde den Eröffnungsbeschluß auf, so hat nur der Antragsteller die weitere Beschwerde [siehe Anm. 7, 8]. Ein Antrag eines anderen Beteiligten, den Konkurseröffnungsbeschluß für unwirksam und seine Vollziehung für unzulässig zu erklären, stellt eine unzulässige sofortige Beschwerde dar. Hat ihn gleichwohl das Konkursgericht abgewiesen, so kann (wegen § 109) 1

*) Neu bearbeitet von Dr. Günther Jahr. Vgl. im übrigen auch Einl. zu Bd. I S. LXIff.

dem abgewiesenen Beteiligten nicht das Beschwerderecht mit dem Ziele zustehen, die Konkurseröffnung zu beseitigen. So richtig Böhle-Stamschräder NJW 1953 S. 1147 und im Ergebnis auch LG Nürnberg ebenda. Der § 109 bezieht sich aber nur auf die Anfechtung der Konkurseröffnung selbst, nicht auch auf die Anfechtung einer nach § 110 gleichzeitig erlassenen sonstigen Anordnung [§ 110 Anm. 2]. Die Beschränkung des Beschwerderechts auf den Gemeinschuldner wird in den Motiven II S. 334 damit begründet, daß die Konkurseröffnung den Belangen der Gesamtgläubigerschaft diene. Einwandfrei ist dieser Standpunkt keineswegs. Gerade den Gläubigern kann viel daran gelegen sein, daß ein mit Unrecht (z. B. trotz Mangels des Konkursgrundes) eröffneter Konkurs vermieden oder daß der von einem unzuständigen Gericht eröffnete Konkurs beim zuständigen Gericht abgewickelt werde [siehe § 71 Anm. 3]. Lehrt doch die Erfahrung, daß der Schuldner oft genug in unlauterer Absicht die Konkurseröffnung erwirkt [§ 104 Anm. 1]. Da macht sich der Ausschluß der Gläubigerbeschwerde um so empfindlicher fühlbar, als die Gläubiger auf den Konkursantrag des Schuldners nicht gehört (§ 104), also nicht selten unversehens vor die vollendete Tatsache der Konkurseröffnung gestellt werden. Auch Drittbeteiligten sollte, wie die angeführten Beispiele zeigen, die Beschwerde gegenüber gesetzwidriger Konkurseröffnung nicht versagt sein. Fremde Rechte: unten Anm. 12. Da nur der Schuldner beschwerdeberechtigt ist, führt schon dessen Verzicht auf das Rechtsmittel den Eintritt der Rechtskraft herbei (§ 705 ZPO).

Hatte der Gemeinschuldner den Eröffnungsantrag selbst gestellt und ihn nicht rechtzeitig wieder zurückgenommen [§ 103 Anm. 9], so fragt es sich, ob er den Beschluß anfechten kann oder ob ihm, falls nur in der Tat zur Zeit der Eröffnung ein wirksamer Schuldnerantrag vorgelegen hatte, deshalb das Rechtsmittel zu versagen sei, weil ihn der seinem Antrag stattgebende Beschluß nicht beschwere [§ 73 Anm. 8]. So z. B. Petersen-Kleinfeller Anm. 1. Man wird aber beachten müssen, daß die weitreichende Rechts- und Ehrenminderung, die der Schuldner infolge der Konkurseröffnung erleidet, eine sachlich ungerechtfertigte Beeinträchtigung seiner Rechtslage und insofern eine „Beschwer" schon darum enthält, weil der Konkursgrund in Wahrheit nicht vorliegt. So also namentlich dann, wenn der Konkursgrund vom Schuldner (Schuldnervertreter) irrtümlich angenommen worden oder wenn er in der Zeit zwischen Antragstellung und Konkurseröffnung wieder weggefallen war. Hat der Schuldner allerdings bei der Antragstellung den Konkursgrund arglistig vorgespiegelt, so wird man eine „Beschwer" verneinen müssen. Ferner kann der gesetzliche Vertreter Beschwerde einlegen [Anm. 3], wenn ein prozeßunfähiger, vielleicht noch minderjähriger oder geisteskranker Schuldner sei es persönlich, sei es durch einen unwirksam bestellten Bevollmächtigten den Konkurs erwirkt hatte. Der Rechtsmittelverzicht des gesetzlichen Vertreters löst den Eintritt der Rechtskraft aus. Hat ein gesetzlicher Schuldnervertreter die Antragsbefugnis arglistig mißbraucht, so erscheint der Schuldner selbst (z. B. eine juristische Person) durch die ungerechtfertigte Konkurseröffnung als beschwert (Senst LZ 1910 Sp. 831ff. mit OLG Stettin). Ebenso wenn das antragspflichtige Organ einer juristischen Person [§ 103 Anm. 11] den Antrag nur vorsorglich gestellt hat, um einer befürchteten strafrechtlichen Verfolgung zu entgehen, während die juristische Person tatsächlich nicht zahlungsunfähig oder überschuldet war (OLG Schleswig MDR 1951 S. 49). Zu allen diesen Fällen zust. Mentzel-Kuhn Anm. 1, Böhle-Stamschräder Anm. 1. Kosten: § 58 Anm. 3.

2 2. Der Beschwerdegrund kann darin liegen, daß die allgemeine Prozeßvoraussetzung der Zuständigkeit des Konkursgerichts oder daß eine besondere Konkursvoraussetzung, sei es der Konkursgrund (Zahlungsunfähigkeit, Überschuldung) oder ein zulässiger Konkursantrag fehlt (z. B. auch im Mangel der Prozeßfähigkeit des Antragstellers oder seiner Vertretungsmacht), endlich aber auch darin, daß der Eröffnung des Verfahrens das Konkurshindernis des Massemangels (§ 107) entgegensteht (zust. OLG Stuttgart JW 1934 S. 571 Nr. 9). Der Antrag kann

nur die „Aufhebung des Eröffnungsbeschlusses" begehren, nicht aber eine Eröffnung unter anderen Maßnahmen [§ 108 Anm. 2 u. 3]. Denn der § 116 berücksichtigt nur den Fall der „Aufhebung" des Eröffnungsbeschlusses und nur für eine diese Aufhebung anstrebende Beschwerde hat die Beschränkung des Beschwerderechts auf den Schuldner noch einigen Sinn [Anm. 1].

3. Die Beschwerde ist als sofortige [§ 73 Anm. 6ff.] binnen einer Notfrist von zwei Wochen beim Konkursgericht oder beim Beschwerdegericht durch Einreichung einer Beschwerdeschrift oder durch Erklärung zu Protokoll der Geschäftsstelle einzulegen (§§ 569, 577 II ZPO). Anschlußkonkurs: Anm. 11. Beginn der Beschwerdefrist: § 76 Anm. 2, 5. Auch nach Fristablauf kann die Beschwerde zufolge § 577 II 3 ZPO noch aus Gründen einer Nichtigkeits- oder einer Restitutionsklage (§§ 579—582 ZPO) eingelegt werden, und zwar binnen der für diese Klagen geltenden Notfristen (§ 586 ZPO). So etwa aus dem Nichtigkeitsgrunde des § 579 I Nr. 4, wenn der prozeßunfähige (vielleicht minderjährige oder geisteskranke) Schuldner im Eröffnungsverfahren nicht nach Vorschrift der Gesetze vertreten war. Zust. OLG München BayZ 1927 S. 380f.; OLG Hamburg MDR 1955 S. 366; Schumann KonkTreuh. 1934 S. 65f. Mit Eintritt der Unanfechtbarkeit des Eröffnungsbeschlusses ist auch ein Mangel der Prozeßfähigkeit geheilt [Anm. 10]. Siehe ferner § 214 Anm. 21, § 216 Anm. 8. Die Beschwerde hat nach § 572 ZPO keine aufschiebende Kraft [§ 73 Anm. 11]. Daß auch § 572 II, III ZPO bei Anfechtung des konkurseröffnenden wie des abweisenden Beschlusses anwendbar sind, wird in den Motiven II S. 334 ausdrücklich hervorgehoben, wenngleich die §§ 110, 111 KO für ihren Bereich eine Aussetzung des Vollzugs tatsächlich vereiteln können. Weitere Beschwerde: Anm. 1, 7, 8, 11. 3

4. Erscheint die Beschwerde zulässig und begründet, so spricht das Beschwerdegericht die **Aufhebung** des Eröffnungsbeschlusses aus [Anm. 2]. Sobald diese Aufhebung nach § 74 in Wirksamkeit tritt, werden die **kraft Gesetzes** mit der Konkurseröffnung selbst verknüpften Rechtsfolgen wieder **rückgängig**. Während also die spätere Beendigung eines rechtskräftig eröffneten Konkurses in den Fällen der §§ 163, 190, 202, 204 die Konkursfolgen nur für die Zukunft erlöschen läßt, beseitigt die Aufhebung des Eröffnungsbeschlusses den Konkurs mit rückwirkender Kraft. Diese Rückgängigmachung setzt mit der Wirksamkeit des Aufhebungsbeschlusses, im Falle des § 74 Satz 2 also schon vor Beginn seiner Rechtskraft ein. Sie erstreckt sich auf alle Rechtsfolgen, welche die Konkurseröffnung als solche hat, aber auch nur auf diese, nicht auf die Folgen einer aus Anlaß des Konkurses vorgenommenen Rechtshandlung, was z. B. für die Verjährungsunterbrechung von Belang ist [§ 25 Anm. 16]. Die erst mit der Rechtskraft des Eröffnungsbeschlusses einsetzenden Rechtswirkungen [§ 108 Anm. 1 mit § 25 Anm. 11ff.] kommen hier nur für den Bereich des § 577 II 3 ZPO [Anm. 3] in Frage. Insoweit sind aber auch sie als nicht eingetreten zu betrachten. Unmittelbare Konkursfolgen, die als nicht eingetreten gelten, sind z. B. die „Auflösung" einer Gesellschaft oder der „Verlust der Rechtsfähigkeit" eines Vereins [§ 25 Anm. 5ff., 10], die Rechtsminderung des Gemeinschuldners [§ 25 Anm. 24ff.], das Erlöschen eines Geschäftsbesorgungsvertrags und der auf ihm beruhenden Vollmacht [§ 23 Anm. 10], die Entstehung des Verfolgungsrechtes (§ 44), die Unzulässigkeit einer Sondervollstreckung nach § 14, die Unwirksamkeit eines Erwerbs nach § 15, die Aufrechnungsschranken des § 55 [siehe § 53 Anm. 32] und die Endigung eines Versicherungsverhältnisses nach § 13 VVG. 4

Auch die Verfügungsmacht des Schuldners (§§ 6, 7) lebt rückwirkend wieder auf. Daher kann die Wirksamkeit der von oder gegenüber dem Schuldner vorgenommenen Rechtshandlungen auf Grund des Eröffnungsbeschlusses nicht in Frage gestellt werden (vgl. § 115 I 1 BGB). Zust. RAG JW 1938 S. 2239 = KonkTreuh. 1938 S. 106, Mentzel-Kuhn Anm. 2, Böhle-Stamschräder Anm. 3. Wie aber steht es nun mit der Wirksamkeit der vom Konkursverwalter im

Rahmen seiner gesetzlichen Befugnisse vor- und entgegengenommenen Handlungen? Unmöglich kann es dem Zwecke des Gesetzes entsprechen, auch die Ernennung des Konkursverwalters, der durch Verfügung der Staatsgewalt berufen und zur sofortigen Amtstätigkeit verpflichtet ist (vgl. § 117), als nicht geschehen zu behandeln. Der Verkehr muß sich auf die staatliche Ordnung der Dinge einstellen und darf eben darum nicht darunter leiden, daß der Staat später seine Maßnahmen wieder aufhebt. Insoweit versagt die Rückwirkung. Es bewendet also trotz Aufhebung des Eröffnungsbeschlusses dabei, daß dem Konkursverwalter inzwischen die gesetzlichen Befugnisse für den Massebereich zustanden. Nur für die Zukunft enden sie. Die bisherigen Verwaltungshandlungen bleiben in Kraft. Einen Schwebezustand hat es für sie (im Gegensatze zu den Schuldnerhandlungen) nicht gegeben. Deshalb bleiben auch einseitig wirksame Willenserklärungen, die vom Verwalter oder ihm gegenüber abgegeben worden sind, besonders Kündigungen auf Grund der §§ 19, 22, in Kraft, selbst wenn der Gegner wußte, daß der Eröffnungsbeschluß mit Beschwerde angefochten war. Hellwig System des Zivilprozeßrechts I (1912) S. 561; teilweise abw. Frankl ZHR 78 (1916) S. 347ff., Mittelbach KonkTreuh. 1927 S. 23f. Ebenso dauert eine aus § 82 erwachsene Haftung des Verwalters fort. In anderen Gesetzen, namentlich im § 115 I 2 BGB mit § 32 FGG, ist der leitende Rechtsgedanke ausdrücklich anerkannt. Auch die Konkursordnung selbst bestätigt ihn, indem sie im § 116 Satz 2 durch den Hinweis auf den § 191 klarstellt, daß die Masseansprüche ohne Ausnahme, also auch die aus Handlungen des Konkursverwalters erwachsenen (§ 59 Nr. 1, 2), trotz der Aufhebung des Eröffnungsbeschlusses endgültig als solche zu behandeln sind. Im Ergebnis ebenso RG Bd. **86** 94; ferner RAG aaO., Mentzel-Kuhn Anm. 2, Böhle-Stamschräder Anm. 2, Baur bei Schönke-Baur § 53 A VI 5d. Die Wirksamkeit zwischenzeitlicher Willenserklärungen, die vom Verwalter oder ihm gegenüber abgegeben worden sind, muß uneingeschränkt auch dann anerkannt werden, wenn der Aufhebung des Konkurseröffnungsbeschlusses ein gerichtliches Vergleichsverfahren nachfolgt, also auch, wenn unter Verwerfung seines Vergleichsantrags das Konkursverfahren nach § 19 VerglO eröffnet, auf seine Beschwerde aber der Konkurseröffnungsbeschluß aufgehoben worden ist (so mit Recht Bley VerglO[2] § 19 Anm. 10, Vogels-Nölte VerglO[3] § 19 Anm. I 2b, Böhle-Stamschräder VerglO[3] § 19 Anm. 3, gegen OLG München JW 1931 S. 2156ff. Nr. 39, in der Fußnote von Kleinfeller abgelehnt). Anders liegen die Fälle der §§ 80 III, 101, 96 VI VerglO [§ 108 Anm. 1 a]. Steht aber fest, daß die gesetzlichen Befugnisse des Verwalters nur für die Zukunft enden, so ergibt sich, daß auch die Verfügungsbefugnis des Schuldners nur unbeschadet der Verwalterhandlungen wieder aufleben kann. Darum geht, falls Konkursverwalter und Schuldner in der Zwischenzeit widerstreitende Verfügungen getroffen haben (z. B. erst der Schuldner, dann der Verwalter ein und dieselbe Forderung an verschiedene Personen abgetreten hat), die Verwalterhandlung vor, mag diese auch erst nach der Schuldnerhandlung erfolgt sein. Vgl. Hellwig Grenzen der Rückwirkung (1907) S. 44. Zust. Mentzel-Kuhn Anm. 2, Böhle-Stamschräder Anm. 2. Vertragen sich zwei Geschäfte des Verwalters und des Schuldners, wie z. B. zwei Mietverträge, die zum gleichen Zwecke (etwa als Lagermieten für denselben Warenvorrat) abgeschlossen worden sind, so haben sie beide Rechtsbestand, auch wenn der Schuldner dadurch einen Nachteil erleidet. Läßt der Verwalter in der Zwischenzeit ein kündbares Rechtsverhältnis (z. B. in Fällen der §§ 19, 22) ungekündigt fortbestehen, so ist und bleibt eine Kündigung des Schuldners, die mit dem Verhalten des Verwalters unvereinbar ist, schon deshalb unwirksam. Man wird aber allgemeiner sagen dürfen: einseitige empfangsbedürftige Willenserklärungen (z. B. auch die der §§ 143, 388 BGB), die der Schuldner in der Zwischenzeit abgegeben hat, aber als Gemeinschuldner nicht wirksam abgeben konnte, bleiben als einseitige (nicht im Einverständnisse mit dem Gegner abgegebene) Erklärungen endgültig unwirksam, da bei ihnen der Gegner wider seinen Willen den Schwebezustand nicht zu dulden braucht (vgl. §§ 111, 174, 180 BGB). Hellwig aaO. S. 43 N. 1; zust. Mentzel-Kuhn Anm. 2. Daraus folgt, daß ein gleiches Hindernis nicht besteht bei Willenserklärungen, die der andere Teil selbst gegenüber dem Schuldner statt gegenüber dem Verwalter abgegeben hat. Zust. Mentzel-Kuhn aaO. Unterbrechung der Masseprozesse: § 10 Anm. 13; Fixgeschäfte: § 18 Anm. 16. Die vorläufigen Sicherungsmaßregeln des § 106 sind eigens aufzuheben [§ 106 Anm. 13].

5. Besonderheiten gelten für die Eröffnung des Konkurses über das Vermögen von Versicherungsanstalten. Hier ist der Eröffnungsbeschluß selber der Beschwerde unzugänglich, die Konkursbeantragung aber der verwaltungsrechtlichen Anfechtungsklage ausgesetzt [§ 103 Anm. 16]. 5

II. Beschwerde gegen die Nichteröffnung

1. Beschwerdeberechtigt gegenüber dem Beschlusse, der den Konkursantrag abweist (weil es an zulässiger Antragstellung, an der Zuständigkeit des Gerichts, an der Konkursfähigkeit oder an der Statthaftigkeit des beantragten Sonderkonkurses fehlt, weil die erforderliche Zahlungsunfähigkeit oder Überschuldung nicht feststeht, die Masse zur Kostendeckung nicht ausreicht), ist ausschließlich der abgewiesene Antragsteller (Gläubiger oder Schuldner), von mehreren Antragstellern jeder einzelne. Andere Beteiligte sind darauf angewiesen, zunächst einen eigenen Konkursantrag zu stellen. Gegen die Abweisung eines Gläubigerantrages mangels Masse gemäß § 107 besteht für den Schuldner nur in dem besonderen Falle ein Beschwerderecht, daß es sich um eine Aktiengesellschaft, Kommanditgesellschaft auf Aktien oder Gesellschaft mbH handelt, die mit der Rechtskraft des abweisenden Beschlusses aufgelöst werden [§ 107 Anm. 6]. Daß darüber hinaus der Schuldner kein Beschwerderecht hat, ist angesichts der einschneidenden Folgen der Abweisung (Eintrag in die Schuldnerliste des Abs. II, Vergleichsunwürdigkeit für die Dauer von 5 Jahren nach § 17 Nr. 4 VerglO) befremdlich, zumal er in den Fällen amtswegiger Entscheidung über die Eröffnung des Anschlußkonkurses (§§ 19 II, 80 II, 96 VI, 101 VerglO) eine Ablehnung der Eröffnung mangels Masse anfechten kann [vgl. auch § 107 Anm. 4]. Die ausdrückliche Regelung des Beschwerderechtes in § 109 („nur") läßt aber keine andere Entscheidung zu. Der Gesetzgeber hat offenbar übersehen, anläßlich der Einführung des § 107 II durch die Novelle von 1898 der damit gegebenen Beschwer des Schuldners durch eine entsprechende Ergänzung des § 109 Rechnung zu tragen. Vgl. allerdings KomBericht S. 26. Das ist vor allem in den Fällen mißlich, in denen der Antrag wegen fehlendem Konkursgrund oder fehlendem Rechtsschutzbedürfnis hätte abgewiesen werden müssen, ohne daß die Folge des § 107 II eingetreten wäre. Der von Büchert WirtschPrüfer 1951 S. 137 unter Zustimmung von Böhle-Stamschräder § 107 Anm. 6 vorgeschlagenen Abhilfe, nämlich hier ausnahmsweise eine Abänderung durch das Konkursgericht selbst zuzulassen, steht § 577 III ZPO (mit §§ 72, 73 III KO) entgegen. Für eine an sich zulässige Berichtigung nach § 319 ZPO (vgl. Stein-Jonas-Schönke-Pohle ZPO[18] § 577 Anm. 4) wird es in der Regel an der Voraussetzung „offenbarer" Unrichtigkeit fehlen. Bei dieser Rechtslage müssen die Gerichte besonders sorgfältig beachten, daß eine Abweisung eines Gläubigerantrags wegen Massemangel nur vorgenommen werden darf, wenn im übrigen die Konkursvoraussetzungen vorliegen [§ 107 Anm. 1]. Zur selbständigen Anfechtbarkeit eines die Leistung eines Kostenvorschusses nach § 107 Abs. I S. 2 auferlegenden Beschlusses vgl. § 107 Anm. 6. 6

Dem Abgewiesenen ist der Beschluß von Amts wegen zuzustellen (§ 73 II), aber auch nur ihm, nicht dem Schuldner als solchem, mag er auch zum Antrage gehört worden sein. Fitting § 35 N. 32; abw. Kohler Leitfaden S. 233. Von der Zustellung ab läuft die Zweiwochenfrist der sofortigen Beschwerde [Anm. 3]. Kosten des Beschwerdeverfahrens: § 58 Anm. 4a [Anschlußkonkurs: unten Anm. 11]. Wegen der Anwaltsgebühren siehe die §§ 76, 77 BGebORA.

2. Erscheint die Beschwerde zulässig und begründet, so kann das Obergericht die Konkurseröffnung nach seinem Ermessen (§ 575 ZPO) entweder selbst aussprechen oder dem Untergericht übertragen [§ 74 Anm. 3, § 108 Anm. 1]. Die im § 110 7

bezeichneten Maßnahmen wird das Obergericht, auch wenn es die Eröffnung selber ausspricht (weil ihm ein schleuniger Konkursbeschlag geboten erscheint), zweckmäßigerweise dem Konkursgericht überlassen. Auch die Bekanntmachungen des § 111 sind von der Geschäftsstelle des Konkursgerichts zu erledigen. Wirksamwerden des Beschlusses: § 74 Anm. 1—3.

8 3. Wird der Beschwerde stattgegeben, so steht dem Gemeinschuldner und nur diesem die weitere Beschwerde zu (was unser Halbs. 1 ergibt). Wird dagegen die erste Beschwerde abgewiesen, so hat der Antragsteller (als solcher auch der Gemeinschuldner) das Recht weiterer Beschwerde (was aus Halbs. 2 folgt), aber eben nur, wenn in der Entscheidung des Beschwerdegerichts ein neuer selbständiger Beschwerdegrund enthalten ist (§ 568 II ZPO). So besonders, wenn die erste Beschwerde mit Unrecht als unzulässig verworfen wurde. Die oberlandesgerichtliche Entscheidung über die Beschwerde ist unanfechtbar (§ 567 III ZPO). Siehe § 73 Anm. 9. Anschlußkonkurs: unten Anm. 11.

III. Rechtskraft

9 1. Rechtskräftige (§ 705 ZPO) Abweisung hindert nicht einmal den abgewiesenen Antragsteller selbst, geschweige denn andere Antragsberechtigte, mit Erfolg einen neuen verbesserten oder unter geänderten Umständen erhobenen Konkursantrag zu stellen. Vgl. im übrigen zur Frage der materiellen Rechtskraft § 74 Anm. 4 unter c; siehe auch § 105 Anm. 1.

10 2. Die formelle Rechtskraft des Eröffnungsbeschlusses **heilt** grundsätzlich alle etwaigen Mängel der Konkursvoraussetzungen und des Eröffnungsverfahrens, da mit ihrem Eintritt die konstitutive Wirkung des Eröffnungsbeschlusses unanfechtbar geworden ist [§ 74 Anm. 4 unter b]. Dies gilt für einen Mangel sowohl der Zuständigkeit des Gerichts [§ 71 Anm. 12] als der besonderen Eröffnungsvoraussetzungen, sei es des Konkursgrundes [§ 102 Anm. 5] oder der ordnungsmäßigen Konkurserwirkung [§ 103 Anm. 12]. Wegen des § 579 Nr. 4 mit § 577 II 3 ZPO siehe Anm. 3. Die Beschwerde ist ja gerade zu dem Zwecke der Rüge solcher Mängel zugelassen. Ist sie endgültig versäumt oder erschöpft, dann steht die Konkurseröffnung unanfechtbar fest. Die Rechtskraft heilt auch sonstige Verstöße gegen die Vorschriften des Eröffnungsverfahrens z. B. gegen das Gebot des Schuldnergehörs [§ 105 Anm. 3 a. E.]. Dahin gehört an sich auch eine Eröffnung trotz Massemangels (gegen § 107); allein dieser Mangel findet nach § 204, auch wenn er erst in einem späteren Verfahrensstadium festgestellt wird, noch Beachtung [§ 107 Anm. 1]. Über die Zulässigkeit nachträglicher Berichtigung offenbarer Unrichtigkeiten im Eröffnungsbeschlusse siehe § 108 Anm. 2 u. 6, ferner unten Anm. 10a:

Was den Mangel der Gerichtsbarkeit anlangt, so muß zwischen den Fällen fehlender internationaler Zuständigkeit und den Fällen fehlender Gerichtsgewalt unterschieden werden. Hat das Konkursgericht entgegen den §§ 237, 238 mit § 71 das Konkursverfahren eröffnet, so wird dieser Verstoß als Mangel der Zuständigkeit mit der Rechtskraft des Eröffnungsbeschlusses geheilt (vgl. auch RGZ Bd. **157** 292), allerdings nur mit Wirkung im Inland (Rosenberg Lehrbuch[7] § 15 II, III). Anders dagegen, wenn der Gemeinschuldner der deutschen Gerichtsgewalt entzogen (eximiert) ist. Hat ein deutsches Gericht über das Vermögen eines Exterritorialen z. B. des Gesandten einer auswärtigen Macht (§ 18 GVG) Konkurs eröffnet, dann ermangelt der Beschluß ein für allemal jeder Wirksamkeit, einerlei ob der Schuldner In- oder Ausländer ist, ob er Grundeigentum im Bundesgebiet besitzt oder nicht (vgl. § 20 GVG). Weder unter dem Gesichtspunkt der fehlenden sachlichen Zuständigkeit (so noch RG JW 1931 S. 150 Nr. 6) noch dem der fehlenden Zulässigkeit des Rechtsweges kommt die Möglichkeit einer den Mangel heilenden Rechtskraft in Frage. RGZ Bd. **157** 394; Rosenberg § 16 II 1a. Zust. Mentzel-Kuhn Anm. 4, Böhle-Stamschräder Anm. 6 (jedoch ohne Berücksichtigung des Falles fehlender internationaler Zuständigkeit).

8. Einer genaueren Untersuchung bedarf die Frage, ob durch den Eintritt der Unanfechtbarkeit des Eröffnungsbeschlusses auch ein **Mangel der Konkursfähigkeit** geheilt wird. In Anlehnung an die neuere Prozeßrechtslehre, die zwischen Urteilen im Prozesse einer nicht existierenden Partei, welche der Wirksamkeit ermangeln, und Urteilen im Prozesse eines nicht parteifähigen Gebildes unterscheidet (vgl. Rosenberg Lehrbuch[7] § 40 V, § 42 I 3 und III 5, Stein-Jonas-Schönke-Pohle ZPO[18] § 50 Anm. VII mit Verw.), wird man auch bei der Konkurseröffnung verschiedene Fallgestaltungen unterscheiden müssen. **10a**

a) Ein echter Fall mangelnder Konkursfähigkeit liegt nur dann vor, wenn über das Vermögen eines sozialen Gebildes der Konkurs eröffnet wird, dem die Eigenschaft der passiven Parteifähigkeit und damit der Konkursfähigkeit ermangelt [§ 102 Anm. 1]. Hauptfall: das Konkursgericht hat über das Vermögen einer Gesellschaft des bürgerlichen Rechts, welche als solche nicht konkursfähig ist [§ 25 Anm. 7, § 102 Anm. 1], den Konkurs durch nicht mehr anfechtbaren Beschluß eröffnet in der Annahme, es handle sich um eine OHG (§ 209) oder einen nichtrechtsfähigen Verein (§ 213). Hier wird der Mangel der Konkursfähigkeit geheilt, die Zulässigkeit des Konkurses kann nicht weiter beanstandet werden. Das Verfahren ist als Sonderkonkurs der Gesellschafter mit ihrem Gesellschaftsvermögen, das ihnen zur gesamten Hand zusteht (§ 718 BGB), zugunsten der Gesellschaftsgläubiger zu behandeln, einerlei ob der Eröffnungsbeschluß die Konkursfähigkeit der Gesellschaft ausdrücklich oder nur stillschweigend bejaht hat; denn die Konkursfähigkeit ist von Amts wegen im Eröffnungsverfahren selbst zu prüfen, die Entscheidung nur nach Maßgabe des § 109 anfechtbar. Entsprechend für Urteile, die den Mangel der Parteifähigkeit verkennen, Hein Identität der Partei I (1918) S. 344ff., Goldschmidt Prozeß als Rechtslage Note 2 677, Stein-Jonas-Schönke-Pohle ZPO[18] § 50 zu Note 85, bei ausdrücklicher Bejahung der Parteifähigkeit auch Rosenberg Lehrbuch[7] § 42 III 5. Allerdings vollzieht sich hier eine Änderung der Haftungslage, weil die Nichtgesellschaftsgläubiger nun vom Zugriff auf den Anteil ihrer Schuldner verdrängt werden [§ 16 Anm. 4]. Das ist nicht unbedenklich, weil sie nach § 109 kein Beschwerderecht gegenüber der Konkurseröffnung haben. Diese Schranke erweist sich aber auch sonst als sachwidrig [Anm. 1]. Eine entsprechende Anwendung des § 56 ZPO (§ 72 KO) in dem Sinne, daß auch nach rechtskräftiger Eröffnung des Konkurses während der Konkursabwicklung das Gericht den Mangel der Konkursfähigkeit jederzeit von Amts wegen zu beachten hätte, ist nicht nur im Hinblick auf die konstitutive Wirkung des Eröffnungsbeschlusses [§ 74 Anm. 4 unter b], der insoweit einem rechtskräftigen Gestaltungsurteil gleichgestellt werden muß, nicht angängig, sondern auch deshalb, weil die KO keinen Weg vorsieht, auf dem das Konkursgericht diesem Mangel durch Beseitigung oder Beendigung des Konkursverfahrens Rechnung tragen könnte. A.A. Bley JW 1933 S. 1123 IV (Aufhebung des Eröffnungsbeschlusses, der aber § 577 III ZPO entgegensteht); ferner OLG Naumburg DJ 1941 S. 1041 (Einstellung des Verfahrens, die aber die KO nur aus anderen Gründen (§§ 202, 204) kennt). Auch aus praktischen Gründen erscheint es höchst bedenklich, im rechtskräftig eröffneten Konkursverfahren die Aufrollung der Frage zuzulassen, ob es sich bei dem fraglichen Gesamthandvermögen um das einer konkursfähigen Organisation handelt, da die Abgrenzung zwischen der Gesellschaft des BGB auf der einen Seite, der OHG und dem nichtrechtsfähigen Verein auf der anderen Seite im Einzelfalle höchst zweifelhaft sein kann, bei bestimmten rechtlichen Gebilden z. B. den Vorgesellschaften der Kapitalgesellschaften auch die rechtliche Einordnung sehr bestritten ist [§ 102 Anm. 1, §§ 207, 208 Anm. 2].

b) Schon den zu a erörterten Fall der Eröffnung des Konkurses über das Vermögen einer BGB-Gesellschaft kann man als Eröffnung eines unzulässigen Sonderkonkurses sehen. Zweifellos aber geht es in anderen Fällen, die unter dem Gesichtspunkt fehlender Konkursfähigkeit behandelt werden, im Grunde darum, daß über einen Teil des Vermögens des Gemeinschuldners ein **unzulässiger Sonderkonkurs** eröffnet wurde. So etwa, wenn über unselbständige Einrichtungen einer juristischen Person z. B. über Gemeindesparkassen ohne eigene Rechtspersönlichkeit (Jaeger Lehrbuch § 5 II 2) ein selbständiger Konkurs rechtskräftig eröffnet worden ist. Die gleiche Lage kann in Fällen eintreten, in denen es zweifelhaft ist, ob das Geschäft eines verstorbenen Kaufmanns von seinen Erben in Erbengemeinschaft oder als offene Handelsgesellschaft weitergeführt wurde (vgl. Hueck, Recht der OHG² S. 2, 43f., Schlegelberger-Geßler HGB³ § 105 Anm. 57 mit Verw.). Hat hier das Konkursgericht in der irrigen Annahme, es liege eine offene Handelsgesellschaft vor, ausschließlich über das Geschäftsvermögen der Erbengemeinschaft Konkurs eröffnet, dann schneidet die Rechtskraft des Eröffnungsbeschlusses dessen Aufhebung ab: der Konkurs ist als Sonderkonkurs der Miterben mit dem Geschäftsvermögen zugunsten der Geschäftsgläubiger durchzuführen; der Verstoß gegen den Grundsatz, daß nur über das gesamte Vermögen des konkursfähigen Gemeinschuldners der Konkurs eröffnet werden darf, ist geheilt. Die abweichende Ansicht des KG LZ 1910 Sp. 483, daß das Verfahren jederzeit „von Amts wegen wieder zu beseitigen" sei, ermangelt der gesetzlichen Stütze und gewährt den Nichtgeschäftsgläubigern doch keinen ausreichenden Schutz. Ist über das Vermögen einer OHG, die schon vor Konkurseröffnung durch Übernahme des Geschäftes seitens eines Gesellschafters oder durch Anwachsung des Anteils des einen Gesellschafters an den des anderen ohne Liquidation beendet worden ist, der Konkurs eröffnet (Fall der Entsch. RGZ Bd. **136** 97ff. bzw. KG JW 1933 S. 1135), so liegt nicht eine Konkurseröffnung über einen nicht existierenden oder nicht konkursfähigen Gemeinschuldner vor (unrichtig RGZ aaO. S. 100 und KG aaO.), sondern die unzulässige Eröffnung eines Sonderkonkurses über das Geschäftsvermögen eines Einzelkaufmanns, das im Eröffnungsbeschluß unrichtig als das Vermögen einer (nicht mehr bestehenden) OHG bezeichnet ist. Auch hier wird der Verstoß mit Eintritt der Rechtskraft geheilt und der Sonderkonkurs zugunsten der Geschäftsgläubiger durchgeführt (a. A. KG aaO.; in RGZ aaO. S. 100 dahingestellt gelassen). Wenn allerdings das Konkursgericht feststehendermaßen den Firmeninhaber als solchen in Konkurs erklären wollte, so leidet der Eröffnungsbeschluß lediglich unter dem Mangel einer unrichtigen Bezeichnung des Gemeinschuldners und das Konkursgericht hat eine zeitlich unbegrenzte Berichtigungspflicht (§ 319 ZPO mit § 72 KO; Naumburg OLG 19 S. 230, BayObstLG DJZ 1938 Sp. 463). Dies gilt erst recht, wenn der Familienname oder der Vorname des Schuldners im Eröffnungsbeschluß unrichtig angegeben ist, mag der Richter sich nur verschrieben haben oder mag die Unrichtigkeit durch falsche Aussage des nach seiner Persönlichkeit feststehenden Schuldners verursacht worden sein. Die Berichtigung wird durch den Eintritt der Rechtskraft des Beschlusses nicht gehindert und wirkt auch für die Vergangenheit. Jaeger LZ 1912 Sp. 202ff. (hier auch über Schriftsteller- und Künstlernamen); siehe dazu KG LZ 1915 Sp. 80 Nr. 29 (bedenklich). Vgl. auch § 1 Anm. 70a.

Von dem Falle der rechtskräftigen Eröffnung eines unzulässigen Sonderkonkurses über einen Teil des Vermögens des Gemeinschuldners ist der Fall zu unterscheiden, daß über den Neuerwerb des Gemeinschuldners ein zweiter Konkurs eröffnet worden ist, was zulässig ist [§ 1 Anm. 63, § 14 Anm. 13]. Dahingestellt gelassen in RGZ Bd. **129** 390. Ist in einem solchen Falle das Vermögen, welches das Gericht für Neuerwerb hielt, in Wahrheit Alterwerb, so ist zwar die Eröffnung des zweiten Konkurses und die Bestellung des Konkursverwalters als solche wirksam und in einem Prozeß als wirksam zu behandeln (insoweit zutreffend RG JW 1932 S. 1558 Nr. 8, ferner RGZ Bd. **129** 392), das Verfahren ist aber nach § 204 mangels Masse einzustellen, wenn neben diesem Vermögen kein zulänglicher echter Neuerwerb vorhanden ist; denn das dem Konkursbeschlag des ersten Konkurses bereits unterliegende Vermögen kann durch die Eröffnung des zweiten Konkurses diesem Beschlag nicht mehr entzogen werden. Von einer „Heilung" eines Mangels kann insoweit nicht die Rede sein (a. A. Jaeger 6./7. Aufl. Anm. 10 im Anschluß an RG JW 1932 S. 1558 Nr. 8). Vgl. dazu auch § 71 Anm. 14:

Eröffnung eines Konkurses in Unkenntnis der bereits durch ein anderes Gericht ausgesprochenen Konkurseröffnung.

c) Der Fall, daß über gar nicht vorhandene Personen oder Gebilde Konkurs eröffnet wird, dürfte somit kaum eine Rolle spielen. Jedenfalls ist eine erst nach dem Tode des Schuldners ausgesprochene Eröffnung des Konkurses über sein Vermögen keineswegs „nichtig", sondern als zulässiger Sonderkonkurs über den „Nachlaß" aufrechtzuerhalten. Im Falle der Konkurseröffnung über einen nicht existierenden Gemeinschuldner ist dagegen die Konkurseröffnung als wirkungslos anzusehen und das Verfahren gemäß § 204 einzustellen.

4. Fallen Konkursvoraussetzungen, die bei Konkurseröffnung gegeben waren, **10b**
nach Eintritt der Rechtskraft des Eröffnungsbeschlusses wieder weg, so wird dadurch die Durchführung des Konkurses nicht berührt. Eine Ausnahme besteht nur für den Fall des Wegfalls der Voraussetzung der Massezulänglichkeit im Sinne des § 107 Abs. 1, der zur Einstellung (§ 204) führt. Darüber hinaus hat in der DDR die 6. Durchführungsbestimmung vom 27. 8. 1953 (GBl. S. 957) zur VO zur Änderung der Besteuerung und zur Senkung der Einkommensteuer vom 23. Juli 1953 (GBl. S. 725) die Möglichkeit einer Einstellung des Verfahrens geschaffen, wenn auf Grund der in dieser Verordnung vorgesehenen Maßnahmen nachträglich der Konkursgrund weggefallen ist. Vgl. Häusler NJ 1953 S. 552.

IV. Anschlußkonkurs

Für die Anfechtbarkeit und für das Wirksamwerden des Konkurseröffnungs- **11**
beschlusses gelten Besonderheiten, wenn ihm ein gescheiterter Vergleichsversuch vorausgegangen ist (§§ 19, 80, 96 V, VI, 101 VerglO). Vom Aufschub des Wirksamwerdens der Konkurseröffnung auf den Zeitpunkt des Eintritts der Rechtskraft in den Fällen der §§ 80, 96, 101 (nicht aber auch des § 19) VerglO war schon die Rede [§ 108 Anm. 1a]. Im übrigen sei hervorgehoben, daß die Frist der sofortigen Beschwerde nur eine Woche beträgt, daß sie bei Verkündung des Beschlusses mit dieser, sonst mit dessen Zustellung beginnt und daß weitere Beschwerde unstatthaft ist (§ 121 VerglO). Das gilt, wie der ausdrückliche Hinweis auf § 121 VerglO in § 19 I VerglO jetzt klarstellt, auch in dem Falle des § 19 VerglO, auch wenn hier im Falle der Eröffnung des Konkurses das Vergleichsverfahren sofort und nicht erst mit der Rechtskraft der Entscheidung in das Konkursverfahren überführt wird [§ 108 Anm. 1a], und auch dann, wenn der Schuldner mit der Beschwerde lediglich die Entscheidung über die Konkurseröffnung anficht. Vgl. Bley § 19 Anm. 8 mit Verw. Wird gegen den im Anschluß an ein Vergleichsverfahren ergangenen Konkurseröffnungsbeschluß Beschwerde eingelegt, so sind die Kosten nicht nach § 55 GKG [§ 58 Anm. 4a], sondern nach dem günstigeren § 59 (früher 48c) GKG zu berechnen (KG JW 1931 S. 2163 Nr. 48).

Zusatz. Fremde Rechte*. Viele Auslandsrechte lassen die Anfechtung von Konkurs- **12**
eröffnung oder Abweisung des Eröffnungsantrags durch jede Person zu, deren Rechte durch diese Maßnahmen berührt werden, so etwa Österreich (§ 72 I KO), ähnlich Frankreich, wo die Eröffnung wegen ihrer Wirkung *erga omnes* von jedem Interessierten (durch Einspruch und Berufung) angefochten werden kann, während die Abweisung wegen ihrer auf die Beteiligten des Eröffnungsverfahrens beschränkten Rechtskraftwirkung bei anderen Personen nur dem eigentümlichen Rechtsbehelf des Drittwiderspruchs (*tierce opposition*) unterliegt (Art. 18ff. D. 20 mai 1955).

Von Amts wegen kann der Eröffnungsbeschluß aufgehoben werden vor allem in England (*rescission of the receiving order*), wenn sich herausstellt, daß er nicht hätte ergehen dürfen; das gleiche gilt für die Bankrotterklärung (*adjudication order*; §§ 29 I, 108 I B.A.). Ähnlich — für die Bankrotterklärung — die USA (vgl. Remington, aaO. §§ 503ff.).

---

*) Neu bearbeitet von Dr. Günther Jahr. Vgl. im übrigen auch Einl. V zu Bd. I S. LXIff.

§ 110

Bei Eröffnung des Konkursverfahrens ernennt das Gericht den Konkursverwalter, verordnet einen nicht über einen Monat hinauszusetzenden Termin zur Beschlußfassung über die Wahl eines anderen Verwalters, sowie über die Bestellung eines Gläubigerausschusses, erläßt den offenen Arrest und bestimmt die Anmeldefrist und den allgemeinen Prüfungstermin.

Das Gericht kann die Termine verbinden, wenn die Konkursmasse von geringerem Betrage oder der Kreis der Konkursgläubiger von geringerem Umfange ist, oder wenn der Gemeinschuldner einen Zwangsvergleichsvorschlag eingereicht hat.

Materialien: Motive I Bd. 2 S. 47ff., 59, Motive II S. 335, Protokolle S. 78, 162, 213, Begründung S. 39, Reichstag II. Session 1909/11 Drucks. Nr. 731 S. 2, 4.

Amtliche Maßnahmen bei Konkurseröffnung

1 I. **„Bei"** d. h. zugleich mit der Eröffnung des Konkurses hat „das Gericht" von Amts wegen den Verwalter zu ernennen (§ 78), den Wahltermin — „die erste Gläubigerversammlung" (§§ 87, 131), die kraft Gesetzes zum Vorschlag eines anderen Verwalters (§ 80), zur Bestellung eines Gläubigerausschusses (§ 87) und zur ersten Berichterstattung des Verwalters dient (§ 131), aber auch noch eine weitere, nach § 98 öffentlich anzukündigende Tagesordnung haben kann (besonders Angelegenheiten des § 132) — anzuberaumen, den offenen Arrest zu erlassen (§ 118), die Frist zur Anmeldung der Konkursforderungen zu bestimmen (§ 138) und den allgemeinen Prüfungstermin anzusetzen (§ 141). Vgl. Schrader Hdb. S. 3028f. Würden die im Abs. I bezeichneten Anordnungen erst nach dem Eröffnungsbeschlusse getroffen, so wären sie darum nicht unwirksam. Im Falle der Konkurseröffnung durch das Beschwerdegericht [§ 109 Anm. 7] ist die Sonderung jedenfalls angemessen. Nach § 18 III SchVG hat das Konkursgericht die Versammlung der Schuldverschreibungsgläubiger „unverzüglich nach der Eröffnung des Konkurses" zu berufen [§ 93 Anm. 3].

2 II. Nach Abs. I darf der **Wahltermin** mit Rücksicht auf die Dringlichkeit und Wichtigkeit seiner Tagesordnung höchstens um einen Monat hinausgeschoben werden, berechnet nicht von der Konkurseröffnung, sondern vom Vollzug ihrer Bekanntmachung ab (§ 76 I). Gegen eine spätere Ansetzung stünde jedem Beteiligten die sofortige Beschwerde offen (§ 73 III, nicht § 109). Mit Eintritt der Rechtskraft würde der Verstoß heilen. Notfristbeginn: § 111 I mit § 76 III. Der Abs. II ermächtigt das Gericht, Wahl- und Prüfungstermin zu **verbinden** und zwar

1. bei kleineren Massen oder
2. bei geringerer Gläubigerzahl oder
3. auch in größeren Konkursen nach Einreichung eines zulässigen (§§ 174, 175, 181) Vergleichsvorschlages. Da der Vergleichstermin auf Antrag mit dem Prüfungstermine verbunden werden kann (§ 180), ist sonach die Möglichkeit eröffnet, Wahl-, Prüfungs- und Vergleichstermin zusammenzulegen, also schon im ersten Termin auch über einen Vergleichsvorschlag zu verhandeln und den Konkurs mit einer einzigen Gläubigerversammlung zu erledigen. Eine solche Beschleunigung kann den Belangen der Beteiligten dienlich sein (Begründung S. 39). Sie wird sich aber nur in kleinen Konkursen und bei einfach gelagerten Verhältnissen erzielen lassen. Meist sind die Dinge zur Zeit der ersten Gläubigerversammlung noch nicht so weit geklärt, daß die zur Vergleichsannahme erforderlichen Mehrheiten zu gewinnen wären, und erweisen sich die Höchstfristen der §§ 110 I, 138 [Anm. 3] als unzulänglich. Darum spielt die Zusammenlegung der drei Termine in der Praxis kaum eine Rolle. Immerhin wird die Ermächtigung („kann") in Fällen des Abs. II wie sonst auch (z. B. §§ 75, 101 II, 106, 107 I, 130 II) zur Amtspflicht, wenn der Richter nach ge-

wissenhafter Prüfung der Sachlage die Anwendung der Vorschrift für zweckmäßig hält. Einen Antrag setzt die Verbindung nach § 110 II (anders § 180) nicht voraus. Die förmliche Zurückweisung eines Verbindungsersuchens aber unterliegt der Beschwerde des Gesuchstellers, sei dies der Schuldner oder ein Gläubiger (§ 73 III). Über eine Zusammenlegung von Wahl- und Prüfungstermin siehe Levy Konkursrecht[2] S. 24 (Ausführung des Eröffnungsbeschlusses ebenda S. 25ff., Senst-Müller Handb. für Konkursrichter[4] S. 76ff.), Schrader Hdb. S. 3029f.

Im Falle der Verbindung hat das Gericht den Termin, wie sich aus § 138 Satz 1 mit Satz 2 ergibt, mindestens drei Wochen, nach unserm Abs. I aber längstens einen Monat hinauszusetzen, beide Fristen vom Ablaufe des zweiten Tages seit Ausgabe des die (erste) Einrückung enthaltenden Amtsblattes an berechnet (§ 76 I). Siehe dazu Levy aaO. S. 24f., Schrader aaO. S. 3029. 3

Zusatz zu §§ 110ff. Fremde Rechte*). In Österreich hat das Konkursgericht bei der Eröffnung von Amts wegen „alle zur Sicherung der Masse dienlichen Maßnahmen zu treffen"; Postämter, Eisenbahn- und Schiffahrtsstationen, Banken, Kredit- und Verwahrungsanstalten, bei denen Sendungen für den Schuldner eingehen können oder bei denen der Schuldner Vermögen hat, werden von der Konkurseröffnung amtlich benachrichtigt. Die Konkurseröffnung wird öffentlich bekanntgemacht durch ein Edikt (Konkursedikt), das ungefähr dieselben Anordnungen enthält, wie sie bei uns in § 110 vorgeschrieben sind. Die „Anmerkung" der Konkurseröffnung in öffentlichen Büchern und Registern hat der Konkurskommissär zu veranlassen (§§ 74 ff. KO). 4

In der Schweiz hat die öffentliche Bekanntmachung der Konkurseröffnung neben der Aufforderung zur Anmeldung der Konkursforderungen (Schuldenruf) und der Einberufung der ersten Gläubigerversammlung zu enthalten: „die Aufforderung an die Schuldner des Gemeinschuldners, sich binnen der Eingabefrist als solche anzumelden, mit Strafandrohung für den Unterlassungsfall" und „die Aufforderung an diejenigen, welche Sachen des Gemeinschuldners als Pfandgläubiger oder aus anderen Gründen besitzen, dieselben, ohne Nachteil für ihr Vorzugsrecht, binnen der Eingabefrist dem Konkursamte zur Verfügung zu stellen, mit Strafandrohung für den Unterlassungsfall und mit der Beifügung, daß im Falle ungerechtfertigter Unterlassung das Vorzugsrecht erlösche" (Art. 232 SchKG; die Strafen bestehen nach Art. 324, 48 StGB in einer Buße bis zu 20000 fr.).

In Frankreich wird die erste Gläubigerversammlung erst nach Feststellung der Konkursforderungen berufen, ist die Anmeldefrist gesetzlich bestimmt und findet ein allgemeiner Prüfungstermin nicht statt (Art. 27ff., 117 D. 20 mai 1955). Das Eröffnungsurteil enthält notwendig neben dem Ausspruch der Eröffnung nur die Ernennung von Richterkommissar und Verwalter; es soll daneben den Zeitpunkt der Zahlungseinstellung feststellen (s. o. § 108 Anm. 8) und kann Verhaftung des Schuldners und Versiegelung der Masse anordnen (Art. 1, 25, 33, 51 D. 20 mai 1955).

In England bedarf es zur Eröffnung des Verfahrens keiner besonderen Anordnungen neben der Sequestrationsverfügung (*receiving order*), die ohne weiteres dem amtlichen Sequester (*official receiver*, s. o. § 78 Anm. 15 Ziff. 1) die Verwalterstellung überträgt; ähnlich geht infolge der Bankrotterklärung (*adjudication of bankruptcy*) die Konkursmasse ohne besondere Maßnahmen auf den *trustee* über, als welcher bis zur Wahl oder Ernennung der *official receiver* fungiert (§§ 7 I, 53 I B.A.). Im Grundbuch wird die *receiving order* ähnlich behandelt wie der Konkursantrag (s. o. § 106 Anm. 16).

In den USA wirkt das Fehlen der Zweiteilung des Verfahrens dahin, daß als Konkurseröffnung die Bankrotterklärung (*adjudication of bankruptcy*) anzusehen ist. Da der Verwalter erst in der ersten der Bankrotterklärung folgenden Gläubigerversammlung gewählt oder danach vom Gericht ernannt wird (s. o. § 78 Anm. 15 Ziff. 4a), bewirkt die Bankrotterklärung noch keine Rechtsübertragung; der Amtsantritt des *trustee* wirkt aber auf den Zeitpunkt der Antragstellung zurück (§ 70 B.A.; 11 USCA § 110; s. o. § 108 Anm. 8); in der Zwischenzeit bleibt der Schuldner Rechtsträger, allerdings nur treuhänderisch für die Gläubiger (*in trust for the creditors*). Seit der Neuregelung durch den Chandler Act vom 22. Juni 1938 kann das Verfahren in jeder Lage (nicht mehr erst nach Bankrotterklärung) an einen Konkurshilfsrichter (*referee*, s. o. § 71 Anm. 20 Ziff. 1 a. E.) überwiesen werden (*reference*).

---

*) Neu eingefügt von Dr. Günther Jahr. Vgl. im übrigen auch Einl. V zu Bd. I S. LXIff.]

§ 111

Die Geschäftsstelle hat die Formel des Eröffnungsbeschlusses, den offenen Arrest, die Anmeldefrist und die Termine sofort öffentlich bekanntzumachen.

Die Bekanntmachung ist, unbeschadet der Vorschriften des § 76 Abs. 1, auszugsweise in den *Deutschen Reichsanzeiger* einzurücken.

An die ihrem Wohnorte nach bekannten Gläubiger und Schuldner des Gemeinschuldners erfolgt besondere Zustellung.

Materialien: Motive I Bd. 2 S. 59, Motive II S. 335, Protokolle S. 78, 162.

Öffentliche Bekanntmachung des Konkurses

1 I. Sofort, nachdem das Verfahren eröffnet ist [§ 108 Anm. 1], muß die Geschäftsstelle des Konkursgerichts, nicht des Beschwerdegerichts [§ 109 Anm. 7], von Amts wegen — also auch ohne richterliche Anordnung und unter eigener Verantwortlichkeit (§ 839 BGB) — die Formel des Eröffnungsbeschlusses (gefaßt als Anzeige des vollzogenen Richteraktes: „Über das Vermögen des Buchhändlers Franz Faller in Gantheim ist am 7. Februar 1958 vormittags 9 Uhr der Konkurs eröffnet worden"), den offenen Arrest (§ 118), die Anmeldefrist (§ 138) sowie den Wahl- und den Prüfungstermin (§§ 110, 138ff.) und nach § 81 I zugleich den Namen des Verwalters öffentlich bekannt machen. Daß der Name und damit die Ernennung des Konkursverwalters [§ 81 Anm. 1] ebenfalls sofort mit den in Abs. I bezeichneten Anordnungen öffentlich bekanntzumachen ist, folgt mit Bestimmtheit daraus, daß der offene Arrest, der zu diesen Anordnungen gehört, Anzeigen an den Konkursverwalter gebietet [§ 118]. So auch die gebräuchlichen Formulare und die allgemeine Übung. Schrader Hdb. S. 3034. Der offene Arrest ist selber mit seinem gesetzlichen Inhalte nach § 118 zu veröffentlichen, nicht etwa bloß die Tatsache des Arresterlasses. Vgl. auch Poiger DRiZ 1954 S. 144; Muster bei Schrader aaO. Dies um so mehr, als ja die Anzeigepflicht der §§ 118, 119 erst durch eine wirksam gewordene Bekanntmachung des Anzeigegebots begründet wird [§ 118 Anm. 2].

2 Die Bekanntmachung des Abs. I erfolgt auf dem Wege des § 76 und wird wirksam nach Maßgabe des § 76 I 2. Die Konkurseröffnung selber vollzieht sich freilich nicht erst mit ihr [§ 108 Anm. 1]. Die Einrückung eines Auszugs im Bundesanzeiger [§ 76 Anm. 1] wird im Abs. II unter Einschränkung des im § 76 II dem Gericht eingeräumten Ermessens gleichfalls geboten. Wie aber die Worte „unbeschadet der Vorschriften des § 76 Abs. 1" klarstellen sollen, ist die Veröffentlichung durch den Bundesanzeiger für den Eintritt der Wirksamkeit nicht wesentlich (Protokolle S. 78). So auch nicht in den Fällen der §§ 116, 163, 190, 198, 205. Bedeutung der öffentlichen Bekanntmachung für Leistungen an den Gemeinschuldner: § 8.

3 II. An die dem Konkursgericht der Person und dem Wohnorte nach bekannten Gläubiger und Schuldner des Gemeinschuldners hat die Geschäftsstelle von Amts wegen besondere Zustellungen des im Abs. I bezeichneten Inhalts — nicht des vollständigen Eröffnungsbeschlusses — zu bewirken (§ 77 I). Die Gerichte bedienen sich vielfach einer vom Verwalter eingeforderten Liste, da die Angaben des Gemeinschuldners (vgl. § 104) lückenhaft zu sein pflegen. Levy Konkursrecht[2] S. 27. Eine Amtspflicht des Gerichts oder der Geschäftsstelle, zu Zwecken des Abs. III Gläubiger und Schuldner zu ermitteln, besteht nicht. Der Mitteilung an die bekannten Gläubiger wird in der Praxis regelmäßig ein Merkblatt beigegeben, das die Gläubiger über ihre Rechte im Konkurs belehrt (Muster bei Schrader Hdb. S. 3035). Dem Gemeinschuldner und dem Antragsteller als solchem wird in der Praxis der Eröffnungsbeschluß selbst zugestellt. Das ist mindestens zweckmäßig (Levy S. 26). Mitteilung an Behörden: § 112.

III. Die Landesjustizverwaltungen haben vielfach angeordnet, den Eröffnungsbeschluß einer Berufsgenossenschaft mitzuteilen, der etwa der Gemeinschuldner angehört (siehe dazu Schaake DJZ 1913 Sp. 96) sowie anderen Trägern der Sozialversicherung. Preußen: AllgVerf. v. 11. 10. 1927 JMBl. S. 319 (Berufsgenossenschaften), v. 12. 11. 1927 JMBl. S. 344 (andere Träger der Sozialversicherung); Bayern: § 221 Abs. 3 Nr. 2 GAnwZ v. 6. 5. 1957 (BayBSVJu. Bd. II S. 60). Ist eine Berufsgenossenschaft Gläubigerin oder Schuldnerin, dann greift unser Abs. III Platz. Konkurse von Buch-, Musikalien- und Kunsthändlern werden alter Übung entsprechend im „Börsenblatt für den deutschen Buchhandel" bekanntgemacht. 4

§ 112

Die Geschäftsstelle hat unter Bezeichnung des Konkursverwalters beglaubigte Abschriften der Formel des Eröffnungsbeschlusses den Behörden für die Führung des Handels- oder Genossenschaftsregisters oder ähnlicher Register und der Dienstbehörde des Gemeinschuldners mitzuteilen.

Materialien: Motive I Bd. 2 S. 59, Motive II S. 335, Protokolle S. 78f., 162, Kommissionsbericht S. 1959, 2033.

Anzeige des Konkurses bei Behörden

I. Abgesehen vom § 111 obliegt dem Urkundsbeamten der Geschäftsstelle des Konkursgerichts die unmittelbare (eine richterliche Weisung nicht voraussetzende) und selbständige Amtspflicht (Protokolle S. 78f.), „unter Bezeichnung des Konkursverwalters" (d. h. unter Angabe seines Namens, seines Berufs und seiner Anschrift) beglaubigte Abschriften der Formel des Eröffnungsbeschlusses [§ 111 Anm. 1] gewissen Behörden **mitzuteilen** und zwar: 1

1. Wenn der Gemeinschuldner in bestimmte öffentliche Register eingetragen ist, der Registerbehörde. Dieser den Akten der Registerbehörde einzuverleibenden Mitteilung „der Geschäftsstelle" bedarf es auch dann, wenn dasselbe Amtsgericht Konkursgericht und zuständiges Registerrecht und derselbe Richter mit beiden Obliegenheiten betraut ist. Bei kleinen Amtsgerichten wird dies die Regel bilden. Um so weniger kann zugegeben werden, daß solchenfalls der § 112 keine Anwendung finde.

2. Wenn der Gemeinschuldner im öffentlichen Dienst steht, der vorgesetzten Dienstbehörde.

II. Die Mitteilung ist eine an die Förmlichkeiten der Zustellung nicht gebundene amtliche Anzeige und ergeht an solche Behörden, in deren Register der Schuldner und dessen Konkurs einzutragen ist. Nach Bundesrecht kommen folgende Register in Betracht: 2

1. Das **Handelsregister.** Nach § 32 HGB ist die Eröffnung des Konkurses über das Vermögen eines Kaufmanns und im besonderen einer Handelsgesellschaft (§ 6 HGB), folglich auch einer Gesellschaft mit beschränkter Haftung (§ 13 III GmbHG), desgleichen die Aufhebung des Eröffnungsbeschlusses, die Einstellung und die Aufhebung des Konkursverfahrens von Amts wegen in das Handelsregister einzutragen. Eine Wiederaufnahme des Konkurses (§ 198) muß wie die Eröffnung eingetragen werden. Die Eintragungen haben bei der Haupt- und bei etwaigen Zweigniederlassungen zu erfolgen. Auf Minderkaufleute bezieht sich der § 32 HGB nicht, auch nicht auf ordnungswidrig eingetragene. Wäre die Firma des in Konkurs geratenen Vollkaufmanns noch gar nicht eingetragen, so müßte zunächst nach § 14 HGB die Eintragung erwirkt werden [§ 6 Anm. 6]. Von Amts wegen hätte diese nicht zu geschehen. Den § 15 HGB schaltet der § 32 Satz 3

HGB ausdrücklich aus. Für Versicherungsvereine auf Gegenseitigkeit sind die §§ 16, 30, 49, 53 VAG maßgebend. Eine öffentliche Bekanntmachung der Registervermerke über Konkursvorgänge unterbleibt, da sie durch die §§ 111, 116, 163, 190, 198 KO erübrigt wird. Registerbehörde: § 125 FGG.

2. Das **Genossenschaftsregister,** in das die Eröffnung des Konkurses einer eingetragenen Genossenschaft nach § 102 GenG unverzüglich einzutragen ist. Auch dieser Registervermerk wird nicht bekanntgemacht. Siehe dazu die §§ 19, 20 VO über das Genossenschaftsregister v. 22. 11. 1923 / 19. 2. 1934 (RGBl. 1923 I S. 1123; 1934 S. 113). Registerbehörde: § 10 II GenG; vgl. § 147 FGG.

3. Das **Vereinsregister.** Nach § 75 BGB ist in dieses Register die Eröffnung des Konkurses eines eingetragenen Vereins und die Aufhebung des Eröffnungsbeschlusses von Amts wegen einzutragen, nicht aber die Aufhebung oder Einstellung eines rechtskräftig eröffneten Vereinskonkurses [§ 213 Anm. 13]. Nach § 9 der Bundesratsvorschriften über das Vereinsregister v. 12. 11. 1898 (Zentralbl. S. 438) erfolgen die beiden Einträge in der 5. Spalte des Registers. Registerbehörde: § 55 BGB; vgl. §§ 159f. FGG.

3 Eine Eintragung des Konkursvermerkes in das Güterrechtsregister (Registerbehörde: § 1558 BGB, vgl. § 161 FGG) ist gesetzlich nicht vorgeschrieben. Eintragungen in das Güterrechtsregister dürfen von Amts wegen oder auf Ersuchen eines anderen Gerichts überhaupt nicht erfolgen (§ 1560 BGB). Darum kann auch eine Mitteilung der Konkurseröffnung an dieses Register nicht geboten sein (abw. z. B. Wolff KO[2] Anm. 2). Eintragung in das Grundbuch, Schiffsregister und Schiffsbauregister §§ 113ff. Eine Mitteilung an das Patentamt erfolgt nicht. Ist für den Gemeinschuldner ein Patent, Gebrauchsmuster oder Warenzeichen eingetragen, so wird der Konkurs auch nicht auf Antrag in der Patent-, Gebrauchsmuster- oder Zeichenrolle zu vermerken sein. Denn ein Wechsel in der Person des Rechtsträgers, wie ihn § 24 II PatG, § 3 IV GebrMustG, § 8 I WZG voraussetzen, liegt im Übergang der Verfügungsmacht auf den Konkursverwalter nicht. Siehe z. B. Kisch Patentrecht (1923) S. 284, Hagens Warenzeichenrecht (1927) S. 136, Tetzner Patentges.[2] § 24 Anm. 7, Busse Patentges.[2] § 24 Anm. 5 und die Praxis des Reichs- und Bundespatentamtes; abw. Kohler Handb. des Patentrechts S. 527, Reimer Patentges. § 24 Anm. 2 unter d. Massezugehörigkeit dieser Rechte: § 1 Anm. 8, 10, 11.

4 **III.** Wie von der Eröffnung hat die Geschäftsstelle von der Aufhebung (§§ 116 Satz 2, 163 III, 190 III), von der Einstellung (§ 205 II) und von der Wiederaufnahme des Konkursverfahrens (§ 198 II) Mitteilung an Register- und Dienstbehörden zu machen.

5 **IV.** Die Eintragung konkursrechtlicher Vermerke in das Handelsregister und in das Vereinsregister ist **gebührenfrei** (§ 87 Nr. 1 KostO), ebenso die Eintragung in das Genossenschaftsregister (§ 83 KostO). Zu den Eintragungen im Grundbuch und Schiffsregister vgl. § 115 und die Anm. dort.

6 **V.** Eine Mitteilung an die Staatsanwaltschaft ist zwar nicht durch Reichsgesetz (vgl. Kommissionsbericht S. 1955, 1959, 2033: Ablehnung der Anträge Rintelen), wohl aber vielfach landesrechtlich (durch Gesetz oder Anweisung der Landesjustizverwaltung) geboten. So z. B. § 12 des preuß. AG KO und § 221 III Nr. 1a der Bayer. GAnwZ v. 6. 5. 1957 (BayBSVJu. II S. 1). Mitunter sind Anzeigen an die Staatsanwaltschaft auch beim Verdacht eines Konkursvergehens vorgeschrieben.

7 Außerdem empfiehlt eine Allg. Verfügung des preuß. Justizministers v. 24. 3. 1898 (JMBl. S. 77) den Konkursrichtern:

1. die Börsenvorstände vom Eintritte des Konkurses solcher Unternehmungen, deren Wertpapiere zum Handel an den Börsen zugelassen sind,

2. die Zulassungsstellen der Börsen von der Beendigung des Konkurses und von dem Ergebnisse der Schlußrechnung alsbald in Kenntnis zu setzen.

Nach einem Erlaß des Reichsfinanzministeriums v. 2. 2. 1931 (Amtsblatt der Reichsfinanzverw. Ausg. A 1931 S. 9) sind die Preuß. Amtsgerichte angewiesen, bei Eröffnung von Konkursverfahren das zuständige Finanzamt von der Eröffnung zu benachrichtigen, welches diese Mitteilung dem zuständigen Hauptzollamt zur Kenntnis zuzuleiten hat. Vgl. auch § 221 III Nr. 1g Bayer. GAnwZ v. 6. 5. 1957 (BayBSVJu. II S. 1). Anzeige an die Träger der Sozialversicherung: § 111 Anm. 4. 8

VI. Dem Konkursgericht (nicht der Geschäftsstelle als solcher) ist ferner die Anzeige an das Vormundschaftsgericht nach Maßgabe des § 50 FGG geboten, wenn der Gemeinschuldner als elterlicher Gewalthaber oder als Vormund (Pfleger) eine gesetzliche Vermögensverwaltung führt [§ 25 Anm. 12, 13]. Da nach der Neufassung des § 50 FGG durch Art. 4 Nr. 5 des GleichberG v. 18. 6. 1957 die Mitteilung schon dann erforderlich ist, wenn irgendeine Tätigkeit des Vormundschaftsgerichts (nicht mehr nur die Anordnung einer Vormundschaft oder Pflegschaft) erforderlich wird, ist jetzt auch die Ablehnung eines Konkursantrages mangels Masse (§ 107) dem Vormundschaftsgericht mitzuteilen, wenn der Schuldner als elterlicher Gewalthaber eine Vermögensverwaltung führt (a. A. für die frühere Fassung Jaeger 6./7. Aufl.), da der durch diese Abweisung zum Ausdruck kommende „Vermögensverfall“ des Gewalthabers Maßnahmen nach §§ 1667—1669 BGB erforderlich machen kann; dasselbe ist wohl auch anzunehmen, wenn der Schuldner als Vormund fremdes Vermögen verwaltet (vgl. 1886 BGB). 9

VII. Für die Zwecke der Konkursstatistik haben die Konkursgerichte Zählkarten bestimmten Inhalts auszufüllen. Siehe VO über die Konkurs- und Vergleichsstatistik v. 29. 12. 1927 RMBl. 1928 S. 12, v. 23. 4. 1932 RMBl. S. 187. Muster bei Schrader Hdb. S. 3138ff.; dort auch die landesrechtlichen Ergänzungsvorschriften. Vgl. auch § 163 Anm. 10. 10

§ 113

Ein von dem Konkursgericht in Gemäßheit des § 106 erlassenes allgemeines Veräußerungsverbot, sowie die Eröffnung des Konkursverfahrens ist in das Grundbuch, das Schiffsregister oder das Schiffsbauregister einzutragen:

1. **bei den Grundstücken, eingetragenen Schiffen und Schiffbauwerken, als deren Eigentümer der Gemeinschuldner im Grundbuch, Schiffsregister und Schiffsbauregister eingetragen ist;**
2. **bei den für den Gemeinschuldner eingetragenen Rechten an Grundstücken, eingetragenen Schiffen oder Schiffsbauwerken oder an eingetragenen Rechten, wenn nach der Art des Rechts und den obwaltenden Umständen bei Unterlassung der Eintragung eine Beeinträchtigung der Konkursgläubiger zu besorgen ist.**

Das Konkursgericht hat, soweit ihm solche Grundstücke, eingetragene Schiffe und Schiffsbauwerke oder Rechte bekannt sind, das Grundbuchamt oder das Registergericht von Amts wegen um die Eintragung zu ersuchen.

Die Eintragung kann auch vom Konkursverwalter bei dem Grundbuchamt oder Registergericht beantragt werden.

Materialien: Motive I Bd. 2 S. 69f., Motive II S. 335f., Protokolle S. 79, 162, 213, M 3 S. 218ff., MzEG S. 114ff., P VI S. 766, Begründung S. 39ff.

Einträge in das Grundbuch und die Schiffsregister

Einl. Die Regelung über die Eintragung des Konkursvermerks in das Grundbuch (§§ 113, 114) ist durch Art. 7 Nr. 7 der VO v. 21. 12. 1940 (RGBl. I S. 1609) zur Durchführung des Gesetzes über Rechte an eingetragenen Schiffen und Schiffsbauwerken (SchiffsG) v. 15. 11. 1940 (RGBl. I S. 1499) auf das Schiffsregister und das Schiffsbauregister ausgedehnt worden. Für die Registerführung ist die SchiffsregVO in der Fassung v. 26. 5. 1951 (BGBl. I S. 360) maßgebend, für die Eintragungsfähigkeit von Schiffen und Schiffsbauwerken vor allem §§ 3, 66. Zu beachten ist, daß als beschränkte Rechte an eingetragenen Schiffen nur Schiffshypothek und Nießbrauch vorgesehen sind (§§ 8, 9 SchiffsG), an Schiffsbauwerken nur die Schiffshypothek. Die folgenden Ausführungen über Grundstücke und Grundstücksrechte gelten — auch wenn nicht besonders hervorgehoben — sinngemäß auch für das Eigentum und die beschränkten dinglichen Rechte an eingetragenen Schiffen und Schiffsbauwerken. Abweichungen und Besonderheiten werden ausdrücklich hervorgehoben.

1 I. Da der öffentliche Glaube des Grundbuchs, der Schiffsregister und des Schiffsbauregisters auch gegen den Konkursbeschlag (§§ 7 I Satz 2, 15 Satz 2) und gegen ein zur Sicherung des künftigen Konkursbeschlags erlassenes Veräußerungsverbot Schutz gewährt (§ 106 KO, §§ 136, 135 II BGB), fordert das gemeinsame Wohl der Konkursgläubiger, daß alsbald durch Eintragung der Konkurseröffnung (**Konkursvermerk**) wie des Veräußerungsverbotes der grundbuchrechtliche bzw. schiffregisterrechtliche (§§ 16, 17, 77 SchiffsG) Verkehrsschutz ausgeschaltet werde. Diesem Bedürfnisse trägt der § 113 Rechnung. Er legt im Abs. II dem Konkursgericht — und zwar dem Rechtspfleger (§ 21 Nr. 2 Rechtspflegergesetz v. 8. 2. 1957, BGBl. I S. 18) [§ 71 Anm. 16a, § 73 Anm. 15] — die Amtspflicht auf (§ 839 BGB), das Grundbuchamt (§ 1 GBO) bzw. die Registerbehörde (§§ 1, 65 I SchiffsregisterVO), um die Eintragung des Konkursvermerks oder eines Veräußerungsverbotes zu ersuchen (vgl. § 38 GBO; § 45 SchiffsregVO). Freilich redet der § 113 nur vom Regelfalle des „allgemeinen" Veräußerungsverbotes. Es kann aber kaum einem Zweifel unterliegen, daß die §§ 113—116 auch für besondere Grundstücksveräußerungsverbote [§ 106 Anm. 1] gelten, die nicht minder eine buchmäßige Kundgabe erheischen. Auch wäre es ganz unverständlich, wenn die Gebührenfreiheit des § 115 für das allgemeine, nicht aber für ein besonderes Veräußerungsverbot im Sinne des § 106 bestehen sollte. Zust. Predari GBO[2] S. 585, Güthe-Triebel GBO[6] § 38 Anm. 17, Böhle-Stamschräder Anm. 1. Da übrigens das Konkursgericht nicht die Aufgabe hat, nach Grundstücken und eingetragenen Rechten des Schuldners zu forschen, beschränkt sich jene Amtspflicht auf solche Grundstücke und Rechte des Gemeinschuldners, die dem Konkursgericht im Eröffnungsverfahren (vgl. §§ 102ff.) oder späterhin amtlich bekannt werden. Nötigenfalls bedarf es also eines wiederholten Ersuchens um Eintragung des Konkursvermerks. Die Eintragung muß aber nicht gerade vom Konkursgericht, sie kann auch vom Konkursverwalter erwirkt werden. Dieser hat nach § 117 das ganze beschlagsfähige Vermögen des Schuldners zu ermitteln und zur Befriedigung der Gläubiger heranzuziehen. Daraus ergibt sich für den Verwalter die selbständige — neben der Amtspflicht des Konkursgerichts bestehende — Obliegenheit (§ 82), rechtzeitig die Eintragung des Konkurses zu beantragen. Seine Ermächtigung zu diesem Antrag wird im Abs. III ausdrücklich anerkannt. Sie wird bedeutsam besonders für Anrechte der Masse auf unbewegliches Gut, die schon bei Konkursbeginn bestehen, aber erst im Laufe des Verfahrens zum Vollerwerbe führen, wie etwa aus Erbfolge oder Vermächtnis [§ 9 Anm. 4], aus schwebenden Kaufverträgen (§ 17), aus einem vor dem Konkurse vom Schuldner abgegebenen Meistgebot bei einer Zwangsversteigerung (Wilhelmi Gruchots Beitr. 71 S. 364ff.) oder aus anfechtungsrechtlichen Rückgewähransprüchen [Anm. 3]. Sind zur Konkursmasse gehörende Liegenschaftsrechte des Schuldners unrichtigerweise nicht für ihn ein-

getragen, so ist es Sache des Verwalters (§§ 6, 117), nicht des Konkursgerichts, zunächst die erforderliche Grundbuchberichtigung durch Eintragung auf den Namen des Gemeinschuldners [§ 1 Anm. 50] zu erwirken. Von Amts wegen trägt das Grundbuchamt Konkursvermerk und Veräußerungsverbot nicht ein (§ 13 GBO, § 23 SchiffsregVO). Ist derselbe Amtsrichter Konkurs- und Grundbuchrichter, so bedarf es gleichwohl eines förmlichen Ersuchens an das Grundbuchamt um Eintragung nach Abs. II, ehe diese vollzogen werden kann [siehe § 112 Anm. 1]. Auch hat das Grundbuchamt nur einem ordnungsmäßigen (unterschriebenen und untersiegelten oder unterstempelten, § 29 III GBO, § 37 III SchiffsregVO) Ersuchen des Konkursgerichts zu entsprechen. Statt eines ausdrücklichen „Ersuchens" hat das KG OLG 3 S. 196 die „Nachricht" von der Konkurseröffnung an das Grundbuchamt für ausreichend erachtet. Zust. Mentzel-Kuhn Anm. 5, Böhle-Stamschräder Anm. 2. Dem ist nur beizupflichten, wenn die Benachrichtigung der für das Ersuchen vorgeschriebenen Form entspricht. Andernfalls wäre eine Zwischenverfügung (§ 18 GBO) angemessen, die dem Konkursgericht die Stellung eines formgerechten Ersuchens anheimgibt. Eine Zurückweisung des Ersuchens nach § 18 GBO hätte zu erfolgen, wenn die Liegenschaft oder das Liegenschaftsrecht nicht für den Gemeinschuldner, sondern für einen Dritten verbucht ist, es sei denn, daß die Berechtigung des Gemeinschuldners ordnungsgemäß nachgewiesen wird (vgl. besonders §§ 33ff. GBO). Der antragstellende Konkursverwalter hat (anders als das um die Eintragung ersuchende Konkursgericht) die nicht etwa schon amtsbekannte Tatsache der Konkurseröffnung durch eine Ausfertigung des Eröffnungsbeschlusses und seine gesetzliche Vertretungsmacht durch die Bestallung [§ 81 Anm. 2] nachzuweisen (§ 29 Satz 2 GBO; vgl. auch § 37 I S. 2 SchiffsregVO). Für den Antrag selbst gelten die Erfordernisse des § 29 GBO nicht (§ 30 GBO, vgl. auch § 38 SchiffsregVO). Bezeichnung der Grundstücke im Ersuchen oder Antrag: § 28 GBO.

II. Durch die Buchvermerke des § 113 werden **Verfügungsbeschränkungen** im Sinne des § 892 I 2 (§ 894) BGB, § 16 I 2 (§ 18) SchiffsG verlautbart (RG Bd. 62 218). Siehe Anm. 9. Der Eintrag schließt nach § 3 I S. 2 GBO (vgl. auch § 7 S. 2 SchiffsregVO) nur für das betreffende Grundbuchblatt die Berufung eines konkursunkundigen Dritten auf den öffentlichen Glauben des Grundbuchs aus. Daher bedarf es eines Vermerks auf allen Grundbuchblättern, auf denen der Schuldner als Eigentümer, als Hypothekengläubiger oder als Träger eines anderen buchfähigen Rechtes eingetragen ist [Anm. 3f.]. Wer freilich (einerlei, wie und wo) die Tatsache der überhaupt nicht oder nicht allenthalben verbuchten Konkurseröffnung in Erfahrung gebracht hat, dem ist fortab „die Unrichtigkeit" des Grundbuchs „bekannt" und damit jeder fernere Verkehrsschutz auf Grund der §§ 892, 893 BGB versagt. Andererseits schützt der öffentliche Glaube des Grundbuchs im rechtsgeschäftlichen Verkehr zwar die Unkenntnis einer unverbuchten, jedoch zu Recht bestehenden Verfügungsbeschränkung, nicht aber das Vertrauen auf den Rechtsbestand einer verbuchten, jedoch nie entstandenen oder wieder erloschenen Verfügungsbeschränkung. Verfügt also der Konkursverwalter, nachdem der Konkurs wirksam beendet, aber ehe der Konkursvermerk gelöscht ist, über ein Buchrecht der bisherigen Masse, dann genießt auch ein der Buchunrichtigkeit unkundiger (hier also auf die Verfügungsmacht des Verwalters vertrauender) Erwerber keinen Verkehrsschutz nach § 892 BGB. Siehe Planck-Strecker BGB[5] § 892 I 3 (S. 265) mit Verw. Ein Buchrechtserwerb im Wege der Geldvollstreckung, namentlich durch Eintragung einer Zwangs- oder Arresthypothek, wird durch den öffentlichen Glauben des Grundbuchs überhaupt nicht gedeckt [§ 7 Anm. 24, § 14 Anm. 22]. Die Eintragung ist gebührenfrei (§ 115; vgl. auch §§ 69 II, 87 Nr. 1 KostO). Sie erfolgt bei Grundstücken und solchen Rechten des Gemeinschuldners, die wie Grundstücke verbucht sind, wie z. B. bei Erbbaurechten, landesgesetzlich z. B. auch bei Erbpacht und Bergwerkseigentum [Anm. 3] in der zweiten Abteilung des Grundbuchs (§ 10 I b der GrundbuchVerfg. v. 8. 8. 1935, RMBl. 1935 S. 637). Bei anderen 2

Buchrechten des Gemeinschuldners geschieht die Eintragung in der Veränderungsspalte derjenigen Abteilung, in der das von der Verfügungsbeschränkung betroffene Recht selbst eingetragen ist. So besonders bei Hypotheken, als deren Gläubiger der Gemeinschuldner eingetragen ist, in der dritten Abteilung des Grundbuchs (§ 11 VI der GrundbuchVerfg.). Hat der Schuldner ein Recht am eigenen Grundstück, so bedarf es auf demselben Grundbuchblatt eines doppelten Eintrags. Vermerk auf Hypothekenbriefen: Anm. 6.

III. Die Eintragungen sind nach Abs. I zu **erwirken:**

3 1. Schlechthin bei den auf den Namen des Schuldners eingetragenen Grundstücken und den Grundstücken gleichgeachteten Rechten [§ 47 Anm. 17] sowie Schiffen und Schiffsbauwerken. Begründung S. 40. Die Eintragung des Konkursvermerks ist auch bei den erst während des Verfahrens für die Masse erworbenen, besonders durch Anfechtung zurückgewonnenen Grundstücken zu veranlassen [§ 1 Anm. 50]. Berechtigt (besonders als Eigentümer) muß der Masseträger als solcher sein. Das Grundstück muß im Nachlaßkonkurse zum Nachlasse, im Konkurs einer offenen Handelsgesellschaft zum Gesellschaftsvermögen gehören, wenn der Konkursvermerk eingetragen werden soll. Ist es Bestandteil einer ehelichen oder fortgesetzten Gütergemeinschaft, so fällt es nur im Konkurse des allein verwaltenden oder des überlebenden Ehegatten oder im Konkurs über das Gesamtgut unter den zu verbuchenden Konkursbeschlag (§§ 2, 236ff.). Auch wenn dem Gemeinschuldner das Miteigentum eines Grundstücks nur zu einem Bruchteile zusteht, dieser aber zur Masse gehört (§§ 16, 51), bedarf es der Eintragung des Konkursvermerks. Ebenso, wenn zur Masse Wohnungseigentum (§ 1 Wohnungseigentumsgesetz v. 15. 3. 1951) gehört [§ 1 Anm. 46].

4 Die Streitfrage, ob die Heimstätte zur Konkursmasse gehört [vgl. Jaeger 6./7. Aufl. Anm. 3a] ist durch § 24 der AVO v. 19. 7. 1940 (RGBl. I S. 1027) zum Reichsheimstättengesetz v. 10. 5. 1920/24. 11. 1937 (RGBl. 1920 I S. 962, 1937 I S. 1291) gegenstandslos geworden. Da die Heimstätte vorläufig zur Konkursmasse gehört [§ 1 Anm. 46], ist auch der Konkursvermerk auf dem Grundbuchblatt einer Heimstätte des Gemeinschuldners einzutragen, und zwar sofort, nicht etwa erst, wenn die Zugehörigkeit zur Masse endgültig feststeht, weil der Ausgeber seinen Heimfallanspruch nicht geltend gemacht hat und daraufhin auf Grund einer vom Konkursverwalter beantragten Anordnung der zuständigen Behörde die Heimstätteneigenschaft gelöscht worden ist (§ 24 II, III AVO). LG Nürnberg-Fürth BayJMBl. 1955 S. 62. Der Konkursvermerk ist zur Löschung zu bringen (§ 114 KO), wenn der Konkursverwalter in Erfüllung des geltend gemachten Heimfallanspruchs die Heimstätte dem Ausgeber übertragen (§ 24 II AVO) oder sie gemäß § 24 V AVO aus der Masse freigegeben hat, weil die Voraussetzungen für die Löschung der Heimstätteneigenschaft nicht vorliegen.

5 2. Bei den für den Masseträger [Anm. 3] verbuchten sonstigen begrenzten Rechten an fremden oder an eigenen Liegenschaften oder Liegenschaftsrechten (z. B. bei einer Dienstbarkeit oder einer Hypothek, bei einem Nießbrauch oder Pfandrecht an einer Hypothek), sowie begrenzten Rechten an eingetragenen Schiffen und Schiffsbauwerken und eingetragenen Rechten an diesen begrenzten Rechten nur dann, wenn nach der Art des Rechts und den obwaltenden Umständen vom Unterlassen der Eintragung eine Schädigung der Konkursgläubiger zu besorgen ist. Die Eintragung kann ohne Gefahr für die Konkursgläubiger vor allem bei Briefpfandrechten unterbleiben, wenn der Verwalter den Brief in Besitz hat; denn der Grundsatz, daß für die Übertragung und Belastung des verbrieften Rechtes die Briefübergabe wesentlich ist (§§ 1154, 1069, 1274, 1291 mit §§ 1192, 1199 BGB), gewährleistet dem im Besitz des Briefes befindlichen Konkursverwalter die Möglichkeit, solche Rechtsgeschäfte des Gemeinschuldners auch ohne Eintragung des Konkursvermerks zu hintertreiben. Ferner geschieht die nach § 1168 BGB zur Wirksamkeit eines Verzichts erforderliche Buchung nach den §§ 41, 42 (vgl.

§ 62) GBO nur, wenn der Brief vorgelegt wird. Auch wird der Verpflichtete, dessen Zahlung an den Gemeinschuldner Befreiungserfolg haben kann [§ 8 Anm. 16, § 15 Anm. 45], vor Löschung des Rechtes nur gegen Aushändigung des Briefes zahlen, da er sonst Gefahr läuft, einem konkursunkundigen Dritterwerber des Briefes noch einmal zahlen zu müssen (vgl. § 1138 BGB). Allein diese Erwägungen treffen beim Veräußerungsverbot vor dem Konkurse nicht zu, da dort (mangels besonderer Bestellung) ein Verwalter fehlt, der den Brief an sich nehmen könnte. Bei Rechten, die nicht übertragbar sind, aber gleichwohl der Ausübung nach zur Masse gehören, wie der Nießbrauch [§ 1 Anm. 39], läßt sich ein ausreichender Schutz gegen wirksamen Verzicht des Schuldners etwa dadurch erzielen, daß der Belastete vom Veräußerungsverbot oder Konkurs benachrichtigt wird. Im übrigen aber wird die Erwirkung des Eintrags regelmäßig ein Gebot der Vorsicht und vor allem bei Buchhypotheken und **Schiffshypotheken** unerläßlich sein. Ob ohne Eintrag eine Gefährdung der Konkursgläubiger zu besorgen ist, darüber haben Konkursgericht und Konkursverwalter zu befinden. Das Grundbuchamt darf also die Buchung nicht, weil sie ihm entbehrlich erscheint, ablehnen. Das folgt aus der Fassung der Abs. II, III und entspricht der Zweckmäßigkeit. Sind die begrenzten Rechte der Masse selber noch unverbucht (z. B. als Eigentümergrundpfandrechte des Gemeinschuldners), dann muß zunächst die berichtigende Buchung — diese durch den Verwalter — erwirkt werden [Anm. 1]. Die Eintragung des Konkursvermerks kann auch beantragt werden, wenn das Recht des Gemeinschuldners als Nacherbe eingetragen ist (OLG Schleswig SchlHAnz. 1958 S. 178; vgl. auch RG Bd. 83 434).

Trägt das Grundbuchamt den Konkursvermerk im Grundbuch bei einer zur Masse gehörenden Briefhypothek, Briefgrundschuld oder Briefrentenschuld ein, so muß es den Vermerk von Amts wegen in den — ihm gleichzeitig oder später vorgelegten — Brief aufnehmen, um die Übereinstimmung zwischen Buch und Brief zu erhalten (§§ 41, 42, 62, 70 GBO). Die Eintragung des Konkursvermerks in das Grundbuch muß aber bei einem zur Masse gehörenden Briefpfandrecht auch ohne Briefvorlage erfolgen. Dies bestätigt unsere Nr. 2. Denn gerade beim Fehlen des Briefes, besonders dann, wenn der flüchtige Gemeinschuldner oder Gemeinschuldner-Vertreter den Brief mitgenommen hat, besteht die in Nr. 2 KO vorausgesetzte Gefahr. Wäre beim Fehlen des Briefes der Konkursvermerk unstatthaft, so würden die Konkursgläubiger gegenüber konkursunkundigen Dritten schutzlos sein. § 7 I Halbs. 2 KO mit §§ 892 I 2, 893 BGB [§ 7 Anm. 21 ff.]. Die allgemeinere Sollvorschrift des § 42 GBO wird also durch den § 113 KO berichtigt. Hamburg OLG 3 S. 194; Predari GBO[2] S. 621, Turnau-Förster Liegenschaftsrecht[3] II S. 331, Güthe-Triebel GBO[6] § 38 Anm. 17, 50 (S. 889), Hesse-Saage-Fischer GBO[4] § 38 Anm. V 2 b, Mentzel-Kuhn Anm. 3; abw. Kretzschmar LZ 1907 Sp. 118 ff. und für den Fall, daß der Verwalter (nicht das Gericht) die Eintragung begehrt, auch Henle-Schmitt Grundbuchwesen in Bayern (1910) S. 115 f. Das gleiche gilt für die Eintragung von Veräußerungsverboten nach § 106 KO (zust. Predari aaO.). 6

IV. Die Eintragungen sind sofort nach Erlassung des Veräußerungsverbots wie des Eröffnungsbeschlusses herbeizuführen. Namentlich ist der Konkursvermerk, wie sich aus § 116 Satz 2 (mit § 113) ergibt, nicht erst nach Eintritt der Rechtskraft des Eröffnungsbeschlusses einzutragen. Der Konkurs löst das vorläufige Veräußerungsverbot ab; es behält aber für die Vergangenheit seine Bedeutung. Darum ist es nicht etwa bei Eintragung des Konkursvermerks, sondern erst mit diesem zu löschen (abw. Böhle-Stamschräder Anm. 1). 7

V. Werden überlastete Grundstücke oder Rechte an Grundstücken vom Konkursverwalter **freigegeben,** ehe noch der Konkursvermerk eingetragen worden ist, so hat dessen Eintragung zu unterbleiben. Die Freigabe vollzieht sich auch bei Buchrechten durch formlose Willenserklärung des Verwalters an den Gemeinschuldner selbst (nicht z. B. an Hypothekengläubiger) und hebt den Konkurs- 8 beschlag, besonders die Verfügungsschranken des § 6 I, hinsichtlich der freigegebenen Gegenstände auf, aber mangels gegenteiliger Bestimmung nur für die Zukunft. So z. B. nur für künftig verfallende, nicht auch für rückständige Mietzinsen des freigegebenen Grundstücks (RG Bd. **138** 72). Die Förmlichkeiten des § 875 BGB sind unanwendbar [§ 6 Anm. 27ff.]. Mit der Ablehnung der Aufnahme eines Teilungsmassestreits nach § 10 II vollzieht sich auch beim Streit um Buchrechte die Freigabe des Streitgegenstandes [§ 10 Anm. 31]. Freigabe eines überlasteten Grundstücks bedeutet keineswegs zugleich Freigabe eines der Masse am Grundstück zustehenden Eigentümerpfandrechts, auch wenn dieses als soches noch gar nicht verbucht ist. Es bildet einen gegenüber dem Grundeigentum selbständigen Massebestandteil [§ 47 Anm. 4ff.], der trotz Überlastung des Grundstücks hohen Wert haben kann. Zur Verhütung von Mißverständnissen mag ein ausdrücklicher Vorbehalt des Eigentümerpfandrechts bei der Grundstücksfreigabe ratsam sein. Nötig ist er nicht. Jaeger KonkTreuh. 1929 S. 34 (vgl. ebenda 1932 S. 165 f.). War auf dem Blatte des freigegebenen Grundstücks der Konkursvermerk bereits eingetragen, so wird das Grundbuch durch die Freigabe unrichtig (§ 894 BGB), weil es eine nicht mehr bestehende, aber buchfähige Verfügungsbeschränkung verlautbart. Für die Löschung des Vermerks gelten die §§ 114, 115. Beim Eigentümerpfandrecht der Masse bedarf es des Konkursvermerkes nach Abs. 1 Nr. 2 und, wenn es selbst noch nicht verbucht ist, einer vom Verwalter zu erwirkenden Eintragung.

9 VI. Wird das Grundbuch durch den Konkursvermerk (oder genauer) durch die Konkurseröffnung **gesperrt**, d. h. hat das Grundbuchamt eine Eintragung deshalb abzulehnen, weil — wie ihm irgend woher amtlich bekannt ist — der die Eintragung Bewilligende im Konkurse steht und das von der Bewilligung betroffene Recht zur Konkursmasse gehört? Dieselbe Frage erhebt sich, wenn die Eintragung vor Konkursbeginn bewilligt, aber erst nachher beantragt worden ist. Denn nur, wenn sowohl die bindende Eintragsbewilligung als die Einreichung des Eintragungsantrages vor der Eröffnung (wenn auch nach der Beantragung) des Konkurses liegen, steht der Konkurs dem Vollzuge der Eintragung nicht im Wege [§ 15 Anm. 38, 39, 42]. Die Frage selbst ist streitig. Vor allem muß man zweierlei festhalten: der Konkursvermerk dient nicht der Begründung, sondern nur der Erkennbarkeit des Konkursbeschlags [§ 7 Anm. 13, § 108 Anm. 1], der Konkursbeschlag aber ist mehr als eine Verfügungsbeschränkung. Daß der Konkursvermerk als Verlautbarung einer Verfügungsschranke im Sinne des § 892 I 2 (§ 894) BGB eingetragen wird [Anm. 2], rechtfertigt sich insofern, als der Konkurs „demjenigen, dessen Recht von der Eintragung betroffen wird" (§ 19 GBO), hier also dem Gemeinschuldner, die Verfügungsmacht über die Masse entzieht (§ 6), wenn er auch viel weitergehende Rechtsfolgen hat und zugleich anderen Personen erhebliche Zugriffs- und Erwerbsschranken (§§ 14, 15) auferlegt [siehe Anm. 10]. Die Verfügungsbefugnis fällt dem Konkursverwalter zu [§ 6 II]. Jede eigenmächtige Rechtshandlung des Schuldners und als solche auch eine Eintragungsbewilligung ermangelt nach § 7 um der Konkursgläubiger willen der Wirksamkeit. Die Unwirksamkeit steht von vornherein und im Verhältnis zu jedermann fest, wenn sie auch nachträglich geheilt werden kann [§ 106 Anm. 4]. Unwirksame Eintragungsbewilligungen darf aber der Grundbuchrichter nicht vollziehen. Er hat nach § 19 GBO den Rechtsbestand der Eintragungsbewilligung, eines gesetzlichen Erfordernisses der Eintragung, von Amts wegen zu prüfen. Ist nun dem Grundbuchrichter amtlich bekannt, daß der Bewilligende im Konkurse steht, dann muß der auf diese Bewilligung gestützte Eintragungsantrag **zurückgewiesen** werden (§ 18 GBO), einerlei, ob der Konkursvermerk bereits verbucht ist oder nicht, einerlei, ob eine positive Eintragungsbewilligung (Auflassung, Bestellung oder Abtretung einer Hypothek usw.) oder eine Löschungsbewilligung vorliegt. Daß Konkursverwalter und Konkursschuldner nebeneinander Eintragungen in Ansehung der Konkursmasse sollten erwirken können, ist eine mit dem auf die Sicherung des Rechtsverkehrs gerichteten Zwecke der

Grundbucheinrichtung wie mit der Rechtsstellung des Konkursverwalters unvereinbare Annahme. Die §§ 6, 7 würden ihr Ziel verfehlen, wenn eigenmächtige Verfügungen des Schuldners (weil sie vielleicht später einmal zur Wirksamkeit erstarken können, wenn der Konkurs nicht durchgeführt wird) im Grundbuch einzutragen und die Folgen solcher Eintragungen vom Konkursverwalter erst in besonderen Prozessen zu beseitigen wären. Schon die Gefahr, daß Dritte sich mit Rücksicht auf den Buchstand scheuen könnten, vom Verwalter ein Grundstück zu erwerben, über das der Schuldner buchmäßig anderweit verfügt hat, würde die Gegenansicht unannehmbar machen. Auch eine bedingte oder „unter Vorbehalt der Rechte der Konkursgläubiger" begehrte Eintragung würde abzulehenen sein. Bedingter Auflassung steht überdies der § 925 BGB entgegen. Eine hiernach unstatthafte Buchung fällt unter den § 53 I 1 GBO. Sie kann eine Haftung des Staates gegenüber der Konkursmasse auslösen (§ 839 BGB, Art. 34 GG). **Für** Grundbuchsperre in unserem Sinne namentlich RG LZ 1909 Sp. 938ff., im Bd. 71 38 leider verkürzt (auf Grund des § 79 II GBO unter Verwerfung der Praxis des KG); Predari LZ 1907 Sp. 454ff., GBO[2] S. 344f., Eccius Gruchots Beitr. 50 S. 480ff., Oberneck Reichsgrundbuchrecht[4] I S. 337, 400, Staudinger-Seufert BGB[11] § 878 Anm. 13, RGRKomm.[10] § 878 Anm. 3e, Planck-Strecker BGB[5] Vorbem. VII 2c (S. 122) vor § 873, Güthe-Triebel GBO[6] S. 230ff. Vorbem. 75 vor § 13, Mentzel-Kuhn Anm. 4; **gegen** die Sperre M. 3 S. 217, 219f. und die ältere Rechtsprechung des KG OLG 3 S. 194, 4 S. 196ff., 14 S. 72, KGJ 36 A 254, aufgegeben in KGJ 40 S. 279, Raape Veräußerungsverbot (1908) S. 103ff., Knoke i. d. Festgabe für Güterbock (1910) S. 410, Turnau-Förster Liegenschaftsrecht[3] I S. 154f., 465, v. Wilmowski-Kurlbaum § 15 Anm. 4, v. Sarwey-Bossert § 15 Anm. 4.

Die nur berichtigende Eintragung eines Erwerbs, der sich außerhalb des **10**
Grundbuchs bereits wirksam vollzogen hat (Hauptfall: Verfügung über Briefpfandrechte nach den §§ 1154 I, 1192 BGB), kann der Erwerber selbst durch einen die Eintragungsbewilligung ersetzenden Nachweis nach Maßgabe der §§ 22, 26 I GBO, erwirken (§ 13 II GBO). Zur Eintragungsbewilligung aber wäre auch hier soweit der Buchstand zugunsten der Konkursmasse spricht, nur der Verwalter ermächtigt (§ 6 KO). Der vom KG (KGJ 40 S. 278, OLG 25 S. 385) vertretene, von Güthe-Triebel und RGRKomm. aaO. gebilligte Satz, der Konkurs sperre das Grundbuch nur für die vom Gemeinschuldner erklärte Bewilligung einer rechtsändernden, nicht auch einer bloß berichtigenden Eintragung, kann nicht aufrechterhalten werden. Zutreffend aber betont KG KGJ 40 S. 278, daß der Nachweis einer vor dem Konkurse vollzogenen Briefübergabe [§ 15 Anm. 14] nicht schon durch das Datum der Abtretungserklärung erbracht wird.

Was das Verbot der Sondervollstreckung betrifft, so ergibt sich die Sperrwirkung des Konkurses schon daraus, daß der § 14 Einzelzugriffe von Konkursgläubigern auf konkursgebundenes wie auf konkursfreies Vermögen schlechthin für unstatthaft erklärt. Daher hat das Grundbuchamt die (wenn auch schon vor Konkursbeginn eingereichten) Anträge von Konkursgläubigern auf Eintragung von Zwangs- oder Arresthypotheken zurückzuweisen, wenn ihm vor der Eintragung die Konkurseröffnung amtlich bekannt wird [§ 14 Anm. 22]. Erst recht wird dies gelten müssen für den zum Zwecke des Zwangszugriffes auf die Konkursmasse eingereichten Eintragungsantrag eines Gläubigers, dessen Forderung nach § 63 unanmeldbar oder erst nach Konkursbeginn entstanden und darum aus der Konkursmasse überhaupt nicht zu befriedigen ist (§ 3), also zur Wahrung der Konkursmasse gegenüber Nichtkonkursgläubigern (§ 15 Satz 1). Siehe § 15 Anm. 4, 34; zust. Güthe-Triebel GBO[6] S. 231f.; abw. Motive II S. 56f. Dem Vollzuge der vor Konkursbeginn erworbenen Absonderungsrechte zieht der Konkurs keine Schranke. Ebensowenig dem Zwangszugriff der Massegläubiger. Siehe § 13 Anm. 10, § 14 Anm. 7, 9ff., § 57 Anm. 10. Hatte das Grundbuchamt vor Eingang des Ersuchens um Eintragung des Konkursvermerks durch Zwischenverfügung im Sinne des § 18 I GBO eine Frist zur Hebung des einer begehrten Eintragung entgegenstehenden Hindernisses gesetzt, so ist eine Schutzeintragung nach § 18 II GBO nicht zu bewirken, wenn es sich bei der **begehrten** Eintragung um eine Geldvollstreckung handelt. Insoweit greift auch der § 15 Satz 2 KO mit § 878 BGB nicht Platz [§ 14 Anm. 19]. Die Zwischenverfügung ist aufzuheben, der Eintragungsantrag zurückzuweisen. OLG Düsseldorf RheinARV 26 S. 216; Güthe-Triebel aaO. § 18 Anm. 41, 35.

11 Beim allgemeinen Veräußerungsverbote des § 106 I 3 ist die Rechtslage nicht ganz die gleiche. Vollinhaltlich treten die Wirkungen der §§ 6, 7, 14, 15 nicht ein. Namentlich verbindet sich mit dem Verbot als solchem nicht ein Übergang der Verwaltungs- und Verfügungsbefugnisse vom Schuldner auf einen Zwangsvertreter. Den Eintritt einer Grundbuchsperre pflegt man daher zu verneinen (Predari LZ 1907 Sp. 459). Allein der Schutzzweck des Gesetzes wird bei dieser Auslegung nur unvollkommen erreicht. Das Verbot des § 106 I 3 unterscheidet sich wesentlich von dem einen bestimmten forderungsrechtlichen Anspruch auf Änderung der dinglichen Rechtslage sichernden Veräußerungsverbote (§ 935 ZPO). Die jenem widerstreitende Verfügung ist von vornherein unwirksam [§ 106 Anm. 4]; ihre Eintragung macht das Grundbuch unrichtig. Daher lassen sich aus § 888 II BGB Schlüsse gegen die Grundbuchsperre (vgl. Knoke aaO. S. 410) in unserm Falle nicht ziehen. Vielmehr wird die Frage der Buchsperre mit Rücksicht auf die Unwirksamkeit einer Schuldnerverfügung zu bejahen sein. Zust. Mentzel-Kuhn Anm. 4.

12 VII. Entsprechende Eintragung im Grundbuch erfolgt bei Wiederaufnahme (§ 198 II), Löschung bei Aufhebung (§ 163 III, § 190 III) und Einstellung (§ 205 II) des Verfahrens sowie bei Aufhebung des Eröffnungsbeschlusses (§ 116 Satz 2). Wird das eingetragene Veräußerungsverbot wegen Abweisung des Konkursantrags aufgehoben, so hat das Konkursgericht nach § 106 II auch die Löschung zu veranlassen. Löschung bei Freigabe und Veräußerung im Laufe des Konkurses: § 114.

§ 114

Werden Grundstücke, eingetragene Schiffe oder Schiffsbauwerke oder Rechte, bei denen eine Eintragung nach Maßgabe des § 113 Abs. 1, 2 bewirkt worden ist, von dem Verwalter freigegeben oder veräußert, so kann das Konkursgericht auf Antrag das Grundbuchamt oder das Registergericht um Löschung der Eintragung ersuchen.

Materialien: Begründung S. 41.

1 I. Sind Grundstücke, eingetragene Schiffe und Schiffsbauwerke, d. h. Eigentumsrechte an solchen oder sind sonstige Buchrechte des Gemeinschuldners vom Verwalter **freigegeben** [§ 6 Anm. 26f., § 113 Anm. 8] oder **veräußert** worden, so steht der Inhalt des Grundbuchs bzw. des Schiffsregisters in Ansehung der nach § 113 eingetragenen „Verfügungsbeschränkung" [§ 113 Anm. 2, 9] mit der wirklichen Rechtslage nicht mehr im Einklang. Der durch den Konkursvermerk Beeinträchtigte — nach einer Freigabe der Gemeinschuldner, nach Veräußerung (z. B. Übereignung, Abtretung) der Erwerber — darf daher nach § 894 BGB (vgl. auch § 18 SchiffsG) vom Konkursverwalter, der die durch den Vermerk gesicherte Konkursmasse zu verwalten und über sie zu verfügen hat (§ 6 II), die Zustimmung (§ 19 GBO) zur Grundbuchberichtigung, d. h. zur Löschung des Konkursvermerks und eines etwaigen Veräußerungsverbotes verlangen. Siehe unten Anm. 4. Form der Löschung: § 46 I GBO; § 50 I SchiffsregVO. Widerspruch: § 899 BGB, § 21 SchiffsG. Entbehrlichkeit der Bewilligung des Verwalters bei Nachweis der Unrichtigkeit: § 22 I mit § 29 I Satz 2 (vgl. auch § 26 I) GBO, §§ 31 1, 37 I 2 SchiffsregVO. Im Falle der Freigabe wie in dem der Veräußerung kann der Verwalter

auch selbst und ohne, daß es einer Ermächtigung durch das Konkursgericht oder eines Ersuchens des letzteren an das Grundbuchamt bedarf, den Antrag auf Grundbuchberichtigung stellen (§ 13 II GBO mit § 6 II KO). Die Ermächtigung des Verwalters gegenüber dem Grundbuchamt endet jedenfalls mit der Löschung (Hamburg OLG 4 S. 166). Ebensowenig wie zur Eintragung [§ 113 Anm. 6] muß der Konkursverwalter zur Löschung des bei Briefrechten des Gemeinschuldners eingetragenen Konkursvermerks den Brief vorlegen (unrichtig Güthe-Triebel GBO[6] § 38 Anm. 50); die Fälle, in denen er nicht in der Lage ist, den Brief vorzulegen, sind gerade diejenigen, bei denen die Eintragung des Konkursvermerks im Grundbuch nach § 113 I Nr. 2 angezeigt war [§ 113 Anm. 5 und 6], so daß hier in der Regel die Konkurseröffnung auf dem Briefe gar nicht vermerkt sein wird (vgl. § 63 I GBO). Hat die Veräußerung sich im Wege der Zwangsversteigerung vollzogen, einerlei auf wessen Betreiben (vgl. § 126), so ist auf Grund des § 130 I 1 ZVG anzunehmen, daß der Vollstreckungsrichter, im Bereiche des § 13 EG ZVG der Notar, von Amts wegen das Grundbuchamt um die Löschung des Konkursvermerks zu ersuchen hat, weil die im Vermerk verlautbarte Rechtslage infolge des Zuschlags erloschen ist (OLG Kolmar LZ 1908 Sp. 322f.).

Um in all diesen Fällen die Herbeiführung der Löschung noch zu erleichtern 2
(Begründung S. 41), ermächtigt der § 114 **das Konkursgericht,** „auf Antrag" — nicht von Amts wegen — das Grundbuchamt um Löschung der Vermerke zu ersuchen, die nach Maßgabe des § 113 I, II — also auf das eigene Ersuchen des Konkursgerichts, nicht nach § 113 III auf Antrag des Verwalters — eingetragen worden waren. Antragsberechtigt ist jeder, der durch den Vermerk in seiner Rechtslage beeinträchtigt ist (§ 894 BGB). So bei Freigabe der Gemeinschuldner, bei Veräußerung der Erwerber, in beiden Fällen aber kraft seiner Befugnisse in Ansehung der Masse (§ 6 II) auch der Verwalter, bei Freigabe ferner ein Hypothekengläubiger, der zur Erlangung eines Vollstreckungstitels die Pfandklage erheben muß [§ 6 Anm. 27 a. E.]. Hatte der Konkursverwalter (was freilich nicht die Regel) die Eintragung des Konkursvermerks erwirkt, so ist dem Hypothekengläubiger mit einem solchen Antrag an das Konkursgericht allerdings nicht zu helfen, weil alsdann der § 114 unanwendbar bleibt. Hier hat aber der Verwalter auf Grund seines bisherigen Vorgehens die Amtspflicht, selbst den Löschungsantrag beim Grundbuchamte zu stellen [Anm. 1] und so das von ihm veranlaßte Hindernis wegzuräumen. Das Ersuchen um Löschung ist auf den Rechtspfleger übertragen (§ 21 Nr. 3 RechtspflegerG). Gegen die Zurückweisung eines Antrags nach § 114 durch den Rechtspfleger steht dem Antragsteller die befristete Erinnerung nach § 16 I S. 2 RechtspflegerG, gegen die Entscheidung des Gerichts die sofortige Beschwerde zu (§ 73 III) [§ 73 Anm. 15].

Die Worte „das Konkursgericht kann um Löschung ersuchen" besagen, 3
daß es die im § 38 GBO vorausgesetzte, vom Grundbuchrichter nachzuprüfende Ermächtigung zum Ersuchen hat, keineswegs aber, daß es den an sich begründeten Antrag nach Belieben ablehnen dürfte. Vgl. § 107 Anm. 1. Beschwerde: oben Anm. 2. Ob der Verwalter zur Grundstücksveräußerung die nach § 134 Nr. 1 erforderliche Zustimmung eingeholt hatte, prüft, was aus § 136 folgt, weder im Falle des § 114 das Konkursgericht noch das vom Konkursgericht ersuchte oder auf unmittelbaren Antrag des Verwalters tätig werdende Grundbuchamt. Ebensowenig hat das nach § 114 ersuchte Grundbuchamt zu prüfen, ob der erforderliche Antrag an das Konkursgericht gestellt war. Zust. KG KGJ 45 A 235ff., OLG 35 S. 259f.; Predari GBO[2] S. 585.

II. Ist der Eröffnungsbeschluß rechtskräftig aufgehoben, oder der rechts- 4
kräftig eröffnete Konkurs im Wege der Aufhebung oder Einstellung wirksam beendigt worden, so ist das Konkursgericht ermächtigt und verpflichtet, das Grundbuchamt um die Löschung des Konkursvermerks, sei es von Amts wegen, sei es auf Antrag eines Beeinträchtigten (namentlich eines Erwerbers oder des bisherigen Gemeinschuldners) zu ersuchen. Zugleich obliegt dem Verwalter die

Pflicht, diese Löschung beim Grundbuchamte zu beantragen. Wer die Eintragung erwirkt hat, ist beidemal unerheblich. Das bedeutet die entsprechende Anwendbarkeit des § 113, wie sie in den §§ 116 Satz 2, 163 III, 190 III, 205 II verordnet ist. Den § 114 mit seiner doppelten Beschränkung (Ersuchen des Konkursgerichts, nur wenn es selber die Eintragung erwirkt hatte, und nur auf Antrag) hat das Gesetz absichtlich nicht ebenfalls für entsprechend anwendbar erklärt. Der Schuldner, der die freie Verfügungsmacht über das durch den Vermerk betroffene Buchrecht wiedererlangt hat (z. B. nach § 192), kann die Löschung des Vermerks auch selber nach Maßgabe des § 22 I 2 mit § 29 Satz 2 GBO, also nötigenfalls unter Vorlage einer Ausfertigung des Konkursbeendigungsbeschlusses, erwirken. Mit dem Konkursvermerk ist auch hier ein etwaiges Veräußerungsverbot zu löschen [§ 113 Anm. 7]. Wird der Konkursantrag abgewiesen, so hat das Konkursgericht das Veräußerungsverbot nach § 106 II von Amts wegen aufzuheben und dementsprechend auch dessen Löschung zu erwirken.

III. Gebührenfreiheit der Löschungen: § 115.

§ 115

Die Eintragung und Löschung von Vermerken auf Grund der §§ 113, 114 geschieht gebührenfrei.

Materialien: Kommissionsbericht S. 1959f. (§ 106aa).

1 I. Der § 115 verordnet im Interesse der Entlastung der Masse von gerichtlichen Kosten (Kommissionsbericht S. 1959) **Gebührenfreiheit** für die Eintragungen und Löschungen, die gemäß §§ 113, 114 in das Grundbuch und das Schiffs- bzw. Schiffsbauregister vorgenommen werden. Die Eintragungsgebühren gelten hier als durch die Gebühren des gerichtlichen Verfahrens abgegolten.

2 Die Fassung des § 115 ist allerdings zu eng und bedarf einer dem Zwecke des Gesetzes gerecht werdenden Ausdehnung. So muß die Gebührenfreiheit auch für Eintragungen und Löschungen gelten, die in entsprechender Anwendung des § 113, also nach Maßgabe der §§ 116 Satz 2, 163 III, 190 III, 198 II, 205 II erfolgen. Die Eintragung und nicht auch die Löschung des Konkursvermerks nach Aufhebung des Eröffnungsbeschlusses oder nach Konkursbeendigung für gebührenfrei zu erklären, wäre offenbar sinnlos. Ferner müssen aber auch Eintragung und Löschung eines nach § 106 erlassenen besonderen Veräußerungsverbotes gebührenfrei sein, wenngleich der § 113 nur vom „allgemeinen" Veräußerungsverbote redet [§ 113 Anm. 1]. Wie die Eintragung muß auch die Löschung des allgemeinen oder besonderen Veräußerungsverbotes gebührenfrei sein. Das ist klar, wenn das Verbot erst mit dem Konkursvermerke gelöscht wird [§ 113 Anm. 7], besonders im Falle des § 116 („entsprechende" Anwendung des § 113). Es muß aber auch gelten, wenn infolge der Abweisung des Konkursantrags eine Löschung des Verbots veranlaßt ist (§ 106 II), da der positive Eintrag auch in diesem Falle gebührenfrei bleibt, eine Gebührenpflicht der Löschung allein aber keinen Sinn hätte (abw. Petersen-Kleinfeller Anm. 8). Unserer Auslegung haben sich angeschlossen v. Wilmowski-Kurlbaum, Mentzel-Kuhn, Böhle-Stamschräder zu § 115. Vgl. auch § 69 II (Grundbuch), § 87 Nr. 2 (Schiffsregister) der KostO.

3 Die Gebührenfreiheit besteht ohne Rücksicht darauf, wer die Eintragung oder Löschung erwirkt. Sie gilt also auch für die vom Verwalter gestellten Anträge und nicht minder für eine Löschung, die nach Konkursbeendigung der frühere Gemeinschuldner beantragt [siehe § 114 Anm. 4].

II. Der § 115 befreit nur von den Gebühren der Eintragung, nicht auch von der Zahlung barer Auslagen, z. B. Schreibgebühren für Ausfertigungen und Abschriften. 4

III. Anderweite Gebührenfreiheiten: § 112 Anm. 5

§ 116

Sobald eine den Eröffnungsbeschluß aufhebende Entscheidung die Rechtskraft erlangt hat, ist die Aufhebung des Verfahrens öffentlich bekanntzumachen. Die Vorschriften der §§ 111 Abs. 2, 112, 113, 191 finden entsprechende Anwendung.

Materialien: Motive II S. 336, Protokolle S. 79, 162, Begründung S. 39ff., Kommissionsbericht S. 1960 (106b).

I. Sobald eine den Eröffnungsbeschluß aufhebende Entscheidung des Beschwerdegerichts rechtskräftig geworden, also durch weitere Beschwerde nicht mehr anzugreifen ist (§ 705 ZPO), muß die Geschäftsstelle (vgl. § 111) des Konkursgerichts, nicht des Beschwerdegerichts [§ 111 Anm. 1], die Aufhebung des Verfahrens öffentlich bekanntmachen. Im Gegensatz zu den Fällen der Konkursbeendigung nach §§ 163 II, 190 II, 205 I ist die Aufhebung des Konkursverfahrens in diesem Falle nicht durch einen besonderen Beschluß des Konkursgerichts auszusprechen, sie ist vielmehr mit der Rechtskraft der den Eröffnungsbeschluß aufhebenden Entscheidung des Beschwerdegerichts eingetreten (Kuhn KonkTreuh. 1957 S. 6f.). Die Bekanntmachung erfolgt nach Maßgabe der §§ 76, 111 II und wird wie in Fällen des § 163 „wirksam" [siehe dort Anm. 4; vgl. auch § 111 Anm. 2]. Sie darf ebensowenig wie die sonstigen in § 116 vorgesehenen Maßnahmen aufgeschoben werden, bis der Verwalter die „Masseansprüche" befriedigt oder sichergestellt hat [Anm. 2]. Kuhn aaO. Einfluß auf den Lauf der Verjährung: § 25 Anm. 16. 1

Die Formel der aufhebenden Entscheidung ist ferner durch die Geschäftsstelle abschriftlich den Behörden mitzuteilen, die nach § 112 von der Konkurseröffnung benachrichtigt worden waren. Die entsprechende Anwendung des § 113 ergibt: die nach dieser Vorschrift bewirkten Grundbucheinträge müssen sofort nach rechtskräftiger Aufhebung des Eröffnungsbeschlusses entweder auf Ersuchen des Konkursgerichts oder auf Antrag des Verwalters wieder gelöscht werden; die Veranlassung dieser Löschung ist Amtspflicht sowohl des Konkursgerichts (§ 113 II) als des Verwalters (§§ 113 III, 82), ohne Rücksicht darauf, wer von beiden die Eintragung herbeigeführt hat. Siehe § 114 Anm. 4. Löschung des Veräußerungsverbotes bei Abweisung des Eröffnungsantrags: ebenda; fortdauernde Maßgeblichkeit der Verwalterhandlungen: § 109 Anm. 4. Gebührenfreiheit: § 115 Anm. 2.

II. Bis zur Aufhebung des Eröffnungsbeschlusses können Ansprüche entstanden sein, welche ohne die Aufhebung **Masseansprüche** wären. Die durch die Novelle von 1898 eingefügte Verweisung auf § 191 stellt klar, daß ein durch einen später aufgehobenen Eröffnungsbeschluß eingeleitetes Konkursverfahren hinsichtlich dieser Ansprüche sinngemäß so behandelt werden soll, wie ein durch Zwangsvergleich beendeter Konkurs. RG Bd. **161** 198f.; schon vorher RG Bd. **86** 93, zweifelnd RG Bd. **89** 100. Der Konkursverwalter ist also auch nach rechtskräftiger Aufhebung des Eröffnungsbeschlusses berechtigt und verpflichtet, diese Ansprüche, wenn sie unbestritten sind, zu erfüllen, wenn sie bestritten sind, sicherzustellen, und zwar sowohl Masseschulden (z. B § 59 Nr. 1, 2), wie Massekosten (z. B. § 58 Nr. 2). So auch im Falle des § 205 II, Kommissionsbericht S. 1960 sowie Kuhn aaO. Verantwortlichkeit des Verwalters: § 57 Anm. 6, § 82 Anm. 4, 5, 8; siehe auch § 109 Anm. 4. Das gilt vor allem auch für Honorar und Auslagen des Konkursverwalters, welche auch in diesem Falle durch das Konkursgericht festzusetzen sind [§ 85 2

Anm. 2c, 5]. LG Oppeln DJ 1936 S. 1089 sowie Schrader Hdb. S. 3037. In dieser den Konkurs überdauernden Amtspflicht des Verwalters, für die Masseansprüche zu sorgen, liegt zugleich die gesetzliche Ermächtigung, nicht nur die dazu erforderlichen Mittel der Masse zurückzubehalten, sondern auch für diesen Zweck noch Mittel flüssig zu machen. Seine Rechte über die Masse dauern also insoweit trotz aufgehobenem Verfahren fort; auch kann er die Löschung des Konkursvermerks im Grundbuch verhindern, wenn er das betroffene Grundstücksrecht zur Befriedigung derartiger Ansprüche verwerten muß (Kuhn aaO.). Im übrigen aber dürfen die öffentliche Bekanntmachung und die sonstigen Maßnahmen des § 116 nicht bis zur Erledigung der Masseverbindlichkeiten aufgeschoben werden [Anm. 1]. Hat der Konkursverwalter versäumt, vor Auslieferung der Masse an den Gemeinschuldner sich wegen seines Honorar- und Auslagenanspruchs zu befriedigen, so kann er diesen später nicht gegen den antragstellenden Gläubiger oder den Staat verfolgen, sondern nur gegen den Gemeinschuldner und nur gegenständlich beschränkt auf das Vermögen, welches die Konkursmasse gebildet hätte, wenn der Eröffnungsbeschluß nicht aufgehoben worden wäre. Vgl. § 57 Anm. 5, § 85 Anm. 4 sowie LG Oppeln aaO. und LG Kiel DR 1939 S. 1789. Der § 191 ist aber nur „entsprechend" anwendbar. Sein Abs. II, der auch die Deckung bevorrechtigter Konkursforderungen vorschreibt, eignet sich in unserm Falle zur Anwendung nicht, da die Berichtigung von Konkursforderungen bei Aufhebung des Eröffnungsbeschlusses weit über den Zweck unserer Vorschrift hinausgehen würde, ganz abgesehen davon, daß eine Feststellung regelmäßig in diesem Stadium noch nicht erfolgt sein wird. Siehe §§ 205f. Anm. 2. Wie hier: Wolff, Mentzel-Kuhn und Böhle-Stamschräder zu § 116. Nach Erledigung der Masseverbindlichkeiten hat der Konkursverwalter dem Gemeinschuldner die in seiner Obhut befindliche Masse herauszugeben und ihm — nicht etwa dem Gericht oder den Gläubigern — über seine Tätigkeit Rechnung zu legen. § 86 Anm. 9.

3 **III.** Der Aufhebung des Eröffnungsbeschlusses im Sinne unserer Vorschrift entspricht „die Einstellung" des bereits eröffneten Verfahrens bei Versicherungsunternehmen, weil der Beschluß des Bundesaufsichtsamtes, den Konkursantrag zu stellen, durch das Bundesverwaltungsgericht aufgehoben worden ist. [§ 103 Anm. 16].

Dritter Titel

Teilungsmasse

(§§ 117—137)

§ 117

Nach der Eröffnung des Verfahrens hat der Verwalter das gesamte zur Konkursmasse gehörige Vermögen sofort in Besitz und Verwaltung zu nehmen und dasselbe zu verwerten.

Die Geschäftsbücher des Gemeinschuldners dürfen nur mit dem Geschäft im ganzen und nur insoweit veräußert werden, als sie zur Fortführung des Geschäftsbetriebes unentbehrlich sind.

Materialien: Motive I Bd. 2 S. 60ff., Motive II S. 336ff., Protokolle S. 79, 170, Begründung S. 24, 41.

Übersicht

I. Begriff der Teilungsmasse

Teilungsmasse im Sinne der §§ 117—137 ist, wie der an der Spitze des Titels stehende § 117 ergibt, das gesamte zur Konkursmasse gehörende Vermögen, also die Aktivmasse im ganzen (§§ 1,2), mit Einschluß der Anfechtungsrückgewähr (§ 37). Dieses Vermögen ist nicht vom Konkursgericht, auch nicht seinen Weisungen gemäß, sondern nach dem Grundsatze der Selbstverwaltung [Vorbem. 4 zum II. Buch] zu sammeln, zu verwalten, zu verwerten und zu verteilen. Die Aufgabe liegt in der Hand des Verwalters. Er schaltet grundsätzlich frei nach pflichtmäßigem Ermessen und unter persönlicher Verantwortlichkeit (§ 82). Die §§ 118—125 enthalten Vorschriften über Ermittelung, Festlegung und Sicherung der Teilungsmasse, die §§ 126—137 über deren Verwaltung und Verwertung. Von der Verteilung handelt ein besonderer Titel (§§ 149—172). Um überstürzten und sachwidrigen Maßnahmen vorzubeugen, weist das Gesetz — jedoch nur mit innenrechtlicher Maßgeblichkeit (§ 136) — den Konkursverwalter an, ehe er bestimmte folgenschwere oder ungewöhnliche Handlungen vornimmt, sich des Einverständnisses des Gläubigerausschusses oder der Gläubigerversammlung zu versichern und den Schuldner zu verständigen (§§ 133—135). Abgelehnt hat das Gesetz einerseits den gemeinrechtlichen Grundsatz einer Bindung der Masseverwertung an die Formen der Zwangsvollstreckung [Freistellung: Anm. 17], andererseits die vom französischen Recht entwickelte Scheidung einer vorläufigen (grundsätzlich auf erhaltende Maßnahmen beschränkten) und einer endgültigen (zur Verwertung führenden) Verwaltung. Motive II S. 337ff. mit S. 79ff., 85ff., Protokolle S. 79; vgl. Anm. 22. — In einem viel engeren Sinne als die §§ 117ff. gebraucht den Ausdruck „Teilungsmasse" der § 148 innerhalb eines anderen Titels und zu einem besonderen Zweck. Die Teilungsmasse des § 148 ist ein Wert- 1 begriff. Sie ist die Gesamtheit derjenigen baren Mittel, die nach Umsetzung der Konkursmasse in Geld und nach Vollzug der abgesonderten Befriedigung, der Aufrechnung und der Massegläubigerdeckung zur Verteilung auf die Konkursforderungen (die Schuldenmasse im Sinne der §§ 138ff.) übrig bleiben. So stellt die Teilungsmasse des § 148 den letzten Entwicklungsstand der Konkursmasse dar, nicht aber einen Gegensatz zu ihr.

II. Bildung der Teilungsmasse

1. Das Gesetz selber, nicht erst eine Weisung des Konkursgerichts, ermächtigt und verpflichtet den Konkursverwalter im Abs. I, das gesamte zur Konkursmasse gehörende Vermögen sofort nach der Eröffnung des Verfahrens [§ 108 Anm. 1] zum Zwecke der Verwaltung und Verwertung heranzuziehen, also nötigenfalls durch Klage und Vollstreckung herbeizuschaffen. Zu diesem Vermögen gehören auch unkörperliche Gegenstände z. B. beschlagsfähige Forderungsrechte des Gemeinschuldners [Anm. 16]. Eine **Besitzergreifung** im Fachsinne kommt nur in Betracht bei „Sachen" (§ 90 BGB) mit Einschluß der Urkunden über beschlagsfähige Rechte (z. B. bei Wechseln, Hypothekenbriefen, Versicherungsscheinen, Sparkassenbüchern und Schuldscheinen). Von Rechts wegen geht der Besitz auf den Verwalter nicht über. Es bedarf einer Besitzergreifung („hat in Besitz zu nehmen"). Vgl. auch Anm. 6. Solange der Verwalter den Besitz einer Sache nicht ergriffen hat, verbleibt dem Schuldner mit der bisherigen tatsächlichen Gewalt über die Sache das Selbstschutzrecht des § 859 BGB, das der Konkursverwalter noch nicht hat, das aber schon um der Konkursgläubiger willen (§ 3) zwischenzeitlich nicht ausgeschaltet sein darf. Hat der Verwalter, wie das häufig vorkommt, den Schuldner zum Ausverkaufe des Warenlagers angestellt, so übt dieser nach Maßgabe der §§ 855, 860 BGB den Selbstschutz für die Masse aus. Im übrigen siehe Anm. 7.

Der § 117 begründet nicht nur ein Recht auf den Besitz (wie z. B. der § 1422 BGB), sondern **befiehlt** geradezu die Besitzergreifung („hat in Besitz zu nehmen"). Ermächtigt und verpflichtet zur Besitzergreifung und Verwaltung ist ausschließlich der Verwalter, der gleich bei der Konkurseröffnung ernannt (§ 110 I) und durch eine Bestallungsurkunde ausgewiesen wird (§ 81 II). Jedem Nachmanne des Verwalters gilt, sobald er das Amt übernommen hat, dasselbe gesetzliche Gebot.

Die Heranziehung zur Konkursmasse muß **sofort** erfolgen, die Verwaltung sofort beginnen. Schuldhafte Verletzung dieser Pflicht, besonders schuldhaft verzögerte Besitzergreifung, kann eine Schadensersatzpflicht des Verwalters nach § 82 auslösen. Daß er auch sofort oder binnen bestimmter Frist zur Verwertung schreiten müsse, sagt das Gesetz nicht. Eine Fristsetzung wäre insoweit vom Übel [§ 133 Anm. 7]. Die Zeit der Verwertung muß grundsätzlich, damit eine günstige Gelegenheit abgewartet werden kann, dem pflichtmäßigen Ermessen des Verwalters anheimgegeben sein. Wohl ist eine schleunige Konkursabwicklung dringend erwünscht; sie darf aber nicht zu überstürzten Maßnahmen führen. Die Aussicht auf das Zustandekommen eines Zwangsvergleichs wird in der Regel zum Aufschub vermeidbarer Verwertungen Anlaß geben (vgl. § 133 Nr. 1). Andererseits steht dem Verwalter die Befugnis zur Verwertung von vornherein zu [siehe Anm. 1].

Das Gebot des Abs. I bezieht sich auf **alles** Vermögen, das nach dem Gesetze (§§ 1, 2) zur Konkursmasse gehört, mit Einschluß dessen, was nach § 37 zur Masse zurückzugewähren ist, auch auf Gegenstände im Ausland [§ 1 Anm. 71], aber auch **nur** auf dieses Vermögen. Denn anderes fällt nicht in den Machtbereich des Konkursverwalters (§§ 6, 36). Doch ist wohl zu beachten, daß Ansprüche wegen Verkürzung der gemeinschaftlichen Befriedigungsmittel, auch soweit sie nicht auf anfechtungsrechtlicher Grundlage, sondern z. B. auf unerlaubter Handlung, etwa auf der Entziehung durch Teilnahme an Schiebungen des nachmaligen Gemeinschuldners (im Ergebnis zust. RG Bd. **120** 192) oder auf Veruntreuung durch einen früheren Konkursverwalter beruhen, im schwebenden Konkursverfahren Massebestandteile bilden. Näheres § 1 Anm. 49, Vorb. V (S. 406) vor § 29 und § 29 Anm. 32, § 82 Anm. 11 mit Verw. Auch Rechte dieser Art hat also der Verwalter nach § 117 zu verfolgen. Da indessen das ganze Verfahren auf eine Versilberung und Verteilung der Masse hinausläuft, wäre es zwecklos, unverwertbare Gegenstände in den Bereich der Konkursverwaltung einzubeziehen. Die Freigabe ist dem pflichtmäßigen Ermessen des Verwalters anheimgegeben [§ 6 Anm. 26f.; § 83 Anm. 1; § 93 Anm. 2]. Streit über Zugehörigkeit zur Sollmasse: § 1 Anm. 48, § 10 Anm. 6. Eine offenbar massefremde Sache darf der Verwalter gar nicht erst an sich ziehen. Ergreift er den Besitz einer Sache, die im Eigentum eines Dritten steht, so bringt er damit dessen Aussonderungsanspruch gegen die Masse („Anspruch aus dem Eigentum" im Sinne des § 985 BGB) zur Entstehung. Näheres § 43 Anm. 57. Sachen, die mit Absonderungsrechten behaftet sind, fallen als Gegenstände der Masse unter die Obhutspflicht des Verwalters (vgl. Protokoll S. 79), ohne daß dieser freilich dem durch sein Wertrecht zum Besitze berufenen Dritten (etwa einem Fahrnispfandgläubiger oder Sicherungseigner) den Besitz entziehen könnte (§ 127, vgl. §§ 118ff.). Eine Überlastung der Absonderungsgegenstände (z. B. von Grundstücken mit Hypotheken) kann deren Freigabe rechtfertigen [§ 6 Anm. 27ff., § 113 Anm. 8].

2. Die Ergreifung des Sachbesitzes im besonderen **vollzieht** sich im Erlangen der tatsächlichen Gewalt (§ 854 BGB). Damit wird der Konkursverwalter **unmittelbarer Besitzer.** Für diese Auffassung spricht einmal der Wortlaut des § 117, der den Verwalter anweist, das Konkursvermögen „in Besitz zu nehmen" und damit unzweideutig auf einen Besitzerwerb im Sinne des § 854 BGB hinweist, ähnlich wie etwa in den §§ 561, 1422, 2205 BGB. Siehe z. B. Planck-Flad BGB[4] § 2205 Anm. 4; abw. Martin Wolff-Raiser Sachenrecht[10] § 12 II 2 (schon die Amtsübernahme verschaffe dem Verwalter den unmittelbaren Besitz, die tatsächliche Ergreifung „verdichte" ihn nur); gegen ihn Westermann Sachenrecht[3] § 15 III. Für den unmittelbaren Besitz des Verwalters spricht aber auch der Sinn der Vorschrift; der Verwalter soll sich sofort auch die tatsächliche Gewalt über die Masse verschaffen (die rechtliche erlangt er kraft des Gesetzes: § 6 II), damit er seiner Aufgabe gerecht werden kann. Abw. Förtsch Gruchots Beitr. 43 S. 545ff., Wolff KO[2] S. 396 und Planck-Brodmann BGB[5] § 854 Anm. 5, die dem Verwalter eigenen Besitz absprechen, da er als gesetzlicher Vertreter nur den Besitz der vertretenen Person betätige. Vgl. auch Seuffert S. 283 (die Gläubigerschaft besitzt „durch den Verwalter" unmittelbar, der Gemeinschuldner aber mittelbar). Keinesfalls kann der Verwalter als Besitzdiener (§ 855 BGB) angesehen werden, da seine Gewalt vom Willen des Schuldners und der Gläubiger unabhängig ist. Weil aber der Konkursverwalter ähnlich dem Vormund eines entmündigten Verschwenders „in einem Verhältnis besitzt, vermöge dessen er einem anderen (dem Schuldner) gegenüber auf Zeit (bis zur Erledigung seiner Aufgabe, besonders bis zur Verwertung oder — etwa in den Fällen der §§ 192, 206 — bis zur Beendigung des Verwalteramtes) zum Besitz berechtigt ist", liegt das abgestufte Besitzverhältnis des § 868 BGB vor, sobald sich der Verwalter die tatsächliche Gewalt verschafft hat. Er ist **Besitzmittler** des Gemeinschuldners, dieser durch ihn mittelbarer Besitzer. So die durchaus herrschende Lehre: Strohal Jherings J. 38 S. 15, 21, 97ff., Binder Rechtsstellung des Erben I (1901) S. 54ff., Przibilla JW 1908 S. 395ff., Staudinger-Kober-Seufert BGB[11] § 854 Anm. 25, § 868 Anm. 20 mit weiterer Lit., RGR-Kommentar BGB[10] § 854 Anm. 5 a. E. und § 868 Anm. 3, Martin Wolff-Raiser aaO. § 8 I 1c, Westermann aaO. § 18, 2, Mentzel-Kuhn Anm. 5, Böhle-Stamschräder Anm. 3; vgl. auch KG LZ 1907 Sp. 296; abw. einerseits Kniep Besitz (1900) S. 147ff., Bendix Recht 1900 S. 46 (vgl. auch Voß ZZP 34 S. 193ff.), die dem Verwalter unabgestuften unmittelbaren Besitz zuerkennen, andererseits Hellmann S. 436f., der den Konkursver- 6

walter für den Besitzmittler der Gläubiger hält und dem Gemeinschuldner mittelbaren Besitz zweiten Grades zuschreibt. Der Besitz des Verwalters ist „Verwaltungsbesitz" und als solcher ein Fall des „Fremdbesitzes", d. h. eines Besitzes zu fremdem Nutzen, also kein Eigenbesitz im Sinne des § 872 BGB, aber doch ein eigener Besitz, nicht bloß Ausübung fremden Besitzes. Die Inbesitznahme der Masse ist nicht Ausübung eines fremden Rechtes, nicht Vertretung des Trägers der Masse, sondern Betätigung einer persönlichen Befugnis und Obliegenheit. Ob der Verwalter die Massesache aus der Hand des Gemeinschuldners oder eines Dritten empfängt [siehe Anm. 15], macht keinen Unterschied in seiner Stellung als Besitzer. Er wird Besitzmittler des Masseträgers auch dann, wenn er beim Pfandgläubiger ein der Masse gehörendes Pfand für deren Rechnung einlöst. Rückgabe durch den Pfandgläubiger an den Verwalter bringt hier mit einer den Konkurs überdauernden Wirksamkeit das Pfandrecht nach § 1253 BGB zum Erlöschen, Rückgabe des Hypothekenbriefs nach § 1278 mit § 1274 (§ 1154 I) BGB das Pfandrecht an der Briefhypothek (RG LZ 1912 Sp. 559 Nr. 7). Würde freilich der Pfandgläubiger dem Verwalter das Pfand nur aushändigen, damit dieser es verwerte und den Gläubiger aus dem Erlös abgesondert befriedige (ein nach § 127 KO unwahrscheinlicher Fall), dann läge eine Rückgabe im Sinne des § 1253 BGB gar nicht vor. An diese Möglichkeit denkt wohl Rud. Schmidt ArchZivPrax. 134 (1931) S. 73 Note 119 bei seinem Widerspruche gegen RG aaO.

3. Aus der Stellung des Konkursverwalters nach der Besitzergreifung als unmittelbarer Besitzer und Besitzmittler des Gemeinschuldners ergeben sich folgende Konsequenzen:

7 a) Als unmittelbarem Besitzer stehen dem Verwalter kraft eigenen Rechtes die Besitzschutzmittel zu (§§ 859ff., 1007 BGB), nicht etwa nur deren Ausübung. Der im Falle der Besitzabstufung dem mittelbaren Besitzer verliehene Besitzschutz (siehe über die streitigen Grenzen dieses Schutzes M. Wolff-Raiser aaO. § 20) verbleibt dem Gemeinschuldner persönlich. Eine Zwangsvertretung durch den Verwalter findet insoweit nicht statt [Anm. 6]. Ausübung im Widerspruche mit dem Willen des Verwalters würde aber, abgesehen von den Schranken des § 869 BGB, am Grundsatze des § 6 scheitern.

8 b) Besitz und Besitzansprüche, die der Verwalter als eigene erworben hatte [Anm. 6], gehen bei seinem Tode auf seinen Erben über (§ 857 BGB). Das wird von der herrschenden Lehre wenigstens insoweit anerkannt, als der Konkursverwalter die tatsächliche Gewalt bis zu seinem Tode ausgeübt hat. So z. B. für Wertpapiere, die er unter seinem persönlichen Verschlusse (im eigenen Geldschrank) verwahrt hat. Strohal Jherings J. 38 S. 98. Bedeutungslos ist dabei, daß die Rechtsstellung, auf welcher der Besitz beruht, nicht auf den Erben übergeht. Hier macht sich der im § 857 BGB zum Ausdruck gelangte Gedanke geltend, daß der Erbe des Besitzschutzes gegen Dritte bedarf, da er ja die vom Erblasser verwahrte Sache zunächst zu erhalten und für ihre Herausgabe aufzukommen hat (vgl. P. V S. 652). Staudinger-Kober-Seufert BGB[11] § 857 Anm. 7, 8, RGR-Kommentar Anm. zu § 857, Westermann aaO. § 15 I 4, abw. Martin Wolff-Raiser aaO. § 12 II 3, die beim Tode des Konkursverwalters das Sondervermögen, soweit der Verwalter den Besitz noch nicht tatsächlich ergriffen hatte [vgl. auch Anm. 6], oder soweit es von dem eigenen Vermögen des Verwalters äußerlich gesondert war, auf den Gemeinschuldner bzw. den nachfolgenden Konkursverwalter übergehen lassen.

Von dem grundsätzlichen Übergang des Besitzes auf die Erben des Verwalters, welche dann dem neuen Verwalter den Besitz zu übertragen haben (so auch Mentzel-Kuhn Anm. 6) will man zwei Ausnahmen machen:

9 α) Die Vererbung des unmittelbaren Verwaltungsbesitzes soll ausgeschlossen sein, soweit der Verwalter bei seinem Tode den Besitz durch Besitzdiener, z. B. durch bisherige Bedienstete des Gemeinschuldners oder den zu diesem Behuf angestellten Gemeinschuldner selbst [Anm. 2] ausgeübt hat. So mit Strohal S. 99 z. B. Planck-

Brodmann BGB[5] § 857 Anm. 3, Rosenberg Sachenrecht S. 58f. Wohl mag hier die Besitzvererbung praktisch bedeutungslos sein. Doch wird man wohl richtiger sagen: der Erbe erwirbt zwar den Besitz nach § 857, büßt ihn aber alsbald wieder ein, insofern und nur insofern das nach Lage des Falles von vornherein feststehende Nichterlangen der tatsächlichen Gewalt ein Verlieren im Sinne des § 856 I BGB bedeutet. Anders z. B. dann, wenn etwa der Verwalter selber Kaufmann war und in seinem eigenen Geschäft durch seine eigenen Angestellten Massegegenstände auf gesonderte Rechnung hatte verkaufen lassen. Hier geht auf den Erben auch der Besitz der zur Masse gehörenden Waren über.

β) Die Vererbung des mittelbaren Verwaltungsbesitzes soll unterbleiben, wenn der Herausgabeanspruch (§ 870 BGB) nicht auf den Erben des Verwalters übergehe. So soll es z. B. sein, wenn der Verwalter in seiner Eigenschaft als Konkursverwalter, also für Rechnung der Konkursmasse, Wertpapiere bei einer Bank in Verwahrung gegeben hatte. Vgl. Strohal S. 98, Binder aaO. In Wahrheit liegt eine Ausnahme nicht vor. Der Verwalter hat hier bei seinem Tode überhaupt keinen Besitz gehabt und darum auch keinen Besitz vererben können. Herausgabeanspruch und mittelbarer Besitz standen dem Verwalter gar nicht zu. Träger des Herausgabeanspruchs (des Rückgabeanspruchs aus der Verwahrung, § 695 BGB) wird, wenn der Verwalter für Rechnung der Konkursmasse hinterlegt, der Gemeinschuldner als Träger der Masse. Er ist „der andere", dem gegenüber die Bank auf Zeit zum Besitze verpflichtet ist (§§ 868, 688 BGB). Durch diese Hinterlegung entsteht also nicht ein dreifach abgestuftes Besitzverhältnis derart, daß die Bank dem Verwalter, der Verwalter dem Gemeinschuldner den Besitz vermittelt. Vielmehr scheidet durch diese Hinterlegung die Person des Konkursverwalters aus. Er persönlich hat keinen Besitz mehr, wenn ihm auch in seiner Eigenschaft als Verwalter die Ausübung des zur Masse gehörenden Rückgabeanspruchs zusteht. Diese Ausübung geht auf den neuen Verwalter sofort mit Beginn seines Amtes über, während er den eigenen Besitz einer Sache nicht schon mit dem Amte als solchem erlangt. Zust. Planck-Brodmann aaO. § 857 Anm. 3 S. 56, Mentzel-Kuhn Anm. 6, Böhle-Stamschräder Anm. 3. 10

c) Der Eigenbesitz (§ 872 BGB) verbleibt, auch nachdem der Verwalter die Sache an sich genommen hat, als mittelbarer Besitz dem Gemeinschuldner, aber wiederum nur dem Gemeinschuldner als solchem, als dem Träger der Konkursmasse. Daraus erklärt es sich, daß der durch diesen Eigenbesitz vermittelte Rechtserwerb zur Masse fließt. So besonders ein Eigentumserwerb nach Maßgabe der §§ 900, 927, 937ff., 955 BGB [§ 1 Anm. 61, § 46 Anm. 6]. Zust. Böhle-Stamschräder Anm. 3. Erfährt der ersitzende Gemeinschuldner während des Konkurses, daß ihm das Eigentum nicht zusteht, so ist die Ersitzung nach § 937 II BGB ausgeschlossen. Da die Masse, wenn deren Ausschüttung unterbleibt, in die freie Rechtsmacht des Schuldners zurückkehrt (§§ 192, 206), kann dessen böser Glaube unmöglich belanglos sein (gegen Th. Wolff KO[2] S. 12). Andererseits wird die Ersitzung auch dadurch abgebrochen, daß der Konkursverwalter bei Ausübung seiner Tätigkeit den Rechtsmangel feststellt, während der (vielleicht flüchtige) Gemeinschuldner nichts davon erfährt. Der § 937 BGB muß eben hier mit Rücksicht auf die Besonderheiten der Konkurslage ausgelegt werden. Der auf rechtsgeschäftliche Vorgänge zugeschnittene § 166 BGB löst (gegen Th. Wolff aaO.) unsere Frage nicht. 11

4. Ist der Verwalter dem Gemeinschuldner gegenüber zu eigenmächtiger Wegnahme befugt? Nach § 858 I BGB bildet eine wider den Willen des Besitzers erfolgende Entziehung oder Störung des Besitzes dann keine „verbotene" Eigenmacht, wenn das Gesetz die Entziehung oder Störung gestattet. Ausdrücklich ist die Gestattung der Eigenmacht in § 117 I nicht ausgesprochen (wie z. B. in § 561 I BGB). Sie kann auch nicht aus der Rechtstellung des Konkursverwalters abgeleitet werden. Der Konkursverwalter ist kein Vollstreckungsorgan, dem 12

(jedenfalls gegenüber dem Schuldner) die Gewaltanwendung „gestattet" sein müßte, sondern ein Vermögensverwalter mit bestimmten gesetzlichen Obliegenheiten [§ 78 Anm. 1, 3]. Aus diesen läßt sich ein Recht zu eigenmächtiger Inbesitznahme so wenig herleiten wie für den Nachlaßverwalter. Sonach bleibt nur die Frage, ob § 117 KO im Sinne der Gestattung einer eigenmächtigen Besitzergreifung ausgelegt werden kann. Auch diese Frage ist zu verneinen. Denn die Vorschrift unterscheidet nicht zwischen dem Schuldner und dritten Personen. Dritten gegenüber wollte aber das Gesetz dem Verwalter Eigenmacht zweifellos nicht gestatten. Sonach ist auch eine wider Willen des Schuldners erfolgende Besitzentziehung durch den Verwalter „verbotene" Eigenmacht und der Schuldner berechtigt, sich ihrer mit Gewalt zu erwehren (§ 859 I BGB). Zust. Mentzel-Kuhn Anm. 4. Wohl aber verübt der Schuldner seinerseits verbotene Eigenmacht, wenn er den fehlerfrei erlangten Besitz des Verwalters wider dessen Willen stört oder entzieht.

13 5. Stößt der Verwalter bei seiner Besitzergreifung auf **Widerstand,** so sind hinsichtlich der zur Beseitigung dieses Widerstandes zu ergreifenden Maßnahmen zwei Fälle zu unterscheiden:

a) Daß der Widerstand des **Schuldners** (seines gesetzlichen Vertreters oder seines Besitzdieners) den Verwalter nicht nötigen kann, sich den für eine Zwangsvollstreckung erforderlichen Herausgabetitel im Klagewege zu beschaffen, steht außer Frage. Die Durchführung des Konkurses könnte sonst von einem böswilligen Schuldner in unerträglicher Weise behindert werden [vgl. auch § 1 Anm. 48]. Andererseits kann der Verwalter nicht selbst den Widerstand durch Gewaltanwendung brechen [Anm. 12], vielmehr kann dies nur durch ein staatliches Vollstreckungsorgan geschehen, bei der Herausgabe von Sachen also durch einen Gerichtsvollzieher (§§ 883ff., 753, 758 III, 759 ZPO). Hinsichtlich des Vorgehens stehen sich zwei Meinungen gegenüber:

α) Nach der in Rechtsprechung und Rechtslehre durchaus herrschenden Meinung handelt es sich um die Vollstreckung eines Herausgabeanspruches nach §§ 883ff. ZPO auf Grund eines Vollstreckungsauftrages des Konkursverwalters an den zuständigen Gerichtsvollzieher. Den für diese Vollstreckung notwendigen Titel findet sie im Eröffnungsbeschluß (§ 794 Nr. 3 ZPO), der vollstreckbar gegen den Gemeinschuldner auszufertigen sei; er enthalte zwar keinen ausdrücklichen Herausgabebefehl an den Gemeinschuldner hinsichtlich der Konkursmasse, das gesetzliche Recht des Konkursverwalters auf den Besitz der vom Konkursbeschlag ergriffenen Sachen und dementsprechend die Pflicht des Schuldners auf Aushändigung dieser Sachen gehe aber mittelbar auf ihn zurück. Die Unbestimmtheit hinsichtlich der herauszugebenden einzelnen Gegenstände werde durch entsprechende, den Titel ergänzende Angaben des Konkursverwalters im Zusammenhang mit § 1 KO behoben, der den Umfang der Masse gesetzlich bestimme. Der Einwand des Gemeinschuldners, die vom Gerichtsvollzieher herausverlangten Sachen gehörten nicht zur Konkursmasse, sei im Wege des § 766 ZPO geltend zu machen. So im Anschluß an die kurze Feststellung in den Motiven II S. 340 RG Bd. **87** 399, Petersen-Kleinfeller Anm. 1, v. Wilmowski-Kurlbaum Anm. 1, v. Sarwey-Bossert Anm. 4, Wolff Anm. 2, Kohler Leitfaden S. 235f. mit S. 63f., Mentzel-Kuhn Anm. 4, Böhle-Stamschräder Anm. 2 und NJW 1952 S. 1421, Baur bei Schönke-Baur § 53 C III 1a, Noack DGVZ 1951 S. 35 und KonkTreuh. 1955 S. 170ff., Herfurth DGVZ 1951 S. 73ff., BGH **12** 389, OLGStuttgart NJW 1953 S. 389, Hamm NJW 1955 S. 1638, LG Hannover DGVZ 1951 S. 43, Flensburg DGVZ 1952 S. 152, Düsseldorf KonkTreuh. 1957 S. 143 und jetzt offenbar auch Jaeger-Lent § 1 Anm. 48. Dabei erscheint es allerdings inkonsequent, daß in der Regel von einer nur entsprechenden Anwendung der §§ 833ff. ZPO gesprochen wird; denn wenn der Konkurseröffnungsbeschluß als Vollstreckungstitel (wenn auch mit gewissen Nachhilfen) im Sinne des § 794 Ziff. 3 ZPO fungiert, so handelt es sich um einen

Fall unmittelbarer Anwendung der Vorschriften über die Herausgabevollstreckung. Sicher abzulehnen ist die vereinzelt (z. B. LG Leipzig LZ 1911 Sp. 325) vertretene Auffassung, die vom Gericht ausgestellte Bestallungsurkunde des Verwalters (§ 81 II) sei eine ausreichende Vollstreckungsgrundlage; dagegen mit Recht LG Stuttgart NJW 1952 S. 1421 und Böhle-Stamschräder ebenda.

β) Der von der herrschenden Meinung gewiesene Weg hat ohne Zweifel praktische 14
Vorteile. Er unterstellt auf schnellstem Wege die Sachen, die der Verwalter als zur Konkursmasse gehörig ermittelt hat, seiner Verwaltung und Verfügung, wenn ihre Herausgabe auf Schwierigkeiten stößt. Für den der Weigerung (jedenfalls bei beweglichen Sachen) regelmäßig zugrunde liegenden Einwand der Unpfändbarkeit scheint der Weg der Einwendungen nach § 766 ZPO gemäß. Hat der Gerichtsvollzieher die Sachen aber bereits an den Konkursverwalter abgeliefert, so sind derartige Einwendungen wegen Beendigung der Zwangsvollstreckung nicht mehr zulässig; damit wird aber dem Schuldner der Einwand, die Sache gehöre nicht zur Masse, nicht abgeschnitten, jedoch muß er, nicht der Konkursverwalter die Initiative zum Austrag dieser Frage im Prozeßweg ergreifen [§ 1 Anm. 48]. Andererseits bestehen aber ernste Bedenken gegen diesen Weg, welche hauptsächlich von Jaeger (6./7. Aufl. Anm. 13, ferner Lehrbuch § 79 Anm. 4) entwickelt worden sind. Der im Eröffnungsbeschlusse verhängte Konkursbeschlag vollzieht sich von Rechts wegen. Einen Beschluß dieses Inhalts vollstreckbar auszufertigen (§§ 724f. ZPO), ist widersinnig. Es könnte sich ja nur um den Zwangsvollzug mittelbarer Folgen der Konkurseröffnung handeln; insoweit aber fehlt es an jeder Bestimmtheit des Leistungsbefehls. Der Eröffnungsbeschluß sagt nicht und kann gar nicht sagen, was alles der Schuldner im einzelnen dem Konkursverwalter auszuhändigen habe. Als Vollstreckungstitel wäre der Beschluß ein für den Bereich der §§ 883, 885 BGB untaugliches Blankett. Die Ausfüllung dieses Blanketts durch den Konkursverwalter stellt eine mit den Prinzipien der Zwangsvollstreckung unvereinbare Ergänzung eines Vollstreckungstitels durch Angaben des Vollstreckungsgläubigers dar. Die von der herrschenden Meinung angebrachte Korrektur durch die Einwendungen nach § 766 ZPO führt dahin, daß der Gerichtsvollzieher die Massezugehörigkeit der herauszugebenden Gegenstände, d. h. aber das Bestehen der Herausgabepflicht zu prüfen hat, was der Vollstreckung nach §§ 883ff. ZPO völlig fremd ist. Jaeger weist daher mit Recht den Konkursverwalter auf den Weg, beim Konkursgericht eine Wegnahme- bzw. Räumungsanweisung an den Gerichtsvollzieher zu erwirken. Die Rechtsgrundlage für eine derartige Anweisung findet sich in § 101 II KO. Dieser legt die Anordnung von Zwangsmaßnahmen, die notwendig werden, um eine Widersetzlichkeit des Gemeinschuldners gegen die Erfüllung der ihm vom Gesetz auferlegten Pflichten zu brechen, zweckmäßigerweise in die Hand des Konkursgerichts. Zu diesen Pflichten gehört auch die dem Gemeinschuldner in § 117 I gebotene Aushändigung der Massesachen an den Konkursverwalter. Die Zwangsgewalt des Konkursgerichts reicht so weit, daß es dem ungehorsamen Schuldner sogar die persönliche Freiheit zu entziehen vermag. Um so mehr muß es die Macht haben, die Wegnahme und Räumung von beweglichen und unbeweglichen Sachen anzuordnen. Zu diesem Zwecke hat es dem Gerichtsvollzieher, dem zur Betätigung körperlichen Zwanges berufenen staatlichen Vollstreckungsbeamten, die genau bestimmte Weisung zu erteilen: daß er dem Gemeinschuldner im einzelnen bezeichnete bewegliche Sachen wegnehme oder daß er vom Schuldner und seiner Familie bewohnte Massegrundstücke räume und daß er den Konkursverwalter in den Besitz setze. Derselbe Weg, der hier für den Konkurs durch Auslegung des § 101 II gewonnen wurde, ist für die entsprechende Situation in der Zwangsverwaltung in § 150 II ZVG ausdrücklich vorgesehen. Damit wird dem Zweck des § 117 ebenso rasch wie sachgemäß gedient. Das Konkursgericht darf die vom Konkursverwalter beantragte Weisung an den Gerichtsvollzieher natürlich nur dann ergehen lassen, wenn es die Massezugehörigkeit der vom Verwalter bezeichneten Gegenstände für gegeben erachtet. Damit wird die Prüfung der Massezugehörigkeit der herauszugebenden Sachen nicht (wie

nach herrschender Meinung) dem Gerichtsvollzieher unter Nachprüfung durch das (möglicherweise von dem Konkursgericht verschiedene) Vollstreckungsgericht auferlegt, sondern dem Konkursgericht, was auch praktisch zweckmäßiger ist. Gegen die Anordnung steht dem Gemeinschuldner, gegen die Ablehnung dem Konkursverwalter die sofortige Beschwerde zu (§ 73 III). Auch die rechtskräftige Ablehnung durch das Konkursgericht hindert den Verwalter nicht, die Frage der Massezugehörigkeit im Prozeß auszutragen [§ 1 Anm. 48], wie umgekehrt der Gemeinschuldner nach Durchführung der Wegnahme seinerseits diesen Rechtsstreit anhängig machen kann. Der Ansicht von Jaeger, die hier noch ausgebaut wurde, haben sich angeschlossen: OLG München LZ 1931 Sp. 121, LG Hannover DGVZ 1954 S. 106 und mit eingehender Begründung Werner Fischer Die Mietwohnung des Gemeinschuldners (Heidelberger ungedr. Diss., 1957) S. 25ff. Für das österreichische Recht wird eine entsprechende Auffassung zu § 101 KO vertreten von Rintelen, Österr. Konkurs- und Vergleichsrecht (1915) S. 201. Verfehlt ist jedenfalls der Einwand des LG Düsseldorf KonkTreuh. 1957 S. 144, § 101 II finde unmittelbar nur im Eröffnungsverfahren Anwendung. Bei der hier vertretenen Auslegung des § 101 II dürfte die Niederkämpfung des Widerstandes des Gemeinschuldners durch Verhängung der Beugehaft nur in besonderen Ausnahmefällen ein geeignetes Mittel sein, etwa um die Zustimmung des Gemeinschuldners zur Ablieferung von Wertsachen an den Konkursverwalter zu erreichen, die ihm nach der Gefängnisordnung abgenommen worden sind (weitergehend auch zur Erzwingung der Herausgabe von Grundstücken: Jaeger 6./7. Aufl. Anm. 14; dagegen mit Recht bedenklich LG Stuttgart NJW 1952 S. 1421 und Böhle-Stamschräder ebenda). Angemessener wäre es freilich, wenn der § 101 II das Konkursgericht ausdrücklich ermächtigte, dem Verwalter zur Niederkämpfung eines Widerstandes des Schuldners einen Gerichtsvollzieher beizuordnen.

14a γ) Die Erzwingung der Herausgabe ist in neuerer Zeit hauptsächlich in Fällen praktisch geworden, in denen sich der Konkursverwalter im Interesse der Masseverwaltung und -verwertung den Besitz von **Räumen** verschaffen mußte und zwar nicht so sehr von Geschäftsräumen, deren Inbesitznahme der Gemeinschuldner kaum Widerstand entgegensetzen wird, sondern der Wohnung des Gemeinschuldners. (Die meisten der in Anm. 13, 14 angeführten Entscheidungen betreffen die Räumung von Wohnungen.) Die Räumung durch den Gemeinschuldner und die Besitzeinweisung des Verwalters kann sich einmal als notwendig erweisen, wenn der Gemeinschuldner im eigenen Hause wohnt, das der Konkursverwalter durch Veräußerung für die Masse verwerten will, wobei der Wohnbesitz des Gemeinschuldners hinderlich ist; ferner bei Mietwohnungen, wenn das Mietrecht des Gemeinschuldners für die Masse (mit Zustimmung des Vermieters) etwa durch Untervermietung verwertet werden soll [§ 19 Anm. 1], insbesondere aber, wenn das gemäß § 19 gekündigte Mietverhältnis abgelaufen ist und nun der Verwalter schleunigst zur Vermeidung weiterer Masseschulden (§ 59 Nr. 2) den Besitz an den Vermieter herausgeben muß. Die Hauptfrage ist, ob in diesen Fällen der **Vollstreckungsschutz** gemäß § 30 IV WohnBewG Platz greift. Die herrschende Lehre, für die der Eröffnungsbeschluß der Räumungstitel für eine Vollstreckung nach § 885 ZPO ist [Anm. 13], muß hier konsequent zur Anwendung von § 30 IV WohnBewG kommen. So ausdrücklich OLG Hamm NJW 1955 S. 1638, Noack KonkTreuh. 1955 S. 172, Böhle-Stamschräder Anm. 2; vgl. auch Herfurth DGVZ 1951 S. 74. Damit wird die Masse gegen den Willen des Konkursverwalters und der Gläubiger u. U. für längere Zeit mit zusätzlichen, möglicherweise nicht unerheblichen Masseverbindlichkeiten belastet, die aus dem Notbedarf des Schuldners und seiner Familie erwachsen, für dessen Berücksichtigung die KO in den §§ 58 Nr. 3, 199 I, 132 I eine besondere Regelung getroffen hat. Die hier vertretene Gegenansicht [Anm. 14] führt dagegen zu einer praktisch zweckmäßigeren Lösung. Die auf Grund des § 101 II ergehende Räumungsanordnung des Konkursgerichts, welche die dem § 117 I entsprechende Besitzlage im Verhältnis von Gemeinschuldner und Konkursverwalter herstellen will, ist kein Räumungstitel im Sinne des § 30 IV WohnBewG. Ihre Durchführung ist auch keine Zwangsvollstreckung im Sinne der ZPO, so daß sich der Schuldner ihr gegenüber auch nicht auf den allgemeinen Vollstreckungsschutz des § 765 a ZPO berufen kann. Das Konkursgericht hat vielmehr die Räumungsanordnung zu erlassen, wenn der Konkursverwalter ihm nachweist, daß einer der Fälle gegeben ist, in denen seine Besitzergreifung im Interesse der Masse notwendig ist; es kann sie nur dann versagen, wenn die Zugehörigkeit des Mietrechtes zur Konkursmasse zweifelhaft erscheint, was auch der Gemeinschuldner durch sofortige Beschwerde gegen die Anordnung geltend machen kann. Der § 149 ZVG kann im Konkurs, der nicht nur die Erträgnisse, sondern den Stamm des Schuldnervermögens einer sofortigen Verwertung zuführt, nicht entsprechend angewendet werden. Wie und inwieweit dem Schuldner und seiner Familie über die gesetzlichen Beschlagsschranken hinaus auf Kosten der Konkursmasse zu helfen sei, bestimmt die erwähnte besondere Regelung der KO. Wie hier insbesondere Werner Fischer aaO. S. 47ff.

b) Verweigert ein dritter Besitzer (also nicht ein Besitzdiener oder gesetzlicher Vertreter des Schuldners) die Herausgabe einer zur Masse gehörenden Sache, so ist der Verwalter — abgesehen von den §§ 126, 127 KO — auf die gerichtliche Geltendmachung der dem Gemeinschuldner gegen den Dritten zustehenden Rechte angewiesen (§§ 1f., 6 KO). Motive II S. 341f. Daß auch Dritten gegenüber die Herausgabe schon auf Grund des Eröffnungsbeschlusses erzwungen werden könne, wird nur vereinzelt behauptet (Dresden OLG 43 S. 154). Einwendungen des Dritten im schwebenden Rechtsstreit: § 10 Anm. 6; Zurückbehaltungsrecht: § 49 Anm. 41ff. 15

6. Die Bildung der Teilungsmasse beschränkt sich keineswegs auf die Inbesitznahme der zur Masse gehörenden körperlichen Vermögensgegenstände [Anm. 6]. Auch unkörperliche Massebestandteile, wie Geldforderungen, Sachleistungsansprüche und andere Rechte, hat der Verwalter nach § 117 sofort unter seine Obhut zu nehmen und dem Konkurszwecke zuzuführen, also z. B. Außenstände einzuziehen und nötigenfalls durch Klage und Vollstreckung zu verfolgen. Der offene Arrest (§§ 118f.) bietet einen allgemeinen Schutz, ohne aber den Verwalter der Pflicht zu besonderer Fürsorge im Einzelfalle, wie zur Erwirkung einstweiliger Verfügungen oder zur Inbesitznahme von Urkunden [Anm. 2], zu entheben. Bedeutsam ist namentlich die Ausübung der anfechtungsrechtlichen Rückgewähransprüche (§ 36). Auch die rechtzeitige und ordnungsmäßige Geltendmachung der dem Gemeinschuldner zustehenden beschlagsfähigen Gestaltungsrechte, wie etwa zur Anfechtung von Rechtsgeschäften wegen Irrtums, Täuschung oder Drohung oder zu Rücktritt und Wandlung, kann Amtspflicht des Verwalters nach § 117 sein. Desgleichen die Erwirkung der Berichtigung einer den Konkurszweck gefährdenden Unrichtigkeit des Grundbuchs (§§ 894ff. BGB) oder der Einziehung eines unrichtigen Erbscheins (§ 2361 BGB; BayObLG ROLG 32 S. 82). Lösung mithaftender Gegenstände aus hypothekarischer Haftung: § 4 Anm. 1ff. 16

III. Verwertung der Teilungsmasse

1. Die Verwertung, d. h. die Umsetzung der Masse in Geld (die Versilberung) erfolgt, sobald dies dem Verwalter zweckmäßig erscheint. Sie ist eine wirtschaftliche Angelegenheit, zu deren Förderung Levy KonkTreuh. 1927 S. 82, 1928 S. 17 sehr beachtenswerte, auf reicher Erfahrung beruhende Vorschläge macht. Das Wort „sofort" (Abs. I) bezieht sich, wie schon die §§ 133ff. ergeben, nicht auch auf die Verwertung [Anm. 4]. Wie die Zeit, so bestimmt der Verwalter auch die Art der Verwertung nach pflichtmäßigem (§ 82) Ermessen (Verkauf, Tausch, Betrieb für Rechnung der Masse, Vermietung, Verpachtung, Einziehung). Dem Konkurszweck entspricht am meisten die Veräußerung gegen bar. Doch liegen Stundungen keineswegs außerhalb der Machtbefugnisse des Verwalters. Seine Veräußerungen sind nicht schon an sich Vorgänge der „Zwangsvollstreckung", wenn sie auch in deren Formen vollzogen werden können [§ 126 Anm. 2, § 127 Anm. 13]. Über die Frage, wer bei Konkursveräußerungen nicht kaufen darf, siehe 17

§ 126 Anm. 3; über die Gewährpflicht § 126 Anm. 1. Veräußerungsverbot: § 13. Gehört zur Konkursmasse eine Diensterfindung, welche der Arbeitgeber unbeschränkt in Anspruch genommen hat, so besteht ein Vorkaufsrecht des Arbeitnehmers, wenn der Konkursverwalter des Arbeitsgebers die Erfindung ohne den Geschäftsbetrieb veräußern will (§ 27 I mit §§ 6, 7 G. über die Arbeitnehmererfindungen v. 25. 7. 1957, BGBl. I S. 756). Für die Wirksamkeit der Verfügungen des Konkursverwalters geben die §§ 161, 163, 184, 353, 499, 883, 2115 BGB besondere Vorschriften. Rein persönliche Verwertungsschranken, die der Schuldner sich hat auferlegen lassen, versagen im Konkurse, da dessen Zweck dem Gemeinwohle der Gläubiger den Vorrang einräumt. Das gilt besonders für schuldrechtliche Preisbindungen, wie sie der Hersteller von „Masseartikeln" als Kleinhandelspreise auszubedingen pflegt. Siehe oben § 1 Anm. 27, § 6 Anm. 22; dazu Rosen KonkTreuh. 1930 S. 1ff. Allerdings hat der Verwalter fremde Warenzeichen- und Patentrechte zu wahren [§ 43 Anm. 35]. Es kann aber nicht zugegeben werden, daß er bei Verkäufen unter den mit dem Gemeinschuldner vereinbarten Preisen eine dem § 1 UWG widerstreitende Schleuderung begeht, nicht zwar „wenn er den durch das Konkursverfahren bedingten schleunigen Verkauf als eine Art Ausverkauf betreibt", wohl aber wenn er das Unternehmen zunächst weiterführt, um es womöglich im ganzen zu veräußern (so KG KonkTreuh. 1928 S. 121, im Grundsatze beipflichtend Freund ebenda 1932 S. 123). Mit Recht weist demgegenüber Rosen aaO. S. 2f. auf die Schwierigkeit einer Durchführung solcher Unterscheidung und auf die für beide Fälle maßgebenden Besonderheiten der Konkurslage hin. Wie hier auch Mentzel-Kuhn § 6 Anm. 25, Böhle-Stamschräder Anm. 4.

18 Die Verwertung vollzieht sich fast stets in Vertragsschlüssen des Verwalters mit einem Dritten. Da aber die Konkursmasse ein Sondervermögen darstellt, kann auch der Gemeinschuldner selbst als Erwerber auftreten [§ 1 Anm. 50, § 57 Anm. 3]. Er erwirbt dann den Gegenstand nicht dem Rechte (dem Eigentum, Gläubigerrecht) nach neu. Er gewinnt lediglich die Befugnisse wieder, die ihm der Konkurs nach § 6 in Ansehung des Gegenstandes entzogen hatte. In Wahrheit handelt es sich also um eine erkaufte Freigabe. Unentgeltlichkeit gehört nicht zum Wesen der Freigabe. Auch ist es einerlei, wer sie dem Schuldner erkauft, ob er selbst oder ein Dritter. Das Verpflichtungsgeschäft ist ein Kaufvertrag über Rechte (§ 433 I 2 BGB, § 59 Nr. 1 KO). Zur Erfüllung der Verkäuferpflicht genügt wie sonst zur Freigabe eine einseitige, empfangsbedürftige, mündliche oder schriftliche, ausdrückliche oder stillschweigende Willenserklärung des Verwalters an den Schuldner [§ 6 Anm. 27]. Es bedarf also z. B. bei einem Grundstück nicht der Auflassung und Umschreibung. Der Gemeinschuldner ist schon Eigentümer, auch schon buchmäßig. Nur wird der Konkursvermerk nach der Freigabe durch rechtsbekundende (nicht durch rechtsbegründende) Eintragung gelöscht (§ 114). Eben darum finden aber auch die Verkehrsschutzvorschriften auf diesen Fall so wenig Anwendung als auf den Fall unentgeltlicher Freigabe. Vgl. v. Tuhr Allg. Teil (1910) I S. 336f. (teilweise abweichend). Die Veräußerung an einen Angehörigen des Gemeinschuldners ist Veräußerung an einen Dritten.

19 2. **Die Geschäftsbücher** (§ 1 III) bilden keine selbständig verwertbaren Massebestandteile. Nur unter einer doppelten Schranke gestattet der **Abs. II** ihre Veräußerung für Rechnung der Masse: sie dürfen nur mit dem Geschäft im ganzen (§ 134 Nr. 1) veräußert werden und auch solchenfalls nur insoweit, als sie zur Geschäftsfortführung unentbehrlich sind [§ 1 Anm. 20]. Fehlt es an einer dieser Voraussetzungen (namentlich, weil die Masse stückweise verwertet wird), so müssen die Geschäftsbücher bei Konkursbeendigung dem Schuldner zurückgegeben werden. Diesen trifft als Eigentümer, der nach Beendigung des Konkurses die freie Verfügungsgewalt über die Geschäftsbücher zurückerhält, die gesetzliche Verwahrungspflicht des § 44 HGB. Für eine Beschlußfassung der Gläubiger über das künftige Schicksal der Bücher, wie sie der § 162 bei tatsächlicher Unverwert-

barkeit vorsieht, ist in unserem Falle eines gesetzlichen Ausschlusses der Veräußerlichkeit kein Raum. Nach Durchführung eines Nachlaßkonkurses sind die Geschäftsbücher dem Erben, also äußersten Falles dem Fiskus (§ 1936 BGB), auszuliefern. Eine andere Frage ist die, was zu geschehen hat, wenn die Rückgabe der Bücher daran scheitert, daß der Gemeinschuldner die Annahme verweigert oder unvertreten flüchtig ist. Dieselbe Schwierigkeit kann sich für Sachen ergeben, die nach einem auf Grund des § 162 gefaßten Gläubigerbeschlusses dem Schuldner ausgeliefert werden sollen. Die Notbehelfe der §§ 372, 383 BGB (a. 146 EG.BGB) werden — von der nicht zu unterschätzenden Kostenfrage abgesehen — mangels Hinterlegbarkeit oder Verkäuflichkeit versagen. Keinesfalls trifft hier die Aufbewahrungspflicht des § 44 HGB den Konkursverwalter. Kraft seiner Aufsichtsgewalt (§ 82) dürfte hier aber das Konkursgericht, das seinerseits weder verpflichtet noch auch nur berechtigt ist, die Verwahrungslast auf sich zu nehmen, eine den Verwalter entlastende Anordnung über den ferneren Verbleib der Bücher zu treffen ermächtigt sein. Siehe auch Braß JW 1930 S. 1360, Senst-Müller, Verwaltung von Konkursen[9] S. 321 gegen Mosler Recht 1909 S. 343ff.

Im Konkurs einer Handelsgesellschaft stellen die unverwerteten und unverwertbaren Geschäftsbücher restliches Gesellschaftsvermögen dar, bezüglich dessen die Gesellschaft als fortbestehend anzusehen ist. Demnach hätte der Konkursverwalter die Bücher dem Vertreter der Gesellschaft nach Konkursbeendigung auszuhändigen; dessen Sache wäre es dann, für die Erfüllung der gesetzlichen Aufbewahrungspflicht der Gesellschaft zu sorgen, insbesondere die Maßnahmen nach § 157 II HGB, § 214 II AktG, § 74 I GmbHG in die Wege zu leiten. Es würde sich in solchen Fällen an den Konkurs ein auf die Sorge für die Verwahrung der Geschäftsbücher beschränktes Liquidationsverfahren anzuschließen haben, während bei Undurchführbarkeit der Herausgabe an den Vertreter der Konkursverwalter ebenso wie bei natürlichen Personen eine entlastende Anordnung des Konkursgerichtes herbeizuführen hätte. So offenbar Jaeger 6./7. Auflage. Dieses sehr umständliche Verfahren führt zu kaum überwindbaren Schwierigkeiten, wenn die Verwahrung nur mit einem entsprechenden Kostenaufwand durchgeführt werden kann, da der Liquidationsgesellschaft nach der Abwicklung des Konkurses keinerlei Mittel mehr zur Verfügung stehen. Es steht aber auch mit dem Grundgedanken in Widerspruch, daß der Konkurs der Handelsgesellschaft seinem Wesen nach ein besonders gestaltetes Liquidationsverfahren für den Insolvenz- oder Überschuldungsfall darstellt, das zur vollen Beendigung der Gesellschaft führt. Daraus ist abzuleiten, daß im Konkurs einer Handelsgesellschaft der Konkursverwalter in gleicher Weise wie der Liquidator dafür zu sorgen hat, daß die Geschäftsbücher der in den §§ 157 II HGB, 214 II AktG, 74 I GmbHG vorgesehenen Verwahrung zugeführt werden. So offenbar (für die oHG) auch Baumbach-Duden HGB[10] § 157 Anm. 2 und Weipert Großkomm. zum HGB[2] § 157 Anm. 13. Vgl. auch KG ROLG 19 S. 317. Der Konkursverwalter hat also bei der oHG, der KG und der GmbH die Geschäftsbücher an den durch den Gesellschaftsvertrag oder einen Gesellschafterbeschluß bestimmten Verwahrer herauszugeben und beim Fehlen einer derartigen Bestimmung sowie von vornherein bei der AG die Bestimmung der Verwahrungsstelle durch das Registergericht (§ 145 FGG) herbeizuführen. A. A. Bliefert KonkTreuh. 1930 S. 110f. (Anordnung des Konkursgerichts). Soweit die Verwahrung nur mit Kosten durchgeführt werden kann — das Gericht hat bei der Bestimmung des Verwahrers auf eine möglichst billige Aufbewahrung Bedacht zu nehmen (KG aaO.) — sind diese aus der Masse zur Verfügung zu stellen; denn der Abschluß des Verwahrungsvertrages mit der bestimmten Stelle ist, wie bei der Liquidation Sache des Liquidators, so hier Sache des Konkursverwalters; dadurch entstehende Kosten sind somit nach § 59 Nr. 1 KO Masseschulden. Ebenso Bliefert aaO. Diese Grundsätze können nur dann nicht gelten, wenn die Durchführung des Konkurses wegen Unzulänglichkeit der Masse unterbleibt (§ 204 KO). In diesem Falle hat der Konkursverwalter die Bücher dem gesetzlichen Vertreter der insoweit noch fortbestehenden Gesellschaft auszuhändigen, der dann das weitere Vorgehen einzuleiten hat. Dasselbe Verfahren ist einzuschlagen, wenn andere unverwertbare Vermögensstücke an den Gemeinschuldner nach Konkursbeendigung zurückzugeben sind.

20 Zweifelhaft ist, ob die Verwertungsbeschränkung des Abs. II auch auf Kundenkartotheken, Kundenlisten, Kundenbücher, Abonnentenverzeichnisse und ähnliche Aufzeichnungen anzuwenden ist, in denen sich die durch eine u. U. kostspielige Werbung aufgebauten Kundenbeziehungen des Unternehmens niedergeschlagen haben. Im Gegensatz zu den eigentlichen Geschäftsbüchern, die ohne das Geschäft nur als Makulatur verwertet werden könnten, was mit Rücksicht auf ihren Beweiswert für den Gemeinschuldner durch Abs. II verhindert werden soll, haben sie einen selbständigen Vermögenswert und sind daher für die Masse auch dann verwertbar, wenn das Geschäft, etwa der Verlag einer bestimmten Zeitschrift, nicht weitergeführt wird; sie können an ein Unternehmen ähnlicher Art veräußert werden, das an ihrem Erwerb Interesse hat. Nach der Ansicht des KG ROLG 17 S. 194, der sich Stein-Jonas-Schönke-Pohle ZPO[18] § 811 IV Note 77 angeschlossen haben, unterfallen derartige Verzeichnisse wegen ihres selbständigen Vermögenswertes nicht dem Pfändungsverbot des § 811 Ziff. 11 ZPO; damit wären sie auch nicht der Verwertungsbeschränkung des § 117 II KO unterworfen, da ihre Massezugehörigkeit dann nicht auf § 1 III, sondern auf § 1 I KO beruhen würde. Die Erstreckung des Pfändungsverbotes auch auf derartige Verzeichnisse hat aber in der Einzelvollstreckung einen guten Sinn; daher ist es wohl richtiger, sie durch eine entsprechende Auslegung unseres Abs. II lediglich von der konkursrechtlichen Verwertungsbeschränkung auszunehmen. So Storcke BB 1950 S. 519, dem sich Mentzel-Kuhn Anm. 8 und Böhle-Stamschräder Anm. 6 angeschlossen haben. Diese ist nur bei den eigentlichen Geschäftsbüchern sinnvoll. Die Verwertbarkeit von Verzeichnissen mit selbständigem Vermögenswert ebenfalls von der gleichzeitigen Veräußerung des Unternehmens abhängig zu machen, würde ihrem besonderen Charakter nicht gerecht werden. Auch wäre es im höchsten Maße zweckwidrig, sie, falls das Geschäft im Konkurs geschlossen und nicht veräußert wird, nach Konkursbeendigung dem Gemeinschuldner aushändigen zu müssen [Anm. 19], der sie dann sofort ohne Beschränkung zu seinem Vorteil veräußern könnte.

21 Auch Geschäftsbücher, die zum Zwecke der einstweiligen Geschäftsfortführung vom Verwalter neu angelegt werden, desgleichen Handelsbriefe und andere Urkunden, die der Verwalter in Erfüllung seiner gesetzlichen Obliegenheiten sammelt, fallen keineswegs in sein Privateigentum. Sie sind, soweit nicht eine Verwertung nach Abs. II erfolgt, dem Schuldner bei Konkursbeendigung auszuantworten. OLG Kolmar LZ 1907 Sp. 923.

22 **Zusatz. Fremde Rechte*)**

1. Die Sammlung und Erhaltung der Aktivmasse (Teilungsmasse, Konkursmasse oder auch einfach Masse) ist überall Aufgabe des Verwalters, wobei er einerseits unter der Aufsicht des Konkursgerichts oder anderer staatlicher Organe (s. o. § 83 Anm. 5 Ziff. 1) steht, andererseits durch staatliche Maßnahmen unterstützt wird. In den Einzelheiten bestehen zahlreiche Unterschiede, im wesentlichen stimmen jedoch alle Rechtsordnungen weitgehend überein; die der Sammlung und Erhaltung der Teilungsmasse dienenden Maßnahmen sind daher fast überall die gleichen: Inbesitznahme der Massegegenstände durch den Verwalter, Inventar- und Bilanzerrichtung, Versiegelung, Postsperre, offener Arrest, Anzeigepflicht der Besitzer von Massegegenständen, Auskunfts- und Eidespflicht des Gemeinschuldners. Daneben begegnen weitere Verpflichtungen des Gemeinschuldners, insbesondere zur Erstellung von Vermögens- und Gläubigerverzeichnissen (z. B. Österreich § 100 KO, der Offenbarungseid des Schuldners bezieht sich dort also wie bei der

*) Neu bearbeitet von Dr. Günther Jahr. Vgl. im übrigen Einl. V zum 1. Bd. S. LXIff.

Einzelvollstreckung auf ein eigenes Verzeichnis; im übrigen s. o. § 100 Anm. 6), Auskunftspflicht anderer Personen und Anzeigepflicht der Schuldner des Gemeinschuldners (s. o. § 100 Anm. 6, § 110 Anm. 4).

Das französische Recht und die ihm folgenden Rechtsordnungen sichern darüber hinaus die Gläubiger durch eine Legalhypothek an den unbeweglichen Massegegenständen, die auf dem Eröffnungsurteil beruht (insoweit besteht eine Verwandtschaft zur *hypothèque judiciaire*, die durch jedes Urteil, das eine Geldschuld feststellt, begründet wird), aber erst mit der vom Verwalter zu veranlassenden Eintragung wirksam wird (Art. 49, 134 D. 20 mai 1955; Art. 2134, 2148 C. civ.).

2. Auch die Verwertung der Aktivmasse ist überall Sache des Verwalters, der freilich häufig der Zustimmung der Gläubigerversammlung bzw. des Gläubigerausschusses oder einer Ermächtigung des Konkursgerichts bedarf (besonders weitgehend Italien, Art. 31ff. L.F.; auch in Frankreich bedarf jede Veräußerung der gerichtlichen Zustimmung; Art. 61, 162 D. 20 mai 1955).

Die Art der Verwertung ist häufig anders geregelt als in Deutschland. Viele Rechte kennen keine Veräußerung im Wege der Zwangsvollstreckung, so vor allem England (der Verkauf der Masseaktiven erfolgt durch „öffentliche Versteigerung oder privaten Vertrag"; Art. 55 B.A.) und die Schweiz (dort ist die öffentliche Versteigerung die Regel, jeder freihändige Verkauf bedarf der Zustimmung der Gläubiger; Art. 256 SchKG). Andere Rechte schalten das Konkursgericht in jede Veräußerung ein; so bestimmt in Frankreich und Italien bei beweglichem Vermögen das Konkursgericht die Art der Verwertung, in Italien kann unbewegliches Vermögen nur mit gerichtlicher Ermächtigung, in Frankreich überhaupt nicht freihändig veräußert werden (Art. 63, 163 D. 20 mai 1955; Art. 106ff. L.F.).

Für den Zeitpunkt der Verwertung enthalten manche Auslandsrechte besondere Bestimmungen. Im Hinblick auf die Möglichkeit eines Zwangsvergleichs wird das Verfahren oft in ein Stadium der bloß erhaltenden Masseverwaltung und ein — mit Scheitern oder Aussichtslosigkeit eines Zwangsvergleichs beginnendes — Stadium der Liquidation getrennt. So ganz scharf England (s. o. Einl. V 9, Bd. 1 S. LXXV), wo vom Sequester (*official receiver*) vor der Bankrotterklärung nur Notverkäufe vorgenommen werden dürfen (§ 74 B.A.). Auch Frankreich trennt, obwohl das neue Konkursrecht keinen Zwangsvergleich mehr kennt, die *phase préparatoire* von der *phase de liquidation*, die nach der ersten Gläubigerversammlung beginnt (s. o. Einl. V 3, Bd. 1 S. LXVIII). In der Schweiz ist — von Notverkäufen abgesehen — die Verwertung erst nach der zweiten Gläubigerversammlung zulässig, die erst nach Prüfung und Kollokation der Konkursforderungen durch die Konkursverwaltung stattfindet und gegenüber der ersten Gläubigerversammlung weitergehende Kompetenzen hat, insbesondere über einen Zwangsvergleich (Nachlaßvertrag) beschließen kann (Art. 243 III, 252ff., 235ff. SchKG).

§ 118

Durch den offenen Arrest wird allen Personen, welche eine zur Konkursmasse gehörige Sache in Besitz haben oder zur Konkursmasse etwas schuldig sind, aufgegeben, nichts an den Gemeinschuldner zu verabfolgen oder zu leisten, auch die Verpflichtung auferlegt, von dem Besitze der Sache und von den Forderungen, für welche sie aus der Sache abgesonderte Befriedigung in Anspruch nehmen, dem Konkursverwalter innerhalb einer bestimmten Frist Anzeige zu machen.

Materialien: Motive I Bd. 2 S. 65ff., Motive II S. 341f., Protokolle S. 79f., 170.

I. Der offene Arrest enthält ein Verbot und ein Gebot.

1. Der Arrest **verbietet** Leistungen an den Gemeinschuldner. Dieses Verbot 1
richtet sich an alle, die eine zur Masse gehörende Sache besitzen [Anm. 4] oder zur Masse etwas schuldig sind. Es bezweckt deren eigenen Schutz und zugleich den Schutz der Masse. Es wirkt als Warnung, aber nur im Sinne der Kundgabe, nicht der Begründung des Konkursbeschlags: wer nach Konkurseröffnung an den Gemeinschuldner leistet, ist gegen die Gefahr doppelter Inanspruchnahme (§ 8) auch dann nicht gesichert, wenn der Erlaß des offenen Arrests aus Versehen

unterblieben war. Für die Beweislastvorschriften des § 8 II, III ist die Bekanntgabe der Konkurseröffnung (§ 111), nicht die des offenen Arrests maßgebend. Siehe Anm. 6.

2 2. Der Arrest **gebietet** eine dem Verwalter zu erstattende **Anzeige** vom Besitz der Sache und einem daran beanspruchten Absonderungsrechte, **nicht** aber die Herausgabe an den Verwalter, nicht einmal die Vorlegung (§ 120). Herausgabeansprüche des Gemeinschuldners bleiben unberührt. Der Verwalter ist grundsätzlich darauf angewiesen, sie so auszuüben, wie sie dem Gemeinschuldner zustehen (vgl. Motive II S. 341f.). Das Anzeigegebot hat rechtsgestaltende Wirksamkeit, d. h. erst durch das Gebot, genauer durch Vollzug seiner Bekanntmachung (§ 111 I mit § 76 I), wird die Anzeigepflicht begründet. Ihre Verletzung durch Verschweigen oder wahrheitswidrige Angabe verpflichtet zum Schadensersatz (§ 119).

3 a) Die Anzeige ist formlos, aber befristet. Sie ist schriftlich oder mündlich binnen einer vom Konkursgericht anberaumten Frist an den Konkursverwalter zu richten. Schuldhaftes Unterlassen macht schadensersatzpflichtig (§ 119). Siehe auch § 242 Nr. 1. Die Praxis setzt Fristen von zwei bis drei Wochen (Senst-Müller Konkursrichter[4] S. 82) und gleicht sie in der Regel der Anmeldefrist an (§ 138).

4 b) Zur Anzeige verpflichtet sind die Besitzer von solchen beweglichen und unbeweglichen Sachen — besonders auch von Urkunden aller Art —, die zur Konkursmasse gehören (§§ 1, 2), auch wenn der Besitzer ein der Konkursmasse gegenüber wirksames Recht zur Rückbehaltung der Sache hat (vgl. § 120). Auf einen bestimmten Rechtsgrund des Besitzes ist die Anzeigepflicht nicht abgestellt. Ebensowenig auf einen bestimmten Zeitpunkt der Besitzerlangung. In Fällen der Besitzabstufung trifft die Anzeigepflicht nicht nur den unmittelbaren, sondern auch den mittelbaren Besitzer (§§ 868, 871 BGB). Wer eine Massesache zu Pfand erhalten, aber in Verwahrung gegeben hat, muß für die Aufklärung des Verwalters noch in höherem Maße verantwortlich sein, als sein Besitzmittler (der Verwahrer). Wolff Anm. 2; abw. Seuffert § 46 N. 12. Freilich entlastet die Anzeige des Besitzmittlers zugleich den mittelbaren Besitzer und umgekehrt. Einen bloßen Besitzdiener im Sinne des § 855 BGB trifft das Anzeigegebot nicht. Es geht nur den Besitzherrn an (Wolff aaO.); doch würde diesen die Anzeige des Besitzdieners entlasten. Zust. Böhle-Stamschräder Anm. 2. Befreiungen von der Anzeigepflicht bestehen nicht, auch nicht für Pfandhäuser (Protokolle S. 79f.), Hinterlegungsstellen und Beförderungsanstalten (vgl. § 121). Stets setzt die Anzeigepflicht Zugehörigkeit der Sache zur Masse voraus. Darum besteht sie weder für Gegenstände der Aussonderung noch für solche der Gläubigeranfechtung, wenngleich die Durchführung der letzteren zur Rückgewähr in die Masse führt (§ 37). Darum braucht ferner der Frachtführer den Besitz eines an den Gemeinschuldner gerichteten, aber noch der Gegenweisung des Absenders unterliegenden Frachtguts [§ 44 Anm. 27] dem Verwalter nicht anzuzeigen (Petersen-Kleinfeller Anm. 2). Vermieter und Verpächter (§ 49 Nr. 2) haben lediglich infolge der Einbringung (Gegensatz: § 561 I 1 BGB) einen Besitz auch im Sinne unserer Vorschrift nicht erlangt. Wer an dem in einem Wertpapier (z. B. Wechsel, Scheck, Inhaberschuldbrief) verkörperten Recht ein Pfandrecht hat, fällt als Besitzer des Papiers (vgl. §§ 1292f. BGB, §§ 808 II, 831 ZPO) wie der Sachpfandgläubiger unter das Anzeigegebot der §§ 118, 119. Nicht dagegen derjenige, der an einer schlichten Forderung des Gemeinschuldners ein Pfandrecht hat (insoweit zutreffend Hamburg OLG 10 S. 212). Auch dem Schuldner einer zur Masse gehörenden schlichten Forderung legt der § 118 keine Anzeigepflicht auf.

5 II. Der offene Arrest ist zugleich mit der Formel des Eröffnungsbeschlusses öffentlich bekanntzumachen (§§ 76, 111). Inhalt der Bekanntmachung: § 111 Anm. 1. Die im § 111 III vorgeschriebene besondere Zustellung an die Schuldner des Gemeinschuldners wird durch die öffentliche Bekanntmachung ersetzt (§ 76

III). Erfolgt aber eine besondere Zustellung, dann schließt sie den Gegenbeweis des § 8 III aus.

III. Der Name „offener Arrest“ beruht darauf, daß der Befehl des § 118 an eine unbestimmte Vielheit von Beteiligten ergeht (Lehrbuch[8] § 27 Note 19), darf aber nicht zu der Vorstellung verleiten, als ob etwa durch das in ihm enthaltene richterliche Verbot und Gebot (inhibitorium und arrestatorium) ein „Generalarrest“ zugunsten der erst noch festzustellenden Konkursforderungen über das gesamte Konkursvermögen verhängt würde, wie der Arrest nach Maßgabe der §§ 930ff. ZPO in einzelne Zugriffsgegenstände vollzogen wird. Abgesehen davon, daß der „offene Arrest“ des § 118 nur einen Teil der Konkursmasse trifft (er bezieht sich ja nicht einmal auf alle massezugehörigen „Sachen“, nämlich gerade nicht auf solche, die der Gemeinschuldner selbst innehat, und überhaupt nicht auf unkörperliches Vermögen), setzen die eigentlichen Beschlagswirkungen des Konkurses sofort und endgültig mit der Eröffnung des Verfahrens [§ 108 Anm. 1], nicht etwa — wie in den Fällen der §§ 930ff. ZPO — erst mit Bewirkung des Arrestvollzuges und nur vorläufig ein. Der „offene Arrest“ entbehrt jeder dinglichen Wirksamkeit (RG LZ 1911 Sp. 845). Auch beim Unterbleiben einer Anordnung im Sinne des § 118 würde der Konkursbeschlag vollwirksam sein. Nur die Anzeigepflicht würde nicht entstehen. 6

IV. Als Befehle eines deutschen Konkursgerichts gelten Verbot und Gebot des § 118 nur Personen, die der deutschen Gerichtsbarkeit unterliegen, ihnen freilich ohne Rücksicht darauf, ob sie Deutsche, Staatenlose oder Ausländer sind. Dagegen trifft der § 8 jede einer Inlandskonkursmasse geschuldete und im Inland vollzogene Leistung als solche: Zahlungen an den Gemeinschuldner selbst wirken also schuldbefreiend gegenüber der Inlandskonkursmasse nur, soweit sie in diese gelangen [§ 8 Anm. 24]. Insofern zutreffend RG Bd. **90** 127. Zust. Mentzel-Kuhn Anm. 4. 7

§ 119

Wer die Anzeige über den Besitz von Sachen des Gemeinschuldners innerhalb der bestimmten Frist zu machen unterläßt, haftet für allen aus der Unterlassung oder Verzögerung der Anzeige entstehenden Schaden.

Materialien: Motive I Bd. 2 S. 66ff., Motive II S. 342f., Protokolle S. 80, 170.

I. Der offene Arrest gebietet den Besitzern massezugehöriger Sachen, von ihrem Besitze dem Verwalter binnen einer gerichtlich anberaumten Frist Anzeige zu erstatten (§ 118). Die Anzeige muß der Wahrheit entsprechen. Wer falsche Angaben macht, verstößt gegen das gesetzliche Gebot nicht minder als ein Besitzer, der jede Angabe unterläßt. Die Verletzung dieser Pflicht hat, abgesehen von einer Strafbarkeit auf Grund des § 242 Nr. 1, eine bürgerlich-rechtliche Verantwortlichkeit im Gefolge: wer die rechtzeitige Anzeige schuldhaft unterläßt, hat der Konkursmasse allen durch die Unterlassung verursachten **Schaden** zu ersetzen. Dafür, daß die Anzeigepflicht schuldhaft, sei es vorsätzlich oder fahrlässig (§ 276 BGB), verletzt sein muß, spricht eine allgemeine, auch in den §§ 82, 89 KO als selbstverständlich vorausgesetzte Regel des bürgerlichen Rechts. Zu einer über die Grenzen des Verschuldens hinausgehenden Haftungssteigerung fehlt jeder Anlaß. Damit stimmt auch die Begründung des Gesetzes überein, die gegenüber „der Härte“ einer Verwirkung aller Rechte an der Sache, wie sie das frühere preußische Recht (§ 206 AGO, § 147 KO) angedroht hatte, an eine „Verletzung der Anzeigepflicht“ „nur“ die Schadensersatzverbindlichkeit knüpfen will (Motive II S. 342f.). Schweizer Recht: § 110 Anm. 4. Eine Vermutung für das 1

Verschulden des Besitzers wird aber — anders als z. B. im Falle des § 8 — nicht aufgestellt. Daher muß, wer den Ersatzanspruch geltend macht, dem Besitzer im Streitfalle die (irgendwie erlangte) Kenntnis oder die fahrlässige Unkenntnis der Anzeigepflicht und der Zugehörigkeit der Sache zu dem (nicht etwa offensichtlich konkursfreien) Vermögen des Gemeinschuldners nachweisen. Inwieweit die öffentliche Bekanntmachung des Arrests oder die feststehende Kenntnis der Konkurseröffnung auf eine Kenntnis der Anzeigepflicht schließen läßt, bleibt der freien Würdigung des Prozeßgerichts anheimgestellt. Unstreitig hat der Kläger den nach Lage der Dinge meist schwierigen Beweis des ursächlichen Zusammenhangs zwischen Unterlassung und Schädigung zu führen. Darum wird beispielsweise der Verwalter mit einer für die Masse erhobenen Schadensersatzklage wegen Anzeigeunterlassung nicht durchdringen, wenn er von einem anderen Anzeigepflichtigen oder sonstwie derart über den Sachverhalt unterrichtet war, daß es der Anzeige des Beklagten gar nicht erst bedurfte. Hält der Besitzer (z. B. eine Pfandleihanstalt) ohne Fahrlässigkeit einen anderen als den Gemeinschuldner für den Eigentümer der Sache, so liegt im Unterlassen der Anzeige kein Verschulden. Vgl. Protokolle S. 79. Die Behauptung des Anzeigepflichtigen, daß besondere Hindernisse (z. B. Abwesenheit oder Erkrankung) die rechtzeitige Anzeige vereitelt haben, bildet eine zu seiner Beweislast stehende Einwendungstatsache. Nach § 119 verpflichtet nur das Unterlassen der Anzeige des Sachbesitzes, nicht auch die der Forderung, für die etwa aus der Sache abgesonderte Befriedigung verlangt wird, zum Schadensersatz, obwohl auch diese letztere Angabe im offenen Arrest geboten wird (§ 118).

2 II. Der Schaden kann bestehen in den besonderen Kosten nachträglicher Veräußerung und Verteilung (§ 166 II), in einer Wertminderung (etwa bei Papieren, deren Kurs gefallen, bei einer Ware, die aus der Mode gekommen oder als „Saisonartikel" nach Saisonschluß minder günstig verwertbar ist) oder auch im völligen Verluste der Sache, die bei rechtzeitiger Anzeige der Masse erhalten worden wäre. Der Schaden kann auch darin bestehen, daß infolge der Säumnis die Anfechtung einer vom Anzeigepflichtigen erworbenen Deckung (etwa einer Verpfändung oder Sicherungsübereignung) durch Zeitablauf ausgeschlossen worden ist (§ 41 I 1). Der Umfang der Ersatzpflicht bemißt sich nach den §§ 249ff. BGB (§ 287 ZPO). Der zu ersetzende Schaden umfaßt also auch den der Masse entgangenen Gewinn (§ 252 BGB). Trifft den Konkursverwalter eine Mitschuld (Beispiel: er hatte schuldhaft die Möglichkeit einer Erkundigung versäumt), so findet der § 254 BGB Anwendung.

3 III. Wem steht der Ersatzanspruch zu? Während in den §§ 82, 89 ausdrücklich gesagt wird, daß die Verantwortlichkeit gegenüber „allen Beteiligten" besteht, beschränkt sich der § 119 darauf zu bestimmen, daß „aller aus der Unterlassung oder Verzögerung" erwachsende Schaden, also der Schaden in voller Höhe [Anm. 2], ersetzt werden muß. Wem gegenüber die Ersatzpflicht besteht, ergibt der Zusammenhang mit § 118. Dem Konkursverwalter ist die Anzeige zugunsten der Konkursmasse zu erstatten. Ihm obliegt es auch, den infolge Verletzung der Anzeigepflicht entstandenen Schaden für Rechnung der Konkursmasse geltend zu machen. Der Ersatzanspruch bildet sonach einen Bestandteil der Konkursmasse, der auch noch auf Grund des § 166 II seiner Bestimmung zugeführt werden kann. Weitergehende Ersatzansprüche, die dem Gemeinschuldner schon nach allgemeiner Regel z. B. wegen Unterschlagung (§ 823 BGB) zustehen, berührt der § 119 nicht.

§ 120

Gläubiger, welche abgesonderte Befriedigung aus einer in ihrem Besitze befindlichen Sache beanspruchen, haben dem Verwalter auf dessen Verlangen die Sache zur Ansicht vorzuzeigen und die Abschätzung derselben zu gestatten.

Materialien: Motive I Bd. 2 S. 67, Motive II S. 345, Protokolle S. 80, 170.

I. Der offene Arrest gebietet den Besitzern zur Masse gehörender Sachen, vom Besitz Anzeige an den Verwalter zu machen (§§ 118, 119). Neben dieser erst durch den Arrest begründeten Obliegenheit besteht eine von ihm unabhängige (auch wenn er unterbleiben sollte, platzgreifende) gesetzliche **Vorzeigungspflicht.** Schon nach der allgemeinen Bestimmung des § 809 BGB kann nämlich der Verwalter, wenn die Masse an der Besichtigung ein Interesse hat, verlangen, daß der Besitzer die massezugehörige Sache zur Besichtigung vorlege oder ihre Besichtigung gestatte. Zur Begründung eines solchen Anspruchs der Konkursmasse (actio ad exhibendum) hat der Verwalter das Besichtigungsinteresse nachzuweisen. Einen besonders geregelten Anwendungsfall des § 809 BGB bildet unsere Vorschrift. Sie verpflichtet den Besitzer einer Sache, der abgesonderte Befriedigung (§§ 47ff.) aus ihr beansprucht, auf Verlangen des Verwalters zur Vorzeigung und zur Gestattung ihrer Abschätzung, ohne daß der Verwalter das Besichtigungsinteresse eigens darzutun hätte. Denn es versteht sich von selbst, weil ja ein etwaiger Übererlös aus dem Absonderungsgegenstande der Masse gebührt, zudem aber der Verwalter schon mit Rücksicht auf die Pflichten der Wertung und Verwertung (§§ 117, 123, 124) den Massebestand genau kennen muß. Aus dem Inhalte des im § 120 geregelten Anspruchs ergibt sich, daß er beim Verpflichteten einen unmittelbaren Besitz voraussetzt, wie er namentlich durch rechtsgeschäftliche Fahrnisverpfändung nach § 1205 BGB begründet wird. Gepfändete und dem nachmaligen Gemeinschuldner weggenommene Sachen, wie z. B. Kostbarkeiten oder Wertpapiere (§ 808 ZPO), hätte auf Verlangen des Verwalters der Gerichtsvollzieher vorzuweisen. War die Pfändung unter Belassung der Sachen im Schuldnergewahrsam vollzogen, dann bedarf es der Vorweisung nicht. Die Besonderheit des § 120 besteht nur bei ausdrücklichem (mündlichem oder schriftlichem) „Verlangen des Verwalters", also nur für die Zwecke des Konkurses. Der Anspruch aus § 809 BGB wird sonach als Bestandteil der Konkursmasse und für die Dauer des Konkurses verstärkt. Vorzuzeigen ist die Sache dem Verwalter selbst oder einem zur Besichtigung vom Verwalter ermächtigten Vertreter (z. B. sachverständigen Schätzer). Gegenüber einem Besitzer, der ein Recht auf Aussonderung der vom Verwalter als Massebestandteil in Anspruch genommenen Sache geltend macht, greift die Besonderheit des § 120 nicht durch. Ihm gegenüber bewendet es bei der Regel des § 809 BGB. Auf sie ist der Verwalter auch gegenüber dem Besitzer einer Massesache angewiesen, der keine abgesonderte Befriedigung beansprucht (z. B. einem Mieter). Der Sicherungseigner unterliegt, da er im Konkurse nur ein Recht auf abgesonderte Befriedigung hat, dem Gebote des § 120 [§ 48 Anm. 13]. Ansprüche, die dem Gemeinschuldner auf Gestattung der Einsicht von Urkunden zustehen (§ 810 BGB), übt der Verwalter nach § 6 aus. Recht auf Urkundenvorlage im Prozesse: §§ 422f., 429 ZPO. 1

II. Die Pflicht zur Vorzeigung und Gestattung der Abschätzung steht, besonders was Verschulden, Verzug und Schadensersatz betrifft, unter den allgemeinen Vorschriften der §§ 241ff. BGB. Das Anzeigegebot des § 118 und die aus seiner Verletzung entspringende Haftung des § 119 haben mit der Verpflichtung des § 120 nichts gemein. Für den Ort der Vorzeigung ist der § 811 I, für die Frage der Gefahr- und Kostentragung der § 811 II BGB maßgebend. Ausgaben für die Zwecke der Vorzeigung und Abschätzung des Massegegenstandes sind Massekosten im Sinne des § 58 Nr. 2 [§ 58 Anm. 5]. Klagt der Verwalter auf Grund des § 120, so bestimmt sich der Wert des Streitgegenstandes durch das Interesse der Masse an der Vorzeigung und Abschätzung (§ 3 ZPO). Die Zwangsvollstreckung erfolgt nach § 887 ZPO. Ein vorläufiges Vorzeigungsgebot kann als einstweilige Verfügung nach § 935 ZPO erwirkt werden (vgl. OLG Dresden LZ 1912 Sp. 869, wo freilich der § 120 übersehen ist). 2

§ 121

Die Post- und Telegraphenanstalten sind verpflichtet, auf Anordnung des Konkursgerichts alle für den Gemeinschuldner eingehenden Sendungen, Briefe und

Depeschen dem Verwalter auszuhändigen. Dieser ist zur Eröffnung derselben berechtigt. Der Gemeinschuldner kann die Einsicht und, wenn ihr Inhalt die Masse nicht betrifft, die Herausgabe derselben verlangen.

Das Gericht kann die Anordnung auf Antrag des Gemeinschuldners nach Anhörung des Verwalters aufheben oder beschränken.

Materialien: Motive I Bd. 2 S. 68f., Motive II S. 343, Protokolle S. 80f., 131, 170.

Die Postsperre

1 I. Der § 121 läßt, um Gläubiger und Schuldner des Gemeinschuldners gegen eine ihnen nachteilige Ausnutzung der Posteingänge zu schützen, für alle an den Gemeinschuldner aufgegebenen Nachrichten und Sendungen eine Ausschaltung des Brief- und Telegraphengeheimnisses zu. Motive II S. 343. Siehe Art. 10 GG, § 5 PostG (RGBl. 1871 S. 347), § 10 FernmeldeanlagenG (RGBl. 1928 S. 8); vgl. auch § 7 PostscheckG v. 23. 8. 1921 (RGBl. I S. 247). Die Konkurseröffnung selbst ermächtigt den Verwalter nur zur Einsicht der bereits eröffneten Geschäftskorrespondenz. Das Konkursgericht aber wird durch den § 121 ermächtigt und erforderlichen Falles verpflichtet, sofort bei Konkurseröffnung **eine Postsperre** zu verfügen, d. h. anzuordnen, daß die für den Gemeinschuldner einlaufenden — nicht also die von ihm aufgegebenen — Postsendungen und Telegramme sämtlich oder mit näher bestimmten Ausnahmen dem Konkursverwalter zur Eröffnung auszuhändigen sind. Die Postsperre verbindet sich also nicht etwa schon kraft Gesetzes mit der Konkurseröffnung. Wohl aber erlischt sie von selbst, sobald der Konkursbeendigungsbeschluß wirksam wird. Zum österr. Recht: § 110 Anm. 4.

1. Ihre Anordnung, Erweiterung und Erneuerung kann von Amts wegen (darum auch auf Anregung von irgend einer Seite) und ohne Anhörung des Gemeinschuldners, ihre Aufhebung und nachträgliche Einschränkung dagegen nach Abs. II nur auf Antrag des Gemeinschuldners und nur nach Anhörung [§ 73 Anm. 3] des Verwalters beschlossen werden. Die Annahme, das Konkursgericht könne die Anordnung der Sperre jederzeit auch von Amts wegen ändern (Kohler Lehrbuch S. 310, dem Neugebauer JurRundsch. 1925 S. 720 und Bleyer Anm. 2a beipflichten), beraubt — vom Widerstreit mit § 577 III ZPO [Anm. 6] ganz abgesehen — den Abs. II aller Bedeutung. Zust. jetzt auch Mentzel-Kuhn Anm. 5, Böhle-Stamschräder Anm. 3. Überdies kann dem Gemeinschuldner daran gelegen sein, daß jedem Verdacht eines unlauteren Postverkehrs durch Aufrechterhaltung der Sperre vorgebeugt wird. Entspricht die Aufhebung oder Beschränkung seinem Interesse, so wird der Schuldner oder dessen gesetzlicher Vertreter (z. B. der Vormund des geisteskranken, der Abwesenheitspfleger des flüchtigen Schuldners) gewiß auch den nach Abs. II erforderlichen Antrag stellen. Daß die ursprüngliche Beschränkung der Sperre selbständiger Entschließung des Gerichts anheimsteht, folgt daraus, daß ja das Gesetz die Verfügung überhaupt dem Ermessen des Gerichts überläßt. Beschränkungen sind denkbar auf bestimmte Arten von Postsendungen (z. B. auf Briefe oder auf Geldsendungen oder auf Telegramme), vor allem aber empfiehlt sich, Sendungen mit bestimmter amtlicher Aufschrift „Vom Konkursgericht" (oder einer anderen Behörde) oder „Vom Konkursverwalter" von der Sperre auszunehmen. Denn die Erfahrung hat gelehrt, daß uneingeschränkte Sperren auch den amtlichen Verkehr mit dem Schuldner, besonders in Großstädten, oft in störender Weise unterbinden. Die Sorge, daß solche Aufschriften gefälscht werden könnten (Neugebauer aaO.), fällt gegenüber den Vorteilen der Beschränkung kaum ins Gewicht. Sie verhindert auch für ihren Bereich, daß Briefe mit Zustellungsurkunde als „unbestellbar zu behandeln sind" [Anm. 5]. Zust. Mentzel-Kuhn Anm. 3 und Böhle-Stamschräder Anm. 1.

2. Die Postsperre kann ihrem Gegenstande nach erfassen: alle bei deutschen Post- und Telegraphenanstalten ankommenden Sendungen (Briefe, Postkarten, Drucksachen, Geschäftspapiere, Pakete, sowie Geldsendungen und Telegramme), mögen sie nun am Wohnorte des Gemeinschuldners oder anderswo (z. B. am Orte einer geschäftlichen Niederlassung, postlagernd an einem dritten Orte) unter seiner richtigen Anschrift oder unter einem ihn zweifelsfrei deckenden Kennwort [Anm. 3] einlaufen, mag er ein Postschließfach haben oder nicht. Zeitlich gilt der Beschlag von seiner Verhängung ab für die ganze Dauer des Verfahrens, wenn er nicht von vornherein auf eine bestimmte Frist begrenzt oder im Laufe des Konkurses ausdrücklich aufgehoben wird. Mit Konkursbeendigung verliert die Maßregel von selbst ihre Wirksamkeit [Anm. 1]. Sendungen, die schon vor Konkursbeginn eingelaufen waren, fallen noch nicht unter die Sperre; wohl aber nach dem Zweck des Gesetzes bereits solche, die nach Konkursbeginn einliefen und zu der Zeit, da die Sperranordnung der Postanstalt zugeht noch bei dieser lagern. Eine gesetzmäßige Aushändigung an den Konkursverwalter steht der Aushändigung an den Adressaten gleich und setzt dementsprechend dem postordnungsmäßigen Rücknahmerecht des Absenders ein Ziel. Bis zur Aushändigung an den Verwalter aber dauert, was besonders für Geldbriefe von Bedeutung ist, das Rücknahmerecht des Absenders unberührt durch die Postsperre fort [§ 44 Anm. 27]. Denn eine dingliche Beschlagskraft gegenüber dem Absender äußert die Sperre nicht. Nachrichten durch Fernsprecher [Anm. 8] und Sendungen, die durch Boten (vgl. §§ 2, 2a PostG) befördert werden, trifft der § 121 KO nicht. Ebensowenig Bahn- und Schiffssendungen, deren Sperre beispielsweise ausdrücklich in Österreich (§ 77 II KO) geboten ist. Siehe § 118 Anm. 4. 2

3. Die Postsperre trifft nur die an den Gemeinschuldner selbst gerichteten Eingänge, nicht also solche, die an seine Ehefrau oder an sonstige Angehörige gerichtet sind (Petersen-Kleinfeller Anm. 2, Mentzel-Kuhn Anm. 2, Böhle-Stamschräder Anm. 2). Im Konkurs einer juristischen Person oder eines Vereins ohne Rechtsfähigkeit ist die Sperre gleichfalls nur zulässig für Sendungen an den Gemeinschuldner selbst oder an dessen gesetzlichen Vertreter als solchen (z. B. an die Aktiengesellschaft oder an deren Vorstand). Mit aller Behutsamkeit wird die Sperre in Sonderkonkursen zu verhängen sein. Rechtlich statthaft und vielleicht auch im Einzelfalle tatsächlich angebracht ist die Sperre für alle Sendungen, die an den Träger der Gemeinschuldnerrolle oder an dessen allgemeinen gesetzlichen Vertreter gerichtet sind, im Konkurs einer offenen Handelsgesellschaft also nicht nur für Sendungen an die Firma, sondern auch für solche an die Gesellschafter. Meist wird aber schon hier von vornherein eine Beschränkung im ersteren Sinne angemessen sein. Im Nachlaßkonkurse wird von jeder Sperre abgesehen werden können, wenn ein Nachlaßverwalter oder sonst ein Nachlaßpfleger, meist auch, wenn ein Testamentsvollstrecker tätig ist, häufig wohl auch gegenüber dem Erben selbst. Daß die Sperre nicht nur für Sendungen an den (vielleicht schon lange verstorbenen) Erblasser, sondern auch an den Erben zulässig ist, wird aber zu Unrecht bestritten (z. B. von Wolff KO[2] S. 402). Ja man wird zugeben müssen, daß sie unbeschränkt für alle an den Erben gerichteten Sendungen statthaft ist, da sich meist von außen gar nicht ersehen läßt, ob sie den Erben als Erben oder ob sie ihn persönlich angehen. F. Herzfelder ZHR 92 (1928) S. 393 ff. mit Verw., Levy KonkTreuh. 1928 S. 140. Zust. auch Böhle-Stamschräder Anm. 1. Postsendungen und Telegramme, die nicht an den Gemeinschuldner, sondern an einen Dritten gerichtet, wenngleich — wie die Umstände ergeben — für den Gemeinschuldner bestimmt sind, unterliegen zwar der strafgerichtlichen (§ 99 StPO), nicht aber der konkursmäßigen Beschlagnahme. Beide Maßregeln können nebeneinander herlaufen. Dann geht zwar die erstere vor; doch hat der die Untersuchung führende Richter (§ 100 StPO) dem Verwalter Einsicht in die beschlagnahmten Sendungen zu gewähren. Mentzel-Kuhn Anm. 1. Postlagernde und besonders unter einer „Chiffre" aufgegebene Sendungen fallen unter unsere Vorschrift, wofern sie nur nachweisbar — dem Verwalter obliegt der Beweis — 3

„für den Gemeinschuldner eingehen". Daß die Sperre des § 121 umgangen werden kann durch mißbräuchliche Benutzung der Deckadresse eines Dritten, der sich dazu hergibt, Briefe, Depeschen und andere Postsendungen für den Gemeinschuldner in Empfang zu nehmen, läßt sich freilich nicht ganz verhüten. Immerhin gewährt der § 101 II, im Eröffnungsvorverfahren der § 106 I 1 Schutzmittel (vgl. auch § 242 Nr. 1). Zu Aufschlüssen über ihren früheren Amtsverkehr wird die Post durch die Sperre gegenüber dem Verwalter weder ermächtigt noch verpflichtet. So z. B. nicht zur Auskunft über Wechselproteste, die der Postbote vor dem Konkurse beim Schuldner aufgenommen hat, mögen sie auch für die Ermittlung der Voraussetzungen des § 30 noch so belangreich sein. Wohl aber kann das Konkursgericht durch eine auf den § 75 gestützte Anfrage bei der Postbehörde dem Verwalter die erwünschte Aufklärung verschaffen [§ 75 Anm. 2, 3].

4 4. Die Verhängung der Postsperre ist eine Entscheidung des Konkursgerichts (§ 73 I). Sie ist dem Verwalter und dem Gemeinschuldner von Amts wegen zuzustellen (§ 73 II) und den Anstalten des Nachrichtenverkehrs in genauer Fassung mitzuteilen. Muster bei Schrader Hdb. S. 3031. Damit entsteht für diese Anstalten und die von ihnen mit entsprechender Weisung zu versehenden Beamten die Pflicht (vgl. §§ 354f., 358 StGB) der Aushändigung an den Konkursverwalter, für letzteren selbst aber die Befugnis (vgl. § 299 StGB) zur selbständigen Eröffnung der Postsendungen (Abs. I S. 2). Der Gemeinschuldner „kann" in jedem Falle die Einsicht und, wenn der Inhalt die Konkursmasse nicht berührt, „die Herausgabe verlangen" (Abs. I S. 3). Auch für Privatbriefe des Gemeinschuldners wird sonach durch eine Postsperre das Brief- und Telegraphengeheimnis insofern durchbrochen, als sie dem Verwalter Eröffnung und Einsichtnahme gestattet. Die Privatkorrespondenz selbst ist konkursfrei [§ 1 Anm. 23], die erst im Laufe des Verfahrens eingehende schon deshalb, weil sie Neuerwerb darstellt. Über den Weg, auf dem der Gemeinschuldner im Streitfall sein Recht auf Einsichtnahme und Herausgabe zu verfolgen hat, besteht Streit. Während Petersen-Kleinfeller Anm. 5, Seuffert S. 290, Fitting § 37 Nr. 5, Mentzel-Kuhn Anm. 4, Böhle-Stamschräder Anm. 4 die Anrufung des Konkursgerichts als Aufsichtsinstanz vorsehen, das durch einen der Beschwerde zugänglichen Beschluß zu entscheiden habe, und eine Klagemöglichkeit des Gemeinschuldners gegen den Konkursverwalter ablehnen, steht vor allem Jäger 6./7. Aufl., dem sich v. Wilmowski-Kurlbaum Anm. 3, Bleyer Anm. 3 angeschlossen haben, auf dem entgegengesetzten Standpunkt. Es ist zwar einerseits nicht zu verkennen, daß die Fassung, die mit §§ 810, 985 BGB übereinstimmt, auf einen im ordentlichen Rechtsweg verfolgbaren bürgerlich-rechtlichen Anspruch hinweist. Andererseits hat § 121 I Satz 3 dem Verwalter als solchem dem Gemeinschuldner gegenüber eine Pflicht auferlegt. Es ist daher nicht einzusehen, warum in diesem Falle ein pflichtwidriges Verhalten des Verwalters dem Gemeinschuldner nicht die Möglichkeit eröffnen sollte, das aufsichtliche Einschreiten des Konkursgerichtes nach § 83 anzuregen. Auch wenn das Konkursgericht, worauf Jaeger hinweist, als Aufsichtsbehörde nicht über streitige Ansprüche entscheiden kann [vgl. auch § 1 Anm. 48, § 83 Anm. 1], so hat es doch andererseits im Aufsichtswege dann gegen den Verwalter vorzugehen, wenn es nach dessen Anhörung zu der Überzeugung kommt, daß die Verweigerung der Einsicht oder Herausgabe eine Pflichtwidrigkeit darstellt. Erscheint ihm dagegen die Lage auf Grund der Rechtfertigung des Verwalters zweifelhaft, etwa bei der Herausgabepflicht hinsichtlich der Voraussetzung, daß der Inhalt die Masse nicht betrifft, so muß es das aufsichtliche Einschreiten durch Beschluß ablehnen [Beschwerdemöglichkeit: § 83 Anm. 4]; der Gemeinschuldner ist aber dann durch diese Entscheidung nicht gehindert, nunmehr seinen Anspruch vor dem ordentlichen Gericht im Klagewege geltend zu machen, da ihm die Entscheidung des Konkursgerichtes ja den streitigen Anspruch nicht abgesprochen hat und nicht absprechen konnte. Erst recht steht der Klageweg Dritten offen z. B. bei Sendungen, die an den Gemeinschuldner gerichtet, aber ausschließlich für Hausgenossen (z. B. Ehefrau, Kinder, Angestellte) bestimmt sind. Ver-

ursacht der Verwalter den Eintritt eines Schadens durch schuldhafte Vorenthaltung des Einlaufs, so macht er sich nach § 82 ersatzpflichtig (Protokolle S. 80). Über Sendungen rein persönlichen Inhalts hat der Verwalter Stillschweigen zu beobachten. Das liegt im Sinne des Abs. I Satz 3. Ein Verschwiegenheitsbruch kann ebenfalls die Haftung des § 82 auslösen. Siehe auch Anm. 10.

5. Da der Verwalter durch die richterliche Anordnung zum Empfang auch der Privatkorrespondenz ermächtigt wird, wären ihm bei allgemeiner Postsperre auch die an den Gemeinschuldner gerichteten Zustellungen durch die Post zu behändigen, obwohl hier das Schriftstück (Ladung als Zeuge, Sachverständiger oder Verteidiger, Anklageschrift) die Konkursmasse meist gar nicht betrifft. Zur Vermeidung von Unzuträglichkeiten hat das ehemalige Reichspostamt durch Anw. v. 6. 3. 1914 (ZBlDR S. 208, PreußJMBl. S. 458) § 6 IV verfügt, daß nach Anordnung einer Briefsperre „die für den Gemeinschuldner bestimmten Briefe mit Zustellungsurkunde als unbestellbar zu behandeln sind". Der Absender erhält das Schriftstück wieder und hat sich nun je nach dem Inhalte zu entscheiden, ob er es dem Verwalter oder aber unmittelbar durch den Gerichtsvollzieher oder Gerichtsdiener dem Gemeinschuldner zustellen lassen will. Mit Unrecht hat man die Verbindlichkeit dieser Verwaltungsmaßregeln angezweifelt. Sie stehen mit dem § 121 durchaus nicht im Widerspruche. Im Gegenteil, sie helfen einer dem Geiste des Gesetzes entsprechenden Anwendung auf und werden auch dem mutmaßlichen Willen des Absenders gerecht. Zustellungen durch die Post sind sonach an den Gemeinschuldner für die Dauer einer allgemeinen Postsperre unmöglich. Demzufolge weist z. B. die Bayr.GeschAnw. f. GerVollz. v. 1. 5. 1954 (BayBSVJu. II S. 143) § 21 Nr. 5 den mit einer Zustellung an den Gemeinschuldner beauftragten Gerichtsvollzieher an, während der Dauer der Postsperre nicht durch die Post zuzustellen. Beschränkung der Postsperre: Anm. 1 und den diesem Fall Rechnung tragenden Zusatz zu § 6 IV der zit. Anw. (Preuß. JMBl. 1930 S. 43). Wenn dagegen die Postsperre nicht verhängt ist, darf der Postbote das an den Gemeinschuldner gerichtete Schriftstück keineswegs aus eigner Machtvollkommenheit dem Konkursverwalter zustellen. Daß die Zustellung an den Schuldner persönlich vielleicht ohne Wirksamkeit bleibt [§ 7 Anm. 2], hat den Postboten nicht zu bekümmern. Auch die Postbehörde kann, wenn das Konkursgericht die Sperre nicht verfügt hat, Ablieferung an den Verwalter nicht anordnen. 5

II. Sofortige Beschwerde (§ 73 III)

1. Gegen den Beschluß, der die Postsperre anordnet, erneuert oder ausdehnt [Zustellung: Anm. 4], steht dem Gemeinschuldner unmittelbar die sofortige Beschwerde zu (§ 73 III KO mit § 577 ZPO). Er ist nicht darauf angewiesen, erst beim Konkursgericht selbst — vielleicht in sicherer Voraussicht der Erfolglosigkeit — Abhilfe zu suchen und den nun ergehenden zweiten Beschluß anzufechten. Petersen-Kleinfeller Anm. 3, Mentzel-Kuhn Anm. 1, Böhle-Stamschräder Anm. 4. Abw. Seuffert S. 291. Wohl aber stellt es unser Abs. II dem Gemeinschuldner frei, beim Konkursgericht — namentlich wegen Veränderung der Umstände — die Aufhebung oder Einschränkung des Beschlags zu erwirken. Von der bewilligten Aufhebung oder Beschränkung der Sperre hat das Konkursgericht die Post- und Telegraphenanstalten von Amts wegen zu verständigen. Dem Gemeinschuldner und dem Verwalter hat es den Beschluß von Amts wegen zuzustellen (§ 73 II). Dem Gemeinschuldner steht gegen den Beschluß, der seinen Antrag zurückweist oder ihm nur beschränkt stattgibt, die sofortige Beschwerde zu (§ 73 III). Gegenüber einer Aufhebung oder Einschränkung der Sperre kann der Verwalter zur Beschwerde berechtigt sein. 6

2. Gegen den Beschluß, der den Antrag des Verwalters auf Erlassung, Verschärfung oder Erneuerung der Postsperre zurückweist, steht dem Verwalter die sofortige Beschwerde zu. Seuffert S. 290; abw. z. B. Petersen-Kleinfeller aaO. [siehe dazu auch § 73 Anm. 7]. 7

III. **Fernsprechverkehr**

8 1. Eine Fernsprechsperre läßt der § 121 nicht zu. Er duldet auch keine Erstreckung auf den Fernsprechverkehr noch auf den Funkverkehr (vgl. § 10 FernmeldeanlG). „Depeschen" im Sinne des § 121 sind nur Telegramme. Bei Fernsprechnachrichten fehlt das im § 121 vorausgesetzte Verhältnis des Empfangs einer Nachricht durch die Anstalt („Eingang") und ihrer Beförderung („Aushändigung") an eine Bestimmungsperson. Auch bezweckt die Postsperre des § 121 nicht den Erfolg, daß die Beförderung einer Nachricht an den Gemeinschuldner ganz unterbleibt, sondern nur den, daß die Nachricht dem Verwalter statt dem Gemeinschuldner zugeleitet wird, was im Fernsprechverkehr unausführbar ist. Wird der Gemeinschuldner von der Benutzung seines Fernsprechanschlusses durch den Verwalter ausgeschlossen (§ 117), dann bedarf es einer amtlichen Sperrmaßnahme überhaupt nicht. Soweit allerdings Telegramme durch Fernsprecher inhaltlich zu übermitteln und darauf brieflich zu übersenden sind, dürfen, falls durch Postsperre Aushändigung der Telegramme an den Konkursverwalter statt an den Gemeinschuldner geboten ist, dem Zwecke des § 121 gemäß Telegramme dem Gemeinschuldner nicht zugesprochen werden. Vgl. Scholz GruchotsBeitr. 52 S. 380ff., Ermel DJZ 1909 Sp. 767f., Schultz LZ 1910 Sp. 280ff., Neugebauer JurRundsch. 1925 Sp. 721ff., Böhle-Stamschräder Anm. 2. Im Notfalle wird der Gefahr, daß der Schuldner den Fernsprechverkehr zum Schaden der Gläubiger mißbraucht, durch Inhaftnahme vorgebeugt (§ 101, im Vorverfahren: § 106).

9 2. Ein schwebender Fernsprechvertrag des Gemeinschuldners ist konkursrechtlich als mietähnliches Wiederkehrschuldverhältnis zu behandeln. Der Verwalter kann namentlich zum Zwecke einer Geschäftsfortführung veranlaßt sein, den Vertrag zunächst fortbestehen zu lassen. Alsdann begründen die auf die Zeit nach Konkursbeginn entfallenden Fernsprechgebühren Masseschulden (§ 59 Nr. 2). Siehe oben § 19 Anm. 3b, § 59 Anm. 9.

§ 122

Der Verwalter kann zur Sicherung der zur Konkursmasse gehörigen Sachen durch eine zur Vornahme solcher Handlungen gesetzlich ermächtigte Person siegeln lassen.

Die Geschäftsbücher des Gemeinschuldners sind durch den Urkundsbeamten der Geschäftsstelle zu schließen.

Materialien: Motive I Bd. 2 S. 70ff., Motive II S. 343f., Protokolle S. 83f., 170.

I. **Siegelung (Abs. I)**

1 1. Die Siegelung ist nicht geboten und setzt keine gerichtliche Anordnung voraus. Der § 122 I stellt sie dem pflichtmäßigen Ermessen des Verwalters anheim [Einschreiten der Aufsichtsbehörde: § 83 Anm. 1]. Sie mag besonders bei Unzuverlässigkeit des Schuldners und seiner Leute, aber auch deshalb angebracht sein, weil die im § 123 vorgeschriebene Einzelaufzeichnung nicht sofort durchführbar ist. Sie kann mit Ausschluß bestimmter (z. B. leicht verderblicher) Sachen erfolgen oder auch nur auf einzelne Gegenstände, Behältnisse oder Räume beschränkt werden. Hinterlegung von Geldern, Wertpapieren und Kostbarkeiten: § 129 II. Der Verwalter „läßt" siegeln. Er begrenzt durch seine Weisung die Tätigkeit des Siegelungsbeamten. Für seine Weisung aber ist der Zweck einer Siegelung maßgebend: die Sicherung der zur Konkursmasse gehörigen Sachen durch äußere Kenntlichmachung des Konkursbeschlages. Protokolle S. 83f. („der" ist nicht Druckfehler statt „die"). Die Kosten der Siegelung und Entsiegelung (§ 52 KostO) gehören zu den Massekosten des § 58 Nr. 2.

2 2. Das Siegel wird an den Sachen selbst oder an den sie bergenden Räumen und Behältnissen angebracht. Die Schlüssel zu den versiegelten Räumen und Behältnissen sind dem Konkursverwalter einzuhändigen. Die Zuständigkeit für Siegelung

und Entsiegelung sowie das Verfahren bestimmt sich nach **Landesrecht.** In den ehemaligen preußischen Gebieten sind nach Art. 87 (vgl. Art. 128) preuß. FGG v. 21. 9. 1899 die Notare, nach § 74 Nr. 3 AG.GVG v. 24. 4. 1878 die Gerichtsvollzieher zuständig, Siegelungen und Entsiegelungen im Auftrage des Gerichts oder des Konkursverwalters vorzunehmen; die Geschäftsstellen bei den Amtsgerichten haben zwar die gleiche Befugnis, „sollen sich aber solchen Geschäften nur auf Anordnungen des Richters unterziehen" (§ 70 AG.GVG). Eine entsprechende Zuständigkeit besteht in Bayern: Art. 2 Nr. 2 Notariatsgesetz v. 9. 6. 1899 (Notare) (BayBS III S. 41), Art. 33 I (Urkundsbeamter der Geschäftsstelle) und Art. 34 I Nr. 2 (Gerichtsvollzieher) BayAG.GVG v. 17. 11. 1956 (BayBS III S. 3). Ehemaliges Württemberg: Art. 298 AG.BGB v. 29. 12. 1931 (RegBl. S. 545) (Notar, Urkundsbeamter der Geschäftsstelle oder Gerichtsvollzieher), ehemaliges Baden: §§ 32 I, BadLG FGG v. 13. 10. 1925 (GVBl. S. 287) u. § 128 BaFGV v. 3. 12. 1926 (GVBl. S. 301) (Notare), dazu auch Gerichtsvollzieher nach § 285 der Bad.-Württ. GA f. GVollz. v. 1. 3. 1954. Hessen: Urkundsbeamter der Geschäftsstelle, nur auf Anordnung des Gerichts (Art. 44 I Nr. 5, II HessFGG v. 12. 4. 1954, GVBl. S. 59), Gerichtsvollzieher (Art. 45 I Nr. 5 ebenda). Bekleidet der Verwalter eines dieser Ämter, dann kann er auch selber siegeln und entsiegeln. Zust. Mentzel-Kuhn Anm. 2. Über die Siegelung und über die Entsiegelung wird von der damit betrauten Person ein Protokoll aufgenommen, das auf der Geschäftsstelle des Konkursgerichts zur Einsicht der Beteiligten niederzulegen ist (§ 124 Satz 2). Das Verfahren ist im landesrechtlichen Sonderteil der 1954 erlassenen neuen GeschAnw. f. GVollz. (Übersicht bei Wieczorek ZPO Bd. V § 154 GVG AI, Ia—k, II) näher geregelt, z. B. Bayern: §§ 307, 308 (BayBSVJu. II S. 210), Baden-Württemberg: §§ 286ff. (Sonderdruck). Vgl. auch Schrader Hdb. S. 3017ff. Eine rechtmäßige Siegelung nach § 122 steht unter dem Strafschutze des § 136 StGB (Siegelbruch), nicht auch als solche schon unter dem des § 137 StGB (Verstrickungsbruch).

II. Schließung der Geschäftsbücher (Abs. II)

Die „Geschäftsbücher" des Gemeinschuldners — einerlei, ob er Vollkaufmann, Minderkaufmann oder Nichtkaufmann ist [§ 1 Anm. 20] — sind von Amts wegen durch den Urkundsbeamten der Geschäftsstelle des Konkursgerichts oder auf Ersuchen des Konkursgerichts durch die Geschäftsstelle desjenigen Amtsgerichts, in dessen Sprengel sich die Bücher befinden (z. B. einer Niederlassung), sofort nach Konkurseröffnung zu schließen. Das Ersuchen ist Ersuchen um Rechtshilfe im Sinne der §§ 156ff. GVG. Es ergeht dementsprechend von „Gericht" zu „Gericht" und darf nur aus den Gründen des § 158 GVG abgelehnt werden, also nicht etwa deshalb, weil dem „ersuchenden" Gerichte die Zuständigkeit zur Konkurseröffnung (§ 71 KO) gefehlt habe. Hamburg OLG 8 S. 1 (der Mangel der Zuständigkeit des Gerichts der Zweigniederlassung nach § 71 I war übrigens durch die Rechtskraft des Eröffnungsbeschlusses geheilt worden). Erzwingung der Rechtshilfe: § 159 GVG. Die Geschäftsstelle kann zum Zwecke der Schließung vom Verwalter die Vorlage der Bücher fordern. Unter besonderen Umständen, namentlich wenn zahlreiche und große Bücher zu schließen sind, wird auch ein Gang oder eine Reise des Urkundsbeamten nach dem Orte der Verwahrung angemessen sein (Senst-Müller Konkursrichter[4] S. 94). Die Kosten einer Verbringung der Bücher zum Gericht oder einer Reise fallen unter den § 58 Nr. 2. Die Schließung nach Abs. II ist nicht ein Abschluß im kaufmännischen Fachsinn, sondern nur ein hinter die letzte Eintragung zu setzender Vermerk („Wegen Eröffnung des Konkursverfahrens geschlossen." Datum, Unterschrift des Urkundsbeamten), der den Zweck hat, nachträgliche Eintragungen als solche kenntlich zu machen. Motive II S. 344, Protokolle S. 83f.; Seuffert S. 292; vgl. auch §§ 239 Nr. 3 u. 4, 240 Nr. 3 u. 4. Bei Büchern, die — wie die Hauptbücher der Kaufleute — aus selbständigen Konten bestehen, sind alle einzelnen Konten besonders zu schließen. Auch die Hilfsbücher werden geschlossen. Über die Schließung hat der Urkundsbeamte ein Protokoll aufzunehmen, in dem zweck- 3 mäßigerweise auch der Zustand der Bücher (auch z. B. das Fehlen einzelner Blätter) festgestellt wird. Zust. Böhle-Stamschräder Anm. 3; Muster: Schrader Hdb. S. 3036. Gesetzlich geboten ist diese Feststellung nicht. Protokolle aaO. Die Gläubiger haben kein Recht auf Einsicht der Geschäftsbücher: § 124 Anm. 5. Führt der Konkursverwalter das Handelsgewerbe des Gemeinschuldners weiter, so sind neue Geschäftsbücher anzulegen.

4 Bücher, die der Schuldner mit anderen Personen über einen gemeinschaftlichen Geschäftsbetrieb geführt hat, gehören nicht als solche zu seiner Konkursmasse und unterliegen darum unserer Vorschrift nicht. So kann z. B. keine Rede davon sein, daß im Konkurs über das Eigenvermögen des Mitglieds einer offenen Handelsgesellschaft die Geschäftsbücher der Firma dem Amtsgerichte zur Schließung vorzulegen wären. Petersen-Kleinfeller Anm. 5; abw. Wolff Anm. 3. Andererseits sind im Sonderkonkurse nur diejenigen Bücher zu schließen, die den Geschäftsbetrieb des vom Konkurs erfaßten Sondervermögens betreffen, also im Gesellschaftskonkurse nur die Bücher der Firma.

§ 123

Der Verwalter hat die einzelnen zur Konkursmasse gehörigen Gegenstände unter Angabe ihres Wertes aufzuzeichnen. Der Wert ist erforderlichenfalls durch Sachverständige zu ermitteln. Bei der Aufzeichnung ist eine obrigkeitliche oder eine Urkundsperson zuzuziehen. Der Gemeinschuldner ist zuzuziehen, wenn er ohne Aufschub zu erlangen ist.

Auf Antrag des Verwalters und, wenn ein Gläubigerausschuß bestellt ist, des letzteren, kann das Gericht gestatten, daß die Aufzeichnung unterbleibe oder ohne Zuziehung einer obrigkeitlichen oder einer Urkundsperson vorgenommen werde.

Materialien: Motive I Bd. 2 S. 71f., Motive II S. 344f., Protokolle S. 84, 170.

I. Aufzeichnung der Masse (Abs. I)

1 1. Unabhängig davon, ob eine Siegelung (§ 122) stattgefunden hat, ist alsbald die Aufzeichnung der sämtlichen zur Konkursmasse gehörigen Gegenstände — also der Masseaktiven, der beweglichen und der unbeweglichen, in der Hand des Schuldners selbst oder Dritter befindlichen Sachen sowie der massezugehörigen Rechte, z. B. der ausstehenden Forderungen, in Gesellschaftskonkursen besonders auch der Beitragsrückstände — unter Angabe ihres Wertes in Angriff zu nehmen. Sie dient zur Feststellung der Konkursmasse, zur Kontrolle des Verwalters und um für dessen künftige Rechnungslegung einen festen Anhalt zu gewinnen. Motive II S. 344. Unterschied vom „Inventar": § 124 Anm. 2. Die „einzelnen" Gegenstände müssen aufgezeichnet werden. Dazu genügt bei gleichartigen Warenbeständen die Angabe von Stückzahl und Art. In das Verzeichnis sind auch solche Sachen des Gemeinschuldners aufzunehmen, die sich in fremdem Besitz befinden. Desgleichen Gegenstände, an denen Absonderungsrechte bestehen, und solche, deren Zugehörigkeit zur Sollmasse dem Verwalter zwar nicht gewiß, aber immerhin möglich erscheint (zust. LG Frankfurt KonkTreuh. 1955 S. 192). Dabei hat er seinen Bedenken durch entsprechenden Vermerk Ausdruck zu geben (vgl. für Österreich § 97 I KO). So liegen die Dinge oft bei der Wohnungseinrichtung, wenn sie (wie häufig) von der Ehefrau des Gemeinschuldners in Anspruch genommen wird (Levy Konkursrecht² S. 35). Vermögensstücke dagegen, die der Verwalter unzweifelhaft als fremdes (z. B. Leihbücher) oder beschlagsfreies Gut (z. B. unentbehrliche Hausrats- oder Kleidungsgegenstände) erkennt, werden nicht aufgenommen. Ebensowenig Gegenstände, deren Freigabe der Verwalter sofort beschließt (wie etwa offenbar uneinbringliche Forderungen). Siehe § 117 Anm. 5.

2 Der Wert ist, wenn es der Verwalter nach pflichtmäßigem Ermessen für erforderlich hält, durch Sachverständige zu ermitteln. Vermag der Verwalter selbst

den Wert festzustellen (z. B. bei börsengängigen Waren und Wertpapieren aus dem Kurszettel) oder will er die Gegenstände sofort veräußern oder das Geschäft weiterbetreiben, so würde die Einholung von Gutachten einen zwecklosen Kostenaufwand verursachen. Die Auswahl sachkundiger Schätzer steht beim Verwalter. Motive II S. 344f. Sie brauchen nicht ein für allemal beeidigt zu sein noch werden sie für den Einzelfall beeidigt. Als „Wert" ist der bei konkursmäßiger Versilberung zu erwartende Erlös oder (bei Absonderungsgegenständen) Übererlös anzugeben. Wertangaben in den Geschäftsbüchern des Schuldners sind unmaßgeblich. (RG SächsA 10 S. 164).

2. Die Aufzeichnung ist Amtspflicht des Verwalters (§§ 82—84). Zu seiner Überwachung muß bei der Aufzeichnung regelmäßig eine „obrigkeitliche", d. h. vom Ansehen eines öffentlichen Amtes getragene Person (etwa in kleinen Gemeinden der Bürgermeister) oder eine gesetzlich als solche berufene „Urkundsperson" zugezogen werden. Nicht aber der so Zugezogene, sondern der Verwalter nimmt die Aufzeichnung vor. Er bestimmt ihre Art und Einteilung. Der Beamte bezeugt in einem Protokoll ihren Hergang. Landesrechtlich (Protokolle S. 84) sind für die Verrichtungen einer Urkundsperson gemäß § 123 (vgl. §§ 415, 418 ZPO) die Urkundsbeamten der Geschäftsstellen bei den Amtsgerichten (§ 70 preuß. AG.GVG, Art. 33 I bayer. AG. GVG v. 17. 11. 1954, BayBS III S. 37, Art. 44 I Nr. 6 Hess. FGG v. 5. 10. 1956, GVBl. 1956 S. 145), die Gerichtsvollzieher (§ 74 Nr. 3 preuß. AG. GVG, Art. 34 Nr. 2 bayer. AG. GVG, Art. 45 I Nr. 5 hess. FGG, § 285 baden-württ. GA f. GerVollz. v. 1. 3. 1958) und die Notare (Art. 31 preuß. FGG, Art. 2 Nr. 1 bayer. NotG. Art. 298 württ. AG BGB v. 29. 12. 1931, RegBl. S. 545) zuständig. Siehe im übrigen § 122 Anm. 2 und Schrader Hdb. S. 3053f. Kosten: § 52 I KostO. Der Gemeinschuldner wird zugezogen, wenn dies ohne nachteiligen Aufschub möglich ist. Sonst kann von seiner Teilnahme trotz ernster Erkrankung oder sonst einer triftigen Verhinderung abgesehen werden. Die dem Gemeinschuldner mögliche Mitwirkung ist Recht und Pflicht zugleich (vgl. § 101 II). 3

II. Ausnahmen (Abs. II)

Die Aufzeichnung (nicht die Inventarerrichtung nach § 124) oder doch die Zuziehung einer obrigkeitlichen Person oder einer Urkundsperson kann mit gerichtlicher Gestattung unterbleiben. Diese Gestattung setzt einen Antrag des Verwalters und, wenn ein Gläubigerausschuß bestellt ist, auch einen mit der erforderlichen Mehrheit (§ 90) beschlossenen Ausschußantrag voraus. Sie ist eine Frage der Zweckmäßigkeit und dementsprechend dem Ermessen des Konkursgerichts anheimgegeben. Die Entscheidung wird, wie sie auch ausfalle, dem Verwalter von Amts wegen zugestellt (§§ 73 II, 76 III). Gegen die Zurückweisung des Antrags steht dem Verwalter die sofortige Beschwerde zu [§ 73 Anm. 7]. Der dem Antrag stattgebende Beschluß beschwert weder den Schuldner noch einen Gläubiger und ist dementsprechend unanfechtbar (abw. Seuffert S. 285). Ausnahmen im Sinne des Abs. II können beispielsweise angezeigt erscheinen, wenn bereits eine vertrauenswürdige Aufzeichnung vorliegt, wenn das Geschäft sofort im ganzen verkauft werden soll (Motive II S. 345), wenn der Aufwand sich wegen Dürftigkeit der Masse nicht lohnt oder wenn feste Aussicht auf baldigen Abschluß eines Zwangsvergleichs besteht. 4

§ 124

Dem Verwalter liegt die Anfertigung eines Inventars und einer Bilanz ob. Derselbe hat eine von ihm gezeichnete Abschrift des Inventars und der Bilanz und, wenn eine Siegelung und Entsiegelung stattgefunden hat, die Protokolle über dieselben auf der Geschäftsstelle zur Einsicht der Beteiligten niederzulegen.

Materialien: Motive I Bd. 2 S. 72ff., Motive II S. 345f., Protokolle S. 84, 170, Kommissionsbericht S. 1960, 2033f.

I. **Inventar und Bilanz**

1 1. Der Verwalter hat ein Inventar und eine Bilanz aufzustellen. Ausnahmen von dieser Amtspflicht (§§ 82—84), wie sie für die Aufzeichnung der Masseaktiven nach § 123 zulässig sind, bestehen nicht. Erzwingung: § 83 Anm. 1. Inventar und Bilanz haben den Zweck, allen Beteiligten einen klaren Überblick über den Massestand zu gewähren und als Grundlage für die Überwachung des Verwalters zu dienen. Die Aktiven sind dabei nach dem Werte zur Zeit der Aufstellung, d. h. mit den bei der Versilberung zu erwartenden Erlösen [siehe auch Anm. 2 u. 3], zweifelhafte Posten nach ihrem Schätzungswert anzusetzen, uneinbringliche Forderungen abzuschreiben. Vgl. § 40 HGB. Inventar und Bilanz müssen vom Verwalter datiert und unterschrieben werden.

2 2. **Das Inventar** unterscheidet sich von der im § 123 vorgeschriebenen Aufzeichnung dadurch, daß es auch die Passiven umfassen und systematisch gehalten sein muß. Demgemäß sind die einzelnen Vermögensgruppen in gesonderten Abteilungen und Unterabteilungen aufzuführen. Dabei müssen Belastungen angegeben, Nebenansprüche aufgeführt werden. Gegenstände, deren Zugehörigkeit zur Sollmasse zweifelhaft ist, insbesondere vom Gemeinschuldner oder einem Dritten bestritten wird, sind innerhalb der betreffenden Rubrik gesondert aufzuführen und mit einem entsprechenden Vermerk zu versehen [vgl. auch § 123 Anm. 1, § 125 Anm. 1 unter e]. Bei Ausständen ist die feststehende oder voraussichtliche Uneinziehbarkeit, bei Rechten aller Art die etwaige Bestrittenheit zu vermerken. Doch liegt darin, daß der Verwalter irgendeinen Anspruch ohne Angabe der Bestrittenheit in das Inventar aufnimmt, keine ihn bindende Anerkennung, geschweige denn bei Konkursforderungen eine „Feststellung" (vielmehr § 145). Beispiel: Abschnitt I Grundstücke, Abschnitt II Fahrnis — mit Untertiteln für Waren, Wertpapiere, Bargeld, Haus-, Küchen-, Ladeneinrichtung, Kleider und Wäsche, Kostbarkeiten, Kraftwagen usw. —, Abschnitt III Ausstände (dazu gehören im Gesellschaftskonkurse die rückständigen Einlagen), Abschnitt IV Sonstige Rechte (z. B. Lebensversicherung, Grundpfandrechte, Nießbrauch, Patentrechte oder sonstige gewerbliche Schutzrechte), Abschnitt V Schulden, Abschnitt VI Zusammenstellung der Aktiven und der Passiven. Letztere sind bereits im Inventar, nicht erst in der Bilanz gesondert aufzuführen (Kommissionsbericht S. 2034): einfache und bevorrechtigte — im Nachlaßkonkurs auch minderberechtigte — Konkursforderungen, Absonderungs- und Masseansprüche. Dabei empfiehlt sich die Angabe der Verfallzeit der einzelnen Schuldposten, bei Gesamtschulden z. B. Wechselverbindlichkeiten auch die Bezeichnung der Mitschuldner und etwaiger Rückgriffsrechte des Gemeinschuldners (Motive II S. 346, Kommissionsbericht S. 1960; Muster: Senst-Müller Verwaltung von Konkursen S. 75, 347ff.; Schrader Hdb. S. 3056).

3 3. **Die Bilanz** enthält die Angabe und die rechnerische Abgleichung der Gesamtwertbestände auf Grund des Inventars. Sie ist ein „das Verhältnis des Vermögens und der Schulden darstellender Abschluß" (§ 39 I HGB) in Bundeswährung (§ 40 I HGB). Dabei werden die Summen der einzelnen Gruppen von Aktiven und Passiven zweckmäßig gesondert. Bei den anzusetzenden Werten ist zu beachten, daß nicht die Grundsätze für die Erstellung der Jahresbilanz eines laufenden Geschäftes in Anwendung kommen können, sondern die einer Liquidationsbilanz heranzuziehen sind; denn der Konkurs ist Zwangsliquidationsverfahren und die Bilanz hat den Zweck, den Konkursgläubigern die bei der Durchführung des Verfahrens zu erwartende Dividende ersichtlich zu machen; ferner ist sie für die Beschlußfassung über einen Zwangsvergleich von Bedeutung und läßt im Genossenschaftskonkurs den Umfang der Nachschußpflicht erkennen (RG Bd. 85 213). Die Aktiven sind daher mit dem Veräußerungswert, Ausstände nicht zum Nennwert, sondern zum Schätzungswert anzusetzen [Anm. 1]. Bestehen an Gegenständen des aktiven Vermögens Absonderungsrechte, so können diese entweder bei dem entsprechenden Posten auf der Aktivseite abgesetzt werden (sog. Bilanzierung mit Kompensierung) oder aber gesondert auf der Passiv-

seite eingestellt werden, während die betreffenden Gegenstände auf der Aktivseite mit ihrem vollen Wert bilanziert werden. Erscheint es unsicher, ob auch nur die Massegläubiger volle Deckung finden, so empfiehlt es sich, bei Aufführung der Masseansprüche die Rangordnung des § 60 zu beachten. Zu den Fragen der Bilanzierung vgl. die Aufsätze von Klinger NBW 1949 S. 42ff. und Kottke Betr. 1954 S. 437f.; dort auch Muster für Konkursbilanzen, ebenso bei Senst-Müller aaO. S. 355ff. und Schrader Hdb. S. 3058f.

II. Offenlegung

1. Nach Satz 2 hat der Verwalter eine von ihm unterzeichnete Abschrift des Inventars und der Bilanz und, falls eine Siegelung und Entsiegelung stattgefunden hat (§ 122), die Urschrift der hierüber aufgenommenen Protokolle auf der Geschäftsstelle des Konkursgerichts zur Einsicht der Beteiligten (oder ihrer Vertreter) niederzulegen. „Beteiligt" und demnach zur Einsichtnahme befugt sind jedenfalls der Gemeinschuldner, die einzelnen Konkursgläubiger, die Mitglieder des Gläubigerausschusses (§ 88 I) — auch solche, die nicht Konkursgläubiger sind [§ 87 Anm. 5] — und die Massegläubiger, auch ein Käufer der Masse im ganzen, nicht dagegen Aussonderungsberechtigte; Absonderungsberechtigte nur, wenn sie für den Ausfall Konkursgläubiger sind. Mentzel-Kuhn Anm. 3. Jeder Beteiligte kann sich auf seine Kosten eine **Abschrift** des Inventars und der Bilanz erteilen lassen. Denn diese Schriftstücke gehören, wie sich auch aus § 15 Nr. 3 AktO ergibt, zu den „Konkursakten"; diese aber sind nach § 72 KO [siehe dort Anm. 3b] mit § 299 I ZPO entsprechend den „Prozeßakten" des ordentlichen Zivilprozesses den Beteiligten („den Parteien") zugänglich. Kommissionsbericht S. 1960, Seuffert S. 286, Stein-Jonas ZPO[18] § 299 zu Note 18, Senst-Müller Konkursrichter[4] S. 21, 114, v. Wilmowski-Kurlbaum Anm. 2, Bleyer Anm. 3, Wolff Anm. 2, Mentzel-Kuhn Anm. 3, Böhle-Stamschräder Anm. 2. Dasselbe gilt für das Gläubigerverzeichnis des § 104 KO. In der Praxis wurde die Erteilung einer Abschrift des Gläubigerverzeichnisses an einen Konkursgläubiger für statthaft erklärt, z. B. durch Beschlüsse des Kammergerichts (ZZP 20 S. 492ff. und OLG 32 S. 407 β), des LG Gera (ZZP 20 S. 494f.), des LG München (BayZ 1910 S. 455f.) und des LG Hamburg (Hanseat. GerichtsZ. 1925 Beilage Nr. 78 mit weiterer zust. Rechtsprechung); für unstatthaft dagegen z. B. durch LG Metz ZZP 18 S. 525ff., LG Osnabrück ZZP 21 S. 525f. u. KG OLG 32 S. 406f. α. Keineswegs spricht (wie KG meint) der § 140 II KO gegen die herrschende Ansicht, da er ja nur besagt, dem Verwalter sei die Tabellabschrift schon von Amts wegen zu erteilen, die antragsmäßige Abschrifterwirkung im Sinne des § 299 ZPO dagegen überhaupt nicht trifft. Was aber die Besorgnis übermäßiger Schreibarbeit betrifft, so hilft eine mechanische Vervielfältigung auch hochgesteigerten Bedürfnissen ab. Jedenfalls besteht für die Gläubiger und die sie vertretenden Schutzverbände oft ein sehr starkes Interesse an der Einsichtnahme und an der Erhebung von Abschriften, das nach der einen wie nach der andern Richtung nur in entsprechender Anwendung des § 299 ZPO befriedigt werden kann (Hamburg aaO). Verweigert die Geschäftsstelle Einsicht oder Abschrifterteilung, so wirkt die binnen zwei Wochen seit Zustellung der Entscheidung des Urkundsbeamten beim Konkursgericht einzulegende sofortige Beschwerde (§ 73 III KO) zunächst als Erinnerung zum Konkursgericht und nur, wenn dieses keine Abhilfe schafft, als Rechtsmittel zum übergeordneten Landgericht (§ 577 IV, vgl. § 569 II ZPO). 4

2. Das Gebot der Offenlegung beschränkt sich auf Inventar, Bilanz und Siegelungsprotokolle. Es erstreckt sich **nicht auf die Geschäftsbücher** des Gemeinschuldners (§§ 1 III, 117 II). Ein Antrag, jedem Gläubiger die Befugnis zur Einsicht der Geschäftsbücher des Gemeinschuldners zu gewähren, wurde in der Reichstagskommission von 1898 abgelehnt. Man wies mit Recht auf die Gefahren einer solchen Vorschrift hin, die von Konkurrenten zur Erkundung der Geschäftsverhältnisse des Gemeinschuldners mißbraucht werden könnte (Kommissionsbericht S. 1960). Nur die Mitglieder des Gläubigerausschusses haben nach § 88 I 2 das **Einsichtsrecht [§ 88 Anm. 3]**. Zust. LG Stargard JW 1926 S. 2122 Nr. 12, Berlin 5

KonkTreuh. 1957 S. 190, Mentzel-Kuhn Anm. 3, Böhle-Stamschräder Anm. 2. Da sonach der Konkursverwalter nicht die Pflicht hat, einem Gläubiger als solchem Einsicht in die Geschäftsbücher zu gestatten, kann auch das Konkursgericht gegenüber der Weigerung des Verwalters im Aufsichtswege die Gestattung nicht anbefehlen [§ 83 Anm. 1]. So auch nicht zugunsten der Finanzbehörden (OLG Bamberg LZ 1907 Sp. 365), aber unbeschadet der Sondervorschriften des steuerrechtlichen Verfahrens. Wenn somit zwar durch § 124 S. 2 kein Recht auf Einsichtnahme in die Geschäftsbücher des Gemeinschuldners oder auf Auskunfterteilung aus diesen begründet wird, so könnte dieses doch bestimmten Personen aus anderem Rechtsgrund etwa aus vertraglicher Vereinbarung oder kraft Gesetzes zustehen. Die Frage ist vor allem für Lieferanten mit verlängertem Eigentumsvorbehalt praktisch geworden, denen gegenüber eine Pflicht des Konkursverwalters zur Auskunfterteilung vom OLG Köln NJW 1957 S. 1032 bejaht, vom LG Berlin aaO. dahingestellt gelassen wird. Sie ist grundsätzlich zu verneinen, da solche den Gemeinschuldner treffende persönliche Verpflichtungen nicht ohne weiteres auf den Konkursverwalter übergehen [§ 3 Anm. 10]. Keinesfalls kann die Verpflichtung des Konkursverwalters mit dem OLG Köln damit begründet werden, daß die Bücher zur Konkursmasse gehören und von ihm in Besitz genommen wurden. Sie kann vielmehr nur dann angenommen werden, wenn sie sich aus einem gegenseitigen Vertrag ergibt, in den der Konkursverwalter gemäß § 17 eingetreten ist. Aber auch in einem solchen Falle kann der Konkursverwalter, wenn er das Bestehen einer solchen Verpflichtung bestreitet, nicht durch Aufsichtsmaßnahmen des Konkursgerichtes (§ 83) zu ihrer Anerkennung und Erfüllung abgehalten werden; vielmehr muß der Gegner gegen den Konkursverwalter im Prozeßweg vorgehen (Landgericht Berlin aaO.).

§ 125

Nach der Anfertigung des Inventars kann der Verwalter oder ein Konkursgläubiger den Gemeinschuldner in eine Sitzung des Amtsgerichts, bei welchem das Konkursverfahren anhängig ist, zur Leistung des Offenbarungseides laden.

Materialien: Motive I Bd. 2 S. 73ff., Motive II S. 318, 346, Protokolle S. 84, 170, Kommissionsbericht S. 1960, Reichstag II. Session 1909/11 Drucksache Nr. 731 S. 2, 4.

Schrifttum: Hansen, die Verpflichtung des Gemeinschuldners zur Leistung des Offenbarungseides, ZZP 43 (1913) S. 495ff.; Georg Schwalm, der Vollstreckungseid (1930), Heft 46 der Leipziger Studien, und zur Reform ZZP 58 (1933) S. 149ff. (bes. S. 174ff.).

Der Offenbarungseid

I. Zweck und Inhalt

1. Das Inventar des Verwalters (§ 124) pflegt in der Hauptsache oder doch zu einem wesentlichen Teile auf Angaben zu beruhen, die der Gemeinschuldner über seine Vermögenslage gemacht hat (§ 100). Um eine gewissenhafte Auskunft und damit eine möglichst vollständige Sammlung der Teilungsmasse [§ 117 Anm. 1] zu sichern, verpflichtet das Gesetz den Schuldner — nicht auch seine Angehörigen und Hausgenossen (Motive II S. 346; RG GruchotsBeitr. 47 S. 915) — zur Leistung des Offenbarungseides nach der Anfertigung und auf Grund des Inventars, das der Konkursverwalter errichtet hat. Über die österr. Regelung vgl. § 117 Anm. 22 unter 1. Bürgerlich-rechtliche Offenbarungspflicht dritter Personen: Anm. 11. Der Offenbarungseid, den der Gemeinschuldner oder dessen Vertreter [Anm. 9] nach § 125 leisten muß, ist, wie der § 72 in Verbindung mit dem Wortlaute des § 125 („des" Offenbarungseides) ergibt, eine Anwendung des im § 807 ZPO geregelten und im § 325 RAbgO wiederkehrenden „Manifestationseides", aber eben nur eine entsprechende. Er weist nach Voraussetzungen, Inhalt und Wirkung Besonderheiten gegenüber seinem Vorbild auf. Beide entstammen derselben Wurzel (Wetzell System des ordentl. Zivilproz.[3] 1878 S. 294ff. mit Verw., Stobbe Zur Geschichte des älteren deutschen Konkursprozesses 1888 S. 59ff.)

und verfolgen denselben Zweck: Gegenstände des Zwangszugriffes aufzudecken („manifestare bona sacramento"), dort für die Einzelvollstreckung, hier für die Gesamtvollstreckung. Beide stehen unter dem Strafschutz der §§ 154, 163 StGB.

2. Da die Eidesnorm (der Schwursatz) im § 125 nicht vorgeschrieben ist, erheben sich manche Zweifel.

a) Wie im Falle des § 807 ZPO und anders als nach § 69 II VerglO beschränkt der Eid des § 125 KO sich auf die Aktiven. Den Schuldenstand trifft er nicht. Schwalm, Vollstreckungseid S. 15; siehe auch RG Strafs. DJZ 1928 Sp. 878f.; abw. v. Sarwey-Bossert Anm. 2. Über Verletzung der Eidespflicht durch Verschweigen der Anwartschaft aus Käufen unter Eigentumsvorbehalt siehe RG Str. KonkTreuh. 1933 S. 25f. Nr. 2 (unter Eigentumsvorbehalt gekaufte Sachen hat der Konkursverwalter im Inventar als bedingtes Eigentum aufzuführen). Allerdings erstreckt sich im Gegensatz zu § 807 ZPO die Eidespflicht nicht auf das ganze Vermögen des Gemeinschuldners, sondern nur auf die in die Konkursmasse fallenden Gegenstände (RG HRR 1936 Nr. 379, BGH Betrieb 1953 S. 39, Mentzel-Kuhn Anm. 6 mit Verw. auf ältere OLG-Entscheidungen, Böhle-Stamschräder Anm. 2). Diese Beschränkung ist auch im Schwursatz zum Ausdruck zu bringen (vgl. unten e; a. A. Jaeger 6./7. Aufl., Hansen ZZP 43 S. 496, Schwalm aaO. S. 15; wie hier dagegen Huyke Offenbarungseid [1930] S. 161 Anm. 6 und die unter e Genannten).

b) Anders als im Falle des § 807 ZPO wird der Eid des § 125 KO nicht auf den Zeitpunkt der Eidesleistung, sondern auf den der Konkurseröffnung abgestellt, die vielleicht schon um Jahre zurückliegt. Denn nur das dem Schuldner bei Eröffnung des Verfahrens zustehende Vermögen gehört zur Konkursmasse (§ 1 KO).

c) Zur Konkursmasse gehören auch Gegenstände, welche der Gemeinschuldner durch ein Scheingeschäft (§ 117 BGB) vor Konkurseröffnung veräußert hat (RG HRR 1938 Nr. 564), ferner Anfechtungsansprüche nach § 37 (RG aaO., BGH Str. Bd. **3** 309; vgl. auch RG Str. Bd. **66** 152). Daß sich auch auf diese die Offenbarungspflicht des Schuldners erstreckt, ist um so mehr anzunehmen, als nach der Neufassung des § 807 ZPO (1953) nunmehr auch die Offenbarungspflicht der Einzelvollstreckung bestimmte Angaben über eventuell anfechtbare Rechtsgeschäfte umfaßt. Es empfiehlt sich, den Schuldner im Eidestermin über diesen Umfang seiner Offenbarungspflicht ausdrücklich zu belehren und ihn an Hand der Tatbestandsmerkmale der §§ 30, 31 Nr. 2, 32 KO zu befragen. Was die Absichtsanfechtung des § 31 Nr. 1 angeht, so ist allerdings der Neufassung des § 807 ZPO zu entnehmen, daß der Gesetzgeber dem eidespflichtigen Schuldner Angaben über eine Benachteiligungsabsicht nicht zumutet. Die Befragung ist daher auf die objektiven Tatbestandsmerkmale eines anfechtbaren Rechtsgeschäftes zu beschränken.

d) Anders als im Falle des § 807 ZPO hat der Gemeinschuldner nicht ein von ihm selbst errichtetes Vermögensverzeichnis zu bekräftigen, sondern durch seinen Eid nur die Vollständigkeit des vom Verwalter aufgestellten Inventars zu gewährleisten. Daher entgeht der Gemeinschuldner auch nicht der Schwurpflicht, wenn er (etwa wegen Gefangenschaft oder Erkrankung) außerstande sein sollte, selber eine Vermögensaufnahme zu machen. OLG Dresden LZ 1908 Sp. 90.

e) Der **Schwursatz** muß den Besonderheiten der Konkurslage angepaßt und auf das Inventar des Verwalters eingestellt werden (v. Wilmowski-Kurlbaum Anm. 1, Senst-Müller Konkursrichter[4] S. 50, Levy Konkursrecht[2] S. 70, Mentzel-Kuhn Anm. 6, Schrader Hdb. S. 3039f.). Er hat also regelmäßig zu beschwören, daß er zur Zeit der Konkurseröffnung außer dem im Inventar des Konkursverwalters aufgezeichneten (und dem im Eidestermin angegebenen) Vermögen weiteres zur Konkursmasse gehörendes Vermögen nicht gehabt habe. Enthält das Inventar Gegenstände, bei denen es zweifelhaft ist, ob sie zur Konkursmasse oder zum konkursfreien Vermögen gehören [§ 124 Anm. 2], so kann die Eidesleistung trotz der Fassung des Schwursatzes nicht im

Sinne einer Anerkennung der Massezugehörigkeit durch den Gemeinschuldner verstanden werden. Vielmehr ergibt sich in diesem Falle aus dem Inventarvermerk bzw. den Angaben des Schuldners im Offenbarungstermin, daß es sich insoweit um zweifelhafte Masseaktiven handelt. Vgl. dazu auch LG Frankfurt a. M. KonkTreuh. 1955 S. 192. Die Angaben des Schuldners über anfechtbare Rechtsgeschäfte [oben unter c] können eine Abwandlung des Schwursatzes notwendig machen.

3. Hinsichtlich des bei Konkursbeginn vorhandenen Vermögens besteht die Antragsbefugnis von „der Anfertigung des Inventars" ab grundsätzlich so lange, „als das Konkursverfahren anhängig ist", mag es sich auch durch Jahre hinziehen. Eine Eidesverweigerung macht daher den Zwangsvergleich nach § 175 Nr. 1 auch noch in späteren Jahren unzulässig. War vor der Aufhebung des Konkursverfahrens (§ 163) die Eidesleistung zulässig beantragt, so hindert nicht einmal die förmliche Beendigung des Konkurses deren Abnahme. Denn noch immer kann der Eid den Zweck einer Aufdeckung der gemeinsamen Befriedigungsmasse erfüllen, noch immer besteht die Möglichkeit konkursmäßiger Verteilung nachträglich ermittelter Massewerte (§ 166). Hansen S. 501 ff. Selbst wenn das Konkursverfahren bereits nach rechtskräftiger Bestätigung des Zwangsvergleichs aufgehoben worden wäre (§ 190), dürfte die Abnahme des vorher beantragten Eides im Hinblick auf die §§ 196, 197 (§ 239 Nr. 1) noch zweckentsprechend und statthaft sein. Hansen S. 503 ff., Schwalm aaO., Böhle-Stamschräder Anm. 2; abw. Wolff Anm. 1, vgl. auch Kolmar OLG 15 S. 248, das vom Eintritte der Rechtskraft der Vergleichsbestätigung ab die Antragsbefugnis der nichtbevorrechtigten Konkursgläubiger aus § 125 (nicht auch gerade die Zulässigkeit früher beantragter Eidesabnahme) verneint.

4. Darüber, daß abgesehen von der Eidespflicht nach § 125 keine Verpflichtung des Gemeinschuldners zur Beeidigung von Auskünften und Angaben besteht, siehe § 75 Anm. 3a.

2 II. **Voraussetzungen** der Eidespflicht sind: die Anfertigung des Inventars durch den Verwalter und ein zulässiger Antrag auf Eidesleistung [Anm. 4]. Den Verdacht des Verheimlichens oder Beiseiteschaffens von Zugriffsgegenständen setzt der § 125 nicht mehr voraus. Antragsberechtigt ist der Konkursverwalter und jeder einzelne Konkursgläubiger kraft eigenen Rechts. Der Gläubigerantrag setzt (gegen Hellmann S. 443) jedenfalls Anmeldung voraus [§ 95 Anm. 5]. Es fragt sich aber, ob sie genügt. Daß die Konkursforderung des Antragstellers bereits festgestellt (so OLG Köln LZ 1909 Sp. 873 f., Endemann § 70 N. 70 wegen der Wichtigkeit der Befugnis) oder doch überhaupt vollstreckbar (so Kohler Lehrbuch S. 395 f., da der Offenbarungseid ein Vollstreckungsakt sei) oder endlich zugelassen sein müßte (so Oetker Grundbegriffe I S. 519, vgl. daselbst S. 285), verlangt das Gesetz nicht. Der Gemeinschuldner kann zwar die Konkursgläubigereigenschaft des Antragstellers und damit dessen Antragsberechtigung bestreiten [Anm. 5]. Allein der Nachweis dieser Berechtigung ist in keiner Hinsicht eingeschränkt. Das Vollstreckungsgericht hat im Verfahren des § 900 V ZPO über den Widerspruch des Schuldners und damit über die Voraussetzungen seiner Schwurpflicht zu entscheiden. Vermag das Vollstreckungsgericht die Überzeugung vom Bestande des behaupteten Konkursgläubigerrechts nicht zu gewinnen, so hat es eben den darauf gestützten Antrag abzuweisen, wie das Konkursgericht bei der Entscheidung über den Konkursgrund (§ 102) eine bestrittene Konkursforderung außer Ansatz lassen muß, wenn es die Überzeugung von ihrem Bestande nicht erlangt. Zust. Schwalm aaO. S. 37. Voraussetzungen einer behaupteten Befugnis bedürfen im Zweifel des Beweises. Daß Glaubhaftmachung ausreichte, müßte besonders bestimmt sein. Die nackte Behauptung des Rechtes (die Anmeldung einer Forderung) genügen zu lassen, hieße den Schuldner der Willkür preisgeben. Eine Beschwerde gegen die dem Antrag stattgebende Entscheidung hat der Gemeinschuldner nicht [Anm. 4]. OLG Dresden LZ 1909 Sp. 870 ff., Jaeger daselbst Sp. 871 ff.

mit Verw. gegen Wach ebenda Sp. 589ff., der die Anmeldung für ausreichend hält. Zust. auch Mentzel-Kuhn Anm. 2, Böhle-Stamschräder Anm. 1. Für absonderungsberechtigte Konkursgläubiger ergibt sich aus dem Zwecke des § 125, daß sie antragsberechtigt sind, soweit sie aus der Teilungsmasse Befriedigung beanspruchen können (§ 64). Als solche haben Absonderungsberechtigte, Aussonderungsberechtigte und Massegläubiger ein Recht auf den Eid des § 125 nicht, Massegläubiger aber gegenüber dem Konkursverwalter ein Recht auf den Offenbarungseid des § 807 ZPO [§ 57 Anm. 10]. Zeitliche Schranken: Anm. 1. Die Voraussetzungen des § 900 I S. 2 sind auf die Situation der Einzelvollstreckung abgestellt und gelten daher nicht für den Antrag auf Eidesleistung nach § 125.

III. **Zuständigkeit.** Für die Abnahme des Eides ist nicht das Konkursgericht als solches, sondern „das Amtsgericht, bei welchem das Konkursverfahren anhängig ist“, als Vollstreckungsgericht im Sinne des § 899 ZPO zuständig. Diese Besonderheit hat keineswegs nur für die Geschäftsverteilung Belang. Sie begründet die Zuständigkeit — und zwar die ausschließliche (§ 802 ZPO) — des Amtsgerichts, bei dem der Konkurs schwebt, auch dann, wenn die Zuständigkeit aus § 899 ZPO nicht gegeben ist. Dazu LG Frankfurt a. M. KonkTreuh. 1955 S. 191. Sie schließt ferner die Anwendbarkeit der §§ 73—75 KO aus. Jaeger 6./7. Aufl. schloß ferner aus ihr, daß das Eidesprotokoll nicht zu den Konkursakten gehöre und daher der Einsichtnahme unmittelbar nach § 299 ZPO unterliege. Da aber nach Anm. 3 zu Muster 15 der AktO die Abnahme des Offenbarungseides vom Gemeinschuldner nicht in das Vollstreckungsregister (Abt. II) M einzutragen ist, somit über dieses Verfahren keine besonderen Vollstreckungsakten gebildet werden, sind die auf das Verfahren nach § 125 KO bezüglichen Aktenstücke zu den Konkursakten zu nehmen (Groutars-Reß-Meyer AktO[3] Erläuterung 23, Boennecke KonkTreuh. 1955 S. 174). Einsichtnahme: § 72 Anm. 3b. Anfechtbarkeit der Entscheidung: Anm. 4; kostenrechtliche Behandlung: Anm. 8. Unter den Voraussetzungen des § 479 I ZPO kann das nach § 125 KO zuständige Gericht ein anderes Gericht um die Eidesabnahme im Wege der Rechtshilfe ersuchen [§ 72 Anm. 3a]. 3

IV. **Auf das Verfahren** finden die §§ 900ff. (mit §§ 478ff.) ZPO entsprechende Anwendung (vgl. Kommissionsbericht S. 1960). 4

1. Das Verfahren ist nicht öffentlich (nicht Verhandeln vor einem „erkennenden“ Gericht im Sinne des § 169 GVG). Es beginnt mit dem Antrage des Verwalters oder eines Konkursgläubigers an das Amtsgericht [Anm. 3] auf Bestimmung eines Termins zur Eidesleistung (§ 900 I 1 ZPO). Form des Antrags: § 496 II ZPO. Dem Gläubigerantrag braucht ein die konkursmäßige Feststellung beweisender Tabellauszug (vgl. § 900 I 2 ZPO) nicht beigefügt zu werden [Anm. 2]. Wird dem Antrag entsprechend Termin zur Eidesleistung bestimmt, so erfolgt die Ladung des Schuldners und des Antragstellers von Amts wegen nach Maßgabe der §§ 900 III, 497, 217 ZPO. Muster bei Schrader Hdb. S. 3039. Der Beschluß, der den Antrag abweist, ist dem Antragsteller von Amts wegen zuzustellen und seiner sofortigen Beschwerde unterworfen (§§ 329 III 1, 793 ZPO). Gegen den Beschluß, der dem Antrage stattgibt, also Termin zur Eidesleistung anberaumt, hat der Schuldner die Beschwerde des § 793 ZPO nicht, weil über die Bestreitung seiner Eidespflicht nach der besonderen Vorschrift des § 900 V ZPO zu entscheiden ist. Zust. Schwalm aaO. S. 32. Die Anwesenheit des Antragstellers im Termine bedarf es nicht (§ 900 III S. 3 ZPO). Dementsprechend ist dem Gemeinschuldner, wenn er zur Eidesleistung bereit und ein von Amts wegen zu beachtendes Hindernis — Unzuständigkeit, Mangel der in Anm. 2 bezeichneten Voraussetzungen — nicht gegeben ist, der Eid auch beim Ausbleiben des Antragstellers abzunehmen.

2. Bestreitet der Gemeinschuldner seine Pflicht zur Leistung des konkursmäßigen Offenbarungseides — indem er etwa seine Eigenschaft als Gemeinschuldner oder als eidespflichtiger Vertreter [Anm. 9] oder die Voraussetzungen der Anm. 2 in 5

Abrede stellt —, so hat das Gericht nach § 900 V ZPO durch Beschluß über den Widerspruch zu entscheiden, und zwar nach § 900 III S. 3 ZPO auch beim Ausbleiben des Antragstellers [siehe Anm. 2]. Rechtsmittel: §§ 793, 577 ZPO. Die Eidesleistung erfolgt erst nach Eintritt der Rechtskraft; doch kann das Vollstreckungsgericht, um Verschleppungen vorzubeugen, die Eidesleistung vor Eintritt der Rechtskraft anordnen, wenn bereits ein früherer Widerspruch rechtskräftig verworfen ist (§ 900 V 2 ZPO). Dabei ist zu beachten, daß der Schuldner im neuen Termin nur neuentstandene Widerspruchsgründe vorbringen darf (Stein-Jonas aaO. § 900 IV 1 c β, Förster-Kann § 900 Anm. 7 S. 845, Schwalm aaO. S. 38). So wäre er z. B. mit der Behauptung, der Antragsteller sei gar nicht Konkursgläubiger, ausgeschlossen, wenn er sie schon früher hätte geltend machen können.

Ein vor Konkursbeginn nach § 807 ZPO geleisteter Eid oder eine vor Konkursbeginn (wenn auch auf Antrag eines jetzigen Konkursgläubigers) vollstreckte Sechsmonathaft stehen dem Verlangen des konkursmäßigen Offenbarungseides nach § 125 KO nicht entgegen. Denn die §§ 903, 914 ZPO setzen einen auf Grund des § 807 ZPO beantragten Eid voraus. Diesem ist der Eid des § 125 KO, wenn auch auf ihn die Verfahrensvorschriften der §§ 900ff. entsprechende Anwendung finden [Anm. 1], inhaltlich nicht gleich und darum auch nicht gleichwertig. Zust. Mentzel-Kuhn Anm. 7; vgl. auch Motive II S. 346. Ebensowenig verdrängt ein im Vergleichsverfahren nach § 69 II VerglO geleisteter Eid die Schwurpflicht des § 125 KO, auch nicht für den Anschlußkonkurs. Vogels-Nölte VerglO[3] § 69 II 4. Umgekehrt befreit auch die Eidesleistung nach § 125 KO nicht von der Schwurpflicht des § 807 ZPO. Die Beschränkungen einer wiederholten Eidesleistung nach § 903 ZPO greifen hier nicht Platz. Während des Konkurses kann allerdings ein Konkursgläubiger als solcher lediglich den Eid des § 125 KO verlangen. Der Konkurs unterbindet die Betreibung einer Eidesleistung nach § 807 ZPO (§§ 12, 14). Ein vorher zu diesem Zweck erwirkter Haftbefehl ist während des Konkurses zugunsten des nunmehrigen Konkursgläubigers nicht vollstreckbar. Die Beschwerde-Entscheidung über Aufrechterhaltung oder Aufhebung eines solchen Haftbeschlusses wäre daher erst nach Konkursbeendigung zu erlassen. KG OLG 23 S. 226; a. A. OLG Hamm KonkTreuh. 1956 S. 29, das nur eine den Haftbefehl aufrechterhaltende Entscheidung des Beschwerdegerichts für unzulässig erklärt, nicht aber eine Entscheidung, die den Haftbefehl (wegen Fehlens der Voraussetzungen für seinen Erlaß) aufhebt oder die vom Gläubiger beantragte Art der Vollstreckung für unzulässig erklärt. Hat der Gemeinschuldner den Offenbarungseid nach § 125 KO geleistet, so kann seine Wiederholung im gleichen Konkursverfahren auch nicht unter den Voraussetzungen des § 903 ZPO verlangt werden, da späterer Vermögenserwerb nicht in die Konkursmasse fällt (§ 1), aber auch nicht nach Ablauf von 3 Jahren seit der früheren Eidesleistung. Ebenso Mentzel-Kuhn Anm. 7, Böhle-Stamschräder Anm. 2. Die konkursrechtliche Eidesverpflichtung des Schuldners ist vielmehr durch die Eidesleistung für das Konkursverfahren erfüllt. Hat der Gemeinschuldner wegen Verweigerung des Eides nach § 125 das Höchstmaß der Haft verbüßt, so ist er ebenfalls zur Eidesleistung im gleichen Konkursverfahren nicht mehr verpflichtet (§§ 913, 914 ZPO). Unter diesen Umständen wird man die bereits erfolgte Eidesleistung bzw. die Haftverbüßung als ein von Amts wegen zu beachtendes Hindernis für die Behandlung eines weiteren Antrags auf Leistung des Offenbarungseides anzusehen haben, nicht nur als einen Grund, der den erschienenen Schuldner zum Widerspruch gegen das Verlangen nochmaliger Eidesleistung berechtigt; denn die Lage ist hier anders wie beim Offenbarungseid der Einzelvollstreckung, bei dem nach §§ 903, 914 ZPO die wiederholte Eidesleistung auf jeden Fall nach einer bestimmten Zeit, unter Umständen auch schon vorher verlangt werden kann, während im Konkurs nach Leistung des Eides oder Verbüßung der Haft in keinem Falle mehr die Eidespflicht besteht.

Auf die Behauptung, das Inventar sei nicht ordnungsgemäß und vollständig vom Konkursverwalter errichtet worden, kann die Verweigerung des Eides nicht gestützt werden; vielmehr ist es gerade der Zweck der Offenbarungs- und Eidespflicht des Gemeinschuldners, derartige Mängel des Inventars zu beseitigen. LG Frankfurt a. M. KonkTreuh. 1955 S. 192 und Böhle-Stamschräder Anm. 1. Die besondere Vollstreckungsschutzvorschrift des § 900 IV ZPO ist als eine auf die Situation der Einzelvollstreckung abgestellte Vorschrift in der Gesamtvollstreckung nicht anwendbar. So auch Schrader Hdb. S. 3038.

3. Wenn der Gemeinschuldner im Schwurtermin ausbleibt oder ohne Bestreitung seiner Eidespflicht die Eidesleistung verweigert, so hat das Gericht auf Antrag zur Erzwingung der Eidesleistung die Haft anzuordnen (§§ 901, 913 ZPO) und zugleich einen Haftbefehl zu erlassen (§ 908 ZPO). Die Beschwerde des Schuldners gegen die Haftanordnung (§ 793 ZPO; vgl. Stein-Jonas-Schönke-Pohle[17] § 901 ZPO III 1) kann auf Nichtverschulden der Terminsversäumung gegründet werden. LG Konstanz BadRspr. 1900 S. 193; Schwalm aaO. S. 60. Daß der Gemeinschuldner den Eid des § 125 bereits geleistet oder wegen seiner Verweigerung die Höchsthaft verbüßt hat, muß bei seinem Ausbleiben von Amts wegen berücksichtigt werden [Anm. 5]. A. A. Jaeger 6./7. Aufl. im Anschluß an KG OLG 20 S. 273. Wird im Termin kein Antrag gestellt, so ruht das Verfahren. Solange der Gemeinschuldner die Ableistung des Offenbarungseides verweigert, ist ein Zwangsvergleich unzulässig (§ 175 Nr. 1 KO). Siehe Anm. 1. 6

4. Der verhaftete Gemeinschuldner kann sich jederzeit beim Amtsgericht des Haftorts zum Schwur erbieten. Der Eid ist ihm „ohne Verzug" abzunehmen, wäre es auch in Abwesenheit des nur mit Aufschub erreichbaren Antragstellers. Nach der Eidesleistung wird der Schuldner aus der Haft entlassen und der Antragsteller von Amts wegen formlos benachrichtigt. § 902 ZPO. Der nicht verhaftete, aber schwurbereite Gemeinschuldner kann den Eidestermin selbst erwirken, den Eid aber nur nach Ladung des Antragstellers leisten. Siehe Heinemann LZ 1926 Sp. 363ff. 7

5. **Kosten.** Nach § 54 GKG werden für das Verfahren zur Abnahme des Offenbarungseides gemäß § 125 KO, einschließlich des Verfahrens über Anträge auf Erzwingung der Eidesleistung (§ 901 ZPO), „besondere Gebühren" nicht erhoben. Der Wortlaut weist darauf hin, daß nicht eine „sachliche Gebührenfreiheit" des Offenbarungseidverfahrens im Sinne des § 91 I Nr. 3 GKG verordnet, sondern mit der für Durchführung des Konkursverfahrens erhobenen Gebühr (§ 50 GKG) zugleich die Gebühr des Eidverfahrens als abgegolten angesehen werden soll (Baumbach-Lauterbach GKG[13] § 46 Anm. 1). Nun bildet freilich das Eidverfahren gerade nicht einen Bestandteil des Konkursverfahrens [Anm. 3], sondern einen gesondert neben ihm stehenden „bürgerlichen Rechtsstreit" (so auch Schwalm aaO. S. 24). Die Einstellung des Gesetzes wird aber auch insoweit als bindend anzusehen sein, als ihm der Gedanke zugrunde liegt, daß die Gerichtskosten (Gebühren und Auslagen) auch des Eidverfahrens zu den „Kosten für das gemeinschaftliche Verfahren" im Sinne des § 58 Nr. 1 KO gehören. Damit werden sie, soweit die Befreiung versagt und die Masse zu haften hat, den Massekosten dieser Vorschrift eingereiht, nicht — wie sonstige aus Handlungen des Verwalters erwachsende Prozeßkosten [§ 58 Anm. 1] — den Masseschulden des § 59 Nr. 1 KO. Die Befreiung des § 54 GKG gilt nur für Gebühren, nicht für Auslagen des Gerichts, also namentlich nicht für die Haftkosten (§ 92 Nr. 10 GKG). Schuldner der Auslagen ist der Antragsteller (§ 95 I GKG). Hat also der Verwalter das Eidverfahren erwirkt, dann gehört die (nach § 911 ZPO im voraus zu erfüllende) Haftkosten-Auslagenschuld zu den Massekosten des § 58 Nr. 1 KO (wie dies auch die herrschende Lehre annimmt, siehe z. B. Jonas-Hornig GKG[3] § 46 Anm. 2, Wolff Anm. 2, Mentzel-Kuhn Anm. 10). Ein Gläubiger hat als Antragsteller die Haftkosten aus seinem Eigenvermögen vorauszuzahlen. Nur in Höhe des Zuwachses, den die Masse etwa infolge des Verfahrens erfährt, würde sie auf Kosten des Gläubigers bereichert und diesem daher nach § 59 Nr. 3 (zust. Wolff aaO., Mentzel-Kuhn Anm. 10, Böhle-Stamschräder Anm. 3), nicht 8

nach § 58 Nr. 1 (so Jonas-Hornig aaO.) haftbar sein. Die Ausschaltung der Gebührenpflicht besteht ohne Unterschied, ob der Verwalter oder ob ein Gläubiger das Eidverfahren beantragt hat, erstreckt sich aber nicht auf das Beschwerdeverfahren (Schwalm aaO. S. 52, Böhle-Stamschräder Anm. 3). Die Kosten erfolgloser Beschwerde des Gläubigers gegen einen die Schwurpflicht verneinenden Beschluß [Anm. 4] trägt der Gläubiger selbst (§ 97 I ZPO); bei erfolgloser Beschwerde des Verwalters fallen sie als Masseschuld im Sinne des § 59 Nr. 1 KO der Masse zur Last. Für die gerichtlichen Handlungen der §§ 900 V, 901 ZPO entstehen keine Gebühren (vgl. § 40 I Nr. 5 in Verbindung mit § 42 I Nr. 2 GKG, ferner Jonas-Hornig aaO. § 33 Anm. 20a, Baumbach-Lauterbach aaO. § 33 Anm. 6 A). Muß der Gemeinschuldner zum Schwurtermin eine Reise machen, so trägt er deren Aufwand persönlich (vgl. § 788 ZPO).

9 V. Die Eidesleistung ist eine Prozeßhandlung. Darum hat für einen **prozeßunfähigen** Gemeinschuldner zu schwören, wer zur Zeit der Eidesleistung (z. B. als Vormund des entmündigten Schuldners) als dessen Vertreter zur Vermögensfürsorge berufen ist. Mitvormünder schwören gemeinsam (§ 1797 BGB). Den gesetzlichen Vertreter trifft der Haftzwang (§ 901 ZPO). Bondi ZZP 32 (1904) S. 221ff., Jaeger LZ 1914 Sp. 1651ff. mit Verw. Den Schwursatz [Anm. 1] faßt das Konkursgericht etwa so: Der Vertreter hat zu schwören, er sei nach sorgfältiger Prüfung und Erkundigung überzeugt, daß der Gemeinschuldner weiteres zur Konkursmasse gehörendes Vermögen als das vom Konkursverwalter aufgezeichnete bei Konkurseröffnung nicht gehabt habe. Entsprechendes gilt für die Organe einer im Konkurse stehenden juristischen Person z. B. für Vereinvorstände und Liquidatoren. Diese versuchen nicht selten der Schwurpflicht durch Hinweis auf Amtsniederlegung zu entgehen. Wo das Ausscheiden nur zum Schein erklärt und darum nichtig ist (§ 117 BGB), versteht sich die Grundlosigkeit des Widerspruchs von selbst (vgl. OLG Nürnberg JW 1930 S. 3783 Nr. 11 mit Note Bendix). Zust. Mentzel-Kuhn Anm. 3. Über den Zusammenhang zwischen Organstellung und Dienstverhältnis siehe § 22 Anm. 12. Im übrigen, namentlich über den Einfluß von Registereinträgen, eingehend Schepses ZZP 58 (1933) S. 229ff. Im **Sonderkonkurs** obliegt die Eidespflicht dem Träger der Gemeinschuldner-Rolle mit Beschränkung auf das konkursbefangene Sondervermögen [§ 1 Anm. 68]. Mehrere Träger der Gemeinschuldnerrolle haben den Offenbarungseid auf Antrag sämtlich zu leisten. So z. B. alle Mitglieder einer offenen Handelsgesellschaft [§§ 209f. Anm. 12].

10 VI. Die Erwirkung des Offenbarungseides steht im Ermessen der Antragsberechtigten. Eine allgemeine **Antragspflicht** obliegt auch dem Konkursverwalter nicht. Die gesetzliche Einführung einer solchen würde nur zu einer zwecklosen Vermehrung der Eide führen; (Kleinfeller LZ 1911 Sp. 413). Wo der Verwalter im Einzelfalle triftigen Anlaß zur Eidesbeantragung hat, wird diese ohnehin zur Pflicht (§ 82). Der Gläubigerausschuß kann sie ihm nicht anbefehlen. An seine Zustimmung ist der Verwalter bei der Antragstellung nicht gebunden.

11 VII. Einen auf Grund der Vorschriften des **bürgerlichen** Rechts gegenüber **dritten Personen** bestehenden Anspruch des Gemeinschuldners auf Leistung eines Offenbarungseides (Beispiele: §§ 259f., 666ff., 675, 713, 1698, 1890 BGB) übt der Verwalter kraft des § 6 zugunsten der Konkursmasse aus (Zwangsvollstreckung: 889 ZPO).

§ 126

Die Zwangsverwaltung und die Zwangsversteigerung der zur Masse gehörigen unbeweglichen Gegenstände kann bei der zuständigen Behörde durch den Konkursverwalter betrieben werden.

Materialien: Motive I Bd. 2 S. 75ff., Motive II S. 346ff., Protokolle S. 84ff., 170, Kommissionsbericht S. 1960f., 2034.
Schrifttum: Th. Wolff, die Zwangsversteigerung auf Betreiben des Konkursverwalters, LZ 1911 Sp. 13ff., 96ff.; J. Mohrbutter, Konkurs und Zwangsverwaltung KTS 1956 S. 107ff., sowie J. Mohrbutter, Konkurs und Zwangsversteigerung KTS 1958 S. 81ff.

Übersicht

Die Zwangsverwertung, insbesondere von Immobilien

I. Die Bedeutung der §§ 126, 127 im allgemeinen

1. Die §§ 126, 127 ermächtigen den Verwalter, Massegegenstände **im Wege der Zwangsvollstreckung** zu verwerten und zwar die der Liegenschaftsvollstreckung unterworfenen Gegenstände schlechthin (§ 126), andere aber nur dann, wenn daraus abgesonderte Befriedigung beansprucht wird (§ 127). Selbstverständlich hindert der § 1197 BGB., wenn eine Eigentümergrundschuld zur Masse gehört [§ 47 Anm. 4], den Konkursverwalter nicht daran, die Zwangsverwertung des belasteten Grundstücks zu betreiben und bei einer so betriebenen Zwangsverwaltung die während ihrer Dauer auf die Eigentümergrundschuld entfallenden Zinsen für die Masse zu erheben. Denn der Konkursverwalter betreibt die Zwangsverwertung, die ihm ja auch bei einem nicht zugunsten der Masse oder überhaupt nicht belasteten Grundstück freisteht, in Erfüllung seiner Masseverwertungspflicht (§ 117) und, was die Vollstreckungsform betrifft, kraft der besonderen Ermächtigung des § 126 (zust. Oberneck LZ 1907 Sp. 384, Mohrlutter KTS 1958 S. 82), nicht in Ausübung des in der Eigentümergrundschuld ruhenden Wertrechts. Einer solchen Ausübung und darum auch einer Ausbietung des Grundstücks mit dem Gedinge, daß nur die der massezugehörigen Eigentümergrundschuld vorgehenden Rechte unter das geringste Gebot fallen (§ 44 ZVG), würde allerdings der § 1197 BGB entgegenstehen (vgl. Jeppe LZ 1907 Sp. 898ff.). Das Recht, die Zwangsverwertung zu betreiben, kommt dem Verwalter neben den Absonderungsgläubigern zu, nicht an deren Statt. Über das Betreibungsrecht der Absonderungsgläubiger siehe § 47 Anm. 9ff., wegen des erforderlichen Titels dort Anm. 10. 1

Die Art der Verwertung der Konkursmasse steht dem pflichtmäßigen Ermessen des Verwalters anheim (vgl. § 82). Durch die §§ 126, 127 wird er weder zur Veräußerung überhaupt noch zur Zwangsverwertung im besonderen genötigt. Vielmehr braucht er sich mit Gegenständen, die unanfechtbar überlastet oder aus sonstigen Gründen für die Masse unverwertbar sind, nicht abzugeben [§ 6 Anm. 26f., § 47 Anm. 12, § 83 Anm. 1, § 93 Anm. 2, § 117 Anm. 5] und kann andrerseits bewegliche wie unbewegliche Massegegenstände auch durch **freiwillige Ver-**

äußerung (Versteigerung, freihändigen Verkauf, „Ausverkauf": § 133f. Anm. 14) in Geld umsetzen. Der Freihandverkauf kann sich namentlich deshalb empfehlen, weil er die sofortige Ausnutzung einer günstigen Verkaufsgelegenheit ermöglicht, einen geringeren Kostenaufwand erfordert und ein höheres Entgelt einzubringen pflegt. Allein auch die Zwangsverwertung hat ihre **Vorteile.** Sie ermöglicht zugunsten der Konkursgläubiger, denen der Übererlös pfandbelasteter Massegegenstände und nur dieser gebührt, eine einfache und zuverlässige Auseinandersetzung mit den Absonderungsberechtigten und zwar selbst wider deren Willen. Sie schließt Gewährleistungsansprüche des Erwerbers gegen die Masse wegen eines Rechts- oder Sachmangels aus (§ 56 Satz 3 ZVG, § 806 ZPO, §§ 461, 935 II, 1244 BGB). Siehe im übrigen wegen der Fahrnisverwertung § 127 Anm. 11. Bei einer Zwangsversteigerung vollzieht sich die Übereignung des Grundstücks und der mitversteigerten Gegenstände schon mit Verkündung des Zuschlags (nicht erst beim Hinzutritt der Eintragung im Grundbuch) und unabhängig von den besonderen Erfordernissen des rechtsgeschäftlichen Verkehrsschutzes (§ 90 mit §§ 37 Nr. 5, 55, 89 ZVG). Siehe dagegen für die freiwillige Grundstücksübereignung die §§ 873, 925 mit § 892 BGB. Beim Verkauf im Wege der Zwangsvollstreckung kann selbst das dingliche Vorkaufsrecht nicht ausgeübt werden [§ 1 Anm. 34, § 24 Anm. 4; vgl. aber unten Anm 17]. Der Erwerb von Grundstücken bei einer durch den Konkursverwalter betriebenen Zwangsversteigerung unterliegt nach § 45 VIII AktG nicht den erschwerenden Vorschriften einer „Nachgründung durch Übernahmen" (Fischer in GroßKomm. AktG² § 45 Anm. 16). Dasselbe gilt übrigens nach der Fassung des § 45 VIII AktG jetzt auch für Gegenstände des beweglichen Vermögens, die der Konkursverwalter nach § 127 KO im Wege der Zwangsvollstreckung verwertet (Fischer aaO.). Ein erheblicher Unterschied zwischen der freiwilligen Verwertung und der Zwangsversteigerung bestand beim Inkrafttreten der KO insofern, als die letztere noch nach dem Grundsatze des lastenfreien Zuschlags um jeden Preis erfolgte, also eine (damals mit Rücksicht auf unerkennbare Belastungen erwünschte) vollkommene Lastenbereinigung im Gefolge hatte. Nach geltendem Recht steht die Zwangsversteigerung unter den Grundsätzen des geringsten Gebots und der Lastenerhaltung (§§ 44, 49, 52 ZVG) und zwar jetzt auch bei eingetragenen Schiffen und eingetragenen oder eintragungsfähigen Schiffsbauwerken (§ 162 ZVG). Der Konkursverwalter kann die Zwangsversteigerung nur durchführen, wenn ein Gebot erzielt wird, das alle Realgläubiger deckt [Anm. 10]. Der Vorteil einer Lastenbereinigung hat sich damit beträchtlich verringert. Ganz fortgefallen ist er — auch abgesehen von einer Verwirkung nach Maßgabe des § 37 Nr. 4, 5 ZVG (RG LZ 1909 Sp. 786f.) — keineswegs. Die Zwangsversteigerung des beweglichen Vermögens erfolgt auch heute noch lastenfrei (§ 805 ZPO). Bei der Zwangsversteigerung von Schiffen fallen die Pfandrechte der sog. Schiffsgläubiger fort (vgl. §§ 764, 773 HGB, §§ 110, 113 BinnenschG), während Schiffshypotheken bei einer vom Konkursverwalter betriebenen Zwangsversteigerung in das geringste Gebot fallen und vom Ersteher übernommen werden (§§ 162, 44, 49, 52 ZVG). Siehe auch §§ 1181, 1242, 1257, 1273 II BGB. Da die Zwangsverwertung von Massegrundstücken auch dann von Nutzen sein kann, wenn Absonderungsansprüche nicht erhoben werden, ist eine dem § 127 entsprechende Einschränkung des § 126 auf diesen Fall — ganz abgesehen vom Wortlaute des Gesetzes — ungerechtfertigt (abw. Hellmann Anm. 8). Andrerseits können Absonderungsberechtigte als solche sich einer Zwangsverwertung nach § 126 nicht widersetzen.

2 **2.** Dem Wesen des Konkurses entsprechend [Vorb. 3 zum 2. Buch] bildet jede Verwertung durch den Konkursverwalter sachlich eine Zwangsmaßnahme. Vgl. Motive II S. 81, 347; § 21 IV KO, §§ 161 I Satz 2, 184 II, 353 II, 499 Satz 2, 883 II Satz 2, 2115 Satz 1 BGB. Allein damit ist keineswegs gesagt, daß sie auch „Zwangsvollstreckung" wäre. Der Konkursverwalter ist kein Träger der staatlichen Zwangsgewalt. Die vom Verwalter selbst betätigten Verwertungen fallen daher wie die eines anderen Pflegers, besonders des Nachlaßver-

walters, unter den Begriff der „freiwilligen" Veräußerung [§ 127 Anm. 17], der gegenüber von einer Anwendbarkeit der §§ 766, 771 ZPO keine Rede sein kann. Auch aus § 21 IV läßt sich keineswegs der Schluß ziehen, daß jeder Freihandverkauf des Konkursverwalters als Zwangsvollstreckung zu gelten hätte [§ 21 Anm. 16]. Wohl aber steht die vom Verwalter in den Formen der Zwangsvollstreckung betriebene Verwertung auch ihren Wirkungen nach der Vollstreckung gleich, namentlich was Vorzugs- und Widerspruchsrechte dritter Personen betrifft. Durchaus zust. RG KonkTreuh. 1932 S. 26 Nr. 4, Warn. 1932 Nr. 48. Sonach sind die §§ 771, 805 ZPO — ausschließliche Gerichtsstände (§ 802 ZPO) — gegenüber einer vom Verwalter nach Maßgabe der §§ 126, 127 betriebenen Zwangsverwertung anwendbar (RG Bd. **14** 3 · Bd. **42** 89).

Immerhin handelt es sich in den §§ 126, 127 um einen **„besonderen Fall" der Vollstreckung,** auf den die regelmäßigen Vollstreckungsgrundsätze, wie der § 172 ZVG bestimmt, nur „entsprechende" Anwendung finden. Die Eigentümlichkeit liegt namentlich darin, daß hier der Konkursverwalter wie sonst einzelne Gläubiger die Verwertung zwecks gemeinsamer Gläubigerbefriedigung betreibt, aber zugleich die Rechte und Obliegenheiten des Eigentümers des zu verwertenden Grundstücks wahrnimmt. In diesem Sinne heißt es von ihm: er **vereinige** die Rolle eines betreibenden Gläubigers und des Schuldners in seiner Person. Diese **Doppelstellung** ist das naturgemäße Ergebnis einer gesetzlichen Regelung, die den Verwalter mit der Wahrnehmung widerstreitender Belange betraut, und wird fast allgemein anerkannt. Denkschrift zu § 172 ZVG; RG JW 1902 S. 402 Nr. 46; Wolff aaO S. 98ff., Reinhard-Müller ZVG[4] § 172 I 4 und 5 (S. 975f.), Reinhard-Müller/Dassler-Schiffhauer ZVG[9] § 172 Anm. 3, Steiner-Riedel ZVG[7] § 172 Anm. 3, Jaeckel-Güthe ZVG[7] § 172 Anm. 3. Der Verwalter verdrängt auch hier den Masseträger für den Bereich der Konkursverwaltung (§ 6) aus der Ausübung der Befugnisse, die dem Schuldner als „Beteiligtem" im Sinne des § 9 zustehen. Daher kann z. B. nur der Konkursverwalter, nicht auch der Gemeinschuldner persönlich das dem Gemeinschuldner als Beteiligtem zustehende Beschwerderecht gegenüber der Erteilung des Zuschlags ausüben, einerlei, ob der Konkursverwalter selbst oder ob ein Realgläubiger die Versteigerung des (nicht etwa freigegebenen) Grundstücks betrieben hat (§ 97 ZVG). Zust. Breslau OLG 16 S. 338, LG Karlsruhe BadRspr. 1903 S. 223, Mentzel-Kuhn § 126 Anm. 5. Ebenso ist zwar ein Widerspruch des Konkursverwalters gegen den Teilungsplan [Anm. 14], nicht aber ein persönlicher Widerspruch des Gemeinschuldners zu beachten. Vgl. RG ZBlFG 3 S. 425ff. Desgleichen verdrängt der Verwalter den Gemeinschuldner grundsätzlich aus Antragsbefugnissen, die im Verfahren der Zwangsversteigerung oder Zwangsverwaltung eines zur Konkursmasse gehörenden und nicht etwa freigegebenen Grundstücks dem Grundeigentümer zustehen. Die Ansicht des LG Essen JW 1933 S. 2407 Nr. 4, der Gemeinschuldner könne ein solches Antragsrecht (z. B. auf Aufhebung der Zwangsverwaltung) „neben" dem Verwalter ausüben, wenn die Ausübung dessen eignem Willen entspreche, ist mit § 6 KO unvereinbar. Über die Antragsbefugnisse aus §§ 30a u.c ZVG vgl. Anm. 13a. Mit Recht hat dagegen das OLG Bamberg BayZ 1913 S. 309f. in einem Falle, da ungeachtet eines Interessenwiderstreits der Konkursverwalter zum Zwangsverwalter bestellt worden war, den Gemeinschuldner zur Beschwerde gegenüber der Auswahl des Zwangsverwalters für befugt erklärt, weil diese Beschwerde in den gesetzlichen Machtbereich des Konkursverwalters nicht eingreife. Zur Frage der Eignung des Konkursverwalters als Zwangsverwalter siehe Anm. 9 a. E. Dem Verwalter, nicht dem Gemeinschuldner persönlich ist zuzustellen. Der Verwalter, nicht der Gemeinschuldner persönlich wird zu den Terminen zugezogen. Das alles gilt keineswegs, wie man vielfach lehrt, weil der Gemeinschuldner überhaupt nicht „Beteiligter" wäre (ist er doch als Eigentümer des Grundstücks, als „Schuldner" im Sinne des § 9 ZVG, geradezu der eine Hauptbeteiligte); sondern deshalb, weil der Konkursverwalter seine Befugnisse und Obliegenheiten auch in dieser Beziehung wahrzunehmen hat.

Andrerseits nimmt der Verwalter Rechte und Obliegenheiten eines betreibenden Gläubigers wahr (z. B. nach den §§ 7 III, 10 Nr. 1, 22 II, 25, 28ff., 37 Nr. 4, 45 I, 64, 67 II, 97, 153 I, 161 III ZVG). Im übrigen siehe Anm. 14. Die Betreibung erfolgt für Rechnung der Konkursmasse und insofern zum Zwecke gemeinschaftlicher Befriedigung der Konkursgläubiger (§ 3). Eine Einlösung durch Befriedigung „des Gläubigers" (§ 268 BGB) würde daher nur durch Befriedigung sämtlicher Konkursgläubiger geschehen können. Nur sie würde dem § 161 II ZVG. genügen. Demgemäß findet, wenn der Gemeinschuldner bei einer vom Verwalter betriebenen Zwangsversteigerung als Bieter auftritt [Anm. 14], der § 68 III ZVG „entsprechende" Anwendung dahin, daß der Gemeinschuldner auf Verlangen des Verwalters Sicherheit für den ganzen Betrag des Bargebots zu leisten hat (soweit damit nicht etwa ein Überschuß über die Volldeckung der Konkursforderungen erzielt würde). Vgl. Reinhard-Müller ZVG[4] § 172 III 5 (S. 979f.), Steiner-Riedel ZVG[9] § 172 Anm. 3, jetzt auch Jaeckel-Güthe ZVG[7] § 172 Anm. 5. Da die Anwärter der vom Verwalter betriebenen Zwangsbefriedigung, die Konkursgläubiger, bereits durch den allgemeinen Konkursbeschlag (§§ 6, 7) gegen nachteilige Verfügungen des Schuldners gesichert sind, entfällt hier das Bedürfnis nach einem besonderen Beschlagnahmevorrecht (§ 20 mit § 10 I Nr. 5 ZVG). § 173 Satz 1 ZVG. Siehe Anm. 7ff.; auch § 127 Anm. 13.

3 3. Die Zwangsverwertung nach Maßgabe der §§ 126, 127 KO steht, was die Frage der **gesetzlich ausgeschlossenen Käufer** betrifft, als „Verkauf im Wege der Zwangsvollstreckung" unmittelbar unter der Vorschrift des § 456 (§ 458) BGB. Unter die nach § 456 BGB bei der Zwangsverwertung ausgeschlossenen Käufer fällt der Konkursverwalter nicht [vgl. Anm. 14]. Verwertet er im Wege freiwilliger Veräußerung, dann gilt nach § 457 die Ausschlußvorschrift des § 456 BGB, wenn er nicht selber veräußert, sondern einen Dritten mit der Veräußerung betraut, also z. B. Liegenschaften durch einen dritten Notar [beachte § 78 Anm. 6] oder Wertpapiere durch einen Börsenmakler versteigern läßt, d. h. es sind in diesem Falle zwar Versteigerungsbeamte samt Gehilfen, nicht aber der Verwalter vom Erwerb ausgeschlossen, dieser kann vielmehr sowohl für Rechnung der Konkursmasse, was der § 134 Nr. 2 KO außer Zweifel stellt [§ 133f. Anm. 16; siehe § 126 Anm. 14, § 127 Anm. 12), als auch für sich persönlich erstehen. Durch die Sondervorschriften der §§ 456—458 wird der § 181 BGB. verdrängt. Wenn dagegen der Konkursverwalter selbst in den Formen der freiwilligen Veräußerung verwertet, steht seinem eigenen Erwerbe die Interessenkosllision zwischen seiner amtlichen Pflicht, den Massegegenstand möglichst günstig zu verwerten, und seinem persönlichen Interesse an einem möglichst billigen Erwerb entgegen. Das grundsätzliche Verbot des Selbstabschlusses, das in § 181 BGB für den Stellvertreter seinen Niederschlag gefunden hat, muß daher auch dann für den Konkursverwalter gelten, wenn man ihn nicht als Zwangsvertreter des Gemeinschuldners auffaßt. Er kann daher weder Grundstücke noch Fahrnis aus freier Hand an sich selber verkaufen und übereignen. Nach feststehender Rechtsprechung und herrschender Lehre läßt der Verstoß gegen das Verbot des § 181 BGB allerdings keine Nichtigkeit, sondern nur eine durch Genehmigung der Vertretenen nach rückwärts heilende Unwirksamkeit der Verpflichtungs- und Verfügungsverträge eintreten (§§ 177, 184 BGB) und zwar auch im Falle gesetzlicher Vertretung (RG JW 1924 S. 1863 Nr. 5 mit Verw.; RGR-Komm. BGB[11] § 181 Anm. 6 S. 631). Jaeger (6./7. Aufl. und Lehrbuch[8] S. 28) will in konsequenter Durchführung der Vertretertheorie auf die Geschäfte des Konkursverwalters § 181 BGB unmittelbar anwenden [vgl. auch § 6 Anm. 4] und daher Heilung des schwebend unwirksamen Erwerbs durch die Genehmigung des vertretenen Gemeinschuldners eintreten lassen; daneben verlangt er — insoweit über § 181 BGB hinausgehend — die Zustimmung der zwar nicht mitvertretenen, aber mitbeteiligten Konkursgläubiger (vgl. § 3 KO), welche wirksam der Gläubigerausschuß erteilen könne, da er nach § 134 Nr. 1 KO freihändige Verkäufe von Grundstücken, einerlei an wen, zu genehmigen ermächtigt sei. Dieser Auffassung, der sich Böhle-Stam-

schräder Anm. 4 angeschlossen hat, kann nicht gefolgt werden. Daß eine unmittelbare Anwendung des § 181 BGB der besonderen Situation des Konkursverwalters nicht gerecht wird, gibt im Grunde auch Jaeger damit zu, daß er auch eine Zustimmung der Gläubiger verlangt, ein Erfordernis, das nicht aus § 181 BGB abgeleitet werden kann; dieser Zustimmung legt er überdies offenbar eine über § 136 KO hinausgehende Wirkung bei und läßt außerdem offen, wie sie zu erteilen ist, wenn kein Gläubigerausschuß besteht. Vor allem aber steht einer mit heilender Wirkung ausgestatteten Genehmigung des Gemeinschuldners § 6 I KO entgegen. Der hier bestehende Interessenkonflikt macht vielmehr zum Abschluß eines wirksamen Geschäftes des Konkursverwalters mit sich selbst die Bestellung eines Sonderverwalters notwendig [§ 78 Anm. 6 unter 1.], der in den Fällen der §§ 133, 134 Nr. 1 die Zustimmung des Gläubigerausschusses bzw. der Gläubigerversammlung einzuholen hat, von der aber die Gültigkeit seines Geschäftes nicht abhängig ist (§ 136). Gegen eine unmittelbare oder entsprechende Anwendung des § 181 BGB auf diesen Fall auch Strotzki KTS 1955 S. 111f., der jedoch im Gegensatz zu der hier vertretenen Auffassung den Selbstabschluß des Konkursverwalters für wirksam hält, wenn ihm das Konkursgericht als Aufsichtsbehörde und der Gläubigerausschuß zugestimmt haben. Ähnlich auch RGR-Kom. z. BGB[11] § 181 Anm. 8. Gegen einen verbotenen Erwerb des Konkursverwalters aus der Masse hat das Konkursgericht in jedem Falle aufsichtlich einzuschreiten [§ 83 Anm. 1].

II. Die Zwangsverwertung von Gegenständen der Liegenschaftsvollstreckung im besonderen (§ 126).

1. **Unbewegliche Gegenstände** im Sinne des § 126 sind solche, die der Zwangsvollstreckung in das unbewegliche Vermögen unterliegen (§ 47), d. h. außer den Grundstücken mit ihren wesentlichen Bestandteilen die Berechtigungen, die unter den für Grundstücke maßgebenden Rechtssätzen stehen, die im Schiffsregister eingetragenen Schiffe und die im Schiffsbauregister eingetragenen oder eintragungsfähigen Schiffsbauwerke (§ 864 I ZPO); desgleichen diejenigen Sachen und Rechte, auf die sich bei Grundstücken und Berechtigungen die Hypothek, bei Schiffen oder Schiffsbauwerken die Schiffshypothek „erstreckt" (§ 865 ZPO). Näheres § 47 Anm. 16ff.; Bahneinheit: ebenda Anm. 17. Ist der Gemeinschuldner Miteigentümer eines Grundstücks, einer grundstücksgleichen Berechtigung, eines Schiffes oder eines Schiffsbauwerkes zu einem Bruchteile, so kann der Konkursverwalter diesen Bruchteil im Zwangswege verwerten (§ 864 II ZPO). Im allgemeinen wird er es aber vorziehen, in diesem Falle die Teilungsversteigerung gemäß §§ 6, 16, 51 KO mit §§ 180ff. ZVG zu betreiben, da erfahrungsgemäß der Kreis der Interessenten für einen Grundstücksanteil nicht groß ist. Mohrbutter KTS 1958 S. 86. Nicht eingetragene Schiffe und nicht eintragungsfähige Schiffsbauwerke sowie Schiffsparten (vgl. §§ 489ff. HGB mit § 858 ZPO) gehören im Sinne der Geldvollstreckung zum beweglichen Vermögen [§ 47 Anm. 18]. Kabel: § 47 Anm. 18a; segelfertige Schiffe: § 1 Anm. 20b. 4

2. Auf **das Verfahren** finden die Vorschriften der ersten beiden Abschnitte des Reichsgesetzes über die Zwangsversteigerung und Zwangsverwaltung (ZVG) eine entsprechende, dem Konkurszwecke durch die **Besonderheiten der §§ 173, 174** angepaßte Anwendung. **§ 172 ZVG.** Von den Besonderheiten der Zwangsversteigerung in Schiffe und Schiffsbauwerke wird im Folgenden abgesehen (vgl. §§ 162—171 ZVG). Eine Zwangsverwaltung ist hier ausgeschlossen (§ 870a ZPO). 5

a) Zur Stütze seines **Antrags** auf Zwangsversteigerung (Muster bei Mohrbutter-Haarmann, Leitfaden S. 276) oder Zwangsverwaltung eines Grundstücks hat der Konkursverwalter dem Vollstreckungsgerichte (§ 1 ZVG) nachzuweisen, daß er zum Konkursverwalter ernannt und daß der Gemeinschuldner als Eigentümer des Grundstücks eingetragen oder daß er der Erbe des eingetragenen Eigentümers 6 ist. §§ 17, 146 ZVG. Der für die Durchsetzung verbuchter Ansprüche geltende § 147 ZVG (Eigenbesitz des Schuldners), paßt hier nicht. Zust. Mentzel-Kuhn Anm. 2 und Mohrbutter KTS 1956 S. 108. Den Nachweis der Verwaltereigenschaft erbringt die Bestallungsurkunde (§ 81 II KO). Einer vollstreckbaren Ausfertigung des Eröffnungsbeschlusses bedarf es nicht. Das Gesetz (§ 126 KO mit § 172 ZVG) verleiht dem Konkursverwalter als solchem für Rechnung der Konkursmasse und darum (§ 3) zugunsten aller Konkursgläubiger — deren Ansprüche im einzelnen vielleicht noch der Feststellung harren — eine Betreibungsbefugnis, wie sie Einzelgläubigern nur auf Grund von Vollstreckungstiteln zukommt. Von der Erzwingung eines im Eröffnungsbeschlusse liegenden Gebots an den Schuldner [§ 117 Anm. 13f.] kann hier jedenfalls keine Rede sein. Im Ergebnis übereinstimmend v. Sarwey-Bossert Anm. 3, Seuffert S. 305, auch Mentzel-Kuhn Anm. 2 und die Kom. d. ZVG (Reinhard-Müller ZVG[4] § 172 II 2, Steiner-Riedel ZVG[7] § 172 Anm. 2 mit Verw.); abw. Petersen-Kleinfeller Anm. 3, Kohler Leitfaden S. 243 u. a. Die Massezugehörigkeit eines für den Gemeinschuldner eingetragenen Grundstücks bedarf, da die Eintragung den Zeitpunkt des Erwerbs ergibt (§ 1 KO), keines besonderen Nachweises. Daß der (nur rechtsbekundende) Konkursvermerk (§ 113) noch nicht verbucht ist, steht der Zulässigkeit einer Betreibung nach § 126 nicht im Wege. Eine Freigabe (§ 114) hebt die Betreibungsmacht des Verwalters auf. Die Betreibung Dritter richtet sich fortab gegen den Gemeinschuldner in Person [§ 6 Anm. 27]. Vgl. dazu Reinhard-Müller aaO § 172 II 1 mit Verw. Für den Fall vorgängiger Konkursanfechtung siehe oben § 37 Anm. 13. Bei ererbten Grundstücken muß der Verwalter einen vor Konkursbeginn liegenden Anfall und die Annahme des Gemeinschuldners, soweit sie nicht gerichtskundig, nachweisen [§ 9 Anm. 4, 6]. Will der Verwalter mehrere in verschiedenen Gerichtsbezirken belegene Grundstücke zusammen versteigern lassen, so kann ein einzelnes Amtsgericht als Vollstreckungsgericht für das gemeinsame Verfahren nach Maßgabe des § 2 ZVG bestellt werden (RG JW 1902 S. 402 Nr. 46). In der Versteigerungsankündigung nach § 37 Nr. 3 ZVG heißt es, wenn der Konkursverwalter die Verwertung betreibt: „auf Antrag des Konkursverwalters".

Der Verwalter kann auch einem bereits eingeleiteten Zwangsversteigerungsverfahren **beitreten** (§§ 27, 151 II ZVG). Das schwebende Verfahren wird durch den Konkurs nicht unterbrochen, der Absonderungsberechtigte — als solcher auch der Beschlagnahmegläubiger [§ 13 Anm. 8ff., § 14 Anm. 9] — an der Fortbetreibung nicht gehindert (§ 4 II). Tritt der Konkursverwalter dem von anderer Seite betriebenen Verfahren nicht bei, so kommt er für dieses Verfahren lediglich als Beteiligter an Stelle des Gemeinschuldners in Betracht [siehe Anm. 2, 12ff.]. Umgekehrt kann auch ein Absonderungsberechtigter dem auf Antrag des Konkursverwalters angeordneten Verfahren beitreten [Anm. 12]. Ebenso ein Massegläubiger, nicht aber ein bloßer Konkursgläubiger (§ 14 KO). Zieht der Konkursverwalter seinen Antrag zurück, so wird das Verfahren aufgehoben, wenn er allein es betrieben hat (§ 29 ZVG). Sonst nimmt es hinsichtlich der Mitbetreibenden seinen Fortgang. Betreibt der Verwalter die Zwangsversteigerung neben einem Absonderungsberechtigten oder Massegläubiger, so geht die Betreibung der letzteren vor (Näheres Wolff LZ 1911 Sp. 17ff., Steiner-Riedel aaO § 174 Anm. 3 a. E. mit Verw., Mohrbutter KTS 1958 S. 84).

7 b) Der dem Antrage des Konkursverwalter stattgebende, dem Verwalter zuzustellende Beschluß gilt nach **§ 173 Satz 1 ZVG nicht als Beschlagnahme** [Anm. 2]. Gleichwohl wird der Versteigerungs- oder Verwaltungsvermerk (§ 19 ZVG) durch den Konkursvermerk (§ 113 KO) nicht erübrigt, weil er (namentlich nach Maßgabe der §§ 9 Nr. 1, 37 Nr. 4, 45, 110, 114 ZVG) seine besondere Wirksamkeit hat. Vgl. dazu Steiner-Riedel aaO § 173 Anm. 3. Da der auf Antrag des Verwalters erlassene Einleitungsbeschluß keine Beschlagswirkung äußert, hindert er den Konkursverwalter bis zum Zuschlage nicht an Verfügungen über das Grundstück und die mithaftenden Gegenstände. Nach wie vor übt also der

Verwalter das Recht des Gemeinschuldners, mithaftende Gegenstände in den gesetzlichen Grenzen haftungsfrei zu machen, zugunsten der Konkursmasse aus [Anm. 11]. Sollte der Verwalter das Grundstück selbst veräußern und gleichwohl seinen Versteigerungsantrag nicht zurücknehmen, so würde die Unzulässigkeit seiner weiteren Betreibung von Amts wegen zu berücksichtigen sein (§§ 28, 83 Nr. 6 ZVG). Reinhard-Müller aaO § 173 II 1. Neue Belastungen wären, da hier der § 23 ZVG keine Anwendung findet, nach Maßgabe der §§ 44, 45 (vgl. §§ 10 Nr. 4, 155 II) ZVG in das geringste Gebot [Anm. 10] aufzunehmen. Dagegen wirkt der auf Antrag eines Gläubigers erlassene und dem Konkursverwalter zugestellte Einleitungs- oder Beitrittsbeschluß [Anm. 6] zugunsten des Antragstellers auch dem Konkursverwalter gegenüber nach § 23 ZVG als Veräußerungsverbot.

In zweifacher Hinsicht bedarf es auch bei Betreibung durch den Verwalter eines Ersatzes für die Beschlagnahme des § 20 ZVG. Nach **§ 173 Satz 2 ZVG** gilt nämlich die Zustellung des Beschlusses an den Konkursverwalter im Sinne des § 13 und im Sinne des § 55 ZVG als Beschlagnahme:

α) Im Sinne des **§ 13 ZVG.** Dementsprechend nehmen die laufenden Beträge wiederkehrender Leistungen (z. B. Zinsen, Renten) ihren Anfang vom letzten Fälligkeitstermine vor der Zustellung des Beschlusses an den Konkursverwalter; die Rückstände werden von demselben Zeitpunkte zurückgerechnet. Diese Abgrenzung ist für die Anwendung des § 10 I Nr. 2—4 ZVG [§ 47 Anm. 23] von Wichtigkeit. Laufend im Sinne des § 13 ZVG sind hier die Beträge, die auf die Zeit seit dem letzten Fälligkeitstermine vor Zustellung des Anordnungsbeschlusses an den Konkursverwalter oder, wenn es innerhalb der letzten zwei Jahre an einem Fälligkeitstermine fehlt, auf die Zeit seit der Zustellung selbst bis zum Tage des Zuschlags entfallen; rückständig die auf eine frühere Zeit entfallenden Beträge. 8

β) Im Sinne des **§ 55 ZVG.** Dementsprechend erwirbt der Ersteher (§ 90 II ZVG) außer dem Grundstück alle diejenigen Gegenstände, wie z. B. Früchte, Zubehörstücke [§ 47 Anm. 19], die als mitversteigert gelten würden, wenn die regelmäßige Zwangsversteigerung angeordnet und der Anordnungsbeschluß dem Schuldner in der Zeit zugestellt worden wäre, in der die Zustellung an den Konkursverwalter erfolgt ist. Auf Gegenstände, über die letzterer vor dem Versteigerungstermin anderweit verfügt hatte, erstreckt sich die Versteigerung nicht [Anm. 11]. Vgl. OLG Kassel ZZP 39 S. 533ff.; Reinhard-Müller aaO § 173 III 3, Steiner-Riedel aaO § 173 Anm. 2. Auch können solche Gegenstände — ausgenommen das Zubehör — inzwischen von Nichtkonkursgläubigern (§ 14 KO) wirksam gepfändet worden sein (§ 865 II ZPO), da eben der nur vom Verwalter erwirkte Versteigerungsbeschluß im allgemeinen nicht als Beschlagnahme gilt. 9

Entsprechend werden auch bei der Zwangsverwaltung die in den Machtbereich des Zwangsverwalters fallenden Gegenstände (§§ 148, 152 ZVG) durch die Zustellung des Zwangsverwaltungsbeschlusses an den Konkursverwalter bestimmt. Durch Erwirkung der Zwangsverwaltung begibt sich aber der Konkursverwalter der Befugnis, selber die Nutzungen des Grundstücks zu ziehen und über Miet- und Pachtzinsen zu verfügen (Steiner-Riedel aaO Anm. 1). Streiten Zwangsverwalter und Konkursverwalter darüber, ob ein Gegenstand zur Zwangsverwaltungsmasse oder zur Konkursmasse gehört, weil etwa der Zwangsverwalter behauptet, der Gegenstand sei Bestandteil oder Zubehör des Grundstücks, der Konkursverwalter aber dies in Abrede stellt, dann ist (entgegen der älteren Praxis) für eine Anwendung des § 766 ZPO kein Raum. Es handelt sich vielmehr um einen Rechtsstreit, der im Wege der Feststellungsklage nach § 256 ZPO auszutragen und jedem der beiden Verwalter für den von ihm zu wahrenden besonderen Vermögenskreis anvertraut ist. RG JW 1915 S. 1033ff. Nr. 34 (vgl. RG Bd. **92** 21); Reinhard-Müller aaO § 152 IId, Steiner-Riedel ZVG[7] § 152 Anm. 2a, Mentzel-Kuhn § 126 Anm. 2, Mohrbutter KTS 1956, S. 109. Zu einem Zusammentreffen von Konkurs-

und Zwangsverwaltung wird es allerdings in der Regel nur dadurch kommen, daß ein gegen den Gemeinschuldner eingeleitetes Zwangsverwaltungsverfahren bei Konkurseröffnung anhängig ist oder ein absonderungsberechtigter Gläubiger die Zwangsverwaltung gegen den Konkursverwalter betreibt. Dagegen wird der Konkursverwalter selten Anlaß haben, von sich aus das Zwangsverwaltungsverfahren einzuleiten. Immerhin könnte dies in Frage kommen, wenn zu dem Grundstück ein Gewerbebetrieb gehört, dessen gesonderte Verwaltung zweckmäßig erscheint (Mohrbutter-Haarmann Leitfaden S. 166). In beiden Fällen ist die Bestellung des Konkursverwalters zum Zwangsverwalter zwar zulässig, aber wegen des in verschiedenen Beziehungen möglichen Interessengegensatzes [vgl. auch Anm. 13] im allgemeinen zu widerraten. So Reinhard-Müller aaO § 150 I 2b, Mohrbutter KTS 1956 S. 109; vgl. auch OLG Bamberg BayZ 1913 S. 309f. Steiner-Riedel aaO § 173 Anm. 2 hält wegen dieses Interessenwiderstreites die Bestellung des Konkursverwalters zum Zwangsverwalter überhaupt für nicht statthaft. Beschwerderecht des Gemeinschuldners gegen diese Bestellung: Anm. 2. Die bei landwirtschaftlichen und forstwirtschaftlichen Grundstücken in § 150b ZVG als Regel vorgesehene Bestellung des Schuldners zum Zwangsverwalter kommt nach Sinn und Zweck dieser Vorschrift (vgl. auch § 150b I S. 2) für den Gemeinschuldner nicht in Frage; war sie bereits vor Konkurseröffnung erfolgt, so ist der Gemeinschuldner durch das Gericht als Zwangsverwalter zu entlassen (§ 153 II ZVG).

Eine Einstellung nach §§ 30a oder 30c ZVG scheidet in einem vom Konkursverwalter betriebenen Versteigerungsverfahren aus. Nähres Anm. 13a a. E.

10 c) Bei der Zwangsversteigerung darf der Zuschlag (§§ 81, 82 ZVG) nur auf ein Gebot erteilt werden, das außer den Versteigerungskosten alle Vormänner des betreibenden Gläubigers deckt (§§ 44, 71 ZVG). Dieses Gebot ist **„das geringste Gebot"**, das angenommen werden darf. Betreibt der Konkursverwalter die Versteigerung, so muß das geringste Gebot außer den Verfahrenskosten und den Ansprüchen des § 10 Nr. 1—3 ZVG alle am Grundstück bestehenden Rechte decken, eingeschlossen eine Eigentümergrundschuld der Masse [Anm. 1]. Denn alle diese Rechte gehen bloßen Konkursforderungen vor, die Betreibung des Verwalters aber erfolgt zugunsten der Konkursgläubiger [Anm. 6]. Nun kann jedoch ein Realgläubiger (§ 10 ZVG), dem der Gemeinschuldner **zugleich** persönlich haftet, nach § 64 KO, wenn er nicht auf sein Absonderungsrecht verzichten will, aus der Konkursmasse Befriedigung nur für den Betrag seines Ausfalls verlangen und auch das nur, wenn er den Ausfall rechtzeitig nachweist [§ 64 Anm. 12]. Darum muß ihm an rascher Verwertung des Grundstücks gelegen sein. Allein Grundstücke eines Gemeinschuldners sind meist überlastet und darum schwer verkäuflich. Gebote, die alle Lasten decken, lassen sich erfahrungsgemäß selten erzielen. So laufen Realgläubiger, die noch auf eine Teilbefriedigung aus dem Grundstücke rechnen dürfen, beim Betreiben des Zwangsverfahrens durch den Verwalter Gefahr, den im § 153 KO geforderten Nachweis ihres Ausfalls nicht rechtzeitig erbringen zu können, falls der Zuschlag nach der Regel des § 44 ZVG nur auf ein sämtliche Realgläubiger deckendes Gebot erteilt werden darf. Dieser Gefahr will die Ausnahmevorschrift des **§ 174 ZVG** vorbeugen. Sie kommt namentlich einem solchen Realgläubiger zugute, dessen „Recht auf Befriedigung aus dem Grundstücke" (etwa aus einer Hypothek, § 1113 BGB, § 10 I Nr. 4 ZVG) noch nicht vollstreckbar und darum nicht durch eigene Betreibung oder Beitritt verfolgbar ist, und ermächtigt ihn, wenn der Konkursverwalter die Versteigerung betreibt, „bis zum Schlusse der Verhandlung im Versteigerungstermine" (vgl. § 74 ZVG) zu verlangen, daß das Grundstück **doppelt** ausgeboten werde: einmal nach der Regel und einmal so, daß das geringste Gebot nur die Vormänner des Antragstellers zu decken braucht. Damit verzichtet der Antragsteller auf Deckung, ohne einer Zustimmung der ihm gleich- oder nachstehenden Gläubiger zu bedürfen, obgleich diese vielleicht ihr Recht ersatzlos einbüßen (vgl. dagegen § 59 I ZVG). Vorausgesetzt wird

nur, daß der Antragsteller (etwa auch als Grundschuldgläubiger, vgl. § 53 II ZVG) zugleich persönlicher Gläubiger des Gemeinschuldners — die Forderung wird, wenn sie betagt ist, nach § 65 KO fällig — und daß sein Absonderungsrecht vom Verwalter ausdrücklich oder stillschweigend (wäre es auch nur für einen Teilbetrag) anerkannt ist. Das Anerkenntnis wirkt dem § 136 KO zufolge auch ohne die nach § 133 Nr. 2 KO erforderliche Genehmigung des Gläubigerausschusses und wird erübrigt durch eine gegenüber dem Verwalter erstrittene rechtskräftige Feststellung des Absonderungsrechtes [§ 4 Anm. 7ff.]. Andrerseits wird der Antragsteller als solcher aber auch nicht betreibender oder beitretender Gläubiger. Das Verfahren ist daher nach § 29 ZVG aufzuheben, wenn der Konkursverwalter den Versteigerungsantrag zurücknimmt, ohne daß ein Beitritt erfolgt war. RG Bd. 75 138. Stellen mehrere Gläubiger den Antrag nach § 174 ZVG, so ist für die Ausbietung der des bestberechtigten maßgebend (Steiner-Riedel ZVG[7] § 174 Anm. 2 mit Nachw., Mohrbutter KTS 1958 S. 83).

Wird bei doppelter Ausbietung ein nach § 44 ZVG annehmbares Gebot nur auf die regelmäßige oder nur auf die regelwidrige Ausbietung abgegeben, so muß der Zuschlag erteilt werden. Wie aber, wenn auf jede der beiden Ausbietungen ein an sich zulässiges Gebot gelegt wird? Alsdann dürfte der Zuschlag dem Meistgebote zu erteilen sein, das auf die vom Gläubiger beantragte (also auf die regelwidrige) Ausbietung erfolgt ist. Denn der Zweck des § 174 ZVG geht dahin, dem Absonderungsberechtigten den alsbaldigen Nachweis seines Ausfalls zu ermöglichen. Damit, daß die Belastung etwa beim Erwerb durch einen persönlich leistungsunfähigen Ersteher fortdauert, ist ihm keineswegs gedient. Allerdings kann der Antragsteller auch nach Versteigerungsschluß seinen Antrag noch mit dem Erfolge zurücknehmen, daß nur das Regelausgebot als annehmbar gilt. Wenn er von dieser Befugnis Gebrauch macht (aber auch nur dann), ist der Zuschlag auf das Regelausgebot zu erteilen. Die Annahme (Wolff ZVG[3] § 174 Anm. 6), daß die Schranke des § 64 KO falle, sobald der belastete Gegenstand konkursmäßig mit der Belastung an einen Dritten veräußert werde, ist mit dem Zwecke dieser Vorschrift [§ 64 Anm. 9] unvereinbar. Die Forderung wird im Falle des § 64 „als Konkursforderung" nur in Höhe des Ausfalls festgestellt [§ 64 Anm. 11]. Damit, daß der belastete Gegenstand vom Verwalter veräußert oder freigegeben wird, tritt keineswegs die Rechtslage ein, die besteht, wenn der belastete Gegenstand gar nicht zur Konkursmasse gehört hat [§ 64 Anm. 3, 4]. Zu einem Verzicht auf abgesonderte Befriedigung endlich, auf den v. Wilmowski-Kurlbaum Anm. 6 verweisen, wird der Gläubiger nur genötigt, wenn weder die regelmäßige noch die regelwidrige Ausbietung Erfolg hat. Wie hier die überwiegende Meinung; vgl. Reinhard-Müller aaO. § 174 III 5 mit Verw., ferner Steiner-Riedel aaO Anm. 3, Mentzel-Kuhn § 136 Anm. 4, Mohrbutter KTS 1958 S. 84. Andere (namentlich Wolff aaO, v. Wilmowski aaO) lassen das „höchste Gebot" entscheiden.

Der § 174 ZVG versagt, wenn der Verwalter die Zwangsversteigerung nicht betreibt, sei es, weil er zunächst von jeder Veräußerung absieht oder weil er einen freihändigen Verkauf vorzieht oder weil er das Grundstück freigibt. Anträge, dem Absonderungsgläubiger ein Mittel an die Hand zu geben, um den Verwalter zur Zwangsversteigerung zu nötigen, sind mit Recht abgelehnt worden (Protokolle S. 84ff., Kommissionsbericht S. 1960f.). Der Absonderungsgläubiger mag solchenfalls selber die Zwangsversteigerung betreiben, namentlich, wenn der Verwalter den Miet- oder Pachtzins des belasteten Grundstücks zur Masse erhebt, ohne die Hypothekenzinsen zu zahlen. Ist die Konkursforderung des Gläubigers betagt, so kommt ihm der Grundsatz des § 65 KO zustatten, zu dessen Zweckbereich auch die Ausfallermittelung gehört [§ 65 Anm. 4; siehe auch § 47 Anm. 10]. Versagung des Zuschlags wegen unzureichendem Höchstgebot gemäß § 74a ZVG: Anm. 14a.

III. **Beschlagnahme zugunsten eines Absonderungsgläubigers.**

11 1. **Vor** Anordnung der Beschlagnahme steht dem Konkursverwalter die Befugnis der Verwaltung und Verfügung auch hinsichtlich der mit Absonderungsrechten belasteten Liegenschaften zu (§§ 6, 117). Soweit außerhalb des Konkurses der Eigentümer des belasteten Grundstücks nach Maßgabe der §§ 1120—1130 BGB berechtigt ist, noch nicht zugunsten des Realgläubigers in Beschlag genommene mithaftende Gegenstände aus der Pfandhaftung zu lösen, soweit muß auch der Konkursverwalter des Eigentümers ermächtigt sein (§ 6), die Lösung zu vollziehen. Eine Verfügung des Verwalters kann demnach eine Schadensersatz- oder Bereicherungshaftung der Konkursmasse (§ 59 Nr. 1, 3) dann nicht im Gefolge haben, wenn dieselbe Verfügung, außerhalb des Konkurses vom Eigentümer vorgenommen, diesen gegenüber dem Realgläubiger nicht verpflichten würde. Siehe oben § 4 Anm. 1, 2, § 14 Anm. 10, § 47 Anm. 19.

12 2. Eine **„Beschlagnahme“** der mit dem Grundstücke haftenden Gegenstände kann der Realgläubiger sowohl im Wege der Liegenschaftsvollstreckung (§§ 21ff., 148 ZVG), auch durch Beitritt zu der auf Antrag des Verwalters angeordneten Zwangsverwertung [Anm. 7], als — mit Ausnahme des Zubehörs und der bereits vom Liegenschaftsbeschlag erfaßten Gegenstände — im Wege „der Pfändung“ (§§ 808ff., 865, 938 ZPO) erwirken. Davon, daß der das Gemeinwohl der persönlichen Gläubiger schützende Konkursbeschlag eine Beschlagnahme zugunsten des einzelnen Realgläubigers enthalte, kann keine Rede sein. Früchte auf dem Halm: § 49 Anm. 32, 37, 51ff. Die beiden Arten der Liegenschaftsbeschlagnahme haben verschiedene Grenzen:

a) Der **Zwangsversteigerungsbeschlag** zugunsten eines Absonderungsgläubigers beläßt dem Schuldner und damit seinem Konkursverwalter innerhalb der Grenzen ordnungsmäßiger Wirtschaft die Verwaltung und Benutzung des Grundstücks (§§ 23—25 ZVG). Er erstreckt sich überhaupt nicht auf Miet- und Pachtzinsen noch auf wiederkehrende Leistungen aus subjektiv-dinglichen Rechten und ergreift auch land- und forstwirtschaftliche Erzeugnisse des Grundstücks (einschließlich ihrer Versicherung) nur vor der Trennung oder als Grundstückszubehör im Sinne des § 98 Nr. 2 BGB (§ 21 I, II ZVG).

13 b) Der **Zwangsverwaltungsbeschlag** zugunsten eines Absonderungsgläubigers erfaßt auch die durch den § 21 I, II ZVG dem Versteigerungsbeschlag entrückten Gegenstände, besonders auch die eingebrachte Ernte und Miet- oder Pachtzins, soweit sich auf sie nach den §§ 1120ff. BGB eine Hypothek erstreckt. Der Verwaltungsbeschlag entzieht dem Schuldner und damit seinem Konkursverwalter auch im Bereich einer ordnungsmäßigen Wirtschaft die Verwaltung und Benutzung des Grundstücks sowie die Verfügung über mithaftende bewegliche Sachen (§ 148 ZVG). Für die Verfügung über Miet- und Pachtzinsforderungen kommen die §§ 22 II, 57b (§ 148) ZVG, § 12 VO v. 26. 5. 1933 (RGBl. I S. 302), Ges. v. 5. 3. 1953 (BGBl. I S. 33) mit § 1124 BGB in Betracht: an den Konkursverwalter kann der Mieter oder Pächter mit Wirksamkeit gegenüber den Realgläubigern nur soweit zahlen, als er außerhalb des Konkurses an den Schuldner selber zahlen könnte. Verwaltung und Benutzung gehen auf einen gerichtlich bestellten Zwangsverwalter über (§§ 150ff. ZVG). Vgl. dazu Mohrbutter KTS 1956 S. 108. Zur Bestellung des Konkursverwalters zum Zwangsverwalter und weiteren Fragen des Zusammentreffens von Konkurs und Zwangsverwaltung: Anm. 9. Wohnt der Schuldner im Zeitpunkte der Beschlagnahme zur Zwangsverwaltung (§§ 22, 151 ZVG) auf dem Grundstücke, so müssen ihm nach § 149 I ZVG die für seinen Hausstand unentbehrlichen Räume „belassen“ werden (Ausnahme: § 149 II ZVG). Ob diese Vorschrift auch zugunsten eines Gemeinschuldners gilt, ist bestritten. Da der § 172 ZVG die Regelsätze des Verfahrens nur sinngemäß für anwendbar erklärt, löst er die Frage nicht einmal für den Fall, daß der Verwalter selbst die Zwangsverwaltung betreibt. Der Konkurszweck steht aber wohl der Anwendbarkeit des § 149

ZVG überhaupt entgegen, da die Frage der Unterstützung des Schuldners und damit auch der Wohnungsüberlassung mit Rücksicht auf die besondere Lage des Konkurses in den §§ 129, 132 KO eigens geordnet wird. Ein Recht auf Wohnungseinräumung hat danach der Gemeinschuldner nicht [§ 129 Anm. 2] und kann ein solches auch nicht durch den zugunsten eines Realgläubigers oder vom Verwalter zugunsten der Konkursmasse erwirkten Zwangsverwaltungsbeschlag erwerben! Auch für Zwangsverwaltungen, die bei Konkursbeginn bereits angeordnet sind, läßt sich die fortdauernde Maßgeblichkeit des § 149 ZVG nicht rechtfertigen. Zust. Wolff ZVG[3] § 149 Anm. 2a, Reinhard-Müller aaO § 149 Ic und Steiner-Riedel aaO § 149 Anm. 1 mit Verw. Mohrbutter KTS 1956 S. 110; abw. Petersen-Kleinfeller Anm. 5, Seuffert § 48 N. 30.

8. Die außerhalb des Konkurses bestehende Möglichkeit, daß der Schuldner die **Einstellung der Zwangsversteigerung aus besonderen Gründen** erwirkt (§ 30a ZVG), wird im Konkurs durch ein entsprechendes Antragsrecht des Konkursverwalters ersetzt (§ 30c mit § 30b ZVG). Antragsmuster bei Mohrbutter-Haarmann Leitfaden S. 277. Das Verfahren ist auf seinen Antrag hin einzustellen, wenn durch die Versteigerung die angemessene Verwertung der Konkursmasse wesentlich erschwert werden würde oder aber wenn ein Zwangsvergleichsvorschlag eingereicht ist. Diese Einstellung ist auch gegenüber betreibenden Massegläubigern [§ 57 Anm. 10] zulässig, hat aber vor allem dann Bedeutung, wenn eine abgesonderte Befriedigung aus dem Grundstück (§ 47) zu einer für die Masse ungünstigen Zeit betrieben wird. Der erstgenannte Einstellungsgrund ist etwa anzunehmen, wenn der vorteilhafte, die Veräußerung des Unternehmens als ganzes ermöglichende Fortbetrieb des Unternehmens durch die Zwangsversteigerung gefährdet erscheint oder wenn hinreichende Aussicht besteht, daß durch einen freihändigen Verkauf oder eine Durchführung der Versteigerung in einem späteren Zeitpunkt sich ein erheblich höherer Erlös erzielen läßt. Vgl. OLG Düsseldorf KTS 1956 S. 62f., ferner Jonas-Pohle Zwangsvollstreckungsnotrecht[16] § 30c Anm. 1b, 2 S. 228ff., Steiner-Riedel ZVG[7] § 30c Anm. 2 mit Verw., Reinhard-Müller/Dassler-Schiffhauer ZVG[9] § 30c Anm. II 1, Mohrbutter KTS 1958 S. 82f. Der Einstellungsgrund der Förderung eines eingereichten Vergleichsvorschlages (vgl. auch § 130 II KO) setzt einen zulässigen Vergleichsvorschlag voraus; der Antrag ist also nicht nur beim Vorliegen der Unzulässigkeitsgründe des § 175 KO, sondern auch dann abzulehnen, wenn die Befriedigung der Masseverbindlichkeiten und Vorrechtsforderungen aus der Masse nicht gesichert ist [§ 191 Anm. 6]. Auch beim Vorliegen eines der beiden genannten Einstellungsgründe ist der Einstellungsantrag jedoch abzulehnen, wenn die Einstellung dem betreibenden Gläubiger unter Berücksichtigung seiner wirtschaftlichen Verhältnisse nicht zuzumuten ist. Das wird nur selten anzunehmen sein, da den Interessen des betreibenden Gläubigers die Interessen der Gesamtheit der übrigen Konkursbeteiligten gegenüberstehen. 13a

Der Konkursverwalter ist gemäß § 30c II mit § 30b I ZVG vom Versteigerungsgericht auf die Antragsmöglichkeit hinzuweisen; der Antrag kann nur innerhalb einer Notfrist von zwei Wochen seit Zustellung dieser Verfügung gestellt werden. Die Antragstellung liegt im pflichtmäßigen Ermessen des Konkursverwalters, eine Unterlassung kann ihn den Beteiligten, insbesondere auch dem Gemeinschuldner gegenüber, der selbst die Einstellung nicht mehr beantragen kann, schadensersatzpflichtig (§ 82) machen (Mohrbutter aaO. S. 83). Zum weiteren Verfahren siehe § 30b II ZVG. Gegen die Ablehnung seines Antrages hat der Konkursverwalter die sofortige Beschwerde, gegen die Einstellung der betreibende Gläubiger; eine weitere Beschwerde ist nicht statthaft. § 30c II mit § 30b III. Im Gegensatz zur Einstellung auf Antrag des Schuldners (§ 30a ZVG) erfolgt hier die Einstellung nicht auf bestimmte Zeit, ist insbesondere nicht an eine Höchstdauer gebunden. Das Verfahren ist aber auf Antrag des betreibenden Gläubigers gemäß § 30c I S. 3 fortzusetzen, wenn der Konkursverwalter zustimmt, ferner wenn die Voraussetzungen für die Einstellung weggefallen sind oder wenn nunmehr auf Grund neuer Sachlage der Einstellung ein überwiegendes Gläubigerinteresse entgegensteht oder schließlich wenn der Konkurs beendet ist, einerlei wie, z. B. auch nach § 116 KO. Da § 30c ZVG nicht für freigegebene Grundstücke gilt, muß auch die Freigabe während der Einstellungszeit den Antrag auf Fortsetzung des Versteigerungsverfahrens rechtfertigen. Eine einmalige erneute Einstellung ist, wenn dem Gläubiger zumutbar, möglich (§ 30d).

Die Einstellung nach § 30c ZVG gilt auch für Verfahren, die bei Konkurseröffnung bereits anhängig sind. Ist ein solches Verfahren bei Konkurseröffnung gemäß § 30a ZVG (also auf Antrag des Schuldners) eingestellt, so kommt eine Einstellung nach § 30c ZVG erst nach Ablauf der Einstellungsfrist und auch nur dann in Frage, wenn das Verfahren nicht schon erneut eingestellt war (§ 30d). Andrerseits kann in entsprechender Anwendung des § 30c I S. 3 das Verfahren vor Ablauf der Einstellungsfrist mit Einverständnis des Konkursverwalters fortgesetzt werden. Jonas-Pohle aaO Anm. 4; zust. Steiner-Riedel aaO Anm. 4 und Reinhard-Müller/Dassler-Schiffhauer aaO Anm. I. Ist das Verfahren bei Konkurseröffnung nicht eingestellt, so ist nunmehr der Konkursverwalter nach § 30b I ZVG auf die Antragsmöglichkeit hinzuweisen, sofern das Verfahren nicht schon erneut eingestellt war. Das gleiche gilt, wenn die Frist einer Einstellung nach § 30a ZVG abgelaufen ist. War umgekehrt die Einstellung vor Konkurseröffnung nach § 30a ZVG abgelehnt worden, so steht dies einer Einstellung auf Antrag des Konkursverwalters nach § 30c ZVG nicht im Wege, da nunmehr die Interessen des betreibenden Gläubigers nicht mehr gegen die Interessen des Schuldners, sondern gegen die der Gesamtheit der übrigen Beteiligten des Konkursverfahrens abzuwägen sind. Vgl. im übrigen die Anmerkungen zu §§ 30c, 30b und 30d bei Jonas-Pohle aaO S. 228ff., 220ff., 231ff., Steiner-Riedel aaO, Reinhard-Müller/Dassler-Schiffhauer aaO mit weiteren Verw., ferner Mohrbutter KTS 1958 S. 82f.

Die Einstellungsmöglichkeit nach § 30c ZVG gilt jetzt auch für die Zwangsversteigerung eingetragener Schiffe sowie eingetragener oder eintragungsfähiger Schiffsbauwerke (§ 162 ZVG; Jonas-Pohle aaO S. 322, Reinhard-Müller/Dassler-Schiffhauer aaO § 162 Anm. 9), bei Schiffen mit der Besonderheit des § 165 II ZVG (gerichtliche von der Zustimmung des betreibenden Gläubigers abhängige Anordnung betr. die Bewachung und Verwahrung evtl. auch die Nutzung des Schiffes durch einen vom Gericht ausgewählten und überwachten Treuhänder), vgl. dazu Jonas-Pohle aaO S. 325ff., Steiner-Riedel aaO § 165 Anm. 3, Reinhard-Müller/Dassler-Schiffhauer aaO. § 165 Anm. 3.

Die Einstellung nach § 30c ZVG scheidet aus, wenn der Konkursverwalter selbst nach §§ 172ff. ZVG das Verfahren betreibt, da er hier andere Möglichkeiten hat, eine Versteigerung zur Unzeit zu vermeiden; aber auch dem Gemeinschuldner kann in einem solchen Verfahren kein Antragsrecht nach § 30a ZVG zugebilligt werden (Jonas-Pohle aaO. Anm. 1a; a. A. offenbar Steiner-Riedel aaO. Anm. 1 und Reinhard-Müller/Dassler-Schiffhauer aaO. Anm. I 2).

14 **IV. Die Stellung des Konkursverwalters in der Immobiliarzwangsverwertung.** Der Konkursverwalter nimmt, einerlei, ob er selbst oder ob ein Gläubiger (Absonderungs- oder Massegläubiger) die Zwangsverwertung betreibt, an Stelle des Gemeinschuldners als des Masseträgers Schuldnerrechte und Schuldnerobliegenheiten wahr. Zugleich hat er, wenn er das Verfahren selbst betreibt, Befugnisse und Pflichten eines betreibenden Gläubigers. Siehe Anm. 2, 12ff.

1. Bietet der Konkursverwalter (§ 59 Nr. 1 KO) bei der Zwangsversteigerung für Rechnung der Konkursmasse [Anm. 3], so braucht er nicht die Zustimmung des Gläubigerausschusses bzw. der Gläubigerversammlung (§ 134 Nr. 2) nach § 71 II ZVG nachzuweisen (§ 136 KO; Mohrbutter KTS 1958 S. 83), muß aber die dem bietenden Eigentümer („Schuldner") obliegende Sicherheit leisten (§ 68 III ZVG), falls dies ein Gläubiger, der entweder das Verfahren selbst betreibt oder dem vom Verwalter betriebenen Verfahren beigetreten ist, beantragt (Wolff LZ 1911 Sp. 101f.). Ebenso findet der § 68 III ZVG Anwendung, wenn der Gemeinschuldner —

was rechtlich nicht ausgeschlossen — in Person als Bieter auftritt. Betreibt also der Konkursverwalter [Anm. 2] und nur er die Zwangsversteigerung, dann hat auf dessen Begehr der bietende Gemeinschuldner in voller Höhe des Bargebots Sicherheit nach § 68 III (§ 172) ZVG zu leisten (Reinhard-Müller aaO § 172 III 5, Steiner-Riedel aaO § 172 Anm. 2 mit Nachw., jetzt auch Jaeckel-Güthe ZVG[7] § 172 Anm. 5. In Wahrnehmung der Obliegenheiten eines betreibenden Gläubigers muß der Konkursverwalter beispielsweise die in den §§ 25 Satz 2, 161 III ZVG bezeichneten Vorschüsse aus der Konkursmasse (§ 59 Nr. 1) leisten.

2. Widersprüche gegen den Teilungsplan (§ 115 ZVG) kann der Konkursverwalter [Anm. 2] darauf stützen, daß ein in den Plan aufgenommenes Recht überhaupt nicht begründet oder wegen Anfechtbarkeit des Erwerbs zugunsten der Konkursmasse wieder aufzugeben sei [§ 29 Anm. 6] oder daß es nicht dem Anmelder, sondern als Recht des Gemeinschuldners nun der Konkursmasse zustehe [§ 47 Anm. 4]. Vgl. auch Mohrbutter KTS 1958 S. 86. Aus besonderen Gründen kann die Konkursmasse auch daran ein den Widerspruch des Verwalters rechtfertigendes Interesse haben, daß eine Hebung dem einen und nicht dem anderen von mehreren dritten Prätendenten gebührt. So z. B. wenn nur der andere zugleich Konkursgläubiger und darum in der Lage ist, seinen Ausfall auf die Konkursmasse (§ 64) abzuladen (RG ZBlFG 3 S. 425ff.; zust. Mentzel-Kuhn § 126 Anm. 5). Der Konkursverwalter übt das Widerspruchsrecht des „Schuldners" aus (vgl. § 115 III ZVG). Betreibt er die Zwangsverwertung selbst, so steht ihm der Widerspruch als Gläubiger-Widerspruch offen (vgl. § 115 I ZVG mit § 878 ZPO). Zur Konkursmasse fließt immer nur der Betrag, der außerhalb des Konkurses dem „Schuldner" nach einer gegen ihn betriebenen Zwangsversteigerung oder Zwangsverwaltung gebührte, sei es als Übererlös oder als Bezug auf ein Eigentümergrundpfandrecht.

3. Die Vorschrift des § 74a ZVG, wonach der Zuschlag auf Antrag eines von Ausfall bedrohten Beteiligten zu versagen ist, wenn das Höchstgebot $^7/_{10}$ des festgesetzten Grundstückswertes nicht erreicht, findet in einem Zwangsversteigerungsverfahren, das von einem Absonderungsberechtigten oder Massegläubiger gegen den Konkursverwalter betrieben wird, uneingeschränkt Anwendung. Der Konkursverwalter, der in einem solchen Verfahren nur die Befugnisse des Gemeinschuldners als Beteiligten wahrnimmt, kann den Versagungsantrag nur dann stellen, wenn ein in die $^7/_{10}$-Grenze fallendes Eigentümergrundpfandrecht, das nunmehr zur Masse gehört, vom Ausfall bedroht ist, nicht aber kann er es mit der Begründung tun, daß Konkursgläubiger, welche am Versteigerungsverfahren beteiligt sind, ausfallen würden; denn er hat zwar die Interessen der Konkursgläubiger in ihrer Gesamtheit wahrzunehmen, nicht aber einzelne Konkursgläubiger in Antragsbefugnissen zu vertreten, die sie zur Wahrung ihrer Einzelinteressen als Verfahrensbeteiligte haben. Zutr. LG Göttingen Betr. 1955 S. 1138, NdsRpfl. 1957 S. 135, Mohrbutter KTS 1958 S. 84. 14a

In einer vom Konkursverwalter nach § 172ff. ZVG betriebenen Versteigerung kann das Verfahren nach § 74a ZVG dagegen nur dann in Frage kommen, wenn das Ausgebot nach § 174 ZVG doppelt erfolgte und der Zuschlag auf das Höchstgebot der regelwidrigen Ausbietung erfolgen müßte; denn andernfalls müssen alle am Grundstück bestehenden Rechte durch das Gebot gedeckt sein [Anm. 10]. Mohrbutter KTS 1958 S. 84. Liegt bei einem Ausgebot nach § 174 ZVG das Höchstgebot auf das regelwidrige Ausgebot unter der $^7/_{10}$-Grenze des Grundstückswertes, so hat zwar die Versagung des Zuschlages auf Antrag eines der in § 74a ZVG genannten Beteiligten zu erfolgen, der Konkursverwalter als solcher hat aber kein Antragsrecht als Beteiligter, da ein solches nach der herrschenden Meinung (vgl. Steiner-Riedel ZVG[7] § 74a Anm. 3, Mohrbutter aaO) dem betreibenden Gläubiger nicht zusteht, dessen Stellung er hier einnimmt; er kann aber die Versagung des Zuschlages dadurch herbeiführen, daß er den Versteigerungsantrag zurücknimmt oder die einstweilige Einstellung oder die Aufhebung des Versteigerungstermins bewilligt (§§ 29, 30, 33 ZVG). Wohl aber kann er den

Antrag auf Versagung des Zuschlages in Ausübung der Beteiligtenrechte des Gemeinschuldners stellen, wenn diesem und damit jetzt der Masse ein vom Ausfall bedrohtes Eigentümergrundpfandrecht (Steiner-Riedel § 74a Anm. 3) zusteht. Stellt ein anderer antragsberechtigter Beteiligter den Antrag auf Versagung des Zuschlages, so könnte an sich der Konkursverwalter, der die Stellung des betreibenden Gläubigers innehat, gemäß § 74a I S. 2 der Versagung des Zuschlages widersprechen, wobei er glaubhaft machen müßte, daß durch die beantragte Versagung des Zuschlages der Masse ein unverhältnismäßiger Nachteil erwachsen würde (so Mohrbutter S. 84). Es ist jedoch schwer vorstellbar, daß durch die Versagung des Zuschlages auf ein nach § 74a I S. 1 ZVG unzureichendes Gebot ein Nachteil für die Masse eintreten könnte.

Kommt § 74a ZVG nach den obigen Ausführungen für ein Versteigerungsverfahren in Frage, so sind vor der maßgebenden Festsetzung des Grundstückswertes durch das Versteigerungsgericht (§ 74a V) die Beteiligten zu hören (BVerfG NJW 1957 S. 17, OLG Köln BB 1956 S. 1012), also hier für den Eigentümer (Gemeinschuldner) der Konkursverwalter (Mohrbutter aaO S. 84), der auch das Recht der sofortigen Beschwerde gegen den Festsetzungsbeschluß gemäß § 74a V Satz 3 hat.

15 4. Eine besondere Rolle weist der **§ 178 ZVG** dem Nachlaßkonkursverwalter zu. Nach den die Vorschriften über das Aufgebot der Nachlaßgläubiger (§§ 1970ff. BGB, §§ 989ff. ZPO) ergänzenden §§ 175—179 ZVG kann nämlich der Erbe (der die Erbschaft angenommen, aber das Recht der Haftungsbeschränkung nicht im allgemeinen verwirkt hat) und jeder, der sonst noch das Aufgebot beantragen darf, die Zwangsversteigerung belasteter **Nachlaßgrundstücke** betreiben, um zu ermitteln, ob und in welcher Höhe der Nachlaßgläubiger einen aus dem übrigen Nachlaßvermögen zu deckenden Ausfall erleidet. Ist ein solches Versteigerungsverfahren angeordnet, so wird es durch Eröffnung des Nachlaßkonkurses, obgleich nun der Zweck einer Nachlaßfeststellung hinfällig wird, nicht aufgehalten (anders § 993 II ZPO). Es geht vielmehr nur die Rolle des Antragstellers von Rechts wegen auf den Nachlaßkonkursverwalter über, weil dieser belastete Massegrundstücke ohnehin im Wege der Zwangsvollstreckung zu verwerten pflegt, die Einleitung eines neuen Verfahrens also nur unnütze Kosten und Verzögerungen im Gefolge hätte (§ 178 II ZVG). Erscheint dem Verwalter die Verwertung im Zwangsweg unangebracht, so kann er den Versteigerungsantrag zurücknehmen (§§ 29, 33 ZVG) und das Grundstück im Wege freiwilliger Veräußerung versteigern lassen oder aus freier Hand (§§ 134 Nr. 1, 135, 136 KO) verkaufen. Wenn Konkursantrag und Versteigerungsantrag zeitlich zusammentreffen, soll die Zwangsversteigerung nicht angeordnet werden (ebenso § 993 I ZPO), da die Anordnung möglicherweise umsonst erfolgen würde (§ 178 I ZVG). Solchenfalls bleibt es dem Konkursverwalter vorbehalten, die Versteigerung nach § 172 zu beantragen, wenn er nicht eine andere Verwertungsart vorzieht. Denkschrift zu § 178 ZVG; Wolff LZ 1911 Sp. 96f. Wird der rechtskräftig eröffnete Konkurs vor Abschluß des nach § 175 I ZVG erwirkten Versteigerungsverfahrens beendet, sei es nun kraft Aufhebung (§§ 163, 190 KO) oder kraft Einstellung (§§ 202, 204 KO), dann ist das Verfahren nach § 175 II ZVG mit §§ 1989, 1973 BGB unzulässig geworden und darum von Amts wegen aufzuheben (Näheres Reinhard-Müller aaO § 178 III mit Verw., ferner Steiner-Riedel aaO § 178 Anm. 2 mit Verw.). Wird dagegen der Konkursantrag rechtskräftig zurückgewiesen oder der Eröffnungsbeschluß auf Beschwerde rechtskräftig aufgehoben (§ 116 KO), dann nimmt jenes Verfahren seinen Fortgang, da der Konkurs im ersten Falle nicht eröffnet, im zweiten wieder rückgängig gemacht worden ist.

16 V. **Die Kosten** einer vom Verwalter betriebenen Zwangsversteigerung oder Zwangsverwaltung (§ 126) sind als Ausgaben für die Verwertung von Massegegenständen Massekosten nach § 58 Nr. 2. Sie sind also nutzlos vertan, wenn eine vom Verwalter betriebene Ausbietung ohne Ergebnis verläuft. Solchen Mißerfolg wendet vielleicht ein Doppelausgebot nach § 174 ZVG ab [Anm. 10]; es kann also auch der Masse

zum Vorteil gereichen. Die Kosten des Zuschlags trägt der Ersteher (§ 58 ZVG). Für das Verfahren werden die in §§ 60ff. GKG bestimmten Gebühren besonders erhoben, sie sind nicht in der Bauschgebühr für das Konkursverfahren begriffen. Vorwegnahme aus der Teilungsmasse: §§ 109, 155 ZVG. Im übrigen siehe Wolff LZ 1911 Sp. 100f. — Ohne Rücksicht auf die Art der Verwertung sind die Grundstücksumsätze des Konkursverwalters gem. § 1 GrErwStG v. 29. 3. 1940 (RGBl. I 585) grunderwerbssteuerpflichtig und insoweit gem. § 4 Z 9 UStG i. d. F. v. 1. 9. 1951 (BGBl. I 791) umsatzsteuerfrei. Werden mit dem Grundstück Maschinen oder ähnliche Sachen mitveräußert, so ist deren Umsatz umsatzsteuerpflichtig, auch wenn sie wesentliche Bestandteile des Grundstückes sind (RFH JW 1936, 210) [vgl. auch § 58 Anm. 5]. Eine vom Konkursverwalter im Zuge der Grundstücksverwertung zu entrichtende Grunderwerbsteuer gehört zu den Massekosten nach § 58 Z 2 KO [§ 58 Anm. 5a a. E.]. Sonderzuschlag zur Grunderwerbsteuer an Stelle der früheren Wertzuwachssteuer § 58 Anm. 5a. — Vergütung der Verwaltertätigkeit: § 85 Anm. 3.

VI. Siedelung, Heimstätte, Erbbaurecht

Bei der Veräußerung landwirtschaftlicher Grundstücke haben gemeinnützige Siedlungsunternehmen nach Maßgabe des § 4 ReichssiedlungsG. 17
v. 11. 8. 1919 (ergänzt durch VO über das Vorkaufsrecht nach dem ReichssiedlungsG v. 15. 4. 1937, RGBl. I 546 mit Ausf.Best. v. 27. 6. 1939, RGBl. I 1063; v. 16. 4. 1941, RGBl. I 209; v. 27. 5. 1942, RGBl. I 350) ein gesetzliches, nicht eintragungsbedürftiges Vorkaufsrecht. Seine Ausübung stellt keinen Verwaltungsakt (OVG Lüneburg, DÖV 1952 S. 220) und keine mit Art. 14 GG unvereinbare Enteignung (OVG Münster, NJW 1952 S. 1431) dar. Es kommt gem. § 11 ReichssiedlungsG. nicht nur dann zur Wirkung, wenn der Konkursverwalter das Grundstück aus freier Hand verkauft, sondern im Gegensatz zur allgemeinen Regelung des § 1098 I BGB (vgl. Staudinger-Dittmann BGB[11] § 1097 Anm. 4 mit Verw.) auch bei Veräußerung im Wege der Zwangsvollstreckung. Dieselbe Wirkung hatte das Vorkaufsrecht des Ausgebers bei der Veräußerung einer Heimstätte gem. § 11 ReichsheimstättenG (Fassung 25. 11. 1937, RGBl. I 1291), dessen praktische Bedeutung allerdings durch die abschließende Regelung des § 24 AVO v. 19. 7. 1940 (RGBl. I S. 1027) hinfällig wurde: Hiernach darf der Konkursverwalter nur dann über die Heimstätte verfügen, wenn die Heimstätteneigenschaft auf seinen Antrag mit Zustimmung der zuständigen Behörde im Grundbuch gelöscht wird, womit auch das gesetzliche Vorkaufsrecht entfällt. Genehmigt die zuständige Behörde die Löschung nicht, dann kann sie einen ihr zustehenden Heimfallanspruch geltend machen. Wird weder der Heimfallanspruch geltend gemacht noch die Löschung der Heimstätteneigenschaft genehmigt, so hat der Konkursverwalter die Heimstätte aus der Masse freizugeben; § 24 Abs. 5 AVO v. 19. 7. 1940. Vgl. § 1 Anm. 46 mit § 113 Anm. 4.

Zur Zwangsversteigerung eines Erbbaurechts vgl. § 1 Anm. 46 sowie Mohrbutter KTS 1958 S. 86f. und zur Frage der Ersetzung der nach §§ 5, 8 Erbb.-RVO erforderlichen Zustimmung des Grundeigentümers OLG Düsseldorf KTS 1958 S. 43, Mohrbutter-Haarmann, Leitfaden S. 164f. mit Verw.

§ 127

Der Verwalter ist berechtigt, die Verwertung eines zur Masse gehörigen beweglichen Gegenstandes, an welchem ein Gläubiger ein durch Rechtsgeschäft bestelltes Pfandrecht oder ein diesem gleichstehendes Recht beansprucht, nach Maßgabe der Vorschriften über die Zwangsvollstreckung oder über den Pfandverkauf zu betreiben. Der Gläubiger kann einer solchen Verwertung nicht widersprechen, vielmehr seine Rechte nur auf den Erlös geltend machen.

Ist der Gläubiger befugt, sich aus dem Gegenstande ohne gerichtliches Verfahren zu befriedigen, so kann auf Antrag des Verwalters das Konkursgericht dem Gläubiger nach dessen Anhörung eine Frist bestimmen, innerhalb welcher er den Gegenstand zu verwerten hat. Nach dem Ablaufe der Frist findet die Vorschrift des ersten Absatzes Anwendung.

Materialien: Motive I Bd. 2 S. 79ff., Motive II S. 348f., Protokolle S. 86f., 170, Begründung S. 41, Kommissionsbericht S. 1960f., 2034.

Übersicht

Die Verwertung von Fahrnis im besonderen

I. Die Voraussetzungen der besonderen Verwertungsarten des § 127.

1 1. Wie zu § 126 Anm. 1 ausgeführt ist, liegt der **Hauptzweck** der §§ 126, 127 darin, den Konkursverwalter zu bestimmten Verwertungsarten zu ermächtigen, die dem Vermögensträger selbst außerhalb des Konkurses nicht offen stehen. Dadurch soll die Verwertbarkeit der Masse mit Rücksicht auf die besondere Lage des Konkurses gefördert werden. So bestimmen die §§ 126, 127, wie der Verwalter, nicht aber daß er verwerten darf. Das Verwertungsrecht des Schuldners auszuüben, ist der Verwalter nach § 6 ermächtigt. Zur freihändigen Verwertung vgl. insbes. Anm. 3, 9, aber auch 15. Die ihm nach Zeit und Art zweckmäßig erscheinende Verwertung ohne Aufschub zu vollziehen, macht ihm der § 117 zur Amtspflicht [§ 117 Anm. 17]. Verwertungsrechte Dritter aber werden durch den § 126 überhaupt nicht, durch den § 127 nur im Verschleppungsfall und auch dann nur unter gesetzlichen Schutzmaßnahmen verdrängt (Abs. II). Keineswegs besagt der § 127, der Verwalter dürfe ganz allgemein Absonderungsberechtigten die Fahrnisverwertung aus der Hand nehmen, wie dies eine heute noch weitverbreitete Übung versucht (gegen sie treffend Rümelin JW 1928 S. 2601). Sie verkennt, irregeführt durch die Eingangsworte „der Verwalter ist berechtigt", den Sinn des Abs. I und dessen tatsächliches Verhältnis zum Abs. II [Anm. 6ff.].

2 2. Die besonderen Verwertungsarten der Zwangsvollstreckung und des Pfandverkaufs erschließt der § 127 dem Konkursverwalter nur in bestimmten **Schranken:**

a) Es muß sich um solche Sachen oder Rechte der Konkursmasse handeln, die im Sinne der Geldvollstreckung zum **beweglichen,** nicht zum unbeweglichen Vermögen gehören (§ 47 KO, §§ 864, 865 ZPO). Die Zwangsverwertung von Gegenständen des unbeweglichen Vermögens, auch von eingetragenen Schiffen, sowie eingetragenen und eintragungsfähigen Schiffsbauwerken fällt in den Herrschaftsbereich des § 126 [§ 126 Anm. 4]. Eingetragene Schiffe kann daher der Verwalter auch dann im Wege der Zwangsversteigerung (§ 870 II ZPO) verwerten, wenn daran ein Absonderungsrecht nicht beansprucht wird. Nichteingetragene Schiffe und nicht eintragungsfähige Schiffsbauwerke unterliegen dagegen dem § 127. Verwertung von Früchten auf dem Halm: Anm. 13. Jedenfalls muß der Gegenstand, wenn der Konkursverwalter zur Veräußerung nach § 127 befugt sein soll, an sich ein verwertbarer Massebestandteil sein. Würde er (wie z. B. ein bloßes Gefälligkeitsakzept) unbelastet in der Hand des Gemeinschuldners selbst einen veräußerlichen Wert nicht darstellen, so ändert daran auch der § 127 nichts (RG Bd. **75** 156). Er regelt eben nur die Verwertungsart.

b) An einem beweglichen Gegenstande muß ein Gläubiger ein durch Rechtsgeschäft bestelltes Pfandrecht im Sinne des § 48 oder ein diesem nach § 49 gleichstehendes Recht, namentlich ein gesetzliches Pfandrecht oder ein Pfändungspfandrecht oder aber auch z. B. das in § 49 Nr. 1 bezeichnete Abgabenvorrecht, also **ein Absonderungsrecht in Anspruch nehmen.** Heute gesellen sich zu den Pfandrechten als Wertrechte mit Absonderungskraft in immer noch steigendem Maße Sicherungsübereignung und Sicherungsabtretung [Anm. 8]. Zust. KG ZZP 54 S. 143, KonkTreuh. 1931 S. 109. Ob das in Anspruch genommene Recht auf abgesonderte Befriedigung vom Verwalter anerkannt wird oder nicht, das ist (im Unterschiede z. B. vom Falle des § 174 ZVG; vgl. § 126 Anm. 10) für die Anwendbarkeit des § 127 ohne Belang (OLG Königsberg PosMSchr. 1901 S. 167; zust. auch Mentzel-Kuhn Anm. 2). Bewegliche Gegenstände, an denen Absonderungsrechte nicht geltend gemacht werden, kann der Verwalter — anders als unbewegliche [§ 126 Anm. 1] — nur im Wege freiwilliger Veräußerung (öffentliche Versteigerung, freihändiger Verkauf) verwerten. Andrerseits kann der Verwalter zweifellos auch Fahrnis, an der ein Absonderungsrecht geltend gemacht wird, in den Formen der freiwilligen Veräußerung — wenn auch nicht mit den Rechtsfolgen des Abs. I Satz 2 [Anm. 15] — verwerten (anders Königsberg aaO und vor allem Lent JW 1934 S. 2742f.: Konkursverwalter kann nur nach § 127 vorgehen; vgl. aber auch Anm. 9). Denn wie der § 126 begründet auch der § 127 seinem klaren Wortlaut und Sinne nach für den Verwalter eine eigene Befugnis, nicht eine Beschränkung in der Ausübung an sich bestehender Masserechte [Anm. 1]. Eine Zwangsverwertung bietet gewisse Vorteile, namentlich den der Pfandentlastung [Anm. 11]. Die freiwillige Veräußerung ist dafür einfacher und billiger, in der Regel auch ergiebiger. Soweit sie außerhalb des Konkurses dem Schuldner freisteht, bleibt sie auch im Konkurse seinem Verwalter gestattet (§ 6). Zust. Mentzel-Kuhn Anm. 3; Böhle-Stamschräder Anm. 3; vgl. auch unten Anm. 9. Daher darf der Konkursverwalter z. B. eine verpfändete Sache nach § 931 (Fortdauer der Belastung: § 936) BGB veräußern. Den ihm bekannten Absonderungsanspruch muß der Verwalter wahren, also bei freihändigem Verkauf dem Käufer offenbaren. Für einen Erwerb unter Vorbehalt der Sicherung werden allerdings in der Regel Abnehmer nicht zu finden sein. Die freihändige Veräußerung von Massesachen, die bereits wirksam gepfändet sind (z. B. des schon gepfändeten Warenlagers), ist dem Verwalter dagegen nur auf Grund des § 825 ZPO, also nur mit ausdrücklicher, freilich auch von ihm selbst in Ausübung der Antragsbefugnis des Schuldners (§ 6 KO) erwirkbarer Erlaubnis des Vollstreckungsgerichts und nur als Durchführung der für den Pfändungspfandgläubiger eingeleiteten Zwangsvollstreckung, gestattet. Schon der zum Zwecke der Verwertung vom Verwalter abzuschließende Schuldvertrag (Verkauf) wird ausdrücklich oder stillschweigend auf jene vollstreckungsgerichtliche Erlaubnis abgestellt. OLG Köln LZ 1908 Sp. 627, bestätigend RG ebenda Sp. 612. Daß der Verwalter durch Nichtberücksichtigung geltend gemachter Absonderungsrechte sich selber und die Konkursmasse verpflichten kann, ist eine Sache für sich. Darüber oben § 4 Anm. 3, 9, § 82 Anm. 9; Naumburg OLG 15 S. 240. Die Wahl zwischen freiwilliger und vollstreckungsmäßiger Verwertung steht dem pflichtmäßigen Ermessen des Verwalters anheim [§ 83 Anm. 1]. 3

„Gläubiger" im Sinne des § 127 kann auch ein Nichtkonkursgläubiger sein. So wenn das Absonderungsrecht die Schuld eines anderen als des Gemeinschuldners z. B. seines Ehegatten, oder wenn es eine Masseschuld deckt, wie etwa gegenüber einem Vermieter, der mit dem Verwalter den Mietvertrag fortsetzt oder neu abgeschlossen hat [§ 49 Anm. 27, § 57 Anm. 10, § 63 Anm. 12, § 64 Anm. 2]. RG Bd. **14** 3. 4

Zur Verwertung pfandbelasteter Gegenstände, deren Aussonderung ein Dritter zu beanspruchen hat, ist der Verwalter nicht befugt (RG Bolze 10 Nr. 881). So z. B. nicht zur Veräußerung von Waren, die dem Gemeinschuldner unter Eigentumsvorbehalt geliefert worden sind. Der dritte Eigentümer einer pfandbelasteten 5

Sache kann, wenn sie der Verwalter kraft Übereinkunft mit ihm oder in Unkenntnis seines Rechtes (vgl. § 82) in den Formen der Zwangsvollstreckung oder des Pfandverkaufs verwertet hat, eine Ersatzaussonderung nach § 46 oder einen Masseschuldanspruch nach § 59 Nr. 1 oder Nr. 3 geltend machen. Diesen Ansprüchen des bisherigen Eigentümers geht aber der Anspruch des bisherigen Pfandgläubigers vor (RG LZ 1910 Sp. 229; JW 1909 S. 424: unter Anwendung des § 127 I 2); hat der Konkursverwalter den Erlös an den Aussonderungsberechtigten abgeführt, so hat der Absonderungsberechtigte diesem gegenüber einen Bereicherungsanspruch aus § 812 BGB, jedoch keine Ansprüche gegen die Masse oder gegen den Konkursverwalter persönlich (§ 82), da es sich um eine massefremde Sache handelte (Mentzel-Kuhn Anm. 8; a. A. offenbar Jaeger 6./7. Aufl. Anm. 4). Wegen der Anwendbarkeit des § 771 ZPO siehe Anm. 12. Als Aussonderungsrecht fällt auch der Nießbrauch [§ 43 Anm. 26] nicht unter den § 127. Herausgabe zum Zwecke der Verwertung kann der Verwalter vom Nießbraucher nicht verlangen. Vgl. §§ 931, 936 III BGB.

6 c) Endlich wird der Konkursverwalter, **wenn** der Absonderungsgläubiger sich **„ohne gerichtliches Verfahren"** „befriedigen" darf, zu einer Verwertung in der Art und mit der Folge des Abs. I nicht ohne weiteres, sondern nur unter der weiteren Voraussetzung ermächtigt, daß der Absonderungsgläubiger eine ihm zur Selbstverwertung bestimmte **Frist** fruchtlos hat verstreichen lassen **(Abs. II).** Insofern geht das Verwertungsrecht des Gläubigers vor. Übt er es rechtzeitig aus, dann wahrt er sich die Vorteile der eigenen Verwertung, wie sie nicht nur im Ersparen von Kosten, sondern auch im Ausnutzen einer ihm günstigen Verkaufsgelegenheit oder eigener Verbindungen und Fachkenntnisse liegen können.

α) Nach Reichsrecht bildet heute im Gegensatze zur Mehrzahl der beim Erlasse der KO geltenden Landesgesetze (Gierke Privatr. II S. 968) die Befugnis des Gläubigers, seine abgesonderte Befriedigung aus Gegenständen des beweglichen Vermögens ohne gerichtliches Verfahren, d. h. ohne Klage und ohne gerichtl. Anordnung (Art. 310 ADHGB, v. Wilmowski KO[5]. 1896 S. 349 Anm. 5) zu betreiben, **die Regel.** Damit hat sich das Verhältnis der beiden Absätze des § 127 umgekehrt. In der überwiegenden Mehrheit der Fälle steht dem Konkursverwalter heute die besondere Verwertungsbefugnis des Abs. I erst dann zu, wenn der Gläubiger die Selbstverwertung verzögert, und nur mit dem Zwecke, die Nachteile einer solchen Verzögerung zu beseitigen. Vor allem gewährt das Pfandrecht an beweglichen Sachen (im Sinne der Zwangsvollstreckung; vgl. Anm. 2) heute dem Gläubiger die Befugnis, seine abgesonderte Befriedigung selbst und ohne Zutun des Gerichts zu betreiben [§ 47 Anm. 10]. Wegen des Fälligkeitserfordernisses (§§ 1228, 1257 BGB) siehe § 65 Anm. 4. Siehe ferner für das auf Sicherungsübertragung beruhende Absonderungsrecht Anm. 8. Auch das kaufmännische Zurückbehaltungsrecht ist ein Wertrecht mit außergerichtlicher Verkaufsmacht [§ 49 Anm. 45, Titelerfordernis: § 47 Anm. 10 mit Verw.], während das nichtkaufmännische an sich der Verwertungsbefugnis ermangelt und insofern unmittelbar dem Abs. I unterliegt. Näheres § 49 Anm. 43; siehe auch dort Anm. 6. Für das Pfandrecht zur Sicherung eines Lombardkredites der Bundesbank sieht § 19 I Z. 3 S. 3 BBankG v. 26. 7. 1957 (BGBl. I S. 745) besondere Verwertungsbefugnisse der Bundesbank vor, die auch „gegenüber der Konkursmasse des Schuldners" bestehen, nämlich Versteigerung bzw. freihändigen Verkauf durch einen Bankbeamten. Auch insoweit gilt unser Abs. II. Besonderheiten ergeben sich für das gesetzliche Pfandrecht des Vermieters und Verpächters [Näheres § 49 Anm. 20—22]. Nach den dort für die Behandlung des Vermieterpfandrechts entwickelten Regeln ist grundsätzlich auch das dem Verpächterpfandrecht nachgebildete Inventarpfandrecht des Kreditinstituts gem. §§ 1, 2 PachtkreditG v. 5. 8. 1951 (BGBl. I 494) und das ebenfalls besitzlose (gesetzliche) Früchtepfandrecht nach Maßgabe des Gesetzes zur Sicherung der Düngemittel- und Saatgutversorgung v. 19. 1. 1949 (WiGBl. 1949 S. 8, BGBl. 51 S. 476) zu behandeln. Auch hier greift also in der Regel § 127 I Platz, da die von dem Pfandrecht erfaßten

Gegenstände nur ausnahmsweise im Besitz des Pfandgläubigers sein werden [§ 49 Anm. 20]. So auch Ebeling KTS 1955 S. 180. Zu Entstehung und Umfang des Inventarpfandrechts vgl. § 48 Anm. 14b, zur Verteilung des Erlöses zwischen Verpächter und Kreditinstitut § 49 Anm. 51b. Zu Entstehung und Umfang des Früchtepfandrechts vgl. § 49 Anm. 10a, zur Verteilung des Erlöses beim Früchtepfandrecht vgl. § 49 Anm. 51a; zum Früchtepfandrecht vgl. insbes. Ebeling KTS 1955 S. 177ff. Besonderheiten bestehen auch für das Absonderungsrecht des Gemeinschaftsgenossen, insofern der § 51 die Anwendbarkeit der §§ 126, 127 verdrängt [§ 51 Anm. 2, 5]. Beim Pfandrecht an Rechten ist der Gläubiger zwar nach § 1277 BGB grundsätzlich auf eine Befriedigung im Vollstreckungsweg angewiesen. Allein in den wichtigsten Fällen hat er nach Maßgabe der §§ 1282, 1291, 1293, 1294, 1295 BGB die Befugnis zur Befriedigung ohne gerichtliches Verfahren im Sinne unseres Abs. II. Außerdem läßt der § 1277 BGB die vertragsmäßige Einräumung einer nichtgerichtlichen Verwertungsmacht zu. Wichtiger ist, daß in den Fällen, in denen schon das Gesetz dem Gläubiger die Selbstverwertung gestattet, durch Übereinkunft nach § 1245 BGB Vereinbarungen zugelassen werden können, die auch für die Verwertung im Konkurse maßgebend bleiben. So z. B. freihändiger Verkauf verpfändeter Fahrnis. Da ein solcher meist ergiebiger verläuft als eine öffentliche Versteigerung, wird eine Anfechtung der Abrede mangels einer Benachteiligung der Masse selten Erfolg haben. Gestattet der Konkursverwalter selbst dem Gläubiger den Freihandverkauf (§ 134 Nr. 2 trifft hier natürnicht zu), so kann in dieser Gestattung ein stillschweigender Verzicht auf die Anfechtbarkeit [§ 36 Anm. 3] liegen. RG Gruchots Beitr. 48 S. 409ff. Umgekehrt kann übrigens auch die Selbstverwertungsbefugnis des Gläubigers mit einer noch im Konkurse maßgebenden Wirksamkeit nach § 1245 BGB ausgeschlossen werden.

β) Lebhaft umstritten ist auch heute noch die Frage, ob auch **das Pfändungspfandrecht** 7
(§ 804 ZPO, § 49 I Nr. 2 KO) im Sinne unseres Abs. II den Gläubiger instandsetzt, „sich ohne gerichtliches Verfahren zu befriedigen". Die Lösung muß von einwandfreien Pfändungen ausgehen. Pfändungen in Zeiten der Krise unterliegen der verschärften Anfechtbarkeit des § 30 Nr. 2 und werden ihr auch durch Vollzug der Zwangsbefriedigung nicht entrückt [§ 30 Anm. 55ff.]. Für vollwirksame Pfändungen bedeutet der Streit: darf der Konkursverwalter Pfändungspfandgläubigern den Vollstreckungsbetrieb aus der Hand nehmen, um die gepfändeten Gegenstände zu einer ihm genehmen Zeit und auf eine ihm genehme Art zu verwerten? Die früher herrschende Ansicht hat die Frage bejaht und angenommen, der Verwalter könne gegenüber widersetzlichen Pfändungspfandgläubigern auf Grund des § 766 oder gar des § 771 mit § 769 ZPO gerichtliche Befehle auf Herausgabe gepfändeter Sachen zur Verwertung durch den Verwalter erwirken. In diesem Sinne KG LZ 1907 Sp. 296, OLG München LZ 1909 Sp. 88, OLG Kiel JW 1930 S. 280 Nr. 12; ebenso z. B. Elbogen ZZP 49 (1925) S. 203ff., Bleyer Anm. 4, Kreß JW. 1914 S. 509ff., Levinger JW. 1926 S. 627, Bendix Gruchots Beitr. 71 (1931) S. 592f. mit Verw. Schon der Ausgangspunkt dieser Lehre ist jedenfalls für **Sachpfändungen** verfehlt. Der Gerichtsvollzieher ist trotz seines Namens nicht ein bloßes Vollzugsorgan des Gerichts, sondern ein selbständiger staatlicher Vollstreckungsbeamter (§ 154 GVG, § 753 ZPO), der namentlich Sachpfändungen auf Ersuchen des Gläubigers, nicht etwa auf Weisung des Vollstreckungsgerichts, vorzunehmen und durchzuführen hat (§§ 808ff. ZPO). Wohl unterliegt sein Verfahren gerichtlicher Nachprüfung (§ 766 ZPO). Dadurch wird aber nicht einmal die Begründung des Pfändungspfandrechts, geschweige denn die Verwertung der gepfändeten Sachen zu einem „gerichtlichen" Verfahren, da das Vollstreckungsgericht nicht notwendig am Verfahren beteiligt ist (a. A. LG Leipzig ZZP 51 S. 487f.). Ausschlaggebend muß der Gesetzeszweck sein. Nach § 4 soll die abgesonderte Befriedigung unabhängig vom Konkursverfahren vor sich gehen. Der § 127 will verhüten, daß der Gläubiger die abgesonderte Befriedigung verzögere und so eine günstigere Verkaufsgelegenheit zum Schaden der auf den Übererlös angewiesenen Konkursmasse vereitle. Gegenüber dieser Gefahr bietet

nun aber gerade die Befriedigung in den Formen der staatlichen Zwangsvollstreckung eine höhere Gewähr als jede andere. Unter gesetzlicher Haftpflicht des Staates (Art. 34 GG) hat der Gerichtsvollzieher die gepfändeten Sachen ordnungsmäßig zu verwerten und den Übererlös dem Konkursverwalter auszuhändigen. Rechtsgeschäftlich bestellte Pfänder kann der Gläubiger zweifellos durch einen Gerichtsvollzieher verwerten lassen (§ 1233 II BGB), ohne einem Eingreifen des Verwalters nach § 127 I ausgesetzt zu sein. Welcher vernünftige Grund sollte dieses Eingreifen bei der Verwertung gepfändeter Fahrnis rechtfertigen? Und wie sollte es zu erklären sein, daß der Konkursverwalter begonnene Liegenschaftsvollstreckungen weiter laufen lassen muß, wenn er dem Gläubiger die Verwertung gepfändeter Fahrnis entwinden darf? Gegen Verschleppungen schützt der § 127 II die Masse. Den absonderungsberechtigten Konkursgläubiger aber zwingt das Gesetz selbst, die Verwertung ohne Aufschub zu betreiben, da er bei Gefahr des Ausschlusses vor der Schlußverteilung den wirklichen Ausfall nachweisen muß (§§ 153, 156). Auch die grundsätzliche Gleichstellung des durch Pfändung begründeten Wertrechts mit dem „Faustpfandrecht", wie sie der § 804 ZPO unter ausdrücklichem Hinweis auf die Befriedigung des Gläubigers im Konkurse der Schuldner anerkennt, spricht gegen eine unterschiedliche Behandlung. Macht sich beim Zusammentreffen mehrerer Pfändungen das Bedürfnis einheitlicher Verwertung durch den Verwalter selbst geltend (Makower ZZP 20 S. 456f.), so kann dieser in Ausübung der Antragsbefugnis des Schuldners nach § 825 ZPO eine dahinlautende, auch den Freihandverkauf gestattende Anordnung des Vollstreckungsgerichts erwirken [Anm. 3], zu der das Konkursgericht gar nicht ermächtigt wäre. Keinesfalls würde der § 106 I 2, der nur im Eröffnungsverfahren maßgebend ist, solche Anordnungen des Konkursgerichts stützen (zust. LGDuisburg JW 1925 S. 2383f. Nr. 7). Der Konkursverwalter kann ferner durch einen Antrag nach § 813a ZPO einen Aufschub der Verwertung durch das Vollstreckungsgericht erreichen, wenn die sofortige Versteigerung die angemessene Verwertung der Konkursmasse wesentlich erschweren würde und eine Befriedigung des betreibenden Gläubigers aus der Konkursmasse in angemessener Frist möglich ist (so wohl auch Stein-Jonas-Pohle-Schönke ZPO[18] § 813a Note 2 mit § 813 Anm. I 2). Nach alledem ist anzunehmen, daß der Konkursverwalter in die ordnungsmäßige Verwertung unanfechtbarer Pfändungspfandrechte an Fahrnis auf Grund des § 127 nicht eingreifen kann. Im übrigen siehe Jaeger ZZP 49 (1925) S. 207ff., 51 (1926) S. 492ff.; grundsätzlich zust. OLG Dresden ZZP 51 S. 489ff. unter Aufgabe seiner früheren Praxis (zuletzt SächsOLG 34 S. 108), LG Magdeburg KonkTreuh. 1930 S. 13f., LG Breslau JW 1929 S. 1699 Nr. 13, LG Osnabrück DGVZ 1954 S. 60, Rümelin JW 1928 S. 2601, Lent JW 1934 S. 2743f., Ruge KTS 1955 S. 19, Vogels KonkTreuh. 1938 S. 82 (jedoch de lege ferenda für Übergang des Verwertungsrechts auf den Konkursverwalter), Herfurth DGVZ 1951 S. 70, wohl auch Noack DGVZ 1954 S. 116ff., ferner Stein-Jonas-Schönke-Pohle ZPO[18] § 814 Note 19, Böhle-Stamschräder Anm. 5, (Schönke)-Baur § 54 D II 3b, Arndt RpflG § 21 Anm. 17; dahingestellt gelassen in RG HRR 1935 Nr. 808, KonkTreuh. 1935 S. 38. Neuerdings wird die Gegenmeinung wieder mit eingehender Begründung vom OLG München NJW 1954 S. 887f. (mit Nachw.) und Mentzel-Kuhn Anm. 10 vertreten, allerdings mit dem Abmaße, daß der Konkursverwalter zwar das Recht habe, die Verwertung gepfändeter Sachen in jedem Falle, nicht nur bei Verzögerung der Verwertung durch den Absonderungsberechtigten (Abs. II), an sich zu ziehen, jedoch nur zur alsbaldigen eigenen Verwertung, nicht aber um die Verwertung beliebig lange hinzuziehen; verzögere der Verwalter nun seinerseits die Verwertung, so könne der Absonderungsberechtigte die Verwertung weiterbetreiben. Im praktischen Ergebnis besteht zwischen dieser und der hier vertretenen Auffassung nur noch der Unterschied, daß der Konkursverwalter nach der letzteren das Recht zur Selbstverwertung erst durch erfolglose Fristsetzung, also bei Verzögerung der Verwertung des Absonderungsberechtigten erlangt und der Absonderungsberechtigte bis zum Ablauf der Frist einer Verwertung des Konkursverwalters in der Form des Abs. I widersprechen kann. Verzögert aber nunmehr der Konkursverwalter seinerseits die Verwertung, so hat der Pfändungspfandgläubiger auch nach der hier vertretenen Auffassung ohne weiteres das Recht, die Verwertung weiterzubetreiben, da er dieses Recht erst dadurch verliert, daß ihm die Betreibung des Konkursverwalters die Möglichkeit seiner Ausübung tatsächlich abschneidet [Anm. 10; vgl. auch Anm. 11 2. Absatz]. Gegen eine pflichtwidrige Verzögerung der Verwertung durch den Verwalter kann er ferner das aufsichtliche Einschreiten des Konkursgerichtes (§ 83) anregen; auch setzt sich der Konkursverwalter persönlicher Haftung aus (§ 82). Der Gefahr, daß durch eine rasche Verwertung des Gläubigers die Durchsetzung von Anfechtungsansprüchen insofern beeinträchtigt wird, als die gepfändete Sache selbst nicht mehr für die Masse gerettet werden kann [vgl. diese Anm. am Anfang], kann dadurch gesteuert werden, daß der Konkursverwalter, welcher nunmehr die Rechte des Vollstreckungsschuldners wahrnimmt, einen Antrag nach § 813a ZPO (Verwertungsmoratorium; siehe diese Anm.) oder in besonderen Fällen auch nach § 765a ZPO, evtl. auch nach § 825 ZPO [Anm. 3] stellt; in der dadurch gewonnenen Zeit kann die Anfechtbarkeit des Pfändungspfandrechts überprüft werden. War vor Konkurseröffnung eine wirksame Pfändung unter Belassung der Pfandsachen im Schuldnergewahrsam erfolgt, so kann nach der hier vertretenen Auffassung der Gerichtsvollzieher die Vollstreckung auch unter Zwangsanwendung gegen den Konkursverwalter durchführen (KG aaO.), ohne eine Entscheidung des Verwalters abwarten zu müssen. Dem Gerichtsvollzieher obliegt nach § 118 als unmittelbarem Besitzer weggenommener Pfandsachen die Anzeige [§ 118 Anm. 4], nicht aber die Pflicht zur Herausgabe an den Verwalter. Vgl. auch Kleinfeller LZ 1911 Sp. 413.

Bei **Forderungen und anderen Rechten** wird zwar nicht nur der Beschlag, sondern auch die Einziehbarkeit nur durch gerichtliche Beschlüsse begründet (§§ 830, 835f., 846, 857 ZPO). Ist vor Konkurseröffnung nicht nur der Pfändungsbeschluß, sondern auch der Überweisungsbeschluß ergangen, dann bedarf der Gläubiger allerdings zu seiner „Befriedigung" keiner weiteren gerichtlichen Hilfe mehr; in diesem Falle findet also Abs. II Anwendung. War das Recht dagegen vor Konkurseröffnung ausnahmsweise nur gepfändet worden, so steht zwar dem Erwirken der Überweisung das Verbot des § 14 KO nicht entgegen, weil der Gläubiger bereits Absonderungsberechtigter ist [§ 14 Anm. 9]. Andererseits setzt hier die Verwertungsberechtigung des Konkursverwalters nach Abs. I an sich keine Fristsetzung (Abs. II) voraus, da der Gläubiger zur Verwertung des gepfändeten Rechtes der gerichtlichen Hilfe bedarf (so Mentzel-Kuhn § 127 Anm. 10; a. A. Jaeger 6./7. Aufl. und ZZP 49 S. 210 Note 5). Doch beschränkt sich der Zweck des § 127 schon nach den Motiven (S. 348) darauf, dem Konkursverwalter eine Handhabe gegen eine Verzögerung der Verwertung durch den Pfandgläubiger zu geben (Jaeger ZZP 49 S. 209). Er kann der Erwirkung eines Überweisungsbeschlusses durch den Gläubiger nicht entgegentreten und hat somit nur Anlaß, zur Eigenverwertung des gepfändeten Rechtes nach Abs. I zu schreiten, wenn der Gläubiger die Weiterverfolgung seines Pfändungspfandrechtes verzögert (so im Ergebnis auch Mentzel-Kuhn Anm. 10 letzter Absatz). Hat der Gläubiger aber während des Konkursverfahrens den Überweisungsbeschluß erwirkt, so bedarf er nun zu seiner „Befriedigung" keiner gerichtlichen Mitwirkung mehr, so daß nunmehr Abs. II Platz greift.

Das **Arrestpfandrecht** als solches enthält noch keine Verwertungsmacht, sondern bildet zunächst nur eine Sicherung, die sich im Falle einer vom Verwalter nach Abs. I Satz 1 betätigten Verwertung des Arrestgegenstandes am Erlöse fortsetzt (Abs. I Satz 2), während sie bei freihändiger Veräußerung des Gegenstandes auf diesem weiter lastet [siehe aber § 14 Anm. 9, § 164 Anm. 6] Auch die Zwangsbeitreibung von Steueransprüchen auf Grund von Wertrechten, die zur Zeit der Konkurseröffnung bereits bestanden (§§ 325ff., 343ff., 381 RAbgO), kann der Konkursverwalter kraft des § 127 nur bei Verschleppung beeinflussen. Zur Frage der freihändigen Verwertung durch den Konkursverwalter vgl. Anm. 3.

8 γ) **Sicherungsübereignung** und **Sicherungsabtretung** begründen ebenfalls Absonderungsrechte. Sie wirken sich im Konkurse des Schuldners als Belastungen des Sicherungsgutes aus [darüber eingehend § 48 Anm. 13]. Von diesem Standpunkt aus muß auch der § 127 entsprechend anwendbar sein. Es fragt sich nur, ob dessen Abs. I oder ob zunächst Abs. II maßgebend sei. Wann und wie der Gläubiger das Sicherungsgut verwerten darf, ergibt die innenrechtliche Gestaltung des Verhältnisses (RG Bd. **143** 116f. mit Verw.). Soweit ausdrückliche Abreden fehlen, muß davon ausgegangen werden, daß der Gläubiger freier dasteht als ein bloßer Pfandgläubiger, weil ihm der Rechtsform nach das Sicherungsgut (Eigentum, Forderungsrecht) uneingeschränkt anvertraut ist (RG Warn. 1914 Nr. 7, Palandt BGB[18] § 930 Anm. 4d mit Verw.). Aber auch wenn man mit der heute wohl überwiegenden Ansicht (vgl. Staudinger-Berg BGB[11] § 929 Anm. 39, Westermann Sachenrecht[3] § 43 V, Schlegelberger-Hefermehl HGB[3] Anhang zu § 368 Anm. 75 mit Verw.) für die Verwertung des Sicherungsgutes mangels besonderer Abrede die Vorschriften über die Pfandverwertung sinngemäß anwendet, ergibt sich regelmäßig die Anwendbarkeit des § 127 Abs. II [Anm. 6]. Sicherungshalber abgetretene Forderungen kann der Gläubiger im Zweifel einziehen, sobald die gesicherte Forderung fällig geworden ist (vgl. auch §1282 BGB), freilich nur unter der Pflicht, Überschüsse an die Konkursmasse des Schuldners abzuliefern. Diese Einziehungsbefugnis fällt unbestreitbar unter den Abs. II des § 127, gestattet also dem Konkursverwalter nur ein Eingreifen im Falle der Verschleppung. KG KonkTreuh. 1931 S. 109, RAG JurRundsch. 1929 Nr. 405. Weiterhin greift der Abs. II Platz, wenn dem Gläubiger bewegliche Sachen durch körperliche Übergabe (z. B. durch Aushändigung von Wertpapieren oder Kostbarkeiten) sicherungshalber übereignet, ihre Verwertung aber nicht an gerichtliche Mitwirkung gebunden, sondern dem Gläubiger freigestellt oder den Sätzen des Pfandverkaufs unterworfen ist. Schwierigkeiten ergeben sich aber, wenn solche Sachen dem Gläubiger unter Besitzvorbehalt (§930 BGB) übereignet, also dem Schuldner als Besitzmittler verblieben waren und sich nun in den Händen des Konkursverwalters befinden. Kann der verwertungsberechtigte Gläubiger vom Konkursverwalter die Herausgabe beanspruchen? Bei Verneinung des Herausgabeanspruchs gegenüber dem Verwalter, gelangt man zur unmittelbaren Anwendung unseres Abs. I. So noch Jaeger ZZP 54 (1929) S. 144ff., Winterberg i. d. Z. Der Referendar 1932 S. 187ff., Herfurth DGVZ 1951 S. 69f. ferner RG JW 1938 S. 1829, LG Aachen MDR 1955 S. 239f. Wie aber oben § 48 Anm. 13 schon ausgeführt ist, kann der verwertungsberechtigte Sicherungseigner auch als Absonderungsgläubiger dem Verwalter gegenüber eine Herausgabe zum Zwecke der abgesonderten Befriedigung verlangen und erzwingen (siehe dazu Weigert JW 1928 S. 63f. bei Nr. 12, Rümelin ebenda S. 2601; zust. auch RG Bd. **157** 45 und BGH Str. Bd. **3** 35, ferner Mentzel-Kuhn Anm. 7, Böhle-Stamschräder Anm. 5, Bötticher MDR 1950 S. 706, KG JZ 1956 S. 124, Palandt BGB[18] §930 Anm. 4c und d. Auch hier gilt also Abs. II. So auch RG, BGH und KG aaO. Daß er sich bei Widerspruch des Verwalters erst durch einen Herausgabeprozeß den Besitz des Sicherungsgutes verschaffen muß, macht die Verwertung des Sicherungsgutes selbst nicht zum „gerichtlichen Verfahren", da der Herausgabeprozeß nur der Vorbereitung der Verwertung dient (so richtig Lent JW 1934 S. 2744 und KG aaO.). Der Konkursverwalter kann nicht dadurch, daß er dem Herausgabeanspruch des Gläubigers entgegentritt, das Verwertungsrecht nach Abs. I gewinnen; der Sicherungseigentümer kann vielmehr einer Selbstverwertung des Verwalters durch Erwirkung eines Verfügungsverbotes im Wege einer einstweiligen Verfügung entgegentreten (KG aaO. gegen KG ZZP 54 S. 143ff.; wie das KG aaO. richtig darlegt, beruht diese letztere Entscheidung wie die zustimmende Anmerkung von Jaeger auf einem später von Jaeger aufgegebenen Standpunkt. Daher auch überholt § 48 Anm. 13 a. E.). Dagegen will Lent aaO. dann Abs. I anwenden, wenn das Sicherungsgut im Besitze eines Dritten ist, da die Fristsetzung gegenüber einem Gläubiger, der sich zur Verwertung erst den Besitz im Prozeß verschaffen muß, nicht sinnvoll sei; in diesem besonderen Fall könne also der Konkursverwalter die Ver-

wertung selbst betreiben und gegen den Dritten auf Herausgabe klagen. Diese Ausnahme ist jedoch nicht gerechtfertigt; vielmehr muß in diesem Falle bei der Bemessung der Frist nach Abs. II berücksichtigt werden, daß sich der verwertungsberechtigte Gläubiger erst den Besitz verschaffen muß. Die praktischen Schwierigkeiten führen häufig zu einer Vereinbarung zwischen Konkursverwalter und absonderungsberechtigtem Gläubiger dahingehend, daß die Verwertung des Sicherungsgutes dem Konkursverwalter überlassen wird und dieser entweder den Gläubiger aus dem Erlös zu befriedigen oder bei zweifelhaftem Absonderungsrecht den Erlös in Höhe des Absonderungsrechtes zu hinterlegen hat. De lege ferenda vertritt Vogels KonkTreuh. 1938 S. 82 das ausschließliche Verwertungsrecht des Konkursverwalters, Lent aaO. S. 2744 ein Verwertungsrecht nur für den besitzenden Sicherungseigentümer sowie das Recht des Konkursgerichts, in jedem Falle des § 127 eine andere Art der Verwertung zu gestatten.

δ) **Freihändige Verwertungen,** insbesondere Veräußerungen des Konkursverwalters fallen an sich überhaupt nicht unter § 127 und können daher auch nicht die Verweisung des Absonderungsberechtigten auf den Erlös nach Abs. I Satz 2 herbeiführen [Anm. 1, 3, 15]. Handelt es sich allerdings um gepfändete Sachen oder Rechte, so steht der freihändigen Verwertung das in der Pfändung enthaltene Veräußerungs- bzw. Einziehungsverbot entgegen, das auch außerhalb des Konkurses eine Verwertungsmöglichkeit durch den Schuldner ausschaltet. Der Verwalter kann also im Konkurs eine derartige Möglichkeit nicht für ihn ausüben; er kann vielmehr nur bei Sachen über eine Anordnung des Vollstreckungsgerichtes nach § 825 ZPO die Befugnis zur freihändigen Veräußerung erlangen [Anm. 3], im übrigen kann er nur nach § 127 vorgehen. Dasselbe muß aber auch für Sicherungsübereignungen und Sicherungsabtretungen gelten, falls nicht dem Schuldner die Verwertungsbefugnis etwa in der Form einer Ermächtigung zur Einziehung der abgetretenen Forderungen eingeräumt ist. In der Regel steht ihm auch außerhalb des Konkurses kein Recht zur Veräußerung der übereigneten Sachen oder zur Einziehung der abgetretenen Forderungen zu, welches nunmehr vom Konkursverwalter ausgeübt werden könnte (§ 6). An dieser Lage ändert sich auch dadurch nichts, daß dem Sicherungsrecht im Konkurs nicht Aussonderungs-, sondern nur Absonderungskraft zukommt, der übertragene Gegenstand somit als zur Konkursmasse gehörig angesehen wird. Für die praktisch häufigsten Fälle der Absonderungsrechte an beweglichen Gegenständen scheidet daher das Recht zu freihändiger Verwertung aus und trifft, wenn auch aus anderen Gründen, die Ansicht von Lent aaO. [Anm. 3] zu, der Konkursverwalter könne bei Absonderungsrechten nur nach § 127 vorgehen. Diese Lage drängt, insbesondere bei bestrittenen Absonderungsrechten, zu Vereinbarungen zwischen Konkursverwalter und Absonderungsgläubiger über die Verwertung des Sicherungsgutes [Anm. 8 a. E.]. Zur Umsatzsteuerpflicht der Verwertung von Sicherungsgut vgl. BFH NJW 1957 S. 1535 und Böhle-Stamschräder ebenda. 9

ε) Die **Fristbestimmung** nach Abs. II erfolgt auf Antrag des Verwalters (Muster bei Mohrbutter-Haarmann Leitfaden S. 278) und nach Anhörung [§ 73 Anm. 3] des Absonderungsgläubigers, dessen Rechte bei Bemessung der Frist zu wahren sind, durch Beschluß des Konkursgerichts. Der Beschluß kann vom Verwalter und vom Absonderungsberechtigten mit der sofortigen Beschwerde angefochten werden (§ 73 III). Die Beschwerdefrist beginnt mit der Zustellung (§ 577 II ZPO), die nach § 73 II von Amts wegen zu erfolgen hat. Die Fristbestimmung ist auf den Rechtspfleger übertragen. (§ 21 I Nr. 4 RpflG). Muster bei Schrader-Bauer Hdb.[2] S. 70. Mit fruchtlosem Ablauf der Verwertungsfrist verliert der Gläubiger das Recht, einer Verwertung des Verwalters nach Abs. I zu widersprechen (Abs. II Satz 2 mit Abs. I), nicht aber die Befugnis, seinerseits die Verwertung zu betreiben [Anm. 11]. Ja er kann selbst nach Ablauf der Frist auch sein Verwertungsrecht noch so lange ausüben, bis ihm der Verwalter durch eigene Betreibung die Möglichkeit dazu tatsächlich abgeschnitten hat (vgl. Seuffert § 47 N. 30). Nach Wolff KO[2] S. 417 soll der Gläubiger seine Selbstverwertungsbefugnis schon dann einbüßen, 10 wenn ihm der Verwalter nach Ablauf der Frist den Willen, gemäß Abs. I zu verwerten, irgendwie (wäre es auch nur mündlich) kundgibt. Allein dann könnte der Verwalter sich durch seine Ansage einen Freibrief zur eignen Verschleppung ausstellen. Zust. Mentzel-Kuhn Anm. 12, Böhle-Stamschräder Anm. 6. Vor Ablauf der Frist ist eine vom Verwalter auf dem Wege des Abs. I unternommene, nicht aber in jedem Falle auch eine freiwillige Veräußerung [Anm. 3, 9] gesetzwidrig. Siehe § 83 Anm. 1. Solange der Verwalter eine Fristsetzung nicht erwirkt hat, bleibt das Recht des Gläubigers zu bestimmen, ob und wann die Verwertung erfolgen solle, unbeschränkt (vgl. auch RG GruchBeitr. Bd. 48 S. 418). Eine Frist nach Abs. II kann dem Gläubiger nicht nur für die Veräußerung belasteter Sachen, sondern namentlich auch für die Einziehung verpfändeter oder gepfändeter Forderungen gesetzt werden [siehe Anm. 7, 14]. Durch fruchtlose Aufforderung zur Vorzeigung des Pfandes (§ 120) wird die Fristbestimmung nicht erübrigt. Vgl. OLG Dresden LZ 1912 Sp. 868f.

II. Die besonderen Verwertungsarten des § 127 I.

11 1. Sind die unter 1 genannten Voraussetzungen erfüllt, so hat der Konkursverwalter die Befugnis — nicht die Pflicht [Anm. 3] —, die Verwertung entweder im Wege der **Zwangsvollstreckung** oder im Wege des außergerichtlichen **Pfandverkaufs** zu betreiben (Abs. I Satz 1). Die Wahl der einen oder anderen Verwertungsart bleibt seinem pflichtmäßigen Ermessen überlassen. Entscheidend ist das Wohl der Masse. Soweit der Verwalter nach § 127 zu einer Verwertung berechtigt ist, bestimmt er auch deren Zeitpunkt nach pflichtmäßigem Ermessen (§ 82). Die Lage des Falles kann es gebieten, Zeit und Wahl der Verwertung aufzuschieben; doch muß auch den Belangen des Absonderungsgläubigers Rechnung getragen werden [§ 82 Anm. 9]. Der Absonderungsgläubiger darf, auch wenn er den Gegenstand besitzt, einer Verwertung dieser Art nicht widersprechen, sondern nur Vorzugsbefriedigung aus dem Erlöse verlangen (Abs. I Satz 2). Das ältere Konkursrecht eröffnete dem Verwalter ausschließlich den Vollstreckungsweg. Erst die Novelle von 1898 hat, da „diese Art der Verwertung erfahrungsgemäß nicht selten zu ungünstigen Ergebnissen führt" (Begründung S. 41), den einfacheren und ergiebigeren Weg des Pfandverkaufs erschlossen. **Die Vorteile** einer Verwertung durch den Verwalter nach Abs. I, mag sie ihm unmittelbar oder infolge fruchtloser Fristsetzung (Abs. II) gestattet sein, liegen darin, daß die Versilberung der Masse nicht durch Säumnis der Absonderungsberechtigten verschleppt werden, vielmehr der Verwalter eine für die Masse günstige Verkaufsgelegenheit ausnützen kann (vgl. Motive II S. 348, M. III S. 819; RG JW 1891 S. 11 Nr. 28); ferner aber darin, daß beide Verwertungsarten die Übertragung eines pfandfreien Rechtes unter Ausschluß einer Gewährpflicht der Masse wegen eines Rechts- oder Sachmangels ermöglichen. Daß der nach Abs. I Satz 1 veräußerte Gegenstand **pfandfrei** auf den Erwerber übergeht, bestimmt unser Abs. I Satz 2 mittelbar selbst, indem er die Belastung vom veräußerten Gegenstand auf den Erlös überträgt [Anm. 16]. Was aber die **Gewährfreiheit** betrifft, so muß zwischen Vollstreckungs- und Pfandverkauf unterschieden werden. Beim Verkauf im Wege der Zwangsvollstreckung besteht ein Anspruch weder wegen Rechtsmangels noch wegen Sachmangels, weder gegenüber dem Gläubiger noch gegenüber dem Schuldner, auch wenn das Pfand aus freier Hand verkauft (§§ 817a III, 821, 825 ZPO), auch wenn es bei der Versteigerung nicht als Pfand bezeichnet worden ist (§ 806 ZPO, vgl. auch § 1244 mit § 1233 II BGB). M. II S. 238. Beim Pfandverkaufe dagegen entfällt die Gewährpflicht wegen eines Mangels der Sache zwar im Regelfalle der öffentlichen Versteigerung (§ 461 BGB), nicht aber in den Fällen der §§ 1235 II, 1240 II (vgl. §§ 1245f.) BGB. Die Rechtsmängelgewähr wird beim Pfandverkaufe deswegen keine Rolle spielen, weil sie nur gegenüber dem gutgläubigen Erwerber begründet ist (§ 439 BGB), ein solcher aber nach Maßgabe des § 1244 BGB — sogar an gestohlenen und verlorenen Sachen (der § 1244 hat die Ausnahme des § 935 I BGB

nicht übernommen) — freies, vom Rechte des Veräußerers unabhängiges Eigentum erwirbt. M. III S. 832.

Durch diese Befugnisse des Verwalters wird **das eigene Betreibungsrecht der Absonderungsgläubiger keineswegs ausgeschlossen** [§ 14 Anm. 9, § 47 Anm. 9ff.]. Sie brauchen nicht abzuwarten, bis es dem Verwalter gefällt, die Verwertung zu betreiben. Er hat die Befugnisse des § 127, um einer Verschleppung der Pfandverwertung vorzubeugen, nicht, damit er seinerseits die Verwertung nach Gutdünken hinauszögern kann. So im Ergebnis auch OLG München NJW 1954 S. 888 und Mentzel-Kuhn Anm. 10 [Näheres oben Anm. 7]. Die Selbstverwertungsbefugnis eines Absonderungsberechtigten geht ja sogar nach Abs. II der Verwertungsbefugnis des Verwalters vor [Anm. 6ff., insbes. 10]. Auch hängt die Verwertungsbefugnis der Gläubiger durchaus nicht von einer Anerkennung des Verwalters ab. Darum kann keine Rede davon sein, daß der Verwalter beim Vollstreckungsgericht oder gar beim Konkursgericht als solchem die Einstellung der vom Pfandgläubiger betriebenen Zwangsverwertung aus dem Grunde zu erwirken befugt wäre, weil er die Zeit für ungünstig hält (Königsberg OLG 3 S. 58), noch davon, daß der Verwalter sich auf Grund des § 127 der Durchführung einer vor dem Konkurse wirksam eingeleiteten Vollstreckung nach § 771 ZPO widersetzen könnte [Anm. 7, 15]. Erinnerungen gegen die Art und Weise der vom Gläubiger betriebenen Zwangsvollstreckung bringt der Verwalter im Wege des § 766 ZPO vor (RG JW 1888 S. 136 Nr. 5). Andrerseits ist es gewiß unzutreffend, wenn das KG LZ 1911 Sp. 315 behauptet, die Verwertung nach § 127 nehme der Konkursverwalter „zugunsten der Realgläubiger zwecks Realisierung der Absonderungsrechte“ vor [siehe § 126 Anm. 12].

Sowohl beim Vollstreckungs- als beim Pfandverkaufe ergeben sich Besonderheiten daraus, daß der Konkursverwalter die Verwertung für den Masseträger betreibt. Dadurch erübrigt sich z. B. die gegenüber dem „Eigentümer“ erforderliche Androhung des Pfandverkaufs nach § 1234 BGB und die Benachrichtigung des „Eigentümers“ nach den §§ 1237, 1241 BGB. Absonderungsgläubiger sind als Drittberechtigte im Sinne des § 1237 Satz 2 zu benachrichtigen. Zust. Wolff Anm. 4, Petersen-Kleinfeller Anm. 8, Mentzel-Kuhn Anm. 6, Böhle-Stamschräder Anm. 3. Bietet der Verwalter für Rechnung der Konkursmasse, so darf sein Gebot zurückgewiesen werden, wenn der Betrag nicht bar erlegt wird. § 1239 II BGB, 816 IV ZPO. Daß der geschäftsfähige Gemeinschuldner in Person mitbietet, ist rechtlich nicht ausgeschlossen. Zeit und Ort der Versteigerung erfährt er auf dem Wege des § 1237 Satz 1 BGB. Gesetzlich ausgeschlossene Käufer: § 126 Anm. 3. Gerichtskosten: § 53 GKG [§ 126 Anm. 16]. 12

2. Die Verwertung durch den Konkursverwalter nach § 127 Abs. I.

a) Verwertung „nach Maßgabe der Vorschriften über die Zwangsvollstreckung“.

Eine Zwangsvollstreckung wegen Geldforderungen entwickelt sich begriffsmäßig in den drei Stufen des Beschlags („Pfändung“ oder „Beschlagnahme“), der Verwertung und der Verteilung (§§ 803—882 ZPO). In den „besonderen Fällen“ des § 127 KO können diese Zwangsvollstreckungsvorschriften nur eine der Sachlage „entsprechende“ Anwendung finden. So ausdrücklich der § 172 ZVG. Die wichtigsten Eigentümlichkeiten ergeben sich daraus, daß der die Zwangsverwertung betreibende Konkursverwalter die Ausübung der Befugnisse des Gemeinschuldners als des Vollstreckungsschuldners mit der Rolle des betreibenden Teiles (hier zugunsten aller Konkursgläubiger) vereinigt und daß der Konkursbeschlag weitere Beschlagswirkungen erübrigt [§ 126 Anm. 2]. Vgl. auch § 173 ZVG [§ 126 Anm. 7]. Die Notwendigkeit einer **Pfändung** (§ 803 ZPO) kann somit jedenfalls nicht damit begründet werden, daß sie zur Entstehung eines Pfändungspfandrechtes (§ 804 ZPO) erforderlich sei, da dieses neben den Beschlagswirkungen des Konkurses nicht nur entbehrlich, sondern ausgeschlossen ist (RG Bd. 58 18). Die Notwendigkeit einer vom Konkursverwalter zu veranlassenden Pfändung ist aber 13 darüber hinaus überhaupt zu verneinen: einmal, weil der § 127 (im Unterschied vom § 126) nicht vom Betreiben der Zwangsvollstreckung im allgemeinen, sondern nur vom Betreiben „der Verwertung" nach den Vorschriften über die Zwangsvollstreckung spricht, also den Beschlag selbst und die Anwendbarkeit aller für das Vollstreckungsverfahren vor der Verwertung maßgebenden Rechtssätze ausschaltet; sodann aber, weil ein Beschlag auch gar nicht erforderlich und die einfachere Rechtsgestaltung im Zweifel vorzuziehen ist. RG Bd. **58** 17ff., Bd. **62** 232. Der § 127 hat somit den Sinn, daß er dem Konkursverwalter die besondere gesetzliche Ermächtigung verleiht, eine **Verwertung** nach den Sätzen der Geldbeitreibung ohne vorgängige Pfändung zu betreiben. Zust. Mentzel-Kuhn Anm. 4. Einerseits bedarf es also der Pfändungsformen nicht. Es genügt, daß der Konkursverwalter die zu veräußernden Sachen [Forderungen: Anm. 14] dem Gerichtsvollzieher mit der Weisung übergibt, sie wie gepfändete Sachen zu veräußern. Andrerseits aber kann der Verwalter diese zur pfandfreien Übereignung führende Zwangsverwertung auch nur „betreiben", also nur durch die staatliche Vollstreckungsbehörde vornehmen lassen, nicht selber vornehmen (a. A. offenbar Noack GVZ 1954 S. 118). Seine eigene Veräußerung überträgt nur das belastete Eigentum [Anm. 3, 16]. RG **62** 333. Eine „Betreibung" im Sinne des Abs. I liegt auch nicht schon darin, daß der Verwalter den Gerichtsvollzieher, der eine Pfändung vorgenommen hatte, ersucht, den Versteigerungserlös zu hinterlegen, da die Pfändung angefochten werde (OLG München LZ 1909 Sp. 88). Gegenüber einem zur Herausgabe nicht bereiten Pfandgläubiger muß der Verwalter die Herausgabe erst im Prozeßweg erzwingen [Anm. 15]. Dabei ist allerdings zu betonen, daß ein Gläubiger, der sich der Regel gemäß aus dem Absonderungsgegenstand ohne Zutun des Gerichts befriedigen darf, vor Ablauf einer ihm nach Abs. II gesetzten Frist eine Zwangsverwertung durch den Verwalter gar nicht zu dulden braucht [Anm. 6ff.]. Hat der Gerichtsvollzieher den Besitz der zu verwertenden Sachen ergriffen, so vollzieht sich die Verwertung nach Maßgabe der §§ 814, 816 II—IV, 817, 817a, 819—825 ZPO. Dabei hat er Anordnungen des Verwalters nur insoweit zu folgen, als er bei der Vollstreckung für Einzelgläubiger deren Weisungen zu beachten berechtigt und verpflichtet ist. Eine regelwidrige Verwertung (z. B. Freihandverkauf) kann, wenn anders eine Zwangsverwertung im Sinne des Abs. I vorliegen soll, nicht etwa vom Konkursverwalter bindend vorgeschrieben, wohl aber auf seinen Antrag vom Vollstreckungsgericht (nicht vom Konkursgericht als solchem) bewilligt werden (§ 825 ZPO). Ebenso Mentzel-Kuhn Anm. 4. Bei solcher Anordnung kann dem Verwalter ausdrücklich auferlegt werden, den Erlös zunächst (z. B. bis zur Erledigung einer gegen den Gläubiger schwebenden Anfechtungsklage) gesondert zu verwahren [siehe Anm. 16]. Einer Befristung der abweichenden Verwertungsart bedarf es nicht. OLG Dresden LZ 1912 Sp. 944f. Daß für eine Verwertung im Sinne unseres Abs. I die Schonzeit des § 816 I ZPO nicht maßgebend ist, gilt den Motiven II S. 349 als selbstverständlich. In der Tat hätte der dort vorgesehene Aufschub keinen Zweck. Da der Konkursverwalter zugleich betreibender Teil und Schuldnervertreter ist, ersetzt überdies sein Wille eine „Einigung" im Sinne des § 816 I ZPO. Aus den gleichen Erwägungen scheidet bei einer vom Konkursverwalter betriebenen Verwertung das Moratorium des § 813a ZPO aus (anders bei der Betreibung der Zwangsvollstreckung durch den Gläubiger; vgl. Anm. 7). Daß die vom Konkursverwalter betriebene Zwangsverwertung gegenüber Dritten, denen das Gesetz ein Widerspruchs- oder Vorzugsrecht (§§ 771, 805 ZPO) einräumt, als „Zwangsvollstreckung" wirkt, erkennt das Reichsgericht in ständiger Rechtsprechung an (JW 1886 S. 414 Nr. 3, Bd. **14** 1, Bd. **42** 89, Bd. **58** 16, Bd. **69** 92 u. ö.). Doch ist zu beachten, daß der § 127 KO für seinen Bereich den § 805 ZPO verdrängt und ersetzt [Anm. 16]. Durch eine gegen den Verwalter zu richtende Klage nach § 771 ZPO kann namentlich der dritte Eigentümer einer mit Unrecht als Massegegenstand der Zwangsverwertung unterstellten Sache Widerspruch erheben [siehe Anm. 5]. Unser Abs. I Satz 2 entzieht das Widerspruchsrecht nur dem Absonderungsgläubiger, auch ihm nur gegenüber einer Verwertung in den Formen des Abs. I Satz 1 und nur vorbehaltlich des Abs. II.

Auch **Forderungen und andere Vermögensrechte** fallen unter den § 127. Der umfassende Ausdruck „Gegenstand" läßt darüber keinen Zweifel (Protokolle S. 82). RG Bd. **58** 16. Es fragt sich allerdings, ob eine Zwangsverwertung unkörperlicher Absonderungsgegenstände für die Masse von Vorteil ist. Auch hier sei zunächst klargestellt, daß dem Gläubiger die Befugnis zur außergerichtlichen Befriedigung, besonders zur Einziehung verpfändeter Forderungen (§§ 1282, 1294 BGB), auch nach Konkurseröffnung verbleibt, daß also insoweit der Abs. II, nicht etwa unmittelbar der Abs. I maßgebend ist [Anm. 6]. Dasselbe gilt, wenn eine gepfändete Forderung dem Gläubiger zur Einziehung überwiesen ist [Anm. 7]. Eine dem Gläubiger an Zahlungsstatt überwiesene Forderung ist überhaupt nicht mehr Massebestandteil. Sind die Voraussetzungen der Zwangsverwertung durch den Konkursverwalter nach Abs. I oder Abs. II gegeben, so bedarf es jedenfalls keiner besonderen Pfändung der Forderung oder des Rechts d. h. keiner Erwirkung und Zustellung eines Pfändungsbeschlusses nach §§ 829, 857 ZPO [Anm. 12]. Ebenso RG Bd. **58** 17ff. und Mentzel-Kuhn Anm. 5, Böhle-Stamschräder Anm. 4. Was die Verwertung anlangt, so ist die Auffassung von Jaeger (6./7. Aufl. Anm. 10, ebenso Böhle-Stamschräder Anm. 4), die Zwangsverwertung biete keine besonderen Vorteile und sei daher praktisch von geringer Bedeutung, da der Verwalter bereits nach § 6 KO befugt sei, die Forderung einzuziehen bzw. die Forderung oder das sonstige Recht abzutreten, jedenfalls für gepfändete Forderungen und Rechte nicht zutreffend; denn das im Pfändungsbeschluß enthaltene Verfügungsverbot (§ 829 I ZPO) steht einem solchen Vorgehen entgegen. Will der Verwalter die Verwertung gepfändeter Rechte selbst betreiben, so ist dies daher nur „nach Maßgabe der Vorschriften über die Zwangsvollstreckung" möglich. Auch verpfändete Forderungen kann der Konkursverwalter nicht ohne weiteres einziehen; er kann vielmehr vor der Pfandreife nach § 1281 BGB nur Leistung an die Masse und den Pfandgläubiger gemeinschaftlich bzw. die Hinterlegung oder Ablieferung an einen gerichtlich zu bestellenden Verwahrer verlangen, nach Eintritt der Pfandreife aber hat er überhaupt kein Einziehungsrecht mehr (§ 1282 BGB). Zur Abtretung eines verpfändeten Rechtes ist er nur unter Fortbestand des Pfandrechtes in der Lage (so auch Jaeger aaO.). Die Verwertungsmöglichkeiten des Konkursverwalters nach § 6 reichen somit auch hier nicht weit. Will der Konkursverwalter das gepfändete oder verpfändete Recht mit der Wirkung des § 127 I S. 2 KO verwerten, so muß er sich das Recht zur Einziehung überweisen lassen (§ 835 ZPO) bzw. die Anordnung einer anderen Art der Verwertung durch das Vollstreckungsgericht gem. §§ 844, 857 ZPO herbeiführen. So auch Jaeger aaO. und Böhle-Stamschräder Anm. 4. Gegen die Notwendigkeit eines Überweisungsbeschlusses offenbar die Protokolle aaO. mit der Begründung, daß die Forderung bereits zur Konkursmasse gehöre, ferner wohl auch RG Bd. **58** 20 und Mentzel-Kuhn Anm. 5. Aber schon Jaeger hat aaO. zutreffend darauf hingewiesen, daß die Massezugehörigkeit einer wirksam verpfändeten Forderung für sich allein an einer nach Maßgabe der §§ 1282, 1294 BGB eingetretenen Verpflichtung des Drittschuldners, ausschließlich an den Pfandgläubiger zu leisten, nichts ändert und daß sie ferner einen Pfändungspfandgläubiger, dem die Forderung wirksam überwiesen ist, an der Einziehung nicht hindert; daß endlich auch der offene Arrest (§§ 111, 118) dem Drittschuldner nur die Leistung an den Gemeinschuldner, nicht an einen Pfandgläubiger verbietet (vgl. Wolff Anm. 3, Petersen-Kleinfeller Anm. 13). Keinesfalls ist eine vom Konkursverwalter selbst betätigte öffentliche Versteigerung eine Verwertung „nach Maßgabe der Vorschriften über die Zwangsvollstreckung", zu welcher er schon nach § 127 KO und nicht erst auf Grund einer gerichtlichen Anordnung nach § 844 ZPO ermächtigt wäre (anderer Ansicht RG Bd. **58** 20, aufgegeben in RG Bd. **62** 232). So auch Mentzel-Kuhn Anm. 5 und Böhle-Stamschräder Anm. 4. 14

Einer Verwertung nach den Vorschriften über die Zwangsvollstreckung oder über den Pfandverkauf [Anm. 17ff.] „kann der Gläubiger **nicht widersprechen**" (Abs. I Satz 2). Die Tragweite dieser Vorschrift ist mit Rücksicht auf 15 das die Regel bildende Selbstverwertungsrecht des Gläubigers (Abs. II) gering, ihr Sinn nicht zweifelsfrei. Daß im Konkurs (im Gegensatz zur Einzelvollstreckung; vgl. § 805 ZPO) auch dem besitzenden Absonderungsberechtigten das Widerspruchsrecht gegen die vom Konkursverwalter rechtmäßig betriebene Zwangsverwertung versagt wird und auch er auf das Recht auf Vorzugsbefriedigung aus dem Erlös verwiesen wird, begründen die Motive II S. 348 im wesentlichen damit, daß sonst „die Abwickelung des Konkurses durch Hinhaltung der Realisierung des Pfandstücks von Seiten des Pfandbesitzers ungebührlich verzögert werden könnte". Offensichtlich lehnt sich denn auch unser Abs. I Satz 2 an den Wortlaut des § 805 I ZPO an. Es wäre aber ein übereilter Schluß, aus diesem Zusammenhange zu folgern, daß ein vom Konkursverwalter mit der Verwertung betrauter Gerichtsvollzieher die angeblich massezugehörige Sache dem Pfandbesitzer auch wider seinen Willen wegnehmen dürfte. Darin läge eine unerträgliche Erschütterung der Rechtssicherheit. Auch kann von einer Erzwingung der Herausgabe auf Grund einer vollstreckbaren Ausfertigung des Eröffnungsbeschlusses hier ganz sicher keine Rede sein, da der Eröffnungsbeschluß dem dritten Pfandbesitzer gegenüber einen Leistungsbefehl auch mittelbar nicht enthält [§ 117 Anm. 15]. Während der § 805 I ZPO einem nichtbesitzenden Pfandgläubiger, besonders dem Vermieter und Verpächter, gegenüber dem Vorgehen des Gerichtsvollziehers das Widerspruchsrecht (§§ 766, 771 ZPO) versagt, verpflichtet unser Abs. I Satz 2 auch den Pfandbesitzer zur Duldung einer nach Satz 1 befugter Weise vom Konkursverwalter betriebenen Verwertung, einerlei, ob dabei ein Gerichtsvollzieher tätig wird oder nicht. In der Duldungspflicht liegt die Pflicht zu einer die Zwangsverwertung ermöglichenden Herausgabe. Erforderlichen Falles hätte der Konkursverwalter aus Abs. I Satz 2 auf die erforderliche Herausgabe zu klagen und das erstrittene Urteil nach § 883 ZPO zu vollstrecken. Die Kosten des Prozesses werden den Dritten von einer ungerechtfertigten Herausgabeweigerung abhalten. Eine Drittwiderspruchsklage des Verwalters nach § 771 ZPO gegen eine durch den besitzenden Absonderungsberechtigten betriebene Zwangsvollstreckung begründet der § 127 dagegen nicht (irrig OLG Kiel JW 1930 S. 280 Nr. 12, Thiele ArchZivPrax. 84 S. 91) [vgl. Anm. 7]. So im Ergebnis die herrschende Lehre, wie z. B. Wolff Anm. 3, Petersen-Kleinfeller Anm. 13, Seuffert § 47 N. 26, Fitting § 20 N. 13, Mentzel-Kuhn Anm. 7, Böhle-Stamschräder Anm. 3. Andrerseits hat der Absonderungsgläubiger, den das Gesetz dazu zwingt, dem Verwalter in den Grenzen des § 127 die Verwertung zu überlassen, auch Anspruch auf Auskunfterteilung und Rechenschaftslegung durch den Verwalter. Denn in der Verwertung besorgt der Verwalter zugleich ein fremdes Geschäft und muß darum den Geschäftsherrn, ähnlich wie der Beauftragte den Auftraggeber, über Verlauf und Ergebnis der Besorgung unterrichten (§§ 666, 681 BGB). Diese Pflicht des Verwalters setzt unser Abs. I Satz 2 als selbstverständlich voraus, weil ohne sie die Verwirklichung des Anspruchs auf Vorzugsbefriedigung aus dem Erlöse gefährdet sein könnte. RG Bd. **98** 306.

16 Eine ordnungsmäßige Zwangsverwertung nach Abs. I Satz 1 läßt das Recht des Gläubigers am Absonderungsgegenstande selbst erlöschen und gewährt ihm — einerlei, ob er im Besitze war oder nicht — zum Ausgleich einen Anspruch **auf rangmäßige Befriedigung** aus dem nach Abzug der Verwertungskosten verbleibenden **Reinerlöse.** Beides ergibt Abs. I Satz 2. Vgl. RG JW 1891 S. 11 Nr. 28, JW 1897 S. 135 Nr. 19, Bd. **42** 90, LZ 1910 Sp. 228, Bd. **84** 68, JW 1932 S. 1557f. Nr. (= KonkTreuh. 1932 S. 140 Nr. 6). Siehe auch §§ 1242 II, 1247 BGB. Eine dem Abs. I Satz 1 nicht entsprechende Veräußerungsart überträgt den Gegenstand nur mit seiner Belastung (RG Bd. **58** 16, Bd. **62** 233), soweit nicht etwa Schutzvorschriften des allgemeinen bürgerlichen Rechts (wie der § 936 BGB) die Belastung mit Rücksicht auf den guten Glauben des Erwerbers untergehen lassen. Das Recht am Erlös ist zunächst noch das Absonderungsrecht selbst. Es besteht als solches fort, solange der Erlös unterscheidbar vorhanden ist, namentlich während einer Hinterlegung (zust. RG Bd. **84** 68). Der Konkurs-

verwalter hat das ihm gegenüber geltend gemachte Absonderungsrecht [§ 4 Anm. 3] dadurch zu berücksichtigen, daß er den erforderlichen Dekkungsbetrag (wenn auch nicht gerade die erlösten Geldstücke selber) gesondert bereit hält. Verletzt er diese Pflicht, so erwächst dem Gläubiger ein Masseschuldanspruch nach Maßgabe des § 59 Nr. 1, denn der Verwalter hat als solcher im Vollzuge der Verwertung ein Geschäft des Gläubigers besorgt [Anm. 15], mindestens aber nach § 59 Nr. 3 (§ 172) und bei Verschulden des Verwalters ein Schadensersatzanspruch gegen diesen persönlich aus § 82 [§ 4 Anm. 3 u. 7, § 47 Anm. 13, § 82 Anm. 9]. Zust. Naumburg OLG 15 S. 239, OLG Dresden LZ 1912 Sp. 945, RG JW 1939 S. 434 = KonkTreuh. 1939 S. 53, Mentzel-Kuhn Anm. 8, Böhle-Stamschräder Anm. 3. Zweifellos irrig ist dagegen die Behauptung von Grünebaum Recht 1902 S. 35, der Anspruch auf Vorzugsbefriedigung sei im Konkurs anzumelden, was grundsätzlich bis zum Schlußtermine geschehen könne. Konkursforderung ist dieser Anspruch als solcher niemals. Auch braucht der Absonderungsgläubiger keineswegs zugleich Konkursgläubiger zu sein. Die Beschränkungen des § 63 Nr. 1, 2 greifen nicht Platz. Siehe auch § 162 Anm. 5. Die Ersatzansprüche des Gläubigers beruhen auf Abs. I Satz 2. Sie sind nach den für Absonderungs- und Masseansprüche geltenden Sätzen des Konkursrechts zu verfolgen. Für eine entsprechende Anwendung des § 805 ZPO ist kein Raum [Anm.13]. Weder gilt die Zuständigkeitsvorschrift des § 805 I (abw. Seuffert S. 310) noch kann kraft des § 805 IV eine Hinterlegung angeordnet werden (abw. LG Bückeburg ZZP 26 S. 372). Daß der Gläubiger im Wege einer einstweiligen Verfügung (§ 935 ZPO) vorläufigen Schutz, namentlich die Anordnung einer Hinterlegung, erwirkt, ist nicht ausgeschlossen (vgl. Begemann ZZP 26 S. 373ff.). Ein Rangstreit mehrerer Absonderungsgläubiger untereinander kann Anlaß zur Hinterlegung des Erlöses mit anschließendem Verteilungsverfahren bieten. Vgl. §§ 827, 853f., 872ff. ZPO, Motive II S. 349; KG KGBl. 1913 S. 11.

b) Verwertung „nach Maßgabe der Vorschriften über den Pfandverkauf".

Der Pfandverkauf erfolgt nach Maßgabe der §§ 1235—1240 BGB [siehe Anm. 17
12]. Nur die Vorschriften über den Befriedigungsverkauf (§§ 1228, 1233 BGB), nicht diejenigen über den Sicherungsverkauf (§§ 1219—1221 BGB) kommen für die Verwertung durch den Konkursverwalter in Betracht. Für die Androhung des § 1234 BGB ist kein Raum [Anm. 12]. Bewegliche Sachen und Inhaberpapiere können ohne gerichtliche Ermächtigung, ohne Vollstreckungstitel, ohne Beobachtung der Vollstreckungsformen im Wege **öffentlicher Versteigerung**, d. h. öffentlich **und** durch eine öffentlich bestellte Person (z. B. Gerichtsvollzieher, Notar sowie sonstige gemäß § 19 der Versteigerungsvorschriften v. 30. 10. 1934, RGBl. I S. 1091, i. Verb. mit § 7 Ges. über das Versteigerungsgewerbe i. d. Fassung v. 12. 2. 1938, RGBl. I S. 202, vereidigte und öffentlich bestellte Versteigerer, wobei hierzu ergangene landesrechtliche Vorschriften zu beachten sind; vgl. dazu Rasch KonkTreuh. 1936 S. 126) versilbert werden. §§383 III, 1235 I, 1293 BGB. Markt- oder börsengängige Pfänder — einschließlich der Inhaber- und Orderpapiere — können zwar freihändig, d. h. ohne öffentliche Ausbietung, jedoch nur durch einen Handels- oder Kursmakler oder durch eine zur öffentlichen Versteigerung befugte Person verkauft werden (§§ 1235 II, 1293, 1295 mit § 1221 BGB, § 34 BörsenG). Eine entsprechende Verwertung ist im Falle des § 1240 II BGB für Gold- und Silberwaren vorgesehen. Wegen der Gewährleistung beim Verkauf aus freier Hand: oben Anm. 11. Der Pfandverkauf erfolgt in der Regel am Orte der Pfandverwahrung und gegen sofortige Barzahlung (§§ 1236—1238 BGB). Gebot des Verwalters: Anm. 12. Die Pfandverwertung von Rechten hat das Gesetz — abgesehen von Inhaber- und Orderpapieren (§§ 1293, 1295 BGB) — nicht den Sätzen des Pfandverkaufs unterstellt. Zur Frage, ob der Verwalter schon nach § 6 zur Einziehung einer verpfändeten Forderung oder zur Abtretung eines verpfändeten Rechtes berechtigt sei, vgl. Anm. 14. Der im Wege öffentlicher Versteigerung erfolgende „Pfandverkauf" durch einen Gerichtsvollzieher steht zwar im begrifflichen Gegensatze zur Verwertung „nach Maßgabe

der Vorschriften über die Zwangsvollstreckung" [§ 133f. Anm. 13], gehört aber zu den „öffentlichen" und nicht zu den „freiwilligen" Versteigerungen im Sinne der §§ 237 Nr. 1, 244 des bundeseinheitlich geregelten Teiles der GeschAnw. f. Gerichtsvollzieher v. 1. 3. 1954 (abgedruckt BayBSVJu II S. 143ff.), kann also von den Gerichtsvollziehern ohne Einschränkung übernommen werden. Damit sind die einschlägigen Ausführungen von Jaeger 6./7. Aufl. Anm. 13 und von Sebode DGVZ 1940 S. 147 überholt. Inwieweit der Verwalter die in seinen Händen befindlichen Sachen auch persönlich und durch nichtöffentliche Versteigerer veräußern lassen kann und daß eine solche Ausübung der schon dem Schuldner selbst zustehenden Rechte (§§ 6, 117) nicht unter den § 127 fällt, ist bereits dargelegt [Anm. 1, 3, 9, 13, 14].

18 Der Konkursverwalter kann durch Vertrag mit den Absonderungsberechtigten eine von den Vorschriften der §§ 1235—1240 BGB **abweichende Verwertungsart** vereinbaren. (Wolff Anm. 4, Mentzel-Kuhn Anm. 6, Böhle-Stamschräder Anm. 3, vgl. auch OLG Hamburg SeuffBl. 75 S. 655). Der Abs. I verweist zwar mit den Worten „nach den Vorschriften über den Pfandverkauf" auf den gesetzlichen Verwertungsvorgang, bestimmt aber nur, daß dieser Veräußerungsart kein Absonderungsberechtigter widersprechen darf. Bewilligt der Absonderungsgläubiger selbst eine andere Verwertung, so steht der § 127 nicht entgegen. Namentlich kann durch eine Übereinkunft zwischen Gläubiger und Verwalter dem letzteren die freie Verfügung gegen das Versprechen vorgehender Befriedigung des Gläubigers aus dem Erlöse zugestanden werden [§ 4 Anm. 6]. Ansprüche aus solchen Verträgen des Verwalters fallen unter den § 59 Nr. 1. Andrerseits bleibt eine unanfechtbare Übereinkunft, die zwischen dem Pfandgläubiger und dem nachmaligen Gemeinschuldner vor dem Konkurse gemäß § 1245 BGB zugunsten des Pfandgläubigers abgeschlossen worden war (z. B. Vereinbarung der Befugnis zum Freihandverkauf), auch dem Konkursverwalter gegenüber wirksam. RG GruchotsBeitr. 48 S. 409ff.; zust. Lent JW 1934 S. 2744, Mentzel-Kuhn Anm. 6, Böhle-Stamschräder Anm. 3 [siehe Anm. 6]. Auch die Anwendbarkeit des § 1246 BGB ist nicht zu bestreiten. Zust. Mentzel-Kuhn und Böhle-Stamschräder aaO. Dementsprechend kann dem Verwalter auf seinen Antrag ein den Belangen der Beteiligten dienender Freihandverkauf in Abweichung von den §§ 1235ff. BGB gerichtlich bewilligt werden. Die Bewilligung ist eine Angelegenheit der freiwilligen Gerichtsbarkeit (§ 166 FGG) und setzt voraus, daß dem Erfordernisse unseres Abs. II genügt ist. Solange unter den Beteiligten Streit darüber besteht, ob der Konkursverwalter ein Recht zur Verwertung hat, muß das Gericht des § 166 FGG, das nach § 1246 BGB nur die Art des Pfandverkaufs zu bestimmen hat, die beantragte Bewilligung ablehnen. LG Tilsit, KG ZBlFG 3 S. 116ff., 182ff. Auch eine auf Grund der §§ 1245, 1246 BGB stattfindende besondere Verwertungsart ist, namentlich als freihändige Veräußerung durch den Verwalter, ein „Pfandverkauf" im Sinne unseres Abs. I. Sie überträgt daher das Eigentum auf den Erwerber mit der Maßgabe, daß das Absonderungsrecht von der Sache selbst auf den Erlös übergeht und an ihm solange fortdauert, als er unterscheidbar, wäre es auch nur in Gestalt des Anspruchs aus einer Hinterlegung, vorhanden ist [Anm. 16]. RG Bd. 84 68; zust. Mentzel-Kuhn Anm. 6.

19 Einem „Pfandverkauf", zu dem der Konkursverwalter nach Abs. I Satz 1 (also vorbehaltlich des Abs. II) berechtigt ist, kann auch der besitzende Absonderungsgläubiger nicht widersprechen (Abs. I Satz 2). Er ist dem Konkursverwalter gegenüber zur Gestattung dieser Verwertung verpflichtet und nötigenfalls darauf im ordentlichen Prozeßwege zu verklagen [Anm. 15]. Vgl. auch § 371 IV HGB. Für den Anspruch auf Vorzugsbefriedigung aus dem Erlöse bestehen keine prozessualen Besonderheiten. Der § 805 ZPO ist hier erst recht nicht entsprechend anwendbar (abw. Seuffert S. 310). Siehe Anm. 16.

§ 128

Ist der Gemeinschuldner Vorerbe, so darf der Verwalter die zur Erbschaft gehörigen Gegenstände nicht veräußern, wenn die Veräußerung im Falle des Eintritts der Nacherbfolge nach § 2115 des Bürgerlichen Gesetzbuchs dem Nacherben gegenüber unwirksam ist.

Materialien: Motive V S. 116f. (Entw. e. BGB I. Les. § 1829), P. V S. 112ff.[1]) P. VI S. 92, 756 Begründung S. 41 mit Begründung zu § 690b des Entw. der Zivilprozeßnovelle.

Der Gemeinschuldner als Vorerbe

I. Zweck des Gesetzes

Der Erblasser kann nach § 2100 BGB einen Erben in der Weise einsetzen, daß dieser erst Erbe wird, nachdem zunächst ein anderer Erbe geworden ist. Der zunächst Berufene heißt Vorerbe, der ihm folgende Berufene Nacherbe. So beruft etwa der Erblasser seine Frau als Vorerbin, um ihr einen freieren Genuß des Vermögens zu gewähren, als ihn ein Nießbrauch an der Erbschaft verleiht, und das gemeinsame Kind vom Tode der Mutter ab als Nacherben, um ihm das Stammvermögen zu erhalten. Mit Eintritt des Falles der Nacherbfolge — d. h. mit Eintritt des vom Erblasser bestimmten Zeitpunkts oder Ereignisses (§ 2105, vgl. § 2109 BGB) und im Zweifel beim Tode des Vorerben (§ 2106 BGB) — rückt der Nacherbe kraft Gesetzes in die Erbenstellung ein (§ 2139 BGB). Bis zu diesem Augenblick ist der Vorerbe wahrer Erbe, Träger des erbschaftlichen Vermögens, also besonders Eigentümer der Nachlaßsachen und Gläubiger der Nachlaßforderungen. Daher gehört auch an sich die Vorerbschaft im Konkurs des Vorerben zur Konkursmasse (§ 1). Allein das Recht des Vorerben an den Nachlaßgegenständen ist, wie die geschichtliche Entwicklung und der Zweck der Rechtseinrichtung beweisen, nur das gebundene Herrschaftsrecht eines Treuhänders: die Form des Vollrechts soll dem Vorerben Genuß und Verwaltung erleichtern. Seine Verfügungsmacht findet — so bemerken die P. V S. 113 treffend — ihre „Schranke einmal in der persönlichen Haftung des Vorerben dafür, daß die Erbschaft in dem Zustande herausgegeben werde, welcher einer ordnungsmäßigen Verwaltung entspricht, daß insbesondere ausscheidende Stücke nicht ohne Ersatz bleiben, und ferner in den weitergehenden Ansprüchen des Nacherben auf Sicherheitsleistung und äußersten Falles auf Entziehung der Verwaltung. Diese Beschränkungen des freien Verfügungsrechts sind von der Art, daß sie eine kausale Bestimmung desselben erkennen lassen; aus der letzteren aber ergibt sich, daß es ein Mißbrauch wäre, wenn die Gläubiger des Vorerben dessen Verfügungsrecht zu ihren Zwecken ausbeuten dürften". Der Rechtsform nach ist der Vorerbe Herr der Erbschaft, im wirtschaftlichen Ergebnis aber nur ein Nutznießer. Darum wird bloßen Eigengläubigern des Vorerben der Zugriff auf den Stamm des ererbten Vermögens grundsätzlich verwehrt. Nur der pfändbare Ertrag der Erbschaft gebührt ihnen und auch er nur bis zum Eintritt des Falles der Nacherbfolge. Diesem Gedanken einer Treuhänderschaft des Vorerben (siehe auch RG Bd. **80** 32) würde im Konkurs des Vorerben am vollkommensten ein Aussonderungsrecht des Nacherben hinsichtlich des erbschaftlichen Stammvermögens, also eine Beschränkung des Konkursbeschlags auf die vor Eintritt der Nacherbfolge verfallenden Erträgnisse entsprochen haben. In der Tat wollen denn auch Dernburg-Engelmann BürgRecht V³ (1911) S. 174 dem Nacherben schon vor Eintritt der Nacherbfolge eine soweit gehende Rechtsmacht zugestehen. Allein das Gesetz hat anders entschieden. Der § 128 geht unverkennbar davon aus, daß der Konkursverwalter des Vorerben die Gegenstände der Vorerbschaft zur Konkursmasse zu ziehen und sie für Rechnung dieser Masse zu nutzen 1

[1]) Die im jetzigen § 2115 Satz 2 BGB verordneten Ausnahmen waren auch im § 1829 II. Entw. erster Les. vorgesehen. Hier bezogen sie sich, wie Stellung und Fassung des Abs. II deutlich ergeben, auf beide Sätze des Abs. I, also auch auf den Konkursfall. Auch nach § 1829 dieses Entwurfs sollte daher die Veräußerung im Konkurse des Vorerben nicht schlechthin verboten sein. Siehe dazu P. V S. 113.

hat. Sonst hätte es keinen Sinn, dem Verwalter bestimmte Verfügungen über Erbschaftsgegenstände zu verbieten. Rechtlich gehört zunächst auch das Stammvermögen zur Masse, wenngleich es im tatsächlichen Ergebnis unveräußerlich und dem Gemeinschuldner nach Durchführung des Konkurses zurückzugewähren ist. Erst beim Eintritt der Nacherbfolge kommt das Aussonderungsrecht des Nacherben zustande [Anm. 8].

II. Inhalt des § 128

1. Allgemeines

Zunächst [Anm. 1] gehören die beschlagsfähigen (§ 1) Gegenstände der Vorerbschaft zur Konkursmasse des Vorerben. Stünde der Vorerbe jetzt nicht im Konkurse, so könnte er selber (anders als ein Nießbraucher) in gewissen Grenzen wirksam über Gegenstände der Vorerbschaft verfügen. So im Zweifel z. B. durch Übereignung oder Verpfändung von Fahrnis gegen Entgelt oder durch Einziehung schlichter Forderungen (§§ 2112ff. BGB). Nur bestimmte folgenschwere Verfügungen des Vorerben sollen im Regelfall [vgl. aber Anm. 7] unwirksam sein (z. B. Übereignung oder Belastung von Erbschaftsgrundstücken) und auch sie nun bedingt, d. h. nur für den einstweilen noch dahinstehenden Fall, daß es zum Eintritt der Nacherbfolge kommen wird. Die Grenzen für die Wirksamkeit der Verfügung des Konkursverwalters decken sich nun nach § 2115 BGB nicht mit denen für Verfügungen des Vorerben. Obgleich der Vorerbe außerhalb des Konkurses und im Falle einer Freigabe aus der Konkursmasse jedenfalls über bewegliche Sachen und schlichte Forderungen, u. U. auch noch weitergehend [Anm. 7] sogar im Widerspruch mit den Grundsätzen ordnungsgemäßer Verwaltung endgültig, d. h. mit Wirksamkeit auch gegenüber dem Nacherben, verfügen kann, wird die Veräußerung durch den Konkursverwalter (abgesehen von den Fällen des § 2115 Satz 2 BGB [Anm. 3ff.]) mit Eintritt des Falles der Nacherbfolge unwirksam [Anm. 9]. Zur Sicherung des Nacherben werden aber darüber hinaus dem Konkursverwalter des Vorerben nach § 128 Verfügungen auf diese Gefahr überhaupt nicht gestattet. Ihm ist vielmehr jede Verfügung — „veräußern" hat hier diesen weiteren Sinn [Anm. 9] — über Erbschaftsgegenstände von vornherein verboten, die dem Nacherben gegenüber nach § 2115 BGB unwirksam sein wird, falls es zum Eintritt der Nacherbfolge kommt. Die rechtliche Möglichkeit, daß der Vorerbe seine Treuhändermacht mißbraucht, soll durch diese Regelung der Ausnutzung durch seine Gläubiger entzogen werden. Diesen Gedanken spricht für die Einzelvollstreckung der § 773 ZPO, für den Konkurs der § 128 KO aus, der als gesetzliches Veräußerungsverbot zum Schutze des Nacherben einen Anwendungsfall des § 135 BGB darstellt [Anm. 9]. Siehe Küntzel GruchotsBeitr. 41 S. 591ff., Kretzschmar LZ 1914 Sp. 557f., RG Bd. **80** 3, **133** 265. Der Unterschied zwischen den Befugnissen des Vorerben und des Konkursverwalters äußert sich besonders in den Fällen der Anm. 7, aber auch im Regelfalle. Hatte z. B. der Vorerbe eine zur Erbschaft gehörende bewegliche Sache vor Konkursbeginn für seine persönliche Rechnung [Gegensatz Anm. 5] verkauft, so ist der Verwalter genötigt, trotz des § 17 den beiderseits unerfüllten Vertrag abzulehnen, auch wenn er noch so günstig wäre. Vgl. Strohal, Erbrecht[3] § 28 Nr. 33, Mentzel-Kuhn Anm. 4, Böhle-Stamschräder Anm. 1. Zuwiderhandlung Anm. 9.

Ausnahmsweise aber sind nach § 2115 S. 2 BGB Verfügungen des Konkursverwalters über Erbschaftsgegenstände „im Falle des Eintritts der Nacherbfolge" wirksam und damit nach § 128 KO nicht untersagt, nämlich:

a) soweit sie das Recht des Nacherben nicht vereiteln noch beeinträchtigen [Anm. 4] oder

b) wenn der Anspruch eines Nachlaßgläubigers (§ 1967 BGB) durchgeführt wird [Anm. 5] oder

c) wenn ein an einem Gegenstande der Vorerbschaft bestehendes und dem Nacherben gegenüber wirksames Recht z. B. ein schon vom Erblasser oder vom Vorerben mit Zustimmung des Nacherben oder vom befreiten Vorerben (vgl. den Fall RG Bd. **133** 265) bestelltes oder wirksam unter Verkehrsschutz erworbenes Grundpfandrecht geltend gemacht wird [Anm. 6].

2. Die einzelnen Fälle wirksamer Verfügungen des Konkursverwalters

a) Was den Fall unter 1a betrifft, so ist klar, daß der Konkursverwalter über erbschaftliches Stammvermögen nur mit Vorbehalt der Rechte des Nacherben verfügen könnte. Vgl. M. V S. 117. Eine zulässig bedingte Veräußerung dieser Art ist nicht gerade undenkbar — namentlich, wenn zu erwarten steht, daß die Erbschaft dem Vorerben verbleibt (weil sie z. B. der Nacherbe ausschlagen wird, § 2142 BGB) —, jedoch von geringer Bedeutung. Dagegen kann der Verwalter über **den Ertrag** der Erbschaftsgegenstände verfügen. Er kann sie für die Masse nutzbar machen nicht nur durch Eigenverwaltung (indem er z. B. Zinsen ausstehender Forderungen einzieht, Grundstücke selbst bebaut), sondern namentlich auch im Wege der Verpachtung (§ 2135 mit § 1056 BGB) oder der Zwangsverwaltung (§§ 126, 127 KO, § 172 ZVG, § 857 IV ZPO). Die dem Vorerben gebührenden Nutzungen sind auch nicht durch § 850b I Nr. 3 ZPO der Konkursmasse entzogen. Zwar können die Erbschaftserträgnisse in ihrer Gesamtheit unbedenklich als „fortlaufende Einkünfte" gelten. Auch beruhen sie doch jedenfalls regelmäßig (vgl. freilich § 2105 I BGB) auf der „Fürsorge und Freigebigkeit" des Erblassers. Auch sind als Einkünfte im Sinne des § 850b I Nr. 3 ZPO nicht nur solche Erträgnisse anzusehen, auf deren Leistung der Bezugsberechtigte einen Anspruch gegen Dritte hat (also Einkünfte aus fremdem Vermögen), sondern auch die Zuwendung von Stammrechten, wenn dem Bedachten (wie hier dem Vorerben) dem wirtschaftlichen Ergebnisse nach nur die Einkünfte zufließen (so für § 850 I Nr. 3 a. F. das RG, Bolze 7 Nr. 1213, 22 Nr. 822). Dagegen ist aus dem Umstande, daß nur für den besonderen Fall der Anordnung einer Nacherbfolge zum Zwecke fürsorglicher Pflichtteilsbeschränkung (§ 2338 BGB) im § 863 I ZPO eine eigene Begrenzung der (dort vorausgesetzten) Beschlagsfähigkeit vorgesehen ist [§ 1 Anm. 25], zu folgern, daß die Vorerbenrechte nicht schon im allgemeinen der Beschränkung des § 850b I Nr. 3 ZPO (früher § 850 Nr. 3) unterliegen. P. V S. 574f., Planck-Flad BGB[4] Anm. 4a vor § 2100 mit Verw., Böhle-Stamschräder Anm. 1, wohl auch RG Bd. **80** 7 („unbeschränkt"); ferner Kretzschmar LZ 1914 Sp. 557, im Ergebnis auch Stein-Jones-Schönke-Pohle ZPO[18] § 855 Anm. II 3; abw. (für den früheren § 850 I Nr. 3 ZPO) OLG Dresden JW 1919 S. 119f. Nr. 5 (in der Begründung bekämpft von Herzfelder daselbst). Streitigkeiten zwischen dem Vorerben und dem Konkursverwalter über die Pfändbarkeit der Einkünfte sind im Wege des Prozesses auszutragen [§ 1 Anm. 48]. 4

b) Ausschließlich zur Durchsetzung der Nachlaßverbindlichkeiten [Fall 1b] dient der Nachlaßkonkurs, nicht der hier in Frage stehende Konkurs über das Gesamtvermögen des Vorerben. Dabei ist zu beachten, daß Schulden, die der Vorerbe in ordnungsmäßiger Verwaltung des Nachlasses begründet hat, Eigenverbindlichkeiten und zugleich Nachlaßverbindlichkeiten sind (Kipp-Coing Erbrecht[11] § 49 III 3). Nur wenn die Konkursgläubiger des Vorerben ohne Ausnahme Nachlaßgläubiger wären, würde der Verwalter ermächtigt sein, die Erbschaftsgegenstände für Rechnung der Masse zu verwerten. Treffen aber (wie das die Regel sein wird) mit den Nachlaßgläubigern bloße Eigengläubiger des Erben zusammen, so würde eine Veräußerung von Erbschaftsgegenständen für gesonderte Rechnung der Nachlaßgläubiger eine mehrfache Massebildung im Konkurse des Vorerben notwendig machen (siehe Seuffert S. 302f.). Die erbrechtliche Gütersonderung, namentlich auf dem Wege des Nachlaßkonkurses oder der Nachlaßverwaltung (§§ 1975 BGB, § 225 KO), werden die Nachlaßgläubiger, die auf Befriedigung aus Nachlaßmitteln zu rechnen haben, schon im eigenen Interesse er- 5 wirken. Die Erwirkung kann aber auch Recht (§ 6) und Pflicht (§ 82) des Konkursverwalters sein. Siehe Kretzschmar aaO. Sp. 559f.

6 c) Das auch dem Nacherben gegenüber wirksame Recht eines Dritten an einem Erbschaftsgegenstande [Fall 1c] kann im Konkurs als Aussonderungs- oder als Absonderungsrecht durchdringen. Es braucht nicht auf einer Nachlaßverbindlichkeit zu beruhen, sondern kann auch durch eine wirksame Verfügung des Vorerben [Anm. 2] begründet sein, etwa dadurch, daß er als befreiter Vorerbe [Anm. 7] ein Nachlaßgrundstück zugunsten einer persönlichen Verbindlichkeit mit einer Hypothek belastet hat (§ 2136 BGB mit § 2113 I BGB; RG Bd. **133** 265). Seine Anerkennung durch den Konkursverwalter ist aber kein „Veräußern" im Sinne unserer Vorschrift (Seuffert § 47 N. 4). Eine Verwertung von Erbschaftsgegenständen, die mit Wirksamkeit gegenüber dem Nacherben belastet sind, wäre zwar nach Maßgabe der §§ 126f. KO als Verfügung zur Durchführung eines auch gegen den Nacherben wirksamen Rechtes zulässig. Allein, da der Übererlös doch nicht unter die Konkursgläubiger verteilt werden darf, hat der Konkursverwalter kaum Anlaß, eine solche Verwertung zu betreiben. Im Gegenteil; sie könnte ja dahin führen, daß den Konkursgläubigern nur noch der Zins des Übererlöses anstatt der Erträgnisse des Vollwertes der Pfandsache zugute kommt.

3. Der befreite Vorerbe

7 Im Konkurse des Vorerben darf das erbschaftliche Stammvermögen auch dann nicht unter die Konkursgläubiger verteilt werden, wenn der Erblasser den Vorerben mit einer den regelmäßigen Machtbereich übersteigenden Verfügungsfreiheit ausgestattet oder den Nacherben schlechthin auf den Überrest beschränkt hat (§§ 2136f. BGB). Denn der § 2115 BGB begrenzt — wie bereits betont wurde [Anm. 2] — die Befugnisse des Vorerben und die Zugriffsrechte seiner Gläubiger nicht auf ein und dasselbe Maß. Vielmehr werden Vollstreckungen dieser Gläubiger in den Nachlaß für unwirksam erklärt ohne Rücksicht darauf, ob der Vorerbe selbst endgültig über den von der Vollstreckung betroffenen Gegenstand hätte verfügen können oder nicht. Da sonach die Schranken der Verfügungsfreiheit des Vorerben für die Vorschrift des § 2115 unmaßgeblich sind, wird diese auch im § 2136 nicht angezogen. Das will sagen: durch die dem Vorerben eingeräumte größere Verfügungsfreiheit werden die Machtbefugnisse seines Konkursverwalters nicht erweitert; besonders kommen auch bei der Nacherbfolge auf den Überrest den Konkursgläubigern des Vorerben nur die pfändbaren Erträgnisse der Erbschaft und auch diese nur bis zum Eintritt des Falles der Nacherbfolge zu [Anm. 8]. So auch RG Bd. **133** 265, Wolff KO[2] S. 32f., Mentzel-Kuhn Anm. 3, Böhle-Stamschräder Anm. 1; abw. Turnau-Förster Liegenschaftsrecht[3] I S. 462 (der Verwalter sei beim Nachweis entsprechender Befreiung des Vorerben zur Verfügung ermächtigt).

8 4. Wenn während des Konkurses über das Vermögen des Vorerben der Fall der **Nacherbfolge eintritt** [Anm. 1], endet die Zugehörigkeit der Erbschaft zur Konkursmasse (§ 2139 BGB). Jetzt, aber auch erst jetzt [Anm. 1] kann der Nacherbe die Erbschaft — Stamm und späteren Ertrag — aus der Konkursmasse aussondern (§ 2130 BGB; zust. OLG Dresden LZ 1909 Sp. 796, Schimmelbusch RheinA 107 S. 45). Eine Ausnahme wird gegen RG Bd. **36** 126, Wolff KO[2] S. 67 selbst dann nicht anzuerkennen sein, wenn das den Eintritt der Nacherbfolge bestimmende Ereignis als Wiederverheiratung auf den Willen des Vorerben abgestellt ist. Denn die Vorerbschaft gehört von Konkursbeginn an nur mit dieser Beschränkung zur Konkursmasse. Unanfechtbarkeit: § 29 Anm. 22. Für die Verteilung der Früchte zwischen Vorerben (Konkursmasse) und Nacherben gelten die Bestimmungen des § 101 BGB. Läuft beim Eintritt der Nacherbfolge eine vom Verwalter in Ansehung von Erbschaftsgegenständen abgeschlossene Miete oder Pacht noch, so greift der § 2135 mit § 1056 BGB Platz. Über den Fall, daß der Vorerbe Gläubiger des Erblassers war, siehe § 3 Anm. 33.

Wird umgekehrt im Laufe des Konkursverfahrens **die Nacherbfolge hinfällig**, weil z. B. der Nacherbe ausschlägt (§ 2142 BGB) oder weil die Bedingung seiner Anwartschaft ausfällt, so gehört die Erbschaft nun auch dem Stamme nach zur Konkursmasse. Das Vorerbenrecht ist zum Vollrecht erstarkt und dieses bildet wie jenes einen Massebestandteil [§ 1 Anm. 56]. Nun kann der Konkursverwalter des Vorerben frei über alle beschlagsfähigen Erbschaftsgegenstände verfügen. Nun werden frühere verbotswidrige Verfügungen wirksam [Anm. 9]. Der Wegfall des Nacherbenrechts kann entsprechend dem Falle der Ermittelung neuer Masse (§ 166 II KO) zu einer Nachtragsverteilung führen (abw. Kretzschmar LZ 1914 Sp. 558f.).

Endet der Vorerbenkonkurs, ohne daß die Nacherbfolge eingetreten oder hinfällig geworden wäre, dann hat der Konkursverwalter dem Vorerben das erbschaftliche Stammvermögen auszuliefern (vgl. §§ 192, 206). „Nicht verwertbare Vermögensstücke" im Sinne des § 162, über die im Schlußtermine von der Gläubigerschaft zu beschließen wäre, bilden die Gegenstände der Vorerbschaft nicht, da der § 128 eine rechtliche Unveräußerlichkeit festlegt [siehe § 162 Anm. 6]. Fällt vor Eintritt der Nacherbfolge auch der Nacherbe in Konkurs, so gehören zu dessen Konkursmasse zunächst nur die in der Anwartschaft des Nacherben begründeten Ansprüche auf dereinstige Herausgabe (§§ 2130, 2139 BGB) und auch sie nur vorbehaltlich seiner Ausschlagungsbefugnis (§ 2142 BGB, § 9 KO). Vgl. Dresden aaO., Kretzschmar Recht 1910 S. 440f.

5. Der § 128 enthält für den Konkursverwalter des Vorerben **ein gesetzliches Veräußerungsverbot: er** „darf nicht veräußern". Die Folge von Verstößen ergibt sich im allgemeinen aus § 135 BGB. Der § 2115 BGB bestimmt sie in einer besonderen Vorschrift näher dahin, daß eine verbotswidrige Verfügung des Konkursverwalters „im Falle des Eintritts der Nacherbfolge insoweit unwirksam ist, als sie das Recht des Nacherben vereiteln oder beeinträchtigen würde". Entfällt also das Recht des Nacherben, so wird die Verfügung vollwirksam [Anm. 8]. Die Fassung des § 128 KO steht mit der des § 2115 BGB nicht im Einklang, da ersterer auf letzteren ausdrücklich Bezug nimmt, letzterer aber bereits die Verfügungen „durch den Konkursverwalter" erwähnt, die doch nur im Konkurse des Vorerben denkbar sind (vgl. P. VI S. 92f.). Das Verhältnis ist so zu deuten, daß der § 128 KO dem Konkursverwalter solche Verfügungen, die nach § 2115 BGB der Unwirksamkeit verfallen können, von vornherein ausdrücklich verbietet [vgl. schon Anm. 2] und zwar nicht nur „Veräußerungen" im üblichen Sinne der Vollübertragung (Übertragung oder Abtretung), sondern namentlich auch Belastungen von Erbschaftsgegenständen. Nach § 135 II BGB greifen, wenn auch der § 2115 selbst eine dem § 2113 III entsprechende Vorschrift nicht enthält, bei verbotswidriger Verfügung durch den Konkursverwalter die Verkehrsschutzvorschriften ein (so namentlich die §§ 892f., 932ff. BGB). Denn diese Verfügungen (z. B. Übereignungen oder Belastungen) sind, auch wenn sie vom Konkursverwalter ausgehen, „rechtsgeschäftliche" Verfügungen und stehen daher (anders als der Erwerb im Wege der Zwangsvollstreckung wegen Geldforderungen) unmittelbar unter den allgemeinen Schutzvorschriften. Zust. Kretzschmar LZ 1914 Sp. 558, Predari GBO[2] S. 677, Planck-Flad BGB[4] § 2115 Anm. 4, Mentzel-Kuhn Anm. 2, Böhle-Stamschräder Anm. 2, RGRKom. z. BGB[10] § 2115 Anm. 5; abw. Kipp-Coing Erbrecht[11] § 49 IV 6 (S. 218). Für solche Fälle hat die Verantwortlichkeit, die der Konkursverwalter durch schuldhafte Verletzung des Verbots sich selbst (§ 82) und der Konkursmasse (§ 59 Nr. 1) gegenüber dem Nacherben aufbürdet, besondere Bedeutung. Begründet das Verhalten des Konkursverwalters die Besorgnis erheblicher Verletzung der Rechte des Nacherben, so erwächst bereits der diesen schützende Anspruch auf Sicherheitsleistung nach § 2128 BGB als Masseschuldanspruch im Sinne des § 59 Nr. 1 KO. Nach Seuffert S. 303, Fitting § 23 Nr. 12 soll gegen verbotswidrige Veräußerung der Vorerbe entsprechend dem § 766 ZPO, der Nacherbe entsprechend dem § 773 mit § 771 ZPO vorgehen können. Vgl. Voß DJZ 1903 Sp. 495, aber auch ZZP 34 S. 231f. Die Verfügung des Konkurs- 9

verwalters ist jedoch nicht schon als solche eine „Zwangsvollstreckung". Der § 773 ZPO wird allerdings anwendbar, wenn der Verwalter eine Verwertung nach den Vorschriften der Zwangsvollstreckung betreibt (§§ 126, 127 KO; so auch Mentzel-Kuhn Anm. 2, Böhle-Stamschräder Anm. 2); andere Verwertungsarten dagegen fallen unter den Begriff der freiwilligen Veräußerung [§ 126 Anm. 2, § 127 Anm. 3, 9, 17]. Einschreiten der Aufsichtsbehörde: § 83 Anm. 1. Jedenfalls hängt die Wirksamkeit des gesetzlichen Verbots gegenüber dem Konkursverwalter nicht davon ab, daß im Grundbuch (§ 51 GBO) das Recht des Nacherben eingetragen war. Vgl. RG Bd. **46** 165. Ist aber dieser Eintrag unterblieben, so schützt der § 892 (§ 135 II) BGB den unkundigen Dritterwerber, dem der Konkursverwalter das Grundstück verbotswidrig aufgelassen hat. Der Nacherbe kann zu seinem Schutze eine sachdienliche (vgl. § 938 ZPO) einstweilige Verfügung erwirken. Natürlich kann er nach Eintritt der Nacherbfolge auch durch seine Genehmigung verbotswidrige Verfügungen mit rückwirkender Kraft heilen (§§ 185 II 1 Fall 1, 184 I BGB; vgl. RG Bd. **110** 95).

10 Hat der Konkursverwalter in einer dem Nacherben gegenüber unwirksamen Weise über einen Erbschaftsgegenstand verfügt, so kann der Nacherbe, ohne dadurch die Möglichkeit späterer Ausschlagung zu verlieren, vom Erwerber verlangen, daß dieser den Gegenstand zur Konkursmasse des Vorerben (nach dem Konkurs an den Vorerben selbst) herausgebe. So auch verbotswidrig veräußerte Fahrnis. Der Anspruch begründet, solange sein Gegenstand beim Erwerber unterscheidbar vorhanden ist, in dessen Konkurse die Aussonderung (§§ 43, 46 KO), gegenüber Zwangsvollstreckungen einzelner Gläubiger des Erwerbers den Drittwiderspruch (§ 771 ZPO).

§ 129

Bis zur Beschlußfassung durch eine Gläubigerversammlung kann der Verwalter mit Genehmigung des Gerichts oder, wenn von dem Gerichte ein Gläubigerausschuß bestellt ist, mit dessen Genehmigung dem Gemeinschuldner und der Familie desselben notdürftigen Unterhalt aus der Konkursmasse gewähren.

Bis zur Beschlußfassung durch eine Gläubigerversammlung hat der Verwalter nach seinem Ermessen das Geschäft des Gemeinschuldners zu schließen oder fortzuführen und die Gelder, Wertpapiere und Kostbarkeiten nach Anordnung des Gerichts zu hinterlegen. Ist von dem Gerichte ein Gläubigerausschuß bestellt, so beschließt dieser über die Schließung oder die Fortführung des Geschäfts und über die Hinterlegung der Gelder, Wertpapiere und Kostbarkeiten.

Materialien: Motive I Bd. 2 S. 82ff., Motive II S. 350f., Protokolle S. 87, 89f., 170.

Vorläufige Verwaltungsmaßnahmen

1 **I.** Der § 129 ermächtigt den Konkursverwalter und den Gläubigerausschuß, gewisse dringliche Angelegenheiten, nämlich die notdürftige Unterhaltung des Gemeinschuldners, die Schließung seines Geschäfts und die Hinterlegung von Wertsachen, **einstweilen** zu ordnen. Zur endgültigen Regelung dieser Fragen ist „die" d. h. jede Gläubigerversammlung und nur eine solche berufen (§ 132). Meist entscheidet schon die erste Gläubigerversammlung. Geschieht das nicht, so dauert die vorläufige Regelung fort, bis eine spätere Gläubigerversammlung eingreift.

2 **II. Notdürftigen Unterhalt** kann der Verwalter dem Gemeinschuldner und seiner Familie aus der Konkursmasse gewähren (Abs. I) und zwar auch noch nach der ersten Gläubigerversammlung (vielleicht tritt das Unterstützungsbedürfnis erst hinterher ein), aber stets nur vorbehaltlich der endgültigen Entscheidung einer späteren Versammlung [Anm. 1]. Hörle LZ 1910 Sp. 348ff.

1. Der Schuldner soll nicht ohne weiteres der Armenpflege einheimfallen (Motive II S. 350), aber einen Anspruch auf Notdurfthilfe nach § 129 oder auf Unterstützung nach § 132 hat er nicht (Protokolle S. 89f.; RG KonkTreuh. 1941 S. 27, BGH Bd. **12**, 392). Klagen auf Bewilligung wären daher unbegründet. Als Aufsichtsbehörde könnte das Konkursgericht nur gegen eine offenbar pflichtwidrige Verweigerung oder Gewährung des Unterhalts durch den Verwalter einschreiten [§ 83 Anm. 1]. Im Zweifelsfalle wird es die alsbaldige Beschlußfassung einer Gläubigerversammlung veranlassen (§§ 93, 132 I). Hörle aaO. Sp. 351. Die Bewilligung kann übrigens schon zu dem Zwecke geboten sein, um dem Gemeinschuldner das Verbleiben am bisherigen Wohnorte (vgl. § 101 I) zu ermöglichen. Aus der Bewilligung nach § 129 wie nach § 132 erwachsen Ansprüche, die als Massekosten zu berichtigen sind (§ 58 Nr. 3) und unter den Massegläubigerrechten die letzte Rangstelle einnehmen (§ 60). Siehe § 58 Anm. 8. Auch einem des Bankbruchs verdächtigen oder überführten Gemeinschuldner kann solche Hilfe zuteil werden (vgl. Kohler Lehrbuch S. 390f. Nr. 3). Immer aber kommen nach Wortlaut („notdürftiger Unterhalt", „Familie") und Zweck des Gesetzes als hilfsbedürftig nur natürliche Personen in Betracht, nicht juristische (z. B. Aktiengesellschaften) und nicht Vereine ohne Rechtsfähigkeit (abw. Petschek Zivilproz. Streitfragen 1933 S. 24). In Sonderkonkursen sind Anwärter die Träger der Gemeinschuldnerrolle, wenn sie natürliche Personen sind (als solche z.B. die Gesellschafter im Konkurs einer offenen Handelsgesellschaft oder der Erbe im Nachlaßkonkurse). Gesetzliche Vertreter des Gemeinschuldners, auch Vereinsvorstände, gehören nicht hierher. 2

2. Die Bewilligung vorläufigen Unterhalts ist dem pflichtmäßigen (§ 82) Ermessen des Verwalters überlassen. Weder Gericht noch Gläubigerausschuß können die Unterhaltsgewährung anordnen. Andrerseits entscheidet der Verwalter nicht selbständig. Er bedarf einer Genehmigung des Konkursgerichts (Muster für Antrag und Entscheidung bei Mohrbutter-Haarmann Leitfaden S. 273, Schrader-Bauer Hdbuch[3] F III 53 und 54), wenn aber ein Gläubigerausschuß bestellt ist, seiner Genehmigung. Das Gericht ist nur anstatt eines Ausschusses, nicht neben einem solchen für die Genehmigung zuständig. Das Gesetz redet im Abs. I — anders der § 130 I — nur von einem gerichtlich bestellten Ausschusse, weil es davon ausgeht, daß regelmäßig schon die erste Gläubigerversammlung eine Dauerregelung treffen wird. Nimmt man mit uns an, daß die vorläufige Zuständigkeit des Verwalters so lange währt, bis irgendeine Gläubigerversammlung eingreift [Anm. 1], so muß man auch zugeben, daß für die Ermächtigung des Verwalters zur einstweiligen Hilfe der von der Gläubigerschaft erwählte Ausschuß dem gerichtlich bestellten gleichsteht. Denn es ist nicht einzusehen, warum der endgültige Ausschuß (§ 87 II) minder maßgebend sein sollte als der vorläufige (§ 87 I). Freilich steht die Möglichkeit baldiger Einberufung einer Gläubigerversammlung offen (§ 93). Allein es handelt sich hier um dringliche Maßnahmen, vielleicht um die Notwendigkeit sofortiger Unterstützung, und es fragt sich überdies sehr, ob die Angelegenheit bedeutsam genug ist, die Einberufung einer Gläubigerversammlung zu rechtfertigen. Vgl. v. Sarwey-Bossert Anm. 1, Fitting § 23 N. 49, Seuffert § 48 N. 31, Hörle aaO. Sp. 354, Mentzel-Kuhn Anm. 4, Böhle-Stamschräder Anm. 1; abw. Kohler Lehrbuch S. 415 N. 1, der nach der ersten Gläubigerversammlung gerichtliche Genehmigung für erforderlich hält und auch diese nur in Notfällen genügen lassen will. 3

„Genehmigung" ist hier im Sinne von Zustimmung überhaupt, nicht bloß im Sinne nachträglicher Zustimmung (vgl. § **184** BGB) zu verstehen. Zust. Mentzel-Kuhn Anm. 4, Böhle-Stamschräder Anm. 1. Ja sie bedeutet, wie im Vormundschaftsrecht — vgl. z. B. §§ **1829**, **1831** gegen § **111** BGB — in erster Linie die vorgängige Erlaubnis (anders § **183** BGB). Gewährt der Verwalter Unterhalt aus der Masse, ohne zuvor die erforderliche Ermächtigung eingeholt zu haben, so läuft er Gefahr, daß ihm das Konkursgericht die Verrechnung seiner Auslagen als Massekosten versagt (§ 85). Vgl. Seuffert S. 320. 4

5 Verweigert der Gläubigerausschuß die Zustimmung, so kann nur bei der Gläubigerversammlung (nicht durch Anrufung des Gerichts) Abhilfe gesucht werden (§ 132). Zust. Mentzel-Kuhn Anm. 4, Böhle-Stamschräder Anm. 1. Lehnt das Gericht die vom Verwalter beantragte Ermächtigung ab, so ist der Verwalter, der nach Abs. I die Belange des Schuldners zu wahren hat, als Antragsteller (abw. Petersen-Kleinfeller Anm. 3, Fitting § 23 N. 50), aber auch nur dieser, nicht außer ihm der Gemeinschuldner selbst und jedes prozeßfähige Familienmitglied (abw. Hörle aaO. Sp. 354 und bezüglich des Gemeinschuldners auch Mentzel-Kuhn Anm. 4, Böhle-Stamschräder Anm. 1) beschwerdeberechtigt (vgl. § 20 II FGG). Wie hier Seuffert S. 320, Bleyer KO[3] Anm. 2b; vgl. aber Anm. 6. Nur dem Verwalter ist der Ablehnungsbescheid zuzustellen (§ 73 II). Von der gerichtlichen Genehmigung ist der Verwalter formlos zu verständigen. Einer Zustellung bedarf es überhaupt nicht. Ein Beschwerderecht (etwa aller einzelnen Konkursgläubiger, so Wolff KO[2] S. 420, Mentzel-Kuhn und Böhle-Stamschräder aaO.) kommt nicht in Frage (Hörle aaO. Sp. 355; ebenso Seuffert S. 320, Bleyer aaO.).

6 Solange die vorläufige Zuständigkeit des Verwalters dauert [Anm. 1], kann er — aber nur mit der für die Bewilligung erforderlichen Genehmigung — die Unterstützung erhöhen, mindern und ganz entziehen. Das Maß der Bedürftigkeit und die Mittel der Masse sind dem Wechsel unterworfen. Inwieweit neue Einkünfte, wie etwa ein dem Schuldner durch Anstellung im Dienste der Masse selbst erwachsener Gehaltsanspruch, die Bedürftigkeit mindern, ist Tatfrage. Gegen einen Beschluß des Konkursgerichtes, der eine Minderung oder Entziehung genehmigt, ist, anders als im Falle der Anm. 5, der Gemeinschuldner beschwerdeberechtigt, da mit der Bewilligung ein Masseanspruch entstanden ist [Anm. 2]; wenn ein Familienmitglied Träger des Masseanspruches ist [Anm. 8], ist es gleichfalls beschwerdeberechtigt. Den beschwerdeberechtigten Personen ist der Gerichtsbeschluß auch zuzustellen [§ 73 Anm. 5].

7 3. Der Verwalter darf nur den notdürftigen, d. h. den zur Befriedigung der einfachsten Lebensbedürfnisse gerade noch ausreichenden „Unterhalt" zubilligen. Die Gläubigerversammlung dagegen (§ 132) kann eine „Unterstützung" [§ 132 Anm. 1] in weiterem Umfange gewähren und sonach auch eine standesgemäße d. h. der Lebensstellung des Schuldners Rechnung tragende Beihilfe bewilligen. Vgl. §§ 1610, 1611 BGB, M IV S. 698. Wer darüber zu befinden hat, ob Unterhalt zu gewähren ist, der entscheidet auch über die Art der Gewährung (ob in Geld oder in Natur), über die Höhe der Beiträge und über die Zeit ihrer Entrichtung. Kohler Lehrbuch S. 391, Seuffert S. 318. Zum notdürftigen Unterhalte gehört auch der noch in der Konkurslage unerläßliche Aufwand einer Erziehung oder Krankenpflege und eine Wohnung. Motive II S. 350, Mentzel-Kuhn Anm. 2, Böhle-Stamschräder Anm. 1. Zur Wohnung vgl. insbesondere auch § 117 Anm. 14a, ferner Noack KTS 1955 S. 172. Wegen des § 149 ZVG siehe § 126 Anm. 13. Miete des Gemeinschuldners: §§ 19f.

8 Bei Bemessung der Beihilfe sind auch die Bedürfnisse der Angehörigen des Gemeinschuldners zu berücksichtigen. Als Anwärter bezeichnet der § 129 I wie der § 132 I (mit § 58 Nr. 3) den Gemeinschuldner und dessen Familie. Familie ist kein festumrissener Rechtsbegriff. Seine Begrenzung bleibt von Fall zu Fall dem Ermessen derer anheimgestellt, denen das Gesetz die Bewilligung der Hilfe vorbehalten hat. Die Beitragsbemessung muß davon ausgehen, daß als Familie diejenigen der Hilfe bedürfen, die schon bisher als Verwandte und Verschwägerte Hausgenossen des Gemeinschuldners und auf seine Unterhaltsgewährung angewiesen waren. Bindend darf aber diese Erwägung nicht sein. Der Kreis kann nach der besonderen Lage des Falles erweitert werden, etwa auf ein uneheliches Kind, das schon bisher im Hause des Gemeinschuldners von ihm verpflegt wurde, aber auch auf Unterhaltsberechtigte, welche nicht Hausgenossen sind, z. B. die getrennt lebende Ehefrau oder ein als Lehrling außer dem Hause wohnendes Kind. Es geht auch nicht an, mit der Konkurseröffnung einen Trennungsstrich zu

ziehen und etwa ein später geborenes Kind oder die Frau, die der verwitwete Gemeinschuldner heiratete, weil die Lage seines Hauses diese Fürsorge forderte, als neue Familiengenossen schlechthin außer Rücksicht zu lassen. Grundsätzlich zust. Mentzel-Kuhn Anm. 3, Böhle-Stamschräder Anm. 1. Möglicherweise kommt ausschließlich die Hilfsbedürftigkeit der „Familie" in Betracht, weil etwa der Schuldner flüchtig oder gefangen ist. Schon darum läßt sich nicht behaupten, daß immer nur er selbst Träger des durch die Bewilligung begründeten Anspruchs sein könne. Wenn er stirbt, ist eine Fortentrichtung und wohl auch eine Neubewilligung des Unterhalts an die Hinterbliebenen statthaft [§ 214 Anm. 11]. Motive II S. 350. Der „Anspruch" der Familienangehörigen des Erblassers aus § 1969 BGB (Recht des Dreißigsten) reiht sich als gesetzliches Vermächtnis (§ 1969 II BGB) im Nachlaßkonkurse den minderberechtigten Konkursforderungen des § 226 Nr. 5 KO ein.

III. Über **Schließung oder Fortführung des Geschäfts** hat endgültig die Gläubigerversammlung zu entscheiden (§ 132 I). Zur vorläufigen Maßnahme ist der Verwalter und zwar selbständig (ohne Genehmigung) nach pflichtmäßigem Ermessen, wenn jedoch bereits ein Gläubigerausschuß vorhanden ist [Anm. 3], auschließlich dieser berufen. Die vorläufige wie die endgültige Entscheidung dieser Frage ist also den Organen der Gläubigerselbstverwaltung übertragen. Der Einfluß des Konkursgerichts ist auf ein Vetorecht gegenüber der vorläufigen Schließung (§ 130 II) und gegenüber der endgültigen Beschlußfassung (§ 99) beschränkt, im übrigen auf das Aufsichtsrecht aus § 83 bei Ermessens- und Rechtsmißbrauch des Verwalters. Vgl. dazu Berges KTS 1956 S. 113f. 9

1. Die Fortführung des Geschäftes liegt vor allem dann im Interesse der Masse, wenn dadurch der „Geschäftsbestehenswert" (goodwill) erhalten und damit eine gegenüber dem Einzelverkauf vorteilhaftere Verwertung durch Geschäftsveräußerung vorbereitet werden kann; es kann ferner geraten sein, das Geschäft weiterzuführen, um einen für die Gläubiger günstigeren Zwangsvergleich zu ermöglichen, aber auch um Vorräte aufzuarbeiten oder vorhandene gewinnbringende Aufträge auszuführen. Niemals jedoch darf die Fortführung des Geschäftes Selbstzweck oder Dauerzustand werden, etwa um dem Schuldner seine Erwerbstätigkeit zu erhalten (RG JW 1899 S. 305 Nr. 15) oder durch jahrelange Fortsetzung aus den Erträgnissen allmählich die Schulden abzudecken (OLG Kiel KonkTreuh. 1935 S. 28). Vielmehr muß die Geschäftsfortführung immer im Dienste des Konkurszweckes, also der Abwicklung des Schuldnervermögens stehen; sie kann also immer nur eine zeitweilige sein. Jaeger KonkTreuh. 1935 S. 17f., Bohnenberg ebenda S. 163, Mohrbutter-Haarmann Leitfaden S. 154; vgl. auch OLG Koblenz KTS 1956 S. 61. Nicht weiterzuführen (auch nicht vorläufig) ist ein Betrieb, wenn keinerlei Vorteile für die Masse zu erwarten sind (weil etwa der Warenbestand zu dürftig und seine Ergänzung nicht möglich oder nicht lohnend ist). Zust. LG Wuppertal KTS 1958 S. 47, Mohrbutter-Haarmann Leitfaden S. 110. Auf jeden Fall hat das zur Entscheidung berufene Organ (Konkursverwalter oder Gläubigerausschuß im Falle des § 129 II, Gläubigerversammlung im Falle des § 132) sorgfältig zu prüfen, ob der Konkursverwalter persönlich die zur Betriebsfortführung erforderlichen Fähigkeiten und Kenntnisse besitzt [zur Frage der gewerberechtlichen Eignung vgl. § 79 Anm. 2] oder ob ihm wenigstens im Betriebe oder im Gläubigerausschuß Personen mit diesen Eigenschaften zur Verfügung stehen. Da die Fortführung eines zusammengebrochenen Betriebes immer mit einem erheblichen Risiko verbunden ist, muß auch vor der Entscheidung geprüft werden, ob und in welcher Weise die Mittel zur Betriebsfortführung ohne Schmälerung der vorhandenen Masse aufgebracht werden können (OLG Koblenz aaO., Mohrbutter-Haarmann aaO. S. 154). Eine Geschäftsfortführung ohne hinreichende Prüfung kann die persönliche Haftung des Konkursverwalters (§ 82) und der Mitglieder des Gläubigerausschusses auslösen (§ 89). Da aber andererseits der Verkauf eines in Betrieb befindlichen Geschäftes mit seinem Kundenkreis einen weit höheren Erlös verspricht als der Einzelverkauf, fordert auch umgekehrt die Frage der Schließung alle Vorsicht. Levy Konkursrecht[2] S. 47.

2. Ob das „Geschäft" ein kaufmännischer oder ein nicht kaufmännischer Gewerbebetrieb ist, begründet für die Anwendbarkeit des § 129 keinen Unterschied (Schultzenstein ZZP 33 S. 466f., 469). Siehe dazu § 1 Anm. 4, § 6 Anm. 15. Jedenfalls aber muß eine zur Konkursmasse gehörende Geschäftseinrichtung (Betriebsstätte) vorhanden sein. Aus einem Gewerbebetrieb, der — weil er etwa ausschließlich wissenschaftliche oder künstlerische Leistungen darbietet (z. B. die eines Arztes, Anwalts, Künstlers, Gelehrten) oder aus sonstigen Gründen sich in persönlicher Tätigkeit erschöpft (wie z. B. bei Agenten, Maklern, Kaminkehrern) — einer zur Masse gehörenden Unterlage ermangelt, wird der Gemeinschuldner durch den Konkurs nicht verdrängt (siehe auch § 811 Nr. 5, 7 ZPO mit § 1 I KO). Hier steht weder dem Verwalter noch der Gläubigerschaft eine Entscheidung über den Fortbetrieb zu. Zust. Mentzel-Kuhn Anm. 5, Böhle-Stamschräder Anm. 2; vgl. auch Lobe Unlauterer Wettbewerb I (1907) S. 219ff. Im Konkurs eines Bahneigentümers darf der Betrieb eines dem öffentlichen Verkehr dienenden Bahnunternehmens nur mit Genehmigung der Aufsichtsbehörde eingeschränkt oder stillgelegt werden (G v. 7. 3. 1934, RGBl. II S. 91, § 1). Das Mitbestimmungsrecht des Betriebsrates bei der geplanten Stillegung des Betriebes gem. § 72 I a BetrVG vom 11. 10. 1952 (BGBl. I S. 681) kann nur gegenüber der vorläufig durch den Konkursverwalter vorgenommenen Betriebsstillegung in Frage kommen; in der Regel wird aber bei Betrieben, bei welchen ein Betriebsrat besteht, ein Gläubigerausschuß bestellt sein. Gegenüber dessen vorläufiger Entscheidung (§ 129 II) oder gegenüber der endgültig von der Gläubigerversammlung beschlossenen Stillegung des Betriebes (§ 132) kann der Betriebsrat dagegen ein Mitbestimmungsrecht nicht in Anspruch nehmen, weil in diesen Fällen die Entscheidung durch das Gesetz auf unternehmensfremde Konkursorgane übertragen ist (vgl. dazu Gaul KTS 1955 S. 183f.). Beschließt die Gläubigerversammlung endgültig die Schließung des Geschäftes, das auf einem Grundstück betrieben wird, dessen Zwangsverwaltung angeordnet ist, so ist der Zwangsverwalter bei seiner Entschließung nach § 152 ZVG an diese Entscheidung gebunden, falls nicht die Ausführung des Beschlusses vom Konkursgericht gem. § 99 KO untersagt wird; das Versteigerungsgericht kann den Zwangsverwalter durch Anweisung nach § 153 ZVG dazu anhalten, den Gewerbebetrieb nicht fortzusetzen. Vgl. dazu Mohrbutter KTS 1956 S. 110f. und Mohrbutter-Haarmann Leitfaden S. 166. Über den Einfluß der Schließung des Geschäftes auf Arbeitsverhältnisse siehe § 22 Anm. 22ff.

9a 3. Führt der Konkursverwalter das Geschäft fort, so kann er dafür kein besonderes Entgelt verlangen, die dadurch veranlaßte Mehrarbeit ist jedoch bei der Festsetzung des Honorars zu berücksichtigen [§ 85 Anm. 2a; vgl. jetzt § 4 II VO über die Vergütung des Konkursverwalters usw. v. 25. 5. 1960, BGBl. I S. 329]. Über firmen-, gewerbe- und steuerrechtliche Fragen beim Fortbetrieb des Geschäftes siehe § 1 Anm. 7, § 6 Anm. 6ff., 15. Einem bestehenden Betriebsrat steht die allgemeine Kontrollfunktion des § 54 Ib BetrVG (Überwachung der richtigen Anwendung der zugunsten der Arbeitnehmer erlassenen Normen) auch dem Konkursverwalter gegenüber zu (so Gaul KTS 1955 S. 184). Der Verwalter hat auch in der Folgezeit sorgfältig zu prüfen, ob die Fortführung des Geschäftes noch mit dem Konkurszweck vereinbar ist, insbesondere auch, ob sie sich nicht nachteilig für die Masse auswirkt; er hat veranlaßtenfalls (persönliche Verantwortung: § 82) die erforderlichen Maßnahmen zu ergreifen (vgl. OLG Koblenz KTS 1956 S. 61): beruhte die Geschäftsfortführung auf seiner eigenen Entscheidung (§ 129 II), so hat er in diesen Fällen unter Beachtung des § 130 das Geschäft nunmehr zu schließen; beruhte sie auf einem Beschluß des Gläubigerausschusses (§ 129 II) oder der Gläubigerversammlung (§ 132), so hat er, im ersteren Falle ebenfalls unter Beachtung des § 130, auf eine neue Beschlußfassung zu dringen (vgl. auch § 93 I). Da eine Fortführung des Geschäftes, die mit dem Konkurszweck nicht vereinbar ist, eine Pflichtwidrigkeit wäre, hat auch das Konkursgericht erforderlichenfalls gem. §§ 83, 84 einzuschreiten; es kann etwa dem Konkursverwalter die Einreichung von Übersichten über das Ergebnis der Geschäftsfortführung auferlegen und die Erfüllung dieser Auflage durch Ordnungsstrafen erzwingen (LG Wuppertal KTS 1958 S. 45ff., Mohrbutter-Haarmann Leitfaden S. 154), vor allem aber erneut die Gläubigerversammlung mit der Frage der Stillegung befassen (§ 93).

4. Führt der Verwalter trotz der vom Gläubigerausschuß (§ 129) oder von der Gläubigerversammlung (§ 132) verfügten Schließung das Geschäft fort, so macht er sich einer Pflichtwidrigkeit schuldig, die Schadensersatzansprüche nach § 82 auslösen und durch Ordnungsstrafe geahndet werden kann (§§ 83, 84). Gleichwohl sind seine Veräußerungen rechtsbeständig. Kohler Lehrbuch S. 414. Nicht minder aber sind dies Verbindlichkeiten, die der Verwalter in Fortführung des Geschäfts für Rechnung der Masse neu übernommen hat, wie z. B. Warenbestellungen, Miete von Geschäftsräumen, Anstellung von Gehilfen. Denn auch solche Rechtshandlungen liegen im Rahmen der rechtlichen Befugnisse des Verwalters (§ 6), wenngleich ihn die Eigenart seiner Stellung [§ 78 Anm. 1, 5b] zur Beobachtung gewisser Weisungen der Gläubigerschaft verpflichtet. Auch insoweit macht sich der dem § 136 zugrunde liegende Verkehrsschutzzweck geltend. Seuffert S. 321; abw. Kohler aaO. 10

IV. Über **die Hinterlegung** von Geldern, Wertpapieren und Kostbarkeiten beschließt endgültig die Gläubigerversammlung (§ 132 I). Vorläufig ist die den Verwalter bindende — Anordnung des Konkursgerichts und, falls ein Gläubigerausschuß besteht [Anm. 3], dessen Weisung maßgebend. In der Auswahl der Hinterlegungsstelle hat das zur Anordnung ermächtigte Gläubigerschaftsorgan oder Gericht freie Hand. Die Wahl kann auf eine öffentliche Hinterlegungsstelle, aber auch auf eine Bank oder Sparkasse fallen. Vgl. AVRJM v. 30. 11. 1935 JW 1936 S. 87, Mohrbutter-Haarmann Leitfaden S. 111. Hinterlegung bei Banken oder Sparkassen bildet die Regel. Den Wertpapieren sind nach dem Zwecke der Vorschrift verwahrungsbedürftige unselbständige Rechtsträger gleichzubehandeln. So namentlich Versicherungsscheine, Sparkassenbücher, Hypotheken- und Grundschuldbriefe. Zust. Mentzel-Kuhn Anm. 6, Böhle-Stamschräder Anm. 3, Mohrbutter-Haarmann Leitfaden S. 111. Kostbarkeiten im Sinne der §§ 129 II, 132 I sind nicht bloß Gold- und Silberwaren und andere Gegenstände von besonders wertvollem Stoffe („Pretiosen“), sondern auch Sachen von erheblichem Kunst- oder Altertumswert (z. B. Gemälde, alte Handschriften, „Raritäten“ wie seltene Briefmarken oder Münzen). Der Begriff umfaßt nach dem besonderen Zwecke der §§ 129, 132 alle beweglichen Sachen, die mit Rücksicht auf ihren hohen Wert eine besonders sorgsame Verwahrung erheischen (außer Geld und Wertpapieren). Die allgemeine Verkehrsanschauung, wie sie z. B. dem Kostbarkeitsbegriffe des § 702 BGB zugrunde gelegt wird (RG Bd. **105** 204), muß hier zurücktreten. Denn es ist nicht einzusehen, weshalb etwa noch so „kostbare“ Pelze (die RG aaO. nicht als Kostbarkeit im Sinne des § 702 BGB gelten läßt) den die Masse schützenden Hinterlegungsvorschriften der §§ 129, 132 entzogen sein sollten. Insoweit abw. Mentzel-Kuhn Anm. 6, dagegen zust. Böhle-Stamschräder Anm. 3. Ob, wo und wie (versichert oder nicht) Wertsachen schon vorläufig zu verwahren sind, haben Konkursgericht oder Gläubigerausschuß nach Abs. II zu bestimmen. Gerichtsbeschlüsse, die Anträge des Verwalters ablehnen, sind ihm zuzustellen und seiner Beschwerde ausgesetzt (§ 73 III). Die „Anlegung“ von Geldern steht im § 132 I, nicht aber im § 129 II in Frage. Darüber § 132 Anm. 4. 11

Zusatz. Fremde Rechte*). 1. Die Unterstützung des Gemeinschuldners aus der Konkursmasse ist im Ausland von weit größerer Bedeutung als bei uns, da dort 12

*) Bearbeitet von Prof. Dr. Günther Jahr, Kiel. Vgl. im übrigen auch Einl. V zu Bd. I S. LXIff.

der Neuerwerb durchweg zur Masse gehört. Trotzdem ist die Unterstützung allgemein dem pflichtgemäßen Ermessen der Konkursorgane überlassen, „der Gemeinschuldner hat keinen Anspruch auf Unterhalt aus der Masse" (Österreich § 5 II KO). Andererseits werden auch die Unterhaltspflichten des Gemeinschuldners gegenüber Ehegatten und Verwandten berücksichtigt. Die Bedürftigkeit des Gemeinschuldners wird jedoch gemildert, da ihm das Arbeitseinkommen verbleibt, soweit es unpfändbar ist (so z. B. Frankreich, vgl. Houin aaO. Nr. 942 und 1010f.; arbeitet der Schuldner für die Masse, so setzt der Richterkommissar die — konkursfreie — Vergütung fest; Art. 34 II D. 20. Mai 1955 = Art. 470 II C.com.*) oder soweit „es zum Unterhalte für ihn und für diejenigen, die gegen ihn einen gesetzlichen Anspruch auf Unterhalt haben, erforderlich ist" (Österreich § 5 I KO; Einkommen aus Arbeit für die Masse verbleibt ganz dem Schuldner vgl. Entscheidung des Obersten Gerichtshofs vom 18. März 1913, Sammlung Nr. 1550).

Die Entscheidung über das Ob und Wie der Unterstützung trifft in Österreich der Masseverwalter mit Zustimmung des Gläubigerausschusses (§ 5 II KO), in Frankreich der Richterkommissar auf Antrag des Verwalters, nach der ersten Gläubigerversammlung (im früheren Recht nach Eintritt der *union des créanciers*; s. o. Einl. V 3, Band 1 S. LXVIII) mit grundsätzlicher Zustimmung der Gläubiger (Art. 34 I, 151 D. 20 mai 1955 = Art. 470 I, 587 C. com.). Belgien sieht vor, daß die Verwalter mit Zustimmung des Richterkommissars dem Schuldner Hausrat und Kleidung überlassen können; weitergehende Unterhaltsleistungen bedürfen der Festsetzung durch das kollegiale Konkursgericht (Art. 476 C. com.). In England bestimmt der *trustee*, welche Unterstützung er dem Schuldner zukommen lassen will; die von ihm gewährten Leistungen können jedoch vom Konkursgericht herabgesetzt werden (§ 58 B. A.).

2. Wegen der Fortführung oder Schließung des Geschäfts s. u. § 132 Anm. 5.

§ 130

Soll nach § 129 das Geschäft des Gemeinschuldners geschlossen werden, so hat der Verwalter vor der Beschlußfassung des Gläubigerausschusses oder, wenn ein Gläubigerausschuß nicht bestellt ist, vor der Schließung des Geschäfts dem Gemeinschuldner, sofern derselbe ohne Aufschub zu erlangen ist, von der beabsichtigten Maßregel Mitteilung zu machen.

Das Gericht kann auf Antrag des Gemeinschuldners die Schließung des Geschäfts untersagen, wenn der Gemeinschuldner einen Zwangsvergleichsvorschlag eingereicht hat.

Materialien: **Begründung S. 41 f.**

1 I. Die Schließung des Geschäfts kann endgültig von jeder Gläubigerversammlung und nur von einer solchen (§ 132 I), vorläufig aber, d. h. solange eine Gläubigerversammlung nicht entschieden hat, vom Verwalter und, falls ein Gläubigerausschuß vorhanden ist, ausschließlich von diesem verfügt werden (§ 129 II). Siehe § 129 Anm. 1, 9, 10. Die von der Gläubigerversammlung angeordnete Schließung kann das Gericht unter den Voraussetzungen des § 99 verbieten. Gegenüber einer vorläufigen Schließung kann bei der Gläubigerversammlung Abhilfe gesucht werden. Bevor aber diese zu Wort kommt, kann eine übereilte Schließung des Geschäfts zu erheblicher Entwertung der Masse führen. Das widerstreitet, namentlich wenn Aussicht auf das Zustandekommen eines Zwangsvergleiches besteht, ebenso den Belangen der Gläubigerschaft als denen des Schuldners. Vorbeugenden Schutz soll unsere dem § 135 nachgebildete Vorschrift gewähren. Sie verordnet für den Fall der **vorläufigen** Schließung des Geschäfts:

---

*) Der Text der Verordnung Nr. 55—583 vom 20. 5. 1955 (D. 20 mai 1955; vgl. Bd. I S. LXVII) ist durch die Verordnung Nr. 58—1299 vom 23. 12. 1958 unverändert als Art. 437—614/3 in das Handelsgesetzbuch (C. com.) an die Stelle der früheren konkursrechtlichen Bestimmungen eingefügt. worden.

1. Der Verwalter hat die **Amtspflicht** (§ 82), vor der Beschlußfassung des Gläubigerausschusses (§ 129 II 2) und, wenn ein solcher nicht bestellt ist, ehe er selbst — der Verwalter — das Geschäft schließt, **den Gemeinschuldner** mündlich oder schriftlich (§ 77 II) von der „beabsichtigten" Schließung — nicht erst „bei" dieser — zu **benachrichtigen**. Die Ankündigung unterbleibt, wenn sie (z. B. wegen Flucht des Schuldners) einen für die Konkursmasse nachteiligen Aufschub der Schließung verursachen würde. Abs. I. 2

2. Auf Antrag des Gemeinschuldners, mag er nach Abs. I verständigt sein oder 3
nicht, kann das Gericht **die vorläufige Schließung verbieten**, falls der Schuldner einen Zwangsvergleich vorgeschlagen hat. Abs. II. Das Verbietungsrecht schließt die Befugnis ein, die sofortige Wiedereröffnung des Geschäfts anzuordnen, falls die Schließung in der Zwischenzeit bereits erfolgt ist. Die richterliche Weisung bildet im einen wie im andern Falle einen unter Abweichung vom Grundsatze der Selbstverwaltung gestatteten Eingriff in die Verwaltertätigkeit, aber stets nur eine einstweilige Anordnung [Anm. 4]. Sie verpflichtet den Konkursverwalter, das Geschäft [§ 129 Anm. 9] zunächst fortzuführen. Daß er sich dabei der Hilfe des Gemeinschuldners zu bedienen habe, kann das Gericht dem Verwalter nicht vorschreiben. Noch weniger, daß er dem Schuldner die Fortführung selber, die Betriebsleitung, zu überlassen habe. Das darf der Verwalter gar nicht. Jaeger LZ 1907 Sp. 134. Zum Mitbestimmungsrecht des Betriebsrates vgl. § 129 Anm. 9 unter 2.; über die Schließung von Bahnunternehmen ebenda.

II. Die Entscheidung nach Abs. II ist dem pflichtmäßigen Ermessen des 4
Konkursgerichts anheimgestellt (§ 839 BGB, Art. 34 GG). Das Gericht wird dem Antrage des Gemeinschuldners namentlich dann stattgeben, wenn der eingereichte Vergleichsvorschlag Aussicht auf Annahme hat (Begründung S. 42). Diese Erwägung wird durch das Gutachten des Gläubigerausschusses über die Frage der Annehmbarkeit des Vorschlags (§ 177) gefördert. Zu binden vermag es den Richter nicht. Zust. Mentzel-Kuhn Anm. 1, Böhle-Stamschräder Anm. 2. Im Hinblick auf die auf dem Spiele stehenden wirtschaftlichen Werte ist eine enge und vertrauensvolle Zusammenarbeit zwischen Konkursrichter und Konkursverwalter hier von besonderer Bedeutung. Mohrbutter-Haarmann KTS 1956 S. 180, Böhle-Stamschräder Anm. 2. Auch wenn der Vergleichsversuch scheitert, kann die Aufrechterhaltung des Betriebs geboten sein [§ 129 Anm. 9]. Das bereits erlassene gerichtliche Verbot wird nicht von selbst hinfällig, wenn der Ausschuß den Vergleichsvorschlag für unannehmbar erklärt (zust. nun auch Wolff KO[2] S. 422). Das Verbot hat, da es nur einer vorläufigen Maßregel Einhalt gebietet, selbst nur vorläufige Wirksamkeit: endgültig befindet die Gläubigerversammlung (§ 132 I). Daß die einstweilige Regelung noch zu einer Zeit besteht, in der die Verwerfung des Zwangsvergleichs (§ 189) rechtskräftig geworden sein könnte, ist sehr unwahrscheinlich. Auch sie aber würde (gegen Wolff aaO.) das Verbot nicht von Rechts wegen ausschalten. Da möglicherweise bis zur Tagung der nächsten Gläubigerversammlung längere Zeit verstreicht, kann inzwischen eine Anfechtung des Gerichtsbeschlusses durch sofortige Beschwerde (§ 73 III) zweckmäßig erscheinen. Die Beschwerde steht gegen die Zurückweisung des Antrags dem Antragsteller (Gemeinschuldner), gegen das Schließungsverbot dem Konkursverwalter zu. Über ihre Statthaftigkeit in Ermessensfragen: § 73 Anm. 7.

§ 131

In der ersten Gläubigerversammlung hat der Verwalter über die Entstehung der Zahlungsunfähigkeit des Gemeinschuldners, über die Lage der Sache und über die bisher ergriffenen Maßregeln zu berichten.

Materialien: Motive I Bd. 2 S. 84, Motive II S. 351f., Protokolle S. 87, 170, Kommissionsbericht S. 196f., 2034.

1 Der Konkursverwalter muß der ersten Gläubigerversammlung (§ 110) über die Ursachen der Entstehung des Konkursgrundes (wie es zur Zahlungsunfähigkeit oder Überschuldung gekommen ist), über die Lage der Sache (namentlich über den Stand der Aktiven und Passiven) und über die bisher ergriffenen Maßregeln **Bericht** erstatten und sich selber zu diesem Behufe sofort nach Übernahme seines Amtes eingehend unterrichten. Einzelnen Gläubigern außerhalb dieser Versammlung Bericht zu erstatten, ist der Verwalter nicht verpflichtet (OLG JR 1928 Nr. 1641; vgl. Haberstumpf LZ 1907 Sp. 213ff, ferner § 82 Anm. 1 mit weiteren Verw.; dazu Oldorf Rpfleger 1951 S. 193f.). Berichterstattungspflicht gegenüber dem Gläubigerausschuß: § 88 II 1. Bei kaufmännischen Konkursen schließt der Bericht über die Lage der Sache auch die Auskunft über Buchführung und Bilanzziehung des Schuldners ein. Kommissionsbericht S. 1964; Näheres Senst-Müller Verwaltung von Konkursen[6] S. 77, 357f., Mohrbutter-Haarmann Leitfaden S. 116f.; Schema eines Berichtes bei Schrader-Bauer Hdbuch[3] F III 70; siehe auch Levy Konkursrecht[2] S. 52. Der Bericht muß mündlich — wenn auch zweckmäßigerweise an der Hand eines vom Verwalter verfaßten und den Konkursakten einzuverleibenden Schriftstücks — erstattet werden. Zu schriftlicher Berichterstattung ist der Verwalter nicht verpflichtet. An den Vortrag kann sich eine Erörterung schließen. Dem Gericht und jedem Konkursgläubiger steht die Befugnis zu, Aufklärung über Einzelheiten des Berichts zu verlangen. Zweckmäßigerweise folgen auf den Vortrag des Verwalters die Wahlen nach den §§ 80, 87 und auf diese die Beschlüsse nach § 132. Motive II S. 351f. Der Gemeinschuldner braucht dieser ersten wie jeder späteren Gläubigerversammlung nur auf besondere Anordnung des Gerichts Rede zu stehen (§ 100). Muster eines Protokolls über die erste Gläubigerversammlung Bauer-Schrader Hdbuch[3] F III 75. Weitere Berichte: § 132 Anm. 2.

§ 132

Die Gläubigerversammlung beschließt über eine dem Gemeinschuldner und dessen Familie zu bewilligende Unterstützung, über die Schließung oder die Fortführung des Geschäfts und über die Stelle, bei welcher, sowie über die Bedingungen, unter welchen die Gelder, Wertpapiere und Kostbarkeiten hinterlegt oder angelegt werden sollen.

Die Gläubigerversammlung beschließt, in welcher Weise und in welchen Zeiträumen der Verwalter ihr oder einem Gläubigerausschusse über die Verwaltung und Verwertung der Masse Bericht erstatten und Rechnung legen soll.

Materialien: **Motive I Bd. 2 S. 84ff., Motive II S. 352f., Protokolle S. 87, 170.**

1 I. Der Abs. 1 ermächtigt „die" d. h. eine jede **„Gläubigerversammlung"** [§ 93 Anm. 2] zur **endgültigen** Entschließung über die im § 129 bezeichneten dringlichen Angelegenheiten. Solange diese endgültige Ordnung nicht erfolgt, bleiben Maßnahmen nach § 129 zulässig und wirksam.

1. Die Zuständigkeit der Gläubigerversammlung geht gegenständlich über den Rahmen des § 129 hinaus. Die Versammlung kann nämlich nicht nur „notdürftigen", sondern auch standesgemäßen Unterhalt, nicht nur „Unterhalt", sondern auch Unterstützungen sonstiger Art bewilligen, namentlich auch zur Masse gehörende Haushaltungsgegenstände an den Schuldner und die Seinen überlassen. Selbstverständlich bewilligt auch sie — wie im Falle des § 129 I der Verwalter — die Gewährung „aus der Konkursmasse" (§§ 58 Nr. 3, 60). Sie beschließt nicht nur über die „Hinterlegung", sondern auch über die Anlegung d. h. über das Nutzbarmachen der Gelder [Anm. 4]. Im Genossenschaftskonkurse sind auch die vom Konkursverwalter eingezogenen Vor- und Nachschüsse bei der von der Gläubigerversammlung bestimmten Stelle zu hinterlegen und anzulegen (§ 110

GenG). Anlegung in mündelsicheren Wertpapieren ist nicht vorgeschrieben, aber unter Umständen ratsam. Im übrigen vgl. die Erläuterungen zu § 129, insbes. Anm. 2ff. (Unterhalt), Anm. 9ff. (Fortführung und Schließung des Geschäftes), Anm. 11 (Hinterlegung).

2. War die Tagesordnung nicht gehörig angekündigt, so wäre ein Versammlungsbeschluß nur bei Anwesenheit aller Beteiligten und bei Stimmeneinheit wirksam [§ 98 Anm. 1]. Das Gericht vermag die Bewilligung oder die Erhöhung einer Unterstützung im Sinne des § 132 nicht zu erzwingen. Wohl aber kann es unter den Voraussetzungen des § 99 einer übermäßigen Bewilligung entgegentreten (vgl. Hörle LZ 1910 Sp. 350). Der Gläubigerausschuß hat nicht die Macht, eine im Rahmen des § 132 getroffene Anordnung der Gläubigerversammlung aufzuheben [§ 99 Anm. 4]. Ein solcher Aufhebungsbeschluß wäre gesetzwidrig und dürfte vom Verwalter nicht befolgt werden (§§ 82, 84). Zust. Becher LZ 1914 Sp. 247ff. Gebietet die veränderte Sachlage eine Änderung der nach § 132 beschlossenen Maßnahmen, so hat der Verwalter die Berufung einer neuen Gläubigerversammlung zu erwirken (§ 93) [§ 129 Anm. 9a] und bei persönlicher Verantwortlichkeit (§ 82) den Vollzug des durch die Ereignisse überholten Versammlungsbeschlusses zunächst zu unterlassen [§ 82 Anm. 14].

II. Unserem Abs. II zufolge kann die Gläubigerversammlung nach ihrem Ermessen eine wiederkehrende Berichterstattung und Rechnungslegung durch den Verwalter anordnen. Bei größeren Konkursen empfiehlt es sich, dem Verwalter abschnittweise (monatlich oder vierteljährlich) die Einreichung schriftlicher Berichte über den Fortgang der Verwaltung und Verwertung aufzugeben und diese Berichte auf der Geschäftsstelle zur Einsicht der Beteiligten offenzulegen. So werden die Gläubiger auf dem Laufenden gehalten, der Verwalter zu unausgesetzter Tätigkeit angespornt und der Schlußbericht vereinfacht. Der einzelne Gläubiger hat kein Recht auf Berichterstattung [§ 131 Anm. 1]. Gesetzlich gebotener Erstbericht: § 131; Rechnungslegung: § 86 Anm. 1, 10; Überwachungspflicht der Ausschußmitglieder: § 88 Anm. 2. Das Gericht kann den Verwalter zur Erfüllung der ihm nach Abs. II auferlegten Pflichten durch Ordnungsstrafen anhalten (§ 84). 2

III. Kann die Gläubigerversammlung die ihr im Abs. I eingeräumte Ermächtigung auf den Gläubigerausschuß und vielleicht auch auf den Konkursverwalter selbst **übertragen?** Die Frage wird schlechthin verneint von Wolff KO[2] S. 423, da die Ermächtigung nicht etwa verfügbare Rechte, sondern Obliegenheiten begründe, deren sich der Verpflichtete durch Übertragung keinesfalls entledigen könne. Die Motive II S. 352, 353 halten eine Übertragung an den Gläubigerausschuß für zulässig, ja sie nehmen sogar an, daß die Versammlung „in den meisten Fällen" Anordnungen darüber, ob, wo und wie zu hinterlegen oder anzulegen sei, einem vorhandenen Ausschuß überlassen werde. In der Rechtslehre wird vereinzelt auch eine Übertragung an den Verwalter für statthaft erklärt (so Seuffert S. 321, 322). Daß es sich im § 132 um Pflichten, nicht um Rechte handle, ist unzutreffend. Es steht der Gläubigerversammlung frei, Anordnungen dieser Art zu treffen oder zu unterlassen. Eine beschränkte oder unbeschränkte Weiterleitung der Befugnisse an den Gläubigerausschuß unterliegt keinem Bedenken. Ist er doch von vornherein und mit Wirksamkeit bis zu einer Regelung durch die Gläubigerversammlung im Rahmen des § 129 ohnehin schon zuständig. Dazu kommt die hohe Gewähr, die in der persönlichen Verantwortlichkeit der Ausschußmitglieder gegenüber allen Beteiligten liegt (§ 89). Zust. LG Wuppertal KTS 1958 S. 47, Mentzel-Kuhn Anm. 1, Böhle-Stamschräder Anm. 1, Mohrbutter-Haarmann Leitfaden S. 118. Zweifelhaft ist die Zulässigkeit einer Übertragung der Befugnisse des § 132 I auf den Verwalter. Eine gewisse Freiheit der Bewegung kann ihm eingeräumt werden, besonders hinsichtlich der Unterstützung des Gemeinschuldners (vgl. § 129 I). Zust. Böhle-Stamschräder Anm. 1. Die Überwachung seines Geldverkehrs aber, die in den §§ 129 II, 132 I, 137 für geboten 3 erachtet wird, dürfte einen Freibrief an ihn selber ausschließen. So kann ihm z. B. die Bestimmung der Anlegungsstelle nicht überlassen werden. Siehe auch Anm. 4.

4 **IV.** Der **Geldverkehr** des Konkursverwalters ist grundsätzlich so geregelt, daß der Verwalter in der Empfangnahme von Zahlungen zur Konkursmasse selbständig, dagegen in der Verfügung über die in seine Hand gelangten Gelder und in der Abhebung bei Hinterlegungsstellen beschränkt ist (§§ 129 II, 132 I, 137). Motive II S. 352f. Die gesetzlichen Vorschriften unterscheiden zwischen Hinterlegung und Anlegung. Die Begriffe schneiden sich. Anlegung ist das Nutzbarmachen der Werte (Motive II S. 353, Protokolle S. 88; RG Bd. **54** 211). Sie kann namentlich auch im Ankauf leicht verwertbarer, Zinsen oder Gewinnanteile abwerfender Effekten bestehen. Die Hinterlegung ist an sich nur Sicherung durch Hingabe in eine zuverlässige Verwahrung, pflegt aber in geringerem oder weiterem Umfange zugleich nutzbringend (also zugleich Anlegung) zu sein. Die Stellen, die ermächtigt sind, über Anlegung und Hinterlegung zu bestimmen, haben auch die Macht anzuordnen, welche Geldbestände zur Bestreitung laufender Verwaltungsausgaben oder sonstiger Zahlungen in der Hand des Verwalters verbleiben sollen. Anlegung und Hinterlegung sind auch bei zuverlässigen privaten Stellen statthaft [§ 129 Anm. 11], auch bei mehreren, aber ohne zweckwidrige Zersplitterung.

5 **Zusatz. Fremde Rechte*).** Die Entscheidung über Fortführung oder Schließung des Geschäfts wird fast überall als eine der wichtigsten Verwaltungsmaßnahmen angesehen und daher durchweg von der Zustimmung der Gläubigerschaft (meist des Gläubigerausschusses) oder (und) des Konkursgerichts abhängig gemacht. Besonderheiten bestehen vor allem da, wo innerhalb einer einheitlichen Regelung das Verfahren verschieden gestaltet ist, je nachdem ob es auf die Sanierung des Schuldners oder auf die Zwangsliquidation seines Vermögens zielt. Im zweiten Fall wird die Fortführung des Geschäfts häufig durch Bedingungen oder Befristungen eingeschränkt. So darf in England nach der die Zwangsliquidation einleitenden Bankrotterklärung (vgl. Bd. I S. LXXV) der Fortführung vom *committee of inspection* nur zugestimmt werden, „soweit sie notwendig ist, um das Geschäft günstig zu liquidieren" (*for the beneficial winding up*; § 56 B. A.). In den USA darf die Fortführung nur „für beschränkte Zeit" vom Konkursgericht genehmigt werden (§ 2 Ziff. 5 B. A. = 11 USC § 11 Ziff. 5). Die Genehmigung wird fast nur den zur Erhaltung des Vermögens eingesetzten Sequestern (*receivers appointed for the preservation of the estate*), nur selten dem nach der Bankrotterklärung amtierenden *trustee* erteilt (vgl. 11 USCA § 11 Anm. 151ff.)

In Frankreich bedarf es im *règlement judiciaire* zur Geschäftsfortführung „unter Mitwirkung des Verwalters" nur der Zustimmung des Richterkommissars (Art. 70 I D. 20 mai 1955 = Art. 506 I C. com.). Im eigentlichen Konkursverfahren (*faillite*) dagegen, das ja keinen Zwangsvergleich mehr kennt (vgl. Bd. I S. LXVII), bedarf es der Ermächtigung durch das kollegiale Konkursgericht, die nur erteilt werden darf, wenn die Fortführung „im öffentlichen Interesse oder im Interesse der Gläubiger zwingend geboten ist" (Art. 70 II D. 20 mai 1955 = Art. 506 II C. com.).

§ 133

Der Verwalter hat, falls ein Gläubigerausschuß bestellt ist, dessen Genehmigung einzuholen:

1. **wenn Gegenstände, deren Verkauf ohne offenbaren Nachteil für die Masse ausgesetzt werden kann und nicht durch die Fortführung des Geschäfts veranlaßt wird, verkauft werden sollen, bevor der allgemeine Prüfungstermin abgehalten oder ein vor dem Schlusse desselben eingereichter Zwangsvergleichsvorschlag erledigt ist;**
2. **wenn die Erfüllung von Rechtsgeschäften des Gemeinschuldners verlangt, Prozesse anhängig gemacht, deren Aufnahme abgelehnt, Vergleiche oder**

*) Bearbeitet von Prof. Dr. Günther Jahr, Kiel. Vgl. im übrigen auch Einl. V zu Bd. I S. LXIff.

Schiedsverträge geschlossen, Aussonderungs-, Absonderungs- oder Masseansprüche anerkannt, Pfandstücke eingelöst oder Forderungen veräußert werden sollen, und es sich in diesen Fällen um einen Wertgegenstand von mehr als dreihundert Deutsche Mark handelt.

§ 134

Der Verwalter hat die Genehmigung des Gläubigerausschusses oder, wenn ein solcher nicht bestellt ist, die Genehmigung einer Gläubigerversammlung einzuholen:

1. **wenn ein unbeweglicher Gegenstand aus freier Hand, oder das Geschäft oder das Warenlager des Gemeinschuldners im ganzen, oder das Recht auf den Bezug wiederkehrender Einkünfte veräußert werden soll;**
2. **wenn Darlehen aufgenommen, fremde Verbindlichkeiten übernommen, zur Masse gehörige Gegenstände verpfändet oder Grundstücke erstanden werden sollen.**

Materialien: Motive I Bd. 2 S. 87ff., Motive II S. 354ff., Protokolle S. 87f., 170. Ferner zu § 134: Begründung S. 42, Kommissionsbericht S. 1962, 2034.

Genehmigungsbedürftige Verwaltungshandlungen

I. Gemeinsam für die §§ 133, 134 gilt:

1. Mit Rücksicht auf „die Wichtigkeit, Tragweite oder Ungewöhnlichkeit" einzelner Handlungen bindet das Gesetz den Verwalter in den §§ 133, 134 an ein Zusammenwirken mit der Gläubigerschaft. Der Verwalter bedarf insoweit einer Genehmigung des Gläubigerausschusses, des vorläufigen oder des endgültigen [§ 87 Anm. 4f.]. Ist zur Zeit kein Gläubigerausschuß bestellt [§ 87 Anm. 3], so muß der Verwalter vor bestimmten Maßnahmen die Genehmigung der Gläubigerversammlung einholen (**§ 134**). In einzelnen Fällen jedoch, in denen die „umständlichere, weniger diskrete" Einberufung und Beschlußfassung der Gesamtgläubigerschaft nachteilige Folgen haben könnte, darf der Verwalter beim Fehlen eines Gläubigerausschusses selbständig handeln (**§ 133**). Die Unterscheidung beruht auf Erwägungen der Zweckmäßigkeit. Motive II S. 354. Wenn die §§ 133, 134 zusammentreffen, geht das strengere Gebot des § 134 vor. Innerhalb des § 133 können nacheinander beide Nummern anwendbar werden [Anm. 12]. 1

Daß die KO in den §§ 133, 134 der Schenkung durch den Verwalter nicht gedenkt, beruht zweifellos darauf, daß Schenkungen ihrer Natur nach seinem Wirkungskreis entrückt sind [§ 6 Anm. 25]. RG SeuffA Bd. 42 Nr. 85, Bd. **29** 82, Bd. **58** 193, Bd. **57** 199 mit Verw. Nur solche Freigebigkeiten, die selbst in der Konkurslage durch Rücksichten des Anstandes geboten erscheinen, liegen im Bereiche der Befugnisse des Verwalters. Das rechtfertigt sich aus einem in den §§ 534, 814, 1425, 1641, 1804, 2113, 2205, 2330 BGB anerkannten allgemeinen Rechtsgrundsatze. Trinkgelder und Festgeschenke an Angestellte des für die Masse fortbetriebenen Geschäfts darf der Verwalter beispielsweise selbständig bewilligen. Desgleichen freiwillig gewährte Gratifikationen (etwa zu Weihnachten), da diese überhaupt nicht als unentgeltliche Zuwendungen zu betrachten sind, sondern als Zuwendungen mit eigenartiger causa (Dank und Anerkennung für geleistete Arbeit und erwiesene Treue — Ansporn für die Zukunft) (vgl. dazu Ondraczka, Der Gratifikationsanspruch im Konkurs des Arbeitgebers, Heidelberger ungedr. Dissertation, 1956 S. 9f., 17f. mit Verw.). Eine Freigabe massezugehöriger Gegenstände, die sich als Schenkung an den Gemeinschuldner darstellte, würde unwirksam sein. Unter die §§ 133ff. fällt die Freigabe nicht [§ 6 Anm. 26]. 2

2. **„Genehmigung"** [§ 129 Anm. 4] im Sinne der §§ 133, 134 ist, wie der Wortlaut — „wenn" gewisse Handlungen vorgenommen „werden sollen" — klar ergibt, 3

die **vorherige Erlaubnis.** Das Gesetz gebietet dem Verwalter, die Genehmigung einzuholen, ehe er zur Handlung schreitet. Sonst würden diese Schutzvorschriften ihren Zweck verfehlen. Zust. Böhle-Stamschräder Anm. 1. Rechtzeitiger Widerruf steht ursprünglicher Versagung gleich. Daß die Genehmigung unwiderruflich wäre, ist nach Wortlaut und Zweck des Gesetzes nicht anzunehmen. Zust. Böhle-Stamschräder Anm. 1. Genehmigung und Widerruf sind Beschlüsse im Sinne der §§ 90, 94ff., selbstverständlich aber nicht Entscheidungen im Sinne des § 73. Verfügt der Verwalter eigenmächtig, so ist zwar das Geschäft nach außen wirksam [Anm. 6], er selbst aber setzt sich einer Inanspruchnahme auf Schadensersatz (§ 82) und einer Maßregelung im Aufsichtsweg aus (§§ 83, 84). Solcher Verantwortlichkeit wird er auch dadurch nicht ledig, daß er auf nachträgliche Zustimmung hofft. Sein Verschulden liegt im bewußten Unterlassen der Anfrage. Hat er aus triftigen Gründen auf nachträgliche Zustimmung rechnen dürfen, so kann allerdings im Einzelfall, besonders bei dringenden Maßnahmen, Verschulden und Verantwortlichkeit ausgeschlossen sein. Immerhin bleibt zu erwägen, daß es ja dem Verwalter freistand, das einer Bedingung zugängliche Rechtsgeschäft ausdrücklich unter die Bedingung späterer Billigung zu stellen, also zur eigenen Deckung gegen eine Inanspruchnahme wegen des Geschäftsabschlusses zu vereinbaren, daß das Geschäft gar nicht zustandekommen solle, wenn die (sonst bloß innenrechtlich bedeutsame) Genehmigung versagt werde (§ 136 Anm. 4]. Sonach muß der Satz der Motive II S. 356, es bleibe dem Verwalter unbenommen, in dringenden Fällen die Erlaubnis hinterher einzuholen, mit Vorsicht aufgenommen werden: das ungenehmigte Handeln geht auf Verantwortung des Verwalters. Im wesentlichen zust. Böhle-Stamschräder Anm. 1. Andrerseits genügt die nachträgliche Genehmigung insofern, als sie die Haftbarkeit für die im ungenehmigten Handeln liegende Eigenmacht aufhebt. Pflichtwidrigkeiten des Verwalters deckt weder der vorgängige noch der nachträgliche Konsens. So z. B. nicht eine bewußtermaßen zum Nachteil der Konkursmasse, etwa aus Eigennutz, erklärte Wahlbetätigung nach § 17 [§ 17 Anm. 32]. Die Ausschußmitglieder machen durch Genehmigung pflichtwidrigen Handelns zwar auch sich selber haftbar (§ 89), sie nehmen aber damit keineswegs dem Verwalter alle Verantwortlichkeit ab. Denn die Handlung des Verwalters entspringt seinem freien Willen. Gläubigerausschuß und Gläubigerversammlung können ihm den Vollzug der in den §§ 133, 134 bezeichneten Maßnahmen nicht anbefehlen. Siehe § 82 Anm. 14, § 90 Anm. 4, § 95 Anm. 6, § 99 Anm. 3.

Gläubigerausschuß und Gläubigerversammlung können ihre Zustimmung für Fälle der §§ 133, 134 auch allgemein erteilen, zumal einem Verwalter von erprobter Zuverlässigkeit. Motive II S. 356, Kohler Lehrbuch S. 423, Mentzel-Kuhn Anm. 1, Böhle-Stamschräder Anm. 1; abw. Wolff KO[2] Anm. 1, Bleyer KO[3] Anm. 1c (für den Gläubigerausschuß). Daß die Erteilung eines solchen Generalkonsenses möglicherweise eine schuldhafte Außerachtlassung der gebotenen Vorsicht bedeutet, also die Ausschußmitglieder nach § 89 verantwortlich macht, schließt seine Statthaftigkeit an sich nicht aus. Zweifellos kann der Konsens der Gläubigerschaftsorgane nicht ersetzt werden durch gerichtliche Genehmigung (zust. z. B. LG Freiberg SARpfl. 5 S. 188). Verbot: Anm. 5. Es fragt sich aber, ob die im Einzelfall erforderliche Genehmigung des Gläubigerausschusses ersetzt und umgangen werden kann durch eine Genehmigung der Gläubigerversammlung. Die Frage wird vereinzelt bejaht mit der Begründung, die Versammlung sei das dem Ausschusse vorgesetzte Gläubigerschaftsorgan (Seuffert S. 314) oder dessen Machtgeberin (Wolff aaO.). Dann müßte sie auch berechtigt sein, Ausschußbeschlüsse zu ändern und aufzuheben. Allein von einer solchen Überordnung weiß das Gesetz nichts [§ 90 Anm. 3]. Sie läßt sich auch nicht aus § 135 II ableiten [vgl. § 135 Anm. 3]. Gläubigerversammlung und Gläubigerausschuß haben vielmehr nur die ihnen vom Gesetz erteilten Zuständigkeiten [§ 93 Anm. 2]. Den Ausschuß beruft das Gesetz zu manchen Verrichtungen, zu denen die Versammlung gar nicht befähigt ist, die sie also auch schon darum gar nicht überweisen kann. Nur solche Angelegenheiten, die im Zuständigkeitsbereiche beider Organe liegen, kann die schwerfällige, eigener Haftbarkeit enthobene Gläubigerversammlung dem weit beweglicheren, unter persönlicher Verantwortlichkeit seiner Mitglieder handelnden Gläubigerausschuß überlassen [§ 132 Anm. 3]. Die Gläubigerversammlung hat, wie ein Vergleich der §§ 133, 134 ergibt, zwar in den Fällen des § 134, aber nicht in denen des § 133, eine ergänzende Genehmigungsmacht und auch diese in den Fällen des § 134 nur, wenn ein Ausschuß nicht bestellt ist. Sie ist keineswegs in der Lage, die Mitglieder des Ausschusses (vielleicht Nichtkonkursgläubiger) von der gesetzlichen Verantwortlichkeit (§ 89) ersatzlos zu entbinden. Keineswegs kann daher der nach § 133 oder nach § 134 zuständige Ausschuß, wenn ihm eine Entschließung zu heikel ist (z. B. die Genehmigung zu einer Klagerhebung), sich der Abstimmung enthalten und die Entscheidung der nicht verantwortlichen Gläubigerversammlung zuwälzen. Den Antrag, zu diesem Zweck eine Gläubigerversammlung einzuberufen, hätte daher das Konkursgericht abzulehnen (LG Darmstadt HessRspr. 8 S. 20 für den § 134 beim Vorhandensein eines Ausschusses). Kommt ein Genehmigungsbeschluß nicht zustande, dann fehlt es eben am Erfordernisse der Genehmigung, mag nun der Ausschuß oder mag die Versammlung gesetzlich zur Genehmigung berufen sein [§ 93 Anm. 2]. Vgl. zu diesen Fragen Jaeger KonkTreuh. 1934 S. 1f. Zust. (für die Genehmigung im Einzelfall) Mentzel-Kuhn Anm. 1, dem jedoch insoweit nicht beigetreten werden kann, als er annimmt, daß eine allgemein von der Gläubigerversammlung zu den Geschäften nach §§ 133, 134 erteilte Genehmigung die Einholung der Genehmigung des Ausschusses erübrige; auch diese Auffassung hat keine Grundlage im Gesetz. Ausbleiben aller Gläubiger: § 136 Anm. 2. Abstimmung in eigener Sache: § 90 Anm. 4, § 95 Anm. 6.

3. Vor der Vornahme der in den §§ 133, 134 bezeichneten Rechtshandlungen muß der Gemeinschuldner verständigt werden. Auf seinen Antrag kann das Gericht die Vornahme verbieten. Näheres § 135. Die Ausführung eines genehmigenden Beschlusses der Gläubigerversammlung kann das Gericht unter den Voraussetzungen des § 99 untersagen. Gegen die vom Gläubigerausschuß erteilte Genehmigung steht dem Gericht ein Widerspruch nur im Falle des § 135 II zu. 5

4. Die §§ 133—135 sind, was der § 136 ergibt, nur **Schutzmaßregeln für den inneren Geschäftsgang.** Motive II S. 356. Ihre Verletzung macht den Verwalter verantwortlich (§§ 82—84). Nach außen aber wirken die Vorschriften nicht. Sie ziehen also der gesetzlichen Handlungsmacht des Verwalters (§ 6) keine Schranken. Darum hat weder das Prozeßgericht noch das Grundbuchamt sich um die Genehmigung zu kümmern. Auch auf die Unkenntnis des Dritten vom Verstoße des Verwalters ist die Wirksamkeit des Geschäfts nicht abgestellt. Näheres § 136. 6

II. Die einzelnen Fälle des § 133 7

1. Nach **Nr. 1** hat der Verwalter die Genehmigung eines etwa vorhandenen Gläubigerausschusses zu **Verkäufen vor** dem allgemeinen Prüfungstermin (§ 138) und **vor** Erledigung eines noch in diesem Termin eingereichten zulässigen (§ 175) Vergleichsvorschlages einzuholen. Günstige Aussichten eines Zwangsvergleichs sollen nicht durch überstürzte Versilberung der Masse vereitelt werden. Motive II S. 354. Die Genehmigung soll der Verwalter schon vor Abschluß des Verpflichtungsgeschäftes, des Kaufvertrags, einholen. Denn schon der Kaufabschluß macht die Masse haftbar (§ 59 Nr. 1). Will der Verwalter auf Erfüllung schwebender Kaufverträge aus der Zeit vor dem Konkurse bestehen (§ 17), dann greift unsere Nr. 2 ein [Anm. 9]. „Gegenstände" im Sinne der Nr. 1 sind Sachen und Rechte. Der Verkauf größerer Forderungen bedarf jedoch nach Nr. 2 über die in Nr. 1 bestimmte Zeit hinaus der Genehmigung [Anm. 12]. Beachte auch § 134 Nr. 1. „Erledigt" im Sinne der Nr. 1 ist ein Vergleichsvorschlag jedenfalls mit rechtskräftiger gerichtlicher Zurückweisung (§ 176), mit endgültiger Ablehnung durch die Gläubigerschaft (§§ 182f.) und mit rechtskräftiger gerichtlicher Verwerfung (§§ 186f.), dem § 177 II zufolge aber auch schon, wenn der Gläubigerausschuß den Vorschlag für unannehmbar erklärt hat (v. Völderndorff II S. 323).

Der Verwalter ist, auch wenn ein Gläubigerausschuß besteht, zum selbständigen Verkaufe schon vor Ablauf der in Nr. 1 gesetzten Zeitschranke ermächtigt: wenn ein Aufschub offenbar nachteilig für die Masse wäre (so etwa wenn es sich um Fleisch, Obst, Gemüse, Eier oder andere leicht verderbliche Waren, um die Ersparung erheblicher Verwahrungs- oder Unterhaltungskosten, z. B. bei Pferden oder Rindvieh, oder endlich um die Verhütung von Verlusten durch Entwertung handelt, etwa bei drohendem Kursrückgang); ferner, wenn der Verkauf durch die „Fortführung" des Geschäfts veranlaßt wird.

Zu **Ausverkäufen** vor den erwähnten Zeitpunkten bedarf nach den dargelegten Grundsätzen der Verwalter regelmäßig der Genehmigung. Ein „Konkursmasse-Ausverkauf" ist aber nur die Veräußerung der Masse durch den Verwalter selbst. Die öffentliche Ankündigung eines „Konkursmasse-Ausverkaufs" durch den Dritten, der die Masse vom Konkursverwalter erstanden hat und sie nun im ganzen oder im einzelnen weiterveräußert, fällt unter das ausdrückliche Verbot des § 6 UWG. Nach dieser Vorschrift wird die Angabe der Herkunft aus einer Konkursmasse als solche verboten, auch wenn sie der Wahrheit entspricht und auch wenn die Ankündigung klar erkennen läßt, daß die Waren schon vom Konkursverwalter in eine dritte Hand übergegangen sind. Geflissentliche Erweckung des Anscheins, als ob die Waren noch Bestände einer Konkursmasse wären, fällt unter das strengere Verbot des § 4 (§ 3) UWG. Wenn § 6 UWG bei Ausverkaufsankündigungen die Bezeichnung als Konkursware auf Waren beschränkt, welche im Zeitpunkt des Verkaufes noch zur Konkursmasse gehören und im Rahmen der Masseversilberung veräußert werden, so bezweckt er damit den Schutz des Publikums, namentlich der Kleingewerbetreibenden; diese gehen bei „Konkurswaren" von einem durch die Notwendigkeit rascher konkursmäßiger Verwertung veranlaßten besonders billigen Angebot aus und übersehen u. U., daß in dem Preis bereits Gewinnspannen eines Zwischenhändlers enthalten sind. Vgl. Baumbach-Hefermehl, Wettbewerbs- und Warenzeichenrecht[8] UWG § 6 Anm. 1 u. 2, Godin-Hoth UWG (1957) § 1 Anm. 1 u. 2; KG ZZP 54 S. 133. Die Kehrseite dieses Schutzes ist allerdings eine Schädigung der Konkursgläubiger. Sie liegt darin, daß der Ankauf einer Konkursmasse seine wesentlichste Zugkraft verloren hat, nachdem sich der Weiterveräußerer nicht einmal mehr einer wahrheitsgemäßen Herkunftangabe zur Werbung von Abnehmern bedienen darf. So ist die Nachfrage gesunken und mit ihr der Preis der Konkurswaren. Nur der Konkursverwalter darf somit einen „Konkurswarenausverkauf", den „Verkauf eines Konkurslagers", die Versteigerung von „Waren der im Konkurse stehenden Firma N. N." ankündigen. Über Umgehungsversuche Goldstein JW 1912 S. 676f., Fuld Recht 1912 S. 516ff. Auch für Ausverkäufe, welche der Konkursverwalter veranstaltet, gelten die Vorschriften der §§ 7, 7a, 7b, 8 UWG und decken insbesondere Ausverkaufsanordnungen der höheren Verwaltungsbehörde (§ 7b früher § 7 II UWG). KG KGJ 47 S. 331ff., OLG Rostock JR 1933 Nr. 1164, Fuld Recht 1913 S. 360f., Neese KonkTreuh. 1930 S. 125, Mentzel-Kuhn § 6 Anm. 21 (S. 75), Mohrbutter-Haarmann Leitfaden S. 152f. Benachrichtigungsbehörde ist in der Regel die Industrie- und Handelskammer, in Bayern das Gewerbeamt der unteren Verwaltungsbehörden (vgl. Mohrbutter-Haarmann aaO.). Auch der Konkursverwalter darf aber in öffentlichen Ankündigungen oder in Mitteilungen, die für einen größeren Personenkreis bestimmt sind, nur solche Waren als Konkurswaren bezeichnen, welche zur Konkursmasse gehören bzw. welche er als zur Konkursmasse gehörig ansieht (vgl. dazu Godin-Hoth UWG § 6 Anm. 2); er verstößt gegen das Verbot der §§ 3, 4 UWG, wenn er Massebestände zusammen mit Waren anderer Herkunft z. B. mit Waren aus einer Liquidationsmasse oder auch mit Vorbehaltswaren (vgl. OLG Rostock aaO.) als Konkurswaren anbietet oder wenn er Kommissionsgut, das er als Verwalter im Konkurs eines Verkaufskommissionärs an dessen Stelle für Rechnung des Kommittenten [§ 23 Anm. 15] zu verwerten hat, in den angekündigten „Konkursmasseausverkauf" einbezieht. A. A. in bezug auf das Kommissionsgut vor allem

OLG Königsberg JW 1929 S. 1255f. und Mentzel-Kuhn § 6 Anm. 21 (S. 75); dagegen wie hier Bendix in der Anmerkung zur Entscheidung des OLG Königsberg aaO., Callmann UWG² (1932) § 6 Anm. 7, Tetzner UWG² (1957) § 6 Anm. 6, Mohrbutter-Haarmann Leitfaden S. 153; mit Modifikationen auch Godin-Hoth UWG § 6 Anm. 2. Abgesehen von diesem Falle des Kommissionsgutes werden Waren, welche der Konkursverwalter im Fortbetrieb des Geschäftes auf Grund des Eintritts in schwebende Kaufverträge des Gemeinschuldners (§ 17) oder kraft Neubestellung bezogen hat, fortab Bestandteile der Konkursmasse; allerdings ist dabei § 8 UWG (Verbot des sog. Vor- und Nachschiebens von Waren) zu beachten d. h. die Waren dürfen nicht zum Zwecke der besseren Durchführung des Konkursmasseausverkaufs erworben worden sein (Mohrbutter-Haarmann aaO.). Handelt es sich um einen Konkursmasseausverkauf in dem dargelegten Sinne, also einen Ausverkauf von massezugehörigen Sachen, so ist es nicht unbedingt erforderlich, daß der Konkursverwalter selbst den Verkauf durchführt, § 6 UWG greift vielmehr auch dann nicht ein, wenn er die Konkursware durch einen Taxator oder Auktionator verkaufen läßt, der am Erlös beteiligt wird (Tetzner UWG² § 6 Anm. 5, Mohrbutter-Haarmann Leitfaden S. 153). Dagegen verletzt ein Pfandgläubiger, welcher den Verkauf ihm vor Konkursbeginn verpfändeter Waren des Gemeinschuldners im Vollzug der abgesonderten Befriedigung als „Versteigerung aus einer Konkursmasse" ankündigt, zwar nicht § 6 UWG, da die zur Versteigerung gebrachten Gegenstände zur Konkursmasse gehören (§ 4 KO; so Jaeger ZZP 54 S. 134f., Baumbach-Hefermehl UWG⁸ § 6 Anm. 5; a. A. KG ZZP 54 S. 132ff., JW 1927 S. 1597, das darauf abstellt, daß sich die Sachen nicht in der Dispositionsgewalt des Verwalters befanden), wohl aber liegt ein Verstoß gegen die §§ 3, 4 UWG vor, da der Pfandgläubiger über Anlaß und Zweck des Verkaufes eine irreführende Angabe macht, indem er den Anschein erweckt, er biete die Waren für eine Konkursmasse aus (Jaeger aaO.; a. A. Baumbach-Hefermehl aaO.). Über Preisbindungen bei Masseverkäufen siehe § 117 Anm. 18.

Die herrschende Lehre wendet § 7c UWG auch im Falle eines durch den Konkursverwalter durchgeführten Ausverkaufes an, d. h. sie nimmt an, daß es dem Gemeinschuldner, seinem Ehegatten und seinen nahen Angehörigen verboten sei, den Geschäftsbetrieb, dessen Aufgabe angekündigt worden war, ganz oder teilweise fortzusetzen oder vor Ablauf eines Jahres an dem Orte, an dem der Ausverkauf stattgefunden hat, einen Handel mit den ihm unterstellten Warengattungen zu eröffnen. Auch Umgehungen dieses Verbotes durch unmittelbare oder mittelbare Beteiligung an fremden Betrieben sind untersagt. So KG HRR 1937 Nr. 985, JW 1937 S. 1356, Baumbach-Hefermehl aaO. § 7c UWG Anm. 3, Tetzner UWG² § 7c Anm. 5, Godin-Hoth UWG § 7c Anm. 3, Mentzel-Kuhn § 6 Anm. 21 (S. 75), Böhle-Stamschräder § 6 Anm. 6. Den von Seiten der Konkurspraxis gegen diese Auffassung vorgetragenen Bedenken (vgl. Weiß KonkTreuh. 1933 S. 35, Schünemann ebenda S. 56, Krakauer KonkTreuh. 1934 S. 144f.; vgl. auch KonkTreuh. 1934 S. 135), wird dadurch nicht ausreichend Rechnung getragen, daß die höhere Verwaltungsbehörde nach Anhörung der Berufsvertretungen Ausnahmen bewilligen kann; denn auch in dieser Gestalt erweist die Sperre sich bei Masseausverkäufen als unangemessen; sie widerstreitet dem Wesen und Zweck des Konkurses. „Ausverkäufe", die durch die staatliche Vollstreckungsgewalt (diese wirkt sich im Konkurse aus) dem Geschäftsinhaber aufgezwungen werden, will und darf die Sperre nicht treffen. Sie soll Gewerbetreibenden, die nicht ernsthaft entschlossen sind, wenigstens für längere Zeit den Vertrieb bestimmter Waren aufzugeben, die Lust am Lockmittel des „Ausverkaufs" verleiden. Nicht aber soll sie Veräußerungen eines Konkursverwalters lähmen, dem es das Gesetz zur Pflicht macht, eine fremde Vermögensmasse unabhängig vom Willen ihres Trägers „sofort" bestmöglich zu verwerten (§ 117), den aber der Gemeinschuldner wegen der dann ausgelösten Sperre des § 7c UWG u. U. mit der Begründung verantwortlich machen könnte, er habe seine Belange bei der Veranstaltung des Konkursausverkaufes nicht genügend berücksichtigt, oder der durch den Ausverkauf vielleicht einen Zwangsvergleich unmöglich macht. Unsere KO will dem Schuldner um seiner selbst und um seiner Gläubiger willen bereits im Laufe des Konkurses das wirtschaftliche Emporkommen ermöglichen [§ 1 Anm. 51, § 14 Einl.]. Damit ist die Betätigungssperre im Sinne des UWG unvereinbar.

8 2. Die **Nr. 2** beschränkt innenrechtlich [Anm. 6] die Selbständigkeit des Verwalters bei gewissen Maßnahmen **über erheblichere Werte**, nämlich nur dann, wenn im Einzelfall ein Wert von mehr als dreihundert DM (§ 2 WährG) auf dem Spiele steht. Für Werte bis zu dieser Höhe bleiben die Schranken der Nr. 2 auch innenrechtlich außer Betracht. Indem das Gesetz den Verwalter anweist, bei höheren Werten vor der Handlung den etwaigen Ausschuß zu befragen [Anm. 3], stellt es die Schätzung seinem pflichtmäßigen Ermessen anheim (§ 82). Sollten Gericht und Ausschuß bei der Schätzung mitwirken, dann hätte es einer ausdrücklichen gesetzlichen Vorschrift bedurft. Zust. Böhle-Stamschräder Anm. 3. Die Schätzung ist, wenn der Verwalter Zustimmung für mehrere unter die Nr. 2 fallende Maßnahmen erbittet, gesondert für jede einzelne von ihnen (ohne Zusammenrechnung) vorzunehmen. Maßgebend ist der wahre Wert — nicht schlechthin der Nennwert — zur Zeit der Entschließung des Ausschusses. Sinkt der Wert nach einer ablehnenden Erklärung des Ausschusses unter die Grenze der Nr. 2, dann wird die Handlung zustimmungsfrei. Nebenansprüche, die mit dem Hauptanspruch in Betracht kommen, also z. B. miteingeklagt oder einem Vergleich mit unterworfen werden sollen, bleiben außer Ansatz.

Im einzelnen bedarf der Verwalter einer Genehmigung des Ausschusses:

9 a) Zum Erfüllungsbegehren auf Grund der §§ 17ff., weil dieses eine Masseschuld auslöst (§ 59 Nr. 2). Motive II S. 354. Die Erfüllungsablehnung steht dem Verwalter uneingeschränkt offen. So auch die Aufkündigung — im Gegensatze zur ausdrücklich oder stillschweigend erklärten Fortsetzung — der Miet- und Pachtverträge (Motive aaO.). Das „Erfüllungsverlangen" des Verwalters ist im Fachsinne des § 17 (§ 59 Nr. 2) gemeint. Es bezieht sich, wie der Zweck der Vorschrift ergibt, nicht auf das Einfordern von Ausständen auf Grund einer schon vor Konkursbeginn vollzogenen Erfüllung des Gemeinschuldners.

10 b) Zum „Anhängigmachen" von Rechtsstreitigkeiten, besonders zur Erhebung von Anfechtungsklagen [§ 36 Anm. 1]. Die Verwickelung der Konkursmasse in einen neuen Prozeß bedarf ihrer Tragweite wegen — die Kostenverbindlichkeit wird, wenn der Verwalter unterliegt, zur Masseschuld [§ 59 Anm. 2] — bei Streitgegenständen im Werte von mehr als dreihundert Reichsmark der Genehmigung. Dabei macht es keinen Unterschied, ob der Angriff durch Klage oder durch Widerklage erfolgt. Denn beide bürden der Masse die Kostengefahr auf. Zust. Petersen-Kleinfeller Anm. 11, Fitting § 23 N. 26, Böhle-Stamschräder Anm. 3b; abw. Endemann S. 475. Auch die Zustellung eines Zahlungsbefehls ist ein „Anhängigmachen" im Sinne unserer Vorschrift (§ 693 ZPO). Genehmigungsfrei läßt das Gesetz die Verteidigung durch Einlassung des Verwalters auf eine gegen ihn erhobene Klage (zust. OLG Düsseldorf LZ 1913, Sp. 572, OLG Stettin KonkTreuh. 1937 S. 129, Mentzel-Kuhn Anm. 3), die Aufnahme eines schon anhängigen Prozesses (§§ 10f., § 146 VI mit III KO, § 13 II AnfG) — anders die Ablehnung der Aufnahme [Anm. 11] — und das Unterlassen der Klagerhebung als solches (Protokolle S. 87f.). Dagegen braucht der Prozeß nicht, wie vielfach behauptet wird (so z. B. Motive II S. 354, Kohler Lehrbuch S. 421), die Aktivmasse zu betreffen. Eine nicht durch Aufnahme geschehende Widerspruchsverfolgung nach § 146 VI bedarf der Genehmigung. Andrerseits steht die „Aufnahme" eines Prozesses selbst dann der selbständigen Entschließung des Verwalters anheim, wenn sie sich mit der Einlegung des Einspruchs oder eines Rechtsmittels verbindet (abw. Seuffert § 48 N. 4), wie überhaupt die Einlegung eines Rechtsmittels dem „Anhängigmachen" nicht gleichsteht (OLG Stettin aaO). In die Kostengefahr wird die Masse durch jede Aufnahme verstrickt, mag sie

mit einem besonderen Rechtsbehelfe verbunden sein oder nicht. Ob es gerechtfertigt ist, die Aufnahme im Bereiche des § 133 Nr. 2 anders zu behandeln als die „Anhängigmachung“, darüber läßt sich streiten. Das Prozeßgericht hat die Genehmigung nicht zu prüfen [§ 136 Anm. 3]. Zur Anhängigmachung eines Rechtsstreites gegen Mitglieder des Gläubigerausschusses bedarf es keiner Genehmigung [§ 89 Anm. 1].

c) Zur Ablehnung der Aufnahme eines Prozesses (§§ 10, 11 KO, § 13 II AnfG). 11
Denn hier steht eine Schmälerung der Masse in Frage. Ist die Ablehnung einer Prozeßaufnahme genehmigungspflichtig, so muß es auch der Verzicht auf Klage oder Rechtsmittel und die Freigabe des anhängigen Anspruchs nach der Aufnahme sein (sonst wäre das Gesetz leicht zu umgehen). Zust. Böhle-Stamschräder Anm. 3c. Aus dem gleichen Grunde wie die Prozeßablehnung ist weiter ausdrücklich für genehmigungspflichtig erklärt: die Schließung eines gerichtlichen oder außergerichtlichen, prozeßbeendenden oder prozeßabwendenden Vergleichs, besonders hinsichtlich massezugehöriger Außenstände (RG Bd. **63** 212f.), auch eines konkursbeendenden oder konkursabwendenden Zwangsvergleichs, bei dessen Abschluß mit dem Drittschuldner der Konkursverwalter für den Gemeinschuldner als Gläubiger zustimmen (nicht ablehnen) will, oder eines Schiedsvertrags (§ 1025 ZPO), ferner die gerichtliche oder außergerichtliche, ausdrückliche oder stillschweigende Anerkennung (nicht auch die Bestreitung) von Aussonderungs-, Absonderungs- oder Masseansprüchen [siehe aber § 57 Anm. 10], nicht von Konkursforderungen, und endlich die Einlösung von Absonderungsgegenständen [s. § 4 Anm. 8, § 127 Anm. 18]. Auch Vergleiche und Schiedsverträge brauchen nicht gerade die Aktivmasse zu betreffen. Sie können sich besonders auch auf Konkursforderungen beziehen. Zum Vergleich über Aussonderungs- und Absonderungsrechte vgl. Leut KTS 1957 S. 27ff., ferner KTS 1956 S. 161ff., über Konkursforderungen Jaeger KonkTreuh. 1934 S. 2f. (sehr bedenklich wegen § 3 KO, § 134 BGB bei vergleichsweiser außerkonkursmäßiger Befriedigung eines Konkursgläubigers). Zweifel sind darüber aufgetaucht, welcher Wert bei Vergleichen maßgebend ist: der Wert des dem Vergleich unterliegenden Rechtes im ganzen oder der Wert des Gegenstandes der Ungewißheit (des Streites) oder der Wert des im Vergleiche bewilligten Nachgebens? Der Wortlaut läßt die erste und die zweite Auslegung, nicht wohl aber die dritte zu (abw. Harburger Anm. 5). Diese würde auch schwer durchführbar sein, da es eben ungewiß ist, wieviel in der Tat aufgegeben wird. Mit dem Sinne des Gesetzes ist nur die zweite vereinbar. Die erste führt zu ganz unannehmbaren Schlüssen. Danach wäre z. B. bei einer Forderung des Schuldners auf gerade 300 DM der Vergleich zustimmungsfrei, wenn über 200 Streit besteht und 100 nachgelassen werden sollen, während bei einer Forderung auf 400 der Vergleich einer Genehmigung bedürfte, wenn auch nur 10 bestritten sind und 5 nachgelassen werden sollen. Man wird daher sagen müssen, daß wie im Falle des § 1822 Nr. 12 BGB der Gegenstand des Streites oder der Ungewißheit maßgebend ist und zwar im Betrage des Hauptanspruchs zur Zeit der Vergleichsschließung (zust. z. B. Bleyer Anm. 2e, Böhle-Stamschräder Anm. 3).

d) Zur Veräußerung von Forderungen als zu einer ungewöhnlichen Art der 12
Forderungsverwertung. „Veräußerung“ bedeutet in diesem Zusammenhang die Verwertung durch entgeltliche Abtretung, wie sie etwa bei streitigen Ansprüchen, bei Abwesenheit oder Unsicherheit des Drittschuldners angezeigt sein kann. Nach dem Zwecke des § 133 fällt schon die Verpflichtung des Verwalters zur Abtretung, der Verkauf, unter das Genehmigungserfordernis (§ 59 Nr. 1). Zust. Böhle-Stamschräder Anm. 3e. Daß in Nr. 1 vom „Verkaufen“, in Nr. 2 vom „Veräußern“ gesprochen wird, steht nicht entgegen. Die Nr. 1 trifft für ihren Zeitbereich den Verkauf von Forderungen jeder Höhe, auch von kleinen (bis zu 300 DM). Nachher ist nur der Verkauf größerer Forderungen nach Nr. 2 beschränkt. Anders Wolff Anm. 2. Unentgeltlicher Verzicht: Anm. 2; Vergleich: Anm. 11. Nicht ist „Veräußerung“ im Sinne der Nr. 2 die verkehrsübliche und

auch im Konkurse regelmäßige Verwertungsart der Einziehung (auch Zwangsbeitreibung) und die verkehrsübliche Begebung eines Wechsels oder Schecks. Auch die Aufrechnung ist keine „Veräußerung" der Forderung. Daher bedarf die Aufrechnung einer Forderung der Masse gegen eine Konkursforderung jedenfalls nicht der Genehmigung. Vgl. Kohler Leitfaden S. 223, Fitting § 23 N. 31, Lang Aufrechnung S. 231, Mentzel-Kuhn Anm. 3, Böhle-Stamschräder Anm. 3e; abw. Seuffert § 48 N. 10. Eine andere Frage ist es jedoch, ob und unter welchen Voraussetzungen eine derartige Aufrechnung gegen eine Konkursforderung überhaupt zulässig ist. Zu dieser Frage vgl. § 53 Anm. 24, 33, § 55 Anm. 2. Die zulässige Aufrechnung einer Forderung der Masse gegen einen Masseanspruch ist dagegen genehmigungspflichtig, da sie als Erfüllungsersatz eine stillschweigende Anerkennung einschließt [Anm. 11]. Die Überweisung einer auf verkehrsüblichem Wege nicht verwertbaren Forderung an einen einzelnen Gläubiger [vgl. § 162 Anm. 6] ist als ungewöhnlicher Verwertungsvorgang genehmigungspflichtig. Vgl. Motive II S. 354f.; zust. nun auch Wolff KO² S. 425. Desgleichen Verpfändung oder sonstige Belastung (Wolff aaO.). Hypothekforderungen: Anm. 14.

III. Die einzelnen Fälle des § 134

13 Der Konkursverwalter ist innenrechtlich [Anm. 6] verpflichtet, die Zustimmung des Gläubigerausschusses und — im Unterschiede vom § 133 —, wenn ein Ausschuß nicht vorhanden ist, aber auch nur dann [Anm. 4], der Gläubigerversammlung einzuholen, ehe er die im § 134 bezeichneten Rechtshandlungen vornimmt [Anm. 3]. Beschlußfassung des Ausschusses: § 90 Anm. 1, 2; der Versammlung: § 94 Anm. 3ff. Ausbleiben der Gläubiger: § 136 Anm. 2; Abstimmung in eigener Sache: § 90 Anm. 4, § 95 Anm. 6. Wertgrenzen zieht der § 134 nicht. Im Konkurs über das Vermögen eines Bahneigentümers, der Bahnunternehmen des öffentlichen Verkehrs betreibt, kann die Genehmigung des Gläubigerausschusses oder der Gläubigerversammlung auf Antrag des Konkursverwalters durch die Aufsichtsbehörde ersetzt werden, wenn einzelne oder alle Bahnunternehmen freihändig veräußert werden sollen, wenn Darlehen zur Fortführung des Betriebes aufgenommen oder zur Masse gehörige Gegenstände verpfändet werden sollen (§ 2 des G v. 7. 3. 1934, RGBl. II S. 91). Genehmigungsbedürftig sind:

1. Umfassende Veräußerungsgeschäfte (Nr. 1)

a) Die **freihändige** Veräußerung unbeweglicher Gegenstände [§ 47 Anm. 16f.], nicht (nach dem Zwecke der Vorschrift) die gesonderte Veräußerung von Früchten oder Zubehör [§ 126 Anm. 11]. Hypotheken: Anm. 14. Wie in den Fällen des § 133 bedarf nach dem Schutzzwecke des Gesetzes als Veräußerung schon der Abschluß des Kaufvertrags der Genehmigung [Anm. 7, 12]. „Freihändige Veräußerung" heißt Freihandverkauf. Die freiwillige Veräußerung bildet nach § 21 IV den Gegensatz zur Zwangsversteigerung (§ 126), die freihändige Veräußerung aber den Gegensatz zur öffentlichen Versteigerung im Sinne des § 383 III mit § 156 BGB. Ohne zwingenden Grund kann nicht angenommen werden, daß die dem neuen Reichsrecht angepaßte KO die Veräußerung aus freier Hand anders als das BGB (z. B. in den §§ 385, 1221), die ZPO (§ 817a III) und das HGB (§ 373 II) in Gegensatz zur Veräußerung in den Formen der Zwangsvollstreckung stellt. Freihändig ist vielmehr die **nichtöffentliche** (wenn auch notarielle; vgl. § 313 BGB) Veräußerung, nicht aber auch die freiwillige öffentliche Versteigerung. Daß eine freiwillige gerichtliche oder eine notarielle öffentliche Versteigerung keine ausreichende Gewähr für die Ordnungsmäßigkeit der Verwertung bieten sollte, wird niemand behaupten wollen. Den Ausschlag muß der Zweck des Gesetzes geben. Zustimmung der Gläubigerschaft wird zum Freihandverkauf einer Liegenschaft deshalb gefordert, weil das Gesetz davon ausgeht, daß bei öffentlichen Versteigerungen durch den Wettbewerb der aufgebotenen Kaufliebhaber die Erzielung eines für die Masse günstigen Preises gefördert wird, während bei Freihandverkäufen ein solcher Antrieb fehlt. Auch die freiwillige „öffentliche" Versteigerung wird daher (entgegen einer ungenauen Bemerkung der Motive II S. 355) als genehmigungsfrei gelten müssen. Zust. LG Zweibrücken LZ 1909 Sp. 92; Bleyer KO³ S. 343, Senst-Müller Verwaltung von Konkursen⁹ S. 241, Petersen-Kleinfeller Anm. 15, Fitting § 23 N 35, Endemann § 72 Nr. 45, Pasquay ZHR 66 S. 74; Böhle-Stamschräder Anm. 4; abw. Seuffert § 48 N 14, v. Sarwey-Bossert Anm. 3, v. Wilmowski-Kurlbaum Anm. 1, Schäfer SeuffBl. 71 S. 207ff., Wolff Anm. 3, Mentzel-Kuhn Anm. 4; Mohrbutter-Haarmann Leitfaden S. 112, 163. Daß Belastungen nicht Veräußerungen im Sinne der Nr. 1 sind, ergeben deutlich die Worte „aus freier Hand". Vgl. Kohler Lehrbuch S. 422 N. 3; siehe jedoch unten Anm. 15. Vgl. im übrigen zur freihändigen Veräußerung von Massegrundstücken Mohrbutter-Haarmann Leitfaden S. 160ff. mit Verw. Keine Mithaftung des Erwerbers für die vom Gemeinschuldner geschuldete Grundsteuer: § 116 III RAbgO.

b) Die Veräußerung des Geschäfts oder des Warenlagers im ganzen, auch des Geschäfts oder Warenlagers einer einzelnen Niederlassung (Begründung S. 42; zust. Mentzel-Kuhn Anm. 5, Böhle-Stamschräder Anm. 5); ferner die Veräußerung des Rechts auf den Bezug wiederkehrender Einkünfte z. B. einer Leibrente [§ 1 Anm. 37] oder der Ausübung eines Nießbrauchs [§ 1 Anm. 39]. Das „Geschäft" gehört als Inbegriff von Vermögenswerten rechtlicher (Eigentum, Forderungen usw.) und tatsächlicher Art (wie Bezugsquellen, Kundschaft, Betriebsgeheimnisse) zur Konkursmasse. Sonst könnte der Konkursverwalter zu einer Veräußerung des Geschäfts im ganzen (§§ 117, 134 Nr. 2) nicht ermächtigt sein. Zugunsten der Konkursgläubigergemeinschaft wird also eine Ausnutzung von Werten ermöglicht, die dem Zwangszugriff des einzelnen Gläubigers unzugänglich sind. Näheres § 1 Anm. 4 mit Verw. Wegen der Firma und wegen Unanwendbarkeit des § 25 HGB siehe § 1 Anm. 7. Freihandverkauf eines gepfändeten Warenlagers: § 127 Anm. 13. Der Verkauf des Geschäfts im ganzen (auf einmal) ist vom „Ausverkauf" im Sinne einer allmählichen Masseverwertung zu unterscheiden [Anm. 7]. Vgl. Motive II S. 355. Die einheitliche Veräußerung einer Gesamtheit von Hypothekenforderungen (z. B. der Deckungsmasse im Konkurs einer Hypothekenbank) fällt nicht unter den § 134, sondern unter den § 133 Nr. 2. Keine Mithaftung des Erwerbers für die vom Gemeinschuldner aus dem Betrieb geschuldeten Steuern: § 116 III RAbgO. 14

2. Ungewöhnliche Verwaltergeschäfte (Nr. 2)

a) Die Aufnahme eines Darlehens (§ 607, vgl. § 700 BGB), die Erfüllungs- und die Schuldübernahme (§§ 329, 414—416 BGB) sowie die Bürgschaft (§ 765 BGB) und die Verpfändung beweglicher oder unbeweglicher Massegegenstände (also auch die Bestellung von Grundpfandrechten). In allen diesen Fällen handelt es sich um eine in der Konkurslage ungewöhnliche Haftungsübernahme. Die Aufnahme von Geldern zu Zwecken der Konkursverwaltung (§ 59 Nr. 1) wird namentlich dann erforderlich, wenn alles Vermögen liegendes Gut und die Überwindung einer Grundstückskrise abzuwarten ist. 15

b) Der entgeltliche Grundstückserwerb in jeder Form der Anschaffung, da er einen im Hinblick auf den Abwicklungszweck des Konkurses ungewöhnlichen Vorgang bildet. „Erstehung" ist daher auch der Freihanderwerb (abw. Wolff Anm. 6), besonders aber auch der Erwerb bei freiwilliger Versteigerung, also nicht bloß der Erwerb in der Zwangsversteigerung (zust. ObLG SeuffBl. 72 S. 795, Menzel-Kuhn Anm. 6). Wie in den anderen Fällen der §§ 133, 134 bedarf bereits der Abschluß des Verpflichtungsgeschäftes, des Kaufvertrags (hier das Ankaufen), der Genehmigung [Anm. 13]. Die Vorschrift soll den Konkursverwalter vornehmlich instandsetzen, für den Gemeinschuldner eingetragene Hypotheken [§ 47 Anm. 4] zu retten, wenn die Zwangsversteigerung wegen eines dem Eigentümergrundpfandrechte vorgehenden Realrechts betrieben wird. „Besteht das Geschäft des Gemeinschuldners in einer Vermittelung des Realkredits oder besteht sonst das Vermögen desselben wesentlich aus Hypotheken" 16 so würde der Ausschluß des Verwalters vom Bieten „zu einer Preisgebung der Konkursmasse führen" (Motive II S. 356). Im neuen Recht kommen die §§ 181, 456ff. BGB in Frage. Siehe § 126 Anm. 3, 14; § 127 Anm. 12. Mindestens ebenso ungewöhnlich als die Anschaffung von Grundstücken ist in der Konkurslage die eines der Rechtsregel nach den Grundstücken gleichbehandelten Rechtes (z. B. Erbbaurechts). Der Zweck unserer Nr. 2 erfordert daher auch insoweit Genehmigung (abw. Wolff aaO. mit Berufung auf den Wortlaut; dagegen wie hier Böhle-Stamschräder Anm. 6).

§ 135

Der Verwalter hat in den Fällen der §§ 133, 134 vor der Beschlußfassung des Gläubigerausschusses oder der Gläubigerversammlung, und in den Fällen des § 133, wenn ein Gläubigerausschuß nicht bestellt ist, vor der Vornahme der Rechtshandlung dem Gemeinschuldner, sofern derselbe ohne Aufschub zu erlangen ist, von der beabsichtigten Maßregel Mitteilung zu machen.

Das Gericht kann auf Antrag des Gemeinschuldners, sofern nicht die Gläubigerversammlung die Genehmigung erteilt hat, die Vornahme der Rechtshandlung vorläufig untersagen und zur Beschlußfassung über die Vornahme eine Gläubigerversammlung berufen.

Materialien: Motive I Bd. 2 S. 89f., Motive II S. 356f. (§ 125), Protokolle S. 88ff., 171 (§ 123).

1 I. Die vorgängige **Verständigung des Gemeinschuldners** (Abs. I) soll ihm Gelegenheit bieten, etwaige Bedenken zu äußern und in den wichtigen Angelegenheiten der §§ 133, 134 auf eine sachgemäße Entschließung hinzuwirken, insbesondere aber auch rechtzeitig den Antrag nach Abs. II beim Konkursgericht zu stellen. Mittelbar dient das Gebot auch dem Schutze der Gläubiger. Darum wird der Verwalter den beiden Gruppen der Beteiligten haftbar, wenn er es unterläßt, den Gemeinschuldner zu benachrichtigen, obgleich dessen Verständigung und Äußerung ohne einen für die Masse nachteiligen Aufschub möglich wäre (§ 82). Dritten gegenüber ist jedoch die Rechtshandlung des Verwalters auch dann wirksam, wenn dieser die Anzeige an den Schuldner pflichtwidrig versäumt hatte (§ 136). Motive II S. 356f. Im Konkurse von Verbandspersonen hat der Verwalter die Organe (z. B. den Vorstand einer Aktiengesellschaft) zu verständigen. Zu diesem Zwecke genügt Anzeige an einen der Gesamtvertreter [§§ 207f. Anm. 12]. Konkurs der offenen Handelsgesellschaft: §§ 209f. Anm. 11; Nachlaßkonkurs: § 214 Anm. 11, 17. Eine Form für die Mitteilung schreibt das Gesetz nicht vor. Sie kann schriftlich oder mündlich geschehen (§ 77 II).

2 II. Auf Antrag des Gemeinschuldners — nicht von Amts wegen — kann das Konkursgericht die Vornahme einer nach den §§ 133, 134 genehmigungsbedürftigen Rechtshandlung **vorläufig untersagen**. Unzulässig ist dieses einstweilige Eingreifen des Konkursgerichts dann, wenn die Gläubigerversammlung zur Genehmigung gesetzlich berufen ist und die Genehmigung erteilt hat. Gegenüber einem Beschlusse der Gläubigerversammlung bewendet es bei der allgemeinen und endgültigen Einspruchsbefugnis des Gerichts nach § 99. Daß der Gläubigerausschuß dem Vorhaben des Verwalters bereits zustimmte, steht einer gerichtlichen Untersagung nach Abs. II nicht entgegen. Wenn das Gericht die Untersagung nach Abs. II ausspricht, muß es zur Beschlußfassung eine Gläubigerversammlung einberufen, also auch, wenn der Verwalter eine der im § 133 aufgeführten Handlungen beabsichtigt, mag nun ein Ausschuß bestellt sein und genehmigt haben oder nicht. Die Berufung der Gläubigerversammlung hat von Amts wegen zu geschehen, nicht etwa nur auf Antrag des Schuldners (zust. Pasquay ZHR 66 S. 88). Wenn nun die Gläubigerversammlung die vom Verwalter geplante Maßregel gutheißt, kommt wiederum ein richterlicher Einspruch

nach § 99 in Frage. Auf Antrag des Schuldners freilich kann ein solcher nicht ergehen. Seine Belange nimmt der antragsberechtigte Verwalter wahr. Beschließt andrerseits die Gläubigerversammlung, daß die Genehmigung versagt werde, so verliert damit eine schon vom Ausschuß erteilte Genehmigung ihre Kraft. Alsdann geht also kraft besonderer gesetzlicher Bestimmung der Versammlungsbeschluß dem Ausschußbeschlusse vor. Eine über den Bereich des § 135 hinausgehende Macht zur Umstoßung von Ausschußbeschlüssen oder gar zur Fassung von Beschlüssen, die ein Ausschuß, wenn er bestellt wäre, zu fassen hätte, kommt der Gläubigerversammlung nicht zu (abw. Seuffert S. 315). Siehe § 133f. Anm. 4.

Beschlüsse des Gerichts nach Abs. II unterliegen der sofortigen Beschwerde (§ 73 III) und sind dem Schuldner wie dem Verwalter von Amts wegen zuzustellen (§ 73 II). Das Rechtsmittel steht dem Gemeinschuldner zu, wenn dessen Antrag zurückgewiesen, dem Verwalter, wenn ihm die geplante Handlung untersagt worden ist. Siehe § 130 Anm. 4. Wegen eines Vergleichsvorschlags kann das Gericht dem Verwalter eine „Verwertung der Masse" (§ 133 Nr. 1) nicht verbieten und ein „vorläufiges" Verwertungsverbot im Sinne unseres Abs. II nicht länger aufrechterhalten, wenn der Gläubigerausschuß den Vorschlag für unannehmbar erklärt hat (§ 177 II). Für andere Handlungen als die der Masseverwertung nach § 133 Nr. 1 gilt diese Einschränkung nicht. 3

§ 136

Durch die Vorschriften der §§ 133—135 wird die Gültigkeit einer Rechtshandlung des Verwalters dritten Personen gegenüber nicht berührt.

Materialien: Motive I Bd. 2 S. 87 u. 89f. (hiernach sollten nur die Vorschriften der jetzigen §§ 133 Nr. 1, 135 Verwaltungsinterna sein), Motive II S. 356 (§ 123), Protokolle S. 88, 170 (§ 124).

I. Der Rechtsbestand einer Handlung des Konkursverwalters hängt von ihrer tatsächlichen Vorteilhaftigkeit nicht ab, findet aber eine Schranke in der Aufgabe des Verwalters, die Konkursmasse zur Befriedigung der Gläubiger gesetzmäßig zu verwerten (§§ 3, 6, 117). Handlungen, die **außerhalb** dieses durch den Zweck der Konkursverwaltung begrenzten Machtbereiches des Verwalters liegen, sind unwirksam [§ 6 Anm. 24f. mit teilweise neuer Begründung von Lent; §§ 133 f. Anm. 2]. Zu dieser nach außen wirksamen Begrenzung der Befugnisse des Konkursverwalters vgl. auch Mentzel-Kuhn Anm. 1 sowie neuerdings Lent KTS 1956 S. 161ff., 1957 S. 27ff.; gegen ihn Berges KTS 1957 S. 49 Anm. 3; vgl. auch Mohrbutter-Haarmann Leitfaden S. 113. Handlungen **im Rahmen** seiner gesetzlichen Befugnisse dagegen sind auch dann vollwirksam, wenn sie ohne die erforderliche Genehmigung oder ungeachtet ihrer Versagung (§§ 133, 134), wenn sie ohne zuvorige Verständigung des Gemeinschuldners (§ 135 I) oder ungeachtet eines gerichtlichen Einspruchs (§§ 99, 135 II) vorgenommen worden sind: die §§ 133 bis 135 haben nur Bedeutung **für den inneren Geschäftsgang**, nicht für die Wirksamkeit der Handlungen des Verwalters nach außen. Anwendungsfälle: RG Bolze 21 Nr. 871, JW 1896 S. 601 Nr. 20, JW 1902 S. 444f. Nr. 8, SächsA 15 S. 203, Bd. **63** 213. Gegensatz: § 137 Anm. 2. „Unmöglich", so bemerken die Motive II S. 356 „kann dem Publikum die Prüfung zugemutet werden, ob ein Gläubigerausschuß bestellt, ob vorschriftsmäßig die Gläubigerversammlung berufen, ob ordnungsmäßig der Beschluß des Ausschusses oder der Versammlung zustande gekommen ist, in welcher Lage der Konkurs sich befindet, welche Gründe zu einem Verkaufe drängen, ob das in Rede stehende Rechtsgeschäft zu der einen oder zu der anderen oder zu keiner der beiden Kategorien der §§ 133, 134 zu rechnen ist." 1

Verstöße gegen die Vorschriften der §§ 133—135 haben daher nur innenrechtliche Folgen, indem sie den pflichtwidrig handelnden Verwalter einer 2

Haftung auf Schadensersatz und einer aufsichtsrechtlichen Verantwortlichkeit aussetzen: er wird der Konkursmasse, etwa nach eigenmächtiger und überstürzter Veräußerung des Geschäfts oder Warenlagers [§ 82 Anm. 11], bei rein persönlicher Schädigung dem verletzten Schuldner oder Gläubiger haftbar (§ 82); er kann durch Ordnungsstrafe zur Erfüllung der Amtspflicht angehalten und wegen Pflichtverletzung seines Amtes enthoben werden (§ 84). Nicht selten wird der Verwalter dadurch zu einer nichtgenehmigten, aber durch den Konkurszweck gebotenen Maßregel gedrängt, daß in der Gläubigerversammlung trotz ordnungsmäßiger Berufung **kein Gläubiger erscheint**. Nur allzuoft ist in der ersten Gläubigerversammlung wie im Schlußtermine der Verwalter allein anwesend. Sein auf der Tagesordnung stehender Antrag, den Verkauf des Geschäfts im ganzen (§ 134 Nr. 1) oder die Überweisung uneinziehbarer Außenstände (§ 162) zu genehmigen, kommt alsdann überhaupt nicht zur Verhandlung. Das Konkursgericht ist außerstande, die Genehmigung durch Gerichtsbeschluß zu ersetzen. Der Verwalter aber muß Maßnahmen, die er nach pflichtmäßigem Ermessen zur ordnungsmäßigen Erfüllung seiner Aufgabe für geboten hält, auf eigene Verantwortung vollziehen (§§ 82, 117). Der Vorwurf der Eigenmacht trifft ihn solchenfalls nicht. Die Wirksamkeit der Handlung selbst wird durch den Mangel der Genehmigung überhaupt nicht berührt [Anm. 1]. In Fällen des § 132 bleibt, bis es zu einem gültigen Versammlungsbeschlusse kommt, eine vorläufige Regelung nach § 129 maßgebend.

3 II. Da die Vorschriften der §§ 133—135 nur innenrechtliche Bedeutung haben, braucht der Verwalter ihre Beobachtung weder seinem Geschäfts- oder Prozeßgegner noch dem Prozeß- oder Vollstreckungsgericht, dem Grundbuchamt [§ 114 Anm. 3] oder einer sonstigen Behörde gegenüber **nachzuweisen**. Im Prozesse kann daher weder der Gegner noch das Gericht den Mangel der Genehmigung (§ 133 Nr. 2) oder der vorgängigen Verständigung des Gemeinschuldners (§ 135 II) beanstanden: die Genehmigung hat als Innenvorgang nicht den Sinn einer Dritte angehenden „besonderen Ermächtigung zur Prozeßführung" (§§ 51, 56 ZPO; RG Bd. **20** 110, Mentzel-Kuhn). So können im Konkurs einer Verbandsperson die vom Verwalter auf Zahlung rückständiger Beiträge verklagten Mitglieder den Mangel der erforderlichen Prozeßgenehmigung nicht mit Erfolg beanstanden, Mitglieder einer im Konkurse stehenden Genossenschaft auch dann nicht, wenn der Gläubigerausschuß, der die Prozeßgenehmigung zu erteilen hat, dem Gebote des § 103 GenG zuwider gar nicht bestellt worden ist (OLG Jena LZ 1910 Sp. 330). Das Grundbuchamt muß sogar einen die Verfügung nach § 135 II verbietenden Beschluß unbeachtet lassen (KG OLG 35 S. 259). Auch das Konkursgericht hat sich, wenn im Vergleichstermine die Stimme eines Gläubigers durch dessen Konkursverwalter oder einen von ihm Bevollmächtigten für den Zwangsvergleich abgegeben wird, um die nach § 133 Nr. 2 erforderliche Ausschußgenehmigung [§ 133f. Anm. 11] nicht zu kümmern. Siehe Levy KonkTreuh. 1927 S. 186. Der Konkursverwalter selbst kann sich, nachdem er durch das eigenmächtige Verpflichtungsgeschäft (z. B. den Verkauf) die Masse wirksam gebunden hat (§ 59 Nr. 1), der Erfüllung (z. B. der Übereignung) nicht dadurch entschlagen, daß er sich auf den Mangel der Genehmigung beruft. Selbst eine positive Kenntnis des Geschäftsgenossen von der Verletzung des §§ 133—135 beeinträchtigt die Gültigkeit eigenmächtiger Rechtshandlungen des Verwalters nicht. Der andere Teil darf sich dabei beruhigen, daß der Verwalter die Verantwortung für seine Eigenmacht auf sich nimmt [§ 133f. Anm. 3]. Für die Annahme, daß der Konsensmangel nur „gutgläubigen" Dritten unschädlich sei, läßt die uneingeschränkte Fassung des § 136 keinen Raum; zust. KG OLG 35 S. 259, Mentzel-Kuhn, Böhle-Stamschräder Anm. 3. Auch würde jeder Anhalt dafür fehlen, ob nur das Kennen selbst oder auch fahrlässige oder wenigstens grobfahrlässige Unkenntnis den guten Glauben ausschließen sollte. Daß der Dritte (besonders als Teilnehmer an einer unerlaubten Handlung) schadensersatzpflichtig werden kann, ist eine Sache für sich.

Hat der Konkursverwalter ein genehmigungsbedürftiges Rechtsgeschäft unter dem ausdrücklichen Vorbehalt einer nachträglichen Billigung durch den Gläubigerausschuß oder die Gläubigerversammlung abgeschlossen, so fragt es sich, wie der Vorbehalt gemeint ist. Er hat regelmäßig die Bedeutung einer aufschiebenden Bedingung im Sinne des § 158 BGB und zwar einer echten, nicht einer bloßen Rechtsbedingung, da ja das Gesetz selbst das Wirksamwerden der Handlungen nicht auf die Genehmigung abstellt. Zust. Mentzel-Kuhn, Böhle-Stamschräder Anm. 3. Ein so gemeinter Vorbehalt würde freilich bedingungsfeindliche Rechtsgeschäfte, etwa im Falle des § 134 Nr. 1 die Auflassung, ohne Rücksicht auf die Genehmigung unwirksam machen (§ 925 II BGB). Das wirksam bedingte Rechtsgeschäft dagegen kommt nur dann nicht zustande, wenn die als Bedingung gesetzte Zustimmung versagt wird. Denkbar ist aber auch, daß der Vorbehalt nicht den Sinn einer Bedingung hat. Dann läßt die Versagung des Konsenses den Rechtsbestand des Geschäfts unberührt. So liegt die Sache, wenn der Verwalter die Verantwortung für sein eigenmächtiges Handeln auf sich nimmt und im Vorbehalt nur zum Ausdrucke bringt, daß er sich um die Erwirkung nachträglicher Zustimmung zu seiner persönlichen Deckung bemühen werde. Bei arglistiger Täuschung des Geschäftsgenossen kann der § 123 BGB anwendbar sein. 4

§ 137

Wenn ein Gläubigerausschuß bestellt ist, und die Gläubigerversammlung nicht ein anderes beschließt, bedürfen Quittungen des Verwalters über den Empfang von Geldern, Wertpapieren oder Kostbarkeiten von der Hinterlegungsstelle und Anweisungen des Verwalters auf die Hinterlegungsstelle zu ihrer Gültigkeit der Mitzeichnung eines Mitgliedes des Gläubigerausschusses.

Materialien: Motive I Bd. 2 S. 86, Motive II S. 353 (§ 124), Protokolle S. 88, 171 (§ 125).

Erhebung hinterlegter Massewerte

I. Der § 137 **bezweckt** den Schutz der Konkursmasse gegen eine mißbräuchliche Erhebung hinterlegter Massewerte durch den Konkursverwalter. Die Vorschrift bezieht sich nur auf den Verkehr des Verwalters mit der nach den §§ 129 II, 132 I [Anm. 2] bestimmten — privaten oder amtlichen — Hinterlegungsstelle, also namentlich auf die Abhebung von Geldern, die der Verwalter für Rechnung der Masse eingenommen und alsdann nach Maßgabe der §§ 129, 132 hinterlegt hatte, nicht auf die Einziehung von Außenständen der Masse, also nicht auf den Verkehr des Verwalters mit der Allgemeinheit (wie etwa auf die Quittierung eines Kaufpreises, einerlei, ob der Zahlende noch vom nachmaligen Gemeinschuldner oder erst vom Konkursverwalter gekauft hatte), aber auch nicht auf die Einziehung der schon zur Zeit der Konkurseröffnung bei amtlichen Stellen (z. B. einer staatlichen Hinterlegungsstelle) für den Gemeinschuldner im Verwahr befindlichen Gelder (vgl. Motive II S. 353, Protokolle S. 88, Neumann Recht 1904 S. 279). Die Begriffe „Gelder, Wertpapiere und Kostbarkeiten" haben den gleichen Sinn wie in den §§ 129 I, 132 I [§ 129 Anm. 11]. Die Beschränkung des § 137 greift nur beim Vorhandensein eines Gläubigerausschusses Platz [§ 87 Anm. 3] und kann, auch wenn ein solcher besteht, durch Beschluß der Gläubigerversammlung (Einspruch des Gerichts: § 99), nicht durch den Ausschuß selbst und nicht etwa durch Vereinbarung des Verwalters mit der Hinterlegungsstelle, ganz oder teilweise (z. B. für Erhebungen bis zu einem bestimmten Betrag) außer Anwendung gesetzt werden. Ist ein Gläubigerausschuß nicht bestellt, so kann die Gläubigerversammlung dem Verwalter eine dem § 137 ähnliche Bindung nicht auferlegen. Denn die Gläubigerversammlung hat nur die ihr ausdrücklich zugewiesenen Befugnisse [§ 93 Anm. 2]. Der Verzicht auf die Bestellung eines Gläubigerausschusses bedeutet also zugleich einen Verzicht auf den Schutz des § 137 (Motive aaO.). 1

2 **II.** Das Gesetz geht, den tatsächlichen Verhältnissen entsprechend, von der Annahme aus, daß die Hinterlegungsstelle nur gegen Quittung oder auf schriftliche Anweisung zahlt, und verschärft zur Verhütung mißbräuchlicher Erhebungen dieses — als selbstverständlich betrachtete — Erfordernis dahin, daß **jede** Erhebung zu ihrer Wirksamkeit der **durch ein Ausschußmitglied gegengezeichneten** Quittung oder Anweisung des Verwalters bedarf (Seuffert S. 323). „Quittung" und „Anweisung" stellt der § 137 auf eine Stufe. Das will sagen: wie die eigene Erhebung durch den Verwalter bedarf die von ihm einem Dritten erteilte Ermächtigung, auf Konto der Masse zu erheben, „zu ihrer Gültigkeit" der Mitzeichnung eines Ausschußmitglieds.

1. Leistet die Hinterlegungsstelle ohne Beobachtung dieser Form, dann leistet sie **auf ihre Gefahr.** Sie hat also zu gewärtigen, daß sie nicht befreit wird, sondern noch einmal leisten muß, wenn der Konkursverwalter (mag er auch seinerseits nach § 82 KO haftbar werden) den abgehobenen oder überwiesenen Betrag veruntreut, mag er ihn auch zunächst für Rechnung der Masse erhoben haben (RG LZ **1914** Sp. 393f. Nr. 12). Indem der § 137 einer Quittierung durch den Verwalter allein die Gültigkeit abspricht, schränkt er im Unterschiede von den §§ 133—135 die gesetzlichen Befugnisse des Verwalters (§ 6) ein und versagt damit der eigenmächtig von ihm quittierten Zahlung selbst die befreiende Wirksamkeit, keineswegs nur (wie Hellmann S. 463 meint) der Quittungsurkunde die Beweiskraft. So bildet der § 137 eine Ausnahme von der Regel des § 136, derzufolge die Bindungen des Verwalters durch die §§ 133—135 nur innenrechtliche Bedeutung haben. Zust. RG Bd. **80** 38. Das ergibt mit Bestimmtheit der Schutzzweck unserer Vorschrift, der nicht erreicht würde, wenn die Hinterlegungsstelle sich durch jeden sonstigen Beweis der Zahlung an den Verwalter zu entlasten vermöchte. Sie muß sich also entweder der Mitunterschrift eines Ausschußmitglieds — mündliche Ermächtigung genügt nicht (abw. Kohler Lehrbuch S. 416, Wolff Anm. 4) — oder des Nachweises versichern, daß zur Zeit der Erhebung (nicht der Hinterlegung) kein Gläubigerausschuß vorhanden oder aber der Verwalter von der Gläubigerversammlung zu selbständigem Handeln ermächtigt ist (Motive II S. 353). Den Nachweis führt der die Gelder abhebende Verwalter am einfachsten durch Vorlegung einer Bescheinigung des Konkursgerichts. Auskunft darüber, ob ein Gläubigerausschuß bestellt und aus welchen Personen er zusammengesetzt ist, haben Konkursgericht und Verwalter der Hinterlegungsstelle zwar auf Anfrage zu erteilen; von Amts wegen sind sie jedoch zur Anzeige nicht verpflichtet (Fitting § 23 Nr. 54; abw. hinsichtlich des Gerichts v. Völderndorff II S. 348, hinsichtlich des Verwalters Seuffert S. 325). Das Reichsgericht (Bd. **54** 209) läßt die Streitfrage unentschieden (S. 213). Der Zusammenhang des Gesetzes ergibt, daß der § 137 eine nach Maßgabe des § 129 II (Satz 1: vom Gericht, Satz 2: vom Gläubigerausschuß) oder des § 132 I (von der Gläubigerversammlung) angeordnete Hinterlegung voraussetzt (insoweit zutreffend RG Bd. **54** 212, ferner Bd. **80** 38). Sonst aber verlangt das Gesetz nichts weiter, als daß infolge einer solchen Anordnung wirklich auch Gelder, Wertpapiere oder Kostbarkeiten erkennbar als Bestandteile einer Konkursmasse hinterlegt worden sind (z. B. zwar auf den Namen des Verwalters, aber mit dem Zusatze „Konkurs N. N."). Daß die Beschlüsse der §§ 129 II, 132 I noch eigens der Hinterlegungsstelle mitgeteilt werden müssen (so RG aaO.), ist nirgends gesagt und auch „aus allgemeinen Grundsätzen" nicht abzuleiten. Irgendein auch nur stillschweigendes Übereinkommen mit der Hinterlegungsstelle setzt der § 137 nicht voraus. Mit Recht nimmt daher das RG Bd. **80** 37ff (vgl. auch RG Bd. **143** 267) unter ausdrücklicher Aufgabe seines ursprünglichen Standpunkts an, daß jede — einerlei, wie; einerlei, ob vor oder nach Einzahlung der Gelder erlangte — Kenntnis der Hinterlegungsstelle von dem Beschlusse des § 132 I oder von der Anordnung des § 129 II die Anwendbarkeit des § 137 rechtfertigt (S. 39), ja daß „eine Haftung der Hinterlegungsstelle wegen Verstoßes gegen § 137 unter Umständen selbst dann bejaht werden müsse, wenn ihr eine solche Kenntnis nicht „nachgewiesen werden könne", ihr aber zuzumuten sei; denn sie habe die Pflicht, Erkundigungen einzuziehen (S. 40). Ihr obliegt es

auch zu prüfen, ob der Zahlungsempfänger zur Zeit des Empfangs Konkursverwalter (vgl. § 81 II) und ob der Mitunterzeichner der Quittung Mitglied des Gläubigerausschusses ist (ebenda S. 41). Es ist Sache der Leitung der Hinterlegungsstelle, dem Kassenpersonal für die Anlage von Konkursgeldern die notwendigen Anweisungen zu geben; kommt die Hinterlegungsstelle durch eine gegen § 137 verstoßende Abhebung zu Schaden, weil sie nochmals leisten muß [Anm. 2], so kann sie gegen den Kassenangestellten in der Regel nicht im Regreßwege vorgehen, da von diesem nicht ohne weiteres die Kenntnis dieser Bestimmung verlangt werden kann (OLG Königsberg KonkTreuh. 1936 S. 14). Die ordnungsgemäß bestimmte „Hinterlegungsstelle" kann aber auch zu verzinslicher Anlegung benützt werden (so zutr. RG Bd. **54** 211f.); sie kann sich in diesem Falle gegenüber der zwingenden Vorschrift des § 137 nicht auf einen Vordruck des Kontobuches berufen, wonach sie befugt sei, an dessen Vorzeiger ohne Prüfung seiner Legitimation zu zahlen (RG aaO.). Ob die Verantwortlichkeit der Hinterlegungsstelle aus § 137 entfällt, wenn der sie bestimmende Beschluß der Gläubigerversammlung (§ 132 I) nach Verstoß gegen den § 98 ergangen war, ist streitig. Bejahend OLG Königsberg JW 1931 S. 2588 Nr. 21, bekämpft von Kleinfeller in der Note dort. Näheres zu dieser Frage: § 98 Anm. 1. Selbstverständlich unterliegt die Befugnis des Verwalters der Schranke des § 137 auch dann, wenn er die angeordnete Hinterlegung bei einer anderen als der ihm vorgeschriebenen Stelle betätigt hat. Soweit vorschriftswidrig abgehobene Beträge „tatsächlich für die Masse verwendet worden sind", nimmt RG **80** 41 Befreiung der Hinterlegungsstelle an. Das fordern Treu und Glauben. Das entspricht auch dem Gedanken des § 8 I. Im Einklange mit ihm dürfte daher zu sagen sein: die Hinterlegungsstelle wird befreit, soweit das Geleistete endgültig der Konkursmasse zugute gekommen ist. Die Beweislast trägt wie im Falle des § 8 I der Leistende, also die Hinterlegungsstelle. Zur Haftung des Konkursverwalters (§ 82) gegenüber der Hinterlegungsstelle wegen einer gegen § 137 verstoßenden Abhebung, die zu ihrer nochmaligen Inanspruchnahme führt, siehe § 82 Anm. 10 u. 11, zur Haftung der Mitglieder des Gläubigerausschusses siehe § 89 Anm. 3a sowie § 88 Anm. 2.

2. Da der § 137 den Zweck verfolgt, die Masse gegen Untreue des Verwalters zu schützen, kann seine Anwendbarkeit durch Vereinbarung zwischen Verwalter und Hinterlegungsstelle nicht ausgeschlossen werden. Insofern hat die Vorschrift zwingende Kraft. RG Bd. **54** 212, **80** 38. Sie wirkt sich regelmäßig so aus, daß nach der Veruntreuung von Werten, die entgegen dem § 137 an den Verwalter allein ausgeliefert worden waren, der Nachfolger im Verwalteramt erneute Zahlung zur Konkursmasse verlangt. Der Anspruch ist die ursprüngliche Forderung aus der Hinterlegung [vgl. auch § 89 Anm. 3a]. Er steht dem Masseträger als solchem zu (§ 6) und könnte auch noch nach Konkursbeendigung von ihm für eigene Rechnung verfolgt werden (§§ 192, 206 I). Mentzel-Kuhn Anm. 3, Böhle-Stamschräder. Vgl. RG Bd. **81** 121. 3

3. Die Gläubigerversammlung und nur sie kann zwar die Gewähr des § 137 ganz beseitigen oder abschwächen [Anm. 1], nicht aber — da es sich um den dritten Verwahrer handelt — das gesetzliche Erfordernis der Mitunterschrift eines, d. h. irgend eines Ausschußmitglieds noch verschärfen. Sie kann weder die Mitzeichnung mehrerer noch diejenige von bestimmten Mitgliedern für notwendig erklären (Kohler Lehrbuch S. 415; abw. Wolff Anm. 1). Hat der Ausschuß bei der Geschäftsverteilung die Gegenzeichnung bestimmten Mitgliedern zugewiesen [§ 88 Anm. 2], so sind der Hinterlegungsstelle gegenüber doch auch die übrigen zeichnungsermächtigt, selbst wenn der Ausschuß die Hinterlegungsstelle verständigt hat (abw. Seuffert S. 324). Das gegen die Geschäftsordnung zeichnende Mitglied kann aber nach § 89 schadensersatzpflichtig werden (Petersen-Kleinfeller Anm. 3). 4

III. Anweisungen im Sinne unserer Vorschrift können unstreitig auch Schecks oder kaufmännische Anweisungen (§§ 363ff. HGB) sein. Sie können aber auch in Gestalt von Wechseln erfolgen, die der Verwalter auf die Hinterlegungsstelle 5 zieht (v. Völderndorff II S. 347 unter e, Fitting aaO., Endemann § 68 N. 31, Kohler Lehrbuch S. 416, Seuffert S. 324; abw. Petersen-Kleinfeller Anm. 3, v. Sarwey-Bossert Anm. 3). Die Schutzvorschrift des § 137 wäre mitLeichtigkeit zu umgehen, wenn sie gerade diesen Hauptfall der Anweisung nicht treffen würde. Auch spricht der Umstand, daß die im § 136 I des Entwurfs einer Gemeinschuldordnung vorgesehene Verweisung auf die Art. 301, 303, 305 (jetzt §§ 363—365) HGB keine Aufnahme in das Gesetz gefunden hat, für unsere Auffassung. Die Hinterlegungsstelle darf daher bei Gefahr doppelter Inanspruchnahme nur auf den von einem Ausschußmitgliede gegengezeichneten Wechsel des Verwalters Zahlung leisten. Wechselmäßig verpflichtet wird die Hinterlegungsstelle freilich auch durch die Annahme eines vom Verwalter allein gezogenen Wechsels. Vgl. Anm. 1.

Vierter Titel

Schuldenmasse

(§§ 138—148)

§ 138

Die Frist zur Anmeldung der Konkursforderungen beträgt zwei Wochen bis drei Monate. Der Zeitraum zwischen dem Ablaufe der Anmeldefrist und dem allgemeinen Prüfungstermine soll mindestens eine Woche und höchstens zwei Monate betragen.

Materialien: Motive I Bd. 2 S. 90ff., Motive II S. 357ff., Protokolle S. 90, 171f., Begründung S. 42f.

I. Begriff der Schuldenmasse 1

Schuldenmasse im Sinne der §§ 138—148 ist die Gesamtheit der im schwebenden Verfahren als Konkursforderungen zu berücksichtigenden Verbindlichkeiten. Aussonderungsansprüche (§§ 43ff.), Absonderungsansprüche als solche (§§ 47ff.) und Massegläubigerrechte (§§ 57ff.) gehören nicht zur Schuldenmasse im Sinne des vierten Titels und sind daher dem Anmeldungs-, Prüfungs- und Feststellungsverfahren der §§ 138ff. unzugänglich. Doch muß in Zweifelsfällen eine vorsorgliche Anmeldung statthaft sein (OLG Dresden LZ 1925 Sp. 496). Vorbild der reichsgesetzlichen Regelung waren die §§ 164ff. der preußischen KO v. 1855, „die Glanzpunkte" dieses Gesetzes (Motive II S. 357). Sie stellten eine Fortentwicklung der in den Art. 491ff. c. com. enthaltenen Regelung des französischen Rechts dar (Koch PreußKO[2] S. 160) und haben im Reichsrecht eine vollendete Ausgestaltung erfahren. Das gilt besonders für die Einrichtung der Konkurstabelle und für die Wirksamkeit der Tabellvermerke (§§ 140, 145, 146 VII, 164, 165, 206) sowie für die Behandlung der Nachzügler (§§ 142, 155). Das Reichsrecht bedeutet einen großen Fortschritt gegenüber dem gemeinrechtlichen Liquidationsverfahren „zur Konstituierung der Passivmasse" mit seinem Präklusivbescheid und dessen Kehrseite, den Restitutionen (Fuchs Konkursverfahren 1863 S. 105ff.). Das geltende Recht lehnt nicht nur den grundsätzlichen Ausschluß säumiger Anmelder (samt der durch ihn gebotenen Wiedereinsetzung), sondern auch die Feststellung aller Passiven in einem einheitlichen Erkenntnis (Fuchs aaO. S. 119) ab. Verwerfung der vis attractiva concursus: Vorbem. 5 z. 2. Buch sowie § 71 Anm. 20.

Alle **Konkursforderungen** und nur Konkursforderungen sind nach Maßgabe der §§ 12, 138ff. anzumelden, zu prüfen und festzustellen, auch wenn dem Konkursverfahren ein Vergleichsverfahren vorhergegangen ist. Begriff der Konkursforderungen: § 3 Anm. 1ff.; Anmeldung durch Gesamtgläubiger und Pfandgläubiger: § 67 Anm. 8f. Inhalt der Anmeldung: § 139. Konkursforderungen müssen angemeldet werden, einerlei, ob sie auf Gründen des bürgerlichen oder (wie z. B. Steueransprüche) öffentlichen Rechts beruhen (ObLG Z. f. d. Notariat 1903 S. 217f., LG Konstanz BadRpr. 1903 S. 163), einerlei, ob sie einfach oder bevorrechtet (§ 139) sind und ob sie im zweiten Falle ein allgemeines oder ein besonderes Vorrecht [§ 61 Anm. 1] genießen. Auch Konkursforderungen minderen Rechts (§§ 226, 236) gehören hierher. Ansprüche aus dinglichen Rechten sind anmeldbar, sofern sie Konkursforderungen bilden, etwa als 2

Schadensersatzansprüche (vgl. §§ 902, 989ff. BGB). Auch solche Konkursforderungen, die bereits urteilsmäßig, ja sogar rechtskräftig zuerkannt sind, müssen angemeldet und so dem Prüfungsverfahren unterworfen werden. Sie können ja inzwischen ganz oder teilweise erloschen, sie können ordentlichen und außerordentlichen Anfechtungsbehelfen ausgesetzt sein, die nicht unterbunden werden dürfen. Nur wird die konkursmäßige Befriedigung einer schon zugriffsreifen Forderung durch bloßes Bestreiten nicht aufgehalten (§ 146 VI). „Feststellung" unanmeldbarer Ansprüche: § 145 Anm. 7. Schuldverschreibungsgläubiger: § 139 Anm. 7 und 11. Wer aufrechnen kann, braucht nicht anzumelden [§ 53 Anm. 30]. Wer schon vor Konkursbeginn befriedigt wurde, ist kein Konkursgläubiger mehr, mag er auch die Befriedigung nur kraft vorläufiger Vollstreckbarkeit erlangt haben [§ 3 Anm. 17].

2a Der Anstoß zur Bildung der Schuldenmasse muß von den Konkursgläubigern ausgehen, denen es überlassen bleibt, sich durch die nach dem Gesetz unumgängliche Anmeldung am Verfahren zu beteiligen (§ 12 mit §§ 138ff.) und Widersprüche im Regelbereiche des § 146 I niederzukämpfen. Ihre Konkursteilnahme anzuregen, ist nicht Aufgabe des Konkursverwalters, auch nicht insoweit, als ihm bei seiner Amtstätigkeit (§ 124) Konkursforderungen bekannt werden. Dies gilt für Ansprüche des öffentlichen Rechts nicht minder als für solche des bürgerlichen Rechts. Eine gewisse Einschränkung erfährt dieses Prinzip allerdings durch die Steuererklärungspflicht des Konkursverwalters nach Maßgabe der §§ 103, 104 RAbgO, welche sich auch auf die vor Konkurseröffnung entstandenen, also zu den Konkursforderungen zählenden Steuerforderungen bezieht [vgl. § 6 Anm. 7]. Jedoch besteht diese Verpflichtung nur, „soweit seine Verwaltung reicht", also zeitlich und gegenständlich nur für deren Gebiet. Da es aber nicht seine Aufgabe, sondern Sache der Konkursgläubiger ist, auf eine möglichst vollständige Geltendmachung der gegen den Gemeinschuldner gerichteten Ansprüche hinzuwirken, ist er nicht als verpflichtet anzusehen, die vom Gemeinschuldner für die Zeit vor der Konkurseröffnung abgegebenen Steuererklärungen zu ergänzen oder zu berichtigen, wenn ihm diesbezügliche Mängel bekannt werden (RFH Gr.Sen.Gutachten v. 4. 12. 1933 Bd. **35** S. 41ff., JW 1934 S. 315; Kühn RAbgO[4] § 104 Anm. 2). Die gegenteilige Annahme würde dem Verwalter eine untragbare Verantwortlichkeit aufbürden (§ 109 RAbgO, § 82 KO) und ihn in eine schiefe Stellung zum Gemeinschuldner bringen.

II. Anmeldefrist

3 1. Die Anmeldefrist, die nach § 110 I KO schon „bei" Eröffnung des Konkursverfahrens zu bestimmen ist, hat mindestens zwei Wochen und höchstens drei Monate zu betragen (Satz 1). Innerhalb dieser Grenzen waltet das freie Ermessen des Konkursgerichts [siehe aber Anm. 6]. Die Herabsetzung der Mindestfrist von ursprünglich 3 Wochen auf 2 Wochen (Novelle v. 1898) sollte die Verbindung des Wahltermins mit dem Prüfungstermin [§ 110 Anm. 2] auch bei strenger Einhaltung der gesetzlichen Schranken (§§ 110 I, 76 I) ermöglichen (Begründung S. 42f., siehe übrigens schon Protokolle S. 171f.). Die Frist ist öffentlich bekannt zu machen und überdies Gläubigern mit bekanntem Wohnort durch besondere Zustellung mitzuteilen (§ 111). Sie kann auf zweierlei Art anberaumt werden: entweder wird nur der Endpunkt der Frist festgelegt („Konkursforderungen sind bis zum 22. September l. Js. einschließlich beim unterzeichneten Gericht anzumelden") oder es wird ein Zeitraum bestimmt, der dann zufolge § 76 I mit Ablauf des zweiten Tages nach der ersten öffentlichen Bekanntmachung beginnt und dessen Ende nach Maßgabe des § 222 ZPO (§ 72 KO) mit § 188 BGB zu berechnen ist („Konkursforderungen sind binnen drei Wochen beim unterzeichneten Gericht anzumelden"). Die erstere Art der Fristbestimmung erspart dem Gläubiger die Berechnung und verdient entschieden den Vorzug. Sie bildet in der Praxis auch die Regel. Schrader-Bauer Handb.[2] S. 35 Muster F III 34. Bestimmt das Gericht den Endtermin, so muß es berücksichtigen, daß die Mindest-

frist erst von der nach § 76 I bewirkten Bekanntmachung des Konkurses ab ihren Lauf beginnt. Die Zweiwochenfrist erweitert sich also um den Zeitraum, der vom Tage der Terminsbestimmung (§ 110) bis zur „Bewirkung" der Bekanntmachung noch verstreicht. Anmeldungen können übrigens wirksam — besonders mit der Rechtsfolge der Verjährungsunterbrechung [§ 25 Anm. 14ff.] — bereits in der Zeit zwischen der Eröffnung des Konkurses und dem Wirksamwerden der Bekanntmachung (§ 76 I) betätigt werden. Vor Konkursbeginn aber, also z. B. gleichzeitig mit der Beantragung des Konkurses, wäre eine Anmeldung unwirksam. Besonderheit: § 229 (§ 236). Die Geschäftsstelle hat verfrühte Anmeldungen alsbald mit dem Beifügen zurückzusenden, daß Konkurs nicht (noch nicht) eröffnet sei. Steht freilich die Eröffnung unmittelbar bevor, so wird die Anmeldung behufs demnächstiger Erledigung zu den Akten zu nehmen, als Anmeldungstag aber der Eröffnungstag anzusehen sein.

2. Die Anmeldefrist ist keine Notfrist: gegen ihre Versäumung findet keine Wieder- 4
einsetzung nach § 233 ZPO statt. Die Gerichtsferien haben allerdings auch auf die Anmeldefrist keinen Einfluß (§ 202 GVG). Die Anmeldefrist ist ferner keine Ausschlußfrist: auch verspätet angemeldete Forderungen können im Konkurse zum Zuge gelangen [§ 142 Anm. 1]. Doch muß deren Prüfung im allgemeinen Prüfungstermin unterbleiben, wenn ihr der Verwalter oder ein Konkursgläubiger widerspricht (§ 142 I). Darum hat der Nachzügler — wenigstens bei gesetzentsprechender Fristbestimmung [§ 142 Anm. 5] — die Kosten eines besonderen Prüfungstermins zu gewärtigen (§ 142 III). Auch muß er den Konkurs in der Lage hinnehmen, in der er ihn antrifft, also z. B. Gläubigerschaftsbeschlüsse, die er bei rechtzeitiger Anmeldung hätte vereiteln können, oder Entscheidungen des Konkursgerichts, die er hätte anfechten können, gegen sich gelten lassen. Endgültig geschlossen ist der Kreis der Konkursteilnehmer, sobald die „Ausschlußfrist" für die Schlußverteilung abgelaufen ist (§§ 152, 155), dann auch für etwaige Nachtragsverteilungen (§ 166 Satz 1). Konkursgläubiger, die ihre Forderungen jetzt erst anmelden, werden im schwebenden Konkurse nicht mehr berücksichtigt. Eine Feststellung aber können auch sie noch erwirken [§ 142 Anm. 2].

3. Auf das Erfordernis rechtzeitiger Anmeldung wird die Allgemeinheit der Kon- 5
kursgläubiger schon durch den Eröffnungsbeschluß hingewiesen (§ 110 I mit § 111 I). Weder dem Konkursgericht noch dem Konkursverwalter obliegt die Pflicht, einzelne Gläubiger zur Anmeldung aufzufordern [Anm. 1]. Beiden aber steht eine Belehrung frei, wie sie etwa gegenüber Gläubigern angebracht sein kann, deren Rechtsunkenntnis sich im Verkehr mit Gericht oder Verwalter offenbart hat. Dem Verwalter im besonderen kann auf Grund solcher Aufklärung nicht der Vorwurf gemacht werden (§ 82), er habe auf Kosten der Allgemeinheit die Schuldenmasse vermehrt. Zust. Stein DRiZ 1955 S. 241. Dagegen ist der Konkursverwalter nicht berechtigt, die Forderung eines säumigen Gläubigers für diesen anzumelden (Stein aaO. S. 241f.; a. A. Wülfing DRiZ 1956 S. 58: in ganz besonders gelagerten Ausnahmefällen). Siehe auch § 139 Anm. 6.

III. Zwischenfrist

Zwischen dem Ablaufe der Anmeldefrist und dem allgemeinen Prüfungs- 6
termine (§ 110) soll [Anm. 7] ein Zwischenraum von mindestens einer Woche und höchstens zwei Monaten liegen (Satz 2). Der Zwischenraum ist so weit zu bemessen, daß einerseits die Konkurstabelle innerhalb des ersten Drittels angefertigt und dem Verwalter in Abschrift mitgeteilt werden (§ 140 II), daß andrerseits der Verwalter sich ausreichend unterrichten kann. Terminsverbindung: §§ 110, 180; vgl. oben Anm. 3 und § 110 Anm. 2.

IV. Abweichende Fristbestimmung

Eine Verletzung der im § 138 — auch im Satz 1 — abgesteckten 7
Grenzen durch das Gericht macht das weitere Verfahren nicht un-

wirksam. Ist aber die Anmeldefrist (Satz 1) zu kurz oder zu lang bemessen, so kann jeder Beteiligte (Gemeinschuldner, Verwalter, Konkursgläubiger), der nach Lage des Falles beeinträchtigt ist, im Wege der sofortigen Beschwerde (§ 73 III) die Einhaltung der gesetzlichen Schranken erzwingen. Zust. Mentzel-Kuhn Anm. 5, Böhle-Stamschräder Anm. 3. Die Ausmessung des im zweiten Satze bezeichneten Zwischenraums unterliegt zwar dem Ermessen des Konkursrichters, dieses aber der Nachprüfung des Beschwerdegerichts [§ 73 Anm. 7]. Andrerseits ergibt die Fassung des zweiten Satzes als bloße Sollvorschrift, daß das Konkursgericht an den gesetzlichen Rahmen der Frist (vgl. § 224 II ZPO) nicht unter allen Umständen gebunden ist und daß es daher auch noch hinterher die Verlegung des zu nahe oder zu fern angesetzten Prüfungstermines auf Anregung eines Beteiligten oder von Amts wegen beschließen kann (§ 227 II ZPO). Es muß die Möglichkeit bestehen, in besonders großen Konkursen und bei besonders schwierigen oder wichtigen Verhältnissen dem Konkursverwalter zum Wohle der Gesamtgläubigerschaft die zur Prüfung erforderliche Vorbereitungszeit auch über die im Satz 2 bezeichnete Höchstgrenze hinaus offen zu halten. Zust. Böhle-Stamschräder Anm. 3.

§ 139

Die Anmeldung hat die Angabe des Betrages und des Grundes der Forderung sowie des beanspruchten Vorrechts zu enthalten. Sie kann bei dem Gerichte schriftlich eingereicht oder zum Protokolle der Geschäftsstelle angebracht werden. Die urkundlichen Beweisstücke oder eine Abschrift derselben sind beizufügen.

Materialien: Motive I Bd. 2 S. 92f., Motive II S. 359f., Protokolle S. 90f., 172.

Die Anmeldung der Konkursforderungen

Übersicht

1 **I. Wesentliche Anmeldungserfordernisse**

1. Wesentlicher d. h. die Wirksamkeit einer Anmeldung bedingender **Inhalt** ist dem Satz 1 zufolge die genaue Bestimmung des Anspruchs nach **Grund, Betrag und Vorrecht.**

a) **Grund** der Forderung ist der Sachverhalt, aus dem der Anmelder das in Anspruch genommene Konkursgläubigerrecht für sich herleitet, also die Gesamtheit der „Tatsachen", auf die er seinen Anspruch stützt. Die Angabe der rechtlichen Gesichtspunkte, nach denen diese Tatumstände zu würdigen sind, ist nicht erforderlich (RG Bd. **98** 14). Die Angabe muß so genau sein, daß sie den Anspruch als einzelnen kennzeichnet. Darin liegt eine tatsächliche und zugleich eine rechtliche „Individualisierung" der behaupteten Forderung. Beispiele: Ich melde an fünfhundert DM Kaufpreis für folgende im Dezember 1959 gelieferte Waren..., Darlehn vom 1. Juli 1959 mit Zinsen [Anm. 3], Vergütung für Dacharbeiten am Hause des Gemeinschuldners im Oktober 1959, aus Wechselannahme laut beiliegender Wechselabschrift. Daß der Anmelder das der Forderung zugrunde liegende Rechtsverhältnis mit dem rechtlichen Fachausdrucke bezeichne, also z. B. als Werkvertrag, wenn die Vergütung von Dacharbeiten beansprucht wird, verlangt der § 139 nicht. Noch weniger fordert er eine Angabe der gesetzlichen Vorschriften, auf die sich der Anspruch gründet. Wer mit dem Gemeinschuldner im Kontokurrentverkehr stand [§ 65 Anm. 8], kann nicht einzelne darunter fallende Ansprüche gerichtlich geltend machen. Er muß den Saldo ziehen und diesen (als Kreditsaldo) anmelden. Der Rechnungsabschluß bildet im Sinne des § 139 den vereinheitlichten Forderungsgrund. In ihm gehen alle Rechnungsposten auf. Da er sie sämtlich berücksichtigt, deckt die Saldoanmeldung die Ansprüche aus allen dem Kontokurrent unterliegenden Einzelgeschäften mit der Wirksamkeit, daß, wenn nachträglich das eine oder andere (etwa auf Grund des § 142 BGB) hinfällig wird, ein an Stelle der berücksichtigten Vertragsforderung getretener Bereicherungsanspruch zur Geltung kommt. Der Einwand, ein solcher sei nicht angemeldet, versagt, mag sich nun auch das Abrechnungsergebnis ändern. Siehe RG Bd. **93** 13; Düringer-Hachenburg-Breit HGB[3] § 355 Anm. 62, auch Mentzel-Kuhn Anm. 3. Zur Frage der Konkursanfechtung einzelner Rechnungsposten trotz einer nach § 145 II wirkenden Feststellung des angemeldeten Saldos vgl. § 145 Anm. 5. Über die Anmeldung von Leibrentengläubigern siehe § 3 Anm. 18, § 69 Anm. 3; über die von absonderungsberechtigten Konkursgläubigern § 64 Anm. 11. Am „Grunde" der Forderung ändert sich dadurch nichts, daß sie im Konkurs auf andere Art oder an anderem Orte zu erfüllen ist. Werden dem Gericht Urkunden mit der Anmeldung überreicht [Anm. 11], etwa ein den Anspruch zuerkennendes Urteil, ein den Saldo ergebender Kontoauszug, dann genügt zur Grundangabe ein Hinweis auf die Urkunde. Zust. Mentzel-Kuhn Anm. 3. So wohl auch die Bezugnahme auf Urkunden, die der Anmelder dem Verwalter ausgehändigt hat (vgl. RG Bd. **89** 45; Dresden LZ 1915 Sp. 1467 Nr. 7). Bei Wahlschulden mit Wahlbefugnis des Schuldners (§ 262 BGB) darf der Gläubiger nur alternativ anmelden: den Geldwert [Anm. 3] der einen oder der anderen Leistung [§ 69 Anm. 7]. Der Konkursverwalter übt das Wahlrecht des Schuldners aus. Die Ausübung hat spätestens bei der Prüfung (§ 141) zu geschehen. Sonst geht — dem § 264 BGB entsprechend — die Wahl auf den Anmelder über.

Ebenso wie die Rechtszuständigkeit (als „subjektive Seite") zum 2
„Grunde des erhobenen Anspruchs" im Sinne des § 253 II Nr. 2 ZPO gehört (Rosenberg, Lehrbuch[8] § 45 I 2, S. 193), ist sie auch Bestandteil des „Grundes der Forderung" im Sinne des § 139 KO. Ebenso Mentzel-Kuhn Anm. 4. Der Zusammenhang der §§ 139, 146 IV KO weist darauf hin, daß unter „Grund" der Forderung beidemal der Klagegrund verstanden wird (vgl. RG LZ 1911 Sp. 862 Nr. 10, BayZ 1920 S. 331f. XII). Der Anmelder hat also zu behaupten, daß die Forderung ihm oder dem, als dessen Recht er sie (etwa als Vertreter) geltendmacht, zustehe. Nimmt der Anmelder eine auf ihn von einem Vorgänger übertragene Forderung (besonders auf Grund der §§ 398ff., 413 BGB) in Anspruch, dann gehört also die Tatsache des Übergangs zum unerläßlichen Inhalte der Anmeldung. Nun ist es denkbar, daß ein und dieselbe Forderung von verschiedenen, einander bekämpfenden Anmeldern verfolgt wird. So beim Streit über die Wirksamkeit einer Zession zugleich vom Zedenten und vom Zessionar, beim Streit um das Erbrecht zugleich vom gesetzlichen und vom testamentarischen Erben. Streitigkeiten über die Rechtszuständigkeit sind wie solche über den Rechtsbestand im Prüfungs-, nicht im Anmeldungsverfahren zu erörtern (§ 141). In die Tabelle sind also beide Anmeldungen aufzunehmen [§ 141 Anm. 3], aber unter ausdrücklichem Hinweise darauf (Bemerkungsspalte), daß hier ein und dieselbe Forderung für verschiedene Anmelder in Anspruch genommen wird. Zust. Mentzel-Kuhn Anm. 4. Nicht nur der Schuldner (für den Konkursbereich dessen Verwalter), auch jeder konkurrierende Gläubiger hat ein Interesse an der Abwehr des Nichtberechtigten und darum die Bestreitungsbefugnis im Prüfungstermine. Sonst könnte ja keinem der Prätendenten einer an sich unbestreitbaren Forderung ein Widerspruch entgegengesetzt werden. Andrerseits darf man den Bestreitungsberechtigten nicht zumuten, die Kostengefahr mehrerer Feststellungsklagen, deren eine begründet sein muß, auf sich zu nehmen. Schutz bietet wie außerhalb des Konkurses der § 372 Satz 2 BGB. Das Prüfungsverfahren wird also so verlaufen: Die Forderung wird dem Bestand und Betrage nach anerkannt, der Rechtszuständigkeit nach vom Verwalter bestritten, aber auch insoweit nur mit der Beschränkung „bis zum Austrage des Streites unter den Anmeldern". Zust. Mentzel-Kuhn § 142 Anm. 3, Mohrbutter-Haarmann

Leitfaden S. 169. Zugunsten des Siegers hinterlegt der Konkursverwalter die auf die Forderung entfallenden Anteile unter Rücknahmeverzicht (§ 372 Satz 2 mit § 378 BGB) in gesetzlicher Ausübung der Schuldnerrechte (§ 6 KO). Verspätete Inanspruchnahme einer angemeldeten Forderung durch einen zweiten Prätendenten kann einen besonderen Prüfungstermin erforderlich machen [§ 142 Anm. 4]. Da die Anmeldung keine Rechtshängigkeit begründet, findet der § 265 ZPO auf die Rechtsnachfolge in angemeldete Konkursforderungen keine Anwendung [Anm. 13]. Über die Möglichkeit eines Gläubigerwechsels im Konkurse siehe § 3 Anm. 33; im übrigen § 145 Anm. 8, § 146 Anm. 33.

3 b) Der **Betrag** ist wie der Grund für jede einzelne Forderung gesondert anzugeben und hat auf eine in Bundeswährung ausgedrückte bestimmte Geldsumme zu lauten (§ 69). Umrechnung fremder Währung: § 69 Anm. 5. Sind auf Klagenverbindung (§§ 147, 260 ZPO) mehrere Ansprüche in einem Urteil zuerkannt worden, so genügt die Angabe der Gesamtsumme nicht. Dagegen ist beim Kontokorrent der bereits festgestellte Saldo als solcher anzumelden und nach Satz 3 zu belegen [Anm. 1]. Auch Nebenansprüche (§ 62) sind in genau bestimmbaren Geldbeträgen zu bezeichnen. Beispiel: Hundert DM Darlehn mit 4% Zinsen seit 1. Oktober 1957 bis zum Tage der Konkurseröffnung. Ausgerechnet braucht die Zinsensumme nicht zu sein. Die Feststellung hat auch so eine hinreichend bestimmte Unterlage. Zust. BGH WM IV B 1957 S. 1334 (unter VII), Böhle-Stamschräder Anm. 1b; a. A. Boennecke KTS 1955 S. 174. Das Begehren eines „angemessenen" oder „billigen" Betrags (z. B. in den Fällen der §§ 847, 1300 BGB) ermangelt der erforderlichen Bestimmtheit. Ebenso Böhle-Stamschräder aaO. Doch wird bei Forderungen, deren Höhe erst noch in einem besonderen Verfahren (etwa im Umlageverfahren der Reichsversicherungsordnung) zu ermitteln ist, eine Anmeldung des in bestimmt bezeichneter Weise festzustellenden Betrags genügen [§ 3 Anm. 29]. Wegen der Prozeßkostenpflicht siehe § 146 Anm. 28.

4 c) Das **Vorrecht** muß beansprucht, d. h. ausdrücklich begehrt werden. Von Amts wegen sind Vorrechte nicht zu berücksichtigen (Motive II S. 359f.), auch nicht die besonderen [§ 61 Anm. 1]. Durch Unterlassen der Anmeldung kann der Gläubiger die mit dem Vorrecht verbundenen Vorteile aufgeben [§ 61 Anm. 7]. Die versäumte Anmeldung kann er nachholen [unten Anm. 17]. Das Verlangen eines Vorrechts überhaupt genügt nicht; es muß ein durch Hinweis auf den Vorrechtstatbestand bestimmtes Vorrecht beansprucht werden. Beispiel: „Ich melde hundert DM Honorar für ärztliche Behandlung des Gemeinschuldners im Oktober 1960 an und beanspruche bevorrechtigte Befriedigung." Eine Angabe der maßgebenden Gesetzesstelle wird dem Anmelder nicht zugemutet. Irrtümliche Angabe schadet ihm nicht. Da der Urkundsbeamte der Geschäftsstelle die Amtspflicht hat, „jede Forderung sofort nach der Anmeldung in der Rangordnung des beanspruchten Vorrechts in die Tabelle einzutragen" (§ 140 II), muß er, wenn ein Anmelder bevorrechtigte Befriedigung begehrt, aber die tatsächlichen Unterlagen unzureichend angegeben, namentlich die zeitlichen Voraussetzungen des Vorrechts nicht klargestellt hat, von Amts wegen die erforderliche Ergänzung verlangen und zwar nicht nur bei Entgegennahme einer mündlichen, sondern auch nach Empfang einer schriftlichen Anmeldung [Anm. 6]. Zur Zuständigkeit des Rechtspflegers vgl. jetzt § 21 Nr. 5 RpflG und die Ausführungen zu § 140 Anm. 2. Aus dem Gebote des § 140 II wird aber weiter zu folgern sein, daß der Urkundsbeamte bei vorrechtsloser Anmeldung offenbar bevorrechtigter Forderungen, da der Wille einer Preisgabe des Vorrechts nicht unterstellt werden darf, bei schriftlicher wie bei mündlicher Anmeldung unverzüglich anfragen muß, ob der Anmelder das Vorrecht beanspruche. Der verbreitete Brauch, zweifelsfrei bevorrechtete Forderungen, die ohne Vorrechtsbegehr angemeldet werden, in die Vorrechtsgruppen der Tabelle einzureihen, erspart zwar Anfragen, die aller Wahrscheinlichkeit nach bejaht werden, ist aber dennoch nicht zu billigen, da die Mußvorschrift des § 139 Satz 1 ausdrückliche

Inanspruchnahme des Vorrechts gebietet. Vgl. Jaeger KonkTreuh. 1936 S. 81; zust. Oldorf DRechtspfl. 1951 S. 194, Gutzschebauch BB 1950 S. 880. Der Urkundsbeamte hat nach § 140 II jede Forderung „in der Rangordnung des beanspruchten Vorrechts" einzutragen. Er kann den (vielleicht rechtsunkundigen) Anmelder belehren, ihm aber keine Entscheidung aufnötigen [§ 140 Anm. 2]. Meldet z. B. der Fiskus eine Lohnsteuer, die der Gemeinschuldner als Arbeitgeber einbehalten, aber nicht abgeführt hatte, mit dem Lidlohnvorrecht an (§ 61 Nr. 1), dann muß die Anmeldung in die erste Vorrechtsklasse eingestellt werden, mag auch der Urkundsbeamte von der Richtigkeit der herrschenden Lehre überzeugt sein, daß dem Anspruche nur das Steuervorrecht (§ 61 Nr. 2) gebühre [§ 61 Anm. 19a]. Im Prüfungsverfahren ist die Stellungnahme des Anmelders maßgebend. Wird ihr widersprochen, dann muß als Prüfungsergebnis die Bestreitung des beanspruchten Vorrechts vermerkt werden. Ein Zusatz „Vorrecht der Klasse II festgestellt" wäre damit unverträglich, es sei denn, daß dieses wenigstens für den Fall der Bestreitung des beanspruchten angemeldet ist. Nichtbegehrtes ist nicht feststellbar. Verantwortlichkeit des Beamten und des Staates: § 140 Anm. 2. Absonderungsrechte sind keine Vorrechte im Sinne des § 139 und darum einer „Anmeldung" weder zugänglich noch bedürftig [§ 47 Anm. 9]. Wird durch das Absonderungsrecht eine Konkursforderung gesichert, dann steht der Ausfallgrundsatz einer Anmeldung und Feststellung der Forderung in voller Höhe nicht entgegen [§ 64 Anm. 11]. Daß der absonderungsberechtigte Konkursgläubiger seine ganze Forderung zur Feststellung bringen darf, bestätigen die Vorschriften über das Verteilungsverfahren [§ 64 Anm. 12], die nur eine Feststellung der Forderung, nicht wiederholte Feststellungen verlangen und jene im voraus zulassen, obgleich doch der für die konkursmäßige Befriedigung maßgebende Betrag sich vielleicht stückweise (wie bei Zwangsverwaltungen) infolge der abgesonderten Befriedigung verringert. Wie diese Herabminderung verläuft, das ist erst im Verteilungsverfahren des Konkurses zu prüfen (Kiel OLG 35 S. 261 Note 1).

d) Auch Steuerkonkursforderungen [§ 3 Anm. 16] müssen nach Grund, Betrag und Vorrecht angemeldet werden. Die Anmeldung wirkt nicht als Steuerbescheid im Sinne des § 212 (früher 220 I) RAbgO. (so auch RFH JW 1927 S. 1782 mit Note Bühler; RG Str. Bd. 62 101ff., Liman-Schwarz, Steuerbeitreibungsrecht, 1952, S. 216 BeitrO § 49 Anm. 4b, Mentzel-Kuhn Anm. 8, Böhle-Stamschräder Anm. 2), aber nur sie erschließt dem Steuerkonkursgläubiger die Teilnahme am gemeinsamen Befriedigungsverfahren und zwar auch bei solchen Konkursforderungen, die schon vor Konkursbeginn rechtskräftig gegenüber dem Schuldner festgestellt worden waren. Ebenso RFH Bd. 19 S. 355, Kühn RAbgO[4] Vorbem. D 2a vor §§ 325ff., ferner Model NJW 1954 S. 289f., Mentzel-Kuhn Anm. 8. Bereits laufende Rechtsmittelfristen des steuerrechtlichen Verfahrens unterbricht der Konkurs. Siehe oben § 10 Anm. 2c; vgl. dazu auch RFH StW 1930 Nr. 455, JW 1927 S. 1782, BFH BStBl. III S. 192, ferner RFH Bd. 21 S. 308. Gegen den Verwalter ergeht ein Steuerbescheid oder eine Rechtsmittelentscheidung nur dann, wenn die Forderung zur Konkurstabelle angemeldet und vom Konkursverwalter im Prüfungstermin bestritten worden ist (RFH Bd. 19 S. 358). Bei dieser Natur der Konkursanmeldung ist der Konkursverwalter nicht genötigt, gegen die Anmeldung als solche ein Rechtsmittel einzulegen. Vgl. im übrigen zu der Behandlung der Steuerforderungen: Fein, Konkurs- und Steuerverfahren Leipz. Diss. 1931 S. 41ff., 50 mit Verw. und Kühn aaO. Steuermasseansprüche [§ 58 Anm. 5f.] sind den Schranken der §§ 12, 14, 139ff. KO entrückt und dem Konkursverwalter gegenüber frei verfolgbar [§ 57 Anm. 10]. 5

Ähnliche Probleme wie bei der Anmeldung von Steuerforderungen ergeben sich bei der Anmeldung von Beitragsforderungen der Sozialversicherungsträger. Die Zustellung eines Beitragsbescheids an den Konkursverwalter kann die gem. § 139 KO erforderliche Anmeldung nicht ersetzen. Andererseits ist man sich darüber einig, daß die Anmeldung der Beitragsforderung beim Konkursgericht jedenfalls nicht Rechtsmittelfristen in Lauf setzt. Gunkel (ZentrBl. SozVers. 1956 S. 267) begründet dies damit, daß die Anmeldung der Beitragsforderung keinen Verwaltungsakt (d. h. förmlichen Beitragsbescheid), sondern lediglich die Erklärung des Versicherungsträgers darstelle, daß er sich am Konkursverfahren zur Befriedigung seiner Forderung aus der Konkursmasse nach Maßgabe der KO als Konkursgläubiger beteiligen wolle (so auch LSG Celle v. 25. 1. 56, — L 4 Kr. 51/55 —).

6 2. Die wesentliche **Form** der Anmeldung besteht in schriftlicher Einreichung beim Konkursgericht oder in mündlicher Erklärung zu Protokoll seiner Geschäftsstelle (Satz 2). Muster bei Schrader-Bauer Handbuch[3] F III 77, 78 S. 76 und Mohrbutter-Haarmann Leitfaden S. 272, ferner Merkblatt des AG München BB 1950 S. 7f.

a) Die Anmeldung geht also im Unterschied von der Geltendmachung eines Aussonderungs-, Absonderungs- oder Masseanspruchs **nicht** an den Verwalter. Denn eine behördliche Feststellung der Anmeldungszeit erscheint schon wegen der Verjährungsunterbrechung [Anm. 12] als erwünscht; auch darf das Gesetz den Beteiligten nicht Aushändigung der Belege an den Verwalter zumuten (Motive II S. 359). Jedoch empfiehlt sich im Interesse einer beschleunigten Vorbereitung des Prüfungstermins, eine Zweitschrift der Anmeldung entweder dem Gericht für den Verwalter einzureichen oder dem Verwalter unmittelbar zu übersenden (Gutzschebauch BB 1950 S. 880). Eine bei ihm statt beim Gericht eingehende Anmeldung hat der Konkursverwalter an die Geschäftsstelle des Konkursgerichts weiterzuleiten oder, namentlich wenn sie der Verbesserung bedarf, alsbald unter Hinweis auf das Gesetz zurückzusenden. Diese Amtspflicht (§ 82) ergibt sich daraus, daß der Verwalter in besonderem Maße dazu berufen ist, bei Bildung der Schuldenmasse mitzuwirken (vgl. § 144 I). Die weitergeleitete Anmeldung wird als solche erst wirksam, wenn sie der Geschäftsstelle zugeht. Durch Aufnahme in das Inventar (§ 124) wird die Anmeldung der Forderung nicht erübrigt. Zust. Böhle-Stamschräder Anm. 2, Mohrbutter-Haarmann Leitfaden S. 167. Auch Klagen oder Widerklagen gegen den Verwalter ersetzen (ihre Zulässigkeit dahingestellt) die Anmeldung nicht, selbst dann nicht, wenn er die Ansprüche gerichtlich anerkennt (vgl. OLG Kolmar SächsA 9 S. 586). Verbindung von Anmeldung und Aufrechnung: § 53 Anm. 25.

b) Der Urkundsbeamte der Geschäftsstelle des Konkursgerichts hat auf jeder dort einlaufenden Anmeldung den Zeitpunkt des Eingangs genau zu vermerken, da dieser nicht nur für die Wahrung der Anmeldefrist (§ 138), sondern (wie bemerkt) namentlich auch für die Unterbrechung der Verjährung von Wichtigkeit ist.

c) Die Anmeldung kann durch einen **Vertreter** geschehen. An Stelle eines prozeßunfähigen Gläubigers hat dessen gesetzlicher Vertreter (z. B. Vormund) anzumelden (§§ 51, 56 ZPO, § 72 KO), für juristische Personen des bürgerlichen oder des öffentlichen Rechts das verfassungsgemäß zur gerichtlichen Geltendmachung berufene Organ. Forderungen eines Gemeinschuldners, die zur Konkursmasse gehören, muß dessen Konkursverwalter zum Zwecke der Teilnahme am Konkurse des Drittschuldners anmelden (§ 6). Dagegen hat der Vergleichsverwalter nicht die Befugnis, eine Forderung des Vergleichsschuldners zur Anmeldung zu bringen. Ebenso Mentzel-Kuhn Anm. 6, Böhle-Stamschräder Anm. 2. Ein Bevollmächtigter des Gläubigers hat sich durch eine schriftliche Ermächtigung auszuweisen; Anwaltszwang besteht nicht, aber eben darum eine Amtspflicht des Gerichts, die Vollmacht nachzuprüfen (§§ 78 bis 80, 83 II, 88 II ZPO, § 72 KO). Siehe § 141 Anm. 3. Auch § 89 I S. 1 ZPO ist anwendbar (Mentzel-Kuhn und Böhle-Stamschräder aaO.). Die einem Anwalt für die Anmeldung zustehenden Gebührnisse (§§ 73, 75 BRAGebO) sind ihrerseits unanmeldbar [§ 63 Anm. 3]. Die Vollmacht zur Vertretung eines Gläubigers im Vergleichsverfahren erstreckt sich nicht auf den Anschlußkonkurs im Sinne der §§ 102ff.

VerglO, eine Prozeßvollmacht als solche weder auf den Konkurs noch auf das Vergleichsverfahren. Denn der § 81 ZPO will nach dem festen Sprachgebrauche des Gesetzes mit dem Worte „Zwangsvollstreckung" die im Gegensatz zum Konkurse stehende Einzelvollstreckung bezeichnen [Vorbem. 3 zum 2. Buch, § 72 Anm. 5]. Zudem aber erfolgen Anmeldung und Prüfung, ja selbst die Feststellung einer bei der Prüfung nicht bestrittenen Forderung ohne Rücksicht auf den Rechtsstreit. Stein-Jonas-Schönke-Pohle ZPO[18] § 81 Bem. II 4, Rosenberg Stellvertretung im Prozeß (1908) S. 784 N. 3 und Lehrbuch[8] § 50 II 6a S. 225, Mentzel-Kuhn Anm. 6, Böhle-Stamschräder Anm. 2, Voß LZ 1908 Sp. 746, LG Stuttgart ZZP 70 S. 143 u. a.; abw. Kohler Leitfaden S. 58, Hellwig Lehrbuch II (1907), S. 438, Förster-Kann ZPO[3] § 81 Anm. 3d, Seuffert-Walsmann ZPO[12] § 81 Anm. 2, Baumbach-Lauterbach ZPO[25] § 81 Anm. 3A. Die Vollmachtformulare pflegen daher „die Vertretung im Konkurs über das Vermögen des Gegners" ausdrücklich einzuschließen. Andrerseits findet nach § 72 KO der § 81 ZPO entsprechende Anwendung auf eine für den Konkurs im allgemeinen („für die Vertretung im Konkursverfahren": § 73 BRAGebO) erteilte Vollmacht. Eine solche ermächtigt daher zur Zurücknahme der Anmeldung, zum Verzicht und zum Vergleiche hinsichtlich der Forderung selbst („Streitgegenstand"), besonders zur Abstimmung in dem einen Bestandteil des Konkursverfahrens bildenden Zwangsvergleichsverfahren (vgl. RG LZ 1911 Sp. 557). Sie ermächtigt ferner zur Bestreitung im Prüfungstermine, nicht aber als solche zugleich, wenn die Forderung des Machtgebers selbst bestritten wird, zu dessen Vertretung im Feststellungsprozesse (abw. Kohler Lehrbuch S. 324, Seuffert-Walsmann aaO.). Denn der Feststellungsprozeß ist ein außerhalb des Konkursverfahrens auszutragender selbständiger Rechtsstreit. Ob ihn der Anmelder wagen soll, muß (zumal bei ungünstigem Massestand) seiner besonderen Entschließung vorbehalten bleiben (anders natürlich bei entsprechend weiter Fassung der Vollmacht, wie im Falle RG JW 1894 S. 193f. Nr. 4). Zust. in allen diesen Punkten Böhle-Stamschräder Anm. 2. Unzweifelhaft wird die Tätigkeit des Anwalts im Feststellungsprozesse besonders entlohnt. Andrerseits schließt (gegen Kohler aaO. und Fitting § 38 N. 5) die uneingeschränkte Ermächtigung „zur Vertretung im Konkursverfahren" auch die Vollmacht zur Empfangnahme der Konkursdividende ein, weil das Verteilungsverfahren nach dem Zwecke des Konkurses und nach der Fassung des Gesetzes nur eine Entwicklungsstufe des Konkursverfahrens bildet. Insoweit ist für den § 81 ZPO gar kein Raum, weil ja eine ausdrückliche Ermächtigung für das Konkursverfahren im ganzen vorliegt. Dies gilt, da eine Beschränkung auf Rechtsanwälte im Gesetze nicht ausgesprochen ist, auch für andere Bevollmächtigte. Neben der Gebühr des § 73 BRAGebO hat der Anwalt auch die Hebegebühr des § 22 zu beanspruchen. Der § 45 Nr. 2 BRAO (vgl. § 356 StGB) schließt nicht aus, daß ein Rechtsanwalt die allgemeine Konkursvertretung für mehrere Gläubiger in ein und demselben Verfahren übernimmt (jedenfalls dann nicht, wenn alle von ihm geltend zu machenden Konkursforderungen außer Zweifel stehen), wohl aber, daß er zugleich als allgemeiner Konkursvertreter eines Gläubigers und als Prozeßbevollmächtigter eines Anfechtungsbeklagten tätig wird (teilweise abw. Lichenheim JW 1905 S. 69f.). Die bloße Forderungsanmeldung erzeugt freilich noch keinen Pflichtenwiderstreit. Zust. Böhle-Stamschräder Anm. 2. Sie dient zunächst nur zur Vorbereitung des Prüfungsverfahrens. Darum steht es dem Konkursverwalter frei, eine eigene Forderung zum Konkurs anzumelden. Ebendarum erscheint es im allgemeinen nicht als Verstoß gegen § 45 BRAO oder gegen § 356 StGB, falls ein zum Konkursverwalter bestellter Rechtsanwalt die Forderung, die er für einen Gläubiger eingeklagt hatte, noch selber zum Konkurs anmeldet, wenn er auch seiner Sachwalterpflicht gewiß schon durch Veranlassung rechtzeitiger Anmeldung genügte. Bei kleinen Amtsgerichten würden Anwälte, die zur Zeit der Konkurseröffnung nicht gerade einen Prozeß gegen den Schuldner führen, als Verwalter häufig gar nicht zur Verfügung stehen. Ein Widerstreit zwischen den Belangen des einzelnen Gläubigers und dem vom Konkursverwalter zu wahrenden Wohle der Gesamtgläubigerschaft kann dagegen im weiteren Verfahren, namentlich im Prüfungsverfahren eintreten. Darum ist es unzulässig, daß der Konkursverwalter bei der Prüfung einer eigenen Forderung als Verwalter tätig wird [Sonderverwalter: § 78 Anm. 6], sowie daß er im Prüfungstermin zugleich einen dritten Gläubiger vertritt. Zwangsvergleich: § 182 Anm. 5. Der Ehrengerichtshof für Rechtsanwälte (EGH Entsch. 14 S. 48f, 1908) hat es daher mit Recht als einen groben Verstoß gegen die Berufspflichten bezeichnet, daß im Falle einer Anwaltsgemeinschaft der eine Teilhaber im Prüfungstermine den anderen als Konkursverwalter und zugleich als Konkursgläubiger vertrat, und es überhaupt für unzulässig erklärt, daß der eine der verbundenen Anwälte das Amt eines Konkursverwalters übernehme, während der andere im Konkursverfahren Konkursgläubiger vertrete. Siehe auch § 78 Anm. 10.

7 d) Die **gemeinsame Vertretung** einer Gläubigervielheit ist — namentlich für die Pfandbriefgläubiger im Konkurse der Hypothekenbank — durch die §§ 18, 19 des Schuldverschreibungsgesetzes vorgesehen [§ 61 Anm. 4]. Seuffert ZZP 27 S. 119ff., Koenige ebenda 28 S. 423ff. Die Schuldverschreibungsgläubiger müssen als Konkursgläubiger ihre Forderungen und das beanspruchte Vorrecht nach § 139 KO anmelden. Diese Anmeldung vor allem kann der in den §§ 18, 19 SchVG bezeichnete „gemeinsame Vertreter" für Rechnung sämtlicher (auch unbekannter) Schuldverschreibungsgläubiger bewirken, ohne daß es alsdann einer Vorlage der Schuldverschreibungen bedarf [Anm. 11]. Bestellung: § 93 Anm. 3. Gesetzlich geboten ist weder seine Bestellung (Stern Schuldverschreibungsgläubiger S. 76) noch seine Ausstattung mit einer die selbständige Rechtsverfolgung der einzelnen Gläubiger ausschließenden Machtbefugnis (vgl. § 14 I, II SchVG). Die offenbare Zweckmäßigkeit einer solchen Bestellung bedeutet noch keine gesetzliche Notwendigkeit. Auch wird (gegen Koenige aaO.) durch die Bestellung für den Konkurs nicht schon stillschweigend die Befugnis zur Einzelverfolgung ausgeschlossen. Aus § 72 KO mit § 14 IV SchVG läßt sich dieser Satz schon deshalb nicht ableiten, weil der § 14 IV voraussetzt, daß der Vertreter „für die Gesamtheit der Gläubiger" handelt, was in unserm Fall gerade die Frage ist. Immerhin empfiehlt es sich zur Vermeidung von Schwierigkeiten und Verwicklungen dringend, dem Vertreter eine die Einzelverfolgung ausschließende Machtvollkommenheit einzuräumen (§ 14 II mit § 11 II SchVG). Nur die Befugnis zu selbständiger Erhebung der Konkursdividende kann dem einzelnen Gläubiger nicht entzogen werden (§ 19 Satz 2 Halbs. 2 SchVG). Das Protokoll über den nach § 18 III SchVG gefaßten Beschluß kommt zu den Konkursakten. Dem Konkursgerichte gegenüber bedarf alsdann der gemeinsame Vertreter keines besonderen Ausweises. Für das Konkursverfahren verlieren, wie die §§ 63 Nr. 1, 65 KO ergeben, die in bezug auf Verzinslichkeit und Fälligkeit bestehenden Unterschiede der einzelnen Serien von Schuldverschreibungen ihre Bedeutung. Insoweit ermöglicht sich eine einheitliche Abstimmung durch einen einzigen Vertreter. Wohl aber kann die Aufstellung verschiedener Vertreter für verschiedene Arten von Schuldverschreibungen notwendig werden, also z. B. im Konkurse der Hypothekenbank für Pfandbriefgläubiger, für Kommunalobligationäre, für Kleinbahnobligationäre und für Rentenbriefgläubiger. Für solche Vertreter verschiedener Gläubigergruppen gilt der § 14 V SchVG nicht; jeder handelt selbständig, während mehrere Vertreter derselben Schuldverschreibungsart im Zweifel nur zusammen handeln können. Vgl. Stern S. 76f., Koenige SchVG § 14 Anm. 7. Zur Abstimmung für einen Zwangsvergleich bedarf der gemeinsame Vertreter, mag nun der Vergleich einen Verzicht auf Kapital (Zwangserlaß) oder auf Zinsen (Zwangsstundung oder Herabsetzung des Zinsfußes) enthalten, ausdrücklicher Ermächtigung nach § 14 III SchVG. Für wie viele Personen der Vertreter zu zählen hat, wenn es bei der Abstimmung auf die Kopfzahl ankommt (§§ 94 III, 182 Nr. 1 KO) und die Zahl der Verschreibungsgläubiger — wie das zumeist der Fall — unbekannt ist, entscheidet das Konkursgericht nach freiem Ermessen. Anders als

durch eine solche Analogie aus § 96 KO wird die Lücke des Gesetzes kaum auszufüllen sein. Begründung des SchuldverschrG (Reichstagsdrucksachen 1898/99 Nr. 105) S. 28, Koenige aaO § 18 Anm. 7, Stern S. 79f. Ansmann SchVG § 18 Anm. 13; abw. zählt nach Seuffert aaO. S. 120 N. 18 die Gesamtheit der Verschreibungsgläubiger stets nur für eine Person (aber der Vertreter hat die Befugnisse der einzelnen Gläubiger und, wie oben bemerkt, nicht einmal rechtsnotwendig aller einzelnen Gläubiger auszuüben). Siehe auch § 96 Anm. 3. Der „für das Konkursverfahren" aufgestellte Vertreter ist als solcher auch zur Bestreitung im Prüfungstermin ermächtigt (ebenso Göppert-Trendelenburg SchVG[2] S. 121; Seuffert aaO. S. 120; a. A. Ansmann SchVG § 18 Anm. 13). Für Feststellungsprozesse bedarf er einer ausdrücklichen Ermächtigung (Ansmann aaO. § 14 Anm. 12, § 18 Anm. 13; a. A. Göppert-Trendelenburg aaO. S. 121, Seuffert aaO. S. 120).

e) Ein gemeinsamer gesetzlicher Vertreter ist **der Pfleger der Versicherten** im Konkurs einer Lebensversicherungsanstalt nach § 78 des Gesetzes über die Beaufsichtigung der privaten Versicherungsunternehmungen und Bausparkassen i. F. 6. Juni 1931 (RGBl. I S. 315, 750) (mit Rücksicht auf das oben § 61 Anm. 5 erörterte Konkursvorrecht der Versicherten). Nach Abs. I ist die Bestellung dieses Vertreters durch das Konkursgericht geboten. Sein gesetzlicher Wirkungskreis wird durch Abs. II—IV genau begrenzt. Zu seinen gesetzlichen Aufgaben gehört es insbesondere auch, die Ansprüche der Versicherten zu ermitteln und anzumelden (§ 78 II VAG). Er hat vor der Anmeldung die Versicherten tunlichst zu hören und sie von der erfolgten Anmeldung zu benachrichtigen (§ 78 III S. 1). Doch bleibt das Recht des einzelnen Versicherten, seinen Anspruch selbst anzumelden, unberührt (§ 78 III S. 2). Bei Abweichungen in den beiden Anmeldungen gilt bis zur Beseitigung der Abweichung die für den Versicherten günstigere Anmeldung (§ 78 III S. 3); insbesondere kommt also die Anmeldung des Vorrechts durch den Pfleger dem Versicherten zustatten, wenn er bei seiner eigenen Anmeldung die Beanspruchung des Vorrechts versehentlich unterlassen hat. Zu den nach Abs. II vom Pfleger anzumeldenden Ansprüchen gehören auch etwaige nicht bevorrechtigte Forderungen aus dem Versicherungsverhältnis [§ 61 Anm. 5] (ebenso Berliner-Fromm VAG[4] § 78 Anm. 3a). Zur Abstimmung, zum Vorrechtsverzichte, zur Bestreitung im Prüfungstermin und zur Führung von Feststellungsprozessen bedarf er besonderer Ermächtigung. Berliner-Fromm aaO. § 78 Anm. 3b mit weiteren Verw., Prölss VAG[2] § 78 Anm. 3. Für den Bereich einer solchen Ermächtigung ist er aber nicht Pfleger und gesetzlicher Vertreter, sondern gewillkürter Geschäftsbesorger (§ 675 BGB) und Bevollmächtigter. Daher findet auf eine von ihm erhobene Feststellungs- oder Widerspruchsklage der § 53 ZPO keine Anwendung [§ 61 Anm. 5]. Ebenso Berliner-Fromm aaO. Die Verwaltung und Verwertung der Bestände des Deckungsstockes steht ausschließlich beim Konkursverwalter. Die Kosten der Vergütung des Pflegers als solchen (Abs. V) lasten als besondere Massekosten auf dem Deckungsstock [§ 61 Anm. 5; hier auch Beschwerdeverfahren]. Im übrigen vgl. Thaler AnnDR 1902 S. 832ff., Manes ZHR 52 S. 118f., § 78 II—V VAG gelten entsprechend für den Pfleger, den das Konkursgericht wenn es nach Lage des Falles erforderlich ist, den nach § 32 I—IV DepotG bevorrechtigten Gläubigern zur Wahrung der ihnen zustehenden Rechte bestellen kann (§ 32 V DepotG). 8

f) Gehört die anzumeldende Forderung zum Gesamtgut einer ehelichen Gütergemeinschaft, so ist bei Verwaltung des Gesamtgutes durch einen Ehegatten nur dieser berechtigt, die Forderung im Konkursverfahren (eigenen Namens) geltend zu machen, insbesondere also anzumelden (§ 1422 BGB); Ausnahmen ergeben sich aus § 1429 (Notverwaltungsrecht) und § 1431 (selbständiges Erwerbsgeschäft). Untersteht das Gesamtgut der gemeinschaftlichen Verwaltung beider Ehegatten, so müssen beide zusammen die Anmeldung vornehmen (§ 1450 I BGB). Meldet einer allein an, so bedarf die Zustimmung des 9 anderen der für die Anmeldung selbst vorgeschriebenen Form (§ 139 S. 2); § 182 II BGB ist hier nicht maßgebend. Die Zustimmung kann noch im Prüfungstermin erbracht werden. Ersetzung der Zustimmung: § 1452 BGB. Ausnahmsweise wirksame Anmeldung nur durch einen Ehegatten: §§ 1454, 1455 Nr. 10 BGB (Notverwaltung) und § 1456 (selbständiges Erwerbsgeschäft). Der nicht oder nicht allein verwaltungsberechtigte Ehegatte ist im Regelfall auch nicht zum Empfang der Konkursdividende befugt, da darin eine Verfügung über die zum Gesamtgut gehörige Forderung liegt. Er kann auch nicht wirksam im Zwangsvergleichsverfahren abstimmen. Eintritt der Gütergemeinschaft nach Anmeldung der Forderung: Anm. 13. Bei fortgesetzter Gütergemeinschaft steht die Anmeldung von Gesamtgutsforderungen allein dem überlebenden Ehegatten zu (§ 1487 I BGB).

Gesamtgläubiger, Pfandgläubiger, Nießbraucher: § 67 Anm. 8f., § 182 Anm. 3. Übergang der Konkursforderung auf einen neuen Gläubiger: oben Anm. 1, § 140 Anm. 8, § 146 Anm. 33.

10 g) Da auch der schriftliche Verkehr mit den Gerichten nach dem zwingenden Gebot des § 184 GVG in deutscher Sprache stattfindet, werden Anmeldungen in fremder Sprache (trotz des § 5 I) nicht berücksichtigt. Vgl. RG Bd. **81** 429. Wohl mag es im Einzelfall angemessen sein, eine in fremder Sprache verfaßte Anmeldung mit dem Anheimstellen der Einreichung in deutscher Sprache zurückzugeben. Das Gesetz schreibt dies nicht vor. Die schriftliche Anmeldung in fremder Sprache ist unwirksam und unterbricht daher auch in dringenden Fällen die Verjährung nicht [Anm. 15]. Petersen-Kleinfeller Anm. 3, Fitting § 38 N. 5. Dolmetscher: §§ 185, 189—191 GVG. Deutsche Währung: Anm. 3. Die schriftliche Einreichung kann durch Telegramm geschehen (a. A. Kohler Leitfaden S. 246) und zwar nicht nur, wenn dessen Urschrift erkennbar vom Gläubiger oder für diesen aufgegeben ist [Anm. 11] (so Petersen-Kleinfeller Anm. 3, Jaeger 6./7. Aufl. Anm. 7, Böhle-Stamschräder Anm. 2), sondern auch in Übereinstimmung mit der Rechtsprechung des RG und des BGH zur telegraphischen Rechtsmitteleinlegung (RG Bd. **139** 45, GrZS Bd. **151** 86; BGH Lind.-Möhr. § 42 PatG Nr. 4, § 5 Abs. 1 LVR Nr. 1, § 518 ZPO Nr. 3, ferner BGH Bd. **24** 300; a. A. RG **140** Bd. 73), wenn es nachweislich vom Gläubiger oder für diesen fernmündlich aufgegeben wurde.

11 **II. Unwesentliches Anmeldungserfordernis**

Ein die Wirksamkeit der Anmeldung nicht bedingendes Erfordernis stellt unser Satz 3 auf: etwa vorhandene urkundliche Beweisstücke sind der Anmeldung in Urschrift oder Abschrift beizufügen. Solche „Beweisstücke" sind besonders Schuldscheine, Wechsel, Schecks, Kaufbriefe, Urteile, Arrestbefehle (vgl. RG Bd. **54** 314, LZ 1914 Sp. 396 Nr. 13), Abtretungsurkunden (KG OLG 5 S. 144). Die Abschrift braucht nicht beglaubigt zu sein. Nach dem Prüfungsverfahren sind die urkundlichen Belege dem Anmelder mit dem etwaigen Feststellungsvermerke (§ 145 I 2) zurückzugeben. Darüber, daß der Satz 3, obwohl er wie der Satz 1 als Mußvorschrift gefaßt ist („sind beizufügen"), seinem Zwecke nach eine bloße Sollvorschrift darstellt und auch nicht etwa den Anmelder in einem Feststellungsstreit auf die schon der Anmeldung beigefügten Beweismittel beschränken will, herrscht Einverständnis (RG LZ 1913 Sp. 632 Nr. 9, Bd. **85** 68). Unwesentlich ist wohl auch die Unterzeichnung der schriftlichen Anmeldung durch den Gläubiger. Es genügt, daß sie erkennbar von ihm ausgeht. Zust. Petersen-Kleinfeller Anm. 3, Böhle-Stamschräder Anm. 2. Meldet der gemeinsame Vertreter der Schuldverschreibungsgläubiger [Anm. 7] für die Gesamtheit an, so bedarf es der Beifügung der Schuldverschreibungen nicht (§ 19 S. 1 SchVG). Zahl und Betrag der ausgegebenen Verschreibungen sind aus den Büchern des Gemeinschuldners ersichtlich, die konkursmäßige Feststellung also auf dieser Grundlage möglich. Darauf, daß vielleicht einzelne Verschreibungen abhanden gekommen, aber noch nicht für kraftlos erklärt sind, wird zunächst kein Gewicht gelegt. Vorlage der Verschreibungen wird erst bei Erhebung der

Dividenden verlangt, dann aber auch von dem zur Erhebung ermächtigten Vertreter (§ 19 S. 2 SchVG). Vgl. auch Seuffert ZZP 27 S. 120, Koenige SchVG § 19 Anm. 13. Ansmann SchVG § 19 Anm. 1 u. 2, Göppert-Trendelenburg SchVG² Anm. 1. Wegen Abrechnung „eigener Schuldverschreibungen" der Bank siehe Stern aaO. S. 56ff. Einer Glaubhaftmachung des Anspruchs bedarf es im Anmeldungsverfahren nicht [siehe § 141 Anm. 2]. Urkundenaushändigung an den Verwalter: Anm. 1.

III. Wirkungen der Anmeldung 12

1. Ordnungsmäßige Anmeldung ermöglicht es dem Anmelder, in der Gläubigerversammlung abzustimmen [§ 95 Anm. 5]. Sie führt zur Prüfung und Feststellung [§ 146 Anm. 31] und damit zur Teilnahme an der konkursmäßigen Befriedigung sowie zu den Vorteilen, die aus der Feststellung für die außerkonkursmäßige Rechtsverfolgung (§§ 164, 194, 206) erwachsen. Sie unterbricht die Verjährung anmeldbarer Ansprüche [§ 25 Anm. 14ff.]. Bei Straftaten wegen Benachteiligung der Konkursgläubiger (§§ 239ff. KO) gehört der Anmelder zu den Verletzten im Sinne des § 172 StPO (OLG Dresden DRiZ 1933 Nr. 486).

2. Dagegen löst die Anmeldung den Zustand **der Rechtshängigkeit** im allgemeinen Sinne der §§ 263ff., 267 ZPO **nicht** aus. Siehe RG Gruchots Beitr. 41 S. 1200, LZ 1913 Sp. 693, OLG Dresden ZZP 6 S. 501ff., OLG Frankfurt Frankf. Rundsch. 1889 S. 100f., Hamburg OLG 15 S. 115, OLG Düsseldorf RheinA 108 S. 286f.; Mentzel-Kuhn Anm. 1, Böhle-Stamschräder Anm. 3; (Schönke)-Baur § 55 A I 2c. abw. Hellwig Lehrbuch III S. 218f. Daß die Anmeldung eines Anspruchs dessen Rechtshängigkeit nicht begründet, ist schon daraus zu ersehen, daß ja auch ein bereits rechtshängiger Anspruch angemeldet werden kann und muß. Keineswegs bildet die Anmeldung die „an Stelle der Klage" tretende Form der gerichtlichen Geltendmachung. Nach der Anmeldung kann noch immer die Klage erforderlich sein (§ 146). Selbst rechtskräftig zuerkannte Ansprüche, deren Einklagung mangels eines Rechtsschutzbedürfnisses gar nicht zulässig wäre, bedürfen der Anmeldung. Das Konkursgericht als solches aber wird auch durch Anmeldung noch nicht rechtshängiger Ansprüche nicht zur „Entscheidung" berufen (§ 146 II, III). Die Feststellung eines allseitig anerkannten Anspruchs zur Konkurstabelle liefert zwar einen vollwertigen Urteilsersatz (§ 145 II); aber sie ist kein Urteil. Alle prozeßrechtlichen Äußerungen der Rechtshängigkeit fehlen. Unanwendbar bleibt für das Konkursverfahren nicht nur der § 263, sondern auch der § 265 ZPO. Namentlich bedarf der Erwerber einer nach der Anmeldung abgetretenen Konkursforderung, um am Konkursverfahren teilzunehmen, besonders um auf Grund der vorher oder nachher festgestellten Forderung des Zedenten an dessen Stelle abzustimmen und Anteile zu beziehen, keiner Einwilligung des „Gegners" (anderer Gläubiger oder des Verwalters) und keiner Eintragung in die Tabelle [§ 140 Anm. 8]. Die Kenntnis der Abtretung muß, was die Schutzvorschriften der §§ 406ff. BGB betrifft, beim Verwalter (an Stelle des Schuldners) vorliegen; ihm ist die Urkunde des § 410 BGB auszuhändigen. Siehe § 142 Anm. 4 mit Verw. Auch der § 264 ZPO kommt gegenüber dem § 146 IV nicht in Betracht. Von den bürgerlich-rechtlichen Folgen der Klageerhebung hat das Gesetz die Unterbrechung der Anspruchsverjährung in selbständiger Regelung mit der Anmeldung verknüpft [§ 25 Anm. 14ff.]. Unbedenklich darf ferner nach dem Zwecke der §§ 847, 1300 BGB, § 852 ZPO deren entsprechende Anwendbarkeit bejaht, also angenommen werden, daß die Ansprüche infolge der Anmeldung zum Konkurse wie infolge jeder anderen gerichtlichen Geltendmachung aufhören, höchstpersönliche Rechte zu sein. Zust. Kussi Privatrechtl. Wirkungen des Prozeßbeginns (1925) Heft 13 Leipz. rechtsw. Studien S. 34, 36 Note 10, Böhle-Stamschräder Anm. 3. Da der Anmelder nur konkursmäßige Berücksichtigung begehrt, versetzt die Anmeldung als solche — wie auch der Konkurs verlaufen möge — den Masseträger nicht gleich einer Mahnung (§ 284 I BGB) in Schuldnerverzug (RG Bd. 121 211; 13

Kussi aaO. S. 13, Mentzel-Kuhn Anm. 1, Böhle-Stamschräder Anm. 3. Siehe oben § 63 Anm. 2. Noch weniger wird durch die Anmeldung als solche eine vom Verzug unabhängige Prozeßzinsenpflicht im Sinne des § 291 BGB begründet, da der im Konkursverfahren gebotene Befriedigungsaufschub mit dem, der durch das Heraufbeschwören eines Prozesses veranlaßt wird, nicht auf gleicher Stufe steht: Zinsen dieser Art sind also nicht nur unanmeldbar (§ 63 Nr. 1), sie entstehen gar nicht (im Ergebnis ebenso Hellwig aaO. S. 219 Note 26, Böhle-Stamschräder Anm. 3; abw. Kussi aaO. S. 21f., 105). Ist die angemeldete Forderung infolge späterer Heirat des Anmeldenden Bestandteil des ehelichen Gesamtgutes geworden und der Anmeldende nicht alleinberechtigter Verwalter des Gesamtgutes, so sind §§ 1433, 1455 Nr. 7 BGB über die Fortdauer der Sachlegitimation des Ehegatten, der das Gesamtgut nicht oder nicht allein verwaltet, nicht anwendbar; die Anmeldung allein hat auch nicht zur Folge, daß der nicht allein verwaltungsberechtigte Ehegatte selbständig einen Feststellungsstreit nach § 146 I betreiben könnte; nur einen schon vor dem Eintritt der Gütergemeinschaft begonnenen Prozeß dürfte er nach §§ 1433, 1455 Nr. 7 BGB, § 146 III KO selbständig fortsetzen. Er ist nicht einmal selbständig zum Bezug der Konkursdividende oder zur Vergleichsabstimmung berechtigt [Anm. 9]. Die durch Anmeldung begründete Rechtslage entspricht sonach zwar in mancher Auswirkung der Rechtshängigkeit, deckt sich aber keineswegs mit dieser. Unzulässigkeit einer Klage gegen den Schuldner: § 12 Anm. 1ff. Dem Verbote der Sondervollstreckung (§ 14) und den Wirkungen des Zwangsvergleichs (§ 193) unterliegt auch der nichtanmeldende Konkursgläubiger [§ 3 Anm. 1]. Die Anmeldungsfolgen, besonders die Unterbrechung der Verjährung, treten in dem Zeitpunkt ein, in dem die Anmeldung beim Konkursgericht eingeht oder vor der Geschäftsstelle zu Protokoll erklärt wird, nicht erst mit Aufnahme in die Tabelle.

14 **8.** Die Anmeldung noch nicht fälliger Konkursforderungen kann (nicht muß) dem Willen einer Kündigung (z. B. des Darlehns) entspringen. Denn die durch den Konkurszweck beschränkte Rechtsfolge des § 65 tritt ohne Rücksicht auf solchen Willen kraft Gesetzes ein. Ein Gläubiger, der eine hohe Darlehnssumme gut verzinst und durch sichere Bürgschaft gedeckt angelegt hat, meldet sie zum Konkurse des Hauptschuldners keineswegs notwendig in der Absicht an, nun die wertvolle Anlage preiszugeben, zumal wenn er im Konkurse nur auf eine geringe Teilbefriedigung zu rechnen hat. Der Bürge darf ihm die Leistung nicht vorzeitig aufdrängen [§ 65 Anm. 4]. RG LZ 1916 Sp. 242ff. Nr. 17.

IV. Mängel und Änderungen der Anmeldung

15 **1. Wirksam** ist nur eine Anmeldung, die den wesentlichen Erfordernissen genügt. Nur durch eine solche wird die Verjährung der Konkursforderung unterbrochen [§ 25 Anm. 15]. Unwirksam ist daher eine nicht nach Grund und Betrag bestimmte, nicht an das Konkursgericht gelangte oder nicht in deutscher Sprache verfaßte Anmeldung. So entbehrt z. B. nicht nur die bloße Anmeldung von „1000 DM“, sondern auch die Anmeldung einer Kaufpreis- oder Wechselforderung von 1000 DM der Wirksamkeit, wenn die Angabe des anspruchbegründenden Tatbestands (welche Warenlieferung, welcher bestimmte Wechsel?) fehlt. RG Bd. **89** 37ff. (bes. S. 45). Das Begehren bevorrechtigter Befriedigung [Anm. 4] ist in dem Sinne wesentlich, daß der Mangel die Nichtbeachtung des Vorrechts zur Folge hat (vgl. RG Bolze 10 Nr. 885). Bloße Verspätung macht die Anmeldung noch nicht unwirksam (§ 142). Erfüllungshalber übernommene Neuschuld: § 3 Anm. 12; Behandlung mangelhafter Anmeldungen: § 140 Anm. 2, § 141 Anm. 2, 3.

16 **2.** Mängel der Anmeldung brauchen von den Beteiligten im Prüfungsverfahren nicht ausdrücklich gerügt zu werden. Verwalter und Gläubiger sind zur Beanstandung berechtigt, nicht verpflichtet (RG **89** 46). Zu **heilen** sind wesentliche Mängel nur durch Ergänzungen und Berichtigungen, die beim Konkursgericht eingereicht, zu Protokoll der Geschäftsstelle angebracht oder im Prüfungstermin

erklärt werden (RG aaO. S. 47). Wird die Anmeldung zur Prüfung zugelassen und festgestellt, so wird selbst ein wesentlicher Anmeldungsmangel im Bereiche der Rechtskraftwirkung des § 145 II geheilt. Die Feststellung eines auch jetzt noch der Grundangabe ermangelnden Anspruchs würde allerdings der Rechtskraft nicht zugänglich sein [§ 145 Anm. 4].

8. **Änderungen** — die Angabe eines neuen Schuldgrundes und die Erhöhung des Betrags — sind als **neue,** nur für die Zukunft wirkende Anmeldungen zu behandeln und kommen daher, wenn die Verjährungsfrist inzwischen abgelaufen ist, zu spät. Vgl. §142 II; Motive II S. 359, Seuffert § 42 N. 4, Fitting §38 N.6, während Hullmann Anm. 6 und Petersen-Kleinfeller Anm. 6 dem § 268 Nr. 2 ZPO entsprechend eine Betragserhöhung nicht als neue Anmeldung behandeln wollen. Neuanmeldungen sind auch nach dem allgemeinen Prüfungstermine statthaft; der Nachzügler hat jedoch die Kosten eines erforderlich werdenden besonderen Prüfungstermins zu tragen (§ 142). Können dem § 142 zufolge auch nach dem allgemeinen Prüfungstermine neue — einfache und bevorrechtete — Ansprüche angemeldet werden, dann muß auch die gesonderte Nachholung der **Vorrechtsinanspruchnahme** für eine bereits geprüfte Forderung statthaft sein, einerlei, ob die Forderung bestritten oder festgestellt worden war. Denn das Vorrecht kann, da es als nicht beansprucht gar nicht zur Erörterung stand (§ 141 I), ebensowenig als aberkannt wie als anerkannt gelten. Wird es nun bestritten, so besteht derselbe Zwiespalt, wie wenn eine von vornherein mit Vorrecht angemeldete Forderung als Forderung anerkannt, hinsichtlich des Vorrechts aber bestritten wird, was oft genug vorkommt. Gleichwohl verneinte die ältere Rechtsprechung des RG (RG Bd. **20** 412, Bd. **88** 417, Bd. **148** 355) die Zulässigkeit der nachträglichen Inanspruchnahme eines Vorrechts für solche Forderungen, die bereits geprüft und zur Tabelle festgestellt sind. Eingehende Kritik dieser Auffassung bei Jaeger 6./7. Aufl. Anm. 11, ferner KonkTreuh. 1936 S. 81. Sie konnte nicht mit einer auch gegen den Anmeldenden wirkenden Rechtskraft des Feststellungsvermerks (§ 145 II) begründet werden (so RG Bd. **20** 412); denn ebenso wie beim obsiegenden Urteil (Rosenberg Lehrbuch[8] § 150 I 3a, S. 750 und wohl auch Stein-Jonas-Schönke-Pohle ZPO[18] § 322 V 2c und d) hat auch die dem Feststellungsvermerk beigelegte Wirksamkeit ausschließlich zuerkennenden, nicht auch einen aberkennenden Inhalt (so auch schon RG Bd. **88** 417 und Bd. **148** 355). Inanspruchnahme der Forderung und Inanspruchnahme des Vorrechts sind im Sinne des § 322 ZPO zwei verschiedene „Ansprüche", obgleich das Konkursvorrecht nicht (wie z. B. das Pfandrecht) ein eigenes Nebenrecht, vielmehr nur eine besondere Wirksamkeit der Forderung bildet [§ 61 Anm. 11]. Über eine Inanspruchnahme eines Vorrechts spricht sich aber der Vermerk eben so wenig aus wie ein Urteil, das eine ohne Vorrecht angemeldete Forderung auf Widerspruch hin als Konkursforderung rechtskräftig feststellt. Die später vom RG (Bd. **148** 357ff.) gegebene Begründung, der § 142 III lasse nach dem Prüfungstermin zwar die Neuanmeldung einfacher und bevorrechtigter Konkursforderungen, nicht aber eine gesonderte Vorrechtsinanspruchnahme zu, findet weder im Wortlaut noch im Zweck des § 142 eine Stütze [§ 142 Anm. 1]. Das RG hat denn auch schließlich in Bd. **149** 263ff. (auf Grund eingehender Auseinandersetzung mit den Argumenten der früheren Entscheidungen und im wesentlichen im Anschluß an die Kritik von Jaeger) die verneinende Auffassung endgültig aufgegeben (ebenso RG Bd. **164** 219f.), nachdem es bereits in Bd. **141** 57ff., **147** 78ff., KonkTreuh. 1935 S. 123 für den besonderen Fall eines erst während des Konkursverfahrens durch gesetzliche Neuregelung geschaffenen Vorrechts (§ 80 VAG) die entgegengesetzte Auffassung vertreten hatte. Der die Zulässigkeit der nachträglichen Vorrechtsinanspruchnahme nach Feststellung der Forderung als einfache Konkursforderung bejahenden Auffassung hat sich auch der BGH angeschlossen (Lind.-Möhr. § 61 Nr. 2, 3). Der Gegenansicht stehen auch schwere soziale Bedenken entgegen, weil sie gerade den schwachen und schutzbedürftigen Gläubiger, der aus Rechtsunkenntnis Vorrechte wie die des § 61 Nr. 1 oder 5 nicht ausdrücklich begehrt, der Gunst des Gesetzes 17

berauben könnte. Auch für geprüfte Forderungen muß daher eine gesonderte Vorrechtsinanspruchnahme unbeschadet der Schranken des Verteilungsverfahrens [§ 142 Anm. 2] statthaft bleiben. Dieser Ansicht hat sich auch überwiegend die Literatur angeschlossen: Kohler Lehrbuch S. 557f., v. Wilmowski-Kurlbaum § 145 Anm. 9, Wolff KO[2] S. 432 Anm. 2 (beide Kommentare entgegen ihren älteren Auflagen), Baltzer Nachträgl. Inanspruchnahme des Konkursvorrechts (Leipz. Diss. 1912) S. 7ff., Haubold Vorrechtsfeststellung im Konkurs (Leipz. Diss. 1914) S. 16ff., Senst-Müller Konkursrichter[4] S. 123, Schumann KonkTreuh. 1935 S. 33f., Rebsamen JW 1936 S. 871, Mentzel-Kuhn § 138 Anm. 4, § 139 Anm. 5, Böhle-Stamschräder § 138 Anm. 2, § 139 Anm. 1c, Rosenberg Lehrbuch[8] § 150 I 3a (S. 750), Oldorf Rpfleger 1951 S. 195, Boennecke KTS 1955 S. 175; a.A. vor allem Pagenstecher-Grimm, Der Konkurs[3] § 40 Note 1. Auch die Ansicht von Krusch JW 1934 S. 1570ff., welcher das Ergebnis der früheren Rechtsprechung des RG mit der Begründung zu halten versucht, § 142 III schließe schlechthin die Neuanmeldung von bevorrechtigten Forderungen nach dem Prüfungstermin aus, ist mit dem Gesetz nicht vereinbar. Näheres § 142 Anm. 4a. Vollziehung der nachträglichen Vorrechtsanmeldung in der Tabelle § 140 Anm. 6.

V. Zurücknahme der Anmeldung

18 1. Wie die Anmeldung eines Anspruchs im Konkurse gleich einer Klagerhebung die Anspruchsverjährung unterbricht, so hat die Zurücknahme der Anmeldung gleich einer Klagezurücknahme (§ 271 III ZPO) die Folge, daß die Unterbrechung als nicht eingetreten gilt (§ 214 II mit § 212 I BGB). Siehe oben § 25 Anm. 19. Im einen wie im andern Falle ist die Zurücknahme eine Prozeßhandlung. Hier wie dort steht sie als bloße Prozeßhandlung in Frage. Liegt ihr eine Übereinkunft zwischen Anmelder und Konkursverwalter zugrunde, die den Sinn einer Anerkennung des Anspruchs durch den Verwalter (§ 208 BGB) oder einer Anspruchstilgung durch Leistung an Erfüllungsstatt (§ 364 BGB) oder der vorgängigen Verweisung des Anmelders auf einen Deckungsanspruch hat (§§ 202, 205 BGB), dann läßt sich nicht behaupten, die Unterbrechung der Verjährung sei schlechthin rückgängig geworden (vgl. RG Bd. **70** 35).

19 2. Für die Form der Zurücknahme sind, da diese eine Prozeßhandlung ist, die Vorschriften des bürgerlichen Rechts über den Verzicht (etwa § 397 BGB) nicht maßgebend (abw. Petersen-Kleinfeller Anm. 11). Die Zurücknahme kann vielmehr durch Schriftsatz oder zu Protokoll der Geschäftsstelle wie die Anmeldung selbst, aber auch mündlich im Prüfungs- oder Vergleichstermin erklärt werden. Sie steht demjenigen Ehegatten zu, der zur Anmeldung ermächtigt ist [Anm. 9, 13]. Zurücknahme durch einen Bevollmächtigten: Anm. 6. Sie ist eine einseitige Handlung. Auch nach einer Bestreitung des Anspruchs bedarf sie (anders als eine Klagezurücknahme, § 271 ZPO), mag sie noch im Prüfungstermin selbst oder späterhin erklärt werden, irgend einer Bewilligung der Gegenseite (des Widersprechenden, des Gemeinschuldners, des Konkursverwalters) nicht.

20 3. Ihrer Wirkung nach bildet sie keinen Verzicht auf den angemeldeten Anspruch, sondern nur einen Verzicht auf die durch Anmeldung erworbene Stellung im Konkursverfahren. Namentlich scheidet eine vor der Prüfung zurückgenommene Anmeldung für den Prüfungstermin aus. Wiederanmeldung steht dem Gläubiger frei, auch wenn die zurückgenommene Anmeldung bereits zugelassen war [§ 141 Anm. 2]. Seuffert S. 254; abw. Oetker I S. 370 N. 3. Den Rechtsfolgen der §§ 14, 193 entgeht der Konkursgläubiger bei Anmeldungsrücknahme so wenig als beim Unterlassen der Anmeldung.

21 4. Sobald einmal die angemeldete Konkursforderung als festgestellt in die Tabelle eingetragen ist, kann die Anmeldung als solche (als gerichtliche Geltendmachung des Anspruchs) nicht mehr zurückgenommen und etwa später verbessert wiederholt werden, weil die Rechtskraft (§ 145 II) dem Parteiverzicht nicht unterliegt (zust. RG Bd. **112** 299, Mentzel-Kuhn Anm. 9, Böhle-Stam-

schräder Anm. 3; LG Stuttgart ZZP Bd. 70 S. 393; abw. Seuffert aaO., der eine Zurücknahme bis zur Konkursbeendigung für statthaft hält). Natürlich steht es dem Gläubiger frei, auch die mit Rechtskraftwirkung festgestellte Forderung selbst ganz oder teilweise zu erlassen (§ 397 BGB) oder zu stunden. Er kann auch, ohne die Forderung aufzugeben, in deren voller Höhe oder zu einem beschränkten Betrag auf Konkursteilnahme d. h. auf die Ausübung der Gläubigerrechte im Konkursverfahren verzichten. Anmeldung und Feststellung werden durch keinen dieser Vorgänge verändert. Eine „Berichtigung" der Tabelle veranlassen sie also nicht; aber es empfiehlt sich, sie in der Spalte „Bemerkungen" zu beurkunden. Ebenso LG Stuttgart aaO. Auch der bloße Verzicht auf Konkursteilnahme schließt für seinen Bereich den Anspruch auf Berücksichtigung bei den Verteilungen sowie Stimm- und Antragsbefugnisse eines Konkursgläubigers aus. Die Maßgeblichkeit der §§ 14, 193 wendet er nicht ab. Auch ihn kann der Verwalter durch eine dem § 767 ZPO entsprechende Gegenklage [§ 145 Anm. 11] zur Geltung bringen. Wer nur auf die Verfolgung seiner Gläubigerrechte innerhalb des Konkurses verzichtet, gibt damit die Anwartschaft auf einen Zwangszugriff nach dem Konkurse (§ 164 II) nicht auf. Der Sinn einer nachträglichen „Zurückziehung" festgestellter Ansprüche (ob Verzicht auf den Anspruch selbst oder nur auf dessen Geltendmachung im Konkursverfahren) muß daher außer Zweifel stehen, ehe der Vorgang in der Tabelle vermerkt wird. Auf die erforderliche Klarstellung hat der Konkursrichter hinzuwirken (§ 139 ZPO mit § 72 KO). Siehe dazu Schumann Konk-Treuh. 1933 S. 65f.

VI. Besonderheit im Nachlaßkonkurse siehe zu § 229 (§ 236).

§ 140

Die Anmeldungen sind in der Geschäftsstelle zur Einsicht der Beteiligten niederzulegen.

Der Urkundsbeamte der Geschäftsstelle hat jede Forderung sofort nach der Anmeldung derselben in der Rangordnung des beanspruchten Vorrechts in eine Tabelle einzutragen, welche innerhalb des ersten Dritteils des zwischen dem Ablaufe der Anmeldefrist und dem Prüfungstermine liegenden Zeitraums auf der Geschäftsstelle zur Einsicht der Beteiligten niederzulegen und abschriftlich dem Verwalter mitzuteilen ist.

Materialien: Motive I Bd. 2 S. 93f., Motive II S. 360f., Protokolle S. 91, 171f.

I. Einsichtsrecht der Beteiligten (Abs. I) 1

Alle beim Konkursgericht schriftlich eingereichten oder zu Protokoll erklärten Anmeldungen (§ 139 Satz 2) müssen auf der Geschäftsstelle zur Einsicht der Beteiligten niedergelegt werden. Gegenstand der Einsichtnahme sind die Anmeldungen als solche (samt Beilagen), einerlei, ob sie in die Konkurstabelle eingetragen sind oder nicht. Befugt, Einsicht zu nehmen, sind alle Beteiligten und deren Vertreter, also jedenfalls der Gemeinschuldner, der Konkursverwalter, die Konkursgläubiger, die Ausschußmitglieder als solche, aber auch Massegläubiger (denen mit Rücksicht auf den § 60 am Einblick gelegen sein kann), auch wer „das Geschäft im ganzen" kaufen will oder gekauft hat. Zust. Böhle-Stamschräder Anm. 1. Als Träger der Gemeinschuldner-Rolle haben im Konkurs einer offenen Handelsgesellschaft alle Mitglieder, im Nachlaßkonkurs alle Miterben einzeln das Recht der Einsicht. Abschriften der Anmeldungen und ihrer Beilagen werden nur auf Antrag erteilt. § 299 I ZPO mit § 72 KO [§ 72 Anm. 3b, § 124 Anm. 4]; siehe Motive II S. 361, Protokolle S. 91. Schreibgebühren: §§ 91 Abs. 1 Ziff. 1, 101, 110 GKG. Erhebt der Verwalter die Abschrift, so bildet die Auslagenersatzpflicht (wie bei der Prozeßführung des Verwalters) eine Masseschuld nach § 59 Nr. 1 [siehe § 58 Anm. 5]; a. A. Mentzel-Kuhn Anm. 1, Bleyer Anm. 1 (Massekosten nach § 58 Nr. 1).

II. **Eintragung in die Tabelle (Abs. II)**

2 1. Sofort nach der Anmeldung hat der Urkundsbeamte der Geschäftsstelle kraft selbständiger Amtspflicht die Forderung in eine Tabelle einzutragen (Abs. 2). Als Urkundsbeamter ist hier, wie sonst auch (z. B. für die Aufgaben der §§ 111, 112, 122 II, 145 I), nicht nur der leitende, sondern jeder zur Ausführung der Obliegenheit „an sich befähigte und dienstlich berufene" Beamte, als solcher auch ein Gehilfe oder ein auf der Geschäftsstelle beschäftigter Rechtsbeflissener zuständig. RG JW 1895 S. 385 Nr. 26.

a) Die dem Urkundsbeamten nach Abs. II obliegende Eintragung ist eine selbständige, vorgängige Weisungen des Konkursrichters nicht voraussetzende, aber andrerseits nur eine beurkundende, nicht eine entscheidende Tätigkeit. Zweifelhaft ist die Frage, ob nur diejenigen Forderungen in die Tabelle einzutragen sind, deren Anmeldung den wesentlichen Erfordernissen des § 139 S. 1 und 2 genügt, also wirksam [§ 139 Anm. 15] vorgenommen ist, oder ob die Forderungen ohne Rücksicht auf Mängel der Anmeldung in die Tabelle aufzunehmen sind. Die letztere Auffassung, hauptsächlich vertreten von Seuffert S. 254f. und Mentzel-Kuhn Anm. 2, überläßt die Prüfung, ob eine den gesetzlichen Erfordernissen entsprechende Anmeldung vorliegt, von vornherein dem Richter im Rahmen seiner Prüfung, ob die „angemeldete" Forderung zur Erörterung im Prüfungstermin zugelassen wird [§ 141 Anm. 2ff.]. Dagegen vertrat insbesondere Jaeger in der 6./7. Aufl. (ähnlich Senst-Müller, Konkursrichter[4] S. 121f.) die Auffassung, daß auch in § 140 II nur Anmeldungen gemeint sein können, die den wesentlichen Erfordernissen des § 139 genügen; er nahm daher, von seinem Standpunkt aus konsequent, an, daß unabhängig von der Prüfung der Zulassung durch den Konkursrichter nach § 141 und ohne dieser Prüfung vorzugreifen, der Urkundsbeamte schon im Anmeldungsverfahren nach § 140 II die Amtspflicht habe, die Ordnungsmäßigkeit der Anmeldung zu prüfen, bei mangelhaften Anmeldungen dem Gläubiger notwendige Ergänzungen und Klärungen anheimzugeben und Anmeldungen, welche die wesentlichen Anmeldungserfordernisse nicht erfüllten, nicht in die Tabelle aufzunehmen. Fraglich ist nun, welche Bedeutung bei diesem Stand der Meinungen dem § 21 Nr. 5 RpflG zukommt, der den „Erlaß von Verfügungen, durch die Auflagen zur Ergänzung oder Richtigstellung der Anmeldungen (§ 139, 140 KO) gemacht werden", dem Rechtspfleger überträgt. Da das Rechtspflegergesetz grundsätzlich nur Aufgaben des Richters, nicht aber solche des Urkundsbeamten dem Rechtspfleger zuweist, hat man davon auszugehen, daß § 21 Nr. 5 RpflG einen Teil der richterlichen Zulassungsprüfung im Rahmen des § 141 als Vorprüfung auf den Rechtspfleger überträgt; dieser hat zwar nicht die Befugnis, Anmeldungen zurückzuweisen — diese Entscheidung ist allein dem Richter vorbehalten — wohl aber die Aufgabe, Ergänzung und Klarstellung mangelhafter Anmeldungen zu betreiben. Die Aufgaben des Urkundsbeamten nach § 140 II werden also durch § 21 Nr. 5 RpflG an sich nicht berührt; insbesondere kann nicht angenommen werden, daß durch diese Bestimmung auch die Eintragung in die Tabelle dem Rechtspfleger übertragen werden sollte (so Arnold RpflG § 21 Anm. 6, dagegen wie hier Arndt RpflG § 21 Anm. 19, Hofmann-Kersting RpflG § 21 zu Ziff. 5, zweifelhaft Böhle-Stamschräder Anm. 2). Es mag aber zweckmäßig sein, daß bei dieser Sachlage zur Vermeidung überflüssiger Mehrarbeit der Rechtspfleger die Aufgaben nach § 140 II mit übernimmt (so Arndt RpflG § 21 Anm. 19, Böhle-Stamschräder Anm. 2); er nimmt dann die ihm übertragene Vorprüfung anläßlich der Eintragung in die Tabelle vor. Für die bestrittene Prüfungspflicht des Urkundsbeamten als solchen und die Frage, ob auch mangelhaft angemeldete Forderungen in die Tabelle einzutragen sind, hat aber § 21 Nr. 5 RpflG keine Klärung gebracht. Zweifellos hat auch der Urkundsbeamte, der nicht Rechtspfleger ist, bei Aufnahme mündlicher Anmeldungen auf eine bestimmte Bezeichnung des Grundes und des Betrages der Forderung, auf die ausdrückliche Inanspruchnahme eines Vorrechtes und auf die Angabe eines gesetzlichen Vorrechtsgrundes hinzuwirken [§ 139 Anm. 4, 15f.]; das ergibt sich schon aus seiner Verpflichtung, nur dem Gesetz entsprechende, wirksame Anmeldungen zu Protokoll zu nehmen. Bei schriftlichen mangelhaften Anmeldungen wird man aber annehmen müssen, daß sie nur dann nicht in die Tabelle einzutragen sind, wenn sie gänzlich unzureichend sind, also keinerlei sinnvolle Eintragung ermöglichen. Dagegen sollte der Urkundsbeamte gehalten sein, in irgendeiner Beziehung mangelhafte Anmeldungen einzutragen und zwar schon deshalb, weil sonst der Konkursverwalter, der nicht die Anmeldungen selbst, sondern nur eine Abschrift der Tabelle erhält (§ 140 II), von derartigen Anmeldungen keine zuverlässige Kenntnis bekommt, was mißlich ist, wenn der Gläubiger den Mangel seiner Anmeldung im Prüfungstermin behebt, etwa den Grund des Anspruches wie im Falle OLG 35 S. 260 (München) dahin klarstellt, daß die von ihm als Laien schriftlich angemeldete „Kapitalforderung" einen Darlehensanspruch, vielleicht auch einen Anspruch auf Rückgewähr der Einlage eines stillen Gesellschafters [§ 3 Anm. 7] darstellt, oder der von Amts wegen nachzuprüfende Ausweis eines Gläubigervertreters [§ 139 Anm. 6, § 141 Anm. 3] im Prüfungstermin erbracht wird. Solche mangelhafte Anmeldungen hat aber der Urkundsbeamte, der nicht selbst Rechtspfleger ist, dem Rechtspfleger zur Erlassung einer Verfügung nach § 21 Nr. 5 RpflG vorzulegen. Im wesentlichen übereinstimmend Schrader-Bauer Hdbuch[3] S. 71, dem (ebenso wie Böhle-Stamschräder Anm. 2) nur insoweit nicht gefolgt werden kann, als er annimmt, daß der Rechtspfleger die Eintragung ablehnen könne, wenn der nicht behobene Mangel eine Eintragung ausschließt; denn die Ablehnung der Eintragung ist ebenso wie die Eintragung Sache des Urkundsbeamten.

Die Unterlassung der Aufnahme in die Tabelle ist keine „Entscheidung" des Urkundsbeamten, auf welche der § 567 ZPO anwendbar wäre, und zwar auch dann nicht, wenn der Beamte die Versagung schriftlich ausspricht; dagegen ist eine Dienstaufsichtsbeschwerde an seinen Amtsvorstand nicht ausgeschlossen. Zust. Mentzel-Kuhn Anm. 2. Auch eine auf Grund des § 21 Nr. 5 RpflG erlassene Verfügung des Rechtspflegers ist keine „Entscheidung", sondern nur eine das richterliche Prüfungsverfahren vorbereitende und entlastende Maßnahme; gegen sie ist also nicht die Erinnerung nach § 10 RpflG gegeben (a. A. offenbar Arndt aaO. Anm. 19 und Hofmann-Kersting RpflG § 21 zu Ziff. 5). Dem Rechtsmittel des Konkurses (§ 73 III) unterliegt nur die Zulassungsverweigerung des Richters [§ 141 Anm. 4].

Außer Zweifel steht, daß weder der Urkundsbeamte noch der Rechtspfleger dem mit der Leitung des Prüfungsverfahrens betrauten Konkursrichter vorgreifen darf. Zu prüfen sind im Termin alle angemeldeten Forderungen, deren Prüfung der Richter für zulässig hält und nur sie, einerlei ob sie in die Konkurstabelle eingetragen sind oder nicht [§ 141 Anm. 2f.]. Der Richter kann also eine in die Tabelle aufgenommene Forderung von der Prüfung ausschließen, weil nach seiner Auffassung ein wesentliches Anmeldungserfordernis fehlt. Er kann andererseits eine nicht aufgenommene der Prüfung unterstellen, wenn der Mangel der Anmeldung im Prüfungstermin behoben wird. Aus diesem Grunde muß der Urkundsbeamte auch diejenigen Anmeldungen, die er mangels wesentlicher Erfordernisse nicht in die Tabelle aufgenommen hat, dem Konkursrichter unterbreiten, der allein über die Zulassung zur Prüfung entscheidet. Die Austragung eines Streites über die sachliche Frage, ob angemeldeten Ansprüchen die §§ 3, 63 KO entgegenstehen, muß den Beteiligten des Prüfungsverfahrens überlassen bleiben [§ 141 Anm. 3].

b) Wegen Schädigung des Anmelders durch schuldhafte Unterlassung der Aufnahme seiner Forderung in die Tabelle kann der Urkundsbeamte und wegen schuldhafter Nichtbeachtung einer den Akten einverleibten, wenngleich nicht in die Tabelle aufgenommenen Anmeldung kann der Konkursrichter verantwortlich sein (RG SeuffA 41 Nr. 272, JW 1894 S. 63 Nr. 10, JW 1904

S. 85f. Nr. 1), heute mit der Maßgabe, daß dem Verletzten der Staat einzustehen hat [§ 71 Anm. 18, § 83 Anm. 3].

c) Nach alledem wird die Wirksamkeit der Anmeldung [§ 139 Anm. 12f.] durch Aufnahme in die Konkurstabelle nicht bedingt noch andrerseits ihre Unwirksamkeit [§ 139 Anm. 15] durch die Aufnahme behoben. Auch die Urteilskraft der „Feststellung" zur Konkurstabelle (§ 145 II) kann nicht einsetzen, wenn jede Grund- oder Betragsangabe fehlt. Aus § 780 BGB läßt sich ein gegenteiliger Schluß nicht herleiten (abw. Wolff KO[2] S. 435). Anders natürlich dann, wenn Forderungen bestimmter Höhe aus Schuldversprechen oder Schuldanerkenntnissen im Sinne der §§ 780ff. BGB angemeldet und festgestellt worden sind. Diese Forderungen haben ihren „Grund" in dem selbständig die Verbindlichkeit auslösenden Versprechen oder Anerkenntnis wie Wechselansprüche im wechselmäßigen Verpflichtungsvorgang (in der Begebung, der Überweisung, der Annahme).

3 d) Der Urkundsbeamte hat die Forderung „in der Rangordnung des beanspruchten Vorrechts" einzutragen [§ 139 Anm. 4]. Solange ein Vorrecht nicht ausdrücklich begehrt wird, kann die Forderung nur als einfache in die Tabelle aufgenommen werden [siehe Anm. 2].

4 2. Auch die Konkurstabelle — nicht nur die Anmeldungen als solche [Anm. 1] — kann jeder Beteiligte einsehen. Sie muß zu diesem Zwecke binnen des ersten Dritteils des zwischen dem Ablaufe der Anmeldefrist und dem Prüfungstermin liegenden Zeitraums auf der Geschäftsstelle zur Einsicht der Beteiligten niedergelegt und dem Verwalter von Amts wegen — anderen Beteiligten nur auf Antrag und entgeltlich [§ 72 Anm. 3b, § 124 Anm. 4]; zust. Mentzel-Kuhn Anm. 1 — in Abschrift mitgeteilt werden. In der ihm ausgehändigten Tabellabschrift pflegt der Verwalter bei stark beschäftigten Konkursgerichten auf Grund seiner Erhebungen Einträge der zu erwartenden „Ergebnisse" schon im voraus zu entwerfen, um den Gang des Prüfungsverfahrens zu fördern (Levy Konkursrecht[2] S. 59f.). Im übrigen siehe unsere Anm. 1 mit Verw. Wird die Frist nicht eingehalten, so kann der Prüfungstermin auf Antrag eines Beteiligten oder von Amts wegen vertagt werden und zwar unter Verurteilung des Urkundbeamten in die Kosten, die er durch grobes Verschulden verursacht hat (§ 72 KO mit § 102 ZPO). Motive II S. 360, Fitting § 38 N. 10, Seuffert S. 255; abw. verlangen Petersen-Kleinfeller Anm. 4 eine Klage des Verwalters wider den säumigen Urkundsbeamten auf Ersatz. An die Stelle der AV des früh. Preuß. JM (Pr. JMBl. 1930 S. 215) über das Recht von Reichsbankbeamten zur Einsichtnahme in Konkurstabellen und Gläubigerverzeichnisse sind jetzt entsprechende landesrechtliche Bestimmungen über das Einsichtsrecht von Beamten der Landeszentralbanken getreten z. B. in Nordrhein-Westfalen JMBl. 1951 S. 36 Nr. 19, Niedersachsen Nds. Rpfl. 1951 S. 58 Nr. 18; für Bayern s. BayBSVJu. Bd. II Nr. 48.

III. Die Einrichtung der Tabelle

5 Die Konkurstabelle ist eine bedeutsame Errungenschaft des preußischen Rechts (§§ 170, 171, 175 PreußKO v. 1855, Koch zu § 175 Note 88). Ihre Gestaltung im einzelnen bestimmt sich jetzt nach der AktenO für die deutschen Justizbehörden v. 28. 11. 1934 § 15 mit Muster 17 (Formular der Konkurstabelle). Danach wird die Tabelle in zwei Abteilungen hergestellt, deren erste für die bevorrechtigten und deren zweite für die gewöhnlichen Konkursforderungen bestimmt ist. Eine teils bevorrechtigte teils nicht bevorrechtigte Konkursforderung (z. B. Lohnrückstand für mehrere Jahre) muß in jeder Abteilung besonders aufgeführt werden. Jede Forderung erhält eine eigene Nummer. Doch sind die Nebenansprüche des § 62 der Nummer des Hauptanspruchs einzureihen. Beide Abteilungen enthalten zehn Längsspalten. Die Spalte 1 dient der Eintragung des beanspruchten Vorrechts, die Spalte 2 der Eintragung der laufenden Num-

mern, die in der ersten Abteilung innerhalb jeder Vorrechtsgruppe neu mit 1 beginnt. In Spalte 3 wird die genaue Bezeichnung des Gläubigers, in Spalte 4 ein evtl. Vertreter unter Hinweis auf die Vollmacht, in Spalte 5 der Tag des Eingangs der Anmeldung und in Spalte 6 der genaue Betrag der angemeldeten Forderung eingetragen. Es folgt in Spalte 7 die genaue Bezeichnung des Grundes der Forderung und der urkundlichen Beweisstücke. In Spalte 8 wird das Ergebnis der Prüfungsverhandlung eingetragen. Spalte 9 ist für Berichtigungen und Spalte 10 für Bemerkungen vorgesehen. Muster einer angelegten Konkurstabelle bei Schrader-Bauer Hdbuch[3] S. 79ff.; vgl. dort auch Anweisungen für die Eintragungen S. 77f. Die verschiedenen Spalten der Tabelle bilden ein einheitliches Ganzes (RG Gruchots Beitr. 46 S. 1117). Das gilt auch, wenn der Tabelle Anlagen beigefügt sind. Die Wirksamkeit eines Vermerks wird durch Eintragung in eine unrichtige Spalte nicht ausgeschlossen.

Ergänzend sei noch bemerkt:

1. In der ersten Abteilung werden die einzelnen Vorrechtsklassen nach der Rangfolge des § 61 geordnet und mit römischen Zahlen (Längsspalte 1) bezeichnet. Im Konkurs einer Versicherungsanstalt kann das zu § 61 Anm. 39b behandelte Vorrecht die Anreihung einer VI. Vorrechtsklasse nötig machen. Wird für eine schon in die Tabelle aufgenommene Forderung nachträglich ein Vorrecht oder ein besseres Vorrecht beansprucht, dann bedarf es eines neuen Eintrags unter Löschung des alten. Die Löschung wird dadurch vollzogen, daß in der Bemerkungsspalte beurkundet wird: „Wegen Inanspruchnahme eines (oder eines besseren) Vorrechts übertragen nach ...“. Bei der Neueintragung wird entsprechend vermerkt: „Von ... infolge nachträglicher Vorrechtsanmeldung hierher übernommen.“ Die Sondervorrechte [§ 61 Anm. 2ff.] werden meist eigene Anlagen der Tabelle erfordern. In die zweite Abteilung hat der Urkundsbeamte die nicht bevorrechtigten Konkursforderungen unter fortlaufenden Nummern nach der Reihenfolge ihres Einganges einzutragen. Von ihnen sind im Nachlaßkonkurs und im Konkurs über das Gesamtgut der fortgesetzten Gütergemeinschaft die minderberechtigten Forderungen (§§ 226, 236) zu trennen und einer dritten Abteilung einzureihen. In diesen Konkursen sind die unter den Voraussetzungen des § 229 im Aufgebotsverfahren angemeldeten Forderungen von Amts wegen in die Tabelle aufzunehmen. Im Konkurse des Versicherungsvereins a. G. ist § 61 Anm. 6 zu beachten. **6**

2. In der Berichtigungsspalte sind einmal Berichtigungen von Schreibfehlern und ähnlichen offenbaren Unrichtigkeiten der Einträge zu vermerken [§ 145 Anm. 3], sodann aber auch Berichtigungen der Anmeldung (z. B. die nachträgliche Erhöhung oder Herabsetzung von Haupt- oder Nebenansprüchen) und die des Prüfungsergebnisses, besonders durch Zurückziehung oder sonstigen Wegfall eines Widerspruchs [§ 141 Anm. 8 u. 10, § 146 Anm. 46]. Späteres Vorrechtsverlangen führt zu Neueintragungen: Anm. 6. **7**

In die Bemerkungsspalte gehören alle zur Aufnahme in die übrigen Spalten nicht geeigneten Vermerke, besonders der (die Konkursteilnahme nicht hindernde) persönliche Widerspruch des Gemeinschuldners (Motive II S. 362; also nicht in die Spalte „Ergebnis der Prüfungsverhandlungen“) sowie die Beseitigung dieses Widerspruchs, ferner die zur Übersicht nötigen Verweisungen und die Angaben über die Gewährung eines Stimmrechts und deren Änderung. Erwerber eingetragener Forderungen rücken unmittelbar infolge des Erwerbs, mag dieser Gesamt- oder Sonderrechtsnachfolge, mag er vor oder nach der Feststellung eingetreten sein, auch in die konkursrechtliche Stellung des Vorgängers (z. B. Erblassers oder Zedenten) ein. Der § 265 ZPO trifft nur die Rechtsnachfolge in rechtshängige (z. B. im Konkursfeststellungsprozesse befangene) Forderungen, steht aber dem Einrücken in die Anmelder-Rechtslage des Vorgängers nicht entgegen [§ 139 Anm. 13]. Doch muß der Rechtsnachfolger sich als solcher ausweisen sowohl bei Abstimmungen als beim Dividendenbezug **8** (etwa durch einen Erbschein oder eine Abtretungsurkunde). Siehe § 142 Anm. 4, § 145 Anm. 15, § 149 Anm. 7. Jedenfalls hängt die Wirksamkeit des Wechsels im Gläubigerrecht von einem Tabelleintrage nicht ab, noch würde ein solcher Streitigkeiten der Beteiligten über den Rechtsbestand der Nachfolge vorgreifen. Daraus kann aber nicht mit KG OLG 32 S. 398 (siehe auch KG OLG 42 S. 77; Jaeger JW 1925 S. 2821 zu Nr. 3) die Unzulässigkeit der Eintragung des Forderungsüberganges in die Bemerkungsspalte abgeleitet werden; sie hat vor allem Bedeutung für den Feststellungsstreit für und gegen den Nachfolger in die angemeldete Forderung [vgl. dazu § 146 Anm. 33]. Die Erteilung einer vollstreckbaren Tabellausfertigung an den Rechtsnachfolger regelt sich nach den §§ 164 II, 194, 206 II KO mit §§ 727, 730f. ZPO, setzt also einen rechtsförmlichen Nachweis des Forderungsüberganges voraus. Für den Ausweis des Rechtsnachfolgers im Konkurse gilt dies nicht. LG Berlin KGBl. 1907 S. 36; LG Leipzig LZ 1909 Sp. 959, LG München JW 1925 S. 2821 Nr. 3 mit Note Jaeger. Zweifellos ist in der Bemerkungsspalte klarzustellen, daß eine Forderung nur nach Maßgabe des § 64 (absonderungsberechtigter Konkursgläubiger) oder des § 67 (aufschiebende Bedingung) am Konkurse teilnimmt. Siehe § 64 Anm. 11. Zust. Schrader-Bauer Hdbuch[3] S. 77. Auch eine Wiedereinsetzung nach § 165 ist hier zu vermerken. Desgleichen die nicht selten vorkommende „Zurückziehung“ festgestellter Ansprüche [§ 139 Anm. 21]; zust. Boennecke KTS 1955 S. 174.

9 3. In die Tabelle sind nur Konkursforderungen, nicht also Aussonderungs-, Absonderungs- und Masseansprüche aufzunehmen. Wenn ein Vorbehaltsverkäufer (etwa als „Möbelverleiher“) oder wenn ein Sicherungseigner mündlich oder schriftlich „anmeldet“, daß er bestimmt bezeichnete Sachen für sich in Anspruch nehme, hat ihn der Urkundsbeamte dahin zu belehren, daß diese Ansprüche gegenüber dem Konkursverwalter geltend gemacht werden müssen oder die „Anmeldung“ diesem zuzuleiten [§ 43 Anm. 56, § 48 Anm. 13 mit § 4 Anm. 7ff.]. Denn es gehört zu den Aufgaben der mit der amtlichen Behandlung der „Anmeldung von Forderungen“ betrauten Behörde, Unkundige bei irriger Auffassung eines Rechtsbegriffes aufzuklären.

10 4. Die Eintragung der angemeldeten Forderungen obliegt nach § 140 II KO dem Urkundsbeamten der Geschäftsstelle [Anm. 2]. Dagegen ist das Ergebnis der Prüfungsverhandlung nach § 145 KO vom „Gericht“ in die Tabelle einzutragen. Dementsprechend werden die das Prüfungsergebnis enthaltenden Einträge samt den dazu gehörenden Berichtigungen und Bemerkungen vom Konkursrichter und vom Urkundsbeamten unterschrieben. Desgleichen der Eintrag eines nach § 95 durch Einigung oder durch Gerichtsbeschluß gewährten Stimmrechts (Bemerkungsspalte). Den Vermerk über die Erteilung eines vollstreckbaren Tabellauszugs (Bemerkungsspalte) unterzeichnet der Urkundsbeamte allein.

§ 141

In dem Prüfungstermine werden die angemeldeten Forderungen ihrem Betrage und ihrem Vorrechte nach einzeln erörtert.

Der Gemeinschuldner hat sich über die Forderungen zu erklären.

Materialien: Motive I Bd. 2 S. 94ff., Motive II S. 361f., Protokolle S. 91, 172.

Die Erörterung der Forderungen im Prüfungstermin

I. Der Zweck des Prüfungstermins

1 Bei der Eröffnung des Verfahrens bestimmt das Konkursgericht sogleich den allgemeinen Prüfungstermin (§ 110). Er ist nicht über fünf Monate seit dem Eröffnungstag hinauszuschieben, weil die Anmeldefrist von da ab höchstens drei Monate, der Zeitraum zwischen ihrem Ablauf und dem Termin aber höchstens zwei Monate betragen darf (§ 138). Im allgemeinen Prüfungs-

termin und in etwa notwendig werdenden Sonderterminen (§ 142) sind die angemeldeten Konkursforderungen einzeln nach Betrag und Vorrecht zu „erörtern". Die **Erörterung** hat einen doppelten Zweck: sie soll das Gläubigerrecht des Anmelders für die Rechtsverfolgung innerhalb und außerhalb des Konkurses klarstellen. Innerhalb des Konkursverfahrens. wirken nur Widersprüche des Verwalters oder eines Konkursgläubigers (§ 144 I). Die Erklärung des Gemeinschuldners (Abs. II) dient insoweit nur als Auskunft (§ 100). Für seine Inanspruchnahme nach dem Konkurs ist sie von erheblicher Bedeutung (§§ 144 II, 164 II, 194, 206). Dementsprechend hat die Aussage des Schuldners ihrerseits wieder eine zwiespältige Bedeutung, eine tatsächliche und eine rechtliche. Als Auskunft setzt sie Prozeßfähigkeit nicht voraus und kann dementsprechend wirksam auch von einem beschränkt geschäftsfähigen (z. B. minderjährigen oder wegen Verschwendung entmündigten) Gemeinschuldner erteilt werden [siehe § 100 Anm. 5]. Den die Vollstreckbarkeit des § 164 II (§§ 194, 206) abwendenden Widerspruch im Prüfungsverfahren kann dagegen nur ein prozeßfähiger Gemeinschuldner in Person erklären oder durch einen Bevollmächtigten (etwa in Krankheitsfällen) erklären lassen. Für den prozeßunfähigen Gemeinschuldner hat dessen allgemeiner gesetzlicher Vertreter (Gewalthaber, Vormund, Vereinsvorstand usw.) zu widersprechen. Vgl. Fitting § 12 N 7f., § 38 N 19 u. 33; Mentzel-Kuhn Anm. 4; Böhle-Stamschräder Anm. 3. Im übrigen siehe § 144 Anm. 3ff.

II. Die Zulassung angemeldeter Ansprüche

Der Erörterung durch die Beteiligten geht eine amtliche Vorprüfung voraus. Diese hat die formale Zulässigkeit der Anmeldungen zu klären [§ 139 Anm. 1ff.], nicht etwa den Rechtsbestand der Ansprüche vorläufig festzustellen. Demgemäß muß der Richter die beim Konkursgericht eingelaufenen Anmeldungen unter persönlicher Verantwortlichkeit durchsehen. Diese Aufgabe dem Prüfungstermine vorzubehalten, empfiehlt sich nicht. Vielmehr erscheint [§ 140 Anm. 2] eine frühere Durchsicht sowohl zur Vorbereitung des Richters als im Interesse der Beteiligten geboten. Die gerichtliche Vorprüfung ist durch § 21 Nr. 5 RPflG insoweit auf den Rechtspfleger übertragen, als zur Ergänzung und Richtigstellung mangelhafter Anmeldungen dem Anmeldenden entsprechende Auflagen zu machen sind [§ 140 Anm. 2]. Diese Vorprüfung durch den Rechtspfleger findet zweckmäßigerweise sofort bei Eingang der Anmeldung statt. Der Rechtspfleger hat aber nicht die Befugnis, eine angemeldete Forderung wegen bestehender und nicht beseitigter Anmeldungsmängel von der Prüfung zurückzuweisen. Die Entscheidung über Zulassung oder Zurückweisung einer Forderung ist vielmehr ausschließlich Sache des Richters. Die Vorprüfung der Zulässigkeit durch Richter und Rechtspfleger bildet keinen selbständigen Verfahrensabschnitt, geht aber begriffsnotwendig der Erörterung des einzelnen Anspruchs durch die Beteiligten voran. Vgl. Oetker I § 8, ZZP 25 S. 53ff., Seuffert S. 260, Fitting S. 379f., Voigt Einfluß des Konkurses auf schwebende Prozesse (1903) S. 169 Nr. 1, 2; grundsätzlich abw. Petersen-Kleinfeller § 139 Anm. 10, §§ 141ff. Anm. 2 u. a. 2

1. **Zugelassen** wird die Anmeldung dadurch, daß das Gericht den Anspruch der Erörterung unterstellt. Einer späteren Zurückweisung wegen nachträglich aufgedeckter Mängel wird damit nicht vorgegriffen. Andrerseits lassen sich Mängel der Anmeldung oft noch im Prüfungstermine beheben [§ 140 Anm. 2]. Konkursverwalter und konkurrierende Gläubiger haben bei der Prüfung, nicht schon bei der Zulassung zur Prüfung mitzuwirken. Läßt das Konkursgericht Ansprüche zur Prüfung zu, deren Verfolgbarkeit im Konkursverfahren ein Beteiligter auf Grund der §§ 3, 5 II, 63 in Abrede stellt, dann braucht er seiner abweichenden Rechtsauffassung nur durch Widerspruch im Prüfungsverfahren Ausdruck zu verleihen. Der Streit wird alsdann im Feststellungsverfahren ausgetragen [Anm. 9]. Beschwerden des Verwalters oder eines Gläubigers

gegen die Zulassung „werden" nicht erst „gegenstandslos", wenn der Widerspruch im Prüfungsverfahren die Feststellung im Termine vereitelt hat; sie sind von vornherein unzulässig. Jaeger SARechtspfl. 1915 S. 342f. zu OLG Dresden OLG 31 S. 187; a. A. Mentzel-Kuhn Anm. 2 (Beschwerderecht des Konkursverwalters gegen die Zulassung). Zulassung verspäteter Anmeldung: § 142 Anm. 1.

3 2. **Versagt** wird die Zulassung durch förmlichen Beschluß, der im Prüfungstermin oder auf Grund der Vorprüfung schon vor diesem erlassen werden kann und dem Anmelder von Amts wegen zuzustellen ist [Anfechtbarkeit: Anm. 4].

a) Die Zurückweisung als unzulässig hat zu erfolgen bei Anmeldungen, deren Mängel wesentlich und auch im Prüfungstermine nicht zu beheben sind [§ 139 Anm. 1—10]. So auch Anmeldungen in fremder Sprache oder in ausländischer Währung und solche, die von einer nichtprozeßfähigen Partei oder einem angeblichen Vertreter ausgehen, der sich nicht auszuweisen vermag. Die prozeßunfähige Partei oder der nichtlegitimierte gesetzliche Vertreter kann nach § 72 KO mit § 56 II ZPO bei Verzugsgefahr, namentlich bei drohender Verjährung, unter Vorbehalt der Beseitigung des Mangels einstweilen zur Geltendmachung der Forderung im Konkurse zugelassen werden. Auch einen Bevollmächtigten, der den von Amts wegen zu fordernden Nachweis der Vollmacht (§§ 80, 88 II ZPO) im Prüfungstermine nicht zu führen vermag, „kann" das Konkursgericht nach § 72 KO mit § 89 I ZPO einstweilen zulassen. Stellt das Gericht bzw. der Rechtspfleger [Anm. 2] den Mangel schon vor dem Prüfungstermine fest, so wird es Beseitigung „spätestens im Prüfungstermine" fordern; ist er bis dorthin nicht behoben, so wird das Gericht alsdann die Anmeldung zurückweisen [Anm. 4]. Ergibt sich der Mangel erst im Prüfungstermine, so ist einstweilige Zulassung (§§ 56 II, 89 I ZPO) nicht ausgeschlossen (zust. OLG Dresden LZ 1909 Sp. 248, Rostock OLG 35 S. 255, Mentzel-Kuhn Anm. 2; abw. Oetker I S. 279f.). Ein Recht auf sie besteht freilich nicht. Wird sie versagt, so hat der Anmelder die Kosten des notwendig gewordenen besonderen Prüfungstermines nach § 142 III zu tragen, weil die vom vollmachtlosen Vertreter abgegebene Erklärung als Anmeldung nicht rechtzeitig wirksam geworden war, sondern erst vom Vollmachtsnachweis ab zu wirken beginnt (Dresden aaO.). Streitig ist, ob eine Geldforderung mit bestimmter Angabe des Grundes und Betrags auch dann von Amts wegen zurückgewiesen werden muß, wenn sich aus der eigenen Darlegung des Anmelders ergibt, daß sie im Konkurse nicht geltend gemacht werden kann, also namentlich erst nach Konkursbeginn entstanden (§ 3) oder nicht erzwingbar [§ 3 Anm. 13ff.) oder zufolge § 63 unanmeldbar ist. Wie ein Widerspruch gegen das Begründetsein der Forderung ist der Widerspruch gegen ihre Zugehörigkeit zu den Konkursforderungen den Beteiligten zu überlassen. Oetker I S. 278f., Fitting S. 380, Seuffert S. 259; abw. Endemann S. 526. Das muß auch gelten, wenn es zweifelhaft erscheint, ob ein Anspruch zu den Konkursforderungen oder etwa zu den Aussonderungs- oder Masseansprüchen gehört (OLG Dresden LZ 1925 Sp. 496). Zust. Mentzel-Kuhn Anm. 2, Böhle-Stamschräder Anm. 1, Mohrbutter-Haarmann Leitfaden S. 169. Dem Konkursgericht als solchem fehlt die Macht, einen Rechtsstreit über die Art des Anspruchs zu entscheiden; andrerseits sind aber auch die Beteiligten außerstande. sein Wesen durch Anmeldung und Anerkennung umzuprägen [§ 145 Anm. 7]. Aberkannte Forderungen: § 3 Anm. 14a; zuerkannte: § 146 Anm. 12. Wird ein und dieselbe Forderung von mehreren Prätendenten (die z. B. miteinander über die Beerbung des ursprünglichen Gläubigers streiten) angemeldet, so müssen alle Anmeldungen nebeneinander zur Prüfung zugelassen werden. Es ist Sache der Beteiligten, nicht des Gerichts, der mehrfachen Feststellung einer einzigen Schuld durch rechtzeitigen Widerspruch vorzubeugen [§ 139 Anm. 2, § 145 Anm. 8]. Zur vorsorglichen Bestreitung [§ 146 Anm. 16] kann der Verwalter sich schon dann veranlaßt sehen, wenn ein angeblicher Zessionar oder Indossatar angemeldet hat, ohne die nach § 410 BGB erforderliche Urkunde oder den Wechsel beizubringen (vgl. KG OLG 5 S. 144; RG Bd. 37 4), mag auch sonst niemand bekannt sein, der die Forderung für sich in Anspruch nimmt. Den Mangel einer gesetzlich gebotenen Aushändigung oder Vorlegung der Schuldurkunde würde der Verwalter freilich trotz vorbehaltloser Feststellung noch gegenüber dem Begehren der Konkursdividende einwenden können [§ 149 Anm. 7; siehe auch § 142 Anm. 4]. Gesamtgläubiger, Pfandgläubiger, Nießbraucher: § 67 Anm. 8f., § 182 Anm. 3.

b) Der eine Anmeldung zurückweisende Beschluß des Konkursgerichts ist der sofortigen Beschwerde des Anmeldenden unterworfen (§ 73). So, wenn die Anmeldung durch einen angeblichen Vertreter deshalb zurückgewiesen wird, weil er seine Vertretungsmacht auch im Prüfungstermine noch nicht nachzuweisen vermag [Anm. 3], ein Fall, der von einer Versagung des Stimmrechts der Forderung selbst auf Grund der §§ 95, 96 zu unterscheiden ist (Rostock OLG 35 S. 254f.). War die Forderung, deren Anmeldung zurückgewiesen wird, bereits in die Tabelle aufgenommen, so muß sie wieder gelöscht werden. Der Grund dieser Löschung wird in der Spalte „Bemerkungen" anzugeben sein. Einfluß auf die Unterbrechung der Verjährung: § 25 Anm. 16. Die Zulassung eines Anspruchs zur Prüfung ist als solche nicht beschwerdefähig [Anm. 2]. 4

III. Die Widerspruchsberechtigten

Angemeldete Konkursforderungen — auch solche, die nicht in die Tabelle aufgenommen worden sind [§ 140 Anm. 2] — werden im Prüfungstermine dadurch zur „Erörterung" gebracht, daß sie der Konkursrichter einzeln aufruft, Grund, Betrag und Vorrecht bezeichnet und den Beteiligten Gelegenheit zur Bestreitung bietet. Der Einzelaufruf darf auch bei einer noch so großen Zahl der Anmeldungen nicht unterbleiben. Eine Verweisung der Beteiligten auf die Tabelle ersetzt ihn nicht. Gegenstand der Erörterung sind lediglich Konkursforderungen, nicht Ansprüche, die zweifelsfrei [Anm. 3] Aussonderungs-, Absonderungs- oder Massegläubigerrechte bilden [vgl. § 4 Anm. 8, § 140 Anm. 9]. 5

1. Bestreitungsberechtigt ist vor allem **der Konkursverwalter**, und zwar als Treuhandverwalter der Masse, nicht namens der Konkursgläubiger [Anm. 8]. Er vereinigt die im gemeinen Konkursrecht getrennten, aber nicht durch innere Gegensätzlichkeit geschiedenen Verrichtungen eines curator bonorum und eines contradictor. Motive II S. 17; Fuchs Konkursverfahren S. 64f., Skedl Grundlagen des österreich. KRechts (1913) S. 41ff., 65ff., 87ff., 97ff., Bley Feststellung des Konkursgläubigerrechts (1914) S. 28ff., v. Wilmowski-Kurlbaum § 139 Anm. 1, § 141 Anm. 5; abw. Seuffert S. 260 (als Organ der Gläubigerschaft). Neben dem Verwalter hat der Gemeinschuldner eine persönliche Bestreitungsbefugnis, der eigene Widerspruch des Schuldners aber hat lediglich für dessen Inanspruchnahme außerhalb des Konkurses und nach diesem Bedeutung [Anm. 1]. Durch schuldhafte Unterlassung des Widerspruchs macht der Verwalter sich persönlich haftbar (§ 82). In der Erklärung des Verwalters, der sich namentlich durch Aufschlüsse des Schuldners (§ 100) und durch Einsichtnahme seiner Bücher (§ 1 III) unterrichtet, liegt „der Schwerpunkt" des Prüfungsverfahrens. Die Erfahrung lehrt, daß die Gläubiger (schon aus Scheu vor der Kostenlast des Feststellungsprozesses) und daß der Schuldner in Person (da ihn der Sieg des Verwalters gegen die Folgen der §§ 145 II, 164 II deckt) nur selten eine Anmeldung bestreiten. Der Verwalter hat ein Widerspruchsrecht auch dann, wenn kein Gläubiger widerspricht (Protokolle S. 91). Er wird in seiner Entschließung durch Weisungen des Gläubigerausschusses oder der Gläubigerversammlung weder gebunden noch entlastet. Der Gläubigerausschuß und seine Mitglieder haben als solche kein Bestreitungsrecht. Eine Verständigung mit dem Verwalter findet zweckmäßig vor dem Prüfungstermine statt, der sich bei ungenügender Vorbereitung der Beteiligten oft genug in die Länge zieht, ohne befriedigende Ergebnisse zu zeitigen. 6

Die Anwesenheit des Verwalters im Prüfungstermin ist dementsprechend unerläßlich. Er kann zur Erfüllung dieser Amtspflicht, also zum 7

Erscheinen und Erklären, im Aufsichtswege gezwungen werden (§§ 83, 84). Vgl. Motive II S. 362. Keinesfalls steht es in seinem Belieben, einen Bevollmächtigten mit der Wahrnehmung der Verwalteraufgaben im Prüfungstermine zu betrauen [§ 78 Anm. 10a]. Zust. Mentzel-Kuhn Anm. 1, Böhle-Stamschräder Anm. 2, Mohrbutter-Haarmann Leitfaden S. 168. Die Bestellung eines Sonderverwalters kann namentlich in Fällen eines Widerstreits geboten sein [§ 78 Anm. 6, § 139 Anm. 6]. Sie steht wie die Zulassung eines Bevollmächtigten — dem Grundgedanken des § 78 I KO entsprechend — beim Konkursgericht. Bleibt der Verwalter unversehens (etwa wegen plötzlicher Erkrankung) aus, so muß der Termin vertagt werden. Die Voraussicht seiner Verhinderung kann zu einer Terminsverlegung Anlaß geben. § 72 KO mit § 227 III ZPO. Anwesenheit des Gemeinschuldners ist nicht unerläßlich, aber zum Zwecke der Aufklärung (§ 100) erzwingbar. Daß ein Gläubiger und im besonderen der Anmelder selbst der Prüfung anwohne, verlangt das Gesetz nicht (§ 143).

8 2. Bestreitungsberechtigt ist ferner **jeder einzelne Konkursgläubiger,** ein jeder im eigenen Namen und kraft eigenen Rechts. Der widersprechende Einzelgläubiger handelt nicht etwa in Vertretung der Gesamtgläubigerschaft. Darum kann er auch gegen den ausgesprochenen Willen aller übrigen Gläubiger und des Verwalters bestreiten. Darum kann er nach Gutdünken die Verfolgung seines Widerspruchs aufgeben. Gelingt es freilich dem einzelnen Gläubiger, einen Konkurrenten auszuschalten, so vergrößert sich nicht nur seine Dividende, sondern auch die der anderen Teilnehmer (vgl. § 147). Insoweit sind eben Einzelwohl und Gesamtwohl untrennbar miteinander verknüpft. RG Bd. 58 374; Kohler Lehrbuch S. 559f., Wach (Laband) zur Lehre v. d. Rechtskraft (1899) S. 19, 80, Oetker I S. 311ff., Seuffert S. 262. Voraussetzung für einen wirksamen Widerspruch ist die Zulassung der Forderung des widersprechenden Gläubigers [Anm. 2]. Ebenso Böhle-Stamschräder § 144 Anm. 1. Die Bestreitung auf Grund einer noch nicht zugelassenen Anmeldung wird wirksam erst mit der Zulassung und ist darum erst einzutragen, nachdem die Zulassung erfolgt ist. Insolange bleibt die Wirksamkeit der Bestreitung in der Schwebe. Während der Schwebe freilich darf auch die Feststellung des bestrittenen Anspruchs nicht eingetragen werden. Daß die zugelassene Anmeldung unbestritten bleibt, ist dagegen nicht Bedingung der Bestreitungsbefugnis. Allein eine Bestreitung **wird** unwirksam, sobald dem Widersprechenden das eigene Konkursgläubigerrecht rechtskräftig aberkannt ist. Damit hört er auf, Beteiligter im Sinne der §§ 141, 144f. zu sein, und kann darum auch nicht mehr berechtigt sein, der Konkursbeteiligung eines anderen zu widersprechen. Ebendeshalb wird ein Widerspruch auch dann unwirksam, wenn der Widersprechende nachträglich auf seine Forderung oder auch nur auf die Konkursteilnahme verzichtet oder wenn er infolge einer Vollbefriedigung, sei es durch Erfüllung oder durch Erfüllungsersatz (z. B. Aufrechnung, Hinterlegung) oder infolge einer Vereinigung von Forderung und Schuld aufhört, Konkursgläubiger zu sein. Der Widerspruch des Gläubigers wird unmittelbar durch das Erlöschen seiner Forderung entkräftet: durch die vom Anmelder zu erwirkende Berichtigung der Tabelle [§ 140 Anm. 7] wird eine bereits bestehende Rechtslage klargestellt, nicht eine neue begründet. Übrigens kann sich der Anmelder im Feststellungsprozeß auf Aberkennung oder Wegfall der die Bestreitungsbefugnis bedingenden Konkursgläubigereigenschaft des Widersprechenden nur dann berufen, wenn der Verlust noch vor Schluß der letzten Tatsachenverhandlung eingetreten ist. Kohler Lehrbuch S. 560, Seuffert S. 263, Fitting § 12 N. 10. Erlischt also die Bestreitungsbefugnis erst, während der Prozeß um das bestrittene Recht im Revisionsverfahren schwebt, dann kommt das Erlöschen dem Anmelder nicht mehr zustatten. Die Verhandlung über das Bestehen des bestrittenen Konkursgläubigerrechts kann nach § 148 (§§ 249, 250, 252) ZPO bis zur Entscheidung eines über die Bestreitungsbefugnis schwebenden Verfahrens ausgesetzt werden. Für die Lösung der Frage, wie der Wegfall der Konkursgläubigereigenschaft des Widersprechenden auf einen anhängigen Feststellungsprozeß wirkt, ist

entscheidend, daß fortab ein Widerspruchsrecht nicht mehr besteht, der Widerspruch also jetzt jedenfalls unbegründet erscheint. Dementsprechend muß nun die Feststellungsklage des Anmelders als begründet zuerkannt, die gegen ihn schwebende Widerspruchsklage als unbegründet aberkannt werden. Die Entscheidung ergeht zur Hauptsache, nicht nur im Kostenpunkt; sie ergeht als Sachurteil (falls nur die allgemeinen Sachurteilserfordernisse gegeben sind), nicht als Prozeßurteil. Vgl. dazu Lang Aufrechnungsrecht (1906) § 16 N. 6 mit Verw. Ist freilich die Tabelle hinsichtlich des unwirksam gewordenen Widerspruchs berichtigt worden, so ist der Feststellungsprozeß in der Hauptsache erledigt und die Entscheidung nach § 91a ZPO auf den Kostenpunkt zu beschränken. Wechselseitiger Widerspruch (A bestreitet die Forderung des B, B diejenige des A) veranlaßt wechselseitige Feststellungsprozesse (des B gegen A und des A gegen B). Wenn aber einmal das Konkursgläubigerrecht des A rechtskräftig verneint ist, so nützt es dem A nichts mehr, daß nachträglich auch dem B (vielleicht auf Widerspruch eines Dritten) dieses Recht und damit die Bestreitungsbefugnis rechtskräftig abgesprochen wird. Ist andrerseits das Konkursgläubigerrecht des B rechtskräftig bejaht und damit der Widerspruch des A verworfen, so spielt fortab die Frage, ob A zu widersprechen befugt war, keine Rolle mehr. Der Widerspruch verliert zwar seine Kraft, wenn die Forderung des Widersprechenden untergeht, nicht aber, wenn sie durch Gesamt- oder Sonderrechtserwerb (Erbfolge, Abtretung, Indossierung) auf einen anderen übergeht. Wegen der Passivlegitimation des Erwerbers für den Feststellungsprozeß s. § 146 Anm. 33. Zurücknahme des Widerspruchs: Anm. 10. Dem einzelnen Schuldverschreibungsgläubiger kann die Ausübung des Bestreitungsrechtes entzogen sein: § 139 Anm. 7. Versicherungspfleger: ebenda Anm. 8.

Unzutreffend ist die in den Protokollen S. 92 vertretene und vielfach gebilligte Ansicht, daß ein bevorrechtigter Gläubiger die Forderungen nachstehender Anmelder deshalb nicht wirksam bestreiten könne, weil er gegenüber ihrer Feststellung kein rechtliches Interesse habe. Der Bevorrechtigte hat jedoch ohne Zweifel ein rechtliches Interesse daran, dem Unberechtigten jede Beeinflussung des Verfahrens (Abstimmung in den Gläubigerversammlungen) unmöglich zu machen. Petersen-Kleinfeller Anm. 6, Oetker I S. 491, Fitting § 12 N. 10, Mentzel-Kuhn Anm. 2; Mohrbutter-Haarmann Leitfaden S. 170; abw. Seuffert S. 263, Kohler Lehrbuch S. 560, v. Sarwey-Bossert Anm. 4. Darum sind auch vollberechtigte einfache Konkursgläubiger befugt, minderberechtigte Forderungen (§§ 226, 236) nach Bestand und Betrag zu bestreiten. Welcher Rangklasse freilich eine als minderberechtigt festgestellte Forderung angehört, das kann dem Vollgläubiger einerlei sein. Ihr Stimmrecht ist, auch beim Zwangsvergleich (§ 230 II), dasselbe [§ 226 Anm. 32]. Siehe jedoch auch unten § 158 Anm. 2.

IV. Widerspruchsrichtung und Widerspruchsgrund 9

Bei der Erörterung nach Abs. I ist zu erklären und daraufhin nach § 145 I in der Konkurstabelle als „Ergebnis der Prüfungsverhandlung" zu vermerken, ob und von wem der Bestand überhaupt oder ein bestimmter Betrag oder das beanspruchte Vorrecht oder endlich die Eigenschaft des angemeldeten Anspruchs als Konkursforderung (§§ 3, 5 II, 63) bestritten worden ist. „Soweit" eine angemeldete Konkursforderung unwidersprochen bleibt, gilt sie als festgestellt (§ 144 II). Sie kann nach Bestand und Betrag unstreitig, dem Vorrechte nach streitig bleiben. Jedenfalls aber muß sie als Konkursforderung anerkannt sein, wenn ihr die Feststellungskraft des Tabelleintrags zugute kommen soll [§ 145 Anm. 7]. Da sich aus der verschiedenen Richtung des Widerspruchs eine grundsätzliche Verschiedenheit der ferneren Behandlung ergeben kann [§ 146 Anm. 36], bildet die Angabe der **Widerspruchsrichtung** einen wesentlichen Teil des in der Tabelle zu beurkundenden Prüfungsergebnisses. Dagegen braucht **der Grund**, aus dem die Forderung nach Bestand, Betrag, Vorrecht oder Anmeldbarkeit bestritten wird, im Prüfungstermine selbst nicht angegeben und in der Tabelle nicht beurkundet zu werden. Die Angabe eines Bestreitungsgrundes (z. B. eines Erlasses) hätte für das Feststellungsverfahren keine bindende Kraft, würde also den Widersprechenden nicht hindern, sich auf einen anderen Widerspruchsgrund (z. B. auf Zahlung oder Aufrechnung statt auf Erlaß) zu berufen. Besonderheit: § 201 Anm. 6. Verwalter und Gläubiger können einen gegen den Bestand der angemeldeten Forderung gerichteten Widerspruch im Feststellungsverfahren auf die Behauptung gründen, die Forderung sei nie entstanden oder bereits erloschen, sie stehe nicht dem Anmelder, sondern z. B. einem anderen als Erben, als Zessionar oder als Indossatar zu, sie sei nur bedingt begründet [§ 67 Anm. 2], sie werde unter Ausschluß des nur eventuell berechtigten Anmelders vom Hauptgläubiger geltend gemacht [§ 67 Anm. 5], es sei hinsichtlich der Forderung ein Vertragshilfeverfahren anhängig (Mohrbutter-Haarmann, Leitfaden S. 168; vgl. auch Müller KTS 1957 S. 168ff.). Der Verwalter, nicht aber auch ein Gläubiger, kann die Durchführung des Widerspruchs auch auf die Konkursanfechtung [§ 36 Anm. 2] oder auf die Aufrechnung einer zur Masse gehörenden Gegenforderung [§ 53 Anm. 24], nicht etwa auch der Gegenforderung eines Gläubigers (vgl. ObLG SeuffA 60 Nr. 179) stützen. Die Ausübung der dem Gemeinschuldner zustehenden Einreden im Sinne des BGB ist gleichfalls dem Verwalter (§ 6) vorbehalten (vgl. v. Tuhr AllgTeil § 17 N. 16). Dies gilt auch für die Verjährungseinrede [§ 3 Anm. 14]. Die Stundungseinrede entfällt im Bereiche des § 65. Ist die Angabe eines Bestreitungsgrundes auch weder geboten noch bindend, so erscheint sie doch zweckmäßig, weil sie nicht selten überflüssige Feststellungsstreitigkeiten erspart. Eine klärende Aussprache unter Leitung des Konkursgerichts liegt durchaus im Sinne des Gesetzes (§ 139 I 2 ZPO mit § 72 KO). Ein vorläufiges Bestreiten unter Vorbehalt alsbaldiger Nachforschung, wie es in der Praxis nicht selten vorkommt, soll den Anmelder veranlassen, die Feststellungsklage aufzuschieben. Siehe aber § 146 Anm. 16. Zurücknahme des Widerspruchs oder aller Widersprüche wirkt als Feststellung, wenn auch nur für die Zukunft [Anm. 10].

10 **V. Das Prüfungsverfahren**

1. Das Prüfungsverfahren ist **mündlich** in dem Sinne, daß nur ein im Prüfungstermine selbst und vor der Eintragung des Prüfungsergebnisses in die Tabelle (§ 145 II) erklärter Widerspruch die Forderung im Sinne des § 146 „streitig" macht. Schriftlicher Widerspruch wäre unzureichend. Zust. Mentzel-Kuhn § 144 Anm. 2, Böhle-Stamschräder § 144 Anm. 2. Nicht dagegen ist die Prüfung mündliches Verhandeln „vor dem erkennenden Gericht" im Sinne des § 128 ZPO. Darum besteht auch keine Öffentlichkeit im Sinne des § 169 GVG [§ 72 Anm. 2]. Der Widerspruch des § 144 I kann als solcher in einem späteren Termine nicht nachgeholt werden, auch nicht kraft einheitlicher Übereinkunft der übrigen Gläubiger und des Verwalters. Ein Tabellvermerk nachträglicher Bestreitung durch den Verwalter oder durch Konkursgläubiger würde gegenüber festgestellten Forderungen wirkungslos sein (RG Bd. 57 274). Nur dem Gemeinschuldner verleiht das Gesetz, wenn er durch unabwendbares Hindernis abgehalten war, die Vergünstigung, seinen persönlichen, die Konkursteilnahme nicht einschränkenden Widerspruch nach § 165 nachzuholen [Vermerk: § 140 Anm. 8]. Dagegen kann der erhobene Widerspruch auch nach dem Termine durch Erklärung gegenüber dem Anmelder oder dem Konkursgericht (Schriftsatz oder zu Protokoll der Geschäftsstelle: § 72 Anm. 3b) **zurückgenommen** werden. Erstenfalls hat der Anmelder unter Nachweis der Zurücknahme die Berichtigung der Tabelle [§ 140 Anm. 7] zu erwirken; letzterenfalls schließt die Erklärung des Zurücknehmenden selbst den Berichtigungsantrag ein. Vgl. Oetker 1 S. 367, Seuffert S. 265, A. Meyer DJZ 1904 Sp. 262; abw. z. B. v. Wilmowski-Kurlbaum § 144 Anm. 3, Petersen-Kleinfeller §§ 144f. Anm. 2 (die Protokollerklärung sei erst noch dem Anmelder zuzustellen und diesem die Erwirkung der Berichtigung zu überlassen). Obwohl der Widerspruch des Verwalters oder eines einzelnen Gläubigers allen Gläubigern zustatten kommt, steht die Zurücknahme im einseitigen Belieben des Widersprechenden. Keineswegs wird etwa, wenn der Verwalter seinen

Widerspruch fallen läßt, den Gläubigern in einem neuen Termine noch einmal Gelegenheit zur Bestreitung geboten. Hat doch jeder einzelne Gläubiger ein eigenes Widerspruchsrecht, dessen Ausübung er nur auf die Gefahr der Feststellung unterlassen kann. Freudenthal Recht 8 S. 526. Wirksam wird die Zurücknahme, sobald die Erklärung dem Gläubiger oder dem Konkursgerichte zugegangen, nicht erst, wenn die Tabelle berichtigt ist (vgl. OLG Karlsruhe BadRechtspr. 1903 S. 339). Die Zurücknahme des Widerspruches kann inhaltlich eingeschränkt (etwa auf einen bestimmten Betrag) oder unter Vorbehalt (z. B. der Vorlage bestimmter Urkunden) erklärt werden. Der Umfang der Feststellungswirkung, die an eine derart eingeschränkte Zurücknahme des Widerspruchs gemäß § 144 I anknüpft, ist ebenso wie bei einer eingeschränkten Feststellungserklärung im Prüfungstermin [§ 144 Anm. 1] nach den besonderen Umständen des Falles durch Auslegung zu ermitteln; die Beifügung einer echten aufschiebenden Bedingung wird allerdings in der Regel die Zurücknahme überhaupt inhaltlich gegenstandslos machen. Vgl. dazu RG Bd. **149** 264. Nimmt der Verwalter seinen Widerspruch erst zurück, nachdem die dadurch veranlaßte Feststellungsklage erhoben worden ist, so bildet die Prozeßkostenverbindlichkeit eine Masseschuld [§ 59 Anm. 2]. Dresden OLG 15 S. 250; Näheres Schulze, Jaeger LZ 1912 Sp. 57ff. Verantwortlichkeit des Verwalters: § 82.

Im Prüfungstermin ist zugleich das Stimmrecht streitig gebliebener Forderungen nach Maßgabe des § 95 klarzustellen. Zum Zwecke gütlicher Erledigung von Widersprüchen sind Verhandlungen und „sofort vornehmbare“ Ermittelungen (§ 75, Motive II S. 361) im Termine statthaft. Eine Beweisaufnahme unter Vertagung anzuordnen, ist der Konkursrichter nicht befugt (Fitting S. 380f.). Die Feststellung der im Termine streitig gebliebenen Forderungen ist Sache des Prozeßgerichts (§ 146). 11

2. Läßt sich die Prüfung aller Anmeldungen in einem Termine nicht erledigen, so hat der Konkursrichter von Amts wegen einen Termin zur Fortsetzung der Verhandlung zu bestimmen und zu verkünden (§ 72 KO mit §§ 136 III, 227 III ZPO). Öffentlicher Bekanntmachung des sofort verkündeten neuen Termins bedarf es nicht (§ 93 II 2 KO). 12

3. Über jede Prüfungsverhandlung wird ein Protokoll aufgenommen [§ 72 Anm. 3]. Die Tabelle bildet eine Anlage, und zwar einen unerläßlichen Bestandteil dieses Protokolls. Sie gehört also zu den gerichtlichen Konkursakten. Tabellabschriften, die der Verwalter in Ausübung seines Amtes erwirkt hat, bilden Massebestandteile [§ 85 Anm. 4]. Das Protokoll gibt den Gang der Verhandlung bloß im allgemeinen an (§ 160 I ZPO) und braucht nur den im § 159 II ZPO bezeichneten Inhalt zu haben. Die im § 160 II Nr. 1 u. 2 ZPO genannten Erklärungen werden als Prüfungsergebnisse in die Tabelle eingetragen (§ 145 KO) und sind dem § 162 ZPO zufolge den Beteiligten vorzulesen oder zur Durchsicht vorzulegen. Das Protokoll wird vom Richter und vom Urkundsbeamten der Geschäftsstelle unterschrieben (§ 163 ZPO). Muster bei Senst-Müller Konkursrichter[4] S. 240 und Schrader-Bauer Hdbuch[3] F III 80. 13

4. In keinem Falle kann die Leitung des Prüfungsverfahrens Gegenstand einer Rechtshilfe sein, die das Konkursgericht auf Grund der §§ 156ff. GVG einem anderen Amtsgericht zu überlassen vermag [§ 72 Anm. 3a]. Auch jeden besonderen Prüfungstermin muß das Konkursgericht selber abhalten. 14

§ 142

In dem Prüfungstermine sind auch diejenigen Forderungen, welche nach dem Ablaufe der Anmeldefrist angemeldet sind, zu prüfen, wenn weder der Verwalter noch der Konkursgläubiger hiergegen Widerspruch erhebt; anderenfalls ist auf Kosten des Säumigen ein besonderer Prüfungstermin zu bestimmen.

Auf nachträglich beanspruchte Vorrechte und sonstige Änderungen der Anmeldung findet die vorstehende Bestimmung entsprechende Anwendung.

Gläubiger, welche Forderungen nach dem Prüfungstermine anmelden, tragen die Kosten des besonderen Prüfungstermines.

Materialien: Motive I Bd. 2 S. 103, Motive II S. 358f., 361, Protokolle S. 91, 172.

Anmeldungen nach Ablauf der Anmeldefrist

I. Die grundsätzliche Regelung

1 Der Leitsatz des § 142 lautet: die Anmeldefrist (§ 138) ist **keine Ausschlußfrist.** Wie der § 176 PreußKO v. 1855 lehnt unser § 142 das gemeinrechtliche „Präklusionsverfahren" ab, weil ein Recht der wachsamen Gläubiger auf Ausschließung der Nachzügler nicht zu begründen sei, die „fast schrankenlose" Wiedereinsetzung aber, zu der die Härte des Ausschlusses genötigt hatte, dessen Vorteile aufgewogen habe (Motive II S. 357). Das geltende Recht geht über sein preußisches Vorbild insofern noch hinaus, als es die nachträgliche Anmeldung eines Vorrechts für geprüfte Forderungen, die der erste Entwurf (§ 144) mit dem § 174 PreußKO ausschließen wollte, nicht mehr verbietet. Wie die ihm vorausgehenden (§ 141) und wie die ihm folgenden Bestimmungen des Gesetzes (§§ 143ff.) unterwirft der § 142 Forderung und Vorrecht einer einheitlichen, nicht einer gegensätzlichen Regelung. Das kommt auch im Aufbau des § 142 zum Ausdruck, insofern der Abs. I die verspätet, aber bis zum allgemeinen Prüfungstermin angemeldeten „Forderungen" behandelt, der Abs. II bis dahin nachgeholte Vorrechtsinanspruchnahmen oder sonstige Änderungen (namentlich Erweiterungen) mit der Anmeldung neuer Ansprüche auf eine Stufe stellt, der Abs. III aber diese Gleichstellung bei den erst nach dem allgemeinen Prüfungstermine vollzogenen Anmeldungen voraussetzt. Ausschlaggebend für die Zulässigkeit nachträglicher Inanspruchnahme von Vorrechten geprüfter Forderungen sind freilich nicht äußere Gründe, sondern die Nichtaufnahme des ursprünglich geplanten Verbots in das Gesetz und sachliche Erwägungen [§ 139 Anm. 17].

1. Zur Abhaltung eines besonderen (zweiten oder ferneren) Prüfungstermins nach dem allgemeinen (§ 141) kommt es nicht in jedem Falle verspäteter d. h. nach dem Ablauf der Anmeldefrist (§ 138) eingereichter oder zu Protokoll erklärter Anmeldungen (verspäteter Vollmachtsnachweis: § 141 Anm. 3). Soweit sie nach Ablauf der Anmeldefrist, aber noch vor dem allgemeinen Prüfungstermin eingehen, findet ihre Prüfung regelmäßig in diesem Termin statt; nur wenn der Verwalter oder ein Konkursgläubiger der sofortigen Prüfung widerspricht, muß ein besonderer Prüfungstermin angesetzt werden (Abs. I). Eine andere Regelung wäre zweckwidrig, wo immer für die Beteiligten noch die Möglichkeit ausreichender Erkundigung besteht. Erfolgt die Anmeldung erst nach dem allgemeinen Prüfungstermin, so ist ein besonderer Prüfungstermin natürlich unvermeidlich [Anm. 4a]. Die Folgen nicht rechtzeitiger Anmeldung bestehen vor allem darin, daß die Nachzügler den Konkurs in der Lage, in welcher er sich befindet, zu übernehmen und die Kosten des besonderen Prüfungstermins d. h. des ganzen nachträglichen Prüfungsverfahrens einschließlich der öffentlichen Bekanntmachung zu tragen haben [Anm. 5ff.]. Dadurch wird ein genügender Druck auf eine rechtzeitige Anmeldung ausgeübt. Die Frage, innerhalb welcher Frist der besondere Prüfungstermin anzusetzen ist, läßt die KO offen; die Vorschrift des § 138 ist darauf nicht anwendbar. Das Gericht wird sich durch das Interesse der Beteiligten leiten lassen und daher nicht immer sofort für jede einzelne Anmeldung einen Termin bestimmen, vielmehr, wenn nicht eine Verteilung oder andere wichtige Verhandlungen nahe bevorstehen, bis zum Eingang anderer nachträglicher Anmeldungen warten und für diese gemeinsam den besonderen Prüfungstermin ansetzen. (Motive II S. 358f.). Der durch Aufbürdung der Terminskosten geübte Druck zu rechtzeitiger Anmeldung ist erheblich, besonders bei Vorrechtsansprüchen [Anm. 5]. Einer Prüfung der innerhalb der Anmelde-

frist eingelaufenen ordnungsmäßigen Anmeldungen kann sich weder der Verwalter noch ein Konkursgläubiger (etwa mangels zureichender Information) widersetzen. Nur auf die Tatsache der Verspätung des Anmeldens darf der Widerspruch des Abs. I gestützt werden. Andrerseits genügt diese Tatsache ohne Rücksicht auf Verschulden zur Begründung des Widerspruchs, mag auch der Konkursrichter eine alsbaldige Prüfung für angemessen halten. Läßt er sie trotz gerechtfertigten Widerspruchs zu, so steht dem Widersprechenden gegen die Verwerfung seines Widerspruchs die Beschwerde des § 73 III offen, bei deren Erfolg das Ergebnis der verfrühten Prüfung aufzuheben und ein besonderer Prüfungstermin anzuberaumen ist. Zust. Mentzel-Kuhn Anm. 1. In der Praxis spielen Widersprüche dieser Art eine geringe Rolle. Wegen des Zustellungsmangels siehe § 145 Anm. 1.

Der besondere Prüfungstermin hat für die verspäteten Anmeldungen 2
denselben Zweck wie der allgemeine für die rechtzeitigen (§ 141). Darum finden unsere Abs. I—III, was weitere Anmeldungen bis zum besonderen Prüfungstermin und nach diesem betrifft, entsprechende Anwendung. Eine feste zeitliche Grenze für das Nachholen versäumter Anmeldungen hat das Gesetz nicht abgesteckt. Wenn freilich ein Nachzügler sich so spät meldet, daß eine Prüfung vor Ablauf der Ausschlußfrist für die Schlußverteilung nicht mehr erfolgen kann, wird er bei dieser und darum auch bei etwaiger Nachtragsverteilung nicht mehr berücksichtigt (§§ 152, 155, 161, 166). Fortab wird durch eine Feststellung die Konkursteilnahme nicht mehr erschlossen [§ 162 Anm. 9]. Immerhin läßt sich im Hinblick auf die Rechtsfolge des § 164 II ein Rechtsschutzbedürfnis des Nachzüglers auch an späterer Feststellung denken. Man wird daher eine nachträgliche Prüfung bis zur Konkursbeendigung für zulässig erachten dürfen. Siehe Schumann KonkTreuh. 1929 S. 50, Fitting § 38 N. 15, Mentzel-Kuhn Anm. 2, Bauer Betrieb 1957 S. 350; aber auch v. Wilmowski-Kurlbaum Anm. 3, Petersen-Kleinfeller Anm. 18; gegen die Zulässigkeit einer Anmeldung nach Ablauf der Frist des § 152 Bode DDJust B 1937 S. 497 unter IV. Auch zum Zwecke der Verjährungsunterbrechung können nachträgliche Anmeldungen erforderlich werden [§ 25 Anm. 15].

Der besondere Prüfungstermin ist von Amts wegen anzuberaumen und — 3
anders als der Termin zur Fortsetzung des allgemeinen Prüfungstermins [§ 141 Anm. 12] — als neuer Termin im Interesse aller Beteiligten (auch der bei der allgemeinen Prüfung nicht erschienenen) nach Maßgabe der §§ 76, 111 öffentlich bekannt zu machen. Petersen-Kleinfeller Anm. 21, Fitting § 38 N. 15, Mentzel-Kuhn Anm. 2, Böhle-Stamschräder Anm. 1; abw. v. Sarwey-Bossert Anm. 3. Muster: Senst-Müller Konkursrichter[4] S. 240 und Schrader-Bauer Hdbuch[3] F III 87—90. Stehen die Kosten des erforderlichen besonderen Termins außer Verhältnis zur Höhe der vom Nachzügler zu erwartenden Dividende, so ist es üblich und angemessen, dem Anmelder durch rechtzeitige Verständigung die Zurücknahme der Anmeldung oder den Verzicht auf die besondere oder die Einwilligung in eine spätere Prüfung nahe zu legen [Anm. 6].

2. Den Neuanmeldungen werden durch **Abs. II** nachträgliche **wesentliche Änderungen** der Anmeldung, besonders die Erhöhung des Betrags, die Änderung des das Wesen der Forderung bestimmenden Schuldgrundes und die nachträgliche Beanspruchung eines Vorrechts gleichgestellt. Vgl. dazu § 139 Anm. 17. Wird eine angemeldete Forderung von einem anderen **Prätendenten** in Anspruch genommen, dann bedarf es einer besonderen Anmeldung. So z. B. wenn die Forderung dem ersten Anmelder durch einen angeblichen Zessionar oder als ererbte Forderung durch den angeblich wahren Erben abgesprochen wird [Näheres: § 139 Anm. 2]. Steht aber eine **Sonder- oder Gesamtrechtsnachfolge in die** vom damaligen Gläubiger **angemeldete Forderung** außer Streit, dann braucht der Erwerber sich nur als solcher gegenüber dem Konkursgericht und den Konkursbeteiligten auszuweisen. Er ist in die Konkursgläubiger-Rechtsstellung seines Vorgängers eingerückt und damit auch in die Vorteile, die sich an die Anmeldung und die etwa bereits erfolgte Feststellung des Gläubigerrechts knüpfen. Der Wechsel im Gläubigerrecht [§ 3 Anm. 33] vollzieht sich ohne Zustimmung des 4

Gerichts, des Verwalters oder der konkurrierenden Gläubiger und ohne Tabellvermerk. Eine erneute Prüfung der festgestellten Forderung wäre gar nicht statthaft. Andrerseits ist ein berichtigender Tabellvermerk nicht unzulässig. Er kann besonders zur Vermeidung unbestellbarer Mitteilungen angemessen sein. Siehe § 140 Anm. 8, § 141 Anm. 3, § 145 Anm. 2, § 149 Anm. 3. Zust. Mentzel-Kuhn Anm. 3, Böhle-Stamschräder Anm. 2. Ist der Gläubigerwechsel schon in der Zeit zwischen Anmeldung und Feststellung eingetreten, so wirkt eine noch auf den Namen des Rechtsvorgängers (z. B. des Zedenten oder des Erblassers) lautende Feststellung gleichwohl zugunsten des Rechtsnachfolgers (z. B. Zessionars oder Erben). Auch in diesem Falle kommt dem Erwerber, der sich als solcher ausweist, ohne weiteres das festgestellte Konkursgläubigerrecht zu. Wird die vom Vormann angemeldete Forderung bestritten, so erlangt der Nachmann, dessen Rechtserwerb erwiesen und in der Tabelle vermerkt wird, damit die Eignung als Partei des künftigen Feststellungsprozesses, ohne daß es erneuter Anmeldung und Prüfung bedarf [Näheres § 146 Anm. 33]. Die vom obsiegenden Nachmann zu erwirkende Tabellberichtigung (§ 146 VII) braucht mit einer Umschreibung auf seinen Namen nicht verknüpft zu sein. Zwischen Sonder- und Gesamtrechtsnachfolge besteht hier kein Unterschied. Für keine von beiden trifft es zu, daß ein Wechsel im Konkursgläubigerrecht als solcher der Anmeldung und Prüfung oder auch nur eines Tabellvermerks bedürfe. Der Vermerk [§ 140 Anm. 8] bedingt weder die Wirksamkeit des Übergangs der Forderung noch stellt er diesen außer Streit (KO OLG 32 S. 398, 42 S. 77). Auch ein erst nach Konkursbeendigung eintretender Erwerb des Gläubigerrechts erschließt die Vorteile der Feststellung, ohne daß er in der Tabelle vermerkt werden müßte. § 164 II (§§ 194, 206) KO mit § 727 ZPO.

4a 3. **Abs. III** setzt voraus, daß Anmeldungen auch nach dem allgemeinen Prüfungstermin zulässig und hinsichtlich ihres Konkursteilnahmerechts zu prüfen sind. Für ihre Prüfung wird die Abhaltung eines besonderen Prüfungstermins notwendig, dessen Kosten die säumigen Gläubiger zu tragen haben [Anm. 5ff.]. Aus der Fassung des Abs. III („Forderungen ... anmelden") kann aber nicht der Schluß gezogen werden, daß nach dem allgemeinen Prüfungstermin die Möglichkeiten der Anmeldung auf die Neuanmeldung einfacher Konkursforderungen beschränkt werden sollten. Die in Abs. II ausgesprochene Gleichstellung nachträglicher Inanspruchnahme von Vorrechten und sonstiger Änderungen mit der nachträglichen Forderungsanmeldung des Abs. I gilt vielmehr auch für die nach dem allgemeinen Prüfungstermin vollzogenen Anmeldungen [Anm. 1]. Insbesondere ist die Ansicht von Krusch JW 1934 S. 1570ff., daß § 142 III die Neuanmeldung bevorrechtigter Forderungen ausschließe, mit dem Gesetz nicht vereinbar. Sie würde überdies in allen Fällen, in denen der Grund einer bevorrechtigten Forderung erst nach dem Prüfungstermin aufgedeckt wird, weil etwa der Schuldner steuerpflichtige Tatbestände unterdrückt (§ 61 Nr. 2) oder als Vormund die Veruntreuung von Mündelgut verschleiert hatte (§ 61 Nr. 5), zu einem ganz unangemessenen Verluste des Vorrechts führen. Auch könnten Vorrechtsgläubiger, vielleicht Ausländer (§ 5), die erst nach dem Prüfungstermine Kenntnis vom Konkurs erhalten, ihre Forderung nur noch als einfache anmelden. Der Ausschluß wäre empfindlicher als die Präklusion des gemeinen Rechts, die immer noch die Möglichkeit einer Wiedereinsetzung offen ließ. Zu der besonderen Frage der nachträglichen Inanspruchnahme eines Vorrechts für eine geprüfte, insbesondere eine als einfache Konkursforderung zur Tabelle festgestellte Forderung vgl. § 139 Anm. 17.

II. Die Kosten der Nachprüfung

5 Die Kosten eines besonderen Prüfungstermins (§§ 52, 105 GKG) trägt der ihn veranlassende Nachzügler, mag seine Säumnis auf Verschulden beruhen oder nicht (Abs. I, III; vgl. § 95 ZPO). Zu diesen Kosten gehören die Gerichtsgebühr, die Auslagen des Gerichts z. B. für die öffentliche Bekannt-

machung des besonderen Termins sowie der Aufwand, der dem Verwalter und den einzelnen Gläubigern durch Teilnahme an diesem Termin erwächst (Fitting aaO., Petersen-Kleinfeller Anm. 20, Wolff Anm. 3, Mentzel-Kuhn Anm. 4, Böhle-Stamschräder Anm. 3, Mohrbutter-Haarmann Leitfaden S. 171, 191; abw. hinsichtlich der Gläubigerauslagen v. Wilmowski-Kurlbaum Anm. 6 mit Berufung auf den § 63 Nr. 2 KO, der aber nur das Verhältnis zur Konkursmasse regelt). Die Gerichtsgebühr kommt nach § 52 GKG für jede einzelne Forderung desselben Nachzüglers oder einer Mehrheit von Nachzüglern mit einer dem § 148 KO entsprechenden Wertberechnung, also bemessen nach der jeweils zu erwartenden Dividende und, wenn gar keine in Aussicht steht, mit dem Mindestbetrag von 3 DM (§ 9 GKG) in Ansatz (vgl. Schönfeld DJZ 1904 Sp. 802f.). Für die Berechnung der Gerichtsgebühr bei nachträglicher Anmeldung von Vorrechten und von bevorrechteten Forderungen gelten entsprechend die Ausführungen zu § 148 Anm. 4. Selbstverständlich muß auch ein Nachzügler, der nur die Vorrechtsinanspruchnahme nachholt, die Kosten des erforderlich werdenden Sondertermins tragen (gegen RG Bd. **148** 358). Fällig wird die Gerichtsgebühr schon mit der Anberaumung des Termins (§ 106 Halbs. 2 GKG; siehe auch OLG Frankfurt ZZP 38 S. 269ff.). Für die Pflicht mehrerer Nachzügler zur Tragung derselben Auslagen bewendet es beim § 103 I GKG: sie haften als Gesamtschuldner. Ob eine Auslagenvorschußpflicht besteht, war unter der Geltung des § 84 I GKG (a. F.), der eine Vorschußpflicht nur bei Anträgen auf Vornahme einer Handlung vorsah, bestritten, da der besondere Prüfungstermin zwar durch die verspätete Anmeldung ausgelöst, aber von Amts wegen anzusetzen war (Vorschußpflicht bejahend: Korintenberg-Wenz GKG[19] § 84 Anm. 3, Jaeger 6./7. Aufl.; verneinend: Jonas-Hornig GKG[3] § 44 Anm. 3, Baumbach-Lauterbach GKG[13] § 44 Anm. 1). Die Streitfrage dürfte durch § 114 III GKG (1957) überholt sein, wonach bei Handlungen, die von Amts wegen vorgenommen werden, ein Vorschuß zur Deckung der Auslagen erhoben werden kann (unrichtig Lauterbach Kostengesetze[14], 1960, § 52 GKG Anm. 1, der § 114 III GKG übersieht). Von dieser Möglichkeit ist im Falle des besonderen Prüfungstermins regelmäßig Gebrauch zu machen. Vgl. auch Schrader-Bauer Hdb.[2] F III 85, 86. Anmeldungen, die noch in dem allgemeinen, nicht in einem besonderen Prüfungstermin erörtert werden [Anm. 3], verursachen überhaupt keine eigene Kostenlast. Würde eine nachträgliche Anmeldung im allgemeinen Prüfungstermine noch behandelt worden sein, wenn das Konkursgericht den Zeitraum des § 138 Satz 2 nicht gesetzwidrigerweise zu kurz bemessen hätte, dann sind die Gebühren und Auslagen des Gerichts für den besonderen Termin niederzuschlagen (§ 7 GKG). Für anderen durch Verschulden des Richters verursachten Aufwand kann den Beteiligten der Staat haftbar sein [§ 71 Anm. 18, § 83 Anm. 3].

Nicht selten übersteigen die Kosten besonderer Prüfungstermine die dem **6**
Nachzügler in Aussicht stehende Dividende. Sieht das der Konkursrichter voraus, dann hat er vor der die Gebührenpflicht des § 52 GKG sowie die Auslagenerstattungspflicht [Anm. 5] auslösenden Terminsbestimmung den Nachzügler zu warnen. Jetzt kann dieser seine Anmeldung noch zurücknehmen oder auf Sonderprüfung verzichten, ohne gebührenpflichtig zu werden. Nach Anberaumung des Sondertermins bewendet es (unbeschadet des § 7 GKG) bei der Gebührenpflicht sogar dann, wenn der Konkurs eingestellt wird. Mitunter beantragen Nachzügler die Sonderprüfung auch nur in Verbindung mit einem anderen Termin, dem Vergleichs- oder dem Schlußtermin. Unzulässig ist diese Verbindung nicht [Anm. 2]. Sie bahnt jedenfalls die Vorteile einer Vollstreckbarkeit nach dem Konkursverfahren an (§§ 164, 194, 206). Vgl. auch Bauer Betrieb 1957 S. 350. Ob aber der Konkursverwalter Forderungen, die erst im Schlußtermine geprüft werden, noch in das Schlußverzeichnis einstellen und damit am Dividendenbezug teilnehmen lassen darf, ist streitig. Darüber § 162 Anm. 9; vgl. auch oben Anm. 4. Übrigens führt die Verbindung eines besonderen Prüfungstermins mit dem Vergleichs- oder Schlußtermine nicht zur Ersparung der Gebühr des § 52 GKG (zust. Jonas-Hornig GKG[3] § 44 a. F. Anm. 2), wohl aber, da diese

Termine ohnehin öffentlich bekannt gemacht werden müssen, der Einrückungskosten (Schumann KonkTreuh. 1929 S. 50; zust. Böhle-Stamschräder Anm. 3).

7 Eine Gebühr für besondere Prüfung erwächst nicht, wenn eine Berufsgenossenschaft im Konkurse des Mitglieds nachträglich einen Umlagebetrag anmeldet. Denn diese Anmeldung (die Einziehung der Umlage) bildet als gesetzliche Obliegenheit des Genossenschaftsvorstandes ein im Vollzuge des Gesetzes an eine öffentliche Behörde (das Konkursgericht) ergehendes Ersuchen, eine „Rechtshilfe" in dem besonderen Sinne der §§ 115ff. RVO. Für die dabei entstehenden Kosten haben die Versicherungsträger nach gesetzlicher Sondervorschrift (§ 117 RVO) nur aufzukommen, soweit es sich um bare Auslagen handelt; Gebühren haben sie nicht zu tragen. Siehe LG Düsseldorf PucheltsZ 35 S. 308ff., LG München SeuffBl. 70 S. 399f., OLG Kolmar LZ 1912 Sp. 412, Mentzel-Kuhn Anm. 4; abw. Freudenthal Recht 1905 S. 526.

§ 143

Die Prüfung einer angemeldeten Forderung findet statt, wenngleich der anmeldende Gläubiger im Prüfungstermine ausbleibt.

Materialien: Motive II S. 361, Protokolle S. 91, 172.

1 Angemeldete Konkursforderungen sind im — allgemeinen oder besonderen — Prüfungstermin auch dann zu „erörtern" (§ 141 II), wenn der Anmelder ausbleibt. Der Anmelder kann sich durch jede prozeßfähige Person als Bevollmächtigten vertreten lassen. Eine besondere Gebühr für die Tätigkeit des Anwalts bei der Prüfung der Forderungen (§ 56 Nr. 1 RAGO) fällt jedoch nicht mehr an; diese Tätigkeit ist mit der Gebühr des 73 BRAGebO abgegolten; vgl. auch § 75 BRAGebO. Siehe § 139 Anm. 6, § 141 Anm. 3. Erneute Erörterung seiner Forderung in einem besonderen Prüfungstermin kann der ausgebliebene Gläubiger auch auf seine Kosten nicht erlangen (abw. nur v. Völderndorff Anm. c). Ist seine Forderung bestritten, so findet der § 146 Anwendung. Eine amtliche Nachricht über das Prüfungsergebnis erhält der Säumige im allgemeinen nicht. Doch hat das Gericht den Gläubigern streitig gebliebener Ansprüche einen beglaubigten Tabellauszug zu erteilen (§ 146 I) und zwar von Amts wegen [§ 146 Anm. 30]. Gegen die infolge der Säumnis verwirkte Möglichkeit, andere Forderungen zu bestreiten, wird ausgebliebenen Gläubigern — anders als dem Schuldner (§ 165) — auch bei unabwendbarer Verhinderung keine Wiedereinsetzung gewährt.
Anwesenheit des Verwalters: § 141 Anm. 7.

§ 144

Eine Forderung gilt als festgestellt, soweit gegen sie im Prüfungstermine ein Widerspruch weder von dem Verwalter noch von einem Konkursgläubiger erhoben wird, oder soweit ein erhobener Widerspruch beseitigt ist.

Ist die Forderung vom Gemeinschuldner im Prüfungstermine bestritten, so kann ein Rechtsstreit, welcher über dieselbe zur Zeit der Eröffnung des Konkursverfahrens anhängig war, gegen den Gemeinschuldner aufgenommen werden.

Materialien: Motive I Bd. 2 S. 94ff., Motive II S. 363 f., Protokolle S. 91f., 98ff., 172.

I. Feststellungserfordernisse (Abs. I)

1 Nach Abs. I gilt eine zur Prüfung gelangte Forderung insoweit für **„festgestellt"**, als sie im Prüfungstermin (§§ 141, 142) unwidersprochen bleibt oder, sei es noch im Termin oder nachher, des Widerspruchs entledigt wird. Der Wortlaut des § 144 I ergibt mit Bestimmtheit, daß die

„Feststellung“ unmittelbar an das Unterlassen des Widerspruchs oder an dessen Beseitigung anknüpft. Diese Rechtsfolge ist als „Ergebnis der Prüfungsverhandlung“ nach § 145 I in die Konkurstabelle einzutragen. Erst mit der „Eintragung“ der Feststellung aber verbindet das Gesetz die eigenartige Rechtskraftfolge des § 145 II [siehe dort Anm. 3]. Wie der § 144 gilt der § 145 nur für „Konkursforderungen“ [§ 145 Anm. 7]. Mit Wirksamkeit gegenüber der Teilnahme des Anmelders am Konkurse kann nur der Konkursverwalter oder ein zugelassener Anmelder widersprechen. Näheres § 141 Anm. 1, 5—8. **„Soweit“** ein Widerspruch von dieser Seite nicht erfolgt, gilt die Konkursforderung nach Bestand, Betrag und Vorrecht als festgestellt. Vielleicht wird nur ein Teilbetrag, vielleicht nur das Vorrecht bestritten; vielleicht erfolgt nur ein einziger, vielleicht auch eine Mehrheit von Widersprüchen. Der Konkursverwalter, der Grund und Betrag einer Forderung nicht bestritten hat oder nicht mehr bestreitet, so daß die angemeldete Forderung (mangels anderweitigen Widerspruchs) insoweit als festgestellt gilt, kann im Streit um das bestrittene Vorrecht den festgestellten Grund des Anspruchs nicht mehr in Zweifel ziehen (RG HRR 1935 Nr. 1535 = KonkTreuh. 1935 S. 124). Wenn eine Forderung nach Bestand und Betrag unwidersprochen bleibt, aber — etwa als angebliche Neu- oder Schenkungsschuld (§§ 3 I, 63 Nr. 4) — in ihrer Anmeldbarkeit bestritten wird, bedarf auch nur der Streit über diese der Austragung nach § 146. Wird aber nun die Anmeldbarkeit rechtskräftig verneint, dann ist für die Urteilswirkung des § 145 II überhaupt kein Raum, auch nicht hinsichtlich des Bestandes und Betrags der Forderung. Einer ausdrücklichen Anerkennung der Feststellungsgegner bedarf es in keinem Falle: Nichtbestreiten wirkt als stillschweigendes Anerkenntnis (RG Bd. **55** 160). Diese Wirkung tritt auch gegenüber solchen Konkurrenten ein, die nicht erschienen waren oder noch gar nicht angemeldet hatten [§ 145 Anm. 5]. Das Nichtbestreiten kann sich auf Teilbeträge beschränken oder unter Vorbehalt erfolgen, etwa bei einer wechselmäßig gedeckten Forderung unter Vorbehalt der Wechselvorlage (Art. 38f. WG; RG Bd. **37** 4, LZ 1914 Sp. 394 Nr. 13; vgl. auch RG Bd. **149** 264 (inhaltlich eingeschränkte Zurücknahme des Widerspruchs) und § 141 Anm. 10; zust. Mentzel-Kuhn Anm. 2, Böhle-Stamschräder Anm. 3, Mohrbutter-Haarmann Leitfaden S. 170) oder in Fällen des Forderungsüberganges unter Vorbehalt des Nachweises der behaupteten Erbfolge oder Abtretung. Nicht selten wird die Anerkennung ausdrücklich auf den noch nachzuweisenden Ausfall (§ 64) beschränkt [siehe aber § 64 Anm. 11]. Jedenfalls braucht der Ausfall zur Zeit der Feststellung noch nicht endgültig ermittelt zu sein (RG Bd. **26** 112). Das im Vorbehalt liegende Bestreiten ist erforderlichenfalls im Feststellungsprozesse (§ 146) auszutragen, und zwar auf Kosten des Bestreitenden (vgl. OLG Hamburg Recht 1914 Nr. 541). Nur ein „im Prüfungstermine“ selbst erklärter — nicht ein schriftlich eingereichter — Widerspruch hindert die Feststellung [§ 141 Anm. 10]. Rechtsbehelfe gegenüber der Eintragung: § 145 Anm. 3.

„Beseitigt“ werden Widersprüche durch gütlichen Ausgleich noch im Termine selbst [§ 141 Anm. 11], durch Zurücknahme [dort Anm. 10], durch Erlöschen der Forderung des Bestreitenden [ebenda Anm. 8] oder durch siegreiche Niederkämpfung aller Gegner (§§ 146, 147, vgl. Protokolle S. 92, 175). Zurücknahme des Widerspruchs unter Einschränkung oder Vorbehalt: § 141 Anm. 10. 2

II. Bekämpfung von Widersprüchen des Gemeinschuldners (Abs. II)

1. Ein Widerspruch, der vom Gemeinschuldner selbst oder für ihn (z. B. durch seinen Vormund) erhoben wird [§ 141 Anm. 1], schließt die konkursmäßige Feststellung und deren Eintragung nicht aus, verhindert aber, daß gegenüber dem Schuldner **persönlich** Rechtskraft und Vollstreckbarkeit einsetzen, die sich außerhalb des Konkursverfahrens und nach diesem auswirken könnten (§§ 164 II, 194, 206 II). Auf die Rechtsverfolgung im Konkurse hat der Schuldnerwiderspruch — abgesehen von der Besonderheit des § 115 II GenG [§ 151 Anm. 3] — keinen Einfluß. Darum kann er sich auch nicht gegen die 3

Anmeldbarkeit und das Vorrecht der Forderung richten. Für die außerkonkursmäßige Rechtsverfolgung aber hat der Schuldnerwiderspruch neben der Bestreitung des Verwalters oder eines Gläubigers selbständigen Wert. Wird diese beseitigt (§§ 146, 147), so kann die außerkonkursmäßige Wirksamkeit der Feststellung nicht eintreten, wenn ein Widerspruch des Schuldners selbst in der Tabelle vermerkt ist. Um auch die außerkonkursmäßige Wirksamkeit der festgestellten, aber vom Gemeinschuldner bestrittenen Forderung zu erzwingen, darf der Gläubiger nach der ausdrücklichen Vorschrift unseres Abs. II einen Rechtsstreit, der bereits vor Konkursbeginn über die Forderung anhängig und durch den Konkurs unterbrochen worden war [§ 12 Anm. 1], gegen den Gemeinschuldner selbst aufnehmen (vgl. § 250 ZPO) und folglich auch eine neue Klage während des Konkurses auf Feststellung der noch nicht rechtshängigen Forderung gegen ihn erheben (RG Bd. **24** 407; KG LZ 1914 Sp. 203 Nr. 10). Zum Klageantrag siehe unten Anm. 5. Zu der bestrittenen Frage, ob die vom Schuldner erteilte Prozeßvollmacht mit der Konkurseröffnung erloschen ist, vgl. § 23 Anm. 9a, aber auch Jaeger 6./7. Aufl. § 23 Anm. 8a. Für eine Neuklage gegen den Schuldner kann ein ausreichendes Rechtsschutzbedürfnis auch dann bestehen, wenn die von ihm bestrittene Forderung bereits vor Konkursbeginn rechtskräftig bejaht worden war. So etwa, weil das Urteil als bloße Feststellung oder mangels bestimmter Parteibezeichnung der Vollstreckbarkeit unzugänglich ist (KG aaO.). Der Abs. II stellt außer Zweifel, daß eine Aufnahme des Prozesses gegen die Person des Gemeinschuldners den Konkurs nicht beeinflußt, und beugt damit einem auf § 240 ZPO gestützten Einwande gegen die Prozeßaufnahme vor. Vgl. Protokolle S. 99. Eben darum kann, wenn zugleich der Verwalter oder ein Gläubiger widersprochen hat, also die Forderung nicht im Sinne des Abs. I „festgestellt“, sondern im Sinne des § 146 „streitig geblieben“ ist (eine ebenfalls durch Abs. II gedeckte Möglichkeit: Protokolle S. 98ff.), die Aufnahme auch gegenüber diesen Widersachern erfolgen (§ 146 III), so daß der Rechtsstreit sich nun in eine Mehrheit von Prozessen verzweigt. Vgl. v. Sarwey-Bossert Anm. 6, auch ObLG SeuffA 54 Nr. 203; abw. Hein Identität der Partei II S. 36 Note 21. Dabei besteht die Möglichkeit, daß im Prozeß um das Konkursgläubigerrecht und in demjenigen gegen die Person des Gemeinschuldners widersprechende Entscheidungen ergehen, zumal ja der Schuldner persönlich die Anmeldbarkeit nicht bestreiten kann. Werden also beide Gegner zusammen verklagt — was nach § 59 ZPO zulässig ist, da die Ansprüche auf demselben Grunde beruhen — oder wird der unterbrochene Rechtsstreit gegen beide aufgenommen, so sind der Gemeinschuldner und der bestreitende Gläubiger, bei Widerspruch des Verwalters: der Schuldner in Person und der Verwalter als Partei kraft Amtes (bzw. nach der Vertretertheorie der Schuldner als Masseträger) nur einfache Streitgenossen im Sinne des § 61 ZPO. RG Bd. **13** 315, Bd. **24** 407, JW 1895 S. 266 Nr. 15; Voigt Einfluß des Konkurses (1903) S. 180, Bley Feststellung des Konkursgläubigerrechts S. 88f., Mentzel-Kuhn Anm. 4, Böhle-Stamschräder Anm. 4; abw. v. Wilmowski-Kurlbaum Anm. 6 (stets notwendige Streitgenossenschaft) u. Petersen-Kleinfeller § 146 Anm. 4 (einfache bei Verschiedenheit, notwendige bei Gleichheit der Widerspruchsrichtung). Werden die Klagen nacheinander erhoben, so bildet die erste kein Hindernis für die zweite im Sinne des § 263 II Nr. 1 ZPO.

4 **2.** Der Abs. II gestattet bloß eine Prozeßaufnahme **gegen** den Gemeinschuldner, nicht **durch** diesen. Ihm persönlich hat das Gesetz die Macht, den stillstehenden Rechtsstreit in Bewegung zu setzen, absichtlich nicht eingeräumt. Seine Prozeßaufnahme würde daher durch ein (hier gebotenes) Zwischenurteil (§ 303 ZPO) kostenfällig für unzulässig zu erklären sein. Protokolle S. 98ff.; RG Bd. **16** 360, LZ 1908 Sp. 540f. Nr. 29, Bd. **70** 371; Voigt S. 178 N. 1 mit Verw.; Mentzel-Kuhn Anm. 5. Ebenso unzulässig wäre eine neue Klage, die der bisher nicht verklagte Gemeinschuldner während des Konkurses gegen den Anmelder einer Konkursforderung auf Feststellung ihres Nichtbestehens erheben würde. Eine solche Klage müßte ohne Rücksicht darauf, ob die Forderung im Sinne des Abs. 1 fest-

gestellt wurde oder nicht, als unzulässig abgewiesen werden, weil dem Kläger das im § 256 ZPO vorausgesetzte Rechtsschutzbedürfnis fehlte. Seinem persönlichen Schutze genügt die im Abs. II anerkannte Bestreitungsbefugnis, durch deren Ausübung er die außerkonkursmäßige Vollstreckbarkeit abwendet; für den Konkursbereich aber wird er durch den Verwalter verdrängt (§ 6). Ohnehin könnte der Gemeinschuldner die Klage für die Regel nur im Armenrecht erheben und ist wohl nur selten in der Lage, „eine hinreichende Aussicht auf Erfolg" (§ 114 I ZPO) darzutun. Dagegen wird man in dem besonderen Falle eines Konkurses über das Vermögen einer OHG einer Feststellungsklage der Gesellschafter als der Träger der Gemeinschuldnerrolle [Anm. 6], wenn sie als solche der Forderung widersprochen haben und über ihr persönliches Vermögen der Konkurs nicht eröffnet ist, das rechtliche Interesse an der Erhebung einer negativen Feststellungsklage nach § 256 ZPO nicht grundsätzlich absprechen können, da sie nach § 128 HGB für die Forderung, deren sich der Gläubiger durch die Anmeldung im Konkurs berühmt, persönlich haften und zu dieser Haftung auch während des Gesellschaftskonkurses herangezogen werden können (BGH KTS 1957 S. 9; die allgemeine Frage der Zulässigkeit der negativen Feststellungsklage des Gemeinschuldners wird dahingestellt gelassen). Nebenintervention: § 146 Anm. 11. Auch gestattet der Abs. II die Prozeßaufnahme nur gegen den **widersprechenden** Gemeinschuldner. War die Forderung vom Verwalter oder einem Gläubiger, nicht aber — weder in der Hauptsache noch im Kostenpunkt — vom Gemeinschuldner selbst bestritten, so ist eine Prozeßaufnahme zugleich gegen den Schuldner in Person unzulässig (abw. Fitting § 12 N. 35). Insoweit wäre die Aufnahme zwecklos, da ja der Gläubiger durch Erwirkung der „Feststellung" von selbst auch gegenüber der Person des Schuldners eine rechtskräftige und vollstreckbare Anspruchsanerkennung nach § 164 II (§§ 194, 206 II) erzielt. Die konkursmäßige Feststellung (Abs. I) erwächst gegenüber dem Schuldner persönlich in Rechtskraft und Vollstreckbarkeit [§ 164 Anm. 3ff.] auch dann, wenn er im Prozesse vor Konkursbeginn die Forderung bestritten, aber den Widerspruch im Prüfungstermin unterlassen hat. Die Eintragung des allseitigen Anerkenntnisses macht den Prozeß gegenstandslos. Eine Aufnahme zur Herbeiführung „der formellen Rechtskraft" ist weder erforderlich noch statthaft (abw. RG Bd. **27** 117, wo die Feststellung zur Tabelle mit Unrecht einer außergerichtlichen Anerkennung gleichgestellt und eine förmliche Berufungszurücknahme nach § 515 ZPO für notwendig erklärt wird). Im übrigen siehe § 146 Anm. 45, § 164 Anm. 6.

3. Wie hat der **Antrag** einer auf Grund des Abs. II aufgenommenen oder neu erhobenen Klage gegen den Gemeinschuldner zu lauten? Keinesfalls auf Leistung schlechthin. Denn der Kläger hat vom Beklagten nur Leistung nach Konkursbeendigung und unter Abzug des im Konkurs erlangten oder durch Zwangsvergleich erlassenen Betrags zu beanspruchen (vgl. RG Bd. **29** 76: auf Verlangen des auf Leistung belangten Schuldners sei die Verurteilung dahin einzuschränken, daß die Zwangsvollstreckung erst nach Konkursbeendigung erfolgen darf). Der besonderen Rechtslage entspricht ein Antrag auf Feststellung der Forderung gegenüber dem Schuldner oder auf Feststellung, daß sein Widerspruch unbegründet sei. Denn eine derartige Feststellung vermittelt, wenn auch das Feststellungsurteil selber keinen Vollstreckungstitel bildet, sobald einmal die „Beseitigung" des Schuldnerwiderspruchs in der Tabelle vermerkt ist, nach § 164 II Rechtskraft und Vollstreckbarkeit des Tabelleintrags gegenüber dem Schuldner. RG Bd. **24** 407; vgl. Protokolle S. 100. Mit Rücksicht auf diese Folge bedarf das Feststellungsinteresse keines besonderen Nachweises. Die rechtskräftige Überwindung des Schuldnerwiderspruchs [§ 140 Anm. 8] kann, da sie für die Zeit nach dem Konkurse wirkt, auch noch nach dessen Beendigung in der Konkurstabelle eingetragen werden. Siehe § 145 Anm. 3. 5

III. Sonderkonkurs

In Sonderkonkursen [§ 1 Anm. 64ff.] üben die Träger der Gemeinschuldner-Rolle das persönliche Bestreitungsrecht des Schuldners aus und 6 verhüten damit, daß die konkursmäßige Feststellung einer Forderung (Abs. I) für eine Rechtsverfolgung, die nach dem Konkurse gegen den bisherigen Gemeinschuldner stattfindet, rechtskräftig und vollstreckbar wird, es sei denn, daß der Schuldnerwiderspruch infolge einer Prozeßaufnahme (Abs. II) oder Neuklage gegen den Bestreitenden überwunden worden ist. So sind im Konkurse der offenen Handelsgesellschaft alle einzelnen Gesellschafter, im Konkurse der Kommanditgesellschaft die persönlich haftenden Mitglieder (nicht auch die Kommanditisten) Träger der Gemeinschuldnerrolle und als solche in der Lage, durch Schuldnerwiderspruch zugunsten der nach dem Konkurse fortgesetzten Gesellschaft Rechtskraft und Vollstreckbarkeit der konkursmäßigen Feststellung abzuwenden. Näheres § 164 Anm. 9, §§ 209ff. Anm. 11, 20. Nachlaßkonkurs: § 214 Anm. 18. Negative Feststellungsklage der Gesellschafter während des Gesellschaftskonkurses: Anm. 4.

§ 145

Das Gericht hat nach der Erörterung einer jeden Forderung das Ergebnis in die Tabelle einzutragen. Auf Wechseln und sonstigen Schuldurkunden ist von dem Urkundsbeamten der Geschäftsstelle die Feststellung zu vermerken.

Die Eintragung in die Tabelle gilt rücksichtlich der festgestellten Forderungen ihrem Betrage und ihrem Vorrechte nach wie ein rechtskräftiges Urteil gegenüber allen Konkursgläubigern.

Materialien: Motive I Bd. 2 S. 96ff., Motive II S. 363f., Protokolle S. 92, 172.

I. Beurkundung des Prüfungsergebnisses (Abs. I)

1 1. Das Ergebnis jeder einzelnen Erörterung im Sinne der §§ 141ff. wird nach Abs. I Satz 1 vom „Gericht" d. h. vom Urkundsbeamten der Geschäftsstelle unter Leitung des Konkursrichters unmittelbar nach der Erörterung in die dafür bestimmten Spalten [§ 140 Anm. 5ff.] der Konkurstabelle eingetragen, sodann unter Orts- und Zeitangabe vom Richter und Urkundsbeamten unterschrieben [§ 140 Anm. 10] und am Schlusse der Prüfungsverhandlung vorgelesen oder zur Durchsicht vorgelegt [§ 141 Anm. 13]. Aus dem zu beurkundenden Prüfungsergebnis muß hervorgehen, ob der einzelne Anspruch nach Bestand, Betrag, Vorrecht oder Konkursforderungseigenschaft streitig geblieben ist. Im Falle rechtzeitiger [§ 141 Anm. 10] Bestreitung muß die Person des Widersprechenden und der Umfang des Widerspruchs [§ 144 Anm. 1], nicht auch ein etwa geltend gemachter Bestreitungsgrund [§ 141 Anm. 9] vermerkt werden. Die — selten vorkommende — Gewährung eines bleibenden oder vorläufigen Stimmrechts (§§ 95, 96) ist unter Angabe seiner Dauer und mit etwaigen Änderungen in der Bemerkungsspalte, die Zurücknahme oder Änderung einer Anmeldung und die Zurückziehung eines Widerspruchs gegen erörterte Forderungen in der Berichtigungsspalte einzutragen. Persönliche Widersprüche des Gemeinschuldners und deren Erledigung gehören in die Bemerkungsspalte. Siehe § 140 Anm. 7f., § 141 Anm. 1 und die Beispiele im Muster 17 der AktO sowie insbesondere bei Schrader-Bauer Hdb.[2] F III 79. Wenn das Gericht eine ihm nach Abs. I Satz 1 obliegende Eintragung abgelehnt (nicht nur vergessen) hat, steht dem Anmelder die sofortige Beschwerde nach § 73 III zu. Denn die Ablehnung ist „Entscheidung im Konkursverfahren". Vgl. OLG Karlsruhe BadAnn. 56 S. 113ff.; Petersen-Kleinfeller Anm. 11, Kohler Leitfaden S. 334; abw. Oetker I S. 287ff., 304ff. Da das Rechtsmittel schon vor Beginn der Notfrist [§ 73 Anm. 6] eingelegt werden kann, wird seine Zulässigkeit durch den Mangel förmlicher Beschlußzustellung nicht gehemmt. Über den umgekehrten Fall des Eintrags einer „Feststellung" trotz Bestreitung siehe Anm. 3.

2 2. Das im Abs. I Satz 2 ausgesprochene Gebot des Vermerks der Feststellung auf „Schuldurkunden" gilt nicht nur für bloße Beweispapiere (wie für Schuldscheine), sondern auch für Wertpapiere, die wie Wechsel und Scheck rechtlich

die Träger der verbrieften Forderung sind. Der Vermerk hat den Zweck, den Gläubigern verbriefter Forderungen die Übertragung zu erleichtern. Er ist durch den Urkundsbeamten der Geschäftsstelle [§ 140 Anm. 2] gleich nach der Feststellung im Termine selbst oder unverzüglich nachher zu vollziehen (§ 15 Abs. 6 AktO) und unter Beidruck des Gerichtssiegels zu unterzeichnen. Motive II S. 363. Das Gebot bezieht sich nur auf Urkunden, die der Anmelder ur- oder abschriftlich eingereicht hat (§ 139 Satz 3). Es legt keineswegs dem Richter oder Urkundsbeamten die Pflicht auf, nach vorhandenen Papieren zu forschen und solche einzufordern. Werden von mehreren Forderungen (z. B. Wechselansprüchen) desselben Gläubigers nur einzelne angemeldet und festgestellt, dann brauchen auch nur sie urkundlich nach § 139 Satz 3 belegt, nur diese Urkunden nach § 145 I 2 mit dem Feststellungsvermerk versehen zu werden (RG LZ 1913 Sp. 630ff. Nr. 9). Sobald der Vermerk vollzogen ist, hat der Urkundsbeamte die Papiere dem Anmelder zurückzugeben (§ 15 Abs. 6 AktO). Rechtsbegründende Wirksamkeit äußert der Vermerk als solcher in keinem Falle. Er verlautbart nur den Tabellinhalt und verweist zweckmäßig auf die Tabelle. Das Verweigern der Vorlage einer Schuldurkunde kann zur Bestreitung der Forderung führen, schließt aber als solches die Feststellung nicht aus. Nur die Feststellung, nicht die Bestreitung eines Anspruchs ist nach Abs. I Satz 2 zu vermerken. Zurückzugeben hat der Urkundsbeamte bei Gericht eingereichte Schuldurkunden auch im Falle des Widerspruchs.

II. Bedeutung des Tabellvermerks (Abs. II)

1. Nach § 144 I gilt eine Forderung als festgestellt, soweit sie im Prüfungstermin von Seiten des Konkursverwalters und der widerspruchsberechtigten Konkursgläubiger unwidersprochen bleibt, oder der Widerspruch beseitigt wird. Der § 145 II verleiht der Eintragung dieser Feststellung in die Tabelle eine bestimmte Wirksamkeit. So regelt der § 144 I die Feststellungserfordernisse, der § 145 II den Feststellungsabschluß. Erst die eingetragene Feststellung hat Urteilskraft. Demnach kommt dem Tabelleintrag, sofern er die Tatsache des Nichtbestreitens erörterter Konkursforderungen vermerkt, eine nur rechtsbekundende, sofern er aber die gesetzlichen Folgen des § 145 II auslöst, eine rechtsbegründende Wirksamkeit zu. Für die Anwendbarkeit der §§ 145 II, 164 II (§§ 194, 206 II) genügt es nicht, daß alle Erfordernisse der Eintragung erfüllt waren.. Diese muß selber vollzogen sein. RG Bd. 22 155; Oetker I S. 268. 3

a) Die Eintragung des Prüfungsergebnisses (Abs. I) bildet, mag dieses Bestreiten oder Nichtbestreiten sein, an sich eine **rein beurkundende Tätigkeit, nicht** — wie etwa das Anerkenntnisurteil des § 307 ZPO — eine Entscheidung über Grund, Betrag und Vorrecht der Forderung. Dem Konkursgericht als solchem, das unser Abs. I mit der Eintragung betraut, fehlt seiner ganzen Stellung nach und im Gegensatze zu dem im § 146 II bezeichneten Prozeßgericht die Macht, über bestrittene Forderungen zu erkennen [siehe Vorbem. 5 zum 2. Buch, § 72 Anm. 2, § 141 Anm. 10]. Es kann auch nicht etwa zum Zwecke der Forderungsfeststellung nach § 75 Ermittelungen von Amts wegen vornehmen oder eine eigene amtliche Kenntnis verwerten. Vielmehr hat es nur klarzulegen, wie die Beteiligten sich im Prüfungsverfahren verhalten haben. Dieses Verhalten allein bestimmt den Inhalt des Eintrags. So bedeutet also der Vermerk „festgestellt" und der den Erfolg einer solchen „Feststellung" vermittelnde Vermerk der Berichtigungsspalte „Widerspruch zurückgenommen" keineswegs, daß das Gericht irgendeine Anspruchsanerkennung ausgesprochen, sondern daß die Bestreitungsberechtigten einen Widerspruch nicht erhoben oder fallen gelassen haben, wie ja auch der gegenteilige Eintrag „bestritten von . . ." nur das Verhalten der Beteiligten klarlegt. „Festgestellt" bedeutet: unstreitig geblieben (Gegensatz: „streitig geblieben" im Sinne des § 146 I). Grundsätzlich zust. nun RG JW 1928 S. 2714 Nr. 13; siehe ferner RG Bd. 37 388; Förster-Eccius I § 115 N. 6; Kohler Leitfaden S. 250, Niepage Irrtümliche Feststellung (Rostocker Diss. 1901) S. 14ff., Mentzel-Kuhn Anm. 3, Böhle-Stamschräder

Anm. 3; abw. bes. Oetker I S. 288, 306, vgl. auch Petersen-Kleinfeller Anm. 11, v. Wilmowski-Kurlbaum Anm. 2, 5, Krusch ZHR Bd. 103 S. 32f. Es ist eine durch Zweckmäßigkeitserwägungen gerechtfertigte und auf einer ganz eigenartigen Vorschrift des Gesetzes (Abs. II) beruhende Besonderheit, daß die Eintragung ausdrücklicher oder stillschweigender Anerkenntnisse [§ 144 Anm. 1], also der Vermerk der alsbald oder nachträglich erfolgten freiwilligen Feststellung, **wie ein Urteil** und zwar sofort wie ein rechtskräftiges Urteil über Grund, Betrag und Vorrecht der Forderung gegenüber dem Masseträger und allen Konkursgläubigern wirken soll. Erzwungene Feststellung: § 147. Diese gesetzliche Wirksamkeit des Tabellvermerks beginnt bereits mit dem Vollzuge der Eintragung d. h. mit deren Unterzeichnung durch das Gericht [Anm. 1], ohne einer Verkündung oder Zustellung zu bedürfen. Die Eintragung einer konkursmäßig festgestellten Forderung eines Ausländers in die Konkurstabelle bedarf „als Errichtung oder Erwirkung eines vollstreckbaren Titels" nach Art. 1 Ziff. 1a der 3. DVO der AHK zum Gesetz Nr. 53 v. 31. 10. 1950 (Amtsbl. AHK S. 663) mindestens dann der devisenrechtlichen Genehmigung, wenn sie auch vom Gemeinschuldner nicht bestritten ist und daher gemäß § 164 II KO einen Vollstreckungstitel bildet (vgl. Langen Komm. z. DevisenG[3] 1958 D I d S. 5, Mentzel-Kuhn Vorb. 6 vor § 1; im Ergebnis auch Mathieu NJW 1953 S. 526f.). Doch ist der Anwendungsbereich dieser Beschränkung nur noch gering, da nach der Allg. Genehmigung Nr. 70 der BdL v. 22. 6. 1954 (BAnz. Nr. 118 S. 1) Ziff. 1 die Genehmigung zur Erwirkung von Urteilen und sonstigen gerichtlichen Entscheidungen allgemein erteilt ist und nach Ziff. 3 eine Leistungsgenehmigung auch die Genehmigung zur Erwirkung entsprechender Vollstreckungstitel und zur Vollstreckung umfaßt. Vgl. noch Böhle-Stamschräder § 145 Anm. 7.

b) Die besondere Wirkung des Tabellvermerks nach Abs. II knüpft sich selbstverständlich nur an die Eintragung des **wahren** Prüfungsergebnisses. Wenn trotz rechtzeitiger Bestreitung durch den Verwalter oder einen Gläubiger die Forderung als „festgestellt" beurkundet, wenn bei mehrfacher Bestreitung (§ 144 I) die eine oder andere oder wenn der persönliche Widerspruch des Schuldners (§ 144 II) versehentlich nicht eingetragen, wenn bei einer im Prüfungsverfahren erörterten und unstreitig gebliebenen Forderung der Feststellungsvermerk vergessen worden, wenn irrtümlich ein gar nicht erhobener Widerspruch eingetragen worden ist, so besteht das unabweisbare Bedürfnis einer **Tabellberichtigung**. Die früher herrschende Lehre ging davon aus, daß die Eintragung eine nach § 318 ZPO für das Konkursgericht bindende und nur wie ein Urteil zu berichtigende Entscheidung sei, und gelangte damit zur Anwendbarkeit des § 319 ZPO bei „offenbar unrichtigen" Vermerken der Tabelle, aber auch nur bei solchen, also etwa bei Schreib- oder Rechenfehlern, die der Protokollinhalt [§ 141 Anm. 13] außer Zweifel stellt. In den Hauptfällen unrichtiger Beurkundung wäre also gar keine Abhilfe möglich. Auch müßte bei Anwendbarkeit des § 319 ZPO nach dessen Abs. III, der als Sondervorschrift die allgemeine Regel des § 73 III KO verdrängen würde, eine Ablehnung des Berichtigungsantrags unanfechtbar bleiben (Petersen-Kleinfeller aaO., Wolff KO[2] § 145 Anm. 6). Nach Oetker I S. 289 wäre sogar die Berichtigung unanfechtbar. In Wahrheit paßt der § 319 ZPO auf Tabellberichtigungen überhaupt nicht. Läßt er sich auch seinem Zwecke nach entsprechend auf Entscheidungen anwenden, die keine „Urteile" sind, so setzt er eben doch stets eine Entscheidung voraus, die der Richter auf Grund eines ihm unterbreiteten Sachverhalts zu fällen hatte und unter offenbarem Widerspruch zwischen Wille und Ausdruck gefällt hat. Die bloße Beurkundung tatsächlicher Vorgänge gehört nicht hierher. Noch weniger trifft der § 320 ZPO zu, mit dem das OLG Stuttgart OLG 5 S. 217ff. helfen zu können meinte. Läge wirklich eine Entscheidung vor, so wäre ja nicht deren „Tatbestand" (§ 320 I), sondern deren Entscheidungssatz (Tenor) zu berichtigen. Zust. Mentzel-Kuhn Anm. 5. Überdies würde die Maßgeblichkeit des § 320 ZPO schon deshalb keine befriedigende Lösung liefern, weil er die Berichtigung an besonders strenge Voraussetzungen knüpft, sie bei jedem Wechsel im Richteramt ausschließt (§ 320 IV 2) und alle

Anfechtbarkeit verneint (§ 320 IV 4). Endlich kann die Beurkundung, sie sei richtig oder unrichtig, und gar das bloße Vergessen einer Eintragung, da in keinem Fall eine Entscheidung ergeht, auch nicht etwa unmittelbar der sofortigen Beschwerde des § 73 III KO unterworfen sein (zust. jetzt OLG Hamm JW 1927 S. 863 Nr. 25 u. Bendix daselbst; Bleyer KO[3] Anm. 2, Mentzel-Kuhn Anm. 5, Krohn Nachhaltigkeit der konkursm. Feststellung 1933 S. 31ff.; abw. OLG Dresden SächsOLG 21 S. 540ff., Petersen-Kleinfeller Anm. 11, Kohler Leitfaden S. 250, 334, 338). Wohl aber erschließt sich in allen Fällen unrichtiger Beurkundung des Prüfungsergebnisses, auch gegenüber dem Unterlassen einer Eintragung, gleichmäßig folgender Weg der Abhilfe: förmlicher Antrag an das Konkursgericht auf Berichtigung der Tabelle und Beschwerde nach § 73 III gegenüber der auf den Antrag ergehenden Entscheidung. Dieser Ansicht folgen OLG Nürnberg LZ 1931 Sp. 50 Nr. 3 (verkürzt JW 1931 S. 2158f. Nr. 41), Krohn aaO., Bleyer aaO., Warneyer KO (1932) S. 326, Mentzel-Kuhn Anm. 5, Böhle-Stamschräder Anm. 3, Mohrbutter-Haarmann Leitfaden S. 176; Muster eines Berichtigungsbeschlusses bei Schrader-Bauer Hdb.[2] F III 91. Eine feste Zeitschranke für den Antrag besteht nicht. Er kann noch im Prüfungstermin, aber auch nachher gestellt werden. Der auf den Antrag ergehende, nötigenfalls durch Ermittelungen nach § 75 zu fördernde Beschluß des Konkursgerichts ist den Beteiligten von Amts wegen zuzustellen (§ 73 II) und unterliegt, wie er auch laute, der sofortigen Beschwerde dessen, den er „beschwert" (§ 73 III), die Entscheidung des Beschwerdegerichts unter den Voraussetzungen des § 568 II ZPO einer weiteren sofortigen Beschwerde [§ 73 Anm. 9]. Zu erwägen ist allerdings, ob nicht neben dem durch einen förmlichen Antrag ausgelösten Berichtigungsverfahren die Berichtigung eines inhaltlich falschen Tabelleintrages (mindestens bei offensichtlichem Irrtum) auch von Amts wegen zugelassen werden sollte (so LG Berlin in der sorgfältig begründeten Entscheidung JW 1938 S. 1835 und ihm folgend Mentzel-Kuhn Anm. 5). Da der Tabellvermerk Bestandteil des über die Prüfungsverhandlung aufgenommenen Protokolls ist [§ 141 Anm. 13], wird man in Anwendung der Grundsätze über die Berichtigung des Sitzungsprotokolls (vgl. Rosenberg Lehrbuch[8] S. 310 mit Verw.) auch die amtswegige Berichtigung eines fehlerhaften Tabellvermerks für zulässig halten müssen, wobei das Gericht nicht an die Schranken des § 319 ZPO gebunden ist. Auf jeden Fall ist auch der von Amts wegen ergehende Berichtigungsbeschluß als „Entscheidung" des Konkursgerichtes den Beteiligten zuzustellen (§ 73 II) und unterliegt der sofortigen Beschwerde (§ 73 III). Bei Zweifeln über die Richtigkeit eines Tabelleintrages wird das Gericht zweckmäßigerweise einen Berichtigungsantrag des von der Unrichtigkeit Betroffenen anregen. Die Frage, ob eine Berichtigung der Tabelle auch noch nach Konkursbeendigung statthaft sei, ist vom RG 22 155 und vom OLG Dresden aaO. ohne nähere Erörterung verneint worden. Allein das Gesetz rechnet mit der Möglichkeit, daß Feststellungsprozesse erst nach Konkursbeendigung entschieden werden (§§ 166, 168 Nr. 1) und ordnet gleichwohl uneingeschränkt eine daraufhin zu veranlassende Tabellberichtigung an (§ 146 VII). Mit Rücksicht auf die den Konkurs überdauernde Wirksamkeit der Feststellung zur Tabelle [Anm. 6] besteht für nachträgliche Berichtigungen ein ausreichendes Bedürfnis. Das gilt nicht minder bei ursprünglichen Eintragungsversehen und späterer Widerspruchsrücknahme als beim Sieg im Feststellungsprozeß. In jedem Falle gehört die nachträgliche Berichtigung der Konkurstabelle noch zum Konkursverfahren. Zust. LG Berlin KonkTreuh. 1927 S. 111f. (eingehend begründet), JW 1938 S. 1836, Bley Feststellung des Konkursgläubigerrechts (1914) S. 94, Wolff KO[2] S. 443, Schrader-Bauer Hdb.[2] S. 93.

2. Der Vermerk des Feststellungsergebnisses durch das Konkursgericht wirkt, 4
was Grund, Betrag und Rang der Konkursforderung und folglich die Konkursteilnahme des Anmelders, also besonders sein Recht zur Abstimmung in den Gläubigerversammlungen (§§ 95ff.) sowie zur Bestreitung im Prüfungsverfahren (§ 144 I) und auf Berücksichtigung bei den Verteilungen (§§ 152ff.) betrifft, **wie ein rechtskräftiges Urteil.**

a) Sonach wird der freiwilligen Feststellung zur Konkurstabelle (§ 145 II) die gleiche Kraft beigelegt, wie sie nach § 147 Satz 1 einer durch Einspruch oder Rechtsmittel nicht oder nicht mehr anfechtbaren Widerspruchsverwerfung zukommt, die das Prozeßgericht im Feststellungsstreit ausgesprochen hat. Beidemal wirkt die Feststellung nur rechtsanerkennend, aber unter grundsätzlichem Ausschluß einer versäumten oder (im zweiten Falle zu Recht oder zu Unrecht) verworfenen Bestreitung. Im Falle der erstrittenen Feststellung wird das Bestehen des Konkursgläubigerrechts vom Prozeßgericht bejaht wie bei freiwilliger Feststellung durch Anerkenntnis der Beteiligten: das Konkursgericht hat wie bei der freiwilligen [Anm. 3], so auch bei der erstrittenen nur ein „Ergebnis" zu beurkunden, im zweiten dadurch, daß es nach Maßgabe des Feststellungsurteils (auf Antrag) die Tabelle „berichtigt" (§ 146 VII). Siehe Anm. 10. **Gegenständlich** beschränkt die Urteilskraft sich beidemal auf den „erhobenen Anspruch" (§ 322 I ZPO). Die Feststellung wirkt nicht für den Restanspruch, wenn nur ein Teil, nicht für den Kapitalanspruch, wenn nur Zins angemeldet war. Sie erstreckt sich auch nicht auf Pfand- oder andere Sicherungsrechte der Konkursforderung (RG WarnRspr. 1930 Nr. 127). Zur Rechtskraft eignet sich allerdings nur die Feststellung von Ansprüchen aus bestimmten Tatbeständen, nicht die beziehungslose Feststellung einer Summe. Die Worte in Abs. II „ihrem Betrag nach" besagen: Die Konkursforderung hat in Höhe des behaupteten Betrages den behaupteten Rechtsgrund. Wäre nicht spätestens im Prüfungstermin ein bestimmter Anspruchsgrund angegeben worden, so würde für eine Rechtskraftwirkung überhaupt kein Raum sein (vgl. dazu Stein-Jonas-Schönke-Pohle ZPO[18] § 322 V 1 mit Verw.). Es kann also nicht davon die Rede sein, daß der Verstoß einer Anmeldung gegen das wesentliche Erfordernis der Angabe des Anspruchsgrundes mit der Eintragung der Feststellung geheilt werde [§ 139 Anm. 16]. Für die gegenständliche Rechtskrafterstreckung des § 322 II ZPO ist bei der freiwilligen Feststellung kein Raum, auch dann nicht, wenn der nun festgestellten Konkursforderung vor Konkursbeginn vom verklagten Schuldner ein Aufrechnungseinwand entgegengesetzt worden war (Jaeger JW 1915 S. 1473 Note 11 zu RG ebenda S. 1437 Nr. 13).

5 b) In persönlicher Hinsicht geht dagegen die Urteilskraft über den Personenkreis des § 325 I ZPO hinaus. Abs. II legt dem Vermerk der freiwilligen Feststellung von Konkursgläubigerrechten (§ 144 I) **„gegenüber allen Konkursgläubigern"** die Wirksamkeit eines rechtskräftigen Urteils bei. Gleiches bestimmt der § 147 Satz 1 für die im Feststellungsstreit (§ 146) errungene Zuerkennung. Beidemal besagt die Wendung: auch gegenüber allen anderen Konkursgläubigern. Die Rechtskraftwirkung der Feststellung gegenüber der Konkursmasse d. h. gegenüber dem Konkursverwalter als dem Träger der Verfügungs- und Prozeßführungsmacht über die Masse und eines damit in Zusammenhang stehenden selbständigen Widerspruchsrechtes gegen die angemeldeten Forderungen (§ 144 I) und gegenüber dem Gemeinschuldner als dem Träger der Masserechte und Schuldner der Forderung wird durch die Fassung des § 145 II nicht etwa ausgeschlossen, sondern ist die nach § 325 I ZPO selbstverständliche Voraussetzung der in den §§ 145 II, 147 Satz 1 ausgesprochenen Rechtskrafterweiterung. Vgl. RG Bd. **27** 92, **144** 246 (248) sowie insbes. Krusch ZHR Bd. 103 S. 42f. Der Konkursverwalter handelt im Prüfungs- und Feststellungsverfahren mit unmittelbarer Wirkung für und gegen die Konkursmasse und ihren Träger. Die einzelnen Konkursgläubiger haben daneben ihre eigenen Bestreitungsrechte (§ 144 I). Auch der Schuldner persönlich hat ein solches, aber eben nur, soweit der Verwalter ihn nicht verdrängt, also nur für die Rechtsverfolgung außerhalb des Konkurses und nach diesem [Anm. 6]. Macht er von diesem Besteitungrecht Gebrauch, so wirkt die konkursmäßige Feststellung einer Forderung ihm gegenüber bloß für den Massebereich [§ 144 Anm. 3]. Uneingeschränkt wirkt sie nur dann, wenn auch der persönliche Widerspruch des Schuldners unterblieben oder beseitigt ist. Vgl. auch Anm. 6.

Die Erstreckung der Rechtskraftwirkung des Feststellungsvermerks auf das Verhältnis des Gläubigers der festgestellten Forderung zu den sonstigen Konkursgläubigern hat ihre rechtfertigende Grundlage in der besonderen Situation des Konkurses als eines Gesamtvollstreckungsverfahrens [Vorbem. 3 zum 2. Buch]; denn das mit der Anmeldung erhobene „Begehren" auf Feststellung der Teilnahmeberechtigung der angemeldeten Forderung richtet sich hier nicht nur gegen den Konkursverwalter als den Träger der Prozeßführungsmacht über die für die Forderung haftende Konkursmasse (bzw. nach der Vertretertheorie gegen den Gemeinschuldner als den für den Massebereich durch den Konkursverwalter gesetzlich vertretenen Schuldner) sondern auch gegen die anderen Konkursgläubiger; das ergibt sich deutlich aus dem Widerspruchsrecht, welches ihnen durch § 144 I gegen die angemeldete Forderung eingeräumt ist. Kraft ihrer Mitbeteiligung am Verfahren zur Prüfung der angemeldeten Forderung muß sich dann aber auch die Rechtskraftwirkung, welche dem auch auf ihrer stillschweigenden Anerkennung beruhenden Feststellungsvermerk beigelegt ist, auf sie erstrecken. Vgl. dazu Krusch ZHR Bd. 103 S. 33ff. Die Rechtskrafterstreckung setzt nicht voraus, daß der ihr unterworfene sonstige Konkursgläubiger angemeldet und am Prüfungsverfahren teilgenommen hat (Motive II S. 364, RG Bd. **37** 2; Mentzel-Kuhn Anm. 3). Die Rechtskraftwirkung des Feststellungsvermerks schaltet in ihrem gegenständlichen Bereich [Anm. 4] nicht nur für den Konkursverwalter, sondern auch für jeden Konkursgläubiger die Möglichkeit aus, die formellen und die materiellen Voraussetzungen des Konkursteilnahmerechtes der festgestellten Forderung später in Frage zu stellen (vgl. Krusch aaO. S. 40, Mentzel-Kuhn Anm. 3), und zwar auch dann, wenn er durch unabwendbare Ereignisse am Erscheinen im Prüfungstermin verhindert war. Diese Urteilswirkung „gegenüber allen Konkursgläubigern" beschränkt sich weder im Falle des § 145 II noch in dem des § 147 Satz 1 auf das Konkursverfahren im engeren Sinne. Sie kann sich auch in dem vom Konkurs unabhängigen Verfahren abgesonderter Befriedigung (§ 4 II) bewähren, insofern auch hier die festgestellte Konkursforderung selbst von anderen Konkursgläubigern nicht mit Erfolg zu bestreiten ist. RG Bd. **55** 160 (Königsberg OLG 6 S. 68 bestätigend), JW 1911 S. 118 Nr. 55. Daß sie aber außer allem Zusammenhang mit dem Konkurs und der konkursmäßigen Befriedigung „auch für spätere Rechtsstreitigkeiten eine unverrückbare Grundlage bilden" sollte, wie RG JW 1921 S. 1363 Nr. 6 (für einen Rechtsstreit, in dem ein Konkursgläubiger nach Konkursbeendigung einen anderen Konkursgläubiger wegen sittenwidriger Schädigung durch geheim gehaltene Sicherungsverträge in Anspruch nahm), annimmt, geht doch wohl über den Zweckbereich der Rechtskrafterweiterung hinaus (O. Fischer u. Dove in der Fußnote daselbst und insbes. Krusch aaO. S. 40ff; wie das RG dagegen Mentzel-Kuhn Anm. 3). Übrigens erstreckt sich auch bei Ansprüchen, die schon vor Konkursbeginn rechtskräftig gegenüber dem Schuldner zuerkannt waren und nun zur Konkurstabelle festgestellt werden, die Wirksamkeit dieser Feststellung im Sinne unseres Abs. II auf das Verhältnis zu „allen Konkursgläubigern".

Die in § 145 II als selbstverständlich vorausgesetzte Rechtskraftwirkung des Tabellenvermerks gegenüber dem Konkursverwalter [diese Anm. 1. Absatz], nimmt ihm die Möglichkeit, innerhalb des gegenständlichen Umfanges dieser Wirkung [Anm. 5; vgl. aber auch Anm. 7] das Fehlen der formellen und materiellen Voraussetzungen des Konkursteilnahmerechtes der festgestellten Forderung zu rügen. Hat also der Verwalter eine Forderung nur hinsichtlich des beanspruchten Vorrechtes bestritten und ist sie daraufhin hinsichtlich des Grundes und des Betrages als festgestellt in der Tabelle vermerkt worden, so kann er im Feststellungsprozeß um das beanspruchte Vorrecht nicht mehr geltend machen, die Forderung sei wegen Verstoßes gegen die guten Sitten oder aus einem anderen Grunde nicht entstanden oder sie sei vor der Feststellung erloschen, oder ihr sonstige vor der Feststellung entstandene Einwendungen oder Einreden entgegensetzen. RG Bd. **144** 248f., HRR 1935 Nr. 1535 = KonkTreuh. 1935 S. 124; Mentzel-Kuhn Anm. 3; vgl. auch RG **27** 92 und KonkTreuh. 1933 S. 103f. Selbstverständlich schneidet die Wirksamkeit gegenüber der Konkursmasse dem Verwalter auch die Möglichkeit freier Widerspruchsnachholung ab. Er kann die Eintragung nur mit solchen Mitteln bekämpfen, die gegenüber rechtskräftigen Urteilen durchdringen [Anm. 10ff.]. Auch eine nachträgliche Anfechtung des festgestellten Anspruchs auf Grund der §§ 29ff. bleibt ihm verwehrt. Eine solche scheitert zwar nicht an einer vom Gläubiger schon vor dem Konkurs erwirkten rechtskräftigen Zuerkennung des Anspruchs [§ 35 Anm. 5], wohl aber an der Rechtskraft des Feststellungsvermerks gegenüber der Konkursmasse selbst. Das Anfechtungsergebnis käme ja gerade der Allgemeinheit der Konkursgläubiger zustatten (§§ 3, 37), der gegenüber sich der Tabelleintrag nach den §§ 145 II, 147 Satz 1 auswirkt. Der Verwalter muß daher, auch wenn er nachträglich eine Anfechtbarkeit ermittelt, den festgestellten Anspruch in das Schlußverzeichnis aufnehmen (§ 162 mit § 158 II). RG Bd. **27** 92, SeuffA. 49 Nr. 227, AG Nürnberg LZ 1911 Sp. 837; zust. Mentzel-Kuhn Anm. 3, Böhle-Stamschräder Anm. 3. Ebendarum hat ein Anmelder, dessen Forderung als „festgestellt" eingetragen wurde, kein Interesse an einer Klage auf Feststellung dieser Forderung wider den Verwalter: der Zweck einer solchen Klage ist bereits erreicht [§ 146 Anm. 31]. Dagegen kann der Konkursverwalter, wenn auf Grund eines Kontokorrentabschlusses ein Saldo angemeldet [§ 69 Anm. 8, § 139 Anm. 1], festgestellt und der Feststellungsvermerk eingetragen ist, ein einzelnes Rechtsgeschäft, auf Grund dessen ein Rechnungsposten (Forderung oder Zahlung) im Saldo aufgegangen ist, trotz § 145 II (abgesehen vom Falle des Verzichts auf die Anfechtung) anfechten; denn die Rechtskraftwirkung des Feststellungsvermerks erstreckt sich nur auf den Saldo, nicht aber auch auf die einzelnen Rechtsgeschäfte, aus denen sich die Rechnungsposten ergeben. So RG Bd. **27** 92ff., KonkTreuh. 1930 S. 99; Godin RGR Komm.z.HGB² § 355 Anm. 41a, Schlegelberger-Hefermehl HGB³ § 355 Anm. 55; abw. Jaeger 6./7. Aufl. Anwendbarkeit des § 146 IV auf Saldoforderungen dort Anm. 21. Geltendmachung eines Vorrechts nach der Feststellung: § 139 Anm. 17.

6 c) Gegenüber dem Gemeinschuldner persönlich wirkt die Eintragung Rechtskraft und außerkonkursmäßige Vollstreckbarkeit, wenn von seiner Seite kein Widerspruch erhoben oder der erhobene durch Zurücknahme oder rechtskräftigen Richterspruch beseitigt ist (§§ 164 II, 194, 206 II; Nachholung: § 165). Siehe § 144 Anm. 3. Alsdann gewährt der Feststellungseintrag dem Anmelder den nach § 2 AnfG. zur Einzelanfechtung erforderlichen Titel auch schon für die in den Grenzen des § 13 V AnfG verstattete Gläubigeranfechtung während des Konkurses [§ 14 Anm. 2, § 164 Anm. 3]. RG Bd. **35** 80ff., JW 1897 S. 110f. Nr. 20; ObLG SeuffA 51 Nr. 265; OLG Düsseldorf RheinA 107 S. 311; Mentzel-Kuhn Anm. 3. Ansprüche, die durch konkursmäßige Feststellung gegen den Schuldner vollstreckbar geworden sind, verjähren nach § 218 BGB stets erst in dreißig Jahren seit der Feststellung. Zust. Mentzel-Kuhn Anm. 3 letzter Abs.

7 3. Der Abs. II trifft auch die allgemeinen und die besonderen Vorrechte der Konkursforderungen. Er bezieht sich andrerseits aber auch **nur auf Konkursforderungen** und nur auf solche aus bestimmt bezeichneten Schuldgründen [Anm. 5]. Darum nimmt der Tabellvermerk über die Anerkennung von Absonderungsrechten durch den Konkursverwalter an der Rechtskraftwirkung nicht teil [§ 4 Anm. 8 mit Rechtspr.], während die Feststellung einer durch ein Absonderungsrecht gesicherten Konkursforderung zum vollen Betrag, nicht nur in Ausfallhöhe, nach Abs. II der Rechtskraft zugänglich ist [§ 64 Anm. 11, § 139 Anm. 4]. Verzicht auf abgesonderte Befriedigung: § 64 Anm. 14ff. Ein irrtümlich angemeldeter Massekosten- oder Masseschuldanspruch [§ 57 Anm. 10 mit Rechtspr.], Aussonderungs- oder Ersatzaussonderungsanspruch (vgl. RG Bolze 9 Nr. 942, ObLG SeuffA 53 Nr. 207, OLG Köln PucheltsZ 35 S. 534, KG LZ 1907 Sp. 679f.) wird durch die Anmeldung und Feststellung nicht zur Konkursforderung und darum weder seines Ranges beraubt noch den §§ 14, 193 unterworfen noch andrerseits stimm- und bestreitungsberechtigt [Anm. 4]. Zust. Mentzel-Kuhn

Anm. 7, Böhle-Stamschräder Anm. 4, Mohrbutter-Haarmann Leitfaden S. 175. Verjährung: § 25 Anm. 20. Entsprechendes gilt für einen nach § 63 unanmeldbaren Anspruch und für unanmeldbare Prozeßkostenansprüche [§ 3 Anm. 31]. Vgl. München OLG 21 S. 172; Oetker I S. 446, Kohler Lehrbuch S. 386, 558 [siehe unten Anm. 9]. Zust. Mentzel-Kuhn, Böhle-Stamschräder und Mohrbutter-Haarmann aaO. Die Unsicherheit der Rechtslage kann durch ein auf Grund des § 256 ZPO erwirktes Feststellungsurteil behoben werden (RG Bd. **139** 83); zust. Mentzel-Kuhn, Böhle-Stamschräder und Mohrbutter-Haarmann aaO. [vgl. auch § 146 Anm. 15]. Die Anmeldung von Aussonderungsansprüchen läßt sich als Verzicht auf die Aussonderung unter Verwandlung des Anspruchs in eine Konkursforderung schon deshalb nicht deuten, weil der Aussonderungsberechtigte gar nicht die Macht hat, statt des massefremden Gegenstandes eine Zahlung aus der Masse zu verlangen (anders § 64). Darum bedarf es auch keines Vorbehalts zur Wahrung seines stärkeren Rechtes. Aus einer Abfindungs-Übereinkunft zwischen dem Aussonderungsanwärter und dem Verwalter würde für ersteren ein Masseschuldanspruch (§ 59 Nr. 1) erwachsen. Aussonderungsberechtigten oder Massegläubigern, die nach irrtümlicher Anmeldung und Eintragung ihres unanmeldbaren Anspruchs kraft ihres besseren Rechts vom Verwalter Erfüllung begehren würden, ohne die Löschung des Eintrags zu bewilligen, hätte der Verwalter den Einwand der Arglist entgegenzuhalten (vgl. RG Bd. **71** 435, sowie Mohrbutter-Haarmann Leitfaden S. 175). Den „festgestellten" Forderungen dürfen die bestrittenen, aber mit vollstreckbaren Schuldtiteln ausgestatteten (§ 146 VI) Forderungen nicht gleichgestellt werden. Petersen-Kleinfeller Anm. 3, v. Wilmowski-Kurlbaum § 144 Anm. 4; abw. Oetker I S. 270.

4. Die Rechtskraft wirkt nur den Feststellungsgegnern [Anm. 5], nicht einem 8
absonderungsberechtigten Nichtkonkursgläubiger, auch nicht einem Aussonderungsberechtigten als solchen (Mentzel-Kuhn Anm. 4) und nicht **einem Prätendenten** gegenüber, der die festgestellte Forderung — z. B. als wahrer Erbe, als Indossatar, als Zessionar, als Pfandgläubiger (etwa kraft Pfändung und Überweisung zur Einziehung) — für sich in Anspruch nimmt. Die im Abs. II und im § 147 Satz 1 genannten übrigen „Konkursgläubiger" sind nach dem Zwecke des Gesetzes die Träger anderer Konkursforderungen, die sich die Konkurrenz der festgestellten Forderung gefallen lassen müssen. Über den Wortlaut und den Sinn des Gesetzes hinaus darf die Ausdehnung der Rechtskraft nicht erstreckt werden. Zust. Böhle-Stamschräder Anm. 3 Abs. 2. Keineswegs kann sich der Vormann (Zedent, Indossant, Verpfänder), wenn er die Konkursdividende kraft des auf seinen Namen lautenden Tabelleintrags empfangen hat, gegenüber einem Erstattungsbegehren des Nachmanns (etwa auf Grund eines Kaufes der Forderung, aus ungerechtfertigter Bereicherung, unerlaubter Handlung) auf die Rechtskraft der Konkursfeststellung berufen. So auch nicht im Konkurse des Vormanns. Hier nimmt der Nachmann die schon vor Konkursbeginn an den Vormann entrichtete Dividende als Konkursgläubiger, die Forderung selbst als Aussonderungsberechtigter in Anspruch. Der hier vertretenen Auffassung, daß sich die Rechtskraftwirkung des Feststellungsvermerks nicht auf den Forderungsprätendenlen erstreckt und zwar auch dann nicht, wenn er die Forderung ebenfalls angemeldet hatte, hat sich RG Bd. **58** 369, 372ff. (Dresden SächsOLG 25 S. 551 aufhebend; vgl. auch Stettin OLG 19 S. 150 u. Lippmann ThürBl. 53 S. 253ff.) angeschlossen im Gegensatz zu RG Bd. **37** 1ff. (wie letzteres Petersen-Kleinfeller §§ 141ff. Anm. 3, v. Sarwey-Bossert Anm. 3 und v. Wilmowski-Kurlbaum Anm. 6). Gewiß hat auch die Masse eine einzige Schuld nur einmal zu bezahlen. Es liegt aber wie außerhalb des Konkurses am Schuldner selbst, so im Konkurs am Verwalter (§ 82) und an den widerspruchsberechtigten Gläubigern, darüber zu wachen, daß der Gefahr einer Doppelberücksichtigung vorgebeugt wird. Eine solche besteht auch in Fällen, in denen die einmalige Haftung auf einem doppelten Schuldgrunde beruht, der Gläubiger aber nur den einen oder den anderen oder — wie das im Bereiche des § 364 II BGB die Regel ist — zunächst nur den zweiten Schuldgrund verfolgen darf [§ 3 Am. 12].

Wenn der Widerstreit der Prätendenten vor der Feststellung offenbar wird, bietet das zu § 139 Anm. 2 vorgeschlagene Verfahren Schutz. Wenn aber z. B. der Erbe des Zedenten A und der Zessionar B dieselbe Forderung angemeldet haben, ohne daß vielleicht einer um die Anmeldung des andern weiß, der Schuldner flüchtig oder gestorben ist, der (wie so oft) allein im Prüfungstermin erscheinende Verwalter aber nicht erkennt, daß es sich um ein und dieselbe Forderung handelt, kann es leicht zu einer zwiespältigen Feststellung kommen. Daß hier die zufällige Priorität der Eintragung oder gar der Anmeldung einen Ausschluß des anderen Prätendenten bewirken sollte, läßt sich nicht begründen. Ebensowenig hat der frühere Ausgang des einen von beiden Feststellungsprozessen diesen Erfolg. Vgl. Lippmann S. 255ff. Andrerseits kann man auch nicht sagen, daß in der Doppelanmeldung eine wechselseitige Bestreitung [§ 141 Anm. 8] liege, die eine Eintragung der Ansprüche als festgestellt (§ 145 II) ausschließe. Denn als Bestreitung wirkt nur der ausdrückliche mündliche Widerspruch im Termine selbst [§ 141 Anm. 10]. Noch weniger kann von einer nachträglichen Entkräftung der irrtümlichen Doppelanerkennung auf dem Wege der §§ 119, 121, 142ff. BGB die Rede sein [Anm. 10]. Stehen zwei Gläubiger im Verhältnisse der Eventualberechtigung, wie Hauptgläubiger und Bürge, dann darf der Eventualanspruch nur als gesetzlich bedingter im Sinne des § 67 festgestellt werden. Seine Berücksichtigung neben oder nach dem Hauptanspruche wird damit ausgeschlossen [§ 67 Anm. 5]. Vgl. Henneberg LZ 1911 Sp. 276f. Die Feststellung wirkt auch nicht gegenüber einlagepflichtigen Kommanditisten einer im Konkurse stehenden Gesellschaft dahin, daß sie ihnen den Einwand abschneidet, es seien keine oder weniger Gesellschaftsschulden da (RG Bd. **51** 40; zust. Mentzel-Kuhn Anm. 4). Wegen der persönlich haftenden Gesellschafter siehe § 144 Anm. 6.

9 5. Keinen Anhalt im Gesetz hat die Ansicht, der Tabellvermerk der Feststellung eines Konkursgläubigerrechts äußere auch gegen den Anmelder selbst eine ausschließende Wirksamkeit in dem Sinne, daß ihm die nachträgliche Anmeldung eines Vorrechts [§ 139Anm. 17] oder die nachträgliche Erhöhung des Forderungsbetrages durch Neuanmeldung schlechthin versagt wäre. Wie ein durch Klage erstrittenes Urteil nach § 322 ZPO der Rechtskraft „nur insoweit" zugänglich ist, als es über den Anspruch erkennt, so beschränkt sich auch die Rechtskraft, die unser Abs. II dem Tabellvermerke beilegt, auf den Bereich der Feststellung (§ 144 I KO). Was nicht zur Erörterung stand (§ 141), ist weder zu- noch abgesprochen. Wird die eingeklagte oder angemeldete Forderung vollinhaltlich anerkannt, dann wirkt die Rechtskraft „für" den Gläubiger und „gegen" den Schuldner, nicht aber zugleich „gegen" den Gläubiger in dem Sinne, daß ihm die Erhebung weiterer Ansprüche aus demselben Sachverhalt abgesprochen wäre (Rosenberg Zivilprozeßrecht[8] § 150 I 3a S. 750 und wohl auch Stein-Jonas-Schönke-Pohle ZPO[18] § 322 unter V 2c und d mit Verw. und für den Fall der konkursmäßigen Feststellung RG Bd. **38** 417, **143** 357 **149** 265f. gegen RG Bd. **20** 413 sowie Mentzel-Kuhn Anm. 3). Darum schließt die Feststellung von Ansprüchen auf Ersatz eines Schadens oder Rückgewähr einer Bereicherung die Nachforderung besonders dann nicht aus, wenn spätere Vorgänge den Schaden oder die Bereicherung erhöhen. Für den weiteren Anspruch gilt der § 142. Im Falle RG Gruchots Beitr. 42 S. 1127ff. liegt die Anspruchserweiterung vor der Feststellung.

III. Anfechtbarkeit der Eintragung

10 1. **Allgemeines.** Rechtsbehelfe gegenüber der Eintragung des wirklichen Prüfungsergebnisses sind — im Unterschiede zur Berichtigung irriger Vermerke [Anm. 3] — mit Rücksicht auf die Rechtsfolge des Abs. II nur insoweit zulässig, als sie gegenüber einem **rechtskräftigen** Urteil statthaft sein würden. Der Feststellungsvermerk selbst ist als bloße Beurkundung keinesfalls beschwerdefähig [Anm. 3]. Durch einfache Nachholung des Widerspruchs in einem späteren Termine kann die Rechtskraftwirkung des Vermerks durch den Verwalter oder einen Gläubiger nicht beseitigt werden. Der Vermerk eines solchen nachträglichen Widerspruchs würde aller Wirksamkeit ermangeln. RG Bd. **57** 274.

Das Gesetz erlaubt nur eine Nachholung des Schuldnerwiderspruchs (§ 165). Das Unterlassen der Prozeßhandlung des Widerspruchs ist auch kein Rechtsgeschäft, das wegen Willensmangels (besonders wegen Irrtums) nach den Sätzen des bürgerlichen Rechts angefochten werden könnte (gegen Harburger Anm. 5). Zust. RG LZ 1918 Sp. 859 Nr. 26 und Mentzel-Kuhn Anm. 3. Betrug: Anm. 11, 12. Durch das Unterlassen des Widerspruchs begibt der Konkursverwalter sich auch seiner konkursmäßigen Anfechtungsbefugnis (§ 36) gegenüber dem Feststellungsvermerk. War z. B. eine nach § 30 Nr. 1 Fall 1 anfechtbar begründete Forderung festgestellt und eingetragen worden, dann muß sie der Verwalter berücksichtigen, auch wenn er den Anfechtungstatbestand erst hinterher aufdeckt, also nicht auf die Anfechtbarkeit verzichtet hat. Vgl. auch Anm. 5. Sollte nach rechtskräftiger Erledigung des Feststellungsprozesses (§ 147) die Berichtigung der Tabelle (§ 146 VII) im Widerspruch mit dem erwirkten Urteil erfolgen, so kann jeder Interessent die Unrichtigkeit noch im Einwendungsverfahren der §§ 158, 162 geltend machen [§ 146 Anm. 18]. Der Richter und der Urkundsbeamte der Geschäftsstelle sind für den Vollzug der Eintragung verantwortlich [§ 71 Anm. 18, § 140 Anm. 2].

2. Die Tatsache nachträglichen Erlöschens oder nachträglicher Abschwächung des festgestellten Konkursgläubigerrechts, besonders die nachträgliche Erfüllung, die Leistung an Erfüllungsstatt, die Hinterlegung, die Aufrechnung [§ 53 Anm. 25], der nachträgliche Eintritt einer auflösenden Bedingung [§ 66 Anm. 2] oder eines Verzichts auf den Anspruch oder auf dessen Verfolgung im Konkurse [§ 139 Anm. 21] sind im Wege **der Vollstreckungsgegenklage** in entsprechender Anwendung des § 767 ZPO, nicht aber im Verfahren nach § 158 (§ 162) KO geltend zu machen. RG Bd. **21** 336, Bd. **57** 271, Bd. **85** 54. 11

a) Die Klage kann nur auf Einwendungen gestützt werden, die „den Anspruch selbst" (seinen unabgeschwächten Fortbestand) in Abrede stellen, nicht etwa die Eintragung als solche oder ein ihr unterliegendes Feststellungsurteil bekämpfen (zust. Hamm OLG 35 S. 262), und deren Gründe **nach** der Feststellung entstanden sind. Eine entsprechende Anwendung des § 767 II ZPO leitet auf den Zeitpunkt der Feststellung (§ 144) als den der letzten Möglichkeit eines Vorbringens der Einwendung hin. Mit dem Schlusse des allgemeinen oder besonderen Prüfungstermins, in dem die Anmeldung erörtert worden ist, braucht dieser Zeitpunkt sich nicht zu decken (ungenau Baumbach-Lauterbach ZPO[25] § 767 Anm. 1c). Es kann z. B. auch die Zeit der Zurücknahme eines zunächst erklärten Widerspruchs den Ausschlag geben. Die Schranke ist namentlich von Belang für die Aufrechnung. Nach der vor allem von der höchstrichterlichen Rechtsprechung vertretenen Ansicht (vgl. RG Bd. **64** 229, HRR 1935 Nr. 691, RAG Bd. **9** 115, ObLG Bd. **18** S. 295, BAG NJW 1956 S. 1007; weitere Rspr. und Lit. bei BAG aaO. und Stein-Jonas-Schönke-Pohle ZPO[18] § 767 II 2c Note 47) ist der Grund für den Einwand der Tilgung der Forderung durch Aufrechnung bereits durch den Eintritt der Aufrechnungslage, nicht erst durch die Abgabe der Aufrechnungserklärung entstanden. A. A. vor allem Rosenberg Lehrbuch[8] § 183 III 2a, Pagenstecher JW 1934 S. 1970, Lent DR 1942 S. 688ff. und Kurzlehrbuch[7] § 12 III, [dagegen wie die herrschende Meinung oben § 54 Anm. 24], Schönke-Baur Zwangsvollstreckungsrecht[6] S. 159, Wieczorek ZPO § 767 D III b 1, während eine vermittelnde Auffassung (Stein-Jonas-Schönke-Pohle aaO.; vgl. auch OLG Stuttgart NJW 1955 S. 1562 für den Fall der Anfechtung nach § 123 BGB) zum Entstehungsgrund des Einwandes der Aufrechnung auch die Kenntnis des Aufrechnungsberechtigten von dem die Gegenforderung zur Entstehung bringenden Tatbestand rechnet, da beim Fehlen dieser Kenntnis auch keine Möglichkeit der Aufrechnungserklärung bestehe. Vom Standpunkt der in der Rechtsprechung herrschenden Ansicht aus wird somit dem Konkursverwalter eine erfolgreiche Durchführung der Aufrechnung durch Vollstreckungsgegenklage abgeschnitten, wenn die Aufrechnungsmöglichkeit bereits vor der Feststellung zur Tabelle bestand. RG LZ 1907 Sp. 835ff., OLG

Dresden SächsARpfl. 1 S. 539f., OLG Karlsruhe BadRpr. 1910 S. 257; Mentzel-Kuhn Anm. 6; a. A. (maßgebend ist der Zeitpunkt der Aufrechnungserklärung) Lang Aufrechnung (1908) S. 108ff. Man wird ihm jedoch im Anschluß an die Auffassung von Stein-Jonas-Schönke-Pohle aaO. die Berufung auf Aufrechnung auch in diesem Falle eröffnen müssen, wenn er in diesem Zeitpunkt noch keine Kenntnis von dem Tatbestand hatte, aus dem die Gegenforderung entstanden ist. Hat es der Konkursverwalter versäumt, rechtzeitig aufzurechnen, dann steht der § 767 II ZPO nicht nur seiner eigenen späteren Aufrechnung zur Abwehr der Konkursteilnahme des Gläubigers, sondern auch derjenigen des bisherigen Gemeinschuldners zur Abwehr der nachkonkursmäßigen Zwangsvollstreckung nach § 164 II (§§ 194, 206 II) KO entgegen. RG LZ 1910 Sp. 231 f. Zu den Einwendungstatbeständen des § 767 ZPO gehören auch Voll- oder Teilzahlungen, die der Gemeinschuldner selbst aus konkursfreiem Gut oder die ein Dritter für ihn geleistet hat. Teilzahlungen eines Mithaftenden während des Konkurses bleiben jedoch nach der Sondervorschrift des § 68 bis zur Vollbefriedigung des Konkursgläubigers auch dann außer Ansatz, wenn sie erst nach der Feststellung bewirkt werden. So die Teilzahlungen eines Bürgen oder Wechselmitschuldners [§ 68 Anm. 1]. Weder der § 68 KO noch der § 145 II KO mit § 767 ZPO ist im Falle RG Bd. 85 53 (identisch mit JW 1914 S. 877 Nr. 161) entscheidend geworden. Denn hier hatte schon vor Eröffnung des Akzeptanten-Konkurses der Indossant Wechselzahlung an den Indossatar geleistet, dieser aber gleichwohl die volle Forderung angemeldet und deren Feststellung erzielt; auf Grund der Abrede zwischen Insossant und Indossatar, daß letzterer trotz der Zahlung den Wechselanspruch gegen den Akzeptanten weiter verfolgen dürfe, hat das RG erkannt, das Konkursgläubigerrecht sei trotz der Zahlung beim Indossatar verblieben. Siehe zum Urteil noch oben § 3 Anm. 12. Alle zur Zeit der Klagerhebung begründeten Einwendungen müssen bei Gefahr des Ausschlusses zusammen geltend gemacht werden (§ 767 III ZPO).

b) Ausschließlich zuständig ist das Amtsgericht des Konkurses, bei landgerichtlichem Streitwerte das übergeordnete Landgericht, keineswegs aber das Konkursgericht, das als solches (vgl. § 73) nie Prozeßgericht ist. Dies folgt aus entsprechender Anwendung des § 164 III (§ 146 II) KO, die um so mehr gerechtfertigt erscheint, als das genannte Amts- oder Landgericht auch als „Prozeßgericht erster Instanz" (§ 767 I ZPO) für die zum Zwecke der Feststellung erforderliche Niederkämpfung eines Widerspruchs gegen die Forderung in Betracht kommen würde. Vgl. AG Nürnberg, LG Nürnberg LZ 1911 Sp. 838, 839; Oetker I S. 213; abw. Seuffert S. 266. Da jedoch § 164 III KO nur auf § 146 II KO, nicht auch auf § 146 V KO verweist, scheidet eine Zuständigkeit von besonderen Gerichten und Verwaltungsgerichten aus (a. A. Gunkel ZentrBlfSozV 1956 S. 267, der bei Beitragsforderungen zur Sozialversicherung die Zuständigkeit der Sozialgerichte nach § 51 I SozGG annimmt, da es sich bei der Klage um das Fortbestehen eines öffentlich-rechtlichen Anspruchs aus der Sozialversicherung handle). Vgl. auch § 164 Anm. 8.

c) Zur Klage befugt ist der Konkursverwalter und jeder einzelne Konkursgläubiger, da jeder ein selbständiges Widerspruchsrecht hat. Seuffert S. 267, Mentzel-Kuhn Anm. 6; abw. (nur Verwalter) Oetker aaO. Gemeinschuldner: Anm. 14. Hier erstrebt der Kläger einen Richterspruch, der die Berücksichtigung eines bestimmten, zur Tabelle festgestellten Anspruchs bei der konkursmäßigen Vollstreckung [Vorbem. 3 zum 2. Buch] unterbindet, wie auf eine Gegenklage des früheren Gemeinschuldners (§ 164 III) die Zwangsvollstreckung nach dem Konkurse für unzulässig zu erklären ist (§§ 775 Nr. 1, 776 Satz 1 ZPO). Dieses Ziel wird am sichersten erreicht durch die richterliche Feststellung, daß das eingetragene Konkursgläubigerrecht (bei Vorrechtsverzicht das Vorrecht) nicht mehr oder nur noch in bestimmten Grenzen besteht. Auf Antrag eines Beteiligten — nicht von Amts wegen, auch nicht auf Ersuchen des Prozeßgerichts, dem dazu jede Ermächtigung fehlt — wird nach rechtskräftiger Zuerkennung der Gegenklage die Tabelle berichtigt [§ 146 Anm. 46, § 151 Anm. 3].

Durch einstweilige Anordnung des Prozeßgerichts kann der Verwalter sich ermächtigen lassen, die Auszahlung schon während des Prozesses einzustellen (§ 769 ZPO). Aus eigener Macht darf er die Anteile nicht zurückhalten [§ 168 Anm. 6]. Stimmrecht: § 95 Anm. 1.

d) Wie nun aber, wenn die Schuldtilgung vor dem Prüfungsverfahren liegt? Wenn z. B. der Konkursgläubiger schon vorher aus dem Vermögen eines Mitschuldners oder eines Dritten volle Befriedigung erhielt, wenn sein Anspruch schon vorher durch Aufrechnung getilgt war, wenn er die Feststellung des bereits erloschenen Anspruchs durch Urkundenfälschung oder durch Betrug erschlichen hat? Im Bereiche des § 580 ZPO kann eine Restitutionsklage Abhilfe schaffen [Anm. 12]. Als allgemeinen Restitutionsgrund erkennt aber der § 580 ZPO die arglistige Rechtskrafterschleichung bisher nicht an, sondern nur in bestimmten Einzelfällen. Gleichwohl hat das Reichsgericht entsprechend seiner grundsätzlichen Einstellung zur Frage der Beseitigung der Rechtskraft mit materiellrechtlichen Mitteln (§ 826 BGB) gerade auch für den Feststellungsvermerk der Konkurstabelle ausgesprochen, daß dessen Wirksamkeit einer durch sittenwidriges arglistiges Vorgehen erzielten Feststellung nicht standhalte (RG LZ 1918 Sp. 859f. Nr. 26, vgl. auch RG KonkTreuh. 1930 S. 81f. Nr. 8). Keinesfalls genügt jedoch für eine Beseitigung der Wirkungen des Feststellungsvermerks allein der Nachweis, daß wissentlich eine nicht bestehende Forderung angemeldet worden ist (RG Recht 1914 Nr. 920) oder daß sich der Konkursverwalter bei der Anerkennung in einem Irrtum befunden hat (RG LZ 1918 Sp. 859f.). Der Bundesgerichtshof hat die Rechtsprechung des Reichsgerichts zur sittenwidrigen Rechtskrafterschleichung im wesentlichen übernommen, darüber hinaus aber (im Anschluß an spätere Entscheidungen des Reichsgerichts) die Klage aus § 826 BGB auch dann eröffnet, wenn die bewußte Ausnützung eines zwar nicht erschlichenen, aber sachlich falschen Urteils aus besonderen Gründen als sittenwidrig erscheint (vgl. zum Fall der Rechtskrafterschleichung BGH Lind.-Möhr. § 826 Nr. 7 und Nr. 9 (Fa), zum Fall der sittenwidrigen Ausnützung der Rechtskraft BGH NJW 1951 S. 759 und Bd. **26** 391ff.; weitere Nachweise aus der Rechtsprechung RGR Komm. zum BGB[11] § 826 Anm. 32 u. 33 und Rosenberg Lehrbuch[8] § 157). Die Rechtsprechung des RG und des BGH wird zwar in der Literatur lebhaft und mit Recht bekämpft (vor allem von Baumbach-Lauterbach ZPO[25] Vorbem. 6 vor § 322. Wieczorek ZPO § 322 C III b 2 mit weiteren Verw., wohl auch Rosenberg aaO. — mit Einschränkungen —, in der konkursrechtlichen Literatur von Pagenstecher-Grimm Konkurs[3] S. 103 Anm. 2, während sich Stein-Jonas-Schönke-Pohle ZPO[18] § 322 X, Schönke-Schröder-Niese Zivilprozeßrecht[8] § 74 sowie Mentzel-Kuhn Anm. 6 und Böhle-Stamschräder Anm. 6 der Rechtsprechung angeschlossen haben). Angesichts der gefestigten Rechtsprechung der höchsten Gerichte würde sich aber ein Konkursverwalter, jedenfalls im Falle der Rechtskrafterschleichung, einer Pflichtverletzung mit der Folge persönlicher Haftung schuldig machen (§ 82), wenn er beim Vorliegen der von der Rechtsprechung aufgestellten Voraussetzungen dem Konkursteilnahmerecht einer festgestellten Forderung nicht entgegentreten würde. Ebenso offenbar Mohrbutter-Haarmann Leitfaden S. 176. Im übrigen bleibt zu beachten, daß durch Anfechtung des Unterlassens der Bestreitung hier nicht zu helfen ist [Anm. 10]. Für den besonderen Fall der Aufrechnung vor dem Prüfungstermine siehe Lang aaO. S. 109ff.

8. Auch eine **Wiederaufnahme des Verfahrens** in entsprechender Anwendung der 12
§§ 578ff. ZPO kommt gegenüber der Rechtskraftwirkung des Tabelleintrags in Betracht. Motive II S. 364; RG Bd. **37** 386, Bd. **57** 271, LZ 1918 Sp. 869f. Nr. 26; Hamm OLG 35 S. 262 und herrschende Lehre, namentlich Petersen Gruchots — Beitr. 38 S. 293 ff., Mentzel-Kuhn Anm. 6, Mohrbutter-Haarmann Leitfaden S. 176; abw. Oetker I S. 393. Anordnung einstweiliger Dividendenzurückhaltung: § 707 ZPO [vgl. Anm. 11 unter c a. E.].

a) So findet beispielsweise gegenüber der Eintragung die Restitutionsklage (§ 580 Nr. 2, 4, 7 ZPO) statt, wenn die Widerspruchsberechtigten durch das

Zusammenspielen des Anmelders und Gemeinschuldners z. B. durch einen die Anfechtbarkeit verdeckenden Vorgang der Urkundenfälschung oder des Betrugs getäuscht worden sind (vgl. Kohler Lehrbuch S. 556), wenn der Gläubiger die Feststellung durch arglistiges Verschweigen des bereits erfolgten Erlöschens der Forderung erschlichen hat, wenn ein ungetreuer Konkursverwalter im Einvernehmen mit dem Anmelder dessen nicht bestehenden Anspruch anerkannte (§ 266 StGB), wenn neue, den Widerspruch stützende Urkunden aufgefunden werden (RG Bd. 37 386; Fristbeginn ebenda S. 389). In den Fällen des § 580 Nr. 2 und 4 findet die Restitutionsklage allerdings nur statt, wenn wegen der in Mitte liegenden strafbaren Handlung eine rechtskräftige Verurteilung erfolgt ist oder wenn die Einleitung oder Durchführung eines Strafverfahrens aus anderen Gründen als wegen Mangels an Beweis nicht erfolgen kann (§ 581 ZPO). Ferner sind in allen Fällen die Klagefristen des § 586 ZPO zu beachten. Die bloße Unkenntnis eines Anfechtungstatbestandes im Sinne der §§ 29ff. bildet keinen allgemeinen Restitutionsgrund (Cosack Anfechtungsrecht S. 352f.). Ob im Unterlassen des Widerspruchs gegenüber einer anfechtbaren Forderung ein Verzicht auf das Anfechtungsrecht liegt, ist Tatfrage [§ 36 Anm. 3]. Arglistige Erschleichung der Feststellung: Anm. 11 unter d. Eine Nichtigkeitsklage ist etwa dann denkbar, wenn der die Verhandlung im Prüfungstermine leitende Richter geisteskrank (§ 579 I Nr. 1 ZPO) oder wenn er im Einzelfall von der Ausübung des Richteramtes kraft Gesetzes ausgeschlossen war (§ 579 I Nr. 2 ZPO). Zwar bildet die Eintragung des Prüfungsergebnisses in die Tabelle nur eine beurkundende, nicht eine erkennende Richtertätigkeit [Anm. 3]. Allein die Leitung des Prüfungsverfahrens (§ 141) macht dem Konkursrichter eine tatsächliche und rechtliche Aussprache mit den Beteiligten sowie die Sorge für eine sachdienliche Antragstellung zur Pflicht (§ 72 KO mit § 139 ZPO) und kann daher das mit Rechtskraftfolge zu beurkundende Feststellungsergebnis erheblich beeinflussen. Darum rechtfertigt sich eine sinngemäße Anwendung des § 579 I Nr. 1, 2 ZPO. Der § 579 I Nr. 4 ZPO kann bei Geisteskrankheit des Verwalters entsprechend anwendbar werden.

13 b) Zur Wiederaufnahme befugt ist der Verwalter und jeder Konkursgläubiger [Anm. 11], auch der im Prüfungstermin ausgebliebene, etwa in Fällen der Freiheitsberaubung oder Nötigung (§ 580 Nr. 4 ZPO mit §§ 239f. StGB). Gemeinschuldner: Anm. 14. Das unverschuldete Ausbleiben an sich begründet die Wiederaufnahme nicht (abw. v. Völderndorff II S. 393, der die Nichtigkeitsklage auf Grund des § 579 Nr. 4 zulassen will). Wegen der Wiedereinsetzung: Anm. 14. Die Wiederaufnahmeklage geht auf eine richterliche Aufhebung der Feststellung, nicht unmittelbar des Feststellungsvermerks, dessen Berichtigung erst noch dem § 146 VII entsprechend zu erwirken ist. Damit wird die Forderung „streitig“ und neuerdings prüfungsbedürftig (§ 146). Ausschließlich zuständig ist das Amtsgericht des Konkurses, bei landgerichtlichem Streitgegenstande das übergeordnete Landgericht (vgl. § 584 II ZPO). AG Karlsruhe BadAnn. 58 (1892) S. 94, OLG Darmstadt HessRechtspr. 5 S. 59; Haberling Recht 1904 S. 278; andere halten stets das Amtsgericht für zuständig (so z. B. Petersen-Kleinfeller Anm. 7). Siehe auch Anm. 11.

14 4. Eine Wiedereinsetzung in den vorigen Stand nach einer durch unabwendbare Hindernisse verursachten Versäumung des Prüfungstermins kommt gegenüber einer Feststellung im Sinne des § 144 I nicht in Betracht. So ausdrücklich (für die Konkursgläubiger) preußische KO v. 1855 § 178 sowie § 175 III ÖsterrKO (zuungunsten aller Verfahrensbeteiligten, selbst des Gemeinschuldners); siehe Bartsch-Pollack ÖsterrKO³ Bd. I § 175 Anm. 9, 10. Der Sache nach gilt dieser den ungestörten und schleunigen Fortgang des Verfahrens gewährleistende Grundsatz auch nach deutschem Recht [siehe § 138 Anm. 1, 4]. Eines ausdrücklichen Ausschlusses der Wiedereinsetzung bedurfte es nicht, da die §§ 233ff. ZPO nur für die Versäumung von Fristen, nicht von Terminen gelten. Die Novelle von 1898 hat aber dem Gemeinschuldner selbst und ihm allein (also nur

mit Wirksamkeit für die außerkonkursmäßige Rechtsverfolgung) die Möglichkeit einer Wiedereinsetzung durch besondere Vorschrift erschlossen (§ 165). Er persönlich kann eine Vollstreckungsgegenklage — vorbehaltlich der auch ihm gezogenen Schranke des § 767 II ZPO [§ 165 Anm. 1 mit § 164 Anm. 8] — oder eine Wiederaufnahmeklage nur erheben, wenn er die Forderung nicht bestritten hat. Denn andernfalls wirkt die Feststellung nur für den Konkurs [Anm. 6]; hinsichtlich der Konkursmasse aber verdrängt der Verwalter den Gemeinschuldner (§ 6). Vgl. Seuffert S. 267. Einwendungen aus § 732 ZPO: Anm. 3.

IV. Rechtsnachfolge 15

Geht eine geprüfte Forderung im Wege der Gesamt- oder Sonderrechtsnachfolge auf einen anderen Rechtsträger über, dann rückt dieser ohne weiteres in die konkursmäßige Rechtslage seines Vorgängers ein, also in dessen Antrags-, Stimm-, Widerspruchs- und Befriedigungsrecht sowie in das aus dem Bestrittensein der Forderung folgende Feststellungsbedürfnis [vgl. § 139 Anm. 13, 140 Anm. 8, 142 Anm. 4, 146 Anm. 33]. Auch der Sonderrechtsnachfolger wird Beschränkungen, wie sie z. B. Österreich (§§ 94, 143; Bartsch-Pollack aaO. I S. 453, 619ff.) zur Verhütung von Stimmrechtsschiebungen vorsieht, nicht unterworfen (siehe aber § 243). Namentlich wirkt der Feststellungsvermerk Rechtskraft auch zugunsten von späteren Rechtsnachfolgern (§ 145 II KO mit § 325 I ZPO), wie von Erben, Zessionaren, Indossataren oder Pfändungs- und Überweisungsgläubigern; desgleichen außerkonkursmäßige Vollstreckbarkeit, falls auch ein persönlicher Widerspruch des Schuldners unterblieben oder beseitigt ist, nach Maßgabe des § 164 II (§§ 194, 206) KO mit § 727 ZPO. Ausweis des Rechtsnachfolgers: § 140 Anm. 8. Ist der übertragene Anspruch eine Vorrechtsforderung, die ohne Vorrecht angemeldet und als solche geprüft worden war, dann ist der Erwerber wie sein Vorgänger in der Lage, die Vorrechtsanmeldung nachzuholen [§ 139 Anm. 17].

§ 146

(I) Den Gläubigern streitig gebliebener Forderungen bleibt überlassen, die Feststellung derselben gegen die Bestreitenden zu betreiben. Zu diesem Behufe hat das Gericht den Gläubigern einen Auszug aus der Tabelle in beglaubigter Form zu erteilen.

(II) Auf die Feststellung ist im ordentlichen Verfahren Klage zu erheben. Für die Klage ist das Amtsgericht, bei welchem das Konkursverfahren anhängig ist und, wenn der Streitgegenstand zur Zuständigkeit der Amtsgerichte nicht gehört, das Landgericht ausschließlich zuständig, zu dessen Bezirke der Bezirk des Konkursgerichts gehört.

(III) War zur Zeit der Eröffnung des Konkursverfahrens ein Rechtsstreit über die Forderung anhängig, so ist die Feststellung derselben durch Aufnahme des Rechtsstreits zu verfolgen.

(IV) Die Feststellung kann nur auf den Grund gestützt und nur auf den Betrag gerichtet werden, welcher in der Anmeldung oder dem Prüfungstermine angegeben ist.

(V) Die Bestimmungen des ersten, dritten und vierten Absatzes finden auf Forderungen, für deren Feststellung ein besonderes Gericht, eine Verwaltungsbehörde oder ein Verwaltungsgericht zuständig ist, entsprechende Anwendung.

(VI) Der Widerspruch gegen eine Forderung, für welche ein mit der Vollstreckungsklausel versehener Schuldtitel, ein Endurteil oder ein Vollstreckungsbefehl vorliegt, ist von dem Widersprechenden zu verfolgen.

(VII) Die obsiegende Partei hat die Berichtigung der Tabelle zu erwirken.

Materialien: Motive I Bd. 2 S. 98ff., Motive II S. 364ff., Protokolle S. 92f., 173ff.

Übersicht

Abhandlungen: Mart. Jonas, Die Konkursfeststellung in ihrer prozessualen Durchführung (Hallenser Diss. 1907), Erich Bley, Die Feststellung des Konkursgläubigerrechts (Leipziger Diss. 1914), Herb. Haubold, Vorrechtsfeststellung im Konkurs (Leipziger Diss. 1914), Georg Petschek, Die Feststellung von Forderungen gegenüber dem Schuldner im Konkurs und im Ausgleichsverfahren (1925, Sonderabdruck mit eigener Seitenzählung aus dem österreichischen „Zentralblatt für die juristische Praxis" 1925 S. 197ff.), Mart. Seitz, Die titulierte Konkursforderung (Würzburger Diss. 1928), Heinz Krohn, Die Nachhaltigkeit der konkursmäßigen Feststellung (Leipziger Diss. 1933), Günter Nollau, Das Wesen der konkursmäßigen Feststellung (Leipziger Diss. 1935), Schlichting, Die Feststellung der Konkursforderungen (Erlang. Diss. 1935), Epp, Die besonderen Probleme der titulierten Forderungen im Konkurs (Heidelb. ungedr. Diss. 1956).

Feststellung streitiger Konkursforderungen

1 **I. Die Betreibung der Feststellung im allgemeinen**

1. **„Streitig geblieben"** ist für den Konkurs eine Forderung insoweit, als gegen sie im Prüfungstermin ein Widerspruch vom Verwalter oder einem Konkursgläubiger erhoben und nicht durch Zurücknahme oder infolge Wegfalls der Widerspruchsbefugnis beseitigt worden ist (§ 144 I). Ein Widerspruch des Gemeinschuldners hindert die Konkursteilnahme des Anmelders nicht [§ 144 Anm. 3].

a) Unter den streitig gebliebenen Forderungen werden solche, für die bei der Prüfung bereits ein Vollstreckungstitel oder ein — wenngleich noch nicht vollstreckbares — Endurteil vorliegt [Anm. 35], im Konkursverfahren besser behandelt als andere.

Sie sind durch öffentliche Urkunden bereits derart gefestigt, daß ihre Berücksichtigung im Konkurse durch bloßes Bestreiten nicht gehemmt werden darf: für die Konkursteilnahme sind sie reif. In diesem Sinne nennen wir sie **zugriffsreif.** So verstanden trifft der Ausdruck auch das Feststellungsurteil, das zwar keinen „Titel" im Sinne der Zwangsvollstreckung, aber (zumal als rechtskräftiges) eine weit zuverlässigere Stütze der Forderung bildet als etwa Vollstreckungsbefehl oder vollstreckbare Urkunde und darum mit Recht dem Abs. IV eingereiht ist [Anm. 35]. Auch zugriffsreife Forderungen sind anzumelden und zu prüfen. Auch sie werden streitig durch Widerspruch des Verwalters oder eines Gläubigers. Allein bei ihnen hat der Widersprechende den Widerspruch (Abs. VI), sonst hat der Anmelder die Feststellung zu betreiben (Abs. I—V). Der Unterschied liegt also in einer gegensätzlichen Verteilung der Betreibungslast: der Gläubiger einer zugriffsreifen Forderung genießt im Feststellungsstreit die Gunst der Beklagtenrolle. Diese Regelung beugt zugleich einem leichtfertigen Widerspruch gegen zugriffsreife Forderungen vor (Mo tive II S. 367). Ihnen steht trotz des Widerspruchs die Teilnahme am Konkurs unter der auflösenden (gesetzlichen) Bedingung offen, daß der Widersprechende nicht ein seinen Widerspruch für begründet erklärendes Urteil erwirkt. Andere streitig gebliebene Forderungen dagegen gelangen zur Konkursteilnahme nur unter der aufschiebenden Bedingung, daß es gelingt, jeden Widerspruch zu beseitigen. Der Antrieb zum Betreiben der Feststellung liegt beim Widerspruch gegen zugriffsreife Forderungen darin, daß die auf sie entfallenden Anteile zunächst trotz des Widerspruchs auszubezahlen und erst von der Verfolgung des Widerspruchs ab zurückzubehalten sind (§ 168 Nr. 1); beim Widerspruch gegen nicht zugriffsreife Forderungen aber darin, daß sie bei Verteilungen nur im Falle rechtzeitiger Erhebung der Feststellungsklage und auch von da ab zunächst nur durch Zurückbehaltung der Anteile berücksichtigt werden dürfen (§§ 152, 155, 168 Nr. 1). Durch Unterlassen der Betreibung streift der Anmelder die Eigenschaft eines Konkursgläubigers (§§ 14, 193) nicht ab. Der Gegensatz spielt jedoch nur bei streitig gebliebenen Forderungen eine Rolle. Einmal festgestellt (im Sinne des § 144 I) werden zugriffsreife und nicht zugriffsreife Forderungen, was die Konkursteilnahme betrifft, gleich behandelt. Eine üblich gewordene Bezeichnung stellt **„titulierte"** und **„untitulierte"** Forderungen und Gläubiger einander gegenüber. Das österreichische Gesetz (§ 110 II KO) spricht von „volstreckbaren" Forderungen, wird aber entsprechend auf solche angewandt, die in rein feststellenden Urteilen anerkannt sind (Bartsch-Pollack KO³ § 110 Anm. 23).

b) Wer für den Fall, daß die von ihm angemeldete Forderung streitig bleibt, die Gunst der Zugriffsreife nutzen will [Anm. 1], der muß **rechtzeitig** dartun, daß sein Anspruch durch eine dem Abs. VI genügende öffentliche Urkunde gedeckt ist. 2
„Festgestellten" Ansprüchen (§ 144 I mit § 145 II) steht ohnehin die uneingeschränkte Konkursteilnahme offen, auch wenn sie bisher jeder urkundlichen Stütze ermangelten, und zwar fortab einzig und allein auf Grund des Feststellungsvermerks der Tabelle (§ 164 Anm. 7]. Schon darum kann keine Rede davon sein, daß bereits im Zulassungsverfahren [§ 141 Anm. 2ff.] bindend über die Zugriffsreife zu entscheiden wäre (abw. Oetker I S. 294f., ZZP 15 S. 55f.). Angemeldet, zugelassen und geprüft wird die Konkursforderung als solche, nicht „als titulierte" oder „als untitulierte" (insofern abw. auch Seitz S. 27ff.). Einem streitig bleibenden Anspruch aber kommt die Zugriffsreife nur zustatten, wenn sie behauptet und nachgewiesen wird. Weder Konkursgericht noch Konkursverwalter haben sie von Amts wegen zu erforschen und zu beachten (abw. Voigt, Der Einfluß des Konkurses auf die schwebenden Prozesse des Gemeinschuldners, 1903, S. 169; wie hier Oetker I S. 294, Seitz S. 23f. Epp S. 47). Der Gläubiger aber muß sie, weil sie sich bereits bei der Einleitung des Feststellungsverfahrens auswirkt, vor diesem außer Zweifel stellen. Urkundliche Belege der Forderung soll der Gläubiger nach § 139 Satz 2 schon der Anmeldung in Ur- oder Abschrift beifügen. Zu den wichtigsten dieser Belege zählen Urkunden im Sinne unseres Abs. VI. Hat der Gläubiger

der Ordnungsvorschrift des § 139 Satz 2 durch urschriftliche Beifügung der Urkunde genügt, dann ist die **Zugriffsreife** für Gericht und Verwalter amtsbekannt und der Nachprüfung jedes Gläubigers zugänglich. Das eigne Interesse drängt den Anmelder dazu, alle seine Belege schon vor dem Prüfungstermin einzureichen, um jeden Widerspruch hintanzuhalten. Sind es aber Urkunden im Sinne unseres Abs. VI, dann müssen sie **spätestens im Prüfungstermine** den Beteiligten unterbreitet werden. Das bestimmt nun freilich der § 139 nicht, der sich auch auf andere Belege bezieht und bloße Sollvorschrift ist. Auch der Wortlaut der §§ 146 VI, 152 Satz 1 zwingt nicht zu dieser Annahme. Denn „vorliegen" braucht nicht zu bedeuten „vorgelegt sein", sondern kann auch den allgemeineren Sinn von „vorhanden sein" haben. Die gesetzliche Regelung ist aber am zweckmäßigsten, wenn sie gebietet, eine die Zugriffsreife des Anspruchs ergebende Urkunde spätestens bei dessen Prüfung „vorzulegen", weil damit einer augenscheinlich unbegründeten Bestreitung vorgebeugt wird. Insofern hat RG Bd. 85 64 Recht, wenn es verlangt: die Urkunde **muß** im Prüfungstermine der Einsichtnahme aller Beteiligten offenstehen. Zust. Mentzel-Kuhn Anm. 16, Böhle-Stamschräder Anm. 1, Mohrbutter-Haarmann Leitfaden S. 180. Unabänderlich kann jedoch dieser Zeitpunkt nicht maßgebend sein. Einerseits wird die Zugriffsreife vielleicht dem Gläubiger selbst erst nachträglich bekannt (weil er z. B. die eine ererbte Forderung verbriefende vollstreckbare Urkunde erst hinterher auffindet); andrerseits kann die Wirksamkeit einer Urkunde im Sinne des Abs. VI erlöschen, ohne daß dadurch der Forderungsbestand berührt wird (wenn etwa das die Forderung stützende Urteil späterhin im Rechtsmittelzug deshalb aufgehoben wird, weil die Klage des Gläubigers sich mangels eines Sachurteilserfordernisses als unzulässig erweist). Im ersten Falle verlangt die Billigkeit, dem Gläubiger der streitig gebliebenen Forderung zu gestatten, daß er den Schutz des Abs. VI noch nachträglich in Anspruch nehme. Zu diesem Zwecke kann er einen in entsprechender Anwendung des § 142 II anzuberaumenden besonderen Prüfungstermin erwirken (RG aaO. S. 69), ohne daß zuvor die frühere Anmeldung „zurückgenommen oder abgewiesen" werden müßte (wie Seitz S. 30 annimmt). Dagegen vermag der Anmelder nicht schon dadurch, daß er die Urkunden dem Gericht oder dem Verwalter (etwa erst im Verteilungsverfahren) überreicht, die zugriffsreifen Ansprüchen gebührende Vorzugsbehandlung nachträglich zu erzielen (so die durchaus herrsch. Meinung; abw. Voß LZ 1909 Sp. 457, der nachträgliche Niederlegung auf der Geschäftsstelle und Benachrichtigung des Widersprechenden genügen läßt, und Voigt aaO. S. 170). Im zweiten Falle erlischt die Zugriffsreife schlechthin mit der Folge, daß nun der Anmelder die Betreibungslast trägt [Anm. 41]. Muß die Zugriffsreife grundsätzlich im Prüfungsverfahren und für dessen Zwecke durch Urkundenvorlage nachgewiesen werden, dann empfiehlt es sich, sie bei streitig bleibenden Forderungen als „Ergebnis der Prüfungsverhandlung" (in Spalte 8, nicht nur in Sp. 7 des amtlichen Formulars) zu beurkunden und im Auszuge nach Abs. I Satz 2 [Anm. 30] zu verlautbaren. Beispiel: „Bestritten vom Verwalter in voller Höhe. Es liegt das in Spalte 7 bezeichnete Urteil vor." Hat also auch das Konkursgericht dem Anmelder einer streitig gebliebenen, aber nach Abs. VI gestützten Forderung die gesetzliche Vorzugsstellung nicht geradezu „einzuräumen" (Jonas S. 75), so empfiehlt es sich doch, in Tabelle und Auszug auf sie aufmerksam zu machen. Das Prozeßgericht wird damit bei Beurteilung der Frage, ob die Urkunde dem Abs. VI genügt und ob sie ihrem Inhalte nach dem Widerspruch entgegensteht [Anm. 36], nicht gebunden.

Bestritten ist, ob die im Vorstehenden dargelegten Grundsätze, wonach zur Behandlung der Forderung als einer „titulierten" die Vorlage der betreffenden Urkunde im Prüfungstermin notwendig ist, auch für den Steuerbescheid bzw. das Leistungsgebot des Finanzamtes gelten (Nachweise bei Liman-Schwarz, Steuerbeitreibungsrecht 1952 S. 218 dd). Mattern BeitrO S. 60, 202 und DStBl. 1931 Sp. 397f. (vgl. auch NJW 1951 S. 547) u. a., insbesondere auch Böhle-Stamschräder Anm. 6 halten die Erklärung des Finanzamtes für ausreichend, daß und wann für die angemeldete Forderung dem Steuerschuldner ein Steuerbescheid zugeschickt oder zugestellt worden sei bzw. daß ihm die innerdienstliche Feststellung des Finanzamtes, daß ein vollstreckbarer Anspruch besteht, bekanntgegeben worden sei. Der Auffassung von Liman-Schwarz, Erg.Bd. 1955 S. 55, durch die Entscheidung des BGH Bd. 3 141ff. zur Frage der Eintragung einer Zwangshypothek für eine Steuerforderung sei die Streitfrage im Sinne der die Vorlagepflicht verneinenden Auffassung entschieden, kann nicht zugestimmt werden; denn während die Voraussetzungen der Einzelvollstreckung (Beitreibung) in §§ 325ff RAbgO und in der BeitrO durchaus eigenständig geregelt worden sind, richtet sich die Behandlung der Steuerforderungen im Konkurs ausschließlich nach Konkursrecht (vgl. auch § 49 BeitrO). Dessen Grundsätze müssen dann auch für die Voraussetzungen der Behandlung der Steuerforderungen als „titulierte" im Sinne des § 146 VI KO gelten. Es muß daher die den Urkunden nach § 146 VI gleichgestellte Urkunde, insbesondere der Steuerbescheid im Prüfungstermin vorgelegt werden. So vor allem Bley StW 1928 S. 1109, Schlichting S. 35 Anm. 229, Heister Konkursverwalter im Steuerrecht 1932 S. 51 und Epp S. 47. Ebenso für den Bescheid des Sozialversicherungsträgers, der die Leistungspflicht feststellt, Gunkel ZblattSozVers. 1956 S. 268.

c) Die im Abs. VI anerkannte Begünstigung zugriffsreifer Ansprüche reicht nur **soweit** als die vorgelegte Urkunde ihrem Inhalte nach **dem Widerspruch entgegensteht.** Es muß, wie das Gesetz sich ausdrückt, eine urkundliche Stütze „für" die Forderung, d. h. für den Anspruch gerade in der streitig gewordenen Richtung vorliegen (§§ 146 VI, 152 Satz 1). Bestreitet der Widersprechende eine Eigenschaft des angemeldeten Anspruchs, über die sich die Urkunde gar nicht ausläßt, weil sie nur Bestand und Betrag, nicht aber das bestrittene Vorrecht oder die Eigenschaft des Anspruchs als Konkursforderung ausweist, dann muß der Widerspruch vom Anmelder niedergekämpft werden. Insoweit greift der Abs. I, nicht der Abs. VI Platz. Denn die Urkunde enthebt den Anmelder der Betreibungslast nur, soweit sie dessen „Forderung" stützt. Darum kann der Verwalter und jeder Konkursgläubiger beispielsweise die Anmeldbarkeit eines rechtskräftig zuerkannten Anspruchs, der auf einer verdeckten Freigebigkeit des Gemeinschuldners beruht (§ 63 Nr. 4), mit dem Erfolge bestreiten, daß der Anmelder die Feststellung seines Konkursgläubigerrechts betreiben muß. Das gilt besonders, wenn die Schenkung durch einen Wechsel verschleiert wird [§ 63 Anm. 5]; denn die Urkunde trifft den Streitpunkt (die Anmeldbarkeit) nicht. Zust. v. Schrutka ÖsterrAGZ 1915 S. 242; abw. Bartsch-Pollak KO[3] § 110 Anm. 25. Auch dann versagt der Abs. VI, wenn der Widerspruch sich gegen die Höhe eines Anspruchs richtet, der nach § 69 zum Zwecke der Anmeldung abgeschätzt, nicht nur umgerechnet werden mußte. Denn die auf den Zeitpunkt des Konkursbeginns abzustellende Schätzung [§ 69 Anm. 8] kann in der Urkunde (z. B. in einem Urteil auf Sachleistung oder Rentenzahlung) unmöglich vorweggenommen sein. Aus diesen Gründen muß die Richtung des Widerspruchs im Prüfungsverfahren klargestellt werden [§ 141 Anm. 9]. Über den Verlauf der Bestreitung des Vorrechts, der Anmeldbarkeit und der Schätzungshöhe siehe Anm. 36. 3

2. Der **Feststellungsstreit** wickelt sich **außerhalb des Konkursverfahrens** ab. 4

a) Eine vis attractiva hat der Konkurs nicht mehr [Vorbem. 5 unter c zum 2. Buch; ausländische Rechte: § 71 Anm. 20]. Nur insofern, als der Abs. II (vgl. §§ 164 III, 194, 206 II) die nicht vom Rechtsweg vor den ordentlichen Gerichten ausgeschlossenen und auch nicht bereits vor Konkursbeginn anhängig gewordenen Sachen vor das im Einzelfalle für den Ort des Konkurses zuständige Prozeßgericht verweist, klingt die ehemalige Anziehungskraft des Konkurses nach. Diese Regelung empfiehlt sich aus Zweckmäßigkeitsgründen. Denn sie beugt, wie die Motive II S. 365 betonen, einer allzu großen Zersplitterung der Streitigkeiten und Entscheidungen vor und macht zugleich für die Fälle, in denen die Klage gegen mehrere Widersacher mit verschiedenen allgemeinen Gerichtsständen zu erheben sein würde, die Schaffung eines gemeinschaftlichen Gerichtsstandes auf Grund des § 36 Nr. 3 ZPO überflüssig. Die Verteilung der sachlichen Zuständigkeit zwischen Amts- und Landgerichten bleibt unberührt. Auf die Geltendmachung von Absonderungsrechten als solchen bezieht sich der Gerichtsstand des Abs. II nicht [§ 4 Anm. 11]. Einzelheiten: Anm. 18ff., 40.

5 b) Der Feststellungsstreit wird **im Klageweg** ausgetragen. Denn der Streitgegenstand ist so bedeutsam, daß die mündliche Verhandlung unentbehrlich erscheint, wenn auch die Fülle langwieriger und kostspieliger Feststellungsprozesse bereits das Verlangen nach einer vereinfachten und beschleunigten Streiterledigung wachgerufen hat (Laux DJZ 1901 Sp. 327).

α) Durch die Worte: „auf die Feststellung ist im **ordentlichen** Verfahren Klage zu erheben" (Abs. II Satz 1) soll der gemeinrechtliche Grundsatz einer Hereinziehung der Feststellungsstreitigkeiten in den Konkurs abgelehnt werden. Auf diesen Sinn der Vorschrift weist klar der Gang der Rechtsentwicklung hin. Ihn bestätigen die Motive II S. 364. Im „ordentlichen Verfahren" bedeutet also: nicht im Konkursverfahren. Das ist der Gegensatz, auf den es dem Gesetzgeber ankam. Anders als im Falle des § 879 I ZPO hatte er allen Grund, die Neuerung zu betonen und sich nicht mit der Anordnung der Klageform zu begnügen (Bley S. 14f.). Der Wortlaut, „auf die Feststellung ist im ordentlichen Verfahren Klage" (nicht: „Klage im ordentlichen Verfahren") „zu erheben", soll daher keineswegs, wie mit einer verbreiteten Lehre früher auch das RG Bd. **82** 231 angenommen hat, die besondere Verfahrensart des **Urkunden-, Wechsel- und Scheckprozesses** (§§ 592, 602, 605a ZPO) ausschließen. Demgegenüber läßt sich nicht einwerfen, diese Prozeßart sei ungeeignet für den Konkursfeststellungsstreit, weil sie nur für Ansprüche auf Zahlung (§§ 592, 708 Nr. 4 ZPO) vorgesehen sei und nur zu einer Verurteilung des Beklagten unter Vorbehalt führen könne, wenn er sich dem Klaganspruch widersetzt habe (§ 599 ZPO). Denn einerseits führt die „Feststellung" eines Konkursgläubigerrechts über den Tabellvermerk ja gerade zur konkursmäßigen Befriedigung (§§ 144, 146 VII, 147) und selbst zur Vollstreckbarkeit nach dem Konkurse (§§ 164, 194, 206); das sonst der Zulässigkeit von Feststellungsklagen im Urkundenprozeß entgegenstehende Hindernis macht sich also hier nicht geltend. Andrerseits genügt es, daß die Möglichkeit endgültiger Erledigung besteht. Auch bietet das Gesetz nicht den mindesten Anhalt dafür, daß ein schon bei Konkursbeginn anhängiger und nach Abs. III aufzunehmender Urkundenprozeß in das ordentliche Verfahren übergeleitet werden müsse oder auch nur — unabhängig von den sonst bestehenden Schranken — übergeleitet werden könne. Insofern ergeben sich unlösbare Schwierigkeiten: der Übergang zum gewöhnlichen Verfahren steht nach § 596 ZPO nur dem Kläger und auch diesem einseitig nur in erster Instanz frei; die Kosten des bisherigen Verfahrens würden am bisher siegreichen Anmelder hängen bleiben, wenn seine Klage als in der gewählten Prozeßart nicht weiter statthaft abzuweisen wäre; auch die Vorteile einer bereits zu seinen Gunsten einwandfrei (vielleicht von dritter Seite) geleisteten Sicherheit zur Abwehr der Vollstreckung (§ 713 II ZPO) gingen ihm alsdann verloren. Wenn Jonas S. 45ff. solchen — wie er bekennt — „im höchsten Maße unbilligen" Ergebnissen dadurch auszuweichen sucht, daß er behauptet, der anhängige Prozeß gehe von Rechts wegen in das ordentliche Verfahren über (ebenso Stein-Jonas-Schönke-Pohle ZPO[18] § 240 II 3 a. E., § 592 II, Baumbach-Lauterbach ZPO[25] § 592 Anm. 2 A, OLG Breslau HRR 1939 Nr. 113), so fehlt dieser Annahme jede gesetzliche Stütze. Im Revisionsverfahren wäre sie auch schwerlich durchführbar. Für die Zulässigkeit der Widerspruchsverfolgung im Urkunden-, Wechsel- und Scheckprozeß: Kohler Lehrbuch S. 564, Voigt S. 192ff., Bley S. 12ff., Meyerhoff Anm. 7, Förster-Kann ZPO § 592 Anm. 2, Wieczorek ZPO § 240 J II, § 592 B I a 2, Mentzel-Kuhn Anm. 6, 9, Böhle-Stamschräder Anm. 2a; Kalter KTS 1956 S. 148; — abw. z. B. Petersen-Kleinfeller Anm. 9, v. Sarwey-Bossert Anm. 6, v. Wilmowski-Kurlbaum Anm. 6, 12, Stein Urkundenprozeß (1887) S. 356f., Seuffert § 44 N. 3, 7, Oetker I S. 344, Hellmann S. 477f., Jonas S. 17ff., Stein-Jonas-Schönke-Pohle ZPO[18] aaO., Hellwig System II S. 57. Ein gleichfalls abweichendes Urteil des KG OLG 3 S. 60f. wurde aufgehoben vom RG Bd. **50**

412, das nach S. 414f. der hier vertretenen Ansicht offenbar nicht mehr ablehnend gegenüber stand. Späterhin haben auch OLG Hamburg HansGZ 1907 Beibl. 25, KG LZ 1912 Sp. 172, OLG 29 S. 137f. erkannt, daß eine im Urkundenprozeß erhobene Klage nach Abs. III in Fortsetzung des Urkundenprozesses mit dem Antrag auf Feststellung des Anspruchs als Konkursforderung durchzuführen sei. Für die Zulässigkeit der „Feststellung" einer Konkursforderung nach Konkursbeendigung im Urkundenprozesse spricht sich auch OLG München LZ 1915 Sp. 1401f. aus. Wer (mit der angeführten Rechtsprechung) zugibt, daß die Fortsetzung des Urkundenprozesses zur Feststellung eines Konkursgläubigerrechts statthaft sei (so auch Fitting § 12 N. 53, Bleyer Anm. 4a, Rosenberg Lehrbuch[8] § 158 II 1a), muß folgerecht anerkennen, daß sich die Natur dieser besonderen Verfahrensart mit dem Zwecke der Konkursfeststellung verträgt (a. A. ausdrücklich Rosenberg aaO.). Selbstverständlich wählt der Anmelder den Urkundenprozeß nur, wenn er Aussicht hat, mit den hier zulässigen Beweismitteln zum Ziele zu gelangen. Für Neuklagen spielt der Meinungszwist keine erhebliche Rolle. Um so wichtiger ist er für schwebende Prozesse. Insoweit stehen aber Rechtsprechung und Rechtslehre überwiegend auf dem hier vertretenen Standpunkt. Mahnverfahren: Anm. 27

β) Die Worte „im ordentlichen Verfahren" schließen auch eine **schiedsrichterliche Entscheidung** nicht aus. Naumburg OLG 42 S. 78 Note 1, Hamburg KonkTreuh. 1940 S. 10; Kleinfeller im Recht 1912 S. 33ff., ZZP 56 S. 133 N. 62, Bley S. 24ff.; abw. Braunschweig OLG 5 S. 203. Zunächst ist es unbedenklich statthaft, daß Anmelder und Feststellungsgegner ein schiedsrichterliches Verfahren zum Zwecke der Austragung des Widerspruchs vereinbaren. Denn über diesen Streitgegenstand könnten sie auch durch Anmeldungs- und durch Widerspruchsrücknahme wirksam verfügen (§ 1025 ZPO), solange der Widerspruch noch nicht rechtskräftig für begründet erklärt ist [§ 147 Anm. 2]. Schiedsvertrag des Verwalters: § 133 Nr. 2 (§§ 135, 136). Zust. v. Wilmowski-Kurlbaum Anm. 10. Ferner bleibt jedenfalls im Verhältnis zwischen dem widersprechenden Verwalter und dem Anmelder ein unanfechtbarer Schiedsvertrag des Gemeinschuldners mit letzterem maßgebend. Einerseits kann also der Gläubiger einer vom Konkursverwalter bestrittenen Forderung deren Feststellung im Schiedsverfahren betreiben, andererseits ist dieser berechtigt, gegen eine im ordentlichen Verfahren erhobene Feststellungsklage den Einwand des Schiedsvertrages zu erheben (§ 274 II Nr. 3 ZPO; Hamburg aaO.). Der § 17 findet auf den Schiedsvertrag keine Anwendung. Grundsätzlich zust. RG Bd. **187** 111. Das bei Konkursbeginn schwebende Schiedsverfahren wird durch den Konkurs des Schuldners oder des Gläubigers allerdings nicht unterbrochen (RG Bd. **62** 24: Wirksamkeit der an den Gemeinschuldner gerichteten Zustellung eines vor Konkursbeginn gefällten Schiedsspruches), wohl aber das Verfahren nach § 1029 ZPO auf Ernennung eines Schiedsrichters [§ 10 Anm. 2]. Der Schiedsspruch, der eine Forderung zuerkennt, wirkt gegen den Gemeinschuldner unter denselben Voraussetzungen wie das im Feststellungsprozeß ergehende Urteil [§ 147 Anm. 3]. Zu den Fragen der Bindung des Konkursverwalters an einen vom Gemeinschuldner abgeschlossenen Schiedsvertrag und der Zulässigkeit der Austragung des Feststellungsstreites im Schiedsverfahren grundsätzlich wie hier: Hamburg OLG 11 S. 362, KonkTreuh. 1940 S. 10; Kohler Beiträge zum Zivilprozeß S. 226ff., Seuffert § 44 N. 3, Bley S. 26, Mentzel-Kuhn Anm. 6, Böhle-Stamschräder Anm. 2a; abw. OLG Braunschweig aaO., v. Wilmowski-Kurlbaum aaO., v. Sarwey-Bossert Anm. 5, Jonas S. 22 (gegen ihn Th. Wolff JurLitBl. 1908 S. 165). Auf Grund des Schiedsspruchs wird wie auf Grund eines rechtskräftigen Urteils die Tabelle nach Abs. VII berichtigt (§ 1040 ZPO). Einer Vollstreckbarerklärung (§ 1042 ZPO) bedarf der Schiedsspruch zu diesem Zweck ebensowenig als das Urteil einer vollstreckbaren Ausfertigung (abw. Jonas S. 23). Auch für die Rechtsverfolgung gegen den persönlich bestreitenden Gemeinschuldner (§ 144 II) bleibt das Schiedsverfahren zulässig. RG GruchotsBeitr. 41 S. 1200. Desgleichen wirkt die Schiedsrichterklausel 6 nach dem Konkurs in der Person des Schuldners weiter; auch wenn das Gericht die prozeßhindernde Einrede des Verwalters versehentlich verworfen oder der Verwalter sie gar nicht geltend gemacht hat (OLG Hamburg LZ 1909 Sp. 708f., Kleinfeller im Recht 1912 S. 37f.). Über die auf einem Schiedsspruch beruhende Zugriffsreife siehe Anm. 35, 39. Unbedenklich muß als „ordentliches Verfahren" im Sinne des Abs. II das amtsgerichtliche Schiedsurteilsverfahren (§ 510c ZPO) mit der Maßgabe gelten, daß die Streitwertbestimmung des § 148 KO eingreift, die den Geltungsbereich dieses formfreien Verfahrens bedeutend erweitert.

7 8. Sind **mehrere Feststellungsgegner** (§ 144 I) vorhanden, so ist die Konkursteilnahme nur durch Überwindung aller Widersprüche zu erzwingen. Protokolle S. 92, 176. Der Sieg eines einzigen Gegners vereitelt sie und kommt darum notwendig allen Mitgläubigern zustatten. Weiterer Siege bedarf es nicht.

a) Es besteht allerdings keine eigentlich notwendige Streitgenossenschaft derart, daß alle Widersprechenden zusammen klagen (Abs. VI) oder zusammen verklagt werden (Abs. I—V) müßten, daß sie also nur in ihrer Gesamtheit zur Sache legitimiert wären. Vielmehr können auch Einzelklagen stattfinden und beim Mangel einheitlicher Zuständigkeit geboten sein; geboten nicht nur in Fällen des Abs. VI, sondern unter Umständen auch in Fällen des Abs. II, wenn der eine Widerspruch zur amtsgerichtlichen, der andere zur landgerichtlichen Zuständigkeit gehört [Anm. 18]. Vgl. RG Bd. **51** 97, Braunschweig OLG 15 S. 246 u. herrschende Lehre (z. B. Wach Handbuch S. 624, Petersen-Kleinfeller Anm. 5, Lux Notwendigkeit der Streitgenossenschaft 1906 S. 113, Jonas S. 28f., Stein-Jonas-Schönke-Pohle ZPO[18] § 62 zu Note 49, Lent JherJb. Bd. 90 S. 43; — abw. Fitting § 12 N. 46, Schultze S. 101, 104ff., Wolff § 146 Anm. 1, § 147 Anm. 1, Kiehl ArchZivPrax. 89 S. 357ff. Ob sich die gesonderte Rechtsverfolgung empfiehlt, ist eine andere Frage. Zweifellos wären vermeidbare Einzelklagen des Anmelders einer nicht zugriffsreifen Forderung unzweckmäßig, da der einzelne Sieg noch nicht zur Feststellung führt und darum durch Erhebung gesonderter Klagen die Feststellung nur verteuert und hinausgezögert würde. Das Gericht kann mehrere bei ihm (vgl. Abs. II) anhängige Prozesse nach § 147 ZPO verbinden. Keine Streitwertaddition: § 148 Anm. 5.

8 b) Werden mehrere Widersprüche nacheinander oder nebeneinander ausgetragen, so mag es wohl geschehen, daß der eine für begründet, der andere (etwa wegen wirksamer Zurücknahme, wegen Erlöschens der Konkursgläubigereigenschaft des Widersprechenden) für unbegründet zu erklären ist. Allein über den Bestand der Konkursforderung selbst **kann** insofern nur **einheitlich entschieden werden**, als schon der Sieg eines einzigen Widersachers „die Feststellung" im Sinne der §§ 144 I, 146, 147 vereitelt und damit Rechtskraft zugunsten aller Konkursgläubiger wirkt, also auch zu Gunsten derjenigen, welche gleichfalls im Widerspruchsprozeß befangen sind. Dabei ist zu beachten, daß diese Rechtskrafterstreckung nur einseitig ist, d. h. daß sie nur demjenigen Urteil zukommt, das den Bestand der Konkursforderung verneint und einen Widerspruch für begründet erklärt, nicht aber dem einzelnen Urteil, das einen Widerspruch für unbegründet erklärt und den Bestand der streitigen Konkursforderung bejaht. Denn aus § 144 I ergibt sich, daß eine „Feststellung" der Forderung im Sinne dieser Vorschrift d. h. eine solche, welche die unbeschränkte Konkursteilnahme eröffnet, erst gegeben ist, wenn sämtliche Widersprüche beseitigt sind [§ 146 Anm. 2, § 147 Anm. 1 u. 2]. Diese rechtliche Situation wirkt sich verschieden aus, je nachdem ob die Widersprüche in Einzelprozessen ausgetragen werden (α) oder in einem gemeinsamen Prozeß (β). Vgl. dazu jetzt insbes. Schwab Festschrift f. Lent (1957) S. 281ff.

9 α) **Getrennte Prozesse.** Weil nach § 144 I („soweit") der Anmelder einer Forderung, die von mehreren Seiten bestritten wird, nur durch Überwindung aller Gegner sein Konkursgläubigerrecht zur Feststellung bringen kann, kann es zu Unklarheiten führen, wenn in den Einzelprozessen auf „Feststellung" gemäß § 146 I

geklagt wird und das Gericht in dieser Form der Klage stattgibt; denn diese „Feststellung" wirkt zunächst gemäß der Regel des § 325 I ZPO nur zwischen den Parteien des Einzelprozesses und führt noch nicht zur Feststellung im Sinne des § 144 I KO, also zur uneingeschränkten Konkursteilnahme. Daraus hat Jaeger (6./7. Aufl.) die Folgerung gezogen, der Antrag einer Einzelklage [Anm. 7] dürfe, solange irgendeine andere Bestreitung noch unausgetragen ist, immer nur auf Verwerfung des gerade durch diese Klage bekämpften Widerspruchs lauten, mehr dürfe die Einzelklage nicht verlangen, das Prozeßgericht nicht zuerkennen. Der über die anderweite Bestreitung unterrichtete Vorsitzende (vgl. Abs. I Satz 2) müsse daher, wenn die Einzelklage begehrt, das Konkursgläubigerrecht festzustellen (vgl. RG JW 1902 S. 397 Nr. 30), nach § 139 ZPO dahin wirken, daß der Kläger sich auf den Antrag beschränkt: den einzelnen Widerspruch für unbegründet zu erklären. Füge sich der Kläger nicht, so dürfe seinem Antrag doch nur in dem beschränkten Sinne der Widerspruchsverwerfung entsprochen werden. Nur bei der Klage gegen sämtliche oder gegen den alleinigen (Regelfall) oder allein noch übrigen Widerstreitenden könne der Anmelder die Feststellung schlechthin beantragen. Zweifellos bringt ein Vorgehen in der von Jaeger vertretenen Weise am klarsten die rechtliche Tragweite des einen einzelnen Widerspruch niederkämpfenden Urteils zum Ausdruck und ist daher jedenfalls prozessual zulässig. Geboten erscheint es mir jedoch nur in den Fällen, in denen der Gläubiger der bestrittenen Forderung den Widerspruch lediglich deshalb bekämpft, weil er das Widerspruchsrecht des Widersprechenden bestreitet [§ 141 Anm. 8]. Bekämpft er dagegen den Widerspruch mit der Begründung, daß die bestrittene Forderung bestehe, so ist es unbedenklich, daß er auch im Einzelprozeß die Feststellung seiner Forderung begehrt; nur muß man sich der verschiedenen Tragweite der Feststellung im Einzelprozeß und der konkursmäßigen Feststellung nach § 144 I bewußt sein. Ein in Rechtskraft erwachsenes vom Anmelder im Einzelprozeß erwirktes obsiegendes Urteil erzielt noch keine Feststellung „gegenüber allen Konkursgläubigern" im Sinne des § 147 und hat nicht zur Folge, daß nun jeder noch unerledigte Widerspruch für unbegründet erklärt werden müßte (abw. Wolff § 147 Anm. 1, Mendelssohn Rechtskraft 1900 S. 486ff.; gegen letzteren auch Boethke GruchotsBeitr. 46 S. 452, Bley S. 85). Denn jeder Widerspruch hat seine selbständige Bedeutung, die „Feststellung" des bestrittenen Konkursgläubigerrechts aber muß nach § 146 I gegen „die" d. h. gegen alle Bestreitenden erwirkt werden. Auch der Zweck des § 147 gestattet nicht, die Erweiterung der Rechtskraft auf einen noch schwebenden anderweiten Widerspruch zu erstrecken. Allerdings führt schon die rechtskräftige Überwindung eines von mehreren Widersprüchen zur Tabellberichtigung nach Abs. VII, aber eben nur zum Vermerke der Beseitigung dieses einzelnen Widerspruchs. Zust. Mentzel-Kuhn Anm. 3. Entsprechendes gilt, wenn ausschließlich das Vorrecht von mehreren bestritten ward.

Unterliegt dagegen der Anmelder auch nur gegenüber einem der Widersacher, dann ist mit der Rechtskraft des Urteils das Konkursgläubigerrecht (wenn nur das Vorrecht bestritten war, dieses) dem Anmelder endgültig aberkannt [§ 147 Anm. 2]. Zweifelhaft ist jedoch, wie diese Rechtskrafterstreckung sich auf die noch anhängigen Widerspruchsprozesse auswirkt. Eine „Feststellung" der Forderung im Sinne der §§ 144 I, 146 I d. h. mit der Folge der unbeschränkten Konkursteilnahme ist jedenfalls nun nicht mehr möglich. Klagen des Anmelders, die auf Feststellung der Forderung gerichtet sind, haben damit das Rechtsschutzbedürfnis verloren und sind zur Abweisung reif (insoweit im Ergebnis zutreffend Jonas S. 27 und neuerdings Schwab aaO. S. 283 Note 40). Dagegen steht die Rechtskrafterstreckung eines Urteils, das einen einzelnen Widerspruch für begründet erklärt, der Fortsetzung eines Prozesses nicht im Wege, in welchem der Anmelder einen Widerspruch aus anderen Gründen als wegen des Bestandes seiner Forderung als Konkursforderung bekämpft [vgl. dieselbe Anm. oben]. Einen derartigen Prozeß kann er trotz des rechtskräftigen Urteils in dem anderen Feststellungsprozeß noch gewinnen mit der Folge, daß der Gegner die Prozeßkosten zu tragen hat (§ 91 ZPO). Diese Fälle haben Jaeger (6./7. Aufl.) veranlaßt, als Folge des Unterliegens des Anmelders im Einzelprozeß anzunehmen, daß die noch anhängigen Prozesse in der Hauptsache gegenstandslos geworden seien. Zust. Böhle-Stamschräder Anm. 2b. Diese Auffassung, die insbesondere von Schwab aaO. als inkonsequent bekämpft wurde, ist zugunsten der oben dargelegten aufzugeben, welche dem berechtigten Anliegen Jaegers Rechnung trägt, ohne mit der Rechtskraftwirkung des Vorurteils in Konflikt zu kommen.

Teilwidersprüche und Teilsiege haben nur beschränkte Wirksamkeit. Wenn z. B. eine Schadensersatzforderung auf 3000 vom Verwalter nur in Höhe des Überschusses über 1000, von einem Gläubiger aber ganz bestritten worden ist, stellt der (frühere) Sieg des Verwalters fest, daß eine den Betrag von 1000 übersteigende Konkursforderung keinesfalls besteht. Nach Überwindung des Verwalters wäre dagegen immer noch eine volle Aberkennung des Konkursgläubigerrechts, nach Überwindung des widersprechenden Gläubigers eine Aberkennung noch für den Forderungsüberschuß über 1000 (also höchstens für 2000) möglich. Entsprechendes gilt, wenn das Urteil Vollbestreitungen nur für Teilbeträge als gerechtfertigt anerkennt.

10 β) **Streitgenossenschaft.** Wenn dagegen mehrere Feststellungsgegner zusammen klagen oder verklagt werden, sind sie Streitgenossen im Sinne des § 62 ZPO (**besondere** Streitgenossenschaft). Denn das Bestehen des streitigen Rechtsverhältnisses, d. h. einer bestimmten Konkursforderung oder eines bestimmten Vorrechts [Anm. 12] kann den §§ 144 I, 147 zufolge nur einheitlich bejaht werden, da der Sieg auch nur eines einzigen Gegners notwendig zugunsten aller Konkursgläubiger die Feststellung vereitelt [Anm. 8, 9]. Die Besonderheit der Streitgenossenschaft (§ 62 I Fall 1 ZPO) ruht also in der Rechtskrafterweiterung, die dem auch nur einen Widerspruch für begründet erklärenden Urteil zukommt (§ 147). Für diese Wirksamkeit macht es keinen Unterschied, ob das Konkursgläubigerrecht wegen Nichtbestehens oder wegen Unanmeldbarkeit der Forderung verneint wird. Protokolle S. 91ff., 173ff.; RG Bd. **5** 414, LZ 1915 Sp. 1273 (u. Jaeger daselbst), Bd. **96** 254 und herrschende Lehre z. B. Hachenburg Besondere Streitgenossenschaft (1889) S. 124, Kisch Bes. Streitgen. (1899) S. 9, Wach § 55 N. 32, Kohler Prozeß als Rechtsverhältnis S. 104, Petersen-Kleinfeller Anm. 4, Gallinger Rechtsstellung des Konkursverwalters S. 44ff., Jonas S. 31, Stein-Jonas-Schönke-Pohle ZPO[18] § 62 II 2, Bley S. 86ff. Schwab aaO. S. 281ff., Rosenberg Lehrbuch[8] § 95 II 1a S. 468, Lent JherJb. Bd. 90 S. 43 und Zivilprozeßrecht[8] § 82 II. Andere (z. B. Schönke-Schröder-Niese Zivilprozeßrecht[8] S. 132, Baumbach-Lauterbach ZPO[25] § 62 Anm. 2 B, Seuffert-Walsmann ZPO[12] § 62 II Ad a β, Rosenberg Lehrbuch[7] § 95 II 1b) nehmen zwar ebenfalls besondere Streitgenossenschaft an, begründen sie jedoch mit der Identität des Streitgegenstandes der mehreren Widerspruchsprozesse. Für besondere Streitgenossenschaft, aber ohne eindeutige Begründung auch Mentzel-Kuhn Anm. 3, Böhle-Stamschräder Anm. 2b und Baur bei Schönke-Baur S. 276. Abweichend wird von einzelnen Schriftstellern (z. B. von Oetker I S. 328ff., Seuffert Konkursprozeßrecht S. 269f., Struckmann-Koch ZPO[9] I S. 65, vgl. auch Voigt S. 165f.) eine besondere Streitgenossenschaft nur für den Fall inhaltlicher Übereinstimmung der Widersprüche angenommen (also z. B. nicht, wenn der eine Gegner den Widerspruch auf § 3 I, der zweite ihn auf § 63 stützt), von anderen, wie von Wachenfeld Notw. Streitgenossensch. (1894) S. 79ff., Hellwig Lehrb. III S. 176f. mit S. 106f. u. Hellmann S. 479, schlechthin geleugnet. Siehe für die Klage gegen den Gemeinschuldner persönlich und einen Konkursteilnahmegegner § 144 Anm. 3, § 147 Anm. 3.

Hat der eine Konkursteilnahmegegner (§ 144 I) das Bestehen einer Konkursforderung, der andere nur deren Vorrecht bestritten, so fehlt es bei gemeinsamer Ausklagung an den Voraussetzungen des § 62 ZPO, weil die Verneinung des Vorrechts noch keine Verneinung der Konkursforderung bedeutet. Wohl kommt die Aberkennung des Konkursgläubigerrechts auch dem Vorrechtsbestreiter zustatten; allein „das streitige Rechtsverhältnis" ist in beiden Fällen nicht das gleiche (dort die Konkursforderung, hier das Vorrecht). Die Streitgenossenschaft ist daher solchenfalls auch nur unter dem Gesichtspunkte des § 60 ZPO wegen Gleichartigkeit der Widerspruchsziele statthaft und eine einfache im Sinne des § 61 ZPO. Bley S. 88, Mentzel-Kuhn Anm. 3, Böhle-Stamschräder Anm. 2b; abw. Jonas S. 31f. Wieczorek ZPO § 62 A II b 1 S. 510.

c) **Streithilfe.** Wirkt das einen Widerspruch als begründet anerkennende Urteil Rechtskraft zugunsten aller Konkursgläubiger (§ 147), dann muß jeder Konkursgläubiger (er mag gleichfalls widersprechen haben oder nicht) als solcher berechtigt sein, im Feststellungsstreit dem Feststellungsgegner (Verwalter oder Gläubiger, § 144 I) als Nebenintervenient und zwar als selbständiger Streithelfer beizutreten. Denn alsdann befindet sich jeder Konkursgläubiger in einer Rechtslage, in der er ein „rechtliches Interesse" am Siege des Feststellungsgegners hat (§ 66 ZPO) und von der „Rechtskraft" des den Feststellungsstreit entscheidenden Urteils mitberührt wird (§ 69 ZPO). So z. B. v. Canstein ZZP 8 S. 236, Petersen-Kleinfeller Anm. 6, Seuffert-Walsmann ZPO[12] Anm. 2c α (nachdem Seuffert seine abweichende Ansicht Konkursprozeßrecht S. 272 selber schon in ZPO[11] berichtigt hatte), Bley S. 89ff. mit Verw., Mentzel-Kuhn Anm. 2; abw. Wach S. 624, Voigt S. 166, v. Sarwey-Bossert Anm. 4, die dem nichtbestreitenden Gläubiger ein Interventionsinteresse absprechen, Oetker I S. 331f., der auch die Intervention eines Opponenten für unzulässig hält (vgl. auch Jonas S. 33f.), endlich Walsmann Streitgenöss. Nebeninterv. (1905) S. 185, Hellwig Lehrbuch II S. 488 N. 70 u. Hellmann S. 481, die den § 69 für unanwendbar erklären. Der Gemeinschuldner kann weder dem Verwalter noch einem Gläubiger als Streithelfer beitreten. Auch wenn im allgemeinen eine Nebenintervention des Gemeinschuldners in Prozessen des Konkursverwalters zulässig sein sollte [bestr.; vgl. § 6 Anm. 18], so besteht doch im Feststellungsprozeß eine besondere Lage. Zwar hat der Gemeinschuldner ein rechtliches Interesse daran, daß ein unberechtigter Anmelder von der Konkursteilnahme ausgeschlossen wird, schon mit Rücksicht auf seine Nachhaftung für den dadurch steigenden Ausfall der wahren Gläubiger (§ 164). Allein das Gesetz versagt ihm jeden persönlichen Einfluß und darum auch die Streithilfe bei Feststellung der Schuldenmasse (§ 144 I), indem es davon ausgeht, daß der Konkursverwalter bei eigener Verantwortlichkeit (§ 82) zugleich die Belange des Schuldners zu wahren habe. Gegen Zwangszugriffe eines Nichtberechtigten nach dem Konkurse sichert der Gemeinschuldner sich ausreichend durch persönliches Bestreiten (§§ 164 II, 194, 206 II). Im Ergebnis ebenso RG Bd. 28 422, JW 1893 S. 343 Nr. 6, JW 1902 S. 213 Nr. 3 (mit einer Ausnahme für den besonders gelagerten Fall des Konkurses der offenen Handelsgesellschaft), JW 1937 S. 3042 = KonkTreuh. 1938 S. 43 = HRR 1938 Nr. 1132; Voigt S. 181, Walsmann aaO. S. 168, Kleinfeller Recht 1912 S. 38f., Petersen-Kleinfeller aaO., Seuffert-Walsmann aaO. § 66 Anm. 2b u. bes. Bley S. 91ff.; abw. für den Fall des Schuldnerwiderspruchs KG OLG 20 S. 297, allgemein Jonas S. 36f., Hellwig aaO., Hellmann aaO. Dagegen kann der Konkursverwalter, auch wenn er selbst nicht bestritten hatte, einem widersprechenden Konkursgläubiger für die Konkursmasse als Streithelfer beitreten und zwar als selbständiger im Sinne des § 69 ZPO, weil das den Widerspruch für begründet erklärende Urteil Rechtskraft für die Konkursmasse wirkt (KG OLG 31 S. 16f.). Siehe § 147 Anm. 1. 11

4. Die Bestrittenheit einer Forderung ist nach der Regel des Abs. II **im Klageweg** auszutragen.

a) Über das **Wesen der Klage** gehen die Ansichten weit auseinander. Nach dem Inhalte des begehrten Rechtsschutzes unterscheidet die Prozeßrechtslehre drei Hauptarten von Klagen: Leistungs-, Feststellungs- und Gestaltungsklagen. Jeder dieser Gruppen hat man unsere Klage einzureihen versucht. Sie soll Leistungsklage sein, da der Anmelder ja seine Befriedigung betreibe (Weismann Feststellungsklage 1879 S. 142ff., Wach Feststellungsanspruch 1888 S. 41f.), mindestens 12 als Klage auf Verurteilung des Gegners zur Widerspruchszurücknahme, also zur Abgabe einer Willenserklärung im Sinne des § 894 ZPO (Hellmann S. 476). Nach anderer Meinung soll der Kläger eine Rechtsgestaltung anstreben, nämlich die Beseitigung des Widerspruchs durch das richterliche Urteil (Oetker I S. 309ff., 576ff., Seitz S. 39f., siehe auch Petschek S. 16 Note 38). Die grundlegenden Vorschriften lassen jedoch keinen Zweifel darüber, daß der Anmelder „auf die Feststellung" seiner streitig gebliebenen Forderung zu klagen (Abs. I, II), daß er „die Feststellungsklage" zu erheben hat (§ 152 Satz 1). Wenn ein Gläubiger die angemeldete Forderung bestritten hatte und unterliegt, wäre es ja auch ganz undenkbar, ihm die Leistung anzubefehlen, deren Vollzug der Anmelder erstrebt. Die Verurteilung könnte höchstens dahin gehen, die Konkursteilnahme des Anmelders zu dulden. Einer solchen Verurteilung bedarf es aber ebensowenig wie einer Verurteilung des Gegners zur Widerspruchszurücknahme oder einer rechtsgestaltenden Widerspruchsbeseitigung. Mit der Feststellung des streitigen Anspruchs (bzw. seines Vorrechtes) ist das Ziel der Klage vollkommen erreicht. Einen Vollstreckungstitel erstrebt sie (von der Kostenlast abgesehen) überhaupt nicht, weder für Zwecke der Konkursteilnahme noch für den Einzelzugriff nach dem Konkurse. Denn diese Erfolge vermittelt nach der ebenso bestimmten als zweckmäßigen Ordnung des Konkurses der Tabelleintrag (§§ 145 II, 146 VII, 147 Satz 1; §§ 164 II, 194, 206 II). Gegen eine Verurteilung des Konkursverwalters (der Masse) zur Leistung würden überdies Bedenken aus § 59 Nr. 1 bestehen (Hamburg OLG 21 S. 177). Die Klage ist **echte Feststellungsklage.** Sie verfolgt keinen anderen Zweck als den, die infolge der Bestreitung eingetretene Rechtsungewißheit zu beseitigen, „das Bestehen oder Nichtbestehen eines Rechtsverhältnisses" zur richterlichen Anerkennung zu bringen (§ 256 ZPO). Die Berechtigung, bei den Verteilungen durch Auszahlung oder Hinterlegung der Anteile berücksichtigt zu werden und nach Konkursbeendigung gegen den Schuldner persönlich vollstrecken zu können (§ 164 II), sowie die Befugnisse der Beeinflussung des Konkursganges wie Stimmrecht und Stimmeinspruchsrecht (§§ 95, 96), Bestreitungs-, Antrags- und Beschwerderecht (siehe z. B. §§ 188f.), das Recht zur Erwirkung des Offenbarungseides (§ 125) und das Recht, die Einstellung des Konkurses zu bewilligen (§ 202) bilden nur unselbständige Ausflüsse der Forderung in ihrer Eigenschaft als Konkursforderung. Alle diese Befugnisse werden dem Anmelder als mittelbares Ergebnis seines Sieges im Feststellungsprozeß zuteil, sie liegen daher außerhalb des eigentlichen Prozeßzweckes und sind nicht selbst Gegenstand der Feststellung [vgl. auch Anm. 13]. Daß diese Befugnisse als mittelbare (zum Teil erst durch den Tabelleintrag der Feststellung vermittelte) Folgen der vom Anmelder begehrten Feststellung miterstrebt werden, hat nicht die Konsequenz, daß sein Klagebegehren einer anderen Klageart wie der Feststellungsklage einzureihen wäre. Zust. Mentzel-Kuhn Anm. 5, Böhle-Stamschräder Anm. 2a. Wie die freiwillige Anerkennung des Konkursgläubigerrechts eine durch den Tabelleintrag zu vollziehende „Feststellung" ist (§§ 144, 145), so auch die erstrittene (§§ 146 VII, 147). Hier wie dort handelt es sich darum, bindend klarzulegen, ob und mit welchem Betrag und Range den Anmeldern Konkursgläubigerrechte zustehen. Kehrseite der Feststellung ist die Entkräftung der Widersprüche. Der Anmelder beantragt, die streitig gebliebene Forderung als Konkursforderung „festzustellen", der Gegner aber „den Widerspruch für begründet zu erklären". Dort wird bejahende, hier verneinende Feststellung begehrt. Vgl. auch RG Warn. 1933 Nr. 167 S. 362 und BGH Lind.-Möhr. § 146 KO Nr. 4. Zur Antragsfassung im Einzelprozeß bei mehreren Widersprüchen vgl. Anm. 9. Soweit der Richter bei bloßem Teilsiege des Anmelders die Feststellung versagt, erklärt er den Widerspruch für begründet. Dem entspricht die Fassung des Gesetzes (§ 147 Satz 1), dem auch die „Berichtigung der Tabelle" im Vollzuge des Sieges der einen oder der anderen Partei (§ 146 VII). Nach alledem bildet die Konkursfeststellungsklage einen Anwendungsfall des § 256 ZPO. Freilich hat sie Besonderheiten. Sie folgt eigenen Zuständigkeitsregeln (Abs. II). Das Rechtsschutzbedürfnis ergibt sich aus der durch den Widerspruch verursachten Unsicherheit der Rechtslage des Anmelders von selbst, keineswegs aber ist (wie man häufig lehrt) ein Feststellungsinteresse hier überhaupt nicht erforderlich [Anm. 31]. Endlich kommt dem Feststellungsurteil erweiterte Rechtskraft zu (§ 147 Satz 1). Das alles ändert indessen nichts an der Art der Klage als einer Feststellungsklage. Ihr Wesen wird durch das unmittelbare Prozeßziel, nicht durch Folgeerscheinungen bestimmt, die der Tabelleintrag kraft besonderer Rechtssätze vermittelt. Es kann daher nicht als zutreffend anerkannt werden, wenn das RG Bd. **116** 372 (mit Verw.) wegen der mit der Feststellung und dem ihr folgenden Tabelleintrag eintretenden besonderen Wirkungen die Feststellungsklage aus § 146 KO in einen grundsätzlichen Gegensatz zur Feststellungsklage nach § 256 ZPO bringt, weil „Zweck und Charakter der Feststellungsklage aus § 146 KO ein wesentlich anderer als der einer eine rein prinzipielle (!) Entscheidung begründenden Feststellungsklage aus § 256 ZPO" sei. Dahingestellt gelassen in BGH WM 1957 S. 1226. Von der Frage der Einordnung in die Kategorie der Feststellungsklagen ist jedoch die Frage zu unterscheiden, ob nicht das mit der Feststellungsklage nach § 146 KO erhobene Begehren der Feststellung einer Forderung als Konkursforderung eine von der gewöhnlichen Klage auf Feststellung des Bestehens eines Rechtsverhältnisses abweichende Bestimmung des Streitgegenstandes zur Folge hat. Dazu Anm. 13. Zum Wesen der Feststellungsklage aus § 146 KO vgl. noch Bley S. 1ff. mit Verw., Wolff KO[2] S. 444, Schlichting S. 19f., Baur in Schönke-Baur § 55 A III 2a sowie Bartsch-Pollack OesterrKO[3] § 110 Anm. 29ff.

b) Über den **Gegenstand der Feststellung** spricht sich das Gesetz selbst dahin aus: 13
der Anmelder hat die Feststellung „der streitig gebliebenen Forderung" zu betreiben (§ 146 I 1), der Bestreitende widerspricht der „Forderung" (§ 146 VI), das der Feststellungsklage stattgebende Urteil stellt „die Forderung" fest (§ 147 Satz 1), die „Forderung" ist infolge eines bei der Prüfung erhobenen Widerspruchs „im Prozesse befangen" (§ 168 Nr. 1). Eine Besonderheit besteht allerdings darin, daß im Prüfungsverfahren trotz Anerkennung des Bestandes der Forderung deren Eigenschaft als Konkursforderung (die Anmeldebarkeit) oder deren Rang (bevorrechtigt, einfach oder minder berechtigt) oder deren konkursmäßige Berechnung (§§ 65, 69, 70) streitig sein kann. Diese Besonderheit kann jedoch die Auffassung nicht rechtfertigen, Gegenstand der begehrten Feststellung sei ein vom sachrechtlichen (materiellen) Schuldverhältnis verschiedenes verfahrensrechtliches (formelles) Rechtsverhältnis, der sog. Konkursteilnahmeanspruch. In diesem Sinne Stein Voraussetzungen des Rechtsschutzes 1903 S. 134ff., Fitting § 12 Note 48, Jonas S. 9ff. (siehe freilich S. 5, 7, 11), ähnlich Langheineken Urteilsanspruch (1899) S. 187ff. (Konkursanspruch) und (in selbständiger Prägung), Petschek S. 14ff. Allein einen Konkursteilnahmeanspruch als einheitlichen Rechtsbegriff gibt es nicht. Was man so nennt, sind Auswirkungen der Forderung selbst in der besonderen Lage des Konkurses [Anm. 12], welche im Feststellungsstreit überhaupt nicht zur Erörterung gelangen. In Wahrheit geht der Streit immer um den Bestand einer Konkursforderung bestimmten Betrags und Ranges. Wenn Petschek S. 16 einwendet: „Welche Merkmale ein Recht zur Konkursforderung stempeln, ist im Konkursrecht vorgezeichnet; der Richter, der ihnen nachforscht, sondiert nicht mehr materiellrechtlichen Boden", so ist dem entgegenzuhalten, daß auch die Merkmale, von denen Anmeldbarkeit und Rang der Forderung abhängen, materiellrechtlicher Art sind. Ob ein Anspruch in persönlicher Haftung des Schuldners begründet, aus seinem Vermögen zu erfüllen, vor dem Konkurs entstanden und darum nach § 3 I anmeldbar, ob er als Unterhaltsanspruch nach § 3 II oder als Freigebigkeitsforderung nach § 63 Nr. 4 unanmeldbar ist, das sind rein „materiellrechtliche" Fragen, wenn sie auch die Konkursgesetze verschiedener Staaten verschieden lösen sollten. Nicht anders die Rangfragen. Ob ein Anspruch die Erfordernisse der Lidlohnansprüche des § 61 Nr. 1 erfüllt und daher bevorrechtigt, ob ein anderer aus einer Freigebigkeit des Erblassers im Sinne des § 226 II Nr. 3, 5 herrührt und deshalb im Nachlaß-

konkurse zwar eine Konkursforderung, aber eine minderberechtigte bildet, das hängt ganz von sachrechtlichen Erwägungen ab: Vorrang und Minderrang ruhen in Eigenschaften der Forderung selbst. Treffend Krohn S. 29f., Bley ZZP 51 S. 265. Hier überall handelt es sich nicht um besondere prozeßrechtliche Verhältnisse, sondern um Begriffsmerkmale der Forderung in ihrer rechtlichen Qualifikation als Konkursforderung. Den Gegenstand der Feststellung bildet die gegen den Schuldner erhobene Forderung als eine **Konkursforderung bestimmten Betrages und bestimmten Ranges**, nicht ein von dieser Forderung verschiedenes Konkursteilnahmerecht. Ebenso RG Bd. **55** 160; KG OLG 20 S. 298; OLG Hamm LZ 1913 Sp. 327. Die Besonderheit der begehrten gerichtlichen Feststellung besteht also darin, daß die rechtliche Qualifikation der Forderung als Konkursforderung bzw. als mit einem bestimmten Vorrecht ausgestatteter Konkursforderung notwendiger Bestandteil des Streitbegehrens und damit auch des Urteilsgegenstandes ist, wie dies übrigens auch bei Feststellungsklagen außerhalb des § 146 KO vorkommen kann (vgl. etwa RG Bd. **144** 54, HRR 1939 Nr. 1340 und Rosenberg Lehrbuch[8] § 86 II 1a, § 88 II 3c am Ende). Da der Bestreitende nur die Widerspruchsrichtung, nicht aber auch den Grund seines Bestreitens anzugeben braucht [§ 140 Anm. 9], wird auch der Gegenstand des Feststellungsprozesses ausschließlich durch die angegebene Widerspruchsrichtung, nicht aber durch den vom Bestreitenden vorgebrachten Widerspruchsgrund bestimmt. Das Gericht hat die Begründetheit des Widerspruchs unter jedem in Frage kommenden Widerspruchsgrund, nicht nur unter dem vom Bestreitenden vorgetragenen zu prüfen. Es hat den Widerspruch also auch dann für begründet zu erklären, wenn es den vom Widersprechenden ausschließlich bestrittenen Bestand der Forderung bejaht, aber ihre Anmeldbarkeit verneint. Richtet sich der Widerspruch lediglich gegen das vom Anmelder beanspruchte Vorrecht, so ist der Bestand und die allgemeine Eigenschaft der Forderung als Konkursforderung überhaupt nicht Gegenstand der begehrten Feststellung, sondern ausschließlich die rechtliche Qualifikation der Forderung als einer mit einem bestimmten Vorrecht ausgestatteten Konkursforderung. In dem dargelegten Sinne ist das Rechtsverhältnis zwischen Anmelder und Schuldner Gegenstand der begehrten Feststellung auch dann, wenn ein Gläubiger der Feststellung widersprochen hat. Ein Rechtsverhältnis unter den Parteien selbst braucht bei Feststellungsklagen auch sonst nicht in Frage zu stehen (vgl. Stein-Jonas-Schönke-Pohle ZPO[18] § 256 II 3). Auch insoweit bedarf es nicht der Aufstellung einer besonderen Klageart (wie der von Rocholl ZZP 8 S. 346f. angenommenen „Konfliktsklage"; wider ihn R. Leonhard ZZP 15 S. 358f.). Zur Frage des Gegenstandes der Feststellung im wesentlichen übereinstimmend Motive II S. 366, Petersen-Kleinfeller Anm. 17, 18 u. 20, Kohler Lehrbuch S. 561 N. 1, Hellwig Anspruch § 55 N. 61, § 56 N. 5, § 59 N. 92, Flechtheim ZZP 25 S. 435, Gmelin Vollstreckbarkeit (1898) S. 59, Kisch Beiträge zur Urteilslehre (1903) S. 151, Bley S. 6ff. mit ZZP 51 S. 265, Krohn S. 29f., Mentzel-Kuhn Anm. 5, Lent ZZP 72 S. 69, Bartsch-Pollak ÖsterrKO[3] § 110 Anm. 29 mit Verw. Grundsätzlich hat sonach der Antrag der Feststellungsklage (Abs. I) und die Formel des ihr stattgebenden Urteils auf Feststellung der Forderung als Konkursforderung zu lauten, die Formel beispielsweise so:

> „Der vom Kläger im Konkurs über das Vermögen des Kaufmanns Franz Faller in Gantheim angemeldete Anspruch auf Entlohnung im ersten Halbjahr 1934 geleisteter Dienste (Abteilung 1 Nr. 1 der Tabelle) wird zum Betrage von hundert Reichsmark als Konkursforderung mit dem Vorrechte des § 61 Nr. 1 KO. festgestellt."

Von diesem Regelfalle geht das Gesetz in den §§ 146, 147 aus. Sollte aber trotz mehrfacher Bestreitung die Klage nur gegen einen Widersacher gerichtet werden, so ist zunächst nicht eine unbeschränkte, sondern nur eine beschränkte Feststellung zu erzielen. Zur Fassung des Antrags und der Urteilsformel in diesem Falle vgl. Anm. 9. Da meist nur der Konkursverwalter widerspricht, bei mehrfacher Bestreitung aber die einheitliche Ausklagung aller Widersacher üblich ist, hat dieser Ausnahmefall eine geringe Bedeutung. Keinesfalls ist der § 147 dahin zu verstehen, daß durch Überwindung des einzelnen Widerspruchs auch die übrigen Widersprüche niedergekämpft werden. Erlischt die Forderung während des Feststellungsprozesses, so ist damit auch die Feststellung des § 146 unmöglich geworden (ObLG SeuffA 45 Nr. 157). Auch die Beschränkung der festzustellenden Schuld auf eine Leistungspflicht Zug um Zug kann in der urteilsmäßigen Feststellung zum Ausdruck gelangen. So z. B. wenn der Verwalter gegenüber einer Vorrechtsforderung nach § 274 BGB eine Zurückbehaltungsbefugnis geltend gemacht hat (OLG Dresden LZ 1908 Sp. 87). Siehe auch RG Bd. **84** 228 und dazu oben § 17 Anm. 3. Auch eine Vorabentscheidung über den Grund der nach Grund und Betrag streitigen Forderung (§§ 304, 538 I Nr. 3 ZPO) ist im Konkursfeststellungsprozesse statthaft (RG KonkTreuh. 1934 S. 176, jedoch mit Bedenken für den Fall der Saldoforderung aus einem Kontokorrent; OLG Köln RheinA 107 S. 300; Mentzel-Kuhn Anm. 12).

c) Die **Zulässigkeit der Klage** auf Feststellung einer streitig gebliebenen Forderung 14
(Abs. I, II) hat das Gesetz nicht ausdrücklich davon abhängig gemacht, daß der Kläger ein **„rechtliches Interesse“** an der alsbaldigen Feststellung nachweist, wie dies der § 256 ZPO im allgemeinen verlangt. Denn das Rechtsschutzbedürfnis für die Konkursfeststellungsklage ergibt sich ohne weiteres aus den gesetzlichen Folgen der Bestrittenheit (§ 152 mit §§ 155, 168 Nr. 1). Das gilt aber auch nur für die Klage auf Feststellung einer im Prüfungsverfahren „streitig gebliebenen“ d. h. angemeldeten, geprüften und bestrittenen Forderung und nur solange, als die Bestreitung sich nicht sonstwie (namentlich durch Zurücknahme) erledigt hat. Anmeldung und Prüfung sind von Amts wegen zu berücksichtigende Erfordernisse für die Zulässigkeit der Konkursfeststellungsklage. RG Bd. **130** 335 mit Verw. (ständig). Eine Forderung, welcher die Zulassung zur Prüfung vom Konkursgericht versagt worden ist [§ 141 Anm. 3], scheidet somit für den Feststellungsprozeß aus (RG KonkTreuh. 1937 S. 146). Solange diese Zulässigkeitserfordernisse unerfüllt sind, kann auch eine infolge des Konkurses unterbrochene Forderungsklage durch den Anmelder und erst recht durch den Verwalter nicht aufgenommen werden (RG JW 1931 S. 2105f. Nr. 12, BGH Lind-Möhr. § 146 KO Nr. 1); auf die Einhaltung dieser Zulässigkeitsvoraussetzungen können die Parteien auch nicht übereinstimmend verzichten oder eine Heilung durch Rügeunterlassung (§ 295 ZPO) herbeiführen, da ihre Beobachtung im Interesse der Gesamtheit der Gläubiger vorgeschrieben ist, denen die Möglichkeit eröffnet werden soll, sich an der gerichtlichen Auseinandersetzung über das Bestehen der geltend gemachten Forderung zu beteiligen (BGH aaO.). Über den Zeitpunkt, bis zu welchem die Zulässigkeitsvoraussetzungen spätestens im Prozeß vorliegen müssen, vgl. Anm. 31. Die Klage auf Feststellung einer noch gar nicht angemeldeten oder doch noch nicht geprüften Forderung ist auch nicht schon um deswillen zulässig, weil der Konkursverwalter die Bestreitung in Aussicht gestellt hat. War aber die Forderung angemeldet und nach § 144 I (§ 145 II) festgestellt worden, dann kann der Konkursverwalter das Rechtsschutzbedürfnis für eine Konkursfeststellungsklage des Anmelders nicht etwa durch einfaches Nachholen der Bestreitung begründen. Vielmehr bleibt der Verwalter auf die gegenüber rechtskräftiger Zuerkennung durchdringenden Rechtsschutzmittel angewiesen [Anm. 38ff.]. Eine Konkursfeststellungsklage des Anmelders würde daher auch solchenfalls mangels Rechtsschutzbedürfnisses von Amts wegen als unzulässig abzuweisen sein. RG SeuffA 49 Nr. 227.

d) Das Vorliegen eines **besonderen rechtlichen Interesses** muß dagegen der all- 15
gemeinen Regel des § 256 ZPO entsprechend dargetan werden, wenn der nicht mit der Betreibungslast nach § 146 I Belastete Klage auf Feststellung des Nichtbestehens der Forderung erhebt [vgl. dazu Anm. 16] oder eine positive oder negative Feststellungsklage überhaupt außerhalb des Rahmens des § 146 KO erhoben wird, also insbesondere eine nicht angemeldete oder nicht im Prüfungs-

termin bestrittene Konkursforderung betrifft. Dies gilt vor allem für eine vom Konkursverwalter (abgesehen vom Falle des Abs. VI) erhobene Klage auf Feststellung des Nichtbestehens einer behaupteten, aber noch nicht rechtskräftig anerkannten Konkursforderung. Die Zulässigkeit einer solchen Klage hängt davon ab, daß besondere Belange der Konkursmasse das Rechtsschutzbedürfnis begründen. RG KonkTreuh. 1939 S. 144. Zust. Mentzel-Kuhn Anm. 5, Böhle-Stamschräder Anm. 2a. Die bloße Behauptung eines Anmelders, Gläubiger zu sein, reicht dazu keinesfalls aus (Karlsruhe OLG 11 S. 371). Vielmehr müssen Interessen, zu deren Wahrung der Konkursverwalter berufen ist, dessen Klageerhebung rechtfertigen. So namentlich dann, wenn ein Schuldner der Masse auf das Zahlungsbegehren des Verwalters mit der Aufrechnung eines Gegenanspruchs antwortet, dessen Bestand oder Aufrechenbarkeit (§§ 53ff.) der Verwalter bestreitet. Hier kann der Verwalter eine verneinende Feststellungsklage nach § 256 ZPO erheben, einerlei, ob der Gegenanspruch angemeldet war oder nicht. RG JW 1900 S. 393f. Nr. 13 (Gegenanspruch angemeldet), grundsätzlich beipflichtend RG JW 1903 S. 315 Nr. 12, Bd. **116** 372; Bley S. 43f. Auch die Geltendmachung eines Zurückbehaltungsrechtes (§ 49 I Nr. 3, 4) durch den Gläubiger zugunsten der behaupteten Konkursforderung kann eine negative Feststellungsklage des Konkursverwalters rechtfertigen (RG KonkTreuh. 1939 S. 145). Desgleichen, wenn vom Bestande der Forderung die pfandrechtliche Belastung eines Massegegenstandes abhängt. Es ist daher auch nicht einzusehen, weshalb es dem Konkursverwalter verwehrt sein sollte, mit der Klage auf Umschreibung und Löschung der auf einem Massegrundstück eingetragenen Fremdhypothek eine Klage auf Feststellung des Nichtbestehens der gesicherten Forderung zu verbinden (abw. Dresden SächsOLG Bd. 23 S. 336). Geht in solchen Fällen die Klage des Verwalters dahin, den Nichtbestand einer nach § 139 angemeldeten und bestrittenen Konkursforderung festzustellen, dann bejaht das sie abweisende Sachurteil rechtskraftfähig den in der Klage geleugneten Bestand (vgl. Rosenberg Zivilprozeßrecht[8] §§ 86 I, 159 I 3c mit Verw.). Da diese Klage des Verwalters denselben Gegenstand (dasselbe Rechtsverhältnis) wie eine Konkursfeststellungsklage des Anmelders betrifft, wird für ihre Erhebung der ausschließliche Gerichtsstand des § 146 II und für ihre Aberkennung die Rechtskrafterweiterung des § 147 Satz 1 maßgebend sein (Bley S. 44). Die Anmeldung hat aber keine Rechtshängigkeit ausgelöst, die — wie eine Konkursfeststellungsklage des Anmelders — einer solchen Verwalterklage nach § 263 II Nr. 2 ZPO entgegenstünde [§ 139 Anm. 13]. Keinesfalls sind jedoch die §§ 146 II, 147 Satz 1 für jede verneinende Feststellungsklage des Verwalters, etwa auch bei Bestreitung eines gar nicht angemeldeten Anspruchs, anwendbar. Zu weit geht wohl das OLG Stettin LZ 1930 Sp. 1005ff. Nr. 5 (= KonkTreuh. 1929 S. 135ff. Nr. 4), wenn es ein die verneinende Feststellungsklage des Verwalters rechtfertigendes Schutzbedürfnis der Masse schon darin erblickt, daß das Auftreten neuer Gläubiger einen geplanten Vergleichsabschluß hemmen und auch sonst den Konkursgang aufhalten könnte, weil nach § 191 I die Kosten künftiger Prozesse als bedingte Masseschulden sicherzustellen seien. Das Gesetz „überläßt" es nun einmal dem Anmelder, die Feststellung zu betreiben (Abs. I), und behandelt den Zwangsvergleich als persönliche Angelegenheit des Schuldners. Ein Widerspruch im Sinne des § 144 I begründet als solcher (außerhalb des Abs. VI) das Rechtsschutzinteresse für eine negative Feststellungsklage nicht [Anm. 16]. Für den besonderen Fall des Genossenschaftskonkurses hat OLG Hamburg OLG 6 S. 239 den Einfluß, den die Geltendmachung von Genossenschaftsschulden auf die Berechnung der Genossen-Nachschüsse übt (§§ 105ff. GenG), nicht als ausreichend erachtet, um das Rechtsschutzbedürfnis für eine verneinende Feststellungsklage des Verwalters zu begründen, da die Berechnung ohnehin nicht genau sein könne, etwaige Überschüsse aber den Genossen zurückzuerstatten seien (§ 115 III GenG). Vorrechtsstreit: Anm. 17.

Ebenso wie für den Konkursverwalter kann auch für einen anderen Konkursgläubiger die Erhebung einer negativen Feststellungsklage jedenfalls nicht grundsätzlich ausgeschlossen werden, wenn ein besonderes rechtliches Interesse dargetan ist (KG JW 1939 S. 250); dieses kann darin gesehen werden, daß seine eigene Konkursforderung vom Gegner bestritten worden ist (KG aaO.). Vgl. im übrigen auch Anm. 16.

Auch für den Gläubiger einer Konkursforderung kann ausnahmsweise das Rechtsschutzbedürfnis für eine nicht im Rahmen des § 146 erhobene Klage auf Feststellung seiner Forderung zu bejahen sein. So kann er durch Klage nach § 256 ZPO die Rechtslage klären lassen, wenn seine Forderung „als Ausfallforderung" (§ 64) angemeldet und in die Tabelle mit dem Vermerk „vorläufig als Ausfallforderung festgestellt" eingetragen worden ist, sich hinterher das Absonderungsrecht aber als nicht bestehend erweist und nunmehr der Konkursverwalter die Wirksamkeit der Feststellung anzweifelt (RG Bd. **139** 86f.). Siehe § 64 Anm. 11, § 145 Anm. 7. Ferner kann eine gemäß § 146 I erhobene Feststellungsklage, welcher durch nachträgliche Anerkennung der bisher bestrittenen Forderung und Eintragung der Feststellung in die Tabelle die Grundlage entzogen ist, vom Gläubiger als Feststellungsklage gemäß § 256 ZPO zur näheren Bestimmung des Umfanges der Feststellung fortgesetzt werden (BGH WM 1957 S. 1225ff.). Der BGH nimmt in diesem Falle Klageänderung an, die aber als sachdienlich zuzulassen sei (§§ 264, 523 ZPO). Zur negativen Feststellungsklage des Gemeinschuldners vgl. § 144 Anm. 4.

II. Feststellung noch nicht zugriffsreifer (sog. untitulierter) Ansprüche (Abs. I—V)

1. Nach Abs. I bleibt es **dem Anmelder** „überlassen", die Feststellung der streitig gebliebenen Forderung zu betreiben. **16**

a) Ihm obliegt die Betreibungslast; ihm ist aber auch die Betreibungsbefugnis vorbehalten. Vielleicht überzeugt er sich selbst von der Undurchführbarkeit seines Anspruchs und unterläßt deshalb die weitere Verfolgung. Dann wird er bei den Verteilungen überhaupt nicht, auch nicht durch Zurückhaltung der Anteile, berücksichtigt [Anm. 1]. Darum hat in der Regel der widersprechende Verwalter oder Gläubiger (der Schuldner persönlich ist an der Konkursfeststellung unbeteiligt) gar kein Interesse daran, seinerseits die Feststellung des Nichtbestehens der Konkursforderung zu betreiben. Auch ist bei solcher Sachlage eine Zulassung des Anmelders zu ferneren Abstimmungen nicht zu besorgen, jedenfalls aber nicht der Feststellungsstreit, sondern die Erwirkung eines gerichtlichen Beschlusses über die Stimmberechtigung (§ 95) der Weg, um eine unberechtigte Stimmabgabe zu verhüten. Unternimmt es der Widersprechende gleichwohl, durch eigne Klagerhebung (oder Prozeßaufnahme, Abs. III) dem Anmelder den Konkursfeststellungsstreit aufzuzwingen, dann muß die Klage (oder Aufnahme) durch Prozeßurteil abgewiesen werden, sei es auf Antrag des Anmelders, sei es weil er nicht zur Sache verhandelt. Er braucht sich nicht einzulassen. Tut er es freilich doch, dann vollzieht er durch die Einlassung selber die Betreibung. Siehe Motive II S. 49, 364, 366, Protokolle S. 99, 148; RG Bd. **16** 360, JW 1894 S. 172f. Nr. 7, JW 1896 S. 602 Nr. 22 (der Rechtsstreit müsse als vom Gläubiger aufgenommen gelten, wenn die Aufnahmeerklärung des Verwalters die Fortsetzung des Prozesses zwischen ihm und dem Gläubiger zur tatsächlichen Folge gehabt habe), JW 1903 S. 315 Nr. 12, Bd. **116** 373, Bd. **131** 141, KonkTreuh. 1939 S. 144, BGH Bd. **19** 164; RAG KonkTreuh. 1933 S. 106 Nr. 5; OLG Dresden ZZP 32 S. 386ff.; OLG Hamm SeuffA 62 Nr. 101; Mentzel-Kuhn Anm. 4, Böhle-Stamschräder Anm. 2a; abw. Hellmann S. 479, Wolff KO[2] S. 444 (die auch außerhalb des Abs. VI dem Widersprechenden schlechthin ein ausreichendes Rechtsschutzbedürfnis für die verneinende Konkursfeststellung zuerkennen). Auch wenn der jetzige Gemeinschuldner schon vor Konkursbeginn gegenüber der Inanspruchnahme einer Forderung Klage auf Feststellung des Nichtbestehens erhoben hatte, darf der Rechtsstreit nur vom Anmelder dieser Forderung nach Maßgabe der §§ 146 III, 144 II aufgenommen werden (RG Bd. **70** 371). Ebenso steht dem Verwalter, wenn der Gläubiger mit seinem Anspruch abgewiesen und auf Widerklage des nachmaligen Gemeinschuldners verurteilt worden war, zwar die Aufnahme der Widerklage nach § 10 I, nicht aber die der Klage offen (RG Bd. **63** 366). Dagegen schließt der § 146 nicht aus, daß der Verwalter (und unter Umständen auch ein anderer Konkursgläubiger) unter den allgemeinen Voraussetzungen des § 256 ZPO eine verneinende Feststellungsklage erhebt [Anm. 15]. Für den Anmelder liegen im Widerspruch zugleich Rechtsschutzbedürfnis und Klaganlaß (§ 93 ZPO). Der bestreitende Verwalter oder Gläubiger setzt sich also durch den Widerspruch der Prozeßkostenlast aus. Auch „vorsorglich" kann der Verwalter nur auf diese Gefahr hin (§ 59 Nr. 1) bestreiten. Er hat sich vor dem Prüfungstermine zu unterrichten und bei verspäteter Anmeldung die Verweisung in einen besonderen Prüfungstermin zu erwirken (§ 142). KG LZ 1907 Sp. 298 Nr. 7; vgl. auch LZ 1912 Sp. 57ff. und oben § 141 Anm. 10. Über den Antrag der Feststellungsklage oben Anm. 12; über die Betreibung bei zugriffsreifen Forderungen (Abs. VI) unten Anm. 34ff.

17 b) Ist im Prüfungsverfahren nur **das Vorrecht** streitig geblieben, dann hat ebenfalls der Anmelder die Last und das Recht, die Feststellung zu betreiben. Auch insoweit sind die Abs. I, II maßgebend; auch insoweit ist eine besondere Zuständigkeit im Sinne des Abs. V (wie die der Arbeitsgerichtsbehörden bei Lidlohnstreitigkeiten) begründet [Anm. 19]. Zugriffsreif im Sinne des Abs. VI kann nur die Forderung, nicht das Vorrecht sein [Anm. 36]. Wenn bei alleiniger Bestrittenheit des Vorrechts der Gläubiger nicht binnen der Ausschlußfrist des § 152 die Klage auf Vorrechtsfeststellung erhoben und erforderlichen Falles die Erhebung dem Verwalter nachgewiesen hat, kommt seine Forderung bei der Verteilung nur als einfache zum Zuge (Bley S. 41). Auch die §§ 155, 168 Nr. 1 gelten entsprechend. Wie der § 146 die Klage auf Feststellung einer Konkursforderung nach Grund und Betrag nur bei „streitig gebliebenen" (also angemeldeten und geprüften) Forderungen zuläßt [Anm. 14], so ist auch die Klage auf Vorrechtsfeststellung im Rahmen des § 146 nur statthaft, wenn das Vorrecht angemeldet und „streitig" geworden war. Wie dort hat hier mangels einer Zugriffsreife im Sinne des Abs. VI der Anmelder, nicht der Widersprechende die Last und das Recht, die Feststellung zu betreiben (zust. Bley in Steuer u. Wirtschaft 1928 Sp. 1124 Note 54, Seitz S. 31, Schlichting S. 35 bei Note 233, Epp S. 94ff.; abw. RG Bd. **116** 372f.; vgl. im übrigen zum Vorrechtsstreit bei titulierten Forderungen Anm. 36; dort auch zur vermittelnden Auffassung des BGH Lind.-Möhr. Nr. 2, 3 zu § 61 KO). Ebenso wie beim Streit über den Bestand der Forderung [Anm. 16] ist es aber auch hier genügend, wenn sich der Gläubiger auf den vom Konkursverwalter oder von einem anderen widersprechenden Gläubiger betriebenen Vorrechtsstreit eingelassen hat (BGH Bd. **19** 164). Die allgemeine Feststellungsklage des § 256 ZPO könnte zwar das Vorrecht als Rechtsverhältnis zum Gegenstand haben (Kleinfeller JW 1931 S. 2113 zu Nr. 20 gegen RG Bd. **130** 335), würde aber nur beim Vorliegen eines besonderen Rechtsschutzbedürfnisses zulässig sein [Anm. 15], an dem es mangelt, solange die Forderung selber in Zweifel steht. Die Zulässigkeit der Klage auf Feststellung des Vorrechts einer noch ungeprüften Forderung wäre daher auch dann nicht aus § 256 ZPO zu rechtfertigen, wenn das Vorrecht außerhalb des Konkurses bestritten wäre (Kleinfeller aaO., im Ergebnis auch RG aaO.). War umgekehrt die Forderung nach Grund und Betrag festgestellt (§ 144 I), das Vorrecht aber bestritten, so kann im Vorrechtsfeststellungsstreit der Rechtsbestand der Forderung nicht mehr angezweifelt werden [§ 145 Anm. 5].

18 2. **Zuständigkeit**

a) Für die Erhebung der Feststellungsklage besteht nach **Abs. II** ein **besonderer Gerichtsstand** [Grund: Anm. 4] beim Amtsgericht des schwebenden Konkurses und für landgerichtliche Streitgegenstände beim übergeordneten Landgericht (§§ 23, 71 GVG). Das Konkursgericht als solches ist zur Feststellung des streitigen Gläubigerrechts ebensowenig berufen als im Verteilungsstreite der Zwangsvollstreckung das Vollstreckungsgericht (§ 879 I ZPO). Der Streitwert wird nach § 148 festgesetzt, nicht durch den Bestreitungsbetrag als solchen bestimmt. Bei Konkursfeststellungsklagen pflegt die sachliche

Zuständigkeit vom Streitwert abhängig zu sein. Doch sind auch Fälle denkbar, in denen das Landgericht für die Feststellung von Konkursforderungen noch so geringer Höhe zuständig ist, wie etwa für Rückgriffsansprüche gegen Beamte (§ 71 II Nr. 1, III GVG) oder für Schadensersatzansprüche aus der sog. Prospekthaftung (§ 49 BörsenG). Vgl. auch § 51 I, II PatG, § 32 WZG. Binnenschiffahrtssachen: Anm. 19. Wird dieselbe Forderung mehrfach, aber in verschiedener Höhe bestritten, so fehlt es möglicherweise an einer einheitlichen sachlichen Zuständigkeit. Der Anmelder muß also unter Umständen gegen den einen Widersacher beim Landgericht, gegen den anderen beim Amtsgericht des Konkurses die Feststellung betreiben, wenn es nicht gelingt, durch Zuständigkeitsvereinbarung die Einheitlichkeit des Verfahrens und der Entscheidung zu fördern (§§ 38ff. ZPO). Durch entsprechende Anwendung des § 36 Nr. 3 ZPO wird hier nicht zu helfen sein (siehe OLG Kiel HRR 1930 Nr. 748, das mit Recht auf die Bedenken hinweist, die sich aus der Möglichkeit einer Aufnötigung des Anwaltszwanges bei geringfügigem Streitwert ergeben würden; abw. Baumbach ZPO[25] § 36 Anm. 3c, der betont, daß „Gerichtsstand" mitunter auch die sachliche Zuständigkeit heißt; ebenso Stein-Jonas-Schönke-Pohle ZPO[18] § 36 III 3f.; „allgemeiner Gerichtsstand" aber ist ausschließlich ein Begriff der örtlichen Zuständigkeit). Eine Zusammenrechnung nach § 5 ZPO findet nicht statt [§ 148 Anm. 5]. Die örtliche — nicht auch die sachliche — Zuständigkeit ist ausschließlich. Nur die örtliche ist also der Parteivereinbarung entzogen (§ 40 II ZPO; beachte jedoch §§ 512a, 549 II ZPO). Die Ausschließung einer sachlichen Prorogation würde dem Prozeßkonzentrierungszwecke des Abs. II [Anm. 4] zuwiderlaufen. LG Wiesbaden ZZP 29 S. 247f. Das Gesetz schaltet die Kammern für Handelssachen nicht aus. Es besteht doch auch, wie Kohler Lehrbuch S. 563 N. 4 mit Recht geltend macht, gewiß kein Anlaß, den Prozeß derjenigen Kammer zu entziehen, von der eine besonders sachgemäße Entscheidung zu erwarten ist. Gleichwohl wird häufig gelehrt, die Feststellungsklage könne vor der Kammer für Handelssachen weder erhoben noch (Abs. III) fortgeführt werden. So z. B. Petersen-Kleinfeller Anm. 8, Oetker I S. 333, Jonas S. 16f. mit den Motiven II S. 365. Dagegen (außer Kohler) Seuffert § 44 N. 5, Fitting § 12 N. 50, v. Wilmowski-Kurlbaum Anm. 7, Bley S. 11f., Mentzel-Kuhn Anm. 7, Böhle-Stamschräder Anm. 2b. Da der Feststellungsprozeß den angemeldeten Anspruch selber zum Gegenstande hat, nicht etwa ein davon verschiedenes prozeßrechtliches Verhältnis [Anm. 12], unterliegt namentlich die Anwendbarkeit des § 95 GVG keinem Bedenken. Nicht einmal dessen Nr. 1 ist (wie meist behauptet wird) auszunehmen. Denn sie setzt nur voraus, daß die im Prozesse festzustellende Forderung aus einem beiderseitigen Handelsgeschäft herrührt und gegen einen Kaufmann geltend gemacht wird. Das ist jedenfalls dann denkbar, wenn der Widerspruch (wie üblich) vom Verwalter ausgeht, da dann nach der Vertretertheorie der Gemeinschuldner als solcher auch Partei ist oder bleibt, aber auch nach der Amtstheorie trotz der Parteistellung des Konkursverwalters die für die Zuständigkeit maßgebende Qualifikation aus der Person des Gemeinschuldners als des Trägers der Verpflichtung zu bestimmen ist (vgl. Weber KTS 1955 S. 108f.). Bei Ansprüchen aus einem Wechsel oder Scheck (§ 95 Nr. 2, 3 GVG) braucht keine der Prozeßparteien Kaufmann zu sein oder gewesen zu sein. Zur Austragung des Feststellungsstreites im Urkunden-, Wechsel- oder Scheckprozeß, im schiedsrichterlichen Verfahren oder im Schiedsurteilsverfahren vgl. Anm. 6. Der Gerichtsstand des Abs. II gilt nur Neuklagen, nicht Prozeßaufnahmen [Anm. 24], nur der Feststellung streitiger Konkursforderungen, nicht der Verfolgung von Absonderungsansprüchen [§ 4 Anm. 9], auch nicht in Fällen des § 64 (RG PosMSchr 1913 S. 40f.).

b) Nach **Abs. V** gilt der Gerichtsstand des Abs. II **nicht** für die vom Rechtswege vor den ordentlichen Gerichten ausgeschlossenen Sachen, Motive II S. 365. 19

α) Das ist zunächst der Fall, wenn für die Feststellung der Forderung die Zuständigkeit eines **besonderen Gerichts** (§§ 13, 14 GVG) begründet ist. Im Vordergrund stehen hier die unter Ausschluß der ordentlichen Gerichte und ohne Rücksicht auf den Streitwert für Arbeitssachen zuständigen **Arbeitsgerichte** (§ 2 ArbGG). Diese Regelung ist sachlich angemessen; denn auch in den seltenen Fällen, in denen der Anmelder einen widersprechenden Gläubiger auf Feststellung der Forderung zu verklagen hat, handelt es sich doch um eine angebliche Verbindlichkeit des Gemeinschuldners, die mit Rücksicht auf ihren Rechtsgrund (als „Arbeitssache" im Sinne des § 1 ArbGG) vor einem sachkundigen Sondergericht geltend zu machen ist. Diese Eigenschaft hat die Forderung durch den Konkurs des Schuldners nicht eingebüßt. Träger des festzustellenden Schuldverhältnisses ist nach wie vor der Gemeinschuldner. Vgl. auch § 2 IV S. 1 ArbGG und Weber KTS 1955 S. 109. Der Einwurf, beim Konkursfeststellungsstreit werde die Sachkunde des Sondergerichts am ehesten versagen, geht fehl. Er trifft letzten Endes die Sondergerichtsbarkeit selbst; denn es handelt sich ja auch im Bereiche des § 146 um die Feststellung von Ansprüchen aus dem Dienstverhältnisse zwischen Arbeitgebern und Arbeitnehmern (§ 2 I Nr. 2 ArbGG). Heute besteht daher Einverständnis darüber, daß alle an sich vor das Arbeitsgericht gehörenden Ansprüche, auch soweit sie als Konkursforderungen nach Grund, Betrag und Vorrecht festzustellen sind, der Arbeitsgerichtsbarkeit unterliegen. So namentlich RAG Bd. 4 S. 284 (KonkTreuh. 1930 S. 25f., JW 1930 S. 1530f. mit Fußnote Mannes zu Nr. 2) und seitdem ständig, z. B. Bd. 7 S. 166 (= KonkTreuh. 1931 S. 29f.), KonkTreuh. 1931 S. 170f. mit weiteren Verw., ebenda S. 107f. Siehe ferner LandesAG Berlin KonkTreuh. 1928 S. 122f., ArbG Stuttgart JW 1929 S. 2182 Nr. 2; Mentzel-Kuhn Anm. 8, Böhle-Stamschräder Anm. 2c, Oehmann BB 1952 S. 465f. Für die gesetzlichen Vorläufer der Arbeitsgerichte (Gewerbe- und Kaufmannsgerichte) vgl. Jaeger BayZ 1905 S. 5, LZ 1907 Sp. 210f., 924f., Bley S. 18ff. mit Verw. Das gilt für die gebotene (§ 2 ArbGG) wie für die freigestellte Zuständigkeit (§ 3 ArbGG). Unter erstere fallen auch Lehrlingsstreitigkeiten (wegen der Zuständigkeit besonderer Innungsausschüsse vgl. § 111 II ArbGG) und sogar Schadensersatzklagen aus unerlaubter, mit dem Arbeitsverhältnisse zusammenhängender Handlung (§ 2 Nr. 2 ArbGG). In allen Rechtszügen werden die bei Konkursbeginn schwebenden Streitigkeiten nach Maßgabe des § 240 ZPO unterbrochen (§§ 46 II, 64 II, 72 III ArbGG). Daß auch der Vorrechtsstreit zur arbeitsgerichtlichen Zuständigkeit gehört, wird heute ebenfalls anerkannt. Treffend betont RAG 4 284: „es wäre prozeßpolitisch kaum verständlich, wenn der Gesetzgeber einen Kläger zwänge, denselben Tatbestand und dasselbe materiellrechtliche Verhältnis, aus denen das Arbeitsgericht die Berechtigung seiner Lohnforderung hergeleitet hat, zwecks Feststellung ihres Konkursvorrechts nunmehr noch einem anderen, dem ordentlichen Gericht, zu unterbreiten." Auch fallen ja die Erfordernisse, von denen der § 61 Nr. 1 KO das Lidlohnvorrecht abhängig macht, ganz und gar in den Bereich arbeitsrechtlicher Erwägungen (Mannes aaO.). Zust. LArbG Kiel NJW 1952 S. 800, LArbG Frankfurt NJW 1955 S. 238; Oehmann aaO. S. 466, Mentzel-Kuhn § 61 Anm. 21b, Böhle-Stamschräder § 61 Anm. 4e. Vgl. auch § 61 Anm. 17a. Verweisung: § 48 I ArbGG mit § 276 ZPO. Hinsichtlich der örtlichen Zuständigkeit bleibt es bei der allgemeinen Regelung (§ 46 I ArbGG, §§ 12ff. ZPO; vgl. auch § 48 II ArbGG). Eine entsprechende Anwendung des § 146 II KO ist bei der eindeutigen Fassung des Abs. V abzulehnen; bei mehreren Widersprechenden ist aber die Bestimmung eines gemeinschaftlichen zuständigen Arbeitsgerichts nach § 36 Nr. 3 ZPO möglich. Vgl. dazu Oehmann aaO. S. 466. Über die Zuständigkeit von Schiedsgerichten in Arbeitssachen vgl. §§ 101 II, III, 102ff. ArbGG.

Von den in § 14 GVG aufgeführten bundesrechtlich zugelassenen besonderen Gerichten scheiden die lediglich in Baden-Württemberg eingerichteten Gemeindegerichte (§ 14 Nr. 2 GVG) für die Feststellung von Konkursforderungen aus, da diese durch § 25 Nr. 8 des baden-württ. Gesetzes über die Gemeindegerichtsbarkeit v. 7. 3. 1960 (GBl. S. 73) von der Zuständigkeit der Gemeindegerichte ausdrücklich ausgenommen ist. Was die in § 14 Nr. 1 GVG zugelassenen besonderen Gerichte für die Schiffahrt für die in Staatsverträgen bezeichneten Angelegenheiten anlangt, so ist jetzt die Regelung des BG über das gerichtliche Verfahren in Binnenschiffahrts- und Rheinschiffahrtssachen v. 27. 9. 1952 (BGBl. I S. 641, 664) maßgebend. Danach sind nicht nur die Rheinschiffahrtssachen (Art. 34 II der rev. Rheinschiffahrtsakte, Bek. v. 27. 9. 1952, BGBl. I S. 645, § 14 BinnSchuRhSchVerfG), sondern auch die übrigen Binnenschiffahrtssachen (§ 2 I) den Amtsgerichten als „Schiffahrts(Rheinschiffahrts)-gerichten" und den Oberlandesgerichten als „Schiffahrts(Rheinschiffahrts)obergerichten", also den ordentlichen Gerichten zugewiesen (§§ 1, 5, 11, 14, 15; vgl. auch Rosenberg Lehrbuch[8] § 14 IV). Die darin liegende Regelung der sachlichen Zuständigkeit ist auch für die Feststellungsklagen nach § 146 KO maßgebend [vgl. Anm. 18]. Dagegen wird die besondere Regelung der örtlichen Zuständigkeit für die Binnen- bzw. Rheinschiffahrtssachen (§§ 3, 14) durch § 146 II KO verdrängt, da dessen Regelung innerhalb des Bereiches der ordentlichen Gerichtsbarkeit einen ausschließlichen Gerichtsstand schafft. Sind die Binnen- bzw. Rheinschiffahrtssachen nur bestimmten Amtsgerichten und Oberlandesgerichten zugewiesen (§§ 4, 14, 23), so ist dasjenige Amtsgericht als Schiffahrts(Rheinschiffahrts)gericht ausschließlich zuständig, zu dessen erweitertem Bezirk der Bezirk des Konkursgerichtes gehört. Die Lage ist hier ebenso wie im Falle der §§ 51 I, II PatG (Patentgericht) oder § 32 I WZG (Gericht für Warenzeichensachen). Lediglich die Zentralkommission in Straßburg, an welche im Rahmen des § 18 BinnSchuRhSchVerfG die Berufung gegen Urteile der Rheinschiffahrtsgerichte wahlweise möglich ist, ist noch Sondergericht im Sinne des § 14 Nr. 1 GVG — Schiedsgerichte: Anm. 6.

β) Unberührt bleibt nach **Abs. V** auch Zuständigkeit und Verfahren von Verwaltungsbehörden oder Verwaltungsgerichten, die reichs- oder landesgesetzlich für die Feststellung der streitig gebliebenen Forderung zuständig sind. Hier kommen namentlich Ansprüche auf Steuern, kirchliche Abgaben, Gebühren öffentlich-rechtlicher Verbände, Kassenbeiträge, Wegebaukosten, aber auch auf Rückstände öffentlicher Versicherungen [§ 61 Anm. 18] in Frage. Im Vordergrunde stehen die **Bundessteueransprüche.** Steuerkonkursforderungen [§ 3 Anm. 16] bedürfen im Gegensatze zu Steuermasseansprüchen [§ 58 Anm. 5f.] der Anmeldung, Prüfung und Feststellung. Denn auch Konkursforderungen des öffentlichen Rechts sind vom Gläubiger geltend zu machen, nicht von Amts wegen durch den Verwalter zu berücksichtigen [§ 138 Anm. 2a]. Die Anmeldung als solche wirkt nicht als Steuerbescheid [§ 139 Anm. 4 unter d]. Wird eine angemeldete Steuerkonkursforderung im Prüfungstermine festgestellt (§ 144 I), dann vermittelt der Tabelleintrag die Rechtskraftwirkung des § 145 II. Für die Konkursteilnahme bedarf, es alsdann keines Steuerbescheids und, wenn bei Konkursbeginn schon ein Steuerrechtsstreit anhängig war [§ 10 Anm. 2c], keiner Aufnahme. RFH GrSen. Bd. 19 S. 355. Der Feststellungserfolg kann fortab nur im Wege des Zivilprozesses beseitigt werden (§§ 579f. ZPO) [§ 145 Anm. 12]. Ist dies aber erreicht, dann ist der Streit über den Steueranspruch im steuerrechtlichen Verfahren auszutragen. Über alles Nähere Bley ZZP 51 S. 238ff., 245f. u. in „Steuer u. Wirtschaft" 1928 S. 1115ff., ebenda S. 1118ff. wegen des § 12 KO [siehe dort Anm. 6]. Wenn dagegen die Steuerkonkursforderung im Prüfungsverfahren streitig bleibt, fragt es sich, ob sie bereits im Sinne des Abs. VI zugriffsreif ist oder nicht. Von Gesetzes wegen ist sie das in keinem Falle [Anm. 34], wohl aber dann, wenn der Steuerbescheid dem Schuldner vor Konkursbeginn zugestellt war (RG Bd. 116 373 KonkTreuh. 1932 S. 26 Nr. 5; RFH Bd. 18 S. 144, Bd. 19 S. 359). Vorlage des Titels: Anm. 2. Die Feststellung einer noch nicht zugriffsreifen streitig gebliebenen Steuerkonkursforderung hat der Gläubiger (der Bund durch die Finanzämter) zu betreiben. Weil die Steuerbehörde die zur „Feststellung" nach Abs. V berufene Stelle ist, hat auch sie selber den Bescheid über die Rechtmäßigkeit des Bestreitens zu erlassen, aber nicht als einen gewöhnlichen, Zahlung heischenden Steuerbescheid, sondern als reine, die Widerspruchsgründe würdigende Feststellung, die dem Bestreitenden (Verwalter, Gläubiger) zuzustellen ist und 20 von ihm mit den steuerrechtlichen Rechtsmitteln (§§ 259ff. RAbgO) angefochten werden kann (RFH Bd. **19** S. 355, 359, Bd. **27** S. 40, FG Düsseldorf KTS 1958 S. 30). Beim Widerspruch gegen eine bereits zugriffsreife Steuerkonkursforderung hat der Widersprechende die Betreibungslast (Abs. VI). War der vor Konkurseröffnung erlassene Steuerbescheid noch nicht rechtskräftig, so kann ihn der Widersprechende durch Einlegung des zulässigen steuerrechtlichen Rechtsmittels bekämpfen, und zwar, wenn der Steuerrechtsstreit schon vor dem Konkurse begonnen hatte, unter Aufnahme nach Abs. III [§ 10 Anm. 2c], die beim Zögern des Widersprechenden auch dem Gläubiger der zugriffsreifen Forderung unverwehrt bleibt [Anm. 42]. War der Steuerbescheid schon vor Konkurseröffnung in Rechtskraft erwachsen, dann hat die Bestreitung nur Aussicht, wenn damit zu rechnen ist, daß die Steuerbehörde ihn aufhebt oder abändert. Eine dem § 767 ZPO entsprechende Anspruchsgegenklage, besonders bei zwischenzeitlichem Erlöschen des Anspruchs, kennt das steuerrechtliche Verfahren nicht. Näheres Bley ZZP 51 S. 246ff.; dazu Bühler Lehrbuch des Steuerrechts § 94 I 1a (1927), der eine Geltendmachung der Tilgungsgründe durch Beschwerde an das Landesfinanzamt für zulässig erachtet. Ebenso Liman—Schwarz, Steuerbeitreibungsrecht (1952) S. 217. Zugriffsreif kann aber auch der Steueranspruch immer nur nach Grund und Betrag, nicht gegenüber der Bestreitung seiner Anmeldbarkeit oder des in Anspruch genommenen Vorrechts sein [Anm. 36]. Der Anmelder hat also insoweit stets die Last und das Recht der Betreibung und zwar nach beiden Richtungen im steuerrechtlichen Verfahren (Abs. V mit Abs. I). Dies ist hinsichtlich des Streites über die Anmeldbarkeit auch in der Rechtsprechung anerkannt, da er vom Streit über den Grund des Anspruches nicht zu trennen ist (RG JW 1933 S. 2518, BFH Bd. **57** S. 283ff. = BB 1953 S. 317). Dagegen stehen sich in der Frage der Austragung des **Vorrechtsstreites** die Auffassungen heute schärfer denn je gegenüber. Die Lage ist vor allem für die Praxis außerordentlich unerfreulich, da BGH und BFH, also zwei obere Bundesgerichte, jetzt verschiedene Meinungen in dieser Frage vertreten. Der BGH hat sich nämlich der früher als herrschend zu bezeichnenden und auch vom RG und vom RFH vertretenen Auffassung angeschlossen, daß der Vorrechtsstreit im Rechtsweg nach Abs. II auszutragen sei und daß sich die Kompetenz der Finanzbehörden und Finanzgerichte auf diesen Streit nicht erstrecke (RG Bd. **114** 372, Bd. **116** 368, **140** 308, KonkTreuh. 1933 S. 103; ObstLG JR 1931 Nr. 1648; OLG Frankfurt JW 1931 S. 326 Nr. 5 mit Fußnote Niemann; RFH Bd. **20** S. 240 = JW 1927 S. 1172; BGH Lind.-Möhr. § 61 Nr. 2, 3 = NJW 1954 S. 31, Bd. **19** 164; auch OLG Stuttgart DStR 1957 S. 84; FG Stuttgart KTS 1955 S. 63. In der Literatur: v. Wilmowski-Kurlbaum Anm. 9, Kaatz JW 1923 S. 591, Hensel Steuerrecht³ 1933 S. 116, Fein Konkurs- und Steuerverfahren, Leipz. Diss. 1931 S. 71ff. mit Verw.; Mentzel-Kuhn Anm. 8, 22; Böhle-Stamschräder § 61 Anm. 5c; Model NJW 1954 S. 289, aber auch Lent bei Jaeger-Lent⁸ § 61 Anm. 19e im Gegensatz zu Jaeger 6./7. Aufl. § 146 Anm. 16, Riewald RAbgO II § 242 I 2, Kühn RAbgO⁴ § 242 Anm. 2; in diesem Sinne übrigens auch die ausdrückliche Regelung des österreichischen Rechtes: §§ 110 III, 111 I Österr. KO). Der BGH hat an dieser Auffassung auch gegenüber der abweichenden Ansicht des BFH [s. unten] festgehalten (BGH NJW 1959 S. 987) und darüber hinaus (vgl. den vollen Abdruck dieser Entscheidung in WM 1959 S. 468) die negative Feststellungsklage des Konkursverwalters über das bestrittene Vorrecht zugelassen, obwohl der Streit über den Bestand der Forderung noch bei den Finanzgerichten anhängig war. Diese Auffassung ist vor allem von Jaeger (6./7. Aufl. Anm. 16) mit Recht bekämpft worden. Entscheidend ist die Tragweite des § 242 RAbgO, auf den § 146 Abs. V KO verweist und der für „Steuersachen" den ordentlichen Rechtsweg ausschließt. Das RG hatte (Bd. **116** 368ff.) vor allem darauf abgestellt, daß sich das beanspruchte Vorrecht nach materiellem Konkursrecht, nicht aber nach materiellem Steuerrecht oder Steuerverfahrensrecht bemesse und daß daher der Streit um das Vorrecht seiner Natur nach ein bürgerlichrechtlicher im Sinne des § 13 GVG sei. Nicht anders als beim Streit um Bestand und Betrag handelt es sich aber auch beim Vorrechtsstreit um Merkmale des steuerrechtlichen Tatbestandes. Denn es hängen ja die Vorrechte des § 61 Nr. 2, 3 ausschließlich davon ab, wann die Abgaben fällig geworden, aus welchem Jahre sie zu entrichten sind. Indem unser Abs. V den Abs. I, der sich unzweifelhaft auf die Forderungsfeststellung überhaupt — auch hinsichtlich der Anmeldbarkeit und des Vorrechts — bezieht, für entsprechend anwendbar erklärt, wenn nach sonstigen Rechtssätzen für die Feststellung der Forderung ein Verwaltungsgericht zuständig ist, bringt er klar zum Ausdruck, daß der Feststellungsstreit in jeder Richtung vor dem Verwaltungsgericht und im verwaltungsgerichtlichen Verfahren auszutragen ist. Dies allein entspricht auch den Geboten der Zweckmäßigkeit. Denn es wäre durch keine sachliche Erwägung zu rechtfertigen, wenn bei gleichzeitiger Bestrittenheit der Forderung nach Bestand und Vorrecht der Bestandsstreit von den Verwaltungsgerichten, der Vorrechtsstreit von den ordentlichen Gerichten zu entscheiden, also eine Verdoppelung des Aufwandes an Arbeit, Zeit und Kosten (zumal bei Erschöpfung beider Rechtszüge) unvermeidbar wäre. Damit würde eben der Zwiespalt eintreten, den das RAG Bd. 4 S. 284 als „prozeßpolitisch kaum verständlich" bezeichnet [Anm. 19]. Die auf v. Wilmowski-Kurlbaum aaO. zurückgehende Annahme, der Vorrechtsstreit habe die „rein privatrechtliche Frage der vermögensrechtlichen Konkurrenz" zum Gegenstande, ist unzutreffend. Die Rangordnung als solche beruht bei jeder Vollstreckung, bei der Zwangsvollstreckung (§ 10 ZVG) wie im Konkurse (§ 61 KO) auf verfahrensrechtlicher, also öffentlich-rechtlicher Regelung, weshalb sie sich ja auch anerkanntermaßen im zwischenstaatlichen Recht nach den Gesetzen des Vollstreckungs- oder Konkursgerichts bestimmt [§ 61 Anm. 40]. Das einzelne Vorrecht aber, um das allein der Feststellungsstreit geführt wird, entspringt einem sachrechtlichen („materiellen") Tatbestand. Es ist nicht wie das Pfandrecht eine neben der Forderung stehende Machtbefugnis, sondern die Forderung selbst in einer bestimmten Wirksamkeit [§ 61 Anm. 11]. Das Vorrecht feststellen heißt eine Eigenschaft der Forderung feststellen. Gehört sie (z. B. als Lohnanspruch) dem bürgerlichen Recht an, dann ruht auch ihr Vorrecht in diesem. Ist sie eine Forderung des öffentlichen Rechts (z. B. als Steueranspruch), dann kann auch ihr Vorrecht nur öffentlich-rechtlichen Ursprungs sein. Dies räumt im Grunde auch der BGH ein (L-M § 61 Nr. 2, 3), der damit die Begründung des RG aufgegeben hat. Gleichwohl zieht er aus diesen Einsichten nicht die Konsequenz, daß Forderungsgrund und Vorrecht durch dieselbe Behörde und im selben Verfahren festzustellen seien. Er entnimmt vielmehr verschiedenen Vorschriften der RAbgO (§§ 328, 346, 370, zu denen BGH NJW 1959 S. 987 noch § 120 und § 360 IV hinzufügt) den allgemeinen Grundsatz, daß bei Kollisionen von Steuerrechten mit privaten Rechten Dritter keine „Steuersachen" im Sinne des § 242 RAbgO vorlägen, sondern die Zuständigkeit der ordentlichen Gerichte begründet sei. Dieser Grundsatz müsse auch für den Streit um das Konkursvorrecht gelten. Der wesentliche Unterschied der genannten Fälle zum Vorrechtsstreit besteht jedoch darin, daß dort das Verhältnis der Steuerforderung zu den Drittrechten Gegenstand der begehrten Entscheidung ist, während die Auswirkungen der Vorrechtsfeststellung auf die übrigen Gläubiger (übrigens ebenso wie die der Feststellung als einfache Konkursforderung) nach § 147 S. 1 KO nicht zum Streit- und Entscheidungsgegenstand des Feststellungsstreites gehören [Anm. 13]. Die hier entwickelte Ansicht, daß auch für den Vorrechtsstreit die Steuerbehörden und Steuergerichte zuständig seien, wird vertreten namentlich von Bley Feststellung S. 106, ZZP 51 S. 266, Steuer u. Wirtschaft 1928 Sp. 1122ff., Kluckhohn Neue Steuerrundschau 1925 S. 106, Jaeger Lehrbuch S. 181, Mattern BeitreibO 1933 S. 208, Liman-Schwarz SteuerbeitrRecht 1952 S. 225f. und (gegen die Begründung des BGH): Erg. Bd. 1955 S. 62ff., Schwarz NJW 1954 S. 1867ff. und DStR 1955 S. 28ff., LG Stuttgart NJW 1955 S. 1640 mit zust. Anm. von Messmer und nunmehr vor allem von BFH Bd. 66 S. 527ff. = NJW 1958 S. 1063 (mit zust. Anm. von Schwarz ebenda und ablehnender Anm. von Judeich NJW 1959 S. 1255f.) sowie von OFD Hamburg DStR 1958, 286. Zust. auch

Mattern JZ 1958 S. 733f. Die hier für die Steuerforderungen dargelegte Auffassung daß die Zuständigkeit zur Feststellung der Forderung auch deren eventuelles Vorrecht umfaßt, muß für alle Fälle gelten, in denen die Feststellung der Kompetenz von Verwaltungsbehörden oder Verwaltungsgerichten zugewiesen ist. Zustimmend für den Vorrechtsstreit bei Forderungen der Sozialversicherungsträger [§ 61 Anm. 18] Gunkel ZBlattSozVers. 1956 S. 268. Zur Betreibungslast und -befugnis im Vorrechtsstreit bei titulierten Steuerforderungen vgl. Anm. 36. Über die Geltendmachung von Kirchensteuern im Konkurse des Schuldners siehe Heister KonkTreuh. 1933 S. 162f. u. die S. 163 Note 5 daselbst angeführten Schriften. Auch die Feststellung der Beitragsforderungen der Sozialversicherungsträger ist der ordentlichen Gerichtsbarkeit nach Abs. V entzogen. Über die Feststellung entscheiden hinsichtlich Bestand, Höhe, Anmeldbarkeit und Vorrecht im Vorverfahren der Versicherungsträger und die Widerspruchsstelle (§§ 80ff. SozGG), im Klageweg die Gerichte der Sozialgerichtsbarkeit (§§ 51, 55 II SozGG). Im einzelnen Gunkel aaO. S. 267ff.

21 γ) Die Frage, ob auch **Strafgerichte** zur Entscheidung eines Feststellungsstreites berufen sein können, konnte früher nur für Ansprüche auf Bußen aufgeworfen werden (§ 404ff. StPO a. F.; vgl. dazu Jaeger 6./7. Aufl. Anm. 17 mit Verw.). Sie hat inzwischen eine erweiterte Bedeutung erlangt, nachdem die 3. VO zur Vereinfachung der Strafrechtspflege vom 29. 5. 1943 (RGBl. I S. 342) das bisherige Verfahren auf Zuerkennung einer Buße in ein allgemeines auf Geltendmachung von vermögensrechtlichen Folgen einer Straftat gerichtetes **Adhäsionsverfahren** umgewandelt hat, von dessen Möglichkeit allerdings in der Praxis wenig Gebrauch gemacht wird. Bei der Beantwortung der gestellten Frage ist davon auszugehen, daß die Strafgerichte, auch soweit sie auf Entschädigung erkennen können, nicht besondere Gerichte im Sinne des Abs. V, sondern ordentliche Gerichte sind (§ 13 GVG) und daß der Adhäsionsprozeß zur Austragung eines Feststellungsstreites ungeeignet ist; denn abgesehen davon, daß für das Adhäsionsverfahren weder Feststellungsurteile (Eb. Schmidt, Lehrkommentar zur StPO § 403 Anm. 7) noch eine Abweisung des Entschädigungsanspruchs als unbegründet in Frage kommen (§ 405 StPO), besteht weder für den Konkursverwalter noch für einen widersprechenden Gläubiger eine verfahrensrechtliche Möglichkeit, sich am Strafverfahren zu beteiligen. Die Kompetenz der Strafgerichte für den Feststellungsstreit ist somit eindeutig zu verneinen. Im einzelnen entstehen aber eine Reihe von Schwierigkeiten. Jedenfalls muß der Gläubiger einer Entschädigungsforderung, die an sich dem Adhäsionsverfahren zugänglich ist (§ 403 StPO), diese, wenn sie im Konkurs Berücksichtigung finden soll, gemäß § 12 KO anmelden und dem Prüfungsverfahren unterstellen und zwar auch dann, wenn ein Adhäsionsverfahren bereits anhängig ist oder schon eine zuerkennende Entscheidung in diesem ergangen ist. Die Stellung eines Antrags auf Adhäsionsverfahren ist jedenfalls von der Konkurseröffnung an unzulässig, das Strafgericht hätte auf einen gleichwohl gestellten Antrag durch Beschluß gemäß § 405 StPO auszusprechen, daß von Entscheidung abgesehen wird. Dieselbe Entscheidung ist aber auch zu treffen, wenn bei Konkurseröffnung der Antrag bereits gestellt war, da sich nach der Konkurseröffnung der Antrag zur Erledigung im Strafverfahren nicht mehr eignet. Wird der Entschädigungsanspruch im Prüfungstermin bestritten und lag vor Konkurseröffnung noch keine zusprechende Entscheidung des Strafgerichtes vor, so ist der Feststellungsstreit durch Klage im Zivilprozeßweg gemäß § 146 Abs. 1 KO auszutragen. Hatte das Strafgericht jedoch bei Konkurseröffnung bereits eine Entschädigung zugesprochen, so ist die Entschädigungsforderung in der zuerkannten Höhe für den Konkurs zugriffsreif (tituliert) in dem in Anm. 1 entwickelten Sinne (§ 406 III StPO). Für die Frage, auf welchem Wege der Widersprechende gemäß Abs. VI den Widerspruch verfolgen kann, ist zu unterscheiden, ob das Strafurteil im Zeitpunkt der Konkurseröffnung bereits rechtskräftig war oder nicht. Stützt sich der Widerspruch gegen die rechtskräftig zugesprochene Entschädigungsforderung auf die schuld-

tilgenden Tatsachen des § 767 ZPO [Anm. 39], so sieht § 406b StPO ohnedies ausdrücklich den Rechtsweg vor den Zivilgerichten vor, wobei die dort verordnete Zuständigkeit für den Widerspruchsprozeß durch § 146 Abs. II KO verdrängt wird. Wird der Widerspruch dagegen auf einen Wiederaufnahmegrund gestützt [Anm. 39], so hat der Widersprechende nicht die Möglichkeit, den Widerspruch durch einen auf die Entscheidung über die Entschädigung beschränkten Wiederaufnahmeantrag (§ 406c StPO) im Strafprozeß zu verfolgen. Da er aber gegenüber einem strafgerichtlichen Urteil nicht schlechter gestellt sein kann als gegenüber einem den Entschädigungsanspruch zuerkennenden zivilgerichtlichen Urteil, muß ihm hier, dem Leitgedanken des Abs. VI entsprechend, die Möglichkeit einer im Gerichtsstand des Abs. II zu erhebenden Widerspruchsklage eröffnet werden, die er auf die Restitutionsgründe des § 580 ZPO stützen kann [vgl. auch Anm. 38]. War das eine Entschädigung zuerkennende Strafurteil im Zeitpunkt der Konkurseröffnung noch nicht rechtskräftig, hatte aber der Verurteilte bereits ein Rechtsmittel eingelegt, so ist nunmehr im Rechtsmittelverfahren unter Aufhebung des die Entschädigung zuerkennenden Teiles des Urteils auszusprechen, daß hinsichtlich des Entschädigungsanspruches von Entscheidung abgesehen wird (§ 405 StPO) und zwar, dem Grundgedanken des § 406a III StPO entsprechend, auch dann, wenn das Rechtsmittel lediglich bezüglich des Strafausspruches eingelegt war. War dagegen bei Konkurseröffnung noch kein Rechtsmittel eingelegt, so ist der Verurteilte, da es sich ja um einen Strafprozeß handelt, durch die Konkurseröffnung nicht gehindert, ein Rechtsmittel einzulegen und zwar auch beschränkt auf den zivilrechtlichen Teil des Urteils (§ 406a II StPO); in jedem Falle hat das Rechtsmittelgericht den zivilrechtlichen Teil der Entscheidung aufzuheben und insoweit von Entscheidung abzusehen, womit die Zugriffsreife der Forderung beseitigt wird und nun der Weg zur Austragung des Streites durch Klage nach § 146 I KO eröffnet wird. Andererseits kann die Unterlassung eines Rechtsmittels durch den Verurteilten nicht zur Folge haben, daß nunmehr die Entscheidung über die Entschädigung auch gegenüber den Widersprechenden noch nach Konkurseröffnung rechtskräftig werden kann. Der Widersprechende kann auch insoweit nicht schlechter gestellt sein, als wenn die Entschädigung durch ein Zivilgericht zugesprochen worden wäre. § 240 ZPO muß hier jedenfalls insoweit entsprechend angewendet werden, als nach Konkurseröffnung die Rechtsmittelfrist nicht mehr ablaufen kann. Dagegen kann der Widersprechende auch hier seinen Widerspruch nicht etwa durch Aufnahme und Rechtsmitteleinlegung im Adhäsionsverfahren verfolgen, sondern wiederum nur im Wege einer im Gerichtsstand des Abs. II beim Zivilgericht zu erhebenden selbständigen Widerspruchsklage.

Nicht so eindeutig wie bei den im Strafprozeß verfolgbaren zivilrechtlichen Entschädigungsansprüchen ist die Lage in den Fällen, in welchen das StGB (§§ 188, 231) oder Nebengesetze (§§ 40 LitUrhG, § 35 KunstschG, § 14 GeschmMG, § 17 GebrMG, § 50 PatG, § 26 UWG) neben der Strafe die Zuerkennung einer den Ersatz des materiellen und immateriellen Schadens umfassenden **Buße** durch den Strafrichter ermöglichen. Eine Besonderheit besteht zunächst darin, daß auf „Buße“ im technischen Sinne nur durch die Strafgerichte und zwar im strafprozessualen Adhäsionsprozeß (§ 406d I StPO; vgl. Eb. Schmidt aaO., § 406d Anm. 3, 4 mit Verw.) erkannt werden kann. Andererseits kommt aber auch das Buße-Adhäsionsverfahren aus den oben für die Entschädigungsansprüche dargelegten Gründen für die Austragung des Feststellungsstreites nach § 146 KO nicht in Frage (abw. lediglich Wolff Anm. 7). Für den Konkurs ist ferner von Bedeutung, daß die Bußforderung als solche erst mit der Rechtskraft des die Buße zuerkennenden Strafurteils entsteht (Kohler ArchZivPrax. Bd. 81 S. 413, Oetker I S. 163f., GS Bd. 66 S. 326, 346, Bley S. 21f.), daß sie dann aber nach allen oben angezogenen Bestimmungen die Geltendmachung eines weiteren Entschädigungsanspruches ausschließt, die zivilrechtlichen Entschädigungsansprüche also in der rechtskräftig zuerkannten Buße aufgehen. Ein Anspruch auf „Buße“, dann aber auch nur ein solcher, kann also im Konkurs angemeldet werden, wenn das die Buße zuerkennende Urteil vor Konkurseröffnung rechtskräftig geworden ist (§ 3 KO; ungenau oben § 61 Anm. 4); die angemeldete Bußforderung ist notwendig titulierte Forderung (§ 406d I mit § 406 III StPO; Oetker I S. 163f., GS Bd. 66 S. 374f.). Ein im Prüfungstermin erhobener Widerspruch ist vom Widersprechenden zu verfolgen (Abs. VI). Für den Weg der Widerspruchsverfolgung gilt das oben für die rechtskräftig zuerkannte Entschädigungsforderung Gesagte entsprechend, vor allem gilt § 406b StPO auch für den auf Buße erkennenden Teil des Strafurteils (§ 406d I StPO). Ebenso Oetker GS Bd. 66 S. 375 insbes. Anm. 2 gegen I S. 351, Jaeger 6./7. Aufl. Anm. 17; a. A. Bley S. 24. Liegt andererseits im Zeitpunkt der Konkurseröffnung überhaupt noch kein auf Buße erkennendes Strafurteil, also auch kein noch nicht rechtskräftiges vor, so kann der Gläubiger im Konkurs keinen „Bußanspruch" anmelden, sondern nur die zivilrechtlichen Entschädigungsansprüche (so auch Kohler aaO., Oetker I S. 163, GS Bd. 66 S. 341, 351, Bley S. 22); denn bei Konkurseröffnung hatte er nur diese, während das Recht, auf Buße im Strafprozeß anzutragen, nur eine strafprozessuale Möglichkeit ihrer Verfolgung darstellt (Oetker aaO., ferner I S. 231). Wird die angemeldete Entschädigungsforderung bestritten, so ist der Feststellungsstreit nach Abs. I, II im normalen zivilrechtlichen Verfahren auszutragen. Fraglich ist, ob der Geschädigte daneben im Strafprozeß noch einen Antrag auf Buße stellen oder weiterverfolgen kann. Dies wird im allgemeinen in der konkursrechtlichen Literatur bejaht (Kohler aaO., Oetker I S. 164, 351f., GS Bd. 66 S. 376, Bley S. 22 mit weit. Verw., Jaeger 6./7. Aufl. Anm. 17); ein nach Konkurseröffnung ergehendes, auf Buße erkennendes Urteil, welches nun (rechtskräftig geworden) die zivilrechtlichen Entschädigungsansprüche verdränge, wirke aber nur gegen das konkursfreie Vermögen des Gemeinschuldners, in Bezug auf die Konkursmasse dagegen nur zu Gunsten der Konkursgläubiger insoweit, als es eine höhere Feststellung im Streit nach § 146 KO ausschließe, nicht aber gegen sie. So vor allem Kohler aaO., Bley S. 23, insbes. Anm. 13; im einzelnen ist vieles streitig, vgl. Oetker I S. 351f., GS Bd. 66 S. 376f. Mit dieser Auffassung wird sicher den Interessen der Konkursmasse Rechnung getragen, mit ebenso guten Gründen läßt sich aber die zu einer klaren Verfahrensweise führende Auffassung vertreten, daß nach der Konkurseröffnung die Verfolgung des Antrages auf Zuerkennung einer Buße, welche die angemeldeten zivilrechtlichen Entschädigungsansprüche miterfaßt, wegen § 12 KO unzulässig geworden ist und ein derartiger Antrag gemäß § 406d II StPO im Strafurteil als unzulässig abzulehnen ist. Liegt schließlich bei Konkurseröffnung ein auf Buße erkennendes Strafurteil vor, ist dieses aber noch nicht rechtskräftig geworden, so hat der Gläubiger die Wahl, ob er den durch das Urteil auflösend bedingt entstandenen und wegen §§ 406d I, 406 III StPO bereits titulierten Bußanspruch anmelden will oder den (insoweit nicht titulierten; a. A. Oetker GS Bd. 66 S. 374, Bley S. 22) zivilrechtlichen Entschädigungsanspruch; das letztere wird er allerdings nur tun, wenn er seinen Schaden höher bemißt als die ihm zuerkannte Buße, gegen deren Bemessung ihm ein Rechtsmittel nur zusteht, wenn er den Antrag als Privat- oder Nebenkläger gestellt hat (Eb. Schmidt aaO. § 406d Anm. 10). Meldet er den Bußanspruch an, so hat der bestreitende Konkursverwalter oder Konkursgläubiger die Betreibungslast (Abs. VI), der Feststellungsstreit muß aber in einem besonderen Widerspruchsprozeß (ebenso wie bei den Entschädigungsforderungen) ausgetragen werden (Oetker GS Bd. 66 S. 375, Jaeger 6./7. Aufl. Anm. 17); auch hier kann eine nachträglich eintretende Rechtskraft der strafrechtlichen Bußentscheidung nicht gegen die Bestreitenden wirken (Bley S. 23).

22 c) Im Gerichtsstande der Konkursfeststellungsklage kann eine Widerklage nach Maßgabe des § 33 ZPO erhoben werden. RG Bd. 16 118. Andrerseits ist es denkbar, daß die Konkursfeststellung selber den Gegenstand einer Widerklage bildet, die ein Schuldner der Masse gegenüber der Klage des Verwalters erhebt. Nur muß eben bereits bei der Prüfung des Gegenanspruchs die Bestreitung des Verwalters, die das Feststellungsbedürfnis erst auslöst, erfolgt sein (vgl. RG JW 1902 S. 397 Nr. 30).

3. Wenn über die im Prüfungsverfahren streitig gebliebene Forderung schon bei Konkursbeginn ein Rechtsstreit vor einem inländischen Gericht **anhängig** war und noch anhängig ist, muß ihre Feststellung nach **Abs. III durch Aufnahme des unterbrochenen Prozesses** betrieben werden. Freiwillige Feststellung (§§ 144 I, 145 II) würde für ihren Bereich den schwebenden Prozeß gegenstandslos machen. In Fällen des Widerspruchs bedarf er der Austragung. 23

a) Unterbrochen und nach Abs. III aufnahmefähig ist aber der Rechtsstreit nur als Schuldenmassestreit, d. h. nur dann, wenn er um eine im Konkurs als Konkursforderung (§§ 3, 63) verfolgbare Forderung geführt wird [§ 10 Anm. 3, 11 a], einerlei, ob der angebliche Gläubiger die Klägerrolle oder (bei verneinender Feststellungsklage) die Beklagtenrolle einnimmt. Ist die anhängige, nun bestrittene Forderung noch nicht zugriffsreif im Sinne des Abs. VI, dann hat der Anmelder die Feststellung durch Aufnahme zu betreiben, also dadurch, daß er (der Anmelder) ohne Rücksicht auf die bisherige Verteilung der Parteirollen den Aufnahmewillen in einem dem oder den Widersprechenden zugestellten Schriftsatze (so die Regel des § 250 ZPO) oder in der mündlichen Verhandlung erklärt [alles Nähere § 10 Anm. 25]. War die Bestreitung (wie zumeist) vom Konkursverwalter ausgegangen, dann ist der Aufnahmeschriftsatz ihm, nicht dem bisherigen Prozeßbevollmächtigten zuzustellen, da dessen Vollmacht mit Konkurseröffnung erloschen ist (sehr streitig; Nachweise § 23 Anm. 9a, wo Lent im Gegensatz zu Jaeger 6./7. Aufl. Anm. 8a nunmehr die entgegengesetzte Auffassung vertritt). Jede sonstige Parteitätigkeit setzt den Wegfall des Prozeßstillstandes voraus [§ 10 Anm. 7a, 7b]. So auch die Einlegung eines Rechtsmittels oder Einspruchs gegenüber einem vor der Unterbrechung ergangenen, noch nicht rechtskräftigen Urteil, das die Klage des Gläubigers abgewiesen hatte. Die Aufnahme, welche dem Gegner gegenüber zu erklären ist, kann mit der Einlegung des Rechtsmittels, die beim Rechtsmittelgericht zu erfolgen hat, nicht verbunden werden, sondern muß ihr vorhergehen; doch ist ein Verstoß nach § 295 ZPO heilbar [§ 10 Anm. 25; a. A. Jaeger 6./7. Aufl. § 146 Anm. 19].

Jede „Aufnahme" setzt begrifflich den Stillstand des Prozesses voraus: nur ein nach § 240 ZPO unterbrochener Rechtsstreit kann nach § 146 III KO aufgenommen werden. Schwebt bei Konkursbeginn eine Klage aus einer behaupteten Schenkungsverbindlichkeit des Schuldners (§ 63 Nr. 4 KO), dann läßt der Konkurs den Prozeß unberührt [§ 10 Anm. 4 unter b]. Ein Streit der Parteien darüber, ob der Prozeß unterbrochen und aufnahmefähig sei, wäre Zwischenstreit im Sinne des § 303 ZPO. Bleibt aber ein angemeldeter (rechtshängiger) Anspruch streitig, der nach der Behauptung des angeblichen Gläubigers eine Konkursforderung, nach der Behauptung des Widersprechenden nur eine — etwa durch Wechsel [§ 63 Anm. 5, 13] — verschleierte Schenkungsforderung bildet, dann ist der Prozeß durch Aufnahme auszutragen. Aufnahme unterbrochener Wechselprozesse: Anm. 4. Gelangt das Prozeßgericht zu dem Ergebnis, daß der Anspruch — auch wenn er sich als rechtsbeständige Schenkungsforderung erweist — nach § 63 Nr. 4 unanmeldbar ist, dann hat es durch Sachurteil dahin zu erkennen, daß die behauptete Konkursforderung nicht besteht (der Widerspruch also begründet ist). Bley S. 46.

Soweit eine Aufnahme eines anhängigen Prozesses zulässig ist, was insbesondere dann nicht der Fall ist, wenn lediglich das Vorrecht bestritten ist [vgl. Anm. 26, 36], ist eine Neuklage des Anmelders nach Abs. I, II unstatthaft, die Rechtshängigkeit also jedenfalls hier nach dem zwingenden Gebot des Abs. III von Amts wegen zu berücksichtigen. Kleinfeller ZZP 56 (1931) S. 132f. Der Abs. III hat die Aufnahme zum Zwecke der Konkursfeststellung bei schwebenden Prozessen nicht wahlweise, sondern ausschließlich vorgeschrieben. Damit soll einerseits ein erneuter Aufwand von Kosten, Mühen und Zeit erspart (Motive II S. 366), andererseits aber auch die Gunst und Ungunst der bisherigen Prozeßlage festgehalten werden. Die Unzulässigkeit der Neuklage ist auch in Fällen des Parteiwechsels [Anm. 29] von Amts wegen zu berücksichtigen. Neuklagen sind auch dann unzulässig, wenn das ursprüngliche Klagebegehren zum Zwecke der Geltendmachung des Anspruchs im Konkurse (besonders nach Maßgabe der §§ 26, 69, 70 KO) gegenständlich verändert werden muß [vgl. Anm. 25]. Vgl. RG Bd. **65** 133; OLG Breslau Recht 11 Nr. 80, OLG Posen PosMSch. 1908 S. 143f., OLG Kolmar LZ 1909 Sp. 875f.; Seuffert S. 271, Bley S. 45. Unzulässigkeit persönlicher Ausklagung des nicht widersprechenden Schuldners: oben § 12 Anm. 1ff., LG Leipzig LZ. 1907 Sp. 525ff., OLG Hamm LZ. 1909 Sp. 868ff. Mahnverfahren siehe Anm. 27.

24 b) Für die Betreibung der Feststellung durch Aufnahme besteht sachlich und örtlich **die bisherige Zuständigkeit** weiter. Das angerufene Landgericht bleibt daher auch für den Feststellungsstreit zuständig, wenngleich dessen Streitwert unter die landgerichtliche Grenze herabsinkt, weil die Forderung nur teilweise streitig geblieben ist, oder weil der Berechnungsmaßstab des § 148 nur noch einen amtsgerichtlichen Streitwert ergibt [siehe auch § 148 Anm. 3]. Auch die örtliche Zuständigkeit dauert weiter: der Gerichtsstand des Abs. II gilt nur für Neuklagen, nicht für Aufnahmen; auch eine Verweisung an das Gericht des Abs. II gestattet das deutsche Recht nicht (anders § 113 ÖsterrKO). Nicht minder bleiben Sonder- und Verwaltungsgerichte mit dem für sie geltenden Verfahren [Anm. 19f.] für die Feststellung im aufgenommenen Rechtsstreite zuständig (Abs. V mit Abs. III). Siehe für anhängige Steuersachen § 10 Anm. 2c. Das alles entspricht dem Grundsatze des § 263 II Nr. 2 ZPO. Motive II S. 367, RG Bd. **52** 55. Wechselprozeß und Schiedsverfahren: Anm. 5f. Parteiänderung: Anm. 29.

25 c) Da der Feststellungsstreit den Anspruch als Konkursforderung zum Gegenstande hat [Anm. 12, 13], wird eine Anpassung der **Anträge** an die veränderte Verfahrenslage nötig. Vgl. auch BGH L—M § 146 Nr. 4. Indem unser Abs. III die Aufnahme des Rechtsstreits gebietet, stellt er zugleich und unabhängig von § 268 ZPO Zulässigkeit und Notwendigkeit der Antragsänderung außer Zweifel. Der Vorsitzende hat die Amtspflicht, auf sachdienliche Antragstellung hinzuweisen (§ 139 I 1 ZPO). Siehe Motive II S. 366, Protokolle S. 92f.; RG KonkTreuh. 1931 S. 133 Nr. 4; Dresden OLG 15 S. 249 (für das frühere Läuterungsverfahren). Das gilt unabhängig von § 529 ZPO auch für die Berufungsinstanz (RG LZ 1915 Sp. 1274 und Jaeger ebenda) und auch für die Revisionsinstanz (BGH L—M § 146 KO Nr. 5 = KTS 1955 S. 14f., WM 1957 S. 1335). Ging die Klage des Anmelders bisher auf Verurteilung zur Leistung, dann hat er sie nun auf Feststellung des Anspruchs als Konkursforderung umzustellen, nötigenfalls mit den durch die §§ 26, 69, 70 gebotenen Änderungen. Sonst drohen folgenschwere Entgleisungen, wie im Falle RG WarnRspr. 1933 Nr. 167, wo ein vor dem Konkurs gegen den Schuldner auf Zahlung erwirktes Versäumnisurteil nach Aufnahme aufrecht erhalten und in vollem Umfang gegen die Masse vollstreckt worden ist (!). Die Umwandlung der Klageforderung in eine Geldforderung nach § 69 KO steht auch in der Revisionsinstanz der gebotenen Antragsänderung nicht entgegen (BGH L—M 146 KO Nr. 5 = KTS 1955 S. 14f.). Dagegen ist die Ersetzung oder Ergänzung der bisherigen Inanspruchnahme einer Forderung durch den Antrag auf abgesonderte Befriedigung im Revisionsverfahren nach § 561 I S. 1 ZPO nicht zulässig (RG KonkTreuh. 1931 S. 133 = JW 1933 S. 168f. mit Anm. Kleinfeller). Siehe § 47 Anm. 9. Hatte der Anmelder bisher auf Feststellung des Schuldverhältnisses geklagt, aus dem er den nun als Konkursforderung angemeldeten und streitig gebliebenen Anspruch herleitet, dann ist er befugt und genötigt (also auch nach § 139 ZPO dazu anzuhalten), nun die Feststellung dieses Anspruchs als Konkursforderung zu beantragen, auch wenn die Prozeßunterbrechung erst im Revisionsverfahren eintrat (RAG Bd. 12 S. 179 = JW 1933 S. 1551 Nr. 8 mit Fußnote Groh). Dagegen hat der BGH (L—M § 146 KO Nr. 4) mit Recht angenommen, daß der Gläubiger den im bisherigen Prozeß gestellten Antrag auf Feststellung, daß über die Vergütung für die Benutzung eines ihm gehörigen Grundstückes durch den Gemeinschuldner keine wirksame Vereinbarung getroffen worden sei, nicht in den Antrag auf Feststellung der (aus anderem Rechtsgrund abgeleiteten)

angemeldeten Vergütungsforderung zur Konkurstabelle ändern könne; denn in diesem Falle war gar kein Rechtsstreit über die angemeldete Forderung im Sinne des Abs. III anhängig. War der Anmelder des streitig gebliebenen Anspruchs mit einer verneinenden Feststellungsklage belangt, dann gilt für ihn ebenfalls das Gebot, den unterbrochenen Rechtsstreit „aufzunehmen" und „durch" diese Aufnahme „die Feststellung" des Anspruchs „zu verfolgen". Der hier in der Beklagtenrolle stehende Anmelder kann dem Gebote nur dadurch entsprechen, daß er seinen bisherigen Sachabweisungsantrag in den Antrag, seinen Anspruch als Konkursforderung festzustellen, überleitet. Auch die Statthaftigkeit dieser Antragsänderung ergibt unser Abs. III, der dem Anmelder jedes Rechtsschutzbedürfnis für eine neue Klage oder Widerklage abspricht. Zust. Mentzel-Kuhn Anm. 9.

d) Hat der Anmelder der rechtshängigen Forderung für diese ein **Vorrecht** in Anspruch genommen, so kann er, falls Forderung und Vorrecht streitig bleiben, seinen Klagantrag nach § 268 Nr. 2 ZPO (nicht kraft des § 146 III KO) auf die Vorrechtsfeststellung ausdehnen, solange die Prozeßlage eine solche Erweiterung noch zuläßt. Im Revisionsverfahren ist sie nach § 561 ZPO unstatthaft (RG LZ 1912 Sp. 400, BGH L—M § 146 KO Nr. 4). Dort bleibt also der Anmelder auf den Weg der Neuklage angewiesen. Wird lediglich das Vorrecht bestritten, so bedarf es stets einer Neuklage. Denn der bisherige Prozeß hat alsdann (was Jonas S. 61f., 76 und Stein-Jonas-Schönke-Pohle ZPO[18] § 240 II 3 Note 50 verkennen) durch die Feststellung zur Tabelle eine vollständige Erledigung gefunden. Zust. Bley S. 35, 46, Mentzel-Kuhn Anm. 9. Aus diesem Grunde kann auch ein durch die Konkurseröffnung unterbrochener Mietzinsprozeß nach Feststellung der Mietzinsforderung zur Konkurstabelle nicht gegen den Konkursverwalter zur Geltendmachung des nicht anerkannten Absonderungsrechtes an den dem Vermieterpfandrecht unterliegenden Sachen aufgenommen werden (LG Berlin JW 1936 S. 1152, Mentzel-Kuhn Anm. 9; abw. Jonas in der Anm. zur Entsch.). Vorrechtsstreit bei zugriffsreifen Ansprüchen: Anm. 36. 26

e) Das auf das Unterbleiben der Anspruchsbestreitung angelegte **Mahnverfahren** ist nach Zweck und Gestaltung ungeeignet zur Feststellung einer streitigen Konkursforderung. In diesem Verfahren könnte die „Feststellung" der Forderung als Konkursforderung [Anm. 12, 13] nicht erzielt werden: ein Vollstreckungsbefehl, also ein vollstreckbarer „Zahlungsbefehl" (§ 699 ZPO), mit rein feststellendem Inhalte wäre ein Unding (Jonas S. 52ff., Bley S. 15ff., Mentzel-Kuhn Anm. 6, 9; abw. Voigt S. 194ff. mit Verw.). War der Antrag auf Erlassung eines Zahlungsbefehls bereits vor Konkurseröffnung gestellt, der Zahlungsbefehl aber noch nicht erlassen oder noch nicht zugestellt, so tritt zwar keine Unterbrechung nach § 240 ZPO ein, es ist aber nunmehr weder eine wirksame Zustellung an den Gemeinschuldner (wegen § 7) noch an den Konkursverwalter (wegen § 12) möglich [§ 10 Anm. 2]. Wird die angemeldete Forderung bestritten, so ist Klage nach Abs. I, II erforderlich. War dagegen der Zahlungsbefehl bei Konkurseröffnung dem Gemeinschuldner zugestellt, so ist das Verfahren nach § 240 ZPO (analog) unterbrochen; eine Aufnahme des Mahnverfahrens zum Zwecke der Feststellung einer streitig gebliebenen Konkursforderung ist jedoch aus den eingangs dargelegten Gründen nicht möglich, vielmehr ist auch hier Neuklage auf Feststellung geboten (RG Bd. **129** 339; dazu Rosenberg JW 1930 S. 3316ff. Fußnote zu Nr. 11; vgl. oben § 10 Anm. 2; zust. auch Mentzel-Kuhn Anm. 6, 9 und Böhle-Stamschräder Anm. 2d). Hatte der Anmelder schon vor Konkursbeginn einen Vollstreckungsbefehl erwirkt, dann genießt er gegenüber einer Bestreitung im Prüfungsverfahren die Gunst des Abs. VI. War andrerseits schon vor dem Konkurse das Mahnverfahren infolge Widerspruchs gegen den Zahlungsbefehl ins Streitverfahren übergegangen, dann ist dieses (nicht das Mahnverfahren) durch den Konkurs unterbrochen worden und vom Anmelder der streitig bleibenden Konkursforderung nach Abs. III zum Zwecke der Feststellung aufzunehmen. Jedenfalls aber muß die Beendigung der Unterbrechung des Mahnverfahrens von seiner „Erledigung" im Sinne des § 213 Satz 1 mit § 212a Satz 1 BGB und damit von der 27

Beendigung der durch Zustellung des Zahlungsbefehls bewirkten Verjährungsunterbrechung (§ 209 II Nr. 1 BGB) scharf unterschieden werden. Wenn das RG aaO. S. 343 behauptet, zu einer solchen „Erledigung des Mahnverfahrens könne es, solange der Konkurs noch schwebt, überhaupt nicht kommen", denkt es nur an den Fall der Bestrittenheit. Wird die Forderung, nachdem jeder Widerspruch unterblieben oder beseitigt ist, als festgestellt in die Tabelle eingetragen, dann ist — wie eine Klage — auch das Mahnverfahren „erledigt" [Anm. 45]. Was nun aber den Eintritt der Verjährungsunterbrechung betrifft, so hat er sich jedenfalls (rückwirkend im Sinne des § 693 II ZPO) vollzogen, wenn der Zahlungsbefehl schon vor dem Konkurse zugestellt worden war. Blieb nun die Forderung im Prüfungsverfahren streitig, dann endete die Verjährungsunterbrechung auch nicht nach § 211 II BGB; denn der mit der Unterbrechung des Mahnverfahrens verknüpfte Verfahrensstillstand tritt ohne Rücksicht auf das Parteiverhalten ein (RG aaO. S. 344). Wenn dagegen der Zahlungsbefehl vor dem Konkurse noch nicht zugestellt war, ist aus zwingenden Rücksichten der Billigkeit (gegen RG aaO. S. 345f.), anzunehmen, daß die Anmeldung eines bereits durch Gesuch um Zahlungsbefehl geltend gemachten Anspruchs, weil sie den einzigen Weg der gerichtlichen Verfolgung bildet, dem § 693 II ZPO entsprechend den Erfolg der Verjährungsunterbrechung rückwirkend auslöst. Sonst würde eine Lässigkeit der Amtszustellung zu Lasten des Gläubigers gehen. Ebenso mit Hellwig System des Zivilprozeßrechts Bd. 2 S. 80 das OLG Köln im Falle RG aaO., Rosenberg aaO., Baumbach ZPO[25] § 693 Anm. 4 a. E., Böhle-Stamschräder Anm. 2d.

28 f) Bei der Aufnahme eines durch die Konkurseröffnung unterbrochenen Prozesses [§ 10 Anm. 1ff.] können eigenartige **Verzweigungen** eintreten. Angenommen: A hat bei B Wertpapiere hinterlegt und den B auf Herausgabe verklagt (§ 695 BGB); B fällt in Konkurs; nun stellt sich heraus, daß er die eine Hälfte der Papiere veruntreut hat; die andere zieht der Verwalter zur Masse. Hier gilt für die Prozeßaufnahme gegen den die Herausgabe der noch vorhandenen Papiere verweigernden Konkursverwalter der Grundsatz des § 11 [§ 43 Anm. 29a], während der Schadensersatzanspruch wegen Veruntreuung anzumelden (§ 12) und im Bestreitungsfalle durch Prozeßaufnahme gegen den Widersprechenden nach Abs. III (§ 268 Nr. 3 ZPO) zur Feststellung zu bringen ist. Der Aussonderungsanspruch geht durch versehentliche Anmeldung nicht verloren [§ 145 Anm. 7]. Zu Spaltungen der Parteirolle führt mehrfaches Bestreiten (§ 144). Siehe Anm. 29. — Denkbar ist ferner auch eine auf die Frage der **Kostenlast** beschränkte Aufnahme. Steht nämlich bei Konkursbeginn nur noch die vorbehaltene Entscheidung darüber aus, wen die prozeßrechtliche Pflicht zur Tragung der Kosten eines im übrigen erledigten Rechtsstreites trifft [siehe § 3 Anm. 30], so wird der Anmelder des Kostenanspruchs durch dessen Bestreitung nach Abs. III zur Aufnahme im Kostenpunkt genötigt (KG OLG 15 S. 249f.). Entsprechend muß, wenn der nachmalige Gemeinschuldner vor dem Konkurs eine Klage zurückgenommen hatte, der frühere Beklagte seine aus der Kostenpflicht des § 271 III ZPO entspringende Forderung anmelden und, wenn sie streitig bleibt, unter Aufnahme des Prozesses im Kostenpunkt deren Feststellung betreiben (Hamburg OLG 21 S. 177). Gleiches gilt in anderen Fällen, in denen ein Rechtsstreit sich der Hauptsache nach vor Konkursbeginn erledigt hatte (KG OLG 23 S. 117), auch wenn die unerledigte Hauptsache (wie im Bereiche des § 628 ZPO) außer Beziehung zur Masse geblieben sein würde (Voigt S. 44). Allerdings ist zu beachten, daß sich mit der auf die Kostenlast beschränkten Prozeßaufnahme eine Änderung des Prozeßgegenstandes insofern vollzieht, daß nicht mehr die Erlassung der noch ausstehenden Kostenentscheidung begehrt wird, sondern der Antrag auf Feststellung des angemeldeten Kostenerstattungsanspruches als Konkursforderung umzustellen ist [vgl. Anm. 25]. Daraus wird man aber nicht die Konsequenz zu ziehen haben, daß über diesen Antrag nunmehr entgegen §§ 91a I S. 2, 271 III S. 3 ZPO nicht durch Beschluß, sondern nach mündlicher Verhandlung durch Urteil zu entscheiden sei. Die Verfahrensvereinfachungen der genannten Bestimmungen, die sich aus der Be-

schränkung des Rechtsstreites auf die Kostenfrage ergeben, gelten vielmehr auch für den Feststellungsstreit. Die Anfechtbarkeit eines die Feststellung aussprechenden (oder auch versagenden) Beschlusses richtet sich daher nach §§ 91a II, 271 III S. 5, 567 II (unter Beachtung des § 148 KO), 568 III ZPO (so wie früher die Anfechtbarkeit des reinen Kostenurteils nach § 99 III ZPO a. F.; vgl. dazu Jaeger 6./7. Aufl. Anm. 19 a. E.). Folgerichtig muß dann aber auch einem solchen Beschluß, wenn er unanfechtbar geworden ist, die erweiterte Rechtskraftwirkung nach § 147 KO beigelegt werden. Da andererseits ein Feststellungsbeschluß hier den angemeldeten Erstattungsanspruch nur dem Grunde nach bejaht, die Festsetzung des zu erstattenden Kostenbetrags aber dem besonderen Verfahren der §§ 103ff. ZPO vorbehalten bleibt, braucht in diesem Falle die Anmeldung nicht beziffert zu sein [§ 139 Anm. 2]. Bley S. 47.

g) Wird eine rechtshängige Forderung vom Verwalter bestritten, dann hat die 29
Prozeßaufnahme durch den Anmelder gegen den Verwalter nach der Auffassung, welche den Verwalter als gesetzlichen Zwangsvertreter des Gemeinschuldners ansieht, einen **Parteiwechsel** nicht im Gefolge, da der Verwalter in Zwangsvertretung des Gemeinschuldners widerspricht, der auch beim Unterlassen eines persönlichen Widerspruchs (§ 144 II) als Träger der Konkursmasse (freilich auch nur insoweit) Prozeßsubjekt im aufgenommenen Verfahren bleibt. Wer dagegen den Verwalter als Partei kraft Amtes betrachtet [vgl. zur Streitfrage Leut Vorb. A V 4a zu §§ 6—9], muß annehmen, daß ein neues Prozeßsubjekt in das Verfahren eintritt. Jedenfalls vollzieht sich mit der Aufnahme ein Parteiwechsel dann, wenn ein Gläubiger bestritten hat: er rückt nun an Stelle des Schuldners in dessen Parteirolle, natürlich aber nicht in dessen Schuldverhältnis ein. Petersen-Kleinfeller Anm. 14, Kleinfeller ZZP 56 (1931) S. 132, Seuffert S. 271, Rosenberg Zivilprozeßrecht[8] § 123 II 2 b γ S. 609, Bley S. 33; siehe jedoch auch Hein Identität der Partei II S. 35f. Enthält die Prozeßaufnahme nach Abs. III einen Parteiwechsel, so rückt die neue Partei in das „Prozeßrechtsverhältnis" (vgl. dazu Rosenberg Lehrbuch[8] § 2) d. h. in die verfahrensrechtliche Gesamtlage des Prozesses ein, ohne daß sich eine Änderung der Träger des Schuldverhältnisses vollzieht, um dessen Feststellung der Streit geführt wird. Die Aufnahme rührt also nicht am derzeitigen Grunde des streitigen Schuldverhältnisses, mag nun der Rechtsbestand der Forderung (im ganzen oder teilweise) oder mag ihre Anmeldbarkeit bestritten sein. Ist das Vorrecht allein streitig, dann kommt eine Aufnahme zur Betreibung seiner Feststellung überhaupt nicht in Betracht [Anm. 26]. Wo eine Aufnahme nach Abs. III stattfindet, verdrängt sie den Gemeinschuldner persönlich aus der Prozeßführung; eine gleichzeitige Aufnahme gegen ihn selbst nach § 144 II führt zur Prozeßspaltung. Für den Feststellungsstreit bindet der Abs. IV den Prozeßgegenstand (die Forderung) nach Grund und Betrag. Der Feststellungszweck führt zu Antragsänderungen [Anm. 25], keinesfalls aber zur Ersetzung des sachrechtlichen Prozeßgegenstandes durch einen vollstreckungsrechtlichen [Anm. 13]. Bley S. 33ff. mit Verw. Auch für die Kostenlast des in der Hauptsache durchzuführenden Prozesses bildet der Verfahrensabschnitt bis zur Unterbrechung und der mit der Aufnahme beginnende eine Einheit. Unterliegt der Konkursverwalter als Widerspruchsgegner, dann begründen alle ihm auferlegten Kosten eine Masseschuld nach § 59 Nr. 1, mag er auch seinen Widerspruch bei Terminsbeginn aufgegeben und die Konkursforderung vollinhaltlich anerkannt haben (der § 11 II schlägt nicht ein). Wenn er aber noch vor Erhebung der Feststellungsklage den Widerspruch zurückgenommen und den Gläubiger verständigt hatte, greift der § 93 ZPO ein. Verursacht der Verwalter schuldhaft den Eintritt der Folge des § 59 Nr. 1, dann wird er persönlich der Masse ersatzpflichtig (§ 82). Obsiegt er, dann gehört der Kostenerstattungsanspruch wider den Gegner zur Konkursmasse, weil der Streit für deren Rechnung geführt worden ist.

4. Wer als Anmelder einer streitig gebliebenen Konkursforderung deren Feststellung 30
durch Klage (Abs. I, II) oder Aufnahme (Abs. III) betreibt, muß das Fest-

stellungsbegehren auf **den Grund** stützen und auf **den Betrag** beschränken, der in der Anmeldung oder im Prüfungstermin angegeben worden ist (**Abs. IV** mit § 139 Satz 1 u. § 142).

a) Um die Übereinstimmung des Antrags und Urteils mit der Anmeldung zu sichern, schreibt unser Abs. I Satz 2 vor, daß dem Anmelder ein beglaubigter **Auszug aus der Tabelle** zu erteilen sei (Motive II S. 365). Der Auszug dient dem Anmelder zugleich als Ausweis über Anmeldung, Prüfung und Widerspruch, besonders auch zur Kennzeichnung der richtigen Parteien des Feststellungsprozesses [Anm. 31, 33]. Nach dem Zwecke des Gesetzes muß er in Fällen des Abs. VI auch dem Widersprechenden erteilt werden. Nach dem Wortlaute des Abs. I ist es unsicher, ob der Tabellauszug von Amts wegen oder nur auf Antrag dessen zu erteilen ist, dem es überlassen bleibt, die Feststellung zu betreiben. Gründe der Zweckmäßigkeit sprechen für eine Erteilung von Amts wegen. In ihr liegt ein erwünschter Schutz solcher Anmelder, die dem Prüfungsverfahren ferngeblieben und von der Bestreitung ihrer Ansprüche nicht unterrichtet sind. RG Bd. **85** 70f., JW 1928 S. 2714f. Nr. 13; Mentzel-Kuhn Anm. 10a, Böhle-Stamschräder Anm. 2f. Die Erteilung ist Aufgabe des Rechtspflegers (§ 21 I Nr. 6 RpflG). Muster bei Schrader-Bauer Hdb.[3] F III 81 und 82 (Merkblatt für Konkursgläubiger bestrittener Forderungen). Haftung: § 71 Anm. 18 und RG JW 1928 S. 2714. Soweit der bestrittene Anspruch im Sinne des Abs. VI zugriffsreif ist, braucht der Anmelder dessen Feststellung nicht zu betreiben. Er läuft keine Gefahr (§§ 152, 168 Nr. 1). Die Befugnis zur Betreibung bleibt ihm aber vorbehalten [Anm. 42]. Will er sie ausüben, dann hat er die Auszugserteilung durch Antrag zu erwirken. Ein beanspruchtes Konkursvorrecht kann nie nach Abs. VI gedeckt sein [Anm. 36]. Dem Anmelder eines bestrittenen Vorrechts ist daher der Tabellauszug stets von Amts wegen zu erteilen. Zust. Mentzel-Kuhn Anm. 10a. Anmelder solcher Ansprüche, die zur Tabelle festgestellt werden, sind von Amts wegen weder durch Erteilung von Tabellauszügen noch sonstwie über das Prüfungsergebnis zu verständigen, mag auch der Gemeinschuldner persönlich widersprochen haben. Senst Konkursrichter[5] S. 139f.

31 b) Der Grundsatz des Abs. IV, demzufolge die Feststellung der Konkursforderung sich innerhalb der durch die Anmeldung oder den Prüfungstermin abgesteckten Grenzen halten muß, wird in den Motiven II S. 366 folgendermaßen gerechtfertigt: „Soll jedem Konkursgläubiger die entscheidende Mitwirkung bei der Feststellung der übrigen Konkursforderungen gesichert bleiben, so darf keine Konkursforderung zur Klage gestellt werden, welche nicht **der vorschriftsmäßigen Prüfung** unterworfen ist. Dies würde aber der Fall sein, nicht nur, wenn man in dem Spezialprozeß eine Erweiterung der Forderung nach ihrem Betrag oder Vorrecht, sondern auch dann, wenn man in demselben eine Änderung des das Wesen der Forderung bestimmenden Schuldgrundes zuließe." Der Abs. IV verfolgt also den Zweck, allen Widerspruchsberechtigten die Gelegenheit zur Prüfung und Bestreitung zu wahren. Sie wären durch die erweiterte Rechtskraft der Feststellungsurteile (§ 147) unbillig gefährdet, wenn der Anmelder die Prüfungsgrundlage nachträglich ändern dürfte. Hatte ein Anmelder seinen Anspruch unrichtig begründet, so steht ihm nur der Weg einer **neuen** Anmeldung offen. Auf ihn ist er auch angewiesen, wenn er seine streitig gebliebene Forderung dem Betrag oder Vorrecht nach erweitern will (vgl. §§ 12, 142). So ergibt die Prüfung und nur sie **den Streitgegenstand** des Feststellungsprozesses. Festgelegter Streitgegenstand ist ein Anspruch bestimmten Grundes und bestimmter Höhe als schlichte oder mit bestimmtem Vorrecht bekleidete Konkursforderung [Anm. 13] und zwar des in der Anmeldung bezeichneten Gläubigers [§ 139 Anm. 2]. Siehe Motive II S. 364; RG JW 1894 S. 16 Nr. 35, Bolze 18 Nr. 766, JW 1897 S. 111 Nr. 22, Bd. **39** 48, LZ 1908 Sp. 391, LZ 1911 Sp. 863, KonkTreuh. 1931 S. 132f. Im Verbote des Abgehens von den Prüfungsgrundlagen liegt zugleich ein Zwang zur Neuanmeldung. Wie eine vor der Prüfung und Bestreitung des Anspruchs erhobene Konkursfeststellungsklage mangels eines Bedürfnis-

ses nach dieser Art des Rechtsschutzes als unzulässig abgewiesen werden muß [Anm. 14], so auch diejenige Feststellungsklage, die auf einen anderen als den der Prüfung unterbreiteten Grund gestützt, auf einen Mehrbetrag gerichtet oder zur Geltendmachung eines gar nicht geprüften Vorrechts erhoben wird. Auch in den Fällen der zweiten Gruppe fehlt für die Feststellungsklage das erforderliche **Rechtsschutzbedürfnis**, weil dieses erst durch Widerspruch gegen die Anmeldung ausgelöst wird: ohne Anmeldung keine Bestreitung, ohne Bestreitung kein Feststellungsinteresse. Dies gilt wie für die Klage so für die Widerklage des Gläubigers (RG ZZP 58 S. 208f.), wie für die Neuerhebung der Feststellungsklage so auch für eine Aufnahme (Abs. III) zum Zwecke der Feststellung. Auch die Aufnahme ist unzulässig vor der Bestreitung, unzulässig für einen anderen Grund und unzulässig für einen höheren Betrag. Der Mangel des Rechtsschutzbedürfnisses ist von Amts wegen zu beachten. Durch ausdrücklichen oder stillschweigenden Parteiverzicht wird er nicht geheilt, wohl aber durch den Eintritt der Rechtskraft. Vgl. RG Bd. **51** 97, JW 1902 S. 397 Nr. 30, LZ 1910 Sp. 408, Bd. **86** 396, LZ 1917 Sp. 474 Nr. 6, Bd. **130** 334f.; RAG AS Bd. 44 S. 45 mit Anm. Volkmar, OLG Jena LZ 1912 Sp. 409. Das Rechtsschutzbedürfnis der Konkursfeststellungsklage liegt aber nicht in der Anmeldung und Prüfung, sondern in der Bestrittenheit der angemeldeten und geprüften Forderung: Nur „den Gläubigern streitig gebliebener Forderungen“ erschließt der § 146, wie seine Eingangsworte sagen, die Betreibung der Feststellung. Dieses Rechtsschutzbedürfnis hat für den Sonderfall der Konkursfeststellungsklage ganz die gleiche prozeßrechtliche Bedeutung wie das „rechtliche Interesse an alsbaldiger Feststellung“ für die allgemeine Feststellungsklage des § 256 ZPO. Es bildet eine Vorbedingung für die Zulässigkeit der Sachverhandlung und Sachentscheidung (eine „Sachentscheidungsvoraussetzung“), keineswegs aber gehört es zum Klagegrund: sein Mangel führt zur Prozeß-, nicht zur Sachabweisung, also zu einer Abweisung, die der Neuklage oder Neuaufnahme nach ordnungsmäßiger Prüfung und Bestreitung nicht entgegensteht; die veränderte Begründung des Rechtsschutzbedürfnisses ist keine Klagänderung. RG JW 1902 S. 397, LZ 1911 Sp. 231, RAG aaO.; Jaeger ZZP 40 S. 124f., Bley Feststellung §§ 10, 13, Klagrecht u. rechtliches Interesse 1923 S. 5, 108ff., Rosenberg Zivilprozeßrecht[8] § 89 IV 1 (S. 428), § 90 IV 2 (S. 436f.) mit § 86 II 3 und jetzt auch Stein-Jonas-Schönke-Pohle Vorbem. IV 3 vor § 253, 256 III; abw. Jonas S. 25. Der Mangel des Rechtsschutzbedürfnisses ist in allen Rechtszügen, auch noch im Revisionsverfahren, wenn er sich aus feststehendem Parteivorbringen ergibt (§§ 138, 288, 331 ZPO), durch ein die Klage oder Aufnahme für unzulässig erklärendes Urteil zu berücksichtigen (Bley S. 51). Als Sachurteilsvoraussetzung muß das Rechtsschutzbedürfnis erst zur Zeit der letzten Tatsachenverhandlung, andrerseits aber auch noch zu dieser Zeit begründet sein (Rosenberg aaO. § 86 II 4, S. 410 mit Verw.). Daher ist das Sachurteil zulässig, wenn auf außergerichtliche Bestreitung einer noch gar nicht angemeldeten oder doch noch nicht geprüften Forderung Konkursfeststellungsklage gegen den Verwalter erhoben war, die Erfordernisse der Anmeldung, Prüfung und Bestreitung aber am Schlusse der Tatsachenverhandlung erfüllt sind. Zust. BFH Bd. 58 S. 191. Der BGH (L-M § 61 KO Nr. 2, 3) hat darüber hinaus angenommen, daß die besonderen Zulässigkeitsvoraussetzungen der Sachentscheidung im Feststellungsprozeß nach § 146 KO auch noch in der Revisionsinstanz mit Wirksamkeit für das ganze Verfahren geschaffen werden können, hat dies aber mit Recht, dem Grundgedanken des Abs. IV entsprechend, auf den Fall beschränkt, daß in dem späteren Prüfungstermin neben dem prozeßführenden Konkursverwalter kein Gläubiger Widerspruch erhoben hat, so daß kein Gläubiger dadurch benachteiligt werden kann, daß die Sachverhandlung vor der Anmeldung und Prüfung ohne seine Mitwirkung durchgeführt worden ist. Andrerseits ist das Sachurteil unzulässig geworden, wenn schon vorher der bekämpfte Widerspruch im Sinne des § 144 I „beseitigt“, also die Feststellung bereits erzielt worden war (RG Bolze 10 Nr. 879, SeuffA 49 Nr. 227). Hier hat der Kläger sein Rechtsschutzbedürfnis für befriedigt zu erklären und den Klagantrag auf die Kosten zu beschränken (vgl. § 139 ZPO). Dagegen ist die Frage der Anmeldbarkeit Sachfrage. Wenn das Gericht zwar das Rechtsschutzbedürfnis bejaht, aber die Anmeldbarkeit des Anspruchs (§§ 3, 63) verneint, hat es den Antrag des Anmelders, den Anspruch als Konkursforderung festzustellen, durch Sachurteil abzuweisen, also den Widerspruch für begründet zu erklären (§ 147). Beim Streit über Grund und Anmeldbarkeit hat das Prozeßgericht zunächst zu prüfen, ob der Anspruch, wenn er besteht, eine Konkursforderung ist. Das Urteil, das die Anmeldbarkeit verneint und darum den Widerspruch für begründet erklärt, steht der außerkonkursmäßigen Rechtsverfolgung nicht entgegen.

32 c) **Grund** ist wie im Falle des § 139 der für die Entstehung des Anspruchs wesentliche Tatbestand. Er wird beispielsweise unter Verstoß gegen Abs. IV geändert, wenn der Anmelder von einem Kaufpreis-, Mietzins- oder Gehaltsanspruch übergeht zu einer Schadensersatzforderung (wäre es auch gleicher Höhe und kraft des gleichen Vertrags, OLG Königsberg LZ 1909 Sp. 164, Karlsruhe OLG 11 S. 363) oder vom Anspruch aus einem Gesellschaftsvertrag zu einer Darlehensforderung (KG OLG 19 S. 227) oder vom Anspruch auf Rückerstattung eines Darlehns zur Forderung auf Rückgewähr der in stiller Gesellschaft unter Gewinn- und Verlustbeteiligung geleisteten Geschäftseinlage (München OLG 35 S. 261) oder vom Anspruch aus „der wechselmäßigen Verbindlichkeit" zum Bereicherungsanspruch nach Art. 89 WG (Petersen-Kleinfeller Anm. 22; abw. Kohler ArchZivPrax. 81 S. 405) oder von einer „Warenforderung" zur Behauptung eines Schuldanerkenntnisses (KG OLG 21 S. 178). Geht ein absonderungsberechtigter Konkursgläubiger vom Antrag auf Feststellung der Ausfallforderung zu dem auf Feststellung des Absonderungsrechtes über, dann verläßt er den Boden der Konkursfeststellungsklage. Denn diese hat Absonderungsrechte überhaupt nicht zum Gegenstande [Anm. 4]. Siehe RG KonkTreuh. 1931 S. 132f. Der Abs. IV nennt (anders als der § 139 Satz 1) nur Grund und Betrag, nicht auch das Vorrecht. Durch die bloße Behauptung eines bestimmten Grundes der Forderung wird ein ihr zukommendes Vorrecht nicht beansprucht; es muß als solches begehrt werden. Der Schutzzweck des Gesetzes läßt nun aber keinen Zweifel darüber, daß der Abs. III **auch das Vorrecht** trifft, daß also der Anmelder durch Klage oder Aufnahme nur ein spätestens bei der Prüfung in Anspruch genommenes bestimmtes Vorrecht verfolgen und daß er die Vorrechtsinanspruchnahme hinterher nicht wesentlich (z. B. nicht durch einen Wechsel der Nummern des § 61) verändern darf, RG Bd. **130** 334; Königsberg OLG 32 S. 385f.; Mentzel-Kuhn Anm. 12, Böhle-Stamschräder Anm. 2e. Zulässig ist dagegen die Berichtigung unwesentlicher Tatbestandsangaben und rechtlicher Anführungen, weil sie den Grund des Anspruchs unberührt lassen (§ 268 Nr. 1 ZPO). RG SeuffBl. 65 S. 456ff., LZ 1910 Sp. 408, RAG AS Bd. 44 S. 45 mit Anm. Volkmar. Dahin gehört besonders die bloße Berichtigung der Anspruchsbenennung, wenn der Anmelder sich nur im Ausdruck vergriffen hat. So, wenn das Entgelt für eine Gutsüberlassung in der Anmeldung als Kaufpreis bezeichnet worden war. Denn es genügt dem Zwecke des Abs. IV, daß die Gläubiger durch den näheren Inhalt der Anmeldung oder durch deren mündliche oder schriftliche Erläuterung die Möglichkeit, den wahren Schuldgrund zu erkennen, erlangt hatten. RG LZ 1908 Sp. 391; vgl. RG KonkTreuh. 1930 S. 81 Nr. 7; Mentzel-Kuhn Anm. 11. Zulässig erscheint nicht minder der Übergang von abstrakter zu konkreter Schadensberechnung (OLG Braunschweig LZ 1909 Sp. 84), die Nachholung einer nach § 65 unerheblichen Fälligkeitsbehauptung (LZ 1909 Sp. 570), die Nachbringung eines Titels [Anm. 2] oder anderer urkundlicher Belege im Sinne des § 139 Satz 3 (vgl. RG Bd. **54** 314). Ein Streit unter den Parteien des Feststellungsprozesses über die Frage, ob eine nachträgliche Änderung des Parteivorbringens gegen den Abs. IV verstoße, ist Zwischenstreit im Sinne des § 303 (§ 512 ZPO). Die §§ 264, 269, 270 ZPO sind nicht (auch nicht entsprechend) anwendbar. Denn anders als das Klagänderungsverbot ist das Verbot des Abgehens vom Prüfungsergebnis nicht eine dem Parteiwohle dienende, nachgiebige, sondern eine die Allgemeinheit der

Konkursgläubiger schützende, zwingende Verfahrensvorschrift. Bley S. 55, Nollau § 9 I a. E.; abw. RG LZ 1911 Sp. 231, LZ 1912 Sp. 236 (für Anwendbarkeit des §270 ZPO), Mentzel-Kuhn Anm. 11. Stets gibt der in der ursprünglichen oder ergänzten Anmeldung, nicht der in der Tabelle angegebene Grund den Ausschlag, wenn ein Zwiespalt zwischen Anmeldung und Tabelle besteht (KG OLG 21 S. 178).

Die Erhöhung des in der Anmeldung angegebenen **Betrags** bleibt (unbeschadet der Möglichkeit einer Neuanmeldung) nach Abs. IV unzulässig. Wenn also auf Widerspruch die Feststellungsklage erhoben worden ist, kann der Kläger nun nicht etwa unter Berufung auf den § 268 Nr. 2 ZPO seinen Anspruch erweitern. Einer Beschränkung des Betrags dagegen würde der Schutzzweck des Abs. IV nicht im Wege stehen (vgl. RG LZ 1912 Sp. 236).

Die Sätze des § 268 ZPO gelangen nur zur Anwendung, soweit der Abs. IV eine Änderung des Vorbringens nicht ausschließt. Insoweit aber gelten sie auch für den Konkursfeststellungsstreit. Daß sie maßgebend sind, wenn eine schon vor Konkursbeginn erhobene Forderungsklage infolge Widerspruchs aufgenommen und nun der veränderten Lage angepaßt, also z. B. auf die Vorrechtsfeststellung erstreckt (§ 268 Nr. 2) oder auf Schadensersatz wegen Erfüllungsablehnung gerichtet wird (§ 268 Nr. 3), ist bereits zu Anm. 25, 26 erörtert. Die öfters mißverstandene Entscheidung RG Bd. **64** 207 sagt keineswegs, daß statt des vor dem Konkurs erhobenen Kaufpreisanspruchs nach der Erfüllungsablehnung des Verwalters (§ 17) nicht ein Schadensersatzanspruch angemeldet und nach Bestreitung im Prüfungsverfahren durch Aufnahme zur Feststellung gebracht werden könne [siehe vielmehr § 17 Anm. 42]. Zust. Bley S. 54. — Ist auf Grund eines Kontokorrentverkehrs ein Gesamtschlußguthaben angemeldet und teilweise festgestellt worden, dann muß der Anmelder die Feststellung des streitig gebliebenen Restes der Saldoforderung als solcher betreiben. Auf die Zugriffsreife einer einzelnen Forderung (Abs. VI), die als Rechnungsposten ihr selbständiges Dasein verloren hat, kann er sich nicht berufen. RG LZ 1912 Sp. 331f. Nr. 2. Siehe dazu oben § 145 Anm. 5 und unten Anm. 36. Über die Bedenken, welche im Falle des Streites über eine Saldoforderung gegen die Erlassung eines an sich im Feststellungsprozeß zulässigen Grundurteils nach § 304 ZPO [Anm. 13 a. E.] bestehen, siehe RG KonkTreuh. 1934 S. 176 Nr. 2.

d) Das Prüfungsverfahren ergibt nicht nur, ob und inwieweit eine erörterte Forderung 33
dem Rechtsbestand und etwa dem Vorrechte nach bestritten wurde, sondern grundsätzlich auch, **unter welchen Parteien** der Feststellungsstreit auszutragen ist (Motive II S. 364; RG JW 1894 S. 16 Nr. 35, LZ 1911 Sp. 862f. Nr. 10, BayZ 1920 S. 331f. Nr. XII). In der Tabelle müssen Anmelder (Gläubiger) und Bestreiter bestimmt bezeichnet sein (§§ 140 II, 145 I) und diese Bezeichnung hat der Tabellauszug zu übernehmen, den das Konkursgericht nach Abs. I Satz 2 zum Zwecke des Betreibens der Feststellung erteilt [Anm. 30]. Schlechthin freilich schließt weder der Abs. I Satz 2 noch der Abs. IV einen Wechsel der Beteiligten nach Abschluß des Prüfungsverfahrens aus.

α) Was zunächst die Frage betrifft, **gegen wen** die nach Abs. I, II zu erhebende Feststellungsklage zu richten oder gegen wen ein schon anhängiger Rechtsstreit nach Abs. III aufzunehmen ist, so bezeichnet das Gesetz als Feststellungsgegner den (die) Bestreitenden (Abs. I), mag nun der Konkursverwalter (Regelfall) oder mag ein Konkursgläubiger bestritten haben (§ 144 I). Der bestreitende Gläubiger bleibt Feststellungsgegner, d. h. der Feststellungsklage gegenüber richtiger Beklagter, auch wenn seine Forderung späterhin (vor oder nach Erhebung der Feststellungsklage) durch Abtretung oder kraft Gesetzes auf einen Sonderrechtsnachfolger übergeht. Der Vormann ist und bleibt der „Bestreitende". Ihn hat die Tatsache des Widerspruchs, nicht sein Konkursgläubigerrecht zum Feststellungsgegner gemacht. Er behält die Macht, den Widerspruch zurückzunehmen [§ 141 Anm. 10] und trägt auch weiterhin die Prozeßkostengefahr. Das verlangt nicht nur der Wortlaut des Gesetzes, sondern auch die Billigkeit. Denn der Forderungsübergang auf Seiten des bestreitenden Gläubigers vollzieht sich ohne Mitwirkung und ohne Kenntnis des Anmelders. Dieser wäre schutzlos der Arglist preisgegeben, falls der Bestreitende durch Übertragung seines Anspruchs dem Prozeß entrinnen oder die Abweisung des Anmelders erreichen könnte. Wenn freilich die Rechtspersönlichkeit des Bestreitenden erlischt und ein Gesamtrechtsnachfolger, namentlich als Erbe (vgl. aber z. B. auch §§ 46, 88 BGB, §§ 233ff. AktG), an seine Stelle tritt, rückt der Nachmann rechtsnotwendig auch in die Parteirolle des Vormanns ein. Zust. Böhle-Stamschräder Anm. 2e. Eine Gefährdung des Anmelders besteht hier nicht. In jedem Falle erwirkt der obsiegende Anmelder nach Abs. VII die Berichtigung der Tabelle. Damit ist er auch gegenüber einem Sonderrechtsnachfolger des Bestreitenden sichergestellt. Zur Gestaltung des Feststellungsprozesses im Falle des Unterganges der Forderung des Bestreitenden vgl. § 141 Anm. 8. Die hier für die Parteistellung des Feststellungsgegners entwickelten Grundsätze gelten entsprechend auch für den Fall, daß ihm (nach Abs. VI) die Betreibungslast obliegt.

β) Wenn umgekehrt die **Forderung des Anmelders nach der Anmeldung auf einen Rechtsnachfolger übergeht,** so tritt im Falle einer Gesamtrechtsnachfolge, ebenso wie auf der Passivseite (vgl. α), der Wechsel in der Beteiligtenrolle für den Feststellungsstreit von Rechts wegen ein. Dagegen wird für den Fall der Sonderrechtsnachfolge in die angemeldete und streitig gebliebene Forderung bedeutsam, daß der „Grund" der Forderung in Abs. IV ebenso wie im Anmeldungsgebot des § 139 S. 1 [vgl. § 139 Anm. 2] auch die Rechtszuständigkeit umfaßt, welche der anmeldende Gläubiger mit der Anmeldung für sich in Anspruch genommen hat, daß also auch hinsichtlich der behaupteten Rechtszuständigkeit der Streitgegenstand des Feststellungsprozesses durch Abs. IV festgelegt ist. Hat der anmeldende Gläubiger nach Anmeldung, aber noch vor Klageerhebung die Forderung abgetreten, so würde sich daraus an sich ergeben, daß der Erwerber nur durch Neuanmeldung, Prüfung und Bestreitung der nunmehr ihm zustehenden Forderung die Eignung zur Partei im Feststellungsstreit erwerben könne. Eine solche Auffassung wird aber vom Schutzzweck des Abs. IV nicht geboten. Ihm ist vielmehr Genüge getan, wenn die Rechtsnachfolge vor Prozeßbeginn dem Konkursgericht nachgewiesen, in der Tabelle vermerkt [§ 140 Anm. 8, § 142 Anm. 4] und dem (oder den) Widersprechenden angezeigt ist. Sind diese Voraussetzungen erfüllt, so steht der Zulässigkeit der Feststellungsklage des Erwerbers Abs. IV nicht entgegen. Im Ergebnis ebenso RG LZ 1911 Sp. 863 a. E., BayZ 1920 S. 331, Bley S. 57f., Mentzel-Kuhn Anm. 11, Böhle-Stamschräder Anm. 2e, Bartsch-Pollack OestKO[3] § 110 Anm. 17; a. A. KG OLG 42 S. 77, das die Klage des Erwerbers auch ohne seinen Eintrag in die Tabelle zuläßt. Diese besonderen Sachurteilsvoraussetzungen für die von ihm erhobene Feststellungsklage kann der Erwerber noch im Laufe des Verfahrens, auch noch in der Berufungsinstanz nachholen (a. A. RG BayZ 1920 S. 331), ja sogar noch in der Revisionsinstanz, da dadurch die Interessen der Gläubiger nicht berührt werden; es kann in dieser Beziehung nichts anderes gelten wie für die sonstigen aus Abs. IV abzuleitenden Zulässigkeitsvoraussetzungen des Feststellungsprozesses [Anm. 31]. Was für die übertragende (translative) Nachfolge gilt, muß auch für die rechtsbegründende (konstitutive) gelten, besonders für die Verpfändung und Pfändung angemeldeter Ansprüche [§ 67 Anm. 9]. Ebenso Hallgarten KonkTreuh. 1932 S. 7f., Mentzel-Kuhn und Böhle-Stamschräder aaO. Hat aber der Anmelder Klage erhoben, obwohl er nach der Anmeldung die Forderung abgetreten hat, so kann der vom RG LZ 1911 Sp. 862, Bley S. 56f. und wohl auch Jaeger (6./7. Aufl. Anm. 21a) vertretenen Auffassung nicht gefolgt werden, daß er auf Grund des Abs. IV trotz der Abtretung zur Austragung des Feststellungsstreites legitimiert sei. Hält nämlich der prozeßführende Anmelder seine Behauptung aufrecht, die Forderung als eine ihm zustehende festzustellen, so hält er sich damit zwar im Rahmen des Abs. IV, seine Klage muß aber als unbegründet abgewiesen werden, wenn die Abtretung unstreitig oder bewiesen ist. Würde er aber in diesem Falle nunmehr Feststellung der Forderung als einer dem Rechtsnachfolger zustehenden begehren, so würde die Prozeßführung mit diesem Antrag als eine Prozeßführung über fremdes Recht zunächst schon nach allgemeinen Grundsätzen voraussetzen, daß der Zessionar ihn zu dieser Prozeßführung ermächtigt hätte („gewillkürte Prozeßstandschaft"). Aber auch wenn dies der Fall ist, würde zu beachten sein, daß Abs. IV den Streitgegenstand auch hinsichtlich der behaupteten Rechtszuständigkeit festlegt und daß dem Zwecke dieser Bestimmung nur dann Genüge getan ist, wenn die Rechtsnachfolge in der Tabelle eingetragen und dem Gegner mitgeteilt ist.

Vollzieht sich die Rechtsnachfolge, nachdem der Anmelder die Klage auf Feststellung erhoben (Abs. I, II) oder den schon schwebenden Prozeß aufgenommen (Abs. III) hat, so bleibt der Anmelder nach § 265 II ZPO prozeßführungsbefugte Partei, der Rechtsnachfolger kann den Prozeß nur mit Zustimmung des Gegners übernehmen. Zust. Bley S. 58, Voß LZ 1908 Sp. 743ff., Mentzel-Kuhn Anm. 11, Böhle-Stamschräder Anm. 2e; abw. Jonas S. 37, aber nur deshalb, weil er für den Prozeßgegenstand des Feststellungsstreites nicht die streitige Forderung selbst, sondern ein unabtretbares Konkursteilnahmerecht hält [siehe dagegen Anm. 13]. Dagegen ist zweifelhaft, welche Bedeutung dem § 265 II ZPO zukommt, wenn der Rechtsstreit über die Forderung bereits bei Konkurseröffnung anhängig war und nun vor der Aufnahme des Rechtsstreites der geltend gemachte Anspruch abgetreten wird. Ist in diesem Falle die Abtretung vor der Anmeldung vorgenommen, dann ist der Vormann nicht mehr anmeldungsberechtigt. Nur der Gläubiger (im Zeitpunkt der Anmeldung) kann die Forderung im Konkurs anmelden oder anmelden lassen. Hat er angemeldet, so ist nun nach Abs. IV der Gegenstand des Feststellungsstreites auch hinsichtlich der Rechtszuständigkeit auf ihn festgelegt, weicht also insoweit von dem bisherigen Prozeßgegenstand ab. Daraus ergibt sich zwar einerseits, daß der Vormann hier den Rechtsstreit nicht zum Zwecke der Betreibung der Feststellung der vom Nachmann angemeldeten Forderung aufnehmen kann, andererseits kann aber nicht daraus gefolgert werden, daß der Nachmann in diesem Falle die Feststellung nach Abs. I durch Erhebung einer neuen Klage betreiben müßte. Da es sich auch in diesem Falle um eine durch das Anmeldungs- und Prüfungsverfahren bedingte Änderung des bisherigen Prozeßgegenstandes handelt, hat der Anmelder entgegen § 265 II ZPO die Feststellung durch Aufnahme des anhängigen Rechtsstreites nach Abs. III zu verfolgen. Wie hier im wesentlichen Nollau S. 49f. Vgl. im übrigen zu der sehr streitigen Frage Bley S. 58f., Voß LZ 1908 Sp. 840ff. Hat der Vormann die rechtshängige Forderung angemeldet und nach der Anmeldung abgetreten, so ist die Prozeßaufnahme des Nachfolgers nur unter den gleichen Voraussetzungen möglich, unter denen er hätte Klage auf Feststellung erheben können, nämlich wenn die Rechtsnachfolge in der Tabelle vermerkt und den Widersprechenden angezeigt ist (vgl. vorhergehenden Abs.).

Ist bei zugriffsreifen Forderungen im Sinne des Abs. VI der Widerspruch vom Widersprechenden zu verfolgen, so wird der Widerspruchsgegner ebenfalls durch die Anmeldung und die Prüfungsverhandlung bestimmt. Der so festgelegten Prozeßführungslast kann sich der Anmelder weder vor noch nach Beginn des Widerspruchsprozesses bzw. der Aufnahme eines noch anhängigen Rechtsstreites zum Zwecke der Widerspruchsverfolgung durch Abtretung der angemeldeten Forderung entziehen. Vgl. dazu auch BGH Bd. **29** 329ff. zu dem vergleichbaren Fall der Wideraufnahmeklage gegen den Prozeßgegner des Vorprozesses trotz zwischenzeitlicher Abtretung. Ist allerdings vor Prozeßbeginn oder Aufnahme eines anhängigen Rechtsstreites zum Zwecke der Widerspruchsverfolgung die Rechtsnachfolge in die Forderung in der Konkurstabelle vermerkt und dem Widersprechenden angezeigt worden, so ist die Widerspruchsverfolgung auch gegen den Rechtsnachfolger des Anmelders zulässig.

III. Feststellung zugriffsreifer (sog. titulierter) Ansprüche (Abs. VI)

34 1. Die Feststellung **zugriffsreifer (titulierter)** Ansprüche braucht der Anmelder nicht selbst zu betreiben; vielmehr legt das Gesetz dem (den) Bestreitenden die Last der Widerspruchsverfolgung auf [Anm. 1]. Solche Ansprüche haben den Rechtsschein für sich. Verwaltungsstreitverfahren: Anm. 20; Strafverfahren: Anm. 21; Tabellauszug: Anm. 30. Vorausgesetzt wird, daß „für die Forderung", wie sie angemeldet und bestritten worden ist, eine öffentliche Urkunde bestimmter Art und Ausstattung vorliegt. Denn die Vergünstigung, die das Gesetz dem Anmelder einer zugriffsreifen Forderung einräumt, rechtfertigt sich nur insoweit, als die Urkunde ihrem Inhalte nach das Begehren des Anmelders (§ 139 Satz 1) deckt und darum dem Widerspruch entgegensteht. Vorrecht und Anmeldbarkeit können niemals im Sinne des Abs. VI gestützt sein [Anm. 36]. Die Aufzählung der die Zugriffsreife begründenden Schuldtitel ist, jedenfalls für den Bereich privatrechtlicher Forderungen, erschöpfend. Das schließt nicht aus, daß für öffentlichrechtliche Forderungen, die außerhalb des Konkurses im verwaltungsrechtlichen Betreibungsverfahren erzwingbar sind, entsprechende Festsetzungsverfügungen der Verwaltungsbehörden den Schuldtiteln des Abs. VI gleichzustellen sind [Anm. 35 unter a]. Immer aber muß eine die angemeldete Forderung deckende öffentliche Urkunde vorhanden sein. Es kann daher keine Rede davon sein, daß schon die gesetzliche Ermächtigung einer Behörde, sofort die Vollstreckung zu betreiben, den Anspruch zugriffsreif mache, daß im besonderen alle unter § 6 II Nr. 1 BeitrO fallenden d. h. „unmittelbar aus Steuergesetzen" entspringenden Ansprüche ohne irgendwelche Beurkundung dem Abs. VI genügten (so Seitz S. 9f., 16f., 21f. im Anschluß an Oetker I S. 298f.). Vielmehr setzt die Anwendbarkeit des Abs. VI bei Steueransprüchen allgemein voraus, daß der Steuerbescheid dem Schuldner vor Konkursbeginn zugestellt war [Anm. 20]. Entsprechendes gilt für die Beitreibungsmacht der Postanstalten nach § 25 PostG (vgl. dazu ZZP 31 S. 121ff.). Die zur Anwendbarkeit des Abs. VI führende Urkunde muß im Prüfungstermine vorgelegt werden [Anm. 2]. Freiwillige Feststellung im Sinne des § 144 I verdrängt den Unterschied zwischen zugriffsreifen und ungedeckten Ansprüchen. Nur für den Feststellungsstreit hat er Bedeutung.

35 Nach Abs. VI kommen **drei Gruppen** öffentlicher Urkunden in Betracht:

a) **Mit Vollstreckungsklausel versehene Schuldtitel** wider den Gemeinschuldner (§§ 724ff. ZPO), auch solche, die nur vorläufig vollstreckbar (§§ 708ff. ZPO, §§ 62 I 1, 64 III ArbGG) oder überhaupt keine „Urteile" sind, wie die Titel der §§ 794, 801 ZPO, §§ 164 II, 194, 206 KO, § 85 VerglO [dazu Anm. 47], ferner die für vollstreckbar erklärten vor einem Schiedsgericht abgeschlossenen Vergleiche (§ 1044a ZPO, § 109 ArbGG). Eine Vergleichsabschließung (§ 794 I Nr. 1) oder Unterwerfung unter die sofortige Zwangsvollstreckung (§ 794 I Nr. 5), auch im schiedsrichterlichen Verfahren (§ 1044a ZPO), könnte der Gemeinschuldner während des Konkurses mit Wirksamkeit „gegenüber den Konkursgläubigern" nicht mehr erklären (§ 7). Der bloßen Erteilung einer Vollstreckungsklausel dagegen steht weder der § 7 noch der § 14 [siehe § 14 Anm. 16] entgegen. Der Abs. VI verlangt nicht, daß der Titel schon bei Konkursbeginn mit der Klausel versehen ist (Falkmann Zwangsvollstreckung[2] S. 481, Bley S. 60; abw. z. B. Seuffert § 44 N. 12, v. Wilmowski-Kurlbaum Anm. 16). Wegen der Urteilserlassung nach Konkursbeginn siehe b. Einfluß eines vorausgegangenen gerichtlichen Vergleichsverfahrens: Anm. 47; Auslandstitel: Anm. 48. Obwohl sie keiner Vollstreckungsklausel bedürfen, sind Festsetzungsverfügungen der Verwaltungsbehörden über Abgaben und Beiträge, insbesondere die Festsetzungsbescheide der Steuerbehörden (§ 326 RAbgO, §§ 5ff., 9ff. BeitrO) und der Sozialversicherungsträger (Gunkel ZentrBl. SozVers. 1956 S. 267f.) den Schuldtiteln des Abs. VI gleichzustellen. Ein Leistungsgebot braucht die Festsetzungsverfügung der Steuerbehörde nicht zu enthalten (Mattern BeitrO S. 57f.). Vorlage dieser Titel im Prüfungstermin: Anm. 2 a. E.

b) **Endurteile,** Voll- oder Teilurteile (§§ 300, 301 ZPO), die — sei es rechtskräftig oder noch anfechtbar — den nun im Konkurse geltend gemachten und streitig gebliebenen Anspruch zuerkennen, auch durch Abweisung einer verneinenden Feststellungsklage; natürlich nicht aber eine Prozeß- oder Sachabweisung des angeblichen Gläubigers und nicht die Zuerkennung einer verneinenden Feststellungsklage. Selbständige Bedeutung hat diese Gruppe für Endurteile, die nicht im Sinne von a vollstreckbar sind. Hierher gehört also das noch nicht rechtskräftige, noch auch vorläufig vollstreckbare Leistungsurteil (vgl. BGH L—M § 146 KO Nr. 1). Hierher gehört aber weiter auch das reine Feststellungsurteil, das Grund und Betrag der nun streitig gebliebenen Forderung bejaht (§ 256 ZPO). Entsprechend wirkt die Abweisung der verneinenden Feststellungsklage als unbegründet (Stein-Jonas-Schönke-Pohle ZPO[18] § 256 V 1). Gerade ein solcher, der Erzwingbarkeit gar nicht zugänglicher Richterspruch, rechtfertigt die Anerkennung unserer Gruppe. Denn die besondere Gunst des Abs. VI soll nach dem Zwecke des Gesetzes Ansprüchen zuteil werden, für deren Rechtsbestand eine gewisse Gewähr besteht [Anm. 1]. Ein Feststellungsurteil aber, zumal ein rechtskräftiges, erfüllt diese Voraussetzung in weit höherem Maße als etwa eine nach a die Zugriffsreife begründende vollstreckbare Urkunde. Zust. Bley S. 61, Schlichting S. 36, Epp S. 8ff.; abw. Seitz S. 14f. Schon darum kann auch nicht verlangt werden, daß in Fällen des Gläubiger- oder Schuldnerwechsels das Endurteil, um die Zugriffsreife auszulösen, vollstreckbar ausgefertigt sein müsse, ganz abgesehen davon, daß durch dieses Erfordernis der Unterschied zwischen a und b verwischt würde (abw. Seitz S. 15). Versäumnisendurteile begründen die Zugriffsreife auch dann, wenn schon vor Konkursbeginn Einspruch eingelegt war, da trotz der im § 342 ZPO verordneten Rückwirkung der Einspruch selbst nicht schon den Titel beseitigt, sondern — wie namentlich §§ 343, 719 (717) ZPO ergeben — nur die Möglichkeit seiner Beseitigung eröffnet (RG Bd. **50** 415, Schlichting S. 36 Note 240, Epp S. 14ff., Böhle-Stamschräder Anm. 1). Auch Vorbehaltsurteile (§§ 302, 599 ZPO) machen den Anspruch zugriffsreif, da sie den Anspruch wenigstens vorläufig feststellen und in der Anfechtbarkeit den Endurteilen gleichstehen. Nicht dagegen genügen dem Abs. VI Zwischenurteile, auch nicht Vorabentscheidungen über das Begründetsein des Anspruchs nach § 304 ZPO, da sie ihn auch nicht zum geringsten Betrage zuerkennen (zust. RG JW 1931 S. 2104f. mit Fußnote Levy, Mentzel-Kuhn Anm. 15, Böhle-Stamschräder Anm. 1; abw. Epp S. 17ff. für den Fall, daß sich der Widerspruch gegen den Grund des Anspruches richtet). Ist das Grundurteil allerdings vor Konkurseröffnung rechtskräftig geworden, so ist der bestreitende Konkursverwalter oder Gläubiger im Feststellungsstreit mit Einwendungen gegen den Grund des Anspruchs ausgeschlossen (LG Stade VersR 1953 S. 441). Der Schiedsspruch macht als solcher (auch ohne vollstreckbar zu sein) die zuerkannte Forderung zugriffsreif, weil er unter den Parteien wie ein rechtskräftiges Urteil des staatlichen Gerichts wirkt (§ 1040 ZPO). Zust. Bley S. 62; abw. Jonas S. 73. Dasselbe muß nach § 108 IV ArbGG für einen Schiedsspruch in Arbeitsstreitigkeiten gelten. Ausländische Urteile und Schiedssprüche: Anm. 48. Das Urteil muß, um die Zugriffsreife des Abs. VI auszulösen, im Prüfungstermin vorgelegt werden [Anm. 2] und, jedenfalls grundsätzlich, vor der Konkurseröffnung erlassen d. h. verkündet oder im Falle der §§ 128 II, 310 II ZPO zugestellt sein. Für verkündete Urteile bedarf es dagegen der Zustellung für die Zwecke des Abs. VI nicht. Die Urteilsverkündung kann im Falle des § 249 III ZPO [§ 10 Anm. 8] unbedenklich noch nach Konkurseröffnung geschehen sein (zust. OLG Braunschweig SeuffA 67 Nr. 72). Aber auch eine sonstige Urteilserlassung trotz der (dem Gericht unbekannten) Prozeßunterbrechung verleiht, wenn sie den angemeldeten Anspruch zuerkennt, Zugriffsreife im Sinne unseres Abs. VI, da der Richterspruch (vielleicht ein Urteil letzter Instanz) keineswegs nichtig und darum nicht außer acht zu lassen sondern lediglich anfechtbar ist [§ 10 Anm. 8]. Die gegenteilige Lehre (z. B. Jonas S. 65) wird weder durch die Fassung unseres Abs. VI noch durch den § 12 gestützt. Zust. Bley S. 62f. Allerdings kann diese durch ein unzulässigerweise während der

Prozeßunterbrechung erlassenes Urteil vermittelte Zugriffsreife und zwar schon während der Unterbrechung wieder beseitigt werden [Näheres § 10 Anm. 8; vgl. auch unten Anm. 41].

c) **Vollstreckungsbefehle** (§§ 699, 700 ZPO). Ihre besondere Erwähnung neben den „mit der Vollstreckungsklausel versehenen Schuldtiteln" soll klarstellen, daß auch im Zweckbereiche des Abs. VI Erteilung einer Vollstreckungsklausel — aber doch wohl vorbehaltlich des § 796 I ZPO — nicht vorausgesetzt wird. Arrestbefehle genügen ihrem Inhalte nach dem Abs. VI in keinem Falle (RG Bd. **85** 68).

36 3. Die Vorteile der Zugriffsreife bietet eine Urkunde im Sinne des Abs. VI nur insoweit, **als ihr Inhalt dem Widerspruch entgegensteht** [Anm. 3].

a) Das gilt vor allem für den Widerspruch, der sich nur gegen **das Vorrecht** des Anspruchs richtet. So z. B. wenn die Urkunde den vor Konkursbeginn entstandenen Anspruch eines öffentlichen Gemeinwesens auf Gebühren anerkennt, der Widersprechende aber bestreitet, daß diesem Anspruch das begehrte Abgabenvorrecht des § 61 Nr. 2 zustehe [§ 61 Anm. 20]. Unmöglich kann die Urkunde gegen einen Widerspruch schützen, der ihren Inhalt in keiner Weise antastet. Desgleichen vermittelt ein arbeitsgerichtliches Urteil, das einen Anspruch als Dienstlohn zugesprochen hat, nicht die Zugriffsreife hinsichtlich des daraus für die Forderung abgeleiteten Vorrechts nach § 61 Nr. 1, da das Konkursprivileg nicht Urteilsgegenstand war. Wird das Vorrecht mit der Begründung bestritten, es habe sich bei dem zugesprochenen Anspruch nicht um Dienstlohn, sondern um eine Vergütung aus einem Werkvertrag gehandelt, so ist das Gericht im Feststellungsstreit auch durch die Rechtskraft des arbeitsgerichtlichen Urteils nicht gehindert, das Vorrecht zu verneinen, weil es den Anspruch rechtlich anders qualifiziert. Vgl. dazu Blomeyer Festschr. f. Lent (1957) S. 57, 59. Da somit ein bestrittenes Vorrecht nie durch einen Titel gedeckt sein kann, hat derjenige, welcher es in Anspruch nimmt, in jedem Falle seine Feststellung zu betreiben (Abs. I). Obwohl das RG (Bd. **116** 372f.; vgl. auch JW 1933 S. 2518 Nr. 7) anerkannt hat, daß der Titel das für die titulierte Forderung in Anspruch genommene, bestrittene Vorrecht nicht deckt, hat es gleichwohl aus Abs. VI gefolgert, nicht der Anmelder habe in diesem Falle die Bejahung, sondern der Widersprechende habe die Verneinung des Vorrechtes (hier des Steuervorrechtes) zu erwirken, der Konkursverwalter im besonderen sei zu diesem Vorgehen bei Vermeidung persönlicher Haftbarkeit (§ 82) verpflichtet. Es ist jedoch gesetz- und sachwidrig, dem Gläubiger bei einer nicht zugriffsreifen Inanspruchnahme, wie sie das Vorrechtsbegehren in jedem Falle bildet, schlechthin die Gunst der Beklagtenrolle einzuräumen. Gegen das RG auch Obst LG JR 1930 Nr. 1648, Bley Steuer und Wirtschaft 1928 Sp. 1124 Note 54, Seitz S. 31, Nollau S. 83f., Schlichting S. 35 bei Note 233, Epp S. 94ff.; grundsätzlich zustimmend auch Böhle-Stamschräder Anm. 2d und 3. Mit Recht ist daher auch der BGH dieser Rechtsprechung des RG nicht gefolgt. Er hat aus der Feststellung, daß sich der Titel nicht auf das Vorrecht bezieht, dieses also noch nicht titelmäßig festgestellt sei, zunächst zwar nur geschlossen, daß es in diesem Falle jedenfalls insoweit bei der Regel des Abs. I, II bleiben müsse, als der das Vorrecht in Anspruch nehmende Gläubiger dessen Feststellung durch Klageerhebung betreiben könne (L—M § 61 Nr. 2 u. 3), hat aber dann später (Bd. **19** 164) eindeutig ausgesprochen, daß die klageweise Geltendmachung des bestrittenen Vorrechts „Sache des Gläubigers" sei, die sachliche Entscheidung auf eine negative Feststellungsklage des widersprechenden Konkursverwalters aus Gründen der Prozeßwirtschaftlichkeit aber zugelassen, weil sich der anmeldende Gläubiger auf diese Klage sachlich eingelassen und damit zu erkennen gegeben hatte, daß auch ihm die Entscheidung erwünscht sei [vgl. Anm. 17]; in letzterer Beziehung entspricht die Entscheidung der ganz überwiegenden Meinung zur negativen Feststellungsklage des Widersprechenden im Falle des Streites über Bestand und Höhe einer nicht titulierten Forderung [Anm. 16]. Ohne diese Voraussetzung der Einlassung wollen Mentzel-Kuhn Anm. 18, 22 die negative Feststellungsklage des Widersprechenden bei bestrittenem Vorrecht einer im übrigen titulierten Forderung aus Zweckmäßigkeitsgründen zulassen, obwohl sie grundsätzlich die Betreibungslast des anmeldenden Gläubigers in diesem Falle anerkennen. Mit der gesetzlichen Regelung der Betreibungslast ist diese Ansicht jedoch nicht zu vereinbaren. Der Kampf um die Anerkennung des allein streitigen Vorrechts ist ein neues Verfahren. Ein Prozeß, der bei Konkursbeginn über Grund und Betrag der Forderung anhängig war, wird bei bloßer Vorrechtsbestreitung gegenstandslos; für eine Aufnahme (Abs. III) zum Zwecke des Betreibens der Vorrechtsfeststellung ist daher kein Raum [Anm. 26]. Es wäre auch nicht gerechtfertigt, den Anmelder gegenüber einem über das Vorrecht nichts enthaltenden rechtskräftigen Richterspruch auf die regelmäßig versagende Wiederaufnahme zu beschränken; über die Vorrechtsfrage ist überhaupt noch nicht entschieden. Richtet sich der Widerspruch zugleich gegen Bestand oder Betrag der Forderung, dann kann der Vorrechtsstreit, wenn das schwebende Verfahren dies noch zuläßt, im Wege einer Antragserweiterung zur Entscheidung gebracht werden [Anm. 19, 20, 26]. Sonst entwickelt sich um das Vorrecht ein neues Verfahren. Da mit der Verneinung des Grundes zugleich der Vorrechtsanspruch fällt, wird es bei gleichzeitiger Bestandsbestreitung zu einer Aussetzung des Vorrechtsprozesses kommen (§ 148 ZPO).

b) Eine entsprechende Rechtslage ergibt sich, wenn der Bestreitende dem angemeldeten Anspruch die **Anmeldbarkeit** d. h. die Eigenschaft einer Konkursforderung (§§ 3, 5 II, 63) abspricht. So z. B. wenn eine durch Urteil zuerkannte Forderung aus rechtsbeständigem Schenkungsversprechen des Gemeinschuldners angemeldet, aber die Anmeldbarkeit bestritten worden ist (§ 63 Nr. 4), mag auch die Freigebigkeit durch einen Wechsel verdeckt sein [§ 63 Anm. 5 sowie oben Anm. 3]. Mit Unrecht will Jonas S. 77f. hier den Widersprechenden auf den Abs. VI verweisen. Das hieße, in Fällen rechtskräftiger Zuerkennung einer Forderung Widersprüche gegen ihre Anmeldbarkeit vereiteln. Daß der Widerspruch sich gegen die Konkursforderungseigenschaft richtet, muß allerdings wie bei der Vorrechtsbestreitung im Prüfungsverfahren festgestellt werden [§ 141 Anm. 9, § 145 Anm. 1]. Die Widerspruchsrichtung ergibt, wofür ein Feststellungsinteresse besteht, kennzeichnet also das Rechtsschutzbedürfnis in seinem Gegenstande. Den Widerspruchsgrund (im Beispielsfalle: weil der — als unanmeldbar bekämpfte — Anspruch auf einer Freigebigkeit des Gemeinschuldners beruhe) braucht der Widersprechende erst im Feststellungsstreit anzugeben. Siehe Bley S. 65ff. mit abw. Ansichten.

c) Endlich versagt die Anwendbarkeit des Abs. VI, wenn der Anspruch nicht auf einen bestimmten Geldbetrag gerichtet, deshalb eine nach § 69 vom Gläubiger **abgeschätzte** Summe angemeldet und dieser Betrag bestritten worden ist. Denn die Urkunde (z. B. das zuerkennende Urteil) deckt den Anspruch nur in seiner ursprünglichen, zur Geltendmachung im Konkurs ungeeigneten Gestalt, nicht auch die Schätzung [Anm. 3]. Darum muß im Streitfalle der Gläubiger die Feststellung betreiben (Abs. I—V). Zust. OLG Dresden KonkTreuh. 1940 S. 94 für die Schätzung der Gesamtforderung aus einem Unterhaltsvergleich. Bedarf es lediglich einer Umrechnung [§ 69 Anm. 5], so ist der Abs. VI unbedenklich anwendbar. Oetker I S. 306f., Seuffert § 44 N. 12 a. F.; vgl. auch Kohler Lehrbuch S. 566 (der aber verkennt, daß die Forderung in ihrer ursprünglichen Gestalt nach § 69 nicht angemeldet, darum auch nach § 141 I nicht erörtert und festgestellt werden darf). Siehe noch § 164 Anm. 10. War ein Saldo als solcher angemeldet und teilweise bestritten worden, so verleiht ein Urteil über einen im Rechnungsabschlusse berücksichtigten Posten dem Anmelder die Vorzugsstellung nach Abs. VI nicht, auch nicht teilweise, weil der Einzelanspruch seine selbständige Bedeutung verloren hat [Anm. 32].

4. **Der Prozeßgegenstand** ist bei Verfolgung des Widerspruchs gegen eine zugriffsreife Forderung kein anderer als beim Betreiben der Feststellung eines streitig gebliebenen ungedeckten Anspruchs. Im einen 37

wie im anderen Falle handelt es sich um die Feststellung eines Konkursgläubigerrechts. Der Widerspruch gegen zugriffsreife Ansprüche führt zum verneinenden, die Verfolgung ungedeckter Ansprüche zum bejahenden Feststellungsstreit. Hier wie dort bildet der Anspruch selber (die Konkursforderung, das Konkursgläubigerrecht), nicht ein von ihm verschiedenes verfahrensrechtliches Verhältnis den Gegenstand der Feststellung. Für beide Fälle sagt der § 168 Nr. 1 bestimmt und klar: die Forderung selbst sei infolge des Widerspruchs im Prozesse befangen (abw. Jonas S. 66ff.). Näheres oben Anm. 12ff. Auch bei Verfolgung des Widerspruchs nach Abs. VI in einem bereits schwebenden Rechtsstreit ändern sich nicht Anspruch und Klagegrund, sondern es ändert sich nur der Klagantrag und die Partei. Anm. 25, 29. Der **Antrag** des in die Angreiferrolle gedrängten Bestreiters geht im Einklange mit § 147 Satz 1 regelmäßig dahin, den Widerspruch für begründet zu erklären (zust. RG WarnRspr. 1933 Nr. 167 S. 362 = KonkTreuh. 1933 S. 125); Mentzel-Kuhn Anm. 17, Böhle-Stamschräder Anm. 3) oder deutlicher dahin, das Nichtbestehen der bestrittenen Konkursforderung festzustellen (Jaeger Lehrbuch S. 242); der Gegenantrag geht auf Verwerfung des Widerspruchs (ein Fall der „Beseitigung" im Sinne des § 144 I). Das Feststellungsinteresse (Rechtsschutzbedürfnis) liegt für den Angreifer in der Verhütung ungerechtfertigter Auszahlungen, wie sie sonst den §§ 152, 168 Nr. 1 zufolge an den Anmelder der zugriffsreifen Forderung erfolgen müßten. Allerdings kann hier auch für den Gegner (den Anmelder) ein Betreibungsinteresse bestehen [Anm. 42]. Andrerseits muß wohl beachtet werden, daß der Abs. VI überhaupt keine Anwendung findet, wenn der Widerspruch nicht auf einen gegenteiligen Inhalt der Urkunde stößt [Anm. 3, 36].

38 **5. Die Mittel der Widerspruchsverfolgung**

a) Abs. VI hat nicht den Sinn, daß er beim Widerspruch gegen eine zugriffsreife (z. B. in rechtskräftiger Verurteilung des Schuldners anerkannte) Forderung ganz allgemein die Möglichkeit einer neuen, im Gerichtsstande des Abs. II zu erhebenden Klage erschließt, durch die der Widersprechende auch einen bereits erledigten Rechtsstreit über Grund und Betrag des Anspruchs noch einmal aufrollen könnte (abw. Hellmann S. 484ff.). Vielmehr besagt der Abs. VI, wie die herrschende Lehre (z. B. Fitting S. 149, Bley S. 68f., Mentzel-Kuhn Anm. 17, Böhle-Stamschräder Anm. 3) im Einklang mit der Begründung des Gesetzes (Motive II S. 366f., Protokolle S. 92f.) anerkennt: der widersprechende Verwalter oder Gläubiger muß, wenn er die Auszahlung von Anteilen auf die zugriffsreife Forderung hintanhalten will, den Widerspruch mit den **Mitteln** verfolgen, **die gegenüber einer Deckung dieser Art noch in Betracht kommen.** Nur in Ausnahmefällen ist eine selbständige, als Gegenstück zur bejahenden Feststellungsklage des Abs. I ebenfalls im Gerichtsstand des Abs. II zu erhebende verneinende Feststellungsklage (Widerspruchsklage) gerechtfertigt. So gegenüber Entscheidungen der Strafgerichte, die im Adhäsionsverfahren oder im Bußadhäsionsverfahren ergangen sind und bei denen der Widersprechende die dem Gemeinschuldner zustehenden Rechtsschutzmittel nicht verfolgen kann [Anm. 21]. Ferner bildet der nur vom Konkursverwalter zu verfolgende (§ 36) Anfechtungsrückgewähranspruch (§ 37) ein positives Recht, welches sich besonders in Fällen der Kollusion bewährt und nicht einmal an rechtskräftiger Zuerkennung, namentlich durch Versäumnis- und Anerkenntnisurteil scheitert, die der Schuldner über sich hatte ergehen lassen [§ 35 Anm. 5]. Bei Verfolgung eines auf die Konkursanfechtung gestützten Widerspruchs handelt es sich somit um die Geltendmachung eines selbständigen Gegenanspruchs, nicht eines schon außerhalb des Konkurses dem Schuldner zustehenden Verteidigungsmittels. Die Konkursanfechtung spielt also eine besondere, vom Ergebnis einer vorkonkursmäßigen Rechtsverfolgung des Anmelders unabhängige Rolle. Zeitschranke: § 41 Anm. 9. Abgesehen von diesen Ausnahmefällen kommen aber als Mittel der Widerspruchsverfolgung nur solche Rechtsschutzmittel in Frage, die dem Schuldner persönlich zu Gebote ständen, wenn kein Konkurs schwebte. Es wäre ein befremdliches und mit dem Wesen der Rechtskraft unvereinbares Ergebnis, wenn der Verwalter, nachdem der Anmelder unter Erschöpfung des Rechtsmittelzugs die richterliche Anerkennung seines Anspruchs erstritten hätte, nun den Prozeß über Grund und Betrag des Anspruchs (darum würde es sich — die Konkursanfechtung ausgenommen — auch bei der von Hellmann befürworteten Klage auf „Zurücknahme der Anmeldung" handeln) wiederum von vorne beginnen könnte. Wenn der Widersprechende, der einem noch berufungsfähigen Urteil erster Instanz gegenübersteht, unstreitig auf die Berufung angewiesen, also vorbehaltlich einer nach allgemeiner Regel statthaften Zurückverweisung auf den Rest der Instanzen beschränkt bleibt, muß es unmöglich sein, ihm gegenüber rechtskräftiger Verurteilung des Schuldners die Prozeßerneuerung zu gestatten. So erkennt denn auch Jonas S. 78f., obwohl von seinem Standpunkt aus die Begründung Schwierigkeiten hat, an, daß der Widersprechende gegen den zugriffsreifen Anspruch nur unter denselben Voraussetzungen anzukämpfen vermag wie der Schuldner persönlich. Ebenso Kolmar OLG 11 S. 364, das eine auf bloße Bestandsbestreitung gestützte verneinende Feststellungsklage gegenüber rechtskräftiger Verurteilung des Schuldners mit Recht für unzulässig erklärt. Der Widersprechende hat nur die Rechtsbehelfe des Schuldners und er hat sie (auch als Gläubiger) alle, wie er ja auch beim Widerspruch gegen eine ungedeckte streitbefangene Forderung in die prozessuale Rechtslage des Schuldners einrückt (Abs. III). So kann es wohl auch vorkommen, daß die Voraussetzungen für die Anwendbarkeit des Abs. VI durch eine Entscheidung in Beschlußform (etwa nach Maßgabe der §§ 732, 797 II ZPO) beseitigt werden; das Konkursgläubigerrecht wird damit noch nicht aberkannt, wohl aber der Anmelder in die Rolle des Angreifers gedrängt [Anm. 41].

b) **Im einzelnen** kommen als Mittel der Widerspruchsverfolgung namentlich in Betracht: Gegenüber noch nicht rechtskräftigen Urteilen, die den nach Grund oder Betrag bestrittenen Anspruch feststellen, Einspruch, Berufung und Revision unter Aufnahme des Verfahrens (RG Bd. 27 352), wobei der Anmelder gegenüber einer Aufnahmeverzögerung zwar nicht durch eine dem § 239 II ZPO (§ 10 I 2 KO) entsprechende Vorschrift (RG Bd. 84 409), wohl aber durch seine eigene Betreibungsbefugnis geschützt ist [Anm. 42]; gegenüber rechtskräftigen Urteilen (immer abgesehen von der Konkursanfechtung, vgl. Anm. 38) die etwa dem Schuldner offenstehende Wiederaufnahme des Verfahrens (§§ 578ff. ZPO, Kolmar OLG 11 S. 364) oder Anspruchsgegenklage (§ 767 ZPO; RG JW 1894 S. 426f. Nr. 23). Wenn beispielsweise die in rechtskräftiger Verurteilung des Schuldners anerkannte Forderung schon vor der Prüfung (vielleicht durch Aufrechnung oder durch die von einem Angehörigen des Schuldners geleistete Zahlung) getilgt worden war, kann der Widersprechende mit der Gegenklage verlangen, daß sein Widerspruch für begründet erklärt, also das Nichtbestehen der angemeldeten Konkursforderung festgestellt werde. Der Antrag ist der besonderen Rechtslage anzupassen [Anm. 25]; die Erhebung der Klage verhindert nach der hier allein maßgebenden Vorschrift des § 168 Nr. 1 fernere Auszahlungen (zust. Bley S. 70 Note 7 gegen Jonas S. 68). Ein Vollstreckungsbefehl kann nach Maßgabe der §§ 700, 796 II, III ZPO, eine vollstreckbare Urkunde nach § 797 IV, V ZPO (so z. B. wenn die vollstreckbar verbriefte Forderung ein Wucheranspruch ist), ein Schiedsspruch nach § 1044 III (n. F.) ZPO angreifbar sein. Für die Rüge der Unzulässigkeit einer Vollstreckungsklausel kommen die §§ 732, 796, 797 ZPO in Betracht. Die Frage der Anfechtbarkeit von Entscheidungen der Verwaltungsgerichte oder Verwaltungsbehörden (Beschwerde, Wiederaufnahme, Anfechtungsklage usw.) beantwortet sich nach den Vorschriften des Verwaltungsrechts [Anm. 20]. Gegenüber rechtskräftigen, im Urkunden- oder Wechselprozeß erlassenen Vorbehaltsurteilen wird der Widerspruch verfolgt durch Prozeßaufnahme und Betreibung des Nachverfahrens, das mit dem vorausgegengenen außerordentlichen Prozeß eine Einheit bildet (§§ 599, 600 ZPO; Jonas S. 82, Bley S. 70). Gegenüber der Rechtskraft 39 unbedingter Endurteile sind Widersprüche in der Regel aussichtslos. Darin liegt keine Stütze für die Lehre, daß die irrtümliche rechtskräftige Zuerkennung einer Forderung diese oder eine inhaltsgleiche begründe (sog. materiellrechtliche Rechtskrafttheorie). Hier handelt es sich vielmehr darum, daß die persönlichen Gläubiger eines Schuldners Prozeßlagen, in die er geraten ist, grundsätzlich hinzunehmen haben. Das gilt schon vor Eintritt der Rechtskraft, namentlich für die Einbuße nicht mehr nachholbarer Verteidigungsmittel, und nicht nur für Forderungen, sondern z. B. auch für das Eigentum, für Dienstbarkeiten und Hypotheken, die zur gerichtlichen Anerkennung gelangt sich nun mit Aussonderungs- oder Absonderungskraft durchsetzen und doch als dingliche, gegen jedermann wirkende Rechte bei der engen persönlichen Begrenzung, die der Wirksamkeit des Urteils im begriffsmäßigen Zweckbereiche des Zivilprozesses gezogen ist (§ 325 ZPO), keinesfalls aus dem Richterspruch als solchem erwachsen können. Der irrtümlich zuerkannte Anspruch genießt die Gunst der zugriffsreifen, vor dem Urteil und aus dem erfolgreich geltend gemachten Schuldgrund entstandenen Forderung. Siehe Rosenberg Lehrbuch[8] § 148 II 1, Lent Gesetzeskonkurrenz II (1916) S. 180ff. gegen Pagenstecher Rechtskraft (1905) S. 80ff. Das Besondere des Abs. VI ist darin zu erblicken, daß der Widersprechende die Rechtsschutzmittel des Gemeinschuldners nicht nur als Verwalter der Konkursmasse als eines Sondervermögens des Gemeinschuldners, sondern auch als Gläubiger im eigenen Namen und für eigene Rechnung ausüben darf, wozu ihm außerhalb des Konkurses alle Macht fehlt. Wie der widersprechende Gläubiger gegen eine den Schuldner verurteilende Entscheidung den Einspruch, die Berufung, die Revision an Stelle des Schuldners zur Widerspruchsverfolgung einlegen oder die Wiederaufnahme des rechtskräftig abgeschlossenen Prozesses betreiben darf, so kann er auch die Anspruchsgegenklage des § 767 ZPO erheben, ohne dem Einwand ausgesetzt zu sein, diese sei ein dem Schuldner vorbehaltenes Rechtsschutzmittel (abw. Stein-Jonas-Schönke-Pohle ZPO[18] § 767 Note 12; wie hier vor allem Bley S. 69ff.). Gerade weil sie dem Schuldner zusteht und nur deshalb taugt sie zur Verfolgung des Widerspruchs nach Abs. VI. Der Sinn des allzu knapp gefaßten Gesetzes ist der: wer einer im Prüfungsverfahren erörterten Forderung nach § 144 I trotz ihrer Zugriffsreife widersprochen hat, den trifft die Last, den Widerspruch mit den im Einzelfall etwa zulässigen Rechtsschutzmitteln zu verfolgen. Das können aber nach dem Zusammenhang des Gesetzes — von der eigens geregelten und dem Konkursverwalter vorbehaltenen Konkursanfechtung abgesehen [Anm. 38] — nur Rechtsschutzmittel des Gemeinschuldners, namentlich des verurteilten, sein.

40 c) Zweifel bestehen über **den Gerichtsstand**. Zwar ist unbestreitbar, daß anhängige Prozesse über den streitigen Anspruch dort aufzunehmen sind, wo sie zur Zeit der Unterbrechung schweben (Abs. III). Das gilt für zugriffsreife (Abs. VI) wie für ungedeckte Ansprüche (Abs. I) [Anm. 24]. Insoweit ist für den Abs. II kein Raum. Dasselbe muß für die Widerspruchsverfolgung durch Einspruch gegen einen Vollstreckungsbefehl (§ 700 ZPO) sowie für die Rechtsbehelfe der Widerspruchsverfolgung gelten, mit denen nicht die verneinende Feststellung der Forderung, sondern zunächst nur die Beseitigung ihrer Zugriffsreife erstrebt wird (z. B. §§ 732, 768, 795, 797 III, 797a II ZPO) [Anm. 41]. Dagegen wird für die Widerspruchsverfolgung durch Erhebung einer auf negative Feststellung gerichteten Klage (Wiederaufnahmeklage, Vollstreckungsgegenklage, selbständige Widerspruchsklage im Falle der im Adhäsionsverfahren ergangenen Entscheidungen [vgl. zu letzteren Anm. 21]) der sich aus den Bestimmungen der ZPO bzw. StPO ergebende Gerichtsstand durch den Konkursgerichtsstand des Abs. II verdrängt. A. A. im Anschluß an die Motive II S. 367 und die Protokolle S. 93 insbes. Bley S. 73 mit Verw. und Mentzel-Kuhn Anm. 17, welche den Gerichtsstand des Abs. II für eine Widerspruchsverfolgung im Sinne des Abs. VI überhaupt ausschalten wollen. Die Ausschaltung soll dadurch zum Ausdruck gelangt sein, daß die Anordnung einer besonderen Zuständigkeit bereits im Abs. II voran-

gestellt, nicht erst nach dem Abs. VI ausgesprochen ist (Protokolle aaO.). Innere Gründe rechtfertigen diesen Standpunkt nicht. Auffallen muß zunächst, daß der Konkursgerichtsstand des Abs. II sogar für die Abwehrklagen der §§ 767, 768 ZPO festgehalten wird, die der frühere Gemeinschuldner nach dem Konkurse gegenüber der Zwangsvollstreckung aus Tabellfeststellungen erhebt (§§ 164 III, 194, 206 II). Erst recht muß dieser Gerichtsstand für eine auf die §§ 767 (mit §§ 796 III, 797 IV, V, 797a III) ZPO gestützte Verfolgung von Widersprüchen im Konkurse selbst maßgebend sein. Die Unebenheit ist nur so zu erklären, daß man bei den Beratungen des Entwurfs an die Eignung der Anspruchsgegenklage zu Zwecken der Widerspruchsverfolgung nach Abs. VI gar nicht gedacht hat. Ausschlaggebend muß aber die Erwägung sein, daß alle der Widerspruchsverfolgung dienenden Klagen im Zweckbereiche des Abs. VI ihr Ziel verändern und ganz ebenso wie die Klage auf Feststellung einer noch nicht zugriffsreifen Forderung (Abs. I) ausschließlich das umstrittene Konkursgläubigerrecht zum Gegenstand haben. Dieses wird verneint, wenn der Widerspruch sich als begründet, bejaht, wenn er sich als unbegründet erweist. Widerspruchsklagen sind verneinende Feststellungsklagen und gehören daher ihrem Wesen nach in den Konkursgerichtsstand. Darum kann aus der Stellung des Abs. II im Gefüge des § 146 ein gegenteiliger Schluß nicht gezogen werden. Zust. Böhle-Stamschräder Anm. 3, Epp S. 80ff. Diesem Gerichtsstande müssen auch Anfechtungsklagen des Konkursverwalters [Anm. 36] unterworfen sein. Denn auch sie verfolgen im Rahmen des Abs. VI kein anderes Ziel als das der verneinenden Konkursfeststellung. Ist z. B. ein durch rechtskräftiges Urteil zuerkannter Kaufpreisanspruch bei der Prüfung vom Verwalter bestritten worden, dann begehrt die auf Tatbestände des § 30 Nr. 1 Fall 1 oder des § 31 (mit § 35) gestützte Anfechtungsklage (der Anspruch stamme aus einem Krisenverkauf zu weit übersetztem Preise, sei übermäßigem Aufwand entsprungen, sei zur Benachteiligung der Gläubiger erdichtet): das Gericht wolle feststellen, daß dem Beklagten das in Anspruch genommene Konkursgläubigerrecht nicht zustehe, oder es wolle (was auf das gleiche hinauskommt) den Widerspruch des Verwalters für begründet erklären. Die Anwendbarkeit des Abs. II auf die Widerspruchsklagen führt überdies zu dem erwünschten Ergebnisse, daß der bestreitende Konkursverwalter Widerspruchsklagen nicht vor auswärtigen Gerichten zu erheben braucht. Damit steht auch im Einklange, daß der Anmelder einer zugriffsreifen (z. B. in vollstreckbarer Urkunde verbrieften) Forderung, wenn er selber durch Klage den Widerspruch niederkämpfen will [Anm. 42], an den Gerichtsstand des Abs. II gebunden ist. Behauptet der Widersprechende, ein vom Anmelder vorgelegter Titel (z. B. eine vollstreckbare Urkunde) sei unecht, dann würde der Streit ebenfalls im Gerichtsstande des Abs. II auszutragen sein (so Jonas S. 79), wenn er Konkursfeststellungsstreit ist. Doch handelt es sich hier um einen Anwendungsfall der allgemeinen Feststellungsklage des § 256 ZPO. Der Antrag ist auf Feststellung der Unechtheit zu richten, die Klage nach den gewöhnlichen Zuständigkeitsregeln zu erheben (zust. Bley S. 73). Eine solche Feststellung der Unechtheit wirkt wie die Beseitigung einer zunächst begründeten Zugriffsreife, entscheidet aber nicht über das Bestehen des vom Anmelder behaupteten Konkursgläubigerrechts [Anm. 41].

d) Zu einer **Beseitigung der Zugriffsreife** ohne Entscheidung über den Rechtsbestand der Forderung kommt es einmal, wenn es dem Widersprechenden gelingt, die nach Abs. VI die Zugriffsreife begründende Vollstreckungsklausel zu beseitigen (§§ 732, 768, 795, 797 III, 797a II ZPO) [Anm. 39, 40], ferner dann, wenn ein während der Prozeßunterbrechung zu Unrecht erlassenes Urteil aufgehoben wird [Anm. 35 unter b a. E.], schließlich wenn bei Verfolgung des Widerspruchs im Rechtsmittel- oder Wiederaufnahmeweg das Urteil wegen des Mangels einer Prozeßvoraussetzung aufgehoben wird. In allen diesen Fällen hört nach Beseitigung der Zugriffsreife der Abs. VI auf, maßgebend zu sein: fortab hat der Anmelder die Feststellung zu betreiben (Abs. I—III). Vgl. Petersen- 41

Kleinfeller Anm. 27, Fitting § 12 N. 59, Seuffert S. 275, Voigt S. 175, Bley S. 71, 74f., Seitz S. 37, Epp S. 86ff.; abw. Oetker I S. 353, ZZP 25 S. 59. Ein bloßer Wegfall der Zugriffsreife (Abs. VI), weil z. B. auf ein Rechtsmittel des Widersprechenden die zunächst siegreiche Klage des Anmelders mangels eines Sachurteilserfordernisses als unzulässig abgewiesen wird, entscheidet freilich (gegen Voigt aaO.) nicht darüber, ob „der Widerspruch begründet" war (§ 147). Sonst könnte ja von künftiger Anwendbarkeit unseres Abs. I keine Rede sein. Die von einem Bestreiter erwirkte Beseitigung der Zugriffsreife kommt rechtsnotwendig den übrigen Bestreitenden, ja allen Konkursgläubigern zugute. Bley S. 75f. gegen Oetker I S. 355, Jonas S. 83. Unechtheit der Titelurkunde: Anm. 40 a. E.

42 **6. Die Betreibungsbefugnis des Anmelders.** Dem Anmelder einer zugriffsreifen Forderung sind trotz der Bestreitung bei Verteilungen aller Art die Dividenden auszuzahlen, solange der Widersprechende den Widerspruch nicht betreibt. Das folgt aus § 168 Nr. 1 mit Gegenschluß aus § 152. Doch kann das Betreiben noch unmittelbar vor der Auszahlung nachgewiesen, diese also noch in letzter Stunde hintertrieben werden. Motive II S. 387. Ein einstweiliges gesetzliches Stimmrecht hat der Anmelder trotz der Zugriffsreife seines Anspruchs nicht. Ob und inwieweit er mitstimmen darf, bestimmt vielmehr mangels Einigung der Beteiligten unanfechtbar das Gericht (§ 95). Der Anmelder einer zugriffsreifen Forderung muß somit gewärtigen, daß die Auszahlung der ihm gebührenden Anteile noch unmittelbar vor der Verteilung hintertrieben wird, daß er bei lässiger Widerspruchsverfolgung später zu Gelde kommt als bei nachdrücklicher Eigenbetreibung, daß er bei künftigem Obsiegen eines Widersachers bereits bezogene Anteile zurückerstatten muß [§ 166 Anm. 3], daß ihm die Unantastbarkeit seines Stimmrechts und der sonstigen Konkursbeeinflussungsbefugnisse lange vorenthalten bleibt. Aus all diesen Gründen kann er ein lebhaftes Interesse an alsbaldiger Beseitigung der durch den Widerspruch verursachten Unsicherheit seiner Rechtslage haben. Deshalb wäre es unangemessen, ihm die eigene (positive) Betreibung der Konkursfeststellung zu wehren. Die Vorschrift des Abs. VI nötigt zu solcher Auslegung nicht. Sie will den Anmelder begünstigen, nicht hemmen. Das Gebot „der Widerspruch ist von dem Widersprechenden zu verfolgen" bedeutet: zugriffsreife Ansprüche muß im Gegensatze zum Abs. I der Widersprechende bekämpfen, wenn eine Vorenthaltung der Anteile gegenüber dem Anmelder zulässig werden soll (§ 168 Nr. 1). „Der Liquidant darf", so erläutern die Motive II S. 367, „nicht verpflichtet sein, die Feststellung seiner Forderung gegen den Widersprechenden zu betreiben, sondern es muß dem letzteren anheimgegeben werden, seinen Widerspruch gegen jenen zu verfolgen." Durch den Abs. VI wird daher dem Anmelder die Betreibungslast abgenommen, nicht aber die Betreibungsbefugnis entzogen. Der Fall liegt wesentlich anders als beim Widerspruch gegen ungedeckte Ansprüche. Denn solchenfalls hat der Gegner dessen, dem das Gesetz die Betreibung anheimstellt (Abs. I), also der Widersprechende, schon durch den Widerspruch allein die Berücksichtigung des Anmelders bis zum Nachweise der Feststellungsbetreibung ausgeschaltet und darum an eigener Betreibung kein schutzwürdiges Interesse [Anm. 16]. Von einer im Sinne des § 12 unzulässigen Sonderverfolgung des Anspruchs kann keine Rede sein.

Eine andere Frage ist aber die, ob der Anmelder nach der Gestaltung des Prozeßrechts auch die **Mittel** zur eigenen Betreibung hat. Ist der streitig gebliebene Anspruch zwar zugriffsreif (etwa auf Grund eines Vergleichs oder einer vollstreckbaren Urkunde, § 794 I Nr. 1, 5 ZPO), aber noch nicht rechtshängig geworden, dann steht dem Anmelder die Konkursfeststellungsklage im Gerichtsstande des Abs. II offen (was allgemein verkannt wird). Ferner bleibt im schwebenden Rechtsstreit auch dem Anmelder eine Prozeßaufnahme unverwehrt. Durch diese kann er den Feststellungsstreit zum sachlichen Austrag bringen, wenn der Prozeß bereits in der Rechtsmittelinstanz schwebt oder der Widersprechende nunmehr nach der Prozeßaufnahme durch den Anmelder den

Widerspruch durch zulässige Einlegung des Rechtsmittels verfolgt. Andernfalls führt die Prozeßaufnahme des Anmelders zwar nicht zur Beseitigung des Widerspruchs, aber doch wenigstens zur Herbeiführung der Rechtskraft des bei Konkurseröffnung noch nicht rechtskräftigen Urteils. So wenn der Anmelder nach der Prozeßaufnahme [Anm. 23] ein vor der Konkurseröffnung erwirktes, aber noch berufungsfähiges Urteil dem Widersprechenden zustellen läßt und damit die Rechtsmittelfrist in Lauf setzt oder durch die Prozeßaufnahme eine durch den Konkurs unterbrochene Rechtsmittelfrist von neuem in Lauf bringt und der Widersprechende kein Rechtsmittel einlegt. Dagegen hat der Anmelder keine Möglichkeit, den Widersprechenden zu zwingen, seinerseits den Widerspruch durch Prozeßaufnahme zu betreiben; für eine solche Möglichkeit fehlt auch das Bedürfnis, da der Anmelder selbst aufnehmen kann. In den Fragen der Prozeßaufnahme durch den Anmelder übereinstimmend die Rechtsprechung und die herrschende Lehre: RG Bd. **34** 410, JW 1901 S. 162 Nr. 12, Bd. **51** 97, Bd. **86** 237, KonkTreuh. 1937 S. 146, JW 1938 S. 1537; BGH L-M § 146 KO Nr. 1 Bl. 44 Rücks.; ObstLG DJZ 1930 Sp. 976 Nr. 1; KG OLG 19 S. 135, Braunschweig OLG 23 S. 308, KG OLG 37 S. 118; RFH Bd. **21** S. 308 (für zugriffsreife Steuerforderungen), ferner Seuffert S. 275, Voigt S. 170ff., Jonas S. 68ff., Bley S. 76ff., Epp S. 100ff., Mentzel-Kuhn Anm. 17, Böhle-Stamschräder Anm. 3; Stein-Jonas-Schönke-Pohle ZPO[18] § 240 II 3; abw. Oetker I S. 504f., ZZP 25 S. 61ff., Hellmann S. 484 N. 1, Seitz S. 33ff. War das Urteil, welches die Zugriffsreife der bestrittenen Konkursforderung begründet, bereits bei Konkurseröffnung rechtskräftig oder hat es nach Prozeßaufnahme durch den Anmelder ohne Beseitigung des Widerspruches die Rechtskraft beschritten, so besteht in der Regel für den Anmelder keine prozessuale Möglichkeit, den Widerspruch niederzukämpfen. Eine Aufnahme des rechtskräftig abgeschlossenen Prozesses (Abs. III) kommt für ihn ebensowenig in Frage wie für den Widersprechenden (OLG Hamburg LZ 1913 Sp. 870f. Nr. 2). Es bleibt ferner zu erwägen, daß der Bestreiter seinen Widerspruch nur mit außerordentlichen Rechtsbehelfen zu verfolgen vermag [Anm. 39], die für den Anmelder als Mittel der Feststellungsbetreibung nicht in Betracht kommen. Die Möglichkeit aber, durch neue Klage nach Abs. I, II den Instanzenzug abermals aufzurollen, kann dem Anmelder nicht ohne weiteres eröffnet werden; nur wenn ein besonderes Rechtsschutzbedürfnis dafür vorliegt, daß der schon rechtskräftig zuerkannte Anspruch nun, nachdem er im Prüfungsverfahren streitig geblieben, erneut und zwar als Konkursforderung festgestellt werde, darf der Anmelder diese Feststellung durch Klage nach Abs. I, II betreiben, dabei aber nur einen mit der Rechtskraft des schon vorliegenden Urteils im Einklang stehenden Antrag stellen. So etwa dann, wenn der Verwalter gegen einen durch rechtskräftiges Urteil zuerkannten Anspruch eine vom Anmelder geleugnete Forderung der Masse aufgerechnet und den daraufhin angemeldeten Anspruch bestritten hat, nun aber die Erhebung der Anspruchsgegenklage hinauszögert. Das ist unbedenklich, wenn die Rechtskraft nur inhaltlich abweichende Neuentscheidungen, nicht die Zulässigkeit einer Neuklage hindert, für die ein Rechtsschutzbedürfnis besteht (Stein-Jonas-Schönke-Pohle ZPO[18] § 322 II), wohl aber auch vom gegenteiligen Standpunkt aus (Rosenberg Zivilprozeßrecht[8] § 148 II 4, S. 738ff.) zu bejahen, da nun ein neuer Sachverhalt (Leugnen des Erloschenseins durch spätere Aufrechnung) und ein veränderter Antrag (Feststellung als Konkursforderung) vorliegt. In unserem Sinne Bley S. 78f. mit Verw.

IV. Konkursbeendigung vor Erledigung des Feststellungsprozesses

1. Schwebt zu der Zeit, da der Konkurs auf Grund der **Schlußverteilung** endet (§ 163), noch ein bejahender (Abs. I, III) oder verneinender (Abs. VI) Konkursfeststellungsprozeß, so wird er unter den bisherigen Parteien — einerlei, ob der Verwalter oder ein Gläubiger und ob zugleich der Schuldner persönlich widersprochen hat oder nicht — **um die** nach § 168 Nr. 1 **zurückbehaltenen Anteile** ausgetragen. So auch RG JW 1936 S. 2928 = KonkTreuh. 1936 S. 106. Indem 43

das Gesetz diese Zurückbehaltung, wie der § 166 ergibt, über die Dauer des Konkursverfahrens hinaus vorschreibt, erkennt es zugleich an, daß die vom § 168 Nr. 1 betroffenen Konkursfeststellungsprozesse auch nach der Aufhebung des Konkursverfahrens (§ 163) durchzuführen sind. Das Rechtsschutzbedürfnis besteht beiderseits fort. Die zurückbehaltenen Anteile gebühren, wenn der Anmelder unterliegt, den Konkursgläubigern, denen sie im Wege einer Nachtragsverteilung zuzuführen sind (§ 166), und nicht etwa dem Schuldner, der für den Bereich dieser Verteilung durch den Verwalter verdrängt wird. Obsiegt der Anmelder, so erwirkt er auf Grund des sein Gläubigerrecht feststellenden Urteils die Berichtigung der Tabelle (Abs. VII) und verschafft sich so nicht nur das Anrecht auf Auszahlung der zurückbehaltenen Anteile, sondern auch gegenüber dem Schuldner, dessen persönlicher Widerspruch unterblieben oder beseitigt ist, einen Titel zur außerkonkursmäßigen Rechtsverfolgung [§ 164 Anm. 6]. Vgl. RG Bd. 28 70; KG KGBl. 1909 S. 104; Jaeger LZ 1908 Sp. 614, Voigt S. 189, Fitting S. 153, Kohler ArchZivPrax. 81 S. 411, Seuffert S. 273, Jonas S. 86, Bley S. 94f. Der Umstellung des Klagantrags bedarf es in diesem Falle nicht, da Gegenstand des Streites nach wie vor die Feststellung der bestrittenen Konkursforderung ist. Eine Fortführung des Prozesses wegen der zurückbehaltenen Anteile kommt nach der Konkursaufhebung auch dann in Betracht, wenn der Streit sich nicht um Grund und Betrag, sondern nur um Anmeldbarkeit oder Vorrecht dreht. Eine Fortsetzung des Prozesses zwischen Anmelder und Opponenten ist ferner dann zulässig, wenn bei Konkursbeendigung zwar für die streitbefangene Forderung keine Anteile zurückbehalten sind, aber eine Nachtragsverteilung vorbehalten wird (§ 166), bei welcher eine Berücksichtigung der Forderung in Frage kommt. Ist weder eine Nachtragsverteilung vorbehalten noch eine Zurückbehaltung von Anteilen für die streitbefangene Forderung nach § 168 Nr. 1 erfolgt (etwa weil die Forderungskategorie, zu welcher die Forderung im Falle ihres Bestehens gehören würde, bei der Schlußverteilung nicht zum Zuge kam), so gelten für das Schicksal des bei Konkursaufhebung anhängigen Feststellungsstreites die gleichen Prinzipien wie bei Konkursaufhebung nach Zwangsvergleich und bei Konkurseinstellung [dazu Anm. 44].

Ist ein durch den Konkurs unterbrochener Schuldenmassestreit bei Konkursbeendigung noch nicht aufgenommen, so hört der Stillstand von selber auf [§ 10 Anm. 12 und unten Anm. 45]. Für eine Aufnahme nach Abs. III ist fortab kein Raum. Auch die Neuerhebung einer Konkursfeststellungsklage ist nun unzulässig, da für eine solche kein Rechtsschutzbedürfnis mehr besteht (abw. Jonas aaO.). Hätte beispielsweise der Verwalter eine zugriffsreife, aber nachträglich erfüllte Forderung bestritten, jedoch die Widerspruchsverfolgung [Anm. 39] zunächst mangels Beweises unterlassen und dementsprechend die Anteile ausbezahlt, so könnte nach Konkursbeendigung eine Leistungsklage (etwa ein Bereicherungsanspruch oder vielleicht auch ein Anspruch auf Schadensersatz aus unerlaubter Handlung) in Frage kommen, nicht aber mehr eine Klage darauf, den Widerspruch für begründet zu erklären. Die Leistungsklage wäre vom bisherigen Gemeinschuldner für eigne Rechnung und nur kraft einer Anordnung nach § 166 vom Verwalter für Rechnung der Masse zu erheben. Im übrigen siehe Bley S. 95f.

44 2. In allen Fällen dagegen, in denen eine konkursmäßige Befriedigung des Gläubigers der bestrittenen und streitbefangenen Forderung aus der Konkursmasse als einem unter Amtsverwaltung stehenden Sondervermögen des Gemeinschuldners nach Beendigung des Konkursverfahrens nicht in Frage kommt, fehlt es am Rechtsschutzbedürfnis für die Fortführung des Feststellungsstreites durch und gegen den Opponenten (Konkursverwalter oder Gläubiger). Diese Lage ist einmal gegeben, wenn der Konkurs nach Schlußverteilung aufgehoben worden ist, für den Gläubiger der streitbefangenen Forderung aber keine Anteile zurückbehalten wurden und auch keine Nachtragsverteilung vorbehalten wurde, bei der seine Forderung zu berücksichtigen wäre [Anm. 44]. Der Hauptfall ist der, daß die Masse

nur oder nicht einmal zur Befriedigung der teilnahmeberechtigten Vorrechtsforderungen ausreicht, für die streitbefangene Forderung aber kein Vorrecht begehrt wird. Die gleiche Situation besteht in den Fällen der Konkursaufhebung kraft **Zwangsvergleiches** (§ 190) oder der **Konkurseinstellung** (§§ 202, 204), weil hier eine Nachtragsverteilung (§ 166) und die für ihre Zwecke fortdauernde Amtsbefugnis des Konkursverwalters außer Betracht bleibt und eine den Konkurs überdauernde Zurückbehaltung von Anteilen (§§ 156, 168f.) nicht stattfindet, vielmehr die bei Konkursbeendigung vorhandene bisherige Konkursmasse wieder der freien Verfügung ihres Rechtsträgers, des bisherigen Gemeinschuldners, unterliegt (§§ 192, 206 I). Nur beim Zwangsvergleich kann ausnahmsweise durch eine Übereinkunft der Vergleichsgenossen nach § 192 die Rechtsstellung, welche dem Konkursverwalter als gesetzliche auf Grund des § 6 zukommt, in bestimmter Richtung als gewillkürt aufrecht erhalten werden und zwar auch zum Zwecke der Durchführung schwebender Masseprozesse [§ 192 Anm. 1]. Die Aussicht, bei Niederkämpfung der Widersprüche wenigstens einen Titel für die Vollstreckung gegen den bisherigen Gemeinschuldner zu erlangen, falls dieser persönlich die Forderung unwidersprochen gelassen hat (§ 146 VII mit §§ 164 II, 194, 206 II) vermag in diesen Fällen ein Rechtsschutzbedürfnis für die Fortsetzung des Feststellungsstreites mit dem Opponenten nicht zu begründen (abw. Oetker I S. 507); denn einmal ist die Vollstreckungsmöglichkeit nach Konkursbeendigung nicht Zweck des Feststellungsprozesses, sondern lediglich eine mittelbare Folge seiner siegreichen Durchführung (so im Anschluß an Stein Voraussetzungen des Rechtsschutzes S. 137 Bley S. 94, 98, Jonas S. 87, ferner Jaeger 6./7. Aufl. Anm. 29 für den Fall der Fortsetzung gegen einen opponierenden Gläubiger); vor allem aber beruht im Feststellungsstreit die Prozeßführungsbefugnis des Opponenten lediglich auf dem Interesse, eine Berücksichtigung der bestrittenen Forderung bei der Verteilung der Konkursmasse zu verhindern, dieses Interesse ist aber in den hier behandelten Fällen weggefallen. Was das weitere Schicksal der in diesen Fällen der Konkursbeendigung anhängigen Feststellungsprozesse anlangt, so ist zu unterscheiden, ob der Prozeß mit dem widersprechenden Konkursverwalter oder einem widersprechenden Konkursgläubiger geführt wurde.

a) Einen auf Voll- oder Teilbestreitung des **Konkursverwalters** erhobenen oder aufgenommenen Prozeß hat nach der sog. Vertretertheorie der Anmelder in jedem Falle mit dem Schuldner persönlich fortzuführen, ohne daß eine nochmalige Prozeßunterbrechung oder Aussetzungsmöglichkeit eintritt; der Gemeinschuldner bleibt Partei, die gesetzliche Zwangsvertretungsmacht des Konkursverwalters ist weggefallen [vgl. Vorbem. V 4c vor §§ 6—9; Jaeger 6./7. Aufl. Anm. 29], eine von ihm erteilte Prozeßvollmacht bleibt aber bestehen (vgl. RG LZ 1908 Sp. 705f., Bd. **78** 314, LZ 1911 Sp. 153). Richtete sich der Widerspruch gegen den Rechtsbestand (Grund und Betrag) der Forderung, dann veranlaßt das veränderte Rechtsschutzbedürfnis eine Umstellung des bisherigen Feststellungsantrages in einen Leistungsantrag, die nach § 268 Nr. 2 ZPO zu rechtfertigen und ebenso unbedenklich ist, wie die gegenteilige Umstellung im Falle des Abs. III [Anm. 25]. Diese Umstellung ist trotz der grundsätzlichen Zulässigkeit einer Tabellberichtigung (Abs. VII) auch nach Konkursbeendigung [§ 145 Anm. 3 a. E., § 144 Anm. 5] geboten, da eine Feststellung als Konkursforderung d. h. bei der Masseverteilung teilnahmeberechtigte Forderung, wie sie bisher begehrt wurde, in diesen Fällen nach Konkursbeendigung nicht mehr in Frage kommt (insoweit offenbar abw. Jaeger 6./7. Aufl. Anm. 29, Bley S. 100). War neben dem Verwalter der Schuldner persönlich verklagt, so tritt nun eine Vereinigung der Prozesse ein als Gegenstück der Prozeßspaltung im Falle des § 144 II mit § 146 III (zust. Bley S. 100f., hier abw. Ansichten). Hat der Konkurs eine Körperschaft (z. B. eine Aktiengesellschaft oder eine GmbH) in den Auflösungszustand versetzt [§ 25 Anm. 7], so besteht, auch wenn es nach der Konkursbeendigung nicht zu einer Fortsetzung der Gesellschaft kommt, doch noch insolange, als unverteiltes Vermögen vorhanden ist, ein Abwickelungsverein fort, dessen Organe — wie sonst der

Schuldner in Person — den Rechtsstreit auszutragen haben. Vollbeendigung der Rechtspersönlichkeit des Schuldners müßte auch das Erlöschen des Prozesses im Gefolge haben. A. A Kiel OLG 19 S. 231, das in solchen Fällen Fortdauer der Prozeßführungsermächtigung des Konkursverwalters annimmt.

Die sog. Amtstheorie, nach welcher der Konkursverwalter in den von ihm für die Masse geführten Prozessen Partei kraft Amtes ist, muß in diesen Fällen der Konkursbeendigung weitgehend zu abweichenden Ergebnissen kommen, die jedoch den beteiligten Interessen besser Rechnung tragen. Nach ihr muß unterschieden werden, ob die Konkursmasse als das bisherige Streitvermögen (zu diesem Begriff Weber KTS 1955 S. 104ff. mit Verw.) bei Konkursbeendigung untergegangen ist oder wieder in die Verfügungsgewalt seines Rechtsträgers zurückkehrt, in dessen Vermögen also aufgeht. Nur im letzteren Falle, also regelmäßig bei Aufhebung des Konkurses nach bestätigtem Zwangsvergleich (§ 192) und bei Einstellung auf Grund Konkursverzichtes der Gläubiger (§§ 202, 206 I) vollzieht sich mit der Konkursbeendigung ein gesetzlicher Parteiwechsel, der hier aber auch dem Anmelder zumutbar ist, da das Vermögen, aus dem er bisher Befriedigung begehrte, in dem neuen Streitvermögen (gesamtes Vermögen des bisherigen Gemeinschuldners) aufgegangen ist und lediglich den Träger der Verfügungsgewalt gewechselt hat. Entgegen der älteren Rechtsprechung des RG (RG Bd. **47** 372, **52** 334, **58** 371, **78** 314, **79** 29) tritt in diesen Fällen Prozeßunterbrechung bzw. Aussetzungsmöglichkeit nach §§ 239, 246 ZPO ein (RG Bd. **155** 350 für den vergleichbaren Fall der Beendigung einer Testamentsvollstreckung; Weber aaO. S. 110f. mit weiteren Verw.). Dasselbe gilt bei juristischen Personen, wenn sie nach Konkursbeendigung fortgesetzt werden (z. B. § 60 I Nr. 4 GmbHG, § 215 II AktG) oder als Liquidationsvereine weiterbestehen. Die notwendige Antragsumstellung rechtfertigt sich aus § 268 Nr. 2 ZPO. Ist jedoch bei Konkursbeendigung das bisherige Streitvermögen (Konkursmasse) untergegangen, also bei Aufhebung des Konkurses nach Schlußverteilung ohne Anteilszurückbehaltung oder Vorbehalt einer Nachtragsverteilung und bei Einstellung des Konkurses mangels Masse (§ 204), so vollzieht sich kein Parteiwechsel kraft Gesetzes. Der Rechtsstreit zwischen Anmelder und Konkursverwalter ist in der Hauptsache erledigt und gemäß § 91a ZPO ist über die Kosten zu entscheiden. Da der Konkursverwalter bei Meidung persönlicher Verantwortlichkeit (§ 82) verpflichtet ist, einen eventuellen Kostenerstattungsanspruch des Anmelders als Masseschuld (§ 59 Nr. 1) in diesen Fällen der Konkursbeendigung zu berücksichtigen, ist der Anmelder damit jedenfalls hinsichtlich seines Kosteninteresses gesichert. Ein Interesse, den anhängigen Rechtsstreit mit dem bisherigen Gemeinschuldner in der Sache selbst fortzusetzen, hat der Anmelder in diesen Fällen der Konkursbeendigung nur dann, wenn er sich damit die bisherigen Prozeßergebnisse erhalten kann d. h. wenn der Gemeinschuldner der Forderung nicht persönlich widersprochen hat und daher an die Prozeßführung des Konkursverwalters gebunden ist (vgl. §§ 164 II, 206 II). Solchenfalls kann der Anmelder auf die Prozeßerledigung im Verhältnis zum Konkursverwalter verzichten und den Prozeß gegen den bisherigen Gemeinschuldner mit Antragsumstellung (§ 268 Nr. 2 ZPO) im Wege des gewillkürten Parteiwechsels fortsetzen, wobei die Zustimmung des bisherigen Gemeinschuldners als neuen Beklagten nicht erforderlich ist, da ihre Verweigerung wegen der Bindung an die bisherige Prozeßführung als mißbräuchlich zu erachten wäre (so nach der neueren Rechtsprechung des BGH Bd. **21** 285ff.; vgl. dazu Rosenberg Zivilprozeßrecht[8] § 41 III 2, S. 174f. mit Verw.). Ging der Streit zwischen Anmelder und widersprechendem Konkursverwalter lediglich um die Anmeldbarkeit des Anspruchs, so ist der Rechtsstreit mit dem Konkursverwalter nach beiden Auffassungen über dessen prozessuale Stellung in der Hauptsache erledigt (vgl. Bley S. 101f., Jaeger 6./7. Aufl. Anm. 29). Drehte sich der Feststellungsstreit ausschließlich um das Vorrecht, so ist er im Falle des § 191 II um den hinterlegten Betrag (ebenfalls nach beiden Auffassungen, wenn auch mit verschiedener Begründung) zwischen dem Anmelder und dem wieder verfügungsbefugten Schuldner auszutragen. Der § 191 II hält die

Prozeßführungsermächtigung des Verwalters für den Vorrechtsstreit nicht aufrecht (Bley S. 97, 102, jetzt auch Wolff KO[2] S. 515f.).

b) Hat ein **Gläubiger** durch seinen Widerspruch den Feststellungsprozeß oder die Prozeßaufnahme nach Abs. III veranlaßt, so wird der Rechtsstreit ihm gegenüber in den hier behandelten Fällen der Konkursbeendigung gegenstandslos. Über die Kosten ist dann gemäß § 91a ZPO zu entscheiden; die Kostengefahr hat der Gläubiger durch seinen Widerspruch auf sich genommen. Da der Gläubiger eigenen Namens, kraft eigenen Rechtes und für eigene Rechnung widersprochen und den Feststellungsprozeß geführt hatte, kann ein Übergang seiner Parteistellung auf den bisherigen Gemeinschuldner kraft Gesetzes nicht eintreten (insoweit unrichtig Jonas S. 90, 93; dagegen mit Recht Bley S. 98). Andererseits kann der Anmelder ein dringendes Interesse haben, den Prozeß um den Bestand der Forderung gegen den Gemeinschuldner fortzuführen, um sich die Ergebnisse der bisherigen Prozeßführung, besonders der Beweiserhebung, zu erhalten; dies insbesondere dann, wenn der Rechtsstreit bereits vor Konkurseröffnung gegen den Gemeinschuldner anhängig war. Diesem Interesse kann nur durch die Ermöglichung der Prozeßfortführung gegen den Gemeinschuldner kraft „gewillkürten Parteiwechsels" Rechnung getragen werden (vgl. voriger Absatz a. E.). Wurde der Feststellungsprozeß mit dem widersprechenden Gläubiger begonnen, so ist die Fortführung gegen den Gemeinschuldner ohne dessen Zustimmung allerdings nur zulässig, wenn der Gemeinschuldner der Forderung nicht persönlich widersprochen hatte, da andernfalls keine Bindung an die bisherige Prozeßführung besteht. War dagegen der Prozeß gegen den Gemeinschuldner bereits vor Konkurseröffnung anhängig und wurde er mit dem widersprechenden Gläubiger weitergeführt, so wird man die Fortsetzung gegen den Gemeinschuldner in jedem Falle zulassen müssen, wobei allerdings eine Bindung an die zwischenzeitliche Prozeßführung des opponierenden Gläubigers nur besteht, wenn der Gemeinschuldner der Forderung im Prüfungstermin nicht widersprochen hat. Im Ergebnis übereinstimmend Jonas S. 90ff.; a. A. Bley S. 99 und vor allem Jaeger 6./7. Aufl. Anm. 29, der in keinem Falle eine Fortsetzung des Gläubigerprozesses gegen den Gemeinschuldner zuläßt. Ging der Streit mit dem widersprechenden Gläubiger allerdings lediglich um die Anmeldbarkeit oder das vom Anmelder beanspruchte Vorrecht, so kommt eine Fortsetzung des Rechtsstreites mit dem Gemeinschuldner nicht in Frage; er ist mit der Kostenfolge des § 91a ZPO gegenstandslos geworden.

3. Endet das Konkursverfahren, ehe die Aufnahme eines unterbrochenen Schuldenmassestreits nach Abs. III erfolgt war, so endet von selbst auch die Unterbrechung [§ 10 Anm. 12ff.]. Dabei vollzieht sich auch vom Standpunkt der sog. Amtstheorie aus, welche den Konkursverwalter in den von ihm für die Masse geführten Prozessen als Partei kraft Amtes ansieht, kein Parteiwechsel [unrichtig § 10 Anm. 12], da der Konkursverwalter erst dadurch die Parteistellung im Feststellungsprozeß erlangt, daß dieser durch oder gegen ihn aufgenommen wird. Die allseitige Anerkennung der streitbefangenen Forderung nach Hauptsumme, Rang und Nebenansprüchen führt, da ihre Eintragung einen vollwertigen Ersatz rechtskräftiger Verurteilung bildet (§§ 144, 145 II), zum Erlöschen des Prozesses. Von einer Aufnahme nach Abs. III kann daher keine Rede sein. Ein Prozeßerledigungs-Erkenntnis ergeht nicht, der Kostenerstattungsanspruch des Gläubigers ist Konkursforderung [§ 3 Anm. 30f.]. 45

V. Berichtigung der Tabelle (Abs. VII)

Die Berichtigung der Tabelle hat der obsiegende Teil zu erwirken. Das gilt gleichermaßen für den Fall der Anerkennung wie für den der Aberkennung des bestrittenen Konkursgläubigerrechts. Der Vermerk, daß ein Widerspruch rechtskräftig für begründet erklärt worden sei, schließt die fernere Aufnahme des Anmelders in eine Verteilungsliste aus. Von Amts wegen wird die Tabelle nach erledigtem Feststellungsstreit nicht berichtigt. Auch mutet das Gesetz dem Verwalter nicht zu, sich um den Ausgang der gegen widersprechende Gläubiger geführten Feststellungsprozesse zu kümmern. Auch in ähnlichen Fällen — so bei 46

Zurücknahme oder sonstigem Wegfall eines Widerspruchs [§ 141 Anm. 10, § 144 Anm. 2] — hat der die Tabellberichtigung zu erwirken, dessen Belangen sie dient. Zu diesem Behuf hat er beim Konkursgericht einen Berichtigungsantrag zu stellen [Form: § 72 Anm. 3b] und die Antragsunterlagen, also z. B. eine Ausfertigung des rechtskräftigen Urteils [vgl. nächsten Absatz] vorzulegen. Von den Umständen des Falles hängt es ab, ob dem Antrag ohne oder nach Anhörung der Beteiligten (§ 73 I) stattzugeben ist. Motive II S. 367. Hat freilich der Verwalter einen Widerspruch erhoben und später zurückgenommen, so ist er bei persönlicher Verantwortlichkeit (§ 82) gehalten, in einer zur Tabellberichtigung ausreichenden Weise den Antrag des Gläubigers zu unterstützen oder selber die Berichtigung zu beantragen (vgl. OLG Frankfurt a. M. FrankfRundsch. 39 S. 156; A. Meyer DJZ 1904 Sp. 262, Senst-Müller Konkursrichter[4] S. 141, Schrader-Bauer Handb.[2] S. 93ff. mit Muster F III 92—99, Mentzel-Kuhn Anm. 24. Tabellberichtigung auf Grund eines Urteils, welches den Widerspruch für begründet erklärt, vgl. auch § 147 Anm. 2 a. E. Vom Berichtigungsvermerke hängt die Ermächtigung des Verwalters zur Auszahlung der Anteile nicht ab. Er zahlt aber unter persönlicher Verantwortlichkeit (§ 82) und kann daher in Zweifelsfällen zunächst die Berichtigung abwarten. Auf den Berichtigungsantrag ergeht eine Entscheidung des Konkursgerichts, die entweder den Antrag ablehnt oder die Berichtigung anordnet. Siehe Senst-Müller Konkursrichter[4] S. 141f. Der Ablehnungsbeschluß ist dem Antragsteller von Amts wegen zuzustellen und seiner sofortigen Beschwerde unterworfen (§ 73 II, III). Die Berichtigungsanordnung bildet, auch wenn sie ohne Anhörung der Beteiligten ergeht, eine aktenmäßige Verfügung, von der jedenfalls der Antragsteller, dessen Gegner und der Verwalter als solcher (vgl. §§ 95, 152) zu benachrichtigen sind. Lang Aufrechnungsrecht (1906) S. 105ff. mit Verw. Die Berichtigung selbst ist wie die Eintragung des § 145 keine Entscheidung, sondern bloße Beurkundung und aus diesem Grunde der Beschwerde unzugänglich. Widerstreitet sie inhaltlich dem für sie maßgebenden Urteil, so kann der Verwalter und jeder beeinträchtigte Gläubiger (auch noch im Verfahren der §§ 158, 162) die Richtigstellung beantragen und einen ablehnenden Beschluß mit der sofortigen Beschwerde angreifen [vgl. dazu § 145 Anm. 3 unter b]. Überwindung eines von mehreren Widersprüchen: Anm. 9.

Dem Berichtigungsantrag nach Abs. VII ist eine Urteilsausfertigung beizufügen, die mit dem Zeugnis der Rechtskraft (§ 706 ZPO) versehen ist. Vgl. Schrader-Bauer Hdbuch[2] mit Muster F III 98. Der Vorlage einer vollstreckbaren Ausfertigung des obsiegenden Urteils bedarf es zur Berichtigung nicht. Der berichtigende Vermerk einer freiwilligen oder im Prozeßweg erstrittenen Widerspruchsbeseitigung (§ 144 I) vermittelt zwar gegenüber dem Schuldner, der nicht auch persönlich widersprochen hatte, die Vollstreckbarkeit der §§ 164 II, 194, 206 II. Die Berichtigung selbst aber ist nicht eine Maßnahme der Zwangsvollstreckung, das feststellende Urteil nicht ein Vollstreckungstitel. Vgl. Falkmann Zwangsvollstreckung[2] § 10 N. 5, Gmelin Vollstreckbarkeit S. 7; abw. Jonas S. 23. Schiedsspruch: Anm. 6.

Die Berichtigung nach Abs. VII wird — wie die davon wesentlich verschiedene Richtigstellung einer von vornherein irrtümlichen Eintragung [§ 145 Anm. 3] — in der Berichtigungsspalte vermerkt und vom Konkursrichter und vom Urkundsbeamten unterschrieben [§ 140 Anm. 7]. Beispiel: Schrader-Bauer Hdbuch[2] S. 81 Muster F III 79 bei Eintragung IV 1. Eine besondere Gebühr für die Herbeiführung der Berichtigung kann vom Anwalt des obsiegenden Gläubigers nicht verlangt werden (vgl. KG KGBl 1910 S. 109). Für die Kosten des Antrags hat der im Feststellungsprozeß unterliegende Teil, bei freiwilliger Widerspruchsrücknahme der Widersprechende aufzukommen. Nicht selten endet der Feststellungsstreit erst nach dem Konkurse [vgl. Anm. 43f.]. Der obsiegende Gläubiger gelangt aber wie zur Konkursteilnahme, so auch zur Vollstreckbarkeit nach Konkursbeendigung (§§ 164 II, 194, 206 II) nicht schon auf Grund der Feststellung, sondern erst auf dem Wege über die Tabellberichtigung. Darum muß diese auch nach dem Konkurse noch statthaft sein [§ 145 Anm. 3 a. E. sowie § 144 Anm. 5].

VI. Anschlußkonkurs

Das gerichtliche Vergleichsverfahren erstrebt nicht nach Art des Konkurses eine Zwangsbefriedigung der beteiligten Gläubiger aus einer rechtlich abgesonderten Teilungsmasse, sondern eine vergleichsweise Regelung der Verbindlichkeiten des Schuldners zur Abwendung des Konkurses. Es kennt daher kein den §§ 138ff. KO entsprechendes Verfahren zur Feststellung der an der Masseverteilung teilnahmeberechtigten Gläubiger. Zwar werden auch im Vergleichstermin die Forderungen der Vergleichsgläubiger an Hand des berichtigten Gläubigerverzeichnisses (§§ 4 I Nr. 2, 6, 67 III VerglO) „erörtert" (§ 70 VerglO) und wird das Ergebnis der Erörterung im berichtigten Gläubigerverzeichnis vermerkt (§ 71 IV S. 1 VerglO; zu diesem Vermerk Bley VerglO[2] §§ 70, 71 Anm. 14, 40). Diese Erörterung dient aber in erster Linie der Klarstellung des Stimmrechts für die Abstimmung über den Vergleichsvorschlag (§ 71 VerglO) und erschöpft sich in dieser Bedeutung, wenn es nicht zur Annahme und Bestätigung des Vergleichs kommt. Auch dem Vermerk, daß die Forderung unbestritten geblieben ist (zu diesem Vermerk Bley aaO. Anm. 40), kommt nicht die Wirkung des entsprechenden Eintrages in die Konkurstabelle (§ 145 II KO) zu. Nach Annahme und Bestätigung des Zwangsvergleichs gewinnt aber dieser Vermerk die weitere Bedeutung, daß nunmehr wegen dieser Forderung auf Grund eines Auszuges aus dem berichtigten Gläubigerverzeichnis in Verbindung mit dem bestätigten Zwangsvergleich in gleicher Weise die Zwangsvollstreckung gegen den Schuldner (und die Vergleichsgaranten) stattfindet, wie aus einem vollstreckbaren gerichtlichen Urteil (§ 85 I, II VerglO; zur Titelfrage Bley aaO. § 85 Anm. 2 mit Verw.) und zwar gegen den Schuldner nicht nur in Höhe der Vergleichsquote, sondern im Regelfalle der Wiederauflebensklausel (§ 9 I, II VerglO) auch hinsichtlich des erlassenen Forderungsbetrages (§ 85 III VerglO). Der Widerspruch eines Vergleichsgläubigers ist für die Vollstreckungswirkung bedeutungslos. 47

Aus dieser Regelung ergibt sich für die Frage, inwieweit einer vom Vergleichsverwalter und vom Schuldner im Vergleichstermin nicht bestrittenen Forderung Zugriffsreife im Sinne unseres Abs. VI zukommt, folgendes: Kommt es vor Bestätigung des angenommenen Vergleichs zur Eröffnung des Anschlußkonkurses (§ 102 mit §§ 80, 101 VerglO), so sind auch diejenigen Forderungen nicht zugriffsreif, bei denen im berichtigten Gläubigerverzeichnis vermerkt ist, daß Vergleichsverwalter und Schuldner nicht widersprochen haben, da die Vollstreckungswirkung des § 85 VerglO erst mit der Bestätigung des Vergleichs eintritt. Eine ohnehin schon aus anderem Grunde bestehende Zugriffsreife bleibt natürlich unberührt. Eine Bindung des Schuldners an sein Verhalten bei der Erörterung der Forderung im Vergleichstermin, wie sie der § 109 III OesterrKO für den Anschlußkonkurs vorsieht, ist unserem Gesetz fremd und auch sachlich nicht angemessen. Dagegen ist eine solche Forderung tituliert im Sinne des Abs. VI, wenn es nach Bestätigung des Vergleichs im fortgesetzten Vergleichsverfahren zur Eröffnung des Anschlußkonkurses (§ 96 VI VerglO) oder nach Aufhebung des Vergleichsverfahrens (§§ 90 I, 91 I VerglO) zur Eröffnung eines „selbständigen" Konkursverfahrens kommt. Die Zugriffsreife besteht hier nicht nur in Höhe der Vergleichsquote, sondern im Regelfalle des nach § 9 II VerglO hinfälligen Teilerlasses für den vollen bei Konkurseröffnung noch unerfüllten Betrag der Forderung (Bley aaO. § 85 Anm. 7b mit Verw.; a. A. Jaeger 6./7. Aufl. Anm. 34). Treuhandvergleich: § 9 III, IV. Für die Widerspruchsverfolgung kommt vor allem (wegen der Gleichstellung mit einem vollstreckbaren gerichtlichen Urteil) die Vollstreckungsgegenklage des § 767 ZPO in Betracht, wobei auch die Beschränkung der Einwendungen nach § 767 II ZPO Platz greift (Näheres Bley aaO. § 85 Anm. 3a mit Verw.). Wenn man mit Bley (aaO. §§ 70, 71 Anm. 2, § 85 Anm. 4 mit Verw.) dem Vermerk des Nichtbestreitens im Gläubigerverzeichnis nicht nur Vollstreckungs- sondern auch Rechtskraftwirkung beilegt (bestr.), so ergibt sich als Mittel der Widerspruchsverfolgung auch die Wiederaufnahmeklage nach §§579ff. ZPO (Bley aaO. § 85 Anm. 11 mit Verw.).

VII. Zwischenstaatliches Recht

48 1. Den Inlandsrichter binden **Urteile** eines nichtdeutschen Zivilgerichts keinesfalls, ehe sie nach den Gesetzen dieses Gerichts die Rechtskraft erlangt haben (vgl. Stein ZZP 24 S. 228). Auch nachher äußern sie eine verbindliche Kraft im Inlande nur unter den Voraussetzungen, unter denen sie nach § 328 ZPO oder auf Grund besonderer Staatsverträge, wie sie namentlich mit Österreich (Vertrag v. 6. 6. 1959, BG v. 8. 3. 1960 BGBl. 1960 II S. 169, 1246: hier auch Anerkennung noch nicht rechtskräftiger Urteile) und mit der Schweiz bestehen (VollstrAbk. v. 2. 11. 1929 RGBl. 1930 II S. 1065, 1209, 1270; weitere Staatsverträge bei Bülow-Arnold Der internationale Rechtsverkehr S. 449ff. B II) bei uns „anerkannt“ werden. Tatsächlich ist die Anerkennung Ausnahme, die Nichtanerkennung Regel. Nichtanerkannte Auslandsurteile begründen keine Zugriffsreife (Abs. VI) im Inlandskonkurs. Anerkannte dagegen wirken wie deutsche schon als solche Rechtskraft im Inlande (Stein-Jonas-Schönke-Pohle ZPO[18] § 328 I vor 1, Rosenberg Zivilprozeßrecht[8] § 149 II 2) und bedürfen nur zur Zwangsvollstreckung noch der besonderen Entscheidung eines inländischen Gerichts (§§ 722f. ZPO; Österreich: Art. 5ff.; Schweiz: Art. 1, 6ff.). Die Zugriffsreife urteilsmäßig zuerkannter Ansprüche ist nicht auf deren Vollstreckbarkeit abgestellt [Anm. 35]. Von ihr kann sie daher auch bei Auslandsurteilen nicht abhängig sein. Sonst müßten rechtskräftige und im Inland anerkannte Feststellungsurteile nichtdeutscher Gerichte der Gunst des Abs. VI unteilhaftig bleiben. Wie gegenüber rechtskräftigen inländischen [Anm. 39] ist gegenüber anerkannten ausländischen Urteilen die Widerspruchsverfolgung auf außerordentliche Schutzmittel beschränkt. Unmöglich ist sie weder hier noch dort. Namentlich steht dem widersprechenden Verwalter die Konkursanfechtung (§§ 29ff.), ihm und einem widersprechenden Gläubiger die Anspruchsgegenklage (entsprechend dem § 767 ZPO) vor dem inländischen Gericht und nach inländischem Recht offen [Anm. 38, 39]. Zust. Bley S. 62, Epp S. 20ff.; abw. verlangen Vollstreckbarkeit der Auslandserkenntnisse zur Anwendbarkeit des Abs. VI z. B. Petersen-Kleinfeller Anm. 26, Wolff Anm. 9, Seitz S. 14 mit Verw., Mentzel-Kuhn Anm. 15, Böhle-Stamschräder Anm. 1. Eine Wiederaufnahme des Verfahrens wäre freilich nur im Ausland und nur nach Auslandsrecht statthaft; aber nicht einmal sie braucht aussichtslos zu sein. Die Staatsangehörigkeit des Anmelders spielt grundsätzlich keine Rolle (§ 5). Sonstige Auslandstitel, die einem den Inlandsrichter bindenden „Endurteil“ nicht gleichwettig sind, also z. B. Vergleiche oder vollstreckbare Urkunden, bilden (abweichende Regelung in Staatsverträgen vorbehalten z. B. Österreich Art. 11ff. mit BG v. 8. 3. 1960) keine „Schuldtitel“ im Inland und können — das bestätigt ein Gegenschluß aus § 795 ZPO — auch auf dem Wege der §§ 722f. ZPO im Reichsgebiet nicht zu Titeln werden, die unserm Abs. VI genügen. Entscheidungen ausländischer Verwaltungsbehörden und Verwaltungsgerichte sind einer Anerkennung im Sinne des § 328 ZPO unzugänglich. Bestrittene öffentlich-rechtliche Ansprüche eines ausländischen Gemeinwesens können auch durch Klage nach Abs. II im Inlandskonkurse nicht zur Feststellung gebracht werden, weil der Abs. II — was der Abs. V bestätigt — die Zulässigkeit des Rechtswegs voraussetzt. Das gilt namentlich für Steueransprüche ausländischer Staaten. Näheres Jaeger ZZP 58 (1934) S. 277ff.; a. A. mit sehr beachtlichen Gründen Bley VerglO[2] § 37 Anm. 3. Ausländische und nach Auslandsrecht rechtskräftige Schiedssprüche begründen wie inländische (§ 1040 ZPO) die Zugriffsreife (Stein-Jonas-Schönke-Pohle ZPO[18] § 1040 IV). Sie verleihen daher die Vorteile des Abs. VI auch ohne Vollstreckbarkeitserklärung [Anm. 35 unter b].

2. Ist über eine im inländischen Konkurs angemeldete Forderung ein Prozeß vor einem ausländischen Gericht anhängig, so bemißt sich die Frage seiner eventuellen Unterbrechung sowie seines weiteren Schicksals nach dem Prozeßrecht des betreffenden ausländischen Staates. Wird die Forderung im Prüfungstermin bestritten, so kann keinesfalls die Betreibung der Feststellung durch Aufnahme des ausländischen Prozesses nach Abs. III erfolgen; denn das Gebot der Wider-

spruchsverfolgung durch Aufnahme eines anhängigen Rechtsstreites bezieht sich als Vorschrift des inländischen Prozeßrechtes nur auf Prozesse, welche bei einem deutschen Gericht anhängig sind. Da ferner die urteilsmäßige Feststellung einer bestrittenen Forderung für den Inlandskonkurs mit der Wirkung der Berichtigung der Tabelle (Abs. VII) zur inländischen Gerichtsbarkeit gehört, muß der Gläubiger einer im Ausland anhängigen bestrittenen Konkursforderung die Feststellung durch Klage (Abs. I) bei dem nach Abs. II zuständigen inländischen Gericht betreiben.

Zusatz. Fremde Rechte.* 1. Die Feststellung der Konkursforderungen folgt wie in Deutschland auch sonst weitgehend dem Vorbild der *vérification des créances* des französischen Rechts. Nirgends ist jedoch das Verfahren der Feststellung zur Konkurstabelle, das vom deutschen Recht eigenständig entwickelt wurde, so einfach und zweckmäßig gestaltet wie bei uns. Auch sonst bestehen vielfach Unterschiede. 49

2. Die Anmeldung bedarf häufig einer eidlichen oder eidesstattlichen Versicherung oder einer feierlichen Bekräftigung ihrer Richtigkeit; so vor allem in England (§§ 2ff. 2d *schedule*), den USA (§ 57 B. A. = 11 USC § 93) und in Frankreich, wo der Anmeldung ferner alle die Berechtigung des Gläubigers ausweisenden Urkunden beizufügen sind (Art. 72 I D. 20 mai 1955 = Art. 508 I C. com.). Die Versäumung der Anmeldungsfrist hat mitunter den Ausschluß von der Konkursbeteiligung zur Folge (Niederlande: Art. 127 F. W.).

3. Das Prüfungsverfahren ist meist schriftlich. Eine Prüfungsverhandlung über alle Anmeldungen vor dem Konkursgericht ist nach dem Vorbild des deutschen Rechts vor allem in Österreich (§§ 105f. KO) und den skandinavischen Staaten vorgesehen (im übrigen s. u. Ziff. 4 zu Frankreich).

4. Prüfung und Feststellung sind in England und den USA primär Sache des Verwalters, dessen Entscheidung von jedem Beteiligten zum Konkursgericht angefochten werden kann (§ 32 B. A.; §§ 57ff. B. A. = 11 USC §§ 93 ff.). Feststellungsstreitigkeiten werden also im Konkursverfahren erledigt (volle *vis attractiva concursus*; vgl. Vorbemerkung 5 und Anm. 20 zu § 71).

Ähnlich ist die Rechtslage in der Schweiz, wo die Konkursverwaltung einen „Kollokationsplan" aufstellt, der mit Klage beim Konkursgericht angefochten werden kann, das im beschleunigten Verfahren entscheidet (Art. 244ff. SchKG).

Auch sonst ist das früher weit verbreitete Entscheidungsrecht der Gläubigerversammlung fast ganz beseitigt, meist auf die Pflicht des Verwalters, den Gläubigerausschuß oder die diesem entsprechenden Organe [vgl. Anm. 9 zu § 87] anzuhören, reduziert. Nur Spanien (Art. 1380 L. E. C.) und einige lateinamerikanische Länder kennen noch Mehrheitsentscheidungen über Zulassung oder Zurückweisung, die durchweg beim Konkursgericht angefochten werden können.

Im übrigen ist das Verfahren meist ähnlich geregelt wie in Frankreich, dessen Vorbild viele Rechtsordnungen folgen, das aber auch in den Neuregelungen von 1935 und 1955 manche Abweichungen anderer Rechte übernommen oder nachgebildet hat. Dort hat der Verwalter die Anmeldungen zu prüfen, Einwände den betroffenen Gläubigern schriftlich mitzuteilen und nach Eingang der Gegenäußerungen oder Ablauf der Äußerungsfrist dem Richterkommissar [vgl. Anm. 20 zu § 71] ein Verzeichnis aller Forderungen mit seinen Vorschlägen über Zulassung oder Zurückweisung einzureichen (Art. 74 D. 20 mai 1955 = Art. 510 C. com.). Der Richterkommissar entscheidet über die Vorschläge, die er annehmen, verwerfen oder ändern kann. Das von ihm unterzeichnete Verzeichnis wird vom Verwalter unter Angabe der richterlichen Entscheidungen bei der Geschäftsstelle des Konkursgerichts hinterlegt, die die Gläubiger zu benachrichtigen hat (Art. 75f. D. 20 mai 1955 = Art. 511 f. C. com.). Danach kann die Zurückweisung durch *réclamation*, die Zulassung durch *contredit* angefochten werden (Art. 76 D. 20 mai 1955 = Art. 513 C. com.). Nach Ablauf der Anfechtungsfrist stellt der Richterkommissar das Gläubigerverzeichnis definitiv fest und unterbreitet die Anfechtungen dem zuständigen Gericht (Art. 77f. D. 20 mai 1955 = Art. 514f. C. com.). Die *réclamation* steht dem zurückgewiesenen Gläubiger zu, zum *contredit* sind Verwalter, Gemeinschuldner und die zugelassenen Gläubiger berechtigt. Dieser Widerspruch ist bei Forderungen, für die ein Urteil vorliegt, durch die dagegen möglichen Rechtsmittel, sonst durch Klage vor dem zuständigen Zivil- oder Strafgericht zu verfolgen, im Handelsgericht jedoch nicht vor dem sonst zuständigen, sondern vor dem als Konkursgericht fungierenden Handelsgericht (*tribunal de commerce*). Die *vis attractiva concursus* ist für Feststellungsstreitig-

*) Bearbeitet von Prof. Dr. Günther Jahr, Kiel. Vgl. im übrigen auch Einl. V zu Bd. I S. LXIff.

keiten also auf Handelssachen beschränkt. Das Handelsgericht kann in jedem Falle das Konkursverfahren vorläufig einstellen (Art. 79f. D. 20 mai 1955 = Art. 516f. C. com.). Die durch den Richterkommissar auf Grund einer *réclamation* oder unter Beseitigung eines Widerspruchs erfolgte Feststellung ermöglicht nach Konkursbeendigung die Zwangsvollstreckung auf Grund einer unanfechtbaren Verfügung des Präsidenten des Konkursgerichts (Art. 161 IV und V D. 20 mai 1955 = Art. 597 IV und V C. com.).

Das österreichische Recht schließt sich in der Gestaltung des Feststellungsstreites als selbständigen Prozeß des Anmelders gegen den oder die Opponenten weitgehend an das deutsche Recht an (§§ 110ff. KO; zu Einzelfragen vgl. oben Anm. 1 a. E., 3, 13, 20, 24, 47). Doch wird der Grundsatz der *vis attractiva*, der im deutschen Recht nur noch in der Zuständigkeitsregelung des Abs. II anklingt [Anm. 4], stark betont. Für die in den Rechtsweg gehörenden Feststellungsklagen in Ansehung der Richtigkeit der bestrittenen Forderung, ferner für alle Vorrechtsstreite (Streit über die Rangordnung) ist die ausschließliche Zuständigkeit des Konkursgerichts angeordnet (§§ 110 I, III, 111 I KO). Wird die Konkursfeststellung durch Fortsetzung eines bei Konkurseröffnung gegen den Gemeinschuldner anhängigen Rechtsstreits betrieben, so kann das Konkursgericht diesen auf Antrag aus Zweckmäßigkeitsgründen durch unanfechtbaren Beschluß an sich ziehen (§ 113 KO).

§ 147

Soweit durch ein Urteil rechtskräftig eine Forderung festgestellt oder ein Widerspruch für begründet erklärt ist, wirkt dasselbe gegenüber allen Konkursgläubigern. War der Prozeß nur gegen einzelne Gläubiger geführt, so können diese den Ersatz ihrer Prozeßkosten aus der Konkursmasse insoweit verlangen, als der letzteren durch das Urteil ein Vorteil erwachsen ist.

Materialien: Motive I Bd. 2 S. 102, Motive II S. 368, Protokolle S. 93ff., 173ff.

Einl. Der § 145 II regelt die Wirksamkeit der freiwilligen, der § 147 die der erstrittenen Feststellung. Dort handelt es sich nur um die bejahende, hier um die bejahende und um die verneinende Feststellung. Denn das Urteil, das einen (auch nur einen) Widerspruch für begründet erklärt, verneint ganz oder teilweise den Bestand einer Konkursforderung oder eines Vorrechts. Die bejahende Feststellung wirkt zu Ungunsten der übrigen Konkursgläubiger, die verneinende zu ihren Gunsten. Die Wendung „gegenüber allen Konkursgläubigern" bedeutet „im Verhältnis" zu ihnen und deckt daher beide Arten der Wirksamkeit: bei bejahender Feststellung (§ 145 II und Fall 1 des § 147) im Sinne von „zu Ungunsten", bei verneinender (Fall 2 des § 147) im Sinne von „zu Gunsten" der übrigen Konkursgläubiger. Die auf Grund des Feststellungsurteils erfolgende Berichtigung der Tabelle (§ 146 VII) ist bloße Beurkundung [§ 146 Anm. 46], nicht wie der Tabellvermerk nach § 145 II Voraussetzung für den Eintritt der erweiterten Rechtskraft; aber nur sie vermittelt unantastbare Konkursteilnahme [Anm. 1] und außerkonkursmäßige Vollstreckbarkeit [Anm. 3].

I. Rechtskraft des im Feststellungsstreit ergehenden Urteils

1 1. Sind mehrere Widersprüche erhoben, so ist die Feststellung nur durch Überwindung aller Gegner zu erzielen (§ 144 I). Der Sieg eines einzigen Widersachers vereitelt die Feststellung. An diesem Grundsatze will der § 147 nicht rütteln. Er geht aus vom Regelfalle des einheitlichen Feststellungsprozesses und muß im Zusammenhalt mit § 144 I ausgelegt werden. Dementsprechend ist die **Feststellung** einer bestrittenen Konkursforderung nach Grund, Betrag und Vorrecht erzwungen, soweit (gegenständlich) ein Urteil den einzigen oder den letzten oder die sämtlichen Widersprüche rechtskräftig (§ 705 ZPO) verworfen hat. Dieses Urteil „wirkt" **gegen alle Konkursgläubiger** d. h. zu Ungunsten aller übrigen, auch der nichtbestreitenden. Näheres § 145 Anm. 4, § 146 Anm. 7ff., 12.

a) Das „Urteil wirkt" heißt hier: es äußert echte innere (sachliche) Rechtskraft im Sinne der §§ 322, 325 (§ 69) ZPO, aber eben eine erweiterte. Keineswegs bedeutet das Wirken nur die gesetzliche Anerkennung des nachteiligen Einflusses einer Tatbestandsänderung. Zust. z. B. Stein-Jonas-Schönke-Pohle ZPO[18] §325 VI 4, Rosenberg Zivilprozeßrecht[8] § 151 II 3a; abw. Förster-Kann ZPO[3] § 325 a. E. (S. 872), Walsmann Streitgenöss. Nebeninterv. (1905) S. 185 u. a. [siehe auch oben § 146 Anm. 11]. Die Erweiterung ist rechtssatzmäßiger Art. Sie versteht sich nicht von selbst. Keinesfalls ergibt sie sich aus einer Vertretung der Nichtwidersprechenden durch den Widersprechenden; denn dieser widerspricht eigenen Namens und kraft eigenen Rechts [§ 141 Anm. 8]. Sie rechtfertigt sich aus der Erwägung, daß es undurchführbar sein würde, das Konkursgläubigerrecht eines Anmelders gegenüber einem Teile der Konkurrenten anzuerkennen, gegenüber anderen nicht. Mit der Überwindung der Widersprüche ist die Rechtslage dieselbe geworden, als wäre im Prüfungstermin überhaupt keine Bestreitung erfolgt, also die freiwillige Feststellung (§ 144 I) erzielt (Motive II S. 368), für welchen Fall das Gesetz dem Tabellvermerk Wirksamkeit gegenüber allen Beteiligten beilegt (§ 145 II).

b) Die erweiterte Rechtskraft des Urteils setzt eine ursprüngliche, im Sinne des § 325 ZPO persönlich begrenzte zwischen den Parteien des Rechtsstreits (bzw. ihren Rechtsnachfolgern) voraus. Parteien im Feststellungsstreit sind Anmelder und Widersacher. Hatte der Konkursverwalter widersprochen (Regelfall), dann stand im Feststellungsstreit dem Anmelder die Konkursmasse gegenüber, d. h. der Konkursverwalter als Partei kraft Amtes bzw. nach der Vertretertheorie der Gemeinschuldner in seiner Eigenschaft als Masseträger, an dessen Stelle der Konkursverwalter als Zwangsvertreter den Rechtsstreit führte. Die ursprüngliche Wirksamkeit des Urteils trat hier im Verhältnisse zwischen Anmelder und Masseträger ein. Wenn der Schuldner nicht zugleich in Person widersprochen oder wenn der Anmelder den persönlichen Schuldnerwiderspruch überwunden hatte, trifft den Schuldner auch als Träger seines konkursfreien Vermögens die Wirksamkeit der freiwilligen oder der erstrittenen Feststellung [Anm. 3]. War der Widerspruch ausschließlich von der Gläubigerseite ausgegangen, dann beschränkt sich die ursprüngliche Wirksamkeit der erstrittenen Feststellung auf das Verhältnis zwischen Anmelder und Gläubiger (§ 325 ZPO). Da jedoch der Konkursverwalter für Rechnung der Masse nicht widersprochen hatte, liegt nun, nachdem der allein erhobene Gläubigerwiderspruch „beseitigt" und die Beseitigung in der Tabelle vermerkt ist, im Verhältnisse zum Gemeinschuldner als Masseträger und, wenn auch dessen persönlicher Widerspruch unterblieb, zugleich im Verhältnis zum Schuldner als Träger seines konkursfreien Vermögens die Wirksamkeit der freiwilligen Feststellung vor (§§ 144, 145 II). Siehe § 145 Anm. 5.

c) Gegenständlich beschränkt sich die Rechtskraft weder bei erstrittener noch bei freiwilliger Feststellung auf das Recht, am Konkurse teilzunehmen, oder gar nur auf den Anspruch, bei den Verteilungen berücksichtigt zu werden [§ 146 Anm. 12 u. 13]. Vielmehr wird die Forderung selbst, wie das Gesetz ausdrücklich bestimmt, als Konkursforderung nach Bestand oder Vorrecht (oder nach beiden Richtungen) gegenüber allen Konkursgläubigern — freilich nicht auch gegenüber dem Prätendenten derselben Forderung [§ 145 Anm. 8] — festgestellt. RG Bd. 55 160, Bd. 58 375. Der Konkursverwalter braucht die erstrittene Feststellung im Konkurs erst zu berücksichtigen, wenn der obsiegende Anmelder die Berichtigung der Tabelle erwirkt hat [§ 146 Anm. 46].

2. Umgekehrt wirkt das rechtkräftige Urteil, das den einzigen **Widerspruch** oder auch nur einen von mehreren Widersprüchen gegen das vom Anmelder behauptete Bestehen einer Konkursforderung **für begründet erklärt**, also das Nichtbestehen feststellt, **zu Gunsten** aller Gläubiger, auch der nicht widersprechenden, auch der nicht mitverklagten Widersacher. Der farblose Ausdruck „gegenüber" bedeutet hier „zu Gunsten" [Einl.]. So erläutern denn auch die Motive II S. 368 unsere Vorschrift dahin: der unterlegene Anmelder scheide endgültig aus dem Kreise der Konkursbeteiligten aus; „dies müsse allen übrigen Gläubigern zu 2

Gute kommen". Da sie gemeinschaftlich aus derselben Masse zu befriedigen sind (§ 3), würde eine andere Regelung wie zum Vorteil [Anm. 1] so auch zum Nachteil der übrigen Gläubiger undurchführbar sein [§ 141 Anm. 8]. Vgl. Wach (Laband) Rechtskraft (1899) S. 18f., 38f., 80, Bley aaO. S. 83; ferner BGH 8 390. Nach dem Sieg eines einzigen Gegners brauchen daher auch für zugriffsreife Ansprüche (§ 146 VI) Anteile nach den §§ 152, 168 Nr. 1 nicht mehr ausgeworfen zu werden. Protokolle S. 175f. Dringt der einzige oder dringt die Gesamtheit der Widersprüche gegen das Bestehen einer Konkursforderung nur für einen Teilbetrag durch, dann beschränken sich ursprüngliche und erweiterte Rechtskraft auf diesen Teilbetrag („soweit"). Entsprechendes gilt bei bloßer Vorrechtsverneinung. In allen Fällen „erwächst" aus der verneinenden Feststellung für deren Bereich begriffsnotwendig „der Konkursmasse ein Vorteil" (Satz 2), insofern sie entlastet wird. Dieser Erfolg tritt auch dann ein, wenn nur ein Gläubiger, nicht der Verwalter das verneinende Urteil erstritten hat. Im übrigen siehe § 146 Anm. 9, 13, 31, 39. Da die Rechtskraft mit Rücksicht auf die ihr zu Grunde liegenden öffentlichen Belange von Amts wegen beachtet werden muß (Stein-Jonas-Schönke-Pohle ZPO[18] § 322 II 6 mit Verw.), die Rechtsfolge des § 147 aber an das rechtskräftige Urteil selber, nicht erst an den Tabellvermerk (§ 146 VII) anknüpft, kann der Widerspruch späterhin nicht mehr wirksam zurückgenommen werden. Ebendarum wird man aber auch anderen Gläubigern und dem Verwalter die Befugnis zuerkennen müssen, auf Grund des zu Gunsten der Allgemeinheit ausschlagenden Sieges die Tabellberichtigung zu erwirken. Das rechtfertigt sich aus dem Zusammenhalte des § 146 VII mit § 147. Nebenintervention des einen Widerssachers im Prozesse des anderen: § 146 Anm. 11.

3 3. Gegenüber **dem Schuldner persönlich** d. h. als dem Träger des konkursfreien und konkursfrei gewordenen Vermögens erlangt die gegenüber der Konkursmasse d. h. gegenüber dem Schuldner als Masseträger erzielte **Feststellung** einer Konkursforderung [Anm. 1] eine durch den Tabelleintrag vermittelte Wirksamkeit dann, wenn der Schuldner nicht selber im Prüfungstermin oder kraft einer Wiedereinsetzung nach § 165 den Rechtsbestand der Forderung ausdrücklich bestritten hat. Diese Wirksamkeit ist Urteilskraft und zwar in erster Linie Rechtskraft, in zweiter Linie Vollstreckbarkeit. Durch den Tabellvermerk der erstrittenen wie der freiwilligen Feststellung wird die Zulässigkeit der Zwangsvollstreckung gegen den früheren Gemeinschuldner als Urteilswirkung erschlossen (§ 164 II mit §§ 194, 206 II). Die Vollstreckbarkeit setzt den Rechtskrafteintritt voraus. Sie ist keine selbständige Erscheinung, sondern Ausfluß der in die Tabelle eingetragenen Konkursfeststellung, die das Gesetz — ganz einerlei, ob Widersprüche unterblieben oder ob sie (wie auch immer) „beseitigt" worden sind (§ 144 I) — mit der Wirksamkeit des rechtskräftigen Urteils ausstattet (§ 145 II). Siehe dazu § 164 Anm. 3.

Andrerseits gereicht die Feststellung des **Nichtbestehens** einer Konkursforderung (der Sieg eines Widersprechenden) auch dem nicht persönlich bestreitenden Schuldner zum Vorteil, insofern sie den konkursmäßigen wie den außerkonkursmäßigen Zugriff des Unterlegenen abwehrt. Ein vom widersprechenden Konkursverwalter erstrittener Sieg wirkt Rechtskraft für den Masseträger. Diese Rechtskraft bewährt sich, soweit das Urteil das Bestehen der Forderung — um sie selbst, nicht um ein von ihr verschiedenes Konkursteilnahmerecht geht der Streit [§ 146 Anm. 13] — verneint hat, auch nach dem Konkurse zu Gunsten des Schuldners. Es kann keine Rede davon sein, daß der § 147 durch die Worte „gegenüber allen Konkursgläubigern" eine Beschränkung der Rechtskraft, nämlich ihren Ausschluß gegenüber dem Schuldner, verordnen wollte. Vgl. Dernburg PreußPrivatrecht II § 115 N. 22, Wolff KO[2] S. 453; abw. z. B. Petersen-Kleinfeller § 164 Anm. 10, Seuffert S. 393f. Ob das vom Verwalter erstrittene Urteil den Bestand der Forderung verneint, das ist eine Frage, für deren Lösung nicht nur die Urteilsformel, sondern auch die Entscheidungsgründe maßgebend sind (Stein-Jonas-Schönke-Pohle ZPO[18] § 322 VII mit Verw.). Aus einem vom

Verwalter erwirkten Urteil, das lediglich die Anmeldbarkeit (§§ 3, 5 II, 63) des Anspruchs oder im Sinne des § 29 dessen Wirksamkeit „gegenüber den Konkursgläubigern" verneint, erwächst freilich, da es den Anspruch weder ganz noch teilweise dem Bestande nach aberkennt, für den Schuldner keine die Anspruchsverneinung außerhalb des Konkurses stützende Rechtskraft. Wohl aber kann der Schuldner die rechtskräftige Verneinung der Konkursforderungseigenschaft eines Anspruchs anrufen, wenn nach Konkursbeendigung kraft Zwangsvergleichs für diesen Anspruch die Zwangsvergleichsvorteile begehrt werden (§ 193). Das von einem *Widerspruchsgläubiger* erstrittene Urteil wirkt als solches keine Rechtskraft zugunsten des Schuldners (abw. Wolff aaO.), weil der Gläubiger kraft eigenen Rechts, nicht als Vertreter des Schuldners widerspricht [§ 141 Anm. 8]. Doch können die tatsächlichen Unterlagen des den Bestand der Forderung verneinenden Urteils auch für den Schuldner von hohem Werte sein, und jedenfalls verhindert es den Eintritt der in den §§ 145 II, 164 II verordneten Feststellungsfolgen.

II. Kostenersatz aus der Masse

1. *Wer* die Kosten des Feststellungsprozesses zu tragen hat, bestimmt sich nach allgemeinen Grundsätzen (§§ 91 ff. ZPO). Unterliegt der Verwalter, dann bildet die Kostenpflicht eine Masseschuld (§ 59 Nr. 1), nicht (auch nicht zugleich) eine Massekostenverbindlichkeit (im Sinne des § 58 Nr. 1 oder 2). Zust. Mentzel-Kuhn Anm. 2, Böhle-Stamschräder Anm. 2. Der Erstattungsanspruch beim Obsiegen des Verwalters bildet ein Masseaktivum. Unterliegt ein widersprechender Gläubiger, so trifft ihn die Prozeßkostenlast persönlich, da er den Widerspruchsprozeß im eigenen Namen und kraft eigenen Rechts geführt hat [§ 141 Anm. 8]; er kann die Prozeßkosten weder auf die Masse noch auf die übrigen Konkursgläubiger abwälzen. Hat er dagegen den Widerspruchsprozeß gewonnen, so kann er nach § 91 ZPO vom unterlegenen Anmelder Kostenerstattung fordern. Für den Fall nun, daß „*nur einzelne Gläubiger*" — einer oder mehrere, als Kläger oder Beklagte, aber nicht zugleich der Konkursverwalter — einen Widerspruch siegreich gegen den Anmelder durchgefochten haben, sollen sie nach Satz 2 (unbeschadet ihres Erstattungsanspruchs gegen den Anmelder) *insoweit* Ersatz ihrer Prozeßkosten „*aus der Konkursmasse*" (d. h. als Masseschuld im Sinne des § 59 Nr. 3) verlangen können, als ihr Sieg der Masse *Vorteil* gebracht hat. Das Gesetz geht dabei, wie der Wortlaut („Ersatz") und die Motive II S. 368, 378 erkennen lassen, von dem Gedanken einer nützlichen Verwendung aus und versagt darum den Anspruch gegen die Masse, wenn auch der Verwalter als Widersacher am Prozesse beteiligt war. Bei diesem Ausschlusse muß es nach der Fassung des Gesetzes schlechthin bewenden [Anm. 6]. Der Erstattungsanspruch ist wie andere Masseansprüche unabhängig vom Verteilungsverfahren dem Konkursverwalter gegenüber zu verfolgen [§ 57 Anm. 10]. Vgl. §§ 172, 191 I, 205 II. Der Anspruch unterliegt übrigens einer doppelten Schranke: 4

a) *Er besteht nur für die aufgewendeten Prozeßkosten.* Damit sind andere Aufwendungen aus Anlaß des Prozesses ausgeschlossen.

b) *Er besteht nur bis zum Belaufe des der Masse erwachsenen Vorteils.* Den Vorteil bildet die Ersparung der Dividende, die dem Anmelder beim Unterbleiben des Widerspruchs zugekommen sein würde. War lediglich ein Vorrecht abgestritten worden, so besteht der Vorteil in dem Unterschiede zwischen der vom Anmelder beanspruchten und der ihm nach Durchführung des Widerspruchs gewordenen Befriedigung. Der Umfang des Vorteils steht zur Beweislast des ersatzbegehrenden Gläubigers („insoweit als").

2. Soweit die Masse dem einzelnen Gläubiger die Prozeßkosten ersetzt, kann sie die *Abtretung des Erstattungsanspruchs* verlangen, der dem Gläubiger wider den unterlegenen Anmelder zusteht. Sonst würde sich jener ohne rechtlichen Grund auf Kosten der Masse bereichern. Seuffert S. 278, Fitting § 12 N. 71, Mentzel-Kuhn Anm. 2, Böhle-Stamschräder Anm. 2. Dagegen nehmen Wolff aaO. 5

S. 454 und mit ihm Petersen-Kleinfeller Anm. 2 auf Grund des § 426 II BGB einen Übergang kraft Gesetzes an. Allein ein Gesamtschuldverhältnis der Masse und des Anmelders im Sinne des § 421 BGB liegt nicht vor. Zwar schulden beide dem siegreichen Widerspruchsgläubiger die Kostenerstattung; dieser aber, der seinen Erstattungsanspruch noch nicht abgetreten hat, ist auch dann noch „berechtigt", eigenen Namens die Kosten vom Anmelder zu fordern, wenn ihm eine gleichhohe Summe bereits aus der Masse geleistet ist.

6 3. Hat der Verwalter den Widerspruchsstreit mitgeführt, so besteht, wie das Wort „nur" klarstellt, kein Kostenersatzanspruch gegen die Masse [Anm. 4]. Es bleibt also unberücksichtigt, daß die Streitgenossen des Verwalters den Kostenaufwand mitgetragen haben und daß der Widerspruchsgläubiger unter Umständen gerade die Aufwendungen gemacht hat, denen der Erfolg des Prozesses zu verdanken ist, daß er also z. B. die ausschlaggebenden Beweise beschafft hat. Anders Wolff aaO. unter Berufung auf § 59 Nr. 3. War dagegen vom Verwalter ein gesonderter Widerspruchsstreit geführt und verloren worden, dann können Erstattungsansprüche einzelner im Widerspruchsstreit obsiegender Gläubiger nach Satz 2 begründet sein.

§ 148

Der Wert des Streitgegenstandes eines Prozesses über die Richtigkeit oder das Vorrecht einer Forderung ist mit Rücksicht auf das Verhältnis der Teilungs- zur Schuldenmasse von dem Prozeßgerichte nach freiem Ermessen festzusetzen.

Materialien: Motive I Bd. 2 S. 102f., Motive II S. 368, Protokolle S. 95f., 178.

Streitwert im Konkursfeststellungsprozesse

1 I. Im Konkursfeststellungsprozesse des § 146 ist der Streitwert mit Rücksicht auf das Verhältnis der Teilungsmasse zur Schuldmasse vom Prozeßgericht nach freiem Ermessen zu bestimmen. Teilungsmasse sind die Werte, die nach Vorwegberichtigung der Massekosten und Masseschulden (§ 57) zur Deckung der Konkursforderungen übrig bleiben [§ 117 Anm. 1 a. E.]. Schuldenmasse ist die Gesamtheit der zum Zuge gelangenden Konkursforderungen [§ 138 Anm. 1]. Beide Größen stehen zunächst noch nicht fest und sind vom Prozeßgericht abzuschätzen. Aus ihrem Verhältnisse zueinander ergibt sich der Verteilungssatz (die Konkursdividende), der den Streitwert nach § 148 bestimmt. Siehe z. B. RG KonkTreuh. 1931 S. 9f. Nr. 3, S. 56 Nr. 5. Maßgebend ist somit nicht der volle Betrag des bestrittenen Anspruchs, sondern die zu erwartende Dividende. Nicht das, was der Gläubiger beansprucht, sondern das, was er voraussichtlich aus der Konkursmasse erhalten wird, bestimmt den Streitwert. § 148 läßt damit gegenüber dem Hauptzweck der Konkursfeststellung ihre beiläufige und ungewisse Wirksamkeit für die Rechtsverfolgung nach dem Konkurse (§§ 164 II, 194, 206) außer Ansatz. Gegenüber der auf den Nennbetrag der Forderung ausgerichteten Wertberechnung führt die Sonderregelung des § 148 vor allem zu einer starken Einengung der landgerichtlichen Zuständigkeit und der Rechtsmittel, andererseits zu einer nicht minder starken Erweiterung des von den gesetzlichen Formen befreiten Schiedsurteilsverfahrens [§ 148 Anm. 6]. Vgl. auch Prot. S. 95f. Als Ausnahmebestimmung ist § 148 streng auszulegen. Übersteigt die zu erwartende Dividende die amtsgerichtliche Zuständigkeit, so hat das angerufene Amtsgericht sich — auf Antrag unter gleichzeitiger Verweisung nach §§ 276, 495 ZPO — für unzuständig zu erklären, wenn es nicht etwa bereits nach § 39 ZPO zuständig geworden ist [§ 146 Anm. 18]. Ist für den Anspruch das Landgericht ohne Rücksicht auf den Streitwert ausschließlich zuständig (etwa für einen unter § 71 III GVG fallenden Rückgriffsanspruch gegen einen im Konkurse stehenden Beamten), so kommt § 148 nur für die Gebührenbewertung, nicht aber für Zuständigkeit und

Rechtsmittel in Betracht (§§ 511a IV, 547 I Nr. 2 ZPO). **Zweck** der Ausnahme ist einmal eine Herabminderung der Kosten mit Rücksicht auf den wirklichen Wert des Streitgegenstandes, sodann aber auch eine eben diesem Werte Rechnung tragende Entlastung der höheren Gerichte (Bley ZZP 52 S. 331).

1. Der nach § 148 festzusetzende Streitwert hat **Bedeutung** für die sachliche Zuständigkeit (§§ 23, 71 GVG), die durch Beschwerdesummen bedingte Zulässigkeit der Rechtsmittel (§§ 511a I, 546 I, 567 II ZPO, §§ 64 I, 72 I 4 u. 5 ArbGG), die Kostenberechnung (§§ 11, 52 GKG, §§ 8, 77 BRAGebO) sowie für den Geltungsbereich des Schiedsurteilsverfahrens nach § 510c ZPO und für die Frage der Zulassung von Rechtsanwälten nach § 11 I 5 ArbGG.

2. § 148 gilt für Prozesse **„über die Richtigkeit oder das Vorrecht einer Forderung"** d. h. für den Streit darüber, ob eine Forderung als Konkursforderung mit dem vom Anmelder behaupteten Inhalt und Vorrecht besteht oder nicht (§ 146). So gilt der § 148 in Fällen des § 64 zwar für die Feststellung der durch ein Absonderungsrecht gedeckten Konkursforderung und insoweit unter Rücksicht auf ihren vollen Betrag, nicht nur auf den mutmaßlichen Ausfall (RG Bolze 4 Nr. 1069; vgl. im übrigen Anm. 2 unter 5), nicht aber für die Feststellung der Absonderungsrechte selbst [§ 4 Anm. 9, § 64 Anm. 11] (vgl. dazu RG Bd. 7 327, JW 1896 S. 281, Karlsruhe OLG 35 S. 25, KG JVBl. 1935 S. 239, Bremen Rpfleger 1957 S. 274) oder der Aussonderungsrechte; nicht für die Feststellung von Massegläubigerrechten aller Art, auch nicht beim Bevorstehen einer nur anteilsmäßigen Berichtigung im Sinne des § 60 [dort Anm. 10]. Unanwendbar ist § 148 ferner für jede gegen den Gemeinschuldner selbst gerichtete Rechtsverfolgung, sei es die Verfolgung einer unangemeldeten Forderung nach dem Konkurse (Marienwerder OLG 25 S. 79), sei es in einem während des Konkurses gegen den Schuldner persönlich erhobenen oder aufgenommenen Prozesse (§ 144 II; RG SeuffA 46 Nr. 235, Karlsruhe OLG 15 S. 50, Nürnberg BayZ 1928 S. 212). Auch im letzteren Falle ist als Streitwert der ganze Nennwert des Anspruchs anzusetzen, und zwar ohne Abzug der voraussichtlich noch im Konkurs zur Auszahlung gelangenden Quote (Wieczorek ZPO § 3 Anm. B III a 2, Hillach Hdb. des Streitwertes[3] § 89 B I; a. M.: Gerold, Streitwert (1959) III Nr. 46 Anm. 19; Willenbücher-Hofmann-Schäfer, Kostenfestsetzungsverfahren[16] BRAGebO § 8 Anm. 59). Andrerseits findet der § 148 auf Rechtsstreitigkeiten, die ihrem Wesen nach Feststellungsprozesse im Sinne des § 146 sind, auch dann Anwendung, wenn der Klagantrag ungehörigerweise nicht auf Feststellung, sondern auf Verurteilung zur Zahlung oder zu einer sonstigen Leistung gerichtet ist. Es kann daher namentlich die Zulässigkeit der Rechtsmittel nicht durch die verschleierte Antragsfassung erschlichen werden. Vgl. RG SeuffA 62 Nr. 266 (Klage auf Zahlung), Jena ThürBl. 50 S. 203 (Rückgewähranspruch aus § 37 gegenüber dem Verwalter des selbst im Konkurse stehenden Anfechtungsgegners), KG OLG 11 S. 43f. (Antrag auf Schuldbefreiung); Gerold aaO. III Nr. 46 Anm. 16, Hillach aaO. § 89 A I 1a). Die Gegenmeinung (Wieczorek ZPO § 3 Anm. B III a 2) verschließt ohne zwingenden Grund die prozeßökonomisch bedeutsame Möglichkeit eines Verwerfungsbeschlusses nach §§ 519b, 554a ZPO.

3. § 148 bezieht sich auf den **gesamten Bereich des Konkursfeststellungsverfahrens.** Er gilt nicht nur für die neuerhobene Klage des Anmelders gegen den widersprechenden Gläubiger oder Konkursverwalter gem. § 146 I, II (mißverständlich Gerold aaO. III Nr. 46 Anm. 1), sondern betrifft ebenso eine Prozeßaufnahme im Sinne des § 146 III und jede Verfolgung eines Widerspruchs durch den widersprechenden Gläubiger oder Konkursverwalter bei zugriffsreifer Forderung gem. § 146 VI. Allgemeinem Grundsatz entsprechend bestimmt sich aber der Streitwert durch das Interesse dessen, der den Rechtsschutz begehrt. Daran rührt der § 148 nicht. Für denselben Streitgegenstand kann daher ein verschiedener Streitwert in Frage kommen, je nachdem, wer den Feststellungsprozeß betreibt. Hat ein Gläubiger Widerspruch gegen eine zugriffsreife Forderung erhoben (§ 146 VI), dann besteht sein Interesse an der verneinenden Feststellung

in dem Betrag, um den sich bei Erfolg des Widerspruchs seine Anteile voraussichtlich erhöhen werden. Zwar kommt der Widerspruch hier der Gläubigergesamtheit zustatten (§ 147), aber der Einzelgläubiger verfolgt ihn eignen Namens und auf eigene Gefahr. So Wolff KO[3] S. 455, Petersen-Kleinfeller Anm. 3 und Mentzel-Kuhn Anm. 1, Böhle-Stamschräder Anm. 1. Verfolgt dagegen der Verwalter (allein oder zugleich) einen Widerspruch im Sinne des § 146 VI, dann entscheidet die auf die streitige Forderung voraussichtlich entfallende Dividende, wie bei der Klage des Anmelders auf Feststellung eines nichtzugriffsreifen Anspruchs. Denn hier geht der Streit beidemal um Bestand oder Nichtbestand der Forderung selbst. Gleichgültig ist der Grund der Bestreitung. Namentlich gilt der § 148 auch dann, wenn der Konkursverwalter seinen Widerspruch auf die Gläubigeranfechtung (§§ 29ff.) stützt.

2 4. Der Streitwert ist **„nach freiem Ermessen“**, jedoch **„mit Rücksicht auf das Verhältnis der Teilungs- zur Schuldenmasse“** festzusetzen. § 148 enthält insofern ebenso wie die §§ 4—9 ZPO eine Einschränkung des Grundsatzes der Streitwertfestsetzung nach freiem Ermessen gem. § 3 ZPO (Gerold aaO. II § 3 ZPO Anm. 1, Stein-Jonas-Schönke-Pohle ZPO[18] § 3 Anm. III 3a) und führt nicht etwa umgekehrt als Ausnahme von einer auf den Nennbetrag der Forderung abgestellten konkreten Wertberechnung zur Wiederherstellung der Ermessensfreiheit. Die Ermessensfreiheit des Prozeßgerichts ist vielmehr auf die Schätzung der voraussichtlichen Konkursquote beschränkt, im übrigen ist es an den behaupteten Nennbetrag der streitbefangenen Forderung gebunden (Lauterbach, Kostengesetze[14] Anh. VIII nach § 11 GKG Anm. 2; a. A. Karlsruhe MDR 1958 S. 251). Zu seiner Information kann es vor allem eine Auskunft des Konkursverwalters einholen, zu dessen ersten Obliegenheiten die Aufstellung einer Bilanz gehört (§ 124), und nötigenfalls auch die Konkursakten beiziehen (RG KonkTreuh. 1931 S. 10). Wird der Feststellungsprozeß nicht von ihm oder gegen ihn geführt, so ist die Auskunft des Konkursverwalters als Sachverständigen-Gutachten verwertbar (§§ 3, 402ff. ZPO). Meist hat er die Prozeßführung allerdings selbst in Händen. Auch dann pflegen seine durch Belege gestützten Aussagen das richterliche Ermessen zu beeinflussen. Vgl. OLG Karlsruhe ZZP 12 S. 153. Hängt vom Schätzungsergebnisse die Zulässigkeit eines Rechtsmittels ab, so muß, wer das Rechtsmittel einlegt, glaubhaft machen, daß der Wert, um den er durch die angefochtene Entscheidung „beschwert“ zu sein behauptet und sie zu ändern begehrt, den Betrag der gesetzlichen Rechtsmittelsumme, berechnet nach Maßgabe des § 148, übersteigt (siehe RG Bd. 10 S. 68, JW 1894 S. 17 Nr. 37, JW 1900 S. 526 Nr. 18, ZZP 52 S. 328f., BayObstLG Slg. a. F. 11 S. 628).

5. **Im einzelnen** gilt für die Schätzung folgendes: Zu ermitteln ist der Geldbetrag, den der Anmelder bei Durchführung des Konkurses zu erwarten hat. Daher muß die den Gegenstand des Feststellungsprozesses bildende Forderung selbst unter die Passiven eingerechnet werden (RG JW 1896 S. 602). Andere streitige Forderungen sind „mit einer der Wahrscheinlichkeit einigermaßen entsprechenden Teilquote“ in Ansatz zu bringen (RG JW 1899 S. 288). Zust. Mentzel-Kuhn Anm. 1, Böhle-Stamschräder Anm. 1. Hat der Anmelder allerdings überhaupt keine Anteile zu erwarten, so ist der Prozeß der niedersten Wertstufe einzureihen und nicht etwa der Wert mit Null anzusetzen oder gar die Rechtsverfolgung mangels eines Rechtsschutzbedürfnisses abzuweisen (RG KonkTreuh. 1931 S. 9f., Karlsruhe BadRspr. 1913 S. 85f.; zust. Mentzel-Kuhn Anm. 1). Dagegen bleiben die Aussichten einer Befriedigung außerhalb der normalen Abwicklung des Konkursverfahrens für die Wertberechnung nach § 148 unberücksichtigt. Daher darf ein von einer dritten Person zur Ermöglichung eines Zwangsvergleichs angebotener Massezuschuß nicht der Teilungsmasse zugerechnet werden (OLG Kolmar Recht 1903 Nr. 1339) und ist überhaupt die Möglichkeit eines Zwangsvergleichs, bei dem die angemeldete Forderung in anderer Weise als nach dem Verhältnis der Teilungs- zur Schuldenmasse berücksichtigt werden könnte, außer Betracht zu lassen (Schönfeld DJZ 1904 Sp. 803; a. M. OLG Karls-

ruhe HRR 1931 Nr. 1377; Berger, Der Wert des Streitgegenstandes (1935) S. 51). Ferner kann ein bloßes mittelbares wirtschaftliches Interesse des Gläubigers an der konkursmäßigen Feststellung seiner Forderung bei der Wertberechnung nicht berücksichtigt werden. So kommt es nicht darauf an, ob eine Vollstreckung aus der Eintragung in die Konkurstabelle gem. § 164 II Erfolg verspricht, weil der Gemeinschuldner nennenswertes Vermögen nach der Konkurseröffnung neu erworben hat oder Vermögensstücke besitzt, die aus sonstigen Gründen, z. B. weil sie sich in der sowjetischen Besatzungszone befinden, nicht zum Konkurs herangezogen werden können (BGH L-M Nr. 1 zu § 148 KO, Böhle-Stamschräder Anm. 1 2. Abs.). Ebensowenig hat es auf den Streitwert im Konkursfeststellungsprozeß Einfluß, daß der Gläubiger sich auf Grund eines Absonderungsrechtes Befriedigung verschaffen kann (RG Bolze 4 Nr. 1069, Kiel OLG 4 S. 267, KG OLG 27 S. 14; Gerold aaO. III Nr. 46 Anm. 21; a. M. RG JW 1939 S. 498, OLG Karlsruhe MDR 1958 S. 251, Mentzel-Kuhn Anm. i, Böhle-Stamschräder Anm. 2, Stein-Jonas-Schönke-Pohle § 3 Anm. IV 1 f., Hillach aaO. § 89 A I 3a) oder daß Befriedigungsmöglichkeiten bei dritten Personen bestehen, die neben dem Gemeinschuldner haften (Wieczorek § 3 Anm. B III a 2; dagegen nimmt OLG Karlsruhe aaO. hier eine Minderung des Streitwertes an), mag auch die erstrebte Feststellung, z. B. gem. § 129 HGB, diesen gegenüber wirksam sein (RG SeuffA 85 S. 92). Das Interesse des Anmelders, etwa an der Eröffnung einer höheren Instanz, wird dadurch nicht beeinträchtigt, da es ihm unbenommen bleibt, das Absonderungsrecht oder den Anspruch gegen den mithaftenden Dritten selbst in Streit zu bringen, so daß dann insoweit die Anwendung des § 148 entfällt [Anm. 1]. Befinden sich neben dem Gemeinschuldner gesamtschuldnerisch haftende Dritte jedoch ebenfalls im Konkurs, so ist Streitgegenstand der volle streitige Teil des Berücksichtigungsbetrages; auf ihn ist § 148 anzuwenden; dem Grundsatz des § 68 entsprechend kann aber der Streitwert keinesfalls höher angesetzt werden als der Forderungsbetrag, den der Konkursgläubiger unter Berücksichtigung bereits geleisteter Abschlagszahlungen bis zu seiner vollen Befriedigung noch zu erhalten hat (RG HRR 1939 Nr. 774).

6. Für die verschiedenen Auswirkungen der Wertfestsetzung ist jeweils der Streitwert in einem bestimmten **Zeitpunkt** maßgebend. So kommt es für die sachliche Zuständigkeit auf den Zeitpunkt der Erhebung der Klage, für die Zulässigkeit des Schiedsurteilsverfahrens auf den Zeitpunkt der Einreichung der Klage, für die Zulässigkeit eines Rechtsmittels auf den Zeitpunkt seiner Einlegung an (§§ 4 I, 510c, 511a II, 546 III ZPO). Auf den gleichen Zeitpunkt wird für die Berechnung der Gerichtsgebühren abgehoben (§ 11 I GKG), hier jedoch ausnahmsweise auf den Zeitpunkt der Beendigung der Instanz, wenn der Wert in diesem höher ist (§ 11 III GKG). Der für die Gerichtsgebühren festgesetzte Wert ist auch für die Berechnung der Anwaltsgebühren maßgebend (§ 9 I; vgl. auch § 8 I 1 BRAGebO). Dagegen ist im arbeitsgerichtlichen Verfahren, soweit der Streitwert im Urteil festzusetzen ist (§§ 61 II, 69 II ArbGG), grundsätzlich der Zeitpunkt der Entscheidung ausschlaggebend (Gerold aaO. III Nr. 111 Anm. 18; Lauterbach, Kostengesetze[14] § 12 ArbGG Anm. 2, Stein-Jonas-Schönke-Pohle ZPO[18] § 4 VI); die Frage der Postulationsfähigkeit eines Anwaltes bestimmt sich jedoch nach dem Streitwert im Zeitpunkt seines ersten Auftretens und bleibt erhalten, wenn der Streitwert später unter die 300 DM-Grenze sinkt (Stein-Jonas-Schönke-Pohle ZPO[18] § 78 VII A 3, Hueck-Nipperdey, Lehrbuch des Arbeitsrechts[6] I S. 858f.; abw. Dietz-Nikisch ArbGG § 11 Anm. 75). 3

Diese zeitlichen Bezugspunkte der Streitwertbestimmung gelten auch für die Streitwertfestsetzung im Feststellungsstreit nach § 148. Zwar steht die genaue Konkursquote endgültig erst bei Beendigung des Konkursverfahrens durch Schlußverteilung fest, § 148 hebt aber nicht auf diese effektive Quote, sondern auf ihren in einem früheren Zeitpunkt zu ermittelnden Schätzwert ab (Lauterbach, Kostengesetze[14] Anh. VIII nach § 11 GKG Anm. 2; a. A. Karlsruhe

HRR 1931 Nr. 1377). Für die Wertfestsetzung sind jeweils diejenigen Tatsachen zu Grunde zu legen, die in dem für die Berechnung maßgebenden Zeitpunkt bekannt waren (RG GruchotsBeitr. 43 S. 1217f., KonkTreuh. 1931 S. 10), wobei allerdings auch voraussehbare Veränderungen zu berücksichtigen sind. Unvorhersehbare Veränderungen des Massebestandes durch Erschließung neuer Aktiven, Anmeldung weiterer Passiven sowie Steigerung oder Minderung vorhandener Werte, die nach dem für die Wertfestsetzung maßgebenden Zeitpunkt eintreten, bleiben außer Betracht. Was insbesondere die sachliche Zuständigkeit für eine neu zu erhebende Konkursfeststellungsklage (§ 146 I, II) betrifft, so bleibt der für den Zeitpunkt der Klageerhebung nach § 148 errechnete Streitwert maßgebend, nachträgliche Veränderungen berühren bei unverändertem Streitgegenstand die einmal begründete Zuständigkeit nicht (§ 263 II Nr. 2 ZPO). Desgleichen vermögen Veränderungen des Massestandes, die nach Einlegung eines Rechtsmittels eintreten, dessen im Zeitpunkt der Einlegung nach § 148 gegebene Zulässigkeit nicht zu beseitigen, seine in diesem Zeitpunkt zu verneinende Zulässigkeit nicht zu begründen. Der Berechnung der Gerichtsgebühren (und damit auch der Anwaltsgebühren) ist allerdings der nach § 148 zu berechnende Streitwert bei Beendigung der Instanz zugrunde zu legen, wenn er höher ist als im Zeitpunkt der Klageerhebung oder Einlegung des Rechtsmittels (§ 11 III GKG; Lauterbach aaO., Hillach aaO. § 89 A I 2c, aa; a. A. Gerold aaO. III Nr. 46 Anm. 6 mit Verw.). Eine Änderung der Wertfestsetzung gemäß § 23 I 3 GKG ist, sofern nicht schon früher bekannte Umstände unberücksichtigt geblieben sind, nur im Rahmen des § 11 III GKG möglich, nicht aber auf Grund der bei Beendigung des Konkurses sich ergebenden effektiven Dividende (a. A. Hillach aaO.); eine nachträgliche Minderung des Streitwertes hat dagegen außer Betracht zu bleiben (Jonas-Hornig GKG[3] § 9 Anm. C 2f.; a. A. RG LZ 1912 Sp. 473f.; die Entscheidung ist allerdings vor der Einfügung des § 9 II, jetzt § 11 III GKG ergangen).

War der Rechtsstreit über die Forderung schon bei Konkursbeginn anhängig, sei es als Leistungs- oder Feststellungsklage, so bewendet es nach § 146 III für die Prozeßaufnahme bei der bisherigen Zuständigkeit [§ 146 Anm. 24] und bleibt die Zulässigkeit eines vor Konkurseröffnung bereits eingelegten Rechtsmittels unberührt (RG Bd. **76** 294, **109** 154). Auch für die Berechnung der Gerichtsgebühren bleibt der bisherige Streitwert weiterhin für die Instanz maßgebend, gleichgültig, ob die Gebühren vor oder nach der Unterbrechung bzw. Aufnahme des Verfahrens entstanden sind (OLG Stettin JW 1933 S. 1137; Mentzel-Kuhn Anm. 1, Böhle-Stamschräder Anm. 1, Berger, Der Wert des Streitgegenstandes S. 52, Hillach § 89 A I 2c bb; a. M. RG JW 1893 S. 126, JW 1896 S. 602, LZ 1912 S. 473, Gerold aaO. III Nr. 46 Anm. 8, Lauterbach, Kostengesetze[14] Anh. VIII nach § 11 GKG Anm. 1, Willenbücher-Hofmann-Schäfer aaO. § 8 BRAGebO Anm. 59). Wird dagegen der Rechtsstreit erst nach Instanzbeendigung unterbrochen und nunmehr nach Aufnahme durch Einlegung eines Rechtsmittels als Konkursfeststellungsstreit weitergeführt, so ist sowohl für die Zulässigkeit des Rechtsmittels wie für die Kosten der neuen Instanz § 148 maßgebend (Mentzel-Kuhn Anm. 1, Böhle-Stamschräder Anm. 1).

4 **II.** Dreht sich der Streit um das beanspruchte **Vorrecht** allein, so ist der Streitwert gleich dem Unterschiede zwischen der mit dem Vorrecht und der ohne das Vorrecht zu erwartenden Befriedigung (vgl. auch JW 1927 S. 849). Haben also die Gläubiger des vom Anmelder beanspruchten Ranges Vollbefriedigung zu erwarten, so ist der Nennbetrag der Forderung für den Streitwert nur dann maßgebend, wenn die Forderung in dem vom Widersprechenden zugestandenen niederen Rang bzw. als gewöhnliche Konkursforderung ausfallen würde; andernfalls ist die in dem zugestandenen Rang zu erwartende Summe abzusetzen. Daß möglicherweise noch andere Gläubiger das Vorrecht, wenn es zur Anerkennung gelangt, beanspruchen werden, ist bei der Bemessung dieses Unterschieds nicht zu berücksichtigen. RG KonkTreuh. 1933 S. 183 Nr. 3. Besteht selbst in dem bean-

spruchten Rang nur eine Aussicht auf quotenmäßige Befriedigung, so bestimmt sich der Streitwert nach dieser Quote. Sind Forderung und Vorrecht streitig, so bildet, ebenso wie wenn lediglich um den Bestand einer bevorrechtigten Forderung gestritten wird, stets die vom Anmelder in dem beanspruchten Rang zu erwartende Befriedigung den Streitwert. Der Streitwert fällt also mit dem Nennwert der Forderung zusammen, wenn die Gläubiger des vom Anmelder beanspruchten Ranges Vollbefriedigung zu gewärtigen haben. Solchenfalls sind die dem Anmelder ganz oder teilweise zur Last fallenden Kosten auch dann nach dem vollen Betrag seines Anspruchs zu berechnen, wenn das Gericht die Forderung anerkennt, das Vorrecht aber aberkennt (§ 92 ZPO) oder wenn es Forderung und Vorrecht verneint (§ 91 ZPO), mag auch der Anmelder schließlich weniger als die Kosten oder gar nichts aus der Masse erhalten. Macht der Gläubiger einer streitig gebliebenen Forderung erst im Laufe des Feststellungsprozesses ein Vorrecht für sie geltend, dann ist fortab der höhere Vorrechtsstreitwert maßgebend (vgl. § 506 ZPO).

III. Klagt der Anmelder gegen **eine Mehrheit** von Widersachern auf Feststellung ein und derselben Forderung in einer Klage [§ 146 Anm. 7], so findet keine Zusammenrechnung nach § 5 ZPO statt, weil nicht eine mehrfache, sondern nur eine einmalige Befriedigung angestrebt wird. Das ist besonders auch wegen der sachlichen Zuständigkeit von Belang [§ 146 Anm. 7, 18]. Beispiel: Wird eine Forderung von 10000 angemeldet und dem Grunde nach sowohl vom Verwalter als von einem Gläubiger bestritten, so beschränkt sich der Streitwert der Feststellungsklage auf 1000 (amtsgerichtliche Zuständigkeit), wenn die zu erwartende Dividende auf 10% zu veranschlagen ist und der Anmelder die beiden Gegner zusammen verklagt. Die gemeinschaftliche Ausklagung führt sonach zu einer Kostenersparung. Zust. Stein-Jonas-Schönke-Pohle ZPO[18] § 5 I 1. Wird zugleich der widersprechende Gemeinschuldner mitverklagt oder gegen ihn der Prozeß aufgenommen (§ 144 II) [vgl. § 144 Anm. 3], so findet aus dem gleichen Grunde nicht etwa eine Zusammenrechnung des Nennbetrages der Forderung mit der aus der Konkursmasse zu erwartenden Quote nach § 5 ZPO statt, sondern ist der Nennbetrag maßgebend (Gerold, Streitwert III Nr. 46 Anm. 19, Willenbücher-Hofmann-Schäfer aaO. § 8 BRAGebO § 8 Anm. 59, Karlsruhe OLG 15 S. 50); hatten allerdings Gemeinschuldner und Feststellungsgegner verschiedene Anwälte so sind die Gebühren des Anwaltes des Feststellungsgegners aus dem geringeren, sich aus § 148 KO ergebenden Streitwert zu berechnen (Gerold, BRAGebO § 9, Anm. 5 mit Verw.); auch wird im Falle des Unterliegens der Widerspruchsgegner nur insoweit Kostenschuldner, als die Gebühren aus dem Streitwert nach § 148 KO anzusetzen gewesen wären (Gerold, Streitwert III Nr. 46 Anm. 19, Rittmann-Wenz GKG[19] § 9 a. F. Anm. 22 und offenbar auch Hillach aaO. § 89 B II; vgl. auch § 100 II ZPO mit § 104 GKG). Zur Streitwertberechnung in dem lediglich gegen den Gemeinschuldner geführten Prozeß: Anm. 1 unter 2. Begehrt der Anmelder im Prozeß mit dem Konkursverwalter zugleich mit der Feststellung nach § 146 die Feststellung eines Rechtes auf abgesonderte Befriedigung, so bestimmt sich der Streitwert nach dem höheren Betrag gemäß § 6 ZPO (Berger aaO. S. 52, Hillach aaO. § 89 A V 2b). Verfolgen dagegen mehrere Gläubiger als Widersacher gemeinsam die Widersprüche, dann müssen die Beträge, um die sich die Dividenden für jeden von ihnen erhöhen [Anm. 1 unter 3], nach § 5 ZPO zusammengerechnet werden (Wolff KO[2] S. 455). Denn jeder macht sein besonderes Interesse geltend. Ebendarum kommt dieses auch in Ansatz, wenn der Verwalter und ein bestreitender Gläubiger gemeinsam eine zugriffsreife Forderung bekämpfen. 5

Fünfter Titel

Verteilung

(§§ 149—172)

§ 149

Nach der Abhaltung des allgemeinen Prüfungstermins soll, sooft hinreichende bare Masse vorhanden ist, eine Verteilung an die Konkursgläubiger erfolgen.

Materialien: Motive I Bd. 2 S. 103ff., Motive II S. 369ff., 372f., Protokolle S. 100, 178.

Grundsatz der Abschlagsverteilungen

1 **I. Die Verteilungen im allgemeinen**

1. Das Gesetz unterscheidet Abschlagsverteilung, Schlußverteilung und Nachtragsverteilung. Auf festgestellte Vorrechtsforderungen kann der Verwalter mit gerichtlicher Genehmigung unabhängig von den Verteilungen Zahlung leisten (§ 170).

a) **Abschlagsverteilungen** bilden die Regel. In rasch verlaufenden Konkursen sind sie entbehrlich. Sie finden nach dem Prüfungstermine statt, sobald und sooft hinreichende Barmittel vorhanden sind (§ 149).

b) Die **Schlußverteilung** erfolgt, sobald die Versilberung der Massegegenstände beendigt ist (§ 161 I). In ihr findet die Ausschüttung der Masse ihren regelmäßigen Abschluß, der Konkurs eine seinem Zweck entsprechende Beendigung.

c) Zu einer **Nachtragsverteilung** kann es kommen, wenn nach Beginn des Vollzugs der Schlußverteilung weitere Aktiven verfügbar werden (§ 166).

2 **2. Grundsätze für die Durchführung**

a) Alle Verteilungen sind vom Verwalter vorzubereiten, anzukündigen (§ 151) und zu vollziehen (§ 167). Zur Vornahme einer Abschlagsverteilung hat er nur die Zustimmung eines etwaigen Gläubigerausschusses, zur Vornahme der Schlußverteilung auch die Zustimmung des Gerichts einzuholen (§§ 150, 161). Eine Nachtragsverteilung setzt gerichtliche Anordnung voraus (§ 166). Berücksichtigt werden die festgestellten und von den bestrittenen die im Sinne des § 146 VI zugriffsreifen Ansprüche. Andere im Prüfungsverfahren streitig gebliebene Forderungen gelangen nur zum Zuge, wenn der Anmelder dem Verwalter binnen einer kurzen Ausschlußfrist die Betreibung des Feststellungsprozesses nachweist (§ 152). Die Berücksichtigung besteht in der Auszahlung oder in der einstweiligen Zurückbehaltung der Anteile. Auf Forderungen, die im Feststellungsprozesse befangen, bedingt, aber nicht gerade aussichtslos [Anm. 4], oder mit einem Absonderungsanspruch verbunden sind, werden nach § 168 die Anteile vorläufig zurückbehalten. Übernahme unverwertbarer Gegenstände: § 162 Anm. 6; gesetzwidrige Befriedigung: § 6 Anm. 25.

3 b) Vor einer Abschlagsverteilung und vor der Schlußverteilung hat der Konkursverwalter ein **Verzeichnis** der zu berücksichtigenden Forderungen auf der Geschäftsstelle niederzulegen, sowie ihren Gesamtbetrag und den verfügbaren Massebestand öffentlich bekannt zu machen (§ 151). Daran reiht sich ein zeitlich begrenztes Einwendungsverfahren (§§ 158, 162) und an dieses die Bestimmung des auszuzahlenden Betrags, der für Abschlagsverteilungen in Prozenten festzusetzen (§ 159),

für die Schlußverteilung aber durch vollständige, verhältnismäßige Aufteilung der Restaktiven zu ermitteln ist. Auch Masseansprüche werden bei der jeweiligen Verteilung nur berücksichtigt, wenn sie dem Verwalter rechtzeitig bekannt geworden sind (§ 172).

3. Gegenüber dem gemeinen Recht und zahlreichen in seinem Banne stehenden Lan- 4
desgesetzen bedeutet die Gestaltung des Verteilungsverfahrens in der KO einen erheblichen Fortschritt. Gemeinrechtlich wurde in der Regel nur einmal verteilt, und zwar erst dann, wenn alle Aktiven versilbert, alle Passiven mit ihrer verwickelten Vorrechtsordnung festgestellt waren. Bis dahin wurden flüssige Massemittel, nicht oder nur unzulänglich verzinst, auch Gläubigern mit unzweifelhaften Ansprüchen vorenthalten. Die Verteilungsanweisung erging in einem besonderen Distributionsbescheid des Konkursgerichts (Fuchs Konkursverfahren S. 118ff., daselbst über Vorauszahlungen unter Vorbehalt an Gläubiger mit feststehendem Vorrecht und über die Ausnahmefälle wiederholter Verteilung). Demgegenüber bestimmt der zur Weltherrschaft gelangte Grundsatz des französischen Rechts, daß Verteilungen stattfinden können, sobald und so oft ein die Verteilung lohnender Massebestand flüssig geworden ist [Anm. 9]. Ihm folgte die preußische KO v. 1855 (§ 239 mit § 253). Auch sie aber litt noch an manchen Mißständen, die erst das Reichsrecht überwunden hat (darüber eingehend Motive II S. 369ff.). Die Novelle von 1898 hat im Verteilungsverfahren zwei Neuerungen eingeführt. Sie schließt aufschiebend bedingte Forderungen mit aussichtsloser Anwartschaft, aber auch nur noch solche, von der Berücksichtigung bei der Schlußverteilung aus (§§ 154 II, 156, 171) und ermöglicht dem Gemeinschuldner eine Wiedereinsetzung gegen unabwendbare Versäumung des Prüfungstermines (§ 165).

II. Die Abschlagsverteilung

1. Vor dem allgemeinen Prüfungstermin (§ 141) dürfen Verteilungen über- 5
haupt nicht stattfinden, da sich erst aus den Prüfungsverhandlungen ergibt, welche Forderungen bei einer Verteilung zu berücksichtigen sind. Nach diesem Prüfungstermin „soll“ der Verwalter Abschlagsverteilungen vornehmen, sooft und sobald hinreichende Barmittel vorhanden sind. Gläubiger mit festgestellten Forderungen brauchen daher nicht mehr auf Befriedigung zu warten, bis die ganze Masse verwertet und alle Feststellungsprozesse erledigt sind [Anm. 4]. § 149 gebietet aber nur eine Verwaltungsmaßregel. Er begründet keinen im Wege des Prozesses wider den Verwalter erzwingbaren Anspruch der Gläubiger auf Auszahlung (§§ 12, 14). Unterläßt der Verwalter pflichtwidrig eine Abschlagsverteilung, obwohl der Gläubigerausschuß sich nicht widersetzt oder ein Ausschuß gar nicht vorhanden ist (§ 150), so hat das Konkursgericht gegen ihn als Aufsichtsbehörde von Amts wegen oder auf Anregung eines Beteiligten einzuschreiten (§§ 83, 84). Auch können Verwalter (§ 82) und Ausschußmitglieder (§§ 150, 89) schadensersatzpflichtig werden. RG GruchotsBeitr. 34 S. 1201 (= JW 1890 S. 114 Nr. 13); OLG Naumburg NaumbAK S. 82f.; Mentzel-Kuhn[7] Anm. 1, Böhle-Stamschräder[8] Anm. 1. Die dem Gesetz entsprechende Berücksichtigung einer Konkursforderung bei stattfindenden Verteilungen ist gegenüber dem Widerspruch oder der Säumnis des Verwalters im Einwendungswege der §§ 158, 162 zu erwirken. Immer aber gehen Abschlagsverteilungen und Schlußverteilung vom Willen des Verwalters aus. Weder das Gericht noch die Gläubigerschaft können anstatt des Verwalters die Vornahme einer solchen Verteilung anordnen. Vgl. Motive II S. 273f., Protokolle S. 100. Eine unzweckmäßige Abschlagsverteilung kann das Gericht nur in dem besonderen Falle des § 160 aussetzen. Siehe auch § 150 Anm. 2.

2. Daß „hinreichende“ Barmittel von einem bestimmten Prozentsatz ab [vgl. 6
Anm. 9] gegeben seien, hat das Gesetz absichtlich nicht bestimmt (Motive aaO.). Maßgebend ist das Wohl der Gesamtgläubigerschaft im einzelnen Falle. Jedenfalls haben Abschlagsverteilungen zu unterbleiben, wenn die Kosten der Auszahlung (Porti) in keinem Verhältnis zu den ausgezahlten Beträgen stehen. Die Deckung

bekannter Masseansprüche ist stets in Vorabzug zu bringen (§§ 57, 172). Bevorrechtigte Forderungen: § 170.

7 3. Zahlt der Konkursverwalter Anteile auf Wechselforderungen aus, so kann er verlangen, daß die Teilzahlung auf dem Wechsel vermerkt und daß über sie Quittung erteilt wird (Art. 39 WechselG). RG Bd. 37 5. Entsprechendes gilt für Zahlungen auf einen Scheck (Art. 34 ScheckG). Wird eine Konkursforderung vom bisherigen Gläubiger abgetreten, so braucht der Konkursverwalter die auf sie entfallenden Anteile nur gegen Aushändigung einer vom bisherigen Gläubiger über die Abtretung ausgestellten Urkunde zu entrichten, es sei denn, daß der bisherige Gläubiger dem Schuldner (im Konkurse seinem Verwalter, vgl. RG JW 1888 S. 418f. Nr. 33) die Abtretung schriftlich angezeigt hat (§ 410 BGB). Vgl. KG OLG 5 S. 144. Auch die sonstigen Vorschriften zur Sicherung des Schuldners einer übertragenen Forderung (§§ 406ff. BGB) greifen in dessen Konkurse Platz. Bei Ungewißheit über die Person des Gläubigers schützt der Konkursverwalter die Masse durch Hinterlegung nach § 372 BGB [§ 168 Anm. 1]. Im übrigen siehe § 139 Anm. 2, 13, § 140 Anm. 8, § 141 Anm. 3, § 142 Anm. 4, § 145 Anm. 8.

III. Genossenschaftskonkurs

8 Im Genossenschaftskonkurs sind Abschlagsverteilungen aus dem Reinerlös der Konkursmasse und solche aus den Nachschüssen der Genossen zu unterscheiden. Für erstere gilt § 149. Die eingezogenen Nachschüsse dagegen werden regelmäßig erst im Wege der Nachtragsverteilung ausgeschüttet (§ 115 GenG). Doch gestattet § 115a GenG in Genossenschaftskonkursen, deren Abwicklung voraussichtlich längere Zeit in Anspruch nehmen wird, mit Erlaubnis des Gerichts und des Gläubigerausschusses auch Abschlagsverteilungen aus den Nachschüssen der Genossen, soweit die Rückerstattung an die Genossen nach dem Schuldenstand ausgeschlossen erscheint, und unterstellt auch diese Abschlagsverteilungen den §§ 149—160 KO. Siehe dazu Vogels JW 1933 S. 1378 und unten § 151 Anm. 3, § 152 Anm. 8.

9 **Zusatz. Fremde Rechte.*** Der Grundsatz der alsbaldigen Verteilung des verfügbaren Massebestands gilt heute in fast allen ausländischen Rechten. In der Regelung der Zuständigkeit und der Voraussetzungen bestehen jedoch zahlreiche Unterschiede.

1. Österreich begnügt sich für die Bestimmung der Voraussetzungen wie das deutsche Recht mit einer Generalklausel („so oft . . . als ein hinreichendes Massevermögen vorhanden ist"; § 128 II KO). Die Verteilung erfolgt „in einfachen Fällen" formlos (§ 129 KO), sonst auf der Grundlage eines „Verteilungsentwurfs" (§ 130 KO). Zur Antragsstellung ist allein der Masseverwalter befugt, der für jede schuldhafte Verzögerung haftet. Die „formlose Verteilung" bedarf der Zustimmung des Konkurskommissärs [vgl. § 71 Anm. 20] und des Gläubigerausschusses (§§ 128 III, 129 I KO). Auch die Vorlage eines Verteilungsentwurfs ist von der Zustimmung des Gläubigerausschusses abhängig. Die Konkursgläubiger sind von der Vorlage „zu verständigen". Werden keine „Erinnerungen angebracht", so kann der Konkurskommissär den Entwurf genehmigen; im anderen Falle entscheidet das Konkursgericht [vgl. § 71 Anm. 20] „unter Ausschluß des Rechtswegs" (§ 130 KO).

2. Frankreich, das den Grundsatz alsbaldiger Verteilung zuerst verwirklicht hat, bestimmt die Voraussetzungen von Abschlagszahlungen ebenfalls nur generell, versucht aber, häufigere fast periodische Zahlungen sicherzustellen, und regelt auch die Zuständigkeit anders. Die Verwalter (*administrateurs* im Verfahren des *règlement judiciaire, syndics* im Verfahren der *faillite*; vgl. Bd. I S. LXVIIff.) müssen alle Geldbeträge der Masse alsbald bei der amtlichen Hinterlegungskasse (*Caisse des dépôts et consignations*) einzahlen. Über das Guthaben kann nur auf Grund einer Ermächtigung des Richterkommissars [vgl. § 71 Anm. 20] verfügt werden. Die Verwalter müssen dem Richterkommissar monatlich über die Einzahlungen berichten. Der Richterkommissar allein entscheidet darüber, ob und in welcher Höhe Abschlagszahlungen vorgenommen werden sollen (Art. 165 D. 20 mai 1955 = Art. 566 C.com.). Die Auszahlungsanordnungen sind bekanntzumachen; die Auszahlung erfolgt seit der Reform von 1955 durch Übersendung eines auf das Guthaben bei der Hinterlegungskasse gezogenen Orderschecks.

---

* Bearbeitet von Prof. Dr. Günther Jahr, Saarbrücken.

Dem Vorbild des — älteren, aber insoweit nur geringfügig geänderten — französischen Rechts folgen vor allem Belgien (Art. 561ff. C. com.) und Luxemburg (wie Belgien).

3. Auch die Niederlande begnügen sich mit einer Generalklausel zur Bestimmung der Voraussetzungen („sooft nach dem Ermessen des Richterkommissars die dazu erforderlichen Geldbeträge vorhanden sind"; Art. 179 F. W.). Im übrigen ähnelt das Verfahren der Verteilung auf Grund eines „Verteilungsentwurfs" nach österreichischem Recht [vgl. zu 1].

4. In der Schweiz können „Abschlagsverteilungen" auf Beschluß des Gläubigerausschusses, der Gläubigerversammlung oder der Konkursverwaltung vorgenommen werden, sobald die Frist zur Anfechtung des „Kollokationsplans" [vgl. § 146 Anm. 49 Nr. 4] abgelaufen ist und genügend Geldmittel bereitliegen, um die damit verbundenen zusätzlichen Kosten zu rechtfertigen (Art. 237 Nr. 5, 266 SchKG).

5. In Italien muß der Verwalter alle zwei Monate nach der Feststellung der Konkursforderungen dem beauftragten Konkursrichter [vgl. § 71 Anm. 20] ein Verzeichnis der verfügbaren Geldbeträge und einen Verteilungsvorschlag vorlegen. Der Richter entscheidet, nachdem den Gläubigern Gelegenheit zur Stellungnahme gegeben worden ist. Abschlagszahlungen dürfen 90% der verfügbaren Beträge nicht überschreiten (Art. 110ff. L. F.).

6. Auch England setzt Fristen für Abschlagszahlungen fest. Eine erste Zahlung soll innerhalb von 4 Monaten nach der ersten Gläubigerversammlung erfolgen; weitere Verteilungen in Abständen von nicht mehr als 6 Monaten. Die Festsetzung (*declaration of dividends*) ist Sache des *trustee* [vgl. § 78 Anm. 15].

7. Nicht nur Fristen, sondern auch andere Voraussetzungen stellen vor allem die USA auf. Eine erste Verteilung muß innerhalb von 30 Tagen nach der Bankrotterklärung [vgl. Bd. I S. LXXVI und § 106 Anm. 16] erfolgen, wenn wenigstens 5% gezahlt werden können, später sind innerhalb von 30 Tagen Verteilungen vorzunehmen, wenn wenigstens 10% gezahlt werden können; das Gericht kann häufigere und geringere Zahlungen anordnen (§ 65 B. A. = 11 USC § 105).

§ 150

Zur Vornahme einer Verteilung hat der Verwalter, wenn ein Gläubigerausschuß bestellt ist, dessen Genehmigung einzuholen.

Materialien: Motive I Bd. 2 S. 109f., Motive II S. 373f., Protokolle. S. 100, 178.

Ausschußgenehmigung 1

I. Die Vornahme einer Abschlagsverteilung oder der Schlußverteilung steht beim Konkursverwalter [§ 149 Anm. 5]. Ist aber ein Gläubigerausschuß vorhanden [§ 87 Anm. 3], dann hat der Verwalter dessen Genehmigung einzuholen. Zur Schlußverteilung und nur zu dieser ist außerdem die Genehmigung des Konkursgerichts erforderlich (§ 161 II). „Genehmigung" bedeutet beidemal — wie auch an anderen Stellen [§ 129 Anm. 4, § 133f. Anm. 3] — nach dem Zwecke des Gesetzes in erster Linie die vorgängige Erlaubnis. Doch muß auch eine erst nachträglich gebilligte Verteilung, wenn sie sonst den gesetzlichen Vorschriften entspricht, also durch Niederlegung des Gläubigerverzeichnisses und durch öffentliche Bekanntmachung nach § 151 vorbereitet war, dem § 136 entsprechend als vollwirksame Verteilung im Sinne der KO gelten (abw. Seuffert S. 347). Jedenfalls beseitigt nachträgliche Billigung den Vorwurf der Eigenmacht. Davon, daß etwa die Empfänger lediglich aus dem Grunde des Mangels der Ausschußgenehmigung zur Rückgewähr verpflichtet wären, kann keine Rede sein. Zust. Mentzel-Kuhn[7], Böhle-Stamschräder[8] Anm. 1, Baur in Schönke-Baur § 52 B II 1. Der eigenmächtig verteilende Verwalter aber macht sich nach § 82 verantwortlich. Eine vom Verwalter geplante Abschlagsverteilung hintanzuhalten, vermag das Konkursgericht nur im Falle des § 160 (Förderung eines Zwangsvergleichs).

2 II. Versagt der Ausschuß pflichtwidrig die erbetene Erlaubnis, so werden seine Mitglieder nach § 89 verantwortlich und können nach § 92 ihres Amtes enthoben werden. Das Konkursgericht kann diese Enthebung bei einer nach § 93 zu berufenden Gläubigerversammlung anregen. Dagegen hat die Gläubigerversammlung nicht die Macht, durch ihren Beschluß die nach § 150 erforderliche Ausschußgenehmigung zu ersetzen [§ 133 Anm. 4]. Oetker I S. 405, v. Wilmowski-Kurlbaum Anm. 2, Mentzel-Kuhn[7] und Böhle-Stamschräder[8] Anm. 1; abw. Petersen-Kleinfeller Anm. 3, Seuffert S. 347, Fitting § 40 Nr. 7. Vor jeder Verteilung sind Masseansprüche den Geboten der §§ 57, 172 entsprechend zu decken. Nach der Genehmigung des Gläubigerausschusses (im Falle der Schlußverteilung auch des Gerichts) hat der Verwalter die bevorstehende Verteilung anzukündigen (§ 151). Die Wirksamkeit dieser Ankündigung ist aber durch vorgängige Ausschußgenehmigung nicht bedingt [§ 151 Anm. 9].

§ 151

Vor der Vornahme einer Verteilung hat der Verwalter ein Verzeichnis der bei derselben zu berücksichtigenden Forderungen auf der Geschäftsstelle zur Einsicht der Beteiligten niederzulegen und die Summe der Forderungen sowie den zur Verteilung verfügbaren Massebestand öffentlich bekannt zu machen.

Materialien: Motive I Bd. 2 S. 110, Motive II S. 374, Protokolle S. 100, 178.

Vorbereitung einer Verteilung

Einl. Vor dem Vollzug einer Abschlagsverteilung oder der Schlußverteilung obliegt dem Verwalter nach § 151 eine doppelte Pflicht. Er muß nämlich

1. ein Verzeichnis der zu berücksichtigenden Forderungen auf der Geschäftsstelle des Konkursgerichts auflegen sowie
2. die Summe dieser Forderungen und den zur Verteilung verfügbaren Massebestand öffentlich bekannt machen.

Der Zweck der Vorschrift, die gleich dem § 149 eine bloße Verwaltungsmaßregel bildet [§ 149 Anm. 5], besteht nach den Motiven II S. 374 darin, einen festen Boden für die Ausführung der Verteilungen zu schaffen. „Zugleich wird den mit der Anmeldung oder weiteren Verfolgung ihrer Rechte säumig gewesenen Gläubigern Anlaß gegeben, das Versäumte nachzuholen, insbesondere die schleunige Prüfung nachträglich angemeldeter oder die prozessualische Geltendmachung bestrittener Forderungen, sowie die raschere Erledigung anhängig gemachter Streitigkeiten, vielleicht auf dem Wege des Vergleichs oder Kompromisses, herbeizuführen. Die Angabe der disponiblen Teilungsmasse und der bereits teilnahmeberechtigten Forderungssumme befähigt jeden zu der Prüfung, ob es für ihn rätlich ist, sich noch die Berücksichtigung bei der bevorstehenden Verteilung zu sichern.“ §§ 152ff. Vgl. auch RG Bd. **154** 298. Im Anwendungsbereich des § 151 liegen Verteilungen aller Art. Nur wird für eine Nachtragsverteilung kein besonderes Gläubigerverzeichnis aufgestellt, weil sie nach § 166 auf Grund des für die Schlußverteilung maßgebenden Verzeichnisses (des „Schlußverzeichnisses“) zu vollziehen ist. Das Gebot, den verfügbaren Massebestand bekannt zu machen, gilt auch für sie. Darüber § 166 Anm. 11.

I. Verteilungsverzeichnis

1 1. Für die Aufstellung des Verzeichnisses dient die **Tabelle als Grundlage** (§§ 140 II, 145, 146 VII). Motive aaO. Dabei sind selbstverständlich die Berichtigungen der Tabelle zu beachten. Das Rangverhältnis der Konkursforderungen wird zweckmäßig dadurch hervorgehoben, daß zuerst die bevorrechtigten [vgl. dazu Anm. 5], dann die gewöhnlichen, im Nachlaßkonkurs und im Konkurs über das Gesamtgut einer fortgesetzten Gütergemeinschaft an dritter Stelle die minderberechtigten

Forderungen (§§ 226, 236) aufgeführt werden. Mehrere Forderungen desselben Gläubigers werden, wenn sie beim Vollzuge der Verteilung gleichmäßig zu behandeln sind, zweckmäßigerweise mit ihrer Gesamtsumme eingestellt. Der Massebestand, der Gläubigern mit besonderem Vorrecht zur Vorausbefriedigung dient [§ 61 Anm. 2ff.], kommt für die allgemeinen Verteilungen nur als etwa verbleibender Überschuß in Frage. Die Gläubiger mit solchen besonderen Vorrechten erscheinen daher nur als Ausfallgläubiger in der allgemeinen Verteilungsliste [Anm. 6]. Da aber auch die Verwertung und Verteilung der besonderen Vorrechtsmassen dem Konkursverwalter obliegt, bedarf es insoweit der Aufstellung eines eigenen Teilungsplanes nach § 151. Für etwaige Änderungen (§§ 157f.) ist eine Berichtigungsspalte erforderlich, für Nachträge muß Raum zwischen den einzelnen Klassen frei bleiben. Muster für eine Verteilungsliste bei Senst-Müller Verwaltung von Konkursen[9] S. 294 und Schrader-Bauer Hdb.[2] S. 99 F III 105. Das Verzeichnis der zu berücksichtigenden Forderungen ist auf der Geschäftsstelle zur Einsicht der Beteiligten **niederzulegen.** Muster eines Vorlageschreibens des Konkursverwalters bei Schrader-Bauer Hdb.[2] S. 98 F III 104 und Mohrbutter-Haarmann Leitfaden S. 280. Das Verzeichnis steht jedem „Beteiligten" d. h. jedem, der eine Konkursforderung angemeldet hat (§ 149), zur Einsicht offen und bietet ihm Gelegenheit, sich über die geplante Verteilung zu unterrichten und rechtzeitig eine Änderung oder Ergänzung zu erwirken. Es wird unwiderruflich, sobald die zur Erhebung von Einwendungen bestimmte Frist (§ 158: Abschlagsverteilung) oder der dazu bestimmte Termin (§ 162: Schlußverteilung) abgelaufen ist. Nichtaufgenommene Forderungen bleiben bei der jeweiligen Verteilung unberücksichtigt. Der Ausschluß wirkt endgültig, sobald die Ausschlußfrist für Einwendungen gegen das Schlußverzeichnis abgelaufen ist (§ 162). Wie lange das Verzeichnis niederzulegen ist, bestimmt das Gesetz nicht ausdrücklich. Die Niederlegung wird so lange fortdauern müssen, bis das Verzeichnis unantastbar geworden ist, also bei Abschlagsverteilungen bis zum Ablaufe der Einwendungsfrist (§ 158 I), bei der Schlußverteilung bis zum Ende des Schlußtermins (§ 162 I). Im übrigen siehe namentlich Senst-Müller Verwaltung von Konkursen[9] S. 289ff., Schrader-Bauer Hdb.[2] S. 97ff.

2. **Aufzunehmen** sind in das Verzeichnis die nach Maßgabe der §§ 152—156 zu „berücksichtigenden" Konkursforderungen — nicht Masseansprüche, da diese 2 vor jeder Verteilung zum Zuge kommen (§§ 57, 149, 172) — und zwar ohne Unterschied zwischen solchen, die durch Auszahlung, und solchen, die zunächst nur durch Zurückbehaltung der Anteile zu berücksichtigen sind. Die Frage, ob die Berücksichtigung der aufgeführten Ansprüche in der Auszahlung oder in der Zurückbehaltung der Anteile zu bestehen hat (§§ 168, 169), ist auf dieser Stufe des Verteilungsverfahrens (§§ 152—157) noch nicht zu lösen und wäre nicht vom Konkursgericht im Einwendungsverfahren (§§ 158, 162), sondern vom Prozeßgericht zu entscheiden. Vermerke dieses Inhalts gehören daher nicht in das Verzeichnis. Zust. Böhle-Stamschräder[6] Anm. 2. Im einzelnen sind aufzunehmen:

a) Alle **festgestellten** Konkursforderungen (§ 152), mag die Feststellung schon im Prüfungstermin oder nachträglich, freiwillig oder erzwungen geschehen sein. Ein 3 persönlicher Widerspruch des Gemeinschuldners schließt die „Feststellung" nicht aus (§ 144 I). Ebensowenig ein Widerspruch seines allgemeinen gesetzlichen Vertreters z. B. Vormundes oder Vereinsvorstandes. So auch nicht in Genossenschaftskonkursen der Widerspruch des Vorstandes. Doch hat dieser Widerspruch die Folge, daß bei einer Verteilung von Nachschüssen der auf die Forderung — mag sie auch im Sinne des § 144 I (§ 145 II) KO festgestellt sein — entfallende Anteil zurückzubehalten ist (§ 115 II GenG.). Behauptet der Verwalter, eine zur Tabelle festgestellte Konkursforderung sei nachträglich (z. B. durch Verzicht, Erfüllung oder Erfüllungsersatz) erloschen, so muß er sie mangels Zustimmung des Gläubigers gleichwohl in das Verzeichnis aufnehmen. Sonst kann der Gläubiger eine Berichtigung nach § 158 II (§ 162) verlangen, ohne daß das Konkursgericht über das behauptete Erlöschen entscheiden dürfte. Ein sachrechtlicher Streit dieser Art kann nur im Wege der Anspruchsgegenklage (§ 767 ZPO) ausgetragen werden.

Vgl. auch § 145 Anm. 11 und § 158 Anm. 4. Auf Grund eines so erstrittenen Urteils hat der Verwalter die Berichtigung der Tabelle zu erwirken. RG Bd. **21** 337; Bolze 17 Nr. 859; Mentzel-Kuhn[7] Anm. 4; Böhle-Stamschräder[6] Anm. 2. Eine festgestellte Forderung muß auch dann in das Schlußverzeichnis aufgenommen werden, wenn der Konkursverwalter nachträglich ihre Anfechtbarkeit ermittelt hat [§ 145 Anm. 5 letzter Absatz].

4 b) **Streitig gebliebene,** aber im Sinne des § 146 VI **zugriffsreife Ansprüche** (§ 152). Wäre die Zugriffsreife wieder erloschen, so würde der Anspruch wie ein ungedeckter zu behandeln sein [§ 146 Anm. 41]. Nichtgeprüfte Forderungen sind trotz eines sie stützenden (wenn auch rechtskräftigen) Urteils nicht aufnahmefähig [§ 152 Anm. 2]. Motive II S. 375, Seuffert S. 349, Fitting § 40 N. 8.

5 c) **Andere streitige Forderungen** nur dann, wenn dem Verwalter die Betreibung der Feststellung (§ 152) bei Niederlegung des Verzeichnisses [Anm. 7] bereits nachgewiesen ist [siehe § 152 Anm. 1]. Sie schon früher mit dem Vorbehalt einer Nachbringung dieses Beweises innerhalb der Ausschlußfrist einzustellen, wäre ungehörig [Anm. 7]. Sind Vorrechte für sich allein oder mit der Forderung selbst bestritten, so darf der Verwalter die Forderungen nur dann unter die bevorrechtigten einstellen, wenn ihm das Betreiben der Vorrechtsfeststellung nachgewiesen ist. Im Sinne des § 146 VI [siehe Anm. 4] kann das Vorrecht als solches niemals gedeckt sein [§ 146 Anm. 36]. Angesichts des positiven Kompetenzkonflikts, der hinsichtlich der Zuständigkeit zur Entscheidung über den Vorrechtsstreit zwischen dem BGH und dem BFH [§ 146 Anm. 20] und neuerdings auch dem BSG (Bd. **14** 40 = NJW 1961 S. 1087f.) besteht, ist bei Steuerforderungen und Beitragsforderungen der Sozialversicherungsträger der Nachweis der Betreibung des Vorrechtsstreites in einem dieser Gerichtszweige erforderlich, aber auch genügend. Würde der Verwalter, dem Vorschlage von Berges (KTS 1961 S. 167) folgend, nur den Nachweis der Betreibung im ordentlichen Rechtsweg vor den Zivilgerichten anerkennen, so müßte das Konkursgericht auf Einwendungen des Gläubigers nach §§ 158, 162 die Berichtigung des Verteilungsverzeichnisses anordnen. Erkennt der Konkursverwalter, daß bei einer Forderung, welche mit einem bestimmten von dem Gläubiger in Anspruch genommenen Vorrecht festgestellt worden ist, die Voraussetzungen der Bevorrechtigung nicht gegeben sind, ja nicht einmal bei der Anmeldung schlüssig behauptet waren, so hat er sie gleichwohl mit dem sich aus dem Feststellungsvermerk ergebenden Rang zu berücksichtigen, da die Rechtskraftwirkung des Feststellungsvermerks sich nach § 145 II auch auf das festgestellte Vorrecht bezieht [§ 145 Anm. 4]. Es war seine Sache bzw. die der Konkursgläubiger, durch Erhebung eines entsprechenden Widerspruchs im Prüfungstermin die Vorrechtsfeststellung zu verhindern; ist dies nicht geschehen, so ist er auch insoweit auf die Rechtsbehelfe beschränkt, die gegenüber rechtskräftigen Urteilen durchdringen [§ 145 Anm. 5 letzter Absatz, 10ff.], die hier im Regelfall aber keinen Erfolg haben werden, auch nicht die Klage aus § 826 BGB [§ 145 Anm. 11 unter d]. Natürlich sollte er in solchem Falle versuchen, den Gläubiger zu einem Verzicht auf die bevorrechtigte Befriedigung zu veranlassen [vgl. § 139 Anm. 21]; ohne einen solchen Verzicht ist er aber nicht berechtigt, im Verteilungsverzeichnis die Forderung eigenmächtig entgegen dem Feststellungsvermerk entsprechend der wirklichen Rechtslage rangmäßig einzustufen (a. A. Bohnenberg KonkTreuh. 1941 S. 63f.).

6 d) Auch die **bedingten Forderungen** und die **Ausfallforderungen** der absonderungsberechtigten Konkursgläubiger (§ 64) oder der Gläubiger mit besonderen Vorrechten [Anm. 1] sind dann und nur dann in das Verzeichnis aufzunehmen, wenn die Voraussetzungen unter a, b und c vorliegen [siehe § 153 Anm. 1]. Überdies aber wird erfordert:

α) bei auflösend bedingten Forderungen, daß die Bedingung noch nicht eingetreten ist (§ 66, vgl. § 168 Nr. 4);

β) bei aufschiebend bedingten Forderungen, daß die Anwartschaft nicht aussichtslos ist; sonst sind sie — zwar nicht von Abschlagsverteilungen, wohl aber — von der Schlußverteilung ausgeschlossen (§§ 154, 171);

γ) bei Ausfallforderungen, daß vor Abschlagsverteilungen die Glaubhaftmachung nach § 153 II und vor der Schlußverteilung der „Nachweis" des § 153 I rechtzeitig erbracht ist; sonst dürfen sie nicht berücksichtigt, also auch nicht in die Liste aufgenommen werden. Über die hierher gehörenden Fälle: § 153 Einl.

3. Die Voraussetzungen der Aufnahme [Anm. 2—6] müssen **zur Zeit der Herstellung des Verzeichnisses** erfüllt sein. Eine Aufnahme unter Vorbehalt des erforderlichen Nachweises ist unzulässig (abw. v. Völderndorff Anm. b). Für jede Verteilung ist die Forderung in ganzer Höhe, nicht unter Abzug bereits entrichteter Anteile einzustellen, da die Befriedigung nach Prozenten erfolgt. Zust. Mentzel-Kuhn[7] Anm. 2, Böhle-Stamschräder[6] Anm. 2. Nachträgliche Änderung des Verzeichnisses: § 157; Nachtragsverteilung: § 166. 7

II. Die öffentliche Bekanntmachung

1. Der Verwalter hat zunächst das Verzeichnis auf der Geschäftsstelle des Konkursgerichts zur Einsicht der Beteiligten [Anm. 1] **niederzulegen.** Ist das geschehen, so hat er — nicht das Konkursgericht — die Summe der als teilnahmeberechtigt aufgenommenen Forderungen nach Klassen [Anm. 1] und die Summe des verfügbaren d. h. des flüssigen und nicht zur Deckung von Masseansprüchen erforderlichen Massebestandes gemäß § 76 **öffentlich bekannt zu machen.** Muster bei Schrader-Bauer Hdb.[2] S. 100 F III 106, 107, Mohrbutter-Haarmann Leitfaden S. 100. Danach kann jeder einzelne Gläubiger die zu erwartende Dividende veranschlagen. Die Tatsache der Niederlegung des Verteilungsverzeichnisses bedarf keiner ausdrücklichen Veröffentlichung, sie wird aber zweckmäßigerweise in die Veröffentlichung aufgenommen. Wie und binnen welcher Frist eine Berichtigung oder Ergänzung des Verzeichnisses zu erwirken ist, wird nicht bekannt gemacht. 8

2. Die **Wirksamkeit der Bekanntmachung hängt ab** von vorgängiger Niederlegung des Verzeichnisses. Darauf weist schon der Wortlaut des Gesetzes hin: niederlegen und (d. h. und dann alsbald) bekanntmachen. Den Ausschlag aber gibt die Erwägung, daß erst die Möglichkeit der Einsicht des Verzeichnisses die einzelnen Gläubiger instand setzt zu prüfen, ob ihre eigenen Ansprüche nach Gebühr und ob nicht andere wider Gebühr berücksichtigt werden sollen. Darum vermag eine Bekanntmachung vor Niederlegung des Verzeichnisses die Ausschlußfrist (§§ 152, 153, 155, 158) nicht in Lauf zu setzen. Vielmehr bedarf es einer wiederholten und nur für die Zukunft wirkenden Bekanntmachung, nachdem das Verzeichnis niedergelegt ist. Jaeger KonkTreuh. 1928 S. 113f.; zust. Mentzel-Kuhn[7] Anm. 1, Böhle-Stamschräder[6] Anm. 3. Durch die öffentliche Bekanntmachung wird die Ausschlußfrist auch dann nicht in Gang gesetzt, wenn es sich um die Schlußverteilung handelt und es an der nach § 161 II erforderlichen Erlaubnis des Gerichts fehlt. Auch hier heilt spätere Billigung den Mangel nicht. Dagegen hat das Gebot, die Zustimmung des (etwa vorhandenen) Gläubigerausschusses einzuholen (§ 150), nur innenrechtliche Bedeutung [§ 150 Anm. 1, 2]. 9

III. Verstöße gegen § 151 10

Wenn der Konkursverwalter eine teilnahmeberechtigte Forderung nicht in das Verzeichnis einstellt oder bei der Verteilung nicht berücksichtigt, haftet er nach § 82 persönlich auf Schadensersatz [§ 82 Anm. 7, 12]. Möglicherweise kann die Einbuße bei späteren Verteilungen ausgeglichen werden (§ 155). Ob ein Bereicherungsanspruch gegen die über Gebühr berücksichtigten Konkurrenten besteht, darüber siehe § 158 Anm. 10. Das Konkursgericht ist nicht verpflichtet, das zur Niederlegung auf der Geschäftsstelle eingereichte Verzeichnis der bei der Verteilung zu berücksichtigenden Forderungen auf seine Richtigkeit und Vollständigkeit nachzuprüfen; eine solche Prüfungspflicht ist weder im Gesetz ausdrücklich angeordnet noch ergibt sie sich aus dem Zwecke, dem das Verzeichnis und seine Niederlegung dient [Anm. 1, 8]. Das Konkursgericht hat sich mit dem Verzeichnis vielmehr erst dann zu befassen, wenn gemäß § 158 Einwendungen erhoben werden. RG Bd. **154** 298; Waldmann DJ 1943 S. 517, Mentzel-Kuhn[7] Anm. 7, Böhle-Stamschräder[6] Anm. 4. Zweckmäßigerweise wird aber das Konkursgericht den Verwalter auf Auslassungen und sonstige Unrichtigkeiten, welche ihm auffallen, hinweisen und ihn zu einer Richtigstellung veranlassen; dadurch lassen sich unnötige Einwendungen vermeiden (so Schrader-Bauer Hdb.[2] S. 99f.).

§ 152

Konkursgläubiger, deren Forderungen nicht festgestellt sind und für deren Forderungen ein mit der Vollstreckungsklausel versehener Schuldtitel, ein Endurteil oder ein Vollstreckungsbefehl nicht vorliegt, haben bis zum Ablaufe einer Ausschlußfrist von zwei Wochen nach der öffentlichen Bekanntmachung dem Verwalter den Nachweis zu führen, daß und für welchen Betrag die Feststellungsklage erhoben oder das Verfahren in dem früher anhängigen Prozesse aufgenommen ist. Wird der Nachweis nicht rechtzeitig geführt, so werden die Forderungen bei der vorzunehmenden Verteilung nicht berücksichtigt.

Materialien: Motive I Bd. 2 S. 110ff., Motive II S. 374ff., Protokolle S. 100, 178, Kommissionsbericht S. 1962 (§ 141a).

Bestrittene Konkursforderungen im Verteilungsverfahren

I. Die grundsätzliche Bedeutung des § 152

1 1. Die bei der Prüfung **streitig gebliebenen, nicht im Sinne des § 146 VI zugriffsreifen Ansprüche** werden von vornherein in die Verteilungsliste (§ 151) eingereiht, wenn die Konkursfeststellung nachweislich bereits bei Aufnahme der Liste betrieben war [§ 151 Anm. 5]. Sie können aber auch noch im Wege einer Ergänzung der Liste (§ 157) zur Berücksichtigung gelangen, wenn der Betreibungsnachweis hinterher binnen einer bestimmten Ausschlußfrist erbracht wird. Dies ist der Sinn des § 152, der den Nachweis „bis zum Ablaufe", nicht „innerhalb" einer zweiwöchigen Ausschlußfrist verlangt und keineswegs (was ganz zweckwidrig wäre) auch die nachweislich schon bei Aufstellung der Liste im Feststellungsstreite stehenden Ansprüche von der Einreihung in die ursprüngliche Liste ausschließt (abw. Wolff Anm. 1). Ob die Forderung bevorrechtet ist oder nicht, gilt gleich.

2 2. In der Behandlung der bei der Prüfung streitig gebliebenen Ansprüche besteht ein tiefgreifender Unterschied, je nachdem der Anspruch zugriffsreif (d. h. in einem mit Vollstreckungsklausel versehenen Titel, in einem Endurteil oder in einem Vollstreckungsbefehl anerkannt) ist oder nicht. Ersterenfalls obliegt es dem Widersprechenden, seinen Widerspruch zu verfolgen (§ 146 VI), letzternfalls dem Anmelder (§ 146 I), die Feststellung zu betreiben. Ein **zugriffsreifer Anspruch** wird bei den Verteilungen berücksichtigt, bis der Widerspruch für begründet erklärt ist. Solange der Widersprechende also mit der Widerspruchsverfolgung säumt, wird der Anspruch trotz der Bestreitung wie ein festgestellter durch Auszahlung der auf ihn entfallenden Anteile (in den Fällen des § 168 Nr. 2—3 durch deren Zurückbehaltung) berücksichtigt. Bei Verfolgung des Widerspruchs ändert sich nur die Art der Berücksichtigung, insofern fortab die auf den streitigen Anspruch entfallenden Anteile zurückbehalten werden müssen (§ 168 Nr. 1). Keineswegs hört nun jede Berücksichtigung auf. Das ergibt ein Gegenschluß aus § 152. Nicht zugriffsreife Ansprüche hingegen finden, solange der Anmelder gegenüber dem Widersprechenden die Feststellung nicht betreibt, nach Satz 2 überhaupt keine Berücksichtigung. Vom Nachweise der Betreibung ab werden sie berücksichtigt, aber eben zunächst nur durch Zurückbehaltung der Anteile, nicht durch Auszahlung (§ 168 Nr. 1).

Die Begünstigung eines zugriffsreifen Anspruchs setzt voraus, daß die den Anspruch deckende Urkunde bei der Prüfung vorgelegt wird, damit alle Beteiligten die gesetzlichen Voraussetzungen des Ausnahmefalles nachprüfen können. Vgl. § 146 Anm. 2. Das gilt auch für den Anwendungsbereich des § 152 (RG Bd. 85 69). Deshalb kann sich der Gläubiger dadurch, daß er nachträglich, wenngleich vor Ablauf der Ausschlußfrist, dem Verwalter eine Urkunde im Sinne des § 146 VI vorlegt, die Vorteile der Zugriffsreife für das Verteilungsverfahren nicht verschaffen (abw. Wolff Anm. 2).

3. Alle **noch gar nicht geprüften Forderungen,** auch zugriffsreife, bleiben unberücksichtigt: ohne Prüfung keine Berücksichtigung, auch keine solche unter Vorbehalt der Feststellung. Vgl. auch § 151 Anm. 7. Der Grundgedanke der §§ 12, 138, 142, 149 bestätigt, daß der § 152 und sein Gegenschluß nur geprüften Forderungen gilt. Ebenso die herrschende Lehre (z. B. v. Wilmowski-Kurlbaum Anm. 1, Petersen-Kleinfeller Anm. 3 gegen v. Völderndorff II S. 433f.). Das muß auch für das Schlußverzeichnis gelten. Zu der hier vielfach abweichenden Praxis (Einstellung in das Schlußverzeichnis mit dem Vorbehalt, daß die Forderung in dem mit dem Schlußtermin verbundenen besonderen Prüfungstermin festgestellt wird) vgl. § 162 Anm. 9.

II. Die Ausschlußfrist

Der Nachweis der Feststellungsbetreibung muß vor Ablauf einer Zweiwochenfrist geführt werden. Diese Frist ist **„die" Ausschlußfrist** des Verteilungsverfahrens. Sie ist, obwohl das Gesetz dies nicht eigens bestimmt, auch in den §§ 153, 155, 157, 158, 160 gemeint. Die Fassung sollte daher deutlicher lauten: „bis zum Ablauf einer Frist von zwei Wochen nach der öffentlichen Bekanntmachung (Ausschlußfrist)." 3

1. Die Frist **beginnt** mit dem Ablaufe des zweiten Tages nach Ausgabe desjenigen Amtsverkündungsblattes, das die Einrückung oder die erste Einrückung der Verteilungsansage (§ 151) enthält. § 76 I Satz 2. Die Frist fängt also erst mit „Beginn" des dritten Tages nach jener Ausgabe zu laufen an. Dementsprechend **endigt** sie mit Ablauf desjenigen Tages der zweiten Woche, der dem in seiner Benennung dem Anfangstage der Frist entsprechenden Tage vorhergeht; wenn aber dieser Tag ein Sonn- oder Feiertag ist, erst mit Ablauf des nächstfolgenden Werktags. § 222 I ZPO mit §§ 187 II, 188 II BGB; § 222 II ZPO. Beispiel: Ist das Blatt am 4. September 1961 (Montag) ausgegeben worden, so hat die Ausschlußfrist mit Beginn des 7. September (Donnerstag) angefangen und mit Ablauf des 20. September (Mittwoch) geendet. Fiel die Ausgabe des Blattes bereits auf den 1. September 1961 (Freitag), dann hat der Fristenlauf mit dem 4. September (Montag) eingesetzt, aber erst mit Ablauf des 18. September (Montag) geendet, weil der 17. ein Sonntag war. Gerichtsferien: Anm. 4.

2. Die Ausschlußfrist ist eine **gesetzliche Frist** und kann als solche, da ihre Änderung vom Gesetze nicht ausdrücklich gestattet ist, durch das Konkursgericht weder abgekürzt noch verlängert werden (§ 224 II ZPO). Die früher streitige Frage, ob der Verwalter und der einzelne Gläubiger als „Parteien" eine Verlängerung der Ausschlußfrist zu vereinbaren imstande seien, hat sich dadurch erledigt, daß die geltende Fassung des § 224 I ZPO den Parteien die Macht der Fristenstreckung versagt. Die Gerichtsferien haben auf den Lauf der Ausschlußfrist keinen Einfluß (§ 202 GVG). Da sie nicht als Notfrist bezeichnet ist (§ 223 III ZPO), findet gegen ihre Versäumung keine Wiedereinsetzung statt (§ 233 I ZPO). Ein Antrag, den Gläubiger einer bestrittenen oder einer Ausfall-Forderung gegen das Übersehen der öffentlichen Bekanntmachung durch besondere Anzeige zu schützen, fand keine Aufnahme in das Gesetz. Kommissionsbericht S. 1962. 4

III. Nachweis der Betreibung

1. Der Nachweis ist dem Konkursverwalter, nicht dem Konkursgerichte zu führen (Muster bei Schrader-Bauer Handbuch[2] S. 101 F III 109) und erübrigt sich, wenn 5

der Verwalter selbst im Feststellungsprozesse belangt ist. Motive II S. 376; Celle OLG 19 S. 223, Hamm LZ 1913 S. 327f. Ein beim Konkursgericht eingereichter Nachweis wird erst durch Abgabe an den Verwalter wirksam. Oetker I S. 512f.; abw. v. Völderndorff II S. 435f. N. 10. Eine bestimmte Form des Nachweises ist nicht vorgeschrieben. Er wird zweckmäßig durch Vorlegung der Klageschrift oder des die Klage enthaltenden Protokolls (§§ 253 I, 496 II, 498 III ZPO) mit Zustellungsurkunde, im Falle des § 146 III KO durch Vorlegung der Aufnahmeerklärung mit Zustellungsurkunde erbracht (§ 250 ZPO). Meist ist der Verwalter selbst Feststellungsgegner. Alsdann wird dem Erfordernisse des „Nachweises“ schon in dem Zeitpunkte genügt, in dem Klage oder Aufnahmeschriftsatz dem Verwalter zugestellt werden. Dabei wirkt sich die in §§ 261b III, 496 III ZPO angeordnete Rückbeziehung der Zustellungswirkung auf den Zeitpunkt der Einreichung der Klageschrift oder des Aufnahmeschriftsatzes bei Gericht bzw. (im Amtsgerichtsprozeß) der Anbringung dieser Erklärungen zum Protokoll der Geschäftsstelle (§ 496 II ZPO) aus. Sind mehrere Widersprüche erhoben worden, so muß die Betreibung wider alle Gegner nachgewiesen werden, weil „die Feststellung“ nur durch Überwindung sämtlicher Widersprüche zu erreichen [§ 146 Anm. 7, § 147 Anm. 1] und nach Satz 1 „die“, d. h. eine zur Erzwingung der Berücksichtigung geeignete Feststellungsklage nachzuweisen ist. Oetker I S. 512, Seuffert § 51 N. 15, Wolff Anm. 2, Mentzel-Kuhn[7] Anm. 3, Böhle-Stamschräder[6] Anm. 3; abw. v. Sarwey-Bossert Anm. 4, Bleyer Anm. 1a unter Berufung auf die Vorschrift des § 168 Nr. 1, die aber selbst aus den §§ 146, 152 zu erläutern ist. Die Zurücknahme oder sonstige Beseitigung eines Widerspruchs [§ 141 Anm. 8] erübrigt den Feststellungsbetrieb. Insoweit genügt es nachzuweisen, daß der Widerspruch sich erledigt hat. Nachweis der Betreibung des Vorrechtsstreites bei Steuerforderungen und Beitragsforderungen der Sozialversicherungsträger: § 151 Anm. 5.

6 2. **Streitigkeiten** darüber, ob ein erforderlicher Nachweis ordnungsgemäß geführt worden ist oder nicht, hat auf Einwendung das Konkursgericht zu entscheiden (§ 158). Schuldhafte Unterlassung der Aufnahme in das Verzeichnis (§ 157) macht den Verwalter persönlich haftbar [§ 82 Anm. 7, 12]. Eigens anzuzeigen braucht der Verwalter dem Gläubiger die nachträgliche Aufnahme nicht. Der Gläubiger mag selber nachsehen, ob das Verzeichnis berichtigt ist.

IV. Die Ausschlußfolge

7 Der Ausschluß bezieht sich auf die „vorzunehmende“ (Satz 2) d. h. zunächst nur auf die jeweilige Verteilung („tatsächliche und relative Ausschließung“, Motive II S. 376). Eine erst nach Ablauf der Ausschlußfrist, wenngleich noch vor dem Vollzuge der Verteilung geprüfte Forderung muß unberücksichtigt bleiben, selbst wenn sie allseitig anerkannt wird (siehe § 157). Doch ist eine nachträgliche Ausgleichung möglich (§ 155). Siehe auch § 170. Erst die Versäumung der Ausschlußfrist für die Schlußverteilung bewirkt einen endgültigen Ausschluß von der Konkursbeteiligung und zwar auch für etwaige Nachtragsverteilungen (§ 166 Satz 1 „auf Grund des Schlußverzeichnisses“). Der Ausschluß tritt als unmittelbare gesetzliche Wirkung der Säumnis ein. Deshalb sind die infolge des Ausschlusses zu höheren Dividenden gelangenden Gläubiger gegen einen Bereicherungsanspruch der Nachzügler geschützt. Motive II S. 374, 376; vgl. §§ 155 („aus der Restmasse“), 172; zust. RG JW 1913 S. 753 Nr. 24; Fitting § 40 N. 23, Schöninger Leistungsgeschäfte (1906) S. 64; anders ausdrücklich der § 878 II ZPO.

V. Genossenschaftskonkurs

8 Im Genossenschaftskonkurse gilt der § 152 KO für alle Verteilungen (Abschlagsverteilungen, Schlußverteilung) aus der nicht durch Nachschüsse ergänzten Konkursmasse. Die Nachschüsse der Genossen sind regelmäßig im Wege der Nachtragsverteilung auf Grund des Schlußverzeichnisses zu verteilen (§ 115 Abs. 1 GenG). Zu dieser Zeit sind die vom § 152 KO geforderten Nachweise bereits geführt,

so daß für dessen Anwendung kein Raum bleibt. Nach § 115a GenG kann aber der Konkursverwalter ausnahmsweise die Nachschüsse im Wege der Abschlagsverteilung zur Auszahlung bringen, wenn die Abwicklung des Konkurses voraussichtlich längere Zeit in Anspruch nehmen wird [§ 149 Anm. 8]. Auf eine derartige Abschlagsverteilung aus den Nachschüssen findet der § 152 KO Anwendung. Dabei ist auch der § 115 II GenG zu beachten, demzufolge die Anteile auf festgestellte Forderungen, wenn der Vorstand im Prüfungstermine den Schuldnerwiderspruch erhoben hat, zurückbehalten werden müssen [§ 151 Anm. 3].

§ 153

Gläubiger, von welchen abgesonderte Befriedigung beansprucht wird, haben bis zum Ablaufe der Ausschlußfrist dem Verwalter den Nachweis ihres Verzichts oder ihres Ausfalls nach Maßgabe des § 64 zu führen. Wird der Nachweis nicht rechtzeitig geführt, so werden die Forderungen bei der vorzunehmenden Verteilung nicht berücksichtigt.

Zur Berücksichtigung bei einer Abschlagsverteilung genügt es, wenn bis zum Ablaufe der Ausschlußfrist dem Verwalter der Nachweis, daß die Veräußerung des zur abgesonderten Befriedigung dienenden Gegenstandes betrieben ist, geführt und der Betrag des mutmaßlichen Ausfalls glaubhaft gemacht wird.

Materialien: Motive I Bd. 2 S. 112f., Motive II S. 376, Protokolle S. 86, 100ff., 178ff.; Kommissionsbericht S. 1962 [oben § 152 Anm. 4].

Absonderungsberechtigte Konkursgläubiger im Verteilungsverfahren

Absonderungsberechtigte Konkursgläubiger (§ 64) dürfen zwar ihre Einl.
Forderungen voll anmelden und zur Feststellung bringen [§ 64 Anm. 11], aber nicht zuerst aus der allgemeinen Masse und dann aus den einzelnen Absonderungsgegenständen Befriedigung suchen. Sie werden vielmehr bei den Verteilungen im Konkurse nur mit dem Betrage berücksichtigt, zu dem sie auf abgesonderte Befriedigung verzichtet oder bei dieser Befriedigung einen Ausfall erlitten haben [§ 64 Anm. 9]. Ist die Konkursforderung eines solchen Gläubigers bestritten, so findet zunächst der § 152 Anwendung. Wenn und soweit aber hiernach eine Berücksichtigung in Frage kommt, greifen die besonderen Beschränkungen des § 153 Platz. Im folgenden wird davon ausgegangen, daß die persönliche Forderung feststeht. Eine entsprechende Anwendung des § 153 (wie der §§ 155, 156, 168 Nr. 3) ist in den §§ 234, 236 und für besondere Konkursvorrechte [Anm. 7ff.] verordnet. Siehe auch § 212 II und § 236c II. Zinsen hat der absonderungsberechtigte Konkursgläubiger aus dem Erlöse des Absonderungsgegenstandes für den vollen Forderungsbetrag zu beanspruchen. Denn nach dem Anrechnungsgrundsatze des § 48 KO wie des § 12 ZVG sind bei Ermittelung des Ausfalls die Zinsen vor dem Kapital aus dem Erlöse des Absonderungsgegenstandes zu berichtigen, auch die erst während des Konkurses erwachsenen Zinsen der gesicherten Forderung [§ 48 Anm. 8, § 63 Anm. 2a]. Die Forderung muß also solange verzinst werden, bis der Deckungsgegenstand verwertet ist. Erst die Ausfallforderung unterliegt der Schranke des § 63 Nr. 1. Für sie freilich darf der Gläubiger Zinsen aus der Zeit des Konkursverfahrens nicht noch weiter verlangen. Jaeger KonkTreuh. 1933 S. 161f.

I. Die Regelung im allgemeinen

1. Für die Behandlung der absonderungsberechtigten Konkursgläubiger 1
im Verteilungsverfahren gelten folgende **Grundsätze:**

a) Zur Berücksichtigung bei **Abschlagsverteilungen** genügt schon der Nachweis des Betreibens der Verwertung des Absonderungsgegenstandes unter Glaubhaftmachung des mutmaßlichen Ausfalls (§ 153 II). Die Berücksichtigung des mutmaßlichen Ausfalls besteht in einstweiliger Zurückbehaltung der Anteile (§ 168

Nr. 3). Ausbezahlt werden auch bei Abschlagsverteilungen Anteile nur auf den feststehenden Ausfall- oder Verzichtbetrag.

b) Bei der **Schlußverteilung** dagegen wird der Gläubiger nur insoweit berücksichtigt, als er entweder auf abgesonderte Befriedigung verzichtet oder den bei dieser Befriedigung erlittenen wirklichen Ausfall nachgewiesen hat (§ 153 I). Die Berücksichtigung erfolgt durch Auszahlung der auf den Verzicht- oder Ausfallbetrag treffenden Anteile.

c) Die Voraussetzungen unter 1 und 2 müssen vor Ablauf der im § 152 bestimmten **Ausschlußfrist** dem Verwalter gegenüber dargetan sein [Anm. 3]. Sonst werden bei Abschlagsverteilungen Anteile nicht zurückbehalten, für die Schlußverteilung aber früher zurückbehaltene Anteile wieder frei (§ 156). Eine nachträgliche Berücksichtigung ist in den Grenzen des § 155 zugelassen. Andrerseits hat der Verwalter, wenn den Voraussetzungen des § 153 rechtzeitig genügt ist, die Forderung vorbehaltlos in die Verteilungsliste einzustellen [§ 151 Anm. 6]. Er muß sie entweder als beachtlich aufnehmen oder nicht aufnehmen. Eine bedingte Aufnahme unter Offenlassung der Frage, ob dem § 153 entsprochen ist oder nicht, würde gesetzwidrig und durch Einwendung (§§ 158, 162) zu beanstanden sein. OLG Dresden SeuffA 61 Nr. 215. Vgl. dazu auch § 158 Anm. 4. Bleibt jedoch die von dem Gläubiger in Anspruch genommene Sicherheit in ihrem bestimmbaren Maximalbetrag (etwa eine verpfändete Forderung oder Lebensversicherung) hinter dem Betrag der in voller Höhe angemeldeten und für den Ausfall festgestellten Konkursforderung zurück, so ist der Nachweis des Ausfalles oder des Verzichtes nur für den Teil der Forderung notwendig, welcher durch den Maximalbetrag der Sicherheit gedeckt ist; der nicht gedeckte Teil der festgestellten Forderung ist dagegen vom Konkursverwalter in das Verteilungsverzeichnis ohne diesen Nachweis aufzunehmen; denn es ist auch ohne besondere Erklärung des Gläubigers davon auszugehen, daß der Gläubiger nur für einen Teilbetrag seiner Forderung in Höhe des Maximalbetrages der Sicherheit abgesonderte Befriedigung aus dieser beansprucht (insoweit zutreffend das Vorgehen des Konkursverwalters und der Beschluß des AG Herzogenaurach in dem von Landau LZ 1911 Sp. 118ff., 837ff. erörterten Fall). Hatte der Gläubiger bei der Anmeldung der Forderung eine bestimmte Sicherheit in Anspruch genommen, mit der er nachweislich ausgefallen ist und stellt sich später heraus, daß er einen weiteren Gegenstand in Händen hat, aus welchem er abgesonderte Befriedigung beansprucht, so kann er bei der Schlußverteilung nur dann berücksichtigt werden, wenn er rechtzeitig auch auf das weitere Absonderungsrecht verzichtet oder seinen Ausfall auch in Bezug auf dieses nachgewiesen hat (a. A. die von Landau aaO. mitgeteilten Entscheidungen der LGe Fürth und Nürnberg und des OLG Nürnberg, welche annehmen, daß in diesem Fall die Forderung mit dem bei der ersten Absonderung ausgefallenen Betrag in das Verteilungsverzeichnis aufzunehmen sei, und den Konkursverwalter wegen der weiteren Sicherung auf die Klage aus § 767 ZPO gegen den Feststellungsvermerk [§ 145 Anm. 11] verweisen); denn für die Anwendung der §§ 64, 153 auf eine festgestellte Forderung ist lediglich maßgebend, daß der Gläubiger abgesonderte Befriedigung „beansprucht", nicht aber, daß dies bereits bei der Anmeldung und Feststellung der Forderung der Fall war. Sonst könnte sich der Gläubiger der Anwendung der genannten Vorschriften, die ihn primär auf das Absonderungsrecht verweisen, dadurch entziehen, daß er bei der Anmeldung ein dem Konkursverwalter noch nicht bekanntgewordenes Absonderungsrecht nicht erwähnt. Dies muß auch dann gelten, wenn (wie offenbar in dem von Landau aaO. mitgeteilten Fall, vgl. Sp. 837) in die Tabelle als Ergebnis der Prüfung eingetragen ist, daß die Forderung in Höhe des angemeldeten Betrages für den Ausfall bei der abgesonderten Befriedigung aus einem bestimmten Absonderungsobjekt festgestellt sei; denn die Rechtskraft des Feststellungsvermerks beschränkt sich auf die angemeldete Konkursforderung und erstreckt sich nicht auf die Stellungnahme zu den beanspruchten Absonderungsrechten [§ 4 Anm. 8, § 145 Anm. 7; vgl. auch § 64 Anm. 11 und § 139 Anm. 4].

2. Demnach erhält der absonderungsberechtigte Konkursgläubiger überhaupt keine Deckung aus der Konkursmasse, wenn ihm die rechtzeitige Ermittelung seines Ausfalls — namentlich wegen augenblicklicher **Unverwertbarkeit** des Pfandes — nicht einmal soweit gelingt, daß er einen sicheren Anhalt für die Verzichterklärung findet. Das kann zu empfindlichen Härten führen, besonders für nachstehende Realgläubiger. So, wenn selbst das in § 174 ZVG zugelassene geringste Gebot bei der Zwangsversteigerung nicht erreicht wird [§ 126 Anm. 10], wenn der Anspruch des Gläubigers bedingt und ihm darum die Pfandverwertung zunächst versagt ist oder wenn der Gläubiger sich für seine fällige Forderung aus dem Fahrnispfande deshalb nicht befriedigen kann, weil sich die Pfandsache im Besitze eines vorgehenden Pfandgläubigers befindet (§ 1232 BGB). Auch ist die Anwendung des § 153 auf das kaufmännische Zurückbehaltungsrecht nicht unbedenklich [§ 49 Anm. 48]. Zu den gesetzgeberischen Überlegungen vgl. Protokolle S. 101ff., 178ff. sowie RG Bd. **86** 249f. Zu der Frage der Wirkung der nach § 65 eintretenden Fälligkeit der Forderung auch für das Absonderungsrecht vgl. § 65 Anm. 4 und neuerdings BGH Bd. **81** 337ff. Auch die einstweilige Einstellung des Versteigerungsverfahrens nach § 30c ZVG kann den rechtzeitigen Ausfallnachweis vereiteln. Um der Allgemeinheit der Konkursgläubiger willen gebietet der § 161 den unverzüglichen Vollzug der Schlußverteilung, sobald einmal die Masse — wegen Überlastung freigegebene Stücke sind ausgeschieden — versilbert ist [§ 161 Anm. 1, 2]. Anträge von Realgläubigern, die Schlußverteilung mit Rücksicht auf die derzeitige Unverwertbarkeit der Absonderungsgegenstände aufzuschieben, sind daher abzulehnen. Den Gläubigern bleibt nur übrig, den Ausfall, den sie später zu erwarten haben, zu veranschlagen und in Höhe dieser (oft recht unsicheren) Schätzung vorbehaltlos [§ 64 Anm. 15] auf abgesonderte Befriedigung zu verzichten. Levy KonkTreuh. 1933 S. 110 und besonders Bohnenberg ebenda S. 114f; vgl. auch Mentzel-Kuhn[7] Anm. 3. 2

II. Nachweis des Verzichts

Verzicht auf abgesonderte Befriedigung bedeutet Aufgabe des Absonderungsrechtes. Seine Form bestimmt sich nach den für dieses Recht maßgebenden Vorschriften. Darüber § 64 Anm. 14. Vollzieht sich die Aufgabe des Rechtes durch bloße Erklärung gegenüber dem Verwalter, dann erübrigt sich der Nachweis. Bedarf es weiterer Erfordernisse, wie etwa der Eintragung in das Grundbuch nach § 1168 II BGB, dann sind diese dem Verwalter nachzuweisen. Wenn das Absonderungsrecht eine Mehrheit angemeldeter Forderungen desselben Gläubigers deckt, dieser aber dem Verwalter erklärt, er bestehe auf abgesonderter Befriedigung nur für eine von ihnen, so verzichtet er damit für die andern auf Absonderung und erschließt ihnen die volle Berücksichtigung bei den Verteilungen (RG Bd. **85** 58). Jedenfalls muß der Nachweis des Verzichts — wie der des Ausfalls [Anm. 4] — dem Verwalter, nicht dem Konkursgericht erbracht werden. Soweit der Gläubiger auf abgesonderte Befriedigung „verzichtet", „beansprucht" er sie nicht. Insofern ist der Wortlaut des Abs. I Satz 1 nicht einwandfrei. War der Verzicht schon vor Konkursbeginn wirksam vollzogen, dann bleibt der § 153 unanwendbar. Vgl. auch Anm. 1 unter c. 3

III. Nachweis des Ausfalls

1. Ausfall ist der Betrag, zu dem die Forderung des Gläubigers bei der abgesonderten Befriedigung ungedeckt bleibt [§ 64 Anm. 17]. Der wirkliche Ausfall läßt sich daher erst nach dem Vollzuge der Verwertung des Absonderungsgegenstandes nachweisen. Durch den Beweis, daß der Pfandwert eine gewisse Höhe nicht übersteigt, kann der Nachweis des wirklichen Ausfalls im Sinne unseres Abs. I nicht ersetzt werden (RG Bd. **64** 427, Bd. **92** 191). Vgl. jedoch Anm. 1 unter c. Für die Schlußverteilung bewendet es bei dem strengen Erfordernisse der Nachweisung des wirklichen Ausfalls. Wird ihm nicht vor Ablauf der für die Schlußverteilung maßgebenden Ausschlußfrist genügt, so bleibt der Ausfall — nicht aber ein Verzicht in Höhe des 4

geschätzten Ausfalls [Anm. 2] — endgültig unberücksichtigt (OLG Dresden SA Rpfl. 2 S. 392ff.). Streitigkeiten darüber, ob der Nachweis des Ausfalls erbracht ist, sind im Einwendungsverfahren nach § 158 auszutragen [vgl. Anm. 1, 6 sowie § 158 Anm. 1, 4].

5 2. Dagegen soll es **bei Abschlagsverteilungen** unbeschadet des für die Schlußverteilung geltenden Grundsatzes des § 156 zu einer vorsorglichen, in einstweiliger Zurückbehaltung der Anteile bestehenden (§ 168 Nr. 3) Berücksichtigung nach Abs. II genügen, wenn dem Verwalter vor Ablauf der Ausschlußfrist (§ 152) die Betreibung der Verwertung nachgewiesen und die Höhe des zu erwartenden Ausfalls glaubhaft gemacht wird. Muster bei Schrader-Bauer Hdb.[2] S. 101 F III 108. Daß die Betreibung gerade vom Anmelder ausgehe, verlangt der Abs. II nicht. Sie kann auch von einem anderen Realgläubiger oder vom Verwalter selbst veranlaßt werden. Letzterenfalls erübrigt sich der Nachweis der Betreibung. Zust. Menzel-Kuhn[7] Anm. 3, Böhle-Stamschräder[6] Anm. 2b, Mohrbutter-Haarmann Leitfaden S. 188. Die Folgerung, es sei grundsätzlich eigene Betreibung des Gläubigers zu fordern, weil ein anderer die von ihm ausgehende Betreibung fallen lassen könne (v. Wilmowski-Kurlbaum Anm. 5), ist nicht schlüssig; denn auch der Gläubiger kann ja seine Betreibung wieder aufgeben. Das Gesetz verlangt nur, daß sie zur Zeit nachweislich im Gange ist. Durch eine Fristsetzung nach § 127 II wird dem Absonderungsberechtigten die Betreibung aufgegeben; eine Betreibung durch den Verwalter liegt aber im Antrage des § 127 II nicht (Wolff Anm. 3, Seuffert § 51 N. 33; abw. z. B. v. Sarwey-Bossert Anm. 6). Bedarf der Absonderungsberechtigte zur Befriedigung eines vollstreckbaren Titels [§ 47 Anm. 10], so bildet eine auf Erwirkung dieses Titels gerichtete Handlung noch keinen Betreibungsakt im Sinne unserer Vorschrift. Denn es steht immer noch dahin, ob der Gläubiger von seinem Titel auch Gebrauch machen wird (Seuffert S. 358f.; abw. v. Wilmowski-Kurlbaum aaO.). Unter den Begriff der „Veräußerung" fällt auch die Einziehung der Pfandforderung (§ 1282 BGB).

6 Da auch die **Glaubhaftmachung** des mutmaßlichen Ausfalls dem Verwalter, nicht dem Gerichte gegenüber geschehen muß, kommt der § 294 ZPO nur entsprechend zur Anwendung. Auch wenn das Gericht auf Einwendung (§ 158 II) einen Streit darüber zu schlichten hat, ob dem Erfordernisse der Glaubhaftmachung genügt worden sei, fragt es sich, ob diese gegenüber dem Verwalter geführt war. Doch unterliegt die entsprechende Verwertung des § 294 ZPO keinem Bedenken.

IV. Anwendung auf Konkursgläubiger mit Sondervorrechten

1. Allgemeines

7 Auf die Geltendmachung der besonderen Konkursvorrechte, wie sie namentlich den Schuldverschreibungsgläubigern im Konkurse der Hypothekenbank, den Schiffspfandbriefgläubigern im Konkurse der Schiffspfandbriefbank, den Versicherten im Konkurs einer Lebensversicherungsanstalt und den Bestellern von Wertpapieren im Konkurse des Einkaufskommissionärs zustehen, finden nach ausdrücklicher Gesetzesvorschrift bestimmte Absonderungsgrundsätze, nämlich die §§ 64, 153, 155, 156, 168 Nr. 3 KO, entsprechende Anwendung. Näheres oben § 61 Anm. 1—7. Im schroffen Gegensatze zur abgesonderten Befriedigung (§ 4 II KO) sind nun aber die mit diesen Vorrechten behafteten Sondermassen innerhalb des Konkursverfahrens durch den Verwalter zu verwerten und zu verteilen. Eigenes Verteilungsverzeichnis: § 151 Anm. 1. Daraus ergeben sich für die entsprechende Anwendung der genannten Absonderungsgrundsätze starke Abweichungen. Vor allem brauchen die Vorrechtsgläubiger, da auch die Verwertung der Deckungsmasse zu den Obliegenheiten des Konkursverwalters gehört, nicht wie Absonderungsberechtigte [Anm. 2] zu besorgen, daß die Konkursbeendigung der Ausfallermittelung zuvorkommt. Eben darum hat es keinen Sinn, von den Vorrechtsgläubigern wie von den selbst verwertungsbefugten Absonderungsberechtigten zu verlangen, daß sie dem Verwalter ihren Ausfall noch besonders nachweisen (Abs. I) oder glaubhaft machen (Abs. II). Denn der Verwalter, der die Deckungsmasse im ganzen

oder stückweise versilbert hat, muß selbst am besten wissen, wie hoch der Ausfall sich beläuft. Waren die Vorrechtsansprüche nicht schon festgestellt, so würde zunächst nicht der § 153, sondern der § 152 maßgebend sein. Denkbar ist freilich auch, daß der Verwalter kraft der ihm zustehenden Verfügungsmacht (§ 6) den Vorrechtsgläubigern oder dem ihre Rechte wahrenden Pfleger [§ 61 Anm. 4, 5] die Verwertung der Deckungsmasse überläßt, was namentlich hinsichtlich der dem Vorrecht der Pfandbriefgläubiger unterliegenden Hypotheken in Fällen vorübergehender Unverwertbarkeit für alle Beteiligten vorteilhaft sein kann. Bei einer solchen Übereinkunft werden aber die Vorrechtsgläubiger ganz oder zu einem von vornherein bestimmten Teilbetrag auf die Ausfallhaftung der allgemeinen Masse verzichten müssen. Die Verzichtsmöglichkeit auf das Sondervorrecht steht den Vorrechtsgläubigern wie Absonderungsberechtigten offen. Der Verzicht ist während des Konkurses gegenüber dem Verwalter mündlich oder schriftlich zu erklären. Mit dieser Erklärung fällt der Verzichtsnachweis zusammen.

2. **Im einzelnen** führt die entsprechende Anwendung der Vorschriften des Verteilungsverfahrens zu folgenden Ergebnissen: 8

a) Bei einer allgemeinen Verteilung sind die Vorrechtsgläubiger zu berücksichtigen, soweit sie vor Ablauf der Ausschlußfrist dem Verwalter den Verzicht auf Vorzugsbefriedigung erklärt haben oder soweit sich vorher ergeben hat, daß sie bei dieser Befriedigung ausgefallen sind (§ 153 I). Bei Abschlagsverteilungen genügt es zur Berücksichtigung aus der allgemeinen Masse, daß vor Ablauf der Ausschlußfrist ein Ausfall in ungefähr zu bestimmender Höhe wahrscheinlich geworden ist (§ 153 II).

b) Vorrechtsgläubiger, die bei einer allgemeinen Abschlagsverteilung keine Berück- 9
sichtigung gefunden haben, weil damals ein Ausfall nicht zu vermuten war, können, wenn sich nachträglich ein Ausfall ergibt, die bisher ausgeschütteten Anteile aus dem Rest der allgemeinen Masse nachfordern, soweit diese ausreicht und nicht infolge Ablaufs der Ausschlußfrist für eine neue Verteilung zu verwenden ist (§ 155).

c) Die Berücksichtigung des mutmaßlichen Ausfalls erfolgt durch einstweilige Zurück- 10
behaltung der Anteile (§ 168 Nr. 3). So zurückbehaltene Anteile werden aber für die allgemeine Schlußverteilung frei, soweit die Deckungsmasse sich nachträglich doch als zulänglich erweist (§ 156). Siehe zum ganzen Seuffert ZZP 27 S. 108ff., Stern Schuldverschreibungsgläubiger (1904) S. 80f.

§ 154

Forderungen unter aufschiebender Bedingung werden bei einer Abschlagsverteilung zu dem Betrage berücksichtigt, welcher auf die unbedingte Forderung fallen würde.

Bei der Schlußverteilung ist die Berücksichtigung ausgeschlossen, wenn die Möglichkeit des Eintritts der Bedingung eine so entfernte ist, daß die bedingte Forderung einen gegenwärtigen Vermögenswert nicht hat.

Materialien: Motive I Bd. 2 S. 120ff., Motive II S. 376, Protokolle S. 104, 183, M. I S. 258, P. I S. 181ff., VI S. 766, Begründung S. 43ff.

Aufschiebend bedingte Konkursforderungen im Verteilungsverfahren

I. Allgemeines

Ist eine bedingte Konkursforderung bestritten, so kommen zu- 1
nächst die Vorschriften des § 152 zur Anwendung. Steht aber fest, daß die bedingte Forderung berücksichtigt werden muß, so greift der § 154 Platz. Art der Feststellung: § 67 Anm. 2. Für Ausfallforderungen gelten die Vorschriften des § 153 und nur sie, nicht die des § 154. Wohl aber ist der § 154 auf Abschlagsverteilungen nach § 115a GenG anwendbar [§ 149 Anm. 8]. Forderungen unter auflösender Bedingung werden wie unbedingte berücksichtigt (§ 66) und

sind dementsprechend in die Verteilungsliste aufzunehmen (§ 151). Mit Eintritt der Bedingung erlischt das Konkursgläubigerrecht. Ein Streit über den Bedingungseintritt ist nach § 158 II (§ 162 II) auszutragen. Der Verwalter trägt die Beweislast. Eine Zurückbehaltung der auf die auflösend bedingte Forderung entfallenden Anteile findet unter den Voraussetzungen des § 168 Nr. 4 statt.

2 II. Die aufschiebend bedingte Forderung wird **während der Schwebe der Bedingung** verschieden behandelt, je nachdem eine Abschlagsverteilung oder die Schlußverteilung stattfindet.

1. Bei **Abschlagsverteilungen** wird sie zu dem Betrage berücksichtigt, der auf die unbedingte Forderung entfallen würde (Abs. I). Die Berücksichtigung besteht aber, da die aufschiebend bedingte Forderung als solche nur zur Sicherung berechtigt (§ 67), nicht in der Auszahlung, sondern in vorläufiger Zurückbehaltung der Anteile (§ 168 Nr. 2). Vgl. § 120 ZVG.

3 2. Bei der **Schlußverteilung** findet in der Regel gleichfalls eine Berücksichtigung zu dem Betrage statt, der auf die unbedingte Forderung entfallen würde. Die Anteile werden hinterlegt (§ 169) und bei Eintritt der Bedingung ausbezahlt. Fällt die Bedingung aus, so kann es zu einer Nachtragsverteilung kommen (§ 166).

4 Eine Ausnahme machen **aussichtslose Anwartschaften.** Zu ihnen zählen in der Konkurslage Nachleistungspflichten, die der Schuldner aus Anlaß einer früheren Sanierung auf Grund einer in den Vergleich aufgenommenen Besserungsklausel [§ 174 Anm. 3] oder in sog. Besserungsscheinen für den Fall zugesichert hatte, daß er binnen bestimmter Zeit wieder zahlungsfähig werden sollte (Jaeger Lehrbuch S. 55, 196, 243; Bley VerglO² § 82 Anm. 23ff. mit Verw.). Stimmrecht: § 96 Anm. 2. Aussichtslose Anwartschaften werden zwar bei Abschlagsverteilungen berücksichtigt, was bei einer von vornherein bestehenden Aussichtslosigkeit keinen Zweck hat (vgl. P. VI S. 765, Kommissionsbericht S. 1953f.), nicht aber bei der Schlußverteilung (Abs. II). Bereits zurückbehaltene Anteile werden für die Schlußverteilung frei (§§ 156, 171). Ob die Anwartschaft aussichtslos ist oder nicht, entscheidet auf Einwendung das Konkursgericht (§ 162 II mit § 158 II). Vgl. auch § 67 Anm. 2. Dabei hat nach der Fassung des Abs. II der Verwalter die Aussichtslosigkeit („wenn“), nicht der Anwärter das Gegenteil darzutun. Zust. Böhle-Stamschräder⁶ Anm. 1. Ergibt sich die Aussichtslosigkeit der Anwartschaft erst, nachdem noch bei der Schlußverteilung die Anteile zurückbehalten worden waren, so eröffnet sich damit wie beim Ausfalle der Bedingung [Anm. 3] die Möglichkeit einer Nachtragsverteilung (§ 166). Vgl. § 916 II ZPO; siehe auch § 1986 II BGB.

§ 155

Gläubiger, welche bei einer Abschlagsverteilung nicht berücksichtigt worden sind, können nachträglich, sobald sie die Vorschriften der §§ 152, 153 erfüllt haben, die bisher festgesetzten Prozentsätze aus der Restmasse verlangen, soweit diese reicht und nicht infolge des Ablaufs einer Ausschlußfrist für eine neue Verteilung zu verwenden ist.

Materialien: Motive I Bd. 2 S. 114ff., Motive II S. 376ff., Protokolle S. 104, 183.

Die Nachzügler im Verteilungsverfahren

I. Grundsatz

1 Konkursgläubiger, die bei einer Abschlagsverteilung dem Gesetze gemäß oder auch dem Gesetze zuwider unberücksichtigt geblieben sind [Anm. 1a], können die Zuweisung ihrer Anteile — als Vorrechtsgläubiger unter Umständen volle Vorausbefriedigung [Anm. 6, 7] — aus der noch verfügbaren Restmasse [Anm. 4] verlangen, wenn sie rechtzeitig [Anm. 5] vor der neuen Verteilung den Erfordernissen der §§ 152, 153 genügen.

Ob eine oder mehrere Abschlagsverteilungen vorausgegangen sind, ob die rechtzeitige Betreibung unverschuldet oder verschuldet unterlassen ward, gilt gleich. Zur Frage, ob die bei einer Abschlagsverteilung nicht berücksichtigten Gläubiger gegen die berücksichtigten Gläubiger Bereicherungsansprüche erheben können, vgl. einerseits § 152 Anm. 7, andererseits § 158 Anm. 11.

II. Voraussetzungen der nachträglichen Berücksichtigung

1. Der Schutz des § 155 gilt jedem Gläubiger, dessen Berücksichtigung bei der letzten Abschlagsverteilung nach dem Gesetz noch nicht zulässig war, inzwischen aber zulässig geworden ist. Dabei ist es ohne Bedeutung, ob die Forderung bei der früheren Verteilung deswegen nicht berücksichtigt werden konnte, weil die erforderlichen Nachweise nach §§ 152, 153 nicht rechtzeitig erbracht waren, oder deshalb, weil die Forderung damals noch nicht geprüft war (zu eng Hellmann S. 502 f.). Zum Verständnis des Hinweises auf den § 152 ist insbesondere zu beachten, daß zufolge des aus dieser Vorschrift zu ziehenden Gegenschlusses die im Sinne des § 146 VI zugriffsreifen Ansprüche auch im Bestreitungsfall ohne weiteres zu berücksichtigen sind [§ 152 Anm. 2]. Eine nachträgliche Deckung nach § 155 kann daher bei zugriffsreifen Ansprüchen durch nachträgliche Anmeldung und Prüfung, bei anderen durch nachträgliche Anmeldung und Feststellung oder erwiesene Feststellungsbetreibung erwirkt werden. Wegen nachträglicher Beanspruchung eines Vorrechts für eine festgestellte Forderung vgl. Anm. 7. Erst recht aber gebührt die nachträgliche Ausgleichung einem Gläubiger, der gesetzwidrig (Versehen, Rechtsunkenntnis des Verwalters) bei früherer Verteilung unberücksichtigt blieb, sofern der Irrtum vom Verwalter oder ihm gegenüber rechtzeitig aufgedeckt wird. Zust. Mentzel-Kuhn[7] Anm. 1, Böhle-Stamschräder[6] Anm. 1. Seuffert S. 365 spricht dem nur aus Versehen unbeachtet gebliebenen Gläubiger ein Anrecht auf Vorwegberücksichtigung aus der Restmasse ab, weil der Gläubiger durch Einwendung gegen das Verzeichnis seine Berücksichtigung habe erzwingen können. Allein das Übersehen der Bekanntmachung des § 151 ist kein Grund, den zu Unrecht übergangenen Gläubiger schlechter zu stellen als einen Nachzügler. Auf den umständlichen und auch rechtlich mindestens unsicheren Weg der Bereicherungsklage gegen die einzelnen Zuvielempfänger [§ 158 Anm. 11] darf man ihn nicht verweisen. Wird der Irrtum des Verwalters rechtzeitig aufgedeckt, so ist die nachträgliche Vorwegberücksichtigung seine Amtspflicht (zust. Menzel-Kuhn[7] Anm. 1, Mohrbutter-Haarmann Leitfaden S. 190), während sie im unmittelbaren Anwendungsbereiche des § 155 nur auf Verlangen erfolgt [Anm. 3]. 1a

2. Die Nachtragsberücksichtigung muß, auch wenn sie nicht im Zusammenhang mit einer neuen Abschlagsverteilung oder mit der Schlußverteilung, sondern (was statthaft ist) selbständig vollzogen wird, nach Maßgabe des § 151 vorbereitet und angekündigt und sie soll von einem etwaigen Gläubigerausschusse nach § 150 genehmigt werden [siehe § 151 Anm. 9]. Nur so wird den Nachzüglern selbst und anderen Gläubigern das auch hier nicht zu entbehrende Einwendungsverfahren (§§ 158, 162) offen gehalten und die gleichmäßige Befriedigung aller rechtzeitig [Anm. 5] aufgetretenen Nachzügler gesichert. Vgl. RG Bolze 8 Nr. 1050, Kohler Lehrbuch § 95, Seuffert S. 366 f., Fitting § 40 N. 22, Böhle-Stamschräder[6] Anm. 1 und jetzt auch Mentzel-Kuhn[7] Anm. 3; abw. eine verbreitete Lehre, die den § 151 entweder mit den Motiven II S. 378 nur nach Ermessen des Verwalters (so z. B. v. Sarwey-Bossert Anm. 2, Mentzel-Kuhn[6] Anm. 3 mit weiteren Verw.) oder überhaupt nicht für anwendbar hält (so Wolff Anm. 3). Zur Kostenersparung und Geschäftsvereinfachung empfiehlt es sich allerdings, die Nachzahlung einer folgenden Verteilung vorzubehalten. 2

3. Durch die Worte „können verlangen" soll — nach den Motiven II S. 378 — zum Ausdrucke kommen, daß der Konkursverwalter die Nachzahlung nicht von Amts wegen zu leisten hat. Siehe aber Anm. 1 a. Die nachträgliche Anmeldung [Anm. 1 a] ersetzt das besondere Verlangen der Vorwegberücksichtigung nicht. 3

Durch Klage können die Gläubiger hier sowenig als sonst [§ 149 Anm. 5, § 159 Anm. 5] die Vornahme der Verteilung erzwingen (RG GruchotsBeitr. 34 S. 1201; OLG Karlsruhe SeuffA. 51 Nr. 84; Mentzel-Kuhn[7] Anm. 1, Böhle-Stamschräder[6] Anm. 1), auch nicht, wenn sich der Verwalter anschickt, unter Nichtachtung der Nachzügler eine neue Verteilung vorzunehmen (abw. Oetker I S. 516). Gegen pflichtwidrige Weigerung bieten die §§ 83, 84 und das Einwendungsverfahren (§§ 158, 162) Schutz. Auch macht sich der Verwalter nach § 82 persönlich haftbar (zust. LG Dresden LZ 1910 Sp. 714).

III. Schranken

4 Das Recht auf Nachzahlung unterliegt einer doppelten Beschränkung:

1. Es gilt nur für die **noch ausreichende „Restmasse"**. Restmasse ist die Teilungsmasse, soweit sie nicht bereits durch vorausgegangene Verteilungen erschöpft ist. Zu ihr gehören schon früher flüssig gemachte, unverteilt gebliebene Werte, aber auch solche, die inzwischen für die Masse frei geworden oder an diese zurückgefallen (§§ 156, 166; Motive II S. 378) oder durch neuerliche Versilberung flüssig gemacht worden sind. Die zur Deckung bekannter Massegläubiger erforderlichen Mittel sind für die Nachzügler nicht verfügbar. Maßgebend ist der Restmassestand zur Zeit der nachträglichen Berücksichtigung, nicht zur Zeit ihres Begehrens. Konkurrenz der Nachzügler untereinander: Anm. 6.

5 2. Es gilt nur, wenn das Gesuch samt den erforderlichen Nachweisen **rechtzeitig** d. h. vor Ablauf der für die nächste Abschlagsverteilung oder äußersten Falles für die Schlußverteilung maßgebenden Ausschlußfrist (§ 152) beim Verwalter gestellt wird. Wer von der Schlußverteilung ausgeschlossen ist, bleibt auch bei einer etwaigen Nachtragsverteilung unberücksichtigt, weil diese „auf Grund des Schlußverzeichnisses" erfolgt (§ 166 I). Siehe auch § 138 Anm. 4, § 152 Anm. 7.

IV. Vollzug

6 Die nachträgliche Ausgleichung wird dadurch bewirkt, daß alle bisher ausgeschütteten Anteile aus der verfügbaren Restmasse [Anm. 4] den Nachzüglern vorweg gemäß ihrem Range (§ 61) nachbezahlt oder in Fällen des § 168 für sie hinterlegt werden. Waren beispielsweise zwei Abschlagsverteilungen vorausgegangen, in denen 15 und 10 Prozent auf einfache Konkursforderungen zur Verteilung gelangten, so erhält der nichtbevorrechtigte Nachzügler nun aus der für einfache Konkursforderungen verfügbaren Masse vorweg 25 Prozent; am Reste nimmt er neben den anderen einfachen Konkursgläubigern teil. Konkurrieren mehrere Nachzügler gleichen Ranges, so beschränken sie einander verhältnismäßig, wenn die Restmasse zur vollständigen Nachzahlung der früher verteilten Dividenden nicht ausreicht. Zust. Mentzel-Kuhn[7] Anm. 2, Böhle-Stamschräder[6] Anm. 1.

7 V. § 155 ist **entsprechend anwendbar** auf den Fall, daß für eine bei einer Abschlagsverteilung als gewöhnliche Konkursforderung berücksichtigte Forderung ein nachträglich angemeldetes Vorrecht festgestellt bzw. der Nachweis der Betreibung des Vorrechtsstreites erbracht wird (RG Bd. **141** 64; zur Zulässigkeit nachträglicher Vorrechtsanmeldung für bereits geprüfte Forderungen vgl. § 139 Anm. 17). Die Forderung ist dann in Höhe des noch nicht getilgten Betrages gemäß § 155 als Vorrechtsforderung zu berücksichtigen. Wird das Vorrecht nur für einen Teilbetrag der Forderung nachträglich in Anspruch genommen, so ist die geleistete Abschlagszahlung nicht etwa (gemäß § 366 II BGB) auf den nicht bevorrechtigten Teil der Forderung, sondern gleichmäßig auf beide Forderungsteile anzurechnen; denn da die nachträgliche Inanspruchnahme eines Vorrechts nur „unbeschadet der Schranken des Verteilungsverfahrens" wirkt, hat der Gläubiger die nach dem damaligen Stand des Konkursverfahrens gebotene und auch tatsächlich vorgenommene Anrechnung der Abschlagszahlung auf die damals einheitliche Konkursforderung hinzunehmen (RG Bd. **164** 218ff. mit insoweit zust. Anm. von Kersting; Mentzel-Kuhn[7] Anm. 4 und § 61 Anm. 5, Böhle-Stamschräder[6] Anm. 2).

Der Gläubiger kann also Berücksichtigung nach § 155 nicht in Höhe der ganzen bevorrechtigten Teilforderung, sondern nur in Höhe des durch die verhältnismäßig auf diese anzurechnende Abschlagszahlung geminderten Betrages verlangen. Entsprechende Anwendung des § 155 auf Sondervorrechtsgläubiger: § 153 Anm. 9. Der § 155 gilt auch für Abschlagsverteilungen aus Nachschüssen im Genossenschaftskonkurs auf Grund des § 115a GenG [§ 149 Anm. 8].

Zusatz. Fremde Rechte.* Nahezu alle ausländischen Rechtsordnungen sehen wie 8 das deutsche Recht vor, daß alle früher verteilten Dividenden nach Maßgabe der vorhandenen Masse an die Nachzügler nachgezahlt werden. Ausnahmen machen vor allem die Schweiz, die den Nachzüglern dieses Recht ausdrücklich abspricht (Art. 251 SchKG), und Belgien, das es von dem Nachweis abhängig macht, die rechtzeitige Geltendmachung der Forderung sei unmöglich gewesen (Art. 508 C. com.).

§ 156

Die Anteile, mit welchen Gläubiger bei Abschlagszahlungen nach Maßgabe des § 153 Abs. 2 oder des § 154 Abs. 1 berücksichtigt worden sind, werden für die Schlußverteilung frei, wenn bei dieser die Voraussetzungen des § 153 Abs. 1 nicht erfüllt sind oder nach Maßgabe des § 154 Abs. 2 die Berücksichtigung der bedingten Forderung ausgeschlossen ist.

Materialien: Motive I Bd. 2 S. 120, Motive II S. 378, Protokolle S. 100ff., 183, Begründung S. 44.

Freiwerden von Anteilen für die Schlußverteilung

Für die Schlußverteilung (§ 161) werden frei d. h. zugunsten anderer Ansprüche verfügbar solche Anteile, die bei Abschlagsverteilungen (auch bei solchen nach § 115a GenG) vorläufig auf eine durch ein Absonderungsrecht (§§ 153 II, 168 Nr. 3) oder besonderes Konkursvorrecht [§ 153 Anm. 10] gedeckte oder auf eine aufschiebend bedingte Konkursforderung (§§ 154 I, 168 Nr. 2) zurückbehalten worden waren, wenn der Deckungsberechtigte nicht rechtzeitig den wirklichen Ausfall oder Verzicht nachweist (§§ 153 I, 152) oder wenn die Anwartschaft des bedingt Berechtigten ganz aussichtslos erscheint (§ 154 II). Siehe § 153 Anm. 1, § 154 Anm. 4. Zweifel darüber, ob zurückbehaltene Anteile wirklich für die Schlußverteilung freigeworden sind, können noch bei der Schlußverteilung zu fernerer Zurückbehaltung Anlaß bieten [§ 168 Anm. 8]. Das Freiwerden kommt nicht nur Konkursgläubigern, sondern auch Massegläubigern zugute (§ 172). 1

Daß die Verfasser der Novelle von 1898 an Stelle des bisherigen Wortlauts „Abschlagsverteilungen" den dem Gesetz fremden und mit Rücksicht auf den § 168 (Nr. 2, 3) unpassenden Ausdruck „Abschlagszahlungen" gesetzt haben, beruht auf bloßer Flüchtigkeit. Gemeint sind, wie die angezogenen Vorschriften (§§ 153 II, 154 I) ergeben, die Abschlagsverteilungen. 2

§ 157

Binnen drei Tagen nach dem Ablaufe der Ausschlußfrist hat der Verwalter die auf Grund der vorstehenden Bestimmungen erforderlichen Änderungen des Verzeichnisses zu bewirken.

Materialien: Motive I Bd. 2 S. 118, Motive II S. 378f., Protokolle S. 105f., 183.

Berichtigung des Verteilungsverzeichnisses

I. **Zulässig** sind nur Änderungen des Verteilungsverzeichnisses „auf Grund der vorstehenden Bestimmungen" d. h. der §§ 152 bis 156. Dabei sind Berichtigungen, welche sich auf in das Verzeichnis aufgenommene Forderungen beziehen, in der Berichtigungsspalte des Verzeichnisses zu vermerken, nachträglich auf- 1

*) Bearbeitet von Prof. Dr. Günther Jahr, Saarbrücken.

zunehmende Forderungen am Schlusse der entsprechenden Abteilung des Verzeichnisses [§ 151 Anm. 1] nachzutragen. Schrader-Bauer Hdb.² S. 100. So sind auf Grund des § 152 bestrittene, nicht zugriffsreife Forderungen, wenn der Anmelder rechtzeitig das Betreiben der Feststellung durch Klage oder Aufnahme nachgewiesen hat, der Liste nachträglich einzureihen. Auf Grund des § 153 sind einzustellen Konkursforderungen eines Absonderungsgläubigers in Höhe des rechtzeitig nachgewiesenen Ausfalls oder Verzichts. Vermerke darüber, daß die Art der Berücksichtigung sich geändert hat, sind nicht einzutragen, da das Verzeichnis diese Frage offen läßt [§ 151 Anm. 2]. Enthält es also z. B. eine aufschiebend bedingte Forderung [§ 151 Anm. 6], so gehört die Tatsache des Eintritts der Bedingung nicht zu den Berichtigungen des § 157. Wenn aber eine aufschiebende Bedingung ausfällt oder eine auflösende eintritt, und darum die in das Verzeichnis aufgenommene Forderung fernerhin überhaupt unberücksichtigt bleiben muß, wird sie der Verwalter auf Grund des § 154 nach § 157 zu streichen haben. Der Fall, daß der Verwalter eine Urkunde im Sinne des § 146 VI oder eine Feststellung versehentlich unbeachtet gelassen hat [§ 155 Anm. 1], gehört dem § 155 zufolge hierher (abw. Voß LZ 1909 Sp. 459f.). Für die Schlußverteilung freigewordene Beträge sind auf Grund des § 156 in veränderter Berechnung zu beachten. Abgesehen von den auf Grund der §§ 152—156 erforderlichen Änderungen ist nur die Berichtigung offenbar gewordener Irrtümer zulässig (Motive II S. 379), so die irrtümliche Einreihung festgestellter Vorrechtsansprüche unter die einfachen Forderungen (und umgekehrt), ebenso die versehentliche Nichtaufnahme einer festgestellten oder versehentliche Aufnahme einer bestrittenen, aber nach § 152 nicht zu berücksichtigenden Forderung. Desgleichen die Einstellung zweifelsfreier Masseansprüche in die Liste. Sonstige Änderungen würden dagegen dem Zwecke des § 151 zuwiderlaufen und sind daher dem Verwalter verwehrt.

2 **II.** Die erforderlichen zulässigen Änderungen des Verzeichnisses sind vom Konkursverwalter **„binnen drei Tagen nach dem Ablaufe der Ausschlußfrist"** (§ 152) zu bewirken; nachher ist dem Verwalter jede Änderung verboten. Der Zeitraum ist so kurz bemessen, damit auch gegen das abgeänderte Verzeichnis noch rechtzeitig Einwendungen binnen der Wochenfrist des § 158 erhoben werden können. Spätere Listenänderungen durch den Verwalter sind gesetzwidrig (abw. Hellmann S. 494f.) und können — abgesehen von den §§ 82, 84 — durch Einwendungen der Beteiligten angefochten (§§ 158, 162), nicht aber von Amts wegen durch das Konkursgericht berichtigt werden (vgl. Seuffert § 51 N. 22). Der Urkundsbeamte der Geschäftsstelle hat gar nicht die Befugnis, also auch nicht die Amtspflicht, spätere Änderungen des Verwalters zu verhindern (abw. Petersen-Kleinfeller Anm. 8, Fitting § 40 N. 24). Mit Erledigung des Einwendungsverfahrens (§§ 158, 162) wird das Verzeichnis endgültig maßgebend.

3 **III.** Das abgeänderte Verteilungsverzeichnis ist nach § 151 auf der Geschäftsstelle des Konkursgerichts zur Einsicht der Beteiligten **niederzulegen** (Motive II S. 379). Eine besondere Anzeige der Änderung an die Beteiligten oder eine öffentliche Bekanntmachung erübrigt sich damit.

§ 158

Bei einer Abschlagsverteilung sind Einwendungen gegen das Verzeichnis bis zum Ablaufe einer Woche nach dem Ende der Ausschlußfrist bei dem Konkursgerichte zu erheben.

Das Gericht entscheidet über die Einwendungen. Die Entscheidung, durch welche eine Berichtigung des Verzeichnisses angeordnet wird, ist auf der Geschäftsstelle niederzulegen. Die Beschwerdefrist beginnt mit dem Tage, an welchem die Niederlegung der Entscheidung erfolgt ist.

Materialien: Motive I Bd. 2 S. 113f., Motive II S. 379f., Protokolle S. 105f., 183.

Einwendungsverfahren vor Abschlagsverteilungen

Die §§ 158—160 gelten ausschließlich für Abschlagsverteilungen, die §§ 161, 162 für die Schlußverteilung. Der § 158 regelt die Einwendungen gegen ein Abschlagsverteilungsverzeichnis, gegen das ursprüngliche (§ 151) wie gegen das abgeänderte (§ 157). Diese Einwendungen sind an eine Ausschlußfrist gebunden [Anm. 3], während Einwendungen gegen das Schlußverzeichnis im Schlußtermine vorgebracht werden müssen (§ 162 I). Die Entscheidung erfolgt in beiden Fällen nach denselben Vorschriften (§§ 158 II, 162 II). **Einl.**

I. Grundsatz

Über den Widerspruch eines Konkursgläubigers gegen die Verteilungsliste wird nicht im Wege eines förmlichen Prozesses sondern auf kurzbefristete Einwendung vom Konkursgericht als solchem (also „im Konkursverfahren", §§ 71 ff.) entschieden. Diese Regelung liegt nicht nur im Interesse einer rascheren Erledigung der Einwendungen, sondern ist auch sachlich gerechtfertigt; denn Gegenstand der richterlichen Entscheidung ist hier nicht der Bestand, die Anmeldbarkeit oder das Vorrecht einer Forderung — über diese materiellrechtlichen Fragen ist im Feststellungsprozeß nach § 146 KO (evtl. bei zur Tabelle festgestellten Forderungen im Prozeß nach § 767 ZPO) zu entscheiden —, sondern die Frage, ob das Verteilungsverzeichnis den verfahrensrechtlichen Vorschriften der §§ 152—155, 157 entsprechend aufgestellt ist (vgl. dazu die grundlegenden Ausführungen in RG Bd. **21** 331 ff.). Näheres Anm. 4. Dabei kann sich der Widerspruch sowohl gegen die Nichtberücksichtigung des Einwendenden wie gegen die Berücksichtigung eines anderen Anmelders richten. Andererseits sind aber auch alle derartigen Bemängelungen des Verteilungsverzeichnisses im Verfahren nach § 158 vor dem Konkursgericht auszutragen; der Prozeßweg — nicht der Rechtsweg im Sinne der §§ 274 II Nr. 2, 275 ZPO — ist für sie ausgeschlossen. Vgl. Motive II S. 379; RG GruchotsBeitr. 34 S. 1203 ff. Eine Klage auf Berichtigung des Verzeichnisses wäre daher von Amts wegen als unzulässig abzuweisen, da für sie gegenüber der Regelung des § 158 kein Rechtsschutzbedürfnis besteht. Unberührt bleibt jedoch die Zulässigkeit von Feststellungsklagen nach § 256 ZPO über die Tragweite des Feststellungsvermerks, auch wenn sich das erstrittene Urteil mittelbar auf die Berücksichtigung bei der Verteilung auswirkt. So RG Bd. **139** S. 85 ff. für den Vermerk „vorläufig als Ausfallforderung festgestellt", wenn sich später das Absonderungsrecht als nicht bestehend erweist und nunmehr der Konkursverwalter die Wirksamkeit der Feststellung anzweifelt. Ferner BGH WM 1957 S. 1225 ff. für die Feststellung einer Forderung als Ausfallforderung mit dem Zusatz, daß von dem festgestellten Betrag der Gegenwert der ausgesonderten Waren abzusetzen sei, wenn nunmehr zwischen dem Gläubiger und dem Konkursverwalter Streit entsteht, ob damit der Rechnungsbetrag oder der Zeitwert der ausgesonderten Waren gemeint ist. Vgl. auch § 146 Anm. 15 letzter Absatz. Im ersteren Falle wird man allerdings auch die Einwendungen nach § 158 KO für zulässig zu erachten haben, da der Fall, daß Einigkeit über das Nichtbestehen des ursprünglich geltend gemachten Absonderungsrechts besteht, dem Verzicht auf ein zweifelhaftes Absonderungsrecht im Sinne der §§ 64, 153 gleichzustellen ist, die für den Ausfall festgestellte Forderung also gemäß § 153 im Verzeichnis zu berücksichtigen ist [vgl. auch § 64 Anm. 19]. Diesen Weg wollte auch das RG aaO. nicht ausschließen; es hält lediglich (S. 87) für nicht angängig, den Gläubiger „gegenüber den Maßnahmen des Konkursverwalters auf die Einzelrechtsbehelfe der KO, insbesondere den § 158 zu verweisen", wenn er eine grundsätzliche Feststellung seines Konkursteilnahmerechtes begehrt. Vgl. ferner RG JW 1938 S. 892: Feststellungsklage nach § 256 ZPO zulässig, wenn Streit über die Anrechnung des bei der abgesonderten Befriedigung erzielten Erlöses auf die Forderung besteht. Dazu Mentzel-Kuhn[7] Anm. 2, 6, Böhle-Stamschräder[6] Anm. 3 und unten Anm. 4. **1**

II. Die Einwendungen

1a **1. Form.** Die Einwendungen sind als Erklärungen eines Beteiligten im Konkursverfahren schriftlich beim Konkursgericht einzureichen oder zu Protokoll der Geschäftsstelle zu erklären [§ 72 Anm. 3b]. Muster bei Schrader-Bauer Hdb.[2] S. 102 F III 110.

2 **2. Einwendungsberechtigt** ist nur, wer an inhaltlicher Änderung der Verteilungsliste ein rechtliches Interesse hat, also nur, wer ein Konkursgläubigerrecht für sich in Anspruch nimmt, mag auch seine Forderung bestritten sein. Anmeldung ist unerläßlich, Prüfung nicht (abw. z. B. v. Wilmowski-Kurlbaum Anm. 2; zust. dagegen Mentzel-Kuhn[7] Anm. 3, Böhle-Stamschräder[8] Anm. 1). Es leuchtet ein, daß ein Konkursgläubiger, auch wenn er selbst bei der bevorstehenden Verteilung noch nicht zum Zuge gelangt, an der Abschüttelung unberechtigter Konkurrenten ein schutzwürdiges Interesse haben kann (vgl. auch § 155). Nicht einwendungsberechtigt ist dagegen ein Massegläubiger, da er vor allen Konkursgläubigern und unabhängig vom konkursmäßigen Verteilungsverfahren zu befriedigen ist (§§ 57, 172); nicht der Gemeinschuldner, da dessen Rechte innerhalb des Konkurses durch den Verwalter gewahrt werden. Das Interesse an der Ausscheidung eines angeblich mit Unrecht Berücksichtigten fehlt dem Bevorrechtigten gegenüber einem einfachen (§ 61 Nr. 6), dem einfachen gegenüber einem minderberechtigten (§§ 226 II, 236) Konkursgläubiger, weil in diesen Fällen keine Konkurrenz droht (ebenso Mentzel-Kuhn[7] Anm. 3, Böhle-Stamschräder[8] Anm. 1, Mohrbutter-Haarmann Leitfaden S. 189), doch wird man in diesen Fällen mit Rücksicht auf § 155 dem Einwendenden das rechtliche Interesse nicht absprechen können, soweit er selbst bei der Verteilung nicht berücksichtigt werden kann. Gegenüber der Einwendung verficht der Verwalter die Richtigkeit des Verzeichnisses in Wahrung der Belange des Masseträgers und der Gläubigergemeinschaft. Alle Einzelgläubiger, die durch die begehrte Listenänderung benachteiligt würden, beim Antrag auf Einstellung einer bisher nicht berücksichtigten Forderung also sämtliche Konkursgläubiger, sind am Ausgange des Einwendungsverfahrens beteiligt. Damit ist aber nicht gesagt, daß sie alle zugezogen werden müßten [Anm. 5f.].

3 **3.** Die **Einwendungsfrist** ist wie die als solche bezeichnete Ausschlußfrist des § 152 eine gesetzliche Präklusivfrist (§§ 224 II, 230, 231 ZPO), keine Notfrist (§ 223 III mit § 233 I ZPO). Siehe § 152 Anm. 4. Die Einwendungsfrist beträgt eine Woche, fängt mit dem Beginne des auf den Ablauf der Ausschlußfrist folgenden Tages zu laufen an und endet mit Ablauf desjenigen Tages der zweiten Woche, der dem durch seine Benennung dem Anfangstage der Einwendungsfrist entsprechenden Tage vorhergeht (§ 222 I ZPO mit §§ 187 II, 188 II BGB). Ist der so ermittelte Endtag ein Sonntag oder allgemeiner Feiertag, so läuft die Einwendungsfrist erst mit dem darauf folgenden Werktag ab (§ 222 II ZPO). Die Erhebung einer Einwendung vor Beginn der eigentlichen Einwendungsfrist erklärt das Gesetz nicht für unstatthaft. Auch besteht dazu kein innerer Grund. Die Einwendung muß daher selbst dann für zulässig erachtet werden, wenn eine die Ausschlußfrist in Lauf setzende Verteilungsankündigung nicht oder nicht wirksam [§ 151 Anm. 8, 9] erfolgt ist. Nach Ablauf der Einwendungsfrist ist die Bemängelung der Liste endgültig ausgeschlossen.

4 **4. Inhalt der Einwendung** kann nur eine Beanstandung der Verteilungsliste sein [Anm. 1]. Die Einwendung muß „gegen das Verzeichnis" ursprünglicher (§ 151) oder berichtigter (§ 157) Fassung erhoben werden. Dahin gehört die Behauptung, daß der Verwalter die Forderung des Einwendenden unter Verletzung der §§ 152—155 nicht oder nicht zum gebührenden Betrag oder Range (§§ 61, 226, 236) berücksichtigt, daß er unter Verletzung dieser Vorschriften die Forderung eines Konkurrenten aufgenommen oder mit einem ihr nicht zukommenden Betrag oder Range eingestellt habe. Auch die Rüge, daß der Verwalter die ihm obliegende Listenberichtigung (§ 157) gesetzwidrig unterlassen habe, fällt unter den § 158. So z. B. auch dann, wenn ein Gläubiger mit Unrecht bei einer früheren Verteilung

übergangen war und darum einen nachträglichen Ausgleich im Sinne des § 155 zu beanspruchen hat (vgl. RG GruchotsBeitr. 34 S. 1201 und oben § 155 Anm. 3; ebenso Mentzel-Kuhn[7] Anm. 2). Dagegen kann im Wege der Einwendung nicht geltend gemacht werden, daß die zur Berücksichtigung erforderlichen Nachweise nach Ablauf der Ausschlußfrist erbracht worden seien; sonst wäre die Einwendungsfrist in Wahrheit eine Verlängerung der Ausschlußfrist.

Nicht geeignet ist das Einwendungsverfahren zur Austragung materiellrechtlicher Streitigkeiten [Anm. 1]. Das gilt nicht nur für die Fragen des Bestandes, der Anmeldbarkeit oder des Vorrechts einer bestrittenen Forderung, die im Feststellungsprozeß nach § 146 auszutragen sind, sondern auch für den Streit über den Fortbestand einer gemäß §§ 144 I, 145 II zur Tabelle festgestellten Forderung. Ist diese nicht in das Verzeichnis aufgenommen, so kann daher der Konkursverwalter den Einwendungen des Gläubigers, mit denen dieser die Aufnahme in das Verzeichnis betreibt, nicht mit der Behauptung entgegentreten, die festgestellte Forderung sei (z. B. durch Zahlung eines Bürgen) inzwischen getilgt worden; dieser Einwand muß vielmehr durch Klage nach § 767 ZPO vom Konkursverwalter verfolgt werden. RG Bd. **21** 336; Mentzel-Kuhn[7] Anm. 2. Siehe oben § 145 Anm. 10ff., § 151 Anm. 3 und Schrader-Bauer Hdb.[2] S. 102 F III 110, 112. Ebensowenig kann ein Mitgläubiger gegen die Aufnahme der Forderung in das Verzeichnis mit der Begründung Einwendungen erheben, diese sei inzwischen getilgt worden. Über Fälle zulässiger Feststellungsklagen siehe Anm. 1. Dagegen ist der Streit darüber, ob dem Konkursverwalter der Nachweis der in den §§ 152—154 KO aufgestellten Voraussetzungen zur Berücksichtigung bei einer Verteilung erbracht ist, im Einwendungsverfahren nach §§ 158, 162 auszutragen. Vgl. § 152 Anm. 6, 153 Anm. 1, 4, 6, 154 Anm. 1, 4 sowie Petersen-Kleinfeller §§ 152—154 Anm. 7, v. Sarwey-Bossert § 153 Anm. 7, v. Wilmowski-Kurlbaum § 152 Anm. 7, Seuffert S. 349f., Wolff Absonderungsrecht (1892) S. 212. Das gilt vor allem auch für den Nachweis des Ausfalles bei der abgesonderten Befriedigung im Sinne des § 153 (OLG Dresden SeuffA 61 Nr. 215) [vgl. auch § 153 Anm. 4, 6; Zurückbehaltung der Anteile: § 168 Anm. 8]. Hat der Konkursverwalter die als Ausfallforderung festgestellte Forderung unter Umgehung der ihm nach § 153 obliegenden Prüfung in das Schlußverzeichnis mit dem angeblichen Ausfallbetrag als aufschiebend bedingt durch den Ausgang eines vom Gläubiger gegen ihn anhängig gemachten Rechtsstreits über Rechtzeitigkeit und Formrichtigkeit des Nachweises aufgenommen, so ist diese Vorbehaltsaufnahme wie eine Nichtaufnahme in das Verzeichnis durch Einwendung zu rügen (OLG Dresden aaO.) [siehe § 153 Anm. 1; dort auch zu dem besonderen Fall eines erst nach der Feststellung der Forderung in Anspruch genommenen Absonderungsrechtes]. Das Einwendungsverfahren greift ferner auch für den im Rahmen einer Verteilung entstandenen Streit über die richtige Berechnung des Ausfalles Platz. Das RG JW 1938 S. 892 hat allerdings für einen Streit darüber, wie der aus den Absonderungsgegenständen erzielte Erlös auf die Ansprüche des Gläubigers zu verrechnen sei, eine Feststellungsklage nach § 256 ZPO zugelassen [Anm. 1]; dieser Streit war aber offenbar nicht im Zusammenhang mit einer anstehenden Verteilung entstanden, so daß das Gericht keinen Anlaß hatte, das Verhältnis dieser Feststellungsklage zum Einwendungsverfahren nach §§ 158, 162 KO klarzustellen.

III. Verfahren und gerichtliche Entscheidung

1. Das **Verfahren** unterliegt, da es sich vor dem Konkursgericht als solchem abspielt, den Besonderheiten der §§ 73—75 (ergänzt durch unsern Abs. II). Dementsprechend kann über die Einwendung [Form: Anm. 1a] ohne mündliche Verhandlung entschieden werden (§ 73 I). Eine — schriftliche oder mündliche Anhörung der Beteiligten und die Sachklärung durch Ermittlungen von Amts wegen ist dem pflichtmäßigen Ermessen des Konkursgerichts anheimgestellt (§ 75). Das Gericht wird, ehe es die begehrte Ausschaltung oder Zurücksetzung eines Gläubigers verfügt, ihn selber (außer dem Verwalter) in aller Regel hören. Daß es aber sämtliche Interessenten, beim Antrag auf Einstellung einer Forderung in die Liste somit alle Gläu- 5

biger auch nur regelmäßig zu hören hätte, davon kann keine Rede sein. In der Praxis pflegt das auch nicht zu geschehen. Beschwerdebefugnis: Anm. 7 a. E.

6 **2.** Die **Entscheidung** ergeht als förmlicher Beschluß. Muster bei Schrader-Bauer Hdb.[2] S. 102 F III 112. Bei ihrem Erlaß ist das Gericht an die Begründung des Einwendenden nicht gebunden. Eine besondere Gebühr wird für die Beschlußfassung nicht erhoben. §§ 1, 48ff. GKG (Fassung von 1957) [§ 58 Anm. 3].

a) Der **Abweisungsbeschluß** wird dem Einwendenden, dem Verwalter sowie den etwa beteiligten Einzelgläubigern [Anm. 2] von Amts wegen zugestellt und unterliegt der sofortigen Beschwerde (§ 73 II, III). Die Notfrist beginnt mit der Zustellung (§ 577 II ZPO). Beschwerdeberechtigt ist nur der Abgewiesene (abw. Wolff Anm. 3: jeder, auch ein bisher am Streite unbeteiligter Konkursgläubiger; dagegen wie hier Mentzel-Kuhn[7] Anm. 7; Böhle-Stamschräder[6] Anm. 3).

7 b) Nach der Regel des § 73 II wäre auch der die begehrte **Änderung der Verteilungsliste anordnende Beschluß** sämtlichen Interessenten, also im Falle der Neuaufnahme des Einwendenden in die Liste der Gesamtheit aller gleich- oder nachstehenden Gläubiger zuzustellen. Zur Vereinfachung des Verfahrens, zum Schutze der bisher am Einwendungsverfahren nicht beteiligten Gläubiger und zur Gewinnung einer einheitlich laufenden Beschwerdefrist bestimmt nun aber der **Abs. II:** diese Zustellung wird ersetzt durch Niederlegung des die Berichtigung anordnenden Beschlusses auf der Geschäftstelle des Konkursgerichts; mit der Niederlegung beginnt die Beschwerdefrist. Eine Zustellung (§ 73 II) neben der Niederlegung findet sonach nicht statt. Kohler Lehrbuch S. 577, Oetker I S. 410, Seuffert S. 355, Fitting S. 393, Petersen-Kleinfeller Anm. 4, Böhle-Stamschräder[6] Anm. 3; abw. v. Sarwey-Bossert Anm. 7, Wolff Anm. 3, v. Wilmowski-Kurlbaum Anm. 4. Die Gegenansicht läßt sich im Hauptfalle des Antrags auf Einstellung einer Forderung in die Liste, da hieran alle übrigen Gläubiger beteiligt sind, kaum durchführen und nur mit Hilfe der Ersatzbekanntmachung des § 76 III retten. In der Praxis hat sie keinen Boden gewonnen. Auch Billigkeitsgründe rechtfertigen sie nicht, da der Antragsteller und ein doch vor der etwa begehrten Streichung zu hörender Konkurrent [Anm. 5] sich erkundigen werden, wie sie Kenntnis vom Ausgange des Verfahrens erhalten. Eine Bekanntmachung der Niederlegung ist nicht vorgeschrieben, aber auch nicht verboten und unter Umständen recht zweckmäßig (vgl. Kohler aaO. N. 1). Ebenso Böhle-Stamschräder[6] Anm. 3, Schrader-Bauer Hdb.[2] S. 103. Daß die Niederlegung unmittelbar nach der Beschlußfassung zu erfolgen hat, muß als selbstverständlich gelten. Zur Beschwerde befugt ist jeder Konkursgläubiger, den die angeordnete Änderung benachteiligt, unzweifelhaft aber auch der Konkursverwalter, da er die beanstandete Liste entworfen und zu vertreten hat. Zust. OLG Dresden SeuffA. 61 Nr. 215, Fitting § 41 N. 6, Endemann S. 558, Kohler S. 577, Mentzel-Kuhn[7] Anm. 8, Böhle-Stamschräder[6] Anm. 3; abw. Oetker aaO., Seuffert S. 356.

8 c) Wird der Einwendung **teilweise** entsprochen (z. B. eine Forderung neu eingestellt, aber nicht mit dem begehrten Betrag oder Rang), so muß Zustellung an die Beteiligten und Niederlegung auf der Geschäftsstelle erfolgen, weil der Beschluß zugleich abweist und stattgibt (Seuffert aaO. gegen Oetker aaO.). Die Notfrist zur Beschwerde wegen Abweisung beginnt daher mit der Zustellung an den Einwendenden, diejenige zur Beschwerde wegen Berichtigung mit der Niederlegung des Beschlusses (zust. Wolff Anm. 3, Schrader-Bauer Hdb.[2] S. 103).

9 **3.** Entsprechend gestaltet sich das **Verfahren vor dem Beschwerdegericht:** der die Einwendung abweisende Beschluß wird zugestellt, der die Berichtigung anordnende Beschluß wird niedergelegt und zwar — da er zur berichtigten Liste gehört — auf der Geschäftsstelle des Konkursgerichts, nicht des Beschwerdegerichts. Oetker I S. 412, Seuffert S. 356, Mentzel-Kuhn[7] Anm. 8, Böhle-Stamschräder[6] Anm. 3. Dementsprechend beginnt die Frist für eine weitere Beschwerde [§ 73 Anm. 9] im ersten Falle mit der Zustellung, im zweiten mit der Niederlegung.

IV. Durchführung der Verteilung

1. Sobald die Einwendungsfrist ungenutzt abgelaufen ist oder die erhobenen Einwendungen durch Zurücknahme oder rechtskräftige Entscheidung (§ 705 mit § 577 II ZPO) erledigt sind, steht der Kreis der teilnahmeberechtigten Konkursgläubiger und der zu berücksichtigende Betrag jeder einzelnen Forderung für die bevorstehende Verteilung endgültig fest. Motive II S. 379. Zwar braucht dem § 572 ZPO (§ 72 KO) zufolge eine Abschlagsverteilung nicht bis zur Rechtskraft der Entscheidungen hinausgeschoben zu werden, falls dies nicht nach § 572 II oder III ZPO angeordnet wird (vgl. Protokolle S. 105f.). Anders offenbar Mohrbutter-Haarmann Leitfaden S. 187 [§ 159 Anm. 1]. Allein der Prozentsatz (§ 159) einer solchen vor Eintritt der Rechtskraft stattfindenden Verteilung muß so bemessen werden, daß auch für den Fall einer Berichtigung der Liste Mittel verfügbar bleiben. Sonst setzt der Verwalter sich selbst einer Verantwortung nach § 82 und die zuvielempfangenden Gläubiger einem Bereicherungsanspruch aus, es sei denn, daß bei späteren Verteilungen der Verlust des übergangenen Gläubigers vollständig ausgeglichen wird [§ 155 Anm. 1]. Durch das Abwarten der Rechtskraft werden Rückgriffe vermieden, und gerade darin liegt der Vorteil des Ausschlußverfahrens [siehe § 161 Anm. 6]. 10

2. Ob ein im Einwendungsverfahren nicht aufgedeckter Irrtum der Verteilung (z. B. die versehentliche Nichtaufnahme einer festgestellten Forderung in die Verteilungsliste oder die versehentliche Streichung einer solchen Forderung aus der Liste) auch dann einen **Bereicherungsanspruch des irrtümlich übergangenen Gläubigers** gegen die Zuvielempfänger begründet, wenn die Verteilung auf Grund des endgültig festgestellten Verzeichnisses vollzogen wird, ist streitig. So empfindlich die Rechtssicherheit durch unbeschränkte Zulassung von Bereicherungsansprüchen berührt würde, so hart wäre deren allgemeine Verneinung. Es entspricht aber dem Zwecke der gesetzlichen Ausschlußvorschriften, daß sie unter den Beteiligten eine endgültige Rechtslage schaffen [wegen der Massegläubiger siehe § 57 Anm. 7; Versäumung der Ausschlußfrist des § 152 vgl. dort Anm. 7]. Darum wird der Bereicherungsanspruch jedem Konkursgläubiger zu versagen sein, der die rechtliche Möglichkeit hatte, im Einwendungsverfahren seine Berücksichtigung zu erwirken, z. B. dem Gläubiger einer festgestellten, aber irrtümlich nicht in die Liste aufgenommenen Forderung. Denn das Verzeichnis wird offengelegt (§ 151), damit es jeder Beteiligte nachprüfen kann; die Einwendungen aber werden zeitlich begrenzt (§§ 158, 162), um das Verteilungsergebnis sicherzustellen. Nicht also eine dem Inhalte des Verzeichnisses zukommende Rechtskraftwirkung, sondern die gesetzlichen Ausschlußfolgen gewährleisten im Einklang mit den Geboten der Rechtssicherheit den Bestand der vollzogenen Verteilungen. Wer dagegen in der Liste eingetragen war, aber gleichwohl unberücksichtigt geblieben ist und wer erst zu einer Zeit aus der Liste gestrichen wurde, in der ihm Einsichtnahme und Einwendung nicht mehr verstattet war, den können die gesetzlichen Ausschlußvorschriften ihrem Zwecke nach nicht treffen. Ihm muß daher die Möglichkeit gewahrt bleiben, den auf seine Kosten an die übrigen Gläubiger verteilten und nicht aus einer etwaigen Restmasse (§ 155) nachzahlbaren Betrag im Wege der Bereicherungsklage gegen die Zuvielempfänger zu verfolgen. Zust. Böhle-Stamschräder[6] Anm. 4, Mentzel-Kuhn[7] Anm. 9, ferner Bleyer KO[3] Anm. 1. Dagegen erkennen offenbar RG Bd. **23** 61, Gruchots-Beitr. 34 S. 1205, wohl auch Bd. **154** 295f., ferner Kohler S. 578f., Seuffert S. 375f., Jung Bereicherungsansprüche (1902) S. 151f., v. Mayr Bereicherungsanspruch (1903) S. 198, 436, Wolff KO[2] S. 459, Schöninger Leistungsgeschäfte (1906) S. 64 uneingeschränkt versehentlich übergangenen Gläubigern Bereicherungsansprüche gegen die auf ihre Kosten berücksichtigten Konkursgläubiger zu (vgl. auch Motive II S. 247, 326), während RG SeuffA 41 Nr. 272, Stuttgart OLG 11 S. 366ff. Bereicherungsansprüche grundsätzlich ablehnen. Möglicherweise ist der Verwalter selbst in der Lage, Auszahlungen wegen Irrtums oder arglistiger Täuschung anzufechten (§§ 119, 123, 142 BGB) und sie daraufhin für Rechnung der Masse zurückzufordern (§ 812 BGB); der Annahme aber, daß er Bereicherungsansprüche der 11

Gläubiger auszuüben ermächtigt sei, fehlt jeder gesetzliche Halt. Unterschlägt der Konkursverwalter die einem Gläubiger gebührenden Anteile, so ist der Gläubiger auf den Schadensersatzanspruch gegen den Verwalter beschränkt (AG u. LG Karlsruhe BadRspr. 1911 S. 15f.). Nichtaufnahme einer angemeldeten Forderung in die Tabelle: § 140 Anm. 2.

§ 159

Für eine Abschlagsverteilung bestimmt der Verwalter und, wenn ein Gläubigerausschuß bestellt ist, dieser auf Antrag des Verwalters den zu zahlenden Prozentsatz. Der Verwalter hat den Prozentsatz den berücksichtigten Gläubigern mitzuteilen.

Materialien: Motive I Bd. 2 S. 113f., Motive II S. 379f., Protokolle S. 106, 183.

Prozentsatz bei Abschlagsverteilungen

I. Bestimmung

1 1. Der Prozentsatz für eine Abschlagsverteilung muß im voraus bestimmt werden [Schlußverteilung: § 162 Anm. 8]. **Wann** diese Bestimmung zu geschehen hat, sagt uns das Gesetz nicht. Zweckmäßig ist es, den Ablauf der Einwendungsfrist und bei Erhebung von Einwendungen deren Erledigung (wenn sie nicht allzuweit aussteht) abzuwarten, damit notwendig gewordene Änderungen der Verteilungsliste noch berücksichtigt werden können [§ 158 Anm. 10]. Zust. Mentzel-Kuhn[7] Anm. 1, während Mohrbutter-Haarmann Leitfaden S. 187 die Bestimmung offenbar erst von diesem Zeitpunkt an für zulässig hält.

2 2. Die Bestimmung erfolgt durch den **Konkursverwalter** und, wenn ein **Gläubigerausschuß** bestellt ist (vgl. § 150), durch diesen auf Antrag des Verwalters. „Antrag" bedeutet hier nicht nur die Veranlassung des Ausschusses zur Bemessung des Prozentsatzes, sondern zugleich den Vorschlag eines solchen durch den Verwalter. Allein dieser Vorschlag hat nur eine gutachtliche, keine irgendwie bindende Kraft. Denn die „Bestimmung" des auszuwerfenden Prozentsatzes selbst weist das Gesetz dem Ausschusse zu. Die Annahme, daß der Ausschuß den Prozentsatz nicht höher (so z. B. Petersen-Kleinfeller Anm. 6, v. Wilmowski-Kurlbaum Anm. 1, Oetker I S. 413) oder weder höher noch niedriger (so Seuffert S. 359) bemessen dürfe, als der Verwalter vorschlägt, steht mit der klaren Fassung des Gesetzes im Widerspruch. Fitting § 41 N. 10, v. Sarwey-Bossert Anm. 2, Wolff Anm. 2, Kohler Lehrbuch S. 401, Mentzel-Kuhn[7] Anm. 2, Böhle-Stamschräder[6] Anm. 1. Freilich machen sich die Ausschußmitglieder — nicht minder als der Verwalter (§ 82) — durch pflichtwidrige Bemessung des Prozentsatzes den Beteiligten verantwortlich (§ 89), namentlich für Zinsentgang, ebenso durch verzögerte Bestimmung. Zust. Mentzel-Kuhn[7] Anm. 2. Ausschußfestsetzungen gesetzwidrigen Inhalts (z. B. solche, die den Verwalter der notwendigen Betriebsmittel berauben oder die Deckung zu berücksichtigender Masseansprüche vereiteln würden) darf der Verwalter nicht vollziehen. Nachträgliche Berichtigung: Anm. 4.

3 3. Die Bemessung der **Höhe des Prozentsatzes** bildet eine Frage der Zweckmäßigkeit und bleibt darum gerichtlicher Beeinflussung grundsätzlich entzogen [§ 83 Anm. 1]. Auch die Gläubigerversammlung hat nicht die Macht, in dieser Hinsicht dem Verwalter oder dem Ausschusse Weisungen zu erteilen. Für ein Einwendungsverfahren entsprechend dem § 158 ist kein Raum (Oetker I S. 414, Seuffert S. 359; abw. v. Völderndorff Anm. c), noch weniger für eine Beanstandung im Klageweg. Zust. Mentzel-Kuhn[7] Anm. 2, Böhle-Stamschräder[6] Anm. 1. Doch besteht — für den Verwalter wie für den Ausschuß — die Schranke, daß nicht mehr als der nach § 151 bekannt gemachte Barbestand verteilt werden darf (denn nur auf diesen beziehen sich Ausschluß- und Einwendungsfrist mit ihren Präklusionen: §§ 152, 153, 158; ebenso Mentzel-Kuhn[7] Anm. 1, Böhle-Stamschräder[6] Anm. 1, Mohrbutter-Haarmann Leitfaden S. 121) und daß dieser Bestand auf alle Gläubiger gleichen Ranges gleichmäßig zu verteilen ist (keine Anwendung des § 366 I und hinsicht-

lich der Verrechnung früherer Abschlagszahlungen des § 366 II BGB, RG Bd. **164** 219f.; Näheres § 155 Anm. 7). Unterdessen flüssig gewordene Beträge müssen einer späteren Verteilung vorbehalten werden. Andererseits kann der verfügbare Massebestand seit der Bekanntmachung des § 151 eine Minderung erlitten haben, namentlich durch unvorhergesehene Verwaltungsausgaben, durch nachträglich — aber vor Festsetzung des Prozentsatzes (§ 172) — bekannt gewordene Masseansprüche und durch Nachzahlungen nach § 155. Daß der verfügbare Massebestand bei der Abschlagsverteilung vollständig aufgehe, ist durchaus nicht erforderlich. Eine Abrundung ist gestattet und zweckmäßig. Motive II S. 379f.; Senst-Müller Verwaltung von Konkursen[9] S. 298f., Mentzel-Kuhn[7] Anm. 1.

II. Mitteilung

1. Die Festsetzung des Prozentsatzes wird **wirksam,** sobald sie wenigstens einem der berücksichtigten Gläubiger mitgeteilt ist. Vorher kann sie als innere Verwaltungsangelegenheit durch das nach Abs. I zur Festsetzung berufene Organ berichtigt werden, wenn die Berechnung sich als irrig erweist oder eine noch zu beachtende Änderung der Sachlage [Anm. 3] es gebietet. Vgl. Oetker I S. 413, Kohler Lehrbuch S. 580. Auch mit dem Eintritt der Wirksamkeit wird die Festsetzung noch nicht schlechthin unabänderlich [Anm. 5]. Die Mitteilung soll die einzelnen Gläubiger instand setzen, die ihnen gebührenden Anteile zu erheben (Motive II S. 380). Holschuld: § 167 Anm. 1. Sie ist Sache des Verwalters und an eine bestimmte Form nicht gebunden (§ 77 II). Sie kann durch öffentliche Bekanntmachung ersetzt werden [§ 77 Anm. 2], aber nicht etwa schon im voraus durch die des § 151. Beim Vorhandensein einer größeren Gläubigerzahl ist die öffentliche Bekanntgabe der einfachste und billigste Weg der Mitteilung. Werden die Auszahlungen übungsgemäß [§ 167 Anm. 1] vom Konkursverwalter durch Banküberweisung, Postanweisung oder Postscheck vorgenommen, so kann die Mitteilung durch einen entsprechenden Vermerk auf dem Empfängerbeleg erfolgen (Mohrbutter-Haarmann Leitfaden S. 187, Schrader-Bauer Hdb.[2] S. 104). 4

2. An die Mitteilung knüpfen sich — abgesehen von Anm. 4 — die **Rechtsfolgen** des § 172 KO gegenüber Massegläubigern. Dagegen darf nicht zugegeben werden, daß die Mitteilung den Gläubigern festgestellter und in die Verteilungsliste aufgenommener Forderungen einen durch Klage wider den Verwalter verfolgbaren Anspruch auf Auszahlung oder Hinterlegung des ganzen in der Mitteilung bezeichneten Prozentsatzes verleiht. Einen solchen Anspruch hat der einzelne Gläubiger auf den Verteilungsvollzug (§ 167) sowenig wie auf die Vornahme einer sonstigen Verwaltungshandlung. Möglicherweise erleiden die Befriedigungsmittel einen unvorhergesehenen Verlust (z. B. durch Diebstahl oder Veruntreuung), der eine andere Prozentsatzbestimmung unter erneuter Anwendung des § 159 nötig macht. So auch, wenn der Verwalter erst nach der Mitteilung erkennt, daß bei der Berechnung ein Versehen unterlaufen ist. Gegenüber pflichtwidrigem Verhalten des Verwalters hat der Gläubiger Abhilfe im Aufsichtswege (§§ 83, 84) zu erwirken. Freilich ist das Konkursgericht als Aufsichtsbehörde außerstande, die Rechtsfrage eines vom Verwalter behaupteten, vom Gläubiger bestrittenen Erlöschens der festgestellten und in das Verzeichnis aufgenommenen Forderung zu entscheiden. Wohl aber hat es den Verwalter darauf hinzuweisen, daß er eine solche Forderung berücksichtigen muß, solange er das streitige Erlöschen (Beispiele: nachträgliche Erfüllung durch einen Mitschuldner oder Aufrechnung durch den Verwalter) nicht im Wege des § 767 ZPO zur prozeßgerichtlichen Anerkennung gebracht hat [§ 158 Anm. 4]. Auch kann der benachteiligte Gläubiger eine Klage auf Schadensersatz wider den Verwalter persönlich erheben [§ 82 Anm. 11]. Wie hier im wesentlichen RG GruchotsBeitr. 34 S. 1201; OLG Karlsruhe SeuffA 51 Nr. 84, LG Dresden LZ 1910 Sp. 714; Kohler Leitfaden S. 217 N. 3, Wolff Anm. 1, Mentzel-Kuhn[7] Anm. 2, Böhle-Stamschräder[6] Anm. 1; abw. (mit der Mitteilung nach § 159 II erwächst ein im Prozeßweg verfolgbarer Anspruch) Oetker I S. 201, Seuffert S. 374, Fitting § 41 N. 17, v. Wilmowski-Kurlbaum Anm. 5, Petersen-Kleinfeller § 167 a. E. 5

III. Genossenschaftskonkurs

6 Der § 159 KO ist nach § 115a GenG auch auf Abschlagsverteilungen anwendbar, die bei längerer Dauer der Konkursabwicklung aus Nachschüssen der Genossen stattfinden [§ 149 Anm. 8].

§ 160

Das Gericht kann auf Antrag des Gemeinschuldners, wenn derselbe einen Zwangsvergleich vorgeschlagen hat, die Aussetzung einer Abschlagsverteilung anordnen, sofern nicht schon die Ausschlußfrist abgelaufen ist.

Materialien: Motive I Bd. 2 S. 108, Motive II S. 376f., Protokolle S. 102f., 183.

Aussetzung einer Abschlagsverteilung

I. Voraussetzungen

1 Zum Zwecke einer Förderung des Abschlusses von Zwangsvergleichen verleiht der § 160 dem Konkursgericht die in dessen pflichtmäßiges Ermessen gestellte Befugnis („kann“), Abschlagsverteilungen **auszusetzen** (Muster eines Aussetzungsbeschlusses: Schrader-Bauer Hdb.[2] S. 103 F III 114), aber nur unter einer dreifachen Vorbedingung:

1. Der Gemeinschuldner muß bereits einen den gesetzlichen Erfordernissen entsprechenden, zulässigen Vergleichsvorschlag beim Konkursgericht eingereicht oder zu Protokoll der Geschäftsstelle erklärt haben (§§ 174, 175; Protokolle S. 106f.).

2. Der Gemeinschuldner muß die Aussetzung beantragen. Von Amts wegen darf sie der Richter nicht anordnen. Der Aussetzungsantrag kann wie der Vergleichsvorschlag erklärt werden [§ 72 Anm. 3b].

3. Zur Zeit des Aussetzungsantrages darf die Ausschlußfrist (§ 152) noch nicht abgelaufen sein. Der Wortlaut des § 160 scheint freilich zu fordern, daß die Ausschlußfrist auch beim Erlasse oder doch zur Zeit der Abfassung des Aussetzungsbeschlusses noch läuft. Allein dies kann der Sinn des Gesetzes nicht sein. Der Zwangsvergleich ist gegenüber der Durchführung des Verfahrens die erstrebenswertere Art der Konkursbeendigung. Er darf nicht durch überstürzte Verteilungen gefährdet, ihre Unterbindung darf nicht durch verzögerte Richtertätigkeit vereitelt werden. Auch würde, wenn es nicht genügte, den Aussetzungsantrag (verbunden mit dem Vergleichsvorschlag oder nach diesem) vor Ablauf der Ausschlußfrist zu stellen, eine noch so unbegründete Ablehnung des Antrags kaum jemals mit Erfolg zu bekämpfen sein [Anm. 2]. In diesem Sinne v. Sarwey-Bossert Anm. 2, Petersen-Kleinfeller Anm. 8, Seuffert S. 360, Fitting S. 397, Mentzel-Kuhn[7] Anm. 1, Böhle-Stamschräder[6] Anm. 1, Mohrbutter-Haarmann S. 190, Schrader-Bauer Hdb.[2] S. 103; abw. Oetker I S. 414, v. Wilmowski-Kurlbaum Anm. 1, Wolff Anm. 2, Hellmann S. 501 N. 4.

II. Beschwerde

2 1. Der den Aussetzungsantrag zurückweisende Beschluß ist dem Gemeinschuldner von Amts wegen zuzustellen und kann von diesem mit der sofortigen Beschwerde angefochten werden (§ 73). So die herrschende Lehre; abw. Oetker S. 414 [siehe § 73 Anm. 7]. Das Beschwerdegericht darf die Aussetzung auch noch anordnen, wenn inzwischen die Ausschlußfrist abgelaufen ist (abw. v. Wilmowski-Kurlbaum Anm. 2). Sonst hätte das Rechtsmittel keinen Wert [Anm. 1].

3 2. Der Aussetzungsbeschluß ist dem Schuldner, dem Verwalter, einem etwaigen Gläubigerausschuß (denn er hat nach den §§ 150, 159 bei den Abschlagsverteilungen gesetzliche Aufgaben zu erfüllen; abw. Wolff Anm. 3), aber auch allen beteiligten Gläubigern zuzustellen. Eine Zustellung an die Gläubiger wird zweckmäßig

nach § 76 III durch öffentliche Bekanntmachung ersetzt. Die sofortige Beschwerde steht dem Verwalter und den beteiligten Gläubigern zu. Seuffert S. 361, Mentzel-Kuhn[7] Anm. 2, Böhle-Stamschräder[6] Anm. 2; abw. Oetker aaO., der das Beschwerderecht der Gläubiger verneint. Kein Beschwerderecht des Gläubigerausschusses oder seiner Miglieder: § 73 Anm. 8. Die Beschwerdefrist beginnt mit der Einzelzustellung oder der sie ersetzenden Bekanntmachung [§ 73 Anm. 6, § 76 Anm. 2,5].

III. Rechtsfolgen

„Ausgesetzt" wird nicht das Konkursverfahren überhaupt, sondern eben nur das Verteilungsverfahren (vgl. Deumer LZ 1909 Sp. 306). Die Aussetzung bedeutet einen einstweiligen Aufschub der geplanten Abschlagsverteilung. Die Vorschriften des § 249 I, II ZPO über die Wirkungen einer Aussetzung des Verfahrens sind (gegen v. Wilmowski-Kurlbaum Anm. 3) unbedenklich nach § 72 entsprechend anzuwenden. Daraus folgt, daß Ausschluß- und Einwendungsfrist (§§ 152, 158 I) zu laufen aufhören und nach Beendigung der Aussetzung [Anm. 5] von neuem zu laufen beginnen (entsprechend dem § 249 I ZPO), daß eine trotz der Aussetzung vollzogene Verteilung unwirksam wäre (entsprechend dem § 249 II ZPO). Vgl. v. Sarwey-Bossert Anm. 2, Seuffert S. 361 f., Oetker I S. 415, Mentzel-Kuhn[7] Anm. 4, Böhle-Stamschräder[6] Anm. 3. Die Zulässigkeit von Auszahlungen an Vorrechtsgläubiger nach § 170 KO bleibt jedoch unberührt, da diese vom Zwangsvergleich nicht betroffen werden (Mentzel-Kuhn[7] Anm. 3, Mohrbutter-Haarmann Leitfaden S. 190). 4

IV. Beendigung

Die Aussetzung hört (abgesehen von einer Aufhebung im Beschwerdeweg) von selbst auf, sobald der Vergleichsvorschlag von der Gläubigerschaft abgelehnt (§§ 182 f.) oder vom Gericht rechtskräftig verworfen ist (§§ 184—189). Nun nimmt das Verteilungsverfahren seinen Fortgang. Eine vor der Aussetzung erlassene Verteilungsankündigung des Verwalters im Sinne des § 151 braucht nicht wiederholt zu werden, sondern es fängt nun die durch diese Ankündigung in Lauf gesetzte, aber durch die Aussetzung unterbrochene Ausschlußfrist des § 152 [Anm. 4] von selbst wieder zu laufen an (Deumer aaO. Sp. 307). Allein nach öffentlicher Bekanntmachung der Aussetzung wird nun das Gericht auch den Fortgang des Verfahrens öffentlich bekannt machen müssen. Oetker aaO., Fitting § 42 N. 21; abw. Deumer Sp. 308, Wolff Anm. 4; zweifelnd Schrader-Bauer Hdb.[2] S. 104. Mit der Bestätigung des angenommenen Zwangsvergleichs wird das Konkursverfahren im ganzen beendet und damit die zunächst nur aufgeschobene Verteilung endgültig ausgeschlossen. 5

V. Genossenschaftskonkurs

Der § 160 KO gilt auch im Konkurs einer eingetragenen Genossenschaft, da ihr der § 115e GenG den Weg des konkursbeendenden Zwangsvergleichs erschlossen hat, und zwar sowohl für Abschlagsverteilungen aus der ursprünglichen Konkursmasse als für solche aus eingezogenen Nachschüssen nach § 115a GenG [§ 149 Anm. 8]. 6

§ 161

Die Schlußverteilung erfolgt, sobald die Verwertung der Masse beendigt ist. Die Vornahme der Schlußverteilung unterliegt der Genehmigung des Gerichts.

Materialien: Motive I Bd. 2 S. 117 f., Motive II S. 380 f., Protokolle S. 107, 183.

Die Schlußverteilung

I. Zeitpunkt (Abs. I)

1. Schlußverteilung ist die Ausschüttung der gesamten, nach dem Vollzug etwaiger Abschlagsverteilungen noch verfügbaren Teilungsmasse. Wenn das Gesetz bestimmt, sie sei vorzunehmen, **„sobald die Verwertung der Masse beendigt"**, also auch das 1

letzte verwertbare Massestück in Geld umgesetzt ist, nicht früher und nicht später, so legt es damit die unerläßliche materielle **Voraussetzung** für ihre Vornahme fest. Aus Abs. II [Anm. 6ff.], den Bestimmungen über die Vorbereitung jeder Verteilung und der Schlußverteilung im besonderen [Anm. 5] sowie aus § 162 ergibt sich, daß ihre tatsächliche Durchführung erst nach Vornahme der in diesen Bestimmungen vorgesehenen Maßnahmen und nach Abhaltung des Schlußtermins erfolgen darf [vgl. auch § 162 Anm. 8]. Die Initiative steht beim Verwalter [Verantwortlichkeit: Anm. 4]. Ihm gebietet das Gesetz (Abs. I), die Genehmigung zur Schlußverteilung (Abs. II, § 150) einzuholen, sobald er die Verwertung pflichtgemäß abgeschlossen hat.

a) Wie die Motive II S. 380 ausführen, muß der Verwalter auch dann ohne Verzug zur Schlußverteilung schreiten, wenn noch **Feststellungsprozesse** über streitige Konkursgläubigerrechte schweben [zur Fortführung solcher Prozesse siehe § 146 Anm. 43f.], da für die Anmelder unter der Voraussetzung des § 152 Vorsorge zu treffen ist, der Schuldner aber nach dem Vollzuge der Verwertung ein Recht darauf hat, in der Wiederaufnahme freier Erwerbstätigkeit durch Konkursfeststellungsprozesse nicht weiter gehemmt zu werden. Ebenso stark wiegt das Interesse der Konkursgläubiger an unbehinderten Sonderzugriffen auf den Neuerwerb des Schuldners (§ 14). Die auf streitbefangene Konkursforderungen entfallenden Anteile sind zurückzubehalten (§§ 168 Nr. 2, 169 mit § 166), desgleichen aber auch bei Schweben von Masseprozessen die zur vollen Deckung der etwaigen Masseschulden auf Kostenerstattung (§ 59 Nr. 1) ausreichenden Beträge. Denn der Verwalter hat unter persönlicher Verantwortlichkeit [§ 82 Anm. 8] alle ihm bekannten Masseansprüche, sie seien bedingt oder unbedingt, von ihm anerkannt oder nicht, von Amts wegen durch Erfüllung oder Sicherstellung zu berücksichtigen (§ 172, vgl. § 191 I). Auch die Hemmung absonderungsberechtigter Konkursgläubiger in der Verwertung eines Absonderungsgegenstandes rechtfertigt den Aufschub der Schlußverteilung nicht [§ 153 Anm. 2].

2 b) Daß die **Unverwertbarkeit** einzelner Massegegenstände — besonders pfandüberlasteter Sachen, uneinbringlicher Ausstände — nicht zur Hinausschiebung der Schlußverteilung nötigt, folgt aus dem § 162 („Beschlußfassung über die nicht verwertbaren Vermögensstücke"). Überzeugt sich aber das Konkursgericht nicht von der Unverwertbarkeit, so darf es die ihm nach Abs. II vorbehaltene Genehmigung zur Vornahme der Schlußverteilung nicht geben, da insolange die gesetzliche Voraussetzung für die Zulässigkeit der Schlußverteilung (Abs. I) nicht feststeht [Anm. 8]. Freigabe: § 6 Anm. 26f., § 83 Anm. 1, § 93 Anm. 2, § 117 Anm. 5, § 162 Anm. 6. Zur Zeit nicht verwertbare Ansprüche: Anm. 3.

3 c) Streitig ist, ob der schwebende **Prozeß über ein Masseaktivum** die Vornahme der Schlußverteilung hindert, wenn keine Freigabe des Streitgegenstandes an den Gemeinschuldner beabsichtigt wird. Das Gesetz steht nicht entgegen. Das Interesse des Schuldners an der Wiederaufnahme seiner Erwerbstätigkeit, aber auch berechtigte Interessen der Konkursgläubiger — z. B. am Zugriff auf etwaigen Neuerwerb ihres Schuldners (§ 14) — können zu rascher Konkursbeendigung drängen und das Gericht noch vor Erledigung des anhängigen Aktivprozesses zur Genehmigung der Schlußverteilung veranlassen. Wie im Falle der Fortdauer eines vom Verwalter oder gegen ihn geführten Konkursfeststellungsprozesses muß bei Fortdauer des Aktivprozesses die etwaige Kostenschuld der Masse sichergestellt werden [Anm. 1]. Hier wie dort liegt in der Genehmigung der Schlußverteilung bei Fortdauer des Prozesses von selbst (also auch stillschweigend) der Vorbehalt einer Nachtragsverteilung, deren Statthaftigkeit hier aus § 166 II zu folgern ist. Die Prozeßführungsbefugnis des Verwalters dauert für den schwebenden Prozeß trotz Konkursbeendigung fort. Vgl. RG Bd. **28** 68, JW 1936 S. 2928f. = HRR 1936 Nr. 1191 (Anfechtungsprozeß); Oetker ZZP 25 S. 45, Jaeger LZ 1908 Sp. 613, Seuffert S. 371 (freilich auch S. 184), Mentzel-Kuhn[7] Anm. 3, Böhle-Stamschräder[6] Anm. 1, Schrader-Bauer Hdb.[2] S. 105, Bihler KTS 1962 S. 85; abw. z. B. v. Sarwey-Bossert Anm. 1.

Ähnliche Schwierigkeiten bestehen für den Abschluß des Konkursverfahrens auch dann, wenn zur Konkursmasse eine Forderung gehört, die noch nicht fällig ist und die sich vor Fälligkeit (etwa durch Verkauf) nicht hat verwerten lassen, die aber, zumal wenn sie als solche unbestritten ist, durchaus einen wirtschaftlichen Wert darstellt (zur Zeit unverwertbare Ansprüche). So wenn sich ausnahmsweise ein Anspruch auf Hauptentschädigung nach dem LAG in der Konkursmasse befindet (§ 244 mit § 229 LAG: der Gemeinschuldner ist Zessionar oder Erbe des Geschädigten, wenn dieser nicht vor dem 1. April 1952 gestorben ist), der zwar entstanden (§ 232 II LAG), bei dem der Schaden aber noch nicht festgestellt (§ 235 LAG) oder der Anspruch noch nicht zuerkannt (§ 250 LAG) oder noch nicht fällig ist (§ 252 LAG). Ähnlich bei einem Anspruch auf Währungsausgleich für Sparguthaben Vertriebener nach § 4 Abs. 2 und 4 des Ges. v. 14. 8 .1952 (BGBl. I S. 547 mit späterer Änderung; vgl. Harmening Lastenausgleich Bd. I A 3) oder einem Anspruch auf Altsparerentschädigung nach §§ 5 Abs. 6, 18 des Altsparergesetzes i. d. F. v. 1. 4. 1959 (BGBl. I S. 170). Auch in solchen Fällen kann das Interesse an einer Beendigung des im übrigen abgeschlossenen Konkurses die Genehmigung der Schlußverteilung unter Vorbehalt der Nachtragsverteilung bezüglich dieser Forderungen der Masse rechtfertigen. Vgl. dazu Herb BWNotZ 1960 S. 264ff. Siehe auch § 162 Anm. 6, § 163 Anm. 6, 7, § 166 Anm. 2, 10, 12.

2. **Vorbereitung und Durchführung** der Schlußverteilung gehören zu den Pflichten des **Konkursverwalters.** Wenn der Verwalter sich nicht zur Vornahme der Schlußverteilung anschickt, obgleich die Voraussetzungen ihrer Zulässigkeit erfüllt sind, kann das Einschreiten der Aufsichtsbehörde nach Maßgabe der §§ 83, 84 angeregt werden. Siehe § 83 Anm. 1. Der Verwalter kann keine bindende Verpflichtung gegenüber einem Beteiligten eingehen, den Abschluß des Konkurses aufzuschieben (RG JW 1936 S. 2927f. = HRR 1936 Nr. 1191). Auch macht er sich persönlich (etwa für den Zinsentgang) haftbar nach § 82. Umgekehrt wird er schadensersatzpflichtig wenn er unter Täuschung des Gerichts die Genehmigung der Schlußverteilung erwirkt, obwohl er weiß, daß noch Massegegenstände zu verwerten sind. Stellt sich nach Erteilung der Genehmigung, aber vor der Beendigung des Schlußtermines, nach anderen vor dem Beginn des „Vollzugs" der Schlußverteilung [Zeitpunkt: § 162 Anm. 8, zur Streitfrage: § 166 Anm. 8] das Vorhandensein weiterer Masse heraus, dann ist diese, wie ein Gegenschluß aus § 166 bestätigt, noch für die Schlußverteilung flüssig zu machen. So etwa Gegenstände, die der Schuldner bisher verheimlicht hatte, oder Forderungen, die jetzt erst beigetrieben werden können. Auch die Einbeziehung solcher Werte in die Schlußverteilung ist Amtspflicht des Verwalters. Da nach Abs. II die Vornahme der Schlußverteilung im ganzen vom Willen des Gerichts getragen sein muß, kann dieses durch Widerruf der Genehmigung dem Verteilungsvollzug entgegentreten [Anm. 9]. 4

3. **Vorbereitung der Schlußverteilung.** Neben den speziellen Vorschriften der §§ 161, 162 sind für die Schlußverteilung auch alle Bestimmungen maßgebend, die das Gesetz allgemein für Verteilungen aufstellt, also §§ 150—152, 153 I [siehe § 153 Anm. 1], 155, 157, 158 II (162 II), 167, 168, 170. Daraus folgt namentlich, daß die Schlußverteilung zunächst von einem etwaigen Gläubigerausschuß zu genehmigen (§ 150) und erst dann vom Verwalter nach § 151 anzukündigen ist, wenn auch das Gericht seine Zustimmung zu ihrer Vornahme erteilt hat. Zweckmäßig wird die Genehmigung des Ausschusses vor der des Gerichts als Stütze der gerichtlichen Entschließung eingeholt. Muster der Bekanntmachung bei Mohrbutter-Haarmann Leitfaden S. 285. Der § 155 gilt zwar nur nach einer Abschlagsverteilung, aber er gilt auch vor und gelegentlich der Schlußverteilung [siehe § 155 Anm. 2]. Die Verteilungsliste („das Schlußverzeichnis", §§ 162, 166) muß wie bei Abschlagsverteilungen niedergelegt (§ 151) und auf Grund rechtzeitiger Nachträge geändert werden (§ 157). Motive II S. 380. Einwendungen: § 158 Einl., § 162 Anm. 4f. Sonderbestimmungen für die Schlußverteilung enthalten § 154 II [siehe § 154 Anm. 3f.], 156, 169, 171. Nicht gelten für die Schlußverteilung vor allem § 159 (Festsetzung und Mitteilung des Prozentsatzes der 5

Verteilung; siehe § 162 Anm. 8) und § 160 (Aussetzung der Verteilung mit Rücksicht auf einen Zwangsvergleichsvorschlag).

II. Gerichtliche Genehmigung (Abs. II)

6 **1.** Da die Schlußverteilung unmittelbar zur Konkursbeendigung führen soll (§ 163), bewirkt sie den endgültigen, nicht wieder rückgängig zu machenden Ausschluß aller bis dahin nicht nach Vorschrift des Gesetzes geltend gemachten Ansprüche gegenüber der Konkursmasse [irrtümliche Übergehung ordnungsmäßig geltend gemachter Ansprüche: § 158 Anm. 10]. Da es „bedenklich" wäre, „eine solche Präklusion lediglich dem Befinden von Interessenten zu überlassen" (Motive II S. 380), hat das Gesetz (Abs. II) die Vornahme der Schlußverteilung nicht bloß wie diejenige einer Abschlagsverteilung an die Billigung eines etwaigen Gläubigerausschusses [Anm. 5], sondern überdies an das Erfordernis einer behördlichen Gestattung, an die Genehmigung des Konkursgerichts, gebunden. Ist sie erteilt, dann ist ein Zwangsvergleichsverfahren nicht mehr statthaft (§ 173). Siehe aber unten Anm. 9 und § 173 Anm. 24. Der Verwalter muß bei Stellung des **Antrags** auf Genehmigung der Schlußverteilung das Schlußverzeichnis (§ 162) und die erforderlichen Belege einreichen. Regelmäßig verbindet sich damit die Einreichung der Schlußrechnung [Anm. 8]. Antragsmuster bei Mohrbutter-Haarmann Leitfaden S. 282, Schrader-Bauer Hdb.[2] S. 105f. F III 116. Das Konkursgericht hat nach Abs. II die dem Verwalter obliegende Vornahme der Schlußverteilung (vgl. auch §§ 150, 151) nur zu „genehmigen", nicht anzuordnen. Ein Antrag des Verwalters wird also stets vorausgesetzt. Verzögert der Verwalter die Antragstellung pflichtwidrig, so hat sie das Gericht im Aufsichtswege zu veranlassen [Anm. 4].

7 **2.** Die **Entscheidung** über den Antrag auf Genehmigung der Schlußverteilung erfolgt bei freigestellter Mündlichkeit durch Beschluß, der im Falle der Erteilung der Genehmigung zugleich die Anberaumung des Schlußtermins (§ 162) enthält; Muster bei Schrader-Bauer Hdb.[2] S. 109f. F III 122, 123. Er wird dem Verwalter — in der Praxis meist auch dem Gemeinschuldner, nicht auch den Gläubigern — zugestellt (§ 73 I, II), aber als solcher nicht nach § 76 bekannt gemacht. Die Gläubiger erhalten von der Genehmigung durch die Bekanntgabe des Schlußtermins (§ 162) Kenntnis.

a) Gegen die Versagung der Genehmigung steht dem Verwalter als abgewiesenem Antragsteller binnen zwei Wochen seit der an ihn bewirkten Zustellung die sofortige Beschwerde zu (§ 73 III).

b) Die Erteilung der Genehmigung ist unanfechtbar. Der Verwalter hat kein Beschwerderecht, weil seinem Antrage stattgegeben wurde; der einzelne Gläubiger nicht, weil er, wenn auch vielleicht an einer Abänderung der Verteilungsliste [Einwendungen: Anm. 5 sowie § 162 Anm. 4], so doch nicht am Verteilungsaufschub als solchem interessiert und weil er überdies durch die Vorschriften der §§ 162, 166 geschützt ist [siehe Anm. 9]; der Gemeinschuldner nicht, weil ihm — von der auf die Schlußverteilung nicht erstreckbaren Ausnahme des § 160 abgesehen — jede Einwirkung auf den Fortgang des Verfahrens versagt bleibt und weil demgegenüber auch sein Interesse am Fortbestande der Vergleichsmöglichkeit [Anm. 6] nicht durchschlägt. Vgl. KG OLG 19 S. 221 (hinsichtlich des Gemeinschuldners); Seuffert S. 363, Fitting § 42 N. 3, Mentzel-Kuhn[7] Anm. 5, Böhle-Stamschräder[6] Anm. 3; abw. Wolff Anm. 2, Petersen-Kleinfeller Anm. 3 mit Anm. 2 (die Beschwerdefrist soll mit der Bekanntmachung des § 151 beginnen) und, was die Gläubiger betrifft, auch Protokolle S. 107 (Hagens). Verantwortlichkeit des vorzeitig die Genehmigung der Verteilung veranlassenden Verwalters: Anm. 4.

8 **3.** Vor der Genehmigung der Vornahme der Schlußverteilung hat der Konkursrichter — abgesehen vom § 150 — zu **prüfen,** ob die Voraussetzungen des Abs. I erfüllt sind. Die Grundlage für diese Prüfung ist neben dem Schlußbericht des Verwalters (§ 132 II; Muster bei Schrader-Bauer Hdb.[2] S. 107 F III 118) vor allem die Schlußrechnung mit ihren Anlagen (Muster bei Mohrbutter-Haarmann

Leitfaden S. 283 und Schrader-Bauer aaO. F III 117), die daher mit Recht üblicherweise (trotz § 86: Niederlegung auf der Geschäftsstelle spätestens 3 Tage vor dem Termin) bereits mit dem Antrag auf Genehmigung der Schlußverteilung bei Gericht eingereicht wird. Zwar fehlt für die Schlußverteilung im Gegensatz zu § 166 I 2 eine Bestimmung, welche dem Gericht die Prüfung der Schlußrechnung ausdrücklich zur Pflicht macht, auch ist es an sich Sache der „Beteiligten", die Schlußrechnung des Verwalters anzuerkennen oder zu beanstanden (§§ 86, 162); Recht und Pflicht zur Prüfung ergeben sich aber aus der Stellung des Gerichts als Aufsichtsorgan (§ 83). Siehe die eingehenden Ausführungen in § 86 Anm. 3, dort auch zu § 21 I Nr. 1 RpflG; vgl. zu den dort Zitierten noch Schrader-Bauer Hdb.[2] S. 105, 108f. und Baade KTS 1958 S. 166. Vgl. noch Senst-Müller Konkursrichter[4] S. 156ff. Zust. auch Mentzel-Kuhn[7] Anm. 3.

4. Aus dem Genehmigungserfordernis ist zu entnehmen, daß die „Vornahme" der Schlußverteilung vom Willen des Gerichtes getragen sein muß, der Verwalter sie also mit Rücksicht auf ihre große Tragweite [Anm. 6] wider den Willen des Gerichtes weder beginnen noch durchführen darf. Daher muß das Gericht jedenfalls die Macht haben, ihren **Vollzug auszusetzen,** also zwar zunächst daran festzuhalten, daß die Schlußverteilung als solche stattfinden soll, aber ihren Beginn aufzuschieben oder ihren Fortgang zu hemmen (etwa bis zur Erledigung ernster Einwendungen gegen das Schlußverzeichnis, bis zur Klärung einer durch die Schlußrechnung offenbarten Ersatzpflicht des Verwalters, bis zur Versilberung von Vermögensstücken, deren Freigabe die Gläubiger ablehnen [§ 162 Anm. 6], oder bis zur Einziehung einer Forderung, die mangels Fälligkeit bei der Genehmigung der Schlußverteilung noch nicht eingezogen war [§ 161 Anm. 3; vgl. auch § 162 Anm. 6]. Streitig aber ist, ob das Gericht die Genehmigung **widerrufen** darf und wie lange: etwa nur bis zur Zustellung an den Verwalter (v. Wilmowski-Kurlbaum Anm. 6), bis zu der dem Verwalter nach § 151 obliegenden Bekanntmachung (Oetker Grundbegriffe I S. 415) oder bis zum Ablaufe der Ausschlußfrist (§§ 152, 153; Senst-Müller Konkursrichter[4] S. 156, 165 mit Peiser ZZP 44 S. 300). Aus dem unzweckmäßigen und darum keinesfalls über seinen Wortlaut hinaus auszudehnenden Abänderungsverbot des § 577 III ZPO darf, da der Genehmigungsbeschluß unanfechtbar ist [Anm. 7], nicht auf den Ausschluß der Widerrufsmöglichkeit geschlossen werden. Wo zwingende Rücksichten des Gemeinwohls der Gläubiger den Widerruf gebieten, muß er für zulässig gehalten werden, zumal wenn der Verwalter selbst oder dessen Nachfolger den Antrag auf Genehmigung der Schlußverteilung zurückzieht. So, wenn sich ergibt, daß noch Masse in einem Umfange zu verwerten ist, der die Anordnung einer bloßen Nachtragsverteilung nicht angebracht erscheinen läßt (etwa nach schweren Verfehlungen des Gemeinschuldners oder des bisherigen Verwalters). Hier darf auch der Ablauf der Ausschlußfrist der §§ 152, 153 I kein Hindernis des Widerrufs sein. Namentlich aber kann eine der Allgemeinheit günstige Vergleichsmöglichkeit (§ 173), die sich erst nach Genehmigung und vor Beginn der Schlußverteilung ergibt, den Widerruf der Genehmigung rechtfertigen, ohne daß ihm jener Fristablauf oder noch frühere Vorgänge entgegenstünden. Grundsätzlich zust. OLG Dresden SeuffA 68 Nr. 25; Mentzel-Kuhn[7] Anm. 7, Böhle-Stamschräder[6] Anm. 3, Schrader-Bauer Hdb.[2] S. 111, Richert NJW 1961 S. 2151f. Aus der Unanfechtbarkeit des die Genehmigung der Schlußverteilung aussprechenden Beschlusses [Anm. 7 unter b] ergibt sich, daß auch ein Beschluß, durch welchen ein Antrag des Gemeinschuldners auf Widerruf der erteilten Genehmigung zurückgewiesen wurde, nicht der sofortigen Beschwerde unterliegt. So richtig Richert aaO. gegen LG Flensburg und in Übereinstimmung mit OLG Schleswig in den dort angeführten unveröffentlichten Entscheidungen. Vgl. zur verfahrensmäßigen Behandlung eines verspätet eingereichten Zwangsvergleichsvorschlags § 173 Anm. 24. Daß die genehmigte Schlußverteilung durch eine (keine Ausschlußwirkungen im Sinne der §§ 153 I, 154 II, 156 auslösende) Abschlagsverteilung ersetzt werden könne, halten auch v. Wilmowski-Kurlbaum Anm. 4 für zulässig. 9

5. Würde der Verwalter **ohne gerichtliche Genehmigung** oder **ungeachtet des Widerrufs** die Verteilung vornehmen, so wäre sie darum allein noch keineswegs nichtig (abw.

2 Hellmann S. 505), ebensowenig wie beim Mangel der Genehmigung des Gläubigerausschusses [§ 150 Anm. 1, 2, § 151 Anm. 9]. Die Handlung des Verwalters wäre pflichtwidrig und würde ihn nach § 82 persönlich gegenüber allen Beteiligten ersatzpflichtig machen, aber sie läge nicht außerhalb des Rahmens seiner gesetzlichen Obliegenheiten [siehe § 6 Anm. 25]. Eine so folgenschwere Rechtsfolge müßte das Gesetz bestimmt anordnen. Zust. Mentzel-Kuhn[7] Anm. 6, Böhle-Stamschräder[6] Anm. 3. Zutreffend weist auch Wolff Anm. 3 darauf hin, daß sich die gerichtliche Genehmigung mit rückwirkender Kraft nachholen läßt. Dies mag um der Verkehrssicherheit willen zu empfehlen sein. Die nachträgliche Genehmigung kann durch erneuten Antrag und nach dessen Ablehnung im Beschwerdeweg [Anm. 7] erwirkt und darf, wenn sie dem Gemeinwohle der Gläubiger dient, nicht versagt werden.

10 6. Die Formen des gesetzlichen Schlußverteilungsverfahrens (§§ 161, 162) müssen auch dann beobachtet werden, wenn die Masse durch Nachzahlungen nach § 155, durch Befriedigung von Massegläubigern oder durch Wertverluste **vollkommen erschöpft** [§ 162 Anm. 2] oder aber umgekehrt durch unerwarteten Wertzuwachs (z. B. Lotteriegewinn) **vollkommen zulänglich** geworden ist (vgl. § 51 II GKG), es sei denn, daß eine Einstellung des Verfahrens nach Maßgabe der §§ 202ff. erfolgt. Vgl. Fitting § 42 N. 1, v. Wilmowski-Kurlbaum Anm. 4.

§ 162

Zur Abnahme der Schlußrechnung, zur Erhebung von Einwendungen gegen das Schlußverzeichnis und zur Beschlußfassung der Gläubiger über die nicht verwertbaren Vermögensstücke bestimmt das Gericht einen Schlußtermin, welcher nicht unter drei Wochen und nicht über einen Monat hinaus anzuberaumen ist.

Die Bestimmungen des § 158 Abs. 2 finden auf die Schlußverteilung Anwendung.

Materialien: Motive I Bd. 2 S. 118f., Motive II S. 380f., Protokolle S. 107, 183.

Der Schlußtermin

1 I. Gestattet das Gericht die Vornahme der Schlußverteilung (§ 161 II), so hat es **von Amts wegen** den Schlußtermin **anzuberaumen.** Der Schlußtermin ist eine Gläubigerversammlung und dementsprechend vom Gericht öffentlich bekannt zu machen (§§ 93 II, 76), zweckmäßig unter Angabe der festgesetzten Gebühren und Auslagen des Verwalters [§ 85 Anm. 5]. Muster eines die Genehmigung der Vornahme der Schlußverteilung (§ 161 II), die Anberaumung des Schlußtermins (§ 162 I) und die Festsetzung der Vergütung und Auslagen des Konkursverwalters (§ 85 I) enthaltenden Beschlusses bei Schrader-Bauer Hdb.[2] S. 109f. F III 122, der erforderlichen gerichtlichen Verfügungen ebenda F 123, der öffentlichen Bekanntmachung ebenda F 124. Zwischen dem Tage der Bewirkung dieser Bekanntmachung (§ 76 I) und dem Schlußtermin muß ein Zeitraum von mindestens drei Wochen und höchstens einem Monat frei bleiben (Abs. I), damit die Fristen der §§ 152, 157 [Anm. 4] noch vor dem Termin ablaufen können. In der Praxis finden besondere Zustellungen der Terminsbestimmung an den Verwalter und an den Gemeinschuldner statt; vorgeschrieben sind sie nicht (vgl. § 76 III). Im Falle einer Terminsverlegung (§ 72 KO mit § 227 ZPO) ist auch der neue Termin öffentlich bekannt zu machen. Wird der Schlußtermin vertagt (etwa wegen Ausbleibens des Verwalters oder weil die Fristen der §§ 151, 152, 157 mit § 76 I S. 2 nicht gewahrt sind), so ist der neue Termin zu verkünden und darum eine öffentliche Bekanntmachung nicht erforderlich (§ 72 KO mit § 218 ZPO). Seuffert S. 383.

2 II. Der Schlußtermin hat einen dreifachen **Zweck.** Er dient zur Abnahme der Schlußrechnung, zur Erhebung von Einwendungen gegen das Schlußverzeichnis und zur Beschlußfassung über unverwertbare Massegegenstände. Dementsprechend wird der Schlußtermin auch abgehalten, wenn die Restmasse durch Nachzahlung von

Anteilen (§ 155), durch Berichtigung von Masseansprüchen oder durch Wertverluste gänzlich aufgezehrt ist [§ 161 Anm. 10]. Die Einhaltung seiner Förmlichkeiten ist auch in diesen Fällen vor allem wegen der Möglichkeit einer Nachtragsverteilung (§ 166) geboten. Vgl. Motive II S. 381, Oetker I S. 418. Die Motive aaO. empfehlen für den Fall der Erschöpfung der Masse durch Nachzahlungen nach § 155, diese in den Formen der Schlußverteilung vorzunehmen. Ebenso Fitting § 42 N. 15, 21. War ein Gläubigerausschuß bestellt, so kommt als weiterer Punkt der Tagesordnung des Schlußtermins die Anhörung der Gläubigerversammlung gemäß § 91 I S. 2 in Frage [§ 91 Anm. 2]; die Festsetzung der Auslagen und der Vergütungen der Mitglieder des Gläubigerausschusses kann das Gericht im Schlußtermin durch verkündeten Beschluß vornehmen (Muster bei Schrader-Bauer Hdb.[2] S. 113f.; zur Frage der Zustellung bzw. öffentlichen Bekanntmachung ebenda S. 114f. sowie oben § 91 Anm. 5). Verbindung des Schlußtermins mit einem besonderen Prüfungstermin: Anm. 9. Das Schlußtermin-Protokoll (Muster bei Schrader-Bauer Hdb.[2] S. 112ff. F III 125) kann von den Beteiligten nach § 72 KO mit § 299 I ZPO auf der Geschäftsstelle des Konkursgerichts eingesehen werden [§ 72 Anm. 3b, § 85 Anm. 5].

1. Für die **Schlußrechnung** des Verwalters sind die Vorschriften des § 86 maßgebend. Einwendungen der Beteiligten sind nur im Termin möglich und im ordentlichen Rechtsweg auszutragen. Näheres zu § 86; vgl. auch § 161 Anm. 8. 3

2. Einwendungen gegen das Schlußverzeichnis 4

a) Das Schlußverzeichnis stellt endgültig fest, welche Konkursforderungen aus der nach der Schlußrechnung des Verwalters zur Schlußverteilung verfügbaren Masse zu decken sind (RG Bd. 87 154). Der Verwalter hat das Schlußverzeichnis nach Maßgabe des § 151 anzufertigen [vgl. § 151 Anm. 1ff.] und auf der Geschäftsstelle des Konkursgerichts niederzulegen unter Bekanntmachung der Schuldensumme und des Massebestandes [§ 151 Anm. 8f.]. Diese Bekanntmachung des Verwalters bestimmt den Beginn der für die Schlußverteilung maßgebenden Ausschlußfrist (§ 152). Siehe im übrigen § 161 Anm. 5.

b) Einwendungen gegen das Schlußverzeichnis sind, anders als Einwendungen gegen das Verteilungsverzeichnis einer geplanten Abschlagsverteilung (§ 158 I), nicht binnen einer Frist, sondern nach den klaren Worten des Gesetzes, das den Schlußtermin zur Erhebung der Einwendungen bestimmt, **in diesem Termin selbst,** also **mündlich,** von den persönlich erschienenen Gläubigern oder ihren Vertretern vorzubringen. Diese Regelung hat hier wie bei Einwendungen gegen die Schlußrechnung [§ 86 Anm. 5] und bei Widersprüchen im Prüfungsverfahren [§ 141 Anm. 10] den Vorteil, daß Bedenken in sofortiger Aussprache behoben werden können. Schriftliche Ankündigungen vor dem Termin, auch zu Protokoll der Geschäftsstelle, fördern die Aussprache und die Entscheidung, ersparen aber die mündliche Erklärung nicht. Ebenso die herrschende Lehre, z. B. v. Wilmowski-Kurlbaum Anm. 5, Petersen-Kleinfeller Anm. 2, Seuffert S. 363, Mentzel-Kuhn[7] Anm. 4, Böhle-Stamschräder[6] Anm. 1b; abw. Wolff Anm. 3. Mit dem Schluß des Termins sind Einwendungen abgeschnitten. Auch Gläubiger mit festgestellten Forderungen, welche erfahrungsgemäß im Vertrauen auf eine dem Gesetz entsprechende Berücksichtigung weder das Schlußverzeichnis einzusehen noch im Schlußtermin zu erscheinen pflegen, büßen daher, wenn sie im Schlußverzeichnis übergangen sind, gegenüber der Konkursmasse ihre Rechte ein (RG aaO.). Dagegen wird der nach § 82 einzelnen Gläubigern wegen schuldhafter Nichtaufnahme ihrer Ansprüche in das Schlußverzeichnis verantwortliche Verwalter nicht dadurch entlastet, daß die Übergangenen gegen das Verzeichnis keine Einwendungen erhoben haben. Näheres § 82 Anm. 12, § 86 Anm. 8 (dort auch zur Frage des mitwirkenden Verschuldens); Veruntreuung von Dividenden durch den Verwalter: § 158 Anm. 10 a. E. Zugleich kann ein Rechtsanwalt, der — zur Vertretung von Konkursgläubigern bestellt — es versäumt hat, sich über die Aufnahme ihrer Ansprüche in das Schlußverzeichnis zu vergewissern, seinen Machtgebern haftbar werden (Nachrichten für die Mitglieder des deutschen Anwaltvereins 1915 S. 13).

5 c) **Einwendungsberechtigt** sind nur Konkursgläubiger [§ 158 Anm. 2]. Doch knüpft sich an die Beendigung des Schlußtermins nach der besonderen Ausschlußfrist des § 172 auch für Massegläubiger eine Rechtseinbuße. Zum zulässigen **Inhalt** der Einwendungen siehe § 158 Anm. 1 und 4. Der Einwendende kann besonders auch die Aussichtslosigkeit einer im Verzeichnis berücksichtigten Anwartschaft geltend machen (§ 154 II). Die Tatsache, daß der Erlös eines Absonderungsgegenstandes unter Nichtachtung des Absonderungsrechtes zur Masse gezogen wurde, ist nicht Gegenstand einer nur noch im Schlußtermin statthaften Einwendung gegen das Schlußverzeichnis, sondern selbständig geltend zu machen. RG JW 1887 S. 41 [siehe § 127 Anm. 16 sowie § 4 Anm. 3]. Wohl aber gehört hierher die Einwendung eines absonderungsberechtigten Konkursgläubigers, daß er trotz rechtzeitiger Nachweisung des wirklichen Ausfalls (§ 153 I) in das Schlußverzeichnis keine Aufnahme gefunden hat. OLG Dresden SeuffA 61 Nr. 215 [§ 158 Anm. 4].

d) Über die im Schlußtermin erhobenen Einwendungen hat das Konkursgericht zu **entscheiden** (Abs. II mit § 158 II). Die Entscheidung kann sofort im Termin verkündet werden (Beispiel: Schrader-Bauer Hdb.[2] S. 112f. F III 125). Durch die Verkündung wird aber weder die Zustellung [§ 73 Anm. 4] noch die Niederlegung nach § 158 II entbehrlich. Im übrigen siehe § 158 Anm. 5ff.

6 3. Möglicherweise sind **Massegegenstände** — Sachen oder Rechte — tatsächlich **nicht verwertbar**, also auch im Wege einer ungewöhnlichen Veräußerung (etwa als Forderungen durch Verkauf, § 133 Nr. 2) nicht zu Geld zu machen. Dies kann besonders vorkommen bei Sachen, die mit Pfandrechten überlastet sind, bei Forderungen an zahlungsunfähige oder abwesende Schuldner, bei streitbefangenen Gegenständen, bei überlaßbaren Nutzungsrechten [§ 1 Anm. 39] und bei massezugehörigen Anwartschaften [§ 1 Anm. 56] sowie bei zur Zeit unverwertbaren Ansprüchen der Masse [§ 161 Anm. 3] und sonstigen Gegenständen, deren Verwertung wegen rechtlicher Schwierigkeiten unterblieben ist (LG Altona KonkTreuh. 1936 S. 117; Mentzel-Kuhn[7] Anm. 6). Dagegen gehören Massegegenstände, welche aus Rechtsgründen im Konkurs nicht verwertet werden dürfen [§ 117 Anm. 19, § 128 Anm. 8] nicht zu den unverwertbaren Vermögensstücken im Sinne des § 162 I.

Die Freigabe unverwertbarer Masse an den Gemeinschuldner ist dem pflichtmäßigen Ermessen des nach § 6 allein verfügungsbefugten Verwalters überlassen [§ 6 Anm. 26f., § 83 Anm. 1, § 93 Anm. 2, § 117 Anm. 5, § 161 Anm. 2]. Steht aber die Unverwertbarkeit nicht fest, so muß sich der Verwalter gegen persönliche Inanspruchnahme (§ 82) dadurch sicherstellen, daß er eine Entschließung der Gläubigerschaft veranlaßt. Diesen Sinn einer Entlastung des Verwalters hat die im Abs. I bezeichnete Beschlußfassung. Die Gläubigerschaft kann die Freigabe gutheißen und tut das stillschweigend, wenn sie sich nicht für irgendeine Art der Verwertung des als massezugehörig bekannten — also nicht etwa verborgen gebliebenen (§ 166 II) — Gegenstandes entscheidet. RG JW 1888 S. 288. Erscheint, wie das häufig der Fall ist, trotz ordnungsmäßiger Einberufung überhaupt kein Gläubiger im Schlußtermin, so kann auch keiner den Verwalter wegen der von ihm nach pflichtmäßigem Ermessen vorgenommenen Freigabe zur Verantwortung ziehen (§ 82). Die wegen Unverwertbarkeit freizugebenden Vermögensstücke hat der Konkursverwalter einer juristischen Person oder einer konkursfähigen Handelsgesellschaft dem gesetzlichen Vertreter zu überlassen [§ 117 Anm. 19 a. E.; vgl. auch § 163 Anm. 8]. Die im Termin anwesenden Gläubiger können den Verwalter aber auch anweisen, nachträglich noch einen Verwertungsversuch zu machen (vielleicht unter Vorschlag einer bestimmten Verwertungsart), und zur Berichterstattung über das Ergebnis dieses Versuchs die Anberaumung eines Termins zur Fortsetzung der Schlußverhandlung erwirken (§ 72 KO mit § 227 ZPO). Diese Ermächtigung erteilt das Gesetz der Gläubigerversammlung, indem es ganz allgemein bestimmt, daß die Gläubiger über die (nämlich nach dem Bericht des Verwalters) nicht verwertbaren Vermögensstücke Beschluß zu fassen haben. Vgl. Seuffert S. 381; abw. Hellmann S. 507. Bei Forderungen, die zwar z. Zt. nicht verwertbar sind, mit deren späterer Einziehungsmöglichkeit aber sicher gerechnet werden kann, kommt der Beschluß in Frage, daß sie einer Nachtragsverteilung vorzubehalten seien [§ 161 Anm. 3]. In Ausführung dieses Beschlusses hat der Konkursverwalter den Gemeinschuldner und den Drittschuldner vom Fortbestand des Konkursbeschlages zu verständigen. Vgl. dazu Herb BWNotZ 1960 S. 265ff. und § 163 Anm. 6, 7, § 166 Anm. 2, 10, 12. Da die Möglichkeit besteht, Masseaktiva einer Nachtragsverteilung vorzubehalten und dadurch insoweit den Konkursbeschlag auch nach Aufhebung des Verfahrens aufrechtzuerhalten, erscheint die von Berges KTS 1961 S. 166 vorgeschlagene Beschlußfassung, eine bisher nicht verwertbare Restmasse einem (echten) Treuhänder zu übertragen, der den Erlös seiner (langfristigen) Verwertungsbemühungen gemäß der Rangfolge des Konkurses auszuschütten hat, nicht empfehlenswert; sie hat jedenfalls gegenüber dem Vorbehalt der Nachtragsverteilung keine ersichtlichen Vorteile. Die Gläubigerschaft kann ferner **die Übernahme** eines nicht anders verwertbaren Gegenstandes durch einen oder mehrere Gläubiger bewilligen (Motive II S. 381). Das bedeutet: der Gegenstand soll dem Übernehmer auf seinen Antrag zu einem bestimmten Preis (z. B. eine Forderung für zehn Prozent ihres Nennbetrags) unter Anrechnung dieses Preises auf die dem Übernehmer gebührende Konkursdividende überlassen werden. Der Beschluß bedarf stets noch der Ausführung (durch Übereignung, Abtretung, Anweisung an den Übernehmer); sie ist, wie die §§ 6 II, 117 I ergeben, Sache des Verwalters, der auch diese Verwertung in Ausübung seiner gesetzlichen Befugnisse vornimmt (abw. Wolff Anm. 4). Der Verwalter schließt also mit dem Übernehmer-Gläubiger einen Vertrag auf Hingabe und Annahme des betreffenden Gegenstandes an Erfüllungsstatt ab. Die nichtgeschuldete Leistung braucht sich der Gläubiger hier so wenig als sonst aufdrängen zu lassen (§ 364 I BGB; Kohler Lehrbuch S. 389, 390, 570). Wer bewußt (unter dem Nennwert) Außenstände gegen unsichere Schuldner übernimmt, lädt sich damit die Gefahr ihrer Beitreibbarkeit auf. Stellt sich aber nachträglich heraus, daß eine übernommene Forderung gar nicht oder nicht mehr bestand, so hat der Übernehmer-Gläubiger überhaupt keine Forderung erhalten und daher ein Interesse, daß der durch die Annahme an Erfüllungsstatt „getilgte" Teil seiner Konkursforderung „wieder auflebt", so daß er gemäß § 164 II KO auch insoweit gegen den Gemeinschuldner vorgehen kann. Dieses Ergebnis läßt sich allerdings nicht, wie Jaeger 6./7. Aufl. annahm, dadurch erreichen, daß der Gläubiger die Erfüllungsannahme wegen Irrtums (§§ 119, 142 BGB) mit rückwirkender Kraft anficht; denn ein rechtserheblicher Irrtum liegt weder nach § 119 I BGB noch insbesondere nach § 119 II BGB vor, da die Existenz des Geschäftsgegenstandes nicht als dessen Eigenschaft bezeichnet werden kann (vgl. RG Bd. **93** 73f.). Subsumiert man aber den Fall mit der herrschenden Lehre, obwohl hier gar keine „Leistung" im Sinne des § 364 I BGB vorliegt, unter § 365 BGB als Fall der Rechtsmängelhaftung (vgl. etwa Planck-Siber BGB[4] § 365 Anm. 1, RGR Kommentar[11] § 365 Anm. 1, ebenso offenbar auch Jaeger aaO.), so kommt man über §§ 437, 440, 325, 327, 346ff. BGB nicht zu einem Aufleben der alten Forderung, sondern lediglich zu einer Verpflichtung des Schuldners zu ihrer Wiederherstellung. Man wird aber in Anlehnung an die in § 835 II ZPO für die Einzelvollstreckung getroffene Regelung derartige im Verteilungsverfahren der Gesamtvollstreckung getroffene Übernahmevereinbarungen (Übernahme einer Forderung an Stelle der Auszahlung der Konkursdividende) dahin zu verstehen haben, daß nach dem Parteiwillen die Tilgungswirkung der Hingabe und Annahme an Erfüllungsstatt nur dann eintreten soll, wenn die hingegebene Forderung besteht. Zur Verwertung einer Forderung schon vor dem Schlußtermin durch Überlassung an einen Konkursgläubiger vgl. §§ 133, 134 Anm. 12. Keinesfalls darf aber der Konkursverwalter durch eigenmächtige Übertragung massezugehöriger Rechte einen Konkursgläubiger vor den übrigen bevorzugen. Eine derartige Zuwendung wäre konkurszweckwidrig und dementsprechend unwirksam [§ 6 Anm. 25].

7 Das Konkursgericht hat keine Entscheidungsbefugnis über Anträge, die in der Gläubigerversammlung hinsichtlich unverwertbarer Vermögensstücke gestellt werden; eine solche Entscheidung würde ein unzulässiges Eingreifen in die Befugnisse der Gläubigerversammlung darstellen (LG Altona KonkTreuh. 1936 S. 117); wohl aber unterliegen die Beschlüsse der Gläubigerversammlung einem Einspruch des Konkursgerichts, wenn sie dem gemeinsamen Wohle der Gläubiger widerstreiten und der Verwalter oder ein überstimmter Gläubiger noch im Schlußtermin den Einspruch beantragt. (§ 99).

8 **III.** Eine förmliche Festsetzung und Mitteilung des zur Verteilung gelangenden **Prozentsatzes** ist — anders als für Abschlagsverteilungen (§ 159) — für die Schlußverteilung nicht vorgeschrieben. Die Bekanntmachung nach § 151 [oben Anm. 4] ermöglicht es den Gläubigern, ihre Anteile zu veranschlagen. Motive II S. 381. Doch hat der Verwalter in Erfüllung seiner Aufgabe nach Erledigung etwaiger Einwendungen die auf die einzelnen Forderungen treffenden Beträge zu berechnen und den Gläubigern mitzuteilen (dazu Bihler KTS 1962 S. 85, 87). Diese Mitteilung bildet den Beginn des Vollzugs der Schlußverteilung [vgl. § 166 Anm. 8]. Fitting § 42 N. 21, § 43 N. 1, Seuffert S. 364, 369. Sie kann zur Vereinfachung bei Auszahlung durch Banküberweisung, Postanweisung oder Postscheck [§ 167 Anm. 1] auf dem Empfängerbeleg erfolgen [vgl. § 159 Anm. 4 a. E.].

9 **IV.** Nicht selten wird mit dem Schlußtermin zur Kostenersparung **ein besonderer Prüfungstermin verbunden.** Doch läßt sich das Ziel der nachträglichen Prüfung, verspätet angemeldeten Ansprüchen noch die Konkursteilnahme zu erschließen, jetzt nicht mehr erreichen. Denn zur Zeit des Schlußtermins sind die Fristen der §§ 152 (§ 153), 157 bereits verstrichen. Die Aufnahme neuer Forderungen in das Schlußverzeichnis ist nun unterbunden [Anm. 1]. Daran würde auch eine Vertagung des Schlußtermins nichts ändern. Die Feststellung der erst im Schlußtermin geprüften Forderungen kann sonach nur im Sinne des § 164 Abs. 2 für die Rechtsverfolgung nach dem Konkurs wirken [siehe § 138 Anm. 2, § 142 Anm. 2, 6]. Die Aufnahme ungeprüfter Forderungen in das Schlußverzeichnis ist dem Verwalter schlechthin verboten, auch eine Aufnahme unter der Bedingung, daß ein noch im Schlußtermin abzuhaltendes Prüfungsverfahren zur Feststellung führen werde [§ 151 Anm. 7, § 152 Anm. 2]. So im Anschluß an Schumann KonkTreuh. 1929 S. 50f. die herrschende Meinung; vgl. Mentzel-Kuhn[7] § 142 Anm. 2, 162 Anm. 5, Böhle-Stamschräder[6] Anm. 2, Bauer-Schrader Hdb.[2] S. 90, 109, Bauer Betrieb 1957 S. 350, Mohrbutter-Haarmann Leitfaden S. 171, 191; anders Boennecke KTS 1955 S. 175f., offenbar auch Bode DDJustB 1937 S. 497 und eine verbreitete konkursgerichtliche Praxis. Das Konkursgericht wird daher, ehe es die Vornahme der Schlußverteilung gestattet, klarstellen müssen, ob noch Forderungen angemeldet und ungeprüft sind. Solchenfalls hat es, wenn auf die Forderungsgruppe, zu der die ungeprüften Forderungen gehören, bei der Schlußverteilung etwas entfallen würde, zunächst einen eigenen Prüfungstermin auf Kosten der Nachzügler (§ 142 III) anzuberaumen und den Schlußtermin so anzusetzen, daß die Ausschlußfrist (§ 152) gewahrt bleibt. Zust. Mentzel-Kuhn, Mohrbutter-Haarmann, Schrader-Bauer, Bauer aaO. Keinesfalls dürfte das Konkursgericht die einmal erteilte Genehmigung zur Vornahme der Schlußverteilung einseitig zugunsten der Nachzügler widerrufen [§ 161 Anm. 9]. Insofern zutreffend Peiser ZZP 44 S. 300, Senst-Müller Konkursrichter[4] S. 165.

§ 163

Nach der Abhaltung des Schlußtermins beschließt das Gericht die Aufhebung des Konkursverfahrens. Eine Anfechtung des Beschlusses findet nicht statt.

Der Beschluß und der Grund der Aufhebung sind öffentlich bekannt zu machen. Die Vorschriften der §§ 111 Abs. 2, 112, 113 finden entsprechende Anwendung.

Materialien: Motive I Bd. 2 S. 182f., Motive II S. 381, Protokolle S. 107f., 183.

Die Aufhebung des Konkursverfahrens

Der Konkurs wird „eröffnet" und „beendigt" (§ 214 I BGB) durch Beschlüsse des Konkursgerichts. Die Beendigung ist entweder Aufhebung oder Einstellung. **„Aufgehoben"** wird das Verfahren nach Abhaltung des Schlußtermins (§ 163) und nach rechtskräftiger Bestätigung des Zwangsvergleichs (§ 190), also in Fällen, in denen der Konkurs eine Befriedigung der Konkursgläubiger unter Verlustgemeinschaft entweder den Kräften der Masse gemäß bewirkt oder auf eine vereinbarte andere Art in die Wege geleitet und so seinen Zweck erreicht hat. Die **„Einstellung"** des Konkursverfahrens, d. h. dessen vorzeitiger Abbruch, ist zu beschließen entweder auf Schuldnerantrag mit Zustimmung der Gläubiger (sog. Konkursverzicht, §§ 202f.) oder wegen Unzulänglichkeit der Masse zur Kostendeckung (§ 204). Zu einer „Aufhebung des Verfahrens" führt nach § 116 auch die rechtskräftige Aufhebung des zu Unrecht erlassenen Eröffnungsbeschlusses. Diese Aufhebung hat aber den Sinn einer Rückgängigmachung des Konkurses [§ 109 Anm. 4]. Ihr entspricht die oben § 103 Anm. 16 behandelte „Einstellung" des Konkurses eines Versicherungsvereins a. G., einer VersicherungsAG oder einer Bausparkasse. Im weitesten Sinne des Wortes redet der § 240 ZPO von einer „Aufhebung des Konkursverfahrens" [§ 10 Anm. 13]. Ebenso der § 36 II 3 VerlG [§ 17 Anm. 61]. Auch im Falle des § 1670 II BGB begreift der Ausdruck „Aufhebung des Konkurses" zugleich die Fälle der Einstellung (§§ 202, 204 KO); eine Aufhebung des Eröffnungsbeschlusses steht dort zufolge § 1670 I BGB („Rechtskraft") nicht in Frage. Einl.

I. Voraussetzung der Aufhebung

Das Konkursgericht **kann** die Aufhebung des Verfahrens beschließen, sobald der Schlußtermin (§ 162) abgehalten ist. Ohne Verzug soll der Gemeinschuldner die freie Erwerbstätigkeit wiedererlangen, sollen die Konkursgläubiger von den Schranken der §§ 12, 14, 15 befreit werden. Daß die Schlußverteilung bereits vollzogen sei, wird nicht vorausgesetzt. Denn ihr Vollzug gehört nicht zu den Aufgaben des Schlußtermins [§ 162 Anm. 2], die Schlußrechnung aber ist schon vor der Verteilung abzunehmen und bildet den Gegenstand der Verhandlung im Schlußtermin. Vgl. Seuffert S. 383, Fitting S. 403f., Wolff Anm. 1, Mentzel-Kuhn[7] Anm. 1, Böhle-Stamschräder[6] Anm. 1, Schrader-Bauer Hdb.[2] S. 116, Baur bei Schönke-Baur § 53 A I; abw. (Aufhebung erst nach Vollzug der Schlußverteilung zulässig): z. B. v. Sarwey-Bossert Anm. 1 und neuerdings Bihler KTS 1962 S. 89f. Noch weniger fordert das Gesetz, daß die im Schlußtermin erhobenen Einwendungen und daß alle Feststellungsprozesse erledigt sind [§ 146 Anm. 43, § 161 Anm. 1]. Andererseits ist keineswegs gesagt, daß der Konkurs sofort nach Abhaltung des Schlußtermins aufgehoben werden **müsse.** Es können vielmehr triftige Gründe vorliegen, die es ratsam machen, erst den Vollzug der Schlußverteilung abzuwarten und das Verfahren auch rechtsförmlich erst dann zu beenden, wenn es sachlich abgeschlossen ist. Nicht, weil mit der Aufhebung des Konkurses auch die Aufsicht über den Verwalter aufhörte und damit eine Gefährdung der Konkursgläubiger verknüpft wäre. Denn er untersteht, solange er noch als Verwalter tätig zu werden hat, auch noch der Aufsicht des Gerichts und eines etwaigen Gläubigerausschusses [Anm. 7]. Wohl aber kann ein Aufschub der förmlichen Konkursbeendigung z. B. deshalb geboten sein, weil noch besonders folgenschwere Einwendungen gegen das Schlußverzeichnis schweben oder weil eine Schadensersatzpflicht des bisherigen Verwalters gegenüber der Masse noch der Feststellung und Durchsetzung bedarf oder weil mit der Beschaffung neuer Befriedigungsmittel auf anderem Wege (etwa dem der §§ 29ff.), wie der Schlußtermin ergibt, noch ernsthaft zu rechnen ist. Vgl. auch § 161 Anm. 9 und Herb BWNotZ 1960 S. 256f. Zu solchem Aufschub ist das Konkursgericht ermächtigt und gegebenenfalls veranlaßt, weil im Abs. I die Beschlußfassung über die Aufhebung nach Abhaltung des Schlußtermins dem pflichtmäßigen Ermessen des Gerichts anheimgestellt wird (vgl. Protokolle S. 107f.). Die bei vielen Konkursgerichten bestehende Übung, den Konkurs immer erst dann aufzuheben, wenn die Schlußverteilung vollzogen ist und der Schlußverteilungs- 1 bericht des Verwalters (Muster bei Mohrbutter-Haarmann Leitfaden S. 286, Schrader-Bauer Hdb.[2] S. 116 F III 127; vgl. auch Bihler KTS 1962 S. 89f.) sich bei gerichtlicher Nachprüfung als zutreffend erwiesen hat, ist daher nicht zu beanstanden. Bohnenberg KonkTreuh. 1934 S. 113f., Mentzel-Kuhn[7] Anm. 1, Schrader-Bauer aaO. Einen derartigen Bericht (mit Belegen) hat der Konkursverwalter aber auch dann einzureichen und das Konkursgericht zu überprüfen, wenn das Konkursverfahren schon vor der Durchführung der Schlußverteilung aufgehoben worden ist; denn der Vollzug der Schlußverteilung gehört in jedem Falle zu den Amtspflichten des Verwalters (§ 167) und unterliegt damit der Beaufsichtigung des Konkursgerichts (§ 83). Vgl. auch Anm. 7. Verschleppt das Konkursgericht die Aufhebung des Verfahrens, so sind die Beteiligten auf den Weg der Verzögerungsbeschwerde gewiesen [§ 73 Anm. 6 a. E.]. Genossenschaftskonkurs: §§ 207f. Anm. 49.

II. Der Aufhebungsbeschluß

2 1. Das Gesetz (Abs. I Satz 2) erklärt den Aufhebungsbeschluß für **unanfechtbar,** ein Standpunkt, den die Motive II S. 381 mit der unzureichenden Begründung zu rechtfertigen suchen, „ein Streit über die Aufhebung könne füglich nicht entstehen", der aber schon in der Kommission auf unwiderlegte Bedenken gestoßen ist (Protokolle S. 107f.). An der Aufrechterhaltung des Konkurses kann ein schutzwürdiges Interesse bestehen [Anm. 1]. Die Unanfechtbarkeit des Aufhebungsbeschlusses erweist sich aber auch dann als bedauerlich, wenn er auf einen vom Gesetz nicht anerkannten Aufhebungsgrund, etwa auf den Wegfall des Konkursgrundes, gestützt wird, die besonderen Folgen der „Aufhebung" aber, wie der Ausschluß einer Fortsetzung des bisher im Konkurs stehenden Verbandes (§ 215 II AktG, § 60 I Nr. 4 GmbHG), sachlich unangemessen erscheinen [§§ 202f. Anm. 2]. Hat der Richter sich offenbar nur im Ausdruck vergriffen und statt der gesetzlich gebotenen „Einstellung" — diese unterliegt der Beschwerde [§§ 202f. Anm. 10] — die „Aufhebung" des Konkursverfahrens ausgesprochen, dann ist eine zeitlich begrenzte, auch von Amts wegen statthafte Berichtigung des Beschlusses nach § 319 ZPO mit § 72 KO angezeigt. Der Beschluß, der einen Antrag auf Aufhebung des Konkursverfahrens abweist, ist dem Antragsteller zuzustellen und seiner Beschwerde unterworfen (§ 73). Ein Aufhebungsbeschluß, der schon vor dem Schlußtermin erlassen würde, wäre gesetzwidrig, aber doch nicht schlechthin wirkungslos („nichtig", wie Seuffert S. 383 annimmt). Auch er würde den Konkurs beenden. Die gegenteilige Ansicht würde zu einer unerträglichen Rechtsunsicherheit führen: die Beteiligten dürften sich nicht bei der öffentlichen Bekanntmachung der Konkursaufhebung beruhigen, sondern wären zu der Prüfung genötigt, ob das Konkursgericht die Voraussetzungen für den Aufhebungsbeschluß zutreffend festgestellt, ob es namentlich den Schlußtermin abgehalten habe. Mit dem verfrühten Ausspruch der Aufhebung des Konkursverfahrens wäre freilich die Tätigkeit des Konkursgerichts noch nicht abgeschlossen. Es hätte sofort nach Aufdeckung des Irrtums den Schlußtermin zu bestimmen und die noch nicht eingereichte Schlußrechnung des Verwalters einzufordern. Die Aufgabe des Gerichts nach förmlicher Beendigung des Verfahrens erschöpft sich eben nicht in der Anordnung von Nachtragsverteilungen; sie erstreckt sich vielmehr auf alle gesetzlich dem „Konkursgericht" obliegenden, aber noch unerledigten Verrichtungen. Zust. Böhle-Stamschräder[6] Anm. 2.

3 2. **Fassung des Aufhebungsbeschlusses.** Der Aufhebungsbeschluß hat den Grund der Aufhebung (Abs. II) anzugeben: „nach Abhaltung des Schlußtermins". Muster bei Schrader-Bauer Hdb.[2] S. 117 F III 128. Er kann auch die (bekannt zu machende) Festsetzung der Ansprüche von Mitgliedern eines Gläubigerausschusses enthalten [siehe § 91 Anm. 5].

4 3. **Bekanntmachung.** Der Aufhebungsbeschluß muß nach Abs. II öffentlich bekannt gemacht werden. Für diese Bekanntmachung ist zufolge Abs. III der § 111 II (nicht auch der besondere Zustellungen gebietende § 111 III) maßgebend. Sie geschieht dadurch, daß der Beschluß mindestens einmal in das Amtsverkündungsblatt des Konkursgerichts und in den Bundesanzeiger eingerückt wird.

Muster bei Schrader-Bauer Hdb.[2] S. 119 F III 133. Sie gilt als bewirkt mit Ablauf des zweiten Tages nach der Ausgabe des die (erste) Einrückung enthaltenden Amtsverkündungsblattes (§ 76 I). Damit ist der Beschluß erlassen und zugleich, da er unanfechtbar ist [Anm. 2], in Rechtskraft erwachsen. Erst jetzt, nicht schon mit der Fassung des Beschlusses (abw. v. Sarwey-Bossert Anm. 2, Fitting § 42 N. 26, Breslau OLG 21 S. 180, LG Berlin JW 1935 S. 375, gelegentlich auch RG Bd. 45 326, neuerdings Richert NJW 1961 S. 645ff.), wird die Aufhebung des Konkurses **wirksam**, und zwar **einheitlich** für alle Beteiligten, auch (gegen v. Völderndorff II S. 482) für den Gemeinschuldner. Vgl. auch Motive II S. 421 und § 25 Anm. 27. Die Besonderheit des § 108 [siehe dort Anm. 1] kommt hier nicht in Betracht; im Falle der Konkursaufhebung fehlt das Bedürfnis einer Beschleunigung, wie sie für den Fall der Konkurseröffnung geboten erscheint. Da nach Abs. II nur die öffentliche Bekanntmachung wesentlich ist, bestimmt sich nach ihr die Wirksamkeit der Aufhebung auch dann, wenn die nicht gebotene, aber übliche besondere Zustellung an den Schuldner oder Verwalter früher erfolgt [§ 76 Anm. 5]. Übereinstimmend die herrschende Ansicht (z. B. OLG Dresden SARpfl 1 S. 103, LZ 1911 Sp. 160f., Kolmar OLG 15 S. 251; v. Wilmowski-Kurlbaum Anm. 2, Petersen-Kleinfeller Anm. 4, Wolff KO[2] S. 475, Seuffert S. 384, Matzke JW 1935 S. 376f., Mentzel-Kuhn[7] Anm. 3, Böhle-Stamschräder[6] Anm. 2, ferner die bei Richert aaO. angeführten Entscheidungen des LG Flensburg und des OLG Schleswig). Mit der öffentlichen Bekanntmachung der Aufhebung des Konkursverfahrens wird zweckmäßig die (notwendige) Bekanntmachung der Festsetzung der Vergütung und der Auslagen von Mitgliedern des Gläubigerausschusses verbunden [§ 91 Anm. 5, § 162 Anm. 2; vgl. dazu jetzt auch Schrader-Bauer Hdb.[2] S. 114f. und S. 119 F III 133] und, wenn sie nicht schon bei Bekanntmachung des Schlußtermins erfolgte [§ 161 Anm. 1], auch die Bekanntmachung der Festsetzung von Vergütung und Auslagen des Konkursverwalters [§ 85 Anm. 5].

4. Nach Abs. III hat der Urkundsbeamte der konkursgerichtlichen Geschäftsstelle beglaubigte Abschriften des Aufhebungsbeschlusses den im § 112 bezeichneten Registerbehörden und der Dienstbehörde des Gemeinschuldners mitzuteilen. Der Konkursvermerk wird im Grundbuch — gebührenfrei (§ 115) — gelöscht (Abs. III mit § 113), soweit er nicht schon während des Verfahrens gelöscht wurde. Das Konkursgericht (Rechtspfleger, § 21 Nr. 3 RpflG) hat nach Abs. III mit § 113 II um diese Löschung von Amts wegen nachzusuchen. Im übrigen siehe § 114 Anm. 4 (Löschungsantrag des Verwalters und des Schuldners). Eintragung in das Handelsregister: § 112 Anm. 2; Mitteilung an die Börse: § 112 Anm. 7. War eine Postsperre (§ 121) erlassen und noch nicht aufgehoben, so hat das Konkursgericht — was freilich nicht ausdrücklich vorgeschrieben ist — auch die Verkehrsanstalten von der Aufhebung zu benachrichtigen. Muster bei Schrader-Bauer Hdb.[2] S. 117ff. 5

III. **Die Rechtsfolgen der Aufhebung** [Zeitpunkt des Eintritts: Anm. 4] bestehen namentlich darin:

1. Der **Konkursbeschlag endet** d. h. die durch die Konkurseröffnung in Ansehung der Konkursmasse ausgelösten Rechtswirkungen kommen in Wegfall. Das liegt im Begriffe der Konkursaufhebung. Der Konkursbeschlag endet, wie im Falle der Aufhebung kraft Zwangsvergleichs, für die Zukunft, nicht rückwirkend [§ 192 Anm. 2ff.]. 6

a) Von nun ab unterliegen also Masseüberschüsse, wie sie verbleiben können, wenn die Masse von vornherein nicht überschuldet war oder nachträglich (vielleicht durch Glücksfälle) zulänglich geworden ist, der freien Verfügung des Schuldners. Massebestandteile, die während des Konkurses nicht ermittelt wurden: § 166 Anm. 7. Die gesetzlichen Befugnisse des Verwalters hören auf. Es gibt auch keinen Rechtssatz, der ihn ermächtigte, noch unerfüllte Masseansprüche, die er vorweg zu befriedigen versäumt hat (§§ 57, 172), nachträglich noch aus der früheren Masse zu erfüllen. Darum kann er z. B. ein von ihm verkauftes Massegrundstück (§ 59 Nr. 1) fortab nicht mehr auflassen [§ 81 Anm. 4]. KG JurRundsch. 1930

Nr. 1647. Zugleich enden die Obliegenheiten eines Gläubigerausschusses und seiner Mitglieder sowie die der Gläubigerversammlung. Die Ausantwortung des Masseüberrestes kann der bisherige Gemeinschuldner im Prozeßwege vom Verwalter wie von einem etwaigen Drittbesitzer verlangen.

b) **Prozesse** über einen nun der freien Verfügung des Schuldners unterliegenden Gegenstand führt der Schuldner persönlich weiter. Prozeßhandlungen können fortab nicht mehr dem Verwalter gegenüber wirksam vorgenommen werden (RG LZ 1910 Sp. 785: unwirksame Zustellung an den Verwalter). Eine Prozeßunterbrechung tritt, wenn man den Konkursverwalter als Zwangsvertreter des Gemeinschuldners ansieht, nicht ein [Jaeger 6./7. Aufl.; Jaeger-Lent Vorbem. V c, S. 92, vor §§ 6—9], wohl aber nach der richtig verstandenen Amtstheorie, nach der sich in solchen Fällen bei Konkursbeendigung ein Parteiwechsel vollzieht, in sinngemäßer Anwendung des § 239 ZPO; war ein Prozeßbevollmächtigter bestellt, so besteht nach § 246 ZPO die Möglichkeit der Aussetzung des Prozesses. So de Boor, Parteiwechsel (1941) S. 48f., 57, 61, Schönke JBl. 1951 S. 529, Stein-Jonas-Schönke-Pohle ZPO[18] § 239 Bem. I 2, § 240 Bem. IV 2, Wagemeyer, Der gesetzl. Parteiwechsel und die Prozeßstandschaft des § 265 ZPO (1954) S. 61f., Weber KTS 1955 S. 110f. sowie für den gleichgelagerten Fall der Beendigung der Testamentsvollstreckung RG Bd. **155** 350; vgl. auch Jonas JW 1937 S. 3249; anders RG Bd. **47** 372, **52** 334, **58** 371, **73** 314, **79** 29; Mentzel-Kuhn[7] Anm. 6). Eine vom Verwalter erteilte Prozeßvollmacht dauert fort, bis sie der Schuldner als die nun zur Prozeßführung befugte Partei widerruft. RG LZ 1908 Sp. 705f., Bd. **73** 314, LZ 1911 Sp. 153; Mentzel-Kuhn[7] Anm. 6; vgl. auch Jaeger LZ 1908 Sp. 706, DJZ 1908 Sp. 1298ff. (vom Standpunkt der Vertretertheorie aus); das RG hat dieses Ergebnis allerdings in einigen der angeführten Entscheidungen in Abweichung von seiner sonst zur Rechtsstellung des Konkursverwalters vertretenen Ansicht aus der „Vertreterstellung" des Konkursverwalters abgeleitet, es gilt aber auch, wenn man den Konkursverwalter als Partei kraft Amtes ansieht, und zwar in sinngemäßer Anwendung der §§ 239, 246 mit § 86 ZPO. So richtig Stein-Jonas-Schönke-Pohle ZPO[18] § 86 Bem. II 3, § 240 IV 2, ferner Hellwig DJZ 1908 Sp. 1198ff. und insbesondere RG Bd. **73** 314ff. Dagegen dauert die Prozeßvertretungsmacht nach Konkursbeendigung nicht fort, wenn der Konkursverwalter als Anwalt nach § 78 III ZPO sich selbst vertreten hat (RG LZ 1910 Sp. 785; Mentzel-Kuhn[7] Anm. 6; abw. Stein-Jonas-Schönke-Pohle aaO. § 240 Bem. IV 2; vgl. aber auch § 78 Bem. II 3, § 246 Bem. II 3); in diesem Falle kommt es vielmehr, wie oben dargelegt, zur Prozeßunterbrechung. Vollmacht zu Rechtsgeschäften: § 6 Anm. 2. Anfechtungsrechtliche Rückgewähransprüche der Konkursmasse erlöschen bei Konkursbeendigung, anhängige Anfechtungsprozesse sind also in der Hauptsache erledigt [Näheres § 36 Anm. 15a]. Das Erlöschen des Anfechtungsanspruchs infolge Konkursbeendigung kann noch im Berufungsverfahren geltend gemacht werden. Endet aber der Konkurs erst nach dem Schlusse der Berufungsverhandlung, dann hat das Revisionsgericht nur zu prüfen, ob der Rückgewähranspruch zur Zeit der letzten Verhandlung vor dem Berufungsgericht begründet war (§ 561 I ZPO). Bejaht es die Frage, dann muß es die Revision des Anfechtungsbeklagten zurückweisen und ihm auch die Kosten des dritten Rechtszuges aufbürden. Entsprechendes gilt, wenn der Verwalter den Anfechtungsanspruch durch Widerklage oder (etwa gegenüber einer Klage auf abgesonderte Befriedigung aus einem nach § 30 anfechtbar erworbenen Wertrecht) einredeweise erhoben hatte. Auch hier stünde der § 561 I ZPO einer Berücksichtigung des Erlöschens der Rückgewährpflicht entgegen. Darum beschränkt sich aber auch die Rechtskraft auf den Sachverhalt am Schlusse der Berufungsverhandlung. RG Bd. **128** 66, Bd. **135** 347.

Die im Vorstehenden dargelegten Grundsätze für den Übergang eines vom Konkursverwalter über einen Massegegenstand geführten Prozesses auf den Gemeinschuldner wirken sich allerdings in erster Linie bei der Konkursaufhebung nach Abschluß eines Zwangsvergleichs gemäß §§ 190, 192 [vgl. § 190 Anm. 5, § 192 Anm. 5, 6] und bei der Konkursbeendigung durch Einstellung nach §§ 202, 204 (206 I) aus, dagegen **nicht nach Aufhebung gemäß § 163 I;** denn wenn in diesem Falle ausnahmsweise noch Prozesse über Masseaktiva anhängig sind, so liegt in der Genehmigung der Schlußverteilung im allgemeinen der Vorbehalt einer Nachtragsverteilung hinsichtlich des Prozeßgegenstandes [§ 161 Anm. 3], der Prozeß (auch ein Anfechtungsprozeß) wird also durch den Konkursverwalter fortgeführt [Näheres Anm. 7]. Wegen der bei Aufhebung des Konkurses nach Abhaltung des Schlußtermins anhängigen Feststellungsprozesse über streitige Konkursgläubigerrechte vgl. §161 Anm. 1 und die eingehenden Ausführungen §146 Anm. 43f.; wegen der durch die Konkurseröffnung unterbrochenen, jedoch während des Konkurses durch oder gegen den Konkursverwalter nicht aufgenommenen Prozesse vgl. § 10 Anm. 12ff.; die dort Anm. 12 von Lent vertretene Auffassung, die Amtstheorie müsse auch in diesem Falle Parteiwechsel und folgerichtig Prozeßunterbrechung nach § 239 ZPO annehmen, ist allerdings unzutreffend, da der Konkursverwalter in solchen Prozessen gar nicht Partei kraft Amtes geworden ist. Anhängige Prozesse über Masseansprüche: § 57 Anm. 12; dazu FG Kassel EFG 1960 S. 119 für ein steuerrechtliches Einspruchsverfahren. Hat der Gemeinschuldner schon während des Konkurses einen Prozeß über ein massezugehöriges Recht begonnen (etwa mit der Behauptung, es sei wirksam vom Konkursverwalter freigegeben), so erlangt er durch die Konkursbeendigung die ihm bisher fehlende Prozeßführungsbefugnis; diese Auswirkung der Konkursbeendigung auf die Prozeßführungsbefugnis des Gemeinschuldners, also eine Prozeßvoraussetzung, hat das Revisionsgericht trotz § 561 I ZPO auch dann zu beachten, wenn die Konkursbeendigung erst in der Revisionsinstanz erfolgt ist (BGH Bd. **28** 13ff.; zust. Böhle-Stamschräder[6] Anm. 4).

c) **Anders** liegen die Dinge, d. h., der **Konkursbeschlag endet nicht** hinsichtlich solcher Gegenstände der Konkursmasse, die der noch zu vollziehenden Schlußverteilung vorbehalten [Anm. 1] oder für die Zwecke einer Nachtragsverteilung nach Maßgabe der §§ 166, 168f. verstrickt bleiben. Insoweit bewendet es für Rechtsgeschäfte und Rechtsstreitigkeiten bei den gesetzlichen Befugnissen des Verwalters. Insoweit bleibt der Schuldner Gemeinschuldner, also nach § 6 der Verfügungsbefugnis entkleidet und nach § 100 zur Auskunft verpflichtet, der Massegegenstand den §§ 14, 15 unterworfen. Insoweit bestehen auch die Aufgaben des Konkursgerichts, besonders dessen Aufsichtsgewalt [Anm. 1], weiter. Näheres § 166 Anm. 10, 12. Zur Fortführung bei Konkursaufhebung noch anhängiger **Prozesse** über Masseaktiva vgl. insbesondere § 161 Anm. 3 mit Verw. Wie dort und oben Anm. 6 dargelegt, werden in der Regel solche Prozesso durch den Konkursverwalter als Partei kraft Amtes (bzw. als gesetzlichen Zwangsvertreter des Gemeinschuldners) für die Masse weitergeführt [vgl. auch § 166 Anm. 2, 10, 12, § 10 Anm. 14]. Das gilt folgerichtig, wie das RG JW 1936 S. 2928f. = HRR 1936 Nr. 1191 eingehend und überzeugend ausgeführt hat, auch für Anfechtungsprozesse [§ 36 Anm. 15a, § 161 Anm. 3; vgl. auch § 166 Anm. 5: nachträgliche Aufdeckung eines Anfechtungsanspruchs, Anm. 7: nach Konkursaufhebung entstandene Anfechtungsansprüche]. Ebenso Bleyer KO[3] § 36 Anm. 4a; zust. jetzt auch Mentzel-Kuhn[7] Anm. 6; abw. offenbar Böhle-Stamschräder[6] Anm. 4 unter Bezugnahme auf RG HRR 1932 Nr. 1089 (dort allerdings nur obiter dictum; der Rechtsstreit betraf keinen Anfechtungsanspruch). Eine Fortdauer der Prozeßführungsmacht des Verwalters muß, weil seine Aufgabe insoweit noch unerledigt ist, auch dann angenommen werden, wenn er eine zur Masse gehörende Forderung eingeklagt und während des Prozesses zum Zwecke der Verwertung (§ 117) kaufweise abgetreten, der verklagte Drittschuldner aber dem Einrücken des Käufers in den Rechtsstreit widersprochen hatte (§ 265 ZPO, vgl. § 437 BGB mit § 59 Nr. 1 KO). Der Verwalter und nicht etwa der bisherige Gemeinschuldner, der die Verfügung über den rechtshängigen Anspruch hier nicht zurückerlangt, hat also den schwebenden Prozeß auszutragen. Dresden Sächs. OLG 29 S. 188f.; ähnlich offenbar der Fall in RG HRR 1932 Nr. 1089. Dazu bleibt er auch dann berufen, wenn die eingeklagte Forderung schon vor dem Konkurs zur Tilgung einer Schuld des Zedenten abgetreten und der durch den Konkurs unterbrochene Prozeß vom Verwalter aufgenommen worden war [§ 10 Anm. 22], zumal wenn der Zedent (Gemeinschuldner) nun als juristische Person bei Konkursbeendigung er- 7 lischt [Anm. 8]. So RG ZZP 58 S. 208ff. (KonkTreuh. 1932 S. 97ff. Nr. 3) mit LZ 1932 Sp. 307 Nr. 9 (Tatbestand nur aus dem Zusammenhalt dieser Veröffentlichungen zu klären). Für Ansprüche, welche (mangels Fälligkeit) im Zeitpunkt der Schlußverteilung noch nicht verwertbar waren, die aber für eine Nachtragsverteilung vorbehalten wurden [§ 161 Anm. 3, 162 Anm. 6], empfiehlt sich zur Klarstellung der Rechtslage die Benachrichtigung des Gemeinschuldners und des Drittschuldners vom Fortbestand des Konkursbeschlages durch den Konkursverwalter sowie die Aufnahme eines entsprechenden Vorbehalts in den gerichtlichen Aufhebungsbeschluß (so zutreffend Herb BWNotZ 1960 S. 266f.). Über Festsetzung von Auslagen und Vergütung des Konkursverwalters und der Mitglieder des Gläubigerausschusses durch das Konkursgericht nach Aufhebung des Verfahrens vgl. § 85 Anm. 2c, § 91 Anm. 6.

8 **2. Sonstige Rechtsfolgen der Aufhebung.** Die Unterbrechung der Anspruchsverjährung durch Anmeldung [§ 25 Anm. 16, Ausnahme: Anm. 18] und die konkursmäßige Unterbrechung von Prozessen hören nun von selbst auf [§ 10 Anm. 12ff.; vgl. auch oben Anm. 6]. Die den Konkursgläubigern gezogenen Schranken der Rechtsverfolgung (§§ 12, 14) fallen. Näheres zu § 164. Dagegen wird das Erlöschen eines Rechtsverhältnisses, wie z. B. einer Gesellschaft [§ 25 Anm. 5f.], eines Geschäftsbesorgungsvertrags und der auf ihm beruhenden Vollmacht [§ 23 Anm. 10], einer elterlichen Vermögensverwaltung (§ 1670) oder eines Versicherungsverhältnisses, das nach Maßgabe des § 13 VVG geendet hat, im Falle der Aufhebung des durchgeführten Konkursverfahrens — anders als bei erfolgreicher Anfechtung des Eröffnungsbeschlusses [§ 109 Anm. 4] — nicht etwa wieder rückgängig. Solche Änderungen der sachlichen Rechtslage sind endgültig. Desgleichen die Verwandlung eines gegenseitigen Schuldverhältnisses, die infolge der Erfüllungsablehnung des Verwalters eingetreten ist [§ 17 Anm. 48, Gegensatz: daselbst Anm. 54]. Über das Fortdauern der Wirksamkeit der §§ 65, 69, 70 siehe zu § 164 Anm. 10f. Staatsbürgerliche Wiederbefähigung: § 25 Anm. 27, 31f. Juristische Personen, welche durch die Eröffnung des Konkurses in den Abwicklungszustand versetzt worden sind [§ 25 Anm. 5, 6, 8], bleiben im Falle der Aufhebung des Verfahrens nach § 163 auch dann der Rückführung in den Erwerbsstand unzugänglich, wenn das Gesetz — wie bei Aktiengesellschaften (§ 215 II AktG) und bei Gesellschaften mit beschränkter Haftung (§ 60 I Nr. 4 GmbHG) — nach einem Zwangsvergleich oder einer Einstellung auf Schuldnerantrag eine „Fortsetzung" ausdrücklich zuläßt. Dies selbst dann, wenn Vermögensüberschüsse verbleiben sollten; solche Überschüsse sind, ebenso wie im Konkurs als unverwertbar freigegebene, tatsächlich aber verwertbare Vermögensgegenstände im Wege eines anschließenden Abwicklungsverfahrens zu verwerten (vgl. KG DJ 1938 S. 1161 mit Anm. Lenz; ferner OLG Köln NJW 1959 S. 199). Siehe auch § 162 Anm. 6.

9 **Zusatz. Konkursstatistik.** Das Statistische Amt veröffentlichte seit 1895 in seinen Vierteljahresheften zur Statistik des Deutschen Reichs eine Konkursstatistik für das Reich. Siehe Jaeger Lehrbuch[8] S. 18f. mit Verw., besonders Wirminghaus „Konkurs (Statistik)" im Handwörterbuch der Staatswissenschaften 4. Aufl. Bd. V (1932) S. 852ff. (hier auch Auslandsstatistik). Die Statistik wird nach Zählkarten bearbeitet, die bei den Amtsgerichten ausgefüllt werden [§ 112 Anm. 10; vgl. Schrader-Bauer Hdb.[2] S. 154ff.]. Leider wurden die amtlichen Mitteilungen gegenständlich immer mehr eingeschränkt, sogar die Angaben über die Dauer der Konkurse und über die Art ihrer Beendigung haben aufgehört. Zahlenmaterial über die Entwicklung der Konkurskurve von 1909 bis 1933, über die Art der Konkursbeendigung von 1909 bis 1931 sowie das finanzielle Ergebnis für die in den Jahren 1930 bis 1933 beendeten Konkurse bei Jaeger 6./7. Aufl. Anm. 10.

Für die Zeit nach 1949 werden vom Statistischen Bundesamt die Ergebnisse der amtlichen Insolvenzstatistik regelmäßig veröffentlicht (vgl. Statist. Jhrb. f. d. Bundesrepublik Deutschland 1952 S. 333, 1953 S. 414f., 1954 S. 384f., 1955 S. 370f., 1956 S. 360f., 1957 S. 389f., 1958 S. 342, 1959 S. 339f., 1960 S. 387f., 1961 S. 394f.). Das statistische Material wird seit 1956 alljährlich in sehr sorgfältigen und sachkundigen Aufsätzen von Doehring in KTS ausgewertet; vgl. KTS 1956 S. 165f., 1957 S. 170ff., 1958 S. 147ff., 1959 S. 183ff., 1960 S. 150ff., ferner die zusammenfassende statistische Analyse der Insolvenzsituation seit der Währungsreform KTS 1961 S. 131ff. Mit Recht wird dabei immer wieder nachdrücklich auf mögliche Fehlerquellen und Bedenken gegen den Erkenntniswert der Insolvenzstatistik hingewiesen, die größte Zurückhaltung bei Schlußfolgerungen über Insolvenzursachen, bei Rückschlüssen auf die wirtschaftliche Gesamtsituation und die Zahlungsmoral der Schuldner und vor allem bei wirtschaftlichen Prognosen auferlegen. Allgemein mag darauf hingewiesen werden, daß sich nach der Währungsreform die Zahl der Konkurse in der Bundesrepublik (einschließlich der mangels Masse abgelehnten) von 1950 bis 1954 auf dem (übrigens weit unter den Zahlen der Jahre nach der Inflation bleibenden) Stand von etwas über 4000 gehalten hat, seitdem aber ständig gesunken ist, und zwar (seit 1949) fast bis auf die Hälfte, daß aber andererseits die mangels Masse abgelehnten Verfahren ziemlich konstant ein Drittel dieser Gesamtzahl ausmachen [vgl. auch § 107 Anm. 10]. Das an dieser Stelle besonders interessierende Ergebnis der eröffneten Konkurse weist ein ziemlich trübes Bild auf. In den letzten Jahren bleibt etwa jeder 3. eröffnete Konkurs ohne Masse, im übrigen werden in vielen Fällen nicht einmal die bevorrechtigten Forderungen voll befriedigt, die durchschnittliche Deckungsquote der gewöhnlichen Konkursforderungen in den Konkursen mit Masse erreicht seit Jahren nicht einmal 10%. Vgl. dazu das zusammengefaßte Zahlenmaterial über die Konkursverluste seit 1949 bei Doehring KTS 1961 S. 132f. Dieses Ergebnis dürfte einmal darauf zurückgehen, daß im allgemeinen der Konkursantrag viel zu spät gestellt wird, dann aber auch auf die wachsende Bedeutung der „konkursfesten" Sicherheiten. Rechtspolitische Folgerungen für die Gestaltung des materiellen und formellen Konkursrechts bei Weber KTS 1959 S. 83ff. Über den Stand der Insolvenzstatistik in anderen europäischen Ländern und die Möglichkeiten und Schwierigkeiten einer koordinierten Insolvenzstatistik für die EWG-Länder vgl. Doehring KTS 1962 S. 220ff.

§ 164

Nach der Aufhebung des Konkursverfahrens können die nicht befriedigten Konkursgläubiger ihre Forderungen gegen den Schuldner unbeschränkt geltend machen.

Für die Gläubiger, deren Forderungen festgestellt und nicht von dem Gemeinschuldner im Prüfungstermine ausdrücklich bestritten worden sind, findet gegen den Schuldner aus der Eintragung in die Tabelle die Zwangsvollstreckung unter entsprechender Anwendung der §§ 724 bis 793 der Zivilprozeßordnung statt.

Für Klagen auf Erteilung der Vollstreckungsklausel, sowie für Klagen, durch welche die die Forderung selbst betreffenden Einwendungen geltend gemacht werden, oder der bei der Erteilung der Vollstreckungsklausel als bewiesen angenommene Eintritt der Tatsache, von welcher die Vollstreckung aus der Eintragung in die Tabelle abhängt, oder die als eingetreten angenommene Rechtsnachfolge bestritten wird, ist das im § 146 Abs. 2 dieses Gesetzes bezeichnete Gericht zuständig.

Materialien: Motive I Bd. 2 S. 189f., Motive II S. 382ff., Protokolle S. 108, 183, Kommissionsbericht S. 1962.

Übersicht

Rechte der Gläubiger nach Aufhebung des Konkurses

I. Grundsatz der freien Nachforderung (Abs. I)

1 1. **Die Schranken,** die der Konkurs aus Rücksichten der Gleichbehandlung aller Konkursgläubiger dem **Vorgehen des Einzelnen** zieht (§§ 12, 14, 15), **fallen fort,** sobald die Aufhebung des Verfahrens in Wirksamkeit tritt [§ 163 Anm. 4]. Soweit also ein Konkursgläubiger zu dieser Zeit noch unbefriedigt ist, steht ihm die Sonderverfolgung seines Anspruchs wie vor dem Konkurse frei, einerlei, ob er sich am Verfahren beteiligt hat oder nicht. Gegenstände, die einer bei Aufhebung des Verfahrens noch nicht vollzogenen Schlußverteilung vorbehalten oder für die Zwecke einer Nachtragsverteilung gebunden sind [§ 163 Anm. 7], bleiben allerdings dem Sonderzugriff entrückt. Der Schuldner wird also durch die Konkursabwicklung weder von der Restverbindlichkeit befreit noch kommt ihm auf Grund des Konkurses die Rechtswohltat des Notbedarfs zu. Motive II S. 382ff. (hier das ältere Recht), Protokolle S. 108; seine Haftung schwächt sich nur aus besonderen Gründen, so infolge eines Zwangsvergleichs (§§ 173ff.) oder infolge freiwilliger Erlassung oder Stundung. Fremde Rechte: Anm. 15. Ob freilich ein „Schuldner" übrig bleibt, gegen den die Restforderung verfolgt werden kann, ist eine vom § 164 nicht berührte Frage. Einmal muß man beachten, daß juristische Personen als Schuldner infolge des Konkurses zu erlöschen pflegen, da regelmäßig nach Aufhebung des Konkurses gemäß § 163 kein Vermögen mehr vorhanden ist, als dessen Träger sie fortbestehen könnten [§ 163 Anm. 8], nachträglich für die Masse freigewordenes oder ermitteltes Vermögen aber einer Nachtragsverteilung nach § 166 zuzuführen ist (vgl. auch OLG Köln NJW 1959 S. 199);zum andern, daß die Verantwortlichkeit eines Erben, der das Recht der Haftungsbeschränkung nicht etwa verwirkt hat, nach Durchführung des Nachlaßkonkurses regelmäßig erschöpft ist [§ 230 Anm. 4].

2 2. Das Recht freier Nachforderung hat der Konkursgläubiger, **soweit er „nicht befriedigt" ist.** Gläubiger, die sich am Verfahren absichtlich oder aus Unkenntnis des Konkurses nicht oder nicht rechtzeitig beteiligt haben, dürfen sonach ihre vollen Forderungen uneingeschränkt geltend machen, einerlei, ob diese im bürgerlichen oder (z. B. als Steueransprüche) im öffentlichen Recht begründet sind (so auch RFH DJZ 1929 Sp. 1346, FG Düsseldorf KTS 1958 S. 30 letzter Abs.). Desgleichen steht der Zugriff auf das nun der freien Verfügung des Schuldners unterworfene Vermögen fortab solchen Gläubigern offen, deren Ansprüche erst während des Konkurses entstanden sind (§ 3) oder nach Maßgabe des § 5 II oder des § 63 unanmeldbar waren. Namentlich können seit Konkursbeginn erwachsene Zinsen [§ 63 Anm. 2] und die vom Gemeinschuldner nach allgemeinen Grundsätzen zu erstattenden Kosten der Teilnahme am Verfahren jetzt in Verbindung mit der noch ungetilgten Hauptforderung oder nach vollständiger Erfüllung der letzteren (z. B. einer Vorrechtsforderung) selbständig geltend gemacht werden. Motive II S. 242; RG Bd. **15** 117; Seuffert S. 388. Das Recht der Nachforderung besteht ohne Rücksicht darauf, ob das Schuldverhältnis im Konkurs unberührt geblieben oder nach Maßgabe der §§ 17ff. in einer Schadensersatzforderung aufgegangen ist (RG JW 1901 S. 253 Nr. 11). Siehe auch Anm. 10. Die „Geltendmachung" der unbefriedigten Ansprüche nach Abs. I kann auch in der Beantragung eines neuen Konkurses bestehen, wenn im übrigen die Voraussetzungen eines solchen erfüllt sind (§§ 102ff., 107).

II. Die Urteilskraft der Feststellung gegenüber dem Gemeinschuldner (Abs. II)

3 1. **Vollstreckungswirkung.** Unter der Voraussetzung, daß gegen eine geprüfte Forderung vom Schuldner nicht ausdrücklich im Prüfungstermin oder durch zulässige Nachholung (§ 165) Widerspruch erhoben oder daß ein solcher Widerspruch zurückgenommen oder überwunden worden ist (§ 144 I), liefert der Feststellungsvermerk der Konkurstabelle (§ 145) einen **Titel** zur außerkonkursmäßigen Zwangsvollstreckung **gegen den Schuldner** (Abs. II; vgl. §§ 194, 206 II). Ob die Feststellung bereits im Prüfungstermin oder erst hinterher, ob sie in

Anwesenheit oder in Abwesenheit des Schuldners, ob sie freiwillig oder gezwungen [§ 144 Anm. 1, 2, 5] erfolgte, gilt gleich. Auch genügt es, daß „die Forderung" „festgestellt" und nach Bestand oder Betrag vom Schuldner selbst nicht bestritten ist: ein nur gegen den vom Anmelder im Konkurse beanspruchten Rang gerichteter Widerspruch berührt die Rechtsverfolgung außerhalb des Konkurses nicht und kann vom Schuldner persönlich auch für den Konkursbereich nicht wirksam erklärt werden. Ist dagegen der Widerspruch, an dem die Feststellung scheiterte, vom bestreitenden Verwalter oder Gläubiger auf die Behauptung der Unanmeldbarkeit (§§ 3, 5 II, 63) gegründet worden, ohne daß Bestand und Betrag der Forderung angezweifelt worden sind, so versagt die Anwendbarkeit unseres Abs. II, weil es eben am Erfordernis der „Feststellung" fehlt.

2. **Rechtskraftwirkung.** Über diese Eigenschaft eines Vollstreckungstitels hinaus wird aber die Feststellung des Anspruchs als Konkursforderung (§ 144 I), die im Tabelleintrag nicht nur gegenüber der Masse, d. h. dem Gemeinschuldner als solchem, sondern auch „gegenüber allen Konkursgläubigern" die Wirksamkeit eines rechtskräftigen Urteils erlangt hat (§ 145 II), durch § 164 Abs. II bei Unterlassung, Zurücknahme oder Überwindung des Schuldnerwiderspruchs **auch gegenüber dem Schuldner persönlich mit der Wirksamkeit rechtskräftiger Verurteilung ausgestattet.** Freilich redet das Gesetz nur von der Vollstreckbarkeit gegen den Schuldner. Allein der innere Zusammenhang mit dem § 145 II ergibt, daß diejenige endgültige Vollstreckbarkeit gemeint ist, die ein rechtskräftiges Urteil erzeugt (§ 704 I ZPO). Die Ausstattung des Feststellungsvermerks mit Urteilskraft findet ihren rechtfertigenden Grund in der ausdrücklichen oder stillschweigenden Anerkennung des Anspruchs durch die Beteiligten. Der Schuldner im besonderen hat als Nächstbeteiligter und Bestunterrichteter die Pflicht, sich über die angemeldeten Forderungen im Prüfungstermin zu erklären (§ 141 II). Sein Nichtbestreiten ist stillschweigende Anerkennung. Er ist Partei im Feststellungsverfahren und gibt, was die Verhältnisse außerhalb des Konkurses betrifft, seine Erklärungen selbständig ab [§ 141 Anm. 1]. Da er aber für den Bereich des Konkurses durch den Verwalter verdrängt und dieser vorwiegend durch ihn unterrichtet ist, darf sich der Schuldner bei der Bestreitung des Verwalters (bzw. eines Gläubigers) beruhigen, freilich nur auf die Gefahr hin, daß die gegenüber dem Verwalter (oder dem Gläubiger) erstrittene Feststellung ohne weiteres auch außerhalb des Konkurses gegen das Schuldnervermögen wirkt. Mit Recht erkennt daher das RG Bd. **16** 35, Bd. **35** 81, JW 1897 S. 110f. Nr. 20, Bd. **46** 10, Bd. **74** 63, Bd. **93** 213, Bd. **112** 299 u. ö. an, daß der Vermerk einer freiwilligen oder einer erstrittenen Konkursfeststellung (vgl. § 146 VII) auch gegenüber dem Schuldner selbst beim Mangel persönlichen Widerspruchs die Wirksamkeit eines rechtskräftigen Urteils kraft Gesetzes auslöst. So auch OLG München LZ 1908 S. 474f. und die herrschende Lehre (z. B. Schultze S. 70ff., 101, Seuffert S. 388, Fitting S. 132, Kohler Leitfaden S. 255, Petersen-Keinfeller Anm. 6, v. Wilmowski-Kurlbaum Anm. 4, Mentzel-Kuhn[7] Anm. 2, Böhle-Stamschräder[6] Anm. 2). Ebenso gehen die Motive II S. 383ff. erkennbar davon aus, daß unser Abs. II die Rechtskraft des Feststellungsvermerks auf den Schuldner erstreckt, was, wenn auch nicht durch die juristische Konsequenz, so doch durch praktische Bedürfnisse geboten sei. Im Einklang damit steht die Regelung des § 218 I 2 BGB über den Einfluß des dem Schuldner gegenüber vollstreckbaren Tabellvermerks auf die Verjährung [§ 25 Anm. 19], wenngleich die Verfasser diesen Rechtssatz nicht nur zur Klarstellung, sondern — wie die M I S. 338, 376 ergeben — deshalb für geboten hielten, weil sie die Rechtskraftwirkung des Vermerks verkannten. Beim Mangel eines Schuldnerwiderspruchs vermittelt also der Feststellungseintrag (§§ 145 II, 164 II, 194, 206 II) auch dem Schuldner gegenüber eine rechtskräftige Feststellung des Anspruchs nach Grund und Betrag. So z. B. im Sinne der §§ 729, 738 und besonders (was unser Abs. III bestätigt) im Sinne des § 767 ZPO [Anm. 8]. Die Rechtskraft bindet für ihren Bereich (§§ 322, 325 ZPO) den künftigen Richter an den Inhalt der Feststellung. Damit wird auch dem Schuldner die Möglichkeit verschlossen, in einem späteren Rechtsstreit mit

Erfolg geltend zu machen, daß der Anspruch zur Zeit der Feststellung nicht oder nicht in der festgestellten Höhe begründet gewesen sei, daß er z. B. auf einem Wuchertatbestand im Sinne des § 138 II BGB beruhe. Andererseits bleibt zu beachten, daß die Rechtskraft ihrem Wesen nach nicht eine abermalige, sondern nur eine inhaltlich abweichende Entscheidung ausschließt und darum an sich der Zulässigkeit einer späteren Klage nicht entgegensteht (Stein-Jonas-Schönke-Pohle ZPO[18] § 322 unter II 1—4 mit Verw.; anders die "ne bis in idem-Lehre", vgl. Rosenberg Lehrbuch[9] S. 739ff., § 148 II 4, mit Litangaben). Diese Zulässigkeit bedarf aber der Rechtfertigung durch den Nachweis eines besonderen, trotz der rechtskräftigen Feststellung begründeten Rechtsschutzbedürfnisses, also eines rechtlichen Interesses an erneuter richterlicher Entscheidung. Daran wird es regelmäßig fehlen, mag nun der Gläubiger (was ihm allezeit freisteht) die vollstreckbare Tabellausfertigung bereits erwirkt haben oder nicht (zust. OLG München aaO.). Immerhin kommen Ausnahmelagen vor. So ist das Rechtsschutzbedürfnis für eine Klage zur Erzielung eines neuen Titels zu bejahen, wenn erhebliche Zweifel bestehen, ob der vorhandene Titel verwendbar ist, und daher mit Schwierigkeiten in der Vollstreckung zu rechnen ist (RG Bd. **124** 151; Beispiel aus der Rechtsprechung zum Feststellungsvermerk: RG JW 1890 S. 411 Nr. 8: Betrag ungewiß), oder wenn späteres Erlöschen behauptet wird und daher Vollstreckungsgegenklage nach § 767 ZPO droht (RG JW 1897 S. 110f. Nr. 20; vgl. auch RG JW 1930 S. 148). Vgl. auch OLG Karlsruhe BadRpr. 1901 S. 318 (Änderungen in der Rechtszuständigkeit oder im Forderungsbestand). Fehlt das erforderliche Rechtsschutzbedürfnis, dann muß die neue Klage von Amts wegen als unzulässig abgewiesen werden. Dasselbe gilt für eine Leistungsklage gegen den Rechtsnachfolger; denn die Vollstreckungsklausel kann entweder nach §§ 727, 325 ZPO gegen ihn erteilt oder sie muß im Wege der Klage nach § 731 ZPO erwirkt werden [Anm. 8], welche gegenüber der Leistungsklage das gesetzlich vorgeschriebene, einfachere Rechtsschutzmittel bildet (vgl. RG Bd. **88** 268f.). Wirksamkeit einer verneinten Feststellung zugunsten des Schuldners: § 147 Anm. 3. Im gerichtlichen Konkursabwendungsverfahren bewirkt der Vermerk, daß die Forderung unbestritten geblieben ist (§ 71 IV S. 1 VerglO), verbunden mit der Vergleichsbestätigung ebenfalls Vollstreckbarkeit (§ 85 VerglO); dagegen ist seine Rechtskraftwirkung bestritten (vgl. Bley VerglO[2] § 85 Anm. 4 mit Verw.); vgl. auch § 146 Anm. 47.

Die Urteilskraft der Feststellung gegenüber dem Schuldner **beginnt** unmittelbar mit dem Vermerk in der Konkurstabelle, nicht erst mit der Konkursbeendigung [§ 145 Anm. 6] und **erlischt** mit dem Vermerk [§ 145 Anm. 10ff.]. Über die Wirkungen der Urteilskraft des Feststellungsvermerks für die Kostenfestsetzung, die Einzelanfechtung nach §§ 2, 13 V AnfG und den Vollzug der abgesonderten Befriedigung vgl. Anm. 7 unter b.

5 8. Der Eintritt der Rechtskraft- und Vollstreckungswirkung [Anm. 3, 4] wird durch den **Widerspruch des Schuldners** verhindert, der im Prüfungstermin zu erklären ist; doch kann dem Schuldner bei Versäumung des Prüfungstermins nach näherer Maßgabe des § 165 Wiedereinsetzung in den vorigen Stand gewährt werden. Grundsätzlich zum Widerspruch des Schuldners: § 141 Anm. 1, § 144 Anm. 3—6, § 145 Anm. 5, 6, § 147 Anm. 3. Im Gegensatz zur Auskunft des Schuldners über die Forderung ist der Widerspruch Prozeßhandlung, setzt also zu seiner Wirksamkeit Prozeßfähigkeit voraus [§ 141 Anm. 1]. Der prozeßfähige Schuldner kann wirksam durch einen Bevollmächtigten bestreiten lassen. Bei Prozeßunfähigkeit des Schuldners wendet der Widerspruch des gesetzlichen Vertreters (oder seines Bevollmächtigten) die Rechtskraftwirkung gegenüber dem Schuldner ab. So kommt im Konkurs einer Aktiengesellschaft der Widerspruch des Vorstandes der nach Konkursbeendigung fortgesetzten Gesellschaft [§§ 207f. Anm. 32] zu statten. Im Genossenschaftskonkurs hat der Widerspruch des Vorstandes (oder seines Bevollmächtigten) nach der ausdrücklichen Vorschrift des § 115 II GenG noch den besonderen Erfolg, daß bei der Verteilung von Nachschüssen der auf die Forderung entfallende Anteil zurückbehalten werden muß, obgleich sie im Sinne des § 144 I KO

festgestellt ist [§ 151 Anm. 3]. Offene Handelsgesellschaft: § 144 Anm. 6 und unten Anm. 9; Nachlaßkonkurs: § 214 Anm. 12, 18, 19.

4. Ein **früherer Vollstreckungstitel des Gläubigers** (§ 146 VI) **wird** durch den vollstreckbaren Tabelleintrag für dessen Bereich **verdrängt:** fortab wirkt insoweit ausschließlich der neue Titel, weder nur der alte (so Kohler ArchZivPr. 81 S. 390, Rintelen ZHR 61 S. 177ff.), noch der alte neben dem neuen, so daß der Gläubiger zwischen beiden die Wahl hätte (so OLG Jena SeuffA 45 Nr. 149, Petersen-Kleinfeller Anm. 4, 6, Meyer BayZ 1905 S. 38f., Fürst ZZP 56 S. 381ff., 390 ,Kiesow VerglO (von 1927)[4] § 75 Anm. 27; ferner § 61 oesterr. KO; vgl. dazu Bartsch-Pollak KO[3] Bd. I § 61 Anm. 21 und Petschek, Feststellung von Forderungen, 1925, S. 30f.). Die Verdrängungswirkung des Tabellvermerks beruht auf dem Gedanken, daß die Rechtsordnung um der Verkehrssicherheit willen nicht mehrere, auch bei inhaltlicher Abweichung letztlich denselben Anspruch betreffende Titel vollstreckbar nebeneinander wirken lassen darf. Das gilt nicht nur dann, wenn der titulierte Anspruch im Konkurs eine bleibende inhaltliche Änderung erfahren hat, also wenn der erste Titel auf die Leistung bestimmter Sachen, auf wiederkehrende Hebungen oder auf Fremdwährung lautet, während der Tabellvermerk Ansprüche auf eine einheitliche D-Marksumme vollstreckbar macht [Anm. 10], sondern auch dann, wenn der erste Titel auf dieselbe Summe wie der Tabellvermerk lautet. Handelte es sich bei dem früheren Titel um ein rechtskräftiges Urteil, so liegt (auch bei inhaltlicher Abweichung) keineswegs ein Anwendungsfall der sog. Rechtskraftkollission widersprechender Urteile vor, deren rechtliche Behandlung streitig ist (vgl. dazu Rosenberg Lehrbuch[9] S. 484 § 98 III 2, Stein-Jonas-Schönke-Pohle ZPO[18] § 322 II 7 mit Verw.). Die Rechtskraftwirkung des früheren Urteils wird durch den Tabellvermerk nicht berührt; denn sie bezieht sich auf den Schluß der letzten Tatsachenverhandlung, die des Tabellvermerks dagegen auf den Schluß des Prüfungsverfahrens[Anm. 8]; das Gesetz erkennt dem früheren Titel Bedeutung nur im Sinne des § 146 VI KO zu, für eine Maßgeblichkeit nach § 580 Nr. 7a ZPO ist kein Raum. Verdrängt wird (auch in diesem Falle) durch die Rechtskraft und endgültige Vollstreckbarkeit des Tabellvermerks die Vollstreckbarkeit des früheren Titels, an deren Fortdauer jedes schutzwürdige Interesse fehlt. Dies gilt um so mehr, wenn der bisherige Titel nur Vollstreckbarkeit erzeugte (als vollstreckbarer Vergleich, als vollstreckbare Urkunde, als vorläufig vollstreckbares Urteil); denn der neue wirkt darüber hinaus Rechtskraft (sogar erweiterte: „gegenüber allen Konkursgläubigern", §§ 145 II, 147 Satz 1) und damit endgültige Vollstreckbarkeit. Im Ergebnis zust. RG Bd. **98** 213, Bd. **112** 300 (JW 1926 S. 1818 Nr. 8 mit Anm. von Jaeger), KonkTreuh. 1928 S. 42, Bd. **132** 115; Wolff Anm. 3, Münzel JW 1931 S. 2120ff., KonkTreuh. 1931 S. 146ff., 1932 S. 19ff., DRiZ 1934 S. 148 und namentlich Bley KonkTreuh. 1930 S. 69ff., ZZP 57 S. 159ff. und VerglO[2] § 85 Anm. 30. Zust auch Mentzel-Kuhn[7] Anm. 1, Böhle-Stamschräder[6] Anm. 2, Skrotzki KTS 1956 S. 29f., Baade KTS 1958 S. 169. Deckt der frühere Titel zugleich unanmeldbare Forderungen (§§ 3 II, 63), dann bleibt er allerdings insoweit maßgebend. Er bleibt es ferner für anmeldbare und angemeldete, wenn sie nicht konkursmäßig festgestellt (§§ 144 I, 145 II) oder trotz einer solchen Feststellung vom Schuldner selbst bestritten sind (§§ 144 II, 164 II). 6

Kann somit die von Jaeger [vgl. 6./7. Aufl. Anm. 7] begründete Lehre von der Verdrängung des früheren Titels durch den Tabellvermerk heute als herrschend angesehen werden, so mag doch zweifelhaft sein, auf welchem Wege der Schuldner vorzugehen hat, wenn der Gläubiger auf Grund von Urkunden, die nicht mehr Vollstreckungstitel sind, weil sie durch den Tabellvermerk ersetzt sind, die Zwangsvollstreckung betreibt. Der von Jaeger [6./7. Aufl. Anm. 8] vertretenen Auffassung muß beigetreten werden, daß solche Zwangsvollstreckungen im Regelfalle der **Erinnerung** nach § 766 ZPO unterliegen; denn es handelt sich hier um einen besonderen Fall des Wegfalls der Vollstreckbarkeit des bisherigen Vollstreckungstitels. Dieser hat die Eigenschaft verloren, die unerläßliche formelle Voraussetzung einer zulässigen Vollstreckung bilden zu können, auch wenn seine Vollstreckbarkeit bereits in einer Vollstreckungsklausel gemäß §§ 724ff. ZPO bestätigt worden war. Dieser Mangel einer formellen Vollstreckungsvoraussetzung ist, auch wenn er nicht unter die ausdrücklich aufgeführten Fälle des Wegfalls der Vollstreckbarkeit nach §§ 775 Nr. 1, 776 ZPO fällt, in der gleichen Weise wie diese Fälle durch die Vollstreckungsorgane von Amts wegen zu beachten. Zust. Bley ZZP 57 S. 163f., VerglO[2] Anm. 30e, JW 1938 S. 2252 unter 3, Münzel KonkTreuh. 1931 S. 147, Diester JW 1931 S. 2088af., Pohle JZ 1954 S. 343f., Böhle-Stamschräder[6] Anm. 2. Auf dem Wege der Erinnerung nach § 766 ZPO kann der Schuldner allerdings nur die einzelne vom Gläubiger ausgebrachte Vollstreckungsmaßnahme angreifen, nicht aber den mangelhaften Titel selbst. Daher wird man im Anschluß an Pohle aaO. (ebenso schon Münzel aaO.) auch eine **Klage** des Schuldners **auf Feststellung** gemäß § 256 ZPO zulassen müssen, daß die Vollstreckbarkeit des früheren Titels nicht mehr besteht (vgl. auch RG Bd. **122** 363, **131** 113), ebenso natürlich auch eine entsprechende Klage des Gläubigers auf Feststellung des Fortbestehens der Vollstreckbarkeit. Dagegen ist dem Schuldner der Weg der **Vollstreckungsgegenklage** nach § 767 ZPO in der Regel **nicht** eröffnet (anders offenbar Stein-Jonas-Schönke-Pohle ZPO[18] Vorb. II 1 vor § 704); denn sie ist, worauf Pohle aaO. zutreffend hinweist, prozessuale Gestaltungsklage, ihr Ziel ist also, einem Vollstreckungstitel die Eigenschaft der Vollstreckbarkeit zu nehmen, während er im vorliegenden Fall diese Eigenschaft durch den Tabellvermerk schon verloren hat. Auch handelt es sich bei der Geltendmachung des Wegfalls der Vollstreckbarkeit eines Titels nicht um eine Einwendung, welche den in dem früheren Titel „festgestellten Anspruch selbst" betrifft. Daher kann die den Weg der Klage nach § 767 ZPO eröffnende Rechtsprechung zu § 75 VerglO 1927 (RG Bd. **132** 114; OLG Köln JW 1932 S. 758 Nr. 7, auch KG JW 1931 S. 2161) nicht herangezogen werden, da es dort um die Frage des Einflusses des konkursabwendenden Vergleichs auf den in dem früheren Titel festgestellten Anspruch ging (gegen diese Rspr. insbes. Bley und Münzel aaO.). Dagegen ist der Weg der Vollstreckungsgegenklage dann eröffnet, wenn der Schuldner gegenüber der Vollstreckung aus dem früheren Titel den durch die Konkursfeststellung veränderten Inhalt des Anspruchs (z. B. den Übergang der Fremdwährung in Bundeswährung) geltend macht (daher insoweit zutreffend RG Bd. **121** 301; zust. auch Bley aaO.). Dasselbe muß für den Fall gelten, daß der frühere Vollstreckungstitel neben der festgestellten Forderung auch unanmeldbare oder bestrittene Forderungen enthält und der Umfang seiner Verdrängung durch den Tabellvermerk streitig ist. Sobald der frühere Titel verdrängt ist, wird die Erteilung einer Vollstreckungsklausel für ihn unzulässig; sie ist nach § 732 ZPO zu bekämpfen (Bley aaO.). Einer Vollstreckungsgegenklage, welche während des Konkurses der Konkursverwalter gegen den Gläubiger einer titulierten Forderung, die zur Konkurstabelle festgestellt wurde, im Hinblick auf die verdrängende Wirkung des Tabellvermerks erhoben hat, fehlt von vornherein jedes Rechtsschutzbedürfnis (BGH NJW 1960 S. 435 = LM § 767 ZPO Nr. 15.).

6a 5. § 164 II läßt die Vollstreckungswirkung (und damit die hinter ihr stehende Rechtskraftwirkung) der Tabelleneintragung gegen den Gemeinschuldner [Anm. 3, 4] für alle festgestellten Konkursforderungen, denen der Gemeinschuldner nicht widersprochen hat, eintreten, somit auch für Forderungen, die im Bestreitungsfalle gemäß § 146 V KO durch Gerichte für Arbeitssachen oder durch Verwaltungsbehörden oder Verwaltungsgerichte festzustellen sind, also vor allem auch für **öffentlichrechtliche Forderungen,** insbes. Steuerforderungen und Beitragsforderungen der Sozialversicherung [§ 146 Anm. 19, 20]. Angesichts der Fassung des § 164 II kann nicht zweifelhaft sein, daß auch für die Zwangsbeitreibung dieser Forderungen fortan der Tabelleneintrag die Vollstreckungsgrundlage gegen den Gemeinschuldner ist und zwar auch dann, wenn außerhalb des Konkurses das Vorhandensein eines eigentlichen Vollstreckungstitels nicht Zulässigkeitsvoraussetzung für die Zwangsbeitreibung ist, wie im Verwaltungszwangsverfahren (vgl. Kautz-Riewald, Verwaltungszwangsverfahren zur Beitreibung von Geldbeträgen[8], 1955, S. 16, 26) oder im Steuerbeitreibungsverfahren (vgl. Mattern, Vollstreckbarer Titel und steuerliches Zwangsverwaltungsverfahren, 1941, S. 27ff., 68; ders. DStR 1959 A S. 356f.; Liman-Schwarz, Steuerbeitreibungsrecht³, 1961, Vorbem. 22 vor § 1 BeitrO, § 9 Anm. 2 mit Verw., § 47 Anm. 4ff.; vgl. auch BGH Bd. **3** 141). A. A., wenn auch nicht eindeutig, Liman-Schwarz aaO. Vorbem. 69 vor § 49 (die Bemerkung könnte sich auch auf den Fall beziehen, daß der Gemeinschuldner die festgestellte Forderung seinerseits bestritten hat; die angezogenen Entscheidungen RFH Bd. **21** 9ff. und BFH Bd. **55** 477ff. betreffen allerdings vom Gemeinschuldner nicht bestrittene Forderungen, besagen aber andererseits nicht, daß § 164 II KO nicht auch auf Steuerforderungen Anwendung findet, sondern bejahen lediglich, daß bei besonderem Interesse im Einzelfall auch während des Konkurses das Steuerfestsetzungs- bzw. Rechtsmittelverfahren gegen den Gemeinschuldner fortgesetzt werden kann; vgl. dazu noch RFH StW 1930 Nr. 1042, FG Schleswig-Holstein DStR 1953 S. 236f., FG Düsseldorf DStZ 1954 S. 327; kritisch zu dieser Rechtsprechung Bley StW 1928 S. 1118ff.). Von diesem Ausgangspunkt aus muß dann aber auch anerkannt werden, daß auch für diese Forderungen die Feststellungseintragung als Vollstreckungstitel bei Konkurseröffnung bereits bestehende Vollstreckungsgrundlagen (Leistungsgebot, Steuerbescheid, Beitragsbescheid) [§ 146 Anm. 20] verdrängt [Anm. 6]. So für Steuerforderungen: Weil GruchBeitr. Bd. 69 S. 282f., Bley ZZP 51 S. 249, Fein, Konkurs und Steuerverfahren (Leipz. Diss.), 1931, S. 59, Mattern aaO. S. 69, OFD Hamburg DStR 1958, S. 286; für Beitragsforderungen aus der Sozialversicherung: OVA Potsdam OVA-Rspr. 1938 Nr. 1196, VA Frankfurt OVA-Rspr. 1940 Nr. 1823, LSG Celle Breithaupt 1956 S. 675f.; a. A. Rodekohr DSozVers. 1955 S. 173f. Ebenso muß die Rechtskraftwirkung des Tabelleneintrages gegenüber dem Gemeinschuldner [Anm. 4] auch für öffentlichrechtliche Forderungen gelten und zwar selbst dann, wenn außerhalb des Konkurses den unanfechtbaren Entscheidungen der zuständigen Behörden oder Gerichte nicht die Rechtskraftwirkung eines Zivilurteils zukommt; denn auch insoweit geht die konkursrechtliche Regelung vor. Ebenso Bley ZZP 51 S. 248f. (vgl. auch StW 1928 S. 1115f.), Fein aaO. S. 59, Mattern aaO. S. 69 Anm. 135, Gunkel ZentrBlSozVers. 1956 S. 269. Sehr streitig ist dagegen die Frage, ob aus §164 II und den vorstehenden Ausführungen zu folgern ist, daß festgestellte und vom Gemeinschuldner nicht bestrittene öffentlichrechtliche Forderungen, die außerhalb des Konkursverfahrens im Wege des Verwaltungszwangsverfahrens oder des Steuerbeitreibungsverfahrens durchgesetzt werden, nach Konkursbeendigung im zivilprozessualen Zwangsvollstreckungsverfahren nach §§ 724ff. ZPO gegen den Gemeinschuldner vollstreckt werden müssen (so Weil GruchBeitr. Bd. 69 S. 283, Spohr-Gunkel, Das Recht der Zwangsvollstreckung in der Sozialversicherung³, 1951 S. 157, Gunkel aaO. S. 269, Kleff DSozVers. 1950 S. 28, Beele DSozVers. 1956 S. 26). Sicherlich ist die vereinzelt vertretene Meinung unzutreffend, daß in solchen Fällen nach wie vor die Beitreibung ausschließlich im Wege des Verwaltungszwanges zu erfolgen habe (so Rodekohr DSozVers. 1955 S. 173f. und offenbar auch Liman-Schwarz aaO. Vorbem. 69 vor § 49 BeitrO); denn jedenfalls ist jetzt auch für diese Forderungen der Weg der zivilprozessualen Zwangsvollstreckung statthaft. Daneben steht dem Gläubiger aber der Weg des Verwaltungszwanges zur Wahl, da die Feststellung zur Konkurstabelle den Charakter der festgestellten Forderung als einer öffentlichrechtlichen nicht geändert hat. So zutr. Bley ZZP 51 S. 249, ders. VerglO § 75 a. F. S. 784, 785, VerglO² § 85 Anm. 29, Fein aaO. S. 57ff., Mattern aaO. S. 69 und wohl auch Böhle-Stamschräder⁶ Anm. 2.

III. Die Vollstreckung aus der Tabelleintragung (Abs. II, III)

1. **Vollstreckungstitel und Vollstreckungsklausel.** Die vom Schuldner nicht bestrittene Eintragung bildet ihm selbst gegenüber einen **Vollstreckungstitel** [Anm. 3]. Der Gläubiger kann beim Amtsgericht des Konkurses **eine mit der Vollstreckungsklausel versehene Ausfertigung des Tabelleintrags** erwirken (§§ 724, 725, 732 ZPO, Motive II S. 385). Vermerk der Erteilung in der Tabelle: § 140 Anm. 7

10. Für ein Rechtskraftzeugnis im Sinne des § 706 ZPO ist, auch wenn die zur Tabelle festgestellte Forderung in einem bis dahin noch nicht rechtskräftigen Urteil anerkannt war, kein Raum. Der Tabelleintrag allein ist nun maßgebend [Anm. 6]. Siehe den Fall RG Bd. **27** 117 und dazu oben § 144 Anm. 4, § 146 Anm. 45.

a) Die **Erteilung der Vollstreckungsklausel** regelt sich, ebenso wie das weitere Vollstreckungsverfahren, entsprechend den §§ 724—793 ZPO (Abs. II). Zuständig für die Erteilung ist im Normalfall des § 724 ZPO der Urkundsbeamte der Geschäftsstelle, in den besonderen Fällen der §§ 726 I, 727—729, 733, 738, 742, 744, 745 II, 749 ZPO der Rechtspfleger (§ 21 I Nr. 9 mit § 19 Nr. 9 RpflG). Zur Fassung der Klausel in verschiedenen Fällen und zu Einzelfragen des Erteilungsverfahrens siehe Bauer KTS 1960 S. 49ff.; Muster einer vollstreckbaren Tabellausfertigung Schrader-Bauer Hdb.[2] S. 149 F III 173. Betrifft der Feststellungsvermerk eine Forderung, für welche bereits bei Konkurseröffnung ein Titel vollstreckbar ausgefertigt war, so stellt die Erteilung des vollstreckbaren Tabellauszuges auf Grund des § 164 II KO keine „weitere" vollstreckbare Ausfertigung im Sinne des § 733 ZPO dar (abw. Oetker I S. 442f. u. a.), sondern die erste Ausfertigung eines neuen Titels, welcher die Vollstreckbarkeit des früheren Titels beseitigt hat [vgl. Anm. 6]. Für eine Forderung, welche als aufschiebend bedingt festgestellt ist, darf die Vollstreckungsklausel nur unter Beobachtung der §§ 726 I, 730 ZPO erteilt werden. Dagegen muß ein Gläubiger, der im Konkurs ein Absonderungsrecht geltend gemacht, die Forderung aber in voller Höhe „für den Ausfall" angemeldet und ihre Feststellung als Ausfallforderung erzielt hat, nicht etwa zur Erlangung der Vollstreckungsklausel seinen Ausfall oder den Verzicht auf das Absonderungsrecht nach § 726 ZPO nachweisen (so offenbar Bauer aaO. S. 49); denn die Urteilswirkung des Feststellungsvermerks bezieht sich auf den vollen angemeldeten Forderungsbetrag [§ 64 Anm. 11, § 139 Anm. 4, § 145 Anm .7], der Gläubiger erhält also die vollstreckbare Ausfertigung ohne weiteren Nachweis in voller Höhe der festgestellten Forderung. Die Vorschriften der §§ 64, 153 gelten nur für die Berücksichtigung bei der Verteilung der Masse, nicht dagegen für die nachkonkursliche Vollstreckung gegen den Gemeinschuldner. Setzt der Gläubiger einen bei der abgesonderten Befriedigung nach der Feststellung erlangten Betrag nicht von der Forderung ab, so muß der Schuldner dagegen mit Klage aus § 767 ZPO vorgehen. Zutr. Klemmer KTS 1960 S. 73. Zu Gunsten eines Rechtsnachfolgers des ursprünglichen Konkursgläubigers oder gegen den Erben des Gemeinschuldners wird die vollstreckbare Ausfertigung den §§ 727, 730 ZPO entsprechend erteilt [§ 140 Anm. 8]. Der nach § 750 ZPO in der Vollstreckungsklausel mit Namen zu bezeichnende gegenwärtige Schuldner ist in Fällen des Nachlaßkonkurses der Erbe (zust. LG Berlin KGBl. 1908 S. 57f.). Die aus den Konkursakten ersichtlichen Zahlungen auf Grund von Masseverteilungen hat der Urkundsbeamte bzw. der Rechtspfleger auf der Tabellausfertigung zu vermerken (vgl. § 757 ZPO; zust. Bauer aaO. S. 50, Schrader-Bauer aaO. S. 148; Baade KTS 1958 S. 169); denn das Zugriffsrecht besteht nur, soweit die Forderung „nicht befriedigt" ist (Abs. I) [Anm. 2]. Eine andere nach der Feststellung erfolgte Tilgung der Forderung würde durch eine dem §767 ZPO entsprechende Gegenklage geltend zu machen sein [darüber Anm. 8]. Wird die beantragte Ausfertigung vom Urkundsbeamten verweigert, so hat das Amtsgericht des Konkurses nach § 576 I ZPO zu entscheiden. Der Beschluß des Gerichts unterliegt der einfachen Beschwerde [§ 73 Anm. 6]. Über die Rechtsbehelfe gegen eine ablehnende Entscheidung des Rechtspflegers in den diesem vorbehaltenen Erteilungsfällen siehe § 73 Anm. 15. Mit der Begründung, daß der Gläubiger nach der Feststellung zur Tabelle auf Befriedigung aus der Konkursmasse verzichtet habe, darf die Tabellausfertigung nicht abgelehnt werden. Der Streit über die Tatsache und Tragweite eines solchen Verzichtes ist in einem Prozeß zwischen Schuldner und Gläubiger nach § 767 ZPO auszutragen. Vgl. OLG Frankfurt LZ 1908 Sp. 175f.

b) Streitig ist die Frage, von welchem **Zeitpunkt** an die Erteilung der Vollstreckungsklausel zulässig ist. Nach der von Jaeger [vgl. 6./7. Aufl. Anm. 6] begründeten herrschenden Auffassung kann der Gläubiger, obwohl er seine Konkursforderung als solche zu dem noch unberichtigten Teil erst nach Konkursbeendigung aus dem Schuldnervermögen beizutreiben vermag (§ 14), gleichwohl die Klausel bereits vor Konkursbeendigung erwirken. Zust. LG Breslau JW 1927 S. 534 Nr. 2, LG Mainz JW 1930 S. 210 Nr. 7, LG Neuruppin KonkTreuh. 1936 S. 15; Bleyer KO[3] § 145 Anm. 3b, Mentzel-Kuhn[7] Anm. 3, Böhle-Stamschräder[6] Anm. 3, Stein-Jonas-Schönke-Pohle ZPO[18] § 724 Anm. II 3 und Jaeger-Lent[8] § 14 Anm. 16 (allerdings für bei Konkurseröffnung bereits bestehende oder gemäß § 144 II KO während des Konkurses erlangte Vollstreckungstitel), Janberg BB 1951 S. 970, Oldorf Rpfleger 1951 S. 196 und wohl auch Baade KTS 1958 S. 169, während der BGH NJW 1960 S. 435 lediglich darauf hinweist, daß diese Auffassung herrschend sei, durch die Lage des zur Entscheidung stehenden Falles aber nicht veranlaßt war, zu ihr Stellung zu nehmen; abw. neben früheren Landes-Geschäftsanweisungen (§ 15 Abs. 7, 8 AktenO v. 1934 enthält zu dieser Frage nichts) Wolf BayZ 1917 S. 381ff., LG I Berlin JW 1928 S. 77f. Nr. 2 mit zust. und die Begründung ergänzender Anm. von Bendix sowie neuerdings mit eingehender Begründung LG Nürnberg-Fürth MDR 1950 S. 752 und AG Kaufbeuren MDR 1961 S. 696. Bedenken auch bei Bauer KTS 1960 S. 49 und Baade aaO. Zutreffend ist zweifellos der Hinweis der herrschenden Meinung, daß die Urteilskraft des Feststellungsvermerks sofort mit der Eintragung beginnt [Anm. 4 a. E.] und daß die Erteilung der Vollstreckungsklausel nicht schon den Beginn der Zwangsvollstreckung bedeutet. Jedoch ist damit noch nicht gesagt, daß auch die nachkonkursliche Vollstreckungswirkung bereits im Zeitpunkt der Eintragung einsetzt; sie hängt vielmehr nach § 164 I von der Aufhebung des Konkursverfahrens ab, zumal erst in diesem Zeitpunkt, worauf die Gegenansicht mit Recht hinweist, der genaue Betrag, für den sie besteht, festgestellt werden kann („nicht befriedigte Konkursgläubiger"). Jaeger hat aaO. seine Ansicht noch mit dem Hinweis begründet, daß die Erteilung der Vollstreckungsklausel auch anderen Zwecken wie der nachkonkurslichen Beitreibung diene, da der Tabellvermerk einen Titel zur Kostenfestsetzung (§ 103 I ZPO), zur Einzelanfechtung (§§ 2, 13 V AnfG) und zum Vollzug der abgesonderten Befriedigung (§§ 4, 64) liefere. Indes könnte dies eine Erteilung der Vollstreckungsklausel vor Aufhebung des Verfahrens nur dann und nur insoweit rechtfertigen, als für die genannten Zwecke eine vollstreckbare Ausfertigung des Titels erforderlich ist. Zu Zwecken der Kostenfestsetzung [vgl. § 3 Anm. 30] bedarf es einer vollstreckbaren Ausfertigung nur nach einem Personenwechsel (Stein-Jonas-Schönke-Pohle ZPO[18] § 103 IV 2), also etwa dann, wenn die festgestellte Konkursforderung späterhin durch Abtretung oder Erbfolge auf einen Nachmann übergegangen ist. Zur außerkonkursmäßigen Gläubigeranfechtung genügt nach § 2 AnfG das Vorhandensein eines Titels (RG Bd. **110** 354), auch im Falle des § 13 V AnfG, da die Anfechtung den hier abweichend vom § 14 KO schon während des Konkurses verstatteten Sonderzugriff eines Konkursgläubigers [§ 14 Anm. 2, 16] nur vorbereitet. Auch für diesen Zweck ist also die Erteilung der Vollstreckungsklausel nicht erforderlich (vgl. RG aaO.). Was schließlich die Verwendung des Tabellvermerks als Titel zur Durchführung der abgesonderten Befriedigung anlangt, so ist die Erteilung einer vollstreckbaren Ausfertigung des Tabellvermerks nur in besonderen Ausnahmesituationen geboten. So kann ein Gläubiger die Umschreibung einer vor Konkursbeginn erwirkten Arresthöchsthypothek in eine endgültige Sicherungshypothek bestimmter Höhe, wenn die gesicherte Forderung durch Feststellung zur Tabelle rechtskräftig und vollstreckbar zuerkannt ist, schon während des Konkurses beim Grundbuchamt beantragen; da es ein Absonderungsgläubiger ist, der die Belastung unerweitert zum Vollzuge bringt, steht weder der § 14 noch der § 15 entgegen [§ 14 Anm. 9]. Zust. OLG Darmstadt ZZP 55 S. 360ff.; abw. P. Kaufmann daselbst S. 363. In diesem Falle ist zur Umschreibung als einer Vollstreckungsmaßnahme eine vollstreckbare Ausfertigung des Tabellvermerks als des endgültigen Schuldtitels erforderlich. Dagegen vermag der Absonderungsgläubiger in dieser seiner Eigenschaft den in der Forderungsfeststellung erwirkten Titel im Regelfalle weder zum Zwecke der Verwertung und Ausfallermittlung (§ 64) noch zum Zwecke der ihm als solchem zustehenden Einzelanfechtung [§ 36 Anm. 12] zu verwenden, so daß mit dem Interesse an der Durchsetzung des Absonderungsrechts die Zulässigkeit der Erteilung der Vollstreckungsklausel vor Konkursbeendigung nicht begründet werden kann (anders OLG Karlsruhe LZ 1907 Sp. 921f., OLG Kassel LZ 1909 Sp. 489ff., Kaufmann aaO. S. 362f. mit Verw., Diemayer BayZ 1927 S. 7f. u. a.; zutreffend dagegen z. B. Wolf BayZ 1917 S. 383ff. Zweifellos wäre es erwünscht, wenn es dem Gläubiger erspart werden könnte, sich für seinen dinglichen Anspruch für die Zwecke des § 1147 BGB durch besondere Klage (§ 24 ZPO) noch einen weiteren Titel zu verschaffen. Allein die Konkursfeststellung gilt nun einmal bloß der persönlichen Forderung und läßt hinsichtlich der dinglichen Sicherung eine entsprechend wirkende Anerkennung nicht zu. Darum mag der Konkursverwalter, der das Absonderungsrecht anerkennt, dem Gläubiger den zur Verwertung erforderlichen Titel in vollstreckbarer Urkunde (§ 794 I Nr. 5 ZPO) bewilligen und dadurch die Masse vor der Kostenlast retten (§ 59 Nr. 1, vgl. § 82). Die Forderungsfeststellung für sich allein reicht dazu nicht aus [§ 47 Anm. 10]. Anders liegen die Dinge nur dort, wo das Gesetz der Forderung selbst Absonderungskraft zugesteht, wie etwa in Fällen des § 10 I Nr. 1, 2 ZVG mit § 47 KO. Hier begründet die eingetragene Feststellung des Anspruchs im Bereiche seiner Absonderungskraft einen Titel zum Betreiben der Zwangsverwertung, der sich schon während des Konkurses in vollstreckbarer Ausfertigung auswirken kann. Abschließend wird man sagen müssen, daß die typische Vollstreckbarkeit des Feststellungsvermerks nach § 164 II von der Aufhebung des Konkursverfahrens abhängig ist und daher in (mindestens entsprechender) Anwendung des § 726 I ZPO die Erteilung der vollstreckbaren Ausfertigung zum Zwecke der Zwangsvollstreckung gegen den Gemeinschuldner persönlich erst in diesem Zeitpunkt zulässig ist (so zutr. Bendix aaO). Soweit die Vollstreckbarkeit schon während des Konkursverfahrens ausnahmsweise und auf bestimmte Maßnahmen beschränkt (Kostenfestsetzung bei Personenwechsel, Einzelfälle der Verfolgung eines Absonderungsrechtes) in Richtung gegen die Konkursmasse eintritt, ist zwar die Erteilung einer vollstreckbaren Ausfertigung schon vor Beendigung des Konkurses zulässig, jedoch unter ausdrücklicher Beschränkung auf die betreffende Maßnahme. Diese Auffassung wird der bestehenden Rechtslage besser gerecht als die Erteilung der vollstreckbaren Tabellausfertigung noch während des Konkurses mit dem Zusatz: „das Konkursverfahren ist noch nicht beendet“ (vgl. zu diesem Zusatz LG München LZ 1910 Sp. 715ff., LG Breslau JW 1927 S. 534 Nr. 2, Jaeger 6./7. Aufl. aaO., auch AG Kaufbeuren MDR 1961 S. 696). Übrigens ist es denkbar, daß eine Vollstreckbarkeit im Sinne unseres Abs. II erst einige Zeit nach der förmlichen Konkursbeendigung einsetzt. So bei erstrittener Feststellung, wenn die — auch nach dem Konkurse statthafte [§ 146 Anm. 43f.] — Tabellberichtigung (§ 146 VII) nachträglich vollzogen wird.

8 2. **Besondere Zuständigkeitsregelung (Abs. III).** Für **Klagen** auf Erteilung der Vollstreckungsklausel (§ 731 ZPO), für Anspruchsgegenklagen (§ 767 ZPO) und für Klagen gegen die Zulässigkeit der Vollstreckungsklausel, die auf den Nichteintritt der die Vollstreckbarkeit der Tabelle bedingenden Tatsache oder der bei Erteilung der Klausel angenommenen Rechtsnachfolge gegründet werden (§ 768 ZPO), ist nach Abs. III **ausschließlich** — keine Prorogation (§ 40 II ZPO)! — das Amtsgericht, bei dem der Konkurs schwebt, und bei landgerichtlichem Streitgegenstande das übergeordnete Landgericht — nicht das Konkursgericht als solches — zuständig. Die Ausschließlichkeit ergibt sich aus der Verweisung auf den § 146 II KO und steht im Einklang mit § 802 ZPO. Ergibt sich hiernach die örtliche Zuständigkeit eines Gerichtes, an dessen Sitz keine deutsche Gerichtsbarkeit mehr ausgeübt wird, so ist dasjenige Gericht zuständig, bei welchem der Vollstreckungsschuldner seinen allgemeinen Gerichtsstand hat, und in Ermangelung eines allgemeinen Gerichtsstandes im Geltungsbereich des Zuständigkeitsergänzungsgesetzes (Bundesrepublik und Westberlin) das Gericht, in dessen Bezirk er Vermögen hat (ZustErgG v. 7. 8. 1952, BGBl. I S. 407, §§ 1, 4 IV mit I, 24). Wie das Amts- oder Landgericht des Konkurses in diesen Fällen der §§ 731, 767,

768 ZPO statt des „Prozeßgerichts" erster Instanz berufen ist, so muß seine Geschäftsstelle auch die sonst der Geschäftsstelle des Prozeßgerichts erster Instanz zukommende Zuständigkeit zur gesonderten Festsetzung der Vollstreckungskosten (§§ 788, 103 ZPO; zur Zulässigkeit der Festsetzung vgl. Stein-Jonas-Schönke-Pohle ZPO[18] § 103 II 3, § 788 II) haben. Celle OLG 17 S. 200f., Wieczorek Komm. z. ZPO § 103 C IIc; abw. Stein-Jonas-Schönke-Pohle aaO. § 103 N. 34 (das „Konkursgericht" trete hier an Stelle des Prozeßgerichts). Die Anspruchsgegenklage kann der frühere Gemeinschuldner entsprechend dem § 767 II ZPO nur auf Gründe stützen, die erst entstanden sind, nachdem eine auch gegen ihn persönlich wirkende Feststellung erfolgt war [Abwehr durch den Verwalter während des Konkurses: § 145 Anm. 11]. Hatte nicht der Schuldner selbst, wohl aber der Verwalter oder ein Gläubiger einen Widerspruch erhoben, der erst noch im Prozeß niedergekämpft werden mußte, dann entscheidet die letzte Tatsachenverhandlung im Prozeß mit diesen Gegnern. Hatte nur der Schuldner durch persönliche Bestreitung die Durchführung eines Prozesses nötig gemacht [Anm. 11], dann gibt die letzte Tatsachenverhandlung dieses Prozesses den Ausschlag. Kohler ArchZivPrax. 81 S. 376, 394, Petschek [Anm. 6] S. 26 u. besonders Krohn Nachhaltigkeit der konkursmäßigen Feststellung (Leipz. Diss. 1933) S. 17ff. mit Verw. u. Gegenansichten. Ein in der Reichstagskommission von 1898 gestellter Antrag, diese Beschränkung für unanwendbar zu erklären, wurde mit Recht abgelehnt unter dem Hinweis auf die Gefahr mißbräuchlicher Ausübung des nachträglichen Bestreitungsrechtes durch den Schuldner (Kommissionsbericht S. 1962). Eine solche Vorschrift hätte auch die üble Nebenwirkung gehabt, das persönliche Interesse des Schuldners am Erscheinen im Prüfungstermin abzuschwächen. Wiedereinsetzung gegen Versäumung des Termins: § 165. Zur Frage entsprechender Anwendbarkeit des § 768 ZPO bei aufeinander folgenden Vollpfändungen einer Konkursforderung vgl. Stettin OLG 19 S. 148 [siehe auch § 145 Anm. 8].

Zweifelhaft kann sein, welche Bedeutung der Zuständigkeitsregelung des Abs. III für festgestellte **öffentlichrechtliche Forderungen** zukommt, die außerhalb des Konkurses in einem besonderen Zwangsverfahren (Verwaltungszwangsverfahren, Steuerbeitreibungsverfahren) beigetrieben werden. Geht man von der in Anm. 6a entwickelten Auffassung aus, daß § 164 II zwar auch für diese Forderungen den Weg zivilprozessualer Zwangsvollstreckung eröffnet, daneben aber die Möglichkeit der Beitreibung im besonderen Zwangsverfahren bestehen bleibt, so hängt die Bedeutung der Zuständigkeitsregelung des Abs. III von dem gewählten Vollstreckungsweg ab. Nur wenn der Gläubiger für die Beitreibung den Weg der zivilprozessualen Zwangsvollstreckung wählt, benötigt er eine vollstreckbare Ausfertigung des Tabelleintrages, gewinnt also § 731 ZPO für ihn Bedeutung, muß dann aber auch konsequenterweise dem Schuldner die Klagemöglichkeit nach § 768 ZPO eröffnet werden (so richtig Fein aaO. S. 58). Folgerichtig müssen in diesem Falle aber auch die Einwendungen, welche gegen die Forderung selbst geltend gemacht werden mit dem Ziele, dem Tabelleintrag seine (zivilprozessuale) Vollstreckungswirkung zu nehmen, im Wege der Klage nach § 767 ZPO vorgebracht werden. Abs. III legt hier nicht nur die örtliche Zuständigkeit fest, sondern bestimmt zugleich auch für die fraglichen Streitigkeiten die Kompetenz der ordentlichen Gerichte; denn Abs. III verweist nur auf § 146 II, nicht auch auf § 146 V [§ 145 Anm. 11 unter b]. So jetzt auch eindeutig Bley VerglO[2] § 85 Anm. 29 a. E. (vgl. allerdings auch § 86 Anm. 3), während Bley ZZP Bd. 51 S. 248f. und StW 1928 S. 1016f. die Anwendbarkeit von § 767 ZPO bei festgestellten Steuerforderungen allgemein ablehnte; für Anwendbarkeit des § 767 ZPO, aber Entscheidungszuständigkeit der Sozialgerichte bei Beitragsforderungen zur Sozialversicherung Gunkel ZentrBlSozV 1956 S. 269 und LSG Celle Breithaupt 1956 S. 675. Die Abweichung gegenüber der Regelung des § 146 V KO hat auch einen guten Sinn. Offenbar sollte eine einheitliche Zuständigkeit für die sich aus der (zivilprozessualen) Vollstreckung auf Grund des Tabellvermerkes als Vollstreckungstitel ergebenden Klagemöglichkeiten begründet werden. In diesem Bereich wäre die Entscheidungskompetenz von besonderen Gerichten, Verwaltungsbehörden und Verwaltungsgerichten ein

Fremdkörper. Anders ist dagegen die Rechtslage, wenn der Gläubiger einer öffentlichrechtlichen Forderung den (nach wie vor zulässigen) Weg des besonderen Zwangsverfahrens wählt. Voraussetzungen und Durchführung des Zwangsverfahrens sowie die Möglichkeiten von Einwendungen des Schuldners und der Weg, in dem sie vorzubringen sind, richten sich dann ausschließlich nach den Vorschriften für diese Verfahren. Beachtlich bleibt allerdings auch hier die Rechtskraftwirkung des Tabellvermerks [Anm. 6a]; Einwendungen gegen den festgestellten Anspruch selbst sind also in entsprechender Anwendung des § 767 II ZPO insoweit ausgeschlossen, als sie durch Bestreitung im Prüfungstermin hätten geltend gemacht werden können. Insoweit zutr. Bley StW 1928 S. 1016f.

IV. Sonderfragen

9 1. Im Konkurs der **offenen Handelsgesellschaft** kann jeder Gesellschafter als Mitträger der Gemeinschuldner-Rolle (§§ 210, 211) — bei der Kommanditgesellschaft jeder persönlich haftende Teilhaber — als Gemeinschuldner (also ohne Wirksamkeit für den Konkurs) bestreiten. Hat kein Gesellschafter der Feststellung widersprochen, so erlangt diese zwar — mag sie freiwillig oder erstritten sein [Anm. 3] — Vollstreckbarkeit gegenüber der nach Konkursbeendigung fortgesetzten (§ 144 HGB) oder liquidierenden Gesellschaft, nicht aber auch gegenüber den einzelnen Mitgliedern persönlich (§ 129 IV HGB). So die durchaus herrschende Meinung: KG KGBl. 1909 S. 75; LG Hamburg KonkTreuh. 1937 S. 61f.; AG Heilbronn KonkTreuh. 1937 S. 62f.; Bohnenberg KonkTreuh. 1937 S. 52ff.; Staub-Pinner HGB[14] § 124 Anm. 24, § 131 Anm. 12, Weipert RGR Komm. z. HGB[2] § 124 Anm. 25, Janberg BB 1951 S. 971. A. A. früher Jaeger Konkurs der OHG (1897) S. 77ff., der jedoch diese Ansicht später (schon OHG im Zivilprozeß, 1915, S. 76 Anm. 97 und in den Vorauflagen des Kommentars) aufgegeben hat; neuerdings wieder Redlich KonkTreuh. 1937 S. 51f.; gegen ihn Bohnenberg aaO. Abwegig ist auch die Auffassung des AG München KonkTreuh. 1930 S. 102f., das nach Vollbeendigung (Löschung) der OHG die Umschreibung des Tabellenauszuges gegen die ehemaligen Gesellschafter persönlich als Rechtsnachfolger der Gesellschaft gemäß § 727 ZPO für zulässig hält; dagegen mit Recht LG Hamburg und AG Heilbronn, sowie Bohnenberg und Redlich aaO. Der auf allseitiger Anerkennung beruhende Feststellungseintrag stellt jedoch das Bestehen einer Gesellschaftsschuld für den Zeitpunkt der Feststellung mit Rechtskraftwirkung auch gegenüber jedem Teilhaber fest; nur persönliche Einwendungen bleiben ihm gewahrt (§ 129 I HGB). RG Bd. **36** 62; KG aaO. und im Ergebnis auch OLG **1** S. 230f.; Staub-Pinner aaO. sowie § 124 Anm. 25, Weipert aaO. Der Widerspruch eines Gesellschafters wendet die über den Konkurs hinauswirkende Rechtskraft der Feststellung einer Gesellschaftsschuld gegenüber dem bestreitenden Gesellschafter, aber auch nur diesem gegenüber ab, also nicht gegenüber den säumigen und erst recht nicht gegenüber den anerkennenden Mitgesellschaftern; der § 62 ZPO ist insoweit nicht maßgebend (Eberhard Sonderkonkurs, 1915, S. 90f., 156f. gegen Jaeger, Konkurs der OHG S. 76, der seine abweichende Auffassung in den Vorauflagen später aufgegeben hat). Umgekehrt wirkt die vom Verwalter des Gesellschaftskonkurses erstrittene Verneinung einer Gesellschaftsschuld Rechtskraft auch zugunsten der Gesellschafter (RG Gruchots-Beitr. 37 S. 1157). War im Gesellschaftskonkurs eine Gesellschaftsschuld von ursprünglich kürzerer als fünfjähriger Verjährung ohne Widerspruch der Gesellschafter festgestellt worden, so bewendet es nach RG VZS Bd. **74** 63 (ebenso Bd. **70** 323) für die gegen das Eigenvermögen der Gesellschafter gerichteten Ansprüche zufolge § 159 I HGB bei jener kürzeren Verjährung, während eine mehr als fünfjährige Verjährung sich auf fünf Jahre herabmindert (abw. Jaeger LZ 1910 Sp. 26ff.). Siehe dazu Schlegelberger-Geßler HGB[3] § 159 Anm. 7, Janberg BB 1951 S. 971.

10 2. Die **§§ 65, 69, 70** passen die Form der Rechtsverfolgung dem Zwecke des Konkurses an.

a) Sie lassen aber nicht schon mit der Konkurseröffnung oder Anmeldung inhaltliche Änderungen der Ansprüche eintreten. Sonst müßte die Umwandlung, wenn der eben eröffnete Konkurs wegen Massemangels noch vor dem Prüfungstermin eingestellt würde, weiter bestehen, obwohl der Konkurszweck unerreicht bleibt. Daß dies nicht der Sinn des Gesetzes ist, bestätigt ein Gegenschluß aus § 206 II mit § 164 II. Auch von einem Übergang der Forderungen in Schadensersatzansprüche kann keine Rede sein. Siehe § 69 Anm. 6. Wohl aber äußert die **Urteilskraft des Tabelleintrags** eine die Haftung der Masse (d. h. des Gemeinschuldners als Trägers des konkursbefangenen Vermögens) **festlegende** Wirksamkeit. Denn der Haftungsinhalt wird, sobald die Feststellung eingetragen ist, unangreifbar. Wenn auch ein persönlicher Schuldnerwiderspruch unterblieben oder überwunden ist, wird der Wandel zugleich für die Haftung des Schuldners nach dem Konkurse festgelegt. Der § 164 II läßt sich zwanglos nur aus einer endgültigen Maßgeblichkeit des Tabelleintrags erklären: die Zuerkennung der Ansprüche (§ 145 II) wird mit dem Inhalt rechtskräftig und vollstreckbar, mit dem sie angemeldet und festgestellt worden sind. Denn ohne Ausnahme behandelt das Gesetz, um einen Rechtsstreit gegen den Schuldner zu ersparen, beim Unterbleiben oder Wegfall seines Widerspruchs „die Eintragung in die Tabelle" wie ein rechtskräftiges Leistungsurteil gegenüber dem Schuldner. Fortab kann weder der Gläubiger noch der Schuldner einseitig auf den ursprünglichen Inhalt der Forderung zurückgreifen, es müßte denn etwa die Feststellung als solche umgestoßen werden [§ 145 Anm. 12]. Für eine Wahlbefugnis des Gläubigers fehlt jeder gesetzliche Anhalt. Ihre Durchführung würde auf ernste Bedenken stoßen und, nachdem der Gläubiger doch einmal durch Teilnahme am Verfahren die konkursmäßige Befriedigung begehrt und meist auch empfangen hat, keinesfalls zu rechtfertigen sein. Bei Unteilbarkeit der ursprünglichen Leistung würde im Bereich der §§ 69, 70 ein Zurückgreifen auf den ursprünglichen Forderungsinhalt nur gegen Rückgabe bezogener Anteile zu vollziehen sein, was mit dem Zwecke des § 164 unvereinbar ist. Auch die Ablehnung der Empfangnahme von Anteilen würde dem Eintritt der gesetzlichen Feststellungsfolgen nicht vorbeugen. Somit bleibt die ursprünglich betagte Forderung fällig und bei Unverzinslichkeit um den Zwischenzins gemindert (§ 65), die in Geld angemeldete Sachforderung auf eine Geldsumme (§ 69) und der Rentenanspruch auf Kapital gerichtet (§ 70), eine fremde Währung durch die Bundeswährung verdrängt (§ 69). So auch die herrschende Meinung: RG Bd. **93** 213, Bd. **112** 300; KG OLG 32 S. 387; Oetker I S. 446ff., Seuffert § 52 N. 33, Hellmann S. 213, v. Wilmowski-Kurlbaum Anm. 5, Petersen-Kleinfeller Anm. 6, v. Sarwey-Bossert Anm. 9, Mentzel-Kuhn[7] Anm. 1, Böhle-Stamschräder[6] Anm. 1 u. eingehend Krohn aaO. S. 6ff. mit Verw.; — abw. v. Völderndorff II S. 489ff., Schultze S. 79ff., Förster-Eccius I[7] S. 812, Rintelen ZHR 61 S. 165ff., 174ff., Fürst ZZP 56 (1931) S. 381ff. Ist sonach an die Stelle von Wiederkehransprüchen (z. B. auf Leibrenten) endgültig die festgestellte Forderung auf den angemeldeten Einheitsbetrag getreten, so bleibt kein Raum für den § 323 ZPO. Diese Vorschrift kann — ganz abgesehen davon, daß sie die Verurteilung zu künftig verfallenden Wiederkehrleistungen voraussetzt, während der Tabelleintrag wie eine Verurteilung zu einmaliger Zahlung wirkt — schon deshalb gegenüber der Feststellung des geschätzten Kapitalanspruchs nicht in Frage kommen, weil die Schätzung den wirklichen Verlauf der Dinge außer Betracht läßt, indem sie den wahrscheinlichen zugrunde legt [§ 69 Anm. 4, 6]. Mit der Feststellung zur Tabelle wird diese Berechnung unantastbar. Sie läßt auch keinen Raum für einen Bereicherungsanspruch des Schuldners, wenn der Rentengläubiger nach Empfang der auf die Schätzungssumme entfallenen Anteile vor dem Ende der als wahrscheinlich angenommenen Lebenszeit verstirbt. Hier trägt der Schuldner den Schaden, wie ihn bei tatsächlich längerer Lebensdauer der Gläubiger trägt. Dieses Risiko liegt im Wesen der Schätzung. Unhaltbar Sepp Leibrentenvertrag (1905) S. 77ff., 82ff. Nur durch Übereinkunft zwischen Gläubiger und Schuldner kann die ursprüngliche Gestalt der Forderung wieder hergestellt werden. Die Festlegung der konkursmäßigen Anspruchsänderungen, besonders der Fälligkeit und der Umwandlung in eine Geldschuld, kann auch für eine künftige Aufrechnung von Einfluß sein (Lang Aufrechnung, 1906, S. 235f.).

Ist die Nachhaltigkeit der auf Grund der §§ 65, 69, 70 eingetretenen Änderungen eine Urteilswirkung, dann muß sie sich auf den Kreis der dieser Wirkung unterworfenen Personen, auf das Verhältnis zwischen dem Schuldner und den Konkursgläubigern **beschränken** (§ 325 ZPO mit §§ 145 II, 147 Satz 1 KO). Darum erfährt die Haftung dessen, der für den ursprünglichen Inhalt einer Forderung Bürgschaft übernommen oder als Drittverpfänder eingetreten war, keine Umwandlung. Ihnen gegenüber wirkt sich weder der vorzeitige Verfall der Hauptschuld nach § 65 [§ 65 Anm. 4 mit Verw.] noch eine Inhaltsänderung im Sinne der §§ 69, 70 aus. Der begrenzte Zweck dieser Vorschriften verbietet eine Erstreckung auf Nebenhaftungen, wie deren Abhängigkeit von der Hauptschuld durch den begrenzten Zweck des § 193 durchbrochen wird. Krohn S. 8ff.; zust. Mentzel-Kuhn[7] Anm. 1, Böhle-Stamschräder[6] Anm 1; abw. Bley VerglO[2] §34 Anm. 4, §82 Anm. 20a und c für die umgewandelten Forderungen, dagegen übereinstimmend für die vorzeitig fällig gewordenen § 30 Anm. 7, § 82 Anm. 13a.

11 **b)** Forderungen, die **nicht „festgestellt"** worden sind (§ 144 I), bewahren ihren ursprünglichen Inhalt. Darum kann besonders ein Gläubiger, der sich am Konkurs überhaupt nicht beteiligt hatte, nach Konkursbeendigung den Anspruch in seiner außerkonkursmäßigen Gestalt (unbeschadet des § 193) und nur in dieser gegen den Schuldner verfolgen. Wie aber, wenn die Forderung **zwar „festgestellt", jedoch vom Gemeinschuldner bestritten** worden war? Zunächst kann nicht zweifelhaft sein, daß der Gläubiger den Widerspruch des Schuldners noch im Laufe des Konkurses rechtskräftig niederkämpfen (§ 144 II) und damit die Anwendbarkeit unseres Abs. II herbeiführen kann. Mit Rücksicht auf die nachhaltige Wirksamkeit der Feststellung zur Tabelle hat der Schuldner alles Interesse, in Fällen des § 69 einer nach seiner Ansicht ungerechtfertigten Höhe der angemeldeten Summe zu widersprechen. Auch gegenüber diesem Widerspruch muß ebenso wie gegenüber einem den Bestand der Forderung angreifenden Widerspruch die Möglichkeit der Erhebung einer Klage wie der Aufnahme eines bereits anhängigen Prozesses gegen den Schuldner nach § 144 II bestehen. Der Gläubiger beantragt bei der Rechtsverfolgung gegen den widersprechenden Gemeinschuldner, daß der Schuldnerwiderspruch für unbegründet erklärt, also die Forderung in voller Höhe festgestellt werde [§ 144 Anm. 5] nicht aber Verurteilung des Schuldners zur Naturalleistung (gegen Rintelen aaO. S. 177, 182). Erstreitet der Gläubiger das obsiegende Urteil noch während des Konkurses, so verschafft ihm die daraufhin erwirkte Tabellberichtigung den Vollstreckungstitel des Abs. II [siehe § 144 Anm. 5]. Die Urteilskraft der Feststellung steht dann dem einseitigen Zurückgreifen des Gläubigers oder Schuldners auf den ursprünglichen Forderungsinhalt entgegen. Dasselbe muß aber auch gelten, wenn der Gläubiger den Widerspruch des Schuldners gegen den Bestand oder die Höhe der gegenüber der Masse rechtskräftig (§ 145 II) umgewandelten Forderung erst nach Konkursbeendigung rechtskräftig überwunden und die auch jetzt noch zulässige [§ 144 Anm. 5, § 140 Anm. 8] Tabellberichtigung erreicht hat. Er ist nicht etwa genötigt, nach Konkursbeendigung seinen Antrag auf Verurteilung zur ursprünglich geschuldeten Leistung umzustellen, wie dies Krohn aaO. S. 26 vertritt. Ist die Forderung mit Rechtskraftwirkung gegenüber der Konkursmasse (§ 145 II) umgewandelt, so vermag der Widerspruch des Schuldners zwar den Eintritt der Rechtskraft- und Vollstreckungswirkung des § 164 II hinsichtlich des Bestandes oder der Höhe der (umgewandelten)Forderung zu verhindern, die mit der Feststellung eingetretene Umwandlung der Forderung als solche hat der Schuldner dagegen hinzunehmen. Vgl. Fitting S. 305, Oetker I S. 448f.; grundsätzlich abw. eine verbreitete Lehre (z. B. v. Sarwey-Bossert Anm. 5, Petersen-Kleinfeller Anm. 9). Durch eine Verwahrung gegen die Umwandlung als solche im Wege des Widerspruchs kann es der Schuldner nicht verhüten, daß die im übrigen von ihm nicht bestrittene Forderung einen Inhaltswandel im Sinne der §§ 65, 69, 70 erleidet; denn einen so beschränkten Widerspruch kennt das Gesetz nicht. Seine Eintragung in die Tabelle würde daher unzulässig, die Verwahrung als Widerspruch wirkungslos sein. Vgl. Schultze S. 81, Krohn [Anm. 8] S. 28f.; abw. Hullmann Anm. 3 a. E. Ob ein Widerspruch des Schuldners erfolgt ist, ergibt die Tabelle [§ 140 Anm. 8]. Versäumte Eintragung: § 145 Anm. 3.

3. Ansprüche, welche durch die im Konkurs erfolgte Feststellung vollstreckbar geworden sind, **verjähren** nach § 218 I S. 2 BGB stets erst in 30 Jahren [§ 145 Anm. 6]. Die neue Verjährung beginnt regelmäßig mit der Aufhebung des Konkurses [§ 25 Anm. 17, 19; maßgeblicher Zeitpunkt: § 163 Anm. 4], im Ausnahmefall des § 214 III BGB in dem sich aus § 211 BGB ergebenden Zeitpunkt [vgl. § 25 Anm. 18]. Die Regelung des § 218 I 2 BGB gilt auch für festgestellte öffentlichrechtliche Forderungen (vgl. auch § 220 I BGB); die kürzeren Verjährungsfristen für diese Forderungen (§ 29 RVO, § 144 AO) werden durch die dreißigjährige Verjährung ersetzt. So für Beitragsforderungen zur Sozialversicherung Kleff DSozVers. 1950 S. 28; a. A. Spohr-Gunkel, Das Recht der Zwangsvollstreckung in der Sozialversicherung[3] (1951) S. 157; für Steuerforderungen: OFD Hamburg DStR 1958 S. 287. **11a**

4. Der Widerspruch des Gemeinschuldners hat Bedeutung nur für die Rechtsverfolgung außerhalb des Konkurses. Besonderheit im Genossenschaftskonkurs: § 151 Anm. 3. Für den **Konkursbereich** verdrängt das Widerspruchsrecht des Verwalters den Schuldner [§ 141 Anm. 6]. Die Möglichkeit, der Anerkennung einer Forderung durch den Verwalter nachträglich ihre Wirksamkeit zu entziehen, eröffnet sich der Schuldner auch durch seinen Widerspruch gegen die konkursmäßige Feststellung nicht. Ein **Bereicherungsanspruch** (condictio indebiti) gegen den Gläubiger auf Rückgewähr einer nach der Behauptung des Schuldners zu Unrecht geleisteten Dividende ist also auch dann ausgeschlossen, wenn der Schuldner rechtzeitig widersprochen hat. Fitting § 12 N. 40, Seuffert S. 394, Oetker S. 423, Wolff Anm. 2, Petersen-Kleinfeller Anm. 11, v. Wilmowski-Kurlbaum Anm. 10, Mentzel-Kuhn[7] Anm. 5; zust. auch OLG Oldenburg KonkTreuh. 1935 S. 156; abw. v. Völderndorff II S. 493ff., Seligsohn ZZP 9 S. 410, v. Sarwey-Bossert Anm. 9. Nur wenn die rechtskräftige Feststellung wieder beseitigt worden ist [§ 145 Anm. 12], kann es zu einer Rückforderung unter dem Gesichtspunkt ungerechtfertigter Bereicherung kommen und zwar durch den Verwalter zur Masse, gegebenenfalls auf Grund einer Anordnung nach § 166 I [§ 166 Anm. 3, 10]. **12**

V. Zwischenstaatliches Recht

1. Die Frage, ob Beschränkungen des Nachforderungsrechts, die mit der Abwicklung eines ausländischen Konkurses nach ausländischem Recht eintreten, z. B. die vom Gericht verfügte Entlastung (discharge) des englischen und amerikanischen Rechtes oder die Beschränkung der Beitreibbarkeit des Verlustscheines des Schweizer Rechts (Art. 265 KSchG) [Anm. 15], auch bei der Rechtsverfolgung einer von dieser Beschränkung betroffenen Forderung im Inland zu beachten sind, wird in Anwendung des in § 237 I KO zum Ausdruck gekommenen Grundsatzes der Territorialität der Wirkungen eines ausländischen Konkurses [Anm. 14] überwiegend auch dann verneint, wenn das ausländische Recht nach den Regeln des internationalen Privatrechts als Schuldstatut maßgebend ist (order of discharge: RG Bd. **21** 9ff., Bd. **24** 383ff., JR 1926 Nr. 606; Kohler Lehrbuch S. 639f.; Verlustschein: RG Bd. **100** 24, KonkTreuh. 1929 S. 90; Mentzel-Kuhn[7] § 237 Anm. 13; abw. bei Maßgeblichkeit des schweizerischen Rechts als Schuldstatut OLG Hamburg BöhmsZ 18 S. 144, LG Mannheim IPRspr. Sonderheft zu RabelsZ Jg. 3 Nr. 9 = BadRspr. 1928 S. 151). Vgl. im übrigen die Erläuterungen zu § 237. **13**

2. Ob dem Feststellungsvermerk eines nichtdeutschen Prüfungsverfahrens in Deutschland Rechtskraft und Vollstreckbarkeit zukommt, ist als Frage des zwischenstaatlichen Prozeß- und Vollstreckungsrechtes nach §§ 328, 722f. ZPO zu entscheiden. Voraussetzung für die Anerkennung ist, daß der ausländische Feststellungsvermerk entsprechend den §§ 145 II, 164 II KO nach ausländischem Recht mit der materiellen Rechtskraft eines Urteils und zwar auch gegenüber dem Gemeinschuldner ausgestattet ist. Das ist z. B. bei der Eintragung in das Anmeldungsverzeichnis nach §§ 61, 108, 109 der österr. KO der Fall. Für diese Gleichstellung mit einem Urteil im Rahmen eines inzwischen überholten deutsch-österreichischen Staatsvertrags AV d. Preuss. Justizministeriums vom 15. 12. 24 in **14**

PreussJMBl. 1924 S. 431f.; Volkmar LZ 1925 S. 416; Stein-Jonas-Schönke-Pohle ZPO[18] Anh. I zu § 723 Anm. I 1; a. M. Bley VerglO[2] § 85 Anm. 3c in Bezug auf die entspr. Vermerke des Nichtbestrittenseins im Vergleichsverfahren. Dem steht auch nicht Art. 14 I Nr. 2 des Vertrages mit Österreich vom 6. 6. 1959 (BGBl. 1960 II S. 1246) entgegen, demzufolge der Vertrag auf „Entscheidungen in Konkursverfahren" nicht anzuwenden ist. Dieser Ausschluß, der mit Rücksicht auf eine geplante besondere Regelung des internationalen Konkursrechts in den neueren Staatsverträgen durchweg ausgesprochen ist (vgl. z. B. Art. 12 des Vertrages mit Italien vom 9. 3. 1936, RGBl. 1937 II S. 145, Art. 1 IV des Vertrages mit Belgien vom 30. 6. 1958, BGBl. 1959 II S. 766, Art. 2 II des Vertrages mit England vom 14. 7. 1960, BGBl. 1961 II S. 302, sowie die Beschränkung auf „im Prozeßverfahren ergangene Entscheidungen" in Art. 1 des Vertrages mit der Schweiz vom 2. 11. 1929, RGBl. 1930 II S. 1066, die gleichfalls als Ausschluß von Entscheidungen im Konkursverfahren verstanden wird (Wieczorek ZPO Bd. V S. 695 Anm. A II; Stein-Jonas-Schönke-Pohle Anh. II zu § 723 Anm. II A 1d; Kallmann, Anerkennung und Vollstreckung ausländischer Zivilurteile und Vergleiche, Basel 1946, S. 6 Anm. 4 m. w. Nachw.), läßt die subsidiäre Anwendung der §§ 328, 722f. ZPO unberührt (Wieczorek aaO. S. 696 Anm. B). Fehlt dagegen der Feststellung eines ausländischen Prüfungsverfahrens die Rechtskraftwirkung eines Richterspruchs, so kommt eine Anerkennung für die Rechtsverfolgung im Inland nicht in Frage und zwar auch dann nicht, wenn sie nach ausländischem Recht Vollstreckungswirkung hat. Schon aus diesem Grunde kommt dem Verlustschein eines schweizerischen Konkurses für die Rechtsverfolgung in Deutschland keine Bedeutung zu (Art. 265 SchKG mit Art. 82, 149 SchKG).

Ist nach den vorstehenden Darlegungen eine Anerkennung nach §§ 328, 722f. ZPO geboten, so steht ihr auch nicht der von der herrschenden Meinung aus § 237 I KO abgeleitete allgemeine Grundsatz entgegen, demzufolge die Wirkungen eines ausländischen Konkurses auf das Konkursland beschränkt bleiben (Territorialitätsprinzip: vgl. Mentzel-Kuhn[7] § 237 Anm. 1,3, Böhle-Stamschräder[6] § 237 Anm. 1 mit Verw.). Denn hier steht nicht eine die Rechtsverfolgung im Inland einschränkende Wirkung des ausländischen Konkurses in Frage (vgl. allerdings auch RG KonkTreuh. 1929 S. 90 = SeuffA 83 Nr. 140 a. E.).

15 **Zusatz. Fremde Rechte.*** Das Nachforderungsrecht der Gläubiger, das Recht, den nicht durch Masseverteilung getilgten und nicht — freiwillig oder durch Zwangsvergleich — erlassenen Teil ihrer Forderungen ohne Einschränkungen vom Gemeinschuldner nachfordern zu können, wird wie im deutschen Recht von der überwiegenden Mehrheit der ausländischen Rechtsordnungen anerkannt. Teilweise wird auch wie im deutschen Recht die Nachforderung durch die Vollstreckbarkeit der konkursmäßigen Feststellung erleichtert [vgl. zu 1]. Dabei wird mitunter das Nachforderungsrecht gewissen Beschränkungen unterworfen [vgl. zu 2]. Solche Beschränkungen begegnen auch in Rechtsordnungen, die eine Vollstreckbarkeit der Feststellung nicht kennen [vgl. zu 3].

In einzelnen Rechtsordnungen, vor allem im angelsächsischen Rechtskreis, wird ein Nachforderungsrecht nur ausnahmsweise anerkannt, hat also der Konkurs regelmäßig die Folge, den Gemeinschuldner auch ohne Zwangsvergleich von der Haftung für die Konkursforderungen ganz zu befreien [vgl. zu 4].

1. Ein uneingeschränktes Nachforderungsrecht mit dem Vorzug der Vollstreckbarkeit der Feststellung der Forderung kennt neben Deutschland vor allem Österreich (§§ 60, 61 KO).

Auch Frankreich erleichtert seit der Reform von 1955 die Geltendmachung des Nachforderungsrechts, freilich in etwas anderer Weise (Art. 161 III und IV D. 20. Mai 1955 = Art. 597 C. com.): auf Antrag erhält jeder Gläubiger, dessen Forderung festgestellt worden war, einen Vollstreckungstitel, der in einer Anordnung (*ordonnance*) des Präsidenten des Konkursgerichts [vgl. § 71 Anm. 20] besteht; die Anordnung muß die Zulassung der Forderung und die Beendigung des Verfahrens feststellen, sie enthält einen Leistungsbefehl an den Schuldner und wird vom Gerichtsschreiber mit der Vollstreckungsklausel versehen; die Anordnung unterliegt keiner Anfechtung, ist wie ein Urteil vollstreckbar und begründet wohl auch wie Urteile eine gerichtliche Hypothek

*) Bearbeitet von Prof. Dr. Günther Jahr, Saarbrücken.

(vgl. Houin, Encyclopédie juridique Dalloz, Répertoire de droit commercial et des sociétés II, 1957, faillite Nr. 2806).

2. Die **Niederlande** erkennen zwar der Feststellung Vollstreckbarkeit zu, lassen aber aus Konkursforderungen (auch wenn sie nicht geltend gemacht werden und daher nicht festgestellt worden waren) keine Personalexekution (*lijfsdwang*: Schuldhaft bis zu 1 Jahr) zu (Art. 195, 196 F. W.; ähnlich das frühere französische Recht bei sogenannter *excusabilité*; vgl. zu 3).

Weitergehende Beschränkungen bestehen vor allem in der **Schweiz**. Bei der Verteilung erhält jeder Gläubiger für den ungedeckt bleibenden Betrag seiner Forderung einen Verlustschein (Art. 265 I SchKG). Dieser Konkursverlustschein hat ähnliche Folgen wie ein Verlustschein aus fruchtloser Einzelvollstreckung: die Forderung wird insbesondere unverzinslich und unverjährbar und kann — falls sie der Schuldner anerkannt hat — in einfacherer Form geltend gemacht werden (Art. 265 II, 149 SchKG). Die Geltendmachung unterliegt jedoch gewissen Einschränkungen, die darauf abzielen, dem Schuldner Gelegenheit zur wirtschaftlichen Erholung zu geben: neuen „Betreibungen auf Konkurs" oder „auf Pfändung" [vgl. Bd. I S. LXIVf.] kann der Schuldner die Einrede entgegenhalten, daß er noch nicht zu neuem Vermögen gekommen sei (Art. 265 II SchKG). Andere Formen der Geltendmachung (ordentliche Klage, Anfechtung u. ä.) unterliegen keiner Beschränkung.

3. Keine Vollstreckbarkeit der Feststellung einerseits, Beschränkungen des Nachforderungsrechts andererseits kennt vor allem **Italien**: der Schuldner kann sich binnen 5 Jahren nach Konkursbeendigung der Nachforderung entziehen, wenn er die Wiedereröffnung des Konkursverfahrens (*riapertura del fallimento*) beantragt und entweder darlegt, daß er Vermögensgegenstände innehat, die diese Maßnahme angezeigt (*utile*) erscheinen lassen, oder allen — alten und neuen — Gläubigern die Bezahlung von mindestens 10% ihrer Forderungen garantiert (Art. 121 L. F.).

In **Belgien** besteht noch die dem früheren französischen Recht entsprechende gesetzliche Regelung [vgl. zu 2], nach der die Nachforderung des ganzen Ausfalls zulässig ist, ohne daß der Feststellung Vollstreckbarkeit zukommt, nach der aber das Nachforderungsrecht gegen einen „entschuldigten" Gemeinschuldner nicht durch Personalexekution geltend gemacht werden kann (Art. 535 C. com.). Seit der fast völligen Beseitigung der Schuldhaft (*contrainte par corps*) durch das Gesetz vom 27. Juli 1871 ist diese Sonderregelung praktisch bedeutungslos.

4. Im **angelsächsischen Rechtskreis** wird der Konkurs in gewisser Weise als Rechtswohltat für den Schuldner aufgefaßt [vgl. Bd. I S. LXVII], als ein Verfahren, das regelmässig zu einer Entlastung (*discharge*) des Schuldners, zu seiner Befreiung von der Haftung für die Konkursforderungen führt.

a) In **England** kann die Entlastung in jeder Lage des Verfahrens nach der Bankrotterklärung [vgl. Bd. I S. LXXV] auf Antrag des Gemeinschuldners durch Gerichtsbeschluß (*order of discharge*) ausgesprochen werden (§§ 26ff. B. A.). Die Entlastung ist zu verweigern, aufzuschieben (um eine Frist, die „das Gericht für angemessen erachtet") oder von der Unterwerfung des Schuldners unter ein bedingt vollstreckbares Urteil für die noch offenen Forderungsbeträge abhängig zu machen, wenn bestimmte im Gesetz (§ 26 III B. A.) aufgezählte Tatsachen vorliegen. Dazu gehören neben Fällen, die als verwerfliche oder leichtfertige Herbeiführung des Bankrotts und als versuchte Erschleichung der Entlastung zusammengefaßt werden können, anfechtbare Vermögensverschiebungen, Gläubigerbenachteiligungen, früherer Bankrott, frühere Vergleiche zur Konkursabwendung und der Bruch von Treuhänderpflichten (*breach of trust*). Eine uneingeschränkte Entlastung ist aber auch unzulässig, wenn das Vermögen des Gemeinschuldners nicht die Hälfte der nicht gesicherten Konkursforderungen deckt, es sei denn, daß diese Unzulänglichkeit auf Umständen beruht, für die der Schuldner „gerechterweise nicht als verantwortlich angesehen werden kann" (*cannot justly be held responsible*). Im Ergebnis haben die Gerichte einen außerordentlich weiten Ermessensspielraum: selbst wo eine uneingeschränkte Entlastung ausgeschlossen ist, bleibt ihnen die Möglichkeit, durch bloßen Aufschub der Entlastung um ganz kurze Fristen (*nominal periods*) in der Sache doch unbeschränkt zu entlasten.

Die Entlastung umfaßt nicht Forderungen, die im Konkurs nicht geltend gemacht werden können (*debts not provable in bankruptcy*; dazu gehören vor allem noch nicht ziffermäßig festgestellte deliktische Schadensersatzansprüche [vgl. § 103 Anm. 19]). Sie gilt weiter nicht für Steuerforderungen, Forderungen aus strafprozeßrechtlichen Sicherheitsleistungen und Forderungen aus betrügerischem Bruch von Treuhandpflichten. Andere Forderungen (aus Urteilen wegen Verführung, gegen Ehebrecher u. ä.) umfaßt die Entlastung nur, soweit das Gericht dies anordnet. Mitschuldner und Bürgen werden durch die Entlastung nicht befreit.

b) In den USA müssen nur juristische Personen die Entlastung besonders beantragen. Konkursvergehen, Verletzung der Buchführungspflicht, Kreditbetrügereien, Konkursverschiebungen, Ungehorsam im Konkursverfahren, Entlastung oder Zwangsvergleich in den letzten 6 Jahren und Unfähigkeit, Vermögensverluste zufriedenstellend zu erklären, stehen der Entlastung entgegen. Von der Entlastung nicht erfaßt werden wie im englischen Recht die nicht konkursmäßig geltend zu machenden Forderungen (*nonprovable debts*), Steuerschulden, Schulden aus erschlichenem Kredit, im Konkurs verschwiegene Schulden, Schulden aus Amtspflichtsverletzung als Beamter oder Treuhänder und Schulden gegenüber bestimmten Arbeitnehmern. Eine unberechtigte Entlastung kann innerhalb eines Jahres widerrufen werden (§§ 14—17 B. A. = 11 USC §32—35). Auch in den USA erstreckt sich die Entlastung nicht auf Mitschuldner und Bürgen.

§ 165

Hat der Schuldner den Prüfungstermin versäumt, so ist ihm auf Antrag die Wiedereinsetzung in den vorigen Stand zu erteilen. Die Vorschriften des § 232 Abs. 2 und der §§ 233 bis 236 der Zivilprozeßordnung finden entsprechende Anwendung. Der den Antrag auf Wiedereinsetzung enthaltende Schriftsatz ist dem Gläubiger zuzustellen, dessen Forderung nachträglich bestritten werden soll. Das Bestreiten in diesem Schriftsatze steht, wenn die Wiedereinsetzung erteilt wird, dem Bestreiten im Prüfungstermine gleich und ist in die Tabelle einzutragen.

Materialien: **Begründung S. 44, Kommissionsbericht S. 1962.**

Schrifttum: **M. Teichmann, Wiedereinsetzung in den vorigen Stand im Falle der Versäumung des Prüfungstermins (Leipzig. Diss. 1911).**

Wiedereinsetzung gegen Versäumung des Prüfungstermins

1 **I. Zweck des Gesetzes**

Die Feststellung einer Konkursforderung zur Tabelle (§§ 144 I, 145 II) wirkt gegen den Schuldner wie eine rechtskräftige Verurteilung, falls er nicht ausdrücklich Widerspruch im Prüfungstermin erhoben hat (§§ 164 II, 194, 206 II). Diese Säumnisfolge würde aber eine ungerechtfertigte Härte sein, wenn der Schuldner durch unabwendbare Ereignisse am Erscheinen verhindert worden ist. Darum gewährt ihm der § 165 auf Antrag eine Wiedereinsetzung gegen die Terminsversäumung entsprechend den Grundsätzen über die Wiedereinsetzung gegen Fristversäumungen. Das Schutzmittel gilt, obgleich die §§ 194, 206 II nicht ausdrücklich auf den im Titel „Verteilung" stehenden § 165 verweisen, nach Fassung und Zweck des letzteren ohne Zweifel auch für die Fälle des Zwangsvergleichs und der Einstellung. War der Gemeinschuldner im Prüfungstermin anwesend und verhandlungsfähig [Anm. 2, 3], so hat er kein Mittel, die unterlassene Bestreitung nachzuholen. Andrerseits findet die Wiedereinsetzung nach § 165 zugunsten des abwesenden Schuldners auch dann statt, wenn der Verwalter anwesend war und bestritten hatte. Auch hier besteht das Wiedereinsetzungsbedürfnis, weil die Beseitigung (Zurücknahme oder Niederkämpfung) des Verwalter-Widerspruchs, der sich vielleicht nur gegen die Anmeldbarkeit richtete oder auf die Konkursanfechtung gründete, zugleich für die außerkonkursmäßige Rechtsverfolgung wirkt [§ 144 Anm. 3]. Vgl. auch § 164 Anm. 8.

2 **II. Wiedereinsetzungsgrund**

Als Wiedereinsetzungsgrund kommt nur die Verhinderung durch höhere Gewalt in Betracht (§ 233 I ZPO). Die entsprechende Anwendung des § 233 I ZPO ergibt den Rechtssatz: „Dem Schuldner, welcher durch Naturereignisse oder andere unabwendbare Zufälle verhindert worden ist, den Prüfungstermin wahrzunehmen, ist auf Antrag die Wiedereinsetzung in den vorigen Stand zu erteilen." Der im zweiten Satz angeführte § 233 II ZPO — die Verweisung auf § 235 ZPO ist durch die Aufhebung dieser Vorschrift (Art. 2 Nr. 32 VereinhG) ohnedies bedeutungslos geworden — ist ihrem Inhalt nach auf eine Terminsversäumung auch nicht entsprechend anwendbar. Verhinderungen durch höhere Gewalt liegen in Naturvorgängen (z. B. Überschwemmungen) oder sonstigen äußeren Ereignissen, deren Erfolg bei aller nach Lage des Einzelfalles vernünftigerweise zu erwartenden Sorgfalt nicht unschädlich gemacht werden konnte (z. B. Freiheitsberaubung, plötzliche schwere Erkrankungen oder Unfälle, die den Schuldner selbst oder nahe Angehörige von ihm treffen). Über die allerdings auf Terminsversäumungen nur in beschränktem Umfang passende Rechtsprechung des Reichsgerichts und des Bundesgerichtshofs siehe Stein-Jonas-Schönke-Pohle ZPO[18] §233 II 1, Rosenberg Zivilprozeßrecht[9] §77 II 2. Fest steht jedenfalls, daß Mangel eines Verschuldens für sich allein nicht genügt, Unabwendbarkeit schlechthin nicht gefordert wird. Untersuchungshaft (namentlich wegen betrügerischen Bankrotts, § 239) kann als obrigkeitliche Anordnung unabwendbare Verhinderung darstellen, wenn der Schuldner trotz aller Bemühungen auch einen Vertreter nicht zu erlangen vermochte (vgl. Teichmann S. 29ff.; vgl. auch BGH LM § 232 ZPO Nr. 29, OLG Kiel SchlHAnz. 1949 S. 367). Für das Konkursverfahren, das durch den Tod des Gemeinschuldners nicht unterbrochen wird, kommt als „unabwendbarer Zufall" auch das plötzliche Versterben des Schuldners in Betracht. Der Erbe ist solchenfalls als Gemeinschuldner zum Wiedereinsetzungsantrag berufen. Eine Verhinderung, die den vor Gericht erschienenen Schuldner während des Termins vom Verhandeln oder Weiterverhandeln abhält (etwa eine Ohnmacht), steht der Verhinderung am Erscheinen gleich (vgl. § 333 ZPO). Prozeßunfähigkeit: Anm. 3.

3 Durch Verweisung auf den § 232 II ZPO stellt unser Satz 2 klar, daß gegen Terminsversäumungen, die im **Verschulden eines Vertreters** — des gesetzlichen (z. B. Vormunds, Organs einer juristischen Person) oder des gewillkürten [§ 141 Anm. 1] — ihren Grund haben, keine Wiedereinsetzung gewährt wird. Wohl aber kann die unabwendbare Verhinderung [Anm. 2] des Vertreters genügen und zwar auch die eines Bevollmächtigten (z. B. bei Unkenntnis des Schuldners vom plötzlichen Verhinderungsfall). War es dem Schuldner möglich, durch Bevollmächtigung oder Neubevollmächtigung für die Wahrnehmung seiner Rechte zu sorgen, dann liegt keine unabwendbare Verhinderung vor. Das persönliche Erscheinen eines im Sinne des § 104 Nr. 2 BGB geschäfts- und prozeßunfähigen Gemeinschuldners steht einer Terminsversäumung gleich. Er ist nicht, wie es die Gesetze vorschreiben, vertreten (vgl. § 579 I Nr. 4 ZPO). Das wird namentlich bei unerkannter Geisteskrankheit bedeutsam.

III. Wiedereinsetzungsfristen

4 Die Wiedereinsetzung muß binnen zwei Wochen seit Behebung des Hindernisses und jedenfalls noch binnen eines Jahres seit Ablauf des versäumten Termins beantragt werden (§ 234 ZPO). Fristwahrung: Anm. 6. Weder die Beteiligten (die „Parteien" des Wiedereinsetzungsverfahrens, also der Gemeinschuldner als Antragsteller und der im Satz 3 bezeichnete Gläubiger oder eine Mehrheit solcher als Antragsgegner) noch das Gericht können diese Grenze erweitern (§§ 224, 234 ZPO). Ihre Einhaltung bildet daher ein von Amts wegen zu prüfendes Erfordernis für die Zulässigkeit der Wiedereinsetzung. Die Zweiwochenfrist des § 234 I ist keine Notfrist (§ 223 III). Gegen ihre Versäumung findet daher keine Wiedereinsetzung statt (vgl. RG JW 1893 S. 382f. Nr. 5, BGH Bd. 7 196). Gleichwohl hemmen die Gerichtsferien — abweichend von der Regel des § 223 I ZPO (RG JW 1899 S. 336 Nr. 6) — den Lauf der Wiedereinsetzungsfrist nicht, weil die Wiedereinsetzung Bestandteil des Konkursverfahrens ist [Anm. 8] und dieses von den Gerichtsferien nicht beeinflußt wird (§202 GVG, § 223 II ZPO). Zust. Teichmann S. 42f., Mentzel-Kuhn[7] Anm. 3, Böhle-Stamschräder[6] Anm. 2; siehe oben § 72 Anm. 6.

5 War die Ausschlußfrist des § 234 III ZPO bei Konkursbeendigung noch nicht abgelaufen, so kann der Wiedereinsetzungsantrag auch noch nach dem Konkurs gestellt und behandelt werden. Auch sonst obliegen dem „Konkursgericht" als solchem Verrichtungen, die es nach dem förmlichen Abschluß des Konkurs-

verfahrens noch zu erfüllen hat [Anm. 8]. Zust. Teichmann S. 50ff., Seuffert S. 391, Fitting § 12 N. 20, Mentzel-Kuhn[7] Anm. 3; abw. Kleinfeller ZZP 25 S. 112.

IV. Wiedereinsetzungsverfahren

6 1. Für die **Form des Antrags** auf Wiedereinsetzung soll nach Satz 2 der § 236 ZPO maßgebend sein. Allein der dort an die Spitze gestellte Grundsatz, daß die Form des Antrags auf Wiedereinsetzung sich nach der Form der versäumten Prozeßhandlung richtet, paßt auf die Nachholung des Widerspruchs nicht, da für ihn („die versäumte Prozeßhandlung") eine Form, wie sie dem § 236 I 1 ZPO vorschwebt, nicht vorgeschrieben ist. Der Widerspruch wird mündlich im Prüfungstermin, also weder durch Zustellung noch durch Einreichung einer Schrift erklärt noch auch nur durch eine solche vorbereitet [§ 141 Anm. 1, 10]. Da nun der Antrag sich an das Konkursgericht [Anm. 8], also an ein Amtsgericht wendet, müssen mangels besonderer Bestimmungen die allgemeinen Regeln über die Behandlung zustellungsbedürftiger (Satz 3) Anträge im amtsgerichtlichen Verfahren, d. h. die Vorschriften des § 496 I, II ZPO entsprechende Anwendung finden (§ 72). Der Wiedereinsetzungsantrag ist daher entweder schriftlich beim Konkursgericht einzureichen oder mündlich zu Protokoll seiner Geschäftsstelle anzubringen (§ 496 II 1 ZPO). Das Konkursgericht hat daraufhin eine vom Antragsteller nach § 496 II 2 ZPO miteinzureichende Abschrift des Parteischriftsatzes oder eine Protokollabschrift von Amts wegen (§ 496 I ZPO) dem Gläubiger zuzustellen, dessen Forderung nachträglich bestritten werden soll (Satz 3 unseres § 165). „Beantragt" im Sinne der Fristbestimmungen des § 234 ZPO [Anm. 4] ist aber die Wiedereinsetzung schon mit Einreichung oder Protokollerklärung des Antrags, nicht erst mit dessen Zustellung. Der § 496 III ZPO bleibt daher außer Betracht. Zust. Böhle-Stamschräder[6] Anm. 3 (teilw. abw. Teichmann S. 55ff.). Soll die versäumte Bestreitung gegenüber verschiedenen Gläubigern nachgeholt werden, so ist der Antrag jedem einzelnen zuzustellen (Einreichung von Abschriften in erforderlicher Zahl: § 496 II 2 ZPO). Ist dem Konkursgericht bekannt, daß ein beteiligter Gläubiger zu seiner Vertretung im Konkursverfahren [§ 139 Anm. 6 unter c] einen Bevollmächtigten bestellt hat (vgl. § 88 II ZPO), so muß die Zustellung an diesen erfolgen (§§ 208, 176 ZPO).

7 Die im Satz 2 verordnete Anwendbarkeit des § 236 ZPO beschränkt sich somit darauf, daß für den **Inhalt des Antrags** auf Wiedereinsetzung der § 236 I 2 ZPO maßgebend ist. Danach müssen Parteischriftsatz oder Protokollerklärung angeben:

1. die den Antrag begründenden Tatsachen d. h. die Angabe des Hindernisses, das ein Bestreiten des Gemeinschuldners im Prüfungstermin vereitelt hat [Anm. 2],
2. die Glaubhaftmachung dieser Tatsachen (§ 294 ZPO),
3. die Forderung, die bestritten werden soll, und die Nachholung des Bestreitens (der „versäumten Prozeßhandlung"). Der Antragsteller muß also eine bestimmte Forderung oder eine Mehrheit von solchen benennen und ausdrücklich erklären, daß und inwieweit er sie bestreite. Widerspruchsgründe brauchen hier so wenig angegeben zu werden als im Prüfungstermin selbst. Die Formerfordernisse des § 236 I 2 ZPO sind von Amts wegen nachzuprüfende Voraussetzungen der Zulässigkeit des Wiedereinsetzungsantrags.

8 2. Zuständig zur **Entscheidung** über den Antrag ist das **Konkursgericht** als solches. Denn ihm obliegt diejenige Eintragung, deren Rechtsfolge durch den nachgeholten Widerspruch rückgängig gemacht werden soll (§ 145 KO; vgl. § 237 ZPO). Auch fehlt jeder Anhalt für die Zuständigkeit eines anderen Gerichts (Kleinfeller ZZP 25 S. 111). Sonach sind die §§ 73—75 anwendbar. Eben deshalb gehört die Entscheidung, auch wenn sie nach Konkursbeendigung ergeht [Anm. 5], noch zum Konkursverfahren und kann dementsprechend ohne mündliche Verhandlung erlassen werden (§ 73 I). Dem Gegner ist im Hinblick auf die Wirkungen der gewährten Wiedereinsetzung [Anm. 10] Gelegenheit zu geben, sich zum Wiedereinsetzungsantrag zu äußern. Den Wiedereinsetzungsgrund [Anm. 2] braucht der Schuldner nur glaubhaft zu machen (§§ 236 I 2 Nr. 2, 294 ZPO). Daß auch die Rechtzeitigkeit des Antrags, eine von Amts wegen zu prüfende Zulässigkeitsvoraussetzung, nur

glaubhaft zu machen wäre, sagt das Gesetz nicht (abw. Teichmann S. 63). Das Konkursgericht kann auf Antrag des Schuldners die einstweilige Einstellung der Zwangsvollstreckung [§ 164 Anm. 7] anordnen (§ 164 II KO, §§ 707, 775 Nr. 2 ZPO); der Antrag auf Wiedereinsetzung hemmt für sich allein die Vollstreckbarkeit des Tabellvermerks nicht.

Der Beschluß ist stets dem Gemeinschuldner und dem beteiligten Gläubiger 9
von Amts wegen zuzustellen und kann im Falle der Abweisung vom Gemeinschuldner, sonst vom Gläubiger mit der sofortigen Beschwerde angefochten werden (§ 73). Der Konkursverwalter ist unbeteiligt, da die Wiedereinsetzung keinen Einfluß auf die Konkursmasse äußert. Die Kosten der Wiedereinsetzung trägt der Gemeinschuldner, durch einen unbegründeten Widerspruch des Gläubigers verursachte besondere Kosten dieser selbst (dies folgt aus § 238 III ZPO mit § 72 KO).

V. **Wirkung der Wiedereinsetzung** (Satz 4). 10

Wird die Wiedereinsetzung gewährt, so ersetzt das im Wiedereinsetzungsgesuch nachgeholte Bestreiten den im Prüfungstermin unterbliebenen mündlichen Widerspruch. Die Anberaumung eines neuen Prüfungstermins zum Zwecke neuerlicher Abgabe der Widerspruchserklärung ist, auch wenn der Konkurs noch schwebt, durchaus unzulässig. Zust. Mentzel-Kuhn[7] Anm. 5, Böhle-Stamschräder[6] Anm. 3. Der Nachholungserfolg kommt aber nur der Person des Schuldners (§§ 164 II, 194, 206 II), nicht auch der Masse zugute. Sobald der dem Antrag stattgebende Beschluß rechtskräftig geworden ist, hat der Konkursrichter die Nachtragung des Widerspruchs in der Bemerkungsspalte der Tabelle [§ 140 Anm. 8] von Amts wegen zu veranlassen.

§ 166

Wenn nach dem Vollzuge der Schlußverteilung Beträge, welche von der Masse zurückbehalten sind, für dieselbe frei werden, oder Beträge, welche aus der Masse gezahlt sind, zur Masse zurückfließen, so sind dieselben von dem Verwalter nach Anordnung des Konkursgerichts auf Grund des Schlußverzeichnisses zur nachträglichen Verteilung zu bringen. Die über die Verwaltung und Verteilung solcher Beträge abzulegende Rechnung unterliegt der Prüfung des Konkursgerichts.

Dasselbe gilt, wenn nach der Schlußverteilung oder der Aufhebung des Verfahrens zur Konkursmasse gehörige Vermögensstücke ermittelt werden.

Materialien: Motive I Bd. 2 S. 119, Motive II S. 386, Protokolle S. 108, 183.

Übersicht

Schrifttum: Wachtel, Nachtragsverteilung im Konkurs (Würzburger Abhandlungen z. deutschen u. ausl. Prozeßrecht Heft 16, 1926), Bodo Meier, Verteilung nachträglich ermittelter Vermögensstücke (Göttinger Diss. 1928).

Nachtragsverteilung

Der § 166 regelt die Nachtragsverteilung, die als Zusatz zur Schlußverteilung Einl.
einmal oder auch wiederholt vorkommen kann. Sie ist nur möglich bei Abwicklung des Konkurses durch Ausschüttung der Masse, nicht in Fällen des Zwangsvergleichs

oder der Einstellung. Dies ergibt die Fassung der Vorschrift und ihre Stellung im System. Kommen neue Aktiven zum Vorschein, nachdem das Verfahren wegen Konkursverzichts oder Massemangels eingestellt worden ist (§§ 202, 204), so kann nur ein neuer Konkurs nach den allgemeinen Vorschriften eröffnet werden. Im Falle des Zwangsvergleichs können die §§ 196ff. anwendbar werden. Eigentümlicher Art sind die Nachtragsverteilungen im Genossenschaftskonkurs und im Konkurs eines Versicherungsvereins auf Gegenseitigkeit. Über diese unten zu §§ 207f.

I. Die Voraussetzungen einer Nachtragsverteilung sind:

1 1. Es müssen Gegenstände für eine nachträgliche [Anm. 8] Verteilung **verfügbar** werden, eine solche also mangels vollständiger Befriedigung aller Konkursgläubiger auch noch erforderlich sein. Das Gesetz unterscheidet drei Fälle: nachträgliches Freiwerden (a), Zurückfließen (b), Ermitteln (c). Die Auslegung darf nicht am Buchstaben haften.

2 a) **Freiwerden** (Abs. I Satz 1 1. Alternative) können von der Konkursmasse zurückbehaltene Beträge: wenn ein Anmelder im Feststellungsprozeß unterliegt oder seine Anmeldung zurücknimmt (§§ 152, 168 Nr. 1); wenn die aufschiebende Bedingung für das Zustandekommen einer durch Hinterlegung der Anteile (§§ 154, 168 Nr. 2) oder durch Sicherstellung nach § 54 III (vgl. § 171) berücksichtigten Konkursforderung ausfällt oder erst nach der Schlußverteilung aussichtslos wird [§ 154 Anm. 3, 4]; wenn die auflösende Bedingung im Falle des § 168 Nr. 4 eintritt; wenn ein sichergestellter Masseanspruch [§ 57 Anm. 6, 10, § 172 Anm. 1] sich ganz oder teilweise als nicht bestehend erweist. Wegen der Ausfallgläubiger siehe § 168 Nr. 3 mit § 156 [§ 168 Anm. 8]. Nichterhobene Beträge: § 169 Anm. 4 unter b. Als „freigeworden" im weiteren Sinne (freilich nicht als „ermittelt" im Sinne des Abs. II) unterliegen einer Nachtragsverteilung aber auch solche Gegenstände, die wegen einstweiliger Unverwertbarkeit — so besonders bedingte oder streitige Rechte — einer Nachtragsverteilung vorbehalten und nun verwertbar geworden sind. Näheres zu diesen Fällen: § 161 Anm. 3, § 162 Anm. 6, § 163 Anm. 6, 7 mit Verw. Zust. Mentzel-Kuhn[7] Anm. 2, Böhle-Stamschräder[6] Anm. 1 unter a. Jedenfalls aber muß ein Freiwerden „für die Masse" erfolgt sein. Wer die Masse in Bausch und Bogen vom Konkursverwalter käuflich erwarb, hat damit auch einen für Rechnung der Masse hinterlegten streitigen Gegenstand erworben. Darum gebührt ein solcher Gegenstand beim Unterliegen der anderen Partei dem Erwerber der Masse, nicht den Konkursgläubigern. Insoweit ist für eine Nachtragsverteilung kein Raum. KG OLG 6 S. 368. Zur Frage der Fortdauer der Prozeßführungsbefugnis des Konkursverwalters vgl. § 163 Anm. 6f. und unten Anm. 12. Der nach unserm Rechte konkursfreie Neuerwerb [§ 1 Anm. 51ff., § 9 Anm. 6] bildet in keinem Falle den Gegenstand einer Nachtragsverteilung.

3 b) Ein **Zurückfließen** (Abs. I Satz 1 2. Alternative) zur Konkursmasse kann stattfinden: wenn Beträge auf Konkursforderungen oder Masseansprüche irrtümlich ausbezahlt waren (Beispiele: die Ausfallforderung eines Absonderungsgläubigers war bei der Schlußverteilung zu hoch veranschlagt worden, ein Zuvielempfang ist im Falle des § 68 Anm. 8 zurückzugewähren); wenn auflösend bedingte Forderungen durch Zahlung oder Aufrechnung berücksichtigt worden waren und nun die auflösende Bedingung eintritt [§ 54 Anm. 5]; wenn auf eine im Sinne des § 146 VI zugriffsreife Forderung Anteile ausbezahlt worden waren und erst hinterher die Widerspruchsklage erhoben und gewonnen wird [§ 146 Anm. 1, 42]; wenn die Feststellung, auf Grund deren eine Auszahlung erfolgt war, durch Wiederaufnahme des Verfahrens beseitigt und die Zahlung zurückverlangt wird [§ 145 Anm. 12f.]; wenn ein angeblicher Masseanspruch, der durch Auszahlung berücksichtigt worden war, sich hinterher als unbegründet erweist. Vgl. Seuffert S. 370f.

4 c) Nachträglich als **Massebestandteile ermittelt** werden (Abs. II) können Gegenstände, deren Zugehörigkeit zur Konkursmasse der Verwalter (vgl. § 117 I) während des Konkurses nicht erkannt oder wieder vergessen hatte, also vor allem vom Gemeinschuldner verheimlichte oder beiseite geschaffte Gegenstände (§§ 239 Nr. 1, 242 Nr. 1).

In den Anwendungsbereich des Abs. II fallen aber darüber hinaus auch solche Vermögensstücke, die der Verwalter zwar kannte, aber irrtümlich zunächst für konkursbeschlagsfrei hielt; ferner solche, die er versehentlich als mit anderen veräußert ansah (RG Bd. **25** 10); desgleichen Außenstände, die er nur deshalb nicht einzog, weil er sie unzutreffender Weise durch Gegenforderungen für aufgezehrt hielt (RG Bd. **36** 23). Ob der Irrtum entschuldbar war oder nicht, ist bedeutungslos (RG ebenda S. 24). Meist wird es der Verwalter sein, der die Zugehörigkeit zur Konkursmasse nachträglich erkennt oder erfährt und, wenn seine Verfügungsmacht bereits erloschen ist, dem Konkursgericht meldet. Denkbar ist aber auch, daß die Ermittelung von der Gläubiger- oder Schuldnerseite ausgeht oder von irgendeinem Dritten, der durch Anzeige an das Konkursgericht dessen Eingreifen anregt. So z. B. nach dem Tode des Verwalters, vor allem aber bei Veruntreuung von Massewerten durch den Verwalter oder sonst einer pflichtwidrigen Handlung, die einen zur Masse gehörenden Schadensersatzanspruch gegen ihn selber auslöst [§ 82 Anm. 11]. Solchenfalls kann die Bestellung eines neuen Verwalters schon zum Zwecke der Untersuchung darüber notwendig werden, ob wirklich ein die Nachtragsverteilung veranlassender Ersatzanspruch besteht (OLG Stuttgart LZ 1911 Sp. 872f.). Zur Aufdeckung der Massezugehörigkeit muß nach dem Zwecke des § 166 die tatsächliche und rechtliche Erreichbarkeit des Gegenstandes hinzutreten [siehe § 1 Anm. 71]. Nachträglicher Eintritt der Erreichbarkeit ist bei Vermögensstücken, deren Massezugehörigkeit bereits bekannt war, der Ermittelung im Sinne des Abs. II nach dem Zwecke des Gesetzes gleichzuachten (abw. Meier aaO. S. 12f.).

Auch die nachträgliche Ermittelung einer vom Gemeinschuldner 5
während des Konkurses vorgenommenen, nach § 7 unwirksamen Verfügung kann Anlaß zu einer Nachtragsverteilung geben. Das ist unzweifelhaft, wenn die Massezugehörigkeit noch vor Konkursbeendigung aufgedeckt wird. Wird sie erst später ermittelt, dann erheben sich Bedenken, weil die Unwirksamkeit des § 7 mit Konkursbeendigung heilt. Doch rechtfertigt der Zweck des § 166 wohl die Annahme, daß diese Heilung der Anordnung einer Nachtragsverteilung nicht vorgreift [§ 7 Anm. 12]. So die herrschende Lehre, bes. v. Wilmowski-Kurlbaum Anm. 4, Kleinfeller Lehrb. S. 137, Wolff KO[2] S. 481, Mentzel-Kuhn[7] Anm. 4, Böhle-Stamschräder[6] Anm. 1 unter c, Wachtel aaO. S. 43; abw. Meier aaO. S. 28f. Auch die nachträgliche Aufdeckung einer Anfechtbarkeit im Sinne der §§ 29ff., 42 rechtfertigt eine Anwendung unseres Abs. II. Denn der Rückgewähranspruch des § 37 bildet eine zur Konkursmasse gehörende Forderung. Das muß nach dem Zwecke des Gesetzes genügen. Jaeger AnfG[2] § 13 Anm. 33 mit Verw.; zust. Meier aaO. S. 7ff, Böhle-Stamschräder[6] Anm. 1 unter c. Wegen des Vorbehaltes einer Nachtragsverteilung für Anfechtungsansprüche, welche bei Konkursbeendigung bekannt, aber noch nicht durchgesetzt waren, vgl. oben Anm. 2 und § 161 Anm. 3, § 162 Anm. 6, § 163 Anm. 7; ferner Jaeger aaO.

Gegenstände, die als massezugehörig bekannt, aber dem Gemeinschuldner aus 6
der Masse freigegeben worden sind, können auch dann nicht als nachträglich „ermittelt" gelten, wenn die Freigabe in irrtümlicher Annahme der Unverwertbarkeit, besonders der Überlastung, erfolgte. Solche Freigabe ist unwiderruflich [§ 6 Anm. 27].

Die nachträgliche Ermittelung ehemaliger Massezugehörigkeit erfolgt zu spät 7
und ermöglicht daher eine Heranziehung zur Nachtragsverteilung **nicht** mehr hinsichtlich solcher Gegenstände, die zur Zeit der Ermittelung bereits wirksam aus dem Vermögen des Schuldners ausgeschieden waren [vgl. jedoch Anm. 5]. Die Ausscheidung kann nach Konkursbeendigung namentlich durch Verfügung des bisherigen Gemeinschuldners (Übereignung, Abtretung usw.) oder infolge des Zwangszugriffs seiner Gläubiger, auch bisheriger Konkursgläubiger, vollzogen worden sein. Denn die in den §§ 6, 7, 14, 15 festgelegten Verfügungs- und Erwerbsschranken hatten, sobald die vorbehaltlose Konkursaufhebung wirksam geworden war, ihr Ende erreicht. Eine Konkursmasse, ein zum Zwecke des § 3 verstricktes Sondergut, hat es seitdem nicht mehr gegeben. Für eine Surrogation war auch in den Grenzen des § 1 Anm. 60f. kein Raum mehr. Es fehlt jeder gesetzliche Anhalt dafür,

daß Vermögensgegenstände, deren Massezugehörigkeit erst nach Konkursbeendigung ermittelt wird, ununterbrochen als Konkursmasse zu behandeln wären. Ein solcher Fortbestand des Konkursbeschlags auf unabsehbare Zeit (bis zur Vollbefriedigung aller Gläubiger des aufgehobenen Konkurses) würde ja auch die Verkehrssicherheit unerträglich erschüttern. Vielmehr setzt die Verstrickung nachträglich ermittelter Massegegenstände mit der nach Konkursbeendigung ergehenden Anordnung einer Nachtragsverteilung von neuem und ohne rückwirkende Kraft ein [Anm. 10, 12]. Im Ergebnis übereinstimmend RG Bd. **25** 9 (vgl. auch RG Bolze 6 Nr. 1297), OLG Stuttgart DJZ 1909 Sp. 1154; v. Wilmowski-Kurlbaum Anm. 4, Bartsch-Pollak ÖsterrKO[3] § 138 Anm. 8 u. ausführlich Meier aaO. S. 15ff. mit weiteren Verw.; ferner Böhle-Stamschräder[6] Anm. 1 unter c und Mentzel-Kuhn[7] Anm. 5; abw. Seuffert § 51 N. 60 u. S. 382, Fitting § 43 N. 4, Voß ZZP 36 (1907) S. 410ff., Wachtel aaO. S. 74ff.. Der Ansicht von Mentzel-Kuhn aaO., der vom Gemeinschuldner erlangte Gegenwert könne zur Nachtragsverteilung herangezogen werden, kann nicht zugestimmt werden, da dieser erst nach Konkursbeendigung in das Vermögen des Gemeinschuldners gelangte, eine Surrogation aber nicht anzuerkennen ist. Sondervollstreckungen, die in nachträglich ermittelte Massegegenstände vor Anordnung der Nachtragsverteilung nach Aufhebung des Konkurses vorgenommen wurden, sind wirksam und zwar auch dann, wenn der Gläubiger die Möglichkeit einer Nachtragsverteilung kannte; der nachkonkursmäßige Zugriff eines Gläubigers auf Gegenstände, die — wie er weiß — zur Konkursmasse gehört hatten, kann nicht ohne weiteres schon als arglistiges, etwa die Folgen des § 826 BGB auslösendes Verhalten gelten. Voß aaO. S. 420f., Meier aaO. S. 30f.; zu weitgehend RG Bd. **25** 10f. [Näheres § 14 Anm. 20]. Ob Vermögensentäußerungen, die in der Zeit zwischen Konkursbeendigung und Anordnung der Nachtragsverteilung zum Schaden der Nachtragsmasse wirksam vollzogen worden sind, vom Verwalter dieser Masse angefochten werden können, ist zweifelhaft. Die Frage dürfte in Ansehung solcher Gegenstände, auf die sich die Anordnung erstreckt, grundsätzlich zu bejahen sein. So für Fälle absichtlicher Vereitelung der Nachtragsverteilung (entsprechend den §§ 31, 32 mit § 42 Satz 2). Darum wird deren Anordnung für zwischenzeitlich veräußerte, aber durch eine Konkursanfechtung (§§ 29ff.) wiederzugewinnende Gegenstände nicht ausgeschlossen sein. Zust. Mentzel-Kuhn[7] Anm. 5, Böhle-Stamschräder[6] Anm. 1 unter c. Wegen der nachträglichen Aufdeckung einer schon während des Konkurses zulässigen Anfechtbarkeit siehe Anm. 5. Verlangt der frühere Gemeinschuldner, der das Vorhandensein einer im Konkurs zur Masse gehörenden, nun die Nachtragsverteilung lohnenden Forderung mit Erfolg verschwiegen hatte, nach Konkursbeendigung gerichtlich oder außergerichtlich Zahlungen vom Schuldner, so kann dieser, wenn er um den Sachverhalt weiß, die Einrede der Arglist geltend machen (v. Rozycki JW 1930 S. 1479f.; zust. auch Mentzel-Kuhn[7] Anm. 5).

8 2. Die Gegenstände dürfen erst **nachträglich** verfügbar werden. Nach den Worten des Gesetzes muß das Freiwerden und das Zurückfließen „nach dem Vollzuge" der Schlußverteilung (Abs. I), das Ermitteln „nach der Schlußverteilung oder der Aufhebung des Verfahrens" erfolgen. Die Fassung ist mangelhaft, der Sinn des Gesetzes dementsprechend streitig. Zunächst steht fest, daß Nachtragsverteilungen in allen Fällen sowohl vor als nach der Aufhebung des Verfahrens [§ 163 Anm. 4] angeordnet werden können. Motive II S. 386, Endemann S. 565. Weiterhin ist anzunehmen, daß die Ausdrücke „nach dem Vollzuge der Schlußverteilung" (Abs. I) und „nach der Schlußverteilung" (Abs. II) gleichbedeutend sind, daß daher die Worte „nach der Schlußverteilung" nur eine kürzer gefaßte Wiederholung der ersten Wendung sein sollen. „Vollzogen" ist nun eine Verteilung dem strengen Wortsinne nach erst, wenn der Verwalter sie ausgeführt, wenn er also die Anteile ausbezahlt oder hinterlegt hat. Es kann aber offenbar nicht im Zwecke des Gesetzes liegen, die in der Zeit zwischen dem Beginn und dem Ende der Schlußverteilung verfügbar werdenden Vermögensstücke einer Nachtragsverteilung zu entziehen und damit entweder die endgültige Ausantwortung dieser Werte an den Schuldner zu verordnen oder

eine verwickelte Umrechnung des Schlußverteilungsplanes notwendig zu machen. Darum erklärt eine verbreitete Meinung den Beginn des Vollzugs der Schlußverteilung, d. h. den Zeitpunkt für entscheidend, da die Berechnung der Schlußdividende durch Mitteilung an einen teilnahmeberechtigten Gläubiger unabänderlich geworden sei [§ 162 Anm. 8]. So Fitting § 43 N. 1, Endemann S. 565, Oetker I S. 417, Seuffert S. 369, während nach Petersen-Kleinfeller Anm. 1 die Zeit der Berechnung der Schlußdividende, nach Kohler Lehrbuch S. 584 N. 3 die gerichtliche Hinterlegung des Schlußverzeichnisses den Ausschlag geben soll. Erwägt man, daß die Berechnung des ersten Zugangs jener Mitteilung den Konkursrichter vor eine mühevolle Aufgabe stellen kann, daß vielleicht auch wegen Erschöpfung der Masse eine anzusagende Verteilung überhaupt nicht zu erfolgen hat, daß aber die nicht mehr rechtzeitig der Schlußverteilung zugänglich gewordenen Werte restlos vom Zwecke des § 166 erfaßt werden, dann wird man im Anschluß an den § 172 alle nach Beendigung **des Schlußtermins** verfügbar gewordenen Gegenstände für nachträglich verteilbar halten müssen. Im Ergebnis ebenso Wolff Anm. 2, v. Wilmowski-Kurlbaum Anm. 1, Meier aaO. S. 2ff., Bohnenberg KonkTreuh. 1936 S. 99, Mentzel-Kuhn[7] Anm. 1, Böhle-Stamschräder[6] Anm. 1. Ist der Konkurs jedoch noch nicht aufgehoben und werden nach der Beendigung des Schlußtermins vor dem Beginn der Schlußverteilung Massegegenstände im Sinne des § 166 verfügbar oder ermittelt, so kann das Konkursgericht an Stelle der Anordnung einer Nachtragsverteilung auch die Genehmigung der Schlußverteilung widerrufen und damit die Einbeziehung dieser Gegenstände in die Schlußverteilung erreichen. Zu der sehr streitigen Widerrufsmöglichkeit und ihrer Dauer vgl. § 161 Anm. 9.

3. Die Nachtragsverteilung muß vom Konkursgericht eigens **angeordnet** werden. Einer besonderen Anordnung bedarf es auch dann, wenn Gegenstände ausdrücklich oder stillschweigend der Nachtragsverteilung vorbehalten worden waren, etwa bei Genehmigung der Schlußverteilung vor Erledigung eines Aktivprozesses [§ 161 Anm. 3, § 163 Anm. 7, § 169 Anm. 4]. Aus eigener Machtvollkommenheit darf der Verwalter nicht zur Nachtragsverteilung schreiten. 9

a) Die gerichtliche Anordnung ergeht von Amts wegen oder auf Anregung eines Beteiligten [siehe Anm. 4] und bestimmt zugleich den Gegenstand der Nachtragsverteilung. Sie ist durch § 21 I Nr. 7 RpflG auf den **Rechtspfleger** übertragen. Muster eines Anordnungsbeschlusses bei Schrader-Bauer Hdb.[2] F III 134. Wird jedoch für die Durchführung der Nachtragsverteilung die Ernennung eines neuen Konkursverwalters notwendig [Anm. 12], so ist diese dem Richter vorbehalten (so zutr. Baade KTS 1958 S. 170). Das Gesetz sieht zwar keinen Mindestbetrag der Nachtragsmasse als Voraussetzung für die Anordnung der Nachtragsverteilung vor. Es kann aber andererseits (trotz des gesetzlichen Wortlautes) nicht angenommen werden, daß sie in jedem Falle des Vorliegens der Voraussetzungen des § 166 angeordnet werden müsse. Vielmehr ist von der Anordnung abzusehen, wenn sich eine Nachtragsverteilung **nicht lohnt**, weil die auf die Gläubiger entfallenden Beträge gegenüber den Kosten der nachträglichen Verwertung und Verteilung unangemessen gering sind (so § 138 III österr. KO [Anm. 14]), z. B. der nach Abzug der Kosten für die Verteilung verbleibende Betrag nur die Auszahlung kleinster Beträge ermöglicht. Vgl. dazu Bohnenberg KonkTreuh. 1936 S. 99, Parsch KTS 1956 S. 148ff., Baade KTS 1958 S. 170, ferner LG Osnabrück KTS 1957 S. 142f., das jedoch mit Recht betont, daß die Ablehnung der Anordnung aus diesem Gesichtspunkt nur in Ausnahmefällen in Frage kommt. Zust. auch Mohrbutter-Haarmann Leitfaden S. 192, Mentzel-Kuhn[7] Anm. 7, Böhle-Stamschräder[6] Anm. 2. U. U. können die Kosten der Nachtragsverteilung dadurch verringert werden, daß von der öffentlichen Bekanntmachung des verfügbaren Massebestandes (§ 151) und von einer besonderen Mitteilung der Verteilungsquote an die Gläubiger [Anm. 11] abgesehen wird; es genügt, wenn der Konkursverwalter den Gläubigern lediglich auf den Überweisungsabschnitten Mitteilung von der Nachtragsverteilung und der zur Verteilung kommenden Quote [vgl. auch § 159 Anm. 4, § 162 Anm. 8] macht. Bohnenberg, Parsch, LG Osnabrück aaO., ferner Werner

Konkursrichter (1939) S. 150. Dagegen ist der Vorschlag von Bohnenberg aaO. S. 100 und Werner aaO., bei der Nachtragsverteilung nur solche Forderungen zu berücksichtigen, für welche sich die Zuteilung einer Quote einigermaßen lohnt, mit Recht auf Ablehnung gestoßen, da er mit dem Grundsatz der Gleichbehandlung nicht vereinbar ist (Parsch aaO. S. 149f., Mohrbutter-Haarmann und LG Osnabrück aaO.). Der Rechtspfleger kann die Anordnung der Nachtragsverteilung auch bis zum Verfügbarwerden weiterer Gegenstände aufschieben (Endemann S. 568). Wird von der Anordnung der Nachtragsverteilung wegen Geringfügigkeit des zur Verteilung kommenden Betrages abgesehen, so wird in der Praxis bisweilen durch das Konkursgericht eine anderweitige Bestimmung über den verfügbar gewordenen Betrag getroffen z. B. dieser dem Konkursverwalter als weitere Vergütung oder zur Deckung weiterer zu erwartender Auslagen zugesprochen (Baade aaO. S. 170f., Schrader-Bauer Hdb.[2] S. 121). Die gegen diese Praxis vorgebrachten Bedenken (Parsch aaO. S. 150) sind nur insoweit durchgreifend, als es sich um nachträglich zurückgeflossene (Abs. I Satz 1 2. Alternative) oder ermittelte Beträge (Abs. II) handelt, die erst durch die Anordnung der Nachtragsverteilung wieder dem Konkursbeschlag unterstellt werden, ohne eine solche also zur freien Verfügung des Gemeinschuldners stehen [Anm. 7], nicht aber für nachträglich nach Abs. I frei gewordene Beträge, bezüglich deren der Konkursbeschlag fortdauert [vgl. auch Anm. 10]. Bestimmte zeitliche Grenzen für die Zulässigkeit der Anordnung einer Nachtragsverteilung bestehen nicht.

b) Der Ablehnungsbeschluß ist dem Antragsteller, der Anordnungsbeschluß dem Schuldner, dem Verwalter und dem etwaigen dritten Antragsteller als den Beteiligten zuzustellen (§ 73 II) und kann von ihnen zunächst mit der (fristgebundenen) „Erinnerung" zum Konkursrichter angefochten werden [§ 73 Anm. 15]; dessen Entscheidung unterliegt der sofortigen Beschwerde (§ 10 III RpflG mit § 73 III KO; vgl. aber auch § 10 IV RpflG). Seuffert S. 372, Fitting § 43 N. 6, Meier aaO. S. 40ff. Dagegen erklärt Oetker I S. 419 beide Beschlüsse, Kohler Leitfaden[2] S. 334 unter 7 nur den Anordnungsbeschluß, v. Sarwey-Bossert Anm. 5 nur den Ablehnungsbeschluß für unanfechtbar [siehe § 73 Anm. 7]; Hellmann S. 511 will dem Schuldner die Beschwerde gegen Anordnung der Nachtragsverteilung im Widerspruche mit dem Grundgedanken des § 109 — die Anordnung ist eine auf die Nachtragsmasse beschränkte Erneuerung des Konkursbeschlags — versagen.

10 c) Die **Wirkungen** der Anordnung der Nachtragsverteilung sind nicht in allen Fällen die gleichen. Bei den von der Masse zurückbehaltenen, nunmehr freigewordenen Beträgen (Abs. I Satz 1 1. Alternative), vor allem den Gegenständen, welche einer Nachtragsverteilung vorbehalten wurden [Anm. 2; vgl. auch § 161 Anm. 3, § 162 Anm. 6, § 163 Anm. 7], hat der Konkursbeschlag auch nach der Aufhebung des Verfahrens fortgedauert. Für sie bedeutet die Anordnung der Nachtragsverteilung somit nicht die Wiederherstellung des Konkursbeschlages, sondern nur die Voraussetzung für die Zulässigkeit der Durchführung der Verteilung. Wegen anderweitiger Bestimmung vgl. Anm. 9. Anders ist es dagegen bei den aus der Masse bezahlten, nachträglich zurückgeflossenen Beträgen (Abs. I Satz 1 2. Alternative) [Anm. 3], vor allem aber bei den nachträglich ermittelten Vermögensstücken des Abs. II [Anm. 4f.]. Bei ihnen stellt die Anordnung der Nachtragsverteilung den Konkursbeschlag mit Wirkung ex nunc (wieder) her [Näheres Anm. 7]. Maßgebend ist für den Eintritt der Beschlagswirkung die Zustellung der Anordnung an den Schuldner als denjenigen Beteiligten [Anm. 9], den die Beschlagserneuerung vor allem trifft. In keinem Falle bedeutet die Anordnung eine Wiederaufnahme des wirksam beendeten Verfahrens. Zust. Böhle-Stamschräder[6] Anm. 2. Vielmehr bewendet es bei der Aufhebung des Konkurses. Der Konkursbeschlag setzt nur insoweit wieder ein, als dies für die Zwecke der Nachtragsverteilung erforderlich ist. Dementsprechend bleibt oder wird dem Schuldner die Verfügungsmacht nur hinsichtlich der Nachtragsmasse entzogen (§ 6). Vom Zeitpunkt der Wirksamkeit der Anordnung an wird in den Fällen der Erneuerung der Beschlagswirkung (Abs. I Satz 1 2. Alternative, Abs. II) auch das Verbot einer Sondervollstreckung in die Nachtragsmasse neuer-

dings wirksam (§ 14), während es in den Fällen der Fortdauer der Beschlagswirkung (Abs. I Satz 1 1. Alternative) auch in der Zeit nach Konkursbeendigung weiter bestanden hat. Für den Bereich der Nachtragsmasse besteht die Auskunftspflicht des § 100 und die Zulässigkeit eines Zwanges nach § 101 II. Ist die Anordnung unanfechtbar geworden [Anm. 9], so können die von ihr ausgelösten Wirkungen auch außerhalb des Konkurses nicht mehr in Frage gestellt werden (so die bei Mentzel-Kuhn[7] Anm. 8 angeführte Entscheidung des BGH v. 16. 12. 1954 IV ZR 118/54); die Lage ist insoweit die gleiche wie hinsichtlich der Wirkungen des formell rechtskräftigen Eröffnungsbeschlusses [§ 74 Anm. 4 unter b].

II. Das Verteilungsverfahren

1. Die Nachtragsverteilung bildet nur einen Anhang zur Schlußverteilung und erfolgt daher nach Abs. I **„auf Grund des Schlußverzeichnisses“** (§§ 162, 157). Der Verwalter hat den für die Nachtragsverteilung verfügbaren Massebestand nach § 151 bekannt zu machen — im übrigen ist der Vorschrift des § 151 bereits gelegentlich der Schlußverteilung genügt (Motive II S. 386, Protokolle S. 108ff.) — und jedem teilnahmeberechtigten Konkursgläubiger die auf ihn fallende Summe mitzuteilen [siehe § 162 Anm. 8 sowie oben Anm. 9]. Mit dieser Mitteilung beginnt der Vollzug der Nachtragsverteilung. Fitting S. 409. Von der öffentlichen Bekanntmachung und einer besonderen Mitteilung an die Gläubiger kann ausnahmsweise abgesehen werden, wenn die dadurch entstehenden Kosten in keinem angemessenen Verhältnis zur Höhe der Nachtragsmasse stehen [vgl. dazu Anm. 9 unter a]. Wegen der Möglichkeit, daß infolge zwischenzeitlichen Wegfalls von Forderungen die Schlußverteilungsliste berichtigt werden muß, siehe Wachtel aaO. S. 55, Meier aaO. S. 43. Die an den Ablauf der Ausschlußfrist gegen das Schlußverzeichnis geknüpfte Präklusion (§§ 152, 153 I, 154 II) wirkt auch für die Nachtragsverteilung. Es gibt keine neue Ausschlußfrist, kein neues Einwendungs- und Beschwerdeverfahren. Darum bleibt die Nachtragsmasse auch solchen Nachzüglern verschlossen, die nun in der Lage wären, alle zu ihrer Berücksichtigung erforderlichen Beweise zu erbringen (RG HRR 1932 Nr. 1090; zust. auch Mentzel-Kuhn[7] Anm. 8, Böhle-Stamschräder[6] Anm. 2). Wohl aber sind Masseschulden und Massekosten, die zwar nach Beendigung des Schlußtermins, aber noch vor wirksamer Bekanntmachung der Nachtragsverteilung zur Kenntnis des Verwalters gelangen, aus der Nachtragsmasse zu decken (§ 172 mit § 76 I). So auch die Kosten einer Verwertung der Nachtragsmasse selbst (§ 58 Nr. 2). Ebenso die Kosten eines verlorenen Prozesses, den erst der Verwalter der Nachtragsmasse zu führen hatte (§ 59 Nr. 1). Solche Verbindlichkeiten aber, die erst nach Konkursbeendigung aus neuen, vom Zwecke der Nachtragsverteilung unabhängigen Entstehungsgründen erwachsen, bilden keine aus der Nachtragsmasse zu deckenden Masseschulden, auch nicht bei der Nachtragsverteilung eines Nachlaßkonkurses. So fallen z. B. Ansprüche eines erst nach Beendigung des Nachlaßkonkurses für die unbekannten Erben bestellten Pflegers nicht mehr unter den § 224 Nr. 4, 6. LG Dresden KonkTreuh. 1935 S. 10f. Nr. 2. 11

2. Die Verwertung und Verteilung der Nachtragsmasse obliegt in der Regel **dem bisherigen Konkursverwalter.** Seine gesetzlichen Befugnisse dauern, soweit der Konkursbeschlag auch nach Aufhebung des Konkurses weiterbesteht, also insbesondere in Bezug auf Vermögensstücke, welche einer Nachtragsverteilung vorbehalten wurden [Anm. 10], für die zum Zwecke der Nachtragsverteilung erforderlichen Rechtsgeschäfte und Rechtsstreitigkeiten (RG Bd. **28** 68, Bd. **53** 265), auch für erst noch zu erhebende Klagen (z. B. für die Einklagung von Außenständen, die einer Nachtragsverteilung vorbehalten wurden), trotz Aufhebung des Konkurses fort. Vgl. auch § 161 Anm. 3, § 162 Anm. 6, § 163 Anm. 7. Für die übrigen Fälle der Nachtragsverteilung, insbesondere für die nachträglich ermittelten Vermögensstücke (Abs. II), werden die Befugnisse durch die gerichtliche Verteilungsanordnung nach Konkursbeendigung neu begründet [vgl. Anm. 10 mit Anm. 7]. War die Bestallung bereits nach § 81 II 2 zurückgereicht worden, so ist sie für die Zwecke der 12

Nachtragsverteilung wiederum auszuhändigen oder erneut auszustellen. Die Nachtragsverteilung gehört noch zu den Amtspflichten (§ 82) des Verwalters. Ist der bisherige Verwalter nicht mehr zu haben, also z. B. gestorben, ins Ausland verzogen, in Geisteskrankheit verfallen oder sonstwie zum Verwalteramt unfähig geworden [§ 78 Anm. 10], oder besteht der nachträglich ermittelte Massewert in einem Entschädigungsanspruch gegen den bisherigen Verwalter [Anm. 4], so muß das Konkursgericht [vgl. auch Anm. 9: keine Zuständigkeit des Rechtspflegers] für die Zwecke der Nachtragsverteilung einen andern Verwalter bestellen. Förmlicher Entlassung des ungetreuen alten Verwalters bedarf es nur zu einer Zeit, da dessen Befugnisse noch nicht infolge wirksamer Konkursbeendigung erloschen sind (insofern abw. Stuttgart LZ 1911 Sp. 872f., OLG 23 S. 305f.). Späterhin steht die unmittelbare Betrauung einer besser geeigneten Persönlichkeit mit der Nachtragsverteilung zufolge dem Grundsatz des § 78 I im pflichtmäßigen, durch Beschlüsse der Gläubiger nicht gebundenen Ermessen des Konkursgerichts. Dem für die Nachtragsverteilung neu bestellten Verwalter ist ein Honorar für seine Tätigkeit nach § 85 festzusetzen (Böhle-Stamschräder[6] Anm. 2, Schrader-Bauer Hdb.[2] S. 120). Die Zubilligung eines weiteren Honorars (§ 85) kann auch bei Beibehaltung des bisherigen Verwalters veranlaßt sein, wenn die neue Aufgabe einen neuen, nicht schon im voraus entlohnten Arbeitsaufwand erheischt (Levy KonkTreuh. 1934 S. 107f., Schrader-Bauer aaO.). In jedem Falle hat der Konkursverwalter Anspruch auf Erstattung seiner angemessenen baren Auslagen (§ 85 I). Die Festsetzung von Honorar und Auslagen erfolgt durch den Rechtspfleger; sie ist im Gegensatz zur Ernennung eines neuen Verwalters [Anm. 9] von der Übertragung des § 21 I Nr. 7 RpflG umfaßt (§ 4 I RpflG; Schrader-Bauer aaO.).

13 3. Der Verwalter hat dem Konkursgericht **Rechnung** über die Verwaltung und Verteilung der Nachtragsmasse abzulegen (Abs. I Satz 2). Die Begründung der Motive II S. 386: „Da die Gläubigerversammlung und der etwa bestellt gewesene Gläubigerausschuß zu funktionieren aufgehört haben“, trifft allerdings nicht zu, wenn die Nachtragsverteilung vor Konkursbeendigung erfolgt [Anm. 8]. Alsdann können Ausschuß und Versammlung besonders noch nach § 134 Nr. 1 zuständig sein. Allein auch für den Fall, daß die Nachtragsverteilung vor Konkursbeendigung erfolgt, überweist das Gesetz die Prüfung der Rechnung ausschließlich dem Konkursgericht. Der § 86, namentlich das hier geregelte Einwendungsverfahren, ist unanwendbar (abw. Wolff Anm. 4). Die Rechnungsprüfung, die hier also nicht wie im Falle des § 21 I Nr. 1 RpflG lediglich Vorprüfung [§ 86 Anm. 3], sondern die allein maßgebliche sachliche Überprüfung ist, hat § 21 I Nr. 7 RpflG dem Rechtspfleger übertragen. Vgl. auch Baade KTS 1958 S. 170.

14 **Zusatz. Fremde Rechte.*** Der Regelung der Nachtragsverteilung im deutschen Recht entspricht fast wörtlich die Regelung in Österreich (§ 138 I und II KO). Dort wird jedoch ausdrücklich bestimmt, daß das Konkursgericht von der Verteilung absehen und den verfügbaren Betrag dem Gemeinschuldner überlassen kann, „wenn dies mit Rücksicht auf die Geringfügigkeit des Betrages und die Kosten einer nachträglichen Verteilung entsprechend erscheint“ (§ 138 III KO). Die Schweiz schreibt vor, daß das Konkursamt [vgl. § 78 Anm. 15 Nr. 1] „ohne weitere Förmlichkeit“ nachträglich ermittelte Massegegenstände zu verwerten und den Erlös „an die zu Verlust gekommenen Gläubiger“ zu verteilen hat (Art. 269 SchKG). Dieser „Nachkonkurs“ gilt als Fortsetzung des alten Verfahrens in stark vereinfachter Form.

Im übrigen haben die hierher gehörigen Fragen kaum gesetzliche Regelung gefunden. In der Sache gilt jedoch fast überall Ähnliches wie in Deutschland. Erwähnung verdienen dabei die besonderen — teilweise abweichenden — Regelungen in Frankreich und den USA.

In Frankreich führt die Auffindung unbekannt gebliebener Massewerte zu einer Wiedereröffnung des Verfahrens (*réouverture de la faillite*; vgl. Houin aaO. [§ 164 Anm. 15] Nr. 2806ff.), die als eine Fortsetzung des früheren Verfahrens angesehen wird. Das frühere Verfahren gilt als nicht beendigt mit der Folge, daß zwischenzeitliche Rechtshandlungen des Gemeinschuldners den Konkursgläubigern gegenüber unwirksam sind und daß der frühere Verwalter wieder fungiert, ohne erneut bestellt werden zu müssen.

*) Bearbeitet von Prof. Dr. Günther Jahr, Saarbrücken.

Ganz ähnlich kommt es in den USA in diesen Fällen zu einer Wiedereröffnung der Vermögensverwaltung (*reopening the estate*). Die Beendigung der Verwaltung (*closing the estate*) bewirkt nicht, daß der Gemeinschuldner wieder Rechtsträger etwa noch vorhandener Massegegenstände [vgl. Bd. I S. LXXV] wird. Die noch vorhandene Konkursmasse stellt vielmehr nach wie vor ein Sondervermögen dar, das einer besonderen gerichtlichen Kontrolle unterliegt. Im Gegensatz zum französischen Recht ist jedoch die erneute Bestellung eines Verwalters (*trustee*) erforderlich (vgl. die in 11 USCA § 11 Anm. 161, 172f. zitierten Entscheidungen).

§ 167

Der Vollzug einer jeden Verteilung erfolgt durch den Verwalter.

Materialien: Motive I Bd. 2 S. 85f., 119f., Motive II S. 353, 386f., Protokolle S. 108, 183.

Verteilungsvollzug

I. Art und Weise

Der Vollzug einer Verteilung besteht in der Auszahlung oder Zurückbehaltung (Reservierung) der Anteile. Die Konkursgläubiger haben Barzahlung zu beanspruchen. Nur mit ihrem Willen könnten sie durch „Anweisungen des Verwalters auf die Hinterlegungsstelle" (§ 137) befriedigt werden. Siehe Motive II S. 353, 387 sowie Bihler KTS 1962 S. 86, 88: Auszahlung durch Verrechnungsschecks auf die Hinterlegungsstelle, die den Gläubigern mit dem Benachrichtigungsschreiben übersandt werden [vgl. dazu die Regelung des neuen französischen Rechts: § 149 Anm. 9 Nr. 2]. Befriedigung durch Übernahme von Massegegenständen: § 162 Anm. 6. Der Beginn des Vollzugs liegt bei Abschlagsverteilungen in der Mitteilung des Prozentsatzes nach § 159 II, bei Schluß- und Nachtragsverteilungen in der Mitteilung der auf den einzelnen Gläubiger treffenden Summe [§ 162 Anm. 8, § 166 Anm. 8, 11]. Rechtsfolgen der Mitteilung: § 159 Anm. 4, 5. Den gesetzlichen Erfüllungsort für die Leistung der Dividende bildet nach dem Zwecke des Konkurses und insofern nach „der Natur des Schuldverhältnisses" (§ 269 I BGB), das nun der Konkursverwalter kraft seiner gesetzlichen Befugnisse mit Wirkung für den Schuldner gegenüber dem einzelnen Konkursgläubiger zu erfüllen hat, der Sitz der Konkursverwaltung: die zahlbaren Anteile sind beim Verwalter „zu erheben" (§ 169), die Schuld ist dementsprechend Holschuld (vgl. auch § 19 SchuldverschrG). Für die nur „im Zweifel" platzgreifende Vorschrift des § 270 I BGB ist hier kein Raum. Seuffert S. 375. Dementsprechend gerät der Gläubiger in Annahmeverzug, wenn er der Mitteilung des Verwalters ungeachtet sich in angemessener Frist nicht zur Empfangnahme beim Verwalter einfindet (§ 295 BGB; Fitting § 44 Nr. 4). Darüber hinaus vertritt Bihler aaO. S. 87f. für die Schlußverteilung die Ansicht, daß Gläubiger, welche nicht fristgemäß ihre Quoten erhoben haben, die Ansprüche auf Befriedigung aus der Masse jedenfalls dann verwirkt haben, wenn ihnen in dem Benachrichtigungsschreiben mitgeteilt worden sei, daß in diesem Falle ein Verzicht auf Auszahlung der Quote angenommen werde. Eine derartige Verwirkung, welche die Hinterlegung der nicht erhobenen Beträge nach § 169 ersparen würde, kann von vornherein nur bei ganz geringfügigen Quoten in Frage kommen. Im übrigen steht einem in solcher Fristsetzung mit „Verzichtsvermutung" liegenden Eingriff in die Gläubigerrechte gerade § 169 entgegen, welcher die Hinterlegung nicht fristgemäß erhobener Beträge gebietet. Da aber die Erhebung der Quoten beim Konkursverwalter zweifellos für alle Beteiligten wenig zweckmäßig ist, sind Zahlungen, welche der Verwalter unaufgefordert durch Banküberweisung, Postanweisung oder im Postscheckverkehr vollzieht, zur weitverbreiteten Übung geworden und auch als zulässig zu erachten; sie gehen auf Kosten und Gefahr der Gläubiger. Mentzel-Kuhn[7] Anm. 1, Böhle-Stamschräder[6] Anm. 1, Senst-Müller Verwaltung von Konkursen[9] S. 302, 316, Mohrbutter-Haarmann Leitfaden S. 187. Durch dieses Verfahren können Hinterlegungen nicht erhobener Beträge in der Regel vermieden werden [§ 169 Anm. 1 1 und 4 unter b]. Zu der vereinfachten Mitteilung des festgesetzten Prozentsatzes nach § 159 II bei Abschlagsverteilungen und der auf die einzelnen Forderungen entfallenden Beträge bei der Schlußverteilung und einer Nachtragsverteilung auf dem Empfängerbeleg siehe § 159 Anm. 4, 162 Anm. 8, 166 Anm. 9.

II. Vollzugsorgan

2 Verteilungen aller Art (Abschlagsverteilung, Schlußverteilung und Nachtragsverteilung) sind zu „vollziehen" (d. h. auszuführen) durch den Konkursverwalter. Für die Erfüllung dieser Amtspflicht hat er den Beteiligten einzustehen (§ 82). Ihm obliegt daher unter persönlicher Verantwortlichkeit die Pflicht, Empfangsberechtigung, Vertretungsmacht und Rechtsnachfolgen vor jeder Auszahlung nachzuprüfen. In Fällen der Ungewißheit übt er das Recht des Schuldners, zu Zwecken der Erfüllung zu hinterlegen (§ 372 Satz 2 BGB), aus (§ 6 KO) [§ 168 Anm. 1, § 169 Anm. 2 unter b]. Der Verteilungsvollzug bildet eine selbständige Tätigkeit des Verwalters, während die Vorfrage, ob eine Verteilung „vorzunehmen" sei, nur für Abschlagsverteilungen und auch für diese nur beim Mangel eines Gläubigerausschusses der alleinigen Entschließung des Verwalters anheimsteht (§§ 150, 161 II, 166 I). Gegen pflichtwidrigen Aufschub der Vollziehung hat das Konkursgericht im Aufsichtsweg einzuschreiten (§§ 83f.). Es hat ferner die Ordnungsmäßigkeit des Verteilungsvollzugs auf Grund eines vom Konkursverwalter unter Beifügung der Belege einzureichenden Berichtes zu prüfen [Schlußverteilung: § 163 Anm. 1; Nachtragsverteilung: § 166 Anm. 13; vgl. auch § 169 Anm. 2]. Streitigkeiten, die sich beim Vollzug der Verteilung über die Rechtsfrage ergeben, ob Anteile auszuzahlen oder zurückzubehalten sind, sind im ordentlichen Prozeß zwischen Gläubiger und Konkursverwalter auszutragen (vgl. RG JW 1896 S. 34 Nr. 20; zust. Mentzel-Kuhn[7] Anm. 1, Böhle-Stamschräder[6] Anm. 1). Siehe auch § 168 Anm. 8. Streitigkeiten darüber, ob und in welchem Range Forderungen bei einer Verteilung zu berücksichtigen und dementsprechend in die Verteilungsliste aufzunehmen sind (§§ 151, 157), müssen im Einwendungsverfahren (§§ 158, 162) erledigt werden. Siehe auch § 151 Anm. 9, § 158 Anm. 1, 4, § 159 Anm. 5.

3 Da der Verwalter nicht persönlich Schuldner der zahlbaren Konkursforderung ist, richtet sich auch das bei Pfändung dieser Forderung wider den Drittschuldner zu erlassende Verbot des § 829 I ZPO nicht an ihn persönlich, sondern als Träger der Verwaltung des Drittschuldnervermögens. Ein späterer Wechsel im Verwalteramt läßt die Wirksamkeit einer so vollzogenen Pfändung und Überweisung (§ 835 ZPO) unberührt. Auch der neue Verwalter hat die Anteile dem Pfändungspfandgläubiger auszuzahlen und sie nicht etwa nun wegen Ungewißheit der Person des Gläubigers zu hinterlegen. Siehe LG Freiberg SARpfl. 3 S. 273ff. Im übrigen siehe wegen der Ungewißheit des Gläubigers und wegen des Gläubigerwechsels § 149 Anm. 7 mit Verweisungen.

§ 168

Die Anteile

1. **auf Forderungen, welche infolge eines bei der Prüfung erhobenen Widerspruchs im Prozesse befangen sind,**
2. **auf Forderungen, welche von einer aufschiebenden Bedingung abhängen,**
3. **auf Forderungen, für welche eine abgesonderte Befriedigung beansprucht und der Vorschrift des § 153 Abs. 2 genügt ist,**
4. **auf Forderungen unter auflösender Bedingung, sofern der Gläubiger zu einer Sicherheitsleistung verpflichtet ist und die Sicherheit nicht leistet,**

werden zurückbehalten.

Materialien: Motive I Bd. 2 S. S. 120ff., Motive II S. 387f., Protokolle S. 108, 183.

Zurückbehaltung der Anteile

I. Die Zurückbehaltung im allgemeinen

1. Im Regelfalle werden die Anteile dem Gläubiger **ausbezahlt** [§ 167 Anm. 1]. Ist die Person des Gläubigers ungewiß, weil etwa mehrere Prätendenten dieselbe Konkursforderung für sich in Anspruch nehmen, so darf der Verwalter in Ausübung des dem Schuldner nach § 372 Satz 2 BGB zustehenden Rechtes die Anteile hinterlegen. Das gilt gerade für Forderungen, die an sich durch Auszahlung zu berücksichtigen, also uneingeschränkt „festgestellt" sind [§ 167 Anm. 2]. Für andere Fälle der Ungewißheit bestimmt der § 168 KO, wann im Regelkonkurs die Anteile bei den verschiedenen Verteilungen nicht ausbezahlt werden dürfen, sondern **zurückzubehalten** sind. Der § 168 regelt sonach eine besondere Amtspflicht des Konkursverwalters und bezieht sich nur auf die Zurückbehaltung von Anteilen auf Konkursforderungen, die im Verteilungsverfahren zu berücksichtigen sind. Die Zurückbehaltung von Beträgen zur Deckung streitiger Masseansprüche steht hier nicht in Frage [vgl. § 57 Anm. 6, 10, § 172 Anm. 1]. Allein auch für Konkursforderungen ist die Aufzählung des § 168 nicht erschöpfend [Anm. 8]. Schicksal der auszahlbaren, aber unerhobenen Anteile: Anm. 2 u. § 169 Anm. 4. Streitigkeiten zwischen Gläubiger und Verwalter über die Frage, ob ein Betrag auszubezahlen oder zurückzubehalten ist, sind nicht im Einwendungsverfahren der §§ 158, 162, sondern im Prozeßweg auszutragen [§ 167 Anm. 2]. Pflichtwidriges Verzögern der Auszahlung macht den Verwalter schadensersatzpflichtig (§ 82) und bietet Anlaß zum Einschreiten der Aufsichtsbehörde (§§ 83f.). 1

2. Die bei **Abschlagsverteilungen** nach § 168 zurückbehaltenen Beträge gehören zur Konkursmasse und werden oder bleiben wie andere Massegelder und mit diesen (ungesondert) für Rechnung der Masse verzinslich angelegt [§ 129 Anm. 11, § 132 Anm. 1, 4]. Der Gläubiger erhält zunächst keine Zinsen. Dies gilt auch für solche Beträge, die bei einer Abschlagsverteilung nicht erhoben worden sind, obgleich sie hätten ausbezahlt werden dürfen. Diejenigen Beträge aber, die bei der **Schlußverteilung** oder einer sie ergänzenden Nachtragsverteilung zurückzubehalten oder trotz Zahlbarkeit unerhoben geblieben sind, hat der Verwalter auf Anordnung des Gerichts für Rechnung — also auf Kosten und Gefahr, aber auch zu Gunsten — der Beteiligten zu hinterlegen [§ 169 Anm. 1]. 2

II. Die einzelnen **Zurückbehaltungsgründe,** deren auch mehrere im Einzelfalle zusammentreffen können (Motive II S. 388), sind folgende: 3

1. Nach **Nr. 1** werden die Anteile auf solche Forderungen, die infolge eines bei der Prüfung erhobenen Widerspruchs **im Prozesse befangen** sind, zurückbehalten. Die Nr. 1 gilt für Verteilungen aller Art. Namentlich sind auch noch bei der Schlußverteilung die Anteile auf streitig gebliebene Konkursforderungen zurückzubehalten, die von vornherein in das Schlußverzeichnis aufgenommen worden sind oder kraft einer auf Einwendung des Anmelders ergangenen Anordnung des Konkursgerichts (§§ 162, 158 II) aufzunehmen waren.

a) Die Nr. 1 trifft zwei verschiedenartige Fälle:

α) Anmeldern der im Sinne des § 146 VI **zugriffsreifen** Forderungen werden die Anteile ungeachtet der Forderungsbestreitung ausbezahlt, es sei denn, daß noch vor dem Vollzug der Verteilung der Bestreitende dem Verwalter die Verfolgung des Widerspruchs nachweist. Der Nachweis ist an die Ausschlußfrist des § 152 nicht gebunden (Motive II S. 387) und erübrigt sich, wenn der Verwalter einen eigenen Widerspruch erhoben und zu verfolgen begonnen hat. Im Falle mehrfacher Bestreitung ist den Voraussetzungen der Nr. 1 genügt, wenn auch nur einer der Bestreiter die Widerspruchsklage erhoben hat. Denn der Sieg eines einzigen vereitelt die Feststellung [§ 146 Anm. 7ff.]. Da aber die Anteile auf zugriffsreife Ansprüche nur bei Prozeßbefangenheit zurückzubehalten sind, müssen sie ausbezahlt werden, sobald der einzige oder der letzte Widerspruch rechtskräftig verworfen ist. Sobald ein Widerspruch rechtskräftig als begründet erklärt ist, werden die für den Anmelder einbehaltenen Anteile frei. Nachtragsverteilung: § 166 Anm. 2. 4

5 β) Anmelder einer **nicht zugriffsreifen** Konkursforderung (§ 146 I—V) werden nur berücksichtigt, wenn rechtzeitig der im § 152 geforderte Nachweis erbracht ist. Von einer auch nur entsprechenden Anwendbarkeit des ausschließlich für bestrittene „Masseansprüche" geltenden Sicherstellungsgebots des § 191 I 2 (§ 205 II) kann neben dem § 152 Satz 2 keine Rede sein (Levy KonkTreuh. 1932 S. 165 Nr. 1). Mehrheit von Widersprüchen: § 152 Anm. 5. Die Berücksichtigung besteht vorläufig nur im Zurückbehalten der Anteile. Wird die Feststellungsklage rechtskräftig abgewiesen oder zurückgenommen, so werden die einbehaltenen Anteile frei. Nachtragsverteilung: § 166 Anm. 2.

6 b) Die Nr. 1 setzt einen im Prüfungsverfahren erhobenen **Widerspruch** des Konkursverwalters oder eines Konkursgläubigers voraus. Ein Widerspruch des Schuldners steht der Konkursteilnahme nicht im Wege (§§ 144f.). Über die Besonderheit des § 115 II GenG siehe § 151 Anm. 3. Auf festgestellte Forderungen kann unsere Nr. 1 auch dann nicht bezogen werden, wenn der Verwalter durch Gegenklage (§ 767 ZPO) die nachträgliche Tilgung der Forderung geltend macht [§ 145 Anm. 11]. Oetker I S. 374, v. Wilmowski-Kurlbaum Anm. 2b, Wolff Anm. 1, Seuffert S. 377; — abw. RG Bd. **21** 339 (für entsprechende Anwendung), Kohler Lehrbuch S. 557, Mentzel-Kuhn[7] Anm. 3, Mohrbutter-Haarmann Leitfaden S. 191. Doch kann das Prozeßgericht auf Grund des § 769 ZPO die einstweilige Zurückbehaltung der Anteile anordnen.

7 2. Die **Nr. 2** bestimmt im Einklang mit den §§ 67, 154, 156, daß die Anteile **aufschiebend bedingter** Forderungen zurückzubehalten sind, solange die Bedingung schwebt. Auf die Schlußverteilung und darum auch auf eine etwaige Nachtragsverteilung (§ 166) findet die Nr. 2 nur Anwendung, wenn die Anwartschaft nicht aussichtslos ist (§§ 154 II, 156).

8 3. Die **Nr. 3** stellt klar, daß die unter den Voraussetzungen des § 153 II erfolgende „Berücksichtigung" **absonderungsberechtigter** Konkursgläubiger bei Abschlagsverteilungen im Zurückbehalten der Anteile besteht. Wie lange diese Zurückbehaltung dauert, bestimmt der § 156. Aus ihm folgt, daß die Nr. 3 für die Schlußverteilung und darum auch für eine etwaige Nachtragsverteilung (§ 166) nicht mehr in Betracht kommt. Besteht aber Streit darüber, ob der Ausfallgläubiger, wie er behauptet, die Voraussetzungen des § 153 I erfüllt und darum Auszahlung der Anteile bei der Schlußverteilung zu beanspruchen hat [§ 153 Anm. 4, § 158 Anm. 1, 4], so kann aus diesem im § 168 nicht vorgesehenen Grunde noch bei der Schlußverteilung eine Zurückbehaltung der dem Gläubiger im Falle des Zutreffens seiner Behauptung gebührenden Anteile und späterhin im gegenteiligen Falle eine Nachtragsverteilung nach § 166 I 1 veranlaßt sein (OLG Dresden SARpfl. 2 S. 393). Die Tatsache, daß ein solcher Rechtsstreit schwebt, hindert nicht schlechthin den Vollzug der Schlußverteilung [siehe auch § 161 Anm. 1ff.]. **Entsprechend** anwendbar ist unsere Nr. 3 nach den §§ 234, 236 (vgl. auch § 212 II und § 236c II) und namentlich auf die Ausfallansprüche der Sondervorrechtsgläubiger [§ 153 Anm. 7, 10].

9 4. Nach **Nr. 4** sind endlich die Anteile **auflösend bedingter** Forderungen bei Verteilungen aller Art zurückzubehalten, wenn der Gläubiger zu einer Sicherheitsleistung verpflichtet ist und die Sicherheit nicht leistet. Die Bedingung steht, da von ihr die Zurückbehaltungsbefugnis abhängt, im Rechtsstreit über die Berechtigung der Zurückbehaltung [Anm. 1] zur Beweislast des Verwalters. Im übrigen siehe § 66 Anm. 3, § 154 Anm. 1.

§ 169

Die Beträge, welche bei dem Vollzuge der Schlußverteilung zurückzubehalten sind, oder welche bis zu diesem Zeitpunkte nicht erhoben werden, hat der Verwalter nach Anordnung des Gerichts für Rechnung der Beteiligten zu hinterlegen.

Materialien: Motive I Bd. 2 S. 124, Motive II S. 388, Protokolle S. 108, 183.

Hinterlegung zurückbehaltener oder nicht erhobener Anteile

I. Anwendungsbereich

Beträge, die aus den im § 168 Nr. 1, 2 u. 4 bezeichneten Gründen beim Vollzuge der Schlußverteilung oder einer sie ergänzenden Nachtragsverteilung nicht ausbezahlt werden durften, sondern zurückbehalten werden mußten, und Beträge, die bei irgendeiner Verteilung zahlbar waren, aber bis zum Ende des Vollzugs der Schluß- oder Nachtragsverteilung (Fitting § 45 N. 14, Seuffert S. 380; abw. v. Sarwey-Bossert Anm. 2) durch den Gläubiger oder einen ordnungsmäßig ausgewiesenen Vertreter nicht erhoben d. h. nicht abgeholt worden sind, hat der Verwalter nach Anordnung des Gerichts für Rechnung der Beteiligten [Anm. 5] zu hinterlegen. Unerhobene, aber zahlbare Beträge, die Gläubigern mit bekanntem und erreichbarem Aufenthalt gebühren, werden zweckmäßig nicht erst hinterlegt, sondern den Empfangsberechtigten auf deren Kosten und Gefahr überschickt [§ 167 Anm. 1; dort auch zur Frage der Verwirkung des Anspruches auf Befriedigung aus der Masse]. Der § 169 bezieht sich nicht auf Abschlagsverteilungen. Zinsen der bei Abschlagsverteilungen zurückbehaltenen oder nicht erhobenen Anteile wachsen bis zur Schlußverteilung der Konkursmasse zu [§ 168 Anm. 2]. 1

II. Hinterlegungsanordnung

Das Konkursgericht muß das Hinterlegungsgebot von Amts wegen erlassen und zugleich darüber befinden, wo und in welcher Weise [Näheres Anm. 4] die Beträge hinterlegt werden sollen. Insoweit hat das Gericht in die Konkursverwaltung einzugreifen. Um dieser seiner Aufgabe entsprechen zu können, muß es ermächtigt sein, vom Konkursverwalter einen Bericht über den Vollzug der Schlußverteilung einzuholen [§ 163 Anm. 3, § 167 Anm. 2; vgl. auch § 166 Anm. 13]. Erst daraus ergibt sich, ob und inwieweit die Voraussetzungen für eine Anordnung im Sinne des § 169 gegeben sind. 2

Die Anordnung unterliegt nach § 73 III der sofortigen Beschwerde (zust. Wolff aaO.; abw. Oetker I S. 420). Diese steht dem Konkursverwalter und allen Beteiligten zu, also nicht bloß dem Bezugsberechtigten selbst, sondern auch jedem Gläubiger, dem am Freiwerden der Beträge gelegen ist. Das Beschwerdegericht kann Ort und Art der Hinterlegung ändern, nicht aber darüber entscheiden, ob der Verwalter auszuzahlen oder zu hinterlegen hat; denn darüber hat das Prozeßgericht zu erkennen [§ 168 Anm. 1]. 3

III. Art und Weise der Hinterlegung

1. Was den näheren Inhalt und die rechtliche Bedeutung der Hinterlegungsanordnung anlangt, so sind zwei Fälle zu unterscheiden: 4

a) Soweit sie sich auf **Anteile bezieht, die aus den Gründen des § 168 KO zurückbehalten** werden mußten, so handelt es sich um eine nach Zweck und Voraussetzungen eigenartige Hinterlegung. Die Vorschriften über die Hinterlegung zum Zwecke der Schuldbefreiung (§§ 372ff. BGB) sind insoweit nicht maßgebend; denn die Notwendigkeit der Zurückbehaltung der Anteile und damit der Anordnung ihrer Hinterlegung beruht in diesen Fällen auf der Unsicherheit des Forderungsbestandes, somit ausschließlich auf der konkursrechtlichen Regelung. Die zurückzubehaltenden Anteile unterliegen als Restbestand der Konkursmasse auch nach der Aufhebung des Konkurses dem Konkursbeschlag [vgl. auch § 166 Anm. 10]. Da die Möglichkeit besteht, daß sie für die Konkursmasse „frei werden" [§ 166 Anm. 2] und dann zur nachträglichen Verteilung kommen (§ 166 I), sind sie **für die Konkursmasse** zu hinterlegen [Anm. 5]. Ein Verzicht des Konkursverwalters auf das Rücknahmerecht (§§ 376 II Nr. 1, 378, 382 BGB) wäre bei dieser Rechtslage nicht zulässig. In diesem Falle ist das Gericht auch hinsichtlich der Bestimmung der Hinterlegungsstelle frei. Es kann daher an Stelle der amtlichen Hinterlegungsstelle (Amtsgericht, § 1 II Hinterlegungsordnung v. 10. 3. 1937, RGBl. I S. 285 = HO) auch eine zuverlässige Bank oder Sparkasse als Hinterlegungsstelle bestimmt werden (zust. Wolff Anm. 4; abw. Wilmowski-Kurlbaum Anm. 4 a. E.), was sich schon im Hinblick auf die Geringfügigkeit der Verzinsung bei der amtlichen Hinterlegung empfiehlt (§ 8 Nr. 2, 4 HO in der Fassung der die Verzinsung wiedereinführenden Landesgesetze; vgl. Piller-Hermann Justizverwaltungsvorschriften unter 4, HO). Über die rechtliche Beurteilung dieses Falles besteht heute im wesentlichen Einigkeit. Vgl. Mentzel-Kuhn[7] Anm. 3 a. E., Böhle-Stamschräder[8] Anm. 1 und wohl auch Staudinger-Werner BGB[9] Vorbem. I vor § 372 (S. 701), da dort nur die angeordnete Hinterlegung der „zurückbehaltenen Anteile" als Hinterlegungsfall eigener Art genannt ist. Werden hinterlegte Anteile später für die Masse frei, so unterliegen sie der Nachtragsverteilung nach § 166 I; fällt dagegen der Grund der Zurückbehaltung und Hinterlegung zu Gunsten des beteiligten Gläubigers weg — er gewinnt z. B. den anhängigen Feststellungsprozeß — so hat der Konkursverwalter der Auszahlung des hinterlegten Betrages an den Gläubiger zuzustimmen [vgl. auch Anm. 5].

b) Anders ist dagegen die Rechtslage, soweit sich die gerichtliche Anordnung der Hinterlegung auf **nicht erhobene Beträge** bezieht; denn hier handelt es sich um Gläubiger, welche bei der Schlußverteilung durch Zahlung zu berücksichtigen waren, die auf ihre Forderung entfallenden Beträge jedoch trotz Benachrichtigung nicht erhoben haben. Da in diesem Falle Annahmeverzug vorliegt [§ 167 Anm. 1], ist der Konkursverwalter nach §§ 372 S. 1, 376 II Nr. 1, 378 BGB auch ohne gerichtliche Anordnung berechtigt, die Masse durch Hinterlegung des Betrages unter Rücknahmeverzicht beim Amtsgericht als amtlicher Hinterlegungsstelle (§ 1 II HO) von der Verbindlichkeit zu befreien. Der Fall wird im normalen Konkurs [wegen Beteiligung von Schuldverschreibungsgläubigern siehe unten] selten vorkommen, da üblicherweise die Auszahlungen durch Überweisung an die Gläubiger vorgenommen werden [§ 167 Anm. 1], überdies der Konkursverwalter, wenn die Beträge ausnahmsweise bei ihm abgeholt werden, nicht erschienenen Gläubigern die Beträge nachträglich zur Vermeidung der Hinterlegung übersenden kann [Anm. 1]. Praktisch wird daher die Hinterlegung nur in Frage kommen, wenn ein Empfangsberechtigter oder sein Aufenthalt unbekannt ist. Auch in diesem Falle besteht das Recht zur Schuldbefreiung durch Hinterlegung nach § 372 S. 2 BGB. Dasselbe gilt für Beträge, die wegen Ungewißheit des Empfangsberechtigten (z. B. Prätendentenstreit) nicht ausgezahlt werden können [§ 167 Anm. 2, § 168 Anm. 1]. Auch diese Beträge sind „nicht erhoben" im Sinne des § 169 KO. Wenn nun das Gesetz auch für die Fälle nicht erhobener Beträge eine Hinterlegungsanordnung des Konkursgerichts vorsieht, so hat dies die Bedeutung, daß dadurch das bereits bestehende Recht zur Hinterlegung zur Pflicht des Konkursverwalters erhoben wird. Die Hinterlegung bleibt aber auch als gerichtlich angeordnete eine solche zum Zwecke der Schuldbefreiung nach Maßgabe der §§ 372ff. BGB (a. A. Jaeger 6./7. Aufl. und offenbar auch Planck-Siber BGB[4] Vorbem. 1c vor § 372 (S. 496), die auch in diesem Falle eine Hinterlegung eigener Art annehmen). Die gerichtliche Anordnung der Hinterlegung soll einerseits den Konkursverwalter von der Verantwortung für die Restmasse entlasten, andererseits aber auch den beteiligten Gläubiger sichern. Bei dieser Rechtslage ist die Hinterlegung der nicht erhobenen Beträge **zu Gunsten der berechtigten Gläubiger** bzw. der Forderungsprätendenten [Anm. 5] beim Amtsgericht als amtlicher Hinterlegungsstelle und zwar zweckmäßigerweise unter Rücknahmeverzicht anzuordnen. So Wolff Anm. 3, Wilmowski-Kurlbaum Anm. 4, Mentzel-Kuhn[7] Anm. 3, Böhle-Stamschräder[8] Anm. 1. Die Auszahlung an die Empfangsberechtigten durch die Hinterlegungsstelle regelt sich dann nach den Vorschriften der Hinterlegungsordnung (§§ 12ff. HO). Das Recht des Gläubigers auf den hinterlegten Betrag erlischt gemäß § 382 BGB mit dem Ablauf von 30 Jahren nach dem Empfang der Hinterlegungsanzeige (z. B. bei Hinterlegung zu Gunsten von Forderungsprätendenten) bzw. bei Untunlichkeit der Anzeige (§ 374 II S. 2 BGB, z. B. bei unbekannten Gläubigern oder solchen mit unbekanntem Aufenthalt) nach der Hinterlegung (h. M. vgl. BGB-RGR-Komm.[11] § 382 Anm. 1). Nach so langer Zeit wird allerdings das Wiederaufleben des Rechts auf Rücknahme (§ 382 BGB), das an sich zur Konkursmasse gehört, da der Konkursverwalter Hinterlegungsbeteiligter ist, nicht zu einer Nachtragsverteilung führen, so daß nach einem weiteren Jahr der Betrag gemäß §§ 19, 23 HO der Staatskasse verfällt. Dieses Ergebnis vor allem hat Jaeger 6./7. Aufl. veranlaßt, im Gegensatz zu der nunmehr auch hier vertretenen Auffassung anzunehmen, § 169 ermächtige das Konkursgericht, eine Hinterlegung der unerhobenen (aber zahlbaren) Beträge auf bestimmte Zeit und unter Vorbehalt einer nach fruchtlosem Fristablauf stattfindenden Nachtragsverteilung (§ 166) in einer für den vollziehenden Verwalter maßgeblichen Weise anzuordnen (ebenso Senst-Müller, Verwaltung von Konkursen[9] S. 317). Gegen die Zulässigkeit eines solchen Eingriffes des Konkursgerichts in bestehende Gläubigerrechte mit m. E. durchschlagenden Gründen vor allem Mentzel-Kuhn[7] Anm. 3 und schon früher Wilmowski-Kurlbaum Anm. 4. Da, wie dargelegt, Hinterlegungen nicht erhobener Beträge im normalen Konkurs seltene Ausnahmefälle sein werden, kommt der Kontroverse nur bei Beteiligung von Schuldverschreibungsgläubigern größere Bedeutung zu. In diesem Falle, auf den Jaeger ausdrücklich Bezug nimmt, kann es in der Tat vorkommen, daß auf Schuldverschreibungen unbekannter Gläubiger, welche durch den gemeinsamen Vertreter mit angemeldet und zur Feststellung gebracht worden sind [§ 139 Anm. 7], Anteile in größerem Umfange nicht erhoben werden, da zur Auszahlung der Dividende nunmehr die Vorlage der Schuldverschreibung erforderlich ist (§ 19 SchVG). Aber auch dieser Fall kann es nicht rechtfertigen, daß das Konkursgericht durch zeitliche Befristung der Hinterlegung unter Vorbehalt der Nachtragsverteilung zu Gunsten der bekannten Gläubiger in die Rechte der noch unbekannten eingreift. Auch ist es kaum wahrscheinlich, daß bei Konkurseröffnung noch unbekannte Gläubiger sich nicht im Laufe von 30 Jahren melden. Ein Verfall an die Staatskasse in beträchtlicherem Umfange ist daher auch in diesem Falle nicht zu besorgen.

2. Daß die Hinterlegung **für Rechnung** der Beteiligten erfolgt, bestimmt der § 169 5
ausdrücklich. Dementsprechend trägt der Bezugsberechtigte, also je nach der Art der Erledigung des Hinterlegungsgrundes der Konkursgläubiger oder die Konkursmasse, Kosten und Gefahr der Hinterlegung; andererseits gebühren ihm vom Tag der Hinterlegung ab die Zinsen. Dies gilt nicht nur für die auf der konkursrechtlichen Lage beruhende Hinterlegung der beim Vollzug der Schlußverteilung nach § 168 KO zurückbehaltenen Beträge [Anm. 4 unter a], sondern auch für die zum Zwecke der Schuldbefreiung erfolgende Hinterlegung der nicht erhobenen Beträge [Anm. 4 unter b]. Dagegen ist die Frage, auf wessen **Namen** zu hinterlegen ist, in den beiden Hinterlegungsfällen verschieden zu beantworten. Im ersteren Falle hat der Verwalter namens der Konkursmasse, selbstverständlich nicht etwa auf seinen eigenen Namen, je nach der Anordnung des Konkursgerichts mit der Maßgabe zu hinterlegen, daß der Gläubiger die Anteile nur auf Anweisung entweder des Verwalters oder des Konkursgerichts erheben kann [Anm. 4 unter a]. Sollte der Verwalter vor Erfüllung seiner Obliegenheiten versterben, so wäre ein neuer Verwalter zu bestellen [siehe § 166 Anm. 12]. Ein Pfandrecht am hinterlegten Betrag nach § 233 BGB erwirbt daher der berücksichtigte Gläubiger auch dann nicht, wenn er im Sinne des § 67 ein Recht auf Sicherung hat. Wie diese Sicherung zu vollziehen ist, bestimmen eben die besonderen Vorschriften des Konkursrechts (§§ 168 Nr. 2, 169). Dagegen hat die schuldbefreiende Hinterlegung auf den Namen des hebungsberechtigten Konkursgläubigers bzw. der Forderungsprätendenten zu erfolgen [Anm. 4 unter b; dort auch zur Frage der Auszahlung des hinterlegten Betrages an den Empfangsberechtigten].

§ 170

Zahlungen auf festgestellte bevorrechtigte Forderungen kann der Verwalter mit Ermächtigung des Gerichts unabhängig von den Verteilungen leisten.

Materialien: Motive I Bd. 2 S. 109, Motive II S. 373, 388, Protokolle S. 108, 183, 214.

Außerordentliche Zahlungen an Vorrechtsgläubiger

1 **I. Zweck der Vorschrift**

Grundsätzlich sind auch die bevorrechtigten Gläubiger [Anm. 3] an den Gang des Verteilungsverfahrens gebunden. Doch gestattet das Gesetz aus Billigkeitsgründen, daß der Verwalter Vorrechtsgläubiger ganz oder teilweise **unabhängig vom Verteilungsverfahren** befriedige, wenn ihre Forderungen bereits auf Grund des Prüfungsverfahrens nach Betrag und Vorrecht festgestellt sind [Anm. 4] und wenn das Konkursgericht die Ermächtigung zur Vornahme der außerordentlichen Zahlung erteilt hat [Anm. 2]. Die Sondervorschrift ist auf Fälle angelegt, in denen eine gegenüber der Gesamtschuldenlast geringfügige und sicher zum Zuge gelangende Vorrechtsgruppe — besonders Betriebsangestellte mit ihren Lohnrückständen (§ 61 Nr. 1) — der Vorausbefriedigung dringend bedarf. Hier kann eine sowohl von den zeitraubenden Formen und Fristen des ordentlichen Verteilungsverfahrens als vom Gebote der Ratenzahlung befreite Ausschüttung bedenkenfrei und erwünscht erscheinen (treffend Hans Krüger, Konkurs der Hypothekenbanken, 1916, S. 36f.).

II. Die gerichtliche Ermächtigung

2 1. Die Ermächtigung muß sich stets auf bestimmt bezeichnete Vorrechtsansprüche beziehen und darf nur erteilt werden, wenn die Prüfung ergibt, daß dem Erfordernisse der Feststellung genügt [Anm. 4], und daß eine Gefährdung gleich oder besser berechtigter Gläubiger (besonders der Massegläubiger) nicht zu besorgen ist. Da nicht selten auch Vorrechtsgläubiger keine Vollbefriedigung zu erwarten haben, muß das Konkursgericht mit aller Behutsamkeit vorgehen [Verantwortlichkeit: § 71 Anm. 18, § 83 Anm. 3]. Die Entscheidung über die Erteilung der Ermächtigung ist durch § 21 I Nr. 8 RpflG auf den Rechtspfleger übertragen worden. Muster eines die Ermächtigung erteilenden Beschlusses bei Schrader-Bauer Hdb.[2] S. 97 F III 103. Da der § 170 einen förmlichen Antrag nicht voraussetzt, kann die Ermächtigung zwar auch von Amts wegen erteilt werden, in der Regel wird sie aber vom Konkursverwalter beantragt werden (Muster bei Schrader-Bauer Hdb.[2] S. 97 F III 102 und Mohrbutter-Haarmann Leitfaden S. 279); auch ein Vorrechtsgläubiger mit festgestellter Forderung kann den Antrag stellen (zust. Mentzel-Kuhn[7] Anm. 3, Böhle-Stamschräder[6] Anm. 1, Schrader-Bauer aaO. S. 96; abw. Seuffert S. 368). Einen abschlägigen Bescheid des Rechtspflegers kann der Verwalter, aber auch jeder von der Ablehnung betroffene Vorrechtsgläubiger [§ 73 Anm. 8], mit der befristeten Erinnerung (§ 10 I, II, V RpflG), einen bestätigenden Beschluß des Konkursrichters mit der sofortigen Beschwerde (§ 10 III RpflG, § 73 III KO, § 577 ZPO) anfechten [Näheres: § 73 Anm. 15]. Daß die Erteilung der Ermächtigung im Ermessen des Konkursgerichts steht, beeinträchtigt das Beschwerderecht ebensowenig [§ 73 Anm. 7] wie der Umstand, daß die erteilte Ermächtigung unverbindlich ist [dazu diese Anm. unter 2]. Zust. Petersen-Kleinfeller zu § 170 (aber wohl nur für den antragstellenden Gläubiger); Fitting § 39 Nr. 5; Mentzel-Kuhn[7] Anm. 3, Böhle-Stamschräder[6] Anm. 1, Schrader-Bauer aaO. S. 96; abw. Oetker I S. 493. Gegen ihre Erteilung haben die durch den Masserest nicht mehr mit Sicherheit gedeckten gleich und besser berechtigten Gläubiger — unter letzteren auch die Massegläubiger — das Beschwerderecht (bzw. das Recht zur Erhebung der befristeten Erinnerung). Seuffert, Petersen-Kleinfeller, Fitting, Mentzel-Kuhn, Böhle-Stamschräder aaO.; abw. Oetker aaO., v. Sarwey-Bossert Anm. 1 (unanfechtbar), Wolff Anm. 2 (jeder Konkursgläubiger, nicht aber ein Massegläubiger sei anfech-

tungsberechtigt), Hellmann S. 490 (nicht ein Massegläubiger). Der Ermächtigungsbeschluß ist jedenfalls dem Verwalter zuzustellen (§ 73 II), da ihm die Ermächtigung erteilt wird. Öffentliche Bekanntmachung empfiehlt sich, wo eine größere Zahl Beschwerdeberechtigter in Frage kommt (§ 76 III).

2. Die Ermächtigung begründet, wie schon der Wortlaut besagt („kann"), weder eine Zahlungspflicht des Verwalters noch einen Anspruch des Bevorrechtigten auf Berücksichtigung außerhalb des Verteilungsverfahrens. Sie bewirkt also nicht den Eintritt einer Fälligkeit der Art, daß der Gläubiger sofortige Erfüllung zu verlangen hätte. Die Ermächtigung ist Erlaubnis, nicht Befehl und bedeutet auch als solche eine Ausnahme vom Grundsatz der Selbstverwaltung [Vorbem. 4, 5 vor § 71]. Stellt sich heraus, daß die außerordentliche Zahlung unangemessen wäre, so muß sie der Verwalter unterlassen; er würde nach § 82 haftbar werden, wenn er von der erteilten Ermächtigung noch Gebrauch macht, nachdem er festgestellt hat, daß die Masse nicht einmal zur Vollbefriedigung der Massegläubiger ausreicht. Andererseits kann der Verwalter Zahlungen, die mit gerichtlicher Ermächtigung auf festgestellte Vorrechtsforderungen geleistet worden sind, nicht mit der Begründung zurückfordern, das Gericht hätte wegen Unzulänglichkeit der Masse die Ermächtigung nicht erteilen dürfen. KG KonkTreuh. 1930 S. 84f.; Mentzel-Kuhn[7] Anm. 4.

III. **Bevorrechtigt** im Sinne des § 170 sind diejenigen Forderungen, die mit allgemeinen Konkursvorrechten durch den § 61 oder ergänzende Reichsgesetze ausgestattet sind, z. B. auch die Schadensversicherungsansprüche nach § 80 VAG [§ 61 Anm. 39b]. Auf die einer eigenen Regelung unterworfenen besonderen Konkursvorrechte, wie sie namentlich Schuldverschreibungsgläubiger im Konkurs der Hypothekenbanken und Versicherten im Konkurs der Lebensversicherungsanstalten zustehen [§ 61 Anm. 1ff.], ist der § 170 nicht berechnet. Die Ausschüttung der reinen und nur den Vorrechtsgläubigern vorweg gebührenden Sondermasse hängt von einer Ermächtigung im Sinne des § 170 nicht ab. Zust. Mentzel-Kuhn[7] Anm. 1; Böhle-Stamschräder[6] Anm. 1; ebenso für das besondere Konkursvorrecht nach § 32 (früher § 7a) DepotG G. Schumann, Bankverwahrung und Konkurs (1926) S. 34f.; anders für § 35 HypBankG H. Krüger, Konkurs der Hypothekenbanken (1916) S. 35ff. 3

IV. Leistet der Konkursverwalter außerordentliche **Zahlungen ohne gerichtliche Ermächtigung,** so handelt er auf persönliche Verantwortung (§ 82). Dasselbe gilt, wenn ihn das Gericht ermächtigen würde, schon **vor dem Prüfungstermin,** also vor der Feststellung, in besonders dringlichen Fällen Vorrechtsansprüche zu befriedigen. Denn der § 170 ergibt mit Bestimmtheit, daß eine solche Ermächtigung keinesfalls erteilt werden darf, auch nicht — was die Praxis versucht hat — als einstweilige Verfügung. Auch die von Mohrbutter-Haarmann KTS 1956 S. 179 in solchen Fällen empfohlene Auszahlung mit stillschweigender Billigung des Gerichtes, das nach Prüfung der gegebenen Lage von der Möglichkeit aufsichtlichen Einschreitens nach § 83 keinen Gebrauch macht, oder eine Weisung des Gläubigerausschusses vermag den Verwalter nicht zu entlasten. Neben der Verantwortlichkeit des Verwalters und gegebenenfalls des Gerichts bzw. des Landes bestehen Bereicherungsansprüche der Benachteiligten gegen die außer der Reihe befriedigten Vorrechtsgläubiger (§ 812 BGB) nicht. Ein vom Verwalter oder seinem Nachfolger für Rechnung der Konkursmasse auszuübender Bereicherungsanspruch würde gegenüber solchen Empfängern begründet sein, deren Forderung oder Vorrecht überhaupt nicht begründet oder doch nach dem Stande der Masse nicht zu berücksichtigen war [vgl. aber auch Anm. 2 unter 2.]. In verschiedener Hinsicht abw. Wolff Anm. 1, Seuffert S. 369. Rechtskräftig festgestellte Forderungen und Vorrechte (§§ 144 I, 145 II) können aber nicht nachträglich mit der Begründung angezweifelt werden, der Verwalter habe die Bestreitung aus Irrtum unterlassen (es liege z. B. der Lohnrückstand schon außerhalb der Schranken des § 61 Nr. 1). 4

§ 171

Beträge, welche zur Sicherstellung eines bedingt zur Aufrechnung befugten Gläubigers nach Maßgabe des § 54 Abs. 3 hinterlegt worden sind, fließen für die Schlußverteilung zur Konkursmasse zurück, wenn die Möglichkeit des Eintritts der Bedingung eine so entfernte ist, daß die bedingte Forderung einen gegenwärtigen Vermögenswert nicht hat.

Materialien: Motive II S. 389, Protokolle S. 108, 183, 214, P. VI S. 766, Begründung S. 44, Kommissionsbericht S. 1953f.

Aussichtslose Aufrechnungsanwartschaft

1 Hat ein Schuldner der Masse eine aufschiebend bedingte Gegenforderung, so kann er nach § 54 III die Aufrechnung erst beim Eintritt der Bedingung vollziehen, aber alsbald gegen Zahlung der eigenen Schuld Sicherstellung des Erfolgs der späteren Aufrechnung beanspruchen [§ 54 Anm. 6]. Eine so für ihn hinterlegte Sicherheit wird wie die Sicherstellung einer aufschiebend bedingten Konkursforderung (§§ 67, 154 II) für die Schlußverteilung frei, wenn der Bedingungseintritt so aussichtslos erscheint, daß die bedingte Forderung keinen Gegenwartswert hat [§ 154 Anm. 4, § 166 Anm. 2].

§ 172

Masseansprüche, welche nicht bis zu der Festsetzung des Prozentsatzes oder der Beendigung des Schlußtermins oder der Bekanntmachung einer Nachtragsverteilung zur Kenntnis des Verwalters gelangt sind, können nicht auf den Massebestand geltend gemacht werden, welcher zur Auszahlung des festgesetzten Prozentsatzes erforderlich ist oder den Gegenstand der Schlußverteilung oder der Nachtragsverteilung bildet.

Materialien: Motive I Bd. 2 S. 112f., Motive II S. 376, 389, Protokolle S. 108f., 111, 183, 214.

Ausschließung von Massegläubigern

1 **I. Bedeutung der Vorschrift**

„Masseansprüche" — Massekosten- wie Masseschuldansprüche [§ 57 Anm. 1] — sind **unabhängig** vom Konkursverteilungsverfahren und **im voraus** zu decken [§ 57 Anm. 10]. Der Verwalter hat sie, auch als bedingte, dem Betrage nach noch unbestimmte oder von ihm bestrittene Ansprüche, von Amts wegen bei persönlicher Verantwortlichkeit zu berücksichtigen [§ 57 Anm. 6]. Bei unbedingten und unstreitigen Masseansprüchen besteht die Berücksichtigung in der Erfüllung (z. B. Geldzahlung), bei bedingten, dem Betrage nach noch unbestimmten oder bestrittenen in der Sicherstellung (vgl. §§ 191 I, 205 II). So z. B. bei schwebenden Prozeßkostenschulden [§ 161 Anm. 1]. Die Berücksichtigungspflicht setzt Kenntnis des Verwalters voraus [Anm. 6]. Um nun die ordnungsgemäß berücksichtigten Konkursgläubiger „vor jeder Rückforderung zu sichern, gleichviel von wem diese ausgeht und unter welchem Rechtstitel sie auftritt", erstreckt der § 172 den Grundsatz „der tatsächlichen **relativen Präklusion**" — freilich unter wesentlichen Einschränkungen [Anm. 5] — auch auf die Massegläubiger. Motive II S. 376. Was die Konkursgläubiger infolge dieser gesetzlichen Ausschließung eines Massegläubigers durch Auszahlung oder Sicherstellung erwerben, das wird nicht „ohne rechtlichen Grund erlangt" und ist daher einer Rückforderung durch den Massegläubiger unter dem Gesichtspunkt ungerechtfertigter Bereicherung (§ 812 BGB) nicht ausgesetzt. Siehe § 57 Anm. 7.

II. Voraussetzungen und gegenständliche Begrenzung der Präklusion

1. Der Ausschluß eines Massegläubigerrechtes von der jeweiligen Verteilungsmasse tritt nur ein, wenn es nicht **rechtzeitig** zur Kenntnis [Anm. 6] des Verwalters gelangte. Nur die im Sinne des § 172 rechtzeitig zu seiner Kenntnis gekommenen Massegläubigerrechte hat er aus der Masse vorweg zu berücksichtigen. Der maßgebliche Zeitpunkt sowie der gegenständliche Umfang des Ausschlusses sind für die einzelnen Fälle der Verteilungen verschieden bestimmt. 2

a) Bei einer **Abschlagsverteilung** ist dieser Zeitpunkt die nach außen wirksame Festsetzung des Prozentsatzes d. h. dessen Mitteilung an mindestens einen Konkursgläubiger [§ 159 Anm. 4f.]. Die Ausschließung beschränkt sich aber auf den Massebestand, der zur Auszahlung oder zu der sie sichernden Hinterlegung (§ 168) bei dieser Abschlagsverteilung erforderlich ist; sie erstreckt sich nicht auf den wegen Unvollständigkeit der Ausschüttung verbleibenden Masseüberschuß, auch nicht im Bereiche des § 155 (Motive II S. 376), und nicht mehr auf hinterlegte Anteile, die (z. B. durch Prozeßverlust oder Bedingungsausfall, § 168 Nr. 1, 2) wieder frei geworden sind (Petersen-Kleinfeller Anm. 1).

b) Bei der **Schlußverteilung** ist der für die Präklusion maßgebende Zeitpunkt die Beendigung des Schlußtermins (§ 162), d. h. die Schließung der Verhandlung nach § 136 IV ZPO (§ 72 KO) durch den Konkursrichter. Eine Wiedereröffnung der Terminsverhandlung (§ 156 ZPO) nur zum Zwecke nachträglicher Zulassung von Masseverbindlichkeiten ist unstatthaft. Die Ausschließung gilt für „den Gegenstand der Schlußverteilung" d. h. für diejenigen Beträge, die bei der Schlußverteilung auszubezahlen oder zurückzubehalten sind, nicht auch für die nach dem Beginn des Vollzugs der Schlußverteilung verfügbar werdende Nachtragsmasse [Anm. 4]. 3

c) Bei **Nachtragsverteilungen** wird die Präklusion der Massegläubigerrechte durch die wirksame Bekanntmachung des verfügbaren Massebestands durch den Verwalter [§ 166 Anm. 11] bewirkt, tritt also regelmäßig mit dem Ablaufe des zweiten Tages nach der Ausgabe des die Bekanntmachung enthaltenden Amtsverkündungsblattes (§ 76 I) ein. Die Ausschließung erstreckt sich auf die bei der jeweiligen Nachtragsverteilung auszuzahlenden oder zurückzubehaltenden Beträge. Protokolle S. 108f., 111. Der Schuldner selbst kann weiter haften [§ 57 Anm. 5]. Es ist nicht undenkbar, daß Masseansprüche erst nach förmlicher Konkursbeendigung entstanden sind. So etwa als Ausgaben für die Verwertung nachträglich ermittelter Massegegenstände (§ 58 Nr. 2 mit § 166 II). Im allgemeinen aber fallen nun erst entstehende Verbindlichkeiten der Masse nicht mehr zur Last [siehe § 166 Anm. 11]. 4

2. Hieraus [Anm. 2—4] ergibt sich, daß die Ausschließung der Massegläubiger minder streng ist als die der Konkursgläubiger. Namentlich wird die Geltendmachung von Masseansprüchen durch die Ausschlußfrist des § 152 nicht berührt und ein durch die Schlußverteilung verdrängter Massegläubiger damit nicht auch von einer etwaigen Nachtragsverteilungsmasse ausgeschlossen. Auch können Massegläubiger, deren Ansprüchen der Verwalter die Anerkennung versagt, ihren künftigen Zwangszugriff auf Massegegenstände dem Verwalter gegenüber im Wege des Arrests oder der einstweiligen Verfügung sicherstellen, wenn ohne diesen Schutz der drohende Ausschluß die Verwirklichung des Masseanspruchs vereiteln oder wesentlich erschweren würde (§§ 917 I, 920, 935f. ZPO). Motive II S. 389; siehe auch § 57 Anm. 10. 5

III. Für die **Kenntnis** des Verwalters ist es gleichgültig, wie und von wem er Kunde erhält. Einer Anmeldung [§ 57 Anm. 10] oder auch nur formlosen Benachrichtigung gerade durch den Massegläubiger selbst bedarf es nicht. Dem Kennen ist das Kennenmüssen nicht gleichgestellt. Doch wird der Verwalter persönlich schadensersatzpflichtig (§ 82), wenn er die Kenntnisnahme schuldhaft vereitelt, also etwa die Anzeige eines Gläubigers ungelesen in den Papierkorb wirft oder die Masse völlig ausschüttet, ehe ein die Ansprüche der Ausschußmitglieder festsetzender Beschluß (§ 91) in Rechtskraft erwachsen ist. Weiß der Verwalter, daß ein 6

Masseanspruch bestimmten Grundes erhoben wird, dann muß er den Anspruch beachten, auch wenn er ihn dem Bestand oder der Höhe nach bestreitet [Anm. 1]. Es ist Sache des Verwalters, der einen Masseprozeß verloren hat, sich nach der Höhe der Kostenpflicht (§ 59 Nr. 1) zu erkundigen (Wolff Anm. 1). Berücksichtigungspflicht und persönliche Haftung des Verwalters setzen nicht einmal voraus, daß der Anwärter den von ihm erhobenen Masseanspruch glaubhaft macht. Dies ergibt ein Gegenschluß aus § 191 I gegen § 191 II. Die Nichtbeachtung behaupteter Massegläubigerrechte geht auf Gefahr des Verwalters. Doch trifft ihn eine Verantwortlichkeit nach § 82 immer nur im Falle des Verschuldens. Seine Haftung wegen Nichtbeachtung eines in keiner Weise belegten Anspruchs kann mangels eigenen Verschuldens entfallen, aber auch durch mitwirkendes Verschulden des Gläubigers ausgeschlossen oder vermindert werden [§ 82 Anm. 8, ferner Anm. 12]. In Zweifelsfällen mag eine verneinende Feststellungsklage des Verwalters (§ 256 ZPO) veranlaßt sein.

7 **IV.** Die Schranken des § 172 bestehen für Masseansprüche aller Art [§ 57 Anm. 1], aber auch **nur für Masseansprüche,** nicht dagegen auch für Aus- und Absonderungsansprüche. Die Motive II S. 376 bemerken dazu: Für diese Ansprüche ergebe sich der Grundsatz des § 172 „schon aus der Natur der Sache". „Denn, solange der Gegenstand selbst, auf welchen der Aus- oder Absonderungsanspruch sich bezieht, in der Masse noch vorhanden ist, eignet sich derselbe nicht dazu, als Objekt einer Verteilung mit in Betracht zu kommen. Befindet sich derselbe aber, sei es, weil er vom Verwalter versilbert ist oder infolge einer sonstigen Ursache nicht in der Masse, so kann derjenige, der die Aussonderung oder die abgesonderte Befriedigung hätte beanspruchen können, sofern ihm den Konkursgläubigern gegenüber überhaupt ein Anspruch verblieben ist, seine Rechte nur als Massegläubiger oder unter Umständen als Konkursgläubiger geltend machen, so daß sodann die in Rede stehenden Vorschriften auf ihn gleichfalls Anwendung finden." Für Aussonderungs-, Ersatzaussonderungs- und Absonderungsrechte greift § 172 somit nur Platz, soweit sie in Masseansprüche übergegangen sind [siehe dazu auch § 43 Anm. 13]. Ungenau v. Völderndorff I S. 435.

Sechster Titel

Zwangsvergleich

(§§ 173—201)

§ 173

Sobald der allgemeine Prüfungstermin abgehalten und solange nicht die Vornahme der Schlußverteilung genehmigt worden ist, kann auf den Vorschlag des Gemeinschuldners zwischen diesem und den nicht bevorrechtigten Konkursgläubigern ein Zwangsvergleich geschlossen werden.

Materialien: Motive I Bd. 2 S. 125ff., 141f., Motive II S. 390ff., 403f., Protokolle S. 111, 183, 214.

Übersicht

Abhandlungen: Oetker Konkursrechtliche Fragen (Rostocker Festschrift für Windscheid 1888) S. 33ff., Joseph Loehr Rechtliche Natur des Zwangsvergleichs ZZP 16 S. 335ff. (1891), Stefan Ciuntu Zwangsvergleich im Konkurs (Berliner Diss. 1892), Felix Wach Zwangsvergleich (Leipz. Diss. 1896), Kohler ZZP 30 S. 553ff., M. Schopper Wirkungen des Zwangsvergleichs (Leipz. Diss. 1903), Thr. G. Petimesas Zwangsvergleich mit besonderer Berücksichtigung des griechischen Rechts (1906), St. Heimann Rechtliche Natur des Zwangsvergleichs (Leipz. Diss. 1907), Cohn Rechtsnatur des Zwangsvergleichs (Rostocker Diss. 1910). Schlote Wirkungen des Zwangsvergleichs (Leipz. Diss. 1911), Jul. Wackenthaler Rechtliche Natur des Zwangsvergleichs (Leipz. 1912), O. Richter Rechtsnatur des Zwangsvergleichs ZHR 76 (1915), S. 112ff., Grabner Natur des Zwangsvergleichs ZZP 48 (1920) S. 198ff., W. Krusch Wesen des Vergleichs zur Abwendung des Konkurses (Beitr. z. Zivilpr. 16. Heft 1933), Siegf. Hentsch Besonderheiten des konkursabwendenden Zwangsvergleichs gegenüber dem konkursbeendenden (Leipz. Diss. 1934), Karl Kießling Wesen des Zwangsvergleichs im Konkurs (Leipz. Diss. 1935).

I. Begriff des Zwangsvergleichs

1. **Zwangsvergleich** ist der vom Konkursgericht bestätigte, nach Maßgabe 1
der §§ 173ff. zustande gekommene Vertrag des Gemeinschuldners mit

den nicht bevorrechtigten Konkursgläubigern über eine bestimmte an Stelle der Konkursverteilungen tretende Befriedigung dieser Gläubiger. Seine rechtliche Besonderheit besteht, abgesehen von der notwendigen gerichtlichen Bestätigung (§ 184 I), vor allem darin, daß zu seinem Zustandekommen die Zustimmung einer qualifizierten Gläubigermehrheit genügt (§ 182), daß aber die Vergleichswirkungen für und gegen alle nicht bevorrechtigten Konkursgläubiger eintreten (§ 193). In der gesetzlichen Zulassung des **Mehrheitszwanges** liegt das besondere Kennzeichen, das der Einrichtung den Namen gegeben hat: „Zwangsvergleich" ist der (nicht etwa durch das Gericht, sondern) durch eine Gläubigermehrheit erzwingbare Vergleich [siehe auch Anm. 4]. Der Zwangsvergleich führt nach Rechtskraft des gerichtlichen Bestätigungsbeschlusses zur Aufhebung des Konkursverfahrens (§ 190 I), ist also Konkursbeendigungsgrund. Im Hauptfall enthält der Vergleich einen Teilerlaß unter Sicherstellung der nicht erlassenen Schuld durch Vergleichsbürgen (Verwandte oder Freunde des Schuldners). Wesentlich ist aber weder jener Erlaß noch diese Sicherstellung. Namentlich kann der Vergleich auch eine bloße Stundung festsetzen. Meist ist er zugleich Erlaß- und Stundungsvertrag. Vergleiche, auf Grund deren die Gläubiger anteilsmäßig aus der durch einen Treuhänder zu verwertenden Masse befriedigt, die Restschulden aber erlassen werden (Liquidationsvergleiche), haben sich in den letzten Jahrzehnten überall eingebürgert. Näheres zu § 174. Eine gleichmäßige Befriedigung der Gläubiger gehört nicht zum wesentlichen Vergleichsinhalt, da mit Zustimmung der Zurückgesetzten ein anderes vereinbart werden kann (§ 181).

2 Der Zwangsvergleich hat sich gemeinrechtlich zu einem allgemeinen Konkursaufhebungsgrund entwickelt (siehe namentlich Fuchs Konkursverfahren 1863 S. 80ff.), nachdem ihn schon vorher einzelne italische Stadtrechte anerkannt hatten (vgl. Hellmann S. 17, 25, 35, 51, 524f.). Andererseits verwirft die Landesgesetzgebung des 18. und 19. Jahrhunderts vielfach den Mehrheitszwang (vgl. Motive II S. 391f.). Dagegen hat die PreußKO. v. 1855 im Anschluß an das französische Recht einen durch gesetzliche Mehrheiten erzwingbaren „Akkord" zugelassen (§§ 181ff.). Ihren Grundsätzen folgt das Reichsrecht (Motive II S. 401). Heute bildet der Zwangsvergleich eine von allen Kulturstaaten anerkannte Rechtseinrichtung [Anm. 29].

3 2. **Die Zweckmäßigkeit** des Zwangsvergleichs liegt auf der Hand. Die Gläubiger erhalten in aller Regel mehr (Angehörige des Schuldners oder sonstige Interessenten gewähren Zuschüsse, leisten Bürgschaft usw.) und werden rascher befriedigt als im Falle der Durchführung des Konkurses. Der Schuldner aber wird früher und unter Ersparung erheblicher Kosten und Einbußen, wie sie mit der konkursmäßigen Vermögensverwertung verknüpft sind, der freien Erwerbstätigkeit zurückgegeben (Beseitigung der Zahlungsunfähigkeit, Fortfall der Konkursschranken); vor allem erlangt er im Falle eines Erlaßvergleichs durch Teilerfüllung eine Beseitigung der Restverbindlichkeiten und damit eine abschließende Bereinigung seiner wirtschaftlichen Vergangenheit, während er bei Konkursbeendigung durch Schlußverteilung dem freien Nachforderungsrecht seiner alten Gläubiger ausgesetzt ist (§ 164 I). Er kann ferner als juristische Person in gesetzlich bestimmten Fällen (§ 215 II AktG, § 60 I Nr. 4 GmbHG) bei Bestand erhalten werden [§ 192 Anm. 4]. Die Konkursbeendigung durch Zwangsvergleich liegt im allgemeinen aber auch im Interesse der Wirtschaft: Die Verkehrsstockung, die oftmals weite Kreise des Geschäftslebens in Mitleidenschaft zieht, wird behoben, einer Schädigung anderer Betriebe durch Schleuderverkauf der Masse vorgebeugt. Freilich büßen die Gläubiger im Regelfalle des Zwangserlasses endgültig etwas von ihren Rechtsansprüchen ein. Allein dieser Teil ihrer Forderungen wäre in absehbarer Zukunft doch nicht, häufig (wie bei erlöschenden Verbandsschuldnern) niemals zu verwirklichen. Immerhin gilt es, einer Benachteiligung der Vergleichsgläubiger im allgemeinen und der überstimmbaren Minderheit im besonderen vorzubeugen. Darum hat das Gesetz eine Reihe von Schutzvorschriften aufgestellt. Namentlich kann der Vergleich nur unter den Augen des Richters abgeschlossen (§ 179) und nur mit richterlicher Genehmigung wirksam werden (§ 184).

3. Erblickt der Gesetzgeber im Zwangsvergleich in der Regel einen erwünschteren Ausgang des Konkurses als in der Ausschüttung der Masse, so muß er Sorge tragen, daß ein im gemeinsamen Interesse der Gläubiger liegender Vergleichsabschluß weder durch den unverständigen, selbstsüchtigen oder boshaften Widerspruch noch durch die Gleichgültigkeit einzelner Gläubiger vereitelt werden kann. Vgl. Motive II S. 18. Dieses rechtspolitische Ziel rechtfertigt die gesetzliche Zulassung und die nähere Ausgestaltung des Mehrheitszwanges [Anm. 1]: die Minderheit der vorrechtslosen Konkursgläubiger, d. h. die überstimmten, die nicht stimmberechtigten und die dem Konkursverfahren im allgemeinen oder der Vergleichsschließung im besonderen fernbleibenden Gläubiger werden durch den Willen der Mehrheit gebunden (§§ 182f., 193). Andererseits erscheint aber dem Gesetzgeber mit Recht der im Mehrheitszwang liegende Eingriff in die Rechte der nicht zustimmenden Gläubiger nur dann gerechtfertigt, wenn die Konkursbeendigung durch Zwangsvergleich vom Willen einer verschärften Gläubigermehrheit getragen ist (§ 182). Durch dieses Erfordernis, darüber hinaus aber auch durch weitere Schutzvorschriften [vgl. Anm. 3], soll einem Mißbrauch des Rechtsinstituts vorgebeugt werden. 4

II. Die Rechtsnatur des Zwangsvergleichs 5

Die Besonderheiten des Zwangsvergleichs: sein Abschluß im Rahmen eines gerichtlichen Verfahrens, der Mehrheitszwang [Anm. 1, 4] sowie das Erfordernis und die Wirkungen der gerichtlichen Bestätigung haben einen lebhaften Streit über seine rechtliche Natur veranlaßt, einen Streit, der keineswegs praktischer Bedeutung ermangelt [siehe z. B. unten Anm. 13ff., 26, 27, § 184 Anm. 6, § 193 Anm. 7]. Man hat geltend gemacht, ein erzwungener Vertragswille sei überhaupt kein Wille, und hat darum der Vertragstheorie eine Urteilstheorie gegenübergestellt. Zwischen den beiden gegensätzlichen Auffassungen suchen andere Lehren in verschiedener Weise zu vermitteln. In der Rechtsprechung hat sich zwar die Vertragstheorie durchgesetzt; sie wird auch heute überwiegend in der Rechtslehre vertreten [Anm. 8]. Gleichwohl kann hier an einer kritischen Prüfung der Argumente der Gegenauffassungen nicht vorübergegangen werden, da sie zu einer klareren und vertieften Erfassung des Wesens dieses eigenartigen Rechtsinstituts führt und auch für die Entscheidung von konkreten Einzelfragen von Bedeutung ist. Zum folgenden vgl. vor allem die wohlabgewogene Darstellung von Bley VerglO² § 8 Anm. 1ff.

1. Die sog. **Urteilstheorie** wurde von A. S. Schultze begründet (Konkursrecht S. 114ff., 6 auch ZHR Bd. 25 S. 350ff.). Auf ihrem Boden stehen namentlich Pasquay ZHR Bd. 66 S. 76ff., Eccius Preuß. Privatrecht I⁷ § 120 und Gruchots Beitr. Bd. 46 S. 727 sowie für das österreichische Recht vor allem Pollak bei Bartsch-Pollak, Konkurs-, Ausgleichs-, Anfechtungsordnung³ II Anm. 4 vor § 1 AusglO mit Hinweisen auf die österreichische Rechtsprechung, in welcher die dort als „Entscheidungstheorie" bezeichnete Ansicht herrschend ist. Für diese Auffassung ist charakteristisch, daß sie die gerichtliche Bestätigung als dasjenige Element ansieht, welches allein für das juristische Wesen des Zwangsvergleichs und den Eintritt seiner Wirkungen entscheidend ist, und sie gegenüber den Erklärungen der Beteiligten: dem Vergleichsvorschlag des Gemeinschuldners und den Zustimmungserklärungen der Gläubiger verselbständigt. Nach der Ansicht von Schultze (aaO. vor allem S. 120, 121, 128) und Pasquay aaO. S. 79ff. ist der Zwangsvergleich kein Vertrag, mithin auch kein Vergleich, sondern ein richterliches Urteil, „welches den Konkursanspruch unter den in ihm selbst festgesetzten Modalitäten für erledigt erkennt". Der Vergleichsvorschlag ist lediglich der auf dieses Urteil gerichtete Antrag, die Willensäußerung der Mehrheit ist „nicht Vertragswille, sondern nur Erkenntnisquelle für den Richter", Material für die zur Erlassung der Entscheidung erforderliche causae cognitio. Die Zustimmung der erforderlichen Gläubigermehrheit ist zwar Voraussetzung der gerichtlichen Bestätigung; allein selbst die einstimmige Gläubigerannahme nötigt den Richter nicht zur Bestätigung. Die Bindung der Minderheit beruht nicht auf einem ihr abgenötigten oder ihr aufgedrungenen oder bei ihr fingierten Vertragswillen, sondern auf der

gerichtlichen Entscheidung. Dem fügen Eccius und Pollak aaO. bei, der Bestätigungsbeschluß verleihe dem Vergleich eine vom Antrag des Schuldners und der Zustimmung der Gläubiger unabhängige Wirksamkeit. Daß der Schuldner (bei Schuldnermehrheit die Gesamtheit) den Vorschlag in Wahrheit gar nicht gemacht oder daß die erforderliche Mehrheit der Gläubiger nicht für den Vorschlag gestimmt habe, könne nur durch Rechtsmittel gegen den Bestätigungsbeschluß geltend gemacht werden. Ohne grundsätzliche Bedeutung ist dagegen die Kontroverse innerhalb der Vertreter der Urteilstheorie über die prozessuale Einordnung der für die Wirkungen des Zwangsvergleichs allein maßgebenden gerichtlichen Entscheidung. Eccius aaO. S. 817 sieht in ihr ein gerichtliches Judikat, in dem „das Recht des Schuldners festgestellt wird, seine Gläubiger in einer Weise, die von den Formen des Konkursverfahrens gelöst ist, zu befriedigen", während Petschek, ZentralBl. f. d. jur. Praxis 1934 S. 446f., 1936 S. 549f. ihr Gestaltungswirkung beilegt. Zur Kritik der Urteilstheorie und zur Rechtsnatur der gerichtlichen Bestätigung siehe Anm. 10f. und Bley VerglO[2] § 8 Anm. 1, 3.

7 2. Die in verschiedenen Spielarten aufgestellten **vermittelnden Theorien** haben gemeinsam, daß sie die einheitliche Rechtsnatur des Zwangsvergleichs leugnen. So erklärt Loehr aaO., die Vertragstheorie treffe nur für die Bindung der zustimmenden Gläubigermehrheit zu; die Minderheit werde nicht durch Rechtsgeschäft, sie werde aber auch nicht durch Richterspruch unterworfen, vielmehr sei insoweit der Zwangsvergleich ein Tatbestand mit besonderen gesetzlichen Folgen. Auch Fitting § 45 lehrt, der Zwangsvergleich enthalte zwei wesensverschiedene Bestandteile: er sei prozeßrechtlicher Vertrag, soweit er die Konkurserledigung anstrebe, staatlicher Machtspruch, soweit er die Gläubigerrechte neu gestalte. Oetker Konkursr. Fragen S. 30ff., Grundbegriffe I S. 223, ZZP 45 S. 512f., ZHR 66 S. 194ff., 78 S. 553ff. sieht Vergleichsvorschlag und Zustimmung der Gläubigermehrheit als übereinstimmende Willenserklärungen, aber nicht als einen Vertrag, sondern als einen noch der gleich wesentlichen Genehmigung bedürfenden Verwaltungsakt an. Nach der vor allem von Kisch, Grundriß d. deutschen Konkursrechts[13] § 54 III vertretenen „Theorie des zusammengesetzten Aktes" ist der Zwangsvergleich ein konkursrechtlicher, mithin prozessualer Tatbestand, der sich aus drei gleichwertigen, jedoch ihrer Natur nach verschiedenen Elementen zusammensetzt, dem Einverständnis des Gemeinschuldners (Vorschlag), dem Beschluß einer Gläubigermehrheit (Annahme) und der Zustimmung des Gerichts (Bestätigung); der Wirkungsgrund sei für alle Beteiligten, also auch die zustimmenden Gläubiger, dieser komplexe Tatbestand. Ähnlich de Boor-Erkel, Zwangsvollstreckung, Konkurs und Vergleich[2] § 39 VII 3. Krusch aaO. § 15 bekennt sich zwar zur Vertragstheorie, hält jedoch die Einigung, weil Vorschlag und Annahme sich in prozessualen Formen vollziehen, für einen öffentlichrechtlichen Akt und gerät ganz ins Fahrwasser der Urteilstheorie, wenn er lehrt, das Konkursgericht habe über die Neugestaltung der Gläubigerrechte in einer der inneren Rechtskraft zugänglichen Entscheidung zu erkennen.

8 3. Die **Vertragstheorie** — der Zwangsvergleich ein im Rahmen eines gerichtlichen Verfahrens und in verfahrensrechtlichen Formen abgeschlossener, genehmigungspflichtiger Vertrag des bürgerlichen Rechts — ist trotz dieser Angriffe herrschende Lehre geblieben und in der Praxis anerkannt. Zu den Anhängern zählen vor allem: Petersen-Kleinfeller S. 557f., v. Sarwey-Bossert Vorbem. S. 440, v. Völderndorff (für die lex lata) II S. 527f., v. Wilmowski-Kurlbaum Vorbem. 2 vor § 173, Bleyer KO[4] Anm. 1, Wollff KO[2] Anm. 2, Mentzel-Kuhn[7] Anm. 1, Böhle-Stamschräder[6] Anm. 1; Endemann § 91, Seuffert § 53 unter 4, Hellmann S. 644ff., Süß ZHR Bd. 91 S. 456f., Jaeger Lehrbuch S. 190f., eingehend Kießling aaO. (der im § 2 einen Überblick über die Spielarten der Vertragstheorie gibt und sie im folgenden würdigt), Baur in Schönke-Baur § 53 B I 2, Lent Zwangsvollstreckung und Konkursrecht[8] § 57 VI; Hinweise auf ältere Literatur siehe Jaeger 6./7. Aufl. Anm. 8; ferner Bley VerglO[2] § 8 Anm. 1ff., Vogels-Nölte VerglO[3] § 3 II 2. Auch Kohler Lehrbuch § 72, Leitfaden S. 279, ZZP 30 S. 554ff. betont, der Zwangsvergleich sei Vertrag, aber nicht ein zivilrechtlicher (bei einem solchen sei die Mehrheit außerstande, die Min-

derheit zu binden), sondern ein prozessualer Vertrag über die Aufhebung des Konkurses unter bestimmten Voraussetzungen und Folgen. Das Reichsgericht hat sich Bd. 77 404 mit aller Entschiedenheit auf den Boden der Vertragstheorie gestellt und in der Folgezeit an ihr festgehalten (z. B. LZ 1914 Sp. 493 Nr. 13, Bd. **92** 187, Bd. **119** 395, Bd. **122** 363, Bd. **125** 410, Bd. **127** 375, Bd. **152** 67).

Von den für diese Auffassung über die Rechtsnatur des Zwangsvergleichs sprechenden Argumenten seien die folgenden hervorgehoben:

a) Zunächst steht außer Streit, daß die Motive (II S. 390, 396) von der Vertragstheorie ausgehen, daß bei den Beratungen über die Entwürfe keine andere Ansicht laut geworden und daß auf sie die **Fassung des Gesetzes** zugeschnitten ist: ein „Zwangsvergleich" oder schlechthin ein „Vergleich" wird „geschlossen zwischen dem Gemeinschuldner und den nicht bevorrechtigten Konkursgläubigern" (§ 173); er wird „angenommen" oder „abgelehnt" durch die Gläubiger (§§ 176, 177, 182, 184 KO, vgl. § 146 BGB) und nur „bestätigt" durch das Gericht (§ 184); der „vergleichsmäßige Erlaß" ist wegen Betrugs „anfechtbar" (§ 196). Auch die Ausdrucksweise der ausländischen Gesetze weist deutlich auf den Vertragscharakter der Einrichtung hin [vgl. Anm. 30]. 9

b) Die **richterliche Mitwirkung** stellt weder der Form noch der Sache nach ein Urteil über einen prozessualen Anspruch oder eine Rechtsbehauptung dar. Sie ist, wie das Gesetz klar und unzweideutig sagt, die Bestätigung eines vom Gemeinschuldner vorgeschlagenen und von der Gläubigermehrheit angenommenen Vergleichs (§§ 184ff.). Als solche enthält sie nicht nur die Beurkundung eines Rechtsgeschäfts, sondern eine Entscheidung, die den Eintritt der Wirksamkeit des Vertrags bedingt und insofern rechtsgestaltende Kraft hat. Ihrem Begriffe nach gehört diese Entscheidung als staatliche Fürsorgetätigkeit wie die obervormundschaftliche Genehmigung (vgl. § 1822 Nr. 12 BGB) oder die „Bestätigung" eines Annahmevertrags (§§ 1741 S. 2, 1754 I S. 1 BGB) der freiwilligen Gerichtsbarkeit an; denn ihr Zweck ist Schutz der Beteiligten, namentlich der Minderheit, Verhütung von Mißbrauch und Übervorteilung (gegen Voß ZZP 33 S. 422) [vgl. auch Anm. 3, 4]. Zust. vor allem Bley aaO. Anm. 3 und Mentzel-Kuhn[7] Anm. 1, 3. An dieser Rechtsnatur der gerichtlichen Mitwirkung ändert sich auch dadurch nichts, daß das geltende Recht die Bestätigung dem Konkursgericht und damit dem Konkursverfahren zugewiesen, sie also in die Formen des Zivilprozesses eingekleidet [§ 71 Anm. 16] hat. Der Richter muß prüfen, ob der Vergleich in einer dem Gesetz entsprechenden Weise zustande gekommen ist. Bejaht er die Frage, so muß er das Übereinkommen bestätigen. Andernfalls muß er es verwerfen. Aus eigener Machtvollkommenheit darf er der Vereinbarung nichts zusetzen oder abstreichen. Nicht der Richterspruch, sondern der Parteiwille bestimmt somit den Inhalt und damit zugleich das Wesen des Zwangsvergleichs. Es ist daher unrichtig, dem Parteiübereinkommen nur den Sinn einer Beschaffung des Entscheidungsstoffes beizulegen [Anm. 6; siehe auch § 189 Anm. 6] oder von einem wirksamen Zwangsvergleich zu reden, wenn in Wahrheit ein Vergleichsvorschlag gar nicht erfolgt ist [§ 184 Anm. 5]. Die Vorstellung, daß der Bestätigungsbeschluß wie ein der inneren Rechtskraft zugängliches Urteil ein „Recht" des Schuldners zu bestimmter Befriedigung seiner Gläubiger feststelle oder die Forderungen der beteiligten Gläubiger inhaltlich umgestalte [Anm. 6], ist mit der gesetzlichen Aufgabe des Konkursgerichts unvereinbar. Nirgends wird ihm die Macht verliehen, Forderungen urteilsmäßig zuzuerkennen oder inhaltlich zu ändern. Die Bestätigung selbst ist weder der inneren Rechtskraft noch der Vollstreckbarkeit zugänglich. Nur die anderweit „festgestellten" Forderungen sind in den Grenzen des bestätigten Zwangsvergleichs gegen den Schuldner und etwaige Vergleichsbürgen vollstreckbar (§ 194). Die Vollstreckbarkeit aber ist mit der rechtsgeschäftlichen Natur des Vergleichs durchaus verträglich (§ 794 I Nr. 1, 5 ZPO). Nach alledem hat die Bestätigung des § 184 KO einen ganz anderen Sinn als die Verurteilung auf Grund des § 307 ZPO, wenngleich auch diese nach Maßgabe der Parteiwillenserklärung ergeht. Daß der rechtskräftig bestätigte Zwangsvergleich nur aus bestimmten gesetzlichen Gründen 10

(§§ 195— 197 KO) und namentlich nicht wegen Simulation oder Irrtums umgestoßen werden kann [§ 184 Anm. 4, § 196 Anm. 3], beruht auf einer durch die Verkehrsbedürfnisse gebotenen Sonderregelung: aus Gründen der Rechtssicherheit erschwert das Gesetz die Aufhebung eines Übereinkommens, das für weite Kreise bedeutsam sein kann. Dagegen spricht die Möglichkeit privater „Anfechtung des vergleichsmäßigen Erlasses wegen Betrugs" (§ 196) eindeutig für den rechtsgeschäftlichen Charakter des Zwangsvergleichs. Gegenüber einem rechtskräftigen Urteil wäre diese Art der Anfechtung undenkbar.

11 c) Auch die für das Rechtsinstitut charakteristische **Bindung der nicht zustimmenden Minderheit** an den durch Mehrheitsbeschluß und rechtskräftige gerichtliche Bestätigung wirksam zustande gekommenen Zwangsvergleich [Anm. 1, 4] steht der Vertragstheorie nicht entgegen. Diese Bindungswirkung kann nicht ausschließlich oder doch vorwiegend auf die gerichtliche Bestätigung zurückgeführt werden; denn weder hat der Richter die Befugnis, gestaltend in die Forderungsrechte der beteiligten Gläubiger einzugreifen [Anm. 10], noch kann der gesetzlichen Regelung ein Anhaltspunkt für die Annahme entnommen werden, daß die Bestätigung die fehlenden Zustimmungserklärungen der vom Vergleich betroffenen Gläubiger „ersetze" (so auch Bley aaO. Anm. 3). Andererseits kann aber auch die Bindungswirkung des § 193 S. 1 nicht mit Jaeger 6./7. Aufl. Anm. 11, Lehrbuch S. 191 Note 2 und anderen [vgl. Anm. 12] aus der allgemeinen Rechtsnatur der Beschlüsse der Gläubigerversammlung im Konkurs abgeleitet werden, die darin besteht, daß durch die (einfache oder qualifizierte) Mehrheit ein einheitlicher Wille der Gläubigergemeinschaft gebildet werde. Wenn Jaeger in der Vorauflage ausführt, daß „diese besondere Gläubigerversammlung, der engere Kreis der beteiligten Gläubiger (§ 173), bei der Abstimmung über den Vergleichsvorschlag wie die allgemeine Gläubigerversammlung bei der Abstimmung über Verwaltungsangelegenheiten die rechtssatzmäßig (§ 182 mit § 173) gewährleistete Macht" habe, „durch den Beschluß einer (hier verstärkten) Mehrheit eine alle Beteiligten bindende (§ 97) Willensentschließung kundzutun [§ 93 Anm. 1]," so wird bei dieser Argumentation der grundlegende Unterschied zwischen der „Abstimmung" über den Vergleichsvorschlag und den in §§ 94 II, 97 geregelten Beschlüssen der Gläubigerversammlung als eines Organs der Gläubigerselbstverwaltung verkannt. Wenn auch die Abstimmung über den Vergleichsvorschlag in einem Termin, also im Rahmen einer besonderen Gläubigerversammlung stattfindet, so betrifft sie doch nicht, wie die „Beschlüsse" der Gläubigerversammlung, eine reine Verwaltungsangelegenheit, sondern bezieht sich auf die an die Stelle der gesetzlichen Konkursverteilung tretende andere Art der Befriedigung der nicht bevorrechtigten Forderungen [Anm. 1], damit aber auch auf diese Forderungen selbst. Die Bindungswirkung des § 193 S. 1 ist daher nicht einfach eine Konsequenz des für Beschlüsse der Gläubigerversammlung in §§ 94 II, 97 angeordneten Mehrheitsprinzips; vielmehr mußte sie besonders ausgesprochen werden. Mit Bley aaO. Anm. 2 ist scharf zu unterscheiden zwischen dem gesetzlich besonders geregelten Vergleichsabschluß [vgl. dazu Anm. 12] und dem auf Grund dieses Vergleichsabschlusses (nach rechtskräftiger Bestätigung) zustande gekommenen Vergleich als Rechtsverhältnis. Daß die Gläubiger, welche dem Vergleich nicht zugestimmt haben, gleichwohl nach § 193 S. 1 Partner des von der Mehrheit abgeschlossenen, durch rechtskräftige gerichtliche Bestätigung wirksam gewordenen Rechtsverhältnisses werden, beruht auf der ausdrücklichen gesetzlichen Erstreckung seiner Wirkungen. So Bley aaO.; zust. Baur in Schönke-Baur[7] § 53 B I 2; Mohrbutter-Haarmann Leitfaden S. 195.

12 d) Daß zum Zustandekommen eines Rechtsgeschäftes, dessen Partner (im Sinne der Geschäftswirkungen) alle nicht bevorrechtigten Konkursgläubiger sind [Anm. 11], der gerichtlich bestätigte **Abschluß zwischen dem Gemeinschuldner und einer qualifizierten Mehrheit dieser Gläubiger** genügt, ist gleichfalls kein Hindernis, die Rechtsnatur des zustandegekommenen Zwangsvergleichs im Sinne der Vertragstheorie zu bestimmen. Allerdings beruht diese Besonderheit nicht, wie Jaeger 6./7. Aufl. Anm. 11, 12, Lehrbuch S. 191 Anm. 2 (wohl auch Mentzel-Kuhn[7] Anm. 1) annahm,

auf dem Gedanken, daß die „Interessengemeinschaft" der nicht bevorrechtigten Konkursgläubiger der Partner des Vertragsabschlusses sei, welcher auf dem Wege des § 182 eine einheitliche Willenserklärung abgebe (ähnlich Lent aaO.: „eine Art Gesamtakt der Gläubigerschaft" und neuerdings vor allem Berges KTS 1961 S. 166, der bezüglich der „Befriedigungsrechte" eine Rechtsgemeinschaft der Gläubiger annimmt, die das Gesetz mit Verfügungsberechtigung in bezug auf diese Befriedigungsrechte ausgestattet habe). Partner beim Vertragsabschluß sind vielmehr (ebenso wie beim zustandegekommenen Vertrag [dazu Anm. 11]), wie schon Kohler Lehrbuch S. 452f., 589 erkannte und neuerdings von Bley aaO. Anm. 2 hervorgehoben wird, die einzelnen vorrechtslosen Konkursgläubiger, woraus allerdings keineswegs der Schluß gezogen werden kann, der Zwangsvergleich stelle eine Vielheit von Rechtsgeschäften dar (so Heimann aaO. S. 34ff.; insoweit zutreffend Jaeger in der Vorauflage). Die Abstimmung über den Vergleichsvorschlag stellt, wie schon in Anm. 11 dargelegt wurde, keine Beschlußfassung in einer Angelegenheit der Gläubigerselbstverwaltung dar, in welcher die Interessengemeinschaft der vorrechtslosen Gläubiger durch Mehrheitsbeschluß einen einheitlichen Willen bilden könnte; denn der angebotene und angenommene Zwangsvergleich betrifft nicht nur einen besonderen Abschluß des Konkursverfahrens, sondern bestimmt die an die Stelle der Konkursverteilung tretende andere Art der Befriedigung der beteiligten Gläubiger (§ 174) [Anm. 1], bezieht sich also auf den materiellen Bestand der einzelnen Forderungen. Aus dieser besonderen Lage heraus ist mit Bley aaO. die Regelung über den Abschluß des Zwangsvergleichs dahin zu verstehen, daß kraft ausdrücklicher gesetzlicher Bestimmung zum Zustandekommen eines sämtliche nicht bevorrechtigte Konkursgläubiger als Partner einbeziehenden Rechtsverhältnisses ausnahmsweise der Abschluß des Vertrages schon durch einen bestimmten Teil dieser Partner genügt. Dies ist mit der Vertragsnatur des so zustande gekommenen Rechtsverhältnisses durchaus vereinbar und steht auch einer Erfassung dieses Rechtsverhältnisses als eines einheitlichen nicht im Wege. Daß aber das Gesetz in dieser Weise von der normalen Form des Abschlusses eines sich auf mehrere Partner erstreckenden Vertragsverhältnisses abweicht, beruht auf den in Anm. 1, 3f. dargelegten rechtspolitischen Überlegungen.

4. Die Besonderheiten des Zustandekommens [Anm. 12] und der Wirkungen des Zwangsvergleichs [Anm. 11] bereiten auch für die Beantwortung der Frage Schwierigkeiten, **ob der wirksam zustandegekommene Zwangsvergleich** als gerichtlich bestätigter Vertrag [Anm. 8ff.] **dem bürgerlichen Recht oder dem Verfahrensrecht angehört.** Keinesfalls kann seine prozessuale Natur mit der Lösung des Konkursbeschlags begründet werden (so Kohler Lehrbuch S. 453, 458) [siehe auch Anm. 8], da dieser nicht Inhalt, sondern lediglich Folge des Zwangsvergleichs ist, welche überdies erst mit der ausdrücklichen Aufhebung des Konkursverfahrens durch das Gericht eintritt (§§ 190, 192). Unmittelbarer Gegenstand des Vertrags ist die Festlegung derjenigen Schuldenbereinigung, die an die Stelle der konkursmäßigen Befriedigung treten soll [Anm. 1, 12]. Die sachrechtlichen Fragen der Stundung, des Erlasses, der Sicherung oder der anteilsmäßigen Berücksichtigung aus treuhandweise zu verwertendem Vermögen [Anm. 1] bilden den Inhalt des Vergleichs. Diesem seinem **Inhalte** nach stellt also der Zwangsvergleich einen **Tatbestand des bürgerlichen Rechtes** dar. Andererseits ist das Vergleichsverfahren ein Bestandteil des Konkursverfahrens: der Vertrag wird vor dem Konkursgericht im Vergleichstermin abgeschlossen und vom Konkursgericht bestätigt. Das Gesetz hat also sein **Zustandekommen als verfahrensrechtlichen Vorgang** geregelt; nicht nur die gerichtliche Bestätigung, sondern auch die zum Vergleichsabschluß notwendigen Erklärungen der Beteiligten sind in die Form von Prozeßhandlungen gekleidet [Anm. 15; auch Anm. 26]. Daraus kann aber nicht mit Kisch und de Boor-Erkel aaO. [Anm. 7] die rein verfahrensrechtliche Natur des Rechtsinstituts abgeleitet werden; denn für die systematische Zuordnung eines Rechtsinstituts ist vornehmlich sein Inhalt maßgebend. Daß dieser aber privatrechtlicher Natur ist, wird auch von Krusch aaO. S. 85ff. zugegeben (etwa S. 87f.: Parteierklärungen als öffentlichrechtliche Akte „zur Herstellung eines privatrechtlichen Inhalts"). Der Zwangs- 13

vergleich hat allerdings auch eine verfahrensrechtliche Wirkung: sein Zustandekommen ist verfahrensrechtliche Voraussetzung für den gerichtlichen Aufhebungsbeschluß (§ 190 I). Ob man ihn aus diesem Grunde als gemischten (prozessual-privatrechtlichen) Vertrag bestimmen soll (so Schiedermair, Vereinbarungen im Zivilprozeß, 1935, S. 186ff.), ist letztlich eine Formulierungsfrage; die verfahrensrechtliche Wirkung ist jedenfalls gegenüber der materiellrechtlichen von untergeordneter Bedeutung. Abschließend kann aus den gewonnenen Erkenntnissen gefolgert werden: lediglich die **Formen des Zustandekommens des Zwangsvergleichs** unterliegen den Vorschriften des Verfahrensrechts [darüber Näheres Anm. 15]; dagegen richten sich alle auf den **Inhalt der Erklärungen der Beteiligten und des zustandegekommenen Vertrags** bezüglichen Fragen nach den allgemeinen Vorschriften des bürgerlichen Rechtes über Rechtsgeschäfte und Willenserklärungen, wobei allerdings zu beachten ist, daß vor allem hinsichtlich der Möglichkeit der Beseitigung des Vertrages und seiner Wirkungen das allgemeine bürgerliche Recht durch die Sonderregelung der §§ 195 ff. verdrängt wird. Wie hier im wesentlichen auch Bley aaO. Anm. 6ff., Mentzel-Kuhn[7] Anm. 2, 4 und Böhle-Stamschräder[6] Anm. 1.

Aus diesem Grundsatz ergibt sich im einzelnen folgendes:

14 a) Für die Bestimmung des **Inhalts** des Zwangsvergleichs im einzelnen sind in erster Linie die in ihm getroffenen Vereinbarungen maßgebend, wie sie sich aus dem Protokoll über den Vergleichstermin [§ 179 Anm. 6] und, wenn dieses die Vergleichsbedingungen nicht vollständig enthält, aus den im Protokoll angezogenen Schriftstücken [vgl. auch § 194 Anm. 2, § 173 Anm. 22] ergeben. Die Tragweite dieser Vereinbarungen ist durch Auslegung nach den §§ 157, 133, 242 BGB zu ermitteln (ebenso Mentzel-Kuhn[7] Anm. 4; Bsp.: LG Altona KonkTreuh. 1937 S. 165). Daß die Auslegung des Zwangsvergleichs vom Revisionsgericht frei nachgeprüft werden kann, ergibt sich aus seiner alle nicht bevorrechtigten Gläubiger bindenden Wirkung (RG JurRundsch. 1931 Nr. 1513; Bley aaO. Anm. 8c). Wie für alle in Urkunden niedergelegten Verträge gilt auch für den Zwangsvergleich der beweisrechtliche Grundsatz, daß die Niederschrift den endgültigen Inhalt der getroffenen Vereinbarungen vollständig wiedergibt (RG Bd. **77** 405, **92** 189; dazu Bley aaO.). Ein stillschweigender Rechtsvorbehalt eines Beteiligten ermangelt der Rechtswirksamkeit (§ 116 Satz 1 BGB; RG Bd. **77** 405; einverständliche Sonderbegünstigung: § 181 Satz 3 KO). Ergänzend kommen die Bestimmungen des allgemeinen bürgerlichen Rechtes, vor allem diejenigen des allgemeinen Schuldrechtes über Leistungsinhalt, Leistungsmodalitäten und Leistungsstörungen (§§ 241ff., §§ 266ff., §§ 275ff. BGB) zur Anwendung (Mentzel-Kuhn[7] Anm. 4) z. B. die Regelung des Schuldnerverzugs in §§ 284ff. BGB (RG Bd. **92** 190). Zur Frage der Heilung von Mängeln siehe § 189 Anm. 5.

15 b) Andererseits ergibt sich aus der verfahrensrechtlichen Regelung des Vergleichsabschlusses [Anm. 13], daß die Erklärungen der Beteiligten im Vergleichstermin, vor allem der Vergleichsvorschlag des Gemeinschuldners und die bei der Abstimmung über die Annahme des Vorschlages abgegebenen Erklärungen der Gläubiger, der Form nach **Prozeßhandlungen** darstellen. Ebenso Bley aaO. Anm. 7, Mentzel-Kuhn[7] Anm. 2, Böhle-Stamschräder[6] Anm. 1. Daraus folgt, z. B., daß auf die Vertretung eines Gläubigers im Termin die §§ 51, 79ff. ZPO Anwendung finden, daß Mängel der Parteifähigkeit, der Prozeßfähigkeit, der gesetzlichen Vertretungsmacht von Amts wegen zu berücksichtigen sind (§ 56 ZPO), daß der Vertretene das schuldhafte Unterlassen seines Vertreters nach § 232 II ZPO (mit § 196 II KO) wie verschuldetes Selbstunterlassen gegen sich gelten lassen muß (RG LZ 1911 Sp. 557), daß wie verfahrensrechtliche Verstöße so auch sachrechtliche Mängel einer im Vergleichstermin abgegebenen Erklärung, also z. B. einerseits das Fehlen der gesetzlichen Mehrheit (§ 182), andererseits ein Willensmangel des Abstimmenden, nur in den Grenzen und in den Formen der vom Gesetze vorgesehenen Rechtsschutzmittel (§§ 184 II, 188f., 195—197, 230 II, 236) zur Berücksichtigung gelangen können (RG Bd. **57** 271, Bd. **127** 375), daß die Beurkundung allen Vorbringens im Ver-

gleichstermin (einschließlich der Abstimmung) den Vorschriften der §§ 159ff., 510a ZPO zu entsprechen hat (RG Bd. **64** 85). Wegen der Vergleichsbürgschaft im besonderen siehe noch § 179 Anm. 5. Der prozeßrechtliche Formzwang widerstreitet keineswegs der Vertragsnatur des Vergleichs. Die gerichtliche Beurkundung des Vergleichs erfüllt wie die eines Prozeßvergleichs (RG Bd. **48** 186) oder eines vor dem Vollstreckungsgericht abgeschlossenen Vergleichs (RG Bd. **165** 162) Förmlichkeiten, die sonst nach dem Inhalte des Rechtsgeschäfts (z. B. auf Grund der §§ 311, 313 mit § 128 BGB) geboten sind. Auch ist der vor dem Konkursgericht abgeschlossene und von ihm protokollierte Zwangsvergleich „gerichtlicher Vergleich" im Sinne des § 925 I S. 3 BGB; es kann somit eine im Zusammenhang mit dem Zwangsvergleich stehende Auflassung eines Grundstücks, etwa an einen Treuhänder der Gläubiger, im Vergleichstermin wirksam vorgenommen werden (so auch Staudinger-Seuffert BGB[11] § 925 Anm. 42d und offenbar auch RGR Komm. BGB[11] § 925 Anm. 46, Palandt-Hoche BGB[21] § 925 Anm. 4d).

c) Streitig ist in der Literatur, ob der als bürgerlich-rechtlicher Vertrag zu qualifizie- 16
rende Zwangsvergleich [Anm. 13] **Vergleich im Sinne des § 779 BGB** ist (so Bley aaO. Anm. 5 mit Verw., Mentzel-Kuhn[7] Anm. 4; abw. z.B. Petersen-Kleinfeller S. 558). In der Regel werden allerdings die für den typischen Vergleich des § 779 BGB aufgestellten Merkmale vorliegen, so daß der Zwangsvergleich seinen Namen mit Recht führt. Allerdings stellt der Zwangsvergleich selbst nicht etwa streitige Konkursforderungen fest [§ 194 Anm 1]. Indessen wird im § 779 II der Ungewißheit über ein Rechtsverhältnis der Fall gleichgeordnet, daß die Verwirklichung eines Anspruchs unsicher ist. Durch die Aufnahme dieser Vorschrift in das Gesetz (vgl. P. II S. 527) ist gerade der Zwangsvergleich getroffen worden. Denn er hat den Zweck, die im Verfalle des Schuldnervermögens begründete und (gegen Oetker Grundbegriffe I S. 223) auch nach dem allgemeinen Prüfungstermin keineswegs behobene Unsicherheit der Erfüllung zu beseitigen. Dem Erfordernis des gegenseitigen Nachgebens (§ 779 I) aber genügen die Gläubiger tatsächlich wohl immer, indem sie Teilerlaß oder Stundung oder beides bewilligen. Ein „Nachgeben" des Schuldners kann schon darin erblickt werden, daß er irgendwelche Sicherheit für die Verwirklichung des Anspruchs beschafft oder daß er früher zu zahlen verspricht, als die konkursmäßige Befriedigung möglich wäre. Dagegen ist es ein Irrtum, wenn Krusch aaO. S. 80ff. meint, der Schuldner gebe stets dadurch nach, daß er seiner alten Haftung eine weitere beifüge. Denn der Vergleich an sich erkennt auch nicht eine der Konkursforderungen an [§ 193 Anm. 2, § 194 Anm. 1]. Auch im Versprechen, die Gesamtheit der bestehenden vorrechtslosen Konkursforderungen vergleichsmäßig zu erfüllen, bringt der Schuldner begrifflich kein Opfer (abw. Bley aaO.). Es ist daher denkbar, daß ein Zwangsvergleich den Erfordernissen des § 779 nicht genügt. Praktische Bedeutung kommt der Einordnung des Zwangsvergleichs in den Vertragstypus des § 779 BGB nicht zu; denn selbst wenn (wie zumeist) die Tatbestandsmerkmale des § 779 BGB erfüllt sind, bleibt gegenüber rechtskräftig bestätigten Zwangsvergleichen die Geltendmachung einer Unwirksamkeit wegen Grundlageirrtums im Sinne dieser Vorschrift ausgeschlossen, weil die konkursrechtliche Sonderregelung des § 196 für eine Anwendung des § 779 BGB keinen Raum läßt [§ 196 Anm. 3]. Keinesfalls ist der Erlaßvergleich eine Abart der Schenkung, da die Beteiligten die Vergleichsvorteile als Entgelt des Erlasses anstreben [siehe auch § 32 Anm. 1].

d) Die besondere Rechtsnatur der Zustimmungserklärung zum Vergleichs- 17
vorschlag: der Form nach Prozeßhandlung [Anm. 15], die in ihrem materiellen Gehalt auf Abschluß eines bürgerlich-rechtlichen Vertrages über die an Stelle der Konkursverteilung tretende Art der Befriedigung der beteiligten Gläubiger gerichtet ist [Anm. 13], muß auch die Entscheidung der Frage bestimmen, ob für die im Vergleichstermin abzugebende Zustimmungserklärung **besondere Wirksamkeitserfordernisse** Bedeutung haben, welche das Gesetz für private Willenserklärungen entsprechenden Inhalts aufgestellt hat. So bedarf der für den Zwangsvergleich stimmende Vormund eines Konkursgläubigers, obwohl die Abstimmungs-

erklärung Prozeßhandlung ist, der Genehmigung des Vormundschaftsgerichts nach Maßgabe des § 1822 Nr. 12 BGB, da das Genehmigungserfordernis mit Rücksicht auf den materiellen Inhalt der Erklärung aufgestellt ist, daher hier die Anwendung des § 54 ZPO ausschaltet. So auch Bley aaO. § 8 Anm. 8b, § 74 Anm. 22a und jedenfalls im Ergebnis die heute herrschende Lehre: Mentzel-Kuhn[7] Anm. 4, Böhle-Stamschräder[6] Anm. 1, Erman-Hefermehl BGB[3] § 1822 Anm. 11; über abweichende ältere Ansichten vgl. die Verweisungen bei Staudinger BGB[9] § 1822 Anm. 2 S. 1498; für den Prozeßvergleich RG Bd. 56 338f. Ob der Zwangsvergleich (wie regelmäßig) ein Vergleich im Sinne des § 779 BGB ist [vgl. dazu Anm. 16], ist dabei ohne Bedeutung; denn das Genehmigungserfordernis ist mit Rücksicht auf das „Nachgeben" des durch den Vormund Vertretenen aufgestellt, das beim Zwangsvergleich auf der Seite der zustimmenden Gläubiger stets gegeben ist. Für den elterlichen Gewalthaber eines Konkursgläubigers gilt die Beschränkung des § 1822 Nr. 12 BGB nicht (§ 1643 I BGB), wohl aber für den Pfleger z. B. eines gebrechlichen oder abwesenden Gläubigers (§ 1915 BGB). Vgl. auch § 182 Anm. 3. Der gesetzliche Vertreter des Schuldners bedarf zum Vergleichsvorschlag weder als Vormund oder Pfleger noch als elterlicher Gewalthaber gerichtlicher Genehmigung. Bley aaO. § 2 Anm. 29a. Selbstverständlich ist auch für eine Abstimmungserklärung des Vormundes oder Pflegers gegen den Zwangsvergleich keine gerichtliche Genehmigung erforderlich; daß der vertretene Gläubiger gleichwohl an den gerichtlich bestätigten Zwangsvergleich gebunden ist, beruht auf der kraft Gesetzes (§ 193) eintretenden Erstreckung der Vergleichswirkungen [Anm. 11]. Desgleichen bedarf der Konkursverwalter eines selbst im Konkurs befindlichen Gläubigers zur Abstimmung für den Vergleich der Genehmigung eines etwaigen Gläubigerausschusses nach Maßgabe des § 133 Nr. 2 KO (zust. Mentzel-Kuhn[7] Anm. 4, Böhle-Stamschräder[6] Anm. 1; abw. Fitting § 45 N. 15). Die Anspruchsverwirklichung [Anm. 16] muß in einer den Betrag von 300 DM übersteigenden Höhe ungewiß sein [§§ 133, 134 Anm. 11]. Es entscheidet also weder die Höhe des Rechtsbestandes der Forderung (so für das Genehmigungserfordernis des § 1822 Nr. 12 BGB Staudinger, Erman-Hefermehl, Mentzel-Kuhn aaO.) noch die des vorgeschlagenen Erlasses. Zust. Bley aaO. § 74 Anm. 22a.

Im Falle des § 133 Nr. 2 hat das Konkursgericht, was der § 136 klarstellt, den Zustimmungsmangel nicht zu berücksichtigen. Im Falle des § 1822 Nr. 12 BGB dagegen darf die ohne die erforderliche Genehmigung des Vormundschaftsgerichts abgegebene Stimme des Vormunds nicht zugunsten des Zwangsvergleichs bei der Berechnung des § 182 in Ansatz gebracht werden (abw. z. B. v. Wilmowski-Kurlbaum § 182 Anm. 5, Seuffert § 55 N. 8). Ein Verstoß wäre Beschwerdegrund (§ 189). Die Rechtskraft der Vergleichsbestätigung würde den Mangel heilen [§ 184 Anm. 4].

III. Konkursabwendungsvergleich (Präventivakkord)

18 1. Einen Zwangsvergleich zur Verhütung des drohenden Konkurses hat das Reichsrecht erst nach langem Zögern anerkannt. Zur Rechtsentwicklung vgl. 6./7. Aufl. Anm. 15 sowie Jaeger Lehrbuch[8] § 38, Bley DJZ 1935 Sp. 391ff. Als selbständige Rechtseinrichtung regelte ihn erstmals die Vergleichsordnung v. 5. 7. 1927 (RGBl. I S. 139), die am 1. April 1935 durch die VerglO v. 26. 2. 1935 (RGBl. I S. 321, 356) abgelöst worden ist. Die Einführung des konkursabwendenden Zwangsvergleichs entsprach unabweisbaren Bedürfnissen der Wirtschaft. Er verhütet den mit Masseverkäufen notwendig verknüpften Wertverlust sowie ihre schädlichen Rückschläge auf den Verkehr und baut Kettenzusammenbrüchen vor. Er erspart die beträchtlichen Konkurskosten und eröffnet die Möglichkeit, den ehrenhaften Geschäftsmann vor dem Makel des Konkurses zu bewahren. Eigennutz, böser Wille oder Unverstand einer widerstrebenden Minderheit von Gläubigern vereiteln oft den freiwilligen Konkursabwendungsvergleich oder lassen ihn nur, behaftet mit unlauteren Sonderbegünstigungen, zustande kommen. Ein Mehrheitszwang gegenüber solchen „Akkordstörern" erscheint daher unentbehrlich. Für jede gesetzliche Regelung des konkursabwendenden Vergleichsverfahrens aber muß die Wohlfahrt der Gläubiger den Leitstern bilden. Daß das notleidende,

vielleicht verfehlt angelegte Unternehmen des Schuldners unter allen Umständen erhalten werde, darf nicht das ausschlaggebende Ziel sein. Als Segen für die Gesamtwirtschaft kann der konkursabwendende wie der konkursbeendende Zwangsvergleich sich auch dann erweisen, wenn er den entlasteten Schuldner in andere Erwerbsbahnen drängt und sich so als wirtschaftlicher Reinigungsprozeß auswirkt. Ebendarum liegt auch der leider auch vom neuesten Gesetz noch nicht genügend ausgebaute Liquidationsvergleich [Anm. 1] durchaus im Zweckbereiche der Einrichtung.

2. Das Nebeneinanderstehen von konkursabwendendem und konkursbeendendem Zwangsvergleich im heutigen deutschen Recht, wobei beide Rechtsinstitute in besonderen Verfahrensgesetzen geregelt sind, hat in der Praxis zu nicht unerheblichen Unstimmigkeiten geführt und daher die **Reform** der Regelung des konkursbeendenden Zwangsvergleichs zu einem besonders vordringlichen rechtspolitischen Anliegen werden lassen. Die Regelung des konkursbeendenden Zwangsvergleichs in der KO beruht auch heute noch im wesentlichen auf den gesetzgeberischen Überlegungen und Erfahrungen ihrer Entstehungszeit. Die Konkursnovelle von 1898 hat nur geringfügige Änderungen gebracht: Förderung des Zwangsvergleichs durch Ermöglichung einer Verbindung des Wahl-, Prüfungs- und Vergleichstermins (§§ 110, 180), Erschwerung des Vergleichsabschlusses in einzelnen Beziehungen (§§ 175 Nr. 2, 183, 187), bessere Aufklärung der Gläubiger (§ 179), ferner Änderungen der §§ 193, 198. Dagegen haben in der Regelung des konkursabwendenden Vergleichs die insolvenzrechtlichen Erfahrungen des ersten Weltkrieges, der Nachkriegszeit und der Wirtschaftskrise der dreißiger Jahre ihren Niederschlag gefunden. Dies führte zu einer erheblichen Verschiedenheit der Regelung der KO und der VerglO vor allem in bezug auf die Zulässigkeit des Zwangsvergleichs, die Anforderungen an den Vergleichsinhalt (Mindestquote), die Erfordernisse des Mehrheitszwanges und die Möglichkeiten einer Versagung der gerichtlichen Bestätigung mit dem Ergebnis, daß der konkursbeendende Zwangsvergleich unter erheblich leichteren Bedingungen erreicht werden kann wie der konkursabwendende. Mit Recht wurde seitens der Wirtschaft immer wieder darauf hingewiesen, daß die wohlüberlegten Regelungen der VerglO nicht wirksam werden könnten, solange der Schuldner die Möglichkeit habe, auf dem sehr viel leichteren Wege der KO sich zu sanieren (vgl. dazu auch Berges KTS 1960 S. 9f). Das führte zu der Forderung einer sinnvollen Anpassung der Regelung des konkursbeendenden Zwangsvergleiches an die Vorschriften der VerglO, vor allem durch Verschärfung der Voraussetzungen seiner Zulässigkeit. Dazu vor allem (mit Einzelvorschlägen) Höver ZAkDR 1938 S. 765ff., Tidow KTS 1956 S. 100ff. mit weiteren Verw., Böhle-Stamschräder KTS 1959 S. 73. Während diese Vorschläge von der Voraussetzung ausgehen, daß trotz der Einführung des Präventivakkordes auch die Möglichkeit eines konkursbeendenden Zwangsvergleichs rechtspolitisch gerechtfertigt sei, wird in der neueren Reformliteratur die „Zweispurigkeit" des deutschen Insolvenzrechtes in ihrer grundsätzlichen Berechtigung in Frage gestellt und der Gedanke verfolgt, sie (im Anschluß an ausländische Vorbilder [Anm. 29ff.]) durch ein einheitliches Insolvenzverfahren zu ersetzen, das so auszugestalten wäre, daß allen Möglichkeiten der Bereinigung eines wirtschaftlichen Zusammenbruchs Rechnung getragen werden kann, und in das dann auch die Möglichkeit der Vermeidung der Zwangsliquidation organisch einzufügen wäre. Dazu Berges KTS 1955 S. 49ff., Weber KTS 1959 S. 87f. 19

IV. Statthaftigkeit eines Zwangsvergleichs und besondere Regelungen

Die Konkursbeendigung durch einen gerichtlich bestätigten Zwangsvergleich ist heute (abgesehen von den registrierten Erwerbs- und Wirtschaftsgesellschaften des bayerischen Rechts, § 6 II S. 2 EG KO) in allen Konkursverfahren statthaft, vor allem auch seit der Neufassung des Genossenschaftsgesetzes durch Ges. v. 20. 12. 1933 (RGBl. I S. 1089) im Konkurs einer eingetragenen Genossenschaft (§ 115e GenG) und damit nach § 52 II S. 2 VAG mit § 115e GenG (vgl. auch § 49 II VAG i. d. Fassung des Ges. v. 19. 11. 1937, RGBl. I S. 1300) auch im Konkurs 20 eines Versicherungsvereins auf Gegenseitigkeit [in § 96 Anm. 3 ist daher der letzte Satz zu streichen], während bei letzterem das gerichtliche Vergleichsverfahren zur Abwendung des Konkurses nicht zugelassen ist (§ 112 VerglO). Für den Zwangsvergleich dieser juristischen Personen bestehen allerdings nicht unerhebliche Abweichungen von der allgemeinen Regelung der §§ 173ff. KO, auf die in den Anmerkungen jeweils hingewiesen ist. Siehe auch §§ 207f. Anm. 49. Besonderheiten weist die Regelung des Zwangsvergleichs auch im Konkurs der Personengesellschaften (§ 211), im Nachlaßkonkurs (§ 230), im Konkurs über das gemeinsam verwaltete Gesamtgut einer ehelichen Gütergemeinschaft (§ 236b) und über das Gesamtgut einer fortgesetzten Gütergemeinschaft (§ 236 mit § 230) auf. Insoweit wird auf die Erläuterungen zu diesen Bestimmungen verwiesen. Das Scheitern eines gerichtlichen Vergleichsverfahrens (Ablehnung seiner Eröffnung gemäß §§ 16ff. VerglO, Einstellung gemäß §§ 99ff. VerglO, Versagung der gerichtlichen Bestätigung des angenommenen Zwangsvergleichs gemäß §§ 78ff. VerglO, Konkurseröffnung im fortgesetzten Vergleichsverfahren gemäß § 96 VI VerglO) oder die Nichterfüllung eines konkursabwendenden Zwangsvergleichs nach Aufhebung des Vergleichsverfahrens (§§ 90, 91 mit § 9 VerglO) steht der Zulässigkeit des Zwangsvergleichs im Anschlußkonkurs bzw. in einem nach Aufhebung des Vergleichsverfahrens eröffneten selbständigen Konkurs nicht entgegen. Vgl. dazu auch Anm. 19.

V. Der Vergleichsvorschlag im besonderen

21 Vom Vergleichsvorschlag des Gemeinschuldners spricht das Gesetz in einem doppelten Sinn, einmal als verfahrensrechtlichem Antrag auf Einleitung des Zwangsvergleichsverfahrens, sodann als annahmefähigem Antrag auf Abschluß des Zwangsvergleichs. Da das Gesetz für den Abschluß des Zwangsvergleichs Vertragsschließung im Vergleichstermin vor dem Konkursgericht verlangt (§§ 179, 182), kann der **annahmefähige Antrag,** der gleichfalls die Natur einer Prozeßhandlung hat [Anm. 15], erst im Termin selbst vom Schuldner (oder einem Vertreter) mündlich erklärt werden (Motive II S. 412, Dresden OLG 10 S. 216f., Kohler Lehrbuch S. 453, Fitting § 47 Nr. 1, Mentzel-Kuhn[7] § 174 Anm. 4, Bley VerglO[2] § 66 Anm. 13; abw. Krusch JW 1936 S. 1157) [§ 179 Anm. 2f.]. Die Einreichung oder Protokollerklärung des „Vorschlags" [Anm. 22], die dem Termin voranzugehen hat (vgl. §§ 176—179), bedeutet daher zunächst nur den **verfahrensrechtlichen Antrag auf Einleitung des Zwangsvergleichsverfahrens,** verbunden mit der Ankündigung des im Vergleichstermin zu erklärenden annahmefähigen Antrags auf Vergleichsabschluß.

1. Der Vergleichsvorschlag [Anm. 26] muß vom **Gemeinschuldner** oder seinem Vertreter, nicht von einem Vergleichsbürgen als solchem ausgehen. Gebühr eines Rechtsanwalts: §§ 74, 77 I BRAGebO. Ist der Schuldner nicht prozeßfähig, so kann nur sein gesetzlicher Vertreter, im Konkurse des Mündels also nur der Vormund, im Konkurse einer juristischen Person nur das verfassungsgemäß berufene Organ (Vorstand, Geschäftsführer, Liquidatoren) den Vergleich vorschlagen. Wo für mehrere Vorstandsmitglieder, Geschäftsführer oder Liquidatoren einer juristischen Person Kollektivvertretung gilt — so nach der gesetzlichen Regel bei der Aktiengesellschaft (§§ 71 II 1, 210 II 1 AktG) und der Gesellschaft mit beschränkter Haftung (§§ 35 II 2, 68 I 2 GmbHG) —, muß der Vergleich durch einen Vorschlag einheitlichen Inhalts von sämtlichen Vertretern angeboten werden. Auch Gesellschafter einer offenen Handelsgesellschaft, persönlich haftende Gesellschafter einer Kommanditgesellschaft und Miterben können als Träger der Gemeinschuldnerrolle den Vergleich nur einheitlich vorschlagen, da er sonst nicht durchführbar wäre (§§ 211, 230). Abwesenheit eines einzelnen kann daher den Vorschlag vereiteln [§ 230 Anm. 10]. Desgleichen muß im Konkurs über das eheliche Gesamtgut (§ 2 II) der Vergleichsvorschlag von beiden Ehegatten ausgehen (§ 236b II). Heilbarkeit eines Mangels: § 184 Anm. 4. Vom Gericht, vom Verwalter oder von der Gläubigerseite kann nach deutschem Recht der Vorschlag nicht ausgehen, wohl aber angeregt werden.

2. Eine besondere **Form** schreibt der § 173 nicht vor. Nach allgemeiner Regel [§ 72 Anm. 3b] ist daher der Vorschlag schriftlich beim Konkursgericht einzureichen oder zu Protokoll der Geschäftsstelle zu erklären (vgl. § 178 KO). Wesentlicher Inhalt: § 174. 22

3. Die **Zulässigkeit der Abschließung eines Zwangsvergleichs** ist nach § 173 **zeitlich begrenzt** auf die Zeit zwischen der Abhaltung des allgemeinen Prüfungstermins (§ 141) und der Genehmigung der Schlußverteilung (§ 161 II). 23

a) Der „Vorschlag" des Vergleichs kann schon vor dem Prüfungstermin (vgl. auch § 133 Nr. 1), ja bereits vor Konkurseröffnung angebracht werden (was die Zulässigkeit der Verbindung des Vergleichstermins mit den stets schon „bei" Konkurseröffnung anzuberaumenden Terminen ergibt: §§ 110, 180), hat aber einstweilen nur den Sinn einer widerruflichen Ankündigung des Anerbietens [Anm. 26]. Wenn Prüfungs- und Vergleichstermin vereinigt werden (§ 180), müssen die Prüfungsverhandlungen den Vergleichsverhandlungen vorangehen, da der Vergleichsabschluß nach § 173 die „Abhaltung" der Prüfung voraussetzt. Vgl. auch § 194. Vor dem Prüfungstermin soll in der Regel jede aufschiebbare Verwertung der Masse unterbleiben (§§ 133 Nr. 1, 135 II). Abschlagsverteilungen können nach Maßgabe des § 160 ausgesetzt werden, wenn ein Vergleich vorgeschlagen ist. Alle diese Vorschriften haben den Zweck, das Zustandekommen von Zwangsvergleichen zu fördern. Vgl. jedoch § 177 II.

b) Die Zulässigkeit des Vergleichsabschlusses **endet** in dem Zeitpunkt, in dem die vom Verwalter beantragte Vornahme der Schlußverteilung nicht nur vom etwaigen Gläubigerausschuß (§ 150), sondern auch vom Konkursgericht (§ 161 II) genehmigt ist, also mit Zustellung des Genehmigungsbeschlusses an den Verwalter [§ 161 Anm. 7]. Bis dahin erkennt der § 173 dem Gemeinschuldner ein Vorschlagsrecht zu. Einen vorher angebrachten Vorschlag unbeachtet zu lassen (weil er vielleicht aussichtslos erscheint) und durch Genehmigung der Schlußverteilung die Vergleichsschließung zu vereiteln, ist daher das Konkursgericht nicht befugt. Vielmehr muß es bis zur Erledigung eines noch rechtzeitigen Vorschlags die Genehmigung der Schlußverteilung bzw. die Zustellung eines bereits erlassenen Genehmigungsbeschlusses verschieben (Petersen-Kleinfeller Anm. 2, v. Wilmowski-Kurlbaum Anm. 3, Mentzel-Kuhn[7] Anm. 6, Böhle-Stamschräder[6] Anm. 2, Richert NJW 1961 S. 2151; abw. F. Wach S. 13f., Fitting § 47 N. 2). Der verspätete Vorschlag, auf dem der Schuldner trotz einer hier angebrachten Aufforderung zur Rücknahme beharren sollte, wäre beschlußmäßig für unzulässig zu erklären. Zust. Mentzel-Kuhn[7] Anm. 6, Richert aaO. Allerdings wird ein verspätet eingereichter Vergleichsvorschlag dem Gericht in jedem Falle Anlaß zur Prüfung geben, ob es von der Möglichkeit Gebrauch machen will, die Genehmigung der Schlußverteilung zu widerrufen [§ 161 Anm. 9]. Widerruft es die Genehmigung, so ist die zeitliche Schranke für die Zulässigkeit des Vergleichsvorschlages beseitigt. Lehnt es dagegen den Widerruf ab, so ist gegen diese Entscheidung keine Beschwerdemöglichkeit gegeben [§ 161 Anm. 9]. Die beschlußmäßige Zurückweisung des verspäteten Zwangsvergleichsvorschlages unterliegt zwar an sich der sofortigen Beschwerde des Gemeinschuldners (§ 73 III), die jedoch nicht darauf gestützt werden kann, die Genehmigung der Schlußverteilung hätte widerrufen werden müssen; keinesfalls kann das Beschwerdegericht die Genehmigung widerrufen. Zutr. Richert aaO. S. 2151f. gegen die dort zitierte unveröffentlichte Entscheidung des LG Flensburg. 24

Für **eingetragene Genossenschaften** [Anm. 20] gilt eine Besonderheit. Nach § 115e I GenG können sie einen Zwangsvergleich schließen, „sobald der allgemeine Prüfungstermin abgehalten und solange nicht das Nachschußverfahren beendet ist." Da nun aber der Verwalter des Genossenschaftskonkurses die Nachschüsse erst zu berechnen hat, wenn der Vollzug der Schlußverteilung beginnt (§ 114 I GenG, § 161 KO), kann die Genossenschaft den Zwangsvergleich noch schließen, nachdem das Gericht die Vornahme der Schlußverteilung genehmigt hat. Beendet ist das Nachschußverfahren, wenn alle beitreibbaren Nachschüsse ein- 25 gegangen und aufgeteilt (§§ 115, 115a GenG) oder sichergestellt (§ 168 KO), bei Mehreingängen, wenn die Überschüsse an die Genossen zurückgezahlt sind (§ 115 III GenG). Meyer-Meulenbergh GenG[9] § 115e Anm. 3, Lang-Weidmüller GenG[27] § 115e Anm. 4. Entsprechendes gilt für den Versicherungsverein a. G. (§ 52 II S. 2 VAG mit § 115e GenG).

26 4. Vor dem Termin kann, da der Antrag erst im Termin wirksam gestellt wird, von einer **Bindung des Schuldners** entsprechend dem § 145 BGB keine Rede sein. Vielmehr steht es jedenfalls vor dem Termin, was der § 176 bestätigt, dem Schuldner frei, sein Anerbieten durch Schriftsatz oder Protokollerklärung [Anm. 22] zurückzuziehen. Er kann es auch noch mündlich im Vergleichstermin widerrufen, solange es die Gläubigerversammlung noch nicht angenommen hat (§ 182). Der Antrag wird für Schuldner und Vergleichsbürgen bindend spätestens mit der „Annahme" durch die Gläubigerversammlung, nicht erst — wie die Urteilstheorie lehrt — mit Erlassung des gerichtlichen Bestätigungsbeschlusses. Zust. Böhle-Stamschräder[6] Anm. 2, Mentzel-Kuhn[7] § 174 Anm. 4, Krusch JW 1936 S. 1157. Dem Sinne des Vorschlags wird es aber entsprechen, dessen Unwiderruflichkeit bereits mit Beginn der Abstimmung eintreten zu lassen (Bley VerglO[2] § 66 Anm. 16ff., hier auch über Eventualvorschläge Anm. 18; siehe auch § 76 VerglO).

27 5. **Stirbt** der Gemeinschuldner **vor dem Vergleichstermin,** so kommt ein annahmefähiger Antrag überhaupt nicht zustande. Für den § 153 BGB ist kein Raum. Zust. Böhle-Stamschräder[6] Anm. 2. Freilich kann der nun als Gemeinschuldner handelnde Erbe — bei einer Mehrheit von Erben deren Gesamtheit kraft einheitlicher Entschließung (§ 230 I) [Anm. 21] — auf den Vorschlag des Erblassers zurückgreifen. Allein auch hier bringt erst die mündliche Erklärung im Vergleichstermin einen annahmefähigen Antrag zustande. Zust. Mentzel-Kuhn[7] § 174 Anm. 5. Nimmt der Erbe den Vorschlag auf, wollen aber die Gläubiger ihm die Vergünstigungen nicht zugestehen, die sie dem Erblasser zugestanden hätten, so brauchen sie den Antrag nur abzulehnen. Wer ausbleibt, trägt (unbeschadet des § 188) die Gefahr. Eine erneute Begutachtung durch den Gläubigerausschuß (§ 177) ist, wenn der Erbe auf dem Vorschlag des Erblassers beharrt, zwar statthaft, vielleicht empfehlenswert, aber nicht unerläßlich [siehe § 177 Anm. 1]. Da ein Zwangsvergleich ohne persönliche Verpflichtung des Erben praktisch kaum in Frage kommt [§ 230 Anm. 15], wird der Vergleichsvorschlag des Erblassers vom Erben nur selten aufgenommen werden. Das Konkursgericht, das vom Tode des Gemeinschuldners erfährt, hat den Erben zur Erklärung aufzufordern und nötigenfalls den Vergleichstermin zu verlegen (§ 72 KO mit § 227 ZPO). Als solchen darf es den Vorschlag des Erblassers der Abstimmung nicht unterbreiten. Sollte ein nicht vom Erben (der Miterbengesamtheit) erneuter Vorschlag angenommen und der Vergleich rechtskräftig bestätigt werden, so läge der Wiederaufnahmegrund des Mangels ordnungsmäßiger Vertretung des nunmehrigen Gemeinschuldners vor [§ 184 Anm. 5]. Stirbt der ursprüngliche Gemeinschuldner erst **nach der Vergleichsannahme,** wenn auch noch vor der Bestätigung, dann bildet der Tod kein Bestätigungshindernis, weil die zum Vertrag erforderliche Willensübereinstimmung bereits bindend erklärt ist [Anm. 26]. Die vom Erblasser übernommene Vergleichsschuld stellt hier noch eine Nachlaßverbindlichkeit dar, für die der Erbe nach allgemeinen Grundsätzen (also an sich beschränkbar) haftet. Vgl. Schimmelbusch RheinA 107 (1911) S. 68ff., Josef LZ 1911 Sp. 125ff., Richter LZ 1912 Sp. 439ff. **Verliert** der Gemeinschuldner vor dem Vergleichstermin **die Prozeßfähigkeit,** dann kann nur sein gesetzlicher Vertreter den Vorschlag durch Erklärung zum annahmefähigen Antrag erheben. Unterbrochen wird das Vergleichsverfahren als Teil des Konkursverfahrens weder durch den Tod des Gemeinschuldners noch durch den Verlust der Prozeßfähigkeit [§ 214 Anm. 21].

28 6. **Vertragsgenossen** sind nach § 173: einerseits der Gemeinschuldner, andererseits die nicht bevorrechtigten Konkursgläubiger [Anm. 11f.]. Dem Konkursverwalter weist das Gesetz im Vergleichsverfahren — abgesehen von Genossenschaftskonkursen [§ 192 Anm. 8] — nur eine untergeordnete Rolle an (vgl. §§ 176, 179, 184). Die Praxis gesteht ihm einen größeren Einfluß zu [siehe z. B. § 177 Anm. 5].

Vgl. dazu Mohrbutter-Haarmann Leitfaden S. 195. Bevorrechtigte Konkursgläubiger und Massegläubiger nehmen am Vergleich nicht teil und erhalten ihre Deckung vorweg (§ 191); sie sind daher auch durch die Zurückweisung eines verspätet eingereichten Vergleichsvorschlages [Anm. 24] nicht betroffen (Richert NJW 1961 S. 2151 und die dort angeführte unveröffentlichte Entscheidung des OLG Schleswig). Auch Aus- und Absonderungsberechtigte stehen als solche dem Vergleich fern. Soweit aber der Absonderungsberechtigte als Konkursgläubiger zu befriedigen ist, also mit dem Betrage seines Verzichts oder Ausfalls (§ 64), nimmt er auch am Zwangsvergleich teil. Darüber § 193 Anm. 12ff.; wegen der Sondervorrechte ebenda Anm. 11. Erweiterung des Kreises der nicht beteiligten Gläubiger im Nachlaßkonkurs: § 230 II.

Zusatz. Fremde Rechte.*

1. Der Zwangsvergleich als Mittel, einerseits die Gläubiger außerkonkursmäßig schneller, billiger und — regelmäßig — weitergehend zu befriedigen, als dies bei Liquidation und Verteilung der Masse möglich wäre, andererseits dem Schuldner einen von Nachforderungen [vgl. § 164 Anm. 15] nicht oder weniger belasteten Neuanfang zu ermöglichen, ist heute im ausländischen Recht wohl allgemein anerkannt. Vielfach wird jedoch zwischen konkursbeendendem Vergleich (Zwangsvergleich der deutschen KO) und konkursabwendendem Vergleich (Vergleich der deutschen VerglO) nicht oder in anderer Weise als nach deutschem Recht unterschieden [vgl. unten zu 5]. Die Unterscheidung beruht wesentlich auf der für das deutsche Insolvenzrecht charakteristischen Zweispurigkeit des Verfahrens [Anm. 19], die jedoch kein notwendiges Korrelat der alternativen Zielsetzung des Insolvenzrechts (Sanierung des Schuldners oder Zwangsliquidation des Schuldnervermögens) ist. Diese Zielsetzungen lassen sich vielmehr auch in einem einheitlich gestalteten Insolvenzverfahren verwirklichen. In einem solchen Verfahren kann der Vergleich (immer ein „Zwangsvergleich", insofern Gläubiger durch Mehrheitsbeschlüsse mit gerichtlicher Bestätigung gebunden, Rechtsfolgen also „erzwungen" werden können) beide Funktionen erfüllen: Beendigung des Verfahrens und Abwendung der Zwangsliquidation. Daß dies und nicht die Beendigung oder die Abwendung eines — als nachteiliger angesehenen — besonderen Verfahrens die entscheidenden Funktionen sind, läßt sich nicht nur in rechtsvergleichender Betrachtung, sondern auch am Beispiel des deutschen Rechts zeigen: auch der „konkursabwendende" Vergleich beendet ein Verfahren (und läßt höchstens noch ein der Erleichterung und Kontrolle der Vergleichserfüllung dienendes Nachverfahren — vgl. § 96 VerglO — zu), auch der „konkursbeendende" Vergleich dient der Abwendung der Zwangsliquidation, des eigentlichen Konkurses; selbst der bestätigte „konkursabwendende" Vergleich schließt nicht aus, daß im selben Verfahren doch noch ein Konkurs, eine Zwangsliquidation, stattfindet (vgl. die Eröffnung des Konkurses nach § 96 VI VerglO; s. o. § 103 Anm. 18), selbst der bestätigte „konkursbeendende" Vergleich hindert nicht die Fortsetzung des Konkursverfahrens (vgl. die Wiederaufnahme des Konkursverfahrens nach §§ 197ff. KO). 29

Die einheitliche Gestaltung des Insolvenzverfahrens als eines Mittels der Schuldnersanierung oder der Zwangsliquidation seines Vermögens vermeidet nicht nur die verwirrende Terminologie des deutschen Rechts, sondern bietet eine ganze Reihe sachlicher Vorzüge [vgl. oben Anm. 19]. Es verdient Beachtung, daß solche Regelungen gerade in Ländern mit großer Rechtskultur und gesundem praktischen Sinn begegnen: England hat sie seit langem verwirklicht, Frankreich hat sie mit der Reform von 1955 eingeführt (vgl. Bd. I S. LXXV u. S. LXVII ff.). Dort wird auch das Verhältnis der Funktionen jedes Zwangsvergleichs klar zum Ausdruck gebracht: wesentlich ist die Abwendung der Zwangsliquidation, im übrigen hängt es von der Möglichkeit einer Beseitigung des Vergleichs und einer Fortsetzung des Verfahrens ab, ob die Abwendung nur aufschiebend oder ob sie definitiv (verfahrensbeendend) wirkt.

2. Der Zwangsvergleich wird bezeichnet [vgl. auch unten zu 4]: 30
als Zwangsausgleich in Österreich,
als Nachlaßvertrag in der Schweiz,
als Akkord in den skandinavischen Ländern und in den Niederlanden,
als Konkordat fast im ganzen romanischen Rechtskreis (Ausnahmen vor allem Spanien und Mexiko: *convenio*),
als *composition* oder *arrangement* im angelsächsischen Rechtskreis,
als συμβιβασμός in Griechenland.

***) Bearbeitet von Prof. Dr. Günther Jahr, Saarbrücken. Wegen der Literatur und der Abkürzungen wird auf Bd. I S. LXIIIff. verwiesen.**

Daneben begegnen aber auch Bezeichnungen, die nicht an die Rechtsnatur des Instituts, sondern an seine Funktion oder an Äußerlichkeiten des Verfahrens anknüpfen: so spricht etwa das Recht der USA von „Reorganisation von Körperschaften" (*corporate reorganization*) oder von einem „(Sanierungs-)Plan für Lohnempfänger" (*wage earners' plan*).

31 3. Die in Nr. 2 a. E. erwähnten Institute sind in die rechtsvergleichende Betrachtung einzubeziehen, weil sie strukturell und funktionell dem Zwangsvergleich des deutschen Rechts entsprechen. Sie dienen nicht nur wie dieser der Abwendung der Zwangsliquidation, sondern erfordern auch wie dieser die Zustimmung der Gläubiger. Wo dagegen dieses Erfordernis fehlt, kann von einem Zwangsvergleich nicht mehr gesprochen werden, auch wenn das entsprechende Institut des ausländischen Rechts wie der Zwangsvergleich der Abwendung der Zwangsliquidation dient. Dies gilt vor allem für die „besondere Verwaltung" (*osoboje uprawlenije*) des sowjetrussischen Rechts (Art. 353—362 GPK), die den Erlaß oder die Stundung von Konkursforderungen ermöglichte und die „auf Antrag der zuständigen Wirtschaftsbehörden" ohne Mitwirkung der Gläubiger angeordnet und durchgeführt werden konnte, wenn die Erhaltung des im Konkurs befindlichen Unternehmens „im Interesse des Staates" lag.

Neben der Zustimmung der Gläubiger, für die regelmäßig ein Mehrheitsbeschluß genügt, sind weiter allgemein wie nach deutschem Recht für den Zwangsvergleich wesentlich: das Erfordernis gerichtlicher Prüfung und Bestätigung sowie die Möglichkeit einer Beseitigung des Vergleichs und seiner Rechtswirkungen.

Die Rechtsnatur des Zwangsvergleichs [vgl. oben Anm. 5ff] ist auch im Ausland streitig. Ganz überwiegend wird der Vergleich als Vertrag angesehen, doch kommt der Frage fast überall keine praktische Bedeutung zu.

32 4. Der Vergleichsvorschlag muß in den meisten Rechten wie nach deutschem Recht vom Gemeinschuldner ausgehen. So vor allem in Österreich (Antrag auf Abschließung eines Zwangsausgleichs; § 140 KO), in der Schweiz (Nachlaßbegehren; §§ 160 II, 317 SchKG), in Frankreich (*propositions*; vgl. Art. 120 D. 20 mai 1955 = Art. 556 C. com.), in den Niederlanden (*ontwerp van akkoord*; Art. 138f. F. W.), in Italien (*proposta di concordato*; Art. 124 L. F.) und in England (*proposal for a composition or for a scheme of arrangement of the debtor's affairs*; §§ 16, 21, B. A.).

a) Mitunter sind neben dem Gemeinschuldner auch andere Personen vorschlagsberechtigt; so vor allem in den USA. Dort kann eine Körperschaft neben dem allgemeinen Zwangsvergleich (*arrangement*) die besondere Hilfe der *corporate reorganization* [vgl. oben zu 2 und 3] erlangen. Bei diesem Sondervergleich ist zwischen Vergleichsantrag (*petition for corporate reorganization*) und Vergleichsvorschlag (*plan of reorganization*) zu unterscheiden. Der Vergleichsantrag muß neben einer Reihe von Informationen über den Status der Körperschaft nur das Begehren einer „Reorganisation" enthalten (§§ 130, 131 B. A. = 11 USC 530, 531). Einen Sondervergleich im Konkurs können neben dem Gemeinschuldner auch Gläubiger beantragen; antragsberechtigt sind drei oder mehr Gläubiger mit Forderungen im Gesamtbetrag von mindestens $ 5000 (§§ 126, 127 B. A. = 11 USC 526, 527). Einen Vergleichsvorschlag kann, wenn ein Treuhänder (*trustee*) bestellt worden ist, nur der Treuhänder, sonst der Gemeinschuldner (die Organe der Körperschaft), jeder Gläubiger, ein vom Gericht dazu angewiesener Prüfer und — falls die Körperschaft nicht insolvent ist — jeder Anteilseigner vorlegen (§§ 169, 170 B. A. = 11 USC §§ 569, 570).

b) Eigenartig ist die Gesetzeslage in Belgien und Luxemburg. Der Gesetzestext (Art. 509ff. C. com.) sieht vor, daß der Richterkommissar unmittelbar im Anschluß an das Urteil, das über die Feststellung der Konkursforderungen entscheidet, die Gläubiger und den Gemeinschuldner zur Beschlußfassung über den Abschluß eines Vergleichs einberuft. Von einem Vorschlag des Gemeinschuldners ist in diesem Zusammenhang nicht die Rede. Es kommt zwar praktisch kaum vor, daß ein solcher Vorschlag nicht gemacht wird, aber die Einberufung ist von dem Vorliegen eines Vorschlags des Gemeinschuldners unabhängig (vgl. Frédéricq, Traité de droit commercial belge, 1949, Bd. VII Nr. 258). Insoweit wird in diesen Rechten also von Amts wegen eine Verhandlung über einen Zwangsvergleich anberaumt, die freilich — soweit nicht auch andere Gegenstände zur Beschlußfassung stehen — alsbald aufgehoben wird, wenn der Gemeinschuldner keinen Vergleichsvorschlag vorlegt (vgl. Frédéricq, aaO. Nr. 263).

33 5. Über den Zeitraum, innerhalb dessen ein Zwangsvergleich abgeschlossen werden kann, bestehen sehr unterschiedliche Regelungen. Für die Rechtsvergleichung

kommen insoweit nur die Regelungen in Betracht, die den Zwangsvergleich innerhalb eines — jedenfalls alternativ [vgl. oben zu 1] — auf Zwangsliquidation gerichteten Verfahrens zum Gegenstand haben. Zur Abgrenzung und Verdeutlichung muß dabei jedoch auch kurz auf die anderen Zwangsvergleiche eingegangen werden.

a) Österreich, das wie Deutschland zwei Insolvenzverfahren kennt, läßt im Konkurs den Vorschlag eines Zwangsausgleichs während des ganzen Laufs des Verfahrens (§ 140 I KO) zu. Der Abschluß des Vergleichs kann jedoch — wie nach deutschem Recht — nicht vor dem allgemeinen Prüfungstermin, wohl aber — anders als nach deutschem Recht — bis nach der Vollziehung der Schlußverteilung stattfinden (vgl. Bartsch-Pollak, aaO. Anm. 24 zu § 142).

b) Ähnlich wie in Österreich ist die Rechtslage in Italien. Auch dort gibt es ein — allerdings im Konkursgesetz geregeltes — besonderes Vergleichsverfahren (*procedura di concordato preventivo*; daneben besteht eine Art Vertragshilfeverfahren, die sog. *amministrazione controllata*; Art. 160—186, Art. 187—193 L. F.). Der Zwangsvergleich des Konkursverfahrens kann bis zur Beendigung des Verfahrens abgeschlossen werden, setzt jedoch die Feststellung der Konkursforderungen, schärfer: die Vollstreckbarkeit der gerichtlichen Feststellung (Art. 97 L. F.), voraus.

e) Die Schweiz kennt ebenfalls einen Nachlaßvertrag außerhalb des Konkurses, der den Konkurs ersparen soll und als besondere Maßnahme der Zwangsvollstreckung angesehen wird, für die eigene „Nachlaßbehörden" zuständig sind (in vielen Kantonen sind diese zugleich Konkursaufsichtsbehörden; vgl. Bd. I S. LXV). Daneben gibt es einen „Nachlaßvertrag im Konkurs", der materiell- und verfahrensrechtlich weitgehend wie der „ordentliche Nachlaßvertrag" behandelt wird; insbesondere sind die „Nachlaßbehörden" auch für diese Zwangsvergleiche zuständig. Die Verhandlung über den Vorschlag findet frühestens in der zweiten Gläubigerversammlung statt (Art. 317 SchKG). Vorschriften über den spätest zulässigen Zeitpunkt fehlen; es muß daher angenommen werden, daß der „Nachlaßvertrag im Konkurs", dessen Bestätigung zum „Widerruf des Konkurses" führt, bis zur förmlichen Beendigung des Konkursverfahrens abgeschlossen werden kann.

d) Frankreich hat in der Reform von 1955 praktisch ein einheitliches Insolvenzrecht und ein einheitliches Verfahren geschaffen [vgl. Bd. I S. LXVIIff.]. *Règlement judiciaire* und *faillite* entsprechen nicht dem Vergleichs- und dem Konkursverfahren des deutschen Rechts, sondern unterscheiden sich, von den besonderen Funktionen der *faillite* [vgl. Bd. I aaO.] abgesehen, nur darin, daß die *faillite* von vornherein keinen Zwangsvergleich zuläßt, also nur auf Zwangsliquidation gerichtet ist, während das *règlement judiciaire* einen Zwangsvergleich ermöglicht, aber doch auch — mit oder ohne *conversion en faillite* — zur Zwangsliquidation führen kann. Die Verhandlung über den Vergleichsvorschlag im *règlement judiciare* ist binnen 3 Tagen nach Feststellung der Konkursforderungen bzw. nach Entscheidung über die Feststellung einzuberufen (Art. 117 D. 20 mai 1955 = Art. 553 C. com.). Eine spätere Verhandlung ist nur ausnahmsweise, vor allem bei neuen Vorschlägen nach Verwerfung des ersten möglich; sie muß jedoch spätestens 2 Wochen nach der ersten Verhandlung stattfinden (vgl. Houin, aaO. Nr. 2454—2470). Diese knappe Bemessung des Zeitraumes für den Abschluß des Zwangsvergleichs beruht darauf, daß nach französischem Recht in der *phase préparatoire* [vgl. Bd. I aaO.] nur eilbedürftige und sichernde Verwaltungsmaßnahmen zulässig sind, während alles weitere der *phase de liquidation* vorbehalten ist; die Entscheidung darüber, ob das Verfahren, weil ein Vergleich nicht zustandekommt, in das Liquidationsstadium (das französische Recht spricht auch vom *état d'union des créanciers*; vgl. Bd. I S. LXIX) zu überführen ist, kann daher nicht allzulange aufgeschoben werden.

e) Dem Vorbild des — in der Behandlung der Fristen nicht wesentlich geänderten —französischen Rechts folgen vor allem Belgien und Luxemburg [vgl. oben zu 4 a. E.].

f) Auch die Niederlande bringen den Zwangsvergleich in Zusammenhang mit einer Gliederung des Verfahrens in bestimmte Abschnitte und lassen ihn nur bis zu einem sehr frühen Zeitpunkt zu. Wird vom Schuldner nicht spätestens im allgemeinen Prüfungstermin ein Vergleich vorgeschlagen oder kommt ein Vergleich nicht zustande, so tritt ohne weiteres „der Zustand der Insolvenz" (*staat van insolventie*) ein (Art. 173 F. W.). Damit tritt das Verfahren, ähnlich wie nach der Bankrotterklärung des englischen Rechts oder wie mit der *ouverture de l'union des créanciers* des französischen Rechts, in das Stadium der Liquidation (*vereffening*; vgl. die Überschrift vor Art. 173 F. W.).

g) In England kommen die verschiedenen möglichen Funktionen jedes Zwangsvergleichs vielleicht am klarsten zum Ausdruck. Die Zweiteilung des Verfahrens, das immer mit der Anordnung einer amtlichen Sequestration (*official receivership*) beginnt und erst mit der Bankrotterklärung (*adjudication of bankruptcy*) in das Stadium der Zwangsliquidation übergeleitet wird, steht nicht wie in Frankreich mit der Zulässigkeit eines Zwangsvergleichs im Zusammenhang. Ein solcher Vergleich (*composition or scheme of arrangement*) setzt zwar immer die Anordnung einer amtlichen Sequestration (*receiving order*) voraus, er kann aber nicht nur vor der Bankrotterklärung, sondern auch danach abgeschlossen werden (§§ 16, 21 B. A.). Im ersten Fall wendet der Vergleich die Bankrotterklärung ab, entspricht er also im wesentlichen dem Vergleich der deutschen VerglO, im zweiten Fall führt er zur Aufhebung des Konkurses (*annulling the bankruptcy*), entspricht er also im wesentlichen dem Zwangsvergleich der deutschen KO. Das Gericht kann in jedem Fall, wenn der Vergleich nicht fristgerecht erfüllt wird oder wenn seine Ausführung „nach Ansicht des Gerichts Ungerechtigkeiten und ungerechtfertigte Verzögerungen" mit sich brächte oder wenn die gerichtliche Bestätigung erschlichen wurde, den Vergleich „annullieren". Das hat zur Folge, daß das Konkursverfahren durch — erstmalige oder neuerliche — Bankrotterklärung fortgesetzt wird, wozu es im ersten Fall (Vergleich vor Bankrotterklärung) keiner neuen *receiving order* bedarf. Der Vergleich wirkt hier also — ähnlich wie nach deutschem Recht im Falle des § 96 VerglO [vgl. oben zu 1] — nur bedingt „konkursabwendend", im zweiten Fall (Vergleich nach Bankrotterklärung) nur bedingt „konkursbeendend". Ein Endtermin ist im zweiten Fall nicht bestimmt, der Zwangsvergleich kann vielmehr bis zur förmlichen Beendigung des Verfahrens (*at any time after the adjudication*) abgeschlossen werden.

h) Die USA, die die englische Zweiteilung des Verfahrens nicht kennen [vgl. § 106 Anm. 16], lassen einen Zwangsvergleich (*arrangement*; dasselbe gilt für die *corporate reorganization*) auch zu, wenn ein Konkursverfahren (*bankruptcy proceeding*) nicht anhängig ist (§§ 322, 126, 128 B. A. = 11 USC §§ 722, 526, 528). Die so eingeleiteten Verfahren gehören aber doch dem Konkursrecht an, sind im Konkursgesetz geregelt und unterscheiden sich — insbesondere in bezug auf die Zuständigkeit und Befugnisse der Gerichte — nicht wesentlich vom eigentlichen Konkursverfahren. *Arrangement* und *corporate reorganization* sind aber auch im eigentlichen Konkursverfahren vor oder nach Bankrotterklärung möglich (§§ 321, 127 B. A. = 11 USC §§ 721, 527). Das Gesetz regelt das „Vergleichsverfahren" für alle Fälle gleich, was den Anschein erweckt, als ob im zweiten Fall, bei Vorschlag eines Zwangsvergleichs im eigentlichen Konkursverfahren, ein besonderes Verfahren eingeleitet würde. Daran ist soviel richtig, daß im Regelfall (*arrangement*) das eigentliche Konkursverfahren trotz Vorliegen eines Vergleichsvorschlags fortgesetzt werden kann, sofern das Gericht keine Aussetzung anordnet (§ 325 B.A. = 11 USC § 725), während das Konkursverfahren im Sonderfall des Zwangsvergleichs für kleine Lohnempfänger (*wage earner's plan*) kraft Gesetzes unterbrochen wird (§ 625 B. A. = 11 USC § 1025). Umgekehrt aber bilden Konkursverfahren und das in ihm beantragte Verfahren der *corporate reorganization* eine Einheit (vgl. die Entscheidung im 11 USCA § 527 Anm. 3: *the result is certainly meant to be an organic whole*). Weiter fungieren im Regelfall die im Konkursverfahren bestellten Organe (Treuhänder, Gläubigerausschuß) ohne weiteres als solche auch im „Vergleichsverfahren" (§§ 332, 338 B. A. = 11 USC §§ 732, 738). Schließlich führt das Zustandekommen des Vergleichs zur Einstellung nicht nur des Vergleichsverfahrens, sondern auch des Konkursverfahrens (das Gesetz spricht einfach von der „Einstellung der Sache" — *dismissal of the case* — § 367 B. A. = 11 USC § 767). Nach alledem besteht zwischen der Vorstellung, in diesen Fällen finde ein mit dem Konkursverfahren eng zusammenhängendes besonderes Verfahren statt, und der Auffassung, es handele sich nur um einen besonders geregelten Abschnitt des Konkursverfahrens, im Ergebnis kein Unterschied. Die erörterten Rechtsinstitute des Rechts der USA sind also sowohl mit den „konkursabwendenden" Sonderverfahren, als auch mit dem konkursrechtlichen Zwangsvergleich anderer Rechtsordnungen vergleichbar.

6. Zum Inhalt des Zwangsvergleichs vgl. Anm. 11—13 zu § 174.

§ 174

Der Vergleichsvorschlag muß angeben, in welcher Weise die Befriedigung der Gläubiger erfolgen, sowie ob und in welcher Art eine Sicherstellung derselben bewirkt werden soll.

Materialien: Motive I Bd. 2 S. 147ff., Motive II S. 406ff., Protokolle S. 111, 183, 214.

Inhalt des Vergleichsvorschlages

I. Erfordernis der Bestimmtheit

Der Vergleichsvorschlag muß einen bestimmten und klaren Inhalt haben, um 1
als Grundlage für das Vergleichsverfahren und die Konkursaufhebung dienen zu können (siehe Motive II S. 407f.). Er muß nach § 174 angeben, wie die Gläubiger befriedigt, ob und wie sie sichergestellt werden sollen. Das Erfordernis der Bestimmtheit gilt sowohl für den Vergleichsvorschlag, der mit dem Antrag auf Einleitung des Vergleichsverfahrens zu verbinden ist, wie für den im Vergleichstermin mündlich zu stellenden annahmefähigen Antrag auf Abschluß des Zwangsvergleichs [vgl. dazu § 173 Anm. 21]. Der Zwangsvergleich hat nach der Fassung des Gesetzes begriffsnotwendig nur die Befriedigung, nicht auch eine Sicherstellung der Gläubiger zu regeln. Ein bedingter Vorschlag ist (gegen Seuffert S. 414f.) nicht schlechthin wegen Unbestimmtheit unzulässig. Die Bedingung kann sich noch vor dem Vergleichstermin erledigen. Zust. Böhle-Stamschräder[6] Anm. 1. Über Fälle bedingter Annahme siehe § 184 Anm. 6, § 190 Anm. 6, § 194 Anm. 5, § 195 Anm. 1. Dagegen würde die Begrenzung der Haftung des Schuldners auf einen festbestimmten Höchstbetrag („ich biete meinen nicht bevorrechtigten Konkursgläubigern 30 v. H., aber keinesfalls mehr als insgesamt 100000 DM") den Vorschlag unausführbar und deshalb unannehmbar machen. Denn mit Rücksicht auf die Möglichkeit nachträglichen Auftretens neuer, notwendig gleichberechtigter Gläubiger (§§ 181, 193) und nachträglicher Feststellung zunächst bestrittener Forderungen wäre das Guthaben des Einzelnen nicht mit Sicherheit abzugrenzen. Vgl. Hüppner ZZP 11 S. 87. Daß mit der Hauptschuld Zinsen erlassen werden sollen, empfiehlt sich ausdrücklich zu bestimmen, da eine dem § 83 II VerglO entsprechende Auslegungsvorschrift fehlt [§ 193 Anm. 9]. Ein alternatives Anerbieten (entweder 30 v. H. binnen eines Jahres oder 40 v. H. binnen drei Jahren) ist mit dem Gebote der Bestimmtheit des Vorschlags nicht verträglich, sei es, daß dem einzelnen Gläubiger innerhalb einer Frist die Wahl bleibt oder daß jeder Abstimmende sie schon im Vergleichstermin ausüben muß (abw. Bergmann KonkTreuh. 1933 S. 3f.; wie hier Mentzel-Kuhn[7] Anm. 1, Böhle-Stamschräder[6] Anm. 1). Wie sollten im zweiten Fall überstimmte und fernbleibende Gläubiger zu behandeln sein? Zulässig kann dagegen ein eventuelles Anerbieten sein, auf das zunächst der Erstvorschlag und nur bei dessen Ablehnung der Zweitvorschlag zur Abstimmung im selben Termin gelangt (Bley VerglO[2] § 66 Anm. 19; zust. auch Mentzel-Kuhn[7] Anm. 1 und Böhle-Stamschräder[6] Anm. 1; abw. Schumann KonkTreuh. 1941 S. 51ff.). Zur Koppelung von Quoten- und Liquidationsvergleich vgl. Anm. 4.

II. Befriedigung

Wesentlicher Inhalt des Vorschlags und damit des Zwangsvergleichs ist eine 2
bestimmte Angabe über Höhe, Art und Zeit der an Stelle der konkursmäßigen Masseaufteilung tretenden Befriedigung der vorrechtslosen Konkursgläubiger. Einen Vorschlag, der diesem Erfordernisse nicht genügt, hat das Konkursgericht (angemessenerweise nach Anheimgabe der Verbesserung oder Zurücknahme) von Amts wegen als unzulässig zurückzuweisen. Zust. Mentzel-Kuhn[7] Anm. 3. Der Beschluß ist dem Gemeinschuldner zuzustellen und kann von ihm nach § 73 III angefochten werden. Auch die unmittelbare Einreichung eines neuen Vorschlags steht dem Schuldner frei. Dagegen ist Tidow KTS 1956 S. 101 der Auffassung, daß dem Gesetz nicht mit Sicherheit entnommen werden könne, daß es die Nennung fester Daten für die Leistung der einzelnen Raten und der Gesamtquote verlange, und schlägt daher eine ausdrückliche Regelung dieses Inhalts vor. Wie hier auch Böhle-Stamschräder[6] Anm. 1.

1. Die Befriedigung wird, da der Zwangserlaß die Regel bildet [§ 173 Anm. 1], ge- 3
wöhnlich nach Prozenten (Bruchteilen) der Forderung versprochen (**„Quotenvergleich"**). Doch ist ein Erlaß nicht wesentlich. Auch eine bloße **Stundung** kann vorgeschlagen werden. Meist **verbinden** sich Stundung und Erlaß derart, daß ein Bruch-

teil der Schulden erlassen, für den Rest aber eine durch Vergleichsbürgen gesicherte [Anm. 8] Ratenzahlung oder betagte Einheitszahlung festgelegt wird. Muster bei Schrader-Bauer Hdb.[2] F III 135 S. 122f., Mohrbutter-Haarmann Leitfaden S. 287. Eine ungleichmäßige Berücksichtigung der Gläubiger (wie etwa die Vollbefriedigung von Kleingläubigern) ist beim Vergleichsschluß im Konkurse nur mit ausdrücklicher und freiwilliger Einwilligung aller Zurückgesetzten erlaubt (§ 181 KO, anders § 8 VerglO). Ein Vorschlag des Inhalts „außer den in der Masse liegenden 5 v. H. biete ich weitere 5 v. H." würde Höhe und Art der Befriedigung nicht mit hinreichender Bestimmtheit bezeichnen und, was die unangemeldeten Forderungen betrifft, eine dem § 181 widerstreitende Auslegung zulassen (vgl. LG Köln LZ 1910 Sp. 799). Der Schuldner muß bei solcher Sachlage fest 10 v. H. bieten unter näherer Angabe der Zahlungsart. Auf Zahlung in barem Geld braucht der Vorschlag nicht zu lauten (zust. Mohrbutter-Haarmann Leitfaden S. 196; anders für die Mindestsätze der § 7 III VerglO; für Angleichung der KO an diese Regelung Tidow KTS 1956 S. 101). Als Befriedigungsmittel können etwa auch Schuldverschreibungen (z. B. Pfandbriefe) und Anteilsrechte (z. B. Aktien) angeboten werden. Nicht selten wird bei Erlaßvergleichen eine sogenannte Besserungsklausel in den Vergleichsvorschlag aufgenommen d. h. der Schuldner bietet an, über die angebotene Quote hinaus Zahlungen an die Konkursgläubiger zu leisten für den Fall, daß sich seine wirtschaftliche Situation „bessert". Auch insoweit unterliegt dann der Vergleichsvorschlag dem Erfordernis der Gleichbehandlung und der Bestimmtheit; es ist also notwendig, daß der Vergleichsvorschlag angibt, unter welchen Voraussetzungen und in welcher Höhe die Nachzahlungspflicht eintreten soll. Dabei empfiehlt es sich vorzusehen, daß über den Eintritt der Voraussetzungen und die Höhe der Nachzahlungspflicht ein Schiedsgutachter zu entscheiden hat. Vgl. dazu die eingehende Darstellung von Bley VerglO[2] § 82 Anm. 23ff. mit Verw.; ferner Mentzel-Kuhn[7] Anm. 1, Böhle-Stamschräder[6] Anm. 1, Jaeger Lehrbuch[8] S. 196, Baur bei Schönke-Baur[7] § 53 II 1c, Mohrbutter-Haarmann Leitfaden S. 196; siehe auch § 154 Anm. 3. Da eine dem § 9 I VerglO entsprechende, die Erfüllung des Zwangsvergleichs sichernde Regelung im Konkurs fehlt (§ 195 KO), wird häufig in den Vergleichsvorschlag auch eine kassatorische Klausel aufgenommen, wonach unter bestimmten Voraussetzungen Erlaß bzw. Stundung in Wegfall kommen sollen. Vgl. dazu Mohrbutter-Haarmann aaO. S. 196, Tidow KTS 1956 S. 103, sowie die Muster bei Schrader-Bauer und Mohrbutter-Haarmann aaO.; vgl. § 195 Anm. 1. Auch für solche Klauseln, die einen Bestandteil des Vergleichsvorschlages bilden, sind die Erfordernisse der Gleichbehandlung und der Bestimmtheit zu beachten. Eine besondere, über die Wiederauflebensklausel des § 9 VerglO noch hinausgehende Regelung besteht für eingetragene Genossenschaften (§ 115e II Nr. 6 GenG) und für Versicherungsvereine a. G. (§ 52 II VAG mit § 115e II Nr. 6 GenG). Hier ist der Zwangsvergleich als solcher kraft Gesetzes auflösend bedingt durch seine ordnungsmäßige Erfüllung. Näheres: § 195 Anm. 3.

4 2. Nach den Motiven II S. 406 „kann die Befriedigung der Gläubiger auch durch eine außergerichtliche Liquidation der Masse, mit oder ohne Zuziehung von Vertretern der Gläubiger bewirkt werden". Solche **„Liquidationsvergleiche"**, in denen „der Schuldner den nicht bevorrechtigten Konkursgläubigern sein Vermögen ganz oder teilweise zur Verwertung mit der Abrede überläßt, daß der nicht durch die Verwertung gedeckte Teil der Forderungen erlassen werden soll", spielen im Konkursabwendungsverfahren, zumal nach ihrer gesetzlichen Regelung durch §§ 7 IV, 9 III VerglO, eine größere Rolle als im Konkursverfahren (vgl. dazu auch Tidow KTS 1956 S. 101). Jedenfalls liegt in dieser Regelung die gesetzliche Anerkennung dieser Vergleichsart auch für den Konkurs im Einklang mit der Rechtslehre (Jaeger JW 1918 S. 287ff., DJZ 1927 Sp. 1317, KonkTreuh. 1927 S. 161ff., Emmerich Sanierung I (1930) S. 134ff. u. a.) und Rechtsprechung (z. B. RG Bd. 89 131). Der Liquidationsvergleich hat gegenüber der konkursmäßigen Liquidation für den Gemeinschuldner den Vorteil, daß er nach Konkursbeendigung dem Gläubigerzugriff in Höhe der erlassenen Forderungsbeträge nicht ausgesetzt ist (§ 193

im Gegensatz zu § 164 I). Außerdem gilt im Konkurs nicht das Erfordernis der Erreichung einer bestimmten Mindestquote [§ 173 Anm. 19, § 187 Anm. 1]. Das Gebot der Gleichbehandlung aller beteiligten Gläubiger (§ 181) wird dadurch nicht verletzt, daß Nachzügler, die trotz der Öffentlichkeit des Vergleichsverfahrens (§ 179) die Verfolgung ihrer Ansprüche nicht rechtzeitig betrieben haben, leer ausgehen. Gegen solche Einbuße bietet ihnen auch die Durchführung des Konkurses keinen Schutz [§ 155 Anm. 5 mit Verw.]. Zusage fester Quoten verträgt auch der Liquidationsvergleich. Insoweit ist eine Verbindung von Liquidationsvergleich und Quotenvergleich nicht zu beanstanden; der Gemeinschuldner bietet in solchen Fällen einen modifizierten Liquidationsvergleich an, d. h. die Forderungen sollen, falls sich bei der Liquidation nicht die angebotene Quote ergibt, nur in dem diese Quote übersteigenden Betrag erlassen sein (vgl. RG KonkTreuh. 1934 S. 56 Nr. 3, Mentzel-Kuhn[7] Anm. 1). Damit wird lediglich eine der Regelung des § 7 IV VerglO entsprechende Vereinbarung in den Zwangsvergleich aufgenommen. Dagegen ist eine Koppelung von Quoten- und Liquidationsvergleich in der Form nicht zulässig, daß bei Nichterfüllung der zugesagten Quote innerhalb bestimmter Zeit die Liquidation des Schuldvermögens durchgeführt werden und der bei der Liquidation auf die Forderungen entfallende Tilgungsbetrag an die Stelle der zugesagten Quote treten soll (so für das Vergleichsverfahren Bley VerglO[2] § 9 Anm. 8b, Künne KTS 1958 S. 72ff. mit weiteren Verw.; für Zulässigkeit: Skrotzki KTS 1958 S. 39ff.; de lege ferenda auch Goldmann KTS 1962 S. 98). Zwar bestehen im Konkurs die sich aus der Mindestquotenregelung der §§ 7, 9 IV VerglO ergebenden Schwierigkeiten nicht. Gleichwohl fehlt auch hier einem derartigen Vergleichsvorschlag die erforderliche Bestimmtheit; denn es kann im Zeitpunkt der Vergleichsbestätigung nicht gesagt werden, ob die vergleichsbeteiligten Forderungen in Höhe des die angebotene Quote oder in Höhe des den Liquidationserlös übersteigenden Betrages erlassen sein sollen. Auch in den Liquidationsvergleich kann eine „Besserungsklausel" [Anm. 3] aufgenommen werden.

Der Liquidationsvergleich weist verschiedene Gestaltungen auf. Am häufigsten erscheint er in Form der **Treuhand,** die freilich nicht nur zu Zwecken der Liquidation des Unternehmens, sondern auch als bloße Sicherung des Vergleichs vorkommt (Emmerich aaO. S. 143ff., Bley aaO. § 3 Anm. 10, Siebert, das rechtsgeschäftl. Treuhandverhältnis, 1933, S. 381ff., Müller ZHR 100, 1934, S. 89ff.) [vgl. dazu auch Anm. 7, 9]. Beim Treuhand-Liquidationsvergleich hat der Treuhänder mitunter nur die vom Schuldner zu betreibende Verwertung (Ausbeutung) und Verteilung zu überwachen; meist wird er selbst mit diesen Aufgaben betraut, sei es im Sinne bloßer Ermächtigung (so im Falle RG Bd. **89** 131; vgl. auch das Muster bei Schrader-Bauer Hdb.[2] F III 141 S. 124) oder als echter Treuhänder, dem die Befriedigungsmasse (d. h. die Summe aller einzelnen Befriedigungsgegenstände) dem Rechte nach übertragen wird. Jedenfalls verlangt das Gebot des § 174, daß Vorschlag und Zwangsvergleich auch die Treuhandbefriedigung persönlich und gegenständlich genau bestimmen (Bley aaO. § 92 Anm. 19 unter a). Zum Zwecke der Ausführung des Zwangsvergleichs schließt der Schuldner mit dem Treuhänder einen Geschäftsbesorgungsvertrag, meist als Vertrag zugunsten Dritter (der Vergleichsgläubiger) ab, in dem auch die Frage der Entlohnung des Treuhänders zu regeln ist. Im Zweifel wird es dem Willen der Vertragsgenossen entsprechen, daß Vergütung und Auslagen des Treuhänders vorweg aus dem Erlöse zu decken sind. Zum Treuhandvertrag vgl. § 23 Anm. 8, § 192 Anm. 6, ferner Bley aaO. § 92 Anm. 19ff. Als Bestandteil des Zwangsvergleichs braucht der Treuhandvertrag nicht geschlossen zu werden. Beide Verträge hängen aber ihrem Zwecke nach so eng zusammen, daß ihre Wirksamkeit ausdrücklich oder auch stillschweigend auf ein und dieselbe Bedingung abgestellt werden kann (zust. RG Bd. **145** 253). Zur Ausführung des Treuhandliquidationsvergleiches sind, wenn der Treuhänder nicht lediglich die Durchführung der Liquidation zu überwachen hat, weiterhin auf Grund des Treuhandvertrages noch die erforderlichen Verfügungen vorzunehmen (Erteilung der Ermächtigung bzw. Übertragung der Befriedigungsgegenstände dem Rechte nach) [§ 192 Anm. 6].

5 **3.** Die Verkehrsbedürfnisse haben weiterhin zu Zwangsvergleichen gedrängt, auf Grund deren die **Vergleichsgläubiger gesellschaftlich am Schuldnerunternehmen zu beteiligen,** ihre Forderungen also in Mitgliedschaftsrechte überzuleiten sind. Zu diesem Zwecke kann der Zwangsvergleich die Gründung einer „Sanierungsgesellschaft" im Gefolge haben, etwa einer Aktiengesellschaft oder einer Gesellschaft mit beschränkter Haftung, deren Mitglieder die Vergleichsgläubiger werden (sog. **Sanierungsvergleich**). Dabei kann dem Schuldner das Recht eingeräumt werden, wenn die in Aussicht genommene Befriedigung erzielt ist, selber die Anteile zu erwerben. Auch diese Regelung stößt auf manche Schwierigkeiten. Auch wird dieser Vergleichsform bei den Bemühungen um eine Konkursabwendung größere Bedeutung zukommen als im Konkurs. Ist einmal Konkurs eröffnet, so wird für die Konkursbeendigung durch Sanierungsvergleich kaum mehr eine praktische Möglichkeit bestehen; immerhin ist es denkbar, daß Bemühungen in dieser Richtung den Konkurs zwar nicht abwenden konnten, aber nach Konkurseröffnung noch zum Erfolge führen. Da im konkursrechtlichen Zwangsvergleich die Quoten nicht in bar geboten werden müssen (anders für die Mindestquoten des konkursabwendenden Vergleichs nach § 7 III VerglO) [Anm. 3], bestehen jedenfalls keine grundsätzlichen Bedenken gegen diese Form des Zwangsvergleichs. Zum Sanierungsvergleich eingehend Samolewitz in „Recht u. Handel" 1927 S. 623ff., VerglO[3] (1933) § 5 Anm. 9 mit Muster 18 (S. 199ff.); siehe ferner Püschmann KonkTreuh. 1931 S. 113, Levy ebenda 1932 S. 31, Bley VerglO[2] § 3 Anm. 11, Spengler KTS 1955 S. 25ff.; ausländisches Recht: Anm. 11 unter 1b.

6 **4.** Zwangsvergleiche des Inhaltes, daß der Schuldner **sein Vermögen den Gläubigern überläßt** mit der Folge, daß die Forderungen gegen den Schuldner bereits mit der Vermögenspreisgabe erlöschen, die **an Erfüllungs Statt** erfolgt (§ 364 I BGB), spielen in unserem Rechtsleben keine Rolle (in diesem Sinne konnte allenfalls der dem Beschlusse des KG ZZP 52 S. 228f. zugrunde liegende Vergleich im Geschäftsaufsichtsverfahren verstanden werden; anders Emmerich dort S. 229: Liquidationsvergleich). Dies dürfte nicht nur darauf zurückzuführen sein, daß neben der Möglichkeit einer konkursmäßigen Veräußerung des Unternehmens (§ 134 Nr. 1), eines normalen Liquidationsvergleichs [Anm. 4] sowie eines Sanierungsvergleichs [Anm. 5] für diese Art der Vermögenspreisgabe kein Bedürfnis besteht, sondern auch auf rechtliche Bedenken und Schwierigkeiten. Solche Bedenken bestehen vor allem für eine mit Tilgungswirkung ausgestattete Vermögensübertragung auf „die Gläubiger", die dann außergerichtlich die Rechtsgemeinschaft an den Vermögensgegenständen auseinanderzusetzen hätten (für zulässig gehalten von Kohler Lehrbuch S. 470ff., Leitfaden S. 285, 287f., Seuffert S. 413f.). Sind damit lediglich die am Konkursverfahren teilnehmenden Gläubiger gemeint, so verstößt der Vergleich gegen § 181, da dann nur diese Gläubiger, nicht aber die unbekannten, dem Konkurs ferngebliebenen eine Befriedigung erhalten. Bei einer Übertragung an alle vergleichsbetroffenen Gläubiger gewährt der Vergleich zwar allen Gläubigern gleiche Rechte, eine solche Übertragung würde aber, wenn sie überhaupt rechtlich durchführbar ist, an den Vermögensgegenständen eine Rechtsgemeinschaft mit unbestimmten Anteilen entstehen lassen; ein Nachzügler, der bei der Verteilung nicht berücksichtigt wurde, könnte jedenfalls geltend machen, daß seine Mitberechtigung nicht beachtet worden sei, und von den berücksichtigten Gläubigern Ausgleich der Bereicherung verlangen (vgl. schon Kohler Leitfaden S. 287f.). Aber auch bei Vermögenspreisgabe durch Übertragung auf einen Vertrauensmann der Gläubiger, welcher die Verteilung an die Gläubiger durchzuführen hat, bestehen Bedenken (a. A. offenbar Jaeger 6./7. Aufl. Anm. 3b). Zwar würden hier Rücksichten auf die Nachzügler wohl ebensowenig ins Gewicht fallen wie bei der Treuhandliquidation [Anm. 4]. Eine Entlastung des Schuldners durch die Vermögensübertragung an die Vertrauensperson, d. h. also ein Erlaß der Forderung gegen den Erwerb eines Anspruchs gegen die Vertrauensperson auf Berücksichtigung bei der Vermögensverteilung, dürfte jedoch die dem Mehrheitszwang gesetzten Grenzen überschreiten, ein Gedanke, der auch in OLG Hamburg KonkTreuh. 1930 S. 28 Nr. 3 angedeutet

wird. Eine derartige Vergleichsgestaltung käme im Ergebnis auf eine befreiende Schuldübernahme durch die Vertrauensperson unter Beschränkung ihrer Haftung auf das übertragene Vermögen hinaus; eine Entlastung des Schuldners durch befreiende Schuldübernahme ist aber als Inhalt eines Zwangsvergleichs nicht zugelassen [Anm. 8]. Dazu kommt, daß eine derartige Vergleichsgestaltung für die Gläubiger nachteilig ist, da sie das Risiko von Verlusten bei der Verwertung des Vermögens und das Risiko einer Veruntreuung der Vertrauensperson tragen [§ 192 Anm. 6]; an einem späteren neuen Konkurs sind sie nicht mehr beteiligt. Andererseits würde das Treugut hier endgültig aus dem Vermögen des Schuldners ausscheiden; im Falle eines späteren Konkurses könnte es nicht zur Masse gezogen werden (so zutr. Bley VerglO[2] § 8 Anm. 10). Es mag in diesem Zusammenhang von Interesse sein, daß das Institut des concordat par abandon d' actif des französischen Rechts (heute C. com. Art. 584 s.), an das Kohler und Seuffert ihre Überlegungen angeknüpft haben, in der heutigen Praxis des französischen Insolvenzrechtes eine geringe Rolle spielt, weil es nicht etwa die Vorteile, sondern lediglich die Nachteile des Zwangsvergleichs und der Konkursliquidation kombiniert (vgl. etwa Houin in Dalloz, Répertoire de droit commercial II, 1957, faillite Nr. 2560, Ripert, Traité élémentaire de droit commercial[4], 1961, S. 423 Nr. 2871) [vgl. Anm. 11 Nr. 1a].

III. Sicherstellung

1. Die Sicherstellung bildet nach § 174 („ob") **keinen wesentlichen Bestandteil** des Vergleichs. Allein sie ist so sehr das Normale, daß der Vergleichsvorschlag nach den klaren Worten des Gesetzes ausdrücklich angeben „muß", **„ob"** und im Falle der Bejahung auch **„in welcher Art"** Sicherheit geboten werden soll. Ein Vorschlag, der die Frage der Sicherstellung ganz übergeht oder bloß eine Sicherstellung ankündigt, ohne deren Art zu bezeichnen, ist danach (gegen F. Wach S. 17f.) für unzulässig zu erklären [Anm. 2]. Bei Treuhandvergleichen liegt die Sicherstellung in der Treuhandverfügung, also in der Übereignung, Abtretung oder Belastung [Anm. 9], was keiner besonderen Hervorhebung bedarf. Wo der Inhalt des angebotenen Vergleichs für eine Sicherstellung keinen Raum läßt, stellt dieser Inhalt klar, daß keine geboten wird. So etwa, wenn die Vergleichsgläubiger eine sofortige und einmalige Zahlung bestimmter Höhe aus schon bereit gestellten Mitteln erhalten sollen und der Wille der Vergleichsgenossen dahin geht, daß der Schuldner seine Vergleichsverbindlichkeiten erfüllt hat, wenn das Geld dem Vertrauensmann (z. B. einer Bank) ausgehändigt und die Vergleichsbestätigung in Rechtskraft erwachsen ist. Eine Veruntreuung geht alsdann zu Lasten der Vergleichsgläubiger (OLG Hamburg KonkTreuh. 1930 S. 28 Nr. 3, ebenda 1931 S. 43 Nr. 1). Denkbar ist freilich auch, daß selbst die Hinterlegung der Befriedigungssumme zur sofortigen Auszahlung zunächst der Sicherung, nicht unmittelbar der Erfüllung dienen soll. Vgl. dazu § 192 Anm. 6. 7

2. Die Sicherheitsleistung ist auf die im § 232 BGB bezeichneten **Mittel** nicht beschränkt. Es steht ganz im Ermessen der Gläubigermehrheit, ob eine angebotene Sicherheit genügt oder nicht. Vgl. zum folgenden die Muster bei Schrader-Bauer Hdb.[2] F III 135—138 S. 122f. und Mohrbutter-Haarmann Leitfaden S. 287. 8

a) Sehr häufig verpflichten sich Angehörige oder Freunde des Schuldners neben diesem für die Erfüllung der Vergleichsverbindlichkeiten als Bürgen oder Mitschuldner (sog. **Vergleichsgaranten,** Vergleichsbürgen i. w. S.). Die Mithaftung läßt sich auch im Wege kumulativer Schuldübernahme begründen (§ 421 BGB). Zust. Mentzel-Kuhn[7] Anm. 2, Böhle-Stamschräder[8] Anm. 3. In jedem Falle ist es statthaft, daß der Vergleichsgarant niedrigere Prozente verspricht als der Gemeinschuldner selbst. Darüber und über absolute Begrenzung: § 181 Anm. 2. Nach verbreiteter Lehre soll auch ein Zwangsvergleich zulässig sein, kraft dessen ein Dritter **anstatt** des Schuldners, also unter Entlastung des letzteren (privative Schuldübernahme), die Befriedigung der Gläubiger übernimmt. So z. B. Kohler Lehrbuch S. 470, Seuffert S. 414, v. Wilmowski-Kurlbaum Anm. 2. Allein es ist eine Frage des positiven Rechts, inwieweit es die Bindung der Minderheit an den Beschluß der

Gläubigerversammlung zulassen will. Unser Gesetz weiß nichts davon, daß im Wege des Mehrheitszwanges der Schuldner ausgeschaltet und durch einen Dritten ersetzt werden könnte. Vielmehr kennt es (§ 194) nur eine Vollstreckbarkeit „gegen den Gemeinschuldner und diejenigen, welche in dem Vergleiche für dessen Erfüllung neben dem Gemeinschuldner Verpflichtungen übernommen haben". Freilich kann ein Gläubiger auf die Haftung seines Schuldners verzichten. Eine Erzwingbarkeit dieses Verzichts durch Mehrheitsbeschluß einzuführen, bestand aber für den Gesetzgeber kein Anlaß. Vgl. Oetker Konkursr. Fragen S. 47f., Schlote S. 52f.; für die VerglO Bley VerglO[2] § 8 Anm. 11 mit Verw.

9 b) Der Vollzug einer Sicherstellung durch **Verpfändung,** dessen Zulässigkeit der § 200 II 2 voraussetzt, begegnet Schwierigkeiten. Bei Fahrnis und Wertpapieren wird dadurch zu helfen sein, daß auf Grund einer Einigung zwischen dem Verpfänder und den Vergleichsgläubigern, handelnd durch die gesetzliche Mehrheit [§ 173 Anm. 11f.], ein Pfandhalter mit der Besitzausübung, Pfandverwertung und Erlösverteilung betraut wird (§§ 1206, 1245, 1292ff.). Ebenso Böhle-Stamschräder[6] Anm. 3 und für die VerglO Bley aaO. § 3 Anm. 20. Die Sicherungsübertragung von Fahrnis und Rechten (z. B. Patentrechten) an einen Treuhänder spielt als Vergleichsgarantie eine größere Rolle als das Pfandrecht. Grundstücke werden zweckmäßig dadurch als Sicherungsmittel ausgebeutet, daß zugunsten eines Treuhänders der Vergleichsgläubiger oder auch eines Treuhänderausschusses (§ 47 GBO; OLG Dresden JW 1931 S. 548 Nr. 4) eine Grundschuld eingetragen wird. Während eine Hypothek (auch als Höchstbetragshypothek) nur zugunsten des Gläubigers der gesicherten Forderung eingetragen werden kann (§ 1113 BGB), persönlich und dinglich Berechtigter also ein und dieselbe Person sein müssen, bedarf es bei Bestellung der Treuhändergrundschuld keiner Angabe des Forderungsträgers (§ 1191 BGB; LG Berlin JW 1933 S. 642f. Nr. 3 mit Note Arnheim). Zust. Mentzel-Kuhn[7] Anm. 2, Böhle-Stamschräder[6] Anm. 3, Bley aaO. § 3 Anm. 20, § 93 Anm. 1, Mohrbutter-Haarmann Leitfaden S. 196. Besonderes bestimmt der § 93 VerglO. Die Grundstücksübereignung zu treuen Händen stößt auf steuerrechtliche Bedenken. Siehe Bley aaO. § 3 Anm. 20 mit Verw. Auch eine Auflassungsvormerkung zugunsten des mit der Verwertung des Grundbesitzes in Vollmacht des Schuldners betrauten Treuhänders kann dem Sicherungszwecke genügen (siehe den Fall RG Bd. **127** 373). Nachzügler, die sich erst melden, wenn die Pfandsicherheiten ausgeschöpft sind, haben keinen Bereicherungsanspruch gegen früher befriedigte Konkurrenten (abw. F. Wach S. 25). Auch liegt kein Verstoß gegen das Gebot der Gleichbehandlung (§ 181) vor, da die Benachteiligung nicht im Vergleichsinhalte, sondern in der verspäteten Geltendmachung der Ansprüche ihren Grund hat [Anm. 3]. Betrauung des Verwalters mit der Vergleichserfüllung: § 192 Anm. 5, 6.

IV. Vorschlagsänderungen

10 Da der Schuldner die einseitige Befugnis hat, den Vorschlag so lange zurückzunehmen, als er noch nicht angenommen ist [§ 173 Anm. 26], muß es ihm ebenso lange freistehen, den Vorschlag inhaltlich abzuändern. Zust. Krusch JW 1936 S. 1157 I, Mentzel-Kuhn[7] Anm. 4, Böhle-Stamschräder[6] § 173 Anm. 2, Baur in Schönke-Baur[7] § 53 B II 2a. Fraglich kann nur sein, ob für den abgeänderten Vergleichsvorschlag das Verfahren nach §§ 177ff. zu wiederholen ist oder ob über den im Vergleichstermin abgeänderten Vorschlag sofort abgestimmt werden darf. Hier ist zu unterscheiden: Ist der im Vergleichstermin (§ 179) unterbreitete Vorschlag ungünstiger für die Gläubiger, so muß er — schon mit Rücksicht auf die Ausgebliebenen — als neuer Vorschlag behandelt, also erneut auf seine Annehmbarkeit geprüft, erneut samt dem Prüfungsergebnis zur Einsicht aufgelegt und in einem neuen Termin der Abstimmung unterbreitet werden (§§ 177, 178, 179). Motive II S. 407, Petersen-Kleinfeller Anm. 4, Fitting § 47 N. 9, Seuffert S. 421, Ule KonkTreuh. 1937 S. 33f., Boennecke KTS 1955 S. 176, Mentzel-Kuhn und Böhle-Stamschräder aaO. Für das konkursabwendende Vergleichsverfahren: § 76 VerglO. Dagegen kann von einer Wiederholung des Verfahrens nach §§ 177ff. ab-

gesehen werden und der geänderte Vorschlag zur sofortigen Abstimmung zugelassen werden, wenn die Abänderung zugunsten der Gläubiger erfolgte. In diesem Falle kann den im Vergleichstermin vertretenen Gläubigern im Interesse der rascheren Abwicklung des Verfahrens zugemutet werden, im Termin alsbald ihre Entscheidung zu treffen, während davon ausgegangen werden kann, daß den nicht vertretenen Gläubigern die Abänderung keinen Anlaß gegeben hätte, nunmehr im Termin zu erscheinen oder sich vertreten zu lassen. So zutreffend LG Kiel JW 1936 S. 1156, Krusch ebenda S. 1157f., Ule KonkTreuh. 1937 S. 33f.; im Ergebnis zust. auch Mentzel-Kuhn und Böhle-Stamschräder aaO. Aus den gleichen Erwägungen kann aber auch dann von einer Wiederholung des Verfahrens nach §§ 177ff. abgesehen werden und sofort über den geänderten Vorschlag abgestimmt werden, wenn ein bisher (etwa wegen Verstoßes gegen § 174) unzulässiger Vergleichsvorschlag, den das Gericht nicht zurückgewiesen hatte [Anm. 2, 7], im Termin in einer die Unzulässigkeit beseitigenden Weise ergänzt wird (so LG Kiel, Krusch, Ule aaO.; zust. auch Mentzel-Kuhn und Böhle-Stamschräder aaO.). Vertagung des Termins: § 179 Anm. 7. Tod des Schuldners vor oder nach der Annahme: § 173 Anm. 27.

Zusatz. Fremde Rechte.* Die Vorschriften über den Inhalt des Vergleichs lassen den Beteiligten allgemein weitgehende Freiheit. Fast überall können die Beteiligten die Art der Befriedigung [vgl. unten zu 1] frei wählen. Dagegen wird mitunter eine bestimmte Mindesthöhe der Befriedigung vorgeschrieben [vgl. unten zu 2]. Der Vergleichsvorschlag kann aber auch aus anderen Gründen zurückgewiesen werden [vgl. unten zu 3 für den Fall spezieller Unzulässigkeit des konkreten Vorschlags; im übrigen vgl. § 175 Anm. 12f.]. 11

1. Für die Art der Befriedigung hat die Praxis fast überall eine Reihe typischer Gestaltungen entwickelt [vgl. oben Anm. 3ff.]. Die Regel bildet allgemein der Quotenvergleich oder Prozentvergleich, daneben begegnen bloße Stundungsvergleiche, Liquidations- und Preisgabevergleiche sowie Kombinationen dieser Typen; andere Arten der Befriedigung kann der Vergleich vor allem im Konkurs von Körperschaften vorsehen. Das häufig aufgestellte Erfordernis einer Mindestquote [vgl. unten zu 2] hat zwar durchweg nicht die Bedeutung, andere Typen als den Quotenvergleich auszuschließen, es führt aber doch dazu, daß andere Vergleiche besonders kritisch geprüft und deshalb noch seltener als in Deutschland abgeschlossen werden.

a) Liquidations- und Preisgabevergleich haben vor allem in Frankreich und in der Schweiz gesetzliche Regelung gefunden.

α) Frankreich hat den Preisgabevergleich (*concordat par abandon d'actif*) zuerst gesetzlich geregelt und trifft noch heute für ihn eine besondere Bestimmung (Art. 149 D. 20 mai 1955 = Art. 585 C. com.), die allerdings weitgehend auf das Recht des „einfachen Zwangsvergleichs" (*concordat simple*) verweist, Die — vollständige oder teilweise — Preisgabe des Vermögens, die keine Rechtsübertragung darstellt und die Rechte des Verwalters unberührt läßt, befreit den Schuldner von allen nicht bevorrechtigten Konkursforderungen. Im übrigen führt sie zur Liquidation des Vermögens nach Konkursrecht gemäß den Vorschriften über die *union des créanciers* [vgl. Bd. I S. LXIX und § 173 Anm. 33 Nr. 5d]. Das Institut hat keine große praktische Bedeutung, da es den Gläubigern, denen ja auch der Neuerwerb haftet, kaum Vorteile bietet, die ihnen nicht auch ohne den Vergleich zukämen, ihnen dafür aber das Nachforderungsrecht [vgl. § 164 Anm. 15] nimmt. Die Praxis verbindet daher meistens die Preisgabe mit einer Quotenzusage, womit aber gerade das Besondere des Preisgabevergleichs, die sofortige unbeschränkte Entlastung des Gemeinschuldners, hinfällig wird.

β) Die Schweiz hat — der Praxis der Westschweiz, die vom französischen Vorbild bestimmt war, folgend — im Jahre 1949 den „Nachlaßvertrag mit Vermögensabtretung" in einer Novelle zum SchKG gesetzlich geregelt (Art. 316a—316s SchKG; gemäß Art. 317 SchKG auch für den „Nachlaßvertrag im Konkurs" [vgl. § 173 Anm. 33 Nr. 5c] anwendbar). Der Vergleich muß u. a. Bestimmungen treffen über „den Verzicht der Gläubiger auf spätere Geltendmachung eines bei der Liquidation nicht gedeckten Forderungsbetrags oder die genaue Ordnung eines allfällig vorbehaltenen Nachforderungsrechts" (Art. 316 b Nr. 1 SchKG). Die „Vermögensabtretung" ist also nicht schlechthin Leistung an Erfüllungs Statt, so daß der Vergleich eher dem Liquidationsvergleich (diese Bezeichnung ist für ihn auch in der Schweiz üblich) der deutschen Praxis entspricht.

*) Bearbeitet von Prof. Dr. Günther Jahr, Saarbrücken. Wegen der Literatur und der Abkürzungen wird auf Bd. I S. LXIIIff. verwiesen.

Der Vorbehalt einer Nachforderung ist mit der Ausstellung von „Besserungsscheinen" bei außergerichtlichen Sanierungen in Deutschland zu vergleichen. Im übrigen bewirkt die „Vermögensabtretung" wie im französischen Recht keinen Rechtsübergang; das abgetretene Vermögen bildet vielmehr eine Sondermasse, über die nur die Gläubiger verfügungsbefugt sind; diese üben das Verfügungsrecht durch besonders gewählte Liquidatoren aus, neben denen der Gläubigerausschuß weiter fungiert (Art. 316a, 316b Nr. 2 und 3 SchKG). Der „Nachlaßvertrag mit Vermögensabtretung im Konkurs" hat also im Ergebnis nur die Wirkung, für das letzte Stadium des Verfahrens, die Liquidation, die Konkursverwaltung durch Liquidatoren zu ersetzen.

b) Andere Arten der Befriedigung kann der Zwangsvergleich vor allem in den USA im Verfahren der *corporate reorganization* [vgl. § 173 Anm. 30ff. unter Nr. 2, 3, 4a und 5h] vorsehen. Dort können die gesicherten und die bevorrechtigten Konkursgläubiger sowie die im anglo-amerikanischen Recht ja als *equitable owners* des Gesellschaftsvermögens angesehenen Anteilseigner, insbesondere also die Aktionäre, in das Verfahren einbezogen und am Zwangsvergleich beteiligt werden. Das ermöglicht eine — gegenüber den sonst notwendigen gesellschaftsrechtlichen Gestaltungen — wesentlich vereinfachte insolvenzrechtliche Sanierung von Körperschaften durch Änderung der Anteilsverhältnisse (z. B. durch Ausgabe neuer Aktien zur Abfindung der Gläubiger) und erspart die Schwierigkeiten, die solche „Sanierungsvergleiche" in anderen Rechten [zum deutschen Recht vgl. Anm. 5] bieten.

12 2. Für die Höhe der Befriedigung wird mitunter eine Mindestquote vorgeschrieben, teils in der Weise, daß ein Vergleich, der den Gläubigern nicht wenigstens diesen Bruchteil ihrer Forderungen gewährt, nicht abgeschlossen werden darf bzw. von dem zur Prüfung und Bestätigung berufenen Gericht ohne weitere Prüfung verworfen werden muß (feste Mindestquote), teils in der Weise, daß die Verwerfung nur geboten ist, wenn die Mindestquote aus bestimmten Gründen nicht erreicht wird (gebotene Verwerfung wegen Mindergebnisses), oder daß das Gericht ermächtigt wird, die Bestätigung des Vergleichs nach Ermessen zu versagen (freigestellte Verwerfung). Zu den beiden letzten Fällen vgl. § 184 Anm. 11 unter Nr. 6a, b, 7, 12a. Eine feste Mindestquote ist vorgeschrieben vor allem in Österreich (volle Befriedigung der bevorrechtigten Konkursgläubiger, mindestens 20% für die nicht bevorrechtigten Konkursgläubiger; §§ 141 II, 150 KO) und Schweden (mindestens 50% binnen eines Jahres nach der Bestätigung; § 104 KL).

13 3. In manchen Rechtsordnungen führen noch andere Gründe dazu, daß der konkrete einzelne Vergleichvorschlag zurückzuweisen ist oder nach Ermessen des Gerichts zurückgewiesen werden kann. Andere Rechtsordnungen begnügen sich damit, die spezielle Unzulässigkeit des Vergleichs erst im Bestätigungsverfahren zu berücksichtigen [vgl. § 184 Anm. 11].

a) In Österreich ist ausdrücklich vorgeschrieben, daß jeder Ausgleichsantrag zurückzuweisen ist, dessen Inhalt gegen die zwingenden Vorschriften über den zulässigen Inhalt des Zwangsvergleichs verstößt (§§ 141 II, 149—151 KO: keine Beeinträchtigung der Aussonderungs- und Absonderungsberechtigten, der Massegläubiger, der bevorrechtigten Konkursgläubiger, der Rechte der Konkursgläubiger gegen Mitverpflichtete; keine Vereinbarung von Vergütung oder Auslageersatz für Verwalter, Gläubigerausschuß und Prüfer). Fakultativ ist dort die Zurückweisung bei der Wiederholung von Vergleichsanträgen [vgl. § 176 Anm. 5] und aus anderen allgemeinen Gründen, die nicht nur den konkreten einzelnen Vergleichsvorschlag betreffen [vgl. § 175 Anm. 12f.].

b) In Italien ist nur eine fakultative Zurückweisung des einzelnen Vergleichsvorschlags vorgesehen, die ganz in das Ermessen des Konkursrichters gestellt ist (die Verhandlung über den Vorschlag ist nur einzuberufen, wenn der Richter „den Vorschlag für geeignet hält"; Art. 125 L. F.).

c) Auch die USA kennen Zurückweisungen, deren Voraussetzungen mit einer Generalklausel umschrieben werden. Dort ist im Verfahren der *corporate reorganization* [vgl. § 173 Anm. 30ff. unter Nr. 2, 3, 4a und 5h] der Vergleichsantrag (*petition*) zurückzuweisen, wenn er nach der Überzeugung des Gerichts nicht „in gutem Glauben" gemacht wurde (§§141, 142 B. A. = 11 USC §§541, 542). Das Gesetz selbst (§ 146 B. A. = 11 USC § 546) erwähnt Beispielsfälle, nach denen der gute Glaube fehlt, wenn ausreichende Hilfe im ordentlichen Verfahren des *arrangement* zu erlangen ist, wenn das Zustandekommen des „Reorganisationsplans" vernünftigerweise nicht erwartet werden kann, oder wenn die vorschlagenden Gläubiger ihre Forderungen nur erworben haben, um den Vorschlag anzubringen. Die Vergleichsvorschläge (es können mehrere verschiedene eingereicht werden) [§ 173 Anm. 32] sind in einem gerichtlichen Termin (*hearing*) zu erörtern und, wenn die Schuldenmasse $ 3000000 übersteigt, der *Securities and Exchange Commission* zur Stellungnahme mitzuteilen. Danach entscheidet das Gericht über die Billigung (*approval*) der Vorschläge. Die Billigung darf nur ausgesprochen werden, wenn die Vorschläge einen zulässigen Inhalt haben und „gerecht, billig und ausführbar" (*fair and equitable and feasible*) sind (§§ 169—174 B. A. = 11 USC §§ 569—574).

Im Verfahren des Sondervergleichs für Lohnempfänger (Personen, deren Jahreseinkommen aus unselbständiger Arbeit $ 3600 nicht übersteigt; § 606 B. A. = 11 USC § 1006) [§ 173 Anm. 30] kann der Antrag (*petition for a wage earner's plan*) zurückgewiesen werden, wenn der Schuldner nicht die vom Gericht nach Ermessen auferlegte Sicherheit leistet (§ 626 B. A. = 11 USC § 1026).

§ 175

Ein Zwangsvergleich ist unzulässig:

1. **solange der Gemeinschuldner flüchtig ist oder die Ableistung des Offenbarungseides verweigert;**
2. **solange gegen den Gemeinschuldner wegen betrüglichen Bankerotts eine gerichtliche Untersuchung oder ein wiederaufgenommenes Verfahren anhängig ist;**
3. **wenn der Gemeinschuldner wegen betrüglichen Bankerotts rechtskräftig verurteilt worden ist.**

Materialien: **Motive I Bd. 2 S. 150ff., Motive II S. 408f., Protokolle S. 111, 183, 214, Komissionsbericht S. 1962f., 2034ff.**

Unzulässigkeit eines Zwangsvergleichs

I. Die Unzulässigkeit im allgemeinen

1. Wird ein Zwangsvergleich rechtzeitig [§ 173 Anm. 24] vorgeschlagen, so hat das Konkursgericht von Amts wegen zu prüfen, ob der Inhalt des Anerbietens den gesetzlichen Erfordernissen des § 174 genügt und ob nicht etwa **Gründe** vorliegen, die nach § 175 **„einen" Zwangsvergleich überhaupt ausschließen.** Verstöße gegen den § 174 machen den einzelnen Vorschlag [§ 174 Anm. 2 u. 7], Hindernisse im Sinne des § 175 aber jeden Zwangsvergleich überhaupt „unzulässig". Gegen einen Beschluß, der diese oder jene Unzulässigkeit ausspricht, steht dem Gemeinschuldner die sofortige Beschwerde zu (§ 73 III). Muster eines Beschlusses bei Schrader-Bauer Hdb.[2] F III 142 S. 124. Die Ersetzung der normalen Konkursabwicklung durch Abschluß eines Zwangsvergleichs ist ferner in der Regel dann unzulässig, wenn die vorhandene Masse zur Deckung der nach § 191 zu berücksichtigenden Masse- und Vorrechtsgläubiger nicht ausreicht. Vgl. dazu § 191 Anm. 6. Zu diesem Punkt ist eine Äußerung des Konkursverwalters [§ 177 Anm. 5] erforderlich (Mohrbutter-Haarmann Leitfaden S. 195, 197). 1

2. Die Unzulässigkeitsgründe des § 175 rechtfertigen sich aus der Erwägung, daß hier überall der **Verdacht einer unlauteren Verschleierung der Vermögenslage** und damit die Besorgnis einer Übervorteilung der Gläubiger besteht. Der ausschlaggebende Gesichtspunkt ist also nicht der, daß rechtswidriges Verhalten den Schuldner einer gesetzlichen Gunst unwert macht; denn der Zwangsvergleich soll vor allem dem Gemeinwohl der Vergleichsgläubiger dienen. Die Vorgänge des § 175 pflegen aber jede zuverlässige Ermittlung des Vermögensstandes zu vereiteln und gefährden damit die Gläubiger. Nicht ein Makel der Persönlichkeit des Schuldners, sondern die Unsicherheit der Sachlage entscheidet. Dagegen geht die VerglO in der Regelung der zwingenden Ablehnungsgründe (§§ 17, 18) erheblich über die Unzulässigkeit des § 175 KO hinaus und bezieht auch die Frage der Vergleichswürdigkeit des Schuldners (insbes. § 18 Nr. 1 u. 2), der Angemessenheit und Erfüllbarkeit des angebotenen Vergleichs (insbes. § 18 Nr. 3) in die Zulässigkeitsprüfung ein. Für die Reform des Zwangsvergleichs [§ 173 Anm. 19] wird die Anpassung der konkursrechtlichen Regelung an diese Bestimmungen der VerglO vertreten (insbes. Tidow KTS 1956 S. 102f., Böhle-Stamschräder KTS 1959 S. 73) [vgl. 2

auch § 176 Anm. 3]. Die im § 175 ausgesprochenen Vergleichsverbote sind **zwingend.** Das Konkursgericht ist ermächtigt und verpflichtet, den Verbotstatbeständen von Amts wegen nachzugehen (§ 75). Einen unzulässigen Vorschlag hat es „zurückzuweisen" (vgl. § 177 I), also der Abstimmung überhaupt nicht zu unterbreiten [Anm. 1]. Stellt die Unzulässigkeit sich erst nach der Vergleichsannahme heraus, so ist der Vergleich zu verwerfen (§ 186 Nr. 2). Eine rechtskräftige Verurteilung des Schuldners wegen betrügerischen Bankrotts (Nr. 3) hebt sogar nach gerichtlicher Vergleichsbestätigung den „Erlaß" wieder auf (§ 197).

3 3. Wo **mehrere** Personen zusammen die Gemeinschuldnerrolle einnehmen, wie im Konkurs der offenen Handelsgesellschaft und bei Erbenmehrheit im Nachlaßkonkurs, kann schon das Verhalten eines einzigen Schuldners die Unzulässigkeit eines Zwangsvergleichs nach § 175 begründen, wie z. B. die Flucht eines persönlich haftenden, wenn auch zur Zeit von der Vertretung ausgeschlossenen Gesellschafters oder Miterben [siehe jedoch Anm. 9, 10]. In diesem Sinne ausdrücklich §§ 109 Nr. 2, 113 Nr. 5 (§ 17 Nr. 2, 3) VerglO. Kommanditisten kommen auch für den Bereich des § 175 nicht als Gemeinschuldner des Konkurses der Kommanditgesellschaft in Betracht. Noch weniger stille Gesellschafter im Konkurs des Geschäftsinhabers.

4 4. Bestritten ist, wann der § 175 im Konkurs **juristischer Personen** z. B. der Aktiengesellschaften oder der Gesellschaften mit beschränkter Haftung Anwendung findet. Nach dem Zwecke des Gesetzes [Anm. 2] ist in solchen Konkursen eine Vergleichsunzulässigkeit aus § 175 dann und nur dann zu begründen, wenn das Verhalten eines Organs den Verdacht einer Verschleierung des Standes der Konkursmasse rechtfertigt. Allerdings kann die Anwendbarkeit des § 175 in Konkursen juristischer Personen immer nur eine entsprechende sein, da das Organ nicht der Gemeinschuldner ist. Ferner ist die entsprechende Anwendung nur dann gerechtfertigt, wenn die Handlung des Organs zum Vermögen der juristischen Person in Beziehung steht. Unbedenklich ist die herrschende Ansicht (z. B. Fitting § 52 Nr. 9, v. Sarwey-Bossert § 208 Anm. 3, Petersen-Kleinfeller § 207 f. Anm. 7, v. Wilmowski-Kurlbaum § 208 Anm. 4, Wolff[2] Anm. 1; schon für diesen Fall a. A. Endemann S. 628, Bondi ZZP 32 S. 236), daß eine Verweigerung des zur Ermittlung der Konkursmasse dienenden Offenbarungseides durch ein Organ — auch durch einzelne Vorstandsmitglieder oder Liquidatoren [§ 125 Anm. 9] — den Unzulässigkeitsgrund der Nr. 1 Fall 2 auslöst. Denn das Organ hat in gesetzlicher Vertretung der juristischen Person zu schwören. So auch im Konkurs von Vereinen mit und ohne Rechtsfähigkeit (§ 213). Eine der „Flucht des Gemeinschuldners" (Nr. 1 Fall 1) entsprechende Lage besteht dann, wenn das auskunftspflichtige Organ — einerlei, aus welchem Grunde es geflüchtet ist — durch seine Abwesenheit die Klärung der Vermögenslage des Schuldners vereitelt [siehe § 100 Anm. 4]. Insoweit a. A. v. Sarwey-Bossert, Petersen-Kleinfeller, v. Wilmowski-Kurlbaum, Wolff, Endemann aaO.; dagegen zust. für beide Fälle der Ziff. 1 Mentzel-Kuhn[7] Anm. 1, Böhle-Stamschräder[6] Anm. 1. Bankrotthandlungen (§ 239) eines Organs als solchen wirken, wenn sie geeignet sind, den Vermögensstand des Gemeinschuldners zu verschleiern, und darum der Strafbarkeit nach § 244 (vgl. auch § 83 GmbHG, § 144 VAG) unterliegen, entsprechend den Bankrotthandlungen „des Gemeinschuldners" im Sinne unserer Nr. 2 u. 3. Zust. Mentzel-Kuhn[7] Anm. 4, Böhle-Stamschräder[6] Anm. 2; a. A. die oben zitierte ältere Literatur. Im Konkurs von Vereinen mit oder ohne Rechtsfähigkeit (§ 213) besteht, da der § 244 eine Strafbarkeit ihrer Organe nicht vorsieht, keine Möglichkeit entsprechender Anwendung des § 175 Nr. 2, 3. Zust. Böhle-Stamschräder[6] Anm. 2. Daß Vereinsvorsteher wegen Bankrotts in eigenen Angelegenheiten strafbar geworden sind, genügt unzweifelhaft nicht. Stehen andererseits Bankrottstraftaten von Organen im Sinne der §§ 244, 239 in Frage, so wird die entsprechende Anwendbarkeit des § 175 Nr. 2, 3 im Konkurse der juristischen Person nicht dadurch ausgeschaltet, daß die so strafbaren Organe vor oder während des Konkurses durch andere ersetzt worden sind. Zust. Böhle-Stamschräder[6] Anm. 2. Nur muß die Strafbarkeit in Beziehung zur Masse des schwebenden Konkurses stehen [Anm. 10]. Die entsprechende Anwendbarkeit des § 175 Nr. 2, 3 bedarf also

in Konkursen juristischer Personen einer Prüfung von Fall zu Fall. Insoweit ist Pitz JW 1928 S. 1127f. und dem von ihm mitgeteilten Beschluß des LG Hamburg v. 4. 1. 1928 beizupflichten, wenn auch nicht verlangt werden darf, daß die juristische Person „sich identifiziert habe“ mit dem Gebaren des schuldigen Organs. Dort auch eine Übersicht über das Schrifttum.

5. Im Konkurs **eines Mündels** hindert zwar die von dessen Vormund als gesetzlichem Vertreter verweigerte Leistung des Offenbarungseides (abw. Bondi ZZP 32 S. 236) und seine die Klarlegung der Vermögenslage des Mündels vereitelnde Flucht, nicht aber sein eigener Bankrott die Zulässigkeit eines Zwangsvergleichs. 5

II. Die einzelnen Gründe der Unzulässigkeit

1. Ein Zwangsvergleich ist unzulässig, „solange“ der Gemeinschuldner [Anm. 3ff.] **flüchtig** ist (Nr. 1 Fall 1). Flucht ist nur eigenmächtige [§ 101 Anm. 1, 5], böswillige Entfernung. Ob sie vorliegt, entscheidet sich von Fall zu Fall nach richterlichem Ermessen. Mit der Rückkehr (nicht schon mit dem Bekanntwerden des Aufenthaltsortes) entfällt die Unzulässigkeit des Zwangsvergleichs („solange“). Motive II S. 409. Dem freiwillig Zurückgekehrten kann der festgenommene Gemeinschuldner nicht ohne weiteres gleichgestellt werden (zutr. AG Schweinfurt KTS 1956 S. 142; a. A. Mentzel-Kuhn[7] Anm.1); denn mit der Festnahme wird der die Unzulässigkeit eines Zwangsvergleichs rechtfertigende Zustand, daß sich nämlich der Gemeinschuldner seiner Mitwirkungspflicht (§ 100 KO) eigenmächtig und böswillig entzogen hat, nicht beseitigt. Die durch die Flucht des Gemeinschuldners begründete Unzulässigkeit des Zwangsvergleichs kann nach Sinn und Zweck des § 175 Ziff. 1 vielmehr erst dann als behoben angesehen werden, wenn der festgenommene Gemeinschuldner sich wieder an seinem Wohnort oder doch in einer solchen räumlichen Nähe zu diesem befindet, daß er seine Mitwirkungspflicht (im Rahmen des einem Verhafteten Möglichen) in der gleichen Weise erfüllen kann wie ein an seinen Wohnort freiwillig zurückgekehrter Gemeinschuldner. 6

2. Ein Zwangsvergleich ist ferner unzulässig, „solange“ der Gemeinschuldner [Anm. 3ff.] die **Ableistung des Offenbarungseides** (§ 125) **verweigert** (Nr. 1 Fall 2). Mit der Eidesleistung entfällt auch dieses Hindernis („solange“). So in einem Verfahren, das nach dem Tode des ursprünglichen Gemeinschuldners als Nachlaßkonkurs fortgeführt wird, wenn der Erblasser den Eid verweigert hatte, der Erbe aber ihn zu leisten imstande und bereit ist. Das Hindernis besteht nur im Falle rechtswidriger Weigerung trotz ordnungsmäßiger Ladung [§ 125 Anm. 2, 5]. 7

3. Ein Zwangsvergleich ist weiter unzulässig, „solange“ gegen den Gemeinschuldner [Anm. 3ff.] **wegen betrügerischen Bankrotts (§ 239) eine gerichtliche Untersuchung oder ein wiederaufgenommenes Verfahren anhängig** ist. Auch dieses Hindernis der Vergleichszulässigkeit hat nur aufschiebende Kraft („solange“). Kommt es aber zu einer rechtskräftigen Verurteilung wegen betrügerischen Bankrotts, dann setzt das endgültige Vergleichhindernis der Nr. 3 ein. Maßgebend ist die Anhängigkeit des Verfahrens, nicht die Aussicht auf Verurteilung. Da das Gesetz die Anhängigkeit einer „gerichtlichen“ Untersuchung verlangt, bewirkt nicht nur die Eröffnung des Hauptverfahrens (§§ 198ff. StPO), sondern schon die der Voruntersuchung (§§ 178ff. StPO) die Unzulässigkeit des Zwangsvergleichs, während die Anhängigkeit eines staatsanwaltschaftlichen Ermittlungsverfahrens (§§ 160ff. StPO; siehe auch § 151 StPO) nicht genügt. Als Wiederaufnahme kommt (vgl. Nr. 3) nur eine solche zu Ungunsten des Schuldners in Betracht (§§ 362, 370 II StPO). Das Hindernis der Nr. 2 **entfällt,** sobald durch eine nicht mehr anfechtbare Entscheidung die Eröffnung des Hauptverfahrens abgelehnt bzw. der Schuldner außer Verfolgung gesetzt (§§ 198, 204, 210 II StPO), das Verfahren auch nur vorläufig eingestellt (§§ 154, 205 StPO: abw. v. Wilmowski-Kurlbaum Anm. 3) oder der Schuldner freigesprochen ist, desgleichen, wenn er stirbt („solange anhängig ist“). In Betracht kommt nur ein mit Rücksicht auf den schwebenden Konkurs verübtes Verbrechen [Anm. 10]. 8

9 Die Nr. 2 bezieht sich wie auch Nr. 3 nur auf den betrügerischen Bankrott (§ 239). In Fällen des einfachen Bankrotts soll die Entscheidung der Frage, ob sich eine Vergleichsschließung empfiehlt, der Gläubigermehrheit (§ 182) und dem pflichtgemäßen Ermessen des Gerichts bei der Bestätigung überlassen bleiben (§ 188). Kommissionsbericht S. 2035, Motive II S. 409. Im Sonderkonkurs setzen beide Nummern nach dem Zwecke des Gesetzes [Anm. 2] einen in bezug auf das konkursbefangene Sondervermögen — Gesellschaftsvermögen, Nachlaß — verübten Bankrott voraus. Zust. Böhle-Stamschräder[6] Anm. 2, 4. Der Zwangsvergleich im Konkurs einer offenen Handelsgesellschaft wird also nicht dadurch ausgeschlossen, daß sich ein Gesellschafter wegen eines in bezug auf sein Eigenvermögen verübten Bankrotts in gerichtlicher Untersuchung befindet. Verhalten der Organe: Anm. 4.

10 4. Endlich ist ein Zwangsvergleich unzulässig, wenn **der Gemeinschuldner** [Anm. 3ff.] **wegen betrügerischen Bankrotts** [Anm. 9] **rechtskräftig** (§§ 316, 343 StPO) **verurteilt** worden ist. Bis zum Eintritt der Rechtskraft des Strafurteils ist die Nr. 2 maßgebend. Spätere Begnadigung hebt den Unzulässigkeitsgrund der Nr. 3 nicht auf, wohl aber eine im Wiederaufnahmeverfahren erkannte rechtskräftige Freisprechung sowie Tilgung des Strafvermerks im Strafregister auf Grund des Straftilgungsgesetzes § 5 II. Die Verurteilung muß im Zusammenhang mit dem schwebenden Konkurs erfolgt sein, wie sie im Falle des § 197 mit dem kraft des Zwangsvergleichs beendeten Verfahren zusammenhängen muß [§ 197 Anm. 1]. Es genügt also nicht, daß die im § 239 vorausgesetzte Konkurseröffnung die Eröffnung eines früheren inländischen oder gar eines ausländischen Konkurses war. Im Konkurs eines Schuldners, der vor Jahrzehnten einmal wegen Bankrotts verurteilt wurde, können der Gläubigerschaft die Vorteile eines Zwangsvergleichs nicht verschlossen sein. Ebensowenig im Konkurs von Aktiengesellschaften oder Gesellschaften mit beschränkter Haftung deshalb, weil früher einmal ein Gesellschaftsorgan wegen Bankrotthandlungen verurteilt worden ist, die auf den Stand der jetzigen Konkursmasse ohne jeden Einfluß geblieben sind. Endlich auch nicht in Konkursen von offenen Handelgesellschaften oder Kommanditgesellschaften deshalb, weil ein persönlich haftendes Mitglied wegen eines ausschließlich in bezug auf sein Eigenvermögen verübten Bankrotts strafbar geworden ist [Anm. 9]. Denn nicht eine unaustilgbare persönliche Unwürdigkeit des Schuldners, sondern die Verwirrung der Vermögenslage des schwebenden Konkurses bildet den Grund des gesetzlichen Ausschlusses der Vergleichszulässigkeit [Anm. 2]. Fitting § 46 III 2, Kohler Lehrbuch S. 475, Seuffert S. 416, Petersen-Kleinfeller Anm. 4, v. Sarwey-Bossert Anm. 3 u. a.; abw. Wolff Anm. 4, F. Wach S. 23f., Schimmelbusch RheinA 107 S. 73 N. 89, v. Wilmowski-Kurlbaum Anm. 4; anders ist es dagegen im Falle des § 17 Nr. 3 VerglO, da dieser Ablehnungsgrund im Gegensatz zu § 175 Nr. 2 u. 3 KO als „persönlicher Unwürdigkeitsgrund" gedacht ist (Bley VerglO[2] § 17 Anm. 10) [vgl. auch Anm. 2]. Andererseits ist den Voraussetzungen der Nr. 3 nach dem Zweck des Gesetzes [Anm. 2] in einem Verfahren, das durch den Tod des Gemeinschuldners für die Zukunft zum Nachlaßkonkurs wird, nicht nur genügt, wenn der Erbe, sondern auch schon dann, wenn der Erblasser — „Gemeinschuldner" für die Zeit vor dem Erbfall — mit Rücksicht auf diesen Konkurs rechtskräftig verurteilt worden war (abw. v. Völderndorff II S. 550, Schimmelbusch S. 74).

11 Das Strafurteil eines anderen als eines deutschen Gerichts würde hier wie zur Anwendbarkeit der §§ 197, 198 nicht schon dann genügen, wenn der dem Urteil zu Grunde gelegte Tatbestand auch im Sinne unseres § 239 betrügerischer Bankrott wäre (abw. Wolff Anm. 4, Neumeyer ZStrW 27 S. 37ff.). Vielmehr müßte auch hier Beziehung zu dem anhängigen Inlandskonkurs verlangt werden. Die folgerechte Durchführung der Gegenansicht würde dazu nötigen, die §§ 197, 198 immer schon dann anzuwenden, wenn später irgendwann und irgendwo die Verurteilung des Schuldners wegen eines Verbrechens erfolgte, das auch nach deutschem Recht einen betrügerischen Bankrott darstellt.

Zusatz. Fremde Rechte.*

1. Überall wird davon ausgegangen, daß ein Zwangsvergleich nicht zustandekommen oder jedenfalls nicht wirksam werden soll, wenn dadurch Interessen der Gläubiger verletzt würden oder wenn der Gemeinschuldner sich als unwürdig erwiesen hat, der Rechtswohltat, die in der Abwendung der Zwangsliquidation erblickt wird, teilhaftig zu werden. Diesem Ziel dienen zunächst die Vorschriften, nach denen ein Zwangsvergleich in bestimmten Verfahren oder Verfahrensabschnitten überhaupt nicht stattfindet [vgl. § 173 Anm. 33 unter Nr. 5], und die Bestimmungen, die nur den konkreten einzelnen Vergleich oder Vorschlag eines an sich statthaften Vergleichs für unzulässig oder unwirksam erklären (wegen Formfehlers, mangelnder Legitimation des Vorschlagenden [vgl. § 173 Anm. 32 unter Nr. 4] oder aus anderen Gründen [vgl. § 174 Anm. 12, 13]). Zwischen diesen Regelungen liegen Gestaltungen, die einen an sich statthaften Vergleich aus Gründen ausschließen, die jeden Vergleichsvorschlag in diesem Verfahren betreffen. Dabei ist zwischen dem obligatorischen Ausschluß, der absoluten Unzulässigkeit, die das zur Prüfung des Vergleichsvorschlags berufene Gericht zwingt, den Vorschlag zurückzuweisen oder ihm sonst keine Folge zu geben [vgl. unten zu 3], und dem fakultativen Ausschluß, bei dem eine solche Behandlung des Vorschlags in das Ermessen des Gerichts gestellt wird [vgl. § 176 Anm. 5], zu unterscheiden. Schließlich gehören in diesen Zusammenhang die Vorschriften, nach denen die Bestätigung des Vergleichs zu versagen ist oder versagt werden kann. Eine solche gerichtliche Verwerfung des Vergleichs kann auf seiner Unstatthaftigkeit, auf seinem allgemeinen — obligatorischen oder fakultativen — Ausschluß oder auf der speziellen Unzulässigkeit des konkreten abgeschlossenen Vergleichs beruhen [vgl. § 184 Anm. 11]. 12

2. In vielen Rechtsordnungen begegnen nur einzelne der zu 1 geschilderten Regelungen. Keine Vorschriften über einen allgemeinen Ausschluß des an sich statthaften Vergleichs in dem dort dargelegten Sinne, sondern nur Vorschriften über die Versagung oder Bestätigung des Vergleichs kennen vor allem die Schweiz (Art. 306 I SchKG) und England (§§ 16, 21 B. A.). Weitgehend wird es jedoch wie im deutschen Recht als zweckmäßig angesehen, schon die Verhandlung und Beschlußfassung über den Vergleich zu hindern, wenn ihm aus allgemeinen Gründen [für den Fall der speziellen Unzulässigkeit vgl. § 174 Anm. 12, 13] die Wirksamkeit versagt werden soll.

3. Die Gründe eines allgemeinen obligatorischen Ausschlusses des an sich statthaften Vergleichs entsprechen nur zum Teil den in Deutschland anerkannten Gründen absoluter Unzulässigkeit (§ 175 KO). Sie sind mitunter nicht ausdrücklich bestimmt, sondern ergeben sich erst aus dem Zusammenhang mit anderen Vorschriften. Dies gilt insbesondere für Frankreich, wo der Zwangsvergleich nur im Verfahren des *règlement judiciaire* zulässig ist [vgl. § 173 Anm. 33 unter Nr. 5d], dieses Verfahren aber aus bestimmten Gründen in die *faillite* übergeleitet werden muß. Die Gründe dieser Überleitung (*conversion obligatoire*) sind damit im Ergebnis auch Gründe eines obligatorischen Ausschlusses des Vergleichs. 13

a) Die Flucht des Gemeinschuldners ist ausdrücklich Grund absoluter Unzulässigkeit (obligatorischen Ausschlusses) des Vergleichs vor allem in Österreich (§ 141 I KO). Sie kann jedoch auch sonst das Zustandekommen eines Vergleichs hindern, insoweit zu dessen Abschluß das persönliche Erscheinen des Gemeinschuldners gefordert und eine Vertretung nur bei entschuldbarer Verhinderung zugelassen wird. So insbesondere in Frankreich (der Gemeinschuldner muß den Vergleich im Termin unterzeichnen; Art. 123 D. 20 mai 1955 = Art. 559 I C. com; vgl. Houin, aaO. Nr. 2428), Belgien und Luxemburg (Erscheinen ausdrücklich vorgeschrieben; Art. 511 II C. com).

b) Die Verweigerung des Offenbarungseids ist Grund obligatorischen Ausschlusses des Vergleichs auch in Österreich (§ 141 I KO). In anderen Rechten ist der Zwangsvergleich ausgeschlossen, wenn der Gemeinschuldner eine ähnliche oder anderweitige Mitwirkung zur Durchführung des Verfahrens verweigert oder in anderer Weise als durch Verweigerung des Offenbarungseids eine Verschleierung seiner Vermögenslage versucht. So geht der Schuldner in Frankreich im letzteren Fall der Vorzüge des *règlement judiciaire* verlustig (notwendige *conversion en faillite* mit der Folge des Ausschlusses eines Zwangsvergleichs; Art. 138 III D. 20 mai 1955 = Art. 574 III C. com.), im ersteren Fall kann er sich wegen einfachen Bankrotts strafbar machen (Art. 614—7 Nr. 4 C. com.) mit der Folge fakultativer Überleitung des *règlement judiciaire* in die *faillite* (Art. 139 Nr. 4 D. 20 mai 1955 = Art. 575 Nr. 4 C. com.) nach entsprechender strafrechtlicher Verurteilung [vgl. § 176 Anm. 5 unter Nr. 3].

---

*) Bearbeitet von Prof. Dr. Günther Jahr, Saarbrücken. Wegen der Literatur und der Abkürzungen wird auf Bd. I S. LXIIIff. verwiesen.

c) Die Anhängigkeit einer gerichtlichen Untersuchung wegen betrügerischen Bankrotts wird nur selten als besonderer Grund absoluter Unzulässigkeit erwähnt. Dabei wird jedoch mitunter klarer als nach deutschem Recht zwischen definitiver und nur aufschiebender Wirkung dieses Grunds unterschieden. Dies gilt insbesondere in Rechtsordnungen, die den Zeitraum, innerhalb dessen ein Zwangsvergleich abgeschlossen werden kann, scharf begrenzen [vgl. § 173 Anm. 33 unter Nr. 5]. So tritt nach französischem Recht in diesem Fall lediglich ein Aufschub (*sursis*) des Vergleichs ein (Art. 125 D. 20 mai 1955 = Art. 561 C. com.), der jedoch auch einen Aufschub der — erst nach Scheitern des Vergleichs zulässigen — Liquidation zur Folge hat. In Belgien und Luxemburg kommt es in diesem Fall nur zum Aufschub, wenn die Gläubiger dies mit den für den Abschluß des Vergleichs erforderlichen Mehrheiten beschließen; die Ablehnung des Aufschubs ist Verwerfung des Vergleichs, wirkt also definitiv (Art. 514 II C. com.).

d) Die rechtskräftige Verurteilung wegen betrügerischen Bankrotts ist dagegen in größerem Umfang Grund obligatorischen Ausschlusses des Vergleichs. So neben Frankreich (die Verurteilung macht die *conversion en faillite* obligatorisch; Art. 138 Nr. 1 D. 20 mai 1955 = Art. 574 Nr. 1 C. com.), Belgien und Luxemburg (Art. 514 I C. com.) vor allem Österreich (Art. 141 I KO).

In manchen Rechtsordnungen machen betrügerische Vermögensverschleierungen und das Unterlassen ordnungsmäßiger Buchführung auch dann einen Vergleich absolut unzulässig, wenn der Gemeinschuldner deswegen nicht strafrechtlich verurteilt worden ist. Dies gilt vor allem für Frankreich, wo in diesen Fällen wie bei rechtskräftiger Verurteilung das *règlement judiciaire* ausgeschlossen oder in die *faillite* überzuleiten ist (Art. 138 Nr. 3 i. V. mit Art. 12 Nr. 2 und 3 D. 20 mai 1955 = Art. 574 Nr. 3 i. V. mit Art. 448 II Nr. 2 und 3 C com.).

e) Im französischen Recht schließt auch die Zuwiderhandlung gegen ein Berufsverbot das *règlement judiciaire* aus; wird der Verstoß erst später entdeckt, so ist die den Zwangsvergleich ausschließende *conversion en faillite* obligatorisch (Art. 138 Nr. 3 i. V. mit Art. 12 Nr. 1 D. 20 mai 1955 = Art. 574 Nr. 3 i. V. mit Art. 448 II Nr. 1 C. com.).

f) Eine frühere Insolvenz wird heute allgemein nicht mehr als Grund obligatorischen Ausschlusses des Vergleichs angesehen, sondern kann höchstens noch einen fakultativen Ausschluß rechtfertigen [vgl. § 176 Anm. 5 unter Nr. 3].

g) Auch das Scheitern eines Vergleichs macht einen späteren Vergleich nur noch in wenigen Rechtsordnungen absolut unzulässig, kann dagegen häufiger einen fakultativen Ausschluß begründen. Grund absoluter Unzulässigkeit ist das Scheitern insbesondere in den Rechtsordnungen, die die Zulässigkeit des Vergleichs auf ein bestimmtes Stadium des Verfahrens beschränken, dieses Stadium aber mit dem Scheitern eines Vergleichs als beendet ansehen. Dazu gehören vor allem die Niederlande [vgl. § 173 Anm. 33 unter Nr. 5f], wo die Folge eines obligatorischen Ausschlusses ausdrücklich angeordnet wird (Art. 158 F. W.), im Ergebnis auch Belgien und Luxemburg [vgl. § 173 Anm. 33 unter Nr. 5e]; in Frankreich dagegen führt seit der Reform von 1955 das Scheitern eines Vergleichs nur zum fakultativen Ausschluß [vgl. § 176 Anm. 5 unter Nr. 2]. Italien schreibt vor, daß nach Scheitern eines Zwangsvergleichs ein neuer Vergleich nicht bestätigt werden kann, wenn nicht vor der Verhandlung der zur Ausführung des Vorschlags erforderliche Geldbetrag hinterlegt wird (Art. 141 L. F.).

§ 176

Auf Antrag des Verwalters und, wenn ein Gläubigerausschuß bestellt ist, des letzteren kann das Gericht den Vergleichsvorschlag zurückweisen, wenn bereits in dem Konkursverfahren ein Vergleichsvorschlag von den Gläubigern abgelehnt oder von dem Gerichte verworfen oder von dem Gemeinschuldner nach der öffentlichen Bekanntmachung des Vergleichstermins zurückgezogen worden ist.

Materialien: Motive I Bd. 2 S. 152ff., Motive II S. 410f., Protokolle S. 111, 183, 214.

Freigestellte Zurückweisung des Vorschlags

I. Voraussetzungen der freigestellten Zurückweisung

1 Der rechtzeitige (§ 173) und inhaltlich genügende (§ 174) Vorschlag eines gesetzlich zulässigen Zwangsvergleichs (§ 175) „kann" [Anm. 4] vom Konkursgericht unter folgenden Voraussetzungen zurückgewiesen werden:

1. Stets muß der Konkursverwalter, beim Vorhandensein eines Gläubigerausschusses müssen Verwalter und Ausschuß die Zurückweisung übereinstimmend beim Konkursgericht, sei es schriftlich oder zu Protokoll der Geschäftsstelle [§ 72 Anm. 3b] **beantragen;** sie erfolgt also nicht von Amts wegen, aber auch nicht auf Antrag von anderer Seite. Die Empfehlung der Nichtannahme nach § 177 genügt dem Antragserfordernis nicht, zumal Ausschuß und Verwalter den Zurückweisungsantrag nur einheitlich stellen können. Beschwerde gegen Ablehnung: Anm. 4.

2. Außerdem muß wenigstens einer der nachfolgenden **Zurückweisungsgründe** vorliegen: es muß nämlich bereits in diesem Konkursverfahren 2

a) entweder ein Vergleichsvorschlag von den Gläubigern abgelehnt (§ 182) oder vom Gemeinschuldner nach bewirkter Bekanntmachung des Vergleichstermins (§§ 76, 179, 180) zurückgezogen [§ 173 Anm. 26] worden sein oder aber

b) ein von den Gläubigern bereits angenommener Vergleich — der § 176 sagt ungenau 3
auch hier „Vergleichsvorschlag" — vom Konkursgericht nach Maßgabe der §§ 186—188 „verworfen" worden sein. Dagegen bildet eine Ablehnung wegen Verspätung (§ 173) oder inhaltlicher Unzulänglichkeit eines Vorschlags (§ 174), wegen früherer Unzulässigkeit nach § 175 Nr. 1, 2 oder auf Grund des § 176 selbst keine „Verwerfung" im Sinne unserer Vorschrift. Andererseits genügt es, wenn der Gemeinschuldner gestorben ist, daß im schwebenden Konkurs der Erblasser bereits einen Vergleichsvorschlag zurückgezogen hatte [a] oder daß die „Verwerfung" (§§ 186—188) ihm gegenüber ausgesprochen worden war (gegen Schimmelbusch RheinA 107 S. 75). In der Reformliteratur wird eine Erweiterung der Zurückweisungsbefugnis des Konkursgerichts über die rein formellen Gründe des § 176 hinaus vertreten; sie sollte auch auf Grund einer sachlichen Prüfung der Angemessenheit und Durchführbarkeit des vorgeschlagenen Zwangsvergleichs gegeben sein (z. B. Tidow KTS 1956 S. 103, Böhle-Stamschräder KTS 1959 S. 73) [siehe auch § 175 Anm. 2].

II. Die Entscheidung des Konkursgerichts

Die Zurückweisung ist in allen Fällen des § 176 dem pflichtmäßigen **Ermessen** des Konkursgerichts anheimgestellt („kann"). Sie wird zur Amtspflicht, wenn das Gericht sie im Gläubigerinteresse für angebracht hält, namentlich wenn es überzeugt ist, daß der Vorschlag keine Aussicht hat und darum nur nutzlose Mühen und Kosten verursachen würde. Sie ergeht aber immer nur mit Rücksicht auf die dermalige Lage der Dinge. Darum steht sie der Zulassung eines neuen Vorschlags nicht entgegen. Zust. Böhle-Stamschräder[6] Anm. 2. Auch wirkt ein unanfechtbar gewordener Beschluß der Verwerfung des Vergleichs auf Grund der §§ 186ff. keineswegs eine auch bei veränderter Sachlage die Zulassung eines neuen — wäre es selbst inhaltsgleichen — Vorschlags hindernde Rechtskraft (vgl. Motive II S. 410 gegen Hullmann Anm. 2). Noch weniger hat eine frühere Ablehnung durch die Gläubiger (§ 182) solche Wirksamkeit. Der Zurückweisungsbeschluß wird dem Gemeinschuldner zugestellt, üblicherweise auch dem Verwalter mitgeteilt, während die Antragsablehnung dem antragstellenden Verwalter und etwaigen Ausschuß zuzustellen ist. Gegen den Zurückweisungsbeschluß steht dem Gemeinschuldner, gegen die Ablehnung des Antrags auf Zurückweisung immer nur dem Verwalter — nicht auch dem Ausschuß als Mitantragsteller oder einzelnen Ausschußmitgliedern [§ 73 Anm. 8] —die sofortige Beschwerde zu (§ 73). 4

Zusatz. Fremde Rechte.*

1. Die in § 176 KO behandelten Probleme werden in vielen ausländischen Rechten 5
in verschiedener Hinsicht anders behandelt als nach deutschem Recht. Das Scheitern eines Vergleichs führt mitunter zum obligatorischen Ausschluß eines späteren Vergleichs [vgl. § 175 Anm. 12f. unter Nr. 1 und 3g]. Der in Deutschland nur für diesen Fall vorgesehene allgemeine fakultative Ausschluß eines Vergleichs [vgl. § 175 Anm. 12 unter Nr. 1] begegnet im Ausland auch in anderen Fällen [vgl. unten zu 3].

*) Bearbeitet von Prof. Dr. Günther Jahr, Saarbrücken. Wegen der Literatur und der Abkürzungen wird auf Bd. I S. LXIIIff. verwiesen.

2. Die **Wiederholung eines Vergleichs** ist wie in Deutschland fakultativ ausgeschlossen vor allem in Österreich (§ 142 Nr. 4 KO) und in Frankreich (Art. 139 Nr. 2 D. 20 mai 1955 = Art. 575 Nr. 2 C. com.; vgl. unten zu 3). Zum obligatorischen Ausschluß einer Wiederholung vgl. § 175 Anm. 13 unter Nr. 3g.

3. Auch **andere Gründe** eines allgemeinen fakultativen Ausschlusses des Vergleichs begegnen vor allem in Österreich und Frankreich.

a) **Österreich** kennt als solche Gründe eine frühere Insolvenz in den letzten 5 Jahren (Konkurseröffnung oder Ablehnung mangels Masse, Einstellung oderBeendigung eines Ausgleichsverfahrens) und die Tatsache, daß es „infolge der Beschaffenheit oder des Mangels geschäftlicher Aufzeichnungen des Gemeinschuldners nicht möglich ist, einen hinreichenden Überblick über dessen Vermögenslage zu gewinnen" (§ 142 Nr. 1—3 KO).

b) In **Frankreich** wirkt die in das Ermessen des Gerichts gestellte *conversion en faillite* (*conversion facultative*), die den Vergleich ebenso zwingend ausschließt wie die *conversion obligatoire*, als fakultativer Ausschluß des Vergleichs in dem hier und in Anm. 12 zu § 175 unter Nr. 1 entwickelten Sinne. Gründe eines solchen Ausschlusses sind neben dem Scheitern eines früheren Vergleichs im selben Verfahren die Verzögerung der Erklärung der Zahlungseinstellung (= der Stellung des Konkursantrags), die Verurteilung wegen einfachen Bankrotts, die Begehung von Handlungen, die im wesentlichen den Tatbeständen des einfachen Bankrotts, der Gläubigerbegünstigung und der Schuldnerbegünstigung des deutschen Rechts (§§ 240—242 KO) entsprechen, böswillige oder leichtfertige Geschäftsmaßnahmen und grobe Verletzungen der Regeln und Gebräuche des Handels (Art. 139 Nr. 1, 4—10 D. 20 mai 1955 = Art. 575 Nr. 1, 4—10 C. com.).

4. Zum **Verfahren** ist zu bemerken, daß sowohl in Österreich wie in Frankreich der fakultative Ausschluß des Vergleichs aus den zu 2 und 3 dargelegten Gründen auch **von Amts wegen** angeordnet werden kann. Österreich schreibt die „Einvernehmung des Masseverwalters und des Gläubigerausschusses" vor (§ 142 KO). Frankreich kennt ein Antragsrecht des Verwalters und jedes Gläubigers und schreibt die Anhörung des Gemeinschuldners vor (Art. 137 D. 20 mai 1955 = Art. 573 C. com.). In beiden Rechtsordnungen entscheidet nicht der Richterkommissar, sondern das kollegiale Konkursgericht [vgl. § 71 Anm. 21].

§ 177

Wird der Vergleichsvorschlag nicht zurückgewiesen, so hat der Gläubigerausschuß sich über die Annehmbarkeit des Vorschlags zu erklären.

Erklärt der Gläubigerausschuß den Vorschlag nicht für annehmbar, so ist ein Widerspruch des Gemeinschuldners gegen die Verwertung der Masse nicht zu berücksichtigen.

Materialien: Motive I Bd. 2 S. 153f., Motive II S. 411, Protokolle S. 111, 184.

Begutachtung des Vorschlags durch den Gläubigerausschuß

1 I. Ist ein **Gläubigerausschuß** bestellt [§ 87 Anm. 3], so hat dieser zur Aufklärung der Gläubiger und des Gerichts das Vergleichsanerbieten einer Vorprüfung zu unterziehen und sich über dessen **Annehmbarkeit gutachtlich zu äußern.**

1. Zu diesem Zwecke teilt das Gericht einen — nicht von vornherein als unzulässig erscheinenden (§§ 173—176) — Vorschlag dem Gläubigerausschuß mit, ohne dadurch seinerseits zur Frage der Zulässigkeit endgültig Stellung zu nehmen, also unbeschadet der Möglichkeit einer nachträglichen Zurückweisung. Es ist ratsam, bei der Zuleitung an den Ausschuß diesem eine angemessene Frist zur Erklärungsabgabe zu bestimmen. Dem Ausschuß muß der Schuldner nach § 100 die erforderliche Auskunft erteilen. Das Gutachten ist vom Ausschuß als solchem, nicht nur von einzelnen Ausschußmitgliedern zu erstatten; aber die einzelnen Mitglieder tragen die Verantwortung (§ 89). Da das Gericht keine Aufsichtsgewalt gegenüber dem Ausschuß hat [§ 87 Anm. 1] und die Erklärung des letzteren nur ein für das Gericht unverbindliches Gutachten sein soll, setzt das Gericht nach Ablauf der Erklärungsfrist den Vergleichstermin auch dann an, wenn der Ausschuß sich nicht

geäußert hat (vgl. § 179 I Satz 3). Nur bleibt eben dann Abs. II unanwendbar [Anm. 3]. Die Erklärung des Ausschusses (vgl. §§ 178, 179) kann schriftlich oder zu Protokoll der Geschäftsstelle [§ 72 Anm. 3b] erfolgen. Sie kann auf Grund einer Verständigung zwischen Schuldner und Ausschuß auch unaufgefordert bei Gericht eingereicht werden (vgl. Motive II S. 411f.), was sehr oft bereits bei Anbringung des Vorschlags geschieht. Muster bei Schrader-Bauer Hdb.[2] F III 139 S. 123, Mohrbutter-Haarmann Leitfaden S. 288. Die Erklärung des Ausschusses kann ihrem Zwecke entsprechend widerrufen werden. Zust. Böhle-Stamschräder[6] Anm. 1. Sie wird auch nicht etwa mit dem Tode des Gemeinschuldners unwiderruflich (abw. F. Wach S. 16). Ein Vorschlag, der mit Rücksicht auf die Persönlichkeit des Erblassers annehmbar erschien, kann, von einem minder vertrauenswürdigen Erben aufgenommen, Bedenken erregen [siehe § 173 Anm. 27].

2. Sollte das Gericht **versäumt** haben, ein Gutachten des Ausschusses einzufordern, und ein solches auch nicht unaufgefordert eingereicht worden sein, so ist eine Verfahrensvorschrift verletzt, die nach dem zwingenden Gebote des § 186 Nr. 1 eine Vergleichsbestätigung ausschließt. Daraus folgt aber keineswegs, daß der Vergleich nun verworfen werden müßte. Denn „das Fehlende kann ergänzt werden". Das Konkursgericht hat daher das Gutachten nachträglich einzuholen und es den Vorschriften der §§ 178, 179 entsprechend zu behandeln. Hatten die Gläubiger den Vorschlag bereits angenommen, so muß die Abstimmung in einem neuen Termin wiederholt werden. Petersen-Kleinfeller Anm. 5, Mentzel-Kuhn[7] Anm. 1, Böhle-Stamschräder[6] Anm. 1, Mohrbutter-Haarmann Leitfaden S. 121. Heilung des Mangels: § 184 Anm. 4. 2

II. Erklärt der Ausschuß den Vorschlag **für unannehmbar,** so nimmt das Vergleichsverfahren (unbeschadet des § 176) gleichwohl seinen Fortgang: die Entscheidung steht bei der Gläubigerversammlung (§ 182). Die Mißbilligung des Vorschlags durch den Ausschuß hat aber nach Abs. II zur Folge, daß einer Verwertung der Masse vom Schuldner aus dem Grunde der Einreichung eines Vergleichsvorschlages nicht mehr wirksam widersprochen werden kann (gegen § 135 II mit § 133 Nr. 1). Näheres § 130 Anm. 4, § 135 Anm. 3. 3

III. Im Konkurs einer eingetr. **Genossenschaft** ist vorgeschrieben, daß neben dem Gutachten des (hier obligatorischen) Gläubigerausschusses (§ 103 GenG), der die Annehmbarkeit vom Standpunkt der Gläubigerinteressen aus zu prüfen hat, sich auch der Revisionsverband, dem die Genossenschaft angeschlossen ist, darüber äußern muß, ob der Zwangsvergleich mit den Interessen der Genossen vereinbar ist (§ 115e II Nr. 1 GenG). Für die Einholung und Erstattung dieses Gutachtens sowie für die Folgen einer Versäumung seiner Einholung gelten die Ausführungen über die gutachtliche Äußerung des Gläubigerausschusses [Anm. 1, 2] entsprechend. Erklärt der Revisionsverband den Vorschlag für unvereinbar mit den Interessen der Genossen, so hat dies weder die Folge des § 177 II KO, noch ist das Konkursgericht gehalten, mit Rücksicht auf eine derartige Äußerung dem angenommenen Zwangsvergleich die Bestätigung zu versagen (siehe auch Lang-Weidmüller GenG[27] § 115e Anm. 6). Für den Versicherungsverein a. G. gilt die Bestimmung nicht, da es Revisionsverbände im Versicherungswesen nicht gibt. In der Reformliteratur wird für jeden Zwangsvergleich die Einschaltung der Berufsvertretung nach dem Vorbild des § 14 VerglO vertreten (Böhle-Stamschräder KTS 1959 S. 73). 4

IV. Eine gutachtliche Äußerung des **Konkursverwalters** schreibt das Gesetz (anders für das Konkursabwendungsverfahren: § 40 III VerglO) nicht vor, wie es überhaupt dem Verwalter im Zwangsvergleichsverfahren nur eine untergeordnete Rolle zuweist [§ 173 Anm. 28]. In der Praxis ist die Einholung einer Äußerung des Verwalters allerdings durchaus üblich [siehe auch § 179 Anm. 6]. Sie ist insbesondere dann im Interesse der Gläubiger angezeigt, wenn kein Gläubigerausschuß besteht, und überdies in jedem Falle geboten, da ohne eine solche Äußerung das Konkursgericht nicht in der Lage ist, zu entscheiden, ob der Zwangsvergleichsvorschlag mangels einer für die nach § 191 zu berücksichtigenden Gläubiger ausreichenden Masse als 5 unzulässig zurückzuweisen ist [§ 175 Anm. 1, § 191 Anm. 6]. Muster bei Schrader-Bauer HdB.[2] F III 140 S. 123, Mohrbutter-Haarmann Leitfaden S. 288. Erklärt der Verwalter den Vergleichsvorschlag für unangemessen oder mangels Erfüllbarkeit für unannehmbar, so nimmt das Vergleichsverfahren ebenso wie bei einer entsprechenden Äußerung des Gläubigerausschusses [Anm. 3] gleichwohl seinen Fortgang; denn nach geltendem Recht sind die Äußerungen von Konkursverwalter und Gläubigerausschuß (abgesehen von Abs. II) nur Grundlage für die Entscheidung der Vergleichsgläubiger über die Annahme des Vergleichsvorschlages, nicht aber für eine Zurückweisung des Vergleichsvorschlages durch das Gericht, es sei denn, daß in ihnen Unzulässigkeitsgründe [§ 175 Anm. 1] geltend gemacht sind. Zur Reform vgl. § 175 Anm. 2 mit Verw.

§ 178

Der Vorschlag und die Erklärung des Gläubigerausschusses sind auf der Geschäftsstelle zur Einsicht der Beteiligten niederzulegen.

Materialien: Motive I Bd. 2 S. 154ff., Motive II S. 412, Protokolle S. 111. 184, Kommissionsbericht S. 2036.

Niederlegung von Vorschlag und Gutachten

1 Spätestens bei Anberaumung des Vergleichstermins (vgl. § 179 II) muß das Konkursgericht den Vorschlag des Gemeinschuldners (nebst Verbürgungszusagen) und das etwaige Ausschußgutachten (§ 177) auf der Geschäftsstelle zur Einsicht aller Beteiligten niederlegen. Muster bei Schrader-Bauer Hdb.[2] F III 143 S. 126. Inventar und Bilanz des Verwalters liegen nach § 124 auf. Alle diese Schriftstücke können die Vorbereitung der Beteiligten auf den Vergleichstermin fördern (siehe § 179 I 3). Abschriften von Vorschlag und Gutachten darf jeder Beteiligte erheben (§ 72 KO mit § 299 ZPO). Siehe § 124 Anm. 4. Die Niederlegung wird bis zum Vergleichstermin andauern müssen. Auch ein Gutachten des Konkursverwalters [§ 177 Anm. 5] wird zweckmäßigerweise zur Einsicht niedergelegt. Da aber seine Einholung nicht vorgeschrieben ist, stellt das Unterbleiben der Niederlegung keinen Mangel des Verfahrens dar.

§ 179

Der Vergleichstermin soll nicht über einen Monat hinaus anberaumt werden. Der Termin ist öffentlich bekannt zu machen. Zu demselben sind der Gemeinschuldner, der Verwalter, sowie unter Mitteilung des Vergleichsvorschlags und des Ergebnisses der Erklärung des Gläubigerausschusses die nicht bevorrechtigten Konkursgläubiger, welche Forderungen angemeldet haben, besonders zu laden.

In der Bekanntmachung ist zu bemerken, daß der Vergleichsvorschlag und die Erklärung des Gläubigerausschusses auf der Geschäftsstelle des Konkursgerichts zur Einsicht der Beteiligten niedergelegt seien.

Materialien: Motive I Bd. 2 S. 154ff., Motive II S. 412ff., Protokolle S. 111, 184, Begründung S. 44, Kommissionsbericht S. 1963, 2036f.

Der Vergleichstermin

I. Anberaumung des Termins

1 Die Vergleichsverhandlungen finden in einem gerichtlichen Termin, **dem Vergleichstermin,** statt, der nach der Sollvorschrift des Abs. I Satz 1 [§ 186 Anm. 2] nicht über einen Monat hinaus (berechnet vom Tage der Verfügung an; abw. Mentzel-Kuhn[7] Anm. 2: von dem Zeitpunkt an, in welchem die Bekanntmachung nach § 76 I als bewirkt gilt), aber jedenfalls so anzuberaumen ist, daß die Beteiligten sich in der Zwischenzeit hinreichend vorbereiten können. Verbindung mit dem Prüfungstermine: § 180; weitere Punkte der Tagesordnung: § 180 Anm. 4.

Der Termin ist öffentlich nach Maßgabe des § 76 bekannt zu machen (Abs. I S. 2). Um die Gläubiger darauf hinzuweisen, wo sie sich näher unterrichten können, ist nach Abs. II in der Terminsbekanntmachung ausdrücklich zu bemerken, daß der Vorschlag des Schuldners und das etwaige Ausschußgutachten auf der Geschäftsstelle des Konkursgerichts zur Einsicht aufliegen (§ 178). Das Fehlen des Vermerks wäre nicht bedeutsam genug, um eine Vergleichsverwerfung nach § 186 Nr. 1 oder auch nur den Aufwand einer Ergänzung im Sinne dieser Vorschrift zu rechtfertigen. Zust. Mentzel-Kuhn[7] Anm. 4, Böhle-Stamschräder[6] Anm. 2. Den Inhalt des Vorschlags und Gutachtens hat die Bekanntmachung nicht anzugeben. Der Gemeinschuldner, der Verwalter und alle Anmelder einfacher Konkursforderungen sind noch besonders zu laden (vgl. § 77). Bei dieser Ladung wird den Anmeldern der Inhalt des Vergleichsvorschlags und „das Ergebnis" der Äußerung eines etwaigen Ausschusses (§ 177)mitgeteilt (Abs. I S. 3). Die Ladung, nicht aber auch die Mitteilung wird nach § 76 III durch die öffentliche Bekanntmachung ersetzt, zumal diese über den Inhalt des Vorschlags und Gutachtens keine Auskunft gibt (vgl. Petersen-Kleinfeller Anm. 2; abw. v. Wilmowski-Kurlbaum Anm. 3 u. a.). Das Fehlen der Mitteilung wäre ein Verfahrensmangel im Sinne des § 186 Nr. 1, der aber beim Erscheinen der mangelhaft geladenen Gläubiger heilt. Zust. Mentzel-Kuhn[7] Anm. 3, Böhle-Stamschräder[6] Anm. 2. Muster für Terminsanberaumung, die dabei zu treffenden Verfügungen, Ladungen und öffentliche Bekanntmachung bei Schrader-Bauer Hdb.[2] F III 143—147 S. 126ff.

II. Bedeutung des Termins

1. Indem das Gesetz die Schließung des Zwangsvergleichs in einen Vergleichstermin verlegt (§§ 179, 182), bringt es zum Ausdruck, daß nur die **mündliche Verhandlung der Beteiligten** in diesem Termin vor dem Konkursgericht maßgebend ist für das Zustandekommen des Vertrags und damit als Unterlage der gerichtlichen Bestätigung. Frühere Erklärungen der Beteiligten dienen bloß der Ankündigung, spätere beeinflussen das Terminsergebnis nicht mehr (Motive II S. 412; RG Bd. **122** 361, dazu Bernh. Mayer JW 1929 S. 1662 zu Nr. 21), es wäre denn eine nachträgliche Erklärung ausdrücklich durch den Willen der Vertragsparteien als Bedingung des Vergleichs gesetzt [§ 184 Anm. 6]. Das gilt vor allem für die **Erklärungen der Hauptbeteiligten,** also des Gemeinschuldners und der nicht bevorrechtigten Konkursgläubiger (§ 173). Sie haben als Terminserklärungen die Form von Prozeßhandlungen und müssen daher, um wirksam zu werden, von prozeßfähigen Beteiligten in Person oder von einem prozeßordnungsmäßig handelnden Vertreter (§§ 51, 79ff. ZPO) mündlich im Termin abgegeben werden [§ 173 Anm. 15, 21]. Erst so wird im besonderen der Vergleichsvorschlag zum annahmefähigen Antrag [§ 173 Anm. 21, § 174 Anm. 1]. Die Vertragsschließung erfolgt unter Anwesenden. Daß eine vor dem Termin angebrachte Erklärung genügte, müßte wie etwa im Falle des § 952 II ZPO ausdrücklich bestimmt sein. 2

a) Zur Schließung des Vergleiches kann es daher nur kommen, wenn der prozeßfähige **Gemeinschuldner** im Termin zugegen oder ordnungsgemäß vertreten ist. Bleibt er unvertreten aus, so tritt zwar mangels einer ausdrücklichen Vorschrift nicht die Säumnisfolge ein, daß sein Antrag als zurückgenommen gilt; allein in diesem Termin kann keine gültige Abstimmung vorgenommen werden. Seuffert S. 420f., Fitting § 47 Nr. 1, F. Wach S. 30, Mentzel-Kuhn[7] Anm. 3; abw.: Endemann S. 597, v. Sarwey-Bossert Anm. 1 und Wolff Anm. 3, die den Vergleichsschluß auch für möglich erklären, wenn weder der Schuldner noch ein Bevollmächtigter von ihm erschienen ist. Die hier entwickelte Ansicht ist der Standpunkt der Motive, die — im Gegensatz zum § 174 des Entwurfes einer Gemeinschuldordnung und einigen ausländischen Rechten [Anm. 8] — nicht die Anwesenheit des Schuldners, wohl aber dessen Vertretung für unerläßlich halten. Motive II S. 412. Die scheinbare Stütze der Gegenansicht, daß nämlich in der ursprünglichen Fassung des Abs. I eine Ladung des Gemeinschuldners nicht ausdrücklich vorgeschrieben war, ist durch die Neufassung (Novelle 1898) beseitigt. Zurückziehung und Änderung des Vorschlages im Termin: § 174 Anm. 10. 3

4 **b)** Auch die **Vergleichsgläubiger** müssen im Termin erscheinen oder prozeßordnungsmäßig vertreten sein, wenn es zu einer wirksamen Stimmabgabe kommen soll. Zusagen vor dem Termin bleiben ohne rechtliche Wirksamkeit. Schriftliche Zustimmungserklärungen sind im Vergleichsverfahren des Konkurses (anders im Konkursabwendungsverfahren: § 73 I VerglO; ausländische Rechte: Anm. 8) nicht für ausreichend erklärt. Dadurch, daß die KO den Abschluß des Vergleiches mündlicher Erklärung im Termin vorbehält, wahrt sie mit Vorbedacht allen Beteiligten für diesen Zeitpunkt die Entschließungsfreiheit (Motive aaO.; für Angleichung der KO an § 73 I VerglO Tidow KTS 1956 S. 104). Darum vermag auch kein Gläubiger die Verpflichtung, für einen bestimmten Vorschlag einzutreten, mit dem Erfolg zu übernehmen, daß seine Stimmabgabe wirksam nach § 894 ZPO ersetzt oder im Verfahren der §§ 887, 888 ZPO erzwungen werden könnte. OLG Karlsruhe BadRspr. 1913 S. 32, Stepp Recht 1913 S. 65f. gegen Strecker ebenda S. 4ff.

5 **2.** Für die **Verpflichtungserklärung eines Dritten, namentlich eines Vergleichsbürgen,** und deren Annahme sieht das Gesetz keine Besonderheit vor. Daher muß es für konkurslösende Zwangsvergleiche bei der Stellungnahme des RG Bd. **64** 85 (vgl. auch Bd. **143** 102) bewenden, daß auch Übernahme und Annahme einer Vergleichsbürgschaft nur in der Form mündlicher Prozeßhandlungen vollzogen werden können. Wenn § 85 II VerglO für konkursabwendende Zwangsvergleiche bestimmt, daß die vergleichsmäßige Vollstreckbarkeit „gegen einen Dritten, der für die Erfüllung des Vergleichs neben dem Schuldner ohne Vorbehalt der Einrede der Vorausklage durch eine dem Vergleichsgericht eingereichte schriftliche Erklärung Verpflichtungen übernommen hat", ebenso einsetzt wie auf Grund mündlicher Erklärung im Vergleichstermin, so wird damit ein für das gerichtliche Vergleichsverfahren bestehender Streit (RG Bd. **143** 100, Bd. **146** 300 mit Verw.) durch ausdrückliche Sonderregelung geschlichtet, nicht aber das Konkursrecht geändert. Die Erhebung privatschriftlicher Erklärungen zu Vollstreckungstiteln ist eine derart regelwidrige und sachlich anfechtbare Maßnahme, daß sie streng auf ihren Geltungsbereich beschränkt bleiben muß. Auch die Sondervorschrift des § 115e II Nr. 5 GenG, derzufolge bei Zwangsvergleichen zur Beendigung von Genossenschaftskonkursen die Vollstreckung gegen einen Garanten stattfindet, wenn er die Verpflichtung „in öffentlich beglaubigter Form gegenüber dem Gericht oder mündlich im Vergleichstermin" erklärt hat, duldet keine Verallgemeinerung. Zust. Mentzel-Kuhn[7] § 173 Anm. 2, Böhle-Stamschräder[6] Anm. 1, Baur bei Schönke-Baur[7] § 53 B II 2a, Tidow KTS 1956 S. 102. Wird die Vergleichsschließung durch Übernahme einer inhaltlich schon im Vergleich selbst (§ 194) bestimmten Bürgschaft aufschiebend bedingt [§ 184 Anm. 6], dann werden Vergleich und Verbürgung mit der zu Protokoll der Geschäftsstelle des Vergleichsgerichts abgegebenen oder dort in öffentlicher Urkunde eingereichten Erklärung des Garanten wirksam. Einer Unterwerfungsklausel im Sinne des § 794 I Nr. 5 ZPO bedarf die Erklärung nicht, da sie Vergleichsbestandteil wird [§ 194 Anm. 5]. Einfache Schriftform genügt aber, um eine Vollstreckbarkeit gegen den Vergleichsbürgen auszulösen, beim Zwangsvergleich ebensowenig als in Fällen des § 794 I Nr. 1 ZPO (Jaeger KonkTreuh. 1929 S. 19). Im übrigen siehe § 173 Anm. 15; § 181 Anm. 4f.; § 194 Anm. 5.

6 **3.** Die Anwesenheit des **Konkursverwalters** ist zwar zu Zwecken der Aufklärung wünschenswert, aber nicht unerläßlich, da er den Gemeinschuldner als Vertragsgenossen beim Abschlusse des Zwangsvergleichs nicht gesetzlich zu vertreten und im Vergleichstermin höchstens eine beratende, nicht eine entscheidende Stimme abzugeben hat. Doch kann ihn das Gericht nach Maßgabe der §§ 83, 84 zum Erscheinen anhalten.

III. Gang der Terminsverhandlung

7 Zur Vorbereitung des Termins empfiehlt sich die Aufstellung einer **Stimmliste,** aus der zu ersehen ist, welche der nicht bevorrechtigten Konkursforderungen bereits festgestellt oder doch mit bleibendem Stimmrecht ausgestattet sind. Die Ent-

scheidungen der §§ 95, 96 müssen der Vergleichsverhandlung selbst (auch in Fällen des § 180) vorausgehen. Alsdann ist die Stimmliste zu ergänzen und zu berichtigen. Dabei bleibt zu beachten, daß auch das Stimmrecht unvertreten abwesender Gläubiger nach § 182 I Nr. 2 in Ansatz kommt. Muster einer Stimmliste bei Schrader-Bauer Hdb.[2] F III 149 S. 132f. Der Amtsrichter eröffnet, leitet und schließt die **Verhandlung** (§§ 136, 139 ZPO, § 72 KO), die wie alle Termine vor dem Konkursgericht keine öffentliche ist [§ 72 Anm. 2]. Er erteilt, nachdem die Person der Beteiligten und ihre Vertretung (§§ 56, 88 II, 159 II Nr. 4 ZPO) festgestellt ist, dem Gemeinschuldner oder seinem Vertreter das Wort zur Antragstellung (§§ 136 II, 137 I ZPO) und zur Begründung des Antrags. Der Konkursverwalter und ein etwaiger Gläubigerausschuß pflegen hierauf, obwohl das im Gesetz nicht vorgeschrieben ist, auch noch mündlich (vgl. § 177) mit ihrem Gutachten gehört zu werden. Den Beteiligten, auch den Vergleichsbürgen, ist Gelegenheit zu Anfragen und Erklärungen [Anm. 5] zu bieten. Im übrigen bemerken die Motive II S. 413: „Der Richter hat dafür zu sorgen, daß der Vorschlag genau, vollständig und den gesetzlichen Bestimmungen gemäß sei, eine Abstimmung mit Ja oder Nein und im Falle der Annahme und Bestätigung eine Aufhebung des Verfahrens nach Vorschrift der Gesetze ermögliche". Die Befugnis des Gerichts, den Vergleichstermin (zur weiteren Aufklärung, zur Beibringung neuer Sicherheiten, Ergänzung des Vergleichsvorschlages usw.) vor der Abstimmung zu vertagen, ergibt sich aus § 227 ZPO, § 72 KO [§ 93 Anm. 7]; eine öffentliche Bekanntmachung und besondere Ladungen sind für den neuen Termin nicht erforderlich (§ 93 II S. 2 KO, § 218 ZPO mit § 72 KO). Änderung des Vergleichsvorschlages im Termin: § 174 Anm. 10. Hat die Abstimmung mit negativem Erfolg stattgefunden, so kann ein neuer Vergleichstermin nur unter den Voraussetzungen des § 182 II angesetzt werden — in diesem Falle hat der Gemeinschuldner einen Anspruch auf „Wiederholung" der Abstimmung [§ 182 Anm. 9] — dagegen ist für eine Vertagung nach § 227 ZPO jetzt kein Raum mehr (zutr. LG Düsseldorf KTS 1961 S. 15). Ist im Vergleichstermin kein Gläubiger erschienen, so ist nicht etwa ohne weiteres der Vergleichsvorschlag als abgelehnt anzusehen, da dieser gar nicht rechtlich wirksam erklärt werden konnte; die Vertagung liegt hier gemäß § 227 ZPO im Ermessen des Gerichts, gegen die einen Vertagungsantrag ablehnende Entscheidung hat der Gemeinschuldner die sofortige Beschwerde (§ 73 III). Wird der Termin nicht vertagt, so ist allerdings das Vergleichsverfahren gescheitert. Ein neuer Vergleichsvorschlag unterliegt dann sinngemäß dem § 176. Ist im Vergleichstermin nur ein Vertreter erschienen, für die vertretenen Gläubiger aber nicht „aufgetreten" (so offenbar im Falle LG Düsseldorf aaO.), so muß dies dahin verstanden werden, daß die betreffenden Gläubiger zwar „anwesend" waren (im Sinne des § 182 I Nr. 1) — der Vertreter hätte sich sonst aus der nicht öffentlichen Verhandlung [§ 72 Anm. 2] entfernen müssen —, sich aber zum Vergleichsvorschlag nicht geäußert, diesem also nicht zugestimmt haben [§ 182 Anm. 3]; der Vertagungsantrag ist daher mit Recht abgelehnt worden, da kein Fall des § 182 II vorlag. Nach erschöpfender Erörterung erfolgt die **Abstimmung** (§ 182). Die Vergleichsverhandlung mit Einschluß etwaiger Verbürgungen wird in einem Terminsprotokoll **beurkundet.** Die Entscheidung des Gerichts, das Abstimmungsergebnis und die Verkündung müssen in das Protokoll oder eine Anlage aufgenommen werden. Zu den Anlagen gehört die ausgefüllte Stimmliste. Einer Unterzeichnung durch den Gemeinschuldner, die Gläubiger und die Vergleichsbürgen bedarf es nicht. §§ 159, 160, 162, 163, 510a ZPO; RG Bd. **64** 85f. Im übrigen siehe Senst Konkursrichter[4] S. 179ff., 241ff., Levy Konkursrecht[2] S. 89ff., Schrader-Bauer Hdb.[2] S. 128ff. mit Muster für das Terminsprotokoll F III 148.

Zusatz. Fremde Rechte.*

1. Allgemein ist zur Verhandlung und Beschlußfassung über den Vergleich eine besondere Versammlung der vom Vergleich betroffenen Gläubiger einzuberufen. Die Versammlung findet in den meisten Rechtsordnungen in einem gerichtlichen Termin statt [zu den Ausnahmen vgl. unten zu 2]. Mitunter wird eine schriftliche Stimm- 8

* Bearbeitet von Prof. Dr. Günther Jahr, Saarbrücken. Wegen der Literatur und der Abkürzungen wird auf Bd. I S. LXIIIff. verwiesen.

abgabe der Gläubiger außerhalb der Versammlung zugelassen [vgl. unten zu 3]. Manche Rechtsordnungen schreiben vor, daß der Gemeinschuldner oder sein Vertreter an der Versammlung teilnehmen müssen [vgl. unten zu 4].

2. Nicht in einem gerichtlichen Termin findet die Gläubigerversammlung vor allem in der Schweiz und in England statt. In der Schweiz wird die Versammlung von der Konkursverwaltung [vgl. § 78 Anm. 15 unter Nr. 1] einberufen und geleitet (Art. 317, 302 SchKG), in England kommen diese Funktionen dem amtlichen Sequester [vgl. § 78 Anm. 15 unter Nr. 1] zu (§§ 16 II, 21 I B. A.).

3. Schriftliche Stimmabgabe außerhalb der Versammlung ist vor allem in der Schweiz, in England und in den USA zulässig.

a) In der Schweiz können Zustimmungserklärungen „auch innerhalb der nächsten zehn Tage nach der Versammlung gegeben werden" (Art. 302 IV SchKG). Schriftliche Ablehnungserklärungen sind demnach unzulässig. Im übrigen ist die gesetzliche Frist nur für die Abgabe gegenüber der Konkursverwaltung maßgebend. Gegenüber der Nachlaßbehörde [vgl. § 173 Anm. 33 unter Nr. 5c], der die Konkursverwaltung nach Ablauf dieser Frist ihre Akten vorzulegen hat, können Zustimmungserklärungen wirksam auch noch später abgegeben werden (vgl. den Entscheid des Bundesgerichts in BGE 35 I 268).

b) In Italien sind schriftliche Stimmabgaben nur als Ablehnung des Vergleichsvorschlags zulässig. Gibt ein stimmberechtigter Gläubiger bis zum Ablauf der dafür bestimmten Frist (nicht weniger als 20, nicht mehr als 30 Tage) seine Stimme nicht schriftlich ab und erscheint er nicht im Vergleichstermin, so gilt eine Zustimmungserklärung als abgegeben (Art. 125, 128 II L. F.).

c) In England hat eine schriftliche Stimmabgabe, die beim amtlichen Sequester bis zum Tag vor der Gläubigerversammlung eingeht, dieselbe Wirkung wie die mündliche Stimmabgabe in der Versammlung; die Erklärung kann auf Zustimmung oder auf Ablehnung lauten (§§ 16 IV, 21 I B. A.).

d) Die USA kennen sowohl im Regelverfahren des *arrangement* wie in den Sonderverfahren der *corporate reorganization* [vgl. § 173 Anm. 30ff unter Nr. 2, 3, 4a und 5h; § 174 Anm. 13 unter Nr. 3c] und des *wage earners' plan* [§ 173 Anm. 30] nur schriftliche Stimmabgaben und zwar nur Zustimmungserklärungen; *qui tacet, dissentire videtur* (§§ 336, 179, 633 B. A. = 11 USC §§ 736, 579, 1033).

4. Wo das persönliche Erscheinen des Gemeinschuldners angeordnet wird, ist seine Vertretung durch einen Bevollmächtigten meist nur zulässig, „wenn er durch wichtige Gründe am persönlichen Erscheinen verhindert ist und wenn das Ausbleiben vom Konkurskommissär für gerechtfertigt erklärt wird" (so in Österreich § 145 III S. 1 KO; in der Sache ebenso Belgien und Luxemburg, Art. 511 II C. com.).

Erscheint der Gemeinschuldner nicht und ist er nicht wirksam vertreten, so gilt in Österreich der Vergleichsvorschlag als zurückgenommen (§ 145 III S. 2 KO). In Frankreich, Belgien und Luxemburg [vgl. § 175 Anm. 13 unter Nr. 3a] muß im Vergleichstermin nicht nur die Annahme des Vergleichsvorschlags durch die Gläubiger, sondern der gesamte Abschluß des Vergleichs — Angebot und Annahme- — erklärt werden; die Säumnis des Schuldners führt daher auch dort zum Scheitern des Vergleichs.

§ 180

Auf Antrag des Gemeinschuldners und, wenn ein Gläubigerausschuß bestellt ist, des letzteren kann das Gericht den Vergleichstermin mit dem allgemeinen Prüfungstermin verbinden.

Materialien: Motive II S. 412, Protokolle S. 111, 184, Kommissionsbericht S. 1963f.

Terminsverbindung

I. Die Verbindung mit dem allgemeinen Prüfungstermin

1 1. Zum Zwecke der Beschleunigung des Verfahrens kann das Konkursgericht **auf Antrag** des Gemeinschuldners und nach Bestellung eines Gläubigerausschusses auf den übereinstimmenden Antrag des Schuldners und des Ausschusses den allgemeinen Prüfungstermin (§ 141) und den Vergleichstermin (§ 179) auf ein und denselben Tag ansetzen. Die Verbindung steht im Ermessen des

Gerichts („kann"), darf aber nicht von Amts wegen erfolgen. Die Antragstellung geschieht durch Einreichung eines Schriftsatzes oder durch Erklärung zu Protokoll der Geschäftsstelle [§ 72 Anm. 3b]. Einen Antrag des Verwalters fordert das Gesetz nicht (Kommissionsbericht S. 1963f. gegen Motive II S. 412 u. v. Völderndorff II S. 566f.; wie hier Mentzel-Kuhn[7] Anm. 1). In erster Linie wird dem Schuldner an der Beschleunigung gelegen sein. Von ihm, nicht vom Verwalter geht der Vergleichsantrag aus (§ 173). Der selbständigen Stellung des Schuldners im Vergleichsverfahren entspricht es weiter, daß die Terminsverbindung unter allen Umständen einen Antrag des Schuldners voraussetzt, auch beim Vorhandensein eines Gläubigerausschusses. Der Wortlaut des Gesetzes zwingt freilich zu dieser Annahme nicht; er schließt sie aber auch nicht aus: „und" nicht „oder". Siehe auch § 176 Anm. 1, 4. Wird der Antrag auf Verbindung abgewiesen, so hat immer nur der Schuldner die sofortige Beschwerde [§ 73 Anm. 8].

2. Da das Konkursgericht den allgemeinen Prüfungstermin sofort „bei" Eröffnung des Verfahrens zu bestimmen hat (§ 110 I), kann die Terminsverbindung nach § 180 nur dann schon von vornherein ausgesprochen werden, wenn der Schuldner den Vergleichsvorschlag bereits vor Konkursbeginn angebracht hat [§ 173 Anm. 23], was höchst selten der Fall sein dürfte. In der Regel wird daher die Verbindung erst **nachträglich** vorgenommen werden; die Statthaftigkeit der nachträglichen Verbindung ergibt sich ohne weiteres daraus, daß § 180 auch den Antrag eines etwaigen Gläubigerausschusses fordert, der immer erst nach Konkurseröffnung gestellt werden kann (§ 87). Andererseits schließt die Gesetzesfassung („wenn" ein Ausschuß bestellt „ist") die Zulässigkeit ursprünglicher Verbindung auf alleinigen Antrag des Schuldners nicht aus. 2

3. Im Falle der Verbindung muß das Prüfungsverfahren dem § 173 zufolge den Vergleichsverhandlungen vorangehen [§ 173 Anm. 23]. Macht das Gericht zugleich von der ihm auch ohne Antrag zustehenden Befugnis Gebrauch, Prüfungstermin und Wahltermin zu verbinden [§ 110 Anm. 2], so muß die Beschlußfassung über Verwalterwahl und Ausschußbestellung dem Prüfungsverfahren vorangehen (vgl. §§ 177 I, 179 I Satz 3). 3

II. Sonstige Terminsverbindungen

Bei Ansetzung des Vergleichstermins hat das Gericht zu prüfen, ob noch weitere Gegenstände auf die Tagesordnung gesetzt werden können. Wird der Vergleichstermin nicht gemäß § 180 mit dem allgemeinen Prüfungstermin verbunden, ist insbesondere der Vergleichsvorschlag erst nach diesem Termin eingereicht worden und sind nachträglich Forderungen angemeldet worden, so ist mit dem Vergleichstermin ein **besonderer Prüfungstermin** (§ 142 I) zu verbinden; dadurch können den Nachzüglern die Kosten der öffentlichen Bekanntmachung erspart werden [§ 142 Anm. 6]. Kann mit Annahme des Vergleichsvorschlages und der Bestätigung des Vergleichs gerechnet werden und ist ein Gläubigerausschuß bestellt, so empfiehlt es sich, als weiteren Punkt der Tagesordnung die Anhörung der Gläubigerversammlung zur Festsetzung der Auslagen und der Vergütung für die Mitglieder des Gläubigerausschusses zu bestimmen (§§ 91 I S. 2, 98, 76) [§ 91 Anm. 2], evtl. auch die Abnahme der Schlußrechung des Verwalters nach § 86 [§ 86 Anm. 3 vgl. auch § 190 Anm. 2]. Vgl. Schrader-Bauer Hdb.[2] S. 125f. und Muster F III 143. 4

§ 181

Der Vergleich muß allen nicht bevorrechtigten Konkursgläubigern gleiche Rechte gewähren. Eine ungleiche Bestimmung der Rechte ist nur mit ausdrücklicher Einwilligung der zurückgesetzten Gläubiger zulässig. Jedes andere Abkommen des Gemeinschuldners oder anderer Personen mit einzelnen Gläubigern, durch welches diese bevorzugt werden sollen, ist nichtig.

Materialien: Motive I Bd. 2 S. 147ff., Motive II S. 407, Protokolle S. 111, 184.

Übersicht

Gleichbehandlung der Gläubiger

I. Bedeutung des Grundsatzes (S. 1)

1 1. Für den Inhalt des Zwangsvergleichs gilt nach § 181 Satz 1 das Gebot uneingeschränkter Gleichstellung aller beteiligten Gläubiger. Der Zwangsvergleich darf der Mehrheit keine anderen Rechte gewähren als der Minderheit, den am Vergleichsverfahren teilnehmenden Gläubigern keine anderen als den nicht teilnehmenden, einzelnen Gläubigern oder Gläubigergruppen keine anderen als den übrigen: keine höheren Beträge, keine günstigeren Bedingungen (wie etwa frühere Befriedigung), keine höherwertigen Zahlungs- oder Sicherungsmittel. Siehe Motive II S. 407. Vom Zwangsvergleich und dementsprechend von der Vorschrift des § 181 betroffen werden **nur die nicht bevorrechtigten Konkursgläubiger** (§ 173 gegen § 191 II), diese aber auch dann, wenn sie dem Konkurs überhaupt oder dem Vergleichsverfahren im besonderen fernbleiben oder gegen den Vergleich stimmen (§ 193). Gerade, weil der Vergleich auch die nicht teilnehmenden und die nicht zustimmenden Gläubiger bindet, ist die Vorschrift der gleichmäßigen Behandlung ein unabweisbares Gebot der Billigkeit. Ihr Zweck geht dahin, zu verhüten, daß ein Gläubiger durch Zusage von Sondervorteilen sich bewegen läßt, für den Zwangsvergleich zu stimmen, obschon dieser dem gemeinsamen Wohle der Beteiligten widerstreitet. So sichert das Gesetz die Gleichheit der Interessen am Zustandekommen und Inhalt der Übereinkunft und rechtfertigt damit den Mehrheitszwang. Vgl. RG Bd. **28** 98, Bd. **61** 298, WarnRspr. 1931 Nr. 100 (verkürzt in KonkTreuh. 1931 S. 90f. Nr. 5); JW 1936 S. 191; BGH LM § 8 VerglO Nr. 2 a. E. (= KTS 1961 S. 88); Kolmar LZ 1909 Sp. 571. Die Beteiligten sind sonach zwar objektiv bestimmbar und auch dies vielleicht nur bedingt (§§ 64, 67); zunächst aber besteht eine subjektive Ungewißheit, die dem Vollzug des Vergleichs Schwierigkeiten bereiten kann. Nur infolge rechtswirksamen Verzichts auf die Forderung selbst (§ 397 BGB) hört ein nicht bevorrechtigter Konkursgläubiger auf, am Zwangsvergleich beteiligt zu sein. Wenn er lediglich auf konkursmäßige Befriedigung verzichtet und dementsprechend die Anmeldung unterläßt oder zurückzieht, ohne jedoch die Forderung selbst aufzugeben, gelten die Vorschriften der §§ 181, 193 gleichwohl für ihn. Der Zwangsvergleich regelt ja gerade eine nichtkonkursmäßige Befriedigung. ObLG SeuffA 53 Nr. 70; v. Völderndorff[2] II S. 569f. Für die Auslegung des Parteiwillens folgt aus der Unabdingbarkeit des Grundsatzes der Gleichbehandlung, daß im Zweifel diejenige Deutung den Vorzug verdient, die mit dem Gebot des § 181 im Einklang bleibt. In diesem Sinne hat das RG LZ 1907 Sp. 283 (insoweit nicht in Bd. **64** 83 abgedruckt) zutreffend erkannt: die Abrede, es sollen die Gläubiger „festgestellter" Forderungen 20 v. H. erhalten, ist mit Rücksicht auf den § 181 so zu verstehen, daß die Vergleichsrechte allen Gläubigern zukommen sollen, deren Forderungen schon beim Vergleichsschluß festgestellt sind oder später festgestellt werden. Zust. OLG München LZ 1915 Sp. 1468f. Nr. 8 auch für Feststellungen (oder freiwillige Anerkennungen) nach dem Konkurs, da der Zwangsvergleich gegen den § 181 verstoßen würde, wenn er sich auf Forderungen

beschränkte, deren Feststellung noch während des Konkursverfahrens erwirkt wird. Ein Vergleichsgedinge des Inhalts, daß der Konkursverwalter aus ihm anvertrauten Mitteln [§ 192 Anm. 5, 6] die bis zum Vergleichsschluß festgestellten Forderungen durch Auszahlung einer bestimmten Quote zu erfüllen habe, während Gläubiger mit später festgestellten Ansprüchen auf die Rechtsverfolgung gegenüber dem Schuldner verwiesen werden, scheitert am Gebot der Gleichbehandlung. Entsprechendes gilt für den Umfang der Haftung eines Vergleichsbürgen (OLG Kolmar LZ 1912 Sp. 792f., München aaO., Hamburg HansRGZ 34 B 131). Siehe auch Hüppner ZZP 11 S. 88.

2. Daß die Rechte aller Beteiligten „einheitlich" bestimmt werden müßten, fordert das Gesetz nicht unbedingt. Es verlangt **sachliche Gleichbehandlung.** Nicht immer verletzt daher eine Ungleichartigkeit der im Vergleichsvorschlag vorgesehenen Berücksichtigung der beteiligten Gläubiger das Gebot des § 181 Satz 1. Es kommt nicht so sehr auf die formelle Gleichbehandlung, sondern auf die wirtschaftliche Gleichwertigkeit des Angebots an. Eine (in diesem Sinne wirtschaftlicher Gleichwertigkeit verstandene) sachliche Gleichbehandlung kann z. B. dann vorliegen, wenn für Forderungen verschiedener Höhe verschiedene Sätze oder Sicherheiten ausbedungen, aber durch längere oder kürzere Bemessung der Zahlungsfristen ein voller Ausgleich erzielt wird (zust. RG Bd. **136** 292 mit Verw., Bley VerglO[2] § 8 Anm. 18, Mentzel-Kuhn[7] Anm. 3, Böhle-Stamschräder[6] Anm. 1). Andererseits ist die Gleichbehandlung nicht gewahrt, wenn ein Gläubiger auf ein Absonderungsrecht gegen Gewährung eines Sondervorteils (Versprechen der Zahlung eines bestimmten Betrages seiner Forderung unter Bürgenstellung für diesen) verzichtet und mit seiner vollen Forderung (§ 64) nunmehr nach Maßgabe des Zwangsvergleichs zu berücksichtigen ist, und zwar auch dann nicht, wenn erst durch die Freistellung der mit dem Absonderungsrecht belasteten Massegegenstände der Abschluß des Zwangsvergleiches ermöglicht würde; die Gewährung des Sondervorteils unterliegt vielmehr der Behandlung nach § 181 Satz 2 (RG LZ 1930 Sp. 775ff.). Ebenso ist in der Regel gegen den Grundsatz der Gleichbehandlung verstoßen, wenn verschiedene Gläubiger durch verschiedene Bürgen, wenn die einen durch Bürgschaft, die anderen durch Pfand gesichert werden sollen. Andererseits wäre es aber unangemessen, die Verteilung der Vergleichsgarantie auf zwei (z. B. als Großbanken) der Haftung unter allen Umständen gewachsene Bürgen, auf zwei ganz gleichwertige Grundbelastungen oder auf einen Bürgen und ein ganz gleichwertiges Pfand als ungleiche Sicherung zu beanstanden; eine solche Behandlung würde mit dem Zwecke des Mehrheitszwanges nicht im Einklang stehen. Dagegen kann und will der Grundsatz des § 181 **Nachteile, die einzelnen Gläubigern aus verspäteter Rechtsverfolgung erwachsen,** nicht verhüten. Das bestätigt die im § 194 anerkannte Vollstreckbarkeit. Die Möglichkeit, daß es einem bei Vergleichsabschluß unbekannten Nachzügler vielleicht erst gelingen wird, die Feststellung seines Anspruchs zu erwirken, wenn das Schuldnervermögen durch die vergleichsmäßige Befriedigung der rechtzeitig angemeldeten Ansprüche erschöpft ist, bedeutet sonach keinen Verstoß gegen das Gebot der Gleichbehandlung. Im Inhalt des Vergleichs ist diese Gefahr nicht begründet. Darum scheitert auch die Zulässigkeit einer einheitlichen Bestimmung der Fälligkeit keineswegs an dem Umstand, daß solche Nachzügler außerstande sein können, vor Fristablauf ihre Ansprüche zur Anerkennung zu bringen. Auch zu ihren Gunsten löst der Fristablauf nach allgemeinen Regeln die Verzugsfolgen aus (§§ 284ff. BGB). Ebenso muß die Gefahr, daß der Schuldner durch beschränkt haftende Erben abgelöst wird oder daß er als juristische Person infolge des Konkurses verschwindet, von allen, die zu spät zum Zuge gelangen, in Kauf genommen werden. Wohl aber läge eine dem § 181 widerstreitende Ungleichheit in der Bestimmung der Vergleichsrechte vor, wenn für bereits festgestellte Forderungen ein früherer Verfalltag gelten sollte als für andere. Denn zugunsten der letzteren könnten alsdann die Verzugsfolgen vor dem späteren Fälligkeitstermin überhaupt nicht eintreten. Auch wäre es unzulässig zu bedingen, daß nur den binnen bestimmter Frist festgestellten Forderungen die Vergleichsrechte zukommen sollten [siehe Anm. 1a.

E.]. Unter diesem Gesichtspunkt ist auch die Frage zu entscheiden, ob nur eine relative oder auch eine **absolute Begrenzung der Haftung des Vergleichsbürgen** statthaft sei. Bei Pfandsicherheiten liegt stets eine Haftungshöchstgrenze im Pfandwert [§ 174 Anm. 9]. Bei der Bürgschaft bedeutet die Festsetzung einer Haftungshöchstsumme eine Erleichterung des Risikos, die Verbürgungen fördert und darum dem allgemeinen Wohle der Vergleichsgläubiger dient. Sie enthält aber auch nicht notwendig einen Verstoß gegen den § 181. Wenn z. B. der Bürge für die vom Schuldner versprochenen 30 v. H. bis zur Höhe von 100000 DM einzustehen hat, liegt eine inhaltliche Ungleichheit der Gläubigerrechte nicht vor. Solcher Begrenzbarkeit der Vergleichsbürgenhaftung kann der Verkehr gar nicht entraten. Auch hier hat der Säumige das Nachsehen. Eine anteilsmäßige Inanspruchnahme der vom Bürgen Befriedigten ist ihm verwehrt (abw. Kohler Leitfaden S. 286). Sie wäre auch tatsächlich kaum durchführbar. Zust. Böhle-Stamschräder[6] Anm. 1, Bohnenberg DRiZ 1950 S. 284. Der Haftung des Schuldners selbst darf allerdings keine absolute Schranke gezogen werden, aber nicht, weil eine solche die Vergleichsrechte verschieden bestimmte, sondern weil sie die Ausführbarkeit des Vergleichs vereiteln könnte [§ 174 Anm. 1]. Statthaft ist, daß sich der Schuldner nur relativ, der Vergleichsbürge aber absolut begrenzt verpflichtet (gegen Hüppner S. 91f.). Unstreitig braucht die relative Begrenzung der Bürgenhaftung nicht auf der gleichen Höhe zu stehen wie die Schuldnerhaftung. Der Schuldner kann gestundete Vollzahlung, der Bürge Zahlung von 30 v. H., der Schuldner kann 40 v. H., der Bürge 20 v. H. versprechen. Endlich ist es nicht nur statthaft, sondern geboten, im Konkurs eines von mehreren aufs Ganze haftenden Schuldnern (§ 68) solchen Gläubigern, die sich noch an die übrigen Mithaftenden halten können, die unverkürzten Vergleichsrechte zuzugestehen. Denn es liegt nicht am Vergleichsinhalt, sondern an der schon außerhalb des Konkurses bestehenden Haftungsverstärkung, daß diese Gläubiger am Ende besser fahren als andere. Siehe auch § 193 Satz 2.

3 3. Das Gebot der gleichmäßigen Gläubigerbehandlung (S. 1) beruht zwar nicht auf Rücksichten des öffentlichen Wohls (S. 2), es wahrt jedoch die gemeinsamen Belange aller nichtbevorrechtigten Konkursgläubiger, auch der unbekannten. Deshalb muß es im Bestätigungsverfahren **von Amts wegen** berücksichtigt werden. Hier hat der Konkursrichter nachzuprüfen, ob der Vertrag allen Beteiligten [Anm. 1] „gleiche Rechte" [Anm. 2] gewährt. Enthält die dem Konkursgericht unterbreitete Übereinkunft eine der Sache nach ungleiche Behandlung, so muß das Gericht von Amts wegen den Vergleich verwerfen (§ 186 Nr. 1), es sei denn, daß eine ursprüngliche oder nachträgliche Zustimmung der Zurückgesetzten das Hindernis ausräumt [Anm. 4]. Auch hat es die Amtspflicht, jede erkennbar ungleichartige, wenn auch nach seiner Ansicht völlig gleichwertige Bestimmung der Vergleichsrechte im Termin zur Sprache zu bringen und sie, falls Bedenken auftauchen, nach Satz 2 zu behandeln [Anm. 4]; denn Vorsicht ist bei Ungleichartigkeit immer geboten (siehe Kiesow JW 1932 S. 2542). Eine vom Gericht nicht erkannte und in den Zwangsvergleich nicht aufgenommene Verletzung des § 181 kann im Wege des § 188 Nr. 1 zur Berücksichtigung gebracht werden. Gelingt es, durch Verdeckung der Sonderbegünstigung eine rechtskräftige Bestätigung des Vergleichs zu erzielen (§ 189), so äußert er infolge der Rechtskraft die im § 193 bezeichnete Wirkung. Nur das Begünstigungsabkommen selbst ist nach § 181 Satz 3 nichtig [Anm. 4ff., 12]. Auch kann der Vergleichserlaß im Falle der Arglist nach § 196 anfechtbar, ein Stimmkauf nach § 243 strafbar sein. Über das Verhältnis des § 186 Nr. 1 zu § 188 Nr. 1 siehe § 188 Anm. 4.

II. Bewilligtes Sonderabkommen (S. 2)

4 1. Nur mit **ausdrücklicher Einwilligung** der zurückgesetzten Gläubiger ist eine ungleiche Bestimmung der Vergleichsrechte zulässig (Satz 2). Da jede Ausnahme vom Gebote der Gleichbehandlung durch die Benachteiligten ausdrücklich bewilligt werden muß, kann das Unterlassen der Anmeldung oder Abstimmung

oder sonst ein schlüssiges Verhalten nicht genügen. Daß aber die Einwilligung *im Vergleichstermin selbst* auszusprechen wäre, trifft *nicht* zu. Es erscheint vielmehr erwünscht, daß sie *schon vorher* unwiderruflich erklärt und auf der Geschäftsstelle mit dem Vorschlag aufgelegt wird (§ 178), damit dessen Zulässigkeit von vornherein festzustellen ist. Da indessen zeitliche Grenzen für die Erklärung nicht festgelegt sind, kann diese auch erst im Termin oder selbst noch nachher (vor der Entscheidung über die Bestätigung) abgegeben werden. Nur muß sie dem Gericht, da es die Zulässigkeit des Vergleichs von Amts wegen zu prüfen [Anm. 3] und dessen Unterlagen den Vergleichsverhandlungen einzuverleiben hat, schriftlich überreicht oder mündlich zu Protokoll ausgesprochen werden. Siehe Motive II S. 407, Jaeger KonkTreuh. 1935 S. 84; zust. auch Mentzel-Kuhn[7] Anm. 4, Böhle-Stamschräder[8] Anm. 2. Stellt sich im Vergleichstermin heraus, daß es einer Einwilligung nach Satz 2 bedarf, die nicht schon hier erzielt wird, dann können die Beteiligten den Vergleich unter der Bedingung abschließen, daß dem gesetzlichen Erfordernis in bestimmter Form und Frist noch vor der Bestätigung, die bis zum Fristablauf aufgeschoben wird, genügt werde [siehe § 184 Anm. 6, § 190 Anm. 6].

2. Seinem Inhalt nach kann das Sonderabkommen *Sondernachteile* oder *Sondervorteile* für einzelne Vergleichsgläubiger oder für Gläubigergruppen bedingen. 5
Sonderbenachteiligungen, wie die Zurücksetzung des Hauptgläubigers oder der Ehefrau oder einer Mehrheit von Angehörigen, denen daran gelegen ist, den Vergleich zustande zu bringen, werden ohne weiteres dadurch zulässig, daß die Zurückzusetzenden ihr Einverständnis erklären. **Sonderbegünstigungen** lassen sich weit schwerer verwirklichen. Denn Satz 2 verlangt die Einwilligung *aller* durch die Begünstigung benachteiligten Gläubiger, sie mögen ihre Forderungen angemeldet haben oder nicht, bekannt oder unbekannt sein. Da Sonderbegünstigungen, namentlich die Abrede, daß Kleingläubiger bis zu einer bestimmten Forderungshöhe voll oder doch besser als andere befriedigt werden sollen, dringenden sozialen Bedürfnissen entsprechen können, erweist sich die konkursrechtliche Regelung als zu eng. Ihr gegenüber verdient die Vorschrift der VerglO (§ 8 II), die den Mehrheitszwang genügen läßt und damit das offene Sonderabkommen beträchtlich erleichtert, unbedingt den Vorzug. So auch Tidow KTS 1956 S. 101. Im konkursrechtlichen Vergleichsverfahren lassen sich Sonderbegünstigungen nur dadurch ermöglichen, daß den nicht an sich schon zu den Bevorzugten gehörenden unbekannten Gläubigern die Rechte der Bevorzugten zugestanden werden, also etwa einem nachträglich auftauchenden Großgläubiger dieselbe Vollbefriedigung, wie sie den Kleingläubigern bewilligt wird. Zust. Mentzel-Kuhn[7] Anm. 2, Böhle-Stamschräder[8] Anm. 2. Es leuchtet ein, daß an diesem Risiko der Meistbegünstigung auch erwünschte Konkursvergleiche scheitern können. Die Regelung unseres § 181 ist *zwingend*. Sie gestattet auch keine geringfügige Durchbrechung. Sie gilt Haupt- und Nebenansprüchen. Sie verbietet die Zusicherung wie die Gewährung von Sondervorteilen. Sie greift auch ein, wenn der begünstigte Gläubiger seine Forderung noch vor dem Vergleichstermin abgetreten hat.

III. Verbotswidrige Sonderbegünstigung (S. 3)

1. *Jedes Abkommen, durch das die daran Beteiligten ohne ausdrückliche Einwilligung der Zurückgesetzten einen oder einzelne der Vergleichsgläubiger bewußt bevorzugen, ist* **nichtig** (Satz 3; *Strafbarkeit:* §§ 241, 243). Der Satz 3 enthält ein *Verbotsgesetz*: er verbietet jedes nicht bewilligte Sonderabkommen und knüpft an die Zuwiderhandlung die Nichtigkeitsfolge (vgl. RG Bd. **72** 48). So bildet die Vorschrift im Rahmen des allgemeinen bürgerlichen Rechts einen Anwendungsfall des § 134, nicht des § 138 BGB (Jaeger KonkTreuh. 1935 S. 81). Die Nichtigkeit des Abkommens steht fest, sobald der Vergleich rechtskräftig bestätigt ist [Anm. 8], dann als ursprüngliche, uneingeschränkte und endgültige (Jaeger aaO. S. 82f.). Sie kann ohne weiteres von jedermann und in jeder Form geltend gemacht werden, insbesondere auch vom Schuldner selbst, der aus dem verbotswidrigen Abkommen in Anspruch genommen wird. Sie besteht keineswegs, was das Gesetz hätte ausdrücklich bestimmen müssen, nur 6

„gegenüber" den Zurückgesetzten. Die Nichtigkeit eines vor der Vergleichsbestätigung unaufgedeckt gebliebenen Sonderabkommens heilt auch nicht etwa bei nachträglicher Zustimmung der Zurückgesetzten (zust. Mentzel-Kuhn[7] Anm. 10; abw. RG Bd. **28** 99). Vgl. auch Anm. 9. Im Hauptfalle trifft der Satz 3 verheimlichte Sonderbegünstigungen eines Gläubigers, also solche, die hinter dem Rücken der übrigen Gläubiger verabredet werden und den Begünstigten geneigt machen sollen, auch einem dem Gemeinwohl der Gläubiger abträglichen Vorschlag zuzustimmen. Die Nichtigkeitsfolge setzt aber auch ein, wenn der Begünstigte gegen den Vergleich stimmt (RG aaO.), und auch dann, wenn alle Zustimmenden um das Sonderabkommen wissen, mögen sie es für unschädlich halten oder es bewußt in Kauf nehmen. Jeder Zurückzusetzende muß die Zurücksetzung als solche bewilligen (Satz 2). Nichtig sind nicht nur die Versprechungen des Schuldners selbst, sondern auch diejenigen dritter Personen, die sich zur Förderung des Zwangsvergleichs, wenn auch ohne Wissen des Schuldners, verpflichten. So die zu diesem Zweck abgegebene Erklärung eines Dritten, als Selbstschuldner für die Vollzahlung einer Konkursforderung zu bürgen (vgl. RG BayZ 1907 S. 236, WarnRspr. 1909 Nr. 465). Sonst wäre das Verbotsgesetz leicht zu umgehen.

7 **2.** Von der Nichtigkeit [Anm. 6] werden nur Abkommen betroffen, welche einzelne Gläubiger **bevorzugen** sollen. Nebenabreden, auf Grund deren ein Gläubiger ungünstigere Bedingungen annimmt, als sie der Vergleich bietet, sind statthaft. So die heimliche Zusicherung des Gläubigers, daß er länger stunde, sich mit einer geringeren Quote begnüge oder auf eine Vergleichssicherheit verzichte. Eine Bevorzugung im Sinne des § 3 setzt jedenfalls voraus, daß einem Gläubiger **objektiv** mehr als den übrigen zugestanden wird (höhere oder frühere Befriedigung von Haupt- oder Nebenansprüchen, eine besondere Sicherung durch Bürgschaft oder Pfand usw.). Daß er für den Sondervorteil eine Gegenleistung verspricht (z. B. eine Kreditzusage bewilligt), wendet die Nichtigkeit nicht ab. Ob die Bevorzugung erheblich war, ist ohne Belang (RG HRR 1937 Nr. 334). Eine rein objektive Begünstigung genügt zwar dem Tatbestand des § 8 III VerglO, nicht aber dem des § 181 Satz 3 KO. Vielmehr bringen die Worte „bevorzugt werden **sollen**" deutlich zum Ausdruck, daß die Begünstigung den am Sonderabkommen Beteiligten bewußt, ja daß sie von ihrem Willen getragen sein muß. Vgl. RG Bd. **41** 42 mit Verw., LZ 1908 Sp. 943, Bd. **72** 47, LZ 1930 Sp. 776, Bd. **136** 290, JW 1936 S. 191f.; BGH LM § 8 VerglO Nr. 2; Marienwerder OLG 10 S. 213; Kolmar LZ 1909 Sp. 571. Für Anpassung der Fassung des § 181 S. 3 an die des § 8 III VerglO Tidow KTS 1956 S. 101f. Ohne Bedeutung ist dagegen, ob die Sonderabrede das Zustandekommen des Vergleichs gefördert hat oder nicht. Auch die Absicht des Gemeinschuldners, den Begünstigten für den Vergleich zu gewinnen, spielt keine Rolle. Die Abrede ist nichtig, auch wenn die Stimme des bevorzugten Gläubigers unwesentlich war, auch wenn er gegen den Vergleich gestimmt oder die Abstimmung unterlassen hat: das Begünstigungsverbot hat insofern selbständige Bedeutung, als es Schutz gegen die bloße Möglichkeit einer Benachteiligung der Gläubiger durch geheime Sonderabreden bieten soll. RG Bd. **28** 100, Bd. **39** 22, WarnRspr. 1917 Nr. 241. Vgl. auch Anm. 6. Ja selbst der Umstand, daß das Abkommen auch für den Fall einer Konkursbeendigung ohne Zwangsvergleich geschlossen worden ist, steht beim Zustandekommen des Vergleichs dem § 181 Satz 3 nicht entgegen. Es genügt die eventuelle Beziehung zum geschlossenen Zwangsvergleich. Vgl. RG Bd. **28** 99, LZ 1909 Sp. 391, Bd. **78** 184f.; abw. RG Bd. **30** 24. Dabei ist nicht erforderlich, daß bereits ein bestimmter Vergleichsvorschlag vorliegt, sondern genügend, daß bei Abschluß des Abkommens von den Partnern der Abschluß eines Zwangsvergleichs als möglich ins Auge gefaßt war und das Abkommen auch für diesen Fall gelten sollte (insoweit zutr. RG JW 1931 S. 2117). Unter diesen Voraussetzungen kann ein Begünstigungsvertrag sogar dann der Nichtigkeit verfallen, wenn er schon vor Konkursbeginn geschlossen wurde (RG Gruchots Beitr. 43 S. 1196; vgl. auch BGH LM § 8 VerglO Nr. 2). Dagegen bleibt ein Abkommen, das lediglich für den Fall anderweiter Konkursbeendigung geschlossen ist und in keiner Beziehung zu einem Zwangsvergleich steht, vom § 181 unbe-

rührt, auch wenn der Konkurs infolge eines Zwangsvergleichs endet (so auch RG Bd. **78** 185).

8 **3. Kommt ein Zwangsvergleich nicht zustande,** dann ist auch kein Raum für die Anwendung des § 181: dieser verbietet nur Sonderabreden „neben dem Zwangsvergleich" (RG **28** 99, 100). War also die Begünstigung eines Gläubigers sowohl für den Fall des Zwangsvergleichs als für den einer sonstigen Beendigung des Konkurses vereinbart [Anm. 7], dann läßt sich ihre Nichtigkeit aus § 181 nur begründen, wenn der Zwangsvergleich geschlossen und rechtskräftig bestätigt wird, nicht auch, wenn die Vergleichsversuche scheitern. Die im dritten Satze vorausgesetzte Tatsache der Bevorzugung kann nach dem Zwecke des Gesetzes nur ein Begünstigen im Verhältnis zu einem bestimmten wirksam zustande gekommenen Zwangsvergleich sein. So jetzt auch BGH Bd. **6** 238ff. mit zust. Anm. von Archer bei LM § 8 VerglO Nr. 1; ferner die überwiegende Meinung im Schrifttum (F. Wach Zwangsvergleich S. 26, Petersen-Kleinfeller Anm. 3, Jaeger KonkTreuh. 1935 S. 83, Mentzel-Kuhn[7] Anm. 6, Böhle-Stamschräder[6] Anm. 3, Bley VerglO[2] § 8 Anm. 42 mit weiteren Verw.); irrig dagegen RG Bd. **80** 22, **78** 185, JW 1931 S. 2117 (überzeugend bekämpft von Kleinfeller in der Anm. ebenda), v. Wilmowski-Kurlbaum Anm. 4, Wolff Anm. 8. Wie die gleichmäßige ist nach § 181 die verschiedenartige Behandlung der Gläubiger Inhalt des Übereinkommens. Die Ungleichheit muß daher wie jeder andere Inhaltsbestandteil des Vergleichs dei Verhandlung im Termin unterstellt und mit Einstimmigkeit der Zurückgesetzten bewilligt werden, widrigenfalls die Sonderabrede nichtig ist. So wird der erwünschte Schutz gegen unlautere Vergleichsbeeinflussung gesichert. So werden andererseits gesetzmäßig begünstigten Ansprüchen die Vergleichsvorteile vollinhaltlich erschlossen (§ 194). Nach dem Schlusse der Abstimmung besteht, abgesehen von bedingter Vergleichsannahme [Anm. 4], keine Möglichkeit mehr, einer Sonderabrede durch Nachbringung von Zustimmungen Wirksamkeit zu verleihen. Näheres Jaeger aaO. S. 82f. mit abw. Ansichten. Arglistanfechtungen im Sinne des § 196 lassen die Nichtigkeit unberührt (insofern zutr. Celle KonkTreuh. 1929 S. 172f. Nr. 1); auch der Eintritt der im § 197 geregelten Folgen hebt sie nicht auf. Würde freilich das Sonderabkommen die Tatbestandsmerkmale eines Stimmkaufs im Sinne des § 243 erfüllen, dann läge ein selbständiger, vom Zustandekommen des Zwangsvergleichs unabhängiger Nichtigkeitsgrund vor (§ 134 BGB). Zust. Mentzel-Kuhn[7] Anm. 6, Böhle-Stamschräder[6] Anm. 3, Bley VerglO[2] § 8 Anm. 42; vgl. auch RG LZ 1931 Sp. 1077 Nr. 10, Bd. **136** 291f.

9 **4. Ein erst nach Bestätigung des Zwangsvergleichs,** wenn auch noch vor Eintritt der Rechtskraft des Bestätigungsbeschlusses **vereinbartes Sonderabkommen** wird von § 181 nicht mehr berührt, wenn es außer jedem ursächlichen Zusammenhang mit einer verbotswidrigen Abrede steht. So z. B. ein in diesem Sinne selbständiges Vollzahlungsversprechen, das der Schuldner später nur deshalb abgibt, um einen Hauptlieferanten zur Wiederaufnahme der Geschäftsverbindung zu bewegen. Denn nun liegt die Gefahr unlauterer Vergleichsbeeinflussung nicht mehr vor, der das Verbot des § 181 wehren soll [Anm. 1]. Ansprüche auf Grund eines solchen neuen und selbständigen Zahlungsversprechens können daher, wenn der Schuldner abermals in Konkurs fällt, zum vollen Betrag angemeldet werden. Dagegen würde der Schutzzweck der Vorschrift zutreffen und es darum bei der Nichtigkeit bewenden, wenn das nachträgliche Abkommen bloß die Verwirklichung einer schon vor der Abstimmung in Aussicht genommenen Sonderbegünstigung oder die Bestätigung oder Ersetzung eines verbotswidrigen Versprechens darstellte. Siehe RG HoldheimsMSch. 1904 S. 128ff., Bd. **61** 297, LZ 1908 Sp. 608, JW 1936 S. 191f.; OLG Dresden SächsA 12 S. 752f.; Mentzel-Kuhn[7] Anm. 12, Böhle-Stamschräder[6] Anm. 5. Zu weit gehend lehrt v. Tuhr Allg. Teil § 56 Note 93 gegen RG **61** 299, nach dem Zustandekommen des Zwangsvergleichs könne jedes dem Satz 3 zufolge nichtige Abkommen durch Bestätigung im Sinne des § 141 BGB für die Zukunft wirksam werden, weil nun das Verbot nicht mehr maßgebend sei. Nur selbständige Neuabschlüsse liegen außerhalb der Verbotszwecke. Eine Begünstigungs-

abrede, die den Zwangsvergleich „vorbereiten" soll, unterliegt gerade als solche dem Verbot des § 181 (vgl. OLG Königsberg mit RG 1909 Sp. 571ff.). Dieses kann auch nicht dadurch umgangen werden, daß der Sondervorteil zunächst bloß „in Aussicht gestellt" und erst nach Eintritt der Rechtskraft des Bestätigungsbeschlusses „in bindender Weise" vereinbart wird. Steht doch schon vorher Satz 3 jeder rechtlichen Bindung entgegen. RG LZ 1913 Sp. 399 Nr. 7.

10 5. Von der Nichtigkeitsfolge werden auch bevorzugende Abkommen getroffen, welche **unter einer Bedingung** abgeschlossen sind. Darum ist auch ein zur Ermöglichung des Zwangsvergleichs getroffenes Abkommen nichtig, in dem einem oder einzelnen der Vergleichsgläubiger gegen Zurücknahme der Anmeldung dereinstige Vollbefriedigung für den Fall versprochen wird, daß der Schuldner (sei es durch entgeltlichen oder unentgeltlichen Neuerwerb) wieder in günstigere Vermögensverhältnisse gelangen werde. ObLG SeuffA 53 Nr. 70; abw. RG ebenda 44 Nr. 298. Dagegen kann nach dem Zwangsvergleich und unabhängig von ihm einzelnen Gläubigern, etwa um sie zu Neukreditierungen zu bestimmen, Vollzahlung für den Fall einer künftigen Besserung der Vermögenslage zugesichert werden [Anm. 9]. Über Besserungsklauseln zugunsten aller Vergleichsgläubiger siehe § 174 Anm. 3; nach Vergleichsabschluß vereinbarte Besserungsklauseln: § 193 Anm. 6.

11 6. Häufig wird die Bevorzugung dadurch **verschleiert,** daß eine Konkursforderung zur Ermöglichung des Zwangsvergleichs von Dritten, namentlich von Angehörigen des Schuldners, um einen die voraussichtliche Vergleichsquote übersteigenden Betrag gekauft wird. Der neue Gläubiger stimmt für den Vergleich und trägt den Verlust, der bisherige aber ist bevorzugt und soll es sein. Derartige Umgehungen des Gesetzes sind ebenso nichtig wie direkte Zuwiderhandlungen. So schon Obertribunal Striethorsts Archiv 46 S. 357; RG Bd. **30** 23 (vgl. **61** 299); Marienwerder OLG 10 S. 212; Kohler Lehrbuch S. 486f., v. Tuhr aaO. § 69 I a. E., Mentzel-Kuhn[7] Anm. 9, Böhle-Stamschräder[6] Anm. 3; abw. Wolff Anm. 4 und eine bedenkliche Vorschrift des § 150 V 3 ÖsterrKO; ferner Krebs NJW 1951 S. 788 (Nichtigkeit nur, falls die Bevorzugung des bisherigen Gläubigers Motiv des Forderungskaufs ist); gegen ihn auch Bley VerglO[2] § 8 Anm. 36b. Nichtig ist auch das gegen Verbürgung eines Gläubigers für die Vergleichsquote abgegebene Versprechen des Schuldners, diesem Gläubiger alle Aktiven zu übertragen, damit er sich daraus für die Bürgschaft und für die Restprozente seiner Forderung schadlos halte (OLG Dresden SächsA 14 S. 580). Ebenso die Sonderbegünstigung durch das Versprechen der Zahlung eines „Vermittlungshonorars" an einen Gläubiger. Eine besonders beliebte Form verdeckter Sonderbevorzugung bildet die zur Erzielung des Vergleichs vom Schuldner oder einem Dritten zugunsten eines einzelnen Gläubigers für dessen Restanspruch übernommene Wechselhaftung (RG JW 1893 S. 427f. Nr. 16, Bd. **72** 46). Allerdings muß das Abkommen, wenn Satz 3 Platz greifen soll, auf die Sonderbegünstigung eines Gläubigers gerichtet sein, der zur Zeit ihrer Vereinbarung ein vorrechtsloser Konkursgläubiger ist. Beim verbotswidrigen Aufkauf einer Forderung bleibt der Zedent Konkursgläubiger, weil das Abkommen im ganzen (Kaufvertrag und Abtretung) nach Satz 3 nichtig ist [Anm. 12]. Wegen der Sonderabrede zugunsten eines durch Konkursbeteiligung des Hauptgläubigers verdrängten Bürgen siehe § 67 Anm. 6 a. E. Ist der Begünstigte ein absonderungsberechtigter Konkursgläubiger, dann trifft ihn das Verbot des § 181 Satz 3 nur im Ausfallbereich. Die ihm von dritter Seite (z. B. durch Rangrücktritt eines Vormannes) bewilligte Verstärkung der dinglichen Haftung verringert den der Masse zur Last fallenden Ausfallbetrag auf fremde Kosten und liegt völlig außerhalb der Verbotszwecke (OLG Zweibrücken KonkTreuh. 1932 S. 61 Nr. 1). Auch die Umwandlung der hypothekgesicherten Konkursforderung (etwa einer Kaufpreis- in eine Darlehnsforderung) bleibt vom Verbot unberührt, wenn sie den Ausfallbetrag nicht erhöht (insoweit zutr. KG OLG 25 S. 332). Wenn dagegen ein sich für die Vergleichserfüllung verbürgender absonderungsberechtigter Gläubiger, der im Vergleichstermin auf seine Absonderungsrechte verzichtete und daher zum vollen Forderungsbetrag mitstimmte, mit dem Gemeinschuldner vereinbart hatte, daß ihm die aufgegebenen

Sicherheiten nach Vergleichsabschluß wieder eingeräumt werden sollen, so ist zwar der im Vergleichstermin erklärte Verzicht auf die Absonderungsrechte wirksam, das bevorzugende heimliche Abkommen über die Wiedereinräumung der Sicherheiten und seine nach Vergleichsabschluß durchgeführte Erfüllung [Anm. 12] verfallen jedoch der Nichtigkeit (RG JW 1936 S. 191f.; zust. auch Mentzel-Kuhn[7] Anm. 9).

7. Der **Nichtigkeit** verfällt nach Satz 3 **das Bevorzugungsabkommen als solches, nicht der Zwangsvergleich** selbst. RG JW 1893 S. 269 Nr. 16, 1936 S. 192; Kohler Lehrbuch S. 486, Baur in Schönke-Baur[7] § 53 B II 1c bb, Mentzel-Kuhn[7] Anm. 10, Böhle-Stamschräder[6] Anm. 4. Wenn also z. B. der Schuldner im Zwangsvergleich 40 v. H., einem heimlich begünstigten Gläubiger aber Vollzahlung versprochen hat, verkürzt der rechtskräftig bestätigte Zwangsvergleich auch die Forderung des letzteren auf 40 v. H. Die Nichtigkeit kann auch der Schuldner geltend machen [Anm. 6]. Sie trifft nur das Begünstigungsabkommen, dieses aber **als Ganzes: das Versprechen und dessen Erfüllung,** das Verpflichtungs- und das Verfügungsgeschäft, da sie einheitlich vom gesetzwidrigen Begünstigungswillen getragen sind (zust. RG WarnRspr. 1931 Nr. 100, JW 1936 S. 191, Mentzel-Kuhn[7] Anm. 11, Böhle-Stamschräder[6] Anm. 4, Bley VerglO[2] § 8 Anm. 36b, 45f., Baur in Schönke-Baur[7] § 53 B II 1c bb). So ist nichtig das Versprechen einer Sicherheit und deren Gewährung durch Bestellung einer Hypothek oder Grundschuld, durch Verpfändung von Wertpapieren, durch Vollzug einer Sicherungsübereignung oder Sicherungsabtretung; es entsteht kein Grundpfandrecht, kein Fahrnispfandrecht, kein Sicherungseigentum des begünstigten Gläubigers. Da die dingliche Belastung selbst nichtig ist, kommt auch keine Eigentümergrundschuld zur Entstehung. In diesem Sinne ist das Grundbuch unrichtig (§§ 894ff. BGB). Mit dem Sonderversprechen entbehrt eine — vor oder nach Konkursbeendigung — zur Sicherung des Versprechens geleistete Bürgschaft der Wirksamkeit (§ 765 BGB). Ist das Sonderabkommen nur Bestandteil eines anderen Rechtsgeschäfts, so erstreckt sich die Nichtigkeit nach § 139 BGB im Zweifel auf das ganze Geschäft. Darum wird z. B. auch der Darlehnsvertrag nichtig, wenn der Schuldner, um die zu Vergleichszwecken erforderlichen Mittel zu beschaffen, bei einem Konkursgläubiger gegen Zusicherung bevorzugter Befriedigung ein Darlehen aufnimmt (Petersen-Kleinfeller Anm. 6). Desgleichen eine mit der verbotswidrigen Verbürgung zweckverbundene Stundung, Schuldanerkennung und Schuldumwandlung (so RG WarnRspr. 1917 Nr. 241 S. 379). Vgl. auch RG JW 1936 S. 192. 12

Dieselben Grundsätze gelten für Bevorzugungen, die nicht vom Gemeinschuldner, sondern von **Dritten** versprochen und gewährt werden. Somit sind Bürgschafts- und Schuldübernahme selbst nichtig (insoweit zutr. RG JW 1931 S. 2117f. Nr. 23), keineswegs nur die Verpflichtung zur Übernahme. Der Garant hat also nicht etwa bloß einen Bereicherungsanspruch auf Befreiung von der Garantiehaftung (nach § 817 Satz 2 BGB. Unterausnahme: Leistung durch „Eingehung einer Verbindlichkeit"); vielmehr ist seine Haftung gar nicht zustande gekommen. 13

Streitig ist jedoch, ob und inwieweit **§ 817 S. 2 BGB der Rückforderung von Leistungen** des Gemeinschuldners oder dritter Personen **entgegensteht,** die zur Erfüllung von unwirksamen Bevorzugungsabkommen erbracht worden sind. Schränkt man mit der Rechtsprechung des RG und des BGH den Anwendungsbereich dieser die Rückforderung bei Gesetzesverstoß des Leistenden versagenden Bestimmung auf die Rückforderung aus dem rechtlichen Gesichtspunkt der ungerechtfertigten Bereicherung ein (bestr.; vgl. Soergel-Siebert-Mühl BGB[9] Anm. 12 mit Verw.), so steht in den Fällen, in denen zufolge der Nichtigkeit auch des Erfüllungsgeschäftes [Anm. 12, 13] der Leistungsgegenstand nicht dem Rechte nach in das Vermögen des bevorzugten Gläubigers gelangte, dem dinglichen Rückforderungsanspruch der § 817 S. 2 BGB nicht entgegen. So auch Bley VerglO[2] § 8 Anm. 46, Mentzel-Kuhn[7] Anm. 11, Böhle-Stamschräder[6] Anm. 4. Daher hat das RG WarnRspr. 1931 Nr. 100 (= LZ 1931 Sp. 1075 Nr. 10, JW S. 2088n) mit Recht anerkannt, daß die Abtretung einer Eigentümergrundschuld zur Erfüllung einer verbotswidrigen Bürgschaft nichtig, daß dementsprechend ein Eigentumsheraus- 14 gabeanspruch des Bürgen auf den Grundschuldbrief (§ 952 II BGB) begründet und daß dieser dingliche Anspruch durch den § 817 Satz 2 BGB nicht ausgeschlossen sei. Denn das „beiderseits gewollte Gewähren eines dem Vergleich und der Gleichbehandlung widerstrebenden Vorteils an einen Gläubiger verschiebe unmittelbar das vom Gesetz gewollte Gleichgewicht und vereitele selbständig den klaren Gesetzeszweck ...“; der verbotswidrige „Erfolg komme gerade mit und durch den Übertragungsakt zustande“ (aaO. S. 202). Siehe auch den Wortlaut des § 243, der das „Gewähren oder Versprechen besonderer Vorteile“ unter Strafe stellt. Außerhalb des Anwendungsbereichs des § 817 S. 2 BGB liegt es auch, wenn die Bevorzugung des Gläubigers darin besteht, daß der Gemeinschuldner auf eine Einrede verzichtete, die ihm gegen eine Grundschuld des Gläubigers aus dessen nicht im Grundbuch eingetragenen Verzicht auf das Grundpfandrecht erwachsen war (§§ 1192, 1168, 1157 BGB); dieser Verzicht ist nach § 181 S. 3 nichtig, so daß für eine Kondiktion der Verzichtserklärung kein Raum ist (RG JW 1936 S. 192).

Dagegen wurde früher allgemein angenommen (so auch RG Bd. **72** 48f., LZ 1910 Sp. 784), daß der Anspruch auf Rückgewähr von **Zahlungen** des Schuldners selbst oder eines Dritten zur Erfüllung eines verbotswidrigen Abkommens grundsätzlich dem § 817 S. 2 BGB unterfalle, also regelmäßig an dieser Bestimmung scheitern müsse. Dieser Ansicht ist Jaeger (KonkTreuh. 1935 S. 83f., 6./7. Aufl. Anm. 8 S. 688f.) im Anschluß an Bley VerglO 1927 § 5 IV 2c entgegengetreten, da sie die Tragweite des Verbotes des § 181 S. 3 KO unterschätze, dessen Schlagkraft ganz zweckwidrig abgeschwächt wäre, wenn es nur das Zusichern, nicht auch das Gewähren von Sondervorteilen unterbinden würde. Die Sondervorschrift des § 181 S. 3. verdränge den § 817 S. 2 BGB. Nach dem Zweck der Verbotsnorm seien auch Zahlungen zur Erfüllung eines verbotswidrigen Abkommens, insbesondere die Zahlung einer die Vergleichsquote übersteigenden Geldsumme nichtig und ihre Rückforderung daher nicht durch § 817 S. 2 BGB eingeschränkt. Das RG hat entgegen dieser Auffassung an seiner Ansicht festgehalten (SeuffA Bd. 91 Nr. 7 = JW 1936 S. 3190 mit zust. Anm. von Vogels ebenda; zust. auch Mentzel-Kuhn[7] Anm. 11; gegen das RG Bley VerglO[2] § 8 Anm. 46). Allerdings hat es die Konsequenzen seiner Auffassung dadurch abgeschwächt, daß es für die Anwendung des § 817 S. 2 BGB nicht genügen läßt, daß der Leistende sich des bevorzugenden Charakters des erfüllten Abkommens bewußt war [Anm. 7], sondern verlangt, daß er mit der Zahlung bewußt dem Verbotsgesetz des § 181 S. 3 KO zuwidergehandelt hat, wobei es sich bei dieser Bestimmung um ein Verbotsgesetz handle, von dem nicht ohne weiteres anzunehmen sei, daß es ins allgemeine Bewußtsein eingegangen sei und daher auch dem Leistenden nicht unbekannt geblieben sein könne. Die von Jaeger in der Vorauflage vertretene Auffassung, daß die Verbotsnorm des § 181 S. 3 KO nach ihrem Sinn und Zweck als Sonderbestimmung die Anwendung des § 817 S. 2 BGB auf den Anspruch auf Rückzahlung bevorzugender Zahlungen ausschalte, wird aufrechterhalten. Wie Jaeger mit Recht darlegt, ist es bezeichnend, daß die ÖsterrKO § 150 V 2 in der Neufassung von 1914 gegenüber dem (unserem § 817 Satz 2 BGB ähnlichen, aber allgemeineren und selbständigen) § 1174 Satz 1 ABGB die Rückforderung des auf Grund eines verbotswidrigen Abkommens Geleisteten ausdrücklich zuläßt [Anm. 20], um klarzustellen, daß nicht nur „die unerfüllte Begünstigung durch Entziehung der Klagbarkeit“, sondern „auch die vollzogene“ vom Verbot getroffen wird (ÖsterrDenkschrift v. 1914 S. 130f.). Einer Gesetzesänderung bedürfen wir nicht, da schon eine dem Verbotszweck gerecht werdende Auslegung zur Annahme der Nichtigkeit auch der Erfüllungsgeschäfte führt. Denn das Verbot wäre andernfalls mit Hilfe von Bargeschäften leicht zu umgehen, also dadurch, daß das Versprechen und das Gewähren der Sondervorteile auf denselben Zeitpunkt abgestellt würden. So läge die Sache etwa dann, wenn ein Angehöriger des Schuldners den Vergleichswiderstand eines Gläubigers dadurch ausräumt, daß er ihm eine Mehrzahlung anbietet und sofort in bar entrichtet. Eine Auslegung, die hier das Recht der Rückforderung verneint, weil auch der Leistende durch Hingabe des Geldes wider das gesetzliche Verbot verstoßen hat, entwertet den § 181 KO. Nach dem Zwecke des § 181 Satz 3 KO geht das zur Erfüllung der verbotswidrigen Zusage Geleistete nicht schon durch die Leistung in das Vermögen des Begünstigten über. Treffend weist Bley VerglO² § 8 Anm. 46 darauf hin, daß für den § 817 BGB kein Raum ist, wenn nicht schon durch das Zahlungsgeschäft („durch Leistung"), sondern erst auf Grund weiterer Vorgänge („in sonstiger Weise"), besonders infolge des Verbrauchs, der Vermengung, der Veräußerung eine Bereicherungshaftung des Begünstigten eintritt. Es wäre auch befremdlich, wenn die Leistung an Zahlungs Statt anders zu behandeln wäre als die Zahlung der verbotswidrig zugesicherten Geldsumme. War dem Begünstigten z. B. eine Geldsumme versprochen, deren Zahlung aber mit seinem Einverständnis durch Hingabe von Wertpapieren ersetzt worden, dann stehen die Papiere zunächst noch im Eigentum des Leistenden: er hat einen dinglichen Anspruch auf Herausgabe (§§ 985ff. BGB), nicht nur einen schuldrechtlichen auf Rückübereignung. In beiden Fällen ist der § 817 BGB unanwendbar, der eine wirksam gewordene Verfügung, ein Leisten mit rechtlichem Erfolg, aber unter Verstoß gegen Gesetz oder Sittlichkeit voraussetzt. Durch die verbotswidrige Erfüllung wird andererseits das Konkursgläubigerrecht des Begünstigten nicht zum Erlöschen gebracht. Der rechtskräftig bestätigte Zwangsvergleich wirkt für und gegen ihn (§§ 193, 194).

IV. Sonderbegünstigung bei freiwilligen Vergleichen

1. Für außergerichtliche Vergleiche, die ein notleidender Schuldner mit seinen Gläubigern vereinbart (Emmerich Sanierung I 1930 S. 44ff.), besteht **kein gesetzliches Gebot der Gleichbehandlung** und zwar weder dann, wenn der Schuldner eine Reihe von Einzelverträgen schließt, noch in Fällen der Überlassung des Schuldnervermögens zur anteilsmäßigen Gläubigerbefriedigung. Von einer entsprechenden Anwendung der für gerichtliche Zwangsvergleiche geltenden Vorschriften des § 181 KO und des § 8 VerglO (die übrigens inhaltlich nicht übereinstimmen) auf Vergleiche ohne Mehrheitszwang kann keine Rede sein. Auch bildet die Gleichbehandlung nicht etwa ein selbstverständliches Gebot von Treu und Glauben und darum einen stillschweigenden Vertragsbestandteil [vgl. aber Anm. 16], noch erscheinen Sonderbegünstigungen durch den Schuldner oder unabhängig von ihm handelnde Dritte schon unter dem allgemeinen Gesichtspunkte der Sittenwidrigkeit (§ 138 BGB) als verwerflich (man denke nur an die übliche Bevorzugung von Kleingläubigern, die auch als verdeckte keineswegs sittenwidrig zu sein braucht). In diesem Sinne ständig das Reichsgericht, so Bd. **6** 628, JW 1886 S. 21 Nr. 45, GruchotsBeitr. 31 S. 1131, 38 S. 879, 50 S. 902, KonkTreuh. 1932 S. 203 Nr. 4, Bd. **153** 397, KonkTreuh. 1941 S. 54; OLG Königsberg KonkTreuh. 1933 S. 11f.; zust. auch Mentzel-Kuhn⁷ Anm. 13; abw. AG Greiz KonkTreuh. 1934 S. 169. Die **besonderen Umstände** des Einzelfalls können indessen einer verheimlichten Begünstigungsabrede in verschiedenem Sinne Bedeutung verleihen. So ist es denkbar, daß die getäuschten Gläubiger (jeder für seine Person) berechtigt sind, Erlaß oder Stundung wegen arglistiger Täuschung anzufechten (§ 123 BGB), sowie daß der Schuldner — als Teilnehmer vielleicht der begünstigte Gläubiger — aus unerlaubter Handlung schadensersatzpflichtig wird (§§ 823, 826, 830, 840 BGB), während der Schuldner selbst dem Begünstigten haftbar bleibt. Eine Begünstigung, die erst nach dem Zustandekommen des Vergleichs und unabhängig von einer zur Vergleichsermöglichung übernommenen Verbindlichkeit verabredet wird, berechtigt freilich die nichtbegünstigten Gläubiger zu einer solchen Anfechtung wegen Täuschung nicht mehr. Es ist jedoch denkbar, daß die Anfechtbarkeit auf einer Täuschung beruht, die sich erst vollendet, nachdem der Getäuschte seinen Beitritt erklärt hat. Auch können besondere Umstände ein Sonderabkommen nach § 138 I BGB nichtig machen, wie im Falle RG LZ 1914 Sp. 1047 Nr. 23, wo ein zum Treuhänder bestellter Gläubiger sich vom Schuldner Sondervorteile ausbedungen hatte. 15

2. Häufig wird man allerdings annehmen können, daß die Gläubiger Erlaß oder Stundung nur **unter der ausdrücklichen oder stillschweigenden Bedingung** gleichmäßiger Behandlung aller Konkurrenten bewilligen. Treu und Glauben rechtfertigen die Erwartung der Gleichbehandlung durch einen Schuldner, wenn er in üblichem 16

Rundschreiben oder durch mündliche Versicherung in einer Gläubigerversammlung die gleichmäßige Befriedigung aller seiner Gläubiger zur Grundlage seines Vergleichsanerbietens macht (zust. RG Bd. **153** 397f.; vgl. auch OLG Hamburg SeuffA 42 Nr. 199), sei es durch ausdrückliche Zusage der Gleichbehandlung (oft in der Form „einer Befriedigung nach konkursmäßigen Grundsätzen") oder dadurch, daß der Schuldner sich nur für bestimmte Kleinforderungen freie Hand vorbehält. Wer solchenfalls im Vertrauen auf die Gleichbehandlung Erlaß oder Stundung bewilligt, dessen Zugeständnis erfolgt nicht vorbehaltlos. Vielmehr muß nach § 157 BGB angenommen werden, daß hier der Gläubiger für seine Person zum Rücktritt vom Vergleich berechtigt sein soll, falls die durch die Umstände gerechtfertigte Erwartung der Gleichbehandlung sich nicht bewahrheitet. Zust. RG aaO. S. 398; Mentzel-Kuhn[7] Anm. 13, Böhle-Stamschräder[6] Anm. 6. § 356 BGB steht der Ausübung dieses Rücktrittsrechts durch einzelne Gläubiger nicht entgegen, da bei einem außergerichtlichen Vergleich mit einer Vielheit von Gläubigern als Vertragswille angenommen werden muß, daß jeder Gläubiger unabhängig von der Entschließung der anderen das Rücktrittsrecht ausüben kann (RG aaO.). Zur Vermeidung von Zweifeln ist eine ausdrückliche und widerspruchsfreie Bedingungsabrede zu empfehlen. Dagegen wird die Erwartung, daß auch jede Begünstigung unterbleibe, die ein Dritter (ein Freund oder Angehöriger des Schuldners) endgültig und ausschließlich auf seine Kosten leistet, durch die Zusicherung des Schuldners, daß er seine Gläubiger gleich behandeln werde, nicht gerechtfertigt. Das gilt selbst dann, wenn eine solche Begünstigung heimlich und zum Zwecke der Ermöglichung des Vergleichs erfolgt (vgl. RG KonkTreuh. 1932 S. 203 Nr. 4, Bd. **153** 399; OLG Hamburg SeuffA 42 Nr. 199). Auch eine Sittenwidrigkeit liegt hier nicht vor (OLG Jena ThürBl. 58 S. 251). Der das Rücktrittsrecht ausübende Gläubiger ist beweispflichtig dafür, daß keine gleichmäßige Befriedigung stattgefunden hat; dagegen ist es Sache des Schuldners zu beweisen, daß die Befriedigung hinsichtlich der Mehrbeträge nicht aus seinem Vermögen, sondern aus dem dritter Personen erfolgt ist (RG aaO. S. 399f.). Im übrigen siehe Emmerich aaO. S. 83ff., Gareis LZ 1912 Sp. 644ff., Engelmann SARpfl. 1916 S. 263ff., B. Mayer KonkTreuh. 1930 S. 155f., Schmitthoff i. d. Mitt. d. Industrie- u. Handelskammer Berlin 1931 S. 769ff., Weidenbaum i. d. Z. für Treuhandw. 1931 S. 90f., Heilbrunn KonkTreuh. 1931 S. 166f., Düringer-Hachenburg-Werner HGB IV (1932) AllgEinl. Anm. 103ff., Schottland Außergerichtl. Treuhandliquidation (Heidelb Diss. 1932) S. 94ff., Wern. Salomon Geheime Sonderabkommen beim außerg. Vergl. (Leipz. Diss. 1934) S. 13ff. mit Verw. und jetzt insbes. Künne Außergerichtliche Vergleichsordnung[6] (1955) § 49 S. 205ff., § 50 S. 207f., § 54 S. 217f.

17 3. **Unbekannten Gläubigern** stellt der Schuldner den Vergleichsantrag nicht. Auf sie bezieht sich auch die Zusage der Gleichbehandlung nicht. Taucht ein Altgläubiger nachträglich auf, dann steht es ihm frei, seine unverkürzte Forderung zu verfolgen. Seine Vollbefriedigung verstößt nicht gegen den Vergleichsinhalt. Sind andererseits die Befriedigungsmittel schon erschöpft, dann leidet der Nachzügler den gleichen Ausfall wie ein Neugläubiger. Bereicherungsansprüche gegen die vergleichsmäßig befriedigten Gläubiger bestehen nicht. Ganz anders liegt der Fall absichtlicher **Nichtzuziehung bekannter Gläubiger.** Ihnen können Ansprüche unter dem Gesichtspunkt der Gläubigeranfechtung oder unerlaubter Handlung gegen den Schuldner, gegen Gläubiger, Treuhänder oder Dritte erwachsen. Siehe OLG Augsburg BayZ 1926 S. 338ff. II, OLG Hamburg KonkTreuh. 1927 S. 141; Salomon S. 22 mit Verw.

V. Zwischenstaatliches Recht

18 Soweit das ausländische Recht Sonderbegünstigungen zuläßt [Anm. 19f.], tritt die Frage ihrer Maßgeblichkeit für eine Rechtsverfolgung im Inland auf. Man hat dabei zu unterscheiden:

1. Ist die Begünstigung bestimmter Gläubiger oder Gläubigergruppen (nach ausländischem Recht) zulässiger und wirksamer Vergleichsinhalt des ausländischen Zwangsvergleichs [Anm. 19], so sind die Grundsätze über die Wirksamkeit eines

ausländischen Zwangsvergleichs im Inland maßgebend. Wenn man mit der herrsch. Ansicht diesem grundsätzlich jedenfalls insoweit die Anerkennung versagt, als er den Gläubigerzugriff auf das Schuldnervermögen einschränkt [vgl. auch § 193 Anm. 22], so kommt der Frage der Anerkennung von Sonderbegünstigungen insoweit keine selbständige Bedeutung zu, als auch die Begünstigung noch eine Beschränkung der Gläubigerrechte enthält. Soweit jedoch die Sonderbegünstigung in der Gewährung von zusätzlichen Rechten z. B. von besonderen Sicherungen oder Ansprüchen gegen einen Dritten besteht, kann ihre Wirksamkeit im Inland nicht anders beurteilt werden als die von zusätzlichen Rechten, welche der Zwangsvergleich den von ihm betroffenen Gläubigern in ihrer Gesamtheit gewährt. Die Beantwortung dieser Frage hängt von der Tragweite ab, die man dem in § 237 I ausgesprochenen Grundsatz der Territorialität der Konkurswirkungen beimißt. Es wird daher auf die Erläuterungen zu dieser Bestimmung verwiesen.

2. Die inländische Wirksamkeit eines nach ausländischem Recht zulässigen und wirksamen neben dem Zwangsvergleich abgeschlossenen begünstigenden Sonderabkommens, z. B. eines nach Art. 314 SchKG wirksamen Zahlungsversprechens eines Dritten (BGE 49 III 208) [Anm. 20], ist grundsätzlich zu bejahen. Eine derartige Sonderbegünstigung stellt als solche keinen Verstoß gegen die guten Sitten oder den Zweck der §§ 181 Satz 3, 243 KO mit der Nichtigkeitsfolge des § 30 EGBGB dar; denn der Zweck dieser Vorschriften ist lediglich der Schutz des redlichen Zustandekommens eines Zwangsvergleichs im Inlandskonkurs. RG JW 1900 S. 794f.; vgl. auch München OLG 20 S. 53f. (für einen außergerichtlichen Vergleich).

Zusatz. Fremde Rechte.* Allgemein wird davon ausgegangen, daß der Vergleich die betroffenen (= nichtbevorrechtigten) Gläubiger gleich behandeln muß; regelmäßig wird jedoch die Gewährung ungleicher Rechte im Vergleich als zulässig angesehen, wenn die zurückgesetzten Gläubiger zustimmen [vgl. unten zu 1]. Zur Verhinderung von Umgehungen werden wohl überall Sonderabkommen neben dem Vergleich, die einen Gläubiger gegenüber den anderen begünstigen, verboten, meistens selbst dann, wenn der Gemeinschuldner nicht daran beteiligt ist [vgl. unten zu 2]. Verbotswidrige Sonderabkommen sind regelmäßig nichtig, mitunter sogar strafbar; häufig sind sie auch ein Grund, dem Vergleich die Wirksamkeit zu versagen [vgl. unten zu 3]. 19

1. Das Gebot der Gleichstellung aller betroffenen Gläubiger ist wie in Deutschland gesetzlich festgelegt vor allem in Österreich (§ 150 II KO). Mitunter wird das Gebot aus dem ausdrücklichen Verbot begünstigender Sonderabkommen gefolgert. Diese Folgerung ist jedoch bedenklich: das Verbot von Sonderabkommen könnte nur die heimliche oder besondere Absprache bekämpfen wollen und stünde dann der im Vergleich erfolgenden offenen allgemeinen Vereinbarung von Begünstigungen nicht entgegen. Das Gebot der Gleichstellung wird daher richtiger aus dem Wesen des Konkurses (*par condicio creditorum*) und des Zwangsvergleichs [vgl. Anm. 1] gefolgert (so insbesondere Frankreich; vgl. Houin, aaO. Nr. 2473—2479).

Die im Vergleich vorgesehene offene ungleiche Behandlung kann wirksam werden, wenn sie die ausdrückliche Zustimmung der zurückgesetzten Gläubiger findet. Diese Zustimmung kann in Österreich durch Mehrheitsbeschluß (erforderlich sind die gleichen Mehrheiten wie für die Annahme des Vergleichs) erteilt werden (§ 150 II KO); in Frankreich ist dagegen Einstimmigkeit erforderlich (vgl. Houin, aaO. Nr.2479).

Eine besondere Regelung enthält das Recht der USA (§§ 351, 179 B. A. = 11 USC §§ 751, 579). Dort können die Gläubiger in Klassen eingeteilt und diesen Klassen verschiedene Rechte gewährt werden. Im Sonderverfahren der *corporate reorganization* [vgl. § 173 Anm. 30ff. unter Nr. 2, 3, 4a und 5h; § 174 Anm. 12f. unter Nr. 1b und 3c], das ja alle Forderungen erfaßt, ist diese Bildung und ungleiche Behandlung von Klassen sogar die Regel. Da jedoch jede Klasse dem Vergleich zustimmen oder „abgesondert" abgefunden werden muß [vgl. § 182 Anm. 13], liegt im Ergebnis keine allzugroße Abweichung von der Auffassung anderer Rechtsordnungen vor.

Mitunter wird auch ohne solche Zustimmung die ungleiche Behandlung der betroffenen Gläubiger gesetzlich gestattet, so im österr. Gesetz vom 29. 7. 1924 — BGBl 285 — die Begünstigung von Kleingläubigern. Soweit hier aus wirtschafts-

*) Bearbeitet von Prof. Dr. Günther Jahr, Saarbrücken. Wegen der Literatur und der Abkürzungen wird auf Bd. I S. LXIIIff. verwiesen.

und sozialpolitischen Gründen bestimmte Gruppen von Gläubigern allgemein privilegiert werden, handelt es sich um Durchbrechungen des Grundsatzes der *par condicio*, die nicht bedenklicher sind als die allgemeine Gewährung von Konkursvorrechten.

20 2. Auch das Verbot begünstigender Sonderabkommen ist nur selten besonders gesetzlich festgelegt. So vor allem in Österreich (§ 150 V KO), in der Schweiz (Art. 314 SchKG: nur eine Begünstigung durch den Schuldner ist verboten), in Belgien und Luxemburg (Art. 575 I Nr. 3, 579 II C. com.). Frankreich hat in der Reform von 1955 die — in Belgien und Luxemburg noch fortbestehenden — Vorschriften des früheren Rechts, die Sonderabkommen für strafbar erklärten, aufgehoben, hält aber daran fest, daß solche Abkommen nichtig sind (vgl. Houin, aaO. Nr. 2474—2475). Österreich (§ 150 V KO: „unbeschadet weitergehender Ersatzansprüche"), Belgien und Luxemburg (Art. 579 IV C. com.) schreiben darüberhinaus ausdrücklich die Rückerstattung des Geleisteten vor.

3. Andere Rechtsordnungen beschränken sich darauf, wegen begünstigender Sonderabkommen die gerichtliche Verwerfung des Vergleichs anzuordnen oder zu gestatten; Vorschriften dieses Inhalts begegnen aber auch in den zu 3 erwähnten Rechtsordnungen [vgl. zu beidem § 184 Anm. 11].

§ 182

Zur Annahme des Vergleichs ist erforderlich, daß

1. **die Mehrzahl der in dem Termine anwesenden stimmberechtigten Gläubiger dem Vergleiche ausdrücklich zustimmt, und**
2. **die Gesamtsumme der Forderungen der zustimmenden Gläubiger wenigstens drei Vierteile der Gesamtsumme aller zum Stimmen berechtigten Forderungen beträgt.**

Wird nur eine der Mehrheiten erreicht, so kann der Gemeinschuldner bis zum Schlusse des Termins die einmalige Wiederholung der Abstimmung in einem neuen Termine verlangen. Das Gericht hat denselben zu bestimmen und im Termine zu verkünden.

Materialien: Motive I Bd. 2 S. 157ff., Motive II S. 414ff., Protokolle S. 111f., 184, Kommissionsbericht S. 1964, 2037.

Die Abstimmung

I. Allgemeines

1 Der Mehrheitszwang rechtfertigt sich aus Erwägungen der Zweckmäßigkeit [§ 173 Anm. 3f.]. Seinen Gefahren sucht das Gesetz durch eine Reihe von Vorsichtsmaßnahmen zu steuern, deren Leitstern das gemeinsame Wohl der Vergleichsgläubiger bildet (siehe besonders die §§ 181, 188 I Nr. 2). Die Abstimmung über den Vergleichsvorschlag des Schuldners (§§ 174—178) findet im **Vergleichstermin** statt (§§ 179, 180). Nur die in diesem Termin abgegebenen Erklärungen bringen (vorbehaltlich der Bestätigung) den Vergleich zustande und bestimmen seinen Inhalt [§ 179 Anm. 2ff.; Gang der Verhandlung: ebenda Anm. 7]. Schriftliche Zustimmungen, wie sie die VerglO (§§ 73, 74) zuläßt, kennt der Konkurs nicht. Ersetzung einer zugesicherten Zustimmung durch Urteil (§ 894 ZPO) ist ausgeschlossen [§ 179 Anm. 4]. Die Prozeßfähigkeit der im Termin auftretenden Beteiligten und die Vertretungsmacht ihrer Vertreter hat das Konkursgericht nach Maßgabe der §§ 56, 80, 88 II ZPO mit § 72 KO von Amts wegen zu prüfen [siehe § 173 Anm. 15 und wegen des § 80 II ZPO oben § 72 Anm. 3b]. Gebühr eines Anwalts für die Tätigkeit im Zwangsvergleichsverfahren: §§ 74, 77, 78 BRAGebO. Unvertreten ausgebliebenen Gläubigern wird, auch wenn sie durch unabwendbare Hindernisse ferngehalten waren, keine Wiedereinsetzung gewährt. Den Gegenstand der Abstimmung bildet die Frage der Annahme des im Termin gestellten Antrags. Zur Abstimmung im Vergleichstermin ist zwar nicht die Gesamtgläubigerschaft, sondern nur die Gesamtheit der nicht bevorrechtigten Konkursgläubiger berufen (§ 173). Gleichwohl finden auch auf diese Versammlung die allgemeinen Vorschriften der

§§ 94ff. mit einigen durch den Gegenstand der Beschlußfassung gebotenen Besonderheiten (§§ 182, 183, 230, 236) Anwendung. Die wichtigste Abweichung verordnet der § 182. Er verlangt — im Gegensatze zum § 94 — zur Vergleichsannahme eine **doppelte Mehrheit:** einmal die einfache Kopfmehrheit der stimmberechtigten und abstimmenden Personen, zugleich aber eine Dreiviertelmehrheit des stimmberechtigten, wenn auch bei der Abstimmung nicht vertretenen Kapitals. Nur wenn beide Mehrheiten erzielt werden, ist die vertragsmäßige Grundlage für die richterliche Vergleichsbestätigung geschaffen (§ 184). Das Erfordernis der Doppelmehrheit will verhüten, daß viele kleine Gläubiger durch einzelne große oder einzelne große durch viele kleine erdrückt werden. Stimmliste: § 179 Anm. 7. In **Genossenschaftskonkursen** bedarf es zum Abschluß des Zwangsvergleichs [§ 173 Anm. 20] eines eigenen Gläubigerschutzes für den Fall, daß unter den Vergleichsgläubigern Genossen sind, denen wegen ihrer Nachschußpflicht am Zustandekommen des Vergleichs besonders viel gelegen sein muß. Alsdann haben Drittgläubiger und Genossengläubiger gesondert über den Vorschlag abzustimmen. Nur wenn in beiden Gruppen die gesetzlichen Mehrheiten des § 182 KO erzielt werden, ist der Vergleich angenommen (§ 115e II Nr. 2 GenG entsprechend dem § 111 Nr. 5 VerglO). Entsprechendes gilt im Konkurs eines Versicherungsvereins a. G., wenn Gläubiger vorhanden sind, welche Mitglieder des Vereins sind (§ 52 II S. 2 VAG mit § 115e II Nr. 2 GenG).

II. Die Kopfmehrheit (Abs. I Nr. 1)

1. Zunächst müssen die im Termin anwesenden oder vertretenen nicht bevorrechtigten Konkursgläubiger mit **einfacher Mehrheit** (zu mehr als 50 v. H.) dem Vorschlag zustimmen. 2

a) Vorrechtsgläubiger im Sinne des § 61 haben nach den §§ 173, 191 II, 193, wenn sie nicht etwa auf ihr Vorrecht verzichten, keine Stimme im Vergleichstermin. Die besonderen Vorrechte entziehen die Stimmberechtigung, soweit die beanspruchte Vorzugsdeckung ausreicht [§ 96 Anm. 3, § 139 Anm. 7]. Das Stimmrecht nicht festgestellter oder mit Absonderungsrechten verbundener Forderungen bemißt sich nach den §§ 95, 96; vgl. auch §§ 234 I, 236, 236c III. Eine auf Grund dieser Vorschriften ausgesprochene eingeschränkte oder uneingeschränkte Versagung des Stimmrechts beeinträchtigt die Wirksamkeit des Zwangsvergleichs für und gegen den nicht zu Worte gelangten Konkursgläubiger (§§ 193, 194) in keiner Weise (RG Bd. 87 85).

b) Bei Berechnung der Kopfmehrheit zählen nur die **anwesenden oder vertretenen** Träger angemeldeter [Anm. 7] Forderungen. Eine Vollmacht zur „Vertretung im Konkursverfahren" erstreckt sich den §§ 81, 83 ZPO, § 72 KO zufolge im Zweifel auch auf das einen Bestandteil des Konkursverfahrens bildende Zwangsvergleichsverfahren [§ 139 Anm. 6]. Vertreter der Schuldverschreibungsgläubiger: § 139 Anm. 7; Versicherungspfleger: § 139 Anm. 8. Ein Gläubiger mit mehreren (noch so vielen und noch so großen Forderungen) zählt nur einmal, ein Vertreter mehrerer Gläubiger aber mehrfach. Letzterer kann für die einzelnen Vertretenen verschiedenartig (für den einen mit ja, für den anderen mit nein) abstimmen, während ein Gläubiger mit mehreren Forderungen einheitlich abstimmen muß. Auch die juristischen Personen und die als solche parteifähigen Gemeinschaften, namentlich offene Handelsgesellschaften, haben als Gläubiger nur eine einheitlich abzugebende Kopfstimme [Anm. 8]. Verstöße des Vertreters gegen die ihm durch das Innenrechtsverhältnis (Auftrag, entgeltliche Geschäftsbesorgung, Gesellschaft usw.) auferlegten Schranken berühren die Wirksamkeit der im Rahmen seiner Vertretungsmacht liegenden Stimmabgabe nicht. Doch kann der Vertreter durch Verstoß gegen innenrechtliche Weisungen haftbar werden. Ein und derselbe Anwalt darf im Zwangsvergleichstermin nicht zugleich den Gemeinschuldner und einen (oder mehrere) Konkursgläubiger vertreten, auch nicht, wenn er die Gläubigerstimme zugunsten des Zwangsvergleichs abgibt. Denn Schuldner- und Gläubigerbelange widerstreiten sich hier: ein dem Schuldner vorteilhafter Vor- 3 schlag kann gerade deshalb für die Gläubiger recht unvorteilhaft sein (§§ 43, 45 Nr. 2 BRAO). Vgl. JW 1889 S. 241; zust. auch Mentzel-Kuhn[7] Anm. 3; abw. Friedländer RAO[3] § 31 Anm. 6. Die zeitlich später übernommene Vertretung ist somit wegen Verstoßes gegen das Verbotsgesetz des § 45 Nr. 2 BRAO unwirksam (§ 134 BGB), wobei es ohne Bedeutung ist, ob sich der Anwalt auch nach § 356 StGB strafbar gemacht hat; dieser Vergleichsbeteiligte ist im Termin als nicht ordnungsgemäß vertreten zu behandeln. Vgl. auch die eine Mitwirkung eines Rechtsanwaltes für den Gemeinschuldner und einen Konkursgläubiger bei der Vorbereitung eines Zwangsvergleichs betreffende Entscheidung BGH (Str.) Bd. 7 17ff., in der zutreffend darauf hingewiesen wird, daß der Interessengegensatz nicht dadurch aufgehoben wird, daß das Zustandekommen des Zwangsvergleichs im wohlverstandenen „beiderseitigen" Interesse gelegen habe (S. 20f.). Dagegen bestehen gegen die Auffassung des BGH Bedenken, der Interessenwiderstreit sei aufgehoben, wenn Gläubiger und Gemeinschuldner damit einverstanden seien, daß sich der Anwalt für das Zustandekommen des Zwangsvergleichs einsetze, weil es sich um „teilbare Vermögensangelegenheiten" handle (S. 21). Vor allem kann es dabei nicht unberücksichtigt bleiben, daß die Zustimmungserklärung eines Gläubigers über ihre unmittelbare Wirkung für diesen Gläubiger hinaus kraft der Bindungswirkung des Zwangsvergleichs auch auf die Forderungen der ablehnenden, nicht erschienenen oder unbekannten Gläubiger einwirken kann [§ 193]; darin liegt ein grundlegender Unterschied zu dem Falle, daß der Anwalt sich im Einverständnis beider Parteien um das Zustandekommen eines Vergleichs bemüht, der nur zwischen ihnen wirkt. Zur Frage des Interessenwiderstreits und seiner Beseitigung durch Einwilligung der Vertretenen vgl. noch BGH (Str.) Bd. 15 335ff.; Kalsbach AnwBl. 1954 S. 190ff., ders. Standesrecht des Rechtsanwalts (1956) S. 380ff. jeweils mit Verw. Der Vormund eines Konkursgläubigers bedarf, um namens seines Mündels für den Zwangsvergleich zu stimmen, nach näherer Maßgabe des § 1822 Nr. 12 BGB vormundschaftsgerichtlicher Erlaubnis [darüber § 173 Anm. 17]. Fehlt sie, dann darf die für den Vergleich abgegebene Stimme nicht berücksichtigt werden. Doch heilt die Rechtskraft des Bestätigungsbeschlusses einen Verstoß [§ 184 Anm. 4, § 189 Anm. 5]. Durch eigenmächtige Abstimmung kann der Vormund sich verantwortlich machen (§ 1833 BGB). Entsprechendes gilt für einen **Pfleger** (§ 1915 BGB), besonders für den Abwesenheitspfleger eines Gläubigers (§ 1911 BGB). Im Vergleichstermin anwesende oder vertretene Gläubiger, für die gleichwohl **eine Stimme nicht abgegeben wird,** bleiben keineswegs (wie in anderen Gläubigerversammlungen) unberücksichtigt, sondern zählen als ablehnend. Denn in Nr. 1 wird verlangt, daß von den „anwesenden" Stimmberechtigten die Mehrzahl dem Vergleich „ausdrücklich zustimmt". Wer sich der Stimme enthält, gehört zur Gruppe derer, die „nicht mit ja" abstimmen. Die Regel des § 97, derzufolge nur die abgegebenen Stimmen der erschienenen Stimmberechtigten zählen, wird also im besonderen Falle des Vergleichstermins durch eine Ausnahme verdrängt (v. Völderndorff Anm. e, Fitting § 47 N. 18, Mentzel-Kuhn[7] Anm. 3, Böhle-Stamschräder[6] Anm. 1; abw. Petersen-Kleinfeller Anm. 1 u. a.). Ergibt sich Stimmengleichheit, so ist der Nr. 1 nicht genügt („Mehrzahl"). Der § 94 III kann schon deshalb nicht in Frage kommen, weil er nur für den Fall der Summengleichheit gilt.

4 c) Die Abstimmung bei **Beteiligung mehrerer Personen an der stimmberechtigten Forderung** ist in § 72 II VerglO ausdrücklich im Sinne einheitlicher Stimmabgabe geregelt (vgl. Bley VerglO[2] § 72 Anm. 15ff.). Für den konkursbeendenden Zwangsvergleich gilt folgendes:

Mehrere im Vergleichstermin anwesende oder vertretene **Gesamtgläubiger** (§ 428 BGB) haben zusammen nur eine Kopfstimme und können nur einheitlich für den Vergleich abstimmen [siehe § 67 Anm. 8]. Geben sie einander widersprechende Erklärungen ab, dann sind sie zusammen als ablehnend, nicht aber als abwesend zu behandeln [Anm. 3]. Erscheint nur einer, dann steht nach Maßgabe des § 429 III mit § 423 BGB ihm allein — wenn auch unbeschadet innenrechtlicher Ausgleichung (§ 430 BGB) — die Ausübung des Stimmrechts zu: auch hier ist „der Gläubiger" anwesend. Durch Teilung der Forderung können die Gesamtgläubiger — auch noch während des Konkurses [Anm. 5] — mehrere selbständige Stimmrechte schaffen. Eine **Erbenmehrheit** kann bei ungeteiltem Nachlaß nur einheitlich für den Vergleich stimmen, weil die Miterben nur gemeinschaftlich über die ererbte Konkursforderung verfügen können (§§ 2033 II, 2040 I BGB). Sie zählen zusammen für eine Person. Der „Gläubiger“ ist anwesend nur, wenn die Mitträger des Gläubigerrechts sämtlich erschienen oder vertreten sind. Dasselbe gilt, wenn die Forderung zum **Gesamtgut** einer Gütergemeinschaft gehört und die Ehegatten das Gesamtgut gemeinschaftlich verwalten (§ 1450 I BGB; vgl. aber auch § 1452 I: Ersetzung der Zustimmung durch das Vormundschaftsgericht); unter den Voraussetzungen des § 1454 BGB (Verhinderung eines Ehegatten) oder des § 1456 BGB (selbständiges Erwerbsgeschäft) genügt die Anwesenheit und Stimmabgabe eines Ehegatten. Wird dagegen das Gesamtgut durch einen Ehegatten allein verwaltet, so stimmt dieser nach der Regel des § 1422 BGB allein und selbständig auf Grund der zum Gesamtgut gehörenden Konkursforderung für wie gegen den Zwangsvergleich. Dasselbe gilt für den überlebenden Ehegatten im Falle der fortgesetzten Gütergemeinschaft (§ 1487 I mit § 1422 BGB). Ausnahmen ergeben sich bei der ehelichen Gütergemeinschaft auf Grund des § 1429 BGB (Notverwaltungsrecht) und § 1431 BGB (selbständiges Erwerbsgeschäft des nicht verwaltungsberechtigten Ehegatten) [vgl. auch § 139 Anm. 9]. Im Falle des **Pfandrechts** an einer Konkursforderung können Konkursgläubiger und Pfandgläubiger durch Erlaß oder Stundung und darum auch durch Zwangsvergleich nur gemeinschaftlich über die Konkursforderung verfügen (§§ 1281f. BGB). Sie können deshalb für den Zwangsvergleich nur einheitlich abstimmen. Bleibt also auch nur ein Teil unvertreten aus, so fehlt es für diese Konkursforderung an einer Anwesenheit „des Gläubigers“ im Termin. Geben die erschienenen oder vertretenen Beteiligten eine widersprechende Erklärung ab, so zählt ihre Stimme zwar [Anm. 3], aber sie zählt als ablehnend, einerlei, wer von beiden sich für den Vergleich erklärt. Der zum Vergleich geneigte Teil muß sich daher vor der Abstimmung entfernen, wenn er verhindern will, daß die Stimme nach Nr. 1 gegen den Vergleich in Ansatz kommt. Siehe oben § 67 Anm. 9; für das frühere Recht Kohler ZZP 10 S. 199ff. und abw. für das ablehnende Votum Oetker, Stellung des Forderungspfandgläubigers im Konkurs des Drittschuldners (1891) S. 13ff. Zur selbständigen Abstimmung ist der Pfandgläubiger auch dann nicht berechtigt, wenn er zur selbständigen Einziehung befugt, d. h. wenn die pfandgesicherte Forderung fällig und, falls sie ursprünglich nicht auf Geldzahlung gerichtet war, in eine Geldforderung übergegangen ist (§ 1282 I mit § 1228 II BGB). Zwar verleiht ihm das Einziehungsrecht die Befugnis selbständiger Anmeldung [§ 67 Anm. 9]; allein zufolge § 1282 II darf der Pfandgläubiger auch nach Eintritt der Pfandreife Verfügungen anderer Art als die „Einziehung“ nicht vornehmen, es sei denn, daß ihm die verpfändete Forderung — was er verlangen kann — an Zahlungs Statt abgetreten (§ 1282 I Satz 3) oder daß ihm eine weitergehende Verfügungsmacht ausdrücklich eingeräumt worden ist (§ 1284). Erlaß und Stundung fallen nicht unter den Begriff der „Einziehung“ (abw. Falkmann GruchotsBeitr. 44 S. 109ff.). Auch in den Fällen des § 1294 BGB, namentlich beim Pfandrecht an Inhaberschuldverschreibungen und Wechseln, stehen — abgesehen von besonderer Einräumung — dem Pfandgläubiger Verfügungen anderer Art als die Einziehung der Forderung nicht zu. Zur Vergleichsabstimmung bedarf es daher auch hier eines Zusammenwirkens von Konkursgläubiger und Pfandgläubiger [§ 96 Anm. 4]. Beim **Pfändungspfandrecht** ist die Einziehungsbefugnis an das Erfordernis der Überweisung geknüpft (§ 835 ZPO). Durch die Überweisung an Zahlungs Statt geht die gepfändete Forderung auf den Pfändungspfandgläubiger über: fortab ist er allein zur Verfügung, besonders im Wege des Vergleichs, befugt (§ 835 II, III ZPO). Die (allein übliche) Überweisung zur Einziehung dagegen ermächtigt den Pfändungspfandgläubiger nur zur Einziehung kraft eigenen Rechtes, nicht zu anderweiter Verfügung. Denn hier bewendet es bei den Wirkungen des Pfandrechts (§ 1282 BGB). Das Stimmrecht im Vergleichstermin kann darum wie bei der Verpfändung nur einheitlich durch den Konkursgläubiger und den Pfandgläubiger ausgeübt werden. Vgl. auch ObLG Slg. a. F. Bd. 9 S. 340, Bd. 13 S. 277, Bd. 15 S. 662ff. Vorausgesetzt wird dabei, daß die Konkursforderung selber verpfändet oder gepfändet ist. Eine bloße Verpfändung oder Pfändung „des Anspruchs auf die Konkursdividende" läßt sich wirksam nicht vollziehen. Denn dieser „Anspruch" bildet kein selbständiges Recht, sondern nur einen Ausfluß der Forderung, nur eine bestimmte Seite ihrer Wirksamkeit. Im Falle des **Nießbrauchs** an einer Konkursforderung ist der Nießbraucher, wenn die Forderung nicht auf Zinsen aussteht, nach § 1074 BGB selbständig zur Anmeldung, zur Abstimmung in der allgemeinen Gläubigerversammlung und zur Empfangnahme der Anteile befugt; eine zinsbare Forderung müssen Nießbraucher und Konkursgläubiger nach Maßgabe der §§ 1076ff. BGB zusammen geltend machen; in beiden Fällen (vgl. § 1074 Satz 3 mit § 1282 II BGB) haben sie nur ein gemeinschaftliches Vergleichsstimmrecht. Zust. Planck-Brodmann BGB[5] § 1071 Anm. 3, Staudinger-Spreng BGB[11] § 1071 Anm. 3, Baur bei Soergel-Siebert BGB[9] § 1071 Anm. 5, während Biermann BGB[2] § 1071 Anm. 2 allgemein nur den Gläubiger für stimmberechtigt hält, aber immerhin zum Zwangsvergleich die Zustimmung des Nießbrauchers fordert. Wer nur mit einer von mehreren ihm zustehenden Forderungen durch eine Rechtsgemeinschaft gebunden ist, bewahrt hinsichtlich der übrigen die Freiheit der Stimmrechtsausübung (Levis LZ 1919 Sp. 88ff.).

5 2. Maßgebend ist die **Zahl der Gläubiger zur Zeit der Abstimmung,** nicht zur Zeit der Konkurseröffnung. Gegen unlautere Schiebungen bieten die §§ 183 Abs. II, 188 Nr. 1 Schutz. Mehrere Teilerwerber einer früher einheitlichen Forderung zählen als mehrere Personen, der Gläubiger aber, in dessen Hand sich verschiedene Forderungen vereinigt haben, nur für eine Person, mögen nun Teilung und Vereinigung vor oder nach Konkursbeginn erfolgt sein. Motive II S. 415. Ein in der Reichstagskommission von 1898 gestellter Antrag, die Teilung von Konkursforderungen während des Verfahrens zu verbieten, fand keine Aufnahme in das Gesetz (Kommissionsbericht S. 1964); anders jetzt § 72 II VerglO. Bei Simulationsverdacht kann das Konkursgericht Ermittlungen von Amts wegen anstellen. Denn auch die Vergleichsverhandlung bildet als Bestandteil des Konkursverfahrens ein „Verfahren" im Sinne des § 75.

6 3. Angehörige des Schuldners sind als Konkursgläubiger von der Abstimmung grundsätzlich nicht ausgeschlossen. Motive II S. 415. Für den Ehegatten gilt die Beschränkung des § 183. Auch Vergleichsgaranten sind als Gläubiger stimmberechtigt. Ebenso nach deutschem Recht der Konkursverwalter als Gläubiger, da er bei der Vergleichsabstimmung weder an Stelle des Gemeinschuldners zu handeln noch diesen zu beraten hat, also ein Interessenwiderstreit hier nicht eintritt. Fremde Rechte: § 183 Anm. 13.

III. Die Summenmehrheit (Abs. I Nr. 2)

7 1. Das durch die Kopfmehrheit (Nr. 1) vertretene Kapital muß **zugleich** mindestens **drei Vierteile** (75 v. H.) der Gesamtsumme aller überhaupt stimmberechtigten Forderungen ausmachen. Es genügt, daß die Dreiviertelmehrheit gerade erreicht wird; sie braucht nicht überschritten zu werden (Bley VerglO[2] § 74 Anm. 11). Bei dieser Berechnung kommen auch die Forderungen der ohne Vertretung ausgebliebenen oder sich der Abstimmung enthaltenden, aber stimmberechtigten Gläubiger in Ansatz. Für das Stimmrecht gilt das zu Anm. 2 u. 6 Bemerkte. In jedem Falle (Nr. 1 u. Nr. 2) kommen nur angemeldete Forderungen in Betracht, denn ohne Anmeldung gibt es kein Stimmrecht [§ 95 Anm. 5].

8 2. Ein **Gläubiger mit mehreren stimmberechtigten Forderungen** kann nur einheitlich abstimmen, da er ja als einheitliche Persönlichkeit auch nur eine einzige Kopfstimme hat [Anm. 3]. Das muß wie für natürliche Personen so auch für juristische und für parteifähige Rechtsgemeinschaften gelten. Freilich kann es vorkommen, daß bei Großunternehmungen mit weitverzweigtem Betrieb einzelne Niederlassungen in Unkenntnis ihrer gemeinsamen Beteiligung am Konkurs im Vergleichsverfahren

nach entgegengesetzter Richtung tätig werden. Bleibt hier die Einheit des Gläubigers unerkannt, dann heilt die Rechtskraft des Bestätigungsbeschlusses den Mangel [§ 189 Anm. 5]. Wird aber der Zwiespalt aufgedeckt, dann muß der Gläubiger mit dem Gesamtbetrag seiner Forderungen als ablehnend behandelt werden. Die Zentrale mag dafür sorgen, daß alle ihre Filialen einheitlich wirken. Bley VerglO[2] § 74 Anm. 9 gegen Höver KonkTreuh. 1932 S. 128ff. Sind mehrere Forderungen an dieselbe Person, z. B. an einen Gläubigerschutzverband, nur treuhandweise zur Geltendmachung im Vergleichsverfahren, aber mit entgegengesetzten Abstimmungsdirektiven abgetreten worden, dann bleiben mit Rücksicht auf die Zweckgebundenheit der Treuhandverfügung [§ 43 Anm. 40] die Stimmrechte gesondert wie bei Vertretung mehrerer Gläubiger durch ein und denselben Bevollmächtigten [Anm. 3]. Levis LZ 1919 Sp. 90; vgl. auch Bley VerglO[2] § 74 Anm. 9, Böhle-Stamschräder[6] Anm. 1. Eine stimmberechtigte Forderung, an welcher mehrere Personen rechtlich beteiligt sind z. B. als Gesamtgläubiger, Miterben, Gläubiger und Pfandgläubiger bzw. Nießbraucher, kann auch für die Berechnung der Summenmehrheit nur unter den in Anm. 4 dargelegten Voraussetzungen als zustimmend gezählt werden.

IV. Feststellung des Ergebnisses und wiederholte Abstimmung (Abs. II)

1. Werden Kopf- **und** Summenmehrheit erzielt, so ist der Vertrag zustande gekommen und nur noch der richterlichen Bestätigung bedürftig (§ 184). Wird **keine** der beiden Mehrheiten erzielt, so ist der Vergleichsversuch gescheitert und das Vergleichsverfahren, ohne daß es einer gerichtlichen Entscheidung bedarf, beendet. Ein neuer Vorschlag kann nach Maßgabe des § 176 zurückgewiesen werden. Bedingte Annahme: § 184 Anm. 6. Wird endlich **nur die eine oder nur die andere der beiden Mehrheiten** erzielt, so hat der Gemeinschuldner das Recht, bis zum Schlusse des Termins zu verlangen, daß die Abstimmung in einem neuen Termin wiederholt werde (Abs. II Satz 1). Darum darf der Konkursrichter den Termin nicht schließen (§ 136 IV ZPO), ehe er das Abstimmungsergebnis ermittelt und verkündet hat. Der beantragte neue Termin muß durch einen noch im Vergleichstermin zu verkündenden Beschluß anberaumt werden (Abs. II Satz 2). Dabei bedarf es weder einer öffentlichen Bekanntmachung des neuen Termins (§ 93 II 2 KO) noch neuer Ladungen (§ 218 ZPO, § 72 KO), wie sie im § 179 I für die Anberaumung des ersten Vergleichstermins vorgeschrieben sind. Gegenüber einer Ablehnung des Antrags steht dem Schuldner die sofortige Beschwerde zu (§ 73 II). Wird der Termin erst auf Beschwerde anberaumt, so versagt Abs. II Satz 2. Alsdann wird daher der § 179 anzuwenden sein. Zust. Mentzel-Kuhn[7] Anm. 5, Böhle-Stamschräder[6] Anm. 2, Mohrbutter-Haarmann Leitfaden S. 198. Vertagung des Vergleichstermins vor der Abstimmung: § 179 Anm. 7. **9**

2. Das Ergebnis der Abstimmung wird im Verhandlungsbericht [§ 72 Anm. 3] unter Hinweis auf die eine Protokollanlage bildende Stimmliste **festgestellt** [siehe § 179 Anm. 7, § 184 Anm. 2]. Muster bei Schrader-Bauer Hdb.[2] F III 148. Die Feststellung selbst ist keine beschwerdefähige Entscheidung. Behauptet ein Beteiligter im Widerspruch zu dieser Feststellung, es seien beide Mehrheiten erreicht, also der Vergleichsvorschlag angenommen worden, so mag er die Bestätigung (§ 184) beantragen. Daraufhin hat das Konkursgericht entweder den Bestätigungsbeschluß zu erlassen oder aber den Antrag durch eine Entscheidung abzuweisen, die zwar nicht ein Verwerfungsbeschluß im Sinne des § 185 (ein solcher setzt den nach Ansicht des Gerichts angenommenen Vergleich voraus), wohl aber nach der allgemeinen Regel des § 73 III sofortiger Beschwerde unterworfen ist. Behauptet der Gemeinschuldner im Gegensatz zur gerichtlichen Feststellung des Abstimmungsergebnisses, es sei wenigstens eine Mehrheit erzielt worden, so mag er daraufhin den Antrag des Abs. II Satz 1 stellen. Die Ablehnung unterliegt wiederum dem § 73 III. **10**

3. Für den **neuen Termin** gelten, namentlich was die Anwesenheit des Schuldners betrifft, die gleichen Sätze wie für den ersten. Auch nun ist Abgabe im Termin selbst wesentlich für das Wirksamwerden der Parteierklärungen [§ 179 Anm. 2ff]. Die ge- **11**

samte Verhandlung muß wiederholt werden. Erklärungen im ersten Termin, auch eine Verbürgung oder eine Bewilligung im Sinne des § 181 Satz 2, wirken nicht als solche auch für den neuen Termin. Die Beteiligten haben vollkommen freie Hand. Früher erschienene Gläubiger können im neuen Termin ausbleiben, früher ausgebliebene mitstimmen. Wer früher für den Vergleich gestimmt hat, kann jetzt gegen ihn stimmen und umgekehrt. Motive II S. 416; OLG Karlsruhe BadRechtspr. 1913 S. 23. Für das Stimmrecht und für die Berechnung der Gläubigerzahl [Anm. 5] ist die Zeit des neuen Termins maßgebend. Werden im neuen Termin die erforderlichen Mehrheiten nicht beide erreicht, so ist dieser Vergleichsversuch endgültig mißlungen. Eine nochmalige „Wiederholung" der Abstimmung sieht das Gesetz nicht vor. Wohl aber wäre im zweiten Termin eine bedingte Vergleichsannahme ebenso statthaft wie im ersten [§ 184 Anm. 6]. Auch schließt nicht einmal das Scheitern des wiederholten Versuchs aus, daß der Schuldner späterhin einen neuen Vorschlag macht, der, unbeschadet des § 176, auch bei inhaltlicher Übereinstimmung mit dem abgelehnten, wie ein erster Vorschlag zu behandeln ist. Zust. Mentzel-Kuhn[7] Anm. 5.

Zusatz. Fremde Rechte.*

12 1. Allgemein genügt zur Annahme des Vergleichs durch die Gläubiger ein Mehrheitsbeschluß. Einstimmigkeit ist nirgends gefordert, kann jedoch in bezug auf den Vergleichsinhalt und auf die Bestätigung des Vergleichs besondere Rechtsfolgen auslösen [vgl. § 184 Anm. 11 unter Nr. 13b].

2. Für die Mehrheitserfordernisse ist die Regelung des französischen Rechts vorbildlich geworden, das als erstes eine doppelte Mehrheit (Mehrheit nach Köpfen und Mehrheit nach Summen der Forderungsbeträge) verlangte. Kopfmehrheit und Summenmehrheit werden teilweise nach der Zahl oder den Forderungsbeträgen der anwesenden stimmberechtigten Gläubiger (relative Mehrheit), teilweise nach der Zahl oder den Forderungsbeträgen aller stimmberechtigten Gläubiger (absolute Mehrheit) berechnet. Absolute Mehrheiten werden vor allem dort gefordert, wo schriftliche Stimmabgabe zugelassen ist [vgl. § 179 Anm. 8 unter Nr. 3]. Im einzelnen begegnen die verschiedensten Kombinationen und Größenbestimmungen:

a) einfache relative Kopfmehrheit und eine absolute Summenmehrheit von drei Vierteln sind wie in Deutschland vor allem in Österreich vorgeschrieben (§ 147 KO);

b) einfache relative Kopfmehrheit und eine relative Summenmehrheit von zwei Dritteln (unter Umständen also ein geringer Bruchteil der Gläubigerschaft und der Schuldenmasse) genügen vor allem in Frankreich (Art. 121 D. 20 mai 1955 = Art. 557 C. com.);

c) einfache absolute Kopfmehrheit und einfache absolute Summenmehrheit fordern die USA (im Normalverfahren des *arrangement*; § 362 B. A. = 11 USC § 762), gegebenenfalls für jede Klasse [vgl. § 181 Anm. 20 unter Nr. 1] besonders;

d) einfache absolute Kopfmehrheit wird gefordert neben einer absoluten Summenmehrheit von

α) zwei Dritteln in Italien (Art. 128 L. F.) und in der Schweiz (Art. 305 SchKG),
β) drei Vierteln in England (§§ 16 II, 21 I B. A.), Belgien und Luxemburg (Art. 512 II C. com.);

e) eine absolute Kopfmehrheit von zwei Dritteln und eine absolute Summenmehrheit von drei Vierteln verlangen die Niederlande (Art. 145 F. W.);

f) manche Rechtsordnungen stufen die geforderten Mehrheiten nach der Höhe der Vergleichsquote ab (vgl. Dölle, aaO. S. 183).

13 3. Zum Recht der USA ist darauf hinzuweisen, daß für das Sonderverfahren der *corporate reorganization* [vgl. § 173 Anm. 30ff. unter Nr. 2, 3, 4a und 5h; § 174 Anm. 11, 13 unter Nr. 1b und 3c] besondere Regeln gelten. In diesem Verfahren umfaßt der Vergleich (Reorganisationsplan) auch die gesicherten und bevorrechtigten Konkursforderungen sowie die Anteilseigner. Zu seiner Annahme ist die Zustimmung der Gläubiger jeder Klasse erforderlich. Es genügt eine absolute Summenmehrheit (schriftliche Abstimmung) von zwei Dritteln. Der Zustimmung der Anteilseigner, zu der die absolute Anteilsmehrheit (bei Nennbetragsaktien = Kapitalmehrheit) erforderlich ist, bedarf es nur,

*) Bearbeitet von Prof. Dr. Günther Jahr, Saarbrücken. Wegen der Literatur und der Abkürzungen wird auf Bd. I S. LXIIIff. verwiesen.

wenn die Körperschaft nicht insolvent ist. Der „Plan" kann vorsehen, daß Klassen von Anteilseignern oder Gläubigern, die nicht mit der erforderlichen Mehrheit zustimmen, „billig und gerecht" (*equitably and fairly*) abgefunden werden. Die Zustimmung dieser Klassen ist dann zur Annahme des „Plans" nicht erforderlich. Die Forderungen oder Anteile vom Stimmrecht ausgeschlossener Gläubiger [vgl. unten zu 4c] oder Anteilseigner werden für die Berechnung der Mehrheiten nicht mitgezählt (§§ 179, 203, 216 B. A. = 11 USC 579, 603, 616).

4. Das Stimmrecht steht wohl überall nur den vom Vergleich betroffenen Gläubigern [vgl. § 193 Anm. 23] zu. Die danach grundsätzlich nicht stimmberechtigten Gläubiger können jedoch ausnahmsweise doch mitstimmen [vgl. unten zu a]. Über das Stimmrecht aus nicht festgestellten, bedingten oder Ausfallforderungen entscheidet regelmäßig das Konkursgericht (in der Schweiz die „Nachlaßbehörde"; Art. 305 SchKG). Vielfach wird durch besondere Bestimmungen versucht, eine unredliche Beeinflussung des Abstimmungsergebnisses zu verhindern. Zu diesem Zweck werden in erster Linie nahe Angehörige des Gemeinschuldners und ihre Nachmänner vom Stimmrecht ausgeschlossen [vgl. § 183 Anm. 13]. Ein solcher Ausschluß begegnet aber auch bei anderen Personen [vgl. unten zu c]. **14**

a) Regelmäßig werden Absonderungsrechte und bevorrechtigte Konkursforderungen vom Vergleich nicht betroffen. Die Absonderungsberechtigten sind daher, soweit ihnen der Gemeinschuldner auch persönlich haftet, höchstens für den voraussichtlichen Betrag des Ausfalls stimmberechtigt. So vor allem Österreich (§§ 143 V, 93 III KO), die Schweiz (Art. 305 II, 311 SchKG) und die USA (für das ordentliche Verfahren des *arrangement*; §§ 307, 308, 336 B. A. = 11 USC §§ 707, 708, 376; zum Verfahren der *corporate reorganization* vgl. oben zu 3). Andere Rechtsordnungen gewähren einem solchen Gläubiger das Stimmrecht nur für den Teil seiner Forderung, für den er ausdrücklich auf abgesonderte Befriedigung verzichtet. Hierher gehören vor allem Frankreich (Art. 122 D. 20 mai 1955 = Art. 558 C. com.), Italien (Art. 127 II L. F.), die Niederlande (Art. 143 F. W.), Belgien und Luxemburg (Art. 513 C. com.). Dabei wird mitunter vorgeschrieben, daß der Verzicht eine bestimmte Mindestquote der Forderung erfassen muß (in Italien ein Drittel, in Belgien und Luxemburg die Hälfte). Eine ausgewogene Zwischenlösung, die diese Gläubiger besser stellt als die zweiterwähnte Regelung, aber doch wie diese die Schwierigkeiten der Berechnung des voraussichtlichen Ausfallbetrags vermeidet, kennt vor allem England (1st Schedule, Nr. 10—18). Dort kann ein absonderungsberechtigter Gläubiger zunächst wie auch sonst [vgl. unten zu b] sich ganz auf sein Absonderungsrecht verlassen und von einer Beteiligung an der Abstimmung absehen oder auf sein Absonderungsrecht verzichten und dafür das volle Stimmrecht erhalten oder die abgesonderte Befriedigung durchführen und für den Betrag seines Ausfalls an der Abstimmung teilnehmen. Er kann aber auch einen anderen Weg wählen: er schätzt selbst den Wert seiner Sicherheit ab und kann dann für den nicht gedeckten Betrag seiner Forderung an Abstimmungen (und Verteilungen) teilnehmen; der Verwalter (*trustee*) kann durch Zahlung der Schätzsumme die Sicherheit auslösen oder die Verwertung der Sicherheit erzwingen; macht er trotz Aufforderung des Gläubigers von diesem Auslösungsrecht keinen Gebrauch, so verfällt die Sicherheit dem Gläubiger, der in Höhe des Schätzbetrags als befriedigt gilt.

b) Die Möglichkeit, durch vollständigen oder teilweisen Verzicht auf Absonderungsrecht oder Konkursvorrecht das Stimmrecht zu erlangen, ist allgemein anerkannt, wenn auch nicht überall ausdrücklich im Gesetz ausgesprochen. Mitunter wird ein solcher Verzicht schon in der Teilnahme an der Abstimmung erblickt. Dagegen wird heute nur noch vereinzelt angeordnet, daß der Verzicht auch dann wirksam bleibt, wenn der Vergleich nicht zustandekommt oder wieder beseitigt wird. So vor allem die Niederlande (Art. 143 II F. W.); das neue französische Recht hat diese — in der früheren Praxis herrschende — Auffassung ausdrücklich aufgegeben (Art. 122 III D. 20 mai 1955 = Art. 558 III C. com.).

c) Ein Ausschluß an sich stimmberechtigter Personen aus anderen Gründen als wegen Verwandtschaft u. ä. begegnet vor allem in den USA. Dort wird im Verfahren der *corporate reorganization* [vgl. oben zu 3] ein Forderungs- oder Anteilsrecht für die Berechnung der erforderlichen Mehrheiten „außer Acht gelassen" (*disqualified*), wenn die Zustimmung oder Ablehnung des Berechtigten „nicht in gutem Glauben" erfolgte (§ 203 B. A. = 11 USC § 603). Diese Regelung versucht also, genau umgekehrt wie in Deutschland § 188 Nr. 1 KO, einem Vergleich zur Wirksamkeit zu verhelfen, wenn seine Ablehnung „in unlauterer Weise zustande gebracht ist".

§ 183

Bei der Berechnung der nach § 182 Abs. 1 Nr. 1, 2 erforderlichen Mehrheiten bleibt der Ehegatte des Gemeinschuldners außer Betracht, wenn er dem Vergleiche zugestimmt hat.

Das Gleiche gilt von demjenigen, welchem der Ehegatte des Gemeinschuldners während des Konkursverfahrens oder in dem letzten Jahre vor der Eröffnung des Verfahrens eine Forderung gegen den Gemeinschuldner abgetreten hat, soweit das Stimmrecht auf der abgetretenen Forderung beruht. Diese Vorschrift findet keine Anwendung, wenn der Ehegatte zu der Abtretung durch das Gesetz oder durch einen Vertrag verpflichtet war, welcher früher als ein Jahr vor der Eröffnung des Konkursverfahrens geschlossen wurde.

Materialien: Motive I Bd. 2 S. 157f., Motive II S. 414f., Kommissionsbericht S. 1964f., 2037.

Der Ehegatte und dessen Rechtsnachfolger als Konkursgläubiger

I. Zweck und Berechtigung des § 183

1 Die auf Grund eines Beschlusses der Reichstagskommission durch die Novelle von 1898 in das Gesetz aufgenommene Vorschrift will durch **Beschränkung des Stimmrechts des Ehegatten** verhindern, daß der Gemeinschuldner mit dessen Hilfe einen Zwangsvergleich durchsetzen kann. Sie beruht auf der Erwägung, daß der Ehegatte regelmäßig nicht im eigenen Interesse, sondern im Interesse des Gemeinschuldners für den Vergleich stimmt. Näheres Kommissionsbericht (1894) S. 121, (1897) S. 36ff. Dieser Gedanke hat eine sehr fragwürdige Berechtigung. Mit gutem Grunde betonen die Motive II S. 414: es sei hart, den rechtsbeständigen Forderungen der Angehörigen das Stimmrecht zu versagen, doppelt hart, wenn man erwäge, daß der Kredit dieser Personen meist zu einer Zeit in Anspruch genommen worden sei, da der Schuldner bei anderen keinen Kredit mehr fand; zudem lasse sich eine das Stimmrecht des Ehegatten beschränkende Vorschrift durch frühzeitiges Vorschieben Dritter leicht umgehen. Gegen unlautere und dem Gemeinwohl der beteiligten Gläubiger widerstreitende Machenschaften bot der § 188 ausreichenden Schutz und zugleich den Vorzug freier Würdigung der Lage des einzelnen Falles (vgl. LG Dresden ZZP 8 S. 494f.). Der § 183 aber verkümmert dem Ehegatten das Stimmrecht auch für solche Forderungen, deren Erwerb vollkommen einwandfrei z. B. schon lange Jahre vor der Ehe oder aber während derselben durch Erbgang erfolgte, obgleich der Erblasser selbst ein unantastbares Stimmrecht gehabt hätte. Eine besonders bedenkliche Rechtskränkung liegt darin, daß der Gesetzgeber, um Schiebungen vorzubeugen, auch dem redlichen **Rechtsnachfolger** unter Ausschluß jedes Entlastungsbeweises die Befugnis entzieht, für den Zwangsvergleich zu stimmen. Während so ein redlicher Gläubiger in unbilliger Weise benachteiligt wird, vermag das Gesetz andererseits die unlautere Beeinflussung der Vergleichsschließung durch den vermögenden Ehegatten doch nicht zu unterbinden. Denn es braucht dieser die Forderungen, statt sie selber zu kaufen, nur durch einen Strohmann aufkaufen zu lassen, um das Gesetz zu umgehen. Es erscheint daher jedenfalls geboten, die Ausnahmevorschrift des § 183, die in ihrer ungenauen Fassung zu manchem Zweifel Anlaß bietet, mit Zurückhaltung auszulegen. Trotz dieser Bedenken ist eine gleichlautende Vorschrift auch in die VerglO aufgenommen worden (§ 64 VerglO v. 1927, § 75 VerglO v. 1935).

II. Der Inhalt des § 183

2 1. Die **vom Ehegatten** — Mann oder Frau — des Gemeinschuldners **für** den Vergleich abgegebene Stimme bleibt ohne Rücksicht auf Entstehungsgrund und Entstehungszeit der Forderung bei Berechnung der beiden zum Vergleichsabschluß erforderlichen Mehrheiten (§ 182) außer Ansatz (Abs. I).

a) Zweifellos ist sonach, daß die **gegen** den Vorschlag abgegebene Stimme des Ehegatten bei Berechnung der Kopf- und der Summenmehrheit mitzählt. Auch der Ehegatte kann daher, wenn ihm mehr als ein Viertel der stimmberechtigten Forderungen zusteht, die Vergleichsannahme selbständig hintertreiben. Bei Stimmenthaltung fällt die Forderung des im Termin erschienenen oder vertretenen Ehegatten gleichfalls in die „nicht mit ja" stimmende Gruppe; das Ergebnis ist daher dasselbe wie bei ausdrücklicher Ablehnung.

b) Wenn der Ehegatte jedoch dem Vergleich **zustimmt,** verordnet das Gesetz, daß 3
die Stimme des Ehegatten bei Berechnung der im § 182 geforderten „Mehrheiten" außer Ansatz zu lassen sei. Angesichts der Fassung des Gesetzes erhebt sich die Frage, ob die Forderung des zustimmenden Ehegatten völlig außer Betracht bleiben oder ob er in die Zahl der im Termin anwesenden stimmberechtigten Gläubiger (§ 182 I Nr. 1) und seine Forderung in die Gesamtsumme des stimmberechtigten Kapitals (§ 182 I Nr. 2) eingerechnet werden muß. Zur Berechnung beider Mehrheiten gehört begrifflich auch die Feststellung der Berechnungsgrundlagen. Daher scheidet der zustimmende Ehegatte bei Feststellung der Gläubigerzahl und der Kapitalsumme **gänzlich** aus. Sonst würde die Zustimmung des Ehegatten im Ergebnis der ausdrücklichen Ablehnung vollkommen gleichstehen, was offenbar sinnwidrig wäre. Auch könnte anderenfalls, wenn die Forderung des Ehegatten mehr als ein Viertel des stimmberechtigten Kapitals ausmacht, ein Zwangsvergleich niemals oder doch nur bei einer dem Ehegatten nicht zuzumutenden — wenn überhaupt noch statthaften [§ 139 Anm. 21] — Zurücknahme der Anmeldung zustande kommen. Beispiel: Beläuft sich das stimmberechtigte Gesamtkapital auf 100000, von denen 26000 auf den Ehegatten entfallen, so würde bei Einrechnung dieser 26000 in die Gesamtsumme die Vergleichsannahme durch Zustimmung des Ehegatten ganz ebenso vereitelt (§ 182 I Nr. 2) wie durch dessen Ablehnung oder Stimmenthaltung. Ist hier dem Ehegatten am Zustandekommen des Vergleichs gelegen, dann muß er ausdrücklich zustimmen, obwohl seine für den Vergleich abgegebene Stimme nach dem Gesetz „außer Betracht bleibt". Würde er das Abstimmen als nutzlos unterlassen, so würde er bei dieser Sachlage den Vergleich unmöglich machen. Auch die Stimmabgabe des Ehegatten zugunsten des Vergleichs hat also erhebliche Bedeutung. Zust. Pasquay ZHR 66 S. 93f., Mentzel-Kuhn[7] Anm. 2, Böhle-Stamschräder[6] Anm. 1, Delhaes KTS 1955 S. 47; vgl. auch Bley VerglO[2] § 75 Anm. 3. Unrichtig dagegen Schrader-Bauer Hdb.[2] F III 149 (Stimmliste) insoweit, als dort die Forderung der zustimmenden Ehefrau des Gemeinschuldners in den Gesamtbetrag der stimmberechtigten Forderungen eingerechnet ist. — Der Gläubiger muß zur Zeit der maßgebenden Abstimmung „Ehegatte" sein. Daß er es schon beim Forderungserwerb war, wird nicht verlangt. Für die Ehegatteneigenschaft gilt das zu § 31 Anm. 24 Bemerkte. Rechtsnachfolger: Anm. 7. — Zurückgesetzt wird der Ehegatte nur bei Zustimmung zum Vergleich. Die Berechtigung des Ehegatten, als Konkursgläubiger die Verwerfung des Vergleichs nach § 188 zu beantragen und Beschwerde gegen die Bestätigung oder Verwerfung nach § 189 einzulegen, wird durch den § 183 in keiner Weise eingeschränkt; denn er war jedenfalls „stimmberechtigt", wenn auch nur gegen den Vergleich.

2. Um eine Gesetzesumgehung zu verhüten, unterwirft Abs. II **den Rechtsnachfolger** 4
des Ehegatten in gewissen Grenzen einer gleichen Beschränkung wie diesen, wenn die Rechtsnachfolge während des Konkurses oder im letzten Jahre vor Konkurseröffnung [Berechnung: § 31 Anm. 32] erfolgt ist, und zwar ohne Rücksicht auf Redlichkeit oder Unredlichkeit des Erwerbers, also unter Ausschluß eines Entlastungsbeweises (vgl. dagegen § 40) [Anm. 1].

a) **Abtretung** im Sinne des Abs. II ist nach dem offenbaren Zweck der Vorschrift nicht bloß die durch Vertrag bewirkte entgeltliche oder unentgeltliche Forderungsübertragung — also nicht nur die Abtretung im Sinne des § 398 BGB —, sondern auch die durch Rechtsgeschäft unter Lebenden vom Ehegatten herbeigeführte Begründung eines neuen Rechtes auf die Leistung, besonders die Anweisung (Indossierung), die Verpfändung und die Bestellung eines Nießbrauchs. Vgl. RG Bd. **45** 372; Zust. Böhle-Stamschräder[6] Anm. 2b, Bley VerglO[2] § 75 Anm. 6; siehe auch § 40 Anm. 8. Der Ausdruck „Abtretung" verlangt aber jedenfalls — wie in den §§ 50, 56 — ein vom Willen des Ehegatten getragenes Rechtsgeschäft unter Lebenden. Ein kraft Gesetzes eintretender Forderungsübergang (Beispiele: §§ 268 III, 426 II, 774 I BGB) steht ihr nicht gleich. Ebensowenig eine Pfändung und Überweisung der Forderung [siehe Anm. 9], wenn sie nicht etwa in unlauterem Zusammenwirken zwischen dem Pfändenden und dem Ehegatten gerade zur Umgehung des Stimmrechtsausschlusses erfolgt sind; zust. Mentzel-Kuhn[7] Anm. 3, Böhle-Stamschräder und Bley aaO. Keine Abtretung ist endlich der von Todes wegen bewirkte unmittelbare (Erbfolge) oder mittelbare (Vermächtnis) Forderungsübergang, wohl aber die unter Lebenden vorgenommene Übertragung der Forderung mit dem gesamten Vermögen. Mehrfach abw. Wolff Anm. 3, 4.

5 Auch wenn hiernach eine „Abtretung" vorliegt, soll der Erwerber nicht der Beschränkung des Abs. 1 unterliegen, falls der Ehegatte zur Abtretung **verpflichtet** war, und zwar entweder durch das Gesetz (z. B. nach Maßgabe der §§ 255, 281 I, 346, 818 BGB), ein Fall, der vom Forderungsübergang kraft Gesetzes [Anm. 4] wohl zu unterscheiden ist, oder durch einen früher als ein Jahr vor Konkursbeginn abgeschlossenen Vertrag, z. B. Kauf- oder Schenkungsvertrag. Die Herausgabepflicht des Geschäftsbesorgers (§§ 667, 675 BGB, § 384 HGB) ist nicht durch besonderen Vertrag, sondern durch das Gesetz begründet, der Geschäftsherr unterliegt also der Beschränkung auch dann nicht, wenn die Abtretung innerhalb des letzten Jahres vor dem Konkurs oder erst während desselben erfolgt ist.

6 **b)** Dem Wortlaut nach trifft die Beschränkung des Abs. II nur den unmittelbaren Rechtsnachfolger des Ehegatten. Obwohl aber die Vorschrift streng auszulegen ist [Anm. 1], leidet es keinen Zweifel, daß ihr auch ein **weiterer Rechtsnachfolger** unterliegt. So der Zessionar des Zessionars. Da das Konkursgläubigerrecht in der Hand des weiterverfügenden Zessionars bereits unabhängig von einer Beziehung des letzteren zum Gemeinschuldner mit der Stimmrechtsbeschränkung behaftet war, ergibt sich deren Übergang einfach daraus, daß er die Forderung nur so weiter übertragen konnte, wie sie ihm zustand. Nicht anders liegt aber der Fall, wenn der Weitererwerb sich im Wege des Erbgangs oder der Vollstreckung vollzieht. Bei der Zweitnachfolge kommt es somit auf den Grund der Rechtsnachfolge nicht mehr an. Zust. Mentzel-Kuhn[7] Anm. 3, Böhle-Stamschräder[6] Anm. 3, Bley VerglO[2] § 75 Anm. 6. Im Falle mehrfacher Abtretungen ist jedoch Abs. II unanwendbar, falls die erste — also die vom Ehegatten selbst ausgegangene — Übertragung schon früher als ein Jahr vor Konkursbeginn erfolgte.

7 **c)** Einen Rechtsnachfolger trifft die Stimmrechtsbeschränkung nur, **„soweit das Stimmrecht auf der abgetretenen Forderung beruht"**; also nicht, soweit er als Träger einer anderen Konkursforderung stimmberechtigt ist. Hat er z. B. zu einer in seiner Person entstandenen Kaufpreisforderung von 5000 eine Darlehnsforderung des Ehegatten von 10000 durch Abtretung erworben, so kommt, wenn er für den Vergleich stimmt, eine Kopfstimme (§ 182 I Nr. 1) und die Kaufpreisforderung von 5000 (§ 182 I Nr. 2) zugunsten des Vergleichs, die Darlehnsforderung von 10000 dagegen überhaupt nicht in Ansatz [siehe Anm. 3]. In allen Fällen unterliegt ein Nachmann der Stimmrechtsbeschränkung nur, wenn ihr zur Zeit der Abstimmung der Ehegatte selbst und die etwaigen Zwischenmänner unterworfen sein würden. Denn der Abs. II soll ja nur verhüten, daß der Abs. I umgangen wird. Folglich trifft der Abs. II, wenn zur Zeit der Abstimmung die Ehe des Zedenten aufgelöst ist, auch den Zessionar oder dessen Nachmänner nicht mehr [Anm. 3]. Es genügt dem Zweck des Gesetzes nicht, daß die Ehe zur Zeit der ersten Abtretung bestanden hat. Bley aaO. Anm. 6 mit Verw.

8 **d)** Besteht Streit über die Zeit der Abtretung oder über die sonstigen Voraussetzungen des Abs. II, so hat der Zessionar die von ihm behauptete Unanwendbarkeit der Vorschrift zunächst im Vergleichstermin bei Erörterung seines Stimmrechts geltend zu machen. Wenn er aber hier nicht durchdringt und ein

Bestätigungsverfahren nicht eingeleitet wird, weil das Konkursgericht davon ausgeht, daß der Vergleich nicht „angenommen" sei (§ 184), ihn vielmehr im Vergleichsprotokoll als abgelehnt feststellt, so bleibt dem Zessionar nur die Möglichkeit, einen förmlichen Antrag auf Bestätigung des nach seiner Behauptung „angenommenen" Vergleichs zu stellen und den Zurückweisungsbeschluß mit der sofortigen Beschwerde anzugreifen [§ 182 Anm. 10]. Zust. Böhle-Stamschräder[6] Anm. 2a. § 95 III steht dem nicht entgegen. Eine Anfechtung aus § 189 kommt für den Zessionar nur in Betracht, wenn das Gericht den Vergleich nach § 186 Nr. 1 mit § 183 verwirft. Die Rechtskraft des Bestätigungsbeschlusses heilt auch Verstöße gegen den § 183 [§ 189 Anm. 5].

3. Steht das Konkursgläubigerrecht **dem Ehegatten** derart **gemeinsam mit anderen** 9
Personen zu, daß er seine Stimme mur einheitlich mit ihnen zusammen abgeben kann, wie etwa als Miterbe einer gegen den Ehemann gerichteten Forderung [§ 182 Anm. 4], so fragt es sich, ob auch die Gemeinschaftsgenossen die im § 183 ausgesprochene Zurücksetzung mitzuleiden haben. Die bejahende Auslegung geht über Wortlaut und Zweck des Gesetzes hinaus. Denn die Gemeinschaft ist etwas anderes als der Ehegatte. Auch den Miterben des Ehegatten das Stimmrecht zu verkümmern, wäre eine unverständliche Härte. Läßt sich also die Vorschrift des § 183 nicht unter Beschränkung auf den Ehegatten (und dessen Nachmann) durchführen, so muß ihre Anwendbarkeit verneint [Anm. 1] und angenommen werden, daß die Gemeinschaftsgenossen einheitlich auch für den Vergleich stimmen können. Zust. v. Wilmowski-Kurlbaum Anm. 3, Mentzel-Kuhn[7] Anm. 6, Böhle-Stamschräder[6] Anm. 1, Bley aaO. § 75 Anm. 8 mit weiteren Verw.; abw. Wolff Anm. 5, Petersen-Kleinfeller Anm. 6. Ist der Mitberechtigte ein Pfandgläubiger, dann kommt es darauf an, ob er als solcher unter den Abs. II fällt oder nicht. Hat ihm der Ehegatte die Forderung verpfändet, so trifft die Beschränkung des Stimmrechts beide. Im Falle der Pfändung dagegen, die an sich durch den Abs. II nicht betroffen wird, bleibt der § 183 für die gemeinsame Ausübung durch den Ehegatten und den Pfandgläubiger unanwendbar. Siehe Anm. 4.

III. Anwendung im Sonderkonkurs und im Konkurs einer juristischen Person

1. Nach § 1 Anm. 68 muß der § 183 grundsätzlich auch in **Sonderkonkursen** Anwendung auf den Ehegatten derjenigen Personen finden, die Träger oder Mitträger der Gemeinschuldner-Rolle sind. So im Konkurs einer offenen Handelsgesellschaft oder Kommanditgesellschaft auf den Ehegatten eines persönlich haftenden Gesellschafters (§ 211 II; im Ergebnis zust. LG Insterburg PosMSchr. 6 S. 132; Bendix Recht 1902 S. 260f., K. Meyer DJZ 1902 Sp. 342, Löber Anwendbarkeit des § 183 (Leipz. Diss. 1906) S. 16ff., Graetzer LZ 1912 Sp. 650ff., Wolff KO[2] § 211 Anm. 2, Mentzel-Kuhn[7] Anm. 2, Böhle-Stamschräder[6] Anm. 1, Mohrbutter-Haarmann Leitfaden S. 198, Delhaes KTS 1955 S. 48, Bley VerglO[2] § 75 Anm. 10; abw. Gottschalk DJZ 1902 Sp. 198f.). Das Gemeinschuldner-Recht der Beantragung eines Zwangsvergleichs steht, wie der § 211 I (mit § 210 I) ergibt, allen persönlich haftenden Gesellschaftern zu, ohne Rücksicht darauf, wie der Gesellschaftsvertrag die Vertretung regelt. Beeinflußt doch der Zwangsvergleich die persönliche Haftung der Gesellschafter mit ihrem Eigenvermögen (§ 211 II). Wird aber jeder als Gemeinschuldner tätig, dann muß auch für alle Ehegatten der offenen Teilhaber der § 183 gelten, was gerade mit Rücksicht auf den § 211 II im Sinne des Gesetzes liegen dürfte. Erst recht muß daher nach dessen Zwecke der offene Teilhaber selbst, wenn er zugleich Konkursgläubiger ist, bei Stimmabgabe für — nicht auch gegen — den Zwangsvergleich ausscheiden. Zust. Böhle-Stamschräder[6] Anm. 1. Vertragsbeziehungen zwischen dem Gesellschaftsvermögen und dem Privatvermögen des Teilhabers sind keinesfalls ausgeschlossen. Entsprechendes gilt im Konkurs des gegemeinschaftlich verwalteten Gesamtgutes (§§ 2 II, 236a ff.) für einen Ehegatten, dem eine Forderung gegen das Gesamtgut (z. B. nach § 1467 II BGB) zusteht (vgl. insbesondere § 236 b II). Für den Kommanditisten und dessen Ehegatten im Konkurs der Kommanditgesellschaft gilt dagegen der § 183 nicht (abw. Bley aaO. Anm. 10). Im Nachlaßkonkurs unterliegt aus entsprechendem Grunde der Ehe- 10

gatte des Erben (jedes Miterben) den Schranken des § 183 (vgl. § 230 I) und entfällt, wenn der Erbe zugleich Konkursgläubiger ist (§ 225), sein Stimmrecht zugunsten eines Zwangsvergleichs. Zust. Mentzel-Kuhn[7] Anm. 3.

11 2. Anders liegen die Verhältnisse im Konkurs **einer juristischen Person,** besonders eines rechtsfähigen Vereins, einer Aktiengesellschaft, Genossenschaft oder Gesellschaft mit beschränkter Haftung, und ebenso im Konkurs eines Vereins ohne Rechtsfähigkeit. Organe, Mitglieder, Genossen, Aktionäre wie ihre Ehegatten sind als Gläubiger gleich dritten Personen stimmberechtigt. Ebenso Mentzel-Kuhn[7] Anm. 2, Böhle-Stamschräder[6] Anm. 1, Delhaes KTS 1955 S. 48, Bley aaO. § 75 Anm. 11. Auch für den Konkurs einer Gesellschaft mit beschränkter Haftung kann nicht etwa aus § 108 II VerglO ein gegenteiliger Schluß gezogen werden (Bley aaO.). Wohl aber gilt unser § 183 für den Ehegatten des Alleingesellschafters der im Konkurs stehenden Einmanngesellschaft [§ 31 Anm. 30] sowie für diesen selbst. Ebenso Bley aaO. und Böhle-Stamschräder[6] Anm. 1.

IV. Anwendung im Anschlußkonkurs

12 Nach § 107 II VerglO ist im Anschlußkonkurs (§ 102 VerglO) die Frist des § 183 II KO statt vom Tage der Konkurseröffnung vom Tage der Eröffnung des **Vergleichsverfahrens** ab zurückzuberechnen [siehe § 31 Anm. 33a]. Danach bleibt für die beiden Jahresfristen unseres Abs. II (Satz 1 und 2) die Dauer des Vergleichsverfahrens außer Ansatz. Der Rechtsnachfolger des Ehegatten unterliegt daher noch im Anschlußkonkurs denselben zeitlichen Stimmrechtsschranken, denen er im gescheiterten Vergleichsverfahren unterworfen war. Das gilt auch dann, wenn das gerichtliche Vergleichsnachverfahren des § 96 VerglO in den Konkurs ausmündet (§ 102 VerglO). § 107 II VerglO ist sinngemäß anzuwenden, wenn nach Eröffnung des Vergleichsverfahrens bei seiner Einstellung (§§ 99ff. VerglO) oder bei der Versagung der Bestätigung des angenommenen Vergleichs (§ 80 VerglO) die Eröffnung des Anschlußkonkurses abgelehnt wurde, dann aber alsbald ein selbständiger Konkurs eröffnet wird (Bley VerglO[2] § 107 Anm. 7 mit Verw., Mentzel-Kuhn[7] Anm. 5). Ist dagegen das Vergleichsverfahren nach Bestätigung des Vergleichs aufgehoben worden (§§ 90 I, 91, 96 IV VerglO) und daraufhin alsbald ein selbständiger Konkurs eröffnet worden, so scheidet eine entsprechende Anwendung des § 107 II VerglO aus, und zwar auch dann, wenn eine „vereinbarte Überwachung" wegen Nichterfüllung des Vergleichs zum Konkurs führte (Bley aaO.; ungenau Böhle-Stamschräder[6] Anm. 2a). § 107 II VerglO ist ferner auch dann nicht entsprechend anwendbar, wenn die Eröffnung des Vergleichsverfahrens unter gleichzeitiger Ablehnung des Anschlußkonkurses abgelehnt wurde (§ 19 VerglO), da hier eine Anknüpfung an die „Eröffnung" des Vergleichsverfahrens ausscheidet (Bley aaO.).

13 **Zusatz. Fremde Rechte.*** Einige Rechtsordnungen versagen trotz aller Bedenken, denen solche Regelungen unterliegen [vgl. Anm. 1], nicht nur dem Ehegatten, sondern auch anderen Angehörigen das Stimmrecht. Mitunter wird dabei anders als nach deutschem Recht das Stimmrecht allgemein entzogen, nicht nur eine bestimmte Stimmabgabe (Zustimmung) für unbeachtlich erklärt.

Einen nur relativen Stimmrechtsausschluß (Zustimmung zum Vergleich unbeachtlich) kennt vor allem Österreich (§ 148 KO: Ehegatte, Verwandte oder Verschwägerte in gerader Linie oder bis zum 4. Grad in der Seitenlinie sowie die Rechtsnachfolger dieser Personen, wenn der Erwerb nicht früher als 6 Monate vor Konkurseröffnung erfolgt ist; auf Forderungen, die Angehörige nach Eintritt der Zahlungsunfähigkeit erworben haben, findet die Beschränkung keine Anwendung).

Einen allgemeinen (von der Art der Stimmabgabe unabhängigen) Stimmrechtsausschluß kennen vor allem Italien (Art. 127 II, IV L. F.; sonst wie Österreich), die Schweiz (Art. 305 II SchKG: nur die Ehefrau) sowie Dänemark und Norwegen (vgl. Dölle, aaO. S. 182).

Keinerlei gesetzliche Beschränkungen des Stimmrechts von Angehörigen begegnen vor allem in Frankreich, Belgien, Luxemburg, den Niederlanden, in England und in den USA.

Zu sonstigen Stimmrechtsbeschränkungen vgl. 182 Anm. 14.

---

*) Bearbeitet von Prof. Dr. Günther Jahr, Saarbrücken. Wegen der Literatur und der Abkürzungen wird auf Bd. I S. LXIIIff. verwiesen.

§ 184

Der angenommene Zwangsvergleich bedarf der Bestätigung des Konkursgerichts.

Das Gericht entscheidet, nachdem es die Gläubiger, den Verwalter und den Gläubigerausschuß in dem Vergleichstermine oder einem zu verkündenden Termine gehört hat.

Materialien: Motive I Bd. 2 S. 160ff., Motive II S. 416ff., Protokolle S. 112, 184ff.

Die gerichtliche Vergleichsbestätigung

I. Das Bestätigungserfordernis

1. Der vom Gemeinschuldner vorgeschlagene (§§ 173ff.) und von den stimmberechtigten Konkursgläubigern mit den gesetzlichen Mehrheiten **angenommene** Vergleich (§ 182) „bedarf", um wirksam zu werden, in allen Fällen noch einer nachträglichen Bestätigung durch das Konkursgericht. Wie etwa in den §§ 1643, 1821 ff. BGB weist der Ausdruck „bedarf" im § 184 I KO und im § 78 I VerglO auf eine gesetzliche Vorbedingung des Beginns der Wirksamkeit eines Rechtsgeschäfts hin. Im Bestätigungserfordernis liegt eine Hauptschutzwehr gegen Übervorteilungen der Gläubiger, also eine Maßnahme staatlicher Fürsorge, die begrifflich der freiwilligen Gerichtsbarkeit angehört [§ 173 Anm. 3, 10]. Daher bestehen auch keine Bedenken gegen die Zuständigkeit des Rechtspflegers, wenn der Konkursrichter von der Befugnis des § 21 II RpflG [§ 71 Anm. 16a] Gebrauch gemacht hat (so richtig Schrader-Bauer Hdb.[2] S. 6, Arnold RpflG § 21 Anm. 10 unter III g; a. A. Arndt RpflG § 21 Anm. 33, Böhle-Stamschräder[6] § 71 Anm. 3). Der Schutz gilt allen beteiligten Gläubigern, keineswegs nur der überstimmten Minderheit. Er gilt auch unbekannten Gläubigern. Schon deshalb ist die Bestätigung auch bei einstimmiger Vergleichsannahme unerläßlich [§ 186 Anm. 5]. 1

2. Ist der Vorschlag im Vergleichstermin **abgelehnt** worden, so wird das Konkursverfahren fortgesetzt, ohne daß ein besonderer Beschluß erforderlich wäre. Das Ergebnis der Abstimmung wird vom Gericht im Vergleichsprotokoll beurkundet. Erachtet ein Beteiligter die Feststellung der Nichtannahme für unzutreffend, so kann er durch förmlichen Antrag eine der Beschwerde unterliegende Entscheidung des Konkursgerichts herbeiführen. Näheres § 182 Anm. 10; Anwendungsfall: § 183 Anm. 8. Der § 164 ZPO (§ 72 KO) ist für die Beweiskraft der Beurkundung des Abstimmungsergebnisses zweifellos nicht maßgebend, da es sich hier um eine sachliche Feststellung, nicht um eine Förmlichkeit des Verfahrens handelt. 2

II. Bestätigung und Bestätigungsverfahren

1. **Grundsätzliches.** Die Bestätigung ist nicht in das Ermessen des Konkursgerichts gestellt. Vielmehr **muß** das Gericht — unbeschadet der Besonderheit des § 187 S. 2 — den Vergleich verwerfen, wenn ein gesetzlicher Verwerfungsgrund feststeht (§§ 186 bis 188, 230; andererseits darf es die Bestätigung nur aus gesetzlichen Gründen versagen. Zu einer inhaltlichen Abänderung des angenommenen Vergleichs ist es in keinem Falle befugt [§ 173 Anm. 10f., § 189 Anm. 6]. 3

2. **Gegenstand und Umfang der gerichtlichen Nachprüfung.** Das Gericht hat nachzuprüfen, ob die für den Vergleichsabschluß maßgebenden Vorschriften des Gesetzes beobachtet worden sind, und hat über Einwände der Beteiligten, sowohl über reine Verfahrensrügen (z. B. über behauptete Verstöße gegen die §§ 177, 178, 179) als über Beanstandungen sachlicher Art (z. B. über angebliche Verletzungen der §§ 181, 182, 183, 188, über die Geltendmachung von Willensmängeln, etwa infolge Bedrohung oder Täuschung von Beteiligten), zu entscheiden [siehe § 186 Anm. 2]. Noch in diesem Verfahren hat der Konkursrichter auch den Mangel einer nach § 1822 Nr. 12 erforderlichen vormundschaftsgerichtlichen Genehmigung [§ 173 Anm. 17] oder 4

einer für die Anrechnung einer Forderung als zustimmend notwendigen Abstimmungserklärung eines Mitbeteiligten [§ 182 Anm. 4] zu berücksichtigen. Zur Beseitigung behebbarer Mängel, wie zur Nachbringung einer Zustimmung oder einer Vollmachtsurkunde, setzt das Gericht zweckmäßig, ehe es den Vergleich verwirft, eine kurze Frist [§ 186 Anm. 3]. Wird das Fehlen der Abstimmungserklärung eines an der Forderung Mitbeteiligten festgestellt, so kann dieser Mangel durch eine nachträgliche Zustimmung nicht behoben werden, da die Erklärung mündlich im Vergleichstermin abzugeben war [§ 182 Anm. 4]. Nichtbeachtete Mängel werden — von gesetzlichen Ausnahmen abgesehen (§§ 195—197) — durch die Rechtskraft des Bestätigungsbeschlusses geheilt. Siehe über die Rechtskraftfolgen § 189 Anm. 5, § 194 Anm. 5; über Arglistanfechtung § 196 Anm. 3.

5 War im Vergleichstermin ein Vorschlag des damals bereits verstorbenen Gemeinschuldners noch als solcher angenommen worden, dann war in diesem Verfahren der eine Hauptbeteiligte — der Erbe als Gemeinschuldner — nicht nach Vorschrift der Gesetze vertreten [siehe § 173 Anm. 15; vgl. auch § 173 Anm. 27]. Aufdeckung des Mangels vor der Bestätigung nötigt das Gericht, sie zu versagen. Ein gleichwohl ergehender Bestätigungsbeschluß unterliegt der sofortigen Beschwerde (§ 189). In diesem besonderen Falle dauert die Zulässigkeit des Rechtsmittels sogar nach Ablauf der Notfrist fort (§ 577 II 3 mit § 579 I Nr. 4 ZPO), auch wenn die Möglichkeit der Rüge des Mangels durch rechtzeitige Beschwerde bestand (Gegenschluß aus § 579 II ZPO). Insoweit kommt es also nicht etwa zu einer Heilung des Mangels durch Eintritt der Rechtskraft. Dahin gehört auch der Fall, daß eine Mehrheit von Schuldnern, deren einheitlicher Vorschlag erforderlich war, also namentlich Mitglieder einer offenen Handelsgesellschaft oder Miterben (§§ 211 I, 230 I; vgl. auch § 236 b I), nicht sämtlich in Person oder kraft ordnungsmäßiger Vertretung den Vergleichsantrag im Termin gestellt haben.

6 Da der Zwangsvergleich ein Rechtsgeschäft und der bedingte Vergleichsabschluß weder ausdrücklich verboten noch durch den Zweck des Vergleichs ausgeschlossen ist, muß es den Vertragsgenossen — nicht dem Gericht [Anm. 3] — freistehen, den Vergleich unter **eine Bedingung** zu stellen. So kann die gesetzliche Gläubigermehrheit (§ 182 I) Erlaß und Stundung ausdrücklich unter der aufschiebenden Bedingung der Übernahme einer in Aussicht gestellten, im Vergleich selbst (§ 194) genau zu bestimmenden Vergleichsbürgschaft bewilligen. Form der Bürgschaft: § 179 Anm. 5; Beanstandung ihrer Wirksamkeit: § 194 Anm. 5. Weitere Beispiele bedingter Vergleichsschließung: § 181 Anm. 4, § 195 Anm. 1. Die Bestätigung eines bedingten Vergleichs vor Eintritt der Bedingung ist zwar nicht unstatthaft, aber zu widerraten, weil beim Ausfall der Bedingung das Konkursverfahren weitergeht. Es empfiehlt sich daher, daß der Konkursrichter im Vergleichstermin auf Setzung einer kurzen Frist für die Erledigung der Bedingung hinwirkt und erst nach deren Eintritt den Vergleich bestätigt. RG Bd. **56** 70. Wenn der Richter vor Eintritt der aufschiebenden Bedingung den Bestätigungsbeschluß erläßt, bestätigt er eben nur einen bedingten Vertrag, einen Vergleich, der wirksam werden kann (§ 158 I BGB; RG aaO. S. 73). Auch nachdem der Beschluß in Rechtskraft erwachsen ist, wird daher der Vergleich nicht wirksam, solange die Bedingung schwebt, und scheitert endgültig, wenn sie ausfällt. Den Beschluß der Aufhebung des Konkursverfahrens (§ 190) darf der Richter inzwischen keinesfalls erlassen. Denn diese duldet keinen Schwebezustand. Zust. Mentzel-Kuhn[7] Anm. 1 sowie §174 Anm. 2, Böhle-Stamschräder[6] Anm. 1. Entsprechendes gilt für eine Zeitbestimmung (§ 163 BGB). Über die auflösende Bedingung der Nichterfüllung des Vergleichs siehe § 195 Anm. 1. Mit Unrecht wollen v. Wilmowski-Kurlbaum § 190 Anm. 1 aus der Vorschrift des § 190 I den Satz ableiten, daß der Vergleich (dessen Vertragsnatur sie anerkennen) weder Bedingung noch Befristung ertrage.

3. Verfahren

7 **a)** Regelmäßig schließt sich das Bestätigungsverfahren **unmittelbar an die Abstimmung** an. Doch können einer sofortigen Bestätigung Hindernisse entgegentreten. So besonders, wenn die Erreichung der gesetzlichen Mehrheiten zweifelhaft

ist und diese Zweifel zeitraubende Berechnungen erforderlich machen; wenn der Bevollmächtigte eines Gläubigers seine Vollmacht nicht vorlegen konnte und sie binnen bestimmter Frist nachzubringen hat. Darum ermächtigt unser Abs. II den Konkursrichter und zwar ohne ausdrückliche Zeitschranke (wie sie der § 78 III VerglO im Einklang mit § 310 ZPO vorsieht), einen **neuen** Termin zur Verhandlung über die Bestätigung und zur Verkündung der Entscheidung anzuberaumen. Der neue Termin ist noch im Vergleichstermin zu verkünden. Einer Ladung oder Bekanntmachung bedarf es nicht (§ 218 ZPO). Motive II S. 417.

b) Der Entscheidung des Konkursgerichts geht **eine Verhandlung** mit den Beteiligten voraus. Sie erschließt und beschränkt die Möglichkeit, den Vergleichsabschluß zu beanstanden [Anm. 4]. Beteiligt sind in erster Linie die nicht bevorrechtigten Konkursgläubiger. Sie sind daher zu **hören,** d. h. es muß ihnen — soweit sie stimmberechtigt waren oder ihre Forderung glaubhaft machen (vgl. §§ 188, 189; Motive II S. 418) — Gelegenheit zur Antragstellung und Meinungsäußerung (namentlich zur Bemängelung der Vergleichszulässigkeit im allgemeinen wie der Ordnungsmäßigkeit des Vergleichsverfahrens im besonderen, auch der Gültigkeit einer Stimmabgabe und der gerichtlichen Berechnung des Stimmergebnisses) geboten werden und zwar in einem Termin [Anm. 9]. Zur Anhörung der nicht vergleichsbeteiligten minderberechtigten Gläubiger im Nachlaßkonkurs vgl. § 230 II; Konkurs der fortgesetzten Gütergemeinschaft: § 236 Anm. 19. Ein ausdrücklicher Antrag auf Bestätigung ist nie, ein Antrag auf Verwerfung des Vergleichs nur in den Fällen der §§ 188 [siehe dort Anm. 2, 3], 230, 236 erforderlich: sonst hat das Konkursgericht von Amts wegen zu entscheiden. Nach Abs. II sind auch Verwalter und Gläubigerausschuß als solcher [§ 177 Anm. 1] — aber, ihrer Stellung im Vergleichsverfahren entsprechend, nur gutachtlich — zu hören. Der Verwalter unterliegt auch in der Nebenrolle des § 184 II dem Aufsichtszwang (§ 84). Ein Bedürfnis, ihn als Zeugen nach § 75 KO zu vernehmen, liegt im Bestätigungsverfahren nicht vor (nur unter diesem Gesichtspunkt zutreffend LG Rudolstadt LZ 1913 Sp. 798 Nr. 2; dazu Jaeger Sp. 799). Der Schuldner selbst ist nicht genannt (anders § 78 II VerglO). Indessen kann ihm als dem einen Hauptbeteiligten (er ist in Person der eine der beiden Vertragsgenossen) das Gehör, namentlich zum Zwecke der Gegenäußerung auf vorgebrachte Bedenken, nicht versagt werden. Motive II S. 417; siehe auch § 189. Daß die anzuhörenden Beteiligten von der Gelegenheit zur Äußerung auch tatsächlich Gebrauch gemacht haben, wird nicht vorausgesetzt [§ 73 Anm. 3]. 8

c) Die Anhörung der Beteiligten hat nach Abs. II **„in einem Termine"** stattzufinden. Damit wird die Möglichkeit mündlicher Aussprache der Beteiligten gesichert. Die Fassung des Gesetzes schließt aber die Berücksichtigung schriftlich eingereichter oder zu Protokoll der Geschäftsstelle abgegebener Erklärungen keineswegs aus, auch wenn sie nicht im Termin vom Beteiligten selbst oder einem Vertreter vorgetragen werden. Das ist unbestreitbar, soweit die Erklärung nur eine von Amts wegen vorzunehmende Prüfung anregt [Anm. 8]. Es gilt aber auch für die „Anträge" der §§ 188, 230 (§ 236), da diese Vorschriften nicht ausdrücklich eine „im Termin" abzugebende Erklärung fordern, was sich auch im Vergleichsverfahren keineswegs von selbst versteht (vgl. z. B. §§ 160, 176, 197, 198) und eine sachlich unangemessene Beschränkung wäre. Nur muß die Eingabe im Termin den Beteiligten zur Äußerung unterbreitet werden. Fitting § 48 N. 10, v. Völderndorff § 170 Anm. 2, Wolff § 184 Anm. 3, § 188 Anm. 4, Mentzel-Kuhn[7] Anm. 2, Böhle-Stamschräder[6] Anm. 2; abw. mit Berufung auf die Protokolle S. 184ff. z. B. Petersen-Kleinfeller Anm. 3, v. Wilmowski-Kurlbaum Anm. 2, v. Sarwey-Bossert § 188 Anm. 1, Seuffert S. 427. 9

Zusatz. Fremde Rechte.* Überall wird nach dem Vorbild des ersten französischen *Code de commerce* zur Wirksamkeit des Zwangsvergleichs die gerichtliche (behördliche) Bestätigung gefordert. Im einzelnen — vor allem in der Regelung des Umfangs 10

*) Bearbeitet von Prof. Dr. Günther Jahr, Saarbrücken. Wegen der Literatur und der Abkürzungen wird auf Bd. I S. LXIIIff. verwiesen.

der Nachprüfung sowie in der Regelung der Gründe und des Verfahrens der Verwerfung des Vergleichs bestehen jedoch weitgehende Unterschiede.

1. Zuständig für Prüfung und Bestätigung ist allgemein das Konkursgericht [vgl. § 71 Anm. 20], in der Schweiz die Nachlaßbehörde [vgl. § 173 Anm. 33 unter Nr. 5c; wo im folgenden von der „gerichtlichen Bestätigung" oder vom „Gericht" gesprochen wird, ist diese Behörde mitgemeint].

2. Die den Vergleich billigende Entscheidung wird allgemein als „Bestätigung" oder „Genehmigung" bezeichnet (*homologation* o. ä. im französischen Rechtskreis, *approvazione* in Italien, *approval* in England, *confirmation* in den USA), ihr Gegenstück als „Versagung (Verweigerung) der Bestätigung" (*refus d'homologation* o. ä. , *refuse to approve, refusal of confirmation*) oder als „Verwerfung des Vergleichs" (*rejet, respinzione*).

3. Die Entscheidung über die Bestätigung des Vergleichs setzt den Abschluß des Vergleichs voraus. Sie ist daher von den gerichtlichen Entscheidungen, die dem Abschluß des Vergleichs vorausgehen und inhaltlich mit ihr verwandt sind (Zurückweisung von Vergleichsvorschlägen; Zurückweisung oder Genehmigung von Vergleichsanträgen; vgl. § 174 Anm. 12, 13; § 175 Anm. 12f.), scharf zu trennen.

11 4. Der Umfang der Prüfung wird von der Regelung der Verwerfungsgründe bestimmt. Dabei bestehen sowohl in der inhaltlichen Bestimmung der Gründe wie in der Gestaltung des Verfahrens große Verschiedenheiten. Verwerfungsgründe sind insbesondere: fehlerhaftes oder anstößiges Zustandekommen des Vergleichs, inhaltliche Unzulässigkeit oder auch wirtschaftliche Unzweckmäßigkeit des Vergleichs, Unwürdigkeit des Schuldners. Verfahrenstechnisch kann die Verwerfung aus bestimmten Gründen zwingend geboten oder in das Ermessen des Gerichts gestellt sein („gebotene" oder „freigestellte" Verwerfung) und von Amts wegen oder nur auf Antrag erfolgen. Demnach sind verschiedene verfahrenstechnische Gestaltungen für die Verwerfung aus dem gleichen Grund möglich; umgekehrt kann die gleiche verfahrenstechnische Gestaltung schon in einer Rechtsordnung für die verschiedensten Verwerfungsgründe gelten. Es erscheint daher angebracht, die vergleichende Betrachtung nicht einseitig nach einem dieser rechtlichen Gesichtspunkte zu gliedern, sondern die Regelungen der Länder im Zusammenhang zu behandeln (der Übersichtlichkeit halber ist dabei die in §§ 186—188 KO enthaltene Regelung des deutschen Rechts einzubeziehen).

5. Deutschland kennt

a) eine gebotene Verwerfung von Amts wegen bei fehlerhaftem Zustandekommen (§ 186 Nr. 1 KO), bei nachträglichem Eintritt eines Grunds allgemeiner Unzulässigkeit (§ 186 Nr. 2 KO) [vgl. § 175 Anm. 13] und bei Mindergebnis [vgl. § 174 Anm. 12] wegen Unredlichkeit (§ 187 S. 1 KO);

b) eine freigestellte Verwerfung von Amts wegen bei Minderergebnis wegen Leichtsinns (§ 187 S. 2 KO);

c) eine gebotene Verwerfung auf Antrag eines betroffenen Konkursgläubigers, wenn der Vergleich unlauter zustande gebracht worden ist oder dem gemeinsamen Interesse der Konkursgläubiger widerspricht (§ 188 KO).

6. Österreich kennt nur eine Verwerfung von Amts wegen.

a) Die Verwerfung ist in denselben Fällen wie in Deutschland [vgl. oben zu 5a] und ferner dann geboten, wenn der Vergleich durch ein verbotenes Sonderabkommen [vgl. § 181 Anm. 20] zustande gebracht worden ist (§ 153 KO).

b) Die Verwerfung ist freigestellt, „wenn die dem Gemeinschuldner im Ausgleich gewährten Begünstigungen im Widerspruch zu dessen Verhältnissen stehen oder wenn der Ausgleich dem gemeinsamen Interesse der Konkursgläubiger widerspricht" (§ 154 Nr. 1 KO), ferner bei Minderergebnis (weniger als 30%) wegen Unredlichkeit, Leichtsinns oder übermäßigen Aufwands (§ 154 Nr. 2 KO; vgl. auch § 174 Anm. 12).

7. Die Regelung der Schweiz stellt die Verwerfung allgemein in das Ermessen der Nachlaßbehörde („ . . . kann . . . verweigern, wenn der Schuldner zum Nachteil seiner Gläubiger unredliche oder sehr leichtfertige Handlungen begangen hat"), verlangt aber zur Bestätigung, daß zwei Voraussetzungen erfüllt sind: die Vergleichsquote muß „im richtigen Verhältnis zu den Hilfsmitteln des Schuldners stehen", die Erfüllung des Vergleichs und die volle Befriedigung der bevorrechtigten Gläubiger müssen sichergestellt sein (Art. 306 SchKG). In der Sache ist daher in den letztgenannten speziellen Fällen die Verwerfung geboten. Eines Antrags bedarf es in keinem Falle.

8. Auch Frankreich kennt nur eine Verwerfung von Amts wegen. Die Verwerfung kann beruhen: auf Verletzung der Vorschriften über das Zustandekommen des Vergleichs oder „auf Gründen des öffentlichen Interesses oder der Belange der Gläubiger, die dem Vergleich entgegenstehen" (Art. 130 D. 20 mai 1955 = Art. 566 C. com.). Im ersten Fall erscheint die Verwerfung geboten, im zweiten Fall entscheiden die Instanzgerichte (Handelsgericht als Konkursgericht, Appellationsgerichtshof als Berufungsgericht) frei (der Kassationsgerichtshof begnügt sich damit, daß das Erkenntnis mit Gründen versehen ist; eine Aufsicht über die Rechtsanwendung übt er nicht aus; vgl. Houin, aaO. Nr. 2518). Praxis und Rechtslehre Frankreichs, die zwischen Generalklausel oder „unbestimmtem Rechtsbegriff", bindender tatrichterlicher Feststellung, anderen Beschränkungen der Nachprüfung der Rechtsanwendung und Ermessensentscheidung nicht mit der in Deutschland gebotenen Schärfe unterscheiden, sprechen daher von einem *pouvoir d'appréciation souverain* oder *totalement discrétionnaire* der Instanzgerichte. Inhaltlich sind in der Rechtsprechung die verschiedensten Gesichtspunkte maßgeblich gewesen (vgl. die Aufzählung bei Houin, aaO. Nr. 2519—2521). Erwähnung verdient vor allem, daß darunter nahezu alle Gründe begegnen, die in anderen Rechtsordnungen zum Ausschluß oder Scheitern des Vergleichs führen, und daß die französischen Gerichte mittels dieser Generalklausel mitunter, etwa in der Frage der Mehrheitserfordernisse oder des Stimmrechts von Angehörigen, die Regelung des französischen Rechts [vgl. § 182 Anm. 12 unter Nr. 2b; § 183 Anm. 13] im Einzelfall im Sinne der in anderen Rechtsordnungen vertretenen Auffassungen korrigierten.

9. In Belgien und Luxemburg besteht dieselbe Regelung wie in Frankreich (Art. 517 C. com.).

10. Auch die Niederlande (Art. 153 F. W.) kennen nur eine Verwerfung von Amts wegen.

a) Geboten ist die Verwerfung, wenn der Wert des Vermögens des Schuldners den Gesamtbetrag seiner nach dem Vergleich verbleibenden Schulden merklich übersteigt, wenn die Erfüllung des Vergleichs nicht gesichert ist oder wenn der Vergleich durch unlautere Mittel einschließlich begünstigender Sonderabkommen [vgl. § 181 Anm. 20] zustandegebracht worden ist.

b) Freigestellt ist die Verwerfung „aus anderen Gründen". Mit dieser Generalklausel wird jede Erteilung einer zulässigen Bestätigung dem Ermessen des Gerichts anheimgestellt.

11. Italien kennt nur eine gebotene Verwerfung von Amts wegen (Art. 130 I L. F.). Die Gründe sind — wie in Frankreich — teils genau bestimmt (Verletzung der Vorschriften über den Abschluß des Vergleichs), teils mit einer Generalklausel umschrieben: Unangemessenheit des Vergleichsinhalts und mangelnde Sicherheit für die Vergleichserfüllung.

12. Auch in England ist nur eine Verwerfung von Amts wegen bekannt (§ 16 B. A.).

a) Geboten ist die Verwerfung, wenn eine uneingeschränkte Entlastung (*discharge*) unzulässig wäre [vgl. § § 164 Anm. 15 unter Nr. 4a], sofern nicht eine Befriedigung in Höhe von mindestens 25% gewährleistet ist, oder wenn die Vergleichsbestimmungen „unvernünftig" (*not reasonable*) oder nicht dem Wohl der Gesamtheit der Gläubiger zu dienen bestimmt sind.

b) Freigestellt ist die Verwerfung „in allen anderen Fällen". Wie in den Niederlanden wird damit jede Erteilung einer zulässigen Bestätigung dem Ermessen des Gerichts überlassen.

13. Die USA schreiben ausdrücklich vor, daß der Vergleich zu bestätigen ist, wenn bestimmte Voraussetzungen erfüllt sind. Darin liegt jedoch keine wesentliche sachliche Abweichung: die Voraussetzungen sind in negativer Formulierung Gründe einer gebotenen Verwerfung; die Vorschrift, daß der Vergleich bei Erfüllung der Voraussetzungen zu bestätigen ist, stellt klar, daß die Aufzählung der Verwerfungsgründe erschöpfend ist. Die Verwerfung ist danach stets geboten: eines besonderen Antrags bedarf es in keinem Fall (§§ 221, 361, 366 B. A. = 11 USC §§ 621, 761, 766).

a) Sowohl im ordentlichen Verfahren des *arrangement* wie im Sonderverfahren der *corporate reorganization* [vgl. § 173 Anm. 30ff. unter Nr. 2, 3, 4a und 5h; § 174 Anm. 11 unter Nr. 1b; § 181 Anm. 19; § 182 Anm. 14 unter Nr. 4a und c] ist der Vergleich zu verwerfen, wenn das Verfahren nicht ordnungsgemäß war oder wenn der Vorschlag oder die Annahme des Vergleichs nicht „in gutem Glauben" erfolgten oder durch unzulässige

Manipulationen (dazu gehören auch begünstigende Sonderabkommen) zustande gebracht worden sind.

b) Im Verfahren des *arrangement* ist die Bestätigung des Vergleichs davon abhängig, daß der Schuldner den zur Befriedigung der bevorrechtigten Gläubiger und zur Deckung der Verfahrenskosten erforderlichen Betrag hinterlegt (§§ 337, 361, 362 B. A. = 11 USC §§ 737, 761, 762. Das Gesetz verlangt ferner die „Hinterlegung der im Vergleich den Gläubigern gegenüber übernommenen Leistungen"; dem Erfordernis wird durch bloßes Versprechen der Leistung zu einem späteren Termin genüge getan). Im übrigen hängt die Verwerfung davon ab, ob der Vergleich einstimmig angenommen wurde oder nicht (§§ 361, 366 B. A. = 11 USC §§ 761, 766). Nur im zweiten Fall bestehen weitere Verwerfungsgründe: die Bestätigung ist zu versagen, wenn der Vergleich dem wohlverstandenen Interesse der Gläubiger nicht entspricht, wenn er nicht „gerecht, billig und ausführbar" ist oder wenn eine Entlastung (*discharge*) des Schuldners ausgeschlossen wäre [vgl. § 164 Anm. 15 unter Nr. 4b].

c) Auch im Verfahren der *corporate reorganization* ist der Vergleich zu verwerfen, wenn er nicht „gerecht, billig und ausführbar" ist. Darüberhinaus ist die Verwerfung geboten, wenn nicht alle Zahlungen, die der Schuldner im Zusammenhang seiner Sanierung für Dienstleistungen gemacht hat, dem Konkursgericht mitgeteilt worden sind, oder wenn die persönlichen Verhältnisse der neu bestellten Organe der sanierten Körperschaft dem Gericht nicht offengelegt worden sind, oder wenn die Bestellung dieser Personen dem Gericht im Hinblick auf öffentliche Interessen oder die Belange der Gläubiger oder der Anteilseigner bedenklich erscheint (§ 321 B. A. = 11 USC § 621).

14. Zusammenfassend ist festzustellen: Allgemein werden zwingende Verwerfungsgründe anerkannt, auch wenn ihre Voraussetzungen weitgehend nur mit einer Generalklausel umschrieben werden. Überwiegend wird eine freigestellte Verwerfung nur aus bestimmten Gründen zugelassen; nur vereinzelt ist eine solche Verwerfung ganz dem Ermessen des Gerichts überlassen, was bedeutet, daß jede Erteilung einer zulässigen Bestätigung verweigert werden kann. Die im deutschen Recht bestehende Unterscheidung zwischen Verwerfung von Amts wegen und Verwerfung auf Antrag stellt eine Ausnahme dar (eine besondere Verwerfung auf Antrag begegnet wohl nur noch in Norwegen; vgl. Dölle aaO. S. 186); ganz überwiegend ist jede Verwerfung ohne besonderen Antrag möglich.

§ 185

Der Beschluß, durch welchen der Zwangsvergleich bestätigt oder verworfen wird, ist zu verkünden.

Materialien: Motive I Bd. 2 S. 160, Motive II S. 420, Protokolle S. 112, 184ff.

Beschlußverkündung

1 I. Der Bestätigungs- oder Verwerfungsbeschluß ist im Vergleichstermin oder in einem besonderen Bestätigungstermin zu **verkünden** (§ 184 II KO; entsprechend § 78 III VerglO). Einer Verkündung bedarf es schon nach § 329 I ZPO (§ 72 KO). Im Falle des § 185 ersetzt sie aber die besonderen Zustellungen und die öffentliche Bekanntmachung des Beschlusses. Dem entspricht es auch, wenn der § 189 II bestimmt, daß die Beschwerdefrist — abweichend von der Regel [§ 73 Anm. 6] — schon mit der Verkündung des Beschlusses beginnt. Das Zweckmäßige einer solchen Regelung leuchtet ein: sie führt zu einem genau feststellbaren und einheitlichen Zeitpunkte des Beginnes der Rechtsmittelfrist. Vgl. Motive II S. 420, Petersen-Kleinfeller Anm. 4; abw. v. Völderndorff S. 588f. Die Formel des Beschlusses lautet: „Der im Vergleichstermin vom .... angenommene Zwangsvergleich wird bestätigt (verworfen)". Darin liegt, was den Inhalt des Vergleichs betrifft, eine ausreichende Bezugnahme auf das Protokoll über den Vergleichstermin. Die nicht ausdrücklich gebotene Angabe von Gründen empfiehlt sich dringend, da sonst die Rechtsmitteleinlegung (namentlich gegenüber der Verwerfung) bedenklich erschwert werden könnte [§ 73 Anm. 2]. Muster eines Bestätigungsbeschlusses: Schrader-Bauer Hdb.[2] F III 150 S. 134, Senst-Müller Konkursrichter[4] S. 245. Die Verkündung ist

im Sitzungsprotokoll [§ 179 Anm. 7] festzustellen (§ 160 II Nr. 6 ZPO) und als Verfahrensförmlichkeit nur durch das Protokoll erweisbar (§ 164 ZPO). Dagegen fällt der Inhalt des Vergleichsvorschlags nicht unter die Beweisregel des § 164 ZPO. Der Beweis, daß über einen anderen als den im Terminsprotokoll bezeichneten Vorschlag verhandelt und abgestimmt worden sei, wird daher durch diese Bestimmung nicht ausgeschlossen; ebensowenig durch den § 417 (mit § 160 II Nr. 5) ZPO, weil der Beschluß selbst den Inhalt des bestätigten oder verworfenen Zwangsvergleichs gar nicht angibt. Abw. RG Bd. **146** 143f., Bley VerglO[2] § 66 Anm. 5, § 78 Anm. 13.

II. Für die **zweite Instanz** gilt das Verkündungsgebot des § 185 ebensowenig als das des § 182 II 2. Eine Verhandlung im Sinne des § 184 II findet hier nicht statt. Das Beschwerdegericht kann ohne jede Mündlichkeit entscheiden (§ 573 ZPO). Wenn es aber eine mündliche Verhandlung über die Beschwerde unter den am Rechtsmittel Beteiligten anberaumt, muß diesen der alsdann zu verkündende Beschluß [§ 73 Anm. 2] nach § 73 II zugestellt werden [§ 72 Anm. 4, § 189 Anm. 4]. Siehe v. Wilmowski-Kurlbaum § 189 Anm. 4, Wolff § 185 Anm. 2, Böhle-Stamschräder[6] Anm. 1. 2

§ 186

Der Vergleich ist zu verwerfen:

1. wenn die für das Verfahren und den Abschluß des Vergleichs gegebenen Vorschriften nicht beobachtet sind, und das Fehlende nicht ergänzt werden kann;

2. wenn ein Fall der Unzulässigkeit eines Zwangsvergleichs nachträglich eingetreten ist.

Materialien: Motive I Bd. 2 S. 162ff., Motive II S. 418, Protokolle S. 112, 186, Kommissionsbericht S. 1965, 2034ff., 2037.

Der Konkursrichter entscheidet im Bestätigungsverfahren regelmäßig nicht nach Einl. freiem Ermessen. Er darf vielmehr den Vergleich nur aus bestimmten Gründen verwerfen und muß die Verwerfung aussprechen, wenn einer dieser Gründe feststeht. Nur im Falle des § 187 Satz 2 ist die Entscheidung dem richterlichen Ermessen anheimgestellt. Vgl. § 184 Anm. 3. Die Verwerfung erfolgt teils von Amts wegen, teils nur auf Antrag: von Amts wegen in den Fällen der §§ 186, 187, auf Antrag in den Fällen der §§ 188, 230 II, 236. Nach § 79 VerglO sind alle Verwerfungsgründe von Amts wegen zu berücksichtigen. Fremde Rechte: § 184 Anm. 11.

Gebotene Verwerfung von Amts wegen

I. Verwerfungsgründe

Nach § 186 muß das Konkursgericht den Vergleich auch ohne Antrag verwerfen: 1

1. Wenn das dem Vergleichsabschluß vorausgegangene Verfahren oder der Vergleichsabschluß selbst an einem **wesentlichen** [Anm. 2] und **unheilbaren** [Anm. 3] **Mangel** leidet **(Nr. 1).** Hierher gehören nicht wieder gut zu machende Verletzungen der §§ 173—175, 177—183, 211 I, 230, 236, 236b I. Die Beobachtung dieser Vorschriften muß daher von Amts wegen nachgeprüft werden.

a) Im einzelnen ist zu den **wesentlichen** und nicht durch Ergänzung des Fehlenden behebbaren Mängeln zu bemerken: Die Verwerfung des Vergleichs muß wegen eines **Verfahrensmangels** erfolgen, wenn die Zeitgrenze des § 173 verletzt [§ 173 Anm. 24], wenn die in § 178 vorgesehene Niederlegung oder die im § 179 I S. 2 gebotene öffentliche Bekanntmachung unterblieben ist. Ist die durch § 179 I S. 3 vorgeschriebene Mitteilung des Vergleichsvorschlages oder des Ergebnisses der Erklärung des Gläubigerausschusses an die zu ladenden Gläubiger unterlassen worden, so liegt ebenfalls ein unter § 186 Nr. 1 fallender Verfahrensmangel vor, der aber beim Erscheinen der nicht ordnungsgemäß unterrichteten Gläubiger nicht mehr als wesentlich angesehen werden kann [§ 179 Anm. 1]. Keine wesentlichen Verfah- 2 rensmängel liegen dagegen vor, wenn gegen § 179 I S. 1 verstoßen wurde oder wenn die Ladung nach § 179 I. S 3 oder der nach § 179 II vorgesehene Vermerk in der öffentlichen Bekanntmachung des Vergleichstermins unterblieben ist [§ 179 Anm. 1]. Dasselbe gilt, wenn § 176 nicht angewendet wurde [§ 176 Anm. 4]. Zum Verstoß gegen § 177 vgl. Anm. 3. Rechtspolitisch erweckt es allerdings Bedenken, daß der § 186 Nr. 1 den Richter zwingt, die Verwerfung auch auszusprechen, wenn der Grund ausschließlich in einem amtlichen Versehen ruht, z. B. im Unterlassen der öffentlichen Bekanntmachung des Vergleichtermines (§ 179 I Satz 2) oder im Übersehen des Mangels ihrer ordnungsmäßigen Vollziehung, und damit die Vergleichsgenossen für den Fehler der Behörde büßen zu lassen. Auch in der staatlichen Haftpflicht (Art. 34 GG) liegt kein genügender Ausgleich. Das Gesetz müßte den Konkursrichter ermächtigen, von Amts wegen und auf Kosten der Staatskasse (den Rückgriff gegen schuldige Beamte vorbehalten) einen neuen Vergleichstermin anzuberaumen. Zur Zeit läßt es die Wiederholung der Abstimmung in einem neuen Termin nur im Ausnahmefall des § 182 II zu. Über den klaren und bestimmten Befehl des § 186 darf das Gericht sich nicht hinwegsetzen: es ist dem Gesetz unterworfen (§ 1 GVG). Ebendarum kann aber auch im Beschwerdeweg die Anberaumung eines neuen Vergleichstermins nicht erwirkt werden.

Der Zwangsvergleich muß ferner verworfen werden, wenn sich im Bestätigungsverfahren herausstellt, daß der **Vergleichsvorschlag** als **unzulässig** hätte verworfen werden müssen und nicht zur Abstimmung hätte zugelassen werden dürfen, sei es daß er den inhaltlichen Erfordernissen des § 174 nicht entspricht [§ 174 Anm. 2, 7], sei es daß er nach § 175 unzulässig war [§ 175 Anm. 1] oder daß im Sonderkonkurs einer Gesamthandsgemeinschaft der Vergleichsvorschlag nicht von allen Trägern der Gemeinschuldnerrolle gemacht wurde [§ 173 Anm. 21]. Dasselbe gilt, wenn er gegen das Gebot der Gleichbehandlung (§ 181) verstößt und dieses Hindernis nicht durch die Zustimmung der Zurückgesetzten ausgeräumt ist [§ 181 Anm. 3, 4]. Auch eine im Bestätigungsverfahren aufgedeckte Sonderbegünstigung (§ 181 S. 3) muß zur Verwerfung führen. Der § 188 I Nr. 1, der den Fall der verbotenen Sonderbegünstigung noch besonders hervorhebt, weil diese dem Gericht in der Regel erst durch Mitteilungen von Gläubigern bekannt wird, hat nicht den Zweck, die Berücksichtigung von Amts wegen auszuschließen. Das widerspräche der Strenge des Verbots, das einen Grundpfeiler des Gläubigerschutzes bildet [§ 188 Anm. 4].

Schließlich ist der Zwangsvergleich zu verwerfen, wenn die **Doppelmehrheit** des § 182 (§ 183) entgegen der ursprünglich getroffenen Feststellung [§ 182 Anm. 10] in Wirklichkeit **nicht erreicht** ist. Die Überprüfung der Mehrheitsfeststellung macht noch im Bestätigungsverfahren die Berücksichtigung eines Mangels der Prozeßfähigkeit, der Vertretungsmacht und der etwa erforderlichen besonderen Vergleichsermächtigung zur Amtspflicht des Konkursrichters (§§ 56, 88 II ZPO). Beachte jedoch Anm. 3. Ein Mangel der erforderlichen Vergleichsmehrheit kann sich nachträglich daraus ergeben, daß ein Gläubiger seine Annahmeerklärung wegen arglistiger Täuschung oder Drohung anficht (§§ 119, 123, 142f. BGB) und diese Umstoßung der Stimmabgabe auf dem Wege des § 184 II zur Geltung bringt [§ 173 Anm. 15, § 184 Anm. 4], nicht aber durch einfache Zurückziehung der Annahmeerklärung. Ebenso Mentzel-Kuhn § 184 Anm. 2, Böhle-Stamschräder § 184 Anm. 2. Dagegen kann der Mangel der im § 182 I erforderlichen Mehrheiten nicht durch nachträgliche Beitrittserklärungen von Gläubigern „ergänzt" werden, die später ihren Standpunkt ändern oder im Termin (wäre es auch infolge eines unabwendbaren Hindernisses) unvertreten ausgeblieben waren oder gar erst hinterher ein Stimmrecht erworben haben (§ 95); denn für das Stimmverhältnis ist endgültig der Zeitpunkt der ersten oder der nach § 182 II wiederholten Abstimmung maßgebend. Heilung auch der nach § 186 Nr. 1 wesentlichen Mängel durch rechtskräftige Bestätigung: § 184 Anm. 4.

3 b) **Heilbare** Mängel können nachträglich abgestellt werden. Durch die Worte „wenn das Fehlende nicht ergänzt wird" sollte dem Gericht — auch noch dem Beschwerdegericht (§ 189) — die Befugnis eingeräumt werden, entweder die Ergänzung (be-

fristet) anzuordnen und die Entscheidung einstweilen aufzuschieben oder — falls das Gericht Unheilbarkeit annimmt — die Verwerfung auszusprechen (vgl. Motive II S. 418). Heilbar in diesem Sinne sind z. B. das Fehlen der erforderlichen Genehmigung des Vormundschaftsgerichts [§ 173 Anm. 17], des Nachweises einer Vollmacht. Besteht der (wesentliche) Mangel darin, daß eine juristische Person als Gemeinschuldner im Vergleichstermin nicht durch alle zu gemeinsamer Vertretung berufenen Mitglieder des satzungsgemäßen Organs vertreten war [§ 173 Anm. 21, § 179 Anm. 2, 3], so ist auch dieser Mangel durch Nachbringung einer Vollmacht der nicht erschienenen Mitglieder behebbar; desgleichen, wenn im Sonderkonkurs einer Gesamthandsgemeinschaft nicht alle Träger der Gemeinschuldnerrolle im Termin anwesend oder vertreten waren [aaO.] und die Erschienenen auch namens der Nichtanwesenden oder Nichtvertretenen gehandelt haben, nicht aber wenn sie den Vergleichsvorschlag nur im eigenen Namen gemacht haben. Hält das Gericht den Mangel für behebbar, dann hat es die Amtspflicht, zunächst auf dessen Behebung hinzuwirken. Dem Gebot des § 184 II kann das Gericht noch im Bestätigungsverfahren genügen. Hat das Gericht versäumt, die nach § 177 I vorgesehene gutachtliche Äußerung des Gläubigerausschusses einzuholen und ist dieser Mangel nicht dadurch behoben worden, daß der Ausschuß ein solches Gutachten unaufgefordert eingereicht [§ 177 Anm. 1] oder sich im Vergleichstermin vor der Abstimmung gutachtlich zum Vergleichsvorschlag geäußert hat [§ 179 Anm. 7], so darf der angenommene Vergleich zwar nicht bestätigt werden, muß aber auch nicht verworfen werden, da das „Fehlende ergänzt werden kann" [Näheres § 177 Anm. 2]. Zur Bestätigung eines angenommenen bedingten Vergleichs vgl. § 184 Anm. 6.

2. Wenn nachträglich d. h. nach dem Vergleichsabschluß ein Fall der **Unzulässigkeit** des Zwangsvergleichs (**§ 175**) eintritt (**Nr. 2**). Eine schon vor dem Vergleichsabschluß begründete, aber erst nachträglich bekannt gewordene Unzulässigkeit fällt unter die Nr. 1 [Anm. 2]. 4

II. Zwingende Kraft des § 186

Die Anwendung des § 186 wird durch den ausdrücklichen Verzicht aller bekannten Beteiligten nicht ausgeschlossen, weil der bestätigte Vergleich auch unbekannte Gläubiger trifft. Motive II S. 418. Zust. Mentzel-Kuhn[7] Anm. 1 und § 184 Anm. 1, Böhle-Stamschräder[6] Anm. 1. Das Konkursgericht muß daher — was der Verfasser des Entwurfs den Protokollen S. 111 zufolge bemerkt hat — beim Vorhandensein der Voraussetzungen des § 186 auch einen einstimmig geschlossenen Vergleich verwerfen. Auch der einstimmig von allen Anmeldern geschlossene Zwangsvergleich ist von einem das Bestätigungsverfahren erübrigenden Konkursverzichte (§ 202) wesentlich verschieden. Andererseits wird durch ein schwebendes Zwangsvergleichsverfahren die Einstellung des Konkurses nach Maßgabe des § 202 keineswegs ausgeschlossen. Protokolle aaO.; Fitting § 47 N. 20; vgl. dagegen v. Sarwey-Bossert § 173 Anm. 5. 5

Zusatz. Fremde Rechte. Verwerfungsgründe und Verwerfungsverfahren im ausländischen Recht vgl. § 184 Anm. 11.

§ 187

Der Vergleich ist zu verwerfen, wenn er den Gläubigern nicht mindestens den fünften Teil ihrer Forderungen gewährt und dieses Ergebnis auf ein unredliches Verhalten des Gemeinschuldners, insbesondere darauf zurückzuführen ist, daß der Gemeinschuldner durch ein solches Verhalten die Eröffnung des Konkursverfahrens verzögert hat. Der Vergleich kann verworfen werden, wenn das gleiche Ergebnis auf ein leichtsinniges Verhalten des Gemeinschuldners zurückzuführen ist.

Materialien: Motive I Bd. 2 S. 135, Motive II S. 398, Kommissionsbericht S. 1965ff., 2035f.; Reichstag II. Session 1909/11 Drucksache Nr. 731 S. 2f., 5.

Verwerfung wegen Mindererergebnisses

I. Zweck und Berechtigung der Vorschrift

1 **1.** Während die VerglO (§ 7) verlangt, daß bei jedem konkursabwendenden Zwangsvergleich (auch beim Liquidationsvergleich) den Gläubigern mindestens 35 v. H. und bei Stundungen über ein Jahr mindestens 40 v. H. ihrer Forderungen versprochen werden, kennt die KO weder allgemeine Mindestsätze noch stuft sie die zur Vergleichsannahme erforderlichen Mehrheiten je nach der Höhe des Anerbietens ab. Ausland: Anm. 14. Der durch die Novelle von 1898 eingefügte § 187 sieht jedoch bei einem Vergleich, der den Gläubigern **weniger als 20 v. H.** ihrer Forderungen bietet, eine von Amts wegen vorzunehmende konkursgerichtliche Prüfung der Gründe vor, die zu dieser geringen Quote geführt haben. Je nach dem Ergebnis dieser Prüfung **muß** (Fall des S. 1) [Anm. 11] oder **kann** (Fall des S. 2) das Konkursgericht den Vergleich verwerfen. Kann es sich nicht davon überzeugen, daß das geringe Ergebnis auf unredliches oder leichtsinniges Verhalten des Gemeinschuldners zurückzuführen ist und liegen keine Verwerfungsgründe nach §§ 186, 188 vor, so ist der Vergleich zu bestätigen.

2 **2.** Der **Zweck** dieser Erschwerung des Zwangsvergleichs wird im Kommissionsbericht S. 2035 dahin zusammengefaßt: in der Vorschrift „liegt ein Antrieb für den Schuldner, mehr zu bieten", „ein Riegel gegen gewerbsmäßige Konkursmacherei mit geringprozentigen Akkorden", ein „Zwang für den Schuldner, Konkurs anzumelden, wenn er sieht, es geht nicht weiter, und nicht bis zum Ende herabzuwirtschaften".

3 Die Vorschrift hat nur eine geringe praktische Bedeutung erlangt. Auch ist ihre **Berechtigung** fraglich. Einmal kann, da im deutschen Konkursrecht eine Nachprüfung der Erfüllungsmöglichkeit des Vergleichsvorschlages nicht vorgesehen ist, die gerichtliche Überprüfung der Gründe des Mindererergebnisses leicht dadurch umgangen werden, daß der Gemeinschuldner mindestens 20 v. H. anbietet. Vgl. dazu Eckert KonkTreuh. 1937 S. 50. Andererseits ist jedenfalls die Regelung des Satzes 1 zu starr, da sie das Gericht bei Bejahung seiner Voraussetzungen nötigt, auch einen im Einzelfall noch so günstigen Vergleich zum Schaden der Gläubiger zu verwerfen. Dies ist vor allem im Konkurs einer juristischen Person [Anm. 10] bedenklich; denn einerseits ist hier die bei Verwerfung des Vergleichs eintretende Nachforderung nach § 164 I ohne Bedeutung, andererseits erscheint es nicht gerechtfertigt, einer AG oder GmbH die bei Zustandekommen des Zwangsvergleichs bestehende Möglichkeit der Fortsetzung (§ 215 II AktG, § 60 Nr. 4 GmbHG) nur deshalb zu versagen, weil frühere Organe das Mindererergebnis des Zwangsvergleichs unredlich oder leichtfertig verursacht haben. Bei den gewaltigen Überschuldungen, die gerade in Millionenkonkursen zu Tage treten, würde ein entsprechend gesicherter Zwangsvergleich auch mit einem geringen Prozentsatz für die nicht bevorrechtigten Gläubiger einen großen Gewinn bedeuten, da sie bei der normalen Konkursabwicklung in der Regel nichts zu erwarten haben. Mindestens im Bereiche der juristischen Personen erscheint es daher sehr fraglich, ob dem Gedanken der Würdigkeit des Gemeinschuldners, der dem § 187 zu Grunde liegt, in irgend einer Form Einfluß auf die gerichtliche Bestätigung des Vergleichs gegeben werden sollte. Anders ist die Lage im Konkurs natürlicher Personen. Hier erscheint der Grundgedanke des § 187 — jedenfalls im Sinne einer Verwerfungsmöglichkeit — nicht unberechtigt, da er bei einem Mindererergebnis, das auf unredlichem oder leichtsinnigem Verhalten beruht, dem Gericht (unabhängig von der Antragstellung eines Beteiligten) die Möglichkeit gibt, dem Schuldner die Befreiung von der Schuldenlast seiner wirtschaftlichen Vergangenheit gegen das Versprechen einer geringfügigen Quote zu versagen; dies um so mehr, als ihm die Möglichkeit des konkursabwendenden Zwangsvergleichs bei dieser Lage von vornherein verschlossen ist, also die Diskrepanz in den Voraussetzungen des konkursabwendenden und des konkursbeendenden Zwangsvergleichs [vgl. dazu § 173 Anm. 19] besonders bedenklich wird. Weitergehend Jaeger 6./7. Aufl., der im Anschluß an Motive II S. 398, Kommissionsbericht S. 1966 jede an eine Mindestquote anknüpfende Beschränkung der Vergleichsmög-

lichkeit ablehnt und § 187, soweit die Vorschrift berechtigt erscheint, für überflüssig hält, da gegen eine Übervorteilung der Gläubiger die „verständige und weittragende Norm" des § 188 ausreichenden Schutz biete und der Gefahr unlauterer Konkursverschleppung durch die im § 103 Anm. 11 aufgeführten Vorschriften und den Strafschutz des § 240 Nr. 2 begegnet werden könne. Bedenklich an der Regelung des § 187 ist aber vor allem, daß die Prüfung der Vergleichswürdigkeit erst im Bestätigungsverfahren, nicht schon im Verfahren über die Zulässigkeit des Zwangsvergleichs vorgesehen ist (vgl. auch § 18 Nr. 1 u. 2 VerglO). Wenn die Unzulässigkeitsgründe und die Befugnis zur Zurückweisung eines Zwangsvergleichsvorschlages sinnvoll erweitert werden, ist die Bestimmung entbehrlich (so auch Tidow KTS 1956 S. 101; ähnlich schon Schumann DJ 1935 S. 1216). Vgl. auch § 175 Anm. 2, § 176 Anm. 3. Im Bestätigungsverfahren wären dann nur solche Zurückweisungsgründe zu berücksichtigen, die erst nach Annahme des Zwangsvergleichs zutage getreten sind (vgl. § 186 Nr. 2). Eine Angleichung der Regelung des konkursbeendendenVergleichs an die VerglO im Sinne der Einführung einer festen Mindestquote wird in der Reformliteratur nur selten vertreten (z. B. Höver ZAkDR 1938 S. 766; zurückhaltend auch Böhle-Stamschräder KTS 1959 S. 73).

II. Gebotene Verwerfung von Amts wegen (Satz 1)

1. Das Konkursgericht **muß** Vergleiche unter 20 v. H. verwerfen, wenn dasMinderergebnis auf unredlichem Verhalten des Schuldners beruht. Bei jedem Zwangsvergleich mit diesem Minderergebnis hat somit das Konkursgericht von Amts wegen zu prüfen, ob eine Verwerfung aus diesem Grunde in Frage kommt [Anm. 1]. Unter den Voraussetzungen des § 188 sind — aber nur auf Antrag — auch Vergleiche über 20 v. H. zu verwerfen. 4

a) Der § 187 setzt zunächst voraus, daß der Vergleich **weniger als den fünften Teil** der nicht bevorrechtigten Konkursforderungen bietet. Die Vorschrift ist also unanwendbar auf Vergleiche zu 20 v. H. und darüber, mag dafür eine Sicherheit geboten werden oder nicht. Daß der Mindestsatz auch sofort oder in bestimmter Frist zahlbar sein muß, verlangt das Gesetz nicht. Da Erlaß und Stundung beim Zwangsvergleich in der Regel verbunden sind, versteht sich das Erfordernis alsbaldiger Zahlung (gegen v. Wilmowski-Kurlbaum Anm. 4) keineswegs von selbst. Auch eine Diskontierung des gestundeten Betrags, wie sie Wolff Anm. 2 und Petersen-Kleinfeller Anm. 10 vornehmen wollen, findet daher nicht statt. Für die Berechnung kann nur der Zeitpunkt maßgebend sein, in dem sich Konkurs- oder Beschwerdegericht über Bestätigung oder Verwerfung des Vergleichs schlüssig machen müssen. Der § 187 duldet aber seinem Wortlaut nach auch eine Anwendung auf Liquidationsvergleiche unter Würdigung des voraussichtlichen Ergebnisses (im Sinne des § 7 IV VerglO) und muß daher, da ihre Ausschaltung mit dem Zweck des Gesetzes unvereinbar sein würde, auch für sie gelten. Zust. Böhle-Stamschräder[6] Anm. 1 a. 5

b) Ferner muß **unredliches Verhalten** des Schuldners vorliegen. Als besonders wichtigen Fall hebt das Gesetz die unredliche Konkursverschleppung hervor [Antragspflicht: § 103 Anm. 11 mit § 240 Nr. 2]. Sonst entscheidet über den Begriff das freie richterliche Ermessen. Daß die Unredlichkeit vor dem Konkurs oder doch vor dem Vergleichsverfahren liegt, wird nicht vorausgesetzt. Unterschied vom Leichtsinn: Anm. 12. 6

c) Unredlichkeit [Anm. 6] und Minderergebnis [Anm. 5] müssen in **ursächlichem Zusammenhang** stehen („auf ... zurückzuführen ist"). Dem Schuldner muß es also infolge seines unredlichen Verhaltens unmöglich geworden sein, die gesetzliche Mindestleistung zu erbringen. Bietet er sie nicht, obwohl er dazu imstande ist, dann bewendet es beim Schutze des § 188. Daß die Unredlichkeit die einzige oder die unmittelbare Ursache des Minderergebnisses bildet, wird nicht verlangt. Darum muß auch ursächlicher Zusammenhang zwischen der Unredlichkeit des Schuldners (z. B. dem absichtlichen Beiseiteschaffen von Möbeln, § 239 Nr. 1) und der Geringfügigkeit der Masse genügen (abw. Oetker DJZ 1899 Sp. 289). Der Fassung und dem 7

Zwecke des Gesetzes zuwider behaupten v. Wilmowski-Kurlbaum Anm. 5, es müsse das Minderergebnis auf der früheren Vermögensverwaltung des Schuldners beruhen; sein Verhalten zur Zeit der Vergleichsverhandlung selbst komme nur noch für den § 188, nicht mehr für den § 187 in Betracht. Der § 187 soll aber gerade Vergleiche verhüten, bei denen der Schuldner seine Gläubiger unredlicherweise übervorteilt [Anm. 2]. In den früheren Geltungsbereich des § 188 hat die Novelle bewußt eingegriffen. Wo beide Vorschriften in Betracht kommen, geht der § 187, der keinen Antrag fordert, vor. Vgl. auch Böhle-Stamschräder[6] § 188 Anm. 3.

8 **d)** Über das Vorliegen eines unredlichen Verhaltens und das Erfordernis der Ursächlichkeit **entscheidet** das Konkursgericht auf Grund einer **von Amts wegen anzustellenden Untersuchung** nach pflichtmäßigem Ermessen. Das Gericht kann den Zwangsvergleich nur verwerfen, wenn es vom Vorliegen der Voraussetzungen des S. 1 überzeugt ist [Anm. 1]. Für eine Beweislastverteilung im Sinne des Erkenntnisverfahrens ist hier kein Raum. Im Termin (§ 184 II) kann nicht nur der Schuldner selbst, sondern auch ein dem Vergleich geneigter Gläubiger entlastende Tatsachen geltend machen. Auch Ermittlungen nach § 75 können angemessen sein. Eine wesentliche Grundlage für die richterliche Entscheidung bildet die Stellungnahme des Konkursverwalters [§ 184 Anm. 8]; denn da er sich schon in seinem Bericht in der ersten Gläubigerversammlung über die Entstehung der Zahlungsunfähigkeit zu äußern hat (§ 131) und ihm die beherrschende Rolle bei der Durchführung des Konkurses zukommt, werden Anhaltspunkte für das Vorliegen der Voraussetzungen des § 187 am ehesten von ihm beigebracht werden können. Vgl. dazu auch Mohrbutter-Haarmann KTS 1956 S. 180 und Leitfaden S. 203. Als Fälle, in denen jedes Verschulden ausgeschlossen sein kann, wurden in den Kommissionsverhandlungen Krisen, Zusammenbruch angesehener Häuser (S. 1965), Krieg, große Zahlungsstockungen und beträchtliche Änderungen des Zollsystems erwähnt (S. 1966).

2. Besondere Fälle

9 **a)** Sind **mehrere Personen** Träger der Gemeinschuldnerrolle, so kann schon das unredliche Verhalten eines einzigen die Anwendung des § 187 rechtfertigen. So z. B. im Konkurs einer offenen Handelsgesellschaft die Unredlichkeit eines Teilhabers, im Nachlaßkonkurs die Unredlichkeit eines Miterben, vorausgesetzt, daß beidemal die Unredlichkeit das nun konkursbefangene Sondervermögen betroffen hat. Zust. Mentzel-Kuhn[7] Anm. 1, Böhle-Stamschräder[6] Anm. 1 c. Beim Nachlaßkonkurs bleibt zu beachten, daß für die Zeit vor dem Erbfall nur maßgebend sein kann, wie sich der Erblasser als Schuldner verhalten hat. Warum ein solches Verhalten des Erblassers, namentlich eine unlautere Konkursverschleppung, mit seinem Tode für den Nachlaß bedeutungslos werden sollte (wie Schimmelbusch RheinA 107 S. 75 meint), ist nicht einzusehen. Siehe § 214 Anm. 7 ff., 21.

10 **b)** In Konkursen **von juristischen Personen** [Anm. 3] und von Vereinen ohne Rechtsfähigkeit kommt nur eine entsprechende Anwendung des § 187 in Betracht. Denn das Organ selbst ist eben nicht der Gemeinschuldner [siehe § 175 Anm. 4]. Die entsprechende Anwendbarkeit wird aber zu bejahen sein, wenn das Verhalten des Organs ein Leistungsunvermögen des Gemeinschuldners im Sinne des § 187 verursacht hat. Dabei genügt das für das Minderergebnis ursächliche Verhalten eines einzelnen Mitgliedes des Organs. Wolff Anm. 3 a. E., Mentzel-Kuhn[7] Anm. 1, Böhle-Stamschräder[6] Anm. 1 c. Für den Zwangsvergleich in **Genossenschaftskonkursen** [§ 173 Anm. 20] ist eigens bestimmt, daß wegen unredlichen oder leichtsinnigen Verhaltens des Vorstandes eine Verwerfung dann, aber auch nur dann ausgesprochen werden kann, wenn ein „erheblicher Teil der Genossen" das Verhalten des Vorstandes gekannt hat (§ 115e II Nr. 3, vgl. § 118 III GenG). Dieses Erfordernis einer Beteiligung von Mitgliedern am Tatbestand des Verwerfungsgrundes beruht in einer Rücksichtnahme auf die Nachschußpflicht der Genossen. Das Verhalten des Vorstandes soll ihre Entlastung nicht vereiteln, wenn es allen oder doch einem großen Teil von ihnen unbekannt war. Die Voraussetzung des § 115e II Nr. 3

GenG ist sicher zu bejahen, wenn die Mehrheit der Genossen die erforderliche Kenntnis hat, doch ist dies nicht unbedingt erforderlich (so auch Lang-Weidmüller GenG[27] § 115e Anm. 8, Meyer-Meulenbergh GenG[9] § 115e Anm. 5e); letztlich entscheidet das Konkursgericht darüber, ob die Zahl der Genossen, welche die Kenntnis vom Verhalten des Vorstandes haben, „erheblich" ist, eine rechtspolitisch nicht unbedenkliche Regelung. Entsprechendes gilt für den Versicherungsverein a. G. (§ 52 II S. 2 VAG mit § 115e II Nr. 3 GenG). Ursächlichkeit im Sinne der Anm. 7 wird auch hier vorausgesetzt.

8. Sind die Voraussetzungen des ersten Satzes [Anm. 5—7] gegeben, so **muß** das Konkursgericht den Vergleich verwerfen, auch wenn er mit Einstimmigkeit angenommen ist und offensichtlich dem Gemeinwohl der Gläubiger dienen würde. Ein Verzicht der Beteiligten ist hier ebenso wirkungslos wie im Falle des § 186 [siehe § 186 Anm. 5]. Die gegenteilige Bemerkung im Kommissionsbericht S. 1965 trifft für die jetzige Fassung des Gesetzes nicht zu. Ein neuer Vergleichsvorschlag unter besseren Bedingungen ist nicht ausgeschlossen, aber der Zurückweisung nach § 176 ausgesetzt. Bei Einmütigkeit der Beteiligten bietet übrigens der Konkursverzicht (§ 202) mit außerkonkursmäßigem Erlaßvertrag einen Ausweg. 11

III. Freigestellte Verwerfung von Amts wegen (Satz 2)

Beruht das Mindererergebnis [Anm. 5] nicht auf Unredlichkeit, sondern nur auf **Leichtsinn** des Schuldners, so ist die Verwerfung des Vergleichs dem Ermessen des Konkursgerichts anheimgestellt. Ein Antrag auf Verwerfung wird nicht verlangt, wohl aber Ursächlichkeit wie nach Satz 1. Wie Satz 1 trifft Satz 2 auch den Liquidationsvergleich [Anm. 5]. Das für das Mindererergebnis ursächliche leichtsinnige Verhalten des Gemeinschuldners kann und wird häufig ein außerbetriebliches sein z. B. übermäßiger Privataufwand, ist aber nicht darauf zu beschränken (unrichtig LG München BB 1955 S. 331). Schon der Komm. Bericht S. 1965 erwähnt als Beispiel die unvorsichtige Eröffnung eines Geschäftes ohne ausreichende Mittel. Auch eine allzu sorglose Annahme von Gefälligkeitswechseln kann als Verwerfungsgrund in Frage kommen (LG Würzburg KonkTreuh. 1929 S. 109f.; zust. Böhle-Stamschräder[6] Anm. 2). Vgl. auch Bley VerglO[2] § 18 Anm. 3c mit Verw. Geschäftliche Fehldispositionen, wie sie sich zwangsweise aus dem Unternehmerrisiko ergeben, können dagegen die Verwerfung nicht rechtfertigen (insoweit zutr. LG München aaO.). Der Unterschied zwischen Unredlichkeit und Leichtsinn ist demjenigen zwischen Vorsatz und Fahrlässigkeit verwandt (siehe auch Bley VerglO[2] aaO.). Zutreffend bemerkt Wolff Anm. 3, daß für die Unterscheidung „die §§ 239, 240 einen gewissen Anhalt bieten", ohne aber schlechthin maßgebend zu sein. So kann Vermögensvergeudung durch Spiel und Wette (§ 240 Nr. 1) sich bald als unredliches bald nur als leichtsinniges Verhalten darstellen. Zust. Böhle-Stamschräder[6] Anm. 2. Ein unredliches Verhalten (Tun oder Unterlassen) des Schuldners kann auch bei mittelbarem Vorsatz gegeben sein. So, wenn er den schädigenden Erfolg als wahrscheinlich erkennt und ihn gleichwohl bewußt in Kauf nimmt (etwa indem er trotz einer nach außen unerkennbaren gefahrdrohenden Überschuldung weiter wirtschaftet). Das Unterlassen der rechtzeitigen Beantragung des Konkurses kann auf Unredlichkeit oder auf Leichtsinn des Schuldners beruhen. Desgleichen auch die Abhaltung eines anderen von der Konkursbeantragung, die gleichfalls unter den Begriff einer „Verzögerung" der Konkurseröffnung fällt. Meist wird eine solche Abhaltung Unredlichkeit sein (z. B. bei falschen Vorspiegelungen und Zusagen). 12

Im übrigen gelten auch hier die Ausführungen der Anm. 7—10 und wegen der Unverzichtbarkeit der Anm. 11. Konkurs der Genossenschaft und des Versicherungsvereins a. G.: Anm. 10.

IV. Beschwerde

Gegen die Bestätigung oder Verwerfung des Vergleichs aus Gründen der Verletzung des § 187 findet die sofortige Beschwerde statt (§ 189). Sie kann besonders auf eine Verkennung der Begriffe Unredlichkeit und Leichtsinn [Anm. 6, 12], auf 13 irrtümliche Annahme oder Nichtannahme **der Ursächlichkeit** [Anm. 7, 12], aber auch darauf gestützt werden, daß der Konkursrichter von der ihm durch Satz 2 eingeräumten Befugnis einen unzweckmäßigen d. h. dem Gemeinwohl der Gläubiger abträglichen Gebrauch gemacht habe. Denn im Beschwerdeverfahren kann auch das Ermessen der Vorinstanz berichtigt werden [§ 73 Anm. 7].

14 **Zusatz. Fremde Rechte.** Allgemein zur Unterscheidung von „gebotener" und „freigestellter Verwerfung" vgl. § 184 Anm. 11 unter Nr. 4 und 14.

Zum Ausschluß des Vergleichs wegen Nichterreichung einer festen Mindestquote oder wegen Minderergebnisses vgl. § 174 Anm. 12; § 184 Anm. 11 unter Nr. 5a, b, 6b,12a.

§ 188

Der Vergleich ist auf Antrag eines nicht bevorrechtigten Konkursgläubigers, welcher stimmberechtigt war oder seine Forderung glaubhaft macht, zu verwerfen:

1. **wenn der Vergleich durch Begünstigung eines Gläubigers oder sonst in unlauterer Weise zustande gebracht ist;**
2. **wenn der Vergleich dem gemeinsamen Interesse der nicht bevorrechtigten Konkursgläubiger widerspricht.**

Der Antrag ist nur zuzulassen, wenn die Tatsachen, auf welche derselbe gegründet wird, glaubhaft gemacht werden.

Materialien: Motive I Bd. 2 S. 162ff., Motive II S. 418ff., Protokolle S. 112f., 131, 186, Kommissionsbericht S. 1965ff., 2035f.

Gebotene Verwerfung auf Antrag

Einl. Im Gegensatz zu den Fällen der §§ 186, 187 werden die Verwerfungsgründe des § 188 nicht von Amts wegen, sondern nur auf zulässigen Antrag berücksichtigt. Ob das Antragserfordernis am Platze ist, erscheint fraglich. Im § 79 Nr. 3,4 VerglO ist es gefallen. Diese Regelung verdient den Vorzug. Dem Ermessen des Gerichts bleibt nach Inhalt der Vorschriften ohnehin der erwünschte Spielraum [Anm. 3]. Zust. Tidow KTS 1956 S. 104; vgl. auch Anm. 7. Auch dem ausländischen Recht ist das Antragserfordernis für die Verwerfung des Zwangsvergleichs unbekannt [§ 184 Anm. 11].

I. Der Antrag und seine verfahrensrechtliche Behandlung

1 1. **Antragsberechtigt** ist jeder nicht bevorrechtigte Konkursgläubiger, der entweder im Vergleichstermin stimmberechtigt „war" (Entziehung des Stimmrechts gemäß § 95 bei späterer Gelegenheit hebt die Antragsbefugnis nicht auf) **oder** seine Forderung glaubhaft macht (§ 294 ZPO), wäre ihm auch im Vergleichstermin das Stimmrecht versagt worden. Vgl. § 189 I. Hatte der Gläubiger seine Forderung noch gar nicht angemeldet, so muß er dies (gegen Voß ArchZivPrax. 97 S. 403) spätestens nun aus Anlaß der Antragstellung tun [§ 3 Anm. 2]. Gleichgültig ist, ob der Antragsteller dem Vergleichstermin anwohnte oder nicht, ob er für oder gegen den Vergleich gestimmt hat, ob er bei der Abstimmung in einem Irrtum befangen war oder aus sonstigen Gründen anderen Sinnes geworden ist. Motive II S. 418. Auch der Ehegatte des Gemeinschuldners hat das Antragsrecht [§ 183 Anm. 3].

2 2. Der Antrag kann mündlich im Vergleichstermin oder im Termin des § 184 II gestellt werden, aber auch vor dem Termin schriftlich beim Konkursgericht eingereicht oder zu Protokoll der Geschäftsstelle erklärt werden [§ 72 Anm. 3b] (zust. AG Camburg LZ 1913 Sp. 718f.; Wolff Anm. 4, Mentzel-Kuhn[7] Anm. 1; abw. z. B. v. Wilmowski-Kurlbaum Anm. 1, Petersen-Kleinfeller Anm. 13); er kann auch noch im Wege der Beschwerde gegen den Bestätigungsbeschluß gestellt werden [§ 189 Anm. 2]. Der Antrag ist nach Abs. II nur zuzulassen (vgl. § 105), wenn die ihn begründenden Tatsachen glaubhaft gemacht werden

(§ 294 ZPO). Geschieht das, so bedarf es zur Zulassung keines förmlichen Beschlusses. Andernfalls ist der Antrag als „unzulässig“ durch eine dem Antragsteller zuzustellende beschwerdefähige Entscheidung abzuweisen (§ 73). Fitting § 48 N. 11 [siehe aber auch unten § 196 Anm. 6]. Die fehlende Glaubhaftmachung kann in der Beschwerdeinstanz nachgeholt werden (Mentzel-Kuhn[7] Anm. 5, Böhle-Stamschräder[6] Anm. 1).

3. Zu einem zulässigen Antrag sind die Beteiligten in einem Termin zu hören [§ 184 Anm. 8]. Mehr verlangt § 184 II nicht, namentlich gebietet er keine mündliche Wiederholung schriftlich gestellter Anträge [Anm. 2, § 184 Anm. 9]. Das Gericht kann Ermittlungen von Amts wegen anordnen [§ 75]. Auch für die Beurteilung eines Verwerfungsantrages, insbesondere wenn er auf § 188 Nr. 2 gestützt ist, ist die Stellungnahme des Konkursverwalters nicht zu entbehren. Vgl. Mohrbutter-Haarmann KTS 1956 S. 179 und Leitfaden S. 199, 203 sowie § 184 Anm. 8, § 187 Anm. 8. Nur wenn das Konkursgericht die Überzeugung vom Vorliegen eines gesetzlichen Verwerfungsgrundes gewinnt, hat es die Verwerfung auszusprechen. Vgl. Protokolle S. 112f. Geständnisse binden den Richter nicht. Führen die Ermittlungen auf einen vom Antragsteller nicht ausdrücklich angerufenen Verwerfungsgrund, so hat der Richter den Vergleich selbst dann zu verwerfen, wenn auch dieser andere Grund nur auf Antrag zu berücksichtigen ist: ein zulässiger Antrag deckt alle Verwerfungsgründe der beiden Fälle des § 188. Diese Auslegung verträgt sich mit dem Wortlaut des Gesetzes und entspricht dem Schutzzweck des Bestätigungsverfahrens. Wolff Anm. 4, Tidow KTS 1956 S. 104; abw. v. Wilmowski-Kurlbaum Anm. 3. Erweist der Antrag sich als unbegründet, dann hat ihn das Gericht zurückzuweisen. Die Zurückweisung unbegründeter Verwerfungsanträge ergeht regelmäßig im Bestätigungsbeschluß selbst (Beschwerde: § 189). Sie kann auch in dem den Vergleich aus einem anderen Grunde verwerfenden Beschluß ausgesprochen werden. 3

II. **Die Verwerfungsgründe** des § 188 sind:

1. Der Vergleich ist **unlauter zustande gebracht (Nr. 1).** Unlauter ist jede gegen Treu und Glauben verstoßende Handlungsweise, auch wenn sie eine Täuschung weder bezweckt noch bewirkt. Der Begriff ist weiter als der des Betrugs im Sinne des § 196. Protokolle S. 114; Seuffert S. 430. Als Hauptfall hebt das Gesetz die Begünstigung eines Gläubigers hervor (§ 181). Dahin gehört auch der Ankauf von Forderungen zu einem die Vergleichsquote übersteigenden Satz. Ein weiteres Beispiel bildet der Stimmkauf (§ 243; Motive II S. 418), etwa auch durch Sicherung einer bisher ungesicherten Forderung gegen das Zugeständnis der Stimmabgabe für den Vergleich. Auch eine Teilung von Forderungen zur Erzielung der Kopfmehrheit kommt hier in Betracht [§ 182 Anm. 5]. Ebenso wie im Falle des § 187 genügt es auch für die Verwerfung nach § 188 Nr. 1, daß das unlautere Verhalten eines Trägers der Gemeinschuldnerrolle z. B. eines Miterben oder Gesellschafters [§ 187 Anm. 9] oder eines Mitgliedes des Organs einer juristischen Person [§ 187 Anm. 10] für das Zustandekommen des Vergleichs ursächlich [Anm. 5] war. 4

Schwierigkeiten bereitet die Klärung des **Verhältnisses zu § 186 Nr. 1,** der ebenfalls Verstöße gegen das Gebot der Gleichbehandlung (§ 181) trifft, aber keinen Antrag voraussetzt. Wolff § 186 Anm. 1 will eine Vergleichsverwerfung auf Grund des § 181 nur nach § 188, also nur auf Antrag zulassen. Indessen bildet der § 181 unzweifelhaft eine der „für den Abschluß des Vergleichs gegebenen Vorschriften“ im Sinne des § 186 Nr. 1 und zwar eine der wichtigsten. Darum muß der Vergleich von Amts wegen verworfen werden, wenn die Übereinkunft, wie sie dem Gericht vorliegt, eine Ungleichheit ergibt, mag die Ungleichheit auch erst im Bestätigungsverfahren aufgedeckt werden [§ 181 Anm. 3, § 186 Anm. 2]. Ob die verbotene Sonderbegünstigung im Einzelfall erheblich oder unerheblich erscheint, ob sie das Abstimmungsergebnis beeinflußt hat oder nicht, ob sie schon vollzogen oder nur versprochen ist, ob sie offen oder verdeckt geschah [§ 181 Anm. 6ff.], dies alles fällt für die Anwendbarkeit des § 186 Nr. 1 nicht ins Gewicht. Der § 188 Nr. 1 aber verleiht dem einzelnen Gläubiger das Recht, über bisher unerkannte oder unzureichend gewürdigte Sonderbegünstigungen durch förmlichen Antrag eine gerichtliche Untersuchung und Entscheidung zu erwirken. Diese Antragsbefugnis bedeutet mehr als die (auf den Personenkreis der Anm. 1 nicht beschränkte) Anregung einer schon von Amts wegen vorzunehmenden Prüfung. So brauchte das Gericht etwa auf die Anregung des Verwalters oder eines nicht nach § 188 antragsberechtigten Mitgliedes des Gläubigerausschusses überhaupt nicht in besonderer Entscheidung einzugehen. Vgl. Petersen-Kleinfeller §§ 186ff. Anm. 7, Jaeger KonkTreuh. 1935 S. 81. Über das Verhältnis des § 187 zum § 188 siehe § 187 Anm. 7. Ausländisches Recht: § 184 Anm. 11.

5 Ohne Bedeutung ist, von wem die unlautere Beeinflussung ausging, ob sie mit oder ohne Willen des Gemeinschuldners erfolgte. Nur muß sie für das Zustandekommen des Vergleichs **ursächlich** geworden sein („durch ... zustande gebracht"). Im besonderen Falle der verbotswidrigen Begünstigung eines Gläubigers braucht dessen Verhalten das Abstimmungsergebnis nicht ausschlaggebend beeinflußt zu haben [Anm. 4].

6 2. Der Vergleich **verletzt das gemeinschaftliche Interesse der beteiligten Gläubiger (Nr. 2).** Dieser Fall ist gegeben, wenn die Gläubiger bei Aufteilung der Masse besser fahren würden als beim Zwangsvergleich. So einmal, wenn die Erfüllung der Vergleichszusage nicht genügend sicher erscheint (zust. Mentzel-Kuhn[7] Anm. 4, Böhle-Stamschräder[6] Anm. 2b), namentlich im Hinblick auf das Vorleben des Schuldners, der vielleicht schon einmal in Konkurs geraten war und im Hinblick auf die Persönlichkeit und Vermögenslage der Vergleichsbürgen oder nur auf die Zweifelhaftigkeit des Rechtsbestandes der Sicherung. So ferner, wenn bei Durchführung des Konkurses eine zwar spätere, aber doch höhere Befriedigung zu erwarten steht. Zust. Mentzel-Kuhn[7] Anm. 4, Böhle-Stamschräder[6] Anm. 2b, Mohrbutter-Haarmann KTS 1956 S. 179. Dabei spricht besonders der Umstand mit, daß der Vergleich im Regelfall des Erlasses den Gläubigern das Nachforderungsrecht entzieht, das ihnen bei Durchführung des Konkurses erhalten bleibt (§ 164). Ist dessen Verwirklichung nicht aussichtslos, dann wird ein Vergleich, der nur wenig mehr bietet, als in der Masse liegt, nach Nr. 2 zu verwerfen sein [vgl. auch § 187 Anm. 3]. Das vermutliche Ergebnis begründeter Anfechtbarkeiten fällt ins Gewicht. Desgleichen die voraussehbare künftige Gestaltung der Vermögenslage des Schuldners selbst (z. B. eine sichere Erbanwartschaft oder die Eröffnung eines neuen Geschäftes). Daß der Vergleich hauptsächlich durch die Stimmen von Angehörigen des Schuldners zustande gebracht worden ist, rechtfertigt für sich allein die Anwendung der Nr. 2 noch nicht, wiewohl hier der Verdacht besonders nahe liegt, daß mehr dem persönlichen Nutzen des Schuldners als dem Gesamtwohl der Gläubigerschaft Rechnung getragen wurde. LG Dresden ZZP 8 S. 494f.; AG Camburg LZ 1913 Sp. 719 (hier auch über den Fall, daß Stimmrechte auf „Reitwechseln" beruhen). Vgl. zur Nr. 2 auch §§ 196 II, 230 II, 236 Satz 1. Ausländisches Recht: § 184 Anm. 11.

7 Im Gebot der Nr. 2 liegt eine Hauptgewähr des Gläubigerschutzes. Daß die Annahme im Termin mit noch so großer Mehrheit, selbst mit Stimmeneinheit der Anwesenden erzielt worden ist, steht einer Verwerfung des Vergleichs nach Nr. 2 nicht im Wege. Vielleicht waren es nur Familien- oder Freundschaftsrücksichten oder geschäftliche Beziehungen, die zu einer dem Gemeinwohl abträglichen Vergleichsannahme geführt haben. Vielleicht ist diese nur das Ergebnis gewissenloser Bearbeitung durch einen Vertrauensmann des Schuldners. Darum ist es freilich ganz verfehlt, wenn sich das Gericht bei der Zustimmung einer besonders starken oder gar schon der gesetzlichen Gläubigermehrheit beruhigt und Vergleiche bestätigt, wie sie Künne KonkTreuh. 1931 S. 123ff., 1933 S. 22, Gläubigerschutz 1933 S. 37ff., 69ff., 84ff., 1935 S. 11f. mit Recht beanstandet. Gröblicher kann der Konkurs- oder Vergleichsrichter seine Prüfungspflicht kaum verletzen. Daraus folgt aber keineswegs, daß der Mehrheitszwang selber unhaltbar geworden wäre. Gewissenhafte Handhabung des § 188 I Nr. 2 KO und des § 79 Nr. 4 VerglO bieten einen ausreichenden Schutz gegen Mißbrauch des Zwanges. Im Konkurs hilft die Be-

schwerde des § 189 KO. Daß nach § 121 I VerglO der folgenschwere Bestätigungsbeschluß unanfechtbar bleibt, ist einer der empfindlichsten Mängel des Gesetzes, zumal die Erfahrung lehrt, daß Sonderbegünstigungen meist erst nachträglich aufgedeckt werden. Allerdings sollten diese Überlegungen Anlaß geben, in einer Reform des konkursbeendenden Zwangsvergleichs nicht nur das Antragserfordernis zu beseitigen [Einl.], sondern darüber hinaus die Prüfung der Angemessenheit und der Durchführbarkeit des Zwangsvergleichs schon im Verfahren über die Zulässigkeit des Vergleichsvorschlages vorzusehen [§ 175 Anm. 2, § 176 Anm. 3; vgl. auch § 187 Anm. 3].

Zusatz. Fremde Rechte.

Verwerfungsgründe und Verwerfungsverfahren im ausländischen Recht vgl. § 184 Anm. 11.

§ 189

Die sofortige Beschwerde gegen den Beschluß, durch welchen der Vergleich bestätigt oder verworfen ist, steht dem Gemeinschuldner und jedem nicht bevorrechtigten Konkursgläubiger zu, welcher stimmberechtigt war oder seine Forderung glaubhaft macht.

Die Frist zur Einlegung der Beschwerde beginnt mit der Verkündung des Beschlusses.

Eine Anfechtung der Entscheidung des Beschwerdegerichts findet nicht statt.

Materialien: Motive I Bd. 2 S. 165f., Motive II S. 420f., Protokolle S. 113, 186.

Beschwerde gegen Bestätigung oder Verwerfung

I. Beschwerderecht und Beschwerdefrist

1 Der Beschluß, der den Vergleich bestätigt oder verwirft, wird nach § 185 verkündet, nicht zugestellt [§ 185 Anm. 1]. Binnen einer Notfrist von zwei Wochen (§ 577 ZPO), die einheitlich für alle Beteiligten mit dieser Verkündung beginnt (Abs. II), können Schuldner und beteiligte Gläubiger — nicht auch der Verwalter oder der Gläubigerausschuß, nicht ein Vorrechtsgläubiger, Massegläubiger, Aussonderungs- oder Absonderungsberechtigter als solcher, nicht ein Vergleichsbürge [siehe § 194 Anm. 5] — den Beschluß mit **der sofortigen Beschwerde** angreifen (Abs. I). **Beschwerdeberechtigt** ist sonach einerseits der Gemeinschuldner selbst (im Konkurs einer offenen Handelsgesellschaft jeder Teilhaber, im Nachlaßkonkurs jeder Miterbe: §§ 211 I, 230 I) und zwar auch gegenüber einer ihn beschwerenden Vergleichsbestätigung, also dann, wenn diese seine Belange verletzt, weil z. B. infolge eines Mißverständnisses oder einer Täuschung andere als die vom Schuldner vorgeschlagenen Bedingungen beurkundet und bestätigt sind (zust. Mentzel-Kuhn[7] Anm. 1) oder weil ein zurückgezogener Vergleichsvorschlag als nicht zurückgezogen behandelt worden ist. Vgl. Seuffert § 56 N. 7. Beschwerdeberechtigt ist andererseits jeder einzelne nicht bevorrechtigte Konkursgläubiger, der entweder im Vergleichstermin stimmberechtigt „war" oder nun seine Forderung glaubhaft macht (§ 294 ZPO). Das Beschwerderecht der Gläubiger (§ 189 I) entspricht sonach in seinen Voraussetzungen dem Antragsrecht des § 188 [siehe dort Anm. 1]. Für beide Befugnisse ist das Verhalten im Vergleichstermin, für die Beschwerdebefugnis das Verhalten im Bestätigungsverfahren nicht von vorbedingender Bedeutung [Anm. 2]. Beschwerdeberechtigung minderberechtigter Gläubiger gegen die Bestätigung des Zwangsvergleichs im Nachlaßkonkurs: § 230 II S. 2.

II. Beschwerdeverfahren

2 Im Beschwerdeverfahren kann gegen die Verwerfung geltend gemacht werden, daß das Gericht zu Unrecht das Vorliegen eines gesetzlichen Verwerfungsgrundes angenommen habe, gegen die Bestätigung, daß ein von Amts wegen zu berück-

sichtigender Verwerfungsgrund (§§ 186, 187) nicht beachtet oder ein (auch von einem anderen Gläubiger) gestellter Verwerfungsantrag (§ 188) zu Unrecht abgewiesen worden sei. Dabei dürfen **neue Tatsachen und Beweise** geltend gemacht werden (§ 570 ZPO). Darum kann der Beschwerdeführer auch neue Verwerfungsgründe vorbringen. Dies gilt unstreitig für den Fall, daß der Bestätigungsbeschluß einen — wenn auch nicht vom jetzigen Beschwerdeführer selbst gestellten — Verwerfungsantrag (§ 188) abgelehnt hatte. Allein auch dann, wenn ein Antrag auf Verwerfung nicht gestellt war, kann er nun im Wege der Beschwerde nachgeholt werden [§ 188 Anm. 2]. Vgl. auch Mentzel-Kuhn[7] Anm. 2; ferner kann ein von Amts wegen zu beachtender Verwerfungsgrund, welcher dem Gericht nicht bekannt war, im Wege der Beschwerde zur Berücksichtigung gebracht werden. Das gilt namentlich für die Geltendmachung von Sonderbegünstigungen, die — wie so oft — erst hinterher bekannt geworden sind (§ 188 I Nr. 1), aber auch, wenn sich erst nach Bestätigung des Vergleichs ergibt, daß er dem Gemeinwohl der Gläubiger widerstreitet (§ 188 I Nr. 2), weil sich etwa inzwischen herausstellte, daß der Schuldner erhebliche Vermögenswerte verheimlicht hatte (vgl. § 239 I Nr. 1). Wären diese Tatsachen schon im Bestätigungsverfahren bekannt gewesen, dann hätte das Gericht den Vergleich verwerfen müssen. Es besteht kein stichhaltiger Grund, ihre Berücksichtigung im Beschwerdeverfahren deshalb auszuschließen, weil kein Verwerfungsantrag gestellt war. Auch Gläubigern, die nicht oder die für den Vorschlag abgestimmt haben, aber bei Kenntnis des wahren Sachverhalts gegen den Vorschlag gestimmt oder Verwerfungsanträge gestellt haben würden, muß daher binnen der gesetzlichen Frist das Rechtsmittel zur Nachholung der Rüge offenstehen. Seuffert S. 432, v. Wilmowski-Kurlbaum Anm. 2, Wolff Anm. 1, Mentzel-Kuhn[7] Anm. 1, Böhle-Stamschräder[6] Anm. 1; abw. z. B. Fitting § 48 N. 18.

3 Die Erhebung von **Gerichtsgebühren** im Beschwerdeverfahren regelt der § 55 GKG. Dabei müssen die Worte „gegen den Beschluß über die Bestätigung des Zwangsvergleichs" (Abs. II Satz 1, 3) nach dem Zwecke der Vorschrift alle Beschlüsse treffen, die eine Bestätigung aussprechen oder versagen, also auch den Verwerfungsbeschluß. Sodann folgt aus Abs. I Fall 2 mit § 46 II GKG, daß für die Beschwerde zur Anfechtung dieser Beschlüsse eine Gebühr nur zu erheben ist, wenn das Rechtsmittel verworfen oder zurückgewiesen wird, nicht aber wenn es durchdringt. Wird ihm stattgegeben, dann bleibt das Beschwerdeverfahren gebührenfrei. Darüber oben § 58 Anm. 4a. Endlich berechnet sich die Gebühr, wenn der Gemeinschuldner Beschwerdeführer ist, immer nach der Aktivmasse (Abs. II Satz 1 mit § 51 I, III, während § 51 II GKG für den Vergleichsfall bedeutungslos bleibt), wenn aber die Beschwerde von einem Konkursgläubiger ausgeht, nach der für ihn zu errechnenden Konkursdividende (Abs. II Satz 3), nicht (selbst bei Anfechtung des Verwerfungsbeschlusses) nach der Vergleichsquote. Bei Berechnung der **Anwaltsgebühren** (§ 76 I Nr. 1 BRAGebO) ist nach § 77 BRAGebO für den Anwalt des Gemeinschuldners die Höhe der Aktivmasse (§ 51 GKG), für den eines Konkursgläubigers die Höhe der zu errechnenden Konkursdividende maßgebend (§ 148 KO).

III. Ausschluß weiterer Beschwerde

4 Nach Abs. III ist die Entscheidung des Beschwerdegerichts **unanfechtbar,** also eine weitere Beschwerde unzulässig. Die Motive II S. 420f. rechtfertigen diese Besonderheit gegenüber dem § 568 II ZPO, die unleugbar eine Gefahr für die Einheitlichkeit der Rechtsanwendung (namentlich bei Auslegung des § 181) birgt, mit dem Hinweis auf die „zweimalige erschöpfende Erörterung der gesamten Sachlage". Danach wäre Entscheidung im Sinne des Abs. III nur die erneute Sachentscheidung, die weitere Beschwerde also nicht abgeschnitten, wenn die erste — etwa mangels der erforderlichen Glaubhaftmachung (§ 189 I) — als unzulässig verworfen wird. So Fitting § 48 N. 19, v. Wilmowski-Kurlbaum Anm. 5, F. Wach S. 46. Gleichwohl ist mit der Praxis angesichts des eindeutigen Wortlautes des Gesetzes eine weitere Beschwerde schlechthin als unstatthaft anzusehen. So z. B. OLG Dresden SARpfl. 1913 S. 422, KG OLG 32 S. 398; ebenso Seuffert § 56 N. 10, v. Sarwey-Bossert Anm. 5, Wolff Anm. 3, Mentzel-Kuhn[7]

Anm. 3, Böhle-Stamschräder[6] Anm. 1. Für die herrschende Auffassung spricht vor allem der auch in § 121 VerglO, dort allerdings zu überscharfem Ausdruck gelangte, Beschleunigungszweck der Ausnahmevorschrift des Abs. III. Die Beschränkung des Abs. III fördert den Eintritt der Rechtskraft und damit entweder die erst nach „rechtskräftiger" Vergleichsbestätigung zu verordnende Aufhebung (§ 190) oder aber den Fortgang des Konkurses. Zuzustellen ist der Beschluß des Beschwerdegerichts trotz seiner Unanfechtbarkeit und zwar nach der allgemeinen Vorschrift des § 73 II. Der § 185 gilt nur im ersten Rechtszug [§ 185 Anm. 1].

IV. Rechtskraft des Bestätigungsbeschlusses

1. Ist der Bestätigungsbeschluß in Rechtskraft erwachsen (§ 705 ZPO), so werden 5
die Beteiligten nicht mehr mit der Behauptung gehört, das Konkursgericht habe den Zwangsvergleich nicht bestätigen dürfen. Sie hätten ihre Rügen im Bestätigungsverfahren geltend machen sollen. Diesen Ausschluß verlangt die Rechtssicherheit. Er bindet auch künftig ein Prozeßgericht (RG KonkTreuh. 1913 S. 119 Nr. 1). Folglich **heilen** mit Eintritt der Rechtskraft vor allem Verfahrensverstöße, wie z. B. das Unterlassen der Einholung und Auflegung des Ausschußgutachtens (§§ 177, 178), der Bekanntmachung des Vergleichstermins (§ 179), der Beachtung eines Grundes der Vergleichsunzulässigkeit, etwa der Flucht des Schuldners (§§ 175, 186). Es heilen aber auch Mängel sachlicher Erfordernisse, wie z. B. Verstöße gegen das Gebot der Gleichbehandlung (§§ 181, 188 I Nr. 1), Fehler bei Berechnung der gesetzlichen Mehrheiten (§§ 182, 183), Verkennung des Gemeinwohles (§ 188 I Nr. 2), Mängel einer rechtsgeschäftlichen Zustimmung oder behördlichen Erlaubnis und die Beeinflussung von Stimmabgaben durch Irrtum und Drohung. Denn nur den besonders schwerwiegenden Tatsachen der arglistigen Täuschung und der rechtskräftigen Verurteilung wegen betrügerischen Bankrotts legt das Gesetz bestimmte, ungeachtet der Rechtskraft des Bestätigungsbeschlusses einsetzende Folgen bei und hält sogar hier den Zwangsvergleich im übrigen aufrecht. Motive II S. 416f.; RG Bd. **57** 275, Bd. **122** 364, Bd. **127** 375, Bd. **129** 392, KonkTreuh. 1933 S. 73, ebenda S. 119 Nr. 1, Bd. **152** 67; OLG München JW 1926 S. 2109 Nr. 17 (für § 34 AufsVO entsprechen dem § 181 KO), KG ebenda 1933 S. 30f., OLG Hamburg JR 1933 Nr. 1614, OLG Braunschweig JR 1934 Nr. 957; Mentzel-Kuhn[7] Anm. 4, Böhle-Stamschräder[6] Anm. 1. Siehe auch noch § 194 Anm. 5 (Vergleichsbürgschaft), § 196 Anm. 3, 5 (Irrtum). Über den Nichtigkeitsgrund des § 579 I Nr. 4 ZPO (Mangel der Prozeßfähigkeit des Gemeinschuldners oder seiner ordnungsgemäßen Vertretung) siehe § 184 Anm. 5; darüber, daß weder der Zwangsvergleich als solcher noch der Bestätigungsbeschluß der inneren Rechtskraft eines Urteils zugänglich ist, siehe § 173 Anm. 10.

2. Die **Wirkungen** des rechtskräftigen Bestätigungsbeschlusses [Anm. 5] haben aller- 6
dings gewisse **Grenzen.** Einmal kann der Zwangsvergleich durch die gerichtliche Bestätigung nur mit dem Inhalt wirksam werden, mit dem er von den Beteiligten geschlossen wurde, nicht aber mit einem zu Unrecht vom Konkursgericht bei der Bestätigung angenommenen anderen Inhalt. Daher kann jeder Vergleichsbeteiligte im Wege der Feststellungsklage (§ 256 ZPO) die prozeßrichterliche Feststellung des wahren Vergleichsinhaltes herbeiführen. So RG Bd. **122** 363f.; Mentzel-Kuhn[7] § 184 Anm. 1, Böhle-Stamschräder[6] § 184 Anm. 1; vgl. auch Bley VerglO[2] § 66 Anm. 30; siehe auch unten § 194 Anm. 5. Ferner treten die Wirkungen des rechtskräftigen Bestätigungsbeschlusses nur insoweit ein, als dieser Beschluß in der Tat eine „Bestätigung" des angenommenen Zwangsvergleichs ist. Hat der Richter sich Machtbefugnisse angemaßt, die außerhalb seiner gesetzlichen Zuständigkeit liegen, hat er in Verkennung seiner Aufgabe [§ 173 Anm. 10] das Parteiübereinkommen durch Zusätze, Streichungen oder sonstige Änderungen inhaltlich umgestaltet, dann enthält der Beschluß eben keine „Bestätigung" eines Vertrags. Zust. Mentzel-Kuhn[7] Anm. 4, Böhle-Stamschräder[6] Anm. 1. Hat z. B. der Richter (was vorgekommen ist) eigenmächtig den unbedingt geschlossenen Vergleich „mit der Maßgabe bestätigt", daß Erlaß und Stundung zugunsten aller Gläubiger,

deren vergleichsmäßige Befriedigung ausbleibe, hinfällig werden sollen [§ 195 Anm. 1], dann ist der Vergleich mit seinem vereinbarten Inhalt nicht wirksam geworden; denn so, wie er geschlossen wurde, hat ihn das Gericht nicht bestätigt. Eine Sonderung des wirksamen und des unwirksamen Inhalts wäre in Fällen, in denen das Gericht Streichungen oder Umgestaltungen vorgenommen hat, nicht durchführbar. Zwar hätten die Beteiligten die eingeschränkte „Bestätigung" als Verwerfung anfechten können. Es wäre aber bare Willkür zu unterstellen, daß sie durch das Unterlassen der Beschwerde ihr Einverständnis zum Ausdruck gebracht hätten, zumal ja zweifelhaft sein kann, wer die Änderung erkannt und verstanden hat. Auch würden sich im konkursabwendenden Vergleichsverfahren Bedenken daraus ergeben, daß nur bei „Versagung" der Bestätigung eine beschwerdefähige Entscheidung ergeht (§§ 80, 121 VerglO). Im Konkurs tritt eine ähnliche Rechtslage ein, wenn das Konkursgericht unter dem Gesichtspunkt, den Vergleich bestätigt zu haben, das Verfahren aufhebt. Denn diese Aufhebung ist unanfechtbar (§ 190). Hier wird nur durch erneute Konkurseröffnung zu helfen sein. Haftung für Amtspflichtverletzung: § 71 Anm. 18. Zu den Grenzen der Wirkungen des rechtskräftigen Bestätigungsbeschlusses vgl. noch § 173 Anm. 10, 14 sowie Bley VerglO² § 78 Anm. 14f.

7 3. Einer besonderen Prüfung bedürfen noch die Fälle, in denen die Vertragsgenossen in dem nun bestätigten Vergleich Bestimmungen durch Beschluß der gesetzlichen Mehrheiten getroffen haben, die **dem Mehrheitszwang unzugänglich** sind. Haben sie die Bevorzugung von Kleingläubigern nur mit den Mehrheiten des § 182 statt mit Einstimmigkeit aller Zurückgesetzten (§ 181 Satz 2) beschlossen, dann leidet der Vergleich an einem Mangel, der im Bestätigungsverfahren hätte gerügt werden müssen und mit der Rechtskraft des Bestätigungsbeschlusses heilt. So auch zu Verstößen gegen § 8 II VerglO Bley VerglO² § 8 Anm. 33, § 78 Anm. 15. Ebenso liegt der Fall, wenn die Vergleichsgenossen mit dem in Wahrheit verweigerten Einverständnis eines zurückgesetzten Einzelgläubigers gerechnet haben. Wenn dagegen der Vergleich in der irrigen Annahme, es liege ein Verzicht auf Konkursvorrechte [§ 61 Anm. 7, § 139 Anm. 4] oder auf Absonderungsrechte vor, die Aufhebung solcher Rechte ausspricht, enthält er einen Übergriff, dem auch die Rechtskraft des Bestätigungsbeschlusses keine Wirksamkeit verleihen kann. Denn Vorrechts- und Absonderungsgläubiger stehen als solche außerhalb des Vergleichsverfahrens [§ 173 Anm. 28]. Es ist ausgeschlossen, sie wider Willen einem Zwangsvergleich zu unterwerfen. Die Annahme eines wirksamen Verzichts wird auch nicht dadurch gerechtfertigt, daß der über den Standpunkt der Vergleichsgenossen unterrichtete Dritte im Vergleichstermin ausbleibt. Den Vergleich selbst aber können die Vergleichsgenossen lediglich wegen irrtümlicher Annahme des von ihnen vorausgesetzten Verzichts nicht anfechten [§ 196 Anm. 3].

8 4. Die Rechtskraft des Verwerfungsbeschlusses steht dessen weiterer Anfechtung entgegen. Sie hindert aber nicht die **Erneuerung von Vergleichsversuchen.** Ein Vergleich, der nach § 188 I Nr. 2 zu verwerfen war, kann später z. B. infolge plötzlicher Masseentwertung schon aus Rücksichten auf das Gemeinwohl der beteiligten Gläubiger erwünscht und statthaft sein. Siehe § 176 Anm. 4.

§ 190

Sobald der Vergleich rechtskräftig bestätigt ist, beschließt das Gericht die Aufhebung des Konkursverfahrens. Eine Anfechtung des Beschlusses findet nicht statt.

Der Beschluß und der Grund der Aufhebung sind öffentlich bekanntzumachen.

Die Vorschriften der §§ 111 Abs. 2, 112, 113 finden entsprechende Anwendung.

Materialien: Motive I Bd. 2 S. 182ff., Motive II S. 421, Protokolle S. 113f., 186.

Aufhebung des Konkursverfahrens

I. Erfordernis eines eigenen Konkursaufhebungsbeschlusses

1. Der Zwangsvergleich setzt an die Stelle der konkursmäßigen Schuldenbereinigung eine andere Art der Gläubigerbefriedigung (§ 174) und erübrigt insoweit den Konkurs. Darum bildet die Konkursbeendigung eine notwendige Folge des Zwangsvergleichs. Nun könnte das Gesetz den Konkursrichter anweisen, die Aufhebung des Konkursverfahrens mit der Vergleichsbestätigung zu verbinden (siehe jetzt die §§ 90, 91 VerglO). Es trennt aber diese beiden Beschlüsse voneinander und läßt die Konkursaufhebung erst zu, wenn die Vergleichsbestätigung in Rechtskraft erwachsen ist (Abs. I Satz 1). Wird der Bestätigungsbeschluß im Beschwerdeverfahren aufgehoben, so nimmt der Konkurs seinen Fortgang. Auch genügt der Eintritt der Rechtskraft des Bestätigungsbeschlusses nicht, solange Konkursgericht und Konkursverwalter noch konkursordnungsmäßige Aufgaben zu erfüllen haben [Anm. 2, 5]. Wie im Falle der Durchführung des Konkurses nach Verteilung der Masse (§ 163), so bedarf es also auch nach rechtskräftiger Vergleichsbestätigung noch einer **besonderen „Aufhebung des Konkursverfahrens“** durch Beschluß des Konkursgerichts [Sprachgebrauch: § 163 Einl.]. Im einen wie im andern Falle dauern der Konkurs mit seinen Beschlagswirkungen für den Schuldner wie für die Gläubiger und deshalb auch die gesetzlichen Befugnisse des Konkursverwalters fort, bis die Aufhebung wirksam wird (Kolmar OLG 15 S. 251, Posen OLG 25 S. 338). Diese **Wirksamkeit** beginnt nach Abs. II mit § 76 I 2 einheitlich für und gegen alle Beteiligten mit Ablauf des zweiten Tages seit Ausgabe des die (erste) Einrückung enthaltenden Amtsverkündungsblattes [§ 163 Anm. 4]. Vgl. OLG Dresden LZ 1911 Sp. 160f. u. Rechtspr. in Anm. 5. Die „Verkündung“ des Aufhebungsbeschlusses in einem Termin wird, da die Entscheidung kaum jemals einer mündlichen Verhandlung bedarf, nicht in Frage kommen (Kolmar aaO. versteht wohl unter „Verkündigung“ die Bekanntmachung). 1

2. Die gesetzliche Sonderung der Beschlüsse hat ihren guten Grund. Denn es bedarf eines vom Konkursgericht pflichtmäßig zu bemessenden Zwischenraums zwischen dem Eintritt der Rechtskraft des Bestätigungsbeschlusses und der Konkursaufhebung, weil nach jener und **vor dieser noch Obliegenheiten** mancher Art **zu erfüllen** sind. [Zum Zeitpunkt der Konkursaufhebung: Anm. 5]. So die **Abnahme der Schlußrechnung** des Verwalters [§ 86 Anm. 1], die noch einen innerhalb des Konkursverfahrens liegenden Termin erfordert, wenn auch hier die Einhaltung der Zwischenfrist des § 162 mit Rücksicht auf den begrenzteren Zweck unseres Termins und auf das Gebot der Beschleunigung [Anm. 5] nicht unerläßlich ist. Abw. Wolff Anm. 3, Reinhard JW 1924 S. 92, die eine Abnahme der Schlußrechnung durch die Gläubiger nicht für geboten halten; so im Ergebnis auch Werner Konkursrichter (1939) S. 111f.; wie hier Senst-Müller Konkursrichter[4] S. 191, Mentzel-Kuhn[7] Anm. 1, Böhle-Stamschräder[6] Anm. 1. Ein Verzicht des Schuldners erübrigt den Termin nicht. Doch wird es im Anschluß an Schrader-Bauer Hdb.[2] S. 126, 136 (ebenso schon Senst-Müller aaO.) zur Vereinfachung des Verfahrens und zur Ersparung besonderer Terminskosten für zulässig zu erachten sein, den Termin zur Abnahme der Schlußrechnung mit dem Vergleichstermin zu verbinden [§ 180 Anm. 4], wobei allerdings zu beachten ist, daß die Gläubigerversammlung des § 86 einen weiteren Kreis umfaßt als die des Vergleichstermins. In seiner Schlußrechnung hat der Verwalter darüber zu berichten, inwieweit er die Masse verwertet hat, ferner, wenn die Schlußrechnung nicht schon im Vergleichstermin gelegt wird, auch darüber, ob und wie er Ansprüche nach § 191 gedeckt hat. Ein Gläubigerausschuß muß auch hier die Schlußrechnung vorprüfen (§ 86 Satz 2). Vgl. im übrigen § 86 Anm. 3. Rechnungslegungspflicht des Konkursverwalters gegenüber dem Gemeinschuldner im Falle der Aufhebung des Konkursverfahrens ohne Abnahme der Schlußrechnung nach § 86: § 86 Anm. 9 mit Verw. Ferner hat das Gericht vor der Aufhebung **Auslagen und Vergütungen** des Konkursverwalters und evtl. der Mitglieder des Gläubigerausschusses **festzusetzen** (§§ 85, 91) 2

[beachte § 85 Anm. 5, § 91 Anm. 3]; die nach § 91 I erforderliche Anhörung der Gläubigerversammlung ist zweckmäßig schon mit dem Vergleichstermin zu verbinden [§ 180 Anm. 4]. Schließlich hat vor Aufhebung des Konkurses die **Berichtigung oder Sicherstellung von Masseansprüchen und bevorrechtigten Konkursforderungen** nach Maßgabe des § 191 zu erfolgen, Verwalterpflichten, die noch unter gerichtlicher Aufsicht zu erfüllen sind (§§ 83, 84). Bevorrechtigte Konkursforderungen zu decken, ehe das Zustandekommen des Zwangsvergleichs feststeht, wäre (vom § 170 abgesehen) dem Verwalter verboten; andrerseits weist ihn aber der § 191 noch als Verwalter an, alle hier vorgeschriebenen Deckungen „aus der Konkursmasse" zu bewirken, und bestätigt damit, daß das Gebot noch vor Konkursbeendigung erfüllt werden muß. Sonst würden ja auch Vorrechts- wie Massegläubiger, die den Vergleich nicht hindern können, in bedenklichster Weise gefährdet sein. Es kommt vor, daß zwischen Vergleichsbestätigung und Konkursaufhebung Monate verstreichen (Beispiel: LZ 1912 Sp. 492). Vergleichsbedingungen: Anm. 6. **Genossenschaftskonkurse** sind nach § 115e II Nr. 4, 7 GenG erst aufzuheben, wenn der Konkursverwalter dem Gericht angezeigt hat, daß der vom Konkursverwalter als solchem durchzuführende Zwangsvergleich erfüllt ist. Dasselbe gilt im Konkurs eines Versicherungsvereins a. G. (§ 52 II S. 2 VAG mit § 115e GenG). In anderen Konkursen obliegt dem Konkursverwalter niemals als solchem die Pflicht, sich um die Vergleichserfüllung zu bekümmern. Näheres § 192 Anm. 5. u. 8

3 3. Der **Aufhebungsbeschluß** lautet etwa: „Das Konkursverfahren über das Vermögen des Kaufmanns Franz Faller in Gantheim wird aufgehoben, da der im Termin vom 1. Juni 1962 angenommene Zwangsvergleich rechtskräftig bestätigt und der Schlußtermin abgehalten ist. Gantheim, den 27. Juni 1962". Die im Abs. II gebotene Grundangabe liegt hier in den Worten „da . . . bestätigt ist". Vgl. auch Schrader-Bauer Hdb[2] S. 135 F III 151. Nach Abs. I Satz 2 findet eine Anfechtung des Aufhebungsbeschlusses nicht statt. Das Gesetz geht wie im Falle des § 163 I 2 davon aus, daß kein Rechtsschutzbedürfnis für eine Anfechtung des Beschlusses besteht, weil dieser die Unabänderlichkeit der Vergleichsbestätigung voraussetzt [Anm. 4]. Der Aufhebungsbeschluß erwächst also sofort mit Vollzug der Bekanntmachung [Anm. 1] in Rechtskraft.

II. Zeitpunkt der Konkursaufhebung

4 Das Konkursgericht hat nach Abs. I Satz 1 die Aufhebung des Konkursverfahrens zu beschließen, **„sobald der Vergleich rechtskräftig bestätigt ist"** (§ 705 ZPO).

1. **Vor** diesem Zeitpunkt darf eine Aufhebung keinesfalls erfolgen. Das Konkursgericht muß also, wenn es den Vergleich bestätigt hat, eine Beschwerde aber nicht eingelegt wird, den Ablauf der nach § 189 II beginnenden Beschwerdefrist, sonst die unanfechtbare Entscheidung des Beschwerdegerichts (§ 189 III) abwarten. Ob die sofortige Beschwerde eingelegt worden ist, erfährt es im Zweifel auf Anfrage beim übergeordneten Landgericht (vgl. § 577 II ZPO). Erläßt das Konkursgericht den Aufhebungsbeschluß schon vorher, so verstößt es gegen ein unzweideutiges Gebot des Gesetzes. Trotzdem würde ein solcher verfrühter Beschluß wirksam werden, sobald die gesetzliche Vorbedingung seiner Zulässigkeit — die Rechtskraft der Vergleichsbestätigung — sich erfüllt hat. Mit dieser Maßgabe würde die Rechtskraft [Anm. 3] den Verfahrensmangel heilen. Die Rechtslage entspräche dem Falle, daß auf Grund der §§ 275 II, 304 II ZPO eine nicht weiter anfechtbare Sachverurteilung erfolgt, ehe das Zwischenurteil in Rechtskraft erwachsen ist. Der Eintritt der Wirksamkeit des Aufhebungsbeschlusses wäre also noch in der Schwebe. Würde der Bestätigungsbeschluß im Beschwerdeverfahren beseitigt, so erlangte der verfrühte Aufhebungsbeschluß keine Wirksamkeit. Zust. Böhle-Stamschräder[6] Anm. 2. Würde der Bestätigungsbeschluß nach erlangter Rechtskraft im Wege der Wiederaufnahme des Verfahrens (§ 577 II 3 ZPO) umgestoßen [siehe § 184 Anm. 5, § 189 Anm. 5], so würde damit die Wirksamkeit des Aufhebungsbeschlusses erlöschen. Vgl. Seuffert S. 433; abw. Hellmann S. 546 (es sei erneute Eröffnung des Konkurses auf Antrag nötig). Da der Aufhebungsbeschluß unanfechtbar ist, hat

der Konkursverwalter nicht die Macht, sich einer verfrühten Aufhebung mit Erfolg zu widersetzen (vgl. RG JW 1900 S. 73 Nr. 8).

2. Aus der Fassung des Gesetzes darf aber **nicht** geschlossen werden, das Gericht habe den Aufhebungsbeschluß **sofort** nach Eintritt der Rechtskraft des Bestätigungsbeschlusses zu erlassen. Da noch eine Reihe zwischenzeitlicher Konkursaufgaben zu erledigen, diese Erledigung aber gerade durch die Sonderung des Aufhebungsbeschlusses sichergestellt ist [Anm. 1, 2], kann der Sinn des Gesetzes nur der sein, daß jenen Anforderungen möglichst rasch zu entsprechen und danach die Aufhebung des Konkurses ohne Säumen zu beschließen sei. Dies ist auch der Standpunkt der Motive II S. 421 und der herrschenden Lehre. Man hat dagegen geltend gemacht, aus dem § 191 ergebe sich — wie für den Fall der Ausschüttung der Masse aus dem § 166 — die Fortdauer der gesetzlichen Befugnisse des Verwalters über den Konkurs hinaus und es bestehe deshalb kein Anlaß, mit der Aufhebung des Verfahrens bis zum Abschluß der Konkursverwaltung zu warten. Das vielfach auf die Aufhebung des Konkurses oder eine bestimmte Zeit danach festgesetzte Fälligwerden der Ansprüche aus dem Zwangsvergleich dulde keinen Aufschub. So namentlich Hullmann Anm. 4, Wolff Anm. 2, v. Wilmowski-Kurlbaum § 190 Anm. 2, § 191 Anm. 1 (gegen die älteren Auflagen), Reinhard JW 1924 S. 92. Allein der Zweck des § 191 ist — im Gegensatz zu § 166 — keineswegs der, dem Verwalter Machtbefugnisse einzuräumen, die ihm an sich nicht mehr zukommen. Die Vorschrift will vielmehr die sachgemäße Abwicklung einer noch in den Bereich der Konkursverwaltung fallenden Angelegenheit gewährleisten und setzt, da sich das Gebot an den „Verwalter" richtet, und Deckung „aus der Konkursmasse" verordnet, voraus, daß dieser tätig wird, solange er das Verwalteramt noch bekleidet, also vor der Aufhebung des Verfahrens [Anm. 1, 2]. Zwischen der Aufhebung des § 190 und der des § 163 besteht eben der große Unterschied, daß der Zwangsvergleich die Konkursbefriedigung und damit die Obliegenheiten des Konkursverwalters als solchen verdrängt. Mit dem Konkurs haben die gesetzlichen Befugnisse des Verwalters auch hinsichtlich streitiger Masseansprüche ihr Ende erreicht [§ 192 Anm. 5, 8]. Übrigens wird der Verwalter auch zu Nachtragsverteilungen nur durch eine ausdrückliche Anordnung des Gerichts und kraft besonderer Gesetzesvorschrift ermächtigt [§ 166 Anm. 9, 10]. In diesem Sinne namentlich RG Bd. **27** 113f., Bd. **31** 40, Bd. **32** 72, Bd. **56** 72, SeuffA. 55 Nr. 253 (auch JW 1900 S. 296 Nr. 11); ObLG ebenda 50 Nr. 234, OLG Braunschweig ebenda 47 Nr. 304, Kolmar OLG 15 S. 251, Posen OLG 25 S. 338, Dresden KonkTreuh. 1936 S. 92; Petersen-Kleinfeller §§ 190ff. Anm. 3, Mentzel-Kuhn[7] Anm. 1, Böhle-Stamschräder[6] Anm. 1, F. Wach Zwangsvergleich S. 47f. Über die bei Konkursbeendigung schwebenden Prozesse vgl. § 163 Anm. 6 mit weiteren Verw.; siehe ferner § 6 Anm. 20 (Vollstrekkungsklausel). Andererseits steht fest, daß die den Gemeinschuldner verdrängenden gesetzlichen Befugnisse des Konkursverwalters und die konkursmäßigen Beschränkungen des Gemeinschuldners nicht schon mit rechtskräftiger Vergleichsbestätigung, sondern erst mit Konkursaufhebung enden. Dem entspricht es, daß der § 192, der dem Schuldner die Verfügungsfreiheit wieder einräumt, im Gesetz hinter dem § 190 steht, also die Konkursaufhebung voraussetzt (Posen OLG 25 S. 338). Für die zwischenzeitliche Klage auf Feststellung eines streitigen Konkursgläubigerrechts zum Zwecke der Erwirkung eines Titels nach § 194 würden daher noch die Grundsätze des § 146 maßgebend sein. Insolange wäre eine Ausklagung des Schuldners in Person nur zulässig, wenn auch er selbst die Forderung bestritten hätte (§ 144 II; abw. Kolmar OLG 15 S. 251). 5

Man muß aber noch einen Schritt weiter gehen und mit den Motiven II S. 421 annehmen, daß vor der Aufhebung des Konkurses auch die im Vergleich zugesagten **Sicherungen** zu **bestellen** sind, falls die Vergleichsannahme ausdrücklich an diese **Bedingung** geknüpft worden ist. Zwar handelt es sich hier nicht mehr um Konkursverwaltungsangelegenheiten, sondern bereits um die Ausführung des Vergleichs. Allein das Konkursgericht darf diese an sich zulässige und vielleicht sehr ratsame Vergleichsbedingung nicht unbeachtet lassen (RG Bd. **56** 72; vgl. F. Wach 6

S. 47, Petersen-Kleinfeller Anm. 2, Oetker Konkursr. Fragen S. 64ff, Mentzel-Kuhn[7] Anm. 2, Böhle-Stamschräder[6] Anm. 1, Mohrbutter-Haarmann Leitfaden S. 199). Mit Rücksicht auf die Gefahr, den Konkurs trotz rechtskräftiger Vergleichsbestätigung beim Ausfall der Bedingung fortsetzen zu müssen, empfiehlt es sich freilich dringend, schon die Bestätigung des Vergleichs bis zur Erfüllung der Bedingung hinauszuschieben [§ 184 Anm. 6].

III. Rechtsfolgen der Aufhebung

7 Der **Konkursbeschlag endet,** wenn die Aufhebung in Wirksamkeit tritt [Anm. 1], wie im Falle der Konkursdurchführung nur für die Zukunft, nicht mit rückwirkender Kraft [§ 163 Anm. 6]. Eine Fortdauer der gesetzlichen Befugnisse des Konkursverwalters zum Zwecke des Vollzugs der Schlußverteilung oder einer Nachtragsverteilung [§ 163 Anm. 7] kommt im Falle der Aufhebung kraft Zwangsvergleichs nicht in Betracht. Soweit der Verwalter die Masse noch nicht verwertet hat, fällt diese nach § 192 grundsätzlich in die freie Verfügung des Schuldners zurück. Der Konkurszweck hat sich erledigt. Im übrigen siehe § 163 Anm. 8 und die Erläuterungen zu § 192. Sobald der Aufhebungsbeschluß wirksam geworden ist, sind nach Abs. III den §§ 111 II, 112, 113 entsprechende Bekanntmachungen, Mitteilungen und Eintragungen vorzunehmen. Insoweit gilt, was zu § 163 Anm. 5 bemerkt ist, auch hier.

Zusatz. Fremde Rechte.*

8 1. Für das deutsche Recht [vgl. Anm. 1] und viele andere Rechtsordnungen [vgl. Anm. 9 Nr. 2—4] erscheint die Konkursbeendigung als notwendige Folge der Bestätigung des Zwangsvergleichs. Die wesentliche Funktion des Vergleichs ist jedoch nicht die Beendigung eines Verfahrens, sondern die Abwendung der Zwangsliquidation [vgl. § 173 Anm. 29]. Diese Abwendung braucht das Konkursverfahren nicht gegenstandslos zu machen; es bleibt vielmehr ein dem fortgesetzten Verfahren der deutschen VerglO (§ 96) vergleichbares Nachverfahren möglich, das der Überwachung der Vergleichserfüllung dient und bei Beseitigung des Vergleichs unmittelbar (ohne Eröffnung eines neuen oder Wiederaufnahme des alten Verfahrens) als Zwangsliquidation fortgesetzt werden kann [vgl. Anm. 11, Nr. 7-9]. Aber auch wenn ein solches Verfahren nicht ausdrücklich vorgesehen ist, kann dem Vergleich im Ergebnis die konkursbeendende Wirkung versagt werden: ist bei Beseitigung des Vergleichs eine „Wiederaufnahme des Konkursverfahrens" mit rückwirkender Kraft möglich, so zeigt sich, daß die Konkursbeendigung auf Grund des Vergleichs nur — von der Erfüllung des Vergleichs — bedingt wirksam ist; definitiv wird der Konkurs erst mit dem Zeitpunkt beendet, von dem ab die Wiederaufnahme ausgeschlossen ist. Eine solche Auffassung der Vergleichswirkung begegnet vor allem in den Rechtsordnungen, die eine ausdrückliche Aufhebung des Konkursverfahrens auf Grund des Vergleichs nicht kennen [vgl. Anm. 10 Nr. 5, 6].

9 2. Die Bestätigung des Vergleichs wird wie in Deutschland ausdrücklich als Grund einer Beendigung des Konkurses behandelt vor allem in Österreich (§ 157 KO). Dort wird auch weiter vorgeschrieben, daß die „Aufhebung des Konkurses" nur ausgesprochen werden darf, wenn Massegläubiger und bevorrechtigte Konkursgläubiger sowie Aussonderungs- und Absonderungsberechtigte befriedigt oder sichergestellt sind. Der Vergleich kann eine vereinbarte Überwachung durch Sachwalter (nicht jedoch durch das Gericht) vorsehen, die im wesentlichen der entsprechenden Regelung des Ausgleichsverfahrens folgt.

3. In der Schweiz ist, „wenn ein Nachlaßvertrag zustandegekommen ist", vom Konkursgericht der „Widerruf des Konkurses" auszusprechen, dem jedoch keine rückwirkende Kraft zukommt (Art. 195 Nr. 1 SchKG). Vorschriften über die Wirkungen eines „Widerrufs des Nachlaßvertrags" fehlen.

4. In den Niederlanden bestimmt das Gesetz (Art. 161 F. W.), daß „der Konkurs mit der Rechtskraft der Bestätigung des Vergleichs endigt. Einer besonderen gerichtlichen Entscheidung bedarf es nicht. Die „Beendigung" schließt jedoch nicht aus, daß der Richterkommissar die Rechnungslegung des Verwalters gegenüber dem Gemeinschuldner überwacht (Art. 162 I F. W.), und daß der Verwalter unter Aufsicht des Richterkommissars die zur Deckung der Verfahrenskosten und zur Befriedigung der be-

*) Bearbeitet von Prof. Dr. Günther Jahr, Saarbrücken. Wegen der Literatur und der Abkürzungen wird auf Bd. I S. LXIIIff. verwiesen.

vorrechtigten Gläubiger erforderlichen Geldbeträge zurückbehält (soweit der Schuldner nicht Sicherheit leistet), weiter verwaltet, auszahlt oder hinterlegt (Art. 163 F. W.). Die nur auf Antrag mögliche Beseitigung des Vergleichs führt zu einer — im beseitigenden Entscheid — ausdrücklich auszusprechenden „Wiedereröffnung des Verfahrens" (Art. 167 F. W.).

5. Frankreich kennt keine besondere Aufhebung des Verfahrens auf Grund der Bestätigung des Vergleichs. Das Gesetz (Art. 572 C. com.) spricht nur davon, daß mit der Rechtskraft des Bestätigungsurteils die Ämter des Verwalters und des Richterkommissars erlöschen und der Gemeinschuldner die freie Verfügung über sein Vermögen wiedererlangt. Praxis und Rechtslehre nehmen an, daß damit alle Wirkungen des Verfahrens hinfällig werden und auch die *conversion du règlement judiciaire en faillite* ausgeschlossen wird (vgl. Houin aaO. Nr. 2597—2601). Wird jedoch der Vergleich beseitigt, so entfallen die Vergleichswirkungen mit rückwirkender Kraft (vgl. Houin aaO. Nr. 2636 2644). Das Verfahren wird ohne weiteres von Amts wegen wiederaufgenommen (*réouverture de la procédure*), im Falle der Nichtigerklärung (*annulation*) ist die *conversion en faillite* geboten, im Fall der Aufhebung (*résolution*) ist sie freigestellt (Art. 138 Nr. 2, 139 Nr. 3 D. 20 mai 1955 = Art. 574 Nr. 2, 575 Nr. 3 C. com.). Die Rückwirkung der Wiederaufnahme erfährt zwar einige Einschränkungen (vgl. Houin aaO. Nr. 2643—2648), die jedoch die Grundauffassung, nach der das Verfahren als nicht einmal unterbrochen gilt, unberührt lassen. Diese Auffassung findet eine Bestätigung in der Regelung des Art. 579 C. com. (= Art. 143 D. 20 mai 1955): wird der Schuldner nach Bestätigung des Vergleichs wegen betrügerischen Bankrotts oder wegen einfachen Bankrotts strafrechtlich verfolgt (die Verurteilung ist Grund einer Nichtigerklärung des Vergleichs) und inhaftiert, so kann das Konkursgericht (Handelsgericht) von Amts wegen „die erforderlichen sichernden Maßnahmen" treffen. 10

6. Die Regelung in Belgien und Luxemburg (Art. 519—524 C. com.) entspricht, was die verfahrensrechtlichen Fragen betrifft, im wesentlichen der Regelung Frankreichs.

7. Italien schreibt ausdrücklich vor, daß die Bestätigung des Vergleichs das Konkursverfahren nicht beendet. Richterkommissar, Verwalter und Gläubigerausschuß fungieren weiter und überwachen die Vergleichserfüllung nach Maßgabe des Bestätigungsbescheids (Art. 136 L. F.). Erst mit der vollständigen Erfüllung des Vergleichs, die vom Richterkommissar vor seiner Entscheidung über die Freigabe von Sicherheiten ausdrücklich festzustellen ist, endet das Verfahren. Im Fall der Beseitigung des Vergleichs wird von Amts wegen die „Wiedereröffnung des Konkursverfahrens" angeordnet (Art. 137 L. F.; der Begriff entstammt dem früheren Recht und hat im heutigen Recht auch für andere Fälle — vgl. § 164 Anm. 15 unter Nr. 3 — noch seine Berechtigung). 11

8. In England überwacht und erzwingt das Konkursgericht auf Antrag eines Beteiligten die Erfüllung des Vergleichs (§ 16 XV B. A.). Ist der Vergleich vor Bankrotterklärung zustandegekommen, so wird die *receiving order* (Anordnung der amtlichen Sequestration) aufgehoben; ist der Vergleich nach Bankrotterklärung zustandegekommen, so kann diese aufgehoben werden (§ 21 II B. A.). Das Verfahren ist jedoch in jedem Fall noch nicht beendet. Dies zeigt sich nicht nur in der richterlichen Aufsicht über die Vergleichserfüllung, sondern auch darin, daß jede Beseitigung des Vergleichs [vgl. § 196 Anm. 12 unter Nr. 3b] ohne Eröffnung eines neuen oder Wiedereröffnung des alten Verfahrens mit einer Bankrotterklärung des Schuldners zu verbinden ist (§§ 16 XVI, 21 III B. A.).

9. Auch in den USA [vgl. dazu § 173 Anm. 33 unter Nr. 5h] führt die Bestätigung des Vergleichs nicht unmittelbar zur Beendigung des Konkursverfahrens. Im Verfahren des *arrangement* (§§ 368, 376 B. A. = 11 USC §§ 768, 769, 776) bleibt das Konkursgericht in jedem Fall bis zur Erledigung aller Feststellungsstreitigkeiten, im übrigen soweit zuständig, wie dies der Vergleich vorsieht; die Beseitigung des Vergleichs führt daher zu der Anordnung, „mit dem Konkurs fortzufahren" (*that bankruptcy be proceeded with*). Ähnlich ist die Rechtslage im Verfahren der *corporate reorganization* (§§ 224, 236 B. A. = 11 USC §§ 624, 636). In beiden Verfahren (§§ 236, 372 B. A. = 11 USC 636, 772) ergeht daher auch nach Erfüllung des Vergleichs ein „Schlußbescheid" (*final decree*), der den Verwalter entlastet und „die Vermögensverwaltung schließt" (*closing the estate*; vgl. § 166 Anm. 14 a. E.).

§ 191

Der Verwalter hat aus der Konkursmasse die Masseansprüche zu berichtigen. Die bestrittenen Masseansprüche sind sicherzustellen.

Die bevorrechtigten Konkursforderungen sind, insoweit sie festgestellt sind, zu berichtigen, insoweit sie glaubhaft gemacht sind, sicherzustellen.

Materialien: Motive I Bd. 2 S. 182f., Motive II S. 421, Protokolle S. 114, 186.

Deckung der Masse- und Vorrechtsgläubiger

I. Allgemeines

1 **1. Vollzug vor Aufhebung des Konkurses.** Ehe das Konkursverfahren auf Grund des Zwangsvergleichs aufzuheben ist (§ 190), hat der Konkursverwalter die Massegläubiger [§ 57 Anm. 1] und die bevorrechtigten Konkursgläubiger [§ 193 Anm. 11] aus der Konkursmasse zu befriedigen oder sicherzustellen. Diese Gläubiger sind keine Vergleichsgläubiger: mit ihnen wird der Zwangsvergleich nicht geschlossen (§ 173); für und gegen sie wirkt er nicht (§ 193). Sie sind außerstande, ihn zu verhindern, würden aber durch eine vor ihrer Deckung erfolgende Konkursaufhebung gefährdet, weil diese dem Schuldner die freie Verfügung über sein Vermögen wiedergibt (§ 192). Zum Schutze der Masse- und Vorrechtsgläubiger gebietet daher der § 191 dem „Verwalter" als solchem, noch aus der seiner Verfügung unterworfenen „Konkursmasse" die Befriedigung oder Sicherstellung vorzunehmen. Damit erkennt das Gesetz an, daß die Deckung vor der Aufhebung des Konkursverfahrens zu vollziehen ist [§ 190 Anm. 2, 5]. Die Deckungspflicht entsteht also keineswegs, wie v. Wilmowski-Kurlbaum Anm. 1 behaupten, erst wenn die Konkursaufhebung wirksam wird. Sie bildet vielmehr eine dem Verwalter von vornherein obliegende Aufgabe (vgl. § 57), die im § 191 nur eine durch die Lage der Dinge gebotene Verstärkung erfährt [siehe Anm. 4]. Darum muß das Konkursgericht, bevor es die Aufhebung des Konkursverfahrens beschließt, den Konkursverwalter über den Vollzug der Deckung Bericht erstatten lassen, was zweckmäßig bei Abnahme der Schlußrechnung geschieht [§ 190 Anm. 2]. Freilich sind nicht festgestellte Vorrechtsforderungen nach Abs. II dem Konkursverwalter, nicht dem Konkursgericht glaubhaft zu machen, das Gericht also auch außerstande, dem Verwalter zu gebieten, daß er einen Nachweis als ausreichend zu erachten habe. Allein einerseits hat der Konkursrichter — unter eigener und staatlicher Verantwortung [§ 83 Anm. 3] — dem Verwalter Zeit zur Erfüllung seiner Aufgabe zu lassen und gegen Pflichtwidrigkeiten des Verwalters im Aufsichtsweg einzuschreiten (§§ 83, 84), was die beteiligten Gläubiger jederzeit anregen können; andrerseits macht der Verwalter sich selber schadensersatzpflichtig (§ 82), wenn er schuldhafter Weise die ausreichende und rechtzeitige Deckung unterläßt [§ 57 Anm. 6, § 82 Anm. 1, 5, 7, 8], also z. B. zur Sicherstellung eines bedingten Kostenerstattungsanspruchs [Anm. 3] eine ungenügende Summe hinterlegt (OLG Posen PosMSchr. 1905 S. 170f.), nicht etwa nur, wenn er durch unwahre Berichterstattung eine vorzeitige Konkursaufhebung veranlaßt. Wer seine Nichtbeachtung selbst verschuldet, kann den Verwalter nicht verantwortlich machen (vgl. z. B. OLG Kolmar LZ 1912 Sp. 491f.) [vgl. auch § 82 Anm. 12]. Solange das Konkursverfahren nicht aufgehoben ist, bleibt es Masse- und Vorrechtsgläubigern unbenommen, im Rechtsweg (Klage, Zwangsvollstreckung, Arrest) den Verwalter zur Erfüllung der ihm durch den § 191 auferlegten Amtspflicht anzuhalten. Einfluß der Konkursbeendigung auf den Rechtsstreit: § 57 Anm. 12, § 146 Anm. 44; Haftung des bisherigen Gemeinschuldners gegenüber Massegläubigern: § 57 Anm. 5. Ungedeckt gebliebene Vorrechtsansprüche sind gegen den Schuldner dem § 164 entsprechend vollinhaltlich verfolgbar [vgl. auch Anm. 4] und als festgestellte vollstreckbar [§ 194 Anm. 12].

2 **2. Deckung aus der Konkursmasse.** Sind die nach § 191 erforderlichen Barmittel nicht vorhanden, so muß der Verwalter durch Versilberung von Massegegenständen

(§ 117 I) die nötigen Beträge flüssig machen. Durch Erhebung oder Fortführung voraussichtlich langwieriger Prozesse aber darf die Konkursbeendigung nicht hinausgezögert werden. Ein solcher Aufschub wäre mit dem Gebot des § 190 I unvereinbar [§ 190 Anm. 5]. Vgl. LG M. BadRpr. 1909 S. 82f. Zahlungen darf der Verwalter nur auf feststehende und fällige Ansprüche leisten [darüber Anm. 3 u. 4]. Andere werden **sichergestellt.** Die Sicherstellung ist mangels besonderer Vorschriften nach Maßgabe und mit den Rechtsfolgen der §§ 232ff. BGB zu bewirken. Doch kann der Verwalter mit dem einzelnen Gläubiger auch eine abweichende Art und Weise der Sicherstellung vereinbaren. Die Sicherstellung wird durch Anerkenntnis des Schuldners nicht erübrigt. Dieses bietet weder einen gleichwertigen Schutz noch rechtfertigt es in einer den Verwalter andern Beteiligten gegenüber entlastenden Weise die Auszahlung (abw. Senst-Müller Konkursverwalter[9] S. 334). Soweit das Gesetz Sicherstellungen vorschreibt, gilt das Gebot für jede einzelne bestimmt zu bezeichnende Forderung. Eine gemeinschaftliche Deckung aller nach § 191 sicherzustellenden Masse- und Vorrechtsgläubiger mit Einschluß später erst bekannt werdender läge nicht im Zwecke des Gesetzes (abw. Wolff Anm. 3). Der Sicherungsgegenstand fällt unbeschadet der durch Hinterlegung oder sonstwie begründeten Belastung, sobald der Konkurs endet, in die Verfügungsmacht des Schuldners zurück, soweit der Zwangsvergleich nicht ein andres bestimmt (§ 192). Fortab würde also die zur Beschaffung eines Vollstreckungstitels erforderliche Hypothekenklage (§ 1147, vgl. auch §§ 1133ff. BGB) gegen den belasteten Eigentümer in Person, nicht mehr gegen den früheren Verwalter zu richten sein, dessen gesetzliche Befugnisse beendet sind. Dem Ermessen des Schuldners bleibt es nun anheimgestellt, Ansprüche anzuerkennen, die der Verwalter bestritten hatte, wobei ihm das eigene Interesse Vorsicht gebietet. Die übrigen Gläubiger schützt hier wie sonst gegen unlautere Vermögensentäußerung das Anfechtungsrecht. Durchaus abw. Oetker ZHR 66 S. 200. Erweisen sich hinterher die gesicherten Massegläubigerrechte oder Konkursvorrechte als unbegründet, dann kommt auch der Wegfall der Belastung dem Schuldner zugute, soweit nicht der Zwangsvergleich ein anderes bestimmt (§ 192). Eine Nachtragsverteilung aus dem Grunde des Freiwerdens einer Sicherheit gibt es hier nicht [§ 166 Einl.].

II. Masseansprüche

Von Amts wegen hat der Konkursverwalter alle, aber auch nur diejenigen Masse- 3
ansprüche zu berücksichtigen, die ihm vor der Aufhebung des Verfahrens bekannt geworden sind (entsprechend dem § 172), mögen sie auch erst nach Bestätigung des Vergleichs entstanden sein (vgl. RG JW 1900 S. 73 Nr. 8). Siehe § 172 Anm. 6. Die bekannten und unstreitigen Massegläubigerrechte werden nach Abs. I durch Auszahlung (oder Bewirkung der sonst etwa geschuldeten Leistung), die vom Verwalter bestrittenen — ohne daß wie im Falle des Abs. II eine Glaubhaftmachung erforderlich wäre — durch Sicherstellung der Ansprüche im einzelnen [Anm. 2] gedeckt. Wie der Verwalter die Kenntnis erlangt, ist einerlei. Aufschiebend bedingte und betagte Masseansprüche — letztere fallen nicht unter den § 65 — dürfen jedoch der Natur der Sache nach (vgl. §§ 168, 169) gleichfalls bloß durch Sicherstellung berücksichtigt werden, obschon unser Abs. I dies nicht ausdrücklich verordnet. Zust. Mentzel-Kuhn[7] Anm. 1, Böhle-Stamschräder[6] Anm. 1. Daß ein unstreitiger bedingter Masseanspruch nicht einmal sicherzustellen wäre, wie Hellmann S. 552 lehrt, ist mit Fassung und Zweck des Gesetzes unvereinbar. Dies gilt namentlich für Prozeßkosten [§ 82 Anm. 8 mit § 36 Anm. 15a, § 59 Anm. 2], aber z. B. auch für künftige Ansprüche aus den vom Verwalter abgeschlossenen oder fortgesetzten Mietverträgen. Aus der Sicherungspflicht des Verwalters entspringt ein Anspruch des Massegläubigers auf die Sicherheit, der bis zur Konkursbeendigung im Rechtsweg [Anm. 1] wider den Verwalter verfolgt werden kann (abw. v. Wilmowski-Kurlbaum Anm. 2). Nebenansprüche (Zinsen, Kosten der Rechtsverfolgung) sind mit dem Hauptanspruch zu decken [siehe § 57 Anm. 10, § 60 Anm. 4].

III. Bevorrechtigte Konkursgläubiger

4 1. **Festgestellte** Vorrechtsforderungen hat der Verwalter vor Aufhebung des Konkursverfahrens aus der Masse zu decken: fällige durch Zahlung, aufschiebend bedingte — dem Gedanken des § 168 Nr. 2 (§ 169) entsprechend — durch Sicherstellung. Die im Prüfungsverfahren, wenn auch bloß dem Vorrecht nach, **bestrittenen** Vorrechtsansprüche hat er sicherzustellen, aber nur „insoweit sie glaubhaft gemacht sind" (Abs. II). „Glaubhaft" (vgl. § 294 ZPO) sind Vorrechtsansprüche schon dann, wenn der Verwalter sie mit einiger Wahrscheinlichkeit für begründet hält. Ihm gegenüber bedarf es der Glaubhaftmachung [Anm. 1]. Er wird aber schon mit Rücksicht auf seine persönliche Haftbarkeit in Zweifelsfällen Sicherstellung gewähren. Ohne Anmeldung wird kein Konkursgläubiger berücksichtigt, auch nicht im Bereich des § 191 [§ 3 Anm. 2]. Die Anmeldung muß sich auf das Vorrecht erstrecken [§ 139 Anm. 4]. So auch bei Nachzüglern, die nach § 191 Sicherstellung beanspruchen (abw. v. Wilmowski-Kurlbaum Anm. 3). Die Erfordernisse des § 152 brauchen (gegen Oetker aaO. S. 198) nicht erfüllt zu sein. Da die allgemeine Prüfung der Konkursforderungen vor Schließung des Zwangsvergleichs stattgefunden hat (§ 173), spielt die Frage, wie der Verwalter sich gegenüber **noch nicht geprüften** Vorrechtsansprüchen zu verhalten habe, keine große Rolle. Nach der Fassung unseres Abs. II, die zwischen geprüften und ungeprüften Forderungen keinen Unterschied macht, hat der Verwalter auch ungeprüfte Vorrechtsansprüche sicherzustellen, soweit sie angemeldet und ihm rechtzeitig glaubhaft gemacht sind (abw. Oetker I S. 498). Darin liegt freilich eine Besonderheit. Sie rechtfertigt sich aber aus der Erwägung, daß die Vorrechtsgläubiger gegenüber der in Anm. 1 dargelegten Gefahr dieser Rücksicht dringend bedürfen. Andererseits wird ja Glaubhaftmachung gefordert und auch daraufhin nur ein Recht auf Sicherstellung, nicht auf Befriedigung zuerkannt, also ausreichende Gewähr zum Schutze der übrigen Gläubiger und des Schuldners selber geboten. Vorrechtsverzicht: § 193 Anm. 11, § 194 Anm. 12.

4a 2. Verlangt ein Konkursgläubiger **nach Aufhebung des Verfahrens** (§ 190) vom Schuldner Vollbefriedigung mit dem Behaupten, seine Forderung sei als bevorrechtete vom Vergleich unberührt geblieben [Anm. 1 a. E.], dann obliegt ihm die Beweislast für den Vorrechtstatbestand. Ein bei Konkursbeendigung schwebender Vorrechtsstreit wäre nun mit dem Schuldner persönlich auszutragen, nicht mit dem Verwalter [§ 146 Anm. 44 (S. 402)], bei Treuhandliquidationsvergleichen auch nicht mit dem nur zur Befriedigung der Vergleichsgläubiger berufenen Treuhänder. Über die Vollstreckung festgestellter Vorrechtsansprüche nach Konkursbeendigung siehe § 194 Anm. 12. Daß ein Vergleichsbürge auch für die Erfüllung bevorrechtigter Konkursforderungen eintritt, sich also im Vertrag zugunsten Dritter verpflichtet, ist nicht ausgeschlossen. Allein die Gläubigerversammlung, die den Zwangsvergleich annimmt (§§ 173, 182), kann nicht auch mit Wirksamkeit für die Vorrechtsgläubiger Erlaß oder Stundung bewilligen. Dazu bedarf es besonderer Erklärungen dieser selbst. Vgl. Naumburg OLG 11 S. 364f. und § 189 Anm. 7.

5 3. **Nebenansprüche** bevorrechtigter Konkursforderungen teilen deren Vorrecht im Bereich des § 62 (als Kosten und Zinsen aus der Zeit vor dem Konkurs sowie als Vertragsstrafen) und bleiben vom Zwangsvergleich unberührt. Sie unterliegen, da sie selber Konkursforderungen sind, auch der konkursmäßigen Feststellung und müssen nach den Vorschriften unseres Abs. II vom Verwalter aus der Konkursmasse berichtigt oder sichergestellt werden. Anders steht es mit Nebenansprüchen im Sinne des § 63 Nr. 1, 2 (den Zinsen seit Konkursbeginn und den Kosten der Konkursteilnahme). Sie sind keine Konkursforderungen und darum auch nicht als solche feststellbar. Obwohl auch sie vom Zwangsvergleich unberührt bleiben, genießen sie nicht den Schutz des Abs. II. Er beschränkt sich seinem ganzen Inhalt nach auf Forderungen, die der Anmeldung, Prüfung und Feststellung zugänglich sind und bei Durchführung des Verfahrens vom „Verwalter" als solchem „aus der Konkursmasse" zu befriedigen wären. Insoweit können daher am Vergleich unbeteiligte Gläubiger durch die ihm folgende Ausantwortung der Masse an den bisherigen Gemeinschuldner gefährdet werden. Doch spielen diese Nebenan-

sprüche keine große Rolle [siehe wegen der Zinsen § 63 Anm. 2]. Im Ergebnis ebenso Wolff Anm. 3.

IV. Unzulänglichkeit der Masse

Dem Gebot des § 191, Masse- und Vorrechtsansprüche mit Mitteln der Konkursmasse zu erfüllen oder sicherzustellen, hat der Konkursverwalter als solcher zu entsprechen, ehe der Konkurs aufzuheben (§ 190) und Masse an den Schuldner auszuliefern ist (§ 192). Deckt die vorhandene Masse diese Verbindlichkeiten nicht, so bleibt für einen Zwangsvergleich kein Raum, wenn dieser Mangel nicht behoben werden kann. Schon der Vergleichsvorschlag ist solchenfalls unzulässig [§ 175 Anm. 1. § 177 Anm. 5], ein gleichwohl angenommener Zwangsvergleich nach § 186 zu verwerfen. Zust. Waldmann DJ 1943 S. 518, Mohrbutter KTS 1956 S. 22, Mohrbutter-Haarmann Leitfaden S. 197, Mentzel-Kuhn[7] § 175 Anm. 5, § 119 Anm. 4, Böhle-Stamschräder[6] § 175 Anm. 5, § 191 Anm. 1, Berges KTS 1961 S. 166; abw. Boennecke KTS 1955 S. 176 und — für den Fall einer für die Deckung der Vorrechtsgläubiger nicht ausreichenden Masse — Levy KonkTreuh. 1933 S. 174 sowie Höver ZAkDR 1938 S. 767. Reicht die vorhandene Masse nicht einmal aus, um die Kosten des Verfahrens zu bestreiten, dann wird der Konkurs nach näherer Maßgabe des § 204 eingestellt. Unzulänglichkeit der Masse zur Deckung der bevorrechtigten Konkursforderungen bildet zwar keinen Einstellungsgrund. Sie rechtfertigt aber auch nicht den Schluß, daß der Schutz des § 191 II bei so ungünstiger Vermögenslage schlechthin entfalle oder daß sich die Vorrechtsgläubiger hier mit einer Teilbefriedigung begnügen müßten. Ohne ihre Deckung und wider ihren Willen darf das konkursmäßige Verteilungsverfahren mit der Rangfolge des § 61 nicht durch einen Zwangsvergleich verdrängt werden. Sie brauchen sich auch nicht auf eine Zukunft vertrösten zu lassen, die den vergleichsmäßig entlasteten Schuldner instand setzt, sie voll zu befriedigen. In diesem Falle kann die Konkursbeendigung durch Zwangsvergleich nur dadurch ermöglicht werden, daß entweder dem Konkursverwalter ausreichende Werte für die Volldeckung der Vorrechtsansprüche zur Verfügung gestellt werden oder die Vorrechtsgläubiger auf die gesetzliche Deckung verzichten. So ist es unbedenklich, daß Vorrechtsgläubiger, etwa öffentliche Gemeinwesen für ihre Abgabenansprüche, ungedeckte Stundung bewilligen, um eine Rettung des Schuldnerunternehmens im Wege des Zwangsvergleichs zu ermöglichen und so Aussichten auf künftige Befriedigung zu erlangen. Vgl. auch Waldmann und Mohrbutter-Haarmann, aber auch Levy aaO. Die hier vertretene Auffassung der Unzulässigkeit des Zwangsvergleichs im Falle der „Masseunzulänglichkeit" findet auch darin eine Stütze, daß nach der Regelung der meisten ausländischen Rechte in diesem Falle gleichfalls eine Konkursbeendigung durch Zwangsvergleich nicht möglich ist. Nach §§ 141 II, 150 I österr. KO ist die Massezulänglichkeit Zulässigkeitsvoraussetzung für das Ausgleichsverfahren [§ 174 Anm. 12], in der Schweiz Voraussetzung für die Bestätigung des Nachlaßvertrages (Art. 306 II Nr. 2 SchKG) [§ 184 Anm. 11 unter Nr. 7]; in anderen Rechten führt die Umschreibung der Verwerfungsgründe durch Generalklauseln zum gleichen Ergebnis [vgl. unten Anm. 7 mit § 184 Anm. 11]. 6

Zusatz. Fremde Rechte.* Besondere Schutzmaßnahmen zugunsten der nicht vom Vergleich betroffenen Beteiligten sind entbehrlich, wenn der Vergleich nicht zur Beendigung des Verfahrens führt [vgl. § 190 Anm. 8, 11]. Soweit nach Bestätigung ein Nachverfahren oder eine richterliche Überwachung der Vergleichserfüllung stattfindet, dienen diese Einrichtungen auch dem Schutz der nicht betroffenen Personen. In anderen Rechtsordnungen werden nicht wie in Deutschland Schutzmaßnahmen für den Zeitraum zwischen Vergleichsbestätigung und Konkursbeendigung vorgesehen, sondern in das Bestätigungsverfahren eingebaut [vgl. § 184 Anm. 11 unter Nr. 7 für die Schweiz; in anderen Rechtsordnungen dienen dazu die mit Generalklauseln umschriebenen Verwerfungsgründe]. Dem deutschen Recht entspricht die Regelung in Österreich [vgl. § 190 Anm. 9 unter Nr. 2]. Eine beschränkte Fortsetzung konkursgerichtlicher Tätigkeit speziell zu diesem Zweck kennen die Niederlande [vgl. § 190 Anm. 9 unter Nr. 4]. 7

*) Bearbeitet von Prof. Dr. Günther Jahr, Saarbrücken. Wegen der Literatur und der Abkürzungen wird auf Bd. I S. LXIIIff. verwiesen.

§ 192

Soweit der Zwangsvergleich nicht ein anderes bestimmt, erhält der Gemeinschuldner das Recht zurück, über die Konkursmasse frei zu verfügen.

Materialien: Motive I Bd. 2 S. 184, Motive II S. 421, Protokolle S. 114, 186.

Wiedereintritt der Verfügungsfreiheit

I. Regelfall

1 1. Der **Konkursbeschlag erlischt,** sobald die Bekanntmachung des Beschlusses bewirkt ist, der nach § 190 die Aufhebung des Konkursverfahrens ausspricht [§ 190 Anm. 1]. Erst in diesem Zeitpunkt und nicht etwa schon mit Eintritt der Rechtskraft des Bestätigungsbeschlusses (§ 184) kehrt das bisher konkursbefangene Vermögen in seiner derzeitigen Gestalt von Rechts wegen in die freie Verfügung des Schuldners zurück. So auch Beträge, die bei etwa schon erfolgter Abschlagsverteilung nach § 168 zurückbehalten worden waren [siehe § 168 Anm. 2]. Eine Hinterlegung im Sinne des § 169 sieht das Gesetz für den Vergleichsfall nicht vor. Die Beschränkungen der §§ 6, 7, 8 hören von nun ab auf. Rechtsgeschäfte, die der Schuldner für diesen Fall schon vorher abgeschlossen hatte, treten jetzt in Wirksamkeit [Anm. 3]. Ersatzansprüche wegen Schädigung der Konkursmasse, sei es durch einen Dritten oder durch einen ungetreuen Verwalter [§ 82 Anm. 11] oder Gläubigerausschuß (§§ 82, 89), unterstehen mit der Masse fortan der Verfügung des bisherigen Gemeinschuldners (vgl. RG Bd. **31** 119, LZ 1910 Sp. 160, Bd. **78** 189, KonkTreuh. 1929 S. 89 Nr. 4). Desgleichen Bereicherungsansprüche auf Rückgewähr zur Masse, wie sie etwa begründet sein können, wenn der Konkursverwalter in der irrigen Annahme des Bestehens einer Masseschuld gezahlt hatte (§§ 812ff. BGB). Ebenso Mentzel-Kuhn[7] Anm. 2. Vgl. im übrigen zum Ende des Konkursbeschlages auch § 163 Anm. 6.

2 2. **Einzelne Folgen der Beendigung des Konkursbeschlages.** Macht der Zwangsvergleich keinen Vorbehalt [Anm. 5ff.], so hat der Konkursverwalter das gesamte in seinen Händen befindliche Massevermögen, auch die Geschäftsbücher (§ 117), alsbald dem Schuldner auszuliefern. Dieser „erhält" die freie Verfügung im Regelfall kraft Gesetzes „zurück". Über schlichte Forderungen kann er nun ohne weiteres und kann fortab nur er, nicht mehr der Verwalter verfügen. Sachen, die sich noch in den Händen des Verwalters befinden, darf der Schuldner ihm freilich nicht wider Willen wegnehmen; denn das Gesetz „gestattet" ihm solche Eigenmacht nicht (vgl. § 858 BGB). Er bleibt auf die gerichtliche Geltendmachung sachen- und schuldrechtlicher Ansprüche angewiesen, wie sie ihm als wieder verfügungsbefugtem Eigentümer (§§ 985ff. BGB) oder aus der beendeten Geschäftsbesorgung [§ 78 Anm. 5b] zustehen können. Vgl. auch Seuffert S. 434 mit S. 385, Fitting § 48 Nr. 29. Anspruch auf Rechnungslegung: § 86 Anm. 9; Schlußrechnung: § 190 Anm. 2. Ein zu Zwecken der Konkursverwaltung eingerichtetes, nun nach § 192 freigewordenes Bankkonto hat der Verwalter durch die im Einzelfall erforderlichen bankmäßigen Erklärungen für den Schuldner verfügbar zu machen (vgl. Schloßmann KonkTreuh. 1932 S. 108). Bei Konkursbeendigung schwebende Prozesse: § 163 Anm. 6, § 190 Anm. 5. Die Firma des Gemeinschuldners war infolge der Konkurseröffnung selbst nicht erloschen [§ 1 Anm. 7] und kann von ihm, wenn er sie nicht aus besonderen Gründen verloren hat, nach Konkursbeendigung weitergeführt werden (KG JW 1929 S. 1059f. Nr. 1 mit Note Saenger). Fortsetzung von Handelsgesellschaften: Anm. 4.

3 3. Durch die Aufhebung des Verfahrens erlischt der Konkursbeschlag, aber **nicht mit rückwirkender Kraft,** sondern **nur für die Zukunft.**

a) Immerhin kann der Gemeinschuldner schon vor der Konkursaufhebung nicht nur wirksame Verbindlichkeiten eingehen (z. B. einem Dritten für die Vergleichsvermittlung eine Vergütung versprechen), sondern auch Verfügungen, die eine Bedingung ertragen, in Ansehung von Massegegenständen für den Fall des Zustandekommens eines Zwangsvergleichs vornehmen. Solche aufschiebend bedingte Verfügungen werden wirksam, sobald das Konkursverfahren aufgehoben ist [Anm. 1]. Vgl. RG LZ 1910 Sp. 783f.; OLG Kolmar PucheltsZ 35 S. 542. Wirksamwerden von Rechtshandlungen des Gemeinschuldners, die gegen §§ 7, 8 verstießen: § 7 Anm. 12.

b) Da die Aufhebung wie diejenige des § 163 keine rückwirkende Kraft äußert, fallen die Rechtsfolgen der Konkurseröffnung **nur soweit** fort, als sie **auf die Dauer des Verfahrens beschränkt sind.** Einer eigenen Wiedereinsetzung bedarf es insoweit nicht. Dagegen bewendet es bei den **Rechtswirkungen, die ein für allemal mit dem Konkursbeginn verknüpft sind** [§ 25 Anm. 4ff.]. Denn der Konkurs war zu Recht eröffnet und wird durch den Zwangsvergleich nicht, wie durch erfolgreiche Anfechtung des Eröffnungsbeschlusses [§ 109 Anm. 4], wieder rückgängig gemacht. Dies gilt gleichmäßig für alle Arten der Beendigung eines mit Recht eröffneten Konkurses, für die Aufhebung (§§ 163, 190) wie für die Einstellung (§§ 202, 204). Daher bleiben besonders die durch den Konkurs „aufgelösten" und die „Rechtsfähigkeit verlierenden" Gesellschaften und Vereine [§ 25 Anm. 6, 8] auch nach einer Konkursbeendigung zufolge Zwangsvergleichs im Abwicklungsstand, und es bedurfte ausdrücklicher Vorschriften, um die Möglichkeit einer „Fortsetzung" der in Konkurs geratenen Handelsgesellschaften für die Fälle des Zwangsvergleichs und des Konkursverzichts (§ 202) außer Zweifel zu stellen (§§ 144, 161 II HGB, §§ 215, 219 III AktG, § 60 Nr. 4 GmbHG und für den Versicherungsverein auf Gegenseitigkeit § 49 VAG). Auch muß die Fortsetzung in diesen Fällen eigens beschlossen werden. Sonst tritt beispielsweise die Aktiengesellschaft trotz des Zwangsvergleichs oder Konkursverzichts in Liquidation. Näheres in den Erläuterungen zu den §§ 207f., 209f., 213. Fortbestand eines zugunsten der Gesellschaft begründeten Nießbrauchs: § 1 Anm. 42. Aus gleichem Grunde bleibt die durch den Konkurs beendigte gesetzliche Vermögensverwaltung der Eltern trotz des Zustandekommens eines Zwangsvergleichs erloschen (§ 1670 BGB). Es bedarf einer Anordnung des Vormundschaftsgerichtes (§ 1670 II BGB), wenn das Recht für die Zukunft wieder begründet werden soll. Einen Anspruch auf Erneuerung hat der elterliche Gewalthaber auch im Falle des Zwangsvergleichs nicht. Gleiches gilt für beide Arten der Einstellung (§§ 202, 204). Forderungen des Kindes gegen den Gewalthaber aus einer späteren, nicht vom Vormundschaftsgericht übertragenen Vermögensverwaltung ermangeln in einem neuen Konkurs des Gewalthabers der Vorrechtseigenschaft nach § 61 Nr. 5, da diese nur Ansprüchen aus der „gesetzlichen" Verwaltung zukommt [§ 61 Anm. 37]. RG Bolze 3 Nr. 864, 10 Nr. 597, 18 Nr. 583. Verjährungsunterbrechung: § 25 Anm. 18. 4

II. Abweichende Bestimmungen des Zwangsvergleichs

Die gesetzliche Regel [Anm. 1—4] läßt aber Ausnahmen zu, die durch den Vergleich selbst, also durch das gerichtlich bestätigte Übereinkommen der Beteiligten (nicht gegen den Willen des Schuldners und keinesfalls durch selbstherrliche Anordnung des Konkursgerichts [§ 173 Anm. 10, § 189 Anm. 6]) festzulegen sind. Sie können dem Schuldner die Masse im ganzen entziehen oder nur eine beschränkte Rückkehr in dessen Verfügungsmacht vorsehen. 5

1. Häufig ist die Vergleichsabrede, die Auszahlung der Vergleichsquote solle **durch den Konkursverwalter** aus bereits flüssigen Mitteln erfolgen oder es solle die Masse vom bisherigen Verwalter (oder von einem Dritten) verwertet und verteilt werden oder es solle die Vergleichserfüllung des Schuldners vom bisherigen Konkursverwalter (oder einem anderen Vertrauensmann der Gläubiger) beaufsichtigt werden. In allen Fällen, in denen der bisherige Konkursverwalter mit Befugnissen zum Zwecke der Durchführung des Vergleichs betraut wird, handelt es sich um vertragsmässige Bestimmungen, nicht — wie der Wortlaut des § 192 anzudeuten scheint — um eine Aufrechterhaltung des gesetzlichen Konkursbeschlags, insbesondere der gesetzlichen Verfügungsbeschränkungen des Gemeinschuldners, und der entsprechen-

den gesetzlichen Befugnisse des Verwalters. Während die im § 191 bezeichnete Befriedigung oder Sicherung von Nichtvergleichsgläubigern eine den Konkursverwalter als solchen treffende Obliegenheit bildet [§ 190 Anm. 2, 5], gehört die Ausführung des Zwangsvergleichs nicht mehr zu den gesetzlichen Aufgaben des Konkursverwalters [Reform: Anm. 8]. Sein Amt endet mit dem Konkurs. Für eine entsprechende Anwendung des § 166 ist kein Raum. Übernimmt er auf Grund des Vergleiches Befugnisse bei der Durchführung des Zwangsvergleichs, so wird er als Geschäftsbesorger des Gemeinschuldners oder der Vergleichsgläubiger und nur als deren gewillkürter Vertreter tätig. So auch Motive II S. 421, RG Bd. **31** 120f.; v. Wilmowski-Kurlbaum Anm. 1, v. Sarwey-Bossert Anm. 1, 2, Petersen-Kleinfeller Anm. 6, 8, Endemann S. 604, Seuffert S. 434, Fitting § 48 N. 28, 29, Wolff Anm. 1, Mentzel-Kuhn[7] Anm. 6, Böhle-Stamschräder[6] Anm. 1. Diese Tätigkeit ist daher auch nicht durch das gemäß § 85 gerichtlich festgesetzte Honorar abgegolten und darf daher auch bei dessen Festsetzung nicht berücksichtigt werden, vielmehr kann der Konkursverwalter von seinem Auftraggeber gemäß §§ 675, 612 I, II BGB eine zusätzliche Vergütung verlangen (LG Düsseldorf KTS 1959 S. 28). Ferner ist er ihm nach Auftragsgrundsätzen (§§ 666, 675) zur Rechnungslegung über diese Tätigkeit verpflichtet (OLG Dresden KonkTreuh. 1936 S. 93). Auch die gesetzliche **Prozeßführungsmacht** des Verwalters läßt sich als solche für Zwecke der Vergleichserfüllung nicht aufrecht erhalten (Darmstadt OLG 19 S. 229). Nur eine gewillkürte oder eine Vollmacht können ihm die Vergleichsparteien zu Zwecken der Vergleichsdurchführung einräumen, etwa zur Austragung von Feststellungs- oder Aussonderungsstreitigkeiten [§ 146 Anm. 44]. Vgl. dazu auch Anm. 6. Die anfechtungsrechtlichen Rückgewähransprüche der Masse (§ 37) erlöschen mit Konkursbeendigung [§ 36 Anm. 15a, § 163 Anm. 6], können also auch nicht kraft einer Vollmacht der Vergleichsparteien vom Verwalter fortgeführt werden. Den Konkurs überdauernde Einzelanfechtungsansprüche (§ 13 IV AnfG) vermag der bisherige Verwalter nicht anders als irgendein Dritter nur als Bevollmächtigter zugunsten einzelner vollstreckbarer Vergleichsansprüche zu verfolgen (mindestens ungenau OLG Nürnberg JW 1932 S. 1978f. Nr. 6 u. dagegen Kleinfeller in der Fußnote).

6 2. Die Vergleichsparteien können den bisherigen Verwalter wie irgendeinen Dritten zu Zwecken der Vergleichsvollziehung auch mit einer Macht ausstatten, die weit über den Rahmen der gesetzlichen Befugnisse eines Konkursverwalters hinausgeht. So namentlich, indem ihm die Massegegenstände zu treuen Händen übereignet werden. Der **Treuhandvergleich** bildet heute geradezu den Hauptanwendungsfall des § 192, mag nun der bisherige Verwalter oder sonstwer mit der Vergleichsdurchführung betraut werden. Das Innenrechtsverhältnis zwischen dem Treuhänder und den Vergleichsparteien beruht auf einem besonderen Schuldvertrag, der Geschäftsbesorgungsvertrag im Sinne des § 675 BGB zu sein pflegt, aber auch Auftrag im Sinne des § 662 BGB sein kann. Der Schuldner kann ihn auch allein als Vertrag zugunsten der Vergleichsgläubiger mit dem Treuhänder abschließen. Siehe oben § 23 Anm. 8, § 174 Anm. 4; dazu RG Bd. **145** 253, Bley KonkTreuh. 1934 S. 173. In jedem Falle bedarf die Übertragung des Treuguts auf den Treuhänder noch einzelner rechtsgeschäftlicher Verfügungen. Die ihm übertragenen Rechte (Eigentum, Forderungen usw.) verfolgt er als Rechtsträger (Eigentümer, Gläubiger usw.) gerichtlich und außergerichtlich im eigenen Namen, wenn auch für fremde Rechnung. So klagt er eine ihm abgetretene Forderung selbst als Partei ein, nicht als Bevollmächtigter. Die Treuhandverfügung hat ja gerade den Zweck, ihm nach außen die volle Selbständigkeit des Rechtsträgers einzuräumen. Im Ergebnis ebenso RG Bd. **89** 131 (unter dem besonderen Gesichtspunkt der „Ermächtigung"; siehe Jaeger JW 1917 S. 164 zu Nr. 13). Zust. auch Mentzel-Kuhn[7] Anm. 6. Einen Aktivprozeß, den der Konkursverwalter bis zur Aufhebung des Konkurses als Partei kraft Amtes führte, kann er nach Abtretung der Forderung als Treuhänder eigenen Namens weiterführen; die Zustimmung des Gegners (§ 265 II S. 2 ZPO) dürfte in diesem besonderen Falle schon deshalb nicht erforderlich sein

(a. A. RG WarnRspr. 1932 Nr. 89, Mentzel-Kuhn aaO.), weil ihre Verweigerung rechtsmißbräuchlich wäre (vgl. dazu BGH Bd. **21** 286ff.). Im Ergebnis ebenso, wenn auch mit anderer Begründung, Henckel, Parteilehre und Streitgegenstand (1961) S. 246f. (Fall des „Parteiwechsels bei gleichbleibender Partei"). **Veruntreut** der Treuhänder Gegenstände der Befriedigungsmasse, so hängt es vom Inhalt des Zwangsvergleichs ab, ob dadurch das Recht der Gläubiger auf die Vergleichsbezüge verkürzt wird, sie also das Risiko einer Minderung der Verteilungsmasse tragen. Ist der Vergleich dahin zu verstehen, daß der Schuldner seine Verpflichtungen aus dem Vergleich gegenüber den Vergleichsgläubigern durch Übertragung des Treugutes auf den Treuhänder bereits erfüllt hat, die Gläubiger also diese Übertragung als Leistung an Erfüllungs Statt gelten lassen wollen, so tragen sie den Verlust der Veruntreuung. Sollte dagegen die Übertragung nur der Sicherstellung dienen, dann fällt die Veruntreuung dem noch weiterhaftenden Schuldner zur Last. Die Ansicht von Jaeger (6./7. Aufl. Anm. 7), daß die erstere (für die Gläubiger ungünstigere) Annahme näher liege (so auch OLG Hamburg KonkTreuh. 1930 S. 28 Nr. 3, 1931 S. 43, Mentzel-Kuhn[7] Anm. 6), kann jedoch nicht als zutreffend angesehen werden, zumal wenn der Schuldner, wie in den vom OLG Hamburg entschiedenen Fällen, eine bestimmte Vergleichsquote zugesagt hat. Vielmehr wird im Zweifel anzunehmen sein, daß der Treuhänder im Interesse der Gläubiger zur Sicherung der Vergleichserfüllung eingeschaltet wird, diese selbst aber erst mit der Auszahlung der auf die einzelnen Gläubiger treffenden Beträge eintritt. Es ist auch nicht einzusehen, warum die Übertragung der Verteilungsmasse an den Treuhänder hinsichtlich der Erfüllungswirkung anders beurteilt werden sollte als ein Fall, in dem der Treuhänder kraft Ermächtigung des Schuldners über sie verfügt. Jedenfalls empfiehlt es sich, beim Anerbieten eines Treuhandvergleichs die Bedeutung der Einschaltung des Treuhänders für die Erfüllung der Vergleichsverpflichtungen eindeutig klarzustellen. Vgl. zur Unzulässigkeit eines Vergleiches mit Vermögenspreisgabe an die Gläubiger bzw. eine Vertrauensperson der Gläubiger mit Entlastungswirkung für den Schuldner: § 174 Anm. 6. Anders ist es dagegen, wenn ein Dritter im Rahmen eines Treuhandvergleichs die Verpflichtung übernommen hat, für die Vergleichserfüllung einen bestimmten Betrag zur Verfügung zu stellen. Hier ist die Aushändigung des Betrages an den Treuhänder als Erfüllung der den Gläubigern gegenüber übernommenen Verpflichtung des Dritten anzusehen.

8. **Sonstige Sicherstellungen.** Bestimmt der Zwangsvergleich, daß der Gemeinschuldner 7
den Gläubigern gewisse Sicherheiten zu bestellen habe, so sollte das Gericht schon die Bestätigung des Vergleichs, jedenfalls aber die Aufhebung des Konkurses erst nach deren Bestellung vornehmen [§ 190 Anm. 6, bedingte Vergleichsannahme: § 184 Anm. 6, § 195 Anm. 1]. Im Vergleich *verspricht* der Schuldner nur die Bestellung dieser Sicherheiten, die *Übernahme* selbst, also z. B. die Pfandbestellung gehört bereits zur Erfüllung des Vergleichs im Sinne des § 195. Demnach müssen dingliche Beschränkungen des Schuldners durch besondere Rechtsgeschäfte verwirklicht werden. Zu den einzelnen Sicherungsmöglichkeiten siehe § 174 Anm. 9. Auch wenn der Vergleich selbst keine grundbuchmäßige Sicherstellung vorsieht, kann der *einzelne* Gläubiger zur Eintragung einer *Sicherungshypothek* gelangen. War nämlich die Konkursforderung mit Urteilskraft gegenüber dem Schuldner festgestellt (§ 194), so kann der Gläubiger auf Grund dieses Vollstreckungstitels eine Zwangshypothek zur Sicherung der fälligen (§§ 726, 751 ZPO) und den Betrag von dreihundert D-Mark übersteigenden Vergleichsquote nach Maßgabe der §§ 866f. ZPO eintragen lassen. Zu diesem Behufe muß der Gläubiger dem Schuldner die mit der Vollstreckungsklausel versehene und die Vergleichsschranken berücksichtigende Ausfertigung des Tabelleintrags [§ 194 Anm. 2] zustellen (§ 750 ZPO) und dem Grundbuchamt beim Antrag auf Eintragung diese Ausfertigung samt dem Zustellungsnachweis vorlegen (§ 867 ZPO, §§ 13, 30 GBO). Ist der Vergleichsanspruch noch nicht fällig, aber ein Arrestgrund gegeben (§ 917 ZPO), so kann der Gläubiger einen Arrestbefehl (vgl. § 916 II ZPO) und für den im Arrestbefehl festgestellten, dreihundert D-Mark übersteigenden Geldbetrag (§§ 923, 928 ZPO, RG Bd. **60** 279) die Eintragung einer **Arresthypothek** nach § 932 ZPO erwirken.

III. Sonderregelung im Genossenschaftskonkurs

8 Besonderes gilt für den Zwangsvergleich in Genossenschaftskonkursen [§ 173 Anm. 20]. Nach ausdrücklichem Gebot des Gesetzes hat der Konkursverwalter in dieser seiner Eigenschaft den Zwangsvergleich durchzuführen und dem Gericht Anzeige zu erstatten, sobald der Vergleich erfüllt ist: dann erst ist der Konkurs aufzuheben (§ 115e II Nr. 4, 7 GenG). Die Vorschriften stehen im Einklang mit der Neuordnung des gerichtlichen Vergleichsverfahrens (§ 96 II, IV VerglO). Sie reihen den Vergleichsvollzug dem Konkursverfahren ein, eine Regelung, die sich auch für eine Neuordnung des Konkursverfahrens empfiehlt. Vgl. dazu Tidow KTS 1956 S. 104f., Böhle-Stamschräder KTS 1959 S. 73 mit weiteren Verw. Die Durchführung des Vergleichs bildet eine Amtspflicht des Verwalters, nicht eine durch Vertrag mit den Vergleichsparteien vereinbarte Geschäftsbesorgung. Er wird in seiner Tätigkeit vom Konkursgericht beaufsichtigt (§§ 83, 84 KO), vom Gläubigerausschuß unterstützt und überwacht (§ 88 KO) und haftet allen Beteiligten bei schuldhafter Pflichtwidrigkeit (§ 82 KO). Seine Gebührnisse bemißt das Konkursgericht (§ 85 KO). Das genossenschaftsrechtliche Nachschußverfahren hat er zu Zwecken der Vergleichserfüllung durchzuführen, also die zur Entrichtung der Vergleichsquote fehlenden Mittel aus Nachschüssen der Genossen aufzubringen (§ 115e II Nr. 4 mit §§ 105—115a, 141 GenG). Unterbleibt die rechtzeitige Erfüllung, dann wird nach § 115e II Nr. 6 GenG der Vergleich hinfällig und das Konkursverfahren unter Erhebung von Nachschüssen nicht nur für den zur Vergleichserfüllung erforderlichen, sondern für den vollen Fehlbetrag fortgesetzt [§ 195 Anm. 3]. Da der Konkursverwalter als solcher zu Zwecken der Durchführung des Zwangsvergleichs im Amte bleibt, können auch Masseprozesse von ihm und gegen ihn begonnen und schwebende weitergeführt werden. Siehe dagegen für den normalen Konkurs die Verweisungen im § 190 Anm. 5 und oben Anm. 5, 6. Dieselbe Regelung gilt für den Versicherungsverein a. G. (§ 52 II VAG mit § 115e II Nr. 4, 7 GenG). Eine Möglichkeit der Fortsetzung nach Durchführung des Zwangsvergleichs und Aufhebung des Konkurses [Anm. 4] ist für die Genossenschaft nicht vorgesehen (vgl. auch § 79 a GenG); die nach § 101 GenG aufgelöste Genossenschaft kann nur durch Neugründung wieder aufleben (so auch Meyer-Meulenbergh, GenG[9] § 115e Anm. 9, Lang-Weidmüller GenG[27] § 115e Anm. 11, die zu Unrecht Wallenfels JW 1934 S. 1147ff. als Vertreter einer abweichenden Ansicht anführen; siehe aber ausdrücklich aaO. S. 1149). Dagegen kann ein Versicherungsverein a. G. (mit Ausnahme der sog. „kleineren Vereine", § 53 I S. 1 VAG) auf Grund eines Beschlusses der „obersten Vertretung", welcher allerdings der Genehmigung der Aufsichtsbehörde bedarf, fortgesetzt werden, wenn das Konkursverfahren nach Abschluß eines Zwangsvergleichs aufgehoben worden ist (§ 49 VAG).

9 **Zusatz. Fremde Rechte.***

1. Die Aufhebung des Konkursbeschlags tritt wie in Deutschland mit dem Beschluß über die Aufhebung des Konkursverfahrens ein vor allem in Österreich (§ 157 II KO: soweit nicht das Vermögen nach dem Vergleich „in den Händen eines Sachwalters der Gläubiger zu verbleiben hat").

2. Schon mit der Bestätigung des Vergleichs enden die Verfügungsbeschränkungen des Gemeinschuldners vor allem in den Niederlanden (Art. 162 II F. W.: der Verwalter muß — vorbehaltlich bestimmter Beträge [vgl. § 190 Anm. 9 unter Nr. 4] — das Vermögen an den Gemeinschuldner herausgeben), in Frankreich, Belgien und Luxemburg [vgl. § 190 Anm. 10 unter Nr. 5, 6]. Die nach diesen Rechten auf Grund der Konkurseröffnung an den Liegenschaften des Gemeinschuldners begründete Hypothek zugunsten der Gläubigerschaft bleibt jedoch bestehen, sofern im Vergleich nichts anderes bestimmt ist (Frankreich: Art. 134 II D. 20 mai 1955 = Art. 570 II C. com.; Belgien und Luxemburg: Art. 518 C. com.).

3. Soweit der Vergleich nicht oder jedenfalls nicht notwendig zur Beendigung des Verfahrens führt [vgl. § 190 Anm. 11 unter Nr. 7—9], muß regelmäßig über die Freigabe des Vermögens im Vergleich oder im Bestätigungsbescheid Bestimmung getroffen werden.

---

*) Bearbeitet von Prof. Dr. Günther Jahr, Saarbrücken. Wegen der Literatur und der Abkürzungen wird auf Bd. I S. LXIIIff. verwiesen.

§ 193

Der rechtskräftig bestätigte Zwangsvergleich ist wirksam für und gegen alle nicht bevorrechtigten Konkursgläubiger, auch wenn dieselben an dem Konkursverfahren oder an der Beschlußfassung über den Vergleich nicht teilgenommen oder gegen den Vergleich gestimmt haben. Die Rechte der Gläubiger gegen Mitschuldner und Bürgen des Gemeinschuldners, sowie die Rechte aus einem für die Forderung bestehenden Pfandrecht, aus einer für sie bestehenden Hypothek, Grundschuld, Rentenschuld oder Schiffshypothek oder aus einer zu ihrer Sicherung eingetragenen Vormerkung werden durch den Zwangsvergleich nicht berührt.

Materialien: Motive I Bd. 2 S. 166ff., Motive II S. 421ff., Protokolle S. 114, 186; MzEG S. 116f., P. VI S. 766f., Begründung S. 44f., Kommissionsbericht S. 1953f., 1968.

Übersicht

Wirksamkeit des Vergleichs für und gegen die Gläubiger

I. Einfluß auf die nicht bevorrechtigten Konkursforderungen

1. Der Zwangsvergleich regelt eine an Stelle der konkursmäßigen Schuldenbereinigung tretende außerkonkursmäßige Befriedigung der nicht bevorrechtigten Konkursgläubiger (§§ 173, 174). Er pflegt einen Erlaß oder eine Stundung oder beides zugleich zu enthalten [§ 173 Anm. 1] und bestimmt, ob und inwieweit die Gläubiger Rechte gegen dritte Personen (Vergleichsgaranten) erwerben [§ 174 Anm 8]. Wenn der Zwangsvergleich rechtskräftig (§ 189 KO, § 705 ZPO) — wäre es auch mit Unrecht [§ 189 Anm. 5, § 196 Anm. 3] — bestätigt ist, kann **jeder nicht bevorrechtigte Konkursgläubiger** nach Maßgabe des Vergleichs und nur nach dieser Maßgabe seine Rechte geltend machen: einerlei, ob er sich am Konkurs im allgemeinen und am Vergleichsverfahren im besonderen beteiligt hat oder nicht; ob er dem Gemeinschuldner oder dem Konkursverwalter bekannt oder unbekannt war; ob er für oder gegen den Vergleich stimmte; ob er nicht abstimmen wollte oder etwa wegen Versagung des Stimmrechts (§§ 95f., RG Bd. 87 85; ObLG SeuffA 39 Nr. 349) oder wegen Unkenntnis seiner Forderung (z. B. eines Anspruchs aus erst später aufgedecktem Betrug, RG GruchotsBeitr. 50 S. 1122) nicht abstimmen konnte. Die uneingeschränkte Gleichstellung der Nachzügler mit den im Konkurs aufgetretenen Gläubigern versteht sich freilich keineswegs von selbst und die Rücksichtnahme auf sie darf nicht überspannt werden [siehe § 174 Anm. 4, 9]. Wer schon vor dem Vergleichsabschluß befriedigt, etwa auf Grund eines Übereinkommens mit dem Verwalter abgefunden worden war, hatte aufgehört Konkursgläubiger zu sein und bleibt daher vom Zwangsvergleich unberührt. Siehe auch § 3 Anm. 17 (vorläufige Vollstreckung). Wer aber nur auf die Konkursteilnahme und nicht etwa auf die Forderungsbeitreibung überhaupt verzichtet, 1

entgeht damit dem Zwangsvergleich nicht [§ 3 Anm. 1, 14, § 181 Anm. 1]. Ein im Konkurs aufrechnungsberechtigter Konkursgläubiger darf nach § 53 ungefährdet dem Konkurs fernbleiben [§ 53 Anm. 13, 30f. und unten Anm. 6]. Vorrechtsverzicht vor der Schließung des Zwangsvergleichs hat zur Folge, daß der Gläubiger nun am Vergleich teilnimmt [siehe Anm. 11 mit Verw.]. Absonderungsberechtigte Konkursgläubiger: Anm. 13f. Bei der vergleichsmäßigen Herabminderung der Forderungen bewendet es regelmäßig auch dann, wenn der Schuldner abermals in Konkurs verfällt [§ 195 Anm. 2]. Mit dem Hauptanspruch eines nicht bevorrechtigten Konkursgläubigers erfaßt der Zwangsvergleich auch Nebenansprüche im Sinne des § 62, namentlich vor dem Konkurs erwachsene Kosten der Rechtsverfolgung und Zinsen [Gegensatz: Anm. 9].

2 2. Die **materiellrechtlichen Wirkungen** des Zwangsvergleichs bestehen seinem Inhalt entsprechend in einem Erlaß oder einer Stundung der vergleichsbeteiligten Forderungen, evtl. auch in beiden zugleich. Dagegen verwandelt er nicht den Rechtsgrund der betroffenen Forderungen: er enthält **keine Novation.** Die Vergleichsansprüche bleiben, was sie sind: Darlehns-, Kaufpreis-, Wechselforderungen usw. Zust. RG Bd. **92** 187, Bd. **119** 396; Salomon ZZP 56 S. 369, JW 1929 S. 511 zu Nr. 11, Mentzel-Kuhn[7] Anm. 1, Böhle-Stamschräder[6] Anm. 1, Bley VerglO[2] § 82 Anm. 12a. Darum setzt auch der Zwangsvergleich nicht etwa als solcher an die Stelle von Kurzverjährungen die regelmäßige Dreißigjahrverjährung. Solche Konkursforderungen freilich, die mit Wirksamkeit auch gegenüber dem Schuldner persönlich festgestellt sind (§§ 164 II, 194) verjähren fortab kraft dieser Feststellung — keineswegs kraft des Zwangsvergleichs — nach § 218 BGB erst in dreißig Jahren [§ 25 Anm. 19 mit Anm. 17]. Nicht festgestellte Vergleichsansprüche können nun — unbeschadet einer Stundung — ihre etwaige Kurzverjährung neu beginnen [§ 25 Anm. 16, 19]. Noch weniger als eine Schulderneuerung (Novation) enthält der Vergleich eine Schuldvervielfältigung (Kumulation). Gegen die abweichende Annahme von Krusch S. 82 siehe oben § 173 Anm. 16. Auch über das Dasein und die Verfolgbarkeit der Forderungen entscheidet der Vergleich als solcher nicht: er enthält kein Schuldanerkenntnis und keinen Verzicht auf Einwendungsrechte. ObLG Slg. a. F. Bd. 9 S. 462f; Böhle-Stamschräder[6] Anm. 1, Bley aaO. Anm. 12b; nicht unbedenklich RG Bd. **87** 142 (dazu Bley aaO. Anm. 12c). Ebensowenig liegt im Vergleich eine Zurücknahme des bei der Prüfung vom Schuldner erhobenen Widerspruchs (vgl. § 194). Zust. Fitting S. 446.

3 3. Unstreitig erstreckt sich die Vergleichswirkung (Erlaß, Stundung) auch auf solche nicht bevorrechtigte **Forderungen, die im Konkurs nach Maßgabe der §§ 65 II, 69, 70 verfolgt werden müssen.** Denn der § 193 macht mit ihnen keine Ausnahme. Zweifelhaft kann nur sein, ob der Vergleich die ursprüngliche oder die konkursmäßig veränderte Gestalt der Forderungen trifft. Für Forderungen, die mit Wirksamkeit auch gegenüber dem Schuldner festgestellt sind (§§ 164 II, 194), ergibt sich die Nachhaltigkeit jener Änderung schon aus der Urteilskraft der Feststellung [§ 164 Anm. 10]. Im übrigen kommt es auf den Sinn an, den das von der gesetzlichen Gläubigermehrheit angenommene Vergleichsanerbieten des Gemeinschuldners hat. Im Regelfalle des Zwangserlasses verspricht der Schuldner den Vergleichsgläubigern Geldprozente und zwar allen gleichmäßig (§ 181), auch den Gläubigern nicht angemeldeter, nicht fälliger, nicht auf Geldsummen gerichteter Forderungen, auch den unbekannten Gläubigern. Die gesetzliche Gläubigermehrheit nimmt den Antrag des Schuldners mit einer alle Vergleichsgläubiger bindenden Wirksamkeit an [§ 173 Anm. 11, 12]. Der so gebildete Vertragswille ist es, der den inhaltlichen Wandel noch nicht festgestellter Forderungen vollzieht. Dieser Wandel wird endgültig, sobald der Vergleich rechtskräftig bestätigt ist, und behauptet sich daher, wenn späterhin nicht der Vergleich selbst — wie etwa nach § 115e II Nr. 6 GenG — hinfällig wird, sondern nur dessen Minderungen (§§ 196, 197) außer Kraft treten. Auch wenn der Vergleich erst mit seiner rechtskräftigen Bestätigung Wirksamkeit erlangt, so beruht doch die Inhaltsänderung der Vergleichsansprüche auf dem Willen der Vertragsgenossen, nicht auf einem Machtspruch der Staats-

gewalt. Dementsprechend haben auch die Gläubiger mit Sachleistungsansprüchen künftig nur anteilsmäßige Geldbefriedigung zu fordern (§§ 69, 70), einerlei, ob ihre Ansprüche angemeldet waren oder nicht, ob sie teilbar sind oder nicht. War eine Wertfestsetzung nach Maßgabe der §§ 69, 70 im Konkurs nicht erfolgt, so sind Streitigkeiten darüber, ob ein Anspruch der Umwandlung verfallen und wie hoch er zu bewerten ist, vom Prozeßgericht zu entscheiden. Ausschlaggebend bleibt die Zeit der Konkurseröffnung [§ 69 Anm. 8]. Betagte unverzinsliche Forderungen, auch nicht angemeldete, werden in ihrem nach § 65 II verminderten Betrag vom Zwangserlaß betroffen. Dafür tritt die allgemeine Fälligkeit der Vergleichsschulden auch zugunsten betagter Konkursforderungen ein, sie seien angemeldet oder nicht. Vgl. OLG Königsberg PosMSchr. 1905 S. 191; v. Wilmowski-Kurlbaum Anm. 3, Hüppner ZZP 11 S. 86, Wolff Anm. 2, Oetker I S. 229f., Fitting § 49 N. 1, Mentzel-Kuhn[7] Anm. 1, Böhle-Stamschräder[6] Anm. 1; Bley VerglO[2] § 82 Anm. 14 u. eingehend Krohn Nachhaltigkeit der konkursm. Feststellung (Leipz. Diss. 1933) S. 45ff. mit Verw.; abw. Petersen-Kleinfeller Anm. 1, die eine Fortdauer der Änderungen nur für den Fall der Anmeldung annehmen, und Seuffert S. 435f., der diese Fortdauer außer dem Falle der Anmeldung nur für unteilbare Leistungen anerkennt. Rintelen ZHR 61 S. 184ff. stimmt uns in der grundsätzlichen Erwägung zu, gelangt aber für unangemeldete betagte Ansprüche (S. 189) zu anderem Ergebnis. Anders als der Konkurs (§ 69) braucht der Zwangsvergleich nicht eine Befriedigung in Geld zu gewähren. Das Gebot des § 181 verlangt Gleichbehandlung nicht im Sinne inhaltlicher Gleichartigkeit, sondern im Sinne sachlicher Gleichmäßigkeit [§ 181 Anm. 2]. Darum ist es zulässig, daß Vergleichsansprüchen, die auf andere Leistungen als auf Geld gerichtet sind, der ursprüngliche Leistungsinhalt in den Schranken des Vergleichs gewahrt wird (darüber Krohn aaO.). Im Leben spielt diese Möglichkeit kaum eine Rolle. Sachleistungsansprüche aus schwebenden gegenseitigen Schuldverhältnissen scheiden hier aus [Anm. 10].

4. **Aufschiebend bedingte Forderungen** — mit Ausnahme aussichtsloser Anwartschaften 4
(§ 154 II) — gewähren den §§ 67, 154, 169 zufolge ein Recht auf Sicherung durch Hinterlegung der fällig gewordenen Vergleichsbezüge. Das gilt für rechtsgeschäftliche wie für gesetzliche Bedingungen. Siehe § 67 Anm. 1, 2 und wegen der Rückgriffsansprüche ebenda Anm. 6 sowie unten Anm. 19. Daß bedingte Konkursforderungen vom Zwangsvergleich auch dann ergriffen werden, wenn die Bedingung erst nach Konkursbeendigung eintritt, steht nach § 67 außer Zweifel. Vgl. Kommissionsbericht S. 1953f. So z. B. die Prozeßkostenlast, wenn sie eine einfache Konkursforderung auslöst, während sie als unanmeldbare Forderung, als Masseschuldanspruch und als Vorrechtsforderung vom Zwangsvergleich unberührt bleibt [über die verschiedenen Möglichkeiten: § 3 Anm. 30f.]. Unter diesem Gesichtspunkt hat RG JW 1930 S. 2785 Nr. 13 (bekämpft in der Fußnote von Jonas, gebilligt von Mentzel-Kuhn[7] Anm. 2) ausgesprochen, daß Gebühren, die eine auf die Zeit vor und nach dem Konkurs entfallende Gerichtstätigkeit einheitlich abgelten, endgültig durch Zahlung der Vergleichsquote berichtigt sind. So die nach § 25 I Nr. 1 GKG (§ 20 I Nr. 1 a. F.) „für das Verfahren im allgemeinen" zu erhebende, nach § 106 GKG (§ 74 I a. F.; für Anwaltsgebühren siehe § 16 BRAGebO) schon mit der Antragstellung (Klagerhebung, Rechtsmitteleinlegung) verfallende Prozeßgebühr des Gerichts, wenn der Prozeß vor dem Konkurs begonnen, aber nach Konkursbeendigung auf Grund eines Zwangsvergleichs für Rechnung des Schuldners fortgeführt worden ist. Vgl. ferner OLG Zweibrücken Pfälz. Rechtspr. 1 S. 8ff., PucheltsZ 36 S. 721; München OLG 21 S. 171f.; Nissen GruchotsBeitr. 52 S. 855f. Unberührt vom Zwangsvergleich bleibt dagegen der Anspruch der Gerichtskasse auf die Urteilsgebühr (§ 25 I Nr. 3 GKG) und der Erstattungsanspruch des Gegners auf Grund einer Verurteilung des Schuldners, die erst nach dem Konkurs ergeht (vgl. RG aaO., Marienwerder OLG 25 S. 79f.; Mentzel-Kuhn[7] Anm. 2). **Schadensersatzansprüche** aus Haftungsgründen, die vor dem Konkurs liegen, wie z. B. aus einer vom nachmaligen Gemeinschuldner vor dem Konkurs verübten unerlaubten Handlung, verfallen — angemeldet oder nicht — dem Zwangsvergleich auch insoweit, als

der Schadensumfang beim Vergleichsabschluß noch nicht in seiner ganzen Tragweite zu übersehen ist [§ 3 Anm. 16b]. So z. B. Ansprüche eines Handlungsgehilfen und Handlungslehrlings aus einem vor dem Konkurs des Prinzipals in dessen Betrieb erlittenen Unfall nach § 62 (§ 76) HGB mit §§ 842—846 BGB auch für Heilkosten, die erst nach dem Konkurs erwachsen, (RG Bd. **87** 85) oder Ansprüche aus einer vom nachmaligen Gemeinschuldner begangenen Körperverletzung (§ 823 II BGB), auch soweit die wirtschaftliche Gesamtlage des Verletzten erst nach dem Konkurs zu Schädigungen führt (OLG Düsseldorf JW 1932 S. 181 Nr. 4, aber mit einer unsicheren u. gegenüber dem Grundsatz des § 67 kaum zu rechtfertigenden Einschränkung). Zust. Mentzel-Kuhn[7] Anm. 1. Auch Ersatz- oder Bereicherungsansprüche, die auf Grund einer vom nachmaligen Gemeinschuldner vor Konkursbeginn betriebenen Vollstreckung nach § 717 ZPO späterhin noch erwachsen, unterliegen dem Zwangsvergleich [§ 67 Anm. 1]. Becker im Recht 1913 S. 713f.; dazu nun Deesen JW 1925 S. 984, Kiesow ebenda S. 985, Mentzel-Kuhn[7] aaO.

II. Die Restschuld als unvollkommene Verbindlichkeit

5 1. **Grundsatz.** Im Falle des **Zwangserlasses** besteht für den erlassenen Teil der Konkursforderung eine unvollkommene (erfüllbare, aber nicht erzwingbare) Haftung des Schuldners fort. Dies wurde schon für das ältere Recht von der Rechtsprechung und der überwiegenden Mehrheit der Schriftsteller anerkannt (RG Bd. **42** 118 mit Verw. S. 120; Augsburg OLG 6 S. 369; abw. v. Völderndorff Anm. c) und ist auch für das geltende anzunehmen. So RG in ständiger Rechtspr. z. B. HoldheimsMSchr. 13 S. 130, LZ 1908 Sp. 608, LZ 1909 Sp. 546 = SeuffA 65 Nr. 20, Bd. **71** 364, LZ 1910 Sp. 158, Bd. **78** 77, JW 1913 S. 597 Nr. 11, Bd. **153** 342f., **155** 102, **160** 138, **163** 49; ferner Kolmar OLG 8 S. 89, LG Konstanz BadRspr. 1903 S. 281, OLG München BayZ 1932 S. 80, OLG Düsseldorf DRiZ 1935 Nr. 83 u. herrschende Lehre z. B. Seuffert S. 443, Fitting § 49 N. 3, Kohler Leitfaden S. 289f., Petersen-Kleinfeller Anm. 4, v. Wilmowski-Kurlbaum Anm. 2, Wolff Anm. 4 u. LZ 1908 Sp. 107, Klingmüller Natürl. Verbindlichkeiten 1905 S. 244ff., v. Tuhr AllgTeil § 74 Note 68, Rud. Schmidt Reichsgerichtspraxis II (1929) S. 42, Hobelmann Rechtsgrundeinrede, Leipz. rechtsw. Stud. Heft 73 (1932) S. 9f., Kaestner Unvollk. Verbindlichkeiten (1933) S. 48ff., Krusch aaO. S. 126ff., Mentzel-Kuhn[7] Anm. 8, Böhle-Stamschräder[6] Anm. 4, Baur in Schönke-Baur[7] § 55 D I 1 Bedenken gegen die Verwendung des „Sammelbegriffs" der natürlichen Verbindlichkeit bringt vor allem Krawielicki Grundlagen des Bereicherungsanspruchs (1936) S. 207ff. vor, der ihn durch den Begriff des „reinen Rechtsgrundes" ersetzen will. Ihm schließt sich Bley VerglO[2] § 82 Anm. 16 unter b an. Doch kommen beide bei den Einzelfragen im wesentlichen zum gleichen Ergebnis wie die herrschende Lehre. Daß der Zwangserlaß den erlassenen Teil der Forderung als sog. unvollkommene Verbindlichkeit aufrecht erhält, folgt aus dem zweiten Satze des § 193. Die Novelle von 1898 hat ihn dem Bürgerlichen Gesetzbuch angepaßt und ausdrücklich bestimmt, daß Haftungen, die nach diesem Gesetz begriffsnotwendig eine Forderung voraussetzen (Bürgschaft, Pfandrecht im Sinne des BGB, Hypothek, Vormerkung), vom vergleichsmäßigen Erlaß der Forderung unberührt bleiben sollen. Sie müßten, soweit die gesicherte Forderung infolge des Zwangserlasses schlechthin unterginge, entweder ebenfalls erlöschen oder verselbständigt werden (letzteres ist in der Tat von Landsberg BürgRecht I S. 61 u. a. behauptet worden; ähnlich jetzt Krawielicki aaO. S. 211). Nach den Worten des Gesetzes bleiben sie, was sie sind: der Bürge wird nicht zum Hauptschuldner, die Hypothek nicht zur Grundschuld. Daraus aber ergibt sich, daß der Zwangserlaß für seinen Bereich die gesicherte Forderung nicht ganz erlöschen, sondern abgeschwächt weiterbestehen läßt: unerzwingbar, aber erfüllbar. Nachdem § 82 VerglO für den konkursabwendenden Vergleich eine dem § 193 entsprechende Regelung aufgestellt hat, bildet die Zwangserlaßrestschuld eine besonders bedeutsame Gruppe der sog. natürlichen Verbindlichkeiten — ein Teil der oben zitierten Entscheidungen bezieht sich auf § 82 VerglO —.

2. Die besondere Natur der unvollkommenen Verbindlichkeit des § 193. Innerhalb der verschiedenen Gruppen, die herkömmlich in dem Oberbegriff der natürlichen Verbindlichkeiten zusammengefaßt werden, ist die rechtliche Wirksamkeit verschieden ausgeprägt (vgl. dazu neuerdings die Darstellung von Esser Schuldrecht[2] § 28). Zunächst bildet die im Zwangsvergleich erlassene Restschuld einen Rechtsgrund für spätere Leistungen des Gemeinschuldners oder eines Dritten (§ 267 BGB). Wird ein durch Zwangsvergleich entlasteter Schuldner wieder zahlungsfähig, dann hat er die Anstandspflicht, die Restschuld zu erfüllen. Was er als Nachzahlung leistet, kann er nicht als eine Bereicherung „ohne rechtlichen Grund" zurückfordern, auch wenn ihm der Mangel einer erzwingbaren Verbindlichkeit unbekannt und er gar nicht gewillt war, eine Anstandspflicht zu erfüllen; es genügt, daß eine solche bestand. So reiht sich die Nachzahlungspflicht der allgemeinen Vorschrift des § 814 Halbs. 2 BGB ein (RG LZ 1909 Sp. 546 = SeuffA 65 Nr. 20, Bd. 78 77; Mentzel-Kuhn[7] Anm. 8; aber auch Krawielicki aaO. S. 206, Bley aaO. Anm. 16 unter b; anders BGB RGRKomm.[11] § 813 Anm. 7, wenn auch mit gleichem Ergebnis). Ebensowenig wie die Erfüllung kann eine Anerkennung der Restverbindlichkeit als ungerechtfertigte Bereicherung zurückgefordert werden (§§ 812 II, 814, 781 BGB; zust. RG SeuffA 65 Nr. 20, 69 Nr. 190, Bd. 160 138; BGB RGRKomm.[11] aaO., Krawielicki aaO. S. 208f., Bley aaO.). Desgleichen nicht die späterhin erfüllungshalber vom Schuldner übernommene Verpflichtung, den Rest nachzuzahlen, mag das Nachzahlungsversprechen im Sinne des § 780 BGB verselbständigt sein oder nicht. Schuldversprechen und Schuldanerkenntnis bedürfen, wenn der Gemeinschuldner sie als Vollkaufmann im Betriebe seines Handelsgeschäftes abgibt, nicht der Schriftform der §§ 780, 781 BGB (§ 350 HGB). Leistung der Restschuld im Bewußtsein der Unerzwingbarkeit ist keine Schenkung (auch hier zust. RG LZ 1908 Sp. 608; Böhle-Stamschräder[6] Anm. 4); aus diesem Grunde versagt auch die Schenkungsanfechtung aus § 32 KO, § 3 Nr. 3 AnfG [§ 32 Anm. 6, 13a]. Zust. Bley aaO. Auch bedarf das Nachzahlungsversprechen, das der Schuldner unabhängig vom Zwangsvergleich und nach dessen Zustandekommen — als Sonderbegünstigung zur Erzielung des Vergleichs wäre es dem § 181 Satz 3 zufolge nichtig [§ 181 Anm. 6ff., 10] — abgibt, nicht der Form des Schenkungsversprechens (§ 518 BGB; zust. RG, Böhle-Stamschräder und Bley aaO.); ferner ist auf ein solches Versprechen § 63 Nr. 4 nicht anwendbar. Es tritt nicht selten in der bedingten Fassung auf, daß der Schuldner, etwa um einen Hauptlieferanten zur Wiederaufnahme der Geschäftsbeziehungen zu bewegen, „nach Kräften" nachzuzahlen verspricht, „sobald er in bessere Vermögensverhältnisse gelangen werde" (vgl. z. B. RG aaO.). Eingehend zu diesem sog. „Besserungsschein" Bley aaO. Anm. 24ff. mit weiteren Verw. Zur besonderen Lage bei Konkursforderungen, für welche Absonderungsrechte bestehen: Anm. 13f. Fremde Rechte: Anm. 24 unter Nr. 3b. 6

Die abgeschwächte Nachzahlungspflicht der vergleichsweise erlassenen Schuld geht aber in ihrer Wirkung über die Bedeutung eines Rechtsgrundes für später erbrachte Leistungen hinaus. Sie ist nach Satz 2 eine ausreichende Grundlage für den Fortbestand von Bürgschaften und Pfandrechten (im weiteren Sinne) an Vermögensgegenständen des Schuldners selbst und dritter Personen [Anm. 12, 13, 17]. Sie ermöglicht aber auch die Neubegründung solcher Nebenhaftungen (zust. Mentzel-Kuhn[7] Anm. 8, Böhle-Stamschräder[6] Anm. 4, Bley aaO. und offenbar auch Esser aaO. § 28, 4; abw. Schreiber Schuld und Haftung [1914] S. 168, Krawielicki aaO. S. 207) sowie die Ergänzung oder den Austausch bestehender Sicherheiten (BGH Bd. 31 180f.). Was für pfandmäßige Belastungen gilt, muß auch für Sicherungsübereignung und Sicherungsabtretung gelten (vgl. § 223 II BGB): auch solche Sicherheiten können zugunsten des erlassenen Forderungsteiles fortbestehen und neuentstehen [§ 48 Anm. 13]. Zust. RG LZ 1910 Sp. 158, LZ 1913 Sp. 238f.; OLG Königsberg SeuffA 66 Nr. 87; Mentzel-Kuhn[7] Anm. 8, 12, Böhle-Stamschräder[6] Anm. 4. Abtretung zahlungshalber: Anm. 12. Dem Sinne des Gesetzes entspricht weiter die Annahme, daß auch ein Eigentumsvorbehalt (§ 455 BGB) bis zur Vollzahlung fortwirkt [§ 26 Anm. 15].

Zust. RG LZ 1913 Sp. 238f.; Mentzel-Kuhn, Böhle-Stamschräder aaO. Eine während des Konkurses statthafte Aufrechnung bleibt nach § 53 trotz des Zwangserlasses — anders als bei bloßer Anstandsschuld — in vollem Umfang zulässig [Näheres § 53 Anm. 30f. mit Verw.], während der Gläubiger den erlassenen Forderungsteil gegen eine erst nach dem Zwangsvergleich entstehende Forderung des früheren Gemeinschuldners nicht einseitig aufrechnen darf [§ 53 Anm. 3]. Vgl. dazu auch Krawielicki aaO. S. 208, Mentzel-Kuhn[7] Anm. 7. Auf ein nach § 193 Satz 2 an sich fortbestehendes Sicherungsrecht kann der Gläubiger verzichten. Für einen solchen Verzicht ist nicht erforderlich, daß die Beteiligten die Vorschrift kennen oder ausdrücklich erörtern, vielmehr genügt es, daß die Vereinbarung auf die Beseitigung eines solchen Rechtes gerichtet ist (RG KonkTreuh. 1939 S. 23). Zum Verzicht auf Absonderungsrechte vgl. noch Anm. 13, auf die Mithaftung eines Bürgen oder Mitschuldners Anm. 18 und Anm. 20 a. E.

7 3. **Prozessuale Verfolgbarkeit.** Mit Rücksicht auf diese zwar geminderten, aber doch keineswegs unerheblichen Rechtswirkungen des unvollkommenen Schuldverhältnisses ist ein rechtliches Interesse an alsbaldiger richterlicher Feststellung denkbar, das nach § 256 ZPO die Zulässigkeit einer Klage auf Feststellung des „Rechtsverhältnisses" begründet. Denn die Unvollkommenheit der Haftung ändert nichts daran, daß diese auf „rechtlichen" Beziehungen beruht, und steht daher zwar der Erzwingbarkeit, nicht aber bei ausreichendem Rechtsschutzbedürfnisse der Verfolgbarkeit überhaupt im Wege. Vgl. Wach Feststellungsanspruch (1889) S. 21, Stein-Jonas-Schönke-Pohle ZPO[18] § 256 II 1a, Bley aaO. Anm. 16 unter d, Krawielicki aaO. S. 248ff., v. Tuhr AllgTeil I S. 127; abw. Hellwig System I S. 282, Langheineken Anspruch S. 192, Krusch aaO. S. 129 N. 432. Darum empfiehlt es sich nicht, die unvollkommenen Schuldverhältnisse im allgemeinen und die durch Zwangsvergleich abgeschwächten Konkursforderungen im besonderen als „klaglose" (unklagbare) Verbindlichkeiten zu bezeichnen. Eine „Geltendmachung" der Restschuld bildet auch deren Aufrechnung, die im dargelegten Umfang [Anm. 6] gerichtlich und außergerichtlich statthaft ist. Einer Leistungsklage auf den erlassenen Betrag kann dagegen der Schuldner die Tatsache des Erlasses mit dem Erfolg entgegensetzen, daß die Klage insoweit als unbegründet abgewiesen werden muß. Auch ergibt sich aus § 331 II Halbs. 2 ZPO, daß der allein verhandelnde Kläger durch seinen eigenen Vortrag diese Tatsache zum Prozeßstoff machen und so selber die Klage unschlüssig machen und damit die Sachabweisung herbeiführen kann. Das ist aber keineswegs eine „von Amts wegen zu berücksichtigende Unklagbarkeit" (so Crome System II S. 16). Ohne Parteivortrag dürfte der Richter die Erlaßtatsache nicht einmal dann berücksichtigen, wenn sie gerichtskundig wäre. Eine urteilsmäßige Aberkennung des erlassenen Forderungsteiles, die eine von Amts wegen zu beachtende Rechtskraft auslöste, enthält der Zwangsvergleich als solcher nicht [§ 194 Anm. 1]. Ist der Zwangsvergleich bloßer Stundungsvertrag, so erzeugt er nur eine „Einrede" im Sinne des BGB, die von dem die Erfüllung verweigernden Schuldner im Verhandlungstermin geltend gemacht werden muß. In keinem Falle ist eine Leistungsklage lediglich deshalb, weil der geltend gemachte Anspruch durch Zwangsvergleich abgeschwächt wurde, als „unzulässig" (Prozeßurteil) abzuweisen. Abw. die herrschende Lehre, welche die „Klagbarkeit" des geltend gemachten Anspruchs als Prozeßvoraussetzung ansieht, ohne zwischen den verschiedenen Fällen der „unklagbaren" (unvollkommenen) Verbindlichkeiten zu differenzieren (so z. B. Rosenberg Lehrbuch[9] § 85 II 2a S. 402, Stein-Jonas-Schönke-Pohle ZPO[18] Vorbem. II 6c vor § 253; dagegen wie hier Lent-Jauernig Zivilprozeßrecht[11] S. 90, Seuffert-Walsmann ZPO[12] § 253 Anm. 1 a. E.). Schuldversprechen und Schuldanerkenntnis können als verselbständigte Verpflichtungsgründe im Sinne der §§ 780ff. BGB [Anm. 6] auch einer Klage auf Verurteilung zur Leistung des Erlaßbetrags als Grundlage dienen (OLG München SeuffA 69 Nr. 190).

III. Grenzen der Vergleichswirkung gegenüber dem Schuldner

8 1. Vom Zwangsvergleich unberührt bleiben vor allem **unanmeldbare Forderungen,** besonders solche, die erst nach Konkursbeginn begründet worden (§ 3)

oder die kraft Vergeltungsrechts nach § 5 II oder die aus Gründen des § 63 von der Teilnahme am Konkurs ausgeschlossen sind.

a) Daß die **Forderungen des § 63 Nr. 3 u. 4 (Geldstrafen und Freigebigkeiten)** den Vergleichsfolgen entrückt sind, wird fast allgemein anerkannt (so z. B. von Dernburg Preuß. Privatr. II § 126 unter 9, Förster-Eccius Preuß. Privatr. I § 120 N. 1, für Geldstrafen preuß. Obertrib. Striethorst A. 40 S. 308; abw. v. Völderndorff II S. 614, Kohler Lehrbuch S. 459). Und doch muß es befremden, daß Ansprüche, die im Konkurs um der Konkursgläubiger willen ganz außer Betracht bleiben, nach dem Zustandekommen eines Zwangsvergleichs unverkürzt zum Schaden der verkürzten Konkursforderungen verfolgt werden können (Jaeger Geschäftsaufsicht S. 114, LZ 1916 Sp. 125 N. 39). Wohl haben es die Gläubiger in der Hand, den Erlaß nur gegen Sicherung zu bewilligen oder ihn unter die sog. kassatorische Klausel zu stellen [§ 174 Anm. 3, § 195 Anm. 1]. Auch kann gegenüber einer Verkürzung der Zugriffsmasse durch unentgeltliche Verfügungen des Schuldners die Gläubigeranfechtung eingreifen. Allein dieser Schutz ist unzureichend und versagt gegenüber Geldstrafansprüchen. Der Fall, daß eine vor dem Konkurs verhängte Geldstrafe uneinbringlich wird und deshalb durch eine Freiheitsstrafe zu ersetzen ist (§ 29 StGB), tritt nicht schon dann ein, wenn die Beitreibung der Strafe zum Schaden der Vergleichsgläubiger ausschlägt. Wo die Umwandlung ausgeschlossen ist, kann die Härte besonders fühlbar werden (Bley VerglO[2] § 83 Anm. 2). Kraft ausdrücklicher, der Billigkeit und der Verkehrsauffassung Rechnung tragender Vorschrift wirkt der konkursabwendende Zwangsvergleich für und gegen Forderungen aus Freigebigkeiten des Schuldners (§§ 83 I, 82), obwohl sie nicht zu den Vergleichsansprüchen gehören (§ 29 Nr. 4 VerglO). Geldstrafen (§ 29 Nr. 3 VerglO.) bleiben auch von ihm unberührt. Die Regelung der KO sollte an § 83 I VerglO angepaßt werden (so Tidow KTS 1956 S. 105).

b) Die unselbständigen Ansprüche auf **Zinsen** der Vergleichsansprüche **seit Verfahrensbeginn** und auf Ersatz von **Einzelkosten der Verfahrensteilnahme** zählen wie im Konkurs **(§ 63 Nr. 1, 2 KO)** so auch im Konkursabwendungsverfahren (§ 29 Nr. 1, 2 VerglO) nicht zu den Vergleichsansprüchen. Nach ausdrücklicher Bestimmung des § 83 II VerglO werden sie trotzdem im Zweifel durch einen Zwangserlaß mitbetroffen und zwar uneingeschränkt, d. h. auch als Zinsen des nichterlassenen Teiles der Hauptschuld und auch über die Vergleichsbestätigung hinaus. Für den Konkurs fehlt eine solche Sondervorschrift, so zweckmäßig sie auch erscheint. Da diese Zins- und Kostenansprüche keine Konkursforderungen bilden, unterliegen sie zwar nicht schon kraft Gesetzes dem Zwangsvergleich (§ 193), sie sind aber, obwohl nicht selbst Konkursforderungen, doch nur Nebenansprüche von solchen. Geht das Vergleichsgedinge dahin, daß 30% der nicht bevorrechtigten Konkursforderungen in bestimmten Raten abzuzahlen sind, der Rest aber erlassen sein soll, dann hat der Gläubiger einer Darlehnsforderung auf 1000 im ganzen nur noch 300 zu beanspruchen. Wie den überschießenden Hauptanspruch hat er dessen Zuwachs aufgeopfert. Das ist im Zweifel der Sinn des Abkommens. Daß die gesetzliche Gläubigermehrheit auch insoweit, obwohl die Ansprüche auf Verfahrenszinsen und Verfahrenskostenersatz keine Konkursforderungen sind, der Minderheit den Vertragswillen aufzwingen kann [§ 173 Anm. 11], entspricht dem Zwecke des Gesetzes, weil diese Ansprüche bloße Anhängsel der den Gegenstand des Vergleichs bildenden Konkursforderungen sind und weil sie allen Gläubigern gleichmäßig zustehen können. Im Ergebnis übereinstimmend die herrschende Ansicht, so z. B. RG Bd. **125** 408 (411), OLG Zweibrücken JW 1927 S. 731 f. Nr. 24 (beide für den gleichgelagerten Fall der Geschäftsaufsicht), früher schon OLG Braunschweig BraunschwZ 1906 S. 110, OLG Kolmar LZ 1909 Sp. 407 ff., Dernburg aaO., Förster-Eccius aaO., Petersen-Kleinfeller Anm. 2, Fitting § 49 N. 1, Bleyer § 193 Anm. 1 c, Mentzel-Kuhn[7] Anm. 3, Böhle-Stamschräder[6] Anm. 2 a; dahinstellend RG Bd. **92** 186; abw. v. Wilmowski-Kurlbaum Anm. 6, Wolff § 191 Anm. 3, § 193 Anm. 3. Dagegen kann der Wegfall dieser Nebenansprüche nicht damit begründet werden, daß durch den Zwangsvergleich mit rückwirkender Kraft der Vergleichsanspruch an Stelle der 9 ursprünglichen Konkursforderung getreten sei, aus der daher Zinsansprüche nicht mehr berechnet und Konkursteilnahmekosten nicht mehr geltend gemacht werden könnten (so Oetker I S. 228f.). Eine derartige Rückwirkung kann weder dem Gesetz noch dem Willen der Vergleichsparteien entnommen werden; auch steht ihr entgegen, daß eventuell vor dem Zwangsvergleich vorgenommene Verteilungen unberührt bleiben, ganz abgesehen davon, daß mit diesem Gesichtspunkt der Wegfall der Konkursteilnahmekosten nicht schlüssig begründet werden kann. Der Vergleich läßt die vergleichsbetroffene Forderung in ihrem Rechtsgrund unberührt, sie wird nicht durch den Vergleichsanspruch ersetzt [Anm. 2]. Unzutreffend ist auch die Ansicht des KG JW 1926 S. 1848 Nr. 4 unter IVa, daß die Zinsansprüche seit Konkurseröffnung aus dem nicht erlassenen Forderungsteil bestehen bleiben; sie sind im Zweifel in voller Höhe erlassen. Keinesfalls nehmen derartige Ansprüche an den Vergleichsvorteilen (§§ 193, 194) teil [§ 63 Anm. 2]. Ob und inwieweit die Vergleichsquote selbst künftig verzinslich sein soll, bestimmt sich nach dem Vergleichsinhalt (so RG Bd. **92** 189f.: Auslegungsfrage; Mentzel-Kuhn[7] Anm. 3). Bei der Zweifelhaftigkeit der Rechtslage empfiehlt es sich, auch für die Nebenansprüche des § 63 Nr. 1, 2 eine ausdrückliche Regelung zu treffen, also zu sagen: der Rest der Forderungen „mit Einschluß der seit Konkursbeginn erwachsenen Zinsen und Kosten" wird erlassen. Die vor dem Konkurs entstandenen Zins- und Kostenansprüche nicht bevorrechteter Konkursgläubiger teilen das rechtliche Schicksal der Hauptansprüche auch im Falle des Zwangsvergleichs [Anm. 1].

Was die Kosten des Zwangsvergleichs betrifft, so kommen als Einzelkosten im Sinne des § 63 Nr. 2 [Anm. 9] namentlich die der Anwaltsvertretung in Betracht (Gebühr: § 74 BRAGebO). Eine besondere Gerichtsgebühr für das Vergleichsverfahren im Konkurs wird nicht erhoben. Die gerichtlichen Auslagen, namentlich für Bekanntmachungen und Ladungen (§ 179) oder an Ausschußmitglieder (§ 177), zählen zu den Massekosten des § 58 Nr. 1 und sind vom Verwalter nach § 191 I zu berichtigen.

10 2. Der Zwangsvergleich läßt ferner unbeeinflußt **Masseansprüche** aller Art (§§ 58, 59 mit §§ 27, 28, 224, 236). Vgl. § 191 I. So namentlich Prozeßkostenerstattungsansprüche auf Grund einer Verurteilung des Konkursverwalters als solchen [siehe oben Anm. 4 mit § 59 Anm. 2] und Ansprüche aus gegenseitigen Schuldverträgen, deren Erfüllung der Verwalter kraft des ihm nach § 17 (§§ 19ff.) zustehenden Wahlrechts verlangte [§ 17 Anm. 33]. RG Bd. **85** 222, Bd. **98** 137. Haben sich dagegen solche Ansprüche infolge einer Erfüllungsablehnung oder Kündigung des Verwalters oder kraft Gesetzes (§ 18) in Entschädigungsansprüche verwandelt, so unterliegen sie als einfache Konkursforderungen dem Zwangsvergleich, sie mögen angemeldet worden sein oder nicht. Die Inhaltsänderung hat sich bereits im Konkurs vollzogen; der Zwangsvergleich trifft nur noch eine Schadensersatzforderung (nicht mehr einen Erfüllungsanspruch) an und mindert sie herab. Vgl. RG JW 1901 S. 253 Nr. 11, LZ 1912 Sp. 399f., Bd. **79** 211f., LZ 1915 Sp. 217f. Nr. 17, OLG Kolmar LZ 1908 Sp. 321 gegen Oetker I S. 229. Auch der Gemeinschuldner kann Erfüllung nicht verlangen, weil auch er auf das ursprüngliche Schuldverhältnis nicht zurückgreifen darf [§ 17 Anm. 48]. Abw. Petersen-Kleinfeller Anm. 6. Der tatsächlich unberührt gebliebene gegenseitige Vertrag ist nach dem Konkurs in ursprünglicher Gestalt maßgebend und den Vergleichswirkungen entzogen [§ 17 Anm. 55].

11 3. Auch die **bevorrechtigten** Konkursforderungen (§ 61) und deren Nebenansprüche (§§ 62, 63 Nr. 1, 2) bleiben vom Zwangsvergleich unberührt, sie mögen angemeldet worden sein oder nicht. In der Anmeldung der Forderung ohne Vorrecht [vgl. § 139 Anm. 4, 15, 17] liegt jedenfalls dann kein Verzicht auf das Vorrecht, wenn dieses dem Gläubiger unbekannt oder wenn es gar erst während des Konkurses entstanden ist (eine Möglichkeit, die für das Vorrecht des § 80 VAG bejaht wurde, vgl. RG Bd. **147** 79 mit Verw.). Auch die Tatsache, daß der Gläubiger ein angemeldetes, jedoch bestrittenes Vorrecht nicht verfolgt hat, kann nicht ohne weiteres als Verzicht gewertet werden (anders Mentzel-Kuhn[7] § 193 Anm. 4 und

Böhle-Stamschräder[6] § 193 Anm. 2e). Vorrechtsverzicht vor der Vergleichsschliessung eröffnet die Teilnahme am Vergleich [§ 194 Anm. 12]. Die Behandlung der Vorrechtsgläubiger regelt der § 191 [vgl. insbes. dort Anm. 4, 4a]. Die Gläubiger mit Sondervorrechten — wie z. B. die Schuldverschreibungsgläubiger im Konkurs der Hypothekenbank — werden absonderungsberechtigten Konkursgläubigern entsprechend [Anm. 13f.] vom Zwangsvergleich betroffen, soweit sie auf Vorrechtsbefriedigung verzichten oder bei dieser Befriedigung ausfallen [§ 61 Anm. 2ff., § 64 Anm. 8, § 96 Anm. 3, § 139 Anm. 7, §§ 207f. Anm. 31].

4. Auch **Absonderungsrechte** als solche ergreift der Zwangsvergleich nicht. 12

a) So läßt er namentlich unberührt die **an Massegegenständen bestehenden Pfandrechte** i. w. S., also Pfandrechte an beweglichen Sachen und Rechten, Hypotheken, Grund- und Rentenschulden. Als Pfandrecht bewährt sich nach Satz 2 auch das Pfändungspfandrecht (§ 804 ZPO). Beruht es auf einem nur vorläufig vollstreckbaren Titel, dann behauptet es sich immerhin solange, als die vorläufige Vollstreckbarkeit besteht (§ 717 I ZPO). Daß es wegen seines unsicheren Bestandes von vornherein nicht unter Satz 2 falle (so OLG München BayZ 1932 S. 80), ist unzutreffend. Stets aber ist zu beachten, daß Sicherheiten die vom Vergleich betroffene Forderung künftig nur insoweit decken als sie dem Konkursbeschlag widerstehen. Ein „Pfandrecht", dem die KO die Absonderungskraft versagt, entbehrt daher des im Satz 2 vorgesehenen Schutzes, soweit es — wie z. B. ein Vermieterpfandrecht nach § 49 I Nr. 2 — der Absonderungskraft ermangelt [§ 49 Anm. 27]. In diesem Sinne bedarf der Satz 2 einschränkender Auslegung. Erhaltung der Aufrechnungsbefugnis: Anm. 1, 6 und insbes. § 53 Anm. 30f. Ebenso wirken **die am Vermögen dritter Personen** zugunsten von vergleichsbeteiligten Konkursforderungen **bestehenden dinglichen Sicherheiten** — sie begründen keine „Absonderungsansprüche" (§ 4) — unverändert fort. Daß Satz 2 lediglich für die Haftung dritter Personen Bedeutung habe (so Häberlein, Absonderungsberechtigte in und nach einem durch Zwangsvergleich beendeten Konkurs, 1917, S. 38ff.), ist mit Sinn und Zweck dieser Bestimmung nicht vereinbar; diese lassen keinen Zweifel darüber, daß die dort genannten Nebenrechte nach Art und Inhalt unberührt bleiben, einerlei ob sie auf Gegenständen der Konkursmasse oder auf fremdem Vermögen lasten (so Jaeger LZ 1917 Sp. 524f., ferner schon RG JW 1910 S. 30 Nr. 53 = LZ 1910 Sp. 158; zust. auch Mentzel-Kuhn[7] Anm. 11). Siehe im übrigen zur Sachhaftung Dritter Anm. 17, zum Unterschied in der Rechtsstellung eines Konkursgläubigers mit Absonderungsrecht und eines solchen mit Sicherungsrecht an Drittvermögen hinsichtlich des Rechtes auf die Vergleichsquote Anm. 13. Auch vom Hauptanspruch abhängige Nebenrechte bewahren somit ihre volle Wirksamkeit. Sind sie doch gerade dazu bestimmt, den Gläubiger gegen die Gefahren, die der Vermögensverfall des Schuldners mit sich bringt, zu schützen. Sie sichern nach wie vor die ganze Forderung, auch soweit der Vergleich diese abgeschwächt hat [Anm. 5]. Keineswegs gelten im Falle eines Zwangserlasses fortab für den Erlaßbereich die Sätze der Sachhaftung eines nicht persönlich verpflichteten Sacheigentümers. Im besonderen bleibt eine die Konkursforderung deckende Hypothek im Falle des Zwangserlasses ganz wie bisher auch für den Erlaßbereich „Hypothek", Brief- oder Buchhypothek, Sicherungs- oder Verkehrshypothek, Fest- oder Höchstbetragshypothek (für letztere ebenso Laue KonkTreuh. 1933 S. 164, Wahle daselbst 1934 S. 137ff. gegen ein Urteil des öst. Oberst. Gerichtsh. v. 11. 4. 1934). Das ist namentlich für eine künftige Übertragung (§ 1153 BGB) und für Einwendungen von Belang, die — abgesehen vom Zwangsvergleich — gegenüber der Forderung begründet sind (§§ 1137, 1138 BGB). Verfällt der Schuldner neuerdings in Konkurs, so gilt auch in diesem Verfahren für die Befriedigung des absonderungsberechtigten Konkursgläubigers der Ausfallgrundsatz des § 64 [Anm. 13f.]. Die für die Pfandrechte des BGB geltende Regelung ist auf Schiffshypotheken — in Satz 2 eingefügt durch Art. 7 DVO z. SchiffsG v. 12. 12. 1940 (RGBl. I S. 1609) — und auf das Registerpfand an Luftfahrzeugen (Ges. v. 26. 2. 1959, BGBl. I S. 57, § 98 III) ausgedehnt worden; beide Pfandrechte sind streng akzessorisch (§ 8 I Satz 3 SchiffsG, § 4 Ges. v. 26. 2. 1959). Auch solche **Absonderungsrechte** bestehen weiter, **die nicht auf dinglicher Belastung beruhen.** So die Zurückbehaltungsbefugnis, soweit ihr Absonderungskraft verliehen ist [§ 49 Anm. 48]; so das Absonderungsrecht des Gemeinschaftsgenossen [§ 51 Anm. 4]; so diejenigen Absonderungsansprüche, die sich nur als gesetzliche Verstärkung persönlicher Ansprüche darstellen wie die Rechte auf Befriedigung nach § 10 I Nr. 1—3, 5 ZVG mit § 47 KO. Zusammentreffen mit Konkursvorrechten: § 47 Anm. 28; Absonderungsrecht im Falle der Haftpflichtversicherung: § 49 Anm. 12. Der Pfandhaftung gleich setzen sich die durch **Sicherungsübereignung (Sicherungsabtretung)** und **Eigentumsvorbehalt** begründeten Wertrechte dem Konkursbeschlag gegenüber durch [Anm. 6]. Desgleichen haftet ein Dritter fort, wenn eine gegen ihn begründete Forderung des Schuldners von diesem zahlungshalber (nicht an Zahlungs Statt) abgetreten worden war. OLG Düsseldorf RheinA 107 S. 312.

13 b) Der **absonderungsberechtigte Konkursgläubiger,** also derjenige Konkursgläubiger, zu dessen Sicherung ein zur Masse gehörender Gegenstand haftet, hat die **Vergleichsbezüge** — festbestimmte Bruchteile der Forderungen oder verhältnismäßige Anteile am Erlös oder Ertrag des zur Befriedigung der Vergleichsgläubiger dienenden Treugutes — nur für den von ihm nachzuweisenden **wirklichen Ausfall** zu beanspruchen, wenn er nicht etwa in oder nach dem Konkurs auf abgesonderte Befriedigung **verzichtet.** Anders als für die Zwecke der Abstimmung (§ 96) genügt für die der Befriedigung der „mutmaßliche" Ausfall nicht [§ 64 Anm. 12]. Solange der Ausfall nicht feststeht, hat der Gläubiger die Vergleichsbezüge nicht zu beanspruchen, auch nicht wenn sie vergleichsmäßig fällig sind (Jaeger LZ 1917 Sp. 523) [vgl. auch § 194 Anm. 11]. Ersatzloser Wegfall des Absonderungsgegenstandes: § 64 Anm. 18. Obwohl er seine Forderung voll anmelden und zur Feststellung bringen darf [§ 164 Anm. 11, § 139 Anm. 4, § 145 Anm. 4], kann der absonderungsberechtigte Gläubiger ebenso wie bei der Verteilung der Masse auch im Falle des Zwangsvergleichs, der an die Stelle der Konkursverteilung eine andere Art der Gläubigerbefriedigung zum Zwecke der Konkursbeendigung setzt [§ 173 Anm. 1], Berücksichtigung nach Maßgabe des Vergleichs nur für den Teil seiner Forderung verlangen, mit dem er bei der abgesonderten Befriedigung ausgefallen ist oder auf diese verzichtet; nur insoweit kann er Vergleichserfüllung begehren. Dabei macht es nach Satz 1 keinen Unterschied, ob er angemeldet, am Vergleichsverfahren teilgenommen, für den Vergleich gestimmt hat oder nicht. Der Vergleich trifft auch einen solchen Konkursgläubiger, dem das Stimmrecht nach § 95 versagt worden war [Anm. 1]. Hatte der Gläubiger beispielsweise 1000 zu fordern und bei der Zwangsversteigerung des hypothekbelasteten Massegrundstücks auf seine voll angemeldete Forderung bloß 400 erhalten, so hat er, wenn nachträglich ein Zwangsvergleich mit 25 % zustandekommt, nur noch 150 (die Quote für den festgestellten Ausfall von 600) zu beanspruchen. Nicht anders liegen die Dinge, wenn der Zwangsvergleich geschlossen und darauf der Konkurs aufgehoben wird, bevor noch die abgesonderte Befriedigung durchgeführt ist. Auch dann hat der Gläubiger die Vergleichsbezüge für den Betrag des bei der Verwirklichung des (nicht aufgegebenen) Sicherungsrechts erlittenen Ausfalls zu beanspruchen. Klagt er vorher auf die Vergleichsbezüge, dann erhebt er einen in dieser Gestalt zur Zeit noch nicht fälligen Anspruch. Eine Klage auf künftige Leistung könnte nur unter den Voraussetzungen des § 259 ZPO zulässig sein. Jaeger aaO. Sp. 524. Die Ansicht von Kohler Lehrbuch S. 361f., 481, die Beschränkung des § 64 gelte nur für die Dauer des Konkurses, nach dessen Beendigung kraft Zwangsvergleichs habe daher der Gläubiger die Quote für seine ganze Forderung, für den Erlaßbetrag aber Befriedigung aus dem Absonderungsgegenstand zu beanspruchen, widerspricht dem Schutzzweck des Gesetzes. Bd. **5** 394, Bd. **6** 66, Bd. **23** 45, LZ 1910 Sp. 158, Bd. **78** 75f., Bd. **155** 101; BGH Bd. **31** 177f. mit weiteren Verw. (die beiden zuletzt genannten Entscheidungen betreffen die insoweit gleichgelagerte Situation des konkursabwendenden Vergleichs); Hamburg OLG 23 S. 308, 310, OLG Königsberg LZ 1914 Sp. 697; Petersen-Kleinfeller Anm. 8, Wolff Anm. 5, Mentzel-Kuhn[7] Anm. 5, Böhle-Stam-

schräder[6] Anm. 3. Vor Nachweis des Ausfalls oder des Verzichts ist die Zwangsvollstreckung aus einem Vollstreckungstitel, den der Gläubiger vor dem Konkurs über die absonderungsberechtigte Forderung erstritten hat und der durch den Tabelleintrag nicht verdrängt ist [§ 164 Anm. 6], unzulässig. Diesen Einwand hat der Schuldner im Wege der Klage nach § 767 ZPO, nicht der Erinnerungen nach § 766 ZPO geltend zu machen. LG Köln KTS 1961 S. 48; vgl. auch § 194 Anm. 3. Während sonach der absonderungsberechtigte Konkursgläubiger aus Rücksichten auf das gemeinsame Wohl der einfachen Konkursgläubiger genötigt wird, zunächst das Absonderungsrecht zu verwirklichen, darf ein Vergleichsgläubiger, dessen Sicherungsrecht Vermögen eines Dritten belastet, erst die Vergleichsquote für die volle Konkursforderung erheben und danach zu irgendeiner späteren Zeit seine Befriedigung wegen des Restbetrags aus dem Pfande betreiben. Denn solchenfalls versagt der Grundsatz des § 64 [siehe dort Anm. 3]. Zust. RG LZ 1910 Sp. 158, OLG Frankfurt a. M. FrankfRundsch. 44 S. 177; zust. auch Mentzel-Kuhn[7] Anm. 5.

Hat der absonderungsberechtigte Konkursgläubiger in oder nach dem Konkurs ganz oder zum Teil auf sein Absonderungsrecht **verzichtet** [Näheres § 64 Anm. 14f.], so steht ihm die Vergleichsquote aus dem Forderungsbetrag zu, in dessen Höhe er verzichtet hat. Wenn ein solcher Gläubiger die Vergleichsquote für den ganzen Forderungsbetrag beansprucht und in Empfang nimmt, also die vergleichsmäßige Vollbefriedigung als Konkursgläubiger verlangt und erhält, kann sein Verhalten nur als Vollverzicht gedeutet werden [§ 64 Anm. 16]. Jaeger LZ 1917 Sp. 523f. Er hat daher, falls seine Forderung durch eine Hypothek gesichert war, die Umschreibung der zur Eigentümergrundschuld gewordenen Belastung zu bewilligen (§§ 1163 I 2, 1177 I, 894 BGB). Desgleichen, falls die Sicherung in einer Hypothekvormerkung bestand, deren Löschung (RG Bd. **77** 403, im Ergebnis LG Dresden SARpfl. 7 S. 157 bestätigend). Wenn der Schuldner in Erwartung des Verzichts die Vergleichsquote für den vollen Forderungsbetrag zahlt, aber den durch diese Leistung bezweckten Erfolg deshalb nicht erreicht, weil der Gläubiger das Sicherungsrecht gleichwohl nicht aufgibt, so kommt ein Bereicherungsanspruch auf Rückgewähr nach § 812 I 2 BGB in Betracht (RG **78** 76f.). Würde ein absonderungsberechtigter Gläubiger, der auf die abgesonderte Befriedigung verzichtet hat, gleichwohl unter Mißbrauch eines Titels die Vollstreckung für die volle Forderung betreiben, dann kann der Gemeinschuldner diesen Zwangszugriff durch Vollstreckungsgegenklage (§ 767 ZPO) abwehren. Zust. Mentzel-Kuhn[7] Anm. 5 a. E. Übrigens ist auch der Fall denkbar, daß ein bevorrechtigter Konkursgläubiger ein Absonderungsrecht hat [§ 47 Anm. 14, 28]. Alsdann bleibt seine Forderung selbst unvermindert, der § 193 unanwendbar.

Kann so der absonderungsberechtigte Konkursgläubiger nur für die Ausfall- 14
forderung oder für den Forderungsteil, für den er auf abgesonderte Befriedigung verzichtet, die Vergleichsbezüge in Anspruch nehmen [Anm. 13], so ist er doch mit seiner ganzen Forderung vom Vergleich betroffen, somit auch mit **dem durch das** (in Anspruch genommene) **Absonderungsrecht gedeckten Forderungsbetrag.** So auch RG Bd. **155** 102, BGH Bd. **31** 176ff. (zu §§ 27 I, 82 VerglO). Das zeigt sich schon darin, daß der Gläubiger, wenn er erst nach Konkursbeendigung bei der Verwirklichung der dinglichen Haftung einen Ausfall erleidet oder das Absonderungsrecht ersatzlos wegfällt [§ 64 Anm. 18] oder er auf das Absonderungsrecht verzichtet, nunmehr für den nicht mehr gedeckten Forderungsbetrag die Vergleichsbezüge in Anspruch nehmen darf [Anm. 13]. Auch bei dem durch das Absonderungsrecht gedeckten oder vom Gläubiger als gedeckt angesehenen Forderungsbetrag besteht im Falle des Erlaßvergleiches in Höhe des Erlasses keine Forderung mehr, für welche die persönliche Haftung in Anspruch genommen werden könnte, sondern nur eine unvollkommene Verbindlichkeit [Anm. 6], für die jedoch die dingliche Haftung des Absonderungsgegenstandes verwirklicht werden kann [Anm. 7] (RG Bd. **155** 102, **160** 135ff.) und die durch ein Schuldanerkenntnis nach § 781 BGB wieder zur erzwingbaren persönlichen Schuld erstarken kann, das nicht als ungerechtfertigte Bereicherung zurückgefordert werden kann. So RG Bd. **160** 137ff.; abw. OLG München HRR 1938 Nr. 1231, dem sich Mentzel-Kuhn[7]

Anm. 5, 8 anschließen, wobei jedoch offenbar übersehen wird, daß RG aaO. diese Entscheidung aufgehoben hat. Allerdings kann, solange das Absonderungsrecht in Anspruch genommen wird, also kein Ausfall bei seiner Durchführung nachgewiesen und auch kein Verzicht ausgesprochen ist, die persönliche Haftung hinsichtlich des nicht erlassenen Teiles des durch das Absonderungsrecht gedeckten Forderungsbetrages oder Forderungsteilbetrages nicht geltend gemacht werden, da der auch für die vergleichsmäßige Befriedigung der vergleichsbetroffenen Forderungen geltende Grundsatz des § 64 [Anm. 13] entgegensteht (so auch BGH Bd. **31** 177ff.), und dasselbe muß mit Rücksicht auf die vergleichsbeteiligten, nicht absonderungsberechtigten Gläubiger auch für den durch den Vergleich erlassenen Betrag der durch das Absonderungsrecht gedeckten Forderung gelten, falls er durch Schuldanerkenntnis zur Vollverbindlichkeit erstarkt ist (so offenbar auch das RG aaO., da es zunächst die Feststellung des tatsächlichen Ausfalles durch das Berufungsgericht verlangt und dem Schuldanerkenntnis offenbar nur für den durch den Vergleich erlassenen Teil der Ausfallforderung Bedeutung zumißt). Vollstreckung auf Grund eines vor dem Konkurs erworbenen Titels: Anm. 13.

15 5. Auch das Recht aus einer im Grundbuch, Schiffsregister oder im Register für Pfandrechte an Luftfahrzeugen bzw. in der Luftfahrzeugrolle eingetragenen **Vormerkung** wird durch den Zwangsvergleich nicht beeinträchtigt, einerlei, ob der mit der Vormerkung behaftete Gegenstand zur Konkursmasse gehört oder nicht, einerlei, ob die Vormerkung das Zustandekommen eines Aussonderungsrechtes (wie die Auflassungsvormerkung) oder das Zustandekommen eines Absonderungsrechtes (wie die Pfandvormerkung) gewährleistet. Das ist nur eine Folge der im § 24 anerkannten dinglichen Sicherung, die durch die Vormerkung begründet wird, die aber Satz 2 zur Vermeidung eines Zweifels ausdrücklich feststellt. War z. B. der Konkursgläubiger als Darlehnsgläubiger durch eine Vormerkung auf Bestellung einer Sicherungshypothek oder als Grundstückskäufer, der den Kaufpreis voll bezahlt hatte [sonst Anm. 10], durch eine Auflassungsvormerkung gesichert, dann kann er ungeachtet eines Zwangserlasses Hypothekbestellung für die volle Schuldsumme oder uneingeschränkte Übereignung verlangen und zwar, soweit die Vormerkungslast auf einem Massegrundstück ruht, nach Konkursaufhebung vom bisherigen Gemeinschuldner (§ 192). Auch ein Anspruch, zur Sicherung einer vergleichsbeteiligten Konkursforderung eine Hypothek zu übertragen, kann auf Grund einer Vormerkung gegen den Gemeinschuldner durchgesetzt werden; ist ein solcher Anspruch dagegen nicht durch Vormerkung gesichert, so ist er als gewöhnliche Konkursforderung (§ 69) vom Zwangsvergleich betroffen (OLG Königsberg HRR 1941 Nr. 357; vgl. auch Anm. 3). Wie der § 24 redet der § 193 Satz 2 von der Vormerkung im allgemeinen. Unstreitig trifft er damit die Antragsvormerkung, einerlei, ob sie auf Grund einer Bewilligung oder einer einstweiligen Verfügung erwirkt ist (vgl. RG Bd. **78** 75). Amtsvormerkung: § 24 Anm. 7.

16 6. Daß **Aussonderungsrechte** vom Zwangsvergleich unberührt bleiben, bedurfte keines ausdrücklichen Ausspruches im Gesetz. Dieses trifft durch Erwähnung der Vormerkung allerdings auch den Fall, daß diese den Vollerwerb eines Aussonderungsrechtes sicherstellt, aber nur deshalb, weil der durch die Vormerkung geschützte Anspruch eine Konkursforderung sein kann [Anm. 15]. Im übrigen versteht sich die Einflußlosigkeit des Zwangsvergleichs auf Aussonderungsrechte nach der Fassung der §§ 173, 193f. von selbst. Das gilt namentlich auch für Unterlassungsansprüche mit Aussonderungskraft [§ 43 Anm. 23]. H. Lehmann ZZP 38 S. 128. Desgleichen für schuldrechtliche Aussonderungsansprüche [§ 43 Anm. 28].

IV. Unberührte Haftung Dritter

17 1. Nach Satz 2 wird durch den Zwangsvergleich die **Sachhaftung** dritter Personen mit bestimmten Vermögensstücken ebensowenig berührt wie deren persönliche Mithaftung. Die Anerkennung fortdauernder Wirksamkeit von Fahrnis- und Grundpfandrechten, Schiffshypotheken und Registerpfandrechten an Luftfahrzeugen sowie von Vormerkungen bezieht sich sonach nicht nur auf

konkursgebundene oder konkursfreie Gegenstände des Schuldnervermögens, sondern auch auf Vermögensstücke dritter Personen [Anm. 12]. Nach beiden Richtungen stellt die Vorschrift klar, daß auch unselbständige Nebenhaftungen trotz Herabminderung der gesicherten Hauptforderung nach Art und Inhalt unverändert weiter bestehen. All das war schon in der früheren Rechtsprechung anerkannt (RG Bd. **22** 330, Bd. **23** 44, Bd. **23** 120). Die Novelle von 1898 hat es jedoch mit Rücksicht auf die §§ 1137, 1211 BGB, denen zufolge der dritte Pfandeigentümer dem Pfandanspruch auch die dem persönlichen Schuldner zustehenden Einwendungen entgegenhalten kann, für geboten erachtet, die Einflußlosigkeit des Zwangsvergleichs auf die Pfandhaftung ausdrücklich auszusprechen (Begründung S. 44f.). Vgl. auch Jaeger LZ 1917 Sp. 524f. Für die durch eine solche Sachhaftung an Vermögensgegenständen dritter Personen gesicherte Konkursforderung können jedoch — anders als für absonderungsberechtigte Konkursforderungen — die Vergleichsbezüge aus dem vollen Forderungsbetrag in Anspruch genommen werden [Anm. 13].

2. Forthaftung von Bürgen und Mitschuldnern

a) Die unverminderte Forthaftung von Bürgen und Mitschuldnern des Gemeinschuldners hatte schon der ursprüngliche Wortlaut des Gesetzes ausgesprochen. Sie bildet für die Bürgschaft eine bedeutsame Besonderheit gegenüber den Regelsätzen der §§ 767, 768 BGB, die für den gerichtlichen Zwangsvergleich zur Konkursabwendung im § 82 II 1 VerglO übernommen worden ist, für den außergerichtlichen Konkursabwendungsvergleich und das Vertragshilfeverfahren jedoch keine, auch keine entsprechende Geltung hat [Anm. 21], auch nicht für irgendwelche Vergleiche, die der Konkursverwalter über einzelne Konkursforderungen von unsicherem Bestand oder Betrag gerichtlich (§ 146) oder außergerichtlich abschließt. Wohl aber besteht beim Kreditauftrag die Haftung des Auftraggebers gegenüber dem Beauftragten, der dem nachmaligen Gemeinschuldner auftragsgemäß Kredit gewährt hatte, unserm Satz 2 zufolge weiter, weil der Auftraggeber dem Beauftragten für die aus der Kreditgewährung entstandene Verbindlichkeit des Gemeinschuldners (z. B. für dessen Darlehnsschuld) „als Bürge“ haftet (§ 778 BGB). Eine echte, unter den Satz 2 fallende Bürgenhaftung entspringt auch aus der Verbürgung eines persönlich haftenden Gesellschafters bei offenen Handelsgesellschaften und Kommanditgesellschaften für eine Gesellschaftsschuld. Gerade in der durch einen der Gesellschaft bewilligten Zwangsvergleich unberührten Forthaftung des Gesellschafters als „Bürgen“ liegt gegenüber dem § 211 II KO der besondere Wert eines solchen Einstehens des Gesellschafters für die Gesellschaftsschuld. Er vor allem rechtfertigt die Anerkennung der Statthaftigkeit einer Verbürgung von Gesellschaftsschulden durch den persönlich haftenden Gesellschafter. RG Bd. **139** 252ff.; Hueck Recht der OHG³ S. 203 mit Verw. Siehe unten § 211 Anm. 3. Bei solchen Mitschuldnern des Gemeinschuldners, die als Gesamtschuldner neben ihm haften, steht die Einflußlosigkeit des Zwangserlasses und der Zwangsstundung auf ihre Mithaftung im Einklang mit den allgemeinen Regeln des bürgerlichen Rechts (§§ 423, 425 BGB). Der unabgeschwächte Fortbestand von Bürgenhaftungen durchbricht die Regelung der §§ 767, 768 BGB, rechtfertigt sich aber aus Gründen der Billigkeit und Zweckmäßigkeit. Einerseits befinden sich alle Vergleichsgläubiger dem Hauptschuldner gegenüber in einer Zwangslage. Andererseits sollen diejenigen unter ihnen, die durch Bürgschaften gedeckt sind, durch die Sorge um die Aufrechterhaltung dieses Schutzes nicht verleitet werden, bei der Abstimmung über den Vergleichsvorschlag das Gemeinwohl hintanzusetzen. Den Ausschlag gibt endlich die Erwägung, daß auch die Bürgschaft eine Sicherheit gegen den Vermögensverfall des Schuldners, also vor allem gegen die Konkursfolgen, bieten soll. Würde der Konkurs durchgeführt, dann hätte der Bürge meist für einen höheren Ausfall einzustehen als beim Zwangsvergleich. Siehe Motive II S. 422f. Die Bürgschaft besteht als Bürgschaft fort [Anm. 12] und sichert den nichterlassenen Teil der Forderung als vollkommenes, den erlassenen als unvollkommenes Schuldverhältnis [Anm. 5]. Vgl. auch RG Bd. **153** 342f. Für den dem Hauptschuldner im Zwangsvergleich erlassenen oder gestundeten Forderungsbetrag verdrängt unser 18

Satz 2 seinem Zwecke nach die Einrede der Vorausklage (§ 771 BGB), weil sonst die als unabgeschwächt anerkannte Bürgenhaftung mangels Verfolgbarkeit der Hauptschuld gar nicht zu verwirklichen wäre. Es hätte ja auch keinen Sinn, die Unmittelbarkeit der Bürgenhaftung während des Schuldnerkonkurses (§ 773 I Nr. 3 BGB), nicht aber für die an Stelle der Konkursdurchführung tretende Zwangsvergleichsbefriedigung zu gewährleisten. Bley VerglO² § 82 Anm. 20c mit Verw. Keineswegs wird der Bürge Hauptschuldner. Es verbleibt ihm der Bürgenrückgriff [Anm. 19] und — abgesehen vom Zwangsvergleich — das Recht zu Einwendungen aus der Person des Hauptschuldners (§§ 767, 768, 770, vgl. § 773 Nr. 3 BGB). Auch bei bloßer Schadlosbürgschaft haftet der Bürge trotz eines Zwangserlasses für den vollen Ausfall weiter: der erlassene Teil der Schuld steht sofort als Ausfall fest; für den nichterlassenen kann sich ein weiterer Ausfall ergeben [§ 68 Anm. 3]. Übrigens darf der Bürge sich auch auf eine bloße oder mit dem Erlaß verknüpfte Zwangsstundung nicht berufen (Ausnahme von der Regel des § 768 I 1 BGB), da Satz 2 allgemein vom Zwangsvergleich, der meist zugleich Erlaß und Stundung enthält, nicht nur vom Zwangserlaß redet. Andererseits wird eine befristete Bürgenhaftung nicht von Rechts wegen mit der Vergleichsschuld fällig [siehe § 65 Anm. 4]. Auch die Forderungsumwandlung auf Grund der §§ 65 II, 69, 70 KO wirkt nicht gegenüber Bürgen und Mitschuldnern [§ 164 Anm. 10 a. E.]. Dem einzelnen Gläubiger steht es natürlich frei, auf seine Rechte gegen Mitschuldner oder Bürgen zu verzichten; die Gläubigerversammlung als solche aber kann über diese Rechte nicht verfügen (RG SeuffA 53 Nr. 71; zust. auch Mentzel-Kuhn⁷ Anm. 13, Böhle-Stamschräder⁶ Anm. 6). Ob das Vorhandensein der gesetzlichen Voraussetzungen eines Zwangsvergleichs vom Konkursgericht im Bestätigungsverfahren mit Recht oder mit Unrecht angenommen wurde, ist nach rechtskräftiger Bestätigung für die Anwendbarkeit des § 193 Satz 2 gleichgültig [§ 189 Anm. 5].

Die Vorschrift des zweiten Satzes gilt auch für solche Bürgen und Mitschuldner, die erst während des Konkursverfahrens die Sicherung von Konkursgläubigerrechten übernommen haben, falls nicht etwa ihr Eintreten als Sonderbegünstigung nach § 181 Satz 3 nichtig ist (RG WarnRspr. 1909 Nr. 465). Auch die wechselrechtliche Garantiehaftung des Ausstellers und der Indossanten bleibt unberührt. Wohl aber befreit der dem Akzeptanten bewilligte Zwangserlaß den Gemeinschuldner selbst nicht nur gegenüber dem Anmelder als Vergleichsgläubiger, sondern auch gegenüber einem Wechselregreßschuldner, von dem dieser den Erlaßbetrag eintreibt [Anm. 19]. Eine von § 193 Satz 2 abweichende Sonderregelung trifft dagegen § 211 II für die persönlich haftenden Gesellschafter einer offenen Handelsgesellschaft oder einer Kommanditgesellschaft, derzufolge der im Gesellschaftskonkurs abgeschlossene Zwangsvergleich auch die persönliche Haftung (§§ 128, 161 I HGB) begrenzt [vgl. aber auch diese Anm. oben]; dies gilt jedoch nicht für einen vor Eröffnung des Konkurses ausgeschiedenen Gesellschafter [§ 211 Anm. 5f.]. Zur Einwirkung des Zwangsvergleichs auf die persönliche Haftung eines Kommanditisten: § 211 Anm. 4. Eine dem § 211 II entsprechende Regelung gilt nach § 236 b II jetzt auch für die persönliche Haftung der Ehegatten, wenn im Konkurs über das gemeinschaftlich verwaltete Gesamtgut ein Zwangsvergleich abgeschlossen wird. Der Gegner eines Anfechtungsanspruchs nach dem AnfG ist nicht „Mitschuldner" im Sinne des Satzes 2, da seine Verpflichtung einen anderen Inhalt hat wie die des Schuldners (RG Bd. **139** 50ff.).

19 b) **Rückgriffsrechte der Mithaftenden** gegen den Gemeinschuldner bilden gesetzlich bedingte Konkursforderungen und werden als solche vom Zwangsvergleich gemindert [§ 67 Anm. 5]. Motive II S. 423. Der Vergleichsgläubiger darf also, statt zunächst die Vergleichsbezüge zu erheben, den Mithaftenden (z. B. den Bürgen des Gemeinschuldners) auf das Ganze, dieser den ausgleichungspflichtigen Gemeinschuldner selbst aber nur in den Vergleichsgrenzen belangen: den Ausfall trägt der Mithaftende (zust. RG GruchotsBeitr. 50 S. 1121; abw. Henneberg LZ 1911 Sp. 273). Der § 82 II 2 VerglO erkennt für den konkursabwendenden Zwangsvergleich die Entlastung des Vergleichsschuldners gegenüber rückgriffsberechtigten Mithaftenden ausdrücklich

an. Neben dem Hauptgläubiger kann der Rückgriffsberechtigte die Vergleichsbezüge nicht fordern [§ 67 Anm. 6]. Ebenso auch LG Hagen NJW 1961 S. 1680. Soweit der Mithaftende über die Vergleichsquote hinaus in Anspruch genommen worden ist, seinen Regreßanspruch jedoch als vergleichsbetroffener Gläubiger nach Vorstehendem gegen den Gemeinschuldner nicht geltend machen kann, besteht auch hier eine unvollkommene Verbindlichkeit [Anm. 5]; Leistungen auf diese können daher nicht als ungerechtfertigte Bereicherung zurückgefordert werden [Anm. 6]. OLG Düsseldorf DRiZ. 1935 Beil. Nr. 83 (zur VerglO).

Steht umgekehrt **dem Gemeinschuldner** z. B. als Wechselverpflichtetem **ein Rückgriff gegen Mitschuldner** zu, so ist folgendes zu beachten. Durch Zahlung der Vergleichsbezüge wird der Gemeinschuldner dem Gläubiger gegenüber zwar so befreit, als ob er das Ganze gezahlt hätte. Allein Ausgleichung vom Mithaftenden kann er nur für den Betrag beanspruchen, den er wirklich gezahlt hat. Sonst würde der Mithaftende, der seinerseits dem Gläubiger für den Konkursausfall einzustehen hat, insoweit doppelt belastet sein. Dies gilt auch für den Erstattungsanspruch, der dem Bezogenen eines Wechsels gegen dessen Aussteller zustehen kann, besonders weil der Bezogene den Wechsel bloß aus Gefälligkeit für den Aussteller angenommen hat (sog. Revalierungsanspruch). Wenn daher der Gefälligkeitsakzeptant als Gemeinschuldner die Vergleichsquote bezahlt hat, kann er vom Aussteller auch nur in deren Höhe Ausgleichung verlangen. Vgl. RG Bolze 12 Nr. 773, Bolze 17 Nr. 858, JW 1900 S. 184f. Nr. 11; zust. Mentzel-Kuhn[7] Anm. 10, Böhle-Stamschräder[6] Anm. 5. Der die Vergleichsquote zahlende Wechselschuldner kann übrigens, obwohl er für seine Person wie durch Vollzahlung befreit wird, Aushändigung des quittierten Wechsels nach Art. 39 I WG nur verlangen, wenn wechselverpflichtete Mitschuldner nicht vorhanden sind. Sind solche da, dann muß sich der Zahlende, weil die Mitschuldner weiterhaften und zur Geltendmachung dieser Haftung die Wechselurkunde erforderlich ist, mit einer Abschreibung und Quittung nach Art. 39 III WG begnügen.

c) Da der dem einen Mitschuldner bewilligte Zwangsvergleich nach § 193 Satz 2 den andern Mitschuldner nicht befreit, führt im Falle des **Konkurses mehrerer Mitschuldner** der im Konkurs eines einzelnen Mitschuldners zustande kommende Zwangserlaß auch nur zugunsten dieses Gemeinschuldners eine Herabsetzung der Haftung herbei. Dabei macht sich, wo „mehrere Personen“ für dieselbe Leistung auf das Ganze haften, der Grundsatz des § 68 geltend. Dem Wortlaut nach trifft der § 68 zwar nur die Befriedigung im Konkursverfahren. Dem Zwecke nach gilt er aber auch für den diese Befriedigung ersetzenden Zwangsvergleich. Das bestätigt der § 32 VerglO. Es kommt also, wenn mehrere fürs Ganze haften, darauf an, wie hoch die Verbindlichkeit des einzelnen Mitschuldners im Zeitpunkt der Eröffnung seines Konkurses ist [§ 68 Anm. 1]. Soweit zu dieser Zeit die Verbindlichkeit des Gemeinschuldners bereits (besonders durch Erfüllung oder Erfüllungsersatz) erloschen war, hat der Gläubiger die in dem nun zustande kommenden Zwangsvergleich festgesetzten Bezüge (Festquoten oder Liquidationsergebnisse) nur für den Restbetrag zu beanspruchen. Wenn z. B. der eine von zwei Gesamtschuldnern (A) bereits die Hälfte der Schuld bezahlt hatte, als der andere (B) in Konkurs verfiel, so kann der Gläubiger in diesem Konkurs nur die zweite Hälfte als Konkursforderung geltend machen und nur für sie die Vergleichsquote beanspruchen. Was für die Zahlung gilt, gilt aber nach § 193 Satz 2 nicht schon für einen Zwangserlaß als solchen [Anm. 5]. War also zunächst A in Konkurs verfallen, ihm ein Erlaß von 50% bewilligt, die Quote aber bei Eröffnung des Konkurses B noch nicht (auch nicht teilweise) entrichtet worden, so kann der Gläubiger die volle Forderung im Konkurs B geltend machen und bis zur Vollbefriedigung [§ 68 Anm. 8] für ihren ganzen Betrag die Vergleichsquote von B verlangen, auch wenn ihm A in der Zeit zwischen Eröffnung und Beendigung des Konkurses B Teilzahlungen leistete. Werden also die Konkurse zweier Gesamtschuldner gleichzeitig eröffnet und werden sie späterhin (wenn auch zu verschiedenen Zeiten) auf Grund von Zwangserlassen beendet, dann hat der Gläubiger bis zur Vollbefriedigung von jedem Schuldner 20 (und dessen Vergleichsgaranten) die Quote für den vollen bei Konkursbeginn ausstehenden Forderungsbetrag zu verlangen (so mit Recht LG Berlin, KG KonkTreuh. 1929 S. 107f.). Damit ist aber keineswegs gesagt, daß der Grundsatz des § 68 sich nur in nebeneinander, nicht in nacheinander verlaufenden Vergleichsverfahren auswirken könne: auch im zweiten Falle wird er (wie bemerkt) für den vollen bei Eröffnung des späteren Konkurses noch ungetilgten Forderungsbetrag maßgebend, in Erlaßhöhe auf Grund des § 193 Satz 2. Was der § 68 für die persönliche Gesamthaftung bestimmt, das gilt entsprechend auch für Fälle der Sachmithaftung aufs Ganze [§ 68 Anm. 2a]. Selbstverständlich steht es dem Gläubiger frei, beim Abschluß des Zwangsvergleichs im Konkurs A auf die Mithaftung des B ganz oder teilweise zu verzichten. Aufzwingen kann ihm aber die gesetzliche Gläubigermehrheit des Konkurses A den Verzicht keinesfalls [Anm. 18]. Wie die Mithaftenden sich untereinander auszugleichen haben, darüber entscheidet das Innenrechtsverhältnis [§ 68 Anm. 9].

V. Vergleiche zur Konkursabwendung

21 Für den gerichtlichen Zwangsvergleich zur Abwendung des Konkurses gilt eine dem § 193 KO entsprechende gesetzliche Regelung nach § 82 VerglO. Die Tragweite freiwilliger Konkursabwendungsvergleiche wird durch die Einigung der Vertragsgenossen und durch das allgemeine bürgerliche Recht bestimmt. So wenig wie der §181 KO (§ 8 VerglO) lassen sich die Ausnahmesätze des § 193 KO (§ 82 VerglO) (zum Ausnahmecharakter dieser Bestimmungen siehe auch RG Bd. **134** 130, Bd. **148** 65, BGH Bd. **6** 391) entsprechend auf außergerichtliche Vergleiche übertragen. Siehe § 181 Anm. 15ff., mit Verw. Eine Stundung der Hauptschuld kommt daher auch dem Bürgen zugute (§ 768 I S. 1); ein Teilerlaß der Hauptschuld entlastet für seinen Bereich auch den Bürgen (§ 767 BGB), es sei denn, daß dieser freiwillig eine verselbständigte Forthaftung für den Erlaßbetrag (etwa nach Maßgabe der §§ 780ff. BGB) übernimmt oder von vornherein übernommen hatte (vgl. dazu RG SeuffA 69 Nr. 51 = LZ 1914 Sp. 193f., JW 1916 S. 398ff.). Das gilt auch für Ausfallbürgschaften. Weder der Sicherungszweck der Bürgschaft noch Billigkeitsrücksichten (wie sie von Jaeger LZ 1916 Sp. 526ff., 796 geltend gemacht worden waren) noch endlich die Auffassung der beteiligten Verkehrskreise (auf die RG LZ 1914 Sp. 193f. Gewicht legt) ändern etwas an der Tatsache, daß der Erlaßvertrag nach der Regel des Gesetzes das Schuldverhältnis „erlöschen" (§ 397 I BGB), also für den Fortbestand eines die Nebenhaftung aufrechterhaltenden unvollkommenen Schuldverhältnisses (so noch OLG Hamburg SeuffA 60 Nr. 31) keinen Raum läßt. Auch andere unselbständige Sicherungen werden vom Erlöschen der erlassenen Forderung betroffen (z. B. Hypotheken nach § 1163 I 2 BGB). So für die Bürgenhaftung RG Bd. **92** 123, WarnRspr. 1919 Nr. 166 u. ö.; zust. Mentzel-Kuhn[7] Anm. 14, Böhle-Stamschräder[6] Anm. 7, Künne Außergerichtliche Vergleichsordnung[6] (1955) S. 147f. Auch im Vertragshilfeverfahren wirken Herabsetzung oder Stundung einer Forderung zugunsten des Bürgen (BGH Bd. **6** 385ff.).

VI. Zwischenstaatliches Konkursrecht

22 Zweifellos unterliegen auch ausländische Konkursgläubiger bei der Rechtsverfolgung im Inland den Schranken des inländischen Zwangsvergleichs [§ 5 Anm. 3]. Ob eine Forderung bevorrechtigt und damit den Folgen eines inländischen Vergleichs entrückt ist, bestimmt sich nach deutschem Recht, selbst wenn diese Forderung nach den Regeln des internationalen Privatrechts einem ausländischen Schuldstatut unterliegt [§ 61 Anm. 40]. Bestritten ist dagegen die Frage, ob und inwieweit der im Ausland abgeschlossene Zwangsvergleich der inländischen Rechtsverfolgung ausländischer oder inländischer Gläubiger entgegensteht. Wegen des Zusammenhanges, in dem diese Frage mit der Tragweite des in § 237 I für die Wirkungen des ausländischen Konkurses ausgesprochenen Grundsatzes der Territorialität steht, wird die Frage dort behandelt werden. Geht man mit der herrsch. Meinung von der territorialen Beschränkung der Vergleichswirkungen aus, so setzt umgekehrt auch der im Inlandskonkurs geschlossene

Zwangsvergleich der Rechtsverfolgung im Ausland keine Schranken. Aus ausländischem Vermögen kann also der Vergleichsgläubiger seine ganze noch ungetilgte Forderung beitreiben, nach Empfangnahme der Inlandsquote noch den vollen Restbetrag, wenn auch die Möglichkeit solcher Beitreibung davon abhängt, wie die Rechtsordnung des betreffenden ausländischen Staates die Wirksamkeit des deutschen Zwangsvergleichs beurteilt. Eine Befriedigung, die der Gläubiger im Ausland erwirkt, braucht er sich daher im Inland auf die ihm hier gebührende Vergleichsquote nur insoweit anrechnen zu lassen, als der beigetriebene Betrag den vergleichsgemäß erlassenen Teil der ursprünglichen Schuld übersteigt. Im Ausland erzielte Überschüsse über die Inlandsquote können ihm im Inland nicht abgestritten werden. Ebenso ObLG LZ 1908 Sp. 550ff. = SeuffA 63 Nr. 176, Nußbaum Intern. PrivR (1932) S. 452. Vgl. auch § 14 Anm. 35. Das muß jedenfalls für die Befriedigung aus solchen Auslandsgegenständen gelten, die dem inländischen Konkursbeschlag aus rechtlichen Gründen entrückt sind, weil das betreffende ausländische Recht die sich aus § 238 grundsätzlich ergebende Einbeziehung auch des ausländischen Vermögens in die Masse des inländischen Konkurses nicht anerkennt.

Zusatz. Fremde Rechte.* Die materiellrechtlichen Wirkungen des Zwangsvergleichs [zu den verfahrensrechtlichen Wirkungen vgl. § 190 Anm. 8ff, § 192 Anm. 9] sind an dieser Stelle Gegenstand der Betrachtung nur im Hinblick auf den Kreis der vom Vergleich betroffenen Personen [vgl. unten zu 1] und auf die Wirkungen des Normaltyps, des Quotenvergleichs, in Ansehung der Forthaftung des Schuldners und etwaiger Mitverpflichteter [vgl. unten zu 2, 3]. Daß der Vergleich keine Novation enthält, ist heute wohl überall anerkannt. 23

1. Vom Vergleich betroffen werden neben Gemeinschuldner, Vergleichsbürgen und Sachhaftern regelmäßig [vgl. § 182 Anm. 14 unter Nr. 4] nur die nicht bevorrechtigten Konkursgläubiger, also weder die bevorrechtigten Konkursgläubiger, noch sonstige Beteiligte (Massegläubiger, Aussonderungs- und Absonderungsberechtigte). Eine Ausnahme macht vor allem das Recht der USA im Verfahren der *corporate reorganization* [vgl. § 182 Anm. 13 unter Nr. 3].

Die nicht bevorrechtigten Konkursgläubiger werden wohl überall vom Vergleich betroffen, auch wenn sie nicht am Verfahren oder an der Abstimmung über den Vergleich teilgenommen oder gegen den Vergleich gestimmt haben. Eine Regelung dieses Inhalts ist für das Institut des Zwangsvergleichs schlechthin konstitutiv.

Dem steht nicht entgegen, daß in einzelnen Rechtsordnungen bestimmte Forderungen persönlicher Gläubiger nicht vom Vergleich erfaßt werden. Solche Regelungen bestehen vor allem in England. Dort gelten bestimmte Forderungen nicht als Konkursforderungen [vgl. § 164 Anm. 15 unter Nr. 4a]; sie werden deshalb auch vom Vergleich nicht erfaßt (§§ 16 XIII, 21 I B. A.). Der Vergleich erstreckt sich weiter nicht auf Forderungen, die von einer gerichtlichen Entlastung (*discharge*) nicht umfaßt werden [vgl. § 164 Anm. 15 unter Nr. 4a], wenn der Gläubiger dem Vergleich nicht zustimmt (§§ 17, 21 I B. A.).

2. Im Normalfall des — reinen oder gemischten — Quotenvergleichs wird ein Teil der betroffenen Konkursforderungen zwangsweise erlassen. Fast überall wird jedoch durch diesen Erlaß die Haftung von Mitschuldnern und Bürgen ebensowenig berührt wie die Haftung von Pfändern und anderen Realsicherheiten. Eine Ausnahme macht insoweit vor allem die Schweiz. Dort geht ein Gläubiger, der dem Vergleich zugestimmt hat, seiner Rechte gegen Mitverpflichtete nur dann nicht verlustig, wenn er ihnen Ort und Termin der Vergleichsverhandlung rechtzeitig mitgeteilt und die Abtretung seiner Forderung gegen Zahlung angeboten hat (Art. 303 II SchKG). 24

3. Im Hinblick auf die Wirkung des Zwangserlasses gegenüber dem Schuldner stellt sich die Frage eines etwaigen Wiederauflebens bei Besserung der Vermögenslage [vgl. unten zu a] und die Frage, ob nicht in Höhe des erlassenen Teils eine Naturalobligation des Schuldners zurückbleibt, die eine über die Vergleichsquote hinausgehende Zahlung bereicherungsrechtlich rechtfertigen könnte [vgl. unten zu b].

a) Ein Wiederaufleben des erlassenen Teils kommt nur in Betracht, wenn der Vergleich eine entsprechende Bestimmung trifft. Klauseln dieses Inhalts (Besserungsklauseln) begegnen nicht selten. In Frankreich verweigern sogar einzelne Gerichte die

*) Bearbeitet von Prof. Dr. Günther Jahr, Saarbrücken. Wegen der Literatur und der Abkürzungen wird auf Bd. I S. LXIIIff. verwiesen.

Bestätigung, wenn der Vergleich keine Besserungsklausel (*clause de retour à meilleure fortune*) enthält; die Tragweite dieser Klausel ist jedoch umstritten (vgl. Houin aaO. Nr. 2591—2593): überwiegend wird angenommen, daß sie nicht nur das Fortbestehen einer Naturalobligation feststelle, sondern eine — wenn auch nur bedingte — Zivilobligation begründe.

b) Daß in Höhe des erlassenen Teils eine Naturalobligation zurückbleibt, die einen Rechtsgrund für die Leistung dieses Teilbetrags bilden und die Kondiktion der Leistung ausschließen kann, ist in den vom römischen Recht bestimmten kontinentaleuropäischen Rechtsordnungen überwiegend anerkannt; vgl. die Hinweise auf Rechtsprechung und Literatur bei Bartsch-Pollak aaO. Anm. 8 zu §156 (Österreich); Fritzsche aaO. II 326 (Schweiz); Houin aaO. Nr. 259 (Frankreich); Répertoire s. v. Faillite et banqueroutes Nr. 2222 (Belgien); Satta, aaO. Nr. 158 (Italien). Die Frage ist zwar von praktischer Bedeutung nur für die — überaus seltenen — Fälle des Versuchs einer Rückforderung einer die Vergleichsquote übersteigenden Zahlung, da die Forthaftung von Mitverpflichteten und Realsicherheiten regelmäßig besonders gesetzlich geregelt ist. Die Annahme des Fortbestands einer Naturalobligation bietet jedoch nicht nur die wohl gerechteste Lösung der bereicherungsrechtlichen Probleme, sie liefert auch für die Forthaftung von Mitverpflichteten und Realsicherheiten in allen romanistisch geprägten Rechtssystemen bis heute die beste dogmatische Konstruktion.

§ 194

Aus dem rechtskräftig bestätigten Zwangsvergleiche findet für die Konkursgläubiger, deren Forderungen festgestellt und nicht von dem Gemeinschuldner in dem Prüfungstermine ausdrücklich bestritten worden sind, gegen den Gemeinschuldner und diejenigen, welche in dem Vergleiche für dessen Erfüllung neben dem Gemeinschuldner ohne Vorbehalt der Einrede der Vorausklage Verpflichtungen übernommen haben, die Zwangsvollstreckung unter entsprechender Anwendung der §§ 724—793 der Zivilprozeßordnung und des § 164 Abs. 3 dieses Gesetzes statt.

Materialien: Motive I Bd. 2 S. 166ff., Motive II S. 423ff., Protokolle S. 114, 186.

Übersicht

Vollstreckung der Vergleichsansprüche

I. Vollstreckungstitel und Vollstreckungsverfahren

1 **1. Vollstreckungstitel.** Die Vollstreckbarkeit der Vergleichsansprüche entspringt nicht — was die Worte „aus dem rechtskräftig bestätigten Zwangsvergleiche" anzudeuten scheinen — dem Zwangsvergleich als solchem, sondern wie im Falle des § 164 der für den Konkurs und zugleich gegenüber dem Schuldner in Person erwirkten **Feststellung der Ansprüche** (Motive II S. 424). Das zeigt sich deutlich, wenn es an solcher Feststellung fehlt [Anm. 3]. Ob die Feststellung bereits im Prüfungstermin oder erst nach demselben durch Urteil, Vergleich, Zurücknahme oder sonstigen Wegfall des Widerspruchs erfolgt, ist dabei belanglos [vgl. aber wegen der Vollstreckbarkeit gegen Vergleichsgaranten auch Anm. 9]. Sie bejaht mit der Wirksamkeit eines rechtskräftigen Urteils den Bestand der Ansprüche, der Vergleich aber bestimmt, inwieweit und

zu welcher Zeit sie vom Schuldner zu berichtigen sind und wer etwa sonst noch für ihre Erfüllung einsteht. Der Zwangsvergleich als solcher enthält keine urteilsmäßige Forderungsanerkennung oder Forderungsaberkennung [§ 173 Anm. 16]. Gegenüber dem Schuldner **beschränkt** er die Vollstreckbarkeit, die der Feststellung wie einem gegenüber dem Schuldner rechtskräftigen Leistungsurteil innewohnt [§ 164 Anm. 3f.]. Sonach besagen die Gesetzesworte, „aus dem Zwangsvergleich" finde für festgestellte, vom Schuldner nicht bestrittene Forderungen die Zwangsvollstreckung gegen ihn statt: den Vollstreckungstitel bildet diese Feststellung „nach Maßgabe", „in den Grenzen" des Zwangsvergleichs. Fallen die Vergleichsschranken (§ 197), dann lebt die ursprüngliche Vollstreckbarkeit in ihrem ganzen Umfang wieder auf [§ 197 Anm. 2]. Dasselbe gilt, wenn ein Gläubiger den vergleichsmäßigen Erlaß seiner Forderung nach § 196 wirksam angefochten hat [§ 196 Anm. 8] oder in den Zwangsvergleich eine kassatorische Klausel („Wiederauflebensklausel") aufgenommen ist [§ 174 Anm. 3, § 195 Anm. 1] und die Voraussetzungen eingetreten sind, unter denen der Erlaß oder die Stundung in Wegfall kommen sollte. **Erweiternd** wirkt der Zwangsvergleich auf die Vollstreckbarkeit der Feststellung, wenn er sie (begrenzt oder unbegrenzt) auf etwaige Vergleichsgaranten [Anm. 2, 5ff.] erstreckt. Von einer „formellen und materiellen Rechtskraft" des Zwangsvergleichs als solchen kann keine Rede sein. Er äußert so wenig Rechtskraft wie der Prozeßvergleich und bildet nicht einmal wie dieser einen selbständigen Vollstreckungstitel, auch nicht gegenüber Vergleichsgaranten. Auch solchen gegenüber gibt den eigentlichen Titel die Feststellung ab, die kraft Gesetzes auch wider Vergleichsgaranten im Rahmen ihres Beitritts wirkt. RG Bd. **56** 73. Zur Verpflichtungserklärung als weiterer Voraussetzung der Vollstreckbarkeit gegen den Garanten vgl. Anm. 5. Die Anwendbarkeit des § 194 setzt Rechtskraft des Bestätigungsbeschlusses (§ 189) voraus, einerlei, ob die Bestätigung zu Recht oder zu Unrecht erfolgt ist [siehe § 196 Anm. 3]. RG Bd. 57 270.

2. Wie ein rechtskräftiges Urteil bedarf die im Rahmen des Vergleichs zu vollstrekkende Feststellung [Anm. 1] nach § 194 einer **mit der Vollstreckungsklausel versehenen Ausfertigung** entsprechend den §§ 724ff. ZPO. Dieses die Zulässigkeit des Zwangszugriffs bedingende Erfordernis „der vollstreckbaren Ausfertigung" steht im Einklang mit § 164 II. Zuständigkeit der Geschäftsstelle des Konkursgerichts bzw. des Rechtspflegers: § 164 Anm. 7 unter a. Die vollstreckbare Ausfertigung darf erst nach Rechtskraft des Bestätigungsbeschlusses ausgestellt werden [Anm. 1 a. E.; vgl. im übrigen auch § 164 Anm. 7 unter b]. Sie muß den Einfluß des Zwangsvergleichs klarstellen. Beispiel: „Diese Ausfertigung wird dem G (Gläubiger) zum Zwecke der Zwangsvollstreckung gegen den S (Schuldner) erteilt und zwar mit der Maßgabe, daß nach dem durch rechtskräftigen Beschluß v. 20. 2. 1963 bestätigten Zwangsvergleich der Gemeinschuldner den nicht bevorrechtigten Konkursgläubigern 40 v. H. in zwei gleichen Raten, die erste am 15. 3, die zweite am 15. 10. 1963 zu bezahlen hat". Nach § 15 Nr. 8 AktenOrdn. f. d. deutschen Justizbehörden v. 28. 11. 1934 ist dem Tabellauszug eine Ausfertigung des Zwangsvergleichsprotokolls und, wenn dieses die Vergleichsbedingungen nicht vollständig enthält, auch des die Bedingungen enthaltenden Schriftstücks (z. B. des Vergleichsvorschlags) sowie eine Ausfertigung des mit Rechtskraftzeugnis versehenen Bestätigungsbeschlusses vorzuheften. Jedenfalls muß zur Verhütung einer Beitreibung des ganzen festgestellten Betrags eine gesonderte Tabellausfertigung vermieden und dementsprechend eine Mehrheit ausgefertigter Urkunden zu einer Einheit verbunden werden. Vgl. dazu Bauer KTS 1960 S. 50, Schrader-Bauer Hdb.² S. 150 und Muster F III 174, 175. Wird die vollstreckbare Ausfertigung wegen Aufhebung der Vergleichsschranken (§§ 196, 197) oder Eintritts der Voraussetzungen einer kassatorischen Klausel („Wiederauflebensklausel") [Anm. 1] für den vollen Forderungsbetrag oder ohne Beifügung der vergleichsmäßigen Stundung beantragt, so ist der Wegfall der Vergleichsschranken nach § 726 I ZPO dem Rechtspfleger 2 nachzuweisen (ebenso für die kassatorische Klausel Bauer aaO. S. 51, Klemmer KTS 1960 S. 73) [vgl. auch § 197 Anm. 2]; eventuell ist Klage auf Erteilung der Vollstreckungsklausel nach § 731 ZPO bei dem nach § 164 III zuständigen Gericht zu erheben. Absonderungsberechtigte Gläubiger: Anm. 11. Die vollstreckbare Ausfertigung gegen einen Vergleichsgaranten muß die Garantieerklärung enthalten. Ist sie in einer besonderen Urkunde niedergelegt [Anm. 5], so ist deren Ausfertigung beizufügen. Vgl. § 15 Nr. 8 AktO, Bauer aaO. S. 51. Die vollstreckbare Ausfertigung hat den Vollstreckungsschuldner (Schuldner oder Vergleichsgaranten) nach § 750 I ZPO so genau zu kennzeichnen, daß die Vollstreckungsbehörden in der Lage sind, ihrer Amtspflicht zur Feststellung der Persönlichkeit zu genügen; dazu gehört die Angabe des Namens, des Standes und der Anschrift. Daß, wann, für und gegen wen eine vollstreckbare Ausfertigung erteilt worden ist, hat der Urkundsbeamte der Geschäftsstelle in der Bemerkungsspalte der Konkurstabelle dem § 734 ZPO entsprechend bei der zu vollstreckenden Forderung zu vermerken. Dazu Bauer aaO. S. 53, Schrader-Bauer Hdb.[2] S. 150 mit Muster F III 176 sowie oben § 140 Anm. 10. Zur vollstreckbaren Ausfertigung vgl. auch noch aus der älteren Literatur Kohler ArchZivPrax. 81 S. 392f., Senst-Müller Konkursrichter[4] S. 212ff.

Für **Klagen,** die zum Zwecke oder aus Anlaß der Zwangsvollstreckung nach Maßgabe der §§ 731, 767, 768 ZPO zu erheben sind, gelten nach § 194 die besonderen Zuständigkeitsregeln des § 164 III [siehe § 164 Anm. 8]. Für Klagen auf Zahlung der Vergleichsbezüge dagegen [Anm. 3] bewendet es bei den allgemeinen Zuständigkeitsvorschriften. Sicherungshypothek auf Grund der Feststellung: § 192 Anm. 7.

3 **3.** Die Vollstreckbarkeit nach § 194 setzt konkursmäßig festgestellte **und** auch vom Schuldner nicht bestrittene Forderungen voraus [Anm. 1]. Fehlt es an einer dieser beiden Voraussetzungen, so ist der Weg der Vollstreckung nach § 194 verschlossen, der Gläubiger muß sich vielmehr für die Vollstreckung im Rahmen des Zwangsvergleichs (§ 193) einen **besonderen Vollstreckungstitel** (§§ 704, 794, 801 ZPO) gegen den Schuldner und gegen etwaige Vergleichsgaranten [Anm. 5, 9f.] verschaffen, insbesondere im Wege der Klage auf Zahlung der Vergleichsbezüge [Zuständigkeit: Anm. 2] oder im Mahnverfahren. So muß der Gläubiger, wenn die Forderung **vom Gemeinschuldner** im Prüfungstermin oder nachträglich gemäß § 165 **bestritten** und diese Bestreitung nicht wieder erledigt worden ist, — wenn ihm nicht bereits ein Titel gegen den Schuldner zu Gebote steht — auch für die „festgestellte" Forderung erst einen Vollstreckungstitel gegen den Schuldner erwirken. Wird die Klage nach Konkursbeendigung erhoben, so sind die vergleichsmäßigen Beschränkungen (§ 193) zu berücksichtigen. Vgl. zu den schon während des Konkurses gegen den Gemeinschuldner aufgenommenen oder begonnenen Prozessen auf Feststellung der Unbegründetheit eines Schuldnerwiderspruches § 144 Anm. 3ff., insbes. Anm. 5. Keineswegs wird schon infolge des Vergleichsabschlusses die Bestreitung des Schuldners in Ansehung festgestellter Forderungen hinfällig. Das Gegenteil ergibt der § 194 („und nicht vom Gemeinschuldner bestritten worden sind"). Ebenso sind Gläubiger, die überhaupt **nicht angemeldet** oder doch **eine konkursmäßige Feststellung nicht erzielt** haben, zwar im Falle des Bestehens ihrer Forderungen gemäß § 193 dem Zwangsvergleich unterworfen, bedürfen aber zur Vollstreckung nach Maßgabe des Vergleiches eines besonderen Vollstreckungstitels (RG Bd. **22** 155). Klageerhebung in der Zeit zwischen rechtskräftiger Vergleichsbestätigung und Aufhebung des Konkurses: § 190 Anm. 5 a. E.; Schicksal eines bei Konkursbeendigung noch unerledigten Feststellungsprozesses: § 146 Anm. 44. War die Klage schon vor dem Konkurs erhoben, aber während desselben nicht nach Maßgabe der §§ 144 II, 146 III aufgenommen worden, so endet die Unterbrechung von Rechts wegen mit Konkursaufhebung [§ 10 Anm. 12, § 146 Anm. 45]; bei der Fortsetzung eines solchen Prozesses sind die vergleichsmäßigen Beschränkungen (Erlaß, Stundung) zu berücksichtigen. Ein schon vor dem Konkurs erwirkter Titel, der nicht durch den Tabelleintrag verdrängt worden ist [§ 164 Anm. 6f.], kann nun in den Grenzen des Zwangsvergleichs (§ 193) gegen den Schuldner vollstreckt werden. Gegen eine weiter-

gehende, die Vergleichsschranken nicht beachtende Vollstreckung steht dem Schuldner die Klage aus § 767 ZPO (nicht die Erinnerung nach § 766 ZPO) zu. LG Köln KTS 1961 S. 48 [vgl. auch § 193 Anm. 13]. Auch bei der Bemessung der Sicherheitsleistung für die einstweilige Einstellung der Zwangsvollstreckung aus einem vorläufig vollstreckbaren Urteil (§§ 719, 707 ZPO) ist zu berücksichtigen, daß der Schuldner mit seinen Gläubigern einen Zwangsvergleich abgeschlossen hat, an dem der Gläubiger, falls seine Forderung besteht, teilnimmt (OLG Köln KTS 1961 S. 156). Vollstreckbarkeit ungedeckt gebliebener Vorrechtsansprüche: unten Anm. 12.

4. Für das **Vollstreckungsverfahren** auf Grund der vollstreckbaren Ausfertigung des Tabellauszuges [Anm. 2] gelten die allgemeinen Vorschriften des Vollstreckungsrechtes (§§ 735—793 ZPO) entsprechend, vor allem also die Bestimmungen über die Voraussetzungen des Beginns der Zwangsvollstreckung (§§ 750ff.) [vgl. zu § 750 I ZPO oben Anm. 2] und über die zulässigen Rechtsbehelfe gegen die Zwangsvollstreckung (§§ 765aff. ZPO). Einwendungen, welche den festgestellten Anspruch betreffen, z. B. Zahlung, Verzicht, Vergleich nach dem in § 767 II ZPO festgelegten Zeitpunkt [dazu § 164 Anm. 8], sind im Wege der Vollstreckungsgegenklage geltend zu machen [Zuständigkeit: Anm. 2]. RG Bd. 57 271. Öffentlichrechtliche Forderungen: § 164 Anm. 6a, 8. Besonderheiten gelten für den **Treuhandliquidationsvergleich** [§ 174 Anm. 4, § 192 Anm. 6]. Die Vergleichsgläubiger dürfen keinesfalls durch Vollstreckung in das Treugut die vergleichsmäßige Befriedigung stören. Diese Unzulässigkeit der Vollstreckung besteht solange, als die Durchführung der Liquidation möglich ist, und kann vom Treuhänder im Wege der Erinnerung nach § 766 ZPO, aber auch durch Drittwiderspruchsklage nach § 771 ZPO geltend gemacht werden. Dies ist allerdings in erster Linie für Vergleichsgläubiger von Bedeutung, welche nicht nach § 194 vorgehen — hier wird schon die Erteilung einer vollstreckbaren Ausfertigung gegen den Schuldner oder den Treuhänder während der Liquidation nicht möglich sein, jedenfalls werden die Voraussetzungen für den Beginn der Vollstreckung (§ 751 I ZPO) zu verneinen sein —, sondern die auf Grund von schon vor Konkurseröffnung erwirkter, nicht verdrängter Titel die Vollstreckung betreiben [Anm. 3]. Wenn der Treuhänder gegenüber einzelnen Vergleichsgläubigern pflichtwidrig mit der Erfüllung säumt, können diese im Klageweg Erfüllung verlangen. RG KonkTreuh. 1934 S. 24f. Zur Zwangsvollstreckung während der Treuhandliquidation vgl. Bley VerglO² § 85 Anm. 18b—d, Anm. 19b mit Verw., ferner Böhle-Stamschräder VerglO⁵ § 7 Anm. 3. Die Frage ist für den konkursabwendenden Vergleich ungleich wichtiger als für den konkursbeendenden. 4

II. Die Vollstreckung gegen Vergleichsgaranten insbesondere

1. Vollstreckungsschuldner sind neben dem bisherigen Gemeinschuldner (oder einer Mehrheit von solchen) auch etwaige Vergleichsgaranten d. h. Dritte, die sich „in dem Vergleiche für dessen Erfüllung neben dem Gemeinschuldner“ verpflichtet haben, besonders als Bürgen (§§ 765ff. BGB) oder als Gesamtschuldner (§§ 421ff. BGB). „Neben“ dem Gemeinschuldner verpflichtet sich auch, wer zugleich oder ausschließlich, ganz oder teilweise für den im Vergleich erlassenen, als unvollkommenes Schuldverhältnis nachbleibenden Forderungsteil einsteht [§ 193 Anm. 5, 6]. Bley VerglO² § 85 Anm. 21c. Garant kann auch ein Konkursgläubiger werden [Anm. 8]. Die **Verpflichtungserklärung des Garanten** bildet einen Bestandteil des Zwangsvergleichs („in dem Vergleiche“). Sie unterliegt daher der Vorprüfung nach § 177 (§§ 178, 179) und muß im Vergleichstermin (§ 182) durch den Garanten selbst oder durch dessen Vertreter mündlich zu Protokoll erklärt werden [§ 179 Anm. 5]. Wohl kann der zur Sicherung des Vergleichs bereite Dritte auch den Gemeinschuldner selbst ermächtigen, im Termin die Garantieübernahme zu erklären. Dazu bedarf es aber schriftlicher, im Termin von Amts wegen einzufordernder Sondervollmacht (Jaeger KonkTreuh. 1929 S. 19), deren Mangel freilich durch die Rechtskraft des Bestätigungsbeschlusses geheilt würde [§ 189 Anm. 5]. RG KonkTreuh. 1933 S. 118f. Nr. 1. Die Schriftform des § 766 BGB wird durch die gerichtliche Protokollierung der mündlich im Vergleichstermin erklärten Verbürgung auch dann ersetzt, wenn der Garant das Protokoll 5

nicht unterschreibt. Das folgt unmittelbar aus dem § 126 III BGB, da die Beurkundung des Gerichts der streitigen Gerichtsbarkeit keine geringere Gewähr bietet als die der freiwilligen (vgl. RG Bd. **64** 85). Im Genossenschaftskonkurs ist als Grundlage der Vollstreckung gegen den Garanten neben der mündlich im Termin erklärten Garantieübernahme auch eine in öffentlich beglaubigter Form gegenüber dem Gericht abgegebene Verpflichtungserklärung zugelassen (§ 115e II Nr. 5 GenG). Die Garantieverpflichtung ist auch dann „ in dem Vergleich übernommen", wenn sie zwar nicht im Vergleichstermin mündlich erklärt wurde, der Vergleich jedoch aufschiebend bedingt durch die Übernahme einer inhaltlich schon im Vergleich selbst bestimmten Bürgschaft abgeschlossen wurde und die Erklärung des Garanten zu Protokoll der Geschäftsstelle des Konkursgerichts abgegeben oder dem Konkursgericht in öffentlicher Urkunde eingereicht wird [§ 179 Anm. 5, § 184 Anm. 6; vgl. auch § 190 Anm. 6]. Die Erklärung bildet in diesem Falle einen Bestandteil des Zwangsvergleichs, der erst mit ihrer Abgabe wirksam geworden ist. RG Bd. **56** 72f.; zust. auch Mentzel-Kuhn[7] Anm. 5. Einer besonderen Unterwerfung des Garanten unter die Zwangsvollstreckung im Sinne des § 794 I Nr. 5 ZPO bedarf es auch in diesem Falle nicht [Anm. 1] (RG aaO.). Die Entscheidung BGH KTS 1961 S. 153 = LM § 85 VerglO Nr. 2 steht nicht entgegen, da es sich in diesem Falle nicht um einen durch die Übernahme einer bestimmten Bürgschaft bedingten Vergleichsabschluß gehandelt hat (vgl. den in WM 1961 S. 1048f. abgedruckten Sachverhalt); die Bürgschaft war also nicht Bestandteil des Vergleichs geworden. Vollstreckbare Ausfertigung gegen den Garanten: Anm. 2. Hat ein Dritter die Vergleichsleistungen garantiert, ohne daß seine Erklärung Bestandteil des Zwangsvergleichs geworden ist — etwa durch einen mit dem den Vergleich durchführenden Treuhänder zu Gunsten der am Vergleich beteiligten Gläubiger abgeschlossenen Vertrag — so ist die Vollstreckung nach § 194 nicht möglich, die Gläubiger bedürfen vielmehr zur Vollstreckung gegen den Garanten eines besonderen Vollstreckungstitels (insoweit zutr. BGH aaO. zu § 85 II VerglO). Beschränkte Anfechtbarkeit des Zwangsvergleichs durch den Garanten: § 196 Anm. 3. Zur Frage der Verantwortlichkeit des Konkursverwalters gegenüber dem Vergleichsgaranten siehe § 82 Anm. 10.

Da das Anerbieten einer Vergleichsgarantie den Vergleichsvorschlag inhaltlich ergänzt (§§ 174, 178), ist es wie dieser selbst jedenfalls bis zum Beginn der Abstimmung über den Vorschlag widerruflich [§ 173 Anm. 26]. Wird der Schuldnervorschlag trotz rechtzeitigen Widerrufs der Garantiezusage angenommen, dann findet zwar gegen den Schuldner, nicht aber gegen den Dritten eine Vollstreckung „aus dem Zwangsvergleich" im Sinne des § 194 statt (Obergericht Danzig LZ 1931 Sp. 1400 Nr. 2). Uneingeschränkter Widerruf vereitelt den Eintritt jeder Haftung aus dem Anerbieten einer Vergleichssicherheit. Auch für das Zustandekommen einer nur dem allgemeinen bürgerlichen Recht unterworfenen, zwar nicht unmittelbar nach § 194 vollstreckbaren, aber zunächst doch im Klageweg verfolgbaren Bürgenhaftung ist kein Raum (Langenbach LZ 1933 Sp. 25ff. gegen Rumpf LZ 1932 Sp. 446ff.). Bestätigt das Gericht trotz rechtzeitigen Widerrufs der Bürgschaftsankündigung einen verbürgten Zwangsvergleich, so vermag auch die Rechtskraft des Bestätigungsbeschlusses [§ 189 Anm. 6] den Inhaltsmangel nicht zu decken. Vielmehr bleibt es dabei, daß eine Vergleichsbürgschaft nicht zustandegekommen ist. Der Streit über das Bestehen des behaupteten Rechtsverhältnisses kann im Wege einer Feststellungsklage nach § 256 ZPO zum Austrag gebracht werden. RG Bd. **122** 361 (zust. Bernh. Meyer JW 1929 S. 1662 zu Nr. 22); Bley VerglO[2] § 66 Anm. 30. Auch wenn wegen des ausschlaggebenden Wertes der (widerrufenen) Garantie der Zwangsvergleich bei Kenntnis von ihrer Unwirksamkeit nicht zustandegekommen wäre, bleibt der bestätigte Vergleich jedoch für den Schuldner verbindlich. Trotz der Vertragsnatur des bestätigten Zwangsvergleichs [§ 173 Anm. 5ff.] kann § 139 BGB nicht angewendet werden; denn hinsichtlich seiner Beseitigung wird das allgemeine bürgerliche Recht durch die Sonderregelung der §§ 195ff. verdrängt [§ 173 Anm. 13]. Ebenso Bley aaO.; abw. Jaeger 6./7. Aufl. Anm. 4.

2. Umfang der Garantenhaftung

a) Die Vergleichsgarantie kann begrenzt oder unbegrenzt übernommen werden. 6
Ein Bürge haftet im Zweifel unbegrenzt für die Vergleichsansprüche in ihrer jeweiligen Höhe (§ 767 BGB), auch für solche, die er beim Vergleichsabschluß nicht gekannt oder nicht für rechtsbeständig gehalten hat [Anm. 10]. Ja es ist denkbar, wenn auch wohl nirgendwo üblich, daß der Garant beim Zwangserlaß zugleich für Erfüllung der erlassenen Forderungsbeträge einsteht und zwar sogar in der Rechtsform echter Bürgschaft [Anm. 5]. Eine derartige Erweiterung der Garantiehaftung bedarf aber ausdrücklicher Erklärung. **Grenzen der Garantiehaftung** sind häufig und in verschiedenem Sinne möglich. Wie sie gemeint sind, muß der Vergleichsvorschlag genau angeben (§ 174). Mehrdeutige Begrenzungen darf das Gericht der Abstimmung nicht ungeklärt unterbreiten (§ 72 KO, § 139 ZPO). Tauchen die Zweifel erst nach der Annahme des Vorschlags auf, dann hat es für deren Behebung zu sorgen, ehe es den Vergleich bestätigt. Nicht selten werden Vergleichsbürgschaften summenmäßig beschränkt, also z. B. nur für einen Höchstbetrag von 10000 DM übernommen. Die Beschränkung bedeutet in der Regel: Der Garant hat bis zur Erschöpfung der Haftsumme die Vergleichsgläubiger in der Reihe zu befriedigen, in der sie ihre Vergleichsbezüge bei ihm erheben; gleichzeitig Zahlung begehrende gleichmäßig; stets aber so, daß freiwillige wie erzwungene Leistungen den Haftungsbetrag mindern, Nachzügler also leer ausgehen. Eine derartige summenmäßige Begrenzung verstößt nicht gegen § 181 [§ 181 Anm. 2]. Für Zulässigkeit auch BGH aaO. Die Vollstreckungsklausel gegen den Garanten ist in diesem Falle auf den vollen Betrag der Vergleichsbezüge zu erteilen; den Einwand, die Haftungssumme sei erschöpft, muß der Garant im Wege der Klage nach § 768 ZPO geltend machen. Dazu Bley VerglO² § 85 Anm. 22. Der Sinn einer solchen Schranke kann aber auch der sein, daß der Garant von vornherein alle Bezugsberechtigten anteilsmäßig zu berücksichtigen hat. Die zweite Art der Behandlung bürdet ihm eine größere Mühe und eine höhere Verantwortlichkeit auf. Darum wird im Zweifel die erste gewollt sein. Auch eine relative Begrenzung der Haftung (es wird ein bestimmter Prozentsatz der Vergleichsquote garantiert) ist nicht zu beanstanden [§ 181 Anm. 2]. Zu den verschiedenen Möglichkeiten der Haftungsbegrenzung siehe Künne KonkTreuh. 1932 S. 105ff., 122ff., 1933 S. 23, 1934 S. 67, Bohnenberg ebenda 1933 S. 178f., Kiesow JW 1934 S. 2575, Bohnenberg DRiZ 1950 S. 283ff., Bley aaO. § 3 Anm. 19, § 8 Anm. 24. Statthaft sind auch Sicherungen einzelner von mehreren Raten, meist der letzten; diese verfällt auch dann für den Garanten, wenn vorhergehende vom Schuldner unbezahlt bleiben (Künne KonkTreuh. 1932 S. 106, 1933 S. 29 mit Verw., Bohnenberg aaO. S. 284 und für einen außergerichtlichen Gütevergleich LG I Berlin KonkTreuh. 1932 S. 14 Nr. 3). Auch befristete oder bedingte Sicherungen sind zulässig (ebenso BGH aaO.) sowie Sicherungen eines einzelnen Vergleichsgläubigers unter Zustimmung der übrigen (§ 181), nicht aber Sicherungen nur der schon im Zeitpunkt des Vergleichsabschlusses nach § 144 festgestellten Forderungen [§ 181 Anm. 1].

b) Die der Bürgschaft im Regelfall kraft Gesetzes innewohnende Beschränkung, die 7
sog. **Einrede der Vorausklage,** kraft deren der Bürge die Zahlung verweigern darf, bis eine Auspfändung des Hauptschuldners erfolglos versucht worden ist (§§ 771—773 BGB), steht nach § 194 KO wie nach § 85 II VerglO Zwangsvergleichsgaranten aller Art nur kraft besonderen Vorbehalts zu. Zur Herbeiführung der unmittelbaren vergleichsmäßigen Vollstreckbarkeit gegen den Garanten bedarf es somit keines ausdrücklichen oder stillschweigenden Verzichts auf die Einrede (wie nach § 773 I Nr. 1 BGB). Verbürgt sich der Dritte nur für den Ausfall, dann behält er sich damit auch die Einrede der Vorausklage vor, weil er erklärt, nur dann und nur insoweit für die Vergleichserfüllung einzustehen, als die Vergleichsgläubiger vom Hauptschuldner überhaupt nicht befriedigt werden (LG III Berlin KonkTreuh. 1932 S. 46 II). Ähnlich liegen die Dinge, wenn der Garant dafür eintritt, daß die zu liquidierende Vergleichsmasse einen bestimmten Mindestbetrag ergibt. Durch den Vorbehalt der Einrede können sich nicht nur Bürgen des Regelfalles, sondern auch

Vollkaufleute, die im Betrieb ihres Handelsgewerbes (z. B. zugunsten eines Kunden) die Vergleichsbürgschaft übernehmen und nach § 349 (§ 351) HGB unmittelbar haften, gegen die Vollstreckbarkeit aus § 194 schützen. Ebenso Garanten, die als Gesamtschuldner für die Vergleichserfüllung eintreten. Denn der vergleichsmäßigen Vollstreckbarkeit entgeht jeder, der sich unter dem Vorbehalt der Einrede zur Vergleichserfüllung „neben dem Schuldner" verpflichtet. Wo der Vorbehalt wirkt, bleibt nicht nur die Mithaftung des Dritten gehemmt, sondern ihm gegenüber die Vollstreckbarkeit des § 194 ausgeschlossen und zwar endgültig, also auch dann, wenn der Schuldner späterhin fruchtlos ausgepfändet wird oder wenn die Einrede auf Grund des § 773 BGB erlischt: Zwangszugriffe gegen den Vorbehaltsgaranten setzen stets einen gegen ihn selbst erwirkten Vollstreckungstitel voraus. Jaeger Geschäftsaufsicht S. 117, zust. LG Berlin aaO., Bley VerglO[2] § 85 Anm. 21 d, Mentzel-Kuhn[7] Anm. 8, Böhle-Stamschräder[6] Anm. 3, Klemmer KTS 1960 S. 73; abw. z. B. F. Wach S. 56f. (nach fruchtloser Auspfändung des Schuldners werde der § 194 anwendbar), Bauer KTS 1960 S. 51.

8 **3.** Vergleichsgarant kann **auch ein Vergleichsgläubiger** sein. Durch sein Eintreten für die Vergleichserfüllung gibt er seinen eigenen Vergleichsanspruch nicht auf, noch wird er dadurch gehindert, seine Forderung voll gegen einen Dritten geltend zu machen, der ihm für sie eine Sicherheit im Sinne des § 193 Satz 2 bestellt hatte (RG JW 1896 S. 5 Nr. 18). Auch steht seine Garantieübernahme der Abstimmung für den sie enthaltenden Vergleichsvorschlag nicht im Wege. Jene kann sich vielmehr mit dieser Abstimmungserklärung vollziehen, wenn letztere im Vergleichsprotokoll beurkundet wird. RG Bd. **64** 82 [oben Anm. 5].

4. Geltendmachung der Garantenhaftung

9 **a)** Ebenso wie gegenüber dem Schuldner selbst findet der § 194 gegenüber einem Vergleichsgaranten nur zugunsten solcher Forderungen Anwendung, die nicht bloß im Sinne des § 144 I **festgestellt,** sondern **auch vom Gemeinschuldner persönlich nicht bestritten** worden sind [Anm. 3]. Während aber die Anwendbarkeit des § 194 gegenüber dem Schuldner selbst nicht voraussetzt, daß dem Doppelerfordernis der Vorschrift schon im Vergleichstermin genügt ist [Anm. 1], sind gegenüber einem Vergleichsgaranten nur solche Forderungen unmittelbar auf Grund des § 194 vollstreckbar, die schon zur Zeit der Vergleichsannahme festgestellt und schon damals auch vom Gemeinschuldner nicht bestritten waren. So die herrschende Lehre z. B. v. Sarwey-Bossert Anm. 2, v. Wilmowski-Kurlbaum Anm. 5, Wolff Anm. 3 im Anschluß an die Motive II S. 424f.; abw. (mit Einschränkung für die Zulässigkeit von Gründen für eine Vollstreckungsgegenklage) Bley VerglO[2] § 85 Anm. 16 b. Freilich entstammt diese Stelle der Begründung wörtlich den Motiven I Bd. 2 S. 169, diese aber waren auf den § 183 III Entw. I zugeschnitten, der ausdrücklich bestimmen wollte: gegen die Garanten „finde aus dem Vergleiche die Zwangsvollstreckung in Ansehen aller Gemeinforderungen statt, welche bis zum Abschlusse desselben festgestellt worden und von dem Gemeinschuldner nicht ausdrücklich bestritten sind". Die Worte „bis zum Abschlusse desselben" sind in das Gesetz nicht übergegangen. Deshalb bestreiten manche deren Maßgeblichkeit (so v. Völderndorff II S. 619ff., Fitting § 49 Nr. 9, Hellmann S. 534f.). Die Weglassung erklärt sich indessen daraus, daß das Gesetz (anders als der Entwurf I aaO.) auch von der Vollstreckbarkeit gegenüber dem Schuldner redet, für die jene Zeitschranke keine Geltung hat. Den Ausschlag gibt die sachliche Erwägung, daß es nicht im Willen des Garanten liegen kann, sich hinsichtlich zur Zeit des Vergleichsabschlusses noch nicht konkursmäßig festgestellter oder vom Schuldner bestrittener Forderungen der unmittelbaren Vollstreckbarkeit des § 194 auszusetzen. Der Garant hat die Rechtslage zur Zeit des Vergleichsabschlusses vor Augen. Er darf sich darauf verlassen, daß die zu dieser Zeit dem § 194 nicht genügenden Forderungen ihm selber gegenüber zur Anerkennung gebracht werden müssen. Eine Widerspruchsrücknahme, die der Schuldner (vielleicht aus Leichtsinn oder böser Absicht) nach dem Vergleichstermin erklärt, begründet daher die Anwendbarkeit des § 194 gegenüber dem Garanten nicht mehr.

b) Andererseits ergibt sich aber aus § 193, daß der Zwangsvergleich und die zu seinem Inhalt gehörende Garantieübernahme allen Konkursgläubigern zustatten kommt, selbst wenn deren Forderungen unangemeldet, dem Garanten unbekannt oder zur Zeit des Vergleichsabschlusses bestritten waren (OLG München LZ 1915 Sp. 1468f. Nr. 8, OLG Hamburg HansRGZ 34 B 131). Eine Ausschließung solcher Ansprüche von den Vergleichssicherheiten wäre nicht statthaft [§ 181 Anm. 1]. Zwischen der Haftung des Schuldners und der eines Garanten unterscheidet weder der § 193 noch der § 181. Nur müssen sich eben Gläubiger, deren Forderungen nicht angemeldet oder streitig geblieben waren, wenn sie späterhin gegen den Garanten im Zwangswege vorgehen wollen, **eigene Vollstreckungstitel gegen diesen** verschaffen, wäre es auch bloß in Gestalt vollstreckbarer Urkunden (§ 794 I Nr. 5 ZPO). Die Verurteilung des früheren Gemeinschuldners wirkt dem Garanten gegenüber weder Rechtskraft noch Vollstreckbarkeit (vgl. RG Bd. 71 59 mit Verw., OLG München LZ 1915 Sp. 1469f. Nr. 9). 10

III. Vollstreckungsgläubiger

1. Einer Vollstreckbarkeit im Sinne des §194 sind zugänglich nur **nicht bevorrechtigte Konkursforderungen,** auch bedingte und betagte [§ 193 Anm. 3, 4]; auch solche, die bei der Vergleichsschließung noch bestritten waren [oben Anm. 1, 9 mit Einschränkung für die Vollstreckung gegen Vergleichsgaranten]. Masseansprüche, Absonderungs- und Aussonderungsansprüche sind niemals als solche Vergleichsansprüche [§ 193 Anm. 10, 12—16]. Der absonderungsberechtigte Konkursgläubiger (§ 64) hat — wenn er nicht etwa auf abgesonderte Befriedigung verzichtet — die Vergleichsbezüge nur für den feststehenden Ausfall zu beanspruchen und diesen nach § 726 I ZPO nachzuweisen, ehe ihm eine vollstreckbare Ausfertigung im Sinne des § 194 erteilt werden darf. Zu Zwecken der Verwertung und Ausfallermittelung kann er eine Vollstreckung nach § 194 nicht betreiben. Siehe dazu § 64 Anm. 11, § 164 Anm. 7, § 193 Anm. 13f.; dort auch über die Unzulässigkeit der Vollstreckung aus vor dem Konkurs erwirkten Titeln. 11

2. **Vorrechtsgläubiger** nehmen am Zwangsvergleich, an seinen Rechten und an seinen Beschränkungen, nicht teil [§ 193 Anm. 11]. Sind ihre Ansprüche festgestellt und vom Gemeinschuldner nicht bestritten, so können sie — dem § 164 II entsprechend — nach Konkursbeendigung auf Grund des Tabelleintrags zum vollen Betrag gegen den Schuldner vollstreckt werden, wenn der Verwalter ihre Deckung dem § 191 II zuwider unterlassen hatte [§ 191 Anm. 2 u. 4]. Zust. Höver ZAkDR 1938 S. 767; abw. Oetker I S. 499. Zwar bezieht sich § 164 unmittelbar nur auf den Fall der Aufhebung nach Masseverteilung. Allein die hier anerkannte Rechtskraft und Vollstreckbarkeit des Tabellvermerks gegenüber dem Schuldner knüpft sich bereits an die Eintragung [§ 164 Anm. 4 a. E.]. Der Zwangsvergleich berichtigt diesen Titel nur für nicht bevorrechtigte Forderungen [Anm. 1]. § 191 II schlägt die Brücke zur Anwendbarkeit des § 164 II auf Vorrechtsansprüche. Ist bloß das Vorrecht, nicht die Konkursforderung selbst streitig geblieben, so nimmt der Gläubiger bedingt am Zwangsvergleich teil und zwar unter der gesetzlichen Bedingung (§ 726 ZPO), daß die Feststellung des Vorrechts mißglückt. Nur in diesem Falle können die Vergleichsgaranten belangt werden. Der Schuldner haftet zwar, auch wenn das Vorrecht festgestellt wird (dann auf das Ganze), also in jedem Falle. Allein während der Schwebe kann auch gegen den Schuldner eine vollstreckbare Tabellausfertigung für die Vergleichsbezüge nicht erteilt werden, da der Anwendung des § 194 — nur dieser kann für die Forderung als nicht bevorrechtigte und darum dem Vergleich unterliegende in Frage kommen — die Inanspruchnahme des Vorrechts entgegensteht. Vgl. Schlote Wirkungen des Zwangsvergleichs (1911) S. 69, Oetker S. 497f.; abw. Petersen-Kleinfeller Anm. 13. Ist die bevorrechtigte Forderung selbst bestritten, so gilt das in § 191 Anm. 4, 4a Bemerkte. Die den nicht bevorrechtigten Konkursgläubigern nach den §§ 193, 194 zustehenden Rechte kann ein an sich bevorrechtigter Gläubiger nur in Anspruch nehmen, wenn er schon zur Zeit des Vergleichsabschlusses auf sein Vorrecht **verzichtet** 12

hatte [§ 193 Anm. 11]. Nur dann ist der Vergleich auch mit Rücksicht auf ihn abgeschlossen worden. Nur dann haben die Vergleichsgaranten sich auch ihm verpflichten wollen (abw. Kohler ArchZivPrax. 81 S. 379 N. 41). Nachträglicher Vorrechtsverzicht verschafft dem Gläubiger die Vergleichsvorteile also nicht mehr, was z. B. wegen Fortdauer der Garantenhaftung im Falle des § 197 von Belang ist. Zust. Mentzel-Kuhn[7] § 193 Anm. 4, Böhle-Stamschräder[6] § 193 Anm. 2e (maßgebend Zeitpunkt der Bestätigung). Die Ausfallansprüche der Gläubiger mit Sondervorrechten [§ 193 Anm. 11] werden wie die Ausfallansprüche absonderungsberechtigter Konkursgläubiger behandelt [Anm. 11].

IV. Anrechnung

13 Sind mehrere nicht bevorrechtigte Konkursforderungen in einer Hand vereinigt, dann setzt ein Zwangserlaß sie alle gleichmäßig herab, wie wenn sie verschiedenen Gläubigern zustünden. Wenn nun der Schuldner — freiwillig oder gezwungen — Leistungen bewirkt, die hinter der geschuldeten Quote zurückbleiben, also etwa die Forderungen nur zu 20, statt zu 30 v. H. decken, dann werden dadurch alle Forderungen des Gläubigers gleichmäßig in Höhe der Minderleistung getilgt. Beispiel: Ein und derselbe Gläubiger hat zwei im Sinne des § 194 vollstreckbare Vergleichsansprüche, deren jeder vergleichsmäßig in Höhe von 3000 zu befriedigen ist. Der Gläubiger geht wegen beider Ansprüche gleichzeitig vor. Um die Pfändung abzuwenden, zahlt der Schuldner 4000 (nicht — wie er sollte — 6000) oder die Pfändung ergibt diese Summe als Erlös für den Gläubiger. Damit wird jeder der beiden Vergleichsansprüche um 2000 vermindert, nicht der eine ganz, der andere nur zu 1000 getilgt, mag auch der eine unbedingt, der andere aufschiebend bedingt [§ 193 Anm. 4], der eine verbürgt, der andere ungesichert, der eine eine Wechselforderung, der andere eine schlichte Darlehnsforderung sein. Für eine ergänzende Anwendbarkeit der Anrechnungsregeln des § 366 Abs. 2 BGB läßt der Gleichschaltungszweck des Zwangsvergleichs keinen Raum. Siehe OLG Hamburg LZ 1909 Sp. 711ff. Nr. 11; abw. OLG Jena ThürBl. 58 S. 252.

14 **Zusatz. Fremde Rechte.*** Der Zwangsvergleich bildet für sich allein nirgendwo einen Vollstreckungstitel.

In einzelnen Rechtsordnungen wird jedoch wie nach deutschem Recht den Gläubigern festgestellter Forderungen das Recht eingeräumt, auf Grund der konkursmäßigen Feststellung ihre Ansprüche nach Maßgabe des Vergleichs gegen Schuldner und Vergleichsbürgen im Wege der Zwangsvollstreckung geltend zu machen. So vor allem Österreich (§ 61 KO) und die Niederlande (Art. 159 F. W.), wo ja der Feststellung in der Konkurstabelle auch in bezug auf das Nachforderungsrecht Vollstreckbarkeit zukommt [vgl. § 164 Anm. 15 unter Nr. 2].

§ 195

Eine Klage auf Aufhebung des Zwangsvergleichs aus dem Grunde der Nichterfüllung desselben findet nicht statt.

Materialien: Motive I Bd. 2 S. 172f., Motive II S. 426f., Protokolle S. 114, 186, Reichstag II. Session 1909/11 Drucksache Nr. 731 S. 3, 5.

Nichterfüllung des Zwangsvergleichs

I. Einwirkung auf den Bestand des Vergleichs

1 1. **Grundsatz.** Die Tatsache, daß der Schuldner und seine Vergleichsgaranten die Vergleichsverbindlichkeiten nicht erfüllen, hebt weder die Beschränkungen (Erlaß, Stundung) des Zwangsvergleichs von Rechts wegen auf noch begründet sie eine „Klage", d. h. einen durch Klage verfolgbaren Anspruch auf Vergleichsaufhebung. Das Gesetz hat dies im Hinblick auf abweichende

*) Bearbeitet von Prof. Dr. Günther Jahr, Saarbrücken. Wegen der Literatur und der Abkürzungen wird auf Bd. I S. LXIIIff. verwiesen.

Landesgesetze und Rechtsauffassungen ausländischer Rechte [§ 196 Anm. 11] ausdrücklich ausgesprochen. Vgl. Motive II S. 426; dort auch zu den rechtspolitischen Gründen dieser Regelung. Der § 195 schließt seinem Zwecke nach auch die Herleitung eines gesetzlichen Rücktrittsrechtes aus § 326 BGB sowie die Annahme stillschweigender Vereinbarung eines solchen oder der auflösenden Bedingung der Nichterfüllung aus.

2. Die Bestimmung steht aber der Aufnahme einer ausdrücklichen auflösenden Bedingung in den Vergleich nicht im Wege, derzufolge der Vergleich im ganzen oder doch hinsichtlich der vergleichsmäßigen Beschränkung der Gläubigerrechte (Erlaß, Stundung) beim Ausbleiben rechtzeitiger Erfüllung — mit oder ohne Vorbehalt der Vergleichssicherheiten — hinfällig werden soll (sog. **kassatorische Klausel**). So schon Motive II S. 426. Vgl. auch § 174 Anm. 3. Da der Vergleich ein Rechtsgeschäft, die Unzulässigkeit einer Bedingung aber weder eigens angeordnet noch aus dem Wesen des Zwangsvergleichs zu folgern ist, müssen auflösende Bedingungen dieser Art statthaft sein (§§ 158 II, 159ff. BGB). Ihre Zulässigkeit wird durch die §§ 196, 197 bestätigt, von denen der eine (§ 196) eine rechtsgeschäftliche Umstoßung des bewilligten Erlasses vorsieht, während der andere (§ 197) den Erlaß an eine gesetzliche auflösende Bedingung knüpft, ferner durch § 9 VerglO [Anm. 4]. Der Einwurf, eine auflösende Bedingung sei unzulässig, da die Wirksamkeit der auf Grund des Vergleichs beschlossenen Konkursaufhebung (§ 190) dem Belieben der Beteiligten nicht anheimgegeben werden dürfe (so v. Wilmowski-Kurlbaum § 190 Anm. 1, Hellmann S. 528f.), verkennt, daß eine Bedingung des bezeichneten Inhalts die Konkursaufhebung selbst nicht in Frage stellt. Bei der Aufhebung des Konkurses behält es sein Bewenden. Diese wird ja auch durch die auflösende Gesetzesbedingung des § 197 keineswegs rückgängig gemacht. Auch dort bedarf es einer förmlichen Wiedereröffnung des Verfahrens, die für diesen Fall als eigenartige „Wiederaufnahme" geregelt, hier aber mangels entsprechender Sondervorschriften nur als Neukonkurs zulässig ist [Anm. 2]. Nur im Genossenschaftskonkurs hat es das Gesetz ermöglicht, den Konkurs „fortzusetzen", wenn der Zwangsvergleich infolge Nichterfüllung hinfällig wird [Anm. 3]. Wie die aufschiebende [§ 184 Anm. 6] ist also auch die auflösende Bedingung zulässiger Vergleichsinhalt, ohne daß diese Statthaftigkeit der besonderen Anerkennung durch das Gesetz bedürfte (Kleinfeller LZ 1911 Sp. 416). Nur muß gegenüber dem Grundsatz des § 195 die Bedingung ausdrücklich vereinbart werden. Zust. Mentzel-Kuhn[7] Anm. 1, Böhle-Stamschräder[6] Anm. 1, Baur in Schönke-Baur[7] § 53 B IV 1; vgl. auch RG Bd. **156** 250. Ihre Aufnahme ist, weil die Folgen des § 195 zum Schaden der Gläubiger ausschlagen können [Anm. 2], dringend zu empfehlen. Dabei bedarf es der Einstellung in den Vergleich selbst und der Annahme durch die gesetzliche Gläubigermehrheit (§ 182). Beifügung der Bedingung durch das den Vergleich bestätigende Konkursgericht ist unstatthaft [§ 189 Anm. 6]. Die Bedingung lautet beispielsweise: „Soweit die rechtzeitige Erfüllung des Vergleichs ausbleibt, treten Erlaß und Stundung außer Wirksamkeit, aber unbeschadet der den Gläubigern durch den Vergleich gewährten Rechte." Vgl. auch Schrader-Bauer Hdb.[2] S. 123 Muster F III 135 und Mohrbutter-Haarmann Leitfaden S. 287. Ist der Vergleich durch einmalige Barzahlung mit schon bereitstehenden Mitteln zu erfüllen, dann erübrigt sich der Schutz. Siehe auch Fitting § 47 N. 12, Loehr ZZP 16 S. 390f., Oetker I S. 227, Seuffert S. 446f.; zur Auslegung der kassatorischen Klausel RG LZ 1909 Sp. 852. Vollstreckbarkeit: § 194 Anm. 1, Erteilung der vollstreckbaren Ausfertigung: § 194 Anm. 2. Natürlich haben die Vergleichsparteien nicht die Macht zu bestimmen, daß im Falle der Nichterfüllung des Vergleichs der Konkurs wieder aufzunehmen sei. Die Konkursvoraussetzungen sind durch zwingende Rechtssätze geregelt.

II. Neukonkurs

Wenn der frühere Gemeinschuldner abermals in Konkurs verfällt, entwickelt sich ein neues Verfahren, in dem die seinerzeit vom Zwangserlaß betroffenen Gläubiger — abgesehen von der kassatorischen Klausel [Anm. 1], einem wirksamen nachträglichen Vollzahlungsversprechen [§ 193 Anm. 6] und den Fällen 2 der §§ 196, 197 [§ 196 Anm. 8, § 197 Anm. 2] — nur die noch ungetilgten Vergleichsbezüge anmelden dürfen und so eine schwere Einbuße erleiden (abw. Kohler Leitfaden S. 293). Wer z. B. in dem kraft eines Zwangserlasses von 60% beendeten Konkurs eine Forderung auf 10000 hatte, kann, wenn der Schuldner neuerdings in Konkurs verfällt, im zweiten Verfahren die noch völlig ungetilgte Forderung von vornherein nur in Höhe von 4000 anmelden und nur für diesen Betrag die Konkursdividende oder die neue Vergleichsquote beanspruchen. War die Forderung im ersten Konkurs festgestellt und auch vom Schuldner persönlich nicht bestritten worden, dann wirkt sie sich im zweiten — aber eben nur zum Betrage der Vergleichsquote — als zugriffsreif aus (§ 146 VI mit § 194). Eine Sondervollstreckung hindert der neue Konkurs (§ 14). Ein Garant des im ersten Konkurs geschlossenen Zwangsvergleichs haftet nach Inhalt des Vergleichs für die ungetilgte Quote weiter, insoweit unberührt durch einen abermaligen Zwangserlaß (§ 193 Satz 2).

III. Genossenschaftskonkurs

3 Wird ein im Genossenschaftskonkurs geschlossener Zwangsvergleich [§ 173 Anm. 20] nicht erfüllt, dann greifen die Sondervorschriften des § 115e II Nr. 6 GenG ein. Ihnen zufolge tritt der Zwangsvergleich kraft Gesetzes außer Wirksamkeit, sobald der Konkursverwalter, der hier selber nach § 115e II Nr. 4 GenG innerhalb des Konkursverfahrens den Vergleich „durchzuführen" hat [§ 192 Anm. 8], dem Konkursgericht anzeigt, daß der Vergleich „nicht fristgemäß erfüllt" worden ist. Der Zwangsvergleich des Genossenschaftskonkurses steht also schon von Rechts wegen unter der auflösenden Bedingung ordnungsmäßiger Erfüllung und zwar fallen nicht nur — was für Zwangsvergleiche zur Konkursabwendung gilt [Anm. 4] — die Vergleichsschranken der Stundung und des Erlasses, es fällt der Vergleich im ganzen und mit ihm fällt jede Vergleichsgarantie. Den Eintritt dieser tiefgreifenden Rechtsfolge knüpft das Gesetz an den Eingang der Anzeige des Konkursverwalters beim Konkursgericht, daß es ihm nicht gelungen sei, eine rechtzeitige Vergleichserfüllung zu erzielen, mag die Anzeige schriftlich eingereicht oder mag sie mündlich zu Protokoll erstattet werden. Die Anzeige kann wirksam erst erstattet werden, wenn seit Ablauf der vergleichsmäßigen Zahlungszeit zwei Wochen verstrichen sind. Einen Gerichtsbeschluß setzt der Eintritt des Erlöschens im allgemeinen nicht voraus. Nur wenn der Verwalter anzeigt, daß vergleichsmäßig zu leistende „Abschlags- oder Ratenzahlungen" (besonders aus Nachschüssen der Genossen) ausgeblieben sind, bedarf es einer in das pflichtmäßige Ermessen des Konkursgerichts gestellten und nach §§ 73 III, 74 KO beschwerdefähigen Entscheidung darüber, ob der Zwangsvergleich hinfällig werden (rechtsgestaltender Richterspruch) oder ob die Erfüllung durch Betreiben der Nachleistungen weiterhin versucht werden soll. Zu diesem Zweck wird das Gericht für ermächtigt gelten müssen, die Zahlungsfristen angemessen zu verlängern. Seine Entscheidung ist allen Beteiligten von Amts wegen zuzustellen (§ 73 II KO), die Zustellung wird aber durch öffentliche Bekanntmachung ersetzt (§ 76 III KO). Sobald diese bewirkt ist, beginnt die Beschwerdefrist einheitlich für alle Beteiligten zu laufen [§ 76 Anm. 5]. Wird der Zwangsvergleich hinfällig, sei es kraft Gesetzes oder kraft Richterspruchs, dann nimmt das Konkursverfahren „ohne Rücksicht auf den Zwangsvergleich" seinen Fortgang. Auch das Vergleichserlöschen kraft Gesetzes muß, obwohl dies nicht ausdrücklich vorgeschrieben ist, aus Rücksichten der Verkehrssicherheit öffentlich bekannt gemacht werden (Form: § 76 KO). Die Regelung des § 115e II Nr. 6 GenG gilt auch für den Zwangsvergleich im Konkurs eines Versicherungsvereins a. G. (§ 52 II VAG) [§ 173 Anm. 20].

IV. Konkursabwendungsvergleiche

4 1. Beim **gerichtlichen** Zwangsvergleich zur Konkursabwendung gilt die Abrede des Erlöschens der Vergleichsbeschränkungen aus dem Grunde der Nichterfüllung als stillschweigender, aber abdingbarer Wille der Vertragsgenossen (§ 9 VergO; sog. „Wiederauflebensklausel"), ohne daß auch hier die Nichterfüllung als solche ein Recht zum Rücktritt oder einen Anspruch auf Aufhebung des Vergleichs be-

gründete (§ 89 II VerglO, insoweit unserem § 195 folgend). Der Vergleich im ganzen bleibt samt der Vollstreckbarkeit der Vergleichsansprüche und samt den etwaigen Vergleichsgarantien mangels einer ausdrücklichen auflösenden Bedingung bei Bestand. Siehe Jaeger LZ 1916 Sp. 126 Note 40. Die VerglO bestimmt ausdrücklich, daß nicht nur der Erlaß, sondern auch die Stundung hinfällig wird, bei Verzug nur gegenüber dem Einzelgläubiger, bei Konkurs gegenüber allen Gläubigern, die zur Zeit seiner Eröffnung vergleichsmäßig noch nicht voll befriedigt sind (§ 9 I, II). Für Liquidationsvergleiche gilt das Wiederaufleben in der Regel nicht (§ 9 III). Ein nachfolgender Konkurs erfaßt das Treugut frei von Absonderungsrechten der Vergleichsgläubiger [§ 23 Anm. 8]. Zust. RG Bd. **145** 253. Für eine Anpassung des § 195 KO an § 9 I VerglO, jedoch ohne die Abdingbarkeit der Wiederauflebensklausel (§ 9 IV) Tidow KTS 1956 S. 103f.

2. Beim **außergerichtlichen** Vergleich zum Zwecke der Konkursabwendung treten die Vergleichsbeschränkungen im Falle der Nichterfüllung nicht schon von selbst außer Kraft, es sei denn, daß eine entsprechende Bestimmung in den Vergleich aufgenommen worden ist. Da indessen hier stillschweigenden Verwirkungsabreden kein gesetzliches Hindernis im Sinn unseres § 195 entgegen steht, die Gläubiger aber, die zum Zwecke der Konkursabwendung Rechtsminderungen auf sich nehmen, diese Opfer in zahlreichen Fällen doch nur bringen wollen, wenn der Konkurs die Vergleichserfüllung nicht überholt, wird der außergerichtliche Konkursabwendungsvergleich häufig dahin auszulegen sein (§ 157 BGB), daß die Rechtsminderungen hinfällig werden sollen, wenn der Konkurs den Vertragszweck vereitelt. Mit Rücksicht auf die Bestrittenheit der Rechtslage (vgl. z. B. OLG Hamburg Recht 1909 Nr. 2223, v. Dassel daselbst Sp. 635f.) empfehlen sich jedoch ausdrückliche Vertragsbestimmungen. Im übrigen siehe Emmerich Sanierung I (1930) S. 124ff., der bei außergerichtlichen Vergleichen die kassatorische Klausel nur kraft ausdrücklicher Abrede gelten lassen will; ebenso LG Frankfurt KonkTreuh. 1936 S. 168. Dagegen Künne Außergerichtliche Vergleichsordnung[6] S. 214ff., 241f., der dem Gläubiger im Falle des Verzuges die Rechte aus § 326 BGB gibt und damit im Ergebnis zu einem Wiederaufleben der Forderung kommt, es sei denn, daß das Wiederaufleben durch ausdrückliche Vereinbarung ausgeschlossen wurde.

Zusatz. Fremde Rechte. Die Beseitigung des Zwangsvergleichs im ausländischen Recht wird in Anm. 10ff. zu § 196 im Zusammenhang dargestellt. Zur Beseitigung des Vergleichs wegen Nichterfüllung siehe insbesondere dort Anm. 11. 5

§ 196

Wenn der Zwangsvergleich durch Betrug zustande gebracht ist, so kann jeder Gläubiger den vergleichsmäßigen Erlaß seiner Forderung anfechten, unbeschadet der ihm durch den Vergleich gewährten Rechte.

Die Anfechtung ist nur zulässig, wenn der Gläubiger ohne Verschulden außerstande war, den Anfechtungsgrund in dem Bestätigungsverfahren geltend zu machen.

Materialien: Motive I Bd. 2 S. 173f., Motive II S. 427, Protokolle S. 114f., 186.

Das Gesetz unterscheidet zwei **Gründe, aus denen die Vergleichsschranken fallen,** Einl. während die durch den Vergleich gewährten Rechte fortbestehen. Den einen bildet die arglistige Täuschung: diese löst nur Anfechtbarkeit aus und wirkt nur zugunsten des Anfechtenden selbst (§ 196). Den zweiten bildet die Verurteilung des Schuldners wegen betrügerischen Bankrotts: diese wirkt von Rechts wegen und für die Allgemeinheit der Vergleichsgläubiger (§ 197). Die Möglichkeit einer Wiederaufnahme des Konkurses eröffnet sich nur im zweiten Falle (§§ 198ff.). Beide Regelungen gelten für Zwangsvergleiche aller Art. Die §§ 196f. stellen eine abschließende Regelung der Beseitigung der Vergleichswirkungen dar, welche trotz der Vertragsnatur des Zwangsvergleichs als Sonderregelung die Vorschriften des allgemeinen bürgerlichen Rechts verdrängt [Näheres Anm. 3, 5; vgl. auch § 173 Anm. 14]. Beseitigung des Vergleichs im ausländischen Recht: Anm. 10ff.

Anfechtung des Erlasses wegen Betrugs

I. Der Anfechtungsgrund

Das Gesetz läßt eine Anfechtung des vergleichsmäßigen Forderungserlasses nur in dem Fall zu, daß der Zwangsvergleich **durch „Betrug" zustande gebracht** worden ist.

1 **1. „Betrug"** im Sinne des § 196 ist nicht bloß der strafrechtliche Betrug (§ 263 StGB), sondern jede arglistige Täuschung (§ 123 BGB). Zust. RAG KonkTreuh. 1930 S. 167; Mentzel-Kuhn[7] Anm. 2, Böhle-Stamschräder[6] Anm. 1; so auch die VerglO im § 89 I (gegen § 77 a. F.). Darum braucht der Anfechtende weder eine Vermögensbeschädigung noch die Absicht des Täuschenden, sich oder einem anderen einen rechtswidrigen Vermögensvorteil zu verschaffen, nachzuweisen. Protokolle S. 114f. Einerlei ist, ob der Gemeinschuldner, ein Vergleichsgläubiger oder ein Dritter (z. B. der Ehegatte des Schuldners, ein „Vergleichsmacher" oder ein Garant) denBetrug verübt hat, ob der Anfechtende oder ein anderer getäuscht worden ist. Täuschungen durch den Schuldner spielen im Bereiche des § 196 die Hauptrolle. Die Anfechtbarkeit muß aber auch bejaht werden, wenn der Konkursverwalter den Vergleichsabschluß arglistig (z. B. durch unwahre Angaben über die Höhe der Befriedigungsmittel) verursacht hat. Gerade weil er einen Einfluß auf die Vergleichsschließung ausübt [§ 173 Anm. 28], besteht gegenüber seiner Arglist das Bedürfnis nach einem Gläubigerschutz im Sinne des § 196. Das gilt — wegen der rückwirkenden Kraft der Anfechtung [Anm. 5, 8] — auch dann, wenn die Vergleichsschulden bereits dadurch vergleichsmäßig ganz erfüllt waren, daß dem bisherigen Verwalter die Befriedigungsmittel übertragen wurden [§ 192 Anm. 6]. Wohl kann die Anfechtbarkeit im Einzelfalle für einen am „Betrug" — auf ihn, nicht auf die spätere Unterschlagung des Verwalters kommt es an — unbeteiligten Schuldner eine empfindliche Härte bedeuten. Diese rechtfertigt aber den vom OLG Hamburg KonkTreuh. 1931 S. 43f. behaupteten Ausschluß der Anfechtbarkeit nicht. Zust. Mentzel-Kuhn[7] Anm. 4, Böhle-Stamschräder[6] Anm. 1.

2 Ein Betrug in diesem Sinne liegt z. B. vor, wenn die Vermögensverhältnisse des Schuldners in der Absicht und mit dem Erfolg einer (tatsächlich nicht belanglosen) Täuschung ungünstiger — die Aktiven zu niedrig, die Passiven zu hoch — dargestellt worden waren. Demnach fallen die Tatbestände des § 239 Nr. 1, 2 (Verheimlichen oder Beiseiteschaffen von Vermögensstücken, Erdichtung von Schulden) auch in den Bereich des § 196, was von Bedeutung wird, wenn trotz ihres Feststehens eine rechtskräftige Verurteilung und damit die Anwendung des § 197 ausgeschlossen ist (weil z. B. der Schuldner starb oder in Geisteskrankheit verfiel). Vgl. RG Bd. **39** 20, 23; Petersen-Kleinfeller Anm. 2. Auch die Begünstigung einzelner Gläubiger (§§ 181, 188, 243) und die Verheimlichung einer solchen Begünstigung kann einen die Anfechtbarkeit des § 196 begründenden „Betrug" enthalten [Anm. 4]. RG aaO. S. 17f. Desgleichen eine arglistig überspannte Auskunft über die Höhe der für die Vergleichserfüllung zu Gebote stehenden Mittel [Anm. 1]. Ebenso ein arglistig verschwiegener Ankauf von Forderungen ernsthafter Vergleichsgegner (wie in dem bei Warneyer KO S. 368f. mitgeteilten Falle RG v. 8. 1. 1913 V 393/12). Immer aber muß die Täuschung für das Zustandekommen des Vergleichs ursächlich geworden sein [Anm. 4].

3 **2. Nur** der Betrug ist Anfechtungsgrund. **Irrtum** (§§ 119, 120 BGB) und widerrechtliche Drohung (§ 123 BGB) können innerhalb des Vergleichsverfahrens durch Antrag oder Beschwerde geltend gemacht werden [§ 184 Anm. 4, § 186 Anm. 2], aber die Anfechtbarkeit des rechtskräftig bestätigten Vergleichs begründen sie, was ein Gegenschluß aus § 196 ergibt, keinesfalls (abw. hinsichtlich des Zwanges Kohler Lehrbuch S. 499 N. 1). So auch dann nicht, wenn sich hinterher unversehens herausstellt, daß die als Vermögen des Schuldners betrachteten Werte einem Dritten gehören und demnach eine Masse gar nicht vorhanden war (Rüdenberg LZ 1910 Sp. 672f.). Der rechtskräftig bestätigte Vergleich äußert — abgesehen von den besonderen Fällen der §§ 195—197 — auch dann volle Wirksamkeit (§§ 193, 194),

wenn die Bestätigung zu Unrecht erfolgte. So z.B., wenn die zur Vergleichsannahme erforderlichen Mehrheiten (§§ 182, 183) in der Tat gar nicht erzielt waren, weil z. B. festgestellte Forderungen gesetzwidrig nicht in Ansatz gebracht wurden. RG Bd. **57** 270, Bd. **122** 364, Bd. **127** 372, Bd. **152** 67, BGH LM § 85 VerglO Nr. 2 a. E.; Mentzel-Kuhn[7] Anm. 6 sowie § 173 Anm. 4, Böhle-Stamschräder[6] Anm. 1, Baur in Schönke-Baur[7] § 53 B IV 2. Gleiches gilt von einem Mangel der Genehmigung des Vormundschaftsgerichts. Siehe § 189 Anm. 5. Gleiches von dem Falle, daß ein Gläubiger sich bei der Stimmabgabe versprochen hatte, also eine Erklärung dieses Inhalts überhaupt nicht abgeben wollte (§ 119 I Fall 2 BGB). Erst recht bleibt der bloße Irrtum eines Gläubigers im Beweggrunde, besonders die Annahme größerer Überschuldung der Masse, belanglos. Andererseits verdrängt der § 196 beim Irrtum über die Vergleichsgrundlagen auch die nach § 779 BGB eine Anfechtung ersparende Unwirksamkeit von Rechts wegen (KG KonkTreuh. 1933 S. 30f. Nr. 3; Bley VerglO[2] § 8 Anm. 5; abw. offenbar OLG Naumburg KonkTreuh. 1938 S. 75). Vgl. auch § 173 Anm. 16. Ausschluß der Anfechtung durch den Schuldner und Vergleichsgaranten: Anm. 5.

3. Es muß weiter ein **ursächlicher Zusammenhang** zwischen der Täuschung und der 4
Abschließung oder Bestätigung des Zwangsvergleichs vorliegen: der Vergleich muß „durch Betrug zustande gebracht" sein. Die Beweislast trägt der anfechtende Gläubiger. Er genügt ihr stets dann, wenn er dartut, daß der Vergleichsvorschlag die zur Annahme erforderliche Doppelmehrheit (§ 182) ohne die Täuschung nicht gefunden hätte. Ein Begünstigungsversprechen [§ 181 Anm. 7, insbes. Anm. 11] wirkt zweifellos ursächlich in diesem Sinne, wenn die Zustimmung des Begünstigten ausschlaggebend für das Zustandekommen des Vergleichs wird. Allein es genügt schon, daß andere (zurückgesetzte) Gläubiger, ohne deren Zustimmung der Vergleich gescheitert wäre, nicht für die Annahme gestimmt hätten, falls ihnen jene Begünstigung nicht verheimlicht worden wäre. Auch in diesem Fall ist der Vergleich durch arglistige Täuschung, nämlich durch Verheimlichung des Sonderabkommens, zustande gebracht. RG Bd. **89** 23. Zust. Mentzel-Kuhn[7] Anm. 5, Böhle-Stamschräder[6] Anm. 1. Ein anderes Beispiel siehe RG Bd. **87** 142 (der Schuldner hat durch arglistiges Verschweigen einer aufrechenbaren Gegenforderung einen Gläubiger zur Vergleichsannahme verleitet). Siehe auch Anm. 2.

II. Die Anfechtung

1. Anfechtungsberechtigte

a) Beim Vorliegen einer für das Zustandekommen des Zwangsvergleichs ursächlichen 5
arglistigen Täuschung [Anm. 1 ff.] sind **nur Vergleichsgläubiger** zur Anfechtung berechtigt, eine Sonderregelung [Einl.], die das allgemeine Anfechtungsrecht aus § 123 BGB gegenüber einem rechtskräftig bestätigten Zwangsvergleich aus zwingenden Rücksichten der Verkehrssicherheit für jeden andern, mag er auch noch so sehr durch die Täuschung geschädigt sein, verdrängt, besonders für den Schuldner selbst und für etwaige Vergleichsgaranten. Zust. OLG Braunschweig JurRundsch. 1934 Nr. 957; abw. Petersen-Kleinfeller Anm. 3 (Gemeinschuldner), Kohler ArchZivPrax. 81 S. 378 (Vergleichsbürge). Schadensersatzansprüche des Betrogenen (§§ 823 II, 826 BGB) bleiben selbstverständlich unberührt (vgl. auch BGH LM § 85 Nr. 2 a. E.). Auch aus anderem Grunde, insbesondere wegen Irrtums kann der Vergleichsbürge die Übernahme der Bürgschaft nicht anfechten. Da die Garantieerklärung einen untrennbaren Teil des Zwangsvergleichs bildet, schließt die Sonderregelung der §§ 196, 197 jede Anfechtung durch den Garanten aus. RG Bd. **57** 270ff., Bd. **122** 364, Bd. **127** 375; Mentzel-Kuhn[7] Anm. 6, § 173 Anm. 4, § 184 Anm. 1, Böhle-Stamschräder[6] Anm. 1. Wer als Vergleichsgarant in Anspruch genommen wird, kann aber durch Feststellungsklage nach § 256 ZPO geltend machen, daß er seine Garantiezusage rechtzeitig widerrufen habe, so daß sie nicht Inhalt des angenommenen und bestätigten Zwangsvergleichs geworden ist. Vgl. dazu § 194 Anm. 5. Eine wirksame Bürgschaftsübernahme, die jedoch nicht Vergleichsinhalt geworden ist [§ 194 Anm. 5], ist von der Sonderregelung nicht betroffen: für sie gilt das allgemeine Anfechtungsrecht (anders BGH aaO.).

b) Das Anfechtungsrecht steht **jedem** einzelnen **vom Vergleich betroffenen Gläubiger** zu, auch wenn er sich am Vergleichsverfahren nicht beteiligt hat oder die Täuschung einem anderen Gläubiger gegenüber begangen wurde [Anm. 1]. Es wird durch Empfangnahme der vollen Vergleichsbezüge nicht ausgeschlossen. Zwar hört damit der Empfänger auf, „Gläubiger" zu sein; aber die Anfechtung hat rückwirkende Kraft [Anm. 8].

6 2. Die Anfechtung ist **nur zulässig,** wenn der anfechtende Gläubiger **ohne Verschulden außerstande war,** den Täuschungsvorgang bereits im Bestätigungsverfahren geltend zu machen **(Abs. II).** Dabei genügt es zum Ausschluß der Anfechtbarkeit, daß der Gläubiger die Tatsache des Betrugs noch im Beschwerdeweg hätte vorbringen können [beachte § 189 Anm. 2]. Auch für die Voraussetzung des Abs. II trägt der Anfechtende die Beweislast. Jedes Verschulden, nicht nur ein grobes, schließt die Anfechtbarkeit aus. Auch das schuldhafte Versäumen eines gesetzlichen oder gewillkürten Vertreters oder Unterbevollmächtigten oder eines machtlosen Geschäftsführers, dessen Handeln der Gläubiger bestätigt, bewirkt den Ausschluß (§§ 232 II, 89 II ZPO mit § 72 KO; zust. RG LZ 1911 Sp. 557). Der Sinn der im Abs. II ausgesprochenen Beschränkung ist offenbar der: Einem Gläubiger, der das Zustandekommen des Vergleichs durch rechtzeitige Aufdeckung der Arglist hätte verhindern können, darf nicht die Macht eingeräumt werden, nachträglich die Vergleichswirkungen im Wege der Arglistanfechtung zu beseitigen. Auf ähnlicher Erwägung beruht der in den Motiven II S. 427 als „entsprechend" herangezogene jetzige § 582 ZPO (vgl. auch § 767 II ZPO). Es liegt daher die Annahme nahe, daß ein Unterlassen der Rüge auch nur dann die Anfechtung ausschließt, wenn diese den Vergleich hätte verhindern können. Nun bildet der Betrug — abgesehen vom Bereiche des § 187 — einen nur auf zulässigen Antrag zu beachtenden Verwerfungsgrund, die Antragszulässigkeit setzt aber Glaubhaftmachung der Betrugstatsachen voraus (§ 188). Die Frage, ob ein Gläubiger, der um die Täuschung wußte, sich aber zur Glaubhaftmachung außerstande fühlte, das Anfechtungsrecht nach Abs. II verloren hat, wird vom RG JW 1903 S. 182 Nr. 35 (= SeuffA 59 Nr. 49) (ebenso RG Bd. **158** 80f.) bejaht, weil „Geltendmachen" nur den allgemeinen Sinn von „Vorbringen", „Anführen", „Behaupten" habe und der Richter unter Umständen schon im bloßen Vorbringen eine ausreichende Glaubhaftmachung erblicken könne. Das Ergebnis empfiehlt sich aus Gründen der Zweckmäßigkeit, da sonst die Anwendbarkeit des Abs. II recht unsicher wäre. Erscheint dem Richter das Vorbringen (wäre es auch nur mit Rücksicht auf die Vertrauenswürdigkeit der Person des Antragstellers) glaubhaft, so läßt er den Antrag zu und klärt nun den Sachverhalt von Amts wegen auf [§ 188 Anm. 3]. Zust. Mentzel-Kuhn[7] Anm. 8, Böhle-Stamschräder[6] Anm. 2, Bley VerglO[2] § 89 Anm. 5. Von diesem Standpunkt aus muß ein über den Betrug unterrichteter Gläubiger auch in Ermangelung sofort aufnehmbarer Beweise (§ 294 ZPO) mit der Möglichkeit der Berücksichtigung seines Vorbringens rechnen und darum den Antrag des § 188 KO stellen. Hat er dies getan, ist aber der Antrag mangels Glaubhaftmachung erfolglos geblieben, so hat er die Anfechtungsmöglichkeit nach Abs. II verloren (RG Bd. **158** S. 80f.). Er kann dann die Wirksamkeit des rechtskräftig bestätigten Zwangsvergleichs auch nicht auf dem Wege eines Schadensersatzanspruchs nach § 826 BGB in Frage stellen, den er mit dem gleichen Verhalten des Gemeinschuldners begründet; die Sonderregelung der §§ 196, 197 [Einl.] steht auch einem solchen, im Ergebnis auf eine Beseitigung der Vergleichsschranken abzielenden Anspruch entgegen (RG aaO. S. 81ff. mit zust. Bem. von Bley ZAkDR 1939 S. 98; zust. auch Mentzel-Kuhn[7] Anm. 10, Böhle-Stamschräder[6] Anm. 3). Stets aber muß, wenn die Anfechtbarkeit nach Abs. II entfallen soll, das Unterlassen der Geltendmachung des bekannten Anfechtungsgrundes verschuldet gewesen sein; schuldhaftes Verkennen der Täuschung genügt nicht.

7 3. Die Anfechtung auf Grund des § 196 bildet einen besonderen Anwendungsfall der Anfechtung einer rechtsgeschäftlichen Willenserklärung wegen eines ihr anhaftenden Willensmangels, nämlich wegen arglistiger Täuschung (§ 123 I BGB).

Dementsprechend greifen die Sätze des **allgemeinen bürgerlichen Rechts über die Arglistanfechtung ergänzend** Platz. Daraus folgt zunächst, daß auch die Anfechtung aus § 196 KO durch formlose Erklärung gegenüber dem Vertragsgegner d. h. dem bisherigen Gemeinschuldner geschieht, auch wenn ein Dritter die Täuschung verübt hat (§ 143 I, II BGB). Die Erklärung kann außergerichtlich oder gerichtlich abgegeben werden. Den Eintritt der Anfechtungsfolge — das Wiederaufleben der vollen Wirksamkeit des Gläubigerrechts [Anm. 8] — kann der Gläubiger durch Feststellungs- oder Leistungsklage und zwar auch durch Gegeneinwand gegenüber dem Einwand des Teilerlasses oder der Stundung zur urteilsmäßigen Anerkennung bringen. In einer solchen Klage macht er die Forderung geltend. Die Anfechtung des § 196 selbst ist jedoch — anders als die Gläubigeranfechtung [§ 29 Anm. 36ff.] und anders als in Auslandsrechten [Anm. 12] — an die Klageform nicht gebunden. Denkbar ist auch unter den allgemeinen Voraussetzungen des § 256 ZPO eine Feststellungsklage des Schuldners dahin, daß die Forderung, da der behauptete Anfechtungsgrund nicht vorliege, nur noch mit den Beschränkungen des Zwangsvergleichs bestehe. Bei Vertragsverbindlichkeiten kommt als freigestellter Gerichtsstand der des Ortes der Vertragserfüllung in Betracht (§ 29 ZPO; im Ergebnis ebenso Hamburg OLG 13 S. 79). Aus dem allgemeinen bürgerlichen Recht ergibt sich weiter, daß die Anfechtung der doppelten Befristung des § 124 BGB unterliegt, daß sie also innerhalb eines Jahres, seit der Anfechtende vom Betruge Kenntnis erlangt hat, und längstens innerhalb dreißig Jahren seit der Vergleichsannahme erfolgen muß. So kann das Anfechtungsrecht eines Gläubigers, der vom Betrug erfahren hat, erlöschen, während andere Gläubiger anfechtungsberechtigt bleiben oder werden, wäre es auch nur infolge einer Mitteilung der Kenntnis des Ausgeschlossenen. Diese Schranken entsprechen den Bedürfnissen der Rechtssicherheit. Wolff Anm. 2, Fitting § 50 N. 3, Mentzel-Kuhn[7] Anm. 7, Böhle-Stamschräder[6] Anm. 3; abw. Seuffert S. 447, Petersen-Kleinfeller Anm. 4, 5.

4. Die Anfechtung **wirkt** gegenständlich und persönlich nur **beschränkt.** Sie 8
hebt nicht den Zwangsvergleich im ganzen [anders die meisten ausländischen Rechte: Anm. 12], sondern nur die vergleichsmäßige Abschwächung der Forderung des einzelnen anfechtenden Gläubigers auf (Abs. I) und zwar mit rückwirkender Kraft (§ 142 BGB). Das rückwirkende Wiederaufleben kommt auch Sonderrechtsnachfolgern des Anfechtenden, die in dessen Forderung erst nach dem Zustandekommen des Zwangsvergleichs (besonders durch Abtretung oder durch Pfändung und Überweisung) eingerückt waren, zustatten. Die Forderung lebt in ihrer ganzen noch ungetilgten Höhe wieder auf. Belief sich z. B. die Vergleichsquote auf 40%, von denen der jetzt Anfechtende 30% erhalten hatte, dann besteht seine Forderung wieder in Höhe von 70%; hatte er noch gar nichts erhalten, wieder in der vollen Höhe. In dieser Höhe ist die Forderung unter den Voraussetzungen des § 194 nunmehr auch gegen den Gemeinschuldner vollstreckbar [§ 194 Anm. 1; vollstreckbare Ausfertigung dort Anm. 2]. Das Recht des Anfechtenden, beim Treuhandliquidationsvergleich [§ 174 Anm. 4] Befriedigung aus dem Treugut zu verlangen, bleibt unberührt. Die Anfechtung als solche macht die Übertragungen an den Treuhänder nicht hinfällig. Sie läßt auch nachhaltig gewordene Inhaltsänderungen der Vergleichsansprüche unberührt [§ 193 Anm. 3]. Eine „Wiederaufnahme" des Konkurses (§§ 198ff.) sieht das Gesetz für diesen Fall nicht vor, mögen auch alle einzelnen Gläubiger befugtermaßen anfechten. In einem neuen Konkurs des Schuldners ist der Gläubiger zur Anmeldung seiner vollen noch ungetilgten Forderung berechtigt und, wenn die Voraussetzungen des § 194 erfüllt waren, mit diesem Betrage nach § 146 VI zu behandeln. Das entspricht dem Grundgedanken des § 164 II. Siehe § 197 Anm. 2. Unter „Erlaß" ist hier und im § 197 jede vergleichsmäßige Abschwächung des Gläubigerrechts, jedes „Nachlassen" am Rechte, an Kapital oder Zinsen, auch die Stundung, zu verstehen (Motive II S. 427). Die **Vergleichssicherheiten** bestehen, wie der Abs. I ausdrücklich anerkennt, weiter. Sie behalten ihre bisherige Wirksamkeit, aber auch nur diese. Wer sich für eine Vergleichsquote von 25% verbürgt hatte, haftet, auch nach-

dem die Hauptverbindlichkeit ihre ursprüngliche Höhe wieder erreicht hat, nur als Teilbürge bis zur Zahlung der ersten 25% und auch für sie nur nach Maßgabe des Vergleichs, namentlich nur unter dessen zeitlichen Schranken [siehe § 65 Anm. 4].

9 5. Jeder einzelne anfechtungsberechtigte Gläubiger kann auf sein Recht, Teilerlaß und Stundung anzufechten, ausdrücklich oder stillschweigend **verzichten.** Von Rechts wegen leben die herabgeminderten Ansprüche nicht wieder auf (Gegensatz: § 197). Soweit die Anfechtungsrechte unausgeübt bleiben, bewendet es bei der bedungenen Abschwächung der Vergleichsansprüche.

10 **Zusatz. Fremde Rechte.*** Die Möglichkeit einer Beseitigung des Vergleichs ist wohl überall anerkannt. Es bestehen jedoch große Unterschiede in der Bestimmung des Umfangs der Beseitigung (generell oder nur gegenüber einzelnen Betroffenen), der Gründe sowie der verfahrenstechnischen Gestaltung der Beseitigung und ihrer Wirkungen.

1. Die Beseitigung wird je nach den Voraussetzungen des Eintritts und den verschiedenen Wirkungen verschieden bezeichnet. Deutschland nennt die generelle Beseitigung Aufhebung (§§ 195, 197 KO), die beschränkte Beseitigung (§ 196 KO) Anfechtung. Österreich spricht im ersten Fall von Nichtigkeit, im zweiten von einer Unwirksamerklärung (§§ 158, 161 KO). Die Schweiz (Art. 316, 315 SchKG) unterscheidet ebenso zwischen Widerruf und Aufhebung („Aufhebung" ist dort also genau das Gegenstück zu dem, was in Deutschland so genannt wird).

Andere Rechtsordnungen differenzieren nach den Gründen der Beseitigung. So nennen Frankreich und Italien die Beseitigung wegen Nichterfüllung „Auflösung" (*résolution, risoluzione*), die Beseitigung wegen Mangelhaftigkeit „Nichtigerklärung" (*annulation, annullamento*); Belgien und Luxemburg kennen eine „Nichtigkeit" kraft Gesetzes. England kennt nur eine Nichtigerklärung (*annulment*). Die USA sprechen teils nur von der Einstellung des Verfahrens (*dismissing the proceeding*) oder von der Fortsetzung des Konkursverfahrens [vgl. § 190 Anm. 11 unter Nr. 9], ohne die Beseitigung des Vergleichs besonders zu benennen, teils wird ganz allgemein von der „Beseitigung der Bestätigung" (*set aside the confirmation*) gesprochen.

11 2. Die Beseitigung des Vergleichs wegen Nichterfüllung ist wie in Deutschland nicht bekannt vor allem in Österreich (das Gesetz schweigt über diesen Tatbestand, verzichtet also auf eine — nur rechtshistorisch und rechtsvergleichend zu erklärende [§ 195 Anm. 1] — ausdrückliche Formulierung, wie sie in Deutschland § 195 KO enthält). Vereinzelt führt die Nichterfüllung zur beschränkten Beseitigung der Vergleichswirkungen gegenüber dem betroffenen Gläubiger. So namentlich in der Schweiz (Art. 315: „Aufhebung" des Vergleichs durch die Nachlaßbehörde auf Antrag eines Gläubigers, demgegenüber der Vergleich nicht erfüllt worden ist, „mit Bezug auf seine Forderung"). Ganz überwiegend wird jedoch wegen Nichterfüllung der Vergleich generell beseitigt.

a) In Frankreich gilt die richterliche Aufhebung des Vergleichs wegen Nichterfüllung als Anwendungsfall der allgemeinen richterlichen Vertragsauflösung nach Art. 1184 C. civ. Die Aufhebung bewirkt keine Befreiung der Vergleichsbürgen (Art. 141 II D. 20 mai 1955 = Art. 577 II C. com.). Im übrigen sind die Wirkungen der Aufhebung die gleichen wie bei Beseitigung des Vergleichs aus anderen Gründen [vgl. unten zu 3b].

b) Die Regelung in Belgien und Luxemburg entspricht ganz der Regelung Frankreichs (Art. 523 II C. com.).

c) In den Niederlanden ist die Nichterfüllung der einzige Beseitigungsgrund (Art. 165—171 F. W.). Die Aufhebung des Vergleichs (ontbinding) kann von jedem Gläubiger verlangt werden, demgegenüber der Schuldner mit der Erfüllung in Verzug kommt. Im Aufhebungsurteil ist zugleich die „Wiedereröffnung des Verfahrens" anzuordnen [vgl. § 190 Anm. 9 unter Nr. 4]. Die Wiedereröffnung wirkt nicht zurück. Im wiedereröffneten Verfahren, an dem auch Neugläubiger teilnehmen können, ist ein neuer Zwangsvergleich ausgeschlossen [vgl. § 175 Anm. 13 unter Nr. 3g]. Bei Verteilung sind Zahlungen auf Grund des Vergleichs vorweg in Abzug zu bringen.

d) In England wird die Vergleichserfüllung vom Gericht überwacht und notfalls erzwungen [vgl. § 190 Anm. 11 unter Nr. 8]. Klagen auf Erfüllung sind ausgeschlossen; der betroffene Gläubiger ist darauf beschränkt, beim Konkursgericht die Androhung oder Durchführung von Zwangsmaßnahmen zu beantragen (B. R. 213). Die Wirkungen einer

*) Bearbeitet von Prof. Dr. Günther Jahr, Saarbrücken. Wegen der Literatur und der Abkürzungen wird auf Bd. I S. LXIIIff. verwiesen.

Annullierung des Vergleichs wegen Nichterfüllung sind die gleichen wie bei Annullierung aus sonstigen Gründen [vgl. unten zu 3b].

e) Auch Italien unterscheidet in der Regelung des Verfahrens und der Beseitigungswirkungen nicht zwischen den verschiedenen Beseitigungsgründen [vgl. unten zu 3b]. Die richterliche Beseitigung wegen Nichterfüllung kann dort auch von Amts wegen ausgesprochen werden.

f) Die USA begnügen sich mit der Vorschrift, daß bei Nichterfüllung des Vergleichs (*arrangement* oder *plan of corporate reorganization*) die „Fortsetzung des Konkursverfahrens" [vgl. § 190 Anm. 11 unter Nr. 9] anzuordnen ist (§§ 377, 236 B. A. = 11 USC §§ 777, 636).

3. Eine Möglichkeit der Beseitigung des Vergleichs aus anderen Gründen ist nicht bekannt vor allem in den Niederlanden [vgl. oben zu 2c]. Im übrigen wird auch hierbei vereinzelt zwischen beschränkter und genereller Wirkung unterschieden [vgl. unten zu a]. Überwiegend wird jedoch auch aus diesen Gründen der Vergleich stets generell beseitigt [vgl. unten zu b]. 12

a) Eine Unterscheidung zwischen beschränkt und generell wirkender Beseitigung aus anderen Gründen kennt wie Deutschland namentlich Österreich. Dort findet eine persönlich beschränkte Beseitigung (Unwirksamerklärung) statt, wenn der Vergleich „durch betrügerische Handlungen oder durch Einräumung besonderer Vorteile an einzelne Gläubiger zustande gebracht" worden ist (§ 161 KO; zum Verbot begünstigender Sonderabkommen vgl. § 181 Anm. 20 unter Nr. 2, 3; § 184 Anm. 11 unter Nr. 6a). Zur Geltendmachung der Unwirksamkeit bedarf es nicht notwendig der Unwirksamkeitsklage; die Rechte des benachteiligten Gläubigers können auch durch Leistungsklage, Einrede oder Aufrechnung geltend gemacht werden; der Gemeinschuldner darf ihnen auch freiwillig genügen (vgl. Bartsch-Pollak, aaO. Anm. 10 zu § 161). Die *vis attractiva concursus* [vgl. § 71 Anm. 20 unter Nr. 1] geht jedoch so weit, daß für die klageweise Geltendmachung der Rechte das Konkursgericht zuständig ist (§ 162 KO).

Generell wird der Vergleich beseitigt, wenn der Gemeinschuldner binnen zweier Jahre nach Vergleichsbestätigung wegen betrügerischen Bankrotts rechtskräftig verurteilt wird (§ 158 I KO). Diese „Aufhebung" tritt ipso iure ein; ist ausreichendes Vermögen vorhanden, so ist auf Antrag eines Konkursgläubigers das Verfahren wiederaufzunehmen (§ 158 II KO). Auch die Regelung der Wirkungen der Wiederaufnahme (§§ 159, 160 KO) entspricht weitgehend der des deutschen Rechts.

b) Nur generell wirkende Beseitigung des Vergleichs aus anderen Gründen kennen auch Rechtsordnungen, die der Beseitigung des Vergleichs wegen Nichterfüllung nur beschränkte Wirkung zuerkennen [vgl. unten zu α]. Ganz überwiegend begegnet eine solche Regelung aber in denselben Rechtsordnungen, die auch bei Beseitigung des Vergleichs wegen Nichterfüllung nur eine generelle Wirkung anordnen [vgl. oben zu 2 und unten zu β—ε].

α) In der Schweiz wirkt die „Aufhebung des Nachlaßvertrags" wegen Nichterfüllung nur gegenüber dem Gläubiger, der sie erwirkt hat [vgl. oben zu 2 vor a]. Ein „Widerruf des ganzen Nachlaßvertrags" durch die Nachlaßbehörde auf Antrag eines Gläubigers ist möglich, wenn der Vergleich „auf unredliche Weise zustandegekommen" ist (Art. 316 SchKG). Diese Voraussetzung wird insbesondere als erfüllt angesehen, wenn verbotene Sonderabkommen abgeschlossen worden sind [vgl. § 181 Anm. 20 unter Nr. 2, 3]. Eine Regelung der Wirkungen des „Widerrufs" für den Fall des „Nachlaßvertrags im Konkurs" fehlt. Da das Gesetz für diesen Fall auf Art. 309 SchKG verweist, der für das reine „Nachlaßverfahren" bei Widerruf des Vergleichs ein besonderes Konkursantragsrecht statuiert, darf angenommen werden, daß der Widerruf des Vergleichs den der Bestätigung folgenden Widerruf des Konkurses [vgl. § 190 Anm. 9 unter Nr. 3] nicht beseitigt, so daß das Konkursverfahren auf neuen Antrag wieder neu zu eröffnen ist.

β) Frankreich kennt eine generelle Beseitigung des Vergleichs (Nichtigerklärung) aus ähnlichen Gründen, wie sie im deutschen Recht zur Anfechtbarkeit oder zur Aufhebung nach §§ 196, 197 KO führen: Betrug beim Zustandekommen des Vergleichs (bestehend in der Verschweigung von Aktiven oder der Erdichtung von Passiven); Verurteilung wegen betrügerischen oder (seit der Reform von 1955) einfachen Bankrotts (Art. 135, 142 D. 20 mai 1955 = Art. 571, 578 C. com.). Es bedarf jedoch in jedem Fall einer gerichtlichen Entscheidung, die wie im Fall der Aufhebung wegen Nichterfüllung die „Wiedereröffnung des Verfahrens" zur Folge hat [vgl. § 190 Anm. 10 unter Nr. 5 sowie oben zu 1 und 2a]. Im wiedereröffneten Verfahren ist nach Nichtigerklärung die *concor-*

sion en faillite obligatorisch, ein neuer Zwangsvergleich also ausgeschlossen. Die Beseitigung des Vergleichs durch Nichtigerklärung führt anders als die Aufhebung wegen Nichterfüllung auch zur Befreiung der Vergleichsbürgen. Im übrigen entsprechen die Wirkungen der Beseitigung trotz Annahme einer Rückwirkung [vgl. § 190 Anm. 10 unter Nr. 5] im wesentlichen der Regelung des deutschen Rechts (zwischenzeitliche Rechtshandlungen des Gemeinschuldners bleiben gültig und sind höchstens anfechtbar; Neugläubiger nehmen am wiedereröffneten Konkurs teil).

Eine Besonderheit besteht jedoch in der Berücksichtigung einer vollen oder teilweisen Befriedigung der Vergleichsgläubiger: jede Zahlung auf die Vergleichsquote gilt nach Bestätigung des Vergleichs als Zahlung auf die ganze Forderung mit der Maßgabe, daß sie diese Forderung nicht nur im Betrag der Leistung, sondern im Verhältnis des Betrags der Leistung zum Betrag der gesamten nach dem Vergleich übriggebliebenen Schuld tilgt (Art. 147 D. 20·mai 1955 = Art. 583 C. com.). Hat der Schuldner vor Beseitigung des Vergleichs die ganze Vergleichsquote (z. B. 40%) voll an einen Gläubiger bezahlt, so gilt das als vollständige Tilgung der Forderung (ursprünglich z. B. 1000 frs.); der Gläubiger kann im wiedereröffneten Konkurs nichts mehr fordern. Hätte der Schuldner im Beispielsfall nur 200 frs gezahlt (½ der Vergleichsquote), so würde das als Tilgung in Höhe von 500 frs (½ der ursprünglichen Schuld) gelten; der Gläubiger könnte im wiedereröffneten Konkurs nur noch 500 frs fordern. Hat ein Gläubiger noch keine Zahlung auf die Vergleichsquote erhalten, so kann er im wiedereröffneten Konkurs den ganzen ursprünglichen Forderungsbetrag geltend machen. Diese Regelung soll die Neugläubiger schützen, die auf den Fortbestand der im Vergleich bewirkten Reduzierung der Schuldenmasse wenigstens dann sollen vertrauen dürfen, wenn der Schuldner mit der Erfüllung der Vergleichsschulden begonnen hat.

Die Regelung gilt auch, wenn es nach Vergleichsbestätigung zu einem neuen Konkursverfahren kommt, da in diesem Fall der Zwangsvergleich ebenfalls hinfällig wird (Unmöglichkeit der Erfüllung).

γ) In Belgien und Luxemburg gilt im wesentlichen die gleiche Regelung wie in Frankreich (Art. 521—527 C. com.). Als Abweichungen sind zu bemerken: die Verurteilung wegen einfachen Bankrotts ist kein Beseitigungsgrund (in Frankreich erst seit 1955); die Verurteilung wegen betrügerischen Bankrotts bewirkt ipso iure Nichtigkeit des Vergleichs [vgl. oben zu 1], einer gerichtlichen Nichtigerklärung bedarf es daher nicht, dafür ist in diesem Fall die sonst aus der Nichtigerklärung folgende „Wiedereröffnung des Verfahrens" besonders auszusprechen.

δ) Italien läßt eine „Nichtigerklärung" [vgl. oben zu 1] des Vergleichs nur zu, wenn dieser durch Betrug zustandegekommen ist (Art. 138 L. F.). Nach französischem Vorbild gilt dabei als Betrug nur die dolose Verschweigung von Aktiven und die Erdichtung von Passiven. Im übrigen vgl. § 190 Anm. 11 unter Nr. 7.

ε) England kennt neben der Beseitigung wegen Nichterfüllung eine Beseitigung des Vergleichs, wenn die gerichtliche Bestätigung durch Betrug (*fraud*) erlangt wurde oder wenn nach der Überzeugung des Gerichts der Vergleich „nicht ohne Ungerechtigkeit oder ungerechtfertigte Verzögerung" ausgeführt werden kann; die *annulation* [vgl. oben zu 1] kann nur auf Antrag des amtlichen Sequesters, des Treuhänders oder eines Gläubigers erfolgen (§§ 16 XVI, 21 III B. A.). Die Beseitigung, aus welchem Grunde sie auch erfolgt ist, wird mit der Bankrotterklärung verbunden [vgl. § 190 Anm. 11 unter Nr. 8], läßt aber die Gültigkeit der in der Zwischenzeit vorgenommenen Rechtshandlungen unberührt.

c) Eine besondere Regelung begegnet in den USA (§ 386 B. A. = 11 USC § 786). Dort kann im Verfahren des *arrangement* [vgl. § 184 Anm. 11 unter Nr. 13a] der Vergleich beseitigt werden (*set aside the confirmation*), wenn er durch Betrug (*fraud*) zustandegekommen ist. Die Beseitigung erfolgt nur auf Antrag, der von jedem Beteiligten gestellt werden kann, aber innerhalb von sechs Monaten nach der Vergleichsbestätigung angebracht werden muß. Der Antrag ist nur zulässig, wenn der Antragsteller von dem Betrug erst nach der Bestätigung erfahren hat. War der Schuldner an dem Betrug beteiligt oder hat er vor Bestätigung davon Kenntnis erlangt, ohne dem Gericht Mitteilung zu machen, so kann der Vergleich beseitigt und angeordnet werden, „mit dem Konkursverfahren fortzufahren" (*that bankruptcy be proceeded with*). Statt dessen kann das Gericht und muß es, wenn diese Voraussetzungen nicht vorliegen, entweder die Bestätigung widerrufen, das Verfahren wiederaufnehmen und eine Verhandlung über Änderungen des Vergleichs zwecks Beseitigung der Betrugsfolgen anordnen oder ohne Widerruf der Bestätigung das Verfahren wiederaufnehmen und den Vergleich zwecks Beseitigung der Betrugsfolgen abändern, wobei Interessen am Betrug unbeteiligter Dritter nicht beeinträchtigt werden dürfen.

§ 197

Die rechtskräftige Verurteilung des Gemeinschuldners wegen betrüglichen Bankerotts hebt für alle Gläubiger den durch den Zwangsvergleich begründeten Erlaß auf, unbeschadet der ihnen durch den Vergleich gewährten Rechte.

Auf Antrag eines Gläubigers kann das Konkursgericht Sicherheitsmaßregeln gegen den Gemeinschuldner schon vor der rechtskräftigen Verurteilung desselben anordnen.

Materialien: Motive I Bd. 2 S. 174f., Motive II S. 427f., Protokolle S. 115, 186.

Einfluß einer Verurteilung wegen Bankrotts

I. Wegfall der Vergleichsschranken (Abs. I)

1. Das Erlöschen der im Vergleich bedungenen Beschränkungen der Gläubigerrechte **setzt voraus:** eine rechtskräftige Verurteilung des Gemeinschuldners selbst wegen Bankrotts und zwar wegen eines vollendeten betrügerischen Bankrotts (§ 239), der gerade in Beziehung auf den zu diesem Zwangsvergleich führenden, nicht auf irgendeinen früheren Konkurs begangen worden ist [§ 175 Anm. 10]. Vgl. §§ 175 Nr. 2, 186 Nr. 2 KO; siehe auch § 88 I VerglO „wenn der Schuldner im Zusammenhang mit dem Vergleichsverfahren wegen betrügerischen Bankrotts rechtskräftig verurteilt wird". Verurteilung wegen nur versuchten betrügerischen Bankrotts oder wegen einer anderen Konkursstraftat (§§ 240, 241) genügt nicht. Kommt es, weil etwa der Schuldner stirbt oder geisteskrank wird, nicht zu einer „rechtskräftigen Verurteilung", dann versagt die Anwendbarkeit des § 197. Tritt andererseits die Rechtskraft der Verurteilung schon ein, ehe die Bestätigung des Zwangsvergleichs in Rechtskraft erwachsen ist (§§ 184, 189), so kann — unbeschadet der im Wesen des Rechtsmittels liegenden Schranken [§ 189 Anm. 2] — noch im Beschwerdeweg eine Vergleichsverwerfung erwirkt werden. Geschieht das nicht, dann wird der § 197 anwendbar. Daß zu der Zeit, da das Strafurteil in Rechtskraft erwächst, das Konkursverfahren schon aufgehoben war, verlangt der § 197 nicht. Schwebt es noch, dann hat das Konkursgericht unbeschadet der §§ 198ff. den Konkursaufhebungsbeschluß zu erlassen, weil die Voraussetzungen des § 190 durch den bloßen Wegfall der Vergleichsschranken [Anm. 2] nicht beseitigt werden. Begnadigung macht den Eintritt der Rechtsfolgen des § 197 nicht rückgängig (denn der Abs. I enthält keine Straffolge des Verbrechens), wohl aber eine im Wiederaufnahmeverfahren (§§ 359ff. StPO) erkannte rechtskräftige Freisprechung. Verurteilt muß sein, wer in dem zum Zwangsvergleich führenden Konkurs Träger oder Mitträger der Gemeinschuldner-Rolle ist oder war. So im Nachlaßkonkurs der Erbe wegen eines in Beziehung auf das ererbte Vermögen verübten Bankrotts. Was zu § 175 Anm. 3f. vom Nachlaßkonkurs und vom Konkurs einer juristischen Person oder einer nicht körperschaftlich eingerichteten Handelsgesellschaft bemerkt ist, gilt auch hier. Auslandsstrafurteil: § 175 Anm. 11. 1

2. Die **Wirkung** des Strafurteils tritt — im Gegensatz zum Falle des § 196 — **von Rechts wegen** und **zugunsten aller durch den Vergleich beschränkten Gläubiger** ein. Es bedarf also keiner rechtsgeschäftlichen Umstoßung des Erlasses, keiner Willenserklärung irgend eines Gläubigers. Das stellt die gegensätzliche Fassung der §§ 196 I, 197 I außer Zweifel. Da Tatsache und Zeitpunkt der rechtskräftigen Verurteilung einfach und sicher zu ermitteln sind, unterliegt es auch keinem Bedenken, auf eine besondere behördliche Feststellung zu verzichten. Vgl. Motive II S. 428; abw. v. Wilmowski-Kurlbaum Anm. 1, Seuffert § 57 N. 41. Der Zwangsvergleich selbst tritt nicht außer Kraft, sondern — abgesehen vom § 198 — nur die darin festgesetzte Minderung der Gläubigerrechte (Erlaß, Stundung) unter Aufrechterhaltung der Vergleichsgarantien im bisherigen Umfang [§ 196 Anm. 8; dort auch über den Inhaltswandel der Vergleichsansprüche]. 2

Dementsprechend kann nunmehr der Tabelleintrag unter der Voraussetzung der §§ 194, 164 II gegen den Schuldner in voller Höhe der Feststellung bzw. in Höhe des noch ungetilgten Forderungsbetrages (unter Anrechnung vergleichsmäßig geleisteter Teilzahlungen) vollstreckt werden [§ 194 Anm. 1, § 196 Anm. 8]. Die Geschäftsstelle des Konkursgerichts hat daher die ihm nachgewiesene rechtskräftige Verurteilung der vollstreckbaren Tabellausfertigung einzuverleiben [vgl. auch § 194 Anm. 2]. Gegenüber den Vergleichsgaranten bewendet es bei der Vollstreckbarkeit in den Grenzen des Vergleichs [§ 196 Anm. 8]. In einem neuen oder wiederaufgenommenen (§ 198) Konkurs ist die ganze festgestellte Forderung zugriffsreif im Sinne des § 146 VI [§ 196 Anm. 8]. Siehe Fitting § 50 N. 4f., Kohler ArchZivPrax. 81 S. 392, Petersen-Kleinfeller Anm. 1, Mentzel-Kuhn[7] Anm. 3, Böhle-Stamschräder[6] Anm. 2; abw. Seuffert aaO. Rückwirkende Kraft legt das Gesetz der „Aufhebung" des „Erlasses" — der wie die Stundung eine positive, zunächst der „Begründung" bedürfende Tatsache bildet (abw. Scheuffler S. 21 in der zum § 198 angeführten Schrift) — nicht ausdrücklich bei. Die Rückwirkung entspricht aber dem Zwecke des § 197, der den Anfechtungserfolg des § 196 verstärken will [§ 196 Anm. 8]. Im Ergebnis ebenso Kohler Lehrbuch S. 500. Daraus zieht Wolff Anm. 1 mit Recht die Folgerung, daß für den vollen ungetilgten Betrag der Vergleichsansprüche einstehen muß, wer etwa inzwischen das Vermögen des Gemeinschuldners im ganzen übernommen hat (§ 419 BGB). Zust. Mentzel-Kuhn[7] Anm. 3.

3 Eine zeitliche Grenze ist für den Eintritt der Rechtsfolgen des § 197 nicht gezogen (ebensowenig im § 88 VerglO). Sie greifen daher auch Platz, wenn das Strafurteil erst lange Jahre nach dem Vergleichsabschluß ergeht (vgl. § 239 KO mit § 67 I StGB). Zahlreiche Auslandsgesetze haben feste Zeitschranken gezogen [§ 196 Anm. 12]. Das empfiehlt sich aus Rücksichten der Verkehrssicherheit.

II. Sicherheitsmaßregeln (Abs. II)

4 1. Noch bevor eine Verurteilung des Schuldners wegen betrügerischen Bankrotts ergangen oder in Rechtskraft erwachsen ist, kann das Konkursgericht auf Gläubigerantrag einstweilige Sicherungsanordnungen [siehe § 106 Anm. 1, 2], besonders ein allgemeines Veräußerungsverbot, erlassen (Abs. II). Gerechtfertigt wird die Vorschrift durch die mit dem Bankrottverdacht verknüpfte Erschütterung des Vertrauens. Ihr **Ziel** ist die Sicherung der künftigen Konkursmasse des nach § 198 wieder aufzunehmenden Konkursverfahrens. Das ergibt einmal der innere Zusammenhang mit der unmittelbar folgenden Vorschrift des § 198, sodann die unverkennbare Zweckverbundenheit unseres Abs. II mit dem § 106 (wenn dieser auch umgekehrt einen Konkursantrag und keinen Sicherungsantrag voraussetzt), weiter die Entstehungsgeschichte, da der vorbildliche § 202 II preuß. KO zweifellos der Konkursmassesicherung diente, endlich aber die Erwägung, daß kein vernünftiger Grund besteht, gerade das Konkursgericht mit der Sicherung einzelner Ansprüche zu betrauen, die doch Aufgabe des Arrestgerichts ist. Auch der § 56 III GKG unterstützt diese Annahme. Unter diesem Gesichtspunkt sind die Zweifel zu lösen, zu denen der Abs. II Anlaß gibt. Oetker I S. 197ff., Scheuffler S. 94, Mentzel-Kuhn[7] Anm. 4, Böhle-Stamschräder[6] Anm. 3; abw. v. Wilmowski-Kurlbaum Anm. 2.

2. Voraussetzungen

5 **a)** Die Anordnung setzt den **Antrag** eines Gläubigers voraus. Antragsberechtigt ist jeder zum Wiederaufnahmeantrag nach § 198 berechtigte Gläubiger [§ 198 Anm. 3]. Oetker I S. 199; abw. herrschende Lehre z. B. Mentzel-Kuhn[7] Anm. 4, Böhle-Stamschräder[6] Anm. 3: nur ein vom Vergleich betroffener Gläubiger; vgl. jetzt allerdings auch § 88 II VerglO. Gebühr des Gerichts: § 56 II GKG, des Rechtsanwaltes: § 76 Nr. 2 BRAGebO. Antragsform: § 72 Anm. 3b.

b) Daß bereits eine „gerichtliche Untersuchung" anhängig ist, setzt unser Abs. II — anders als der § 175 Nr. 2 — nicht voraus. Auch ein staatsanwaltschaftliches Ermittlungsverfahren kann den die Sicherung empfehlenden Vertrauensmangel auslösen. Immerhin ergibt der Zusammenhang der Vorschrift, daß das Konkursgericht die Maßregeln nur anordnen darf, wenn es mit der künftigen Verurteilung rechnet. Jedenfalls genügt die Erhebung der öffentlichen Klage (§ 170 I StPO).

3. Die Sicherungsmaßregeln müssen nach dem Zwecke der Vorschrift [Anm. 4] **6**
solche sein, die der Masse des wiederaufzunehmenden Konkurses, also der Gesamtheit der Gläubiger dieses Verfahrens zugute kommen. Oetker I S. 198 mit abw. Schrifttum. Eine rechtskräftige Freisprechung des Schuldners macht die angeordneten Maßregeln zwecklos und führt darum zur Aufhebung von Amts wegen. Beschwerde: § 106 Anm. 2.

Fremde Rechte: § 196 Anm. 10ff., insbesondere Anm. 12.

§ 198

Im Falle der rechtskräftigen Verurteilung wird, wenn genügend Masse vorhanden ist oder ein zur Deckung der im § 58 Nr. 1, 2 bezeichneten Massekosten ausreichender Geldbetrag vorgeschossen wird, das Konkursverfahren auf Antrag eines Konkursgläubigers wieder aufgenommen.

Die Wiederaufnahme erfolgt durch Beschluß des Gerichts. Auf den Zeitpunkt der Wiederaufnahme und die Bekanntmachung derselben finden die Vorschriften der §§ 108, 111 bis 113 entsprechende Anwendung.

Materialien: Motive I Bd. 2 S. 175f., Motive II S. 428, Protokolle S. 115, 186, Begründung S. 45.

Abhandlungen: Oetker Konkursrechtliche Fragen (in der Festschrift der Rostocker Juristenfakultät zu Windscheids fünfzigjährigem Doktorjubiläum, 1888) S. 73—93; F. W. Roeder Der wiederaufgenommene Konkurs (Leipz. Diss. 1912); Heinr. Scheuffler Wiederaufnahme des Konkursverfahrens (Leipz. Diss. 1914).

Wiederaufnahme des Konkurses

Die auch zahlreichen Auslandsgesetzen in mancherlei Gestaltung bekannte [§ 196 **Einl.**
Anm. 10ff.] Einrichtung einer Wiederaufnahme des Konkursverfahrens hat in der deutschen Praxis kein Leben gewonnen. So zahlreich die Zweifel sind, die in der Rechtslehre bei Behandlung der §§ 198—201 auftauchen, die Rechtsprechung hatte ihnen in den mehr als achtzig Jahren ihrer Geltung keine Beachtung zu schenken. Das erklärt sich wohl daraus, daß die Schutzvorschriften der §§ 175, 186 Nr. 2 dem Zwangsvergleich des Bankrottierers mit Erfolg einen Riegel vorschieben. Vielleicht wird auch ein sich lohnender Neukonkurs vorgezogen. Leider fehlen statistische Nachweise.

I. Voraussetzungen der Wiederaufnahme

1. Sachliche Voraussetzung (Wiederaufnahmegrund) ist die rechtskräftige Ver- **1**
urteilung des früheren Gemeinschuldners wegen eines in Beziehung auf den früheren Konkurs verübten betrügerischen Bankrotts [§ 197 Anm. 1]. Eine gerichtliche Feststellung des Inhalts, daß der seiner Zeit im Eröffnungsbeschluß bejahte und durch dessen Rechtskraft gedeckte Konkursgrund (Zahlungsunfähigkeit oder Überschuldung) in der Gegenwart noch vorliege, erfordert der § 198 nicht. Selbst wenn der Schuldner durch Verschleierungen seiner Vermögenslage im Sinne des § 239 I Nr. 1, 2 Konkurs und Zwangsvergleich erschlichen hat, um eine Schuldenlast, der er voll gewachsen war, teilweise abzuschütteln, wäre einem Aufnahmeantrag das Rechtsschutzbedürfnis [siehe § 103 Anm. 1, 6, § 105 Anm. 2] nicht abzusprechen (anders Jaeger 6./7. Aufl.); denn es hat in jedem Falle guten Sinn, den alten Gläubigern die Vorteile einer gleichmäßigen und unabhängig vom Willen des Schuldners bis zur vollen Schuldentilgung zu verwirklichenden Befriedigung zu gewährleisten. Steht der Konkursgrund fest, dann haben die alten Gläubiger zwischen Wiederaufnahmekonkurs und Neukonkurs die Wahl. Zust. Mentzel-Kuhn[7] Anm. 2. Jedenfalls

aber verliert eine Zahlungseinstellung, in der sich der Konkursgrund des Hauptkonkurses offenbart hatte, ihre anfechtungsrechtliche Maßgeblichkeit [§ 199 Anm. 2, 4]. Kommt es, nachdem die Wiederaufnahme des Konkurses rechtskräftig beschlossen worden ist, infolge einer Wiederaufnahme des Strafverfahrens (§§ 359ff. StPO) zur rechtskräftigen Freisprechung des Schuldners, dann leben die vergleichsmäßigen Schranken der Gläubigerrechte (Erlaß und Stundung) wieder auf [§ 197 Anm. 1], der Konkursaufnahmegrund entfällt. Da sonach der Zwangsvergleich seine volle Wirksamkeit wieder erlangt, erscheint eine erneute Aufhebung des wiederaufgenommenen Konkurses in sinngemäßer Anwendung des § 190 geboten. Über den Fall, daß im Neukonkurs der Konkursgrund wegfällt, siehe §§ 202f. Anm. 2, 6.

2 2. **Verfahrensrechtliche** Voraussetzung ist ein gehöriger **Antrag:** keine Wiederaufnahme von Amts wegen, kein Wiederbeginn des Konkurses von Rechts wegen! Die Ablehnung einer Wiederaufnahme von Amts wegen rechtfertigt sich aus der Erwägung, daß seit der Aufhebung des Konkurses eine geraume Zeit verstrichen sein kann und daß die Wiederaufnahme zugleich in gewissen Grenzen ein Neukonkurs ist [Anm. 8, 9]. Kleinfeller LZ 1911 Sp. 257. Fremde Rechte: § 196 Anm. 10ff. Antragsform: § 72 Anm. 3b.

3 a) **Antragsberechtigt** ist jeder noch nicht ganz befriedigte frühere „Konkursgläubiger", auch wenn er am Hauptkonkurs gar nicht teilgenommen, auch wenn er bereits die Vergleichsbezüge voll erhalten hat (§ 198 I). Die Antragsbefugnis hat auch ein durch Absonderungsrecht gesicherter Konkursgläubiger (§ 64). Desgleichen ein bevorrechtigter, aber nicht nach § 191 II gedeckter Gläubiger (antragsberechtigt ist jeder „Konkursgläubiger", nicht nur ein Vergleichsgläubiger des Hauptkonkurses). Endemann S. 610f., Fitting § 50 Note 7, Kohler Lehrbuch S. 501, Wolff Anm. 3, Oetker Konkursr. Fragen S. 83, Mentzel-Kuhn[7] Anm. 5, Böhle-Stamschräder[6] Anm. 1; abw. Seuffert § 58 N. 1, Scheuffler S. 45 u. a. Ein neuer Gläubiger ist ungeachtet seiner Berechtigung zur Teilnahme am aufgenommenen Verfahren (§ 200 II) nur zum Antrag auf Neukonkurs, nicht zum Wiederaufnahmeantrag befugt. Das ergibt sich daraus, daß die Wiederaufnahme ausschließlich die Belange der Vergleichsgläubiger zu schützen bezweckt [Anm. 1]. Zust. Roeder S. 37ff. mit Verw., Mentzel-Kuhn[7] Anm. 5; abw. Kohler aaO. Daß der Gemeinschuldner selbst die Wiederaufnahme nicht erwirken darf, ergibt ein nach dem Zwecke des Gesetzes zweifelsfreier Gegenschluß aus Abs. I.

4 b) Der Antragsteller hat seine Eigenschaft als früherer Konkursgläubiger und den — meist schon gerichtskundigen — Wiederaufnahmegrund **glaubhaft zu machen.** Denn insoweit müssen, was Abs. II Satz 2 bestätigt, die Sätze des Eröffnungsverfahrens (§ 105) entsprechende Anwendung finden. Es wäre nicht einzusehen, warum für die Zulassung des Wiederaufnahmeantrags erschöpfende Beweisführung, für die Zulassung des Antrags auf die Konkurseröffnung selbst aber bloße Glaubhaftmachung genügen sollte. Feststellung der Forderung zur Tabelle des Hauptkonkurses und Gerichtskundigkeit des Strafurteils erübrigen die Glaubhaftmachung. Auch für den Wiederaufnahmegrund der Verurteilung aber hat das Erfordernis einer Glaubhaftmachung insofern seine Berechtigung, als es den Konkursrichter der Pflicht enthebt, auf völlig unbelegte Behauptung hin amtliche Ermittelungen anstellen zu müssen. So auch die herrschende Lehre z. B. Oetker Fragen S. 77ff., Roeder S. 60f., Seuffert S. 450, Mentzel-Kuhn[7] Anm. 5, Böhle-Stamschräder[6] Anm. 1; abw. Hellmann S. 557, v. Wilmowski-Kurlbaum Anm. 2, Wolff Anm. 3.

5 3. Entsprechend dem § 105 II wird auch die **Anhörung des Schuldners** geboten, nicht bloß freigestellt sein. Der Wiederaufnahmegrund — die rechtskräftige Verurteilung — ist freilich eine Tatsache, bei der das „Einräumen" des Schuldners keine Rolle spielt. Allein die Anhörung hat einen weiteren Zweck. Der Schuldner kann bei dieser Gelegenheit andere wichtige Punkte zur Sprache bringen. Er kann besonders die Gläubigereigenschaft des Antragstellers oder die **Zulänglichkeit der Masse** zur

Kostendeckung in Frage stellen oder auf die Eröffnung eines neuen Konkurses durch ein anderes Gericht aufmerksam machen [§ 105 Anm. 2]. Vgl. Oetker Fragen S. 79, Wolff Anm. 3; abw. Hellmann S. 557, Seuffert § 58 N. 5. Das Konkursgericht darf den Wiederaufnahmebeschluß nur erlassen, wenn es vom Vorhandensein des Aufnahmegrundes Gewißheit erlangt und die Zulänglichkeit der Masse zur Kostendeckung oder die Leistung eines ausreichenden Kostenvorschusses festgestellt hat. Sonst muß — nicht „kann" [siehe §107 Anm. 1] — der Antrag abgewiesen werden. Ein dem § 107 II entsprechender Listeneintrag empfiehlt sich. Gegen den Aufnahmebeschluß hat (dem § 109 entsprechend) nur der Schuldner, gegen den Abweisungsbeschluß nur der Antragsteller die sofortige Beschwerde. Nach Abs. II Satz 2 ist die Stunde der Wiederaufnahme im Beschluß anzugeben (§ 108) und dieser wie der Eröffnungsbeschluß öffentlich bekannt zu machen (§ 111), an Registerbehörden, Dienstbehörde und Grundbuchamt mitzuteilen und in das Grundbuch einzutragen (§§ 112, 113). Auch im Handelsregister (§§ 32, 6 HGB) ist die Wiederaufnahme gleich der Eröffnung des Konkurses zu vermerken. Muster eines Wiederaufnahmebeschlusses bei Schrader-Bauer Hdb.[2] F III 152 S. 135. Die Aufnahme wirkt, wie die Konkurseröffnung, namentlich auf die Verfügungsmacht des Schuldners (§ 6) und auf einen die Masse betreffenden Prozeß (§ 240 ZPO). Siehe Anm. 8.

4. **Zuständig für die Wiederaufnahme** und den Wiederaufnahmekonkurs ist ausschließlich das Gericht des Hauptkonkurses. Für die Eröffnung eines Neukonkurses dagegen kann, da der Zuständigkeitsgrund des § 71 möglicherweise unterdessen infolge Verlegung der Niederlassung des Schuldners oder seines Wohnsitzes gewechselt hat, ein anderes Gericht zuständig sein. Ein solcher Wechsel mag im Falle der Wiederaufnahme des Verfahrens durch das frühere Konkursgericht Schwierigkeiten bereiten, etwa bei Anwendung des § 101. Allein es unterliegt keinem Zweifel, daß in dem mit den §§ 198ff. untrennbar zusammenhängenden § 197 II „das Konkursgericht" dasselbe Gericht bedeutet, das bisher als Konkursgericht tätig geworden war (abw. Roeder S. 27ff.). Das entspricht auch dem Wesen der Wiederaufnahme [Anm. 1]. Sollte die Rückkehr des Schuldners zur Sicherung der Masse geboten sein, so würde sich im Falle der Wiederaufnahme des Konkurses ein Rückkehrzwang aus dem Grundsatz des §101 I rechtfertigen lassen. Sind bei demselben Gericht Wiederaufnahme und Neukonkurs beantragt, so geht der zuerst gestellte Antrag vor. Ebenso entscheidet dem § 71 II entsprechend der zeitliche Vorrang des Antrags, wenn bei verschiedenen Gerichten Wiederaufnahme und Neukonkurs beantragt sind. **Schwebt bereits der Neukonkurs,** so ist eine Aufnahme nicht mehr statthaft. Denn der wiederaufgenommene Hauptkonkurs verstrickt als Konkursmasse dasselbe Vermögen wie der Neukonkurs, ein Verfahren schließt also das andere aus. Die Annahme, daß der inzwischen eröffnete Neukonkurs einzustellen (so z. B. Petersen-Kleinfeller Anm. 2), daß er im Wiederaufnahmekonkurs „aufgehe" (so Wolff Anm. 2) oder bei Eröffnung durch ein anderes Gericht an das alte Konkursgericht „abzugeben" sei (so Kohler Leitfaden S. 300, Wolff aaO.), widerstreitet dem Gesetz, das eine derartige Behandlung nicht kennt (§§ 202ff.). Oetker Fragen S. 80, Grundbegriffe I S. 193, Seuffert S. 449, Fitting § 50 N. 9, Böhle-Stamschräder[6] Anm. 3; eigenartig Scheuffler S. 49. Wohl aber kann nach Beendigung des Neukonkurses der Erstkonkurs — gegen Oetker Grundbegriffe aaO., ZHR 66 S. 201f. — wieder aufgenommen werden, falls genügende alte oder neue Masse vorhanden ist. Die Altgläubiger haben unter dieser Voraussetzung nach Abs. I ein Recht auf die Wiederaufnahme. Sie können an ihr auch ein schutzwertes Interesse haben. So, wenn erst nach Beendigung des Neukonkurses der Grund zur Aufnahme des Erstkonkurses eintritt. Denn in diesem Falle durften die Vergleichsgläubiger des Erstkonkurses nur die bei Eröffnung des Neukonkurses noch ungetilgte Vergleichsquote anmelden und dementsprechend im Neukonkurs überhaupt nicht berücksichtigt werden, wenn sie vor seiner Eröffnung bereits die ganze Quote empfangen hatten. Grundsätzlich ebenso Petersen-Kleinfeller aaO., v. Wilmowski-Kurlbaum Anm. 1 a. E., Seuffert aaO. N. 4, Hellmann S. 556, Roeder S. 87ff., Böhle-Stamschräder[6] Anm. 3. 6

II. Wesen der Wiederaufnahme

7 Die Wiederaufnahme ist **Erneuerung des Hauptkonkurses,** aber eine Erneuerung **ohne rückwirkende Kraft** [Anm. 8]. Hinsichtlich der Aktivmasse und der Schuldenmasse wird sie jedoch **wie ein Neukonkurs** behandelt [Anm. 9].

1. Der erneuerte Konkurs bildet eine **Fortsetzung des früheren Verfahrens.** Darum setzt eine Wiederaufnahme die Feststellung nicht voraus, daß auch zur Zeit ihrer Anordnung der Konkursgrund vorliegt [Anm. 1]. Darum bleibt das frühere Konkursgericht zuständig [Anm. 6]. Darum ist der frühere Konkursverwalter wieder zum Verwalter zu ernennen [Anm. 8]. Darum wirkt die frühere Anmeldung auch für das aufgenommene Verfahren (so die herrschende Lehre z. B. Fitting S. 453, abw. Roeder S. 46ff.). Die Fortdauer ergibt sich aus § 201 II, da ja sogar das Ergebnis der die Anmeldung voraussetzenden Prüfung maßgebend bleibt, und wird durch die Fassung des § 200 bestätigt [§ 200 Anm. 3]. Nur soweit nötig, wird das Verfahren wiederholt (§ 200 I). Konkursmasse ist dagegen alles zur Zeit der Wiederaufnahme beschlagsfähige Schuldnervermögen, auch neu erworbenes [Anm. 9].

8 2. Die Erneuerung hat **keine rückwirkende Kraft.** Darum verläuft und wirkt die Wiederaufnahme entsprechend einer Konkurseröffnung, wie denn auch ein besonderer Wiederaufnahmezeitpunkt bekannt gemacht wird [Anm. 1—5]. Darum wird die zwischenzeitliche Verfügungsmacht des Schuldners (§ 192) als solche anerkannt: der Konkursbeschlag setzt nur für die Zukunft wieder ein, insoweit unmittelbar mit der Wiederaufnahme [Anm. 5]; zwischenzeitliche Verfügungen des Schuldners gelten nicht etwa nach § 7 als unwirksam, sondern können nur nach Maßgabe des § 199 angefochten werden [frühere Anfechtbarkeit: § 199 Anm. 4]; zwischenzeitlich begonnene oder wiederbegonnene Prozesse des Schuldners werden, wenn sie Beziehung zur Masse des wiederaufgenommenen Konkurses haben, wie durch eine selbständige Konkurseröffnung von nun ab nach § 240 ZPO unterbrochen oder wieder unterbrochen. Darum leben auch die gesetzlichen Befugnisse des Konkursverwalters (§ 6) nicht etwa rückwirkend wieder auf. Wohl hat das Gericht dem Wesen der Wiederaufnahme entsprechend den früheren Verwalter erneut zu ernennen. Allein seit der Aufhebung des alten Konkurses kann der frühere Verwalter aus tatsächlichen und rechtlichen Gründen unerreichbar geworden sein. Eine Weisung zur Fortführung des Amtes muß das Gericht ohnehin an ihn erlassen. Das hat in der Form erneuter Ernennung zu geschehen, die dem § 110 I entsprechend gleich „bei" der Wiederaufnahme auszusprechen und mit dieser nach § 81 I bekannt zu machen ist. Da der Verwalter bei Aufhebung des Konkurses seine Bestallung hatte zurückgeben müssen (§ 81 II 2), bedarf es einer erneuten Ausfertigung. Das Vorschlagsrecht des § 80 greift nur ein, wenn ein anderer Verwalter ernannt worden wäre. Vgl. Roeder S. 55ff. mit Verw. (meist wird angenommen, das Verwalteramt lebe von selbst wieder auf, z. B. von Mentzel-Kuhn[7] § 201 Anm. 1 mit Verw.; wie hier dagegen Böhle-Stamschräder[6] Anm. 2). Vgl. auch § 201 Anm. 2. Auch ein Gläubigerausschuß bedarf der Neubestellung (§ 87).

9 3. Über den **Umfang der Schulden- wie der Teilungsmasse** entscheidet der Zeitpunkt der Wiederaufnahme [Anm. 5] einheitlich. Neue Gläubiger müssen zugelassen werden (§ 200 II), weil sie bei der zwischenzeitlichen Verfügungsmacht des Schuldners auf das in den aufgenommenen Konkurs fallende Vermögen bauen durften (Motive II S. 429) [§ 200 Anm. 3]. Auch sie nehmen fortab an der Gläubigerversammlung teil. Alte Versammlungsbeschlüsse (z. B. nach § 134) sind nicht mehr maßgebend. Und weil auch die Neugläubiger Konkursgläubiger sind, muß auch ein Neuerwerb zur Konkursmasse gehören. Das alte Vermögen kann gänzlich in wirksamen Verfügungen des Schuldners oder Vollstreckungen alter und neuer Gläubiger aufgegangen sein. So sind Aktiven und Passiven des Wiederaufnahmekonkurses auf den Zeitpunkt der Wiederaufnahme abgestimmt und nicht anders

begrenzt als in einem zu dieser Zeit eröffneten Neukonkurs. Scheuffler S. 79 mit Verw. Hatte der Zwangsvergleich nach § 192 die gesamte Befriedigungsmasse einem Treuhänder zugewiesen [§ 192 Anm. 5ff.], so läßt zwar das Bankrotturteil als solches dieses „durch den Vergleich gewährte Recht" unberührt. Wird aber die Wiederaufnahme des Konkurses angeordnet, so wird die mit ihr unvereinbare Vermögensüberlassung ebenso hinfällig wie in dem Falle, daß der zur Konkursabwendung geschlossene Zwangsvergleich sein Ziel verfehlt (RG Bd. **145** 253) [§ 23 Anm. 8]. Ebenso Mentzel-Kuhn[7] Anm. 3, Böhle-Stamschräder[6] Anm. 2. Auch für die Gebührenbewertung wird das aufgenommene Konkursverfahren wie ein Neukonkurs behandelt (§ 56 GKG, § 78 BRAGebO). Wie die gerichtlichen Gebühren und Auslagen des ersten gehören die des wiederaufgenommenen Konkurses zu den Massekosten des § 58 Nr. 1 KO.

Fremde Rechte: § 196 Anm. 10ff.

§ 199

Für die Anfechtung von Rechtshandlungen, welche in der Zeit von der Aufhebung bis zur Wiederaufnahme des Konkursverfahrens vorgenommen sind, sowie für die in diesem Zeitraume entstandenen Aufrechnungsbefugnisse gilt, wenn nicht inzwischen eine Zahlungseinstellung erfolgt ist, als Tag der Zahlungseinstellung der Tag des ersten die Verurteilung des Gemeinschuldners aussprechenden Urteils.

Materialien: Motive I Bd. 2 S. 176f., Motive II S. 429ff., Protokolle S. 115, 186.

Anfechtung und Aufrechnung im wiederaufgenommenen Konkurs

I. Anfechtung zwischenzeitlicher Rechtshandlungen

1. Durch die Aufhebung des Konkurses war das Vermögen des Schuldners wieder in dessen Besitz und Verfügung gelangt (§§ 190, 192). Diese zwischenzeitliche, also vom Wirksamwerden der Aufhebung [§ 190 Anm. 1] bis zur Stunde der Wiederaufnahme des Konkurses [§ 108 Anm. 1 mit § 198 Anm. 5] dauernde Machtfreiheit des Schuldners wird als solche anerkannt: die Wiederaufnahme erneut den Konkursbeschlag nur für die Zukunft, nicht rückwirkend [§ 198 Anm. 8]. Für die Zwischenzeit haben die §§ 7, 8, 14, 15 keine Geltung. Ja es bewendet sogar bei der durch die Konkursaufhebung eingetretenen Heilung der Unwirksamkeit einer noch während des früheren Konkurses vorgenommenen, den §§ 6, 7 widerstreitenden Rechtshandlung [§ 7 Anm. 12]. Dementsprechend bleiben **zwischenzeitliche Verfügungen** des Schuldners über sein Vermögen und **zwischenzeitliche Zwangszugriffe** seiner Gläubiger an sich **wirksam**. 1

2. Da sich aber die Konkursmasse des wiederaufgenommenen Konkurses nach dem beschlagsfähigen Vermögen des Gemeinschuldners im Zeitpunkt der Wiederaufnahme bemißt [§ 198 Anm. 9], müssen derartige Rechtshandlungen wegen ihrer Einwirkung auf den Massebestand der **Anfechtbarkeit** nach Maßgabe der §§ 29ff. unterstellt werden. Anfechtungsrechtlich tritt im Aufnahmekonkurs an Stelle der Konkurseröffnung die Wiederaufnahme, an Stelle des Konkursantrags der Wiederaufnahmeantrag (§ 198 I). Der Wiederaufnahme kann eine neue Zahlungseinstellung vorausgegangen sein. Ist dies der Fall, dann bleibt sie nach § 199 für die besondere Konkursanfechtung im Aufnahmekonkurs maßgebend. Das Gesetz geht also davon aus, daß eine Zahlungseinstellung, die den Konkursgrund des Hauptkonkurses offenbart hat, als solche für die Anfechtung von Rechtshandlungen im Aufnahmekonkurs nicht maßgebend bleibt, obwohl die Wiederaufnahme ohne neue Feststellung eines derzeitigen Konkursgrundes und insofern unter Fortwirkung des alten zu beschließen ist. Die ursprüngliche Zahlungseinstellung wird zwar durch die Konkursbeendigung selbst nicht ohne weiteres beseitigt; der Zwangsvergleich 2

pflegt jedoch eine erneute Zahlungsaufnahme zu ermöglichen, die der ferneren Maßgeblichkeit der früheren Zahlungseinstellung ein Ziel setzt [§ 30 Anm. 10, 11 a]. Kommt es nicht zu neuer Zahlungseinstellung, so tritt anfechtungsrechtlich **an deren Stelle** der Tag des ersten die Verurteilung des Gemeinschuldners wegen betrügerischen Bankrotts aussprechenden und nicht etwa im Rechtsmittelverfahren aufgehobenen Urteils, also der Tag der Verkündung, nicht der „zu wenig erkennbare und zu spät erscheinende" Tag der Rechtskraft des Bankrotturteils. Motive II S. 428. Kenntnis dieser Verurteilung wirkt sonach wie Kenntnis der Zahlungseinstellung. Die erste Verurteilung braucht nicht in erster Instanz ergangen zu sein. Im Sinne des § 199 KO ist „die" Verurteilung stets diejenige, die in Rechtskraft erwächst (§ 198 I).

3 II. Die gleiche Regelung gilt für eine in der Zeit zwischen Konkursaufhebung und Wiederaufnahme entstandene **Aufrechnungsbefugnis,** soweit für deren Statthaftigkeit die Zahlungseinstellung eine Rolle spielt (§§ 55 Nr. 3, 56).

4 III. Der § 199 löst mittelbar auch die Frage, ob eine **schon vor dem aufgehobenen Konkurs vorgenommene Rechtshandlung,** die in diesem Verfahren nach Maßgabe der §§ 29ff. anfechtbar gewesen ist, auch im wiederaufgenommenen Verfahren der Konkursanfechtung unterliegt. Die Frage wird allgemein bejaht (so z. B. v. Wilmowski-Kurlbaum Anm. 2, Kohler Leitfaden S. 298, Wolff Anm. 2, Roeder S. 67 N. 1, Mentzel-Kuhn[7] Anm. 3, Böhle-Stamschräder[8] Anm. 1). Dem steht der Grundsatz des § 199 entgegen. Er läßt die Zwischenzeit als konkursfrei gelten. Hat der Schuldner also inzwischen einem Gläubiger die ihm gebührende Deckung gewährt, dann bleibt die Zahlung rechtsbeständig, wenn sie nicht etwa erst in Kenntnis einer zwischenzeitlichen Zahlungseinstellung oder der sie ersetzenden Verurteilung oder des Wiederaufnahmeantrags angenommen worden ist (§ 30 Nr. 1 Fall 2 mit § 199). Ja es wäre sogar eine im Laufe des früheren Konkurses erfolgte Zahlung infolge der Konkursaufhebung wirksam geworden [Anm. 1]. Daher kann eine noch vor der Konkursaufhebung liegende Zahlung nach § 30 nicht anfechtbar bleiben. Entsprechendes gilt für den Fall, daß ein Gläubiger des Hauptkonkurses schon vor dessen Eröffnung seine Forderung zwangsweise beigetrieben hatte. Es ist daher zu sagen: Die Anfechtbarkeit im wiederaufgenommenen Verfahren bestimmt sich mit der Maßgabe des § 199 so wie im selbständigen Neukonkurs. Dementsprechend ist eine Rechtshandlung niemals schon deshalb im aufgenommenen Verfahren anfechtbar, weil sie es im früheren Verfahren war. Namentlich lebt die frühere Anfechtbarkeit des § 30 (§ 33) nicht wieder auf. In keinem Falle trifft die besondere Konkursanfechtung im wiederaufgenommenen Konkurs Tatbestände aus der Zeit vor der Aufhebung des Hauptkonkurses. Zust. Scheuffler S. 86ff. Gleiches gilt für den **früheren Ausschluß der Aufrechenbarkeit** nach § 55 (§ 56): wäre doch die Aufrechnung inzwischen statthaft gewesen (Roeder S. 53). Eine schon im Hauptkonkurs nach den Sätzen der Absichts- oder Schenkungsanfechtung (§§ 31, 32) begründete Rückgewährpflicht kann auch zugunsten der Masse des Aufnahmekonkurses verfolgbar sein, aber nur wenn die zeitlichen Schranken der Anfechtbarkeit (namentlich des § 31 Nr. 2 und des § 32) gewahrt sind. Sie werden nicht etwa statt von der Eröffnung des Hauptkonkurses nun von der Konkurswiederaufnahme zurückberechnet. Eine Anfechtbarkeit, die schon für den Hauptkonkurs infolge Ablaufs der allgemeinen Ausschlußfrist des § 41 I 1 erloschen war, lebt für den Aufnahmekonkurs selbstverständlich nicht wieder auf. Nur für nicht erloschene Anfechtbarkeiten tritt an Stelle der Konkurseröffnung die Wiederaufnahme [Anm. 1]. Doch sind z. B. auch für eine noch während des Hauptkonkurses vollzogene Verschenkung von Neuerwerb [§ 198 Anm. 9] die Anfechtungsfristen sowohl des § 32 als des § 41 I 1 nach dem Zeitpunkt der Wiederaufnahme des Konkurses zu berechnen.

§ 200

An dem aufgenommenen Verfahren nehmen die Gläubiger, für und gegen welche der Vergleich wirksam war, mit dem noch nicht getilgten Betrage ihrer ursprünglichen Forderungen Teil.

Die neuen Gläubiger des Gemeinschuldners sind zur Teilnahme an dem Verfahren berechtigt. Dieselben haben keinen Anspruch auf Befriedigung aus einer für die Erfüllung des Zwangsvergleichs bestellten Sicherheit.

Materialien: Motive I Bd. 2 S. 176ff., Motive II S. 429ff., Protokolle S. 115, 186.

Die Gläubiger des aufgenommenen Verfahrens

I. Teilnahme der Altgläubiger (Abs. I)

1. Die **Vergleichsgläubiger** des Hauptkonkurses nehmen am aufgenommenen Verfahren mit dem ganzen zur Zeit der Wiederaufnahme noch ungetilgten Betrag ihrer ursprünglichen Forderungen teil (Abs. I), weil die Vergleichsschranken (besonders der Zwangserlaß) nach § 197 I gefallen sind. Auch wenn sie die vollen Vergleichsbezüge erhalten hatten, sind sie nach § 197 I mit dem ungetilgten Restbetrag der ursprünglichen Forderung Konkursgläubiger im aufgenommenen Verfahren [anders im französischen Recht; vgl. § 196 Anm.12 unter Nr. 3bβ]. Teiltilgungen können sich unterdessen nicht nur durch Erfüllung, sondern auch durch Erfüllungsersatz (besonders durch Aufrechnung) vollzogen haben. Eine Änderung in der Art der konkursmäßigen Berücksichtigung kann beispielsweise durch Bedingungseintritt oder Ausfallermittlung eingetreten sein (§ 168 Nr. 2, 3). Die frühere Anmeldung wirkt fort [§ 198 Anm. 7]. Desgleichen die frühere Feststellung unbeschadet des § 201 II [§ 201 Anm. 3ff.]. Bis zur Wiederaufnahme erwachsene Zinsen und Kosten (§ 63 Nr. 1, 2) sind als neue Forderungen anmeldbar [Anm. 3]. 1

2. Von **Vorrechts-** und **Masseansprüchen** redet das Gesetz nicht, weil es deren Deckung nach § 191 voraussetzt. Wären aber Vorrechts- oder Massegläubiger des Hauptkonkurses, weil sie den Voraussetzungen des § 191 nicht genügen konnten oder sich zu melden versäumten, aus Versehen oder bösem Willen unberücksichtigt geblieben oder wären sie tatsächlich nur unzureichend gedeckt worden, dann können sie als solche noch nachträglich im Aufnahmekonkurs ihre begünstigte Rechtsstellung geltend machen. Freilich dient die Wiederaufnahme dem Schutze der am Zwangsvergleich des Hauptkonkurses beteiligten, nicht der an ihm unbeteiligten Gläubiger. Es kann aber keinesfalls im Sinne des Gesetzes liegen, die den Vergleichsschranken entrückten und nach § 191 vor allen Vergleichsansprüchen zu deckenden Vorrechts- und Masseansprüche im wiederaufgenommenen Konkurs Schaden leiden zu lassen. Vielmehr muß ihnen die Gunst ihrer Lage gewahrt bleiben, ohne daß zwischenzeitlicher Fristablauf (§ 61) die Vorrechte tilgte und ohne daß die alten Masseansprüche den in einem Neukonkurs zu stellenden Erfordernissen der §§ 58, 59 zu genügen brauchten. Nur können sich jetzt den früheren neue, erst für den Wiederaufnahmekonkurs entstandene Vorrechts- und Masseansprüche gesellen, etwa als neue Steueransprüche (§ 61 Nr. 2) oder als Gerichtskosten des Wiederaufnahmekonkurses als solchen (§ 58 Nr. 1 KO mit § 56 GKG). Dabei besteht kein Vorrang alter Vorrechts- oder Massegläubiger vor neuen der gleichen Art. Roeder S. 36f.; abw. Scheuffler S. 43, 92f. 2

II. Teilnahme neuer Gläubiger (Abs. II)

1. Auch Forderungen, die nach Eröffnung des früheren Verfahrens entstanden sind, kommen nach Abs. II Satz 1 im aufgenommenen Verfahren zum Zuge. Wiederaufgenommen wird zwar der Konkurs um der Altgläubiger willen. Allein da zwischen dem früheren und dem aufgenommenen Verfahren ein konkursfreier Zeitraum liegt, währenddessen der Schuldner selbständig über sein Vermögen waltete, wäre es unbillig, die Gläubiger der Zwischenzeit um die Befriedigung aus einer Masse zu 3

bringen, auf die sie beim Kreditgeben vertrauen durften (vgl. Motive II S. 429) [§ 199 Anm. 9]. Als **Neugläubiger** sind, da die Wiederaufnahme der Konkurseröffnung entspricht (§ 198 II 2 mit § 108), alle diejenigen Gläubiger im aufgenommenen Verfahren teilnahmeberechtigt, die zur Zeit der Wiederaufnahme einen in einem Neukonkurs als Konkursforderung verfolgbaren Anspruch haben (§§ 3, 5 II, 63 Nr. 3, 4), mag er nun zwischen Eröffnung und Aufhebung des Hauptkonkurses oder erst zwischen dieser Aufhebung und der Wiederaufnahme entstanden sein. Mit den bis zur Wiederaufnahme erwachsenen Nebenansprüchen des § 63 Nr. 1, 2 dürfen Altgläubiger als Neugläubiger am aufgenommenen Verfahren teilnehmen [Anm. 1]. Die Träger all dieser Forderungen der Zwischenzeit sind kraft Gesetzes Konkursgläubiger des Aufnahmekonkurses und unterliegen daher, selbst wenn sie nicht anmelden, auch für konkursfreies Vermögen dem Verbot der Sondervollstreckung (§ 14). Die Annahme von Wolff Anm. 2, daß der Neugläubiger nur im Falle der Anmeldung den Beschränkungen des § 14 unterliege, widerspricht dem Grundsatz des § 3. Sie wird auch nicht dadurch gerechtfertigt, daß Abs. II die Neugläubiger als „zur Teilnahme berechtigt" erklärt, während Abs. I von den Altgläubigern sagt „sie nehmen am Verfahren teil". Der Unterschied bringt lediglich zum Ausdruck, daß schon angemeldete Altforderungen keiner erneuten Anmeldung bedürfen [siehe § 198 Anm. 7]. Zust. Mentzel-Kuhn[7] Anm. 3, Böhle-Stamschräder[8] Anm. 1b.

4 2. Die neuen Gläubiger **stehen den alten grundsätzlich gleich.** Sie werden aus einer einheitlichen Masse befriedigt, der auch die anfechtungsrechtliche Rückgewähr unterschiedslos zufließt. Doch haben Neugläubiger nach Abs. II Satz 2 keinen Anspruch auf Befriedigung aus Sicherheiten, die zugunsten der Vergleichsansprüche des Hauptkonkurses etwa in Gestalt von Bürgschaften oder als Pfandrechte an einzelnen Vermögensstücken des Schuldners oder dritter Personen bestellt worden waren. So erworbene Pfandrechte gewähren den Vergleichsgläubigern in den Grenzen des Vergleichs für das aufgenommene Verfahren die Rechtsstellung von Absonderungsberechtigten (§§ 47ff., 64, 96, 153, 155f., 168 Nr. 3, 169), wie auch die Sicherung von Masse- und Vorrechtsansprüchen nach § 191 zur abgesonderten Befriedigung führen kann. Dagegen wäre ein Fortbestand der Übertragung des ganzen Schuldnervermögens an einen Treuhänder mit dem Zwecke der Wiederaufnahme unverträglich [§ 198 Anm. 9].

Fremde Rechte: § 196 Anm. 10ff.

§ 201

Das Verfahren ist so weit als nötig zu wiederholen.

Früher geprüfte Forderungen werden nur hinsichtlich einer inzwischen eingetretenen Tilgung von neuem geprüft.

Materialien: Motive I Bd. 2 S. 175, Motive II S. 428, Protokolle S. 115, 186.

Verfahren nach der Wiederaufnahme

I. Grundsatz

1 1. Da die Wiederaufnahme ihrem Wesen nach eine Erneuerung des aufgehobenen Konkurses, wenn auch bloß eine Erneuerung für die Zukunft bildet [§ 198 Anm. 7ff.], ist das frühere Konkursverfahren, d. h. das gesetzmäßige Handeln des Gerichts und der Beteiligten soweit und nur **soweit als nötig zu wiederholen** (Abs. I). Die Notwendigkeit der Wiederholung wird bestimmt und begrenzt durch den Zweck, den Hauptkonkurs nach Wegfall der Vergleichsschranken unter Erstreckung auf Neuerwerb und Neugläubiger als ein endgültig einer Beendigung durch Zwangsvergleich unzugängliches Befriedigungsverfahren durchzuführen. Das

Wiederholungsbedürfnis kann in den einzelnen Fällen verschieden sein, schon mit Rücksicht auf die Möglichkeit verschieden großer Zwischenräume zwischen Aufhebung und Wiederaufnahme des Konkurses.

2. Unerläßlich ist vor allem die Bestellung eines Konkursverwalters. Das Amt 2
des früheren war bei Konkursbeendigung erloschen [§ 190 Anm. 7]. Mit der zwischenzeitlichen Verfügungsmacht des Schuldners wäre sein Fortbestand unvereinbar gewesen. Die Wiederaufnahme wirkt nicht zurück. Immerhin ist sie Erneuerung des alten, nicht Eröffnung eines neuen Konkurses. Darum ist der bisherige Verwalter, wenn er noch vorhanden und noch zum Amte geeignet ist, wieder in seiner Eigenschaft als endgültiger Verwalter zu ernennen. Nur bei Ernennung eines neuen Verwalters käme die Vorschlagsbefugnis des § 80 in Frage. § 198 Anm. 7 u. 8. Erloschen war auch der Wirkungskreis eines etwaigen Gläubigerausschusses. War ein solcher endgültig erwählt (§ 87 II), dann hat ihn das Gericht wieder in dieser Eigenschaft zu bestellen, damit er fortab den Verwalter des Aufnahmekonkurses unterstütze und überwache (§ 88). Bestellung eines Ausschusses nach den Vorschriften des § 87 I, II ist auch dann statthaft, wenn bisher keiner vorhanden war. Auch die Postsperre (§ 121) lebt nicht von selbst wieder auf; sie bedarf neuer Anordnung. Mit Rücksicht auf die Möglichkeit einer Änderung des Massebestandes sind offener Arrest (§§ 110f., 118) und alle sonst noch der Bestandsfeststellung und Bestandssicherung dienenden Maßnahmen, wie die Errichtung eines Inventars, wäre es auch nur zur Vervollständigung des alten (§ 123), eine im Einzelfall gebotene Siegelung und die erneute Schließung der Geschäftsbücher (§ 122) vorzunehmen. Die Möglichkeit einer Veränderung des Aktiv- und des Passivbestandes gebietet auch eine neue Bilanzziehung (§ 124). Erneuter Offenbarungseid (§ 125) ist zulässig, da der Massebestand wechselt [§ 198 Anm. 9]. Entsprechende Anwendbarkeit der §§ 903, 914 ZPO: § 125 Anm. 5. Die Wiederholung einer vorläufigen Hinterlegungsanordnung (§ 129 II) bildet eine nach Lage des Falles zu entscheidende Zweckmäßigkeitsfrage; hat die Gläubigerversammlung des früheren Konkurses eine Hinterlegungsstelle bestimmt (§ 132), so ist diese Bestimmung auch für den wiederaufgenommenen Konkurs maßgebend. Die Zulassung von Neugläubigern macht die erneute Anordnung einer Anmeldefrist und eines Prüfungstermins notwendig, die dem § 110 entsprechend im Wiederaufnahmebeschluß zu bestimmen sind [Anm. 3ff.]. Dabei steht überall entsprechender Anwendbarkeit des § 110 keineswegs der Umstand entgegen, daß der § 198 II 2 diese Vorschrift nicht eigens anzieht. Er hat seinen besonderen begrenzten Zweck. Siehe Roeder S. 65f. gegen Hellmann S. 558. Inwieweit das Prüfungsverfahren zu wiederholen ist, bestimmt die besondere Vorschrift des Abs. II [Anm. 6].

II. Anmeldungs- und Prüfungsverfahren

1. Die früheren **Anmeldungen** wirken auch für das wiederaufgenommene Verfahren 3
[§ 198 Anm. 7]. Noch nicht angemeldete Forderungen der Altgläubiger sowie alle Forderungen von Neugläubigern (§ 200 II) bedürfen der Anmeldung und werden nach den Vorschriften des Regelkonkurses geprüft (§§ 138ff.). Allen anmeldungsbedürftigen Ansprüchen gelten Anmeldefrist und Prüfungstermin.

2. **Prüfung der angemeldeten Forderungen.** Der im Aufnahmebeschluß anberaumte 4
Prüfungstermin [Anm. 2] ist im Sinne des § 142 der allgemeine des Wiederaufnahmekonkurses, nicht etwa ein auf Kosten der Anmelder gehender Sondertermin. Ob die Konkurstabelle nur vervollständigt oder neu angelegt werden soll, ist Zweckmäßigkeitsfrage.

a) Noch **nicht geprüfte Forderungen** alter wie neuer Gläubiger sind nun erstmals zu prüfen. Hat der Gläubiger in der konkursfreien Zwischenzeit die Zugriffsreife des § 146 VI für seinen Anspruch erwirkt, so bleibt die Verfolgung eines Widerspruchs dem Widersprechenden überlassen.

b) Für die **bereits im früheren Konkurs geprüften Forderungen** bleibt das frühere 5
Prüfungsergebnis maßgebend, aber vorbehaltlich der bestimmt begrenzten Bestreitbarkeit des Abs. II.

α) **Frühere Bestreitungen** wirken fort, soweit sie unterdessen nicht (durch Rücknahme oder Richterspruch) erledigt worden sind. Nach Abs. II, der sich nicht bloß auf festgestellte, sondern auf alle „geprüften", also auch auf geprüfte und streitig gebliebene Forderungen bezieht, kann jetzt dem unerledigten alten ein neuer, aus nachträglicher Tilgung [Anm. 6] hergeleiteter Widerspruch entgegengehalten werden, auch von Altgläubigern, mögen sie bereits aus anderen Gründen bestritten haben oder nicht. Der erste Widerspruch (der sich vielleicht als unbegründet erweist) macht den zweiten keineswegs überflüssig. Von einer schon „im Prüfungstermin" offenstehenden „Einrede der Rechtshängigkeit" kann keine Rede sein (abw. Scheuffler S. 69f.). Aus der fortwirkenden Maßgeblichkeit alter Bestreitungen läßt sich aber, da die Wiederaufnahme keine rückwirkende Kraft hat, nicht der Schluß ziehen, daß eine in der Zwischenzeit gegen den Schuldner erwirkte Zugriffsreife außerstande wäre, dem Anmelder die Gunst des § 146 VI zu verschaffen. Zust. Roeder S. 72f.; abw. Oetker Fragen S. 84, 85, Seuffert S. 452, 453. Auch kann es nicht im Zwecke des Abs. 2 gelegen sein, die Möglichkeit wirksamer Widerspruchsrücknahme im neuen Prüfungstermin auszuschließen, da ja doch das Aufgeben des Widerspruchs auch noch im Feststellungsprozeß verstattet ist (Roeder S. 73f., Wolff Anm. 2; abw. Hellmann S. 559).

6 β) Auch **frühere Feststellungen** bewahren für ihren Zeitpunkt die Wirksamkeit. Der im Hauptkonkurs erzielte Erfolg freiwilliger oder erzwungener Feststellung wird dem Gläubiger gewährleistet, außer gegenüber einer etwa „inzwischen", d. h. nach der Feststellung vollzogenen Tilgung (Abs. II). Die Tilgung kann Voll- oder Teiltilgung, sie kann durch Erfüllung oder Erfüllungsersatz (Erlaß, Aufrechnung, Hinterlegung) bewirkt sein. Gegenüber einer Leugnung des Anspruchsgrundes und gegenüber Einwendungen aller Art aus Gründen, die der Feststellung des Hauptkonkurses hätten entgegengehalten werden können, bleibt diese gefeit. Nur das nachträgliche Erlöschen festgestellter Ansprüche wird im Einklang mit dem Grundsatz des § 767 II ZPO im Wiederaufnahmekonkurs als Widerspruchsgrund anerkannt. Eine zwischenzeitliche Stundung würde nach § 65 versagen. Auch jeder Neugläubiger muß dieses Ergebnis hinnehmen, wie es Nachzügler im Hauptkonkurs hätten hinnehmen müssen und wie es sich in einem selbständigen Neukonkurs nach § 146 VI auswirken würde. Damit aber das nachträgliche Erlöschen eines festgestellten Anspruchs im Wiederaufnahmekonkurs geltend gemacht werden kann, muß die Nachprüfung erschlossen werden. Zu diesem Zwecke und nur insoweit wird ein schon im Hauptkonkurs geprüfter Anspruch wiederholt geprüft. Andererseits ist jeder früher geprüfte Anspruch dieser Nachprüfung ausgesetzt.

Den **Widerspruch** gegen einen im Hauptkonkurs festgestellten Anspruch kann im Wiederaufnahmekonkurs der Verwalter, ein alter oder neuer Konkursgläubiger und mit Rücksicht auf den § 164 auch der Gemeinschuldner erheben. Da indessen die frühere Feststellung den Konkursgläubigern gegenüber wie ein rechtskräftiges Urteil wirkt (§§ 145 II, 147), bleibt es dem bestreitenden Verwalter oder Gläubiger überlassen, den Widerspruch zu verfolgen (§ 146 VI) und zwar, da Widerspruchsgrund nur die Tatsache nachträglichen Erlöschens der festgestellten Forderung sein kann, im Wege einer Anspruchsgegenklage (§ 767 ZPO) [§ 146 Anm. 39]. Vgl. Oetker Fragen S. 85ff., Seuffert S. 452, Fitting S. 454, Wolff Anm. 2, Bleyer Anm. 5, Böhle-Stamschräder[6] Anm. 1; abw. Scheuffler, der nur bei persönlicher Nichtbestreitung des Schuldners jene Feststellung des Hauptkonkurses nach § 146 VI. wirken lassen will, und Mentzel-Kuhn[7] Anm. 2, der für die Widerspruchsverfolgung den Weg der Feststellungsklage für gegeben erachtet. Die Bestreitung bereits geprüfter Forderungen muß — anders als bei erstmaliger Prüfung [§ 141 Anm. 9] — schon im Prüfungstermin des Wiederaufnahmekonkurses als Tilgungswiderspruch erhoben werden, weil hier jede andere Art der Bestreitung unzulässig ist. Seuffert aaO., Roeder S. 69; abw. Scheuffler S. 64.

III. Verteilungsverfahren

Für das Verteilungsverfahren des Wiederaufnahmekonkurses gelten die allgemeinen Vorschriften (§§ 149ff.). Vergleichsansprüche sind wieder zur vollen Wirksamkeit erstarkt [§ 200 Anm. 1], im Rahmen des Vergleichs möglicherweise zugleich als absonderungsberechtigt [§ 200 Anm. 4]. Sollten im Hauptkonkurs schon Verteilungen stattgefunden haben (siehe § 160), so bewendet es bei ihnen unter Ansatz der Tilgungsbeträge. Dort unberücksichtigte Gläubiger, alte wie neue, können nach Maßgabe des § 155 nachträgliche Ausgleichung beanspruchen. 7

IV. Beendigung des aufgenommenen Verfahrens

Von den Konkursbeendigungsgründen kommen für das aufgenommene Verfahren die Aufhebung nach Ausschüttung der Masse (§ 163) und die Einstellung auf Schuldnerantrag (§ 202) oder wegen Massemangels (§ 204) in Betracht. Siehe § 198 Anm. 1, 5, 6. Ein abermaliger Zwangsvergleich ist nach § 175 Nr. 3 unzulässig. 8

Siebenter Titel

Einstellung des Verfahrens

(§§ 202—206)

§ 202

Das Konkursverfahren ist auf Antrag des Gemeinschuldners einzustellen, wenn er nach dem Ablaufe der Anmeldefrist die Zustimmung aller Konkursgläubiger, welche Forderungen angemeldet haben, beibringt. Inwieweit es der Zustimmung oder der Sicherstellung von Gläubigern bedarf, deren Forderungen angemeldet, aber nicht festgestellt sind, entscheidet das Konkursgericht nach freiem Ermessen.

Das Verfahren kann auf Antrag des Gemeinschuldners vor dem Ablaufe der Anmeldefrist eingestellt werden, wenn außer den Gläubigern, deren Zustimmung der Gemeinschuldner beibringt, andere Gläubiger nicht bekannt sind.

§ 203

Der Antrag ist öffentlich bekanntzumachen und mit den zustimmenden Erklärungen auf der Geschäftsstelle zur Einsicht der Konkursgläubiger niederzulegen. Die Konkursgläubiger können binnen einer mit der öffentlichen Bekanntmachung beginnenden Frist von einer Woche Widerspruch gegen den Antrag erheben. Im Falle des § 202 Abs. 1 steht der Widerspruch jedem Gläubiger zu, welcher bis zum Ablaufe der Frist eine Forderung angemeldet hat.

Das Gericht beschließt über die Einstellung nach Anhörung des Gemeinschuldners und des Verwalters. Im Falle eines Widerspruchs ist auch der widersprechende Gläubiger zu hören.

Materialien: Motive I Bd. 2 S. 179ff., Motive II S. 435ff., Protokolle S. 115, 186.

Einl. Die Konkursbeendigung ist Aufhebung oder Einstellung [§ 163 Einl.]. Aufhebungsgründe sind Aufteilung der Masse (§ 163) und Zwangsvergleich (§ 190), **Einstellungsgründe** Schuldnerantrag mit Gläubigerzustimmung (sog. Konkursverzicht; §§ 202, 203) und Unzulänglichkeit der Masse zur Kostendeckung (§ 204). Statistik: § 163 Anm. 9. Unser Titel regelt die Konkurseinstellung. Die §§ 205, 206 gelten für beide Einstellungsarten. Die Einstellungsgründe sind in §§202ff. **erschöpfend** geregelt. Zust. LG Berlin KTS 1960 S. 127f.; Mentzel-Kuhn[7] § 202 Anm. 1, Böhle-Stamschräder[6] § 202 Anm. 1. Fehlen der Konkursvoraussetzungen und Mängel des Eröffnungsverfahrens sind im Wege der sofortigen Beschwerde gegen den Eröffnungsbeschluß geltend zu machen [§ 109 Anm. 2] und führen dann nicht zur Einstellung, sondern zur Aufhebung des Eröffnungsbeschlusses in dem zu § 109 Anm. 4 dargelegten Sinne (vgl. auch § 116). Von Amts wegen kann ihnen das Konkursgericht, wenn es sie vor Eintritt der Rechtskraft erkennt, nicht Rechnung tragen, weil ihm nach § 577 III ZPO auch schon vor Einlegung der sofortigen Beschwerde eine Abänderung seiner Entscheidung verwehrt ist (abw. für den Fall der Unzuständigkeit des Gerichts Petersen-Kleinfeller Vorbem. 2 vor § 202, da „Einstellung" keine „Abänderung der Entscheidung" sei). Mit der Rechtskraft des Eröffnungsbeschlusses heilen alle etwaigen Mängel der Konkursvoraussetzungen und des Eröffnungsverfahrens [§ 109 Anm. 10 mit weiteren Verw.], also insbesondere ein Mangel der Zuständigkeit (auch der internationalen; zutr. LG Berlin aaO.), des Konkursgrundes und des Konkursantrages, aber auch der Mangel der Konkursfähigkeit [§ 109 Anm. 10a mit abw. Meinungen]. Zur Einstellung kann daher das nachträgliche Offenbarwerden solcher Mängel in keinem Falle führen (anders KG LZ 1910 Sp. 485, aber auch OLG Naumburg DJ 1941 S. 1041 für den Mangel der „Konkursfähigkeit"). Nachträglicher Wegfall des Konkursgrundes führt nur auf dem Wege des § 202 zur Konkursbeendigung [Anm. 2]. Einstellung mangels Gläubigermehrheit kennt unser Gesetz nicht [fremde Rechte Anm. 12]. Die sog. „Einstellung", zu der es ausnahmsweise nach Eröffnung des Konkurses eines Versicherungsvereins, einer Versicherungsaktiengesellschaft oder einer Bausparkasse kommen kann (früher § 95 I VAG), gehört nicht hierher, weil es sich der Sache nach um eine rückwirkende Beseitigung des eröffneten Konkurses handelt [Näheres § 103 Anm. 16]. Der Tod des Gemeinschuldners hält den Fortgang des Verfahrens nicht auf [§ 214 Anm. 21].

A. Einstellung auf Schuldnerantrag (Konkursverzicht)

I. Die Voraussetzungen dieser Einstellung sind:

1. Ein **Antrag des Gemeinschuldners.** Nur er kann eine Einstellung nach § 202 erwirken. Auf Antrag des Verwalters oder eines Gläubigers oder von Amts wegen darf das Gericht eine Einstellung wegen Konkursverzichts nicht beschließen. Selbst der Konkursverzicht aller Gläubiger [Anm. 2ff.] erübrigt (gegen Kohler Leitfaden S. 305) den Schuldnerantrag nicht, mag auch den Gläubigern noch so viel am alsbaldigen Zugriff auf pfändbaren Neuerwerb des Schuldners (§ 14) gelegen sein [siehe übrigens § 14 Anm. 13]. Zust. Mentzel-Kuhn[7] § 202 Anm. 5. Namentlich kann der Nachlaßkonkurs nicht gegen den Willen und das Interesse des Erben (vgl. § 2000 Satz 2 BGB) nach § 202 eingestellt werden (abw. Eberhard Sonderkonkurs 1915 S. 93). Miterben: § 214 Anm. 17; Beantragung der Einstellung eines Gesellschaftskonkurses: §§ 207f. Anm. 12, §§ 209f. Anm. 11. Die Flucht des Schuldners und sogar dessen Verurteilung nach § 239 steht der Zulässigkeit seines Antrags nicht entgegen (anders § 175). Der Antrag kann in jeder Lage des Verfahrens von der wirksam erfolgten [§ 108 Anm. 1] Eröffnung bis zur Beendigung gestellt werden, auch noch nach Einleitung eines Zwangsvergleichsverfahrens, auch noch nach Abhaltung des Schlußtermins, da die Einstellung auch dann noch Konkurshandlungen zu ersparen vermag [§ 163 Anm. 1]. Der Schuldnerantrag ist schriftlich einzureichen oder zu Protokoll der Geschäftsstelle zu erklären, kann aber auch mündlich in der Gläubigerversammlung gestellt werden (Mentzel-Kuhn[7] Anm. 6, Böhle-Stamschräder[6] Anm. 2c), und setzt als Verfahrensantrag Prozeßfähigkeit des persönlich handelnden Schuldners oder prozeßordnungsmäßige Vertretung voraus [§ 72 Anm. 3b]. Muster bei Schrader-Bauer Hdb.[2] S. 137 F III 153. 1

2. Der **Konkursverzicht der Gläubiger** (§ 202): ihre „Zustimmung" zu der vom Schuldner beantragten Einstellung des Verfahrens. Der Schuldner hat diese Zustimmung „beizubringen". 2

a) Allgemeines zum Zustimmungserfordernis. Der § 202 will vornehmlich bei einer außerkonkursmäßigen Regelung des Schuldenstandes durch freiwilligen Vergleich oder Befriedigung die Möglichkeit der Beendigung des Konkurses schaffen; das Bedürfnis nach einer Einstellung des Verfahrens besteht ferner, wenn der Konkursgrund nachträglich wegfällt oder wenn sich herausstellt, daß sein Bestehen zu Unrecht angenommen worden war [Einl. und Anm. 6]. Dieser Zweck der Bestimmung rechtfertigt einerseits das Erfordernis der Zustimmung der Gläubiger in dem noch näher darzulegenden Umfang [Anm. 4ff.], andererseits ergibt sich aus ihm aber auch, daß sie nicht in jedem Falle notwendig ist, um die Einstellung auf Schuldnerantrag herbeizuführen. Wer voll befriedigt ist, hat aufgehört „Gläubiger" zu sein. Der Nachweis gänzlichen Erlöschens einer Forderung, besonders durch Erfüllung, Annahme an Erfüllungs Statt (§ 364 BGB), Hinterlegung (§§ 378, 383 BGB), Aufrechnung (§ 389 BGB) oder Erlaß (§ 397 BGB) erübrigt daher den Nachweis der Zustimmung. Zust. Mentzel-Kuhn[7] § 202 Anm. 4. Sind gar keine Gläubiger mehr da, dann bedarf es auch keiner Gläubigerzustimmung mehr. Allein auch dann bildet die vom Schuldner zu erwirkende Einstellung im Sinne der §§ 202f., 205f. den gesetzlich gewiesenen Weg der Konkursbeendigung. Soweit Anmeldungen unterbleiben oder wirksam zurückgenommen werden, erübrigt sich gleichfalls nach § 202 I die Zustimmung (Wolff Anm. 5; abw. Hellmann S. 568, der es beim Unterbleiben der Anmeldungen für notwendig erklärt, daß der Schuldner Gläubiger zur Anmeldung und Beantragung der Einstellung veranlasse, widrigenfalls der Konkurs fortdauere) [Anm. 5]. Der Ausdruck „Einstellung kraft Konkursverzichts" trifft also nur den Hauptfall. Auf ihn ist die Fassung der §§ 202, 203 zugeschnitten. Alle Möglichkeiten des § 202 deckt die (freilich viel farblosere) Wendung „Einstellung auf Schuldnerantrag". Nur von ihm reden z. B. die § 144 I HGB, § 215 II AktG, § 60 I Nr. 4 GmbHG.

3 b) **Die Zustimmungserklärung.** Der Konkursverzicht der Gläubiger ist ein Verzicht auf die Fortsetzung des Konkursverfahrens, nicht auf die Forderungen selbst oder deren Beitreibung. Da er nach Zweck und Inhalt auf die Beendigung des Verfahrens gerichtet ist, bildet er — wie der Schuldnerantrag [Anm. 1] — eine Prozeßhandlung und zwar eine einseitige. Ist er auch in der Mehrzahl der Fälle das Ergebnis eines außergerichtlichen Vergleichs, so stellt er doch selber keinen Vertrag dar, weder einen verfahrensrechtlichen noch einen sachrechtlichen. Als Prozeßhandlung kann der Verzicht schriftlich oder zu Protokoll der Geschäftsstelle des Konkursgerichts erklärt, ersternfalls unmittelbar vom Gläubiger dem Konkursgericht überreicht oder ihm durch den Schuldner übermittelt werden. Muster Schrader-Bauer Hdb.[2] S. 137 F III 154. Als Prozeßhandlung setzt er voraus, daß der Zustimmende prozeßfähig oder prozeßordnungsmäßig vertreten ist. Die Vertretungsmacht des gesetzlichen wie die des gewillkürten Vertreters muß das Konkursgericht von Amts wegen nachprüfen (§§ 56, 88 II ZPO). Siehe § 72 Anm. 3b. Der gemeinsame Vertreter der Schuldverschreibungsgläubiger [§ 61 Anm. 4] hat zum Konkursverzicht eine besondere Ermächtigung der Gläubigerversammlung nach § 14 III SchVG einzuholen, da diese Vorschrift nach Wortlaut und Zweck auch den Verzicht auf die durch Konkursteilnahme erlangten prozessualen Rechte betrifft. Stern, Schuldverschreibungsgläubiger (1904) S. 11, Ansmann SchVG (1933) S. 198 (§ 18 Anm. 13); abw. Hellmann S. 561 N. 3, Göppert-Trendelenburg SchVG[2] (1915) S. 122. Die schriftliche Verzichterklärung bedarf zwar keiner Beglaubigung; doch hat das Konkursgericht die Befugnis und in Zweifelsfällen die Pflicht, Ermittlungen über die Echtheit der Erklärung anzustellen (§ 75). Motive II S. 437. Vom Beweggrund ist die Wirksamkeit des Verzichts unabhängig. Bedingungen, die den Erfolg der Konkursbeendigung in Frage stellen könnten, entziehen, da diese uneingeschränkt zu geschehen hat, dem Verzicht die Kraft. Eine Befristung des Inhalts aber, daß die Wirksamkeit des Verzichts erlöschen solle, wenn die Einstellung bis zu einem bestimmten Tage nicht erfolgt sei, dürfte statthaft sein. In angemessener Ausdehnung ermöglicht auch eine solche Zeitschranke die Durchführung des Einstellungsverfahrens. Petersen-Kleinfeller Anm. 1, Seuffert S. 455 mit S. 454, Böhle-Stamschräder[6] § 202 Anm. 2b; abw. Hellmann S. 562. Der wirksam erklärte Verzicht ist mangels gegenteiliger Vorschrift unwiderruflich. Willensfehler (Irrtum, Täuschung, Drohung) können im Wege des Widerspruchs [Anm. 8] geltend gemacht werden. Auch steht es dem verzichtenden Gläubiger frei, hinterher einen anderen, neuen Konkurs zu beantragen [Anm. 11]. Für die Anwendung der §§ 119ff., 142f. BGB ist kein Raum, weil der Konkursverzicht weder ausschließlich noch gleichzeitig eine bürgerlich-rechtliche Willenserklärung darstellt (zust. Mentzel-Kuhn[7] § 202 Anm. 4, Böhle-Stamschräder[6] Anm. 2b; abw. Seuffert S. 456). Da der Konkurs kein Pfandrecht der Konkursgläubiger an der Konkursmasse begründet, liegt im Konkursverzicht eines durch Bürgschaft gedeckten Gläubigers auch nicht die Aufgabe einer Sicherheit im Sinne des § 776 BGB. Mitzureden hat der Bürge nur insoweit, als sich der Gläubiger am Konkurs nicht beteiligt [§ 67 Anm. 5]. Dadurch allein, daß der Gläubiger der Einstellung zustimmt, werden dem Bürgen keineswegs Anmeldung und Widerspruch nach § 202 ermöglicht.

c) Der Konkursverzicht erfordert grundsätzlich **Einstimmigkeit** der einfachen und bevorrechtigten Konkursgläubiger, auch der Gläubiger mit besonderen Vorrechten [§ 61 Anm. 2ff.], aber nur Einstimmigkeit derjenigen Gläubiger, die sich bis zu einem bestimmten Zeitpunkt gemeldet haben. Daß die dem Konkursverzicht zugrunde liegende außerkonkursmäßige Regelung des Schuldenstandes [Anm. 2] alle Beteiligten gleich behandelt habe (etwa im Sinne des § 181), setzt der § 202 nicht voraus (siehe Jaeger KonkTreuh. 1936 S. 83), wenn auch Irrtum und Täuschung als Mängel des Zustimmungswillens bedeutsam werden können [Anm. 3]. Das Gesetz geht davon aus, daß regelmäßig der Ablauf der Anmeldefrist (§ 138) abgewartet werden muß. Gläubiger, die sich auch dann noch nicht gemeldet haben, können nicht verlangen, daß der Konkurs allein um ihretwillen fortgesetzt werde (Motive II S. 436) [Anm. 5]. Eine Einstellung vor dem Ablauf der Anmeldefrist erscheint als Ausnahmefall und steht unter verschärften Erfordernissen [Anm. 6]. Der § 202 I 1 ist Mußvorschrift, der § 202 II Kannvorschrift [Anm. 9]. Entscheidend ist aber nicht, daß der Antrag vor Ablauf der Anmeldefrist gestellt wurde, sondern, daß noch der Einstellungsbeschluß vor diesem Zeitpunkt ergeht. Es genügen daher die Erfordernisse des § 202 I, wenn beim Erlaß des Einstellungsbeschlusses — wäre es auch erst in der Beschwerdeinstanz — die Anmeldefrist bereits verstrichen ist. Fitting § 51 N. 19, Seuffert S. 457, Wolff Anm. 2, Mentzel-Kuhn[7] § 202 Anm. 3, Böhle-Stamschräder[6] Anm. 2a. In jedem Falle bedarf es auch der Zustimmung von Gläubigern mit betagten und bedingten Konkursforderungen — der § 96 ist unanwendbar —, nicht aber von Massegläubigern [siehe jedoch §§ 205f. Anm. 2]. Noch weniger haben Aus- und Absonderungsberechtigte als solche mitzureden. Daß ein Konkursgläubiger zugleich absonderungsberechtigt ist, macht aber natürlich seine Zustimmung nicht entbehrlich. Da der Konkursverzicht nicht durch Mehrheitsbeschluß erzwungen werden kann, ist das Erkaufen der Zustimmung eines einzelnen Gläubigers nicht verboten: wie der § 181 ist der § 243 unanwendbar. Kohler Lehrbuch S. 508 mit Rechtspr. in Note 1. 4

Hinsichtlich der beizubringenden Zustimmungserklärungen sind zwei Fälle zu unterscheiden:

α) **Regelfall (§ 202 I). Nach Ablauf der Anmeldefrist** (§ 138) erfordert der Konkursverzicht jedenfalls Einstimmigkeit aller Gläubiger, deren Forderungen im Sinne des § 144 I „festgestellt" sind. An der Widersetzlichkeit eines einzigen scheitert der Einstellungsversuch. Sie ist nur durch Befriedigung [Anm. 2], nicht auch durch Sicherstellung zu beseitigen (Gegenschluß aus Abs. I Satz 2). Zustimmung solcher, deren Forderungen zwar angemeldet, aber noch nicht festgestellt sind — sei es, daß sie vom Verwalter oder einem Gläubiger bestritten, sei es, daß sie überhaupt noch nicht geprüft wurden (weil der Prüfungstermin noch nicht stattgefunden hatte oder weil sie verspätet angemeldet wurden) —, verlangt der § 202 I 2 nur, wenn das Konkursgericht nach freiem, aber darum doch der Nachprüfung unterworfenem Ermessen [§ 73 Anm. 7] diese Zustimmung für geboten hält. Das Gericht muß daher zunächst von Amts wegen prüfen, ob die Anmeldung (§ 139) einer Konkursforderung (§§ 3, 63) vorliegt (abw. Oetker I S. 400 N. 7). Der Zustimmung von Gläubigern, die ihre Anmeldung wirksam zurückgenommen haben [§ 139 Anm. 18ff.], bedarf es nicht [Anm. 2]. Ist eine Forderung angemeldet und glaubhaft (vgl. § 75), so darf sie nicht unbeachtet bleiben. Doch kann das Gericht statt der Zustimmung eine Sicherstellung des Anmelders (dessen Forderung noch nicht „festgestellt" ist) für genügend erklären, damit dieser sein Zustimmungsrecht nicht zu unlauterem Zwange gegen den Schuldner zu mißbrauchen vermag. Das Ermessen des Gerichts ist auch bei nichtfestgestellten zugriffsreifen Forderungen (§ 146 VI) maßgebend (abw. Oetker aaO. N. 5). Desgleichen für die Art der Sicherstellung (§ 202 I 2 „inwieweit"). Auf Forderungen, die zur Zeit der Würdigung des Antrags nicht einmal angemeldet sind, wird keine Rücksicht genommen. Doch kann binnen der Frist des § 203 I die Anmeldung nachgeholt und auf Grund dieser Nachholung Widerspruch gegen den Einstellungsantrag erhoben werden [Anm. 8]. 5

6 β) **Ausnahmefall (§ 202 II). Vor Ablauf der Anmeldefrist** (§ 138) gilt eine zweifache Verschärfung. In diesem Falle muß der Verzicht von allen dem Konkursgericht bekannten Gläubigern ausgehen, ohne Unterschied zwischen angemeldeten und nichtangemeldeten. Die Kenntnis schöpft das Gericht nicht nur aus den Anmeldungen, sondern namentlich auch aus dem Gläubigerverzeichnis des § 104, aus den Büchern des Schuldners, aus dem Inventar (§ 124) oder sonstigen Angaben des Verwalters und aus dem Ergebnis der Verhandlungen. Motive II S. 436. Zum anderen ist in diesem Falle immer die Zustimmungserklärung der bekannten Gläubiger notwendig; das Gericht darf nicht statt der Zustimmung die Sicherstellung des Gläubigers genügen lassen. Das ergibt sich deutlich aus der Fassung des Gesetzes und rechtfertigt sich aus den Bedenken, die jedem vorzeitigen Konkursverzicht entgegenstehen. Die Beteiligten mögen den Ablauf der Anmeldefrist abwarten. Zust. v. Wilmowski-Kurlbaum § 202 Anm. 5, Hellmann S. 567, Mentzel-Kuhn[7] § 202 Anm. 7; abw. Petersen-Kleinfeller Anm. 4, Seuffert S. 458, Fitting § 51 N. 13. Der Ausnahmefall tritt namentlich dann ein, wenn sich bald nach Eintritt der Rechtskraft des Eröffnungsbeschlusses herausstellt, daß der Konkursgrund von vornherein gefehlt hat oder bereits wieder beseitigt ist.

6a 3. Eine Sonderregelung der Einstellung auf Grund Gläubigerverzichts besteht im **Genossenschaftskonkurs** (§ 116 GenG i. d. Fassung des Gesetzes v. 20. 12. 1933, RGBl. I S. 1089). Im Gegensatz zu § 202 II KO ist hier die Einstellung auf Antrag des Vorstandes erst nach Ablauf der Anmeldefrist zulässig. Sie setzt ferner nicht nur das Vorliegen der Zustimmungserklärungen der Gläubiger voraus, welche Forderungen angemeldet haben, sondern darüber hinaus den Nachweis, daß andere Gläubiger nicht bekannt sind, der im gewöhnlichen Konkurs nur bei einer Einstellung vor Ablauf der Anmeldefrist erforderlich ist [Anm. 5, 6]. Der Nachweis kann durch Vorlage der Bücher oder durch eine Bescheinigung des Prüfungsverbandes geführt werden (Meyer-Meulenbergh GenG[9] § 116 Anm. 2). Auch hier erübrigt der Nachweis des Erlöschens einer Forderung die Zustimmungserklärung [Anm. 2]. § 116 S. 2 GenG entspricht dem § 202 I S. 2 KO [Anm. 5]. Für das weitere Verfahren sind die allgemeinen Bestimmungen maßgebend. Die gleiche Regelung gilt für die Einstellung des Konkurses eines Versicherungsvereins a. G. (§ 52 II VAG mit § 116 GenG). Fortsetzung der Genossenschaft nach Einstellung: Anm. 11.

II. Verfahren.

7 1. Erbringt der Schuldner die nach § 202 erforderlichen Zustimmungen oder Sicherstellungen nicht, dann ist sein Einstellungsantrag als **unzulässig** abzuweisen. Der Beschluß wird dem Antragsteller von Amts wegen zugestellt und unterliegt dessen sofortiger Beschwerde (§ 73 II, III). Muster Schrader-Bauer Hdb.[2] S. 137 F III 155. Der Nachweis des Erlöschens erübrigt in Ansehung jedes einzelnen Gläubigerrechts den Nachweis der Zustimmung. So namentlich, wenn der zu neuem Vermögen gelangte Gemeinschuldner selbst oder ein Dritter nach Konkurseröffnung alle bekannten Konkursgläubiger befriedigt [Anm. 2].

8 2. Ein nach § 202 **zulässiger Antrag** ist öffentlich bekanntzumachen (§ 76) und mit den Zustimmungserklärungen oder ihrem Ersatz [Anm. 2] auf der Geschäftsstelle des Konkursgerichts zur Einsicht der Konkursgläubiger niederzulegen. § 203 I Satz 1. So soll den Beteiligten Gelegenheit zur Wahrung ihrer Rechte geboten werden (Motive II S. 437). Muster Schrader-Bauer Hdb.[2] S. 138 F III 156. Ein Rechtsmittel gegen die Anordnung der Veröffentlichung des Antrags oder gegen eine diese Anordnung vorbereitende Verfügung gibt es nicht, da niemand beschwert ist (RG GruchotsBeitr. 42 S. 1129). Wohl aber hat binnen einer mit dem Wirksamwerden der Veröffentlichung [§ 76 Anm. 4] beginnenden einwöchigen Frist — Berechnung: § 152 Anm. 3 — jeder nach Anm. 5 u. 6 zustimmungsberechtigte Konkursgläubiger, nicht der Verwalter als solcher, nicht ein Massegläubiger (RG aaO.), **ein Widerspruchsrecht** gegenüber dem Einstellungsantrag des Schuldners. § 203 I Satz 2. Der Widerspruch kann schriftlich oder zu Protokoll der Geschäftsstelle erklärt werden.

Muster Schrader-Bauer Hdb.[2] S. 138 F III 157. Er dient vornehmlich dazu, das Fehlen der Zustimmungserklärung oder der sie erübrigenden Vollbefriedigung des Widersprechenden selbst, wie z. B. die Unechtheit einer beigebrachten Verzichterklärung oder Quittung, die Unzulänglichkeit der behaupteten Erfüllung — siehe § 363 BGB, OLG Dresden LZ 1925 Sp. 53f. Nr. 4 —, den Nichtbestand einer angeblichen Vertretungsmacht, Mängel des Zustimmungswillens [Anm. 3] oder die Bestreitung einer behaupteten Anmeldungsrücknahme [Anm. 2, 5] zur Beachtung zu bringen. „Widerruf" der Zustimmung ist das nicht (gegen Hellmann S. 563). Der Widersprechende kann weiter aber auch rügen, daß es an der erforderlichen Zustimmung eines anderen Gläubigers fehle (v. Wilmowski-Kurlbaum § 203 Anm. 2, Mentzel-Kuhn[7] § 203 Anm. 2, Böhle-Stamschräder[6] § 203 Anm. 1; abw. Oetker S. 401). Denn die Einstellungserfordernisse sind von Amts wegen nachzuprüfen. Ebendeshalb kann selbst ein nach Ablauf der Frist erhobener Widerspruch wie auch eine Äußerung des anzuhörenden Verwalters [Anm. 9] Beachtung finden. Zust. Mentzel-Kuhn aaO. Anm. 3, Böhle-Stamschräder aaO., Schrader-Bauer aaO. Ausschließend wirkt die Frist nur insofern, als durch eine später erfolgende Anmeldung für den Regelfall des § 202 I für diese Forderung das Zustimmungserfordernis nicht mehr begründet werden kann. § 203 I Satz 3. Im Ausnahmefall des § 202 II können auch Konkursgläubiger widersprechen, die überhaupt nicht angemeldet haben [Anm. 6, siehe aber Anm. 10]. Bevorzugung eines Gläubigers durch den Schuldner oder Dritte ist für sich allein kein Widerspruchsgrund, möglicherweise aber ein Grund, einen Willensmangel der Zustimmung durch Widerspruch geltend zu machen [Anm. 3, 4].

8. Nach Ablauf der Widerspruchsfrist hat das Gericht über den Einstellungsantrag zu **entscheiden.** 9

a) Vor der Entscheidung muß es dem Schuldner, dem Verwalter und etwaigen Widerspruchsgläubigern Gehör d. h. Gelegenheit zur mündlichen oder schriftlichen Äußerung geben [§ 73 Anm. 3]. § 203 II. Auch jetzt kann das Gericht noch Ermittlungen von Amts wegen anstellen (§ 75). Erweist sich ein Widerspruch als begründet oder ergibt die Amtsprüfung den unergänzbaren Mangel einer nach § 202 erforderlichen Zustimmung oder Sicherstellung, so hat das Gericht den Einstellungsantrag abzuweisen. Sind andrerseits die gesetzlichen Voraussetzungen erfüllt, dann muß das Gericht die Einstellung beschließen, ohne deren Zweckmäßigkeit oder etwa gar die Würdigkeit des Schuldners zu prüfen. Doch kann es im Ausnahmefall des § 202 II die Entscheidung bis zum Ablauf der Anmeldefrist aufschieben und den Eintritt des Regelfalls (§ 202 I) abwarten. Dieser Aufschub der Entscheidung ist veranlaßt, wenn das Gericht das Bestehen anderweiter Forderungen für wahrscheinlich hält und darum in der sofortigen Einstellung eine Gefährdung der Gesamtheit erblickt. Fitting § 51 N. 27, Petersen-Kleinfeller Anm. 10. Auch wenn die Voraussetzungen für die Einstellung gegeben sind, darf diese doch erst verfügt werden, wenn der Verwalter die Masseansprüche befriedigt bzw. sichergestellt und dies dem Gericht angezeigt und nachgewiesen hat [§ 205f. Anm. 2]. Das Gericht hat ferner vor der Einstellung Vergütung und Auslagen des Konkursverwalters (§ 85) und der Mitglieder eines Gläubigerausschusses (§ 91) festzusetzen; von der Anhörung der Gläubigerversammlung (§ 91 I S. 2) kann in diesem besonderen Falle angesichts des Konkursverzichts der Gläubiger Abstand genommen werden (so Schrader-Bauer Hdb.[2] S. 138f.; vgl. auch das Muster dort F III 158). Hält man allerdings (entgegen der vorherrschenden Praxis) einen Termin zur Abnahme der Schlußrechnung auch im Falle der Einstellung nach § 202 für erforderlich [§ 86 Anm. 1], so ist dieser zugleich zur Anhörung über die Höhe der Ausschußvergütung und -auslagen zu bestimmen.

b) **Anfechtung der Entscheidung.** Der den Einstellungsantrag **abweisende Beschluß** ist jedenfalls dem Gemeinschuldner zuzustellen und kann von diesem als dem zurückgewiesenen Antragsteller mit der sofortigen Beschwerde angefochten werden (§ 73 II, III). Das Beschwerderecht ist aber auch jedem Gläubiger, 10 welcher der Einstellung zugestimmt hat, zuzubilligen, da er ein Interesse an der Einstellung haben kann und die ablehnende Entscheidung daher seine rechtlichen Belange beeinträchtigt (a. A. Jaeger 6./7. Aufl., Bleyer KO[3] § 203 Anm. 3); da das Gesetz den Kreis der Beschwerdeberechtigten nicht ausdrücklich einschränkt (wie etwa in § 109 oder in § 189 I), müssen die allgemeinen, in § 73 Anm. 8 dargelegten Grundsätze über die Beschwerdeberechtigung Anwendung finden. So auch Kohler Leitfaden § 73 V, Wolff § 203 Anm. 3, Mentzel-Kuhn[7] § 203 Anm. 4, Böhle-Stamschräder[6] § 203 Anm. 1. Ein erneuter Einstellungsantrag ist nicht ausgeschlossen, setzt aber eine veränderte Sachlage (ergänzende Zustimmungen) voraus. Der **Einstellungsbeschluß** dagegen braucht nach dem Gesetz nicht besonders zugestellt, sondern nur nach § 205 I öffentlich bekanntgemacht zu werden (der § 205 II zieht den § 111 III nicht an). Eine Zustellung an den Schuldner und an den Verwalter sowie an etwa widersprechende Gläubiger empfiehlt sich jedoch und ist in der Praxis üblich (vgl. Senst-Müller Konkursrichter[4] S. 202, Schrader-Bauer Hdb.[2] S. 139 F III 159). Die öffentliche Bekanntmachung gilt als Zustellung an alle Beteiligten, auch an solche, denen der Beschluß noch eigens — was nicht geboten ist — zugestellt worden ist (siehe sogar § 76 III). RG Bolze 7 Nr. 952. Mit Vollzug der Bekanntmachung — also mit dem Ablaufe des zweiten Tages nach der Ausgabe des die (erste) Einrückung enthaltenden Amtsverkündungsblattes (§ 76 I) — beginnt die Notfrist zur Einlegung der Beschwerde gegen den Einstellungsbeschluß einheitlich für alle Beschwerdeberechtigten. Beschwerdeberechtigt ist jeder nach § 202 zustimmungsbefugte Konkursgläubiger, wenn er durch die Einstellung beschwert ist. Noch im Rechtsmittelweg kann die Verweigerung des nach § 202 erforderlichen Verzichts geltend gemacht werden. Da indessen die Einstellung schon mit der Bekanntmachung in Kraft tritt [§§ 205f. Anm. 4], kann fortab durch Anmeldung kein Zustimmungsrecht mehr erworben werden. Der Verwalter nimmt im Verfahren über den Einstellungsantrag keine Parteirolle ein, weil Schuldner und Gläubiger hier ihre Belange persönlich wahrnehmen. Ein Beschwerderecht gegen den Einstellungsbeschluß kommt ihm daher nicht zu (abw. Bleyer[3] § 203 Anm. 3; vgl. auch RG GruchotsBeitr. 42 S. 1129). Über den Fall, daß im Beschluß die Ausdrücke „Aufhebung" und „Einstellung" verwechselt werden, siehe § 163 Anm. 2.

11 4. Die Einstellung **beendet** den wirksam eröffneten Konkurs, nicht etwa macht sie die Konkurseröffnung rückgängig [§§ 205f. Anm. 6]. Eine Wiederaufnahme des Verfahrens findet nicht statt; aber die Eröffnung eines selbständigen neuen Konkurses ist möglich, wenn die — nun für die Gegenwart zu prüfenden — Konkursvoraussetzungen vorliegen. Der frühere Verzicht steht einem erneuten Konkursantrag nicht entgegen. RG JW 1886 S. 55ff. Vgl. im übrigen zu den Wirkungen der Einstellung §§ 205f. Anm. 4ff. Ebenso wie die Aufhebung des Konkurses nach Bestätigung eines Zwangsvergleichs ermöglicht auch die Einstellung auf Schuldnerantrag die Fortsetzung der in Konkurs geratenen Handelsgesellschaften (§§ 144, 161 II HGB, § 215 II, 219 III AktG, § 60 Nr. 4 GmbHG) [§ 192 Anm. 4] und des Versicherungsvereins a. G. (§ 49 VAG) [§ 192 Anm. 8]. Für die Genossenschaft ist dagegen auch im Falle der Einstellung keine Fortsetzungsmöglichkeit vorgesehen [vgl. auch § 194 Anm. 8]. Meyer-Meulenbergh GenG[9] § 116 Anm. 2, Lang-Weidmüller GenG[27] § 115e Anm. 11; abw. für den Fall der Einstellung mit beachtlichen Gründen, die aber wohl nur de lege ferenda in Betracht kommen, Wallenfels JW 1934 S. 1149.

Zusatz. Fremde Rechte.*

12 1. Die Beendigung des Konkursverfahrens (Einstellung) mangels Gläubigerinteresses ist im Ausland recht verschieden geregelt. Einzelne Rechtsordnungen gehen wie das deutsche Recht von der Zustimmung der Gläubiger zur Konkursbeendigung (Konkursverzicht) aus. Die Befriedigung eines Konkursgläubigers erscheint dabei nur insoweit bedeutsam, als sie den Nachweis der Zustimmung dieses — früheren —

*) Bearbeitet von Prof. Dr. Günther Jahr, Saarbrücken. Wegen der Literatur und der Abkürzungen wird auf Bd. I S. LXIIIff. verwiesen.

Gläubigers erübrigt [Anm. 2]; diese Folge wird — anders als in Deutschland — mitunter ausdrücklich ausgesprochen. Bezeichnung und dogmatische Ausgestaltung des Instituts erweisen sich jedoch als problematisch, wenn alle Gläubiger befriedigt sind oder ihre Zustimmung aus anderen Gründen (Unterlassung oder Rücknahme der Anmeldung) entbehrlich wird [vgl. auch Anm. 2]. Hierher gehören neben Deutschland namentlich Österreich und die Schweiz.

a) In Österreich (§ 167 KO) ist der Konkurs „aufzuheben, wenn nach Ablauf der Anmeldefrist alle Massegläubiger und alle Konkursgläubiger, die Forderungen angemeldet haben, der Aufhebung zustimmen". Daß ein Antrag des Schuldners erforderlich ist, kann daraus geschlossen werden, daß das Gesetz die Erklärung der Gläubiger als „Zustimmung" bezeichnet (vgl. Bartsch-Pollak aaO. Anm. 1 zu § 167). Das Gesetz stellt ausdrücklich fest, daß es der Zustimmung eines Gläubigers nicht bedarf, wenn der Gläubiger befriedigt oder sichergestellt ist oder „wenn bei bestrittenen Forderungen die Klagefrist abgelaufen und die Klage nicht spätestens an dem Tage, an dem die Aufhebung des Konkurses beantragt wird, angebracht worden ist".

b) In der Schweiz (Art. 195 Nr. 1 SchKG) ist der Konkurs zu „widerrufen", wenn der Schuldner „von sämtlichen Gläubigern die schriftliche Erklärung beibringt, daß sie ihre Konkurseingabe zurückziehen"; der Widerruf kann nicht vor Ablauf der Anmeldefrist ausgesprochen werden (Art. 232 II Nr. 1 SchKG). Diese Regelung, die eine anderweitige Erledigung der Forderung unberücksichtigt läßt, erscheint einfacher als die deutsche; da der „Rückzug der Eingabe", die Rücknahme der Anmeldung, jedoch regelmäßig nur mit dem Vorbehalt der Einstellung, nicht auch für den Fall des Scheiterns einer Konkursbeendigung erklärt werden dürfte, verdient die Behandlung der Erklärung als besondere Prozeßhandlung aber doch wohl den Vorzug.

2. Andere Rechtsordnungen gehen von der Befriedigung der Konkursgläu- 13
biger aus und lassen die Beendigung nur zu, wenn die volle Befriedigung aller Gläubiger nachgewiesen wird. Hierher gehören vor allem England und die Niederlande. Eine ähnliche Regelung besteht in Frankreich.

a) In England kann die Bankrotterklärung [vgl. Bd. I S. LXXV] außer im Fall nachträglicher Feststellung ihrer Unzulässigkeit „annulliert" werden, wenn die volle Bezahlung aller Konkursforderungen nachgewiesen wird (§ 29 B. A.). A fortiori ist in diesem Fall, wenn es noch nicht zur Bankrotterklärung gekommen ist, die Anordnung der Sequestration aufzuheben (*rescission of receiving order*). Die bloße Zustimmung der Konkursgläubiger genügt zur Aufhebung der Bankrotterklärung nur, wenn sie als Zwangsvergleich angesehen werden kann; die Aufhebung der *receiving order* ist dagegen ganz allgemein dem Ermessen des Gerichts anheimgestellt; sie kann daher möglicherweise auch bei bloßem „Konkursverzicht" erfolgen, doch gilt die Entscheidung, die diese Möglichkeit eröffnete, als Ausnahmefall (vgl. Williams, aaO. § 3, Fußnoten 2—10; § 29, Fußnoten 66—67).

b) In den Niederlanden ist der Konkurs ohne besondere gerichtliche Entscheidung beendet [vgl. § 190 Anm. 9 unter Nr. 4], wenn der Gemeinschuldner alle festgestellten Konkursforderungen voll befriedigt (Art. 193 I F. W.). Sonst bleibt nur die Möglichkeit des Zwangsvergleichs.

c) Frankreich hat in der Reform von 1955 die früher ohne gesetzliche Grundlage praktizierte Regelung im wesentlichen bestätigt. Bei *faillite* und *règlement judiciaire* ist eine „Schließung mangels Gläubigerinteresse" (*clôture pour défaut d'intérêt de masse*) möglich, wenn der Schuldner nach Feststellung der Konkursforderungen die volle Befriedigung oder Sicherstellung (durch Hinterlegung beim Verwalter) der Konkursgläubiger nachweist (Art. 170 I D. 20 mai 1955 = Art. 606 I C. com.). Außergerichtlicher Erlaß ist nur insoweit von Bedeutung, als er zum Wegfall von Konkursforderungen führt. Die bloße Stundung unter Verzicht auf Fortsetzung des Konkurses, die nach der früheren Praxis genügte, kann dagegen heute die Einstellung nicht mehr begründen; es bleibt nur der Weg des Zwangsvergleichs.

3. Eine Kombination einzelner der zu 1 und 2 dargelegten Auffassungen begegnet 14
vor allem in Italien. Dort (Art. 118 L. F.) ist die Einstellung des Konkursverfahrens (*chiusura del fallimento*) außer in den Fällen des Vollzugs der Schlußverteilung und der „Unzweckmäßigkeit der Fortsetzung mangels Masse" anzuordnen, wenn innerhalb der Anmeldefrist keine Anmeldung eingeht oder wenn die festgestellten Forderungen der Gläubiger voll befriedigt werden oder aus anderen Gründen, von denen der Teilerlaß durch außergerichtlichen Vergleich der wichtigste sein dürfte, erlöschen.

4. Eine Konkursbeendigung mangels Gläubigerteilnahme kennt Österreich. Dort ist — im Einklang mit dem Konkurserfordernis einer Gläubigermehrheit [vgl. § 102 Anm. 9] — der Konkurs von Amts wegen aufzuheben, wenn sich herausstellt, daß nur ein Gläubiger am Verfahren teilnimmt (§ 166 I KO).

§ 204

Das Gericht kann das Konkursverfahren einstellen, sobald sich ergibt, daß eine den Kosten des Verfahrens entsprechende Konkursmasse nicht vorhanden ist. Die Einstellung unterbleibt, wenn ein zur Deckung der im § 58 Nr. 1, 2 bezeichneten Massekosten ausreichender Geldbetrag vorgeschossen wird.

Vor der Einstellung soll die Gläubigerversammlung gehört werden.

Materialien: Motive I Bd. 2 S. 181f., Motive II S. 437, Protokolle S. 115, 186, Begründung S. 45, Kommissionsbericht S. 1968.

B. Einstellung wegen Mangels der Kostendeckung

I. Voraussetzung

1 1. Deckt die vorhandene Konkursmasse nicht einmal die Kosten des Verfahrens (§ 58 Nr. 1, 2), dann ist der Konkurs zwecklos. Darum hat das Konkursgericht die Befugnis und die Pflicht, falls es diese Unzulänglichkeit der Masse als feststehend erachtet, den Eröffnungsantrag abzuweisen (§ 107 I) und den bereits eröffneten oder nach den §§ 198ff. wiedereröffneten Konkurs einzustellen (§ 204 I), es sei denn, daß ein zur Kostendeckung ausreichender Geldbetrag vorgeschossen wird. Bei der Feststellung der Masseunzulänglichkeit sind im Falle des § 204 ebenso wie in dem des § 107 die Masseschulden (§ 59) in Anschlag zu bringen und zwar nicht nur die bereits entstandenen und noch nicht befriedigten, sondern auch die bei der Fortsetzung des Konkurses voraussichtlich entstehenden, da die Masseschulden nach § 60 den Massekosten vorgehen. Die von Böhle-Stamschräder[6] Anm. 1 für die Einstellung nicht als ausreichend erachtete Situation, daß die vorhandene Masse zwar zur Deckung der Massekosten, nicht aber zu der der Masseschulden ausreiche, kann daher nicht eintreten. Der Kostenvorschuß ermöglicht die Fortsetzung des Verfahrens in Fällen, in denen wider Erwarten des Konkursgerichts eine Konkursanfechtung gelingt oder der Massewert aus anderen Gründen (Abwehr von Aus- oder Absonderungsansprüchen, Kurssteigerung, Überwindung einer Krise, Ermittlung und Herbeischaffung weiterer Massegegenstände) sich erhöht oder der Schuldner in absehbarer Zeit die Ermöglichung eines günstigen Vergleichsanerbietens durch Neuerwerb erwarten darf (siehe den Fall LG III Berlin KonkTreuh. 1928 S. 89 Nr.1). Bloß zu dem Zweck, um den Mitgläubigern und dem Schuldner die Fortsetzung des Verfahrens aufzunötigen, wird schwerlich ein Gläubiger die Vorschußkosten auf sich nehmen (gegen Oetker ZZP 25 S. 10f. N. 6, Seuffert § 60 N. 2). Bei der Bemessung des zur Vermeidung der Einstellung erforderlichen Vorschusses läßt es das Gesetz ebenso wie im Falle des § 107 genügen, daß dieser die Massekosten des § 58 Nr. 1 und 2 deckt [§ 107 Anm. 4]. Mit Recht weist aber Unger KTS 1961 S. 97ff., insbes. S. 99 darauf hin, daß sich hier Schwierigkeiten ergeben können, wenn die Fortführung des Konkurses mit einer Vermehrung der Masseschulden verbunden ist (etwa Prozeßkosten, Verbindlichkeiten aus Geschäftsfortführung), welche durch die vorhandene Masse nicht gedeckt sind, so daß der Konkursverwalter Gefahr läuft, durch ihre Begründung in persönliche Haftung zu kommen [§ 82 Anm. 8]. Bei einer solchen Lage wird man das Gericht nicht ohne weiteres für verpflichtet halten können, von der Einstellung Abstand zu nehmen, wenn ein Gläubiger bereit ist, den Vorschuß in der sich aus dem Gesetz ergebenden Höhe zu leisten. Es wird vielmehr darauf hinwirken, daß auch die künftigen Masseschulden durch einen entsprechenden Vorschuß gedeckt werden. Ist kein Gläubiger zu einer solchen Erweiterung des Vorschusses bereit, so wird das Gericht nur dann

von der Einstellung Abstand nehmen dürfen, wenn hinreichende Aussicht besteht, daß die bei Fortführung des Konkurses zu erwartende Massemehrung zur Deckung der neuen Masseverbindlichkeiten ausreichen wird. Für den Konkursverwalter bleibt indes die Lage gleichwohl mißlich, weil ihm die Stellungnahme des Konkursgerichtes die persönliche Verantwortung nicht abnehmen kann. Besteht diese Aussicht nicht, dann muß das Gericht trotz des Anerbietens eines die Massekosten deckenden Vorschusses den Konkurs einstellen; denn der Zweck seiner Fortführung, eine zur Verteilung an die Konkursgläubiger kommende Masse zu erzielen, kann nicht erreicht werden, wenn der Konkursverwalter bei pflichtgemäßem Vorgehen die Begründung neuer ungedeckter Masseverbindlichkeiten unterlassen muß. So im Ergebnis auch Unger aaO. S. 99, der im Falle des § 204 nur einen Kostenvorschuß für genügend erachtet, der auch die voraussichtlich noch entstehenden Masseschulden deckt. In gleicher Weise hat das Gericht trotz des Anerbietens eines Kostenvorschusses die Einstellung zu verfügen, wenn — auch abgesehen von der Frage der Deckung neuer Masseverbindlichkeiten — keine Aussicht besteht, Masse zu beschaffen. Zust. Unger aaO. S. 100. Behandlung des Vorschusses: § 107 Anm. 4 sowie eingehend Unger aaO. S. 102f.

2. Eine Einstellung mangels Masse ist auch im **Genossenschaftskonkurs** zulässig. Zwar 1a
wurde früher aus § 100 III GenG, der die Ablehnung des Konkursantrages aus dem Grunde des Massemangels (mit Rücksicht auf die als Massebestandteile in Ansatz zu bringenden Nachschußansprüche) ausschließt [§ 107 Anm. 7], gefolgert, daß der einmal eröffnete Genossenschaftskonkurs auch nicht nach § 204 eingestellt werden könne (so insbes. auch die Begründung zum II. Entwurf des GenG S. 125). Inzwischen hat sich aber (im Anschluß an Wolff KO[2] S. 632) die Meinung mit Recht durchgesetzt, daß § 100 III GenG der Zulässigkeit der Einstellung nach § 204 KO nicht entgegensteht, wenn sich herausgestellt hat, daß weitere zur Kostendeckung erforderliche Nachschüsse nicht zu erlangen sind, was allerdings tatsächlich selten der Fall sein wird. So auch Parisius-Crüger GenG[12] (1932) § 116 Anm. 3, Kunze JurRundsch. 1932 S. 141 (diese zur alten Fassung des § 116 II GenG); Meyer-Meulenbergh GenG[9] § 100 Anm. 3, § 116 Anm. 3c, Lang-Weidmüller GenG[27] § 116 Anm. 2, Paulick, Recht der e. Gen. (1956) S. 353; im Ergebnis auch Mentzel-Kuhn[7] Anm. 3, Böhle-Stamschräder[6] Anm. 1 a. E. Der neugefaßte § 116 GenG bringt nur eine besondere Regelung für den Fall der Einstellung des § 202 KO, schließt aber die Anwendung des § 204 KO nicht aus.

3. Zeitschranken für die Einstellung wegen Masseunzulänglichkeit zieht das Gesetz 2
nicht. Sie kann schon vor dem Prüfungstermin und vor dem Beginn der Verwertung des Massevermögens erfolgen. Nur muß vor der Einstellung dem Gebot des § 191 (rangmäßige Deckung der Masseansprüche) genügt sein [§§ 205f. Anm. 2]. Nicht selten kommt es erst nach langer Konkursdauer zur Einstellung.

II. Verfahren

1. Die Einstellung erfolgt **von Amts wegen.** Doch kann jeder Beteiligte die Einstellung 3
anregen. In erster Linie ist es Sache des Konkursverwalters — schon mit Rücksicht auf das Risiko persönlicher Haftung, das er bei Weiterführung des Konkurses durch die Begründung nicht gedeckter Masseverbindlichkeiten läuft [§ 82 Anm. 8; vgl. auch oben Anm. 1] — ,das Gericht sofort von der Masseunzulänglichkeit (§ 60) zu verständigen und die Einstellung mangels Masse anzuregen. Die Anregung kann aber auch von einem anderen Beteiligten ausgehen, dem Gemeinschuldner oder einem Konkursgläubiger, der sich den Zugriff auf neuerworbenes Schuldnervermögen erschließen möchte (§ 14), aber auch von einem Massegläubiger, falls er an der Konkurseinstellung ein rechtliches Interesse hat z. B., wenn er in Fällen der §§ 17, 59 Nr. 2 vorzuleisten [§ 17 Anm. 34], aber keine volle Befriedigung zu gewärtigen hat oder wenn er als Gegner eines für die Masse aussichtslosen Prozesses zu besorgen hat, daß sie nicht ausreicht, ihm weiter noch erwachsende Kosten zu erstatten [§ 59 Anm. 2].

4 **2.** Die Einstellung setzt voraus, daß das Gericht die Masseunzulänglichkeit für gegeben erachtet. Maßgebend ist das Ermessen des Gerichts über den Stand der Konkursmasse, besonders über die Aussichten schwebender Masseprozesse und erwarteter Wertsteigerung von Massegegenständen. Zweifel sind von Amts wegen zu klären (§ 75). Der Antrag auf Leistung des Offenbarungseids gemäß § 125 ist in jedem Falle zu empfehlen (Böhle-Stamschräder[6] Anm. 1, Gutzschebauch BB 1950 S. 329). Insbesondere aber bestimmt Abs. II im Interesse der Aufklärung der Einstellungsvoraussetzungen, daß das Gericht vor der Einstellung **die Gläubigerversammlung hören soll,** damit die Gläubiger Gelegenheit erhalten, durch Nachweis von Massegegenständen oder durch Vorschüsse die Einstellung abzuwenden (Begründung S. 45). Dem Sollgebot des Gesetzes kann auch in einer mit anderer Tagesordnung berufenen Gläubigerversammlung genügt werden, weil eine Beschlußfassung im Sinne des § 98 insoweit nicht in Frage kommt (Wolff Anm. 2). Die Verletzung der Vorschrift ist Beschwerdegrund [Anm. 5]. Eine Ladung einzelner Gläubiger findet nicht statt (Kommissionsbericht S. 1968). Daß der Verwalter gehört wird, setzt der § 204 wohl als selbstverständlich voraus (Wolff aaO.). Die Einberufung einer Gläubigerversammlung zur Anhörung über die Einstellung erscheint auch deshalb geboten, weil im Falle der Einstellung der Konkursverwalter der Gläubigerversammlung — und zwar vor der Rechtskraft des Einstellungsbeschlusses [§ 86 Anm. 9] — Schlußrechnung zu legen hat. Von dieser kann auch dann nicht abgesehen werden, wenn der Gemeinschuldner verzichtet und Verwalter und Gläubigerausschuß damit einverstanden sind (anders Werner Konkursrichter, 1939, S. 123, Schrader-Bauer Hdb.[2] S. 141 f.). An der ordnungsgemäßen Schlußrechnungslegung haben gerade im Falle der Masseunzulänglichkeit die Gläubiger, vor allem aber auch der Konkursverwalter Interesse, da er beim Unterbleiben von Einwendungen entlastet wird (§ 86 S. 4). Falls ein Gläubigerausschuß bestand, ist vorsorglich als weiterer Punkt der Tagesordnung die Anhörung zur Festsetzung der Gebühren und Auslagen seiner Mitglieder (§ 91) vorzusehen. Tritt die Einstellungsvoraussetzung erst nach dem allgemeinen Prüfungstermin ein, so sind im Anhörungstermin auch nachträglich angemeldete Forderungen zu prüfen, damit den Gläubigern die Möglichkeit der Vollstreckung gemäß § 164 II nach der Einstellung eröffnet wird (vgl. auch Gutzschebauch BB 1950 S. 389). Muster der Terminsbestimmung Schrader-Bauer Hdb.[2] S. 140 F III 162, des Terminsprotokolls ebenda F III 163. Unter diesen Umständen wird das Gericht nur in besonderen Ausnahmefällen von einem Anhörungstermin vor der Einstellung absehen können. So bei Gefahr im Verzug, wenn die Weiterführung des Unternehmens nur uneinbringliche Masseschulden heraufbeschwören und Verwalter und Gericht (Land) haftpflichtig machen würde, nicht aber auch dann, wenn bei festgestellter Teilnahmslosigkeit der Gläubiger voraussichtlich niemand gewillt ist, einen Vorschuß zur Deckung der Massekosten zu zahlen (abw. Schrader-Bauer aaO. S. 141, Werner aaO. S. 122).

5 **3. Die gerichtliche Entscheidung und ihre Anfechtbarkeit.** Kann sich das Gericht vom Vorliegen des Einstellungsgrundes nicht überzeugen, so nimmt der Konkurs seinen Fortgang. Eine Beschlußfassung ist nur erforderlich, wenn ein Beteiligter einen förmlichen Antrag auf Einstellung gestellt hatte. Da auch das gerichtliche Ermessen [Anm. 4] der Nachprüfung unterliegt [§ 73 Anm. 7], kann die beschlußmäßige Ablehnung eines förmlichen Einstellungsantrags vom Antragsteller mit der sofortigen Beschwerde angefochten werden. LG Berlin III LZ 1909 Sp. 254 und Jaeger daselbst gegen LG Elberfeld Recht 4 S. 215. Der Einstellungsbeschluß (Muster Schrader-Bauer Hdb.[2] S. 141 F III 163) tritt mit dem Vollzug der Bekanntmachung in Kraft [§§ 205 ff. Anm. 4]. Vorheriger Nachweis der (evtl. anteiligen) Befriedigung der Masseansprüche: §§ 205 f. Anm. 2. Der Einstellungsbeschluß kann von allen Beteiligten und zwar im Gegensatz zum Falle des Konkursverzichts auch vom Verwalter, der den Massestand vielleicht zutreffender beurteilt als das Gericht und durch seine gesetzlichen Obliegenheiten zur Bekämpfung einer unangemessenen Einstellung berufen ist (vgl. LG Metz ElsLothrZ 14 S. 543, Petersen-Kleinfeller Anm. 4, Böhle-Stamschräder[6] Anm. 1; abw. Seuffert S. 465, v. Wilmowski-Kurl-

baum Anm. 4), auch vom Schuldner persönlich (abw. v. Völderndorff Anm. a. II) mit der sofortigen Beschwerde angefochten werden. Siehe §§ 202f. Anm. 10; wegen der Unzulässigkeit einer Wiederaufnahme ebenda Anm. 11.

4. Einen Eintrag in die schwarze Liste schreibt der § 204 im Gegensatz zum § 107 nicht vor. Die Schuldnerverzeichnisse enthalten daher auch keine Spalte für den Vermerk der Einstellung wegen Massemangels. Für die Verlautbarung dieser Einstellung wird weit wirksamer als durch Listeneintrag dadurch gesorgt, daß nach § 205 die Einstellung und ihr Grund (der Massemangel) öffentlich bekanntzumachen sind. 6

III. Der § 204 versagt, wenn die Masse zwar zur Befriedigung der Massegläubiger ausreicht, wenn sie aber nicht mehr alle **bevorrechtigten Konkursgläubiger** oder nur gerade sie noch deckt. Freilich bemerken die Motive II S. 437, das Verfahren sei einzustellen, wenn sich ergebe, „daß die Konkursmasse nicht den Kosten entspricht, so daß für die vorrechtslosen Konkursgläubiger nichts übrig bleibt". Allein es läßt sich nicht einmal der Satz rechtfertigen, daß der Konkurs nach § 204 einzustellen sei, wenn die Vorrechtsgläubiger nur noch zum Teil befriedigt werden können. Jeder von ihnen hat ein Recht auf die Durchführung des Konkurses, die allein seine rangmäßige Vorzugsbefriedigung verwirklicht. Um der Vorrechtsgläubiger willen muß die Masse auch versilbert werden, wenn gewiß ist, daß kein einfacher Konkursgläubiger etwas erhalten wird. Erweist sich die Masse erst als erschöpft, nachdem die Vorrechtsgläubiger ganz oder teilweise befriedigt sind z. B. durch Zahlungen nach § 170, dann kommt die Anwendung des § 204 unter dem Gesichtspunkt in Frage, daß eine Konkursfortsetzung weitere Kosten veranlassen würde, denen die Masse nicht mehr gewachsen wäre. Siehe einerseits Hullmann S. 340, andererseits v. Völderndorff II S. 658f., v. Sarwey-Bossert Anm. 1. Vgl. auch § 161 Anm. 10. 7

Zusatz. Fremde Rechte.* Die Regelung der Beendigung des Konkurses mangels Masse entspricht in Österreich (§ 166 II KO) ganz der des deutschen Rechts. In anderen Rechtsordnungen begegnen einige Abweichungen. 8

Die Schweiz kennt bei unzureichendem Massebestand ein „summarisches Konkursverfahren" [vgl. § 107 Anm. 11 unter Nr. 4]. Eine Beendigung des Konkurses ist daher nur für den Fall vorgesehen, daß „keinerlei in die Masse gehörendes Vermögen vorgefunden" wird (Art. 230 SchKG).

Wegen der Regelung in Frankreich, Belgien (ebenso Luxemburg), Italien und den Niederlanden vgl. § 107 Anm. 11 unter Nr. 2.

---

*) Bearbeitet von Prof. Dr. Günther Jahr, Saarbrücken. Wegen der Literatur und der Abkürzungen wird auf Bd. I S. LXIIIff. verwiesen.

§ 205

Der Einstellungsbeschluß und der Grund der Einstellung sind öffentlich bekanntzumachen.

Die Vorschriften der §§ 111 Abs. 2, 112, 113, 191 finden entsprechende Anwendung.

Materialien: Motive I Bd. 2 S. 182ff., Motive II S. 437f., Protokolle S. 115, 186, Kommissionsbericht S. 1968.

§ 206

Der Gemeinschuldner erhält das Recht zurück, über die Konkursmasse frei zu verfügen.

Die Vorschriften des § 164 finden entsprechende Anwendung.

Materialien: Motive I Bd. 2 S. 184, Motive II S. 438, Protokolle S. 115, 186, Reichstag II. Session 1909/11, Drucks. Nr. 731 S. 1f., 4.

C. Gemeinsame Vorschriften für beide Fälle der Einstellung

I. Anläßlich der Einstellung zu veranlassende Maßnahmen

1 1. Der **Einstellungsbeschluß** ist unter Angabe des Einstellungsgrundes sofort nach der Erlassung öffentlich bekanntzumachen (§ 205 I). Ein Aufschub der Bekanntmachung ist unstatthaft, weil diese die Beschwerdefrist einheitlich für alle Beteiligten in Lauf setzt [§§ 202f. Anm. 10, § 204 Anm. 5]. Vgl. Petersen-Kleinfeller Anm. 5. Für die Bekanntmachung, für die Mitteilung an Behörden sowie für den Vermerk der Einstellung im Grundbuch und Handelsregister gelten nach § 205 II die im § 163 Anm. 4 u. 5 mit § 114 Anm. 4 dargelegten Sätze. Aufschub der Mitteilungen und Vermerke: Anm. 6. Der bekanntzumachende Grund der Einstellung (§ 205 I) ist entweder der Konkursverzicht des § 202 („da der Gemeinschuldner die Zustimmung aller nach § 202 I KO zu berücksichtigenden — im Falle des § 202 II: aller bekannten — Konkursgläubiger zur Einstellung des Verfahrens beigebracht und die Einstellung beantragt hat") oder der Mangel hinlänglicher Kostendeckung im Sinne des § 204 („da eine den Kosten des Verfahrens entsprechende Konkursmasse nicht vorhanden ist"). Sollten alle Gläubiger außerhalb des Konkurses befriedigt worden sein, so hätte die Begründung zu lauten: auf Antrag des Gemeinschuldners, da alle nach § 202 I KO zu berücksichtigenden — im Falle des § 202 II: alle bekannten — Konkursgläubiger nachweislich befriedigt worden sind [siehe §§ 202f. Anm. 2]. Vgl. die Muster bei Schrader-Bauer Hdb.[2] S. 139 F III 160, 161 (Einstellung nach § 202), S. 142 F III 164, 165 (Einstellung nach § 204). Schlußrechnung des Verwalters siehe §§ 202f. Anm. 9, § 204 Anm. 4; nach rechtskräftiger Einstellung: § 86 Anm. 9. Festsetzung der Vergütung und Auslagen des Konkursverwalters und der Mitglieder des Gläubigerausschusses: §§ 202f. Anm. 9, § 204 Anm. 4 sowie § 85 Anm. 2c, 5, § 91 Anm. 6.

2 2. Durch **Verweisung auf den § 191** sollte der § 205 II wie der § 116 Satz 2 klarstellen, daß der Verwalter vor Ausantwortung der Masse an den Schuldner die **Masseansprüche** zu befriedigen und, soweit sie bestritten, sicherzustellen habe. Kommissionsbericht S. 1968 mit S. 1960. Nun ist aber nicht nur der § 191 I, sondern der ganze § 191 für entsprechend anwendbar erklärt. Darum nehmen Petersen-Kleinfeller § 116 Anm. 2, §§ 205f. Anm. 2, Wolff § 205 Anm. 2 und für die Einstellung wegen Massemangels v. Wilmowski-Kurlbaum § 205 Anm. 3 (§ 204 Anm. 1) an, daß in den Fällen der §§ 116 u. 205 auch die Vorrechtsforderungen vom Verwalter zu decken seien. Allein der unmittelbar nur für das Zwangsvergleichsverfahren maßgebende § 191 schützt Masse- und Vorrechtsgläubiger, weil beide den Vergleichsabschluß nicht hindern können. Der Konkursverzicht (§ 202) dagegen erfordert die Zustimmung zwar nicht der Massegläubiger, wohl aber der Vorrechtsgläubiger und führt zu einer Sicherstellung bevorrechtigter wie nicht bevorrechtigter Konkursgläubiger nur im Falle des § 202 I 2. Reicht vollends die Masse nicht einmal zur Deckung der Konkurskosten aus (§ 204), dann kann von einer Berücksichtigung der erst nach allen Masseansprüchen zum Zuge gelangenden Vorrechtsforderungen ohnehin keine Rede sein, ganz abgesehen davon, daß diese nicht einmal geprüft zu sein brauchen [§ 204 Anm. 2]. Die „entsprechende" Anwendung des § 191 muß sich daher im Hinblick auf die Besonderheiten einer Einstellung auf den Abs. I des § 191 beschränken. Siehe auch § 116 Anm. 2. Im Ergebnis übereinstimmend Seuffert § 59 N. 13, Fitting § 51 N. 31, Hellmann S. 564f., Böhle-Stamschräder[6] § 205 Anm. 1. Wie im Falle des § 191 hat der Konkursverwalter noch als solcher die Deckung der Massegläubiger zu vollziehen, das Konkursgericht daher auch die Einstellung erst zu verfügen, wenn ihm der Verwalter über den Vollzug dieser seiner Aufgabe berichtet hat [§ 191 Anm. 1, §§ 202f. Anm. 9]. Das gilt auch im Falle des § 204 unter Berücksichtigung der Rangfolge des § 60. Zust. OLG Dresden JW 1916 S. 1493 Nr. 7; abw. Wolff § 205 a. E. So werden die Schwierigkeiten vermieden, von denen Schloßmann KonkTreuh. 1932 S. 107f. berichtet.

3 Unter die vom Verwalter zu deckenden Masseansprüche gehören auch die Kosten des Verfahrens (§ 58 Nr. 1), namentlich die Gebühr des Gerichts, die sich in den Fällen der Einstellung nach Maßgabe des § 50 II GKG ermäßigt. Die Auslagen

des Gerichts werden wie die übrigen Massekosten des § 58 Nr. 1 KO berichtigt. Petersen-Kleinfeller §§ 202f. Anm. 11; vgl. aber auch v. Völderndorff II S. 656, Senst-Müller Konkursrichter[4] S. 201.

II. Die Wirkungen der Einstellung

1. Eintritt der Wirksamkeit. Der Einstellungsbeschluß unterliegt zwar der sofortigen 4
Beschwerde [Anm. 1, 6 sowie §§ 202f. Anm. 10, § 204 Anm. 5]. Allein sie hat keine aufschiebende Kraft (§ 572 ZPO). Darum tritt die Einstellung bereits mit dem Vollzug der öffentlichen Bekanntmachung, also mit Ablauf des zweiten Tages nach Ausgabe des die (erste) Einrückung des Einstellungsbeschlusses enthaltenden Amtsverkündungsblattes (§ 76 I) in Wirksamkeit und zwar einheitlich für alle Beteiligten, nicht erst mit Eintritt der Rechtskraft und nicht schon mit der bloßen Abfassung des Beschlusses, auch nicht mit einer früheren Veröffentlichung durch andere Blätter [§ 76 Anm. 5, § 163 Anm. 4] oder mit etwaiger besonderer Zustellung [§§ 202f. Anm. 10]. Vgl. RG Bolze 7 Nr. 952, ObLG Slg. a. F. 16 S. 192f., OLG Naumburg NaumbAK 1904 S. 45, Stettin OLG 19 S. 202; Förster-Eccius Preuß. Privatrecht I § 119 zu Note 8, Seuffert S. 461, 465 mit S. 384, Unger KTS 1961 S. 100; abw. Breslau OLG 21 S. 180, Fitting § 51 N. 33 mit § 42 N. 26, Richert NJW 1961 S. 646 [dawider oben § 163 Anm. 4].

2. Rechtsfolgen der Einstellung. Mit diesem Zeitpunkt erlangt daher der Schuldner 5
von Rechts wegen wiederum die freie Verfügungsmacht wie im Regelfall des § 192 mit wirksamer Konkursaufhebung [Näheres dort Anm. 2; dort auch über Fortführung der Firma]. Fortab steht den bisherigen Konkursgläubigern wieder die Sondervollstreckung in das bisherige Massevermögen wie in beschlagsfähigen Neuerwerb offen (§ 14). Die Obliegenheiten des Verwalters, des Gläubigerausschusses und der Gläubigerversammlung erlöschen [vorgängige Deckung der Masseansprüche: Anm. 2]. Auch die Prozeßunterbrechung hört schon in diesem Zeitpunkt auf, nicht erst mit Eintritt der Rechtskraft des Einstellungsbeschlusses [§ 10 Anm. 13]. Einfluß auf schwebende Prozesse des Verwalters (Fortdauer einer von ihm erteilten Vollmacht): § 163 Anm. 6, auf schwebende Feststellungsprozesse insbesondere: § 146 Anm. 44, auf die Verjährung: § 163 Anm. 8; Einfluß auf schwebende Beschwerden: § 73 Anm. 12. Auch die staatsbürgerliche Wiederbefähigung des Schuldners (z. B. zum Laienrichter, als Rechts- oder Patentanwalt) knüpft sich an die wirksame Einstellung [§ 25 Anm. 25, 27, § 204 Anm. 7; Besonderheiten für den Börsenbesuch: § 25 Anm. 26]. Ein Schuldner, dessen Konkurs aus Massemangel eingestellt wird, tritt also sofort wieder in den Vollgenuß der ihm durch den Konkurs entzogenen Rechte ein, während er bei günstigerem Massestand eine noch so langwierige Konkursdurchführung abwarten muß. Diese Unebenheit wäre durch Einführung eines Wiederbefähigungsverfahrens, nicht aber durch Erstreckung der Rechtsminderung auf eine festbestimmte Zeit, wie das früher angeregt worden ist (II. Sess. 1909/11 Drucks. Nr. 731f., S. 1f., 4), zu erreichen. Gegen den Vorschlag siehe Kleinfeller LZ 1911 Sp. 412f. Natürlich hat der wegen einer Konkursstraftat verhängte Ehrverlust (§§ 32ff. StGB, §§ 239ff. KO) seine selbständige Dauer (§ 32 II StGB). Die Vorschriften des § 164 sind entsprechend anwendbar (§ 206 II). Namentlich gewährt also die Feststellung zur Konkurstabelle, wenn sie vom Schuldner nicht bestritten ist, einen Vollstreckungstitel gegen ihn in der vollen Höhe der noch ungetilgten Forderungssumme.

3. Ist **Beschwerde** gegen den Einstellungsbeschluß erhoben, so kann sowohl 6
das Konkursgericht wie das Beschwerdegericht einer Herausgabe der Masse an den Schuldner durch einstweilige Anordnung Einhalt gebieten (§ 572 II, III ZPO). Mit der rechtskräftigen (§ 74) Aufhebung des Einstellungsbeschlusses durch das Beschwerdegericht wird die Einstellung rückgängig. Darum empfiehlt es sich, die im § 205 II mit §§ 112, 113 gebotene Anzeige an Behörden und Löschung des Konkursvermerks bis zum Eintritt der Rechtskraft des Einstellungsbeschlusses aufzuschieben. Trotz seiner rechtskräftigen Aufhebung verlieren zwischenzeitliche Handlungen des Schuldners nicht von selbst ihre Wirksamkeit. Seuffert

S. 462, Fitting § 51 N. 38; abw. Wolff § 206 Anm. 2. Zust. BAG AP § 113 AVAVG (a. F.) Nr. 5 unter IV 1. Das Konkursverfahren nimmt aber im übrigen seinen Fortgang, wie wenn die Einstellung nicht geschehen wäre (BAG aaO., Böhle-Stamschräder[6] § 205 Anm. 2). Tatsächlich kommt eine erfolgreiche Beschwerde gegen den Einstellungsbeschluß wohl kaum vor. Damit rechnet der Gesetzgeber, wenn er den Konkurs schon vor Eintritt der Rechtskraft des Einstellungsbeschlusses enden läßt. Jedenfalls kann der wirksam [Anm. 4] eingestellte Konkurs nur auf Grund erfolgreicher Beschwerde, nicht — auch nicht vor Einlegung der Beschwerde (§ 577 III ZPO) oder gar nach Eintritt der Rechtskraft — im Wege einer Wiederaufnahme des Konkursverfahrens fortgesetzt werden (vgl. OLG Braunschweig BraunschwZ 54 S. 31). Nach rechtskräftiger Einstellung bleibt nur die Möglichkeit des Neukonkurses.

7 4. Die Einstellung (§§ 202, 204) beseitigt wie die Aufhebung nach Aufteilung der Masse oder Vergleichsbestätigung den Konkursbeschlag keineswegs mit rückwirkender Kraft (ex tunc). Sie beseitigt ihn **nur für die Zukunft,** vom Beginn der Wirksamkeit des Einstellungsbeschlusses an (ex nunc). Mit einer Klagezurücknahme ist der Konkursabbruch auch in Fällen des § 202 nicht vergleichbar (§ 271 III ZPO). Siehe § 192 Anm. 3ff. (Auflösung von Verbänden, Erlöschen der gesetzlichen Nutznießung). Zust. z. B. KG ZBlFG 11 S. 104. Die Handlungen, die der Verwalter während des Konkurses vorgenommen hatte, bleiben maßgebend. So namentlich seine rechtsgeschäftlichen Verfügungen, eine Wahlbetätigung nach § 17 [dort Anm. 48 mit Verw.], eine Kündigung nach § 19 (vgl. RG Bd. **54** 301) und die Prozeßführung [siehe auch § 163 Anm. 6]. Die Feststellung eines Gläubigerrechtes nach Maßgabe der §§ 65, 69, 70 hat nachhaltige Wirksamkeit [§ 164 Anm. 10]. Obwohl der Konkurs seinen Zweck nicht erreicht hat, bleibt die Tatsache bestehen, daß er wirksam eröffnet worden war. Auch der Schuldner erlangt nur für die Zukunft seine Verfügungs- und Prozeßführungsmacht zurück [Anm. 5]. Allein die beschränkte Unwirksamkeit, die seinen Handlungen während des Konkurses auf Grund der §§ 7, 8 anhaftet, hört als solche mit dem Konkurse auf, da sie nur zum gemeinsamen Wohle der Konkursgläubiger besteht. Steht also nicht eine anderweite Verfügung des Verwalters entgegen, so wird nunmehr die Verfügung des Schuldners über einen Gegenstand der bisherigen Masse wirksam (Rostock OLG 1 S. 127, OLG Kolmar LZ 1913 Sp. 323f.; abw. Stettin OLG 19 S. 202). Siehe § 7 Anm. 10, 12, § 164 Anm. 4. Dagegen werden Verstöße gegen den § 14 auch durch eine Einstellung nicht geheilt [§ 14 Anm. 21]. Dementsprechend wird auch ein Steuerbescheid, welcher nach Konkurseröffnung in bezug auf eine nicht angemeldete Steuerkonkursforderung in Richtung gegen den Konkursverwalter unzulässigerweise [§ 139 Anm. 5, § 146 Anm. 20] und damit ohne materiellrechtliche Wirkung erlassen worden war, nicht etwa nach Einstellung des Konkursverfahrens gegenüber dem Gemeinschuldner wirksam; das Finanzamt hat vielmehr die Steuerschuld erneut gegen den Gemeinschuldner festzusetzen (FG Düsseldorf KTS 1958 S. 30).

Kolibri 360 GmbH
Ferdinand-Jühlke-Straße 7
99095 Erfurt, Deutschland
produktsicherheit@kolibri360.de